Handbook of Sport Psychology

スポーツ心理学大事典

編
シンガー／ハウゼンブラス／ジャネル

監訳
山崎 勝男

西村書店

Handbook of Sport Psychology
Second Edition

Edited by

Robert N. Singer, PhD
Professor and Chair of the Department of
Exercise and Sport Sciences
University of Florida

Heather A. Hausenblas, PhD
Assistant Professor of
Sport and Exercise Psychology
University of Florida

Christopher M. Janelle, PhD
Assistant Professor of Motor Behavior and
Director of the Performance Psychology Laboratory
University of Florida

Copyright © 2001 by John Wiley & Sons, Inc.
Japanese edition copyright © 2013 by Nishimura Co., Ltd.

All Rights Reserved.
Authorized translation from English language edition published by John Wiley & Sons, Inc.
Printed and bound in Japan

翻訳にあたって

　本書『スポーツ心理学大事典』(原書"Handbook of Sport Psychology")は，国際スポーツ心理学会(International Society of Sport Psychology : ISSP)公認の出版物である。本書の特徴を一口で言い表せば，スポーツ心理学の諸領域を幅広くレビューした書籍と言うことができよう。

　本書は「スキルの獲得」，「高いパフォーマンスレベルの心理学的特徴」，「動機づけ」，「個々のパフォーマンスに適した心理的テクニック」，「生涯発達」，「運動と健康心理学」，「将来の研究動向」の計7部，全33章から構成されている。

　Ⅰ部の「スキルの獲得」ではパフォーマンスやスキルの獲得に関わる発達，注意，付加的フィードバック，練習，パフォーマンスの熟練度や，意図的な運動行動を理解するための統合モデリングアプローチについて，Ⅱ部の「高いパフォーマンスレベルの心理学的特徴」ではモデリング，パーソナリティ，才能，ストレスと不安，喚起とパフォーマンス，自己効力感に対する信念，精神生理学について，Ⅲ部の「動機づけ」では内発的・外発的動機づけ，達成目標理論，帰属，集団凝集性について，Ⅳ部の「個々のパフォーマンスに適した心理的テクニック」では目標設定，イメージ，自信の増強，自己制御について，Ⅴ部の「生涯発達」ではモラルの発達と行動，ユーススポーツ，身体的活動と生活の質，引退について，Ⅵ部の「運動と健康心理学」では動機づけ行動の理論による身体的活動の理解，活動的なライフスタイルへの支援方略，身体的活動とメンタルヘルス，傷害のリスクと予防の心理学，スポーツ傷害のリハビリテーション心理学，労作感と労作耐容能の社会-認知的な見方について，といったように各部ごとにそれぞれ関連した複数の章を設け，それぞれのテーマを詳細にレビューしている。Ⅶ部の「将来の研究動向」ではスポーツ心理学の現況と将来を展望している。

　このように広範に渡るスポーツ心理学の研究を，もらすことなくレビューするには多くの困難が伴う。しかし，本書では70名を超える第一線級の研究者が各章の分担執筆者となって，この難事業を見事に克服している。各自が得意とする分野を執筆しただけあって，各章の出来映えは見事であり，全章を通読すればスポーツ心理学の奥義を極めることができるだろう。各章の文献欄は非常に充実しており，本文の内容をさらに詳しく知りたい場合には，原典に当たることが可能な構成になっている。

　終わりにあたり，各章の翻訳を快く引き受けてくれた研究室の関係者に対して，心から感謝の意を伝えたい。彼ら彼女らの協力がなければ，本書の完訳は非常に困難であったと思われる。また，翻訳作業を辛抱強く励まし支えてくれた西村書店編集部に心から感謝したい。専門用語統一のため，各訳者たちの原稿は監訳者の判断で変更をし，また一部の章については大きく変更を施したものもある。いずれにせよ，誤訳などがあれば監訳者の責任である。ご容赦願いたい。

　本書によって，専門家，研究者，学生や一般読者がスポーツ心理学の最新情報に触れ，さらに本書に記載された諸知見が，実践や理論の構築に役立つことはもとより，スポーツ心理学のさらなる興味の喚起につながるならば，監訳者にとっては望外の喜びである。

監訳　山崎勝男

訳者一覧

監訳者

山崎　勝男　早稲田大学　名誉教授

訳　者

山崎　勝男　早稲田大学　名誉教授　　序章，第1, 11, 14, 33章

髙澤　則美　江戸川大学社会学部　教授　　第2, 3章

田中　秀明　追手門学院大学心理学部　准教授　　第4, 6章

福田　一彦　江戸川大学社会学部　教授　　第5, 27章

望月　芳子　桜美林大学　非常勤講師　　第7, 16, 18〜20章

正木　宏明　早稲田大学スポーツ科学学術院　教授　　第8, 12, 18章

星野　聡子　奈良女子大学文学部　准教授　　第9, 21章

本多　麻子　東京成徳大学応用心理学部　助教　　第10, 15, 18章

竹内　成生　上武大学ビジネス情報学部　講師　　第13, 22章

八木　孝彦　中央学院大学商学部　教授　　第17, 28章

浅岡　章一　江戸川大学社会学部　講師　　第23, 24, 29章

長田　久雄　桜美林大学老年学研究科　教授　　第25, 26章

堀野　博幸　早稲田大学スポーツ科学学術院　准教授　　第30〜32章

序　文

　本書の初版は1993年に刊行をみたが，編者であったRobert Singer, Milledge Murphey, Keith Tennantは，その序文の中で近い将来に第2版の刊行を期待したいと述べていた。彼らは第2版が，研究数のみならず精巧な研究の増加によって，一層充実したものになるだろうと予言した。第2版の編者として，実際にこの予言は正鵠を得たものであったと考えている。

　スポーツ心理学の関心が大きく高まるなか，第2版の刊行という大きな仕事に取りかかることは，確かに理にかなっていた。テキストの内容決定に当たっては，多様な判断基準が必要であった。都合が良かったことは，初版を利用できたことである。関心が低下した研究領域や，逆に関心が高まった研究領域の動向変化を検討した後に，我々は仮目次の内容を精密に立てた。この第2版は初版と比較して特定の章に変更はあるものの，構成の主要な部分である各パートの「スキルの獲得」，「高いパフォーマンスレベルの心理学的特徴」，「動機づけ」，「個々のパフォーマンスに適した心理的テクニック」，「生涯発達」，「運動と健康心理学」，「将来の研究動向」は初版と同じである。

　初版と第2版の基本的な相違は，この第2版に新たな情報を質的・量的に盛り込んだことである。この第2版の各章をひと目みただけでは，初版と変わりがないように思えるが，各章には新しい研究，新しい洞察，そして新たに発展している領域の内容がかなり包含されている。最も注目に値するのは，運動心理学，専門的技術，精神生理学の領域を扱っている新しい章や題材である。ここでは，身体的活動が心理的なウェルビーイングに及ぼす影響，パフォーマンスと生理や心理との相互作用の関係，人を種目の熟練者にするものは何かといった問題など，興味深い広範な研究が含まれている。

　我々は権威ある本を作ることに専心した。このことを心に留め，いったん目次を決めると，次は各トピックスの指導的な専門家に働きかけた。その結果，彼らは執筆依頼に心から賛同し，それぞれの専門領域で現在わかっていること，わかっていないことを明確にした上で，簡明かつ包括的な概略を提出してくれた。

　そのような提案や概略の調整過程で，我々は編集に関わる数多くの決断と協議を繰り返した。その中で最も重要であったのは，スポーツ心理学領域での最新の研究をどのようにして読者に提供するのかということである。我々は，スポーツ心理学の範囲が急速に変化しており，最新の情報が，授業，トレーニング，カウンセリング，および研究に必要不可欠であることを認識している。我々は本書を時宜に適ったものにすることを誓った。このことは執筆者数の多さを考えると挑戦でもあったが，同僚らの献身的な努力のお蔭で，積極的なスケジュールを設定し，それに立ち向かうことができた。

　編集に関わる次の問題は，各章の内容の重複をいかにして調整するかということであった。つまり，重複部分を割愛するのか否かが問題となった。我々は主として2つの理由から，内容の重複をある程度はそのままにすることにした。第1の理由は，同

じ問題でも多様な視点から記述されることにより，多くの洞察が得られるからである。第2の理由は，各章を，個々のトピックの徹底的なレビューとして成り立たせる（自立させる）ために，重複があっても省くことはできないと判断したからである。

本書は70名を超す執筆者が一丸となって進めた共同事業の賜物である。協力いただいた各執筆者には，この場を借りて心よりお礼を申し上げる次第である。各章を担当された執筆者は，複雑かつ過酷なスケジュールにも関わらず，快く時間を割き，専門的な知識や学識を惜しみなく提供くださった。編集事務のスタッフであるJune Masters, Diane Williams, Susie Weldon, Judy Hopper, Louise Hubert, Kim Hatchの援助に対しても，心から感謝したい。彼らの熱意は迅速かつ徹底的な各章の推敲作業からも明らかであった。本書の完成に至るまで常に我々を励まし，かつ迅速な対応をしてくれたJohn Wiley & Sonsのスタッフ，とりわけTracey BelmontとNancy Landにも感謝を捧げたい。加えて，物心両面の支援を惜しまなかったフロリダ大学運動・スポーツ科学部に感謝をしたい。本書を公認してくれた国際スポーツ心理学会（International Society of Sport Psychology : ISSP）には敬意を表したい。各章に専念してくれた執筆者に再度のお礼を述べたい。我々HeatherとChrisの2名にとって，本の編集は初めての体験であった。老練な共編者であるBobからは，先々に生じる試練等について警告を受けていたが，これら試練の多くは著者の協力，柔軟な対応，さらには彼らのプロ根性によって最小限に留めることができた。最後に，辛抱強く励まし支えてくれた我々の家族に心から感謝したい。

我々は資料をこの本にまとめ上げることで，有用かつ包括的なテキストを作り出せたと信じている。本書によって，読者がスポーツと運動心理学の最新情報に触れることを願っている。我々が本書を編集した目標は，専門家，学生，研究者，一般読者を刺激することにある。さらに，読者にとって，本書の全33章が実践や理論の構築に役立つことはもとより，重要かつ複雑な21世紀のスポーツと運動心理学を導くものとなることを熱望している。この教科書がスポーツと運動心理学の研究者にさらなる興味を喚起することができれば，編者にとっては望外の幸せである。

ロバート・N・シンガー（Robert N. Singer）
ヘザー・A・ハウゼンブラス（Heather A. Hausenblas）
クリストファー・M・ジャネル（Christopher M. Janelle）

執筆者一覧

Bruce Abernethy　第3章
School of Human Movement Studies
The University of Queensland
Brisbane, Queensland, Australia

Shawn M. Arent　第29章
Exercise Science and Physical Education
Arizona State University
Tempe, Arizona

Megan L. Babkes　第24章
Department of Psychology
International Center for Talent Development
University of California–Los Angeles
Los Angeles, California

Amy Baltzell　第12章
Boston University
Boston, Massachusetts

Bonnie G. Berger　第25章
Director of the School of Human Movement, Sport, and Leisure Studies
Bowling Green State University
Bowling Green, Ohio

Stuart J.H. Biddle　第17章
Department of Physical Education, Sports Science and Recreation Management
Loughborough University
Loughborough, England

Lawrence R. Brawley　第18,27章
Department of Kinesiology
Faculty of Applied Health Sciences
University of Waterloo
Waterloo, Ontario, Canada

Brenda Light Bredemeier　第23章
Center for Sport, Character and Culture
University of Notre Dame
Notre Dame, Indiana

Britton W. Brewer　第31章
Center for Performance Enhancement and Applied Research
Department of Psychology
Springfield College
Springfield, Massachusetts

Robert J. Brustad　第24章
School of KPE
University of Northern Colorado
Greeley, Colorado

Damon Burton　第19章
Division of HPERD
University of Idaho
Moscow, Idaho

Chris Button　第6章
Department of Physical Education, Sport, and Leisure Studies
University of Edinburgh
Edinburgh, England

Albert V. Carron　第18章
School of Kinesiology
University of Western Ontario
London, Ontario, Canada

Craig J. Chamberlin　第5章
Department of Kinesiology and PE
University College of the Fraser Valley
Abbotsford, British Columbia, Canada

Mick Court　第6章
Research Institute for Sport and Exercise Sciences
Liverpool John Moores University
Liverpool, England

Debra J. Crews　第22章
Department of Exercise Science and Physical Education
Arizona State University
Tempe, Arizona

S. Nicole Culos-Reed　第27章
Department of Kinesiology
University of Waterloo
Waterloo, Ontario, Canada

Keith Davids　第6章
Psychology Research Group
Department of Exercise and Sport Science
Manchester Metropolitan University
Alsager, England

Joan L. Duda 第16章
School of Sport and Exercise Sciences
The University of Birmingham
Edgbaston, England

Natalie Durand-Bush 第10章
University of Ottawa
Ottawa, Ontario, Canada

Paul A. Estabrooks 第18章
Department of Kinesiology
Kansas State University
Manhattan, Kansas

Deborah L. Feltz 第13章
Michigan State University
East Lansing, Michigan

Jere D. Gallagher 第2章
Department of HPRE
University of Pittsburgh
Pittsburgh, Pennsylvania

Lise Gauvin 第28章
GRIS & Department of Social and Preventive Medicine
University of Montreal
Montreal, Quebec, Canada

Nancy C. Gyurcsik 第27章
Department of Kinesiology and Office of Community Health
Kansas State University
Manhattan, Kansas

Craig R. Hall 第20章
School of Kinesiology
The University of Western Ontario
London, Ontario, Canada

Howard Hall 第16章
School of Physical Education Sport and Leisure
DeMontford University
Bedford, England

Stephanie J. Hanrahan 第17章
School of Human Movement Studies
The University of Queensland
Brisbane, Queensland, Australia

Lew Hardy 第11章
School of Sport, Health, and PE Sciences
University of Wales–Bangor
Bangor, England

Bradley D. Hatfield 第14章
Department of Kinesiology
University of Maryland
College Park, Maryland

Werner Helsen 第7章
Motor Learning Laboratory
Katholieke Universiteit Leuven
Leuven, Belgium

Charles H. Hillman 第14章
Department of Kinesiology
University of Illinois at Urbana-Champaign
Urbana, Illinois

Bernie Holliday 第19章
Division of HPERD
University of Idaho
Moscow, Idaho

Nicola J. Hodges 第5章
Department of Human Kinetics
University of British Columbia
Vancouver, British Columbia, Canada

Rachel Jack 第7章
Department of Kinesiology
McMaster University
Hamilton, Ontario, Canada

Paul Karoly 第22章
Department of Psychology
Arizona State University
Tempe, Arizona

Daniel M. Landers 第29章
Arizona State University
Tempe, Arizona

Timothy D. Lee 第5章
Department of Kinesiology
McMaster University
Hamilton, Ontario, Canada

Lucie Lévesque 第28章
GRIS
University of Montreal
Montreal, Quebec, Canada

Cathy D. Lirgg 第13章
University of Arkansas
Fayetteville, Arkansas

Marc R. Lochbaum 第22章
Texas Tech University
Department of HPER
Lubbock, Texas

Richard A. Magill 第4章
Department of Kinesiology
Louisiana State University
Baton Rouge, Louisiana

Penny McCullagh　第8章
Department of Kinesiology and Applied Physiology
California State University
Hayward, California

Robert Motl　第25章
Department of Exercise Science
The University of Georgia
Athens, Georgia

Sarah Naylor　第19章
Division of HPERD
University of Idaho
Moscow, Idaho

Kurt Nys　第9章
Faculty of Physical Education and Physiotherapy
Sport and Exercise Psychology
Katholieke University Leuven
Leuven, Belgium

Bruce C. Ogilvie　第26章
Los Gatos, California

David M. Paskevich　第18章
Faculty of Kinesiology
University of Calgary
Calgary, Alberta, Canada

Lucie Richard　第28章
GRIS & Faculty of Nursing
University of Montreal
Montreal, Quebec, Canada

François L. Rousseau　第15章
Department of Psychology
University of Quebec at Montreal
Montreal, Quebec, Canada

Randy Rzewnicki　第9章
Faculty of Physical Education and Physiotherapy
Katholieke University Leuven
Sport and Exercise Psychology
Leuven, Belgium

John H. Salmela　第10章
School of Human Kinetics
University of Ottawa
Ottawa, Ontario, Canada

Christopher N. Sellars　第17章
Department of Clinical and Health Sciences
School of Human and Health Sciences
University of Huddersfield
West Yorkshire, England

David Light Shields　第23章
Center for Sport, Character, and Culture
University of Notre Dame
Notre Dame, Indiana

John M. Silva III　第33章
University of North Carolina
Chapel Hill, North Carolina

Alan L. Smith　第24章
Department of HKLS
Purdue University
West Lafayette, Indiana

Janet L. Starkes　第7章
Department of Kinesiology
McMaster University
Hamilton, Ontario, Canada

Jim Taylor　第26章
San Francisco, California

Gershon Tenenbaum　第32章
Department of Educational Research
College of Education
Florida State University
Tallahassee, Florida

Jerry R. Thomas　第2章
Department of Health and Human Performance
Iowa State University
Ames, Iowa

Katherine Thomas Thomas　第2章
Department of Health and Human Performance
Iowa State University
Ames, Iowa

Robert J. Vallerand　第15章
Department of Psychology
University of Quebec at Montreal
Montreal, Quebec, Canada

Veerle Van Mele　第9章
Faculty of Physical Education and Physiotherapy
Katholieke University Leuven
Sport and Exercise Psychology
Leuven, Belgium

Yves Vanden Auweele　第9章
Faculty of Physical Education and Physiotherapy
Katholieke University Leuven
Sport and Exercise Psychology
Leuven, Belgium

Robin S. Vealey　第21章
PHS Department, Phillips Hall
Miami University
Oxford, Ohio

Maureen R. Weiss 第8章
Linda K. Bunker Professor of Education
Director, Health and Physical Education
Curry School of Education
University of Virginia
Charlottesville, Virginia

Jean M. Williams 第30章
Department of Psychology
College of Social and Behavioral Sciences
University of Arizona
Tucson, Arizona

Mark Williams 第6章
Research Institute for Sport and Exercise Science
School of Human Sciences
Liverpool John Moores University
Liverpool, England

Tim Woodman 第11章
School of Sport, Health, and PE Sciences
University of Wales–Bangor
Bangor, England

Craig A. Wrisberg 第1章
University of Tennessee
Knoxville, Tennessee

Leonard D. Zaichkowsky 第12章
Boston University
Boston, Massachusetts

目　次

翻訳にあたって　iii
訳者一覧　iv
序文　v
執筆者一覧　vii

序　章
スポーツ心理学小史　1

1960〜1970 年代 2
1980〜1990 年代初期 2
1993 年以降のスポーツ心理学 3
 スポーツ心理学の方向　3
 運動心理学研究の急増　4
 将来の見通し　4

I 部　スキルの獲得

第 1 章
パフォーマンスとスキルレベル
初心者から熟練者まで　9

練習段階の概念 9
実験的アプローチ 10
 個人差のアプローチ　10
 情報処理アプローチ　11
 熟練者-初心者アプローチ　11
研究知見の統合 12
 一般能力の役割　12
 さまざまな練習段階における
  運動者の情報処理の特徴　13
要約と結論 18
将来の研究への提案 18

第 2 章
児童・青年期の
運動発達とスキル獲得　20

運動スキルの獲得を調べる方法論的な問題 21
 測定上の問題　21
 運動の成果　22
 運動の特徴　22
 介入研究，縦断的研究，横断的研究　23
スキル発達研究のアプローチ 23
 発達段階　23
 情報処理　24
 専門技術　24

 ダイナミックシステム　25
 レディネス　25
成長における加齢変化とジェンダー差 26
 全体的な身体の発達　26
 成長のジェンダー差　26
運動スキルと体力における加齢変化とジェンダー差 ... 28
 ランニング：量的な変化　29
 ランニング：質的な変化　30
 上手からの投てき：量的な変化　31
 上手からの投てき：質的な変化　31
ジェンダー差 31
 運動パフォーマンスのジェンダー差　32
 投てきのジェンダー差の説明　33
 運動活動レベルのジェンダー差　35
 健康関連体力のジェンダー差　36
成長と運動の関係 37
運動制御の発達 38
運動スキルパフォーマンスの認知的な側面 39
 処理速度　39
 知覚の発達　40
 記　憶　40
 知識基盤　42
学習：練習とフィードバック 42
 フィードバック　42
 練　習　43
専門技術と熟達パフォーマンス 43
 スポーツの知識，スキル，パフォーマンスの発達　43
 スポーツの知識，スキル，パフォーマンスの関係　44
将来の研究 45

第3章
注 意　46

- 容量または資源の限界としての注意......................47
  - 容量・処理資源の限界，および注意分割の
    研究パラダイム　48
  - 注意の分割と精神作業負荷を測定する
    その他の測度　50
  - 処理容量と資源の限界による
    パフォーマンスの限界　52
  - 注意容量と資源の理論　53
  - スキル獲得に伴う容量変化と資源配分　55
  - スキル獲得，教示，練習デザインの意味合い　57
- 選択文脈での注意...58
  - 選択的注意の研究パラダイム　58
  - 選択的注意によるパフォーマンスの限界　61
  - 選択的注意の理論とモデル　62
  - スキル獲得に伴う選択的注意の変化　63
  - スキル獲得・教示・練習デザインの意味合い　65
- 要約と結論...66

第4章
運動スキル獲得における
付加的フィードバック　67

- 付加的フィードバックの種類..............................67
- スキル獲得における
  付加的フィードバックの役割.............................68
- スキル獲得において付加的フィードバックは
  どのように本質的なものなのか？.......................69
  - スキル獲得において付加的フィードバックは
    本質的なものである　69
  - 付加的フィードバックがスキル獲得に
    必要でない可能性　69
  - 付加的フィードバックはスキル獲得を高める　71
  - 付加的フィードバックはスキル獲得に干渉する　71
- 付加的フィードバックが提供する情報...................72
  - KR と KP　72
  - 付加的フィードバックの精度　73
  - パフォーマンスの正誤に基づいた
    付加的フィードバック　74
  - パフォーマンスの帯域幅に基づいた
    付加的フィードバック　74
  - 付加的フィードバックが不要な時の
    誤った付加的フィードバック　76
  - 付加的フィードバック源としての
    テクノロジーの利用　77
- 付加的フィードバックの提示頻度........................80
  - 提示頻度の低下効果　80
  - 付加的フィードバックの提示頻度を変更する
    テクニック　81
  - 提示頻度削減の効果を説明するガイダンス仮説　84
- 付加的フィードバック提示のタイミング................85
  - 付加的フィードバックの同時提示　85
  - 付加的フィードバック終末の時間間隔　86
- 結 論...89

第5章
練 習　91

- パフォーマンス，学習，スキルの定義..................91
- 練習のオンタスク条件....................................92
  - 練習量　92
  - 練習の多様性　93
  - 文脈干渉　94
  - 課題の部分練習と全体練習　96
- 練習のオフタスク条件..................................100
  - イメージとメンタル練習　100
  - 練習前のインストラクションと
    デモンストレーション　101
  - 模擬的な現実　107
- 要 約..111

第6章
意図的な運動行動を調べるための
統合モデリングアプローチ　113

- 運動の協応と制御への生態学的アプローチ：
  その弱点..114
- コンピュータに基づく運動行動の認知科学的な
  説明：COBALT の例....................................115
- コンピュータ的な認知科学の基盤：
  批判的な評価...115
  - 機能的なコンピュータモデリング　116
  - 脳はコンピュータのようなものなのか？　116
  - 符号化　117
  - 認知科学とダイナミックシステムモデルにおける
    抽象性の問題　118
  - 具象化された脳　119
- 運動システムの統合モデリング：
  脳と行動が受ける多様な制約...........................120
  - 生物システム・無生物システムの
    自己組織化処理に対する制約　120
  - 脳と行動処理の最新神経ダイナミクス理論　120
- 運動行動の統合アプローチの文脈における
  状況的な制約...121
  - 非特異的／特異的制御変数　122
  - 運動協応に影響する意図的制約　122
  - 結合主義は表象を暗示していない　123
  - 意図的な運動行動：非相補モデリング　123
  - 意図的なシステムと意図を示すシステムの違い　124

ダイナミック運動システムにおける意図の実験
　　研究：運動システムにおけるメカニカルな摂動　125
　　注意処理　127
　　状況的な制約としての不安　128
スポーツの練習：運動問題の"実際上"の解決を
　　求めて..129
　　変動性と運動行動：個人のプロファイリングから解
　　　釈する必要性　130
　　コーチの意味　131
　　練習中の制約操作：学習者を学習可能にする　131
　　練習の構造機構：学習を容易にするには，どのよう
　　　に課題を分解すべきなのか？　132
要約と結論..133

第7章
スポーツとダンスの
熟練パフォーマンス　135

熟練者を区別する知覚・認知・方略....................136
　　実験室課題による熟練技術の評価　137
ハードウェア，ソフトウェア，多重課題のアプロ
　ーチ..137
　　ゲーム構造の検索と再認の役割　143
　　言語プロトコルとスポーツの知識　143

熟練技術は単なる触れ合いによって
　　身につくものなのか？　143
事前の視覚手がかりと確率評価の使用　143
若年熟練者を開発する家族資源　144
熟練技術研究でのより論争的な問題....................144
　　誰が熟練者なのか？　144
　　一般的な視覚トレーニングプログラムは
　　　競技者のパフォーマンスを向上させるのか？　144
　　スポーツ固有な知覚トレーニングプログラムには
　　　パフォーマンスを改善する可能性があるのか？　145
　　早期能力は熟練技術の開発にどのように
　　　影響しているのか？　146
　　熟練者になるには計画的な練習が十分に
　　　必要なのか？　147
　　ダンス・格闘技の熟練技術は，既知のスポーツの
　　　熟練技術とは異なるものなのか？　147
研究：ここからどこへ？..149
　　ライブゲームパフォーマンスと方略の評価　149
　　マスター競技者と熟練技術の保持　150
　　縦断的研究の必要性　150
　　熟練技術の性差研究　151
　　練習内容と練習方法の理解　151
　　その他のパラダイムについての検討　151
要約と結論..152

II部　高いパフォーマンスレベルの心理学的特徴

第8章
モデリング
運動スキルパフォーマンスと
心理反応についての考察　155

理論と概念の考察..155
　　社会認知アプローチ　155
　　観察学習の自己効力感の役割　156
　　運動学習理論　157
　　直接知覚の解釈　158
　　要　約　158
モデリングへの行動反応と心理反応....................158
　　成果と過程　159
　　再生と再認　160
　　学習とパフォーマンス　161
　　モデリングに対する知覚反応　161
　　モデリングに対する心理反応　162
運動スキルパフォーマンスと心理反応に
　　影響を与えるモデルの特徴....................................162
　　モデルのスキルレベル　163
　　コーピングモデルとマスタリーモデル　164
　　モデルの地位　165
　　自己モデリング　165

モデルの類似性　167
運動スキルパフォーマンスと心理反応に
　　影響する実演の特徴..167
　　練習の変数　167
　　付加的情報　169
運動スキルパフォーマンスと心理反応に
　　影響する学習者の特徴..173
　　動機づけ志向　173
　　学習者の専門知識　173
モデリングの発達的な考察....................................174
　　理論的な背景　174
　　運動スキルの児童のモデリング：その初期研究　175
　　現代の発達モデリング研究　177
　　モデリングの発達問題と社会心理的効果　179
要約と結びの言葉..181

第9章
パーソナリティと競技者　182

パーソナリティ研究の概念的な枠組み................183
　　予測可能性・合法性・機能性に関連する
　　　エリートパフォーマンス　183
　　人格学と関連分野　184

1950～1980年代中頃の主要なパラダイムと
　　　　方法論：傾向と概要　184
　　　スポーツ人格学　185
　エリート競技者のパーソナリティと
　成功の予測 187
　　　視察による収集とメタ分析　187
　　　エリート競技者研究における多変量解析・多次元モ
　　　デル・多様な方法論　188
　人格学とスポーツ人格学の新しい展開 191
　　　行動の評価　192
　　　個人間−個人内の研究　192
　　　決定論モデルから確率モデルへの移行　193
　　　相互作用論者によるパーソナリティの
　　　　状況−性質的分類法　193
　将来の研究動向 194
　　　パーソナリティの認知−感情システム理論　195
　状況に関連した個人的なパーソナリティ診断：
　Ingridのケース 196
　　　データ収集　196
　　　階層クラス分析法によるデータ分析　197
　　　解　釈　200
　　　Ingridの結果　200
　　　事例研究についての議論・結論　201
　結　論 202

第10章
スポーツの才能と発達　204

　才能の定義 204
　才能発達における伝統的な指向 205
　　　才能発見モデルの概観　206
　　　才能発見モデルに関する懸念　207
　現代の才能発達の動向 208
　　　Bloomの才能発達段階　208
　　　Côtéのスポーツ参加の段階　210
　　　Ericssonの計画的練習の概念　211
　　　才能ある十代：Csikszentmihalyiの見解　214
　　　才能発達に関与する心理的な特性　215
　スポーツ才能に関する未解決の問題 217
　結　論 219

第11章
ストレスと不安　220

　用語の定義 220
　　　喚　起　220
　　　ストレス　220
　　　不　安　220
　　　状態不安と特性不安　221
　不安の測定 221

　ストレスと不安の原因 221
　　　ストレスの原因　221
　　　先行不安　222
　状態不安とパフォーマンス 223
　　　IZOF　224
　　　多次元不安理論　225
　　　不安とパフォーマンスのカタストロフィモデル　226
　　　高次カタストロフィモデル　228
　　　リバーサル理論　229
　　　不安状態の解釈　230
　測定の問題 231
　不安はパフォーマンスにどのように
　影響するのか：その可能な説明 234
　　　HumphreysとRevelleの情報処理モデル　234
　　　処理効率理論　235
　　　意識処理仮説　237
　　　メンタルコントロールの反語処理説　238
　応用との関係 239
　　　先行ストレスと先行不安　239
　　　状態不安とパフォーマンス　240
　要約と将来の動向 240

第12章
喚起とパフォーマンス　242

　喚起の構成概念の定義 243
　喚起の神経生理学 245
　喚起の構成概念の測定 246
　パフォーマンスの測定 248
　喚起−パフォーマンス関係の理論 248
　　　動因理論　248
　　　逆U字仮説　249
　　　最適ゾーンの概念　250
　　　最適な喚起状態：フロー　251
　　　リバーサル理論　252
　喚起とパフォーマンスの媒介要因 253
　　　課題の複雑性　253
　　　競技者のスキルレベル　254
　　　個人差　254
　　　注意過程　255
　　　認知評価　255
　喚起調整についてのコメント 255
　要　約 256

第13章
選手，チーム，コーチの
自己効力感に対する信念　257

　自己効力感の理論 257
　自己効力感の測定 259

競技者を対象にした自己効力感の研究..............261
チームの集団効力感に関する研究：
　自己効力感理論の拡張........................267
　　定　義　267
　　集団効力感の情報源　269
　　スポーツの集団効力感に関する研究　269
コーチの自己効力感に関する研究..............271
将来の研究動向..273
要　約...275

第14章
スポーツの精神生理学
優れたパフォーマンス心理の
生理学的メカニズム　　　　　　276

特異的な適応..277
精神運動効率の原理..................................278

脳波と熟練精神運動パフォーマンス...................280
　EEG の基本性質　280
　皮質電気賦活の神経生理学的基盤　282
　EEG スペクトルと皮質領野の特異性　283
　熟練者-初心者パラダイムによる EEG の
　　スペクトル差　284
　EEG の実験参加者内変動と
　　パフォーマンス成果　286
　感情と精神運動スキルの相関　287
　事象関連電位(ERP)と熟練運動パフォーマンス　288
　皮質電気活動と凝視　290
神経過程と運動システム...............................290
　筋電図(EMG)と精神運動パフォーマンスの関係　291
　心臓血管系の精神生理学　292
心理状態と代謝効率....................................293
将来に向けた勧告......................................293
結　論..294

III部　動機づけ

第15章
スポーツと運動の
内発的・外発的動機づけ
内発的・外発的動機づけに関わる
階層モデルのレビュー　　　　　　297

内発的動機づけと外発的動機づけの
　階層モデル..299
　動機づけの多次元的な考え方　299
　さまざまな一般性レベルの動機づけ　299
　動機づけの評価　300
　社会現象としての動機づけ　301
　個人内の現象としての動機づけ　301
　動機づけの結果　302
状況レベルの動機づけ研究........................302
　決定要因　303
　結　果　305
文脈レベルの動機づけ研究........................306
　決定要因　306
　結　果　309
全体レベルの動機づけの研究.....................312
　決定要因　313
　結　果　313
統合的な研究..313
　2つまたは3つの一般的なレベルにおける
　　動機づけ　314
　"決定要因→動機づけ→結果"の順序　316
結　論...316

第16章
スポーツの達成目標理論
最近の発展と将来の動向　　　　　318

主要な理論の構成概念と原理のレビュー..........318
　達成目標の概念化　318
　動機づけの適応パターンと不適応パターンの
　　前提条件としての目標　319
　達成パターンの予測　320
　状況的な影響：雰囲気の役割　320
スポーツの達成目標の測定........................320
　目標指向　320
　動機づけの雰囲気　321
　目標状態　322
研究知見：スポーツの目標と動機づけの関係....322
　目標と行動　322
　目標，信念，価値　323
　目標，楽しさ，内発的動機づけ　324
　目標と方略の使用　327
　目標とストレス過程　328
新たな動向..332
　目標指向と状況的な目標：相互作用論の観点　333
　その他の目標の見方　334
結　論...335

第17章
帰　属　過去，現在，未来　　　336

基本概念の修正......................................336
　Weiner の達成帰属理論　337

帰属先行とスポーツにおける帰属 337
スポーツの帰属要素と次元の評価 339
　スポーツと運動の帰属を評価する尺度　340
　帰属スタイル　341
　利己的バイアス　342
　行為者-観察者の帰属の違い　343
　スポーツの自発的帰属　344
　自然発生的帰属の分析：要約コメント　346
　帰属の先行条件と評価の要約　347
帰属の結果 347
　帰属と期待　347
　帰属と感情反応　348
　学習性無力感　349
　スポーツ能力の性質についての信念　349
　帰属の再訓練　353
　帰属結果の要約　355
スポーツの帰属の主体-手段-目的分析 355
結　論 356

第18章
スポーツ・運動の集団凝集性　358

凝集性の定義 358
集団凝集性の概念と測定 359

概念モデル　359
集団環境質問紙　360
スポーツの集団凝集性の相関 360
　環境要因　360
　個人要因　361
　リーダーシップ要因　361
　チーム要因　361
　パフォーマンス：凝集性-パフォーマンス，または
　　パフォーマンス-凝集性の関係は存在するの
　　か？　362
運動集団／運動プログラムの集団凝集性の相関 362
凝集性の研究の展開 364
　凝集性の多次元的性質　364
　凝集性の概念モデルは他の集団や文脈に
　　適用できるのか？　336
　過程としての検証　367
スポーツチームの凝集性の研究：
　将来の動向 369
　凝集性研究の局所的な分析の問題　370
運動／身体的活動の凝集性の研究：
　将来の動向 371
　ウォーキングクラブの凝集性　373
　集団媒介による行動変容　374
要　約 375

IV部　個々のパフォーマンスに適した心理的テクニック

第19章
スポーツの目標設定
目標効果の逆説の検証　379

目標とは何か？ 379
　目標メカニズム：目標が機能する方法　380
　目標の状態概念と特性概念　380
目標設定の理論と研究 381
　全体的な目標設定の効果　381
　スポーツの目標設定の研究　381
　目標属性の研究　389
スポーツで目標が効果的に機能しない理由 395
　小さなサンプルサイズ　396
　能力の限界に近いパフォーマンスを
　　している競技者　396
　課題の複雑性　396
　個人差　397
　適切な目標遂行方略を使用していないこと　397
目標設定の過程 397
　第1ステップ：目標設定　398
　第2ステップ：目標へのコミットメントの開発　399
　第3ステップ：目標達成障害の評価　400
　第4ステップ：行動プランの構築　400

第5ステップ：フィードバックの入手　401
第6ステップ：目標達成の評価　401
第7ステップ：目標達成の強化　402
スポーツの目標設定の研究：将来の動向 403
　最適な目標難度　403
　目標へのコミットメントの構成要素　403
　目標のモニタリングと評価　403
　環境工学／行動プランの開発　404
　複雑な課題の目標設定　404
　目標設定効果の般化　404
結　論 404

第20章
スポーツと運動でのイメージ　406

スポーツにおけるイメージ 407
　競技者はどこでイメージを使用するのか？　407
　競技者はいつイメージを使用するのか？　407
　競技者はなぜイメージを使用するのか？　408
　競技者は何をイメージするのか？　412
運動におけるイメージ 414
　運動者はどこでイメージするのか？　414
　運動者はいつイメージするのか？　414

運動者はなぜイメージするのか？　414
　　　運動者は何をイメージするのか？　415
　イメージはどのように機能するのか？..................415
　　　象徴学習理論　415
　　　精神神経筋理論　416
　　　生体情報理論　416
　　　二重符号化理論　416
　イメージの使用に影響する変数..................417
　　　運動のタイプ　417
　　　スキルのレベルと活動のレベル　418
　　　ジェンダー　419
　　　イメージ能力　420
　イメージの研究の応用と将来の動向..................420

第21章
競技者の自信の増強と理解　423

　スポーツにおける自信の研究小史..................423
　　　スポーツにおける自信の最初の概念モデル　424
　　　スポーツにおける自信の最初のモデルの限界　424
　　　スポーツにおける自信モデルの再概念化：
　　　　社会-認知の重要性　425
　　　研究と実践のためのスポーツにおける自信の

　　　　統合的なモデル　428
　競技者の自信を高める方略..................431
　　　身体トレーニングの質と達成感　431
　　　自己制御　432
　　　社会的雰囲気　433
　　　自信を増強する介入方略の要約　433
　スポーツにおける自信の増強と
　　研究の将来の動向..................433

第22章
自己制御
スポーツと運動における概念，方法，方略　435

　自己制御の概念：単純から複雑へ..................435
　　　定義とモデル　435
　　　新たな複雑性の問題　436
　　　自己制御の研究：仮説の体系化　437
　自己制御研究のレビュー..................437
　　　課題パフォーマンスの研究　439
　　　課題パフォーマンスの持続の研究　443
　　　トレーニング研究　446
　結　論..................447

V部　生涯発達

第23章
スポーツにおける
モラルの発達と行動　451

　モラル発達の理論的アプローチ..................451
　　　社会的学習アプローチ　451
　　　構造発達アプローチ　452
　モラルとスポーツ：実証的な知見..................456
　　　モラル価値の優先順位づけとスポーツ　457
　　　スポーツへの参加とモラルの論理的な思考　457
　　　スポーツと規範的なモラル判断　459
　　　モラル発達と関連する構成概念　460
　　　スポーツにおけるモラル行動の予測　461
　　　スポーツにおけるモラル行動の
　　　　包括的なモデルに向けて　462
　　　スポーツ固有のモラル構成概念の評価　463
　　　スポーツは性格を構築することができるのか？　463
　将来の研究動向と応用..................464
　結　論..................465

第24章
ユーススポーツ　その心理学的考察　466

　ユーススポーツへの参加の理論的な視点..................466

　　　有能性の動機づけ理論　467
　　　達成目標理論　467
　　　Ecclesの期待-価値理論　468
　　　スポーツへのコミットメントモデル　469
　スポーツ競技への心理的なレディネス..................469
　　　動機づけのレディネス　470
　　　認知的なレディネス　470
　参加動機づけと参加減少..................471
　　　参加動機づけの研究　471
　　　スポーツの参加減少の研究　472
　　　子供の参加動機づけと参加減少の理論的な観点　473
　　　参加動機づけの研究における将来動向　475
　スポーツにおける子供の感情成果..................475
　　　ユーススポーツにおけるストレスレベルと
　　　　不安レベル　475
　　　若い競技者における特性不安と状態不安の根源　476
　　　スポーツでの燃え尽き　477
　　　スポーツの楽しさを予測する要因　477
　感情成果に関する研究の将来動向..................478
　ユーススポーツにおける社会的な影響..................478
　　　親の影響　478
　　　コーチの影響　482
　　　仲間の影響　484
　ユーススポーツの研究における将来動向への勧告..................488

第25章
身体的活動と生活の質　490

生活の質 490
- 生活の質に影響する諸要因　490
- 生活の質の測定　491
- 生活の質と身体的活動　492

"健常者"集団における主観的なウェルビーイングと身体的活動の関係 492
- 急性的な気分状態　493
- 慢性的な変化　495
- ストレス反応の緩和　495
- 運動の効果：主観的なウェルビーイングを高めるその他のアプローチとの比較　496
- 注意すべきこと：気分低下の可能性　497
- 結論：身体的活動と主観的なウェルビーイングの関係　497

身体的活動の心理的効果を高める分類法 497
- 喜びと楽しさ　498
- 様式の特徴　498
- 練習要件　502
- 結論　504

運動とスポーツにおける至高の瞬間 504
- 至高の瞬間の理論とモデル　505
- 至高の瞬間：ピークパフォーマンス，フロー，ランナーズハイ，至高体験　506
- 至高の瞬間の促進　508
- 至高の瞬間の測定　509
- 今後の研究に求められるもの　509

結論　510

楽しさと生活の質 510
- 楽しさとは何か？　510
- 楽しさの測定　511
- 身体的活動を楽しむことの効用　512
- 楽しさの根源　513
- 楽しさの経験を記述するモデル　515
- 結論　515

結論 515

第26章
競技者の引退　517

歴史的・概念的な問題 518
引退の理論的な見方 519
- 死亡学　519
- 社会老年学　519
- 移行としての引退　520
- Kübler-Ross の人間の悲嘆モデル　520

引退の概念モデル 520
- 競技者の引退の原因　521
- 引退への適応に寄与する要因　523
- 引退に適応するために利用可能な資源　525
- 引退への適応の質　526
- 引退の危機の予防と治療　528

将来の研究への道 530
- 理論の開発　530
- 実証的な展開　530

結論 530

VI部　運動と健康心理学

第27章
動機づけ行動の理論を用いた身体的活動の理解　その影響の展望　535

スポーツ心理学者が文献を読み続けるべき理由 535
研究の動向を反映するような運動についての疑問 536
本章が取り上げてレビューした理論 536
- 共通の理論的な仮定と理論の要素　537

合理的活動理論と計画的行動理論 537
- 合理的活動理論　537
- 計画的行動理論　537
- ある TPB のレビュー　538
- TPB のレビュー　538
- TPB の概念的・測定的・分析的問題　538
- 身体的活動における TPB の研究の新しい動向　542

結論　542
自己効力感理論 542
- 自己効力感理論のレビュー　543
- 成果の期待のレビュー　546
- 結論　547

社会的認知理論 547
- SCT の研究の展望　548
- SCT の研究と身体的活動：課題　549

多理論統合モデル 549
- TTM を支持する研究結果　551
- TTM の批判的な見方　552

理論に基づく介入が直面するジレンマ 553
結論 554

第28章 活動的なライフスタイルへの支援方略
身体的活動増進の研究への公衆衛生的枠組み　555

- 身体的活動の増進 556
  - 運動不足の一般的な広まりと人口統計の傾向　556
  - 最適な身体的活動量に関する公衆衛生の勧告：その行動的また自己制御的な意味合い　556
  - 広大な研究課題　557
- 生態学的モデル：身体的活動増進の研究への公衆衛生的枠組みに向けて 558
  - 生態学的アプローチ：記述と基本的な見解　558
  - 生態学モデルに基づいた初期の理論化　559
  - 生態学的アプローチに関する最近の発展　560
  - 新たな視点　561
- 身体的活動の介入効果 564
  - 個人の変容に焦点を当てた介入の方略：HP→IND　564
  - 個人のネットワーク作りに焦点を当てた方略：HP→[IND-IND]　565
  - 対人関係の環境変容に焦点を当てた方略：HP→INT→IND　566
  - 対人関係の環境をネットワーク化する方略：HP→[INT-INT]→IND　567
  - 組織の変容に焦点を当てた方略：HP→ORG→IND　567
  - 組織のネットワーク作りに焦点を当てた方略：HP→[ORG-ORG]→IND　568
  - 地域社会の変容に焦点を当てた方略：HP→COM→IND　568
  - 地域社会のネットワーク作りに焦点を当てた方略：HP→[COM-COM]→IND　569
  - 政治的環境の変容を標的にする方略：HP→POL→IND　569
  - 政治的環境のネットワーク作りに焦点を当てた方略：HP→[POL-POL]→IND　569
  - その他のコメント　570
- 結　論 570

第29章 身体的活動とメンタルヘルス　571

- 運動後の不安軽減 572
  - 全体的な効果　573
  - 調整変数　574
  - 運動による不安軽減効果の説明　576
- 運動による抗うつ効果 577
  - 全体的な効果　578
  - 調整変数　578
  - 運動による抗うつ効果の説明　579
  - 運動は抑うつの軽減の原因なのか？　580
- 運動とストレス反応 581
  - 全体的な知見　581
- 運動とポジティブな気分 582
  - 全体的な効果　582
  - 調整変数の可能性　583
  - メンタルヘルスモデル　583
- 運動と自尊感情 586
  - 全体的な効果　586
  - 調整変数　587
  - 自尊感情の変化の説明　587
- 運動と認知機能 587
  - 全体的な知見　588
  - 調整変数　588
  - 説明とメカニズム　588
- 要　約 589

第30章 傷害のリスクと予防の心理学　590

- ストレスモデルとスポーツ傷害 590
  - ストレッサー歴　592
  - パーソナリティ　595
  - 対処資源　598
  - ストレス反応　601
  - 怪我をしにくくするための介入　602
- 将来の研究ニーズと動向の要約 604
- 実践家とのかかわり 606

第31章 スポーツ傷害のリハビリテーション心理学　608

- 理論的展望 608
  - 生物心理社会的モデル　608
  - 心理学的モデル　609
- スポーツ傷害に対する心理的な反応 610
  - 認知的な反応　610
  - 情動反応　613
  - 行動反応　615
- スポーツ傷害リハビリテーションの心理的な要因 617
  - 事例研究　617
  - 相関研究　617
  - 実験研究　618
- スポーツ傷害リハビリテーションにおける社会的な相互作用 618
  - スポーツ傷害リハビリテーションにおける社会的支援　619
  - 患者とリハビリテーション実践家の相互作用　619
  - 心理的なサービスの照会　620
- 現在の傾向と将来の研究動向 620
- 結　論 622

第32章
労作感と労作耐容能の社会-認知的な見方　623

- 指針となる概念モデル 623
  - 性質の特徴　623
  - ストレス対処の技法　624
  - 環境条件　625
- 社会-認知的な視点 626
  - 目標指向　626
  - 有能感と自己効力感　626
  - 課題固有のコミットメント／決定要因と努力　627
  - 有酸素課題と筋力課題における労作　627
  - 連合的・非連合的な精神状態が労作耐容能に与える影響　630
- 結　論 631

Ⅶ部　将来の研究動向

第33章
スポーツ心理学の現況と将来動向　635

- スポーツ心理学の発展における画期的な出来事 635
  - ソ連がスポーツ心理学の誕生に与えた影響　636
  - 初期のヨーロッパがスポーツ心理学の発展に与えた影響　636
  - 北アメリカのスポーツ心理学　637
- スポーツ心理学の将来に影響する現代の出来事　638
- スポーツ心理学の将来：近い将来の劇的な変化 639
- 要約：変化は絶え間なく続く 642

文　献　643

和文索引　776

欧文索引　782

序章

スポーツ心理学小史

　スポーツ心理学はしばしば若い学問と記述される。世界中の若く熱心なスポーツ心理学者によって，スポーツ心理学は，実践的な応用のみならず，研究としての発展性がある分野として徐々に理解されるようになっている。研究者はスポーツ心理学の多様な方法，基礎，奥行き，範囲の確立や，刺激的な研究方向の組み立ての真っただ中にある。それなのに，新しいスポーツ心理学が実際にどのようなものなのかという質問をする人がいるかもしれない。

　この分野のよくデザインされたアカデミックなプログラムの開発は，最近になってのことである。1970年までは，少数の大学が，主として体育の専攻学生にスポーツ関連の心理学コースを提供していた。この時分には包括的かつまとまりがある知識は存在しなかった。スポーツ心理学研究の科学的な基礎やプログラムが不足していたにも関わらず，多くの国の先駆的研究者は今世紀当初のスポーツ心理学に多大な貢献をした。VanekとCratty(1970)が指摘したように，2つの世界大戦の間に，そのような体育の教師や心理学者は特にロシア，ドイツ，アメリカで積極的に活動を展開していた。彼らは専門的な学会組織を1960年代に設立し，そして学会総会を開催するようになった。その結果，スポーツ心理学への関心は高まり，学会は学術的なアイディアの交換の場となった。その後まもなく，学会はもっぱらスポーツ心理学の研究発表の場として機関誌を発行するようになった。

　テーマ的にスポーツ心理学と考えられる研究は，20世紀に入る少し前に現れた。その最初の論文は一般にTriplettが1897～1898年に発表したものとされている。彼は，他者の存在がパフォーマンスに与える影響に興味があった。彼は2つの条件を設定した。第1条件は実験室内の糸巻き課題のスキル提示，第2条件はサイクリングのパフォーマンスであった。観衆の存在はパフォーマンスにプラスの効果を与えるのか，それともマイナスの効果を与えるのかが，彼の興味の中心にあった。後に，このタイプの研究は1960年代の社会的促進の理論の検証に大きく貢献したものと思われる。

　1900年代初期を通して，研究の関心は，練習の条件と学習・保持の改善の関係を理解することにあった。研究者は槍投げやアーチェリーといったスポーツスキルをときおり研究対象にした。研究者は，達成効果を確定するために，集中と分散の練習スケジュールや，種々の練習条件を操作した。その他のテーマも出現した。大半のスポーツ心理学の研究は，より限定的なもしくはより大まかな解釈という観点に依存している。書籍や研究論文は，運動学習，教授法，運動の発達，スポーツ心理学と解釈できるトピックスに関するものであった。Wiggins(1985)は，これら初期のアメリカ心理学者や体育教師による多様な研究を，非常に洞察的に考察した。スポーツ心理学の本質の概念や対応研究も，国ごとに重点の置き方が非常に異なったものとなっている。

　アメリカでは2冊の書籍(Psychology of Coaching, 1926；Psychology and Athletics, 1928)を刊行したColeman Griffithが非常に重要な人物だと認められている。これらの書籍はGriffithらが行った研究に基づいていた(Singer, 1989)。加えて，Griffithはイリノイ大学でスポーツ心理学関連の実験室とフィールド研究に関わり，またプロ野球チームのコンサルタントも務めた。彼が行った多くの研究は同僚や学生など共同研究者がいない個人的な研究であったので，彼が大学内の他のポジションに移動した後には，その研究は途絶えてしまった。他にも興味ある研究を展開していた国がいくつかあったが，コミュニケーションと言語の壁によってそれらは広まることがなかった。VanekとCratty(1970)による書籍には，これら国際的な発展の貴重な洞察が記載されている。

　第二次世界大戦は実践的な研究とスキル行動の概念的な枠組みに，多くの重大な変化と影響を与えた。例えば，心理学者に対して，軍事行動に役立つ知覚-運動スキルの要因分析や，特殊な任務の成功を予測するテストバッテリーのデザインといった要請があった。また，スキルを改善し維持するためのトレーニングの

方法に関心がもたれていた。スキルという用語は突然に，特に人間と機械のインターフェースに関して，新しい意味を持つものとなった。スキルを説明するサイバネティックス，階層性の統制，コミュニケーションモデルが徐々に発展し，行動を記述する行動主義的な手法に取って代わった(Singer, 1980)。より後になって，そのような考えは，スポーツ心理学のスキルやノウハウの獲得に関する面と同様に，運動学習や運動制御の追求といった多くの関心を引き起こした。1960年代以前の一般的な研究トピックスは，ほとんどが，パーソナリティと成功，能力と達成，動機づけ，社会過程のダイナミクスとスポーツ心理学を結び付けたものであった。おそらく，これらの多くの研究やその他の初歩的な研究は，今日的な心理学研究のアカデミックな領域と関係があるように思われる。社会，認知，職業／組織，発達，臨床／カウンセリングなどが，それらの例と思われる(Kremer & Scully, 1994を参照)。

1960～1970年代

1960年代になってスポーツ心理学は，科学的な主体性と専門性を確立した。同時に国際的になり，市民権を獲得し始めた。1965年設立の国際スポーツ心理学会(International Society of Sport Psychology)によって，諸国の研究知見や，アイディアを共有する能力，さらにはスポーツ心理学の土台構築の可能性が謳われた。この国際スポーツ心理学会の設立については，イタリアの精神医学者 Ferruccio Antonelli とヨーロッパの同僚らの洞察と努力を忘れることができない(Salmela, 1992)。同年，イタリアのローマで開催した第1回国際スポーツ心理学会では，世界各国の科学者が一堂に会して多くの研究発表を行った。1968年にはワシントンで第2回大会が開催された。1973年のスペイン大会以降は，世界のいずれかの国で4年ごとに大会を開催している。

北アメリカでは北アメリカスポーツ心理学会(North American Society for the Psychology of Sport and Physical Activity：NASPSPA)，ヨーロッパではヨーロッパスポーツ心理学会(Fédération Européenne de Psychologie duSport et des Activités Corporelle：FEPSAC)がそれぞれ設立され，それらの第1回学会が1967年に開催された。それ以降，学会は定期的に開催されている。学会のプログラム構成は，特別招待講演，口頭発表，シンポジウム，ポスター発表である。

1970年代に生じたその他の主要な展開も，スポーツ心理学の科学的基礎に多大なインパクトを与えた。ここでも Antonelli はスポーツ心理学の発展の中心人物であり，1970年に"International Journal of Sport Psychology(IJSP)"を創刊した。この雑誌は国際スポーツ心理学会の助成を受けていたが，資金的には不十分なものであった。Antonelli は自己資金を投入して雑誌の刊行維持に貢献した。彼は友人の Liugi Pozzi を説得し，雑誌の編集への参加を要請した(Salmela, 1999)。かつて，スポーツ心理学関連の学術論文は心理学雑誌や『Research Quarterly』誌(現在の『Research Quarterly for Exercise and Sport』)に散在していたが，IJSP は実験研究論文やレビューを掲載する最初のスポーツ心理学専門学術誌となった。この雑誌はイタリアで発刊されているが，掲載論文は過去から現在に至るまで英文となっており，抄録はフランス語，スペイン語，ドイツ語になっている。1979年，Human Kinetics Publishing Company の創設者でもある Rainer Martens(著名なスポーツ心理学者)のリーダーシップによって，『Journal of Sport Psychology』(現在の『Journal of Sport & Exercise Psychology』)の創刊をみた。この雑誌は掲載論文の質の高さから好評を得た。

スポーツ心理学は1970年代に別の発展を遂げた。大学は大学院の修士と博士課程レベルで確固たるプログラムの提供を開始し，学生の専門としての学術的興味を喚起した。高等な学習機関という点で，大学の社会的地位とプログラムは非常に重要である。その結果，学術機関はスポーツ心理学の厳密で学術的なプログラムを熱心に開発精緻化して，それを教育者仲間や学者仲間に評価させるという機運がきた。後に，この方向はあまりにも学術的であり，実社会では意味を持たないと感じた人々は，これを批判した。スポーツ心理学研究の関心と方向が拡張したために，主として理論的研究や実践的研究に寄与している人々は，両者が共存することを学習している。両者の方向は重要と思われる。

1980～1990年代初期

より多くの国々が独自のスポーツ心理学の組織を作り，年次大会を開催するようになった。研究を発表したいと考える者には，その機会が多くなった。アメリカでは John Silva の意向により，1985年に応用スポーツ心理学会(Association for the Advancement of Applied Sport Psychology：AAASP)が設立された。NASPSPA と比べて，AAASP は職業／実践的でより応用的なスポーツ心理学研究をより明確に指向している。研究論文の掲載誌は AAASP 後援の『Journal of Applied Sport Psychology』となっている。同様に，1986年創刊の『The Sport Psychologist』も，より応用的な研究や職業的な問題の論文を掲載している雑誌である。多くの国でスポーツ科学ジャーナル誌が続々と刊行されており，スポーツ心理学者が研究を共有す

る場が増加している。

　研究の広汎でかつ中身の充実した発展は，1980～1990年代初期にかけて顕著なものとなった。同様に，定性的研究（古典的な実験方法による定量的研究と比較して）は，以前よりも多くの支持を得た。関連学問領域では，多様な従属変数を使用した概念駆動型の研究も通例となった。応用研究は科学的にもっとも適した方法論によって，スポーツ・運動プログラムの達成や実現に関する重要な問題に答えた。一般的に，1970年代以前に研究者が関心を示した応用的なトピックスにはまとまったものはなく研究は独立していたが，系統的でかつ有意義な研究形態が1980～1990年代初期の標準となり，それが現在まで継続している。これら各々の進歩は独特であったが，普遍的な研究と結びついた。これらのスポーツ心理学に特化した研究の増加は，Singerら（1993）による『Handbook of Research on Sport Psychology』初版の出版を促すこととなった。

1993年以降のスポーツ心理学

　本書『Handbook of Research on Sport Psychology』初版の刊行以降，スポーツ心理学領域の学術的な成熟を示す多くの出来事が起こっている。例示すれば，時代に合った広汎な研究トピックスや複雑な研究方法論の出現であり，加えて練習は強力な科学的原理に基づかなければならないという認識が進んだことである。直近の過去と現在は，心理学と運動・スポーツ科学のより大きな分野に，独創的で立派な，かつ影響力のある地位を築く機会になっており，同様にスポーツ心理学研究の大きな発展の時期にもなっている。

スポーツ心理学の方向

　現在の北アメリカでは，スポーツの社会心理学的な研究が増加している。パイオニア的な初期のスポーツ心理学者の多くは，伝統的な運動行動を背景にした人々であったが，最近ではかなり多様化して，社会認知的な趣を持つ研究者が多くなっている。このような状況はいくぶん皮肉的な事態と思われる。なぜなら，北アメリカにおけるスポーツ心理学の父と誰もが認めるColeman Griffithは，彼の有名な著書『Psychology of Athletics』(1928)のほとんど半分（7つの章）を，今日でいうところの運動制御と運動学習にあてていたからである。

　北アメリカの状況と比較して，オーストラリア，ヨーロッパ，アジアの諸国では，依然として運動学習／運動制御のトピックスが目につく。Abernethy（1999）は運動学習／運動制御とスポーツ心理学の分野は歴史を共有し，相互に情報を交換してきたと強調している。1997年の応用スポーツ心理学会（Association for the Advancement of Applied Sport Psychology）の年次大会の基調講演で，Abernethyは"1960～1970年代にかけて，スポーツ心理学が運動制御から分かれて独立分野を確立したことは，研究分野の主体性と成熟にとって確かに重要なことであったが，さらなる拡散は逆効果を招くことになる"と強調した（1999, p.130）。運動学習や運動制御の研究者と，スポーツ心理学研究者の研究トピックスの関心は，特に両学問分野が基盤にしている心身相互作用のプロセスに関しては，変わらず多くの点を共有していた。この応用分野の会議が運動学習と運動制御の著名な研究者であるAbernethyを基調講演に招聘したという事実は，確かにスポーツ心理学とそのルーツの結合を維持するための努力の表われと思われる。多くの科学分野の科学と実践の現状は，提携と統合に向かっている。スポーツ心理学と運動学習／運動制御に特化した研究者には，断片化と過度の特殊化とは逆方向に進むよう望みたい。

　細分化ではなく提携が再び望ましいものとなっているが，その兆候はスポーツ／運動心理学と運動学習／運動制御を結びつけるさまざまな研究に現れ始めている。実際に研究者は，スポーツ心理学の研究と実践が，心理学者，理学療法士，スポーツ医学専門家に有用なものと認識している。例えば，最近の研究は練習スケジュールや練習の構成に関する運動学習の諸原理と同様に，臨床場面にスポーツ心理学の介入を適用し，心理学的，生理学的な健康に対するこれらの介入の効果を評価している（例えば，Page, Martin, & Wayda, 2000）。同様に，スポーツ心理学，運動行動学，運動心理学の連携分野の研究は，例えばがん患者のリハビリテーションと治療や，高齢者のメンタルヘルスの改善を支援する介入に関心を持つ基金などが，徐々に認識され始めている。

　現在のところ，研究者はスポーツの外側から，スポーツ心理学の諸原理やトレーニングの相対的な効果を綿密に検討しているが，スポーツの文脈におけるパフォーマンス向上のための介入の実行可能性や信頼性，妥当性を，実証的な方法ではほとんど評価していないことは逆説的である。スポーツ心理学の実用を重視し，強く望むようになっているにも関わらず，実際にパフォーマンス向上を検証した研究が非常に少ないことは驚くべきことである（Vealey, 1994）。スポーツ心理学の世界的な人気の上昇，スポーツ心理学のサービス提供者の急増にともない，一般的な介入の使用効果に関する評価の説明といった知識基盤の開発は，これらの介入の信頼性と効果の持続に必要不可欠なものとなっている。さまざまな人々に対するさまざまな介入の効果を確立することは，21世紀のスポーツ心理学研究にとっての主要な目標と思われる。

　最終的に，スポーツ心理学者の使命は，独創的で有用な理論を生み出すことである。おそらく，これらの

理論は心理学の他の専門分野にとっても有意義なものになるだろう。この点に関して，知覚と運動の協応を理解するために，生態学の理論家が採用しているさまざまな非伝統的なアプローチを推進している者は，その大方がスポーツ心理学者もしくは運動行動学者と思われる研究者である（Turvey, 1994 を参照）。心理学の科学的な分野に全般的に与えた影響に加えて，この調査や研究の独特なラインも，運動スキルの学習の改善に関心のある実務家が実施方法のガイドラインを開発する方法を変え始めている（第14章を参照）。同様に，リハビリテーションはもとより，競技による傷害の疫学や傷害に至る心理的な前兆を理解するためにスポーツ心理学者が展開してきた諸理論は，医師やセラピストが競技者や非競技者の傷害や病気にアプローチする方法に重要な影響を与えている。将来のスポーツ心理学の研究が提起する諸理論は，今日のそれよりもはるかに多くの分野の思考形態に大きな影響を与えるものと思われる。20年ほど前に，Landers（1982）は"スポーツ心理学の理論検証に，我々は一体何をしたのか"と題した章をある本に記載した。研究者は非理論的な研究（しばしば実用面では価値がある）を発表してきたが，現代のスポーツ心理学の研究傾向は，概念に基づいたものになっている。実際に，スポーツ心理学が科学的な専門分野として，そして重要な応用分野として浮上しかつ成熟し続けるならば，これらの進歩は，理論に基づいた研究の確立が中心になるに違いない。

過去の主要なスポーツ研究は，個人や団体の競技成績に関わる条件や行動を集中的に調べている。重要であっても，特殊な人々（例えば，重篤な抑うつ患者，高齢者，身体障害者）の運動療法（スポーツ，ダンス，レクリエーションなど）に関する研究の数は非常に少ない。また，スポーツ傷害からの回復の心理学への関心が高まっている。例えば，『Handbook of Research on Sport Psychology』の初版では，これらスポーツ心理学研究者の興味を引くトピックスを扱おうと試みた。しかしながら，1冊の本のみで公正に研究の方向を拡張し，社会に貢献することはほとんど不可能であった。少なくとも，状況は現在も変わっていない。さらに，どのように潜在能力を理解し，達成し，そして実現させるのかを明らかにすることは，スポーツ場面に限ったことではない。

運動心理学研究の急増

明確な提携と，伝統的にスポーツ心理学者と運動学習／運動制御の研究者の関係を特徴づける確証に加えて，同様の関係が運動心理学者とスポーツ心理学者の間にも存在している。実際，多くの運動心理学者は初めにスポーツ心理学もしくは運動学習／運動制御の正式なトレーニングを受けた後，より運動心理学に関連した問題を集中的に調べるようになっていた。主要な研究テーマはあらゆる年齢層の身体的活動や健康，ライフスタイルに関するものとなっている。1970年代の初め頃から人々は，健康であること，汗をかくこと，よく食べることへの志向が強くなり，一般的により長生きすることや，より良い生活の質を自覚するようになってきた。このように，運動／健康心理学者は身体的活動のプログラム実施前・後の心理状態に関わる研究に，徐々に積極的な役割を演じるようになっている。

1980年代後半まで，運動心理学の研究と興味は急増しなかった。スポーツ心理学に比べて，科学としての運動心理学の発展が相対的に遅れた理由には，以下の点などがあげられる；(1)一般人口の中で，初めは身体的活動よりもむしろスポーツ活動をする人口が多かったこと，(2)身体的活動は病気の予防と健康の維持に重要であることが最近明らかになったこと（Rejeski & Thompson, 1993；USDHHS, 1996）。1980年代に運動心理学の研究数が増加し始めた時の研究の中心は，身体的活動に対する人間の態度や認知，行動を解明することであった。このことは，もっとも流行った研究トピックスが，(1)急性運動や慢性運動がメンタルヘルスと認知（例えば，抑うつ，不安，自尊，身体イメージ，依存，気分，ストレス）に及ぼす効果，(2)急性運動時の身体機能の主観的な知覚の検証，(3)身体的活動関与の決定要因と運動増加の介在要因の同定，(4)運動に関わる社会要因，などであったことからも明らかである（Carron, Hausenblas, & Mack, 1996；Gauvin & Spence, 1996；Rejeski & Thompson, 1993）。

将来の見通し

非常にさまざまな専門性と科学志向を持つ研究者が，そのような問題を調べている。運動者，運動を目論んでいる者，もしくは一流選手，真剣なレクリエーション選手，レジャー選手などを対象にした研究の結果は，しばしばその他多くの人間の努力の理解に貢献している。同様に，スポーツ心理学以外の領域の科学的な研究は，研究のアイディア，概念の枠組み，研究の方法論，実践的な応用の可能性に関して，スポーツ心理学者の思考に多大な影響を与えている。確かに，アカデミックな専門分野の研究者の数は，スポーツ心理学のそれよりもはるかに多い。他分野の研究はスポーツ心理学者に多くの影響を与えてきたが，現代ではそのプロセスが逆になっている。両者が相互にバランスよく影響し合うことは望ましいものと思われる。

図P.1は，スポーツ・運動心理学者が研究の目的や実践的な応用のために積極的に関与している領域を，かなり広汎に概観したものである。主要なテーマをわかりやすく図示している。しかしながら，多くの研究

```
                    ┌─────────┐        ┌───────────┐
                    │ 心理学  │        │スポーツ科学│
                    └────┬────┘        └─────┬─────┘
                         └──────┬────────────┘
                          ┌─────┴──────┐
                          │スポーツ心理学│
                          └─────┬──────┘
```

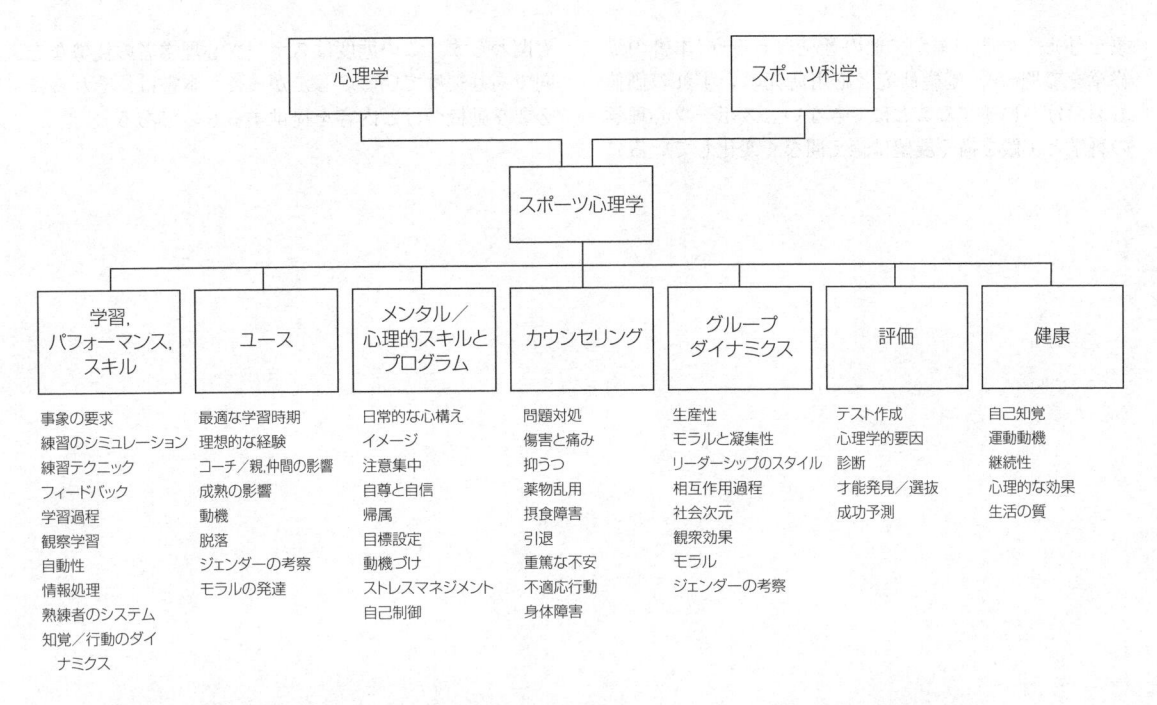

学習, パフォーマンス, スキル	ユース	メンタル/ 心理的スキルと プログラム	カウンセリング	グループ ダイナミクス	評価	健康
事象の要求	最適な学習時期	日常的な心構え	問題対処	生産性	テスト作成	自己知覚
練習のシミュレーション	理想的な経験	イメージ	傷害と痛み	モラルと凝集性	心理学的要因	運動動機
練習テクニック	コーチ/親,仲間の影響	注意集中	抑うつ	リーダーシップのスタイル	診断	継続性
フィードバック	成熟の影響	自尊と自信	薬物乱用	相互作用過程	才能発見/選抜	心理的な効果
学習過程	動機	帰属	摂食障害	社会次元	成功予測	生活の質
観察学習	脱落	目標設定	引退	観察効果		
自動性	ジェンダーの考察	動機づけ	重篤な不安	モラル		
情報処理	モラルの発達	ストレスマネジメント	不適応行動	ジェンダーの考察		
熟練者のシステム		自己制御	身体障害			
知覚/行動のダイ ナミクス						

図 P.1 スポーツ心理学と心理学・スポーツ科学との多次元的な関係

(R. N. Singer, 1996. Future of sport and exercise psychology. In J. L. Van Raalte & B. W. Brewer (Eds). *Exploring sport and exercise psychology*. pp.451-468. Washington, DC : American Psychological Association より)

はカテゴリー間を横断したものとなっている．したがって，想定できるすべての組み合わせを図示することは不可能である．

　学習，パフォーマンス，スキルを中心にしている理由は，認知過程と知覚過程の学習がどのように作用するのか，初心者が高いスキルを身につけるにはどのような練習条件がもっとも有利なのか，そして熟練者と初心者の認知操作様式の違いは何なのか，などを明らかにしたいためである．ユーススポーツ参加者の興味とユーススポーツのプログラムは，子供，能力，動機と，有益な心理成果やパフォーマンス成果を向上する支援システムのタイプの理解を包含している．研究者は心理スキルとプログラムを明らかにして，卓越したパフォーマンスの達成に寄与する個人資源を最大限に改善することができるそれらの手続きを，確定している．

　臨床心理学やカウンセリング心理学，精神医学のトレーニングを受けた者や，日常生活はもちろん，競技要求への対処をむしばむ不適応行動や障害を抱えて恐れを感じている競技者に職業的に対応しようとしている者は，一般的にカウンセリングを適用している．一般的に競技者は何らかのチームの形で競技に参加しているために，研究者はチームの構造やシステムに関するグループダイナミクスを調べて，理想の目標を達成するには集団またはチームがどのように最善に機能すべきなのかについてのガイドラインを提供している．

評価，助言，そしておそらく才能発掘を目的とするスポーツ固有の心理テストを開発しているこれらの研究者は，評価に関心を持っている．最終的に運動/健康心理学者は，すべての人々の健康や身体的活動前後の心理状態の研究に専心している．

　トップレベルのスポーツにおける観客数の増加，レクリエーションへの個人的な関心，健康についての社会的な関心，運動による生活の質の改善の可能性と相まって，スポーツ心理学や運動心理学，健康心理学の研究の将来は魅力的だと考えられる．多様な研究手法が大きく貢献するだろう．質の高い研究は理解と改善の道を開くものと思われる．本書に掲載した無数のトピックスによって，現代の多くのスポーツ心理学や運動心理学の研究の中心は明らかになっているが，それらは決して包括的なものではない．それにも関わらず，著者らは本書が研究の本質と展望を合理的に包括し，初学者の教育や，既存の研究者と同様に将来，研究たらんとする者の情熱と努力のよすがになることを願っている．

　まさしく研究の質が，アカデミックな専門分野の全体的な信頼性を識別している．研究者は，他のすべての科学分野と実質的に同様に，スポーツ心理学研究の現状を洗練しかつ多様化している．精神生理学的研究の装置から，定性的なデータの符号化と解釈のための独創的かつ革新的な分析法の開発に至るまで，スポーツ心理学者の科学的な方法とメリットは非常に強い印

象を与えている。確かに他の意見もあろう(本書の最終章を参照)が,基礎研究と応用研究のいずれの価値もおおげさに述べることはできない。スポーツ心理学の科学と実践を描く展望は絶え間なく変化しているにも関わらず,この態度はスポーツ心理学者の優勢な志向であり続けている。したがって,本書は,それらに必要な動機づけと内容を提供するものである。

I スキルの獲得

- 第 1 章　パフォーマンスとスキルレベル 初心者から熟練者まで 9
- 第 2 章　児童・青年期の運動発達とスキル獲得 20
- 第 3 章　注　意 46
- 第 4 章　運動スキル獲得における付加的フィードバック 67
- 第 5 章　練　習 91
- 第 6 章　意図的な運動行動を調べるための統合モデリングアプローチ 113
- 第 7 章　スポーツとダンスの熟練パフォーマンス 135

第1章

パフォーマンスとスキルレベル
初心者から熟練者まで

　運動の天才をピラミッドのように考え，底辺に生の筋運動成分を，そしてその上層部に特殊な運動練習を置いた場合，ピラミッドの最上層には想像能力が位置することになる。うまいだけの競技者と運動の天才とを区別しているものは，まさにこの想像能力なのである。

Malcom Gladwell（1999年8月2日）

　平均的〜上手な選手の知識や行動と，熟練者の知識や行動を区別する要因を探す研究は，エリート選手が行うごく普通のパフォーマンスの観察から始まった。コーチは長年に渡り，もっとも優れた選手には並外れたパフォーマンスの身体特性や知覚運動能力があると，一般的に考えている。意外なことではないが，優れた競技力の予測テスト（例えば，McDavid, 1977）やプロフィール（例えば，Rodionov, 1978）は，スポーツの成功に寄与するものは個人の"ハードウェア"の属性（目と手の協応，運動速度）であると強調している。そのようなテストのスコアが高い者や"理想的な"プロフィールを示す者が優れた選手になれると，研究者は考えている。

　優れた選手には，劣った選手よりも素晴らしい神経・筋肉のシステムをもつといった通俗的な考えに加えて（Sternberg, 1996 ; Winner, 1996），熟練者のパフォーマンスの長所は，領域固有の知覚能力や長年のスポーツ経験で培った機能的な知識（ソフトウェア）にあると指摘する研究が現在増加している（より詳細な議論は以下を参照：Abernethy, 1999a ; Singer & Janelle, 1999 ; Starkes, Deakin, Allard, Hodges, & Hayes, 1996）。

　本章では，初心者から熟練者に至るまでスキルレベルの異なる者たちのパフォーマンスを，いかなる要因が識別しているのかを，文献研究によってまとめてみたい。また，(1)練習の概念，(2)スポーツ科学者がスキルレベルの相違を説明・検証する実験法，(3)パフォーマンスのスキルレベル差に寄与する諸要因，(4)スポーツ心理学のコンサルタントが使用できる証拠などを，いくつかの節に分けて解説したい。

練習段階の概念

　スキルレベルの個人差を調べる1つの方法は，さまざまな練習段階にある選手の特徴を相互に比較することである。練習段階の概念は新しいものではない。事実，これまでスポーツスキルを学ぼうとした人なら誰でも，練習の過程で時々異なるタイプの経験をしたと思われるし，その経験をおそらく思い出すことができるだろう。

　一般的に練習段階の概念理論は，2つ（Adams, 1971 ; Gentile, 1972），もしくは3つ（Anderson, 1982 ; Fitts & Posner, 1967）の比較的明瞭な段階に集中している。それらのすべての理論は，初期段階の練習の目的を，課題の全般的なアイディア獲得に置いている点で一致しているように思われる。初期段階では多くの方略を実行維持や修正，棄却をしている；また初期段階ではエラーが頻発し，反応の一貫性はきわめて低くなっている。しかしながら，いったんパフォーマンスに必要なおおよその概念が獲得できると，練習は第2段階に進み，スキルが精錬されるようになる。この段階では運動の正確性や一貫性が増し，パフォーマンスの成功に結び付く環境の手がかりを，より効果的かつ効率的に処理することが可能になる（Gentile, 1972）。多くの者が，学習の中間以上の段階に進むことができない。しかしながら，さらにもう1つ上のレベルに進める者がわずかながら存在する。このレベルに達すると，努力せずに正確な運動ができるようになり，運動活動をほとんど自動的に行うことができるようになる（Anderson, 1982 ; Fitts & Posner, 1967）。ほとんど意識なしに運動が遂行できるために，このレベルに達した者はスキル環境の他の側面に注意を向けることが可能になる（例えば，対戦相手の行動，接近する物体の速度や軌道，運動活動のスタイル，競技戦略）。

練習段階の概念に基づけば，初級者は練習の認知段階，中級者は連合段階，上級者は自動段階にそれぞれ固有な特徴を示している(Fitts & Posner, 1967)。しかしながら，スキルは通常連続的な発達過程を示すので，多くの場合には，段階間に重複があると予想できる。加えて，自動段階に到達した者(熟練者)は，練習してから数年を経ても，洗練したスキルを継続できると考えられている(Grossman, 1959)。

研究者は，"計画的な練習"の量がパフォーマンススキルのレベルやノウハウのレベルに寄与する程度を確定しようとしている。Ericsson, Krampe, Tesch-Romer (1993)の理論に刺激を受けたスポーツ科学者は，計画的な練習が競技スキルの向上に果たす役割を調べ始めている。Ericssonら(1993)によれば，計画的な練習には，(1)選手にやる気をもたらす十分に明確な練習課題，(2)関連フィードバックの存在，(3)反復とエラー修正の機会，などが関与している。計画的な練習の主要な構成要素には，(1)練習の総時間数，(2)努力・決意・集中，(3)固有な楽しみの欠如，などがある。他領域(チェス，音楽)の熟練者を調べたEricsson (1996)は，スキル開発に必須の構成要素が計画的な練習の量と質であり，そのノウハウを身につけるには，多くの場合，10年に渡る計画的な練習が必要であると強く主張している。

スポーツ科学者は，Ericsson提言を実証的に支持することは，今のところ困難だとしている(例えば，Baker & Abernethy, 1999)。Salmela(1999)は，実証的な支持がうまくできない理由は，競技スポーツと他の領域(例えば，音楽)の本質的な相違にあると示唆している。例えば，スポーツ選手がノウハウを獲得する年齢は，種目によってしばしば違っている(例えば，体操競技ではより若年で獲得し，ゴルフではより高い年齢で獲得する)。加えて，競技スキルの開発には計画的な練習の量や質よりも，他の多くの要因がしばしば関与している(例えば，他の運動からのスキルの転移，コーチや他の資源の利用可能性)。このように，スポーツのノウハウの開発において，Ericssonら(1993)の計画的練習の厳密な概念がどのくらい一般化できるかは，現在のところいまだはっきりしていない。

次節ではパフォーマンススキルのレベル差を調べる実験的なアプローチについて論じ，それらのアプローチから明らかになった主要な研究知見を要約したい。

実験的アプローチ

研究者はスキルレベルに寄与する個人差の要因を，多くの実験的アプローチによって明らかにしている。1960～1970年代には，研究文献の数からみて，2つのアプローチ(個人差のアプローチと情報処理のアプローチ)が優勢であった。科学者は，まず初めに，比較的永続的な能力(目と手の協応，反応時間，運動速度といった能力)と知覚運動パフォーマンス(例えば，Fleishman, 1978, 1982；Fleishman & Hempel, 1955)が関連する程度を確定した。次に，第2のアプローチ法を使用して(例えば，Kerr, 1973；Marteniuk, 1976)，パフォーマンス環境中のさまざまなタイプの情報を処理する時の，個々人の処理を区分けしようとした。これら2つのアプローチは，多様な実験参加者から多量のデータを取り出すものであった。その結果，いくつかの練習段階において，新しい実験課題のパフォーマンスとは明白に異なる諸要因が明らかになった。スポーツ科学では，初心者や平均的な者のさまざまな特徴を熟練者と比較する(Abernethy, 1994のレビューを参照)第3のアプローチ法を使用している(熟練者-初心者のパラダイム)。これらをもとに，3つのアプローチを組み込んだ研究の結果から，多数の要因がパフォーマンススキルの個人差に全体的に寄与していることが明らかになった。

新しい実験課題を数日間だけ練習した実験参加者のスキル(一般的に，これは最初の2つのアプローチによる研究例に該当する)と，特定スキルを数年に渡り練習した運動選手のスキル(熟練者と初心者を利用した研究)の比較が妥当性に欠けると指摘することは重要である。さらに，手元の文献にさっと目を通してみても，スキルレベルやノウハウレベルの操作的な定義は，研究者間にかなりのバラツキがあることもまた事実である。例えば，"熟練者"をナショナルチームの成人メンバーと定義する者(例えば，Kioumourtzoglou, Kourtessis, Michalopoulou, & Derri, 1998)もいれば，コーチのスキル評価が高い子供と定義する者(例えば，French, Spurgeon, & Nevett, 1995)もあり，事態は複雑な様相を呈している。したがって，3つの実験的アプローチ間の連携や相異を強調するよりも，むしろ本章ではパフォーマンススキルの個人差を識別すると思われる認知・知覚・運動の特徴について議論したい。

個人差のアプローチ

科学的な方法の出現以来，研究者は一般に実験的アプローチを使用して，実験参加者のパフォーマンスに影響するさまざまな要因を分離している。しかしながら，この実験的アプローチから外れて，多様な課題における個人のパフォーマンスを，遺伝的な能力や特性(ハードウェアの特徴)から同定しようとしている研究者もいる(科学的な実験的アプローチと特異的なアプローチの違いについて，さらに詳細な議論は，Schmidt & Lee, 1999を参照)。もっとも顕著なものはFleishmanら(例えば，Fleishman, 1972, 1978；Fleishman & Bartlett, 1969；Fleishman & Hempel, 1955；Fleishman & Rich, 1963)や，1980年代の

Keeleら（Keele & Hawkins, 1982 ; Keele, Ivry, & Pokorny, 1987 ; Keele, Pokorny, Corcos, & Ivry, 1985）の研究である。

研究者は一般的に，能力を，比較的安定した個人の特性であり，時間経過や練習による変化がほとんどないものと考えている。このように，特殊な課題におけるパフォーマンス能力が高い者は成功する確率が高く，もしくはここでの議論に照らせば，より高いスキルレベルを示している。課題パフォーマンスの背後にある能力を調べるアプローチでは，一般的に多くの課題を多くの人数にテストしている。このアプローチでは，さまざまなスコア間や，時には大きなスコア群内の統計的な相関を求めて，課題の関連性を確定している。そして高い相関を示す課題間の背後にある能力は類似していると仮定している。

テストバッテリーの開発に引き続き，研究者は，これらテストの個人パフォーマンスと，新しい課題の個人パフォーマンスの関係を確定することができるようになっている。例えば，"目と足の協応"能力のテストスコアは，サッカーのゴールキーパーに必要な特定の課題パフォーマンスと強く相関するように思われる（例えば，チームメイトからパスを受ける，シュートを阻止する）。もしもそうならば，エリートゴールキーパーは，"目と足の協応"テストにおいて，初心者や非エリート競技者よりも高いスコアを示すことが予測できる。もしも能力をグルーピングする概念が妥当ならば，個人の課題関連能力を確定することによって，その課題成功の可能性を推定することができるように思われる（例えば，McDavid, 1977）。

情報処理アプローチ

競技者の課題能力（ハードウェアの特徴）には個人差があるといった事実に加えて，個人がスキル環境の情報に応答する際には，さまざまな熟達レベルで応答する可能性もある。人間の環境情報処理を理解する上で，情報処理アプローチを使用した研究はもっとも重要な貢献を果たしている。このアプローチの重要な点は，刺激-反応の間に，非重複的な連続処理段階を仮定していることである。この仮定を支持する多くの研究は，反応時間（RT）のパラダイムを使用している。このパラダイムでは，決定時間の遅さ（反応時間の遅さ）には，情報処理の1つの段階または複数の段階における遅延が反映していると仮定している（運動行動における情報処理アプローチについてのより完全な議論は，Schmidt & Lee, 1999を参照）。

刺激-反応の時間間隔には，少なくとも3つの処理段階があると示唆している多くの実験研究がある。刺激同定の第1段階には，刺激の探知やパターン認識といった知覚過程の賦活が関与している。この段階における競技者の課題は，刺激の意味を理解することで

ある。当然のこととして，この段階には刺激の強度，刺激の明晰性，刺激の熟知といった変数が影響している（例えば，Posner, 1964 ; Swets, 1964）。第2段階では，反応選択が生じ，決定処理が賦活する。この時点で競技者は，刺激の重要な特徴を同定して，適切な反応を決定しなければならない。決定処理には刺激-反応の選択肢の数や，刺激-反応の適合性といった要因が影響している（例えば，Fitts & Seeger, 1953 ; Hick, 1952）。第3段階では，効果器処理によって，選択した運動の正確な空間-時間パターンを確定している。この段階における競技者の主な課題は，正確な反応を確実に実行に移す運動指令の方法を決定することである。この段階には，運動の複雑性，運動パーツの数，運動の正確な要求，運動期間といった要因が影響している（例えば，Christina, 1992 ; Henry & Rogers, 1960 ; Klapp & Erwin, 1976 ; Sidaway, Sekiya, & Fairweather, 1995）。一般に運動パーツの数が多く，正確さの要求が多く，かつ持続時間の長い複雑な運動は，単純で正確さの要求が少なく，持続時間の短い運動よりも，始動までに多くの時間が必要になっている。

本章の後半では，練習とともに各3段階の情報処理効率が改善する方法や，エリート競技者が，ある段階の活動を迂回したり，迅速に実行することにより，初心者や平均的な競技者よりもいっそうすばやくかつ正確に実行する方法を，いくつかの研究例から論ずることにする。

熟練者-初心者アプローチ

スキルの個人差を調べるもっとも直接的なアプローチは，知覚-運動パフォーマンスのさまざまな特徴をもつ初心者，平均的な競技者，熟練者の各熟達を相互に比較することである。もともとは，チェス選手を調べた研究（Chase and Simon, 1973）が，このアプローチの草分けになっている。その後，熟練者と初心者の相違，とりわけスポーツ競技者のさまざまな知覚-認知や運動の特徴に興味を示す研究者らによってこのパラダイムは採用されるようになった。

一般的に，この手の研究では，エリート競技者と非エリート競技者の知覚処理能力，スポーツ固有の知識，機械的効率などを比較している。これらの研究の結果から，スキルの高い選手は，(1)ゲーム構造の情報を個別かつ迅速に符号化して検索していること（例えば，Allard, Graham, & Paarsalu, 1980 ; Christensen & Glencross, 1993），(2)環境の視覚探索を個別に組み立てていること（例えば，Abernethy, 1991 ; Bard & Fleury, 1981），(3)さまざまなスポーツ環境情報に選択的な注意をしていること（例えば，Allard & Starkes, 1980 ; Tenenbaum & Summers, 1996），(4)スキルの劣る者とは違った運動プロフィールを示して

いること（Berg & Greer, 1995；Temprado, Della-Grasta, Farrell, & Laurent, 1997），などが明らかになっている。

研究知見の統合

スキルの個人差を調べた研究は多岐に渡っている（本章の引用文献参照）。本節では今日までの重要な知見を要約してみたい。

一般能力の役割

一般能力の概念は，あらゆるタイプの運動課題で人々のパフォーマンスは識別できるとした古い単一的な一般能力（すなわち，彼や彼女には多くの能力がある）と，あらゆる課題にはその課題パフォーマンスに固有かつ他の課題に要求されるものとはまったく異なる一群の能力を想定した仮定との間のどこかに収まっている（Henry, 1968）。一般運動能力の考え方では，大きなグループ内における2つの運動課題のパフォーマンスは，非常に高く相関すると仮定している。つまり，多くの一般能力を有する者は両方の課題をうまくこなし，そうでない者はうまくこなせない。対照的に，厳密な"特異性"の解釈では，課題間の相関は非常に低いと仮定している。なぜなら，ある課題パフォーマンスに必要な能力セットには，別の課題パフォーマンスに必要な能力セットとはまったく違った能力セットがあると仮定しているからである。

実験参加者の母集団に対し新しい実験課題を使用した研究では，一貫して特異性の概念を支持している（Bachman, 1961；Henry, 1961；Lotter, 1960；J. Parker & Fleishman, 1960）。しかしながら，これらの研究が報告した課題間の相関の大半は一様に低い傾向を示し，また統計的に非有意な傾向を示しているが，それらはゼロよりも大きな値になっている。50のさまざまな新しい運動課題を使用して，それぞれのパフォーマンスを比較したJ. ParkerとFleishman（1960）の研究は，この事実を例示している最良のものと思われる。この実験結果から，本質的にかなり類似性の高い課題（例えば，スクワット-ツイスト-タッチとベンド-ツイスト-タッチ）は，類似性の低い課題（例えば，スクワット-ツイスト-タッチとボールバランス）よりも，高い相関を示すことが明らかになった。したがって，類似性の高い課題同士の背後には，少なくとも何らかの共通能力があるものと思われる。この考えが正しい場合には（特定のタイプの課題パフォーマンスには，ある特定の能力が重要になる），"必要"とする能力の高い者はそうでない者よりも，ある課題やスポーツで大きな成功を収めるものと思われる。

1980年代にKeeleら（Keele & Hawkins, 1982；Keele et al., 1987；Keele et al., 1985）は，一般的に課題全体がごくまれにいくつかの過程を共有しているために，個人のパフォーマンスが課題全体に相関する場合には，多様な他の"共有しない"過程（例えば，意志決定）が，共有過程（例えば，注意の切り替え）を遮蔽すると推論した。このように，Keeleのグループは2つの課題の共有過程のスコアだけが抽出できる情報処理アプローチを採用した。彼らが得た相関は，初期の研究の報告よりも一様に高かった。このことは，繰り返し運動の最大率（Keele & Hawkins, 1982），タイミング制御（Keele et al., 1985），力量制御（Keele et al., 1987）といった，いくつかの一般的なタイミング能力の存在を示唆している。その後の研究者（Franz, Zelaznik, & Smith, 1992；Ivry & Hazeltine, 1995）は，一般的なタイミング能力の概念にさらなる支持を与えている（ただし，Robertson et al., 1999とZelaznik, Spencer, & Doffin, 2000は例外）。さまざまな運動課題のパフォーマンススキル（例えば，ジャンピング，スローイング，ストライキング，バランシング）を解明したいと考えている運動科学者にとって，彼らの研究は新たな道しるべとなっている。

一般能力の概念を探索している多くの研究者は，新しい課題や一般人の参加者を実験に使用しているが，エリート競技者と初心者・平均的な者・上手な者のパフォーマンスの一般能力の違いを同定しようとしている研究者もいる。特定の能力と競技パフォーマンスの関係を広範に調べたのは，ソ連の研究者が最初と思われる（さらに詳細な歴史的展望はVanek & Cratty, 1970を参照）。水泳選手の意志力・集中力・水の感覚といった特性の同定が，しばしばこの手の研究の特徴になっていた。例えば，研究者は1963年のレニングラードナショナルチャンピオンシップ中に，世界クラスの競技者Valeri Brumelの集中時間（パフォーマンス前の時間）と走り高跳びのパフォーマンスの関係を調べた。この実験結果を要約したVanekとCratty（1970）は，"パフォーマンスのスコア（ジャンプの高さ）を加味した場合，集中時間と，パフォーマンス前の賦活や最適な努力との間には重要な関係がある"（p.18）と報告した。多様なスポーツ種目の"理想的な"競技者モデルの開発は，このタイプの研究に基づいていた（Rodionov, 1978）。加えて，ソ連のスポーツ心理学者らは，"sportprofessiograms"と呼ぶ心理生物学的なプロフィールを開発した（Schneidman, 1979）。このプロフィールは，多様な種目の競技者が最適なパフォーマンスを実施する際の重要な特性を詳述したものであった。

ヨーロッパや北アメリカのスポーツ科学者の多くは，視知覚の要因とパフォーマンスの関係を調べていたが，一般能力と競技力の強力な関係をうまく実証することはできなかった。例えば，彼らはしばらくの間，エリート競技者の奥行き知覚（物体の相対的な距

離を判断する能力）が，スキルの低い競技者や非競技者よりも鋭いと考えていた。初期の研究でBannisterとBlackburn (1931) は，ラグビー選手の左右の瞳孔間距離が，非選手の瞳孔間距離よりも長いことを明らかにした。この眼の輻輳角度の利点が，優れた奥行き知覚をもたらし，選手の競技力を向上させると彼らは結論づけた。能力の高い競技者は，平均的な競技者や非競技者よりも，奥行き知覚（Graybiel, Jokl, & Trapp, 1955；Miller, 1960；Montebello, 1953；Olsen, 1956），距離の判断（Cockerill, 1981），動体視力（Morris & Kreighbaum, 1977），周辺視（Olsen, 1956；Williams & Thirer, 1975）といった視覚属性はもとより，速度の判断（H. Parker, 1981），反応時間（Olsen, 1956；Wilkinson, 1958），運動時間（Keller, 1940；Pierson, 1956），空間知覚（Meek & Skubic, 1971），運動感覚（Wiebe, 1954）といったその他の能力も優れていると報告した研究もあった。しかしながら，知覚-運動の属性とスポーツパフォーマンスとの関係を相関分析した結果の多くには，統計的な有意差はなかった（Dickson, 1953；Montebello, 1953；Olsen, 1956；Ridini, 1968；Winograd, 1942）。

当然のことながら，北アメリカでは過去30年の間，このタイプの研究はほとんど行われていない。例外的に，Landers, Boutcher, Wang (1986) は，身体，知覚-運動と心理的な特徴が，アーチェリーのパフォーマンスを的確に予想すると報告した。しかしながら，より最近のAbernethy (1999b) の研究によると，スポーツクレー射撃の熟練者の視覚"ハードウェア"と初心者の視覚"ハードウェア"には差がなかった。事実，射撃者全員の視覚スコア（例えば，静止視力・動体視力，奥行き知覚，眼球のバランス）は，予想した正規母集団の範囲内に収まっていた。

さまざまな練習段階における運動者の情報処理の特徴

知覚-運動パフォーマンスの一般能力には，あいまいさがいくぶん残ってはいる。だが，StarkesとDeakin (1984) の研究によって，多くの情報処理能力や認知処理は，スキルレベルと関係することが明らかになっている。おそらく，どのように優れた運動スキルであっても，それは多様な処理機能に帰することができるものと思われる。例えば，エリート競技者が優れている要因は，(1) 刺激の素早い認知（知覚処理），(2) 実行に必要な多様かつ適切な反応の準備（決定処理），(3) 運動命令の迅速さ（効果器処理），にあると思われる。熟練者は，情報処理の諸側面や諸段階を"スピードアップ"して，いっそう効率的に反応することができる。例えば，速球投手の特殊な癖を認識した打者は，投球スピードの再認といった知覚処理要求を低減することができる。このようにして，打者は次の投球に対し適切なタイミングでスウィングを準備することができる。

次節では，初心者や平均的な競技者に比べ，エリート競技者がよりいっそう効果的かつ効率的に情報を選択・処理・検索している様相を，実証的な研究から紹介することにする。ここでは情報処理を知覚処理・決定処理・効果器処理の3つのカテゴリーに分けて，文献に基づいて議論したい。

知覚処理

情報の知覚処理は，環境や運動手がかりの受容と解釈に対応している。この領域の多くの実験研究は，刺激検出やパターン再認といった知覚の下位処理に集中している。刺激検出の処理は環境情報の捕捉と関係しており，パターン再認の処理はパフォーマンス関連の選択手がかりの再認に関係している。

刺激検出にもっとも大きく影響する変数は，刺激強度と刺激の明晰性である（例えば，Posner, 1964；Swets, 1964）。特に，刺激を強くかつ明瞭に提示すればするほど，その刺激はより迅速に検出することが可能になる（より詳細はSchmidt & Lee, 1999を参照）。あるスポーツ状況での刺激強度と明晰性は，スキルレベルの如何に関わらず，全選手にとって理論的には同一である。したがって，熟練者の刺激検出能力の優れた点は，パフォーマンス環境の探索や関連情報源の発見方法にあるようである。

熟練者が環境のどの側面に注意するのかを集中的に調べている研究も複数ある。例えば，AllardとStarkes (1980) の研究から，バレーボールの熟練選手は非選手に較べて，瞬間提示されたスライドフィルム内のボールの位置を迅速に検出できることが明らかになった。それより以前に，HubbardとSeng (1954) は，プロ野球打者の眼の運動を写真撮影して，打者の眼が投手のボールリリースの瞬間に移動を始め，ボールの速度に従って移動の持続時間が変化すると仮定した。より高性能の眼球運動装置を使用したBardとFleury (1981) は，アイスホッケーの熟練ゴールキーパーの多くが，シューターのスティックを注視していることに気づいた。この優れた注視のお陰で，これらの熟練ゴールキーパーは，よりパックに注視している初心者のゴールキーパーよりも瞬前にショットタイプを予測して，ブロッキング運動を開始することができた。同様に，ShankとHaywood (1987) の研究によって，大学野球の熟練打者は最初に投手のボールリリースポイントを固視して，その150 ms後に投球ボールに視点を移動させることが明らかになった。対照的に，初心者は投手のボールリリース前に過度な眼球運動やランダムな固視（例えば，投手の頭に）を示し，ボールリリース後に固視点を失った。これらのデータは，熟練者が初心者とは違った方法で固視しており，それによってもっとも早い時期に環境情報のピックアップが可能

となっていることを示唆している。このトピックスのさらなる議論は，本書の第3章を参照されたい。

熟練者と初心者の視覚的探索パターン間に，有意差を見出すことができなかった研究者もいる（Abernethy & Russell, 1984, 1987b ; Bard & Fleury, 1976 ; Tyldesley, Bootsma, & Bomhoff, 1982）。しかしながら，Adams（1966）が警告しているように，"眼球運動を使用して観察反応を推察する時に注意すべきことは，眼球運動が意識的にものを見る（looking）測度であり，眼に写ったものを単に見る（seeing）測度ではないということである"。したがって"眼球運動は，刺激を弁別する際の主要な観察反応測度にはなり得ない"（p.177）。しかしながら，Adamsの指摘にも関わらず，熟練者と初心者または平均的な選手の視覚処理を弁別しているものは，熟練選手の注意の集中（課題関連情報の抽出）であると主張することができるように思われる。

個人が注意を向ける視覚的な手がかりのタイプ，またはそのような手がかりに注意を向ける時間を調べるもう1つのテクニックは，遮蔽パラダイムである。遮蔽アプローチを使用した研究では，ビデオテープまたはフィルム上の選手の動きをさまざまな時間に停止して見せ，その後の選手の動きを観察者に予測させている。例えば，StarkesとDeakin（1984）は，遮蔽手続きを使用して，フィールドホッケーのナショナルチーム，大学チーム，経験の少ないチームの各選手を対象に，シュートの予測の正確性を調べた。実験参加者は，さまざまなシュートをする攻撃側選手や，ボールを右/左/まっすぐ前方に/高く/低くパスする攻撃側選手のビデオ映像を，ゴールキーパーの視点から視聴した。選手の映像を，半数の試行ではボールを打つ1/20秒前の時点で，残り半数の試行ではボールを打った1/6秒後の時点で遮蔽した。結果として，ナショナルチームの選手は両条件下で，他群の選手よりも正確にショットの位置を予測した。また事前の視覚手がかりだけにやむなく依存した場合（ボールを打つ1/20秒前の時点で遮蔽した場合），ナショナルチームの選手だけが予想よりもはるかに良いパフォーマンスを示した。

以前JonesとMiles（1978）は，テニスのサーブの映像をボールを打つ前に遮蔽した場合でも，熟練選手は初心者よりもサービスボールの着地点の予測が優れていると報告した。AbernethyとRussell（1984，実験2）はクリケットでも同様の結果を得ている。クリケットの熟練打者はスキルの劣る打者よりも，投手の動作から多くの予備情報を抽出していた。AbernethyとRussell（1987a，実験1）やAbernethy（1989）は，バドミントンの映像を使用し，ラケットとシャトルが接触する前にショットの映像を遮蔽した。その結果，バドミントンの熟練選手も，アプローチングショットの着地点の予測が初心者よりも優れていた。同様に

Howarth, Walsh, Abernethy, Snyder（1984）の研究から，スカッシュの上級選手は，対戦相手のボールコンタクト前に最初の予期運動をすることが明らかになった。この研究はショット前の視覚的手がかりの使用を示唆している。この研究では，平均的な選手は，対戦相手がボールに接触するまで動作を開始しなかった。SalmelaとFiorito（1979）は，これらとは少し違ったアプローチ法を使用して，アイスホッケーの若いゴールキーパーではシュートを打つ前の選手の動作情報を遮蔽しない場合，アプローチングショットの水平方向の予測が容易になることを明らかにした。このように，これらの研究者は，シュートを打つ前の手がかりを利用して，ゴールキーパーがシュート方向の予知を高めていたに違いないと推論した。

知覚処理中に選手が使用する視覚手がかりのタイプを確定するために，環境のさまざまな側面を"遮蔽"もしくはあいまいにするパラダイムを使用している研究者もいる。特殊な手がかりを遮蔽した（マスクした）場合に実験参加者の反応精度が低下するならば，彼らは来るべき事象を予知するためにその手がかりを的確に処理しているものと思われる。事象を遮蔽した研究の結果から，一般的に上級選手は初心者や平均的な選手よりも，環境情報のさまざまなパターンを知覚的に処理していることが明らかになっている。例えば，AbernethyとRussell（1987a，実験1）は，バドミントンの熟練選手が初心者よりも，対戦相手の腕の動きにいっそう強く注意していることを明らかにした。

その後，Abernethyは，バドミントン（Abernethy, 1988）とスカッシュ（Abernethy, 1990）の研究から，熟練選手は，対戦相手のラケットと腕の情報を利用してショット位置を予測していることが明らかになった。Goulet, Bard, Fleury（1989）によって，熟練テニス選手は，準備期間にはサーバーの肩や胴に，実行期間にはサーバーのラケットに，初心者よりも強く注意を集中していることが明らかになった。要約すると，遮蔽の手続きを使用した研究結果は，エリート競技者が平均的な選手や初心者よりも，より早期にさまざまな環境事象の視覚情報パターンを知覚的に処理していると示唆している。

上級者が環境情報を下級者よりも有効に処理することができるのは，上級者がパフォーマンス環境の高度な知識をより多く持っているからである（Tenenbaum & Summers, 1996）。領域固有の知識の正確な再認を最初に実証したのは，チェスの熟練者と初心者に対局局面を短時間提示し，その後に彼らの再現能力を調べた比較研究であった（例えば，Chase & Simon, 1973）。スポーツ状況に大きく関わっているものとしては，バスケットボール（Allard, Graham, & Paarsalu, 1980），ラグビー（Nakagawa, 1982），バレーボール（Borgeaud & Abernethy, 1987），フィールドホッケー（Christensen & Glencross, 1993 ; Starkes,

1987）の上級選手が，平均的な選手や初心者よりも，ゲーム構造の優れた想起力の持主であることを示した実験などがある。

熟練度の異なる3群のフィールドホッケー選手に重回帰分析を使用して，パフォーマンスを識別する多数の要因を確定した Starkes（1987）の研究は，とりわけ重要と思われる。9つの予測変数（単純反応時間，予期の一致，ボール探知の正確性とその速度，シュートの決断とその速さ，ドリブルの決断とその速さ，身をかわす決断とその速さ，ボールを打つ前の予測の正確性，ボールを打った後の予測の正確性，ゲーム情報の想起の正確性）の中で重要な予測要因は，ゲーム情報の想起の正確性と，ボールを打った後の予測の正確性だけであった。これらの結果に照らして Starkes は，視覚探索処理の予備的な"同調"が，高いスキルの者と平均的な者のパフォーマンスを識別する重要な要因の1つであると結論づけた。彼女はさらに，視覚探索の同調には3つの特徴的な処理があると示唆した。それらは，(1)"一般化"（ルールの適用性の拡大），(2)"弁別化"（ルールの適用性の縮小），(3)"強化"（適切なルールを強化し，不適切なルールを弱める），であった。

練習によって選手は，知覚処理の形態とは若干異なる自分の運動感覚についても知覚するようになってくる。一般大学生を対象に単純運動の時間課題を使用した Schmidt と White（1972）の研究から，実験参加者のエラー探知能力は，練習によって運動と同様に改善することが明らかになった。Henderson（1975）の研究から，平均的な競技者や初心者に比べて，エリート競技者は運動の質をよりうまく評価していることが明らかになった。この実験では，視覚フィードバックがなくても，ダーツの熟練者は命中位置を平均的な者よりも正確に推定していた。この知見によって，上級者のスキルは，効果器の統合と知覚処理の達成度合いによって，平均的な者や初心者から識別できることが明らかになった。スキルが低い者に比べて，上級者は運動生成に必要な運動命令をより効果的に構築するとともに，当該運動に関わる感覚と反応成果を評価することができる。

要約すると，重要な手がかりの再認や注意を扱う知覚処理の能力はとりわけ，スキルの高い者と低い者を識別する重要な要因になっている。このような処理は，環境手がかりの連続監視が必要なプレー中の選手にとって，特に有利に作用している。探し出すものが明らかになれば，熟練者は環境から有意義な情報を抽出し，迅速に適切な反応の準備をすることが可能になる（Adams, 1966）。

決定処理

選手がいったん環境情報の知覚処理を完了すると，次には適切な反応を決定しなければならない。Aber-nethy と Russell（1984）の研究によって，クリケットの熟練打者は，そうでない者よりも的確に反応を選択していることが明らかになった。この研究では，実験参加者にクリケット投手の助走フィルムを提示して，打撃を決定した時にキー押し反応をするように要請した。すべてのケースで，熟練打者は，身体をベストポジションに配して，首尾よく反応する一般的な動作を選択した。そのような一般的な準備は，投手の投球スピードを評価した後に初めてバッティングストライドを開始するエリート打者（Hubbard & Seng, 1954）の準備動作と，類似しているように思われる。

一般学生を対象とした実験研究から，(1)反応選択過程に影響する刺激−反応の選択肢の数，(2)刺激−反応の適合度，といった2つの要因が明らかになっている。一般的に，これらの実験結果では刺激−反応の選択肢数が多く，そして刺激−反応の適合度が低下すれば，それだけ適切な反応選択に時間がかかるようになると述べている（Fitts & Peterson, 1964；Hick, 1952；Hyman, 1953）。これらの原理は実験参加者のみならず選手にも有効と思えるが，これらの原理によれば，スポーツエリートは時々その反応が刺激ともっとも適合しない場合でも，もっとも適切な反応として選択せざるを得ないことになる。例えば，バレーボールにおいて，対戦相手がカバーできないコートエリアがあることに突然気づいたセッターは，外側のアタッカーにボールを上げる（より適合度が高い）よりも，ネット越しに直接ボールを落とそうとする（適合度がより低い）だろう。このように，刺激−反応の選択肢の数，もしくは刺激−反応の適合度といった要因ではなく，他の要因が選手の決定処理を左右していることがしばしばある。

選手の反応選択処理に関わるもう1つの重要な問題は，刺激−反応のコンビネーションの数とその適合度が，スポーツ種目によって異なっていることである。例えば，バドミントンの選手はラケットボールの選手よりも実行可能な反応レパートリーが非常に多く，多くのレベルに渡って刺激−反応の適合度に対処している。Housner（1981）は，バドミントンの熟練者と初心者から言語報告を受け，その後，両者の競技場面のプレーを観察した。この研究から，初心者に比べて，熟練者は非常に多くの戦略を持っているばかりか，その戦略をより適切かつ柔軟に適用していることが明らかになった。このように，スポーツパフォーマンスのスキルレベルの違いは，対戦相手の多様な刺激（相手からのリターン）に直面した場合に，多数の反応（放ち得る自分のショット）の中からもっとも適切な反応（適合したショット）を迅速に選択できるかどうかと関係しているように思われる。

対照的に，ラケットボール選手はおそらく，バドミントン選手よりも実行可能な反応数が少なく，その少ない反応数を予想通りに使用しているのではないかと

思われる。AlainとGirardin(1978)の研究では，ラケットボールの拙いショットに対しては熟練者と初心者に差がなかった。これはラケットボールの優れたショット(効果器処理)が，予測可能な反応選択(例えば，通常スマッシュはコートエリアの前部から打つが，セイリングショットやパスショットは必ずコートエリアの後部から打つ)よりも，一般的により重要であると示唆していることに他ならない。

新しい課題を使用した実験研究では，困難な刺激-反応の広範な練習が選手の決定時間を短縮する(例えば，Mowbray & Rhoades, 1959)と繰り返し指摘しているが，熟練競技者の非常に高度なスキルも，より高度な事象確率の知識(Alain & Proteau, 1980; Rosenbaum, 1980)によるものと思われる。ラケットスポーツ選手(例えば，バドミントン，ラケットボール，スカッシュ，テニス)の準備反応を調べたAlainとProteau(1978)の研究から，予期事象の確率感(対戦相手のショットに関する選手の確信)が高くなるほど，効果的な予期運動の割合は高くなることが明らかになった。より最近の研究から，優れた野球選手(French, Nevett, Spurgeon, Graham, Rink, & McPherson, 1996; French & Thomas, 1987; Paull & Case, 1994)，テニス選手(McPherson 1999)，フィールドホッケー選手(Christensen & Glencross, 1993)は，初心者や平均的な選手よりも，優れた事象生起確率の知識を保有していることが明らかになっている。

課題経験を重ねるほど事象生起確率の認識が高まることは，実験研究によって明らかになっている。例えば，LarishとStelmach(1982)は，練習に従って高い生起確率刺激の反応が速くなり，逆に低い生起確率刺激の反応は遅くなることを明らかにした。対戦相手のフェイントやなじみのないプレーの情報は，高い確率事象に対して素早く反応するエリート競技者の反応を，しばしば"台無し"にしている。かなり以前のスーパーボールで，守備側の選手が守るべきゾーンを空けてしまい，その間に，重要なタッチダウンを喫した。これは守備側の選手が対戦相手の動きを誤認したことから発生したものだった。つまり対戦相手の以前の動きから判断して，守備側の選手は当然攻撃側のプレーが同じ方面に展開するものと思い込んだに違いない。指摘したいのは，早期の反応選択には，利益と同様に損失の危険もあるということである。

要約すると，反応選択能力は，熟練選手の特殊なスキルの実行に寄与するもう1つの要因であると結論づけることができる。効果的な決定処理は，エリート選手の落ち着いた行動の1つの理由になると思われる。特殊な状況に対する最適な反応と事象生起確率の知識は，疑いなく熟練者の迅速な反応に寄与している(Tyldesley, 1981)。知覚処理のケースと同様に，素早い決定処理は，変化する環境条件の要求に見合った反応を迅速に選択しなければならないオープンスキルの

スポーツ選手にとって有利なものとなっている。

いったん決定処理が生じると，情報処理の残りの要求は，効果器処理を満足させなければならなくなる。次節では，主としてさまざまなスキルレベルの者がどのように反応を生成するかについて紹介してみたい。

効果器処理

練習を繰り返すと，運動生成の質と運動の一貫性がともに改善するようになる。さらに運動実行の自動化が進み，選手はほとんど無意識に運動を実行できるようになるし，エリート選手が時々述べる"なすがままに，勝手に動いている"といった状況が生じてくる。Pew(1966)の研究は，運動の自動化と効果器処理要求の低減を見事に例示している。実験参加者は，左右の第2指で2つのキーを交互に押し，オシロスコープ上で絶えず移動する光点を中心に停止させる作業を行なった。右のキーを押すと光点は右に加速し，左のキーを押すと左に加速した。

練習の初期段階の実験参加者は，光点の移動方向を断続的に観察して，光点がスクリーンから外れ出る前に，逆方向に移動させるキーを押して光点の位置を制御しているように思われた。しかしながら，数週間の練習後には，参加者は左右交互に素早く連続してキーを押すといった制御スタイルを取り入れて，光点をスクリーンの中心部に停止するようになった。光点が中心部から外れ出した時だけ，この自動的な運動モードを中断し，次の2つの修正方策のいずれか一方を実行した。自動的な動作を止めて，(1)一方のキーで単一の修正をして，次に他方のキーでパターンを回復する，(2)速い連続キー押しモードを続けても，一方のキーよりも他方のキー押しに少し長い時間をかけることによって光点をスクリーン中心部にゆっくり戻す。

この研究の主要な点は，実験参加者が個々の運動のモニターよりも，むしろ視覚のみによって定期的に運動を修正し，練習の制御形態をより自動化(オープンループ化)しているということである。Pewが使用したような課題の熟練者と，何百時間も練習して安定したパフォーマンスの達成が可能になった競技者を比較することは，非常に困難と思われる。しかし，重要な環境情報(例えば，テニスのアプローチショットのスピードやスピン，またはレスリングの対戦相手の動き)に注意するために，エリート競技者が自らの運動制御を"自動的なもの"にシフトすることは可能であると思われる。

いくつかの実験研究から，効果器処理の注意の要求が練習とともに低減しても(Wrisberg & Shea, 1978)，運動は決して注意なしに遂行できないことが明らかになっている(Stelmach & Hughes, 1983)。競技者を調べた最近の研究でも，この現象がスポーツ課題のパフォーマンスにも存在することが明らかになっている。SmithとChamberlin(1992)の研究では，ス

ラロームコースを走るサッカー選手の所用時間が，副課題（例えば，ボールのドリブル）を要求した時に，さらに延長した。しかしながら，熟練選手の時間延長は，初級者や中級者ほど長くはなかった。このように，上級者と平均者・初心者の効果器処理の違いは，自動化の程度にある（Leavitt, 1979）といっても過言ではないと思われる。明らかに，運動遂行のプログラムや自動化が可能になれば，それだけ選手はさまざまな競技場面に注意を注げるものと思われる（Allport, Antonis, & Reynolds, 1972）。特にこの能力は，運動実行の過程で環境の手がかりを処理しなければならないような選手にとって，極めて重要なものになっている（例えば，ドリブルしながら，フルコートプレスを破ろうとしているバスケットボールのポイントガード）。しかしながら，自分の動作に優雅なスタイルを付加することができるようなクローズドスキルのスポーツ選手も，自動運動の恩恵を享受している可能性がある（例えば，ルーチンプログラム中に，自ずから創造性が発揮できるフィギュアスケート選手）。

新しい課題を使用した多くの実験研究から，自動化は，より複雑な運動（Christina, 1992；Christina, Fischman, Vercruyssen, & Anson, 1982；Henry & Rogers, 1960；Klapp, 1977, 1996）や，複雑な長期運動（Klapp & Erwin, 1976；Quinn, Schmidt, Zelaznik, Hawkins, & McFarquhar, 1980）で，とりわけ困難になることが明らかになっている。競技者を使用した研究では，これらの要因を系統的に調べていない。しかしながら，オープンループ（フィードバックに基づいた修正がない）の制御といった急速な（500 ms 以下の）スポーツ運動（例えば，ジャンプ，キック，打撃，スローイング）のケースでは，持続時間の要因はあまり問題にはならないように思われる。一例として，Hubbard と Seng（1954）は，標準的なバットスウィングの動作時間は極端に短く，投球スピードにはほとんど無関係であると報告した。

運動の持続時間が，多くのスポーツ運動の効果器処理に関わる重要な要因ではないと仮定すれば，競技者間のスキルレベルの違いは，複雑な運動要因を処理する方法とより密接に関係するものと思われる。熟練者が練習によって複雑な運動を整理し単純な形態にする1つの方法は，長い音列をさっと弾き流すピアニストと同様に，多様な運動の構成要素を次々に"チャンク化"（クラスター化，または主観的な構成）することである（Shaffer, 1981）。もう1つの方法は，ダンサーがダンスルーチンの一定部分を仕上げ，エリート打者が全体的な打撃スウィングを仕上げるのと同様に，大きな運動を個々の構成要素または運動系列にプログラムすることである（Hubbard & Seng, 1954）。

最近では，生態学的な観点から，熟練者の運動制御を説明している理論家もいる（Haken, 1990；Turvey, 1990）。これらの理論家は，筋-骨格系が1つの動的な状態から別の状態に移行した結果を，スキルレベルの改善とみなしている。生来の身体システムは，多数の筋と四肢を単一ユニットの協応構造にして複雑な運動問題に対処している，と主張する研究者もいる（Fitch, Tuller, & Turvey, 1982；Turvey, 1977）。競技者の高度な練習課題のパフォーマンスに，この概念を広範に適用することはできない。しかしながら，エリート競技者の何らかの運動効率が生来の身体システムの活動によるといった考え方には，合理性があるように思われる。

運動動作の自動化が進めば高次中枢の自由度は増し，その結果，パフォーマンス全体により多くの注意を向けることができるようになる（ヒエラルキーの制御概念の徹底した議論は，Greene, 1972 を参照）。事実，スキルの開発は，進行中の知覚・運動過程の相互作用の結果であると主張する生態心理学者もいる。曲芸師（Beek & van Santvoord, 1992），フィールドホッケー選手（Burgess-Limerick, Abernethy, & Neal, 1991），卓球選手（Bootsma & van Wieringen, 1990），バレーボール選手（Sardinha & Bootsma, 1993）の研究は，生態心理学者の見解をそれなりに支持している。Beek と van Santvoord（1992）の実験から，曲芸師が，練習によってより正確で，より一貫性に富んだ，より柔軟な運動を生成していることが示され，また，いくつかの実例では，曲芸師が動作に優雅なスタイルの"第六感"を追加していることが明らかになっている。

研究者は科学的な研究によって，競技者の運動の特徴とスキルレベルの関係を明らかにしている。走り幅跳び（Berg & Greer, 1995；Scott, Li, & Davids, 1997），三段跳び（Maraj, Elliott, Lee, & Pollock, 1993），バレーボール（Temprado et al., 1997），少年野球（French et al., 1995）の動作解析から，熟練者と初心者のさまざまな運動構成要素の違いが明らかになっている（例えば，相対的なタイミングパターン，空間的な変動，運動力学）。個人のスキルレベルの改善とともに，運動パターンはより効果的かつ効率的になり，課題の要求を達成するようになってくる（McDonald, van Emmerik, & Newell, 1989）。

要約すると，上級者，初心者，平均者，優れた競技者間のスキルの差に寄与するもう1つの重要な要因は，状況の要求に見合った適切な運動の生成能力であると思われる。練習とともに運動構成要素の組織化と運動指令の自動化が進み，その結果，効果器処理が改善するものと思われる。言い換えると，運動力学の正確性や一貫性の改善（Marteniuk & Romanow, 1983），機械効率とエネルギー効率の改善（Sparrow & Irizarry-Lopez, 1987），大きな協応（Moore & Marteniuk, 1986；Southard & Higgins, 1987；Vorro, Wilson, & Dainis, 1978）といった運動結果の多様な質的変化は，これを反映したものである。

要約と結論

初心者や中級者と比較して，熟練者は環境の手がかりをより正確に解釈（知覚処理）し，適切な反応をより迅速に選択（決定処理）し，運動をより効果的・効率的に実行（効果器処理）することができるようである。このような方法で，上級者は下級者よりも一貫して，意図する運動目標を達成しているものと思われる。

将来の研究への提案

本章では上級者，中級者，初心者のスキルレベルの差に寄与する要因を，研究文献から紹介してきた。そうした中で，熟練運動パフォーマンスの一般能力（ハードウェアの特徴）と情報処理能力（ソフトウェアの特徴）の役割にとくに注目した。前述の論議に照らして，ここでは将来の研究に2つの一般的な提案をしてみたい。第1の提案は，選手のスキルレベル差を評価する際の取り組み方についてである。第2の提案は，研究者が，異なるスポーツ競技者のパフォーマンスでのさまざまな情報処理の役割を明らかにする方法についてである。

どのような文脈の行動であっても，行動の評価は常に困難な作業となっている。なぜなら，人は多様な変数に基づいてパフォーマンスを遂行しているからである。実際に，本章が示唆した一般的なテーマから判断しても，観察したすべての個人的なパフォーマンスのスキルの差を，単一の要因や能力，行動の特徴から説明することは不可能である。したがって研究者が，行動の熟練化にいちばん貢献している特定の要因群を見つけ出そうとする場合には，できるだけ多くの変数を考慮しなければならない。Fisher（1984）が"本気で競技者の行動を理解して，パフォーマンス成果の改善やその予測を行うには，その人と特定のスポーツ環境を考慮するのと同様に，競技者間の相互作用を考慮しなければならない"（p.731）と強く主張したことは，この事情をもっともうまく表現したものであった。最大限にスキルを予測しようとする者にとっては，相互作用と多次元が重要な用語になっている。要するに，パフォーマンススキルの個人差を調べる場合には，スポーツ心理学の研究者が多変数的なアプローチをしなければならないということである。

つまり，Starkes（1987）はさまざまな予測変数を同時に調べて，いずれの組み合わせが競技者のスキルパフォーマンスをもっともよく弁別するのかを確定したが，これと同じアプローチ法を使用して，さらに研究を進める必要がある。このアプローチ法を使用したAllardとStarkes（1991）は，熟練者はすべきことを"知っており"（知覚処理と決定処理），そして，それを"実行する"（効果器処理）ことができる達人であることを明らかにした。競技者はこれらの中のある能力，もしくは別の能力によって，ある程度の成功を収めている可能性がある。しかし，彼らはこの2つの能力を"連繋づける"ことができない（例えば，（1）完全にスポーツのニュアンスを理解してはいても，適切な運動をうまく実行できない控え選手，（2）練習ではうまいプレーをしても，実際の競技ではそれができない選手）。AllardとStarkesは，ビデオゲームのプレーヤー，口腔外科医，野球打者の実験から，知識と実行の連繋を支持するデータを得ている。すべての実験参加者はビデオゲームをかなり経験していた。これらの研究結果も，優れたパフォーマンスに重要な知識の現在の状態と行為は，適切に連繋していると示唆している（条件と行動の連繋の確立よりも，むしろ連繋の柔軟性）。

研究者が，パフォーマンススキルを評価する際には，心理的・行動的な要因の測度に加えて，身体的・生理的な変数を盛り込むべきであろう。Landersら（1981）の研究はこのタイプの一例となっている。彼らは射撃選手の身体的，心理的，精神生理学的な特徴を調べ，エリートとサブエリート選手のパフォーマンスの違いをもっとも明瞭に弁別する要因群を確定した。

この種のアプローチ法は個人差の評価に明らかに有用であり，スポーツ心理学ではこのような方法を考慮して，ある状況や課題にとって重要なパフォーマンスの特徴を確定すべきと思われる。例えば，テニスでは効果的なサーブリターン，ボレー，グラウンドストロークにとって，ボールの正確な視覚追跡が極めて重要であるが，このボールの正確な視覚追跡は，効果的なサーブにとっての必須要素ではない。サーブをする時にプレーヤーはボールを見続ける必要があるが，サーブのパフォーマンスが良くない原因は，不正確な視覚追跡ではなく他の要因にあると思われる（例えば，ボールトスにむらがあること，肢間協応の欠如，過度な筋緊張）。研究者が選手にとって困難なこれらの課題（課題の構成要素）を確定することができれば，選手の注意や改善にとってもっとも必要な要因を明らかにすることが可能になるであろう。

さまざまなスポーツのパフォーマンススキルにおいてもっとも重要な情報処理を，どのようにして確定するのかといった問題が，当該レビューの第2の含意になっている。学習と運動スキルのパフォーマンスを情報処理の理論的な観点からもっとも徹底的に論議したのは，Marteniuk（1976）であった。彼は運動スキルのパフォーマンスに寄与する知覚処理や決定処理，効果器処理の各メカニズムに，とりわけ注意を向けた。課題を分析する時の基本的な情報処理のアプローチ法は，課題に固有な要求のタイプを同定することである。課題要求を同定する際に考慮すべき1つの重要な点は，選手が不確かな環境を処理すべきなのか，そ

れともその処理は不要なのかどうかということである。"オープン"もしくは予測困難な環境におけるパフォーマンスは，"クローズド"もしくは安定した環境のパフォーマンスよりも，知覚処理と決定処理に大きな要求を課すものと思われる(Poulton, 1957)。例えば，アメリカンフットボールのクォーターバックは，トラック競技のスプリンターよりも，多数の刺激−反応ペアや，一致性の少ない刺激−反応ペアを，選択して処理しなければならない。したがって，練習時にさまざまなタイプのオプションプレーを経験する機会が，クォーターバックには必要と思われる。このような練習を積めば，競技者はどのようなタイプの反応が各状況にもっとも適切なのかを学ぶことができる。十分な練習によって，クォーターバックは最短の時間でのディフェンスパターンの認知や最適な反応の選択が可能になり，その結果，彼のスキルレベルは上昇するようになる。同様に，バレーボールのスキルレベルは，選手が競技環境に固有な空間や時間，あいまいな事象の解決力を身につけるようになれば，さらに改善するものと思われる。他方，一貫した運動を示す体操選手の能力(効果器処理)は，比較的安定した環境における彼らのパフォーマンススキルを，主に確定している。

　さまざまな課題要求を予備的に分析すれば，選手が処理すべき課題要求のタイプや，個人のスキルパフォーマンスの限界を確定することができる。Salmela(1974, 1976)は，さまざまな課題要求を評価する有用な方法を示唆しているが，現在までこのテクニックは，研究者の人気を獲得するには至っていない。重要な課題構成要素の同定，競技者の態度の評価，競技者に必要不可欠な注意の要素を目的にしたトレーニングの供給が，Salmelaのアプローチの基盤になっている。パフォーマンスの欠陥は，1つまたは複数の情報処理の非効率的な機能が原因だと思われる。例えば，セッターが上げたボールの空間的−時間的軌道の誤認(知覚処理)，または対戦相手の守備陣形やブロック配置のどこにスパイクすべきかといったためらい(決定処理)，さらには不適切な力加減(効果器処理)などが，バレーボール選手のスパイクのむらを引き起こすものと思われる。構成要素の分離方法を使用すれば，これらさまざまな処理のいずれが，個人の拙い課題パフォーマンスに影響しているのかを確定することができる。バレーボールのスパイクを例にとれば，固定位置に吊したボールをスパイクさせることで，それぞれの分離手順(効果器処理の質を反映している)を評価することができる。競技者が，これらの条件下でさまざまな目標位置に正しく無意識にスパイクすることができるにもかかわらず，ゲームにおいては良いパフォーマンスを示せない場合には，効果器処理が困難であるというよりも，むしろ知覚と決定処理の結びつきに問題があるものと思われる。他の処理要素を漸進的に分離すれば，困難さの根源は明らかになるものと思われる。いったん問題が明らかになれば，選手は適切なドリルや練習経験によって，最大のパフォーマンス改善につながるスキルを開発するであろう。

　Christina, Barresi, Shaffner(1990)は，事例研究で，個人競技者の決定処理のスピードと正確性を改善するための，優れた練習プロトコルの例を記載した。この研究の対象となった競技者は，さまざまな試合の状況下で俊敏な反応をしているが，正確性の点に問題を抱えている，アメリカの大学フットボール選手であった。コーチと相談した後に，Christinaらは一連の競技場面をシミュレートしたビデオ映像を選手に見せた。数週間に渡るビデオトレーニング中に，選手は各ビデオのシナリオに迅速かつ正確に反応する練習を行った。トレーニング期間の終了までに，選手の決定の正確性(正しい反応の割合)は25%から95%以上に上昇した。

　すべての選手にとって，スキルの改善は継続課題になっている。そのため，スキル改善の制限要因をできるだけ多く明らかにすることは重要であると思われる。いったんこの要因が明らかになれば，選手は練習を積むことによって，最大のパフォーマンスと結びつくスキルを獲得することができるようになる。将来のスポーツ科学者は，もっともハイレベルなパフォーマンススキルの要因を確定し，スキル改善の方略を同定するものと願ってやまない。

第2章

児童・青年期の運動発達とスキル獲得

　人間の運動パフォーマンスは，一生の間に大きく変化している。運動パフォーマンスは，児童・青年期に進歩し，成人期の初めにおおむね安定し，その後，加齢とともに低下する。これら年齢に関連した傾向は，単純反応時間から複雑なスポーツスキルに至るまで，多くの課題に適用することができる。一般的に，運動パフォーマンスの改善は"スキル獲得"と呼ばれる。運動やスポーツ，練習を理解するには，生涯でのスキルの獲得・発達・維持・低下を理解しなければならない。本書の他の章(24，25，29章)では成人や熟年者のスキルと運動の生涯発達を議論しているので，本章では児童・青年期に生じる運動パフォーマンスの変化を中心に説明してみたい。児童・青年期の運動パフォーマンスの変化は急速であり，その変化には以下に示すいくつかの要因がある。

- 生物学的要因(例えば，遺伝，思春期，成熟，成長)
- 環境要因(例えば，練習，経験，機会，励まし)
- 生物学的要因と環境要因の交互作用(例えば，成長期での練習と経験)

　理論的なアプローチとしての発達的なスキル獲得のモデルを用いて，次の2つの問題が提起される。それらは，(1)児童・青年期の者はどのようにして巧みな運動を獲得し，制御しているのか？　(2)認知発達や成長，遺伝，環境の特徴といった要因はどのような役割を果しているのか？　である。例えば，スポーツや運動の専門技能は児童・青年期に，認知発達，成長，成熟とどのように調和して発達しているのか？(これについての概要は，Gallagher, French, Thomas, & Thomas 1996；J. Thomas, 2000；J. Thomas, French, & Humphries, 1986；K.Thomas & Thomas, 1999を参照)　これらと競合する理論的な視点は，知覚と環境の直接的な結びつきを重視する運動システム(ダイナミック〔動的〕システム)である(発達の概要については，Clark, 1995；Woollacott & Shumway-Cook, 1989を参照)。これらの両視点は，技能の発達研究において有効なものとなっている。例えば，発達的なスキル獲得のモデルは，複雑な運動の選択や計画，実行，制御の説明を中枢神経系に求めている。しかしながら，この文字通りの見方では，熟練行動を正確に説明することはおそらく不可能と思われる。ダイナミックシステムによって運動をすべて中枢的に表現する視点には2つの主要な弱点があり，次のような注意が必要である。

1. このシステムは，複雑な運動の"自由度"の問題を，どのように緩和しているのか。
2. このシステムは，可変的なスポーツ環境の要求に対し，どのようにして柔軟性を維持しているのか。

　スポーツの複雑な運動パフォーマンスは，抽象的な表現や意志決定といった，認知的な機能を要求している。ダイナミックシステム理論は，意志決定を効果的に検討してはいない。したがって，複雑なスポーツ行動を正確に表わしているとは思えない。これら両理論を支持する研究者は，自身の考えに合致した運動課題を選択しがちである。例えば，彼らはスポーツ環境におけるスポーツスキルを調べている(French, Nevett, & Spurgeon, 1995は野球；French & Thomas, 1987はバスケットボール；McPherson, 1999はテニス；A. Williams & Davids, 1998はサッカー)。これらの運動活動の選択によって，成功に不可欠とされる熟練の複雑な認知成分を確定することができる。ダイナミックシステムを唱える者は，自然に"開花"する移動運動(例えば，歩行；J. Jensen, Ulrich, Thelen, Schneider, & Zernichke, 1994, 1995；Ulrich, Jensen, Thelen, Schneider, & Zernichke, 1994；Whitall, 1991；Wollacott & Shumway-Cook, 1989)といった系統発生的なスキル，あるいはバランスや目と手の協応(Assaiante, Thomachot, Aurenty, & Amblard, 1998；Rosblad, 1997)といった運動を，しばしば研究対象として選択している。これらの運動は実験参加者に最小限の認知活動しか要求していない。人間の運

動の発達を理解するには，前述の2つの視点とこの2つのアプローチの結合が必要ではないかと思われる。つづいて，児童の運動を調べる際の方法論的な問題を論じ，運動スキルパフォーマンスを調べる際のモデルを提示してみたい。

運動スキルの獲得を調べる方法論的な問題

児童のスキル獲得の研究には，独自の方法論的な問題点がある。例えば，実験的な操作は，成人のスキル上達のみを説明しているように思われる。しかしながら，児童の成長と成熟も，スキル上達に貢献しているものと思われる。成人のスキル上達結果とそれをもたらす過程との間には，直線的な関係がある。しかし，児童では同じ過程で上達する者もいるし，上達しない者もいる。実験的な発達研究の難しさは，目標変数以外の多くの変数を統制しなければならないことにある。このように，発達研究を行う際には，人間の発達の多くの側面を幅広く理解しなければならないし，また評価すべき従属変数の確定と同様に，研究価値がある問題を慎重に選択しなければならない。次項では適切なサンプル集団・従属変数・課題などの選択と同様に測定上の問題など，発達研究での複雑な方法論上の問題を議論する。

測定上の問題

成人と比べて児童のパフォーマンスは本質的に多様なものであり，この多様性が発達研究(J.Thomas, 1984c)特有の方法論的な問題になっている。問題は4つある。(1)年齢群の慎重な選択，(2)実験操作に敏感な従属変数の選択，(3)学習とパフォーマンスの分離による短期効果や長期効果の同定，(4)課題要求を理解し，実行する児童の能力，である。

研究者は，研究課題の理論に基づいて，発達研究の対象年齢群を選定しなければならない。WeissとBredemeier(1983)は，スポーツ心理学の研究において実験参加者を広範な年齢層から選択する時の問題点を強調した。例えば，6歳児と12歳児は異なる反応をするが，多くの研究者が両年齢群の平均データを報告している。したがって，これらの方法では群間差が隠蔽され，データは多くの児童の代表値とはかけ離れたものになってしまう。J.Thomas(1980)は，年齢群にはそれぞれ独特な特徴があるために，実年齢に沿った狭い範囲の年齢層(6～12歳よりも，6～7歳，11～12歳のように)を選択すべきであると示唆した。

処理速度と知覚感度(弁別閾あるいは丁度可知差異ともいう)の年齢差も考慮しなければならない。処理速度は記憶と学習に影響を及ぼしている。児童は成人とは違った考え方をしている。したがって，すべての

実験参加児童が等しく理解できるように，教示方法を変更しなければならない。さもないと，実験の操作よりも，実験前の操作(教示方法)が児童のパフォーマンスに影響してしまう。同様に知覚的な差異も考慮しなければならない。例えば，共通の出発点から，若干角度の異なる標準長の運動を利用したK. ThomasとThomas(1987)の研究から，年長児童や成人に比べ，年少児童は運動の方向差(角度)を確定するのに常に3倍の時間を要することが明らかになった。したがって，運動課題によって成人と児童の運動差を評価する場合，その差は，両群の実験効果の検知閾値よりもさらに大きなものとなるに違いない。

5～19歳までといった幅広い年齢層を対象とする場合には，課題の選択が重要になってくる。5歳児がうまく達成できない課題(床効果)でも，19歳なら全員が達成できるものもある(天井効果)。このようなパフォーマンスの変動は，発達的な差異によるものである。したがって，幅広い年齢層のパフォーマンスを発達的に捉えるためには，慎重に課題を選択しなければならない。

最後の測定上の問題は，パフォーマンスと学習効果に関するものである。SchmidtとLee(1998)が論じたように，学習効果を確定するには，実験変数が存在しない状況で参加者に課題を遂行させる保持時間を設定する必要がある。GallagherとThomas(1980)は，フィードバックの特徴を操作して，結果についての知識の処理時間として，児童に3秒，6秒，12秒の時間を与えた。36試行を実施したGallagherとThomasは，児童であっても，結果についての知識の処理時間が12秒あれば，成人と同等の成績を示すと結論づけた。しかしながら，GallagherとThomasは実験に保持時間を考慮しなかったために，この効果が一時的なものなのか，それとも持続的なものなのかは確定できなかった。

大半の発達研究は，横断的かつ実験的なものになっている。縦断的研究は貴重な情報を提供しているが，その実行には費用がかかるために減少する傾向がある。さらに，長期間にわたる縦断的研究には，減少率といった問題がある。なぜなら，児童の成熟前に新しい技術や情報が出現して，実験が非倫理的あるいは時代遅れになる恐れがあるからである。児童を対象にした多くの研究が横断的かつ記述的，あるいは事実上準実験的になっているのは，このような理由によるものである。特に年齢と性別は，発達研究において，実験参加者を選択する際の重要な問題にもなっている。

運動スキルの獲得とパフォーマンスには，運動の特徴(過程)と運動の成果が反映しているものと思われる。課題目標の達成をベースにした運動の成果は，伝統的によく使われる測度となっている。最近の研究は，運動力学，筋電図(EMG)，地面反力といったいくつかの測度から運動の特徴を記述する，運動スキル

パフォーマンスの過程に集中している。運動成果の多くの測定は実験室で行われているが，しばしばフィールド(例えば，学校)でも測定されている。測定のタイプは研究課題によるが，研究者は実験室とフィールドの両方を使用することが多い。次項では一般的な成果とその特徴を論ずることにする。

運動の成果

運動の成果を評価する場合には，一般的に3つの測度，(1)エラー，(2)時間，(3)反応量，を記録している(Schmidt & Lee, 1998)。エラーの測度は，目標値からのズレを記述したものである。パフォーマンスの一貫性が重要な場合には，エラー変動(variable error：VE)を選択すべきである。反応の偏りが重要な場合には，恒常エラー(constant error：CE)あるいは絶対恒常エラー(absolute constant error：ACE)を使用すべきである。SchmidtとLee(1998)は，これらのエラーやその他のエラーを包括的に論評している。発達研究では，VEがしばしば重要なものになっている。なぜなら，多くの課題の運動パフォーマンスは，実験参加者の発達とともに，そして練習の結果として変動が少なくなってくるからである(しかしながら，参加者間の個人差は，年齢や練習とともに大きくなるかもしれない)。例えば，児童のテニスのフォアハンドショットは，練習とともに，さらに一貫性が増してくる。しかしながら，2名の児童のフォアハンドショットの差は，練習とともに大きくなる可能性もある。発達研究では反応の偏りも重要になっている。偏りには，実験変数によるものと，研究対象の変数と無関係な外的変数(児童と大人の身体差など)によるものがある。

成果測度の第2のタイプは時間である。これは速度として直接測定されることが多い。反応時間(reaction time：RT)と運動時間(movement time：MT)は伝統的な測度となっている。研究者は，単純反応時間を使用して，認知時間や信号から反応開始までの時間を記述している。反応時間は，運動前時間(意志決定の評価)と運動時間(筋が運動指令信号を受容し，実際に運動を開始するまでの潜時)に分割することができる。運動時間は運動開始(反応時間の終了時点)から運動終了までの時間である。特に発達的に興味があるのは，反応時間を分割した認知時間(運動前時間)と運動時間である。意志決定のもっとも簡単な形は，反応すること(反応時間)である。運動時間は加齢に伴う神経学的な変化(例えば，髄鞘化の増加や運動神経の成熟)を表わしている。したがって，認知時間や運動時間はともに児童期に短縮し，児童の年齢に関連した運動パフォーマンスの違いを一部説明している。運動成果の第3の測度は反応量であり，どれくらい遠くまでボールを投げることができるのか，腹筋運動が何回できるのかといったことが，反応量に該当している。

運動の特徴

運動の特徴(過程)の測度は，児童がどのように運動するのかといった，運動の質に関する情報を提供している。研究者は運動の特徴を評価し，基本的な運動パターンの発達を記述している。運動の特徴を記述する場合に，一般的に，(1)運動学，(2)EMG，(3)地面反力といった3つのタイプの測度を使用している。運動学では身体の位置・速度・加速度によって，四肢あるいは身体全体の運動を記述している(例えば，Yan, Thomas, Stelmach, & Thomas, 2000)。研究者は運動学的な測度から，以下に示す児童の運動制御を理解している。

- 速度の情報(さまざまな四肢・身体部位の速度によって，運動タイミングを確定したり，運動を停止した位置や躊躇した位置を突き止める)
- 加速度(身体や四肢のさまざまな部位の力量変化を表わす速度)
- 攣縮(運動変位の記録。スムーズな運動を反映し，運動速度，方向，タイミング変化に高い感受性を示す)
- 線形運動(関連関節の時間的な協応。理想的な運動と実際の運動との平均偏差の測度)
- 頂点速度時間(運動開始から最速になるまでの時間)
- 区切り間隔(運動変化に要する時間)

これらの測度を使用する目的は，直接観察できない過程を推定することにある。したがって，これらの測度には，スキル獲得の機序の背景指標としての意味しかない。例えば，これらの測度によって，運動実行の年齢差を調べることができる。例えば，特定の運動タイプを調べる際に偏差の2乗平均誤差や，スムーズネスの指標といったその他の処理測度を使用すれば，児童と成人のバランス制御の違いを調べることができる。

運動の特徴の測度には，フォースプレートを使用した地面反力もある。幼児が走る場合には，体重の3倍以上といった，大人よりも極端に大きな力が地面に加わることを，Fortney(1983)は明らかにした。この力は，幼児が時として若木骨折を起こす理由になっている。

EMGは，運動時の筋収縮を電気活動として測定したものである。EMGのトレースは，運動の時間パターンと運動強度を表わしている。Whitney(1991)は運動学とEMGを併用し，多様なバランス運動を経験した児童(5歳児の体操経験群)と，バランス運動の経験がない児童(5歳児の水泳経験群)の姿勢反応の違いを調べた。Whitneyは両測度を統合して，顕在的な運動

の筋収縮の系列を確定した。その結果，5歳児であっても，水泳経験群の者は体操経験群の者よりも標準立位中に脚の左右の揺れが大きく，より大きなEMGの活動を示した。

　成長・成熟・学習といった要因は，児童のスキル獲得に影響を及ぼすものと思われる。例えば，年長児童は年少児童よりも明らかに速く走る。しかしながら，走行運動過程の分析によって，より効率的な走行に寄与するものは，児童から青年への歩幅率の変化ではなく，足の長さの変化と強度の変化であることが明らかになっている。

介入研究，縦断的研究，横断的研究

　研究者は，運動スキルのトレーニングを使用して，次の2つの問題を検討している。第1は資質(遺伝・成熟)と養育(環境や学習)の影響といった問題であり，第2は練習の効果を長期間保持できるかどうかといった問題である。トレーニングの研究知見が混乱している問題の1つは，スキルタイプにある。系統発生的なスキル(例えば，運動の重要な段階)と，トレーニング開始時期や運動効率には，関連性がない。したがって，これらのスキルを調べたトレーニング研究(およびトレーニング剥奪の研究)では，トレーニングに効果がないことを示唆している(Dennis, 1935；Dennis & Dennis, 1940)。しかしながら，練習に個体発生的なスキル(学習したスキル)を適用した研究では，トレーニングに短期的な正の効果を認めている(McGraw, 1935)。長期の練習とスキルパフォーマンスの関係を調べるには，縦断的な研究が必要である。しかし残念ながら，縦断的なトレーニング研究はほとんどない。研究者は現在まで走・跳・投といったスキルを縦断的に研究しているが(Glassow & Kruse, 1960；Halverson, Roberton, & Langendorfer, 1982；Rarick & Smoll, 1967)，各年ごとのスキルの相関が高いかどうかを確定しているに過ぎない。研究者は各年ごとのスキルの相関を調べて，実験参加者のスキルが安定しているかどうかを評価している。しかしながら，結果は否定的なものであり，一般的に相関係数は0.5以下になっている。

　Clarke(1967)はコーチによる児童評価の縦断的な研究を報告した。対象とした小学生群と中学生群の25％は，すべて選抜チームの優秀な代表選手であった。代表選手の44％は，小学生時に代表選手であったが中学生時には代表選手ではなくなっていた。一方，中学生時の代表選手の30％は小学生時には代表ではなかった。Clarkeは高等学校入学後のデータを収集しなかったが，これらの代表選手たちに重要な変化があったことは想像に難くない。早熟の少年は体も大きい傾向があり，年少時にはそれが有利に作用している。このことから，Clarkeが調べた小学生時の代表選手は早熟者であったと解釈することもできる。しかしながら，青年期が始まると，早熟の少年の身体サイズの有利さが消失してしまう。運動パフォーマンスと成長・成熟との関係は，成長の節で詳しく論ずることにしたい。

スキル発達研究のアプローチ

　運動スキルの発達を調べるもっとも一般的な5つのアプローチは，(1)発達段階，(2)ダイナミックシステム，(3)情報処理，(4)専門技能，(5)レディネスである。これらの各々のアプローチは，運動スキルの獲得と発達の関係を理解する上で，大きな貢献をしている。これらの枠組みによる研究の結果を議論する前に，これらをそれぞれ簡単に解説する。

発達段階

　発達段階の概念では(例えば，Piaget, 1952)，固有な行動や行動のクラスターを使用して，規則的・直線的・不変的な様式で発達する一般的なパターンを記述している。また，段階の概念は，応用や研究にとって魅力的なものになっている。実験参加者の年齢や学年レベルではなく，参加者の共通の特徴に基づいて分類できることが，多くの研究パラダイムに直感的にアピールしている理由と思われる。ただ，段階については，(1)2つの段階の過渡期にある者をどのように扱うのかといった問題，(2)ある個人をその段階にどのように正しく振り分けるかといった問題，の2つの困難な問題がある。しかしながら，段階幅を広げると分類の正確性を失う恐れがあるし，特殊な狭い範囲の段階を設定すれば，対象となるスキルに面白味のない定義をしなければならなくなる(J.Thomas, 1980)。FittsとPosner(1967)やPiaget(1952)は，運動スキルの獲得研究が使用している学習段階を紹介している。次にこれらを簡単に述べてみたい。

　学習者の特徴が反映する運動スキル学習には3つの段階があると，FittsとPosner(1967)は記述した。第1段階は認知の段階であり，この段階で学習者が獲得するものは課題の概念である。認知の段階のパフォーマンスには，課題の認知的な組織化といった特徴があり，運動の実行中には大きなエラーや多様なエラーが出現する。第2段階は連合の段階である。この段階の学習者は，エラーがさらに少なくなり，多様なエラーが出現するよりも同じエラーを繰り返すようになる。最終段階は自動化の段階である。この段階では，エラーが小さくかつ少なくなり，学習者はエラーの検出や修正が可能になる。したがって，学習者は実行中の運動について考える必要がなくなり，ただ運動の選択時点や完了時点のみを考えるようになる。

Piaget(1952)の発達段階理論は，彼の2人の娘の観察から生まれたものであった。Piagetの発達段階は4つあり，それらは，(1)感覚運動期，(2)前操作期，(3)具体的操作期，(4)形式的操作期，であった。ある種の課題解決能力の有無が，各段階を決定していた。課題解決はその段階を定義する規準になっていた。例えば，前操作期段階では，単一の特徴からあるものを分類することができても，2つの特徴に基づいて分類することはできないというものであった(Flavell, 1977)。具体的操作期の児童は，厳密な規則に固執し，意志決定をする際にはこれらの規則に依存するといった特徴があった。Piaget派の段階説には2つの主要な強みがある。

1. 確実性—児童の直接観察から発達について述べていること。
2. 雄弁さ—単純かつ率直な方法で発達を記述していること。

しかしながら，Piagetの理論には次の3つの限界がある。

1. 課題関連の認知能力を定量化するには課題が難しく，したがって，課題ができたか失敗したかによってパフォーマンスを判断していた。
2. 認知処理の正確な変化を評価することは困難であった。
3. 段階から段階への移行には，成熟が関係していた。

Pascual-Leone(1970)は，最初の2つの問題を解決するために，新Piaget理論を考案した。彼は数学的な公式を提案して，それぞれの課題能力を確定した。この公式によって，ある段階内の児童の違いを明らかにすることができ，さらに段階間の違いをうまく調べることができるようになった。このシステムでは，離散的なスキル課題の分析に，哲学的な論理を使用していた。このアプローチは，運動のような連続的な課題を効率的に分析するには不向きなものであった。このため，このシステムをマスターした研究者はほとんどいなかった。段階の移行を成熟に帰属する3番目の問題は，変化の理由を説明不能な変数に単に委ねていることである。この見方によれば，介入や実験操作は現在の発達段階を超えて児童のパフォーマンス課題に影響することはほとんどないということになる。段階が認知や運動スキルの発達を有意に抑えるといった考え方は，多くの研究者が否定している。むしろ逆に研究者は，行動やパフォーマンスの多くの部分を，練習やチャンスといった環境の特徴に帰属できるアプローチを好んで選択している。

情報処理

コンピュータリテラシーとその使用が浸透した1970年代に，コンピュータのメタファーを使用して認知行動を説明する枠組みができ上がった。AtkinsonとShiffrin(1968)やShiffrinとSchneider(1977)は，コンピュータのハードウェアとソフトウェアによって人間の思考を説明する詳細なシミュレーションモデルを開発した。これに続いてOrnsteinとNaus(1985)，Chi(1976, 1978, 1982)，Kail(1986)は，同様な方法で発達を説明しようと考え，児童の情報処理を調べて，成人の情報処理システムを構築した。この理論によって，パフォーマンスのさまざまなレベルを，それぞれ個々の処理成分から調べることが可能になった。

情報処理モデルは，記憶範囲，処理速度，短期記憶過程(符号化・リハーサル・検索・組織化)，メタ記憶(知識・方略の知識)を中心に，非常にうまく機能した。これらのパラダイムを使用して，かなり多くの研究において運動スキルが調べられている(J.Thomas, 1980, 1984aの要約を参照)。これらの研究の実験操作から，次の2つの独創的な概念が明らかになった。

1. 年少児童に課題解決の手法を与えると，その課題解決手法を効果的に使用し，年長児童と同じように行動することができた(Gallagher & Thomas, 1984, 1986 ; J. Thomas, Thomas, Lee, & Testerman, 1983 ; Winther & Thomas, 1981)。
2. 年少児童は十分に経験を積んだある特定領域の関連課題を，年長児童よりもうまく遂行することができた。

2番目の概念は専門技術の概念と結びついている。これを次に述べることにする。

専門技術

情報処理の枠組みの研究から，児童期の知識と年齢の直線的な関係が明らかになった。知識の増加に寄与するものは経験と学習であった。しかしながら，年少児童の中には，ある特定領域(例えば，チェス，恐竜，野球)の知識が，年長児童や成人よりも豊富な者がいる。一般的に，多領域の知識の内容は年齢とともに増加する。そのため，年長児童の知識は年少児童よりも豊富になっている。また，知識は経験によって増加するために，より多くのことを経験している者は，経験の少ない者よりも豊富な知識を持っている。専門技術については初期の興味深い研究がある。それは，年少児童があるカテゴリーの知識を習得すると，年長児童や成人と同様に，より巧みな方略を使用できるようになるというものだった。直感的には知識は年齢や経験とともに増加するものと思われるが，直感に反して，

年少児童の知識の内容は年長児童よりもさらに優れていることが明らかになっている。専門技術の研究は，こうした研究から始まった（Chase & Simon, 1973；Chi, 1978；Chiesi, Spilich, & Voss, 1979）。

専門技術の研究によって，児童は方略を専門領域の内容に限定して使用することができても，その方略を他領域の内容に一般化できないことが明らかになった。単なる成熟ではなく，むしろ経験が情報処理の変化を駆動するというのは，重要な発想の転換であった。専門技術の研究は事例研究から始まり，続いて準実験的な研究へと移行した。情報処理や運動スキルの獲得研究では，新しい課題を使用して，検討している専門技術に対して熟練者の特定の経験や特徴が与える影響を排除した。スポーツ研究では，熟練者の研究に，(1)知覚-運動モデル（ダイナミックシステム），(2)認知モデル，の2つのモデルを支持している（スポーツ専門技術の研究方法論は，Abernethy, Thomas, & Thomas, 1993を参照）。

専門技術を調べるもう1つの方法は，同一児童の専門技術の獲得過程を縦断的に追求することである。問題は誰が専門技術者になれるのかを予測することである。専門技術者になり得る児童を確実に予測する方法は開発途上にある。そのため，研究者は主として横断的な方法と回想形式の質問紙を使用している。

ダイナミックシステム

ダイナミックシステムの観点から運動の発達を調べている研究者は，運動が，課題固有の情報に応えて自己組織化する協応パターンであると考えている（Ulrich, 1977および本書の第6章のDavidsらの最新評論を参照）。ダイナミックシステムのアプローチには，次に示す特異的な3つの特徴がある。

1. 脳は運動を表象していない。
2. スキル運動の発達と成熟との間に，関数関係は存在していない。
3. 熟練運動行動は，複数の内的・外的サブシステムが相互に作用した結果である。

内的なサブシステムは，筋・神経・心臓血管・動機づけシステムといった身体的・生理的な構造であるが，外的なサブシステムは課題と環境条件である。ダイナミックシステムの理論は，本質的に，できるだけ少ない自由度によって複雑な運動を説明している（Heriza, 1991）。このシステムは，どのような課題の運動や活動であっても，少数の単純なパターンに組織化する多様な方法を保有している。新たなパターンは，既存の安定した形態が動揺して出現したものである。あるパターンから次のパターンに変化するのは，システムのいくつかの要素や現在のパターンがうまく機能しなくなったからである。古いパターンが有効に機能しなくなった場合には，運動システムが代わりのシステムを探索し，サブシステムの新たな構造に基づいて自己組織化するようになる。ある安定したパターンから次のパターンへと個々人のシステムが移行する場合には，パフォーマンスの変動が最大になる。ThelenとUlrich（1991）は，その例として幼児の歩行パターンの出現を取り上げている。幼児は強度や姿勢の制御といったサブシステムの縮小によって，はいはいや回転パターンを放棄し，その結果，歩行パターンが出現してくる。

運動発達を調べるためのダイナミックシステムモデルの効果は，幼児の身体制御や歩行運動のいくつかの研究から明らかになっている。例えば，J.Jensenら（1994）は，3ヵ月の乳児が仰臥姿勢から垂直姿勢に変化する時の重力の影響を明らかにした。重力は垂直姿勢に大きな影響を及ぼしていた。姿勢の変化によって，脚蹴り（股関節部・膝）に影響を及ぼす諸関節の関係が低下した。その後，J.Jensenら（1995）は，近位から遠位への組織化と同様に，キック相の巧妙な調節と，生後2週間，3ヵ月，7ヵ月の乳幼児の加齢との関係を報告した。Ulrichら（1994）は，7ヵ月児のトレッドミル歩行パターンが，身体を垂直に支えている場合には安定性が増すと報告した。これは運動の自己組織化を示唆していた。最終的にAssaianteら（1998）は，幼児が身体バランスの重心を臀部から肩と頭部に自己組織化するのは，11〜19ヵ月であると報告した。重心をバランス制御の開始点と考えた場合，これは近位から遠位に組織化が生じたことになる。個人の成熟とともに発達する歩行のような系統発生的なスキルを，運動システムの自己組織化とみなす考え方は，直感に訴えるものがあり，これまでに引用した研究データとも一致している。

レディネス

学習者が新しいスキルを獲得できるのは，3つの要素が統合するレディネス状態の時である（訳注：レディネスとは学習成立のための準備性のこと）（Magill & Anderson, 1996）。第1の要素は成熟である。したがって，スキルの遂行には，身体・認知・感情の成熟が必要である。例えば，児童の跳躍には十分な強さとバランスが必要である。さらに，児童が跳躍運動を獲得するには，適切な手がかりに注意する能力が必要である。また，他の児童と一緒にグループ活動をするには，感情的な成熟が必要である。レディネスの第2の要素は，学習者のスキル獲得を事前に保証するための課題分析である。例えば，児童は跳躍ができなければ，スキップを学習することはできない。レディネスの第3の要素は，個人の動機づけとスキル獲得に関係している。Passer（1996）はレディネス確定

の困難さを指摘した。例えば，4〜5歳頃の児童はスポーツのスキルを開発することができる。しかし，11〜12歳になるまで，競技（例えば，役割取得，帰属）を理解することはできない。したがって，1つの特徴に基づいたレディネスは，他の特徴のレディネスにはならない。このことが概念としてのレディネスを使用しにくくしている。レディネスの1つの前駆条件であり，ダイナミックシステムの1つの重要な要因は，成熟と成長である。次節では成熟や成長の変化をスキルパフォーマンスに関連づけて，成熟と成長に関わる重要な研究知見を紹介する。

成長における加齢変化とジェンダー差

　成長と成熟は，児童の運動パフォーマンスとスキル獲得に影響を与えている。したがって，成長と成熟が研究の主要な変数でない場合でも，児童を調べる時には，それらを理解する必要がある。本節では，(1)身体の全体的な発達（身長・体重・肥満），(2)ジェンダー差・文化差，という2つのカテゴリーを簡単にレビューする。発達研究を計画，説明し，さらに効果的に応用するには，成長と成熟の影響を理解する必要がある。例えば，同じ練習と教示をしたとしても，女児のパフォーマンス改善は，男児と同程度にはならないと仮定することができる。しかしながら，この仮定は不適切である。なぜなら，思春期以前の男女は類似しているからである。さらに，身体活動・練習・激励といった環境の変数は，男児と女児のパフォーマンスの差や生物学的な差に大きな影響を及ぼしている。身体的なパラメータが運動スキルのパフォーマンスに及ぼす影響は，運動スキルのパフォーマンスの章で詳細に議論することにしたい。

　身長，肩と股関節部の幅，脂肪の分布，肩と股関節部の距離，身長と座高の比率などの多くの要素は，比較的環境の影響を受けにくい。他の要素（脂肪，身体周囲，筋）も，比較的変化しにくい。しかしながら，熟練パフォーマンスを調べる場合には，これらのすべての要因を考慮しなければならない。なぜなら，これらの要因は児童期に渡って変化し，それによって児童と成人の間に存在するある種の差を説明することができるからである(Malina, 1975)。この点は成長とパフォーマンスの議論から明らかになるものと思われる。

全体的な身体の発達

　成長と発達には規則的な連続性がある。しかし，身体の各部分は同じ割合で成長するわけではない。Scammon(1930)は生殖系・内分泌系・神経系・一般的な身体システム（例えば，身長や体重）のさまざまな発達パターンを測定して，このことを明らかにした。誕生〜2歳までにもっとも急速に増加するものは，身長と体重である。その後，成長速度は減速するが，身長と体重は児童期中増加し続ける(Malina, 1975)。成長は思春期に再び急速となるが，その後成長率と成長速度は減少し，成人になると成長は停止する。図2.1は身長と体重の増加曲線を比較したものである。この図によって，身体の成長は変動しながら直線的に増加することが明らかになっている。

　身体のプロポーションは，さまざまな身体部分の成長率の違いによって変化している(Malina, 1984)。胴体と頭部は比較的緩やかに成長するが，四肢は速やかに成長する。これは，重心の下方移動と，身体全体に対する頭部の割合の低下を意味している。このような関係は，身体の成長時間が長くなればなるほど，より大きな影響を受ける。骨は伸びて，幅と質量が増加する。非脂肪組織は脂肪組織よりも速く増加する。さらに，骨と筋の成長によって身体幅と周囲長は増加し，脂肪の増加によっても周囲長は増加する（図2.2参照）。

　神経系は，誕生から学齢期までに次の3つの様式で急速に発達する(H. Williams, 1983)。それらは，(1)神経は身長に合わせて成長する，(2)ミエリンは厚さや長さを増し，神経の伝導速度と正確性を保証する，(3)シナプスの数が増加して，神経と筋の情報伝達はさらに良くなる，である。ミエリンとシナプスは成長中にも発達し続けるが，運動神経の発達は学齢期までにほぼ完了する。中枢神経系には，30歳代の初めころまで継続的に発達する部位もある。

　生殖システムの成熟は，身長・体重・身体区画比率・肥満度・成長率といった人体計測学の要因を左右している。この影響はジェンダー差や人体計測データの文化差からはっきりと読み取ることができる。

成長のジェンダー差

　身長や体重の平均値は，誕生から一生を通じて男子の方が大きくなっているが，児童期の差は小さく，計測値の男女間の重なりも大きい(Malina, 1975)。このように，思春期以前の男女は，身長と体重が類似している。一般的に女児は11〜12歳の間に思春期を迎えるが，男児は13〜14歳の間に思春期を迎えている。したがって，女児の思春期前の急激な成長は，男児よりも早めにやってくる（図2.1）。女児の成長停止も男児より早い。女児の平均身長と体重が男児より大きいのは，思春期前の急激な成長期においてのみである。男児と女児の身長と体重の計測値は分散が大きく，それが男女の値の重複の原因になっている。

　男子の方がより長期に渡って成長するということは，児童期における脚の成長率の大きさとあいまって，男子の脚が女子よりも相対的に長いことを意味し

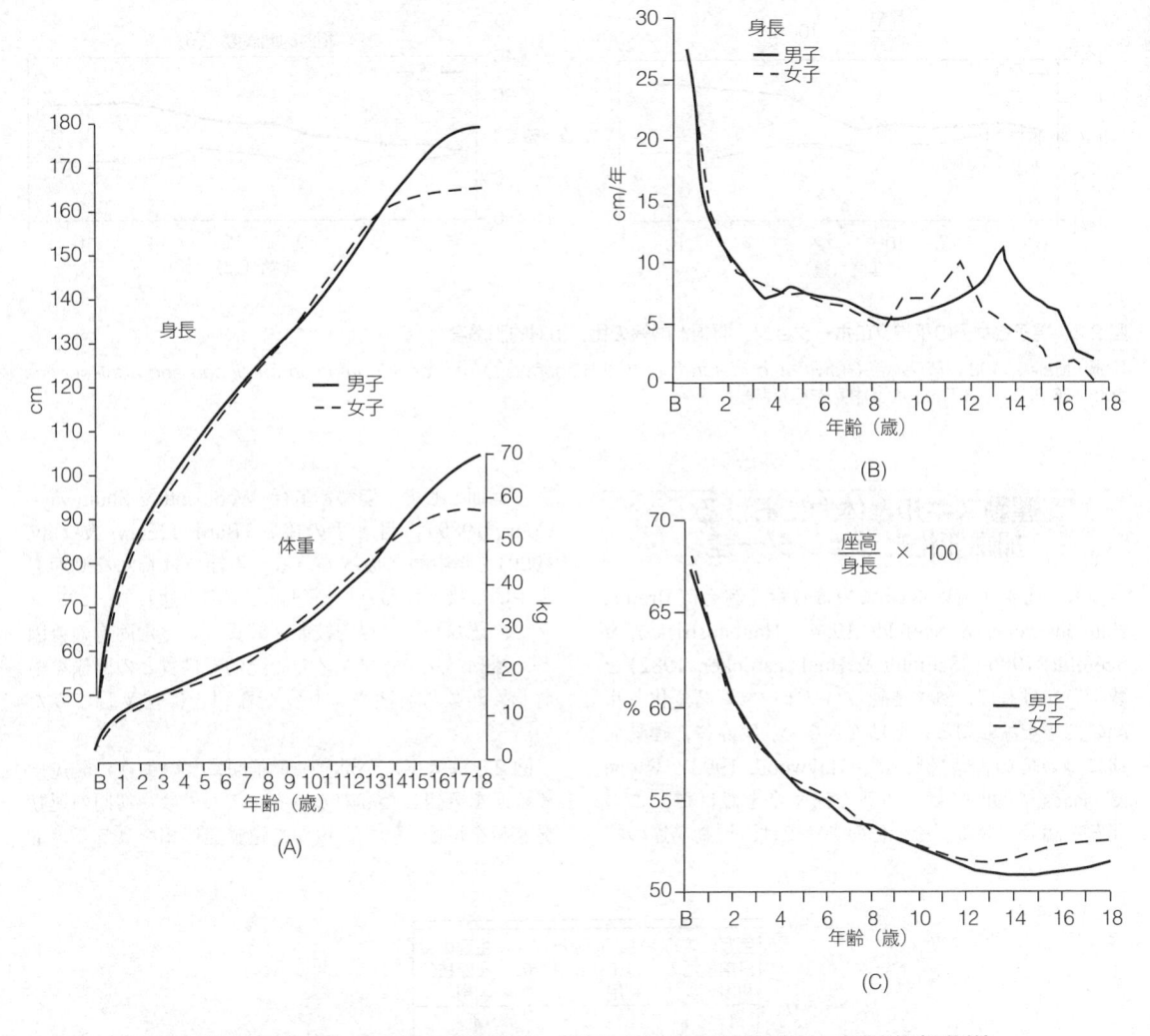

図2.1 (A)身長と体重の平均曲線，(B)身長の増加速度，(C)アメリカの男女児の身長と座高の比（平均値）

ている(Malina, 1984)。男子の肩幅(両肩間の幅)は，女子に比べてより急速にかつ長期に渡って成長する。股関節部(腰幅)の成長カーブは男女とも同様な様相を示しているが，思春期後の男子の腰幅は，女子よりもやや大きめになっている。これは思春期後の男子の肩幅と腰幅の比が大きいことを意味している(図2.2)。男子と同様に，女子も肩幅の方が腰幅よりも広い。しかしながら，男子の肩幅がかなり広くなる傾向を示すために，肩幅と腰幅の比は，男子の方が大きくなっている。また，男子は女子よりも脂肪が蓄積しにくく，贅肉組織が少ないために，体脂肪率(相対的肥満度)は女子の方が高くなっている(図2.2)。

体型には，(1)内胚葉型(洋梨のような体型で，体脂肪が多い)，(2)中胚葉型(筋肉質で骨格が大きい)，(3)外胚葉型(細長く，痩せている)，の3種類がある(Carter, 1980；Malina, 1984)。早熟な女子は内胚葉型に，早熟な男子は中胚葉型になりやすく，成熟が遅い児童は外胚葉型を示す傾向がある。大半はバランスがとれた体型をしているが，中にはこれら胚葉型の極端な体型を示す者もいる。

現代の児童は以前の世代に比べて早熟で，背も高く体重も重い(Malina, 1975)。文化圏が異なると成熟速度も異ってくる。ノルウェーとアメリカは両極端であり，ノルウェーでは成熟が遅く，アメリカでは早熟である。遺伝と同様に，成熟の変化は成長に影響を与えている。文化圏が違っても，ジェンダー差は同じように現れる。一方，同じ文化圏内では成長の様相が類似している。

成長と運動パフォーマンスの関係は，多様な運動発達を説明する上で重要である。次節では年齢と基本的な運動パターン(例えば，走る，投げる)の変化を述べ，続いて成長と運動スキルの関係を論ずることにする。

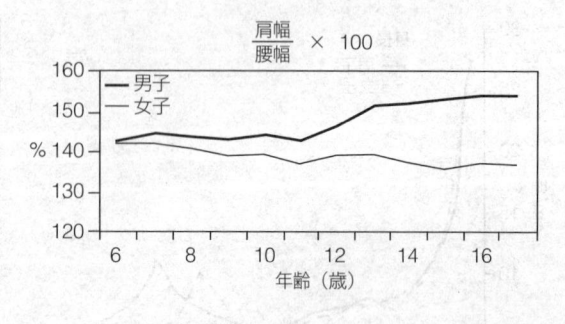

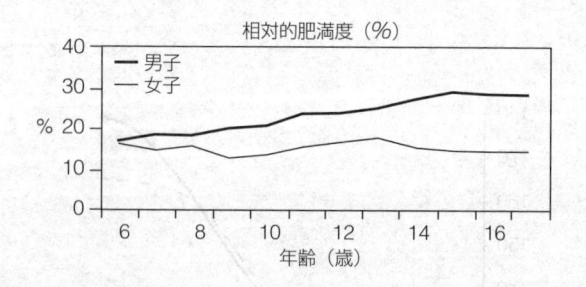

図 2.2 男子と女子の平均プロポーション，肩幅と腰幅の比，相対的肥満度
(R.M. Malina, 1984. *Physical Growth and Maturation*. In J.R.Thomas, *Motor development in childhood and adolescence* pp.2-26 より。J.R.Thomas の許可を得て転載)

運動スキルと体力における加齢変化とジェンダー差

少なくとも1冊の本（あるいは数章，例えば Branta, Haubenstricker, & Seefeldt, 1984 ; Haubenstricker, & Seefeldt, 1986 ; Seefeldt & Haubenstricker, 1982) を費やさなければ，熟達運動のパフォーマンス変化と年齢の関係を論じ切ることはできない。実際に，運動発達についての書籍（例えば，Haywood, 1993 ; Payne & Isaacs, 1998）では，重要な節や章を設けて，この問題を論じている。その他の書籍では，運動発達の特別な側面として，姿勢と歩行（Woolocott & Shumway-Cook, 1989），目と手の協応（Bard, Fleury, & Hay, 1990）を集中的に扱っている。本節では特別な側面を集中的に扱う代わりに，理論や実例を通して，ジェンダー，認知発達，専門技能，成長といった固有の要因と，運動パフォーマンスの発達的な性質との関係を検討し，現象の説明やより完全な報告に言及してみたい。

図 2.3 はスキルが児童・青年期にどのように発達するのかを概観したものである。ここでは，初期の運動発達相を足場にして，後期の運動発達相をピラミッド

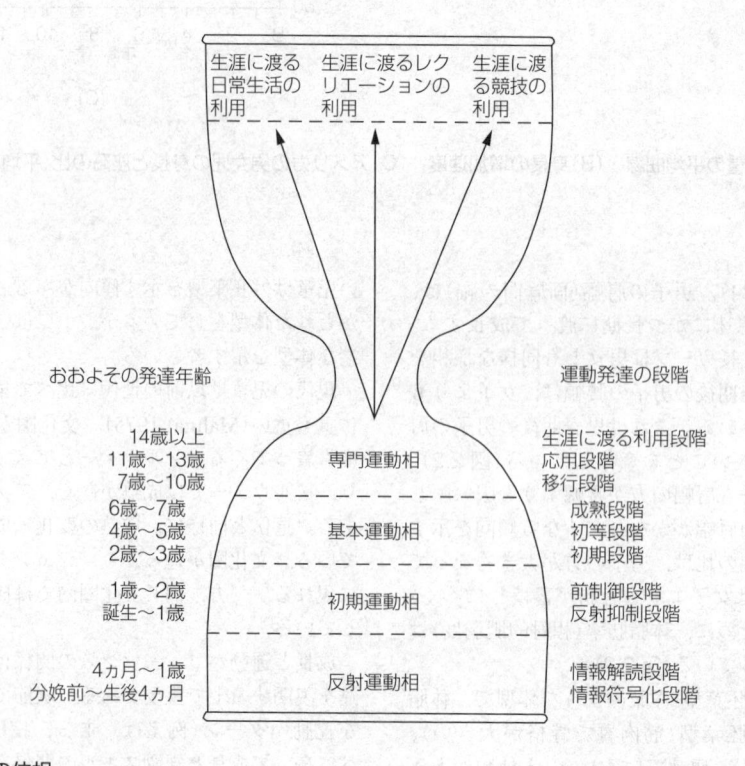

図 2.3 運動発達の位相
(D.L. Gallahue & J.L. Ozmun, 1989. *Understanding Motor Development*, p.81, Boston, Massachusetts : McGraw Hill より許可を得て転載)

型に図示している。このプロセスのイラストには, Gallahue(1989)の概念が反映している。しかしながら, この秩序立った系列を支持する研究は少ない。より正確にいえば, これに反対するような証拠はこれまでにはないが, 支持しているデータにも限りがある。

研究者は, 過程と成果によって多くの運動スキルを記述している。そして大半のスキルでは, これらの2つの測度が年齢とともに改善を示している。研究者は運動パフォーマンステストの標準データとして, 定量的なデータをしばしば提示している。熟達運動の定性的な記述には, 長い歴史がある(例えば, オーバーハンドスロー;Wild, 1938)。Wickstrom(1983)やその他の運動発達の書籍(Eckert, 1987;Haywood, 1993;Payne & Isaacs, 1998;J.Thomas, 1984b;H.Williams, 1983)では, 基本スキルの発達的な性質について, 多くの研究データを使用している。膨大な数の研究があるにも関わらず, 質的な分析の性質やレベルに関する論争も少なくない。

例えば, SeefeldtとHaubenstricker(1982)は, 質的なスキル分析のレベルや段階の全体的な記述を主張しているが, Roberton(1982)は運動要素(例えば, 投てき時の腕の動き, 体幹部の動き, 脚部の動き)の分析が必要な事例を提示している。教師やコーチにとって, これらいずれのアプローチも有用と思われる。なぜなら, 運動分析は目によって行う(または, 少なくともビデオカメラで記録して観察する)からである。しかしながら, 運動性質の解明を研究目的として, 成長, ジェンダー, 用具(例えば, ボールのサイズや重量), 練習, 疲労, その他の特徴が運動の性質にどのように影響するのかを調べる場合には, より詳細かつ数量的な生体力学的分析(例えば, 複数の高速ビデオカメラを使用した分析)が必要になる。さらに, 視覚的なスキルの分析よりも, むしろスキルに影響する特徴の解明が分析の目的ならば, EMGや地面反力といった関連測度を考慮すべきである。

これまでのところ, 研究者はすべてのスキルというよりも, むしろ多くのスポーツに重要な, (1)歩行スキル(ランニング), (2)操作スキル(投てき)という2つのスキルを選択的に議論している。図2.4(Seefeldt & Haubenstricker, 1982)は, 各年齢(月齢)段階の男女児の60%がうまく遂行できるような8つの基本スキルを示したものである。これをみると, 多くの男児は, 約60ヵ月(5歳)でかなり完成度の高いパターンで上手からの投てき(オーバーハンドスロー)をすることができる(実線上の数字"5"は, 完成パターンの達成を示している)。それに対して多くの女児は, 上手からの投てきの完成パターンの達成に約90ヵ月(7.5歳)を要している。ランニングでは, 60%基準への到達まで男児は48ヵ月を要し, 女児は60ヵ月を要するといったように, 約1年の差がある。女児がわずかに優れているのは捕球・ホッピング・スキップであ

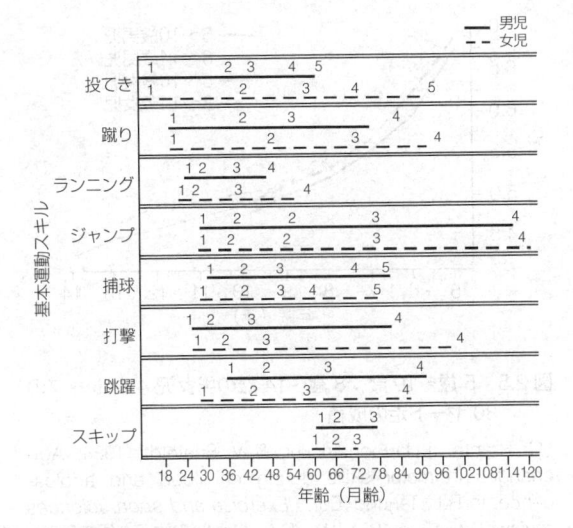

図2.4 男女児の60%が特定の基本運動スキルを遂行できる年齢

(V. Seefeldt & J. Haubenstricker, 1982. Patterns, phases, or stages : An analytical model for the study of development movement. In J.A.S. Kelson & J.E. Clark(Eds.), *The development movement control and coordination*. p.314, John Wiley & Sons より許可を得て転載)

り, 男児がやや優れているのはジャンプ・キック・打撃である。

ランニング:量的な変化

図2.5は(Michigan State studyから引用;Branta, Haubenstricker, & Seefeldt, 1984を参照), 2つの縦断的なランニングのデータを示したものである。1つ目のセットは5〜10歳の男女児のデータであり, 2つ目のセットは8〜14歳までの男女児のデータである。ランニングの速度は男女とも一定の伸びを示しており, 各年齢における平均速度は男児の方がわずかに速くなっている。男女差がやや大きくなり始めるのは, 11〜12歳にかけてである(ジェンダー差については引き続き本章で詳しく考察する)。

ランニングの平均速度は, 男児の方がすべての年齢で女児よりも速くなっている。しかし, 両者の測定値の分布はかなり重複している。実際のところ, 初等体育のクラスや年少の男女共学のスポーツチームによくみられることは, いちばん速く走る者が女児であるといった事実である。思春期を過ぎて青年期に達すると, 男女のランニング速度の分布は重複が少なくなってくる。しかしながら, 特にスピード重視のスポーツチームでは, 高校生であっても女子が多くの男子よりも速く走ることをしばしば観察することができる。

児童・青年期のランニング速度の変化は, 脚の長さが伸びた結果である。前節で述べたように, 身長が伸

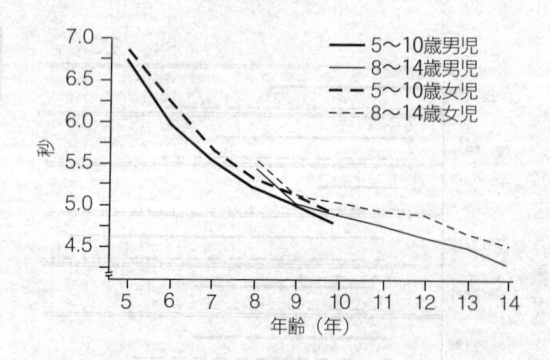

図2.5　5歳〜10歳，8歳〜14歳の男女児4グループの30ヤード走の成績
(C. Branta, J.Haubenstricker, & V. Seefeldt, 1984. Age changes in motor skills during childfood and adolescence. In R.L. Terjung(Ed.), *Exercise and sport sciences reviews*(Vol.12, p.485)より．D.C. Heath の許可を得て転載)

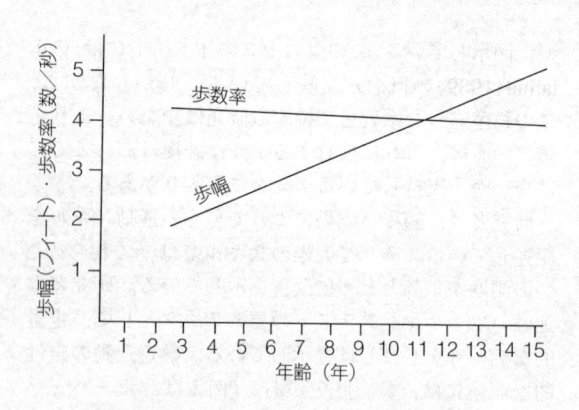

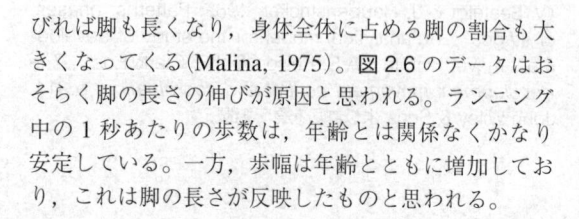

図2.6　児童5名の歩幅と歩数率の縦断的な変化
(S. Smith, 1977. *Longitudinal changes in stride length and stride rate during sprint running.* Unpublished master's thesis, University of Wisconsin–Madison より)

びれば脚も長くなり，身体全体に占める脚の割合も大きくなってくる(Malina, 1975)。図2.6 のデータはおそらく脚の長さの伸びが原因と思われる。ランニング中の1秒あたりの歩数は，年齢とは関係なくかなり安定している。一方，歩幅は年齢とともに増加しており，これは脚の長さが反映したものと思われる。

ランニング：質的な変化

児童期のランニング速度の変化は，すべてが脚の長さの伸びに起因するものではない。ランニングフォームの改善も，速度を増加させる要因になっている。質的な分析に関して，著者らは構成要素の視点(Roberton, 1982)を選択したが，SeefeldtとHaubenstricker (1982)の方法も同様に有用なものと思われる。表2.1 は児童期のランニングフォームの変化を記述したものである。Roberton(1984)のこの研究では，発達のレベルを脚の動きと腕の動きに分けている（これらはRoberton の完全な系列分析を示したものではないことに注意されたい）。レベルの高まりは，年長児童や，

表2.1　ランニングの発達順序*

脚の運動要素

レベル1　足をほとんど上げず，べた足的な走りをする。前進の場合には，前に踏み出す足が若干外転する。頭上から見た場合，前進運動中に踏み出す足の軌跡は，外側に曲線を描く(Wickstrom, 1977)。踏み出す足の外転は，外股歩きの様相を呈している(Wickstrom, 1977)。前進運動中に踏み出す足の膝角度は90度以上になる。

レベル2　加速度が大きい時には，大腿部を前方に振り出し，膝の屈折角度は最大90度になる。後ろから見た場合，足が外向きになることも，大腿部が外転することもない。しかしながら，大腿部の側方への振り出しは連続しており，背後から見た場合には，それが足と身体の正中線がクロスする原因になっている(Wickstrom, 1977)。足が地面を離れている時間は増加する。着地後のべた足は，膝の屈曲によって，足にかかる子供の体重を支えている(Seefeldt, Reuschlein & Vogel, 1972)。

レベル3　足は踵／足底の母指球で地面に接している。踏み出す足の前進運動は，主に矢状面になる。腰部大腿の屈曲によって，踏み出す足の膝位置は高くなる。もう一方の足は地面を離れ，屈曲から完全な伸展に移行する。

腕の運動要素

レベル1　歩行の発達(Seefeldt, Reuschlein, & Vogel, 1972)で記載したように，腕はミドルガードの位置にある。

レベル2　脊椎の回転は腕を両側性に揺らし，骨盤の回転・足の踏み出しとのバランスを取っている。運動の傾斜面・連続的なバランス調整は，しばしば腕の揺らし運動の発生源になっている。

レベル3　脊椎の回転は，腕運動の主要な原動力になっている。腕を前方に振り出す時には肘が曲がり，腕を後方に振り出す時には肘が伸びる。脊椎の回転と肘の屈曲の組み合わせによって，身体の正中線をクロスする腕の前方回転と，回転や斜め方向の腕の後方回転が可能になる。

レベル4　脊椎の回転とは無関係に，上腕は前後方向の矢状面に駆動し始める。移動運動は同側の腕と足に生じる。肘の屈曲角度を約90度にして，腕を前後に振る。

*これらの順序は未確証のものである。
(Roberton, M.A., 1984. Changing motor patterns during childhood. In J.R. Thomas(Ed.), *Motor development during childhood and adolescence*. Minneapolis, MN：Burgess より許可を得て使用。上記の書籍にはこの表内の文献が載っている)

より上手な児童の成熟パターンを表わしている。

児童期を通したランニング速度の増加は，成熟（例えば，成長）と環境要因（例えば，練習，強度）の結果である。個人差は環境と生得的要因の結果である。運動スキルの成果は年齢とともに改善し，そしていくつかの違いは成長によることが明らかになっているが，なぜ運動パターン変化の効率が不明なのだろうか？　変化の効率は学習変数（例えば，フィードバックや教示）によるものなのだろうか，それともスキルが練習のみで上達するせいなのだろうか？　これは理論的な検証の興味ある課題であるとともに，将来の研究の興味ある課題になっている。

上手からの投てき：量的な変化

図2.7は児童期から青年期に渡る男女の投てき距離の差を示したものである。このデータ（Espenschade, 1960による）は，児童期の安定したパフォーマンスの典型例になっている。男子は女子よりも遠くに投げることができるが，この差は，とりわけ思春期後の年齢経過につれて大きなものになってくる。男女の測定値の分布の重なりは，ランニング（および大半の他の基本スキル）よりも，小さなものになっている。

上手からの投てき：質的な変化

上手からの投てきのパターンは，研究数の豊富な基本運動の1つである（例えば，Branta et al., 1984；Roberton, 1984）。表2.2はRobertonの研究から引用したものである。この研究では，腕の振りかぶり・上腕部の動き・前腕部の動き・体幹部の動き・足の動きといった準備要素のモデルを使用して，パフォーマンスレベルの発達に応じた上手からの投てきの運動を記述している（この系列はRobertonの基準によって確証している）。投てきの系列は，児童の非常に稚拙なダーツ投げ運動や砲丸投げ運動（体幹部をほとんど回転させずに同側の腕と足を使用する）から，よりスムーズな熟練者の協応動作へと変化していく。

上手からの投てき：ジェンダー差

SeefeldtとHaubenstricker（1982）やRoberton（1984）は，女子の上手からの投てきパターンの質的な発達が，男子に比べて単に遅れているだけだと示唆している。しかしながら，観察カテゴリーがどちらかと言えば雑で，1台のカメラしか使わないような質的な分析（例えば，カメラレンズと測定対象が完全に垂直でない場合には，回転要素，ステップ幅，ボール速度といった変数は，正確に評価することができない）からこのような主張をするのは，問題があるように思われる。実際に，J.Nelson（J. Nelson, Thomas, Nelson, & Abraham, 1986）や，K.Nelson, Thomas, Nelson（1991），J.ThomasとMarzke（1992），Yanら（2000），Yanら（2000）の研究から，男女の投てきパターンの違いが明らかになっている。このように，女子の投てきパターンは，単に男子のそれよりも発達が遅れているのではなく，違ったパターンに向かって発達している（ジェンダー差に関する次節を参照）。これはRoberton（1984）やSeefeldtとHaubenstricker（1982）の見解とはまったく別の理論的な説明になっている。

ジェンダー差

男女乳幼児の反射・反応・運動スキルは，極めて類似している。しかしながら，ジェンダー差は発達に従って，運動パフォーマンス・運動活動・体力に明白なものとなってくる。運動発達の教科書では，これらが共通のトピックスになっている（Haywood, 1993；Payne & Isaacs, 1998）。運動パフォーマンス・運動活動・体力のジェンダー差を発達的に検討している研究者は枚挙にいとまがない。これらの研究をまとめた質的研究のレビュー（例えば，Eaton, 1989；J.Thomas & Thomas, 1988）もある。しかしながら，これらの文献では，発達の性質に対して，特に興味深い3つの量的な分析を行っている。それらは，(1)運動パフォーマンスにおけるジェンダー差のメタ分析（J.Thomas & French, 1985），(2)運動活動におけるジェンダー差のメタ分析（Eaton & Enns, 1986），(3)ジェンダー

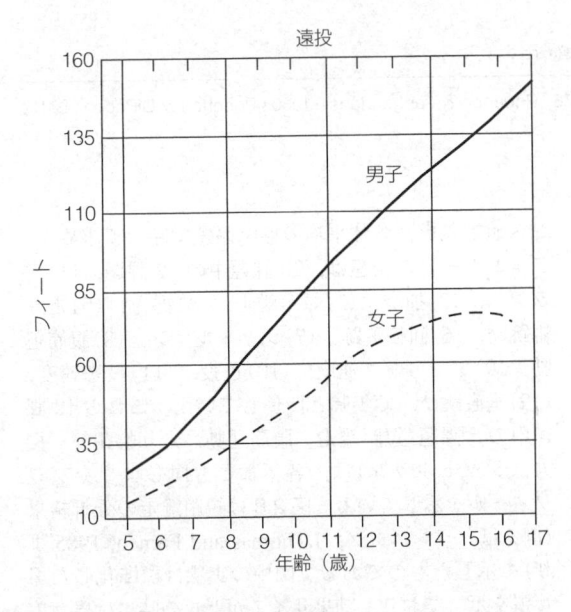

図2.7　男子・女子の投てき距離
(A.S. Espenschade, 1960. Motor development. In W.R. Johnson (Ed.), *Science and medicine of exercise and sports*. pp. 419-439 より Harper & Row の許可を得て使用)

表2.2　上手からの投てきの発達順序

投球準備の振りかぶり要素
- レベル1　振りかぶりなし。ボールを握った最初の状態から，そのまま直接前方に投球する。
- レベル2　肘と上腕部の屈曲を使用。上腕部の上方屈曲・同時的な肘の屈曲によって，ボールを握った手が意図した投球ラインから離れて，頭部の後方もしくは頭部近辺に移動する。
- レベル3　回転状の上方への振りかぶり。肘を伸ばした頭部の回転運動，または斜め後方上方向への腕の移動もしくは腰部から直接の腕の上方移動によって，ボールを握った手は意図した投球ラインから離れて，頭部の後方に移動する。
- レベル4　回転状の下方への振りかぶり。回転状に腰の下に手を移動させることによって，ボールを握った手は意図した投球ラインから離れて，頭部の後方に移動する。

上腕の動作要素
- レベル1　上腕の傾斜。上腕は肩を斜め上下に交差して，ボールリリース点に移動する。振りかぶり中に，標的に向けた上腕の肘は体幹と直角になることもある。これによって投球中の固定姿勢を維持している。
- レベル2　独立提携的な上腕。上腕は肩といっしょに，かつ上腕と体幹を直角にしながら，ボールリリース点に移動する。両肩(脊椎上部)が正面を向くまで，上腕(肘)は肩の水平外転によって，体幹部の前方(側方から見て)に，独立的に移動する。
- レベル3　上腕移動の遅延。上腕はボールリリース点へ水平に移動するが，両肩(脊椎上部)が正面を向いた瞬間の上腕は，体幹部の後方(側方から見て)に留まっている。正面を向くまで，上腕に水平方向の外転は生じない。

前腕の動作要素
- レベル1　前腕の遅延なし。投球動作中に，ボールを握っている手の前腕は着実にリリース点に向けて移動する。
- レベル2　前腕の遅延。前腕とボールの移動には遅れがあるように見える(前腕が児童の後方で静止する，もしくは身体の下方や後方に移動する)。肩(脊椎上部)が正面を向く前に，遅延した前腕がもっとも遠い後方・下方の点，あるいは最終的な静止点に到達する。
- レベル3　前腕遅延の延長。肩が正面を向くまでに，遅延した前腕は遅延の最終点に到達する。

体幹(骨盤－脊椎)の動作要素
- レベル1　体幹の動作／前方－後方の運動なし。腕のみの投球動作。時には腕の前方突き出しによって，体幹が反作用により左回転(右手利きの場合)することもある。しかし，回転が腕の突き出しに先行することはない。体幹の動作が生じる場合には，腰の前方屈曲によって，腕の前方突き出しが生じる。伸展の準備が腰の前方屈曲に先行することもある。
- レベル2　上部体幹の回転または体幹全体の回転。脊椎と骨盤は意図した投球ラインからともに外れて回転し，その後，ユニットまたはブロックとして，前方回転の動作を始める。時には脊椎上部を逆にひねり，その後ひねりを戻しながら投球することもある。骨盤を固定したまま投球したり，脊椎の前方回転後に関節の回転運動を開始することもある。
- レベル3　体幹の特徴的な回転。前方回転を始める時には，骨盤が脊椎上部に先行する。児童は意図した投球方向とは逆の方向に身体をねじり，脊椎上部をねじりながら，骨盤の前方回転を開始する。

足の動作要素
- レベル1　動きなし。児童は足の位置とは無関係にボールを投げる。
- レベル2　児童は投球する手と同側の足を踏み出す。
- レベル3　児童は投球する手と対側の足を踏み出す。
- レベル4　児童は投球する手と対側の足を，身長の半分以上の幅で踏み出す。

＊準備的な腕の振りかぶりと足の運動要素を除き，Roberton, 1977, 1978；Roberton & Langendorfer, 1980；Roberton & DiRocco, 1981；Halverson et al., 1982 の研究は，これらの順序を確認している。

差の二次分析(J.Thomas, Nelson, & Church, 1991)，である。これらの研究は，米国児童の体力の基準を定めた研究データ(児童と青年の体力研究，Ross & Gilbert, 1985；J. Ross & Pate, 1987)に基づいている。ここではこれら3つの大規模な分析結果を使用して，個々の関連論文からジェンダー差を議論し，説明してみたい。

運動パフォーマンスのジェンダー差

J.ThomasとFrench(1985)は，20の運動パフォーマンス課題を使用して，年齢とジェンダー差の関係をメタ分析した。この研究は，31,444名の実験参加者から702の効果サイズを得た64の先行研究に基づいていた。効果サイズは，男女間の平均運動パフォーマンス値の差を，全体平均の標準偏差で除して求めた。ジェンダー差の発達は，20課題中の12課題，(1)バランス，(2)捕球，(3)短距離走，(4)握力，(5)走り幅跳び，(6)回転追跡，(7)シャトルラン，(8)腹筋運動，(9)タッピング速度，(10)遠投，(11)投球速度，(12)垂直跳び，で年齢と関係していた。これら12課題中の5課題(短距離走，腹筋運動，走り幅跳び，握力，シャトルラン)は，各年齢とも同じようなプロフィールを示している。図2.8は短距離走の分析結果(例えば，ランニング，J.Thomas and French, 1985 より)を示したものである。図中の実線は標準化した男女差を示しており，効果サイズがゼロの時には男女差なし，ゼロより大きい時は男子，ゼロより小さい時は女子のパフォーマンスが優れていることを表わしている。点線は各データポイントの95%信頼区間を示し

短距離走

- - - 95%信頼区間

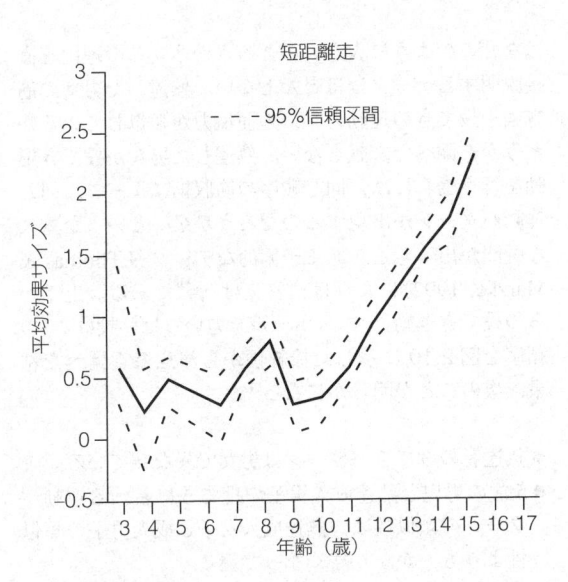

図2.8 短距離走でのジェンダー差
(J.R. Thomas & K.E. French, 1985. Gender differences across age in motor performance : A meta-analysis. *Psychological Bulletin*, pp.260–282 より許可を得て使用)

ている。3～9、10歳までのランニングスピードの効果サイズは、約0.5（標準偏差単位で）となっている。10歳を過ぎると、男子のランニング速度は、青年期の女子よりも、いっそう速さを増してくる。

このパターンタイプの差をもたらすものは、思春期前の環境要因（励まし、練習、親や仲間が示す規範）であるが、先に述べたように思春期後は生物学的な要因（例えば、男子は女子よりも足が長く、筋が大きくなっている）が同じ環境の特徴と相互作用してパフォーマンスに急激な差をもたらすと、J.Thomas と French は示唆した。しかしながら、大規模な（9、13、17歳の計2,142名を対象とする）研究を報告した Smoll と Schutz（1990）は、思春期前から思春期後にかけて、体脂肪量が身体活動（ランニングを含む）に大きく影響することを明らかにした。体脂肪レベルは生物的な変数であるが、Smoll と Schutz（1990）は環境の特徴（例えば、運動量、ダイエットの仕方）が体脂肪のレベルに影響することを容易に認めている。このように、環境と遺伝の問題は混乱状態になっている。いずれにしても、思春期前のランニングにはジェンダー差があまりない。しかし、その差は思春期後に大きくなってくる。思春期前の小さなジェンダー差は、おそらく児童に課した環境要求の変化が引き起こしたものと思われる。思春期後の大きなジェンダー差も、単に成長や生物的な変数に依存しているとは思えない。環境は生物学的要因との交互作用に、大きな役割を果たしている。一般人に比べてジェンダー差があまりない世界レベルの成人競技者のデータは、生物学的要因にのみ依存しているのではないというこの観点を支持し

ている（Ransdell & Wells, 1999）。言い換えると、十分な練習と動機づけがあれば、女子でも男子と同様のパフォーマンスが可能になると思われる。

基本的な課題と年齢の関係を調べるもう1つの方法は、同一の児童のパフォーマンスの安定度を経年的に考察することである。Branta, Haubenstricker, Seefeldt（1984）は、彼ら自身の研究も含めたいくつかの研究から安定性に関するデータを要約し、年ごとのランニング速度の相関が介入の年数とともに小さくなることを明らかにした。例えば、1年間の介入では、男女の相関が0.50～0.80といった類似の値になっている。特に女子では（少なくとも Branta et al. 1984 のデータでは）、介入の年限が長くなると相関は低下する。男子の相関は0.40～0.50に低下するが、女子では0.20～0.40に低下している。研究者は、1年間に渡る相関が0.50以上の課題を、安定性のある課題と呼んでいる（Bloom, 1964）。したがって、ランニングは安定した課題と考えることができる。安定した課題には強い遺伝要素があるように思われる。

J.Thomas と French（1985）が年齢とジェンダー差の関係を報告した残り7課題中の5課題（バランス、捕球、回転追跡、タッピング、垂直跳び）は、ランニングと同様なパターンを呈している。唯一の例外は男女が比較的類似のレベル（おおよそ0.0の効果サイズ）を起点にしていることである。その後、男女の効果サイズは児童期を通して約0.5まで増加し、思春期になるとジェンダー差は急速な増大（標準偏差単位で1.0から1.5まで増加）を示すようになる。最初の5課題と同様に、これらの事象は次のように説明できるだろう。思春期前には環境の影響が大きいが、思春期後には環境と生物学的要因の相互作用の影響が大きくなる。

投てきのジェンダー差の説明

投てき課題におけるジェンダー差（距離と速度）は、J.Thomas と French（1985）が分析した他の19課題のジェンダー差とは非常に異なるものであった（図2.9を参照）。3～5歳児のジェンダー差は1.5標準偏差単位を示し、それは16～18歳までに3.0～3.5標準偏差単位へと直線的に増加してくる。これらのデータは、思春期前の男女のわずかな重複分布と、思春期後の独立分布を反映している（3.0～3.5の標準偏差単位では、値の分布の両端が重なること、言い換えると、男子の遠投の平均値は女子の99パーセンタイル値よりも大きなことを表わしている）。

遠投のジェンダー差は、他の運動課題のそれよりも非常に大きい。そのため、Nelson ら（J.Nelson et al., 1986 ; K.Nelson et al., 1991）は、この知見を確認するために、2つのフォローアップ研究を行った。最初の研究（J. Nelson et al., 1986）では、5歳の女児の投

遠投

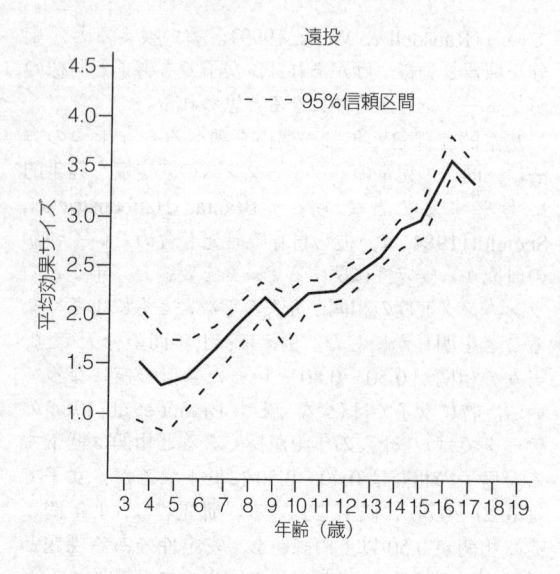

図2.9 投てき距離でのジェンダー差
(J.R. Thomas & K.E. French, 1985. Gender differences across age in motor performance : A metaanalysis. *Psychological Bulletin*, 98, pp.260-282 より許可を得て使用)

てき距離は5歳の男児の投てき距離の57%に過ぎなかった（女児4.8 m，男児8.4 m）。しかしながら，生物的な変数（関節の直径，肩幅と腰幅の比，皮下脂肪の総量）を補正してみると，女児が示したパフォーマンスは男児の69%（女児5.4 m，男児7.8 m）になった。

縦断的なフォローアップ研究を進めるために，K. Nelsonら(1991)は同じ児童らが9歳になった時に再度テストした。その結果，9歳時の女児の投てき距離は，男児のそれの47%に過ぎなかった（女児8.8 m，男児18.7 m）。男児は3年間に11 m(143%)も距離が伸びたのに対して，女児の伸びは4.6 m(109%)に過ぎなかった。この時期の投てきパフォーマンスの相関係数は，女児が0.43，男児が0.44であった。Roberton, Halverson, Langendorfer, Williams(1979)の研究から，年ごとの投てき速度の相関は0.65から0.78に高まることが明らかになった。これは投てきも安定した課題になることを示唆している。投てきフォームを考慮したK.Nelsonらは，9歳になるまでに男児のフォームがほぼ完成に到達している一方，女児のフォームは最小限の改善を示したに過ぎないと指摘した。これは，60%の女児が8～9歳の間に完成フォームに到達すると報告したSeefeldtとHaubenstricker(1982)のデータ（図2.4）とは若干異なっている。Robertonの基準（表2.2）を使用すると，K. Nelsonらの研究では，完成フォームを示した9歳の女児はほとんどいなかった。

J.ThomasとFrench(1985)がレビューしたその他の課題のジェンダー差に比べて，投てきのジェンダー差はなぜこのように大きいのだろうか？ この理由を直接説明するデータはほとんどない。熟達した男女の筋電図や投てきの運動力学，地面反力が類似しているかどうかを調べた文献もない。熟達した男女が投てき運動を行う場合には，同じ順序の筋収縮によって，同じ運動パターンが出現するのだろうか？ といった重大な疑問が出てくる。ある予備的なデータ(J.Thomas & Marzke, 1992)によれば，答えは"否"である。上手からの投てき運動（テニスボールを力いっぱい投げる）の順序を図2.10に示した棒線画から注意深く調べた結果，次のことが明らかになった。

● 熟達者の投てきパターンは男女で異なっている。
● 5歳の男児と熟達成人男子の投てきにおける運動パターンの類似性は，熟達成人女子と成人男子の類似性よりも，かなり高くなっている。

熟達男女の肩と腰部のひねり角度のデータから，次の3つの特徴が明らかになっている。

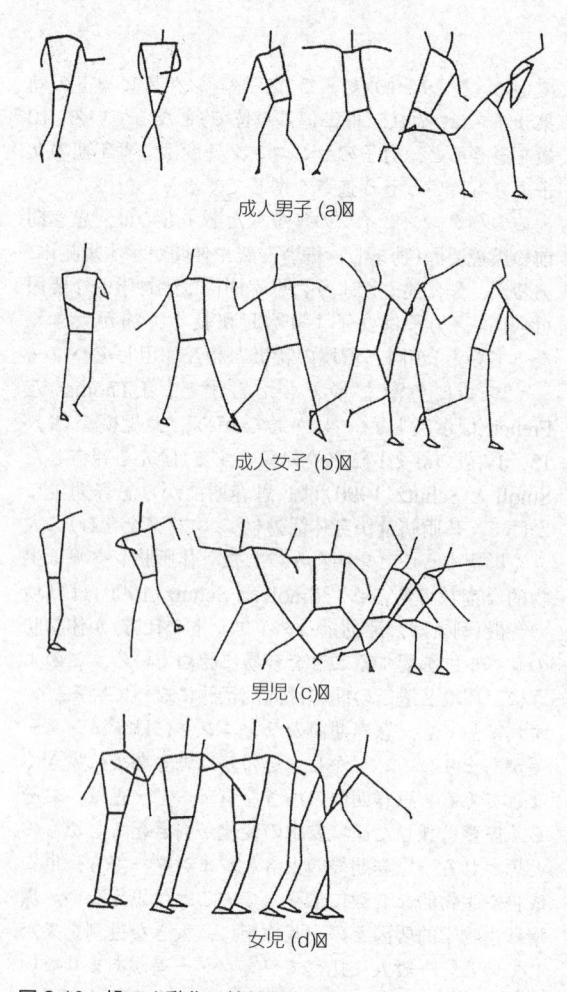

成人男子 (a)図

成人女子 (b)図

男児 (c)図

女児 (d)図

図2.10 投てき動作の棒線画
(a)成人男子，(b)成人女子，(c)男児，(d)女児

1. 男子のひねり角度は，ボールリリース（ボールが手から離れる）の200ミリ秒前に最大となるが，女子では300ミリ秒前に最大となる。
2. ボールリリース直前の男子のひねり勾配（角速度）は，女子の約2倍になっている。
3. 男子ではボールリリース後も引き続き反時計回りにひねりを維持しているが，女子ではボールリリース後に一定のひねり角度を継続し（100ミリ秒），その後に元に戻る逆回転を開始している。

図2.11は，同じ熟達男女の内側／外側回転運動の角速度（肩位置で上腕部が長軸方向に回転する割合）を示したものである。ボールリリースの瞬間あるいはその直後に，男子の角速度が女子の約2倍（男子2,100 deg／秒，女子1,100 deg／秒）になっていることに注目して欲しい。

男子と女子の上手からの投げきパターンは，発達や加齢につれて，違った最終パターンに移行していくのだろうか？　この考え方は刺激的である。人間の進化分野のデータには，この考え方を支持するものがいくつかある。二足歩行運動（McHenry, 1982；Washburn & Moore, 1980），鋭利な刃物の使用（Tobias, 1968；Washburn & Moore, 1980），上手からの投げき（Isaac, 1987）は，それぞれ人間の進化に重要な役割を果たしているものと思われる。Isaac（1987）は"上手からの巧みな飛び道具の投げきは，同じく吟味に値している。なぜなら，飛び道具の投げきは単なる命中以上に，より重要な適応行動につながるからである"（3～4頁）と示唆している。Calvin（1982, 1983）やDarlington（1975）は脳サイズの急激な増加・冗長性・側性化を説明する主要な進化の候補として，上手からの投げき運動をあげている。なぜなら，この課題は次の3つの要因を包含しているからである。それらは，(1)投げき者の位置（移動または静止），(2)標的の位置（移動または静止），(3)投げき物の軌道，である。

たとえ投げきが人間の進化に重要だとしても，なぜ，男子は女子よりも高度な投げきのスキルを開発しなければならなかったのだろうか？　男子は狩人で，また戦士であった。そのことがより効果的に投げきができる者を選択的に再生産したものと思われる。女児が幼児を手元に置いて，より多く子育てに関わっていることが，女子の投げき運動（例えば，体幹部の回転が未分化）を抑制することになったのだろうか？　投げきの人類学や歴史上の記録を大量に再調査したIsaac（1987, p.15）は，"これまでのすべての歴史的な例では，男子の投げきだけを述べていることに，読者は注意しなければならない。ここではこの意味をこれ以上追究しないが，これらが重要でないという意味ではない"と結論づけた。

運動活動レベルのジェンダー差

EatonとEnns（1986）は，90の論文を対象として，運動活動のジェンダー差を広範にメタ分析している。（著者らはジェンダー差〔gender differences〕という用語を使用している。なぜなら，過去に乳児であった児童の環境の役割をとりわけ考慮しているからである。Eatonらは，性差（sex difference）という用語を使用しているが，それは彼らのデータが誕生前から誕生直後にかけてのものであり，この時期には生物学的な要因がより重要になっているからである）。運動活動・評価・観察の測定に運動装置を使用する場合，運動活動のレベルにはエネルギー消費が反映している。これには腕の運動といった特殊な測度や，児童がどのくらい顕著な分野に多く出場したかといった，全体的な測度を包含している。彼らの報告によれば，男児は女児よりも活動性が高く（効果サイズ＝0.49），年長児童の研究とは大きな違いがあった（Eatonらが引用した研究では思春期後期以降のデータが少なく，引用した知見の上限は約15歳になっている）。この知見は，社会的な影響が年齢横断的にジェンダー差を大きくすると示唆している。

しかしながら，乳幼児（12ヵ月以下）では，男児は女児よりも活動的である（効果サイズ＝0.29）といったように，乳幼児においても重要なジェンダー差が存在していた。さらに，胎児を調べた6つの研究でも，男児は女児よりも活動的であった（効果サイズ＝0.33）。ただし，研究数が少ないためにこのジェンダー差は有意ではなく，また確実なものでもなかった。胎児や乳幼児でもジェンダー差が存在するというこれらの知見は，社会的差異は，運動活動レベルの既存のジェンダー差（おそらく遺伝的なもの）を単に増幅しているに過ぎないという仮説を，少なくとも支持しているといえるだろう。これとは若干異なるが，Schachar, Rutter, Smith（1981）は，英国児童の大量のデータから，多動児の割合が，男児2対女児1であると報告した。

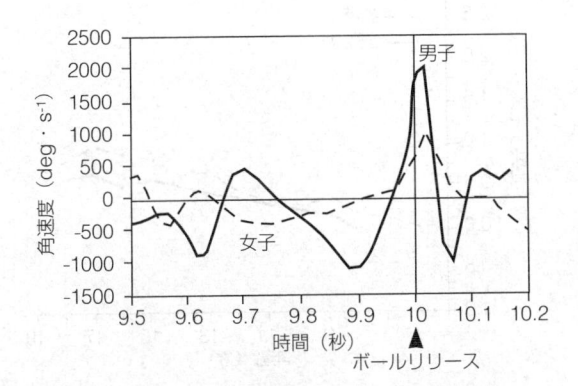

図2.11　熟練男子・女子における上手からの投げきの（上腕部）内側／外側角速度

Eaton と Enns (1986) が年齢増加に伴う運動活動のジェンダー差を明らかにしたにも関わらず，運動活動の絶対量は加齢とともに減少する傾向がある (例えば，Eaton & Yu, 1989)。どの年齢においても，女児は男児よりも相対的に成熟している (Tanner, 1978)。このことを踏まえて，Eaton と Yu (1989) は運動活動のジェンダー差と成熟率のジェンダー差の関係を確定しようとした。Eaton と Yu は，有力な調整変数を相対的な成熟度 (成人した時の身長を予測して，その割合を百分率として求めたもの) に求め，5〜8歳の男女児 (n = 83) の運動活動の差を調べた。その結果，相対的な成熟度が大きくなるにつれてジェンダー差は縮小したが，女児の活動性は依然として男児よりも低かった。

このように，絶対的な運動の活動量は加齢とともに減少傾向を示すが，運動活動のジェンダー差は，年齢とともに大きなものになっていく。この効果は早期の乳児段階 (胎児期でのいくつかの証拠も併せて) から早くもみられるものであり，遺伝要素を示唆している。

また成熟率が一部これを調整しているものと思われる。しかしながら，児童・青年期のジェンダー差の着実な伸びは，社会的・環境的な要因によるものと思われる。

健康関連体力のジェンダー差

あらゆる年齢で女児の運動活動レベルが男児よりも低いといった知見は，女児の健康関連の体力レベルが全般的に低いことを示唆している。児童・青年期の体力の国家調査 (J.Ross & Gilbert, 1985 ; J.Ross & Pate, 1987) の二次分析 (J. Thomas et al., 1991) から，この仮説は的確であることが明らかになっている (Smoll & Schutz, 1990 もこれを支持している)。児童・青年の体力の国家調査は，サンプリングとテストを注意深く統制した全国の男児 6,800 名と女児 6,523 名のデータを報告したものである。

図 2.12 はマイル走 (8 歳児以下の半マイル走)，懸垂運動 (10 歳児以下の懸垂運動を修正したもの)，腹

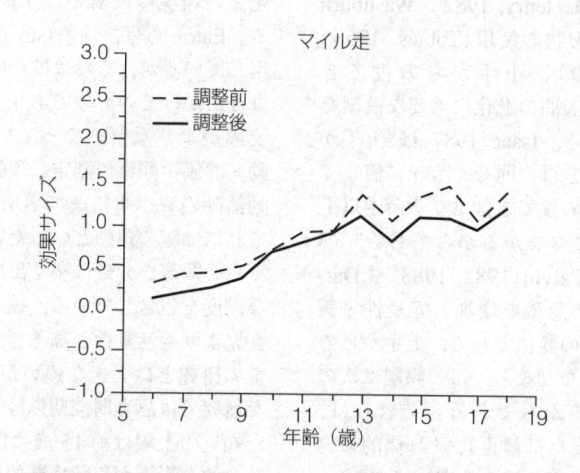

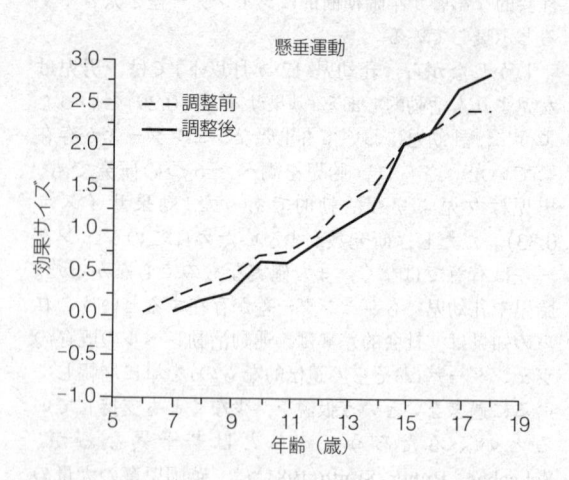

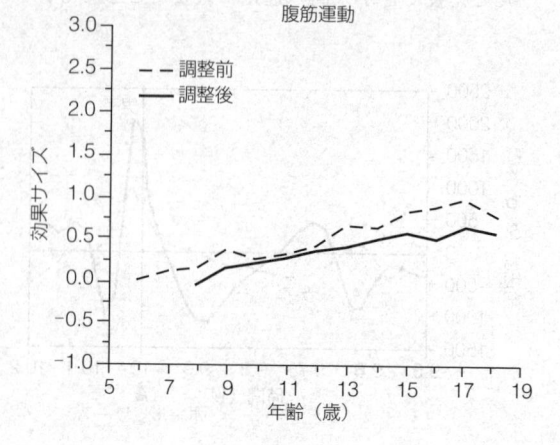

図 2.12 児童・青年期の体力国家調査を再分析した結果
(Thomas, Nelson & Church, 1991)

筋運動を効果サイズに変換したものである。図中の実線は生物学と環境特性を考慮したジェンダー差の調整値を，波線は未調整値を示している。図2.12の健康関連の測度は，いずれも男女の差が各年齢を通して直線的に増加している。ジェンダー差は懸垂運動が最大で，腹筋運動が最小になっている。男児の懸垂運動には思春期固有の筋の強度と筋量の増加が影響し，女児では脂肪量の増加が影響する。そのため，これを予想することは可能と思われる。しかしながら，思春期前の体脂肪率や思春期後の体脂肪率と，学校外での運動量で補正すると，一般的に各年齢における男女差は低下した。

これらの知見は，運動活動レベル（Eaton & Enns, 1986），運動パフォーマンス（J.Thomas & French, 1985），身体パフォーマンス（Smoll & Schutz, 1990）など，同じ課題を使用した他の大規模な調査報告とも一致している。環境の特徴（例えば，社会的状況，運動量，仲間，親，教師，機会，励まし，練習）は，ジェンダー差を生み出す主な要因になっている。しかしながら，生物学的な要因（例えば，成熟，体脂肪率）は，環境によるジェンダー差を媒介しているように思われる。少数例（例えば，運動活動，投てき）ではあるが遺伝が何らかの形でジェンダー差に影響するという間接的な証拠もある。しかし，これらの例ですら，環境の特徴はこれら遺伝による初期のジェンダー差を増進・増幅している。

成長と運動の関係

研究者は，多くの課題で成長とパフォーマンスの関係を観察しているが，"相対的な年齢効果"の報告からは，効果的なパフォーマンスの実行要因としての成長と成熟の重要性が明らかになっている。通常，相対的な年齢効果は，集団内でもっとも身体の大きな最年長児童を最高の熟達者だとコーチが認めることを意味している（Baxter-Jones, Helms, Maffull, Baines-Preece & Preece, 1995 ; Boucher & Mutimer, 1994 ; Brewer, Balsom, Davis & Ekblom, 1992）。例えば，集団スポーツの年齢層別チームでは，最年長の児童がベストプレーヤーとして選抜チームのメンバーになっている。一方，その同じ年齢層内の若年児が代表入りすることはまれである。年長児童がベストプレーヤーになる現象はどちらかといえば長続きせず，年長のアドバンテージは思春期後に消失する（K.Thomas & Thomas, 1999）が，そこにはいくつかの相対的な年齢効果が影響している。もっとも重要なことは，練習や励ましの機会が少ないため，年少児はスポーツの脱落者になりやすいことである。熟練者の発達研究では，1つの説明要因として，相対的な年齢効果を使用している。皮肉なことに，多くのスポーツでは，成熟の遅い児童が思春期後には逆に優位に立つといった証拠も多数存在している。前述のように，男女の遅い成熟と結びつく体型は，優れた競技パフォーマンスとも結びつく外胚葉型である（Malina, 1984）。

関連した問題は，成熟の遅い者が特定のスポーツ種目（体操競技，バレー，トラック・フィールド競技）を選択するのか，それともこれらのスポーツ種目への参加が成熟を遅くしている（Broekoff, 1985 ; Malina, 1984）のかといった問題である。いずれの場合でも，これらの成熟とパフォーマンスの関係は，成熟とパフォーマンスのそれぞれの両端では歴然としている。このことは，あるスポーツ種目の世界クラスの競技者には成熟の遅い者もいるが，それはそのスポーツ種目参加の結果や原因となっていることを意味している。

特徴的な体型や大きな身体は，しばしば運動スキルの達成に有利に作用している。高い身長，重い体重，大きな筋量，肩幅・腰幅比率の大きさは，特にてこの長さや強さが重要となる多くのスキルパフォーマンスに，プラスの影響を与えている。年齢を通した運動スキルパフォーマンスのいくつかの改善は，身体サイズの変化とそれに伴う強度の変化によるものである。さらに，身体比率の変化（例えば，座高と身長の比率）も，運動パフォーマンスに影響している。静止バランスの課題を考えてみたい。幼児の頭部長は身長の25％を占めているが，成人のそれはわずか12.5％に過ぎない。自分の頭部長が身長の25％だとすると，肩の上には頭が2つ重なっていることになる。その状態での釣り合いをイメージしてみるとよい。慣性モーメントや身体各部の加速抵抗量も，成長とともに変化する。R.Jensen（1981）は男児の成長と身体の慣性モーメントの変化を追跡した。その結果，男児の加速能力に対する成長関連の制約は，12ヵ月の間に27.7％も増加することが明らかになった。この値は実際の身体サイズの増加率をはるかに超えていた。児童にとって，強度を維持しながら，大きくなった身体各部を動かすことは難しい。必要な力量は実際の身体サイズの増加に比べて，バランスを欠くほど大きなものになっている。

これらのアンバランスに関連するものとして，児童はしばしばスポーツ種目のシーズン中に特定のスキルを練習するが，その後のオフシーズン中にも成長し続けることに注意する必要がある。シーズンが再度始まった時には，昨シーズン中に学習し蓄積したあらゆる身体運動の情報が，さまざまな比率や慣性モーメントに関して，さまざまに異なってしまった身体に適用される。練習とともに運動プログラムが発達し，児童の特殊な身体サイズの特徴を前提にした運動を制御している。実質的な成長が生じる時期に，スキルを練習しない場合には，相対的な力やタイミングといった運動プログラムの不変的な特徴は，サイズが大きくなった児童にとって，不適切な仕様になるものと思われ

成長過程中に変化する身体的変数は，より極端にパフォーマンスに影響を及ぼしている。例えば，相当量の脂肪は選手に悪影響を与えるかもしれないが，平均的な量の脂肪は，そのような影響を与えないかもしれない。このように脂肪の量は，パフォーマンスとは相関しないように思われる(Malina, 1975)。ある種の体型は優れたスポーツパフォーマンスと結びつく傾向を示しているが，これらの関係はかつて信じられていたほど明確なものではない(Malina, 1984)。背の高い児童は力が強く，そのことは通常彼らにとって有利に働いている。しかしながら，体重の重い児童には，一貫したパフォーマンスパターンがない。体重の重い児童は優れた投てき能力を示すが，ランニングやジャンプのパフォーマンスは劣っている。年齢の増加やスキルの向上につれて，身体的変数はほとんどパフォーマンスに影響しなくなる(Espenschade, 1963)。身体サイズ(身長・体重)は，女児のパフォーマンスにはほとんど影響していない。

身体的変数が説明するパフォーマンスの変動量は，パフォーマンスのジェンダー差を調べる上で特徴的な指標となっている。上手からの投てき課題を使用したJ. Nelson, Thomas, Nelson, Abraham(1986)の研究から，身体的変数(関節の直径，肩幅・腰幅比率，皮下脂肪量)は，5歳児男女の投てき距離差の12%を説明することが明らかになった。5歳児のこれら身体的変数はかなり類似している。そのため，この12%という寄与率には意味があると思われる。しかしながら，成長要因からは説明できない差にも，同様に意味がある。K. Nelsonら(1991)は，1度調査した児童を3年後に再びテストした。3年間で女児の身体サイズと投てきの距離は増加したが，投てきの運動パターンは変化しなかった。このことは，女児の投てきパフォーマンスの改善の大半が，成長によって説明できることを示唆している。

運動や活動が成長に影響するといった考え方は，非常に興味深い。"正常"な成長にとってある最小限の運動は必要であるが，最小限の定義はわかりにくい(Broekoff, 1985)。成長のための最適な運動レベルを記述することはさらに難しい。運動プログラムの前に運動群と非運動群を設定していない実験統制の不備の点から，多くの研究者はこれら初期の関連研究を批判している。また，運動を定量化した研究もない。より最近のまっとうな研究から，定期的な運動や意図的な練習と身長の伸びは関連しないことが明らかになっている。運動をしないと骨密度は減少するが，激しいトレーニングをすると骨の太さと骨密度は増加する。運動は筋の肥大・骨の成長・密度・ミネラル化の重要な調整要因になっている(Malina, 1986)。

要約すると，身体発育，成熟，運動活動，体力，基本的な運動スキルなどの研究結果は，研究を計画・解釈し，そして研究知見を男女の実験参加者へ適用する際の，重要な背景情報になっている。残念ながら，ジェンダー差の大半が生物学的要因によると認識されている。しかしながら，スキル獲得の研究には重要な意味がある。それらの重要な知見は以下のようになっている。

・思春期前のジェンダー差は，そのほとんどが男児と女児の扱い方の違いによるものである。
・思春期後のジェンダー差は，生物学的要因と環境要因(例えば，男女に対する扱い方の違い)の相互作用によるものである。
・世界レベルの競技者では，パフォーマンスの10〜20%程度が，生物学的なジェンダー差によるものである(Ransdell & Wells, 1999)。

これらの知見を考えれば，女児の研究やその応用も，男児と同じにすべきである。大きなジェンダー差がある場合には，環境要因を探求すべきである。思春期後に増加するジェンダー差は妥当なものと思われるが，これらは伝統的に受容しているほどのものではない。

運動制御の発達

加齢とともに児童の運動制御は改善する。これをもっとも明瞭に観察することができるのは，正確な素早い目と手の協応運動である。目と手の協応運動は，上手からの投てき，打撃，物体把握手，コンピュータゲームのジョイスティックのコントロール，文字書きや絵描き，色塗りといった，児童の日常生活やスポーツにとって重要なものになっている。この問題を取り上げた成人の研究(レビューについては，Meyer, Abrams, Kornblum, Wright, & Smith, 1988；Plamondon & Alimi, 1997を参照)はあるが，運動の速度や加速度が成人とは異なる児童の実証的な研究はほとんどない(Stelmach & Thomas, 1997)。

一般的に，標的に対する素速い手の運動の始まりは弾道軌道になっており，研究者は中枢のメカニズム(例えば，運動プログラム)がそれを制御していると考えている。調整は運動の最終段階に現れる。なぜなら，標的打撃にはフィードバックに基づく調整が必要となるからである。成人の場合には，速度と正確性のトレードオフに関するFittsの法則(1954)によって，標的の大きさと運動の長さといった課題の困難度を予測している。多くの研究者(例えば，Burton, 1987；Hay, Bard, Fleury, & Teasdale, 1991；Kail, 1991；J. Thomas, 2000)は，児童は成人よりも情報処理に時間がかかり，エラーが多く，標的に接近するにつれてフィードバックの調整をより多く使用すると報告して

いる。

　Yanら(2000)は，急速なエイミング課題(約20 cm間隔の点から点への動き)の場合，年少児童は運動の約25%を弾道運動の制御に使用し，残り75%の運動を打撃運動中のフィードバック修正に使用するといった包括的な発達研究を報告した。年長児童は弾道運動の制御に運動の約50%を使用したが，それでも成人(約80%)よりも低い割合であった。円滑な運動(単収縮のコストによって評定した)も，成人−年長児童−年少児童の順に低下した。運動の長い弾道相は，より円滑な協応運動となった。

　その後の研究で，J. Thomas, Yan, Stelmach(2000)は，年少児童が急速な照準運動を練習すると，弾道運動の制御の割合が，年長児童や成人よりもかなり大きくなると報告した。ただし，成人は練習によって改善していた。全運動に占める弾道運動の比率の増加に加えて，弾道運動の円滑さも向上(単収縮のコスト低下)した。練習後の児童の運動プロフィール(速度と加速度)は，成人と同様なものになった。これらの知見は，成人と同様に，児童の運動制御も練習に伴って向上するという仮説を支持している。このように，児童において目と手の協応課題が下手な理由は，成熟不足というよりも，練習不足によって説明できるように思われる。

運動スキルパフォーマンスの認知的な側面

　本節では，認知機能と運動・スポーツスキルのパフォーマンスとの関係と同様に，認知機能の発達に関する一般的な情報を紹介してみたい。ここでは特に方略的な知識について詳述し，宣言的知識や手続き的知識は次節で述べることにする。このトピックスは重要である。なぜなら，児童が運動・スポーツスキルを遂行・学習・制御する場合には，認知処理を使用しているからである。

　認知処理は，運動のあらゆるタイプのスキルや，知識の獲得・実行に，さまざまに作用している。しかし，運動は少なくとも1つの点で明らかに異なっている；知識と実行は，必ずしも完全に相関するわけではない。算数問題の解き方を学習した児童は，ほとんどいつでも正しく解答することができる。しかし，運動については，動作(例えば，野球の守備では，ゴロを捕って1塁に送球しランナーをアウトにする)を理解しても，その通りには実行できないことがある。したがって，認知と運動パフォーマンスを論ずる場合には，知識と実行の違いを理解しなければならない(K. Thomas, 1994)。本章の初めに述べたように，ここではスキル実行の役割とその影響についての理解が必要であることを，再度強調しておきたい。

　次節では，認知処理の様相を，あたかもそれらが比較的独立した機能であるかのように論じてみる。もちろん，これらは独立したものではない。しかし，このトピックスの文献はあまりにも膨大なので，このような提示方法を取らざるを得ない。これらの節では運動・スポーツ関連の研究を中心に述べる。また当然のことながら，考察に際しては，発達心理学や児童発達といったより一般的な認知処理の発達研究も合わせて議論したい。ここでは処理速度，知覚発達，記憶，学習といったトピックスも含めて，年齢関連の問題を紹介する。

処理速度

　成長につれて児童の情報処理の速度は増し，同じ時間内により多くの情報処理の実行が可能になる。単純反応時間(J. Thomas, Gallagher, & Purvis, 1981)，フィードバック処理(Gallagher & Thomas, 1980；J. Thomas, Solmon, & Mitchell, 1979)，予測タイミング(Dunham & Reid, 1987)，Fittsのタッピング課題(Burton, 1987；Kerr, 1985；Salmoni & Pascoe, 1979)，意志決定(Newell & Kennedy, 1978)などの課題では，一貫した結果が得られている。処理の間隔が短くなると，しなければならないことについて十分に"考える"時間が不足するために，児童の運動パフォーマンスは低下する(Gallagher & Thomas, 1980)。処理速度の違いは構造的な限界によるものなのか，あるいは機能的な限界によるものなのかという点に，研究者の関心は集中している。情報処理論者は，その原因を記憶方略の使用(Chi, 1977；Lindberg, 1980)や知識基盤の違い(Chi, 1982)といった機能差に求めている。一方，Piaget理論を採用している研究者(Pascual-Leone, 1970；Tudor, 1979)は，この違いの原因を記憶容量の増加に求めている。

　記憶パフォーマンスの発達的な増加の要因として，身体的な側面(有髄化，脳の大きさ)の増加要因を完全に排除することはできないが，それらの影響力はほとんどないように思われる。しかしながら，長期記憶の情報量と記憶の方略は，大きな役割を果たしている。Gallagherは，運動想起に関わる記憶方略の重要性を明らかにした(Gallagher, 1980の実験1；Gallagher & Fisher, 1983)。長さが違う単純な直線運動を想起させると，児童は成人と同様に正確に想起することができた。しかしながら，課題が複雑になると，児童のパフォーマンスは低下した。

　ChiとGallagher(1982)は，処理の速度差の原因を確定するために，発達研究をレビューした。彼らは情報処理の区間を，符号化・操作・反応選択・運動反応の4つの成分に分け，児童と成人における操作および反応選択の違いを確定した。その結果，児童はさまざまな方略を使用して課題を遂行していた(McCraken, 1983；Sugden, 1980)。さらに，児童は

さまざまな筋群／EMGの増加によって課題を遂行していた。おそらくこれが反応時間が遅れた原因と思われる。したがって，運動システム能力の発達的な変化が，運動時間差の原因であるとは思えない（Burton, 1987；Chi & Gallagher, 1982；Kerr, 1985；Salmoni & Pascoe, 1979）。

処理の速度差の研究は，処理速度の変化を加齢によって説明する次の2つの仮説の，どちらか一方に集中している（Kail, 1986, 1988, 1991）。それらの仮説は以下の通りである。

1. ある特殊な処理／課題／領域内の改善（Kail, 1988）；例えば，児童は成長につれて，より効率的な課題方略を獲得し，知識基盤の容量を増加し，長期記憶情報の利用率を高めている（Dempster, 1988）。
2. 年長児童は注意や心的努力といった処理資源を，年少児童に比べより効率的に使用している（Kail, 1988）。

つづいて，知覚の変化，記憶方略の使用，知識基盤など，年齢関連の処理速度変化を説明する特定の要因について述べることにする。

知覚の発達

一般的には感覚情報の使用と解釈を"知覚"と呼んでいる（Thomas, 2000）。感覚内の弁別向上（K. Thomas & Thomas, 1987）と，感覚間の統合向上（H. Williams, 1983）に伴って，優勢な感覚システムの階層に発達的な変化が生じるとの示唆もある。初期の運動感覚情報の依存から，より確実な視覚情報の依存へのシフトを示唆する研究者もいる（Williams, 1983）。4歳児は，触覚運動の手がかり（身体的な手がかり）に頼って運動をしている。したがって，4歳児は特定の視覚手がかりを十分かつ効果的に使用して，行動をうまく制御することができないとWilliamsは述べた。7〜8歳になると，触覚よりも視覚情報が優勢になる。このような知見に基づいて，彼女は，触覚運動あるいは体性感覚の情報依存から，運動行動の制御または媒介に基づいた視覚情報依存へのシフトが，年少児童の感覚−知覚の発達を特徴づけていると示唆している。この視覚優位への移行は，情報処理能力が比較的粗い感覚から，より巧みな感覚の使用へと変化することを表わしている（H. Williams, 1983）。

感覚内の弁別向上を調べた多くの研究はWilliamsのこの概念を支持している。加齢とともに，児童の手足の位置決め（K. Thomas & Thomas, 1987；H. Williams, Temple & Bateman, 1979），2点閾の弁別（VanDyne, 1973），タイミングの予測（Dunham & Reid, 1987；J. Thomas et al., 1981）は，より正確なものになってくる。感覚システムの弁別精度が上がれば，運動プログラムの選択時，プログラム変数の設定時，エラー検出・修正時に，より良質な情報を得ることができる。

K. ThomasとThomas（1987）は，加齢に従って児童の運動パフォーマンスが記憶要因ばかりでなく知覚要因によっても改善することを明らかにした。年少児童（5歳児）が新しい運動から十分に学習した運動を弁別する際には，成人の約3倍の運動を必要とした。ThomasとThomasは，児童が成人と同レベルの情報を知覚していると端から決めつけるべきではないと結論づけた。つまり，実際に運動を効果的に再現することができなかった場合でも，児童は効果的に再現できたと考えている可能性がある。個人は情報を知覚した後に，その情報を操作し，反応を選択し，運動を試みなければならない。情報の操作は，短期記憶と長期記憶が相互に作用した時に現れるものである。

記 憶

記憶と注意も，発達的な観点から考察すべき重要な要因になっている。注意は包括的な用語であり，研究者はこの用語を使用して，集中・警戒から心的構え・喚起に至る多様な過程に対処している（Abernethy, 1993）。選択的注意は，課題固有の手がかり知覚を符号化する役目や，ワーキングメモリー内の関連情報を継続的に維持する制御処理としての役目も果たしている（Gallagher et al., 1996）。選択的注意は，選択的な注意方略の発達的な研究（Ross, 1976）から，選択的注意のメカニズムや注意と知覚の関連性（Barrett & Shepp, 1988；Shepp, Barrett, & Kolbert, 1987；Tipper, MacQueen, & Brehaut, 1988）を調べる研究へと移行している。最終的に研究者は，注意の資源を動的な環境に配当する年少児童の能力の変化を調べている。

児童が環境情報に注意する能力は，年齢とともに発達する。思春期の始まる11歳頃まで児童は選択的な注意方略を自発的に使用することはないと，A. Ross（1976）は述べている。注意は各段階で発達するが，最初の段階（超排他的モデル）の児童は，1歳児と同様に単一刺激に魅力を感じている。小学1年生になる頃に，児童は超包括的な状態の第2段階に入る。超包括的な注意とは，環境に圧倒された児童が，分離できない多数の無関連情報や関連情報に同時に注意を向けることである。超包括的な傾向をもっともよく例示しているのは，おそらくキャッチボールの学習をしている児童と思われる。年少児童はボールに集中する代わりに，投球者の顔を見る傾向がある。これは年少児童の拙い選択的な注意方略の使用や，いかに環境の手がかりが彼らを混乱させているのかといった一例になっている。思春期前期に達すると，児童は無関連情

報を無視して，関連情報のみを環境の多くの情報から選択できるようになる(A.Ross, 1976)。

長期記憶内の情報を貯蔵・検索または再編成するためにワーキングメモリーが使用する処理過程を，認知方略と研究者は定義している(Chi, 1976 ; J. Thomas, 1980)。選択的注意の発達に関係する方略は，ラベリングである。J. Thomas, Lee, Thomas(1988)は，"記憶を助長するために，名前をつけること"がラベリングであると定義している(p.54)。適切な課題情報に対する選択的な注意の発達は，児童が運動位置を記憶する上で役立ち，"運動の概念"の獲得，あるいはあるスポーツ"プレー"の発達としての認識を支援するラベリングスキルの手がかりや，環境情報の使用を中心に展開している。研究者は適切な課題の手がかりによって，運動位置の想起(Winther & Thomas, 1981)，運動スキルの学習(逆立ちと前転運動：Masser, 1993 ；投てき：Fronske, Blakemore & Abendroth−Smith, 1977)，運動順序の想起(Miller, 1990 ; Weiss, 1983 ; Weiss & Klint, 1987)，バランス(deOliveria, Gallagher, & Smiley−Oyen, 1999)，環境の動的な情報選択(Ladewig & Gallagher, 1994 ; Ladewig, Gallagher, & Campos, 1994)に対する児童の選択的な注意が容易になることを明らかにしている。ラベリングは7歳の学習障害児にも有用なものとなっている(Miller, 1990)。

これらの知見によって，スキル関連の側面や適切な環境情報の手がかりへの注意集中は，児童のパフォーマンスを改善することが明らかになった。WintherとThomas(1981)は，腕運動のパターン想起実験に，なじみのある名前を使用した。Masser(1993)は逆立ちと前転運動のインストラクションに運動学的な手がかりを使用した。また，Fronske, Blakemore, Abendoth−Smith(1997)は，児童の投てき学習を支援するために運動学的な手がかりを与えた。Weiss(1983)やWeissとKlint(1987)は，児童の運動順序の想起を支援するためにスキルに名前をつけた。

deOliveria, Gallagher, Smiley−Oyen(1999)は，連続的な課題(歩行)や徐々に複雑になる課題(線上を歩く，平均台を歩く，線上／平均台上の物体を越える)以外の課題に固定的な手がかりを使用して，経路の最終端への集中を児童に要求した。11歳児や成人と同様に，課題未経験の6歳児も，注意の集中手がかりを使用して効果的な運動を行っている。手がかりを使用した未経験者の円滑な歩行は，経験を積んだ体操選手の歩行と類似していた。

HagenとWest(1970)，LadewigとGallagher(1994)，Stratton(1978)，J. ThomasとStratton(1977)は，練習と妨害の関係を調べている。これらの研究の目的は，実験参加者の課題学習を妨害して，その後のパフォーマンスを測定することであった。彼らは練習前半のほとんどを妨害(手がかり類似の情報を多数提示する)し，練習後半はほとんど妨害しない(手がかり類似の情報をほとんど／全く提示しない)条件と，これとは妨害を加える順序が逆となる2つの条件を設定した。パフォーマンスは保持期の後に測定した。これらの研究結果によって(Hagen & West, 1970 ; J. Thomas & Stratton, 1977)，練習後半の妨害は実験参加者のパフォーマンス獲得を改善するが，練習前半の妨害はパフォーマンス獲得を低下することが明らかになった。しかしながら，これらの参加者の練習を妨害した上で保持テストを行うと，逆の結果になった。練習前半に妨害を受けると，参加者のパフォーマンス保持(状況)は向上した。これらの知見から，課題集中に役立つ手がかりを参加者が受け入れる限り，練習前半の妨害は課題遂行に有益に働くことが明らかになった。

復唱(リハーサル)は，記憶情報の維持に必要な重要な方略となっている。GallagherとThomas(1984)は，能動的な復唱の重要性を明らかにした。所定の8つの運動シリーズを使用したこの研究では，ケースに応じて5歳児と7歳児を復唱条件に割り当て，11歳と19歳を運動想起条件に割り当てた。成人と同じ方法の復唱を強制した場合には，5歳児と7歳児のパフォーマンスは向上した。IQ 43〜83の知的障害児を調べたReid(1980)は，Schroeder(1981)の重度知的障害者での調査と同様の結果を示した。

組織化は，情報を意味のあるまとまりに一体化して認知要求を低減する方略である。情報を個々の小片と考える代わりに，個々のグループや情報を1つのユニットに再コード化するのが組織化である。8つの一連運動を使用して，それらの組織化の程度を操作したGallagherとThomas(1986)の研究から，組織化の方略や情報の入力に関わらず，5歳児のパフォーマンス向上は不可能であることが明らかになった。7歳児は組織化した力を使用して，想起を促進することができた。しかし，その方略を新たな課題に転移することができなかった。11歳児は組織化した入力を使用して，方略をわずかながら転移することができた。しかしながら，情報の再構築はみられず，自然発生的な組織化もできなかった。19歳の参加者は入力と無関係に情報を組織化した。

リハーサルの研究と入力の組織化に関する研究を統合したGallagherとThomas(1986)は，年少児童に対する方略使用の強制が非常に重要であったとしても，年長児童や成人では効果がほとんどないと指摘した(図2.13を参照)。強制されない場合にも年長児童と成人はそれらの方略を使用したが，年少児童は使用しなかった。たとえ5歳児に組織化の手がかりを与えたとしても，運動の順序(短い動きから長い動きへ)を想起することはできなかった。一方，リハーサルを強制すると，5歳児は想起することができた。7歳児は組織化の方略を使用して，8つの運動を想起した。年

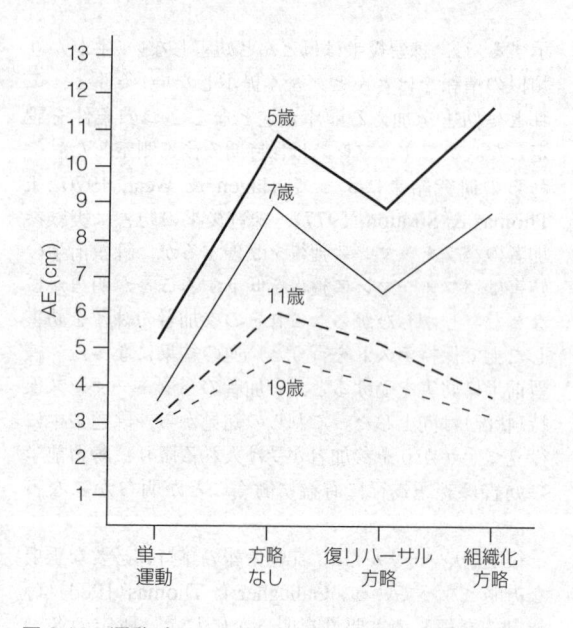

図 2.13 運動パフォーマンスのリハーサル・組織化の効果
(J.D. Gallagher & J.R. Thomas, 1986. Development effects of grouping and recoding on learning a movement series. *Research Quarterly for Exercise and Sport*, 57, 117-127 より許可を得て使用)

その他の研究は, 領域固有の知識がワーキングメモリーの限界容量(Chase & Simon, 1973)や課題の注意要求(Leavitt, 1979)を緩和し, 記憶方略の効果的な使用を促進している(Ornstein & Naus, 1985)と示唆している。したがって, 領域固有の知識によって, 少ない努力で情報にアクセスすることができるし, 方略を実行するための心的資源をより多く保存しておくことができる。Chi(1985)は, 方略と知識の関係は相互依存的であると示唆している。

知識には, (1)宣言的知識, (2)手続き的知識, (3)方略的知識, の3つのタイプがある(French & Thomas, 1987 ; K. Thomas, 1994)。宣言的知識は事実についての知識であり, 手続き的知識は手法についての知識である(Abernethy et al., 1993)。宣言的知識と手続き的知識は, ともに一定の知識領域の課題に固有なものとなっている。方略的知識は, あらゆる知識領域の一般的なルール(リハーサルといった記憶方略)についての知識である。

長児童と成人の自己決定方略使用群は, 組織化方略使用群と同じように想起をすることができ, 年長児童と成人は運動グループと同じように空間的なリハーサルをした。

要約すると, 4歳児でも, 想起を求めた時には方略的な行動を取るといった証拠がある。しかし, この年齢の児童は記憶の方略を自発的に使用しているわけではない。Chi(1982)が示唆したように, 自発的には使用しないのは, おそらく非効率的な知識に基づくものと思われる。もっとも早期に有効な児童の記憶方略は, 優れたトレーニング活動と同様に, 非常になじみのある情報から開始している。これらの方略の自動化は練習と経験によって生じ, そしてこの自動化は, 情報処理に利用できるワーキングメモリーの機能的なスペース増加と結びついている。

知識基盤

研究者は, 知識基盤を長期記憶とも呼んでいる。知識基盤の理論家は, 知識が練習によっていっそう精巧なものになると仮定している。ある領域の知識を非常に多く持っている児童では, その知識が当該領域の課題パフォーマンスの実行に, 重要な役割を果たすことが明らかになっている。Chi と Koeske(1983)は, 4歳児が十分に学習した恐竜の想起に際し, 巧妙な組織方略を使用していると記載した。なじみのない恐竜の想起に使用する方略は, この年齢群に共通していた。

学習：練習とフィードバック

基本的なスキルを自動化することが, 高い熟達レベルの学習目標になっている。自動化は学習モデルの段階(Fitts & Posner, 1967)や運動プログラムの段階と一致している。パフォーマンスとはある時間内に課題を遂行する方法を意味しているが, 学習はパフォーマンスの比較的永続的な変化を意味している。学習のもっとも強力な2つの変数は, (1)フィードバック, (2)練習, である。

フィードバック

年少児童はフィードバックを無視する傾向がある。しかし, フィードバックの使用を強制すると, 課題のパフォーマンスは改善する(Gallagher & Thomas, 1980 ; J. Thomas, Solmon, & Mitchell, 1979)。一般的に, フィードバックの研究では, 成果情報の結果の知識(knowledge of result：KR)を調べているが, 過程関連のフィードバックであるパフォーマンスの知識(knowledge of performance：KP)は, あまり調べていない。KPは, 初心者や年少児童にとって, また現実的な課題においても重要なものとなっている。しかしながら, KRは研究が容易であり, 多くの熟練者ではKRとKPが同等であることから, 研究者はしばしばこの2つの用語を互換的に使用したり, 単にフィードバックと呼んだりしている。

Newell と Barclay(1982)は, 2つの要因が運動の学習と想起にあることを明らかにしている。それらは, (1)運動と結果の関連性, (2)運動の結果に影響する変数や要因の知識, である。年少児童はKRの処理に

多くの時間がかかり(Newell & Kenedy, 1978)，年長児童や成人のようにKRを正確に処理することができない(J. Thomas et al., 1979)。研究者はフィードバックをスキル獲得の重要な変数と考えている(Schmidt & Lee, 1998)。したがって，年少児童-年長児童-成人のフィードバック処理の違いは，運動パフォーマンスの年齢差を説明するもう1つの要因となっている。

練習

文脈干渉と多様な練習は，確固たる学習変数になっている。研究者は，類似の課題や多様な環境条件の課題を，さまざまな条件下に提示することができる。研究者は，すべての試行が同じ課題あるいは同じ条件の練習を"定常"練習と呼んでいる。また，いくつかの課題あるいは条件が群としてまとまった形の練習を"ブロック"練習と呼んでいる。多様な課題あるいは条件を提示され，前後の試行条件が異なる練習を"ランダム"練習と呼んでいる。

比較的クローズドな運動課題の多様な練習をメタ分析した結果，ランダム練習の最大効果が最年少児童にあることが明らかになった(Yan, Thomas, & Thomas, 1998)。Polkis(1990)の研究から，年少児童は，ランダム練習によってクローズドスキルを学習することができても，ランダム練習のスケジュールはオープンスキルのパフォーマンスを阻害することが明らかになった。オープンとランダムといった2つの難しい練習形態が年少児を圧倒したものと思われる。多くの課題では，1つのパフォーマンスから次のパフォーマンスへと連続的な調整を求めている。学習者が環境の変化に適応するには，多様な環境で練習し，選択した変数とパフォーマンス成果の関係を見抜かなければならない。

このように，フィードバックと練習条件は児童にプラスに作用すると思われるが，そこには年齢によるばらつきも見られる。強制しない限り，年少児童は利用可能であるにも関わらずフィードバック情報を利用しないが，年長児童はより成人に類似した形でフィードバック情報を利用している。課題と条件が過度に複雑でない限り，練習は成人と同様に児童にも大きな恩恵を与えている。

専門技術と熟達パフォーマンス

研究者は多くの領域で，専門技術の発達を検討している。彼らは専門技術の認知処理，専門技術の応用，文脈固有な側面を，集中的に調べている(視覚探索と選択的注意はAbernethy, 1988bを参照；意志決定と専門技術はStarkes, Helsen, & Jackの第7章や，K. Thomas & Thomas, 1994を参照)。本節では，知識構造(宣言的，手続き的，方略的)の発達と，スポーツパフォーマンスの発達に焦点を当てることにする。スポーツ専門技術における発達研究の妥当性は，次の理由によるものと思われる。

・知識基盤，スキル，ゲームパフォーマンスは文脈固有のものであり，研究者はそれらの周囲に線引きをすることができる(J. Thomas, French, & Humphries, 1986)。
・スポーツは(，)認知処理システムにしばしば圧力をかけている。なぜならスポーツでは，短時間での意志決定が必要になっているからである(Abernethy, 1990；K. Thomas & Thomas, 1994)。
・スポーツスキルをいつ，どのように行うのかといった知識は，スキルの実行と同義ではない(McPherson & Thomas, 1989；K. Thomas & Thomas, 1994)。

内容やパラダイムといった専門技術の研究は，特に知識基盤に関しては，情報処理の研究から発展した。研究者は知識を表象する方法や，熟練者と初心者の違いを，バドミントン(Abernethy, 1988a)，野球(Chiesi, Spilich, & Voss, 1979；French et al., 1996；French, Spurgeon, & Nevett, 1995；Nevett & French, 1997)，バスケットボール(Allard, Graham, & Paasalu, 1980；French & Thomas, 1987)，フィールドホッケー(Starkes, 1987；Starkes & Deakin, 1984)，フィギュアスケート(Deakin & Allard, 1991)，スカッシュ(Abernethy, 1990)，バレエ(Starkes, Deakin, Lindley, & Crisp, 1987)，テニス(McPherson, 1999；McPherson & Thomas, 1989)といったさまざまなスポーツから調べている。次節では専門技術の2つの側面，(1)児童期から思春期に至る発達，(2)意志決定-スキル-パフォーマンスの関係，を取り扱ってみたい(この議論のより理論的な基盤は，Abernethy et al., 1993；Gallagher et al., 1996；J. Thomas et al., 1986；K.Thomas & Thomas, 1994を参照されたい)。

スポーツの知識，スキル，パフォーマンスの発達

年長児童が年少児童よりもスポーツスキルをうまく遂行するといった事実は，何ら目新しい情報ではない。本節ではこの発達変化の知見と専門技術の関係を集中的に考察してみたい。FrenchとThomas(1987)やMcPhersonとThomas(1989)の研究から，8～11歳熟練児のバスケットボールやテニスの知識(宣言的，手続き的)，スキル，ゲームパフォーマンス(意志決定と実行)は，同年齢の初心者よりも優れているだけでなく，年長児童(11～13歳)の初心者よりも優れていることが明らかになった。

最近の研究手法は，シミュレーションゲームの使用から，実際の競技中の測定評価へと移行している。French, Spurgeon, Nevett(1996)によって，野球の試合中に発揮された野球スキルによって，専門技術のレベルを弁別できることが明らかになった。Frenchら(1996)やNevettとFrench(1997)は，課題固有の練習と実際の野球試合中に行う反応選択を関連づけた。年少の選手は同年代の初心者よりもうまいプレーをしたが，年長児童や高校選手に比べると拙いプレーだった。Frenchらはまた，年少の選手は試合中に経験を積む機会が少ないこと(例えば，外野守備など)，あるいは試合出場の時間が年長者よりも短いことにも注目した。経験と成熟(例えば，相対的な年齢効果)は，この知見を説明しているように思われる。

McPherson(1999)は，10~12歳児および成人のテニス熟練者と初心者におけるシングルスの試合中のパフォーマンススキルと主要な問題を調べた。その結果，年齢ではなく競技レベルが課題パフォーマンスを左右していた。年齢に関わらず，熟練者は試合中に初心者よりも強力なショット(例えば，実行)をすることができたし，問題の解決や修正を意図した動作の達成度をモニターすることができた。行動的なデータから，熟練者が選択した巧妙な反応は若年者と成人では類似の割合であったが，言語的なデータから，成人熟練者の反応選択は若年熟練者のそれに比べてより巧妙であることが明らかになった。若年熟練者は，戦術的なアクションプランをほとんど持たず，支援的な方略をほとんど使用せず，文脈の評価をほとんど信用していない。これらの知見の重要な意味は，成人の熟練者はゲーム状況へのアプローチに柔軟な認知を使用していることではないかと思われる。熟練のレベルに関わらず，成人が使用する方略は児童のそれとは異なっていた。なぜなら，成人は児童よりも制御的な方略(パフォーマンスのモニタリング)を使用していたからである。したがって，成人は全般的な学習方略を使用していたものと思われる。年齢に関わらず，初心者は運動スキルを実行する際に陳述を使用しなかった。これは初心者が運動スキルの学習よりも，むしろテニスの試合に集中していたからだと思われる。

スポーツの知識，スキル，パフォーマンスの関係

FrenchとThomas(1987)，McPhersonとThomas(1989)の研究から，1つの構成要素としての知識やスキルと，それとは異なる構成要素としてのゲームパフォーマンスは，多変量的に関係していることが明らかになった。両研究の正準相関は0.70を超えていた。バスケットボールでは，知識とスキル(シュート，ドリブル)が，ゲームパフォーマンス(意志決定，実行)と有意に相関していた。テニスでは知識とグランドストロークが，ゲームパフォーマンス(意志決定，実行)と有意に相関していた。このような知識やスキルとゲームパフォーマンスとの関係は，8~13歳児の2つのスポーツで一貫していた。FrenchとThomas(1987)は，バスケットボールのシーズンを通して年少児童(熟練者・初心者)を追跡調査し，シーズン終了時に知識，スキル，ゲームパフォーマンスを測定した。その結果，バスケットボールの知識のみがシーズン中に改善し，スキルは改善しなかった。シーズン中に唯一改善したゲームパフォーマンスの測度は意志決定であった。シーズン終了時に有意に相関した変数は知識と意志決定のみであった。このように，パフォーマンスの認知要素(バスケットボールの知識とゲーム中の意志決定)は，スキル要素(ドリブル，シュート，パフォーマンス)に先行して改善しているように思われる。コーチや児童の報告が指摘しているように，FrenchとThomas(1987)は，練習中に強調したコーチの指導(スキルよりも試合の認知的な側面)が，この結果を引き起こしたのではないかと述べている。

FrenchとThomas(1987)，McPhersonとThomas(1989)は，児童との面接で，バスケットボールとテニスの手続き的な知識を評価した。彼らはこれらの面接テープを，明確な分析基準に基づいてコード化した。その結果，熟練者は初心者に比べて，バスケットボールやテニスのより複雑でより組織的な知識を保有していることが明らかになった。熟練者が使用している"もし~ならば，次に~；IF–THEN"という両スポーツの多様な陳述は，熟練者の優れた手続き的な知識概念を支持している。このような陳述を初心者は使用していない。さらに，McPhersonとThomas(1989)は，スポーツ熟練者が開発しているこのアイディア"もし~ならば，次に~をする；IF–THEN–DO"を支持した。彼らは"次に；THEN"と"~をする；DO"をどのように関連づけるかが熟練レベルであると述べている。初心者と比較して年少熟練児では，運動選択能力("次に")と運動実行能力("~をする")が一致しなかった。これは，熟練者がより複雑でより困難な運動を選択し，実行していたからであった。年長の熟練者ほど，運動選択能力とその実行能力が一致していた。このことから，練習と経験によってスキルは連続的に向上することが明らかになった。"このようにする；DO"の部分を，"~の場合には，次に~をする；IF–THEN–DO"といった単一ユニットのループにうまく組み込むことが，熟練の本質的な特徴であると思われる。すなわち，"条件／行動選択"相とパフォーマンス"実行"相の一致度が高くなるほど，より優れた専門技術が生じてくる。このように，自動化は"~の場合には，次に~をする；IF–THEN–DO"というループの"結合"を意味しているものと思われる。

最終的に，研究者は熟練者と熟練の発達における経験，とりわけ練習経験の役割を検討している。練習だ

けで熟練に至ることはない。例えば，同程度の経験と練習を積んでいるバレエダンサーでも，熟練レベルには顕著な違いがある(Starkes et al., 1987)。多くの研究者は，熟練を促進する1つの要因として，練習の質をあげている(Ericsson & Charness, 1994 ; Helson, Starkes, & Hodges, 1998 ; K. Thomas & Thomas, 1999)。10,000時間は練習量の臨界点と思われるが，質の重要な要素を記述することは，より困難になっている。

将来の研究

これまでの研究結果から，すべての児童が同じ割合で発達するわけではないことや，その割合は児童の特徴(例えば，成長・認知)によって変化することが明らかになっている。平均的なパフォーマンスの変化は，スムーズな直線傾向を示している。個々人には日々の変化があり，変化の速い時も遅い時もある。我々は，個人差と年齢差とを生み出す要因をようやく理解し始めたばかりである。運動発達についての初期の研究ではそれらの要因を集中的に記述していたが，最近の研究では実験的・準実験的なデザインを使用して，さまざまな特徴を操作することができるようになっている。発達に操作を加えるそのような方法は魅力的であるが，注意深い観察と記述によって，より多くのことを学ぶことができることも事実である。McCall (1977)はこれを次のように示唆した。

> 他の研究分野で行われているように，発達心理学者も記述を尊重すべきである。なぜなら，多くのことをそこから学んでいるからである。進化論，大陸移動のプレート理論，ホモサピエンス進化などの知識を考えてみよう。古生物学，地質学，天文学は，化石，大陸，天体を操作しなくとも，学問として十分立派に存立している(p.337)。

さらに，成長，認知，運動パターン，練習を含めた複雑な交互作用の要因が，児童期のパフォーマンスに影響を及ぼしている。これらの要因によって発達を記述することは可能であるが，これらを観察しないで発達を理解することは不可能である。個々人の変化は大きく，これらの変化の原因は大きな関心事になっている。ジェンダー差と同様に，児童の個人差や個々の特異性を考慮しても，児童の類似度は相異度よりも高い。すべての児童が児童期を通して直線的に成熟に向かっているのに対して，個々の児童が示す発達要因の変化の割合はさまざまである。

スキル獲得の発達の研究は，どの方向に進むべきなのだろうか。これからの発達の研究は，運動発達の問題を調べるために，より学際的なものになると思われる。明らかにこれは新たなアイディアではないが，新たな情報・洞察を提供する。今後の研究は，一般的な記述研究や横断的な研究から脱却するべきである。これらの問題に答えるためには，さまざまな領域の要因を考慮した縦断的で多角的な研究が必要と思われる。いくつかの領域(例えば，バイオメカニクス，神経生理学)の従属変数とテクノロジーの使用と同様に，熟練の研究には発達の問題を調べる新たなアプローチから恩恵を受けている。研究者は自己中心的な見方に執着して種々の理論を競合的なものと考えるのではなく，多様な理論やパラダイムから最善の説明を探し出し，それらを結びつけるように努めるべきである。

遺伝の役割と環境の役割が理解できるのは，ひとえに異文化の研究やジェンダー研究のおかげである。親や同胞を対象とする研究は，パフォーマンスを制限するような遺伝・環境要因を理解する上で，非常に役に立っている。児童期を通した同一児童の追跡研究やパフォーマンスに寄与する多くの要因を測定する研究は，パフォーマンスを高める方法や実験参加者を励ます方法についての有用な情報になると思われる。これらのすべての研究には費用，時間，意欲が必要である。少数の要因のさまざまな組み合わせを調べる小規模なプロジェクトによって，研究を進めることもできる。さらに，記述的な研究から実験的な研究，あるいは多数の従属変数を使用したある種の記述的な研究へとシフトすることが望ましい。行動は複雑であるが，我々はこの複雑さを，それに相応しい研究計画によって捉えなければならない。

第3章

注　意

　熟練運動のパフォーマンスには，注意力が必要不可欠である。実際のところ，スポーツスキルの学習とパフォーマンスにとって，目前の課題への注意力以上に重要なものがあるとはとうてい思えない。パフォーマンスに失敗した運動選手には次のような逸話がある。準備がまったくできなかった（例えば，100メートル走の選手が，スタート合図のピストル音を聞き逃す），集中力を失った（例えば，ピストル射撃選手が空腹や疲労によって，標的から意識を逸らしてしまう），気が散った（例えば，バスケットボール選手がフリースローを打つ際に，観衆の騒音に気をとられてラインを越す），混乱した（例えば，守備側のフットボール選手が，攻撃側の行動パターンが非常に複雑なため自分の位置を見失う）。これらの逸話は，最適で選択的で持続的な注意の配分が重要であることを示している。深く考えなければ，注意を払う（あるいは集中する）という概念はわかりやすいように思われる。しかし，この注意の直感的な概念は複雑で錯綜しているために，心理学者は長い間この問題に取り組んできた。

　研究者は，初期の現象学や，少なくとも実験心理学の領域と同様に，かなり古い時代から注意の概念に興味を持っている（Boring, 1970 のレビューを参照）。Hamilton（1859），James（1890），Jastrow（1891），Wundt（1905），Pillsbury（1908），Titchener（1908）は，注意の概念を内観法の視点から記述した。本質的に哲学的な研究の後に，今や古典的となった Binet（1890），Bliss（1892-1893），Solomons と Stein（1896），Welch（1898）などが注意の配分を経験的に調べ，内観法による記述を補足した。現象学者の初期の研究の中で，もっとも長い間影響を与えたものは，William James の研究である。同時代の注意の研究を参照すると，必ず次のような James（1890）からの引用が出てくる。

　　注意が何であるかは誰もが知っている。注意とは，同時に存在する複数の対象／思考の連鎖の中から取り出した1つのものに，鮮明な形で心を占有させることである。焦点化と集中が注意における意識の本質である。あることを効果的に処理するために，他に向けていた注意を撤退することも，これに該当している。（pp.403-404）

　注意の現象に関する James の洞察が内省によるものだとすれば，James の注意の概念が意識の観念と密接に結びつくのは何ら不思議なことではない。ごく率直にいえば，我々の意識は確かに思考と行動選択を決定している。

　しかしながら，意識に関して注意を定義する際には，少なくとも2つの主要な問題がある。第1の問題は，注意が，自覚なしに思考・行動を選択する自動過程と同等とされることである（Underwood, 1982 を参照）。実際のところ，現代の大半の注意研究では，注意の意識的な制御を理解するとともに，意識下で作動するいわゆる自動過程を解明しようと努力している（例えば，Shiffrin & Schneider, 1977）。第2は，意識の内観が不正確であり，状況バイアスによって意識の自己報告と行動の関係が信頼不能なものになっている問題である（例えば，Nisbett & Wilson, 1977；Posner, 1973, 1978）。注意の定義に際しては，いかなる場合でも意識を中心にすべきと主張する研究者もいる（例えば，Stelmach & Hughes, 1983）。しかし，注意の内観は信頼できないという問題がある限り，注意の科学的な理論の根拠を意識に置いてよいものかどうかといった疑問が湧いてくる。意識体験自体は信頼できても，他者からの報告を受ける段階でそれが不正確なものとなる恐れは，依然として残っている（White, 1982）。それにも関わらず，意識が注意と確実かつ明確に結びつかない場合には，意識に関する注意の操作的な定義は，測定に関するあらゆる種類の問題を内包する恐れが残ることになる。

　したがって，James の主張にも関わらず，注意の何たるかは必ずしも明らかになってはいないように思われる（Stelmach & Hughes, 1983 を参照）。確かに，注意を定義する方法は，研究者間で一致していない。現代の知覚・認知・行動・注意の研究では，注意を遍在

的な概念として，広範かつ大まかに使用している（Nougier, Stein, & Bonnel, 1991）。しばらく前にPosnerとBoies(1971)は，心理学関係の文献から用語"注意"の使用法を調べて，次の3つに大別した。

1. 警戒としての注意：発達に関連したものや，反応のための最適な感受性とレディネス(準備状態)の短期／長期的維持に関連したもの。
2. 容量または資源の限界としての注意：情報処理の容量や資源限界の分離を目的とした注意配分の研究と同様。
3. 選択性としての注意：選択的な注意の研究が対象としている注意。試合時の特殊なモダリティや空間配置，文脈などから好みの情報を抽出する研究と同様。

第1の警戒としての注意は，喚起と不安に依存している。この文脈の喚起，不安，注意については本書の他の章に詳細な記載があり，以前の版(Abernethy, 1993の第6章)でも包括的に扱っている。注意に関する本章では，(1)容量または資源の限界，(2)選択性，の2点に焦点を絞り，両者を独立的なものとして次の論点を考察してみたい。

- 注意の定義，スポーツパフォーマンス，インストラクションの重要性。
- さまざまな分析から派生した測度を含む主要な研究パラダイムと重要な概念の基本測度。
- 注意が強要するパフォーマンスの限界。
- 理論的な説明や既知の理論を支持／否定する証拠。
- スキル獲得時の注意の変化(練習の研究，熟練者と初心者の比較研究から考察する)。
- スキル獲得，インストラクション，スポーツの練習デザインに役立つ研究の実例。

容量または資源の限界としての注意

2つ以上の課題を同時に遂行する時に，人間の容量にはきわめて現実的な限界があることは古くから知られている。19世紀の終わり頃，Binet(1890)は，規則的な間隔で行われるゴムボール握りを暗算が妨害することに気づいた(Keele, 1973を参照)。また，Welch(1898)は計算といった精神作業をゴムボール握りと同時に実施すると，握力強度が低下することに気づいた。2つの課題を同時に遂行させると，いずれか一方の課題遂行が選択的に低下するか，もしくは両方の課題遂行が全体的に低下する。しかし，まったく干渉が起こらない場合もある。これらの干渉の性質は多数の要因に依存すると思われるが，新たに獲得した課題や難しい課題は，十分に学習した課題や簡単な課題に比べ，一般に他の課題と並行して遂行することがほとんど不可能になっている。注目すべき例外はあるものの，成人はガムを噛みながら歩行するのに何ら支障を感じない。しかしながら，よちよち歩きの幼児に対し新たな負荷をほんのわずかに加えるだけで，幼児は立ち止まってしまったり，バランスを失ったりしてしまう。バスケットボールの熟練選手はドリブルしながら敵と味方のすべての位置を把握できるが，初心者が同じことをしようとすると，ボールのコントロールができなくなってしまう。あるいは，2つの課題に対する注意を素速く切り替えなければならなくなる。

したがって，この文脈における注意は，限られた情報処理のスペース(Keele, 1973)，処理容量(Moray, 1967)，処理資源(Wickens, 1992)の概念と同じものになっている。2つの難しい課題を同時に遂行すれば，処理要求は，使用可能なスペース・容量・資源の限界を超えて累積することになる。このような場合，片方または両方の課題の情報処理は不完全なものになるか，遅延することになる。そしてこの情報処理の不完全化や遅延はパフォーマンスの低下原因になる。注意を容量・スペースの限界という観点から考えてみると，コンピュータの有効メモリーといった記憶デバイスの固定容量は注意と明らかに類似している(Moray, 1967)。有効な処理容量は固定的なものであるが，作業者によるさまざまな課題遂行の方法が，多少なりとも注意を分割しているように思われる。要求が資源の供給量を超えると，一方あるいは両方の課題のパフォーマンスに障害が生じる。同様に資源のアナロジーには，さまざまな課題と処理をする際，さまざまなタイプの資源にアクセスする必要があるという別の制約が含まれている。いずれのモデルにおいても，課題間のさまざまな干渉パターンは，制御処理と個人の利用可能な注意容量・資源の背景を理解する上で，重要な手がかりになっている。

多くのスポーツ(特にサッカー，水球，フィールドホッケー，アイスホッケー，フットボールのようなチーム球技)では，2つ以上のスキル(例えば，ボールを運びながら，パスを出すべきチームメイトを探す)の同時遂行を要求しているために，このような文脈における注意の理解は，スポーツ心理学者，コーチ，スポーツ選手にとっては重要と思われる。本節では，情報処理容量や処理資源にどの程度の限界があるのか，また初心者のパフォーマンスでは明らかな注意の限界を，熟練者ではどのようにしてうまく運用しているのかを明確にしたい。さまざまな課題の"注意要求"と運動構成要素を吟味し，さらに注意容量・資源の分割が明らかに不要な"自動"処理の可能性を検討して議論してみたい。

容量・処理資源の限界，および注意分割の研究パラダイム

特殊な課題の精神作業負荷（mental workload）を評価する際には，(1)容量・資源要求の変化に"敏感"で，(2)資源要求に影響する要因のみの"選択"的で，(3)容量・資源の負担を明らかにする"診断"的で，(4)興味ある課題パフォーマンスに干渉しない"控えめ"で，(5)信頼性のある（Sheridan & Stassen, 1979；Wickens, 1992）測度にアクセスしなければならない。精神作業負荷の行動的・認知的・心理的な測度は，時には競合するこれらおのおのの規準範囲の中で変化している（Wickens, 1979）。

二重課題パラダイム

先述した議論の流れから，さまざまな個人に対するさまざまな課題負荷の性質や程度をもっとも直接的に確定する手段は，個人に2つ以上の課題を同時に遂行させて，競合課題に対する注意の適切な分割方法を調べることである。二重課題パラダイムでは，注意要求の評価課題を"主課題"と呼んでいる。副課題は，主課題に必要な資源を知る測度になっている。文献的には非常に多くの副課題があるが（Ogden, Levine, & Eisner, 1979；Wickens, 1992），もっとも一般的なものは，単純反応時間課題（reaction time：RT）である（通常，二重課題の状況では，プローブ反応時間〔probe reaction time：PRT〕とも呼んでいる）。

2つの課題の優先度は，教示によって操作している。もっとも単純な場合，実験参加者には主課題に対して優先的に注意するよう要求している。この場合，二重課題状況であっても，主課題のパフォーマンスレベルは単独遂行時と同じになる。また，主課題で要求される注意の揺らぎは，副課題のパフォーマンス変動に直接影響を与えることになる。研究の主目的が主課題の理解にある場合，研究者はこのような教示セットを使用している。主たる興味の対象が主課題自体の注意要求ではなく，同時実行課題間の注意の切り替えや時分割（time share）能力の場合，研究者は両課題のできるだけうまい遂行を要求するような教示セットを使用している。Ogdenら（1979）は，上述の最初のパラダイムを副課題パラダイムと呼び，二重課題パラダイムという用語は後者のパラダイムに当てるべきだと示唆した。しかし，大半の文献では，これらの用語を区別しないで使用している。

もしも，(1)主課題の優先的な教示セット，(2)限られた情報処理容量の存在，の2つを仮定するならば（図3.1），副課題のパフォーマンスには主課題の処理容量の余りが直接反映しているという考え方は合理的と思われる。主課題の難度が高い（大きな処理容量を必要とする）場合には副課題の成績が悪く，主課題が単純で処理容量をあまり必要としない場合には，副課題の潜時やエラー率などの成績が，その副課題の単独遂行時と同じものになる。このように，統制条件の水準と比較した時の副課題のパフォーマンスには，主課題の注意要求とその構成要素の処理過程が反映している。副課題の成績は，主課題の処理要求を鋭敏に反映している。そのため，副課題の成績がまったく低下しない場合には，主課題に割り当てる処理容量が不要になり，その結果，自動的な遂行が可能になったものと判断できる。

二重課題パラダイムを使用する研究者は，少なくとも4つの主要な方法論に取り組む必要がある（Abernethy, Summers, & Ford, 1998）。第1の問題は課題選択の方法である。スポーツにおける注意要求の研究に二重課題を使用する場合は，当然のことながら，調べてみたいスポーツ課題が主課題になる。したがって，膨大な種類の副課題の中から，どの副課題を主課題に組み合わせるかが方法論的な問題になる。副課題の選択時に考慮すべき問題には，連続的／離散的な測度の決定・構造的干渉を誘発／回避する課題の決定が

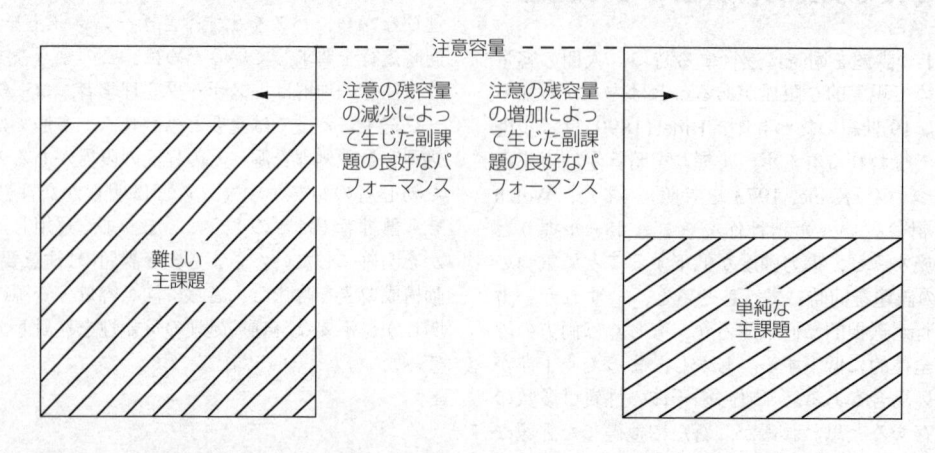

図3.1　二重課題を使用して注意を測定する際の基本概念

ある。"構造的干渉"とは，主課題・副課題の両課題に共通した処理過程の同時使用が引き起こす干渉である。これに対して，"容量的干渉"とは，2つの課題の注意要求が中枢の処理容量を超えた時に生ずる干渉である（Kahneman, 1973）。同じ知覚システム（例えば，標的射撃と周辺視覚探索の同時遂行）や，同じ反応生成システム（例えば，手の照準とタッピングの同時遂行）が必要な2つの同時遂行課題は，もともと明らかに構造的なものである。これに対して，知覚・出力過程に共通部分がない課題間の干渉は，おそらく容量発現のものと思われる。

持続的あるいは一時的な広がりの副課題（Heuer & Wing, 1984）には，累積的な要求（主課題＋副課題）を課題を通して比較的一定にできるという利点がある。しかし，この副課題から注意の動揺を主課題の特定相に求めるには限界がある（副課題を連続すると，副課題のエラーが累積する）。このような理由から，ある特定相における主課題自体の変化と注意の動揺を，副課題から区別するには限界がある。したがって，注意要求の正確な局在を調べる場合には，PRT のような離散的な副課題が非常に適している。

容量干渉よりもむしろ構造干渉の原因となる副課題の選定の有無は，概して研究目的に依存している。自然環境で通常遭遇するタイプの過剰な特定資源に，運動選手がうまく対処する方法を確定することが主な関心事の場合には，まず"現実界"の構造干渉を正確にシミュレーションすることが望ましい。ある特定主課題の注意要求を満たした後で，未解決な注意の一般測度を開発することに関心があるならば，副課題が使用する感覚モダリティや反応モダリティは，主課題のそれとは違っていることを確認する必要がある。ここで問題になるのは，両手反応を要求する課題（McLeod, 1977）や，共通タイミングを共有する課題（例えば，Kelso, Tuller, & Harris, 1983）のケースと同様に，構造的な干渉が微妙にかつ予期せぬ状況で生じることである。おそらく，単一的・共通的・多目的な中央処理容量が存在しない可能性があることを，より深く考えなければならない（あるいは，たとえそのような中央処理容量が存在していても，その総容量は変化する可能性がある。Kahneman, 1973）。むしろ，有限な特殊目的の資源プールが存在し，それが注意分割の一般測度の研究を無駄なものにしているのかもしれない（Allport, 1980 a ; Navon & Gopher, 1979）。

第2の方法論的な問題は，副課題提示における時間不確実性の制御と関係したものである。PRT といった離散的な副課題を使用する場合，プローブ刺激の生起確率は，主課題の持続時間を通して一定にしなければならない。副課題の刺激をランダムに提示すると，結果として，主課題全域に渡る刺激提示の確率は高まることになる。プローブ刺激なしの主課題の進行時間が長くなればなるほど，その可能性はますます高くなる。そして，この確率の変化は，同時的な主課題の注意要求とは独立的に，PRT に影響している。頻繁なキャッチ試行（副課題刺激なしの主課題試行）を二重課題条件に導入する方法は，この問題を緩和する1つの有力な手段になっている（Salmoni, Sullivan, & Starkes, 1976）。

方法論の第3の主要な懸案事項は，主課題と副課題に適切な基準測度を設定することである。二重課題のデータは，主課題と副課題を個別に遂行した時の両者それぞれのパフォーマンスを比較した時にだけ解釈することができる。主課題の単独遂行時と二重課題遂行条件下のパフォーマンスを比較すれば，実験参加者の教示遵守の程度や，2つの課題に配分した時間の程度が明らかになる。副課題の単独遂行と二重課題遂行条件でのパフォーマンスの比較は，主課題に対する注意要求の測度になっている。特にいずれかの副課題のデータを使用する場合には，刺激−反応の配置だけでなく，刺激間隔や相対的な頻度に関しても，基準条件（single）と二重条件の正確な一致が重要である。二重課題条件下よりも比較的高頻度な刺激条件下に副課題（PRT）の基準値を設定すると，結果として PRT の制御値は人工的に低くなり，主課題の注意要求の評価は水増しされたものになる。

最後に，注意要求を正確に突き止める上で注目すべきことは，二重課題パラダイムが問題を抱えているということである。時間に沿って主課題の注意変動をグラフ上にプロットし，ある課題の注意の山と谷の位置を正確に調べた大半の研究（例えば，Posner & Keele, 1969）では，主課題の遂行中に提示したプローブ刺激の時間関数として PRT をプロットし，刺激提示時の事象と過程を，直接注意レベルと同等に扱っている。この方法が不正確なのは，プローブ刺激の反応を実際に完遂する際に，プローブ刺激の提示時間が過ぎても，注意をそのまま高く維持する可能性があるからである。このように，刺激提示に合わせて注意要求をプロットすると，主課題の注意要求のピークを，より早期に位置づけてしまう恐れがある。反応完了時点に合わせて PRT をプロットすれば，このようなバイアスは排除することができる（McLeod, 1980）。このようなデータプロットの手続きをとれば，主課題の注意要求のピーク位置は正確に推定することができる（Girouard, Laurencelle, & Proteau, 1984）。

二重課題のパラダイムは，さまざまな運動課題の注意要求の違いや，同一運動課題の遂行者の注意要求を洞察する際の有力なテクニックになっている。研究者は二重課題テクニックの PRT 測度を比較的一般的に使用し，特殊な運動課題，特に単純四肢運動の注意要求の動揺を確定している。エラー修正（Zelaznik, Shapiro, & McClosky, 1981）に属する運動終了時点の注意要求が高くなるのと同様に，一般的に運動開始時点では先行プログラミングに属する注意要求が高くな

る(例えば，Ells, 1973；Glencross, 1980)。しかし，このような研究結果にはやや混乱がある。これらの結論は，刺激提示のモダリティ／反応開始のモダリティに，少なくとも部分的には依存するとしている(Girouard et al., 1984；McLeod, 1980)が，単純な位置決め運動の中央部のバリスティック相には，その両端位置と比較して，処理容量／処理資源をあまり配当してはいないように思われる(Posner & Keele, 1969)。これまでの文献をレビューしたSchmidtとLee(1999)は，情報処理が刺激の同定から反応のプログラミング段階に移行する時に注意要求が増加すると主張している。

一致タイミング課題のPRT変化の実験研究(例えばNettleton, 1979)では，課題遂行の時間経過に伴う注意の変化と，単純な直線照準運動の統制実験における変化の類似性が明らかになっている。接近運動の注意要求は最初の観察段階と最後の観察段階で最大になっているものの，本質的に冗長な中間の段階では，注意要求があまりない。単純な捕球課題の研究から，捕球運動をする時の注意要求は，ボールが飛来中の後期段階に最大となることが明らかになっている(Populin, Rose, & Heath, 1990；Starkes, 1986)。広範なスポーツ課題(バレーボール，テニス，100メートル走，ハードル)の注意要求を比較したCastielloとUmilta(1988)は，人間の注意要求や資源にはさまざまな競技事象別の高度な特異性があるとしている。このために，特定のスポーツ課題には，注意パターンの広範なデータベースが必要になっている。ライフル射撃(Landers, Wang, & Courtet, 1985；Rose & Christina, 1990)，バドミントン(Abernethy, 1988a)，走り高跳び(Girouard, Perreault, Vachon, & Black, 1978)といった課題の研究知見と同様に，現時点までの限られた研究知見では，注意要求のパターンに基づいてスポーツ課題を単純にカテゴリー分けすることは不可能である。

人間工学の領域では，作業負荷の評価手段としてさまざまな課題を比較しているが(Wickens, 1992)，多様なスポーツ課題の組織立った注意要求の比較研究は，これまでになかったように思われる。しかしながら，次に示す2つの二重課題の応用は追究する価値があると思われる。(1)"現実界"の課題と自然状況の処理要求をうまくシミュレーションした実験課題を比較する研究，(2)運動の提示順序の操作によって注意要求を徐々に複雑化し，特定スポーツスキルのさまざまな準備活動を比較する研究。このような有効な情報が利用できれば，運動のパフォーマンススコア(主課題)と学習者の能力を対応づける場合よりも，より適切に，学習者の能力とパフォーマンスを対応づけることができる。

二重課題法のもっとも強力な応用，特にスポーツコーチにとって有意義な応用の1つは，個々人に課した課題の相対的なメンタルワークロードを，二重課題法で測定することである。二重課題法は，注意の努力や注意の予備容量が客観的に確定できる手段になっている。2名が主課題で同じパフォーマンスを示したとしても，そこには未使用の潜在能力の違いがあるかもしれない。二重課題法はこの差異を分離同定する手段になっている。本節の後半で注意容量，資源，スキル獲得について議論する時には，熟練者と初心者の異なる注意負荷について考察したい。

最近の二重課題の研究には，さまざまな運動パターンの変化や持続と関連する注意コストを主として確定する動きがある(例えば，Lajoie, Teasdale, Bard, & Fleury, 1993, 1996)。この文脈では，運動の内的な筋骨格系ダイナミズムがほとんど関与している運動パターンとは対照的に，二重課題法は，ある特定の協応パターンの維持に必要な中枢の"努力"の程度を確定する上で役立つものとなっている(例えば，Summers, Byblow, Bysouth-Young, & Semjen, 1998；Temprado, Zanone, Monno, & Laurent, 1999)。

注意の分割と精神作業負荷を測定するその他の測度

二重課題法の使用は難しく，注意負荷の測定には不向きである。そこで，二重課題法の使用を別の方法で検討したものもある。ある特定課題／課題の組み合わせから実験参加者の精神作業負荷を評価する単純な方法は，課題遂行の自己報告や経験内容の自己評価である(Moray, 1982)。人間工学では精神作業負荷の主観的評定尺度を多数開発している。その中でもっともポピュラーなものは，NASA作業負荷指標(NASA Task Load Index：TLX；Hart & Staveland, 1988)と，主観的作業負荷評定テクニック(Subjective Workload Assessment Technique：SWAT；Reid & Nygren, 1988)である。このような測定方法は，主課題のパフォーマンスを損なうことなく簡単に実施できるという意味で便利なものであるが，実験参加者の言語報告は有効な処理資源への実際の要求を正確には反映していないといった問題が常につきまとう。これらの主観的作業負荷評定法の予測性，同時性，構成上の妥当性は，まだ完全なものになっていない(Nygren, 1991)。そのために，スポーツ心理学の研究では，作業要求のこのような評価方法はまだ一般的になってはいない。

二重課題法の使用によって，主課題のパフォーマンスの性質は活発に変化する可能性がある。また，多くの場合，主課題のパフォーマンスの性質は，課題の注意動揺とは無関係な測度になる可能性もある。他方，情報処理負荷の生理的な測度は一般的に連続的なものであり，場合によってはパフォーマンスの障害にはならないといった利点もある。しかしながら，情報処理負荷を生理的な指標で測定する場合，これらの指標は

我々が理解したい注意容量，資源の限界現象を間接的に計測する測度に過ぎないという欠点がある(Wickens, 1992)。さらに，記録用の電極や各種の装置が，主課題のパフォーマンスに影響を及ぼす可能性もある。これらの欠点については，議論する必要がある。それにも関わらず，多くの研究者は情報処理負荷のマーカーとして，瞳孔径，心拍数の促進／抑制と変動性，脳波(electroencephalogram：EEG)の事象関連電位(event related potential：ERP)を数多く使用している。

瞳孔径のわずかな変化を指標とすることにより，ある特定の認知課題に必要な注意資源を合理的に調べることができる(Beatty, 1982)。瞳孔変化それ自体は注意資源の限界や位置を知る手がかりにならないが，暗算・記憶・問題解決作業時には，瞳孔は系統的に散大する(例えば，Beatty & Wagoner, 1978)。瞳孔はまた覚醒水準の上昇につれて散大する。したがって，瞳孔計測から課題／個人の注意喚起レベルを比較するには限界がある。

心拍数(heart rate：HR)の絶対値は，さまざまな課題における作業負荷の信頼できる指標とは思えないが(Wierwille & Connor, 1983；Wierwille, Rahimi, & Casali, 1985)，少なくとも心拍数の2つの測度は，課題の注意要求に関係している可能性がある。Jennings, Lawrence, Kasper(1978)は，心拍数の促進／抑制(心拍間隔から算出した相対的な値として)と，有効処理容量の間に，系統的な関係があると述べている。Jenningsらは反応時間課題の研究から，課題が要求する反応総量はHRの絶対値に大きな影響を与えているが，HRの相対的な促進／抑制パターンはPRT測度と密接に関係していることを明らかにした。HRの抑制は，予備の注意容量／注意備蓄量の指標になっている。一方，HRの促進は過負荷な処理条件下で優勢になっている。その他の有力な心臓系の注意測度と同様に，この測度が使用できるのは実験参加者が本質的に静止状態にある場合だけであるが，スポーツの文脈ではときどきこの測度を使用している(例えば，Crews, 1989)。

一般的に人間工学の研究では，精神作業負荷の測度として心拍変動を使用している。スペクトル分析(例えば，Meshkati, 1988)，非線形分析(Sammer, 1998)も含め，変動の計算には多くの方法があるが，いずれの分析でも，課題の注意要求が増加すると，それに伴って心拍変動は減少傾向を示している(Vincente, Thornton, & Moray, 1987)。このことから，心拍変動は注意負荷や努力の有望な生理学的指標と考えることができる。しかしながら，瞳孔径と同様に心拍変動も，特定処理資源の競合を反映しているというよりも，有効な処理資源に対する全要求を反映しているものと思われる(Wickens & Derrick, 1981)。したがって，診断のツールとしては限界がある(Wickens, 1992)。スポーツ分野におけるさまざまな課題の注意要求の評価指標として，研究者は心拍変動をほとんど利用していない。これはおそらく，何らかの形で身体活動と関わる心臓系の変化が，認知処理の微妙な効果を混乱／"圧倒"するせいだと思われる。それにも関わらず，パフォーマンス前の身体静止が重要なスポーツ(射撃のようなスポーツ)では，心拍変動が有効な測度になるものと思われる。しかしながら，注意の測度としていかなる末梢神経系の生理的な指標(心拍変動・瞳孔計測)を使用しても，次のような限界がある。(1)変化があまりにも緩徐である，(2)主要な興味の対象処理からあまりにもかけ離れている，(3)あまりにも非特異的である，(4)あまりにも身体活動と情動の影響が大きすぎる(Näätänen, 1992)。

脳波(EEG)の事象関連電位(ERP)や誘発電位(evoked potential)は，注意と注意作業負荷の有効な測度になっている。一般に2つのタイプの成分がERPを構成している。(1)外因性成分：刺激処理過程のいかんに関わらず常に出現する成分，(2)内因性成分：要求された情報処理のタイプに応じて変化する成分。利用可能な処理容量と資源の課題要求に応じて，多くの内因性ERP成分が出現してくる(このトピックスのさらに詳細な論述は，本書のHatfield & Hillmanを参照)。N 200(成分波形の極性と潜時によって命名したERP成分)はモダリティ固有の処理を反映しているが，後期P 300成分はモダリティに非特異的に出現する(Snyder, Hillyard, & Galambos, 1980)ことから，注意の一般的なマーカーとしては有望な成分である。P 300潜時とRTにはかなり大きな変動がある(Donchin, 1984；Donchin, Ritter, & McCallum, 1978)が，P 300潜時は主課題の記憶負荷に鋭敏なように思われる(Kramer & Strayer, 1988)。副課題の課題要求が増加すると，P 300の振幅は減少する。このことから，P 300振幅はさまざまな資源要求にもっと鋭敏であるように思われる(例えば，Kramer, Wickens, & Donchin, 1983)。P 300は知覚／認知手がかりを等級に分ける測度であり，それゆえに，特定資源の限界を分離する診断的な価値がある。これは，他の生理的な測度よりも重要なP 300の利点になっている(Wickens, 1992)。スポーツ心理学者にとってのマイナス面は，(1)比較的取り扱いが難しいこと，(2)ある程度高度な測定技術が必要であること，(3)記録電極の装着によって課題が制限されること，(4)体動由来のアーチファクトを避けるために，じっとしていなければならないこと，である。

注意の行動的・認知的・生理的測度の一致度は，必ずしも高いわけではない。そのため，注意要求の最良な測度をどのように確定するかは，収集データの使用法，検討課題，個人の性質に少なからず依存している。注意負荷を評価する際に，複数の測度を使用して多様なレベルを分析することは理にかなっている

(Abernethy, Summers, & Ford, 1998 ; Wilson & O'Donnell, 1988)。複数の測度を使用して分析すれば，生理測度と認知測度は，互いの長所が短所を補完することができる。注意を測定する運動課題の研究では，さまざまなレベルが分析できる多様かつ多数の測度を使用しているが，これは，多面的な測定が優勢になっていることや，他の心理学領域の理論に呼応していることの結果である（例えば，Cacioppo & Berntson, 1992 ; Cowen, 1995 ; McLeod & Driver, 1993）。

処理容量と資源の限界によるパフォーマンスの限界

二重課題法を使用した認知と運動の本質的な研究（Fysenck, 1984 の評論を参照）から，次のことが明らかになった。(1)人間の情報処理資源には明らかな限界があること，(2)若い選手を相手にするコーチには既知のことであるが，情報処理資源の限界によってある状況でのエラーの発生と，パフォーマンスの低下は回避できないこと。相補性原理（Norman & Bobrow, 1975）とは，要するに，有効な資源（容量）がパフォーマンスを決定し，特定の課題に対する資源を増分すると，それに比例して，同時実行の他課題に割り当てる有効資源量が減少するという原理である。資源の配分とパフォーマンスには，必ずしも直線関係があるわけではない。資源の他にも，天井効果（Heuer & Wing, 1984）といった測定上のアーチファクトや，パフォーマンスを制限する要因が存在する可能性もある（Norman & Bobrow, 1975）。副課題のエラー量は，それらの要因の数に依存している。パフォーマンスの低下は，不安を抱えた未訓練の実験参加者が 2 つ以上の複雑な課題を同時遂行する時に最大となり，経験を積んだ参加者が単純な 2 つの課題を同時遂行する時（例えば，自動車のベテラン運転手がすいている路上を運転しながら，同乗者とおしゃべりをする）には最小になる。今ここで，有効な注意容量が分化せずに一般的な形で存在していると仮定すると，副課題を遂行する注意容量の決定には，少なくとも 3 つの主な要因が関係することになる。図 3.2 にこれらの要因を示して，次節でより詳細に述べてみたい。

制限要因としての総有効容量

課題遂行者の注意喚起が最適なレベルにある時には，情報処理容量が最大になる。それゆえ，注意の総有効容量はその個人や選手の警戒・注意喚起に依存するようになる（Kahneman, 1973）。パーソナリティの個人差も含め，警戒に影響するすべての既知要因は，有効な処理容量に影響し，同様に副課題のパフォーマンスにも影響している。

制限要因としての主課題要求

副課題のパフォーマンスは，主課題が消費する有効容量に大きく依存しており，したがって，主課題（あるいは主課題の範囲内の処理）遂行の自動化の程度に依存している。Schneider と Shiffrin(1977)，Shiffrin と Schneider(1977)は，2 つの基本的かつ質的に異なる情報処理タイプを明瞭に区別した。制御処理という用語は，次のような処理を記述する時に使用している。(1)注意の要求あるいは努力（他の同時進行課題に干渉し，それを経験しているという意味で），(2)本質的に逐次的な処理，(3)緩徐な処理，(4)意識的に警戒・防御可能という意味で意図的な処理。このような処理（Shiffrin & Schneider が，可変的な刺激反応のマッピング条件によって操作可能にした処理）は，課題の性質とそこで必要な処理タイプが定常的に変化している状況で観察することができる。

これに対して，Shiffrin と Schneider(1977)が自動処理と命名したものや，他の研究者が"不随意的"（Kimble & Perlmutter, 1970），"強制的"（LaBerge, 1975），"無意識的"（Norman, 1976），"非方略的"（Klein, 1978），"必須的"（Navon & Gopher, 1979）と記述したものには，次の性質がある。(1)注意要求や努力がほとんど不要である（同時に存在する他の処理がそれを干渉しないという意味で），(2)本質的に並列処理である，(3)処理速度が速い，(4)意識的に変更や回避ができないという意味で不可避的である。Shiffrin と Schneider(1977)は，学習者が練習において同じ刺激と反応パターン（例えば，一貫したマッピング条件）を繰り返し経験した時に，そのような処理を開発すると主張している。一方，明瞭かつ統制的な自動処理は，熟練運動の再現を含めて相互に影響し，多くの環境で干渉効果を引き起こしている（Imanaka, Ab-

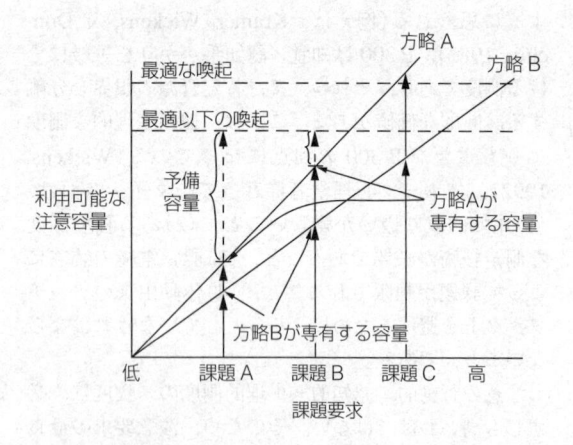

図 3.2 副課題のパフォーマンスに影響する主課題要求・絶対容量・時分割方略

(*Psychology and sport* by D. J. Glencross 1978, p.87. McGraw-Hill Book Company より許可を得て転載)

ernethy, & Quek, 1998 ; Rossetti, 印刷中）。

　自動処理といった考え方によって，スキル獲得時の努力不要な状態が説明可能になり，また日常活動のエラーも説明できる。そのため自動処理の考え方には特に魅力がある（Norman, 1981 ; Reason, 1979）。しかしながら，自動処理，すなわち操作化という理論の概念は，自動処理と制御処理を区別するさまざまな特徴・次元を羅列したため，わかりにくいものになっている。制御処理と自動処理（Phillips & Hughes, 1988）を区別している多くの特徴には内的な一貫性のないことが問題をさらに難しくしている。例えば，随意制御の域を超えて自動化したと思われるいくつかの処理が，依然として遅く，または干渉している可能性もある。制御処理と自動処理は一貫した区別ができないために，ShiffrinとSchneider（1977），Broadbent（1982），Neumann（1984）が主張している二分処理の考え方は，精細に吟味する必要がある。

限界要因としての注意の切り替えと時分割の方略

　副課題のパフォーマンスに影響する第3の要因は，主課題・副課題の共有資源と，注意の切り替えに個人が使用する方略である（図3.2 参照）。人は2つ以上の課題に，注意容量と資源を柔軟に配分している（例えば，Gopher & Navon, 1980 ; Schneider & Fisk, 1982）。多重課題の状況では，同時進行の課題に注意資源と時間をうまく配当する能力が，スキル獲得の重要な要因になっている（Adams, 1966 ; Klein, 1976）。例えば，Damos & Wickens（1980）は，多重課題のパフォーマンスの改善が，主課題の注意要求の低下（より高度な自動化）よりも，むしろ時分割方略の改善に依存することを明らかにした。ある個人の二重課題遂行の方略は，常に固定的なものではなく，主課題の要求に応じて変化している（Sperandio, 1978）。

　もしも注意の限界が単一容量構成ではなく，比較的固有な資源の多重セットの構成ならば（例えば，Navon & Gopher, 1979 ; Wickens, 1980），副課題のパフォーマンスを理解する際には，ある課題の組み合わせが要求する特定資源，すなわち第4の要因を考慮する必要がある。このような視点は，特に二重課題法が基盤としている基本的な仮説への挑戦でもある。注意の容量と資源のこれら相反的な観点は，次節でさらに詳しく考察したい。

注意容量と資源の理論

構造的な制約を持つ固定容量としての注意：単一チャネル理論と関連見解

　もっとも初期の注意の固定容量論は，単一チャネルの理論であった。この理論では，感覚から行動に至る情報を一度に1つの情報として，もしくは毎秒限られたビット数の情報（Broadbent, 1958）として，単一処理チャネルが逐次的に処理すると考えていた（Welford, 1952, 1967）。高速連続提示二刺激への応答といった二重刺激パラダイムにおけるRTの研究結果は，単一チャネル理論を支持している（各刺激はそれぞれに適合した反応を要求する）。このパラダイムの興味ある点は，副刺激のRTがどれくらい通常の制御レベルを超えるかという程度—この程度は心理的不応期（psychological refractory period：PRP）による遅延—である。PRP効果はスポーツ選手によくみられるものである。多くのスポーツでは，守備側の選手の判断を妨害するために，攻撃側の選手がさまざまなフェイントを使用している。もしフェイントによって相手を惑わせることに成功すれば，相手が本来行うべき運動反応を遅延させることができるからである。

　初期のPRP研究によって，刺激間隔（inter stimulus interval：ISI）が第1刺激のRTよりも短い場合，PRP遅延の程度とISIの長さには，本質的に直線的な関係のあることが明らかになった。ISIが第1刺激のRTよりも長くなった時は，PRPの遅延が消失した（例えば，Davis, 1959 ; Welford, 1967）。第1刺激のRTが遅い時よりも速い時の方が，PRPの遅延はより減少した（例えば，Broadbent & Gregory, 1967）（図3.3 を参照）。これらの結果は，第1刺激の要求がチャネルから消失した後に初めて第2刺激の処理が開始するという見解と一致していた。残念なことに，これらの研究では，同じ感覚システム（例えば，視覚・聴覚）に第1刺激と第2刺激を提示していた。それゆえ特定の処理器に過剰な負荷がかかり，その結果として構造的な干渉が生じた可能性もあった（Kahneman, 1973）。2つのRT課題に異なる刺激として反応モードを使用した時には，PRPとISI間に想定した45度の直線関係は一貫して崩壊することが明らかになった（例えば，Greenwald & Sdchulman, 1973）。第2刺激のRTは，理論上チャネルが空くべき時にも，しばしば上昇したままであることが明らかになった（例え

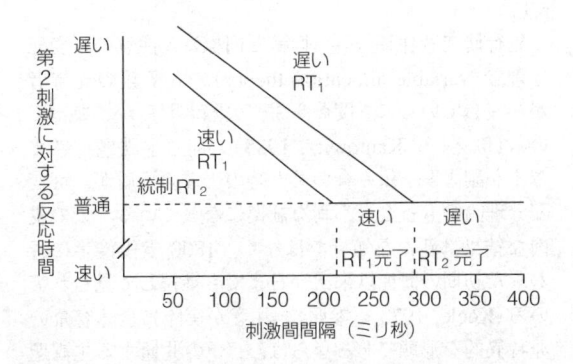

図3.3　単一チャネル理論が予測するRT₁持続時間・RT₂・ISIの関係

ば，Karlin & Kestenbaum, 1968)。最終的に，副課題の性質・困難度が，第1刺激のRTに意外な影響を与えることも明らかになった(例えば，Barber, 1989)。初期段階における視覚探索と記憶検索の並列処理を調べた二重課題パラダイム(Keele, 1973 ; LaBerge, 1981)の研究やこれらの矛盾したデータによって，包括的な単一チャネルの考え方は否定され，逐次処理や単一チャネル処理に限定した情報処理連鎖内の特殊な処理の研究は，全般的に見られなくなった。

人間の情報処理にいわゆるボトルネック(並列処理から逐次処理に変化する時点・信号を処理待ち行列に強制的にセットする時点)の考え方を当てはめようとする試みは実りあるものから程遠いものであることが明らかになった。処理容量には固定的な構造上の制約があるという考えに反して，課題の組み合わせや実験参加者の注意・時分割方略に依存する，さまざまなボトルネックが存在するように思われた(Barber, 1989)。

全体的に柔軟な容量としての注意

情報処理連鎖内の限定された処理チャネルの場所に関するこれらの矛盾したデータに基づいて，Moray(1967)とKahneman(1973)は，全体的な限界があるにしても，実験参加者が同時遂行課題に柔軟に配分できる必需品として，より適切に注意を考えるべきだと述べた。限られた資源の柔軟な配分という考え方をとれば，個人ごと，課題の組み合わせごとに存在する個々のボトルネックを合理的に説明することができる。Allport(1980a)が述べているように，このタイプの注意容量を一般的にたとえれば，注意容量は固定した構造の受動的な容器ではなく，むしろ限られたパワーの供給源であるということになる。いったん課題要求をシステムに完全に入力してしまえば，そのシステム内の他の部分が"パワー"を要求してきても，そのパワー使用状況に関わりなく，どこか別のところに配当したパワーを減らして埋め合わせをするだけになる。このモデルでは"…干渉は非特異的なものであり，双方の課題要求だけに依存している"(Kahneman, 1973, p.11)。

先行研究者(固定容量理論)と同様に，注意の可変配分理論(variable allocation theory)にも多数の支持者が存在しているにも関わらず，欠陥も明らかになっている(例えば，Kantowitz, 1985)。同じ主課題にさまざまな副課題を組み合わせた時の干渉の矛盾が，可変配分理論のもっとも不利な証拠になっている。この皮肉な結果は新たな知見ではなく，1800年代後半に行われた初期の研究以来，今日までも継続して見られている(Keele, 1973を参照)。注意が実際に全体容量の非特異的な形態であるならば，1つの共通する主課題とどのような副課題を組み合わせて遂行したとしても，主課題が注意要求に与える影響は一貫しているはずである。しかしそのようなケースはまだ明らかになっていない(例えば，Wakelin, 1967)。

多重資源プールとしての注意

NavonとGopher(1979)やAllport(1980a)は，注意を多目的あるいは有限容量の中央処理装置としてみることの難しさについて明瞭に述べ，1980年代初めに主要な理論を再構築した。そこでは注意を新たに，一連の資源プール(Gopher & Sanders, 1984 ; Wickens, 1992)，多重処理装置(Allport, 1980b)，あるいは特殊モジュール(Allport, 1989)としてみている。これらはいずれも，独自の容量・資源とパフォーマンスとの関係を仮定している。そのような注意理論では，容量が中央集中的なものではなく，むしろ神経系に分散していると考えている。したがって，中央処理容量の限界を測定することではなく，明確な特定の目的(専用的な，または情報的に簡約化された；Fodor, 1983)を，集合的な構成の資源プールでのモジュールのサブシステムに分離することが研究の関心になっている。例えば，接触までの時間情報を検出する自動的な視覚メカニズムはこのようなモジュールの例になっている(McLeod, McLaughlin, & Nimmo-Smith, 1985)。多くの研究が注意の資源モデルを支持している(Stelmach & Hughes, 1983)。これらをまとめると次のようになる。(1)課題が感覚・出力モダリティを共有する場合には，相互干渉が増加する(例えば，Mcleod, 1977)，(2)2つの課題に類似性がない特異的な条件で，副課題がない場合には相互干渉が低下する(例えば，Allport, Antonis, & Reynolds, 1972)，(3)課題の組み合わせが変わると，時分割方略の共通性は最小になる(例えば，Wickens, Mountford, & Schreiner, 1981)。

処理資源の構成については多くの提案がある。Wickens(1992)は処理段階(例えば，初期処理-後期処理)や，入力と出力のモダリティ(例えば，視覚-聴覚：手動出力-音声出力)，処理コード(例えば，空間-視覚)など，単純な二分法的次元に共通な資源を足がかりとして，資源が定義できると述べている(図3.4参照)。したがって，干渉は，2つの課題が共通資源の特徴(またはセル)をそれぞれどの程度選択するかによって説明することができる。資源を同定する代わりの手段には，両大脳半球の能力を拠り所にしている(Friedman & Polson, 1981)ものがある。資源利用のマーカーとして，手と音声制御の非対称性を利用できることが，この場合の利点になっている。

現在の資源理論には，とりわけ両課題が固有の資源を明らかに共有していない時にも，何らかの小さな干渉効果が持続するといった極めて難しい問題が残っている(Barber, 1989)。また，さまざまな要求に固有な資源プールの同定と，二重課題研究の既知の干渉パターンに従ったそれらの検証は，明らかにもっとも困難

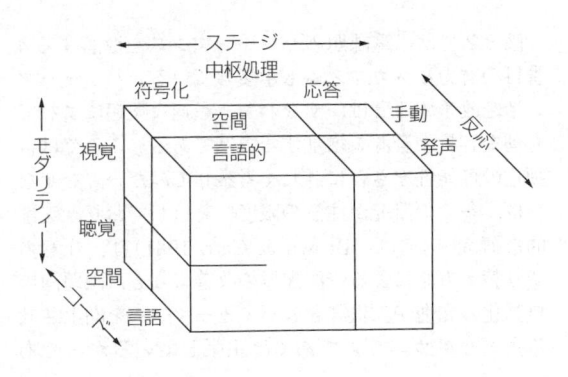

図 3.4 処理資源とその構造
("Processing resources in attention" by C.D. Wickens. In R. Parasuraman & R. Davies (Eds.), *Varieties of attention*, 1984, p.81. Academic Press Inc. より許可を得て転載)

な問題であり，多重資源理論の将来の難問になっている(Neumann, 1987)。資源理論の検証が面倒なのは，おそらくあらゆるケースで資源以外の要因がパフォーマンスを制約すると思われるからである(有限な資源と有限なデータ処理の有用な区分けは，Norman & Borrow, 1975 を参照)。

注意のコネクショニストモデル

注意資源モデルの容量配当の概念は，部分的には，認知科学が開発した並列分散処理モデル(コネクショニストモデル)と一致している(例えば，Rumelhart & McClelland, 1986)。これらのモデルは既知の容量や限界固定的な構造を持たず，複合的で柔軟なネットワークを単純な処理ユニットで構築するコンピュータ的な見方を基盤にしている。重要なことは，これらのモデルの注意(と知識)はアドレス固有のものではなく，また伝統的なモデルが示唆しているような個々のユニットの属性・構造・資源の記述でもなく，ネットワークの全体的な作動を考慮することによって初めて理解し定義することができるパフォーマンス全体の特性になっていることである(詳しくは，Rumelhart, Hinton, & McClelland, 1986 を参照)。このような全体を考慮する観点は，脳のイメージングや神経生理学的な研究データと全般的に合致している(例えば，Posner & Dehaene, 1994)。

スキル獲得に伴う容量変化と資源配分

練習による二重課題パフォーマンスの改善とそのメカニズム

トレーニング研究や，熟練者−初心者の比較研究によれば，2つ以上の同時課題のパフォーマンスは練習によって改善すること，また同時課題の要求への対処能力は，多くの活動の熟練パフォーマンスに重要な要素であることが明らかになっている。もっとも引用が多いパフォーマンス改善の実証的な研究は，後に Spelke, Hirst, Neisser (1976) が追試して拡張したものであるが，すでに読み書きの同時遂行研究の内観報告から，二重課題のパフォーマンスは練習によって改善することが明らかになっていた(Solomons & Stein, 1896)。Spelke らは2名の実験参加者に1週間あたり5時間の読み書き同時課題を4カ月間実施した。最初，2名の参加者にとって同時課題の遂行はかなり難しかった。書き取り課題の記憶成績は，単体で実施した時よりも二重課題状況の方が悪かった。読み取り課題のスキルは，単一課題遂行時と二重課題遂行時の間で差がなかった。つまり，課題間の干渉は固定的なものではなく，練習によって軽減できることが明らかになった。最近の多くの研究は，これらの事実を包括的に支持している(例えば，Damos, Bittner, Kennedy, & Harbeson, 1981)。

人間工学領域における熟練者と初心者の二重課題パフォーマンスの比較研究(例えば，Brouwer, Waterink, Van Wolffelaar, & Rothengatter, 1991 ; Crosby & Parkinson, 1979 ; Korteling, 1994)や，ある種のスポーツ課題の比較研究(例えば，Leavitt, 1979 ; Parker, 1981 ; Vankersschaver, 1984)では，熟練者と初心者の主課題に明瞭なパフォーマンスの差がない場合でも，副課題のパフォーマンスを調べてみると熟練者の成績が系統的に優れていることが明らかになっている。

技術レベルが異なるネットボール(訳注：バスケットボールを改良した競技)選手に，主課題としてボール捕球と投球，副課題として周辺視探索を使用した Parker(1981)の研究は，スポーツ状況を利用した研究の好例になっている。Parker が使用した課題は，厳しい時間制約下で選手がボールパスと捕球といった基本スキルを実行しながら，主に周辺視によってチームメイトや相手チームの動きを同時監視するという，実際のゲーム状況の要求をかなりよく模倣したものだった。選手に要求した主課題は，指定した的にできるだけ多く完全なパスをすることと，30秒間にできるだけ多く返球をすることだった。主課題のパフォーマンスを分析した結果，次のことが明らかになった。(1) A，B，C 各クラスの選手のパスや捕球の成功率には明確な差がなかった，(2)副課題とともにパスや捕球を遂行すると，パフォーマンスはすべてのクラスで若干低下した。副課題は周辺ライトの点灯を検出することであったが，スキルレベルの高い選手(A クラス)はスキルレベルの低い選手(B，C クラス)よりも検出成績が良く，副課題の成績にはスキルレベルがよく反映されていた(図3.5を参照)。

熟練選手は明らかに"余分な"注意容量，あるいは副課題に配分できる資源を多く持っている。つまり，熟練選手はスキルレベルの低い選手よりも，少ない容量

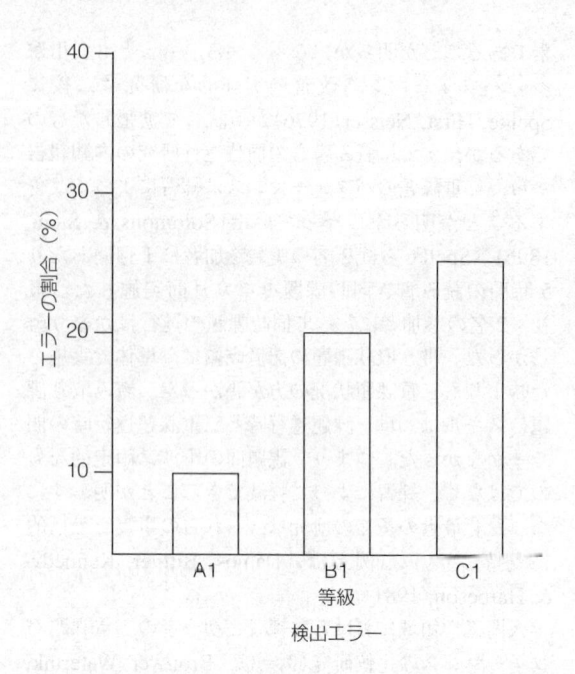

図3.5 A，B，Cクラスのネットボール選手が示した視覚検出課題の副課題成績

("Visual detection and perception in netball" by H. Parker. In I.M. Cockerill & W.W. MacGillivary (Eds.), *Vision and sport*, 1981, p.49. Stanley Thornes Publishers より許可を得て転載)

または資源で主課題を実行することができる。これらのデータは，二重課題パラダイムの大きな利点の1つを実証した重要なものになっている。つまり主課題の要求する注意容量が同じ場合でも，二重課題パラダイムによって個人間の注意配分の違いを分離することができる(Glencross, 1978 を参照)。注意容量や資源に限界がある選手は，そのゲームの基本スキルに，相対的に多量の資源を割かなければならない。したがって，ゲーム状況では"視野狭窄"になるために，チームメイトへのパスや，プレーの展開パターンを"読む"チャンスがなくなってしまう。

Eysenck(1984)は，二重課題のパフォーマンスを改善するメカニズムが少なくとも3つあると示唆している。それらは：

1. 一方あるいは両課題の注意要求を低下させる(制御処理から自動処理への完全あるいは部分的な移行によって) (Shiffrin & Schneider, 1977 を参照)。
2. 課題間の干渉が低減できる新たな時分割の方略や注意転換の方略を開発する。
3. より効率的な機能モードを確立して，必要な処理資源の数を減らす(Norman & Bobrow, 1975)，または処理要求を拡張して，両課題以外のものが要求する資源の使用を回避する(Allport, 1980a)。

図3.2では二重課題のパフォーマンスを改善する4番目の有力なメカニズムも示唆している。パフォーマンスを改善するとは，すなわち，最適な喚起によって有効な容量・資源を増加することである。ここでは自動化の可能性をさらに詳しく考察してみたい。なぜならば，多くの研究が注意の限度に着目しており，実証的な研究(例えば，Brown & Carr, 1981)は，注意の切り替え方略による資源配置の改善よりも，課題内の自動化の亢進が二重課題のパフォーマンスを向上させる主要なメカニズムであると主張しているからである。

練習による自動化の獲得とそのメカニズム

前述のように，これまで自動化処理モードの議論にもっとも大きな影響を与えたものは，Shiffrin と Schneider(1977)の研究である。Shiffrin と Schneider は，一貫した刺激-反応マッピングの条件で広範な練習をすると，走査に必要な記憶セットの項目数に反応時間(RT)は本質的に依存しなくなる，といった証拠に基づいて自動化を議論している(図3.6を参照)。それにも関わらず，図3.6の記憶セットのサイズに RT をプロットした場合には，記憶走査の処理が完全には自動化していないようなわずかな上昇傾向を示している(Logan, 1979)。選択反応時間のより古い研究(Mowbray & Rhoades, 1959)にも，RT-選択数のプロット勾配は練習とともに下がったとしても決してゼロにはならないとした類似の結果がある。さらに，副課題パフォーマンスの単独遂行時と二重課題遂行時の差は練習とともに減少する(厳密な自動化の概念が求めるように)が，どれほど高度な練習をした実験参加者でも，二重課題実験時の副課題実行時間はゼロにはならなかった(Hoffman, Nelson, & Houck, 1983)。例えば，Spelke ら(1976)の実験では，実験参加者が1人よりも2人で読み取り課題をする時で書き取りテストのパフォーマンスが悪くなり，Parker(1981)の実験では，Aクラスのネットボール選手が周辺視検出課題を1人で遂行した場合にも，コミットしていない副課題の検出課題ではミスをした(図3.5)。

2課題の同時遂行には必然的に何らかの犠牲が必要である(Navon & Gopher, 1979)としたこれらのデータは，Shiffrin と Schneider(1977)や Näätänen(1988)が定義した自動化，もっとも厳密な意味の自動化と相反している。そしてこれらのデータは，心の中の自動処理の制御をより巧妙に描出する方法は，二分型(Logan, 1985)よりも，むしろ連続型であると示唆している。この種の見方は，Navon と Gopher(1979)，Norman と Shallice(1986)，Kahneman と Treisman(1984)が示唆しているさまざまな自動化レベルの再認と一致している。Kahneman と Tresman は，強力な自動化(strong automaticity；意志や妨害のない処理)，部分的な自動化(partial automaticity；通常は意志なしの処

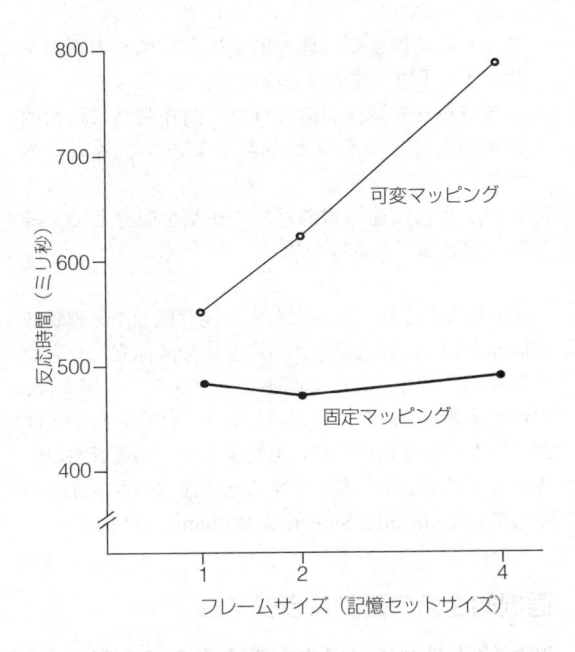

図3.6 固定練習と可変練習の記憶セットサイズと反応時間
("Controlled and automatic human information processing：I：Detection, search, and attention" by W. Schneider & R.M. Shiffrin, 1977, *Psychological Review*, 84, p.20, American Psychological Association より許可を得て転載)

理，時には意志による処理もある），必要に応じた自動化(occasional automaticity；一般的には注意を要求する処理，時にはそれなしの処理），の間に重要な違いがあると示唆している．練習を重ねると，一般にパフォーマンスは意図的な制御処理から高度な自動処理に移行する(Schneider, 1985)が，特定の課題の特定の成分の処理が強力に自動化しても，その他の成分の処理の自動化がまれであると認識することは重要である(Jonides, Naveh-Benjamin, & Palmer, 1985)．Shiffrin と Schneider(1977)による，自動処理のオリジナル概念にこのような修正がたとえあったにしても，練習によって自動化が進むという考え方は，特にスポーツ関係者にとって相変わらず魅力がある．特に興味深い自動化進行の副次的な変化は，選手自身が獲得した制御処理をうまく言語化して自己報告できないことであり，これは熟練スポーツ選手がコーチになり他人を教える立場に立った時の大きな問題になっている．

どのようなメカニズムが練習による自動化と関係しているかは，まったく不明であるが，多数の提案が検証可能と思われる．刺激パターンの知覚や，紋切り型の運動反応の生成に有効な再認と冗長度が改善すれば，選手の情報負荷は低減して，自動処理が容易になると思われる．知覚サイドからは課題に関連する情報源の再認が，反応サイドからは閉回路から開回路への運動制御の移行を支援するフィードバックの冗長度

が，課題処理要求を低減するメカニズムになっている．おそらくこれらのメカニズムは注意資源を解放しているものと思われる(Schmidt & McCabe, 1976)．人がより効率的に課題間の資源分配を見出す自己組織化の方略(Fowler & Turvey, 1978)も，自動化を重要な基盤としている．実際に，自動化とは，単に資源要求を置き換えた結果にラベルを付けたものなのかもしれないと述べている研究者(例えば，Heuer, 1984)もいる．課題間の注意切り替えは全般的な能力であり(Keele & Hawkins, 1982)，したがって，注意分割が必要な課題の成功を，前もって予測する有力な要因になると主張する研究者もいる．しかしながら，これを一般化するには限界があるように思われるし(Wickens, 1992)，方法論的なアーチファクトの可能性もある(Ackerman, Schneider, & Wickens, 1984)．

練習による PRP の遅延減少とそのメカニズム

前述の単一チャネル理論で検討したように，高速かつ連続的に2つの信号を提示すると，反応は著しく遅延する．この反応遅延は，ある種のスポーツにおいては，防御側の選手のパフォーマンスに壊滅的な影響を及ぼす可能性がある．熟練者はこのような心理的不応期の問題をどのように解消しているのだろうか．PRP の遅延を考えれば，最初の刺激をより高速に処理するほど，練習効果は上がる可能性がある(Gottsdanker & Stelmach, 1971)．スポーツ課題の PRP の遅延を除去する唯一確実な方法は，最初の提示刺激(偽の刺激)に反応しないことである．実際のところ，熟練者には，もっとも関連性の高い情報だけに選択的に注意するといった顕著な特性がある．これを次節で検討したい．

スキル獲得，教示，練習デザインの意味合い

干渉効果が課題特異的に出現し，注意を共有する課題方略の開発がスキル獲得に不可欠な要素であると考えれば，トレーニング状況では，本来のスキルに必要な特殊な注意の切り替えや，注意の共有方略の練習機会を選手に与えなければならない．したがって，練習が内容特異的な場合には，練習の効果が上がる(Allport, 1980a)．また，二重課題のパフォーマンスが長期に渡り改善する(Spelke et al., 1976)事実から，主課題のスキルをすべて自動処理に回すためには，困難度が漸増する二重課題の使用が有用である(Schneider, 1985 も参照)．練習が何百万回に及んだとしても(例えば，Crossman, 1959)，スキルがそれ以上向上しないということはない．注意要求の程度をさらに高めた副課題を追加して，あるいは第3の同時遂行課題を追加して，練習の注意負荷を持続的に増加していくことは，熟練者にとってもスキル改善に有用な方法になっている．

二重課題はスキル学習の測度として特に有用である。教師やコーチはスキルの評価・才能の識別に，二重課題法の測度の利用を考慮すべきである。図3.5に示したように，二重課題法の優れた点は，主課題の観察だけではスキル獲得のレベル差を捉えることができない時に，そのレベル差を顕在化できることにある。しかしながらこのような方法で二重課題を使用する時には，注意資源の配分とその利用可能性に加えて，あらゆる要因の絡み合いがパフォーマンスを決定するということも考慮する必要がある（Ackerman & Schneider, 1985 を参照）。もっとも効果的なスポーツスキルの教示法を調べる際には，注意要求の各相と運動タイプの知識が重要な手がかりになっている。当初は注意が必要であっても最終的にはほとんど／まったく注意が不要になるスキルに，どのように選択的に集中すべきかといった，スポーツスキル学習の教示や練習方法の一連の事例を Magill (1998) は提供している。

選択文脈での注意

前節では人間の注意容量と資源の限界について記述した。我々は1日中絶え間なく責め立てる情報の洪水に遭遇しているが，パフォーマンスの効率を上げるためには，もっとも関連深い適切な情報のみを処理することが重要である。"選択的注意"とは，この処理を記述する一般的な用語である。この用語は，ある情報をより詳細な処理対象として選択し，他のものは無視することを意味している。

有効な情報に基づきボールの到達前に頻繁に反応を選択しなければならない（Glencross & Cibich, 1977）ような時間制約的な動きの速いボールスポーツで，パフォーマンスを成功させるには，課題関連性のもっとも高い情報のみの選択的な注意が必要である。ボクサーが相手のパンチを予測するのも，野球のバッターがピッチャーの投球を読むのも，棒高跳びの選手やゴルファーが観衆の騒音を無視するのも，ラグビーのフルバックがタックルにくる相手選手をかいくぐってハイキックを決めるのも，無関係な情報や妨害的な事象をすべて無視して，関係のある情報だけに注意できるかどうかにかかっている。妨害的な情報には，群衆の雑音や対戦相手のフェイントといった外的なものばかりでなく，疲労感や以前の失敗／成功を過剰に気にするなどの内的なものもある。

選択的な注意のさらなる理解に重要な問題，とりわけスポーツ課題に選択的な注意を適用する時の重要な問題は次の3点である。

1. 詳細な処理を保証するには，どの刺激事象が有益な（関連した）情報なのか？ そしてどの刺激（外的，内的）を無視すべきなのか？ 特殊なスポーツスキルに関連する情報の同定は，これらの行動を教示する手段の重要な基盤になっている。
2. 処理資源を無関連刺激ではなく関連刺激に選択的に配当しているのはどのようなメカニズムなのか？
3. どのように関連情報源だけに注意を配分して，練習を改善しているのか？

選択的な注意は，警戒としての注意概念や処理資源の限界といった注意概念から完全に分離孤立したものではないことを，ここで明示しておきたい。例えば，喚起が上昇した時の周辺刺激に対する注意の狭窄化は選手の手がかり処理の幅に影響するが，処理資源の限界はさまざまな情報源に対する同時注意の可能性を拘束している（Janells, Singer, & Williams, 1999）。

選択的注意の研究パラダイム

選択的注意の基本理論を吟味するパラダイム

両耳分離聴のパラダイムを使用した初期の選択的注意の研究は，パーティーにおける選択的聴取（いわゆる"カクテルパーティ現象"；Cherry, 1953）を実験対象としていた。このパラダイムでは，左右の耳に別々のメッセージを提示して，いずれか一方の耳に提示したメッセージの音声復唱を実験参加者に求めていた。復唱を求められた課題には優先的に注意が配分されると仮定した。研究の目的は，復唱メッセージのみへの注意の程度を確定することにあった。そのため研究者は，復唱メッセージを提示した耳とは反対側の耳に提示したメッセージの内容や量を測定した。参加者は復唱しないメッセージの物理的な特徴（男性の声と女性の声の変化，高周波数音の挿入）を常に検出していても復唱しないメッセージ情報はほとんど処理しないこと，そして，当面の課題関連情報だけを優先的に選択し処理することが，この種の研究（例えば，Cherry, 1953；Mowbray, 1953）から明らかになった。

スポーツが遭遇する大半の選択的注意の問題は，聴覚信号よりもむしろ競合する視覚信号の選択が関与するために，適切なパラダイムは選択的聴取よりもむしろ選択的注視になっている。Neisser と Becklen (1975) は，同じテレビモニター上に別々の試合のビデオテープを重ねて提示する，いわゆる重ね合わせ提示法を提案した（図3.7を参照）。この重ね合わせ提示法の課題は，重ねた試合の一方だけを追跡して，ある特定事象（例えば，投球や捕球）を検出することである。使用した刺激モダリティの変化にも関わらず，この視覚的に近似した研究から，選択的注意の基本的な結論は同じであることが明らかになった。すなわち，競合画像がかなり類似している場合でも，実験参加者は比較的容易に一方の画像だけに効果的かつ選択的に注意することができた（Neisser, 1979）。そして画像の

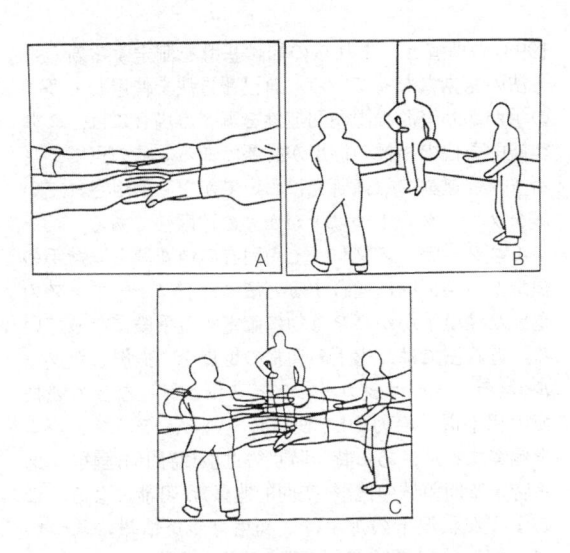

図3.7 選択的注視実験に使用したビデオサンプル。
AとBは単独課題の画像。Cは結合課題の画像

("Selective looking: Attending to visually specified events" by U. Neisser & R. Becklen, 1975, *Cognitive Psychology, 7,* p.485. Academic Pressより許可を得て転載)

他の事象には，それが珍しいものであっても，ほとんど気づくことはなかった。

選択的注意の方向と幅を確定する方法

　スポーツ心理学では，主として自己報告の測度によって，注意の方向と幅を検討している。スポーツを含めて，パフォーマンス状況における個人の注意の強弱を評価する一般的な心理検査は，注意・対人スタイル診断テスト（Test of Attentional and Interpersonal Style：TAIS）である（Nideffer, 1976）。TAIS は 2 つの理論的な前提を基に構成した 144 項目の質問紙検査である。第 1 の前提では，実際の注意可能な同時刺激数を示す幅の次元と，外的な環境刺激／内的な認知・情動に向ける注意の程度を示す方向の次元といった，独立した 2 つの次元に沿って，課題の注意要求を適切に表わすことができるとしている。これらをまとめると，さまざまな課題の注意要求によって，これらの次元は四分円の 1 ヵ所に位置づけることができる（例えば，Nideffer, 1979 を参照）。第 2 の前提では，注意スタイルを柔軟なものにして状況の要求に対処するのと同様に，持続的な注意スタイルによって，課題と同じく個人を分類できるとしている。TAIS の 6 尺度は主にこれらの注意スタイルを測定している。その中の 3 尺度は有効な注意要素を測定しており，他の 3 尺度は無効な注意要素を補完的に測定している。
　スポーツ心理学者は TAIS を長い間使用してきたが，多くの研究者がその構成と予測の妥当性に疑問を提起している（Abernethy, Summers, & Ford, 1998 の評論を参照）。スポーツ実行群の TAIS データの因子分析から，注意の二次元構造や下位尺度の独立性のあいまいさが明らかになっている（Ford & Summers, 1992）。特に，注意の幅の次元は，単一次元というよりは，むしろ多次元的なもののように思われる（例えば，Summers & Ford, 1990；Van Schoyck & Grasha, 1981）。さらに，一般的な検査ではなくスポーツ固有の検査には，ある程度の妥当性を予測した報告もあるが（Albrecht & Feltz, 1987；Summers, Miller, & Ford, 1991；Van Schyck & Grasha, 1981），選択的注意が重要なスポーツでは，TAIS によって熟練者と初心者を識別することには多くの問題がある（例えば，Landers, Boutcher, & Wang, 1986；Zaichkowsky, Jackson, & Aronson, 1982）。熟練者と初心者の違いを観察した場合でも，それらの違いは特殊な運動に重要だと仮定した尺度以外の尺度にしばしば依存している（Jackson, 1981）。さらに，さまざまな注意の下位尺度と固有の行動テスト（二重課題と視覚探索テスト）の関係は，ほとんど明らかになっていない（Dewey, Brawley, & Allard, 1989；Vallerand, 1983）。したがって，TAIS の妥当性にはかなりの疑問がある。これらの矛盾した知見には多くの議論がある（Nideffer, 1990 を参照）が，多くの実証的な研究では TAIS を解釈する際には注意が必要であると指摘している。このような懸念があるために，多くの研究者（例えば，Boutcher, 1992）は，選択的注意のより客観的な行動学的・生理学的測度を探している。
　周辺／注意狭窄を評価する初期の二重課題法は，注意の幅を評価する有力で客観的な手段であるが，注意の方向を評価する客観的な手段ではない（Landers et al., 1985 を参照）。中心視野の要求課題を実行する時の周辺刺激への気づきの低下や反応遅延は，幅広い注意の焦点が狭いものへと移行することの直接的な証拠になっている。二重課題の副課題を利用すれば，注意幅の数量的な変化は，疲労した選手の周辺事象に対する気づきの低下として調べることができる。
　注意の幅と方向の測定に生理学的な測度を使用すれば，注意の幅と方向の評価の妥当性は改善することになる。例えば，J. Lacy（1967）の"取り込み-拒否仮説"では，注意の方向と HR 変化の直接的な関係を仮定している。Lacy は環境情報を取り込む時（外界へ注意を向ける時）には HR に抑制が生じ，外界情報の取り込みを拒否して内的処理に注意を集中する時には HR が促進すると報告している。多くの研究が取り込み-拒否仮説を支持している（Martin & Venables, 1980）。特に，視覚的 RT では HR の抑制が生じ（B. Lacey & Lacey, 1970），暗算課題では HR の促進が生じる（Sharit, Salvendy, & Deisenroth, 1982）。J. Lacey（1967）の仮説は，多くのスポーツ課題で反応開始直前に HR が低下する事実と合致しているが，この現象

は注意の方向概念と関係なく説明することもできる（例えば，Van der Molen, Somsen, & Orlebeke, 1985）。例えば，ゴルフのパッティングを調べた Crews (1989) は，注意の方向概念によって，少なくとも HR の変化の一部が説明できると示唆している。Crews は，感覚的な意識が心臓の抑制パターンを生み出すが，さらに精緻な認知がこの効果を抑制すると主張した。Ray と Cole (1985) は EEG の自発的なアルファ活動は内的-外的な注意に鋭敏であると述べたが，これと同様の示唆をするには，より実験的な検証，特にスポーツ固有な状況下での検証が必要である。

特定手がかり／情報源の関連性を確定する方法

特定のスポーツ課題における重要な手がかりを確定するための1つの手段は，何の情報を優先的に探しているのか，熟練選手に単純に尋ねることである。この種の自己報告法の問題点は，選手が制御処理を，特に自動化している場合には，直接言語的に表現できないことである (Nisbett & Wilson, 1977)。その結果，実際に利用した手がかりを報告するというよりも，選手が重要と考えた（あるいは重要といわれた）手がかりを報告する傾向がある。例えば，多くのテニス選手や野球のバッターは，ラケットやバットとボールが接触する瞬間を目で見た／実際にラケットやバットがボールと当たるのを目で見たと報告している。しかしながら，選手の視覚追従動作を客観的に測定した結果から，選手はボールがラケットやバットと接触するかなり前の時点でボールから目をそらしていることが明らかになっている (Bahill & LaRitz, 1984 ; Stein & Slatt, 1981)。選択的注意の研究をもっとも難しいものにしているのは，刺激パターンの再認によってパフォーマンスが改善しても，選手自身はそれに気づいていない (Nissen & Bullemer, 1987 ; Pew, 1974) ことである。Sharp (1978) は，次のように述べている。

> トップレベルの選手が自分の巧みなスキルを言葉で説明したり，記述したりすることができないのは……経験済みの文脈的な情報や期待といった"前注意"を操作して，状況の予測をしているからだと思われる。(p.5)

多くの分野においては，熟練者が"このようにやった"と述べた内容と，その実際の行動が一致しないことがある (Annett, 1986 ; Saxe & Gearhart, 1990 ; Speelman, 1998)。実際のところ，意識的に注意しなくても熟練者の能力と知識が発達する事実は，あらゆる分野において潜在的な熟練と知識に関する興味を駆り立てている (Kirsner et al., 1998)。熟練パフォーマンスに興味を示す心理学者やその他の研究者の努力目標は，潜在知覚 (Milner & Goodale, 1995 ; Rossetti, 印刷中) や潜在学習 (Berry, 1994 ; Curran & Keele, 1993) の理解と，これらの知識基盤を測定する新たな方法の発見になっている。自己報告法を使用して多くの手がかり資源の課題関連性を調べる場合には，より客観的な他の指標の併用が必要である。この点で，スポーツと運動の熟練研究においてかなり使用されているテクニックの1つは手がかりの遮蔽法である。

モニターディスプレイ上の固有の情報源を，選手の視野から選択的に遮蔽する方法は，パフォーマンスの重要な環境手がかりを有効に確定する手段になっている。遮蔽法では，選手の通常の視点から撮影したフィルム（テニスやサッカー，アイスホッケーなどの競技での相手選手の動き）を使用している。このフィルムを編集すれば，ある特定時点の遮蔽（時間的遮蔽），ある特定空間領域の遮蔽（空間的遮蔽）が可能になる。このような状況下の選手は，利用可能な情報に基づいて，"ボールが落ちる位置"を確定したり，"ストローク方法"の反応を選択したりしなければならない。

時間的遮蔽法において重要なことは，ディスプレイ表示から情報を取り出して，即座に反応が改善する時点（タイムウィンドウ）を発見することである。これらのタイムウィンドウ（ディスプレイ表示）に生じる重要な事象を調べることによって，手がかり利用の意味合いを明らかにすることができる。多くのボール競技に時間的遮蔽法を広範に使用した結果，この方法は対戦相手の動きを前もって予測する重要な手がかりになることが明らかになっている。遮蔽法ではフィルムによるシミュレーションを一般的に使用している (Abernethy, Wann, & Parks, 1998 の評論を参照) が，"現実"により近づける方法として，遮蔽ひさし付きの帽子 (Starkes & Lindley, 1994)，電子シャッター付きの眼鏡 (Starkes, Edwards, Dissanayake, & Dunn, 1995) を使用することもある。空間的遮蔽法では，ある手がかりを遮蔽した時の反応低下を評価することによって，直接的に手がかりの重要性を評価している。現実的なディスプレイシミュレーションを開発することができれば，時間的遮蔽法や空間的遮蔽法はさまざまな選手が選択的にピックアップする情報パターンを確定する場合，とりわけ同じ運動に適用して確認する場合には，非常に有用な方法になるものと思われる（適用例として，Abernethy & Russell, 1987a を参照）。

スポーツにおける情報取得や手がかり利用のパターンを確認する際のもう1つの一般的な方法は，精巧な眼球運動記録装置を利用して，選手が見ている場所をモニターする方法である（例えば，Vickers, 1992 ; A. Williams, Davids, Burwitz, & Williams, 1994 を参照）。人間は眼球を動かして興味の対象や情報を明瞭に捉えているが，一般的に情報を積極的に取得することができるのは固視中（眼球が比較的静止している期間）に限られている。それにも関わらず，周辺の情報を最適にピックアップするために，固視の位置を選択している。したがって，ある選手の視覚探索パターン

の固視時間と順序を測定すれば，選択的注意の対象や変化を調べることができる。全体的なレベルでの視覚探索パターン分析には意味があるが，眼球運動からのアプローチには，認識すべき限界や，強調すべき視覚探索と選択的注意の違いがある（Abernethy, 1988c）。眼球運動アプローチの主な限界は次の通りである。

1. 眼球運動をしなくても，注意は視野を移動することができる。したがって，固視と注意は同じものではない（例えば，Remington, 1980；Shulman, Remington, & McLean, 1979）。
2. 視線の方向（固視が示す方向）は，情報の取得を必ずしも保証していない（例えば，Stager & Angus, 1978）。言い換えると，"注視すること"と"見ること"は同じではない。
3. 眼球運動の記録法は，中心視野だけに有益である。眼球運動の記録は，周辺視野に多く起こる刺激の方向・場所，運動の方向・速度判断などの重要な情報取得を，何も明らかにしていない（例えば，Leibowitz & Post, 1982）。
4. 試行間にはかなりの変動性があり（Noton & Stark, 1971），眼球運動のパターンには課題特異性がある（Yarbus, 1967）ために，さまざまなディスプレイ表示の重要な特徴に，信頼できる結論を出すのは難しい。
5. データ収集はそれ自体が難しい。加えて，記録装置は人の正常な注意の配分や情報取得を妨害する可能性がある（例えば，Megaw & Richardson, 1979）。

以上のような制約やスポーツにおける眼球運動アプローチの一般的な価値に関するより詳細な考察は，他の文献（Abernethy, 1988c）を参照されたい。言語化の手続きと同様に，スポーツにおける手がかり使用を確定する眼球運動記録のアプローチは，他の方法を併用した時に，もっとも有用になるものと思われる（例えば，Helsen & Pauwels, 1993）。

選択的注意によるパフォーマンスの限界

選択的注意は諸刃の剣である。選手がそれによって強力な妨害刺激に打ち勝つことができるという意味では恵みといえるが，同時に発生する多くの情報に対し，処理可能な範囲を越えて注意を分散しなければならないような状況では災いとなる。選択的注意のこのような長所と短所は，サーチライト（Watchel, 1967）やズームレンズ（Eriksen, 1990）になぞらえて説明することができる。サーチライトの目的は，重要な対象だけに光線を当てることである（それが重要であるか否かに関係なく，光線を当てたすべてのものが注意の対象になる）。この意味で，ピックアップすべき情報範囲に合わせて，光線の幅を調整しなければならない。また，重要な情報が空間上のさまざまな位置に多数存在する場合には，光線の位置を絶えず移動させなければならない。さらに，サーチライトはその使用者にとって唯一のガイドであると同様に，変動する視覚注意は脳の唯一のガイドになっている。このように脳は，過去経験，文脈，プランに関する利用可能な情報を解釈している。

サーチライトの比喩が役に立つのは，例えば，注意の選択と関係する次の3つの主要なエラーを記述する時である。

1. 課題成功に必要な限られた要素に対して，すべての注意を集中することができない（"サーチライトの幅が広すぎる"）
2. 関連のない情報が関連情報を妨害する（"間違った方向にサーチライトを当てる"）
3. 同時処理が必要なすべての刺激に注意を分配することができない（"サーチライトの光線幅が狭すぎる／サーチライトを1つの場所から他の場所へ十分な速度で動かせない"）

上記の1つ目の例に該当しているのは，厳密な標的位置に集中しないで大まかな標的方向にだけ注意を向けるために，よい成績が出ない射手である。バスケットボール選手は対戦相手の体幹部よりも頭部の動きにだまされるし，ゴルファーは過去のミスショットを気にして次のプレーもミスショットする。これらの場合は2つ目のエラーをしていることになる。3つ目のエラーは，処理すべき単純な関連刺激が同時に短時間存在する状況で生じるものである。サッカー選手は視覚情報（チームメイト，対戦相手，サイドライン，ゴールポストの位置に注目すること），ドリブルコントロールの運動感覚情報，聴覚情報（コーチ，キャプテン，チームメイトからの言葉による指示）といった関連情報を同時に処理しなければならない。しかし，初心者は有効時間内にこれらすべての情報を処理し切ることができないために，ボールコントロールのエラーが必然的に生じることになる。異なった刺激モダリティに対する注意の切り替え処理にも時間がかかる。このような切り替えが事前に予期できない時には，100ミリ秒の単位で遅れが生じてくる（Moray & Fitter, 1973）。

スポーツ場面では，多くの要因が選択的注意に影響している。関連のない情報の量（関連のない情報を関連情報源から識別する能力）や課題が要求する注意の切り替えといった限界に加えて，次の3つの主要な要因が選択的注意に影響している。(1)ディスプレイ表示の総情報量，(2)重要な情報の取得・処理に要する時間，(3)選手の能力（Jones, 1972）。

選択的注意の理論とモデル

一般的に,入力情報の並列処理には固定的な構造の限界があると仮定している(この仮定に問題があることは,すでに述べた)古いタイプの選択的注意理論が,いまだに優勢である。これらの古い理論では,選択処理が生じる場所や並列処理と逐次処理が起こるボトルネックの位置に主な変化が生じると仮定している(Shiffrin, Craig, & Cohen, 1973)(図3.8を参照)。

選択的注意のフィルターモデル

Broadbent(1958)は,いくつかの物理的特徴に基づいて入力信号をさらに選択処理する初期フィルターメカニズムを提案し,Cherry(1953)らの両耳分離聴の知見を説明しようとした。選択した情報はさらに詳細に処理(資源集約的)されるが,選択しなかった情報は処理されず,速やかに減衰して消失すると仮定した。しかし,明らかに無関係な情報でもより詳細に処理されているものがあるといった実証的な研究を踏まえると,この仮定には問題がある。例えば,両耳分離聴の課題では直後再生の対象ではなかったメッセージでも,その中のある面は限られた処理資源と意識にうまくアクセスしている。視覚領域のストループ現象(Stroop, 1935)は,関連のない刺激とRT干渉の関係を強力に実証している(例えば,Keele, 1973)。これらの干渉効果を説明するために,DeutschとDeutsch(1963)は,選択フィルターは情報処理連鎖の後期や刺激符号化の完了段階ではなく,知覚分析の完了段階に存在すると提唱した。初期選択と後期選択の問題は相変わらず認知心理学者の根強い関心の的になっているが(例えば,Broadbent, 1982を参照),最近ではさらに生理心理学者(例えば,Näätänen, 1988)も関心を示し始めている。

選択的注意の減衰モデル

DeutschとDeutsch(1963)の後期選択フィルターが存在しない場合,いくつかの明らかに無関連の刺激が限られた処理資源にうまくアクセスする方法を,別の視点から説明する考え方がある。そこではすべての入力刺激が一連の複雑な信号分析テストの対象になると仮定している。Treisman(1969)の減衰モデルでは,刺激の物理的特性の水準,刺激の集合的パターンの水準,意味の水準の3つの水準に基づいた一連のテストを仮定している。関連のない情報の信号は,それぞれの水準で分析され,その結果,次第に減衰していく。この減衰モデルはフィルターモデルとは次の2つの主要な点で異なっている。(1)このモデルでは入力刺激の単なる物理特性に加えて,要素に基づいた選択を仮定していること,(2)このモデルでは選択刺激のさらなる処理分析(いわゆる注意前分析; Neisser, 1967)を,離散的よりはむしろ本質的に連続的なものと仮定していること。減衰モデルが概念的に優れている点は,すべての信号を知覚分析で十分に処理(後期選択モデルではこの処理を要求している)した場合,このメカニズムが非効率的な情報を縮小すると仮定していることである。一方,このモデルの拙い点は,その複雑さにある(例えば,Wessells, 1982)。ただし,複雑さだけではこの理論を破棄する理由にはならない。減衰モデルの方が,後期選択のフィルターモデルよりも,経験的事実とうまく一致しているように思われるからである(Eysenck, 1984)。

選択的注意の適切モデル

自然環境下の選択的注意を説明する魅力的なモデルとしては,Norman(1968)の適切モデルがある。DeutschとDeutsch(1963)のアプローチと同様に,Normanのモデルは,後期選択が,効果的な選択場所の刺激符号化処理よりも,むしろ短期記憶と共に生じると仮定している。運動選手の過去の経験や同じ状況下の文脈的な知識から派生した信号の適切性は,その信号を次の処理に付すべきか,あるいは無視すべきなのかを弁別する根拠になると仮定している(図3.9を参照)。

このモデルでは,感覚受容器に到達した信号の特徴を最初に分析して,その結果が自動的に短期記憶の表

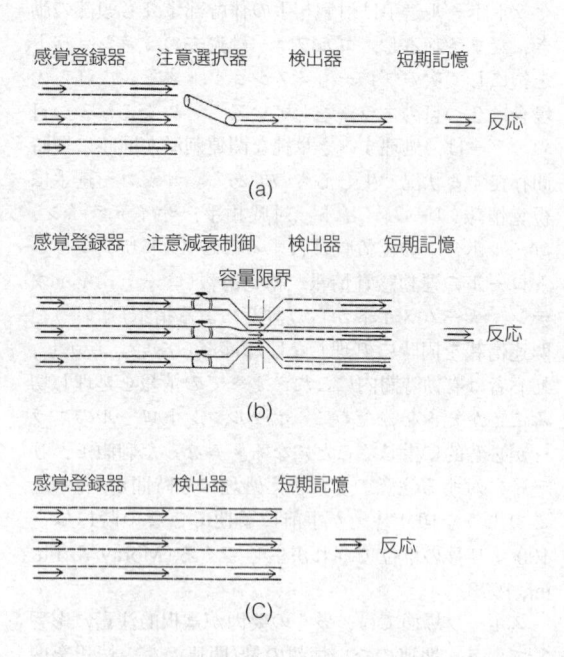

図3.8 選択的注意の(a)初期フィルターモデル,(b)減衰モデル,(c)後期選択モデルの構造比較

("On the degree of attention and capacity limitations in tactile processing" by R.M. Shiffrin, J.C. Craig, & E. Cohen, 1973, *Perception and Psychophysics*, 13, p.329. The Psychonomics Society, Inc. より許可を得て転載)

象になると考えている．多くの場合，過去経験から派生した重要(適切)な期待ベースの信号表象は先在している．このモデルでは，現在状況での感覚分析と結びついた全体的な記憶賦活と，過去経験から生じた期待に基づいて，さらなる注意要求の選択処理を確定すると考えている．したがって，このモデル内でおそらく連続処理に付される入力信号は，あらかじめ非常に適切であると考えられたものと，感覚的分析によって存在が明らかになったものの両者である．このように，"データ駆動"(現在状況の感覚情報による)と"概念駆動"(経験的な入力信号による)はいずれも，文脈を選択すると考えることができる．この適切モデルは，固定容量仮説(Kahneman, 1973; Wickens, 1992)を使用している点や，活動の進行制御(Allport, 1980a)を何も明確に述べていないという点で限界がある．それにも関わらず，適切モデルは，スキル獲得に伴う選択的注意の変化を考察する上で，有用な枠組みになっている．

選択的注意の神経心理学的モデル

選択的注意の一般的な機能に関しては，さまざまなタイプの脳損傷に起因する視覚的な注意障害の研究から，いくつかの代替的な考え方が出てきている．神経心理学的な知見に基づいて，PosnerとPetersen (1990)は，視覚性の選択的注意には，次のように少なくとも3つの独立した潜在能力があると述べている．それらは，(1)ある特定の視覚刺激から注意を解放する能力，(2)一方の視覚刺激から他方へと注意を転じる能力，(3)新たな刺激に注意を向ける能力，である．PosnerとPetersenは，それぞれの要素に対するさまざまな脳領域の関与を想定している．刺激の注意解放には主に頭頂葉が，注意の転換には中脳が，ある特定の場所から情報を収集するのには視床枕核が，それぞれ中心的に関与していると彼らは考えている．現在では脳の画像解析が急速に進歩し，その他の神経心理学的な技術も有用になっている．このように，選択的注意の脳機構は十分に理解できるようになっている．最近の研究から，選択的注意は，多数の機能的な特殊構造に分散した機能であることが明らかとなっている．単一構造に立脚した注意モデルと，視覚性の多動性注意欠陥障害の神経心理学的な研究から明らかになった多くの事実は，明らかに矛盾したものになっている．

スキル獲得に伴う選択的注意の変化

大半の選択的注意の改善は意識下で生じているが，練習は，たとえそれが単純な運動課題であっても，明らかに選択的注意を改善している．運動スキルの研究では，熟練者と初心者の選択的注意の能力の差について，次のような主張をしている(Knapp, 1963)：

> 未熟な選手は，多くの刺激に気づいたとしても，どの刺激が重要でどの刺激に反応すべきかを的確に判断することができない．未熟な選手は刺激パターンに気づかず，情報の取得能力に限りがあるために，注意を向ける刺激の数が相対的に少なくなっている．他方，熟練者にはメンタルフレームワークがある．これは以前に経験した多数の刺激を取り入れたものである．熟練者はある予期場面の変化が小さな場合でも，その変化に気づくことができ，そのため，素速く対応することができる．(p.160)

Norman(1968)の選択的注意モデルは，練習によって選択的注意を改善(および選択的注意の初心者-熟練者の差異を減少)するには，少なくとも2つの方法が有力であると示唆している．

1. 現状知覚分析の方法を変えること．
2. 学習者の経験基盤が拡大した場合には，適切に割り当てを変えること．

次節では，熟練スポーツ選手と初心者のこれら2つの選択的注意の差異(主に視覚モダリティの差異)を，現存の研究から簡単に紹介する．さらなる詳細は

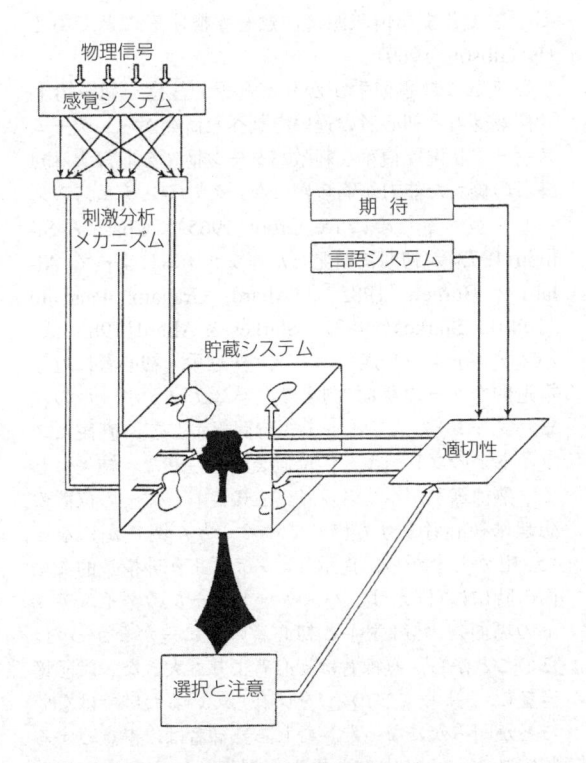

図3.9 Normanの選択的注意の適切モデル
(*Memory and attention* by D.A. Norman, 1976, 2nd ed., p.31. John Wiley & Sonsより許可を得て転載)

第7章のStarkesらを参照されたい。

熟練者と初心者における現状知覚分析の相違

　熟練者と初心者の知覚分析の相違は，両者の視覚的な"ハードウェア"と"ソフトウェア"の概念に求めることができる(Starkes & Deakin, 1984)。明らかにヒューマンパフォーマンスの情報処理モデルを起源とするこの相違は，運動選手の視覚システムの身体的な特性（例えば，一般的な視力測定によって確定するもの）と，固有な情報処理能力（スポーツ固有のテストによって確定するもの）の両者間に存在している。熟練スポーツ選手と初心者間の視力変数（例えば，Graybiel, Jokl, & Trapp, 1955；J. Williams & Thirer, 1975）や単純反応時間（例えば，Bhanot & Sidhu, 1979）の相違を報告した研究者もいるが，その内容はかなりあいまいなものである。高度な熟練選手の視覚ハードウェアが，一般人よりも系統的に優れているという証拠はほとんどない。しかし，獲得した状況固有の方略（あるいは，ソフトウェア）が使用可能な選択課題では，熟練者と初心者間の遂行能力差が次第に明らかになっている(Abernethy, Wann, & Parks, 1998；Starkes, 1987)。熟練選手が予期課題やパターン認識課題に優れているのは，彼らの専門技術の知覚によるものであるという系統的で強い証拠がある。

　系統的な証拠は，主として時間的遮蔽(temporal occlusion)パラダイムを使用したボールスピードの速いスポーツの研究によるものである。そこで明らかになったことは，次の2点である；(1)ボールが来る以前の有効な情報(時には事前手がかりと呼ぶ)は，ボールが来る方向とボールの速度の予測に役立っている(事前情報に基づいた予測は，初心者でも熟練者でも，通常，偶然的な確率を超えている)，(2)熟練者は，初心者と比べてより早い段階で対戦相手や対戦チームの動きから情報を取得することができる(これについては，Abernethy, Wann, & Parks, 1998 の評論を参照)。さらに，時間的遮蔽パラダイムや空間的遮蔽パラダイムと同時に眼球運動を測定した研究から，予期パフォーマンスと選択的注意の差異との関連性が明らかになっている。

　例えば，ラケットスポーツの熟練選手は，初心者(手がかりはラケットの動きだけ)と比べて，より早い段階で事前情報(手がかりは特に腕の動きとラケットの動き)を取得している(Abernethy & Russel, 1987a)。このように初期の手がかりを使用した系統的な過渡期には，練習を通してスキルが発達する(Abernethy, 1988b)。また，熟練者は，対戦相手が示す運動パターンの基本的な細部動作に対して，初心者よりも効果的に注意を払っているように思われる(Abernethy, 1996)。ある種のスポーツ活動では，一部(例えば，Abernethy, 1990；Abernethy & Russell, 1987b；Helsen & Pauwels, 1993)を除き，熟練者と初心者の視覚探索パターンでは系統的な差がほとんど見られていない(例えば，Vickers, 1992；A. Williams et al., 1994)。手がかりを使用した際に，初心者と熟練者の視覚探索パターンに差が出なかった理由は，選択的注意の個人差を測る指標として，眼球運動のみを使用したためだと思われる。しかしながら，熟練者の少ない固視回数や長い固視時間(例えば，Bard, Fleury, Carrière and Hallé, 1980)といった，スポーツ課題における視覚探索率の初心者との相違は注目すべきである。もし熟練者の少ない固視回数と長い固視時間が本当だとすれば，この効果によって熟練者の処理負荷(Teichner & Krebs, 1974 の"可変処理速度仮説")が全体的に軽度であることを説明できるし，事象全体の知覚を構成する際に熟練者はあまり多くの手がかりを必要としない(Furst, 1971；Abernethy, 1988c の"知覚自動化仮説")ことも説明できる。

　対戦相手や対戦チームの動きの予測といった手がかりをあらかじめ選択的に利用することができれば，明らかに優位に立つことができる。そうすれば，より早く反応を開始して，"この世の時間はすべて自分のもの"といった印象を持つばかりでなく(Bartlett, 1947, p.836)，ディスプレイ表示の余分な情報の処理負荷もまた低減してくる。処理負荷が低減すると処理資源が解放され，熟練スポーツパフォーマンスの実行が容易になる。もっとも典型的な知覚学習のタイプは，ディスプレイ表示の特徴やそれらの関係学習の経験に従って，さまざまな情報源に注意を転換することである(E. Gibson, 1969)。

　さまざまな事前手がかりと選択的注意を組み合わせ，熟練者と初心者の違いを調べた研究から，チームスポーツ状況で複雑な刺激パターン構造を取得する熟練者の優れた能力が明らかになっている。チェスのスキルを調べるために De Groot(1965)，Chase と Simon(1973)が初期に開発したパラダイムによって，Allard と Burnett(1985)，Allard, Graham, Paarsalu(1980)，Starkes(1987)，Starkes と Allard(1983)は，バスケットボール選手・ホッケー選手・初心者に対し構造的なゲーム場面(例えば，バスケットボールの攻撃パターン)のスライドを短時間提示して，直後にスライド上のプレーヤーの位置を想起させた。結果として，熟練者が示すスライド上のプレーヤーの位置の想起は初心者よりも優れていることが明らかになった。しかしながら，提示したスライドが非構造的な場面の時には(例えば，バスケットボールのタイムアウトの場面)，熟練選手と初心者の間に差がなかった。このことから，熟練者は初心者よりも大きな一般記憶容量(ハードウェアの差)を保有しているわけではないことが明らかになった。むしろ熟練者は，得意とする特定スポーツに固有な構造に選択的に注意する能力(ソフトウェアの差)が優れている。したがって，これは熟練選手の試合パターンを"読む"優れた能力の客観

的な証拠と思われる。そしてこれはおそらく熟練者が初心者とは違った選択的注意を行っている結果と思われる。熟練者が記憶に深く刻まれた刺激パターンの再認に優れていることは, 彼らが専門とするスポーツの場面から抽出されてランダムに配列された複数の場面を再配列する, という課題においても優れたパフォーマンスを示すことからも明らかである(例えば, Vickers, 1986)。

大半のスポーツでは, 相手の投げたボールに対する正確な情報処理が, 優れたパフォーマンスの重要な部分になっている。したがって, 熟練者と初心者間の選択的注意の差は, ボールの位置や到達時間を知らせる重要な視覚変数にあると考えることもできる。一般に, 実際のボール運動ではなく見かけ運動を使用した一致タイミングの課題では, 熟練者と初心者を弁別することができない(例えば, Del Rey, Whitehurst, Wughalter, & Barnwell, 1983)。しかし, 実際の打撃や捕球などを使用したタイミング課題では, 熟練者と初心者の有意差が明らかになっている(例えば, Savelsbergh & Bootsma, 1994 ; Savelsbergh, Whiting, & Pijpers, 1992)。重要な視覚制御変数に対する選択的注意の差は, 熟練者と初心者が示したこれらのタイミング精度の違いを, 十分に説明しているものと思われる(Bootsma & Peper, 1992 ; Bootsma & van Wieringen, 1990)。

スポーツ場面での選択的注意を効果的に操作するには, 関連手がかりに処理資源を配当すると同時に, 注意を妨害する情報は詳細には処理しないことが必須の条件になっている。これまでのところ, Witkin, Dyk, Faterson, Goodenough, Karp (1962) のように, 紙と鉛筆を使用した古いタイプの場依存性／場独立性(あるいは知覚スタイル)のテストを使用した研究が若干の成果を上げているが, それ以外に行動測度を使用して評価した研究はほとんどない。場依存性／場独立性テスト, または知覚スタイルテストとは, ある特定の図(通常は規則的な幾何学的模様)を注意妨害図形で埋めた背景から見つけ出す方法である。これらの課題では, 標的図形の特徴だけに集中し背景の無関連情報を無視することができる者(場独立型の者)は, スポーツ課題における妨害もうまく回避することができると仮定している。優れた選手は場に依存しないという研究(例えば, Pargman, Schreiber, & Stein, 1974)もあるが, この場依存／非依存の測度によって熟練者と初心者の差を見出した研究はほとんどない(MacGillivary, 1981 を参照)。このテストにはスポーツ固有の刺激や生態学的な妥当性がなく, それが熟練者と初心者の違いを明らかにできない原因になっている。

さまざまな事象と情報に資源を適切に割り当てる熟練者と初心者の違い

選択的注意課題の実験では, 実験参加者が十分な経験を積み, 環境の正確な統計モデルを確立すると, さまざまな情報サンプリングはより適切なものとなる(Senders, 1964)。スポーツ状況で起こるさまざまな事象についての確率知識があれば, RT の短縮(例えば, Alain & Proteau, 1980)や有効注意資源の最適化が起こりやすくなる。シミュレーションの実験で RT を短縮するには, 2つの事象の提示確率の比を9対1にする必要がある(Dillon, Crassini, & Abernethy, 1989)。しかしながら, スポーツ課題では非等価的なさまざまな事象が RT を促進している(Alain & Proteau, 1980)。スポーツ熟練者の選択的注意の主観的な見積もりや, 意志決定の主観的な見積もりは, 初心者のそれよりも実際の事象確率により近くなると報告した研究はかなり少ない(Cohen & Dearnaley, 1962 ; Whiting, 1979)。この領域の知識が増加しないのは, 適切な研究パラダイムの不足に原因があると思われる(Paull & Glencross, 1997)。

スキル獲得, 教示, 練習デザインの意味合い

特定のスポーツ課題で, 選手が行う関連手がかりの分離手法は, 練習と教示の改善や告知の本質的な要素になっている。ある運動における熟練パフォーマンスの手がかりを理解するようになるまでは, パフォーマンスの向上を目指した教示や反復練習の効果に限界があると思われる。

熟練パフォーマンス関連の手がかりを分離しているスポーツでは, 練習でそれらの手がかりを強調して, スキルの獲得を高めている。特定の知覚トレーニング(例えば, Abernethy, Wood, & Parks, 1999 ; Farrow, Chivers, Hardingham, & Sasche, 1998 ; Starkes & Lindley, 1994)によって予測とパターン認識が改善するという研究報告もあるが, 一般的な視覚トレーニングでは改善効果がみられていない(例えば, Wood & Abernethy, 1997)。したがって, 単なる知覚パフォーマンスよりは, むしろ実際のスポーツパフォーマンスが改善されるような, 知覚トレーニングのアプローチ効果を明らかにする必要がある。特定スポーツの最大パフォーマンスに必要な最適手がかりのパターンが明らかになれば, これら効果的なプログラムの使用機会は増加すると思われる。その場合, 心理的なスキルのトレーニング(本書中に詳述)は, 選択的注意の向上に役立つものと思われる。今のところ, 心理的なスキルのトレーニングプログラムの効果を実証的に確定した研究はほとんどない(Singer, Cauraugh, Tennant, Murphey, Chen, & Lidor, 1991)。しかしながら, 選手に供するリラクセーション, 視覚化, フォーカス, 再フォーカスのスキルトレーニングといった多要素的な注意のトレーニングは, 外的妨害や予期せぬ妨害時のパフォーマンス維持に役立つものと思われる

(Singer, Cauraugh, Murphey, Chen, & Lidor, 1991)。

　大半の知覚的な専門技術には潜在的な性質があるために，興味ある課題に特定の注意を払わずに練習するアプローチ法は，今なおもっとも有利な方法と思われる（例えば，Magill, 1994; Singer, Lidor, & Cauraugh, 1993)。注意の焦点において，さまざまな練習体制でのエビデンスに基づく比較（例えば，Green & Flowers, 1991；Masters, 1992；Wulf & Weigelt, 1997）は，選択的注意やスキル獲得の理解を今以上に進める上で，是非とも行う必要がある。

要約と結論

　注意は幅広い多面的な心理学的概念であり，スポーツパフォーマンスや学習に，さまざまな形で強い影響を及ぼしている。警戒，処理資源の限界，選択といったさまざまな文脈で，注意は人のパフォーマンスを拘束している。方略的なプランニングだけが，このパフォーマンスの拘束を部分的に補っている。注意によるスポーツ固有なパフォーマンスの縛りをさらに多く理解することや，熟練選手がこれらの縛りを軽減し利用する方法をさらに理解することは，あらゆるタイプのスキルレベルに対する合理的なコーチングとインストラクションを開発する際の重要な基本事項になっている。注意のトピックスの長い研究の歴史を考えれば，"現実的"な課題での注意の知識は，スポーツのそれと同様に限られたものであり，やや失望せざるを得ない。スポーツ心理学者が直接役立つ注意の知識を十分に得ることができなかった理由は，認知心理学が次の3つの基本的な注意研究の問題を十分に解決できなかったことにある。それらは，(1)注意機能の明瞭な記述，(2)信頼性のある包括的な注意理論の開発，(3)熟練パフォーマンスの潜在的で自動的で注意不要な処理役割の明瞭な理解，である。

　注意機能を十分に記述することができなかった原因は，容量限界の確定に付随した歴史的先入観やボトルネックの処理知見にある。多くの研究があるにも関わらず，ほとんど実りあるものにはなっていない。この構造的なものの見方と相まって，研究者は最終的に説明するべき普通の課題要求から，あまりにもかけ離れた単純な実験室課題を主に使用してきた。注意のもっとも重要な機能が知覚－運動制御の選択（Allport, 1989）にあるとするならば，知覚と運動の機能的な連繋を正常に切り離すことが懸案事項になる。今ではGibson(1979)の知覚の著述，Bernstein(1967)の運動の著述に基づいた生態学的心理学の過去10年間の影響のおかげで，普通の課題を使用した知覚と運動（そして注意も）の研究が重要なものと認識されている。普通の課題を使用した運動研究によってのみ，注意機能の重要性は本当の意味で完全に解明できるものと思われる。

　注意を単一システムの中央集権的な過程とみなす根強い仮説が，注意理論の包括的な発展に縛りをかけている。このような考えは，神経心理学的な研究(Posner & Petersen, 1990)が明らかにしたように，根拠のないものである。Allport(1993, pp.203-204)は，次のように述べている。

　　いわゆる注意現象には，そのすべてを帰属することができる単一の機能や精神作用などというものはない（一般に因果メカニズムではない)……あらゆる注意現象の因果基準として単一の特異的なメカニズムやコンピュータ的な資源がなければならないということは，思考や知覚のために単一の因果基準がなければならないことや，民族心理学のその他の伝統的なカテゴリーに単一の因果基準がなければならないということほどには，もっともらしくなさそうである。

　今後は単一のシステムではなく，注意の機能特異的なモジュール開発を考えなければならないと思われる。

　一般的に注意現象の理解を進める上で，十分に取り組まなければならない主要な問題と，特に学習とパフォーマンスに影響する主要な問題は，潜在学習・知識・知覚作動の方法と，それらが知識・学習のより顕在的な形態に相互作用する方法についての問題である。特にここ10年間は，伝統的な注意の視点と練習の意味に挑む新たな知見とともに，知覚や認知，行動のあらゆるタイプの内的処理を重要視する機運が高まってきている。運動制御とスポーツ心理学の研究者は，自動化とインストラクションがスキル学習と競技スポーツ環境で果たす統合的な役割を考慮しながら，内的処理を調べる研究の最前線に立たなければならない。

第4章

運動スキル獲得における付加的フィードバック

　フィードバックという用語を運動スキルの遂行に関連して使用する際，この用語は，運動スキルの実行中／実行後に受け取るパフォーマンスの関連情報を意味している。運動スキルのパフォーマンス状況では，一般的に2つのフィードバックタイプがある。一方は運動スキルの遂行中に自然に利用できる，感覚知覚情報としてのフィードバックである。本章ではこのタイプのフィードバックを"課題固有のフィードバック"と呼ぶことにする。例えば壁の標的にダーツを投げた時，投てき者はダーツの飛行軌跡・到達位置を目にすることによって，視覚的な課題固有のフィードバックを受け取ることになる。また，ダーツを投げる姿勢や手と腕の運動変化から，自己受容的な課題固有のフィードバックを得ることもできる。ダーツが標的に当たった時／外れた時の音を聞くといった他の感覚系も，課題固有のフィードバックになっている。

　パフォーマンス状況におけるフィードバックのもう一方のタイプは，課題固有のフィードバックに加えて，さらに受け取るパフォーマンス関連情報のフィードバックである。この種のフィードバックは必ずしも利用可能なものではない。多くの文献にこの種のフィードバックを表わすさまざまな用語が使われているが，本章ではこれらを"付加的フィードバック（augmented feedback：Swinnen, 1996を参照）"と述べることにする。"augmented"という形容詞には何かを付加する・増強するという意味があるので，この言葉を，課題固有のフィードバックにさらに情報を付加するフィードバックという用語に使用することは適切なことだと思われる。前述したダーツ投げ運動を例にして，付加的フィードバックについて検討してみたい。ダーツ投げ運動では，課題固有のフィードバックに情報をいくつかの方法で付加することができる。例えば，標的の近くに立っている人は，ダーツの到達位置が標的からどのくらい離れているかを投げた人に伝えることができるし，ダーツのコーチはダーツを投げる腕の運動がどのようにダーツの到達位置に影響するかを教えることもできる。課題固有のフィードバックに情報を付加することは，余分な情報を付加することにもなるが，この情報の冗長性はここでの定義の目的とは関わりがない。情報の冗長性は本章の最後で検討する。

付加的フィードバックの種類

　付加的フィードバックと運動スキル獲得の関連文献では，付加的フィードバックを，結果の知識（knowledge of results：KR）とパフォーマンスの知識（knowledge of performance：KP）に大別している。付加的フィードバックがもたらすさまざまなパフォーマンス情報のタイプを区分するためにこれらの用語を最初に使用したのは，Gentile（1972）であった。スキル遂行結果の追加情報をKRと呼んでいる。ダーツ投げ運動を例にすると，得点記録係がダーツ選手にダーツの刺さった位置や得点を告げた時，それはKRを提供したことになる。他方，スキル関連の運動特性の追加情報をKPと呼んでいる。ダーツを例とすると，コーチ・教師はダーツ選手に投げる腕の運動様相を伝えて，言語によるKPを与えている。ビデオでダーツ投げを再生したり，コンピュータで腕の運動やダーツリリースを解析して確認することでも，KPを提供することができる。

　スキル遂行後のKRとKPは終末KRと終末KPと呼び，スキル遂行中のKRとKPは同時KRと同時KPと呼んでいる。ダーツ例の付加的フィードバックは終末KRと終末KPである。ダーツを投げる時に特殊な筋の賦活を教示して，その筋の筋電図（electromyography：EMG）情報を利用するのは，同時付加的フィードバックの例である。付加的フィードバックの終末フィードバックの例や，同時フィードバックの例は，本章の至るところに認めることができる。

　最後に，関連文献では，必ずしも付加的フィードバックの特殊なタイプをKRと呼んでいないことに注意することは重要である。実際，自分自身の運動スキ

ルやパフォーマンスの成果(結果)を目で見て確認できるような場合には(例えば, Annett & Kay, 1957 ; Liu & Wrisberg, 1997), このような課題固有のフィードバックをKRと呼んでいる例が非常に多い。スキル獲得の情報源のさまざまなタイプと役割の理解不足によって, 現状では研究領域に混乱が生じており, KRという用語の使用についてはまだ議論の余地がある。

スキル獲得における付加的フィードバックの役割

　付加的フィードバックは, スキル学習の過程において2つの重要な役割を果たしている。一方の役割は, スキルを遂行している/今まさにスキルを遂行した学習者に対して, パフォーマンスの関連情報を提供することである。後で詳細に論議するが, このパフォーマンスの関連情報は非常に一般的なものであり, パフォーマンスが成功しているか否かを示している。また特異的なものでもあり, 学習者にエラーと修正の必要性を知らせるものである。特異的な付加的フィードバックは, それ自体が高いパフォーマンスの情報価を持ち, 学習者が次に試みる遂行プランを立案するに当たって, 非常に役立つ情報になっている。

　他方の役割は, 学習者を動機づけ, パフォーマンスの達成努力を継続させることである。フィードバックの役割はパフォーマンスの関連情報を提供することであるが, その主要な目的は, 特定の達成目標と現在の達成水準が比較できる情報を学習者に提供することである。この比較過程は, 設定目標に向かって努力を継続すべきなのか/目標指向をやめるべきなのか/状況の制約内でかなり達成しやすいものに目標を変更すべきなのかを, 学習者が決定する際に役に立っている。

　付加的フィードバックの初期の研究では, この動機づけがスキル学習の過程で重要な役割を担っていると考えられていた。この研究のもっとも初期のものにはElwellとGrindley(1938)の実験がある。この実験では, 実験参加者が両手協応課題を練習している時に, 付加的フィードバックを提示した。付加的フィードバックの提示は練習200試行後に停止した。その結果, 付加的フィードバックの停止により, パフォーマンスは直ちに低下した。彼らは, このパフォーマンス低下を, 参加者の課題興味の喪失, 付加的フィードバック停止後の実験のセッションの遅れ, 参加者の不満増加といった証拠から解釈した。

　LittleとMcCullagh(1989)はスキル学習と付加的フィードバックの動機づけの関係を調べるために, 興味深い別のアプローチ法を使用している。LittleとMcCullaghは, 動機づけとスキル学習の関係を, 実験参加者の目標指向の観点から考察した。内発的な熟達(intrinsic mastery)に動機づけられた参加者は, スキルの遂行方法を自ら好んで理解しようとするし, 自分で練習したり, 運動パフォーマンスに集中する傾向があった。外発的な熟達(extrinsic mastery)に動機づけられた参加者は, 教師・コーチといった専門家の指導を好み, 練習中の自分のパフォーマンスを判断する際には, 外的な情報源に集中する傾向があった。LittleとMcCullaghは, スキルの学習者にとってもっとも効果的な付加的フィードバックが何であるかは, 学習者の目標指向のタイプによると考えた。LittleとMcCullaghは, KPが運動パフォーマンスの特徴的な情報を提供するために, 特に内発的な熟達に動機づけられた学習者はKPの影響を強く受け, 一方, KRが運動結果の情報を提供するために, 外発的な熟達に動機づけられた学習者はKRの影響を強く受けるとする仮説を立てた。この仮説を検証する実験では, テニスの初心者(12～15歳の女子)にフォアハンドのグランドストロークを3日間に渡って練習させ, 内発的な熟達指向/外発的な熟達指向と, 各練習試行後に提供したKP/KRを基に, 彼女らを4つの群に分けた。結果は仮説の一部を支持したにすぎなかったが, この実験から, 目標指向と付加的フィードバックの関係は考察の価値があり, 将来の研究に値する問題であるという十分な証拠が明らかになっている。

　スキル獲得における付加的フィードバックの動機づけの役割を調べるために研究者が採用したもう1つのアプローチは, 体育教育学の研究領域から出てきたものである。この研究では, 付加的フィードバックとスキル練習参加の関係を調べた。その結果, 教師が提供した適切な付加的フィードバックと学生の練習時間量の間に強い相関がみられた(例えば, Silverman, Woods, & Subramaniam, 1998)。

　加えて, 付加的フィードバックはリハビリテーションプログラムの動機づけとなり, 患者にリハビリテーションプログラムを忠実に実行させることが明らかになっている(例えば, Annesi, 1998 ; Dishman, 1993)。これらのリハビリテーションプログラムにおける付加的フィードバックの動機づけの役割を主に調べた研究は, スキル獲得を目標にした研究ではない。しかし, このタイプの研究は, 他の重要な運動スキルのパフォーマンスの文脈においても付加的フィードバックが動機づけの役割を果たす証拠になっている。

　付加的フィードバックの動機づけは, スキル獲得の文脈においても重要な役割を果たしており, したがって広汎な研究が必要と思われる。しかしながら本章の目的は, スキル学習に役立つ情報源として付加的フィードバックに焦点を当てることにある。特に強調したいことは, 学習者が現在進行中の練習試行/ちょうど完了した練習試行を評価して, 次の試行プランの立案に利用する付加的フィードバックの情報である。したがって, 議論をこの範囲内に収めておくことは合理的と思われる(より詳細なスキルパフォーマンスと付加的フィードバックの比較や動機づけの役割についての

議論は，Little & McCullagh, 1989 ; Locke, Cartledge, & Koeppel, 1968 ; Silverman, Tyson, & Krampitz, 1992 を参照）。

スキル獲得において付加的フィードバックはどのように本質的なものなのか？

　かなり一般的な運動学習理論の中には，初心者の運動スキル学習には付加的フィードバックが必要だとしているものもある（例えば，Adams, 1971, 1978 ; Schmidt, 1975）。しかしながら，文献では，スキル学習に付加的フィードバックが必要かどうかは，スキルや学習環境の特徴に依存するとされている。スキル学習における付加的フィードバックの効果は，次の4つに区別できる。(1)スキル学習のタイプによっては付加的フィードバックが実際に必要である，(2)別のタイプのスキル学習においては付加的フィードバックが必要ではない，(3)付加的フィードバックはより早急にスキルを学習したい者／より高度なレベルのパフォーマンスを遂行したい者にとっては有益である，(4)付加的フィードバックがない時よりも，ある時の方がスキル学習が困難になる可能性もある。次のパフォーマンスを計画する際に，課題固有のフィードバックはパフォーマンスエラーの確定に必要な情報をどの程度提供するのかが，付加的フィードバックの必要状況を区別する重要な要素の1つになっている。

スキル獲得において付加的フィードバックは本質的なものである

　スキルの種類やパフォーマンススキルの状況によっては，適切な運動の遂行に必要な課題固有のフィードバックを学習者が利用できないこともある。その場合には，課題固有のフィードバックを付加する必要がある。例えば，標的へのできるだけ正確な投球の学習をしている者が標的を見ることができなければ，重要な視覚的な課題固有のフィードバックを利用することができなくなる。あるいは，特定のスピードでの投球を学習している者が，経験不足によって投球スピードを確定することができなければ，課題固有のフィードバックは，スキル学習に必要な重要情報を満足に提供することができない。このような状況下では，付加的フィードバックが学習者のスキル獲得を可能にする本質的な要素になっている。大半の運動学習の研究では，このような状況では付加的フィードバックが必要であるとしている。事実，付加的フィードバックと運動スキルの獲得を調べたもっとも初期の研究の中には，上述例のようなスキル学習状況のものもあった。2つの特殊なタイプのスキル学習状況には，一貫して付加的フィードバックが必要である。

　1番目の状況は，重要な課題固有のフィードバックを学習者が利用することができない場合である。これには2つの古典的な研究例がある。それらの例では，重要な課題固有のフィードバックが利用できないスキル学習には，付加的なフィードバックが必要であるとしている。付加的フィードバックと運動スキルの獲得を調べたもっとも初期の研究のうち Trowbridge と Cason(1932)は，目隠しした実験参加者に一定長の線描を学習させた。後年，Bilodeau, Bilodeau, Schumsky (1959)は，目隠しした実験参加者に標的位置レバー移動の学習をさせている。両実験の結果から，実験参加者の課題学習には付加的フィードバック(KR)が必要であること，付加的フィードバック(KR)がない場合には学習はできないことが明らかになった。ただし，付加的フィードバック(KR)は視覚的な課題固有のフィードバックを代用したものであり，実験参加者はそれを利用することができなかったことに注意する必要がある。参加者は各試行のパフォーマンスの正確さを評価する際に，パフォーマンス成果の付加的フィードバックを必要としていた。

　付加的フィードバックがスキル学習に必要不可欠な2番目の状況は，学習者が重要な課題固有のフィードバックを利用することができても，パフォーマンスの向上にこの情報を利用することが困難な場合である。この状況は初心者の特徴になっている。Newell (1974)はもっとも初期の実験でこのタイプの状況を報告した。この実験では，実験参加者は150ミリ秒間にレバーを24 cm動かす学習が求められた。参加者は自分の腕・レバー・標的を見ることはできたが，ミリ秒の適切な時間感覚，特に腕の運動スピードに関連した時間感覚は十分に感じ取ることができなかった。結果的に，参加者は学習に役立つような正確な運動時間についてのKRが必要になり，このKRの提供によってスキルの正確な遂行が可能になった。参加者に52回または75回の各練習試行ごとにKRを提示すると，その後はKRの提示がなくても，非常に正確にレバー運動を学習することができた。しかし，75回の練習試行中最初の2試行だけにKRを提示した場合，残り73試行のパフォーマンスには，正確な運動時間の向上がまったく生じなかった。このように，参加者が150ミリ秒の時間感覚を確立するにはKRが必要であった。KRを伴う十分な練習の経験によって時間感覚を確立した後には，もはやスキル遂行にKRは不要となり，パフォーマンススキルの評価に課題固有のフィードバックを効果的に利用することが可能になった。

付加的フィードバックがスキル獲得に必要でない可能性

　上述した付加的フィードバックが必要不可欠な状況とは対照的に，ある種の運動スキルが十分な課題固有

のフィードバックになって，付加的フィードバックなしにスキル学習ができる場合もある。付加的フィードバックなしにスキル学習ができる場合，結果として，付加的フィードバックは課題固有のフィードバックにとって余分なものとなる。Magill, Chamberlin, Hall (1991)は，この付加的フィードバックが不要となる状況を実験室で例示している。その実験では野球のバッティングやテニスのリターンといった動くボールを打つシミュレーションを使用して，同時-予測タイミング(coincidence-anticipation timing)のスキル獲得を実験参加者に求めた。ボールの運動のシミュレーションは，長さ281 cmの軌道上の発光ダイオード(LED)を連続的に点灯させて行った。参加者は前もって設定したスピードで左から右へと点灯するLEDの軌道に向き合った。軌道は参加者の目の高さに設定しており，標的となるLEDは直接参加者の目の前にセットしていた。標的LEDの真下には木製の柵をセットし，参加者には標的LEDの点灯と同時にその柵をバットで打つように教示していた。そして，標的LEDの点灯前に柵を打ったのか／点灯後に柵を打ったのかをミリ秒単位の数字で提示し，それをKRとした。Newell(1974)のレバー移動の実験と同様に，参加者には指定した数の練習試行にKRを提供した。これら4つの実験結果によれば，KRの提供試行数と関わりなく，期待したように参加者のパフォーマンスは練習中に有意に向上し，参加者の学習後のパフォーマンス水準は保持・転移試行にも持ち越されていた。このように，参加者に提供したKRの試行数はスキル学習に影響しなかった。これはKRがスキル学習に不要なことを指摘するものであった。

他のタイプのスキル学習状況においても，付加的フィードバックの冗長性は同様な様相を示している。例えば，人は付加的フィードバックがなくても，多様なタイプの追跡課題の学習が可能である。この種の研究報告は1950～1960年代にかけて多数あるが(それらの研究レビューはArmstrong, 1970を参照)，それらの研究はここでの議論と関連したものになっている。追跡課題の代表的な研究例としては，GoldsteinとRittenhouse(1954)の実験がある。同実験では実験参加者にジョイスティックでカーソルを操作し，標的飛行機を追跡(Pedestal Sight Manipulation Test：PSMT)するよう求めた。加えて，参加者には標的飛行機の翼先端にある小さなひし形の枠内にカーソルを収め続けるように要請した。その小さなひし形の枠の大きさはカーソルの点よりも大きかった。この課題では，標的飛行機の追跡に有益な視覚的な課題固有のフィードバックを提供しているが，カーソル位置の調整に関しては視覚的フィードバックが乏しいことに，十分注意しなければならない。課題固有のフィードバックは次の3つの方法のいずれかで付加した。(1)追跡とカーソル位置調整の両方が正確な時にはブザーを鳴らす，(2)カーソル点が標的に収まっている時間の割合と，それが他の試行と比べてどうであるかを参加者に口頭で伝える，(3)ブザーと口頭教示をともに与える。保持と転移テストの結果を見る限り，付加的フィードバックなしの練習に比べて，練習中に付加的フィードバックを提供しても，このスキル学習には役に立たなかった。

前述した，LEDを使用した動くボールを打つシミュレーションと標的飛行機を追跡するといった，これら2種類の運動スキル学習には付加的フィードバックが不要であった。両スキル学習にはともに課題固有のフィードバックを検出できる外部からの指示(外的指示)があり，参加者はそれらを使用して自らのパフォーマンスの正確さを評価していた。期待-タイミング課題では，外的指示は標的LEDとその他のLEDであり，参加者は柵の真上の標的LEDが点灯する瞬間を目で確認することができる。PSMT課題ではカーソル位置を調整する構成要素の外的指示は，参加者がカーソルを合わせる飛行機翼先端のひし形の枠であり，追跡構成要素の外的指示は，飛行機と標的位置を合わせるカーソルであった。PSMT課題の各構成要素については，参加者が自らの運動とそれら目標の関連を目で確認することができた。ここで注目すべき重要なことは，参加者が自身のパフォーマンスについての外的指示をその目で見ても，この関係を意識しない可能性があるということである。パフォーマンス外的指示の関係を意識しないような状況では，感覚系と運動制御系は，パフォーマンスと外的指示の関係を学習者が意識しない方法でともに作動している(Magill, 1998aを参照)。このように，何らかの方法で外的指示を増やしても，スキル学習に影響を及ぼすことはない。

最後になるが，教師が体育授業にフィードバックを使用した研究では，一貫して教師のフィードバックと学生の達成度の間に低い相関が見られている(例えば，Lee, Keh, & Magill, 1993；Silverman, Tyson, & Krampitz, 1992；Silverman, Tyson, & Morford, 1988)。このように体育の授業では，付加的フィードバックが運動スキル学習に及ぼす影響は比較的小さいために，この知見は本節での議論と関係したものになっている。教師が伝統的に生徒に教える程度のフィードバックの質・量は，クラスのスキル学習に影響を及ぼさないことが明らかになっている。しかしながら，これらの結果から，効果的な教育における重要な役割が付加的フィードバックにはないと解釈すべきではない。これは注意する必要がある。Silvermanらは，体育の授業中に学生に成功体験を得させると，教師のフィードバックが体育授業におけるスキル学習に影響すると報告している(例えば，Silverman et al., 1992；Silverman et al., 1998)。結果として，教師のフィードバックは，より重要な変数である上手な練習

の量とともに，スキル学習授業の重要な媒介変数になっている。

付加的フィードバックはスキル獲得を高める

　付加的フィードバックがなくても学習可能なスキルは存在するが，付加的フィードバックを与えれば，それらのスキルはより速く，より高度に学習することが可能になると思われる。これらのスキルにとって，付加的フィードバックは本質的なものでも余分なものでもなく，そのスキル学習は付加的フィードバックによって向上する。この特徴を示すスキルタイプの1つに，できるだけ腕を速く動かすスキル学習がある。Stelmach（1970）の研究は，このスキル学習に関連した古典的な研究である。実験参加者は標的によって各セグメントの末端に触れ，第1セグメントの末端と第2セグメントの末端では，運動逆転の三分節腕運動課題（three-segment arm movement task）を遂行した。目標はできるだけ速く課題を完了することであった。参加者には課題完了の運動時間としてKRを提示した。その結果，KRを提示しない参加者でも練習試行のパフォーマンスは向上したが，KRを提示した参加者は同じパフォーマンスレベルにより急速に到達し，最終的にはより高いパフォーマンスレベルに到達した。Newell, Quinn, Sparrow, Walter（1983）も，できるだけ速く腕を動かす同一課題を使用して，同様な結果を得た。Newellらの研究における運動スキルのパフォーマンスは，KRを提示しなくてもある程度は向上したが，それ以上のレベルには到達しなかった。対照的に，KRを提示した参加者では，従前のパフォーマンスレベル以上の向上を示し続けた。

　片手でバスケットボールをシュートする学習も，付加的フィードバックからの恩恵を受けている。WallaceとHagler（1979）は，初心者に，バスケットから3.03m離れた左45°の位置から，非利き手による片手シュートを練習させた。第1群には，姿勢や手の動きについての特殊なパフォーマンスエラー情報をKPとして，シュートごとに提示した。第2群にはこのKP情報は提示しなかったが，"ナイスシュート""君ならできるさ""次がんばろう"といった励ましの言葉を与えた。25回の練習試行後まで両群のパフォーマンスは同一レベルにあった。しかし，25回を超えると励まし言葉の群はそれ以上向上しなかったが，KPを提示した群のパフォーマンスはさらに向上を続けた。より重要なことは，KPや励まし言葉の提示がない転移テストの試行でも，KPを提示した群の方が励まし言葉の提示群よりも，より優れたパフォーマンスを示したことである。

　これらの実験における2種類の課題では，実験参加者は練習期間中に課題固有のフィードバックを利用して，パフォーマンスを向上することができた。しかしながら，そこには一定の限界があった。ここで興味ある問題は，KRとKPはどのようにしてより速い向上，よりハイレベルの向上を可能にしているのかということである。この問題に対する1つの回答は，測定可能な2つの変数の差を検出する精神物理学の原理に見出すことができる。例えば，2音のうち高い音はどちらかと尋ねれば，2音間には他よりも容易に検出できるようないくつかの差異がある。ウェーバーの法則として発展した精神物理学の原理は，2つの変数のレベルの差が丁度可知差異（just noticeable difference：j.n.d.）の値よりも大きな時に，差異の検出が容易になると示唆している。これは例えば2音の大きさの差異を検出する場合，その差異は，あるデシベル値（数学的に算出できる）よりも大きくなければならないことを意味している。もしも実際の差異がj.n.d.内にあるならば，2音の大きさは同じレベルにあると判断することになる。この原理をスキルの学習状況に適用してみたい。学習の初期には試行ごとのパフォーマンスの差とエラーが比較的大きい傾向を示すので，学習者は今完了したばかりのパフォーマンスが前回よりも良かったのかどうかを首尾よく確定することができる。さらに，次の試行でパフォーマンス精度を上げるには，何をすればよいかを直ちに確定することができる。しかしながら，パフォーマンスがあるレベルに到達した後には，パフォーマンス向上に必要な試行ごとの運動関連の変化を確定することが非常に困難になる。なぜなら，2試行間のパフォーマンスの差の検出が困難になるからである。付加的フィードバックの提示がパフォーマンスの継続的な向上に役立つのは，まさにこの時点である。

付加的フィードバックは
スキル獲得に干渉する

　ある種のスキル学習においては，付加的フィードバックが学習を促進するというよりも，むしろ妨害する可能性もある。学習者が付加的フィードバックに依存するようになった時点で，学習を妨害するような事態がもっとも頻繁に生じてくる。この依存の方法にはいくつかのパターンがある。比較的多いものの1つに，特に学習者が重要なパフォーマンス情報を，課題固有のフィードバックから得る代わりに付加的フィードバックから得ている時に，スキル遂行に合わせて付加的フィードバックの提示を受けている場合がある。このような状況で，学習者はパフォーマンス向上に使用困難な課題固有のフィードバックに依存して学習するよりも，パフォーマンス向上に容易に使用できる付加的フィードバックに依存して学習している。スキル遂行と同時的な付加的フィードバックの提示例は，本章の後節で論議する。

　課題固有のフィードバックが最小の時や解釈困難な

時に，学習者は関連する課題固有のフィードバックよりも，むしろ付加的フィードバックに注意を向けるということが，このようなタイプのスキル学習のパフォーマンス低下を説明するもっとも有力な仮説になっている。その結果，学習者は付加的フィードバックに依存してスキルを遂行するようになり，付加的フィードバックがなければ，スキル遂行に重要な課題固有のフィードバックを習得しなくなる（例えば，Adams, 1964 ; Lintern, Roscoe, & Sivier, 1990）。

付加的フィードバックの提示頻度の研究によって転移テスト中のパフォーマンス低下が明らかになったことは，注目に値している（例えば，Winstein & Schmidt, 1990）。この提示頻度については後に論議するので，ここではこれ以上言及しない。しかしながら，付加的フィードバックをスキル遂行と同時に提示した場合と同様に，付加的フィードバックを高頻度に提示した場合，学習者が最終的に付加的フィードバックに依存するようになることは，非常に興味深い。

付加的フィードバックが提供する情報

前節では付加的フィードバックをKRとKPにカテゴリー分けした。KRはスキルのパフォーマンス成果についての情報を提供し，KPはパフォーマンス成果に関連した運動特徴の情報を提供している。これらおのおののカテゴリーが包含しているものは，多様な情報の種類とそれらの提示方法である。運動学習理論と運動スキルの教示に関連する問題は，これら付加的フィードバックが包含している多様な情報の種類とそれらの提示手段がどのようにスキル学習に影響するのかという事柄である。本節ではこの問題を付加的フィードバックの内容に関連づけて議論したい。

KRとKP

KRとKPは，それぞれ異なる種類の情報を学習者に提供している。そのために，スキル学習に影響を与えるKRとKPについて，その差異を含めて検討することは合理的と思われる。興味深いことに，KR-KPの差異を扱った実証的な研究はまったく存在していない。その代わりに，研究者はさまざまなタイプのKRとKPの使用に焦点を当てる傾向がある。この傾向には2つの例外がある。それらは，（1）BrissonとAlain（1997）の実験室課題の学習実験，（2）Zubiaur, Oña, Delgado（1999）のバレーボールのサーブ学習の実験，である。

BrissonとAlain（1997）の実験では，実験参加者にこみ入った空間時間的な腕の運動パターンの練習を求めた。具体的には，コンピュータのモニター上に提示した4つの標的結合パターンを，参加者は一定時間内で学習するよう努めた。第1群の参加者には各試行後に位置のずれを図示し，それをKPとして与えた。第2群の参加者には同じKPを与えたが，もっとも効果的な重ね合わせの空間パターンを見ることができた。第3群の参加者には，試行全体の絶対的なタイミングとエラーの大きさのKP（重ね合わせのパターンがない）とKRを与えた。第4群の参加者は重ね合わせパターンのKPとKRを観察した。結果として，KRは基準パターンの学習に影響する変数であることが明らかになった。なぜなら，KPに加えてKRを与えた第3群と第4群は，KRを与えない群よりも優れたパターン学習を示したからである。BrissonとAlainは，参加者がKRを参考にしてKPを解釈していたと結論づけた。

Zubiaur, Oña, Delgado（1999）は，バレーボールの経験がない大学生に，オーバーヘッドサーブを学習させた。ボールを打つ前の動作中，ボールを打つ時の動作中に，修正を要するエラーに関するもっとも重要な情報はKPであった。KRはサーブボールの空間的な正確性，回転，飛行距離の結果を参照することであった。実験参加者内の多層ベースライン法を使用して，参加者は1日4セットの練習を2日間実施した。4セットの内容は，(1)1回目のベースライン10試行，(2)KR／KPの一方を与えた10試行，(3)2回目のベースライン10試行，(4)(2)のセットで提示しなかったKR／KPの一方を与えた10試行。いくらかの個人差が生じたものの，結果として，KRよりもKPの方がサーブのスコア向上に良い影響を与えていた。

スキル学習とKRやKPの関係を洞察するには，体育の授業においてKRとKPのそれぞれが，学生の成功／失敗とどのように関連しているかを比較すればよい。Silverman, Woods, Subramaniam（1998）は，さまざまなスポーツ活動の関連スキルを指導している中学校の体育教員8名（1名あたり2クラスを担当）について観察した。彼らが教員によるパフォーマンス成果のフィードバックと命名したKRと，教員によるスキルパフォーマンスの特定部分のフィードバックと命名したKPは，成果を上げた練習でそれぞれ0.64と0.67という比較的高い相関係数を示した。興味深いことに，スキルパフォーマンスの多層構成要素であるKPは，0.49という極端に低い相関係数を示した。これらの結果は，とりわけ一部のスキルに限定した場合には，学生が授業中に経験した成功試行数とKRやKPが関係していることを示唆している。

KRとKPの比較について興味ある第2の問題は，KRとKPいずれのタイプのフィードバックが，インストラクターが実際に提示する付加的フィードバックと関係しているのかである。この問題は，研究者がKRとKPのいずれを強調したかに関係している。この問題のほとんどは現場で授業を担当している体育教員が報告している。最良の例はFishmanとTobey（1978）

の研究である。FishmanとTobeyは多様な身体活動を担当している81クラスの教員を観察した。教員は圧倒的にKPを提示(授業時間の94%)していた。提示したKPの内訳は，(1)学生のパフォーマンスを評価した陳述が53%，(2)次試行のパフォーマンス改善方法の指図が41%，(3)称賛と非難の陳述が5%であった。

　FishmanとTobey(1978)の研究は，教員が授業中に与えたKRとKPの陳述量を比較報告した代表的なものと思われる(Lee et al., 1993を参照)。現実状況ではKRよりもKPの方が広範に使用されているにも関わらず，なぜ実験室の研究では付加的フィードバックとしてKRが広範に使用されているのだろうか？もっとも有望な答えは，学生・競技者・患者が取得できない情報を，教員・コーチ・セラピストがフィードバックとして提供していることである。これら文脈での大半のスキルにとって，KRは課題固有の非常に冗長なフィードバックになっている。残念ながら，この仮説を支持する実証的な研究はない。しかし，これを研究すれば，非常に洞察に富んだものになると思われる。しかしながら，実験室の研究がKPよりもKRを中心にしている原因は，おそらくテクノロジーにあるように思われる。実験にコンピュータが導入されるまでは，スキル遂行の運動構成要素を評価することは困難であった。パフォーマンス成果としてのKRは測定しやすく，当然のこととしてKRの研究が多く行われることになった。テクノロジーが進歩した現在では，スキルパフォーマンスのKPに関連する側面は容易に評価することができる。その結果，さまざまなKRタイプの研究成果を目にすることが可能になっている。KPに関連する原理やスキル学習が，これまでのKRのそれらと同じものなのか，それとも違うものなのかを確定することが，今後研究者が挑戦すべき問題になっている(Schmidt & Lee, 1999の第12章を参照)。

付加的フィードバックの精度

　正確な付加的フィードバックとスキルパフォーマンスがどのように関わり合っているのかといった情報内容の問題が，研究活動を推進している。提供される情報には，一般的なものから非常に特殊なものに至るまで，幅がある。不正確な付加的フィードバックには，テニスのインストラクターが学生の特定のサーブに"良い""悪い"といった言語的(質的)なKRを提示するといった例がある。不正確なKR提示の例は，テニスのインストラクターが"ボールを打つのが早すぎる"などと学生に言葉をかけることである。それに対して，インストラクターが"サーブが5cm長い""0.5秒速くボールを打ち返せ"などの言葉をかける場合，それらは非常に正確な情報提供となる。これらの状況

における付加的フィードバックにはそれぞれ違いはあるが，そこには関連サーブの成果についての情報／サーブ固有の情報が含まれている。主な違いは情報の正確性と特殊性の程度である。これらの例には言語的なKRとKPが関与しているが，正確情報に関しては，他の形態のKRとKPも考えることができる。付加的フィードバックの精度とスキル学習の関係は，運動学習における重要な問題となっている。

　付加的フィードバックの精度-スキル学習の関係については，長年に渡る運動学習の研究がある。残念ながら大半の研究では，スキル学習と練習関連変数の関係を評価する際に，研究デザイン上の重要な誤りを犯していた。すなわち，学習に影響する変数を有効に評価する際には，実験に保持テスト・転移テストを入れなければならないこと(Magill, 1998b；Salmoni, Schmidt, & Walter, 1984；Schmidt & Lee, 1999を参照)を，省りみていなかった。これらのテストの目的は，練習パフォーマンスに影響する一時的な変数をすべて排除した上で，練習後のパフォーマンスを観察することにある。有力な学習理論家たちは1930〜1940年代にこの問題に注目した(例えば，Hull, 1943；Tolman, 1932)が，第二次世界大戦後の運動学習研究の大半は，これらの実験デザインを一般的に無視した。しかし，Salmoni, Schmidt, Walter(1984)が，保持と転移テストに基づいた学習評価の重要性を，実証的なKR研究からレビューした時に，この問題は再度日の目をみるようになった。保持と転移テストによってKR関連の問題を調べた場合，伝統的な多くのKRの"原理"は支持することができないとSalmoni, Schmidt, Walterは述べた。これにより，伝統的なKR原理を再評価するKR研究が復活してきた。またこの復活には，KRの精度の研究も寄与していた。

　KRの精度とスキル学習についての伝統的な考え方によれば，正確な情報が増せば増すだけスキル学習は向上することになる。とりわけ，質的なKRと量的なKRの研究においては，それが当てはまっていた(例えば，Smoll, 1972；Trowbridge & Cason, 1932)。しかしながら，この伝統的な見解は一般に妥当なものであるが，それには重要な修正を必要とする2つの証拠が明らかになっている(Magill & Wood, 1986；Reeve & Magill, 1981)。MagillとWoodの実験では，参加者が複雑な腕運動の課題を練習した。この課題は，一連の小さな木製バリアーに腕を通して，特殊な6つのセグメントパターンを作ることだった。参加者の目標は，各セグメントを一定の時間で遂行することだった。各セグメントの終了時点で，質的なKR("速すぎ""遅すぎ""正確")／量的なKR(速すぎた時間〔ミリ秒単位〕／遅すぎた時間〔ミリ秒単位〕)のいずれか一方を与えた。最初の60試行では両群間のパフォーマンスに差がなかった。しかしながら，最後の60試行後に実施したKRなしの20試行の保持テ

ストでは，量的なKRを提示した群の方が優れたパフォーマンスを示した。このように，量的KRはスキル学習に貢献したが，練習を開始した当座は，量的KRの提示でも，質的KRの提示でも，学習者は同じパフォーマンスを示していた。

MagillとWood(1986)は，質的な付加的フィードバックとの比較が運動スキル学習状況の適切なガイドラインになり，量的に正確な付加的フィードバックは，十分な練習遂行後の学習のみに利点があると示唆している。それ以前には，学習者は自らのパフォーマンスの正確な情報をあまり必要としてはいない(より一般的な情報を必要としている)。MagillとWoodの実験では，量的KR群は各試行で犯したエラーをミリ秒単位で受け取っていたが，質的KR群と同様に"速すぎ""遅すぎ"という質的なKR情報も受け取っていた。このことは重要である。しかし，この結果は，量的KR群がより正確なタイミングのエラー情報を利用する以前に，質的KRの用語"速すぎ""遅すぎ"の意味(運動用語)を理解する必要があったと示唆している。

前述したガイドラインをスポーツスキルの学習状況に適用してみると，あらゆるスポーツの初心者の学習で，初心者が利用できる以上の明確な情報を付加的フィードバックとして与えても，限られた恩恵しか得られないことになる。例えば，テニスの初心者に"あなたはかなり前方でボールを打った"と言っても，"あなたは10センチ前方でボールを打った"と言っても，初心者が受け取る情報に変わりはない。初心者に対する付加的フィードバックと同様に，この情報の限界は巧みな運動分析情報の使用とも関連する問題なので，次節で十分に議論したい。

パフォーマンスの正誤に基づいた付加的フィードバック

付加的フィードバックのもう1つ重要な問題は，学習者にパフォーマンスのエラー情報を与えるべきか，それともパフォーマンスの正確な情報を与えるべきかに関わっている。残念ながら，この問題に対する答えの根拠となる研究はあまり存在していないが，それでも1950～1960年代にかけて，いくつかの研究がこの問題に取り組んでいる。それらの研究では，パフォーマンスのエラーに対する付加的フィードバックが運動スキル学習の効果的な援助手段になるという結論を，一般的に支持している。

例えば，GordonとGottlieb(1967)では実験参加者に回転追跡課題を練習させた。参加者の課題は，スタイラス(先の尖った棒状の筆記具)を手で握り，円盤上の小さな標的にできるだけ長く接触させ続けることだった。円盤は一定の速度で回転した。第1群の参加者には各試行の正しいパフォーマンスに対するKR

を与えた。スタイラスが標的に接触(正しいパフォーマンス)すると装置全体が黄色く光り，それを見ることがKRになった。第2群にはパフォーマンスエラーのKRを与えた。スタイラスが標的から外れると装置が光り，それを見ることがKRになった。統制群には付加的フィードバックを何ら与えなかった。結果的に，2つの付加的フィードバック群のパフォーマンスは，付加的フィードバックがない群よりも優れていた。そして，標的に接触した時の成功フィードバックよりも，標的から外れた時のエラーフィードバックの方が，優れた学習結果を示した。同様に標的から外れた時のエラーフィードバックのメリットは，誤差補正追跡課題(Williams & Briggs, 1962)や強度出力課題(Annett, 1959)のような他の課題にも見られる。

付加的フィードバックの効果があるスキル課題には，エラーに基づくフィードバックが必要だというAnnett(1959)の仮説を，前述のGordonとGottliebの研究が支持していることは注目に値している。なぜなら，正しい運動の繰り返しだけでは，十分学習ができないからである。LinternとRoscoe(1980)はこのAnnettの仮説に以下の文言を追加した。"課題固有のフィードバックが比較的あいまいな場合，正確なスキル遂行に関連する付加的フィードバックは付加的情報への依存を引き起こし，その結果，付加的フィードバックが利用できない時には，まずいパフォーマンスにつながる"。

しかしながら，エラー／正しいパフォーマンスを確信する以前の付加的フィードバックはスキル学習に対して有利に働くものの，このように述べるには研究数が不足している。特に複雑なスキル学習を要するインストラクションの状況は，今後の研究課題になっており，現場で有用となる一般的なガイドラインの構築がこれらの研究目標になっている。個々にとっては練習セッション中のエラー／正しいパフォーマンスのフィードバックの特定の組み合わせが，一方のみの情報の提供／他の情報の提供よりも役に立つかどうかが重要な問題になっている。フィードバックの組み合わせが望ましいと指摘するスポーツ教育者もいるが(例えば，Docheff, 1990)，これらの組み合わせが役に立つ実証的な証拠は明らかになっていない。このように今後の課題は，この重要な問題を調べ，インストラクションを決定する上で基盤となる証拠を提供することである。

パフォーマンスの帯域幅に基づいた付加的フィードバック

付加的フィードバックを与える以前に学習者がどれだけエラーをしたのかという問題と，正しいパフォーマンス／パフォーマンスエラーの付加的フィードバックを与える問題とは，密接に関わり合っている。この

問題は教育現場やコーチング場面において，共通に使用する方略に，とりわけ多人数相手の時に反映されるので，明らかに実用的な魅力がある。学生が犯したすべてのエラーに付加的フィードバックを与えることは不可能なので，注意が必要なエラーだけに限定してフィードバックを与えることは合理的と思われる。この方略を使用する場合，インストラクターはパフォーマンスに基づいた帯域幅／パフォーマンスの許容範囲を設定して，付加的フィードバックの提供時期を確定している。学生のパフォーマンスがその帯域幅内に収まっている場合には，付加的フィードバックを与えない。しかし，学生のパフォーマンスがその帯域幅外にありパフォーマンスエラーを犯している場合には，インストラクターが付加的フィードバックを与えている。

この文脈ではあまり引用をみないが，Thorndike (1927) は初期の実験では，付加的フィードバックを提示する際に，パフォーマンスの帯域幅を経験的に使用していた。この実験では目隠しした実験参加者に一定長の線を描かせ，質的な KR を提示した群と提示しなかった群の相対的な学習効果を比較した。KR の帯域幅からみた場合，実際に質的条件はパフォーマンスに基づく帯域幅条件になっていた。なぜなら，参加者は描線が 0.25 インチ以内の時には"正解"，この範囲を超えた時には"間違い"と言われたからである。結果として，パフォーマンスに基づく帯域幅の KR 提示群は，KR を提示しなかった群に比べてかなり高い学習効果を示した。

Thorndike (1927) の研究には 2 つの重要な問題がある。1 番目の問題は，実験に保持テストと転移テストを含めなかったために，前述の問題との関連からこの結果をスキル学習に一般化することができないことである。2 番目の問題は，帯域幅の KR を 1 つのレベルに設定したために，さまざまな帯域幅の効果を評価することができないことである。1 番目の問題は経験的に対処しやすいが，2 番目の量的な KR の問題には研究を困難にする独特の複雑さがある。量的な KR の提示がパフォーマンスの帯域幅に基づいている時には，量的な KR・質的な KR がともに関与している。つまり，学習者のパフォーマンスが帯域幅内に収まっている場合には KR はない。これはパフォーマンスの"正確さ"を学習者に示したことになる。しかし，学習者のパフォーマンスが帯域幅を越えてエラーを犯した時には，量的な KR が存在する。Cauraugh, Chen, Radlo (1993) は，パフォーマンスエラーが帯域内で生じた時には量的な KR を，パフォーマンスエラーが帯域外で生じたときには質的な KR を与えて，この 2 番目の問題に対処した。Cauraugh, Chen, Radlo の研究から，パフォーマンスの帯域幅に基づかない KR と比べて，パフォーマンスの帯域幅に基づいた KR は，量的な KR と質的な KR のいずれも学習の向上と結びつく

ことが明らかになった。しかしながら，その後 Wright, Smith-Munyon, Sidaway (1997) は，ある一定の力量でハンドグリップを強く握る課題学習において，パフォーマンスの帯域外のエラーに量的な KR を与えると保持のパフォーマンスの一貫性や正確性が増すことに気づいた。

量的な KR とパフォーマンスに基づく KR 帯域幅の関係は，Sherwood (1988) が初めて報告した。実験参加者には 200 ミリ秒以内の急速な肘屈曲課題の練習を課した。第 1 群の参加者には，エラー量 (0% 帯域幅) に関係なく，運動時間のエラー試行後に KR を提示した。第 2 群の参加者には運動時間のエラーが 200 ミリ秒の 5% 幅を超えた時，10% の幅を超えた時にだけ，KR を提示した。KR を提示しない保持テストの結果，10% 帯域幅の条件では最良の学習を示し，0% 帯域幅の条件では最低の学習を示した。後に，この Sherwood の結果は，Lee, White, Carnahan (1990) によって確認された。

その後の研究では，さまざまな方法で KR の帯域幅問題を取り扱っている。かなり興味深いものに，帯域幅のサイズと課題の練習量の関係を考慮した研究がある。例えば，ゴルフパッティングの課題の学習を使用した Goodwin と Meeuwsen (1995) は，全練習試行を 0% 帯域幅と 10% 帯域幅で行う条件，練習中に帯域幅を拡張する条件 (0-5-10-15-20%)，練習中に帯域幅を縮小する条件 (20-15-10-5-0%) についてそれぞれ比較した。その結果，練習中に帯域幅を拡張する条件と練習中コンスタントに 10% 帯域幅で行う条件では，48 時間後の保持テストにおいて同様なパフォーマンスを示した。この両条件のパフォーマンスは，残りの条件よりも優れていた。Lai と Shea (1999a) は相対的タイミングが必要な多分節課題学習を用いて 15% 帯域幅が 0% 帯域幅よりも優れている証拠を示した。興味深いことに，練習半ばで 15% 帯域幅から 0% 帯域幅に切り替えても，スキル学習には影響がなかった。帯域幅のサイズと練習量に関するこの問題は，付加的フィードバック頻度を低下する手段として，後出の帯域幅技法で再度議論したい。

帯域幅技法のもう 1 つの方法では，帯域幅技法とインストラクションの関係を調べている。帯域幅内のパフォーマンスには付加的フィードバックを与えていない。したがって，付加的フィードバックが存在しないということは実際は"正しい"という質的な KR を非言語的な形態で与えたことになる。ここでのインストラクションに関連する問題は，学習者に KR を明白に告げることが重要なのか，それとも学習者が練習中に KR を暗黙のうちに知ることが重要なのかということである。Butler, Reeve, Fischman (1996) はこの問題を次の方法で研究した。一方の実験参加者群には，試行後の KR 提示がない時はパフォーマンスが"基本的に正しい"と伝え，他方の参加者群にはこの情報を伝え

なかった．課題は一定の運動時間で標的に到達する2分節の腕運動であった．その結果，KRの提示がないことは本質的に正しいパフォーマンスを意味していると参加者が前もって知っていた場合には，帯域幅技法に優れた学習効果がみられた．

この点については，かなり多くの実験室的な研究がある．それらの研究でも，パフォーマンスに基づく帯域幅を使用すると，付加的フィードバック提示時点が効果的に確定できるという説を支持している．さらに，これらの研究がパフォーマンスエラー情報はスキル学習に必ずしも必要でないという前述した重要な点を支持していることは注目に値している．帯域幅の技法についてはいまだ判明していないことが多々あり，それらは将来の研究課題と思われる．ここでの議論で明らかになった問題には，解明に向けて本気で取り組まなければならない．それに加えて，いまだ研究がなされていない重要な問題の1つに，このパフォーマンスに基づく帯域幅方略をスポーツ・体育のスキル学習状況に使用した場合の効果がある．これはすなわち，実験室における帯域幅技法の知見が現実の場面にどのように一般化できるのかといった問題である．

付加的フィードバックが不要な時の誤った付加的フィードバック

前節では，付加的フィードバックがなくても運動スキル学習が生起する状況について述べた．このような状況では，課題固有のフィードバック情報以外の付加的フィードバックは冗長なものになる．そのため，学習は，付加的フィードバックを与えない時よりも，付加的フィードバックを与えた時の方が低下する．付加的フィードバックが冗長な状況で生じる問題は，学習者が付加的フィードバックを無視するかどうか／それを何らかの方法で実際に利用するかどうかと関わり合っている．この問題に取り組む1つの方法は，誤った付加的フィードバックが及ぼす影響について考察することである．この場合の仮説は，学習者が付加的フィードバックを無視すると，誤った情報はスキル学習に何ら影響しなくなるというものである．しかし，学習者が付加的フィードバックを利用する場合には，誤った情報が学習に影響すると思われる．つまり，誤った情報が学習者にバイアスをかけ，その結果，学習者は誤った付加的フィードバックに従って遂行してしまう．なぜなら，課題固有のフィードバックは，スキルの獲得を可能とする情報を，十分に学習者に提供しているからである．

この仮説を最初に検証したのはBuekers, Magill, Hall（1992）であった．彼らは本章の初めに述べたMagill, Chamberlin, Hall（1991）の実験と同じタイミング予測課題の練習を実験参加者に要求した．運動時間のエラーKRが課題固有のフィードバックと重複するために，運動時間のエラーKRはこの課題学習には不要になるというのが，この課題の重要な特徴となっている．参加者はタイミング予測課題を75試行練習した．4群（A・B・C・D）中の3群（A・B・C）には，毎試行後にタイミングエラーの方向と量のKRを与えた．A群には正確なKRを与えた．しかし，B群に与えたKRは，各試行のパフォーマンスよりも100ミリ秒遅れの誤ったものであった．C群には最初の50試行に正しいKR，最後の25試行に誤ったKRを与えた．D群には練習中のKRを与えなかった．翌日，4群はすべてKRなしで25試行を遂行した．そして，1週間後にKRなしで25試行を遂行した．その結果，2つの重要な知見が明らかになった．第1の知見は，正しいKR提示群とKR提示なし群の間で，練習期間や保持試行に差がなかったことである．これはMagill, Chamberlin, Hall（1991）が報告したKRの冗長性の確証となるものであった．第2の知見は，参加者が課題固有のフィードバックよりも，誤ったKR情報に従ってパフォーマンスを遂行したことである．この結果から，たとえその情報に誤りがあっても，参加者はそれをKRとして使用していることが明らかになった．さらに印象的だったのは，最初の50試行に正しいKRを与え，それ以後誤ったKRに切り替えた群では，誤ったKRがパフォーマンスに影響を与えたことであった．KR切り替え後にこの群は，すべての練習試行に誤ったKRを与えた群と，同じパフォーマンスの遂行を始めていた．誤った情報は，それが利用可能な時にはパフォーマンスに影響するばかりでなく，翌日や1週間後のKRを提示しないパフォーマンス保持テストにも影響した．その後の実験でも（McNevin, Magill, & Buekers, 1994），参加者に練習時よりも速い速度／遅い速度で反応させるKR提示なしの転移テストを行うと，練習時の誤ったKRの提示は転移テストのパフォーマンスにも影響することが明らかになった．

より最近の冗長なKR情報に関する研究では，誤ったKRとスキル学習の関係を集中的に調べている．その主な理由は，パフォーマンスの際に課題固有のフィードバックの解釈に自信がない初心者は，自分に役立つ付加的フィードバックに依存して対処しようとするからである．このような事態は，タイミング予測課題において観察することができる．タイミング予測課題においては，課題固有のフィードバックを意識的に観察・解釈・使用することが困難である．Buekers, Magill, Sneyers（1994）や，BuekersとMagill（1995）の実験によって，不確実性は説明できることが明らかになった．Buekers, Magill, Sneyersの実験では，実験参加者に誤ったKRを提示する頻度とKRなしの頻度を，多様な割合で操作した．誤ったKRの効果は提示頻度の割合が低い時（誤ったKR提示：KR提示なし＝1：1／＝4：1）に生じたが，割合が高い時（9：1

には生じなかった。不確実性の仮説をテストするために別のアプローチ法を使用したBuekersとMagillは，2つの方法で，誤ったKR効果が除去できることを見出した。第1の方法では，実験参加者に正しいKRを提示するタイミング予測課題を400試行練習させ，その後突然，誤ったKRの提示に切り替えることによって効果を除去し，第2の方法では誤ったKRの可能性を参加者に告げることによって効果を除去した。

さらに興味深いのは，タイミング予測課題中に初心者に誤ったKRを提示した場合，初心者は課題の運動構成要素よりも，運動開始にタイミングを合わせようとすることである(Van Loon, Buekers, Helsen, & Magill, 1998)。このことは，たとえ付加的フィードバックが課題固有のフィードバックに対して冗長であったとしても，初心者は付加的フィードバックに依存していることを示唆している。タイミング予測課題の場合は，初心者は付加的フィードバックを利用して課題固有の視覚的なフィードバックを解釈・調整している。このことは，付加的フィードバックと視覚的な課題固有のフィードバックの2つが運動選手に同じ情報を与える場合，初心者は付加的フィードバックを利用して，視覚的な課題固有のフィードバックを確認するという意味になる。しかし，これら2つのフィードバック源に葛藤が存在する場合，初心者は付加的フィードバックからの情報を採用して，葛藤を解決することになる。

実務家に対するここでの重要なメッセージは，運動スキル学習の初期段階にある者が，付加的フィードバックを利用できる場合には，その正誤にかかわらず付加的フィードバックを利用しているという事実である。初心者にとって課題固有のフィードバックの解釈が困難で，それをパフォーマンスの向上に利用することが困難なスキルの場合には特に当てはまる。初心者は課題固有のフィードバックの利用方法・解釈方法に確信が持てないために，次の運動を修正するための重要な情報源として，付加的フィードバックに依存している。したがって，インストラクターにとって必要なことは，初心者に正しい付加的フィードバックを提供し，最終的には初心者が付加的フィードバックなしに課題固有のフィードバックによってパフォーマンスを遂行できるような学習方法を確立することである。初心者は，自身の感覚フィードバック源を無視して，インストラクターが提供する情報を基盤に—たとえその情報が間違っていたとしても—将来のパフォーマンスプランを調整している。そのため，特にここではインストラクターが提供するフィードバックは，初心者の懸念事項になっている。

学習理論の観点によれば，研究者は，初期段階の学習者が示す付加的フィードバック依存は，認知情報が知覚-行動リンクを圧倒した結果と示唆している。またこのことは，知覚-運動の制御システムが，課題固有のフィードバックを適切に"自動"利用してはいないと示唆している。このシステムの知覚構成要素については，いくらか修正の必要があると思われる。付加的フィードバックが利用可能な場合，学習者はその情報を使用して，この修正処理を行うものと思われる。しかしながら，付加的フィードバックが利用できず，スキル学習に付加情報が不要な課題の場合には，この修正処理は練習中の試行錯誤経験によって生ずるものと思われる。

付加的フィードバック源としてのテクノロジーの利用

スポーツスキルに関連する教育研究では，学生に提供するもっとも一般的な付加的フィードバックの手段は言語であると指摘している(例えば，Eghan, 1988 ; Fishman & Tobey, 1978)。おそらくこれは，フィードバックの代替手段の利用に制限があるために，結果として，言語フィードバックの利用が好都合になったものと思われる。しかしながら，パフォーマンス関連情報を提供するテクノロジーが進歩し，付加的フィードバック源としてのテクノロジーの利用が徐々に一般的になっている。特に，付加的フィードバックの提示に使用するさまざまなタイプの装置が廉価になり，ますます入手しやすくなっている。

ビデオ映像

競技者・学生に各自のスキルパフォーマンスをビデオ映像で提示するのは，スポーツや体育の授業では一般的な教育方法になっている。事実，専門的な学術論文でも，ビデオ映像を利用したガイドラインや提案が一般的になっている(例えば，Franks & Maile, 1991 ; Jambor & Weekes, 1995 ; Trinity & Annesi, 1996)。ビデオ映像の頻繁な利用にも関わらず，スキル獲得を助成するものとしてのビデオ映像の効果を確立した実証的な研究はほとんどない。実際に，スキル学習の付加的フィードバックの情報源としてビデオテープを使用した研究の広汎なレビュー(Rothstein & Arnold, 1976)は，かなり以前のものである。このレビューではアーチェリー，バドミントン，ボーリング，体操，スキー，水泳，バレーボールなど18種目のスポーツ活動に関わる50以上の研究をレビューしていた。それらの研究対象には中級者や上級者も入ってはいたが，そのほとんどは初心者の学生であった。

これらのレビューにもかかわらず，付加的フィードバックとしてビデオ映像を利用した現在の研究や練習は，その一般的な結論を追従したり，それに基づいたりしている傾向がある。RothsteinとArnold(1976)は，付加的フィードバック提示手段としてのビデオ映像の効果は全体的に問題があると報告した。しかしな

がら，さまざまな研究において，一貫して2つの点が際立っていた。第1点として，インストラクションの助成としてビデオ映像の効果を確定する重要な要因は，運動のタイプよりもむしろ学生のスキルレベルであった。つまり，初心者がビデオ映像から恩恵を得るには，ビデオ映像の重要な情報を指摘するインストラクターの助けが必要であった。熟練競技者が言語の手がかり，チェックリストといった形で注意の教示を受ける場合，ビデオ映像の観察から大きな恩恵を得たという逸話もあるが，上級者や中級者では頻繁なインストラクターの助成は不要なものと思われた。第2点として，広汎な期間に繰り返しビデオ映像を使用した時には，いっそう効果があった。RothsteinとArnoldは，レビューした研究でビデオ映像のもっとも有益な効果は少なくとも5週間使用した時に現われると報告した。ビデオ映像を短時間使用した研究では，学習助成の付加的フィードバックとしての効果がなかった。

RothsteinとArnoldのレビュー以降の研究では，付加的フィードバックの情報源としてのビデオ映像の利用状況を追加報告している。ビデオ映像は特定のタイプのパフォーマンス関連情報を，他のタイプのパフォーマンス関連情報に比べて，学習者により効果的に伝えているというのが，この研究の重要な成果である。SelderとDel Rolan(1979)の実験は，これを支持する格好の例である。SelderとDel Rolanは平均台のバランスを学習中の12～13歳の少女に，ビデオ映像による付加的フィードバックと，言語的な付加的フィードバック(KP)を提示して，その効果を比較した。すべての少女に，各試行後にチェックリストで自分のパフォーマンスを厳密に分析するように求めた。言語的な付加的フィードバック提示群には，言語KPのチェックリスト全項目への記入を求めた。ビデオ映像のフィードバック提示群には，各試行の自分のパフォーマンスをビデオ映像で見た後に，チェックリストの全項目に記入を求めた。この研究では特に2つの結果が注目に値している。4週間の練習期間後には，平均台のパフォーマンススコアに群間差がなかった。しかし，6週間の練習期間後では，ビデオ映像の付加的フィードバック提示群が，言語的なKP提示群よりも有意に高いパフォーマンススコアを示した。これが第1の注目すべき結果である。第2の注目すべき結果は，全体の平均台パフォーマンススコアを要因ごとに評価した場合，ビデオ映像提示群の8要因中4要因だけが有意に高いスコアを示したことである。それらの4要因は正確さ，遂行，振幅，方向であった。残りの4要因(リズム，優雅さ，協応，ジャンプ)とタンブリングの軽快さについては両群間に差がなかった。これらの結果の重要な点は，スキル学習を助長する際に，ビデオ映像の提示は付加的フィードバックの有効な手段となるが，複雑な運動スキルの全面的な学習には寄与しないことを明らかにしたことである。SelderとDel Rolanの研究結果は，ビデオ映像によって学習パフォーマンスが向上するのは，ビデオ映像をよく観察して，ビデオ映像に基づいて修正の仕方が確定できるようなパフォーマンスの学習であると示唆している。しかしながら，容易に識別できないパフォーマンスには，ビデオ映像の提示も言語的なKP提示も同様に効果的ではない。テニスのサーブ(Rikli & Smith, 1980)，上手からの正確な投てき(Kernodle & Carlton, 1992)といった他のスキル学習を使用した研究も，ビデオ映像の情報構成要素と効果についてのこれらの結論を，最終的に支持している。これは重要な事項として追加しておきたい。

より最近の研究で，Hebert, Landin, Menickelli (1998)は，ビデオ映像の情報と熟練選手がその情報を利用する段階に関して，興味深い証拠を示した。それは単一ケースに多層ベースライン法を使用した研究であり，この研究では大学女子熟練テニス選手のアタックストロークの向上を目指した練習を対象とした。選手は4日間，2日間，0日間の練習セッションにおける自分のプレーをビデオ映像で観察した。その結果，ビデオ映像を観察した選手は，ビデオ映像を観察しなかった選手よりもアタックストロークが顕著に向上した。加えて，ビデオ映像観察中の選手のコメントの記録と研究者のフィールドノートから，ビデオ映像の観察中に選手は4段階の情報を通してパフォーマンスの向上を示すことが明らかになった。第1段階では，選手はビデオ映像上の自分自身に慣れ親しみ，自分の技術だけでなく写り映えを全般的に観察した。第2段階では，選手は特殊な技術的エラーを認識した。第3段階では，選手はより分析的になり，実行した技術とその結果を結びつけて考えるようになった。最終の第4段階では，選手は自分の技術的なエラーを修正するために，以前に観察したビデオ映像の情報を利用し始めた。実際，選手はこの最終段階でうまくアタックショットを打つ重要なキーポイントはどこにあるかと考えた。

StarekとMcCullagh(1999)は，ビデオ映像のもう1つの有効な利用法は，ビデオ映像を付加的フィードバック源に使用して正しい技術学習を助長する自己モデルと最終的に結びつけることであると指摘している。StarekとMcCullaghの研究では，成人の水泳初心者に，前日のレッスン中に撮影した3分間の水泳パフォーマンスのビデオ映像を見せた。ビデオ映像に録画したものは，実験参加者が示した正しい4つの水泳行動と，問題点のある4つの水泳行動であった。次の2日間に，一部の参加者には前日よりも上達した彼ら自身のスキルの録画を見せた。他の参加者には熟練泳者が同じスキルをうまく遂行している録画を見せた。自分自身のパフォーマンスをビデオ映像で見た参加者は，熟練泳者の同じスキルパフォーマンスをビ

デオ映像で見た参加者よりも良い結果を出していた。

動作の運動学的情報

　精巧に運動を分析するコンピュータソフトウェアが広く利用可能になったことから，スポーツスキルのインストラクションの場面では，学習者が自分のパフォーマンスのフィードバックとして，運動学的な画像を観察することが一般的に可能になっている。残念ながら，ビデオ映像の利用ケースと同様に，運動学的な画像で付加的フィードバックを供給するこの方法の効果についても，実証的な証拠はほとんどない。しかしながら，この付加的フィードバックの利用にある種の洞察を与えている研究はほとんどない。

　コンピュータが利用できなかった，かなり昔のことになるが，Lindahl (1945) は工場の機械操作訓練生を対象とする研究を報告していた。Lindahl は訓練生に，速く正確でリズミカルな手足の協応を要求する作業，機械でタングステンの薄い円盤を速く正確に切断する作業の訓練を行った。この訓練には伝統的に試行錯誤が随伴していた。試行錯誤の代わりとなる訓練法をテストするために，Lindahl はある方法を考案した。その方法とは，円盤の切断ごとに足の運動パターンを紙にトレースして，それを逐一訓練生に示す方法であった。その結果，付加的フィードバックとして足運動のトレースパターンが提示された訓練生は，他の訓練生では到達までに20週間を要する生産パフォーマンスレベルに，11週間で到達した。加えて，これらの訓練生は，円盤切断の失敗が12週間でほぼゼロになった。伝統的な試行錯誤の方法で訓練した訓練生は，36週間未満でこの失敗ゼロレベルに到達することはなかった。このケースで使用した図表提示による付加的フィードバックの運動学的な情報は，訓練生の望ましいパフォーマンスレベルの達成に役立つばかりか，有意に少ない時間でこれらのレベルに到達する上でも役立った。

　Newell, Quinn, Sparrow, Walter (1983) は，付加的フィードバックとして運動画像を利用する効果をさらに支持した。彼らの実験方法は，Hatze (1976) の初期の実験方法を発展させたものであり，実験参加者に標的へできるだけ速くレバーを動かす練習を求めた。参加者は，言語的なKR提示群，運動学的な画像のKR提示群，KRなし群の3群に割り振った。第1群の参加者には運動時間の情報を言語で与え，第2群には運動速度時間のトレースをコンピュータモニター上で視覚的に与えた。第3群には，練習中KRを与えなかった。その結果，画像を見た参加者群のパフォーマンスがもっとも優れ，それに言語的なKR提示群が続き，最後がKRなし群であった。興味深いことに，KRなし群の参加者は最初の25試行にパフォーマンスの改善を示したが，それ以降の試行ではパフォーマンスは改善せずに安定状態を示した。一方，KRを提示した2群は，さらなるパフォーマンスの改善を示した。KRを提示した2群間の差は，練習の継続につれてより顕著なものになった。

　さらに最近になって，Swinnen らは，付加的フィードバックには運動学的な情報効果があることを複数の実験結果から報告している (Swinnen, Walter, Lee, & Serrien, 1993 ; Swinnen, Walter, Pauwels, Meugens, & Beirinkx, 1990)。それらの実験参加者は，同時に2つのレバーを動かす両手の協応課題を練習した。2つのレバーにはそれぞれ異なる時間的・空間的な運動パターンを要求していた。運動学的な情報の特徴は各腕の基準偏位との差を示す角偏位であり，その角偏位を付加的フィードバックとして提示した。Swinnen らは複数の実験で，運動学的な付加的フィードバックと，他のさまざまな付加的フィードバックを比較した。その結果，付加的フィードバックとしての偏位の情報には，一貫した効果のあることが明らかになった。

　付加的フィードバックとして運動学的な画像を利用してその効果を調べた研究には，さらなる注意が必要であるといった指摘もある (この問題に関する議論は，Schmidt & Young, 1991 ; Young & Schmidt, 1992 を参照)。評価ツールとしてのコンピュータと運動分析システムは常識になっていることから，このタイプの運動関連情報を KP に適用する研究は今後さらに増加するものと思われる。その結果，付加的フィードバックがスキル学習とパフォーマンスを高める場合には，運動分析情報の効果的な活用知識がますます必要になる。Newell ら (Newell & McGinnis, 1985 ; Newell, Morris, & Scully, 1985) および Fowler と Turvey (1978) は，この種の情報を付加的フィードバックとして効果的に利用するための，理論に基づく最初のガイドラインをともに公開している。しかしながら，付加的フィードバックとしての運動関連情報をもっとも効果的に利用するガイドラインの開発には，さらなる理論の構築と実証的な研究が必要である。特に，実験室外での課題学習のガイドラインについては，それが必要である。

バイオフィードバック

　バイオフィードバックという用語は，心拍・血圧・筋活動といった生理的な活動の増強形態を指している。運動スキルの学習状況では，複数のバイオフィードバック形態を使用している。もっとも一般的なバイオフィードバックの形態は，筋の活動情報を提供するEMG バイオフィードバックである。EMG バイオフィードバックについての大半の研究は，身体的なリハビリテーション領域のものである (例えば，Beckham, Keefe, Caldwell, & Brown, 1991 ; Moreland & Thomson, 1994 ; Sandweiss & Wolf, 1985 ; Wolf, 1983)。バランス訓練や身体的なリハビリテーション

が主として使用しているもう1つのバイオフィードバック形態は，患者の重心をコンピュータモニター上に視覚的に提示する方法である（例えば，Shumway-Cook, Anson, & Haller, 1988 ; Simmons, Smith, Erez, Burke, & Pozos, 1998）。運動スキルの学習文脈では，ライフル射撃選手の訓練に特異的なバイオフィードバックを適用している(Daniels & Landers, 1981)。拍動と拍動の間に銃の引き金を引くことがエリート射撃選手の特徴になっていることから，この特徴を学習させるために，選手には心拍バイオフィードバックを音によって提示した。

一般的には，多くの研究が，運動スキル学習の向上手段として，バイオフィードバック効果を支持している。しかしながら，特殊な状況におけるバイオフィードバックの利用効果や，付加的フィードバックの好ましい形態については議論が継続している（Moreland & Thomson, 1994）。加えて，バイオフィードバックは，通常，付加的フィードバックと同時に提示されている。このことは，学習者が付加的フィードバックに依存してパフォーマンスを維持するのではないかという懸念と結びついている。この付加的フィードバックとバイオフィードバックの同時提示に関連する依存度の問題は，本章の後節でより明確に論議したい。

付加的フィードバックの提示頻度

付加的フィードバックの利用に関連するもう1つの重要な問題は，運動スキルの学習者に対して付加的フィードバックを提示する頻度の問題である。1980年代後半以降，この提示頻度の問題は，もっとも研究数が多い付加的フィードバックのテーマの1つになっている。提示頻度の問題は3つに大別することができる。第1は，付加的フィードバックの提示頻度はスキル学習にとって重要なのか，重要だとしたら最適な提示頻度は存在するのかという問題である。第2は，練習中に付加的フィードバックの提示頻度を下げる多様な方法に関連する問題である。第3は，スキル学習の提示頻度効果を説明するために，研究者がこれまでに提起してきた有力な仮説に関わる問題である。これらおのおのの問題について以下に記すことにする。

提示頻度の低下効果

付加的フィードバックの提示頻度が果たす役割について論議する際に解決が必要な1番目の問題は，主要な焦点を絶対的な提示頻度に絞り込んでいるのか，／相対的な提示頻度に絞り込んでいるのかという問題である。絶対的な提示頻度とは，付加的フィードバクを与えた特定の練習試行数のことである。他方，相対的な提示頻度とは，KRを与えた練習試行の全練習試行に対する割合（％）である。例えば80試行のスキル練習中に20試行にKRを与えた場合，絶対的な提示頻度は20となり，相対的な提示頻度は25％になる。問題は学習にとって絶対的な提示頻度と相対的な提示頻度のいずれが重要なのかということである。

Salmoniら(1984)が付加的フィードバックについての研究文献を再評価するまでは，一般的に絶対的な提示頻度の高さが重要とされていた(例えば，Bilodeau & Bilodeau, 1958a)。この見解を支持する研究者は，付加的フィードバックが学習の本質であり，付加的フィードバックのない練習試行には効果がないと主張した。しかしながら，絶対頻度を変更して実験に学習テストを導入した(BilodeauとBilodeauは導入しなかった)最近の研究では，KRの絶対頻度が学習の重要な要因ではないと報告している(例えば，Ho & Shea, 1978 ; Winstein & Schmidt, 1990)。加えて，これらの研究では，全試行に付加的フィードバックを与えること(100％の提示頻度)が最適な学習確立の必要条件ではないとしている。

もしも100％の提示頻度の付加的フィードバックが最適な学習を確立しないのであれば，最適な学習を確立する相対的な提示頻度は存在するのだろうか？この問題について，WinsteinとSchmidt(1990)は重要な研究を報告している。WinsteinとSchmidtの研究はそれ以降，特に付加的フィードバックの提示頻度に関わる多くの研究者を刺激している。彼らが実験するまで，多くの研究者は，100％未満と100％の相対的な提示頻度の間には一般的な違いがないと報告していた。しかし，WinsteinとSchmidtは単語リストの学習を最適にするといったフェイドアウト法(Landauer & Bjork, 1978)によって，研究の突破口を開いた。フェイドアウト法とは，練習中に提示した付加的フィードバック頻度を系統的に削減する手法である。実際には，WinsteinとSchmidtは練習前半に付加的フィードバックを100％提示し，練習後半に25％提示して，提示頻度の平均を50％にした。WinsteinとSchmidtの実験では，実験参加者は卓上のレバーでカーソルを操作し，コンピュータモニター上に複雑な波形パターンを描く練習をするよう求められた。モニター上には参加者が描いたパターンと，エラースコア全体の標準運動パターンを示し，それらを付加的フィードバックのKPとKRにした。2日間の練習中，参加者には各試行後に100％／50％のKPとKRを与えた。1日後に実施したKPとKR提示のない保持テストでは，50％の"フェイドアウト"提示頻度条件の参加者群の方が，練習試行ごとにKPとKRを与えた参加者群よりも優れたパフォーマンスを示した。事実，提示頻度100％の参加者が保持テストで示したパフォーマンスは，練習初日の前半に彼らが示したパフォーマンスと類似していた。

WinsteinとSchmidt(1990)以降，頻度効果についての研究は頻度削減の効果を実証的に支持するとともに，そのテーマはスキル学習を高める最適頻度が存在しているかどうかに集中している（例えば，Lai & Shea, 1998, 1999b；Wulf, Lee, & Schmidt, 1994；Wulf, Schmidt, & Deubel, 1993）。これらの研究から，興味深い2つの結論が明らかになっている。第1の結論は，付加的フィードバックの提示頻度の削減が確かに運動スキルの学習に役立ったとしても，すべての運動スキルの学習に役立つものではないというものである。第2の結論は，すべてのスキル学習にとって"最適な"相対的な提示頻度は存在しないというものである。提示頻度を相対的に削減したケースのように，相対的な最適提示頻度は学習しているスキルに特有のものと思われる。

これら2つの結論から，相対的な提示頻度の効果を予測するスキル関連の特徴は何かという問題が浮かび上がってくる。これに関連して，Wulf, Shea, Matschiner(1998)は2つの提案を示している。1つ目は学習するスキルの複雑性である。付加的フィードバックを削減して提示する方が，100％の提示頻度よりも優れている，または効果が同等であることを明らかにした研究では，比較的単純な課題を使用していた。例えば，特定時間で移動するターゲットに単純な弾道運動をする課題（例えば，Lai & Shea, 1999bの実験1），特定の力量で衝撃的にパッドを打つ課題（例えば，Kohl & Guadagnoli, 1996），レバーを動かして特定の時間空間的な運動パターンを描く課題（例えば，Winstein & Schmidt, 1990；Lai & Shea, 1999bの実験2）などである。他方，付加的フィードバックを少なく提示するとスキル学習には役に立たないと報告した研究では，スラロームスキーシミュレーターといった，概して比較的複雑なスキルを導入していた（例えば，Wulf et al., 1998）。

この課題複雑性の問題を解釈する場合には，付加的フィードバックを与える課題要素の複雑性について考慮しなくてはならない。この解釈は，特定の時間でレバーを動かす課題や，特定の力量でパッドを打つ課題のように，課題とパフォーマンスの測度が同一の構造の場合，練習試行ごとの付加的フィードバック提示は不要であるとする仮説に結びついている。しかし，付加的フィードバックを要するパフォーマンス特徴が課題に存在する場合には，付加的フィードバックの頻度をより増やす必要がある。この後者のケースで予想できるものは何かといえば，それは提示する付加的フィードバックに関するパフォーマンスの特徴が試行ごとに変化していることである。しかしながら，WeeksとKordus(1998)は課題の複雑性について，この解釈と矛盾する証拠を示した。WeeksとKordusはサッカー経験のない12歳の少年にスローイン技術の練習をさせた。8つの技術関連エラーの中で，その試行で犯したもっとも重要な1つのエラーについての報告をKPとした。第1群には各練習試行後(100％)にKPの陳述を与えた。第2群には練習試行3回ごと(33％)にKPの陳述を与えた。その結果，両群は相対的に同じ分布で8つの陳述提示を受けていたが，33％群は24時間後のKP提示のない保持テストや，練習したスローイン技術の修正を要する転移テストにおいて技術の向上を示した。

Wulf, Shea, Matschiner(1998)が提案した2つ目の課題特徴は，随意運動を制御する運動クラスの抽象的な記憶表象としてSchmidtが提唱した全般的運動プログラムとして知られる運動制御の構成概念(Schmidt, 1975を参照)と関係している。Wulfらは，多様なスキル変化の学習が必要であり，そしてこの多様なスキル変化がさまざまな全般的運動プログラムを制御している場合（スキルがさまざまな運動クラスを代表する場合）には，相対的な提示頻度の削減によってスキル変化の学習が向上すると述べた。しかし，スキルの変化によって同じ全般的運動プログラムのパラメータが部分的に変化する場合には，相対的な提示頻度を削減しても学習に役立たないばかりか，時には学習の妨げになる（例えば，Wulf et al., 1994；ただしWrisberg & Wulf, 1997は反対の結果を示している）。

付加的フィードバックの提示頻度を変更するテクニック

練習中の付加的フィードバックの提示頻度を100％以下に指定すること以外に，付加的フィードバック提示頻度を変更するテクニックについての研究が行われている。提示頻度の多様な変更テクニックは，やや紛らわしいものなので，ここでは教育的な導入の意味で，それらを簡単に比較してみたい。提示頻度の変更テクニックは3つ（パフォーマンスに基づく帯域幅テクニック，平均テクニック，頻度の自己選択テクニック）あり，それらは練習中の付加的フィードバック度数と，付加的フィードバックを提示する練習試行数をともに削減するものである。(1)パフォーマンスに基づく帯域幅テクニックは，各試行のパフォーマンスエラーが一定の"許容"量より多くなった時にだけ，付加的フィードバックを提示する方法である。(2)平均テクニックは，ある試行数の平均パフォーマンスを提示する方法である。(3)頻度の自己選択テクニックは，学習者が結果のフィードバック提示を求めた時にのみ，付加的フィードバックを与える方法である。以下に述べるもう1つのテクニックは，付加的フィードバックを提示する練習試行数は削減しないが，練習中の付加的フィードバックを提示する回数を削減するものである。要約テクニックとは，個々の試行に対して付加的フィードバックを提示しないで，複数の試行後

に提示する方法である。

パフォーマンスに基づく帯域幅テクニック

前述したように，前もって設定した許容限界（帯域幅）をパフォーマンスが逸脱した時だけに付加的フィードバックを提示することは，スキル学習を高めると言われていた。帯域幅の問題を付加的フィードバックの提示頻度の問題と合わせて考察すれば，両者間の興味ある関係を理解することができる。すなわち，パフォーマンス帯域幅に基づいて付加的フィードバックを提示する場合には，パフォーマンスのエラー量と無関係にフィードバックを提示する場合よりも，少ない頻度でフィードバックを提示することができる。

Lee, White, Carnahan (1990) は，5%帯域幅条件と10%帯域幅条件を設定し，個々の実験参加者にヨークト法（yoked technique：連動法，釣り合い法）を適用してこの関係を調べた。ヨークト群の個々の実験参加者には，帯域幅群の実験参加者に与えたKRと同数のKRを与えた。実験参加者をヨークト法で調べた理由は，パフォーマンスに基づく帯域幅の学習に対する効果は，KR提示頻度の削減によるかもしれないといった可能性を制御するためであった。このように，KR提示頻度は帯域幅群とヨークト群で同一であったが，帯域幅群のKR提示頻度はパフォーマンスが帯域幅を逸脱しているかどうかの基準に依存していた。参加者は上下肢の二分節のバリスティック運動課題（ballistic two-segment limb movement task）を練習した。結果として，帯域幅に基づくKR提示群はヨークトKR群に比べて，保持のパフォーマンスが優れていた。このことから，パフォーマンスに基づく帯域幅の効果は，提示頻度効果よりも優れているという結論に到達した。帯域幅の効果はKRと運動制御システムが結合した結果であると，Lee, White, Carnahanは述べた。すなわち，練習の初期に，5%／10%の許容限界内でエラーを修正しなければならない時には，このシステムではエラーを正確に修正することができない。このように，帯域幅に基づいたKRを提供することによって，制御システムは課題要求への適応が可能となり，正確なスキル遂行に必要なエラー修正過程を適切に開発して，パフォーマンスの一貫性の向上を図ることが可能になる。

帯域幅テクニックの興味深い特徴は，練習の継続によって学習者のパフォーマンスが改善すると，付加的フィードバックの提示頻度が低減することである。実際，前述したように帯域幅テクニックは，パフォーマンスに基づくフェードアウト法の一形態であると考えることができる。パフォーマンスに基づいた提示頻度のこの削減が，フェードアウト法での削減と同じものかどうかを確定する1つの方法は，帯域幅を一定とした練習と帯域幅をさまざまに変更した練習段階を比較することである。帯域幅のサイズを変更すれば，付加的フィードバックの提示頻度は，練習を通して比較的一定に止めることが可能である。

前述した2つの実験は，この問題を扱った例である。GoodwinとMeeuwsen (1995) の実験は，基準距離からゴルフボールをパッティングする学習を題材とした。この実験ではエラーの帯域幅を0%と10%として，このエラーの帯域幅を練習中に系統的に広げた時（0-5-10-15-20%）と，狭くした時（20-15-10-5-0%）の結果を比較した。その結果，帯域幅を広げた条件と帯域幅10%条件との間には，保持パフォーマンスに差がなかった。しかし，両条件のパフォーマンスは，帯域幅0%条件と帯域幅を狭くした条件よりも優れていた。より最近になって，複雑な時空間の運動パターン学習を調べたLaiとShea (1999a) は，15%のエラー帯域幅が，0%帯域幅や練習途中で15%から0%に変更した帯域幅よりも優れているという類似の知見を報告している。このように，付加的フィードバックの提示頻度を特定のパフォーマンスの帯域幅に基づいて削減する方法は，実験者が提示頻度を確定するフェードアウト法と同様に，学習に役立っている。

応用的な見方をすれば，帯域幅テクニックは，個々の練習場面において，付加的フィードバックの提示頻度を系統的に削減できる有益な手段と思われる。WinsteinとSchmidt (1990) が指摘しているように，付加的フィードバック依存を学習者にやめさせることは学習に役立つ。そのために，パフォーマンスの帯域幅に基づいた付加的フィードバックの提示は，付加的フィードバックの提示頻度を系統的に削減する手段となる。帯域幅は個人のパフォーマンスに関連するために，この"付加的フィードバック依存からの引き離し"過程は個々人のパフォーマンスに固有なものとなっている。

要約テクニック

付加的フィードバックの提示頻度を削減するもう1つの方法は，ある練習試行数の後に，それぞれの試行に対する付加的フィードバックを要約して与えることである。例えば，各試行ごとに付加的フィードバックを与えるのではなく，5試行が終了するたびごとにそれら5試行に対するフィードバック陳述リストを与えるといった手法がこれに当たる。このテクニックが興味深いのは，学習者が各試行ごとに付加的フィードバックを受け取っているのと同じ量の情報を受け取ることである。しかし，学習者が情報を受け取る頻度は少なくなる。このテクニックは"KR試行遅延"手続きの異型と考えることができる。この点については後に議論したい。

各試行ごとの付加的フィードバック提示が実用的でない練習場面では，付加的フィードバックの提示頻度の削減と同様に，要約テクニックが有効な方法になっている。例えば，距離が遠く標的が見えない場所から

の射撃スキルを学習している者には，1射ごとのKR提示よりも10射ごとのKR提示の方が練習効率は向上すると思われる。要約テクニックには実用的な魅力がある。しかしながら，要約テクニックには，どのような方法で学習に影響しているのかといった重要な疑問が残っている。要約テクニックは提示頻度の単なる削減と同じように機能しているのだろうか？　それとも，要約テクニックは，一度に非常に多くの情報を提供することによって，提示頻度の削減の効果を無効にしているのだろうか？

　Schmidt, Young, Swinnen, Shapiro (1989) は，これまで運動学習の研究者が注目していなかった初期の研究 (Baker & Young, 1960；Lavery, 1962) を拡張して，要約テクニックの効果を検討した。実験参加者は，レバーを経路に沿って動かし一定時間で完了する運動を練習した。1群には各試行ごとにKR (運動時間) を与えた。他の3群にはそれぞれ5・10・15試行ごとに要約したKRを与えた。結果として，練習中10分間に渡ってKRを提示しない保持テストでは，群間に差がなかった。しかし，別途2日後に行ったKRなしの保持テストでは，15試行ごとに要約したKR提示群のパフォーマンスがもっとも良く，各試行ごとにKRを与えた群のパフォーマンスがもっとも悪かった。

　Schmidtら (1989) の研究以降には，多数の要約テクニックの研究報告がある。その多くは要約テクニックの効果を支持しているが (例えば，Guay, Salmoni, & Lajoie, 1999；Schmidt, Lange, & Young, 1990；Wright, Snowden, & Willoughby, 1990)，また多くの疑問も残っている。その1つはスキル学習における要約テクニックと，相対的な頻度削減効果の関係である。この関係は，フィードバックを要約する試行数を最大にすると，付加的フィードバックの提示頻度は最小になることからも自明のことである (全範囲の要約には全試行についての情報が入っているが，練習中に情報を提示した回数は，要約の範囲によって変化している)。ここで興味ある問題は，一定回数の試行後に，一度に要約して付加的フィードバックを提示する方法があるのか／要約テクニックの効果は主として付加的フィードバック提示頻度を削減した結果ではないかということである。Sidaway, Moore, Schoenfelder-Zohdi (1991) は，KRの提示頻度を一定に保ち要約する試行数を操作して，この問題について検討し，その結果，要約したKRのプラス効果はフィードバックを要約した試行の数によるものではないと結論づけた。この結論は"最適な要約範囲"の概念に反するものになっている。試行の数の代わりに，要約効果はKRの提示頻度／KR提示時間の遅延のいずれか一方で生じると主張した。

　さらに，要約テクニックの効果は他の変数と交互作用することを明らかにした研究者もいる。例えば，Guadagnoli, Dornier, Tandy (1996) は，課題に関連する経験の度合いや課題の複雑さと，要約KRの効果との間に，相互作用があると報告した。さらに，初心者の場合や複雑な課題の場合には短い要約の方が長い要約よりも役に立つが，多くの経験を持つ場合や単純な課題の場合にはまったく逆になることが明らかになった。さらに，Guay, Salmoni, Lajoie (1999) は，課題に空間・時間的な目標がともに存在する場合，要約したKRは時間の正確さに影響するが，KRの提示間隔にかなり左右されるような空間の構成要素には影響しないと報告した。

平均テクニック

　要約テクニックの変種である平均テクニックは，全試行のパフォーマンススコアではなく，一連の試行の平均パフォーマンススコアを提示する方法である。平均テクニックでは，学習者にシリーズ全試行を代表する1つのスコアを与えている。平均KRテクニックを使用した最初の研究者は，YoungとSchmidt (1992) と思われる。彼らはタイミング予測一致課題 (coincident-anticipation timing task) の学習において，各試行後のKR提示よりも平均KRの提示の方が学習が改善することに気づいた。より複雑な3つの空間時間的な運動パターン学習課題を使用したWulfとSchmidt (1996) は，3つの運動パターンの背景にある基本運動の学習をする際に，平均KRの提示は各試行ごとのKR提示／3試行ごとのKR提示と同等，またはそれよりも劣っていたと結論づけた。また，運動パターンの振幅特徴をパラメータ化する学習では，平均KRの提示が他のKRの提示頻度よりも劣っていたと結論づけた。

　しかしながら，WeeksとSherwood (1994) は，一定の静止力を産出する学習においては，平均KR提示条件と要約KR提示条件間に差がないことを明らかにした。ただし，平均KR提示条件と要約KR提示条件は，それぞれ各試行ごとのKR提示よりも優れていた。Yao, Fischman, Wang (1994) は，空間・時間の正確性を要求するエイミング課題の学習を使用して，同様の結果を報告した。Yaoらの研究を拡張したGuay, Salmoni, Lajoie (1999) は，要約KR提示条件と平均KR提示条件では課題の正確な時間要素に差がなく，空間要素に差があることを明らかにした。

　平均KRテクニックの使用結果は多様なので，付加的フィードバックの提示頻度を削減するその他のテクニックと平均KRテクニックの関係を明確に結論づけることは困難である。平均テクニックと要約テクニックを比較した時に同じ結果が生じるのは，複数試行の要約KRを提示した時に，学習者が実際には平均を"計算"しているためかもしれない。しかしながら，平均KRテクニックが付加的フィードバックの提示頻度を削減する有効な手段であることに変わりはない。平

均KRテクニックの効果のパラメータを確定するには，追加研究が必要である。

提示頻度の自己選択テクニック

付加的フィードバックを削減してスキル学習を容易にする興味深いテクニックは，スキルを教える者が付加的フィードバックの提示時期を確定するのではなく，フィードバックを学習者に要求させることである。このテクニックは，学習過程に学習者が積極的に取り組むと学習が向上するという研究に基づいている。認知スキル学習の研究者は，学習者を積極的に取り組ませる効果的な手段の1つは，学習方略に自己制御(self-regulation)を使用することだと述べている（例えば，Schneider & Pressley, 1989, Siegler, 1991)。

Janelle, Kim, Singer(1995)は，運動スキル学習に付加的フィードバックの自己制御概念を適用し，実験参加者に標的目がけて下手からボールをトスする練習を要求した。その結果，5試行ごとに要約KPを与えた群，試行ごとにKPを与えた群，KPなし群のいずれの条件群に比べても，KPのスケジュールを制御した群がもっとも正確な投球パフォーマンスを保持テストで示した。

Janelleは言語KPとビデオ映像を付加的フィードバック源とした研究で，これらの結果を実証した(Janelle, Barba, Frehlich, Tennant, & Cauraugh, 1997)。この実験ではいくつかの条件を設定していたが，中でも3つの条件が本節の議論ともっとも深く関係している。10試行ごとにビデオ映像と要約したKPを提示する群，200試行の練習中に任意のタイミングでKPを要求し付加的フィードバックスケジュールが制御できる自己制御群，自己制御群と同じ試行に対してKPを与えるものの，KPの要求は認めないヨークト群に各実験参加者を配した。このヨークト条件は，提示頻度の削減によって付加的フィードバックに自己制御効果が生じる可能性を制御するために重要なものであった。結果として，自己制御群の参加者は，要約KP提示群やヨークト群よりも，正確で優れた投球技術を学習した。

Janelleの実験結果から，付加的フィードバックの自己制御スケジュールは，スキル学習に有益であることが明らかになった。付加的フィードバックの提示頻度に関して言うならば，Janelle, Kim, Singer(1995)の自己制御群の実験参加者が練習試行のわずか7%にしかKPを要求しなかったこと，またJanelleら(1997)の実験では練習試行の11%にしかKPを要求しなかったことは非常に興味深いものがある。これらの低い要求頻度は，自己制御の手続きと付加的フィードバックの相対的な頻度削減の間に何らかの関係が存在することを指摘するものである。しかしながら，両実験の自己制御群は保持テストでヨークト群よりも優れたパフォーマンスを示していたことから，自己制御条件の効果は単純な頻度削減効果以上のものになっていると言える。

Janelleら(1997)は，この学習効果をいくつかの仮説によって説明した。1番目の仮説は，学習者は自己制御の可能な学習環境に置かれることによって，重要なスキル関連情報を深いレベルで処理することができるようになるというものである(Watkins, 1984)。2番目の仮説は，自己制御の状況が学習者を励まして，より効果的な学習方略に従事させるというものである(Chen & Singer, 1992)。学習者が学習環境を制御できれば，パフォーマンス向上を経験した時にはスキルの遂行能力に自信(自己効力)がついてくる(Zimmerman, Bonner, & Kovach, 1996)。しかしながら，付加的フィードバックを与える自己制御スケジュールに学習効果がみられる理由については，いまだ明らかになっていない。

提示頻度削減の効果を説明する
ガイダンス仮説

上述した付加的フィードバックのさまざまな提示スケジュール条件によれば，運動スキル学習はすべての練習試行への付加的フィードバックの提示に依存しているわけではないことが一般的に明らかになっている。この知見を説明するのは何だろうか？ 有力な仮説はSchmidtらが提唱し，一般に支持している"ガイダンス仮説"である(Salmoni et al., 1984；Winstein & Schmidt, 1990；Wulf, Lee, & Schmidt, 1994)。ガイダンス仮説によれば，付加的フィードバックを低頻度で提示した場合と100%の頻度で提示した場合では，学習者は基本的に違った学習過程に関与していることになる。試行ごとに付加的フィードバックを提示した場合，学習者は正確なパフォーマンスを遂行するための効果的な"ガイド"として，フィードバックを利用することができる。100%の提示頻度はガイダンスにプラスに作用することもあるが，マイナスに作用することもある。付加的フィードバックの提示なしにスキルを遂行し，その結果パフォーマンスが低下した場合には，学習者は付加的フィードバックに依存するようになる。この場合，練習中に付加的フィードバックが学習の一部になったために学習者は付加的フィードバックに依存するようになった可能性もあるし(Proteau, Marteniuk, & Levesque, 1992)，付加的フィードバックの提示なしにパフォーマンスが実行できるような重要な課題固有のフィードバックを学習者が適切に学習しなかった可能性もある。現時点で，ガイダンス仮説の研究結果は支持／不支持が入り交じったものになっている(優れた考察は，Swinnen, 1996を参照)。しかしながら，追加研究が必要だとしても，付加的フィードバックのさまざまな提示スケジュールに

は提示頻度削減の効果が確かにみられることから，ガイダンス仮説を支持する証拠は充分に存在していると言える。

100％以下の提示頻度が100％の提示頻度と同等のパフォーマンス学習やより優れたパフォーマンス学習と結びつくという練習についての重要な知見は，インストラクターのフィードバック提示回数が少なくて済むことを意味している。試行ごとにフィードバックを提示しなくても学生・競技者には特段問題がないということになれば，インストラクターは安心すると思われる。実際，もしSchmidtの仮説が正しければ，インストラクターがフィードバックを各試行ごとに与えると，実は学習にマイナスに影響することになる。この点に関して言うと，スポーツ教育学の領域では，教師・コーチが学生群・競技者群にスポーツスキルを教える際に付加的フィードバックを100％の提示頻度では与えないことが一般的になっている。学生群・競技者群への授業やコーチングでは，付加的フィードバックを1分間当たり約1,2回与えている。授業・練習期間を通じて，同じ学生に陳述的なフィードバックを与えることはほとんどない（例えば，Eghan, 1988；Fishman & Tobey, 1978；Silverman, Tyson, & Krampitz, 1992）。しかしながら，教師・コーチが学習者と一緒にいる場合には，試行ごとのフィードバック提示がより容易になる。しかし，研究文献に基づけば，各試行ごとのフィードバック提示は最適な方略ではなく，より少ないフィードバック提示が望ましいものと思われる。しかしながら，授業・コーチングの文脈で付加的フィードバックを提示する最適な方略ガイダンスを明確に提案する以前に，それらの文脈に存在する提示頻度の問題をさらに研究する必要がある。それまでは，一般的な結論として，100％以下の付加的フィードバックの提示頻度が，ガイドラインとして役立つと言っておきたい。

付加的フィードバック提示のタイミング

付加的フィードバック提示のタイミングには，複数の問題が関わり合っている。1つ目の問題は，練習試行と同時に付加的フィードバックを提示するのが良いのか／練習試行終了後のある特定の時点で提示するのが良いのかという問題である。2つ目の問題は，練習試行後に提示する付加的フィードバックの終了時点と次試行開始時点の時間間隔に関係している。練習試行が終わり付加的フィードバックを提示するまでの時間間隔を，一般的にKR遅延間隔と呼んでいる。付加的フィードバック提示の終了に引き続き次試行に至るまでの時間間隔が，KR後の時間間隔に相当している。ここで留意すべき重要なことは，これら2つの時間間隔に関わるフィードバックをKRと呼んでいるが，

それは同様にKPも当てはまるということである。

付加的フィードバックの同時提示

付加的フィードバックを同時提示する場合，通常その付加的フィードバックは課題固有のフィードバックの増加と関係する。課題固有のフィードバックのこの増加には多様な形式があり，通常は学習課題の特徴と関係している。以下の4例について考えてみたい。(1)標的射撃課題，手動のエイミング課題，正確な追跡課題，回転盤追跡課題といった正確な運動を要求する課題の場合には，付加的フィードバックと同時に標的捕捉状態を視覚信号／聴覚信号として学習者に知らせることができる。(2)複雑な協応パフォーマンスと関係する課題の場合には，コンピュータで計算した手足位置ずれの特徴を付加的フィードバックと同時に学習者に提示することができる。(3)特定の力-時間曲線（force-time curve）の出力課題学習では，付加的フィードバックと同時に課題遂行時の曲線をコンピュータのモニター・オシロスコープ上に提示することができる。(4)階段昇りの再学習に有用な特定筋群を賦活させる学習や，心拍と心拍の間にライフル銃の引き金を引く時間学習のように，生理的特徴や過程をフィードバックとして特殊な方法で使用する課題学習では，付加的フィードバックと同時にバイオフィードバックを使用することができる。

スキル学習場面における付加的フィードバックの同時提示には，2種類の一般的な効果のあることが明らかになっている。学習者が同時付加的フィードバックを利用して優れたパフォーマンスを示したとしても，付加的フィードバックを転移試行で取り除くとパフォーマンスは悪くなるということが，もっとも共通した知見になっている（例えば，Annett, 1959, 1970；Fox & Levy, 1969；Patrick & Mutlusoy, 1982；Verschueren, Swinnen, Dom, & DeWeert, 1997）。これらの状況では，学習者は，同時付加的フィードバックによって重要な課題固有のフィードバックから注意を切り離し，付加的フィードバックに向けているものと思われる。結果として，学習したものと将来のパフォーマンスに必要なものが統合した付加的フィードバックは，課題固有のフィードバックの重要な代理手がかりになっている（例えば，Karlin & Mortimer, 1963；Lintern, 1991；Lintern & Roscoe, 1980）。

2番目の一般的な効果は，付加的フィードバックの同時提示によるスキル学習の向上である。この正の効果が一貫している状況の1つに，パイロットの飛行スキル訓練がある（例えば，Lintern, 1991；Lintern, Roscoe, Koonce, & Segal, 1990；Lintern et al., 1990）。それらの実験では，付加的フィードバックの同時提示によって，操縦に関連するコントロールパネル機器の特徴学習が向上した。この視覚的な付加的

フィードバックは，パイロットの着陸スキル・爆撃スキルの訓練に明らかに効果があった。この正の効果が明らかなもう1つのスキル学習状況は，両手の新たな協応関係の学習を要求する実験的課題（例えば，Swinnen et al., 1993），特定筋／特定筋群の賦活を要求する身体的リハビリテーション課題と関係している（例えば，Beckham et al., 1991）。

付加的フィードバックの同時提示はスキル学習に正／負に影響を与えるために，これら影響の一方／他方の要因・条件を同定することは重要である。この問題に対処している仮説は2つある。付加的フィードバック付きの練習は，学習システムの制御の仕方を特定する課題特性・関連性に学習者が敏感になるという点で学習に効果があるとLinternらは主張した（Lintern, 1991；Lintern et al., 1990）。Linternらの使用する用語は航空機システムの制御に関連するものだが，他のスキル学習タイプにも同様に当てはめることが可能である。すなわち，同時付加的フィードバックが効果を持つには，課題固有のフィードバックが明示する重要な課題の特徴・関連性についての学習を容易にするものでなければならない。付加的フィードバックがこれらの特徴から注意をそらすように作用する場合には，結果として付加的フィードバックによって負の学習効果が生じてくる。しかし，付加的フィードバックがこれらの特徴に注意を向けるように作用する場合には，結果として正の学習効果が生じてくる。

Annett（1959, 1969, 1970）は，課題固有のフィードバックによる"情報供与"と付加的フィードバックを関連づけた情報価の見地から付加的フィードバックを考えるべきだと強く主張して，関連仮説を提唱した。課題固有のフィードバックによる情報供与が少なく付加的フィードバックによる情報供与が多い場合に付加的フィードバックを同時提示すると，学習者は付加的フィードバックに依存するようになる。

付加的フィードバック終末の時間間隔

KR遅延間隔

伝統的に，運動完了から付加的フィードバック提示までの時間間隔はKR遅延間隔と呼ばれている。それは，この時間間隔を扱った大半の研究で，KPよりもKRを使用しているからである。運動スキル学習におけるこの時間間隔の重要性は，研究者によって見解が異なっている。例えば，Ammons（1958）は，この間隔を長くすると時間経過とともにKRの情報価が低下するために，学習が悪くなると結論づけた。しかしながら，Adams（1971）は，KRの遅延はスキル学習にほとんど／まったく影響しないと結論づけた。これら2つの結論以降，多くの研究者はこの時間間隔をさまざまに操作して，実際の影響を調べている。この時間間隔を適切に議論するには，スキル学習で果たす役割について調べる実験で一般的に操作する2つのKR遅延間隔の特徴，(1)時間（間隔の長さ），(2)時間間隔中の活動，を考慮する必要がある。

KR遅延間隔の時間の長さ 初期のKR遅延間隔についての研究報告では，人間の学習と動物の学習には必然的な違いがあるとしていた（Adams, 1987を参照）。人間の研究ではKRに報酬以上の効果があるとしていた。なぜならば，人間にとってKRは運動スキル学習を含めた問題解決の情報価になっているからである。人間を対象とした研究では，KR遅延がスキル学習に及ぼす効果は，動物における報酬を遅延した時の学習とは明らかに違う結果になった。動物の学習研究によれば，報酬を遅延すると学習は低下する（例えば，Roberts, 1930）が，人間のスキル学習では，KRを遅延しても学習に影響しないことが明らかになった。人間のスキル学習のもっとも顕著な例は，おそらくBilodeauとBilodeau（1958b）の5つの実験研究と思われる。それらの実験では，実験参加者はKR遅延間隔が数秒間から7日間まで変化する手足と指の空間位置決め課題を学習した。これらすべての実験に一貫した結果は，KR遅延が1週間に及んでもこれらのスキル学習には影響がないというものであった。

KR提示の遅延はスキル学習に影響しないように思えるが，KRの提示前には最小限の時間が必要であると思われる。例えば，Swinnen, Schmidt, Nicholson, Shapiro（1990）は，運動完了後にあまりに早くKRを提示すると学習に負の影響を及ぼすと報告している。時間制限のある弾道運動学習を使用した彼らの2つの実験によれば，KRを"即座に"提示した時（参加者は運動完了直後に自分のスコアを見る）には，運動完了の3.2秒後，8秒後にKRを提示した時よりも参加者のスキル学習は不正確だった。あまりにも早いKR提示が負の効果をもたらすのは，適切なエラー検出能力の開発に必要不可欠な反応由来のフィードバック（課題固有のフィードバック）を学習者が主観的に分析しなければならないからだとSwinnenらは述べていた。またわずか数秒間というKR遅延の間に，実験参加者はこの主観的な分析能力を開発することができると彼らは考えていた。

KR遅延時間中の運動 KR遅延時間中の運動の効果については，多様な研究報告がある。ある研究例では，KR遅延時間中の運動はスキル学習に影響しないと述べているが，KR遅延時間中の運動が学習を妨害する／学習を促進すると述べている研究もある。しかしながら，これらのさまざまな結果から，混乱状態が証明されるというよりも，むしろ明らかにインストラクションの方略と密接に関係するKR遅延時間中の学習過程を洞察することができる。

KR遅延時間中の運動の効果はスキル学習に何も影響していないというのがもっとも一般的な知見である。運動の効果を調べた実験では，これらの知見を20

年間に渡って支持している（例えば，Bilodeau, 1969； Boulter, 1964；Martenuik, 1986）。例えば，Martenuik は実験参加者に複雑な腕運動を練習させた。具体的には，レバーを動かし特定の時空間パターンを作り出す運動であった。統制群には運動完了の数秒後に KR を与え，KR 遅延時間中には何の運動もさせなかった。第 2 群には 40 秒の遅延で KR を与え，KR 遅延時間中には何の運動もさせなかった。第 3 群には 40 秒の遅延で KR を与え，KR 遅延時間中に実験者が見本に示した腕運動パターンの再現課題を行わせた。これらの結果から，獲得試行と KR のない保持テストのパフォーマンスには，群間差のないことが明らかになった。

KR 遅延時間中の運動が学習に干渉するという実験例は，Martenuik(1986) の研究の一部にみることができる。腕運動は腕運動の課題学習と同じタイプの学習過程には依存しないために，Martenuik は，他者の腕運動パターンを実験参加者が再現しても学習には干渉しないと推論した。なぜなら，Martenuik の実験では，この腕運動の課題学習と同様のタイプの学習過程を要求していなかったからである。彼は，KR 遅延時間中の運動が学習に干渉する場合，それは課題学習と同じ過程に干渉するはずであると仮定した。彼は 2 つの追加実験に KR 遅延間隔条件を設定した。この遅延間隔の条件では，参加者は別の腕運動スキル/数当て課題（number-guessing task）といった認知スキルのいずれかを学習しなければならなかった。両実験の結果から，KR の遅延時間中の別のスキル学習は，最初のスキル学習に干渉することが明らかになった。KR の遅延時間中に短期記憶課題を実施した Shea と Upton(1976)，KR の遅延時間中に実験者のレバー運動時間エラーを参加者に評価させた Swinnen(1990) の 2 つの実験は，この干渉効果を報告している。

最後になるが，KR 遅延時間中に行う少なくとも 2 つのタイプの運動は学習に役立つと報告した研究がある。1 つ目のタイプの運動は，学習者が自らのエラーを言語的に評価する，いわゆる主観的なエラー評価付きの運動である。この運動の効果を最初に報告したのは，Hogan と Yanowitz(1978) である。実験参加者は長さ 47 cm の軌道に沿ってゴールまで 200 ミリ秒の時間でハンドルを動かす課題を練習した。第 1 群の参加者は KR の提示前に何の運動も行わず，第 2 群の参加者は KR 提示前にその試行での自身のエラーを言語的に評価した。その結果，自身のエラーを言語的に評価した第 2 群は，KR を提示しない保持試行で良好なパフォーマンスを示した。ここで留意すべき重要なことは，同様のエラー評価の有効性を，Swinnen (1990)，Liu と Wrisberg(1997) がその後の研究で報告したことである。

学習に役立つ KR 遅延時間中の運動の 2 つ目のタイプは，KR 提示前に 1 つ以上の追加練習をすることである。これは KR の試行遅延と呼んでいる。例えば，ある試行に対する KR 提示が遅延する場合には，学習者が KR なしに試行を遂行することになる。つまり，1 試行目の KR なしに 2 試行目を遂行，続いて 2 試行目の KR なしに 3 試行目を遂行…以下同様となる。KR 手続きの試行遅延に関する研究はあまりないが，試行遅延が学習にもたらす効果を一貫して支持する研究報告も若干ある。より具体的に言えば，5 試行の KR 遅延は単純強度出力課題の学習に効果があること（Lavery & Suddon, 1962；Suddon & Lavery, 1962），1 試行の KR 遅延がボールトス課題の学習に効果があること（Lavery, 1964），2 試行の KR 遅延が目隠し線引き課題の学習に効果があること（Anderson, Magill, & Sekiya, 1994）などが明らかになった。

KR 遅延中に行われるこれらのさまざまな運動の何が遅延時間中の学習過程を明らかにするのだろうか？ なぜ KR 遅延時間中のこれらの運動が学習に特異的に影響を及ぼすのだろうか？ Swinnen(1990；Swinnen et al., 1990) は，学習者が KR の遅延中に課題固有のフィードバックを積極的に利用して運動情報の処理と運動エラーの検出を行うと仮定した。このように，学習者を課題固有のフィードバックに積極的に注意させ，運動エラーの検出活動に取り組ませるような運動は，付加的フィードバックが役立たない将来のスキルパフォーマンスに大きな恩恵をもたらすものと思われる（Anderson et al., 1994 も参照）。この観点からすれば，KR 遅延時間中の運動によって 3 つの効果が得られるものと期待することは理に適っている。学習者が KR 遅延時間中に課題固有のフィードバックを積極的に利用できるようなこれらのタイプの運動に専念する場合にはエラー検出能力が高くなり，その結果，学習に恩恵をもたらすものと思われる。しかしながら，学習者が KR 遅延時間中に課題固有のフィードバックや自己生成したエラー評価に注意できないほど注意を要求するような活動をしている場合には，学習が負の干渉を受けることになる。終わりにあたり，この時間間隔中に専念する運動がたとえ課題固有のフィードバック処理であっても，エラー検出を高めない程度の運動，つまり非注意要求課題の場合には，学習に影響しないことを付言しておきたい。

教育の上でこれらの結果が示すもっとも重要な意味合いは，スキル遂行が完了し，引き続き教師やコーチが付加的フィードバックを提示するまでの間に，学生が有益な運動に従事できるということである。学習者は付加的フィードバックの提示前に，意図したものとは異なるパフォーマンスとなった原因だと思う点について言語的に述べる必要がある。研究に基づけば，付加的フィードバックが提示されるまでの間の運動は，スキル学習に正の影響を与えている。なぜならば，このタイプの運動では，学習者がスキルパフォーマンスに関連した課題固有のフィードバックを主観的に評価

しているからである。さらに，付加的フィードバックが果たす動機づけの周知の役割によれば，学習者自身が正確に遂行したと感じていることを時折記述させることも，スキル学習には効果があり，とりわけ自尊心に影響を与えるものと思われる。

KR後の時間間隔

付加的フィードバックの提示時点から次試行／次の練習試行の開始までの時間を，一般にKR後の時間間隔と呼んでいる。Bilodeaus（例えば，Bilodeau, 1969 ; Bilodeau & Bilodeau, 1958b），Adams（1971）がKR後の時間間隔はスキル獲得において"もっとも重要"な時間間隔であるとコメントして以後，このKR後の時間間隔への関心が高まった。このコメントの根底にはKR後の時間間隔には今完了したばかりのパフォーマンスに対する課題固有のフィードバックと付加的フィードバックを受ける時間帯が含まれているが，学習者はこの関係情報を利用して次試行の運動プランを開発しなければならないという考え方がある。したがって，この処理活動に利用可能な時間間隔は，スキル学習にとって非常に重要なものと思われる。この考えが妥当かどうかを評価するには，前述のKR遅延間隔についての議論と同様の筋道でこの時間間隔を議論する必要がある。

KR後の時間の長さ スキル学習に影響するKR後の時間の長さについての問題や期待可能な効果は，KR遅延間隔のそれらと同様である。換言すれば，その問題は次のようになる。付加的フィードバックの提示後から次試行までの時間に，最適な長さはあるのだろうか？ 最適な時間の長さがあるならば，次試行の開始が非常に早い場合（時間が非常に短い場合）には，重要な事項を処理する時間が非常に不足してしまう。逆に，次試行の開始が非常に遅い場合（時間が非常に長い場合）には，その間に何らかの忘却が生じて次試行のパフォーマンスが悪くなると思われる。この推論は論理的であり，実際に，他の研究者も述べている（例えば，Adams, 1971）。しかしながら，KR遅延間隔の知見と同様に，何らかの効果が期待できるのは時間範囲の終了時点が"非常に早い"場合だけである。このことは手足の位置運動学習を用いた研究（Weinberg, et al., 1964）で，KR後の1秒でのスキル獲得が，5秒，10秒，20秒のそれよりも拙いことが明らかになったからである。

Rogers（1974）も，KR提示後から次試行までには最小限の時間間隔が必要であると指摘した。特にこの研究で注目すべき点は，KR後の時間の長さとKRの正確性の相互作用である。実験課題はマイクロメーターのダイヤルを設定基準に移動する学習であった。実験参加者は学習中にKRを利用して試行錯誤的に方略を発見しなければならなかった。微妙なエラーの方向とエラーの量をKRとした場合，KRを提示してから7秒後のスキル獲得は，エラーの方向だけを提示した場合と同様に拙かった。しかしながら，KRを提示してから14秒後の場合，正確なKRを与えられた参加者は，エラー方向だけの質的なKRを与えられた参加者よりも優れたスキルを学習することができた。興味深いことに，GallagherとThomas（1980）は子供を対象として同様の結果を報告した。したがって，最適な学習を達成するためには，KR遅延間隔と同様に，KR遅延中の学習過程に専念できる最小限の時間量が必要と思われる。このKR遅延中の学習過程に専念できる時間の変化量と学習スキル／学習者の学習段階の関係はまだ不明であり，今後の研究が必要である。

KR提示後から次試行開始までの最適時間長に関して言えば，非常に長い遅延が学習に干渉するとした証拠はない。しかし，過去にこの問題に取り組んだ研究は存在している。Magill（1977）は曲線位置装置（curvilinear positioning device）で3つの手足位置（three limb positions）を参加者に学習させ，10秒と60秒のKR後の時間の長さを比較した。結果として，これら2つのKR後の時間の長さでは学習に差がなかった。

KR後の時間間隔中の運動 KR後の時間間隔中の運動の効果もまた，KR遅延間隔の効果と類似している。運動の種類に依存したこの効果は，学習に影響したり干渉したりまたは学習の向上に資するものとは思えない。ここで留意すべき重要なことは，これらのさまざまな効果が，KR後の時間間隔中に生じる運動効果の伝統的な予測とは一致しないことである。このKR後の時間間隔中に重要な情報処理活動が非常に多く生じるために，この時間中の他の運動は学習に干渉すると，初期の研究結果（例えば，Adams, 1971 ; Bilodeau, 1969 ; Newell, 1976）は示唆していた。しかし，その後の研究から，学習へのこの干渉は3つの効果の1つに過ぎないことが明らかになっている。

KR後の時間間隔中の運動がスキル学習に無効なことは，もっとも明白な共通知見になっている。LeeとMagill（1983）の実験例では，実験参加者は連続的な3つの木製障害物間を片腕で1,050ミリ秒内に通過する練習をした。KR後の時間間隔中に，第1群の参加者は同じ運動を1,350ミリ秒内で行うよう練習した。第2群は数当ての認知活動をした。第3群は何も運動しなかった。練習試行の終了時点では，運動した第1群と第2群のパフォーマンスが，何も運動しなかった第3群よりも劣っていた。しかしながら，KRなしの保持テストでは，3群間のパフォーマンスに差はなかった。

KR後の時間間隔中の運動には有害効果があると報告している研究者もいる（例えば，Benedetti & McCullagh, 1987 ; Boucher, 1974 ; Hardy, 1983 ; Swinnen, 1990の実験3）。これらの実験の中で，BenedettiとMcCullagh（1987），Swinnen（1990）だけが，学習に適切なテストを導入していた。両実験では

認知活動による干渉を調べていた。BenedettiとMcCullaghは実験参加者に数学の問題課題を解くように，Swinnenは実験参加者に時間間隔の開始時に実験者のレバー運動の時間エラーを評価するように要求した。

1つの実験(Magill, 1988)だけが，KR後の時間間隔中の運動に効果があることを明らかにした。Magillが実験に使用した課題は2要素の腕運動であり，各要素には基準運動時間を設定されていた。第1群の実験参加者は，KR後の時間間隔中に2要素の腕運動を2回追加練習をした。第2群は鏡映描写課題の練習をした。第3群は何もしなかった。その結果，保持テストと転移テストにさまざまな結果が現れた。練習1日後に実施したKRなしの保持テストでは，3群間のパフォーマンスに違いがなかった。しかしながら，関連性がある新たな2要素の課題遂行を課した転移テストでは，KR後の間隔中に運動をした2つの群が，運動をしなかった群よりも優れたパフォーマンスを示した。これらの有益な転移効果は，KR後時間間隔中運動群が練習中に多くの問題解決活動を経験したことによるものと思われる。問題解決活動の経験を積むことによって，練習経験と類似した新たな問題解決活動が要求される状況で，実験参加者はよりうまく学習の転移ができるようになったものと思われる。

KR後の時間間隔については，さらなる研究が必要である。現時点でこの時間間隔中の処理活動の特徴を実証的に支持する知見はなく，ただの議論に留まっている。研究者は，この時間間隔中のさまざまなタイプの運動活動にはさまざまな学習効果があると報告しているが，これらさまざまな効果をもたらすものがいったい何であるか，これらさまざまな効果を確定するKR後の時間間隔中の処理活動の意味合いがどのようなものであるかは，いまだ明らかになっていない。

インストラクションの意味合いに関して言えば，KR後の時間間隔は，教育場面に直接必要ではないとする証拠もある。KR後に最小限必要とされる時間は存在すると思われるが，このKR後の最小限の時間の長さを一般的な教育場面に適用することには問題があるように思われる。また，スキル学習にとって有害・有益の両効果がある運動もある。だからこそ，自信を持って教育へ応用するには，前もって多くの証拠を揃えて対処することが重要である。

潜在的な混乱：試行間間隔

KR遅延・KR後の時間間隔の影響を調べる際に研究者が直面している問題の1つは，一方の実験参加者群のKR後の時間の長さを一定にして他方のKR後の時間の長さを変えると，それぞれの参加者群に対する試行間の時間の長さが変化することである。つまり，試行間の時間の長さを何も統制しないと，それぞれの参加者群に対する試行間の時間間隔が実験手続きの点で異なることとなり，その結果，試行間の時間の長さによる効果を混同してKR遅延・KR後の時間間隔に帰属させる恐れが生じることになる。KR間隔を調べた初期の研究者(Bilodeau & Bilodeau, 1958b)はこれを懸念していたが，試行間の時間間隔がKR遅延・KR後の時間間隔に影響するという証拠はほとんどない。試行間の時間間隔効果を報告した研究は，KR提示のない練習試行と関係したものである(Salmoni et al., 1984 ; Schmidt & Lee, 1999を参照)。

結論

本章では，付加的フィードバック，スキル学習，パフォーマンスに関連するさまざまな問題について議論してきた。現在のところ，運動スキルの学習に影響する変数として，付加的フィードバックの重要性を議論した研究はほとんどない。しかし，付加的フィードバックがどのように重要なのか，付加的フィードバックがなぜ重要なのかについては，かなりの論争がある。Salmoniら(1984)の研究レビューと研究の再評価は，付加的フィードバックに関連するいくつかの重要な問題を理解する上で重要なマイルストーンになった。しかし，Salmoniらの主要な関心は，付加的フィードバックの多くの伝統的な原理に基づく古い研究デザインの問題にあった。この関心は付加的フィードバックを理解する上で必要な第1段階であったが，Salmoniらの有力発表以降の研究によって，スキル学習における信頼可能な付加的フィードバックの原理にはもう1段階あることが明らかになっている。

次の段階では，複雑なスキル学習の文脈で，現在提案中の付加的フィードバック原理を集中的に調べる必要がある。本章のさまざまな部分で，この必要性について議論した。例えば，Wulfらは複数の研究によって，単純な運動スキル学習での付加的フィードバックの結果は，より複雑なスキル学習にうまく一般化することができないと結論づけた(例えば，Wulf et al., 1998)。Swinnen(1996)は，提示頻度削減の効果を説明するガイダンス仮説案の妥当性の評価に関して，同様の懸念を提起した。加えて，言語以外の付加的フィードバック提示の効果を評価するには，より多くの研究が必要である。ビデオ映像，バイオフィードバック，運動力学，運動学の利用を述べた本章の議論の中での一貫した懸念は，これら付加的フィードバック提示手段の効果やガイドラインの開発に取り組んだ十分なエビデンスが不足しているということだった。

運動スキル学習とパフォーマンスの認知の役割に関しては，理論レベルの論争が続いている(例えば，Lee, 1998 ; Meijer & Roth, 1988)。この論争を解決するために，運動スキル学習における付加的フィードバックの役割をもっと研究する必要がある。学習者が

付加的フィードバックの情報を認知的に処理するという点では，意見は一致しているように思われる。付加的フィードバックがスキル学習に影響するかどうかを調べれば，スキル獲得に関与する認知処理の様相は明らかになると思われるが，残念ながら，この点を集中的に調べた研究はほとんどない。その理由の1つは，学習変数として付加的フィードバックを調べる研究者の関心が，理論的な問題よりも経験的な問題にあったことである。このことは，付加的フィードバックを扱った過去数年間の研究レビューから明らかになっている。例えば，研究者は，運動スキル獲得の認知処理を深く理解する研究知見よりも，KR を要約して陳述する試行数の確定を非常に重視している。

最後になるが，応用問題をより多く研究する必要がある。付加的フィードバックは一部スキル学習のインストラクション過程と共通している。そのため，自信を持ってスキル学習の文脈に付加的フィードバックをもっとも効果的に提示できるような知識が必要である。例えば，本章の随所で示唆したように，付加的フィードバックがあいまいな場合に，代替手段になるような効果的な学習環境を明らかにすることが重要である。そしてまた本章で示唆したように，複雑なスキルの研究が必要であることに加え，研究者は実験室での研究結果を評価して，現実界のインストラクション環境に一般化しなくてはならない。

第5章

練 習

運動スキルの学習に際し,限られた量のインストラクションや練習だけを与えることは,よくあることである。例えば,ゴルフの初心者は,プロのレッスンを受けたり,3週間のコースレッスンに参加したりしている。また,会社は従業員に対して新しい装置の操作法を教示したいと考える。理学療法を受けている患者は運動能力の回復のためにリハビリテーションを開始する。これらの状況のいずれにおいても,インストラクションや練習はある限られた時間内のものであり,学習者の目標はその時間内で明らかで永続的なスキル改善を得ることにある。インストラクターの目標は,学習者に対して,目標達成に最適な学習環境を創出することである。付加的フィードバックは,インストラクターがこの目的を果たすために利用できる重要なツールの1つになっている。付加的フィードバック利用の背景原理については,本書の第4章でMagillがレビューしている。練習と練習の実施条件はともに学習に同じ重要な影響を与えている。本章ではまさにこの点を中心に論じようと思う。

本章では2つの包括的な練習タイプについてレビューしている。それは,(1)オンタスク on-task,(2)オフタスク off-task (Lee, Schmidt, & Young, 印刷中),である。オンタスク条件の練習は,学習者と課題が直接に相互作用する方法や,スキル学習の練習法に影響する要因と関係している。オンタスク条件には,練習方法に影響を与える要因が該当している。オフタスク条件の練習は特定の課題やスキル学習とは別に行う練習であり,学習者のスキル変化を容易にする要因が該当している。

パフォーマンス,学習,スキルの定義

スキル獲得に影響する練習条件の方法を理解するには,運動学習研究の基本原理を重視する必要がある。この基本原理は,パフォーマンス,スキル,学習の明確な区別に求めることができる。この区別は単なる理論的な議論以上に重要なものである。なぜなら,この区別の意味を見誤ると,少なくとも研究結果の解釈を誤ることになり,最悪の場合には科学的な証拠に反する練習方法を採用してしまう可能性もあるからである。

パフォーマンス,スキル,学習の明確な区別は心理学領域の古くからの問題であり,Schmidtはその区別に対する注意を喚起している(例えば,Schmidt, 1971, 1972)。パフォーマンスは測定可能な課題運動行動である。これに対して,スキルはあるレベルを遂行することのできる潜在能力や可能性を意味している。パフォーマンスは能力の正確で量的な評価であるが,パフォーマンスはスキルと呼ばれる,より抽象的で質的な評価を正確に反映するケース/反映しないケースがある。多くの要因はパフォーマンスに影響するが,スキルを判断する方法とは何の関係もない。例えば,風力は射手のパフォーマンスに影響するかもしれない。しかし,風のない日にパフォーマンス成績が良く,風の強い日に成績がやや悪かったからといって,それが射手のスキル低下の証拠となるだろうか? パフォーマンスは非常に変化しやすく,条件に極端に左右されるものである。パフォーマンスがスキルの評価とはほとんど/まったく関係がないことを知っていれば,スキルの一時的な上下といった愚かな議論は避けることができる。

パフォーマンスと学習の区別も,これと同様の論理に準じている。学習は練習によるスキルの改善であると定義することができる(Magill, 1998b; Schmidt & Lee, 1999)。学習はパフォーマンスそれ自体の変化ではなく,練習前よりも高いスキルレベルでの遂行可能性や潜在能力の改善を意味している。また,環境条件(風など)によってパフォーマンスとスキルの問題が混乱するように,練習条件によってはパフォーマンスと学習の問題に混乱が起こることもある。ある種の練習条件(例えば,ブロック練習vsランダム練習)では,パフォーマンスの一時的な上昇または低下が生じることもある。とはいえ,パフォーマンスのこのような一

時的な上昇または低下は，学習者の一時的なスキル獲得または喪失を意味しているのだろうか？　その上，ほとんどのオフタスクの練習条件(例えば，メンタルプラクティス)ではパフォーマンスを評価していないが，このことは学習が生じないことを意味しているのだろうか？

パフォーマンスと学習を本質的に区別するには，スキル評価の時期と方法を決定することが必要である。学習者のスキルレベルの評価に際しては，信頼できる測定方法を使用しなければならない。さらに，学習を評価する際には，スキルの改善が比較的永続的であり，一時的な上昇や低下に影響する要因(練習条件など)のないことが必要である。これらの理由やその他の理由(さらなる議論は，Schmidt & Lee, 1999 を参照)から，学習結果の測度は保持テスト(同じ課題を使用)，転移テスト(さまざまな課題を使用)に求めることが多い。練習によって生じるスキルの相対的な変化を評価するこれらのテストの重要な特徴の1つは，新たな課題練習を課さない一定の時間間隔の後にテストを行っていることである。さまざまな練習条件に複数の実験群を設定した場合のもう1つの重要な特徴は，保持と転移がスキル評価の共通基盤になっていることである。パフォーマンス，スキル，学習といったこれらの概念は本章でさまざまな要因を議論する際には重要なものとなるので，覚えておいて欲しい。

練習のオンタスク条件

運動学習の研究で圧倒的に多いのは，課題学習の練習を取り上げたものである。本節では以下のトピックスと関連した研究問題を議論したい。それぞれのトピックスは練習量，練習の多様性，文脈干渉，課題の部分練習と全体練習となっている。

練習量

一般的に，学習研究では，実験参加者に対して，限られた練習量・練習時間だけを与えている。主として実際的な理由(時間的な制約)から，長期に渡る練習を検討した研究はこれまでのところそれほど多くはない。しかしながら，注目すべき例外的な研究もある。Snoddy の初期の研究(Snoddy, 1926)では，実験参加者に 100 日間に渡る鏡映描写の練習を求めた。最近では実際上の理由や理論的な理由から，長期に渡る練習効果への関心が再び高まりをみせている。スキル獲得の研究では，長期間の練習継続によって情報源への依存度がますます強くなるという実証的な証拠もあるが，この証拠は時間関数としての学習の基本仮説に疑問を投げかけている(例えば，Proteau, 1992)。さらに，熟練者の練習パターンの詳細な分析から，熟練パフォーマンスを達成するエリートレベルの練習時間の性質や重要性が明らかになっている。本章ではこれらの練習問題と領域を洞察した重要な研究についてレビューしてみたい。

学習過程におけるさまざまな時間スケールを使用してスキル獲得過程を広範に調べた非常に興味深い研究は，これまでにも多数存在している。運動学習の研究領域では Bryan と Harter(1897, 1899；Lee & Swinnen, 1993 を参照)，Crossman(1959)の2つの研究が，特に広く引用されている。Bryan と Harter は，熟練電信技士と初級電信技士を比較し，さらに初級電信技士の数ヵ月に渡る練習の上達過程をグラフ上に図示して，初級電信技士の送受信スキル学習とパフォーマンスを徹底的に追求した。特に興味深くかつ問題になった知見の1つは，数名の電信技士が学習過程でパフォーマンスのプラトー状態を示したことである。すなわち，パフォーマンスがまったく改善しない，または少ししか改善しない期間があった。この知見は，練習量とパフォーマンスの間にはほぼ直線的な関係があると考える多くの研究者から，常に異議を申し立てられている。

Crossman(1959)の葉巻製造を用いた研究は，もっとも注目すべきものである。この研究から，葉巻を巻くのに要する時間(パフォーマンス)は，過去に巻いた葉巻の数(練習経験；図 5.1 を参照)の減少関数であることが明らかになった。パフォーマンスの最高端(練習曲線が横ばい状態になっている箇所)では，葉巻製造作業に7年以上従事している者が，製造機自体の限界パフォーマンスの上限に間違いなく到達していた。これらの多少矛盾した研究結果は，個人のパフォーマンスデータ(Bryan & Harter, 1899)と個人のデータをグループ化したデータ(Crossman, 1959)を比較したことに原因があると思われる。個人のデータをグループ化したデータでは，パフォーマンス曲線の変動(個人内変動・個人間変動)を多くの実験参加者の値の平均化が覆い隠した可能性もあり，そのためにデータ

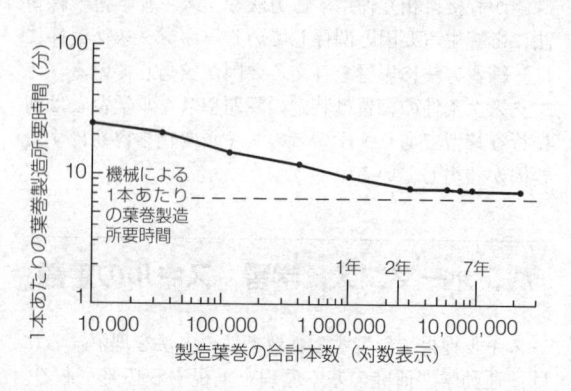

図5.1　7年間に渡る葉巻製造のパフォーマンス
(Crossman, 1959 より)

がほぼ直線的に見える可能性もある。学習理論からこれらパフォーマンス曲線の意味合いを考えれば，この点についての議論は重要である。

　研究者は，回想法と日誌法によって，熟練パフォーマンスに寄与する練習タイプと練習量を検討している。練習は，ハイレベルのパフォーマンスを達成する単なる媒介変数というよりも，むしろ原因とされており，それゆえに練習は成功の上で主要な役割を担っている。最初に練習の吟味に注目したのは，Ericsson, Krampe, Tesch-Römer(1993)であり，彼らは"意図的な練習"理論を開発してそれを実証的に支持した。Ericsson は1980年代の初期から熟練パフォーマンスの研究を始めた(例えば，Chase & Ericsson, 1981, 1982)。この研究は，練習のタイプと練習量の関数として，記憶パフォーマンスの特異性を調べた有名なものである(例えば，Ericsson, Chase, & Faloon, 1980; Ericsson & Polson, 1988)。Ericsson は，これらの研究に基づいて，意図的な練習によってパフォーマンスの限界(記憶容量のような; Miller, 1956 を参照)が回避できると結論づけている。この研究に加え，他の研究者は熟練パフォーマンスや例外的なパフォーマンスが典型状態に到達するのに必要な最短年数を示唆している(例えば，Bloom, 1985 を参照)。これらの研究はハイレベルのパフォーマンススキルに対して天賦の才能よりも練習の継続を全体的に重視しているように思われる(Howe, Davidson, & Sloboda, 1998 と解説を参照，このトピックスの別の視点としては Singer & Janelle, 1999 を参照)。

　この分析から得られたもっとも重要な知見の1つは，音楽家がそのキャリア中に費やした意図的な練習時間(練習は努力を要し，パフォーマンスの改善に必要なものであり，本質的に楽しいものではない)と演奏のパフォーマンスレベルが単純に相関していたことである。Ericsson らの最初の研究以後，チェス(Charness, Krampe, & Mayr, 1996)を初めとして個人スポーツやチームスポーツ(例えば，Helsen, Starkes, & Hodges, 1998; Hodges & Starkes, 1996; Starkes, Deakin, Allard, Hodges, & Hayes, 1996)に至るまで，研究者はさまざまな領域で多くの研究を実施している。

　意図的な練習の内容がどのようなものなのかという議論や，練習の一般論を包括するような意図的な練習の定義が可能かどうかといった議論もあるが，全体として上述の研究は意図的な練習仮説を強く支持している。練習データの後ろ向きの収集には制約がある(特にその信頼性について)ために，上述の評価を確認するには時系列に沿った縦断的な研究が必要である。こうした問題点はあるにしても，各学習者が将来熟練者になり得ることを考えれば，意図的な練習仮説は，改めて天賦の才能よりも練習が重要であることを学習者に教えるものになっている。

　現在，研究者はピークパフォーマンス後の練習(例えば，マスター競技者)を調べ始めている。この研究の目的は，どのくらい練習すれば通常の加齢によるパフォーマンス低下が阻止できるのかを明らかにすることにある(Starkes, Weir, Sinjgh, Hodges, & Kerr, 1999 を参照)。さらに，トライアスロンのような複合競技者の練習パターンの研究もある。複合競技を練習するに当たり1種目だけの練習ではなく3種目の練習を行う場合には，練習スケジュールの組み方が非常に重要になってくる(Kerr, Hodges, & Starkes, 1999)。このタイプの分析をすれば，特殊な練習や一般的な練習は実際の競技にどのような効果があるかを明らかにすることができると思われる(例えば，水泳競技だけを練習しているトライアスリートのトレーニングスケジュールと水泳時のパフォーマンス記録を，多くのタイプの練習をしているトライアスリートのそれらと比較する)。

練習の多様性

　練習のキーになる判断事項は，練習計画に取り入れる多様な練習量・練習の多様な幅である。練習を単一プレーや単一シュートといった単一条件のものに集中して行う方がよいのだろうか，それともさまざまなプレーやさまざまなシュートといったさまざまな条件のものに分散する方がよいのだろうか？　例えば，フリースローの練習者は常にコート上の同じ地点からシュートを練習する方がよいのだろうか，それともさまざまな地点からシュートの練習をすることに，何らかのメリットがあるのだろうか？　ゴルフのアイアンショットを練習する時には，いつも4番アイアンで同じように打つ練習がよいのだろうか，それとも4番アイアンを使った多様なショットの練習がよいのだろうか？　多くの点から，練習の多様性を決定する際に考慮すべき重要なことは，練習したスキルをゲーム状況で実践する時に経験する多様なタイプの条件と思われる。そのスキルを適用するゲーム状況が一定の時／不変の時(例えば，フリースロー)，新しいスキルが必要な時(例えば，4番アイアンで低いフェードをかけてボールをラフから出す)を比較した場合，多様な練習条件には何らかの効果があるのだろうか？　次の2つの疑問は，多様な練習における研究の本質をついている。(1)多様な練習は特定のスキルの保持に影響を与えるのだろうか？　(2)未経験の練習状況にスキルを転移させる場合，多様な練習はその転移に影響を与えるのだろうか？

　多くの理論を刺激したのは，"スキーマ理論"(Schmidt, 1975)であり，このスキーマ理論では，新しいスキルが必要な場合では，多様な練習が一様な練習よりも優れていると明確かつ検証可能な形で予測した。研究結果は本章ではカバーしきれない多数の要因

に依存するという意味で，あいまい以下のものになっている（例えば，Shapiro & Schmidt, 1982；van Rossum, 1990，を参照）。多様な練習は一様な練習よりも常に優れているのだろうか？　単純に回答することは難しい。しかしながら，保持や転移の違いが明らかな場合，研究者は常に多様な練習条件を支持しているために，こういった知見を考慮しながら，回答する必要がある。一様な練習条件の保持を学習の基準にした場合でも，それが多様な練習よりも優れていることを明らかにした研究はほとんどない。

保持効果

多様な練習が保持のパフォーマンスに役立つ一例として，SeaとKohl(1991，実験1)の研究報告を考えてみたい。実験参加者に対し握力計を一定の強さで握る学習を要求した。保持テストの強度基準は150ニュートンであった。保持テストでは3群を比較した。3群に課した練習の多様性は異なっていた。2群の参加者には，保持テスト基準の150ニュートンのみの練習を課した。この2群中の1群には当該課題の練習を100回課し，もう一方の群には340回の練習を課した。第3群には多様な練習条件を課した。それは基準にした150ニュートンを100回，同時に目標強度の基準周辺（100・125・175・200ニュートン）を240回，合計340回練習するというものだった。結果は非常に明白であった。獲得パフォーマンスは一様な練習条件を課した2群の方が優れていた。しかしながら，保持テストでは第3群の多様な練習を課した群がかなり良い成績を示した。この研究結果が際立っているのは，練習回数が同じであっても（340回），多様な練習を課した群の成績が保持テストの課題だけに集中した群の成績をはるかに凌いでいたことである。明らかに，多様な練習条件では，練習事象を長期記憶に保存しておかなければ，このような結果は期待できないものと思われる。

転移効果

SheaとKohl(1991)が使用したものと同様な実験デザインを，かなり以前にMcCrackenとStelmach(1977)が使用して多様な練習と転移の関係を調べていた。しかしながら，McCrackenとStelmachの実験では，参加者に筋の力量産出課題を遂行させたというよりも，むしろ運動距離に変化を加えた多様な練習条件で，運動をできる限り200ミリ秒近くで終了するよう求めていた。一様な練習条件群には常にこの時間条件で4つの距離のうち1つの練習を求めていた（各下位群は，それぞれ1つの距離で練習）。多様な練習条件群は，各4つの距離課題をそれぞれ同じ回数練習した。McCrackenとStelmachと，SheaとKohlの研究デザインの主要な違いは，学習評価の方法にあった。McCrackenとStelmachの実験デザインでは，新しいタイミング課題（新しい距離課題）への転移を，練習セッション後の基準テスト条件にしていた。結果はSheaとKohlの知見と同様に，多様な練習条件群の転移テスト成績が，一様な練習群の成績を上回っていた。

修飾変数

多数の変数が多様な練習の潜在的な価値を修飾しているように思われる。例えば，参加者が実験課題をいくらか経験している場合，練習の多様性に応じて差異が出現する可能性は低下するものと思われる。さまざまな年齢群を対象として多様な練習条件を評価した場合，多様な練習の効果は一般的に年長児童や成人よりも年少児童において顕著に現れるということが，この経験の影響を説明している（Shapiro & Schmidt, 1982；Yan, Thomas, & Thomas, 1998）。多様な練習の効果は，一般的に，単純な課題や緩やかな実行課題よりも，複雑な課題や素早い実行課題においてよく見られている（Yan et al., 1998）。

もう1つの修飾変数は，練習セッション中の多様な練習方法に存在していると思われる。Lee, Magill, Weeks(1985)の多様な練習に関する文献レビューから，単なる多様な練習経験では十分な学習効果のないことが明らかになった。次節で議論するように，研究者は多様な練習の利点を最大にするような方法で，参加者にこれらを経験させなければならない。

文脈干渉

文脈的な干渉効果をもっとも容易に理解するには，Battig(1969, 1979)の理論だけでなく，この領域では画期的なSheaとMorgan(1979)の先駆的な研究を説明する必要がある。SheaとMorganは，2群の大学生に急激な腕反転課題の3つのバリエーションを練習させた。課題は，刺激ライトを見てテニスボールを手に取り，6つの木製障壁の3つを倒し，その後にテニスボールを最終場所に置くことであった。3つの障壁を倒す順番には，前もって3つのパターンを決めておいた。各パターンは獲得試行中の参加者から丸見えの状態にあり，刺激ライトの色と対になっていた。課題目標は，できるだけ素早く正確にこの運動を完遂することであった。

すべての実験参加者に3つの運動パターンを各18試行練習するように要求した（計54回の獲得試行）。獲得試行の遂行順序によって参加者をブロック群とランダム群の2群に分けた。ブロック群には最初の18試行を1種類の運動パターンで，次の18試行を別の運動パターンで練習するように要求した。ランダム群に課した各運動パターンの練習回数はブロック群と同じであった。しかしながら，ランダム群の練習は次のようになっていた。ランダム群は18試行中に3つの

運動パターンをそれぞれ6試行ずつ練習したが，どの運動パターンも続けて2回以上練習することはなかった。保持テスト・転移テストは，ブロックとランダムの順に，獲得試行の10分後と10日後に行った。

図5.2 は Shea と Morgan (1979) の研究結果である（保持テストと転移テストのデータは，10分後と10日後の平均値を示している）。この図から明らかなように，ブロック群が獲得試行中に示したパフォーマンスは，ランダム群のパフォーマンスよりも優れていた。しかしながら，保持テスト中には，ランダム群のパフォーマンスがブロック群よりも優れていた。保持テストには注目すべき2つの特徴がある。ランダム群のパフォーマンスは，最終獲得試行のパフォーマンスとほぼ同じレベルを維持していたが，ブロック群のパフォーマンスはそうはならず，保持試行中には非常に不良なパフォーマンスレベルに立ち戻った。これらのデータに見られるその他の重要な特徴は，ランダム群の優位性が保持試行中のランダム−ブロックの順に現れたことである。

Shea と Morgan (1979) が明らかにした文脈干渉効果は，いくつかの理由からこの研究分野の興味を引いた。それはおそらく，そして何よりも知見が逆説的だったからである。逆説的というのは，ある変数がどのようにして獲得パフォーマンスに有力な効果を与えるのか，また，ある変数がどのようにして保持や転移に有力な反対効果を与えるのかということである。Shea と Morgan の研究に続いて，この疑問を解明する研究が出てきた。また，Shea と Morgan の研究結果に影響したさまざまな要因（例えば，実験参加者，課題の特徴）を考慮して，その知見を拡張しようとする研究も出てきた。やがてこの研究は教育的関心や教育的意義を明らかに推進することになった。

理論的な問題

多くの実証的な研究が20年以上行われているにもかかわらず，文脈干渉効果の理論的な問題は実質的な解決をみていない。ただし，一握りの仮説の中では，2つの仮説がもっとも注目を浴びている。1番目の仮説は，ある課題を別の課題文脈中で練習する場合には従事している処理の性質によってこの効果が現れるという，明晰・精緻処理仮説である (Shea & Morgan, 1979)。例えば，ブロック練習では，同一課題のパフォーマンスだけを求めている。このように，ブロック練習では，さまざまな課題を継続する時のように比較対照の情報を学習する機会がほとんどない。ランダム群はパフォーマンスに干渉する比較対照の情報を利用することができるが，このことは，後に学習を保持や転移として評価する場合に有利となる。ブロック練習中とランダム練習中の実験参加者による口述報告のデータから，ブロック練習中の明晰・精緻処理の性質は，ランダム練習中のそれに比べてひどく貧弱化することが明らかになっている (Shea & Zimny, 1983, 1988)。試行間の認知操作が明晰・精緻処理を促してブロック練習中の貧弱な処理を改善するという Wright (1991) や Gabriele, Hall, Lee (1989) の報告は，この仮説をさらに支持している。

文脈干渉のその他の主要な理論的な説明では，この効果の背景にある重要な処理要因は，各試行における運動プランニングの積極的な関与であると示唆している (Lee & Magill, 1983, 1985)。忘却と再構築の見方に基づけば，異なる課題を連続的にこなすランダム練習においては，すでに構築した運動プランを放棄して，練習順序に従って次の課題に適した運動プランを準備しなければならない。すでに構築した運動プランの課題を練習順序に再導入する場合，実験参加者はすでに構築したプランの記憶を忘却して，新しい運動計画を構築する必要がある。ランダム練習の重要な特徴は，学習者に運動プランの忘却と再構築の練習を強制的に行わせることにある。これはブロック練習試行にはない特徴である。ブロック練習試行では課題要求が常に同一なので，学習者は試行ごとにまったく同じ行動プランを使用することができる。忘却を促す非特異的な条件をブロック練習の試行間に挿入し，その結果，ランダム練習と類似の獲得や保持効果を得た実験は，この立場を支持している（例えば，Magill, 1988 ; Young, Cohen, & Husak, 1993）。積極的な運動プランニングの要求をランダム練習中に効果的に取り除くといった非常に強力なガイダンス手続きは，ブロック練習群に比べてランダム練習群のパフォーマンスの不足と保持の効果をともに大きく取り除く (Lee, Wishart, Cunningham, & Carnahan, 1997) という，Magill らと反対のアプローチを使用した研究も上記の仮説を支持している。

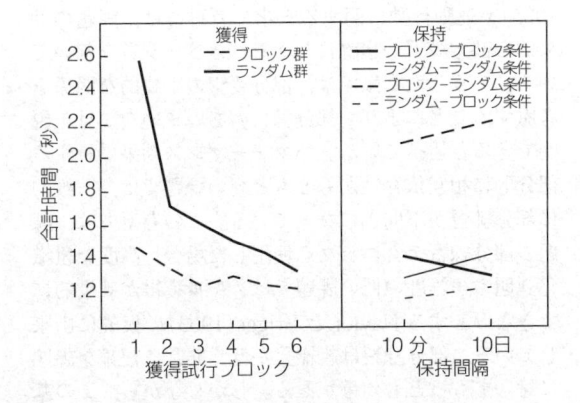

図5.2 ブロック条件・ランダム条件におけるパフォーマンスの獲得・保持

(Shea & Morgan, 1979 より)

修飾変数

ランダム練習とブロック練習の順序は，練習スケジュールを連続体と見なした場合，その対極を占めており，これらの練習の順序を変えた研究結果は，それぞれの優劣が入り交じったものになっている。Shea, Ho, Morgan（Shea & Zimmy, 1983 による引用）は，同じ獲得期に複数のランダム練習とブロック練習を組み合わせ，これらの混合スケジュールで練習した際の保持やパフォーマンスと，完全なランダムスケジュールまたはブロックスケジュールで練習した際の保持やパフォーマンスを比較した。Shea と Morgan（1979）の課題を使用した彼らは，ランダム練習時期とブロック練習時期をどのように組み合わせてみても，全体的にブロック練習の学習が比較的容易になることを明らかにした。Lee と Magill（1983）は，試行ごとに課題遂行順序が変わる一連のローテーション法を複数提示した（例えば，3 種類の課題の遂行順序は，ABCAB-CABC のようになる）。獲得試行と保持試行とも，連続試行群のパフォーマンスはランダム群と同じであった（Lee & Magill, 1983，実験 2）。しかしながら，タイミング課題（Lee & Magill, 1983，実験 3）と 3 種類のバドミントンサーブの学習（Goode & Magill, 1986）では，ともに連続練習群の方がブロック練習群よりも悪かった。ランダム練習の方法を少し変えて，ある同一課題の練習を 2 回以上連続して行う方法は意義ある妥協と思われる。こうすれば，ランダム練習と同様に獲得過程のパフォーマンスを損なうことなく，保持に正の影響を与えることができる（Al-Ameer & Toole, 1993）。

大半の文脈干渉の研究は，選定基準が不明な大学生を実験参加者にしている。しかしながら，Magill と Hall（1990）は，さまざまな実験参加者のサンプルを考慮することによって文脈干渉効果の変動をみることができると示唆している。特に，児童を参加者とした場合には，それぞれの優劣の混在した結果が現れるように思われる。Del Ray, Whitehurst, Wood（1983）はランダム練習とブロック練習のスケジュールを使用して，6～10 歳までの児童の獲得試行と保持試行のパフォーマンスを調べた。成人とは異なり，児童では獲得試行や保持試行においても，ブロック練習群の方がランダム練習群より優れたパフォーマンスを示した。Pigott と Shapiro（1984）は，ブロック群とランダム群の間の獲得と転移の差を明らかにすることができなかった。しかし，ブロック試行をランダムな順序で練習した実験参加者群は，その他いずれの群よりも優れたパフォーマンスを獲得と転移に示した。一方，7 歳児ではランダム練習は保持に対して明らかに有利であり（Pollock & Lee, 1997），6 歳児では転移に有利なことが明らかになった（Edwards, Elliott, & Lee, 1986）。しかし，これらの 2 つの児童の研究では，ランダム練習群とブロック練習群の獲得に差がなかっ

た。また文脈干渉効果は認知障害者の学習にも存在している（Edwards et al., 1986; Heitman & Gilley, 1989）。

文脈干渉効果の初期の研究では，どちらかと言えば単純な実験室課題を使用していた。単純な実験室課題が日常生活の場合と同様に，スポーツスキルや産業スキルの獲得においても有力なトレーニングになり得るのではないかといった関心は，より複雑なスキル課題や実社会におけるスキルの実証的な研究の不足もあって薄れてしまった。最近になってこうした実験がいくつか現れ，明確な結果とは言えないものの，それらの実験では概してランダム練習スケジュールの優位性が明らかになっている。文脈干渉効果は，例えば野球，バドミントン，カヤック，バレーボール，ライフル射撃などで明らかになっている（Schmidt & Lee, 1999 のレビューを参照）。多くの研究課題は未解決なままではあるが，スキル獲得のトレーニングスケジュールに文脈干渉効果の研究成果を適用することは当然のことと思われる。

課題の部分練習と全体練習

複雑な運動スキルの学習とパフォーマンスには，学習者が努力して取り組むべき重要な情報処理が存在している。初心者の場合，情報処理の負荷を容易にする自動化要素が存在せず，課題パフォーマンスの注意能力に限界があるために，重要な情報処理に努力して取り組むべき状況は極端なものになっている。このような状況に直面した時，インストラクターが認知負荷の削減方法を見つけ出すことができれば，その結果，効果的な課題学習の実行が可能になる。この目標を達成する一般的な方法の 1 つは，課題の一部が獲得できるような学習課題を学習者に提示することである。課題の一部の学習は課題全体の遂行に正の転移をするということが，基本的な仮説になっている。

課題の部分練習に関する研究レビュー（例えば，Chamberlin & Lee, 1993；Wightman & Lintern, 1985）や運動行動に関する大半の教科書は，課題の効果的な部分練習の議論にしかるべきページ数を割いている。こうした文献では，部分要素の本質的な関係を考慮することにより，部分練習のあいまいな知見を説明できると述べている。パフォーマンス効果に対する部分的に相互依存性がもともと高い課題では，一般的に部分練習が不向きになっている。この考え方は，課題の部分練習テクニックを使用した場合，高度な組織化課題や複雑度の低い課題ではスキル獲得が効果的にできないとする Naylor と Briggs（1963）の仮説に由来している。部分練習は組織化が低く非常に複雑な課題に対してもっとも効果がある。しかしながら，この基本的ルールは 2 つのカテゴリの中間に位置するような課題（例えば，組織化が高く，複雑性も高い課題）の要素練習には適用することができない。

課題の部分練習を決定する際には，課題を分析し，要素の相互依存性を確定することが中心原理のように思われている(Proctor & Dutta, 1995 を参照)が，研究文献を詳細に検討すると，この考えは完全なものではないことがわかる。通常，課題の部分練習の研究では，課題の部分練習から課題の全体練習に至る各群の獲得パフォーマンスと統制群(練習なし群)の獲得パフォーマンスを比較している。要素の相互依存性が低い場合には，部分練習による学習から全体練習の学習に大きな正の転移が生じてくる。しかしながら，要素の相互依存の程度にかかわらず，一般的に部分練習は正の転移(統制群よりも，優れた獲得パフォーマンス)をすることが明らかになっている。著者が知る限りでは，部分練習の獲得パフォーマンスが負に転移して，統制群よりも悪いパフォーマンスを示した研究は1つだけである(Lersten, 1968)。しかしながら，この研究でも負に転移したのは1つの要素のみで，他の要素は正の転移(程度は低い)をしていた。ケースによっては，相互依存性が高い要素課題でも，かなり有意に正の転移をすることが明らかになっている。例えば，Space Fortress というゲーム(Mané, 1984)，両手で異なるリズムを取る課題(Summers & Kennedy, 1992)などがそれに該当している。

相互依存の要素だけですべてを語ることはできない。要素の相互依存性はおそらく部分練習テクニックや学習者の特徴と相互作用して，トレーニング領域での部分練習の効果を確定しているものと思われる。実際のところ，大半の運動スキルはある程度の部分練習によって獲得することができる。初心者に能力を超えるような情報処理課題を課した場合には，何らかの部分練習を使用して，処理要求の負担を削減する必要がある。問題は課題の部分練習か全体練習かというよりも，どのような部分練習テクニックを適用するかということである。

この要素の相互依存性や課題の部分練習テクニックなどの交互作用を洞察するには，効果的な課題パフォーマンスを支える制御処理から，要素の相互依存性を理解する必要がある。要素部分の相互依存性が高い課題は，熟練パフォーマンスの協応を重視している。つまり，上手なパフォーマンスの実行には，高度な統合制御メカニズム(運動プログラムや協応構造など)の開発が必要になる。Klapp, Nelson, Jagacinski (1998)は，複雑かつ制限付きの複数リズムのパフォーマンスを制御するメカニズムの証拠として，感覚運動の統合的な表象をあげている。これら運動タイプの統合制御メカニズムを開発・強化するような部分練習の条件は，全体課題に強い正の転移を引き起こすものと思われる。統合制御の開発を妨害する練習条件／中立的な練習条件では，全体課題への正の転移がより少なく，場合によっては負の転移が生じることもある。

部分練習の技法にはさまざまな方法がある。Wightman と Lintern (1985) は，分節化(segmentation)，細分化(fractionation)，単純化(simplification)という3つの基礎的な部分練習法を示唆している。また最近では，注意指示法(attention cuing)という4つ目の技法も目にするようになった(Magill, 1998b ; Rose, 1997 を参照)。以下，各技法を使用した実験結果を確認し，それぞれが展開している制御構造の性質を推測しながら各技法を個別に考察してみたい。

分節化

部分練習のもっとも一般的な技法であり部分練習の研究でもっともよく利用されている技法は，時間次元や空間次元に沿って課題の要素を分節化または分割する手法である。一般的には，パフォーマンス課題の明確な時間部分を分解して，それをいくつかの練習スケジュールに従って学習者に提示している。純粋な部分練習では，各要素を別々に練習し，一定の基準レベルに達した時に初めてすべての部分をまとめて全体課題に組み立てている。反復的な部分練習または連続的な部分練習は，部分連結技法の穏やかなバリエーションである。それぞれの部分を系統的に結合することによって，継続的な運動のより大きな塊を実行して課題の全体練習をするのが，この技法の特徴である。連続的な部分練習では，学習者は，すでに練習した部分に新たな部分を追加する前に，新たな部分を単独練習しなければならない。組み合わせの練習では，すでに練習した部分と新たに練習する部分が常に一体になっている。

繰り返しの部分練習／連続的な部分練習では，前向き連鎖(forward chaining)（最初の部分から最後の部分へと，論理的な時間順序に従って部分練習を行う方法）／後ろ向き連鎖(backward chaining)（最後の部分から最初の部分へと，時間を遡って部分練習を行う方法）のいずれかを実行することができる。前向き連鎖の例としては，ピアノ曲の練習がある。ピアノ曲の練習では，楽譜の最初の小節から演奏をマスターし，次々に小節を付け加えて行く。後ろ向き連鎖の例には，バスケットボールのレイアップシュートがある。レイアップシュートを教える時には，最後の部分(シュート)から練習を始め，シュートとワンステップの組み合わせ，シュートとツーステップの組み合わせ，ドリブル・ツーステップ・シュートの組み合わせなどを次々に練習して，最終的にドリブル・ステップ・シュートといった課題全体の一連の流れが実行できるまで練習させる。

すでに述べたように，部分練習の効果を検討している多くの研究が，分節化の技法を取り入れている。これらの研究にみられる転移の交互作用を考慮すれば，ある程度の相互依存性が下位の課題間に存在していることは明らかである。すなわち，下位課題の相互依存性が高い運動を部分練習しても，課題全体のパフォー

マンスには低いレベルの正の転移しか生じないことになる。この結果は，統合制御メカニズムの発達の観点から道理に適っている。部分練習，特に純粋な部分練習を行う場合，学習者は課題全体の巧みなパフォーマンスの実行に必要な部分間の協応を開発する機会がなくなってしまう。

しかしながら，相互依存性の高い下位課題を使用した研究には，分節化した部分練習が課題全体のパフォーマンスへ効果的に転移すると報告しているものもある。例えば，AshとHolding(1990)は実験参加者に楽譜通りのピアノ演奏を練習させた。その結果，参加者は，前向き連鎖技法を使用した場合，優れた課題獲得パフォーマンスを示すことが明らかになった。ここでの重要な点は，統合的な制御メカニズムが開発できる分節化技法を適用していたことだった。

ここで留意すべきことは，前向き連鎖技法と後ろ向き連鎖技法の相違点である。連鎖技法の4つの研究をレビューしたWightmanとLintern(1985)は，うち3つの研究で，後向き連鎖技法群が課題全体のパフォーマンスに優れた正の転移を示していることに気づいた。しかしながら，AshとHolding(1990)は，前向き連鎖技法の方が，より効果的な部分練習の技法であると述べた。この重要な違いは課題の性質にあると思われる。後向き連鎖技法が優れていると指摘した研究では，すべて課題の終点に高度な正確性を要求していた。課題の最終分節に先立つ部分の主な機能は，最終分節運動に必要な手足の正確な位置を決定することである。バスケットボールのレイアップシュートは，この課題タイプの一例である。ドリブル・ステップは，実際のシュートという重要な最後の部分の実行場所に選手を位置づける部分課題になっている。航空機の空母着艦も，最終点へ高度な正確性を要求する課題である(Wightman & Sistrunk, 1987)。しかし，楽譜通りのピアノ演奏をする場合，曲のそれぞれの部分は曲全体(課題全体)に同じ影響を与えているために，どこかの部分がその他の部分よりも曲全体のパフォーマンスにとって重要だとは考えられない。このような課題の場合には，前向き連鎖技法の方がより効果的であると思われる。

細分化

細分化とは，通常，同時実行するべき部分を別々に練習する部分練習技法である(Proctor & Dutta, 1995; Wightman & Lintern, 1985; Wightman & Sistrunk, 1987; 細分化の別の解釈については，Magill, 1998bを参照)。多くの研究者がテレビゲーム(Newell, Carlton, Fisher, & Rutter, 1989)，複数リズムのタッピング(Klapp et al., 1998)，両手のエイミング課題(Sherwood, 1994)，ジャグリング(Knapp & Dixon, 1952)，トラッキング課題(Briggs & Naylor, 1962)，航空機の制御(Briggs & Walters, 1958)などの課題に部分課題技法を使用している。

肯定的な効果もいくつかみられるが(Newell et al., 1989; Sherwood, 1994)，これら大半の研究結果では，部分練習には課題全体のパフォーマンスに有意な正の転移を起こすような効果がないと指摘している(例えば，Briggs & Walters, 1958; Klapp et al., 1998; Knapp & Dixon, 1952)。実行課題の各部分を同時に遂行する際には，統合制御メカニズムを通した部分間の高度な協応が本質的に必要になると思われる。部分練習に対して肯定的な結果が得られなかった研究は，純粋部分練習技法(課題全体への転移が生ずる前に，各部分を他の部分から独立させて練習する)を使用していた傾向がある。分節化の節で述べたように，部分を独立させて行うタイプの練習は，課題遂行に不可欠な下位課題の統合制御要素の開発を，本質的に阻害しているものと思われる。

もしこれが事実ならば，なぜこれらの課題タイプの部分練習に正の転移を見出した研究者がいるのだろうか。Newellら(1989)の研究の参加者はSpace Fortress (テレビゲーム)のパフォーマンスが向上した。この研究では，参加者に宇宙船の操縦や爆雷の回避，回転する要塞へのミサイル発射を求めた。ゲームのプレー中，同時実行が必要な部分課題の組み合わせは時々刻々変化している。つまり，ゲームを通してどの時点でどの部分課題にスキルを使うべきかは，あらかじめ決まってはいない。このように，あらかじめ準備した統合制御メカニズムよりも，その時々の瞬間にパフォーマンスの部分を統合して実行する能力が，このゲームにおける成功を決めている。それぞれの課題要素を独立的に練習することによって，課題の各部分の実行はある程度自動的なものになり，結果として，課題遂行の基本的な統合化に必要な心的許容量の解放と結びつくものと思われる。

Sherwood(1994)の研究の参加者は両手のエイミング課題を実行した。参加者は両腕をそれぞれ逆方向に動かさなければならず，運動距離(20°／60°)も違っていたが，時間軸は一定(逆の点までは200ミリ秒)であった。この研究によって，最初に長い運動を練習した場合にのみ，各運動の部分練習は課題全体の(両手の)スキル獲得に効果のあることが明らかになった。この研究の両手による課題パフォーマンスの重要な特徴は，速い腕運動(長い距離)と遅い腕運動(短い距離)で課題目標を達成する速度の比率(倍率速度；velocity of scaling factor)にあった。この場合，両手の課題実行には統合制御メカニズムは必要がなく，むしろ一方の腕の制御メカニズムを他方の腕の課題遂行に利用することになる。この比率調整は，より困難な課題要素の練習によって制御メカニズムを確立した場合でもっともうまく機能することが，この結果から明らかになっている。また，この研究は，部分練習群の学習転移の量と，全体練習群・練習をしない群(統制群)の学

習転移の量を比較していないために，真の意味での部分練習の研究にはなっていない。

運動制御の表象に重要な洞察をもたらしたものは，Klapp, Nelson, Jagacinski (1998) の研究であった。実験参加者には両手で比率の異なる3：2のリズム（右手は1,800ミリ秒の間に3回タッピングし，左手は1,800ミリ秒の間に2回タッピングする）を学習するように求めた。結果として，全体練習群の学習成績は部分練習群の学習成績を上回っていた。しかしながら，学習後に各リズムを右手・左手で別々にタッピングさせると，全体練習群はうまく実行できなかった。全体練習群は課題実行に必要な制御の統合的な感覚運動表象を獲得したが，その表象は個々の腕の別々の運動には役に立たなかったとKlappら (1998) は結論づけた。実際，この課題が求めていたものは，両手で別々のリズムをタッピングする課題の学習というよりも，両手協応の運動課題の学習であった。この知見は，音楽演奏のような両手リズムの課題の学習や部分練習技法の適用に関連して，興味深い推測をもたらしていた。両手でリズムを創出する音楽演奏のスキルは全体練習を通して獲得しなくてはならないというのが，Klappら (1998) の結論である。ドラム演奏の学習（手足を使うという点では，両手のみを使う場合よりも複雑な運動統合が必要になる）はこの一例と思われる。

しかしながら，左手でリズムを刻み右手でメロディを奏でる典型的なピアノ曲の練習のように，それぞれの手が同じリズムを刻まない場合には，どの練習方法が一番よいのかはっきりとしていない。Klappら (1988) が指摘しているように，左手でリズムを刻み右手でメロディを奏でるようなこれらのタイプの課題の学習が部分課題の練習で向上するかどうかは未解決の問題である。ピアノ練習中の子供を非実験的に観察した逸話によれば，リズムとメロディの個別的な部分練習が初心者に効果があるとしている。和音の終止法 (chord cadences) や音階 (scale) をマスターして，リズムとメロディの基本的な要素をいったん獲得すると，部分練習は役に立たなくなる。Shaffer (1981) は，高度熟達音楽家であっても，リズムとメロディは独立的に習得できることを明らかにした。これは，課題の部分練習に何らかの効果があることを示している。いずれにしろ，この分野のさらなる研究が必要であることは明らかである。

同時遂行要素の部分練習で未解決なその他の問題は，SchneiderとDetweiler (1988) が提示した結合説／制御構造モデル由来の予測である。ProctorとDutta (1995) が指摘したように，この制御構造モデルでは，課題全体のパフォーマンスを支える心的負荷が，課題の全体的な協応の重要な側面になると示唆している。この考え方はKlappら (1998) の統合的な課題遂行制御の感覚運動表象とかなり類似している。課題の部分練習は実質的に課題全体のパフォーマンスを支えるこの心的負荷を削減している。SchneiderとDetweilerのモデルでは，心的負荷が高い時に同時実行課題の各部分を個別に練習すれば，より効果が上がると予測している。これまでのところ，この予測は経験的な実験にはあてはめられていない。

単純化

課題全体の実行の難しさを初めから軽減する部分練習法が，単純化の手法である。課題の難しさは，運動スピードを遅くする，課題パフォーマンスに使用する道具等の性質を変えてより容易な相互作用を創出する（例えば，ジャグリングのボールの代わりにスカーフを使う，サイズの大きなプラスチックバットとボールをバッティングに使う，環境の不安定さを低める），活動の基本原理を教えるために単純な状況のゲームを利用して練習する，といったさまざまな方法で低減することができる。教育ツールとしての単純化の利用は，ほとんどの教育関連の研究で基本的な教育原理として定着している。その大半の記述は，簡単なものから難しいものへと進めるような，運動スキルの獲得の具体的なスケジュールを提案したものになっている。

単純化の技法を使用した部分練習についての研究結果は，かなりあいまいなものになっている。単純化はさまざまな教育・教育環境の一般的な練習と矛盾しない原理である。にも関わらず，WightmanとLintern (1985) は，この練習方法の効果を支持する実証的なデータはほとんどないと結論づけている。WightmanとLinternがレビューしたほとんどの研究は，概して肯定的な結果を示しているが，課題全体への学習の転移は100%に達しているわけではない。これは課題の全体練習の効果に比べて，単純化の効果が薄いことを意味している。しかしながら，最近では，効果的な部分練習技法の1つとして，単純化を支持する研究報告がある（例えば，Hautala, 1988；Mané, Adams, & Donchin, 1989；Summers & Kennedy, 1992）。単純化を実用的な部分練習技法とするには，さらなる研究が必要である。

課題全体のパフォーマンス制御の本質を維持しながら課題を単純化することは，運動制御の観点から効果的と思われるが，一方，本質とは異なる制御のダイナミクスを引き起こす単純化は効果的なものにはならない。課題のスピードを遅くすることは，制御の本質を維持した単純化に相当すると思われる。例えば，Manéら (1989) は，実験参加者にテレビゲーム"Space Fortress"のスピードを遅らせて練習するように求めた。その結果，通常スピードの成績への正の転移を認めた。しかしながら，スピードを遅くする程度には限界がある。正の転移を起こすには最適な最低スピードがあり，それ以上にスピードを遅くすると巧みな課題パフォーマンスの実行に必要な要素間の本質的な相互作

用を変える恐れがある。これは練習場面に常に遅いスピードの練習を組み込む学習者に対する警告になると思われる。

　Mathiowetz と Wade (1995) は，健常成人と多発性硬化症の成人患者を対象に，同じような文脈で日常生活教育の模倣技法を調べた。彼らが調べた模倣技法は対象除去の方法であり，スポーツ学習で一般的に行われるシャドーイングテクニック（ゴルフクラブやボールなしのスイング練習）と類似のものであった。彼らの研究から，独特な運動学的プロフィールは，実際の課題パフォーマンスや模倣課題パフォーマンスに出現することが明らかになった。これは各課題のパフォーマンスにさまざまな特徴があることを示唆していた。模倣／シャドーイングのパフォーマンスには，実際の課題パフォーマンスとは異なる運動制御の特徴があると考えられるので，練習技法としての模倣／シャドーイングは非常に効率が悪い手法と思われる。この問題についても，明確な法則を見出すにはさらなる研究が必要である。

注意指示法

　注意指示法は，厳密な意味で部分練習技法ではないが，部分練習要素を全体課題のパフォーマンスに組み込む練習技法である。この技法を使用する場合，学習者は課題を全体練習しても，テニスのグラウンドストロークを行う際にはフォロースルーに注意したり，ゴルフスイングを行う際には切り返しに注意するように，全体的な課題パフォーマンス中のある特定部分にも注意を向けている。注意の研究では，課題パフォーマンス中の選択的注意は可能であるとしている。

　この注意指示法の練習がパフォーマンスにとって有利な点は，課題全体をうまく実行しながら，課題パフォーマンスの改善に向けてその特別重要な側面を強調することが可能なことである。この利点を実証的に調べた研究はほとんどない。Gopher, Weil, Siegel (1989) は実験参加者にテレビゲーム"Space Fortress"を練習させて，課題全体の特定要素に注意させた複数群の成績と，特に注意させなかった統制群の成績を比較した。その結果，注意指示群は統制群よりも効率よく課題を習得していた。しかしながら，注意指示群に与えた教示は，ゲームプレイ中の戦略的な要素に関するものであった。戦略的な要素ではなく，ゲームプレイ中，すなわち課題遂行中の運動要素に注意した時に，同様の結果が出るかどうかは興味深い問題である。

練習のオフタスク条件

　広汎な文脈や方法を使用すれば，実際の課題から離れて練習することができる。本節ではオフタスク練習の研究について考察する。ここではイメージとメンタル練習，練習前のインストラクションとデモンストレーション，模擬的な現実について議論する。

イメージとメンタル練習

　運動スキルでは身体練習が不便な時，実際的でない時，不可能な時がしばしばあるが，そのような時に一般的に使用するトレーニング技法がメンタル練習である。メンタル練習では，神経筋が多少賦活することがあっても，目にみえる運動をしないで課題を練習するということが共通の考え方になっている。イメージすることがメンタル練習の主要なタイプであり，そこには内的・外的なパフォーマンスの視覚表象が存在している。しかしながら，これとは違う形のメンタル練習も可能であり，学習者は運動関連の自己受容刺激や聴覚性のフィードバックといった視覚以外のフィードバック処理に注意を集中する場合もある。

　最近まで，運動パフォーマンスのイメージの役割は，イメージしたパフォーマンスを明白に得点化できないために，評価することが難しいとされてきた。しかしながら，最近になって研究者がこの問題を克服するさまざまな方法を工夫したこともあって，イメージは強力な行動ツールであることが明らかになってきた。例えば，実験参加者がさまざまな目標距離を実際に歩行する時に計測したスタートからストップまでの時間と，同じ目標距離の歩行をイメージしてスタートからストップまでを計測した時間は，同じような長さになっている (Decety, Jeannerod, & Prablanc, 1989)。運動イメージの時間と同様の効果（実際の運動時間とイメージした時間が同じような長さになる効果）は，一行の文を実際に書く時間とそれをイメージする時間 (Decety & Michel, 1989)，難易度が異なる複数のタッピング課題（Fitts の課題）を実際に行った時とイメージした時の時間 (Kohl & Fisicaro, 1995)，難易度が異なる複数のゲートを歩いて通り抜ける課題（Fitts の課題）を実際に行った時とイメージした時の時間 (Decety & Jeannerod, 1996) にも存在することが明らかになっている。さらに，最近では脳活動の生理測度（例えば，PET）を調べた研究もある。それによると，ある行動をイメージした時には，実際の行動と同じ運動神経経路が活性化していた (Jeannerod, 1999 のレビューを参照)。これらの事実は，実際に運動をしなくても，メンタル練習，特にイメージがその代理になるという主張を支持しているように思われる。それでは，学習はどうなのだろうか？

　Feltz と Landers (1983) はメタ分析から，メンタル練習が運動学習の改善と正に相関すると結論した。課題が強度要素よりも認知要素を強調している場合には，特に相関性が高かった。メンタル練習の効果が非常に大きいことを示した研究もある。例えば，Kohl,

Ellis, Roenker(1992)の研究では，実験参加者にパーシュートローター(回転盤追跡装置)課題の練習を要求した。4群に分けた参加者の第1群には実際の身体練習を18試行，第2群にはイメージ試行を18試行，第3群には実際の身体練習とイメージ試行の交互練習(各9試行ずつ)，第4群には実際の身体練習9試行と休憩9試行の交互実施をそれぞれ課した。保持テストのパフォーマンスの成績は，全イメージ試行群(第2群)と実際の身体練習と休憩を交互に行った群(第4群)が，統制群(実際の身体練習もイメージ試行もまったく実行しない)よりも優れていた。この結果は，イメージ試行だけでも何らかの学習が向上することを意味している。しかしながら，もっとも優れた学習成績を示した群は，すべての試行で実際の身体練習を行った群(第1群)と，実際の身体練習とイメージ試行を繰り返した群(第3群)であった。第1群と第3群の保持成績には差がなかった。このように，身体練習試行の半分をイメージ試行に変更しても，学習が低下することはなかった(Hird, Landers, Thomas, & Horan, 1991も参照のこと)。

　メンタル練習やイメージを文脈干渉(前節を参照)に取り入れた研究によって，ランダム練習とブロック練習の順序に実質的な影響が現れるといった証拠も明らかになっている。すでに議論したように，ブロック練習の獲得パフォーマンスはランダム練習よりも一般的に優れているが，保持のパフォーマンスは低下している。しかしながら，Wright(1991)は，試行間のインターバル中に直前の実行課題を学習セットの他の課題と精神的に対比させると，ブロック練習の保持パフォーマンスも実質的に向上することを明らかにした。ブロック練習群とランダム練習群にちょうど練習したばかりの運動課題とそれとは異なる運動課題をイメージさせたGabriele, Hall, Lee(1989)も，同様の結果を示した。獲得効果については，ブロック練習をランダムイメージで補完した時の方が，ブロックイメージで補完した時(ちょうど遂行したばかりの同じ課題をイメージした場合)よりもパフォーマンスは悪くなることが明らかになった。保持効果はより劇的であった。すなわち，身体練習試行がブロック／ランダムのいずれであるかに関わらず，ランダムイメージによって保持は容易になったのである。

　学習にポジティブな効果がある点では，メンタル練習とイメージ研究の知見は極めて一貫している。これらの学習効果に随伴する脳機能の生理学的な知見はまだ明らかになっていないが，こうした研究は将来非常に実り多い結果を導き出すものと思われる。イメージやメンタルリハーサルについてのさらに広範な議論は，本書の20章を参照されたい。

練習前のインストラクションとデモンストレーション

　一般的に，新しい運動スキルを練習させる前に，コーチは学習者に対して何らかのインストラクションや，運動のデモンストレーションを必ず実施している。実際，ほとんどのコーチは，獲得過程を容易にするもっとも重要なものは，インストラクションの教示や熟練者のデモンストレーションを利用することであると考えている。学習者にインストラクションを与えて最適な運動パターンを教える場合もあれば，特定の課題目標に関連した誤りについてフィードバックする場合もある。コーチはさらに，さまざまな感覚モダリティとさまざまな方法でインストラクションを与えることができる。例えばコーチは，スキルの全体や特定の部分に関係するような視覚的なデモンストレーションや言語形態のインストラクションを与えることもできる。加えて，インストラクションの内容や提示方法は，練習前・練習中・練習後など，提示時間によっても変化している。このインストラクションは学習者の課題遂行と無関係の場合もあれば，課題遂行に依存する場合もある(この場合，付加的フィードバックと呼ぶ)。本節では練習前の情報操作，つまり，学習者の課題遂行とは独立した情報に焦点を絞って論じることにする。

　インストラクションとデモンストレーションでは，一般的に，学習者に特定の運動や目標運動の実行方法の情報を与えることによって，身体練習を補完している。さらに，課題目標を達成させる正確な方法について説明するデモンストレーションは，通常は限られた回数しか与えていない。言語と視覚によるインストラクション(デモンストレーションのような)にはさまざまな学習効果("百聞は一見に如かず"と格言にもあるように)があるといわれているが，本節では両者を分けて扱ってはいない。その主な理由は，言語によるインストラクションと視覚によるインストラクションとの相異を実証した研究が発達研究に限られており，さまざまな年齢群や特殊な集団群における記憶の相異を扱った研究が多いことによる(例えば，Minas, 1977)。

　ごく最近まで，練習前に与えるインストラクションの意義や効果についての実証的な研究はほとんどなかった。運動学習にこうした研究が存在しなかった理由は，主として学習の研究に使用した実験室課題のタイプに原因があると思われる。これらの課題は，一般的に，身体部分の関係を新たに学習する必要がないものだった。どちらかと言えば，すでに獲得している運動の単なる修正のみを必要とするものだった。これには，例えば，指示した運動時間でキー押しする課題が該当している(Newell, 1989；Scully & Newell, 1985；Whiting, 1980, 1984を参照。これらの研究で

は，既存の運動パターンの課題と新しい運動パターンの課題を分けて考えた）。既存の運動パターンの修正だけで事足りる課題の場合には，課題目標の達成に必要な手足の運動方法を学習者に説明する必要はない。学習者に特定の方法での課題達成を要求する学習状況もあるが（運動見本に合わせるような。例えば，Newell & McGinnis, 1985)，その場合のインストラクションは課題目標と同型である。言い換えれば，課題要求の性質を学習者にわかるように説明すること以上に，運動遂行法に関するインストラクションが運動学習に有効かどうかを確定することは困難である。

　Singerらによる初期の研究（Singer & Gaines, 1975；Singer & Pease, 1976）では，インストラクションを与えたガイダンス学習群のパフォーマンスの方が，発見学習群（試行錯誤群）よりも優れていた。Singerらは実験参加者に決まった手順で多数のアイテムを手・足で操作するように要求した。しかしながら，保持のパフォーマンスは，ガイダンス学習群が優位にならなかった。実際，SingerとPease (1976)の研究ではガイダンスなし群のパフォーマンス時間が有意に速かった。さらに，少なくとも試行前半におけるパフォーマンスの転移は，いずれの研究においても，ガイダンスなし群の方が有意に向上していた。この結果は，正確な運動手順のインストラクションとデモンストレーションはともに学習に必要であるが，学習中に必要以上にインストラクションやガイダンスを続行すると学習過程に専念しようとする認知努力が低下して，その結果，保持・パフォーマンスの転移が悪くなると示唆している。

　練習前のデモンストレーションの熱心な観察や背後に潜む法則や熟練方略に関するインストラクションが課題の学習に役立つかどうかという問題は，最近になってやっと運動学習の分野で系統的に注目されるようになってきた。本節の残りの部分では，インストラクションの研究の多様な課題状況についてレビューしてみたい。そして，運動スキル獲得中のインストラクションの効果に対して何らかの結論を出したいと思う。

運動／基準テンプレートの役割

　一般的に運動スキルの研究では，異なる2つの運動クラス（Gentile, 1972, 1987を参照），すなわちオープンスキル／クローズドスキル（それらは一次元上にあると一般には考えられている）を比較している。オープンスキル／クローズドスキルの相違点を見分ける1つの方法は，スキルの達成方法が課題目標になっているかどうかを見極めることである。クローズドスキルの典型例は飛び込みと体操である。クローズドスキルでは運動の性質そのものが課題目標になっている。これに対して一般的にオープンスキルの目標と運動の性質は矛盾しており，課題目標とスキルを達成する方法は同じではない。例えば，オープンスキルには特定運動を解決するための方法が複数ある（例えば，サッカーのゴール方法，バレーボールのサーブリターン方法）。このような相異があるにも関わらず，スポーツスキルのインストラクターは，一般的に，最適な運動テンプレートや基準運動パターンを提供して，明らかなオープンスキルをクローズドスキルに変換しようとしている。オープンスキルをクローズドスキルに変換するこの状況で，インストラクターは，特定の方法での課題の達成が課題目標の達成において優れているといった混同（例えば，ボールを蹴る時に腰・脚・足の姿勢が正しい場合でも，蹴ったボールに必要な飛距離が出るわけではない）に気をつける必要がある（Gentile, 1972；Whiting & den Brinker, 1982を参照）。

　運動のテンプレートを提供すれば，課題の一貫性も増してくる（例えば，Newell, Carlton, & Antoniou, 1990）。クローズドスキルのパフォーマンスには運動のテンプレートが必要であるが，予測不能で常時変化するオープン状況に運動のテンプレートを提供すると，スキルの実行に必要な反応レパートリー（Gentile, 1972）の開発を妨げる恐れがある。加えて，課題の一貫性が増した場合にパフォーマンスが有利になるのは，スキルを正しく遂行している場合だけである。学習の最初の段階で先在行動や悪い習慣が学習者の運動を支配している場合に，新しい運動パターンの獲得を容易にするには，学習者の初期運動に多様な変化をつけることが，より好ましい方法だと思われる（練習の多様性に関する初期の考察は，Hodges & Lee, 1999を参照）。

　オープンスキルにおける最適なパフォーマンステンプレートの概念は，それ自体が異論の多い問題を抱えている。熟練者間のスキルの特徴には違いがないように思えるが（例えば，Wulf, Shea, & Matschiner, 1998），もっとも単純な運動スキルでさえも，その達成にはしばしばかなりの違いがある（Latash, 1996を参照）。個人間で生理学的・形態学的・生体力学的な違いがあるならば，熟練レベルや身体構造がさまざまに異なる個人に共通する最適な運動のテンプレートを探し出すことは不可能かもしれないし，仮にそうしたテンプレートが確定できたとしても，非熟練者にとっては有用なツールにならない可能性もある。例えば，単純なタイミング一致の課題を調べたYoungとScmidt (1992)は，最適運動パターンのテンプレートの存在を最初に示唆した。しかしながら，より詳細に研究したBrissonとAlain (1996)はこれらの知見を確認することができなかった。加えて，BrissonとAlainは，個人の運動プロフィールを実験参加者の"ベスト"テンプレートと比較すると，仮に運動の一貫性をそれほど維持していなくても，課題パフォーマンスを促進したのと同じ結果になることに気づいた。

Newellら(1990)は，運動目標と達成方法が同じ時の基準テンプレートについても検討している。Newellらは一連の実験を通して，運動方法の詳細な基準テンプレートが必要になるのは学習者が課題目標をよく理解していない場合のみであると結論づけた。さらに，学習は，基準の情報やフィードバックの単独提示よりも，基準テンプレートとの関連づけによるパフォーマンスのフィードバック(目標と達成方法の両方に関する情報)によって容易になることが明らかになった。学習者が課題目標の要求を理解している場合には，最適な目標達成方法に関する付加的な情報は余分なものになり，少なくともインストラクションや学習者のパフォーマンスに対して提示するフィードバックほどには役に立たないことが，これらの知見から明らかになっている。

運動系列学習

前節でレビューした実験からも明らかなように，インストラクションには課題目標の要求を学習者個人に伝えるという重要な役割がある。加えて，すでに個人の運動レパートリーとなっている複数の運動協応課題(例えば，ある種の系列に沿ってキー押しをする実験室課題，体操の一連の床運動)においては，インストラクションとデモンストレーションが特殊な役割を果たしているように思われる。例えば，CarrollとBandura(1982, 1985, 1987)は，実験参加者に対し練習前にデモンストレーション運動を観察させると，一連の運動学習群がより優れたパフォーマンスを示すことを見出した。これらの知見は，練習前の情報が，一連の運動記憶表象の向上に役立つことを示唆している。

Howard, Mutter, Howard(1992)は，熟練者の一定系列刺激のキー押し課題の遂行を観察し，系列パターンの知識が獲得できることを明らかにした。同様に，Ross, Bird, Doody, Zoeller(1985)，Doody, Bird, Ross(1985)は，聴覚的モデル，視覚的モデル，ビデオによるさまざまなフィードバック情報を操作して，障壁打ち倒し課題の学習を調べた。これらの研究においても，遅延保持量で測定した場合にモデリングはパフォーマンスを容易にすることが明らかになった。そしてこのモデリングの効果は，運動系列の強力なテンプレートの開発がもたらすことを示唆していた。おそらく，こうした状況で学習促進に特に役立つ認知・記憶問題を創出しているのは，これら課題タイプの高度で新しい運動要素ではなく，むしろ個人に対する運動のデモンストレーションだと思われる。初期のモデリングの文献をレビューしたScullyとNewell(1985)も，デモンストレーションの系統的な効果は新しい運動パターンの学習課題にはなく既存の運動パターンの学習課題だけにあると述べて，同様な結論に到達した。

インストラクション提示の理論的背景とその根拠

理論的な観点からスキル獲得のモデルや理論を検討している研究者は，学習の初期の段階には高度な認知処理要求の特徴があると述べている。例えば，FittsとPosner(1967)は，スキル学習には認知を必要とする学習段階から，ほとんど認知が関与しないような，より自動的な最終段階に移行する特徴があると述べた。Adams(1971)，Anderson(1982)，ShiffrinとSchneider(1977)も，スキル開発の同様な進行過程について述べている。これらのモデルに関する理論的な説明や根拠は，練習によってパズルや問題を解決するルールがさらに手続き化するような認知学習の研究に求めることができる(例えば，Anderson, Conrad, & Corbett, 1989；Larkin, 1981；Newell, 1991)。事例研究では次のような方法で学習が進行すると示唆している。例えば，マニュアル自動車の運転を学ぶ場合，学習者は，ギアシフトやクラッチ，ブレーキの操作を徐々に手続き化している。その結果，学習者はそれらの操作を単一ユニットとして若干自動的に実行することが可能になる。

同様に，Fleishmanら(Fleishman, 1972のレビューを参照)は，さまざまな認知テストと運動能力テストの個人差を詳細に調べて，ある種の能力がさまざまなスキル獲得段階のパフォーマンスをおおよそ予測していることを見出した。FleishmanとHempel(1954, 1955)の知見は，この予測と特に関連していた。彼らは，初期のスキル獲得段階における最高遂行者は一般的に空間–言語能力の評価テストで高い得点を示すが，練習が進むにつれてこれら評価テストのパフォーマンスの重要性は低下して，反応時間といった精神運動能力が優れた予測要因となることに注目した。

上述の理論的な根拠は，インストラクションが学習初期段階においてもっとも有用であると仮定するある種の理由を提案しているように思える。しかし，もっとも有用な情報のタイプについては，ほとんど何も示唆していない。実際，スキル獲得の初期段階に認知努力が必要ならば(例えばSchneider, 1985；Shiffrin & Schneider, 1977)，付加的情報や詳細な教示を過剰に提示するよりも，初期段階の認知要求を低く抑える方が望ましい。初期段階の認知要求を低く抑えることができるならば，インストラクションの理解や実行，運動のデモンストレーションのコピーに必要な付加的な処理に対してよりも，むしろ運動課題の解決やフィードバック処理に対して十分に注意を払うことが可能になると思われる。

潜在的学習と顕在的学習

複雑な問題解決の学習過程に対するインストラクションや顕在的な知識の影響を調べる認知研究は，伝統的な学習問題の処理に対応している。人工文字列の学習を使用したReber(1967)は，実験参加者が文字列

の新たな提示順序の文法を正しく予測し，一般化することを明らかにした。しかしながら，興味深いことに，これらの参加者は自らのその学習方法を言葉で明確に説明することができなかった。つまり，参加者はルールや方法を説明することができなかったのである。これらの知見に基づいて，Reber は自ら名付けた，いわゆる抽象的な知識の獲得といった潜在的学習が意識下レベルで進行すると主張した。Broadbent ら（Berry & Broadbent, 1984；Broadbent & Aston, 1978；Broadbent, Fitzgerald, & Broadbent, 1986）は，既知／未知の複雑なアルゴリズムやルールが支配するコンピュータの相互課題学習を特に調べて，Reber の研究を拡張している。直感的な予想に反して，実験参加者はパフォーマンスの背後にある一般的なルールのインストラクションを受けない方が，これら複雑なシステムの制御方法をより効果的に学ぶことができた。これまでと同様に，参加者はコンピュータ課題に正しく解答した方法をほとんど意識しないことが，しばしばあった。これは明確に意識していなくても知識が獲得できることを実証したものだった。これらの知見は，スキル獲得が，認知的な学習の言語段階から最終的に注意の不要な自動段階へと移行することを仮定した伝統的なスキル獲得理論の問題と同様に，インストラクションの効果の問題にも対応することができる。

潜在的な認知課題の学習（パフォーマンスの支配ルールや規則に気づかずに行う学習）方法と同様な方法で，ある種の運動課題は獲得できるという証拠がある。例えば，Pew（1974）の初期の追跡課題研究から，実験参加者は規則的な分節の繰り返しに気づくことなく，追跡課題のパフォーマンスを向上させていることが明らかになった。Green と Flowers（1991）はジョイスティックによる視覚-運動協応操作課題を使用して，Magill ら（Magill, 1998a；Magill & Clark, 1997；Magill, Schöenfelder-Zohdi, & Hall, 1990；Magill, Sekiya, & Clark, 1995）は Pew と同様な追跡パラダイムを使用して，この潜在的学習の研究を拡張した。追跡課題における分節の繰り返しの観察学習や，Green と Flowers の視覚-運動協応課題のエラー減少に加えて，Green と Flowers や Magill らは，分節の繰り返しの教示や，予測可能な刺激-反応ペアの使用に，何ら効果を明らかにすることができなかった。

潜在的学習を運動学習と結びつけている研究者はこれまでに数名しかいない（Seger, 1994 のレビューを参照）。これは，気づきなしの学習（潜在的学習）を実証した多数の実験が，ある種の運動反応を要求する課題，または手続き的スキル学習と呼んだ課題をしばしば使用していたためであった（Lewicki, Hill, & Bizot, 1988；Stadler, 1989）。実際，潜在的な学習の性質について論じた最近の単行本（Berry, 1997）では潜在的学習は，単なる学習（Cleeremans, 1997），または標準的な学習メカニズム（Manza & Reber, 1997；Reber, 1993 を参照）であると示唆していた。顕在的学習（意図的・意識的な学習）は，特にテスト環境が明白な知識の想起を要求していない場合には，必ずしも適切な付加的学習過程ではないと考えられていた。

最近，Gentile（1998）は，学習を顕在的な過程と潜在的な過程からなる2つの異なる相互依存過程として定義するような運動スキル学習モデルを提唱した。Gentile は，運動パターンの獲得を目指すものが顕在的過程であり，学習者と環境間のマッピング形成が顕在的過程をもたらすと示唆している。したがって，情報処理は積極的かつ努力を要する過程であり，それゆえに情報には効果的に注意を配分する必要がある。Gentile が考えた顕在的過程における付加的な注意は，目標-関連課題の機能を強調したものになっている。これまでの系列反応時間課題や，パーシュートロターといった課題では，気づきなしの学習（潜在的学習）の存在が明らかになっている。その後，特に心理学の研究分野では，顕在的ではなく潜在的な学習過程の重要な役割が明らかになってきた。意識が利用できない潜在的な過程では，顕在的な過程とは対照的に個人と環境内，個人と環境間の効果的な力の生成およびその使用への関心が高まっている。潜在的な過程は，Polanyi（1958）の学習過程と類似している。Polanyi は平衡維持に必要な機械的な原理に基づいて自転車の乗り方を学習した経験がなく，高いスキルレベルに到達した現時点でもこうした原理について何も知らない，経験豊富なサイクリストを例にあげた。Polanyi はこのような学習タイプを，手探りで成功する学習と呼び，その方法を特に知ることなく成功し続ける学習であると述べている（1958, p.62）。

Reber の研究知見と類似しているにも関わらず，Broadbent らが使用したコンピュータの相互課題のようなものは潜在的課題の良例にはならないとの指摘がある（Buchner & Wippich, 1998）。なぜなら，実験参加者は最初から問題の"解答"をあてにしており，そのためにシステムに変わりがないかどうかを積極的に探索しているからである。このような意味で Broadbent らの課題の特徴は，潜在的学習の一般的な課題の特徴とは違って，偶発的なものではなくなっている。Berry（1994）は，これらの学習過程に対して顕在的な過程は本来考えられていたものよりも重要な役割を果たしており，実験参加者はそれによって顕在的な仮説検証方略を採用し，課題達成の背景ルールや規則の発見を試みていると主張している。この状況は，通常個人がその解決法を見つけ出して運動を生成する（例えば，フェアウェイでゴルフボールを打つ）ような，多くの運動学習文脈に相当している。Gentile は，運動の持つこの機能的な目標指向が，運動スキル獲得の顕在的な過程において重要な役割を果たすと述べている。

新しい運動パターンの学習

もしも運動学習にある種の意図的な学習(より顕在的な学習)がしばしば必要であるならば、複雑な運動学習に顕在的なインストラクションを与えても学習には効果がないとした最近の実験報告は興味深い。WulfとWeigelt(1997)は、スキーシミュレータの速く複雑な運動学習の熟練運動方略に基づいて、インストラクションを与えた。また、HodgesとLee(1999)は、両手協応課題の新しい運動パターンの仕方について、実験参加者に詳しくインストラクションを与えた。その結果、これらの両課題の最適な遂行法や正しい遂行法の追加情報を練習前に何ら与えなかった発見学習群は、優れたパフォーマンスを示した(保持テストと転移テストの評価でも)。WulfとWeigeltは、顕在的なインストラクションを練習の3日目以降に与えた場合でも、何の効果も見出すことができなかった。実際、インストラクションを与えた後の3試行では、参加者の成績が低下した。

興味深いことにHodgesとLee(1999)の両手協応課題を使用した研究では、インストラクションを与えた参加者と与えなかった参加者の違いは、注意の必要な条件下でもっとも顕著であった。すなわち、インストラクションを与えた群は、付加的な注意が必要な制約下で、より低いスキルレベルへと逆行しているように思われた。この逆行の事実には主課題と副課題に対する注意の分配(インストラクションを与える学習では、与えない学習よりも大きな認知要求が課されること)が関連することを示唆している。しかしながら、インストラクションを与えた群も、練習の最後になってもっとも大きな変化を示した。この大きな変化は、認知要求の副課題を追加した時に、パフォーマンスがより安定したレベルに復帰する理由と思われる(Kelso, 1994は、認知的な負荷がパフォーマンスに対して身体慣性負荷と同様な効果を与え得ると示唆している)。これらの知見は、複雑な運動課題で手足の協応方法を特定するような顕在的な知識が、運動の獲得を促進せずに、学習過程に有害に働くことを示している。

この研究におけるもう1つの興味深い知見は、保持・転移テストで最良の成績(正確さと変動性の双方において)を示した群は、最初の獲得でもっとも多様な変化を示した群であったことである。GreenとFlowers(1991)も同様の結果を報告している。GreenとFlowersの研究では、練習中に顕在的な知識を与えなかった実験参加者群が、顕在的な知識を与えた群に比べて、より多くのジョイスティック運動を行なった。これらの知見は、課題のダイナミックな体験に加えて、学習初期段階のパフォーマンス変動が運動スキル獲得の重要な促進要因であることを示唆している。ダイナミックパターンの理論、およびこの理論を人間の運動に応用した領域を展望した最近の研究(Kelso, 1995のレビューを参照)も、行動変化の触媒としての変動の重要性について言及している(パフォーマンスの安定指標も同時に重要である)。

発見学習についての研究者も、変動が行動変化の促進に重要であると強調している(van Emmerik, den Brinker, Vereijken, & Whiting, 1989 ; Vereijken, 1991 ; Vereijken & Whiting, 1988)。これらの研究者は、運動のデモンストレーションと注意のインストラクションがスキーシミュレータによるスラロームタイプの課題運動学習にどのように影響するかを、インストラクションやフィードバックを与えない発見学習条件と比較検討した。発見学習についての研究者も、運動幅や頻度、滑らかさといった要因に注意するインストラクションと同様に、発見学習にはパフォーマンスに対する効果があることを明らかにした。さらに、パフォーマンス全体を評価した時には、この発見学習の方が運動の頻度や滑らかさに注意するインストラクションよりもいっそう効果的であった。その後のWhiting, Bijlard, den Brinker(1987)の実験でも、獲得中にダイナミックなモデルを提示すると、どの従属変数も統制条件と比較してパフォーマンスを促進することはなく、実際に運動頻度にとって有害になった(Anderson, Dialameh, Hilligan, Wong, & Wong, 1998も参照)。

発見学習の研究者は、学習を遅延する要因や、変数への注意集中がこれらの主な効果を媒介していると示唆している(例えば、目標達成を犠牲にして運動フォームをコピーしようとする)。インストラクションの提示結果としてのこれらの特定パフォーマンス効果と運動スキルの関係を調べる研究は非常に普及しており、実験計画時の重要な考慮事項になっている。例えば、Maraj, Allard, Elliott(1998)は、インストラクションで正確な踏切点/跳躍距離の長さのいずれかを強調して、足の接地点の変動から三段跳びのパフォーマンスを検討した。予想した通り、跳躍距離を強調した場合、三段跳びの熟練選手は正確な踏切点を犠牲にした。同様に、インストラクションの際にファウルをしてはいけないと強調した場合には跳躍距離を犠牲にした。これらの結果はインストラクションにおける注意の方向づけの性質を強調している。また、これらの結果は、パフォーマンスを多数の測度で評価(例えば、幅と頻度)する場合や、課題が比較的複雑な場合に与える特定インストラクションの警告にも対応している。課題が比較的複雑な場合、1つの特定情報源に注意を集中すると、遂行している課題の他の重要な要因や変数に対する注意が低下する。

高い認知要求は言語化ルールの獲得を妨害し、結果的に顕在的な学習を阻害するといった仮定のもとに、獲得中の副課題への注意の集中を要請すれば、実験参加者の潜在的な運動学習を操作することもできる。潜在的な学習群のゴルフパッティングスキルの獲得はプ

レッシャーがかかる状況では遅れたが，顕在的な学習群では遅れなかった(Masters, 1992；Hardy, Mullen, and Jones, 1996)。加えて，統制群(発見学習群)は，ストレス状況下に課題を実施した時に，何ら学習効果を示さなかった。しかしながらこれらの研究では，統制群が獲得と保持過程に最高のパット得点を示した。つまり，少なくともゴルフパッティングは，詳細なインストラクションを与える方法よりも，パフォーマンスを損なわないような非インストラクション的な方法によって獲得できると，これらの結果は示唆している。

練習後の会話分析でも，発見学習群の参加者はパッティングルールの顕在的な知識を獲得していることが明らかになった。これらの知見によって，ルールに基づく顕在的な運動スキルの学習法は，ある種のストレスに満ちた状況下で課題を遂行しなければならない場合や，他の注意要求課題と一緒に課題を遂行しなければならない場合には，パフォーマンスに有害に作用することが明らかになっている。おそらくコーチやインストラクターの課題は，学習者のこのルールに基づく顕在的な探索を最小限にすることと，学習者がスキル獲得中に潜在的な学習条件で気づくようなパフォーマンスロスのない，顕在性のより少ない学習を督励することである。

最近になって，Maxwell, Masters, Eves, MacMahon (1999)は，追加練習(3,000回の練習試行)を課した後でも，顕在的な学習群と潜在的な学習群の学習に差がないことを明らかにした。発見学習群は潜在的学習群よりも有意に多くのパッティングルールを獲得したが，獲得したルールの数は手足や運動メカニズムに向けた内的注意の傾向評価尺度と相関していた(Masters, Polman, & Hammond, 1993)。この尺度の得点はパッティングパフォーマンスと負の相関(得点が高いとパフォーマンスは低い)をしており，この負の相関は顕在的なルールに基づく学習法が運動学習に有害であることを再度支持したものになっている。

これらの知見は，Wulfらによる最近の一連の研究結果を支持している。Wulfらは，内部に向けた注意がインストラクションに負の効果をもたらす主な要因ではないかと示唆している。WulfとWeigelt(1997)は，スキーシミュレータ課題にみられるインストラクションの負の効果(シミュレータの中心を通過した後に力を入れようとした結果)は，足に注意が集中した結果，運動末端の全体的な注意集中が犠牲になったからだと述べている。この研究に続き，Wulf, Höss, Prinz (1998)は，内的な注意を実験参加者の足に向ける条件と，外的な注意を装置のホイールに向ける条件によって，インストラクションの情報を操作した。予想した通り，内的な注意を促すインストラクションよりも外的行動の効果に注意を向ける方が，獲得と保持のパフォーマンスは優れていた。統制群(インストラクションを与えない群)と内部に注意を向けた群の保持テストでは，少なくとも両群の運動振幅尺度には有意差がなかった事実から，詳細は不明だが，インストラクションがない時には注意の外部集中が付加的な効果を学習にもたらすものと思われる。注意を内部に向けるインストラクションよりも外部に向けるインストラクションの方が有効であることは，Wulfらによるテニスのバックハンドショットやゴルフのパッティングの研究から明らかになっている(Maddox, Wulf, & Wright, 1999；Wulf, Lauterbach, & Toole, 1998)。しかしながら，これらの両研究は，非インストラクション条件の学習と比較して，注意の外的集中が学習を促進するのか，それとも注意の内的集中が学習に有害かどうかについて評価するための統制条件を設定していなかった。

これらの研究者が示唆した内的な注意集中の負の効果にも関わらず，両手協応の課題学習を使用したHodgesとFranks(1999)は，腕に注意するインストラクション(内的注意を促す)がパフォーマンスに対して常に有害に働くことを明らかにできなかった。むしろ，そのインストラクションの効果は練習中のパフォーマンス評価(フィードバックの有無)に依存していた。内的なインストラクションを与えた群では練習初期に誤りが多かったものの，運動のデモンストレーションとともにすべてのインストラクションを与えると(注意の内外方向に関わらず)，学習が向上した。同時フィードバックを提示しない状態で学習を評価した場合には，デモンストレーションの単独提示群のパフォーマンスと比較して，この効果がもっとも際立っていた。これらの付加的なインストラクションは，課題遂行に必要な他の側面，例えば運動感覚のフィードバック処理などに注意を向ける際に役立つことが明らかになった。このようにして，視覚情報の除去と結びつく有害な効果が減少した。興味深いことに，統制群(インストラクションや運動のデモンストレーションを提示しない群)のパフォーマンスは，インストラクションの提示群と同等であった。この知見は，先に述べた発見学習の知見と類似している。特に，学習者個人に課題の解決方法決定を任せることが，学習を容易にする付加的な要因に注意を促すような付加的なインストラクションのないデモンストレーションの提示よりも，好ましいもののように思われる。

運動制御についての現在の理論的な考え方は，注意に関する最近の知見と非常に合致している。特にLatash(1993, 1996)は，運動課題学習者の制御の中心が，いわゆる作業目標点(working end-point)にあると述べた。作業目標点は明らかに課題遂行のもっとも重要な点であり，物をつかむ時の指先の軌跡やバスケットボールのフリースローボールの軌跡などが，それに該当している(Latash, 1993を参照)。当該運動におけるその他の点と比較すると，作業点は試行を通し

てもっとも大きな変動を示している。この知見から，制御の方略は何らかの形で作業点と関係しており，運動系のその他細部の点（手足の位置や実際の運動に注意を向ける）とは関係していないと言える。熟練スポーツ選手がこのような手足の位置を認識していないことは，エピソード研究や実験的研究から明らかになっている。例えば，走り幅跳びの選手が助走最後の踏み切り点を調整する際に，着地時間についての情報を利用していても，調整方法を認識することなく実行していることを Lee, Lishman, Thomson（1984）は明らかにした。

Singer, Lidor, Cauraugh（1993）は，学習初期段階におけるこの無自覚型の方略を支持している。彼らは，自己ペースの運動課題獲得に際しては，運動自体を意識的に注意する方略よりも無自覚型（5段階）の方略の方が望ましいことを見出した。しかしながら，それに続いて Bouchard と Singer（1998）がスポーツ課題（テニスのサーブ）の獲得について調べた研究では，無自覚型の方略が統制条件よりも優れているという結果にはならなかった。Bouchard と Singer は，この結果について，統制条件群の実験参加者が5段階の推奨方略と同様の方略を採用したからだと示唆している。参加者の工夫に任せて新しい運動スキルを獲得させれば，それは参加者にとって課題要求を明確にするある種の顕在的なインストラクション以上の効果（おそらく非常に大きな効果）があるものと思われる。

展　望

本節の研究レビューでは，練習前に情報をただ自由に大量に与えるべきではないことや，学習に必要な運動のスキルタイプと無関係に情報を与えるべきではないとの結論に到達した。インストラクションとデモンストレーションについての研究では，課題要求が運動テンプレートや規準とマッチングしてもしなくても，特定の運動変数に注意を集中したり，運動系列を記憶したりするような特定の課題目標以外の付加的な情報を，学習者に与えるべきではないことが明らかになっている。内的な注意集中を促すインストラクションよりも，運動の外的／最終的な効果に注意を集中するインストラクションの方が学習に有利である（少なくとも同じ学習条件下でそれぞれのパフォーマンスを評価する時には）といった示唆もあるが，このタイプの外部に注意を向けるインストラクションの効果は，インストラクションなしの統制条件と比較してあいまいであり，さらなる研究が必要である。ダイナミクス，特に新しい協応パターンの学習について調べた最近の研究は，行動変化を容易にするインストラクションの役割について，多くの知識をもたらすものと思われる。例えば，Zanone と Kelso（1992, 1997）は，元来保有している学習者の協応傾向による学習経路の違いを明らかにしたが，インストラクションには学習中に既存のパターンや習慣を増強したり無効にする作用があると示唆している。

模擬的な現実

専門的な運動スキルのトレーニング方法は急速に発展しているが，特によく目にするものは，実世界や一般的なパフォーマンス文脈での目標課題遂行と非常に近い模擬的な環境の利用である。練習セッションの認知的，情動的な雰囲気を操作したシミュレーションも可能であるが，本節ではシミュレーション環境の技術的な工夫や装置に注目したい（しかしながら，俳優が望ましい行動を演じるシミュレーションも可能である。Collins & Harden, 1998 を参照のこと）。

シミュレーションには，一般的にシミュレータや仮想環境を使用している。シミュレータと仮想環境の違いは反応環境の作り方にあることが多い。シミュレータでは，反応対象の環境が物理的に実在しており，目標課題のパフォーマンスをうまく現実的に再現したものが多い。仮想環境はまさにコンピュータが生成した反応環境であり，データグローブのように，実世界では使われていない反応装置とともにサイバースペース上に存在している。しかしながら，シミュレータや仮想環境のいずれの場合にも，学習者は一般的なパフォーマンスの文脈から離れた環境でシミュレーションや練習を行っている。これらの技術を運動スキルの習熟に利用する研究は，ある程度別々に発展してきた。そのため，次節ではシミュレータと仮想環境を個別に考察してみたい。

シミュレータ

トレーニング時のシミュレータ利用は広範に及んでいる。一般的には，自動車の教習，医療技術，原子力発電所の作業，スポーツ練習などでシミュレータがトレーニングプログラムに組み込まれているが，シミュレータの開発と利用の歴史がもっとも長い分野は，おそらく航空学の分野と思われる。ほとんどの応用分野でシミュレータを使用してかなりの数の実証的な研究を行っていることは興味深いものがある。注目すべき例外はスポーツ分野である。スポーツ分野ではフットボールのタックルダミーやブロッキングスレッド，ベースボールのピッチングマシーン，ビデオゴルフなどを始めとして，さまざまなシミュレータや装置の使用を推奨しているが，シミュレータを使用したパフォーマンスが実際のゲームパフォーマンスに転移するかどうかはほとんどわかっていない。しかしながら，スポーツ分野のシミュレータの研究が不足しているにも関わらず，シミュレータを利用した広範な他分野の実証的な研究は，運動スキルトレーニング用のシミュレータ開発の知識を我々にもたらしている。

航空学がシミュレータの利用を受け入れ，使用法を

統合したこともあって、シミュレータ研究の大多数はこの分野に集中している。シミュレータをトレーニング用に開発している他の分野でも、シミュレータの統合に航空学のモデルをしばしば利用している(例えば、航空機シミュレータの研究や開発から得られた原理が外科手術に適用できるかどうかの議論は、Higgins, Merill, Hettinger, Kaufman, Champion, & Satava, 1997 を参照)。Link 式練習装置の登場とともに、もっとも初期の航空機シミュレータが 1910〜1920 年代に開発された。その後、続々と世代を重ねる度に、より複雑なシミュレータが開発されてきた(航空機シミュレータの開発史については、Koonce & Bramble, 1998 を参照)。航空機産業におけるシミュレータの開発や適用については、いくつかの優れたレビューがある(例えば、"International Journal of Aviation Psychology" の 1998 年特別号)。

トレーニングにもっとも適したシミュレータの利用には、次の3つの主要な特徴がある。(1)スキル開発の安全な環境を提供する、(2)限られた時間に多様なトレーニングシナリオが提供できるような柔軟性に富んでいる、(3)費用対効果が高い(Higgins et al., 1997)。ここで留意すべきことは、さまざまな研究がシミュレータから実際の課題パフォーマンスへの正のトレーニング転移を仮定しているが、必ずしも転移を測定しているわけではないことである。実際、シミュレータの研究では、トレーニングの正の転移については玉虫色の結論が多く、負の転移を認めた研究もある (Hughes, Brooks, Graham, Sheen, & Dickens, 1982)。

シミュレータの特徴とシミュレートした課題の内容が一致すればするほど、もっとも多量の正の転移が生ずるとした Osgood(1949)の"転移表面"(転移逆向曲面)の概念を引き合いに出しながら(Dennis & Harris, 1998)、航空学の分野では、一般的にトレーニング転移の理論的な枠組み(Thorndike, 1914)と同じ要素に基づいて、シミュレータを開発し応用している。技術的にできるだけ現実感のある、より忠実度(シミュレータと実際の装置の類似度合い)の高いシミュレータの開発は、それらの結果であると思われる。

このこともあって、シミュレーションのデザインと応用は、学習とほとんど無関係な技術的問題になっている。学習が生じるといった期待感をもって現実をシミュレートすることが、ガイダンスの原理になっている。Salas, Bowers, Rhodenizer(1998)は、現実シミュレーションの技術的な問題から複雑なスキル獲得を支援する"人間中心のトレーニングシステムデザイン"へといったシミュレーション研究のパラダイムシフトを呼びかけて、この問題を雄弁に議論している(p.199)。Salas らが述べているように、非常に現実的な方法によるパフォーマンスの単なる再現を考察するのではなく、シミュレーションの練習と一体化したインストラクションの特徴について考察することは重要なことである。運動学習の研究から明らかになってきたように、練習それ自体が完全な学習を生み出すのではなく、非常に現実的なシミュレータの単なる使用以上の何かが、練習文脈の構造とは無関係に、完全な学習を生み出している。

実際、シミュレータに高いレベルの忠実性を要求するほど、複雑な運動スキルのトレーニングシステムとしてのシミュレータの有効性を理解するには有害になるように思われる。効果的なシミュレータ利用の点で、さまざまに拡散している研究領域は以下のように明快にまとめることができる。第1に、シミュレータの研究から、シミュレータを使用したもっとも効果的なトレーニング法は手続き的な学習であることが明らかになっている(Chamberlin & Lee, 1993；Higgins et al., 1997；Koonce & Bramble, 1998；Schmidt & Lee, 1999)。シミュレータの使用によって、戦闘装置の操作や意思決定、兵員資源の活用といった軍隊演習に関するスキル(Salas et al., 1998)や、生命維持装置や麻酔、外科手術、ベッドサイドでの診察といった医学的スキル(Gordon, Issenberg, Mayer, & Felner, 1999)の開発は成功を収めている。これらすべての課題には手続き重視の傾向があり、このことは、シミュレータを利用した学習が運動よりも認知課題に有効なことを示唆している。

第2に、転移研究の最近の進歩から、転移は課題の物理的な類似性に関係するというよりも、運動パフォーマンスの認知処理の類似性に関係することが明らかになっている(Lee, 1988 を参照)。この考え方は、シミュレータ研究の複数の知見が支持している。Gopher, Weil, Bareket(1994)は、パイロットのパフォーマンスがビデオゲーム Space Fortress の練習後に改善することを明らかにした。Dennis と Harris(1998)は、本物の航空機のコントロールパネル操作を経験していた学生パイロットを対象に調査した。その結果、忠実度の低いデスクトップのシミュレータで訓練した学生群とコンピュータのキーボードを使用した同じシステムで訓練した学生群の実際の飛行パフォーマンスには違いがなかった。しかしながら、両群はともに統制群よりも有意に優れた成績を示した。Ortiz(1994, 1995)も、シミュレータと実際の航空機の制御システムは完全に違っていても、フライトシミュレータでトレーニングした学生の実際の飛行成績は統制群よりも優れているという、Dennis らの報告と類似の結果を報告している。この結果は、シミュレータを使用したトレーニングが、運動スキルを遂行する詳細な神経筋に転移したというよりも、優れた運動スキルパフォーマンスの認知過程に転移したことを示唆している。Gopher ら(1994)は、彼らの研究で認められた転移は、航空機操縦のスキル獲得とパフォーマンスの重要な要素である注意制御の開発(同時に高度の要求が生

じる状態での注意の制御)によるものであると述べている。

第3に，知覚と運動の直接的な結びつきを仮定しているダイナミックシステム論では，運動スキルの制御の生態学的な見方を提案している。生態学的な見方では，非線形的なダイナミック原理に従って作動する自己組織運動システムと不変的な環境感の相互作用が，巧みな運動制御をもたらすと仮定している。学習には，これら"知覚不変"の知識獲得が関与している。KoonceとBramble(1998)は，知覚不変について"他の情報が変化しても一定状態を保ち，学習の課題特徴とリンクする情報の流れ"(p.287)であると記述している。Lintern(1991)は，シミュレータから実際課題へとトレーニング結果を効果的に転移する重要な要因は知覚不変の獲得であると主張している。このように，非常に現実的なシミュレーションは，学習者の注意を妨害・阻害する不適切な刺激になり，トレーニングの効果的な転移に不可欠な知識獲得を妨害するような不適切な刺激になる可能性がある。

専門的な運動スキル開発へのシミュレータの利用について言えば，シミュレータの利用は手続きスキルの開発にもっとも効果があり，連続課題や方略，チームワークの学習に役立つことが明らかになっている。シミュレータの開発に際しては，パフォーマンス文脈の知覚不変を強調し，無関連刺激／注意阻害刺激を最小限にしなくてはならない。忠実度の低い固定装置やデスクトップPCのシミュレータ装置を使用して正の転移結果を得ている研究も多数存在することから，シミュレータの忠実度はシミュレータの効果を確定する重要な要因とは思えない(例えば，Lintern, Roscoe, Koonce, & Segal, 1990；Jentsch & Bowers, 1998も参照)。シミュレータを使用する場合には，重要な学習過程を考察し，技術的な進歩をあまり強調せずに健全なインストラクションの実践に組み込むべきである。シミュレータを使用したトレーニングの価値は，パフォーマンス文脈についての知識と行動生成に必要な手続きを創出して，実際の課題練習を最小限にすることにある。DennisとHarris(1998)は，パイロットをトレーニングする場合，前回の飛行練習のレビューと次回の飛行練習のプレビューにシミュレータを使用すべきであると示唆している。

正確な原理を開発してシミュレータの利用を指導する能力には限界がある。それが，シミュレータの効果について調べる実験デザインを難しいものにしている。例えば，シミュレータのトレーニング効果を確定する評価方法の研究は，運動スキルの開発時に，シミュレータを使用することの相対的なメリットを知る上で重要になっている。BellとWaag(1998)は，主要な3つの評価カテゴリーを確認している。それらは，(1)実用性の評価，(2)シミュレータ内での学習，(3)トレーニングの転移，である。トレーニング効果をどのように調べる場合でも，評価はトレーニングの転移を中心に行うべきである。シミュレータを練習に使用することで，実際の課題パフォーマンスに有意な正の転移が生じるのだろうか？

シミュレータの研究では，トレーニングの転移についての研究が少数派になる傾向がある。これは，大半の研究で飛行トレーニングにシミュレータを使用してきたことや，このような特殊な環境(実際の飛行時間のコストや環境要因を制御することの困難さ，パイロットのパフォーマンス測定の困難さ)におけるトレーニングは本質的に転移困難なことがその理由になっている。これに応えて，準転移(quasi-transfer)と呼ぶ2つの異なるシミュレーション課題の転移パラダイムを利用している研究者もいる(Lintern, Roscoe, & Sivier, 1990；Tayllor & Lintern, 1993)。この技法では，通常のトレーニングに使用するシミュレーションよりも，非常に忠実度の高いシミュレーションを使用して転移を調べている。しかしながら，ここで明らかな問題は，2つのシミュレーション課題の間に生じるものと同程度の転移がシミュレーション課題と現実課題の間にも生じると期待することができるかどうかということである。

Taylor, Lintern, Koonce, Kaiser, Morrison(1991)は，トレーニング効果の転移をうまく予測するような準転移パラダイムを直接比較したが，結果として準転移パラダイムを部分的に支持したに過ぎなかった。Taylorらはシーンの詳細が学生の着陸スキルに与える影響を調べて，準転移パラダイムの予測結果とトレーニング学習の転移の間には中程度の対応しかないことを見出した。これは，準転移の実験には問題があることを示している。他の評価方法についても同様の批判がある。実用性を評価する大半の方法は，シミュレータで実施した特定の課題パフォーマンスをもとに，専門家がトレーニングにおけるシミュレータの有効性について評価したデータ，いわゆる主観的なデータに依存している(専門家の主観〔subject matter expert：SME〕)。専門家がシミュレータを有効と認めても，それが学習者にとって最良なトレーニング法であるとは限らない。例えば，練習分布を調べたBaddeleyとLongman(1978)の研究では，主観的に"好ましい"練習スケジュールが，実際には最悪レベルのパフォーマンスや学習に関係していた。これらの知見は，学習のメタ認知的な評価がひどく当てにならないことを示唆する多くの研究の代表的なものになっている(Bjork, 1998)。

学習にシミュレータを使用する目的は，練習によってパフォーマンスが改善することを証明することにある。BellとWaag(1998)は，パフォーマンスの向上がトレーニング効果を規定する必要条件であると主張しているが，優秀な練習パフォーマンスは必ずしも効果的なトレーニング条件を意味しないという運動学習研

究例も多数ある(文脈干渉については前述の議論を参照)。

スポーツは,シミュレータ応用の成果が期待できる分野であると思われる。航空機のトレーニング領域で遭遇する多くの困難,特に測定・評価・コストについての問題は,スポーツパフォーマンスではほとんど問題にならないからである。現在では,多様なシミュレータを使用してスポーツ場面におけるパフォーマンスを量的に測定することができる格好な状況になっている。今後,スポーツスキルの開発にシミュレータを適用した研究が多数出てくるものと思われる。

仮想環境(バーチャルリアリティ)

コンピュータテクノロジーの最近の進歩によって,すべてではないがほとんどの反応シナリオを仮想環境(virtual environment : VE)に構築できる強力なシステムが出てきた。ほとんどの場合,知覚的な文脈シミュレーションと効果器システムのシミュレーションをいっしょに提示するある種の装置によって,仮想環境のシミュレーションを行っている。コンピュータはシミュレートした知覚文脈の反応を統合し,期待される運動結果を作成している。単一ユーザの仮想環境内における課題遂行は当然のこととして,ネットワーク化したシステムでは,同一仮想環境内の複数ユーザをリアルタイムで統合することもできる。さらに,初期の仮想環境システムとは違って,デスクトップコンピュータへの強力なマイクロチップの導入によって,現在では仮想環境へのアクセスは極めて容易なものになっている。

コンピュータテクノロジーは急速に発展したが,仮想環境の適用にはメリット/デメリットがともに存在している。仮想環境を特に運動スキルに適用する場合,その可能性は無限大とも思われるが,仮想環境領域の大半の研究はいまだに"ほら!こんな事だってできる"という段階にあると思われ,その他の領域における場合と同様に,テクノロジーの進歩に比べて応用が進んでいないように思われる。したがって,この領域の大半の研究を行っているのは,学習問題についての研究者ではなくコンピュータについての研究者である。現在のところ仮想環境をもっとも多く使用しているのは,エンターテインメント業界である。

運動スキルの獲得に仮想環境を適用することに将来性がないと言っているのではない。多くの適用事例が,さまざまな運動スキルの領域にある。例えば,野球のバッティング(Andersson, 1993),卓球(Todorov, Shadmehr, & Bizzi, 1997),消防士の火災現場活動(Bliss, Tidwell, & Guest, 1997),ハッブル宇宙望遠鏡の修理にあたる宇宙飛行士のトレーニング(Cater & Huffman, 1995),戦闘状況下の負傷者診断と治療(Chi, Clarke, Webber, & Bodler, 1996)などがそれに該当している。しかしながら,ほとんどの場合,研究はテクノロジーの能力が中心になっている。研究者は,一般に,現実世界のパフォーマンスに仮想環境を適用できると考えているが,その主張を裏づけるようなトレーニング転移のデータは明らかになっていない。

トレーニングの転移についての研究では,結果はどのようにでも解釈できるようになっている。卓球スキルの現実的な転移を調べたTodorovら(1997)の研究では,正の転移があった。運動スキル獲得に対する付加的フィードバックの効果を調べる学習の研究に仮想環境を組み込んだTodorovらの研究は興味深い。Todorovらの研究は,Salasら(1998)が呼びかけたトレーニング研究による原理とテクノロジー進歩の融合を支持しているように思われる。しかしながら,Kozak, Hancock, Arthur, Chrysler(1993)が2つ目の研究で,実験参加者に物をつかんで置く高速動作の練習を課したところ,仮想環境でトレーニングを先に行った群には,そうしなかった群に比べてなんら有利な点を見出すことができなかった。

仮想環境に関する文献の調査からわかることは,テクノロジーの開発とその熟達運動スキルに対する適用が,まだ初期段階にあることである。有効な仮想環境を運動スキルのトレーニングに広く適用するには,統合的・総合的な研究プログラムが必要である。仮想環境の研究結果から得られる知見は,シミュレータの応用研究の知見とかなりの部分が共通しているように思われる。すなわち,仮想環境は手続きスキルや意思決定課題,判断課題の学習にもっとも効果があり,運動を産出する詳細な神経筋活動の獲得にはあまり効果がないように思われる。

この研究プログラムに着手する際には,特に2つの問題に対処する必要がある。最初の問題は存在感(presence)の概念である。仮想環境は,その中に人を没入させるテクノロジーである。使用者に没入感を味あわせることのできる程度を存在感と呼んでいる。仮想環境によるトレーニング効果やパフォーマンス効果を最大にする必要要件は,存在感の増加であると考えている研究者もいる(例えば,Carlin, Hoffman, & Weghorst, 1997 ; Sheridan, 1992)。しかしながら,StanneyとSalvendy(1998)は,存在感は仮想環境の一副産物に過ぎず,トレーニングには関係がないと主張している。もしそうであるならば,存在感とトレーニングの因果関係は,注意の内的な絞り込みによって,パフォーマンスにネガティブな影響を与える可能性がある(注意の絞り込みとインストラクションについては前節の議論を参照)。仮想環境を運動スキルの獲得に適用する場合には,存在感とトレーニングの関係を理解することが重要になる。

仮想環境の応用で触れなければならない2つ目の問題点は,仮想環境への没入後に発生する後遺症である。この後遺症については,非常に多くの指摘があ

る。研究者は，三次元の仮想空間への没入が乗り物酔いのような症状（例えば，眼精疲労，運動失調，疲労，眠気）を起こし，正常環境に再適応するまで視覚的なフラッシュバック，見当識障害，平衡感覚の障害といった後遺症が最長12時間も継続するケースを指摘している（Kennedy, Lanham, Drexler, & Massey, 1997 ; Stanney & Salvendy, 1998）。健康・安全上のこのような懸念があるのは当然のことである。後遺症の問題には，没入的な仮想環境のテクノロジーを広く使用する前に，適切に対処する必要がある。

　スポーツの意思決定能力の開発に仮想環境を応用することは，非常に刺激的である。Rickel と Johnson (1999) は，STEVE (Soar Training Expert for Virtual Environments) という仮想環境のシステムの開発について述べている。Rickel と Johnson は，複雑な課題のトレーニングには運動反応や指導，チームワークなどの実体験が必要であると結論づけている。STEVEはトレーニング促進用に開発された三次元相互作用型の実行環境シミュレーションである。効果的な課題パフォーマンスを得るために，運動を統合する複数の学習者（役者：actors）を仮想的なワークスペース内に同時に登場させることも可能であるが，彼らが物理的に同じ場所に存在する必要はない。指導者（mentors）は課題遂行中の学習者を観察し，指導・フィードバックを行いながら学習者と相互にやり取りすることができる。このプログラムは産業領域で開発応用されてきたものであるが，効果的な意思決定や判断に大きく依存するようなスポーツのチームワークの学習場面に対して同様の応用プログラムを適用するよう計画することは，それほど難しいことではない。

展　望

　運動スキルのパフォーマンスをトレーニングする際には，多くの研究者が，現実をシミュレートした環境を比較的広く適用している。現実をシュミレートした環境の中でもっとも一般的なものは，シミュレータの利用である。しかし，コンピュータテクノロジーの急速な進歩により，目標トレーニングに仮想環境を導入することがより現実的になっている。シミュレータの広範な利用と受け入れにも関わらず，シミュレーションの研究や開発は，学習過程に基づいているというよりは，むしろテクノロジー主導型になっている。シミュレーションを使用したトレーニングによって現実のパフォーマンスに正の転移が有意に生じるという直接的な証拠はほとんどない。

　この直接的な証拠の欠如は，必ずしもシミュレータが運動スキル獲得に対して無効だからということではなく，むしろ研究プログラムの限界によるものと思われる。現在のところ，シミュレーションで最大の現実感を作り出したいという熱意がシミュレーションのデザインを進めており，それは同一要素が多いほど転移が生じやすくなるとする理論を根拠にしている。しかしながら，現実感を強調することは間違いであると指摘する研究も十分に存在している。シミュレーションを理解するには，スキル獲得文脈にシミュレーション技法を適用した学習者中心のアプローチ法を用いなければならない。シミュレーションの使用は認知学習にもっとも効果的であると諸研究が強く指摘しており，このことは手続きや意思決定能力の獲得を中心にしたシミュレーションのデザインが必要であると示唆していることにほかならない。転移に適した処理やダイナミックシステムの観点から考えれば，学習者にとってもっとも効果的なシミュレーションは，現実のパフォーマンスの文脈に存在するものを比較的整った環境で探索することができるように工夫したシミュレーションであると思われる。

要　約

　もしも運動学習に何か確実なものがあるとするならば，より良く，より速く，より効果的に学習を達成する方法は練習以外にはないということになる。しかしながら，練習そのものにはさまざまな形態がある。本章では，学習に影響するいくつかの練習の特徴，特に学習者の練習行動を強調して記述した。完全にリストアップしたわけではないが，現在研究の関心が高い運動学習の練習条件や練習タイプ，練習形態についての主要な研究をレビューした。その結果，さまざまな要因が学習の初期・後期の両段階に混在して作用していることが明らかになった。将来に目を向けた場合，今後10年，20年の間にどのような問題について議論することになるのだろうか。これまでと同様に，おそらく理論や実践的な重要性，方法論が興味の対象を後押しするものと思われる。現在注目されているトピックスは，理論の発展がなければ，将来の研究対象にはなり得ない。例えば，過去には，練習分配の研究が終焉した例もある（Adams, 1987）。新しい理論的な関心が，現在研究者によって注目されている運動学習研究のどれかの分野と，疑いなく置き換わるものと思われる。

　運動学習における練習効果を中心にした研究は，実際の場面で起こる応用問題に動機づけられ継続するものと思われる。歴史的に運動学習と体育教育・スポーツ・人間工学とは密接に関係してきた。これらの関係は今後も重要と思われるが，今後リハビリテーション領域では運動学習の練習効果の研究をさらに多く実施するようになるものと思われる。そしてこの領域の研究は今後も進歩し続けるものと思われる。さまざまな新しいテクノロジーの進歩が研究の発展を促し，運動学習の研究者に実証研究の刺激的な手段を提供するものと思われる。技術的な関心と開発が研究を大いに刺

激した一例として，本章では仮想環境領域を取り上げた．

運動学習研究の将来における発展の可能性を示すもう1つの分野は，脳イメージングである．実際，最近になってWillinghamらは，運動制御の神経心理学的基礎を理解する上で劇的な新事実を示し，学習が運動制御の処理から直接生じる可能性を示唆している（Willingham, 1997a, 1997b, 1998, 1999 を参照）．テクノロジーの進歩により，脳内処理がより正確に吟味できるようになった．このことから，練習やスキル獲得の神経学的な変化の特徴を，十分に定義することが可能になると思われる．

まとめると，競技者・運動者にとって最適なトレーニング方法がどのようなものであるかを解明しようとする研究は，運動行動学者と同様にスポーツ心理学者にとっても主要な関心事になっている．しかしながら，運動スキル獲得の練習を最適なものに構造化して実行する伝統的な方法の問題は依然として未解決であり，この領域には新しい問題も相変わらず存在している．こうしたことから，練習に関する研究は，将来も実りあるトピックスであり続けるものと思われる．

第6章

意図的な運動行動を調べるための統合モデリングアプローチ

　ここ10年間，運動行動の理論家が精力的に研究を進めてきたおかげで，運動協応や運動制御，運動スキルの獲得が理解できるようになった（歴史的なレビューは，Glencross, Whiting, & Abernethy, 1994；Williams, Davids, Burwitz, & Williams, 1992；Williams, Davids, & Williams, 1999 を参照）。運動行動の背後にある過程がいったん理解できれば，スポーツパフォーマンスの向上を目指した介入の本質は明らかになるものと思われる。一般的に，運動行動は，(1) 構造化モデリング，(2) 現象化モデリング，の2つに大別することができる（Beek, Peper, & Stegeman, 1995）。構造化モデリングは，運動行動の基盤となる神経系の構造とメカニズムの研究に関わっている。一般的に，構造化モデリングの研究は，人間の神経系の実証的な研究を統合，照合する神経生理学者が行っている（例えば，Arbib, Érdi, & Szentágothai, 1998；Milner & Goodale, 1995；Willingham, 1998）。現象化モデリングでは運動行動の法則と原理の開発を探求しているが，人間の神経系メカニズムと構造に必ずしも触れているわけではない。

　この数十年の間に，研究者は運動の協応や制御に対して，2つの重要な現象学的モデルを提唱している（Meijer & Roth, 1988；Summers, 1992；Van Gelder, 1998；Williams et al., 1999 を参照）。認知科学では基本的に，目標指向行動中に象徴的な表象を中枢神経系（CNS）に形成するある種のコンピュータに心をたとえて，運動の協応や制御を説明している。コンピュータモデルでは，一般的に，神経系の構造分析と運動系のダイナミクスの機能モデリングを，組織的および手段として階層的に説明している。機能的なコンピュータモデリングの目的は，認知・意図・情動・記憶が運動行動を確定する方法や，運動を制御する表象の獲得方法といった，知覚と運動に想定される情報処理基盤を捉えることにある（例えば，Arbib et al., 1998；Proteau, Tremblay, & DeJaeger, 1998；Schmidt & Lee, 1999；Willingham, 1998）。それ以外に，生物学的な運動系の協応と制御の出現に基づいて自己組織化を物理的に処理する一群の相互関連的な，いわゆる生態学的アプローチ[1] がある（Kelso, 1995；Michaels & Beek, 1996 を参照）。コンピュータモデリングと生態学的アプローチの重要な違いは，生態学的アプローチでは認知や意図の役割を自己組織化のセットアップとみなしており（自己組織化行動を引き起こす），運動協応処理といった制御は想定していないことである（Meijer, 1988）。この点で意図・知覚・記憶といった認知過程は自然系のダイナミックな自己組織化を制約しているが，それを確定してはいない（Carello, Turvey, Kugler, & Shaw, 1984）。

　本章では，人間の運動システムの協応や制御の処理について説明する際には，相互に拘束し合う構造と現象学的モデリングの統合アプローチが必要であることを論議する。また，この統合アプローチによって，認知・ダイナミクスが目的指向的な運動行動の優れた基盤になることについて論議する。本章の目的は，最近の有力な議論をもとに，認知科学とダイナミックシステム理論のアイディアを統合することにある（例えば，Bongaardt, 1996；Colley, 1989；Davids, Handfordm, & Williams, 1994；Pressing, 1998；Summers, 1992, 1998；van Wieringen, 1988）。

　Colley（1989）は知覚と運動に3つの異なる神経経路を仮定して，それらを明らかにする努力をした。学習や認知的な媒介行動といったケースでは，ワーキングメモリが1つ目の経路を使用している。十分に練習した課題は，より自動的な2つ目の経路を使用しており，内的表象は明らかにその使用を促進している。最後の3つ目の経路は神経系のデザインに利用でき，知覚のサブシステムと運動のサブシステムの直接結合を容易にしている。これらサブシステム間の密接な結合は経験や練習が生み出し，一般的にこの段階

---

[1] ここでは簡潔にするために，ダイナミックシステム理論・協応ダイナミクス・生態学的心理学・共同作用の概念とアイディアを包含する用語として"生態学的アプローチ（ecological approach）"という用語を使用した。

では運動を支える認知的制約の役割が最小限になっている。

認知や運動についての最近の神経生理学的な基礎研究は，初期の統合モデリングが提起したこれらの議論を強化している(例えば，Harris & Jenkin, 1998；Milner & Goodale, 1995)。ここ10年間の神経科学の進歩によって，運動システムの認知と自己組織化の関係が明らかになってきた。例えば，GoodaleとHumphrey(1998)による視覚系の研究から，視知覚の2つの異なる皮質経路には統合経路のあることが明らかになった(Goodale & Milner, 1992も参照)。1つ目の経路は脳の記憶領域と関連しており，目標指向行動を制約する認知のアイディアをおそらく支持しているものと思われる。2つ目の経路は脳の運動野と結びついており，Colley(1989)が明らかにした知覚-運動の結合ルートと一致している。

本章では以下の問題を論議してみたい。それは，最近発展中のダイナミックシステム理論や生態学的心理学，認知科学，神経科学領域といった重要な関連領域を，運動の協応や制御処理を理解する統合的な枠組みによって，どのように知ることができるのかという問題である。興味深いことに，この統合アプローチは新しいものではない。運動システムの協応にもっとも影響を与えた研究者は，おそらくBernstein(1967)だと思われる。Bernsteinは運動科学の理論分野が二分化するのを嫌い，種々のアプローチに一貫性を持たせようと努力した(Bongaardt, 1996を参照)。スポーツ心理学者や運動行動学者が自己組織化や制約状況，意図，認知，知覚，行動，CNSのパターン形成と選択処理といった概念の融合を考える際に，Newell(1986)の制約モデルが統合を達成する重要な枠組みになることについて論議してみたい(Davids, Bennett, Handford, & Jones, 1999；Handford, Davids, Bennett, & Button, 1997；Williams et al., 1999を参照)。また制約の枠組みに関する研究では，運動システムの意図と変化を結びつけた最近の研究についても，制約の枠組み内で検討してみたい。最後に，スポーツのスキル獲得に対して，統合アプローチを実践的に適用する意義についても検討してみたい。

運動の協応と制御の研究では，運動行動を制御する運動表象の割合や運動システム要素の自己組織化の程度が，おそらく重要な問題になるものと思われる(Meijer, Wagenaar, & Blankendaal, 1988)。本章の前半では，この問題を，運動行動へのコンピュータアプローチの妥当性から検討する。後半では，もともと運動行動の研究から生じた問題が，統合モデリングアプローチの開発によってどの程度解消するのかを具体的に検討する。しかしながら，認知科学をコンピュータ的に評価するに当たり，まず最近の生態学的アプローチが持つ2つの弱点を取り上げることにする。

運動の協応と制御への生態学的アプローチ：その弱点

Summers(1998)が指摘するように，生態学的アプローチの1つ目の弱点は，ダイナミックシステム理論におけるパターン形成の概念と，運動の神経生理学的な知識との間に接点がないことである。CarsonとRiek(1998)は，"実際，現在の運動協応ダイナミクスは，行動観察以上の仮説がほとんどないような現象学的なスキーマモデルから説明できる"(p.209)と述べている。これはBernstein(1967)が運動協応を十分に説明するには機械的・解剖学的・生理学的メカニズムを考慮しなければならないと述べたことを考えれば，驚くべきことである。Bernsteinは，神経機能の知識による拘束を受ける，神経機能の知識を拘束する現象学的なモデルの必要性を1940年代から認識していた。Bernsteinは，脳機能を理解しようとするならば，ニューロンの大集団の活動が支配し調整系が制御する形態と行動の進化を根底に置かなければならないと主張した(Spoorns & Edelman, 1998, p.283)。より最近になって，運動システムの神経生理学メカニズムの進化的な発達が十分に明らかになれば，協応ダイナミクスといった重要なダイナミクスモデルに基本的な抽象基盤があるという主張は，もはや維持することが不可能になるという指摘もある(Carson & Riek, 1998)。

生態学的アプローチの2つ目の弱点は，自己組織化や制約といった重要な理論的概念をほとんど定義していないことである。例えば，Beekら(1995)は"自己組織化の概念をある種の神秘的な能力と解釈している運動科学者もいる。それらの運動科学者にとって，運動は突発的なものになっている"(p.577)と述べた。行動上の内的制約／外的制約の圧力によって無生物システムが変化する方法や，自発パターンが形成される方法は，数学や物理学，化学の進歩によって明らかになっている(Kauffmann, 1993, 1995；Kelso, 1995)。無生物システムが変化する方法や，自発パターンが形成される方法が明らかになったおかげで，運動理論家は生物学的なシステム(例えば，スポーツ中の目標指向活動)を差し迫った行動制約に合致させて意図的かつ"自由"に活用することが可能になった(Kauffmann, 1993, 1995；Kugler, Shaw, Vicente, & Kinsella-Shaw, 1990)。今後数年間に，状況的な制約も含めてこれらの問題にスポーツ心理学者が取り組めば，意図や認知，情動，インストラクションといったヒトの運動行動の制約について広い理解が得られるものと思われる。その際に必要なことは，すべてのレベルに渡る運動システムの自己組織化の基本過程と，さまざまなスポーツ文脈の競技者の特異的な状況的制約との関係を説明することである。

ひとまとめにしてみると，研究者は多くの専門分野の視点を組み込み，認知科学やダイナミックシステム

理論，神経科学，生態学的心理学といった関連領域の最近の発展を強調しながら，これらの生態学的な枠組みの問題として，運動の協応と制御の処理を有意義に説明する必要がある。初期のレビューではこの提案を主張していたが（Davids et al., 1994），最近ではかなりの支持を受けている（例えば，Carson & Riek, 1998；Summers, 1998 を参照）。しかし，統合モデリングは正確なところ何を意味しているのだろうか？運動行動と脳内処理を調べる統合モデリングのアプローチの根底には，CNS の神経科学的な知識が適切な理論の説明に制約をかけたり，現象学的なモデリングが適切な理論を豊かにしたりするという考え方がある（Bruce, Green, & Georgeson, 1996 を参照）。Arbib ら（1998）は，そのような統合的で多相レベルの分析が，脳と行動の構造や機能，ダイナミクスを解釈する際には必要だと述べた。

　心的な処理を特定の脳構造へ神経科学的にマッピングする目的は，人間の心的処理方法を理解するための理論的な枠組みを提示することにある（Kelso, 1995；McCrone, 1999）。実際に Freeman（1997）は，"研究者はいまだに記憶を側頭葉に，情動を扁桃体に，認知地図を海馬に，言語操作をブローカ野とウェルニッケ野に，全体的な思考を右半球に探し出そうとしている"（p.292）と不満を表明した。このような還元主義は，運動行動の処理を一貫して説明するような理論的枠組みの発展にとって，有害なものとなっている。

　認知科学はこの生態学的アプローチの弱点に正面から取り組み，その結果，知覚-運動行動の最近のコンピュータモデルを，統合モデリングの開発手段にしている（例えば，Arbib et al., 1998）。しかしながら，神経科学の進歩によって制約を受けるコンピュータ機能モデルの大きな問題は，神経処理の研究に使用している"符号化"・"表象"・"計算"といった重要な用語の定義がはっきりしていないことである。これらの議論を例証するために，運動学習の構造・機能・ダイナミクスをコンピュータの枠組みと関連づけた最近の Willingham（1998）の制御を基盤とする学習理論（control-based learning theory：COBALT）について議論してみたい。

コンピュータに基づく運動行動の認知科学的な説明：COBALT の例

　Willingham（1998）は，運動制御の知識が制約する運動学習理論として，COBALT を提唱した。COBALT では神経処理に関する現在の知識をコンピュータ構造とリンクさせて，運動パフォーマンス中の情動認知を説明するのと同様に，練習のイメージの役割や観察学習について説明している。COBALT では，運動学習は周囲の様相，意図，空間位置の時系列パターン，特定筋の出力に基づいたさまざまなタイプの脳内表象で

あるとしている。運動学習を認知科学的に説明している Willingham（1998）は，周囲の情報を表象して貯蔵する性質が CNS の表象にあるという"知識のコピー理論"を暗示している。このコピー理論を例示するものとして，Willingham は，"反応すべき位置系列知識"の自己中心的な学習表象を基盤にしたものが，テニスサーブのような運動系列のパフォーマンスであると主張した（Willingham, 1998, p.574）。

　Globus（1995）によれば，心・脳・行動についてのコンピュータ理論を支持する研究者は，まさに"機能主義者"になっている。つまり，機能主義者は，脳の神経細胞とコンピュータのハードウェア要素（例えば，トランジスタ・シリコンチップ）が等価であると確信している。コンピュータ的に説明すれば，脳は情報処理システムのハードウェアであり，心的な処理は外界の表象を論理的に操作するシステム的なソフトウェアになる（Johnson-Laird, 1993）。しかし，この種の機能モデルはどの程度精密なものなのだろうか。神経系の処理から生物学的な運動システムを調べる研究は，機能主義の理論とどの程度関連しているのだろうか。次節ではコンピュータ的な機能モデルについて，特に神経科学の進歩がそれを制約する程度を中心にして，批判的に分析したい。また，別の考え，すなわち，人間の精神生活は物理・生物・心理・社会の処理によって発展してきたものであり，表象と符号の構成といった特別なものから生じたものではない（Keil & Davids, 2000）という考えについても考察してみたい。

コンピュータ的な認知科学の基盤：批判的な評価

　脳と行動に関する初期の多くの認知科学理論では，神経系の構造や発達モードはもっぱら表象の変換処理を計算すると仮定している（Edelman, 1992, p.13；Globus, 1995 も参照）。計算に基づいた認知には，シンボルを操作して抽象化する方法と，文法規則に従う方法がある（Edelman, 1992；Globus, 1992, 1995）。コンピュータは，COBALT の"符号化"や"計算"といった用語を使用して，外界を客観的にうまく還元しシンボルを理解する"デジタル思考"の例になっている。脳のコンピュータ的な概念では，学習中に内的表象を変換するルールによって認知・知覚・行動が作動するとしている（Blumberg & Wasserman, 1995；Edelman, 1992；Globus, 1995；Kelso, 1995；Pickering, 1997）。コンピュータのように，脳はシンボル的な表象を意味的に"読んでいる"。

　コンピュータ的な神経科学では，脳とコンピュータ処理に認知科学的な差がないことを前提にしている。しかし，必ずしもこの前提を支持する証拠があるわけではない。例えば，Globus（1992, 1995）は認知神経科学のパラダイムとして，脳がシンボル的な表象を計

算する前提に注目した。Globus は "Journal of Cognitive Neuroscience" 誌上で，コンピュータの認知神経科学への利用の目的は "情報処理の記述と脳活動の仕様のギャップを橋渡しすることにある" と指摘した（Globus, 1992, p.299）。多くの神経科学者がこの見解を目的としていることは，多数の研究が上記の Globus の文献を頻繁に参照していることからも明らかである。Sejnowski, Koch, Churchland（1988）は，"脳がどのように協力して電気的・化学的な信号を情報処理し表象するのか"（p.1299）を説明するものが脳と行動の研究であるとして記述し，この前提を明らかにした。Jeannerod（1997）は，"表象する脳" を調べることによって運動行動の神経学的な表象と符号化の方法を推論している "神経生理学者の夢" について述べた。最後になるが，"スキーマは特殊な性質をもたず，生体やロボットに環境の知覚能力や行動能力を与えるその他の同時作動プログラムが結合したものであり，コンピュータプログラムに類似している" といった Arbib ら（1998）の提言は，心と機械がともにプログラム可能であるというアイディアをうまく表現したものである（p.41）。機能的なコンピュータモデリングは，運動学習の制御処理を実証的に説明してはいない。したがって，次節ではこの点について論議したい。神経系の理解が進めば，機能主義的なコンピュータモデリングの最大の弱点は消失するものと思われる（Keli & Davids, 2000）。

機能的なコンピュータモデリング

COBALT 理論の根本的な問題は，運動制御メカニズムの演繹的な科学検証として内在的な表象を伝統的に受け入れていることである。この弱点を必ずしも一時的な "ミス" とは考えない運動学習理論家もいる。例えば，伝統的な運動行動理論における表象を幅広く使用した Weeks と Proctor（1991）は，"情報処理の枠組みによるアプローチが，行動現象を仮にしか説明していない"（p.292）ことを認めた。しかしながら，Weeks らの主張は，運動行動に関心を持つスポーツ心理学者が "まるで妥当性があるかのように，喜び勇んで心的表象を包括して評価"（p.294）しなければならないとする考え方を抑えている。この状況は，他の科学的分野にも生じている。例えば，物理学の統計力学分野では，現象学の仮説を磁石や熱力学のレベルから構築しなければならない。考えるべき根本的な問題は，認知神経科学と物理学の違いである。

一見，コンピュータは，脳がスポーツといった複雑な情報に満ちた環境で知覚・活動する方法の有用なアナロジーのように思われる。しかしながら，工学やコンピュータ科学の分野においてセンサー装置として作動するように書かれた機械のアルゴリズムは，生物学的システムの知覚や運動を説明するものにはなっていない（Edelman, 1992；Kelso, 1995）。COBALT が例示しているように，センサー装置などのこのタイプの運動処理を計算する伝統的なブラックボックスモデルには，概念的な定義が不足している。問題が起こるのは，符号化や変換といった用語を解釈し，計算や表象の役割を特定化するような詳細な理論の枠組みがないためである。

運動学習中に符号化や計算の処理がどのように介入しているのかについて，COBALT は "行動と神経の研究が多少とも合意済みの広い枠組みを提供している" といった点からうまく説明しているように思われる（Willingham, 1998, p.559）。つまり，心理学では，運動制御処理の概念レベルに広範に合意しているために，そのような用語の意味を定義する必要はほとんどない。すなわち，説明すべき重要な処理は意図や認知，知覚，行動にあるという大半の運動行動理論家の合意を強調した Willingham は間違っていない。しかしながら，後述するように，運動行動を支えるこれらの処理を説明する方法には，多くの理論的なアプローチ法がある。それらの中には，コンピュータのメタファーを否定して，神経生物学的な説明をよしとしているものもある。

脳はコンピュータのようなものなのか？

脳が一種のコンピュータ装置のようなものと考えている記述もある。神経活動の on-off の性質には，点対点の構造と合わせてみると，デジタル的な特徴がある。では，コンピュータのソフトウェア・ハードウェアと脳を比較することが生物学的に不適切だとする証拠は何なのであろうか？ 第1の証拠は，生物学的な神経系が高度に多様な方法で発達していることである。神経系の微小な構成要素が，制限範囲に応じて構造組織を修飾し適応し続けるような，埋め込み型の複雑なオープンシステム（Davids & Bennett, 1998；Freeman, 1999, 2000a, 2000b）であると考えれば，生物学的な神経系はおそらくもっともうまく理解することができる。細胞の移動，死，接着，分化の連続形態は，ダイナミックに神経系のハードウェア要素の変化と発生を修飾している。

しかしながら，人間のさまざまな脳領域の解剖学的構造には，それぞれ高度な可変性がある（Edelman, 1992）。微小な解剖学的分化がサイズ・形態・位置・結合パターンに生じ，ニューロン群の構造や機能はともに変化している。生化学レベルの分析によれば，チャネルの "ゲート" を通したナトリウムやカリウムといったイオン流入の変化も，神経伝達のダイナミクスに影響を与えている（Kelso, 1995）。Edelman（1992）は，脳皮質の基質変化を "退化（degeneracy）" と呼んでいる。皮質ニューロン群の解剖学的構造の退化は，複雑かつ動的に変化する環境における知覚や行動学習の

適応能力を支えている。多様な CNS の変質が，柔軟な行動や新しい行動を高めている。例えば，変異的なニューロン群はおよそ同じ行動機能をサポートしており，Kelso（1995）はこの概念を"等結果性（equifinality）"と呼んでいる。さらに，多くの感覚モダリティに由来する神経活動反応から明らかなように，神経系には巨大な統合が存在している。事実，以前は単一モードと考えられていた知覚でさえも，さまざまな知覚系からの感覚入力が収斂している（Walsh, 2000 ; Stoffregren & Bardy, 2001）。

象徴的な情報貯蔵に基づいて表象を説明する際に，神経系を認知のダイナミックな統合によって説明することは，明らかに不適切と思われる。生物学的な神経系にはダイナミックな制約の性質があるために，このシステム内のデジタル入力を分離することや，情報の象徴的な変換を追跡することは，現実上，不可能になっている。分極／脱分極の状態を含め，直接的（点対点）／間接的（広大な神経回路網における統合フィードバックループ）な電気化学的伝達をニューロンに結び付ける作業は，生物学的な神経系の"似非デジタル"と類似している。むしろ，制約下の安定性，不安定性，重要な変化，ニューロン間のパターン形成などについての研究は，記憶や知覚，注意といった認知機能のダイナミックシステムを支持している（Kelso, 1995）。次節では，CNS における計算と表象符号化の関係が崩壊していることを示して，この主張を例証してみたい。

符号化

一般的に，脳とコンピュータは，ともに情報を符号化して，対象や事象の表象を計算する論理的な装置であると考えられている。機能主義者のアプローチ法は，脳組織が計算・符号化して表象に変換するメカニズムにほとんど関心を示していない（Globus, 1995）。COBALT では，到達把持運動の制約課題を参照して符号化の処理を例証している。この例では，他者中心の空間に存在する物体表象の空間符号化（環境内の相対的な空間的位置に基づいた座標系）を，自己中心の空間表象（個人の運動効果器に関連した物体の位置知覚）に変換している。物体の到達把持を行う特定筋のダイナミックな表象に，自己中心の空間表象を符号化した時には，最終変換が生じることになる。脊髄の介在ニューロンが上記の符号化処理を計算する詳細な方法は，主要な関心事にはなっていない。

Willingham（1998）は"行動意味の符号化"（p.560）として，運動目標の設定，または意図的な行動従事を提案した。この提案では，階層的な CNS 組織のさまざまなレベルが，組織の行動目標を符号化して表象すると主張していた。例えば，前頭皮質背外側部の他者中心の領域は，明らかに運動プランを符合化している。

また，知覚−運動処理が意図的運動の他者中心の表象を変換するように，一次運動皮質では運動を自己中心の表象に空間的に符号化している。子供は成長発達中のこの変換処理によって，手足の長さが急速に変化しても，さまざまな運動に対処することが可能になる。この結果から"行動目標（他者中心の空間に表象する）と空間標的（自己中心の空間に表象する）の間に，変換を調整する何かがあることは確実になっている"（p.565）。

学習中の運動系列には，運動の完了ごとに連続的な調整がある。例えば，テニスサーブを使用した Willingham（1998）の研究では，系列処理中に"目標がステレオタイプなものに変化して，サーブの度に同じ運動をしたいと思うようになる"（p.565）と仮定した。筋が理解できるようなさまざまなコードは，運動目標の達成に必要な筋出力の特定パターンとして，脊髄の介在ニューロンに表象されなければならない。Willingham は"結局のところ，神経コードが筋への指令になっていることは明白である"（p.562）と述べ，また一次運動皮質が脊髄の介在ニューロンに投射していることから，空間的に符号化した表象を運動表象に変換しているのはこの部位であると述べた。このように，Willingham は空間リーチングに関して"介在ニューロンが空間の望ましい目標位置に効果器を移動する（運動ニューロンを通して）筋力パターンの翻訳ネットワークになっている"（p.562）と述べた。

神経的な符号化の概念は妥当なのか？

CNS の符号化変換を説明する機能的なコンピュータモデリングには，一般的な問題が多数ある。これらの問題はコンピュータ的に取り扱いやすく，神経科学の制約を受ける認知科学の機能モデルとも関係している。Bugmann（1997）は，このコンピュータモデリングの伝統的な問題を，"一般的に，抽象的なコンピュータユニットと生物学的なニューロンを，互換性がある単純な機能にそれぞれ分解できるという確かな保証はない"（p.12）と述べている。例えば，COBALT には，生物学的運動システムにおけるさまざまな感覚経路の翻訳方法を明らかにするために，扱いやすく制約の利いた表象の説明が必要になっている。神経科学の知見は COBALT の主張を制約しているものの，生物学的な神経系の符号化といった処理は若干あいまいになっている。認知神経科学は，認知科学と同様に，多様な知覚や運動といったさまざまなタイプの表象の符号化変換を無視している。

COBALT の特殊な問題をあげれば，神経符号はどのようにして運動位置の空間符号化から動作パターンの特定筋の出力符号化へと変化するのかという問題である。Willingham（1998）は，"結局のところ，明らかに神経符号が筋への指令に他ならない"（p.562）と主張した。Willingham が採用したこの難しい問題に対す

るブラックボックス的なアプローチは，符号翻訳機の役割を脊髄レベルの介在ニューロンに割り当てることだった．符合の変換処理過程は明らかになってはいないものの，いずれにしても，物体の空間位置の表象符号を把握して筋に表象変換する場所は，介在ニューロンにあるものと思われる．加えて，符号化を介在ニューロンに割り当てるこの説明にはさらなる問題がある．それは符号化の推測の根拠がどちらかといえば弱く，この問題が試案的なものに過ぎないことである．Willingham はこの点を認め，得られた"データは両生類のものであり，人間の運動行動を考察する際には慎重に扱わなければならない"(p.562) と述べた．意図から運動への変換を仮説によって説明する際の付加的な問題は，ある種のタイプの表象や符号に関しては CNS に"通訳者"や"管制官"が必要になることである (例えば，Arbib et al., 1998)．

COBALT は，Globus(1995) が"実際の計算方法を避けて，神経科学と切り離す"(p.61)といった無意味な線引きをするような方法で，強力なコンピュータ的な理論と区別した弱いコンピュータ的な理論の一例になっている．弱いコンピュータ的な理論は認知科学を支配しているが，表象の役割は一般的に不明瞭であり，加えて，CNS の構造が異なる符号をどのようにして表象へ翻訳するのかといったバイアスの問題も抱えている．イメージの認知理論について，その主要な欠点を最近レビューした Marks(1999) も，弱いコンピュータ的な理論の例について指摘している．Marks は，認知理論による認知処理についての説明には現実からかけ離れている傾向があると述べた．また Marks は，運動理論がイメージと認知処理を統合してはいないと強調した．しかしながら，Marks の論拠の根本的な弱点は，レビューに当たって彼が選択した研究の論理的な解釈にある．Marks は，"理論的な理由から，行動や生理学的な観点よりも，むしろ経験的な観点を取り上げて"(Marks, 1999, p.567)，イメージ経験の主観的な研究報告だけを評価したと述べていた．

仮説構成を大まかに導入して，脳と行動の機能を説明した最近のもう1つの例は，Arbibら(1998)が提唱したスキーマである．彼らが提唱したスキーマは神経構造と運動システムのダイナミクスの関係を機能的にユニット分析するといった特徴がある．Kant(1781/1929, p.182)が提唱した"純粋な演繹的想像の産物"としての本来のスキーマ概念は，"進化・発達する生物学に根ざした"記述を拒絶していた(Arbib et al., 1998, p.37)．しかしながら，"行動を厳しく分析する枠組みとして"のスキーマ理論(p.33)には局在位置が不要であるといった前提仮説が出たおかげで，生物学的な神経系にスキーマを確立するという周知の問題は先送りになった．

認知科学とダイナミックシステムモデルにおける抽象性の問題

これまで，著者らは，制約のない機能モデルや，実証困難な概念とアイディアを実行するための概念の定義がないままに，脳と行動の処理の概念をコンピュータ的に説明することは困難だと述べてきた．しかしながら，認知科学的なアプローチから知覚と運動を理解しようとする理論家は，ダイナミックシステムの理論家も同じように抽象的な理論を指向していると主張している．すなわち，自己組織化，意図性，アトラクター状態(attractor state)，状態空間，不変性，アフォーダンスといったダイナミックシステム理論の用語は，符号化，変換，表象といった認知科学理論の概念と同様，一見して抽象的なもののように思われる．

しかしながら，概念としての抽象的な認知科学理論とダイナミックシステム理論を区別することにはそれ相応の理由がある．抽象的な認知科学理論では，運動システム行動の個別的な概念の層に，認知処理の役割を割り当てる補完的なモデリングが必要とされている (Meijer & Bongaardt, 1992 ; Pattee, 1979)．暗黙の前提は，1 つのモデルで人間の行動の主要な特徴をすべて説明することはできないということである．認知科学の二元論的な哲学の基盤では，神経系の構造と運動のダイナミクスの間への機能モデリングの導入を支持している．これは，何らかの制約がある神経系に対して，仮説的なコンピュータ概念を組み込んで補完するという意味である．意図的なシステムについて研究する場合，脳と運動行動のモデリング処理には，補完性モデルが必要であるという主張がある (例えば，Meijer & Bongaardt, 1992 ; Pattee, 1979)．補完性とは"モデルを相互的に排斥する場合には，すべての物事や過程を捉えておくことが必要である"ことを意味している (Bongaardt, 1996, p.11)．この暗黙の前提は，構造とシステムレベルの間を説明する付加的な機能レベルとして，スキーマに基づいてモデルを実行する際の論理的な根拠になっている (例えば，Arbib et al., 1998)．ダイナミックシステムと構造レベルの分析を統合するために，機能的なコンピュータモデルは，古典的なブラックボックスモデルに準拠して，表象やプログラムといった仮説概念を使用している．

ダイナミックシステム理論では，理論的な研究を類型化するような数学的なモデリングに基づき，抽象的な概念について記述している．すなわち，ダイナミックシステムとして運動行動を支配する生物学的な法則は，数学的な言語を公式化する際のより一般的な物理法則の特例になっている．Yates(1979)は，複雑な生物システムの研究に非線形力学の原理が応用可能であることを明らかにして，生物システムは本質的に物理システムであると主張した．Yates は"存在論的に生物学を物理学に還元すれば，生物システムの原子・分

子レベルの活動は物理学の法則（化学の法則）に従い，生物システムそれ自身は新たな法則を持たなくなる"(p.65)と述べた。ダイナミックシステムとして運動システムを合法的に概念化する際には，脳と筋骨格サブシステムの正確なモデリングや，協応処理の実験的な検証に道を開いておくことである。そうすれば補完的なモデリングを導入する必要はなくなり，その結果，現存の研究が比喩的に"貸付" "担保"と捉えている巨大で複雑なモデリングの処理は回避することができる(Williams et al., 1999)。

具象化された脳

精神と身体が機能的に別物であると考えるコンピュータ的なアプローチや，生理的・環境的制約を参照しない傾向は，認知科学の理論を開発する際の大きな弱点だと言われている(Neisser, 1994；Williams et al., 1999)。認知科学の現象学的な枠組みでは補完的なモデルが有力になっている。なぜなら，一般的に神経生理学は運動行動の背景にあるといわれている内的構造の機能モデルと仮説的なメンタル処理を制約しているからである。研究者は，主体的な認知による一般環境の知覚と身体の他のシステムの関係を著しく無視している(Neisser, 1994)。必要となるのは，認知と意図を具現化する理論である(Edelman, 1992；Globus, 1995)。脳機能のコンピュータ的な見方が普及しているにも関わらず，神経生物学者は生物学的な神経系の記号操作や，構文のコミュニケーションに適した構造に，信頼できる証拠を提示できずにいる。Daugman(1990)は，脳をコンピュータにたとえることへの反論として"コンピュータへの比喩が驚くほど普及していても，動物生理学の神経生物学的なレベルには，記号操作や形式にかなった論理ルールの十分な証拠が今日までない"(p.15)と要約した。Daugmanはまた"仮説的・歴史的に脳を推測"する場合，脳の特徴として"バンドワゴン現象"を考えるべきであると心理学者に注意を促した(p.15)。

問題は，コンピュータがモジュールによって離散的に作動していることである。コンピュータは情報を解体・パッケージ化・区分けすることで，隔離された論理的な世界で作動している(McCrone, 1999)。表象の重要な機能は，システム外部の代役を務めてシステムの独立機能を支えることである(Bechtel, 1998；Fodor, 1980)。表象がシステム外部の代役を務める点に関して，意図的な主体がどのようにして環境の知識を獲得するのかをコンピュータ的な記号操作や仮説的な内的表象，メンタル処理によって説明することは，"閉所恐怖症"のようである(Heft, 1989；Reed, 1993)。環境対象の認知や意図は，生物学的な文脈から十分に理解できるものである。環境対象の認知や意図は静的・離散的・私的な出来事ではなく，それらには環境に関連した目標指向・努力・持続的な身体活動といった特徴がある。Reedにとって，認知の主体の意図は本質的に実世界に基づいており，主体の意図を制約するものは精神的・身体的・社会的・生物学的な文脈になっている。この立場に従えば，運動行動の理論は，工学的な基盤よりも生物学的な基盤に基づく方がより適切であると思われる(Edelman, 1992；Globus, 1995)。

人間の運動行動を扱う包括的な理論は，本質的な認知の主体(agent)を説明できる理論でなければならない(Van Gelder, 1998)。本質的な認知の主体は，特定文化の文脈で作動する生物的な主体より発達する。運動行動を説明するコンピュータ的なアプローチでは，CNS・身体・環境の3つを脳に埋め込む必要がある(Edelman, 1992；Globus, 1995；Van Gelder, 1998；Varela, Thompson, & Rosch, 1991)。運動行動の優れた理論は，脳と行動に相互作用するCNS・身体・環境のすべてが，どのように協応と制御を制約するのかについて，それをうまく説明するものでなければならない。このコンピュータ的なアプローチは，仮説的な精神機能や表象だけにモデリング効果を絞り込み目標指向運動中の神経系と運動システム要素の相互作用をモデル化した伝統的な傾向とは正反対のものである(例えば，Schmidt & Lee, 1999；Willingham, 1998)。埋め込みは，認知，知覚，記憶，学習のようなモデリング処理において非常にさまざまな有機的・環境的な制約が脳機能に影響していることを表わしている。

本章のこれまでの重要な点を要約してみたい。神経科学はコンピュータ的な説明を制約しているとの主張もあるが，後退したあいまいなコンピュータの構成概念を認知科学の表象枠組みに使用する傾向はまだ残っている。必要なことは，進化を続ける生物的な神経系の多様な微小要素のパターン形成や協応処理について，概念とツールの理論的な枠組みから説明することである(Keil & Davids, 2000)。分析によって示されているように，ダイナミックシステム理論や生態学的心理学，神経科学の考えを組み込もうとしている統合モデリングのアプローチは，認知的および社会的相互作用の制約下で，生物学的な運動システムの運動処理をより適切に説明する理論的なプラットフォームになるものと思われる。次節では運動行動研究の制約モデルを強調してみたい。なぜならば，この制約モデルは脳の多重的な要求にうまく適合しているからである。Newell (1986)の制約モデルは認知科学，生態学的心理学，ダイナミックシステム理論，神経科学の諸知見を十分に統合する理論的な枠組みになり得るかどうかの検討が，次のテーマになっている。

運動システムの統合モデリング：脳と行動が受ける多様な制約

Newell(1986)は，運動者(生体器官)，特定のパフォーマンス文脈(課題)・背景要因(環境)と関係する制約には3つの主要なクラスがあると主張した。システム行動に制約を加える物理学・生物学・化学の概念には豊かな伝統がある(例えば，Kauffmann, 1993, 1995；Prigogine & Stengers, 1984；Yates, 1979)。どのように複雑なシステムであっても，本来，システム行動に関与する微小要素の数といった制約の問題がある。運動科学分野ではこれをBernsteinの問題と呼んでいる(Turvey, 1990)。無数の神経細胞が制約している自己組織化の脳内処理を調べている研究では，包括的な用語としてこの制約を"神経ダイナミクス"と呼んでいる(Arbib et al., 1998；Freeman, 2000a, 2000b；Freeman & Nunez, 2000)。具現的な脳研究においては，生物学的な制約が特定領域で特異的なことや，制約が機能するさまざまなシステム／環境レベルに神経ダイナミクスを見出し得ることが重要になっている。研究者は，システムが達成する形態や，サブシステムが組織の安定状態を追求するようなシステムの境界／様相として制約を定義している(Kugler, Kelso, & Turvey, 1980；Newell, 1986)。

種のレベルで考えれば，制約は特定領域／生息地において機能的で適切かつ最適に生体行動を誘導する進化過程の一部，つまり淘汰と同じものである(Kauffmann, 1993, 1995)。ダーウィン論では，制約は行動の緊急度に応じて作動している。制約は，目標指向運動のシステムを知覚と行動の時間軸上に構築している。すなわち，人間の運動システムの選択的な協応パターンは，制約が目標指向行動の機能状態をほとんど破壊しない場合に出現している。人間の運動行動に影響する制約には多くのクラスがあり，これらの制約は運動行動理論を唱える人にとって，今後の重要な研究課題になっている(Handford et al., 1997を参照；スキル獲得中の制約操作について述べる後節を参照)。

生物システム・無生物システムの自己組織化処理に対する制約

理論生物学者のYates(1979)は，組織の状態間の移行(命令-命令移行)が目標指向活動中の意図的なシステムに生じる方法をモデル化した(Kugler et al., 1990も参照)。意図的な運動システムでは，環境におけるエネルギーの流れが重要な変化に耐えるために，"外部の手がかりが一時的な切り替え状態(分岐点)になるまで，わずかに安定した行動モードの状態を保ち，その後システムは環境手がかりによって別のわずかに安定した行動モードに移行する"(Yates, 1979, p.65)。Yatesのこのモデル化の意味は，"環境とそれらの生物構造間の相互作用には，生物システムの明白なコマンド制御といった"アルゴリズム"が多数存在している"(p.65)ということである。これらの相互作用はわずかに安定した，ある(非常に限定的なセットの中の)ダイナミックモードから別のダイナミックモードへと軌道を先導している。したがって，知覚野のエネルギー源の重大な変化がアトラクター(attractors)(Kauffmann, 1993；Kelso, 1995)として知られている，構造的に安定した規則正しい行動状態を破壊し，その結果，生体は行動の別の機能モードへの乗り換えができるようになる。

運動行動やスポーツ心理学に関わるこの考え方の重要な意味は，以前は精神状態の領域にあると考えられていた多くの動物行動と流体力学や熱力学の状態や移行の領域との結びつきが神経ダイナミックモデルの開発によって明らかになったことである(Yates, 1979, pp.66-67)。モデルでは生物的な神経系の構造分析と運動システムダイナミクスの密接な関係を示しているが，そのようなモデルの分析でも社会心理学の下位分野は排除されていない。意識や思考，知覚，情動，記憶といった心理的な処理を，"部族や家族，地域社会内の出来事とともに理解"しようとする神経科学者もいる(例えば，Freeman, 1995)。例えば，GoernerとCombs(1998)は次のように主張している。"人間の脳は孤立的に進化するのではなく，他の同じような脳が形成される地域社会で進化している。このように，より大きな地域社会のダイナミックなシステムに個人の意識経験を入れ子にした情報システムの文脈から，我々は，一対一の関係から文化にまで至る社会システムを，より完全に理解する必要がある"(P.126)。この見解は，複雑なシステムの下位要素(例えば，個人の脳)はそれ自身の行動を表出するだけでなく，より大きな全体行動のシステム(社会)にも寄与していることを示している。このように，脳と行動の発達に制約を加える社会システムを，研究者は超生物系と呼んでいる。このような社会的な制約は，Newell(1986)の環境的な制約のカテゴリーに分類することができる。社会心理現象をこのタイプのようにシステムの入れ子として理論化する場合には，スキーマや他の内的表象といったコンピュータ比喩の機能モデルはほとんど不要になる。

脳と行動処理の最新神経ダイナミクス理論

精神生活を説明するために，ダイナミクスや，CNS構造上の神経科学情報がどのように集積されたかを示した，より最近の例は，Edelman(1992)の神経グループ選択の神経生物学的理論の中にみられている(より詳細なレビューはThelen & Smith, 1994；Williams et al., 1999；Freeman, 2000aによる脳の確率的カオスモデルを参照)。

Edelman（例えば，1992）の理論の主要な中心概念では，遺伝や環境が制約する脳を，巨大なひとそろいの相互接続ニューロン層からなる動的な器官とみなしている。特定の行動や認知，情動には，遺伝と環境の制約下に生じるさまざまなグループの相互接続ニューロンパターンという特徴がある。機能的に異なる運動パターンに寄与するこのような下位システムの活動は，長距離ニューロン（錐体ニューロン）と結びついており，これが Edelman の理論の本質的な要素になっている。Hebb のシナプスパラダイムをダイナミックシステム理論の原理に統合したこのモデルは，ニューラルネットワークが刺激によって同時に興奮する時の強化方法を説明している。シナプスが Hebb の法則に従うために，研究者はこの方法で強化したシナプスを，しばしば Hebb のシナプスと呼んでいる。簡単に言えば，相互接続ニューロンの同期的な賦活はシナプスを強化する。したがって，ニューロンの集成体は Hebb のシナプス強化を通して特殊な刺激と結びつくようになる。刺激が集成体のある部分を賦活すると，集成体の残りの部分は急速に発火する。脳幹が放出する"修飾"化学物質と絡んだこのシナプス強化によってシナプス後の感度が変わり，それによってニューロンの利得が増し，樹状突起の電流が増加する（Freeman, 1997）。神経系のこのような活動は，生物学的な人間行動の認知や情動，行動生起の方法を一見そつなく説明しているように見える。

脳の確率的カオスモデルを提案した Freeman（1999, 2000a）は，ほとんどの神経科学者が EEG や MEG の電位波形，単一ニューロンのパルストレーンの研究証拠を否定していると主張した。それらの証拠の代わりに，ニューロン配列の組織的な CNS 活動を分析すべきだとした。Freeman はこれを神経系の"量作用"と名付けた。脳は基本的に共有分散量が低い膨大なニューロンの集団として作動しているのであって，共有分散量が高い少数のネットワークを選択して作動しているのではない。Freeman（2000a）は，この神経ネットワーク機能の見方が歪んでいる原因はニューロン活動を記録するテクニックにあると考えた。神経ネットワークの概念は，Lorente de No が大脳皮質ニューロンの研究（Golgi 法による）によってコンピュータ的な神経ネットワークの概念と神経細胞集成体の概念を解剖的に支持したことに由来している。事実，個々のニューロンは，非常に近接した（距離：<1 mm）数千もの他のニューロンと刺激をやり取りしている。Freeman らの結果は，ニューロン行動を記述する際には集成体的な概念の方がネットワークの概念よりも優れていると示唆している（Edelman, 1992 も参照）。

大きなニューロン集団のもっとも重要な性質は，おそらく全体的な状態変化を直接・繰り返し受け入れる能力と思われる。Freeman（2000a）は，関連するいくつかの運動行動理論の事例，特に"歩行とランニング，会話と嚥下，睡眠と覚醒といった移行時に突然生じる脳・脊髄の神経活動パターンの再組織化と，より一般的な思考と精神的イメージの断続的な流れ"（p.11）を強調した。これらのスケールの大きなパターン変化は，脳と行動の情報処理を伝統的に説明するノイズ支配のシステムとは両立しないように思われる。神経系の集団活動出現を説明するには，現在の神経ネットワークのモデルは極めて不向きである。興奮したり，相互に興奮させ合うニューロンは，繁栄と発展に必要な非周期活動を維持することができる。Freeman（2000a）によれば，電気製品の固定的なトランジスタとは異なり，"ニューロンが孤立し活動しない状態になると，有効期間は短くなる"（p.12）。したがって，"自立的かつ無秩序な安定状態の連続的な背景活動から，秩序ある包括的な神経活動状態が出現するその根幹部の活動"（p.12）を，生物学的に明確に調べる必要がある。。要約すると，確率的カオスは，概念や思考，イメージ，知覚，運動と結びつく脳の状態を生成している。なぜなら"確率的カオスは無作為的な無数のニューロン活動から生じ，無作為的な無数のニューロン活動を養って，そして，［脳内］に自己組織化の基盤を提供しているからである"（p.13）。人間の神経系における確率的カオス処理のダイナミックモデルには多くの利点のあることが明らかになっている。その利点には，ニューロンの適合性を高めること，寄生的な位相固定の傾向を最小限にすること，非体系的な活動を与えて学習中の Hebb 型シナプス形成を駆動すること，状況に存在するアトラクター（attractor）を強化する代わりに魅力的な新しい受け皿を作り出すことなどがある。これらすべての利点によって，学習中の運動システムの形成・創出・探索といった機能的な行動を促進することができるし，目標指向運動中の不適応なステレオタイプ反応を回避することができる（Globus, 1995；Slifkin & Newell, 1999）。

次節で強調するように，これらの利点はさまざまなタイプの制約下に出現する脳と運動システムの組織的な活動パターンのアイディアとうまく合致している。それらのアイディアには，統合モデリングアプローチの開発や練習など，運動学習過程の性質を理解する上で重要な意味合いがある。次節では，議論の手段として動的な阻止運動を使用して，運動行動出現の状況的・意図的な制約に関する最近のモデルを中心に，統合的な分析を展開してみたい。

運動行動の統合アプローチの文脈における状況的な制約

スポーツは高度なスキル運動に影響する多数の状況的な制約に応えて，安定した運動協応モードの採用と認識を可能にさせる特異的な環境を選手に供給している。生物と環境のシステム内に生じる状況的な制約

は，人間の運動出現の境界条件としての機能を果たしている(Davids et al., 1994)。状況的な制約には，注意と記憶といった有機体の処理や，不安といった情動，特定のインストラクションやモデルの観察といった課題制約が該当している(Newell, 1991)。ダイナミックシステム理論の研究のうち，協応パターンに影響する高次認知処理から状況的な制約を検討している一連の研究が，現在のところ優勢になっている。ダイナミックシステム理論の一般的な適用を想定して人間の運動を分析している研究者は，自己組織化の概念を組み込んだ同じ相乗原理が，CNS内の認知活動(Thelen, 1995)，情動活動(Camras, 1992)を支配すると述べている。現在では統合モデリングアプローチを新たに実証する研究の価値が明らかになっている。動的な有機体である人間に運動システムの内在的なダイナミクスが修正できるような下位システムを組み込んで認知を考えるべきであるとする研究者もいる(Abernethy, Burgess–Limerick, & Parks, 1994；Summers, 1998；Thelen, 1995)。もしも，生態学的なアプローチが運動行動の理論を網羅しているならば，協応運動パターンの出現に影響する認知サブシステムの方法を理解することが，現在の研究課題ではないかと思われる。非特異的制御変数と特異的制御変数を区別している最近の研究は，目標指向の行動を形成する状況と認知の制約関係を明らかにする上で役立つものと思われる。

非特異的／特異的制御変数

協応ダイナミクス研究者の主要な目的は，内的に安定した2つの律動的な協応モード(逆位相-非対照運動と同相-対照運動)を，位相オーダーレベルの境界条件下で確定することにある。これら2つの協応モードのパターンの出現は，もともと実験参加者に人差し指・前腕の回転運動の増加を求めた研究から明らかになったものであった(Kelso, 1981, 1984)。運動頻度は何かの情報を実験参加者に提示するものではなく，単に参加者のさまざまな協応状態と結びついたものである。そのため，研究者はこの運動頻度を非特異的制御変数と呼んでいる(Schöner & Kelso, 1988a)。運動頻度は，もともと非特異的制御変数としてモデル化され，現在は多くの研究者が，Haken, Kelso, Bunz (1985)によって律動的な両手協応と名付けられた運動における位相移行モデルとして受け入れている。

協応ダイナミクスの研究者にとっての2つ目の目的は，高次認知過程(Kelso, 1994；Schöner, 1995；Summers, Byblow, Bysouth–Young, & Semjen, 1998)，環境の情報源(Schöner & Kelso, 1988a, 1988b)から生じ，特異的制御変数として作動する生物的な境界条件や状況的な制約を確定することである。特異的な制御変数は，内的に安定したシステムの組織モードと協調または競合する外的な行動情報になっている(Schöner & Kelso, 1988a, 1988b)。スポーツパフォーマンス関連の特異的な制御変数を確定することは，競技者の協応ダイナミクスが行動情報によって動揺または安定する方法や，以前に学習した行動パターンまたは新しい行動パターンの強制的な出現方法を理解する上で重要である。特異的な制御変数の確定というこの重要な課題は，状況的な制約によって競技者が利用可能な運動システムに自己組織化をセットするという主張の基盤になっている(Meijer, 1988)。次節では，動的な運動システムにおける意図の処理，注意処理，意図的制御，不安を含めて，状況的な制約機能に関する最近の知見を論議する。

運動協応に影響する意図的制約

意図の概念を定義する方法は，意図を調べる運動科学が直面している主な困難の1つになっている(Davids et al., 1999；Freeman, 1997；Kelso, 1995；Schöner, 1990)。Freemanは行動の意図を"外面的には環境内の事物の操作，内面的には生物的な動因や要求や本能を満足させる意図や目標や意志を持つ，思考・活動・会話"といった用語で記述した(p.293)。人間の運動行動を調べる伝統的な分野では，発生した意図とCNS内の表象的な運動パターン(運動プログラムスキーマ)の関係に混乱が生じている(Decety, 1996；Decety & Grèzes, 1999；Decety et al., 1994；Schmidt & Lee, 1999；Willingham, 1998)。そのような表象をCNSの神経構造に同定することができれば，運動協応の方法・運動学習の方法はよりよく理解できるものと思われる。

ここ20年の間にPET，fMRI，MEGといった神経科学分野における優れた分析技法が発展した結果，この目標は達成可能になっている。運動行動の意図的制御を神経を基盤として最初に調べたFrith, Friston, Liddle, Frackowiak(1991)は，内的な反応条件や外的な感覚刺激の具体的な反応条件を設定して，実験参加者に言語課題と運動課題を要求した。また，PETスキャンを使用したFrithらの研究は，複数の方法ではなくある1つの方法によって運動する意図的制約課題の実行時に前頭前皮質の血流が増加することを実証した。Frithらは，"記憶の表象"(p.244)が意図的制約課題における動的な行動の基盤になっていると結論づけた。同様に，補足運動野の運動開始前の準備電位は運動意図の神経的な表出であることが明らかになっている(Deecke, 1990)。さらに，補足運動野における運動開始前の局所血流(rCBF)変化は，補足運動野の運動プログラムと考えられている(Decety, 1996；Decety & Grèzes, 1999)。

しかしながら，運動プログラムの考えを支持するものとしてこれらのデータを解釈する際に困難となる点

は，明らかに意図と運動プログラムが混乱していることである。例えば，"補足運動野は内的課題中に特異的な神経活動を示すが，運動前野のニューロンは外的な運動中にいっそう活発になる"(Decety, 1996, p.47)と言われている。補足運動野の神経活動と運動前野のニューロン活動のこの違いは，情報調節運動が運動前野に優勢に生じる一方，内的表象が補足運動野に生じ，その内的表象に依存して補足運動野が運動を制御しているのではないかという提案を支持しているように思われる。

"協応運動の系列生成といった抽象的な表象として運動プログラムを定義するならば(Schmidt & Lee, 1999, p.417)"，明らかに運動意図と運動プログラムの記憶からの検索と，行動前からのプログラム開始の取り違えがみられる(Arbib et al., 1998 を参照)ように思われる。Deecke(1990)による運動学習の研究では，このように"運動プログラムが予想的な姿勢を修正する"(p.613)と主張したが，補足運動野の準備電位は意図的な運動開始，とりわけ"運動系列の単一運動タイミング"(p.612)に対して"動機的，意図的，タイミング"(p.612)の役割もしていると主張した。

これらの異なる記述を調和させる方法はあるのだろうか？ あたかも意図的な行動が真空に存在するかのような表現や，意図的な随意運動の内的生成といった表現が，やや誤解を招く問題になっている。行動に影響する運動システムの"知覚・運動・認知の込み入った因果網"は分離不能であることから，意図-運動の間に階層的な関係を想定することにはほとんど意味がない(Thelen & Smith, 1994, p.xxii)。人間の神経系を自然の生物システムとして概念化する際には，脳を情報処理装置とする考え方を意図的に避けている。脳は情報よりもむしろ意味を処理している(Freeman, 1997, 1999, 2000b)。神経活動パターンは，Bernstein(1967)が"非単一母音性"と名付けた概念の感覚情報パターンと，直接／即時的な関係を持っていない。特異的な感覚刺激源，概念，イメージ，思考と運動活動との間には，一対一の対応関係は存在してはいない(Freeman, 1997, 1999, 2000b)。

むしろ，個人の知覚や意図は，特定の課題目標を追跡する時に運動行動中の神経パターンを決定している。脳の処理と実際の運動行動の関係を調べた MEG の研究は，この考え方を支持していた(Kelso et al., 1998)。Kelso らは指の屈曲・伸展課題を用いて，神経活動パターンと運動速度が有意に関係することを明らかにした。しかしながら，皮質活動の動的パターンは課題固有のものであり，同じ課題であってもメトロノームとの同期やシンコペーションといったさまざまな課題の制約がある場合には，皮質活動の時間経過が大きく異なることも明らかになっている。さまざまな課題制約(メトロノームの情報制約)下の同じ運動協応パターン(指で軽く打つ)が完全に異なる神経パターンと相関している事実は，意図・知覚・運動の相互作用を裏打ちしている。

結合主義は表象を暗示していない

脳構造に存在する結合パターンの表象を強調する考え方は，非常に混乱している。脳の表象モデルが実行するのは，象徴的な計算というよりは部分象徴的な計算だと考えられている。それにも関わらず，入力機能を伝統的に線形代数で記述される状態移行処理における出力機能上に位置づけている(Globus, 1992)。部分象徴的な結合主義者は，モデリングの表象を"情報変換・表象・貯蔵"(Sejnowski et al., 1988, p.48)による状態移行の計算という意味で使用している。イメージ運動や観察運動のデータを解釈する際には，Decety ら(1994)の部分象徴的な結合主義者のモデルに注目する価値がある。Decety らは 6 名の実験参加者が把握運動をイメージした時と観察した時の CBF データを比較して，"運動を意識的に表象すると，意図的な行動を実行した場合と同様に，賦活パターンが皮質・皮質下に生じる(p.601)"と主張した。

Frith ら(1991)による知覚と運動の神経データの解釈から明らかなように，運動の実行時にはコンピュータ的な機能モデルの枠組み概念を呼び覚ます必要はまったくない。Frith らは，前頭前皮質と他の脳部位の相互作用を調べるには，PET スキャンが効果的であることを見出した。Frith らが示したデータの重要な知見は，"刺激を同定する神経ネットワークと同様なネットワークを，反応生起に使用した"(p.245)ことである。すなわち，特定課題の文脈の処理に関わる神経パターンをまとめ上げたものが，意図や知覚，イメージ，運動であるとしている。しかしながら，この神経パターンは時々刻々と変化している。神経ネットワークの構造は，状況や課題による制約が各処理の介在方法をどの程度決定しているかに依存して変化している(Calvin, 1996；Edelman, 1992；Globus, 1995)。運動をイメージした時と実行した時に，同様の神経パターンが生じるとする上記のような考え方は，後述するように，運動行動のパフォーマンス介入技法と密接に関わり合っている。

意図的な運動行動：非相補モデリング

内的な運動表象を引き起こす意図が補足運動野の神経活動ではないと考えた場合，非相補的な枠組みの意図が果たす役割は，どのように解釈すべきなのだろうか？ Kugler ら(1990)は，初期のダイナミックシステムの枠組みを使用して，意図的な運動行動を単一モデルに概念化しようと試みた。そのモデルでは，有機体のエネルギー交換と環境のエネルギー交換の動的な相互作用によって生じた目標状態のアトラクター(attractor)が意図であると考えた。ダイナミックシステム理論におけるアトラクター状態とは，複雑なシステムの自己組織化傾向を支える一時的な安定行動パターンのことである（Williams et al., 1999）。意図的なダイナミクスの点から見れば，アトラクターとは，生体が将来の方向を独自に決める際に状態空間の情報（個人の運動系が利用できる協応可能性の予想総数）が不足している場合の選択時点と考えることができる。これらの決定が必要になるのは，最初の課題条件のゆらぎや行動に影響する高次目標にシステムが依存している場合である。

サッカーのゴールキーパー

脳の埋め込み概念と意図・知覚・運動との複雑な関係を状況的に説明するために，スポーツの例について考えてみよう。サッカーのゴールキーパーは，ペナルティーエリア内を通過するボールから視覚情報を得ている。ゴールキーパーは，意図的な情報を使用して，そこに留まってボールをキャッチするのか／ゴールから離れてパンチングするのかを選択することができる。その選択を行う状況には，運動システムのダイナミクス形成に役立つような戦術やルール，記憶，対戦相手についての知識といった，ゴールキーパーに特異的な課題に関連した有機的な制約も存在している。このような有機的な制約は，個人の脳がパフォーマンスについての問題を解く時に現れてくる。重要な点は，意図がゴールキーパーのCNSに貯蔵されているのではなく，特定のパフォーマンス文脈に関連した多数の制約下に現れることである。意図はアトラクターとして作動するCNSのいっそう安定した結合パターンであり，ゴールキーパーがパフォーマンスの実行に当たって組み立てる運動課題の解決方法に影響している。CNSには，類推可能な多数のアトラクターが駐在している。脳は解釈装置（脳は情報や事象，進行行動に絶えず携わっている装置である）なので，いついかなる時でも，ゴールキーパーに影響を与える内部・外部の多数の制約のもとに目標指向運動を構築している（Érdi, 1996 ; Globus, 1995 を参照）。

結果として生じたゴールキーパーの行動は，攻撃選手の接近やボールの位置といったさまざまな環境要因だけでなく，その状況の意図的な情報強度と同様に，過去の経験と記憶にも依存している。もしもボールのキャッチよりもパンチングの方がより安定したアトラクターの状態であるならば，ゴールキーパーの示す可能性がもっとも高い運動は，ボールのパンチングである。この観点から，意図的な情報は，特定の運動目標を達成するために，システム組織を安定／不安定にしながら運動システムの協応ダイナミクスと同じ状態空間で活動していると言える（Scholz & Kelso, 1990 ; Williams et al., 1999）。システムの即時的な運動能力は，運動する意図に影響している。また翻って，意図が即時的な運動能力を制約している。このことは，意図への根本的に異なるアプローチを表わしている。このアプローチの基盤になっているものは，階層的な制御（組織のトップダウンモード；Davids & Button, 2000）というよりも，むしろ人間の運動システムの自己組織（あらゆる下位システム要素がシステム行動を起動する組織モード）を特徴づけるような重要な制約である。

意図的なシステムと意図を示すシステムの違い

Kuglerら（1990）は，独特の意図的な主体には情報フィールドの特定勾配（アトラクターレベルの変化）に抵抗する特徴があると主張した。力量変化（例えば，風圧による岩の〔形態の〕浸食）は無生物的な物体（例えば，岩の物質分子）における自己組織の処理を拘束するが，生物は環境エネルギーの流れにのみ影響を受けるわけではない。力量フィールド（風・水・他者といった外部発生的な力量）と情報フィールド（例えば昆虫のフェロモン臭，リンクのアイスパックから反射した視覚エネルギーといった特定エネルギーの流れには，システムのダイナミクスを呼び込む特異的な情報の役割がある）は，ともにそれらの組織化の状態に影響を与えている。システムが初期行動から高次の意図へと移行する時に目標をさらに洗練して，情報的なものにするには，力量フィールドから情報フィールドに移行する制約の中心に，複雑で動的な環境との相互作用が必要になる。システムは，情報フィールドで活躍する意図によって力量フィールド勾配に抵抗しているが，その分エネルギーは消耗することになる。例えば，スポーツ競技者は最小源のエネルギー効率を選択して意図的に運動システムのダイナミクスを引きつけることにより，より安定性の低い協応的な問題を解決している。"派手なプレー"がこれに当たる。

この点で，単なる意図の自然システムと意図的な自然システムを区別することは重要である。例えば，複雑な自己組織化システムの例として，文献ではシロアリの巣作りをあげている（Kugler, 1986）。しかしながらそれらの文献では，意図を表わす複雑なシステムとして，このような自然システムをより正確に分類している（このシステムは認知科学が概念化しているような意図を，公式化する能力のない目標指向行動である）。シロアリの巣作りは，シロアリに意図がなくても自己組織化することができる。重要なことは，シロアリに系統だった選択や目標がなくとも，"意図的なシステム"があらゆる場所の中から魅力ある場所を選択して最終的な特定状態の目標に到達していることである。

より安定した新たなアトラクターの出現と結びつく高次の組織システムモードを意図によって確認するこ

とが，Kuglerら(1990)の中心的な考え方になっている。言い換えると，意図とは目標指向のダイナミクスを制約するもっとも重要なものの1つであるように思われる(Kelso, 1995)。それにも関わらず，意図はシステム行動の形成に影響する多くの要因の1つにすぎないことも認識する必要がある。ダイナミックシステム理論で多くの支持を得ているエスケープ処理の物理的なモデルによれば，制御の決定はシステムが内的な電場電位から持続的にエネルギーを注入する時点に生じることになる。換言すれば，Kuglerらは反力(重力，摩擦，解剖デザイン，推進力)を利用して，運動パターンが維持できる人間運動システムの見方を明らかにした。熟練スポーツ選手がこれらの反力を利用する方法は，もともとKauffmann(1993, 1995)が自己組織化の基盤として指摘した"自由受注"を人間がどのように利用できるかの模範例になっている。

しかしながら，身体活動を維持するために反力以上のものが必要になる時期はやってくる。スポーツ選手は，広範なエネルギー源(例えば，ATP)の注入といった生理学仕様のシステムを，運動目標の達成に利用することができる。フィールドには将来の運動方向を何よりも明瞭に示す十分な情報があるため，反力以上のこれらの情報を必要とする時点は，スポーツ競技者が行動を選択する時点にもなっている。このような見方をすれば，スポーツ熟練者が自由にエネルギー源を利用する場合には，意図がどのようにスポーツ熟練者の自己組織化の処理を構成しているのかが明らかになるものと思われる。Schöner(1990)が開発したモデルは，特定の行動情報としての意図が運動協応の出現に与える影響を捕捉していた。このモデルは，運動開始時点と終了時点におけるポイントアトラクターが静的な空間位置に到達する不連続課題(状態空間における安定した特定協応位置)における数値をシミュレーションしたものである。Schönerは，アトラクター間の腕の軌道を制限サイクルオシレーターの1/2としてモデル化した(図6.1を参照)。

こうしたモデル化の研究にも関わらず，ダイナミック運動システムの意図概念を実証的に調べる研究が運動行動学者の関心の的になっている。実証的な研究の有力なラインの1つは，運動行動のよりきめ細かいレベルを集中的に調べることである。運動行動への伝統的なアプローチ法には，運動制御処理の間接的な指標として行動の結果を調べようとする傾向がある(例えば，Schmidt & Lee, 1999)。他方，現代のアプローチ法では，意図を操作するさまざまな課題制約時に出現する協応パターンの差に注目している。次節ではそのような最近の研究アプローチ法を概観してみたい。

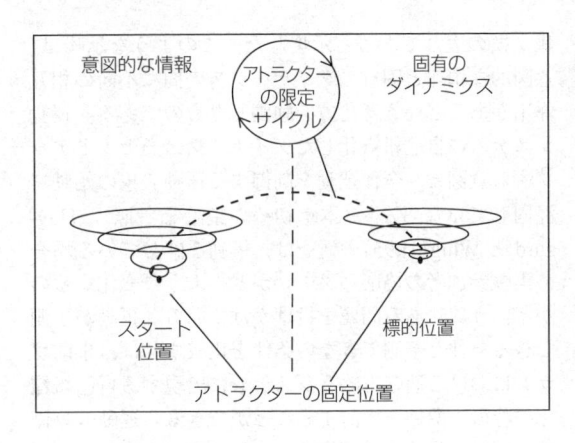

図6.1 Schöner(1990)が数学的にシミュレーションして公式化した協応リーチングの運動出現を制約する意図

ダイナミック運動システムにおける意図の実験研究：運動システムにおけるメカニカルな摂動

運動システムにメカニカルな摂動を使用する方法は，目的指向運動中の安定した運動行動パターンを明らかにする有力なツールになっている(例えば，Button, Davids, Bennett, & Tayler, 印刷中；Haggard & Wing, 1995； Polman, Whiting, & Savelsbergh, 1996)。

把　握

HaggardとWing(1995)は，直線作動装置によって実験参加者の腕を不意に後退させた時の把握リーチングと協応について調べた。この実験では，摂動時の参加者の腕の移動方向は，一般に反転した後に補償反転を示した(全試行の67.5%)。このような適応行動は"運動等価性"(Saltzman & Kelso, 1987)の証拠とみなすことができる。好みのルートや現在のルートが不意に妨害を受けた時に，熟練者は運動の等価性によって，目標に到達する別のルートを見出すことができる。このような知見はまた意図的なダイナミクスの分析にとって重要な意味を持っている。運動等価性の概念では，運動システムがたとえ試行ごとに同様な意図を示していても，身体の多彩なメカニカルな自由度を利用して運動目標を達成していると指摘している。課題の成果を確実に達成したとしても，目標指向活動(把握のように厳しい制約課題であっても)は，実験参加者間や試行間の変動に予想した以上の結果をもたらしている(Davids et al., 1999)。

また，HaggardとWing(1995)は，ランダムな様相で摂動を生じさせた場合，実験参加者が示すアパーチャーの反転は，単なる事前のプラン段階よりも連続的な運動中に生じるアパーチャーと移送要素の間の情

報交換の表れであると示唆した。このような示唆は、意図的な情報と固有のダイナミクスの間に不断の相互作用があるという考え方を強調したものである。運動システムに自己組織化したダイナミクスをセットアップする意図と、全体運動を制御する運動表象の始動を混同してはならない（本章初めの議論を参照）。Haggard と Wing（1995）の研究は、摂動を感じている場合に実験参加者の協応パターンがどのように変化するのかという興味ある問題を投げかけている。摂動が予測できる条件と予測できない条件を比較すれば、事前プランにおける適応方略とシステムに出現する自己組織化の特徴の関係を検討することができる。運動の等価性の例は、熟練捕手が捕球する際に観察することができる（例えば、野球選手がゲーム中に頻繁に行う多様な捕球法を考えてみたい）。

捕球

残念ながら、捕球という外的な摂動についてきめ細かく運動学的に実験した研究は非常に少ない。Polman, Whiting, Savelsbergh（1996）の研究では、座った状態で実験参加者の右手の動きをアームレストで制約し、テーブル上で矢状面に接近する振り子のボールをつかむよう要求した。また動的な運動システムの安定性を検討するために、ボールをつかむ手指にバネによる負荷荷重を加えて時間課題の制約を操作した。すなわち、バネ荷重システムとして参加者が装着したグローブの指の部分に取り付けた柔軟なワイヤーによって、把握運動の摂動を起こした。参加者に対して、初めは手指を握り、振り子のボールが接近した時に手指を開くように要求した。抵抗的な摂動力量を操作するために、それぞれ力量が異なる2つの摂動条件（0.6 kg と 1.6 kg）群と、ベースライン条件（摂動がない条件）群を設定し、9つの運動学的な従属変数を記録した。ベースライン条件群と2つの摂動条件群の間で有意差があったのは、捕球時に開いた手の広さの程度（ベースライン条件群＜2つの摂動条件群）、手指を握る最大速度（ベースライン条件群の方が 0.6 kg 条件群よりも有意に速い）の2変数のみであった。この結果から、不連続な妨害活動下の制御パターンには、ベースライン条件群と2つの摂動条件群の間で相対的な変化はないとの結論に至った。

Polman ら（1996）の研究データによって、離散的な妨害行動に対する運動システムのメカニカルな摂動の効果は広く理解されるようになったが、Polman らの研究はまたいくつかの興味深い問題も提起している。第1の問題は、Polman ら（1996）の実験デザインが片手の妨害活動の把握相だけを摂動していたことである。第2の問題は、手首の固定位置とボール付きの振り子の軌道を使用した結果、Polman らの研究における特定タイプの妨害課題は、時間的な課題制約のみの摂動になっていたことである。摂動条件と非摂動条件の間の把握変数の有意差が、妨害活動のこの特殊な実験バージョンにどの程度対応するかは明らかではない。重要な第3の問題は、Polman ら（1996）が採用した方法論では、どのような条件でも摂動が観察できたことである。バネ荷重システムは進行中のさまざまな活動段階に摂動を引き起こしたが、摂動条件群の試行では変化がなかった。また参加者は運動の摂動時期を常に前もって知っていた。個々の参加者がこの特定タイプの摂動処理の運動方略を採用していたかどうかは明らかではない。ここでの重要な観察は"捕球時に手を広げる把握活動が、バネ荷重条件とはまったく異質な"（Polman et al., 1996, p.57）ことだった。ランダムな摂動を適用していないために、これらの結果が参加者個々の意図的な制約であるのか／把握中の指に課した付加課題による制約なのか、その程度は明白ではない。

最近 Button ら（印刷中）は、片手捕球の課題を使用して外的な摂動に対する反応について調べた。摂動の形態は、機械ブレーキ付きのコードを介して手首に適用した抵抗力（12 ニュートンメートル）であった。熟練捕球者の課題は、ボールマシーンが発射する速度約 8 m/s^{-1} のテニスボールの捕球であった。試行ブロックは全 64 試行であり、その内 10 試行が摂動なし条件（ベースライン）、54 試行が摂動あり条件であった。摂動あり条件の 54 試行では、ランダムに 20 試行を摂動した。把握と移行相の運動学的データから、実験参加者間で摂動の反応は非常に大きく変化することが明らかになった。ランダムな摂動試行の運動開始時間（217±28 ミリ秒）よりも、摂動が予想できる試行の運動開始時間（198±32 ミリ秒）が速かった（$p<0.05$）。さらに、参加者の捕球は、これから起こる摂動を予想した時に遅くなる傾向があった（$p<0.01$）。手とボールの接触時間に関する参加者の一般的な傾向として、最大速度に到達する手首の時間は、ベースライン試行（接触前は 237±68 ミリ秒）よりも摂動試行（接触前は 309±61 ミリ秒）の方が速いという事実は、この意図的な方略を支持している（図 6.2 を参照）。個人の協応プロフィールを分析した結果、6 名中 4 名の参加者は、課題制約の特定変化に順応するために把握相の相対的なタイミングを意図的に変えていたことが明らかになった。参加者間の変化が非常に大きかったことから、熟練者は運動の等価性によって課題を巧みに達成したものと思われる。最終的な把握変数の相対的なモーメント（全運動時間の約 70％）は、摂動があるにも関わらず変化しなかった。この結果は Polman ら（1996）の知見を支持していた。

これらのデータは、把握のタイミングが意図的な情報の影響に逆らう安定したアトラクターであることをほのめかしている（Wallace & Weeks, 1988 も参照）。捕球課題の摂動タイミングを操作すれば、この把握のタイミング変数が安定していることのより直接的な証

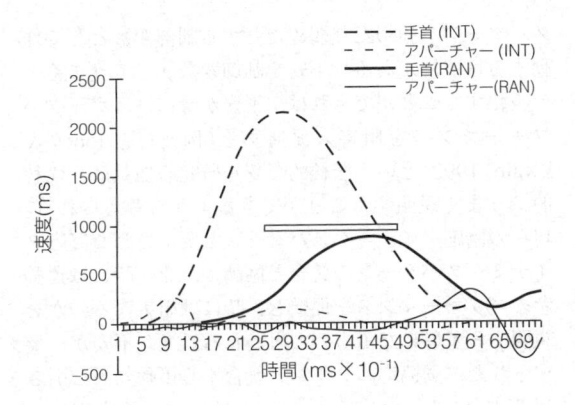

図6.2 運動システムにおける意図的なダイナミクスと熟練補球者における運動力学の関係

この典型的な実験参加者は、手首への摂動を予測した時に意図的に協応変化を開始した。図中の略号：INT＝摂動が予測できる条件；RAN＝摂動が予測できない条件。図中央の水平バーは開始から終了までの摂動時間(C. Button et al., 印刷中のデータより)

拠を得ることができる。Buttonら(印刷中)は、摂動点における手の運動量が残りの運動に必要な適応の程度にも影響すると示唆した。運動開始時に捕球腕を摂動すれば、運動後半のより速い腕運動よりも摂動効果は大きくなると予想できる。

本節で概観した研究は、意図・知覚・運動ダイナミクスの非相補的モデリングの研究が、将来実行可能になることを示唆している。このような統合モデリングの観点から、将来は、(1)進行運動中の意図・知覚・行動を分割することの難しさ、(2)目標指向活動中に運動システムの自己組織化ダイナミクスをセットアップして修正する意図の役割、という2点の証拠が上がってくるものと思われる。

固有のダイナミクスを所要の行動パターンに引きつける行動的な情報の提供を通じて、自己組織化の処理を運動システムにセットアップする意図処理の役割は、非常によく理解することができる。意図したパターンを明示している集団変数の相対的な位相レベルで、この情報概念の特徴を捉えることができる(Scholz & Kelso, 1990)。対照的に、実験参加者に固有のダイナミクスと意図的な情報が競合する場所でシステムを強制して望ましいパターンに変更するには、より大きな意図的努力が必要になると思われる。

要求された協応パターンの採用意図に引き続き、しばしば3ボールのジャグリングやホッケーのパックドリブルといった組織化の特定状態の維持が個々の運動者の目標になる。ここでは実施課題に"努力"や"エネルギー"などを配分して、要求パターンを維持する必要がある。このように、意図が運動システムに自己組織化処理をセットアップしている間に、注意処理には意図した協応パターンを連続的に修正し安定化させ

る特異的な変数の効果があると研究者は考えている。次節では注意処理について論議する。

注意処理

現在、実証研究の盛んなもう1つの重要な状況的な制約は、注意処理である。Wuyts, Summers, Carson, Byblow, Semjen(1996)が最初に調べた注意の処理を、関連研究者は人間の運動システムのダイナミクスを制約する行動情報の特殊な制御変数としてモデル化している。実験参加者の非利き手が非対称運動中に示す不規則な軌道は、制御変数の振動頻度が増加した結果、安定性を失い、一時的に同相モードに移行したものと、以前の研究者は指摘していた(例えば、Carson, Thomas, Summers, Walters, & Semjen, 1997；Semjen, Summers, & Cattaert, 1995 を参照)。このアンバランスは、参加者が利き手に対して注意を優先的に配分した結果であると解釈していた。Wuytsら(1996)は、非利き手に対する意図的な注意がこのアンバランスの連結を弱め、その結果、安定性が増して不規則な軌道構成が低下すると仮定した。

Wuytsらは、運動頻度が1.5 Hz・3.0 Hz、対称モードと非対称モードの間隔が0.25 Hzの円を両手で追跡する課題を参加者に課した。また参加者には利き手、非利き手、ニュートラルな位置のいずれかに対して意識的に注意させた。その結果、意識的な注意の方略は、集団変数レベルに固有のダイナミクスによって定義される行動パターンの安定性の変化に関わる情報を何も提供しなかった。しかしながら、パフォーマンスの個々の成分レベルには違いがあった。実験参加者が非利き手に注意すると非利き手のオシレーションは遅く、描く円は大きく、変動は少なくなり、不規則な行動は低下した。Wuytsらはこれらの結果を、利き手／非利き手どちらか一方への注意が両手間の独立程度を大きくする上で役立っていると解釈した。

両手で円を描く課題を使用したSummers, Byblow, Bysouth-Young, Semjen(1998)は、人差し指が対称／非対称の円運動をしている間にカウント課題(副課題)を与えて、実験参加者の注意能力について調べた。感覚運動シグナルはシステムと同相協応モードの同調に抵抗する。そのために、高頻度で逆位相モードを維持するには相当の精神的努力が必要であるとSummersらの結果は示唆していた。統合モデリングの見方が興味深いのは、中枢の制御メカニズムが不安定な状態とパターン切り替えの決定に関与すると提案したことだった。Summersらは参加者に対し、運動システムに固有のダイナミクスに逆らわず、それに応じて運動するように求めていた(Lee, Blandin, & Proteau, 1996)が、その知見は変数ダイナミクスの安定した秩序を統御している運動遂行と高次の処理が関係していることを示唆していた。この観点は実験参加者が同相

モードに移行することを説明するための根拠にもなっている。と同時に，固有のダイナミクスを調べる実験においては，参加者に対する適切なインストラクションが必要であると強調している。

状況的な制約としての不安

スポーツ心理学ではストレス，喚起，不安と，それらが運動パフォーマンスに与える影響が重要な研究領域になっている(Gould & Krane, 1992)。不安とパフォーマンスの関係を説明する伝統的な認知科学由来の理論や仮説には，Easterbrook(1959)の知覚狭窄仮説，BaddeleyとHitch(1974)の注意容量理論とワーキングメモリ理論，Eysenck(1992)の過覚醒理論，EysenckとCalvo(1992)の過程効率理論などがある。最近では，多次元不安理論(Davidson & Schwartz, 1976)，楔形カタストロフィー理論(Fazey & Hardy, 1988)〔訳注：226頁を参照〕のように喚起と不安をパフォーマンスに関連づけたモデルもある。

不安のカタストロフィーモデルは統合モデリングの枠組みと調和しており，認知不安・生理的喚起・パフォーマンスの相互作用による突然の状態移行を予測することができる点で興味深いものになっている。研究者は非線形の力学ツールを使用して独自のカタストロフィーモデル(Thom, 1975)を公式化していたが，FazeyとHardy(1988)のモデルはこの枠組みの概念や方法にはほとんど触れていない。このように，FazeyとHardyモデルの予測とその概念の妥当性については，ダイナミックシステムの観点からの解釈や評価がまだ行われてはいない。認知を動的な運動者に埋め込まれた下位システムとみなした以前の議論は，認知活動を内的/外的な制約(圧力)下で常に自己組織化する神経パターンと考えるダイナミックシステム理論の見解を強調したものになっている(Edelman, 1992；Freeman, 1999)。この見解では概念や思考，イメージ，情動反応，活動がニューラルネットワークに出現すると考えており，心の中の象徴的な表象の貯蔵については考えていない。

Huether(1996)は，ストレス状況に適応する個人の能力について説明し，脳を動的な器官と考えるEdelman(1992)のアプローチを支持している。Edelmanは，繰り返し成功した認知反応がストレス誘発状況の効果を媒介し，反応と結びつくニューロン回路とシナプス接続を増強すると主張した。ニューロン回路は，パフォーマンスの制約変化に応じて安定性が低下しても，再組織化することのできるオープンな生物システムの一例である(Williams et al., 1999)。スポーツパフォーマンスに影響する内的・外的制約の相互作用は，特定のニューロン群に，不安関連の認知や情動パターンを生み出している。競技者がスポーツパフォーマンス中に感じる不安は，安定した学習パフォーマンスパターンを強めたり弱めたりする制御変数として作動する可能性がある。不安を制御変数としてうまくモデル化することができれば，不安が時にはスポーツパフォーマンスを阻害/促進する(例えば，Jones & Swain, 1992)という伝統的な認知研究の知見は，代替的にうまく説明することができるように考えられる。現在の協応ダイナミクスパターンと要求された協応ダイナミクスパターンの競合と協調は，なぜ時には運動者のパフォーマンスを促進し，時には阻害するのかを説明する基盤になるものと思われる。もし不安が，要求された運動協応パターンと競合する摂動効果を引き起こすならば，パフォーマンスはもっと不安定になり，そして悪化するものと思われる。他方，摂動効果が，要求された運動システムのダイナミクスを補完するならば，パフォーマンスは改善するものと思われる。これらのアイディアについては確認する必要がある。

Court, Bennett, Davids, Williams(1998)は，実験参加者の協応ダイナミクスに影響する不安の特異的/非特異的な変数効果を予備的に調べた。異分野の学問にまたがる相乗作用理論の概念とツールを利用したCourtらは，参加者の高い特性不安と固有のダイナミクスの関係を両手前腕の律動的な協応課題によって検討した。参加者には協応の同相パターン・逆相パターンを交互交替的に，0.8 Hz～2.8 Hzの頻度で多数実施するように要求した。12回のテストセッションから，社会的な評価に暴露した(不安誘発状況)2セッションをランダムに選択した。2名の参加者が変動開始に至るまでの平均時間(相対的な相のSD)と，逆相モードから同相モードへの移行は，ベースラインに比較して減少していた。この結果は，通常安定している逆相の協応パターンが不安によって不安定になることを示唆していた。Courtらは，これらの参加者を同相モードに仕向ける非特異的な制御変数が作動すると不安になると解釈した。さらに2名の参加者の変動開始時間と，逆相モードから同相モードへの移行時間が，実験条件下に遅延した。これらの結果から，不安誘発状況に応答する参加者は，通常の固有のダイナミクスに優先して意図的な方略を採用することが明らかになった(Lee, Blandin, & Proteau, 1996を参照)。Court, Bennett, Davids, Williamsは，実験参加者の不安について，参加者が意図的な情報を利用して所定のパターン切り替えに固有の傾向に逆らう摂動，すなわち特異的な制御変数として再度解釈した(図6.3，図6.4を参照)。

これらの初期の知見は，不安の変数効果が運動システムの変数ダイナミクスの順序に非特異的/特異的なことを示唆している。さらに，協応レベルにおける(再)組織化は，周囲の環境に対する参加者個人の知覚・評価・反応によって生じるように思われる。これらの結果は，スポーツ選手が等価的な環境状況からさ

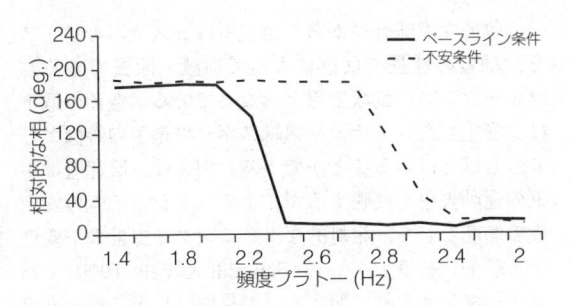

図 6.3 ある実験参加者（WB）がベースライン条件と不安条件で示した相対的な平均相

不安条件では平均移行頻度が逆相モードから同相モードにかけて高くなっていることに注目（Court et al., 1998 の実験より）

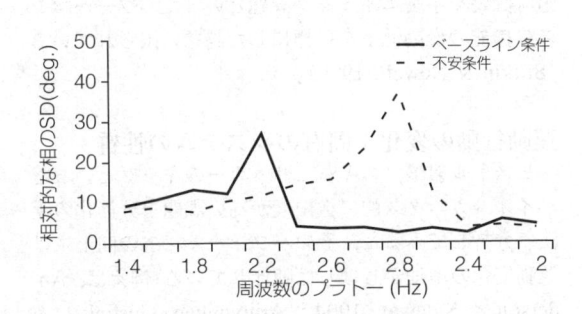

図 6.4 ある実験参加者（WB）がベースライン条件と不安条件で示した相対的な相の平均 SD

不安条件ではゆらぎのレベルが逆相モードから同相モードにかけて大きくなっていることに注目（Court et al., 1998 の実験より）

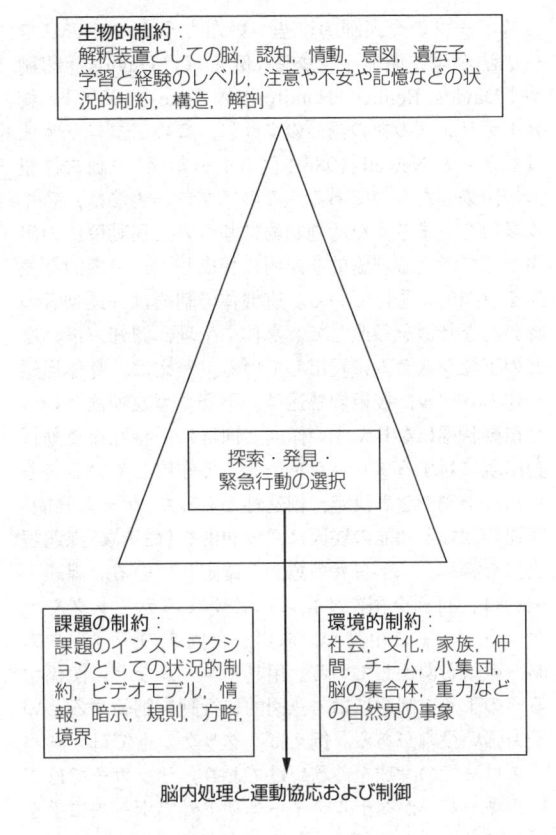

図 6.5 CNS と運動器のパターン選択およびその出現に対する制約

このモデルは協応行動の主要な制約が目標指向活動中に生じると記載した Newell（1986）と Edelman（1992）の考えを統合したもの

まざまな特異的な最終状態を選択する意図的なシステムであり，行動が意図・知覚・活動の連続的かつ継続的な相互作用から生じることを再度指摘したものとなっている。制御変数としての摂動不安に直面した際には，注意処理の作動によってシステムのダイナミクスを安定させている。

要約すると，意図・注意・不安といった状況的な制約が実験参加者の協応ダイナミクスに与える影響は，ダイナミックシステム理論や神経生物学，心理学といった多様な専門分野の現象学的で構造的な概念の統合を通して自由に解釈することができる。運動システムから発現する行動のように，認知と情動を論理的な脳に生ずる動的な処理として考察すれば，統合的なモデリングアプローチは，運動-活動システムの論争を越え，現在の理解を広げる上で有用なものと思われる（図 6.5 を参照）。本章の最終節では，スポーツの実践に統合モデリングアプローチを介入させる意味合いについて検討する。

スポーツの練習：運動問題の"実際上"の解決を求めて

運動スキル学習の認知理論では，学習者が多様な関連状況に遭遇した際に，適応的な方法で応答できる内面的な知識構造や一般的な運動プログラムの開発を中心原理にしている。多様な練習や，高度な文脈干渉下の練習条件，付加的フィードバックなどは，さまざまな類似状況に対処する広範な生成規則を作る上で重要なことと考えられる（最近のレビューは，Abernethy, Kippers, Mackinnon, Neal, & Hanrahan, 1997 ; Magill, 1998 ; Schmidt & Lee, 1999 を参照）。例えば，文脈干渉が存在する練習条件では，学習者に対して練習ごとに異なる一般的な運動プログラムの検索や，変数化，課題関連手がかりのより詳細な処理を強要している。その強要の結果として生じた逆行性の抑制効果は学習者に役立つものと考えられており（Brady, 1998），さらに，コーチが与える付加的フィードバックやガイダンスは，特に運動学習の初期段階においては最高のものと考えられている。

スポーツの介入制約に基づいたもう1つのアプローチ法が現在開発中である（例えば，Davids，印刷中；Davids, Bennett, Handford, & Jones, 1999,）。統合モデリングの他の側面のように，このアプローチ法はもともとNewell（1986；図6.1を参照）の制約枠組みに由来したものである。このアプローチ法は，スキル学習をさまざまな活動制約に基づいた運動解決の出現として考える理論的な説明に賛成して，象徴的な表象を意図的に避けている。有機体の制約は，運動者の特異的な特徴を参照して，身体や生理，認知，情動などの下位システムに現出している。例えば，身体形態や体力レベル，技術の熟達は，不安や達成動機といった情動状態になりやすい傾向と同様に，特殊な運動行動出現に対するプレッシャーとして作用している。さらに，予測や意思決定，創造性といった"ゲーム知能"関連の認知と知能の要因は，仮想的な（最適な）課題解決法を誘導して学習者の意図を確定している。課題の制約は，目標を満たすために必要なスティックやラケットといった用具や，スポーツ固有のルールや方略，戦術と関係している。用具やルールなどに関係するそのような制約には，意図的に行動を制約するという力強い役割がある。例えば，クリケットではオーバースローでの投球を義務づけており，サッカーではゴールキーパーがペナルティーエリア外でボールに手を触れてはならないといったルールを規定している。パフォーマンスの前に決定しプレー進行中に展開する戦略と戦術も，同様に行動出現の基本的な制約になっている。環境的な制約は，競技者を取り巻く視覚・聴覚情報，行動の社会的な文脈といったエネルギーの流れと関係している。標高や湿度，照明，その他の環境的な特徴も，行動出現の構造的な（時間と独立した）制約として作用している（Newell, 1986）。

練習は，知覚運動作業空間において学習者や課題，環境の複合的な制約がもたらす運動問題を解決する機会を提供している（McDonald, Oliver, & Newell, 1995; Newell, 1986, 1996）。Newell（1986）の理論は，運動パフォーマンスの変動の役割を知りつくして，インストラクションと練習の多様な制約を操作して練習セッションのスケジュールを作るコーチと非常に密接な関係がある。それら各分野における練習の意味合いについては次節で考察する。

変動性と運動行動：個人のプロファイリングから解釈する必要性

運動制御の認知モデルでは，実験参加者個人内の変動性を感覚運動システムのノイズ（課題無関連情報または機能しない情報）とみなしている（Kelso, 1992）。感覚運動システムの出力は，重なり合った多様なノイズ源とともに，決定論的・線形的に入力と関連すると考えられている（Newell & Corcos, 1993）。これら負の内包的な意味合いから，研究者はシステムのノイズを，練習の延長や反復によって削減・除去できるパフォーマンスの制限要因とみなしている。変動の低下は，安定したシステムや熟練スポーツ選手の特徴として，しばしばみることができる。例えば，研究者は中枢の運動表象を反映するダイナミックシステムの安定性の測度として，相対的なタイミングや力量の不変性を一般的に提案している（Schmidt & Lee, 1999）。パフォーマンス変動に関するこの見解は長年に渡り直感的にアピールしていたものの，この見解を実証的に支持する研究はほとんど存在していない（例えば，Burgess-Limerick, Neal, & Abernethy, 1992; Gentner, 1987; Maraj, Elliott, Lee, & Pollock, 1993を参照）。この提案を支持している研究知見は，一般的に追跡課題や手動エイミング課題といったパフォーマンスの機能の変動低下を目標にした課題に限られている（Slifkin & Newell, 1999）。

運動行動の変化：固有のシステムの性質

ピストル射撃，スキー，サッカーのキックといったバイオメカニクス的に自由度が高い課題を分節化の手法で分析してみると，そのパフォーマンスの向上には運動変化の増加がしばしば随伴している（例えば，Anderson & Sidaway, 1994; Arutyunyan, Gurfinkel, & Mirskii, 1968; Davids, Lees, & Burwitz, 印刷中； Vereijken, van Emmerik, Whiting, & Newell, 1992; Williams, Alty, & Lees, 印刷中，を参照）。"解凍"またはさまざまなシステムの自由度の解放（cf. Bernstein, 1967）に起因する運動ダイナミクス変化のこの増加には，変化の成果を緩和する補整効果があり，この増加は環境内で競技者が"自由に発注"できる力量を示している。

非線形ダイナミクスのツールを取り込んだ統合モデリングのアプローチ法の開発と，神経機能に関する理解の向上によって，運動行動の変化を概念化する新たな方法の扉が開いた（Arbib et al., 1998; Newell & Corcos, 1993）。あらゆるレベルの運動行動の変化は，周辺的な制限要因ではなく，むしろ固有の決定要因としての適応行動に重要な機能的役割を果たしている。ダイナミックシステムは本質的に不安定なものであり，パフォーマンスに内在する制約や作業条件が決して同一ではないために，学習者は知覚運動の作業空間の中で安定した領域や魅力的な領域を探索し続けなければならない。本章の最初に示したコンピュータ的な神経科学への反論では，練習によってより良い運動プログラムを運動システムに書くことができないと示唆している（Conrad, 1989; Meijer, 1988）。その代わりに，学習者は多様な練習や運動ダイナミクスによって多様な課題解決に数多く触れることができ，この探索処理を進めることができる（Newell & McDonald, 1991, 1992）。より徹底した探索と，情報と活動を組

織する動的な法則の発見機会が学習者にある場合には，スキルが向上する。ダイナミックシステムのさまざまな制御変数を操作することによって，学習者は自らの安定境界を継続的に精査して，有力な運動解決法を提供するさまざまな機能的なアトラクター状態を介して，システムを動かすことができる。さまざまな課題解決を発見することは，成功の有無に関わらず，ダイナミックシステムを探し出して有効に利用する学習の本質になっている。それゆえ，パフォーマンスの変化は必ずしも否定的に考える必要はなく，システムの準備性や可塑性の反映として考えるべきである。動的な運動システムのパフォーマンス変化は，時間をかけて測定し，運動行動専門家の注意深い解釈に委ねる必要がある（Newell & Slifkin, 1998）。

コーチの意味

スキル学習の初期段階における伝統的なアプローチ法では，言語的なインストラクション，特殊な練習，単純なものから複雑なものへの進行，特殊な運動パターンの遵守を規定するような付加的フィードバックの重要性を強調している。そのような規定的なアプローチ法の問題は，コーチがパフォーマンス文脈におけるダイナミクスの探索と探求の機会を学習者に提供していないことである。統合モデリングの観点からコーチにとって必要なことは，学習者に知覚運動の作業空間の探索や探求の機会を提供すること，自由度のあるスキル要請問題についての最適な解決機会を提供すること，練習変化を高く評価してそれを活用することである（McDonald et al., 1995 ; Newell, 1996）。例えば，機能的に関連する安定したニューロンパターンの出現を強調している脳と行動のネオダーウィンモデルでは，"制約下の探索と集成"の処理を通して，練習の変化を有効に利用しているという主張を支持している。学習者はこの探索処理によって協応の解決法を整理し，最終的に比較的安定したさまざまな脳部位間のニューロン接続パターンを確立していることが明らかになっている（Spoorns & Edelman, 1998）。興味深いことに，現代の研究が多様な練習，文脈干渉，要約と帯域幅フィードバックを強調しているように，最近の認知科学の研究も，コーチングに対するより適応的なアプローチ法を推奨している（例えば，Janelle, Barba, Frehlich, Tennant, & Cauraugh, 1997を参照）。このようなインストラクションのテクニックは，特別な作業空間内の探索アイディアを強調し，学習者をより多様な課題解決に触れさせ，より規制の少ない，自己制御として発見志向をより高めるものになっている（例えば，Davids et al., 1994を参照）。

コーチがより統合的なインストラクションのアプローチを行う際に重要となる問題は，知覚探索活動が最適な作業空間領域に生じる際の検索処理に対する指導と制約である。作業空間が広がればより広範な探索と精査が可能になり，複雑な適応システムの開発を助長することができる。規範的なコーチングの方略は即座にパフォーマンスの一時的な解決と比較的安定した脳内の神経接続をもたらすが，運動スキルの効果的な保持と転移には，より規制の少ない"無干渉"のコーチングアプローチ法が必要である（Davids & Handford, 1994 ; Handford et al., 1997）。優れたコーチはさまざまなシステムの安定状態の探索，システムの動的な特徴の同定，複数の課題解決の発見ができるように学習者を指導して，継続と変化をバランスよく奨励している。課題や環境，有機体上の制約の操作によって作業空間の探索を手引きすることができれば，コーチは適切な発見環境を作り出すことができる。探索境界を限定して制約を操作する方法については，次節でいくつかの例をあげて考察する。

練習中の制約操作：学習者を学習可能にする

コーチが学習環境の制約を操作して学習者のスキル獲得を容易にする方法には，多くのスポーツ事例がある。サッカーのコーチは，しばしば条件つきのゲームを使用して，選手からあるタイプの行動を引き出している。ワン・ツー・タッチの練習は，パスの受け取りに先立つ有効なパスチャンスを制約している。そして，クロスパスから単独のゴールを決めるには，ヘディングやボレーのスキル開発と同様に，チームが幅広い攻撃プレーを修得しておく必要がある。チームスポーツの発見学習を助成するために使用するその他の制約には，厳しい時間制約の実施，プレーエリア／ゾーンを使用した場所の制約，プレッシャーを操作するための対戦相手の選択的な利用などがある（Davids, 1998）。同様に，テニスにおいて，相手選手がベースライン上にいる間にネット近くに移動するための練習方略では，学習者の効果的なボレーやパッシング，ロブショットのプレーを制約している（例えば，Steinberg, Chaffin, & Singer, 1999を参照）。スカッシュの練習中に壁に向かったドロップショットを禁止すると，フォアハンドやバックハンドのドライブショットの練習に効果がある。また，フォアコート領域における行動を制約すると，学習者は比較的特異的なドロップショットプレーの方法を発見することができる（例えば，McKenzie, 1992を参照）。

物理的な制約もパフォーマンスの重要な課題制約になっている。例えば，バレーボールのブロッキング練習では，伸縮自在な素材を使用して，選手が素早くコートを横断する時に必要とされる，機能的な二足協応パターンの獲得を助長している。サッカーでは，コーチがゴールキーパーとゴールポストをロープで結んでゴールキーパーのポジショニングを制約し，一対一の状況でゴールに向かう攻撃側選手の視界に制限をかけ

ている。水泳のライフジャケットやハンドパドル，体操やトランポリンの拘束ハーネスは，スポーツスキルの獲得に強く影響する物理的な制約方法の別の例にもなっている。

大半のスポーツ事例は課題制約の操作と関係しているが，革新的なコーチには，有機体と環境の制約を修正し能力を解放させるだけのチャンスがある。例えば，練習に競争を導入したり，自我ストレッサーを選択的に使用したりすることによって，不安のような情動状態は操作することができる（例えば，Williams & Elliott, 1999 を参照）。不安はいくつかの下位システム（身体，認知，知覚など）に重大な影響を与えており，スポーツの行動発現にとって重要な状況制約がかかる場合には，スポーツ学習者は徐々に不安になることが明らかになっている（例えば，Beuter & Duda, 1985；Bootsma, Bakker, Van Snippenberg, & Tdlohreg, 1992；Janelle, Singer, & Williams, 1999 を参照）。状況的な制約による不安にさらされた学習者が，競技パフォーマンス中の摂動に直面した際には，固有の運動システムダイナミクスの安定化方略を練習することができる。認知科学におけるスポーツの潜在学習や顕在学習の知見はこれらのアイディアを支持している。例えば，Masters の研究など（例えば，Masters, 1992）では，潜在的・自律的なアプローチを通して学習したスキルは，不安の有機体的な制約による強制的な摂動力に左右されないと示唆している（Masters, 1992）。

コーチは，外部ペースの課題の場合と同様に，自己ペース課題の制約的な学習環境を効果的に操作することができる。例えば，ゴルフパッティングといった自己ペースの課題制約や，ホールまでの距離，グリーンのスピード，グリーンの起伏といった課題制約は，多様なパフォーマンス状況に順応可能な柔軟な運動システムの開発を奨励することによって，効果的に操作することができる。同様に，多様な練習を考案する独創的なコーチは，さまざまな有機体的制約（例えば，不安，動機，疲労といった学習者の情動・生理状態），環境的制約（例えば，練習中の天候，グリーン状態，観衆効果）を注意深く操作することができる。アーチェリーやバイアスロンのシューティングといった，より安定した自己ペースのスキルを学習する場合には，多様な練習方法を導入することもできる。このような例で，重要なショットの数，ギャラリーの数や雑音，天気などといった学習文脈の多様な背景の特徴の操作は，学習に特に効果があることが明らかになっている。

コーチは学習者の関連スキル出現を可能にするゲーム・練習のデザインをうまく創出することによって，学習中の制約操作といった難問に対処することができる。コーチにとっての主要な課題は，システム行動の背景を成す特異的な制約を熟知すること，それらの制約を操作して効果的な学習方法を作り上げることである。Newell（1989）は"課題制約原理の根底を徹底的に調べれば，運動の一般的な理論は公式化することができる"（p.94）と述べた。この難しい課題はスポーツ練習における制約アプローチ原理の根幹に触れているとDavids ら（印刷中）は唱えている。Newell によれば，この問題に対する初期のアプローチ，つまり"以前の課題分類の試みは，理論的な説明よりも課題記述に近い"（p.93）とされている。

練習の構造機構：学習を容易にするには，どのように課題を分解すべきなのか？

スキルが非常に複雑な場合には，大半のコーチが課題を部分に分ける部分練習テクニックを奨励している。槍投げ，走り幅跳び，テニスサーブ，体操の跳馬といったスキルを教える場合，多くのコーチは部分練習テクニックをしばしば使用している。部分練習テクニックには細分化・分節化・単純化の典型的な3つのアプローチがある（Wightman & Lintern, 1985）。これらの手続きのそれぞれには，(1)スキル部分を分割して練習する，(2)次の練習前に他の部分要素を加える，(3)練習中に目標スキルのある面を単純化する，ことが該当する。認知科学の観点から，各課題要素の間に相互作用がない場合（Schmidt & Wrisberg, 2000）や，スキルが非常に複雑であっても組織化の程度が低い場合（Magill, 1998）には，部分練習の効果があると考えられている。部分練習の効果に関するそのような評価は，純粋にスキルの主観的な評価やせいぜい限定的な課題分析に基づいたものであり，これがコーチにとっての難問になっている。したがって，スキルのインストラクションに使用する部分練習テクニックは，むしろ暫定的な方法，または原理なしの方法と考えられている（Davids, Handford, & Williams, 1998）。

バレーボールのサーブを用いた最近の実証的な研究では，部分練習テクニックの効果があるかどうかを確定する基本原則は，知覚-運動の結合であると示唆している（Davids et al., 1999）。テニスのサーブといったその他の関連運動と同様に，バレーボールのオーバーヘッドサーブでは，しばしばサーブ運動とは独立的にボールトスの練習をしている。この独立的なボールトスの練習では，優れたサーブはボールを上げた位置の正確性に依存すると仮定している。しかしながら，バレーボールのエリート選手を用いた最近の Davids, Bennett, Court, Tayler, Button（1997）の研究では，通常のサーブと同じようにボールを上げるだけのパフォーマンスと，通常のフルサーブ運動を比較すると，ボールを上げた位置が有意に変化している。三次元フィルムを分析した結果，ボールの頂点位置の変動は少ないものの，ボールを上げるだけの条件に比べて，フルサーブ条件の頂点位置は低くなっていることが明らか

になった．ボールの頂点位置は他の運動相，とりわけ腰の前進運動開始と密接に関係していた．サーバーは，ボール接触前の時間とボール打ち運動に関連する運動力学連鎖の近位・遠位の展開時間を同じにしようとして，ボールの頂点の高さを制御していた(Davids et al., 1999)．バレーボールサーブにおけるボールトスの頂点位置は，ダイナミクスの出現を制約する重要な機能として作動しているように思われる．つまり，スキル要素は互いに分離して教えるべきではないということである．ダイナミックシステムの観点からすれば，もしもボール位置の位相が練習中のボール到達や接触の位相から分離している場合，自己ペースの練習課題や外来的なタイミング課題における制御変数と秩序変数の間の重要な機能的連結は崩壊する可能性がある．課題制約の理解に多大な示唆を与えた Newell (1989)の研究と一致するように，スポーツ心理学者の重要な役割は，固有のスポーツ課題の運動ダイナミクスを制約する特定の情報源(例えば，知覚の不変性)を確定することだと思われる．スポーツにおける知覚－運動の結合研究は，どのように運動システムの自己組織化処理が有効に利用できるのかという事柄への注意を促し，スキル獲得を高めるために重要な情報制約を操作するコーチの役に立っている．

　Milner と Goodale(1995)が神経科学の研究から明らかにしたように，スポーツ活動を分解して次の練習に備える際の制約に新しく知覚－運動の結合原理を適用した研究は，統合モデリングの観点を支持している．Milner と Goodale は皮質の知覚と運動中枢を結合する個別的な2つの経路の存在について述べている．1つ目の，線条皮質から下側頭領域へと至る腹側経路は，対象の視知覚を同定する重要な経路になっている．2つ目の，線条皮質から後頭頂葉へと至る背側経路は，それらの対象に向けた視覚的誘導行動に必要な感覚運動変換を媒介している．この専用の視覚運動経路は，知覚運動の結合概念および練習の意味合いの神経学的な基盤になっている．重要な点は，練習がスポーツパフォーマンス中の知覚システムと運動システムの機能的な要求に特異的なことである．バレーボールのサーブの場合，サーブの1要素のみで他の要素が入っていない練習をすれば，学習者はボール軌跡の知覚情報と打球システムの機能筋の相乗作用の関係が探索できなくなる．練習中に知覚と運動システムの要求が結合できないと，学習者は運動知覚の根本である皮質の神経経路が開発できなくなる．

　スキル獲得に情報－運動の結合が重要であることを確証し，効果的な練習を誘導する神経系の他の構造－機能の関係を同定するには，実験に基づくさらなる研究が必要である．これまでのところ，運動学習の神経的な基盤を調べた研究はほとんどない．神経科学と行動研究に基づく統合モデリングのアプローチ法は，まだ始まったばかりである(Worringham, Smiley-Oyen, & Cross, 1996)．しかしながら，予備的な観察では将来性が明らかになっており，イメージ学習と観察学習(例えば，Decety & Grèzes, 1999 を参照)中の練習や，スポーツスキルの発達予測(例えば，Williams & Grant, 1999 を参照)の研究は，すでに統合モデリング原理に基づいたガイドラインを提案している．

要約と結論

　本章では，運動行動理論の発展と，脳と行動過程の統合モデルの潜在的な意味合いについて論議した．運動行動の理論は，目標達成の処理過程と同様に，どのように運動中の目標を選択するのかといった問題とも広く関係している(例えば，Bernstein, 1967；Kelso, 1995；Schmidt & Lee, 1999；Willingham, 1998)．本章では運動行動の伝統的な認知科学モデルが保有しているいくつかの欠点を確認した．生態学的心理学，ダイナミックシステム理論，神経科学などに基づいた新たな枠組みの潜在的な利点についても注目した．COBALT の提案は，Willingham が主張した主要なメッセージ，すなわち運動行動に関連する脳内処理と構造の神経心理学的研究の意味合いを理解するには，統合的な理論の枠組みが必要であるということを支持していた．しかしながら，著者らが進めてきた立場は，Willingham のコンピュータ的なアプローチとは異なったものである．コンピュータに基づく CNS の構造と機能の相補的な関係理論は，神経科学の発展がより厳格に理論展開を拘束しない限り，維持することが困難である．この意味は，行動に影響する物理法則や社会，歴史，生物学的な制約と無関係にコンピュータを脳のような有機物質研究のメタファーとして使用することはできないということである(Penrose, 1994)．

　運動学習中の脳機能を解釈する上で，伝統的なコンピュータ的枠組みのデジタルエレクトロニクスが不適切であるという前提から，研究者は複雑系として神経系の生物物理学的な基礎を探求している．運動行動中の神経表象，コンパレータ，コントローラといった認知科学の構成概念の役割を，これまでの神経科学の研究は直接的に検証していない．しかしながらブラックボックス的な相補モデリングのアプローチとの結びつきは暗示している(Globus, 1995)．Ingvaldsen と Whiting(1997)は，このタイプの方略では，研究対象や尋ねた質問，使用した方法を制約するようなあいまいな理論的枠組みによって，運動行動の研究を過度に確定してしまう可能性があると警告した．生物的な運動システムでは，目標指向活動中のさまざまな課題制約下の意図－知覚－行動間の関係が決定的なものになっている．これらの関係を詳細に理解するために，運動科学者は"厳密な現象学的モデル"を越える必要がある

と認識し始めている(Carson & Riek, 1998, p.209)。

　脳に身体と環境を組み込まれていると考える場合には，計算による表象システムよりも，むしろ複雑系のパターン形成的なダイナミクス研究により近い総合的な理論の枠組みが必要になってくる。運動学習研究の理論的な枠組みとしてのCOBALTの否定は，神経生理学的な証拠がコンピュータ理論に適当な制約をかけて失敗しているという最近の批判と一致している(Ingvaldsen & Whiting, 1997)。COBALTを提案した議論では，運動学習におけるコンピュータ理論の急増は，モダニズム科学のメカニズムの仕様と構造に関わる"どのように"という質問を過度に強調した結果によるものであると示唆した。生物学の複合システムの研究にとってより適切なアプローチは，ポストモダン的な観点と同様に，動的な神経系の機能進化に対する目的論的な基盤を中心にして"なぜ"という質問を強調する必要がある。

　運動行動研究の統合モデリングという本章の主要なテーマを踏まえて，ここでは運動学習の行動的な観点と神経的な観点の密接な統合が必要であると強調した。すでに運動制御領域では統合モデリングを提案しており，そこでは行動の観点と神経科学の観点が重なり始めている。運動制御に関わる運動学習の構造と機能の関係を明らかにする研究が，将来ますます重要になるものと思われる(Striedter, 1998 ; Worringham et al., 1996)。運動行動学者は単なるコンピュータ的なパラダイムによってではなく，アイディアを統合する別の理論的な枠組みを探求して，神経と動的な処理を機能的にモデリングしなければならない。

第7章

スポーツとダンスの熟練パフォーマンス

　ここ10年間,熟練パフォーマンスの問題は非常に大きな関心の的になっている。以前は必ずしもそうではなかった。1970～1980年代の中頃まで,競技者やコーチ,研究者は,身体的に優れた集団やスポーツに精通した集団として熟練者を捉えることがなかった。競技者やコーチ,研究者は,スポーツ固有の精神運動能力の開発やそれら洗練スキルの使用が熟練スポーツパフォーマンスに対して果たす重要な役割を,スポーツ界に結びつける自信がなかった。その上,チェスやブリッジのような難解な領域ではすでに認知の役割を認識していたものの,スポーツを認知的に豊かな領域として考えることはまったくなかった。その結果,スポーツ熟練者についての研究は,しばしば研究領域の狭間にあって見過ごされてきた；スポーツの熟練についての問題はスポーツ愛好者にとってはあまりに精神的であり,心理学者にとってはあまりに身体的なものであった。それにも関わらず,認知処理の研究においてはスポーツが常に重要な媒体であると考えた心理学者もいた。Simonは1970年代初めにスポーツには認知的な性質があることを確信し,フィールド競技(円盤投げ)選手の手順を言語的に分析していた。しかしながら,Simonは集中的にチェスの研究を継続したために,フィールド競技の研究は棚上げ状態になった(H. Simon, パーソナルコミュニケーション, April, 29, 1995)。Simonより以前にも,多くの"スポーツ心理学者"がスポーツにおける認知処理の役割を認めていた。

　熟練者のスポーツパフォーマンスを確定する際の認知処理の役割が比較的最近になって容認されるようになり,熟練者領域の研究は相当増加している。スポーツ熟練者に関する現在の情報を検索してみると,スポーツジャーナルや本流である心理学領域のジャーナル・著書などの発表研究が同じように目につく。"International Journal of Sport Psychology"誌は,スポーツの初心者-熟練者に焦点を絞り込んだ特集を過去5年間に3つ組んでいる(1994, 1999, 印刷中)。同様に,1994年にはQuest誌がスポーツ熟練技術を特集した。ここ10年間,多数の執筆書が熟練技術のテーマを扱っているが,それらの中にはスポーツの章を設けたものも,書籍全体をスポーツ関連に当てたものもあった(Ericsson, 1996 ; Ericsson & Smith, 1991 ; Starkes & Allard, 1993 ; Williams, Davids, & Williams, 1999)。

　初期のスポーツ熟練技術の研究に対する批判の1つに,心理学から借用したパラダイムに依存しているというものがあった(Abernethy, Thomas, & Thomas, 1993)。つまり,認知パラダイムがチェスやブリッジ競技の研究をうまく証明できる場合には,このパラダイムがスポーツ研究をも自動的に証明できるというものであった。認知パラダイムによってスポーツをも説明できるという見解は全体として適切ではなく,包括的でもなかった。なぜなら,スポーツの熟練パフォーマンスは複雑であり,制限時間内の適応運動を要求しているからである。チェスやブリッジの競技においては,実際の運動実行は意思決定やパフォーマンスに比べて比重が小さくなっている。この批判にはある程度の妥当性がある。多くのパラダイムは,スポーツへ合理的に適用できるか否かをほとんど検証することなく,心理学から単に借用したものであった。しかし,1990年代に入ると,スポーツの熟練技術の認知と運動専門技術の両面を調べる研究に,新たなアプローチ手法が導入された。例えば,(1)運動の力学的な分析,(2)眼球運動の記録テクニック,(3)映像フィルムの遮蔽法,(4)ダイナミックシステム,などは工学の発展から大きな利益を得たばかりでなく,スポーツ熟練技術の研究の革新的な4つの領域になっている。理由は何であれ,スポーツ熟練パフォーマンスの研究は実際に,関心,テクニック,重要さの点で高まりをみせている。

　過去20年以上,スポーツやダンス領域では,"熟練技術へのアプローチ"と命名した熟練者-初心者パラダイムを使用した多くの研究が累積している。スポーツやダンス領域における研究の目標は,熟練者-未熟者間の行動の差をもっとも的確に確定して,複数の種

目間/異なる領域間に共通した特徴を明らかにすることである。例えば，どのようなスポーツ/領域の熟練者が高度な情報構造の想起を必要としているのか？現在までの研究によれば，バスケットボール，フィールドホッケー，サッカー，ダンス，チェス，ウェイターの仕事といったさまざまな領域で優れた想起を重要なものとしている。広汎なスポーツ領域では，スキルの高い競技者と低い競技者の精神時間，知覚，認知，メタ認知，方略，試合のパフォーマンススキルを比較している。最終目標は一般的に領域を横断したスキルパフォーマンスの側面を確定することであるが，その中で，テニス，バドミントン，空手，レスリング，キックボクシング，卓球，クラシックバレエ，モダンバレエといった種目の熟練運動に寄与する要因について学ぶことが重要になっている。チームスポーツ（バスケットボール，バレーボール，グランドホッケー，サッカー，ハンドボール，水球）も多くの研究対象になっている。1つの章だけで関連情報源をすべて概観することは困難である。しかしながら本章では，研究のベンチマークを指摘し，研究の限界や最近の動向を論議して将来の問題を提出してみたい。

スポーツ熟練技術を広範に追究した文献には，一貫した研究問題が多数存在している。本章では多数の領域を概観し，熟練競技者ー初心者間に存在する特徴の違いについて述べてみたい。多くの文献がこの特徴を取り上げていることから，本章ではこれらの領域の議論に多くの紙面を割くことにする。研究数が少ない領域/知見が比較的確かな研究領域には若干の紙面を当てることにする。

熟練者を区別する知覚・認知・方略

ある特定スポーツの熟練者は，身体的なスキルが初心者よりも優れているばかりでなく，スポーツの根底にある知覚，認知，方略も優れているという知見が，実験室やフィールドの研究から確固たるものになっている。また，ある特定領域において熟練パフォーマンスを達成するには，10年の経験と10,000時間の練習を要することが明らかになっている（Bloom, 1985；Ericsson, Krampe, & Tesch-Romer, 1993；Helsen, Starkes, & Hodges, 1998；Starkes, 印刷中）。この10年ルールは，チェス（Charness, Krampe, & Mayr, 1996），音楽（Ericsson, 1996；Ericsson et al., 1993；Sloboda, 1996），サッカー（Helsen, Starkes, & Hodges, 1998），フィールドホッケー（Helsen, Starkes, & Hodges, 1998），フィギュアスケート（Sarkes, Deakin, Allard, Hodges, & Hayes, 1996），レスリング（Hodges & Starkes, 1996），外科手術（Starkes, 1990），多くの科学学問分野（Simonton, 1994, 1996）のような領域で支持されている。科学学問分野を調べたSimontonの研究は特に興味深い。Simontonは数学的なモデルを開発し，原著論文の発表率を予測している。そのモデルによれば，約10年のトレーニングを積んだ後に最初の研究発表があり，その後約20年間は研究発表が継続するというものである。分野によっては軽度の変化があるものの，このモデルはさまざまな科学学問分野の9領域にうまく当てはまっている。

熟練には10年の経験を要するとした"10年ルール"のもっとも重要な点は，調査したどの領域に対しても説得力があることである。このように，現在までの熟練技術の研究では"10年ルール"がもっとも確固たる知見の1つになっている。それにも関わらず，この10年ルールには限界がある。第1に，大半のコーチや運動学習の専門家が証言しているように，スキルの開発には練習の質が重要である。そのため，多くの領域に10年ルールが当てはまるという知見は重要なものであっても，すべての練習が10年ルールに従うとは思えない。質の高い条件では練習時間が短くなり，質の劣る条件では長くなる可能性がある。第2に，より単純な課題の技術は10年以内に獲得することができる；例えば，自転車乗りの学習に10年もかかるとは思えない。この10年ルールの仮説は，複雑な方略的な課題や領域に該当するものと思われる。

どのような練習をどのように行うのがベストなのかといった問題は，練習量の問題よりも重要になっている。10年ルールを支持したすべての研究は，もともと実験参加者の練習タイプを調べようとしたものであるが，練習タイプの観察を無視して，研究成果をしばしば10年ルールの知見として例示している。音楽やスポーツでの実際のパフォーマンスにもっとも関連するこれらの練習タイプは，練習時に最大の精神的な集中が必要なことを観察している研究者もいる（Ericsson et al., 1993；Helsen, Starkes, & Hodges, 1998；Hodges & Starkes, 1996；Starkes et al., 1996）。スポーツの研究データも，最高の身体努力と精神集中が必要な練習活動は，結局，もっとも楽しいものであると指摘している。例えば，フィギュアスケートではジャンプの練習がもっとも過酷であっても，そこには楽しい側面もある。また，レスリングの練習ではスパーリングがもっとも重要であるが，そこには楽しい側面もある（Starkes et al., 1996）。より最近では，競技者の練習時間と動作を使用して，多様なスキルレベルの"微細構造"に配慮した練習法やインストラクションの質に焦点を合わせた研究が出始めている（Cullen & Starkes, 1997；Starkes, 印刷中）。

SingerとJanelle（1999）は，多くの研究者が練習セッションの内容や質を犠牲にして計画的な練習量の確定に注意を強く向けすぎていると示唆している。現在まで研究の大半は，練習・パフォーマンスの単調さの問題に焦点を当てている。その結果，単調さについ

ての研究では，練習パターンの履歴や練習量の記録を集中的に調べている。発達的な観点からは，何を，どのように，いつ練習するのかということが，おそらくより重要であるように思われる。これらは，必要な練習回数をコーチへ単に知らせることよりも，より啓発的な情報を提供する問題になっている（Durand-Bush & Salmela, 1995 ; Salmela, 1996 ; Singer & Janelle, 1999 ; Starkes, 印刷中 ; Starkes et al., 1996）。またSingerとJanelleは，練習やトレーニングに影響して反応を潜在的に確定するような個人の遺伝子型が，検討に値する重要な問題であると示唆している。熟練技術についての研究は，遺伝子型の問題を現在までのところ適切に取り扱ってはいない。

実験室課題による熟練技術の評価

　熟練者のパフォーマンスを測定するには，フィールドやコートで必要な熟練行動と同様の課題を選択して，実験室的に調べる必要がある。現実の競技スポーツと同じ要求をシミュレートする実験室課題は，しばしば実行が困難なものと考えられている。そのため，実物大のビデオシミュレーション（Helsen & Pauwels, 1993cを参照）を使用したり，コート上で実際のプレーを測定（Singer et al., 1998）することが盛んになってきている。それにも関わらず，図式的なプレー（Allard, Graham, & Paarsalu, 1980）や，滑走（Allard & Starkes, 1980）といった比較的単純なシミュレーションを使用して，スキル行動を引き出すことができる。このように，熟練パフォーマンスを適切に評価する実験課題は，必ずしも物理的に現実と同じである必要はない。EricssonとSmith（1991）が指摘しているように，背景領域と同じ構成要素を使用する実験室課題によって実際の熟練技術レベルを測定するシミュレーションの能力は，熟練技術についての一般理論のさらなる開発に重要であり，熟練技術パラダイムの中核部分になっている。

ハードウェア，ソフトウェア，多重課題のアプローチ

　研究者は，一般的にパフォーマンスの"ハードウェア"要素を測定する課題よりも，スポーツ固有な"ソフトウェア"関連の課題の方が熟練技術をより容易に予測すると指摘している。この知見を概説しているレビューもいくつかある（Abernethy, 1993 ; Allard & Starkes, 1991 ; Helsen & Starkes, 1999a ; Starkes & Allard, 1993 ; Starkes & Deakin, 1984 ; Williams, Davids, & Williams, 1999）。ハードウェア指向の課題では，視力，奥行き知覚，周辺視野，反応時間，神経伝導時間，予期一致時間といった一般領域のパフォーマンスを評価している。これらの課題では，ハードウェアを固定物と仮定している。ソフトウェア課題は，領域固有の練習や，学習スキルの課題と関係している。ソフトウェア課題にはエラー検索，想起と再認もしくは構造的なゲーム情報の信号検出，方略の言語報告，精神時間測定，眼球運動反応，映像遮蔽法で評価する事前の手がかり使用などがある。ソフトウェアの測度にはスポーツ固有の傾向があり，改善は適切な方略の使用によって生じるものとしている。ハードウェア・ソフトウェアの二分法はあまりにも単純すぎる。なぜなら，例えば宣言的な情報（ソフトウェア）の学習率は，個人の範囲内で生物学的に制約されているからである。それにも関わらず，二分法は熟練パフォーマンスの運動種別を分類する上で有用であることが明らかになっている。

　HelsenとPauwels（1993c）は，ゲーム構造情報の再認や想起，事前の視覚手がかり使用（時間的・空間的なフィルム遮蔽テスト），眼球運動の追跡といったテクニックを使用して，熟練者と初心者の違いをテストする多様な方法について概説している。Helsenらは各テクニックの長所や短所について議論しており，多様なスポーツにおけるハードウェア・ソフトウェアの特徴を要約した表も提示している。Helsenらのこの要約表は1992年のものであるが，それ以後の8年間には非常に多くの研究発表がある。**表7.1**はハードウェア研究の最新要約表であり，**表7.2**は同様に現在のソフトウェア指向課題の研究を要約した表である。

　今日まで非常に多くの研究があるにも関わらず，残念なことに単一の要因を調べているだけである。熟練者と初心者の重要な違いは興味深い問題ではあるが，全体的なパフォーマンス要因の相対的な重要性を確定する上では役に立っていない。Wrisberg（1993）がスキル評価に多重課題のアプローチ法を提唱したにも関わらず，熟練者のハードウェアやソフトウェアスキルを調べて，熟練技術に対するそれらの貢献度を確定した研究はほとんどなかった。多重課題のアプローチ法を使用しているのは，現在までに4つの研究だけである。Starkes（1987）は多数のさまざまな予期要因を評価した（単純反応時間，予想との一致，ボール探索のスピードと正確性，シュート／ドリブル／身かわしの複雑な決定スピード，事前情報量が変化した際のショット予期の正確性，構造的／非構造的なゲーム情報の想起）。熟練技術を有意に予期した要因は，構造的なゲーム情報の想起や事前情報量が変化した際のショット予期の正確性のみであった。これら領域固有の2要因が全体の中で占める割合（因子寄与率）は69％であった（$R = 0.83$）。

　最近，HelsenとStarkes（1999a）はサッカーの熟練者を調べ，ハードウェア要素（単純反応時間と末梢反応時間の相対的な寄与，視覚修正時間，視力測定の変数）と，ソフトウェア要素（複合決定の速度と正確性，固視数，固視時間，試合での問題解決中の固視場所）

表 7.1 熟練者・初心者パラダイムを使用した個人スポーツ・チームスポーツの"ハードウェア"研究

競技	視力	奥行き知覚	周辺視の範囲	視覚反応時間	視覚修正時間	神経伝導時間	予期一致時間
アスレチック	Graybiel et al.(1955) Olsen(1956)		Williams & Thirer(1975)	Burley(1944) Burpee & Stroll(1936) Westerlund & Tuttle(1931) Yandell & Spirduso(1981) Youngen(1959)	Yandell & Spirduso(1981)		
バドミントン					Abernethy & Russell(1987b) Bartz(1967) Cohen & Ross(1977) Shank & Haywood(1987) Yoshimoto et al.(1982)		
球技	J. Miller(1958) Sanderson & Whiting(1974, 1978)	Bannister & Blackburn(1931) Doil & Binding(1986) Davids(1984, 1988)	Davids(1984, 1988) Doil & Binding(1986)	Burke(1972)			
野球	Winograd(1942) Trachtman(1973)	Olsen(1956) Ridini(1968) Winograd(1942)	Ridini(1968)	McLeod(1987) Olsen(1956) Ridini(1968)			Bowers & Stratton(1993) Dunham(1989)
バスケットボール	Tussing(1940) Morris & Kreigbaum(1977)	Beals et al.(1971) Olsen(1956) Ridini(1968)	Stroup(1957) Ridini(1968) Mizusawa et al.(1983)	Olsen(1956) Ridini(1968)	Kioumourtzoglou et al.(1998)		
ボクシング				Joch(1980)			
クリケット				Sanderson & Holton(1980)			
フェンシング				Pierson(1956) Singer(1968)			
フィールドホッケー	Starkes(1987)	Cockerill(1981b) Olsen(1956)	Cockerill(1981a, 1981b, 1981c)	Bhanot & Sidhu(1980) Starkes(1987) Starkes & Deakin(1984)			Starkes(1987)

競技	視力	奥行き知覚	周辺視の範囲	視覚反応時間	視覚修正時間	神経伝導時間	予期一致時間
フットボール		Cockerill & Callington(1981) Deshaies & Pargman (1976)	Cockerill & Callington(1981) Deshaies & Pargman (1976)				
ゴルフ		Cockerill & Callington(1981)		Beise & Peaseley (1937)			
体操						Gangemi et al.(1993)	
アイスホッケー				Olsen(1956)			
サッカー	Helsen & Starkes(1999a) Tussing(1940)	Helsen & Starkes(1999a) Olsen(1956) Ridini(1968)	Helsen & Starkes(1999a) Ridini(1968) Mizusawa et al.(1983)	Helsen & Starkes(1999a) Olsen(1956) Ridini(1968)	Helsen & Starkes(1999a)		Kuhn(1993)
ソフトボール				R. Miller & Shay(1964)			
スカッシュ				Nessler(1973)			
卓球	Hughes et al.(1993) Sanderson & Whiting (1972)						Benguigui & Ripoll(1998) Ripoll & Latiri(1997)
テニス				Beise & Peaseley(1937) Blundell(1984) Tenenbaum et al.(1999)			Chen et al.(1993) Isaacs & Finch(1983)
バレーボール		Ridini(1968)	Ridini(1968) Sonneschein & Sonneschein(1981)	Ridini(1968)	Kioumourtzoglou et al. (1998)		
水球					Kioumourtzoglou et al. (1998)		
レスリング				Rasch et al.(1961) Rasch & Pierson(1963)			

表 7.2 熟練者・初心者パラダイムを使用した個人スポーツ・チームスポーツの"ソフトウェア"研究

競技	言語報告	エラー検出	想起	再認	信号検出	映像遮蔽法	精神時間測定法	眼球運動記録
アスレチック	Pinheiro(1993)						Möckel & Heemsoth(1984)	
バドミントン	Abernethy & Russell(1987a)					Abernethy(1986a, 1988,1989) Abernethy & Russell(1987a,1987b)	Abernethy(1986b) Abernethy & Russell(1987b)	
バレエ			Starkes et al.(1987)					
野球	French et al.(1996) McPherson(1993) Nevett & French(1997)		Chiesi et al.(1979) Spilich et al.(1979)	Burroughs(1984)		Burroughs(1984) Glencross & Paull(1993) Paull & Fitzgerald(1993) Paull & Glencross(1997)	French et al.(1995) Kioumourtzoglou et al.(1998) Oudejans et al.(1997)	Hubbard & Seng(1954) Hubbard(1955) Shank & Haywood(1987)
バスケットボール	French & Thomas(1987)		Allard(1982) Allard & Burnett(1985) Allard et al.(1980) Millslagle(1988)	Allard et al.(1980)	Doody et al.(1987) Millslagle(1988) Tenenbaum et al.(1999)			Bard(1982) Bard & Carrière(1975) Bard & Fleury(1976a, 1976b, 1976c, 1978, 1981) Bard et al.(1975, 1987) Carriè(1978) Helsen, Pauwels, & Boutmans(1986) Helsen, Pauwels, Van Outryve d'Ydewalle(1986)
ボクシング							Ripoll et al.(1993a, 1993b)	Ripoll et al.(1993a, 1993b) Ripoll et al.(1995)
キャッスルボール							Helsen, Pauwels, & Boutmans(1986) Pauwels & Helsen(1986)	
クリケット						Abernethy(1984) Abernethy & Russell(1984) Houlston & Lowes(1993)		

競技	言語報告	エラー検出	想起	再認	信号検出	フィルム遮蔽法	精神時間測定法	眼球運動記録
ダンス	Poon & Rodgers(印刷中)		Jack et al.(1999)					Petrakis(1987)
			Poon & Rodgers(印刷中)					
			Smyth & Pendle-ton(1994)					
			Starkes et al.(1987, 1990)					
フェンシング								Bard(1982)
								Bard et al.(1981, 1987)
								Haase & Mayer(1978)
								Papin et al.(1984)
フィールドホッケー	Christensen & Glen-cross(1993)		Starkes(1987)		Doody et al.(1987)	Starkes & Deakin (1984)	Starkes(1987)	Lyle & Cook(1984)
			Starkes & Deakin (1984)		Starkes & Deakin (1984)			
					Starkes(1987)			
フィギュアスケート								
ゴルフ			Deakin(1987)					Vickers(1992)
体操	Côté et al.(1995)		Tenenbaum et al. (印刷中)	Imwold & Hoffman (1983)			Bard(1982)	
				Vickers(1986, 1988)			Bard et al.(1975, 1980)	
							Neumaier(1982)	
							Vickers(1988)	
ハンドボール			Tenenbaum et al. (1994)				Lidor et al.(1998)	Deridder(1985)
アイスホッケー		Leavitt(1979)				Salmela & Fiorito (1979)	Thiffault(1974, 1980)	Bard(1982)
								Bard & Fleury(1980, 1981)
								Bard(1987)
空手			Hodge & Deakin (1998)					A. Williams & Elliott (1997)
ネットボール					Parker(1981)			
フットボール				Nakagawa(1982)				

(次頁につづく)

I スキルの獲得

競技	言語報告	エラー検出	想起	再認	信号検出	フィルム遮蔽法	精神時間測定法	眼球運動記録
ヨット	Saury & Durand (1998)							
サッカー		McMorris & Graydon (1997)		A. Williams & Davids (1995)		McMorris et al. (1993)	Helsen & Pauwels (1988)	Helsen & Pauwels (1990, 1991, 1993a, 1993b, 1993c)
			A. Williams & Davids (1995)	M. Williams et al. (1993)		Patrick & Spurgeon (1978)	Helsen & Starkes (1999a)	Helsen & Starkes (1999a)
			M. Williams et al. (1993)			A. Willams & Burwitz (1993)	McMorris & Graydon (1997)	Tyldesley et al. (1982)
							A. Williams & Davids (1995)	A. Williams & Davids (1995)
								A. Williams et al. (1993, 1999)
スカッシュ	Rutt Leas & Chi (1993)					Abernethy (1993)	Howarth et al. (1984)	Abernethy (1990a, 1990b)
水泳							Kioumourtzoglou et al. (1998)	
卓球							Ripoll & Latiri (1997)	Ripoll (1988b)
テニス	McPherson (1999)	Armstrong & Hoffman (1979)	Haskins (1965)	Day (1980)	Buckholz et al. (1988)	Tenenbaum et al. (1996, 1999)		Bard et al. (1987)
	McPherson & French (1991)			Enberg (1968)	Gouet et al. (1989, 1990)			Buckholz et al. (1988)
	McPherson & Thomas (1989)			Jones & Miles (1978)	Isaacs & Finch (1983)			Cauraugh et al. (1993)
					Jackson (1986)			Fleury et al. (1986)
								Goulet et al. (1988, 1989, 1990)
								Petrakis (1986, 1993)
								Ritzdorf (1982, 1983)
								Singer et al. (1998)
バレーボール			Borgeaud & Abernethy (1987)		Allard & Starkes (1980)	Kioumourtzoglou et al. (1998)	Kioumourtzoglou et al. (1998)	Neumaier (1983)
					Starkes & Allard (1983)	Soulière & Salmela (1982)	Soulière & Salmela (1982)	Ripoll (1988a)
						Wright et al. (1990)		

をともに評価した。ハードウェアとソフトウェアの両成分を逐次判別関数で分析した結果，ソフトウェア変数のすべてに，0.84の正準相関がみられた。反応の正確性($r^2=0.42$)，方略問題解決中の固視数($r^2=0.42$)，キック反応中のボール接触時間($r^2=0.19$)は，すべて熟練パフォーマンスを例証するものであった。

また Abernethy, Neal, Koning (1994) によるスヌーカー（訳注：ビリヤードの一形態）の熟練技術の研究から，重要なものは領域固有のスキルだけであることが明らかになった。Kioumourtzoglou, Kourtessis, Michalopoulou, Derri (1998) は，バスケットボールやバレーボール，水球の多重課題分析を行った。結果は興味深いもので，ソフトウェア変数の重要性を示唆していたが，評価した多数の課題それぞれの相対的な貢献度を確定するスポーツ内／スポーツ間の多変量分析は行われなかった（もしも多変量分析がされていたならば，スポーツ領域内／スポーツ領域間で同じ課題の相対的な貢献度を比較した最初の研究になったものと思われる）。

ゲーム構造の検索と再認の役割

一流選手は，一般選手よりも多くのプレー情報や構造的なゲーム情報を再認・想起・保持することができる。このことは，バスケットボール (Allard et al., 1980 ; Kioumourtzoglou et al., 1998)，フィールドホッケー (Starkes, 1987)，バレーボール (Allard & Starkes, 1980 ; Ripoll, 1988a)，サッカー (Helsen & Pauwels, 1993b, 1993c ; Williams, Davids, Burwitz, & Williams, 1993)，空手 (Hodge & Deakin, 1998)，フィギュアスケート (Deakin, 1987 ; Deakin & Allard, 1992) を対象とした研究が証明している。同様に，熟練ダンサーや体操選手の運動系列の想起も優れている。熟練者は想起だけが優れているのではなく，想起した情報をなるべく悪化させない点や二次課題と混乱しないようにしている点でも優れている (Poon & Rodgers, 印刷中 ; Smyth & Pendleton, 1994 ; Starkes, Caicco, Boutilier, & Sevsek, 1990 ; Starkes, Deakin, Lindley, & Crisp, 1987 ; Tenenbaum, Tehan, Stewart, & Christensen, 印刷中)。

言語プロトコルとスポーツの知識

熟練競技者の言語プロトコルから，熟練競技者は初心者よりも宣言的，手続き的，方略的な知識を非常に多く保有していることが明らかになっている (French, Spurgeon, & Nevett, 1995 ; French & Thomas, 1987 ; McPherson, 1993, 1994 ; McPherson & Thomas, 1989 ; Rutt Leas & Chi, 1993)。豊富な宣言的知識基盤を持つ若い熟練者は，高度なメタ認知や彼ら自身の知識基盤と想起能力をより正確に評価することによる利益を享受している (Glaser, 1996 ; Schneider & Bjorklund, 1992)。

熟練技術は単なる触れ合いによって身につくものなのか？

一般的に熟練者は自分のスポーツに何年も関わっている。そのために，熟練技術を開発するためには，単に構造的なゲーム情報に接触するだけでいいのか，それとも環境との相互作用が必要なのかといったことが問題になっている。2, 3の革新的な研究から，熟練者のスポーツ知識は実際のスポーツ参加と練習の結果を合わせたスキルであることが明らかになっている。競技者はスポーツ領域に触れた副産物としてスキルを獲得したり，単なるスポーツ観戦からスキルを獲得しているわけではない (Allard, Deakin, Parker, & Rodgers, 1993 ; Williams & Davids, 1995)。レフェリーやコーチ，競技者には，それぞれまったく異なる知識やスキルセットがあるようだ (Allard et al., 1993)。同様に，サッカーではゲーム構造との相互作用によって熟練技術を獲得しているが，単に同じ長さの試合観戦によって熟練技術を獲得しているわけではない (Williams & Davids, 1995)。実際にスキルを遂行する個人の能力は，最終的に，運動問題を解決する戦術的な知識の内容と構造に影響している。換言すれば，特別な運動の実行が不可能な場合には，ゲームの有力な戦術を利用することすら不可能になる (French, Nevett, Spurgeon, Graham, Rink, & McPherson, 1996)。

事前の視覚手がかりと確率評価の使用

熟練者は初心者よりも，自分の領域情報を速く効率的に扱っている。これを達成する方法の1つは，意思決定時に事前の視覚手がかりを利用することである (Abernethy & Russell, 1984 ; Goulet, Bard, & Fleury, 1989 ; Starkes, Edwards, Dissanayake, & Dunn, 1995 ; Williams & Davids, 1998a, 1998b ; Wright, Pleasants, & Gomez-Mesa. 1990)。例えば，テニスやバレーボールのサーブレシーブ，あるいは野球のバッティングを準備する時に，時にはサーブ実行前や投球前の早い段階から，熟練者はサーバーや投手の位置，サーブ実行時や投球時の運動といった視覚手がかりを使用している。熟練者はこのような方法によって，サーブや投球の種類を正確に判断して，ボールの行方を正確に予測することができる。熟練者と初心者の眼球運動の研究から，早期の視覚情報の利用や固視数，固視位置と持続などの違いや，熟練者の走査軌道が明らかになっている (Abernethy & Russell, 1987a ; Bard & Fleury, 1976a ; Goulet et al., 1989 ; Helsen & Pauwels, 1993a, 1993b ; Helsen & Starkes,

1999a, 1999b ; Ripoll, 1988a ; Ripoll, Kerlirzin, Stein, & Reine, 1995 ; Rodrigues, 1999)。スポーツ領域では，関連手がかりに集中する熟練者の強みを比較的一貫して主張しているが，探索率に関する知見はあいまいなままになっている。つまり，熟練者の探索率が高いのか（持続の短い固視が多い）（Williams & Davids, 1998b），もしくは長い固視が少ないのか（選択的注意が優れた結果，または単一固視で統合的に見る）（Helsen & Starkes, 1999a ; Ripoll, 1991）といった論争はいまだにある。これは，おそらく，眼球運動の課題を評価した特殊なスポーツ状況と課題要求の結果であると思われる。例えば，速いボールゲームでは競技者の走査回数は少なくなるが，それは固視の変化を抑えてサッケード（訳注：眼球の急速な運動）中の情報損失を回避するためであると推測することもできる。同様に，視野が極端に複雑な場合，反応に必要な全情報を引き出すためには長時間の固視が必要になる。

それにも関わらず，視覚探索の重要な問題は情報を公然と探索する方法ではなく，選手がその情報を容易に利用する方法であるとの指摘もある（Abernethy & Russell, 1987a, 1987b ; Paull & Glencross, 1997）。これは，熟練知覚を増進する適切な方法は熟練走査の軌道やパターンの再生トレーニングではないという結論に結びついている（Abernethy & Russell, 1987a, 1987b）。

バレーボールやテニス，野球の打撃といった速いスポーツ運動の厳しい時間制約を克服する1つの方法は，確率評価を利用することである。ゲーム内容の方略情報を提供することにより，確率評価はより正確になり，おそらくパフォーマンスにとって有用になるものと思われる（Alain & Sarrazin, 1990 ; Alain, Sarrazin, & Lacombe, 1986 ; Paull & Glencross, 1997）。

若年熟練者を開発する家族資源

若年の音楽家や競技者，芸術家，科学者を対象とした，Bloom（1985）の独創的で縦断的な開発研究によって，スキル開発を促すコーチやメンター，環境へアクセスするためには（社会的にも経済的にも），相当の家族資源を要することが明らかになっている。より最近の研究（Côté，印刷中 ; Csikszentmihalyi, Rathunde, & Whalen, 1993 ; Rowley, 1995）では，自尊心，動機づけ，有能感，最終的な達成レベルの確定に家族や社会環境を重要視している。スキルの達成にとって，子供のスキルレベルを情動的かつ実体的に支える親の行動，モデリング，子供の期待，方向づけ，子供の信念などは重要なものとなっている（Côté & Hay，印刷中）。他方，van Rossum と van der Loo（1997）はオランダの一般競技者と熟練競技者を比較したが，熟練競技者の家族構成機能に利点を見出すこ

とはできなかった。van Rossum らは異文化的な相違がこの結果に反映していると示唆している。

熟練技術研究でのより論争的な問題

誰が熟練者なのか？

熟練技術についての研究では，熟練技術のより良い操作的定義や，熟練者と想定される人物や熟練パフォーマンスに固有の経験量とスキルの明確な描写が求められている（Salthouse, 1991 ; Sloboda, 1991 ; Starkes, 1993）。もともとこの問題は，どの研究でも最高のスキル保有者を"熟練者"と呼んだことから派生していた。この熟練者は大学の代表選手やナショナルチームの選手，プロの選手などであった。熟練技術の対極に位置する初心者は，スポーツ参加の経験がない者，参加経験が数年間だけの者であった。多くの理由から，熟練者を操作的に定義する場合には，選択した集団，スキルレベル，経験の特徴についてできるだけ記述することが望ましい。しかしながら，個人を熟練者，上級者，中級者，初心者と実際に呼称しても，結局のところ問題の解決には至らない。実際，範囲の絶対的な端は1つしかない；それはまったくスポーツに参加したことのない人々である。その他のすべてのスキルレベルは，幅広い範囲のどこかに位置しているものと思われる。この理由から，スキルレベルを3つ以上のグループに分ける場合には，熟練者，上級者，中級者，初心者と分類する方法がもっとも有用と思われる。なぜなら，多くの人々は現実的にスキルの広範な範囲に渡ってスポーツ行動を行っており，そのスポーツ行動は経験によって変化するからである。

一般的な視覚トレーニングプログラムは競技者のパフォーマンスを向上させるのか？

奥行き知覚，視力，周辺視野，反応時間といった能力の向上を目指した視覚トレーニングプログラムは，最近人気が高まっている。これらの視覚トレーニングプログラムは，しばしばスポーツパフォーマンスの改善に効果があると称して市場に出ている。この問題をうまくレビューした Williams と Grant（1999）は，このようなすべてのプログラムの根底には3つの前提があると指摘している。それらは，(1)熟練競技者には非熟練者よりも優れた視覚能力がある，(2)視覚機能はプログラムによって改善できる，(3)この改善は実際のゲーム状況に転移する。Williams ら（1999）やその他の研究（Abernethy & Wood，印刷中 ; Helsen & Starkes, 1999b ; Starkes & Lindley, 1994 ; Wood & Abernethy, 1997）は，もっとも優れた競技者にもっとも優れた視覚機能があるという考え方は多くの実証

的な証拠から支持することができないと指摘した。(2)と(3)の仮説をどちらかと言えば実験的に検証した研究はほとんど存在していない。ただし視覚機能に病理的な問題がある者は，視覚トレーニングから健常者よりも大きな恩恵を受けているという証拠もある。しかしながら，そのような視覚トレーニングプログラムには天井効果があるのではないかとの疑念もある（Williams & Grant, 1999）。

必要に応じて制御と転移を実施している研究もある。WoodとAbernethy（1997）はスポーツ視覚トレーニングの臨床研究を行ったが，その結果は思わしくなかった。Woodらは視覚と知覚スキルの重要な変化をいくつか明らかにしたが，それらの変化はトレーニングプログラムに依存していなかった。ハードウェアからは熟練者と初心者の違いが区別できないという熟練技術のもっとも強固な研究知見に立ち戻ってみると，視覚トレーニングを通して視覚ハードウェアを改善する方法の議論には問題があると思われる。これらの視覚トレーニングプログラムはスポーツ固有のものではないことから，それらの結果がスポーツ固有の領域にそう簡単に転移するとは思えない。

研究は一般的に，次の2点を指摘している。第1は，そのようなプログラムを始める前の"買い主の危険負担""買った後では手遅れ"である。これらのプログラムはしばしば高価なものが多く，特殊な装置を使用した視覚・反応時間のトレーニングを学習者に指示している。その装置によるパフォーマンスの改善は，課題特異的な学習の結果に過ぎない。もしもパフォーマンスの改善が実際のスキルパフォーマンスの転移や改善によるものであるとするならば，このような装置によってパフォーマンスが改善するとはとても考えられない。第2は，そのようなプログラムの効果を評価する適切な転移テストと二重盲検の手続きを十分に踏まえたトレーニング研究が不足していることである。おそらく視覚トレーニングではパフォーマンスは改善しないと思われるし，もしも改善したとしても，現実のパフォーマンスに持ち越すことはないものと思われる。

スポーツ固有な知覚トレーニングプログラムにはパフォーマンスを改善する可能性があるのか？

知覚トレーニングプログラムは，前述の視覚トレーニングプログラムとは異なったものである。この知覚トレーニングプログラムはスポーツ固有のものであり，一般的に，競技者がゲームの知覚情報をより速くより正確に解読してスポーツの知識基盤を改善することができるようなデザインになっている。知覚トレーニングに利用するシミュレーションでは，学習の特殊性・スポーツ現場への転移の向上をともに期待して，一般的には実際の試合のフィルムやビデオを使用している。この種の知覚トレーニングプログラムは，しばしば意思決定や実際のゲーム情報の再認や再生を支援するデザインになっている。これらのプログラムは，一般に，競技者を選定する上でかなり成功しているように思われる。なぜなら，これらのプログラムは，前述したように初心者から熟練者を弁別するスポーツ固有なトレーニングソフトウェアを目的にしているからである。

これらのスポーツ固有な知覚トレーニングプログラムの結果には，一般的に，全般的な視覚トレーニングプログラムの結果よりも高い将来性がある。これらの知覚トレーニングプログラムでは，通常トレーニング前後の評価をもとに実際のゲームにおける転移を事後に評価しているが，事後に評価しない場合もある。WilliamsとGrant（1999，表1）は，現在までのすべての知覚トレーニング研究とその主要な知見を非常にうまく要約している。転移課題を設けた知覚トレーニングは，反応確定の正確性と速さ，情報の視覚追跡に有効である（Adolphe, Vickers, & La Plante, 1997 ; Franks & Hanvey, 1997 ; Grant & Williams, 1996 ; Helsen & Starkes, 1999b ; Singer et al., 1994 ; Starkes & Lindley, 1994）。これらのスキルの改善がゲームパフォーマンスに転移するかどうかという非常に重要な問題は，結果が定かではない。研究をある程度うまくデザインして実験群と統制群を設定したとしても，転移の条件をデザイン的に満たすのはやはり困難であることがその理由の一部になっている。第1の問題は，知覚トレーニングの変化を測定する際に，スポーツ文脈でのもっとも適切なパフォーマンス測度は何かということである。第2の問題は，実験参加者の実際のゲームパフォーマンスを知覚トレーニングの前後で比較する場合，テスト期を通したあらゆる改善が，知覚トレーニングと連続的な正規練習を合わせて行った際に生じる改善と同じになる可能性があることである。同一参加者の知覚トレーニングの前後を比較する代わりに，処理群と統制群を使用して処理群だけに知覚トレーニングを実施した場合には，知覚トレーニングそれ自体よりもホーソン効果があらゆる改善の結果に関係するものと思われる。

知覚トレーニングプログラムには，まだいくつかの問題がある；トレーニングにもっとも適した学習者はどの年代群，どのスキルレベルの者なのか？ 知覚練習の最適なスケジュールはどのようなものなのか？ トレーニングの最大インパクトはどこ（正確な意思決定，スピード，眼球運動，想起）にあるのか？ シミュレーションを行う場合，身体的／心理的な忠実性は重要なものなのか？ 実際の文脈に転移するパフォーマンスの改善を評価する最良の方法があるのか？ 直感的に言って，知覚トレーニングプログラムには魅力がある。しかし，プログラムを効果的に実行するに

は，さらなる研究が必要である。

早期能力は熟練技術の開発にどのように影響しているのか？

　この問題に対処する方法の1つは，生まれと育ちの相対的な重要性を考慮することである。Ericssonら（1993）は，熟練技術のほとんどが練習の結果であり（養成論者の見解），練習の結果による身体的・心理的な適応が熟練技術につながると示唆している。Ericssonらは，オリンピック選手の優れたパフォーマンスに信頼できる遺伝性はないとする研究を引用している。それどころかEricssonとLehmann（1996）は，"熟練者のパフォーマンスには生得的かつ領域固有な基礎能力（タレント）の影響が少なく，ほとんど無視できる"とまでも指摘している（p.281）。Howe, Davidson, Sloboda（1998）は，音楽熟練技術の開発への生得的な能力の関与はほとんど証明することができないとして，Ericssonらの主張を支持している。他の研究でも莫大な練習の価値を認めているが，遺伝的な素因，生物的な限界／長所，施設へのアクセス，コーチングは，おそらく成功により多く寄与する相互作用的な要因と思われる（Durand–Bush & Salmela, 1995；Singer & Janelle, 1999；Starkes, 印刷中；Starkes et al., 1996）。

　熟練者になり得る機会がある者にとっては，早期の"能力"が直接的なインパクトになるとの考え方もある。コーチが非常によく口にする年少者の"才能"は，おそらくは，年齢別スポーツグループや適正年齢の文脈で早期の成熟が有利になる点を意味しているものと思われる。ほとんどの年齢別スポーツグループでは2歳ごとのカテゴリー分け（年少，年中，年長）をしており，年齢判定基準日を設定している。もしもその日付が1月1日ならば，1月生まれの子供は同年12月生まれの子供よりも年齢的・身体的に非常に有利になっている。また，2歳小さい子供よりは確実に有利になっている。

　Barnsley, Thompson, Legault（1992）によれば，一般的に専門家は，誕生日に基づいて同一年齢グループに分類される子供たちの年齢の違いを，"相対的な年齢"と呼んでいる。例えば，同じ12歳の子供でも，1月生まれの子供は遅く生まれた子供よりも身長が9インチ（約23 cm）高く，体重が40ポンド（約18 kg）も重いこともある。平均では，1月生まれの子供は，12月生まれの子供よりも身長が2インチ（約5 cm）ほど高く体重は8ポンド（約3.6 kg）ほど重くなっている（Payne & Isaacs, 1995）。スポーツにしばしばみられる代表チームに選抜される子供や"有能"とされる子供にとって，この相対的な年齢は有利に働いている。この現象は，サッカー（Barnsley et al., 1992；Brewer, Balsom, & Davis, 1995；Dudink, 1994；Helsen, Starkes, & Van Winckel, 1998；Verhulst, 1992），フットボール（Glamser & Marciani, 1990），野球（Schulz, Musa, Staszewski, & Siegler, 1994；Thompson, Barnsley, & Stebelsky, 1991），ホッケー（Barnsley & Thompson, 1988；Barnsley, Thompson, & Barnsley, 1985；Boucher & Mutimer, 1994），クリケット（Edwards, 1994）など，マイナーリーグからプロリーグまで，多くのスポーツにおいて明らかになっている。

　最近，Helsen, Starkes, Van Winckel（1998）は，サッカーのさまざまなレベルにおいて，誕生月と人数の関係を調査した。その結果，6～8歳の間にサッカーを始めたユース選手（選抜年の前半期は，8月1日が判定基準日）のうち，8～10月の間に誕生した選手は有能と認められる傾向が高く，高いレベルのコーチング対象者になっていることが多いことが明らかになった。これらのユース選手は平均よりも有意に背が高く，体重も重かった。やがてこれらのユース選手はトップチームに移動し，ナショナルチームでプレーしてプロになる。同様にHelsenらが見出した重要な知見は，12歳でチームから落ちこぼれる選手の誕生月はカテゴリー期間の最後の3ヵ月間に集中しており，その身長・体重はともに同年齢の下位25％内に入っていたことである。背が高く体重も十分にある選手が有能と指名を受け選抜された場合でも，皮肉なことに，また残念ながら，身体の大きさと運動スキルレベルにはほとんど関係がなかった（Beunen, Ostyn, Renson, Simons & Van Gerven, 1978）。

　国際フットボール協会は，1997年以前には8月1日を判定基準日として採用していた。1997年にその日付を1月1日に変更した。Helsen, Starkes, Van Winckel（印刷中）は次の研究で，誕生月をもとに分類したユース選手群の結果を判定基準日変更の前後で比較した（競技年では1996–1997年シーズンと1997–1998年シーズンの比較になる）。具体的には年齢を10～12歳，12～14歳，14～16歳，16～18歳に分類して，ナショナルユースチーム選手の誕生月を調べた。その結果によれば，1996–1997年シーズンでは，1～3月の間に生まれたユース選手（新判定基準によるとその年の前半に入る）は，有能と認定を受ける傾向が高かった。それに比較して，判定基準日の変更後に有能と評価を受けた選手における8～10月生まれの選手の割合は有意に低かった。

　成熟の早い子供や相対的な年齢が高い子供は，それゆえ，有能な者として選抜される機会がより多く，競技やコーチング，競技施設により多くアクセスすることが可能になっている。その結果として，彼らが熟練者になることは多い。誕生日の遅い子供や体格面で不利な子供に同様な機会を与えた場合に，同じように熟練競技者になれるかどうかは知る術もない。

熟練者になるには
計画的な練習が十分に必要なのか？

"計画的な練習"の役割の問題は，この用語を最初に作り出したEricssonら（1993）の研究に起因している。Ericssonらは熟練ピアニストとバイオリニストの職業的な練習パターンを調べ，その結果，熟練者になり得る者は広汎な計画的練習や，その練習に対する身体の適応反応によってうまく説明することができるとの結論に到達した。環境派であるEricssonらのアプローチ法では，熟練技術の開発にとって才能は何の役割も果たしていない。計画的な練習を構成するEricssonらの概要説明には，パフォーマンスの向上を動機にしたすべての努力活動が該当しているが，観察学習だけは該当していない。たとえコーチが選んだ活動であっても，計画的な練習には学習者の努力や注意が必要であるが，その練習は社会的・金銭的な報酬と即時には結びつかず，本質的に楽しいものではない。計画的な練習モデルについては，多数の論文で広く議論されている（Ericsson, 1996；Ericsson & Charness, 1994；Ericsson et al., 1993；Ericsson & Lehmann, 1996）。

Ericssonらの研究以降，スポーツの計画的な練習を指向した多くの研究は，定義の妥当性や計画的な練習の概念がスポーツ経験にどのようにうまく適合するかに集中している。計画的な練習を補足するような結果を示した研究者もいる。レスリング（Hodges & Starkes, 1996），フィギュアスケート（Starkes et al., 1996），空手（Hodge & Deakin, 1998），サッカーやフィールドホッケー（Helsen, Hodges, Van Winckel, & Starkes, 印刷中；Helsen, Starkes, & Hodges, 1998）などを調べた研究では，競技者の生涯に渡る練習量とその人の競技での成功の間に直線的な関係のあることが明らかになっている。これらの研究は，Ericssonら（1993）をこの点で支持したものになっている。しかしながら，音楽家の練習パターンとは異なり，あらゆるスポーツ活動においてフィットネスレベル，個人の練習様式，チームの練習維持を練習の基礎にデザインする必要がある。また，Ericssonら（1993）の当初の提案とは異なり，もっともよく行われる練習やパフォーマンスにもっとも関係するこれらの諸活動は競技者にとって非常に楽しみにもなっている（Helsen, Starkes, & Hodges, 1998；Hodge & Deakin, 1998；Hodges & Starkes, 1996；Starkes et al., 1996；Young & Salmela, 印刷中）。

計画的な練習モデルには多くの支持もあるが，多数の批判もある。第1の批判は，モデルを広範に検証することができないために反証することができそうもないことである。計画的な練習モデルの主張を反証するには，短い期間の練習で熟練パフォーマンスに到達するような複雑な方略の例を見つけ出す必要がある。あるいは，凝縮した計画的な練習の量が極端に多いにも関わらず，優れたパフォーマンス結果が出てこないといった証拠を見つけ出す必要がある。しかし，短期間で熟練パフォーマンスに到達できるような練習方略が見つかった場合には，常に，その課題があまりにもやさしすぎるという議論になる可能性がある。また，動機づけがない場合には学習者の練習続行が不可能になるために，練習量はパフォーマンスの改善に結びつかないという証拠が見つかるとは思えない。

モデルを検証する1つの方法は，同一"処方"の計画的な練習課題を，個々人に対して人生の非常に早い時期に与えることである。割り当てた練習の終わりに，何かの違いが学習者同士の間に現れる場合，そこには計画的な練習以外の要因が存在することになる。

計画的な練習の研究から，レスリングやフィールドホッケーを13歳で始めた，フィギュアスケートやバイオリン，ピアノ，サッカーを5歳で始めたといった練習開始年齢の違いにも関わらず，個人の練習経歴のコースは同じ増加パターンを辿ることが明らかになっている。以前には，5歳児は注意持続時間や制御が不足しているために，練習はあまりできないという漠然とした感じがあった。しかし今日では，これらの計画的な練習パターンの変化には，必ずしも発達的な制約がないことが明らかになっている（Starkes, 印刷中）。

計画的な練習モデルが明らかにしていないものの中で非常に重要なものは，熟練者になるために否応なくぼう大な練習量を投入しようとする者に対する動機づけの役割である。研究者は幼年期からの参加，動機づけ，持続の領域をまず無視しているが，それにも関わらず，これらの領域は熟練技術の研究の基本的なものになっている。計画的な練習は，最終的に，熟練技術の達成に必要なものと思われる。熟練技術の達成には計画的な練習だけで十分なのか／計画的な練習を誘発する背景メカニズムに生物学的で遺伝的なものが影響しているのかどうかは，まだ議論中である。

ダンス・格闘技の熟練技術は，既知のスポーツの熟練技術とは異なるものなのか？

熟練技術の比較的新しい研究分野として，運動系列の記憶を扱う領域が浮上している。これらの熟練技術の分野にはダンス，体操，フィギュアスケート，太極拳，空手などがある。この分野の多くの研究は，ChaseとSimon（1973a, 1973b）が最初に報告した熟練者と初心者の相互作用を追試したものになっている。ChaseとSimonのパラダイムでは，チェス固有の構造的／非構造的な情報の想起によって熟練技術を調べていた。運動系列領域における熟練技術を調べる研究では，振り付け法の構造的／非構造的な二分法を踏襲している。例えば体操の領域では，平均台の舞踏ルー

チンを構造的なものと考えている。ランダムな運動系列の研究では，ランダムパターンの組み合わせを除いて，実験参加者のレパートリーにあるステップを使用している。参加者に要請したものは，振り付けた（構造的）運動系列，またはランダム（非構造的）な運動系列の模倣であった。当初，研究者は，熟練ダンサーがバスケットボールやサッカーといったスポーツの選手と同じパターンを辿る，またエリートダンサーの舞踏系列の想起が初心者より優れていてもランダムな系列の想起はそのようにはならないと仮定していた。

Starkes ら(1987)は，子供の熟練バレエダンサーを観察して，初めて運動系列の領域で熟練者を調べた。Starkes らは，子供の熟練者と初心者のバレエダンサーに，舞踏的な運動系列とランダムな運動系列を提示した。また，言語／身振りによって運動系列を想起するように求めた。予期したように，子供の熟練者（平均年齢11.3歳）では舞踏的な運動系列の想起が優れていた。2つ目の研究では，想起を高める手がかりとして音楽を利用しているかどうかを調べた。運動系列の実行時には常に音楽を提示した；しかしながら，想起は音楽あり条件／音楽なし条件のいずれかで行った。2つ目の研究では，不幸にも音楽あり条件下の想起に天井効果がみられた。最後のステップだけを除けば，音楽なし条件でも想起の低下がみられた。

Starkes らは子供の熟練ダンサーが言語想起条件と運動想起条件の分離に苦労していたとも報告した。例えば，運動系列の身体的な想起を求めた時に，ダンサーはステップに言語的なラベルを貼り付けていた。最終的に熟練者は想起パフォーマンスを実行する前に運動系列をメンタルリハーサルするための若干の時間を要求したが，初心者は即時にステップを想起した。最初期のこれらの観察から，熟練者と初心者の違いは単なる構造的な運動の想起の違い以上のものがあるように思われた。フィギュアスケーターを調べた結果(Deakin, 1987; Deakin & Allard, 1992)も，伝統的な熟練技術の研究知見により近かった。

Deakin らはフィギュアスケートの熟練者と初心者に，舞踏法の構造とランダム構造を提示した。また，Starkes ら(1987)が子供のダンサーに求めたのと同様に，スケーターに身体要素／言語要素のどちらかを想起するよう求めた。熟練者は，反応の方法（言語／身体）に関わらず，より舞踏的なフィギュアスケーティングの運動系列要素を想起することができた。その後のテストでは，熟練者が初心者と同じ時間内により多くの要素を符号化することや，挿入課題が両グループの符号化に影響しないことも明らかになった。これらの結果は他の熟練者（例えば，チェス）にみられる長期記憶の使用と関係していた。フィギュアスケートの熟練者と初心者の符号化のタイプに違いはなかったが，スケーティングの系列要素を符号化する程度には違いがあった。再認課題を実行する場合，熟練者は意味記憶に，初心者よりも速く少ないエラーでアクセスすることが最終的に明らかになった。ダンスやフィギュアスケートの熟練者のこれらの結果は，他領域における熟練技術のパターンにほとんど準じていた。しかしながら，正確な系列の想起には初頭効果と新近効果がともにあるのか／初頭効果のみがあるのかについては，各結果の間にいくつかの相異が生じていた。運動想起課題では，運動実行に必要な実際の時間や実際の想起パフォーマンスによる潜在的な干渉によって，系列の最後の方に起こる想起の改善や新近効果が低下するとの指摘もある(Starkes et al., 1987)。換言すれば，運動系列の想起処理は次の運動の忘却を引き起こす原因になっている。

しかし，熟練者に対してはしばしば新しい運動と舞踏の結合を要求しているために，熟練者は初心者とは異なる方法で運動系列を符号化しているように思われる。学習環境においてダンサーやフィギュアスケーターは，音楽，ルーティーン（決められた一連の動作），いっしょにいる他の競技者／芸術家／振付師／選手の数，パフォーマンス空間の制限といった多くの変数を操作している。ダンサーは1人で，またはパートナーと，またはグループで踊らなければならない。また，振付師の好みに合わせて，ダンスの多くの形態やスタイルを学習しなければならない。この変数の多さに照らせば，さまざまな環境における新しい運動系列の学習は常に熟練者のダンサーやフィギュアスケーターのトレーニングになっていることから，熟練者のダンサーやフィギュアスケーターは，舞踏の運動系列を符号化するのと同様に，ランダムな運動系列を符号化する可能性があると思われる。

Smyth と Pendleton(1994)の知見は，熟練技術を予見するものが符号化のこの柔軟性であるというアイディアを支持している。Smyth らの研究では，バレエの熟練者と初心者にバレエ関連の運動学習と無関連の運動学習とを求めた。熟練ダンサーのバレエ関連の想起はよくなかったが，その代わり，全般的な運動関連の符号化は優れていた。この結果は，既知と未知の長い運動系列スパンでともに生じていた。このデータは，他領域の熟練者と違ってバレエダンサーは，自分の領域にとって意味がないような熟練技術の運動であっても，一般的に初心者よりも効率的に符号化を行っていることを示唆している。

Starkes ら(1990)の研究では，モダンダンサーにすでにそのような傾向を認めていた。Starkes らはモダンダンスの熟練者と初心者に構造的・非構造的な運動系列の想起を求めた。モダンダンスにはあいまいな運動スタイルが必要である。そのために，熟練ダンサーが有意味な運動と無意味な運動の双方に優れた想起能力を持っているのは当然である。この場合，創造的なモダンダンスのオープンな構造は，熟練者に対して，伝統的なダンサーとは異なる記憶方略を要求している

という議論もあってしかるべきである。もう1つの説明は，この研究の熟練ダンサーは，初心者群よりも単に記憶課題が優れていたにすぎないということである。しかしながら，SmythとPendleton(1994)の研究を考慮すれば，単に記憶課題が優れていたにすぎないとする上記の説明は，比較的根拠が乏しいように思われる。

この点について言うと，非構造的な情報を想起する熟練ダンサーの能力には矛盾した証拠がある。Starkesら(1987)は子供の熟練バレエダンサーを観察して伝統的な知見を確認したが，参加者の年齢と経験が結果を歪めた可能性もある。子供のバレエダンサーは，経験豊かなダンサーの方略(後に非構造的な運動系列を想起する能力になる)を，その若さゆえにまだ開発していなかった可能性がある。また，子供の熟練ダンサーは，先輩ダンサーが保有している運動レパートリーをまだ開発していなかった可能性もある。これらの可能性は，子供のダンサーがランダムな運動系列を記憶できないことについて説明している。体操競技選手の学童(6～8歳)と生徒(14～16歳)をそれぞれ熟練者と初心者に分類して床演技の想起能力を調べたTenenbaum, Tehan, Stewart, Christensen(印刷中)は，このアイディアを支持している。Tenenbaumらの結果から，系列的な想起は年齢や経験によって向上すること，経験豊富な年長選手の系列的な想起は他の選手(若い選手や経験の浅い選手)よりも優れていることが明らかになった。成功する選手の年齢幅が小さいため，女子体操競技においては，この年齢と経験の相対的な寄与の問題が，ダンスよりもはるかに重要になっている。

ダンスについての現在の研究では，運動の系列想起を引き続き観察しているが，伝統的なパラダイムからは遠ざかったものになっている。PoonとRodgers(印刷中)は，実験参加者のスキルレベルに見合ったダンスルーティーンを使用して，ジャズダンスの初心者と熟練者の学習方略や想起方略について集中的に調べた。参加者にはビデオを視聴して，やさしいステップと難しいステップを学習するように求めた。その後インタビューを行い，ダンス学習や記憶方略の想起を求めた。その結果，熟練者は全体的に初心者よりも方略の結合能力が優れていた。方略の結合能力は，大きな運動チャンク(chunk)をフレージングして，同時にステップに言語的なラベルをつけながら音楽の拍子を取ることであった(フレージングとは，一般に音楽やルーティーンの主要な変化を区切り，まとめる運動という意味)。

Ferrari(1999)は運動スキルの転移課題を使用して，熟練者と初心者のメタ認知の違いについて調べた。実験参加者である空手の熟練者と初心者には，ビデオを視聴して太極拳の25ステップの運動系列を学習するように求めた。参加者はいずれも太極拳には馴染みがなかった。しかし，空手・太極拳の運動スキルは密接に関係しており，太極拳の学習には空手の熟練技術の転移が必要である。熟練者が記憶できたステップ数は，初心者と比べて何ら増加していなかった。しかし，熟練者はより多くのメタ認知を報告した。このメタ認知には，系列学習の可能な方略や，対象を再評価するニーズが該当していた。

ダンスや格闘技には運動系列の学習が必要であるが，これらの領域において熟練技術を調べた研究はほとんど存在していない。熟練技術について調べる伝統的な方法は，運動系列の学習を必要とするこれらのケースにとって最適なパラダイムとは思えない。このような領域の熟練技術を調べるには，想起に影響する音楽の役割，整理統合時間の重要性，言語レベルの利用，自己学習のメタ認知方略の適用といったその他多くの要因も扱う必要がある。

研究：ここからどこへ？

ライブゲームパフォーマンスと方略の評価

実際のスポーツ状況においては，パフォーマンスの意思決定や方略の評価が難しく，この評価の難しさが熟練技術の研究を常に妨害している。しかしながら，ここ5年間に，これらの評価法に重要な進展があった。この点について，3つの例を示す。

第1の例は次の通りである。熟練者の視覚探索パターンを調べている研究では，実験参加者が図表やスライド，フィルム，ビデオを見ている時の眼球運動を常時，記録している。これらの研究デザインの生態的な妥当性は，いつも問題になっている。Singerら(1998)は，最近，実際のテニスプレー中の視覚探索パターンを調べた。Singerらが使用した眼球運動測定システムは，赤外線で凝視点を測定するビデオに基づく単眼システムであった。同様のシステムを使用して(Goulet et al., 1989；Helsen & Starkes, 1999a, 1999b；Williams et al., 1993)，ゴルフパッティング(Vickers, 1992)やバスケットボールのフリースロー(Vickers & Adolphe, 1997)といった，より静的な運動実行の視覚探索パターンをモニターした研究も以前にはあったが，このSingerらが対象としたテニスのサービスリターンのように，より積極的な反応中の視覚探索パターンの記録は独創的なものである。

Rodrigues(1999)は，最近，卓球の熟練選手と非熟練選手のサービスリターンを分析した。Rodriguesの目的は，VickersとAdolphe(1997)が以前に論じた"静かな目"の現象が，卓球の熟練者に，より早期により長期に渡って生じるかどうかを確定することであった。Vickersらは眼球運動(赤外線反射を使用)，頭部運動(磁気トラッキングを使用)，腕運動(高速ビデオ

を使用）の個々のデータを時間的に同期させた。この研究は，運動反応に通常の時間制約をかけ実際のスキルの眼，頭，腕のデータの同期を取った最初のものであり，実際の厳密なシミュレーションを使用して熟練パフォーマンスを分析したまさに第一歩になっている。眼や頭の運動を追跡しただけでなく，サーブリターン時の腕の動きを運動学的に分析した最初のものであった。

第2の例は，事前の視覚手がかりを使用するスポーツと関係したものである。第2の例でも，すべての研究は知覚刺激としてフィルムやビデオの時間的・空間的な遮蔽法を使用したものである。Starkes ら(1995)は，サーブを受ける側のバレーボール選手に視覚遮蔽ゴーグルを装着して，実際のサーブ映像を時間的に遮蔽した。サーバーがボールを打つ直前または直後に映像を遮蔽し，選手にサーブボールの接置点を予測させた。視覚刺激は実際のゲーム中のサーブであった。この研究は，熟練選手の事前の視覚的手がかりの使用をゲーム刺激から評価した実例となっている。興味深いことに，この研究の結果は，以前のフィルム・ビデオを利用した時間的な遮蔽研究の結果と同じであった。

最後になるが，プロトコル分析の領域では McPherson (1994, 1999)，French と McPherson (1999)，Nevett と French (1997)が，テニスのブレークポイントや野球のバッターへの投球間隔といった実際の試合状況における言語プロトコル収集の妥当性を明らかにしている。その結果，McPherson らは知識の内容や開発に使用した方略を評価することで，テニスや野球の熟練選手と同様に，目標，条件，活動の概念を確定することができた。これは，宣言的知識や方略的知識の開発を実際のパフォーマンスの評価から理解する際の，もう1つの重要な方法になっている。今後はより実際の状況に近い活動パフォーマンスを分析しなければならない。テクノロジーの発展によって，実際のパフォーマンスを評価するこれらのタイプの研究は，またさらに発展した形で実行可能なものになると思われる。

マスター競技者と熟練技術の保持

熟練技術についての知識の大半は，平均パフォーマンスからピークレベルに進むことが前提になっている。パフォーマンスのピークを過ぎた熟練者に何が生じているのか，熟練者はパフォーマンスレベルをどのように維持しているのかといった情報が不足している。パフォーマンスレベルの維持は，パフォーマンスの全盛期を過ぎた段階の世代が競技の続行を考える際に非常に重要なものになっている。世界中のマスター競技参加者率は驚くほど高く，マスター競技者はぼう大な時間をトレーニングに費やしている（Hastings,

Kurth, & Schloder, 1996）。北アメリカ・ヨーロッパにはマスターの陸上競技会がある。ベテラン競技者世界協会（World Association of Veteran Athletes : WAVA），マスター競技者ナイキ陸上世界大会（Nike World Games for Masters Track and Field）などの国際的な競技組織もある。カナダでは児童のマイナーリーグホッケーの登録選手数が減少している。しかしながら高齢者ホッケーチームの登録選手は50万人を超しており，いまだに増加している。今日，カナダではマイナーリーグのホッケー選手数よりもシニア選手数の方が多くなっている。

63歳のチェスのパフォーマンスは21歳時とほぼ同じであるが，40歳を過ぎると1年で平均1 Elo（イロ）ポイントを失うという（イロポイントはチェスのパフォーマンスを評価する際の標準的な基準である；Grand Masters のポイントは，2500＋イロレーティングとなっている）。しかし，これには個人差がある。一般的にチェス選手は30歳前後にパフォーマンスのピークを迎えている（Charness et al., 1996）。それとは対照的に，年齢とともに低下するスポーツパフォーマンスについてはほとんど何もわかっていない。最近，Starkes, Weir, Singh, Hodges, Kerr (1999)が40名のマスター陸上競技者のキャリアと，現在の練習パターンについて調べたところ，対象者のほとんどは平均29年以上の経験があり現在も1週間に6.5時間以上のトレーニングを行っていた。ライフステージは個人の活動に重要な役割を果たしている。競技者は加齢とともに睡眠時間が短くなり活動的および非活動的な余暇に費やす時間は少なくなるが，トレーニングに費やす時間は若い競技者よりも増えている。マスター競技者は特にコーチングやトレーニング施設を利用しているわけではないが，パフォーマンスを非常に良く維持している。

マスター競技者のもっとも大きな問題の1つは，加齢による正常な身体の衰えとパフォーマンスの間に直線的な関係性があるのか／明確に減速する二次方程式的な関係性（パフォーマンスは約60歳までうまく維持できるが，その後加速度的に減退する）があるのかどうかということである。横断的なデータによれば，パフォーマンスの減退は縦断的なデータと同様に約2倍の急傾斜を示している（Starkes et al., 1999 ; Stones & Kozma, 1981）。しかしながら研究に利用できるような熟練者の縦断的なデータが不足しているために，今日までこれらの分析は不可能になっている。より多くの研究がこの領域には必要である。

縦断的研究の必要性

熟練技術の維持と保持を理解するには，当然，縦断的研究が重要になってくる。大半の計画的練習の研究は，練習パターンの後ろ向きの想起に基づいている。

今日では，これらのデータタイプの妥当性と信頼性をいくつかのテクニックによって追跡することが可能になっている(Ericsson et al., 1993；Helsen, Starkes, & Hodges, 1998；Hodges & Starkes, 1996)。しかし，データの妥当性と信頼性を確保する最良の方法は，競技者のトレーニング記録，コーチの記録，その他の手段によって実際の縦断的な証拠を入手することである(Young & Salmela，印刷中)。

また縦断的研究は，熟練技術の開発を理解する上で重要である(Abernethy et al., 1993；French & Nevett, 1993；Housaner & French, 1994a；Thomas & Thomas, 1994, 1999)。McPhersonとFrench(1991)の研究は，今日までの数少ない縦断的研究の1つである。McPhersonらは成人の初心者を対象にして，テニスのパフォーマンス戦術，スキルインストラクションのタイミング，それらの統合効果について調べた。また，McPhersonらは，宣言的知識基盤，テニススキル，ゲームパフォーマンスを，インストラクション前，インストラクション中，インストラクション後の3回に渡って測定した。その結果，初心者は，実際の運動実行よりも反応選択を容易に学習した。McPhersonとFrenchは，一貫した運動パターンの開発と宣言的知識の増加には十分な練習時間が必要であり，そのことが戦術の導入と，最終的には実際の試合に結びつくと示唆している。

熟練技術の性差研究

興味深いことに，これまでの熟練技術の研究は性差の問題を取り扱ってはいない。実験参加者グループはしばしば男女混合／男子のみ／女子のみの構成になっている。熟練レベルのパフォーマンスに到達する方法や，パフォーマンスの変化率に男女差があるにもかかわらず，研究者は今日までこれらの事柄を検討していない。知覚や認知の領域でも性差を記述していることから，性差を検討していないのは驚くべきことである。スポーツ状況の空間情報や言語プロトコル，その他の想起といったものの性差の研究は，今後の有力な研究領域になるものと思われる。生涯に渡る熟練技術の維持や，パフォーマンスのピーク後の継続的なトレーニングの可能性にも，おそらく性差は存在すると思われる。

練習内容と練習方法の理解

計画的な練習アプローチの1つの功績は，ハイレベルな熟達実現の手段として，広範な練習の質と量に興味の中心を取り戻したことである。卓越さを獲得するために必要な練習量については，実証的な研究が相当ある。したがって，必要になっているのは練習内容，練習方法，知識の最良の伝達方法を中心的に調べる研究である。スポーツには常に運動に基づく特徴があるために，運動スキルの開発や知識の統合を理解することが研究の目標になると思われる。

"練習の微細な構造"，最良の競技者の練習内容，競技者のキャリア段階について理解することは重要である(Hastings et al., 1996；Starkes，印刷中；Starkes et al., 1999)。練習内容の時間研究(Cullen & Starkes, 1997；Starkes，印刷中)のような当初の研究形態は，練習活動に費やす時間や練習様式がどの年齢に／どの発達段階に最良なのかを決定するのに役立っている。あるスキルレベルの者にどのような指導方略や練習体系が最適に機能するかを確定するには，McPhersonとFrench(1991)の仕事をさらに継続し発展させなければならない。最適なコーチが成功を収めた内容や作用，そしてさらに重要な成功の理由について理解することができれば，さらなる洞察が得られるものと思われる(Côté, Salmela, Trudel, Baria, & Russell, 1995；Durand–Bush & Salmela, 1995；Salmela, 1996；Saury & Durand, 1998；Starkes et al., 1996；Thomas & Thomas, 1994, 1999)。新しいテクニックや改良されたテクニックの導入によって，伝統的なスポーツ熟練技術の視野と適用の範囲は広がりを見せている。

その他のパラダイムについての検討

情報処理や認知心理学の方法が，スポーツ熟練技術の大半の研究に影響を与えていると研究者は述べている。情報処理や認知心理学以外のアプローチ法にも，これまで広く検討されなかった利点があると思われる(Abernethy, Neal, et al., 1994；Abernethy et al., 1993；Thomas & Thomas, 1999)。Abernethy, Burgess–Limerick, Parks(1994)は，熟練者の知覚の理解に生態心理学を適用したケースについて紹介している。Abernethy(1993)は，熟練者の知覚についての理解を生態学的なアプローチがどのように広めたかについて優れた例をあげている。Abernethyの研究目的は，熟練者が熟達知覚に利用する必要最小限の情報を確定することであった。Abernethyはスカッシュの熟練選手のショットを模擬的に再現する光点ディスプレーを作り，遮蔽フィルム／光点情報のいずれかを提示した時に初心者と熟練者が予測するボールの位置を記録した。光点ディスプレーは運動の力学的な情報だけを与えている。そのため，熟練者に遮蔽フィルムを提示した時と光点情報を提示した時の予測位置に差があるならば，かつて想定していたよりも少ない情報に基づいて熟練者が判断していることをこの差は指摘したことになる。実際に，熟練者は光点の情報だけでも知覚スキルの長所を維持している。このように，運動生成(運動力学)に由来する実際の特徴は実用的なものになっている。Abernethyは，知覚と運動の両情報源が

連繋する方法と，スキルの変化が知覚と運動変数の結合に影響または反映する方法を確定することが究極の目的であると示唆している。

さまざまなアプローチの効力について述べているその他の研究もある。Starkes(1993)は，象徴的な結合主義のモデルと，このモデルが熟練者の研究に提供する有力な洞察力について議論している。HousnerとFrench(1994b)は，潜在的または顕在的な学習研究が他の個所では生産的であっても，熟練技術の研究にはまだほとんどインパクトを与えていないと指摘している。

要約と結論

スポーツ熟練技術は重要な研究領域であり，過去数年間に技術的・理論的に大きな進歩を遂げている。しかしながらこの領域は，いまだ揺籃期にあることを心に留めておく必要がある。本章では多数の領域における一群の研究を概観してきた。例えば，熟練者がパフォーマンスのピークに到達するには，質の高い多くの練習が必要である。スポーツ固有の情報を理解する能力と，その能力を最大限に利用する点でも，熟練者は初心者と異なっている。この熟練技術は競技者とスポーツ環境の相互作用から生じるものであり，単なるスポーツ観戦だけでは生じない。熟練技術にはスポーツ目標を支援する家族も影響を与えている。

多くの問題について論争があることは，スポーツ熟練技術が実り多い研究分野であり，しばしば人気のある討論テーマになっている証でもある。Ericssonら(1993)の計画的練習のモデルは，練習がトップ競技者を"創る"のか，それともトップ競技者は"生まれつき"なのかという議論を巻き起こした。最終的な解答はその"両方"であると思われるが，さし当たり，練習をどのような様式で行うのか，練習量はどの程度必要なのかを確定することが重要と思われる。

スポーツパフォーマンスの向上を謳った知覚トレーニングシステムの宣伝広告を耳目に触れることは非常に多くなっている。特殊なシステムの使用によってどのような属性が向上するのか，それらのスキルがスポーツ文脈に直接転移するのかどうかについて調べる研究は重要である。これらのトレーニングシステムについては実証的にテストする必要があり，消費者へ情報と結果をともに提供する必要がある。

スポーツ熟練技術についての初期の研究は伝統的にチームスポーツに集中していたが，ダンスや格闘技の研究者は，スポーツ熟練技術のスキル獲得原理がそれらの経験を適切に説明するかどうかについて問い始めている。スポーツとダンスについての研究は，運動系列の想起とメタ認知の役割を調べる際にさらに強力なものとなっている。長期に渡って，熟練技術の開発を理解し，熟練技術に至る道のりを短縮し，多くの機会でピークレベルの遂行能力を伸ばすという意味で，熟練者と初心者の違いの研究の目標に変わりはない。

II

高いパフォーマンスレベルの心理学的特徴

第 8 章 モデリング 運動スキルパフォーマンスと心理反応についての考察 155
第 9 章 パーソナリティと競技者 182
第 10 章 スポーツの才能と発達 204
第 11 章 ストレスと不安 220
第 12 章 喚起とパフォーマンス 242
第 13 章 選手,チーム,コーチの自己効力感に対する信念 257
第 14 章 スポーツの精神生理学 優れたパフォーマンス心理の生理学的メカニズム... 276

第8章
モデリング
運動スキルパフォーマンスと心理反応についての考察

"百聞は一見に如かず"ということわざには，言語教示よりも行為で示す方がより効果的な情報になるという考え方が反映されており，学習者に情報を伝達する手段としてしばしば実演（デモンストレーション）を提示する理由になっている．スキル学習に情報を提供する際には，モデリングが"価値，態度，思考，行動パターンを伝達するもっとも強力な手段の1つになる"と心理学者は認識している（Bandura, 1986, p.47）．このように，モデリングまたは観察学習は，多様な専門領域における広範なトピックスになっている．とりわけ，これを本書の適切なトピックスとする理由は，モデリングが運動に関連する学習や発達や心理的問題とスポーツスキルとの架け橋になっているからである．

本章では，現代の観察学習の発展に貢献している理論や関連研究をレビューする．著者らは他の研究者のレビュー（Dowrick, 1999；Gould & Roberts, 1981；Newell, Morris, & Scully, 1985；Williams, 1993）と同様に，著者ら自身の以前のレビュー（McCullagh, 1993；McCullagh, Weiss, & Ross, 1989；Weiss, Ebbeck, & Wiese-Bjornstal, 1993）を土台にした．本章では特にモデリングと広範なスポーツや運動行動の関係を考慮して整理した．

ここでは多くのモデリングの変数と運動スキルの獲得・保持の関係について述べてみたい．また，発達の問題や，モデリングについて述べた理論や研究と同様に，モデリングが意志決定や自己効力感といった心理変数に及ぼす効果についても紹介したい．以下に示すように，著者らが10年以上前に著した最初のレビュー以降，モデリング，運動スキル，心理的反応についての研究は非常に拡張している．

本章執筆にあたり，データの調査を援助してくれたNilam Ram，そして準備段階の草稿を批評してくれたSteve Wallaceに感謝の意を表する．

理論と概念の考察

過去100年間に渡って，模倣行動はさまざまな説明がなされてきたが，それらの説明は一般的にその時代の心理学の方向性と一致していた．このように，観察学習は，認知や情報処理，直接知覚のアプローチによってすべて説明できると考えられている．本章の前版（McCullagh, 1993）では多くの初期理論を広範にレビューしているので，ここではあえて繰り返さない．むしろ，背景，あるいは運動の観察学習や心理的スキルの実証的な仮説の生成に一般的に使用しているような，より最近の理論と概念化について論じてみたい．

社会認知アプローチ

Sheffield（1961）は象徴表象として実演が貯蔵されると仮定し，Bandura（1969）はこれらの概念をさらに推し進めた．Banduraは，言語表象やイメージ表象が観察者の反応を媒介し，それによって学習者はその行動を実際の行動前に獲得することができると示唆した．Banduraは，Sheffieldの立場とは異なり，顕在的な練習がなくても反応は獲得できると初期の書物で主張していた．Banduraはこの反応の獲得を"試行なしの学習"（Bandura, 1965）と名付けた．Bandura（1965, 1969, 1971, 1986, 1997）は，徐々に考え方を変え，反応の獲得，とりわけ社会行動・認知行動の獲得には顕在的な行動が必ずしも必要ではないと主張している．事実，Banduraは"モデリングを通してほとんどの人間の行動は観察によって学習できる"と述べている（1986, p.47）．Banduraによれば，モデリングは主に4つの下位プロセスが支配する情報処理活動になっている．

"注意"は観察学習の第1の下位プロセスであり，観察者の特徴と同様にモデル事象の特徴から影響を受けている．したがって，モデル事象の複雑性や弁別性，重要性は，観察者の注意レベルに影響することに

なる。モデルの行動が複雑な場合，実演には注意を向けさせる手がかりが必要であり，観察者はその手がかりによって"生成規則"を抽出することができる。Banduraによれば，実演から吸収する感覚事象は，注意位相を決定する唯一の要因にはなっていない。むしろ，観察者の認知能力や喚起水準，期待といった属性が知覚の処理過程に影響している。Banduraは，多数の手がかりを使用することによって，観察学習における注意の位相を高めることができると示唆した。学習者に対するモデル行動の特徴の強調，言語的な手がかりの提示，良いパフォーマンス–悪いパフォーマンスの交互提示はすべて，学習者が重要なパフォーマンスの手がかりを識別する際に助けとなるメカニズムになっている。

観察学習の第2の下位プロセスは"保持"である。この保持相の基本的な前提になっているのは，いったん行動の実演をみて，実演を模倣することなしに行動を実行する場合には，その実演を表象の形態で記憶に保持しておかねばならないということである。表象は本質的に視覚または言語のいずれかであり，実演のすべての面を包含する必要はない。どちらかと言えば，表象は関連する特徴を抽象化したものである。イメージや視覚的な記憶は言語的に表現することが難しいために，言語スキルが不十分な発達初期段階や，空間と時間の協応が必要な運動行動の場合には，特に重要なものになっている。したがって，"ゴルフのスイングは説明して聞かせるよりも，視覚化して見せる方が効果的である"（Bandura, 1986, p.58）。

モデル行動の保持に使用する第2の表象システムは，本質的に言語である。あるタイプの情報は視覚コードよりも言語コードの方が受け入れやすい。例えば，特定の道路を左右に曲がる道順は，イメージよりも言語形式の方が保持しやすい。研究者は，モデル行動の組織化に加えて，認知・実演リハーサル（練習）はともに観察学習の保持相に影響を与えると仮定している（Carroll & Bandura, 1985）。Bandura（1986）は，メンタルリハーサルには運動スキルの向上に効果があると認めていた。しかし，メンタルリハーサルが主として認知的な構え，注意メカニズム，自己効力感に影響するのかどうかは疑問視していた。興味深いことに，Banduraは，モデル行動由来の象徴的な表象が"反応生成の内的モデルと反応修正の基準になる"（p.51）と示唆した。

"生成"は観察学習の第3の下位プロセスに当たる。しかし，Banduraの主な興味は本質的に2分岐的（行動が現れたか否か）な社会行動の獲得にあったことから，Banduraの原著では生成の理論が十分に発展しなかった。しかしながら，運動スキルの評価においては，行動の表出ばかりでなく運動の質にも関心が寄せられている。実際に多くの実験から，実演は運動の空間的な側面（例えば，Carroll & Bandura, 1982, 1985, 1987, 1990）と運動系列のタイミング（Adams, 1986；McCullagh & Caird, 1990）をともに修正することが明らかになっている。Bandura（1986）によれば，モデル行動の行動生成には，反応からのフィードバックと表象とを比較するような概念マッチング処理が関与している。パフォーマンスの修正は，比較処理に基づいて行われている。この正確な処理は一般的にパフォーマンスから推察できるが，Banduraは観察学習の程度を評価する言語生成，再認，包括的なテストといった代替手段を示唆している。

観察学習の第4の下位プロセスは本質的に動機づけであり，本流の心理学ではこの動機づけをもっとも注目している。単純に言えば，モデル行動への注意とその記憶や実行のための身体的なスキルがあっても，動機づけが不十分な場合には実際の行動は生じない。このようにBandura（1986）は，観察学習の外的・代理的・自己動機な役割を認めていた。

Bandura（1986）の公式化にみられる最終的検討事項は，これら4つの下位プロセスが観察学習のさまざまな側面に与える影響である。Banduraは，注意・保持の下位プロセスは学習反応に影響するが，生成・動機づけの下位プロセスはパフォーマンス指標に影響すると仮定した。運動学習の研究者は学習とパフォーマンスを区別しているが，スポーツ心理学の研究者はほとんど区別していない（例えば，McCullagh, 1986, 1987）。

観察学習の自己効力感の役割

観察学習に関わるBanduraのもっとも新しい説明は，効力感の信念を行動の主要基盤に置いた自己効力感について触れた著書（Bandura, 1997）にみることができる。Banduraによれば，"自己効力感とは，ある達成に必要な行動過程を組織化し実行する能力についての信念である"（p.3）。自己効力感としての個人の信念は，4つの主要な情報源，(1)制御体験，(2)代理体験，(3)言語説得，(4)生理的・感情的状態，に由来している。制御体験は学習者の能力を示している。代理体験とは，自己の能力と他者の能力の比較から得た有能感によって信念を変えることである。言語説得には学習者の能力感を修正する作用がある。4番目の情報源である生理的・感情的状態は，学習者の能力についての信念に影響し，危険度の高い不適応行動の解釈に影響を与えている。したがって，観察学習またはモデリングは，これらすべての情報源を介して個人の自己効力感に影響を及ぼしている。Banduraは，これら4つの情報源を通して受け取る情報は，個人がその情報を認知的に処理して反射的にそれに従う場合に限って，行動の修正に重要になると示唆している。このようにBanduraは，情報を認知的に解釈する場合，経験に影響する個人的・社会的・状況的な要因を認め

ている。
　観察学習に確実に適用できる2つの情報源は，(1)制御体験，(2)代理体験，である。Bandura(1986)によれば，制御体験は特定行動を実行する個人の能力についての確実な情報になるので，効力についてのもっとも確固たる情報源になっている。制御体験と効力感の関係を調べた大半の研究は，認知変数を集中的に扱っているが，Banduraは，"自己モデリングの研究は，個人的な達成に選択的に集中すると自己効力感が高まるという証拠を提供している"と明白に認識している(1997, p.86)。運動スキルの研究では自己モデリング-パフォーマンス-心理反応の関係を，さらに確立する必要がある。
　モデリングのもっとも強力な効力感の2つ目の情報源は，明らかに代理経験である。Bandura(1986)は，多くの課題において成果は容易に同定でき(例えば，レースのタイム記録)，それゆえに制御体験の一形態として役に立つと指摘している。しかしながら，学習者は多くの活動をしているために，他者の観察から自身の能力を確定しなければならない。Banduraは，学習者自身がモデルもしくは実演者に似ていると感じれば感じるほど，行動に与えるモデルの影響は大きくなると強調している。

運動学習理論

　モデリングは観察学習とも呼ばれているが，運動学習の研究者は最近までこのトピックスに注目することもなく，Bandura(1986)の概念的枠組みを一般的に使用することもなかった。実演は学習者に反応実行前に提示する情報形態の1つである。歴史的に，運動学習の研究者は，行動後に提供した情報を中心に調べていた。したがって，結果の知識(knowledge of results : KR)の役割は，運動学習の研究者にとっての主要な関心事になっていた。運動学習の研究者は，1970年代に出た2つの理論に注目した。
　Adams(1971)が提唱した第1の理論は，主として遅いポジショニング反応から得た実証的なデータに基づいたものであった。Adamsは，これらのデータによる原理は他の運動反応タイプに一般化できると強く主張した。Adamsが名付けた閉回路理論(closed-loop theory)では，知覚痕跡(perceptual trace)と呼ぶ内的基準と運動実行中のフィードバックとの比較を仮定した。つまり，閉回路理論では，練習に対応する自己受容フィードバックから発達した知覚痕跡が正確性の基準となり，学習者の遂行能力はその知覚痕跡の強度に依存すると仮定している。知覚痕跡が正確かどうかを明らかにすることによって，学習者が感覚フィードバックとKRを受け入れるかどうかがわかる。どちらか一方のフィードバック源が最適でなければ知覚痕跡は不正確なものになり，学習は悪化する。ひとたび運動が完了すると，学習者は感覚フィードバックと知覚痕跡を比較する。そして，主観的強化と呼ばれる矛盾は，KRがないパフォーマンスの維持に後で役立つものと思われる。Adamsは，正確な運動を評価する記憶メカニズム(知覚痕跡)に加えて，第2の記憶メカニズムが運動開始に必要不可欠であると示唆した。2つの記憶メカニズムの理論的な解釈は，Adamsが残した重要な功績であった。それというのも，同じ記憶状態は正確な反応の生成と評価を同時に行うことはできないとの認識があったからである。
　Adams(1971)の概念は非常に多くの研究のきっかけとなったが，Schmidt(1975)のスキーマ理論はAdamsの理論に反駁してそれを補完したものであった。Schmidtは，Adamsの2つの記憶状態と主観的な強化の提案に同意はしたが，運動の開回路制御(open-loop control)について強く主張した。スキーマ理論によれば，個々の学習者は反応時に以下の4つの項目を記憶に貯蔵することができる。それらは，(1)運動の初期状態，(2)汎用の運動プログラム，(3)運動の結果とKRの随伴性，(4)運動の感覚的な結果，である。学習者はこれらの特異的な4項目を無期限的に貯蔵しているというよりも，むしろ情報を2つの一般的なスキーマに抽象化している。再生スキーマは反応生成と関係し，再認スキーマは反応評価と関係している。Schmidtによると，4つの情報源のどれかが欠けると，スキーマの質は悪化して学習が低下するようになる。
　2つの理論の主な違いは，学習者の行う練習の多様性と関係している。Adams(1971)の理論では，強力な知覚痕跡の開発には正確な練習が必要になっている。Schmidt(1975)によれば，正確な反応と誤った反応はともに学習を支援することができる。なぜならば，正確な反応や誤った反応はスキーマの開発に貢献しているからである。Schmidtは，自分の理論の方が運動スキル学習をAdamsの理論よりもうまく説明できると信じていたが，自分の理論には多くの制約があることも認めていた(Schmidt, 1988を参照)。
　観察学習理論(Bandura, 1986)と伝統的な運動学習理論(Adams, 1971；Schmidt, 1975)は現在まで絡み合うようなことはないが，スキル獲得の説明方法を両理論陣営から引き出すことは妥当なことと思われる。観察学習の理論は，本質的に，他者の行動観察から次の反応の開始およびこれらの正確な反応の確定基準に役立つものを認知的な表象にしていると示唆している。運動学習理論は，観察学習の理論とは反対に，行動後のエラー情報(KR)が学習に影響する主要な変数であり，2つの独立した記憶メカニズムが学習の本質であると示唆している。したがって，学習に対するこれら2つのアプローチ法の主要な違いは，運動学習理論には再生記憶(行動開始)と再認記憶(正確性の基準)が存在するが，観察学習理論には別個の記憶状態

としての再生記憶と再認記憶の区別が存在しないことである。Banduraが，研究の一部(Carroll & Bandura, 1982, 1985, 1987, 1990)で再生記憶と再認記憶を実証的に区別して，"人は学習したすべてのものを常に再現するとは限らない(1990, p.85)"と明らかに認識していたことを考えれば，理論的にこうした区別をしていないということは意外なように思われる。いく分かの混乱は，再生・再認という用語の使用法と評価方法の違いに原因があると思われる。この点については，本章の後半で再生・再認を再度取り上げて詳細に議論する。

理論と実践の見地から，学習者が実演から再認記憶を実際に開発する方法を確定することは重要である。Adams(1971)の本来の考えでは，知覚痕跡の開発には自己受容フィードバック，つまり単なる他者の観察だけでは明らかに見落としてしまうような情報源が必要であると示唆している。しかしながら，他者のパフォーマンスエラーの微少な違いを明らかに識別できるような個人の実例が多数存在している。肉体労働者の監督，教師，コーチのほか，選手の運動パターンを評価する者(例えば，審判やレフェリー)は，たとえ要請がない場合でも，他者が示す適切な反応を検出しなくてはならない。

直接知覚の解釈

観察によるスキル獲得方法を，Bandura(1986)の概念では十分には説明できないことに気づいた研究者もいた。Bandura自身は，特に運動の正確な知覚の必要性について言及した(p.51)。このように，観察者が実演から引き出す重要な要素を抽出しようとした研究者もいた(例えば，Scully & Newell, 1985；Whiting, 1988)。Newellら(1985)はモデリングの研究を批判した。なぜならば，大半のモデリング研究は，実演が何を伝達するのかではなく，どのように伝達するのかを指向していたからであった。モデリングの研究を批判したこれらの研究者(Scully, 1986, 1987；Scully & Newell, 1985)は，行為知覚アプローチ法が観察学習に有効であると主張した。

行為知覚アプローチ法が有効であるというこの考え方によれば，観察学習では行動それ自体を直接知覚することから，観察を行動に変換する認知的な媒介要因は不要なものになる。観察学習者は不変的な運動パターン(要素間の関係情報)については知覚するが，実演運動の特殊な特徴については知覚しないことがこの考え方の基になっている。運動要素間の関係を示すポイントライトディスプレイ(バイオロジカルモーション)によって，人間の運動は正確に検出できるとした実験が，この考え方を支持している(Scully, 1986, 1987；Williams, 1989)。対照的に，スチール写真には，学習すべき協応運動パターンの情報がほとんどない。直接知覚アプローチ法を採用したその他の研究によって，複雑な運動スキルを獲得する場合，言語教示よりもモデリング提示の方が優れたパフォーマンスに結びつくことが明らかになっている(Schoenfelder-Zohdi, 1992)。Williams, Davids, Williams(1999)は，スポーツにおける観察学習を論じた章で，直接知覚の文献をレビューし，運動知覚を動作に変換するメカニズムがまだ不明であると認識している。しかしながら，Williamsらは，モデリングの動的な視点が有望であると主張している。なぜならば，このアプローチ法は，学習の2つの重要な要素である協応と制御について考慮しているからである。Williamsらは"この観点が主として予測しているものは学習の制御段階ではなく，視覚実演が助長する学習の協応段階である"と示唆している(Williams et al., 1999, p.347)。

Bandura(1977)は，観察学習がそれほど単純ではないと示唆することで直接知覚アプローチ法に応え，"認知セットは，観察学習者が捜し求めているもの，観察から抽出するもの，見たものの解釈方法を誘導しており，抽出した情報は観察学習に必要であっても十分ではない(p.370)"と示唆している。このように，Banduraは，一度抽出された情報は必ず保持され観察学習者の運動の動機づけになるとする本来の考え方に回帰した。情報を伝達する方法と伝達される情報の内容は，モデリングの本質的な要素であると思われる。

要約

研究者は多くの理論・概念的なアプローチを使用して，観察学習者が観察によって獲得するスキルと行動の方法を説明している。多くの研究者がBandura(1986)の社会認知的な解釈に注目し，それによって多数のモデリング変数とパフォーマンスや心理反応の関係を明らかにしようとしている。社会認知的な解釈が広く行われているが，多くの研究者は直接知覚の解釈をあまり採用しなかった。なぜなら，Banduraの理論は間接的な知覚-行為を説明しているに過ぎないからである。ある理論とその理論に対抗するような別の理論とを検証する実証的な研究や，2つの解釈を合わせて観察学習をより手短かに説明する実証的な研究が，文献的には明らかになっている。本章の以下の節では，モデリング現象の幅について，またそれを運動学習や発達心理学，スポーツ心理学の観点からどのように調べるかについて議論してみたい。

モデリングへの行動反応と心理反応

Banduraが最初に公式化したモデリングでは，運動の再生やスキルの現実的な評価についてはほとんど考えていなかった。モデリング理論はもともと社会行動

の獲得に合わせてデザインされていたために，行動表出の有無に基づいて多くの反応カテゴリーを評価していた。本節では，モデリング刺激に対する人間の主要な4つの反応，(1)成果と過程，(2)再生と再認，(3)学習とパフォーマンス，(4)知覚と心理反応，についてレビューしてみたい。本章で特に注目するのは，スポーツと身体的活動状況に関連した行動である。

成果と過程

学習者に実演を見せる場合，スキルの少なくとも2つの重要な側面を伝達し，評価することができる。第1に，観察者はスキルの成果や達成すべき最終目標を見ることができる。第2に，観察者は望ましい成果の達成に利用できる運動パターンや過程を学習することができる。実演後に，これら第1，第2の運動の特徴は評価が可能である。多くの研究者は，学習者がモデルと同じ運動フォームを示したかどうかではなく，学習者の運動成果を評価することによって，モデリング効果の有効性を確定している。しかしながら，モデルと同様の運動フォームの要素を評価しようとしている研究者もいる(例えば，Carroll & Bandura, 1982, 1985, 1987, 1990；Feltz, 1982；Little & McCullagh, 1989；McCullagh, 1987)。

McCullagh(1987)は，成果とフォームをともに測定した。その結果，統制群(モデル提示なし群)が実演参加群と同程度のパフォーマンスレベルを示すことを見出した。ただし，統制群のフォームは望ましいものではなかった。Martens, Burwitz, Zuckerman(1976)が示した初期の証拠はこの結論を支持していた。SidawayとHand(1993)の最近の研究から，熟練者の正しいモデリングフォームを単に観察するだけで学習者の成果得点が高くなることが明らかになった。Sidawayらは，スポーツスキルの研究ではフォームの測定をほとんどしていないが，優れた成果は優れたフォームの結果であると主張した。多くの研究で，学習者のフォームがモデルのフォームに近づく程度を評価している。

二次元／三次元で運動学的解析(変位速度や加速プロフィール)をすることで，多くの運動変数を評価することもできる。例えば，SouthardとHiggins(1987)は，ラケットボールのサーブのフォーム改善に実演と身体練習が果たす役割を調べた。Southardらは，身体練習，または身体練習と実演との組み合わせを経験した実験参加者の四肢の配置が，テストの1～5日目にかけて変化することを明らかにした。身体練習を行わず実演を見るだけの参加者も，統制群と同様に運動が改善した。ぎこちない運動パターンを実演の提示のみによって改善するのは困難であるが，練習が適切な運動学的特徴の導入を容易にしていると，Southardらは結論づけた。この実験に成果の評価，正確性の評価を加えれば，興味深い結果が得られるものと思われる。

Whiting, Bijlard, den Brinker(1987)は，このSouthardらの知見とは反対に，スキーのシミュレーション課題の実演を観察した実験参加者と観察しなかった実験参加者のパフォーマンスを，運動学的な分析によって比較した。Whitingらはモデルのパフォーマンスをビデオカメラで撮影し，その運動の頻度や振幅，円滑性を動作解析システムによって記録した。その結果，モデルと同じパフォーマンスを示した参加者は誰もいなかったが，実演観察群は身体練習のみの群よりも，より円滑で一貫した運動を示した。

課題の目標は，おそらく，パフォーマンスの向上に最適な変数を確定することにあると思われる。SheaとWulf(1999)の最近の論文では，フィードバックタイプの重要性をテストする際にこの問題が重要になると強調している。Sheaらは，学習中の外的注意(例えば，ゴルフスイングの際のクラブへの集中)が内的注意(例えば，腕のスイングへの集中)よりも有利であるとした先行研究に基づき，課題の内的フィードバックよりも，外的側面に関連するフィードバックによってパフォーマンスが向上すると推論した。バランス課題の学習データからこの概念をテストした結果は，Sheaらの予測を支持していた。この知見をモデリングに拡張すると，学習者が外部的な実演に集中するという考えを支持することができる。フィードバックの原理を一般化する場合，実演の焦点を慎重に考える必要がある(例えば，ゴルフクラブか腕のスイングか)。

行動に影響するようなモデリングの方法は，課題のタイプにも関係している。モデリングの文献を調査すると，課題は一次元の実験室的なものから現実の非常に複雑なスポーツスキルのパフォーマンスに至るまで多岐に渡っている。しかしながら，Williamsら(1999)は，単一レベルの成果測度から学習の結論を出すことには極めて批判的である。モデリング効果の課題を分析することにより，多様な研究知見に何らかの一貫性を十分に見出すことができるものと思われる。Gentile(1987)は，運動スキルを16のカテゴリーに分ける課題分類モデルを提唱した。Gentileは，スキルを運動機能(身体移動と対象の巧みな操作)と環境文脈(制御条件と試行間変動)に基づいて分類している。課題分析はもともと，運動を評価し適切なリハビリテーション活動を選択する理学療法士のために開発されたものだった。しかしながら，Magill(1988)が述べているように，運動やスポーツスキルの指導者は課題分析を直接適用している。なぜなら課題分析は，課題目標と課題目標に対応するエラーの明確化や，適切なフィードバックの確定に役立つからである。事実，課題分析の枠組みは，もっともモデリングの影響を受けやすいスキルタイプの有用な評価ツールになっている。

再生と再認

　本章の冒頭では運動学習の諸理論（Adams, 1971；Schmidt, 1975）と社会-認知アプローチ（Bandura, 1986）を比較した。両アプローチの違いの1つは，再生と再認を区別したことにある。AdamsとSchmidtはともに2つの別個の記憶状態，(1)運動を引き起こす記憶状態（再生），(2)成果を評価する記憶状態（再認），を仮定している。Banduraは，モデルの観察から生じた認知表象が"反応生成の内的モデルと反応修正の基準になる(p.64)"と示唆している。Banduraは，再生・再認の共通メカニズムをこのように仮定している。運動学習の研究者は長年に渡って再生・再認を実験的に区別しようとしている。そして観察学習のレビューは，モデリングが再生・再認の過程に特異的な影響を与えると示唆している。CarrollとBandura (1982, 1985, 1987, 1990)は，一連の実験を行って，モデリングが再生・再認に与える影響を堅実に評価し，その違いを明らかにした。

　心理学や運動学習研究では，再生・再認の定義や測定に根本的な違いがあるように思われる。例えばCarrollとBandura(1987)は，手首-腕のパドル運動の9つの構成要素を再現の精度から評価した。Carrollらは実験参加者に運動の正しい構成要素・間違った構成要素の写真を示し，正しい構成要素の同定を求めて，再認について評価した。さらに，構成要素の順番を再現するように要請した。参加者が自分自身の運動を同時または別々にモデルにマッチさせたのかどうか，自分自身の運動を視覚的に確認したのかどうかの実験操作は再現の精度（再生）に影響したが，再認の測度には影響しなかった。再認の測度と再現の精度との相関はあまり高くはなかった（r=0.34～0.64）。これは再生と再認が同じ割合では進展しないことを示唆している。

　伝統的な運動学習の研究では，再生を一般的に運動再演後のエラーによって測定している。再認とは，学習者自身が主観的に評価した運動エラーと実際の運動エラーの差である。このような測度と，スチール写真から選択した正しい運動系列とは，まったく別ものと思われる。このタイプの再認は何らかの情報になったとしても，運動時間の再認については何も明らかにしてない。これは言ってみれば，一卵性双生児の識別と類似している。一卵性双生児をスチール写真から識別することは困難であるが，歩かせたり走らせたりして比較すれば識別はより容易になる。このように，再生・再認を評価する適切な測度を開発することができれば，この領域の研究はさらに発展するものと思われる。

　Newell(1976)の主たる関心は再生・再認の独立性を確定することにあったが，彼は観察学習のパラダイムを利用していた。その結果，聴覚実演の提示回数を増加させると再認の記憶は向上するが，実演提示群では最初の運動再演も正確であったために，実演の提示が再生をも高めるとNewellは結論づけた。観察学習パラダイムのこれらのメカニズムの独立性を明らかにするには，実演が再生・再認に与える影響を実証的に検証すると同時に，基本となるBanduraの概念を修正する必要があると思われる。

　最近，LaugierとCadopi(1996)は，具体的または抽象的なダンス運動の再認・再演（再生）に関心を示した。Laugierらの研究の実験参加者は，実演ダンスの系列順序と要素数の認識が可能であった。しかしながら，Laugierらの知見によれば，参加者の示した運動再演・再生パフォーマンスと熟練モデルの示したパフォーマンスには違いがあった。このことからLaugierらはパフォーマンスの質と量の重要な違いを強調した。その結論は，観察者が運動要素の数を量的に想起すること（写真の再認テストで評価できるような）ができても，精度の高い運動を質的に再演することはできないという知見に基づいていた。

　たとえ再生・再演が改善しないにしても，実演が再認記憶の向上に役立つことを立証できれば，その知見は明らかに学習者・指導者に影響を与えるものと思われる。学習者に正しい実演とフィードバックを与えれば，学習者自身のエラー再認はおそらく高まるものと思われる(McCullagh, Burch, & Siegel, 1990)。観察学習パラダイムが実験参加者に一般的に要請しているものは，正しい実演の記憶と自らが遂行した運動に基づくこの概念合わせ過程の実行である。McCullagh(1993)は，高度なスプリットスクリーン技法の使用によって，概念合わせの過程を調べることができると示唆した。

　Laguna(1996)は，最近の研究で，このスプリットスクリーンの考え方をテストした。実験参加者には，正しいモデル，自己モデル，スプリットスクリーンモデル（正しいモデル・自己モデル），モデル提示なしのいずれかを観察した後に，CarrollとBandura(1982, 1985, 1987, 1990)の研究と同様な腕の系列運動課題を学習するよう要求した。そして，パフォーマンスの精度（再生）と認知表象（再認）をともに評価した。Lagunaは，モデリングの介入タイプが認知表象の強度と反応生成に特異的に影響を与えるといういくつかの証拠を明らかにした。再認については正しいモデル提示群とスプリットスクリーン提示群が最良のパフォーマンスを示し，次いで自己モデル提示群，モデル提示なし群と続いた。肘の変位を運動学的に分析した結果，正しいモデル提示群とスプリットスクリーン提示群は同様の再生を示し，類似した結果を示した自己モデル提示群とモデル提示なし群よりもエラーは少なかった。

　Downey, Neil, Rapagna(1996)は，熟練者と初心者を対象にして2つのダンス系列の再生精度や再生の

質，再認反応を評価した。写真で示した運動系列課題における初心者の再認はパフォーマンスの精度と関係したが，パフォーマンスの特徴とは関係しなかった。熟練者群ではサンプルサイズが小さかったため，これらの関係を調べることができなかった。さらに，再認・再生測度の相関が弱〜中程度であったことから，DowneyらはBandula(1986)の研究を支持して"観察のみで獲得した認知表象は不完全であり，それ自体ではスキルに満ちた顕在的なパフォーマンスを説明することができない(Downey et al., 1996, p.60)"と強く主張した。パフォーマンス精度のスコアは認知表象のスコアよりも高かったが，これは報告以上のものを学習者が遂行することを示唆していた。

学習とパフォーマンス

初期の著書でBandula(1965, 1969, 1971)は，学習とパフォーマンスを区別していた。運動学習の研究者は，一時的なパフォーマンスと長期的なパフォーマンスの効果を区別し(例えば，Ross, Bird, Doody, & Zoeller, 1985)，学習やパフォーマンスに与える変数の影響を実証的に検討しているが，社会心理学的な変数を扱った研究ではこの区別はほとんどなされていない。Schmidt(1988)は，保持と転移のデザインを使用して，変数の影響が比較的一過性のもの(パフォーマンス)なのか，長期的なもの(学習)なのかを評価する手続きについて概説している。この違いを実証するには，初期の獲得相で独立変数を操作して，その後の保持相の遂行には共通した独立変数を使用(通常は介入のない状態)する必要がある。独立変数の消失後に生じる保持相は，獲得相の終了後数分〜数日間までのどの時点にも存在し得るものである。転移相を追加して学習の般化を調べている研究者もいる。これらの状況で，個々の学習者は，最初に獲得したスキルとは若干違ったスキルを試行している。

学習とパフォーマンスのこの違いを明らかにしようとして，モデリングの社会心理学的な影響について調べた研究も若干ある。McCullagh(1986, 1987)は，モデルの状態やモデルの類似性とパフォーマンスや学習の関係を調べた。その結果，先行研究と同様に(Gould & Weiss, 1981; Landers & Landers, 1973)，モデルの特徴はパフォーマンスに影響していた。しかしながら，保持相には群間差がなかったために，McCullaghの2つの研究におけるモデリング効果の持続時間はどちらかといえば短かった。運動学習に基づいた大半の研究は，学習とパフォーマンスの違いを明らかにしようとしている。運動学習に基づいた研究法は，社会心理学的な影響・発達変数の影響を同時に調べる上で有益なパラダイムと思われる。

モデリングに対する知覚反応

実演はモデリングについての主要テーマではないが，観察学習に関連した専門知識の開発を目的とした研究は非常に多い。どちらかと言えば，モデリングの研究では学習者個々の知覚過程の開発，知覚トレーニング，意志決定の問題を扱っている。WilliamsとGrant(1999)の最近のレビューでは，実験参加者の多様な知覚課題やパフォーマンス課題のトレーニングに，しばしばビデオを使用していることを示している。認知スキル開発の研究の多くは，スポーツ固有のプレーのスライドを取り入れているが，時には競技者の知覚的なトレーニングにフィルムやビデオ映像が有利なこともある(例えば，Abernethy, 1988; Abernethy & Russell, 1987; Burroughs, 1984; Jones & Miles, 1978; Londeree, 1967; Salmela & Fiorito, 1979)。これらの研究をモデリング研究と呼ぶことはできないが，それらの研究ではさまざまなタイプの視覚表示をしばしば比較しており，それゆえに観察学習の解明に役立つものになっている。

例えば，StarkesとLindley(1994)は実験室での比較研究を基盤にして，ビデオ(動画)とスライド(静止画)が知覚反応と試合パフォーマンスに与える影響をレビューした。スライドとビデオを使用したトレーニング群の意志決定の精度は，統制群に比較して高くなったが，プレー中のパフォーマンスの差はいずれのタイプのトレーニングにもなかった。Starkesらは"適切な統制群を備えた真の転移テストを作成し，そのテストによって競技場でパフォーマンスを評価することが難しい(p.219)"ことを認めていた。ChamberlinとCoelho(1993)は，視覚的なビデオトレーニングには現実行動と不可分の聴覚情報と触覚情報が欠落しており，トレーニング技法としてはあまり優れたものではないと示唆した。仮想現実の環境を使用したビデオトレーニングは不可能なモダリティの向上に役立つが，仮想現実の環境では学習は向上しないというレビューもある(Hancock, Arthur, & Andre, 1993)。

Christina, Barresi, Shaffner(1990)は，ビデオを使用して興味深い事例研究を行った。研究の主目的は，ビデオトレーニングによってフットボールのラインバッカーのスピードを低下させることなく，反応選択の精度を向上させることができるかどうかを検証することであった。試合中に素早く反応して，時折間違った反応を選択する1名の選手に，同じアングルでプレーを撮影したビデオを提示し，これらのプレーに対する反応を16回のトレーニング／テストセッションに渡って練習するように要求した。実験参加者の適確な反応選択はトレーニングセッション全体を通して，25〜100%近くまで高まり，反応のスピードが低下することもなかった。参加者が負傷したため，実験室で得られた反応選択の改善が今後の試合状況に転移する

かどうかを評価することは困難であった。Starkes と Lindley(1994)が述べているように，知覚トレーニングの研究においては，転移がしばしば解決困難な問題になっている。

Weeks(1992)は，大半の観察学習の研究が運動パターンに集中して，絶えず変化する環境に学習者が対応し続けなければならないような外的ペースのスキルを避けていると主張した。Weeks は，課題に必要な知覚と運動を学習者がトレーニングすれば，観察学習が向上することを示唆した。このように Weeks は，時間一致課題のスキル獲得状態を3つのモデリング条件下で比較した。第1群には課題の知覚要求に基づいたモデリング，第2群には課題の運動要求に基づいたモデリング，第3群には知覚要求と運動要求に基づいたモデリングのトレーニングを課した。統制群にはモデルを提示しなかった。その結果，知覚要求のトレーニングを課した2つの群は他の群のものよりも優れたパフォーマンスを示した。このことから，知覚的なモデリングはスキルの改善に有効であることが明らかになった。バッティングといった外的ペースのスキルに対して，学習者はボール軌道の知覚的な特徴のトレーニングと同様に，運動パターンのトレーニングをすべきであると Weeks は示唆した。Weeks と Choi(1992)は，その後の研究で，知覚モデリングの重要性についてさらに明らかにした。モデリングに対する知覚反応の研究はほとんど注目されていないが，この研究をすれば，観察と行動の重要な関係が明らかになるものと思われる。

モデリングに対する心理反応

モデリングに関連するほとんどの研究は，おそらく，本流の心理学に由来しているものと思われる。それらの研究は運動行動と関係がなく，本章の範囲を越えたものになっている。しかし，モデリングに敏感な心理反応を手短かに述べることには，合理性があるものと思われる。運動とスポーツスキルパフォーマンスに直接関係しているモデリングの心理効果の研究については，後続の節でレビューする。

Bandura(1997)の自己効力感に関する最近の分析は，モデリングと心理反応の広範な研究を反映している。Bandura は，認知や健康，臨床，組織，競技の機能などの広範な行動の修正に自己信念が重要な役割を果たすと明確に強調している。Bandura は，自己効力感の主要な源になっている制御体験と代理経験の2つを，観察学習の変数(自分自身をみること，他者をみること)とみなしている。実際にモデリングが，パフォーマンスだけでなく身体的活動パターンにも重大な影響を与える心理変数(例えば，不安，恐怖，感情)であることは明らかである(Felts, Landers, & Raeder, 1979; McAuley, 1985)。興味深いことにスポーツ心理学の研究では，あるタイプの心理変化に影響する刺激としてモデルを包括している。これらの研究は観察学習の研究とは思えないが，それにも関わらず，研究者は介入技法としてモデルを使用した。

例えば，Rejeski と Sanford(1984)は，自転車エルゴメータを漕ぐ2名のモデルの1名をそれぞれ観察した女性群の感情反応を調べた。2名のモデルのうち忍耐力のない役目を演じたモデルは，自信なさそうにしながら，顔を歪め，目を細め，大げさな運動をして，難しそうな課題の演技をした。もう1名の忍耐力のある役目を演じたモデルも同様な身体的反応を示したがその程度は小さく，より楽観的で自信のある態度で演技した。忍耐力のない役目のモデルを観察した群は，引き続き行った運動テストに対してネガティブな感情を強く報告し，労作感を高く評価した。モデルのタイプは明らかに観察者の心理反応に影響していた。

Crawford と Eklund(1994; Eklund & Crawford, 1994)は，女子大学生の社会的な体型不安と運動態度・嗜好・行動との関係に興味を持った。実験参加者はエアロビクス運動クラスのビデオを2種類鑑賞した。一方のビデオの運動者は体型を強調したエアロビクススタイルの衣装を身に付けており，他方のビデオの運動者は体型を強調しないようなショートパンツとTシャツ姿であった。Crawford と Eklund は，社会的な体型不安とTシャツ姿のビデオに対する態度の間の正の相関と，社会的な体型不安とエアロビクススタイルのビデオに対する態度の間の負の相関を明らかにした。モデルと実験参加者の類似性は，参加者がビデオの好感度を評価する際の重要な要因と思われる。Eklund と Crawford は，より活動的な女性サンプルを用いたところ，この知見を再現できなかった。

Crawford らの研究類は，モデリングが多様な心理反応に影響することを明らかに示したものになっている。一般的に，研究者は，身体パフォーマンスの修正方法として実演を利用している。しかしながら，観察は，多くの心理的成果と同様に，社会的成果に対しても明らかに広範な影響を与えている。

運動スキルパフォーマンスと心理反応に影響を与えるモデルの特徴

観察学習の効果を調べた運動学習とスポーツ心理学の研究はこれまでに多数存在している。次の3節では，観察後にパフォーマンスと心理反応に重要なインパクトを与える3つの広範な現象についてレビューする。第1節では実演者・モデルの特徴について述べる。第2節では実演そのものの特徴を扱う。第3節では個々の観察者に前もって存在する特徴について検討する。これらの特徴の中には明らかに発達と連繋しているものもあるが，それらについては本章の後節

で取り上げる。

モデルのスキルレベル

　実演を提示する際，もっとも問題になるのは，モデルのスキルレベルである。スキルレベルが高いモデルはスキルの認知表象精度の開発に非常に役立ち，したがって最良のパフォーマンスを引き起こすという仮定は直観に訴えるものがある。しかし，文献を調べてみると，スキルレベルが高いモデルについてのこの考えは必ずしも妥当なものではない。例えば Martens ら (1976) は，正しいモデル／間違ったモデルのいずれを観察するよりも，スキル学習中の他者を観察する方が実験参加者の学習はより向上するという考えを検証した。Martens らは，正しいモデルを繰り返し観察する条件ではなく学習中のモデルを観察する条件で観察者は適切な情報を弁別できると仮定した。しかし，3つの実験の結果ではこの仮説を明確に支持することができなかった。認知要求の少ないスキルでは，正しいモデルと学習中のモデル観察条件の方が，不正確なモデル条件や統制条件よりもパフォーマンスの初期向上がみられたが，これらの効果は一時的なものであった。認知要求がより多い課題では，参加者が正しいモデルの方略に明らかに順応していた。方略が学習すべき重要な要素になっている場合には，正確な運動フォームや正確な運動方略の実演モデルを学習者に提示することが最良の策になると思われる。

　Adams (1986) がこの問題にアプローチするまでは，学習モデルに注目した研究者は誰もいなかった。Adams は，従来の学習理論が他のパラダイムを犠牲にして KR を強調していることを認識し，観察学習と KR を合わせて 1 つのパラダイムにした。Adams は，モデルの観察者がモデルの KR も得ている場合には観察学習が向上すると述べた。Adams の主張は，学習者の積極的な学習への関与が高いパフォーマンスに結びつくというものであった。Adams は，この考えを実証的に検証するために実験参加者を以下の 3 条件に割り当てた。(1) スキル学習中のモデルを観察し，同時にモデルの KR も得る，(2) スキル学習中のモデルを観察してもモデルの KR は得ない，(3) スキルを身体的に練習し自分自身の KR も得る。その結果，モデルを観察してモデルの KR も得た群の成績は，他の 2 群よりも若干優れていた。

　Adams の研究は興味深い問題を提起したが，多くの問題が未解決のままになっている。長期に渡るスキルの保持は，その効果が比較的安定しているかどうかを示すものと思われる。また，正しいモデル条件がなかったために，熟練モデルのパフォーマンスが学習中のモデルのパフォーマンスよりも優れていたかどうか，また，優れた認知表象を生み出していたかどうかは確定することができなかった。

　McCullagh と Caird (1990) は，Adams (1986) の実験を拡張して，自分の運動 KR をまったく得ない実験参加者の学習能力について調べた。McCullagh らは参加者に正しいモデル，KR ありの学習中のモデル，KR なしの学習中のモデルのいずれかを観察するように要求した。統制群には練習を課し KR を与えた。実際の練習をした統制群だけが自分自身の運動 KR を得ていたことから，各モデルの観察群が同等または優れたパフォーマンスを示したという結果は，KR が学習にとってもっとも有力な変数であるとする従来の考えに疑問を投げかけているように思われる。学習中のモデルを観察しモデルの KR を内々に知っていた参加者は，身体練習をして KR を得た参加者と同等のパフォーマンスを示した。この知見は，獲得や保持（獲得直後／それ以降），新しい課題の転移に渡って適用可能であった。このことから，McCullagh と Caird は，自分自身の運動 KR が学習にとってもっとも重要な変数とみなす見解に疑問を投げかけた。

　Hebert と Landin (1994) は，学習中のモデルの観察が複雑なスポーツスキルに与える影響を調べた。Hebert と Landin は，テニスの初心者にフォアハンドストロークの正しいビデオ実演を観察するように要求した。ビデオには重要な運動要素の言語表現も入っていた。その後，モデルのフィードバックを得る／得ない，自分自身の運動 KR を得る／得ないを組み合わせた 4 群中のいずれか 1 群に実験参加者を割り当てた。最良のフォームとパフォーマンスを示したのは，モデルを観察し，モデルの KR を得た後に自分自身の運動 KR を得た群であった。しかしながら，興味深いことに，学習中にモデルを観察しモデルのフィードバックだけを得た群は，自分自身の運動フィードバックだけを得た群と同様なパフォーマンスを示した。McCullagh と Caird (1990) は，学生が他の学習者の遂行を観察し教師によるスキル修正の指示を聞くことができるような教育場面では，学習中のモデルの観察が素晴らしいツールになり得ると述べたが，この考えを Hebert らの知見は支持している。

　McCullagh と Meyer (1997) は，McCullagh と Caird (1990) の研究を拡張し，さまざまなウエイトのスクワットを使用してフォーム要素を評価して，モデリングの効果を調べた。統制群には，身体練習をして自身の運動フィードバックを得るように要求した。正しいモデル提示群には，正しい実演を観察しそのモデルのスクワットに関する言語フィードバックを聴取するように要求した。学習中のモデル提示第 1 群には，モデルを観察してモデルの言語フィードバックを得るように要求した。学習中のモデル提示第 2 群には，モデルの観察を要求したが，モデルのフィードバックを得ることは要求しなかった。フォームと成果の獲得データから，試行経過に伴う向上があること，群の違いはないことが明らかになった。モデルのフィードバッ

クを得た正しいモデル提示群，学習中のモデル提示第1群（フィードバックあり）が他の2群よりも高いフォーム得点を示すことが，保持のデータから明らかになった。先行研究（McCullagh & Caird, 1990）との違いは，課題のタイプとフィードバックの手がかりにあると思われる。このように，パフォーマンスの知識（knowledge of performance : KP）によって得たより豊富なフィードバックは，正しいモデル提示群の学習をより確実にする追加的な手がかりになるものと思われる。

Leeら（Lee, Swinnen, & Serrien, 1994 ; Lee & White, 1990）は，初心者モデルと学習中のモデルの観察が適切な学習テクニックになる理由をいくつかあげた。Leeらは，Adams（1986）と同様に，その1つ目の理由として，実験参加者が初心者のモデルを観察しそのモデルのKRを得た場合には，優れた学習をもたらす問題解決過程に積極的に関与するようになることを示唆した。このように，学習者が獲得に投入する認知努力の量は，観察を通して学習に影響するものと思われる。2つ目の理由は，獲得中のエラーが学習を阻害すると主張する研究者がいる一方，それは事実とは異なっていると示唆する研究者（Schmidt, 1975）もいることである。学習者が他者のエラー観察を通して学習することは，とりわけその学習過程にKRの提示を受ける場合には，筋が通っているように思われる。しかしながら，PollockとLee（1992）は，熟練モデル観察群と初心者モデル観察群のコンピュータゲームのパフォーマンスには差がないことを明らかにした。

WireとLeavitt（1990）は，エイミング課題の習得に初心者モデルが与える情報について興味深い議論をした。Wireらは，他の研究者がモデルのスキルレベルを意図的に操作していたことに着目した（例えば，Landers & Landers, 1973 ; Martens et al., 1976）。そしてWireらは，モデルが実際に課題に熟達していても，実験条件に合わせてスキルが低いふりをしたと主張した。WireとLeavittは，実演者は高いスキルと低いスキルの両条件下でおそらく同じ運動パターンを実行し運動成果だけを変更していたと主張した。この批判は妥当なものではあるが，モデルと学習者のフォームの得点は絶対に比較する必要がある。残念なことに，WireとLeavittはこの比較をしなかった。しかしながら，Wireらは，提示課題のバランスをとるために統制群を追加し，練習の実験条件を混同しないために，第1試行のパフォーマンスを調べることで，従来の研究を何点か改善した。実験参加者には，熟練モデルまたは初心者モデルのいずれかを観察し，モデルのKRを得ることまたは得ないことを要求した。第1試行のパフォーマンスの分析から，初心者モデルとモデルのKRを観察した学習者のパフォーマンスの成果は，何ら影響を受けないことが明らかになった。しかしながら，熟練モデルの観察者が初心者モデルの観察者と同じ精度のパフォーマンスをするには，モデルのKRを必要とした。第1試行のブロック分析では，スキルレベルの効果を支持したが，モデルのKR効果は支持しなかった。参加者のパフォーマンスは，初心者モデルを観察した後の方が，熟練モデルを観察した後よりも良くなった。この実験ではいくつかの興味ある問題を提起しているが，実験の主な限界は，いずれの練習群のパフォーマンスにも向上がみられなかったことにある。また，フォームを評価しなかったことから，熟練モデルと初心者モデルの運動パターンに関連した主な研究目的には対処できなかった。

Darden（1977）は，観察学習モデルを教育者向けの実用書に導入することの重要性について強調した。Dardenは研究知見の実例を適用して，学習者に対する熟練モデルの提示が運動スキル教授の最良の選択にならない理由を説明した。Dardenは，例えば，商業製品であるサイバービジョンビデオを批判した。このビデオは熟練者の正確なパフォーマンスを繰り返し提示しているが，研究知見は熟練モデルの使用を支持していないからである。Dardenは，学習者の認知努力の役割（Lee et al., 1994）にも注目して，認知努力を高める実用的な実演利用法をいくつか提案した。Dardenは，最近の視覚教示システム（visual instruction system）（Seat & Wrisberg, 1996）——このシステムは，モデリングによってスキルを開発し向上する効果的な方略を教師に提供するものである——についてもレビューした。

コーピングモデルとマスタリーモデル

コーピング（対処）モデルは，模範的な実演行動を繰り返し提示しない点で，以前に議論した学習中のモデルと類似している。コーピングモデルは，困難や恐怖を感じる課題パフォーマンス（例えば，水中運動，体操スキル）に先行または付随した，どちらかと言えばネガティブな認知や感情，行動を演じている。コーピングモデルは，試行の繰り返しによってポジティブな思考を次第に言語化し，よりポジティブな感情や正確なパフォーマンスを表出するようになる。このように，コーピングモデルは，課題要求の低い対処能力から模範的なパフォーマンスへと進行している。Schunk（1987）によれば，コーピングモデルは学習者（恐怖，自信のなさ，能力の低さ）と類似しているが，学習者に情報（例えば，問題解決）と動機（例えば，自己効力感の陳述）を与えて，学習者が徐々に接近行動と熟練パフォーマンスに従事できるようにしている。

Schunk, Hanson, Cox（1987）は，算数が苦手な児童を対象としてマスタリー（熟達）モデルとコーピングモデルを比較した。マスタリーモデルは，模範的なパフォーマンスまたはエラーのないパフォーマンスを演技した。一方，コーピングモデルは，試行ごとにパ

フォーマンスを改善しても，自信や能力の低さを言語化した。コーピングモデルの方がマスタリーモデルよりも高い自己効力感と優れたパフォーマンスに結びついていた。この知見は，コーピングモデルの心理的・行動的な効果を支持している。この研究をスポーツ領域や運動スキルの領域に論理的に敷衍すると，強い恐怖状況や極端に難しい学習課題の場合にはコーピングモデルがとりわけ役に立つということになる。

療法場面では広くコーピングモデルを使用しているが（例えば，Kulik & Mahler, 1987；Thelen, Fry, Fehrenbach, & Frautschi, 1979），スポーツや運動，アスレチックリハビリテーションの状況では，コーピングモデルの考えはあまり注目されていない（Flint, 1991, 1993；Weiss & Troxel, 1986；Wiese & Weiss, 1987）。Flint(1991)は，前十字靱帯再建術後の運動リハビリテーションにおける心理的要因に対するコーピングモデルの役割を，コーピングモデル条件とモデルなし条件の比較によって検討した。年齢やポジション，完治に至るすべてのリハビリテーション過程を通した負傷の治り具合が同様である複数のバスケットボール競技者に，コーピングモデルのビデオ映像を提示した。術後3週間でコーピングモデルの提示を受けた競技者の自己効力感は統制群よりも高く，2ヵ月後には競技能力感の高まりを報告した。モデル提示群の実験参加者は，ビデオ映像中の少なくとも1つのコーピングモデルを同定することができた。これらの結果から，コーピングモデルの手続きにおいてはモデルと観察者が同じ役割を果たすことが明らかになった。

Lewis(1974)は，水泳恐怖児のコーピングモデルについて研究した。Lewisらは，児童を，コーピングモデル提示および水泳実施群，コーピングモデル提示のみの群，水泳実施のみの群，統制群のいずれかに割り当てた。対処モデル条件では，年齢や人種，性別が同じ他の児童が示した対処言語化とパフォーマンスのビデオ映像を見せた。コーピングモデル提示および水泳実施群の回避行動は，介入直後に他群よりも大幅に低下した。

それから約25年後に，Weiss, McCullagh, Smith, Berlant(1998)は，Lewis(1974)の知見を拡張した。Weissらは，水泳恐怖児の水泳スキルや恐怖，自己効力感に対するモデリングの効果を分析した。すべての児童を，水泳の練習3日間の実行に加えて，以下の3条件群のいずれかに割り当てた。(1)仲間のマスタリーモデル提示群，(2)仲間のコーピングモデル提示群，(3)統制群(無関係なモデル提示群)。コーピングモデル提示群の水泳スキルは徐々に向上し，課題難度や態度，自己効力感，能力に関連するポジティブな言語陳述が増加した。マスタリーモデル提示群は，スキルを模範的な方法で言語化して遂行した。コーピングモデル提示群とマスタリーモデル提示群のパフォーマンスは，テスト前〜テスト後にかけて統制群よりも大きく向上し，自己効力感の高まりと不安の低減を示した。パフォーマンスの向上と自己効力感の高まりは，テスト終了後の保持期間4日間に渡って有意に持続した。コーピングモデル提示群はマスタリーモデル提示群よりも高い自己効力感を示した。効果サイズは大きく，このことから水泳恐怖児を指導する際に仲間モデルの提示を加えることは効果的かつ効率的な手段であることが明らかになった。

モデルの地位

Bandura(1986)の理論では，モデルの特徴が観察学習の注意段階に影響を与えると仮定している。Banduraは，高い地位のモデルの方が低い地位のモデルよりも注目を浴び，その結果，学習がより向上すると仮定した。この仮説を直接検証した研究はほとんどないが，多くの研究が有能感(Baron, 1970)，威信(Mausner, 1953)，地位(McCullagh, 1986)，社会的権力(Mischel & Grusec, 1966)，類似性(Gould & Weiss, 1981；McCullagh, 1987)，スキルレベルといったモデルの特徴に依存したパフォーマンスの差を明らかにしている。

McCullaghは，2つの研究(McCullagh, 1986, 1987)から注意とモデルの特徴について調べた。第1の実験の参加者は，地位が高いと解釈できる，または低いと解釈できる映像モデルを見た。半数の参加者にはあらかじめ地位に関する手がかりを与えていたが，残りの参加者にはその実演の提示後にモデルの地位についての情報を与えた(事後の手がかり)。この実験の仮説は，あらかじめ手がかりを与えた参加者は特異的に注意を集中してモデルの地位に依存したパフォーマンスをするが，事後に手がかりを与えた参加者がモデルの地位に気づいた時には注意段階はすでに終了しているというものであった。結果として，手がかりの操作とは関係なく，高い地位のモデルを見た参加者の方が，低い地位のモデルを見た参加者よりも優れたパフォーマンスを示した。このように，地位に対する注意には差のないことが示唆された。第2の実験(McCullagh, 1987)では，モデルの類似性を操作し，成果と方略を評価して，初期の研究を拡張した。類似したモデルを観察した参加者は，類似性の低いモデルを観察した参加者よりも，類似性の高いフォームや方略を示す傾向があった。McCullaghの2つの実験結果は，モデルの特徴が注意に与える影響を疑問視しており，フォームと学習成果としてのパフォーマンスを評価することの重要性をさらに高めている。

自己モデリング

自分自身を眺める基本的な方法の1つは，ビデオ映像を利用することである。RothsteinとArnold

(1976)は，スキル向上の技法としてビデオ映像についての研究を50編以上レビューしたが，ビデオの効果を支持する証拠はほとんど見つけることができなかった。しかしながら，Newell(1981)が述べているように，不備のある実験デザインはあいまいな知見を導き出す可能性がある。したがって，ビデオが示しているものは詳細に分析する必要がある。例えば，自分自身の欠点を観察することはパフォーマンスに有害な影響を与えるものと思われるが，初期の研究の多くにはまさにそうした欠点があるとBradley(1993)は指摘した。前出のCarrollとBandura(1982, 1985, 1987, 1990)の実験は，自己モデリング研究と呼ばれるものではないが，優れたガイダンス技法として自分自身のパフォーマンスのモニタリングをしばしば使用していた。

Dowrick(1991, 1999；Dowrick & Biggs, 1983)は，自己モデリングを"自分の望ましい標的行動のみを収録したビデオ映像の反復観察がもたらす行動の変容"と定義(Dowrick & Dove, 1980, p.51)し，より統制が効いた自己モデリングの別の形態を開発している。このように自己モデリングは，あらゆるスキルを映し出すビデオ映像のフィードバックとは明らかに異なるものである。学習者自身の運動を記録したビデオ映像を使用した実験では，望ましい運動と稚拙な運動をともに実験参加者に提示していた(例えば，Carroll & Bandura, 1990；McCullagh, Burch, & Siegel, 1990)。このタイプの操作を，Dowrickは非構造化ビデオ再生と呼んだ。したがって，自己モデリングと単なるビデオ映像の主な違いは，自己モデリングではエラーを削除していることである。自分の動きが正しい動きに近いことを知ることによって自己効力感が高まり，それ以降のパフォーマンスが向上するというのが，自己モデリング技法を使用する根拠になっている。大半の自己モデリング研究は，小さな治療サンプル群を対象にしている。自己モデリングの効果を実証した研究は非常に少ないが，Dowrick(1983)は初期の自己モデリング研究をレビューして，いくつかを身体スキル分野に適用していた。理論的に，難しいスキルの巧みなパフォーマンスを観察するだけで個々人が学習できるかどうかを確定することは重要である。

Dowrick(1999)は，最近，自己モデリング技法を使用した約150編の研究についてレビューした。多くの研究では自己モデリングのソースとしてビデオ映像を採用しているが，Dowrickは自己モデリングパラダイムの介入法として，オーディオテープ，イメージ，ロールプレイング，スチール写真が使用できると明確に述べた。Dowrickは，ポジティブな自己回顧とフィードフォワードといった2つの異なる自己モニタリング様式の同定にも尽力している。ポジティブな自己回顧には，"個々人がこれまでに産出した最良の例としての適応行動のイメージ"(p.25)が該当している。

そうしたビデオを，スポーツでは，エラーやまずいパフォーマンスを削除して編集したハイライトビデオと呼んでいる。Dowrickは，打撃不振の野球選手に対してB. F. Skinnerが実際にこの手続きを示唆したと述べている。

第2の自己モデリングタイプは，周知のフィードフォワードである。学習者はすでにスキルを身につけている可能性もあるが，スキルを特別な順序や特別な文脈で実践していない可能性もある。ビデオの編集によって，可能ではあるがまだ実行したことのない行動も構築することができる。例えば，練習ではうまく遂行できても，試合ではうまくできないこともある。個々の学習者はこうした処理によって練習中に適応行動を獲得し，その後同じ行動が生じるような試合中の環境を再構築することができるものと思われる。Dowrickがレビューした文献の大半は運動スキル研究から発したものではないが，Dowrickのレビューは自己モデリングを運動学習や発達やスポーツ心理学の領域に適用したいと考える者の指針になっている。

スポーツ領域では，Maile(Franks & Maile, 1991から引用)が，パワーリフティングの全国ランカーのトレーニングに自己モデリングを使用した。Maileは，当該女子競技者があたかも以前持ち上げることのできた重量以上を持ち上げているかのようにビデオ映像を編集した。この映像を観察した競技者はその編集に気づいていたが，パフォーマンスには有意な向上がみられた。WinfreyとWeeks(1993)は，優れた体操パフォーマンスだけを編集したビデオ映像の観察によって，実験条件提示群の自己効力感とパフォーマンスが自己モデリング群よりも向上するかどうかを検討した。その結果，両群の自己効力感とパフォーマンスには有意差がなかった。しかしながら，自己モデリングのビデオを観察した実験参加者の方が，自分自身を見る機会がなかった参加者よりも，自分自身のパフォーマンス能力をより現実的に判断していた。同じビデオを6週間に渡って提示しても，当然のこととしてその間ビデオ内の"モデル"はスキルの改善を示さないということが，ビデオ使用の大きな限界であると研究者は明らかにした。

StarekとMcCullagh(1999)は，自己モデリングと仲間のモデル提示が水泳初心者(成人)のパフォーマンスや自己効力感，不安に与える影響について比較した。ベースラインのパフォーマンススキルを評価し，その後，各参加者のスキルレベルに合わせて個別的な自己モデリングビデオを作製した。介入処置を導入した一連の練習後，不安と自己効力感には差がなかったにも関わらず，自己モデリング法を使用した参加者は仲間のモデルを観察した参加者よりも優れたパフォーマンスを示した。仲間のモデルを観察した参加者とは対照的に，自分自身を観察した参加者は自身のパフォーマンスをより正確に評価していた。この知見は，パ

フォーマンスの変化に影響を及ぼしているものは，おそらく自己効力感の評価ではなく，むしろ自己効力感の精度であると示唆している。

ビデオを使用した自己モデリングは，スポーツ界に広がりをみせているように思われる。事例報告の中で競技者は，自らの動機づけやパフォーマンス不振の終結のために，自らの優れたパフォーマンスのハイライトビデオを繰り返し使用したとしばしば述べている。コーチやスポーツ心理学者が実践場面で自己モデリングの技法を使用している例もあるが，このようなビデオ効果の妥当性を調べた研究は少ない（Halliwell, 1990 ; Templin & Vernacchia, 1995）。

モデルの類似性

あるモデルの特徴がなぜパフォーマンスに影響するのだろうか？ その理由を説明している有力な変数の1つは，学習者が感じるモデルとの類似性である。観察学習の研究では，モデルとの類似性を早くから認識していた（Rosenthal & Bandura, 1978）。そして，今ここで取り上げているモデルの特徴の多くは，モデル-学習者の類似感といったメカニズムを介して，実際にインパクトを与えている可能性がある。例えば，個々の学習者は，学習中のモデルやコーピングモデルの観察後に，優れたパフォーマンスを発揮する可能性がある。なぜなら，学習者自身がモデルと類似していると感じたからである。モデルの地位がモデルと学習者の類似性に結びつく可能性もある。しかし，自分自身を観察することが最高の類似性を保証するとは誰も唱えることができない。

GouldとWeiss（1981）はモデルの類似性が筋持久力課題の自己効力感やパフォーマンスに与える影響について調べた。女子の実験参加者は，類似したモデル（女子の非競技者）または類似しないモデル（男子競技者）が実演するスキルを観察した。その結果，類似したモデルを観察した学習者の自己効力感とパフォーマンスは，類似しないモデルを観察した学習者のそれらよりも向上していた。GouldとWeissのパフォーマンス効果を説明するために，George, Feltz, Chase (1992)は，もっとも顕著な変数がモデルのジェンダー（男子／女子）やモデルの能力（競技者／非競技者）のいずれなのかを10年以上後に確定した。Georgeらは，Gouldらと同じ下肢伸長課題を使用して，実験参加者が能力の類似したモデルの観察後に優れたパフォーマンスをすることや，競技者モデル提示群と非競技者モデル提示群の自己効力感に差がないことを明らかにした。パフォーマンスにはモデルの性別の違いによる有意差がなかった。これはモデルの能力の方がより顕著な手がかりになることを示唆していた。

前述したSchunkら（1987）の実験は，類似性の概念を直接検証したものである。コーピングモデルによって自己効力感は高まり，数学の成績も向上した。この効果の一部を，児童がコーピングモデルと自身が類似していると感じた事実に帰属させることは可能である。一般的に，学習者がモデルとの類似性を感じるという知見は，モデルのある特徴がパフォーマンスと自己効力感にポジティブな影響を与える理由について，何らかの解答を示しているように思われる。スキルレベル，対処，身分がモデリングにインパクトを与える理由は，おそらく，モデルと同じように振る舞おうとする動機づけと自己効力感を強めるような類似性を学習者がより多く感じることにあるものと思われる。研究知見を左右するようなモデルの重要な特徴を確定する際には，類似感の操作チェックが役立つものと思われる。

運動スキルパフォーマンスと心理反応に影響する実演の特徴

練習の変数

練習スケジュール

文脈干渉（contextual interference : CI）は，ブロック練習（全試行に渡って1つの課題を練習し，それから別の課題に移行する），ランダム練習（1つの課題を1～2試行だけ練習したら別の課題を同じように練習していく）のスケジュールに帰属できるようなパフォーマンスと学習の相違に関係している。獲得期のブロック練習は獲得期のより優れたパフォーマンスに結びつくことが，一般的な知見になっている。しかしながら，ランダム練習を行う学習者は一般的に，ブロック練習を行う学習者よりも優れたパフォーマンスを保持期に示す（Shea & Morgan, 1979 ; 本書のLee, Chamberlin, & Hodgesを参照）。LeeとWhite（1990）は，実験参加者がモデルと同じ認知処理をしている場合には，ブロックスケジュールとランダムスケジュールの観察がCI効果を生み出すと推論した。結果として観察学習の効果が明らかになっても，モデルの練習スケジュールは観察者のパフォーマンスレベルに影響しなかった。Leeらは，観察学習が一般的にブロック練習の欠陥を十分に克服するほど堅固なものであり，モデルの観察によって獲得が容易になると結論づけた。この結論は，Leeらの研究を越えてさらに解明する必要がある。学習者がうまく遂行したのは，おそらく，KRが達成すべき目標になっていたからだと思われる。この研究では成果のみを測定して運動フォームを調べなかったために，モデルよりも優れた成果をあげることに学習者の動機があった可能性もある。もちろん，動機のこの説明が正しいかどうかを評価するには，成果の情報のみを与える統制群の追加が必要である。また，CI効果を適切に検証するには，保持テストが必要となる。

モデリングと CI 効果に関するその他の研究（Blandin, Proteau, & Alain, 1994；Lee, Wishart, Cunningham, & Carnahan, 1997；Wright, Li, & Coady, 1997）では知見が一致しなかった。全体的に，これらの研究は，観察が CI を明らかに引き起こすかどうかという問題を提起している。観察と CI の構成概念の連繋については，今後のさらなる研究が必要である。

実演スケジュールを編成するもう 1 つの方法は，同じ実演の反復とは対照的な，さまざまな実演を提供することである。恒常的な練習よりも多様な練習によってパフォーマンスが向上するという仮説は，Schmidt（1975）のスキーマ理論に端を発している。Bird と Rikli（1983）は，多様なモデル提示群，恒常的なモデル提示群，身体練習実行群を比較して，多様な練習によってパフォーマンスが向上するというこの概念を観察学習のパラダイムに拡張した。驚いたことに，多様な実演を観察した実験参加者は，顕在的なスキルの練習をしなかったにも関わらず，恒常的に身体練習をした参加者と同等のパフォーマンスを示していた。

実演の間隔とタイミング

学習者に最初の実演を提示する方法は，学習者の情報符号化やリハーサルの方法に重要なインパクトを与えている。実演をどれくらいの頻度で提示するのか，学習系列のどの時点で提示するのかといった問題は，実証的かつ理論的にあまり注目を浴びていない。ここではこれら実演の提示頻度や提示タイミングに関する多数の問題に言及することにする。例えば，新しいスキルを学習する前にモデルの実演を観察することや，スキルを身体的に練習した後にモデルの実演を観察することは最良であると考えられる。スキル学習前の実演観察という前者の系列の場合には，学習者がスキルのどのような面が重要であるかについてのより優れた考えを持っていると主張することもできる。

Bird, Ross, Laguna（1983）は，タイミング反応の学習獲得期における，実演観察と身体練習の比率を系統的に操作した。Bird らは，7 つの実験群を設定し，実験参加者を，100％ 身体練習群，100％ 実演観察群，さまざまな比率による身体練習と実演観察の併用群のいずれかに割り当てた。KR ありの身体練習群とは対照的に，観察に多くの時間を費やした参加者は優れたスキル保持を示した。しかしながら，すべての時間を観察に費やした参加者のパフォーマンスは拙劣なものであった。このように，正確な認知表象の形成には，KR ありの練習がある程度必要であった。KR ありと KR なしを併用した相対的な実演数と絶対的な実演数の重要性を確定するには，今後の研究が必要である。

Sidaway と Hand（1993）は，モデルの提示頻度が従来の知見にみられる KR 頻度と同様の影響をスキル獲得・保持に与えるのかどうかに興味を持った。Sidaway らは実演の相対的な提示頻度が増加するにつれて獲得パフォーマンスは大きなものになるが，KR の実験が明らかにしたように，ガイダンス効果によって保持や転移のパフォーマンスは低下すると考えた。Sidaway らは，良いフォームが最良の成果につながるウィッフルゴルフボール（プラスチック製穴開きボール）課題を選択した。実験参加者を実演提示頻度 100％，20％，10％ 条件群，統制群のいずれかに振り分けた。期待に反して，獲得期には群間差がなかった。実演提示 100％ 群は保持テストのパフォーマンスがより優れており，転移テストのパフォーマンスも優れた傾向を示した。Sidaway らはモデリングと KR は同じようには作動しないと結論づけた。この研究は，練習を挿んだ頻繁な実演提示によって学習が向上することを示唆している。

Weeks, Hall, Anderson（1996）は，認知努力が大きくなるほど学習がより向上するという Lee ら（1994）の概念を拡張した。実験参加者がスキルの実演を観察しながら練習する場合には，後で模倣する場合（最初に観察してその後に当該スキルを身体的に実行する）よりも，認知的な努力の必要性は低下する。Weeks らは，従来のその他の学習変数の研究と同様に，同時観察が獲得期のより優れたパフォーマンスに結びつくと結論づけた。遅延観察に必要なさらなる認知努力が，保持テストでのより優れたパフォーマンスの原因になっている。Weeks らは，指文字を学習する 3 群のいずれかに参加者を割り当てた。その結果，直後の保持再生に群間差はなかったが，長期の保持テストでは遅延観察群のパフォーマンスが同時観察群のそれよりも有意に優れ，両者の混合群はその中間の成績を示した。再認の得点は各群とも同様なものであった。

Richardson と Lee（1999）は，同じ指文字課題を使用し，実演をパフォーマンス前（順向性）または後（逆向性）に与えて，時間関係の影響について検討した。獲得期のデータから，順向性の実演提示は逆向性のそれよりも優れたパフォーマンスに結びつくことが明らかになった。保持テストの結果によれば，パフォーマンスは順向性の実演提示によって低下し，逆向性の実演によって向上した。Richardson と Lee は，獲得期の文字学習に要する認知努力が大きいほど，保持テストにおいて逆向性の実演提示群のパフォーマンスは向上すると考えている。Richardson らは，観察を行うタイミングによって，パフォーマンスや学習が強まったり弱まったりすると結論づけた。

2 人 1 組の練習

他者が存在する場面における学習は，何ら新しい現象ではない。事実，19 世紀から 20 世紀への変わり目に，Triplett（1898）は他者が存在する場面での学習についての研究を行った。運動パフォーマンスの研究レ

ビュー（Landers & McCullagh, 1976）では、学習課題の他者と同時の遂行（共行動）が明らかにパフォーマンスを修正すると指摘している。人間工学の研究（Shebilske, Regian, Arthur, & Jordan, 1992）では、他者と一緒の学習を能動連結モデリング（active interlocked modeling：AIM）と呼んでいる。

このAIMプロトコルは、2人1組の一方がジョイスティックを、他方がキーボードを操作して、複雑なビデオゲームを学習するものになっている。実験参加者は、試行によって役割を交代し、パートナーの練習要素を観察することができる。したがって、おのおのの参加者は獲得期終了までの半分の時間をスキルの練習に費やし、残りの半分をパートナーの練習の観察に費やすことになる。統制群の参加者は、獲得期を通して試行数と同じ数だけ両要素を身体的に練習するだけになっている。転移テストでは、課題全体のパフォーマンスが求められた。興味深いことに、AIM群の参加者が課題を直接練習した回数は全試行数の半分に過ぎなかったが、そのパフォーマンスは全試行を練習に費した参加者と同じであった。2人1組の学習は、トレーニング時間の効率の点でかなり優れていた。

AIMプロトコルをテストした後続の研究（Arthur, Day, Bennett, McNelly, & Jordan, 1997）は、AIM学習や個人学習と、特異的なスキルの損失や再獲得の結びつきとを明らかにしようとするものであった。その結果、コンピュータ課題では、獲得期、8週間後の保持、再獲得期のいずれでも個人学習とAIM学習との間に差はなかった。Arthurらは、彼らの堅牢な知見が、"軍事または非軍事的なパイロットや航海士の訓練に、画期的な2人1組のプロトコルを継続的に使用するための正当な支持基盤になっている"（p.790）と示唆している。長期に渡る練習の実行が不可能な時には、2人1組のプロトコルは学習者個々のスキル獲得と保持に効果があると思われる。

Shea, Wulf, Whitacre（1999）は、AIMプロトコルを改編して、それまでの知見を拡張した。Sheaらは、獲得期においてパートナーを単に受動的に観察するのではなく、パートナーと対話することによって学習が向上すると結論づけた。そのために、Sheaらは実験参加者を3つの実験条件群のいずれか1つに割り当てて、バランス課題を学習させた。(1)1群には単独練習の実行を課した。(2)2人-交代-対話群では、参加者は、パートナーが見守る中で1試行を練習し、次の試行ではパートナーと役割を交代して、練習と観察を交互に行った。しかしながら、この群の参加者には、各自が1試行を遂行した後に2人で課題方略を話し合う機会があった。(3)2人-統制群では、練習と観察の役割を交代したが、獲得期が終了するまで課題方略を話し合うことはなかった。2人1組の両群は単独練習群よりも第1試行で大きなエラーを犯したが、2人-統制群は獲得期が終了するまで他の2群よりも大きなエラーを犯し続けた。保持試行では、2人-交代-対話群のエラーが他の2群よりも少なかった。2人-統制群と単独練習群は保持試行で同様なパフォーマンスを示した。これらの知見は、2人1組の学習が、とりわけ言語化の方略を共有できる機会が学習者にある場合には効率的な方略であると示唆している。2人1組の学習法を使用することによって、1人が学習するのと同じ時間内に同程度の学習を2人が同時に行うことが可能になっている！

観察角度

実演時の実演者の体勢は、実際に効果的な学習をする際の現実的な関心事になっているが、この領域はあまり注目を浴びることなく今日に至っている。実演者が学習者に向かって実演する場合、学習者は自身が運動を開始する前に実演イメージを心の中で反転させる必要がある。実演者が対面していない場合には、そのように心の中で反転させる必要はない。エアロビクスの教室にいる場合を考えてみよう。実演者と学習者が対面している場合と、対面していない場合でも同じように運動を遂行できるのだろうか？　FleishmanとGagné（1954）が初期に人間の学習を説明した際には、観察角度の重要性を認めていた。Lumsdaine（1961）がプログラム学習のテキストに記載したRoshallの研究も観察角度の考察価値を述べていた。

IshiharaとInomata（1995）は、観察角度を変えた場合には、認知処理の要求レベルが学習量に影響すると結論づけた。学習者がモデルを主観的に観察する場合や背面から観察する場合には、実演のイメージ情報を逆転する必要がない。実演を鏡像的に観察する場合、学習者は実演のイメージ情報を一度反転（正面／背面）させなければならないし、客観的に（正面から）実演を観察する場合には、2回の反転が必要になる（正面／背面と左／右）。それゆえIshiharaらは、反転回数の増加につれて認知処理が深まり学習もよくなるという仮説を立てた。獲得期のデータはこの仮説を支持するものだった。直後の再生では、鏡像提示条件が主観的なモデル提示条件を凌いでいたが、客観的なモデル提示条件はそれよりもさらに優れていた。

付加的情報

付加的情報を、一般的にはフィードバックと呼んでいるが、広義には学習を高める付加的情報と考えることができる（Newell et al., 1985）。FeltsとLanders（1977）は付加的情報をモデリングと比較して、その役割を確定しようとした。FeltsとLandersは、学習者が実演を観察する場合には課題関連情報を入手しているが、モデルの課題得点の発表も耳にする場合には、動機づけの手がかりも入手していると推論した。しかし、Feltsらは、実演の提示は実演提示なしと比

較してパフォーマンスを高めたが，モデルの得点発表がパフォーマンスレベルを変えないことを明らかにした。課題の成果は実演から十分に推定できるために，モデルの提示に含まれる情報要素と動機づけ要素の区別は困難なように思われる。どのような付加的情報が，視覚的な実演の効果を高めるのだろうか？　例えば，実演中の音といった他のモダリティの役割はどのようなものなのだろうか，実演の提示と一緒に言語手がかりを与えることによってスキルの学習は亢進するのだろうか？　モデルとイメージの類似性はどのようなものなのだろうか？　イメージは観察学習の効果を高めるのだろうか？

聴　覚

　実演を観察する場合，一般的に視覚モダリティが主要なものと思われているが，聴覚モダリティから学習することも可能であると思われる。身体練習のない状況での聴覚実演に関わる再認記憶の開発能力を検討したNewell(1976)は，実験によってこの考え方を明確に実証した。身体練習をしていないにも関わらず，聴覚実演の回数増加とバリステック運動のより優れた再認記憶の間には密接な関係があった。この知見は，より複雑な運動スキルに拡張して追試する必要がある。

　Doody, Bird, Ross(1985)は，聴覚モデリング・視覚モデリング・聴覚＋視覚モデリングと，タイミングスキルの獲得や保持との関係に興味を持った。獲得期のデータから，聴覚と視覚を併用した実演の提示は，視覚実演の提示や統制条件よりも優れたパフォーマンスをもたらすことが明らかになった。Doodyらは，すべての実験群が優れた保持のパフォーマンスを示したことから，実演の提示にはKRありの身体練習よりも学習効果があると結論づけた。しかしながら，こうした解釈には慎重な姿勢が必要である。すべての実験参加者が，獲得期にはKRを入手していた。したがって，実演提示群が示した優れたパフォーマンスはモデリング単独によるものではなく，KRありのモデル提示と身体練習の併用によるものであった。また，KRありの身体練習のみを課した統制群が獲得期に課題を経験したのは10回だけであったが，モデル提示群は63回も経験していた。

　McCullaghとLittle(1989)は，その後の実験で，KRなしの聴覚と視覚実演の有効性を調べた。実験参加者は視覚実演，聴覚実演，視覚＋聴覚実演のいずれかの提示を差し挟んでタイミングスキルを練習した。統制群には試行の半数でKRを提示し，残りの半数で課題のみを経験させた。Doodyら(1985)の知見とは反対に，直後の転移では，KR提示群の方がいずれの実演提示群よりも優れたパフォーマンスを示した。McCullaghらとDoodyらの研究知見の矛盾は，モデリング効果を，パフォーマンスに対する他の有力な修飾要因とは独立的に評価する必要があることを表わしている。先述のNewell(1976)の研究と同様に，McCullaghとDoodyらの実験は，少なくともタイミング課題においては，スキル学習の聴覚モデルには強力な役割があると指摘している。提示したモダリティは，おそらく，学習課題のタイプと相互作用しているものと思われる。課題が位置や空間の要素を要求している場合には視覚情報提示の方が聴覚情報提示よりも優れており(Newell, 1976)，それに対して，聴覚情報の提示はタイミング課題におけるより重要なモダリティであると思われる。

　WuytsとBueckers(1995)は，モデルのモダリティとリズミカルなダンス課題の関係を検証した。Wuytsらは視覚モデルよりも聴覚モデルによってリズムのタイミング学習が向上すると予測した。実験参加者には視覚と聴覚の実演，聴覚手がかりありの聴覚実演，視覚実演，聴覚実演のいずれかの提示後に，一連のリズム運動系列を再生するよう求めた。

　各群の実験参加者が示したリズムのタイミングには何ら差がなかった。しかしながら，獲得期の同期エラーは聴覚手がかりありの聴覚実演提示群がもっとも少なかった。保持には群間差がなかった。Wuytsらは，運動パターンが非常に規則的であったことから，必要なパフォーマンス情報は視覚実演によって十分に得られていたと示唆した。

言語化

　実演提示による効果を高めるために，研究者は視覚的な実演の提示に加えて，しばしば言語的な手がかりや指示を使用している(Roach & Burwitz, 1986)。研究者はこれらの言語的な手がかりを，実演と一緒に与えたり，実演後のリハーサル方略として利用したりしている。例えば，BanduraとJeffery(1973)は，数字コードや文字コードを運動に割り当てて，象徴コード化の役割とリハーサルの役割を評価した。Banduraらは，実験参加者がこれらのコードを言語的にリハーサルすると，リハーサルをしない場合よりも保持が良くなることを明らかにした。言語的な手がかり・リハーサルの役割は，児童を対象とした多くの研究で検討されている。それらについては本章の後半でレビューする。最近Magill(1993)とLandin(1994)は，スキル学習で言語的な手がかりが果たす役割をレビューし，実演と同時に提示する言語的な手がかりの重要性を評価している。Magillは，モデリングに言語的な手がかりを加えることは冗長なことかもしれないが，そこにはさまざまな情報を提供する独自の特徴もあると述べた。重要な問題は"百聞は一見に如かず"かどうかを調べることである。

　MagillとSchoenfelder-Zohdi(1996)は，新体操のリズミカルなロープ演技の熟練モデルを観察した群と，ロープの演技の言語による詳細な説明を受けた群において，その後のパフォーマンスを比較した。加え

て，実験参加者をKP提示群と非提示群に分けた。モデル提示のある場合の方がモデル提示のない場合よりもパフォーマンスは優れており，KPのある場合の方がない場合よりも獲得期のパフォーマンスは優れていた。モデル提示とKPの提示がともにない群のパフォーマンスは他のいずれの群よりも悪かった。転移相の試行も，これらの知見を支持していた。モデル提示とKP提示の併用は，いずれか一方の情報の提示に比べて優れたパフォーマンスに結びつかなかった。観察学習の効果は，学習者が新しい運動パターンを開発しようとしているのか，既存の運動パターンを見定めようとしているのかに依存しているように思われる。各群に与えたKPの陳述を分析した結果，これらのアイディアを支持する興味深いデータが明らかになった。

身体練習

Shea, Wright, Wulf, Whitacre(2000)は，学習者が観察中に確定しているものは特定反応の特徴ではなく，一般的な課題の特徴であると結論づけた。身体練習と観察は何らかの認知操作を共有しているが，加えて身体練習には獲得に寄与すると思われる筋レベルの活動が存在しているとSheaらは述べた。Sheaらの最初の実験では実験参加者をコンピュータ課題の身体練習群，観察学習群，統制群のいずれかに割り当てた。その結果，保持期のエラーは身体練習群がもっとも少なく，次いで観察学習群，統制群の順にエラーが増していた。しかしながら，身体練習群，観察学習群の転移パフォーマンスは類似していたが，統制群の転移パフォーマンスは有意に悪かった。転移課題は同じ協応パターンであっても獲得課題よりもさまざまなタイミングを要求しているために，Sheaらは運動の協応パターンを学習する上で観察には身体練習と同じくらいの効果があると結論づけた。

2つ目の実験によって，Sheaらは，身体練習と観察学習の併用が身体練習の単独実行以上の独特の学習機会につながることを明らかにした。Sheaら(2000)は，これらの知見がScullyとNewell(1985)の概念を支持していると結論づけた。またSheaらは次のようにも述べた。"学習者は課題の相対的な特徴を効果的な協応パターンに翻訳するといった方法で認識し処理することができる。しかしながら，学習者は出力処理と関連フィードバックに直接アクセスできないために，運動システムをそれほど正確に調整できるとは考えられない"。Sheaらは，身体練習と観察学習の併用によって個人の運動システムの調整が可能になり，それによって2つ目の実験の優れた転移パフォーマンスを説明することができると考えている。

イメージ

我々は実演の観察から何を学習しているのだろうか？ Martensら(1976)は，方略・認知課題の要素の方が運動要素よりも重要であると示唆した。この認知と運動の区別は，メンタルイメージの研究が支持している(Feltz & Landers, 1983; Ryan & Simons, 1981, 1983)。現在までのところイメージとモデリングの対応関係を実証した研究はないが，その過程の類似性については漠然とした認識がある(Druckman & Swets, 1988; Feltz & Landers, 1983; Housner, 1984a, 1984b; Ryan & Simons, 1983)。観察学習のパラダイムでは実演は，観察，コード化，リハーサル，その後，反応，生成という順序を想定している。イメージパラダイムではイメージの創出，リハーサル，反応，生成という順序を想定している。WhiteとHardy(1995)は，外的イメージとモデリングは個々の学習者が自分自身または他者を外的に観察するため，本質的に同一であると示唆した。象徴的なコード化とその後のリハーサルのために，主としてパフォーマンスに影響する内的なリハーサル形態であるとモデリングを考え，反応を生成する際にこれらの内的な表象が内的基準の役割をしていると考えるならば，モデリングとイメージが類似しているのは当然のことと思われる。

HallとErffmeyer(1983)は，イメージ+リラクセーション群，イメージ+リラクセーション+モデリング群を比較検討した。実際その条件にはモデリングを含んでいたが，Hallらは，このイメージ+リラクセーション+モデリング群の条件を，視覚運動行動のリハーサル(visuomotor behavior rehearsal：VMBR)処理と呼んだ。Hallらの研究によって，イメージ+リラクセーション+モデリング群のバスケットボールのフリースローは顕著に改善することが明らかになった。その後の研究(Gray, 1990; Gray & Fernandez, 1989; Li-Wei, Qi-Wei, Orlick, & Zitzelberger, 1992)によって，イメージとモデリングの併用を支持する若干の証拠が明らかになっている。Onestak(1997)は，以前の実験デザインを改善するために，HallとErffmeyerが設定していた実験群に第3の実験群を追加した。Onestakは実験参加者を，リラックスしてバスケットボールのフリースローを視覚的にリハーサルする群(VMBR群)，ビデオの実演を見る群(モデリングのみの群)，VMBRとモデリングの併用群のいずれかに割り当てた。その結果，参加者の能力の高低に関わらず，VMBRとモデリングを併用する効果がなかった。おそらく，選手の能力が高い，もしくは学習中長期の練習をしたと任意に定義したことが，いくつかの有益な効果を隠蔽したものと思われる。

Rushall(1988)は，国際試合になると自信がなくなるレスリングの世界ランカーに対して，内的なモデリング技法を使用した。内的なモデリングとは，最初に他者モデルをイメージし，徐々にそのイメージモデルを自分自身に変えていく方法である。最終的に，選手は現実の状況下で標的行動を遂行することが可能になる。実験に参加したレスラーは，相談の場以外でも内

的なモデリングを練習して，ネガティブな自己陳述を低減し，モデルに自分自身を置き換えることが可能になった。このことから，介入はうまく運んだものと思われた。もっとも重要なことは，参加者の国際的なレスリングのパフォーマンスが，モデリング／イメージの手続きによって大幅に改善したことであった。

Hall, Moore, Annett, Rodgers(1997)は，イメージ単独，言語媒介要因単独，両方略併用の効果と運動保持の関係について検討した。Hallらは，イメージの影響は非常に受けやすいが言語ラベリングの影響は受けにくいような運動パターンの課題を使用した。実験参加者には，誘導運動パターン，実演による運動刺激を与えた。参加者を，運動前にイメージする，ラベリングする，イメージとラベリングをする，何もしない，の4群のいずれかに割り当てた。その結果，保持に対して実演の提示は受動的な誘導よりも効果があった。Hallらは，実演の提示が参加者の注意をさらに引きつけて，その結果，優れたパフォーマンスが生じると示唆した。

Atienza, Balaguer, Garcia-Merita(1998)は，イメージとモデリングを併用し，9～12歳のテニス経験者を対象に，身体練習条件群，身体練習＋ビデオ群，身体練習＋ビデオ＋イメージ群をそれぞれ比較した。この研究ではテニスサービスのスピード，正確性，技術を評価した。サービスのコースと技術については，モデリング＋イメージ群，モデリングだけの群が類似のパフォーマンスを示し，また両群は身体練習だけの群よりも優れたパフォーマンスを示した。Atienzaらは，イメージとモデリングを組み合わせた要因計画によって，どのような介入がパフォーマンスにもっとも重要な貢献をするのかについて，より明確な結論が得られると述べた。

Kim, Singer, Tennant(1998)は，モデリング研究と名付けてはいないが，実験刺激として実演を採用した。視覚イメージ群には，イメージしながらゴルフパッティングビデオを10分間観察するよう要求した。聴覚イメージ群には言語教示の後にイメージ練習をするよう要求した。運動感覚イメージ群には，言語教示に耳を傾け，ゴルフパッティング課題を運動感覚的にイメージするよう要求した。Kimらは無関連イメージ群と統制群（課題実行前のリハーサルは禁止した）も設定していた。言語教示後にイメージ練習した群の保持期のパフォーマンスは，他群よりも優れていた。しかしながら，視覚イメージ群はモデリングを併用していたために，視覚イメージとモデリングの介入の相対的な寄与率は確定困難になっている。

モデリング介入は，Singerが以前に開発した5段階方略を高めて自己ペース運動課題の学習とパフォーマンスを支援しているのではないかと，BouchardとSinger(1998)は考えた。5段階方略にはパフォーマンスの準備，イメージ，集中，実行，評価が関係している。BouchardとSingerは，言語教示，ビデオモデリング，方略なしの統制条件による5段階方略の提示後に，テニスのサービス学習を比較した。その結果，ビデオモニタリング群は，獲得期に有意ではないものの高いパフォーマンスの傾向を示し，保持期間中にもパフォーマンスの向上が継続した。

イメージに対する理論的なアプローチは，情報を記憶に貯蔵するさまざまな方法について示唆している（Finke, 1986；Lang, 1979；Paivio, 1971）。これらの研究者は，言語コードは聴覚情報を表象し，視覚コードは空間情報を貯蔵すると考えている。この考えは，実演からの情報を，行動を誘導するイメージや言語的なシンボルに象徴的に転送するとして，そしてこれらの表象が学習の初期段階に特に重要なものとしているBandura(1986)の考え方と類似している。しかしながら，Banduraは，"イメージ表象は過去に観察した単なるメンタルピクチャーというよりも，むしろ事象の抽象である"(p.56)と強く主張している。イメージは運動スキル以上に認知の役に立つ（Felts & Landers, 1983；Ryan & Simons, 1981, 1983）ことが明らかになっていることから，スキルの認知要素を強調するような状況にモデリングを導入することは生産的なことと思われる。

Vogt(1995)は運動制御の見地から，イメージと観察学習にアプローチした。Vogtは一連の3つの実験で，観察・メンタル練習・身体練習と循環運動系列のパフォーマンスとの関係を調べた。研究の主な目的は，3つの練習形態が共通の処理過程に関与しているかどうかを確定することにあった。各練習形態によるパフォーマンスが同じであったことから，処理過程は確かに共通しているとVogtは示唆した。より複雑でより大きな運動要素を持つ課題や，より単純で視知覚をほとんど必要としない課題に，これらのデータを一般化することを疑問視する研究者もいる。

Willingham(1998)は，神経心理学的な観点から運動制御の原理を運動スキル学習に適用した。Willinghamは，観察学習とメンタルイメージの研究が伝統的な学習理論に対していくつかの問題を提起していると述べた。なぜなら，自己受容感覚の情報が利用できないような状況でも学習が生じるからである。大半の学習理論は自己受容感覚のフィードバックを必要としているとWillinghamは主張したが，イメージ学習や観察学習中には自己受容感覚のフィードバックは存在しない。Willinghamは自らの見解を支持する研究をいくつか示しているが，その考えはおそらく，さらなる研究を喚起するものと思われる。

運動スキルパフォーマンスと心理反応に影響する学習者の特徴

動機づけ志向

　動機づけ志向とモデリング効果の関係を検討した研究は，ほとんどない。Weiss, Bredemeier, Shewchukは，1985年にHarter(1981)の内発的／外発的尺度に基づいて，ユーススポーツの動機づけ尺度を考案した。熟達の下位尺度は，スキルの自己把握を好む児童(内発的)と外的な情報源を好む児童(外発的)を識別するものであった。動機づけ志向の重要性は，児童が選択する課題中に存在するばかりでなく，児童に最良の教示を与える方法中にも存在している。LittleとMcCullagh(1989)は，この考えをモデリング領域に拡張し，内発的な動機づけをする児童ほど自己自身の運動に集中し，外発的な動機づけをする児童ほど自分のパフォーマンスを外的情報に依存して判断すると推論した。また，新しいスキルを教える場合，内発的な動機づけをする児童にはKP(フォーム・過程)への集中が最良であり，外発的な動機づけをする児童にはKR(成果)への集中が最良であると仮定した。Littleらは，この考え方を検証するために，内発的な動機づけが高い児童と外発的な動機づけが高い児童にフォームや成果に集中するような観察学習訓練を実施した。これらの結果は仮説を限定的に支持する一方，モデリング技法を考慮する場合には動機づけ志向が重要であるとも指摘した。

　BerlantとWeiss(1997)は，目標指向とモデリングの関係を探ることに関心を寄せた。具体的に言えば，Berlantらは，課題や自我指向を変える者がモデルの行動過程や成果に対して個別に注意を集中するのかどうかに関心を持った。Berlantらは，全実験参加者に対して，テニスのフォアハンドストロークの正確なフォームと成果をビデオで提示した。再認用のビデオ映像には正確な実演だけでなく，正誤を組み合わせた実演も一部入っていた。参加者には，再認ビデオに反応するだけでなく，観察したストロークのフォームと成果の具体的な特徴を言葉で再生するように要求した。その結果，目標指向と成果やフォームに対する特異的な集中の間には関連性がみられなかった。このように，学習者の目標指向がスキルのフォームや成果に対する特異的な集中と関わり合う可能性は支持することができなかった。

学習者の専門知識

　熟練者と初心者の違いを調べた研究は多数あるが，それらの研究では，情報を記憶に表象する方法，処理する方法，行動に変換する方法が主な関心事になっている(例えば，Abernethy, 1989 ; Allard, Graham, & Paarsalu, 1980 ; Allard & Starkes, 1980 ; Deakin & Allard, 1991 ; McPherson & Thomas, 1989 ; Starkes & Deakin, 1984 ; Thomas, French, & Humphries, 1986)。事象の提示手段としてビデオをしばしば利用していることや，認知処理と観察学習が明らかに連繋していることから，熟練者と初心者の比較研究はモデリングに関して何らかの洞察を提供するものと思われる。熟練者が運動を観察する際，環境情報をほとんど必要とせずに初心者よりも素早くディスプレイの探索ができる場合には，観察学習は熟練者に対して，より効果があると思われる。他方，熟練者は，より多くのスキル情報を視覚ディスプレイからすでに獲得していた可能性もある。

　Starkes, Deakin, Lindley, Crisp(1987)は，熟練者と初心者の研究においてモデリング刺激を使用する方法について例証している。Starkesらは，経験年数を揃えたバレエの初心者群と熟練ダンサー群に，構造的なダンス系列と非構造的なダンス系列のいずれか一方をビデオで学習させた。非構造的なダンス系列では熟練者群と初心者群がともに同等のパフォーマンスを示したが，構造的なダンス系列では熟練者群のパフォーマンスは初心者群のそれよりも明らかに優れていた。このように，熟練者と初心者は，それぞれの領域固有の知識構造に基づいて，視覚的な実演から異なる量の情報を収集しているものと思われる。

　Downeyら(1996)は，熟練者は初心者よりも充実した領域固有の知識構造を保有しているために，その専門知識がモデリング効果に影響しているのではないかと推論した。この知識構造は，熟練者が実演観察後に知覚や運動を効率よく実行する際に役立つものである。Downeyらは，ダンス初心者と熟練者の間における想起の正確性とその性質と同様に，イメージと練習を折り混ぜた実演が再認に与える影響を調べた。初心者では再生と再認の測度が中程度に関連していたが，熟練者ではサンプル数が少ないためにこの関係を確定することができなかった。学習者の専門知識とモデリングとの明確な連繋を明らかにするには，さらなる研究が必要である。

　学習者の特徴としてもう1つ重要なものは，年齢や認知的な発達である。驚くべきことに研究者は，モデルの特徴や実演そのものと比べて，学習者のこの特徴をこれまで無視している。しかしながら最近になって，モデリングが児童の運動スキルと心理スキルの獲得に果たす役割への関心は徐々に高まっている。したがって，次節では観察学習の発達効果に関連した理論および研究について議論したい。

モデリングの発達的な考察

理論的な背景

　Bandura(1969, 1977)のモデリングに関する社会学習理論は，観察学習効果の膨大な実証研究が基盤としている有用な枠組みになっている．興味深いことに，Banduraの下位過程，つまり注意，保持，生成，動機づけは，モデリングの行動発現に必要不可欠であり，本来すべて発達的なものであるが，Banduraの初期の記述ではモデリングの年齢要因をほとんど無視していた．これは意外である．なぜなら，社会認知理論ではモデリング過程における学習者の特徴を重視しているからである．例えば，学習者はモデルの行動を象徴的にコード化し，リハーサルして，優れた行動成果に変換しなければならない．成人にはコード化，グループ化，ラベリング，リハーサルといった制御処理能力がある．しかし，児童の認知的な情報処理能力は未熟である(Gallagher, French, Thomas, & Thomas, 1996を参照)．Banduraは実際に，6～8歳児に新しい遊びのマッチング課題を課したところ，視覚モデル提示＋同時的なモデル行動の言語化の方が，視覚モデルの単独提示よりも優れた学習を示したと述べた(Bandura, Grusec, & Menlove, 1996)．

　Yando, Seitz, Zigler(1978)はBanduraの概念を強く支持したが，この理論には発達的な要因がより必要であると主張した．社会学習理論では学習者の動機づけの特徴と同様に認知と身体能力を重要視しているため，この理論に年齢関連の事柄を組み込むことは容易なことと思われる．以上のような理由からYandoらは，Banduraの社会学習理論とPiagetの認知発達の公式を統合して，模倣の2要因発達理論を開発した．またYandoらは，Flavell(1970)の行動言語自己制御理論や，Harter(1978)の児童の効果的な動機づけ理論などから，認知と動機づけそれぞれの発達的な側面も統合した．

　Yandoら(1978)の発達モデリング理論によれば，学習者の認知発達レベルと動機づけシステムは，児童の身体スキルと社会スキルに影響を与える2つの重要な要因から成っている．認知発達レベルは，Banduraが提唱した最初の3つの下位過程に対応する注意の幅，記憶容量，象徴符号化能力，言語リハーサルスキル，身体能力を包含している．Yandoらは，動機づけシステムを，観察した行動を再現したいと児童に思わせる内発的動機と外発的動機から記述したが，前者は有能感を開発して誇示したいという欲求に，後者は社会的で実体的な強化といったことに該当している．この要因はBanduraの下位過程のうち動機づけに対応している．このように，2要因発達理論はBanduraの公式と非常に類似しているが，モデリングの過程に発達要因を強調しているところが唯一の違いになっている．

　4，7，10，13歳の児童を広範に調べたYandoら(1978)の実験によって，認知発達レベルと動機づけ志向に基づいて学習者を振り分けることの重要性が明らかになった．例えば，4歳児は7歳児よりも実演運動の想起と身体的な再生が劣っており，7歳児は10歳児や13歳児よりもそれが劣っていた．さらに，4歳児は課題関連手がかりと同数の課題無関連の手がかりを模倣したが，他の3群の年長児童は課題無関連手がかりよりも関連手がかりを数多く模倣した．学習後の質問調査で実験の教示を正確に思い出した児童は年長児童群では80％以上もいたが，4歳児群では42％に過ぎなかった．Yandoらは，これらの年齢差は，記憶の貯蔵検索システムの発達度，課題無関連手がかりと課題関連手がかりの弁別能力，実演運動を再生する身体的能力の成熟が年長児童群で優れていたことによると結論づけた．

　運動パフォーマンスの領域では，選択的注意，リハーサルの方略，符号化能力，意志決定，知識基盤といった多数の認知能力の発達差を実証的に強く支持している研究者もいる(例えば，French & Thomas, 1987 ; Gallagher et al., 1996 ; McPherson, 1999 ; Nevett & French, 1997)．これら認知発達の特徴が，視覚モデルや言語モデルから巧みに学習して，それらの知覚を行動に変換する，児童の能力の本質である．児童の選択的注意，視覚処理速度，制御処理(ラベリング，リハーサル，組織化)は，一般的に約12歳頃までは十分に成熟しないことが明らかになっている．初心者の児童が保有しているスポーツ固有の知識(宣言的，手続き的，方略的知識)は，熟練者の児童よりも少ない．ただし熟練者の児童が成人と同じレベルの専門知識を保有していたとしても，その認知表象は成人よりも劣っている．これらの知識基盤の相異は，自己制御している学習方略(ラベリング，リハーサル，問題表象)を使用して，巧みな運動スキルを実行する児童の能力と関係している．したがって，12歳以下の児童の場合には，課題関連の注意，リハーサルの方略，知識開発を容易にする努力が，効果的な運動スキルの教示にとって重要である．観察学習は新しいスキルの教示，学習したスキルの修正の鍵になるので，児童のモデリング処理においてはこれらの認知発達要因を考慮する必要がある．

　Banduraが発達要因を観察学習の公式に明確かつ完全に統合したのは1986年になってからであった．それまでにも運動パフォーマンス領域では，Yandoら(1978)の論文や，児童の認知と記憶発達を記載した以前の研究をもとにして，Banduraの概念に独自の発達的な解釈をしていた研究者もいた．本節の残りの部分は，発達的なモデリングの研究を系統的に紹介する構成にしたい．ここでは観察学習を通した児童の身体

スキルの適用と，教育的な文脈におけるモデリングの社会心理学的な効果と結びつく発達要因を中心に取り上げる．

運動スキルの児童のモデリング：その初期研究

児童のモデリングと運動パフォーマンスのもっとも初期の研究の1つは，DonnaとDaniel Landers (Landers, 1975；Landers & Landers, 1973)が行った研究である．Donnaらはモデルのタイプ（仲間／教師）とモデルのスキルレベル（熟練／未熟練）が，児童 (10～11歳)のバランス課題学習に及ぼす効果を調べることに関心があった．実験の結果，児童が熟練教師を観察した後のパフォーマンス得点は最高点を示したが，未熟な仲間モデルを観察した後の得点と差がなかった．Donnaらは親しい仲間モデル（クラスメート）を観察した児童に仲間を凌ごうとする動機づけがあったという観点から，これらの予想に反する知見を説明した．学習者の年齢を考慮すると，仲間モデルは観察学習というよりも社会的比較・競争源として使用された可能性も十分にあると思われる(Bulter, 1989；Passer, 1996)．LirggとFeltz(1991)は，この研究を追試し見慣れぬ仲間モデルを使用してさらに拡張した．その結果，熟練教師モデル群と見慣れぬ熟練仲間モデル群は他の未熟の2群よりも優れた行動反応を引き出した．このことから，モデルの運動スキルはパフォーマンス成果やフォーム得点の変化を説明する重要な変数となることが明らかになった．

Landers(1975)は，実演時間と児童(11～13歳)の運動パフォーマンスの関係について調べた．学習者には，練習試行の前，練習中，練習試行の合間のいずれかに実演を提示した．その結果，練習試行の前と練習試行の合間に実演を提示した条件群は，練習中に提示した条件群よりも全体的に優れたパフォーマンスを示した．つまり，これらの条件のおかげで，学習者は実行スキルの認知表象を開発することが可能になった．Thomas, Pierce, Ridsdale(1977)はLandersの研究を拡張し，7歳と9歳の女児群を対象にバランスパフォーマンスと実演の時間間隔を調べた．実験参加者を，練習試行前の実演観察条件群，練習中の実演観察条件群，実演なし（言語教示のみ）条件群に割り当てた．その結果，課題遂行前のモデル観察条件には，両年齢群で学習の促進効果があった．しかしながら，練習中の実演観察条件では，9歳児は初心者モデルの提示と同様な効果を示したが，7歳児ではパフォーマンスが悪化した．Thomasらはこれらの結果を，年長児の成熟した情報処理能力とより大きな運動能力のレパートリーに帰属させた．

Anderson, Gebhart, Pease, Ludwig(1982)は，女児ではなく男児を対象に，実演ではなくビデオ映像を使用してThomasら(1977)の研究を追試した．その結果，Thomasらの研究とは対照的に，9歳児の成績が7歳児よりも優れていたのはモデルなし条件群のみだった．Thomasらは，男児はパフォーマンスに役立つような粗大運動スキルをより多く経験していたと推察した．この考えを検証するために，Anderson, Gebhart, Pease, Rupnow(1983)は，年齢・性別・時間のモデル配置と，7歳と9歳の男女児のボール打撃課題との関係について調べた．児童は年齢や性別に関わらず，モデルなし条件よりも練習最初と練習中間のモデル観察条件で優れたパフォーマンスを示した．これらの研究に見られる実演時間間隔に関する矛盾した知見は，おそらく年齢群の選択基準の欠如によるものと思われる．モデリングを発達的な側面から研究するには，認知発達の基準や動機づけの基準から学習者を識別できるような実験計画にしなくてはならない (Yando et al., 1978)．

Feltz(1982)は，バランス課題の実演提示なし条件といくつかの課題実演提示条件を設定して，児童(4年生，5年生)と成人のパフォーマンス成果やフォームについて比較した．その結果，成人は児童よりもパフォーマンス成果と5つのフォーム要素のうち2点が優れていた．大半の児童が正確に同定したフォームは1つだけであったが，成人は3つのフォーム要素を正確に同定した．このように，成果，フォーム，実演様相の想起速度によって児童と成人のパフォーマンスは識別可能になった．児童と成人の比較研究は観察学習効果を最大限に引き出しているが，運動スキルの児童モデリングについて認知発達の相異を十分に扱った研究はない．

Weiss(1983；Weiss & Klint, 1987)は，発達に基づいた研究の要請に応えるために，児童を対象として一連の系列運動課題のパフォーマンス実験を行った．Weissは認知発達の基準を特に行動の言語制御と言語的自己教示(Flavell, 1970)に求めて，4～5歳児と7～8歳児を選択した．各年齢群を言語モデル提示群，沈黙モデル提示群，モデル提示なし群のいずれかにランダムに割り当て，児童の運動スキルの遂行に顕在的な自己教示を使用する条件と使用しない条件を設定した．年長児童は沈黙モデルおよび言語モデルの両条件下で同じように巧みなパフォーマンスを示したが，年少児童は言語モデルの観察後に有意なパフォーマンスの向上を示した．Weissは，実行に必要なことを行為と口頭で同時に示す言語モデルや，"見せて話す"モデルの提示は，課題関連手がかりに選択的な注意ができない年少児童や，教示記憶の言語的なリハーサル方略が自発的に使用できない年少児童に対して，とりわけ有益であると結論づけた．

WeissとKlint(1987)は，引き続き，モデルのタイプ（言語モデル提示あり／なし）と言語リハーサル（モデル提示あり／なし）を組み合わせ，それらが5～6歳児と8～9歳児の運動パフォーマンスに及ぼす効果

を調べた。両年齢群の児童が示したパフォーマンスは，言語リハーサル条件群（モデル提示あり／なし）の方が言語モデル提示のみ条件とモデル提示なし条件よりも優れていた。このように，スキルの言語リハーサルは，児童が選択的な注意やスキル実行の特定順序を記憶する上で必要不可欠なものであった。モデリングとリハーサルについては，パフォーマンスの成果には年齢差がなかったが，それぞれの年齢群の児童はまったく異なる方法でスキルの順序を記憶していた。実験後に"スキルの順序をどのように覚えようとしたのか"と尋ねたところ，年長児童は"すでにやったこと，いまだやっていないことを考えた""頭で何回も繰り返した""スキルの順序を頭に描いた"といった計画的な方略をあげた。年少児童の答えに多くみられたものは，"頭で考えた""一生懸命考えた""頭を使った"などだった。課題教示中の児童の行動は，リハーサル方略のもう 1 つの情報源になっていた。年長児童はスキルのグループ分け，スキル名称の口ずさみ，研究者と一緒に大声で教示を繰り返すといった，ある種の顕在的なリハーサル方略を使用していた。対照的に，最後の教示試行を繰り返した後にだけ顕在的なリハーサルをした年少児童は，それがやれたかどうかを繰り返し口にした。Kowalski と Sherrill(1992) は，Weiss と Klint の知見を 7～8 歳の学習障害児で追試拡張した。その結果，言語リハーサル条件（沈黙モデルと言語モデルの併用）の実験参加者は，言語リハーサルなし条件の参加者よりも運動スキルの系列を巧みに遂行した。

Meaney と Edwards(1996) も，英語のネイティブスピーカーと非ネイティブスピーカー（ラテンアメリカ系）の児童を対象に，Weiss と Klint(1987) のモデリング・言語リハーサル効果についての研究を拡張した。バイリンガル教育プログラムでは多くの児童が教養課程の授業を母国語で受けているが，体育・音楽の授業は英語で受けているために，バイリンガル児童のモデリング効果の研究は重要になっている。Meaney らは児童(9.6～10.6 歳)をモデルのタイプ条件（見せて話すモデル提示あり／なし）と言語リハーサル条件（リハーサルあり／なし）の組み合わせからなる群にランダムに割り当て，その後に運動スキルの妨害をパフォーマンス成果から評価した。英語を話す児童はモデル提示あり条件，モデル提示なし条件とも同様に巧みなパフォーマンスを示したが，ラテンアメリカ系の児童は見せて話すモデル条件で優れたパフォーマンスを示した。その上，英語のネイティブスピーカーはリハーサルなし条件よりもリハーサルあり条件で高いパフォーマンスを示したが，ラテンアメリカ系の児童は 2 つのリハーサル条件で同様なパフォーマンスを示した。このように，ラテンアメリカ系児童のパフォーマンスは，言語リハーサルの方略よりもスキルの視覚＋言語表象の提示によってさらに改善した。

モデリング理論を実証的に検証したこれまでの研究は，児童が遂行する運動スキルのパフォーマンスに関わっていた点で，重要なものであった。これらの研究には，年少児童へ教える際の注意の方向づけ，記憶方略の必要性といったいくつかの実践的な意味合いがあるように思われる(McCullagh et al., 1989 ; Weiss, 1982)。しかしながら，概念的・方法論的な知識の進歩は後付けのものであり，これらの研究にはある限界があった。本章の初めに議論したように，モデリングの行動反応を理解する際に主要な考察の対象になっているものは，(1)成果と過程，(2)学習とパフォーマンス，(3)再生と再認，である。

多くの研究が，フォームや技術測度（例えば，バランス時間，基準達成までの試行数）よりも，むしろパフォーマンス成果から観察学習を評価していた。児童が徐々に集積した実演観察による学習をより正確に確定するためには，身体的な実演スキルを質的に評価することが不可欠になっている。実際に，多くの教師やコーチの大きな関心は，最終的に一貫して優れたパフォーマンス成果につながるスポーツスキルの望ましい技術変数を生徒が産生することにある。さらに，児童は優れたパフォーマンス成果を達成する前にスキルの技術的な側面に近づくことができる（例えば，Wiese-Bjornstal & Weiss, 1992 のソフトボールのアンダースロー）。このように，運動パフォーマンスの望ましい目標と過程は，ともに観察学習効果の評価に必要不可欠なものとなっている。

前述の各研究では，ある単一時点でパフォーマンスを評価していた。この方法で得られる結論は，モデリングの持続効果ではなく即時効果に限定したものにならざるを得ない。実演の観察から学習程度についてのより正確な表象を得るには，モデリングなしの保持テストや転移テストをデザインする必要がある。モデル提示のない保持相にパフォーマンスが持続する場合には，観察学習効果や，一時的というよりは比較的永続的なパフォーマンスの変化を推察することができる。

最終的に，研究者は主にモデルと同じ運動を児童に遂行させて観察学習の程度を確定していた。学習初期の児童は，身体的な再生よりもモデルからより多くのことを学習している。そのために Bandura(1986) は，言語生成や再認，理解力テストといった観察学習の認知測度の使用を推奨した。言語生成とは，児童にモデル行動を想起させることである（例えば，バスケットボールでのシュートのスタンス，脚の動作，フォロースルーなどに名前を付ける）。再認とは，児童に実演スキルの正誤を識別させることである（例えば，シュート時の脚の運び）。理解力とは，例えば，バスケットボールのシュートをする時に片方の脚を曲げる必要があるのはなぜかなど，行動の背景に存在する"理由"について児童に説明させることである。

次項で述べる発達モデリング研究の第二波では，こ

れら初期の限界に応えて，行動反応の変数を導入した。研究者は運動スキルの観察学習に関連した，成果とフォーム，パフォーマンスと学習，身体と認知，の測定にとりわけ専念した。

現代の発達モデリング研究

過去10年間に，児童の運動パフォーマンスを助長するようなモデルのタイプについての知識はかなり累積されてきた。これらの研究は，主として初期の研究の模倣や拡張であった。例えば，WeissとKlint(1987)の研究を拡張したMcCullagh, Stiehl, Weiss(1990)は，モデリング(言語あり／なし)や言語リハーサル(あり／なし)と，児童(5～6.5歳児／7.5～9歳児)の系列パフォーマンスやフォームパフォーマンスとの関係を獲得期と保持期に評価した。両年齢群の児童にとって，スキルを正確な順序で遂行するには言語モデル提示なし条件(言語リハーサルの有無に関わらず)が最良であったが，フォームの正確な再生にとってより望ましいものは，言語モデル条件(言語リハーサルの有無に関わらず)であった。このように，見せて話すモデルはパフォーマンスの質を高め，言語教示は運動課題の系列化を十分に誘発した。これらの知見はパフォーマンスと学習をともに支えていた。結果は，WeissとKlintが示した言語リハーサル群(視覚モデルの有無に関わらず)はパフォーマンスの系列化が優れているという結果とは対照的であった。McCullaghらの使用したプロトコル(KRの提供，1試行のみのリハーサル，従属変数の得点化)とWeissらとの相異が，知見の矛盾を招いた一因かと思われる。

Weiss, Ebbeck, Rose(1992)も，WeissとKlint(1987)の研究を拡張して，児童(5～6歳児／8～9歳児)のパフォーマンスの質と系列順序を初めの獲得期と遅延保持試行中に評価した。モデリング条件には，言語モデル提示のみ条件，リハーサルのみ(モデルなし)条件，言語モデル提示＋リハーサル条件があった。その結果，いずれのタイプのモデル条件でも，年長児童のパフォーマンスや学習相の系列とフォーム得点に同程度の効果があった。年少児童の言語モデル提示＋リハーサル群は，獲得試行初期におけるスキル系列の再生が他の群よりも優れていた。しかしながら，モデル提示のみ群は練習によって学習の遅れを取り戻し，獲得後期と保持試行中には同じ得点を示した。言語モデル提示＋リハーサル群，モデル提示のみ群は，すべてのパフォーマンスと学習試行において，言語リハーサルのみ群よりも優れたフォーム得点を示した。このように，見せて話すモデルの単独提示や，見せて話すモデル提示と言語リハーサルとの併用は，年少児童の量的・質的なパフォーマンスに対して同様な効果があった。対照的に，年長児童はパフォーマンスと学習試行中に，スキルの視覚モデルの単独提示や視覚モデル提示と言語リハーサルの併用から等しく利点を得ていた。これらの結果は，モデルの効力と学習者の年齢，使用したパフォーマンス測度，パフォーマンスの即時改善効果，長期の学習効果の密接な関係を強調している。

Meaney(1994)は，過去のモデリング研究をいくつかの方法で拡張した。Meaneyは，実験参加者が以前に経験したことのないような新しい身体的活動(スカーフでのジャグリング)を使用して児童(9～11歳)と成人を比較し，獲得・保持・転移の各時期のパフォーマンスを評価して，参加者が新しいパフォーマンス状況(お手玉ジャグリング)に適用し得る知識を確定した。各年齢群の参加者を4つのモデリング条件，(1)視覚モデル提示条件，(2)視覚モデル提示＋手がかり提示条件，(3)視覚モデル提示＋言語リハーサル条件，(4)視覚モデル提示＋手がかり提示＋リハーサル条件，のいずれか1つにランダムに割り当てた。視覚モデル提示＋言語リハーサル条件群と，視覚モデル提示＋手がかり提示＋リハーサル条件群の児童は，獲得試行中に他の2条件群よりも優れたパフォーマンスを示した。対照的に，成人はモデリング条件に関わらず，同様のパフォーマンスを示した。児童の保持期のジャグリング得点にはモデリング条件による差はなかったが，成人の視覚モデル提示＋手がかり提示条件群は，他の3群よりも保持期に高い得点を示した。年齢差は唯一転移期にみられ，成人は児童よりも有意に優れたパフォーマンスを示した。観察可能な転移方略を評価したところ，成人は児童よりも多くの方略を利用していることや視覚モデル提示＋リハーサル条件群と視覚モデル提示＋手がかり提示＋リハーサル条件群の参加者は他の条件群の参加者よりも多くの方略を使用していることが明らかになった。

Roberton, Halverson, Harper(1997)は，認知基準を使用した児童選択とは対照的に，運動の発達レベルの観点から視覚・言語モデリングと児童の跳躍パフォーマンスの関係について調べた。Robertonらは，有能感のアプローチ(Bandura, 1986)に基づいて6歳幼児のモデリング効果を評価した。跳躍発達のレベル変動(腕運動：レベル2～5，脚部運動：レベル2～4)は特に観察者の興味ある特徴になっており，Robertonらが立てた主要な仮説は，児童は自らの跳躍の発達レベルに基づいて個別的にモデルに反応するというものだった。予備テストによって，児童の腕・脚の跳躍運動レベルを分類した。次に教師が上級の跳躍(脚運動レベル4，腕運動レベル5)を実演し，上級跳躍の手がかりを言語化した。それに続いて児童に実演スキルの練習を課した。以前の研究とは対照的に，見せて話すモデルの提示によって児童の運動パフォーマンスに大きな混乱が生じた。この研究では参加児童100名中55名の腕の運動が悪くなり，58名の脚の運動が悪くなった。Robertonらは，これらの驚くべき結果を，

認知的な加重負荷(脚運動の分析後に腕運動を分析する)と，児童がどのように実演の顕著な特徴を正しく知覚したか(例えば，脚・腕の相対的な運動)によって説明した。短時間(6～7分間)のモデル提示および練習と結びつく児童の認知発達レベル(例えば，選択的注意，記憶方略)は，教師の実演により近い反応を生成する能力を制約している可能性がある。児童がモデルの観察から収集したものを，再認と言語想起テストによって確定することは，興味深い方法と思われる。

Wiese-BjornstalとWeiss(1992)は，運動学習と運動制御(視覚・注意メカニズム)，運動発達(身体・認知能力)，スポーツ社会心理学(動機づけ・強化)，バイオメカニクス(機械的に有効な技法)といった領域の知識を統合して，モデリングの発達的な差異について調べた。この研究は実演が相対的なスキル運動パターン(相互に関連する身体各部の運動)の情報を伝達するとしたScully(1986；Scully & Newell, 1985)の対立仮説と同様に，Bandura(1986)の社会認知理論を根拠にしていた。学習者が協応パターンに近似した行動を取ることができる場合には，スキルを模倣したと結論づけることができる。しかしながら，相対的な運動パターンについて調べるためには，パフォーマンスのよりきめ細かな分析が必要である。Wiese-BjornstalとWeissは，バイオメカニクス的な手法を使用して，モデルに関する児童運動の運動力学的な変数を数量化した。Wiese-Bjornstalらは，児童がモデルからピックアップするそれらの変数を正確に分析したが，それに加えて，Bandura(1986)が推奨した再認・言語生成テストを利用して学習の認知様式も測定した。Wiese-Bjornstalらは，次の3つの重要な問題を取り扱った。(1)学習者はモデルを観察した後に，何をすべきなのかについて知っているのだろうか(概念)？ (2)もし知っているならば，学習者はそれを実行することができるだろうか(行為)？ (3)実行できる場合，学習者はどのようにうまく目標を達成するのだろうか(成果)？

実験参加者には7～9歳の女児を選んだ。なぜなら，この年齢の児童では，選択的注意，リハーサル，情報の組織化といった能力が過渡期にあり，まだ成熟した方略を持っていないからであった(Gallagher & Hoffman, 1987)。新しい課題として，修正したソフトボールの速球投げを参加者に課したが，この課題は現実的な自己ペースのスポーツスキルであった。参加者は，試行ブロック数が異なる2群の視覚モデル提示のみ条件群と視覚モデル提示＋言語的手がかり提示条件群の3群のいずれか1群にランダムに割り当てた。すべての条件群において，参加者のパフォーマンスフォーム(ストライド長，開始時の肩角度，リリース時の身体角度)は次第にモデルのフォームと一致するようになったが，パフォーマンス成果(リリース角度，ボール速度，絶対誤差)は向上しなかった。さらに，フォームカテゴリーの変数(例えば，白線上に両足を揃えてから左足を一歩前に踏み出す)は，とりわけ最初の言語手がかり直後の試行ブロックではモデルのフォームカテゴリーの変数とかなり一致した。再認テストでは，参加者に，正しいソフトボール投げを4種類のビデオから選択するように求めた。試行ブロックを通して，正しいモデルの選択回数は徐々に増加する傾向を示した。参加者は正しいモデルの観察によってスキルパフォーマンスの重要な情報を学習し，それによって成果の認識と評価の能力を高めた。最後に，実験終了時の言語生成テストでは，参加者に，投球中の考えを述べるよう要求した。「あなたのようにやってみた」「腕をまっすぐ伸ばしてから後ろに振った」「左足を踏み込んで，腕を体側に戻した」といった参加者の言葉は，実演時と同じ言語手がかりを多数反映しており，成果よりもむしろパフォーマンスフォームに集中していた。要約すると，多くの参加児童が認知(再認・再生)と身体測度(フォームの運動学と次第に一致する)に基づいてモデルのスキルを学習していた。

Cadopi, Chatillon, Baldy(1995)は，一連のバレエ運動を模倣する8歳児と11歳児を比較した。バレエでは，運動系列，空間特性(フォーム，位置，軌跡)，運動力学，運動特性(運動の質)が学習者の実演模倣能力を制約している。Cadopiらは，空間運動の保持には視覚イメージがもっとも適しており，運動の質の向上にもっとも大きな影響を与えているものは，視覚リハーサルと言語リハーサル(例えば，時間のラベル，音の符合化)であると推測した。実験参加者には視覚イメージの形成能力と言語符合化能力の発達が過渡期にある8歳と11歳の初心者を選択した。

Cadopiらは，熟練モデルを参加者に提示し，その後で3種類のダンス運動の空間次元と運動力学次元を評価した。11歳児は，自身がダンス系列を遂行する前にモデルをもっと観察したいと懇願した。さらに，11歳児の58％は運動系列を巧みに実行していたが，8歳児では33％であった。フォームには年齢差はなかったが，パフォーマンスの質には年齢差があった。さらに，8歳児ではフォームと質の相関は弱かったが($r=0.39$)，11歳児では強かった($r=0.61$)。このことから，11歳児では運動空間と，運動学的な特性を同時に符号化していることが明らかになった。実験後に質問したところ，8歳児は11歳児よりも視覚イメージを多く使用し，11歳児は言語の符合化をより多く使用していることが明らかになった。要約すると，多くの年長児童はバレエスキルの空間的側面や質的な側面を遂行する認知能力と身体能力が成熟していた。年長児童は年少児童よりも多様な状況を経験しており，スキルの模倣に役立つ自己制御の学習方略(例えば，言語自己教示，内的なセルフトーク)を，より多く採用していたものと思われる。

BouffardとDunn(1993)は，とりわけ児童が実演観

察に応じて使用する自己制御の学習方略に強い関心を持った。教師やコーチの指導がない時に児童は自発的に何をして運動スキルの系列と質の再生機会を高めているのだろうか？ 例えば，前述したCadopiら（1995）の研究では，年長児童は，前の試行で十分に記憶できなかった要素に選択的に注意してリハーサルするために，モデルをより観察したいと懇願していた。WeissとKlint(1987)の研究では，教示中の児童行動を観察したが，自己制御の学習方略を使用（例えば，マットを指差しながらスキルの名前を口にする）していたのは年少児童ではなく年長児童であった。

児童（6〜9歳，9〜10歳）が記憶範囲ぎりぎりの一連のアメリカ式手話ジェスチャーを学習する際に使用する自己制御方略を，BouffardとDunn(1993)は評価した。Bouffardらは，自己制御の学習方略に自発的に関与する認知-発達的な能力に基づいて，これらの年齢児童を選択した。実験条件は，参加者は好きなだけ項目を学習することができる，リストの再生には何をしてもよい，というものであった。参加者は，運動系列の再生に加えて，実演の観察中や系列の観察中に顕在的な学習方略を符号化した。年長児童は，仮説通りにかなり頻繁に系列を観察し，系列学習に多様な方略を使用していた。こうしたさまざまな方略には，仕草の模倣，動作のリハーサル，予測（ビデオを見る前の仕草の実行），唇の運動などがあった。したがって，11歳児が示す運動系列の優れた想起は，自分のパフォーマンス精度の確認に，効果的な自己制御学習の方略を使用する可能性が高いことと直接関係しているように思われる。従来の知見（例えば，McCullagh et al., 1990；Weiss et al., 1992；Wiese-Bjornstal & Weiss, 1992）を前提にすれば，言語化できないような年少児童に対する顕在的もしくは潜在的なリハーサル方略の刺激手段として効果的な学習方略を教授することが，最終的に運動パフォーマンスの改善につながるということは自明のことと思われる。

児童の運動スキルや心理社会的スキルのモデリングは，自己制御学習の観点から最近かなりの注目を浴びている（Ferrari, 1996；Schunk & Zimmerman, 1997）。研究者は自己制御を，"認知・行動・感情を賦活維持する過程であり，目標を達成する指向過程である"と定義している（Schunk & Zimmerman, 1997, p.195）。自己制御学習を構成する過程は，自身の運動スキルパフォーマンスに関連する自己観察，自己判断，自己反応の3つである。自己観察とは自分自身の行動を注視・監視することであり，客観的・社会的な比較手段に関わらず，現在のパフォーマンスと任意の目標基準を比較するような自己判断と密接に連繋している。学習者個人のパフォーマンスとしかるべき基準を比較すれば，モデリングの進捗や概念との一致過程が明らかになる。最終的に，自己反応には自分自身のパフォーマンスへの評価（良い/悪い，許容できる/許容できない）が必要になる。評価反応は重要である。なぜなら，評価反応には，特別な課題や活動でのスキルの遂行，そして将来の動機づけられた行動を確定する学習者自身の能力感や自己効力感に対する信念が影響しているからである。

Schunk（1987, 1989a, 1989b；Schunk & Zimmerman, 1997）は，観察学習が児童の自己制御スキルの前提（自己観察，自己判断，自己反応）であると強く主張している。この主張は，前述の知見（Bouffard & Dunn, 1993；Cadopi et al., 1995；Starkes et al., 1987；Weiss & Klint, 1987）の説明に役に立っている。モデルは情報を学習者に伝達することによって自己制御や運動スキルを向上させるような問題解決方略の模倣を可能にするばかりでなく，学習者の自己効力感を高めて観察スキルの学習固持を動機づけるような学習者との類似性といった特徴をしばしば持ってもいる。こうしたモデルには，仲間モデル，対処モデル，自己モデリングなどがある。身体領域において仲間モデル，対処モデル，自己モデリングが児童の運動・心理反応に与える影響は，考慮すべき重要なトピックスになっている。

モデリングの発達問題と社会心理的効果

一般的にスポーツ文脈では，教師やコーチは生徒や競技者に再現させたいと望んでいるような運動スキルを実演している。LirggとFeltz(1991)は，11〜12歳児のバランス課題の学習では，教師や仲間の実演と関係なく，モデルのスキルが運動パフォーマンスと自己効力感に影響する基本性質であることを明らかにした。しかしながら，運動と心理反応に強く影響する重要な特徴として，モデルと観察者の類似性（例えば，年齢，ジェンダー，競技者/非競技者，負傷状態）をあげている研究もある（例えば，Flint, 1991；Gould & Weiss, 1981；McCullagh, 1987）。教育やスポーツ心理学の研究者は，特に困難かつ不確かな運動や状況では，仲間モデルが児童のポジティブな行動と心理反応を効果的に助長すると示唆している（Lewis, 1974；Schunk & Hanson, 1985；Schunk, Hanson, & Cox, 1987；Weiss et al., 1998）。

仲間モデリングの文献を広範にレビューしたSchunk(1987)は，同年齢の仲間モデルは，課題遂行における行動の適切性の伝達，成果の期待の公式化，自己効力感の評価の際に重要な情報源になる，と強く主張している。精神的な問題を抱えた12歳児の前飛び込み（修正版）の指導に仲間モデル（実験参加者モデリングとの併用）の効果を認めたFeltz(1980)の研究は，これらの主張を支えている。この少年は，1回30分のセッション4回で目標行動に到達し，3週間後の追跡テストでも躊躇なくうまく飛び込むことができた。

運動と心理スキルの仲間モデリングを考慮する上で，児童の社会比較の使用における発達差は重要なものになっている。学術研究(Stipek & MacIver, 1989)やスポーツ研究(Horn & Harris, 1996)によれば，成功体験や親のフィードバック，ポジティブな感情が有能感を高めるため，児童期後期～青年期初期になると，比較対象となる仲間は自己能力を評価する情報源として徐々に重要になってくる。さらに，Butler(1989)は，8歳未満の児童は主に仲間を観察学習の手がかりとして，8歳以上の児童は主に仲間を自分の特定学力能力の比較対象として使用すると述べた。例えば，Weissら(1998)は，平均年齢6歳の児童を対象に仲間モデリングと水泳スキル，自己効力感，恐怖の関係について調べた。仲間モデル提示条件(コーピング/マスタリー)群はすべての調査項目において水泳レッスンのみの条件群よりも優れており，仲間コーピングモデル提示条件群の自己効力感は仲間マスタリーモデル提示条件群を凌いでいた。水泳スキルのパフォーマンスと水泳恐怖に関しては，仲間コーピングモデル提示条件群と仲間マスタリーモデル提示条件群の間に差がなかった。児童の仲間比較の使用に発達差があるとするならば，児童は仲間マスタリーモデルと仲間コーピングモデルを比較能力の評価というよりもスキル遂行法の情報源として，ともに使用したものと思われる。8歳未満の年少児童や8歳以上の年長児童における仲間モデリングの運動学習効果や心理的効果を検討し，観察学習または仲間比較の能力を明らかにするのは興味深い方法と思われる。LandersとLanders(1973)がすでに報告したように，仲間との比較・競争は，10歳児における熟練仲間モデル提示条件群の比較的低い得点と，未熟な仲間モデル提示条件群の高い得点をおそらく説明しているものと思われる。

Schunkら(Schunk, 1987, 1989b；Schunk & Hanson, 1985, 1989a；Schunk et al., 1987)は，仲間コーピングモデルやマスタリーモデルと，児童の自己効力感や学業成績との関係を広範に調べている。Schunkは，特定の学業活動が困難な児童やそうした場面での遂行能力に自信を喪失している児童にとって，仲間コーピングモデルは特に利点があると力強く主張している。仲間コーピングモデル効果の背景メカニズムと仮定しているのは，学習者とモデルの類似感である。モデルと学習者の言語化・学習率が近づくほど学習者の自己効力感は高まり，熟達行動が容易になる。対照的に，学習困難と自信喪失を経験している学習者は，マスタリーモデルによる完璧なパフォーマンスと自信に満ちた言語化を異様なものだと思うだろう。

Schunk(Schunk & Hanson, 1985, 1989a；Schunk et al., 1987)は，仲間コーピングモデルと児童の自己効力感や算数の学力の関係について，いくつかの実験で調べた。SchunkとHansonは，算数の問題を解く際には，教師やモデル提示なし条件よりも仲間コーピングモデル提示条件とマスタリーモデル提示条件の方が優れていることを明らかにした。Schunkらは，仲間コーピングモデル提示条件とマスタリーモデル提示条件間に差がなかった原因を，児童が算数問題を苦にしなかったことに帰属した。それどころか，児童は学習率やネガティブな言語化よりもモデルの巧みな解法に注意していた可能性もある。実際にWeissら(1998)の研究の参加者は，水泳を恐れ苦にしていた。Schunkらは，仲間コーピングモデルを支持する自己効力感の確固たる知見を明らかにした。この知見は，仲間コーピングモデルは治療場面でとりわけ効果的であるとしたSchunkの考え方を支持している。

Schunkら(1987)は，仲間モデルの影響に関する情報をさらに明らかにした。実験1では，算数の学力が低い児童を，男子・女子の仲間コーピングモデル提示条件群，マスタリーモデル提示条件群に割り当てた。その結果，仲間コーピング対処モデルを観察した児童の自己効力感と算数スキルは，他の条件の児童よりも有意に高い得点を示した。これは，仲間コーピングモデルの観察によってモデルと観察児の類似性が最大になり，その結果，高い効力感とパフォーマンスが生起するという考え方を支持していた。実験2では，実験参加児童はマスタリーモデル1名，マスタリーモデル複数名，コーピングモデル1名，コーピングモデル複数名を観察した。コーピングモデル1名提示群，コーピングモデル複数名提示群の参加者は，マスタリーモデル複数名提示群の参加者と同様に，マスタリーモデル1名提示群の参加者よりも高い自己効力感とスキルを示した。児童は，学習率に関わらず，課題を巧みに解決する複数児童のスキルの観察によって，少なくともモデルの1名に親近感を持ち，現実に課題が熟達する確率は高くなった。Weissら(1998)の仲間モデルと水泳恐怖に関する研究では，児童は複数モデルをビデオで利用するばかりでなく，Schunkらの実験の複数マスタリーモデルと同じ効果があると思われる自分の水泳レッスン群でも利用していた。特定活動に困難や不安を経験している児童への仲間モデルの効力に関するSchunkやWeissらの知見を考慮するならば，身体領域における仲間モデルと対処モデルの使用についてはさらに多くの研究が必要と思われる。

最後になるが，Dowrick(1999)は，児童～成人に至る年齢層やスポーツを含めた多様な領域で，自己モデリングが広範に成功した例を非常に多く披露している。現在に至るまで，身体領域で児童の自己モデリングを調べた研究は1編しかなかった(Winfrey & Weeks, 1993)。しかしながら，すでにSchunkとHanson(1989b)は児童の計算スキルの学習における自己モデリングの使用について調べていた。Schunkらは，3つ以上の実験に渡って，自己モデリング群の学習がビデオ映像を使用した統制群よりも優れていること

や，自己モデリングにはスキル獲得や自己効力感に対して仲間モデルと同様の効果があることを明らかにした。自己モデリングは児童の認知学習に効果があると仮定すれば，とりわけ学習困難あるいは自信喪失が顕著な状況では，自己モデリングが児童の運動パフォーマンスや心理社会的反応にポジティブな影響を与えるということは，当然のように思われる。これらの仮説にはさらなる検証が必要である。

要約と結びの言葉

　本章の目的は，運動スキルや心理反応と関係するモデリングの研究をレビューすることにあった。実際にモデリングが広範な運動関連行動，自己知覚，感情反応，動機づけの有力な修正要因であることはまず間違いない。研究者は多くの理論的・概念的なアプローチによって観察学習の現象を説明している。これは当然のように思われる。なぜならば，運動学習／制御，発達心理学，社会心理学といった広範な分野の研究者がモデリングの最適条件を確定しようとしているからである。研究者はモデリング効果の相互関係や調整要因として，モデルや実演，学習者の特徴を強調している。前回のレビュー（McCullagh, 1993）以降，非常に多くの実証的な研究がこれらの問題を集中的に取り上げているが，未解明の事柄も少なくはない。今後すべてのモデリング効果が，ただ1つの手法や理論によって一括的に説明できるようになるとは思えない。むしろ，観察学習効果が最大になる要因をさまざまな学問領域の研究者が協力して調べる統合的なアプローチは，教育的介入または心理的介入として当然のように思われる。

　今回の文献レビューでは，役割モデリングやジェンダーロールのステレオタイプ（Signorielli, 1990を参照）などに関する膨大なデータは網羅しなかった。これらの分野は，観察学習の応用に直接関わるものではあるが，本レビューの範囲外だと考えたからである。マスメディア（例えば，テレビ）の影響に関する文献などのように，明らかにモデリングのトピックスに収まるものや，身体的活動を理解する上での手がかりになると思われるものもある。例えば，Marcusら（Marcus, Owen, Forsyth, Cavill, & Fridinger, 1998）は，マスメディアの介入と身体的活動の役割について検討した。残念ながらこの研究は，身体的活動参加を効果的に高める介入的な観察学習の利用については，何も述べていない。

　過去10年間以上，運動行動の研究ではモデリングに注目しているが，不明で未着手かつ答弁できない問題がいまだ多数存在している。広範なアプローチによってトピックスの現象は徐々に一般的なものになりつつあるが，知見の統合や研究問題への適切な合意は困難な問題になっている。本章では1つの示唆として，課題分析による広範なモデリング行動の分析を奨励したい。こうしたアプローチ法は，統合的な研究と同様に，この多様な研究に一貫性を持たせる上で役に立つものと考えられる。

第9章

パーソナリティと競技者

　主流の心理学分野がパーソナリティの興味深いアイディアや方法論を開発しているのとは対照的に，1990年代のスポーツ心理学におけるパーソナリティ研究は斜陽分野になっており，パーソナリティという用語は禁句のように思われている。1970，1980年代に主流であった人格学(personology)のパラダイムや方法論の変動は，まもなくスポーツ心理学にも影響を与えた(Morgan, 1980)。しかしながら，現在のところ，パーソナリティ分野の研究活動はほとんど停滞している。

　パーソナリティはスポーツ心理学の古い研究分野で，1950〜70年代にかけて主要な分野であり，1980年代の当初も重要とされていた(Aguerri, 1986)。スポーツ人格学のトピックスに関する研究やレビューは，1980年代の中頃まで多数蓄積されていた(Landers, 1983；Silva, 1984；Van den Auweele, De Cuyper, Van Mele, & Rzewnicki, 1993；Vealey, 1989, 1992)。1980年代の中頃〜現在に至るまで，研究者は，パーソナリティに関連した概念(例えば，特性，性質，状態)の研究を決してやめたわけではなかった。構成要素，多次元性，文脈埋め込み，概念の階層構造の複雑な関係に対しては，複数のパーソナリティ関連概念を展開している状況にある(Fox, 1998；Hanin, 1997；Vallerand, 1997)。しかしながら，現在，パーソナリティ研究に注目している研究者はほとんどいない。ごくまれに，初期の数十年間の論議や論争を参照しているだけである(例えば，Davis & Mogk, 1994；Gat & McWhirter, 1998；Hassmén, Koivula, & Hansson, 1998)。本章でも参考となる研究を大まかに紹介してはいるものの，構成概念や方法論を進めるための特定の示唆や提案は見出せなかった。

　本章を執筆する前に，著者らは重要な問題を自問した。過去20年間のスポーツ人格学研究を概観した初期の重要なレビューに対して，何を加えることができるのだろうか？　Bakker, Whiting, van der Brug (1990)，Carron (1980)，Fisher (1984)，Martens (1975)，Morgan (1980)，Van den Auweele ら (1993)，Vealey (1989, 1992)らが言い残したものはないのか，それともあるのか？　本章がスポーツパーソナリティ研究を刺激することによって，過去数十年間に渡る限界や過度に単純化したことへの後悔を乗り越えられればと考えている。実際のところ，主流のパーソナリティ研究とスポーツ人格学の接点に，より明確に注目したいと考えている。本章では，暗黙の仮定を，スポーツ心理学の科学的な実践にできるだけ反映させたいと思っている。パーソナリティは有意義な概念であり，パーソナリティ測定は有用な研究ツールであるというのが著者らの見解である。パーソナリティの使用によって，競技者・競技状況・競技者の行動と練習の複雑な相互作用を明確に考えることができる。スポーツ心理過程の理解という目標は，科学を追求していく中で見失われてきたように思われる(Strean & Roberts, 1992)。したがって，本章では，新たな研究方法や統計技法の精巧な技術よりも，むしろ理論や概念とそれらが関連するスポーツ心理学の問題にいかにうまく答えるかを中心に議論を展開したいと考えている。

　過去に使用した方法論やデータ解釈の誤りを単にリストアップすることも必要ではあるが，単なるリストアップによって人格学研究の質が著しく向上するわけではない。これまでにも修正を示唆した文献がある(例えば，Carron, 1980；Martens, 1975)。研究者は人格学の研究を，いくぶん誇張して批判している可能性もある(Landers, 1983；Martens, 1987)。本章では，1950〜1980年代に至る主流の心理学とスポーツ心理学のパラダイムの流れ，方法論の流れ，発展の概要を手短かに紹介する。その後に，特性パラダイムが内包しているより特異的な見解と同様に，現在使用可能なより精巧な統合ツールを考慮しながら，諸研究を再評価してみたい。3つ目の主要な目的は，主流のパーソナリティ研究における新しいパラダイムや方略の中から，スポーツ心理学研究の目的に統合可能なものを明らかにして操作化することである。さらに，エリ

ート競技者がスポーツ状況で使用する新しい技術について詳しく述べた。

パーソナリティ研究の概念的な枠組み

　研究者は，パーソナリティを定義することによって，研究の境界を規定しようとしている。しかし，本節では，異なる2つの基本概念を中心に展開してみたい。これらの概念は，主流の心理学とスポーツ心理学双方のパーソナリティ研究や研究史の方向を理解する上で重要なものになっている。さらに，新しいアイディアの流れ（インターフェース）を促進しなければならない。これまでのパーソナリティ研究では，関連行動を起こしやすくする行動傾向や特性といった，長期に渡るパーソナリティの概念に主に基づいていた。この定義に基づいた研究では，非エリート競技者と比較してエリート競技者のパーソナリティ特性を同定することを目的にしていた（Van den Auweele et al., 1993；Vealey, 1992）。

　研究の組み立ても，パーソナリティの概念内で行われている（Magnusson & Törestad, 1993；Mischel & Shoda, 1995 を参照）。この研究の方向によれば，パーソナリティとは，意識・無意識の相互作用により，予測可能な一貫したパターンとして個人機能に現れる媒介システムであると定義することができる。しかし，そのようなパーソナリティは抽象的なものであり，そこに存在しているものは生き生きとした積極的かつ目的的な有機体で，統合的な存在として機能し発展する。この考え方に基づけば，個人の思考や感情，行為，反応の方法と理由を調べる研究は，明らかにパーソナリティの研究となる。ここでは，状況を通して変わらないのはどのような性質なのか，その競技者固有のものなのかということよりも，特殊な競技者がどのように機能するのかということの方が問題になる。研究者は，例えば，トップレベルの競技者がとりわけ最適なパフォーマンスをしている時に彼らの機能を特徴づけるような有意義なパターンと，それらのパターンの根底をなす過程を集中的に調べている（Jackson, 1995；Jackson & Roberts, 1992）。

予測可能性・合法性・機能性に関連するエリートパフォーマンス

　優れた選手を記述する際の基準は，パーソナリティの特性と過程の概念，予測の役割，機能性の定義と関係している。行動の予測は，ある媒介過程が行動や行動成果に影響する理由や時期，方法と同様に，心理学の重要な関心事になっている。Magnusson と Törestad (1993) によれば，予測の概念はパーソナリティの特性指向，人間行動の機械的なモデル，決定論的なモデルと密接に結びついている。対照的に，Magnusson らはパーソナリティの過程解釈に合法性という用語を導入して，一連の同定可能な原理に従っても必ずしも予測できないような個人の機能を記述している（カオス理論では，合法的であっても予測不可能な動的過程を同様に記述している）。

　行動や機能の予測可能性と合法性のいずれも，特定の状況における行動機能情報は提供していない。しかしながら，スポーツ心理学では，個々の競技者の予測可能で合法的な行動機能を定義・同定・測定することが非常に重要になっている（Apitzsch & Berggren, 1993；Hanin, 1997；Schlattmann & Hackfort, 1991；Van den Auweele, Depreeuw, Rzewnicki, & Ballon, 1999）。機能性には，性質，過程，何らかの成功基準，のいずれかによって定義できるパーソナリティの諸特徴やパターン間の関係を同定するという意味がある。機能性には，遺伝要因や環境要因が確定・関係するこのような特徴やパターンの性質を同定するという意味もある。例えば，情動と機能性の間には複雑な関係があるように思われる。Hanin (1997) は，ポジティブ-ネガティブ，最適性-機能不全性という2つの独立要因を区別した。ポジティブ-ネガティブな両情動は競技者のパフォーマンスに機能的・最適・有用に働く場合もあるが，機能不全を起こしたり，有害な作用を及ぼす場合もある。コーチとの議論は，怒りを生み出したり，人間関係を崩壊させる可能性もあるが，競技者のトレーニング動機や決断に作用する可能性もある。

　研究者は研究の成果・過程の基準を，成功の定義に使用している（Van den Auweele et al., 1999）。一般的な解釈は，決定論モデルと成果基準に基づくものである。エリート競技者とは，国内・国際・オリンピックレベルの競技資格がある者や，プロフェッショナルスポーツに従事している者である。この定義には，実際には上記のレベルで競技していないが，そのような競技に参加する資格がある競技者も該当している（例えば，Johnson, 1972）。しかしながら，パーソナリティ過程の概念や過程基準（競技状況において競技者がどのように行動し感じるのか）に基づいた研究は非常に少ない。ここでは競技者の成功を個人の基準に準拠して定義する。

　個人の基準には，競技者にとって最適かどうか，ダメージを与えるかどうか，標準以下かどうか，潜在的な脅威となるかどうか，などがある。例としては，課題指向-自我指向の機能的相違（Duda, 1998）（例えば，最適機能ゾーン；Hanin, 1997）や，ピークパフォーマンス（例えば，Jackson, 1995；Jackson & Roberts, 1992；Singer, 1988）の研究がそれに該当している。本章では，それぞれの基準に関わる研究をレビューしてみたい。両基準は，競技者のパフォーマンス向上を助長し，競技者の潜在力やウェルビーイング

をより実現させるような診断や最終的な介入(カウンセリング，選択，心理的なスキルトレーニング，行動修正)といったスポーツ心理学の目的を達成する上で妥当なものになっている。

人格学と関連分野

1980年代まで，スポーツ心理学領域におけるエリート選手の心理属性に関する多くの研究報告には，スポーツ人格学，パーソナリティ研究といった表題がついていた。しかしながら，最近では，暗黙裡に人格学(特性，安定性，独自性，階層構造など)と呼ぶ他の心理学研究分野の重要な理論や概念，方法論，データを，レクリエーション競技者やエリート競技者の研究に導入している。科学的な証拠は，自己知覚，パフォーマンス成果の確信，自己効力感，制御感，動機づけ，目標指向，注意と帰属スタイル，感情，情動などの広範な研究から集まってきている。Vealey(1992)は，スポーツ心理学についての研究の多くをスポーツパーソナリティ研究と呼ぶことができると示唆している。

これらのトピックスは，MagnussonとTörestad，1993)，MischelとShoda(1995)が精緻化したパーソナリティの過程概念に，明らかに統合・包含することができる。多くの研究分野のさまざまな概念やデータはパーソナリティの概念と関係しているが，ここではそれらを簡単に紹介するに留めたい。その理由は3つある。(1)他の章がそれらをカバーしていること，(2)それら各トピックスの最近の研究をレビューすれば百科事典的な作業になってしまうこと，(3)もっと重要な理由は，多くの研究分野における概念やデータをすべて蓄積しても，競技者が思考や情動をどのように統合・組織するのか，さまざまな状況における一貫した行動パターンをどのように示すのかについての知識は増加しないことである。上述したあらゆる競技者機能の相互作用を競技状況のタイプに関連づけて集中的に検討することが，パーソナリティ研究の主要な課題になっている。

1950～1980年代中頃の主要なパラダイムと方法論：傾向と概要

パーソナリティの性質に関わる研究はスポーツ心理学の新興分野であり，さまざまな段階を経由して発展して来ている。そして特性・状態についての議論は相変わらず継続している。スポーツ状況の行動を理解・説明・予測する際にいずれのパーソナリティパラダイムがもっとも有効なのかを，スポーツ心理学者は議論している(Vealey, 1989)。パーソナリティ心理学にとって，特性概念は人の将来行動を予測する中心的な構成概念になっている。研究者は特性を，"行動素因

として機能し，したがって行動の適切な予測要因として使用できる安定した内的構造"と定義している(Sherman & Fazio, 1983, p.310)。個人差は能力(例えば，技術的なスポーツ才能)，感情-動的特性(例えば，刺激希求，目標指向，特性不安)，認知特性(例えば，信念)に細分化することができる。伝統的な公式の特性理論では，個人の特徴を多数のいわゆる共通特性や普遍的なパーソナリティ次元(例えば，内向性-外向性)に収めることができるとしている。

パーソナリティ質問紙の多くは，"回答者がさまざまな状況でどのように反応し行動するのか"(Singer, 1988, p.89)について知るために，普遍的なパーソナリティ次元上で個人の位置を探る構成になっている。プロトタイプの質問紙は，各項目について自分に当てはまる程度を回答者に判断させるような多くのパーソナリティ形容詞(例えば，私は正確である，冒険好きである，感傷的である)で構成した自己報告式のものになっている。伝統的で法則定立的な特性理論では，次の3つの仮定を共有している。(1)個人は状況横断的に一貫した存在である，(2)行動の安定は一時的なものである，(3)同じ潜在的な特性を参照した同時的な行動表出が存在している。

別の観点からは，主要な特性理論家の誰もが行動の予測に状況要因が重要であると認めている(Pervin, 1985)。Mischelは，共通特性理論の基本的な仮定に関する実証的な研究をレビューした。Mischelの1968年の書籍"パーソナリティと評価(Personality and Assessment)"を，特性概念の有用性に対する疑問のさきがけとして多くの研究者は広く受け入れた。Mischelは特性(質問紙で測定したもの)と複数の行動基準の弱い相関(0.20～0.50の間，平均値0.30)を繰り返し述べるとともに，パーソナリティ係数の用語を導入してパーソナリティ変数はあまり行動を予測しないと指摘した。特性は将来行動の予測要因にはならないと確信した多くのパーソナリティ心理学者は，特性理論の研究を捨てて，状況変数から行動を予測する研究に方向を転換した。しかしながら，特性理論の概念に対する根本的な批判があるにも関わらず，パーソナリティの基本次元を確定する研究は決して行われなくなっているわけではない。さらに，現在では特性研究に対する関心が高まっている。1990年代の当初，因子分析によってパーソナリティの5つの基本次元，(1)外向性，(2)同調性，(3)誠実性，(4)情動安定傾向と神経症傾向，(5)経験の受けやすさ(John, 1990)，が明らかになった(Costa & McCrae, 1992 ; Goldberg, 1992)。Digman(1990)は，研究レビューの中で5つのパーソナリティ要因の存在を支持した。しかしながら，他の研究者は相変わらず特性理論を批判している。

1970年代には，特性理論を棄却せずに危機から脱出する方法を示すことができるような共通メッセージとともに，複数の研究方向や方略が登場した。性質ア

プローチがもっとも広く容認している方略では，まず横断的な状況における一貫性の低さを認識し，それからさまざまな状況における特定の次元(例えば，不安)の個人行動を集計し，全体的な真の得点や行動傾向を評価している(Buss & Craik, 1983；Epstein, 1979；Mischel & Peake, 1982)。このような相関分析による個人行動の集計は，特定次元(例えば，不安)にみられる有意な個人差と，安定した全体的な個人差を実証する証拠になっている。その他の方略は，特性概理論の念がいまだに役に立つような条件について明記する調整変数の使用を示唆している。SherманとFazio(1983)はこの調整変数に関する研究を要約している。ここでは，特性理論を保守的に支持するこれらの条件(調整変数)やさまざまな研究動向について，手短かに記述してみたい。

特性理論を支持する研究では，特性測度から比較的少人数の行動を予測することができると説明している。例えば，セルフモニタリング(Snyder, 1979, 1983)が低い者や，自己意識(Fenigstein, Scheier, & Buss, 1975)が高い者のみが，特性と実際の顕在的な行動の自己報告に一貫性を示すということになる。

第2に，特性には人の記述や予測に役立っているものもある。この立場には2つの見解がある。安定性または不安定性という特性の存在を示唆している研究者もいる。安定性の考え方は，個々人が非常に高い一貫性を特性行動に示しても，それは時間厳守(McGowan & Gormly, 1976)の安定性特性に過ぎないと示唆している。不安定性の考え方は，個々人の行動が特定個人に関連する特性のみを予測するに過ぎないと示唆している。実質的な特性−行動の一貫性は，個々人が重要なものと同定している特性にのみ存在していると思われる(Kenrick & Stringfield, 1980；Markus, 1977)。特性理論を支持する研究には，特性−行動の一貫性が状況に応じて変化している点を強調しているものもある。状況からの強力なプレッシャーがあっても，状況を規範制御している限り，個人差は最小になって特性と対応行動の相関は小さくなるものと思われる。このことから，特性の測定は，対応しなければならないような束縛が少ない状況(Price & Bouffard, 1974)や，プレッシャーが弱い状況(Monson, Hesley, & Chernick, 1982)のみの将来行動を予測する要因として役立つものと思われる。

調整アプローチでは，一般的な結論は調整変数が適用できる人に限定したものだとしている。セルフモニタリングが低く，関連した内的状態の情報に基づいて行動を選択するような人がその例である。社会的に妥当な状況手がかりや対人手がかりの影響が非常に強力なために，行動と背景的な特徴がほとんど関係しない場合には，セルフモニタリングが高い人に調整アプローチの結論を当てはめることはできない。大規模な多変量デザインにおいて多数の調整変数を特定(Bern, 1983；Krahé, 1992)することにより一般的なシステムを得ることは，理論的には可能であると思われる。しかしながら，そのためには多くの実験参加者が必要になる(Brody, 1988)ことから，エリートスポーツでは非現実的である。その上，特性・状況から特定の人を予測することができても，他の人を予測することができないのはなぜかといった疑問も残る。

特性理論が基本仮説にしている状況横断的な安定性を支持するような実証的研究はない。そのこともあって，多くの研究者は相互作用的なアプローチ法を採用するようになってきた。しかしながら，相互作用の概念にはさまざまな意味がある(例えば，Claeys, 1980)。人−状況の相互作用について，人と状況がともに行動を決定していると述べただけの文献もある。この陳述はまったく取るに足らないものである。人の変数が行動に影響しているのと同様に，行動と環境の相関関係を疑う心理学者(と特性理論家)は誰もいない。Fisher(1977, p.190)が述べたように"特性理論家は，実際のところ環境の影響を軽視するほどナイーブではない"。現代の相互作用説の文献を分析した，Claeys(1980)によれば，人と状況の相互作用には，(1)有機体，(2)統計，(3)ダイナミック，という3つの解釈がある。

有機体の相互作用説では，パーソナリティ要因と状況特徴の相互的な因果関係を強調している。一方，現実的な行動と，個人が知覚して解釈する状況との間には相関関係がある。先行する認知−ダイナミックな人的変数(例えば，態度)はこの知覚・解釈に影響を与えている。他方，社会学習的な見方をしている研究者は，それらのパーソナリティの特徴は過去に触れた状況の結果であると考えている。ダイナミックな相互作用説を支持する研究者は，個人が置かれている状況とその人のパーソナリティ特性に相関関係があると主張している。個人はパーソナリティの特性と顕在的な行動を組み合わせて，その後の行動を選択している。Snyderは，個人の状況選択の自由度がかなり大きいことと，人工的な状況(実験室の研究のような)や特異的なケースを除けば個人には参加状況を変更する能力もあることを信じている。Snyderらの実験結果(例えば，Snyder & Gangestad, 1982)は，特性を反映する方法によって，個人が状況を選択・変更しようとする立場を支持している(Magnusson & Törestad, 1993；Mischel & Shoda, 1995 を参照)。

スポーツ人格学

主流の心理学と同様に，スポーツ心理学の研究においても，人の要因に関する研究や，少なくとも特性の概念を棄却する強い動きがあった(Landers, 1983；Morgan, 1978)。新しいタイプの測度開発，検討すべき関連特性の選択，相互作用的なアプローチを求める

動きがあった。初期のスポーツ心理学研究には、グループ間の比較という伝統的な特徴があった；特に競技者－非競技者の比較，成功した競技者－失敗した競技者の比較，さまざまなスポーツの代表競技者グループの比較を行っていた。このような比較データが才能の発掘・予測・選択に役立つと考えた研究者もおり，特定スポーツにおける対象競技者のパーソナリティプロフィールとエリート競技者のプロフィールを比較することによって，次のような質問に回答できると考えていた。対象競技者に集中トレーニングプログラムを実施することにメリットはあるのか？ ハイレベルな競技状況において，適切な気質や動機の点で，対象競技者はエリート競技者のように優れているのか？（本巻の Durand-Bush and Salmela を参照）

各研究者が一般的に使用したテストは16パーソナリティ要因（16 PF；Institute for Personality and Ability Testing, 1986），Eysenck のパーソナリティ目録（EPI；Eysenck & Eysenck, 1964, 1975）といった，法則定立的な特性目録であった。Fisher (1984)によれば，スポーツパーソナリティ研究の発表論文数は1960～70年代には1,000以上あった。決定的な証拠がないという Singer (1988)の報告や，Browne と Mahoney の"この研究には興味深いヒントもあったが、驚くようなものはなかった"(1984, p. 610)という結論のような穏健な評価はさておき，評価を対照的に観察することも可能である。

Martens (1975) や Rushall (1975) のように，一般的な特性測度はスポーツ関連行動の予測には役に立たないと述べたスポーツパーソナリティ研究者もいる。逆に Morgan (1980) は，役に立つという見方を一貫して支持した。Morgan は，悲観的なレビューは特性の有用仮説に好意的な研究を除外していると主張して，エリート競技者の特異的なパーソナリティの特徴という楽観的な証拠を提示した。Morgan は，自作のメンタルヘルスモデルが競技者の成功予測に効果があると報告した。Morgan によれば，彼の自作のメンタルヘルスモデルは"氷山型プロフィール"が示すようなものを十分実証的に支持していた。"神経質，抑うつ，不安，統合失調質，内向，混乱，疲労の得点が高く，精神的な活気の得点が低い競技者は，これらの特性を示さない競技者よりも失敗する傾向が高い"(Morgan, 1980, p. 62)。

多くの文献によれば，成功した競技者の特性には，情動の安定，高い達成欲求，自己主張，支配といった特徴があった（Alderman, 1974；Cooper, 1969；Kane, 1964；Ogilvie, 1976）。Fisher は，このような知見の背景論理について"優勝劣敗"(1977, p.92)をあげている。それにも関わらず，研究の解釈には食い違いがあった。それらは，少なくとも部分的には，データ解釈の困難さによって説明することができる。Martens (1981, p.493) が観察したように，"決定的な知見が存在しないもっとも根本的な理由は，おそらく特性アプローチがどのような概念や論理的な枠組みも基盤にしなかったことにある"。そして Singer (1988, p.92) が述べたように，"今では非常に多くの多様なテストを利用することが可能になっており，多くの研究者はそれらを多様な実験参加者群に使用している"。すべての研究者は，パーソナリティ測度を非理論的に使用して競技者の特徴を調べることにネガティブな評価を下した。例えば，Ryan は次のように述べている。"この分野の研究は'ショットガン'的なものになっている"。それは研究者がほとんど，またはまったく理論的な根拠もなく選択した，もっとも身近なスポーツグループともっとも便利なパーソナリティテストを使用して，（ショットガンのように）空中に発射して，使えるものを見出そうとしているという意味である。さまざまな時間に，さまざまな場所で，さまざまな弾薬を使って空中に発射すれば，さまざまな知見が出るのは当然のことである。実際，結果に矛盾がなく多少の混乱も生じない場合には，意外な感じがすると思われる"(Straub の引用, 1977, p.177)。

スポーツ人格学研究における非理論的な特徴や概念的な枠組みの欠如はもっとも根本的な欠陥になっているが，同様に方法論の重大な欠点も明らかになっている（Carron, 1980；Hardman, 1973；Heyman, 1982；Martens, 1975；Morgan, 1980；Silva, 1984）。もっとも共通している問題は以下のようなものである。

1. 明確な定義や操作化にはほとんど，またはまったく関心がないこと。エリート競技者／非エリート競技者，成功した競技者／失敗した競技者といった重要な変数は，事前に注意深く定義しなければならない。そして，予測要因と優れた競技パフォーマンスの因果関係を理論的に説明する必要がある。例えば，多くのリストに不安尺度が入っている。しかしながら，これは，不安の操作化が同一であることや，同じ構成概念に言及していることを意味するものではない。

2. 問題の多いサンプリング技法。便宜上，スキルレベルがかなり異質であっても環境の影響が同じようなよく似た競技者チームを選択していた。これは結論を他チームに一般化する際の制約になっている。

3. 不適切な統計分析の使用。多変量解析が適切であるにも関わらず，単変量の統計分析に依存しているとの批判がある。また，平均値はしばしば極端な得点によって大きく変動するために，個々の競技者を代表する値にはならない。

4. パーソナリティ測定の誤用。研究者は起源や開発の理論的な理由に関わりなくテストを選択していた。例えば，ミネソタ多面パーソナリティ目録（Minnesota Multiphasic Personality Inventory：MMPI）は，健常者のパーソナリティ測定用に開発された

ものではなかった。この特殊なテストを健常な競技者のパーソナリティ分析に不適切に使用すると，研究の結論は無効になる。
5. 比較した群間のデータに関連がみられる場合，そこに因果関係があると思い込んでしまう。

スポーツ心理学者が状況論的な研究を支持する際に，初期のスポーツパーソナリティ研究にみられた悲観主義にどの程度対応したかを評価することは不可能である。しかしながら，研究が状況論的な見方に関連している場合や，もっぱら行動を環境変数の産物として考える場合には，パーソナリティ特性の評価効力は必然的に信用を失うことになる。Martens（1975, p.18）が述べているように，"状況論は，個人が状況横断的にさまざまな行動をすること，同じ状況であっても実験参加者間の行動は微妙に違うことを中心仮説にしている"。言い換えれば，状況論者はパーソナリティの全体概念を放棄している。

Vealey（1989）は，1974～1987年のスポーツパーソナリティ研究の内容を分析したが，その中には明らかに状況アプローチの研究が入っていなかった。しかしながらVealeyは引用の中で，個人差を完全に無視し，もっぱら外的な変数に依存しているような純粋な状況論は，スポーツ心理学ではあまり成功していないと示唆している。状況主義を"特性理論への過剰な反応"（Martens, 1975, p.19），"他の方向に極端に行き過ぎた……人格学主義のアンチテーゼ"（Horsfall, Fisher, & Morris, 1975, p.61）とみている研究者もいる。スポーツ心理学者が状況論のパラダイムを拒絶した背景には，主流の心理学が状況論の中心仮定を拒否したことの影響があったとするのは適当と思われる。Rushall（1978, p.98-99）は，主流の心理学のパーソナリティ研究者が，状況論的なモデルをネガティブに評価したことの影響について，理論的な見地から次のように描写している；"一般的なパーソナリティの段階状況理論（trans-situational theory）から純粋に状況的な考えに移行した反動的なアプローチも，不完全であることが明らかになった。状況的な随伴性だけが行動を制御するという提案には，行動の予測を説明する上で限界があった"。確かに，特性パラダイムの代替として一流のスポーツ心理学者が推奨したのは相互作用説であった（Straub, 1977）。

要約すると，特に注目すべき試みは，状況横断的に個人の行動を収集し，特性概念が有効となる条件を明らかにして，特性理論を擁護することであった。スポーツ人格学のパラダイムは，特性アプローチから状況論的なものを経由して相互作用論に移行した。過去のスポーツ人格学におけるもっとも根本的な欠陥は，非理論的な特徴，有用仮説の欠乏，方法論の拙さである。

エリート競技者のパーソナリティと成功の予測

視察による収集とメタ分析

Hardman（1973）は，適切な集団（母集団）基準によって区分した類似の競技者サンプルに同一テスト（同じ特性の測定）を実施して結果を比較する際の視察の利用について示唆した。Carron（1980）は，Hardmanの研究の継続を奨励した。Landers（1983）は単なる比較データの視察を越えて，パーソナリティとパフォーマンストピックスのより統計的な統合結果を報告したが，その示唆はメタ分析の人気を高めることになった（Cooper, 1990；Halliwell & Gauvin, 1982；Wolf, 1986）。本節では2つの研究トピックスを紹介し，これらの集計手続きを例証してみたい。そのひとつは外向性（特性）の相異を分析したものである（Eysenck, Nias, & Cox, 1982）。エリート競技者と非エリート競技者，エリート競技者と非競技者を比較する時に氷山型プロフィール（Morgan, 1985）が確定するような気分差についての研究（Renger, 1993b）も取り上げる。

外向性

Vanden Auweeleら（1993）は，視察によって自説を検証したHardman（1973）の報告データにメタ分析を加えて，外向性の仮説について検証した。この分析では1,042名のエリート競技者に関する25の研究データを使用していた。仮説は，16 PF・EPI・EPQ（Eysenck Personality Questionnaire）で測定した競技者の外向性と健常集団の外向性に違いがないというものだった。結果として，エリート競技者と健常集団の外向性には違いのないことが明らかになった。オープンスキルやクローズドスキルのスポーツ競技者と健常集団を比較した場合にも違いはなかった。

Eysenckら（1982）は，スポーツのタイプによる違い，チームスポーツと個人スポーツかによる違い，また同じスポーツの中の違いも予測できると述べた。しかしながら，Van den Auweeleら（1993）の研究データを視察したところ，スポーツは外向性の差を何ら説明していないことが明らかになった。ポジティブに異なる得点を示したものは長距離走，ボート，射撃，レスリング，ラグビー，水泳，陸上競技，セーリングの各競技者であった。ネガティブな得点は長距離走，卓球，バドミントン，レスリング，フェンシング，ホッケー，ロデオ，自転車，射撃，セーリングと関係していた。

POMSの氷山型プロフィール

Van den Auweeleら（1993）は，18の研究の視察によって，エリート競技者と非競技者（健常集団）の違いをPOMS上で確認した。Van den Auweeleらは，ア

メリカ人のエリート競技者は特に試合前のトレーニング中に氷山型のプロフィールを示したが，エリート競技者のプロフィールが一般人と比較して特に変わっているとする研究はまったくなかったと結論づけた。Rowley, Landers, Kyllo, Etnier（1995）は，33編のPOMS研究をメタ分析し，成功した競技者とそうでない競技者が氷山プロフィールによって弁別できるかどうかを調べた。その結果，全体的な効果サイズは0.15となり，ゼロとの間に有意差はあったが，因子寄与率は1%に過ぎなかった。これらの結果から，さまざまなスポーツを通して成功した競技者は，そうでない競技者よりもごくごくわずかにポジティブなプロフィールを示すことが明らかになった。このことは，POMSによって競技の成功を予測することには，かなりの問題があることを明らかにしている。

エリート競技者研究における多変量解析・多次元モデル・多様な方法論

パラダイムと方法論の考察

エリート競技者の心理的な特徴を調べている多くの研究者は，一次元アプローチに単変量の分析手法を使用している（唯一の心理的変数を調べる）。エリート／成功／有資格者と非エリート／失敗／無資格者の違いや能力の直接測定によってパフォーマンスを操作することが可能かどうかといったパフォーマンスの予測可能性を高めたい場合には，研究者は多変量解析手法，多次元デザイン，多様な方法論といったアプローチの使用を推奨している（例えば，Marsh, Richards, Johnson, Roche, & Tremayne, 1994）（エリート競技者に使用した変数は表9.1を参照）。予測変数の相互関係を調べる場合には，重回帰分析，判別分析，因子分析，クラスター分析といった多変量的な統計手法が適している。複雑な階層モデルや因果関係を検証する場合には，パス解析，構造方程式モデリングが適している（Dishman, 1982 ; Landers, 1989 ; Morgan,

---

表9.1　エリート競技者を対象とした多変量的・多次元的な研究の心理変数[1]

特性測度[2]	スポーツ固有の状態測度[2]
不安と神経症関連の特性（高－低不安） ・情動の安定性：16 PF-C(1,R) (4,H) ・特性不安：STAI-DY2(9,DR) ・心気症：MMPI-Hs(2 a,R) ・虚偽尺度：MMPI(2 a,R) ・F尺度（頻度）：MMPI(2 a,R) ・自信－懸念：16 PF-O(4,H) ・信頼－疑念：16 PF-L(4 HI) **厳しい態度／優しい態度** ・厳しい思いやり／優しい思いやり：16 PF-I(1,R) (4,H) ・冷静－熱狂的：16 PF-F(4,H) ・精神病的な偏奇：MMPI-Pd(2 a,R) **外向性／内向性** ・（社会的）内向性－外向性： 　MMPI(2 a,R) 　EPI(2 b,R) ・グループ依存／自給自足： 　16 PF-Q 2(1,R) ・恥ずかしがり－大胆：16 PF-H(4,H) **認知要因** ・知能：16 PF-B(3,H)	**喚起／不安関連の変数** ・緊張：POMS-t(5,W) ・怒り：POMS-a(5,W) ・全体的な気分：POMS(9,DR) ・特異的な状態不安パターン： 　STAI-DY1(10,At) 　MA(6,D) ・スポーツ固有の不安： 　MA(6,W) (6,D) (8,At) ・動機づけ：MA(8,At) ・心的準備／やる気：MA(3,W) (8,At) ・セルフトーク：MA(3,W) (6,W) (6,D) ・負荷容量：(10,At) **課題困難と自己能力の一致／不一致評価に関連する感情** ・自信：MA(3,W) (8,At) (11,Ar) ・役割パフォーマンス：MA(3,W) ・最高能力に近い感じ：MA(3,W) **人間関係** ・競技者－親の関係：(10,At) ・競技者－トレーナーの関係：(10,At) **認知要因** ・思考：MA(3,W) (6,W) (6,D) ・パフォーマンスの帰属：MA(6,W) (6,D) (11,Ar) ・集中：MA(3,W) (6,W) (8,At) ・夢：MA(3,W) ・注意散漫：MA(3,W) ・認知コーピング：MA(3,W) (6,D) ・ブロッキング：MA(3,W)

[1] ここでは重要な測度についてのみ報告している。各項目の下にテストの名称を示している。スポーツと研究は図9.1の説明文を参照。
[2] ここでは2次要因（16 PF）に従って特性変数を分類している。名称の類似性に従って，スポーツ固有の変数と状態の変数を分類している。

1980；Régnier, Salmela, & Russell, 1993；Tanaka, Panter, Winborne, & Huba, 1990)。これらのタイプの分析手法を使用すれば，相互独立的にパフォーマンス基準と相関する予測変数は，分散のより多くを説明すると思われる。構造方程式モデリングの技法を使用すれば，選択変数と，パフォーマンスや他の機能的な基準との仮説的な因果関係(Reeds, 1985；Tanaka et al., 1990)を多変量解析の手法でテストするような，より理論的な研究が可能になると思われる。

1970年代初頭から，心理生物的なモデルや多次元モデルには強い擁護もある。それらのモデルでは，心理変数に加えて生理変数（例えば，心拍や血中乳酸値），形態変数（例えば，体重や体脂肪），スキル（例えば，スケートのスピードやスティックの取り扱い）を扱っている。これらのモデルの使用は，人間機能の持つ複雑な性質やパフォーマンスを多元的に決定する要因に対してより適切に対処する手段であると研究者は示唆している(Deshaies, Pargman, & Thiffault, 1979；Feltz, 1992；Landers et al., 1986b；Morgan, 1973；Prapavessis, Grove, McNair, & Cable, 1992；Silva, Shultz, Haslam, & Murray, 1981；Singer, 1988；Williams, 1978)。同様に，Feltz(1987, 1989)，BrewerとHunter(1989)，Vealey(1992)も，研究の弱点を補うようないくつかの方法や手段（多様な方法）の計画的な使用を推奨している。"The Sport Psychologist"誌を1987〜1992年までレビューしたVealey(1994)は，その論文の14%が多様な方法を採用していたと報告した（質問紙，インタビュー，グリッド方法論の併用例は，Van Mele, Van den Auweele, & Rzewnicki, 1995を参照)。全体的な予測精度の点で，心理生物学的なアプローチが生理学的モデルや心理学的モデルよりも優れていることを実証した研究もあるが(Deshaies et al., 1979；Landers et al., 1986b；Morgan, 1973；Silva et al., 1981)，多次元モデルを使用した研究はまだ少数に留まっている。

Silvaは1984年に，心理生物学的モデルがMorgan(1973)の提案から10年以上経過しているにも関わらず，スポーツ固有の多次元モデルがさらなる洗練や発展を遂げないのはなぜなのかと疑問を持った。現在のところ，研究アプローチ方法には何の変化も生じていない。最近の多くの研究は単一次元や単一専門分野における心理学的なものを調べている。その理由は，研究の方向が複数の専門分野にではなく特殊な専門分野に向かっているからだと思われる。運動生理学者はパフォーマンスを生物学的な用語で説明しようとしている一方，スポーツ心理学者は心理学的な構成概念から説明しようとしている。この研究の流れは明らかに将来性があるものと思われるが，いくつかの問題点もある。困難な点の1つは，エリート競技者に対する多変量的研究の知見に相違がみられることである(Highlen & Bennett, 1983；Renger, 1993a)。また，

全体的な予測精度が際立ち過ぎているような研究もある。例えば，レスラーを調べたNagle, Morgan, Hellickson, Serfass, Alexander(1975)やSilvaら(1981)は，分類精度がそれぞれ80%，93.33%であることを明らかにした。だからこそ，結果を一般化する際には，研究結論の熟考が必要であるのと同様に，少なくとも若干の注意が必要であると助言したい。Landersら(1986a)，HighlenとBennett(1983)，Haase(1984)，Renger(1993a)は，本章の初めに述べた方法論的な欠陥（例えば，エリート競技者を区分けする基準）に加えて，これらの知見が異なっている理由の一端を担うと思われる新たな2つの方法論的な問題を明らかにしている。

1つ目は，検討すべき変数の数に対して，使用しているサンプル数がしばしば小さ過ぎるという問題である。しばしば実施上の理由から研究者はサンプル数を少数に抑え，考えられる予測要因のすべてを段階的重回帰分析にかけようとしている。そうすることで，競技者の成功により関連すると理論的に思われる要因の事前予測責任を回避している。サンプル数と変数の不適切な比率は，データの不安定性，低い統計力，因子寄与率などの過大評価と関係している。

2つ目は，すべてのスポーツに渡り，高いレベルの競技者には一連の特異的な特徴が存在するという問題である。個々のスポーツにはそれぞれ特異的な特徴が必要であるという逆の仮定は，同様に受け入れ難いように思われると，HighlenとBennett(1983)は主張している。Highlenらは，相互によく似た心理的特徴を持つようなスポーツのタイプがあるという類型的な仮説を示唆している。Highlenらはエリートレスラーと体操選手についての異なる知見を説明するために，オープンスキルとクローズドスキルの競技者について調べた。Highlenらは接触型と非接触型のスポーツ競技者や，スケートとゴルフといった異なるタイプの運動協応を要するスポーツへの同じ研究方法の導入を示唆した。

多変量的／多次元的な研究に基づいた暫定的な結論

次の多変量的／多次元的／多様な方法による研究は，前述したポイントを統合する上で役立つ。

1. 研究者は特定スポーツのパフォーマンスとの間に仮定した関係に従って特性をより選択的に測定するようになってきているが，特性の立場を棄却したわけではない(Landers et al., 1986a；Morgan, 1978；Reeds, 1985；Renger, 1993a；Silva et al., 1981；Van den Auweele et al., 1993)。
2. 研究者はよりスポーツ固有の測定手段や，パーソナリティ次元に固有の測定手段を構築している（例えば，不安〔Martens, Burton, Vealey, Bump, & Smith, 1990〕，注意〔Nideffer, 1990〕，目標指向

〔Duda & Whitehead, 1998〕, 自信〔Vealey, Hayashi, Garner-Holman, & Giacobbi, 1998〕)。スポーツはオープンスキル-クローズドスキル, 直接的/接触的-並行的/非接触的, チーム-個人を含めて, 身体的・精神運動的・心理的な要求によってグループ分けが可能である。これは有機的な相互作用論者の立場を意味しているものと思われる (Grove & Heard, 1997; Highlen & Bennett, 1983; Mahoney, Gabriel, & Perkins, 1987; Newcombe & Boyle, 1995)。

3. 競技前・競技中の測定を含めて, 心理変数の縦断的かつ系列的な側面に関心が集まっている (Highlen & Bennett, 1983; Renger, 1993a; Van Mele et al., 1995, 1995)。この分野については, 後ほどスポーツ人格学の新しい方向に関する節で論じたい。

4. 研究者は, 心理学的評価の自己報告測度に限界があると認識している (Mahoney et al., 1987; Van Mele et al., 1995)。

5. パフォーマンスを予測する心理学的要因に限界があると認識しても, 被虐的になる必要はないといった考えもある: "20〜45%の因子寄与率を説明するどのような変数も, 行動を予測する上で理論的に有用であり, また他の従属変数に合わせて利用すべきである" (Morgan, 1980, p.72)。優れた競技者を対象にした他の研究 (Reeds, 1985) では, 心理学的要因がもっとも重要な検討材料であるとも主張している。この理論的な根拠は, 特定スポーツのトップレベルの競技者が示す生理的・技術的・戦術的な変数の同質性が非常に高いことであ

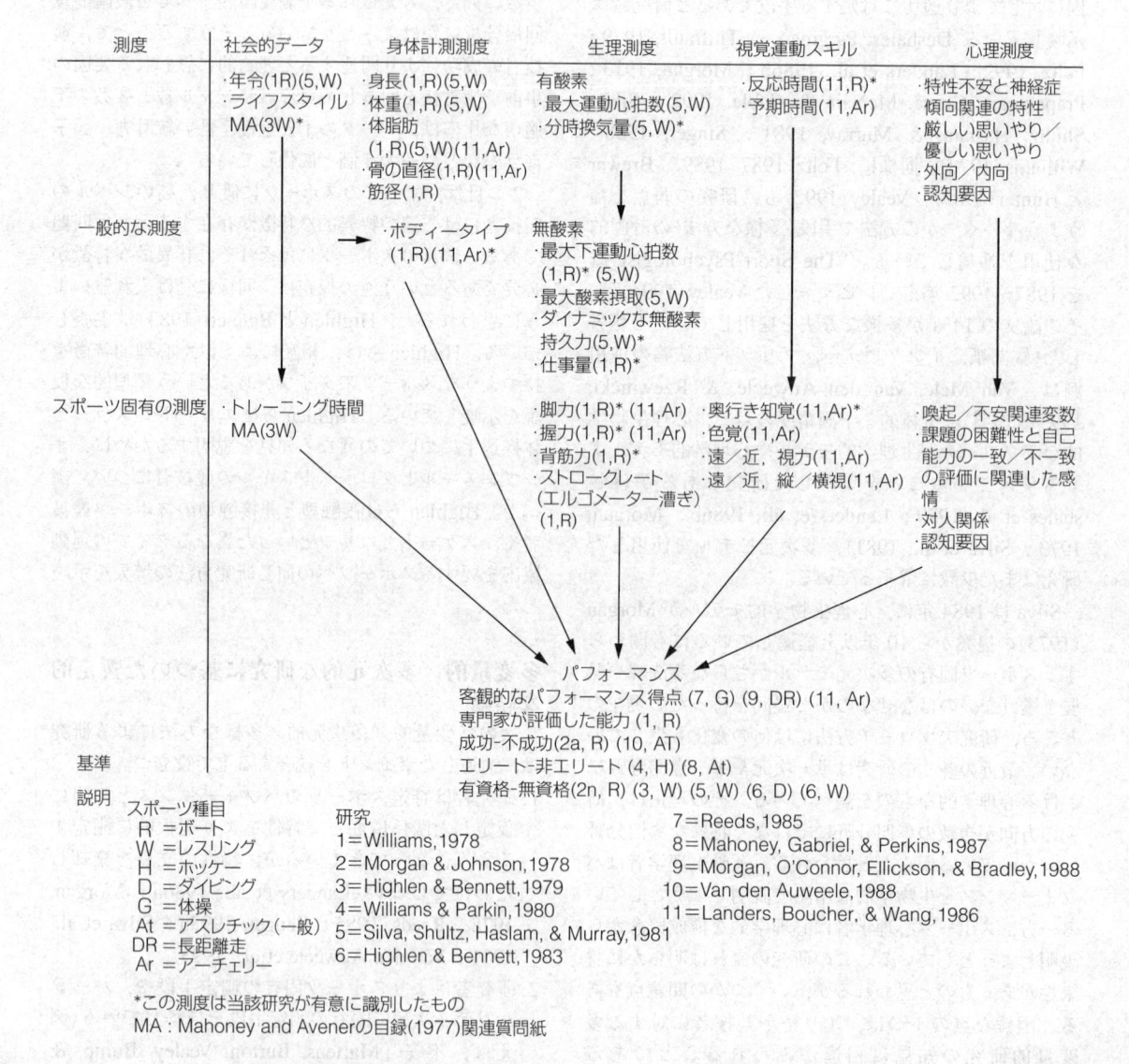

測度	社会的データ	身体計測測度	生理測度	視覚運動スキル	心理測度
一般的な測度	・年令(1R)(5,W) ・ライフスタイル MA(3W)*	・身長(1,R)(5,W) ・体重(1,R)(5,W) ・体脂肪 (1,R)(5,W)(11,Ar) ・骨の直径(1,R)(11,Ar) ・筋径(1,R) ・ボディータイプ (1,R)(11,Ar)*	有酸素 ・最大運動心拍数(5,W) ・分時換気量(5,W)* 無酸素 ・最大下運動心拍数 (1,R)* (5,W) ・最大酸素摂取(5,W) ・ダイナミックな無酸素 持久力(5,W)* ・仕事量(1,R)*	・反応時間(11,R)* ・予期時間(11,Ar)	・特性不安と神経症 傾向関連の特性 ・厳しい思いやり/ 優しい思いやり ・外向/内向 ・認知要因
スポーツ固有の測度	・トレーニング時間 MA(3W)		・脚力(1,R)* (11,Ar) ・握力(1,R)* (11,Ar) ・背筋力(1,R)* ・ストロークレート (エルゴメーター漕ぎ) (1,R)	・奥行き知覚(11,Ar)* ・色覚(11,Ar) ・遠/近, 視力(11,Ar) ・遠/近, 縦/横視(11,Ar)	・喚起/不安関連変数 ・課題の困難性と自己 能力の一致/不一致 の評価に関連した感情 ・対人関係 ・認知要因
基準		パフォーマンス 客観的なパフォーマンス得点 (7, G) (9, DR) (11, Ar) 専門家が評価した能力 (1, R) 成功-不成功(2a, R) (10, AT) エリート-非エリート (4, H) (8, At) 有資格-無資格(2n, R) (3, W) (5, W) (6, D) (6, W)			

説明
スポーツ種目
R = ボート
W = レスリング
H = ホッケー
D = ダイビング
G = 体操
At = アスレチック(一般)
DR = 長距離走
Ar = アーチェリー

研究
1 = Williams, 1978
2 = Morgan & Johnson, 1978
3 = Highlen & Bennett, 1979
4 = Williams & Parkin, 1980
5 = Silva, Shultz, Haslam, & Murray, 1981
6 = Highlen & Bennett, 1983
7 = Reeds, 1985
8 = Mahoney, Gabriel, & Perkins, 1987
9 = Morgan, O'Connor, Ellickson, & Bradley, 1988
10 = Van den Auweele, 1988
11 = Landers, Boucher, & Wang, 1986

*この測度は当該研究が有意に識別したもの
MA : Mahoney and Avenerの目録(1977)関連質問紙

図9.1 エリート競技者の多変量・多次元研究で使用した変数。矢印はパス分析を示す

る。したがって，パフォーマンスの相違は，心理学的要因にほとんど帰属している可能性がある。しかし，スポーツパーソナリティ研究でよくみられるように，逆の結論もある。Van Ingen Schenau, De Koning, Bakker, De Groot (1996) は，この種の研究には有意な相関があまりないことから，得られるものには限界があると警告した。Silva, Shultz, Haslam, Murray (1981) の研究からも明らかなように，生理学的に同質なサンプルであっても，生理学的な測度の方が心理学的特性よりも識別力が大きい。このように，身体変化が重要な状況で気分の尺度から達成を予測することができると考えることはまったく筋違いである。

6. これまで報告があったエリート競技者と非エリート競技者の特徴の違いを明らかにするために，本書前版の本章から多次元的・多変量的な研究を，前述した厳しい基準に従って11点抽出した。統合的な多次元モデルの要求を満たすようなパス解析のデザインは，図9.1を参照されたい。レビューした多変量的な研究では，一般的および／またはスポーツ固有の心理的・生理的・身体計測的・スキルといった変数とパフォーマンス基準の関係や，これらの変数間の相互関係を検証していた。

図9.1の各変数の後に記した数字は研究者を，文字は検証したスポーツサンプルを表わしている。星印はエリート群と非エリート群の弁別に寄与した重要な変数やパフォーマンス基準と有意に相関した変数を示している。矢印は検証した関係を示している。

人格学とスポーツ人格学の新しい展開

1990年代のパーソナリティ研究はあいまいな状況になっている。帰属や目標指向，自信，動機づけ，不安，注意といったより具体的なテーマや構成概念を集中的に調べている主要な研究者は，パーソナリティ分野の研究を放棄している (Duda, 1998 ; Singer, 1994)。しかし，パーソナリティ研究への批判は，適切な理論的根拠と洗練した統計ツールの探求を促進した。一方，研究者はパーソナリティの関連概念(例えば，特性，性質，状態)を継続的に使用して，構成概念内にパーソナリティの新しい過程概念に適合する概念(例えば，階層構造，文脈関連の性質)を精緻化している状況がある。

応用的な問題への関心によって，主流の人格学と心理学的な方法論における最近の理論開発は収斂している。例えば，パフォーマンスが優れたものへと展開していく競技者の過程をどのようにモニターしたらよいのか？ 何を変える必要があるのか？ 競技者の野望，価値，優先事項，目標は何なのか？ どのようなストレス要因が，どのタイプの競技者に，どのような状況下で，どのような反応を引き起こすのか？

パラダイムや方法論はメンタルトレーニングやカウンセリングの文脈に関連することから，本節ではそれらの動向についていくつか選択して記述する。初めに4つの動向を取り上げ，それぞれに対する適切な研究方法論を示したい。その後，それらの新しい概念や方法をスポーツ心理学に適用した研究についてレビューする。最後に，パーソナリティ研究の伝統的な概念と新しい概念の連繋や対比を示したこれらの側面に特に注目し，Mischel の認知−感情システム理論(例えば，Mischel & Shoda, 1995) を説明したい。

第1の新しい動向は，質問紙法や投影法といった自己記述の方法ではなく，行動評価の重視に関係している (Barlow & Hersen, 1984 ; Barrios & Hartmann, 1986 ; Hartmann, Roper, & Bradford, 1979 ; Nelson & Hayes, 1986 ; Staats, 1986)。第2の動向は，個人内−個人間の研究や個性記述的−定則定立的な研究 (Barlow & Hersen, 1984 ; Killpatrick & Cantrill, 1960 ; Runyan, 1983) に対する関心の高まりである。個人内／個性記述的なアプローチは，さまざまな行動要素(例えば，認知，情動，顕在的行動)間の相互作用といった個人内の心理構造に関係している。さらに，個人の生活史に対する関心の高まりもある。

第3の新たな動向は，蓋然確率モデルを支持し決定論のモデルを捨てたことである。決定論のモデルでは，関連する前例がすべて特定できる場合，個々の行動(例えば，優れたパフォーマンス)が予測できると仮定している。蓋然モデル／確率モデルでは，より柔軟な因果律の概念を主張している。特定の状況下で個人はさまざまな方法で反応すること，およびそれらおのおのの反応の生起確率だけが予測できる (Schlicht, 1988) ことが，このモデルの論理的な根拠になっている。例えば，競技者のレパートリーにある一連の行動が，特定状況下で生起する確率を予測することは可能と思われる。

最後に，これまでのように行動が状況横断的に一貫しているかどうかではなく，これらの一貫性をどのぐらい広く一般化できるのかを根本的な問題とするむきもある (Buss & Craik, 1983 ; Hampson, John, & Goldberg, 1986 ; Murtha, Kanfer, & Ackerman, 1996)。広範で全体的な構成概念を適用すれば，適度なレベルのさまざまな行動を正確に予測することができる。しかし，狭義の固有の構成概念を適用すれば，非常に狭い範囲の行動を非常に正確に予測することもできる。Vealey (1992) は，特性概念と属性概念を程度と種類の違いによって識別している。Mischelと Peake (1982)，Hampson, John, Goldberg (1986) は，階層構造のさまざまな表象レベルで行動の一貫性を探求するように提案した。それに加えて，Murtha, Kanfer, Ackerman (1996) は，階層構造を持つ行動カテゴ

リーと同様に，Murthaらが相互作用論者の状況−性質的なパーソナリティの分類法と呼んだ階層構造的なカテゴリーとの連繋を示唆した。Murthaらによれば，相互作用論が特性理論家と状況理論家の緊張を緩和できなかったのは，状況と特性の両効果を組み込んだ分類法が開発できなかったからである。

行動の評価

パーソナリティ評価への伝統的なアプローチ法に反論を唱えたMischel(1968)に呼応して，主流のパーソナリティ研究では行動評価法を構築する動きが出ている。

内在的な特性がパーソナリティに反映しているという考え方に反対論を唱えている研究者は，重要な事実として，特性を質問紙から推論していること，本質的にそれらの質問紙が自己記述形式であることを問題にしている。質問紙法のこの限界は，質問紙による予測値が低いことと部分的に関係している。例えば，私は時間を必ず守るという個人的な自己記述は，実際の時間順守とあまり関係がないように思われる。不正確な自己認識や自己防衛は自己分析を不適切なものとするもっとも明白な原因であると思われる(Kenrick & Dantschik, 1983 ; Verstraeten, 1987)。質問紙法の代替法には，個人的／個性記述的な研究，直接法(行動観察)，自然環境とフィールド研究，系列的な評価，スポーツ固有の測度と変数，エリート競技者の実際の関心に対してより対応するデータの利用などがある。パフォーマンスを高めるようなメンタルトレーニングやカウンセリングは，分類や予測よりもさらに重要なものになっている。

エリート競技者を調べる心理学者にとって特に興味深い方法は，Hartmann, Roper, Bradford(1979)，BarriosとHartmann(1986)がテストの得点評価に示唆した代替法である。高いスキルの競技者を心理測定する場合，評価尺度の具体的な基準がないために，テスト得点の意味があいまいになるという問題が絶えず起こっている。精神測定アプローチ，基準準拠のアプローチでは，得点を解釈するにあたって，相応する参照群のパフォーマンス基準・標準と比較している。同じ測定方法を使用して個人のパフォーマンスを他者と関連づけて表わした得点は，この方法を表わしている。このように基準準拠の評価には個人間の差異を研究するという意味がある。

エリート競技者の標準基準に見合うような適当な参照群の発見は明らかに困難である。そのため，このような場合には基準−参照テストといった代替方法が非常に役立つものと思われる。また，おそらくこのテストはエリート競技者の実際のパフォーマンス向上に焦点を置いたアプローチ法と一致しているように思われる。この評価技法では，パフォーマンスの明確な目的や標的行動のパーセンタイル修正得点を使用している(Hawkins, 1986)。

エリート競技者を調べているスポーツ心理学者は，一般的に，エリート競技者が特定の瞬間に効率よく正確にスキルを実行する度合いを知りたいと思っている。そのため，行動的な手続きを使用してスポーツ固有の標的行動を評価したり修正したり(例えば，行動の修正，行動的なコーチング)，これらの標的行動に適用した行動技法の効果を測定したりしている(Allison & Ayllon, 1980 ; Donahue, Gillis & King, 1980 ; Martin & Hrycaiko, 1983 ; Rushall, 1975 ; Rushall & Smith, 1979 ; Smith, Smoll, & Hunt, 1977 ; Trudel, Coôté, & Sylvestre, 1996 ; Van Raalte, Brewer, Rivera, & Petitpas, 1995 ; Vealey & Garner-Holman, 1998 ; Williams, 1982)。非常に少数のスポーツに限定してこの分野を調べた研究は，最近までごくわずかしかない。VealeyとGarner-Holman(1998)がコンサルタントを調べたところ，もっとも多く使用していたのはインタビュー(57.2％)であり，行動観察(21.2％)，質問紙(17.3％)と続いていた。

個人間−個人内の研究

本節の見出しは"法則定立的な研究−個性記述的な研究"，"実験参加者群の研究−単一実験参加者の研究"(Jaccard & Dittus, 1990)と容易に言い換えることもできる。心理学分野の法則定立的−個性記述的間での論争には非常に古い歴史がある(Allport, 1937)。個性記述は，個人に特有な特徴の描写を意味している。重要なことは，単一事例の研究が必ずしも個性記述的な研究にはならないことである。個人にはそれぞれ特有な特徴があるが，それ以外に他者と共通の特徴もある。したがって，これらの他者と比較して個人を説明することは可能である(法則定立的研究)。Allportは，個性記述的な研究とは，その特定個人の生活史と同様に，ある瞬間における個人内部の心理構造について調べることであると定義した。Allportは，研究のトピックスとして一貫性と変化の両面を導入した(Runyan, 1983)。

個性記述的なアプローチに対する主な批判の1つは，特異的な特性や要素といったものが存在していないというものである。実際に，個人の特徴を明らかにしようとする場合には，原則的にその個人の特徴を他者と比較している。Runyan(1983, p.420)は"個性記述的な研究がどのように一般化できるのか？"という批判の声に対し，"群や集団の研究はどのように詳述できるのか？"と切り返した。本節の目的は，科学哲学を議論することでも，単なる用語的な問題を議論することでもない。明らかにすべき1つの点は，エリート競技者の診断と介入における興味深い文脈にある。なぜなら，エリート競技者の研究は少人数を対象

にしているからである。その上，これら成績優秀者のパフォーマンス変動（例えば，悪いパフォーマンス-ピークパフォーマンス）を調べる研究という点において，精細な個性記述研究はエリート競技者と大いに関係しているからである。

エリート競技者は競技の特定の時点での理想行動の阻害要因（例えば，高不安）を克服するために，しばしば援助を求めている。また，パフォーマンスを妨害する一般的な問題や，スポーツ固有の問題の対処への援助を望んでいることもある。これらの例でも明らかなように，よりスキルに満ちたパフォーマンスに関連する行動変化の特異的な過程と同様に，個人の特徴の特異的な構造についても理解する必要がある（Browne & Mahoney, 1984；Butt, 1987；Martens, 1987；Ravizza, 1984）。このような目標を達成する上で，個人間の法則定立的な研究には厳しい限界があり，そのことが，単一事例デザインの使用を正当化している。

第1に，この分野の研究を始める場合，研究者は優れた競技者を多数使用することができないという困難に直面することになる。同じ背景でパフォーマンスに同じ欠陥がある競技者を見つけ出すことは，ほとんど克服できない問題になっている。第2に，群のデータを統計的に処理する場合には，特定のインタビュー技術が，個人に関連する行動変化をあいまいなものにしている可能性もある。群間の比較を行う際には，通常は結果を平均化して群内の変動を誤差として解釈している。このデータ処理方法では，個人のパフォーマンスや変動が反映されず，実在しない平均者と誤差分散が反映されることになる。その上，多くの実験的な研究では，有意水準，サンプルサイズ，その他の要因を非常に強調している。残念ながら，統計的に有意なものと実際に有意なものとの間に関係がないことも少なくはない。対照的に，単一事例の研究では，臨床的な重要性やその関連性を直感によって強調している。

核心に迫るインタビューや事例研究を通したエリート競技者の研究は徐々に増加している。例えば，Bull (1989) は超長距離走選手の事例について報告した。Mace, Eastman, Carroll (1986) は，若い女子体操選手を調べた。Mace と Carroll (1986) は，2 名のスカッシュ選手の事例研究を行った。Gould, Jackson, Finch (1993)，Scanlan, Stein, Ravizza (1989)，Scanlan, Ravizza, Ravizza (1991)，Jackson (1992) の各研究は，エリートフィギュアスケート選手の関係者にとって必読文献になっている。また，Jackson, Dover, Mayocchi (1998)，Jackson, Mayocchi, Dover (1998) によるオリンピック金メダリストの研究も，同様に必読文献になっている。Hardy, Jones, Gould (1996) のエリート競技者の心理的な準備に関する教科書も推奨できる書籍である；Hardy らは，競技者に実施した診断・介入・成果の評価について報告した。

決定論モデルから確率モデルへの移行

もう1つの研究ラインは，決定論モデルから確率モデルへの移行にみることができる。確率モデルや蓋然モデルは決定論のアプローチよりも柔軟性があり，そのため心理過程の説明に向いているように思われる。決定論モデルでは，事象の全体的な予測可能性を仮定する代わりに，特定の確率構造を予測しようとするものである（Verstraeten, 1987）。したがって，値の変化が起こり得る（想定できる）変数を持つモデルを，より容易に変化させることができる（Schlicht, 1988）。

スポーツ心理学の文脈に確率診断モデルを適用した小規模な例は，Bar-Eli と Tenenbaum (1988a, 1988b, 1989) の研究にみることができる。Bar-Eli らは，バスケットボールの試合中における個々の選手の心理的な危機確率を調べた。ここでは，心理的ストレスによってもはや自分の行動を最適に制御することができなくなるほど，競技者の内的平衡が非常に乱れた瞬間を，危機と定義した。Bar-Eli らは試合状況とバスケット選手のもろさの関係を調べた。専門家が個人の心理的危機の進行と試合状況の関係を確率的に評定した。これらの推定にはベイズ尤度比（Bayesian likelihood ratio）を適用した。試合の時間軸に沿って，各時点の競技者の瞬間的な位置を逆U字関数上に記録し，それを各瞬時における心理的危機の反映とみなした（Bar-Eli & Tenenbaum, 1989）。

データ分析の方法には，確率要素を結果に統合しているものもある。階層分析では適合度指数（goodness-of-fit index）を計算している。この適合度指数は，データとの不一致を常に表わしており，その項目が感情や行動のクラスにとってどのくらい良い例になっているのか，そのクラスのパターンにどのようにうまく適合しているのかを指摘している。与えられたある状況における予測という点で，この適合度指数は感情や行動の出現確率を反映している。これらは，競技者行動の変動を調べるスポーツ心理学が，伝統的な決定論モデルに加えて，より柔軟な確率法を行動の予測に使用している例になっている。

相互作用論者による パーソナリティの状況-性質的分類法

競技者研究の理論的な展望を導き出す一連の研究によって，相互作用論者は概念的・経験的に苦労を重ねてパーソナリティの状況-性質的分類法を開発した。Hampson, John, Goldberg (1986) と Murtha, Kanfer, Ackerman (1996) は，もはや状況横断的に行動が一貫しているかどうかではなく，これらの一貫性をそれぞれ広さの異なる状況群に一般化する方法が根本的な問題であると指摘した。このパーソナリティの概念は，

特性の幅広い構成原理，階層的なクラス包摂と関連した原理を包含している。Eysenk(Hampson, John, & Goldberg, 1986 が引用)は早くも 1947 年に，これらの原理を自らの外向性の特性モデルに使用した。これらの原理使用の何が新しいのかと言えば，幅・階層構造がともに異なる状況クラスと行動クラスを連繋したことである。

第 1 の原理は，特性の構成概念(行動クラス)と状況の構成概念(状況クラス)は，広さ，一般性，包括性，抽象性の点で相互に異なるとしていることである。例えば，外向性は広い構成概念であるが，"口数が多い"ことは外向性概念の中の狭い構成概念である。5 大特性(The Big Five traits)は幅広い構成概念であるが，多様な行動の背景構造を十分に明らかにするには，この幅広い構成概念をより狭く描写する必要がある。

第 2 の原理は，これら構成概念の関係が階層構造内に表象できると示唆している。研究者は階層を，さまざまなレベルのクラスの順序(またはセット)と一般的に定義している。そしてそれぞれのクラスは 1 つ以上の下位クラスを含んでいるが，最下層のクラスはその限りではない。階層には，下位の階層レベルに存在している概念のすべての性質を上位の階層レベルの概念に適用できてもこの逆は必ずしも真にはならないような非対称的なクラスを包摂している。例えば，Fehr と Russel(1984)が提案した階層構造では，情動を最上位レベルの概念に，怒り・不安・幸福・悲しみ・誇り・ねたみを中間レベルに，怒り(例えば，不快・憤慨・激怒)や不安(例えば，懸念・恐怖・パニック)を下位レベルの概念に位置づけている。

最近になって，研究者は，階層的に組織した特性と状況的要因をともに統合して，パーソナリティを相互作用論的に表現するようになってきた。Shoda, Mischel, Wright(1994)は，文脈や状況を概念化するために，名目上の状況と積極的な心理学的側面によって特徴づけられる状況の違いを明らかにした。Shoda らは，名目上の状況を，その状況が出現する環境によって定義している。試合やトレーニングセッションはスポーツ環境における名目上の状況の例である。積極的な心理学的側面とは，行動にインパクトを与える状況的な特徴や，状況の意味を確定する状況的な特徴である。例えば，スポーツ環境における積極的な心理学的特徴には，コーチが試合中に叫んだのかどうか，バスケットボール選手が連続してミスをしたのか/連続 5 本のシュートを決めたのか，対戦相手のパフォーマンスレベルをより高く/より低く評価したのか，などが該当している。

Shoda ら(1994)は，状況について積極的な心理学的特徴の観点から調べることは心理学的により有用であると主張した。たとえ個人差が非常に安定していたとしても，特定の名目上の状況に一般化するには限度がある。しかしながら，基本的な心理学的特徴によって状況が明らかになる場合には，それらの状況に固有な個人の行動傾向に関する情報を，同じ心理学的特徴を持つような広範な状況での行動の予測に使用することができる。階層構造化パーソナリティと状況クラスを連繋するモデルでは，それらの機能的な等価性に準拠した状況の分類を推奨している。おそらく積極的な心理学的特徴には共通性があることから，状況は機能的に同じタイプの行動に関係しているものと思われる。

競技者の関連状況における心理学的特徴を明確な目的として同定・分類しようとしているスポーツ心理学の研究は，ほとんど存在していない(Gould et al., 1993 ; Jackson, 1995 ; Russell, 1990 ; Van Mele, 1996)。しかしながら，試合状況のある特徴が他の変数(パフォーマンス，パフォーマンスの期待，脱落，ストレス，楽しさ)に与える影響を調べた研究は，興味深い情報を提供している(Gould, Horn, & Spreeman, 1983 ; Gould et al., 1993 ; Moore & Brylinsky, 1993 ; Robinson & Carron, 1982 ; Scanlan & Lewthwaite, 1984, 1985, 1986 ; Scanlan et al., 1989, 1991 ; Wankel & Kreisel, 1985a, 1985b)。例えば，競争状況下では，競争ストレスを原因とする以下のような切実な心理特徴が明らかになっている；間違い，不適切な行動感，制御喪失，社会的プレッシャー，社会的評価。非競争的な状況の心理学的特徴には，葛藤に満ちた対人関係，個人問題，トラウマ経験などがある。楽しさに関連した状況の心理学的特徴は，パフォーマンス(有能感，関係者の評判，勝利)，社会的要因(チーム所属，良い対人関係)と関係している。

エリート競技者にカウンセリングをして，その結果を状況・情動・行動反応に連繋することは，すなわちこれらのすべてを階層的に構造化してこのエリート競技者に関連づけることであるが，ここでの問題はデータ分析の方法論を見つけ出すことであった。個人内のこの複雑な相互作用を扱うことができるアルゴリズム，いわゆる HICLAS は，カテゴリーの幅の原理や階層構造と一致しており，本質的には確率論的なアルゴリズムになっている(De Boeck, Rosenberg, & Van Mechelen, 1993)。これについては後に詳述したい。

将来の研究動向

Mischel と Shoda の理論(1995)は，スポーツ心理学の過去の研究と新しい展開を統合したものになっている。重要なことは，公式的な見解に留まらず，前述した原理に内在する心理メカニズムを理論的に考察して明らかにすることである。洗練された相互作用論者が状況−性質を連繋しても，内在する心理メカニズムが何であるかという問いには答えることができない。

MischelとShodaは，この特殊な質問に対応しようとして認知-感情システム理論を提案した。MischelとShodaの理論をスポーツ心理学の文脈に当てはめて，競技機能の理論を以下に説明する。

パーソナリティの認知-感情システム理論

何十年もの間，パーソナリティの気質といった概念に基づいて，研究者は個人に内在するパーソナリティの気質が基本的に一貫しているという証拠を，状況横断的に追求してきた。この種の研究結果は予想とは異なっていた（Mischel, 1968）。Mischelら（Mischel, 1990；Mischel & Shoda, 1995；Shoda, Mischel, & Wright, 1993, 1994）は，状況横断的な一貫性の追求手法をやめて，その代替として基本的に異なるタイプの行動一貫性を概念化している。行動傾向の概念では，ある次元（例えば，不安）における状況横断的な個人内変動をエラーとみなし，真のテスト得点の平均を算出することにより，安定した内的特性にもっとも近い値を求めている。目標は単一の平均得点として，各個人における傾向（例，特性不安）の量を得ることである。Mischelらは，この情報は重要なものであるが，行動の特殊な次元（例えば，ストレス対処）に関して個々人が独自のパターンを示す時間・場所の違いを無視していると述べている。

Shoda, Mischel, Wright（1994）は，パーソナリティと社会心理学における媒介過程モデルの復活を参照し，変化しない，あるいは一貫性があるような別種のパーソナリティタイプをパーソナリティ過程概念に提案している。Shodaらは，個人の恒常的な性質の手がかりは，特にいつ，どこで，いずれのタイプの行動が表出するのかを考察することによって明らかになると述べている。大学生の状況横断的な行動の一貫性を調べたMischelとPeake（1982）は，一貫性を感じない学生（自己モニタリングが低い）と一貫性を感じる学生（特性が安定している）の間に有意差がないことを明らかにした。しかしながら，自己知覚の一貫性は，特殊な状況タイプにおける関連行動の時間的な安定度と関係していた。問題にすべきことは，特殊な行動領域内における個人の状況と行動の特異的な関係がいつも安定して有意義なものであるかどうかである。もし安定して有意義であるならば，個人が示す個人内の状況と行動との関係のパターンは，エラーソースよりも特異性とパーソナリティの一貫性を探し出す手がかりになると思われる。

MischelとShoda（1995）は，if（状況）-then（行動）プロフィールの個人差には人の認知-感情システム（Cognitive-Affective Person System : CAPS）を反映するような一種の行動署名の性質があると主張した。このシステムは文脈・状況と人の行動表出を媒介する認知-感情ユニットを包含している。研究者はパーソナリティそれ自体を認知-感情ユニットの複雑な組織と考えている。MischelとShoda（1995）は，パーソナリティの処理システムに仮定すべき5タイプの精神的な認知-感情媒介ユニットについて概説した。過去数十年の間に，研究者はこれらのユニットのタイプの多くを記述している（Mischel and Shoda, 1995を参照）。これらの基本的なタイプは，符号化（例えば，自己，他者，状況），感情と情動，期待と信念（成果について，自己効力感について），主観的価値，能力と自己制御方略，目標追求プランを包含している。

これらの認知-感情ユニットは静的な要素ではない。研究者はこれらのユニットを，相互に作用し，影響し合う主観的に同等なクラスに組織化しており，そしてその複雑な階層構造はパーソナリティ構造の核心部分を形成している。さまざまな状況の特徴に選択的に注目する方法，その状況を認知的または情動的に分類して符号化する方法，それらの符号化がパーソナリティシステムで他の認知や感情を賦活する方法，認知や感情と相互作用する方法には個人差がある。つまり，個々人の認知や感情を賦活する閾値の違いや，認知-感情ユニットの構造上の違いが個人差を生み出すものと思われる。

ある状況の潜在的な脅威に注意をより集中する人もいれば，同じ状況にやりがいを感じる人もいる。イライラしやすい人もいるし，評価する目標や経験が異なって粘り強く追求する人もいる。またあいまいな状況を容易にネガティブに符号化しやすい人もいる。この意味で，パーソナリティ心理学者の課題は，認知・感情ユニット（と閾値）に内在するものを，対象とする個人に適切な状況のタイプに関連づけて明らかにすることである。これらをいったん同定することができれば，階層関係を含めたこれらユニット間の関係，これらユニットの賦活状況／賦活しない状況，これらユニット間の相互的な影響の状況などが明らかになるものと思われる。公式的モデルのif-thenルールを詳述し，それをif（状況の特徴）-then（行動・感情の特徴）といったルールに再公式化して，決定論的ではなく確率論的に適切な認知と感情ユニットに関連づけて解釈すれば，個々の競技者のダイナミクスを発見することができると思われる。

CAPS理論の本質

MischelとShoda（1995）のCAPS理論は，全般的な行動傾向（特性レベル）の安定した個人差（伝統的なパーソナリティ研究）や，同時に安定した（一貫性のあるif-then）状況-行動の変化プロフィールを，同じパーソナリティシステムの本質的な表出としてよく理解する上で役立っている。Mischelらは，個人が獲得した状況の意味の知覚と符号化を強調しながら，それまでに苦心して作り上げた状況の概念をこの理論に組み込んでいる。Mischelらは，この理論に思考，プラン

ニング，イメージ，気分，個人の日常的な経験／感情の流れといった複雑な階層構造を組み込んでいる(Cantor, Mischel, & Schwartz, 1982)。

CAPS 理論は，次のようなスポーツ心理学の実践指向的な問題とも関わり合っている。競技者が競争状況の特定の特徴に選択的に注目するのはなぜなのか？ 競技者はそれらの特徴を認知的・感情的にどのように符号化しているのか？ これらの符号化は他の認知や感情をどのように賦活しているのか，他の認知や感情とどのように相互作用しているのか，最終的なプランや実際の競争行動をどのように生成しているのか？ 手近な競争状況におけるこれらの行動には，どのような機能があるのか？

要約すると，このパーソナリティの処理理論では，さまざまな要素を認めた最近のスポーツ心理学の研究論文も含めて，以下の点が特にスポーツ心理学の関心の的になっている。

1. 行動が生起する文脈や状況における認知と感情の主観的な解読を明らかに重要視していること(Gould et al., 1993 ; Vealey, 1992)。
2. 複雑な(階層的)関係やこれらの過程間の全体的な反復経路の認識と同様に，認知(符号化，自己知覚，信念，期待)，情動と感情，顕在行動(Duda, 1988を参照)を包摂していること(Curry, Snyder, Cook, Ruby, & Rehm, 1997 ; Grove & Heard, 1997 ; Hardy et al., 1996 ; Singer, 1997, Van den Auweele et al., 1999)。
3. 個人内の安定した(一貫性のある)有意味なパターンを認識していること。
4. 特定状況の特定行動への条件つきで観察ユニットが生起するような条件つきの if-then アプローチを採用していること。
5. 行動タイプと同様に，状況のタイプは高次的な中枢のカテゴリーからより末梢のカテゴリーへと変化するような要素のプロトタイプベースのカテゴリーであると仮定していること。
6. それらのカテゴリーを連繋する規則は必ずしも決定的なものではなく，本質的にはより確率的なものであると仮定していること(Vanden Auweele et al., 1993 ; Van Mele et al., 1995)。

状況に関連した個人的なパーソナリティ診断：Ingrid のケース

個性記述的なアプローチでは特に有用であるが，Mischel と Shoda (1995) の CAPS 理論や公式の相互作用論のモデルは，必ずしも個性記述的なアプローチを暗示しているわけではない。Vansteelandt と Van Mechelen (1998) は，さまざまな状況や行動の組み合わせに関して単数者ではなく複数者のタイプを特徴づけるような 3 つの類型モデルによって分析し，上記

の点を明確に実証した。

本節では状況と情動／行動との組み合わせおよび HICLAS によるデータ分析法を同時に記述した実証的なモデル研究について述べる(De Boeck, 1989 ; De Boeck & Rosenberg, 1988 ; De Boeck et al., 1993)。このモデルはもともと社会的知覚の分野のものであった(Gara & Rosenberg, 1979)が，研究者はそれを一般的なものに公式化して，例えば，人とテスト項目に関わるデータ，人と人に関わるソシオメトリックデータ，他の状況，といったあらゆる種類の 2 進マトリックス(グリッド；grid)に適用している。特に興味があるのは，モデルと，そのモデルをあるデータセットに当てはめる方法が，前述した多くの研究成果(例えば，CAPS の主要な特徴，スポーツ心理学の必要条件)に連繋できることである。1988 年に Van den Auweele はこの分析法をスポーツ心理学分野に導入した。

以下に紹介する単一エリート競技者の研究では，前述した個人内アプローチ，ダイナミック-相互作用論，関連スポーツ文脈の情動と行動反応(媒介ユニット)に対する集中，介入とカウンセリング目標に対する確率モデルの使用，カテゴリー幅の原理の包摂，プロトタイプベースの要素の包摂，階層の包摂，といった新しい重要な概念や方法論の大半を操作化している。この研究では De Boeck と Rosenberg (1988) が開発したグリッド技法に基づいて，個性記述的なデータを収集・構造化・解釈している。

データ収集

パーソナリティの過程概念に従えば，データ収集の第 1 ステップは，Ingrid が自分に関連していると報告した状況での情動反応と行動反応のレパートリーを収集して，Ingrid の状況における機能状態を知ることである。おそらく，競争文脈はとりわけトップ競技者に重要なものと思われるが，検討した状況はあらゆる競技者とカウンセラーの関係を包含しているものと思われる。

Ingrid は 20 歳の女子競技者である。ベルギーの年齢別中距離走のチャンピオンに何度もなっていた。彼女へのインタビューでは，これまでのスポーツキャリア中に生じた多数の状況，ハプニング，出来事のリストアップを求めた。インタビューの目的は名目上の状況を明らかにすることではなく，状況の積極的な心理的機能を明らかにすることである(Shoda et al., 1994)。Ingrid には，これらの状況をできるだけ具体的に記述するよう要求した(図 9.2 と 9.3 を参照)。また，それぞれの状況をどのように感じたか，その時にどのような情動を経験したかを特定するよう要求した。これらの情動反応を情動の特徴と呼んでいる。各状況の顕在的な行動の記述も要求した。これらの反応

を行動の特徴と呼んでいる。Shodaらは，Ingridの正確な言葉遣いをできるだけ心に留めて，Ingridの高度な再認(表面的妥当性)を取得している。

第2ステップでは，インタビューから収集した情報に基づいて，2つのグリッドを構成した。図9.2のグリッドは関連状況と情動の特徴，図9.3は同じ状況と行動の特徴を示したものである。

ここでは，HICLAS法の数学的なアルゴリズムが要求する少なくとも15の状況と15の感情／行動のリストをグリッドサイズの指針にしている(De Boeck & Rosenberg, 1988)。De Boeckらは，グリッドが正方形に近づくほど優れたものになると判断している(例えば，15×15は18×13より優れている)。このアルゴリズムの説明は本章の範囲を越えており，一般的にはHICLASの使用法や解釈法を必ずしも理解する必要はない。第3ステップでは，競技者はリストアップした情動と行動の特徴が各状況で実際に起こる程度や，各状況と関連する程度を評価して，それぞれの状況を評価しなければならない。図9.2, 9.3はIngridの得点を示したものである。

グリッドの作図(情動と行動-状況)後に，さらに完全なものとするために，その作図をIngridに提示している；事実上これはインタビューの延長になっている。インタビューでは各特定状況でのわずかな情動や行動の反応を自発的に報告するだけだが，グリッドを完成させるためには自身の情動と行動の全レパートリーに向き合い，先に報告したすべての状況の適用性に得点をつけなければならない。回答者は0～10の段階評定尺度を使用した。段階0は特定反応(行動・情動の)がある状況にまったく当てはまらないこと，段階10は完全に当てはまること，段階5は適当に当てはまることを意味している。このように回答者はあらゆる関連状況すべての認知-感情反応レパートリーの適用性を評価している。完成したグリッドはその後HICLASの統計分析データに使用している。完成したグリッドのデータは，最初に2分化(通常0～4を0とし，5～10を1とする)してHICLASの統計分析にかけている。

階層クラス分析法によるデータ分析

因子分析，クラスター分析，重回帰分析といった他の分析法(Van den Auweele, 1988を参照)も利用できるが，データの分析には階層クラス分析を使用していた。なぜなら，階層クラス分析によって，状況と行動的特徴の階層構造と同様に，状況と情動的特徴の階層構造が明らかになるからである。Ingridのデータを階層クラス分析した結果(図9.4, 9.5)は，これらの構造例を示している。

HICLASは，ブール代数(Boolean algebra)に基づいたやや複雑なアルゴリズムのソフトで実施している。詳細な情報はDe BoeckとRosenberg(1988)，De

情動 \ 状況	1. 最初の競技前	2. 自己記録の更新	3. トレーニング中の負傷	4. ベルギー選手権(B.C.)時の転倒	5. B.C.への準備	6. B.C.時の成功	7. ヨーロッパ選手権(E.C.)選考前の準備問題	8. E.C.時の最低得点	9. E.C.の選考もれ	10. 悪いパフォーマンス	11. コーチと喧嘩	12. クラブの上層部と喧嘩	13. 競争相手の敗北	14. 重要な競技の選考
1. 喜び	0	1	0	0	0	1	0	1	0	0	0	0	1	1
2. 緊張	1	0	0	0	1	0	1	1	0	0	0	0	0	0
3. 希望	1	1	0	0	1	1	0	1	0	0	0	0	1	1
4. 失望	0	0	1	1	0	0	0	0	1	1	0	0	1	0
5. 怒り	0	0	0	0	0	0	0	0	1	1	1	1	0	0
6. 興味	1	0	0	0	1	0	0	0	0	0	0	0	0	1
7. 安堵	0	1	0	0	1	0	1	0	0	0	0	0	1	0
8. 不確実	1	0	1	1	0	1	0	1	1	1	1	1	0	0
9. 興奮	1	1	0	0	1	0	1	0	0	0	0	0	1	1
10. 悲しみ	0	0	1	1	0	0	0	0	1	1	1	1	0	0

0＝No; 1＝Yes

図9.2　各状況におけるIngridの情動を評定したグリッド

Boeck と Van Mechelen(1990)、De Boeck, Rosenberg, Van Mechelen (1993)、Van Mechelen, De Boeck, Rosenberg(1995)を参照されたい。ここでの目的は、HICLAS 文脈に使用している論理・用語を明確に説明することだけである。

クラス・クラス内の等価性・クラス間の階層

図9.4、9.5 は HICLAS による分析結果を示したものである。このように図示すると、類似した状況パターンを持つ情動的特徴と行動的特徴のクラスと同様に、類似した反応パターンを持つ状況のクラスが明らかになる。これらの関係を探求することが、この分析形態の基本になっている。特徴・類似パターンの対応の程度は、クラス内の等価性と呼ばれる。図9.4、9.5 では、等価得点(0.58〜1.00 の範囲)を各情動と行動の右側に小数で示している。これらの等価得点は各項目の適合度を表わす得点とも考えることができるので、今後はこれらの用語を互換可能なものとして使用することにしたい。もっとも高い適合度を表わす得点の要素が、そのクラスの最良の原型になっている(適合度インデックスに関する前述の議論を参照)。

クラス内とクラス間の階層等価の概念は、階層クラス分析の基盤になっている。もしも状況のクラスが別のクラスよりも高い階層にあるならば(例えば、図9.4 ではクラス D の方が、クラス A より高い階層にある)、より低いクラス(例えば、A)のすべての特徴はより高いクラス(例えば、D)にも属していることになる。また、この高いクラス(例えば、D)にはさらに多くの特徴がある。なぜならば、この高いクラスは階層的に低い他のクラス(例えば、B と C)とも関係しているからである。したがって、情動的特徴のクラスと行動的特徴のクラスの関係は、次のように解釈することができる；もしも低いクラスの情動と行動(例えば、1)が、ある状況のクラス(例えば、A)に存在するならば、階層的により高いクラスの情動と行動も存在することになる(例えば、4)。この階層は、常に高いクラスから低いクラスへの矢印で示している。

グラフ表示

両者間の対称的な関係を利用すれば、両階層を同時にグラフ表示することができる。図9.4、9.5 では、状況の階層(上部)と情動/行動の階層(上下逆)が明らかになっている。ジグザグ線は 2 つの構造の接続を示し、状況のクラスが情動/行動のクラスに関連していることや、情動/行動のクラスが状況のクラスに関連していることを示している。分類と階層の両側面は、競技者のパーソナリティの構造的組織の重要な特徴を表わしている。最終的な結果やアウトプットは、状況のクラス(グループ)の階層構造と情動/行動のクラスの階層構造に存在している。

行 動	状況 1. 最初の競技前	2. 自己記録の更新	3. トレーニング中の負傷	4. ベルギー選手権(B.C.)時の転倒	5. B.C.への準備	6. B.C.時の成功	7. ヨーロッパ選手権(E.C.)選考前の準備問題	8. E.C.時の最低得点	9. E.C.の選考もれ	10. 悪いパフォーマンス	11. コーチと喧嘩	12. クラブの上層部と喧嘩	13. 競争相手の敗北	14. 重要な競技の選考
1. コーチとの接触	1	1	0	0	1	1	1	0	0	0	0	0	1	0
2. 意に反することの拒否	0	0	0	0	0	0	0	0	0	0	1	1	0	0
3. ベストをつくした	0	0	0	0	1	1	0	1	1	0	1	0	1	1
4. 友人との接触	1	0	0	1	0	1	0	0	0	0	0	0	1	0
5. 完遂した	0	0	1	0	0	0	0	1	1	0	1	0	1	0
6. トレーニングの中止	0	0	1	0	0	0	0	0	0	0	1	0	0	0
7. 競技へのそれ以上の不参加	0	0	0	0	0	0	0	0	0	0	1	1	0	0
8. 諦めなかった	0	0	1	0	0	1	0	1	1	1	0	0	1	1
9. 他者との準備	1	1	0	1	1	0	1	0	0	0	0	0	1	1
10. 厳しい練習	0	1	0	0	1	0	1	1	1	0	0	0	1	1
11. 集中した練習	0	1	0	1	1	1	1	1	1	1	0	0	1	1

0 = No; 1 = Yes

図9.3 各状況における Ingrid の行動を評定したグリッド

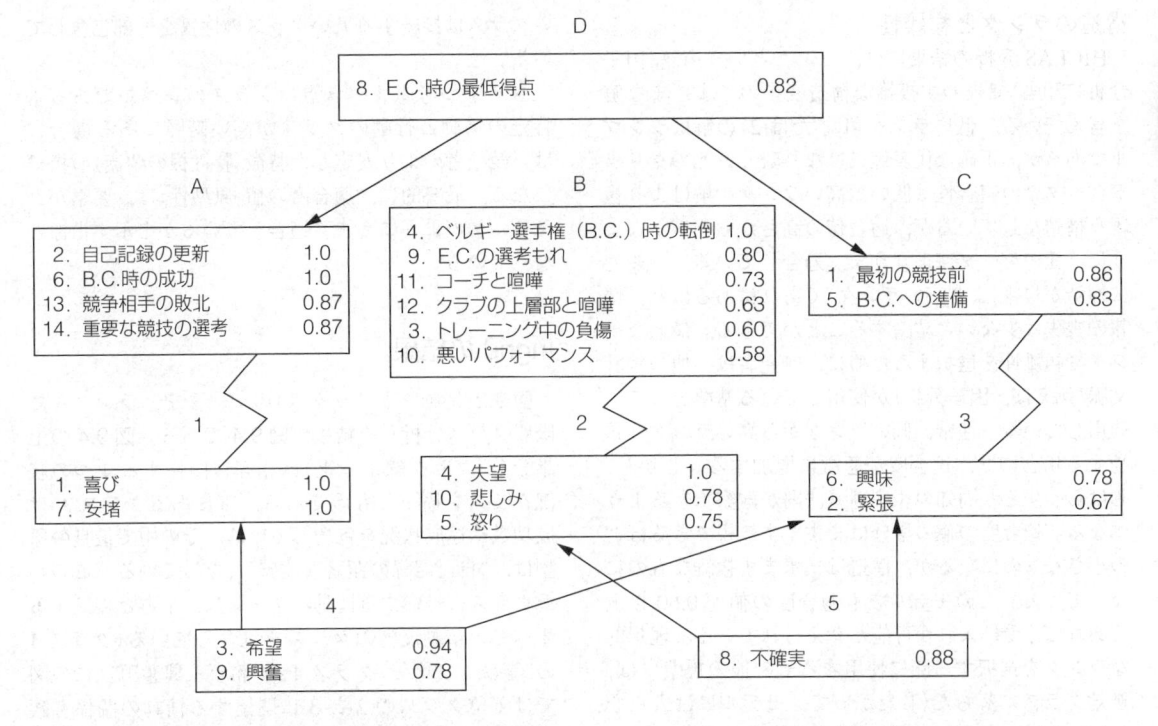

```
                        D
          ┌─────────────────────────────────┐
          │ 8. E.C.時の最低得点      0.82   │
          └─────────────────────────────────┘
         ↙              ↓                ↘
      A                 B                      C
┌──────────────────┐  ┌──────────────────────────────┐  ┌──────────────────┐
│ 2. 自己記録の更新 1.0 │ │ 4. ベルギー選手権（B.C.）時の転倒 1.0 │ │ 1. 最初の競技前  0.86 │
│ 6. B.C.時の成功  1.0 │ │ 9. E.C.の選考もれ         0.80 │ │ 5. B.C.への準備  0.83 │
│ 13. 競争相手の敗北 0.87│ │ 11. コーチと喧嘩          0.73 │ └──────────────────┘
│ 14. 重要な競技の選考 0.87│ │ 12. クラブの上層部と喧嘩   0.63 │
└──────────────────┘  │ 3. トレーニング中の負傷    0.60 │
                      │ 10. 悪いパフォーマンス     0.58 │
                      └──────────────────────────────┘
         │ 1               │ 2                        │ 3
         ↓                 ↓                          ↓
┌──────────────────┐  ┌──────────────────┐      ┌──────────────────┐
│ 1. 喜び      1.0 │  │ 4. 失望      1.0 │      │ 6. 興味     0.78 │
│ 7. 安堵      1.0 │  │ 10. 悲しみ   0.78│      │ 2. 緊張     0.67 │
└──────────────────┘  │ 5. 怒り      0.75│      └──────────────────┘
                      └──────────────────┘
              ↑ 4                                 ↑ 5
         ┌──────────────────┐            ┌──────────────────┐
         │ 3. 希望      0.94│            │ 8. 不確実    0.88│
         │ 9. 興奮      0.78│            └──────────────────┘
         └──────────────────┘
```

図 9.4　適合度得点による状況と情動の階層クラス分析

階層関係は矢印で示し，関連した接続はジグザグ線で示している。このチャートは Ingrid の得点から作成したもの

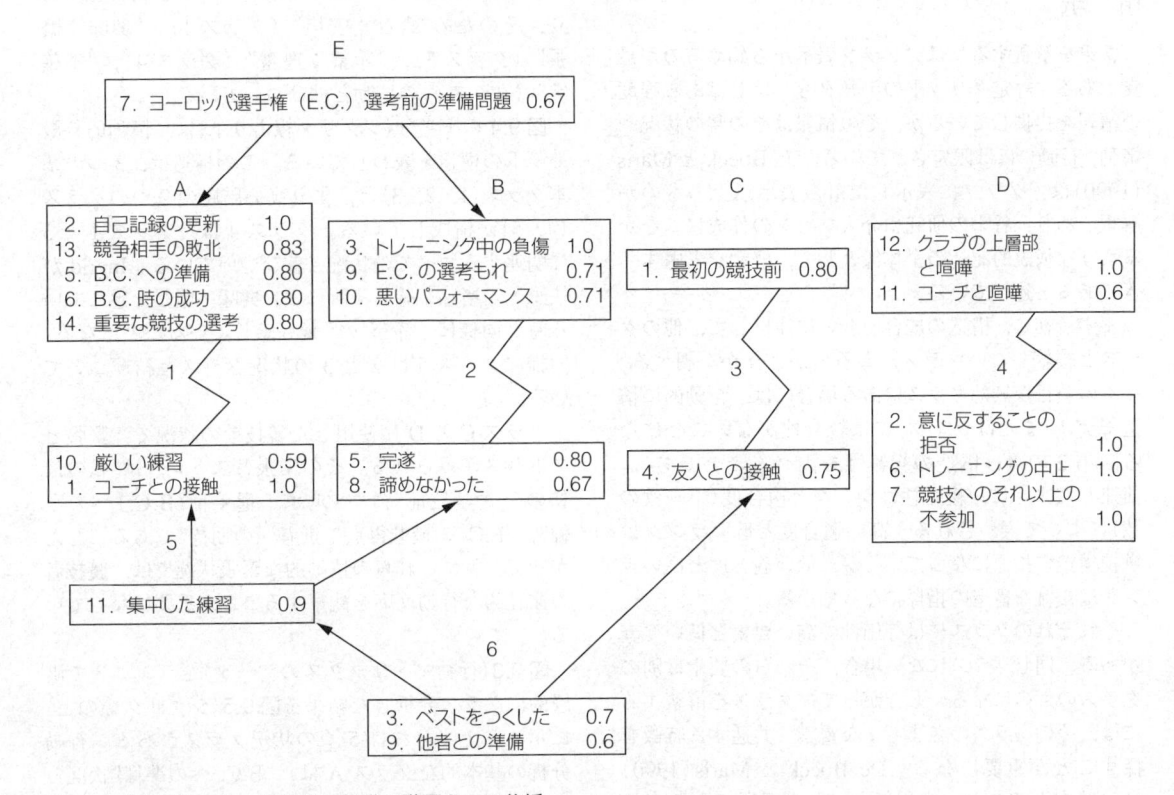

```
                                         E
                  ┌─────────────────────────────────────────┐
                  │ 7. ヨーロッパ選手権（E.C.）選考前の準備問題 0.67 │
                  └─────────────────────────────────────────┘
          ↙              ↓              ↓                ↘
       A                  B                 C                    D
┌──────────────────┐ ┌──────────────────┐ ┌──────────────┐ ┌──────────────────┐
│ 2. 自己記録の更新 1.0│ │ 3. トレーニング中の負傷 1.0│ │1. 最初の競技前 0.80│ │12. クラブの上層部│
│ 13. 競争相手の敗北 0.83│ │ 9. E.C.の選考もれ 0.71│ └──────────────┘ │    と喧嘩   1.0│
│ 5. B.C.への準備  0.80│ │ 10. 悪いパフォーマンス 0.71│                 │11. コーチと喧嘩 0.6│
│ 6. B.C.時の成功  0.80│ └──────────────────┘                           └──────────────────┘
│ 14. 重要な競技の選考 0.80│
└──────────────────┘
         │ 1              │ 2              │ 3                │ 4
         ↓                ↓                ↓                  ↓
┌──────────────────┐ ┌──────────────────┐ ┌──────────────┐ ┌──────────────────┐
│ 10. 厳しい練習  0.59│ │ 5. 完遂      0.80│ │4. 友人との接触 0.75│ │ 2. 意に反することの│
│ 1. コーチとの接触 1.0│ │ 8. 諦めなかった 0.67│ └──────────────┘ │    拒否      1.0│
└──────────────────┘ └──────────────────┘                     │ 6. トレーニングの中止 1.0│
          ↑ 5                ↑                                │ 7. 競技へのそれ以上の│
   ┌──────────────────┐                                       │    不参加    1.0│
   │ 11. 集中した練習 0.9│                                    └──────────────────┘
   └──────────────────┘
              ↑ 6
         ┌──────────────────┐
         │ 3. ベストをつくした 0.7│
         │ 9. 他者との準備   0.6│
         └──────────────────┘
```

図 9.5　適合度得点による状況と行動の階層クラス分析

階層関係は矢印で示し，関連した接続はジグザグ線で示している。このチャートは Ingrid の得点から作成したもの

構造のランクと複雑性

　HICLAS分析の結果には，ランクという用語（因子分析に相当）で表わす複雑な構造変量のさまざまな解を含んでいる。低いランク（1または2）の解はシンプルであるが，正確な代表値にはなり難く，元のグリッドデータとの適合性は低い。高いランクの解はより複雑な構造をしているが，適合値の高さから明らかなように，元のデータによりうまく適合している。一般的に構造が複雑（より高いランク）であればあるほど，情報の喪失は少ないと結論することができる。最適なランクや複雑性を選択するために，研究者は，他の統計文脈（例えば，因子分析）が使用している基準をここに適用している。通常，低いランクから高いランクへ移動する場合には，適合度が急激に増加する。しかし，しばらくすると周知の報酬漸減法則が観察できるようになる。適合度の値の増分はますます無視できるほどの小さなものになるが，構造はますます複雑なものになってくる。どのモデルでも適合度の値が0.60以上であれば，受け入れが可能と考えられている。理想的なランクを選択する際に使用するその他の規準には，無効クラスに落ちた（したがって，モデルには入らない）すべての項目数や，競技者・研究者・インタビューアーに対するそのような消失項目の相対的重要度，さらに分析目標がある。

解　釈

　結果を解釈するには，グラフ表示から始めるのが最良である。評定グリッドのデータもしばしばある程度の情報を提供しているが，その情報はその時の状況や情動，行動にほぼ限定されている。De BoeckとMaris（1990）は，グラフに表示した計数表示以上のものが解釈であり，将来の研究や介入プランの作成につながるような仮説的記述の全体像として，解釈を考慮すべきであると述べている。

　まず最初に，構造の統合度合いに注目して，他のクラスと接続しないクラスがあるのかどうかを調べる。多くの項目が無効クラスにある場合には，自動的に構造モデル（またはランク）には統合性がないことになる。第2の点は構造の複雑性を調べることである。前述したように，複雑性はランクと適合度（不一致の数）によって表わされる。高い適合度と低いランクは単純構造の指標になっているが，低い適合度と高いランクは複雑な構造の指標になっている。

　それぞれのクラスには等価性の高い要素と低い要素がある。同じクラスにない場合，それらの要素は別のクラスのものになる。したがって，クラスを解釈するには，そのクラスのさまざまな要素に共通する特徴を探すことが重要になる。De BoeckとMaris（1990）は，基本クラスが一般的にもっとも同質であるために，基本クラスからの開始を勧めている。事実上，高いクラスは接続する低いクラスの性質を一部包含している。

　もう1つ考慮すべき点はクラスのレベルである；特定の情動と行動のクラスが高い階層にある場合には，競技者のより安定した特徴（特性様の要素）の指標になる。最終的に，適合度の値（原型性）は，要素がクラスにどのようにうまく適合しているかを示す指標となっている。

Ingridの結果

　図9.2（情動マトリックス）のデータを，ランク3で階層クラス分析した結果が図9.4である。図9.4の上半分（ジグザグ線より上）は相互に関係する4つの状況クラスを描いたものである。下にあるクラスAは成功数や達成状況を包含している。その中で最良の原型は，"自己記録の顕著な改善"になっている。この状況クラスに対応する情動パターンは，下方と接続するすべての情動反応のクラスを包含している（クラス1の"喜び；安堵"，クラス4の"希望；興奮"）。この図では下位クラスの2と3に関連する情動の関係も観察することができる。

　階層的に1つ高い状況クラスにはクラスDがあり，そのクラスDは"ヨーロッパ選手権（E.C.）の最低得点；選考への期待"を包含している。クラスDは下位クラスのクラスAやCの情動パターンと結合しており，そのため"喜び；安堵"（クラス1），"興味；緊張"（クラス3），"希望；興奮"（クラス4），"不確実"（クラス5）の情動と結びついている。

　図9.4の下半分（ジグザグ線より下）は，情動的特徴セットの構造を表わしている。この構造は，3つの基本クラス（1, 2, 3）と，より高い階層の2つのクラス（4, 5）が構成している。クラス4は，クラス1と3に関連するすべての状況と結びついている。Ingridが快感・安堵感を感じる時には，興味・緊張を感じている時と同様に，希望・興奮も感じていることになる。同様にクラス5は2と3の状況クラスと結びついている。

　クラスCとDに使用した競技前の状況で，緊張とストレスがみられる。その緊張とストレスは"私の最初の公式競技前"，"ベルギー選手権（B.C.）への準備"，"E.C.の最低得点：選考への期待"である。したがって，特にこれらの情動的な緊張状況では，競技者の顕在的な行動反応を観察することが重要になっている。

　図9.3（行動マトリックスのデータ）をランク3で階層的にクラス分析した結果を図9.5（ジグザグ線の上）に示す。上半分には5つの状況クラスがある。行動分析の基本的なクラスAは，"B.C.への準備"状況と同様に3つの成功状況を包含している。クラスAと結びつく行動パターンには，もっぱら機能的な行動反

応："厳しい練習；コーチとの接触"(クラス1)，"集中した練習"(クラス5)，"ベストをつくした；他者との準備"(クラス6)，が入っている。これらの行動反応は，"喜び，希望"の情動パターンが伴うすべての成功状況において生じている。

状況によっては落胆，悲しみ，怒り，不確実といった非常にネガティブな情動も生じるが，多くの状況でIngridは非常に機能的な複数の行動反応を示している。それらの状況において，Ingridはこの試練にポジティブに対処することができる。クラスCは"興味・緊張・不確実"という情動パターンに対応する唯一の要素("競技開始前")を包含している。この状況と関連する行動反応には，"友人との接触"(クラス3)，"ベストをつくした；他者との準備"(クラス6)がある。他の構造と接続しない("コーチとの喧嘩；クラブの上層部との喧嘩")クラスDの状況のみが，非機能的な行動反応("意に反することの拒否；トレーニングの中止；競技へのそれ以上の不参加"；クラス4)を誘発しているように思われる。同様な情動感情(図9.4のクラスBとクラス2を参照)を醸し出す状況が，まったく違った行動反応と関係していることは注目に値している。明らかに，Ingridの対処行動は対人葛藤状況の解決に失敗している。

階層的により高い状況クラスにはクラスEがあり，そのクラスEは，クラスAとクラスBの行動パターンを組み合わせている。クラスEの唯一の要素は，"E.C.選考前の準備の問題"であり，それに対応する行動パターンは"厳しい練習；コーチとの接触"(クラス1)，"完遂；諦めなかった"(クラス2)，"集中した練習"(クラス5)，"ベストをつくした；他者との準備"(クラス6)，である。

事例研究についての議論・結論

Ingridが対人葛藤を抱えている場合には，行動反応の機能不全と同時にネガティブな情動反応も生じてくる。コーチがIngridのキャリアをうまく発展させる際の優先事項は，これらの対人問題を回避する方法や，対人問題に対処する方法の学習を手助けすることであると思われる。"負傷；選考もれ；悪いパフォーマンス"といった非常にストレスフルなものとしてその他の多くの状況を経験していても，Ingridの行動とその他のすべての状況の間には相関関係がある(図9.5のクラスB下を参照)。それらの状況で失望し自信を失っても(図9.5のクラス2，5，6を参照)，Ingridはどうにかしてこの状況にポジティブに対処している。このタイプの情報が特にIngridに対してアドバイスする上でどのように役に立つのかはいずれ明らかになるものと思われる。

これらのデータや関連した提案を示した時のIngridとコーチの反応はポジティブなものであった。Ingridは自分に固有な特徴がよく理解されていると感じていた。また自分の反応パターンの解釈を是認し，この手続きが自己認識を高めていたと話した。コーチは，Ingridに影響していた競技状況およびそれらの状況にIngridが対処する方法を表わす多くの事項にそれまで自分が気づいていなかったことに驚いていた。

競技者としてIngridが持つ機能のさまざまな関連側面(状況，情動，行動，潜在的な定常性，状況のif-thenパターン，情動反応，行動反応)を組み合わせることによって，研究者は特異的な情報を客観的に比較的素早く得ることができる。Ingridが述べた状況と反応はIngridにとってすべて重要なものであった。したがって，関係ないトピックスについての質問に答えることによる時間の浪費はなかった。この方法によって，エリート競技者に限定して関連する状況や反応から仮説的な結論を引き出すのを回避することもできた。さらに，質問紙法では得ることができないような詳細で微妙な情報を得ることができた。

重要なことに，この情報は，例えば不安の質問紙による評価後には不可能なIngridに対するアドバイスの方法と結びついていた。実際に，IngridのスポーツSCAT)の得点は非常に高かった。このことがIngridに対するリラクセーションやその他の不安軽減方略の学習提案に結びついたものと思われる。しかしながら，個人内のデータによると，Ingridは不安には大方対処できても，ある特有の対人状況では適切な対処行動はできないことが明らかになっているため，著者らはこのような個人内のデータは推奨していない。つまり，リラクセーションは，Ingridに対するコミュニケーションのスキルトレーニングや，対人関係に関連した他の介入法よりも必要性が低いように思われる。一般的に，Ingridの不安は機能的なもの(Hanin, 1997)であり，そのために修正に関する提案は彼女の競技機能に有害な影響を与える可能性も考えられる。

この事例研究では，前述した新しい重要な研究動向の大半を具体化していた。行動評価のアプローチは，競技者に関連状況での顕在的な行動反応の質問；相互作用のアプローチの例示；認知と感情-情動の符号化や状況処理の強調；個人内の階層構造におけるさまざまなパーソナリティ要素(認知・情動・顕在的な行動)間の一貫性の操作化；相互作用における変化や持続への注意と同様な個人と競技者の状況間の相互作用への注意などである。この研究は何ら他者と比較することなくただ1人の競技者を調べる，個人内アプローチの典型例になっている。最後になるが，階層クラスのモデルは多くの点で将来の感情や行動の予測に使用できると考えられる適合度の指数になり得ることを思い起こして欲しい。

結論

スポーツ選手のパーソナリティを研究する主な理由は，スポーツにおける将来の成功可能性をより正確に予測することにある。この推測に従えば，成功する選手は失敗する選手とは違ったパーソナリティプロフィールを示すことになる。成功を収めるパーソナリティプロフィールには，おそらく社会性，情動の安定性，野望，優越感，責任感，リーダーシップ，自信，忍耐，特性不安などが含まれるものと思われる。他方，懐疑的なスポーツ心理学者はスポーツにおける将来の成功を予測するようなパーソナリティ関連の情報を，小さく見積っている。懐疑的な見方に立つと，パーソナリティの特徴とスポーツにおける成功の間の実体的な関係を支持する明らかな科学的証拠はないとしている。

実際，これまでのほとんどの研究では，研究デザイン，サンプリングと検証手続き，分析，解釈といった手続きの面に重大な欠陥がある。その上，科学的に信頼できるパーソナリティ研究には，競技に関連する些細な変化以上のものを予測しているのかどうかといった問題がある。いずれにしろ，確固たる研究方法論に基づいたものであっても，パーソナリティの特性アプローチでは，他の心理学分野で期待したのと同様な結論を出すことができなかった。パーソナリティ心理学者は，複雑な状況における行動をうまく予測することができなかった。パーソナリティ特性の背景指標と考えられるような質問紙データを使用した場合，最大妥当性の係数は平均して約0.30であり，それは関連行動分散のわずか10%程度しか説明していない。

これらの重大な疑念は，実証的な証拠や概念的な考察に基づいた心理変数の予測力と関係しており，スポーツではパーソナリティ診断は無駄であるという悲観的な結論と結びついた。しかしながら，これは当該分野の批判的な再検討を促す重要な原因となり，それによって行動やパフォーマンスをより慎重・緻密に予測するアプローチが出現している。このアプローチには，特性概念が有効に働く条件を明確にすることも含まれる（予測できる人もいる；いくつかの特性だけが有効である；拘束が少ない状況のみ／順応するべきプレッシャーが弱い状況のみ）。より正確に定義すれば，このアプローチは相互作用論が変形して発展したものである（例えば，有機体論，ダイナミック理論，統計的相互作用論）。現在の研究者は，メタ分析や構造方程式モデリングといった，より新しく精緻な技法を使用している。研究者は，大規模な多次元デザインで心理的・生理的・人体計測的な視覚運動スキルのデータを併用して検討することによって，より行動的な相異を説明しようとしている。

この分野で結論づけようとする場合には，優れた科学的態度が必要である。競技者と非競技者の間と同様に，エリートと他の競技者の間には心理学的な違いがあるとする初期の証拠としてかつてもてはやされたPOMSの歴史を，肝に銘ずる必要がある。エリート競技者は固有な気分状態パターンを示しており，より劣った競技者とは自信，不安，動機，認知変数が明確に異なっている。しかしながら，これらの考え方を支持する証拠を全体的に詳しく調べてみると，非常に際立ったものではないことは明らかである。

それにも関わらず，スポーツ心理学研究と本流の人格学における新たな動向は，心理変数の予測力を高める試みや，パーソナリティ特性概念における行動的な因子の寄与率を高める試みよりも，より重要かつ有望なものになっている。これらの新しい研究動向がスポーツ心理学に出現したのは，研究の目標が予測からメンタルトレーニングやカウンセリングに移ったことによるものと思われる。現在は，スポーツ状況におけるパーソナリティの構成概念の有効性を確認する研究から，スポーツ心理学モデルの多変量的な検証を強調するものへと移ってきている。関連するスポーツ心理学の現象を調べる研究への方向転換には，主流の人格学で開発されたパーソナリティの過程概念が必要であった。さらに，複雑な階層の相互作用が処理できる方法論や，ゆらぎや変化を十分に記録できる最近の高感度な方法論が必要になっている。

De BoeckとRosenberg(1993)，De BoeckとVan Mechelen(1990)，De Boeck, Rosenberg, Van Mechelen(1993)，MagnussonとTörestad(1993)，Shoda, Mischel, Wright(1993, 1994)は，伝統的なパラダイム・実証研究・方法論と新たに開発されたパラダイム・実証研究・方法論とを同時に結びつけることができる理論と方法論の枠組みを提案している。この提案は，スポーツ心理学で現在軽視している研究に新たな弾みをつけている。その提案では知覚，認知，情動，動機，価値，プランといった過程が，個人の全体的な機能においてそれらが果たす役割から各々の意味を取り出すと示唆している。このように，研究者はこれらの研究トピックスはパーソナリティ研究の基本と考えており，人間機能の統合モデルの文脈での相互の関連性において研究する必要がある（Strean & Roberts, 1992）。個人が考え，感じ，行動し，反応する方法や理由を十分に理解するには，パーソナリティ理論に知覚，認知，情動，価値，目標を含めた多分野の研究から知識を取り込む必要がある（Magnusson & Törestad, 1993）。

本章の初めに，スポーツ心理学界の納得を得るにはスポーツ心理学への関連性と新たな発展の科学的な信頼性をともに証明する必要があると述べた。研究者はすでにいくつかの新たな進歩を統合して，スポーツ心理学の文脈に使用している。Danziger(1990)は新たなアイディアから得た知識を納得できる知識に転換す

るには，妥当であり科学的な状態である以上のものが必要であると示唆した。アイディアは，科学的なスポーツ心理学の枠組みにおいて権威者の承認や批准を受ける必要がある。著者らは，この手法が，パーソナリティ研究の取り組んでいる困難な様相を説明する中心的な要素に迫ると確信している。この状況を確立し維持するための科学的なスポーツ心理学の枠組みが果たす役割を調べることは，本章の範囲を越えている。しかし，Danziger(1990)が初期の心理学研究で行ったように，スポーツ心理学会の方針や影響力，機関誌，著名な科学者や査読者，この分野の発展についての教科書執筆者を調べることは興味深いことだと考えられる。科学は，少なくとも部分的には同盟を形成し，敵を打ち砕き，プログラムを定式化し，新入会員を勝ち取り，力を得て，組織を作る政治過程なのだろうか？(Biddle, 1995；Danziger, 1990)

　健全な科学分野や理論と応用研究の健全なバランス(Landers, 1983；Vealey, 1994)を念頭に置くことは重要である。パーソナリティ研究は，一部の批評家だけが支持する斜陽的な分野とは異なり，この危機的な時期から不死鳥のように蘇り，スポーツ心理学の刺激的な研究分野に再びなるものだと考えられる。

第 10 章

スポーツの才能と発達

中国原産の竹は 15 cm に成長するまで 10 年かかる。そしてその後の 6 ヵ月で 3 m に成長する。考えてみよう；竹は 6 ヵ月で 15 cm から 3 m まで成長したのだろうか？ それとも，10 年 6 ヵ月で 3 m 15 cm に成長したのだろうか？

この竹の観察は，スポーツの才能の性質について議論する時の中心テーマになっている。このテーマの先行研究を概観してみると (Régnier, Salmela, & Russell, 1993)，以前のスポーツの才能に対するスポーツ心理学の支配的な考え方は発達的な問題や氏か育ちかの論争を軽視していた。簡単に言えば，以前は環境要因と遺伝要因の寄与や関連は量的に表わすことができないと信じていた。さらに重要なことに，その当時，研究者は才能の正確な概念を定義していなかったが，高度な熟練競技者は"才能がある者"と考えられ，ある遺伝的な"天賦の才"や，卓越した生得的な能力があるとされていた。このような，スポーツの才能の見方は，水面下での着実な 10 年間の発達を考慮することなく，中国竹の 6 ヵ月間の急速な成長のみをみていることと同類のものであった。

生得的な才能は，実際に，非凡な競技パフォーマンスの主要な構成概念であるという信念を，ほとんどすべてのスポーツのテレビ番組が連日補強している。またそこでは，"才能"ある競技者という用語を"高度な熟練"競技者の同義語として使用している。しかしながら，現在では，この考えとは逆に，非凡なパフォーマンスは質の高い豊富な練習の結果であり，生得的な能力の役割は非常に少ないと主張する研究者もいる (Ericsson, Krampe, & Tesch-Römer, 1993；Howe, Davidson, & Sloboda, 1998)。この見解によって，氏か育ちかの論争が完全に復活した。

さらに，20 世紀初頭にオリンピックのマラソン競技で優勝した競技者の記録は，今やアマチュアの上級ランナーに抜かれており，このことは生得的な才能が量的に増加するかどうかという問題になっている。Ericsson と Lehmann (1996) は，この事実に注目し，科学的にこの問題に挑戦した。実際のところ，芸術，音楽，科学，数学，チェス，スポーツといった分野の非凡なパフォーマンスがどのように発達するのかを批判的に再考している多数の研究者は，才能の概念仮説を徹底的に調べ始めている (Ericsson & Charness, 1994；Ericsson et al., 1993；Ericsson & Lehmann, 1996；Hodges & Starkes, 1996；Howe et al., 1998；Salmela & Durand-Bush, 1994；Singer & Janelle, 1999)。

本章の目的は，才能の発達，特にスポーツ領域における才能の発達を伝統的・現代的に概観することにある。そのことによって論争的な問題が明らかになり，将来の研究者や実践家の思考に影響するような革新的なアイディアが生まれるのではないかと著者は考えている。本章の第 1 部は才能の定義に当てた。本章の第 2 部では，才能発達の伝統的なアプローチについて要約した。また才能の発見と選抜の概念を中心に考察し，才能の発見手続きについても議論した。本章の第 3 部では，Bloom (1985)，Ericsson ら (1993)，Côté (1999)，Csikszentmihalyi, Rathunde, Whalen (1993) などを含めた才能発達のより現代的な考え方を紹介した。最後に，もっとも興味深い議論の 1 つであり，かつ Howe ら (1998) の論文に関してたびたび白熱する議論に基づいて，才能の未解決問題に焦点を当ててみたい。認識論の方向を異にする著名な国際的学者らがこの論文に寄せた 30 のコメント事項についても議論したい。

才能の定義

過去 1 世紀以上に渡り，"才能"を定義しようと数多くの試みがなされてきた。才能という用語の使用法はさまざまな領域に渡り非常に共通しているが，その

本章は Social Sciences and Humanities Research Council of Canada (SSHRC Grant #410-97-0241) の補助を受けて書き上げた。本章の作成に際してコメントをいただいた Mike Stevenson に感謝したい。

意味は使用者の独自の見方に依存して実質的に変化している。Howeら(1998)は，運動選手の成功は生得的な能力よりも，むしろ強力なトレーニングといった環境要因の結果であると述べている。Howeらは，選手の成功を説明するために，人々は運動選手にしばしば才能というラベルを貼りつけていると主張している。さらに，そのような早期の評価や"才能の説明"が運動選手の最終的なパフォーマンス成果に重要な影響や偏見を与えるとも主張している。Howeらは次のように示唆した；"才能の説明は社会と重要に関わり合っている。生得的な才能は優れた成績を収めるための前提条件であるという信念は，特定領域の生得的な才能を同定できない若者に対する高い有能感の達成に必要な援助や励ましを結果的に否定してしまう可能性がある(p. 399)"。

Howeら(1998)は，非凡なパフォーマンスの実現が特定の子供に同定できる特殊な遺伝的な能力に依存するとした"才能の説明"とは，明らかに反対の立場をとった。Howらは，この才能の説明に賛成か反対かの議論をする前に，科学界がその大半の基準を一般的に尊重・承認するような才能の概念について明確に定義することが重要であることに気づいた。そして才能に次の5つの特性を割り当てた；"(1)才能は遺伝的な構造に由来しており，それゆえ，少なくとも部分的には生得的なものである。(2)早期段階にその最大効果を示すことはないが，そこには何らかの前兆があり，当該者が成熟した非凡なパフォーマンスを示す前にその才能は同定することができる。(3)才能のこれらの早期兆候は，非凡になり得る者を予測するための根拠になる。(4)才能はすべての子供にあるのではなく，少数の子供にだけある。したがって，成功を予測する方法や説明する方法はない。(5)才能は相対的に領域固有のものである(pp. 399–400)。"

Howeら(1998)は，この定義によって科学や一般社会が才能の概念をあまり直感的でない立場から評価する可能性がより高くなると述べた。しかしながら，論文へのコメントを要求された学者らがこの考えを受け入れる度合いには個人差があった。多くの研究者は環境決定論的な立場を支持した(Charness, 1998；Eisenberger, 1998；Ericsson, 1998；Irvine, 1998；Lehmann, 1998；Simonton, 1998；Starkes & Helsen, 1998；Tesch–Römer, 1998；Weisberg, 1998)が，生得的な才能を非凡なパフォーマンスの決定因から除外するという極端な立場に疑問を投げる研究者もいた(Baltes, 1998；Csikszentmihalyi, 1998；Detterman, Gabriel, & Ruthsatz, 1998；Feldman & Katzir, 1998；Gagné, 1998；Heller & Ziegler, 1998；Plomin, 1998；Rowe, 1998；Rutter, 1998；Schneider, 1998；Sternberg, 1998；Trehub & Schellenberg, 1998；Winner, 1998；Zohar, 1998)。このように見解が対立している歴史的な背景を十分に理解するために，才能の研究を伝統的に先導してきたものと，より最近の研究動向を次に概観してみたい。特にスポーツ領域の伝統的な研究から始めることにする。

才能発達における伝統的な指向

1970年代のヨーロッパにおける研究テーマは，主に"スポーツの才能の発見"であった。周知のように，この時期の東ドイツとソビエト圏諸国のコーチやスポーツ科学者は，スポーツにおいて成功する見込みがある小学生を捜し回っていた。スポーツ科学者は心理的な適性を単独に，もしくは他の身体的・生理的・技術的な能力と組み合わせて測定し，さまざまな期間に渡るパフォーマンスを予測しようとした。才能の発見は，今日まで，(1)運動選手の生得的なさまざまな特徴，あるいは学習やトレーニングの結果としてのさまざまな特徴に共通したもの，(2)あるスポーツ活動において最大パフォーマンス成果の最高確率を保証するような課題要求，を確定する試みとなっている(Régnier et al., 1993)。

伝統的なスポーツ科学では，才能の発見と才能の選抜を，相互的な関連過程とみなしていた。Régnierら(1993)によれば，研究者は才能の選抜テストをより短期間に，そして例えばオリンピックといった特殊なスポーツの文脈で課題を最高に遂行できる者の選出に集中していた。才能の選抜は，いずれの競技者が2ヵ月または2週間で最大パフォーマンスを発揮するようになるのかという評価と関わり合っている。このことから，才能の選抜は"非常に短期間の才能発見"とみなすことができる(Blahüs, 1975；Hay, 1969)。これは過程の課題というよりも，才能発見と才能発達に関わるより全体的な時間過程の課題なので，本節では才能の選抜を単独には取り上げないことにする。

スポーツの才能発見には多数の研究がある(Ackland, Bloomfield, Elliott, & Blanksby, 1990；Bar-Or, 1975；Bartmus, Neumann, & de Marées, 1987；Bulgakova & Voroncov, 1978；Geron, 1978；Gimbel, 1976；Harre, 1982；Havlicek, Komadel, Komarik, & Simkova, 1982；Jones & Watson, 1977；Kerr, Dainty, Booth, Gaboriault, & McGavern, 1979；Montpetit & Cazorla, 1982；Régnier & Salmela, 1983；Régnier, Salmela, & Alain, 1982；Salmela & Régnier, 1983)。多くの研究者が才能発見モデルの開発に伝統的に関心を持っていたことから，次節ではこれらの概観を記述してみたい。また研究者は，才能の問題を，より最近の考え方に照らして再評価している。

才能発見モデルの概観

研究者は，いくつかのスポーツ固有な才能発見モデルを長年に渡って開発してきた．Bar-Or(1975)は1つのモデルを提案した．それは次の5段階のアプローチ法を使用して，スポーツ才能発見の詳細な操作手続きを示したものであった．(1)一連の形態的・生理的・心理的・パフォーマンスの変数から子供を評価する，(2)"発達指数"の結果に重みづけをして，生物的な年齢を説明する，(3)短時間のトレーニングプログラム実施時のトレーニングに対する反応を検証する，(4)家族歴を評価する（例えば，身長，スポーツ活動），(5)以上の4指標の結果を多変量回帰分析してパフォーマンスを予測する．確かに優れた考えではあるが，Bar-Orはこれをスポーツの縦断的なフィールド研究に提案したのではなかった．

その後間もなく，JonesとWatson(1977)は心理変数からパフォーマンスの予測手続きを開発した．Jonesらは上記のような才能発見モデルを提示したわけではなかったが，その研究はパフォーマンス予測の情報を提供した点で，価値があるものとみなされていた．Jonesが示したパフォーマンスの予測段階は次の4つであった．(1)標的パフォーマンスの確定，(2)標的パフォーマンスを表わす基準の選択，(3)潜在的なパフォーマンスの予測要因の選択とその予測力の検証，(4)結果の応用．

Gimbel(1976)は氏か育ちかの見方を取り入れ，次の3つの見方から才能を分析できると仮定した．(1)生理的・形態的な変数，(2)トレーニングの可能性，(3)動機づけ．Gimbelは才能を内的要因(遺伝)と外的要因(環境)に分類した．Gimbelによれば，遺伝要因は熟練パフォーマンス発達の本質的な要因であるが，環境条件が好ましくない場合には，パフォーマンスが非常に低下する．大半のスポーツで，競技者がトップレベルのパフォーマンスに到達するのは18〜20歳になった時であり，チャンピオンになるには8〜10年間のトレーニングが必要であると言われている．さらに，将来有望な競技者は，成長が著しくなる前の8〜9歳時に確定しなければならなかった．Gimbelは，才能開花の遅い者を排除しないために，才能が確信できない早期の識別ケースに"回復期"として1年間の猶予を提案した．この猶予を置くことにより，将来有望な競技者として頭初確定できなかった者でも，パフォーマンスを著しく改善すれば，その後再度トレーニングに参加させることができた．

Gimbel(1976)は"偽陽性"（才能があると同定されたものの，予測された能力を発揮しなかった者）の問題も扱った．Gimbelは偽陽性の説明に次の3点を示唆した．(1)パフォーマンス予測のテストには十分な妥当性・信頼性・客観性がなかった，(2)子供には生物学的な年齢差があるために，そのような検査では正確なパフォーマンスを予測することは不可能であった，(3)予測モデルでは心理変数の寄与率を無視していた．

Geron(1978)は，Gimbel(1976)のモデルと後にMontpetitとCazorla(1982)が改良を加えたモデルに類似した才能発見モデルを開発した．モデルの手続きは次のようになっていた．(1)あるスポーツの"エリート競技者"プロフィールを確定する，(2)成功に強く関連する変数と遺伝に強く依存する変数を縦断的に同定する，(3)遺伝次元がもっとも強力な時に選抜年齢を確定する．Geronは，トップレベルの競技者プロフィール／"スポーツグラム(sportograms)"が才能の予測をする上で不十分なことを明らかにした．Geronは，パフォーマンスの予測要因を単に列挙することと，特定スポーツの成功要素を同定することは，別物であると強調した．換言すると，チャンピオンとなる競技者に必要な早期の資質とチャンピオンの特徴には違いがある．

MontpetitとCazorla(1982)は，Gimbel(1976)モデルの改訂版を開発して，水泳選手の才能発見に使用した．手続きには予測に関わる形態的な変数を追加した．モデルの第1段階は，従来の生理検査の手続きに基づき，"トップレベルの水泳選手のプロフィール"を各イベントごとにスケッチすることであった．第2段階は，縦断的な研究を通して，プロフィール変化の安定性を実証することであった．MontpetitとCazorlaは，水泳チャンピオンをもっとも適切に説明するような安定性の指標と発達変化率を使用すれば，潜在的なパフォーマンス要因の開発とパフォーマンスそれ自体の予測ができると示唆した．

Harre(1982)はもう1つの才能発見モデルを作成したが，それは"成功に必要な属性が子供にあるかどうかは，トレーニングのみで確定することができる"という仮説に基づいていた．したがって，才能発見の第1段階は，できるだけ多くの子供にトレーニングさせることを前提にしていた．こうすれば，トレーニングの早い段階で子供をテストして，パフォーマンスのレベル，改善率，安定性，トレーニング要求への反応を評価することができる．

Havlicekら(1982)は，スポーツパフォーマンスに多次元的な性質があることを認め，才能発見への多面的なアプローチ法を採用した．Havlicekらも，才能の発見について，身長や一般的な形態といった遺伝依存と，パフォーマンス関連要因の重要性を強調した．しかしHavlicekらは，Harre(1982)とは反対に，そのような要因だけに依存するのは間違いだと述べた．Havlicekらの研究では，スポーツパフォーマンスに関連すると思われるさまざまな変数の遺伝の程度を考慮していた．それぞれの安定性から各要因を予測しその寄与率を明らかにする"優先化(priorizing)"の概念は，遺伝問題を扱う1つの方法であった．例えば，

身長は，親の身長や若い競技者の体操パフォーマンスと高く相関しているが，成人の体操選手のパフォーマンスとは相関していない(Régnier, 1987)。

Régnier(1987)は，スポーツ才能発見の専門的研究を組織して，あらゆるスポーツ状況に適用できるような"才能発見装置"を開発する際に一般的な枠組みとなる，スポーツ才能発見の概念モデルを提唱した。このモデルは Jones と Watson(1977)が仮定した 4 段階のパフォーマンス予測に基づいていた。Régnier は，Blahüs(1975)の示唆に基づき，元のモデルと同じ集団から取り出した他の競技者サンプルをクロス確認する回帰分析によってモデルの安定性を正確にテストし，パフォーマンスを予測するために 5 段階目に段階を 1 つ追加した。研究者は Régnier のモデルを，体操(Jancarik & Salmela, 1987；Régnier & Salmela, 1987；Salmela, Régnier, & Proteau, 1987)，野球(Régnier, 1987)の才能発見の研究に使用した。そのモデルの広汎な専門性と多変量的な性質は，各スポーツ領域の専門家(コーチ)のみならずスポーツ科学者にも多大な影響を与えた。

才能発見モデルに関する懸念

多くの研究者は，才能発見モデルと手続きの開発を，その当時は革新的で適切であると考えていた。しかしながら，より最近の考え方に照らしてみると，それらの妥当性や有用性には問題が多い。Howe ら(1998)は，次の 2 つの基準を現代的な才能の定義にあげている。(1)非凡なパフォーマンスに到達する前に，専門家が早期の才能兆候を認める，(2)早期の才能の兆候は非凡なパフォーマンスに到達すると思われる者の予測根拠になる。今のところ，多くの研究者が，将来のパフォーマンス予測に生得的・後天的な才能は使用できないと述べている(Bartmus, Neumann, & de Marées, 1987；Bloom, 1985)。これは，生得的な才能は存在しない，もしくはパフォーマンスの開発に何ら影響しないという意味ではない。才能とスポーツパフォーマンスの縦断的な関係を確定することは，競技者の遺伝的な性質とおびただしい環境の相互作用によって非常に困難になっており，実際現在のところほぼ不可能と思われる。才能発見や才能に基づいたパフォーマンスの予測には，多くの反論がある。

例えば Seefeldt(1988)は，運動スキルの予測獲得率に関する研究文献を概観して，次のように結論づけた："事実上，すべての研究者は…(略)…しばしば横断的な研究から得たり縦断的な研究の終了時に算出した回帰式を利用して成功の回顧的な予測を報告している。個々人が運動プログラムに関与する前に，その運動パフォーマンスの成功を予測しようとした研究者はいなかった。また縦断的に追跡して最初の予測精度を確定した研究者もいなかった。他のサンプルに予測方程式を適用して妥当性を検証したケースもなかった"(pp. 49–50)。

Seefeldt(1988)が奨励したこのアプローチ法は確かに厳密なものではあるが，非常に時間がかかるという重大な欠陥を持っている。"才能発見装置"の開発と検証に時間がかかり過ぎることは非常に重要な問題であり，才能発見装置が使えるようになった時にはすでに時代遅れとなってしまう。これは，頻繁に新たな傾向を導入し，その後の成功に相応の質の変化を要求するような，採点競技(例えば，体操，フィギュアスケート，飛び込み)やいくつかのチームスポーツには特に当てはまっている。Seefeldt がこの手続きを厳密に適用した研究を運動スキル獲得の予測に使用しなかったのは，このためではないかと思われる。

科学的アプローチに基づいた才能発見は困難な仕事であることが，モデルの概観から明らかになったものと思われる。関連した問題は非常に複雑であり，その結果，この過程の実現可能性には，全般的に多くの研究者が懸念を表明している。Bartmus ら(1987)が報告した才能発見のシンポジウムでは，何名もの研究者がそのような懐疑的な態度を表明した。シンポジウムの座長 de Maréers は，その前置きで"70 年代後半には多数の研究が行われたにも関らず，多くの問題が未解決なままになっている"(p. 415)と強調した。

Bartmus ら(1987)は，テニス選手 100 名の縦断的研究の結果を報告した。Bartmus らは"テニスパフォーマンスに一様な能力は存在していない。つまり，ある領域におけるパフォーマンスの欠陥は，他の領域にある高い水準のパフォーマンスによって埋め合わせられている"(p. 415)と結論づけた。これらの結果は，想定した一連の優秀な必要条件だけでは才能は発見できないことを意味している。埋め合わせの現象は，1 回限りの長期的なパフォーマンスの予測を困難にしている要因の 1 つになっている。

しかしながら，多様なスポーツ科学の変数を"ハード"な形態測定から"よりソフト"な心理計測にまで取り入れた多層縦断的な課題分析は，現象を制御する柔軟性に富んだ手法になっている。例えば，Régnier と Salmela(1987)は，体操選手のスピード・パワー・強さの測度が 100% の因子寄与率を示しているために，12 歳以下の若い競技者のパフォーマンスを予測する場合には，これらの測度が適当なものであることを見出した。しかしながら，パフォーマンスのレベルが高い 20 歳の体操選手を識別するには，不安といった心理変数と同様に，知覚的な気づきや空間定位といった要因を取り入れる必要がある。さまざまな要因がさまざまな年齢のレベルのパフォーマンスを予測する事実は，"才能"と名付けることができる一様な能力や，競技者のパフォーマンスの投影に使用できる一様な能力が存在するという考え方を，排除しているように思われる。

一連の能力の必要条件に基づいてパフォーマンスを予測することはできないと示唆するその他の知見は，高度な熟練競技者にスポーツ課題状況の明示を求めたRussell(1990)の研究に由来していた。Russellの研究におけるエリート競技者は，スポーツパフォーマンスの身体面や技術面よりも，メタ認知の知識やスキルを強調していた。Russellは，さまざまなスキルレベルの運動選手が自らのスポーツ課題状況のさまざまな側面に集中していると示唆した；"例えば，初心者はトレーニングの身体的な要求を強調しているが，中級者は技術的なスキルを強調している。そして熟練競技者はメタ認知的な課題要素を強調している"(p.93)。このように特に競技者が身体的・心理的・感情的に成熟していない早期段階では，パフォーマンス予測にもっとも重要な要因を定義することは困難になっている。

時間経過に伴って"成功者"の競技人口は徐々に少数になり，身体的・心理的なプロフィールは徐々に均質化するために，後年の才能を予測することは困難になっている(Régnier, 1987)。スポーツ固有の体型(例えば，体操選手では身長が低い)に到達しなかった者は，そのスポーツから脱落する傾向がある。CsikszentmihalyiとRobinson(1986)は，この現象がすべての卓越分野に共通していると述べた；"前の段階で最高のパフォーマンスを見せなかった子供は，一般に状態と周囲の支援に変化をきたし，もはや競争に'天賦の才'を示すどころではなくなってしまう。音楽・数学・スポーツといった過剰な競争分野では，下降は常に上昇よりも一般的なものになっている。年々，追いつくことが困難になり，ますます脱落しやすくなる"(p.275)。

才能発見モデルのもう1つの懸念は，5年間に渡るアルペンスキーの縦断的な研究から発している(Willimczik, 1986)。Bartmusら(1987)はこの研究を才能発見についてのシンポジウムで紹介した。Bartmusらはそこで"個人スポーツ領域における才能の研究はほとんど不可能なように思われる；指摘できそうなものは，すでに才能が明らかになっている競技者を科学的に支援する方法のみである"(p.415)と結論づけた。熟練度の高い競技者を才能者として同定する循環論法が，これらの結論から再び明らかとなり，結果としてこの領域の進歩を停滞させる原因になっている(Howe et al., 1998)。

Mocker(Bartmus et al., 1987より引用)は，才能研究の現場には科学的に妥当な方法がなく，どちらかと言えば有資格者であるコーチの判断に依存していると主張して，同様の立場を取った。Mockerは，旧東ドイツ体制下のスポーツスクールの組織では，コーチの眼鏡にかなった子供が高水準のトレーニングや支援を受けるには，一定基準を達成しなければならなかったと説明した。Ulmer(Bartmus et al., 1987より引用)も，科学に基づいた才能研究には疑問があると確信した。Ulmerは成功しそうな競技者を選抜する際には，熟練コーチの観察に基づいて行うことが最良であると，自らの研究から確信した。

ThomasとThomas(1999)は，"才能"を見分ける熟練体育教師の能力について研究した。熟練体育教師は，最終的に選抜チームのメンバーになった競技者2名の早期キャリアの特徴を熟考し，これらの競技者は他の生徒よりも多くの練習を行い，明らかに優れた練習意欲があったと報告した。Thomasらは，これらの性質が，敏捷性や協調性といった他の才能に関連する性質よりもさらに重要なものであると考えた。

要約すると，将来のチャンピオンの特徴や態度に早い段階で気づく熟練観察者の能力を明らかにした証拠は注目に価する(Thomas & Thomas, 1999)。しかしながら，スポーツ科学の専門家は，スポーツ科学に基づいた伝統的な演繹方法(熟練観察者もこの方法を一部使用している)によって優れた競技者を予測することには懐疑的になっている。それゆえ，才能発見プログラムによってスポーツの"才能"を鍛造することには再考の必要がある。Bartmusら(1987)は，才能発見の難しさを考え，研究テーマを才能発見から才能の指導や才能の発達といった"才能監視"と呼ぶものに移行すべきであると示唆した。次節では，才能の発達や非凡なパフォーマンスのより最近の研究を紹介することにする。

現代の才能発達の動向

才能と熟練技術の発達の研究では，1980年代に，認識論と方法論に変化があった。スポーツ心理学の分野ではMartens(1987)がこの動向を主導した。Martensはさまざまな文献を批判的に分析し，伝統的な科学の教訓を厳密に導入しない利点についていくつかの説得力のある主張をした。Martensは，経験的な知識の分野には有用な情報が豊富にあり，したがって伝統的な科学の方法を補完する個性記述的なアプローチ，内観法，フィールド研究といった非伝統的なアプローチを採用することが最良であると強く主張した。全体論的・非伝統的なアプローチ法によってスポーツ才能と熟練技術について調べた研究を，次にまとめて述べることにする。

Bloomの才能発達段階

Benjamin Bloom(1985)は，120名の才能ある競技者，音楽家，芸術家，科学者のキャリアを4年間に渡って縦断的に調べ，熟練技術分野の知識の向上に大きく貢献した。Bloomの特別な関心は，子供がスポーツに関わり始める早期の時期と熟練スキルが関連スポーツ分野で最高に達する才能発達の過程にあった。

Bloomは，一般的な考え方とは反対に，生得的な適性や特別な天賦の才能と呼ぶものに，この文脈の才能を使用しなかった。Bloomは"個人に天賦の才能があったとしても，励まし，いたわり，教育，しつけなどの長く徹底した支援がなければ，特別な分野において極端な能力を発揮することはできない"(p. 3)と述べ，氏か育ちかの論争に対して自らの見解を明らかにした。

Bloom(1985)の革新的な点は，才能発達に3つの臨界期を確定したことと，オリンピックに出場した水泳選手，世界水準のテニス選手，コンサートピアニスト，彫刻家，数学者，神経学者が非凡になる方法を詳細に洞察したことであった。重要な結論の1つは，才能の発達には何年もの学習関与が必要であることと，この過程では子供が親・教師・コーチから受ける支援，教示の質・量が重要であることであった。Bloomは才能の発達に明確な3段階を確定したが，それらは"長期的・連続的な学習過程の道標"にすぎない(p. 537)と述べた。Bloomの才能発達段階は，子供(選手)のキャリア形成に重要な役割を果たすコーチや親のみならず，この過程を歩む子供自身にとっても優れたガイドラインになっている。

早期の発達段階

Bloom(1985)は，初めの段階としておもしろおかしく，はしゃいで活動する段階が実験参加者にあることを明らかにした。この段階の子供は，興奮したり，教師やコーチのガイダンスと支援に大きく依存したりしていた。親や教師が子供の天賦の才能や"特別な"何かに気づくのは主としてこの早期段階であった。天賦の才能のような特別な属性は，子供の期待と指導方法にともに影響していた。

教師やコーチは一般的に，指導方法に過程指向のアプローチ法を採用し，子供の達成成果よりも努力過程を奨励して報酬を与えた。教師やコーチはこの早期段階における指導を必ずしも技術的に進めなかったが，学習とパフォーマンス活動の継続を要求する子供に愛情とポジティブな強化を与えた。Bloom(1985)は，子供の才能発達に果たす親の重要な役割も明らかにした。親が興味を示す分野活動は，しばしばそれらの分野や活動への子供の興味を最初に刺激する原因になっていた。子供を積極的に支援する点と同様に，子供と興奮を共有する点で，親はエネルギーや動機づけのすばらしい供給者になっていた。

中期の発達段階

実験参加者はやがて，Bloom(1985)が特別活動に"夢中になる"と述べた中期の発達段階に移行した。例えば，参加者は"体操競技を行う子供"よりも"体操選手"と呼ぶべき存在になった。参加者はより真剣にパフォーマンスを追究するようになり，結果的に成功を目指してさらに高いレベルに専念するようになっていた。通常，この段階の教師やコーチは，早期段階のレベルよりも熟練した技術を持っていた。彼らは適切なテクニックの開発を強調して，子供にパフォーマンス評価の機会を与え，訓練の結果や厳しい練習倫理を期待した。Bloomは，この中期段階で教師やコーチが参加者に寄せた大きな関心と，子供と教師，子供とコーチの早期段階における愛情関係が，その後一種の尊敬に置き換わることを明らかにした。

中期段階では練習時間が明らかに増加した。参加者はより達成志向となり，試合は進歩を測る尺度になった。犠牲は子供のみならず，親にも必要になった。中期段階の非常に重要な要求を受けて，親は子供の選択した活動の維持のために道徳的・経済的な支援をしなければならなかった。親は子供の全体的な発達を気遣いながら，勉学や友人との外出といった外部活動の制限にも一役買っていた。

後期の完成段階

Bloom(1985)によると，後期の発達段階は個人が熟練者になる最後の段階，すなわち完成段階であった。実験参加者は，自らが選択し生活の大部分を占めている活動に専心していた。強調すべき点は，参加者が，(1)非常に高度のスキルを開発したこと，(2)必要な時間と努力を喜んで投資して究極のパフォーマンス目標を達成したこと，であった。さらに，トレーニングの責任と競技の責任は，教師やコーチから選手に移行した。子供は自立し，そして非常に博識となる必要があった。この完成段階では指導者や優れた教師が子供に非常に大きな要求を科している。そのために，子供は時には彼らを恐れることもある。しかし，一般的に子供は指導者や優れた教師を尊敬していることをBloomは見出した。完成段階では，子供は活動に完全に没頭し全責任が当然自分にあると思っていたので，親が果たす役割はそれほど重要なものではなかった。

要約すると，Bloom(1985)の研究は，熟練スキルを開発する上で価値のある枠組みになった。才能の完成に必要な年齢について，Bloomは，幼年期からその後の年齢に至る才能発達の全体的なデータを導き出した。この才能の発達の過程に対するBloomの見解は，次のように要約することができる；"成熟した複雑な才能を十分に獲得する前には，才能の発達を困難にするような何年間にも渡るさまざまな段階がある。10歳や11歳でどのように早熟していても，当人自身が長年に渡る努力を継続しなければ，それを続けた他者にいずれ引き離されることになる。個人が特定分野の能力を最大限に獲得しようとする場合には，長期に渡るその分野への関与と才能の発達へのたゆまぬ情熱が必要である"(p. 538)。

他の研究者はBloom(1985)の例にならい，際立っ

たパフォーマンスの発達に対しより多くの情報を提供しようとしている。Côté(1999)は、特にスポーツの才能の発達と家族との関係に興味を持った。Côtéは、他者の研究を組み合わせ、スポーツ参加に幼児期〜後期青年期という3つの段階を仮定した。これらの段階を次に論じてみたい。

Côté のスポーツ参加の段階

Côté ら(Abernethy, Côté, & Baker, 1999 ; Côté, 1999 ; Côté & Hay, 印刷中)は、カナダとオーストラリアのエリート競技者(ボート、体操競技、バスケットボール、ネットボール〔訳注：バスケットをもとに作られた女性用競技〕、フィールドホッケー)を対象にキャリアの発達を調べた。Côté(1999)は若年競技者の発達に家族が果たす役割をより詳細に知ろうとした。特に、スポーツの早期開始と高いレベルのパフォーマンスへの到達に対し、家族成員が子供をどのように支援するのかに興味があった。Côtéは、競技者の成功に寄与するような家族のダイナミックパターンが、さまざまな発達段階に存在するかどうかも確定しようとした。

Côté(1999)は、少なくとも1名の子供がスポーツに深く関与している4家族15名に面接した。Côtéは、競技者である子供4名、母親4名、父親3名、兄弟姉妹4名に対して、彼らが優れたパフォーマンス発達に固有のものと考える動機づけや努力、資源の制約に関する家族の力学を議論するように依頼した(Ericsson et al., 1993)。4名の子供は全員18歳であり、その中の3名(男子1名、女子2名)はカナダボートジュニア代表チームのメンバー、もう1名はカナダの全国レベルの男子テニスプレーヤーであった。このトレーニングの最中に収集したデータの強みは、実験参加者の過去と現在の出来事をより正確に想起することができることであった。

この研究の結果から、Côté(1999)はスポーツ参加の3つの段階を次のように示唆した；(1)サンプリング、(2)特殊化、(3)投資年限。特に注目すべき点は、子供が、各々のレベルから別のレベルに移行したり、スポーツから脱落したり、あるいは他のレクリエーションに参加したりするような能力を持っていることである。

サンプリングの年齢

サンプリングの年齢は、親が子供とその兄弟に、種々のスポーツや試合を特定の目標達成ではなく純粋な楽しみとして試しに勧めた時期になっていた。Côté(1999)は、子供が余儀なく1つのスポーツ分野を選択しているのではなく、運動の持つさまざまな利点に動機づけられていることを明らかにした。通常は、この時期には集団スポーツを子供に紹介している。その

ため、子供のスポーツ参加は積極的・随意的・愉快・内発的に動機づけられたものであり、参加によって即座に子供は満足を得ることができる。Côté と Hay(印刷中)は、スポーツと試合へのこのタイプの関与を"計画的な遊び"と呼んだ。計画的な遊びには、特に、スポーツや運動活動システムのレベルに依存した意図的規則や暗黙的／明白な規則が影響しているという特徴があった。

Côté がサンプリングした年齢児の親とコーチは、楽しむ機会、基本的な運動スキル、肯定的な自己同一性、動機づけ、価値、スポーツと身体的活動といった信念を子供に植えつけることに関心があった。Côté(1999)の研究では、意欲的な子供の家族は、この時期には練習やトレーニングよりも遊びが中心的なものであると考えていた。強調すべきことは、競争よりもむしろ楽しむことであった。特に興味深い点として、4家族中3家族の親が、サンプリング時の年齢で自分の子供に特別なスポーツ才能があると感じていた。子供に才能があると感じることは、スキルや努力への励まし、ポジティブな強化といった支援行動の高まりと結びついていた。この結びつきは、親の信念が子供の自信を強化すること、すなわち Dweck(1986)によると、向上や粘り強さの決定要因が親の信念であることを示唆している。

特殊化の年齢

競技者は実施するスポーツを、特殊化の年齢中に1〜2の種目に絞り込んだ。一般的に競技者は13歳頃にこの選択をした。競技者の選択にはコーチ・兄や姉・親が与えた励ましや、社会的な支援がしばしば影響していたが、これはスポーツの成功経験や内発的な楽しみが影響するのと同様であった。楽しみや興奮はスポーツ固有のスキルの発達過程でもまだ中心的な要素になっていたが、このレベルではより構造的な練習でスポーツ固有のスキルの発達を強調していた。Côtéと Hay(印刷中)は、子供の興味の減退や脱落を避けたいと考える場合、特殊化の年齢中に計画的な遊びと練習のバランスを取る必要があると示唆した。

注目すべき点は、4家族すべての親が、スポーツよりも学業成績を重要視したことである。しかしながら、学校とスポーツが子供の生活の優先事項であったことから、親は子供の家庭外での勉強には期待していなかった。親もまた子供のスポーツに関心を深め、程度の差はあるものの、傍観者ではなく子供のコーチとなることに熱中した。また親は相当の時間と資金を投入して、子供のスポーツ参加を支援した。Côté(1999)は、年上の兄弟は、しばしば役割モデルとして子供の練習意欲に肯定的な影響を与えたと述べた。

投資の年齢

投資の年齢には、一般的に、1〜2の特定のスポー

ツ種目におけるエリートパフォーマンスの追求といった特徴があった。子供は通常15歳頃にこの投資の年齢レベルに到達していた。しかしながら，投資の年齢に到達する時期は，スポーツ種目によって変化していた。Bloom（1985）の完成段階と同様に，投資の年齢は，参加者がトレーニングに専念した時間と努力の点からみた場合，極めて強力なものであった。研究の主な中心はスキルの発達と競技の方略にあった。したがって，これまでの計画的な遊びを大量の計画的な練習に置き替えていた。

特殊化の年齢の場合と同じように，親は子供のキャリアに大きな興味を持ち，スポーツへの継続的な参加，感情的な支援や財政的な支援をした。また怪我，失敗，動機づけの欠如といった挫折への対処への援助もした。1人の子供がハイレベルのスポーツに参加すると家族内には不公平な資源配分が生じ，兄弟間にしばしば緊張や嫉妬が生じるようになった。親はこの緊張や嫉妬を意識していたが，子供の才能を信じた親は，すべての兄弟に当該児の活動を十分に正当化していた。

レクリエーションの年齢

Côté（1999）は，モデルの中に"レクリエーションの年齢"を加えることによって，ハイレベルな参加に必要な資源を投資することができない／投資を選択することができない／1つのスポーツ種目に集中したいと思わない子供や競技者を説明した。楽しさや個人の成長の経験を目的に，ある期間に渡っていくつかのスポーツ種目を実施して，身体的に活動的で，健康なライフスタイルを維持している年齢層の者が，レクリエーションに参加している。

スポーツ参加のCôtéの段階は，オリンピックと世界選手権の複数の大会で少なくとも2個の金メダルを獲得した10名の熟練競技者がどのようにしてチャンピオンになったのかを面接で調べたDurand-Bush（2000）の最近の研究でも明らかであった。その結果，競技者はCôté（1999）のパターンと類似したスポーツ参加パターンに従っていたことが判明した。しかしながら，Durand-Bushは維持年齢というもう1つの段階を仮定して，競技者が最高のスポーツレベルを達成した後，すなわち，オリンピックと世界選手権で金メダルを獲得した後の期間について，その特徴を明らかにした。

Durand-Bushが対象とした競技者は最高レベルのスポーツ選手であったことから，その維持年齢期間中には，外部からの大きなプレッシャーが常にあった。このプレッシャーは付加的なストレスになっていたが，幸いにも競技者は妨害に対処する個人的方略を身につけていた。この維持年齢のレベルでは，ほとんどの競技者が動機づけを維持するため，また対戦相手に"コピー"されることを防止するために革新的な試みを

必要としていた。さらに，競技者のトレーニングの中心は量から質に移行していた。競技者はこの期間中にはトレーニングの時間を必ずしも増やす必要はなかった。実際にはトレーニング時間を減らした競技者もいたが，意識的な努力によって，パフォーマンスのあらゆる微細的な側面を改善していた（Durand-Bush, 2000）。

要約すると，前述したスポーツ参加の各段階は子供・若年者における才能の育成や観察のためのガイドラインになっている。CôtéとHay（印刷中）の研究から，子供のスポーツ関与の維持や発達レベルの改善を助長するもっとも重要な要因は，スキルの発達や楽しみであることが明らかになった。このことがわかれば，子供が各レベルにおいて楽しみや成功を経験できるような適切な環境を作り出すことができる。子供が幼い時や，そしておそらくスポーツ参加のさまざまな要素への感受性がより高い時には，特にそれが当てはまるものと思われる。注目すべき重要な点は，特別な活動やスポーツ"での成功の見込み"や"才能"があるかどうかに関わらず，子供にはそのような機会を与えるべきだということである。

Ericssonの計画的練習の概念

Bloom（1985），Côtéら（Abernethy et al., 1999；Côté, 1999；Côté & Hay, 印刷中）の研究によって，環境要因は才能と熟練技術の発達に重要な役割を果たしていることが明らかになった。Ericssonら（Ericsson & Faivre, 1988；Ericsson et al., 1993；Ericsson & Lehmann, 1996）も，これに関わる証拠を示した。Ericssonらは極端な環境的立場を採用し，"計画的な練習"と名付けた熟練スキルの理論を提案した。

熟練選手を調べたEricssonら（1993）は，類似のトレーニング環境にアクセスした熟練選手同士であっても，そのパフォーマンスにはしばしば大きな違いが生ずることを明らかにした。また，パフォーマンスの予測要因として，特定の専門領域の経験には難があることも明らかにした。さらにEricssonらは，これらの事実を生得的な能力差の証拠として受け入れるよりも，パフォーマンスの改善にもっとも関連するトレーニング活動が何であるかを確認しようとした。適切な難度で情報フィードバックや反復の機会があり，誤りが修正できる明確な課題に選手が従事している時には，全般的な改善は明らかであった。以後，Ericssonらは，これらの活動を特徴づけるために，"計画的な練習"という用語を使用した。特にもっぱらパフォーマンス改善を目指す高度構造の目標指向活動に，この用語を使用した。注目すべき重要な点は，この目標指向活動が，レクリエーション，自発的な遊び，競争，仕事，専門領域の経験などのタイプとはまったく異なっていることである。Ericssonらは，目標指向の

活動には努力が付きものであることから、目標指向の活動は一般的に生得的な動機づけでも楽しみでもないと主張した。

Ericssonらはパフォーマンスの学習面を強く擁護した。そして熟練スキルを、個人と環境の相互作用に関連したスキル発達の延長過程と仮定した。どのような発達段階であっても、発達過程を促進／制約するような環境の要因は、パフォーマンスに大きな影響を与えている。卓越したスキルの達成は、要求への長期に渡る適応と特定領域における計画的な練習の制約が最終的に反映している。スポーツ領域では、特にサッカー選手(Helsen, Starkes, & Hodges, 1998)、レスリング選手(Starkes, Deakin, Allard, Hodges, & Hayes, 1996)、中距離ランナー(Young, 1998)でこの知見を繰り返し確認している。

競技者の計画的な練習が最大となることを妨げるような制約は、資源、動機づけ、努力と関係している。第1に、卓越したスキルの達成を目指して懸命に努力する競技者は、資源の制約を打破しなくてはならない。卓越したスキルの達成には、有能な教師、トレーニング機器、施設へのアクセスのみならず、十分な時間とエネルギーが必要である。第2に、計画的な練習と、楽しみ、即座の社会的な報酬、金銭的な報酬とは結びつきそうにもないことから、競技者は動機づけの制約を克服しなければならない。Ericssonら(1993)は、練習とパフォーマンス改善の結びつきが、競技者の計画的な練習を部分的に動機づけていると示唆した。最終的に、計画的な練習は精神的・身体的に多くの時間と労力を要求していることから、競技者は努力の制約を乗り越えなければならない。選手が際立ったパフォーマンスの達成に必要な努力ができる過程や、疲弊・燃えつき症候群を防止するために努力と適切な回復期のバランスがとれる過程を、研究者はしばしば"学習性の勤勉さ"と呼んでいる(Eisenberger, 1998)。Ericssonらは次のように述べた；"計画的な練習をする際に努力の制約を無視すると、怪我や失敗の原因になる。短期的には、もっとも適した計画的な練習が活動と回復のバランスを維持している。長期的には、計画的な練習が緩やかで規則的な練習量の漸増によって努力の制約を乗り越えて、さらなる要求への適応を可能にしている"(p. 371)。

EricssonとCharness(1994)によれば、専門分野における計画的な練習の累積時間数は、熟練技術到達の重要な決定要因になっている。実際に、さまざまな分野における初心者や熟練者の研究から、練習の累積量は熟練パフォーマンスの達成レベルと密に相関することが明らかになっている。この相関は、質の高いトレーニングに十分な時間を費やすことができない場合、競技者個人のパフォーマンスレベルには厳しい制約がかかることを意味している。

熟練者は、初心者に比べて1週間あたりの練習時間が多く、発達段階の早期時点から計画的な練習に入ることが明らかになっている。しかしながら、熟練選手の日々の計画的な練習量が、そのキャリアを通して一定であるとは思えない。個人がある領域で練習を始める場合、1週間あたりの練習量は頭初もっとも少なく、それが徐々に増加して、発達の後期段階には最高のレベルに到達する(Ericsson, 1996；Krampe, 1994；Starkes et al., 1996)。興味深いことに、ある年齢での累積練習量が少ない競技者は、早期に計画的な練習を開始して疲弊・燃えつきとは関係なく最適な練習を維持した優れた競技者に追いつけないことが明らかになった。

練習を遅く開始した競技者が早期練習開始者と同量の支援や資源を受け、同量の計画的な練習を長年実施しても同じレベルに到達できないのはなぜだろうか？　トレーニングの開始時期が遅い子供は、開始時期が早い子供と同じ熟練技術には到達できないというEricsson(1996)の議論は、少なくともスポーツ分野では問題があるように思われる。この観察の精度を上げるには、さらに多くの研究が必要である。それにも関わらず、スポーツの身体的・生理的な要因には制限があるために、ピークパフォーマンスに到達できる臨界年齢の範囲が一般的に存在していることを肝に銘じる必要がある(Bouchard, Malina, & Pérusse, 1997)。競技者がこの年齢期を留意しなければ、非常に優れたパフォーマンスの達成はさらに困難になる。

Ericsson(1996)は最大限の才能の発達を目指していたが、熟練状態に到達する前には、一般的に少なくとも選手としての10年間の活動／10,000時間の練習量を考慮することが重要であると主張した。この10年間の準備ルールは、チェス(Simon & Chase, 1973)、スポーツ(Kalinowski, 1985；Monsaas, 1985；Starkes et al., 1996)、数学(Gustin, 1985)、音楽(Sosniak, 1985)の分野において有効なものになっている。Ericssonは、参加分野に費やす年数や経験は、熟練技術レベルの獲得を正確には反映していないと指摘した。10年間の準備ルールには、単なる10年間の経験ではなく、計画的な練習に10年間／10,000時間を費やすという意味がある。特殊化に向けた10年間の活動は、熟練技術到達の十分条件ではなく、必要条件になっている。

Ericssonら(1993)は、熟練技術の発達の研究に興味深い枠組みを提案している。しかしながら、熟練レベルをもっともよく説明するのは計画的な練習であるという主張は、意見の相違や論争の種になっている。最近の論文でSingerとJanelle(1999)は、この10年間の準備ルールについて、次のように述べている；"主な関心は、練習の内容や質を無視した場合、計画的な練習の一般的な特徴と同様に、計画的な練習の量に多く注目することである(10年間の準備ルール)。効果的な方法で重要なパフォーマンススキルを練習す

る場合，根気強い集中力，努力，決心を必要とする長時間の練習が熟練技術の発達に帰着することは，直感的に明白である…スポーツの成功に貢献する生得的な要因が明らかになれば，…解明すべき主要な問題は，どのくらい長く，どのくらい辛い練習をするのかではなく，どのように，どうやって練習をするのかということである"(p. 134)。

SingerとJanelle(1999)は，スポーツの熟練技術の発達を現在の氏か育ちか(遺伝か環境か)から展望し，10年間以上の練習が，熟練技術や熟練技術に迫るものの獲得を保障するものではないと報告した。Singerらは，遺伝的な要因が競技者のスキル訓練可能性や練習適応可能性に大きく影響すると示唆した。"遺伝的資質が有利になればなるほど，ひたむきな練習は意図した成果をもたらすようになる"(p. 134)ものと思われる。

Ericssonら(1993)は，先行研究では未解決のままになっていた熟練技術の生得的な能力の役割が，重要であるとは考えなかった(T.J. Bouchard, 1984；C. Bouchard & Malina, 1984；C. Bouchard, Malina, & Pérusse, 1997；Singer & Janelle, 1999)。しかしながら，Ericssonらは次のように述べていた；"活動レベルや感情の個人差といったいくつかの'パーソナリティ'要因は，非常に高レベルの計画的な練習の長期に渡る持続の素因と同様に，個人が計画的な練習に特異的に取り組む素因になっている"(p. 393)。さらに，Ericssonらは，生得的な能力や才能の初期兆候が若年児の計画的な練習への従事の原因になっていたとしても，生得的な才能と長い間考えてきた特徴は，計画的な練習の結果であると示唆した。しかしながら，生得的な能力が発達過程に何の役割も果たさないと誰が言えるだろうか？　今日までこの可能性を証明／反証した研究者は誰もいない。おそらく，競技者の遺伝的な要素はエリートレベルにある競技者の大半に関係し，オリンピックや世界選手権のメダルを取らせているものと思われる。メダル獲得の素因を持って生まれた競技者は，困難で計画的な大量の練習を，おそらく持続することができるものと思われる。この素因を持たずに生まれた競技者でも，必要なトレーニングに耐える動機づけの学習は可能と思われる。

この動機づけは，Ericssonら(1993)の枠組みに関わる別の問題と連繋している。教師やコーチの役割について，フィードバックの重要性や目標のモニタリングの程度のみをただ表面的に強調していることは問題にしなくてはならない。それにはSingerとJanelle(1999)が提起した"何を""どのように"練習するのかといったことを引き合いに出すことである。後の研究者はもう1つの重要な点を取り上げた；"計画的な練習を考慮する際に非常に気になることの1つは，計画的な練習が正確なスキルの遂行を目指しており，熟練パフォーマンスにつながる方法を実施しているといっ暗黙の仮定である"(p. 136)。コーチは，訓練すべきテクニック，方略，その方法の確定において，重要な役割を明らかに果たしている。Salmela(1996)は，熟練スキルの発達に関するトピックスについて，22名の熟練コーチから聴取した。その結果，コーチの主な目標は，パフォーマンスの改善にもっとも役立つ環境作りであることが明らかになった。これらの熟練コーチは，非常に質の高いトレーニングをするために，練習計画の立案や練習構造の考察に相当の努力と時間を費やしていた。

しかしながら，Bloom(1985)，Côté(1999)，Durand-Bush(2000)が明らかにしたように，競技者がより高いパフォーマンスレベルに到達するにつれて，その役割を変えたコーチもいた(Salmela, 1996)。コーチは，競技者がより自主的・自律的になり得る機会を作り出すことに関心を示していた。このことを例示している熟練バスケットボールのコーチの言葉を次に示す；"理想は，引退の意思決定ができるような独立的な思考を持ち，創造的で責任ある競技者の育成を望むことである。明らかに，競技者には自制心を開発する義務や，時間・優先順位を適切に管理する義務がある。競技者が厳しい，要求の多い，強烈な競技にうまく取り組みながら，大学でうまく学位を取得しようと思うならば，行く手には浮き沈みや不調などの落とし穴があるだろう。よりやりがいのある経験を競技者に求めることができるだろうか？"(qtd. in Salmela, 1996, p. 50)。

エリート段階になると外部の人的資源に依存する程度が少なくなり，その結果，競技者はより大きな責任を学習や活動の経過に持つようになってくる。コーチは，競技者にもっとも適した自律学習を用意するために，競技者には才能発達の早期段階からトレーニング環境を制御する機会を与えている。SingerとJanelle(1999)は次のように述べた；"競技者に学習の機会を与えると，積極的に独習する傾向を示すようになる…また，競技者は学習過程に直接関与することで，スキル獲得の自己責任を感じ，いっそう粘り強く努力して満足感を覚えるようになる"(p. 138)。膨大な練習量を計画的にこなす競技者にとって，努力，粘り強さ，満足感はすべて重要なものになっている。しかしながら，競技者が才能を伸ばし続けようと考える場合には，競技者は自身の活動から持続的な楽しみを引き出すことが重要になってくる。スポーツ領域では，競技者は計画的な練習活動が非常に適切であり，楽しいことだと報告していた(Starkes et al., 1996；Young, 1998)。したがって計画的な練習が本質的に楽しくはないという，Ericssonら(1993)の知見には，スポーツ領域では議論の余地があると思われる。

Young(1998)は，カナダの全国レベル，州レベル，クラブレベルの中距離ランナー81名を対象に，スキル発達を調べた。Youngは長年に渡るランナーのト

レーニング日誌を参照して，キャリアの最初の9年間におけるランナーの練習パターンとパフォーマンスレベルを同定し，特に，パフォーマンスの改善に関連したトラック練習，トラック関連の活動，毎日の活動と，それらに要した努力，集中，楽しさの程度をそれぞれ評定した。計画的な練習は楽しくないとしたEricssonら(1993)の論議とは対照的に，中距離走では他のすべての練習活動に比較して，もっとも適切で努力の効果のみえる2つの活動を楽しいと感じていた。

計画的な練習活動を楽しむ競技者の動機はいまだ明らかではないが，楽しさはスポーツ参加に先行するという研究結果(Scanlan, Carpenter, Schmidt, Simons, & Keeler, 1993)を考慮すれば，これらの知見は驚くべきことではない。さらに，競技者が選択したスポーツに莫大な年月を費やし熱中する理由は楽しいからだと報告する研究者もいる(Côté, 1999；Csikszentmihalyi et al., 1993；Durand-Bush, 2000)。実際に，Csikszentmihalyiらは，"十代の若者たちが才能ある分野の活動を楽しんでいない場合には，そのうちの誰一人として才能を伸ばすことはできないだろう"(p. 148)と述べた。Young(1998)は，練習が比較的楽しい場合には，まさに計画的な練習が競技者の継続的なスポーツ参加や粘り強さを促進すると示唆した。

明らかに，計画的な練習の楽しさの次元や快楽状態を，今後の少なくともスポーツ領域の研究では，解明する必要がある。Ericssonら(1993)の理論は，主に音楽分野で熟練ピアニストや熟練バイオリニストと初心者を検証したものであった。したがって，その知見はスポーツに一般化することができないように思われる。前述のように，才能と熟練パフォーマンスの発達を広範に理解しようとしている研究者もいる。Csikszentmihalyi, Rathunde, Whalen(1993)の研究もこの領域に影響を与えており，これについては次節で議論したい。

才能ある十代：Csikszentmihalyiの見解

Csikszentmihalyiら(1993)は，Bloom(1985)が"中期の年齢"と呼び，Côté(1999)が"投資の年齢"と呼んだ競技者の思考・行動・経験に特に興味を持っていた。Csikszentmihalyiらは，スポーツ，芸術，数学，音楽，科学の各分野で特に優れた208名の高校生を4年間に渡って追跡調査した。この研究ではパーソナリティ特性，家族の相互作用，教育・社会的環境といった変数を調べ，それらが才能の発達に与える影響を確定した。また，もう1つの重要な目的は，年余に渡る達成力の低下要因を確認することであった。

Csikszentmihalyiら(1993)は，独自の理論的なアプローチによって研究を実施した。その観点は次の仮定に基づいていた；"才能の発達には，早期の環境で培われた習慣に基づいた特別な思考様式が必要である。

この習慣は深く根づいて，最終的にはパーソナリティ特性のようなものになっている。この思考様式は複雑な注意構造，複雑な意識，複雑な自己を包含している"(p. 11)。Csikszentmihalyiらは統合と分化という2つの対立過程を包含する弁証的モデルによって，この複雑な注意構造をさらに明らかにした。Csikszentmihalyiらは，熟練スキルの発達はこれらの統合と分化の過程が結合した場合にのみ非常にうまく説明できることから，これらの過程には同時的な相関があると確信した。この弁証的モデルの別の呼び名は"最適経験のフローモデル"であった。

Csikszentmihalyiら(1993)は，フローと才能発達の関連性を示唆した。Csikszentmihalyiらは，フローを，個人が時の経つのも忘れるくらいに課題と完全に結びつき，疲労など活動以外のすべてのことに気づかない主観的な経験状態であると定義した。日常生活のフローはまれである。フローが起こるのは，個人の複雑な注意構造を含め，外的・内的条件がともに最適なレベルにある場合である。

しかしながら，フローが活力を与えるにしても，活動を楽しみ続けるには，退屈を回避するための新たな挑戦と不安を回避するための新たなスキルが個人に必要になることから，結局のところフローはトレーニングとパフォーマンスをさらに複雑なものにすることが明らかになった。したがって，個々人は新たな挑戦を環境内で分化して，新たな能力をスキルのレパートリーに統合する必要がある。Csikszentmihalyiら(1993)はフローを次のように要約した；"フロー経験が才能の発達に関与すると考えられる理由は，フロー状態が一般的に，自分のスキルよりも若干上のものに挑戦する時に始まるからである。フローは変化の位相／分化の位相である。楽しむためには，挑戦に適したスキルを伸ばす時に，この位相の後に安定的／統合的な位相を続ける必要がある。分化・統合サイクルの終わりあたりに活動が完了する場合には，その人そのものの伸びや幅が大きくなる"(p. 16)。興味深いことに，Ericssonら(1993)の計画的な練習の定義とCsikszentmihalyiらのフロー過程の解釈には関連性がある。後者はフローの結果が個人の限界や知識，スキルを拡張するとしているが，これはまた計画的な練習の目標や結果にもなっている。このような類似点があるにも関わらず，フローは楽しい経験である一方，計画的な練習は少なくともEricssonらによれば楽しい経験ではないという相異が2つの概念の間に存在している。

比較を続けるには，人がパフォーマンスを改善するために自らにあると感じているスキル以上の挑戦をする分化の位相，フロー過程の最初の部分には，計画的な練習の概念がもっとも適しているだろう。しかしながら，Ericssonら(1993)の計画的な練習の概念を拡張し，遂行スキルが挑戦に適しているゆえに活動が楽しいものとなるCsikszentmihalyiら(1993)の統合の

位相を受け入れる場合には，計画的な練習の概念に新たな次元を追加しなければならない。この考え方を取れば，計画的な練習の遂行は楽しい経験になると思われる。実際，Csikszentmihalyi らによれば，個々人が全力を出し切ったのは，分化・統合の両サイクルの経験以後，つまり，新しいスキルと経験の完成や学習以後，あるいは楽しさを引き出した後だった。

楽しさや面白さは才能の発達の過程の一部になっているが，才能ある人々が常に愉快な生活を送っているというわけではない。"スキルを最大限に使う人々は，苦境や課題への挑戦を楽しんでいる"(Csikszentmihalyi et al., 1993, p. 8)ことが明らかになった。熟練者は必ずしも楽しい経験に出会うわけではないが，遭遇する困難な状況を肯定的に受け止め，やりがいのあるものとみなす傾向がある。

この研究のもっとも重要な知見の1つは，おそらく，個々人がフローを経験している時に，才能の継続的な発達の可能性が非常に高まるということであった。才能のある者が必ずしも楽しさを経験しているわけではなく，才能の発達を決定するもっとも重要な要因の1つは未解決なままになっている。Csikszentmihalyi ら(1993)は，本質的に3つの要素が才能を構成していると述べた。それらは"一部が遺伝性で，一部が成長発達由来の個人特性；あるパフォーマンスの範囲を有意義・価値あるものと考える文化領域の規則体系；あるパフォーマンスの価値の有無を決定する人と制度の社会分野"(p. 23)であった。Csikszentmihalyi らは，氏(遺伝)の見方を支持した Bloom(1985)らと同様に，親・教師・コーチが重要な役割を果たす文化領域と社会分野とは別に，才能には遺伝的な要素があると主張した。当然のことながら，すべての人は能力の発達をある程度方向づける遺伝子を生得的に持っている。絶対音感や空間的可視化能力に天賦の才能を示す人もいる。しかしながら，問題は天賦の才能が早期においてどれくらい大きいのかではなく，個人がそれをどう思うのかである。Csikszentmihalyi らは，一生不変な遺伝特性ではなく，長期に渡って進化する動的過程を才能とみなしている。

要約すると，子供や十代の若者は，数多くの要因に依存して特定の分野で際立った熟練者になっている。要因の中には生活社会や文化といった外的なものがあり，それらは知識，熟練技術，資源，支援へのアクセスに影響している。他の要因は，個人の資質のようなより内的なものである。例えば，注意や動機づけと関連するスキルは学習や修正が可能であり，結果として熟練スキルの獲得レベルに影響を与えている。次節では，才能の発達と関連する心理的な特性に焦点を絞り込んでみたい。

才能発達に関与する心理的な特性

"この競技者には天性の意欲がある"，"この競技者には天性の集中力がある"という言葉をしばしば耳にする。競技者が，自分自身を動機づける能力，逆境に耐える能力，もっともストレスに満ちた条件にも集中できる能力を生得的に持っているかどうかはいまだに不明である。しかしながら，高いレベルのパフォーマンスと関連し，熟練者と初心者を区別できる心理的な特徴やスキルが存在していることは確かである。

Orlick と Partington(1988)は，スポーツにおける心理スキルの重要性を実証的に証明した。Orlick らは，カナダ人のオリンピック出場選手235名の身体的・技術的・心理的な準備状態を調べた結果，最後の心理的な変数のみが実際のオリンピック入賞を有意に予測していた。この研究の独特な点は，過去数十年間の練習で強調した特性よりも，むしろ心理的なスキルに主として関わっていたことであった。Orlick と Partington は，成功した競技者と失敗した競技者の心理的スキルの違いを確認し，その違いを"成功要素"と名付けた。これらの要素はイメージ，目標設定，日常的なシミュレーションのトレーニングを含めて，トレーニングの関与とトレーニングの質に関係していた。他の成功要素は，計画に集中し競技後の修正した計画に再集中する競技の集中を含めて，試合のための競技者の心理的な準備と関係していた。

Mahoney, Gabriel, Perkins(1987)は，非凡なパフォーマンスを示す競技者の心理的スキルを明らかにしようとした。大学選手とオリンピック選手の研究に基づいて Mahoney らは，スポーツ心理スキル目録(Psychological Skills Inventory for Sport：PSIS)を開発し，23種目のスポーツの男女競技者713名に実施した。それらの競技者は，エリート・準エリート・非エリートとして大学競技をしていた。Mahoney らは，エリートと非エリート競技者のスキルレベルを弁別する場合には，集中力，不安管理，自信，精神的準備，動機づけが重要であると報告した。しかしながら，PSIS の信頼性や妥当性には問題がある(Chartland, Jowdy, & Danish, 1992)ため，Mahoney らの研究結果は慎重に解釈する必要がある。

Grove と Hanrahan(1988)による別の研究では，オーストラリア・インスティテュート・オブ・スポーツでトレーニングをしている州レベル・国際レベルのフィールドホッケー選手39名に対し，心理的スキルの自己分析質問紙(Self-Analysis of Mental Skills questionnaire：SAMS)を実施して，心理的な長所と短所を評価をした。実験参加者には，最高から最低までの6つの一般尺度を使用してランク評価させた。6つの一般尺度は，集中力，感情制御，自信，あがりと緊張の制御，イメージ利用，計画あるいは分析であった。選手はあがりと緊張の制御，集中力を最高の心理

的スキルに位置づけ，イメージ利用，自信を最低の心理的スキルに位置づけた。

Grove らは，興味深いことに，これらの選手と毎日接している 5 名のコーチにも，彼らが感じた選手の心理的スキルの長所と短所について，選手と同様に順位づけさせた。選手の順位づけとコーチの順位づけの間には明らかな矛盾があった。コーチは自信の維持が上手な選手だと思っていたが，選手の方は逆に自信の維持が下手だと思っていたこともあった。またコーチは感情と緊張の制御を苦手にしている選手だと考えていたが，選手の方はこれらのスキルが優れていると報告したこともあった。SAMS 質問紙の信頼性や妥当性，連続尺度の問題よりも，むしろ使用した順位評価様式の根拠が不明であったことから，Grove と Hanrahan(1988)の研究結果もまた慎重に解釈する必要がある。

一貫したハイレベルのスポーツパフォーマンスに重要と思われる他の心理的スキル，観点，テクニックは，目標設定(Burton, 1993；Locke & Latham, 1985；Weinberg, Stitcher, & Richardson, 1994)，関与(Ericsson et al., 1993；Orlick, 1992；Scanlan, Stein, Ravizza, 1989)，自信(Orlick, 1992；Vealey, 1986)を包含している。Orlick は，非凡な選手の応用研究を 20 年間行った後で，エリートパフォーマンスのもっとも重要な心理的変数は関与と自信である(Orlick による人間の卓越モデルで)と述べた。

Bota(1993)は，心理的スキルを幅広く測定するオタワ心理的スキル評価ツール(Ottawa Mental Skills Assessment Tool：OMSAT)を使用して，類似の知見を得た。Bota は，エリートと非エリート競技者をもっともよく弁別する尺度が，自信，関与，目標設定であると述べた。その結果，もう 1 つの基本的な成功要素として目標設定を考慮すべきであると示唆した。

心理的スキルと，強度または喚起の制御に関わる考え方も，一貫したハイレベルのパフォーマンスと連繫している(Landers & Boutcher, 1998)。特に，ストレスと恐怖の制御(Rotella & Lerner, 1993；Selye, 1974；Smith & Smoll, 1990；Smith, Smoll, & Weichman, 1998)，リラクセーション(Jacobson, 1930；Williams & Harris, 1998)，賦活(Williams & Harris, 1998；Zaichkowsky & Takenaka, 1993)は，卓越したスポーツを実現するための重要な心理的スキルであることが明らかになっている。

集中と妨害制御の性質や重要性を検討している研究者もいる(Boutcher, 1993；Nideffer & Sagal, 1998；Orlick, 1992；Orlick & Partington, 1988)。事実，Nideffer と Sagal は，"スポーツ競技では，集中がしばしば決定要因になっている"(p. 296)と述べた。競技者は効果的に注意を集中するだけでなく，内的／外的な刺激が妨害する場合には注意を再集中しなくては

ならない(Boutcher, 1993；Orlick, 1992)。Orlick(1996)は，妨害制御／再集中が非常に重要なスキルであるにもかかわらず，競技者がそれを練習する程度は非常に少ないと指摘した。

スポーツパフォーマンスの改善に関わる他の心理的スキルには，イメージとメンタルプラクティスなどがある(Feltz & Landers, 1983；Orlick, 1992；Vealey & Greenleaf, 1998)。イメージとメンタルプラクティスには関連性があり，そのためしばしば互換的に使用することもあるが，Murphy と Jowdy(1993)はイメージとメンタルプラクティスの構成を区別すべきであると述べている。イメージが準感覚的・準知覚的な経験の精神過程を指すのに対して，メンタルプラクティスは内観的または潜在的なリハーサルで使用するテクニックと関連している。メンタルプラクティスに必ずしもイメージがあるとは限らない。Murphy と Jowdy によれば，イメージとメンタルプラクティスは競技者の自己認識と自信を高め，喚起・情動・痛みを調節して試合計画の方略を高めるばかりか，スキルの獲得と維持を容易にしている。

確かに試合計画は，非凡なパフォーマンスを達成するためのもう 1 つの価値あるスキルになっている。カナダのオリンピック選手 235 名を調べた Orlick と Partington(1988)は，競技者が試合後のパフォーマンス評価と同様に，試合前と試合中の集中と再集中に役立つ競技計画を明確に確立していたと述べた。Gould, Eklund, Jackson(1992)は，別の研究で，オリンピックのレスリングチャンピオンが，心理的な準備計画と試合前の手順を遵守し，妨害や不測の出来事に，メダルに届かなかった者よりもうまく対処していたことを明らかにした。

Spink(1990)は，体操(Mahoney & Avener, 1977)，レスリング(Gould, Weiss, & Weinberg, 1981；Highlen & Bennett, 1979)，ラケットボール(Meyers, Schleser, Cooke, & Cuvillier, 1979)の心理特性に基づき，成功した競技者とそうでない競技者の弁別研究をレビューした。Spink はさまざまなレベルで競技する体操選手を，心理回復と自信の 2 つの心理的要因に基づいて区分した。その結果，自信はエリート競技のパフォーマンスと連繫する重要な要因であることが再び明らかになった。

Bota(1993)と同様の研究を行った Durand−Bush, Salmela, Green−Demers(印刷中)も，エリート競技者と一般競技者とを有意に区別する確実な心理的スキルを確認した。Burand−Bush らは，広範な 3 つの心理的スキル概念要素(基本的・心身的・認知的なスキル)を 12 の尺度で構成したオタワ心理的スキル評価ツール(OMSAT−3)を使用して，35 種目のスポーツ競技者 335 名を調べた。目標設定，自信，関与，ストレス反応，恐怖制御，リラクセーション，賦活，イメージ，メンタルプラクティス，集中，再集中，試合計画

について2群の競技者の得点を比較した結果，エリート競技者の関与，自信，ストレス反応，集中，再集中の尺度得点は，一般競技者よりも有意に高かった。確証的因子分析から，OMSAT-3は心理測定ツールとして容認可能であることが明らかになった(Durand-Bush et al., 印刷中)。

Wilson(1999)は，関連研究において，エリートと非エリート競技者がトレーニングと試合環境で使用する心理的スキルとそのレベルを評価をして，有意差の有無を確定した。Wilsonは，女子シンクロナイズドスケート選手158名に，OMSAT(OMSAT-3*, Durand-Bush et al., 印刷中)の修正版を実施した。多変量共分散分析の結果，シンクロナイズドスケートのエリート選手はトレーニングと試合のいずれにおいても非エリート選手よりも多くの心理的スキルを使用していたが，これは仮説通りの結果であった。さらに，両群はともにトレーニングと試合の心理的スキルを重要なものと評価していたが，トレーニングよりも試合の方で心理的スキルを多く使用していた。

Stevenson(1999)は，州のグループ／教育リーググループのいずれかに分類した男女競技者249名にOMSAT-3*を実施して，ジェンダー差の有無を調べた。その結果，有意なジェンダー差がなかったことから，Stevensonは男女競技者の心理的スキルは類似していると結論づけた。他方，州レベルの競技者は，教育リーグレベルの競技者と比較して，目標設定，関与，試合計画，集中，再集中の尺度の得点が有意に高かった。

要約すると，エリート競技者の心理的スキルは，非エリート競技者よりも高いレベルにあることが明らかになった。スポーツの心理的スキルの発達と維持は，才能の発達にとって明らかに重要なものになっている。注目すべき重要なことは，関与や自信とハイレベルのパフォーマンスとの関係である。換言すると，人生のある時期において重要な活動を犠牲にするようなことであっても，最良になるためであれば喜んで行うような，強い自信を持つひたむきな者だけが，熟練競技者となっている(Ericsson et al., 1993；Mahoney et al., 1987；Orlick, 1996；Orlick & Partington, 1988)。将来，才能の概念をさらに研究しようとするならば，これら心理的スキルの変数には特別な注意を払わなければならない。また実用的な見地から，コーチ，親，教育者，スポーツ心理学者は，競技者の才能を伸ばすために，競技者のスポーツへの関与と自信が適度なレベルに至るまで支援すべきである。論理的に，この支援は競技者の発達の早期段階に行う必要がある。

これまでスポーツ才能関連の諸問題とモデルやその特徴を議論してきたが，未解決の問題も数多く残っている。このトピックスに関するレビューは過去にも数多くあり，才能の過程についてはそれらのレビューから深く理解することができる。Howe, Davidson, Sloboda(1998)は，少なからず議論を引き起こした。最後の節では，関連事項とHoweらが取り上げた未解決の問題，さらにそれに付随した自由なコメント(研究者による)を中心にして述べてみたい。

スポーツ才能に関する未解決の問題

"才能"は間違いなく，多様に解釈できる用語になっている。才能と呼ぶものが存在するかどうかを研究者がまだ議論していることは，文献のレビューからも明らかである。この才能のトピックスに関する論争は，用語の定義にほとんど依存している。研究者が多数の定義を提案しているものの，概念の特徴的な基準については，残念ながら普遍的なものはなかった。Howeら(1998)は最近の論文で才能を定義したが，その定義には賛否両論があった。

才能の概念を精巧かつ明確に定義したHoweら(1998)の研究は，誰もが十分に受け入れたわけではなかったが，推奨に値するものと思われる。興味深いことは，Howeらが才能そのものよりも，むしろ"生得的な才能"として概念に言及したことである。単なる"生得的"という形容詞は，概念を遺伝的な構造に限定しているように思われる。しかしながら，この用語をより全体的に使用した研究者もいた。例えば，Csikszentmihalyi(1998)は，才能は生得的な違いに基づいた個人の資質を包含しているだけでなく，社会的な機会・支援・報酬に基づいた個人の資質も包含していると指摘した。そのため，才能という用語には，遺伝能力と学習能力という2つの次元があると暗示した。

Howeら(1998)が論文に記載した注釈をレビューしてみると，幅広い意見の一方の極を占める"氏"や"生得的な才能"の説明に賛同した研究者もいたが，その対極を占める"養育"や"環境"の説明を擁護して，"氏"や"生得的な才能"をほとんど除外していた研究者もいた。Csikszentmihalyi(1998), Detterman, Gabriel, Ruthsatz(1998), FeldmanとKatzir(1998), Freeman(1998)のような考え方は，2つの次元の相互的な重要性を包含していたために，より現実的であり，魅力的でもあった。Csikszentmihalyiは，氏か育ちか(遺伝か環境か)の論争を次のように非常にうまく要約した；"この点については，どちらの説明にも決定的なものがない。そしていずれか一方で才能をすべて説明できるというのは疑わしい"(p. 411)。

生得的な才能と環境的な説明にはともに実証的な支持がある。生得的な環境に関しては，多くの研究者が遺伝とさまざまな認知的・身体的な特性との関係を明らかにしている(Baltes, 1998；Plomin, 1998；Rowe, 1998；Zohar, 1998)。1つの例として，バスケットボールのようなスポーツでは，身長という変数

が競技者の成功に大きく寄与している。Olivier (1980)は、さまざまな環境条件の割合を等しく調整した場合には、身長に対する遺伝の寄与が約95%になることを明らかにした。さらにLykken(1982)は、一卵性双生児の身長が年齢とジェンダーを考慮した時でさえ約0.94の相関を示し、一方、二卵性双生児の相関は0.50であることを明らかにした。

身長は、競技者の才能の一因として、確固たる遺伝特徴の1つになっている。C. Bouchardら(1997)によれば、遺伝は身体組成と形態にも影響している。C. Bouchardらは、遺伝が、身体サイズとプロポーション、体格、骨格の長さと幅、四肢の周径、骨密度に部分的に影響していることを明らかにした。さらに、有酸素運動能力、トレーニングの適応力や反応性、筋組織の組成に遺伝が影響しているという証拠もある(Cowart, 1987)。

最近C. Bouchardら(1997)は、フィットネスと身体パフォーマンスの遺伝に関する実証的な知見をレビューして、遺伝が人のパフォーマンスに貢献している真の様相は、まだその理解からは程遠いという事実をあげた。しかしながら、C. Bouchardらは、スポーツの才能について次のように述べた；"第1に、エリート競技者は、スポーツに関する形態的・生理的・代謝的・運動的・知覚的・バイオメカニカル的・パーソナリティといった有利な決定要因(プロフィール)を備えている。第2に、エリート競技者は、規則的なトレーニングや練習にうまく反応する人である"(p. 366)。C. Bouchardらの研究は、競技者の利点を示唆していると思われる。なぜならば、より厳しいトレーニングを受け入れることによって、得をするエリート競技者がいるからである。また、持久力を要するスポーツにおいては、より多く成功に結びつくような高密度の遅筋線維を保有している競技者もいる。一方、速筋線維の比率が高い競技者が、短距離走に非常に卓越しているものと思われる。トレーニングによって変化するものの、筋線維分布の遺伝率(h^2)は、おおよそ40～50%であることが、現在では明らかになっている(Simoneau & Bouchard, 1995)。

実際、遺伝は才能発達の一部に寄与しているが、同様に広範な練習も遺伝を修正している。厳しい練習によって、心臓のサイズ、筋に血液を供給する毛細血管の数、前述の速筋と遅筋の代謝率といった多くの解剖的・生理的な特徴が変化すると指摘している証拠もある。練習によって知覚・運動・認知能力が発達するとした研究もある(Keele & Ivry, 1987；Schlaug, Jäncke, Huang, & Steinmetz, 1995；Takeuchi & Hulse, 1993)。Azar(1996)は、反復性の運動系列が感覚情報を受け入れ、運動機能を制御する脳の一部に変化を引き起こしていると報告した。個人の運動スキルが優れたものに発達する時には、このように、脳が回路を改変してそれを再組織化しているように思われる。

心理スキルは学習可能なものであるが、遺伝も心理スキルに影響している。Plomin, Owen, McGuffin (1994)は、認知能力の遺伝率は約50%であると報告した。Saudino(1997)も、パーソナリティ特性(強迫、攻撃、抑うつ、スリル希求、神経質傾向、外向性、シャイネス)の20～50%の分散が遺伝差によると結論した。これらの特性は、スポーツの要求やそれらの表出レベルに依存して、競技パフォーマンスを高めたり／抑制したりしている。

スポーツの才能発達とパーソナリティ特性の関係は明らかになりつつある。1970年代初頭の研究では、伝統的なパーソナリティテストによるパーソナリティはスポーツの重要な要因にならないと示唆していた(Martens, 1975；Rushall, 1970)。しかしながら現代の研究では、個人と状況因に基づいたより相互作用的なアプローチを使用し、スポーツパーソナリティを調べている。これらの研究から、エリート競技者は非エリート競技者よりも卓越したスキルの追求に有用なパーソナリティ関連の特徴やスキルを保有していることが明らかになっている。このエリート競技者の特徴に関するもっとも説得力がある証拠は、Morgan, O'Connor, Ellickson, Bradley(1988)の研究成果、すなわち成功する競技者は前向きな心理状態の"氷山型プロフィール"を示す、にみることができる。

特性の遺伝を広範に実証した多数の研究があるにも関わらず、Howeら(1998)のように、今なお生得的な才能は存在しないと確信している研究者もいる。Howeらは、論文の中で、"思うに、生得的な才能は事実ではなく、虚構である"(p. 437)と述べた。Howeらは、もしも生得的な才能が存在するならば、熟練者の発見を可能にするような早期兆候が、成熟した非凡なパフォーマンスの表出前に現われなければならないと主張した。また、卓越者の予測基盤に才能が役に立つとも述べた。しかしながら、すでに本章で議論したように、才能者のパフォーマンスを早期にかつ正確に予測することはできない。そのために、才能発見は非常に複雑であり、しばしば不適切なものになっている。

しかし、才能の正確な発見や予測が困難であるということは、生得的な能力が存在しないということにはならない。Howeら(1998)は、再び生得的な能力の存在に反対した。Howeらは、早期の優れたパフォーマンスも生得的な相違によるものではなく、トレーニング、動機づけ、自信などの相違によるものであると確信している。Howeらは、"特別な学習の機会がない場合に早期の能力が出現するのでなければ、早期の能力は才能の証拠にはならない"(p. 402)と述べた。

これは厳格かつ非現実的な観察をしているものと思われる。Csikszentmihalyi(1988)は、才能の発達は学習の機会がなければ不可能であると主張した。他方、

才能の発達を促すような機会を子供に等しく与えるならば，子供のより多く学習する能力が自明になるものと思われる。Csikszentmihalyi に従えば，納得できる説明を次のように記述することができる；子供には音に対してより敏感になる神経構造があり，例えば，この神経構造が子供を聴覚的な手がかりや刺激に動機づけ，その結果，子供は聞き取りや歌唱に自信を深め，音楽のトレーニングを求めるようになる。光や運動感覚に生得的な感受性がある子供についても，同様に説明することができるように思われる。

要約すると，学界における数十年の論争にも関わらず，才能を決定するような遺伝の存在には依然として疑問があるように思われる。遺伝と環境の相互作用と同様に，遺伝的な素質は身体のあらゆる特徴にある程度の影響を与えるために，多くの研究者はその疑問は不適切なものであると主張している。しかしながら，才能に関連する特殊な遺伝子を分離して証明しない限り，Howe ら(1998)のような研究者は，生得的な才能は存在しないと主張し続けるものと思われる。

結論

本章の目的は，才能と熟練スキルに関する研究を広範にレビューして，このトピックスに関わる伝統的な見解や現在の見解について議論することにあった。本章では，多次元的で動的な才能の性質をさまざまに説明した。解明できた問題もあれば，あいまいな問題や説明できない問題もあった。本章で紹介したいずれの研究者も，才能についてのパズルに新たな1ピースをはめ込んでいた；研究者の多くは，考え方を異にする学派の出身者であり，そのため研究の実施に際してはさまざまなプロトコルを使用していた。このことは，才能の概念を検討する方法が確実に複数存在していることを物語っている。

トピックスのレビューによると，才能は明らかに全か無かの現象ではない。才能は，遺伝と環境の両要因が決定する動的な表出である。これらのさまざまな要因がパフォーマンスの発達に影響する程度には，関連性がないように思われる。遺伝的な性質は変えることができない。しかし，パフォーマンスの改善を助長するために，環境をある程度変えることは可能である。膨大で有意義な練習，意味ある広範な練習，家族の支援，有能なコーチと教師，十分な身体資源が，非凡なパフォーマンスの達成に重要な役割を果たすことが明らかになっている。研究者と実践者は，生得的な才能が存在していることを単に証明する研究ではなく，むしろこれらの要因が競技者の才能を最高に伸ばす方法を確定する研究に集中して取り組む必要がある。

今後多数の研究を実施したとしても，それらの研究によって氏か育ちか(遺伝か環境か)の論争が直ちに解決するとは思えない。しかしながら，本章で強調した観点や根拠のいくつかが今後の研究アイディアとなって，興味深い挑戦的な研究が出現してくるものと思われる。それらの研究は，あらゆるレベルの競技者が，スポーツの究極的な能力を伸ばせるようなものであって欲しいと願っている。

第 11 章

ストレスと不安

グリーンの表面が平坦で，すぐ近くにある直径4.5インチのホールに直径1.68インチのボールを転がして入れるには，それほど技術はいらない。プレッシャーがなければ，ほぼ確実に片手でもできる。しかしながら，ショートパットには常にプレッシャーがつきまとう。私は，メジャーチャンピオンシップのラウンドプレーの90%で，少し震えながらプレーした。(Jack Nicklaus on golf putting, qtd. in Patmore, 1986, p.75)

上記の引用で例示したように，競技スポーツの出場選手は常に多くのプレッシャーに立ち向かわなければならない。このプレッシャーは，ストレスレベルおよび不安レベルの上昇と非常によく関係しており，ハイレベルなスポーツでは不可欠なものになっている(Gould, Eklund, & Jackson, 1992a, 1992b；Gould, Jackson, & Finch, 1993a, 1993b；Patmore, 1986；Scanlan, Ravizza, & Stein, 1989；Scanlan, Stein, & Ravizza, 1991)。本章では，スポーツにおけるストレスと不安の研究の現状をレビューして，この研究領域における将来のガイドラインを提供したいと思っている。ストレスと不安の研究を困難なものにしている問題の1つは，ストレス，不安，喚起，賦活といったあいまいな用語にある。理論，研究方法論，結論に関するこれらの用語の意味を明らかにすることは，重要なことである。したがって，本章の第1節ではこれらの用語を説明してみたい。第2節ではスポーツ不安の測定を簡潔にレビューし，第3節ではストレスと不安の原因に関する研究に焦点を当てることにする。第4節では不安とスポーツパフォーマンスの理論，仮説，モデルを議論する。第5節では第4節でレビューした研究を考慮して，競技不安研究の測定問題に立ち戻り，第6節では不安がパフォーマンスに影響するメカニズムを，主流の心理学理論から探ることにする。最終節では現在までの応用状況を論じ，将来の研究動向と問題点を提示する。

用語の定義

喚 起

研究者は，一般的に，行動の心理学と生理学(の両面)を包含する単一の構成概念と同様に，喚起を行動の強度と呼んでいる。例えばDuffy(1962)は，喚起を"活動／反応として現れる生体組織貯蔵の潜在的エネルギーの広範な放出"と定義した(p.179)。ここでは作業仮説としてこの定義を受け入れているが，本章の後半ではこの定義を批判して，その代わりとなる改訂定義を提示することにする。

ストレス

Jones(1990)は，ある要求を個人に課した際に，その個人が何らかの方法でその状況に対処しなくてはならない状態をストレスと定義した。この定義は，個人にとってストレス負担が"重い"かどうか(Jick & Payne, 1980；Lazarus, 1966)は，ストレッサーに対処する認知能力に依存すると暗示している。すなわち，ストレス過程の中心を占めているのは，状況に対する個人の認知評価である(T. Cox, 1978；Lazarus, 1966；Sanders, 1983；Welford, 1973)。ストレッサーに対処する自分の能力に疑問を感じている場合には，おそらく結果として不安感情が生ずるものと思われる。

不 安

一般的に，研究者は不安を，不快感情と考えている。情動認知の役割には2つの考え方があり，それらはどちらかといえば相容れないものになっている。刺激の感情評価には認知システムの関与を必ずしも必要としない基本過程があるという主張もある(例えば，Zajonc, 1980, 1984)。たとえ認知を異なる意識レベ

ルで処理したとしても，認知処理をする場合にのみ情動反応が生ずるという意見もある（例えば，Eysenck, 1992；Lazarus, 1982）。Lazarusは，そのような考え方を支持し，"認知評価（意味／意義の）が情動の基本であり，認知評価は全情動状態の完全な特徴になっている"と述べた（p.1021）。もしも不安が情動であり，あるレベルの認知処理が必ず情動に先行する場合には，不安の背景メカニズムを十分に理解するには認知処理を考慮する必要がある。

状態不安と特性不安

Spielberger（1966）は，状態不安を"主観的で意識的な緊張感および不安感，自律神経系の喚起…に結びつくもの"（p.17）と定義した。このような不安感はおそらく一時的なものであり，ある特別な事象に関係したものと思われる。このように状態不安は特定の脅威状況に対する個人的な反応となっている。特性不安は，多様な状況に対して高い状態不安レベルで応じる一般的な性向である。

初期の不安研究では，さまざまな不安の構成要素を区別することなく，一次元的なものとみなしていた（例えば，Lowe & McGrath, 1971；Scanlan & Passer, 1978；Simon & Martens, 1977）が，主流の心理学研究は，不安には少なくとも2つの異なる構成要素があると示唆している（例えば，Davidson & Schwartz, 1976；Liebert & Morris, 1967）。それらは，一般的に，認知不安または心配と呼ぶ精神的な要素と，身体不安または生理的喚起と呼ぶ生理的な要素である。しかしながら，後述するように，身体不安と生理的な喚起は今なお特異的な構成概念と関係している。

Martens, Burton, Vealey, Bump, Smith（1990）は，競技状態不安目録2（Competitive State Anxiety Inventory 2：CSAI-2）の開発に当たって，Morris, Davis, Hutchings（1981）が記した認知不安の定義を使用した。Morrisらは，認知不安を"自己や手元の状況，成り行き見込みに対するネガティブな予測と認知的な関心"（p.541）と定義した。また，身体不安を"本人が知覚する不安経験の生理-感情要素，すなわち神経質性や緊張といった自律系の喚起と不快経験の徴候"（p.541）と定義した。Martensらは，状態身体不安（A-state）を定義する際に，"自律系の喚起から直接発現する不安経験の生理的・感情的な要素を身体的なA-stateと呼び，身体的なA-stateは，速い心拍数，速い呼吸，冷たい手，心拍亢進，筋緊張といった反応を反映する"と述べた（p.121）。

身体不安が生理的徴候の自己知覚（Morris et al., 1981を参照），またはこれら生理的徴候（Martens et al., 1990を参照）に直接該当するかどうかは，不確定のように思われる。ここでは自己の生理的喚起の徴候の知覚を身体不安と仮定している（Morris et al., 1981）。このようにMorrisらの自己申告の測度を使用して身体不安のレベルを確定することは可能になるが，Martensらの定義を使用した場合には，自己申告の測度によって身体不安を直接評価することは不可能になる。

不安の測定

Spielberger（1966）が特性不安と状態不安を区別して以来，研究者は尺度を開発してこれら2つの構成概念を個別に測定している（例えば，Spielberger, Gorsuch, & Lushene, 1970）。特定環境固有の測度を開発した先導研究（例えば，Sarason, Davidson, Lighthall, Waite, & Ruebush, 1960；Watson & Friend, 1969）に続いて，Martens（1977）は，スポーツ固有の特性不安測度，いわゆるスポーツ競技不安テスト（Sport Competition Anxiety Test：SCAT）を作成した。また，Martensら（Martens, Burton, Rivkin, & Simon, 1980）は，スポーツ固有の状態不安測度，いわゆる競技不安目録（Competitive State Anxiety Inventory：CSAI）を開発した。

スポーツ心理学の研究では，認知不安と身体不安との区別（例えば，Davidson & Schwartz, 1976）に引き続き，スポーツ固有の特性不安と状態不安の多次元測度を開発した。例えばSmith, Smoll, Schutz（1990）は，心配，身体不安，集中混乱という3つの特性不安の測度，いわゆるスポーツ不安尺度（Sport Anxiety Scale：SAS）を作成した。またMartensら（1990）は，認知不安，身体不安，自信という3つの比較的独立した下位尺度からなるCSAI-2を作成した。競技前の状態不安を調べる研究者にとっては，CSAI-2の使用はほとんどの場合，必要条件になっている。

ストレスと不安の原因

ストレスの原因

大半のストレスと不安の研究は，多様な能力レベルの実験参加者を対象としている。当然のことながら，一般的に研究者が非エリート集団にアクセスすることはより簡単である。しかしながら，エリートパフォーマンスをさらに深く理解するには，トップレベル競技者の情報をより多く収集する必要があり，そのようなトップレベル競技者の研究には大きな限界がある。エリート競技者が経験するストレスと不安の適切な原因を明らかにするために，多くの研究者は面接法を使用し始めている（Gould, Eklund, & Jackson, 1991；Gould et al., 1993a, 1993b；Hardy & Woodman,

1999；Scanlan et al., 1989；Scanlan et al., 1991；Woodman & Hardy, 1999)。

Scanlan ら(1991)は，元フィギュアスケート国内選手権競技者 26 名に面接して，競技中に遭遇したもっとも大きなストレッサーを確認した。Scanlan らは，面接からストレスの内容と原因を分析し，それらを 5 つのカテゴリー，(1)競技のネガティブな面(例えば，競技不安の経験)，(2)重要な他者とのネガティブな関係(例えば，他者とうまくやっていけない)，(3)スケート実施の需要／費用(例えば，家族の経済的負担への対処)，(4)個人的なもがき(例えば，怪我に起因する経験)，(5)心的外傷の経験(例えば，重要な他者の死亡)，に分類した。Gould ら(1993a)は，Scanlan らの研究を拡張して，フィギュアスケートアメリカ国内選手権の現役競技者と元競技者 17 名に面接した。この 17 名中の 3 名は世界選手権の優勝者，7 名は世界選手権／オリンピックのいずれかでメダルを獲得した競技者であった。Gould らの研究から明らかになったストレスの原因は，Scanlan らのそれと類似していた。エリート競技者が遭遇したプレッシャーの一例は次のようなものであった。"彼は欲求不満が処理できず，ひどく興奮して，怪我を私のせいにした。その対応は本当に難しかった。'そう，もちろん私たちのトレーニングがハードなことは知っているし，タイトルを防衛したいとも思っている。しかし，これ以上私にストレスをかけないで欲しい'"(U.S. pairs ice skating champion, qtd. Gould et al., 1993a, pp.140–141)。

トップレベル競技者のストレッサーを調べた面接の結果から，競技者が直面している組織的な問題は明らかになりつつある。その面接の手法は，Hardy と Woodman(1999；Woodman & Hardy, 1999)がエリート競技者 15 名の組織ストレスを調べた研究に基づいていた。Hardy らの研究や Gould ら(1993a, 1993b)，Scanlan ら(1991)の研究知見は，組織のストレスが，大きな国際競技大会の準備に関する重要な問題の 1 つになると示唆している。例えば，コーチやチームメートとの衝突，競技者選考法の不備，不十分な資金の問題などは，競技の理想的な準備とはほど遠いもののように思われる。現在まで，組織のストレスとその後のパフォーマンスとの関係を直接調べた研究はない。ハイレベルスポーツの組織ストレスといった挑戦しがいがある研究領域は，将来実り多い研究分野になるものと思われる。

概略を上述した研究は，トップレベルの競技者が広範なストレッサーに直面していることを示唆している。その広範なストレッサーには，対人関係の問題(対チームメート，対コーチ)，経済関係の問題，怪我の問題，競技者選考法から生じる問題，社会的支援の欠如，外傷的な経験，その他の個人的な問題を包含している。競技者は，大きな試合の準備中に多大なストレス問題を抱えている。したがって，エリート競技者に関わるスポーツ心理学のコンサルタントは，競技者へのメンタルスキルトレーニングの適用以上のスキルを身につけなければならない。実際には，現在の代表的なスポーツ心理学者が保持している一連の心理スキルは，とりわけ社会的支援の欠如，問題を含む選考基準，外傷的経験といった問題の対処における実用性が明らかになっているとは思えない。

先行不安

Gould, Petlichkoff, Weinberg(1984)は，パフォーマンスを阻害する競技不安の要因が明らかになれば，スポーツ心理学者は競技者の不安回避への十分な援助が可能であると主張した。不安の原因と思われる変数の操作の倫理的なジレンマが，この領域の研究を明らかに拘束している。一般に，研究者は不安の原因と思われる不安と不安反応の強度といった要因間の相関を調べて，この問題を巧みに回避している。研究者はこれらの要因を，一般的に，先行状態不安と呼んでいる。

初期の大半の研究では，先行不安を確定する際に，不安の認知と身体の構成要素を区別しなかった。また，それらの研究では若年者のサンプルのみを使用していた。例えば，Scanlan と Passer(1978)は，10～12 歳の女子サッカー競技者のサンプルを調べ，特性不安，自尊感情，パフォーマンスの期待は，すべて状態不安を予測する重要な指標であったと報告した。さらに Lowe と McGrath(1971)は，シーズン中の重要な試合が，生理的喚起を予測する重要な指標であることを明らかにした。さらに，非常に重要な試合と高い生理的喚起レベルには関連性があった。最後になるが，Hanson(1967)の研究によれば，若い野球選手の生理的喚起は，打席時の方がそれ以外のゲーム場面よりも有意に高かった。

スポーツ場面の先行認知不安と身体不安の違いを最初に調べたのは，Gould ら(1984)であった。レスラーを調べた Gould らは，経験年数が認知不安(ネガティブ)のもっとも適切な予測要因になると報告した。さらに特性不安は唯一の先行身体不安になるとも報告した。Jones, Swain, Cale(1990)は，男子中距離ランナーを対象に，類似の研究を徹底的に行った。Jones らの研究によれば，認知不安を予測する主要な指標は，競技者の準備感，以前のパフォーマンスの態度，目標成果の使用であった。しかしながら，身体不安は，Jones らが考えたどの変数とも関係しなかった。Jones, Swain, Cale(1991)は，追跡研究を行って，先行認知不安に男女差があることを明らかにした。特に，遂行準備と体調重視が，女子の認知不安を主に予測することを明らかにした。しかしながら，男子では，対戦相手の能力と勝利の確率感が認知不安の原因になっていた。

さまざまな先行不安の構成要素を確定する際には，

認知不安と身体不安を区別しなければならない。実際に，先行認知不安と身体不安が時によって異なる場合には，それらが少なくとも部分的に独立的な構成概念になるものと思われる。認知不安と身体不安が時間とともに変化する方法を調べた研究から，試合前の不安の構成要素は一般的に個別に変動していることが明らかになっている（Gould et al., 1984；Jones & Cale, 1989；Krane & Williams, 1987；Parfitt & Hardy, 1987）。より正確に言うならば，これらの研究では，一般的に試合前の非常に安定した認知不安，試合1～2日前のかなり低い身体不安，その後試合に向けて着実に高まる身体不安を指摘している（例えば，Gould et al., 1984）。生理的喚起と身体不安を個別に調べた研究では，これら2つの変数が同時に推移することを確証している（例えば，Parfitt, Jones, & Hardy, 1990）。Jones ら（Jones & Cale, 1989；Jones et al., 1991）は，多様なチームスポーツでは女子の競技前の不安は男子のそれとは違っていると結論づけた。男子の認知不安は試合前に一定であったが，女子の認知不安は試合に向けて着実に増加していた。さらに女子の身体不安は，男子のそれよりも早期に増加していた。

要約すると，初期における多くの研究では，若い実験参加者を使用して一次元的な先行不安を明らかにしたが，より最近の知見では，レスラーや中距離ランナーでの先行認知不安と身体不安の相異が明らかになっている。さらに男子と女子の中距離ランナーでは先行認知不安と身体不安が相異しており，このことは種々のスポーツにジェンダー差があまねく存在していることを示唆している。

状態不安とパフォーマンス

主流の心理学では，Broadhurst（1957），Hebb（1955）が，逆U字仮説によって喚起とパフォーマンスとの関係を非常にうまく説明できると述べた（Yerkes & Dodson, 1908）。逆U字仮説では，喚起とパフォーマンスの間に対称的な逆U字の関係があり，喚起が上昇するとパフォーマンスもある点までは同時に上昇するが（最適な喚起），この点を超えると喚起が上昇してもパフォーマンスは徐々に低下するようになると述べている（図11.1を参照）。スポーツ心理学の研究（Anshel, 1990；R.Cox, 1990；Gill, 1986；Landers, 1994；Landers & Boutcher, 1986）では，スポーツの喚起とパフォーマンスの関係を有力に説明するものとして，逆U字仮説を採用した。その後，多くの研究者（例えば，Gill, 1986）が，喚起とパフォーマンス，ストレスとパフォーマンス，不安とパフォーマンスの関係を，逆U字仮説によって説明している。しかしながら，多くの研究者が，そのような関係の説明に逆U字仮説を使用することには問題があると，

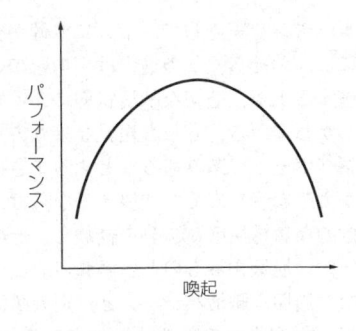

図11.1 逆U字仮説

広くかつ厳しく批判している。（例えば，Hardy, 1990；Hockey & Hamilton, 1983；Jones, 1990；Krane, 1992；Neiss, 1988）。

喚起とパフォーマンスの関係を説明する上で逆U字仮説が内包している大きな問題の1つは，喚起と賦活の操作化である。Duffy（1962）は，喚起を，生体が活動を準備するための一次元的な賦活反応と定義している（本章初めを参照）。Malmo（1959）は，この反応を，深い睡眠から極端な興奮へと続くような連続体上に位置するものと考えている。したがって，この考えに従えば，喚起は，行動，生理，認知の要因を説明する単純な一次元構成として概念化することができる。しかしながら，この概念はより複雑な関係を無視したあまりにも単純すぎる概念であると，多くの研究者が論駁している（Hardy, 1990；Hockey & Hamilton, 1983；Jones & Hardy, 1989；Lacey, 1967；Neiss, 1988）。また Lacey の研究は，3つの独特な賦活形態（喚起），すなわち脳の皮質電位（脳波），自律系（皮膚伝導度，心拍数など），行動（顕在的な活動）の強力な証拠を明らかにした。

多くの研究者がパフォーマンス諸側面のシステムを調べて，より詳細に喚起を観察する必要があると示唆している（例えば，Hockey & Hamilton, 1983；Näätänen, 1973；Neiss, 1988；Parfitt et al., 1990）。この立場に従えば，喚起は種々の生理的な変数のパターンと考えることができる。このパターンが手元の課題に適している場合には，パフォーマンスの維持は可能であるが，そうでない場合にはパフォーマンスの維持は不可能である（Neiss, 1988を参照）。

喚起と賦活の明らかな区別を擁護している研究もある（例えば，Hardy, Jones, & Gould, 1996；Pribram & McGuinness, 1975）。例えば，Pribram と McGuinness は，賦活とは認知的・生理的な活動であり，適切に計画した課題の反応を準備調整するものであると述べた。一方，喚起とは，同じく認知的・生理的な活動であるが，新しい外的な入力に対応して生ずるものと定義した。Hardy と Jones らは，重要な国際競技大会における平均台のパフォーマンス直前の体操選手を例示した。体操選手が練習や種々の競技会で100回

以上このルーチンを実施して，十分に準備が完了している場合には，おそらくこの選手は平均台のこのルーチンを実施する上で，適切な賦活状態にあるものと思われる。しかしながら，もしも複雑な乗り方をするためスプリングボードで踏み切ろうとするまさにその瞬間に風船が大きな音を立てて破裂するならば，この選手は不随意的な驚愕反応（喚起）を経験し，そのことで賦活パターンは崩壊するものと思われる。この驚愕反応のような，適切な賦活パターンとは別の賦活パターンによって，平均台への着地は失敗することになる。このように，賦活（例えば，平均台ルーチンを演ずる際の適切な状態）は，認知的・生理的な活動と関係している。つまり，賦活は，予期状況に対する反応準備の計画を調整している。喚起（例えば，不随意的な驚愕）は，ある新しい入力に対応して生じる認知的・生理的な活動と関係している（Pribram & McGuinness, 1975）。

多くの研究者が，喚起，不安，ストレス，スポーツパフォーマンスの複雑な関係の説明に逆U字仮説を使用することには多くの問題があると厳しく批判している。この仮説に対するもっとも顕著な批判は，喚起がパフォーマンスにどのように影響しているのかを説明していないことである。また，この仮説は，個人的な状況の認知評価を認めていない。したがって，この考え方は"個人差の理解への妨げ"になっている（Neiss, 1988, p.353）。また，この逆U字の対称的な形態は，現実的な競技スポーツの状況に対応していない。逆U字の頂点を越えた競技者が，生理的な喚起を若干下げて，パフォーマンスの最適レベル（逆U字の頂点）に再度戻れるとは思えないからである（Hardy, 1990）。

要約すると，逆U字仮説をスポーツに適用した場合，逆U字仮説は喚起とパフォーマンスの一次元的な関係を記述している。喚起と不安が別個の構成概念であると仮定すれば，不安とパフォーマンスの関係を説明・記述する上でもこの逆U字仮説が役に立つものとは到底思えない。逆U字仮説の欠点をカバーするために，多くの理論家は代替的な仮説，理論，モデルを考案している。次節ではそれを詳しく述べることにする。

IZOF

Yuri Haninは，1970年代にindividual zone of optimal functioning（IZOF；個別最適機能ゾーン）を調べ，1980年代（1980, 1986）に英文で出版した。IZOFは，各々の競技者には最適なパフォーマンスを達成するための最適な不安ゾーンがあることを中心的な仮説にしたものである。不安がこのゾーンの外にある場合には，上手なパフォーマンスの実行は期待することができない。初期の研究（例えば，Oxendine, 1970,

1984）では課題の特徴や経験から不安の最適レベルを分類しているが，IZOFアプローチではそれに反して，最適な不安レベルはその個人固有のものであると単純に主張している。

Hanin（1986）は，不安レベルとその後のパフォーマンスの直接／繰り返しの測定や，過去のピークパフォーマンス以前の不安レベルの記憶からIZOFを引き出すことができると主張した。IZOFは過去の最適な不安レベルの記憶から確定できるという証拠もある（Hanin, 1986；Morgan, O'Connor, Sparling, & Pate, 1987；Raglin & Morgan, 1988）。また一般に研究者は個人ゾーン内の不安レベルと高いパフォーマンスの対応関係を支持している（Gould, Tuffey, Hardy, & Lochbaum, 1993；Hanin & Kopysov, 1977, cited in Hanin, 1980；Krane, 1993；Randle & Weinberg, 1997；Turner & Raglin, 1991；Woodman, Albinson, & Hardy, 1997）。例えばTurnerとRaglinは，IZOF内の不安を抱えたトラック競技者やフィールド競技者のパフォーマンスが，IZOF外の不安を抱えた競技者よりも非常に優れていることを明らかにした。またWoodmanは，多次元的な枠組みを使用して10ピンのボーリングのパフォーマンスについて調べた。その結果，ボウラーの認知不安と身体不安の合計得点がIZOF内の値を示す場合には，IZOF外の値を示す場合よりもパフォーマンスはかなり優れていることが明らかになった。

GouldとUdry（1994）は，不安がパフォーマンスに影響を与える唯一の情動ではないことから，研究に当たっては他の情動（例えば，怒り，失望，欲求不満，興奮，喜び）についても十分考慮すべきであると述べた。Gouldらは，競技者の情動レシピによって単独の不安よりも大きな分散を説明できるのではないかと示唆した。確かに，その他の情動を含めてIZOFを求めた予備的な研究によって，IZOFの概念をより広範な情動に適用できることが明らかになっている（Hanin & Syrja, 1995a, 1995b）。

GouldとTuffey（1996），Hardy, Jonesら（1996）は，より理論的な見地から，HaninのIZOF仮説が2つの理由から不毛の地に寝そべっていると指摘した。第1の理由は，Haninのオリジナル仮説（1980）が一次元的な不安概念に基づいていたことである。しかしながら，IZOFを多次元的な枠組みで調べた最近の研究では，この欠点を克服している（Gould et al., 1993；Krane, 1993；Randle & Weinberg, 1997；Thelwell & Maynard, 1998；Woodman et al., 1997）。より深刻な第2の理由は，HaninのIZOFは個人差の変数が何ら存在しない，いわゆる個人差の"理論"になっていることである（Gould & Tuffey, 1996；Hardy, Jones, et al., 1996）。GouldとTuffeyは，パフォーマンスと状態不安の関係を2つの方法によって説明した。第1の説明として，Easterbrook（1959）の手がかり利用の

理論に基づいた多くの研究では，競技者の知覚野は不安の増加とともに狭くなると述べている（例えば，Eysenck, 1992；Landers & Boutcher, 1993）。要するにEasterbrookの理論では，競技者が手元の課題と関係するすべての手がかりや一部の手がかりだけに集中する場合に，パフォーマンスが最適なものになると述べている。この最適な集中から何らかのずれがある（非常に多くの手がかり／非常に少ない手がかりに集中する）と，パフォーマンスが次善のものになる。GouldとTuffeyは，第2の説明として，拙いパフォーマンスと結びつく筋緊張の増加と共収縮を伴う不安増加（Weinberg & Hunt, 1976）の研究を引用した。第1の説明，第2の説明はともにしっかりしているが，いずれも種々のIZOF研究によって明らかになった個人差を説明していない。したがって，IZOFは応用研究の助けにはなるものの，直感的な応用ツールに留まっており，今のところ理論的な価値はほとんどない。

多次元不安理論

多次元不安理論では，先行する認知不安と身体不安は別物であり，これら不安の構成要素がパフォーマンスと特異的に関係していると仮定している。より明確に言えば，認知不安とパフォーマンスの間には負の直線関係があると仮定している。この仮説は，主に初期の注意理論に基づいたもの（例えば，Wine, 1971, 1980）であり，心配事が認知の資源を占有し，その結果，直面している課題に資源が利用ができないことを前提としている。したがって，競技者の心配事が多くなるほど，そのパフォーマンスはますます低下する。

多次元不安理論では，身体不安とパフォーマンスの間に二次的な（逆U字型）関連があると仮定しており，身体不安が適度なレベルの時には，パフォーマンスが最適になると期待している。身体不安とパフォーマンスの間に仮定した関係の理論的な根拠は不明である。多次元的な不安理論は，おそらく，喚起とパフォーマンスの間に仮定した逆U字型関係（Broadhurst, 1957）を非常に拡張した理論のように思われる。身体不安がこのような方法でパフォーマンスに影響する理由を説明するために，Martensら（1990）は，過大な筋緊張がパフォーマンスの低下につながると示唆したWeinberg（1978）の研究を引用した。もしもそうであるならば，Martensらの多次元不安理論がなぜ生理的喚起ではなく身体不安を利用したのかが不明になる。事実，生理的喚起が直接運動パフォーマンスに影響すると予測するならば，競技者のこの生理的喚起感の測定は，そのような効果をテストする最良の方法にはならないように思われる。確かに生理的喚起感と生理的喚起指標の間に有意な関連性がないという研究知見（例えば，Karteroliotis & Gill, 1987；Yan Lan & Gill, 1984）を考慮すれば，身体不安はせいぜい不安を構成する生理的要素の粗雑な指標にしかなり得ない。Martensらの理論は，身体不安とパフォーマンスの関係を述べてはいるがこの関係を説明してはいないため，明らかに根拠が弱いものとなっている。

多次元不安理論では，自信とパフォーマンスの間に正の直線関係もあると述べている。自信がどのようにして多次元不安理論の一部になってきたかについて，ここで説明することには価値があると思われる。Martensら（1990）は，CSAI-2の構成項目を因子分析して，認知不安が事実上次の2つの因子，(1)ネガティブな言い回しの項目，(2)ポジティブな言い回しの項目，に分割できることを明らかにした。Martensらは，その後これらの因子をそれぞれ，(1)認知不安，(2)自信，と命名した。そのため，本来は認知不安と身体不安という2つの下位不安尺度を意図した理論に，結局は自信の下位尺度を追加することになった。自信と認知不安を直交配列因子（独立因子）と仮定すれば，Martensらが自信の因子と認知不安の因子を相互依存的とみなしていたことは，むしろ意外なように思われる。Martensらは，因子分析に関わる議論の中で以下のように述べた；"これらの知見は，認知A状態と自信の状態が認知評価連続体の対極に位置しており，自信の状態には認知A状態が存在しないこと，逆に認知A状態には自信の状態が存在しないことを示唆している"（p.129）。Martensらの研究はもとより，認知不安と自信の相対的な独立性を実証している独自の研究（Gould et al., 1984；Hardy, 1996a；Jones & Cale, 1989）もこの結論を支持していない。また，Jonesら（1990, 1991）は，先行認知不安と自信や，その時間的なパターンを調べ，認知不安と自信の相対的な独立性をさらに証明した。Hardyが行ったゴルファーの研究から，自信は認知不安と身体不安が説明する以上にパフォーマンスの分散を説明することが最終的に明らかになった。これらの知見を考慮すると，認知不安と自信は同じ連続体の対極上には位置していないことになる。

多次元不安理論の研究結果はいくぶん両義的である。Burton（1988）が行った水泳競技者の研究は，3つの多次元不安理論の予測をすべて支持していた。すなわち，(1)認知不安と水泳パフォーマンスには負の直線的な関係，(2)身体不安と水泳パフォーマンスには逆U字関係，(3)自信と水泳パフォーマンスには正の直線的な関係，がそれぞれあった。しかしながら，Raglin（1992）の報告，すなわち8編の研究論文からCSAI-2の下位尺度とスポーツパフォーマンスの関係を調べた報告によれば，Burtonの研究は多次元不安理論のすべてを予測した唯一のものであった。Raglinがレビューした残り7編中の3編はCSAI-2の構成要素とパフォーマンスの関係を部分的に支持していたが，残りの4編はこれらの関係を何ら支持していなかった。Burton（1998）は，より最近のレビューで，

諸研究をCSAI-2予測のサポートレベルに基づいて，強・中・弱のレベルに分類した。レビューした16編の研究中，2編[1]は強力に，6編は中程度にCSAI-2の予測を支持していたが，8編はあまり支持していなかった。これら知見の不一致は，多数の要因，とりわけ不適切なパフォーマンス計測や個人差の結果によるものと思われる。

Gould, Petlichkoff, Simons, Vevera(1987), Burton (1988)は，個人差を制御するために，すべての不安とパフォーマンスのスコアを実験参加者内で標準化した。つまり，各個人の不安とパフォーマンスのスコアを，当人の平均スコアと比例して表記する方法を採用した。この手続きを使用した場合，Gouldらは，認知不安とピストル射撃のパフォーマンスの間に有意な関係を同定することができなかった。しかし，自信とピストル射撃のパフォーマンスの間には，負の直線関係を同定することができた。前述したように，Burtonの研究は，多次元不安理論が提唱する3つの関係をすべて支持していた。Gouldらの研究や，Burtonの研究から，身体不安とパフォーマンスの間の有意な逆U字形関係が明らかになった。

Raglin(1992)は，これらの個人内の処理手続きを批判して，中央値や平均値は必ずしも中程度のスコアを反映していないと指摘した。すなわち，実際のスコアを標準スコアに変換した時に高いスコアになったとしても，その値は絶対値としての高いスコアを示しているのではなく，単にその個人のスコアが通常のスコアよりも高いことを示しているだけにすぎない。潜在的な混乱はあるものの，Gouldら(1987)やBurton(1988)が身体不安とパフォーマンスの間の有意な二次元の関連性を明らかにした事実は，身体不安とパフォーマンスの間の逆U字仮説をさらに支持する例になっている。

多次元不安理論が一貫した支持を受けないもう1つの理由は，CSAI-2で使用している用語にある。特に認知不安の用語がそれである。実際に，Martensら(1990)は，潜在的な社会的望ましさを軽減するために，"I am worried(私は心配している)"で始まる認知不安の陳述文を，"I am concerned(私は気がかりである)"で始まるものに取り替えた。動詞の"concern"は"worry"よりも明らかに評価が難しく，その解釈のかなりの部分を評価者に委ねている。これは言葉のあやではない。むしろこの問題は，競技状態不安に関する研究の最近の中心的な議論になっている(Burton & Naylor, 1997；Hardy, 1997；Jones, Hanton, & Swain, 1994を参照)。これらの点は本章の後半で詳しく述べることにする。

要約すると，多次元不安理論によって，研究者は，逆U字の喚起-パフォーマンス仮説を越えて不安の研究を推し進めることが可能になってきた。多次元不安理論の仮説によれば，競技者が最良のパフォーマンスをするのは，認知不安のレベルが低く，自信のレベルが高く，身体不安のレベルが中程度の時である。これらの仮説を支持する研究は，両義的なもの，もしくはせいぜい控えめなものになっている。さらに多次元不安理論の仮説は，身体不安がパフォーマンスに影響する方法や理由を理論的に述べてはいない。最後になるが，多くの研究者が認知不安と自信の共依存的な仮定に異議を唱えている(この問題のさらなる議論は，Hardy, Jones, et al., 1996を参照)。

不安とパフォーマンスのカタストロフィモデル

Hardyら(Hardy, 1990；Hardy & Fazey, 1987；Hardy & Parfitt, 1991)が確認した多次元不安理論の主要な欠点の1つは，この理論が認知不安，身体不安，自信，パフォーマンスの間の複雑な四次元的な関係を，独立した一連の二次元関係で説明していることにある。不安とパフォーマンスの関係を説明する従来の理論に満足できなかったHardyらは，不安とパフォーマンスの楔形カタストロフィモデルを開発した。カタストロフィモデルには，本質的に少なくとも3つの次元の空間が存在している。そのため，このモデルでは，不安構成要素-パフォーマンスの相互作用を図示することが可能になっている。

もともと楔形カタストロフィモデルは，HardyとFazey(1987)が，認知不安，生理的喚起，パフォーマンスの関係を三次元的に例示するために提唱したものである(図11.2を参照)。このモデルでは，認知不安を分岐因子と呼び，生理的喚起を非対称因子(または一般因子)と呼んでいる。分岐因子(認知不安)は，非対称因子(生理的喚起)の効果が平穏なのか／破局的なのか，小さいのか／大きいのか，もしくはこれら両極間のどこにあるのかを確定している。

楔形カタストロフィモデルでは，認知不安の増加は低い生理的喚起条件のパフォーマンスには有利になる(図11.2左端を参照)が，高い生理的喚起条件のパフォーマンスには有害(図11.2右端を参照)になると予測している。また，認知不安の低い条件で生理的喚起が変化すると，緩やかな逆U字形に，パフォーマンスの小さな連続変化が生じてくる(図11.2後方を参照)。認知不安が高い条件では，生理的喚起レベルの経験に依存して生理的喚起がパフォーマンスを促進／阻害するようになる(図11.2前方を参照)。さらに，認知不安が高い条件で生理的喚起が変化すると，履歴現象によってパフォーマンスには一貫性のない大きな変化が生じるようになる。すなわち，パフォーマンス

---

[1] 1998年のBurtonの論文では，おそらく印刷ミスかと思われるが，Burtonの研究(1988)を分類しなかった。Burton(1998)は自らの1988年の研究をCSAI-2の予測を強力に支持するものとして分類したと，ここではみなしておきたい。

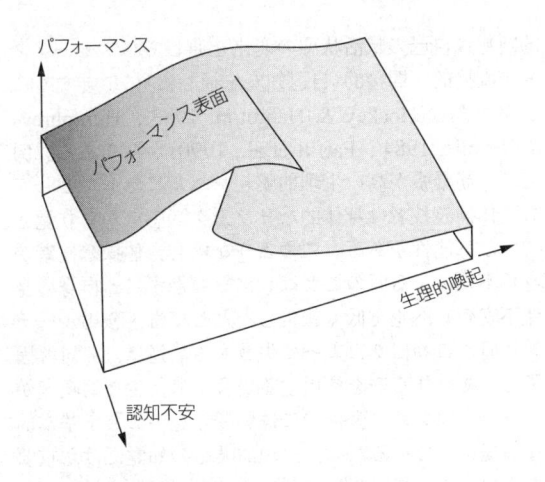

図 11.2　2 表面のカタストロフィモデル
(Hardy, Jones, et al., 1996 より許可を得て転載)

が辿るコースは，生理的喚起の増加／低下に依存して異なったものになってくる（図 11.3 を参照）。このように認知不安レベルが上昇した状況で，生理的喚起がかなり低いレベルから連続的に増加する場合には，パフォーマンスもある点まで上り続けることになる。しかしながら，生理的喚起がこの点を超えてさらに増加する場合には，パフォーマンスは急降下する（カタストロフィ）。いったんカタストロフィが生じた場合に，パフォーマンスが図中の表面まで回復するには，生理的喚起をかなり削減しなくてはならない。

　Hardy らはさておき，現在までの研究では，カタストロフィモデルに存在する認知不安，生理的喚起，パフォーマンスの検証にかなり及び腰であったように思われる。これは，カタストロフィモデルが複雑なものと研究者が考えたせいなのかもしれない（Gill, 1994）。しかしながら，Hardy（1996b）は，"どのよう

な理論やモデルであっても，複雑というだけではそれを排除する理由にはならない"と述べている（p.140）。実際に，不安のもっとも単純な概念の構築に理論家が挑戦しなかったならば，不安の研究は逆 U 字仮説を乗り越えて前進しなかったのではないかと思われる（Lacey, 1967；Martens et al., 1990；Neiss, 1988）。Hardy は，カタストロフィモデルの研究をより理解しやすくするために，このモデルのさまざまな面をテストする多くの方法を明示した。それらは，(1) 認知不安と生理的喚起の相互効果を検討する方法，(2) パフォーマンスに対する認知不安の促進効果／阻害効果を検討する方法，(3) 表面適合の手続き，(4) 実データの頻度分布の吟味，である。これら各々の予測を詳細に検討することは本章の範囲を越えることなので，興味ある読者は直接 Hardy の論文を参照されたい。

　今日までの研究は，楔形カタストロフィモデルを一般的にいくらか支持したものになっている（例えば，Edwards & Hardy, 1996；Hardy, 1996a；Hardy & Parfitt, 1991；Hardy, Parfitt, & Pates, 1994；Krane, 1990；Woodman et al., 1997；Woodman, Hardy, Hanton, Jones, & Swain, 1999）。例えば，Hardy と Parfitt は，バスケットボール競技者のサンプルから履歴効果を明らかにした。特に，認知不安が低い条件（練習期間）での生理的喚起（心拍数により測定）とパフォーマンスの関係は穏やかな逆 U 字のコースを辿ったが，認知不安が高い条件（重要な試合の前）では生理的喚起とパフォーマンスの関係は履歴現象のコースを辿った。また，認知不安と身体不安／生理的喚起との相互効果には，かなり決定的な証拠がある（Deffenbacher, 1977；Edwards & Hardy, 1996；Hardy et al., 1994；Woodman et al., 1997；Woodman et al., 1999）。しかしながら，これらの研究から明らかになった相互作用は，一般に，もともと Hardy らが提唱した楔形カタストロフィモデルの予測形態に正確にはなっていない。さらに，生理的喚起測度によって直接に履歴効果を調べた研究（例えば，Hardy & Parfitt, 1991；Hardy et al., 1994）では，不安よりもむしろ身体運動が心拍数を操作していた。

　不安誘発性の生理的喚起を操作してカタストロフィモデルを調べた研究は，今日まで 1 つもない。運動誘発性の生理的喚起の背景メカニズムと，不安誘発性の生理的喚起の背景メカニズムはまったく別物であることが，履歴効果をテストする研究の重大な限界になっている。例えば Williams, Taggart, Carruthers (1978) によるロッククライマーを対象とした研究では，アドレナリンレベルが岩登り前よりも岩登り後に有意に高かった。対照的に岩登り前後のノルアドレナリンレベルには有意差がなかった。このロッククライマーの研究では，"クライマーにとって身体的な努力はほとんど不要であったが，終日降り続いた雨で急峻な岩面がよく滑るために，クライマーはかなりの不安

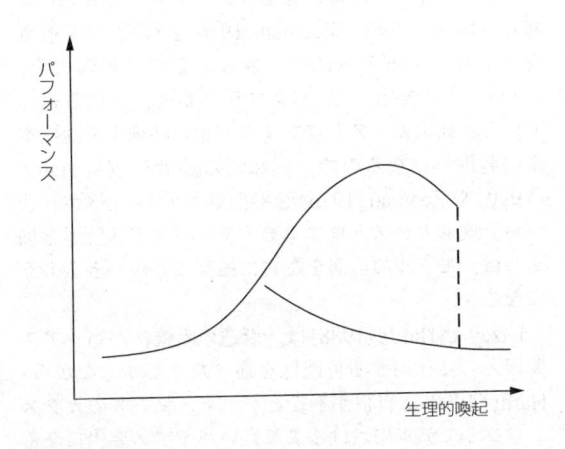

図 11.3　履歴効果
(Hardy, Jones, et al., 1996 より許可を得て転載)

を覚えていた"(p.126)。運動によってノルアドレナリンレベルが上昇したと考えれば(Wilmore & Costill, 1994)、ノルアドレナリンの分泌は不安による生理的反応や運動による生理的反応に依存して異なる結果になる。このように、心拍数で測定した時には不安由来の生理的喚起と運動由来の生理的喚起が類似していても、他の生理指標で測定した時にはそれぞれ違ったものになる可能性もある。

測定指標によっては結果が異なる可能性も考えられる。したがってカタストロフィモデルに次の2点を追加して述べることは価値があると思われる。第1に、Hardyらが提示した、認知不安、生理的喚起、パフォーマンスの楔型カタストロフィモデルは、あくまでもモデルであって、理論ではないことである。モデルか理論かの違いは重要である。なぜなら、このモデルは、認知不安と生理的喚起の相互作用がどのようにパフォーマンスに影響するのかを説明していないからである。不安とパフォーマンスの関係と、カタストロフィモデルの背景メカニズムを説明している諸理論については、後で議論する。第2に、カタストロフィモデルには、回転、引き延ばし、曲折(引き裂きはしないが)によって、さまざまな形や状態にできる性質がある(Zeeman, 1976)。HardyとFazey(1987)が提示した楔形カタストロフィモデルは、もともとは微妙に異なるさまざまな形態のうちの1つのみを表わすものである。したがって、認知不安、生理的喚起、パフォーマンスに共通するような唯一のカタストロフィモデルがあるとは思えない。例えば、Hardyら(1994)は、ある条件下ではこのオリジナルモデルは認知不安軸／生理的喚起軸のどちらか一方に傾斜しなくてはならないと示唆した。また、Hardy(1996b)は、より繊細な運動やタッチを求める課題(例えば、ゴルフのパッティング)ではパフォーマンスの表面が生理的喚起軸へ傾斜しても、より有酸素系のパワーを求める課題(例えば、バスケットボールのダンクシュート)ではそのような傾斜は生じないと推測した。もちろん個人差はこれらのモデルをさらに左右している。このモデルがより十分に前方に傾斜すれば、認知不安は生理的喚起のレベルに関わりなく、パフォーマンスに有害なものになる。しかしながら、このモデルでは、生理的喚起レベルが低い場合よりも高い場合にこの阻害効果が大きくなると予測している。

Hardy(1996b)が指摘しているように、カタストロフィモデルの非対称因子として(身体不安というよりは、むしろ)生理的喚起を選択したことは堅実な手法であった。身体不安がパフォーマンスに間接的な影響しか与えないのに対して、生理的喚起は間接的だけでなく直接的な影響もパフォーマンスに与えることが、この選択の理論的な根拠になっていた。なぜならば、身体不安は生理的な徴候の単なる自己知覚に過ぎない(Morris et al., 1981を参照)からであり、他方、生理的喚起は自己の賦活状態の変化を通してパフォーマンスに直接的・間接的(自己知覚を通した)に影響することができる(Hockey & Hamilton, 1983; Humphreys & Revelle, 1984; Parfitt et al., 1990)からである。例えば、筋緊張が高い生理的喚起レベルにあったとしても、体操競技者は身体的なリラックス感をかなり覚えている可能性がある。このような場合、体操競技者が身体不安による肩のこわばりに気づかずに、自身の身体不安のレベルを低く報告したとしても、鞍馬ルーチンは肩のこわばりによって失敗する。逆に、非対称因子として身体不安を使用する場合には、生理的喚起がパフォーマンスに直接的には影響しないことを基本的な前提にしているため、生理的喚起の知覚だけが重要なものとなっている。これは、ハイレベルの競技者が報告したものとまったくかみ合っていない(例えば、Gould et al., 1993, 1993 b)。

Yan LanとGill(1984)、KarterliotisとGill(1987)は身体不安と生理的喚起との区別を支持しているが、心拍数と血圧を測定したところ、身体不安と生理的喚起の間には何らの関連性もなかったと報告した。さらにParfitt, Hardy, Pates(1995)は、有酸素運動の課題パフォーマンスが身体不安よりも生理的喚起にいっそう強く関係すると報告した。最後になるが、身体徴候の知覚を調べた研究から、身体知覚の訓練をしなければ自身の生理的徴候は正確には読み取れないことが明らかになった(例えば、Yamaji, Yokota, & Shephard, 1992)。したがって、生理的喚起がパフォーマンスに直接的・間接的に及ぼす潜在的な効果を考慮することも重要と思われる。

高次カタストロフィモデル

研究者は楔形カタストロフィモデルを非常に多く引用しているが、楔形モデル以外に高次カタストロフィモデルもある。一般にもっとも使用頻度が高い高次カタストロフィモデルは、蝶形カタストロフィモデルである(Hardy, 1990; Zeeman, 1976を参照)。蝶形カタストロフィモデルには、さらに2つの制御次元、(1)バイアス要因、(2)バタフライ要因、を組み込んでいる。高次カタストロフィモデルの詳細な議論は本章の範囲外になるので、興味ある読者は直接Hardy(1990)やZeeman(1976)を参照されたい。しかしながら、楔形カタストロフィモデルにバイアス要因を加えれば、モデルの前面を左右に振ることができるようになる。

FazeyとHardy(1988)は、課題の困難性がバイアス要因として作用する可能性を述べた。しかしながら、Hardy(1990)は自信が不安とパフォーマンスのカタストロフィモデルにおけるより良いバイアス要因になると述べて、この提案を大きく退けた。Hardyによれば、認知不安が高い状況では、非常に自信がある競技

者は，そうでない競技者よりも，急激なパフォーマンス低下を経験する前に高い生理的喚起レベルに逆らう可能性がある。Hardy (1996a) は，ゴルファー 8 名の 18 ホールに渡るパッティングパフォーマンスのデータに Guastello (1982) のダイナミックディファレンス法 (method of dynamic difference) を使用してカタストロフィモデルの適合度を調べ，バイアス要因としての自信の振る舞いを支持した。しかしながら，自信がパフォーマンスの認知不安と生理的喚起の相互効果を左右するという提案については，それを検証するさらに多くの研究が明らかに必要になっている。

Hardy らが提唱した楔形カタストロフィモデルは，いくつかの研究間にみられる不一致因について説明している。しかしこのモデルは，パフォーマンスの認知不安と生理的喚起の相互効果を，何ら理論的に説明していない。例えば，なぜ認知不安はパフォーマンスにときどきポジティブな影響を与えるのか？ なぜ競技者は認知不安がある時に劇的なパフォーマンスの急降下をときどき経験するのか？ 不安とパフォーマンスの関係のメカニズムをさらに理解しようとするならば，研究者はそのような問題に取り組むことが重要になる。

要約すると，今日までの研究は，一般的に，認知不安と生理的喚起の相互作用を支持したものになっている。また，高い認知不安レベルの履歴効果の概念には，積極的な支持もある。しかしながら，不安とパフォーマンスのカタストロフィモデルには，対処・解明すべき多くの問題がある。それらは次のような問題である。(1) 認知不安と生理的喚起の相互作用，(2) カタストロフィモデル内の媒介変数と調整変数，(3) 履歴効果を検証する際の，不安由来の生理的喚起と運動由来の生理的喚起の区別の重要性。これらの限界にも関わらず，現時点では Hardy らのカタストロフィモデルは，認知不安と生理的喚起の相互作用を予測する唯一の不安とパフォーマンスのモデルであり，そのこと自体にさらなる研究の価値があるものと思われる。

リバーサル理論

多次元的な不安理論 (Martens et al., 1990) では，身体不安とパフォーマンスの関係が逆 U 字形になると述べている。つまり，生理的喚起感のレベルが高まれば，常にパフォーマンスは低下する。他の理論家は，高い身体不安は必ずしも有害なものとして知覚されるわけではないと示唆している。そのような理論のひとつにリバーサル理論 (Apter, 1982 ; Kerr, 1990) がある。リバーサル理論は "メタ動機状態" の概念に基づいたものである。メタ動機状態とは，"自分自身の動機のある面を，独自の方法で解釈する現象的な状態" である (Kerr, 1990, p.129)。リバーサル理論では 4 対のメタ動機状態を仮定している。それらは，(1) テリック−パラテリック，(2) 拒絶−服従，(3) 利己−利他，(4) 共感−支配，の 4 対である。テリック−パラテリックの対は，スポーツの文脈内でもっとも注目を浴びている。テリック状態 (個人が目的指向的になっており目標を表明している状態) の者はかなり生真面目であり，低い喚起を好む傾向がある。逆にパラテリック状態 (個人が自分の行動感覚を志向している状態) の者はかなり自発的であり，高い喚起を好む傾向がある。リバーサル理論によれば (例えば，Kerr, 1990)，競技者はテリック状態の時には高い生理的喚起を不安と解釈し，パラテリック状態の時には高い生理的喚起を興奮と解釈している。

さらにリバーサル理論では，競技者はあるメタ動機状態から別のメタ動機へ急速に変化 (リバース) できると仮定している。したがって，高いレベルの喚起を不快 (不安) なものと解釈するテリック状態の競技者は，突然パラテリックな状態に変化して，この高いレベルの喚起を快 (興奮) と知覚することができる。この快の知覚を，リバーサル理論では "快−不快トーン (hedonic tone)" と呼んでいる。このように，ある人の快−不快トーンは快にもなるし (低い喚起レベルを知覚するとリラックスに，高い喚起レベルを知覚すると興奮になる)，不快にもなる (低い喚起レベルを知覚すると退屈に，高い喚起レベルを知覚すると不安になる)。

リバーサル理論には直感に訴える魅力があったが，パフォーマンス関連の仮説が欠落していたために，スポーツへの応用には制約があった。最近 Kerr らは，この制約の解決に向けた研究を始めている (Kerr, Yoshida, Hirata, Takai, & Yamazaki, 1997 ; Males, Kerr, & Gerkovich, 1998)。例えば Kerr ら (1997) は，アーチェリーのパフォーマンスにメタ動機 (テリック／パラテリック) や喚起感 (高い／低い) を組み合わせ，それぞれの効果を調べた。Kerr らは，高い快−不快トーンを組み合わせた群 (テリックが低，パラテリックが高) が，低い快−不快トーンを組み合わせた群 (テリックが低，パラテリックが高) よりも優れたパフォーマンスを示すという仮説を立てた。つまり自分の喚起 (低／高) を快と感じたアーチェリー競技者の方が，自分の喚起を不快と感じたアーチェリー競技者よりも優れたパフォーマンスを示すと仮定した。この仮説はうまく機能しなかったが，Kerr らの研究によって快−不快トーンとパフォーマンスの関係を調べる方法が明らかになった。しかしながら，なぜ快楽色調がパフォーマンスに影響するのかという疑問は，依然として未解決のままになっている。実際に，自分の生理的喚起レベルに関する快感情が優れたパフォーマンスに結びつくという明らかな理由があるとは思えない。

要約すると，リバーサルの概念には魅力があるが，リバーサル理論にはパフォーマンス関連の理論が欠落しているために，その適用には自ずと制約がある。最

近ではメタ動機状態・快-不快トーン・パフォーマンスの間の関係を調べる研究が始まっているが，その理論的な根拠はまだ明らかになっていない。いずれにしても，リバーサル理論には，不安がどのように，またなぜ運動パフォーマンスに影響するのかといった多くの説明が不足している。

不安状態の解釈

不安が何かを促進するという主張は，新しいものではない。実際にAlpertとHaber(1960)は，早くも1960年のテスト不安の論文でそのような効果を明らかにした。その他の不安検査では不安の阻害要素を測定していたが，AlpertとHaberはAchievement Anxiety Test(AAT)を導入し，不安の阻害要素と同様に，不安の促進要素を測定した。促進か阻害かの違いによって，以下の2つを単純に予測することができた；(1)不安を阻害と強く感じる学生は，試験状況にうまく対処できない，(2)不安を促進と強く感じる学生は，試験状況にうまく対処できる。AlpertとHaberは，これらの予測を，阻害的なテスト不安と成績平均点(grade-point average：GPA)の間の有意な負の相関と，また促進的なテスト不安とGPAの間の有意な正の相関によって支持した。Couch, Garber, Turner(1983)は，後にAlpertとHaberの因子構造を調べて，男女とも促進因子と阻害因子の識別ができることを明らかにした。Couchらのこの研究によって，テストの促進的な不安因子と阻害的な不安因子の同時測定は，テスト不安の単独測定よりもGPAの優れた予測指標であることが明らかになった。

競技者が不安をさまざまな方法で解釈していると最初に報告したスポーツ心理学者は，MahoneyとAvener(1977)であった。体操競技者を調べたMahoneyとAvenerによれば，優れた成績を収めた体操競技者(1976年のアメリカオリンピックチームの競技者)は，より良いパフォーマンスの刺激剤として不安を"利用"する傾向があった(p.140)。しかし，逆にうまく行かなかった体操競技者(オリンピックチームの競技者になれなかった)は，"自らをパニックに近い状態に駆り立てているように思われた"(p.140)。

テスト不安の研究，MahoneyとAvener(1977)の体操競技者の観察，Jonesら(Jones, 1991；Jones & Swain, 1992)の研究によって，スポーツ心理学における"不安の方向解釈"の概念が発展した。Jones(1995)によるその後の競技不安の促進-阻害モデルは(図11.4を参照)ほとんどがCarverとScheier(1988)の不安制御モデルに基づいていたが，Carverらの不安制御モデルは，対処や目標達成の制御感が不安解釈の重要な媒介要因と予測していた。より具体的に言うならば，Jonesのモデルでは制御が可能であると思っている場合には不安を促進的なものと解釈し，制御が不可能であると思っている場合には阻害的なものと解釈している。

JonesとSwain(1992)は，不安の方向解釈(促進／阻害)を測定するために，Martensら(1990)のCSAI-2を修正して，27の質問項目の後にそれぞれ方向性の尺度を追加した。このようにCSAI-2修正版では，競技者が普段経験する徴候を1(まったくない)～4(非常にある)までの範囲で回答させている。各回答後に，競技者に，この感情の受け止め感(印象，影響，結果)を，解釈尺度-3(非常に阻害)～+3(非常に促進)の間で評価させている。例えば，競技者が"私はこの試合が心配だ"という質問項目に最高点の4で回答すれば，差し迫った試合をとても心配していることになる。さらに当該競技者がこの心配を解釈尺度で+3と回答すれば，競技者が感じたこの心配は，やがてパフォーマンスに有益になることを示している。

この修正尺度を使用したJonesらは，競技者が感じた不安レベル("強度")とこれらの徴候に付随した解釈("方向")は区別する必要があると述べた。例えば，高いパフォーマンスと低いパフォーマンスを示す2つの体操競技者群について調べたJones, Swain, Hardy(1993)は，認知不安強度，身体不安強度，身体不安方向の各スコアにおいて両群間に有意差がないと報告した。しかしながら，高いパフォーマンスを示す体操競技者群の認知不安は，低いパフォーマンスを示す群のそれよりも，パフォーマンスに大きな促進効果を及ぼした。同様にJonesら(1994)は，エリートと非エ

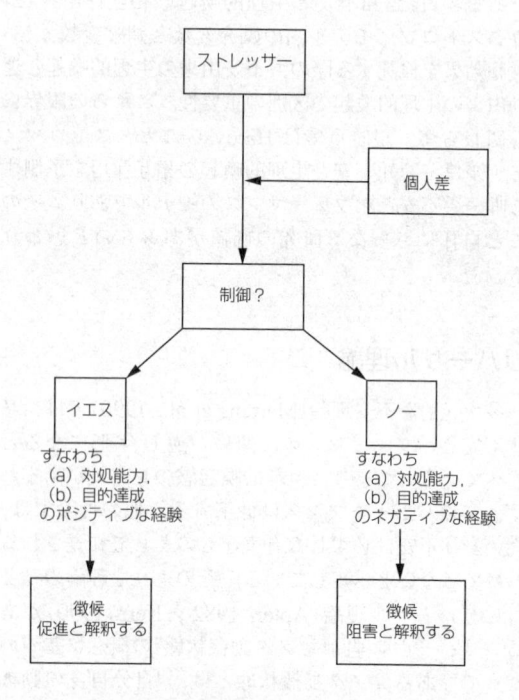

図11.4 競技不安の促進効果と阻害効果のモデル
(Jones, 1995より許可を得て転載)

リートの水泳競技者の不安強度に有意差を見出すことができなかったが，エリート水泳競技者は自らの認知不安と身体不安はともに，非エリート水泳競技者のそれらよりも促進的なものであると報告した。この知見は，テニスの上級者・中級者・初心者にCSAI-2修正版を施行したPerryとWilliams（1998）の知見と同様なものになっている。Perryらの調査でも，Jonesら（1994）の結果と同様に，上級者は認知と身体不安を，中級者や初心者よりもポジティブに解釈していた。バスケットボールのパフォーマンスを予測したSwainとJones（1996）は，パフォーマンスの予測には方向性のスコアの方が，2つの不安構成要素の強度スコアよりも適していると報告した。

先行不安，試合前の不安強度，不安方向の推移時間を調べたその他の研究も，不安強度と方向次元を区別する必要があると述べている（例えば，Lane, Terry, & Karageorghis, 1995；Wiggins, 1998）。例えば，先行不安，状態不安反応，トライアスロンパフォーマンスをパス解析したLaneらの研究では，先行不安の強度と不安の方向を別々に確定していた。特に，準備に関わる認識とレースにおけるゴールの困難性の認識は不安強度を予測したが，準備に関わる認識，コーチの影響，最近のフォームは不安方向を予測した。

不安の解釈だけでなく，競技者が不安徴候を経験する頻度に対しても，研究者は少なからず関心を寄せている。例えば，SwainとJones（1993）は，過去の研究（例えば，Jones & Cale, 1989；Parfitt & Hardy, 1987）と同様に，認知不安が試合前に安定していても，試合近くになると認知不安の徴候を経験する頻度が次第に高くなることを明らかにした。

不安に関する現在までの知見では，パフォーマンスの分散を大方説明しようとする際に，スポーツの不安とパフォーマンスの関係を不安強度のみで調べる方法には限界があると指摘している。これらの研究に基づけば，今後は，不安強度，解釈，頻度のパラダイムを使用して，不安とパフォーマンスの関係の背景メカニズムを調べる必要があると思われる。

測定の問題

すでに指摘したように，初期の競技不安の研究では，競技前の不安の測定に一次元的な測度を使用していた。そのような測度は，一般にSpielbergerら（1970）が開発した状態-特性不安目録（State-Trait Anxiety Inventory：STAI）であった。例えば，Martensら（1980）は，STAIの状態不安の構成要素に基づいてCSAIを開発した。しかしながら，多次元的な構成概念としての不安の概念化がすでに進行していたこともあって，不安の理論家（例えば，Davidson & Schwartz, 1976；Liebert & Morris, 1967）は，間もなくCSAIの代わりにCSAI-2を使用するようになった（Martens et al., 1990）。不安は一次元の構成概念として非常にうまく測定できると主張し続ける研究者もいた（例えば，Landers, 1994）が，不安には少なくとも認知的・生理的な構成要素があることを，多くの理論家は認めている。したがって，1983年（Martens et al., 1990がCSAI-2を初めて作成した時）以降の競技不安の研究では，認知不安と身体不安の測度としてCSAI-2を広く使用している。本節では他の測度を一部省略して，CSAI-2をある程度詳しく論ずることにしたい。これには2つの大きな理由がある。第1の理由は，スポーツ競技不安の測度が他にあるにも関わらず，多くの研究者がこのCSAI-2を，現在に至るまで状態競技不安の研究に使い続けてきたことである。第2の理由は，本節で論ずるCSAI-2関連のほとんどの問題が，他の測度にも同様に十分に適用できることである。

研究者は，認知不安，身体不安，自信を調べる測度として，CSAI-2（Martens et al., 1990）を開発した。前述したように，JonesとSwain（1992）は，オリジナルのCSAI-2を修正して方向性の尺度を追加した。この修正によって，パフォーマンスを阻害／促進する競技者自身の不安徴候を評価することが可能になった。この阻害-促進という連続体の用語は，"方向"から"解釈"および"方向の解釈"へと変化している。Jonesらは，状態不安がその後のパフォーマンスを阻害／促進していると競技者が感じる程度を，用語に関わりなく測定できるように，この方向性の尺度をデザインしていた。CSAI-2の修正版開発以降，"パフォーマンスを促進する不安"の概念に対する関心が高まっている（例えば，Burton & Naylor, 1997；Hardy, 1997；Jones et al., 1994）。実際に，不安徴候の方向解釈は，不安強度の測度がパフォーマンスを予測するよりも適切にパフォーマンスを予測することが，多くの研究から明らかになっている。不安とパフォーマンスの関係を理解するために，ここでは2つの基本的な疑問を取り上げてみたい。(1)不安はパフォーマンスを促進できるのか？ (2)CSAI-2は認知不安を測定しているのか，それとも何か他の構成概念を測定しているのか？ これら2つの疑問には次節で少し触れることにする。

"実際のところ，認知不安はパフォーマンスを促進するのか？"という疑問は，BurtonとNaylor（1997）の論文の表題になっていた。この疑問は，認知不安は必ずしもパフォーマンスに有害にならないとするHardy（1997）の提言に対する反応の根幹になっていた。BurtonとNaylorは，Jonesら（1994）と同様に，パフォーマンスを促進すると感じている"不安"の徴候に不安のラベルを貼ることには非常に無理があると主張した。例えば，実際，不安によるパフォーマンスの促進を体験している競技者が，同時に自信もあるよう

な気がしているということは，非常にもっともらしく思われる。しかしながら，BurtonとNaylorは，"不安に挑戦している研究者は，パフォーマンスを促進するポジティブな感情状態（例えば，挑戦，興奮または自信）から，パフォーマンスを阻害するネガティブな感情状態（例えば，不安）を分離して，不安の概念をより明確に定義しようとしている"と述べた（p.299）。この中には，これまで自明のものとしてきた仮説がある。その仮説とは，ネガティブな情動は常にパフォーマンスにネガティブな影響を与えるということである。しかし，そこには次のような疑問が残る；ネガティブな情動はパフォーマンスに対して常にネガティブな影響を与える必然性があるのか？ またポジティブな情動は，パフォーマンスに対して常にポジティブな影響を与える必然性があるのか？ 事実，Gouldら（1987）のピストル射撃の研究では，自信とピストル射撃のパフォーマンスの間に有意な負の相関があった。この結果は，実際にポジティブな情動（自信）とパフォーマンスの間に逆相関があるという証拠になっている。本章では不安に焦点を絞り込んでいるので，不安がパフォーマンスに対して常にネガティブな影響を与えるという仮説について，より詳しく論じてみたい。

Martensら（1990）は，認知不安とパフォーマンスの間の逆相関仮説を正当化するために，この関係を注意資源の減少（例えば，Wine, 1971）に基づいて説明した。すなわち，困惑している競技者は，事態が異なれば手元の課題に向けたと思われる貴重な資源を，困惑の対処に使用すると説明した。この説明は，パフォーマンスと認知不安の逆相関を予測する上で合理的な理論であると思われるが，この理論と矛盾する経験的な証拠が存在している。例えば，HardyとParfitt（1991）の研究では，バスケットボール競技者の最良のパフォーマンスは，認知不安を抱えた場合の方が，そうでない場合よりも有意に向上した。また，最悪のパフォーマンスは有意に低下した。Hardyら（1994）はクラウンローンボウルズ（訳注：偏心球のボウルを目標球のそばへどれだけ近づけられるかを競うスポーツ）の競技者の研究でこの知見を追試した。その結果，ネガティブな情動（例えば，認知不安）はパフォーマンスと正に相関し，必然的にパフォーマンスを阻害しないことが明らかになった。Hardyらの研究に加え，他の諸理論でも，ネガティブな情動（例えば，認知不安）がパフォーマンスに時折ポジティブな影響を与えると示唆している。このような理論の1つが，後に論ずる処理効率理論（Eysenck, 1992）である。

競技不安の研究で対処すべき第2の問題は，CSAI-2を利用した競技前の不安の測定である。競技者によってCSAI-2の質問文の解釈がまったく異なっていることは，前述した研究からもかなり明白になっている。もしもそうであるならば，少なくともCSAI-2の構成妥当性には疑問が生じてくる。換言すれば，CSAI-2は果たして測定していると称するものを本当に測定しているのだろうか／認知状態が異なる2名の競技者の報告には同等の価値があるのだろうか，ということである。この点を2名の競技者A，Bのケースから例示してみたい。両者の認知不安下位尺度の合計得点がともに25点（36点満点中）だとしても，怪我の回復に悩んでいるAと直近の出来事に興奮しているBでは，その感情状態に相違があるように思われる。興味深いことに，CSAI-2の3つの下位尺度の中で，強度と方向を一貫してもっとも区分している尺度は認知不安である（Jones et al., 1993 参照）。これは認知不安の質問文に使用した用語に起因すると思われる。実際，認知不安に関する質問文9項目中，8項目には"I am concerned（私は気がかりである）"という接頭辞が付いている。"concern"は必ずしも心配や認知不安を反映しているものではなく，むしろやがて起こる重要な出来事の知覚を示しているものと思われる。Barnes, Sime, Dienstbier, Plake（1986）の研究では，この特徴を強調した。大学水泳競技者を調べたBarnesらは，CSAI-2から最初の質問項目を削除する必要があると考えた。なぜなら，競技者の混乱を招いていたからであった。競技者はこの質問項目の"I am concerned about this competition（私はこの競技が気がかりである）"を，次の2通りに解釈していた；"(1)水泳競技者は，その質問文を，競技が気になるかどうかを尋ねたものと思った。(2)水泳競技者は，その質問文を，競技が自分にとって重要かどうかを尋ねたものと思った。"（p.368）。競技者にとって，CSAI-2の他の質問項目文の区別的な解釈は，かなり明らかに容易なものになっている。例えば，"I am concerned about reaching my goal（私は目標が達成できるか気がかりである）"という質問文でも，同様に多様な解釈を招きやすい。実際に，この質問文をA競技者が"I am so worried that I will not achieve my goal that I cannot stop thinking about failing（私は失敗が頭から離れず，目標が達成できないのではないか心配している）"と解釈し，B競技者が"I am worried about not doing very well in this competition, so I had better get myself up for it right now（私はこの競技でうまくやれないのではないか心配している。だから，今すぐ気持ちを切り替えるべきである）"と解釈し，C競技者が"I have worked really hard to achieve this goal and it means a lot to me（私はこの目標を達成するために本当に頑張った。この頑張りは私にとってとても大事なことだ）"と解釈する可能性がある。明らかに，競技者は同じ質問文をまったく別に解釈することができる。

ここには2つの大きな問題がある。第1の問題は，競技者がCSAI-2の質問文章を，不安測定には何ら関係のない点にまで広げて，多義的に解釈できることである。したがって，不安の測定を意図するならば，

全質問項目の妥当性をさらに検討する必要がある。第2の問題は，A競技者の解釈，B競技者の解釈を考察する場合，類似の不安状態であってもまったく違った解釈をしている場合があることである。これらの解釈は，MahoneyとAvener(1977)が明らかにしたことと同じものである。最初の解釈（A競技者）は差し迫った失敗を表わしているが，2番目の解釈（B競技者）は準備に関わる競技者の認識を反映している。後者の解釈を考慮すれば，BurtonとNaylor(1997)による，認知不安はパフォーマンスを促進するのかという質問に対する回答は，ある人にとって場合によってはイエスということになる。

さらにHardy(1997)が指摘したように，世間には極端な脅威状況下で信じがたい偉業を成し遂げた人の逸話的な証拠が多数存在している。例えば，赤ちゃんの生命を救うために極端なパワーを発揮した母親の記事などがそれである。オリンピック競技者Hemery(1976)による以下の文章は，スポーツ文脈で極端なプレッシャーが存在している時であっても，どのように競技者が並はずれた素晴らしいパフォーマンスをする(世界記録を破ること)のかを示す例になっている。

　私はスタートブロックの後ろに立ち，両手を膝の上におき，できるだけ深く呼吸をしようとした。だが肺を完全に満たすことはできなかった。胃と喉の間は冷たく収縮していた。口と喉は渇き，唾を飲み込むことができなかった…。この場からどこか別の場所に逃れることができたらと思った。私はなぜこんなことをしているのだろう？　これまでにこのような恐ろしいプレッシャーを感じたことは一度もなかった。私は前に進んでブロックに足をかけ，トラックに両手を着けた。位置について！　もう後戻りはできない。私はブロックを脚で蹴った。ここに至っても調子が悪かった。これまでの私の人生の4分の1でもっとも速く走る準備をしていたのかどうか，確信が持てなかった。
(David Hemery, prior to his World Record and Olympic-winning 400-meter hurdles run at the Mexico City Olympics in 1968, p.4)

CSAI-2に関連するその他の問題については，さらなる研究の必要があると思われる。Martensら(1990)が当初選択した質問項目では，実際，競技前不安に関わるもっとも重要な面を取り上げていなかった。例えば，"私は自信を喪失している"という質問文は近づく試合に対するある特定の競技者の心配を反映しているが，"私は試合に負ける心配をしている"という質問文は特に数名の女子競技者にとって関係がないように思われる(Jones et al., 1991を参照)。同様に"私の心臓は早鐘のように打っている"という質問文は一部の競技者の身体不安を反映しているが，"私は神経過敏になっている"という質問文はその他の競技者には関係がないように思われる。もしも競技者がこれら質問項目の得点をさまざまな状態の反映と解釈するならば，CSAI-2を使用して競技前の不安を測定しても，パフォーマンス分散の大きな割合を説明するとは思えない。例えば100 m走のスプリンターは，"私の手はべとべとしている"という質問文に対して，体操競技者やロッククライマーよりも多少冷静に回答するものと思われる。なぜなら，手のべとべとには個人差があるからである。実際にべとべとした手がスプリンターのパフォーマンスに直接に大きく影響するとは思えないが，体操競技者やクライマーのパフォーマンスにはかなりの影響を与えるものと思われるからである。不安はこのように種目固有である可能性もあるので，個人に特化したものではないにしても，特定のスポーツに特化した不安測度の開発が必要と思われる。さらに，GouldとUdry(1994)は，多くの不安研究がパフォーマンスの分散率をかなり控えめに説明していることを鑑みて，種々の情動とパフォーマンスの関係をよりよく理解するために情動の範囲を広く考慮するよう研究者に呼びかけた。しかしながら，この領域の研究は，IZOFの研究(例えば，Hanin & Syrjä, 1995a, 1995b)を除いて特に進展していない。

CSAI-2の最近の確証的因子分析(Lane, Sewell, Terry, Bartram, & Nesti, 1999)の研究では，CSAI-2の構造的妥当性を疑問視している。Laneらは，1,213名の競技者サンプルを2分類して分析した結果，CSAI-2のオリジナルモデルと適合するすべての指標は許容基準の閾値以下であることが明らかになった。例えば，2つのサンプルのRobust Comparative Fit Indices(RCFI)は0.82と0.84であった。Laneらはこの確証的因子分析の結果から，スポーツ競技の不安反応を扱う研究者が，CSAI-2をさらに検証して質問項目を改良するまで，CSAI-2のデータは信頼することができない"と結論づけた(p.511)。Laneらの結果を考慮すると，この結論は確かに筋が通っているように思われる。

要約すると，多くの研究者が認知不安はパフォーマンスを必ず阻害するものと信じているように思われるが，関連研究はこの仮定は誤解を招きやすいと示唆している。また過去の研究と照らして，本節でもCSAI-2の構造的な妥当性(特に認知不安の測度)には疑問を呈した。最近の確証的因子分析によって，CSAI-2の比較的弱い因子構造が明らかになったが，本節の議論はこの最近の研究結果を強化するものと思われる。終わりになるが，パフォーマンス分散の大きな割合をスポーツ文脈から説明するには，その他の情動もさらに調べる必要がある。

不安はパフォーマンスにどのように影響するのか：その可能な説明

Humphreys と Revelle の情報処理モデル

　Humphreys と Revelle(1984)の情報処理モデルは，パーソナリティ-ストレス-パフォーマンスの関係を説明しようとするものである。より具体的に言えば，このモデルは，パフォーマンス(情報処理のレベルで)は次の3つの連合効果によって予測できると提案している。それらは，(1)パーソナリティ選択の次元(達成動機，特性不安，衝動性)，(2)状況的な仲介者(ストレス)，(3)動機の状態(接近動機，回避動機)，である。このモデルは，喚起とオンタスクの努力と呼ばれる2つのシステムを統合したものになっている。Humphreys と Revelle は，喚起を"さまざまな警戒指標に共通した概念次元の要因"として使用した(p.158)。これは，Duffy(1962)と同様に，喚起を本質的に一次元的にみたものである。Humphreys と Revelle は，課題中の努力を，単に"一生懸命努力する"というよりも，むしろ手元の課題に利用できる資源の割り当てと定義した。この喚起の定義は単純に思えるが，Humphreys らのモデルは単一の喚起モデルにパーソナリティ，動機，状況，認知の変数を明白に組み込んだ最初のモデルであった。Humphreys と Revelle のモデルを単純化したものを図11.5 に示す。このモデルの詳細な議論は本章の範囲を超えているので，ここでは主要な特徴だけを論ずることにする。このモデルの詳細は Humphreys と Revelle, Jones と Hardy(1989)，Jones(1990)の文献を直接参照されたい。

　Humphreys と Revelle(1984)のモデルでは，次の2つの課題によってパフォーマンスを予測している。それらは，(1)持続情報の転移(SIT)課題，(2)短期記憶(STM)課題，である。SIT課題は記憶にとどめないような急速な情報処理に関係している(例えば，テニスのネットラリー)。STM課題には利用可能な状態を維持する情報，またはしばらく処理しなかった時の情報検索が必要である(例えば，テニスの試合でどのサーブを使用するのかの決定)。Humphreys らのモデルでは，喚起がこれら2つの課題パフォーマンスに個別に影響することを，主な予測の1つにしている。

　SIT課題のパフォーマンスは，喚起の単調増加関数を予測している(喚起レベルが上昇すれば，それだけパフォーマンスは良くなる)。他方，STM課題のパフォーマンスは，喚起の単調減少関数を予測している(喚起レベルが上昇すれば，それだけパフォーマンスは低下する)。パフォーマンスはこのように課題の性質によって上昇したり下降したりしている。例えば，喚起の上昇は，課題要求や試合の得点状況に依存して，テニスパフォーマンスにさまざまな影響を及ぼしている。急速なボレーの打ち合いになって迅速な情報処理が必要になる場合には，喚起の上昇が，テニス競技者に役立つものと思われる。しかし，セカンドサーブを打つ場合，競技者は以前のサーブリターンのパターンを多数想起しなければならない。そのような多く

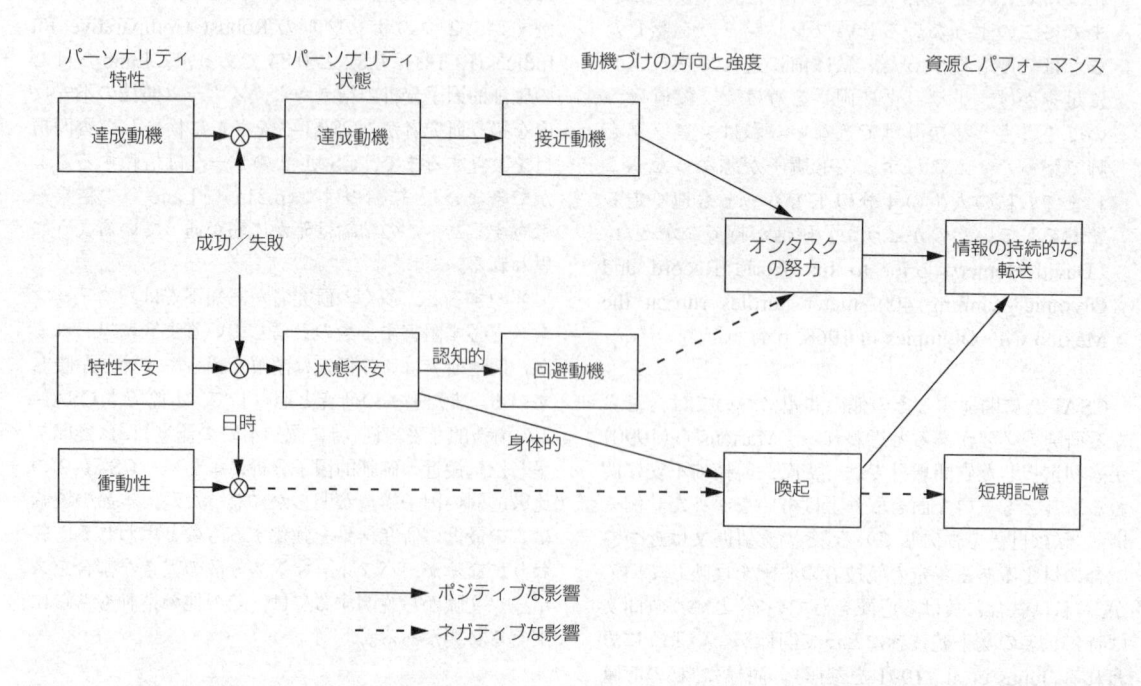

図11.5　情報処理や認知パフォーマンスとパーソナリティ，状況的な仲介者，動機づけ状態の関係を示す概念的な構造モデル
(Hardy, Jones et al., 1996 より許可を得て転載)

の課題は短期記憶に依存している。そのため，高い喚起レベルは，パフォーマンスにとっていっそう有害なものになる。もちろん課題に SIT と STM がともに存在すれば，喚起はパフォーマンスを高めるか損なうかのいずれかになる。おそらくこれは，喚起とパフォーマンスの逆 U 字関係を説明しているように思われる (Humphreys & Revelle, 1984)。

心配事の役割理論をさらに進めた Humphreys と Revelle (1984) の立派な試みにも関わらず，Humphreys らのモデルには主として 3 つの限界があった。第 1 に，多くの研究者は少なくとも 2 つの要素が喚起を構成すると受け止めていた（例えば，Hardy, Jones, et al., 1996；Pribram & McGuinness, 1975）が，Humphreys らは喚起の一次元的な見解を採用していた。第 2 に，喚起と賦活を区別しなかった（状態不安とパフォーマンスについて記述した初めの節を参照）。第 3 に，パーソナリティと課題固有の複雑な相互作用モデルを維持するには，収集した研究データベースがまだ不十分であった（Eysenck, 1986）。

二重システムアプローチを採用した Humphreys と Revelle (1984) のこの情報処理モデルは，他のシステムを除外して，かつ心配事を強調した役割理論以上の非常に先進的なものになっている。しかしながら，この Humphreys らのモデルには多くの限界がある。とりわけ，このように複雑な相互作用を支えるデータベースが不足している。

処理効率理論

Eysenck (1979, 1982, 1983, 1986) の最初の研究以降，Eysenck と Calvo (1992) は処理効率理論を提唱した。処理効率理論は認知心理学分野で発展したが，この理論はスポーツ心理学と重要な関係を持っている。Eysenck は，他の理論家が不安－パフォーマンスの関係をあまりにも単純化していることに不満を持ち，この理論を提唱した。大半の不安理論は，本質的に不安が注意資源を使い果たすといった不安誘発性の認知干渉を基盤にしている。これらの理論では，一般的に，高不安者のパフォーマンスは低不安者のそれよりも劣っていると予測している（例えば，Deffenbacher, 1980；Easterbrook, 1959；Mandler & Sarason, 1952；Sarason, 1984, 1988）。Eysenck (1992) は，自己没入や心配事の効果を誇張する理論には限界があると主張した。Eysenck は，高不安者のパフォーマンスは低不安者のそれよりも劣っているという多数の研究を実際に引用した（例えば，Blankstein, Flett, Boase, & Toner, 1990；Blankstein, Toner, & Flett, 1989；Calvo, Alamo, & Ramos, 1990；Calvo & Ramos, 1989）。例えば，Blankstein ら (1989) は，高不安者は低不安者よりも自己否定的な思考の持ち主であるとする概念を支持した。しかしながら，アナグラムの課題では高不安者と低不安者のパフォーマンスに違いがなかった。

Eysenck (1992) は，認知不安は 2 つの主要な機能を果たすと主張した。第 1 の機能は，認知干渉理論と同様に，心配事が課題の注意容量を減少させるといった個人の注意資源の消費に関わるものである。第 2 の機能は，心配事の監視機能の役割として，課題の重要性を個人に伝えるものである。このように，不安を抱えた者が自らのパフォーマンスが期待外れと気づいた場合には，さらに努力するようになる。しかしながら，Eysenck (1982) は，個人は少なくともほどほどの成功確率に気づいた場合に限り，大きな努力をすると主張した。換言すれば，競技者の自信が適度な場合には，不安が増加した時に，課題に対してさらに努力するようになる。したがって，処理効率理論では，認知不安（ネガティブな情動）は，ポジティブな動機の機能を果たしながら（さらなる努力の実行）ネガティブな認知効果（注意容量の減少）を保有することができると述べている。

処理効率理論（Eysenck, 1992；Eysenck & Calvo, 1992）においては，処理効率とパフォーマンス効果の間に重要な違いがある。処理効率は，情報を処理する速度と容易さに言及している。パフォーマンスの効果は，本質的にパフォーマンスの質になっている。したがって，余分な努力をパフォーマンスや注意資源の低下に費やせば，不安は高まり，処理効率が低下することになる。しかしながら，この余分な努力によって，パフォーマンスの維持や改善が生じることもある。また，その逆も起こり得る。

認知不安はワーキングメモリーに負担をかけると仮定しているので，課題がワーキングメモリーを占有しない場合には，高い不安の効果はかなりポジティブなように思われる。しかしながら，課題が認知的に困難な場合には，手元の課題に利用できる残余注意資源の限界によって，高まる不安がパフォーマンスを損ねることになる。ワーキングメモリーに負担をかけるような処理効率理論の研究は，この理論の予測を一般的に支持している。例えば，Eysenck (1985) は，課題難度の操作に文字の変換課題を使用した。この研究では，ある一定量の文字を切り替えて別の一連の文字に変換する課題を実験参加者に要求した。例えば，参加者が一連の文字列 ADG に 4 を加えた時の正解は，EHK (A+4, D+4, G+4) となる。Eysenck (1985) は，課題がかなり単純な場合（1 文字／2 文字）には，変換文字数を増やしても，高不安者と低不安者のパフォーマンスには差がないことを明らかにした。しかしながら，有意な交互作用がみられたことから，両群間のパフォーマンスの差は課題難度に応じて大きくなることが明らかになった。つまり，高不安者のパフォーマンスは，課題難度が増すにつれて低不安者のそれよりもいっそう悪化した。処理効率理論は，ワーキングメモ

リーの過重負担がパフォーマンス障害の原因になることを予測するものである。したがって、ワーキングメモリーに負担をかけないような大半のパフォーマンス課題には、不安は影響しないことになる。なぜならば、競技者は、さらに努力してパフォーマンスを維持・改善することができるからである。しかしながら、認知の要求がある閾値を超えると、競技者は課題達成の自信を失い、努力を中止してしまう。その結果パフォーマンスは低下することになる。

処理効率理論の出自は認知心理学であるが、その中心的な原理は、表面的に矛盾する競技不安の研究、とりわけ認知不安のポジティブ・ネガティブな効果に関係しているように思われる。処理効率理論は、認知心理学のその他の理論から自然拡張した（例えば、Wine, 1971 の注意と干渉の理論）にも関わらず、それらとは二重システムのアプローチの点でかなり違ったものになっている。実際に、処理効率理論は、認知システムを１つの消極的なメカニズムと考える（認知資源の不足＝悪いパフォーマンス）よりも、むしろ減少した資源によるネガティブな効果を弱めるポジティブな中庸効果（努力）を考慮している。

Martens ら（1990）の多次元不安理論では、このような代償メカニズムを何ら考慮していない。Hardy らによる楔形カタストロフィモデル（Hardy, 1990, 1996b；Hardy & Fazey, 1987；Hardy & Parfitt, 1991）は、処理効率理論の枠組みにうまく適合しているように思われる。例えば、前述した履歴効果について考えてみたい（図 11.3 を参照）。楔形カタストロフィモデルによれば、心配事が多い（認知不安）時には、生理的な喚起の増加によってある最適な点までパフォーマンスが向上する。しかし、生理的喚起がその最適な点を超えてさらに増加すると、パフォーマンスは劇的に低下するとしている。処理効率理論では個人のパフォーマンス監視を予測している；不安を抱えた競技者は、不満足なパフォーマンスの可能性を予測して、パフォーマンスの維持にいっそう努力するものと思われる（処理効率を犠牲にして）；しかしながら、課題の要求がある閾値を超えた場合、不安を抱えた競技者は課題の要求を過酷なものだと感じて自信を失い、努力を放棄するものと思われる。努力を放棄すると、高い認知不安条件の楔形カタストロフィモデルが示すように、パフォーマンスは劇的に低下する。

成功の自信と期待が処理効率理論で果たす役割には、さらなる考察の価値がある。例えば、Carver と Scheier（1988）は、目標達成に好ましい期待を持続することができる場合には、不安がパフォーマンスを高めると示唆した。また Hardy（1990, 1996b）は、自信には認知不安の有力な阻害効果から競技者を保護する緩衝の役目があると述べた。例えば、Hardy（1996b）は、右に移動するカタストロフィモデルの前面が自信に相当すると仮定した。そのような右への移動が生じると生理的な喚起レベルはいっそう高まり、その喚起レベルの高まりがパフォーマンスの劇的な低下をくい止めることになる。同様に Hardy（1996b）は、左に移動するモデルの前面（生理的喚起レベルがかなり低い）が低い自信レベルに該当し、この低い喚起レベルのみがパフォーマンスの劇的な低下をくい止めていると述べた。もしも処理効率理論の文脈でこれら両者の提案をまとめるならば、不安を抱えていても、自信がある競技者（それゆえに、目的達成に好ましい期待をかけている）は、目標達成に長期間の努力を続けるものと思われる。この提案は、極端なプレッシャーの条件下で例外的な成功を収めた競技者の逸話報告とも一致している（例えば、大きな国際大会で世界新記録を樹立する）。逆に不安を抱えかつ比較的自信のない競技者は、それ以上の努力を中止して、"諦め"がちになるものと思われる。このような提案を支持することができれば、非常に自信がある競技者は高い認知不安の条件下でさらなる努力を積むものと思われる。このことは、高い（"通常よりも高い"）認知不安条件下におけるパフォーマンスの亢進と課題条件の変化によって自信を失う競技者のパフォーマンス低下を指摘しているものと思われる（Hardy & Parfitt, 1991；Hardy et al., 1994 参照）。これらの提案に基づいて、認知不安−努力−自信の相互作用を調べれば、おそらく将来実りある成果が期待できるものと思われる。

処理効率理論の大半の研究は、Spielberger ら（1970）の STAI といった不安検査の測度を使用して実験室で行っている。そのように不安検査の研究を総括して競技スポーツ文脈への適用を示唆することには、問題があるように思われる。しかしながら、スポーツ環境内のより最近の研究は、処理効率理論を裏付けるものになっている。ロッククライマーを調べた Hardy と Jackson（1996）の研究は、そのような一例になっている。Hardy らの研究では、経験豊かなロッククライマーに、先頭で高い不安が伴うクライミングか、二番手として低い不安が伴うクライミングかのどちらかをさせた[2]。クライマーは認知不安がある場合（先頭）の方が、認知不安がない場合（二番手）よりも、優れたパフォーマンスを示し、より認知的、生理的な努力をした。ゴルファーを調べた Mullen, Hardy, Tattersall（1999）の研究でも、競技者がパッティングに不安を覚えている場合にはかなりの努力をすることが明らかになった。興味深いことに、Mullen らの研究では、ゴルフのパッティングパフォーマンスには何ら有意な変化を見出すことができなかった。ゴルファーとロッククライマーは、いずれも環境変化に対応する必要がある。しかし、ロッククライマーは怪我の危険など、

---

[2] 先頭のロッククライマーには、ひどい怪我を負う危険がある。技術的難度は二番手のクライマーも先頭のクライマーと同じだが、二番手のクライマーには大きな危険がない。

状況変化が激しい登はんで，常に重要な決定をしなければならない。この点で，ゴルフのパッティングはロッククライミングと異なっている。ワーキングメモリーに対するさまざまな要求を考えてみても，計画的なゴルフパッティングは，ロッククライミングほどワーキングメモリーに負担をかけてはいないように思われる。したがって，不安がパフォーマンスに著しく影響する前に，ゴルファーは賞金が非常に高いものに感じるに違いない。このような条件が適用できるケースには，オーストラリアのゴルファー，Greg Normanが1996年のMastersで崩れたこと[3]などがある。

要約すると，処理効率理論は，それまで存在していた不安とパフォーマンス理論の短所を，モニタリングシステムの導入によって克服している。パフォーマンスの難度に不安を感じている競技者が目標達成に適度な自信を持つ場合には，このモニタリングシステムによっていっそうの努力をするものと思われる。処理効率とパフォーマンス効果の間には，たとえ処理効率を犠牲にしても，個人がさらに努力してパフォーマンス効果を維持することができるといった違いがある。処理効率理論を支持しているものは，テスト不安である。またスポーツ環境についての最近の研究では，処理効率理論は，競技不安の研究，とりわけワーキングメモリーに重い負担をかけるようなスポーツの研究に適用できると示唆している。しかしながら，テスト不安とスポーツ競技不安には明らかな相違があるため，処理効率理論をスポーツ文脈に適用するにはさらに多くの検討が必要である。特に高い認知不安による阻害効果の緩衝に自信が果たす役割については，むしろ処理効率理論の方がカタストロフィモデルと符合するように思われる。このように不安を抱えた競技者が自信によってよりいっそうの努力をするようになるのは，不安が高まった結果であると思われる。したがって，自信のレベルが高い競技者は，より大きな不安を感じる条件下にあっても，優れたパフォーマンスを実行するものと思われる。認知不安-生理的喚起-努力-スポーツパフォーマンスの相互作用を調べる研究は，スポーツ環境に対する処理効率理論の適用の可否を疑いなく明らかにするものと思われる。

意識処理仮説

意識処理仮説（Masters, 1992）では，不安の高まりを経験している競技者は課題遂行に明白な"ルール"を使用することによって，通常の単なる"自動的な課題遂行"というよりも，むしろ運動を意識的に制御して，パフォーマンスを制御していると述べている。Baumeister（1984）は，競技者は競技状況下ではパフォーマンス過程に注意を集中しがちであると示唆した。なぜなら，競技者は優れたパフォーマンスの遂行に高く動機づけられているからである。このように，競技者は，普段"何ら考えることなく"課題を実行しているが，ストレスが加わると，意識をモニターしてパフォーマンスを制御する状態に陥ることになる。意識制御は自動制御よりも比較的雑な（Keele, 1973；Langer & Imber, 1979）ために，普段自動的に実行しているスキルに意識制御を使用する場合には，パフォーマンスが低下することになる。

Masters（1992）は，初心者のゴルファーを使用して，意識処理仮説を検証した。実験参加者には明示的・非明示的な2つの学習条件を設定して，パッティング課題を教えた。明示的な学習条件群にはパッティングの正しい方法を教え，この技術的な情報を使用して練習するように要請した。非明示的な学習条件群には，パッティングの明らかな手順の形成や使用を防止するために，練習期間中に無意味つづり産出課題を与えた。長期間の練習後に，両群には高いストレス条件下でのパッティングを求めた。高いストレス条件は，社会的評価と金銭的な動機によって作り出した。ストレスに満ちた条件下でも明示的な学習群はパフォーマンスを改善し続けたが，非明示的な学習群は改善しなかった。

Hardy, Mullen, Jones（1996）は，Masters（1992）の結果は意識処理仮説を必ずしも支持するものではないと主張した。なぜならば，明示的な学習群には，高いストレス条件下での無意味つづり産出課題の継続を要請しなかったからである。このように，明示的な学習群がパフォーマンスの改善を続けたのは課題難度の低下によるものと考えることができる。しかしながら，Hardyら（1996）がこれらの問題を制御して調べたところ，その結果は意識処理仮説を支持するものであった。BrightとFreedman（1998）はMastersの研究を追試したが，MastersやHardyらと同様の結果にはならなかった。しかしながら，MastersやHardyらの研究は400試行のパッティング後にストレスを介入していたのに対して，BrightとFreedmanがストレスを介入したのはわずか160試行のパッティング後だった。このことから，BrightとFreedmanの研究で有意な結果が得られなかったのは，実験参加者が学習の初期段階にあったからだと思われる。すなわち，BrightとFreedmanの実験参加者の明示的な学習群が意識処理によってパフォーマンスを正常に制御した時には（Schneider, Dumais, & Shiffrin, 1984を参照），おそらくいまだ学習の認知段階にあり，意識制御下でパフォーマンスを実行した時には当然少しもパフォーマンスの低下を経験しなかったものと思われる。

意識処理仮説を支持するこれらの研究には，実践的に重要な意味がある。現時点では多くの実践家や研究者がパフォーマンス中の集中維持や集中回復の重要

---

[3] 1996年のMastersでGreg Normanは，最終日の前日までに6打差のリードをしていたが，最終ラウンドで結局5打を失った。

方法として，過程目標の利用を提言している（Bull, Albinson, & Shambrook, 1996 ; Kingston & Hardy, 1994b, 1997 ; Kingston, Hardy, & Markland, 1992）。過程目標は運動制御に関する明白な知識を助長して，その結果自動処理が崩壊する可能性が大きくなると主張することができる。現時点の知識に基づけば，パフォーマンス全体に集中させるような総合的な過程目標を有益とすることは妥当だと思われる。なぜならば，過程目標はスキルを部分に分解するというよりは，むしろスキルの自動化を助長しているからである（Kingston & Hardy, 1994a, 1997）。

意識処理仮説は，特に処理効率理論の基本原理も包括する場合には，むしろ Hardy らの楔形カタストロフィモデルと十分に符合するように思われる。例えば，Eysenck（1992）は，認知不安を抱えた競技者は，自分にとって少なくとも適度な成功のチャンスがあると自覚した場合には，手元の課題にいっそう努力を注ぐようになると主張した。認知不安が高いこのような条件下では，パフォーマンスはかなり向上するものと思われる。しかしながら，競技者が努力を重ねた結果，意識処理の状態に陥った場合（Masters, 1992 参照）には，パフォーマンスは劇的に低下することになる。そのため，パフォーマンスのカタストロフィ（Hardy, 1990 参照）は，（1）努力の撤回，（2）意識処理に陥るほどの努力，（3）その両方，によって説明することができる。このように，認知不安が高まっている場合は，努力はある点までパフォーマンスに有益であるが，その点を超えてさらに努力すると意識処理に陥ってパフォーマンスが急激に低下することになる。

応用レベルで考えれば，これらのことは，高い認知不安条件下では努力をその他の自動スキルの分解よりも，全体的な過程目標に向けることが最良であると示唆している。そのような全体的な過程目標を使用している例を，エリート競技者に見ることができる（Jones & Hardy, 1990 ; Orlick & Partington, 1988）。以下の引用は，Orlick と Partington（1988）によるオリンピックのカヤックペア競技者の報告例である。

　　私はレースの間ずっと集中していた。私たちにはどのようにスタートするかというプランがあり，まずそのプランの最初の数ストロークのみに集中した……次にほんの少しレースに集中し……終盤にはゴールに向かって本当に押し進まなくてはならないと思った。ゴールするまでの間，ほとんど3～4秒ごとに私は"リラックス"と言わねばならなかった。私は肩と頭をリラックスして，それから力を入れようと考えた。次に私は緊張が再び忍び寄って来るのを感じたので，再度リラックスを考え，次に力を入れ，次にリラックスを……。(p.116)

要約すると，意識処理仮説は，認知不安の高い競技者が自動スキルを意識的に制御しがちであることを予測している。スポーツ状況に意識処理仮説を適用するには，より実証的な証拠が必要である。しかしながら，実験室やスポーツ状況における研究は，現在までのところ一般的に意識処理仮説の中心的な特徴を支持するものになっている。この仮説は，現場への適用に際して，普段の自動スキルが崩壊しないように過程目標をうまく使用すべきであるとほのめかしている。

メンタルコントロールの反語処理説

Wegner（1989, 1994, 1997）は，人の欲求が明白な時にその欲求について何も考えないことは困難であるという観点から，メンタルコントロールの反語処理説を展開した。例えば，白熊をはっきりと考えないで，白熊を心にイメージすることは困難である（Wegner, 1989）。Wegner は，意図的な操作処理と反語的なモニタリング処理という2つの相互的な処理がメンタルコントロールを作り上げると仮定した。操作処理は意識的，努力的，中断可能的なものであり，モニタリング処理は無意識的，非努力的，中断不可能的なものである。操作処理は意図的な精神状態と一致するような精神的な構成要素を意識的に探索し，モニタリング処理は意図的な精神状態が創造できないような精神的な構成要素を探索している。Wegner（1997）は，操作処理とモニタリング処理がフィードバックユニットとしてともに作動し，それによってメンタルコントロールを作り出していると示唆した。例えば，テニスプレーヤーがセカンドサーブをする前の操作処理は，セカンドサーブの成功につながると思われるような信号を探し出すことである。そのような信号に該当しているものは，コート上の狙うべき地点の選択，対戦相手のバックハンドリターンの弱さの想起，前回成功したセカンドサーブの記憶などである。モニタリング処理は，結果的にダブルフォールトにつながるような信号を同時に探し出すことである。そのような信号に該当しているものは，前回ダブルフォールトになったボール着地点の想起，対戦相手の強力なフォアハンドリターンの想起，ファーストサーブのインパクトポイントへの集中などである。

モニタリング処理が適応的に機能している場合には，操作処理上脅威になるものの記録と対処法を確認している。上述の例では，モニタリング処理が対戦相手の強力なフォアハンドリターンの記録を参照しているので，テニスプレーヤーは普通の状況で集中して対戦相手のバックに適切なサーブを打つことができる。しかしながら，研究者はモニタリング処理を反語処理と呼んでいる。なぜならば，モニタリング処理では，これらのもっとも拙い思考に何度もアクセスするからである。正常な条件下の操作処理は，処理容量の消費の点で，モニタリング処理を上回っている（Wegner,

1989, 1994, 1997)。しかしながら，精神的負荷が増加する（例えば，高いストレスレベルや不安といったさまざまなタイプのプレッシャーが存在する場合）と，モニタリング処理は徐々に操作処理を圧迫し，これらのもっとも拙い思考によってメンタルコントロールが失敗することになる。テニスプレーヤーの場合には，直近にダブルフォールトをした際のネットの位置が執着思考となる。"どんなことがあっても，ネットにボールを打ち込んではならない"というこの思考は，結果としてプレーヤーがサーブボールをネットに引っかけ，ダブルフォールトを犯す原因になる。Wegner, Schneider, Carter, White (1987) が示唆したように，思考の抑圧は，まさにその思考の探索にモニタリング処理を誘導している。このように，ある事柄（普段は特段注意をしない事柄）をこの文の終わりまで注意しないよう読者が指示をされても，その事柄に注意をしてしまうことが，モニタリング処理である（Wegner, 1989）。

スポーツ心理学では，反語効果の理論を直接検証した研究にあまり注目していない。しかしながら，反語効果の中心命題を支持するようないくつかの証拠もある。例えば，Wegner, Broome, Blumberg (1997) は，精神的負荷条件下でリラックスした人は高い不安と生理的喚起の徴候を示すことを明らかにした。またオートレースシミュレーションの研究をしたJanelle, Singer, Williams (1999) は，実験参加者の不安が高い場合，無関係な内的・外的情報を集中的に処理することを明らかにした。最後になるが，Wegner, Ansfield, Pilloff (1998) はゴルフパッティングの反語効果を調べるに当たって，プレーヤーにホールをオーバーするボールを打たないように教示した。しかしながら，プレーヤーが精神的負荷条件下にある時は，ホールをオーバーする傾向が有意に増加した。

興味深いことに，反語効果説－意識処理仮説 (Masters, 1992) の違いを，特にストレスがパフォーマンスに与える影響について区別することは，どちらかといえば困難なように思われる。実際に両仮説とも，ストレスレベルが高い場合，個々人はパフォーマンスにとって有害な思考に集中すると予測している。両仮説の予測の相違は，これらのパフォーマンスの低下が生じる正確な様式にあると思われる。例えば，意識処理仮説に従えばパフォーマンスはさまざまな様式（普段は自動的に処理している情報を意識的に処理する）で低下するが，反語効果説に従えばパフォーマンスは回避すべき正確な様式（回避すべき手がかりに集中する）で低下することになる。

反語処理が拙いパフォーマンスをもたらす実践レベルの例は，数え切れないくらいある。ゴルファーが"何があっても湖にボールを打ち込んではいけない"と考えた直後に湖の真ん中にボールを打ち込んでしまうこともその一例である (Janelle, 1999)。初期の研究者

はこの理論を支持したにも関わらず，反語処理の変更もしくは予防を奨励した研究はほとんどない (Shoham & Rohrbaugh, 1997)。Janelle は，反語処理を予防する1つの方法が，モニタリング処理機能の無用化または，逆説的な介入による不適切化であると示唆した。そのような介入は脅威状況への集中を促し，モニタリング処理をより低減させている。例えば，競技前の阻害不安を経験している競技者は，これらの感情にもっぱら集中しているように思われる。これらのネガティブな感情に集中すると，モニタリングシステムが今度は不安状態と矛盾するような手がかりを探し出すようになる。その結果，競技者は不安低減の手がかりを明らかにして，阻害不安を低減することができるようになるものと思われる。もちろん，Janelle (1999) や，Hall, Hardy, Gammage (1999) が指摘したように，そのような逆説的な介入は非常に注意してみる必要がある。なぜなら，逆説的な介入には直感に反した特徴があり，それらを支持するような研究もないからである。そのような介入の有用性が明らかになったとしても，競技者がメンタルコントロールを棄却して反語モニタリングの処理を選択する時期はいつなのかといった疑問は残る。おそらく，そのような時期は実際に存在するものと思われる (Wegner, 1997)。もしもそうであるならば，介入が成功するかどうかは，ひとえにこの時期の決定にかかっている。また，おそらく競技者は反語モニタリング処理を選択してメンタルコントロールを棄却するものと思われる。さもなければ，競技者は操作処理を機敏に再構築して，メンタルコントロールを再獲得するものと思われる。しかしながら，これらの考え方は，反語処理説の研究がさらに進むまで，相変わらず推測の域に留まっているものと思われる。

要約すると，メンタルコントロールの反語処理説 (Wegner, 1989, 1994, 1997) は，意図的な操作処理と反語モニタリング処理の相互作用がメンタルコントロールを実現すると示唆している。精神的負荷が上昇すると，モニタリング処理は操作処理を上回り，注意は回避を意図した行動面に明らかに集中するようになる。反語処理説に関する初期の研究は有望なものであったが，介入の応用にどのように生かせるのかについてはまだ明らかではない。

応用との関係

先行ストレスと先行不安

ストレスと不安の根源となる問題は，準備とパフォーマンスの問題，チームメイトとコーチの対人関係の問題，財政的な制約と時間的な制約，選考手続き，社会的支援の欠乏，怪我によるあがき，外傷経験，そ

他個人の問題などの研究から明らかになった。コーチは，これらの多くの領域に影響を与えている。例えば，達成可能な目標を持つようにとコーチが競技者を励まして，これらの目標が達成できるという気持ちになるほど準備させる場合には，競技者の競技前のポジティブな感情状態が持続するものと考えられる。逆に，コーチが競技者に実際には達成できないような目標を設定してプレッシャーをかければ，競技者には競技前にネガティブな感情状態が発生するものと考えられる。

有効な方略は，自動反応を助長して，精神的・身体的に競技の準備をさせることだと思われる。そのような方略のうち，特にチーム状況で広範に使用しているものは，"もし……だったら，どうするのか"といったシナリオを競技者に作らせることである（例えば，"もしスポーツバッグが盗まれたら，どうするのか"）。このようなケースでは，競技が計画通りスムーズに運ばない時にも，コーチ，スポーツ心理学者，競技者は一致協力して臨時のプランを見つけ出すことができる。コーチ，競技者，実務的なスポーツ心理学者の個人的な経験や議論から，競技が計画通りスムーズに展開することがほとんどないことは明らかになっている。したがって，生起し得る多くの事柄（必ずしも良いものばかりとは限らない）に対して準備しておく方略には，メリットがあるように思われる。

状態不安とパフォーマンス

状態不安とパフォーマンスの関係は，スポーツ心理学の一領域として，かなりの注目を浴びてきた。しかしながら，その研究は現在までのところ，状態不安がパフォーマンスにどのように影響するのかの詳しい推測だけに留まっている。したがって，最良の練習に対する示唆には，この比較的限られた知識だけが反映しているにすぎない。

本章で紹介した実証的な研究に基づけば，認知不安がパフォーマンスにプラスまたはマイナスに働くことには，かなり信頼できる証拠があるように思われる。生理的喚起がそれほど高くなく，競技者が目標達成の可能性が高いと合理的に感じた場合，競技者の認知不安はパフォーマンス前やパフォーマンス中に動機づけ要因として働く可能性がある。逆に生理的喚起が高く，目標達成の可能性が低いと感じた場合，競技者の認知不安はパフォーマンスを阻害する恐れがある。さらに高い認知不安を感じている競技者がパフォーマンス低下を経験する場合には，その低下が大きくかつ急激に生じて回復困難になる可能性がある。

競技者にはそのような急激なパフォーマンス低下を経験させないことが理想的である。パフォーマンスの低下が起こる可能性を低減する1つの方法は，コーチと競技者が連繋して，達成可能な本当の目標を確立することである。しかしながら，パフォーマンスが大きくかつ急激に低下した場合であっても，回復余地のあるスポーツ競技であれば，身体的なリラクセーションと認知の再構築といった組み合わせが役に立つ。楔形カタストロフィの関連からは，競技者が身体的にリラックスし，次に認知を再構築して，上部のパフォーマンス表面を回復することになる。パフォーマンス前のルーチンのやり直し（例えば，メンタルリハーサル）が推奨できるのは，その時だけである。もちろん，カタストロフィモデルによって不安とパフォーマンスの関係を直接調べた研究が比較的限定的なものであることを考えれば，これらの推奨は大部分が推測の域に留まっていると言わざるを得ない。

要約すると，現在までの研究でコーチと競技者に関係しているものは，以下の事柄である。

1. 競技者がパフォーマンスの大きな落ち込みから回復するのは難しい。したがってコーチは，"やる気にさせる"方略を非常に注意して競技者に適用しなければならない。
2. 競技者は，認知不安と生理的喚起を個別的に標的とするストレスマネジメント方略を，練習し学習しなければならない。
3. 確実に達成できる目標には，コーチと競技者の合意が必要である。目標が非現実的な場合（認識にも関わらず），競技者は遅かれ早かれ失敗することになる。いったん失敗すれば，自己効力感に破滅的な影響が生じる。なぜならば，競技者は前もって目標の達成可能性を確信していたからである。
4. 競技者には十分な練習，効果的なセルフトーク，認知再構築の方略が必要である。阻害的な不安を経験している競技者のためのそのような認知再構築の方略には，一般的に競技者の認知評価を，興奮または挑戦といった，より促進的な状態に変えるものなどがある。

要約と将来の動向

本章では，競技の先行不安，パフォーマンスと不安の関係，およびパフォーマンスと不安の関係を説明しているさまざまな仮説・モデル・理論についてレビューしてきた。さまざまな批判を浴びているにも関わらず，不安の多次元理論がやや単純すぎる逆U字仮説から不安の研究を前進させたことはかなり明白な事実である。

主流の心理学研究では認知と情動の相互作用や認知と生理的喚起の相互作用を長年に渡って容認している（Deffenbacher, 1977; Marañon, 1924; Schachter, 1964; Schachter & Singer, 1962）が，意外なことにスポーツ心理学はこの概念の検証に遅れをとっている。不安や他の情動とパフォーマンスの関係（または

パフォーマンス関連の変数)に関心のある研究者が将来スポーツ心理学の領域で一段上の研究をしようとするならば，相互作用のパラダイムの使用は必須要件であると思われる。とりわけ注意したい問題点には，以下のようなものがある。

- 競技準備の際に競技者が突き当たる組織的な問題は何なのか？ それらを最適に処理して，少なくとも部分的に解決するような方法はあるのか？
- 認知不安と生理的喚起(または身体不安)はどのように作用して，パフォーマンス(またはパフォーマンス関連の変数)に影響しているのか？
- パフォーマンスの急落を遅延する努力または抑える努力の役割は何なのか？
- パフォーマンスと認知不安の関係を，努力は緩和するのか？
- IZOFに影響するものはパーソナリティ変数なのか，それとも個人変数なのか？
- パフォーマンスへの認知不安と生理的喚起の影響に自信が果たす調整の役割は何なのか？
- その他の情動(例えば，興奮，怒り)は，どのようにパフォーマンスに影響しているのか？

不安のスポーツ心理学研究は，過去20年に渡り有意義な進歩を遂げている。逆U字仮説を論じているのは，そろそろ時代遅れとなりそうな入門書だけである。多次元的な不安理論によって，単純すぎる喚起，不安，パフォーマンスの概念を超えた不安研究が可能になっているが，不安の解釈研究は，現在の不安の操作化を再考する必要性と，さまざまな観点からの不安や他の情動研究の必要性とを示唆している。楔形カタストロフィ理論は不安−パフォーマンスのモデルとは思えないが，この理論によってパフォーマンスとさまざまな不安構成要素の相互関係が理解しやすくなっているのは確かなことである。また処理効率理論，意識処理仮説，メンタルコントロールの反語処理理論の可能性もあり，研究の状況は不安科学のさらなる知識の獲得や不安科学への挑戦を熱望する者にとって，心躍る時代に突入している。

第12章

喚起とパフォーマンス

心理学の構成概念の多くがそうであるように，喚起（arousal）の概念は複雑であり，普遍的に受容できる定義はない（Gould & Krane, 1992；Venables, 1984）。しかし，喚起の調整は，応用スポーツ心理学の教科書がもっとも頻繁に論じている問題の1つであり，一般的にスポーツ心理学者の興味を強く惹きつけるトピックスになっている（Gould & Udry, 1994）。逸話に富んだ多くの報告では，喚起がもたらすスポーツパフォーマンス促進効果／阻害効果を強調しているが，それらを実験的に検証した研究はほとんどない。皮肉なことにコーチやスポーツ心理学者は，試合時に選手の喚起レベルを最適なものにしようとしているが，理論的な観点から実証しようとしているものはまれである。喚起の具体的な内容とその測定方法は漠然としている。喚起とパフォーマンスの関係をもっともよく理解するにはパフォーマンスを注意深く操作する必要があると，最近の研究者は指摘している（Edwards & Hardy, 1996；Gould & Krane, 1992）。

ウェブスター大辞典では"arousal"という用語を"安静状態から行動に駆り立てるもの"（1960, p.49）と単純に定義している。しかし，心理学領域のさまざまな研究では，この喚起を一貫して操作してはいない。例えば，スポーツ心理学の研究では，喚起という用語を，以下の構成概念と同じ意味で使用している；不安，賦活，情動，緊張，サイキングアップ（Sage, 1984）。動機づけ，心的エネルギー，興奮，ビジランス，心的準備といったその他の用語も同様である。

とりわけ喚起と不安の同義的な使用がこの概念を混乱させている。中枢神経系と自律神経系の活動はしばしば不安によって亢進（喚起）するために，これまでの研究者は不安を（不幸にも）喚起と同義的に使用しており，不安尺度を代用してあたかも喚起を測定したかのような議論をしている（Klavora, 1979；Sage & Bennett, 1973；Sonstroem & Bernardo, 1982）。こうした研究は数十年間も続いている。例えば，FenzとEpstein（1967）は，スポーツパラシュートの研究で，生理学的な喚起と心理的な恐怖や不安は別物であると論じて，不安と喚起を区別した。他の研究でも，不安をパフォーマンスに負の影響を与える過度の喚起形態（緊張感と神経質）と定義して，不安と喚起を区別している（Koob, 1991；Wann, Brewer, & Carlson, 1998）。

"情動"という用語は，近年，喚起の議論や喚起がパフォーマンスに関係する方法に概念的な混乱をもたらしている。Goleman（1995）は，ベストセラーになった著書"EQ-こころの知能指数"（訳者注：邦訳書は講談社より）"の中（p.289）で，"情動とは何か"という問いに次のように答えている；"私は情動という用語を，ある感情や，その感情固有の思考，心理的・生物的状態そして行動傾向の範囲を述べる時に使用している"。Golemanは，怒り，悲しみ，恐怖，楽しみ，愛，驚き，嫌悪，恥を包含した情動の"ファミリー"として，多数の主要な情動を列挙している。情動には，Lazarus（1993）やPlutchik（1993）のように，プライド，情熱，自信を追加することができるように思われる。Golemanの著書は，主にLevenson, Ekman, Friesen（1990）とLazarusの実証的な研究に基づいたものである。Golemanの著書を読むと，我々は"情動"という用語の代わりに"喚起"という用語を容易に使用することができるように思われる。

Yuri Haninの近著"スポーツと情動"（2000）は，スポーツと情動に関する30年以上の研究成果と，情動とパフォーマンスの関係を記述したものとなっている。しかし，Haninは初期の著作では情動に触れることなく，その代わりとして不安に言及していた（1978）。1993年の研究では，不安から喚起に言及を変更した。Hanin自身，著書の緒言で次のように述べている；"ここでは不安以外にポジティブとネガティブな感情を組み込み，パフォーマンス前やパフォーマンス中の感情の影響も調べることができる最近の拡張モデルを紹介する（Hanin, 2000, p.xi）"。本章の後半では，Haninが個別最適機能ゾーン（individual zone of optimal functioning：IZOF）と呼んだモデルを詳細に議論する。ここで重要なことは，スポーツ心理学では喚起に関する大半の記述が不安や情動といった用語

を同義語として扱っていることである。明らかに，理論と実践のためには，喚起の意味や使用法を安定させる必要がある。

本章の目的は，スポーツ心理学と関連領域の理論や研究をレビューして，喚起の構成概念や，喚起の構成概念とスポーツパフォーマンスとの関係を理解することにある。特に，(1)喚起の構成概念の定義，(2)喚起の神経生理学的な側面のレビュー，(3)喚起とパフォーマンスの標準的な測度の確定，(4)喚起とパフォーマンス理論および関連研究のレビュー，(5)スポーツと運動における喚起調整の問題，を中心的に議論する。

喚起の構成概念の定義

前述のように，多くの用語は，一般タイプ，特異タイプ，興奮レベルを含めて，喚起の概念と関わり合っている。一般的に，研究者は，興奮またはエネルギーレベルの上昇は，性的および身体的な賦活や行動，ポジティブとネガティブな情動反応，認知活動に反映されると考えている。喚起の構成概念の現在における議論と将来の発展的な動向について述べる前に，ここでは心理学領域における喚起の使用の推移を簡単にレビューしてみたい。

喚起の研究は，情動，動因，動機の研究に関わる困難な問題に応じて始まった。喚起は，当初その単純さと生理反応の実験的な測定の容易さから，情動，動因，動機に取って代わった(Neiss, 1988a；1988b)。初期の研究では，喚起を単一次元的な現象，特に精神生理学的な反応の連続体に沿ったエネルギー動員であると考えていた(Cannon, 1932；Hebb, 1955；Malmo, 1959)。喚起の構成概念に関わる最初の研究では，身体的脅威に応じた有機体の生理的なエネルギー動員を描写していた(Cannon, 1932)。喚起に取り組んだ最初の心理学者の一人であるDuffy(1934, 1941, 1957, 1962)は，強度と方向という2つの次元に沿って変化する行動を喚起とみなした。これは，興味深いことに，動機づけの研究と軌を一にしたものである。Duffy(1962, p.179)は，特に，喚起を次のように定義した。"有機体の組織に蓄積した潜在的なエネルギー放出の程度であり，活動や反応となって表われるものである"。

運動行動学では，動機づけを喚起の構成概念の理論的な基盤として利用した。特に，Sage(1984)は喚起を，(1)動機づけの強度の反映，(2)特定の目標に行動を仕向けるエネルギーの機能，として操作化した。Magill(1989)は，喚起と賦活を同義に考え，"ある人を動機づけることは，要するに目前の課題の準備を喚起，もしくは賦活することである"と述べた(p.485)。R.Cox(1990)は，個人の"準備性(レディネス)"または警戒と生理学的な準備状態の間には，単純な関数関係があると強調した。現在，スポーツ心理学のテキストの中には，喚起を動機づけの枠組み内で操作しているものもある。例えば，LandersとBoutcher(1998, p.198)では，喚起を"強力かつ精力的な活動に対して身体資源を活性化する機能"と定義している。

喚起は動機づけの強度次元だけを表わしたものに過ぎないと示唆する研究者もいる(Smith, Smoll, & Wiechman, 1998)。これは，BrehmとSelf(1998)が動機づけの強度，主に交感神経活動を記述した用語"動機づけ喚起(motivational arousal)"と一致している。一般に，喚起の理論的な枠組みとしての動機づけにおいては，喚起を極端に低いレベル(例えば，睡眠)から脅迫的な状況(例えば，闘争か逃走か)または誘因状況(例えば，性的活動)といった非常に高いレベル(例えば，興奮)まで連続して変化するものとみなしている。喚起の動機づけ的な説明では，交感神経系が動機づけ喚起をもっともよく反映すると示唆している。

喚起を単一次元の構成概念として操作化することには批判もあるが，一方で，喚起を次の2つのものとみなす考え方には強力な支持もある。(1)多次元的な生理的構成概念(Hockey & Hamilton, 1983；Jones & Hardy, 1989；Lacey, 1967；Stankard, 1990；Ursin, 1988)，(2)生理的，行動的，認知的，情動的な多次元の構成概念(Adam, Teeken, Ypelaar, Verstappen, & Paas, 1997；Gould & Krane, 1992；Gould & Udry, 1994；Hardy, Jones, & Gould, 1996；Koob, 1991；Raedeke & Stein, 1994；Stankard, 1990；Wann, 1997)。Laceyは，3タイプの生理的な喚起(皮質の電気的な喚起，自律系の喚起，行動の喚起)が区別できる証拠を早い時期に提供して，これらの喚起の次元は相互に独立的に変化すると示唆した。Ursinは，喚起と心拍変化，皮膚電気反応，血漿コルチゾールもしくは成長ホルモンの上昇，代謝の上昇は同じものではなく，これらの生理学的な変化はそれぞれ喚起反応の一部を構成しているに過ぎないと指摘した。Ursinはさらに，これらのいずれの要因も，他の要因に影響することなく変化していると述べた。

今日，多くの研究者は認知・感情・行動次元と生理的な次元をペアもしくはグループにして組み合わせた複雑かつ多次元的な構成として，喚起を概念化している。このスポーツ競技者の競争体験の多次元的な概念化は，McGrath(1970)のストレスモデルにおける概念化と類似している。スポーツ心理学者は過去40年間に渡り，認知的，情動的，生理的要因の上昇がどのように"あがり"や怪我などに影響するのか，このモデルによって理解しようと努力している。

現在の研究や理論では，多次元的な喚起の構成概念を広く支持している。Adamら(1997)の研究によって，喚起レベルの違いと人間の情報処理の関係が明らかになった。実験の結果には，生理的喚起と，短期記

憶課題における意志決定時間の改善との間にポジティブな関係がみられた。Parfitt, Hardy, Pates (1995) は，別の喚起の研究で，バスケットボール選手とバレーボール選手 32 名の競技状態不安目録 (Competitive State Anxiety Inventory-2：CSAI-2)，心拍数，サージェントジャンプ (垂直跳び) を調べた。結果は喚起の多次元的な構成概念を支持していた。認知不安はパフォーマンスに影響しなかったが，特に生理的喚起と身体的喚起の上昇は，垂直跳びの高さと正に相関していた。

Koob (1991) は，神経心理学的な観点から，喚起は生理と行動の両次元を含む多次元的なものであると指摘した。Wann (1997, p.133) も同様に，喚起は生理の次元と認知の次元を伴う多次元的な構成概念であり，"身体的，知的，知覚的な遂行の非情動的な生理的準備状態である" と定義した。Hardy ら (1996, p.118) は，"喚起は……身体システムへの新たな入力に応答する認知的・生理的な活動を指す" として，喚起と賦活の区別を目的にした Wann の定義よりも特異的なものと一致する喚起を明らかにした。Hardy らの喚起の定義は，解釈に付随するいくつかの難問を明らかにしている。Hardy らは，認知的・生理的な状態が喚起の根底にあり，不安は明らかに喚起と異なる "メタ認知の情動" であると主張している。実際に，喚起構成概念については強力な見解が浮上している。

Martens (1987) は，喚起の用語を嫌い，認知的な喚起に言及する時に限って，"心的エネルギー" という用語を使用した。Martens は，喚起，動因，賦活といった用語が心的エネルギーと身体的エネルギーの混乱を起こす原因になっていると強く主張した。Martens が選んだ心的エネルギーという用語は精神の賦活を明確に反映しているために，俗に言う "サイキングアップ (やる気を出させる)" や "サイキングアウト (おじけづかせる)" をしばしば使用しているコーチはこの用語を容易に受け入れるであろうと示唆した。心的エネルギーとは "精神が機能するための活気，活力，強さであり，動機づけの基盤になっている" と Martens は述べた (p.92)。Martens は競技者の認知的な動機づけをよりよく理解するために喚起という用語を排除しようと努力しているが，そのことによって喚起の概念の操作化に混乱が生じている。しかしながら，Martens の主張は，認知的な喚起と競技者のパフォーマンスとの関係を強調している場合には価値が高い。

Neiss (1988a, 1988b, 1990) は喚起の構成概念を強く批判したもう 1 人の研究者であり，喚起という用語の棄却を実際に提案している。Neiss (1990) は，喚起を調べても喚起とパフォーマンスの関係はほとんど理解できないと示唆した。Neiss (1988a, p.346) は，"喚起の心理変数を無視して生理的な構成概念に焦点を当てるのは，極度な還元主義者の方法であり，そのような手法は，行動主義時代の延長に過ぎない" と述べた。Neiss は，阻害不安と準備の最適状態が同じ喚起レベルを包含することに着目した。Neiss (1990) は，個別の心理生物学的な状態と，スポーツパフォーマンスに対するそれらの独立した関係を調べることは，優れた研究の目的に適っていると判断した。Neiss は，喚起を棄却し，生理的，認知的，情動的な次元を含む不特定の個別的な心理生物学的状態の研究を進めることにもっとも価値があると結論づけた。

喚起の意味はいまだ論争中であるが，現代のほとんどのスポーツ心理学研究者は，喚起を，睡眠-高い興奮という連続体上で変化し，生理的，心理的 (認知と感情)，行動的な用語で表現するものとして操作化している (Adams et al., 1997；Gould & Krane, 1992；Gould & Udry, 1994；Hardy et al., 1996；Raedeke & Stein, 1994；Wann, 1997)。Gould と Udry は，喚起のこの多次元的な説明をさらに詳しく述べている；"喚起を単一の構成概念として概念化するのは間違っている。その代わりに，喚起を，生理的な喚起要素や認知的な解釈-評価の要素など，多次元的な構成概念として考えるべきである。さらに，認知的な解釈-評価の要素は，生理的な喚起の認知評価 (身体的な状態不安)，喚起亢進の認知評価と関連するネガティブな感情 (認知的な状態不安) やポジティブな感情 (興奮のパラテリック状態) からなっている" (p.479)。

また，Bundura も，パフォーマンスと喚起との関係理解に適切であることから，生理的，認知的，感情的な相互作用の次元を含めた多次元的な構成概念として喚起を操作する現在の動向を支持している (1977, p.107)。

生理状態と生理反応の情報は，それ自体個人的な効力感を診断する上では役に立っていない。そうした情報は，認知処理を通して自己効力感に影響を与えている。いわゆる生理状態を作り出しているものは，生理的な賦活資源の認知評価，その強度，賦活の生起環境，解釈のバイアスなどの多数の要因である。パフォーマンスを促進／阻害する情動喚起の推定診断も，身体的な効力感に関する情報を認知的に処理する重要な要因になっている。

喚起とその関連現象に関する研究史を辿ってみると，Gould と Udry (1994)，Hardy, Jones, Gould (1996) の観点は，的確だと考えられる。図 12.1 に示したように，喚起は筋緊張，皮質活動，心臓血管系活動，皮膚電気活動，生化学といった多数の方法で描写できる生理的な要素を包含している。しかしながら，そこには生理的な要素に影響する認知的な解釈-評価の要素がある。さらに，人の感情は思考と相互に作用して，生理反応にも影響している。次節では，喚起の神経生理学，もしくは人が休息状態から活動興奮へ移行する時に神経系では何が起こっているかについて手短かに概観してみたい。

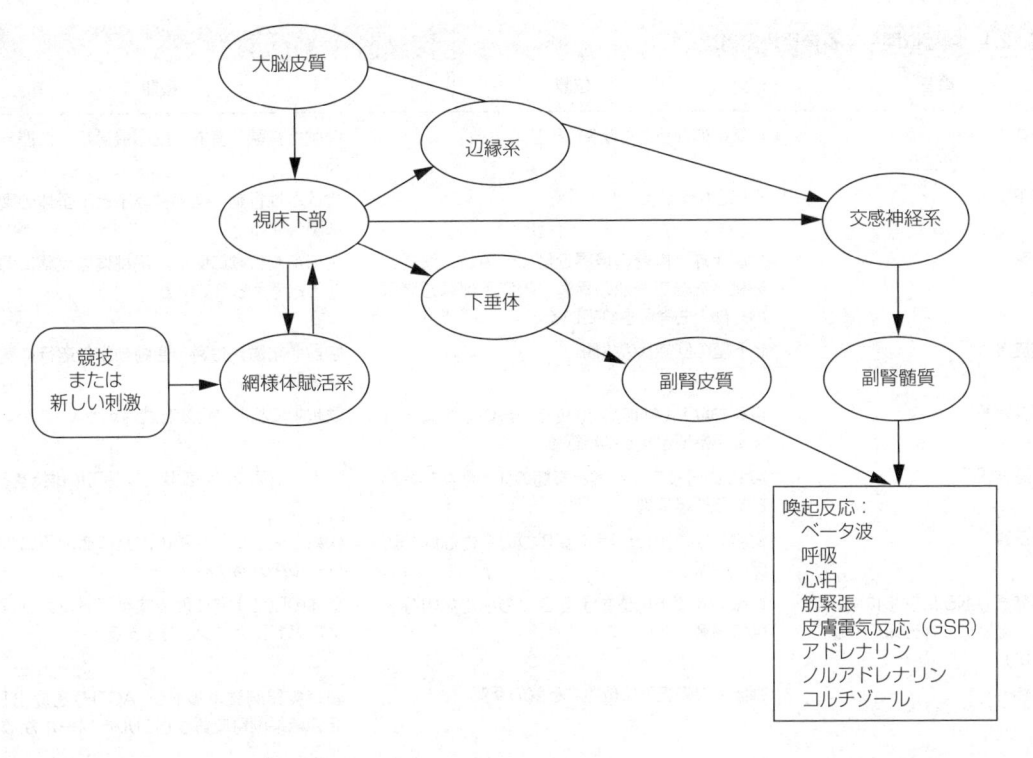

図 12.1　喚起とパフォーマンスの概念モデル

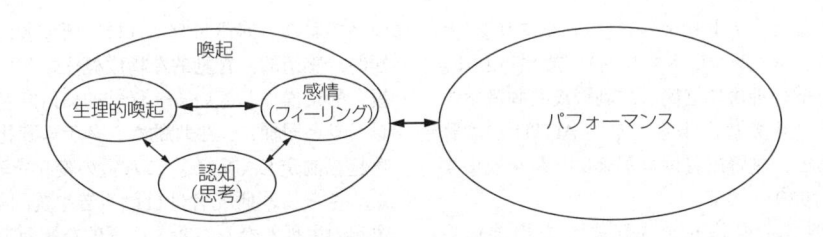

図 12.2　神経系と喚起反応

喚起の神経生理学

　Malmo(1959)とDuffy(1962)が生理的な喚起の変化に伴う脳のメカニズム，自律神経系活動，その他の行動理解に大いなる貢献をしたことは疑いの余地がない。喚起と密接に関係している中枢神経系(CNS)の組織は，大脳皮質，網様体，視床下部，辺縁系である。図12.2は，神経系が生理的喚起の調整に関与する方法を簡単に示したものである。表12.1は，それらの部位と機能に合わせて神経系の構造を要約したものである。
　LeDoux(1993)のきめ細かな研究は，情動エピソードにおける神経系の事象の理解に大きな貢献をしている。LeDouxによれば，競技に関わる思考と感情は網様体賦活系(RAS)を始動させ，その結果，皮質に至る莫大なニューラルネットワークの活動が増加する。RASは，皮質・視床下部・神経系の相互接続を通して感覚運動行動を組織化しているように思われる。大脳皮質は，ベータ波と呼ぶ急速な低振幅脱同期パターンを示して賦活する。視床下部は，身体の他の内部器官からの入力と同様に，神経系の高次脳中枢からの入力を受けている。したがって，視床下部は，皮質と内部器官からのメッセージの統合に関与している。辺縁系("原始的な"脳構造)は，長年に渡り，情動の発生に関与するとされてきた。しかしLeDouxの最近の研究によって辺縁系のメカニズムは明確になり，特に情動を調整する扁桃体の役割が明らかになっている。
　視床下部は中脳と同じレベルに位置しており，交感神経系と下垂体の制御に関与している。視床下部が副

表 12.1 喚起に関与する神経系の構造

構造	位置	機能
網様体	延髄と橋から続く脳幹の一部	睡眠と覚醒，警戒，脳の最適喚起に関与する
視床下部	視床と中脳の間	食欲と性行動，交感神経系と下垂体の調整に関与する
辺縁系	大脳半球と脳幹の境界近傍に位置し，海馬と扁桃体を含む一連の構造。視床下部は辺縁系の一部とも考えられている	主に情動行動に関係。扁桃体は攻撃に関与すると考えられている
大脳皮質	ヒト脳の回旋状の外層	学習，記憶，企図，運動動作の遂行に関与する最高次中枢
交感神経系	自律神経系（ANS）の分枝で，脊髄の胸郭と腰部を起始部とする神経線維	喚起中に腺と平滑筋を賦活する
副交感神経系	ANSの分枝で，脳幹と脊髄の仙骨部を起始部とする神経線維	リラックス時に内部状態を適正に維持する
副腎皮質	腎臓のすぐ上に位置する2つの小さな内分泌腺の外層	代謝とストレス反応の調整にあたるコルチゾールを分泌する
副腎髄質（ANSに密接に関連するが，厳密には神経系の一部ではない）	腎臓のすぐ上に位置する2つの小さな内分泌腺の内層	身体の賦活上昇に関係するアドレナリンとノルアドレナリンを分泌する
下垂体	視床下部の直下に位置する脳の深部	副腎皮質刺激ホルモン（ACTH）を放出し，その結果副腎皮質からコルチゾールが放出する

腎髄質を刺激すると，アドレナリン（エピネフリン）とノルアドレナリン（ノルエピネフリン）が放出される。下垂体は視床下部の近傍に位置し，副腎皮質刺激ホルモン（ACTH）を血中に放出する。このACTHが副腎皮質を刺激すると，副腎皮質はコルチゾールを放出する（Dienstbier, 1989）。

神経系は，身体の骨格筋を支配する末梢神経系（PNS）と，身体の平滑筋および腺とを支配する自律神経系（ANS）に大別することができる。ANSそのものは，さらに交感神経系と副交感神経系に分類することができる。交感神経系は主として，喚起と関連する精神生理学的なやりとりを担っている。これらの変化には，心拍増加，瞳孔散大，呼吸増加，肝臓のグルコース放出，腎臓排出低下などがある。交感神経系は，アドレナリン，ノルアドレナリンとして知られるカテコールアミンを腺（手掌汗腺は例外）あるいは平滑筋の部位に放出している。ANSの副交感神経系は，喚起を下げて身体機能をホメオスタシス状態（通常の状態）に戻す機能を一般的に担っている。

喚起の構成概念の測定

喚起は，生理的な記録，自己報告，主観的評定，行動観察などのさまざまな方法で測定することができる（Smith et al., 1998）。測定の手法は研究者の定義に基づいており，前述したように，研究者は，生理的，認知的，感情的，行動的な構成概念として単独または複合的に操作している。伝統的に研究者は生化学的なレベルと同様に，生理的なシステム変化の関数として喚起を測定している。これらの変化を表12.2に示した。さらに，研究者は自己報告や質問紙を利用して，喚起の生理的なレベルと心理的な側面を評価しようとしている。研究者はこれら尺度の大半を不安測定用にデザインしており，喚起の構成概念も不安と同じ尺度によって測定できるとしている。これは，喚起の効果と不安の効果が同一ではないにしても，少なくとも類似していると仮定したからである。喚起を測定するために，研究者は状態-特性不安目録（State-Trait Anxiety Inventory：STAI；Spielberger, Gorsuch, & Lushene, 1970）を広範に使用している。研究者は賦活-非賦活形容詞チェックリスト（Activation Deactivation Adjective Checklist；Thayer, 1967）と身体知覚質問紙（Somatic Perception Questionnaire；Landy & Stern, 1971）も頻繁に使用している。Martens（1977）のスポーツ競技不安テスト（Sport Competition Anxiety Test）は特性尺度になっているが，研究者はこの尺度を使用して，スポーツ固有の場面での不安を測定している。

質問紙の構成は，多次元的な自己報告様式に発展する傾向を示している。Schwartz, Davidson, Goleman（1978）が開発した認知-身体不安質問紙（Cognitive-Somatic Anxiety Questionnaire）は，不安を認知と身

表12.2 喚起上昇の神経生理的指標

指標	反応
脳波（EEG）	睡眠（シータ波）から興奮（ベータ波）に移行する
心電図（EKG, ECG），心拍	心拍は一般に喚起上昇に伴って増加する
筋電図（EMG），筋緊張	筋緊張は一般に喚起上昇に伴って増加する
呼吸	一般に喚起上昇に伴って増加する
血圧	一般に喚起上昇に伴って上昇する
皮膚電気反応（GSR）	喚起上昇により手掌に発汗が生じ，皮膚の電気抵抗が低下する
生化学	高喚起によりアドレナリンとノルアドレナリンが増加する

体に分離した最初の多次元的なツールであった。Martensらは，自信尺度のみならず，認知と身体の状態不安を下位尺度にしたスポーツ専用の尺度，すなわち競技状態不安目録（Competitive State Anxiety Inventory-2：CSAI-2；Martens, Burton, Vealey, Bump, & Smith, 1990）を開発した。Smith, Smoll, Schutz（1990）のスポーツ不安尺度（Sport Anxiety Scale：SAS）も，身体不安と認知不安を評価するスポーツ専用の尺度になっている。これらの尺度は，不安を身体的な要素（例えば，"あなたの体の筋肉はどのくらい緊張していますか？"）と認知的な要素（例えば，"とても心配ですか？"）に分けている。しかしながら，生理的喚起を身体不安だけで評価することには限界や問題がある。RaedekeとStein（1994）は，主観的な喚起の連続体（一方の極はプラス，他方の極はマイナス）を評価することが重要だと述べた。Raedekeらは，"喚起は，ポジティブ／ネガティブな感情状態から独立した主観的な喚起を包含している。一方，身体不安はネガティブな感情に関連した喚起のみに言及している"と述べた（pp.365-366）。生理的喚起のポジティブ・ネガティブの両面を考慮して評価ツールを開発することが，将来重要な研究課題になると思われる。

さらに，Parfittら（1995），RaedekeとStein（1994）は，生理的な状態感と実際の生理的な状態を区別することが重要であると強調している。これまでの研究では，これらの状態は系統的には共変しないと指摘している。表12.2 に示したように，実際の生理的喚起の測定には多数の生理的な指標を使用している。Cattell（1970）は，喚起の複雑さを認識し，喚起を有意義に測定するには最低6つの生理的な指標が必要であると，30年前に示唆した。実際に多くの研究者が開発したテストバッテリーは，長期間に渡って安定した傾向を示している（Berman & Johnson, 1985）。生理的な測度は，呼吸，血圧，心拍，皮膚電気活動，脳波，さまざまな部位の筋電図といった伝統的な指標を包含する必要がある。

生化学的な反応も，喚起の評価に使用されている。Diensbier（1989）は，交感神経系が喚起すると視床下部が副腎髄質を刺激して，副腎髄質はアドレナリンとノルアドレナリンを放出すると述べている。また，他方，下垂体が喚起すると下垂体はACTHを放出して副腎皮質を刺激し，その結果，副腎皮質はコルチゾールを放出すると述べている。Ursinら（1978），Vaernes, Ursine, Darragh, Lamb（1982）は，ストレス状態には2つの異なる喚起反応（カテコールアミンとコルチゾール）が存在するという説を検証した。現在までスポーツ心理学の研究では，このトピックスの研究に生化学的な喚起の測度をほとんど使用していない。

いわゆる情動の研究者は，喚起の測定の知見にも貢献している。大半の情動研究は，感情スペクトルのほんのわずかな部分（不安）だけに着目している。スポーツ心理学の研究では，気分状態プロフィール（Profile of Mood State：POMS；McNair, Lorr, & Droppleman, 1971）と，情動-パフォーマンスの関係を調べるIZOFモデル（Hanin, 2000）を使用して情動を評価している。POMSは，競技前の気分状態とパフォーマンスの理解に，多大な貢献をしている。とりわけ，優れたパフォーマンスは，高い活性レベルと関係し，またその他の低い感情レベルと関係している。POMSは"活性"尺度を除けば，主としてネガティブな感情を評価している。そのためPOMSによって情動とパフォーマンスの関係を理解するのは困難である。ポジティブ・ネガティブの情動スペクトルに焦点を当てたIZOFモデル（Hanin, 1978, 2000）は，情動喚起の測定にとって重要なものであり，今後の研究の極めて有望なモデルになっている。

自己報告の尺度と喚起の生化学的な指標との間の低い相関は，さまざまな生理的／生物的な指標間の低い相関と同様に，研究者が経験しているフラストレーションの1つになっている。このような低い相関には多くの理由がある。LaceyとLacey（1958）は，自律神経系反応をステレオタイプ的に捉えていることが原因の1つになっていると示唆した。すなわち，生化学的な指標が喚起を反映する程度には大きな個人差がある。ある競技者は心拍の亢進を介して喚起の上昇を示すかもしれないし，別の競技者は筋緊張または発汗反応の増加を介して喚起の上昇を示すかもしれない。さらに他の競技者は，より認知的な様相によって喚起の上昇を示すかもしれない。測定上の誤差も，この問題の一因となる可能性がある。質問紙の場合には，社会的な望ましさが，さまざまな喚起レベルの弁別尺度の能力を無効にする可能性もある。多くの研究が質問紙に大きく依存して喚起-パフォーマンスの関係を調べているのは，生理的な測度の取得が困難なことや，

それに要するコストの問題と同時に，生理的な諸測度の間の相関が低いことが理由になっている。最近の研究によって，喚起は多次元的な構成概念であることが明らかになっている。したがって，将来の研究では生理的測度（複数の測度），感情的測度，認知的測度を考慮することが肝要と思われる。

パフォーマンスの測定

多くの喚起–パフォーマンスの研究では，喚起の構成概念の評価に関する問題を扱っている。しかしながら，現在の研究は，パフォーマンスを注意深くかつ正確に測定することが重要であると指摘している（Edwards & Hardy, 1996 ; Gould, Petlichkoff, Simons, & Vevera, 1987 ; Parfitt, Jones, & Hardy, 1990 ; Prapavessis & Grove, 1991）。一般にパフォーマンスは，競技成果のみで測定している（Prapavessis & Grove, 1991）。Gould ら（Gould & Krane, 1992 ; Gould et al., 1987）は，多くの研究がチームメンバーの役割やパフォーマンスを考慮することなく，勝敗のみによってパフォーマンスを測定していると指摘している（例えば，Gould, Petlichkoff, & Weinberg, 1984）。

喚起–パフォーマンス関係を理解しようとしたGould と Krane (1992) は，多くの研究者がパフォーマンスの環境を"標準化"して正確かつ確実なパフォーマンス測度を確立したり，"過程測度"を使用してパフォーマンスを評価していると示唆した。パフォーマンスの評価に過程測度を使用した Gould, Tuffey, Hardy, Lochbaum (1993) は，パフォーマンスを定量化することの難しさについて強調し，"パフォーマンス測度を妥当かつ正確なものにするには，競争的なパフォーマンスに関わる多数の要因を説明する必要がある" (p.93) と述べた。喚起–パフォーマンスの関係をもっともよく理解するために正確なパフォーマンスの測度が必要であることは明らかである。スポーツパフォーマンスの測定に関わるもう1つの問題は，実験室課題の使用である。実験室課題では，パフォーマンスの測定が極めて正確になり，内的な妥当性も高くなっている。しかし，大半の実験室課題は，外的な妥当性の欠如といった点で"現実界"のスポーツパフォーマンスとほとんど関わり合いがないように思われる。

喚起–パフォーマンス関係の理論

多くの理論が，喚起–パフォーマンスの関係を説明しようとしている。しかしながら，この関係を明白に説明また予測した理論はない。最近まで，研究者は動因理論と逆U字仮説という2つの主要な理論を展開し検証してきた。しかしながら，現時点では IZOF の概念，リバーサル理論，カタストロフィモデル，多次元不安理論が，広く支持されている（カタストロフィモデルと多次元不安理論については，本書の第11章を参照）。

動因理論

動因理論は，Hull (1943) の学習理論に由来しており，後になって Spence と Spence (1966) がこの理論に修正を加えた。動因理論では，パフォーマンス（Performance：P）を動因状態（Drive state：D）と習慣強度（Habit strength：H）の積算関数から予測した。すなわち $P=D \times H$ である。Hull は，動因を生理的喚起とみなし，習慣を正反応／誤反応の優位性とみなした。単純に述べるならば，動因理論は喚起とパフォーマンスの間に正の直線関係があると主張したことになる（図12.3）。

Martens (1971) は，広範な文献をレビューし，動因理論がスポーツの喚起とパフォーマンスの関係を満足に説明してはいないと結論づけた。著名なこの動因理論は，さまざまな理由から色あせたものになっている。その第1の理由として，運動パフォーマンスの領域ではこの理論を検証することが困難であることがあげられる。例えば，複雑な運動スキルの習慣的な階層（正反応もしくは誤反応の優位性）を確定することは，ほとんど不可能に近い。第2の理由は，この枠組みで行った研究がほとんどなく，あったにしてもそれらは動因理論の予測（喚起の上昇に伴うパフォーマンスの向上）を支持していないことである。第3の理由は，競技者やその他の運動者の逸話報告が，過度の喚起がパフォーマンスを崩壊することを強く示唆していることである。

しかしながら，Oxendine (1984) は，喚起–パフォーマンス間の直線関係が，強度，持久力，スピードを含めた粗大運動で存在すると主張している。一般的に実験参加者はこれらの課題を過剰学習しており，その結果広範な情報処理や運動制御が不要になっている。例えば，重量挙げや短距離走がそれに該当している。非常に喚起の高い者が，とてつもない重量を持ち上げたり，短時間に非常に速く走るといった多くの逸話は，Oxendine の主張を若干支持しているように思われる。参加者はこれらの課題を過剰に学習しており，そのために情報を処理する必要がほとんどない。しかしながらこのような報告は，一般的に，生命に脅威となる緊急事態の対処に高いパフォーマンスが必要になった状況下のものである。アドレナリンの急増は当然優れたパフォーマンスをもたらすものと思われるが，そのようなことがスポーツ状況下で生じるとは思えない。ベンチプレスといったいわゆる単純な粗大運動課題であっても，非常に多くの運動制御が必要である。Thompson と Perlini (1998) の研究のように，スポー

ツ心理学の領域外で動因理論を支持した研究もある。Thompsonらの研究では，系列反応や数唱範囲テスト（digit span）といった単純かつ未経験の課題を扱っていた。しかしながら，現在のスポーツ心理学の研究では，動因理論を支持していない。

逆U字仮説

喚起-パフォーマンスの関係を説明する理論の1つに，逆U字仮説として一般的によく知られているものがある。YerkesとDodson（1908）の動物実験の知見から出たこの仮説は，Yerkes–Dodsonの法則とも呼ばれている。この法則は，喚起-パフォーマンス間の曲線関係を仮定したものである。すなわち，生理的喚起が上昇すると，対応してパフォーマンスも最適レベルまで上昇する。さらに喚起が上昇すると，今度はパフォーマンスが低下する（図12.3）。YerkesとDodsonの動物実験から，最適な喚起はそれぞれの課題によって異なることも明らかになった。Broadhurst（1957）は，後にYerkesらの知見を支持した。Yerkesらは，認知要求の高い課題を達成するには，認知要求の低い課題を達成する時よりも低い喚起レベルが必要であると結論づけた。実験室課題やフィールド測定を使用した多くの研究も，逆U字仮説を支持した。Stennett（1957）は，人間を対象にした初期の研究の1つでYerkesらの仮説を支持した。Stennettは，非常に高い／非常に低いレベルの生理機能と関連する聴覚課題のパフォーマンスは，中程度の生理機能と関連するトラッキング課題のパフォーマンスよりも劣っていることを明らかにした。

さまざまな強度と持続レベルの運動によって実験参加者を賦活させると反応時間のパフォーマンスが逆U字に近くなることが，LevittとGutin（1971）やSjoberg（1968）の研究から明らかになった。Lansing，Schwartz，Lindsley（1956）の反応時間の研究も，逆U字の概念を支持した。MartensとLanders（1970）は，安定課題（steadiness task）の遂行中に，特性不安が高，中，低の男子中学生を異なる3つのストレス条件に割り当てた。その結果，質問紙，心拍数，手掌発汗反応のデータから，3つの異なる喚起レベルの存在が明らかになった。特性不安が中程度の参加者は，高い特性不安や低い特性不安を示した参加者よりも優れたパフォーマンスを示し，逆U字仮説を支持する結果となった。その後，WeinbergとRagan（1978）は，正確な投球を課題にして，特性不安とストレスを3つのレベルで操作した。その結果，特性不安が高い参加者は低いストレス条件下で最高のパフォーマンスを遂行し，特性不安が低い参加者は高いストレス条件下で最高のパフォーマンスを遂行した。このように，少なくとも操作的に喚起を不安と定義して測定する場合には，逆U字仮説の予測を確認する結果となった。

逆U字仮説を検証するための実験室課題には，外的妥当性の限界がある。そのため，多くの研究者がフィールド研究を行っている。引用されることが多いFenzらの研究では，逆U字仮説を間接的に支持していた（Fenz & Epstein, 1967；Fenz & Jones, 1972）。Fenzらは，パラシュートジャンプの経験者と初心者それぞれの心拍と呼吸率を比較した。その結果，経験の多少に関わらず，技術的に優れたジャンパーの喚起は降下の前に上昇し，降下の直前に低下していた。それとは対照的に，技術の低いジャンパーの喚起は降下の前に低下しなかった。興味深いものは，Lowe（1971）の研究である。Loweは，11～12歳の野球選手のバッティング成績，心拍変化，主観的な行動評価から逆U字仮説を検討した。Loweは状況の"危機"または重要度の要因についても考えた。喚起レベルは状況の重要度が増すにつれて上昇した。データを平均すると，選手は，重要度が中程度の試合で最高の打撃をしても，重要度が高い試合や低い試合ではそれほどの打撃をしないことが明らかになった。また，選手の最適な喚起レベルはかなり変化しており，課題の困難度（ピッチングの質）が逆U字の関係に影響していた。

Klavora（1979）は，カナダ人の高校バスケットボール選手145名を対象にして，逆U字仮説の妥当性を検討した。実験参加者には各試合前にSpielbergerの状態-特性不安目録（STAI）に回答するよう求め，コーチには試合の終了ごとに各選手のパフォーマンスを評価するよう求めた。その結果，状態不安が中程度の時に最良のパフォーマンスを示し，やや低い喚起あるいはやや高い喚起条件下では平均的なパフォーマンスを示し，不安が非常に低い時あるいは高い時には拙いパフォーマンスを示した。これらの結果は，逆U字仮説を支持するものであった。SonstroemとBernardo（1982）は，喚起／不安の測度として記述式テストを使用して，バスケットボールのパフォーマンスと喚起／不安の逆U字関係を明らかにした。Sonstroemらは大学女子選手のパフォーマンス集成値を評価して，その得点を喚起／不安得点と対比した。そして，中程

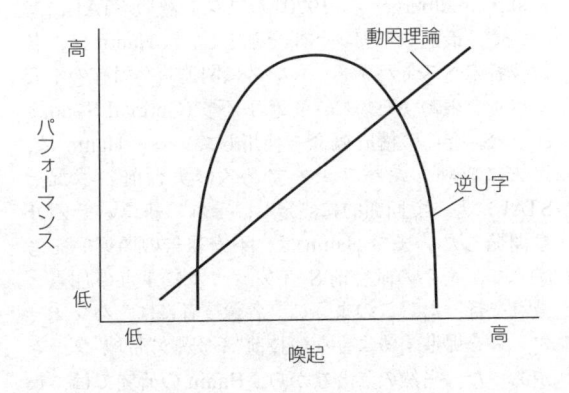

図12.3　動因理論と逆U字仮説

度の喚起／不安が最高レベルのパフォーマンスに結びつくと結論づけた。喚起と不安を同義的に使用する場合には，これらの研究の解釈もまた問題になってくる。

より最近の研究でも，身体的喚起とパフォーマンスの逆U字関係を支持している。Burton(1988)は，スポーツピストル射撃と水泳を調べて，身体的な喚起とパフォーマンスの逆U字関係を明らかにした。Gouldら(1987)のピストル射撃のパフォーマンスを評価した研究でも，同様の結果になった。逆U字関係を支持した知見は身体不安の測度(生理学的側面)のみに依存しており，認知や感情要因を排除していた。

すべての研究が逆U字仮説を支持しているわけではない。電気ショックによって喚起を操作した実験では，喚起レベルとパフォーマンスの間には関数関係が存在しなかった。重心動揺計のバランス取り(Carron, 1968 ; Ryan, 1961, 1962)，模擬誘導ミサイルの追従パフォーマンス(Bergstrom, 1970)，回転盤追跡課題(R. Cox, 1983 ; Marteniuk & Wenger, 1970 ; Sage & Bennett, 1973)といった多様な課題でも関数関係が存在しないことを実証していた。反応時間とさまざまな喚起指標の間に逆U字関係を見出すことができなかった研究もある(Paller & Shapiro, 1983 ; Stern, 1976 ; Wankel, 1972)。しかしながら，反応時間は，運動パフォーマンスにとって重要なものであるが，複雑な運動パフォーマンスとはかなり違ったものだと論じることもできる。Giabrone(1973)は，主要な10大学のバスケットボール選手を調べたが，フリースローシュートと喚起レベルの関係を明らかにすることはできなかった。Basler, Fisher, Mumford(1976), L. Murphy(1966), Pinneo(1961)の研究でも，逆U字仮説を支持することはできなかった。

逆U字仮説は，今なお理論的な支持を受けている(Landers & Boutcher, 1988 ; Yancey, Humphrey, & Neal, 1992)。しかしながら，逆U字仮説には強い批判もある(Gould & Udry, 1994; Neiss, 1988a, 1988b, 1990 ; Raedeke & Stein, 1994)。理論的にみれば，逆U字仮説は主として記述的な仮説になっており，喚起-パフォーマンス関係を適切には説明していない。その他，逆U字仮説は喚起を多次元的に検討していないという批判もある(Gould & Udry, 1994 ; Raedeke & Stein, 1994)。例えば，高い喚起レベルは，最適なパフォーマンスと拙いパフォーマンスの両方に関係している可能性がある。したがって，研究の際には"サイキングアップ"や"サイキングアウト"に随伴する認知や感情を考慮して，喚起-パフォーマンスの関係を最大限に理解する努力が必要である(Neiss, 1988a ; Raedeke & Stein, 1994)。

広く批判的にレビューしたNeiss(1988a)は，喚起の構成概念のみならず喚起-パフォーマンス間の逆U字関係も放棄すべきだと述べた。Neissは，逆U字仮説について次の4つの主要な問題点をあげている。逆U字仮説は，(1)因果仮説として機能していない，(2)本質的に反証不能である，(3)真実であっても大した価値はない，(4)個人差の理解を妨害している。確かに，逆U字仮説を適切に検証しようとする場合に検証をもっとも妨害しているものは，喚起の測定である。

Anderson(1990)は，逆U字仮説に異論を唱えたNeiss(1988a, 1988b)に論駁した。AndersonはNeissへの反証を示して，構成概念や逆U字仮説としての喚起がさまざまな文脈の行動予測に有益であると示唆した。しかしながら，Andersonのデータは，主に認知パフォーマンスに関する研究に基づいていた。逆U字仮説には確かに問題がある。しかしながら，Neissがあげた4つの問題点は，逆U字仮説の完全放棄といったラジカルな解決策を保証するものではない。現在の精神生理学的な測定法の使用と同様に必要なことは，Martens(1987)やHanin(2000)の概念に酷似したアイディアの精緻化("ゾーン"の創生)である。RaedekeとStern(1994)もこの必要性を支持している。Raedekeらは"喚起，思考，感情の相互作用を考慮して，喚起-パフォーマンスの関係をより十分に理解しなければならない"と述べた(p.361)。代替理論および仮説の開発は，逆U字仮説の批判が生み出した前向きな成果である。

最適ゾーンの概念

Martens(1987)やCsikszentmihalyi(1975)なども，最適なパフォーマンスの説明に"ゾーン"の概念を使用しているが，逆U字仮説に代わる理論の1つはHaninが提唱した最適機能ゾーン(zone of optimal functioning : ZOF)である。Haninは，情動状態と最適なパフォーマンスをよりよく理解するために，ソ連のトップアスリートから，そして最近ではフィンランドのトップアスリートから，過去30年に渡ってかなりの個別データを収集している。Haninは，この期間(1978〜2000年)中にZOFモデルを開発した。ZOFの測度では，Spielbergerら(1970)のロシア語版STAIに基づいて，最適な不安レベルを確定した。Haninは，各競技者のベストパフォーマンスに関連した固有の不安レベルを表わすために，最適S-不安(Optimal S-anxiety : S-opt)の構成概念を使用している。Haninは，過去に成功したパフォーマンスの実行前の状況をSTAIによって回顧的に測定し，それに基づいてZOFを開発した。またHaninは，不安報告の間違いを考慮して，選手の試合前S-不安レベルに4点の加点／減点を行った。このように，各競技者には，パフォーマンスを促進するような競技前"不安"の"帯域"ゾーンがあった。当然のことながら，Haninの研究では，最適な不安得点にはSTAI上の26〜67点の大きな個人

差があった。ZOFモデルは主に，個人の最適なパフォーマンスレベルを反映する課題固有の最適情動（ポジティブ・ネガティブな情動）パターンに着目している。

HaninのZOF理論は次の3つの点で逆U字仮説と異なっている。(1)個性記述的である，(2)幅がある，(3)喚起-不安の連続体のどの部分にも起こり得る。さらに，ZOFモデルでは，逆U字仮説の全般的，一次元的な喚起の構成概念と比較して，特に喚起の情動的な自己報告に着目している。競技パフォーマンスの強力な予測要因として，情動タイプと固有の課題間の個別的な関係を実証した研究もある。それらの研究ではZOFモデルを控えめに支持している(Imlay, Carda, Stanbrough, Dreiling, & O'Connor, 1995；Morgan, O'Conner, Ellickson, & Bradley, 1988；Morgan, O'Conner, & Pate, 1987；Prapavessis & Grove, 1991）。

競技前の状態不安の評価にSTAIを使用している研究も多いが，それに代わる別の測度を使用している研究もある。中でも評判が良い測度は，身体意識尺度（Body Awareness Scale：BAS）とCSAI-2である。Morganら(1987)は，BASを使用して，エリート長距離ランナーに最適機能ゾーンが存在することを明らかにした。最近の研究者は，CSAI-2を使用して最適機能ゾーンを評価することに関心を向けている。Gouldら(1993)は，CSAI-2を使用した回顧報告に基づいて，中距離ランナーと長距離ランナー11名のZOFを調べた。結果として，各ランナーのZOFは拙いパフォーマンスと相関していた。しかしながら，CSAI-2が最適機能ゾーンを確定するための堅実な手段かどうかは，まだはっきりしていない。HargerとRaglin(1994)による大学陸上競技選手の研究では，CSAI-2によるZOFの確定方法を強く支持した。一方，Annesi(1997)の思春期の女子体操選手と女子陸上ホッケー選手を対象にした研究では，それを支持しなかった。

Haninは，ZOFモデルを過去10年間に著しく改訂して，不安に加えて情動スペクトルを測定する，個別最適機能ゾーン（Individual Zone of Optimal Functioning：IZOF）を開発した(Hanin & Syrjä, 1995)。このような前進がみられたにも関わらず，IZOFモデルの理論には多くの限界がある。もともとHaninは，スポーツと何ら縁のない一次元的なSTAIの不安に基づいて喚起を概念化していた。しかしながら，より最近ではIZOFモデルの不安の概念が多次元の構成概念にまで拡大しており，このことが現在まで研究を制約する原因になっている。IZOFモデルに関わる2つ目の批判は，IZOF理論が個人差の変数を持たない個人差の理論だということである(Gould & Tuffy, 1996；Hardy et al., 1996)。Hardyらは，IZOFモデルは最適機能ゾーンの個別的な本質を理論的に説明してはいないと主張している。

さらに，喚起を多次元的に理解するのであれば，喚起の測度，とりわけ生理的な諸指標の追加は，より適切なように思われる。実際にこのアプローチを採用して最適機能ゾーンの研究を進めている研究者もいる。Davis(1991)は，プロホッケー選手の心拍をモニターして，個々の選手がZOFに気づけるようにした。Zaichkowsky, Hamill, Dallis(1995)も，さまざまなスポーツのエリート競技者とユース競技者から心拍数のデータを広範に収集して，これらの競技者にZOFを学習させた。これまでに，心理測度と生理測度を統合してHaninのZOFモデルをもっともよく検証しているのは，おそらくHamill(1996)であると思われる。Hamillは，男女のエリートテニス選手を調べて，心拍がポジティブ・ネガティブな感情と相関することや，強度の範囲とパフォーマンス成果の効果との関係を明らかにした。

最適な喚起状態：フロー

多くの研究者が，喚起に関連する優れたパフォーマンスや強烈な体験を，独自の用語によって記述している。Privette(1983)はフローとピークパフォーマンスという用語を，Maslow(1970)とRavizza(1977)はピーク経験という用語をそれぞれ使用した。またCsikszentmihalyi(1975)はフロー概念を提案した。フロー状態の概念についてもっとも洞察的な見解を提案しているのは，おそらくCsikszentmihalyiと思われる。Csikszentmihalyi(1990)は熟練ロッククライマー，外科医，芸術家，ピアニスト，競技者を調べ，フロー状態に共通した以下のような多数の特徴を明らかにした。

"スキルを要する挑戦的な活動"(p.49)。

"活動と意識の融合"(p.53)。競技者は遂行中の活動に気づいていても，それを意識していない。活動していても遂行中の活動については何も考える必要はない。

"明確な目標とフィードバック"(p.54)。活動は，競技者に対する明確なフィードバックになっている。

"目先の課題に対する集中"(p.58)。競技者の注意は遂行中の課題にもっぱら集中している。

"制御のパラドックス"(p.59)。競技者は自身の行動を制御していると思っている。

"自意識の喪失"(p.62)。競技者は自意識や自我を喪失するため，遂行の良否を評価することができない。

"時間の変換"(p.66)。活動過程そのものが内的な報酬になっているため，競技者には目標や外的報酬は不要になっている。

Csikszentmihalyiのフロー概念は，総合的な二次元モデルと結びついている。総合的な二次元モデルでは，困難な状況下であらゆるタイプの活動をもっともうまく達成するには個人のスキルが重要であると強調している。明らかにフロー状態またはフローチャネルは，ストレス，不安，退屈の欠如を反映していない。快感やわくわく感は，最適な喚起を述べたものである。フロー状態もしくはフローゾーンの概念を図12.4に示す。

フロー研究は，スポーツ心理学者にとって興味深い領域になっている。Jacksonらは，Csikszentmihalyiのフロー概念を測定する質問紙（Flow State Scale and Flow Trait Scale）の開発に貢献している（Jackson & Marsh, 1996；Marsh & Jackson, 1999）。フローと認知要因や行動要因との相関を扱った研究が数多くある。Jackson, Kimiecik, Ford, Marsh（1998）は，非エリートのワールドマスターズゲーム選手398名を調べて，能力感，不安，内発的動機づけ，気質的フロー状態（状態と特性）の間に適度な関係があることを明らかにした。CatleyとDuda（1997）は，アマチュアゴルファー（163名）を調べて，スキルレベル，ラウンド前の心理状態（自信，プラス思考，動機づけ，リラックスのレベル，精神集中，身体的準備）がともにフロー（強度と頻度）と有意に関係すると指摘した。GroveとLewis（1996）は，サーキットトレーナー（96名）のフロー様の状態がサーキット運動の前半から後半にかけて増加することや，催眠感受性の比較的高い者が大きな変化を示すことを指摘した。JacksonとRobert（1992）は，フローが熟達指向と高い能力感に強く関連することを明らかにした。JacksonとRobertは，フィギュアスケート国内チャンピオン（16名）が演技中に最適なフロー状態を得る上で役に立ったと回顧的に報告した要因を定性的に調べた。その結果，それらの要因は，(1)前向きな取り組み，(2)競技前と競技中のポジティブな感情，(3)適切な集中の持続，(4)身体的な準備，であることが明らかになった。

フローの相関が期待と異なり有意にならなかった研究もわずかながらある。例えば，Stein, Kimiecik, Daniels, Jackson（1995）の研究では，目標，競争，自信はフロー体験を予測しないと結論づけた。

リバーサル理論

Apter（1982, 1984）が開発したリバーサル理論は，喚起とパフォーマンスの関係を別の観点から説明している。この理論では，複雑な人間行動と取り組み，人間の情動・認知とその後の動機づけに関する矛盾を説明しようとしている。Apter（1982）は，正反対の4対のメタ動機づけ状態が急速に変化／逆転して動機づけに影響すると述べた。Apterは，メタ動機づけ状態を，個人がいついかなる時でも動機の間を行ったり来たりできる二者択一的な精神状態として概念化している。Apterはこの行ったり来たりの変化をリバーサルと呼んでおり，これが理論の名称起源にもなっている。要するに，喚起の高／低レベルは，ある時は快と知覚し，別の時は不快と知覚することもある。したがって，望ましい喚起と実際の喚起の差がもっとも少ない時にパフォーマンスは最適になると予測することができる。

Kerr（1993）はリバーサル理論をスポーツに適用した。個人の喚起感と情動強度を表わすテリック（目的的）-パラテリック（準目的的）のペアは，スポーツ心理学の研究においてもっとも注目を浴びている。リバーサル理論では，特に，競技者は評価的もしくはテリック状態の時に高い喚起レベルの不安を経験し，反対に非評価的もしくはパラテリック状態の時に興奮を経験すると示唆している。逆に，喚起レベルが低くテリック状態の時に競技者はリラックスを経験し，パラテリック状態の時に退屈を経験する。図12.5によれば，高い喚起は，その人の不安・興奮という2つの感情から解釈することができる。同様に，低い喚起は，リラックスまたは退屈という2つの感情から解釈することができる（Kerr, 1989）。

スポーツ心理学の研究は当初，リバーサル理論を一貫して支持しなかった。これら初期の研究のほとんどをKerrら（T.Cox & Kerr, 1989；Kerr, 1987；Kerr & Vlaswinkel, 1993；Kerr, Yoshida, Hirata, Takai, Yamazaki, 1997；Males & Kerr, 1996；Males, Kerr, & Gerkovich, 1998）が行った。MalesとKerrは，スラロームカヌー選手9名の最高と最低パフォーマンスを，競技前の感情とパフォーマンスの観点から調べた。しかし，快の気分レベルが高い場合には最高のパフォーマンスが最低のパフォーマンスに優先して出現するとした仮説を統計的に支持することはできなかった。Kerrら（1997）は，アーチェリーのパフォーマンスは，テリック-低喚起条件下で優れたものになると仮定した。しかしながら，Kerrらはこの予測を確証

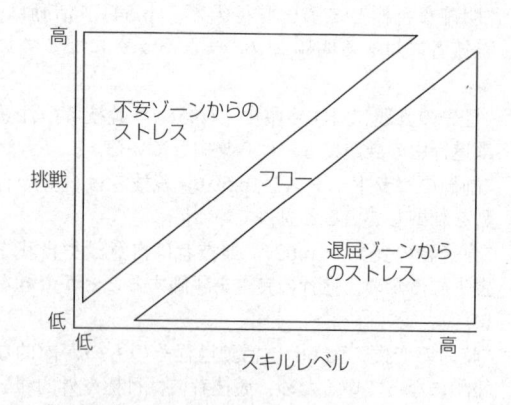

図12.4 最適エネルギーあるいはフローゾーン

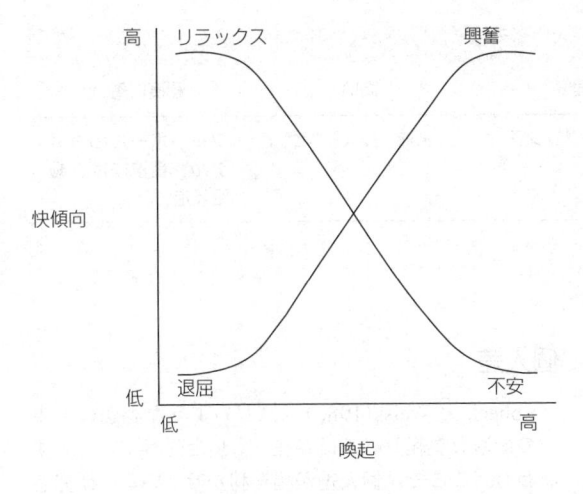

図 12.5　リバーサル理論

することができなかった。それに対して、Males らが構造的定性分析(structural qualitative analysis)を使用した研究では、リバーサル理論を支持していた。エリートスラロームカヌーの男子選手 9 名から競技中のメタ動機づけ状態を競技終了後に 50 回に渡って聴取したところ、(1)平均以上のパフォーマンスの場合には、パラテリック-利己-支配状態が非常にしばしば出現していた、(2)参加者は競技中に"リバーサル"を経験していた。さらに、リバーサル理論の原理に基づいて相関研究を行った Raedeke と Stein(1994) は、高い正の喚起がより良いパフォーマンス感に関係すると報告した。

さらなる研究が必要であるが、リバーサル理論におけるテリック-パラテリックなメタ動機づけのペアは、現在および将来のスポーツ心理学研究における有効な理論基盤になっている。このテリック-パラテリックのペアに基づいた理論では、高い身体不安と認知不安がともに不安を招来し(パフォーマンス抑制)、また高い身体不安と低い認知不安がともに興奮を招来する(パフォーマンス促進)と示唆している。Kerr(1993) は次のように示唆している；もっとも効果的な介入は、認知的なリバーサルが起こるような状況の解釈を競技者が自由に変更できるようにすることであり、そしてこの介入によって、競技者の認知不安は最小となり高い喚起を興奮として経験することができるようになる。

喚起とパフォーマンスの媒介要因

ある競技者について、最適なスポーツパフォーマンスに導く喚起レベルを確定することは不可能である。しかし、喚起とパフォーマンスに影響するいくつかの要因を一般化することは可能である。現在の理論では、喚起-パフォーマンス関係の主な媒介要因は、次の 3 つになっている；(1)課題の複雑性、(2)遂行者のスキルレベル、(3)性格の差異。残念ながらこれらの一般化を支持するデータは少なく、いくつかのケースではデータそのものよりも、むしろ仮説に基づいたものになっている。

課題の複雑性

もともと、課題が困難になるにつれて低い喚起でもピークパフォーマンスが生じるようになると述べたのは Yerkes と Dodson(1908) であった。この主張は、ネズミに中程度の電気ショックを与える方が、強い電気ショックや弱い電気ショックを与える場合よりもパフォーマンスエラーは少なくなるという自身の知見に基づいていた。この仮説を運動領域で検証するのは困難である。高い喚起と低い喚起の定義の問題に加えて、単純課題と複雑課題の定義にも問題があるからである。Billing(1980) は、課題の複雑性を論じる際には情報処理の要求と運動反応の複雑性に基づかなければならないと示唆し、課題の複雑性を明らかにするアプローチを提唱した。この分類を使用すると集中、判断、弁別、繊細な運動制御が必要な運動課題を最良に遂行できるのは、低いもしくは中程度の喚起レベルの場合であると推測することができる。対照的に、強度、持久力、スピード、あるいはバリスティック動作を要する運動課題には、より高い喚起レベルが必要になる。

Oxendine(1970) は、課題複雑性のアイディアを使用し、さまざまなスポーツにおける最適な喚起レベルについて深く考察した。Oxendine は、若干高い喚起が必要な野球のピッチャーやフットボールのクォーターバックの投球スキルと比較して、ゴルフのパッティングやバスケットボールのフリースローといったスキルに必要な喚起レベルは低いと示唆した。中程度の喚起レベルは体操選手やボクサーに適していると考えた。水泳やレスリングの選手にはより高い喚起レベルが必要になるし、フットボールのタックル、重量挙げ、短距離走では極端に高い喚起レベルが必要になっている(**表 12.3** を参照)。

Oxendine の理論には、特定スポーツと固有な喚起レベルとを対応づけるという直観的な魅力がある。しかし、Jones らは、課題の性質が喚起-パフォーマンスの関係を媒介するという Oxendine の理論を批判している(Hardy et al., 1996；Jones, 1990；Jones & Hardy, 1989)。特に、研究者は、Oxendine の分類はあまりにも単純化しすぎていると批判している。Oxendine は、クォーターバックには若干の喚起、タックルには極度の喚起というように、いくつかのスポーツ種目における最適な喚起レベルを区分けしようとしているが、この分類システムでは特定の課題やパフォ

表12.3 スポーツスキル別の最適喚起レベル

低い	やや低い	中程度	高い	極度に高い
ゴルフパッティング，バスケットボールのフリースロー	野球のピッチング，フットボールのクォーターバック	体操，ボクシング	水泳，レスリング	フットボールのタックル，重量挙げ，短距離走

(Oxendine, 1970 より改変)

ーマンス中の喚起レベルの変化の必要性を認めていない。Oxendine の分類に対しては，特に知覚課題や意志決定課題(Weinberg, 1989)といったさまざまな課題の認知要求，あるいは情報処理要求の変化を考慮していない(Hardy et al., 1996)という強い批判もある。Oxendine の単純−複雑という課題の分類は，喚起の生理的・一次元的な了解に基づいていた。しかしながら，最適なスポーツ喚起レベルを理解／予測するには，ある課題に要する粗大運動あるいは精細運動に加え，認知要求と感情反応を考慮しなければならない。

競技者のスキルレベル

最適な喚起は，競技者のスキルレベルに依存しているとも思われる。この考え方は，初心者やスキルの低い競技者が高い喚起のプレッシャー条件下で拙いパフォーマンスを示し，一方，熟練者やスキルの高い競技者はプレッシャーが最高の時(そして喚起が中程度の時)に抜群のパフォーマンスを示す傾向にあるという観察に大きく依存している。R.Cox(1990, p.99)は，スキルレベルと喚起について議論し，次の原理の適用を示唆している；"スキルの高い競技者や単純な課題を遂行している競技者が最高のパフォーマンスを遂行するには，程よい高さの喚起レベルが必要である。スキルの低い競技者や複雑な課題を遂行している競技者が最高のパフォーマンスを遂行するには，比較的低い喚起レベルが必要である"。

このトピックスを実証的に調べた研究は少ないが，それらの研究には，社会的促進や，Zajonc(1965)の社会的促進に関する一般理論の検証という表題がついている。Zajonc によれば，観衆がパフォーマンスを促進／抑制するかどうかを確定する重要な要因は，優位な反応の正誤である。課題難度，スキルレベル，観衆タイプという3つの要因の相互作用が，反応の正確性を確定している。簡単に言えば，初心者が観衆の前で難しい課題を遂行する場合，パフォーマンスは拙くなるが，熟練者であれば観衆の前であっても巧みに遂行することができる。この理論をスポーツ領域で扱った研究には限りがある。しかしながら，事例報告やコーチが開発した練習条件では，この主張を正しいものと受け止めている。

個人差

Ebbeck と Weiss(1988)は，どのような課題にも単一の最適な喚起レベルは存在しないと述べている。すなわち，ここでは個人差が幅を利かせている。研究者は，喚起−パフォーマンス関係を媒介する個人差を強く支持している(Hardy et al., 1996)。スキルレベルの個人差の他に，性格の個人差，とりわけ特性不安，内向性−外向性も，喚起とパフォーマンスに影響を与えている(Thompson & Perlini, 1998)。

Mahoney(1979, p.436)は個人差の重要性を強調した；"喚起の絶対レベルは，競技パフォーマンスの一要因に過ぎないと思われる。喚起に対する人の反応は，喚起の進行方向とパフォーマンスへの影響の重要な決定要因となる可能性がある"。Neiss(1990)も，喚起の議論で個人差の重要性を強調した。Neiss は，プレッシャーに強い"心臓に毛が生えた"選手とプレッシャーに弱い"緊張の名人"選手について記述した。また，実際の緊急事態では個人差がより顕著になり，パニックで固まってしまう者や，ほとんど神業的な対処資源を示す者もいると述べた。

Spielberger(1989)は不安について論じ，状態不安を報告する方法と同様に，特性不安の報告には大きな個人差があると述べた。一般的に，特性不安が高い者は，特性不安が低い者よりも，喚起レベルをかなり高めて評価状況に反応している。これらの喚起レベルの相違は，同様の状況下で個々人が遂行するパフォーマンスの違いにつながるものと思われる。特性不安が高い者は，単純な課題の遂行時に，喚起レベルが平常低い者よりも優れたパフォーマンスを示す傾向がある。逆に，不安が高い者は，複雑な課題，とりわけ新しい反応を要する課題で拙いパフォーマンスを示す傾向がある。いくつかの研究から，不安の高い実験参加者が低ストレス状況下で最良のパフォーマンスを示すのに対して，不安の低い参加者は高ストレス状況下で最良のパフォーマンスを示すことが明らかになっている(Carron, 1968；Weinberg & Hunt, 1976；Weinberg & Ragan, 1978)。認知課題と反応時間の課題を調べた Hamilton(1986)も，不安の高い参加者よりも不安の低い参加者のパフォーマンスの方が優れていることや，そこには有意差があることを明らかにした。しかしながら，これらの差は心拍や皮膚電気活動と共変し

なかった。このように生理的な喚起の相違ではパフォーマンスと不安の自己報告の変化を説明することはできなかった。テスト不安やパフォーマンスの研究が個人差の重要性を支持しているのも，テスト不安の高い参加者と低い参加者の心拍や皮膚電気活動の測度に差がみられないからである（Holroyd, Westbrook, Wolf, & Badhorn, 1987）。

注意過程

注意過程は，個人差やスキルレベルとも関係している。しかしながら，注意過程は，喚起とパフォーマンスの媒介要因として，特に考察する価値がある。注意と手がかりの使用が不安／喚起とパフォーマンスを理解する上で重要な要因になっていることを示唆している研究もいくつかある。Easterbrook (1959) の手がかり使用仮説は，喚起とパフォーマンスに関する最初の認知理論の1つであった。Easterbrook は，喚起を理論化して，注意の手がかり幅を狭くするものとした。当初，注意の狭窄によって無関連の手がかりが排除されると，パフォーマンスの改善がみられた。しかしながら，喚起がさらに上昇すれば，注意の幅は関連手がかりを排除する程度までに狭くなり，結果としてパフォーマンスが低下することになる。Landers (1978, 1980) は，Easterbrook を支持し，競技者のパフォーマンス不安が高まると知覚の選択性も向上すると仮定した。Landers らは，次のように考えた；喚起レベルが最適な場合には，課題に関連しない手がかりを排除することによって知覚の選択が向上する。また喚起レベルが低い場合には，知覚に対する盲目的な集中のために，競技者は無関連刺激を排除することができなくなる。また喚起レベルが高い場合には，知覚の幅は重要な手がかりを排除するほどまでに狭くなる。Nideffer (1976, 1989) は，スポーツにおける注意の役割を，特に喚起とパフォーマンスの観点から，もっとも系統的に分析している。

本質的に準実験的な現在の大半の応用研究は，注意の集中がパフォーマンスの媒介要因になっていると強く示唆している。ゴルフ課題のシミュレーションを調べた Johnston と McCabe (1993)（実験参加者90名）は，ストレスの体験中に注意の集中を適切なメンタル方略に切り替えると，パフォーマンスが向上すると指摘した。自動車レースのシミュレーション課題を使用して注意散漫・注意狭窄を調べた（実験参加者48名）Janelle, Singer, Williams (1999) は，不安レベルの高まりにつれて視覚探査のパターンはより周辺的かつ不正確なものになり，その結果パフォーマンスが下降すると指摘した。心的準備の方略を調べた（実験参加者45名）Lohasz と Leith (1997) は，自己効力感，注意集中，ポジティブな自己決定群という3つの介入手段による注意の高まりがパフォーマンスに影響すると指摘した。

認知評価

認知評価は，喚起レベルとパフォーマンスに影響するもう1つの個人差要因になっている。特に，高い不安／喚起レベルはパフォーマンスを促進／抑制すると解釈することができる（Hanton & Jones, 1999）。Jones, Hanton, Swain (1994) は，エリート競技者での認知不安と身体不安によるパフォーマンス促進率（85％；抑制率が15％）が，非エリート競技者のそれ（53％；抑制率が47％）よりも高いことに注目した。課題要求，資源，パフォーマンスの成果，身体反応の知覚を解釈する方法には，明らかに個人差がある。同じ状況下でも，ある競技者はその競争状況を身体的にも精神的にも不可能なものと評価して高い不安（抑制的な不安）を示し，別の選手はポジティブに評価するかもしれない。後者の場合，最適な生理的喚起が存在しても不安は存在していない（促進的な喚起）。

最適なパフォーマンスのための最適な喚起レベルを求めている研究者は，この関係の複雑さを主張している。思考や感情は，身体のさまざまなシステムの賦活に影響している。同様に，競技者のスキルレベル，課題難度，競技レベルといった要因は，それらを媒介している。競技者が過度な喚起に対処する方法や，過度な喚起が注意過程に負に影響する方法には，大きな個人差がある。翻って，注意の機能障害はパフォーマンスに影響している。喚起の対処もしくは喚起の調整は，スポーツ心理学の主要な研究トピックスであり，実践的な関心事にもなっている。次節ではこれを中心に取り上げる。

喚起調整についてのコメント

本節はあえて短くした。喚起の調整技法を調べる際には喚起の議論が必要であるが，喚起の調整技法に関する注意深い評価は本章の範囲を越えると，著者らは判断している。スポーツ心理学者が競技者に行う介入は，すべてではないにしても，その大半が喚起の調整を工夫している（喚起の維持／上昇／低下のいずれか）ように思われる。1冊の本全体もしくはいくつかの章で，喚起の調整技法を"心理スキルのトレーニング"の一部として取り上げていることもある。このことは表12.4にリストアップした研究トピックスをさらに評価することであり，屋上屋を架すことになる。その上，本書の別の章でも喚起の調整技法をレビューしている。本節をあえて短くしたのは，このような冗長さを避けるためである。コーチやスポーツ心理学者は喚起の調整技法をアスリートに教授しているが，それらの効力や実効性を明らかにした質の高い研究はほと

表12.4 喚起調整の方略

喚起を下げる技法	喚起を上げる技法
呼吸制御	速く浅い呼吸
漸進的筋弛緩法	ストレッチと運動
瞑想	試合前の練習
超越瞑想(TM)	環境からのエネルギーの引き出し(4〜10時間前)
リラクセーション反応(RR)	
セルフトーク	叱咤激励
イメージ	イメージの活発化
禅瞑想	セルフトークの活発化(例えば,"元気出せ")
目標設定(現実的なもの)	目標設定
バイオフィードバック	気晴らし(疲労からの)
音楽	エネルギーの転移(例えば,マイナスからプラスに)
ヨーガ	掲示板
	音楽／ビデオ

(例えば,漸進的筋弛緩法や呼吸制御)もしくは認知的な(例えば,イメージやセルフトーク)アプローチとも呼ばれる(Davidson & Schwartz, 1976)。表12.4は,喚起調整の主要な技法を分類したものであり,認知-行動的なアプローチと同様に身体的なアプローチも含んでいる。注目すべきは,これらの多くの技法を使用して競技者の喚起を上げたり下げたりすることができることである。例えば,緩やかな深い腹式呼吸を指示して,競技者の喚起を下げることができる。他方,胸郭部の速く浅い呼吸を指示して,競技者の喚起を上げることができる。

要約

本章では,喚起の構成概念の歴史と,それに関連する理論と研究を展望した。現在のところ,多くの研究者は喚起を,生理,認知,感情から成る多次元的な構成概念として理解している。ここでは,1990年代に優勢だった考え方に基づいて,構成概念を操作的に定義した。したがって,議論は,さまざまな喚起と神経系(中枢・末梢)の機能との関係,さらに喚起の一般的な測定法をもっぱら扱った。パフォーマンス測度の重要性についても手短に扱った。喚起の伝統的な理論のレビューとそのパフォーマンスとの関係(動因理論と逆U字仮説)は,逆U字仮説のバリエーション,すなわち最適機能ゾーンの概念やリバーサル理論と併せて紹介した。最後に,喚起調整について手短に議論した。

喚起の構成概念は明らかに,相互作用する生理・認知・感情反応を反映した多次元的なものである。スポーツ文脈におけるこれらすべての要素の正確な測定,特に生理測定は現実的なものになっている。なぜなら多くのスポーツ心理学者が神経科学の専門知識を広く利用できるようになっているからである。これらの方法論の発展によって,喚起-パフォーマンス関係をさらによく理解するだけでなく,競技者とコーチに最適な喚起状態とその達成方法を教授することが可能になるものと思われる。

んどない。かなり独創的な研究を実施してレビューしている1つの例外は,イメージ領域の研究である。MurphyとJowdy(1992)は,イメージに関連する理論,研究,実践を非常に包括的にレビューした。最近では,S. Martin, Moritz, Hall(1999)がイメージ研究を詳細にレビューした。DruckmanとBjork(1991)は,陸軍省の研究所に宛てた米国学術研究会議報告書の中で,パフォーマンスの増強技法の研究が希薄であることを的確に批評した。この批評は,喚起の調整技法の研究に敷衍することができる。

大半のコーチや競技者は,スポーツのパフォーマンス変動と高すぎる喚起・低すぎる喚起との関係を受け入れている。コーチ,競技者,スポーツ心理学者はさまざまな喚起の調整方略を使用している。調整方略は,自己調整(例えば,競技者による調整)もしくは介入者による外的調整(例えば,コーチやスポーツ心理学者による調整)のいずれかに分類することができる。さらに,自己調整のアプローチは,しばしば身体的な

第13章

選手，チーム，コーチの自己効力感に対する信念

自己効力感の構成概念は，スポーツの達成努力に影響すると考えられるもっとも有力な心理学的構成概念の1つになっている(Feltz, 1988)。事実，Gould らは，長野オリンピックに参加したアメリカ選手の報告から，自己効力感とチームの効力感がパフォーマンスに影響した主要な要因であることを明らかにした(Gould, Greenleaf, Lauer, & Chung, 1999)。ここで扱う自己効力感という用語は，自分はある成果(例えば，自己満足やコーチの好評価)を手に入れるために特定の課題をうまく実行することができる(例えば，ピッチャーがバッターを三振に討ち取る)という信念を意味している(Bandura, 1977, 1986, 1997)。Bandura(1977)が自己効力感の概念を最初に発表して以来，特にスポーツパフォーマンス関連の研究発表論文は60編以上にのぼっている(Moritz, Feltz, Fahrbach, & Mack, 印刷中)。本章では自己効力感の概念とその測定を概観し，競技者，競技チーム，コーチに関連した研究と，この研究分野の将来の動向をレビューする。

自己効力感の理論

Bandura(1977)は自己効力感の理論を，社会認知理論の枠組みで開発した。Bandura は最初，臨床心理学で不安の治療に使用する多様な方法がもたらすさまざまな結果を説明するためにこの理論を提案したが，それ以降，多くの研究者が健康と運動行動(McAuley, 1992 ; McAuley & Mihalko, 1998 ; O'Leary, 1985)，スポーツと運動パフォーマンス(Feltz, 1988)など，心理社会機能の他領域にこの理論を拡張して適用している。

客観的に言って，自己効力感の信念はスキルについての判断ではなく，むしろこれらのスキルを達成することができるという判断である(Bandura, 1986)。換言すれば，自己効力感の判断とは，何を遂行したかではなく，何を遂行することができると思っているかと

いう判断である。これらの判断を構成しているものは，多様な効力情報源の認知処理に基づいた複雑な自己評価と自己説得である(Bandura, 1990)。Bandura (1977, 1986)は，これらの情報源を，パフォーマンス達成，代理経験，言語説得，生理状態に分類した。このカテゴリーに感情状態と想像経験を追加している研究者もいる(Maddux, 1995 ; Schunk, 1995)。

パフォーマンスの達成は，熟達経験に基づいているために，効力感のもっとも有力な情報源になっている(Bandura, 1997)。熟達経験は，そのような情報の認知処理を通して，自己効力感の信念に影響している。これらの経験を繰り返し成功とみなしている場合には，その人の自己効力感の信念は高くなる。逆にこれらの経験を失敗とみなしている場合には，その人の自己効力感の信念は低くなる。さらに，成功の自己モニタリングや成功へのこだわりは，失敗の自己モニタリングよりも，その人を激励して，自己効力感を高める原因になっている。しかしながら，成功は満足とつながらないことに注意する必要がある。Bandura は，容易な成功後のスランプと失敗後の強い影響が競争的な苦闘に共通してみられると示唆している。困難な目標設定の継続と，標準以下のパフォーマンスに対するポジティブ反応は，動機づけの強度とレベルの上昇に貢献している。

過去のパフォーマンス経験が自己効力感の信念に与える影響は，パフォーマンスの困難感，費やした努力，受けた指導の量，成功と失敗の時間的なパターン，さらには生得的な才能と比較した後天的なスキルとしての特殊"能力"の個人観にも依存している(Bandura, 1986 ; Lirgg, George, Chase, & Ferguson, 1996)。Bandura は，困難な課題，外的な援助のない課題，若干の失敗をしても達成することができた課題のパフォーマンス成果には，容易に達成した課題，外的な援助によって達成した課題，進歩の兆候をほとんどみせることなく繰り返し失敗した課題よりも大きな効力感の価値があると主張した。Miller(1993)は，競泳選手にやさしい目標を与えた場合，選手の高い自己

効力感と動機づけとの間に負の関係が生じることを明らかにした。

効力感の情報は，他者との社会的な比較過程からも引き出すことができる。この過程には，1人以上のパフォーマンス成果の情報を観察して自分のパフォーマンスを判断するという事柄が関与している（Maddux, 1995）。一般的に研究者は，効力感の代理情報源がパフォーマンスの達成よりも脆弱であると考えている；しかしながら，自己効力感の向上には多数の要因が影響している。例えば，個人は，パフォーマンス状況の経験が少なければ少ないほど，いっそう他者に依存して自己の能力を判断するようになる。パフォーマンスや個人的な特徴に関するモデルとの類似感は，個人の自己効力感の判断に影響するようなモデリングの手続きを促進することが明らかになっている（George, Feltz, & Chase, 1992 ; Weiss, McCullagh, Smith, & Berlant, 1998）。

スポーツの自己効力感とパフォーマンスを高めるモデリングの特殊な形態の1つは，自己モデリングである（Dowrick, 1991 ; Franks & Maile, 1991）。自己モデリングとは，過去に行った自分の正しいパフォーマンスや最良のパフォーマンスの部分を反復観察して，将来のパフォーマンスモデルに使用することである（Dowrick & Dove, 1980）。自己モデリングは効力感の信念に影響を与えることによってパフォーマンスに作用するとBandura（1997）は示唆している。自己モデリングを調べたスポーツ分野の研究はほとんどなく，結果もはっきりしていない（Singleton & Feltz, 1999 ; Winfrey & Weeks, 1993）。WinfreyとWeeksは，自己モデリングのビデオ映像を使用して女子体操選手の平均台パフォーマンスを検討した。その結果，自己モデリングは自己効力感に影響しないことが明らかになった。しかしながら，Winfreyらは，Banduraが推奨した自己効力感の測定手続きを使用しなかった。また標本数も非常に少なかった。5項目のスキル固有の自己効力感尺度を使用したSingletonとFeltzの研究によって，自己モデリングのビデオ映像を数週間観察した大学ホッケー選手は，試合において統制群よりも正確なシュートと高い自己効力感を示すことが明らかになった。

競技者の自己効力感を高めるために，コーチ，マネージャー，親，仲間は，説得技法を広く使用している。説得技法には，言語説得，評価フィードバック，他者の期待，セルフトーク，ポジティブイメージ，他の認知方略などがある。多くの研究者は，理論的に，説得に基づいた自己効力感の信念が，達成に基づいたものよりも弱いものと考えている。しかしながら，Bandura（1997）は，説得的な情報の阻害的な効果が，促進的な効果よりも強力であると指摘している。ある活動における能力不足やあきらめの早さを指摘すると，指摘された人は該当する活動への挑戦を回避するようになる。説得の手段のみで自己効力感の強い信念を吹き込むことはより困難である。多くの研究者は，自己効力感に影響する説得の程度が，名声，信憑性，専門知識，説得者の信頼性に依存すると仮定している。通常，研究者は，コーチを競技者能力の確実な情報源と考えている。有能なコーチは，競技者に感情を鼓舞するようなメッセージを与えるとともに，競技者に成功をもたらすような活動や，繰り返し失敗しがちな状況に早くから競技者が陥らないための活動も構築している（Bandura, 1997）。信頼できるコーチは，成果よりもむしろ自己改善の点から成功を評価するようにと競技者を励ましている。

さらに，効力感の情報は，その人の生理的な状態や状況から得ることができる。生理的な情報には，その人の健康，疲労，痛みのレベル（体力と持久力活動）と同様に，恐怖，自信喪失，やる気，パフォーマンスの準備と結びついた自律神経の喚起などがある。生理的な情報は，非身体的な課題よりもスポーツや身体的活動の課題に関する効力感についての，より重要な情報源であることが明らかになっている（Chase, Feltz, Tully, & Lirgg, 1994 ; Feltz & Riessinger, 1990）。個人の感情状態は，生理的な情報と同様に，効力感を形成する補足的な情報源になっている。幸福，爽快，平静を特徴とするポジティブな感情は，悲しみ，不安，抑うつといったネガティブな感情よりも，効力感の判断を高める可能性があるように思われる（Maddux & Meier, 1995 ; Treasure, Monson, & Lox, 1996）。Schunk（1995）は，個人が不安の感情徴候を課題遂行に必要なスキルの欠如と解釈しており，それが効力感の判断に影響していると示唆した。

最後になるが，Maddux（1995）は，効力感の別の情報源としてイメージ経験を導入した。人々は，予想したパフォーマンス状況での自身と他者の成功や失敗行動をイメージして，効力感の信念を作り出すことができる。Bandura（1997）は，これを認知的な自己モデリング（もしくは認知の実演）と呼び，モデリング形成に影響する1つの形態として記述した。自分が対戦相手に勝利するイメージによって，効力感の判断と持久運動能力が高まることが明らかになっている（Feltz & Riessinger, 1990）。メンタルリハーサルの方略といった他の認知シミュレーションによって競技効力感の信念と競技パフォーマンスが高まることも明らかになっている（Garza & Feltz, 1998）。

Banduraの自己効力感の理論（1977, 1986, 1997）に基づいた効力感情報のこれらのカテゴリーは，影響力に多少の違いがあるにしても，提供する情報の点では互いに矛盾していない。さまざまな情報源が，多様な課題，状況，個人スキルの判断にどのように重みづけをしているのかはいまだ明らかになっていない。しかしながら，これらの判断の結果は，個々人の挑戦，活動に費やす努力，困難時の忍耐に反映して動機づけレ

ベルを決定することが明らかになっている(Bandura, 1997)。さらにまた，個人の自己効力感の判断は，動機の思考パターン(例えば，目標意志，悩み，原因帰属)や感情反応(例えば，誇り，羞恥心，幸福，悲しみ)に影響し，動機づけにも影響することが明らかになっている(Bandura, 1997)。

その上，研究者は，自己効力感の判断とパフォーマンスの達成に，時間的な再帰関係があると信じている；"熟達期待はパフォーマンスに影響し，次に努力の蓄積効果が熟達期待を変更する"(Bandura, 1977, p.194)。同様に，Bandura(1990)は自己効力感と思考パターンの関係に再帰的な性質があると強調した。図13.1は，Banduraの理論とMaddux(1995)の付加的な決定要因が予測する，効力感の主要な情報源-効力感の判断-結果の関係を示したものである。

Bandura(1977, 1986, 1997)は，自己効力感の判断を予測するために，いくつかの限定要因を規定した。自己効力感の信念は，自己効力感に従った行動の動機が十分にあり，同時に必要なスキルがある場合にのみ，行動の主要な決定要因になっている。活動する動機がほとんどない場合や，パフォーマンスに身体的または社会的な制約がある場合には，自己効力感の信念が実際のパフォーマンスを凌ぐことになる。必要なスキルと高い自己効力感の信念があっても，パフォーマンスの動機がない人もいる。Banduraによれば，課題や環境があいまいな場合，もしくは初めてスキルを学ぶ時のように効力感の判断情報がほとんど存在しない場合には，効力感の信念とパフォーマンスの間に矛盾が生じてくる。

自己効力感の期待と成果の期待を混同してはならない。研究者は，成果の期待を，ある行動がある成果に結びつくという信念と定義している。一方，自己効力感とは，行動をうまく遂行するための能力の信念である(Bandura, 1977)。本質的に，成果の期待はその人の環境の信念と関係しており，効力感の期待はその人の能力の信念と関係している。スポーツ心理学者の中には，試合の勝利といったパフォーマンスのマーカーと成果の期待を混同している者もいる。Bandura(1997)は，成果の期待が取り得る主要な3形態は，身体的効果，社会的効果，自己評価の効果，であると述べ，"行動の事象と行動が引き起こす効果の事象は別種のものである"と記載している(p.22)。つまり，身体的な成果に効果があるものの例はポジティブ／ネガティブな感覚経験，社会的な成果に効果があるものの例は承認／不承認や特権による金銭的な補償／剥奪，自己評価的な成果があるものの例は自己承認／自己満足である。競技に関する競技者の順位や勝利は，この種類の効果に適合していない。競技における選手の順位(1番，2番，3番，その他)は，パフォーマンスのマーカーである。FeltzとChase(1998)は，これを"競争"効力感または"比較"効力感と名付けた。試合での勝利という成果の期待は，コーチによる承認，金銭，トロフィーの獲得のような高いレベルの自己満足であるように思われる。自己効力感の信念と成果の期待は，ともにスポーツ状況下での行動に影響している。しかし，Bandura(1997)によれば成果の期待は自己効力感の判断に強く依存しており，したがって，自己効力感が予測する以上のものは予測しないことになる。

さまざまな研究領域やさまざまなデザインの研究では，自己効力感の信念とパフォーマンスのポジティブな関係を，一貫して支持している(Bandura, 1997)。しかしながら，自己効力感の信念の測定には研究間で一貫性がなく，必ずしも適切なものにはなっていない。それゆえに，自己効力感の測定には当然，何らかの注意が必要になっている。

自己効力感の測定

Bandura(1977, 1986, 1997)は，パフォーマンスの全体的な期待の評価よりも，むしろ機能領域固有の特殊な自己効力感測度を推奨している。このことは自己効力感の信念のレベル，強度，一般性の詳細な評価を要するような，微量分析のアプローチを推奨していることに他ならない。Banduraは，自己効力感のレベルを，パフォーマンスの強度もしくはパフォーマンスレベルに関するその人の信念と定義している。また，強度を，人があるパフォーマンスレベルに到達できるこ

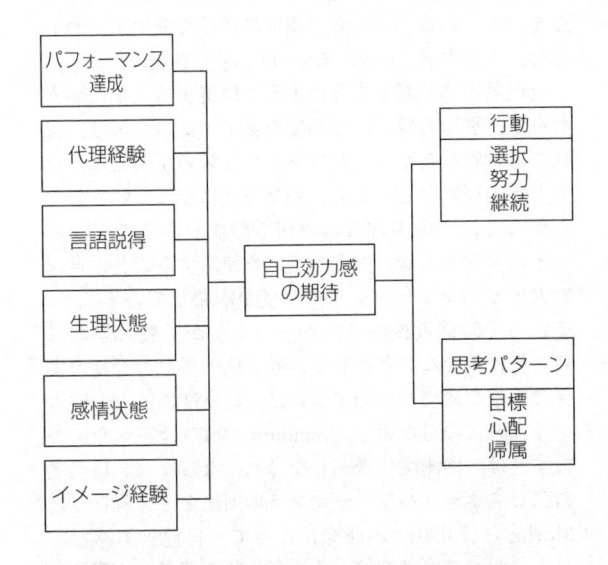

図13.1 効力感の情報源-効力感の判断-結果の関係
(*Advances in sport and exercise psychology measurement*, p.66, by J.L. Duda(Ed.), 1998, Morgantown, WV: Fitness Information Technology より許可を得て転載)

との確信と定義している。一般性は，個人が有効と信じる領域の数を指している。スポーツの研究に自己効力感の一般性の測定を取り込んだものはほとんどない。微量分析のアプローチを使用すれば，個人の課題レベルで自己効力感とパフォーマンスの一致が分析できる(Bandura, 1997)。一致度の分析とは，効力感の判断とパフォーマンスが一致する項目の割合を計算することである。Wurtele(1986)が注目したように，スポーツ心理学の研究ではこれまでこのタイプの分析をしていなかった。どちらかといえば，一般的に研究者は，自己効力感のレベルと強度の合計スコアをパフォーマンスの合計スコアに関係づけている(Feltz & Chase, 1998)。

スポーツの研究では，さまざまな難度，複雑度，ストレス度の一連の課題リストによって，自己効力感の測度を構成している。一般的にはこれらを階層的な自己効力感測度と呼んでいる。実験参加者には，自分が実行できると思う課題(効力感のレベル)を指し示す(はい／いいえ)ように求め，"はい"と指し示した課題には，それが確実に実行できる程度(効力感の強度)を不確実〜確実までの尺度上に得点で示すように求めている；尺度幅には0〜10の1段階区切りのもの，0〜100の10段階区切りのものがある。大半の階層尺度の構成は，もっとも難しいフィギュアスケートジャンプが10回中1回〜10回中10回着氷できるといった難度増加の課題リストになっている(Garza & Feltz, 1988)。

非階層的な尺度を構築する際には，状況の要求レベルの文脈的な分析と同時に，ある領域での遂行に必要な下位スキルの概念の分析をしなければならない。レスリングでは，そのような尺度の項目として，逃げる，裏返す，バックを取る，フォールを奪う，倒さない，投げ技で倒す，片足を取って倒す，相手に乗る，両足を取って倒す，フォールを奪われない，などがある(Treasure et al., 1996)。非階層尺度を使用する研究者が自己効力感に相当する合計得点を使用する場合には，内的な一貫性を確定して報告しなければならない(Feltz & Chase, 1998)。

実験参加者が持っている，自分のパフォーマンスへの確信度や，相手のパフォーマンスに打ち勝つ確信度を単一項目の質問で調べている研究者もいる。これら単一項目尺度の信頼性と妥当性は，いくつかの要因が成果に影響するような競技場面で，特に問題になっている(Feltz & Chase, 1998)。そのような状況での自己効力感とパフォーマンス成果の相関は，多項目を使用する場合よりも低下することが明らかになっている(Moritz et al., 印刷中)。

多くの研究者は，自己効力感の尺度を特定の研究用に作成しているが，Ryckmanら(Ryckman, Robbins, Thornton, & Cantrell, 1982)は，より一般的な自己効力感の測度をスポーツや身体的活動分野に提供するために，2つの下位尺度を含む身体自己効力感尺度(Physical Self-Efficacy Scale：PSE)を開発した。2つの下位尺度のうち自覚的な身体能力の下位尺度(perceived physical ability subscale：PPA)は個人の一般的な身体能力感を測定し，自己提示自信下位尺度(Self-Presentation Confidence subscale：PSC)は身体スキルの誇示効力感を測定するものになっている。それぞれの項目は，確率尺度でというよりも，むしろ，すべて当てはまるもの〜まったく当てはまらないものまでの6ポイントのリッカート尺度で評価するような形態になっている。競技スポーツの文脈ではPSEの予測妥当性が明らかになっている(Gayton, Matthews, & Borchstead, 1986)が，課題固有の尺度の方が特異的な課題の予測要因としてより適していることを明らかにしている研究もある(LaGuardia & Labbé, 1993；McAuley & Gill, 1983；Slanger & Rudestam, 1997)。自己効力感の測度としてのPSE概念を疑問視する向きもある。なぜなら，Ryckmanらはこれらの項目を目標努力の文脈で開発したのではなく，これらの項目は自己概念の測度をより多く表わしているように思えるからである(Feltz & Chase, 1998；Maddux & Meier, 1995)。

研究者がスポーツ能力の自己評価に使用している2つの測度は，(1)Vealeyのスポーツ自信測度(sport confidence measure；Vealey, 1986)，(2)競技スポーツ不安目録(Competitive Sport Anxiety Inventory-2：CSAI-2；Martens, Burton, Vealey, Bump, & Smith, 1990)，の自信下位尺度である。スポーツの自信は，スポーツで成功しそうな個人の特性と状態感を評価する際のより広義の概念になっている。CSAI-2が測定する自信は，競技に成功しそうな人の能力にも広く焦点を当てている。これらの測度の詳細な使用法については，本書の第21章と第11章を参照されたい。

自己効力感の測度をどのように構築するのかにかかわらず，理論の原理内で測度を構築する場合には，動機づけ行動やスポーツパフォーマンスの説明では自己効力感の測度がもっとも有効な方法になっている。したがって，実験参加者に適切な動機があること，パフォーマンス領域に固有の測度を使用すること，自己効力感とパフォーマンスの測度が調和していること，それらを時間近接的に評価することが必要と思われる。特に重要なこととして，効力感の信念と行動の関係の構造を適切に評価するには，両測度の能力が同等でなければならないと，Bandura(1997)は述べた。換言すれば，両測度は調和しなければならない。自己効力感とスポーツパフォーマンスの関係をメタ解析したMoritzら(印刷中)の研究によって，自己効力感とパフォーマンスの測度が一致しない時の両者の相関(r＝0.26)は，両測度の能力が一致した時の相関(r＝0.43)よりも低いことが明らかになった。レスリングの動作を微量分析的に評価(例えば，逃げ，返し，足取

りなど)しても，レスラーの全体得点をパフォーマンス測度として使用しない場合には，一致の欠如は明らかだと思われる。

自己効力感の評価からパフォーマンスに至るまでの時間経過も重要である(Bandura, 1986)。自己効力感とパフォーマンスの測度をほぼ同時に評価しない場合には，干渉経験によって実験参加者の効力感の信念が変化するかもしれない(Bandura, 1986)。しかしながら，Wiggins(1998)の研究から，競技者の効力感の期待は競技の24時間内では非常に安定していることが明らかになった。

要約すると，パフォーマンスを予測する自己効力感には多数の測定要因が影響している。Feltz(1992)は，自己効力感をパフォーマンスの重要な予測要因とみなしていない研究では，理論の概念的な健全性よりも研究の測定問題に強い関心を寄せていると主張した。自己効力感の尺度構成法と，自己効力感を巡る測定問題のより徹底した議論は，FeltzとChase(1998)を参照されたい。

競技者を対象にした自己効力感の研究

自己効力感の有効性をスポーツパフォーマンスの有力なメカニズムとして指摘している証拠の多くは，非競技者集団と計画的な設定を使用した研究で明らかになった(Feltz, 1992)。それらの研究から，人々のパフォーマンスの能力感は動機づけやパフォーマンスに一貫して有意に影響していることが明らかになった(Feltz, 1994)。本章のレビューは，競技者の自己効力感を自己効力感の尺度で調べた研究のみに限定することにした。スポーツの自信度(Vealey, 1986)やCSAI-2測度のみを使用した研究は，本書の他の章で取り上げているので，本章ではあえて紹介しないことにした。Moritzら(印刷中)は自己効力感に関する45の研究をメタ分析してレビューしたが，競技者の自己効力感-スポーツパフォーマンスの関係をテーマにしていたのは，その中の10研究だけであった。その他の15研究は，子供と青年(Moritzらでは16歳以下のサンプルを排除した)のいずれか一方のパフォーマンスのみを使用した研究や，Moritzらのメタ分析後に発表された研究であった。表13.1は25研究を要約したものである。

研究は，子供と高校生の競技者からエクストリームスポーツの競技者まで幅があった。FeltzとChase(1998)は，子供の自己効力感を評価する測度の様式と適切性について警告している。自己効力感の強度とレベルの一般的な測度様式は，9歳未満の子供にとっては難しすぎる。さらに9歳未満の子供が自分の能力を評価しても，年上の子供や成人の評価ほど正確ではない(Lee, 1982, 1986; Watkins, Garcia, & Turek, 1994; Weiss, Wiese, & Klint, 1989; Winfrey & Weeks, 1993)。

自己効力感の測度については，2研究(Gayton et al., 1986; Ryckman & Hamel, 1993)を除いたすべての研究で，課題固有な尺度を使用していた。しかしながら，約半数の研究では，Bandura(1977)の勧告に従って，パフォーマンス測定後の24時間以内に自己効力感を測定していた。パフォーマンスに主眼を置いた11の研究では，競技タイム，勝/敗率，判定スコアといった競技成果を報告していた。ショット数をパフォーマンスにしているペナルティーシュートのような特殊な競争を使用した研究もあった。競技者の自己効力感の信念を調べた研究では，その多く(n=18)において，自己効力感とパフォーマンスの関係を検討していた(表13.1を参照)。それらの中にはパフォーマンスの他の予測要因を比較した研究もあった。ほとんどの研究では，自己効力感とパフォーマンスの間に有意な関係や，少なくとも適度な関係があった。2つの測度間に低い相関を認めた研究では，非伝統的な自己効力感の測度を使用していたり，測定の間に長い時間のずれがあったり，自己効力感の測度とパフォーマンス測度の一致度が低かったりしていた。例えば，Lee(1988)は，ホッケーの大学女子選手を調べたが，自己効力感とパフォーマンスの時間間隔を明示しなかったし，試合前の自己効力感も評価していなかった。また，自己効力感の尺度(個人のホッケースキルに基づいた)とパフォーマンスの測度(チーム勝率に基づいた)は一致していなかった。

パフォーマンスと自己効力感の関係を調べた以外に，14の研究では自己効力感の信念とパフォーマンスの他の予測要因の関係も比較していた。他の予測要因には，一般的な自己効力感の測度，反応結果，誘意性，不安，心配，感情，制御感，個人的目標と目標の重要性，競争指向，スポーツの自信，過去のパフォーマンス/経験/トレーニング歴などがあった。これらの大半の研究では，自己効力感の信念には他の変数以上の予測強度があると指摘していた。例えば，George(1994)は，自己効力感と不安(認知的，身体的)が9回実施するうちの1回目の打撃パフォーマンスを公平に予測することを明らかにした。Kane, Marks, Zaccaro, Blair(1996)は，以前のパフォーマンスがレスリングの試合の勝率を予測することを明らかにしたが，延長戦のパフォーマンスにもっとも強く貢献していたのは自己効力感であった。LaGuardiaとLabbé(1993)は，走者の予測タイム，トレーニング走のマイル数，自己効力感の信念によって3レースのペースタイムを予測することができると述べた。

自己効力感の信念よりも他の変数の方がパフォーマンスの強い予測要因であると指摘した研究は，3編のみであった。Lee(1982)は，体操選手の自己効力感は以前のパフォーマンスよりも現在のパフォーマンスに

表 13.1 競技者の自己効力感に関する研究

研究者	対象	目的	自己効力感の測度	パフォーマンス測度	結果
Barling & Abel (1983)	テニスリーグ選手 32 名，非リーグ選手 8 名；平均年齢：26.6 歳；アメリカ	SE，反応-結果，誘意性，テニスパフォーマンスの関係を検討	5 ポイント 10 項目のテニススキル SE 強度尺度（α=N/A）TTP：パフォーマンス評価の 3 時間後	37 項目の外的評価尺度，12 カテゴリー	1. 効力感の強度はパフォーマンスと 12 のカテゴリーで関係した。2. 反応-結果と誘意性の間に低い相関があった
Garza & Feltz (1998)	アメリカフィギュアスケート協会の女子選手 27 名：予備予選～新人；平均年齢：12.7 歳；アメリカ	MP 技法が SE，競技の自信（CSAI-2），パフォーマンスに及ぼす効果を比較	3 種類の 11 ポイント 10 項目の SE 強度確率尺度（ジャンプ，スピン，連続動作）（階層的）；TTP：競技の 1 週間後	3 種類の外的な 6 項目評定尺度：16 項目のジャンプ尺度，10 項目のスピン尺度，5 項目の連続動作尺度	1. 両 MP 技法によってパフォーマンスと競技が改善した。2. 全グループの SE が改善した
Gayton et al. (1986)	マラソン選手 33 名（男子 22 名，女子 11 名）；平均年齢：38.6 歳；アメリカ	PSE の妥当性を検証	PSE と PPA（α=N/A）；TTP：1 時間以内	ゴールインタイム	PSE と PPA はゴールインタイムと関係した
George (1994)	大学対抗野球選手 25 名，高校野球選手 28 名（大学生）；平均年齢：20.7 歳，17.3 歳（高校生）；アメリカ	9 ゲームに渡る SE とパフォーマンスの関係，認知と身体状態不安（CSAI-2）を検討	11 ポイント 4 項目のヒッティング SE 強度確率尺度（階層的）；TTP：15〜20 分	9 ゲームの打率	1. SE は 5 ゲーム目のヒッティングパフォーマンスを予測した。2. 1 ゲーム目の SE は 6 ゲーム目のパフォーマンスに影響した。3. 不安と SE は 1 ゲーム目のパフォーマンスを予測した。4. 低い不安レベルは 7 ゲーム目の強い SE と関係した（パス解析使用）
Geisler & Leith (1997)	大学サッカー選手と前サッカー選手 40 名；平均年齢：23.8 歳；カナダ	自己効力感，自尊感情，観察がペナルティーシュートのパフォーマンスに及ぼす効果を検討	10 ポイント 1 項目のペナルティーシュートの比較能力 SE 尺度；TTP：数週間	ゴールキーパーに対する 10 回のペナルティーキック	1. 2 分化した SE はパフォーマンスに影響しなかった。2. 2 分化した自尊感情はパフォーマンスに影響しなかった。3. 観客はパフォーマンスに影響しなかった
Haney & Long (1995)	女子選手 178 名；平均年齢：18.7 歳，20.4 歳（バスケットボール，フィールドホッケー／サッカー）；カナダ	モデルの対処効果と SE，制御，身体不安（CSAI-2），従事対非従事対応，パフォーマンスの関連から検討	2 種類の 101 ポイント 4 項目のフィールドホッケー／サッカー／バスケットボールストライクした SE 強度確率尺度（階層的）；TTP：5 分	シュート競争（2 ラウンド）：1. フリースローやペナルティーシュートの回数 2. パフォーマンスの満足度	1. プレー経験年数は SE と制御（御感）を予測した。2. SE は 1 ラウンド目のパフォーマンスを予測したが 2 ラウンド目は予測しなかった。3. 1 ラウンド目のパフォーマンスは制御感と SE を予測した（パス解析使用）
Kane et al. (1996)	高校レスリング選手 216 名；平均年齢 N/A；アメリカ	SE，個人目標，レスリングパフォーマンスの関係を検討	7 ポイント 10 項目のレスリング動作 SE 強度尺度（α=.80）；TTP：N/A	1. 先行パフォーマンス 2. 勝率 3. 延長戦のパフォーマンス 4. パフォーマンスの満足度	1. 先行パフォーマンスは SE を予測した。2. SE は勝率を予測しなかった。3. SE は延長戦のパフォーマンスと満足度を予測した（パス解析使用）

研究者	対象	目的	自己効力感の測定	パフォーマンス測定	結果
LaGuardia & Labbé (1993)	47 クラブのランナー 7 名 (男子 33 名, 女子 14 名), 大学選手 16 名 (男子 10 名, 女子 6 名): 平均年齢=N/A (全員が 19 歳以上): アメリカ	ランニングパフォーマンスに対する課題固有の SE, 一般的 SE, 予測タイム, トレーニング距離の予測力を比較。不安 (STAI) と SE の関係を検討	1.7 ポイント 14 項目のランニング SE 確率尺度 2.PSE と PPS (α=N/A): TTP: 1 時間	3 レースのペースタイム (1 マイル～10 km)	1. PSE ではなく, ランニング SE が 3 レースすべてのペースタイムを予測した。 2. ランニング SE ではなく, PSE が STAI と関係した
Lee (1982)	女子体操選手 14 名: 平均年齢: 9.7 歳: オーストラリア	SE の予測力と以前の競技パフォーマンススコアを比較	5 種目の公式評価スコア (1～10 ポイント): TTP: 7 日前	10 ポイント尺度で評価したベスト 3 種目の平均スコア	1. 体操選手の期待は先行パフォーマンスよりも次のパフォーマンスに関係した。 2. コーチの期待は選手の期待よりもパフォーマンスに関係した
Lee (1986)	女子体操選手 16 名: 平均年齢: 10.9 歳: オーストラリア	SE の予測力と以前の競技パフォーマンススコア, 練習パフォーマンスを比較	段違い平行棒の公式評価 (1～10 ポイント): TTP: 2 週間前	10 ポイント尺度で判定した段違い平行棒のスコア	1. トレーニングパフォーマンスは競技スコアに関係した。 2. SE と先行スコアは競技スコアに関係しなかった
Lee (1988)	大学女子フィールドホッケー選手 96 名 (9 チーム): 平均年齢: 21 歳: アメリカ	目標設定, チームパフォーマンス, SE との関係を検討	項目数: N/A; 10 ポイント SE 強度とホッケースキルレベルの確率尺度 (α=N/A); TTP: 時間にばらつきがあった	チームの勝敗率	1. スキルレベルではなく, SE 強度がチームの勝率と関係した。 2. チームの目標設定は, SE 強度よりもチームの目標設定は強く直接的に勝率と関係した
Martin & Gill (1991)	男子高校中距離走選手 73 名: 平均年齢: 16 歳: アメリカ	SE, 競技指向 (SOQ と TSCI と SSCI), 認知不安 (CSAI-2), パフォーマンスとの関係を検討	1.101 ポイント 6 項目の SE 配置確率尺度 (強度) 2.101 ポイント 6 項目のパフォーマンスタイム SE 尺度 (強度) (階層的): TTP: 25～35 分後	1. 1/2, 1, 2 マイルのゴールタイム (それぞれ標準化したもの) 2. ゴール順位	1. TSCI は SE の位置を予測した。 2. SE の位置だけがゴールインタイムとゴール順位を予測した。 3. 競技指向 (SOQ) はパフォーマンスタイム SE を弱く予測した
Martin & Gill (1995a)	高校長距離走選手 86 名 (女子 38 名, 男子 48 名): 平均年齢: 16 歳: アメリカ	SE, 競技指向 (SOQ), 目標重要性, 目標指向, パフォーマンスとの関係を検討	1.101 ポイント 6 項目の SE 配置確率尺度 2.101 ポイント 6 項目のパフォーマンスタイム SE 尺度 (階層的): TTP: 25～35 分後	1. 1/2, 1, 2 マイルのゴールタイム (それぞれ標準化したもの) 2. ゴール順位	1. 勝利指向とゴール順位の重要性は SE の位置を予測した。 2. ゴールタイムの重要性はパフォーマンスタイム SE を予測した。 3. SE の位置はゴール順位を予測した (パス解析使用)
Martin & Gill (1995b)	男子マラソン選手 41 名: 平均年齢: 32.2 歳: フィリピン	SE, スポーツに対する自信 (TSCI), 競技指向 (SOQ), 目標重要性との関係を検討	1.101 ポイント 6 項目の SE 配置確率尺度 2.101 ポイント 6 項目のパフォーマンス SE 尺度 (階層的): 1～3 日	なし	1. TSCI は SE の位置と相関した。 2. SE の位置は順位およびゴールタイムの重要性と相関した。 3. タイム SE はゴールタイムの重要性と相関した

(次頁につづく)

研究者	対象	目的	自己効力感の測度	パフォーマンス測度	結果
Martin & Mushett (1996)	イギリスで開催した脳性麻痺者の試合参加選手78名（女子34名，男子44名；平均年齢：23.4歳；オーストラリア，カナダ，イギリス	ソーシャルサポート，SE，競技満足の関係を検討	101ポイント1項目のSE確率尺度（潜在能力を成就するための練習能力について）	なし	SEは聴取によるサポート，感情のサポート，技術困難へのサポートと相関した
McAuley & Gill (1983)	大学対抗女子体操選手52名；平均年齢：N/A；アメリカ	体操パフォーマンスに対する課題固有SEと一般的SEの予測力を比較	1. 各7項目からなる4種類のSE強度尺度（跳馬，平均台，段違い平行棒）（階層的）；2. PSE（α=0.76）；PPA（α=0.72）下位尺度；PSPC（α=0.42）；TTP：1時間以内	各イベントを10ポイントで評価した個人スコア	課題固有のSE尺度はPSE尺度よりもパフォーマンスをよく予測した
Miller (1993)	クラブレベルの競泳選手84名（男子42名，女子42名）；平均年齢：14.38歳；カナダ	SEレベルを高低に操作した実験デザインによって水泳パフォーマンスのSE，スキルレベル，動機づけを比較。SEと動機づけの関係を検討	100ポイントのSE強度確率尺度；項目数=N/A（α=N/A）；TTP：3分	200m個人メドレー。シミュレーションした競技	1. SEが高い水泳選手は低い選手よりも速く泳いだ。2. スキルレベルや動機づけはパフォーマンスに影響しなかった。3. SEの高さと動機づけの間には逆の関係があった。
Okumabua (1986)	マラソン選手90名（男子82名，女子8名）；平均年齢：35.5歳；アメリカ	SE，連合的な認知戦略の使用，痛みの予想，練習歴，過去のパフォーマンスとの関係を検討	100ポイント9項目のマラソン課題SE強度とレベルの確率尺度（階層的）；TTP：約3日	ゴールタイム	1. SE強度は過去のパフォーマンス，痛みの予想，練習歴よりも強くゴールタイムを予測した。2. SE強度とレベルは練習歴と過去のパフォーマンスに関係していた
Ryckman & Hamel (1993)	高校9学年の選手123名（女子61名，男子62名）；平均年齢：14.34歳；アメリカ	PPAとスポーツ参加動機を検討	PPA	なし	PPAが高い競技者はPPAが低い競技者よりもスキル開発，チーム所属，競技の楽しさをスポーツ参加の重要な理由であると評定した
Singleton & Feltz (1999)	男子アイスホッケー選手23名；年齢：N/A（年齢幅19-23歳）；アメリカ	自己モデリングがSEとゴールシュートパフォーマンスに及ぼす影響をSEを介入によって検討	10ポイント5項目の試合でのシュートスキルSE強度確率尺度（α=0.80）；TTP：即時	ゴールの4つのコーナーに配したターゲットに各5回バックハンドショットをする；トータルショット＝計20回×3ピリオド	自己モデリング群は統制群よりもシュートが正確になり，SEが強力になった
Slanger & Rudestam (1997)	スキー，ロッククライミング，急流カヤック，スタント飛行の極限スポーツ参加男子40名（超リスク指向者20名，高度リスク指向者20名（中程度リスクスポーツの訓練を受けた競技者20名；年齢：N/A	超，高，中リスクスポーツ競技者の一般的SE，課題特有SE，刺激欲求，死，不安，抑圧／感作の比較を検討	1. 身体リスクSE強度尺度（α=0.90）とエラーに着目した3つの下位尺度；ささいな，有害な，致命的な；各尺度は101ポイント6項目の確率尺度からなる。ささいな（α=0.90），有害な（α=0.89），致命的な（α=0.92）．2. PSE；3. SES；TTP：関連なし	なし	身体リスクのSEだけが，超リスク指向者と高リスク指向者を区別する変数だった

研究者	対象	目的	自己効力感の測度	パフォーマンス測度	結果
Treasure et al. (1996)	男子高校レスリング選手70名；平均年齢：16.03歳；アメリカ	SE、パフォーマンス、不安（CSAI-2）、競技前の感情との関係を検討	101ポイント10項目のレスリング競技SE強度確率尺度（α=N/A）；TTP：15分	1.勝-敗；2.ポイントのスコア数	1.SEは試合前のポジティブな感情と不安に有意に関係していた。2.SEは両パフォーマンス測度に関係していた。3.SEはポジティブな感情、不安、レスリング経験、年齢と比較して、唯一有意に勝者/敗者を予測した
Watkins et al. (1994)	スポーツキャンプの少年野球選手205名；平均年齢：12.5歳；アメリカ	SEとヒッティングパフォーマンスの関係を検討	6項目のSE強度を調べる10cmビジュアルアナログスケール（階層的）；TTP：即時	バッティングゲージにおける4試合のヒッティングパフォーマンス	1.SEはパフォーマンスを予測しなかった。2.以前のパフォーマンスは、SEと次のパフォーマンスを予測した
Weiss et al. (1989)	州大会出場の少年体操選手22名；平均年齢：11.5歳；アメリカ	SE、競技不安（CSAI-C）、心配、認知、経験、パフォーマンスとの関係を検討	6種目の各評価；TTP：2時間	鉄棒、鞍馬、床、平行棒、吊輪、跳馬の個別スコアと全種目のスコア	SEだけがパフォーマンスを有意に予測した
Winfrey & Weeks (1993)	中レベルの少女体操選手11名（年齢幅8~13歳）：アメリカ	自己モデリングがSEと平均台のパフォーマンスに及ぼす影響を介入によって検討	9ポイント9項目のSSCI修正平均台SE尺度（α=0.82~0.97）；TTP：即時	4回に渡る平均台スキルテストの判定	SEやパフォーマンスに効果はなかった

COI=競技志向目録 Competitive Orientation Inventory(Vealey, 1986), CSAI-2=競技状態不安目録-2 Competitive State Anxiety Inventory-2(Martens et al., 1990), CSAI-C=競技状態不安目録（児童版）Competitive State Anxiety Inventory-Children(Martens, Burton, Rivkin, & Simon, 1980), MP=メンタルプラクティス Mental practice, N/A=不明 Not available, PPA=身体能力感の下位尺度 Perceived Physical Ability Subscale(Ryckman et al., 1982), PSC=身体表出自信の下位尺度 Physical Self-Presentation Confidence Subscale(Ryckman et al., 1982), PSE=身体自己効力感尺度 Physical Self-Efficacy Scale(Ryckman et al., 1982), SE=自己効力感 Self-efficacy, SOQ=競技志向質問紙 Sport Orientation Questionnaire(Gill & Deeter, 1988), SSCI=状態スポーツ自信目録 State Sport Confidence Inventory(Vealey, 1986), STAI=状態-特性不安目録 State-Trait Anxiety Inventory(Spielberger, Gorsuch, & Loshene, 1970), TICI=特性スポーツ自信目録 Trait Sport Confidence Inventory(Vealey, 1986), TTP=パフォーマンスまでの時間 Time to performance

密接に関係しているが，体操選手のパフォーマンスに対するコーチの評価と，それほどではないにせよ，以前の競技数のみがパフォーマンス得点の有意な予測要因になることを明らかにした。しかしながら，Wurtele (1986, p.292)は，一般化を制約するような研究の多数の方法論の問題について次のように指摘した；"(1)実験参加者はかなり若かった(年齢，7～12歳)，また課題を理解していない可能性があった，(2)すべての実験参加者が以前の競技に参加していたわけではなかった，(3)実験参加者の強度のみを評価して，自己効力感のレベルは評価しなかった，(4)競技の1週間前に自己効力感を評価した"。自己効力感のレベル(または強度)測定は絶対に必要というわけではないが(Feltz & Chase, 1998)，自己効力感の強度の測度として個人のパフォーマンス得点の公的な評価を使用することには，妥当性の点で問題が多い。

Lee(1988)は，その後の研究で，チームの目標設定が選手の自己効力感の信念よりも強くチームの勝率に直接関係していることを明らかにした。本章の初めに述べた自己効力感の測定法の問題に加え，FeltzとLirgg(1998)は，チームパフォーマンスが個人の信念よりも強くチームの信念に関連していることを証明した。野球のユース選手の自己効力感の信念は，以前のパフォーマンスと同様に，打撃練習のパフォーマンスを予測しなかった(Watkins et al., 1994)。この研究では，打者が変化のない条件下で4試行のパフォーマンスを行った。Bandura(1997)が指摘したように，この条件は以前のパフォーマンスによる予測を高めるが，試合条件下のバッティングを現実的に予測するものではない。野球の試合で次のバッティングを予測するものは，前のバッティングではなく自己効力感の信念であるとGeorge(1994)は結論づけた。

自己効力感の判断に影響する要因を調べている研究者もいる。それらの研究者は，Bandura(1986, 1997)の予測に準じた自己効力感の期待予測要因として，先行パフォーマンス，トレーニング歴，プレー経験といったパフォーマンスの変数を調べている。その他としては，不安，感情状態，競技志向，目標の重要性，スポーツの自信(特性)といった認知変数を含んだ測度もある。自己効力感の予測要因としてパフォーマンスの変数をテストした研究から，2つの測度間の強い関係が明らかになった(George, 1994；Haney & Long, 1995；Kane et al., 1996；Okwumabua, 1986；Watkins et al., 1994)。さらに，この関係を数試行に渡ってパス解析した研究者(例えば，George, 1994；Haney & Long, 1995；Kane et al., 1996)は，Bandura (1977)が強調したパフォーマンスと自己効力感の再帰的なパターンを支持している。たとえパフォーマンスと自己効力感の再帰的なパターンを支持しても，パフォーマンスの諸変数は，一般的に，非競技者の以前のパス解析の結果を支持するようなパフォーマンスの自己効力感(例えば，Feltz, 1982；Feltz & Mugno, 1983)やMoritzら(印刷中)のメタ分析の知見を裏づけるようなパフォーマンスの自己効力感よりも強力に自己効力感を予測する要因であることが明らかになった。しかしながら，スポーツパフォーマンスの性質を複雑なものと仮定するならば，自己効力感が効力感とパフォーマンスの関係での強力な変数になるとは思えない(Bandura, 1986, 1990)。個人の制御を超えた要因がパフォーマンススコアの一部(野球の接触頻度，勝率，最終順位といった)になっているところにパフォーマンスの測度を使用した場合，自己効力感はパフォーマンスが自己効力感を予測するほど強力にはパフォーマンスを予測しないように思われる(Feltz, 1992)。

競技者の自己効力感の期待ともっとも強力に結びつく認知変数は，不安，ポジティブとネガティブな感情状態，勝利への目標指向，スポーツの自信(特性)である。George(1994)やTreasureら(1996)は，自己効力感と状態不安(認知と身体的)の間に有意な逆相関があることを明らかにした。Treasureらも，自己効力感がネガティブな感情(例えば，苛立ち，神経質，動揺)と逆相関し，ポジティブな感情(例えば，警戒，決心，鼓舞)と相関することを明らかにした。このように，競技者に効力感があればあるほど競技前の認知的，身体的な不安レベルが低くなり，そればかりか競技者はよりポジティブな感情状態を維持するようになる(Treasure et al, 1996)。

研究者は，競技者の競技指向(勝利または他者よりも優れた遂行や，自己基準と比較して優れた遂行を望むこと)が，効力感の期待に関係していると考えている(Martin and Gill, 1991, 1995a, 1995b)。特に，勝利指向に基づいた成果の目標が，自己効力感の期待を損なうと判断している。なぜならば，勝利指向に基づいた成果の目標は，パフォーマンスの目標よりも制御が難しく，柔軟性も欠けているからである。研究者は，目標指向に基づいたパフォーマンスの目標が効力感の期待を高めると示唆している(Martin & Gill, 1991)。MartinとGillは，長距離ランナーを対象にした一連の研究で，入賞(成果)とゴールタイム(パフォーマンス)に対する競技志向と自己効力感の信念との影響を調べた。その結果，勝利指向と入賞の効力感の信念との相関関係や，目標指向とゴールタイムの信念との相関関係が明らかになった。しかしながら，成果の効力感と勝利指向の関係は，パフォーマンスの効力感と目標指向の関係よりも強かった。Martinらの第2の研究(Martin & Gill, 1995b)から，勝利指向の強いランナーは，成果の効力信念も予測する重要な入賞目標を選択していたことが明らかになった。この結果は，成果の目標が自己効力感に悪影響を与えているということよりも，むしろ成果の目標が他の競技者と比較した自分の能力の現実評価に基づいていることを示唆している。Martinらは，競技者のパフォーマ

ンスタイムの効力感の測度と競技者の重要な目標の測度が概念的に一致しなかったことを認めている。

競技者に介入して自己効力感の期待を高めた研究は，最終的に3編のみであった。Banduraの理論（1977）では，一般的に1つもしくは複数の効力感の情報源に基づいて介入を行っている。SingletonとFeltz（1999）は，大学ホッケー選手の自己効力感の信念とバックハンドショットを向上する自己モデリング技法の使用を調べた。前述したように，Singletonらは，自己モデリングのビデオを数週間に渡って視聴した選手が統制群よりも正確なシュートをするようになり，ゲームパフォーマンスの自己効力感も高くなることを明らかにした。より少数の体操選手を対象とした2番目の研究では，自己モデリング技法も検討したが，自己効力感とパフォーマンスの効果を明らかにすることはできなかった（Winfrey & Weeks, 1993）。また，自己効力感を適切に測定することもできなかった。

3番目の研究では，競技フィギュアスケート選手の自己効力感の信念，競技の自信，パフォーマンスの評価を高めるために，2つのメンタルプラクティス技法を選択的に使用していた（Garza & Feltz, 1998）。Garzaらは，アメリカフィギュアスケート連盟所属のジュニア選手を2つのメンタルプラクティス介入群（自分のフリースタイルルーチンを紙に描く／床上を歩きながら自分のルーチンを行う）と統制群（ストレッチだけを行う）のいずれかにランダムに割り当て，在宅での介入を4週間以上実施して，手続きの信頼性と操作のチェックを行った。介入トレーニングの終了時に，選手は所属クラブの年次競技大会に参加した。コーチは選手のスケート能力を介入前と競技後に評価し，ジャンプ，スピン，ステップ／連係動作といった選手自身のスケート能力を，フィギュアスケーティング自己効力感尺度によって測定した。スケート選手には，"スケーティングルーチンのジャンプ，コンビネーションジャンプ，スピン，スピンコンビネーション，ステップ／連係動作の中でいちばん難しいスキルは何か"と尋ね，各スキル実行の自信について11ポイントの確率目盛り上（10回中1回～10回中10回）に評価するよう求めた。競技の自信はCSAI-2の自信下位尺度によって測定した。

メンタルプラクティス両群のパフォーマンス評価と競技の自信は，ストレッチだけの統制群と比較して有意に向上した。ストレッチ群を含めた全群の自己効力感の判断は向上したが，床上を歩いた群ではスピンの自己効力感が他の2群と比較して非常に向上した。また自己効力感の評価は介入処方と一致しないことが明らかになった。すなわち，研究者は，正確なジャンプ，スピン，連係動作よりも，むしろ選手の全体的なフリースタイルルーチンが向上するように介入の方法を工夫していた。

大半の介入研究が自己効力感を従属変数にしなかったことは驚くべきことである。その理由は，おそらく競技スポーツの主要な変数としてパフォーマンスを強調したことにあると思われる。とはいえ，長期に渡って自己効力感の信念を高め維持するような他の有望な介入を調べる研究は必要である。Schunk（1995）が述べたように，研究者は一般的に短期間に研究し，自己効力感の信念維持を調べる工夫はしていない。全般的にみれば，競技者の自己効力感の信念を調べた研究から明らかになったことは，自己効力感はスポーツパフォーマンスの信頼できる予測要因になり得ることと，他の認知変数やトレーニング変数と相俟ってパフォーマンス分散の説明に役に立つということである。高い自己効力感の期待には，競技者の競技前における低い不安，ポジティブな感情，強力な目標重視，高い個人目標，強いスポーツの自信（特性）が随伴することも明らかになっている。自己効力感がパフォーマンスの重要な予測要因であることを明らかにすることができなかった研究や，介入によって効力感の信念を向上することができなかった研究には，明らかに測定上の問題があった。

チームの集団効力感に関する研究：自己効力感理論の拡張

行為者の自己効力感とその後のパフォーマンスとの関係を調べている研究も多数存在しているが，集団の自信とそのパフォーマンスの関係を検討するようになったのは，ようやく最近になってからである。スポーツのコーチや観客は，同様に，才能ある者の集まりと思えるチームがまずい試合をすることにしばしば当惑している。それにひきかえ，予想以上の成績を収めているチームには，しばしば選手個人が埋没するような連帯感という特徴がある。好成績を収めるその他のチームは，集団内の問題に関わりなく勝利している。これらの矛盾を説明するのは，集団メンバーが集団能力（集団効力感）に感じている自信であるという考え方が出始めている。

定　義

Bandura（1997）が定義した集団効力感と，他の関連構成概念は，概念的に区別する必要がある。Banduraは，望ましい目標達成に向けた活動の整理・実行能力が集団にあるというメンバー相互の信念を，集団効力と定義している。したがって，集団効力感は，自己効力感と同様に課題特異的なものとみなすことができる。Banduraは，集団内で評価した個々人の効力感の単純な合計が集団メンバーの協応ダイナミクスを代表していると説明するのは問題であると強く主張している。換言すれば，集団には効力感が高い人もいれば，

低い人もいる；しかしながら，集団のメンバーが集団能力を全体として感じる方法は，メンバーが個人の能力を感じる方法よりも顕著なものである。Zaccaro, Blair, Peterson, Zazanis(1995)によれば，集団は本来は，協調，相互作用，統合を求めているために，個々人が判断した個々人の能力を単純加算した場合には，これらの構成要素を無視することになる。集団効力感は，各個人と集団の全メンバーが個人的な資源をうまく使用する方法ばかりでなく，それらの資源をうまく調整して結合する方法にも関係している。

Bandura(1997)は，課題を遂行するチームの能力感がチーム内の連携作用と相互作用の影響を包み込むと考えているが，これらの資源が集団効力感の別の要因を評価していると考える研究者もいる(Mischel & Northcraft, 1997；Paskevich, 1995；Zaccaro et al., 1995)。例えば，MischelとNorthcraftは，集団的な課題効力感を"自分たちの集団にとっての固有の課題をうまく遂行することができるような，課題に関連した，知識・スキル・能力(knowledge, skill, and abilities：KSAs)があるというメンバーの信念"と定義し，集団的な相互依存の効力感を"自分たちの集団にとっての固有の課題を効果的に遂行することができるような，知識・スキル・能力(KSAs)があるというメンバーの信念"と定義している(p.184)。また，これら個別の次元にはさまざまな調整要因が影響すると仮定している。Mischelらは，課題の複雑感が集団的な課題効力感を調整すると述べている一方，集団的な相互依存効力感を調整するのは課題の相互依存感であると述べている。

研究者は，集団効力感や集団能力(group potency)と関連する概念を，集団が共有する有効な信念と定義している(Guzzo, Yost, Campbell, & Shea, 1993)。しかしながら，集団能力が一般的な信念を示唆しているのに対して，集団効力感は課題固有のものである(Mulvey & Klein, 1998)。集団効力感は一般的に個々人の測度であるが，それら個々人は必然的に他の集団メンバーから影響を受けている。したがって，集団効力感には個人レベルと集団レベルの両要因が存在している(Kenny & La Voie, 1985；Zaccaro, Zazanis, Diana, & Greathouse, 1994)。

Bandura(1997)が集団効力感の構成概念を集団レベルに位置づけたことから，集団の平均値として個人データの平均を使用することには議論の余地がある。例えば，Gibson, Randel, Earley(1996)は，その集団能力の集団合意を表示するのに"集団効力感"という用語を使用している。この意味で，集団効力感は，集団のメンバー全員が合意した1つの評価になっている。この方法の難点は，集団内の少数リーダーによる社会的な説得が，多数のメンバーを代表する意見ではなく強制的な合意につながることにある(Bandura, 1997)。しかしながら，Rousseau(1985)は，2つの変数が機能的に等価な場合には，個人レベルの認知が高次レベルの構成概念と，この集団の解釈を表わすのに用いる平均値に凝集すると示唆している。合意感が明らかになった場合には，この条件を満たすことになる(James, 1982；Kozlowski & Hattrup, 1992)。集団メンバーに合意感が存在するのは，チームまたはチーム内における自分の能力が同じ機能を果たしていると感じている時である。集団内の集団効力感の差は，自己効力感の信念，集団の個人的なパーソナリティ，集団刺激に対するさまざまな知覚，集団刺激との触れ合いの結果と思われる(Watson & Chemers, 1998)。集団内の多様な変化を考慮せずに，高次レベルを個人レベルの収集データから分析すると，集計にかたよりを招くことになる(James, 1982)。したがって，集団効力感を調べる場合には，まず問題点を考察してから適切な分析レベルを確定しなければならない。集団レベルの分析が適切な場合には，合意を実証しなければならない(集団効力感の測定問題に関する徹底的な議論は，Feltz & Chase, 1998を参照)。

しかしながら，Bandura(1997)は，集団メンバーの相互依存性が低い集団(例えば，ゴルフのチーム)の個人的な効力感の合計には，集団成果を十分に予測する力があると示唆している。相互依存性が高い集団(例えば，バスケットボールのチーム)では，集団効力感に関する個人判断の合計が，より優れた予測要因になっている。スポーツ課題の研究には，この主張を支持するような証拠もいくつか存在している(Moritz, 1998)。またBanduraは，集団内でさまざまな立場にある個々人が集団効力感をさまざまに考えていると頑固に主張している。集団メンバーの全員に同じ信念があることはまれである。しかしながら，集団が経験と結果を共有し続ける場合には，集団の合意は集団効力感の信念を長期に渡って反映するものと思われる。

集団レベルの効力感の程度はチームメンバーに十分な共通経験があるかどうかに依存していると，Zaccaroら(1994)は示唆している。Zaccaroらの研究はこの前提を支持している。Zaccaroらはアメリカ陸軍兵士を10〜12名のチームに割り振り，運動の十分な協力を必要とする一連の身体活動を完遂するよう求めた。その結果から，チーム内の集団効力感の信念は，生涯に渡ってより同質なものになることが明らかになった。スポーツではシーズンごとにチームに新しいメンバーを迎える可能性がある。しかし，新しいチームがそれほど頻繁に作られるわけではない。したがって，大半のスポーツチームはシーズン開始時に同じものをある程度共有している。例えば，Division Ⅲのバスケットボール28チームを調べたWatsonとChemers(1998)は，集団効力感がシーズン初めから終わりまで安定していることを明らかにしたが，集団内の分散はシーズン初めよりもシーズン終わりに小さくなることに注目した。

集団効力感の情報源

集団効力感は自己効力感に根ざしている(Bandura, 1997)。そのため，少なくとも集団効力感の情報源のいくつかは自己効力感と類似しているように思われる。もちろん，これらの情報源は集団レベルに焦点を当てている。このように，競技者は，チームの熟達に基づいて熟達経験を再現しているように思われる；代理経験には必然的に類似状況における類似チームの観察が随伴している；言語説得は集団を対象にしている；生理的，感情的な状態には必然的に集団のイライラ感が随伴している。これらはチーム効力に対するメンバーの知覚に実際に影響しているが，その他の影響も重要と思われる。

WatsonとChemers(1998)は，次の3つの集団レベルの影響がもっとも重要であると示唆している。(1)集団構成，(2)以前の集団経験，(3)リーダーの有効性。第一の集団構成は集団効力感の高低に影響している。大集団では協調の難しさを経験するし，協調の難しさは集団効力感の低下に反映する。しかしながら，大集団にはより多くの資源もあり，それらの資源が集団効力感の信念を増強している。協調が問題になる場合には，集団効力感はシーズン中にチームの一体化につれて高まるものと思われる(Watson & Chemers, 1998 ; Zaccaro et al., 1994)。研究者は，個人のもっとも強い効力源が過去経験であると考えている。同様に，上述した(2)以前の集団経験は，チームの集団効力感に強力な影響を与えている。構造方程式モデリング(structural equation modeling)を使用したRiggsとKnight(1994)は，作業環境における集団の成功や失敗が，個人と集団の成果の期待に及ぼす影響と同時に個人の効力感と集団効力感に及ぼす影響を調べた。Riggsらは，成功／失敗が4変数すべてに優位な役割を直接果たしていることを明らかにしたが，これは"成功が成功を生み，失敗は確かに克服が難しい"ことを示唆するものであった(p.762)。

WatsonとChemers(1998)は，集団効力感のソースリストにリーダー効果を追加した。Watsonらは，非凡なリーダーシップが集団の集団効力感に影響すると示唆している(Shamir, House, & Arthur, 1992)。リーダーには，チームの円滑な機能に貢献する機会やパフォーマンスの協調問題を除去する，あるいは最小限にする機会があり，モデリングを信頼することによって効力感を高めることもできる。集団が十分に尊敬しているリーダーは，実際に目標達成に必要な資源があるとチームメイトに言葉をかけることで説得することができると思われるし，それとは逆に，尊敬されないコーチは集団を常に卑下することでチームの士気を挫いてしまうように思われる。

GeorgeとFeltz(1995)は，観客とメディアがともに，集団効力感に影響するような関連フィードバックをチームに提供していると述べた。ホームゲームにおける観衆のブーイング，ホームタウンの否定的な新聞記事は，常にチームを叱るコーチと同じようにチームのやる気を挫いている。それに対して，ホームの支持的な観衆は，状況が困難な時であっても，チームのやる気を高めている。コーチがそのような情報を使用してチームの自信レベルを潜在的に高めるためには，集団効力感の情報源を洞察する研究が明らかに必要になると思われる。

スポーツの集団効力感に関する研究

現在まで，スポーツの集団効力感とパフォーマンスの関係を調べた研究はほんのわずかしかない。その中でもっとも広範な研究を行ったFeltzとLirgg(1998)は，大学対抗男子アイスホッケーの6チームをシーズンに渡って追跡調査した。各試合前に個人の効力感と集団効力感を評価し，各試合からチームパフォーマンスの統計も入手した。Feltzらの結果は，自己効力感の寄せ集めよりも，むしろ集団効力感が相互依存性の高いチームのパフォーマンスを強力に予測するとしたBandura(1997)の示唆と一致した。なぜなら，集団効力感がチームパフォーマンスのより強力な予測要因として浮上したからであった。さらにシーズンを通して勝敗を分析してみると，自己効力感ではなくパフォーマンスの成果が集団効力感に影響していた。チームの効力感は勝利の後に高まり，敗北の後に低下していた。

Spink(1990)の主な関心は，チームの凝集性と集団効力感の関係にあった。Spinkは対象とするバレーボール選手をトーナメントに参加しているエリートチームやレクリエーションチームから募った。個々の選手には，集団効力感測度の質問紙と凝集性測度の集団環境質問紙(Group Environment Questionnaire : GEQ ; Widmeyer, Brawley, & Carron, 1985)に回答するよう要求した。また，チームの何に期待しているのか，その期待の確信はどの程度なのかも尋ねた。エリートチームとレクリエーションチームの自信の評価は同様のものであった。結果として，エリートチームにおいてのみ，集団効力感が高いチームの方が効力感の低いチームよりも集団課題の個人的な魅力(Individual Attractions to the Group Task)(例えば，集団課題，生産性，目標，目的に対する個人の関与感)に高い得点を示し，チームの社会的な関心を共有していた。レクリエーションチームの選手では，集団効力感の高・低の間に差はなかった。Spinkは，集団効力感の高いチームの入賞順位が集団効力感の低いチームよりも高いことも見出し，エリートチームとレクリエーションチームの知見の相違は，エリートチームが勝利を重視した結果であると主張した(エリートチームのトーナメントだけに金銭的な報酬があった)。また，集団の目

標が集団効力感とチームの凝集性の関係を調整していると示唆した。

Paskevich(1995)は，バレーボールチームのパフォーマンスと集団効力感や凝集性との関係を調べた。Paskevichが作成した集団効力感の8つの尺度は，Spink(1990)の尺度よりも精巧なものだった。Paskevichは，この尺度を使用してシーズン中の効力感の値を測定した。これらの結果から，集団効力感や凝集性はシーズン中に高まり，集団効力感が課題指向の凝集性とチームパフォーマンスの関係を調整するのは，シーズンの後半ではなくシーズンの初めであることが明らかになった。集団効力感と凝集性が独立してパフォーマンスに影響するという証拠もあった。この調整効果は，集団効力感が凝集性とパフォーマンスの調整要因として機能するとしたBandura(1986, 1997)の主張を支持している。しかしながら，これらの変数がシーズン中のさまざまな時点のパフォーマンスに個別的に与える効果には，Paskevichが注目したように，より複雑な関係が作用しているように思われる。

WatsonとChemers(1998)は，大学対抗バスケットボールチームの男女選手28名を対象にして，集団効力感，自己効力感の信念，楽観的思考を測定した。チームキャプテンや他のチームリーダーには，ともにリーダーシップの自信度を評価するよう求めた。測定はシーズン開始前および次期シーズン前に行った。以前のチームパフォーマンス(前年の勝敗記録)，シーズン中のチームと個人のパフォーマンス，チームメンバーによるリーダーの評価も検討した。シーズン前に楽観的思考に高い得点を示した選手には，集団効力感の高い信念も存在していたが，この関係はシーズン終了まで明らかではなかった。また，シーズン初めには，集団効力感と自己効力感の間に正の相関関係があった。しかし，その関係を示したのは自己効力感が高いチームだけであった。自己効力感が低いチームの集団効力感と自己効力感の間には負の相関関係があった。しかしながら，この関係はシーズンの終わりで正の相関関係に変化した。シーズン初めの集団効力感は，シーズンの終わりの集団効力感を予測していた。さらに，WatsonとChemersは，シーズン初めの効力感の期待がシーズンの終わりのパフォーマンスを予測することも明らかにした。最終的に，リーダーの評価と集団効力感の間には正の相関関係があった。特に前シーズンの成績が悪いチームでその関係が強かった；前シーズンの成績が悪いチームでは，自分たちのリーダーが有能であると信じていた選手は，所属チームにいっそうの自信を持っていた。この知見は，敗北チームを引き継いだと知ったコーチと特に関係しているように思われる。チームメンバーにとってリーダーのリーダーシップの能力が明確な場合には，選手の集団効力感が高くなるとも思われる。

追加的な3つの集団効力感の研究では，チームや課題を工夫して，集団効力感とパフォーマンスの関係を実験的に検討していた。HodgesとCarron(1992)は，新しい身体課題を使用し，個々の実験参加者をチームに割り当て，チームの能力に関する握力計課題に偽のフィードバックを与えた。一方のチームにはチーム力が相手よりも劣っていると信じ込ませ，他方のチームには優れていると信じ込ませた。その後，チームメンバーに競争課題を示した；課題は，医療用の体操ボールを使用し，肩の高さで最大限に伸ばした片腕で可能な限りボールを維持する集団課題であった。劣っているチームの集団効力感のスコアは，優れたチームの課題実施前のスコアよりも低かった。そのように，この偽のフィードバック操作は集団効力感に十分に影響することが，操作チェックによって明らかになった。Hodgesらは，課題の1試行後に，各々のチームに対して対戦相手に負けたと告げた。しかしながら，この告知後，集団効力感が高いチームのパフォーマンスは2試行目に改善し，集団効力感が低いチームのパフォーマンスは低下した。自己効力感と同様に，目標達成に失敗した場合には，効力感の高いチームの方が効力感の低いチームよりも大きな努力をする傾向があるように思われる。

LichaczとPartington(1996)も，集団効力感を操作した。Lichaczらはバスケットボールチーム，ボートチーム(実際のチーム)，臨時の集団(非チームメンバーで構成)のメンバーを，1群当たり3～4名に編成した。各群のメンバーには個人と集団の綱引きが記録できる課題への参加を求めた。LichaczとPartingtonは，各チームの集団効力感を操作するために，集団の綱引き力をハイレベル競技者の標準よりも10%低く(低い効力感)，または非競技者の標準よりも10%高く(高い効力感)設定していると教示した。結果として，効力感が高い集団は，低い集団よりも集団効力感を高く評価していた。パフォーマンスに関しては，集団歴(実際のチームや臨時のチーム)とパフォーマンスフィードバックの間に相互作用があった。ボート選手を除いたすべての集団で，効力感が高いチームは低いチームよりも優れたパフォーマンスを示した。しかしながら，ボート選手では2集団(集団効力感が高い集団と低い集団)のパフォーマンスに差はなかった。実際に，経験豊かな者では，非常に困難な課題が最善を尽くす動機づけになっていると，研究者は示唆している。すなわち，綱引き動作課題の特徴は，バスケットボールのパフォーマンスよりもボートパフォーマンスと類似している。しかしながら，もともと存在している効力感の信念を，特にボート選手が活用しなかった可能性もあり，それらの活用しなかった信念がこの研究結果に影響した可能性もある。

Moritz(1998)は，ボーリング授業の受講者を2名1組のチームにランダムに割り当て，相互依存的な課題と非相互依存的な課題を使用して，自己効力感，集団

効力感，チームパフォーマンスの関係を検討した。半分のチームの得点は実験参加者2名の各スコアを合計した（相互依存性が低い）。残り半分のチームの得点は2名の参加者が交互に投げた（スコットランドボーリング）チームのスコアとした（相互依存性が高い）。しかしながら，先行フレームで後に投げた者が次フレームでは先に投げるといった交代方式をとった。パフォーマンス測度の分析には，10フレームのそれぞれで最初に倒したピン数の平均を使用した。参加者2名の効力感のスコアを合計して，個人の効力感の測度とした。合意分析によってこの合計手続きの整合性を確認した。集団効力感（もしくは，Gibsonら〔1996〕が使用した"集団効力"）に対しては，両参加者はチーム効力感の評価に合意した。結果として，課題タイプ（ボーリング条件）はパフォーマンスに対する集団効力感の予測を調整していることが明らかになった。相互依存が低い条件下では，集団効力感はチームパフォーマンスの予測要因にならなかった；しかしながら，相互依存が高い条件下では，集団効力感がチームパフォーマンスの予測要因になった。課題タイプは自己効力感の合計とチームパフォーマンスの関係を調整しなかった。少なくとも2名のチームでは，集団効力感がチームパフォーマンスを強く予測するのは，相互依存が低い課題よりも相互依存が高い課題においてである。

要約すると，スポーツ集団効力感の研究はまだ揺籃期に過ぎない。多様な構成概念の定義は，集団効力感を測定する適切な手続きと同様に，議論の俎上にある。集団効力感は自己効力感よりも複雑な構成概念であり，チームメンバーの相互依存の程度に依存しているように思われる。集団効力感の信念構築に使用する情報源は，自己効力感の信念構築に使用する情報源にある程度類似してはいても，より複雑なように思われる。しかしながら，予備的な研究によれば，個人が自チームに重ねる自信は，その人自身の能力に対する自信よりも，チームのパフォーマンスを予測する可能性があるように思われる。また，チームの凝集性と集団効力感の研究は概念的に意味があるように思われるが，それらがパフォーマンスに及ぼす影響やそれらの相互作用はまだ確定していない。しかしながら，集団効力感の研究には，スポーツのチームダイナミクスの理解に対する大きな将来性がある。

コーチの自己効力感に関する研究

スポーツの集団効力感の研究が少ないことに加えて，競技者やチームの効力感の信念構築にコーチが果たす役割を調べた研究はほとんどない。またコーチの役割を実行するコーチ自身の効力感の信念を調べた研究もほとんどない。しかしながら，3つのグループの研究者は，コーチが競技者の自己効力感の開発にもっとも多く使用する方略を検討している（Gould, Hodge, Peterson, & Giannini, 1989；Weinberg, Grove, & Jackson, 1992；Weinberg & Jackson, 1990）。エリートレベルの大学対抗レスリングのコーチやアメリカナショナルチームのコーチは，ネガティブな自己報告とは反対に，ポジティブな激励，信頼するモデリング，パフォーマンスの向上を保証するインストラクションやドリルの使用，報酬的な自由陳述などが競技者の自己効力感を高めるためのもっとも効果的な方法であると報告した（Gould et al, 1989）。高校や高齢者層のコーチも，同様の技法が自己効力感を高めると報告した。また，効力感を高める技法として言語説得の使用についても報告した（Weinberg et al, 1992；Weinberg & Jackson, 1990）。これらの方略のすべては，Bandura（1977）の理論が明らかにした，パフォーマンスの達成，代理経験（モデリング），言語説得，自己説得といった主要な効力感の情報源に基づいている。しかしながら，研究者が指摘しているように，自己効力感技法の実際の使用や，これらの技法が競技者の自信の向上やパフォーマンスの改善に効果があるかどうかを確定するためのコーチの観察はしなかった。

競技者やチームに対するコーチの効力感の期待は，競技者が効力感の信念を確定する際にも重要な役割を果たしている。アメリカのオリンピック競技者に対して，競技者のパフォーマンス向上にもっとも有効なコーチング行動は何であるか尋ねたところ，支援につづく2番目に信頼をあげた（Gould et al, 1999）。Chase, Lirgg, Feltz（1997）は，特にコーチのチームに対する効力感とチームのパフォーマンスとの関係を調べた。4大学対抗女子バスケットボールのチームのコーチに対して，バスケットボールの特殊なスキル（流れの中でのシュート，フリースロー，リバウンド，ターンオーバーへの関与）のチーム能力の自信についてゲーム前に質問した。また，スキル，成果の制御感，対戦相手の能力のいずれを重視するのか評価するよう依頼した。自チームに対する効力感の信念が高いほど，チーム成果へのコーチの制御感は高かった。また，対戦相手の能力をより高いと感じるほど，自チームに対するコーチの効力感は低下していた。チームとチームパフォーマンスに対するコーチの効力感は，フリースローとターンオーバーのパフォーマンスだけを予測していた。

Chaseらの第2の研究目的は，チームの効力感を判断する際にコーチが何を使用したのかを確定することであった。Chase, Lirgg, Feltzは，帰納的な内容分析（inductive content analysis）を使用して，高低両効力感の情報源を同定した。高い効力感の期待をもたらす要因には，過去の試合や練習での優れたパフォーマンス，対戦相手よりも有利なこと，負傷した選手の復帰，対戦チームの選手からネガティブなコメントを聴

取することなどがあった。コーチは，自チームに対する高い効力感の期待に寄与するものとして，自分自身，スタッフ，自チームの選手によるパフォーマンスの順調な準備をあげた。興味ある知見の1つは，多くのコーチがチームを信頼する理由の1つに過去の拙いパフォーマンスをあげたことだった。というのも，多くのコーチはチームの立ち直りの能力を確信していたからであった。低い効力感の要因は高い効力感の要因と類似していた。それらは，過去の試合や練習での拙いパフォーマンス，選手の負傷／疲労，優れた対戦相手との比較，であった。自チームに対するコーチの低い効力感の期待に寄与するその他の要因には，コーチが感じた選手自身の効力感の低さや，以前のチームパフォーマンスとの矛盾などが該当していた。Chaseらは，実際選手がチームに対するコーチの効力感の期待に気づいている場合には，ピグマリオン効果と類似の状況が生じるかもしれないと考えた。この効果によれば，コーチはまず自チームに対する期待を形成し，次にそれらの期待と一致するような方法で行動する。それから競技者はその行動を認知・解釈して，最初の期待を強化するような方法で反応する。もしもこの効果が起こるならば，チームに対する効力感の期待が低いコーチは，選手の低い効力感の向上に意識せずに寄与することができるし，自チームの能力を信頼しているコーチは選手の高い効力感の向上に寄与することができる。

もうひとつの研究方法は，コーチング能力に関するコーチ自身の効力感の信念を調べることである。Bandura(1997)が示唆したように，コーチの管理的な効力感は競技者の弾力的な自己効力感の開発に大きく影響している。研究者は，コーチングの効力感を，コーチが競技者の学習やパフォーマンスに影響できると確信している程度と定義している(Feltz, Chase, Moritz, & Sullivan, 1999)。Feltzらは，Bandura(1977, 1986, 1997)の著作や，DenhamとMichael(1981)の教師の効力感モデルに基づいて，コーチングの効力感モデルを概念化した。Feltzらは，コーチング効力感の概念を，動機づけ，テクニック，試合方略，性格構築効力感の4つの次元で構成した。またFeltzらは，競技者の心理的なスキルや動機づけ状態を左右することができるというコーチの確信を動機づけの効力感と定義し，教育／診断スキルに対するコーチの確信をテクニックの効力感と定義した。またFeltzらは，競技中のコーチ能力とチームを成功に導く能力へのコーチの確信を試合方略の効力感と定義し，スポーツへの競技者のポジティブな態度に影響を与えることができるというコーチの確信を性格構築の効力感と定義した。

Banduraの自己効力感の概念と同様に，Feltzら(1999)は，過去のパフォーマンスと経験(例えば，コーチング経験，コーチングの準備，以前の勝敗歴)，競技者の能力感，社会的支援感(例えば，学校，コ

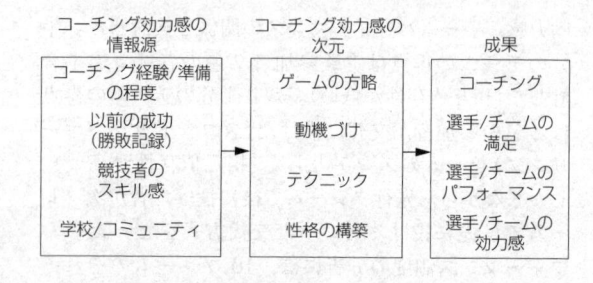

図13.2　コーチング効力感の概念モデル
("A conceptual model of coaching efficacy: Preliminary investigation and instrument development," by D.L. Feltz, M.A. Chase, S.E. Moritz, and P.J. Sullivan, 1999, *Journal of Educational Psychology*, 91, p.2. American Psychological Associationより)

ミュニティ，親)が，コーチング理論の4つの次元に影響していると述べた。またFeltzらは，コーチの効力感はコーチ自身のコーチング行動，競技者に対する満足度，競技者のパフォーマンス，競技者の効力感レベルに順次影響すると述べた。図13.2はFeltzらが概念化したコーチングの効力感モデルを例示したものである。

Feltzら(1999)は，このモデルに加えてコーチング効力感尺度(Coaching Efficacy Scale：CES)を開発し，コーチングの効力感を多次元的に測定し，CESの心理測定的な属性は堅固であると結論づけた。確証的因子分析によって4因子解の構造が明らかになり，多様な全体的適合度指標を使用する全体的なコーチング効力感の弱い証拠が明らかになった。Feltzらは，高校バスケットボールのコーチが提示した，CESの情報源と成果も検証した。Feltzらが提案したコーチングの効力感モデルの証拠が明らかになったが，それは過去の勝率，コーチング年数，チームの能力感，コミュニティからの支援，親の支援がコーチングの効力感を予測する重要な要因であるということだった。コーチングの効力感の情報源としてもっとも重要なものは，コーチングの経験年数とコミュニティからの支援であった。Feltzらは，効力感の高いコーチが低いコーチよりも有意に高い勝率を獲得して，競技者を大いに満足させ，多くの賞賛や激励行動をしても，教育的な行動と組織的な行動はほとんど取らないことを明らかにした。しかしながら，コーチング効力感の情報源はコーチングの効力感の信念を13％しか説明せず，相関デザインを用いた研究ではモデルのいかなる変数間にも因果効果を検証することができなかった。

この後に，コーチングの効力感の概念を支持した研究は2つほどあった(Chase, Hayashi, & Feltz, 1999 ; Malete & Feltz, 印刷中)。Chaseらは，Feltzら(1999)の"成果"の部分で観察した高校バスケットボールのコーチ30名中12名を効力感の高い集団と低

い集団にランダムに分けて面接し，コーチの観点からコーチング効力感の情報源を同定した。その結果，効力感の主要な情報源は，Feltzらがモデルに提示した情報源と類似しており，それを支持していた。バスケットボールのコーチは，教育，準備，哲学，経験，試合の知識に関するコーチングの開発が重要であると強調した。コーチは選手の自信，選手の楽しみ，選手の育成といった情報も同定した。コーチの過去の成功やパフォーマンスの業績は，勝敗の記録よりも，コーチが制御している選手の育成と関係しているように思われる。主要な効力感の情報源に関する第3のテーマは，コーチ自身によるコーチングパフォーマンスの分析，リーダーシップスキルの分析といった自己評価であった。これは，過去のパフォーマンスそれ自体はその人の能力を判断する充分な情報にはならないとするBandura(1997)の主張を支持している。自己効力の自己評価には，当該者の努力・課題困難度・状況環境の評価などがある。自己評価を実行するには効力感の多様な情報源の統合が必要となる。

Feltzら(1999)はコーチングの経験を指導年数によって評価したが，コーチングの準備の程度は測定しなかった。MaleteとFeltz(印刷中)は，コーチングの効力感に対する12時間のコーチング教育プログラムへの参加の影響を調べた。その結果，教育プログラムに基づいたコーチングの効力感は，統制群のコーチの効力感レベルよりも若干有意に改善することが明らかになった。この研究から，コーチングの準備はコーチの効力感の情報源であることがさらに明らかになっている。コーチング教育のプログラムをもっとも効果的なものにするには，コーチングの自信を増強するようなアプローチを使用しなければならない(例えば，熟達経験，到達可能な難しい目標，観察学習，学習項目のシミュレーション)。

Barber(1998)も，能力感の枠組みを用いて，男女高校コーチのコーチング効力感の情報源とコーチング効力感のレベルを検討した。Barberは，研究用に特別に開発したコーチング能力情報源尺度(Sources of Coaching Competence Information Scale)とコーチング能力感質問紙(Perceived Coaching Competence Questionnaire)を使用して，コーチング能力の情報源の選択にはジェンダー差がほとんどないことを明らかにした。女子コーチは，コーチング能力の情報源として，選手の向上と自分のコーチングスキルの向上を男子コーチよりも重視していたが，すべてのコーチはそれらを上位2つの情報源とみなしていた。コーチングの能力感に関して7つの能力領域を調べたところ，唯一ジェンダー差があったのはスポーツスキルのインストラクションにおいてであった。その点について女子コーチは，自分たちは男子コーチよりも能力があると感じていた。

Barber(1998)は，将来コーチングを辞任しようとする時にどんな要因が影響するとコーチが考えているかにも興味があった。その結果，コーチが辞任の理由にあげた3つのカテゴリー，"時間の要求"，"コーチングの能力感"，"管理支援の欠除"の中で，2つのカテゴリーにジェンダー差があった。重要な辞任の理由として男子はコーチングの"管理支援の欠除"をあげたが，女子は"コーチングの低い能力感"を報告した。この知見は，コーチングの効力感の開発・維持が，特に女子においてはコーチングの重要な動機づけになっていることを示唆している。

コーチの効力感の研究は，集団効力感の研究と同様に始まったばかりである。コーチが自分のコーチング効力感のレベルを確定する方法と，競技者の効力感のレベルアップに使用する方法とを，ともに理解することが，この研究の第一段階である。将来，特にコーチの効力感を中心にした研究は，最近開発されたCESによって大きく発展するものと思われる。

将来の研究動向

Feltz(1992)のスポーツ自己効力感と動機づけに関する論評以降，多くの研究は実験室から競技者のフィールド状況へ移行してきている。しかしながら，前述のように，競技者が効力感の多次元的な情報を処理する方法については，より多くの研究が必要である。それらは，(1)さまざまな状況の長期に渡る効力感の信念の研究，(2)パフォーマンスの認知・感情に関する効力感の信念，(3)効力感の信念の弾力性，(4)効力感の信念を増強するようなさまざまな介入方法，(5)個人・チーム・コーチ・リーダーの信念を含むチームの効力感の信念に関する包括的な考察，である(Feltz, 1992, 1994)。

競技者が多次元的な効力感の情報をどのように処理しているのか，そしてこれらの調整・統合した情報源を使用して効力感をどのように形成しているのかを調べた研究者は誰もいない。競技者が効力感のどの情報源を重視するのかは，スポーツ種目や状況によって変化している。例えば，本章で前述したように，大学女子競技者にとっては，生理的な情報が，社会的な比較や説得的な情報よりも，効力感の重要な情報源になっていた(Chase et al., 1994)。しかしながら，研究者は，これらの競技者が情報を調整する方法や，効力感の判断に統合する方法を確定していなかった。すなわち，競技者は，利用可能な情報を追加的な方法で使用していたのだろうか？　一部の情報をその他の情報源よりも重視していたのだろうか？　このようなコーチの説得的なテクニックが競技者やチームの先行パフォーマンスの失敗を調整して，次のパフォーマンスの効力感の期待を形成するのではないか，何か方法を講じるとしたらどのようなものかといった質問に答えるこ

とは，コーチにとって非常に重要なことだと思われる。これらの質問のいずれかにしっかりと答えるには，質的な分析が必要と思われる。

スポーツにおける自己効力感と集団効力感の大半の研究では，静的なアプローチの方法をとっている。しかしながら，競技者は通常シーズンを通して長時間遂行している。多くの競技者はチームのメンバーにもなっており，チームは本質的に動的な性格である(Carron and Hausenblas., 1998)。個々の競技者やチームの効力感の情報源は継時的に変化しており，他の認知と結合した自己効力感や集団効力感の影響も変化するものと思われる。例えば，近年の長野オリンピックの金メダリストは，自分はオリンピックで最強，最適の者であるという自己認識が，過去においては常に効力感の情報源であったと報告した。しかし，オリンピックでは，それは真実ではなかった。それゆえに，その選手はメンタルスキルに取り組んで，自分に必要な効力感のレベルを整えていた(Gould et al., 1999)。

身体スキルと同様に，認知や感情のスキルは競技パフォーマンスに影響を与えている。パフォーマンスのメンタル面の効力感が他の競技者よりも強い者もいる。Bandura(1997)が指摘したように，競技の効力感は，身体的なパフォーマンスに関係しているのと同様に，破壊的な思考や感情状態の制御に関係している。さらに，Gouldら(1999)によって，オリンピックの成功に必要なものは，多数の予期せぬ出来事や動揺を処理する広範なプランニングと柔軟性であることが明らかになった。しかしながら，注意や集中のスキル，目標設定とその達成に向けて努力する能力，ストレスや破壊的な思考の管理能力，迅速で正確かつ迷いのない判断能力に関する効力感の信念がパフォーマンスにどのように影響するのかを調べる必要がある。

Bandura(1997)も，競技者は弾力的な自己効力感を持って，失敗や競技プレッシャーに向き合いながらたゆまず努力しなくてはならないと示唆した。Banduraによれば，個人は失敗や挫折の経験によって堅固な効力感を開発している。今後の研究によって，さまざまな成功や失敗のパターンと，堅固な効力感の開発の関係が明らかになるものと思われる。さらにBanduraは，ある個人やチームが，他の個人やチームよりも素早く挫折から立ち直ることに注目した。ある競技者やチームが，他の競技者やチームよりも素早く効力感を取り戻す方法や理由について知ることができれば，それらの知識は効力感の回復を目指した介入デザインの貴重な情報になるものと思われる。

前述のように，競技者やチームの身体パフォーマンスやメンタルパフォーマンスの効力感を高める介入方法の研究はほとんどない。しかしながら，Bandura(1977)の効力感の情報源に基づいた2つの手続きは検討する価値がある。一方の手続きはコンピュータテクノロジーを使用したものであり，他方の手続きは社会比較情報に基づいたものである。教育ツールとしてのコンピュータグラフィックやバーチャルリアリティは，コーチの間で人気がある。しかしながら，これらのテクニックが効力感の信念の長期に渡る向上や維持に役立つかどうかは，まだ明らかになっていない。競技者プログラムの高価な装置に大金を投資する前に，効力感の信念の維持とテクノロジーの関係を確定する必要がある。社会比較情報の使用を競技者で調べた研究もない。上位との比較は自己効力感の信念にネガティブな影響を与えるのか，それとも動機づけや挑戦には比較標準を凌ぐような効果があるのかどうかも明らかではない。非競技者を対象とした研究から，上位との比較には弊害のあることが明らかになっている(George et al., 1992)。しかしながら，一般的に効力感のより堅固な競技者が挑戦する場合には，上位との比較情報を使用している可能性がある。個々人の自尊感情が高い場合には，上位との比較傾向が強いという証拠もある(Collins, 1996)。自由な選択に委ねた場合，競技者はどのような特定モデルや他の比較競技者に依拠して自信を構築するのか，そしてそれらの情報をどのように利用しているのかの情報は，コーチやスポーツ心理学者にとって非常に有用になるものと思われる。

特に集団効力感については，グループダイナミクスをよりよく理解するには，他のチーム関連の変数に加えて，個人の信念，チームの信念，コーチとリーダーの信念といったチームの効力感の信念を，総合的に調べる必要がある。チームのリーダーシップやメンバーが変化する場合，チームメンバーの集団効力感の信念がどのように変化するのかを調べることは当然のこととして，チームのレベルに固有な集団効力感の情報源をさらに調べる必要がある(Mischel & Northcraft, 1997)。さらに，集団課題と集団の相互依存的な効力感の概念は，個別の次元として，課題の複雑性や課題の相互依存感といった調整要因に関連づけて検討することができる(Mischel & Northcraft, 1997)。

今後の研究では，その他の概念的，理論的な視点を集団の動機づけに含める必要がある。これまでの研究では，例えば，集団効力感とチームの属性，成功欲求，目標，内部のコミュニケーション，凝集性，これらの関係をほとんど／まったく無視している。これらの変数は競技シーズンを通して調べる必要がある。最終的には，コーチがチームの集団効力感の判断に及ぼす影響を調べる必要がある。コーチの特徴は何なのか？　コーチング行動の何が競技者やチームに最強の効力感の信念を与えているのか？　コーチが競技者やチームを管掌している自信に加えて，コーチ自身の管理効力感はチームのパフォーマンスに影響する可能性がある。スポーツ以外の分野ではこの影響を実証した研究もある(Wood & Bandura, 1989)。

要　約

　本章では競技者，チーム，コーチの関連研究やこの研究分野の将来動向をレビューしながら，自己効力感の理論と測定について概観した。研究者は，自己効力感の信念を多次元的な情報源の処理に基づいて構築している。理論の範囲内で測定して吟味した場合には，自己効力感は常に競技パフォーマンスとの正の相関関係を示している。これらの関係は，さまざまな年齢や能力の競技者，チーム，コーチで明らかになっている。しかしながら，チームやコーチレベルの研究はまだ揺籃期にすぎない。競技者やチームが多次元的な効力感の情報をどのように処理するのか，情報源はシーズン中にどのように変化するのか，そして個人，コーチ，チームレベルの自己効力感の信念はパフォーマンスとどのように相互作用するのかを調べることが，将来のもっとも有益な研究になるものと思われる。

第14章

スポーツの精神生理学
優れたパフォーマンス心理の生理学的メカニズム

J. Williams と Krane(1998)は，一般的に競技者がピークパフォーマンスの経験と併せて報告する理想的なパフォーマンス状態を次のように記述した．

- 恐怖の欠如—失敗するのではないかという恐怖がない
- パフォーマンスについて何も考えない/パフォーマンスを認知分析する
- 活動自体に集中する
- 特に努力を必要としない感じ—無意識的な経験
- 個人的な制御感
- 時空方向感覚の喪失，そこでは時間の知覚が緩やか

応用スポーツ心理学者が競技者にパフォーマンスの向上を指導する場合，達成の究極の目標は，理想的なパフォーマンスの状態になっている．Csikszentmihalyi(1975)が概説したように，現象学的に理想的なパフォーマンスの状態には，ネガティブなセルフトークがなく(Meichenbaum, 1977)，自己効力感が高く(Feltz, 1984)，課題関連の手がかりに適応的に集中して困難を切り抜けることができる(Landers, 1980)，さらにフローの概念と類似した特徴がある．このような心理学的な構成概念は，科学的なスポーツ心理学研究の基本問題を象徴している．Fitts と Posner(1967)が明らかにしたように，理想的なパフォーマンス状態に達すると，ハイレベルな競技者は意味のない認知や感情過程からの干渉を受けることのない効率的かつ自動的な遂行が高い確率でできるようになる．ナショナルフットボールリーグ史上の代表的なランニングバック選手の1人であった Walter Payton は，本章で議論する効率概念を十分に表わしたこの心理状態の例について，次のように報告した．

フットボールをする時に，私はジキル博士とハイド氏になります．フィールドにいる時には，しばしばそこで何をしているのかわからなくなります．人は私にこの動きやあの動きについて尋ねますが，私にはなぜそうしたのかがわかりません．ただそうしただけなのです．フィールドでは自分に関係することについてネガティブに考えることなく，プレーに無心になれます．フィールドを離れると，私は自分に戻れます．(Attner, 1984, pp.2-3 から引用)

この状態には，競技者の思考を課題関連処理に限定するような，心理資源の効率的な配分という特徴があるように思われる．概念的に重要なことは，前述の精神状態が，神経系の適切な部位の賦活に大きく依存しており，また一貫した基盤によっていることである．一般的に，専門技術は入念な長い練習で身につくものである(Ericsson, Krampe, & Tesch-Römer, 1993)．さらに，専門技術は，脳(Elbert, Pantev, Weinbruch, Rockstroh, & Taub, 1995；Issacs, Anderson, Alcantara, Black, & Greenough, 1992)や，その他の関連身体システム(Selye, 1976)が状況に対して反応するように長期に渡って変化・適応した結果であると思われる．加えて，トレーニングやコンディショニングによる身体変化は，練習や試合における成功や失敗の経験と同様に，運動者のセルフイメージや自信といった高次の心理的な構造の修正に関与している(Breger, 1974；Feltz., 1984)．これらの現象学的な変化は，同時に中枢神経系(CNS)の変化に影響を与えている．このように，あるパフォーマンス中に最適な精神状態をもたらすような精神生物学的な諸変数の間には，さまざまな分析レベルにおける相互関係が存在しているように思われる．

このような長期に渡る入念な練習と努力は，関与している神経過程を基本的に修正し，特定的に神経過程を構築する(Bell & Fox, 1996；Smith, McEvoy, & Gevins, 1999)．さらに，基本的な神経生物学的な変化は，一般に優れた競技者が報告する自信や集中といった心理状態に寄与する重要な因子として，現象学的な分析レベルに出現するように思われる．加えて，さまざまな分析レベルにおける要因間の相反的な影響

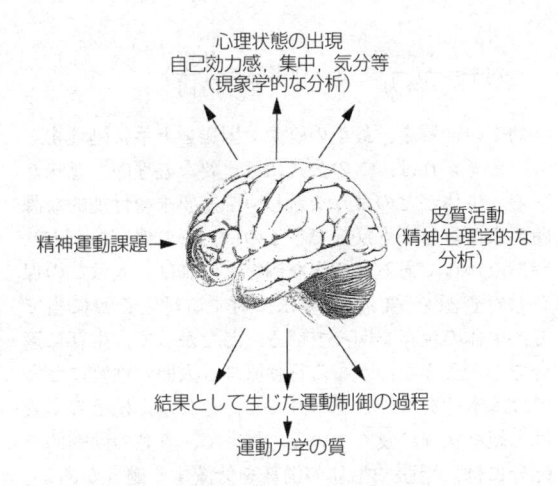

図 14.1 課題に対する神経生物学的な反応，心理状態の出現，結果として生じた心理過程の 3 者間の関係

(神経と心理)は，優れたパフォーマンスの運動制御処理と神経筋・自律系・内分泌の活動に必然的に反映するものと思われる(図14.1)。したがって，環境的な課題は皮質活動に変化を引き起こし，この皮質活動の変化が今度は心理状態に影響することになる(例えば，自己効力感，集中，気分)。次に心理状態は運動制御の処理(運動ループが媒介する)と自律系・内分泌系の機能に変化を引き起こし，結果的に生理状態の質と運動成果に変化が生じることになる。

熟達者の変化を誘導しているものが，一般に効率と記載できる適応過程であることは重要なことと思われる(Sparrow, 1983)。そのような適応は，成果の表出(身体パフォーマンス)の質に直接的に影響している。したがって，そのような概念を明確に述べてその証拠を提示することが，本章の目的の1つになっている。ここに提示する証拠は本質的に精神生理学的なものであり，新しい精神運動課題の習熟を実験参加者に要求した研究と同様に，主として熟達競技者の脳波(EEG)研究に基づいたものである。本章では，効率的な心理状態の証拠として，心理状態の末梢測度(例えば，眼球運動，自律系，筋電図)を扱ったその他の研究も合わせて紹介してみたい。

特異的な適応

研究者は，熟達選手の脳内変化の原理を例示するために，他の生物物理的なシステムの既知の変化や適応に基づいたアナロジーを提案している。適応過程は特異性の原理を中心に展開しており，そこでは特殊な過負荷への生理的な適応は，与えられたトレーニング過程の制約を受けていると示唆している(McArdle, Katch, & Katch, 1986)。適応の目的は，労力を節約しシステムにかかるストレスを低減して，特殊な課題要求に応え得る効率的な生理システムを作り上げることにある。特殊な運動と類似したさまざまな運動のスポーツ固有の有酸素能力を調べた研究者は，競技者の特殊な有酸素運動(例えば，ランニング)への適応と，他の持久力運動(例えば，サイクリング)(VO_2 maxによる)への適応は別物であると指摘している(Hoffman et al., 1993；Withers, Sherman, Miller, & Costill, 1981)。

固有の代謝的適応は，スポーツや運動に関与している筋にも生じている。これらの適応はスポーツに固有のものであり(例えば，サイクリングとランニングに関係する主要な筋は異なっている)，同時に代謝固有(有酸素運動と無酸素運動)のものでもある。McArdleら(1986)は，有酸素トレーニングの過程に起こる多数の生理的変化を一覧表にした。これらの変化に共通しているものは，毛細血管の増加，ミトコンドリアの密度とサイズの増加，アデノシン三リン酸(ATP)の生成に伴う酸素抽出能力の増加である。さらに，心臓サイズの増加(重量と容積の双方)および1回拍出量や心拍出量の増加と同様に，エネルギー基質としての脂肪と炭水化物の動員や酸化能力の増加も共通している。無酸素トレーニングでは異なる適応が生じてくる。すべての有酸素と無酸素トレーニングへの適応は，過負荷のトレーニングによって生じてくる。つまり，システムの負担を低減しながら，もっとも有効な適応資源で特定の要求に応答できるような特異的でより効率の良いシステムを作り出しているのは，過負荷のトレーニングということになる。そのような過程は脳内にも生じている。

中枢神経系の構造に関しては，Isaacsら(1992)が，ラットの習慣的な身体活動のタイプと小脳の血管走行との関係を明らかにした。特に，有酸素トレーニング(トレッドミル走や回転籠走)中のラットの小脳正中傍小葉の分子層における血管からの拡散距離が，あまり動かない統制群ラットやアクロバット的なトレーニングを課したラット(障害物の操作や運動スキルの学習)に比べて短くなると指摘した。統制群ラットやアクロバット的なトレーニングを課したラットでは，拡散距離を維持する脈管化がプルキンエ細胞における分子層の容量増加を補佐していた。Elbertら(1995)も，高度な熟練バイオリン奏者と対照者では対側運動皮質の神経作用が基本的に異なっており，バイオリン奏者では楽器の弦を精緻に制御する手に運動制御のための神経資源をより多く配分していることに注目した。

適応の特異的な過程は，心理的な分析レベルまで拡張することもできる。課題の要求と神経資源の正確な対応づけやマッチングは，競技者の行動的な環境処理を最適にするものと思われる。例えば，競技中の心理的な経験と練習中の経験は明らかに違ったもののように思われる。これは，練習時に慣れ親しんだ手順と競

技時の新しい手順との違いによるものと思われる。慣れ親しんだ手順に適応しているため、練習条件下に優れたパフォーマンスをする競技者もいる。競技中にパフォーマンス評価のストレスが過剰になっている場合には、競技者の認知-感情状態は、優柔不断のように、注意資源を配当する一般的なスタイルとは違ったものになるものと思われる(Baumeister, 1984；Landers, 1980)。

心理学領域の特異的な適応概念は、競技者が直面する課題の性質といった他の領域にまで拡張することができる。例えば、野球の先発ピッチャーが直面する試練は、リリーフピッチャーが直面する試練とは非常に違ったものになっている。一般的に、先発はコントロールを知覚する度合がより高く、リリーフはその知覚がより低く、結果への不安感亢進の度合いもより低い。これらの知覚の違いは、さらに先発ピッチャーとリリーフピッチャーの認知マネジメントや資源配分の特異的な適応に関係している。すなわち、大きな不安を抱えながら重要な試合場面に挑戦する時のリリーフピッチャーは、妨害手がかりを抑圧／抑制しようと思うだろう。また、結果の確信がより高い状況に一般的に取り組むピッチャーと比較して、関連神経資源(例えば、視覚-空間的処理)と自分の要求や自分の立場をマッチングさせようとするだろう。要求と資源の正確なペアリングは、行動的な環境処理の最適化に役立つものだと考えられる。そして、このリリーフピッチャーの集中力は評価されるものと考えられる。

他方、新しい状況(特に適応していない状況)では、先発ピッチャーは言語的な分析処理を行う可能性が高くなるように思われる。自信喪失やスキル実行の過剰な分析から生じるセルフトークは、課題要求とおそらく矛盾するように思われる(Williams & Krane, 1998)。研究者は、そのような反応を、手元の課題に対する非特異的な神経資源の配分と記述している。その上、資源の拙い流用によって、正常な神経活動は、投球に関与する筋に運動指令を出す前に干渉を受けることになる。この干渉は主動筋や拮抗筋、協力筋の運動ユニットの動員のタイミングや順序を修正して、競技者の運動の質を改善している。競技者がより効果的に不安喚起の状況に対応するには、前述の議論に従って、付随的な妨害を抑制(適応的な抑制)しながら、そのような状況に繰り返し立ち向かう必要がある。挑戦を繰り返すことで課題の新しさは低下し、親密性が増す結果、環境の処理がより容易なものになる。

精神運動効率の原理

環境と相互作用を行う際に努力を保存する効率は、人の基本的な組織化原理と思われる。物理学の分野では効率を以下のように定義している。

$$効率 = \frac{仕事量}{努力} \quad (\rightarrow 仕事率 = \frac{仕事}{時間})$$

効率の性質を、最小の資源で困難を上手に処理するものと考えれば、この公式には重要な心理的な意味がある。生体がどのような新しい課題要求や付加的な課題要求に対しても反応できるのは、この保存的な方法があるからである。極端な例を上げれば、人はこの保存した資源を"突然の"要求に対する対処資源に当てて、生体の生存を図っている。したがって、生存に適合できるようないかなる行動原理も人間の性質にとっては基本的なものと思われるし、それゆえにその影響は広範な状況に及んでいる。加えて、資源の効率的な配分には、緊張や生体の消耗を低減する働きがある。例えば、生理学の領域では、さまざまな生理システムの努力的なトレーニングによる適応過程を効率と呼んでいる。Kraemer(1994, p 137)は、筋の持久力トレーニングを例にして、この概念を議論した。

神経系の適応は、持久力トレーニングの初期段階に、ある役割を果たしている。最初のうちは、効率が高まり、伸縮メカニズムの疲労は遅延する。ある最大下の力量維持に必要な一流選手の運動単位の賦活レベルは、スキルの獲得につれて低下する。さらに、運動の持久力が改善すると、協力筋や筋肉の運動単位の神経活動も賦活する。このように、競技者は活動中にエネルギーをあまり使わずに、より効率的に運動を創出する。

DeVriesとHoush(1994)も、運動単位の動員活動を筋力トレーニングの結果として説明する際に、この効率原理の考え方に賛同した。つまり、トレーニングしない状態の運動単位の動員量の比較からトレーニング負荷を求めたところ、トレーニングは運動単位の動員(筋電図〔EMG〕の積分値で測定)を低減することが明らかになったということである(DeVries, 1968)。前述のように、この基本的な組織化原理は、他の生物物理学的なシステムにも拡張することができる(Sparrow, 1983)。例えば、Kelso, Tuller, Harris(1983)は、神経系では、もっとも単純な人間の運動にも、時間的に重複する多くの神経筋の事象が関与すると仮定した。Kelsoらは、正しい順序で賦活する適切な筋群や、協応動作の特定筋群に適用する促進／抑制の量を考慮した一種の組織化原理が必要であると示唆した。Kelsoらは、協応構造や協力作用を1つの関節における単なる1セットの類似した筋活動や反射メカニズムとはみなさなかった。どちらかといえば、いくつかの関節に渡り単一ユニットとして活動を拘束するような機能的な筋群を、協応構造や協力作用と定義した。このように、Kelsoらは、自由度が高い複雑な活動を、単純化もしくはより効率的な方法で組織化

した。

　注目すべきことは，Kelsoらが優れた身体パフォーマンスの活動を必ずしも効率の観点から述べているのではなく，むしろ，適応の観点から述べていることである。このように，競技者は，比較的ハイレベルな努力をしても，課題要求に正確に一致させながら複数のパフォーマンス状態に注意を払っているものと思われる。例えば，10 km走でラストスパートをする走者は，タイプII速筋線維が正確にかつ好ましく賦活するような方法で運動して，望ましい成果を出しているように思われる。レースの初めよりもエネルギー消費が高いという点で，ラストスパートは絶対的な意味で最小限の努力とは呼べないが，このような走者のエネルギー消費は，ラストスパートをかけようとしている未訓練者よりもまだ経済的であると思われる。その上，レースの最終段階の仕事量と比較して，走者の努力量は"最小限"になっている。もちろん，身体類型の点でもっとも効率的な走者は，競技の大半（ラストスパートをかける前）で，このようにランニングペースに比例した運動単位の動員を節約して運動単位を保存することができる。このことによって，走者はもっとも安定した努力状態を維持するものと思われる。Daniels（1985）やD. Morgan, Daniels, Carlson, Filarski, Landle（1991）は，絶対仕事量に対する酸素消費がもっとも少ない者を優れた持久力の選手とみなす，いわゆる持久力におけるランニング経済の適応的概念について議論している。

　適応と効率性の原理を優れた競技者の脳に適用する場合，脳は多様な情報を機能的な方法で処理する神経生成器のシステムと資源のシステムとして，概念化することができる。すなわち，脳には，視覚-空間の処理，論理-系列の処理，感情と反応の調和，運動制御の資源領域といった膨大な資源のレパートリーがある。心的資源の選択に関しては，大きな自由度がある。しかしながら，個人が適切な神経資源と環境要求との正確な調和を図ろうとしている場合には，集中している事象に神経生理学的な資源を配分するようになる。心的適応の過程は，懸念，自信喪失，課題にそぐわない習慣的な認知傾向の低下に随伴する1組の制約に対する進行性の心理的な順応と定義することができる。そのような考え方は，W. Morgan, O'Connor, Ellickson, Bradley（1988）が推進した氷山型のプロフィールと一致している。

　心的適応の概念は，William James（1977）の初期の理論にまで遡ることができる。William Jamesは，学習は習慣形成に影響すると仮定した。また，すべての入力刺激の処理と，それを特定の目的に当てるような新たな神経経路の出現とを想定した。心的適応の発生で新たな神経経路を形成することばかりではなく，この心理的な順応には個人の適応的な課題集中の進展を妨害するような不適応過程（神経ノイズ）の特異的な低減もしくは抑制を随伴することも仮定している。したがって，精神運動パフォーマンス中の神経ノイズを最小限にするという意味で，効率の定義をより明確に述べれば以下のようになる。

$$効率 = \frac{精神運動行動}{神経資源配分}$$

　Hans Selye（1976）の汎適応症候群（general adaptation syndrome：GAS）の概念的な枠組みは，そのような性状を開発した理想的な例になっている。Selyeは，環境的・身体的・心理的な試練（ストレッサー）に対する3つの普遍的な反応段階を記述した。それらの段階は，(1)警告期，(2)抵抗期，(3)疲憊期である。Selyeは，警告期をホメオスタシスの崩壊と定義し，抵抗期を試練の繰り返しが有機体にもたらす変化あるいは適応と定義している。そのような適応変化の目的は，ホメオスタシスの崩壊を最小限にすることにある。重要なことは，適応の第2段階で，生体のより効率的な方法での挑戦を助ける変化が生じることである。資源の効率的な割り当て過程は，生体の緊張軽減に役立っている。またSelyeは，ストレッサーに対する過度かつ慢性的な関与が生体の適応能力を超えているような段階を，疲憊期と呼んだ。スポーツ科学の分野では，D. Morganら（1991）がオーバートレーニングと競泳選手の疲憊期の関係を調べている。すなわち，過度の試練はトレーニングの量と強度の点でコルチゾールの分泌を促し，その結果，筋や他の組織に異化/分解が生じてくる。この過程は身体状態の低下する原因になっている。

　GASの原理を神経生理学のレベルに拡張すれば，特殊な試練に初めて遭遇した生体は，あらゆる皮質連絡と関係するような全体的な神経賦活に反応しなければならないことになる。この結果，比較的効率の悪い神経連絡にはオーバーフローが生じることになる。神経機構は，繰り返しの挑戦やスキルレベルの向上とともに，より精緻なものになってくる。すなわち，この適応過程または学習過程では関連神経経路を賦活し，無関連の神経経路を抑制している（Greenough, Black, & Wallace, 1987）。BellとFox（1996）は，この現象を剪定過程と記載した。特に，幼児のほふく運動の開始前には"行動変化に対応するシナプスの過剰生産"が生じると示唆した（p.552）。しかしながら，経験とともに不要なシナプスは剪定され，結果としていっそう効率的な神経適応が生じるようになってくる。またBuskとGalbraith（1975）は，新しい精神運動課題学習（鏡映描写）を課した成人で，この考え方を支持した。それらの実験参加者は，スキル獲得の初期段階中に視覚皮質と運動前野の間に高いコヒーレンスを示した。この段階で，参加者は脳のさまざまな皮質部位間に高い類似性（さまざまな電極配置で記録したEEGの時系列コヒーレンスの増加，もしくは同質性の増加）を

示した。しかしながら，皮質活動部位の相対的な類似性は，練習後にもみることができた。これは皮質部位の特殊化が進んだことを示唆している。"より少ない"皮質によって困難な課題を切り抜けることができるのは，この適応が存在しているためである。

全体的な行動に関して，スポーツライターや熱狂的なファンによって，滑らかな，優雅な，スムーズな，などと記述される，偉大な競技者の身体運動は，別のレベルでは，運動の動員単位と環境や行動意図を最適な方法で効率よく調和させたものと記述することもできる。さらに，競技者が報告した現象学的な経験は，脳や大脳皮質の効率と結びつく適応過程をうまく表現しているように思われる。この概念は Zimmerman（1979, p.40）が次のように報告した NFL ランニングバックの心理状態から読み取ることができる；"いいえ，たとえ考えなくても，私はあらゆることがわかっています。私は何も考えずに 60 ヤード走りますが，エンドゾーンを割った時に，誰が誰をブロックしたかをすべて言うことができます。そして私の近くにいた選手ばかりでなく，フィールドにいたすべての選手を言うことができます"。この引用に相応しいと思える1つの解釈は，競技者が関連した視空間資源の特異的かつ排他的な賦活をほとんど自動的な方法で経験し，それによってフィールドでの身体運動とうまく折り合いをつけているということである。競技者は，ダイナミックかつ多くの潜在的な妨害感覚刺激の中で，この主要な課題を達成している。競技者が賦活資源を運動意識や視覚-運動生成器に割り当てている時には，セルフトークや論理的な分析処理は最小限になる（おそらく，より積極的な抑制を受ける）ものと思われる。

このように，行動科学としてのスポーツ心理学の目的は，精神現象を測定して，これらの測度を簡潔な理論に関連づける試みにある。この点で，精神生理学には，パフォーマンスの心理的な対件をリアルタイムで非侵襲的に測定できる貴重なツールがあり，精神運動の効率は優れた選手での脳の電気活動の性質を予測する上で有用な枠組みになっている。

脳波と熟練精神運動パフォーマンス

精神運動効率の原理の広範かつ実証的な知見は，精神生理学的な分析によって獲得することができる。精神生理学的な研究では大脳半球の左右差，部位的な特異性，皮質の事象関連電位（ERP），その他の皮質 EEG 現象，皮質のマッピングなどを多様に調べている。研究者は，これらのデータを，広範な運動の特定スキルを実行している時や，セルフペース課題の実行直前の準備期間中に取得している。精神生理学の諸測度は非侵襲性が比較的高く，それに加えて偏りがなく，心理過程の客観的な指標になっている。Hatfield, Landers,

Ray（1984）は，国際クラスの射撃選手が標的を定めて射撃の準備をする時の左右半球活動を調べ，この種のスポーツ心理学研究として最初に発表した。分析の結果，左半球の賦活レベルは準備期間中に低下したが，右半球（視覚-空間の処理に関与）の賦活レベルは依然として比較的高いレベルに留まることが明らかになった。要するに，これらの高度な熟練競技者は，相対的に優位な半球にシフトして前脳を全体的に鎮めていた。ライフル射撃選手の特殊な要件は，他のスポーツ種目とは異なっている。しかし，ライフル射撃選手は静止していても心理的には非常に積極的に関与していることから，EEG 技法でそのような注意状態を研究する際には，射撃選手はとりわけ有用な研究対象になっている。

Walter Payton の"なぜしたのかはわからない。私はただそれをしただけだ"という主張は，半球シフトの現象と一致しているように思われる。あるレベルでは，彼はプレー中に"何も"考えなかった（分析的な処理）ように思われるが，明らかに視覚-空間系はかなりの程度賦活していた。ランニングバックのポジションには，変化しているフィールド環境に常に合わせて方向を転換する能力と，固定的また限定的な注意資源を豊富な空間手がかりの処理に配分する能力が同時に必要である。このような能力があれば，競技者は，そのようなフィールド変化の状態に効果的に反応することができる。明らかに，優れた選手の場合には"考える"必要や，自分の行動を分析する必要がないように思われる（Fitts & Posner, 1967）。そのような高度なスキルは，ネガティブなもしくはくよくよしたセルフトークの関与を，同様に最小限のものにしている。特に，競技者の試練に関連するような手がかりや認知活動の処理のみに注意を配当することは，メンタル／心理効率の概念を例証している。

EEG の基本性質

参照可能な EEG 文献を理解するために，ここではこの測度について手短かに紹介する。より広範な情報源は他にもある（Coles, Gratton, & Fabiani, 1990；Lawton, Hung, Saarela, & Hatfield, 1998；Ray, 1990）。大脳皮質の神経活動は電位として頭皮上に表出するが，EEG はこの電位変動の時系列を記録したものである。頭皮上の電極の配置は，国際標準 10-20 電極配置システム（Jasper, 1958）と呼ばれる標準に従っている。電極装着部位の名称は，脳の大まかな部位と対応している。例えば，大文字の F は脳葉の前頭部（frontal），T は側頭部（temporal），C は中心部（central），P は頭頂部（parietal），O は後頭部（occipital）に対応する頭皮部位をそれぞれ示したものである。

機能的に，各脳葉は特異的な処理と関係している。前頭葉は，言語，情動，運動プランニングといった高

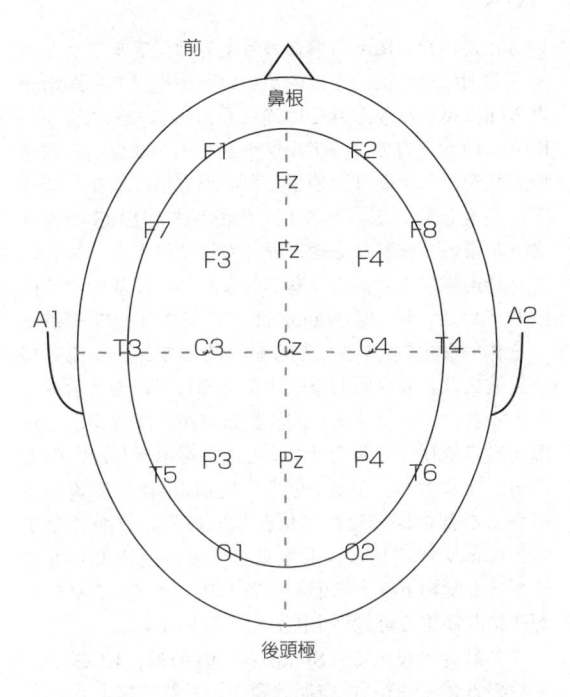

図14.2 EEG データ取得の国際標準 10-20 電極配置

次機能と関係している。側頭葉は聴覚処理と概念形成を格納している。中心領野は主として運動実行に関与している。頭頂葉は認知や知覚と同様に感覚運動機能と関連しており，後頭葉は基本的な視覚処理を制御している。添え字によって，これらの皮質部位をさらに区分している。添え字のzで表わす部位は，頭皮の正中線上に位置している（吻側から尾側へ）。添え字の数字は外側部位を示しており，奇数は左半球部位を，偶数は右半球部位を示している。数字が大きいほど，正中線から外側方へ離れることを意味している（図14.2）。

EEG とは時々刻々と連続変化する電位，または時系列に沿った電位変化を記録したものである。通常は，一方の電極を脳部位に対応する頭皮上に，他方の電極を"ニュートラル"な部位または基準部位（例えば，耳朶または乳様突起）に装着し，それら2電極間の瞬時的な電位差を記録している。平均基準を得るために2つの部位（例えば，両耳朶）を連結することもある。そのような仕様を"単極"記録と呼んでいる。つまり，活発な皮質部位から増幅器に入力するものはただ1つという意味である（他方は基準部位である）。EEG は"双極"様式で記録することもある。双極様式では2つの活性部位から増幅器に入力することになる。一般的に双極モンタージュは臨床分野で使用している。活性的な1部位を共通基準にしてすべての記録部位から誘導するモンタージュを，双極とは対照的に"基準モンタージュ"と呼んでいる（Lawton et al., 1998）。差動増幅処理の原理は，同相除去（common mode re-jection）の概念に基づいている。同相除去を使用すれば，2つの記録部位（例えば，単極記録のケースでは，活性電極と基準電極）に共通したどのような信号でも，その発生源が非皮質由来のものかどうかを明らかにすることができる。したがって，差動増幅器によって，非皮質由来のものを2つのチャネル記録から自動的にキャンセルまたは除去することができる。その結果，残りの記録は，大脳皮質由来の"真"の生物的な電気活動を表わしたものと考えることができる。

時系列や皮質活動には，周波数と振幅という2つの基本性質がある。EEG の振幅は，μV もしくは1 V の百万分の1の単位で測定している。EEG 信号の全体的な変化またはピークからピークまでの変化は，一般的に 100 μV 以下になっている。そのため，EEG の記録には高感度の増幅器が必要である。増幅器の利得は一般的に 20,000〜50,000 倍になっている。さらに，信号の周波数帯域はおよそ 0.01〜50 Hz としているが，80 Hz 以上の周波数を調べている研究者もいる。

一定の時間間隔でサンプルした連続的なアナログ信号の電圧変化と，アナログ信号のサンプル記録の比率は，デジタル時系列がアナログ信号を表わす精度を決定している。デジタル信号処理の Nyquist 原理（Challis & Kitney, 1991）に基づいて，興味あるレンジを歪みなく"捕捉"するには，アナログ信号のサンプリング率を，少なくとも最高周波数成分の2倍にする必要がある（Newland, 1993；Porges & Bohrer, 1990；Ramirez, 1985）。

筋運動，特に粗大筋の運動は，EEG を乱す電気信号になっている。頸部や顔面の緊張のような小さな筋運動も，アーチファクトの原因になっている。フィルターを使用すれば，そのような不要なノイズを抑えることができる。眼球運動も，大きな電気信号を出して，皮質の電気活動をマスクしたり歪めたりしている。研究者は，一般に眼球運動と瞬目を，眼電図（EOG）の形式で EEG と同時に記録している。また，EOG によって，眼球運動や瞬目が混入した EEG の記録箇所を同定し，考察の際にはそれらのデータを除外したり，統計的に修正したりしている。"きれいな" EEG の時系列をいったん得れば，次はその EEG をコンピュータの高速フーリエ変換（FFT）処理によってスペクトル分析し，構成周波数に分解することになる。研究者は，周波数を，伝統的なカテゴリー帯域の定義に従って次のようにグループ分けしている；デルタ（1〜4 Hz），シータ（4〜7 Hz），アルファ（8〜12 Hz），ベータ（13〜36 Hz），ガンマ（36〜44 Hz）。デルタとシータの賦活は低喚起レベルを反映している。アルファの賦活はリラックスした意識状態と関係し，ベータとガンマの賦活は直接に活性化と関係している。精神運動パフォーマンスに注目した多くの脳波研究は，アルファとベータ帯域を集中的に調べている。

これまで，当該分野の多くの研究者は，視床から皮質に入力すると信じた EEG のアルファパワーを検討してきた (Lopes da Silva, 1991)。Pfurtscheller, Stancak, Neuper (1996) は，アルファと皮質機能の関連づけに有用な EEG アルファの解釈を提案した。Pfurtscheller らのレビューでは，アルファパワーの振幅や事象関連同期 (event-related synchronization) の増加を，ある課題や事象の皮質構造からの解放として説明している。EEG 電極は，数 cm 四方の神経活動を感知している。そのために，関係ネットワークの比較的不活発な神経活動がさらに同じように同期して，高振幅の低周波が出現すると考えている。たとえるならば，多くの神経カラムまたは集成体のそれぞれは，特別な一節を斉唱して音量を大きくする聖歌隊メンバーのように振る舞っているのである。反対に，事象関連脱同期 (ERD；アルファパワーの減少) の大きさや強度は，特殊な課題パフォーマンスに関与するある瞬間の神経ネットワーク群を反映している。例えば，複雑な課題は ERD 強度の増加因になっている。先述のたとえで言うなら，神経集成体は斉唱に参加しないバラバラなメンバーに該当している。この場合，一節の斉唱音量は比較的低くなる。時系列内のアルファパワーの高いレベルは頭皮 (脳) 部位への皮質関与が低下したことを意味しており，Pfurtscheller ら (1996) はこれを"皮質のアイドリング (何もしていない状態)"と呼んでいる。Sterman と Mann (1995, p.116) は，EEG アルファに関する情報を次のように追加している；"ある機能システム内のインパルス伝導減衰による神経膜電位の変化は，局在的な EEG 律動パターンの視床発生に反映することが明らかになっている (Anderson & Andersson, 1968; Kuhlman, 1978; Steriade, Gloor, Llinas, Lopes da Silva, & Mesulam, 1990)。逆に，課題従事時におけるこれらの EEG 律動パターンの抑制は，これらシステム内の活発な処理を調べた電気生理学的・代謝的な研究から明らかになっている (Mazziotta & Phelps, 1985; Pfurtscheller & Klimesch, 1991; Thatcher & John, 1977)"。

皮質電気賦活の神経生理学的基盤

頭初，精神生理学者は，EEG のアルファとベータの賦活はそれぞれリラクセーションと活性化の単純な指標であり，両者間には反比例的な関係があるという考え方に同意していた。これらの考え方を最初に推し進めたのは，Adrian と Matthews (1934) の初期の研究報告であった。しかしながら最近の研究者は，Adrian と Matthews の見方を不完全なものと示唆して，神経生理学的な別の見方を展開している (Nunez, 1995; Ray & Cole, 1985; Smith et al., 1999)。例えば，Ray と Cole は，EEG のアルファの賦活が注意の要求を表わしており，ベータの賦活が認知過程により関係していると述べた。Ray らのこの考え方は，アルファとベータの間に反比例的な関係がないという点で，Adrian と Matthews の考え方とは違ったものになっている。Ray らの考え方では，アルファとベータはむしろ個別の過程を示しており，使用した心理方略に依存してさらに共変している。その上，さまざまな EEG のスペクトル帯域と独特な心理過程との結びつきを，特異的な神経過程にまで，より基本的なレベルに基づいて拡張している。特に，Nunez は，アルファパワーがより全体的な皮質-皮質の統合を反映しており，他方高い周波数はより局所的な賦活を反映していると示唆した。これは，さまざまな周波数帯域が，課題要求と資源配当に依存して共変動する可能性を示唆したものである。すなわち，皮質-皮質の相互作用は，皮質のさまざまな部位間の連絡に依存している。しかしながら，Nunez の立場は，共変動を要する制約よりもさまざまな制約セットに応じてアルファとベータパワーが逆に関係する可能性を除外してはいない。

より最近になって，Smith ら (1999) は，EEG がスキルの獲得中や視覚-空間課題中の神経連絡とネットワークに関係するという考え方も是認した。特に，スキル獲得時のアルファ増強を，課題に対するより精巧で課題固有の適応を反映する神経組織の変化標識として解釈した。すなわち，特定の神経経路は増進するが，他の経路は剪定過程の対象になる。つまり剪定されない残りの活発な経路が，課題要求に特異的な神経経路となる。Smith ら (1999, p.390) は，この概念を以下のように記載している；

EEG のパワー，および EEG スペクトルの頭頂部アルファと"前頭正中線上"の Fm シータが増強すると，テストセッション中のパフォーマンス精度は向上し反応時間は短縮した。パフォーマンスの向上は認知的なスキル獲得に関する先行研究と一致している。先行研究は，手続き的なスキルがワーキングメモリー内の情報に影響し，その結果，練習効率が向上すると示唆している。EEG の信号に随伴する変化は，スキル獲得に付随する神経の再編成と関係しているように思われる。

要約すると，Nunez (1995) と Smith ら (1999) は，単純なリラクセーション (Adrian & Matthews, 1934) の代わりに神経再編成によってアルファ賦活の性質を説明した。ここで重要なことは，神経再編成には，無関連資源を休養させて，多くの関連資源を機能経路に配当するという特徴があることである。Earle (1988) も，アルファ増加は無関連資源を休養または抑制して，新しく適応的な経路を確立する時の指標になると推論した。機能的磁気共鳴像 (functional magnetic resonance imaging：fMRI) を使用して，スキル獲得時の皮質特殊領域の変化を探っている研究者 (Elbert et al., 1995)もいる。Elbertらは，優れた音楽家の指の皮質表象と，非音楽家のそれを比較した。その結果，皮質表象は指の使用レベルに関連し，特に個人の現在の要求と経験に一致することが明らかになった(Elbert et al., 1995)。

これに関して，運動心理学研究の定評ある原理は，トレーニングに対する生体の慢性変化を記述する，いわゆる強制要求に対する特殊な適応(specific adaptation to imposed demand：SAID)である。精神生理学の研究者も，同様にこの原理を実証的に支持しているように思われる。Haier, Siegel, Tang, Abel, Buchsbaum(1992)は，認知スキルの達成時に脳のグルコース代謝が低下することを明らかにして，この概念を追加的に支持している。脳におけるこのような変化は，より効率的な適応状態が脳に存在するという考え方を端的に示したものである。すなわち，神経資源の再編成は，資源と要求がより効率よくマッチングしている適応状態である。初めに述べたように，この神経変化は，熟練競技者が報告する集中，自信，ピークパフォーマンスという現象学的な経験に影響するものと思われる。

EEGスペクトルと皮質領野の特異性

前述のように，スポーツパフォーマンスの精神生理学的なEEG測定は，Hatfieldら(Hatfield et al., 1984；Hatfield, Landers, & Ray, 1987；Hatfield, Landers, Ray, & Daniels, 1982)の一連の実験から始まった。特に，Hatfieldらは，熟練パフォーマンス関連の認知状態を洞察するために，射撃競技選手を調べた。射撃選手を精神生理学的なテストに使用したのは，射撃選手は体動を最小にして集中を高め，心理的な取り組みをしているからであった。Hatfieldらは，脳半球の左右差をEEGで評価し，射撃前の準備状態と言語分析や視空間の処理に関連する既知の心理状態を対比した。このようなアプローチは，熟練パフォーマンスに付随する認知を，リアルタイムで比較的目立つことなく調べることができる新しいパラダイムになった。

Hatfieldら(1982)は，優れた射撃術とアルファ亢進の関係を指摘したPullum(1977)の予備報告に基づいて，より説得力がある精神生理学的な評価を行った。特に，エリート射撃選手が50フィート離れた位置から標的を狙い，立位で40発を撃つ各試行直前の準備期間中の皮質過程を調べた。その結果，脳半球の左右差が明らかになった。引き金を引こうとする時には，左半球のアルファパワーが明らかに右半球のそれよりも増加していた。Hatfieldら(1984)は，別のグループのエリート射撃選手に同じ課題を与え，これらの結果を追試・拡張した。頭頂部基準のモンタージュを使用した結果によれば，アルファパワーはすべての電極装着部位(左[T3]と右[T4]の側頭部，左[O1]と右[O2]の後頭部)の3連続エポック(1エポック：2.5秒)に渡って増加していた。換言すれば，皮質は次第に"静穏"になっていた。さらに，側頭部T3のアルファパワーは増加したが，T4のアルファパワーは引き金を引くまでの間(3連続エポック)，比較的安定した様相を示していた。Hatfieldらは，複数のエポックに渡る優位半球の変化を強調するために，左右対称の側頭から導出したアルファ比率(T4/T3)を算出した(図14.3)。この比率は，引き金を引くまで有意に減少していた。このアルファ比率の減少は，右半球のアルファパワーが減少したことを意味している。さらに，この現象は，10射撃4ブロックに渡って一貫していた。

まとめると，これらの結果は，引き金を引くまでは右半球の処理過程が次第に重要になり，他方，左大脳の賦活は徐々に低下していくことを示唆していた。Hatfieldらは，これらの知見を，セルフトークといった言語分析処理の低下と同時に，視空間処理の向上として解釈した。また，この解釈をさらに支持するために，エリート射撃選手に周知の2つの心理課題，すなわち左半球が関与する算術計算と言語理解，右半球が関与する幾何学模様とムーニーフェースを提示した。ムーニーフェースはロールシャッハテストと同様にあいまいな刺激であり，顔のイメージを組み立てるには知覚処理を高めなければならない。射撃に結びつく半球の優位性は，左半球の課題よりも右半球の課題と非常に類似していた(Hatfield et al., 1984)。さらに，射撃課題の優位性効果は，右半球の課題と比較し

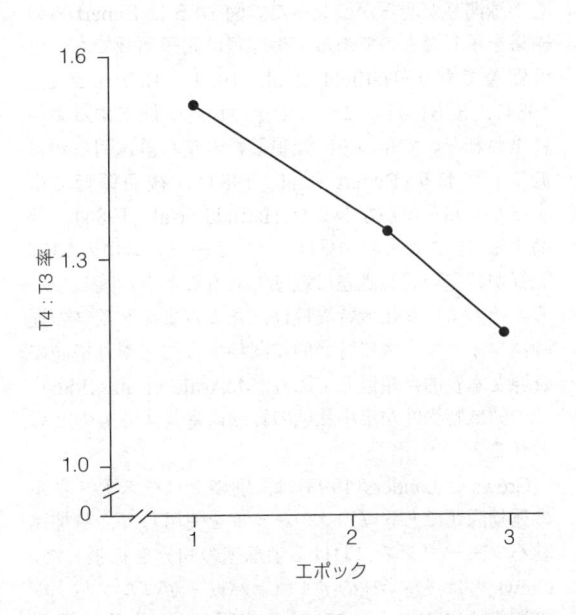

図14.3 連続エポックに渡るEEGアルファ活動率(T4：T3)の変化。活動率の低下は右半球の処理が相対的に大きいことを示している

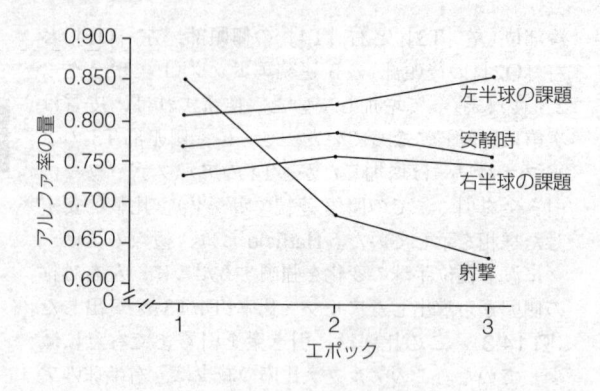

図14.4 異なる4つの認知要求条件に対するEEGアルファ活動率(T4：T3)の相対的な変化

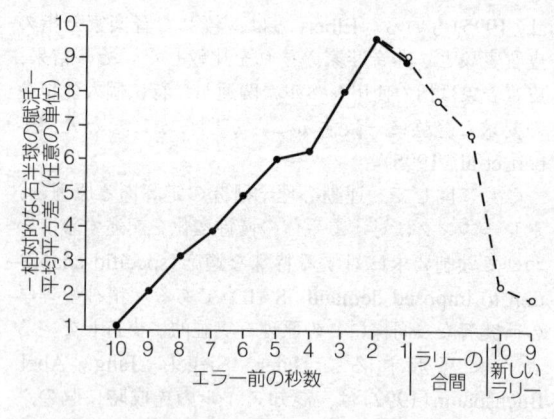

図14.5 Pongラリー中とラリーの合間に側頭部から記録したEEGアルファパワーの左右差

ても著しく側性化していた。この知見を図14.4に示す。

Rebert, Low, Larsen (1984)は，Hatfieldら(1984)の知見を確証するために，視空間課題の実行中に，中心部・側頭部・頭頂部で半球の非対称性を評価した。ビデオゲームのPong(卓球ゲーム)を使用して，エラー前10秒エポックのEEG活動を評価した。Rebertらの結果によれば，右半球では側頭領野と頭頂領野が次第に優位になり，反対に左半球では中心領野が優位になった。ラリーの間に脳が積極的にチャレンジしない場合には，すべての部位のアルファパワーに半球差があまりみられなかった。視空間課題(例えば，ビデオゲームのラリー，射撃)の精神運動パフォーマンスでは，右半球のアルファパワー(ERD)が左半球に比較して低下したことから，視空間の課題への優先的な右半球関与が明らかになった。図14.5はRebertらの結果を示したものである。半球差は側頭領域でもっとも顕著であり(Hatfield et al., 1984；Rebert et al., 1984)，後方に行くにつれてその程度が低下するように思われた。すなわち，頭頂領野の左右差は明らかに低下しており(Rebert et al., 1984)，後頭領野ではまったく左右差がなかった(Hatfield et al., 1984)。要約すると，これらの知見は，パフォーマンス中のEEG記録が特定の認知課題に敏感であることを示唆している。そのような領域特異性は，さまざまなタイプの運動パフォーマンスに特異的に関与する代謝や骨格筋の資源と本質的に類似しており(McArdle et al., 1986)，この領域特異性が集中状態の経験に寄与するものと思われる。

CrewsとLanders(1993)は，別のクローズドスキルの運動課題であるゴルフのパットを使用して，精神運動パフォーマンスにおける半球差の知見を拡張した。Crewsらは，左半球のアルファパワーがゴルフパットの準備中に増加することを再度明らかにした。そして，右半球の比較的安定した知見も明らかにした。左半球のベータI帯域活性(13～20 Hz)は有意に低下したが，ベータII帯域(21～31 Hz)は変化しなかった。これらの結果は，熟練競技者群の言語分析処理は，左半球のアルファパワーの増加だけでなく同側のベータパワーの減少のために低下していると解釈することもできる。Hatfieldら(1984)は，同様に，エリート射撃選手の左半球におけるベータパワーが右半球よりも相対的に低下していることを報告した。

熟練者-初心者パラダイムによるEEGのスペクトル差

Haufler, Spalding, Santa-Maria, Hatfield (2000)は，スキルの開発に伴う皮質電気活動の変化を解明するために，熟練射撃選手と初心者を比較分析した。Hauflerらは，スキルの相応な自動化を特徴とした熟練射撃選手(Fitts & Posner, 1967)と比較して，初心者は照準の準備中により努力して，より言語分析的に取り組むと予測した。この仮説を検証するために，実験参加者に射撃課題・言語課題・空間課題を与えた。Haufler, Spalding, Santa-Maria, Hatfield (2000)は，参加者にHatfieldら(1984)と同じ様式の2つの課題を与え，正確な射撃中の心理状態を推測した。特に，初心者の左半球は射撃の準備中に相対的に賦活し，アルファパワーに関しては言語課題の実行中に観察できるものとよく似たEEG活動のプロフィールを示すと仮定した。要するに，射撃中の初心者では，熟練選手とは反対に，左半球のアルファパワーが右半球よりも低下すると予測した。

予測したように，初心者の左半球のアルファパワー(10～11 Hz)レベルは，高度な熟練射撃選手と比較して低下し，また，ベータとガンマのレベルは増加していた。しかしながら，右半球にはそのような差がなかった。これらの結果から，本当の初心者は，課題の完遂に効率よく資源を配当できないことが明らかに

なった。初心者群と熟練選手群の両群にとって同様に新しい言語課題や空間課題には，このような群間差がなかった。さらに，初心者は，射撃課題と新しい空間課題の両方で，同レベルのアルファパワーを右半球に示した。興味深いことに，熟練射撃選手は，初心者よりもすべての部位で高いアルファパワーを示した。この様相は，とりわけT3の部位が顕著であった。このような知見は，熟練者の効率が，課題要求にもっとも関連すると思われる皮質領域の特異的な賦活によって上昇することを再度示唆している。

Janelleら(2000)は，スキルレベルに基づいた特定資源の関与の違いを調べるために，熟練度の高い射撃選手と非競争的な射撃者を対象に付加的な比較研究を行った。Janelleらは，熟練度の高い射撃選手と熟練度の低い射撃者とでは半球の優位性・賦活に違いがあるという仮説を立てて，この研究を進めた。特に，熟練度が低い非競争的な射撃者では，熟練度の高い射撃選手と比較して左半球のアルファパワーが低下すると予測した。

熟練度の低い群のアルファパワーは両半球に渡って増加しており，結果は仮説と逆になっていた。この知見は，熟練度の低い実験参加者では関連皮質の資源を熟練者と同程度には積極的には捕捉できなかったと解釈することもできる。Pfurtschellerら(1996)の考え方によれば，熟練度の低い射撃者の皮質には，比較的アイドリング状態にあるという特徴がある。これは課題関連の手がかりに対する集中不足によるものである。精神運動効率の概念によれば，高度な熟練群でアルファパワーの増加を期待することができる。しかしながら，期待に反して熟練度の低い競技者群でアルファパワーが増加した。これらの競技者のスキルは，Hauflerら(2000)が調べた実験参加者群のスキルと同様に，初心者段階のものではなかった。そのために，Janelleらの参加者は，努力が必要な段階よりも，さらに上の段階に進んでいた可能性がある。アルファパワーのレベルが"高い"ということは，そのような後付けの説明と一致しているように思われる。さらに，この結果から，高度な熟練射撃選手の半球側性化は増加していることが明らかになった。特に，Janelleら(2000)は，非熟練者と比較して，熟練者の左半球のアルファパワー(8〜12 Hz)とベータパワー(13〜20 Hz)が増加し，同時に右半球のアルファパワーとベータパワーが相対的に低下することを明らかにした。それゆえに，熟練者の両半球間の帯域パワー量の違いは，非競技的な射撃者のそれよりも顕著であった(図14.6)。この後者の知見は，高度な熟練射撃選手における半球特異性(特殊化)の増加を意味しており，神経資源と課題要求のより効率的なマッチングを示唆している。

熟練者と初心者の横断的な比較研究は，有益なものではあるが，パワースペクトルの群間差を神経認知的

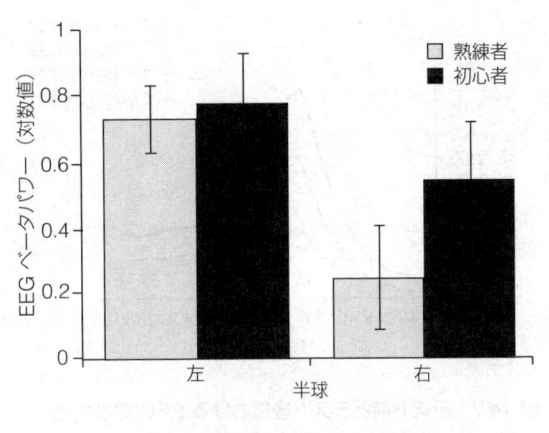

図14.6 射撃の熟練者と初心者におけるEEGベータスペクトルパワーの群×半球の相互作用

な性質を越えた多様な方法で説明することには問題がある。例をあげると，頭蓋の形態(例えば，頭蓋の厚さ)の相異は，群間の皮質神経解剖(例えば，回や溝の方向)上の何らかの相異と同様に，スペクトルの振幅やパワーに影響していると思われる。さらに，スキルの開発とEEG変化の関係を報告した数少ない研究(介入研究)では，一般的に，わずか1セッションの反復試行といった短いトレーニングのみを使用している(Busk & Galbraith, 1975 ; Etnier, Whitwer, Landers, Petruzzello, & Salazar, 1996)。

Landersら(1994)は，これらの問題を乗り越えるために，体育のアーチェリークラスに参加した初心者を，1学期間に渡って縦断的に調べた。その結果，アーチェリーの初心者は14週間に渡るパフォーマンスのトレーニングコース中にパフォーマンスが向上し，それとともに脳の左右差がテスト前と比較してテスト後に明白となり，左半球のアルファパワーは有意に増加することが明らかになった(図14.7)。これらの知見は，精神運動のパフォーマンスに関連するEEGの左右差が学習によるものであり，それらが課題固有の環境処理を容易にしていることを強く示唆している。この研究では統制群を設定していなかったが，その結果は皮質の効率向上を支持しているように思われる。なぜなら，左半球の同期の増強は，右半球の視空間関与の維持と同様に，無関連処理(例えば，言語分析)の低下を示唆しているように思えるからである。

同様に皮質の電気活動とパフォーマンスとの因果関係を明らかにしようとしたLandersら(1991)は，優れたアーチェリー選手にEEGのバイオフィードバックを試みて，選手のスキル獲得とパフォーマンス成果の改善を図った。Landersらは，アーチェリー選手を次の3群のいずれかに割り当てた；(1)正確なフィードバックを与える群(左半球の陰性緩電位が大きくなる)，(2)不正確なフィードバックを与える群(右半球

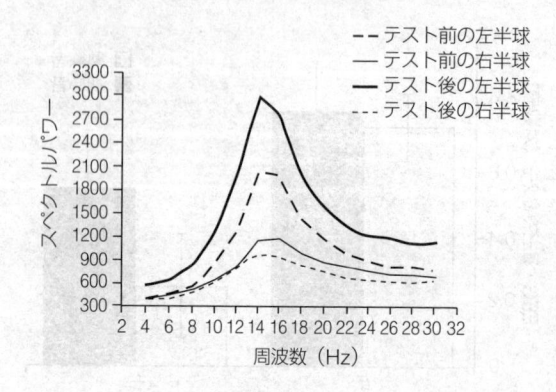

図14.7 テスト前とテスト後におけるEEGの左右差

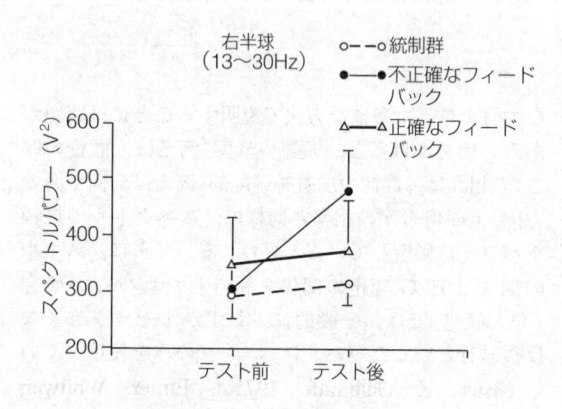

図14.8 右半球EEG(13〜30 Hz)の絶対スペクトルパワーの推定(V^2)

の陰性緩電位が大きくなる)，(3)フィードバックを与えない統制群。その結果，正確なフィードバックを与えた群の射撃精度は，テスト前からテスト後まで有意に向上していたことが明らかになった(27射撃の得点で測定)。また，不正確なフィードバックを与えた群はパフォーマンスの低下を示し，統制群のパフォーマンスは変化しなかった。ちなみに，バイオフィードバックのトレーニングは1セッション当たり45〜75分であった(Landers et al., 1991)。さらに，不正確なフィードバックを与えた群では右半球のベータパワー(13〜30 Hz)が増加したが，他の2群にはそのような変化がなかった。不正確なフィードバックを与えた群の右半球におけるこのベータパワーの高まりは，他の2群以上の大きな努力や効率低下の反映と解釈することができる。この知見を図14.8に示す。

EEGの実験参加者内変動とパフォーマンス成果

Salazarら(1990)は，エリートアーチェリー選手の皮質電気反応を調べて，ゴルファー(Crews & Landers, 1993)や射撃選手(Hatfield et al., 1984)の半球差の研究を支持した。Salazarらの研究では，28名のエリートアーチェリー選手に次の4条件のいずれかで16射するように求めた；(1)14〜22 kgの弓を十分に引き絞って普通に射つ，(2)的を見ながら弓を十分に引き絞って射つ，(3)的を見ながら2 kgの弓で射つ，(4)安静状態。Salazarらは照準期の最後に当たる3秒間のEEGをT3とT4からモニターした。Salazarらは，4つの比較条件を設定して，神経認知過程とは対照的なものとして，課題の運動強度の相対的な影響をEEG記録によって確認した。また，放矢の直前に，半球の有意な左右差をすべての条件を通して確認した。左半球のEEGでは10, 12, 24 Hzが有意に高いレベルを示したが，右半球のEEGは3秒間の照準期には比較的安定していた。注目すべきことは，生態学的な妥当性のレベルがもっとも高い条件時にスペクトルパワーのレベルがもっとも同期したことである。興味深いことに，実験参加者が困難な状況にもっとも適応したのは，この条件下であった。さらに，EEGの左右差はパフォーマンスの変化と結びついていた(もっとも優れた4射ともっとも悪かった4射を比較)。これは，側性化のレベルがパフォーマンスレベルに影響するという概念を再度支持するものになっていた。この知見は，もっとも優れた4射と比較して，もっとも悪かった4射では6, 12, 28 Hzのパワーが左半球で増強することを指摘していた(Salazar et al., 1990)。右半球では，パフォーマンスに関連するこのようなEEGパワーの違いがみられなかった。これに関連してアルファパワーの高いレベルと優れたパフォーマンスの関連を指摘した先行研究の議論を思い浮かべることもできるが，拙いパフォーマンスと結びついたアルファパワーの高いレベルは過度の同期を示しているのではないかとも思われる。すなわち，比較的不活発な左半球を不適切に解放している可能性もある。Salazarらは，この研究の低い空間分解能(記録部位がわずか2ヵ所のみ)が，これらの知見の神経認知的な基盤に関する明確な洞察を不可能にしていると警告している。

Hillman, Apparies, Janelle, Hatfield(2000)は，個人内の皮質電気活動の差を高い空間分解能で特徴づけるために電極の配列密度を高め，Salazarら(1990)と同様の知見を得た。Hillmanらは，実験参加者内のデザインを使用して，実行試行前と拒否試行前の準備期に評価した高度な熟練射撃選手のEEGのアルファ賦活とベータ賦活を比較した。射撃拒否の試行とは，ライフルの照準を的に合わせても，射撃をせずにやめてしまうことである。EEGは，頭頂部(Cz)を共通部位にした基準モンタージュによって，F3, F4, T3, C3, C4, T4, P3, P4の各部位から測定した。Hillmanら(2000)は，Hatfieldら(1984)のモデルに基づいて，左半球の

アルファパワーの減少時に射撃の拒否が起こると仮定した。より正確に言えば，Hillmanらは左半球の優位性が射撃拒否に先立つ準備期の特徴になると予測した。このように，Hillmanらは，左半球の相対的な賦活が課題の実行に抵触するという干渉モデルの立場を取った。

射撃実行前と拒否前の準備期におけるEEGを比較したところ，期待に反して，拒否前のアルファパワーとベータパワーが明らかに増加していた。さらに，射撃拒否時のパワーはすべての部位で増加したが，最大パワーは側頭部に，最小パワーは中心部にみられた。その上，この効果は，射撃拒否時のパワーは増加し，射撃実行期のパワーは安定していたというように，時間と相互作用していた（差量は引き金を引く時間まで増加した。図14.9を参照）。これらの結果は，Pfurtschellerら（1996）が提唱した皮質のアイドリングと一致している。すなわち，射撃を拒否した選手は，実行前に必要な程度の関連皮質の処理ができなかった。"成功"状態にみられるERDは，挑戦時に皮質の関連資源が大きく関与することを示唆するものと思われる。

新しい課題のパフォーマンス中に課題関連資源を適切に処理することができないことは，精神運動パフォーマンス以外の研究でも同様に認められている。例えば，Earle（1988）は，視空間の問題解決に没頭している実験参加者の側頭野と頭頂野からアルファパワーを測定し，課題処理の困難な実験参加者でアルファパワーが増加することを明らかにした。Earleは，アルファパワーが増加した原因は，参加者が課題に関連する神経資源の賦活に失敗したためであると強く主張した。総合すれば，Janelleら（2000），Hillmanら（2000）やEarleの結果は，経験不足の者または理想的なパフォーマンス状態にない熟練者が課題要求にもがき苦しんでいる場合には，課題固有の神経生物的な資源を効率よく配当することができないという考え方と一致している。

感情と精神運動スキルの相関

これまでの研究者は，認知領域と運動領域に限定して，皮質電気活動と熟練パフォーマンスの関係を調べている。しかしながら，Saarela（1999）は，ある規定時間内に立位で射撃競技を終了しなければならない選手に時間のプレッシャーをかけて，この状態の精神生理学的な評価を感情領域まで拡張しようとした。つまり，射撃選手に，80分の規定時間内に40射撃を実施するよう要求した。射撃選手は，前半の40分間に一連の40射撃を終了しなければならないといった，時間的な動揺も経験した。Saarelaは，これらの条件に結びついた情動状態とそれらのパフォーマンスとの関係を評価するために，既存の感情指数（Davidson,

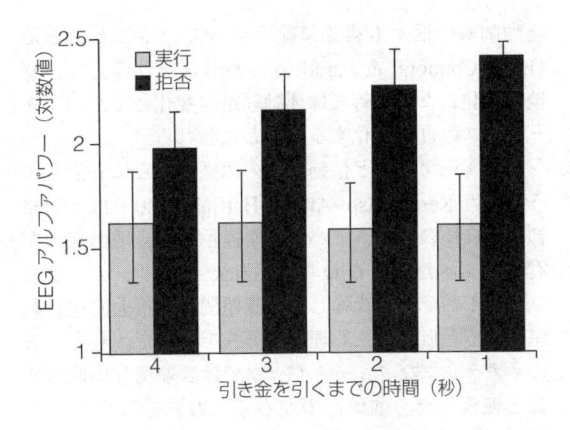

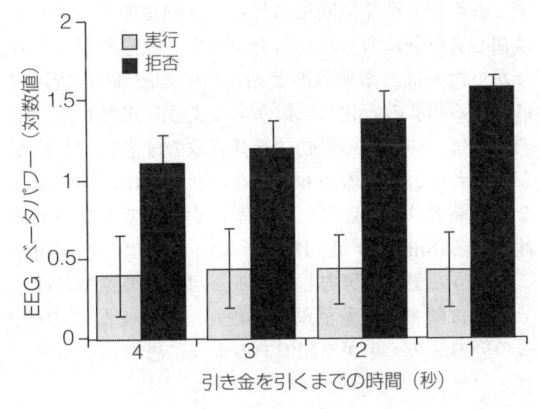

図14.9　アルファとベータのスペクトルパワー：試行タイプ×エポックの相互作用

1988）として前頭部の左右差（F3, F4）を測定した。Davidsonら（Davidson, Ekman, Saron, Senulis, & Friesen, 1990）は，相対的な左半球前野の賦活（F3のアルファパワーがF4よりも低下）と接近関連行動や快感情との関係，相対的な右半球前野の賦活（F4のアルファパワーがF3よりも低下）と撤退関連行動や不快感情との関係を証明している。Saarelaらは，ストレス条件下では，パフォーマンス低下を伴う残り時間への懸念によって，非ストレス条件下に比べて右前頭部が優位になると仮定した。Saarelaらの研究から，相対的に左前頭部が賦活した通常の射撃条件（Saarela et al., 1999）と比較して，時間ストレス条件下では，より拙いパフォーマンスと同時に射撃選手の右前頭部が大きく賦活（F4のアルファパワーが低下）することが明らかになった。さらに，仮説通り，前頭部の左右差とパフォーマンス成果の間には強い相関があった。したがって，非ストレス条件下の射撃と結びついている接近志向は，優れたパフォーマンスを説明すると思われる積極的な課題関与，もしくは高度な集中と考えることができる。逆に，時間の懸念は，情動状態とその後のパフォーマンスにネガティブな影響を与えた。重要なことは，情動状態に関与する前頭前野が，脳の

運動制御中枢とも複雑に絡み合っていることである(Bear, Connors, & Paradiso, 1996)。それゆえに、感情の変化によって時には運動経路が変化して、パフォーマンスの質が変化するものと思われる。

パフォーマンスと情動状態の関係をさらに評価しようとした Kerick, Iso-Ahola, Hatfield(2000)は、射撃初心者に偽のフィードバックを提示して、前頭部の左右差を調べた。すなわち、Kerickらはポジティブなフィードバックを操作して、課題関与や接近関連行動が高まると仮定した心理的な弾みをつけた。もう一方のネガティブなフィードバックでは課題関与は低下すると仮定した。前頭部の左右差に有意差はなかったが、仮説のような傾向を示した。実験参加者のスキルは初心者段階にあった。したがって、有意差がみられなかったのは、準備状態と結びついた認知-感情過程における固有の変化に原因があるように思われる。推測すれば、初心者の変動は神経資源の配当に一貫性がないことによるものかもしれない。さらに、そのような未経験者は、課題要求に効率よく適応できない可能性もある(Smith et al., 1999)。初心者は何とか課題をこなそうと懸命に努力している。初心者の課題処理とそれに付随する皮質活動の処理が一貫性を欠くのは、この努力スタイルが原因であるように思われる。

事象関連電位(ERP)と熟練運動パフォーマンス

ERPの情報は、特定の時間過程を示す上でEEGのスペクトル領域の情報よりも優れており、パフォーマンスを理解する上で特別なツールになっている。Colesら(1990)は、離散的な事象への準備または離散的な事象への対応の際に生じる脳活動の表出をERPと定義した。すなわち、ERPは特定刺激にタイムロックした皮質の賦活を表わしたものである。さらに、ERPは、多数の反応を平均しており、信号と雑音の比率(signal-to-noise ratio：S/N比)を上げている。一般的に、ERPの計測には皮質波形のピーク振幅の方向(陽性 positive または陰性 negative)や潜時を使用している。例えば、刺激提示の約300ミリ秒後に出現する陽性のピークは、P3と呼んでいる。

スポーツパフォーマンスの分野では、多くの研究者がこのような測度を使用して、自己ペースによる運動パフォーマンスの実行と注意過程の関係を調べている。KonttinenとLyytinen(1992)は、国家代表レベルの射撃選手と初心者の緩徐な電位(slow potential：SP)の陰性シフト(Fz, C3, C4, Ozの部位から記録)について報告した。SPとは、刺激処理に関した皮質賦活の緩徐なシフトを示す特殊なタイプのERPである。これらの部位から測定したSPは引き金を引く前に陰性に増加していた。このSPシフトは、射撃実行の"準備"レベルの増加を示唆するものであった。拙い射撃に先行して、Fz部位には有意に大きなシフトが生じた。KonttinenとLyytinenは、これらのデータに基づき、拙い射撃に先行する喚起レベルの過度な上昇と、さらにより経済的な皮質活動プロフィールと優れたパフォーマンスとの結びつきを理論づけた。

引き続き KonttinenとLyytinen(1993)は、引き金を引く前の7.5秒間の準備期間中に熟練射撃選手が示したSP活動の個人変動について報告した。SP活動は正中部位(Fz, Cz, Pz)と外側中心部位(C3, C4)から記録した。KonttinenとLyytinenは、SPプロフィールが一貫して個々の射撃選手の過剰学習的な自動認知と注意方略を反映すると仮定した。さらに、Konttinenらは、射撃課題に対する独自な適応といった個人差が射撃選手に存在すると仮定した。結果は仮定と一致していた。重要なことは、射撃選手の個人内変動が得点の高い射撃と低い射撃との間に生じたことだった。これらの知見は、心理的なアプローチの根底にある皮質電気活動の変動がパフォーマンス成果に影響することを示唆している(図14.10)。

Konttinen, Lyytinen, Era(1999)は、皮質活動と行動をより明確に関連づけようとして、正確な射撃パフォーマンスの違いを、精神バイオメカニクスのアプローチを使用して説明した。特に、エリート射撃選手(フィンランドのオリンピックチーム)と非エリート射撃選手(国内ランク入りはしているが、国際競技経験はない)のSP活動(Fz, C3, C4部位)と身体の揺れ行動を比較した。実験参加者には、屋内18mの距離から立位で200射撃するよう、またSP記録時間を一定にするために、引き金を引く前に少なくとも7〜8秒間の照準時間を設けるようにと教示した。Konttinenらは、拙い試行前では、より正確な試行前と比べて、陽性SPが大きくなると予測した。この陽性の大きさは、関連のない運動活動を抑制する精神運動の努力の高まりと、喚起の制御や視空間処理と結びつく陰性SPの抑制を示唆するものと思われる(効率低下状態；Konttinen et al., 1999)。この結果から、エリート群では前頭部陽性の低下と同時に身体の揺れが減少することや、非エリート群では皮質とバイオメカニクス変数はさまざまに関連していることが明らかになった。すなわち、前後方向の揺れ幅と揺れ速度は、ともに中心部における陰性SPの側性化と関連していた。両群のスキルレベルが接近しているにも関わらずそのような差が出現するのは、注目すべきことである。これらの結果は、優れたパフォーマンスの特徴は皮質活動の低下(陽性SPの振幅減少)であり、この皮質活動の低下がエリート群の揺れ行動の低下原因になるという、精神運動効率の原理と一致している。

より広範な注意の文脈(反応課題の領域)に関しては、多くの研究者がダイナミックな、自己ペースの、そして予測不能な環境における個人の注意転換の方法を検討している。これらの研究が示唆するものは、ス

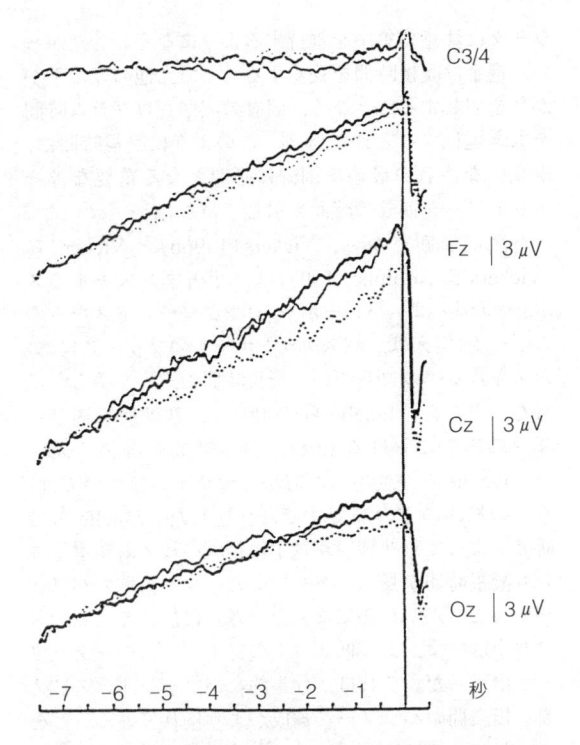

図14.10 高得点の射撃(687試行)、中得点の射撃(716試行)、低得点の射撃(724試行)から計算したSPのグランド平均。横の時間軸は−7500ミリ秒から1500ミリ秒までを示している

ポーツにとって重要なものになっている。なぜなら、競技者は、しばしば不測の事態に備えながら、集中を要する複雑な視空間の手がかりに挑戦しているからである。注意の柔軟性は、急速な注意の解放、注意の移動、課題の異なる側面に再度注意する能力として、定義されている。これまでの研究では、Posner(1980)の手がかり注意のパラダイムを使用して注意を実証的に評価している。Posnerパラダイムでは、実験参加者は指向性の警告刺激(画像表示の左向き矢印、または右向き矢印)後に提示する2つの命令刺激のいずれか一方に反応(RTの選択)しなければならない。警告刺激(S1)は、これから現れる命令刺激(S2)の位置情報(有効または無効)を実験参加者に知らせる手がかり刺激になっている。柔軟性のレベルが非常に高い注意には、注意の利得を高めると同時に、注意の損失を低減するという特徴がある。研究者は、無効な手がかり後の命令刺激に起こるRTの遅延(手がかり刺激なしのRTに比較して)を注意の損失と定義し、有効な手がかり後の命令刺激に起こるRTの促進(手がかり刺激なしのRTに比較して)を注意の利得と定義している。また研究者は、注意の柔軟性に対するこの見方を、ロケーションシフトと呼んでいる。また、視覚的な注意スパンを焦点モードから拡散モード(その逆も可)に急速に変化もしくはシフトする能力を表わす際

に、注意の柔軟性という用語を好んで使用している研究者もいる(Eriksen & Yeh, 1985)。このように、注意は、全視野への一様な分布から完全な集中まで変化し得る"珍しい"資源処理の方法と考えられている。空間情報を提示すると、システムは集中モードに切り替わり、そしてすべての資源を限定的な領域に集中して、その領域内の対象を処理するようになる。

競技者集団を調べた多数の研究(RT)から、競技者は非競技者よりも注意の柔軟性が高いという行動的な証拠が明らかになっている。CastielloとUmilta(1992)は、バレーボール選手群のRTと非競技者群のRTを比較した。その結果、注意の利得については両群間に差がなかった。しかし、注意の損失は競技者群の方が少なかった。これらの結果は、競技者の注意の柔軟性は非常に高いというロケーションシフトの考え方を支持している。反対に、その他の研究結果から、競技者の注意の利得と損失は、非競技者に比較してともに小規模なものであることが明らかになっている(Nougier, Ripoll, & Stein, 1989; Nougier, Stein, & Azemar, 1990; Nougier, Stein, & Bonnel, 1991)。

これらの矛盾した知見を解明するために、研究者は手がかり注意のパラダイムを使用して注意の利得と損失をERPによって調べてきた(Hillyard, Luck, & Mangun, 1994; Mangun & Hillyard, 1991; Mangun, Hillyard, & Luck, 1993; Van Voorhis & Hillyard, 1977)。このパラダイムによって、潜在的な神経認知処理方略のある側面は明らかになるものと思われる。このパラダイムを使用した研究(Posner, 1980)では、視覚刺激を提示して、課題に関与している実験参加者の後頭部から視覚的なERPを記録している(Hillyard, Luck, & Mangun, 1994; Mangun & Hillyard, 1991; Mangun, Hillyard, & Luck, 1993; Van Voorhis & Hillyard, 1977)。これらの研究では構成成分の振幅(P1は刺激提示約70〜110ミリ秒後に生じる陽性波成分であり、N1は刺激提示約125〜170ミリ秒後に生じる陰性波成分である)を注意配分の指標として使用している。P1の振幅とN1の振幅は、妥当な手がかり条件下の命令刺激に対して、ともに増大することが明らかになっている(Eimer, 1994; Hillyard et al., 1994; Mangun & Hillyard, 1991)。N1の神経解剖学的な発生源は不明であるが、その最大振幅が脳の後方部に分布していることや、手がかり効果に鋭敏なことから、N1は注意の柔軟性を調べる上で理想的なツールになっている。したがって、P1とN1の振幅は、RTと同様な、注意の利得と損失のパターンを示すものと予想することができる。ロケーションシフトの観点に立てば、柔軟な注意の持ち主ほど、妥当な手がかり条件下でニュートラルな条件下と同等かそれ以上の振幅増強を示すことになる。しかし、無効な手がかり条件下ではそれほど際立った振幅低下は生じないように思われる。

Hung, Santa-Maria, Hatfield (1999) は，15名の卓球選手と15名の非競技者とにPosnerの手がかり注意の課題を与え，注意の柔軟性と運動準備を確定した。Hungらは，卓球選手の方が非競技者よりも注意の利得が大きく，かつ注意の損失が少ないと仮定し，RTとERP(P1, N1, 随伴陰性変動〔contingent negative variation : CNV〕)によって変数を測定した。CNVとは，S1-S2 (例えば，それぞれ警告刺激と命令刺激) 間隔を固定した時にS1-S2の間に出現するSP波を意味している。後頭部の視覚ERPを得るためにC3, C4, O1, O2の頭皮部位からERPを記録し，CNVの左右差は運動皮質上の中心部位から記録した。また視覚的注意資源の配当指標としてN1の振幅を，運動準備の配当資源量の指標としてCNVの振幅を使用した。Hungらの結果から，競技者の速いRTと，N1手がかりの逆の効果が明らかになった（無効な条件下のN1振幅は，妥当な条件下のそれよりも大きい）。興味深いことに，卓球選手は，不測の事態に備えて，限られた注意資源をより可能性が低いと思われる位置に配当していた。運動開始前のより大きなCNVの振幅が示すように，反応課題を行う競技者の運動準備がより大きいことも明らかになった。このように，精神運動の熟練者は，生起確率が高い事象の運動を準備する一方，生起確率が低い事象に注意を割り当てることにより，特有の方略を採用して不確かな状況もしくはあいまいな状況への迅速な行動反応を最適化しているように思われる。予期せぬ課題に対する不適切な反応を可能な限り最小限にするには，そのような適応が適しているように思われる。

皮質電気活動と凝視

熟練者と非熟練者の精神運動パフォーマンスとEEGの関係を，眼球の輻輳法によってよりよく理解するために，研究者は眼は"脳の窓"であるという仮定に基づいて，凝視行動とEEGを同時に記録している。その中で特に興味深いものは，課題実行前の視覚パラメータ編成に要する時間，すなわち"凝視時間"である (Vickers, 1996a, 1996b ; Vickers & Adolphe, 1997)。Vickers (1996a) は，3つの重要な神経ネットワークの関与を仮定したPosnerとRaichle (1991) の研究を取り入れて，凝視時間を説明した。これらの神経ネットワークには，脳の前部と後部のシステムの協応のためのネットワーク，いわゆるビジネスネットワークと同様に，脳の後部 (方向づけ) と前部 (執行または実行) の注意ネットワークが存在している。方向づけのネットワークは，反応を計画する時にもっとも重要な環境の手がかりに注意の資源を向けている。執行または実行の注意ネットワークは，目標達成に関連する固有の手がかりの再認に関わり合っている。いったん関連手がかりが明らかになると，ビジランスネットワークは注意の集中を維持するようになる。したがって，選手は凝視時間を長くすることで，他の環境手がかりを切断することなく，固有の照準プログラム時間を引き延ばすことができる。このように凝視時間は，視覚的な注意の最適な制御に必要となる重要な神経ネットワーク編成の時間を示している。

行動的な観点から，Vickers (1996b) とVickersら (Vickers & Adolphe, 1997) は，オープンスキルのスポーツ (例えば，バレーボール) やクローズドスキルのスポーツ (例えば，バスケットボールのフリースロー) のスキルレベルに基づいた凝視時間の違いを明らかにした。さらに，Janelleら (2000) は，熟練射撃選手と非熟練選手におけるEEGと凝視時間の関係を調べた。Janelleらが使用した方法とデザインについては，本章の初めの方の節ですでに詳述した。Janelleらの研究によって，熟練射撃選手は経験の浅い射撃選手よりも凝視時間が長く，アルファとベータ帯域のパワーが低いことが明らかになった。さらに加えて，熟練者の右半球には，より低レベルのアルファとベータパワーが出現した。これは，効果的なパフォーマンスに必要な視空間のパラメータ編成がより優れていることを示唆している。Nunez (1995) の枠組みが示しているように，EEGのパワー低下は，皮質-皮質連絡の低下，換言すると，無関連の神経経路の賦活低下を暗示していると思われる。これらの知見は，両測度の観点からより集中した状態を示唆しており，熟練射撃選手の長い凝視時間と低いスペクトルパワーは関連のない神経活動の静止と関係することを示唆している。無関連資源の剪定により，課題固有の神経賦活はより顕著なものになる。そして，その賦活パターンは強力な注意の集中を表わしているように思われる。

要約すると，多様な精神生理学の測度によって，熟練技術と関連するさまざまな皮質活動が明らかになった。すなわち，測度の併用 (例えば，EEG, ERP, 凝視) によって，優れたパフォーマンスにインデックスをつけたり，スキルレベルを比較 (熟練者-初心者) したり，さらには個人内のパフォーマンス状態の違いを観察することが可能になる。全体的にみれば，これらの研究は，さまざまなスキルレベルやさまざまなパフォーマンス状態と認知方略の関係を明らかにしようとしたものである。

神経過程と運動システム

運動制御とパフォーマンスに関しては，1つのレベルに対する神経資源 (認知，感情，注意) の効率的な配当は，遠心性の運動の構成や性質と密接に関係しているものと思われる。特に，前頭前皮質と運動ループのような脳の高次連合野の間には，統合的な相互作用が生じている (Bear et al., 1996)。頭頂皮質や前頭前皮

質といった高次皮質構造は，"運動開始"の信号を運動皮質に直接送り出す部位になっている。いったん高次皮質構造から離れた信号は大脳基底核に到達し，そこから運動皮質をトリガーする視床に送られる。また脳は，皮質脊髄路を介して，この信号を運動皮質から関連骨格筋に送り込んでいる（Bear et al., 1996）。このように，困難な課題や努力を要するような認知過程では，より多くの"ノイズ"が運動ループに入り込み，その結果，運動の性質と一貫性には強いネガティブな影響が現われる。逆に，慣れ親しんだ課題を遂行している熟練競技者では，運動ループのノイズは少ないものと思われる。このことが結果として，熟練競技者の運動の性質と一貫性を高める原因になっている（図14.11）。

この概念を説明する格好の例は，重要なアメリカンフットボールの試合の最終盤で重要な局面に直面したプレースキッカーにみることができる。この状況では，相手チームは通常タイムアウトをかけて，プレースキッカーを"考え過ぎるように仕向け"，キッカーが直面している課題を過剰分析させている。ある意味で，プレースキッカーの脳には，認知−感情領域がビジーまたは"ノイジー"であるといった特徴がある。この心理状態の変化は，運動ループの調整を妨害する原因になっている（過度の賦活または事象系列の変化）（Kandel & Schwartz, 1985）。したがって，主動筋（股関節部の屈筋）の賦活とそれに付随する拮抗筋（臀部と大腿屈筋群）の協応が拙くなり，結果として実際のキックの運動力学が変化することになる。このような過程は，実生活上も生じている；"同点にすることができる8秒間だけのチャンスに，どうしたことかMowreyはセミノル（フロリダ大学フットボールチームのニックネーム）の名キッカーGerry Thomasをはっきりと思い出した。セミノルが昨年タラハシーでハリケーン（マイアミ大学フットボールチームのニックネーム）と対戦した時のことである。試合終了直前のGerry Thomasの勝利につながるキックは，右に大きく逸れて行った。今度は自分が失敗する番か…"

(Murphy, 1992, p.14)。

スポーツ心理学者の関心は，エリート競技者が認知と運動機能をどのように協応させてスポーツに必要な最適な運動をしているのかという問題にある。これを理解するには，熟練運動に関連する原理をまとめることがまず肝要である。運動の制御と協応を説明するような精神運動効率の原理にうまく符合している1つの理論的な観点は，ダイナミックシステムの観点である。ダイナミックシステムの観点では，神経成熟や身体発達の相互作用を含む多くの制御変数の結果を，運動とみなしている。Thelen, Kelso, Fogel (1987) は，感覚運動システムの内在的な自己組織化の性質に加えて，この相互作用によって優勢な環境条件の文脈に適した運動が生じると確信している。

Bernstein (1967, p.185) は，"運動性の行為には，非常に多数の協働筋や全体的な相互接続筋と，運動実行の多様な力場を作り出す統制不可能な外力や反力とのもっとも精細な相互相関が必要である"と述べた。また運動の協応とは運動有機体の冗長な自由度をマスターする過程であり，この過程がシステムを多変数のものからより単純なものに変換していると述べた。Bernsteinは，非常に複雑もしくは極端な自由度を制約しているものは，CNSによる各運動要素の制御よりも，むしろシステムの多様な要素の間の関係組織であると述べた。Gel'fand, Gurfinkel, Fomin, Tsetlin (1971) は，神経系の機能を同じように考えている。Gel'fandらは，システムが環境との相互作用を最小にする場合，そのシステムは便宜上何らかの外的な環境で作動するという"最小相互作用"の原理を強調している。

CNSの役割からこの原理を考えると，脳の制御が低次中枢にシフトしている間，高次中枢には運動生成のための入力はほとんど不要ということになる。このように，Gel'fandらは，比較的少ない責任を実行レベルに，多くの責任をCNSの下位レベル（皮質を調整している）に割り当てることによって，皮質に存在する複雑な自由度の問題を解決した。したがって，運動の形成は認知努力の要求とは対照的に，より自動的になり，その結果，効率的な方法で運動スキルが実行できるようになる。神経認知効率の組織原理は末梢にまで及ぶという考え方を支持するような証拠は，豊富に存在しているように思われる。このことに関連して，次の3つの節では，情動喚起が低い高能力者もしくは実験参加者の筋活動・心臓血管活動・代謝活動の効率的な制御について調べた研究を紹介する。この末梢系への一般化可能性は，図14.1に示した心と身体の連繋概念と関連している。

筋電図（EMG）と精神運動パフォーマンスの関係

皮質の電気的な賦活に加えて，特定筋の電気活動測定は，熟練パフォーマンスに付随する心理状態を理解

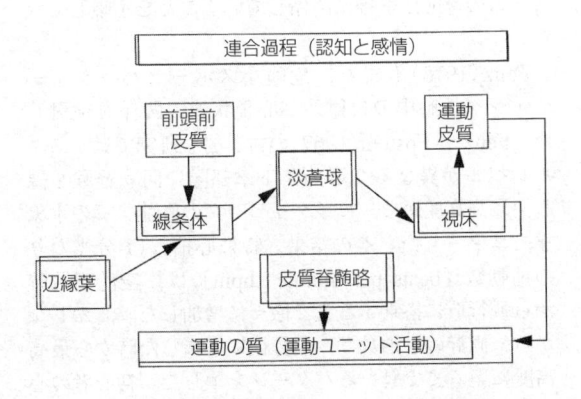

図14.11 認知−感情過程が運動ループに及ぼす影響

する上で有用な方法になっている。Weinberg（1978）は，EMGとスポーツ競技不安テスト（Sport Competition Anxiety Test : SCAT ; Martens, 1977）を使用して，成功および失敗のフィードバック条件下における状態／特性不安の高低と，上手からの投てき課題における神経筋のエネルギー消費との関係を調べた。EMGは，上腕拮抗筋群の二頭筋と三頭筋から測定した。Weinbergらは，これらの測度から，神経筋の賦活性質を評価した。その結果，フィードバックの前後に高い特性不安を示した実験参加者は，低い特性不安を示した参加者よりも投球前・投球中・投球後に多くの運動ユニットを賦活することが明らかになった。おそらく，特定の方法で長期間に渡って運動をしている者は神経筋のパターンを開発しており，それが状況の認知的な解釈に反映しているものと思われる。さらに，不安が高い参加者は，パフォーマンス状況を脅威とみていた；このように，参加者の運動パターンの制約もしくは抑制はこれを反映していた。Weinbergは，参加者に提示したポジティブなフィードバックについて，"重要な点は，成功経験によって不安の高い参加者の運動の質がより効率的なものになることである"（p.59）と述べた。さらに，この知見は，精神と身体効率の相互関係を支持するものになっている。

研究者は，EMGを利用して，大筋全体の運動パフォーマンスに関連する準備状態を調べている。Brody, Hatfield, Spalding, Frazer, Caherty（2000）は，筋力トレーニングを行っている男子15名を対象に，上腕二頭筋最大等尺時（肘を90度に曲げる）における積分EMGと張力を20秒間の精神的準備・音読・暗算の直後に測定した。EMGは，課題の主動筋と拮抗筋から二極的に記録した。注意を妨害するために，音読条件と暗算条件を設定した。その結果，精神的準備条件の喚起感と注意の集中感の評定値は，音読や暗算の評定値よりも有意に大きな値を示した。音読と暗算では差がなかった。しかしながら，努力感，二頭筋と三頭筋の平均EMG，最大張力には，条件間で差がなかった。これらの知見から，注意の動揺に強いトレーニング者は，比較的安定した神経筋の適応を実現していることが明らかになった。もちろん，このような賦活と安定した張力の発生は，比較的経験が少なく，情動状態の変化（高揚 vs 平静）によってパフォーマンスが激しく変化する者には生じないものと思われる。

心臓血管系の精神生理学

皮質と随意神経系や神経筋活動との関係に加えて，脳は自律神経系と密接に相互接続している。心臓血管系の研究領域では，精神運動パフォーマンス中のこの相互関係を広範に検討している。Landers, Christina, Hatfield, Daniels, Doyle（1980）による初期の研究から，エリート射撃選手は心拍と心拍の間に射撃することが明らかになった。しかし経験の浅い射撃選手ではこのようなことがなかった。目立ったことは，エリート射撃選手10名の400射撃中（各選手は立位で40射撃した），心室収縮に一致した射撃がわずか6射撃にすぎなかったことである（Landers et al., 1980）。選手が意識しなかったこの現象は，心室駆出と結びついた振動運動の低下や，パフォーマンスの質の向上といった適応に役立つものと思われた。

中枢系からのトップダウン的な見方に加えて，心臓活動も皮質の賦活レベルに影響することが，Hatfieldら（1987）の研究から明らかになった。特に，Hatfieldらは，まず促進が生じ次に抑制が生じるという一過性の心拍反応に引き続き，引き金を引く前3秒間に発生する全体的な周期変動パターン（速い心拍）に注目した。この研究を基本的な精神生理学の広範な文脈内で構想することは，心臓活動変化の重要性を理解する上で有用なことと思われる。それに応じて，LaceyとLacey（1978）は，CNSが環境刺激に敏感になるにつれて，心拍抑制が感覚運動効率を促進するようになると仮定した。Laceyらは，心拍抑制を"環境刺激の取り入れ"に関連づけ，心拍促進を"環境の拒否"と内的な認知労作に関連づけた（Lacey & Lacey, 1978）。すなわち，LaceyとLaceyは，注意の方向づけが心臓活動に影響し，それから注意過程（と最終的なパフォーマンス成果）を促進するといった循環制御の過程を推測した。

実際に，Hatfieldら（1987）は，心臓活動が熟練精神運動パフォーマンス中の皮質活動に有力な方法で関係することを証明した。特に，皮質活動（EEGのアルファパワー）がその後の心臓活動（心拍）に影響するという中枢主義モデルと，それに対して心臓活動がその後のEEG活動に影響するという末梢主義モデルを検証した。これらの知見は，引き金を引く前の心拍活動が，その後の引き金を引く直前のEEGアルファパワーに関係するとした末梢主義モデルを支持していた（Hatfield et al., 1987）。この知見は，熟練パフォーマンスが，喚起の調節を助けて高度な熟練者の特異的な皮質賦活パターンの形成に役立つような複雑な統合システムの適応と密接に関係していることを示唆していた。

Fenz（1975）もまた，危険なスポーツパラシューティング活動中の自律系と心理状態の関係を検討した。FenzとEpstein（1967）の古典的な研究では，スキルレベルが異なる2群の落下傘部隊に同一経験を課し，最高高度からスカイダイビングの直前までの事象をモニターした。その結果，特に心拍数（1分当たりの拍動数〔beats per minute : bpm〕）は，空港到着時から飛行機に搭乗するまで徐々に増加した。しかしながら，両群の心拍数は，飛行機に搭乗した時から最高高度に至るまで異なるパターンを示した。初心者の心臓活動は徐々に増加した（平均120 bpm以上に達し

た）が，同時期の熟練者では抑制パターンを示していた（平均約 90 bpm；Fenz & Epstein, 1967）。LaceyとLacey(1978)の注意の取り入れと拒絶モデルと同様に，さまざまな心臓活動のパターンは，さまざまな心理プロフィールと関連していた。Fenz は，熟練者の特徴が外部集中的かつ課題指向的であり，初心者の特徴が過度な認知の反芻，恐怖心，環境の全般的な拒絶であることを明らかにした。このように，Fenz らは，熟練者の課題指向的もしくは取り入れ的な観点が心臓の抑制に影響し，感覚運動の効率や課題関連手がかりの処理を高めてパフォーマンスを促進すると考えた。Hatfield ら(1987)とは異なる分析レベルでは，喚起の適応的な制御には複雑な相互作用システムという特徴があるように思われる。

効率の重要性を例証した精神生理学の研究には，Porges ら（Porges, Doussard-Roosevelt, Stifter, McClenny, & Riniolo, 1999）のものもある。Porges らは，環境と行動的に関わる迷走神経（副交感神経の大半を占める第X脳神経）の役割を広範に調べ，迷走神経の緊張（心拍変動によって指標化した）が脳と生体の代謝状態の適応的な結合に関与していることを明らかにした。この結合の特徴が神経系と環境の間の効率的な処理として自明になるのは，生体の代謝活動と環境課題が調和している場合であると思われる。

心理状態と代謝効率

前述した諸概念のレビューから，パフォーマンス成果を確定する際に，身体効率がいかに重要なものであるかが明らかになっている。多くの例にあるように，精神効率が結果的には身体効率を実現することに注目することも重要なことである。個人が他者に及ぼす効果には有益な場合も有害な場合もあるように，心理学領域と生理学領域の間には定常的な相互作用が存在している。W. Morgan(1985)は，心理要因が運動中の生理的要因と代謝要因に影響すると述べた多数の研究をレビューした。さらに T. Williams, Krahenbuhl, Morgan(1991)は，50％，60％，70％ の VO_2max でトレーニングしている中程度のランナーに気分状態プロフィール(Profile of Mood States：POMS)を実施して，さまざまな気分状態とランニング効率の関係を調べた。結果をまとめると，ネガティブな気分感情の低い者は一定作業での酸素消費が少なかった。

Hatfield ら(1992)は，認知指向が生理的な効率に影響する方法も確定した。Hatfield らは，もともと W. Morgan と Pollock(1977)が持久力競技者に見出した連合と解離の方略に因果関係があるかどうかを確定しようとした。興味深いことに，W. Morgan と Pollock によれば，アメリカのエリート長距離ランナーは競技の間に身体的な取り組みに集中する傾向を示したが，非エリートランナーは労作に関わる取り組みを排除または解離する傾向を示した。Hatfield らは，生理反応を弱めるバイオフィードバックの方略は連合方略の原理と類似しており，解離方略は妨害に類似していると推論した。そのこともあって，Hatfield らは，実験室の統制状況下で，生理的なフィードバック（呼吸とEMG 活動）と妨害（同時的なタイミング課題）が閾下換気を行っている長距離競技ランナーの生理効率に特異的に影響するかどうかを調べた。Daniels(1985)は，ランニング効率が持久力競技者のパフォーマンス成果に重要であるとの確証をすでに得ていた。その結果，酸素消費に違いはなかったが，フィードバック条件での換気努力（V_E/VO_2）は，妨害や統制条件（無操作）よりも重要な影響を与えることが明らかになった。すなわち，フィードバック条件下のランナーは，少ない空気で呼吸しながらも同じ酸素消費レベルを維持することができた。特定の認知方略（連合）と生理状態の変化との関係を明らかにしたこれらの知見は，心的効率と身体的効率との相互関係を強く支持している。おそらく，そのような効果が，より身体的に効率の良いパフォーマンスをもたらすものと思われる。

将来に向けた勧告

パフォーマンスに関する精神生理学的な研究では，今後にいくつかの重要な問題を取り扱わなければならない。技術的な面から言えば，大部分の EEG 研究ではわずか 2～4 部位の電極配置しか使用していない。しかしながら，空間分解能の向上と発展によって，パフォーマンス心理学の理解を深めることが可能になっている。現在では，皮質電気活動の測定に 256 個の電極配置を使用している。そのような詳細な分解能はパフォーマンス心理学の多くの問題にとって行き過ぎのきらいもあるが，脳の活動をより際立った方法で捕捉するには，より高密度の電極配置が必要になっている。この研究領域におけるもうひとつの問題は，さまざまな研究での記録方法が一貫していないことである。運動精神生理学の多様な方法論には問題がある。特に，さまざまな基準電極の方略（例えば，両耳垂結合，耳垂平均，頭頂部）は，EEG のスペクトル評価に影響している。取り組む問題によって研究者は特定の基準部位を決定しているが，合理的に標準化すれば，研究間の比較は非常に容易なものになると思われる。

また熟練精神運動パフォーマンスの心理学を研究する時に問題になるのは，実験参加者を"熟練者"と"非熟練者"に，または"エキスパート"と"初心者"に分類する際の一貫性の欠如である。さまざまな研究者が異なる能力レベルを同じ名称にカテゴリー分けすることには問題がある。換言すれば，ある研究での熟練者とした能力と別の研究での熟練者とした能力が同じもの

であるという保証はどこにもない。できることなら，スキルは，ある研究で設定したグループの相対的なランクで記述するのではなく，絶対的な基準で記述する方が望ましい。このようなアプローチに研究者が賛同すれば，さまざまな研究結果の矛盾は解決するものと思われる。

最後になるが，将来の研究にとって非常に重要なことは，適切な比較条件を併用した実験デザインによって，EEGから認知活動を確定することである。この点で，実験参加者には"既知の"心理課題を課す必要がある。そうすれば，記録の時系列と精神運動パフォーマンス中の時系列を比較することが可能になる。そのような方略によって認知は合理的に推察可能なものになり，その結果，研究者は精神生理学的な記録をより高次レベルの心理機能に関連づけることができる。

結 論

一般的に，パフォーマンス心理学が使用している精神生理学的な測度は，実験参加者間の差違や実験参加者内の差違をともに鋭敏に示している。すなわち，エキスパートと初心者は，熟練者と非熟練者と同様に，異なった電気生理学的なプロフィールを示している。さらに，実験参加者内のパフォーマンスの変動も，特定の精神生理学的な活動パターンと結びついている。認知と感情の両領域では，これらの生理的な相異，とりわけパフォーマンス状態との結びつきが明らかになっている。

精神運動パフォーマンスの効率は，応用スポーツ心理学者が研究や介入を行う際の運動心理学の概念的な枠組みになっている。熟練パフォーマンスの獲得は，課題に関連しない過程を剪定して，より経済的／効率的に神経資源を配当する適応過程の結果であると思われる。このような過程は，この研究分野の中核を占める現象学的な経験もしくは心理的な状態に，著しく貢献しているように思われる。運動の制御と心理過程の統合が脳内で生じているため，精神生理学的な測定は，認知−感情の要因と運動行動の質の関係を理解する上で重要なものになっている。

III 動機づけ

第15章 スポーツと運動の内発的・外発的動機づけ
内発的・外発的動機づけに関わる階層モデルのレビュー 297

第16章 スポーツの達成目標理論 最近の発展と将来の動向 318

第17章 帰　属 過去,現在,未来 336

第18章 スポーツ・運動の集団凝集性 358

第15章

スポーツと運動の内発的・外発的動機づけ
内発的・外発的動機づけに関わる階層モデルのレビュー

競技者が多くの課題に適切に対処しようとするならば優れたスポーツに向かわせる動因を維持するような心の強さが必要になる。動機づけは（モチベーション），この心の強さに内在する重要な要因になっている（Vallerand & Losier, 1999）。したがって，エリート競技者やコーチがスポーツにおける動機づけの重要性を同じように強調していることは驚くに値しない（Gould, 1982）。

研究者は動機づけの概念を，"行動の開始，方向づけ，強度，維持といった内的および／または外的な力を説明するための仮説的構成体"として定義している（Vallerand & Thill, 1993, p.18；フランス語からの翻訳）。長年に渡り，動機づけの分野ではいくつかの理論的な立場を公式化してきた（Ford, 1992 を参照）。これらの立場には，2つの主要な流れがある。1つは，本能（Freud, 1940/1969）や一次的・二次的動因（Hull, 1943），あるいは刺激-強化の条件づけ過程（Skinner, 1953）が動かす受動的な生活体として個人をみるものである。これは，個人が受動的なものであり，自ら物事を進めて行くことはできないと仮定する機械論的な立場の動機づけ研究につながっている。この立場を取れば，個人は内的あるいは外的な刺激に反応するだけになる（Weiner, 1972）。一方，もう1つの流れでは，個人は環境との相互作用に非常に積極的であるとしている（例えば，White, 1959）。実際に，この見解によれば，個人は，内的あるいは外的な刺激がなくても，自分の環境を自らの意思で探索することができる。個人を受動的なものとみる流れと積極的なものとみる流れといった2つの立場が，内発的動機づけと外発的動機づけの研究をリードしている。

内発的動機づけは，興味や楽しみに起因する行動と関連している。例えば，楽しいからローラースケートをするという女性は，内発的動機づけを示している。対照的に，運動そのものと無関係な随伴結果を得るための行動は一般的に外発的動機づけと呼んでいる（Deci, 1971；Vallerand & Ratelle, 印刷中）。名声や栄誉を得るために競技スポーツに参加する競技者は，外発的動機づけの格好の例になっている。最近になって理論家（Deci & Ryan, 1985）は動機づけの相対的な欠陥を補足するために，第3の動機づけ概念である無動機づけを仮定している。今度の試合には役に立ちそうにもないと考えてトレーニングをやめた競技者は，高いレベルの無動機づけを示した例である。多くの研究から，内発的動機づけ，外発的動機づけ，無動機づけは，スポーツや運動場面における動機づけ過程をよりよく理解するための有効な概念であることが明らかになっている（Ryan, Vallerand, & Deci, 1984；Vallerand, Deci, & Ryan, 1987；Vallerand & Reid, 1990 を参照）。

最初の内発的動機づけ実験（Deci, 1971）以降，800編以上もの文献が内発的動機づけや外発的動機づけの概念を研究の対象としている（Vallerand, 1997）。積年の研究を詳細に検討した結果，これらの研究は3つの大きなカテゴリーに分類できることが明らかになっている（Vallerand, 1997）。1つ目の研究カテゴリーは，全体的な動機づけ志向（パーソナリティ特性に類似）と心理的な相関の関連に関わるものである。例えば，Vallerand と Blanchard（1998b）は，運動参加者の全体的な内発的動機づけ志向と不快感情は逆相関すると報告した。2つ目の研究カテゴリーは，教育・対人関係・レジャー／スポーツなどの特定の生活文脈に対する内発的・外発的動機づけの結果の一般化レベルと

本章は Social Sciences and Humanities Research Council of Canada（SSHRC），Le Fonds pour la Formation des Chercheurs et l'Aide à la Recherche（FCAR Québec），Université du Québec à Montréal（UQAM）の補助を受けて執筆した。第一著者の Robert J. Vallerand は SSHRC, FCAR Québec, UQAM から，第二著者の François L. Rousseau は SSHRC, UQAM フェローシップから補助を受けた。本章のリプリントや関連情報の請求先は次の通りである。Robert J. Vallerand, Laboratoire de Recherche sur le Comportement Social, Département de Psychologie, Université du Québec à Montréal, C.P.8888, Station "Centre-Ville," Montréal, QC, Canada H3C 3P8, e-mail：vallerand.robert_J@uqam.ca.

その決定要因を扱ったものである。例えば，Pelletierら(1995)は，コーチが選手にスポーツへの関与を自由にさせる(合理的な範囲内で選択させる)と，選手の全般的な内発的動機づけが高まることを見出した。3つ目の研究カテゴリーは，現時点における当該者の内発的および／または外発的動機づけレベルに対するフィードバック・報酬・評価といった状況変数の即時効果に関連するものである。競争が実験室課題への内発的動機づけを損なうことを明らかにしたWeinbergとRagan(1979)の研究はその一例になっている。

多くの研究者は，主要な知見を説明するために，さまざまな概念の枠組みを提案している(例えば，Csikszentmihalyi & Nakamura, 1989; Deci & Ryan, 1985, 1991; Harter, 1978; Lepper & Greene, 1978)。例えば，自己決定論(self-determination theory: SDT; Deci & Ryan，印刷中)では，社会的な文脈の要因が内発的動機づけと内面化した形態の外発的動機づけを促進する条件について記述している。さらに，自己決定論では，これらのタイプの動機づけがポジティブな結果を生み出すと仮定している。

上記の理論，とりわけSDTは内発的動機づけ過程や外発的動機づけ過程を理解するための突破口になっているが，上述した3つの動機づけレベルを統合した枠組みにはなっていない。しかしながら，最近，Vallerand(1997，印刷中; Vallerand & Blanchard, 1999; Vallerand & Grouzet，印刷中; Vallerand & Perreault, 1999; Vallerand & Ratelle，印刷中)が提案したモデルは，そのような統合した枠組みになっている。このモデルでは，個人，これら3つの動機づけ間の関係，それらの決定要因と結果に動機づけが表われるさまざまな方法を考慮している。このモデルを図15.1に示す。

本章の目的は，内発的動機づけと外発的動機づけの階層モデルを紹介し，スポーツと運動の研究をレビューし，そこからその意味合いを引き出すことにある。このモデルは，そのようなレビューをする上で一貫した枠組みも備えている。加えてこのモデルは，内発的動機づけと外発的動機づけの研究の新たな考え方とも結びついている。さらに，このモデルは，SDTの複数の要素も採用している(Deci & Ryan, 1985, 1991)。次の3つの節では，このモデルを参考にして，状況・文脈の決定要因と結果，および全体的な動機づけに関する研究をレビューする。それ以降の節では，階層のさまざまなレベルにおける動機づけ，もしくは統合的な因果関係の相互作用について検証した研究をレビューしようと考えている。

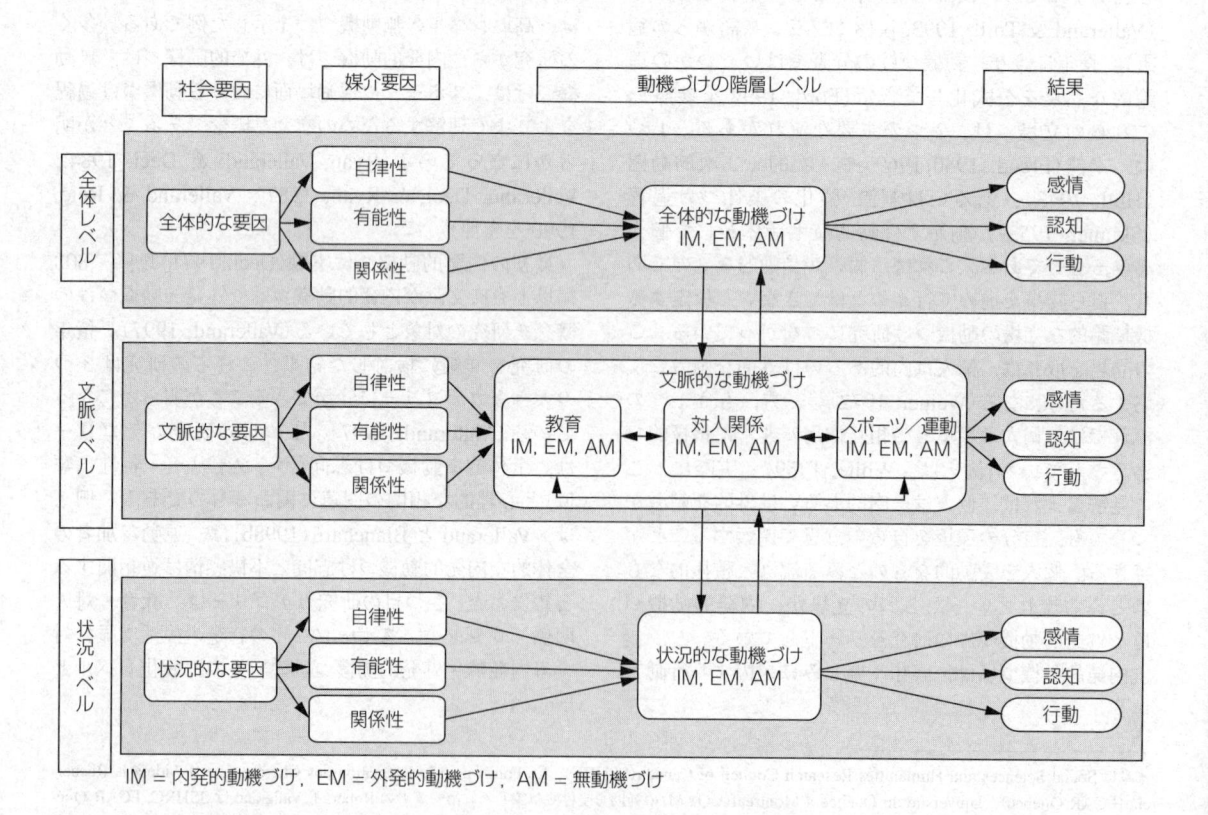

図15.1 スポーツと運動に適用可能な内発的動機づけと外発的動機づけの階層モデル
(Vallerand，印刷中より)

内発的動機づけと外発的動機づけの階層モデル

内発的動機づけと外発的動機づけの階層モデルは，内発的動機づけと外発的動機づけに関する研究知見を統合しようとする時の枠組みになっている。この枠組みを構成しているものは，5つの前提条件と5つの推論である。要するに，これらの前提条件と推論は，次のことを説明している。(1)一般的な3つのレベル(全体，文脈，状況)における動機づけの決定要因とその結果，(2)人間の動機づけの複雑性を考慮した，それぞれのレベルにおける動機づけ間の相互作用。次にこのモデルを記述する。

動機づけの多次元的な考え方

興味深い問題の1つ目は，人間が動機づけ的に複雑なことである。そのために，階層モデルの前提条件1では，動機づけの完全な分析には，次の3つの重要な概念，(1)内発的動機づけ，(2)外発的動機づけ，(3)無動機づけ，が必要であるとしている。

内発的動機づけは，運動のための運動，参加がもたらす喜びや満足のための運動の実行を指している(Deci, 1971)。Vallerandら(Vallerand, Blais, Brière, & Pelletier, 1989；Vallerand et al., 1992, 1993)は，内発的動機づけには，(1)知識の内発的動機づけ，(2)達成の内発的動機づけ，(3)刺激経験の内発的動機づけ，という3つのタイプが存在すると仮定した。知識の内発的動機づけは，何か新しいことを学習，探索，理解しようとしている時に感じる喜びや満足を得るための運動参加を指している。チームの新しいプレッシャーディフェンスを喜んで学習しているバスケットボールの選手は，知識の内発的動機づけを示した例になる。達成の内発的動機づけは，人が何かを達成したり，創造したり，または自分自身を超えようとする時に感じるような喜びや満足を得るための運動への参加を指している。このように，重要なことは結果ではなく，何かを達成しようとする過程である。エースを狙う楽しさのためにサーブするテニス選手は，達成の内発的動機づけを示す例になっている。最後の刺激経験の内発的動機づけは，ある人が運動に参加して，主としてその人の感覚(例えば，感性や審美的な喜び)が快感覚と結びついた時に，作動するものである。水中でのスライド感(快感覚)を楽しむために泳ぐ選手は，このタイプの内発的動機づけを示した例になっている。この知識，達成，刺激経験という3つの違いは，スポーツや運動で経験する内発的動機のさまざまな様相を浮き彫りにしている。さらに，それは行動の高い予測と結びついている。なぜなら，研究者は，特定のスポーツ運動の実行はこれらの3タイプの内発的動機づけに関連していることを明らかにしているからである(Vallerand & Brière, 1990)。

外発的動機づけでは，運動は目的ではなく，目的遂行の手段になっている。外発的動機づけにはさまざまなタイプがあり，その中のいくつかは本質的により自己決定的なものになっている(Deci & Ryan, 1985, 1991；Ryan, Connell, & Grolnick, 1992；Vallerand, 1997)。言い換えると，個人は，楽しみのために運動をするわけではないにしても，何らかの運動を選択して実行している。Deci & Ryan(1985)は，4つのタイプの外発的動機づけを提唱している。Deciらは，報酬や制約などの外的手段が制御する行動を，外的制御と呼んでいる。例えば，"明日の試合に出して欲しいので，今日の練習には参加しようと思っている"と述べる競技者もいるだろう。取り入れ制御によって，個人は自らの行動理由を内面化し始めている。しかしながら，このタイプの外発的動機づけは，自己決定的なものではない。なぜなら，自ら課したプレッシャー(例えば，罪の意識や不安)であっても，個人は相変わらずプレッシャーを経験しているからである。取り入れ制御の例には，練習に行かないと罪悪感を感じるために練習に行くことがある。選択的な行動が出現するのは，同一視制御の場合だけである。同一視制御をする場合，競技者は特定の運動に高い価値をおき，それを重要と判断し，選択的にそれを実行することになる。そうすることで，その運動自体が楽しくなくても，競技者は自由にその運動を遂行することができる。ウェイトリフティングが好きではなくても，持久力がつくと優れた選手になれるという理由でウェイトリフティングに取り組む女子サッカー選手は，同一視制御の例になっている。最終的に，統合制御は，選択的な運動の発現にも関与している；しかしながら，この場合，選択は個人の調和的な部分を表わしている。換言すると，個人の選択を決定しているものは，個人の他の側面との一貫性である。この例としては，土曜夜の大事な試合に最高の状態で臨むために，金曜の夜は友人との外出を控えて自宅で過ごすことを喜んで決心しているホッケー選手をあげることができる。

最後の無動機づけは，意図の欠如や動機づけの相対的な欠如を指している。無動機づけの場合に個人が経験するものは，無能感や制御不能感である。これらの経験者は運動に関する目的を比較の持っておらず，したがって，運動をしようとする動機づけ(内発的あるいは外発的)はほとんどなくなっている。

さまざまな一般性レベルの動機づけ

重要な問題の2つ目は，動機づけをさまざまなレベルで検討しなければならないことである。このように，第2の前提条件では，内発的動機づけ，外発的動機づけ，無動機づけは，全体，文脈，状況の各レベルに存在していると述べている。全体レベルの動機づ

けは，内発的動機，外発的動機，無動機が環境と相互作用するような一般的な動機づけ志向を指している。それは個人を主として内発的あるいは外発的に動機づけたり，場合によっては何も動機づけなかったりするパーソナリティの特性と類似している。文脈レベルの動機づけは，特別な文脈あるいは"人間活動の明確な領域"（Emmons, 1995）に対する個人の通常の動機づけ志向を指している。内発的・外発的な文脈の動機づけの研究は，主として3つの文脈，(1)教育あるいは労働，(2)対人関係，(3)レジャー（その中でスポーツは重要な部分を占めている；Vallerand, 1997を参照），に集中している。3つ目の状況レベルの動機づけは，個人がある特定の瞬間に特定の運動を行っている時に経験するような動機づけを指している。状況的動機づけは，動機づけ状態とも呼んでいる。人間行動に関与する動機づけ過程の概念をより精細に理解しようとする場合には，これら異なる3つのレベルを区別することが重要である。

第2の前提条件では，一般性のレベルの動機づけに関わる議論が不十分であると強調している。したがって，ここでは，さまざまな一般性のレベル（とタイプ）の動機づけの資料を収集する必要がある。このように，個人の動機づけをよりよく理解するためには，さまざまな動機づけのタイプ（前提条件1）と，一般性の3つのレベルにおける動機づけ（前提条件2；Vallerand, 1997）を観察することが必要不可欠になっている。

動機づけの評価

状況・文脈・全体レベルにおける異なる動機づけを評価する尺度の開発に関して，近年の方法論的な進歩を強調することは重要である。これまでに研究者は状況レベルで，内発的動機づけ（intrinsic motivation：IM；3タイプのIMは区別していない）を測定する状況動機づけ尺度（Situational Motivation Scale：SIMS；Guay, Vallerand, & Blanchard, 2000），外発的動機づけ（external motivation：EM）尺度，無動機づけ（amotivation：AM）尺度を開発してきた。無動機づけを含む4タイプの動機づけのみを選択的に測定したのは，多くの研究室や現場の状況での状況的な動機づけを捉えるため尺度を簡単にする必要があったからである。尺度の信頼性と妥当性には問題のないことが明らかになっている（Guay et al., 2000）。

スポーツや運動場面で使用しているその他の状況測度には，個人が自由な時間に運動に費やした運動時間を測定する自由時間測度（自由選択期間ともいう；Deci, 1971）もある。この測度は，運動に内発的に動機づけられた個人における運動不要時の運動再開可能性を，背景仮説にしている。しかしながら，自由選択測度は，IMと関係するだけでなく同一視制御（Deci, Eghrari, Patrick, & Leone, 1994）や取り入れ制御（Ryan, Koestner, & Deci, 1991）とも関係するという研究もあるので，この測度のアプローチには問題がないわけではない。内発的動機づけ目録（Intrinsic Motivation Inventory；McAuley & Tammen, 1989）は，もう1つの状況測度になっている。しかしながら，この目録は，前述したさまざまなタイプの動機づけの尺度ではない（Vallerand & Fortier, 1998を参照）。

研究者は，文脈レベルの動機づけを評価する尺度も開発している。大学生は，教育，レジャー，対人関係の3つを主要な生活文脈とみなすことが明らかとなった（Blais, Vallerand, Gagnon, Brière, & Pelletier, 1990）。そのこともあって，多くの研究者は，これらの文脈での動機づけを評価する尺度を開発した。大学生版動機づけ尺度（Academic Motivation Scale：AMS；Vallerand et al., 1989, 1992, 1993）は教育文脈での動機づけを，対人動機づけ尺度（Interpersonal Motivation Inventory：IMI；Blais, Vallerand, Pelletier, & Brière, 1994）は対人関係文脈での動機づけを，レジャー動機づけ尺度（Leisure Motivation Scale：LMS；Pelletier, Vallerand, Green-Demers, Blais, & Brière, 1996）はレジャー運動文脈での動機づけを，それぞれ評価するものである。スポーツはレジャー運動の重要な形態の1つになっている。そのために，フランス（the Echelle de Motivation dans les Sports：EMS；Brière, Vallerand, Blais, & Pelletier, 1995）とイギリス（Sport Motivation Scale：SMS；Pelletier et al., 1995）の両国では，それぞれスポーツの動機づけを評価する尺度を開発した。これらの尺度はいずれも前述した7つの動機づけ構造を評価するものである（3つのタイプの内発的動機づけ；同一化視制御，取り入れ制御，外的制御；無動機づけ。統合制御は若年成人には存在しないと仮定したので評価していない）。尺度の信頼性と妥当性は，適切なものであった（Li & Harmer, 1996；Vallerand, 1997）。スポーツ文脈での動機づけを評価するその他の尺度には，身体的活動の動機づけ尺度改訂版（Motivation for Physical Activity Measure-Revised；例えばFrederick, 印刷中）や，スポーツ動機志向尺度（Motivational Orientation in Sport Scale；Weiss, Bredemeier, & Shewchuk, 1985）などがある。しかしながら，これらの尺度では，Vallerandら（1989, 1992）やDeciとRyan（1985）が提案したさまざまなタイプの動機づけを評価することはできない。

研究者が運動行動調整質問紙（Behavioral Regulation in Exercise Questionnaire：BREQ；Mullan, Markland, & Ingledew, 1997）や運動動機づけ尺度（Exercise Motivation Scale：EMS；Li, 1999）を開発し，運動文脈での動機づけを評価していることも注目すべきことである。これらの尺度は前述したさまざまな動機づけ構造を測定しており，尺度の信頼性と妥当

性が高いレベルにあることが明らかになっている(Li, 1999；Mullan et al., 1997 を参照)。

研究者は，全体レベルでの動機づけ尺度(Global Motivation Scale：GMS；Guay, Blais, Vallerand, & Pelletier, 1999)を開発し，この GMS によって，生活全般に対する AM，3 タイプの IM と，EM の同一視制御，取り入れ制御，外的制御を評価している。その結果から，GMS は信頼性と妥当性をともに満していることが明らかになっている。さらに，GMS のさまざまな下位尺度は，社会的な望ましさ(社会的な望ましさの尺度；Social Desirability Scale で評価した場合；Crowne & Marlowe, 1960)と関連しないことが明らかになった。

最後になるが，内発的・外発的動機づけと無動機づけの評価に関する問題にも，是非触れておかなければならない。しばしば研究者は，異なる下位尺度を結合して自己決定の指標にしている(例えば，Fortier, Vallerand, & Guay, 1995；Grolnick & Ryan, 1987；Vallerand & Bissonnette, 1992；Vallerand, Fortier, & Guay, 1997)。つまり，下位尺度の得点に特定の重みづけをして加点し，単一の得点を得ているということである。研究者は，さまざまなタイプの動機づけが，内発的動機づけから統合制御，同一視制御，取り入れ制御，外的制御，無動機づけに至る自己決定の連続体上に位置していると理論的に仮定(Deci & Ryan, 1985, 1991)して，この連続体上への配置に応じて各動機づけの項目に重みづけをしている[1]。明らかに，動機づけの自己決定形態(内発的動機づけ，統合制御，同一視制御)の得点が高いほど，そして非自己決定形態(無動機づけ，外的制御，取り入れ制御)の得点が低いほど，自己決定の程度は全体的に高いものとなる。研究者は，プラスの得点が高い者を，自己決定動機づけプロフィールの持ち主と記述し，一方マイナスの得点を示す者を，非自己決定動機づけプロフィールの持ち主と記述している。本章でレビューした複数の研究ではこの指数の信頼性と妥当性がともに高いことが明らかになっている(例えば，Blais et al., 1990；Fortier, Vallerand, & Guay, 1995；Grolnick & Ryan,

1987；Ryan & Connell, 1989；Vallerand & Bissonnette, 1992；Vallerand, Fortier, & Guay, 1997)。

社会現象としての動機づけ

3 つ目の興味深い問題は，動機づけと社会現象の関係である。階層モデルの推論 3.1 では，動機づけは，一般性レベルに依存して，全体的・文脈的・状況的のいずれの社会要因によっても起こり得ると述べている。全体的な社会要因は広く，個人生活のほとんどの領域に存在している。全体的な要因の一例は，青年期のエリート競技者にみることができる。文脈的な社会要因は，一般的なあるいは反復的な形で個人の生活文脈にのみ存在している。例えば，コーチの制御は，青年期のスポーツの動機づけに影響しても，教育の動機づけには影響しないことがそれに該当している。最後の状況的な社会要因は永続的なものではなく，一時的に存在しているものである(例えば，野球ですばらしい捕球をした後に，コーチからポジティブなフィードバックを受ける)。

推論 3.2 は推論 3.1 と密接に関係している。何名かの理論家(deCharms, 1968；Deci & Ryan, 1985；White, 1959)は揃って，動機づけの社会要因に有能性，自律性，関係性が影響すると述べている。これは，社会要因そのものが動機づけに影響するのではなく，有能性(コンピテンス；有能感)，自律性(自由な選択感)，関係性(重要な他者との結合感)の欲求を促進する要因を個人が解釈する方法が動機づけに影響することを意味している。これらの欲求は，人間にとって本質的なものになっている。なぜなら，これらの欲求は，個人の心理的な成長と発達を促しているからである(Deci & Ryan，印刷中)。人は，生来的に，これらの欲求を促進するような運動への関与に動機づけられていると研究者は考えている。研究者は，このように，社会要因が 3 つの階層レベルのそれぞれで動機づけに影響すると仮定している(推論 3.1)。しかしながら，その関係を媒介しているものは，有能性，自律性，関係性である(推論 3.2)。

個人内の現象としての動機づけ

動機づけは，個人内の現象でもある。推論 3.3 によると，近接した上位の階層の動機づけが，ある 1 つの階層レベルにおける動機づけに，トップダウン的に影響している。したがって，スポーツの内発的動機づけレベル(文脈レベルにおける)が高い競技者は，ある時点で，関係するスポーツに内発的に動機づけられる(状況レベルにおける)ものと思われる。

さらに，さまざまなレベルにおける動機づけの間の動的な関係には，トップダウンの効果ばかりでなく，ボトムアップの効果もある。このように前提条件 4

---

[1] 自己決定指数は次のように算出する：内発的動機づけ，統合制御，同一視制御の各項目に，それぞれ +3，+2，+1 の重みづけをする。なぜなら，それらは動機づけの自己決定形態を示しているからである(Deci & Ryan, 1985)。動機づけの自己決定形態がほとんどないとしたために，無動機づけ，外的制御，同一視制御の項目には，-3，-2，-1 の重みづけをする。また内発的動機づけの 3 タイプにはすべて +3 の重みづけをする。他の尺度と比較するために，内発的動機づけの 3 タイプ全体を 3 で除す。指数として統合制御を使用しない場合には，内発的動機づけに +2，同一視制御に +1 の重みづけをし，無動機づけには -2 の重みづけをする。同一視制御と外的制御は加算して 2 で除し，-1 の重みづけをする。2 つの自己決定指数の全体得点は個人の自己決定動機づけのレベルを表わす。プラスの得点は個人の動機づけプロフィールが比較的自己決定的であることを表わし，一方，マイナスの得点は個人の動機づけプロフィールが比較的非自己決定的であることを表わしている。

では、あるレベルの動機づけと階層的にひとつ上の動機づけとの間に、循環的なボトムアップの関係があると述べている。例えば、特定のスポーツにおいて状況的な内発的動機づけを繰り返し経験しているような競技者は、最終的に、スポーツ全般で高い文脈的な内発的動機づけを開発するものと思われる。

動機づけを予測する場合、推論3.3と前提条件4では、個人内の現象が重要であると述べている。このような効果はトップからボトムへ（推論3.3）、あるいはボトムからトップへ（前提条件4）と生じるものと思われる。そのように、これらの理論的な提案によって、動機づけの変化と発達の予測をする際にパーソナリティのさらなる包括的・統合的な見方が可能となっている。

動機づけの結果

動機づけに関する最後の興味深い問題は、動機づけと3つの重要な結果、すなわち感情的な結果、認知的な結果、行動的な結果との関係である（前提条件5；Vallerand, 1997）。推論5.1では、ポジティブな結果（3つのタイプの）が、内発的動機づけから無動機づけへ向けて漸減するとしている。

動機づけが結果に及ぼすこの影響は、階層モデルの3つのレベルすべてに生じている。このように、推論5.2では、結果の一般性の程度はそれらをもたらす動機づけのレベルに依存すると述べている。例えば、文脈レベルにおける結果は、関連文脈における動機づけによって文脈ごとに変化するものと思われる。個人は、一般に、学校や対人的活動への関与からポジティブな結果（例えば、おもしろさ、楽しさ）を経験していても、スポーツの動機づけが本質的に外発的（外的な調整）な場合には、スポーツへの関与によりネガティブな結果（例えば、欲求不満、集中の欠如）を経験するものと思われる。なぜなら、スポーツへの動機づけは本質的に外発的（外的な調整）だからである。それゆえ、研究（例えば、Amabile, 1985）からも明らかなように、動機づけは付帯現象であるとは思えない。なぜなら、動機づけは重要な結果と結びつくことができるからである。

要約すると、内発的動機づけと外発的動機づけの階層モデルは、少なくとも2つの重要な要素に対応している。1つ目として、この階層モデルは、動機づけ変化の心理的な背景メカニズムを明らかにしている。特に考察や検証が必要な問題は、(1)さまざまなタイプの動機づけ（例えば、内発的動機づけ、外発的動機づけ、無動機づけ）、(2)一般性の3つのレベルにおける動機づけ（例えば、状況、文脈、全体）、(3)動機づけのさまざまな階層レベル間の動的な関係（例えば、トップダウン効果、ボトムアップ効果）、である。さらに、階層モデルは、動機づけの結果をよりよく理解するための手段になっている。表15.1に階層モデルの前提条件と結果の要約を示す。

2つ目として、階層モデルは、内発的動機づけと外発的動機づけに関する既存の知識を理解する上で有用な枠組みにもなっている。本章では上記と同じ枠組みに沿ってスポーツと運動に関わる内発的・外発的動機づけの研究をレビューすることにしたい。より正確に言えば、状況、文脈、全体レベルという動機づけの3つのレベルに従って研究をレビューする。さらに、一般性の各レベルでは、動機づけの決定要因に関する研究を最初に提示し、その後で動機づけの結果に関する研究を提示する。統合的な研究は最後の節で提示する。統合的な研究の2つのタイプについては次のようにレビューする；(1) 2つ以上の一般性レベルで動機づけを調べた研究、(2)階層モデルが提唱した"社会要因→動機づけ→結果"の順序を扱った研究。

表15.1 内発的動機づけと外発的動機づけの階層モデル：モデルの前提条件と推論

前提条件1	動機づけをすべて分析するには、内発的動機づけ、外発的動機づけ、無動機づけを包括しなくてはならない
前提条件2	内発的動機づけと外発的動機づけには、3つの一般性レベルが存在している：全体レベル、文脈レベル、状況レベル
前提条件3	社会要因と近接する上位階層レベルにおける動機づけのトップダウン効果が動機づけを確定している
推論3.1	動機づけは一般性レベルに依存して、全体、文脈、状況のいずれの社会要因からも起こり得る
推論3.2	社会要因は有能性、自律性、関係性という認知変数（有能感、自律感、関係感）を介して、動機づけに影響している
推論3.3	動機づけは近接する上位階層レベルにおける動機づけのトップダウン効果に由来している
前提条件4	ある階層レベルの動機づけと1つ上位の階層レベルの動機づけとの間には、再帰的なボトムアップの関係がある
前提条件5	動機づけは重要な結果と結びついている
推論5.1	ポジティブな結果は、内発的動機づけから無動機づけに至る過程に準じて、徐々に低下する
推論5.2	動機づけの結果は3つの階層レベルにそれぞれ存在しており、結果の一般性の程度はそれらを生み出す動機づけのレベルに依存している

状況レベルの動機づけ研究

すでに議論したように、状況的な動機づけとは、運動実行中のある特定時点に個人が経験するような動機づけを指している。Vallerand（1997, 印刷中）は、状

況的な動機づけは，動機づけの特性というよりも，むしろ動機づけの状態であると述べている。これは，ある運動に対する個人の状況的な動機づけが，ある時には内発的で，別の時には外発的(例えば，外的制御)になることを意味している。あるテニスプレーヤーの例を考えてみたい。彼女は土曜日の午後3時にバックハンドを練習して，運動と，ラケットがボールをヒットする感覚とに純粋な喜びを感じていた。その時点で彼女は内発的に動機づけられていたが，前日には同じ運動練習に対して外発的に動機づけられていた可能性もある(彼女はコーチが練習を強要したと感じていたかもしれない)。本節では，スポーツと運動における状況的な動機づけの決定要因と結果に関する研究をレビューしてみたい。

決定要因

スポーツや運動と無関係な実験室的課題を用いて調べた多くの研究者は，報酬(例えば，Deci, 1971；Ryan, Mims, & Koestner, 1983)，期限(例えば，Amabile, DeJong, & Lepper, 1976；Dollinger & Reader, 1983)，評価(例えば，Benware & Deci, 1984；Harackiewicz, Manderlink, & Sansone, 1984)，監視(例えば，Lepper & Greene, 1975；Pittman, Davey, Alafat, Wetherill, & Kramer, 1980)，競争(例えば，Deci, Betley, Kahle, Abrams, & Porac, 1981；Reeve & Deci, 1996)といった社会要因が，状況的な内発的動機づけを低下すると報告している。スポーツあるいは運動課題を使用した実験室の研究も，同様の知見を示している。このように，トロフィーや報酬を得るために特殊なスポーツ活動をしている競技者や実験参加者の自己報告尺度(例えば，Halliwell, 1978；Thomas & Tennant, 1978)と自由選択測度(例えば，Orlick & Mosher, 1978)の評価から，彼らの状況的な内発的動機づけは低下していることが明らかになっている。

状況的な動機づけに影響するもう1つの社会要因は，競争である。競争はスポーツにおいて必要不可欠な部分になっている。競技者は競争によって他者と自分の特定運動能力を比較することができる。結果として，競技スポーツの文脈では，課題それ自体(例えば，100mを走ること)ではなく，競争相手に勝つことがしばしば関心の的になっている。認知課題を使用した初期の研究では，そのような関心が内発的動機づけに悪影響を及ぼすと報告している(Deci, Betley, et al., 1981)。Vallerand, Gauvin, Halliwell(1986b)は，この結論がスポーツ関連課題にも適用できることを明らかにした。10～12歳児のバランス課題(例えば，安定性計測)を使用したVallerandらの実験室での研究によれば，他の実験参加者に打ち勝つことを明確な目標にした児童の内発的動機づけのレベルは，単純にベストを尽くそうとした実験参加者よりも低かった。このように，競争によって，運動課題に対する児童の内発的動機づけは低下した。

競技の勝ち負けは，社会的動機づけのもう1つの有力な決定要因になっている。スポーツの研究から，勝者(例えば，Vallerand, Gauvin, & Halliwell, 1986a；Weinberg & Ragan, 1979)や試合でうまくやれたと主観的に感じた者(例えば，McAuley & Tammen, 1989)の内発的動機づけレベルは，敗者やうまくできなかったと感じた者よりも高いことが明らかになっている。確かに競争は，スポーツの動機づけに影響する有力な社会要因になっている。

最後に，パフォーマンスに対するポジティブ・ネガティブなフィードバック(Vallerand & Reid, 1984, 1988；Whitehead & Corbin, 1991b)が，実験参加者の状況的な動機づけに影響することも明らかになっている。長所や弱点に関するフィードバックを競技者に提示することによって，コーチ，フィットネスインストラクター，体育教師は，競技者の状況的な内発的動機づけを修正することができる。例えば，ThillとMouanda(1990)では，サスペンションスロー(選手がよく知っている課題)後に偽のネガティブな言語フィードバック(失敗を指摘する)を受けたハンドボール選手は，偽のポジティブな言語フィードバック(成功を示す)を受けたハンドボール選手よりも状況的な内発的動機づけを低く報告するとの仮説を立てた。結果はこの仮説を支持していた。

報酬，競争，パフォーマンスに対するフィードバックの要因が，なぜ競技者の内発的，外発的な動機づけに影響するのだろうか？ 階層モデルとSDT(Deci & Ryan, 1985, 1991)によれば，状況的な社会要因は個々人の有能性，自律性，関係性という認知変数(有能感，自律感，関係感)を介して動機づけに影響している。個々人は有能性(環境と効果的に相互作用したいという欲求)，自律性(自分自身で選択した行動を実行したいという欲望)，彼らの環境と相互作用する重要な他者との関係性(ある社会環境に所属したいという欲求)を満たそうとして，選択した運動を定期的に行っているものと思われる。

成功／失敗と有能感・内発的動機づけとの関係を明らかにしたスポーツ関連の研究もある(例えば，Anshel, Weinberg, & Jackson, 1992；Goudas, Biddle, & Fox, 1994；McAuley & Tammen, 1989；Prong, Rutherford, & Corbin, 1992；Rutherford, Corbin, & Chase, 1992；Sinnott & Biddle, 1998；Vallerand et al., 1986a；Weinberg, 1979；Weinberg & Jackson, 1979；Weinberg & Ragan, 1979)。例えば，バスケットボールの1対1のジャンプシュート競争に参加した選手を調べたMcAuleyとTammenの研究から，勝った選手や，たとえ負けたとしてもうまくいったと感じた選手は，敗者や成功しなかったと感じた選

手よりも高い内発的動機づけ（内発的動機づけ尺度により評価；McAuley & Tammen, 1989）を報告することが明らかになった。これらの結果は、成功や失敗と状況的な内発的動機づけの関係をよりよく理解する際には、競技者の有能感を考慮することが重要であると強調している。

同様に、スポーツと運動の研究から、自律性は動機づけの状況要因に影響することが明らかになっている（Vallerand & Perreault, 1999）。例えば、Dwyer (1995) は、状況的な内発的動機づけへの自律支援的な指示の影響と有酸素運動に対する自律感を検討した。個々の成人女子に25分間の有酸素運動を課した。その結果、たとえ両群が同じ曲を聞いていたとしても、運動中に聞きたい曲を選択することができた実験参加者群は、統制群の参加者よりも有酸素運動後に高いレベルの内発的動機づけを示すことが明らかとなった。体育の授業に関しても同様な報告がある（Goudas, Biddle, Fox, & Underwood, 1995）。このように、内発的動機づけの変化に関与するような心理過程を記録する場合には、自律感を考慮する必要があると思われる。

しかしながら、階層モデル（特に、推論3.2）を全面的に支持することができるのは、社会要因が有能感、自律感、関係感という変数を介して動機づけに影響することを実証的に示した場合だけである。Reeve と Deci (1996) は、競争状況でさまざまな要素が関与するような実験室での研究で、内発的動機づけに影響する有能感と自律感の媒介的な役割を検討した。Reeveらは、空間関連のパズル課題を実験参加者に課した。また、参加者への教示とフィードバックを操作して、有能感と自律感を制御した。パス解析の結果、ポジティブなフィードバック（勝利）を提示すると有能感が高まり、続いて内発的動機づけも高まることが明らかになった。さらに、うまくやらなければというプレッシャー感によって自律感が低下し、続いて内発的動機づけも低下した。このように、Reeve と Deci の結果は、競争場面における自律感と有能感の媒介役割を支持したものになっている。スポーツと運動の領域における競争の研究では自律性（Vallerand et al., 1986b）と有能性（Vallerand et al., 1986a；Weinberg & Jackson, 1979）の役割を実験室的に支持しているが、そのような知覚の媒介役割をスポーツの現場で実証した研究はまったく存在していない。そのため、Reeve と Deci の知見は、実験室を離れたスポーツ／運動分野で今後追試する必要がある。

Blanchard と Vallerand (1996a) は、スポーツ領域で、有能性、自律性、関係性という心理的な媒介要因の役割を同じ研究の範囲内で評価することに関心を持った。Blanchard らは、試合直後のバスケットボール選手に、個人とチームのパフォーマンスの状況感、チームパフォーマンスの客観的な指標（勝／敗の記録）、状況的な動機づけを記入するように依頼した。さらに、状況的な媒介測度（有能感、自律感、関係感）も記入するように依頼した。Blanchard らは、階層モデルに基づいて、個人とチームパフォーマンスはともに心理的な媒介要因を確定し、その次に自己決定の動機づけに影響するという仮説を立てた。パス解析の結果は、階層モデルと合致して、仮定した順序と提案した媒介効果を支持していた。

Blanchard と Vallerand (1996a) の結果から、自律感、有能感、関係感は社会要因-動機づけ関係の重要な媒介要因であることが明らかとなった。関係感の研究はごく最近出たばかりのものであり、関係感が果たす媒介的な役割は特に興味深い。このように、Blanchard と Vallerand の結果は、対人関係領域における重要な役割（Baumeister & Leary, 1995）に加えて、関係感はスポーツと運動でも重要な要因になることを明らかにしている。これらの知見は、競技引退でもっとも困る面の1つとして、ロッカールームで共有した仲間意識とチームメイトの不在であると漏らしたプロ競技者の逸話的な証拠とも一致している（Baillie, 1993）。

これまで本節では、社会要因と状況的な動機づけの関係について検討してきた。しかしながら、個人内部の要因もまた動機づけに影響している。推論3.3では、文脈レベルの動機づけから状況レベルの動機づけに対してトップダウンの影響があると仮定している。例えば、内発的動機づけ（高いレベルの内発的動機づけという特徴がある文脈的なスポーツ動機づけ）によって、もっとも好きなスポーツであるテニスをいつもしている競技者は、テニスをしているある瞬間（高いレベルの状況的な内発的動機づけ）に、高い内発的動機づけの傾向を示すものと思われる。

推論3.3は、自己の全体特性が自己のより特殊な側面に影響する（Brown, 1993；Brown & Dutton, 1997；Sansone & Harackiewicz, 1996）としている最近の概念的な自己制御過程の研究と一致している。しかしながら、推論3.3を明確に検証した研究はほとんどない。事実、文脈的な動機づけと状況的な動機づけの関係についてスポーツ／運動状況から推論3.3を検証した研究は、わずか3つにすぎない。その1つのBlanchard と Vallerand (1998) の研究から、運動への文脈的な動機づけは、運動への状況的な動機づけを予測する重要な要因であることが明らかになった。予測されたように、競技者の文脈的な動機づけの自己決定率が高くなるほど、運動に対する状況的な動機づけの自己決定率は高くなった。他の2編の研究では、文脈的な動機づけと状況的な動機づけの連繋を、スポーツ場面で評価していた。その中の Blanchard, Vallerand, Provencher (1998) の研究から、試合の直前（研究1）あるいは数週間前（研究2）に評価したバスケットボールへの文脈的な動機づけは、一般的に、バ

スケットボールの試合中に経験する状況的な動機づけを予測することが明らかになった。このように，競技者のバスケットボールへの文脈的な動機づけの自己決定率が高くなるほど，状況的な動機づけの自己決定率は高くなった。全般的に見れば，文脈的な動機づけは，推論3.3と一致して，状況的な動機づけにトップダウン的に影響しているように思われる。これらの結果は研究の励みになっているが，そこでは相関的な実験デザインを使用していた。したがって，実験的な観点からこの仮説を検証するには，さらなる研究が必要である。

要約すると，本節でレビューした研究から，報酬，競争，フィードバックといった社会要因は個人レベルの状況的な動機づけに影響する（Vallerand & Losier, 1999を参照）ことが明らかになった。さらに，推論3.2が仮定したように，社会要因は有能感，自律感，関係感を介して状況的な動機づけに影響することが明らかになった。これまでに人間の欲求の媒介役割を調べた多くの研究は有能感に集中している（例えば，Vallerand & Reid, 1984, 1988；Whitehead & Corbin, 1991a, 1991b）が，最近の研究では自律感や関係感もスポーツや運動における状況的な動機づけの重要な媒介要因であると指摘している（例えば，Blanchard & Vallerand, 1996a）。最後になるが，スポーツ（Blanchard et al., 1998）や運動（Blanchard & Vallerand, 1998）の研究は，ともに推論3.3のトップダウン効果を支持している。

結果

階層モデルに従えば，状況的な動機づけは，本質的に感情的，認知的，行動的な状況の結果（ある特定の時点や特定の運動実行時に経験するような成果）と結びついている（Vallerand, 1997）。加えて，自己決定率が最高の動機づけ（内発的動機づけと同一視制御）は最高の結果と結びつくが，自己決定率が最低の動機づけ（外発的動機づけと，特に無動機づけ）は最低の結果と結びつき（推論5.1），取り入れ制御は中間的な効果と結びつくように思われる。

階層モデルおよびSDT（Deci & Ryan, 1985, 1991）と一致して，スポーツや運動の領域では，内発的動機がバスケットボール（例えば，McAuley & Tammen, 1989）やフィギュアスケート（Scanlan & Lewthwaite, 1986）と同様にスポーツのさまざまなポジティブな感情を予測することを明らかにした数多くの研究もある。最近では，さまざまなタイプの状況的な動機づけが感情に与える影響を重視した研究も，かなり目にするようになっている。例えば，BlanchardとVallerand（1996c）は，試合終了直後のバスケットボール選手に結果の感情尺度を適用し，同時にSIMS（Guay et al., 2000）への記入を求めた。その結果，内発的動機づけと同一視制御はポジティブな感情と正に相関し，外的制御と無動機づけはポジティブな感情と負に相関した。

もう1つの研究でBlanchardとVallerand（1998）は，運動に基づく体重減量プログラムに参加している人々の状況的な動機づけと感情結果（ポジティブな感情と楽しみ）の関係を調べた。その結果，ポジティブな感情や楽しみは同一視制御や内発的動機づけと正の相関を示し，一方，外的制御と無動機づけは負の相関あるいは無相関を示した。BlanchardとVallerand（1996c, 1998）の研究は，高いレベルの自己決定の動機づけとポジティブな感情の高まりとの結びつきを明らかにし，階層モデルをさらに支持するものになっている。

最近になってKowalとFortier（1999）は，状況的な内発的動機づけとフロー（感情結果）の関係について調べた。フローとは，人がある運動に完全に没頭している時に経験する感情のことである（Csikszentmihalyi, 1975）。本質的な楽しさといった個人の感情経験が，フローの特徴になっている（Csikszentmihalyi, 1990；Jackson & Marsh, 1996）。KowalとFortierは，自己決定の動機づけがフローと結びつき，一方，非自己決定の動機づけがフローの低下を招くと仮定した。Kowalらは，8つのスイミングクラブに所属する水泳選手203名に，練習後SIMS（Guay et al., 2000）とフロー状態尺度（Jackson & Marsh, 1996）の記入を求めた。その結果，内発的な理由による水泳は，練習中の最高レベルのフローと関連し，そしてフローは，同一視制御，外的制御，無動機づけの順に低下した（最後の2つの尺度は，ほとんど負の相関を示した）。

状況的な動機づけは，認知的な結果にも影響している。例えば，BlanchardとVallerand（1996c, 1998）は，自己決定の状況的な動機づけレベルの高さと，運動関与中の集中力の高さとの関係を明らかにした。同様に，水泳選手を調べたKowalとFortier（1999）の研究では，自己決定の動機づけレベルの高さが，身近な課題での集中力の高さと正に相関していた。自己決定の動機づけプロフィールを示す者は，課題にさらに集中し，外的な妨害（例えば，コーチ，チームメイト，観衆の行動）を苦にせずにすべての注意を課題に集中することができるという事実は，これらの結果を説明するものと思われる。それにも関わらず，これら媒介過程の仮説を支持した実証的な研究は存在していない。

最後に，階層モデルも，自己決定の状況的な動機づけが高まると，ある特定時点でポジティブな行動結果が生じると仮定している。しかしながら，非スポーツ分野の研究では状況的な内発的動機づけと課題の持続（例えば，Deci, 1971），運動の選択（例えば，Swann & Pittman, 1977）といった行動の結びつきを明らかにしているが，自己決定の動機づけと行動の連繋を調べたスポーツや運動分野の研究はほとんど存在していな

い。これは今後の重要な課題になっている。とりわけ，研究者，コーチ，競技者にとって非常に興味深いものは，動機づけとパフォーマンスの関係である（Gould, 1982）。階層モデルの推論5.1では，自己決定の動機づけは，非自己決定の動機づけよりも優れたパフォーマンスに結びつくとしている（この仮説の例外については，文脈の結果に関する節で述べる）。

要約すると，これまでの研究から，状況的な動機づけは感情・認知・行動という3つのカテゴリーに分類可能な複数の結果をもたらすことが明らかになっている。さらに，自己決定の動機づけレベルが高いほどよりポジティブな状況結果が生じ，自己決定の動機づけレベルが低いほどポジティブな状況結果の生起率が低下する（推論5.1）。このように，状況レベルの結果に関する知見は，SDT（Deci & Ryan, 1985, 1991）と同様に，階層モデルを支持している。次節では，階層モデルの2番目のレベル，すなわち文脈レベルでの内発的・外発的動機づけ研究に焦点を当ててみたい。

文脈レベルの動機づけ研究

階層モデルでは，文脈的な動機づけを"特定文脈に向けた個人の通常の動機づけ志向"と呼んでいる（Vallerand, 1997, p.290）。すでに指摘したように，研究者は，特定タイプの活動に関わる生活領域を，文脈と呼んでいる（Emmons, 1995）。文脈的な動機づけの研究は，(1)教育または仕事，(2)対人関係，(3)レジャー，の3つの文脈に集中している（Vallerand, 1997を参照）。スポーツや運動は重要なレジャー活動であることから，多くの研究者がこれらの文脈を研究テーマにしている（Vallerand，印刷中；Vallerand & Grouzet，印刷中を参照）。本節では，スポーツと運動の文脈での内発的・外発的動機づけの研究をレビューする。

決定要因

いくつかの社会要因は，個人の状況的な動機づけに影響している。同様に，研究者は，文脈的な社会要因が競技者の文脈的な動機づけに影響すると仮定している。文脈的な社会要因は，ある生活文脈に一般的あるいは反復的な基盤で存在しているが，別の生活文脈には存在していない（Vallerand, 1997）。例えば，教育場面における学生の文脈的な動機づけには，学校のタイプ（例えば，Matthews, 1991），カリキュラム（例えば，Senécal, Vallerand, & Pelletier, 1992），教師の相互作用スタイル（例えば，Deci, Schwartz, Sheinman, & Ryan, 1981）などの文脈的な要因が影響している。しかしながら，このような要因は，スポーツ領域には直接関係していないために，競技者の動機づけにはほとんど影響していない。スポーツや運動の領域に関しては，いくつかの文脈的要因とスポーツに対するスポーツ競技者の文脈的な動機づけの関係が明らかになっている。

最初の文脈的要因は，コーチ（あるいは運動／フィットネスインストラクター）の要因である。研究者はコーチング行動の2つの次元，(1)コーチが競技者と相互作用するスタイル，(2)コーチが競技者に教示する方法，を検討している。コーチングの最初の側面に関しては，コーチやインストラクターと競技者の典型的な相互作用の方法が，競技者の動機づけに明らかに大きく影響している（例えば，Cadorette, Blanchard, & Vallerand, 1996；Goudas & Biddle, 1994が引用したGoudas et al., 1993；Thompson & Wankel, 1980）。コーチングに関して重要と思われる相互作用スタイルの次元の1つは，"制御／自律的な支援"である（Deci & Ryan, 1987；Deci, Schwartz, et al., 1981）。コーチが適度な範囲の選択を競技者に委ねる場合には，自律的な支援をしたことになる。他方，コーチが適切と思う行動を競技者に強制する場合には，制御したことになる。研究結果によれば，コーチの制御を受けていると感じる競技者は，コーチやインストラクターが自律的な支援をしていると感じる競技者よりも，内発的動機づけや同一視制御をより少なく報告し，無動機づけや外的制御をより多く報告する傾向がある（Brière et al., 1995；Pelletier, Fortier, Vallerand, & Brière, 2000；Pelletier et al., 1995）。

コーチの相互作用のスタイルが競技者の動機づけに影響する場合には，コーチがコーチングスタイルを修正して，より自律支援的な存在になり，その結果，競技者の内発的動機づけのレベルが高まるものと思われる。Pelletierら（Pelletier, Brière, Blais, & Vallerand, 2000）は，この論拠を使用し，水泳コーチの自律支援を助長して，その結果，指導している競技者の動機づけが容易になるような介入プログラムを開発した。この18ヵ月の介入プログラムは，(1)コーチがより自律支援的な方略を採用する手助けをして，それによって競技者の有能性と自律性を育成する方法，(2)高い自律性への対応の仕方とより積極的にスポーツ環境に取り組む方法をコーチに教えること，が眼目になっていた。その結果，このプログラムは非常に効果的であることが明らかになった。なぜなら，介入の最後に，競技者は，コーチの制御をより弱く，自律支援をより強く感じていたからである。さらに重要なことは，水泳競技者の有能感と内発的動機づけのレベルが有意に増加したことだった。これらの変化は，統制群（介入を行わなかった水泳チーム）と比較した時にも有意であった。Pelletierらの研究結果から，社会要因の修正によって動機づけは変化することが明らかになった。また，これらの結果は，明らかに推論3.1を支持していた。

コーチは，教示の伝達方法によっても，競技者の動機づけに影響することができる。例えば，Beauchamp, Halliwell, Fournier, Koestner (1996) は，14週間のゴルフプログラムを使用して，さまざまなタイプの教示と初心者ゴルファーの文脈的な動機づけの関係について調べた。Beauchampらは，実験参加者を認知−行動群(CBG)，身体スキル群(PSG)，統制群(CG)の3群に割り当てた。CBG群には，正しいパッティング技術，パッティング前やパッティング中の心理スキルの重要性，ストレスマネジメント，動機づけ(目標設定を含む)，パッティング前に行うルーチンの自己モニタリングといった情報を与えた。PSG群には，ゴルフにおける身体スキルの重要性と，パッティングメカニズムの情報とを与えた。最後のCG群には，通常のゴルフ指導プログラムを与えた。このCG群にはパッティングを教示せず，ただパッティングが非常に個人的なスキルであるとだけ伝えた。さらに，4つのパッティングテストセッションの実施前には，パッティングをさせなかった。その結果，プログラムの最後に，CBG群は他群よりも内発的な動機づけを多く経験したと報告したが，取り入れ制御(SMSにより評価；Pelletier et al., 1995)の経験はより少なかったと報告した。Beauchampらによれば，CBG群に与えた教示(例えば，目標設定，自己観察)は，PSG群とCG群に与えた情報よりも，より自律支援的なものだった。なぜなら，CBG群には，強制的な目標よりも自己設定した目標を使用するよう，そして運動成果よりも過程に集中するよう教示を与えていたからである。これらの教示のタイプ(自己設定した目標，過程指向アプローチ)によって，実験参加者はいっそう自律していると感じ，その結果，自己決定の動機づけを経験したものと思われる。このように，PelletierとBrièreら(2000)，PelletierとFortierら(2000)，Beauchampらの研究から，コーチやインストラクターは，競技者に与える教示のタイプやコーチングスタイルを通して競技者の内発的動機づけに影響していることが明らかになった。さらに，PelletierとBrièreらの研究結果から，コーチのスタイルによって競技者の動機づけの効果が変えられることが明らかになった。

コーチやインストラクターがスポーツへの競技者の文脈的な動機づけに影響する場合には，人間以外の文脈的要因も考慮しなければならない。そのような要因の1つは，奨学金である。奨学金の目的は，競技者の努力やすばらしいパフォーマンスに対して報酬を与えることと，トレーニング時間をより多く与えることとにある。遺憾ながら，奨学生は，楽しみや自己実現のためにトレーニングをするのではなく，金銭を得るためにトレーニングをすると感じているのかもしれない。結果として，奨学生らは制御されていると思い込み，内発的動機づけがいっそう低下する。バスケットボール選手を調べたWagner, Lounsbury, Fitzgerald (1989) の研究によって，奨学金を受けている選手は奨学金を受けていない選手よりも低い内発的動機づけを報告することが明らかになった。先行研究でも，類似の報告がある(例えば，Ryan, 1977, 1980)。奨学金の問題は非常に興味深く，今後もさまざまな研究課題になるものと思われる。そのためには，例えば，奨学金が競技者の動機づけを損なうのか，その効果は単に選択のバイアスによるもの(すでに内発的動機づけの低い選手が奨学生となる)なのかどうかを確定する必要がある。さらに，この阻害効果が生じる心理過程を同定しなくてはならない。それはSDTや階層モデルが予測するような自律感の損失なのだろうか。最後に，ジェンダー差がある場合には，それも説明する必要がある。

もう1つの人間以外の文脈的要因は，いわゆるスポーツ組織であり，競技連盟に固有の組織パターンなどがそれに該当している。ある連盟は競争構造を助長し，一方，別の連盟は自己改善を目指すようなよりリラックスした雰囲気を植えつけている。これらは，スポーツの動機づけに対してさまざまな効果を与えていると思われる。スポーツ組織は重要である。なぜなら，スポーツ組織は，動機づけ過程を運動に組み込むような暗黙のメッセージを競技者に伝えているからである。もしも勝利を至上のものとするメッセージを競技者に伝えるならば，競技者が経験する内発的動機レベルと自己決定の動機レベルはともに低下して，その結果，楽しみを失うことになる。しかしながら，競技者が勝利を犠牲にして自己改善を目指すことを組織が助長する場合には，競技者の内発的動機レベルと自己決定の動機レベルが高くなり，その結果，より多くの楽しみを覚えるようになる。

Fortier, Vallerand, Brière, Provencher (1995) は，カナダの競技者399名(平均年齢19歳)を対象に調査し，これらの仮説を検証し，競争の激しい連盟(大学スポーツ)の競技者はレクリエーション的な連盟の競技者よりも自己決定の動機づけを低く報告すると仮定した。結果は仮説を支持していた。競争的な連盟で試合をする競技者は，レクリエーション的な競技者と比較して高い無動機づけを報告したばかりでなく，刺激の経験や達成の内発的動機づけをより低く報告した。これらの結果は，単に競技に参加する以上の競争とパフォーマンスをスポーツ組織が強調する場合，競技者はスポーツをする楽しさ以外の理由からスポーツに参加しているように感じていることを示唆している。これが原因になって，自己決定の動機づけが低下するものと思われる。同様の結果が，さまざまな動機づけ尺度を使用した他のスポーツ研究でも明らかになっている(例えば，Cornelius, Silva, & Molotsky, 1991；Frederick & Morrison, 1996)。

動機づけに影響すると思われる人間以外の社会要因

の最後にあげるのは，動機づけの雰囲気である(例えば，Lloyd & Fox, 1992；Mitchell, 1996；Papaioannou, 1994, 1995；Seifriz, Duda, & Chi, 1992；Theeboom, De Knop, & Weiss, 1995)。動機づけの雰囲気とは，チームに存在する全般的な雰囲気と，競技者に伝わるであろうメッセージを指している。コーチ，チームメイト，チームの上層部および親は，チームやクラブの雰囲気作りに重要な役割を演じている。動機づけの雰囲気には，主に，熟達と競争の2つのタイプがある(Roberts, 1992を参照)。熟達の雰囲気は，スキルを改善するための運動遂行を競技者に促している。一方，競争の雰囲気は，自らのパフォーマンスがチームメイトや他の競技者を凌いでいると競技者に思い込ませている。研究者は，熟達の雰囲気が自己決定形態の動機づけの成長をより促し，競争の雰囲気によってその逆のことが生ずると仮定した。KavussanuとRoberts(1996)は，テニスの初級クラスの大学生を調べ，クラスの動機づけ雰囲気を熟達指向と感じた実験参加者は，雰囲気を競争的と感じた実験参加者よりも，男女とも内発的動機づけが高いことを明らかにした。Cadoretteら(1996)の知見も興味深いものがある。Cadoretteらは，フィットネスセンターの全般的な雰囲気が，実験参加者の動機づけに関係感を通して間接的に影響することを明らかにした。動機づけの雰囲気は，有能感と自律感に加えて，関係感にも影響しているのだろう。確かにこの問題は今後の研究が必要と思われる。

先に説明したように，推論3.2では，社会要因は有能性，自律性，関係性という認知変数(有能感，自律感，関係感)を介して動機づけに影響すると仮定している。文脈レベルについて考えれば，これは，スポーツに対する個人の全般的な有能感，自律感，関係感が，文脈的な社会要因(例えば，フィードバック)とスポーツに対する文脈的な動機づけの関係を媒介するという意味になる。

研究者は，成功，失敗，スキル，能力に対する競技者の認知が文脈的な動機づけに関連すると述べている(Duda, Chi, Newton, Walling, & Catley, 1995)。内発的動機づけには有能感が重要であると強調している研究もある(例えば，Goudas, Biddle, & Underwood, 1995；Markland & Hardy, 1997；Mobily et al., 1993；Weigand & Broadhurst, 1998；Whitehead & Corbin, 1991a)。例えば，RyckmanとHamel(1993)は，身体能力感の高い青年期の競技者が，身体能力感の低い競技者よりもスポーツ参加の理由として内的要因(例えば，スキルの開発や楽しみ)を重要と評価していることを明らかにした。同様に，スポーツや運動場面の研究では，有能感は自己決定形態の動機づけと正に相関することや，非自己決定形態の動機づけは有能感と負に相関することが再三に渡って明らかになっている(Brière et al., 1995；Cadorette et al., 1996；Li,

1999；Pelletier et al., 1995)。研究者は自律感(例えば，Carroll & Alexandris, 1997；Goudas, Biddle, Fox, et al., 1995；Goudas, Biddle, & Underwood, 1995；Markland & Hardy, 1997)と関係感(Blanchard & Vallerand, 1996b；Cadorette et al, 1996)に関しても同様の知見を得ている。

しかしながら，階層モデルが仮定した動機づけの有能感，自律感，関係感の役割を完全に検証するには，それらが社会要因-動機づけの関係を調節する役割についても調べなければならない。スポーツと運動分野では，これらの文脈レベルを調べている研究が少なくとも2編存在している。Cadoretteら(1996)は，成人の運動実施者208名を対象に，実験参加者が感じるフィットネス指導者のスタイル(自律支援)，フィットネスセンターの雰囲気，参加者の有能感・自律感・関係感，運動に対する文脈的な動機づけの関係を調べた。パス解析の結果から，フィットネス指導者を自律支援者と感じ，フィットネスセンターの雰囲気をポジティブと感じた場合には，参加者の有能感，自律感，関係感が高まり，自己決定の高い動機づけに結びつくことが明らかになった。これらの知見は，バスケットボール選手を対象とした2つ目の研究でも明らかになっている(Blanchard & Vallerand, 1996b)。この研究結果から，コーチから受ける自律支援感は，チームの凝集性と同様に，有能感・自律感・関係感をそれぞれ予測することが明らかになった(しかしながら，チームの凝集性と有能感の相関は有意ではなかった)。同様に，有能感・自律感・関係感は，自己決定の文脈的な動機づけを予測していた(有能感-動機づけの相関は有意ではなかった)。

動機づけを決定する最後の要因は，上位レベルの動機づけが近接した下位レベルの動機づけに及ぼすトップダウン効果である。前述のように，推論3.3では，全体レベルの動機づけから文脈レベルの動機づけへのトップダウン効果があると仮定している。例えば，内発的動機づけ(全体的な内発的動機づけが高い)によって物事を行う傾向がある者は，一般にスポーツへの高いレベルの内発的動機づけ(文脈的な内発的動機づけが高い)を示すものと思われる。

スポーツ領域以外では，多くの研究者が，全体的な動機づけは文脈的な動機づけに関係することを明らかにしている。例えば，Vallerand, Guay, Blanchard (2000, 研究1)は，自己決定の全体的な動機づけが高いほど，大学生の教育，対人関係，レジャーに対する自己決定の文脈的な動機づけはますます高まることを明らかにした。Vallerandらは，レジャー文脈への文脈的な動機づけに関する3ヵ月間の前向き研究でこれらの知見を再度確認している(Vallerand et al., 2000, 研究2)。最後になるが，運動への文脈的な動機づけと全体的な動機づけの関係を調べた研究が1つある(Blanchard & Vallerand, 1998)。Blanchardと

Vallerandは，まずはじめに成人の全体的な動機づけを評価し，4週間後に運動への文脈的な動機づけを評価した。その結果，全体的な動機づけは運動への文脈的な動機づけに影響することが明らかになった。先行研究と同様に，自己決定の全体的な動機づけが高いほど，運動への自己決定の動機づけは一般的に高くなっていた。

　要約すると，本節でレビューした研究では，スポーツ組織，奨学金，コーチの行動，チームの雰囲気（あるいはフィットネスセンターの雰囲気）といった多くの社会要因が，スポーツへの文脈的な自己決定の動機づけに影響すると指摘している。さらに，これらの社会要因は，スポーツと運動への個人の全体的な有能感，自律感，関係感を介して，スポーツや運動への文脈的な自己決定の動機づけに影響している。最終的に，全体的な動機づけは文脈的な動機づけを予測することが明らかになった。全体として，これらの結果は，スポーツや運動に適用した階層モデルの前提条件と推論のいくつかを支持するものとなっている（Vallerand, 印刷中；Vallerand & Grouzet, 印刷中；Vallerand & Perreault, 1999）。

結　果

　階層モデルでは，文脈的な動機づけと3タイプ（感情，認知，行動）の文脈的な結果の結びつきを主張している。多くのスポーツ研究は，実験デザインを工夫して，文脈的な内発的動機づけと感情的な結果の関係を明らかにしている。例えば，前述したBeauchampら（1996）の研究では，内発的な動機づけレベルが高い（認知-行動プログラムにおいて）実験参加者は，ゴルフのレッスンに対し，他の2条件（身体的スキル群と統制群）の実験参加者よりも大きな喜びと楽しみを報告した。同様に，9～13歳の少年少女を調べたBrustad（1988）の研究では，シーズンを通してバスケットボール参加の楽しさをもっとも強く予測する変数はバスケットボールへの全般的な内発的動機づけ（文脈的な動機づけ）であることを明らかにした。その他の研究からも，内発的動機づけは，運動の満足（Brière et al., 1995；Frederick, Morrison, & Manning, 1996；Pelletier et al., 1995），興味（Brière et al., 1995；Li, 1999），ポジティブな感情（Brière et al., 1995）といった多様な感情変数と正に相関することを明らかにしている。

　研究者は，感情の結果が，自己決定の連続体を内発的動機づけから無動機づけへと徐々に下降すると仮定した階層モデルの推論5.1も検討している。例えば，自己決定形態の動機づけ（例えば，内発的動機づけと同一視制御）が多い場合は，これらの成果と一般的に負に相関する自己決定形態（無動機づけと外的制御）が少ない場合よりも，ポジティブな感情・楽しみ・興味・満足とよりポジティブに関係することを明らかにした研究もある（Brière et al., 1995；Li, 1999）。対照的に，無動機づけと外的制御は文脈的な不安と正に相関するが，内発的動機づけと同一視制御は不安と関連しないことが明らかになっている（Brière et al., 1995）。

　Jackson, Kimiecik, Ford, Marsh（1998）は，水泳・トライアスロン・サイクリング・陸上競技の世界マスターズ大会参加者398名を調べ，文脈的な内発的動機づけが文脈（あるいは特性）的フロー経験を予測すると報告した。他の動機づけタイプ（SMSによる評価）はフローを予測しなかった。さらに興味あることとして，Jacksonらは，刺激希求への内発的動機づけのみがフローを予測すると報告した。このように，このタイプの内発的動機づけタイプは，フロー経験を助長している。フロー経験が出現するような他の内発的動機づけタイプ（知ることおよび成就すること）の潜在的な役割についても，さらに研究する必要がある。

　最近になって，研究者はさまざまなスポーツ参加者における動機づけと感情の結果との連繋を調べるようになってきた。PerreaultとVallerand（1998）は，競技対処スキル質問紙28（Athletic Coping Skills Inventory 28；Smith, Schutz, Smoll, & Ptacek, 1995）のフランス版SMS（EMS；Brière et al., 1995）を車椅子バスケットボール選手に使用して，スポーツ動機づけのインパクトを考察した。その結果，自己決定の動機づけが高いほど，競技者が報告する対処能力は良好なものであることが明らかになった。したがって，自己決定形態の動機づけを示す競技者は，自身のより効果的な対処スキルの緩衝効果を通してストレスや競技不安に対処する能力を十分に備えているものと思われる。これらの知見は，学生の内発的動機づけと不安の間に負の相関を報告したGottfried（1990）の知見の解明に役立つものと思われる。内発的な動機づけは適応的な対処スキルの使用を容易にして，不安レベルの低下と結びつく可能性がある。この仮説を検証するには，今後の研究が必要である。

　その他，知的障害児のスポーツや運動参加に焦点を当てた研究者もいる（Reid, Poulin, & Vallerand, 1994；Reid & Vallerand, 1998）。これらの研究者は，知的障害児集団の動機づけを評価するために，絵画動機づけ尺度（Pictorial Motivation Scale）を開発し妥当性を検証している。絵画動機づけ尺度では，（1）内発的動機づけ，（2）同一視制御，（3）外的制御，（4）無動機づけ，という4つのタイプの動機づけを評価している。各尺度は4項目の構成になっており，各項目は子供が理解できるように絵で表現している。因子分析と項目分析の結果から，この尺度は4因子構造からなり，内的一貫性も基準を満たすことが明らかになった（Reid et al., 1994；Reid & Vallerand, 1998）。2つの研究によって，カナダの子供の動機づ

けは，体育教師が感じた興味やポジティブな感情の指標と関係することが明らかになった。結果によると，高い自己決定レベルの動機づけは，よりポジティブな感情と興味に関係していた。さらに興味深い事実は，子供の感情尺度を教師が記入したデータであったことである。このように，動機づけと感情の結果との連繋は頑強なものと思われる。

最終的に，Losier, Gaudette, Vallerand（1997）は，コーチの動機づけレベルに由来する感情的な結果の評価に興味があった。Losier らは，コーチング動機づけを評価するために，SMS に基づく尺度を開発して妥当性を検証した。この尺度では，SMS と同じ 7 つのタイプの動機づけ（知識の内発的動機づけ，成就の内発的動機づけ，刺激経験の内発的動機づけ，外的制御，取り入れ制御，同一視制御，無動機づけ）を各 4 項目で評価している。予備的な分析の結果は，尺度の因子構造と信頼性を支持していた。ここではさまざまな動機づけとコーチングの満足との相関も求めた。予想通り，これらの結果から，コーチの自己決定の動機づけが高まるほど，コーチと競技者の対人関係における満足が高まり，コーチングの満足も全般的に高まることが明らかになった。

Perreault と Vallerand（1998），Reid ら（1994），Reid と Vallerand（1998），Losier ら（1997）の研究は，少なくとも 3 つの理由から重要なものになっている。第 1 の理由は，推論 5.1 に記載した動機づけと感情の結果との関連性や，階層モデルを支持したこと。第 2 の理由は，これらの結果によって，比較的未検証の集団のスポーツ動機づけをさらによく理解することができること。例えば，身体的障害あるいは心的障害のある競技者における動機づけの役割を検討した研究者はほとんどいない。さらにこれらの競技者集団は，"標準的"な競技者と同じ興味や熱意を持つ重要な実験参加者となっている。競技者や運動参加者が同じ心理過程を有しているかどうかを確認する際には，これらの特殊な集団の科学的な研究が非常に重要なものとなっている。予備的な事例研究もあるが，確実な結論を出す前には，さらに多くの研究が必要である。最終的に，そのような研究の結果は，将来に研究するべき興味ある問題を指摘するものになっている。例えば，コーチ自身の動機づけは，競技者の動機づけに影響するのだろうか？　もしもそうならば，どのようなメカニズムが働いているのだろうか？

文脈的な動機づけは，認知レベルでも結果を出すことができる。1 つの重要な認知の結果は集中力である。当面の課題に十分集中できるということは，パフォーマンスにとってもかけがえのない重要な利点になっている。階層モデルの推論 5.1 と同様に，最高の自己決定形態の動機づけ（内発的動機づけと同一視制御）は，最高レベルの集中をもたらすものと思われる。逆に，最低の自己決定形態の動機づけ（無動機づけと外的制御）は，集中を最低レベルに落とし込むものと思われる。取り入れ制御との相関はこれらの両極端の間に存在するものと思われる。さまざまなスポーツ分野の競技者を調べたスポーツ研究は，すべてが推論 5.1 を支持している（Brière et al., 1995；Pelletier et al., 1995）。さらに興味深いものは，これらの知見を成人の運動者で再現した研究である（Vallerand & Blanchard, 1998a）。最終的に強調したいことは，体育教師が記入した知的障害児の集中尺度にも，このパターンが再現したことである（Reid et al., 1994）。全体としてみれば，スポーツや運動の場面におけるさまざまな集団では，動機づけと認知の結果との連繋が非常に頑強であるように思われる。

最後になるが，文脈的な動機づけも行動の結果と結びつくことがある。例えば，文脈的な動機づけと努力の関係を明らかにした研究もある。特に，最高の自己決定形態の動機づけは，スポーツに費やす努力の量（Pelletier et al., 1995；Williams & Gill, 1995）あるいは関与している運動のタイプ（例えば，Fortier & Grenier, 1999；Li, 1999；Reid & Vallerand, 1998）と正に相関し，一方，非自己決定形態の動機づけは努力と負に相関することが明らかになっている。

動機づけは，スポーツと運動への参加の意図にも影響することが明らかになっている。例えば，Oman と McAuley（1993）は，12 回のエアロビクスセッションに参加した成人を調べた。その結果，内発的動機づけが高い実験参加者は，内発的動機づけが低い実験参加者よりも運動継続の意思に自信があることが明らかになった。競技者と運動参加者を調べた他の研究でも，これらの知見を再現している（例えば，Goudas, Biddle, & Underwood, 1995；Pelletier et al., 1995）。最後になるが，Losier ら（1997）は，アイスホッケーのコーチを調べ，コーチングに対する高いレベルの自己決定の動機づけが，将来におけるコーチング続行の意思と正に相関することを明らかにした。

動機づけは，行動の意図と関係するばかりでなく，スポーツや運動への継続参加といった現実的な決定とも関係している。このように，運動の面では，Ingledew, Markland, Medley（1998）は，運動動機づけ尺度 2（Exercise Motivations Inventory 2；Markland & Ingledew, 1997）を使用して，イギリスの国家公務員 247 名の運動への内発的（例えば，楽しみ）あるいは外発的（例えば，競争）な運動の動機づけと変化段階（計画前，計画，準備，実行，継続）との関係を調べた。その結果，段階（例えば，実行，継続段階）が高くなるほど，運動関与はより積極的なものになった（Marcus, Selby, Niaura, & Rossi, 1992 を参照）。この結果から，運動採用の初期段階にある実験参加者（例えば，計画前段階）ほど，より外発的な動機（見かけのよさや体重管理）を報告することや，運動採用の後期段階（例えば，維持段階）にある実験参加者ほど，より内発的な動機

(楽しみや活性化)を報告することが明らかになった。

同様に，FortierとGrenier(1999)は，17〜75歳のスポーツ複合施設メンバー40名を対象に，動機づけと運動プログラム継続の意志との関係を調べた。その結果，1学期における高いレベルの自己決定の動機づけは，1ヵ月後の高い運動継続の意志と関係していた。同様の知見を得たR. Ryan, Frederick, Lepes, Rubio, Sheldon(1997)は，運動継続の意志は内発的動機と関係しても外発的動機とは関係しないと結論づけた。これらの研究から，外発的動機づけと内発的動機づけはともに運動参加の重要な理由になり得る(Drummond & Lenes, 1997)が，高いレベルの自己決定の動機づけは規則的な運動の継続に不可欠であることが明らかになっている。

同様の知見は，スポーツ場面にもある。例えば，Pelletier, Brièreら(2000)は，前述の介入研究において脱落率と介入効果との関係も評価した。その結果，介入によって水泳選手の内発的動機づけが高まるばかりか，練習参加率も高まり，脱落率が低下することが明らかになった。プログラムの実施前には，水泳チームの選手22名中，平均12.6名だけが練習に姿をみせていた。しかし，プログラムの最後には，練習参加者の平均人数が19.7名に増加した。選手の年間脱落率は35%から4.5%に低下した(統制群とした他のクラブでは35%のままであった)。これらの変化は，2年後にも明らかであった。別の研究(Pelletier, Fortier, et al., 2000)では，自己決定の動機づけと非自己決定の動機づけが，それぞれ，2年間の運動継続と正あるいは負に相関することも明らかになった。運動とスポーツの状況における文脈レベルでは，動機づけ－継続の関係を十分に支持しているように思われる。

自己決定の動機づけプロフィールがもたらすもう1つの結果のタイプは，ポジティブなスポーツマンシップへの志向，あるいはルールとスポーツ参加者を尊重する傾向になっている(Vallerand, Deshaies, Cuerrier, Brière, & Pelletier, 1996；Vallerand & Losier, 1994を参照)。実際，自己決定の動機づけプロフィールを示す競技者が，いかなる代価を払っても勝利のトロフィーやメダルを得たいとする競技者(非自己決定の動機づけ志向)よりも，他者をより尊重し，不正行為をしないということは，もっともなように思われる。教育分野には，このような解釈を支持する証拠もある。例えば，LonkyとReihman(1990)は，自己決定の動機づけプロフィールを示す学生は，非自己決定の動機づけプロフィールを示す学生よりも不正行為をしないと報告した。

同様の関係は，スポーツにも存在しているように思われる。VallerandとLosier(1994)は，自己決定の動機づけとスポーツマンシップ志向の関係を長期に渡って調べた。VallerandとLosierは，ホッケーシーズン突入の2週間後に，青年のエリート選手に対して，自己決定の動機づけレベル(SMS)とスポーツマンシップ志向(多次元的スポーツマンシップ志向尺度, Multidimensional Sportspersonship Orientation Scale; Vallerand, Brière, Blanchard, & Provencher, 1997)の質問紙への記入を求めた。5ヵ月後に，再び実験参加者に質問紙への記入を求めた。回帰分析の結果から，自己決定の動機づけとスポーツマンシップ志向は双方向的な正の相関を長期に渡って示すことが明らかになった。しかしながら，自己決定の動機づけがスポーツマンシップに及ぼす影響は，スポーツマンシップが自己決定の動機づけに及ぼす影響よりも大きかった。Losierら(1997)は，これらの知見をコーチについても確認している。Losierらの結果から，コーチは，コーチングに対する自己決定の動機づけが高いほど，スポーツマンシップの肯定的な形態をより多く報告することが明らかになった。全体的にみれば，これらの結果は，自己決定の動機づけがスポーツマンシップ志向の重大な決定要因であると示唆している。このように，あなた(あるいはコーチ)が試合をする理由は，あなた(あるいはコーチ)が試合をする方法を決定している。

動機づけの最後の結果は，パフォーマンスである。自己決定形態の文脈的な動機づけがスポーツ活動の継続を容易にしていることが明らかになっている(Biddle et al., 1996；Biddle & Brooke, 1992；Fortier & Grenier, 1999；Ingledew et al., 1998；Pelletier, Brière et al., 2000；Pelletier, Fortier, et al., 2000；R. Ryan et al., 1997)。したがって能力とコーチングが同等の場合には，追加練習をすればパフォーマンスが向上すると思われる。このように，自己決定の動機づけとパフォーマンスの向上は関連しているように思われる。前述のBeauchampら(1996)の研究では，パフォーマンスもモニターしていた。その結果，認知－行動群は高いレベルの内発的動機づけとパフォーマンスを示すことが実際に明らかになった。

同様に，前述のPelletier, Brièreら(2000)の介入研究も，パフォーマンスを評価していた。1年目のプログラム終了直後にこれらの関係を調べた結果，プログラムに参加した実験参加者は，統制群の実験参加者よりも有能感と内発的な動機づけをより多く感じることが明らかになった。このプログラムは，水泳選手のパフォーマンスも改善した。プログラムの開始時点で年齢別の国際標準に到達していた選手は2名のみであった。プログラム3年目の最後には，22名が国際標準に到達し，4名がオリンピック代表チームに入り，その中の1名はソウルオリンピックで銀メダルを獲得した。Beauchampら(1996)とPelletier, Brièreらの研究は，ともに，内発的動機づけの変化とパフォーマンス向上の結びつきを示唆しているように思われる。しかしながら，いずれの研究とも正確な実験デザインを採用していないため，代替的な仮説が必要とな

るかもしれない。そのようなパフォーマンス向上の心理過程をより十分に明らかにするには，さらなる研究が必要である。

内発的動機づけは，もっともポジティブな結果をもたらす傾向がある。しかし，例外もある。例えば，同一視制御は，政治（例えば，Koestner, Losier, Vallerand, & Carducci, 1996）や環境保護（Pelletier, Tuson, Green-Demers, Noels, & Beaton, 1996）などのある種の運動に関する内発的な動機づけよりも，よりポジティブな結果と結びつくことが明らかになっている。Vallerand（1997）が提案した1つの有力な解釈は，運動の性質に対応したものである。遂行課題が面白いと感じた時には，内発的動機づけがもっともポジティブな結果に結びつくものと思われる。しかしながら，課題がつまらないと感じた時には，内発的動機づけよりも，同一視制御がポジティブな結果のより重要な決定要因になると思われる。実際に，課題が退屈で魅力がない場合には，内発的動機づけが課題の実施に不適切なものとなるかもしれない。むしろ，事実つまらなかったとしても，必要なものは運動関与を強制するような動機づけの力である。同一視制御は，そのような力になっている。

遂行すべき運動のいくつかに興味がない場合には，そのような知見がスポーツや運動の文脈に出現するものと思われる。例えば，アイスホッケー選手は，試合で楽しんでいるかもしれない。しかしながら，ウェイトリフティングやジョギングのように氷上を離れた運動はつまらないと思うかもしれない。これらのつまらない運動をする場合には，ホッケー選手に強い同一視制御が必要になると思われる。重要であってもつまらないスポーツ課題（例えば，ストレッチやウェイトリフティング）の同一視制御がよりポジティブな結果と結びつく場合には，特段の問題は生じないと思われる。しかしながら，現時点でこのアイディアを実証的に支持するものは何もない。このように，将来の研究に奨めたいのはこの問題である。

非自己決定形態の動機づけは，時おり自己決定形態の動機づけよりも有用とする研究もある。例えば，Chantal, Guay, Dobreva-Martinova, Vallerand（1996）は，非自己決定タイプの動機づけ（外的制御と取り入れ制御）によって，統制文化圏（ブルガリアの元共産主義体制）におけるエリート成人競技者のパフォーマンスが向上することを明らかにした。したがって，統制的な文脈においては，自己決定形態の動機づけが少ないほどパフォーマンスは向上するが，自律-支援の文脈においては自己決定形態の動機づけが必要になると思われる。おそらく人間と環境の間には適合性があり，その適合性が，動機づけがさまざまな結果と結びつく方法に影響しているのではないかと思われる。例えば，O'ConnorとVallerand（1994）は，高齢者の心理適応を調べ，自己決定の動機づけプロフィールを同じように示しても，自律支援住宅に住む高齢者（判定者が評価）の方が，管理住宅に住む高齢者よりも心理的に高い適応を報告すると述べた。他方，同じような非自己決定の動機づけプロフィールを示しても，管理住宅に住む高齢者の方が，自律支援住宅に住む高齢者よりもうまく暮らしていることも明らかにした。この人間-環境の仮説をスポーツ分野で検証するには，さらなる研究が必要である。

非自己決定形態の動機づけとポジティブな結果（例えば，Chantal et al., 1996）との結びつきや，人間と環境の間の適合性（O'Connor & Vallerand, 1994）が明らかになっても，そのような利益が存在するのは，主に短期間に過ぎないように思われる。フィットネス参加者や競技者が運動への参加によって十分な利益を得ようとする場合には，その自律欲求を強化する必要がある。そうしないと，競技者はまるで自らが人質であるかのような感じを持ち始め（DeCharms, 1968），ある時点で無動機づけになる可能性がある。この問題を検討するには，将来の研究が必要である。

要約すると，本節でレビューした文脈レベルの内発的・外発的動機づけの研究は，階層モデルを強力に支持している。第1に，推論3.1が仮定するように，スポーツや運動の文脈に存在しているいくつかの社会要因（例えば，コーチのスタイル，動機づけの雰囲気）は，さまざまなタイプの参加者（例えば，競技者，コーチ，運動参加者，知的障害者）の文脈的な動機づけにインパクトを与えている。さらに，推論3.2のように，有能感，自律感，関係感は，社会要因-動機づけの関係を媒介している。最後に，推論5.1のように，動機づけは，多数の結果（感情，認知，行動）や，よりポジティブな文脈結果をもたらす高次レベルの文脈的な自己決定の動機づけと関連することが明らかになっている。

全体レベルの動機づけの研究

全体レベルにおける動機づけは，環境と動機づけ志向の相互作用的な性質を表わしたものである（Guay et al., 1999；Vallerand, 1997）。研究者は，全体的な要因が全体的な動機づけに影響するのはこのレベルであると述べている。全体的な要因は，個人生活の大半の文脈に比較的永続的な基礎として存在し，全体的な動機づけを方向づける社会要因を指している。状況的な動機づけや文脈的な動機づけと同様に，全体的な動機づけは3タイプの固有の結果（感情，認知，行動）と結びつくように思われる。全体的な動機づけの研究は始まって日が浅い。しかし，それらの研究結果から，全体的な動機づけの研究は，スポーツや運動の動機づけ過程をよりよく理解する上で重要であることが明らかになっている。

決定要因

　全体的な社会要因がどのように全体的な動機づけに影響するのかについて調べた研究は，存在していないように思われる。しかしながら，VallerandとO'Connor(1991)による高齢者研究から，居住している住宅のタイプは全体的な動機づけに影響することが明らかになった。自律支援住宅に住んでいる高齢者は，管理住宅に住んでいる高齢者と比較して大半の生活側面(6つの生活文脈)に，高いレベルの文脈的な自己決定の動機づけを報告した。このように，VallerandとO'Connorは全体的な動機づけそのものは測定しなかったが，その結果から，管理住宅あるいは自律支援住宅で人生の大半を過ごすことは，全体的な動機づけに影響しそうな全体的な社会要因を象徴しているように思われる。

　同様の研究が，スポーツ分野にある。例えば，研究者は，スポーツの全寮制の学校に入学したヨーロッパの十代の若者のケース(Riordan, 1977を参照)と同様に，スポーツ寄宿舎生活の動機づけのインパクトを調べている。スポーツの分野で全体的な社会要因が全体的な動機づけに果たす役割の評価は，将来の重要な研究課題になると思われる。実際に，そのような研究は，パーソナリティレベルの動機づけの性質を開発するような，またいったん開発したような心理過程の性質は進化や変化を続けると示唆しているように思われる。

結　果

　その他の2つの一般レベルの場合のように，全体的な動機づけは，全体的な結果のタイプに影響するものと思われる。そのような例は，生活の満足と，全般的な肯定と否定の感情である。明らかに，このようなタイプの結果はスポーツ固有のものではない。しかしながら，競技者や運動参加者がそれらを経験する場合には，それらを調べる必要がある。しかしこのレベルの研究で階層モデルのこの側面を支持したものはほとんどない。例えば，GMSを使用したGuayら(1999)は，生活の満足は全体的な内発的動機づけと正に相関し，全体的な外的制御や無動機づけとは負に相関することを明らかにした。

　結果に関して指摘すべき重要な点は，特定要素の処理である。推論5.2では，さまざまな結果の一般性の程度は，それらを引き起こすような動機づけレベルに依存すると仮定している。より正確に言えば，全体的な動機づけは全体的な結果(例えば，生活の満足)と，文脈的な動機づけは文脈的な結果(例えば，スポーツや教育のようなある文脈に特異的な結果)と，状況的な動機づけはある時点で遂行している運動に関連する状況的な結果と，それぞれ結びついているように思われる。

　推論5.2の妥当性を直接検討した研究は，現時点ではただ1つしかない。VallerandとBlanchard(1998b)は，3つの動機づけレベルのすべてと結びついた結果について調べた。Vallerandらは，運動参加者に対して，異なる3つの場合の動機づけの測度と動機づけの結果の記入を求めた。実験参加者は，期間1でGMS(Guay et al., 1999)と改編したSMSフランス版(EMS；Brière et al., 1995)の運動への文脈的な動機づけ尺度に記入した。また，4週間後(期間2)に，参加者はSIMS(Guay et al., 2000)と集中やポジティブな感情に関連する状況的な結果の測度に記入した。さらに4週間後(期間3)，参加者は全体的なレベル(全般的なネガティブな感情；Watson, Clark, & Tellegen, 1988)と文脈レベル(運動の満足感，運動に対するポジティブな態度，フィットネスセンターでの別の運動プログラムへの参加)の動機づけ結果の測度に記入した。回帰分析の結果から，同じレベルの動機づけは各レベルにおける動機づけの結果をもっともよく予測することが明らかになった。したがって，全体的な動機づけは全体的な結果の最良の予測要因に，文脈的な動機づけは文脈的な結果の最良の予測要因に，状況的な動機づけは状況的な結果の最良の予測要因になっていた。さらに，推論5.1が仮定したように，高いレベルの自己決定の動機づけは，3つのレベルすべてでよりポジティブな結果をもたらした。このように，階層モデルと一致したVallerandとBlanchardの研究結果は，動機づけ結果の特異性に関する推論5.2の証拠になっている。

　要約すると，全体レベルの研究はほとんどない。このレベルにおける動機づけの決定要因と結果を十分に理解するには，さらなる研究が必要である。しかしながら，これまでの研究結果(Blanchard & Vallerand, 1998；Vallerand & Blanchard, 1998b)は，非常に有望なものになっている。特定のスポーツ環境に多年に渡って関わるような子供や青年の全体的な動機づけ，その決定要因，結果を検討することは，スポーツ関連の研究として将来性があるものと思われる。さらに，数年にわたるスポーツ関与が，自己決定の全体的な動機づけの開発に影響している様相を確認することもできる。再帰効果の前提条件4を支持するならば，数年にわたるスポーツへの自己決定の文脈的な動機づけの経験は，時間とともに自己決定の全体的な動機づけの開発に結びつくものと思われる。そのような知見を得ることができれば，それらは明らかにスポーツや運動への参加の正当な根拠になるものと思われる。

統合的な研究

　これまでにレビューした研究は，階層モデルのいく

つかの前提条件と推論を支持している。しかしながら、レビューした研究には次の2つの限界がある；(1)研究者は、ある研究の範囲内で一般レベルの動機づけのみを検討しているに過ぎない(例外は、前節に示した Vallerand & Blanchard, 1998b)、(2)研究者は、一般的に動機づけの決定要因と結果を個別に研究している。本節でレビューする研究には、これらの限界のような問題がない。それゆえに、これらの研究によって、スポーツや運動での内発的・外発的動機づけの過程をより包括的に展望することができる。

2つまたは3つの一般的なレベルにおける動機づけ

本節でレビューする研究は、一般的な動機づけを2つまたは3つのレベルで同時に調べたものである。そもそも階層モデルの長所は、2つの階層間の相互作用にある。推論3.3で前述したように、研究者はトップダウン効果を提唱している。例えば、Blanchard ら(1998)の研究によって、運動への文脈的な動機づけは運動への状況的な動機づけの重要な予測要因であることが明らかになった。予想した通り、自己決定の文脈的な動機づけが高まるほど、運動への自己決定の状況的な動機づけはさらに高まった。Blanchard らは、Goudas, Biddle, Fox, Underwood(1995)の体育授業の研究と同様に、バスケットボールについて調べた2つの研究でこれらの知見を再確認した。

さらに前提条件4では、ボトムアップ効果も自然に起こると述べている。より具体的に言えば、より低次レベル(例えば、状況レベル)の動機づけの経験は、1つ上位のレベル(例えば、スポーツに対する文脈的な動機づけ)での動機づけに、次第に再帰効果を引き起こすことができる。例えば、状況レベルで内発的動機づけを繰り返し経験した者は、文脈レベルで内発的動機づけを開発することができると思われる。このように、状況レベルと文脈レベルの相互作用は、文脈的な動機づけの変化の説明に一役買っている。

Blanchard ら(1998)は、トーナメントに参加しているバスケットボール選手を対象に、文脈的な動機づけの変化と結びつく、状況レベルと文脈レベルとの相互作用を検証した。Blanchard らは、文脈的な動機づけ(EMS 使用)を、トーナメント戦の1試合目の前と2試合目の前、そしてトーナメント戦の10日後に調べた。さらに、状況的な動機づけ(SIMS 使用)を、トーナメント戦の2試合終了直後に調べた。最後に、試合の客観的な結果と同様に、選手が評価した個人とチームのパフォーマンスを集計して、状況的な動機づけの予測に果たす状況要因の役割を検証した。パス解析の結果から、バスケットボールの文脈的な動機づけは、トーナメント戦の各2試合における状況的な動機づけを予測することが明らかになった。さらに、状況要因(チームと個人のパフォーマンス)も、両バスケットボール試合の状況的な動機づけを予測した。さらに、状況的な動機づけは、トーナメント戦の10日後と同様に、その後の各試合の文脈的な動機づけに影響した。パス解析の結果を図15.2に示す。

Blanchard ら(1998)の研究結果は、重要なものとなっている。なぜなら、Blanchard らは、隣接する2つの動機づけレベル(例えば、文脈と状況)の間の影響の相互作用があることを実証したからである。特にそれが推論3.1(社会要因の動機づけ効果−個人とチームのパフォーマンス)、推論3.3(文脈的な動機づけが状況的な動機づけに及ぼすトップダウン効果)、前提条件4(状況的な動機づけが文脈的な動機づけに及ぼす再帰効果)と関係しているために、これらの結果も階層モデルを強力に支持するものとなっている。さまざまな階層レベルにおける動機づけ間の相互作用は、動機づけ変化が次第に生じる原因になっているものと思われる。

今までのところ、文脈的な動機づけと状況的な動機づけがトップダウン効果とボトムアップ効果を通して相互に影響し合うことができるのかを集中的に調べている。しかしながら、さまざまな文脈的な動機づけの相互作用と、文脈的な動機づけが状況的な動機づけに及ぼす影響には、ほとんど注意を払っていない。例えば、自分が参加できるサッカーの試合を考えながら退屈な代数の宿題をしている女子学生は、おそらく動機づけの葛藤を経験しているものと思われる。彼女の状況的な動機づけと学校やスポーツへの文脈的な動機づけの間には、一定の関係があるものと思われる。それぞれの文脈的な動機づけの相対的な強度は、状況的な動機づけにもっとも有力な効果があるのはこれら2つの文脈のどちらであるかを決定している。学校(代数)への彼女の文脈的な動機づけがスポーツ(特にサッカー)への文脈的な動機づけよりも自己決定的なものでない限り、宿題への内発的な動機づけは急激に低下すると思われる。最近の研究結果(Ratelle, Rousseau, & Vallerand, 1999)は、この仮説を支持している。特に、興味あるレジャー活動を考えた実験参加者では、教育課題への内発的動機づけが有意に低下した。これらの結果は、ほとんど興味のない運動を継続しなければならない場合には、2つの動機づけ(例えば、教育への動機づけとレジャーへの動機づけ)間の葛藤がネガティブな結果につながり得ると指摘している。将来の研究は、これらの予備的な知見を足場にして、他の生活文脈がスポーツや運動への動機づけを害し得る場合に逆のことが起こり得るかどうかも評価しなければならない。

文脈的な動機づけ間の動的な相互作用に関するもう1つの有望な研究領域は、動機づけの補償である。階層モデルの考え方では、人はある文脈における自己決定の動機づけが低下すると、別の文脈でより多く内発

```
トーナメントの1試合目の前    1試合目の直後    トーナメントの2試合目の前    2試合目の直後    トーナメントの10日後
```

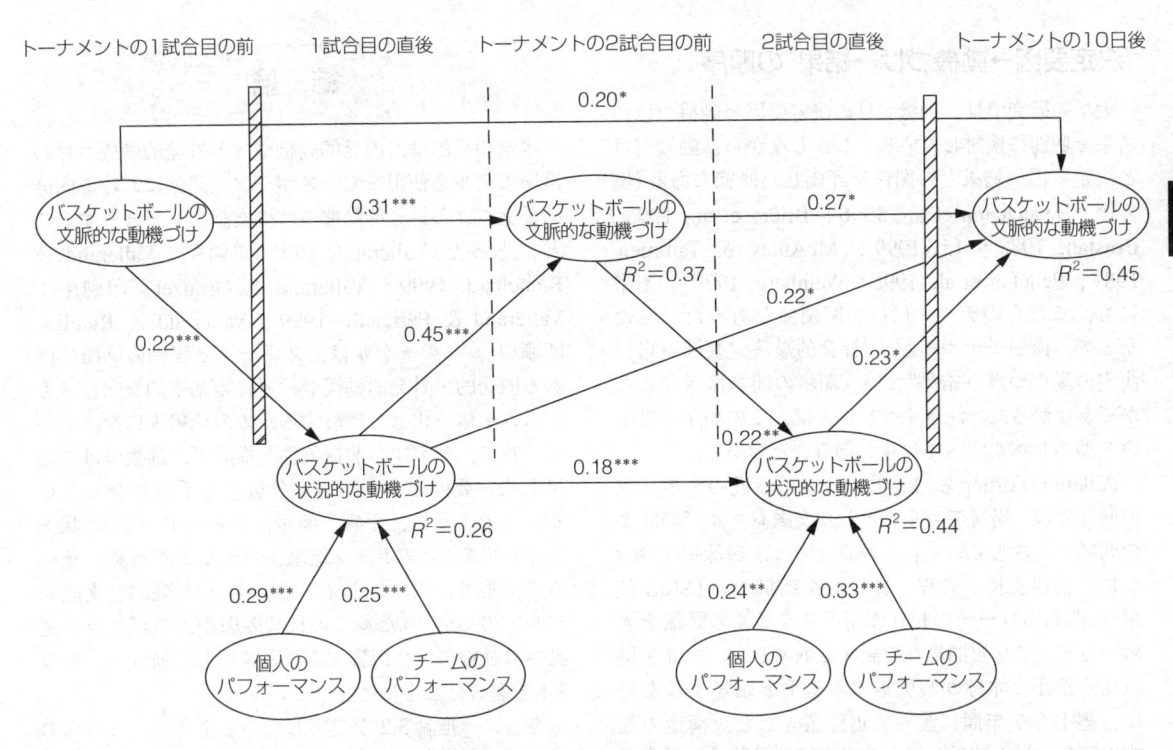

図15.2 バスケットボールのトーナメント中の文脈的な動機づけと状況的な動機づけの双方向的な関係：パス解析の結果
数値は Beta weights。R^2 は因子寄与率（*p<0.10, **p<0.01, ***p<0.001）
(Blanchard, Vallerand, & Provencher, 1998 より)

的動機づけをして，その低下を補償するようになるとしている。Blanchardら（1998）の予備的な研究は，このような補償効果を支持したものになっている。Blanchardらは，バスケットボール選手に教育（AMS）とスポーツ（特にバスケットボール；SMS）への文脈的な動機づけを評価する質問紙と，教育とバスケットボールの有能感を評価する質問紙を配布して，2つの機会に記入を求めた。また，2学期の学業成績の評価も求めた（学業の有能感の急低下と自己決定の動機づけの急低下）。2学期に学業文脈での失敗を経験した選手と1学期にバスケットボールで有能と感じた選手では，バスケットボールに対する自己決定の文脈的な動機づけがわずかに増加した。他群では，文脈的なスポーツの動機づけは増加しなかった。ある領域（学校）における有能性と自己決定の動機づけの低下は，その人を自己意識の回復に動機づけて，その結果，他の文脈（スポーツ）に対する自己決定の動機づけが増加するものと思われる。しかしながら，このような効果は，その人が有能と感じている生活領域にのみ生じるように思われる。この問題についてはさらなる研究が必要である。

その他，階層モデルの3つのレベルでの動機づけを統合している研究もある。例えば，VallerandとBlanchard（1998b）は，フィットネスプログラムの参加者を対象に調べ，階層モデルの3つのレベルでの動機づけの相互作用を検証している。推論3.3（トップダウン効果）に基づき，Vallerandらは，フィットネスプログラムの開始時点にGMS（Guay et al., 1999）で測定した全体的な動機づけが，4週間後の運動への文脈的な動機づけ（SMSの改編尺度で評価）に影響すると仮定した。同様に，運動に対する文脈的な動機づけは状況的な動機づけに影響し，それが運動中の集中や楽しみの状況的な結果を確定すると仮定した。構造方程式モデルの結果は，階層モデルを支持していた。研究者は，これらの知見を教育文脈でも確認している（Vallerand et al., 2000 参照）。

これらの研究結果（Vallerand & Blanchard, 1998a；Vallerand et al., 2000）は，少なくとも2つの理由から重要なものになっている。第1の理由は，それらが階層モデルのいくつかの前提条件と推論を支持していることである。それらは，前提条件2（一般性の3つのレベルに存在する異なるタイプの動機づけ），推論3.3（トップダウン効果），推論5.1（自己決定の動機づけによって，結果へのポジティブな影響が増加する），推論5.2（適切な特異性のレベルにおける動機づけと結果の連繋）を支持している。さらに，予想したように，これらの結果から，階層の3つのレベルでの動機づけの相互作用はスポーツや運動の領域で生じることが明らかになった。

"決定要因→動機づけ→結果"の順序

大半の研究では，動機づけの決定要因と動機づけの結果を個別に検討している。しかしながら，動機づけと決定要因や結果との関係を評価した研究もある（例えば，Beauchamp et al., 1996；Brière et al., 1995；Brustad, 1988；Li, 1999；McAuley & Tammen, 1989；Pelletier et al., 1995；Weinberg, 1979）。不幸にも，これらのデータには相関関係があった。したがって，階層モデルの示す"社会的な決定要因→自己決定の動機づけ→結果"という順序の問題は扱うことができなかった。注目すべきことは，この順序が階層の3つのレベルすべてに生じ得ることである。

Pelletier, Fortier ら（2000）が行った最近のスポーツの研究では，階層モデルが示した文脈レベルでの順序の問題を支持している。この研究では，競泳選手368名に，自律支援・管理・文脈的な動機づけ（SMS 使用）に関わるコーチの相互作用のスタイルの認識を含め，さまざまな質問紙への記入を依頼した。水泳を継続する選手と水泳から引退する選手を確定するために，選手を2年間に渡って追跡調査した。構造方程式モデル分析の結果，コーチの自律支援行動に対する選手の認識は内発的動機づけや同一視制御と正に相関し，外的制御や無動機づけと負に相関することが明らかになった。他方，コーチの管理行動は内発的動機づけや同一視制御と負に相関し，外的制御や無動機づけと正に相関していた（コーチの自律支援感や管理行動に対する選手の認識は，取り入れ制御と関係しなかった）。次に，2年に渡る水泳継続に対して，無動機づけはもっともネガティブに影響し，内発的動機づけはもっともポジティブに影響した。さらに，あるタイプの動機づけの影響は，時間経過とともに変化した。このように，外的制御は1年目には水泳継続にごくわずかに影響したが，2年目にはネガティブに影響した。取り入れ制御は，1年目には水泳継続にポジティブに影響したが，2年目にはごくわずかしか影響しなかった。

Pelletier ら（2000）の研究では階層モデルの順序を支持したが，それに加えて，この研究では脱落過程に関与する社会心理的な過程を記録している。コーチの行動が競技者の動機づけに変化を起こし，それが徐々に変化し最終的にはスポーツ離脱という決定に至るものと思われる。これらの知見が他のスポーツ（および運動）やさまざまな年齢群で再現できるかどうかを確定するには，さらなる研究が必要である。しかしながら，高校生（Vallerand, Fortier, & Guay, 1997）や大学生（Losier et al., 1996）の教育文脈ではこれらの知見を支持している研究もあることから，やはり順序の因果関係は強固なものと思われる。

結論

本章の目的は，内発的動機づけと外発的動機づけの階層モデルを使用して，スポーツと運動における内発的動機づけと外発的動機づけの文献をレビューすることにあった（Vallerand, 1997, 印刷中；Vallerand & Blanchard, 1999；Vallerand & Grouzet, 印刷中；Vallerand & Perreault, 1999；Vallerand & Ratelle, 印刷中）。このモデルは，スポーツと運動の場面に関わる内発的・外発的動機づけ過程の基本的な内在メカニズムを体系化して理解するための枠組みになっている。特に，モデルの前提条件と推論は，動機づけの結果と決定要因をより精緻に分析する手段になっている。このように，報酬，競争，フィードバック（状況レベルでの），スポーツ組織，コーチング行動，チームの凝集性，フィットネスセンターの雰囲気（文脈レベルでの）といった多くの社会要因が，スポーツや運動への動機づけに影響することを示した研究は，推論3.1を裏づけるものとなっている。

さらに，推論3.2が提案しているように，これらの効果のほとんどは実験参加者の有能感，自律感，関係感を媒介することが明らかになっている。しかしながら，全体的な要因が競技者や運動参加者の全体的な動機づけに及ぼす影響を調べた研究はない。最後に，推論3と同様に，高いレベルの動機づけ（例えば，文脈的なスポーツ動機づけ）は，より低いレベルの動機づけ（例えば，スポーツ運動への状況的な動機づけ）の重要な決定要因であることが明らかになった。動機づけの結果に関する研究から，結果を構成している要素は，認知（例えば，集中），感情（例えば，満足感），行動（例えば，努力と継続）の3タイプであることが明らかになっている。推論5.1を支持した研究から，動機づけがより自己決定的であるほど，より肯定的な結果をもたらすことが明らかになった。その上，動機づけ結果の特異性については，状況的な動機づけが状況的な結果に影響し，文脈的な動機づけが文脈的な結果を確定し，全体的な動機づけが全体的な結果を予測する，という研究が推論5.2を支持している。

このモデルは，新しい仮説や検証可能な仮説の基にもなっている。実際に，著者らは本章を通じて将来の研究を示唆した。概念的にみれば，階層モデルは多次元的な観点から動機づけを検討するための包括的な枠組みになっている。現在では，スポーツや運動への参加者は単に内発的・外発的に動機づけられているのではなく，まして無動機づけでもなく，程度の差があるにしても，これらの動機づけはすべて当面の課題に依存していることが明らかになっている。例えば，試合中のプレーに内発的に動機づけられているバスケットボール選手を外面的に制御しているのは，腹筋運動や腕立て伏せであると思われる。さらに，一般性の多面

的なレベル(状況,文脈,全体レベル)で動機づけに注意することも重要である。社会要因は動機の役割を果たしているが,個人内のエネルギー(個人的な動機づけ)も,トップダウン効果(推論3.3)や再帰(ボトムアップ)効果(前提条件4)を通して動機づけに影響している。個人間や個人内のエネルギーの相互作用を考慮しながら,競技者と運動参加者の動機づけをより理解するには,社会心理やパーソナリティの観点を無視することができない。動機づけの研究でこの弁証法を核とすることは,概念をある程度発展させる火付け役になるものと思われる。

階層モデルは,単なる競技者(あるいは運動参加者)の研究から,競技者(あるいは運動参加者),学生(あるいは労働者),一般社会人を加えた全体的な集団の研究に展開することが望ましいとも示唆している。このことは,ある個人のスポーツ(あるいは運動)の動機づけをよりよく理解しようとするならば,教育(あるいは労働)や対人関係といった他の生活文脈における動機づけをより知らなければならないことを意味している。実際に,ある生活文脈(例えば,教育)での出来事は,他の生活文脈(例えばスポーツ;Blanchard, Vallerand, & Provencher, 1996;Provencher & Vallerand, 1995;Ratelle et al., 1999)での出来事に影響することが明らかになっている。

要約すると,本章のレビューによって,内発的動機づけと外発的動機づけの階層モデルは,スポーツや運動の場面での動機づけの意味を理解する上で有効な体系的／統合的な理論の枠組みになり得ることが明らかになった。このモデルの枠組みを使用した将来の研究によって,スポーツや運動の場面で生じるさまざまな動機づけ現象の根幹的な心理過程が,より包括的に理解できるようになるものと思われる。

第16章

スポーツの達成目標理論
最近の発展と将来の動向

この10年間に，達成目標理論(achievement goal theory)(Ames, 1992a, 1992b；Dweck, 1986, 1999；Nicholls, 1984, 1989)は，スポーツ動機づけの前提と結果を広く研究する上で，スポーツ心理学の主要な理論パラダイムになっている。以前，"Handbook on Research in Sport Psychology"(Duda, 1993)の第1版でレビューして以降，多くの研究者が目標と達成に関連する研究を数多く行ってきた(Duda & Whitehead, 1998を参照)。実際，身体領域(スポーツ，体育授業，運動)の達成目標に関連する研究動向と知見が無数にあることを考えれば，わずか1章でそのすべてを公平に議論することは不可能である。

したがって，本章では，目標に関連する現在の主要な研究動向を中心に議論を展開する(特に，Duda, 1993のレビュー以降の研究；Duda, 1992；Roberts, Treasure, & Kavussanu, 1997も参照)。さらに本章では，主に競技状況の研究を扱っている。スポーツにおける達成目標関連の最近の研究動向をレビューする前に，まずは，この研究分野における進歩と測定の難しさを明らかにしてみたい。最後に達成目標理論を土台にしたスポーツ研究の将来動向について述べたいと思っている。

主要な理論の構成概念と原理のレビュー

達成目標の概念化

達成目標の理論は，達成行動は個人が成功感や失敗感に見出す個人的な意味の関数であるという考えを中心原理にしている(Maehr & Braskamp, 1986)。このように，投資する活動の選択，課題に費やす努力の量，困難に立ち向かう固執レベル，行動結果と結びついた認知や情動反応は，その人の達成努力に付随した意味から生じている。

達成目標理論家のほとんど(Ames, 1992b；Duda, 1993；印刷中-a；Dweck, 1999；Dweck & Leggett, 1988；Maehr & Braskamp, 1986；Nicholls, 1984, 1989；Roberts, 1992, 1997)は，どのような達成文脈においても個々人は是認した達成目標を通して投下資本に意味を与えると示唆している。この考えを支持する学派では，達成目標が行動意図の重要な決定要因だと考えている。なぜなら，達成目標は，達成状況(クラスルーム，スポーツ，体育授業)におけるその人の内在的な活動目的を反映しているからである。いったん是認された達成目標は，さまざまな接近と回避の方略，さまざまな関与レベル，達成成果へのさまざまな応答に対する信念，帰属，感情の統合パターンの意味を明確にする(Kaplan & Maehr, 1999)。すなわち，研究者は，達成関連の努力への解釈の仕方，感じ方，反応の仕方に影響する組織原理が達成目標であると考えている。

さらにNicholls(1984, 1989)は，個人が有能性を解釈する直接的な方法の結果としてさまざまな達成目標を取り入れていると主張した。Nichollsの研究は，彼が"課題""自我"と名づけた2つの明確な達成目標を同定した。これら2つに他の名称をつけている理論家(Ames, 1992b；Dweck, 1986, 1999)もいるが，本章ではNichollsの用語法を使用している。Nicholls(1984, 1989)によれば，課題目標は有能性の開発への集中を反映し；自我目標は有能性の誇示または無能と判断されることの回避への関心を基本的に反映している。

研究者は，これら各々の達成目標の是認と結びつくような経験は，質的に異なったものと考えている(Ames, 1992b；Dweck, 1999；Dweck & Leggett, 1988)。課題目標を是認する場合には，努力をすると有能性が高まるといったような能力と努力の共変関係を基本的な信念にしている(Ames, 1992b；Dweck, 1999；Nicholls, 1989)。このように，個人は，課題の個人的な改善，学習，熟達といった能力を課題目標によって開発しているものと思われる。課題目標をターゲットにした場合，個人は学習の内的な価値や探求に没頭するようになり，活動の要求やさらなる有能性

の向上に見合う方略を発見するものと思われる。成功感や失敗感は自己参照の基準に基づく傾向があるために，課題目標への集中は改善過程への没頭とより強く結びつき，他者への関心は低下するものと思われる。

対照的に，自我目標を是認する場合には，高い能力の誇示と比較的低い能力を示すことの回避が主要な関心事になってくる。研究者は，この集中を，公的な自己開示と大きく関わっており，自覚状態の高まりをもたらすものと考えている（Ames, 1992b；Dweck, 1999；Kaplan & Maehr, 1999；Nicholls, 1989）。自我目標に集中した個人のパフォーマンスが他者よりも優れている場合には，個人の能力のポジティブな確認だけが生じるようになる。課題目標を是認する者とは異なり，自我目標を持ち続ける者は努力と成功の重要な因果関係を考えない傾向にあり，むしろ，成功の原因は主として自分の高い能力であると確信する傾向がある。しかしながら，自我目標を強調する個人は，努力が有能性の実証と低能力だと判定されることの回避に非常に重要であると敏感に感じている。すなわち，自我目標を採用した者がほとんど努力せずに成功した場合には，より高い有能性を示すようになるだろう。同様に，失敗を努力不足に帰属させることができる場合には，無能力の暴露を回避することができる。本質的に，自我目標を持ち続けている者にとってもっとも脅威になるものは，最高の努力をしても失敗するのではないかという思考である。このような状況下で明らかになっているものが，有能性の欠如である。したがって，自我目標が持続する場合には，自尊心を高める，または防御するために方略的に費やす努力や，保留するための努力が，"諸刃の剣"になってくる（Covington, 1992；Dweck, 1999）。努力をしなければ，無能力の暴露を回避することはできるが，努力をしなければ学習やスキルの開発は妨げられ，究極的には潜在的な能力を発揮することが不可能になる。

動機づけの適応パターンと不適応パターンの前提条件としての目標

学校の教室のような学業領域では，有能感のレベルとは関わりなく，課題目標を是認すると，個々人は適応的な達成努力をしばしば行うことが明らかになっている（Ames, 1992b；Dweck, 1999；Dweck & Leggett, 1988；Kaplan & Maehr, 1999；Nicholls, 1989）。課題目標に集中する者は，努力が成功の重要な決定要因であると信じており，"見かけ"には関心がない。そのために，障害や困難に直面した時に，一生懸命に努力をして，より頑張る傾向がある。前述したように，課題目標を強調すると，個人は，効果的な方略を開発・採用してプランニング，自己モニタリング，努力の制御によってパフォーマンスを向上する傾向がある。また，成功できるという熱狂的で楽観的な信念を維持する傾向もある（Dweck, 1999；Pintrich, 1989）。さらに，研究者は，選択の機会があれば，容易な運動よりも困難な運動を選ぶと考えている。なぜなら，最大努力から派生した進歩の自己言及が，課題集中者に有能性獲得の情報を与えているからである。その場合，困難な課題に一生懸命取り組めば成功できることを十分に理解している場合には，大きな満足を経験することができる。

対照的に，自我目標の是認は，能力の開発よりも，能力の誇示に拍車をかけるように思われる。自我目標が優勢な場合には適応的な達成努力が生じると思われるが，それは個人の比較的高い有能感が目標に随伴する場合だけである（Nicholls, 1989）。幸いにも，自らの有能性を比較的高いと確信している人には，これから成功するに足る合理的な可能性がある（Bandura, 1990）。このような条件下では，個人の自意識が脅威となることはあまりない。しかしながら，達成目標理論のもう1つの重要な考えとして，自我目標を強調した場合には十分に高い能力が脆くなるというものがある（Dweck, 1999；Nicholls, 1989）。この理由として，自我目標を選択する場合には有能感が社会比較の過程を巻き込んで，観察した他者のパフォーマンスや他者の努力を考慮するようになるからである。常に最良であり続けることは容易なことではない。

自我目標を是認する者が自らの能力に疑問を持つだけの理由がある場合には（例えば，優越さを誇示できないような難問や可能性に直面した時；Dweck, 1999），その自意識が脅威に曝されるようになる。これらの者は自らの能力が適切かどうかに専心しているために，結果として達成行動の不適応パターンに固執することになる。この専心は不安をもたらし，手元の課題に対する注意の集中というよりは，むしろ課題に関連しない思考とやがて結びつくものと思われる。そのようなネガティブな認知や感情の結果として，パフォーマンスの衰退や根気の低下が生じるものと思われる。

動機づけの課題や自我目標に関連すると思われる適応パターンや不適応パターンの主要な要因は，制御の源に存在しているように思われる（Biddle, 1999）。課題目標を是認する者にとって，主観的な成功の裁定は彼ら自身にある。このように，課題目標を是認するこれらの者は，自己参照の成功可否を評価するために，パフォーマンス過程（成果を含む；Duda, 1996, 印刷中-a を参照）の一部を選択し，それに集中することができる。逆に，個人の達成について評価する場合，自我目標を是認する者は，自分が制御できないパフォーマンスの側面に依存する傾向がある。自我目標を是認するこれらの者は，他者のパフォーマンスを観察して自身の有能性を判断する傾向がある。

Nicholls（1984, 1989）は，課題と自我目標の是認は個人の関与状態に現れると考えている。つまり，達成

課題に関与する間に，課題関与や自我関与の度合いは変化している。Nicholls(1984, 1989)や後のDweck(1991, 1999)は，達成課題に関与している間の，課題目標や自我目標の選択傾向(または，課題関与および自我関与を表明する傾向)には個人差があると指摘した。したがって，個人の課題指向の程度や自我指向の程度はさまざまである(Duda, 1992 ; Nicholls, 1989)。

Nicholls(1989)によれば，目標指向の個人差はそれぞれの成功因の信念と複雑に絡み合っている。実際に，Nichollsは，努力が成功や自我指向に結びつくという信念と課題指向の相互依存性や，能力を達成の必要条件とする見方が，2つの独自のパーソナル理論を構成していると述べている(Duda & Nicholls, 1992)。これらの目標−信念の次元，もしくはパーソナル理論は，達成活動(個人の目標)に重要と思われるものや，個人が達成活動をどのように操作するのかといった考えを反映している。

Dweck(1991, 1999)にとって，達成目標指向は，知能/能力のパーソナル理論と一対になっている。より具体的に言えば，自我目標指向は，知能または能力を固定したものと考える(固定的知能観)"理論"と連繋しているように思われる。対照的に，課題目標指向は知能/能力の増分理論(増大的知能観)を是認しているように思われる。後者のパーソナル理論を個人が保持する場合には，努力，学習，他の要因が知能/能力を高めると信じる傾向がある。

達成パターンの予測

前述の議論が示唆しているように，達成目標理論(Ames, 1992a, 1992b ; Dweck, 1986, 1999 ; Nicholls, 1984, 1989)は，パフォーマンス変化の予測だけを重点的に扱っているわけではない。達成目標(能力感や能力誇示のコミットメント)の特異的な選択が，努力，課題選択上の好み(困難度に関して)，持続的な関与vs根気の欠如といった他の達成行動に影響しているものと思われる。このように，達成目標の枠組みは，即時的な達成行動の予測や長期に渡る行動パターンの予測と密接に関係している。実際に，達成目標理論では，短期の成功だけでなく長期の成果に寄与するものを特に理解しようとしている(Nicholls, 1989)。最後になるが，達成目標の概念化は，課題や自我目標と特異的に結びつき，行動の変化を支える信念，認知，感情の座の洞察を得ることを主たる目的にしている。このように，この理論的な枠組みは，動機づけ関連の成果だけというよりは，むしろ動機づけ経過の予測を中心に展開している。

状況的な影響：雰囲気の役割

Dweck(1986, 1999)とNicholls(1989)は，達成活動での個人の課題関与傾向または自我関与傾向に影響するような状況的要因の重要性を指摘し，その大部分を客観的な環境の特徴に当てている。しかしながら，Ames(1992a, 1992b ; Ames & Archer, 1988)は，達成状況下で作動するような状況的に強調される目標感の動機づけ的な意味の気づきやその操作化に特に貢献した。Ames(1992b)によれば，達成環境または動機づけ環境の構造感は，課題目標と自我目標を特異的なものにしている。Amesはこの環境を多次元的に捉えている。基準，方法，評価基準，認識の性質や説明方法，権限の源，課題構成の方法，個人のグループ分けの方法といったさまざまな構造は，達成状況下に作用するもっとも重要な雰囲気の構成要素になっている。Ames(1992a)のもう1つの重要な貢献は，達成状況下において課題関与を促進し自我関与を低下するような直接的な(目にすることは必ずしも容易ではないが)方略を提供したことである。すなわち，Amesの研究では，目標が重要な他者と共働し，自我関与の雰囲気とは反対に，課題を支えるさまざまな要素を修正している。

スポーツの達成目標の測定

スポーツ状況における達成目標の前提とその結果を調べる以前にもっとも重要なことは，性質，状況，目標見通し状態の確実な測度が入手できるかどうかである。評価ツールの開発によって，スポーツや他の身体的活動の領域への達成目標理論の適用および拡張が可能になっている(Duda，印刷中−a)。より多くの研究が必要であるが，研究者は相当に努力して，運動環境に関する目標指向や動機づけ雰囲気を評価する信頼性と妥当性の高い方法を開発している。スポーツにおける目標関与をより限定的に測定する重要な試みも，文献で明らかになっている。次節ではこの研究を手短かに紹介してみたい(より詳細なレビューは，Duda & Whitehead, 1998を参照)。

目標指向

達成目標理論で使われている構成概念に関して，当初は，スポーツ状況に固有の評価方法を開発して，課題関与や自我関与における個人差の傾向を中心的に調べていた。最初に開発されたのは，スポーツにおける課題指向および自我指向質問紙(Task and Ego Orientation in Sport Questionnaire : TEOSQ ; Duda, 1989)であり，2つ目は成功感質問紙(Perceptions of Success Questionnaire : POSQ ; Roberts & Balague,

1991；Roberts, Treasure, & Balague, 1998）であった。達成目標指向の測定に関する Nicholls（1989）の考えと同様に，TEOSQ と POSQ はともに競技者が特異的に強調するような達成関連の基準であり，主観的な成功の背景をなす達成関連の基準を確定している。すなわち，競技者に"私は…の時にスポーツの成功を感じる"という基語を考え，次に課題基準または自我基準を反映する一連の項目と一致するものを指摘するよう要請している。また，Nicholls と同様に，TEOSQ および POSQ の課題指向と自我指向尺度は一般的に直交することが明らかになっている（Chi & Duda, 1995；Roberts, Treasure, & Kavussanu, 1996）。それらの関連が明らかになった場合（例えば，Li, Harmer, Chi, & Vongjaturapat, 1996）には，通常は低～中程度の正の相関を示す。TEOSQ と POSQ には多くの翻訳版がある（例えば，TEOSQ スペイン語版，Balaguer, Castillo, & Tomas［1996］，POSQ フランス語版，Cury, Biddle, Famose, Goudas, Sarrazin, & Durand［1996］）。これら尺度の信頼性と同様に，因子的妥当性と構成概念上の妥当性については，非常に多くの重要な研究がある（詳細は Duda & Whitehead, 1998 を参照）。TEOSQ と POSQ には，堅固な心理測定とする多くの支持がある。

TEOSQ と POSQ における目標指向の操作化に関する研究では，いくつかの疑問が提示されている。あるケースでは，これら TEOSQ と POSQ を混同しており，別のケースでは，TEOSQ と POSQ が目標予想における個人差を適切に評価しているかどうかに不満が出ている。前者のケースでは，目標指向の傾向が目標設定スタイル（個人には過程を設定する傾向または目標成果を設定する傾向があるのか；Duda, 1997；Duda, 印刷中-a；Hardy, 1997 を参照）の測度と，現在の達成目標の枠組みに基づかない競争志向の測度（Vealey［1986］の競技志向質問紙［Competitive Orientation Inventory］といったもの；Duda, 1992, 1996, 印刷中-a を参照）を，同一のものと考える誤ちを犯している。TEOSQ と POSQ が能力の概念（規範的な概念と同様に，自己参照的で努力に基づいた概念；Harwood & Hardy, 1999 を参照），または成功の主観的な基準を測定しているかどうかについても多少の混乱がある。以前に指摘したように，TEOSQ と POSQ は，成功の主観的な基準を指摘するようにデザインされている（Duda, 印刷中-a を参照）。TEOSQ と POSQ にまつわる潜在的な欠点から，最近の研究では（Harwood & Hardy, 1999），目標指向のより固有の評価（例えば，当座のスポーツ事象に固有な，競争とトレーニングをターゲットにした測度）が，競技者の状況固有の反応を予測する際には一般的なスポーツ目標指向の測度よりも有効であると示唆している。

しかしながら，これは TEOSQ や POSQ の限界を反映するものではない。どちらかといえば，そのような考え方は，独立変数と従属変数の特殊な関係の検討に使用する測定ツールのレベル（より一般的なレベルからより状況的なレベルもしくは課題固有のレベルまで）がどれくらい一致しているのかを確認することの重要性を指摘したものになっている（Papaioannou, 1999；Vallerand, 1997）。TEOSQ と POSQ は，個人が，スポーツ全般（あるいはターゲットにしたスポーツ）における成功を，特別な競技大会や訓練期間に渡ってどのように定義する傾向があるのかを評価するために開発したものだった。いずれの尺度も，達成の意味の一時的な変化を評価するものにはなっていない。心理測定の開発研究は，将来この目的に向かうものと思われる。

動機づけの雰囲気

スポーツにおける動機づけの雰囲気を評価する市販のテストは，主として Ames（1992a, 1992b）の研究に基づいたものであり，コーチがもたらす動機づけの雰囲気を確定するものである（Ntoumanis & Biddle, 1999b；Seifriz, Duda, & Chi, 1992；Walling, Duda, & Chi, 1993）。多くの研究者が，スポーツの動機づけの雰囲気質問紙（Perceived Motivational Climate in Sport Questionnaire：PMCSQ；Walling et al., 1993）の得点と動機づけとの相関関係を調べている。スポーツスキルの学習に関しては，親による強調を想定した動機づけ雰囲気の測定研究もある（White, 1996, 1998；White, Duda, & Hart, 1992）。いずれの場合でも，スポーツにおいて個人を取り巻く社会的環境の課題関与と自我関与の特徴は明らかであるように思われる。すなわち，これらの研究は，若干反比例の傾向がある課題雰囲気の次元と自我雰囲気の次元の証拠を示したものになっている（Duda & Whitehead, 1998；Ntoumanis & Biddle, 1999b のレビューを参照）。

さらに，PMCSQ を使用した研究によれば，あるチームの選手が顕在的な雰囲気を感じる方法には，さまざまなパターンがある（Duda, Newton, & Yin, 1999）。このことは，特に雰囲気の自我関与に関して該当している。しかしながら，Duda らは，女子バレーボール選手46名を調べて，認識された動機づけの雰囲気感にはチーム内の重要な相互依存性が存在しているとも指摘している。より具体的に言えば，コーチの作る環境を同一チームの選手が理解する方法は，たとえ気持ちが通じ合うことがなかったとしても，他チームの選手に比べてより類似している。

スポーツチームにおける動機づけの雰囲気（コーチが創出する）に関する最近の研究では，PMCSQ の階層構造の開発や検証が行われている（Newton, 1994, Newton, Duda, & Yin, 印刷中）。PMCSQ-2 の基になっていると仮定する測度モデルには，2つの主要な雰囲気の次元が存在する（課題関与と自我関与の雰囲

気の次元)。Ames(1992a, 1992b)の考え方と同様に、そこには競技者の全体的な課題雰囲気感と自我雰囲気感の基盤を作る特異的な状況の構造もあるように思われる。PMCSQ-2の固有の下位尺度は、これらの構造を対象としている。例えば、課題関与の環境感の要素とは、コーチが示す個々の選手のチームパフォーマンスへの貢献方法についての、選手の観察である。対照的に、自我関与の雰囲気の要素とは、コーチが資質の高い選手を特別扱いすることである。

PMCSQ-2の仮説的な階層構造を支持する証拠はあるが、それらには説得力がない(Newton et al., 印刷中)。現行の下位尺度には、その内的信頼性に改善の必要なものもある(例えば、疑わしい下位尺度の項目数を増やす)。さらに、将来の研究によって、コーチが創出する動機づけの雰囲気感のすべての顕著な構造をPMCSQ-2が捉えているかどうかが明らかになるものと思われる。

PMCSQ-2のような身体的領域における既存の動機づけ雰囲気測度は、選手を含めた重要な他者による優勢かつ典型的な雰囲気(Kaplan & Maehr, 1999)を選手がチェックするようにデザインしたものである。しかしながら、以前のスポーツ研究が指摘したように(Harwood & Swain, 1998；Swain & Harwood, 1996)、選手のトレーニング中や試合中には、"その瞬間"に生じる文脈的な要因がある。特別な時点での選手の目標状態に影響するような現在の環境的要因を適切に評価することが、近い将来の研究課題になるものと思われる。

目標状態

重要であるが特に難しい問題は、目標状態の測定(課題関与と自我関与の状態)に集中している。これまでの研究は、2つのアプローチのいずれかを使用している。1つはTEOSQやPOSQといった既存の目標指向測度を使用して、選手の目標指向状態を調べる方法である(Hall & Kerr, 1997；Hall, Kerr, & Matthews, 1998；Williams, 1998)。もう1つは、選手に単一項目の測度を呈示して、個々が重視しているのは基準の達成なのか次の大会での勝利なのかを指摘させる方法である(Harwood & Swain, 1998；Swain & Harwood, 1996)。一般的に、いずれの評価方略も、傾向的な目標指向測度(TEOSQやPOSQといった)よりも、競争に関係する選手の認知や感情をより予測することが明らかになっている。これは前述した"測定レベルの一致"原理(一般的-特異的)のもう1つの例証であると思われる。

最近、Duda(印刷中-a)は、Nicholls(1989)やDweck(1999)が操作化した課題関与の状態や自我関与の状態を、このような単一項目あるいは修正版の傾向目標測度が捉えているかどうかについて疑問を投げかけている。すなわち、NichollsやDweckの達成目標理論では、課題関与や自我関与に、認知要素(例えば、その時点の関心は何なのか：課題なのか、優越感の表出なのか、低能力の露呈回避なのか)、注意的な側面(例えば、課題関連の手がかりに注意しているのか、誰かに／何かに注意しているのか)、感情的な側面(例えば、その瞬間を楽しんでいるのか、不安になっているのか)が存在しているように思われる。要するに、DudaとWhitehead(1998)が述べたように、スポーツ状況における課題関与や自我関与は、試合や練習状況のいたるところで浮き沈みする2つの顕著で多次元的な動機づけの過程を表わしている。換言すれば、それらは、その瞬間における選手の主観的な成功基準を上回っているものと思われる。

KaplanとMaehr(1999)は、同様の概念的な論法を教育文脈に利用している。また、達成目標が社会スキーマとして機能していると主張している。すなわち、どのような文脈においても、与えられた状況の性質や意味が解釈できる広範な情報選択の枠組みを提供し、活動と感情のための刺激と指針を合わせて提供している。KaplanとMaehrは、目標とは、それぞれの目標がさまざまな自己意識を支えているような"自給式のもの"であると考えられると示唆している。自我目標を是認する場合には、自分が何者なのか、何になれるのか、何ができるのかに、注意が集中するようになる。課題関与を自己認識の条件下で持続することができない場合には、適応的な動機づけがしばしば弱体化するようになる。対照的に、個人が特殊な状況における課題目標を是認する場合には、自己認識が極端に低下してくる。したがって、個人は、課題関与の状態を維持して達成行動のより適応的なパターンを示すことが可能になる。

研究知見：スポーツの目標と動機づけの関係

目標と行動

達成目標に関する現在までの大半のスポーツ研究は、課題目標と自我目標に付随した信念、価値、認知、情動反応の予測に間違いなく集中している。どちらかと言えば、行動、特に客観的な行動と連繋していると理論的に考えられるものは、自己報告の行動指標に比べてその数が少ない(Duda & Whitehead, 1998)。全体的にみれば、これまでの研究は、理論的な予測と一致している。

パフォーマンスの予測に関する研究では、課題指向とパフォーマンス成果の間に正の相関を指摘している(Chi, 1993；Kingston & Hardy, 1997；Sarrazin, Cury, & Roberts, 1999；Solmon & Boone, 1993；Van Yperen & Duda, 1999)。理論が示唆しているよ

うに，能力感が低い場合や個人の課題指向が強くない場合には，自我指向とスポーツ関連パフォーマンスの間に負の相関が現われている（Chi, 1993；Kingston & Hardy, 1997；Sarrazin et al., 1999）。

最近，研究者はスポーツ継続と達成目標の関係を調べ始めている（Andree & Whitehead, 1996；Guillet & Sarrazin, 1999；LeBars & Gernigon, 1998）。そのような問題を扱うには，縦断的な研究が必要である。これまでの数少ない研究知見では，達成目標理論と一致している。例えば，AndreeとWhitehead（1996）は，英国のクラブスポーツ参加者男女138名（13～17歳）を対象に，継続者と非継続者を区別するような目標指向，動機づけの雰囲気感，能力感の重要性を2年間に渡って調査した。重要なことに，この研究によって，あるシーズンから次のシーズンまで"不本意な"理由で継続できない人たちがいることも明らかになった。Andreeらは，これらの実験参加者を非継続者群また脱落者群とは見なさなかった。AndreeとWhiteheadは，スポーツ参加を継続しなかったこれらの者は自らの能力を低く知覚して，スポーツ環境を自我関与の高いものとみなしていることを明らかにした。

GuilletとSarrazin（1999）は，フランス人の女子ハンドボール選手600名を対象として，スポーツからの脱落を予測する動機づけの雰囲気感の役割について調査した。その結果，Guilletらは，あるチームの課題関与の雰囲気感が大きな進歩感と関連すること，自我関与の雰囲気感は低い自律感に対応することを明らかにした。進歩感と自律感は，自己決定の動機づけの2つの強力かつポジティブな予測因子として浮上した。ハンドボール選手のスポーツ参加の動機づけがより自己決定的である場合には，脱落の意志の報告は少なかった。ハンドボールをやめるという強い意志を報告した選手は，シーズン終了時にやめる傾向が有意に高かった。

スポーツ領域での行動パターンに対する特性的な目標と状況的な目標との関係を調べるためには，さらに多くの研究が必要である。しかしながら，幸いなことに，既存の研究は，達成目標とパフォーマンス，スキルの開発，継続の関係が多様であることの認知的，感情的な理由を理解する手がかりになっている。

次は，課題目標および自我目標がさまざまな達成行動となぜまたどのように関係するのかを調べた5つの研究分野についてレビューしてみたい。初めの3つの研究分野（目標の見方と成功信念の相互依存性，スポーツの目的感，楽しみと内発的動機づけ）は，スポーツにおける達成目標と質的な持続関与の連繋を説明する際に特に有益なものになっている。残る2つの研究分野（目標の見方と方略使用の関係，目標の見方と不安の関係）は，特にパフォーマンスの効果にとって啓発的なものと思われる（もちろん，練習のや

り過ぎはスポーツの継続と密接に関係している）。ストレス過程に関する特性的かつ状況的な達成目標の役割は，スポーツ心理学研究の中心的な変数になっており，かつスポーツにおける目標予測に関する研究の関心が高い今日的な課題になっている。そのため，本章では，この点にさらに注目してみたい。

目標，信念，価値

成功決定要因への選手の信念と目標指向との連繋については，説得力のある研究が展開されている。総じて，この研究では，個人がスポーツに参加する目的（いずれの目標を重視するのか）と成功するには何が必要なのかについての見解には論理的な一致があると示唆している。かなり多くの研究が，課題指向と信念（スポーツで成功するには，懸命な練習および他者との共同練習が必要であるという信念）の連繋仮説を支持している（Biddle, Akande, Vlachopoulos, & Fox, 1996；Duda, Fox, Biddle, & Armstrong, 1992；Duda & Nicholls, 1992；Duda & White, 1992；Gano-Overway & Duda, 印刷中；Guivernau & Duda, 1994；Hom, Duda, & Miller, 1993；Newton & Duda, 1993；Newton & Fry, 1998；Roberts & Ommundsen, 1996；Seifriz, Duda, & Chi, 1992；Treasure & Roberts, 1994, 1998；VanYperen & Duda, 1999；White & Duda, 1993）。自我指向と信念（競技力のあることが，スポーツ達成の重要な前提になるという信念）の連繋予測を支持している研究もある。努力の結果生じるスポーツの成功と自我指向との間の相関は明らかになっていない。同様の結果は，さまざまなスポーツ，国籍，競技レベルに見ることができる。

このように，目標と成功要因の信念は，概念上の意味を構成する方法と連合しているように思われる。Nicholls（1989）が示唆しているように，これら2つの関連構造は，スポーツ達成に関わる個人的な理論の背景になっている。すなわち，実際の目標-信念の次元は，個人にとって重要なもの（主観的な成功に基準をおく）とスポーツが機能する方法に関するアイディアについての情報になっている。しかしながら，さまざまな成功の信念と個人がスポーツ経験を処理するさまざまな方法の対応関係を明らかにするには，さらに多くの研究が必要である。例えば，スポーツにおける成功への全体的な信念と競技者の帰属スタイルまたは試合における優れたパフォーマンスや劣ったパフォーマンスに対する特異的な帰属の相互依存性は，今後の研究の興味深い検討課題になるものと思われる。また，次に行うべき興味深い研究方法としては，スポーツ達成の決定要因に関する努力と能力の信念が理論通りに（Dweck, 1999；Nicholls, 1984, 1989），制御感（Biddle, 1999；Kim & Duda, 1999）と特異的に関係する

かどうかを確定することだと思われる。最後のアプローチは，動機づけ過程の点から，何がスポーツでの失敗の原因だと考えるかによる影響を明らかにすることである。

教室における Nicholls (1989) の研究をスポーツ環境に拡張した先行研究では，目標指向と，選手が感じているスポーツ関与の目的との相互依存性も検討している。これらの研究で集中的に調べているものは，スポーツが機能する方法についての選手の考えではなく，むしろ競技参加の機能は何なのかという選手の概念である。全体的に，これら一連の研究は，スポーツにおける望ましい結果は，選手の目標指向に依存して，多少とも内発的もしくは外発的なものに思われると示唆している。

大学生年代のユーススポーツ参加者の研究 (Duda, 1989 ; Roberts, Hall, Jackson, Kimiecik, & Tonymon, 1995 ; Roberts & Ommundsen, 1996 ; Roberts, Treasure, & Balague, 1998 ; Treasure & Roberts, 1994) では，一般的に，課題指向と，スポーツがもたらす性格の発達感や強力な作業倫理感，生涯健康感との間の正の関係が明らかになっている。この特性的な目標の見方と，スポーツが個人の社会的な立場や自尊感を高めるという見方との一致は，自我指向に関する主要な傾向になっている。しかしながら，Carpenter と Yates (1997) は，高いレベルの英国サッカー選手を調べて，自我指向と認識（サッカーの重要な目的は体力レベルを高めることであるという認識）との間に正の連繋を報告した。この目的は，本質的にはより内発的なもののように思われる。Nicholls (1989) の研究や達成目標の枠組みと足並みを揃えていたにも関わらず，顕著な課題指向また低い自我指向は，サッカーへの関与は金銭的な報酬と攻撃的な行動を招くという認識と負に相関していた。高い課題指向と低い自我指向は，ともに試合後の選手の高いスポーツマンシップの信念とも結合していた。さらに Carpenter と Yates は，サッカーが選手の有益性につながるという見方と自我指向との間に，正の相関を観察した。

最近，Ommundsen と Roberts (1999) は，動機づけの雰囲気感とスポーツの目的感との相互関係について検討した。この研究の実験参加者は，チームスポーツに過去に参加していた，または現在参加しているノルウェーの大学生 148 名であった。その結果，スポーツ環境の自我関与を高いと感じ課題関与を低いと感じた選手は，スポーツが社会的責任や生涯に渡るスキル開発を助長することを認めていないことが明らかになった。Ommundsen と Roberts は，この知見に基づいて，課題関与の雰囲気が強力な場合にかぎって，スポーツの目的感をより"適応的"なものとして考慮することができると主張した。

従来の研究では，達成目標とスポーツ関与の目的感との間に概念的な一致があると示唆している。しかし，スポーツ領域では，スポーツ関与の目的感に関するその他の潜在的な前提条件や結果を検討していない。ここには取り組むべき多くの興味深い問題がある。例えば，選手の社会化（スポーツを介して）の経験は，本質的に異なるスポーツ関与機能の内発的・外発的な見方をより是認しているのだろうか？ (Shields & Bredemeier, 1995) 運動参加の目的に関するさまざまな見方は，選手の内発的・外発的な動機づけの程度に対応しているのだろうか？ 次項では達成目標と内発的・外発的動機づけの指標における実際の関連性について議論する。

目標，楽しさ，内発的動機づけ

スポーツや身体的活動での達成目標と楽しさと内発的な興味との関係について調べた研究は，達成目標理論と認知評価理論による予測と概念的に一致する知見を報告している (Duda, 印刷中-a ; Roberts, Treasure, & Kavussanu, 1997)。すなわち，課題関与を育む動機づけの雰囲気感と課題目標はともに，楽しさ，満足，興味といったポジティブな感情を反映する構造と結びついている (Boyd & Callaghan, 1994)。対照的に，自我目標と自我関与の雰囲気とは，これらの変数としばしば負に関係するか，あるいは無関係になっている。しかしながら，正の関係がある場合には，通常は高い能力感が随伴している。それゆえに，自我指向を是認している者が投資の結果としてポジティブな感情を経験したとしても，それは投資過程の内発的な側面がもたらしたというよりは，十中八九，成功したパフォーマンス成果がもたらしたものと思われる。

達成目標の理論では，課題関与を助長する場合に内発的動機づけがもっとも起こりやすくなると示唆している (Nicholls, 1989)。また，Nicholls (1989) は，課題目標または課題関与を是認する場合には，個人は自分のために活動し，それゆえに活動自体を目的と考えるようになると述べている。課題関与の状態にある場合，個人は課題要求に集中し，困難を克服しようと懸命に努力するようになる。成功を定義する上でもっとも役立つものは，パフォーマンス成果と主に結びついた外発的な次元よりも，むしろ投資経過のこれらの内発的な側面である。対照的に，自我目標を是認する場合には，投資は目的を達成するための手段になってくる。この状況では，これらの個々人にもっとも顕著なものになるのは，パフォーマンス過程ではなく，むしろパフォーマンス成果であり，自己気づきの高い状態がしばしば生じるようになる。なぜなら，自尊心は優れた才能の誇示と複雑に連繋しているからである。このように，研究者は自我関与と内発的動機づけの弱体化との結びつきを予測している (Nicholls, 1989 ; Ryan, 1982)。

認知評価理論 (Deci & Ryan, 1985) のもっとも基本

的な原理は，達成目標理論が予測するものをより詳細に説明している。認知評価理論では，内発的動機づけは，有能感と自己決定感をともに感じたいという欲求の結果であると考えている。課題目標を是認する場合には，個人の有能感は自己参照的になり，能力の未分化な概念を利用する傾向がある。したがって，熟達，学習，改善をもたらすような個人の持続的な努力は，能力についてのポジティブな情報を提供し，このようにして高いレベルの内発的動機づけが生じるものと思われる。運動能力が不足している人であっても，自らの努力によって有能感が獲得できると認識する場合には，利益を得ることが可能になる。その上，達成は自己参照的なものであるために，個人が制御できるものであり，より自己決定的なものだとしている。

対照的に，自我目標を是認する者は，能力の特異的な概念を使用して，成功するのは比較によって優れていると思われる能力を誇示した場合のみであると考える。そのため，将来の内発的動機の発生確率は低下するものと思われる。この理由は，第1に有能性を誇示する機会が限られていることであり，第2に以後の行動はより外的な規制を受ける傾向があり，成功の成果は個人の意のままにならなくなることである（Duda, Chi, Newton, Walling, & Catley, 1995）。

課題関与と内発的動機づけの関係を支持する多くの研究（Biddle & Soos, 1997；Dobrantu & Biddle, 1997；Duda et al., 1995；Hall, Humphrey, & Kerr, 1997；Kavussanu & Roberts, 1996；Lintunen, Valkonen, Leskinen, & Biddle, 1999；Newton & Duda, 1999；Seifriz et al., 1992）では，内発的動機づけ目録（Intrinsic Motivation Inventory：IMI；Ryan, 1982）を使用している。この目録は4つの下位尺度からなり，それらによって，有能感，努力の発揮，運動の重要性，個人が感じる運動の楽しさの程度と興味の程度，運動参加中の緊張経験とプレッシャー経験の報告を評価している。研究者は初めの3尺度を内発的動機づけの肯定的要素と考えており，4番目の下位尺度は内発的動機づけを弱める要因と考えている。Dudaら（1995）の2つの研究では，テニスと体育授業における課題指向はともに楽しさや興味と正に相関していた。体育授業の学生では課題指向と努力や課題の重要性とは連繋していたが，テニスの初心者では自我指向とテニスの楽しさや興味とは負に相関していた。

多くの研究では，IMIによって評価した構成概念と，目標の性質や達成の雰囲気感との関係を個別に，また結合させて調べようとしている（Kavussanu & Roberts, 1996；Newton & Duda, 1999；Seifriz et al., 1992）。例えば，Seifrizらは，バスケットボール選手を調べて，高い課題関与と適度に低い自我関与の雰囲気がより大きな楽しさや興味と関係することを明らかにした。しかしながら，IMI次元の予測要因として，特性的な目標と達成の雰囲気感を階層回帰分析した Seifrizらは，目標の性質は行動の分散量の点から楽しさ，努力／重要性，有能感の予測にもっとも寄与するが，一方，雰囲気はプレッシャー／緊張次元の予測にもっとも寄与することを明らかにした。

KavussanuとRoberts（1996）も，テニスの初心者を対象とする調査で同様な結果を明らかにした。特に，課題関与の雰囲気が強ければ，自我関与の雰囲気が弱くても，課題関与の雰囲気と大きな楽しみ，努力／重要性，有能感は対応すると報告した。達成目標理論の原理と一致して，自我関与の雰囲気を強く感じるとともに自らのテニス能力を低く感じたテニス選手は，もっとも低いレベルの内発的動機づけを示した。

NewtonとDuda（1999；Newton, 1994）は，特性的な目標，達成の雰囲気感，有能感が内発的動機づけに与える影響を個別的，相互的に調べた。Newtonらは，バレーボール選手345名に中程度の階層回帰（moderated hierarchical regression）を使用して，内発的動機づけのさまざまな次元を予測した（IMIによる測定と同様に）。この結果から，課題関与の強い雰囲気，低い自我指向，高い有能感は，それぞれバレーボールの楽しさや興味を予測することが明らかになった。さらに，バレーボールに参加することが選手にとって重要な場合には，低い自我指向と高い課題指向が，努力感を正に予測した。NewtonとDudaは，内発的動機づけ次元の予測に関しては重要な相互作用の効果を何ら明らかにしなかったが，雰囲気の変数は感情反応を予測する最良の要因であり，特性的な目標は自己報告の努力を予測する最良の要因であるように思われると結論づけた。

達成目標と内発的動機づけとを結びつけた類似の研究では，DudaとNicholls（1992）が開発した興味／満足尺度を使用している。これは満足／楽しさと退屈を評価する2次元8項目の尺度になっている。この尺度を使用した研究は，IMIを使用した研究を広く支持するものになっている。加えて，これらの知見と認知評価理論（Duda et al., 1992；Duda & Nicholls, 1992；Hom et al., 1993；Roberts et al., 1996；Standage, Butki, & Treasure, 1999）の原理は概念的に一致している。例えば，英国の児童を調べたDudaらは，課題目標が楽しさや興味と正に相関し，退屈とは負に相関していると報告した。対照的に，自我指向は退屈と正に相関していた。

スポーツ状況に関するすべての研究が，自我指向がポジティブな感情反応を低下させるとしているわけではない。ポジティブな感情と自我指向が連繋しているという証拠を明らかにしたのは，Homら（1993）の研究であった。Homらは，夏のキャンプに登録した若いバスケットボール選手を調べて，課題の性質や自我目標の観点と，満足や楽しさとの間には正の相関があると報告した。この明らかな概念的な例外は，実験参加者が自らの能力も高いと感じていたという事実に

よって説明できる。さらに，自我指向が優位な実験参加者は，成功の重要な決定要因が外的要因であると思いがちであったために，この研究で自我指向と結びつく楽しさや満足が本当に内発的なものであったかどうかには疑問が残っている。

運動を活発にしている大学生333名を調べたRobertsら(1996)は，Hornら(1993)の結果と類似の報告をした。すなわち，正準相関分析によって，高い課題指向と低い自我指向は，中程度の満足／興味と適度に低いレベルの退屈に関連することが明らかになった。しかしながら，高い自我指向と中程度の課題指向は，高い満足や興味，適度に低い退屈と一致していた。

達成雰囲気の課題関与次元と自我関与次元を使用して，満足・興味・退屈を予測する場合には，その結果は達成目標理論や認知評価理論の原理と非常によく一致している。例えば，ノルウェーの選手を調べたOmmundsen, Roberts, Kavussanu(1997)は，自我関与の雰囲気感は，パフォーマンス中に感じる満足の度合いを特性的な目標の効果以上に明確に予測するネガティブな要因であると報告した。同様に，CarpenterとMorgan(1999)は，高い課題関与の雰囲気と適度に低い自我関与の雰囲気が体育授業を受けている児童の大きな満足感と退屈得点の低さに結びつくことを明らかにした。

しかしながら，達成雰囲気の研究も，特性的な目標の性質に焦点を当てた研究の知見と同様に，ポジティブな感情反応が自我関与の雰囲気感と結びつく可能性を指摘している。例えば，Treasure(1997)は，高い自我関与の雰囲気と低い課題関与の雰囲気は退屈に関係すると報告したが，中程度の課題関与の特徴と中程度の自我関与の属性を持つ環境は満足感と正に相関していた。

全体的に，これらの知見は，特性的な目標，動機づけの雰囲気感，内発的動機づけの間に強い一貫関係があると示唆している。単に内発的動機づけの相関を調べただけでは，動機づけの関与過程を充分に理解することができない。もっとも有用なことは，達成目標と内発的動機づけ次元の単純な関連の先にあるものを調べることであり(IMIで評価するか，あるいはDuda & Nicholls(1992)が開発した興味／満足尺度で評価する)，より統合的な視点を採用することである。統合的な視点を採用するには，動機づけの内発的な側面や外発的な側面を多次元的に考える必要があり，また，目標・雰囲気感・内発的／外発的動機づけの関係を緩和もしくは媒介すると理論的に考えられる変数を調べる必要がある。

Hall, Humphrey, Kerr(1997)の研究では，Ecclesの達成動機づけモデルを使用した(Eccles & Harold, 1991)。Ecclesの達成動機づけモデルでは，目標が内発的動機づけや他の達成認知と行動に及ぼす影響を，個人の成功期待や活動価値が媒介するとしている。Hallらは，26種目のユース選手308名を調べ，課題の価値と成功の期待が課題目標の影響を調整していても，課題指向は直接的な経路を介して内発的動機づけにもっとも大きく寄与することを明らかにした。対照的に，自我指向から内発的動機づけに向かう直接的な負の経路が明らかになった。

Lintunen, Valkonen, Leskinen, Biddle(1999)は，スポーツ能力の信念と目標指向・有能感・内発的動機づけとの関係をさまざまなパスモデルで検証し，能力は学習の機能であり漸進的に発達するという選手の信念が，内発的動機づけに直接正に影響することを明らかにした。また，これらの信念が課題指向の性質と正に相関することも明らかになった。対照的に，能力は全体的に安定しているという選手の信念は，内発的動機づけに直接負に影響していた。さらに，スポーツの有能感は，課題の性質と自我目標とが内発的動機づけに及ぼす効果を媒介していた。この知見は達成目標理論を部分的に支持するものになっている。

ここに報告した多くの関連研究は認知評価理論の原理を支持しているが，自己決定理論(Deci & Ryan, 1985, 1992)を枠組みにしたVallerandの最近の革新的な研究(例えば，1997；Vallerand & Losier, 1999)では，選手の内発的動機づけは，スポーツ固有の社会要因の直接的な関数ではなく，これら社会要因の動機づけ効果を媒介しているものは自律感・有能感・関係感であるとしている。自己決定理論では，個人はスポーツへの関与を通して特定の目標を達成しようと努めており，これらの目標を実現するための投資を3つの心理的な欲求がより活性化するとみなしている。この理論では，有能感，自己決定，他者との関係という欲求が個人の成長を促すものと考えており，したがって，個人はこれらの欲求を満たす接近状況に向けて，内発的に動機づけられると仮定している。

自己決定理論(Deci & Ryan, 1985)が果たしたもう1つの重要な貢献は，内発的動機づけ，外発的動機づけ，無動機づけ(活動する理由がない時)を，自己決定の連続体に沿って変化する多次元的な構成とみなしたことだった。自己決定の最小の形は無動機づけである。この場合，研究者は，運動関与を完全に個人の制御外のものとみなしている。外発的動機づけには，自己決定制御をより低いものからより高いものまで反映する次の3つの下位次元がある。(1)外的制御(外的な報酬を得るために行動する場合)，(2)取り入れ制御(参加に関する外的圧力／随伴性が内面化している場合)，(3)同一視制御(参加を意図的に選択していても，運動の内発的な楽しさからではない場合)。研究者は，内発的動機づけを，それ自体多面的なものと考えている(Vallerand, 1997)。すなわち，選手がスポーツに参加するのは，知りたい／学習したい／理解したい，物事を完成したい，刺激を経験したい，といった内発的

な理由によるものと思われる。スポーツ参加のそれぞれのケースは運動の内発的な楽しさに根差したものであり、参加者の行動は自己決定的なものになっている。

Vallerand(1997)は達成目標理論から間接的な証拠を示し、自己決定理論(Deci & Ryan, 1985, 1992)を拡張したが、2つの概念モデルを結合して実証的に検証した研究は現在までのところほとんどない。最近では、PetherickとWeigand(印刷中)が行った、特性的な目標、達成の雰囲気感の次元、スポーツ参加の自己決定的動機づけの程度の関係を調べた研究がある。PetherickとWeigandは、ジュニア水泳選手を調べ、特性的な課題目標と課題関与の雰囲気感は動機づけの内的制御形態の一貫した予測要因であり、それに対して自我指向と自我関与のパフォーマンス感は行動の外的制御形態の予測要因であることを明らかにした。Brunel(1999a)は、フランス人学生の体育活動を調べ、同様の知見を報告した。

Treasure, Standage, Lochbaum(1999)は、エリート男子ユースサッカー選手439名の動機づけの雰囲気感と状況的な動機づけとの関係を、アメリカ正準相関分析で調べた。その結果、高い課題関与感とネガティブ感が低い自我関与の雰囲気感は、高い内発的動機づけ、同一視制御、低い外的制御、無動機づけに関連することが明らかになった。対照的に、強い自我関与感と低い課題関与の環境は、高い外的制御、同一視制御、無動機づけに対応していた。

BiddleとSoos(1997)は、達成目標と内発的動機づけの潜在的な媒介要因を調べるために、ハンガリー学童の内発的動機づけと将来の運動意思の予測にパスモデルを使用した。特に、Biddleらは、有能感と自律感の双方が特性的な課題目標と内発的動機づけの関係を媒介することを明らかにした(IMIの測定と同様に)。他方、自我指向は自律性と関係しなかったが、自我指向が内発的動機づけに及ぼす効果は選手の有能感が媒介していた。後者の知見は達成目標理論の原理に一致していた。

Vallerandが拡張した自己決定理論(本書のVallerand & Rousseauを参照)をさらに検証したのは、Hall, Kerr, Greenshields(1998)の研究であった。この研究では、動機づけの雰囲気感と自己決定感の関係を確定して、有能感がこの関係を媒介するかどうかを確認しようとした。ユーススポーツ選手130名を階層回帰分析したが、能力感の十分な媒介効果の証拠を得ることはできなかった。しかしながら、自己決定理論(Deci & Ryan, 1985, 1992)と同様に、課題の雰囲気は動機づけの自己制御の側面を予測し、自我指向は動機づけの外的制御形態を予測することが明らかになった。

上記のような最近の研究は、さらなる有益な研究動向を示唆している。それらは、達成目標が、内発的動機づけを促進あるいは抑制する動機づけの過程に、または外発的動機づけを促進あるいは妨害する動機づけの過程に、そしておそらく無動機づけにさえも、特異的に関連すると示唆している。確かに、スポーツ環境で懸命に努力する者をより完全に理解するためには、相互に補完し拡張し合うような動機づけモデルに立ち戻り、統合的に検証することが重要と思われる。達成目標理論と自己決定の枠組みは(Vallerand, 1997の拡張版を含む)、そのような動機づけ行動を概念化したものと思われる。

目標と方略の使用

達成目標理論(Ames, 1992b;Dweck, 1986, 1999;Nicholls, 1989)では、自我関与と対照的に、課題と、適応学習・不適応学習・パフォーマンス関連方略の採用傾向との間に対応関係があると述べている。教育領域においては、多数の研究によって、課題目標への集中と、学習・自己制御に対する認知・メタ認知の方略使用との間の正の相関が明らかになっている(Ford, Smith, Weissbein, Gully, & Salas, 1998;Meece, Blumenfeld, & Hoyle, 1988;Nolen, 1988;Pintrich & De Groot, 1990)。スポーツ文脈における目標と方略使用の問題を最初に扱ったのは、LochbaumとRoberts(1993)だった。Lochbaumらは、課題指向が試合中や練習状況下の選手のよりポジティブな方略使用の報告(例えば、コーチのインストラクションの意味を、理解しようとすること)と正に相関することを明らかにした。大学サッカー選手にシュート課題を課した調査からThillとBrunel(1995)は、課題指向と、課題実行中の自発的かつ深層処理的な方略使用との間に正の相関を報告した。対照的に、自我指向は、より"表面的な"または外面的な課題方略の喚起傾向と結びついていた。

RobertsとOmmundsen(1996)は、ノルウェーのチームスポーツ選手を対象にして、目標指向や動機づけの雰囲気感と、練習中や試合中の方略使用の報告との関係を調べた。その結果、課題指向と課題関与の雰囲気感は、学習はトレーニングに依存して容易になるという報告と正に相関し、練習の回避方略とは負に相関していた。自我指向の高い選手が雰囲気を自我関与的と感じた場合には、練習に関するその見通しが矛盾しているように思われた。すなわち、これらの選手は練習追加の方略を承認する傾向があったが、実行可能な代案は練習回避であるとも思っていた。

最近、OmmundsenとRoberts(1999)は、チームスポーツに携わるノルウェーの大学生を対象にして、動機づけの雰囲気感と方略使用との相互依存性について調べた。方略使用の変数には3つの下位次元があった。それらは、(1)練習を回避する方略、(2)練習状況から学習し、練習状況に固執する方略、(3)向上を

目的に練習する方略，であった．選手が自チームの環境をより課題関与的な（そして，自我関与の特徴が少ない）ものとみなしている場合には，実行可能な方略としての選手の練習回避の是認傾向が低下した．

Cury ら (Cury, Famose, & Sarrazin, 1997；Cury & Sarrazin, 1998) は，最近，課題終了後に（そして，その後のさらなる課題実行時に）選択するフィードバックのタイプに関して，達成目標と個人の方略決定の相互依存性を調べた．Cury と Sarrazin は，一連の登山作業に従事しているフランスの少年を調べ，次のことを明らかにした；自我指向が高く，課題指向が低く，自らの能力に自信のない少年は，課題関連または客観的なパフォーマンス関連のフィードバックを拒否しがちである．Cury らは，これらのフィードバックは，直面する登山活動のスキル開発にはあまり関係しないと示唆した．

Cury ら (1997) は，12～14歳のフランス人の少年を対象とした2つの関連研究で，バスケットボールのドリブル能力を時間制限法によって調べた．Cury らは，目標指向と能力感に基づいて少年を4群に分けた．それぞれの群は，能力感と課題指向が高い群，能力感と自我指向が高い群，能力感と課題指向が低い群，能力感と自我指向が低い群であった．少年には，優勢な目標指向と一致する課題関連の教示をドリブルテスト中に与えた．Cury らは，自我指向と能力感の高い少年が規範的な情報を求めてテスト後の客観的なフィードバックを拒否することを明らかにした．自我指向が高く自らの有能性に自信がない少年は，自らのドリブル課題のパフォーマンスに関する客観的な情報や課題を放棄する傾向，さらにはフィードバックを求めない傾向があった．

全体的に，現在までの限られた研究では，達成目標の重視とスポーツ活動への参加中や参加後に個人が使用する方略の間には理論的に一貫した関係があると示唆している．練習中や試合中の方略使用報告に関して，スポーツ環境における達成目標重視の証拠は，主に横断的な研究に基づいているために，運動中また運動後の使用方略と同様に説得力がない．明らかに，達成目標と運動状況下の方略形成や方略選択との連繋を確かなものにするには，より多くの研究が必要と思われる．そのような情報が手に入れば，達成目標の方法がパフォーマンスの実行とスキルの向上にどのように影響するのかが，さらに明らかになるものと思われる．

目標とストレス過程

目標理論では，目標は選手の認知，感情，行動を理解する枠組みになっていると主張している．しかし，選手の競技不安反応の亢進基盤として目標が果たす特定の役割を調べたスポーツ研究はほとんどない．ストレス（その測定，社会心理学的な前提，行動の結果）のトピックスは現代スポーツ心理学研究の中心になっているのだから，目標の果たす役割についての注意の不足は若干逆説的であると思われる．

選手の達成目標に関する知識は競技不安の理解をさらに深めると示唆した最初の研究は，Roberts (1986) であった．Roberts は評価過程には明白な言及をしなかった．しかし，特性的な目標の個人差によって，試合前，試合中，試合終了後の選手の不安は変わってくると述べた．Roberts は，課題目標を是認し達成を自己参照の用語で考える選手は，試合を脅威というよりは成し遂げるべき挑戦と感じているために，それほど競技不安を感じないと主張した．さらに，これらの選手は努力を目標達成のために個人的に制御できる手段とみなしているために，自分が最大努力のパフォーマンスの基準に合っている，それとも合っていたと感知する場合には，不安が試合中や試合後に低下すると示唆した．対照的に，Roberts は，選手が自我目標を取り入れた場合には，達成の意味が非常に異なるものになると主張した；この場合，選手は成功および失敗を比較用語で考え，その結果，有能性は価値ある特性になり，自己価値を反映する特性になる．このように，自我関与を示す個人が自らの能力を他者と都合よく比較しているのではないかとの疑いを抱く場合には，競技前の不安が現実味を帯びてくる．

Roberts (1986) の概念化をもっとも早く実証したのは，フィギュアスケートの青年選手を対象とした Vealey と Campbell (1988) や，レスリングのエリートジュニア選手を対象とした Gould, Eklund, Petlichkoff, Peterson, Bump (1991) の研究であった．使用した測定技術（目標の性質を予測測定するための，Ewing〔1981〕の critical incident technique) に負う部分もあり，これら初期の研究知見はあいまいなものであった．例えば，Vealey と Campbell は，課題指向と状態不安の単一次元測度の間の負の関係を明らかにしたが，自我指向に関する Roberts の予測は立証できなかった．

Newton と Duda (1995) は，TEOSQ (Duda, 1989) の弱点評価の問題を克服しようと，テニス授業登録者の達成目標を測定した．TEOSQ に加えて結果の予測，他者よりもうまくプレーすることの重要性，勝利の重要性を測定する3項目は，今まさにテニス授業のトーナメント戦に臨もうとしている実験／参加者の多次元的な状態不安反応を予測した．結果として，対戦相手を凌いで勝利することと成功への予想が低いことが重要であるという見解は，参加者の認知不安の分散を26%予測することが明らかになった．さらに，勝利が重要であるという見解は，身体不安の分散を9%予測した．仮定した関係とは反対に，課題目標と自我目標は，いずれも認知状態不安や身体状態不安の行動分散を何ら予測しなかった．しかしながら，研

究者は自我指向と自信の間に負の関係を報告した。

ネガティブな感情を強めるような目標を支持することができなかったことと，NewtonとDuda(1995)の研究が実験参加者に求めた競争的な文脈との間には，何らかの関係があるように思われる。状態不安得点を精査した結果から，クラスのトーナメントが不安の原因になると考えた参加者はまずほとんどいないことが明らかになった。

動機づけ変数の状態不安への影響に興味がある研究者は，選手と対戦相手の間に明らかに個人的利害関係があるような文脈を使用している。HallとKerr(1997)は，フェンシングのジュニア選手の達成目標が，フェンシングトーナメント前の不安のパターンにどのように影響するのかを調べた。二変量相関分析と多変量相関分析の結果は，双方とも，自己能力の比較判断に基づいて自尊心を評価する者(自我指向が高い者)は，特に自己能力を低く感じる場合に，過度の不安を抱える危険性がもっとも高くなるという見解を支持した最初の証拠になっている。さらに，自己参照への集中をより選択する者(課題指向が優勢な者)は，能力が疑わしい場合でも不安抑制の傾向が低いという見解を支持する証拠も明らかになった。

より具体的に述べれば，HallとKerr(1997)の結果は，パフォーマンス前に不安を測定した場合，能力感の効果以上に，自我指向が1/2の割合で認知不安と正に相関すると指摘していた。パフォーマンス前のどの時点でも，課題指向は認知不安の重要な予測要因にならないことが明らかになった。しかしながら，試合直前に測定した目標を予測要因として算入した場合には，課題指向は身体不安と負に相関し，自信と正に相関していることが明らかになった。対象選手の能力感が明らかに低い場合には，より顕著な類似のパターンを示すことが明らかになった。

より最近になって，Hall, Kerr, Matthews(1998)は，高校生のランナーを対象として結果を追試した。残念ながら，データはこの文脈をほとんど支持しなかった。またこのデータから，試合の1週間前に測定した特性的な目標は，能力感を回帰分析しても，試合のどの時点においても認知不安や自信を予測しそうにはないことが明らかになった。しかしながら，運動の30分以内に選手の目標を評価した場合には，自我指向が認知不安の重要な予測要因として，課題指向が自信の重要な予測要因として浮上することが明らかになった。これらの知見は，達成文脈の個人的な意味が試合開始時に変化する選手もいると示唆している。この状況的に特異的な意味の変化は，試合前のストレス反応とより密接に関係していた。

達成の意味が時々刻々変化するという事実は，ストレスと不安の交流モデル(Folkman, 1984；Lazarus, 1993)，達成動機の最近の観点(Ames, 1992b；Duda, 印刷中-a；Dweck, 1999；Ntoumanis & Biddle, 1998)の重要な一面として脚光を浴びるようになっている。数に限りはあるが，若年選手における動機づけの雰囲気感の不安反応への影響を調べた研究も出始めている。参加選手の達成雰囲気は達成文脈内の手がかりの解釈に依存して評価過程に影響するという信念が，この研究の素地になっている。

雰囲気と競技不安の関係を調べた最初の研究の1つに，NtoumanisとBiddle(1998)のものがある。Ntoumanisらは，学生選手の課題目標，自我目標，環境の自我関与感，課題関与感が認知不安や身体不安の強度と方向とに果たす役割を調べた。不安強度は，多次元不安測度の競技状態不安目録2(Competitive State Anxiety Inventory 2：CSAI-2)の得点から求めた。不安の方向は，実験参加者にパフォーマンスを促進また抑制するような尺度の各項目について質問して測定した。その結果には，いくつか先行研究と一致している点のあることが明らかになった。具体的には，課題目標と課題関与感はいずれも認知不安もしくは身体不安の強度あるいは方向と関係しなかった。対照的に，自我関与の雰囲気と自我指向は，ともに認知不安と身体不安の強度や方向と相関していた。達成目標理論の仮定と同様に，選手の自信はこれら後者の関係(自我関与の雰囲気・自我指向と認知不安・身体不安の強度・方向との関係)を媒介していた。

PapaioannouとKouli(1999)は，ギリシャの児童を対象として，体育教師主導の達成目標や雰囲気感が，状態不安反応に及ぼす影響を調べて，目標と雰囲気感とはともに認知不安を予測しないと述べた。NewtonとDuda(1995)の研究と同様に，これは，生徒が体育授業を自らの自尊心を脅すような高い評価的な文脈としては認知しないことが原因になっているものと思われる。しかしながら，PapaioannouとKouliは，教師が授業中に学習指向を強調した場合(授業がより課題関与的である場合)には，学習指向が身体不安と負に相関することを見出した。さらに，教師が授業中に競争を強調した場合(授業がより自我関与的である場合)には，競争が身体不安と正に相関することを見出した。状態不安に加えて，PapaioannouとKouliは，フローに関係する3つの構成概念も測定し，特性的な目標指向と課題関与の雰囲気感がともに，体育授業における集中，自己目的の経験，自意識の喪失と正に相関することを明らかにした。PapaioannouとKouliの研究結果にはいろいろな意味がある。すなわち，課題集中，あるいは課題関与の雰囲気は，状態不安亢進の可能性を低下させるばかりでなく，生徒のより大きな注意維持の原因になることが明らかになった。課題指向は不安と負に相関していたが，ボウリング課題の集中とは正に相関することを明らかにしたNewtonとDuda(1993)も，同様の関連性を報告した。

課題目標は集中力を促進するように思われるが，本節に示した研究から明らかなことは，自我目標は一般

にスポーツ選手における認知不安のより高いレベルと関係していることである。前者に関連して、HatzigeorgeadisとBiddle (1999) は、スヌーカーとテニスプレイヤーとを対象にして、達成目標、能力感、課題無関連思考、自己没頭思考の関係を測定した。Hatzigeorgeadisらは、パフォーマンス中に心に浮かぶある思考の頻度を評価する思考生起質問紙 (Thought Occurrence Questionnaire: TOQ; Sarason, Sarason, Keefe, Hayes, & Shearin, 1986) によって認知干渉の程度を測定した。達成目標理論と同様に、これらの知見から、能力感に関わらず、課題目標は逃避思考と負に結びつくことが明らかになった。対照的に、能力感の低い選手では自我目標と逃避思考が正に相関した。しかしながら、この関係は、能力感の高い選手にはみられなかった。

このように、目標の性質または状況感を調べる研究は、不安反応の変化を予測する上で有益なものと思われる。状況要因は特性的な目標指向と感情との結びつきに影響する (Ntoumanis & Biddle, 1999a) ことから、今後の研究では、特性的な目標と不安における動機づけの雰囲気感に起こり得る相互的な影響の分析の考慮が必要だと思われる。研究者は、達成目標は、ストレス過程における重要な認知、例えば個人の運動要求感、それらの要求に見合うような自己の能力、顕著な"失敗"などに影響すると仮定しているが、重要なことはそのような認知が目標-不安の関係を媒介するかどうかについて検証することである。

達成目標についての別の研究では、スポーツ関連の努力目標とストレスの間に付加的な連繋があると示唆している。例えば、特性的な目標指向は、達成関連の評価段階を不安喚起の段階により近く設定すると思われる他の個人差要因に関係することが明らかになっている。さらに、Lazarus (1993) は、個人の対処資源や選択がストレス発生においてある役割を果たしていると述べている。最近のスポーツ研究では、達成目標と選手が報告した使用対処方略の間の概念的に一貫した関係を明らかにしている。これについては、次に概説する。

目標指向とストレスに関係する他のパーソナリティ要因

自我指向の高い者(または、自我関与の雰囲気に包まれている者)が、より高いストレスを示すのはなぜだろうか? 特性的な目標指向は不安反応を予測するような他のパーソナリティの特徴と関連しているように思われることが、その1つの理由になっている。最初に目標と競技特性不安の関連を調べた研究をレビューして、それから、目標がスポーツにおける完全主義とどのように連繋しているのかに重点を置き、より詳細に議論する。

広範な研究から、競技特性不安は競技前、競技中、競技後の選手の状態不安反応を予測することが明らかになっている (Smith, Smoll, & Wiechman, 1998)。WhiteとZellner (1996) は、男女の高校選手、大学対抗競技会の出場選手、レクリエーションレベルの選手に対し、TEOSQと多次元特性不安の測定 (Sport Anxiety Scale: SAS; Smith, Smoll, & Schutz, 1990) を実施した。低い課題指向と一体になった高い自我指向は、選手が競技時に認知不安を経験する強い性質的傾向を予測した。青年男女選手を調べたWhite (1998) は、自我指向が高く課題指向が低い人々では特性不安の得点が高いことも明らかにした。

OmmundsenとPedersen (1999) はノルウェーの若い選手136名を対象に、達成目標指向と認知特性不安や身体特性不安の関係を調べた。その結果、自我指向はスポーツ競技中の認知不安や身体不安という性質的な傾向と関連していなかった。しかしながら、課題指向と能力感が、認知特性不安のネガティブな予測要因として浮上した(説明分散の割合は小さかったものの)。さらなる分析結果から、能力感は課題指向と高い認知不安を報告する傾向との相互依存性を媒介または調整していないことが明らかになった。

ストレス過程の変化に欠かせないと思われる個人差の要因の2つ目は完全主義である。より消極的な完全主義者ほど、より高い状態不安と特性不安を示す傾向がある (Flett, Hewitt, Endler, & Tassone, 1998)。課題目標の観点と自我目標の観点は、さまざまな完全主義傾向とどのように調和しているのだろうか?

これは、達成目標理論者がスポーツ達成行動の適応的な形態は特性的な課題目標の是認または強い熟練手がかりが感じられる環境への参加ともっとも頻繁に結びついていると考えるという証拠からも明らかなように思われる。多くの達成領域において、適応的な達成行動の特徴となっているものは、熟達を目指した努力への集中であると思われる。個人は、極端に困難な状況下で障害を克服するために努力するよう要求され、間違いを犯したり失敗を感じた後にも継続するよう要求されている。

しかしながら、Covington (1992) は、適応的な達成努力のすべての特徴を示すように思われる者の中には、難問に直面した時に自信喪失に陥る者もいると指摘している。Covingtonは、これらの者を努力過剰者と分類し、そしてたゆまぬ努力が彼らに不適応な結果をもたらすと考えている。要するに、過剰な努力には成功達成と失敗回避に対する強烈な欲求があるように思われる。彼らはしばしばより大きな成果の追求へと駆り立てられ、ついにはこれらの挑戦は耐え難い重荷になってくる (Covington; 1992)。そのような達成努力から得られる内的な満足はめったに経験しなくなり、次なる段階への到達のための練習や、よりいっそうの努力を要する目標は、より努力を行う人に心理的な衰弱を招来するようになる (Burns, 1980)。この過

剰な達成努力を，臨床心理学者やカウンセラーは"完全主義"と呼んでいる(Blatt, 1995；Burns, 1980)。

完全主義の概念は，もともと Hamacheck(1978)が定義した。Hamacheckは，完全主義には2つの形態があると考えた。1つは正常な完全主義である；これは，高い達成基準を設定し，何かをうまくやることから喜びを得る人のことである。もう1つは神経症的な完全主義である；自らの成果を適切とは決して考えないために，努力の結果として喜びを経験することができない人のことである。

完全主義と自我目標の是認との概念的な結びつきは容易に理解できる。自我指向の優勢な者が重視していると思われるものは，有能性の誇示と絶え間ない自己確認の追求である。Dykman(1998)は研究でこれを確認し，確認を追求する者は，目標の発展を追求する者とは反対に，不安，抑うつ，不適応に陥りやすいと指摘している。なぜなら，確認を追及する者には条件付きの自尊心があるからである。つまり，彼らは成功した時にだけ価値を感じ，失敗した時にはそれを感じていない。

現代の考え方では，完全主義は，さまざまな特徴の混合したものと捉えられている。この人格特性の特徴を一般的に評価しているものに，Frost, Marten, Lahart, Rosenblate(1990)の多次元完全主義尺度(Multidimensional Perfectionism Scale：F−MPS)がある。この測度は，完全主義の6つの重要な側面を評価している。それらは，(1)間違いを犯すことへの強い懸念，(2)高い個人基準の是認，(3)親が現在あるいは過去に達成とパフォーマンスに非常に期待している，またはしていたという認知，(4)親が努力と達成に批判的であるというさらなる認知，(5)運動の質に対する根強い疑念，(6)精度・秩序・組織の優先度，である。

Ablardと Parker(1997)は，学術領域に固有のものとして，親の動機づけの目標と子供の完全主義の特質との関係を考察した。そして，自我目標を一般的に是認している親の子供は，課題目標を是認している親の子供よりも，完全主義の機能不全的な形態を示しやすいと結論づけた。機能不全的な完全主義者は，間違いへの懸念，運動への疑念，親の期待，親の批判といった次元に高得点を示す特徴があった。

Frostと Henderson(1991)の研究は，完全主義を特にスポーツ文脈において調べた最初の研究の1つであった。Frostらは，神経症的完全主義度の高い女子選手は，この特質が低いと思われる者よりも，高い特性不安レベルと自信喪失傾向を示すと報告した。加えて，神経症的完全主義者は，スポーツへの明らかな失敗指向を示し，間違いに対していっそうネガティブに反応し，試合開始24時間前にはよりネガティブな思考に没頭していた。またこれらの選手は，間違いをあまり気にしない者よりも多くの失敗イメージを報告し，注意集中が難しく，観衆の反応をより強く気にしていた。

Hall, Kerr, Matthews(1998)は，試合準備中の青年ランナーを対象に，完全主義と達成目標の結合が状態不安の時間的なパターンに及ぼす影響について検討した。興味深いことに，達成目標は認知不安にはほとんど影響しなかったが，神経症的完全主義の要素は，試合の接近につれて，選手のネガティブな感情経験にインパクトを与えるように思われた。その結果，認知不安の一貫した予測要因としてパフォーマンス前に完全主義が出現する場合には，すべての完全主義が達成不安を補強することが明らかになった。さらに，完全主義の個々の下位尺度を状態不安の予測要因として個別に回帰分析した場合には，間違いへの懸念や運動への疑念(神経症的完全主義の要素と思われる)が認知不安の予測にもっとも貢献していた。

Hall, Kerr, Matthews(1998)は，完全主義と達成目標の相互作用についても検討した。その結果，高い自我指向と中程度の課題指向との結合は，完全主義の各特質(F−MPSによる評価)に関係していると報告した。しかしながら，強力な課題指向(低い自我指向と結合した)は，神経症的完全主義を反映したものと思われる2つの特質(間違いの懸念と親の批判)と負に相関していた。Hallらによれば，これらの知見は，自我指向の構造と完全主義の構造がかなりの部分で重複していると指摘したものとなっている。この場合，課題指向のかなり強固なレベルでも，自我指向の高い選手の完全主義的な傾向を弱めることはなかった。

今後は達成目標と完全主義との相互依存性について継続的に調べ，この関係を脅かす評価の適切性というFrostと Marten(1990)のアイディアを探求する必要があると思われる。さらに，Hallら(1998)の研究を拡張すれば，研究者は選手に対する強い課題目標強調の喚起が神経症的完全主義の潜在的抑制効果を妨げるかどうかを確定することが可能になると思われる。動機づけの雰囲気をより課題関与的にしようとする方策は，教育文脈やスポーツ文脈での達成認知，感情，行動をより適応的なパターンにする効果的な方法であることが明らかになっている(Ames, 1992b；Ames & Archer, 1988；Treasure & Roberts, 1995)。それゆえに，達成雰囲気の同様な操作によって，スポーツの達成努力に対する神経症的完全主義の潜在的抑制効果が削減できるかどうかを問うことは賢明なことと思われる。

対処方略の相互関係

目標が不安反応に影響するもう1つの方法は，対処行動を介したものである。Lazarus(1993)によれば，ストレス効果は，個人がストレッサーとそのストレス対処方略を評価する方法に依存している。ストレッサーの制御が可能なそのような状況では，ストレ

スフルな状況の処理や関連するネガティブな感情反応の低減などの点から，積極的な問題解決方略がもっとも生産的なものであると研究者は考えている。目標指向と対処方略との関連は，これまで多数の研究で検討されている(Gano-Overway & Duda, 1999；Martin, Pease, & Zhang, 1999；Pensgaard & Roberts, 1997)。一般的に，課題指向と問題解決の対処行動の使用とは，正に相関することが明らかになっている。他方，自我指向は，報告が多い回避の実行や情動を中心とした対処方略の実行と連繋している。

Ntoumanis, Biddle, Haddock(1999)は，彼らの研究を達成目標理論と組み合わせ，Lazarus(1993)とFolkman(1984)の情動と対処に関する研究の理論的な仮説を検証した。特に，Ntoumanisらは，動機づけの要因(目標指向と動機づけの雰囲気感)，対処方略，ポジティブとネガティブの感情反応，状況の制御感の相互関係を調べた。この研究では，イギリスの大学レベル選手356名を対象にしていた。初期の知見と同様に，課題指向と課題関与の雰囲気感とは，ともに問題焦点型対処方略の使用報告(努力の増加と競争活動の抑制)と正に相関していた。他方，自我指向と自我関与の雰囲気感は，情動焦点型対処方略の使用報告とストレスに満ちた状況からの撤退傾向と結合していた。問題焦点型対処行動の使用はポジティブな感情に関係し，行動従事と感情表出はネガティブな感情に関係していた。その上，対処方略は特性的な目標，状況的な目標感，感情反応の関係を媒介していることが明らかになった。対処後のポジティブな感情は，状況制御感の強さと結びついていた。逆に，対処方略を使用した後にネガティブな感情を報告することもあった。全体的にみれば，Ntoumanisらの知見では，対処方略の使用報告は，選手の特性的な目標指向とは対照的に，動機づけの雰囲気感と強く関係していた。

KimとDuda(1998，レビュー中)は，Lazarus(1993)のストレスと対処の交流モデルや達成目標の枠組みの統合にも配慮して，特性的な目標，能力感，成功決定要因の信念，動機づけの雰囲気感それぞれの程度について調べた。その結果，これらの変数間の相互関係は，選手のストレス過程の重要な予測要素になっていた。Kimらの最初の研究(Kim & Duda, レビュー中)では，多種目スポーツの米国大学対抗選手318名を対象にしていた。この研究におけるストレッサーは，パフォーマンス上の問題と結びついた，試合中の心理的な困難感であった。選手は，心理的な困難感，状況制御感，対処方法などの経験頻度について簡単に述べた。男子選手では，自我関与の雰囲気感と試合中の心理的な困難感の報告との間に正の相関がみられた。心理的な困難感をしばしば経験している選手には，対処方法として精神的な撤退傾向または状況回避傾向があった。男女の選手がストレッサーをうまく制御していると感じた場合には，その能力感がより高くなり，努力は成功に結びつくという信念を是認する傾向があった。達成目標の研究では一般的な課題指向と努力信念の結合が，再度，ここでも明らかになった。より積極的な問題焦点型対処方略使用の正の予測要因として，制御可能性の認識が浮上した。最終的に，課題関与の雰囲気感とより積極的な問題焦点型対処方略の間には，直接的な経路のあることが明らかになった。

KimとDuda(1998)は，韓国大学対抗選手404名を対象に同様の研究を行った。米国選手の研究を追試した結果，課題関与の雰囲気感は積極的な問題焦点型対処行動の使用と正に相関していた。課題関与の環境感は，ストレッサーの高い制御感とも関係していた。しかしながら，このストレッサーに対抗する場合には，自我関与の雰囲気感が試合中の心理的困難感の高い発生率や回避／精神的な撤退方略の多使用と一致していた。

KimとDuda(1998，レビュー中)の知見は，Ntoumanisら(1999)と同様に，達成目標，特にスポーツ環境における達成目標が，ストレス過程に固有の評価と関係していることを示している。特に，課題目標と自我目標の特異的な強調は，スポーツのストレス程度，ストレス対処に関わる選手の見解，ストレスを軽減する一般的な方法を予測しているように思われる。達成目標理論と現状のストレスおよびその対処の概念化との統合は，スポーツ研究において前途有望な方法と思われる。

新たな動向

スポーツにおける目標予測研究の展開は，過去数年間は刺激的であった。新たな展開，理論の応用，実証的な研究が，恐しく速いペースで出現しているように思われる。このような風潮にはいくつかの問題(Duda, 印刷中-a を参照)もあるが，競技状況における動機づけ過程の多様性についての理解を高めているものは，達成目標枠組みに対する現在の熱意だけである。しかしながら，最新の研究動向の中にこの問題をまさに論じ始めているものがあるという事実は，希望と期待をさらに鼓舞するものと思われる。実際に，スポーツ領域における達成目標の前提と結果について学ぶべきことは，まだたくさんある。例えば，最近では達成目標の枠組みと道徳行動研究の関係(例えば，Bredemeier, 1999；Duda, Olson, & Templin, 1991；Shields & Bredemeier, 1995)，グループダイナミクスとリーダーシップ行動の関係(例えば，Balaguer, Crespo, & Duda, 1996；Carron & Hausenblas, 1998；Chi & Lu, 1995；Duda & Balaguer, 1999)，健康関連行動と心身の健康指標の関係(例えば，Biddle & Goudas, 1996；Duda, 1999；印刷中-b；Dykman,

1998；Lintunen et al., 1999），情動と気分との関係（Ntoumanis & Biddle, 1999a）やエリートスポーツパフォーマンスとの関係（例えば，Pensgaard & Roberts, 1997）の研究が始まっている。

本章の最後の節では，達成目標研究の広範なトピックスと密接に関わっている前途有望な2つの新しいアプローチについて記述する。初めに目標の性質と状況感の相互作用を考察し，新たな研究動向や関連する問題について議論する。次に，他の目標の潜在的な動機づけの意義を重視している最近の研究，特に目標"回避"の観点を，目標"接近"の観点と同様に紹介したい。

目標指向と状況的な目標：相互作用論の観点

達成目標理論では，個人関連要因（目標指向）と状況要因（客観的また主観的な状況の特徴）は，ともに目標関与に影響するとしている。だが，Nicholls（1989）やAmes（1992a, 1992b）は，これらの変数間の相互作用を十分には特定していない。他方，DweckとLeggett（1988）は，個人目標と状況がどのように相互作用して，選択した目標やその後の達成関連パターンに影響するのかを詳細に述べている。特に，Dweckらは，目標指向の相違が，課題目標または自我目標に個人が集中している可能性に影響し，状況の特徴がその可能性を変更していると述べている。さらに，目標の性質の見方が強い場合には，目先の状況は目標関与にほとんど影響しないと示唆している。しかしながら，個人の目標指向の強度が中程度以下の場合には，顕著な課題関与や自我関与の状況は，課題関与や自我関与の程度が明らかな点で，より効果があると思われる。

特性的な目標や状況的に強調した目標感を調べた初期のスポーツ研究（Kavussanu & Roberts, 1996；Ommundsen et al., 1997；Seifriz et al., 1992）では，従属変数の最良の予測要因を明確に同定することが目的であった。これらの研究では，課題指向と自我指向を階層的多重回帰の第1ステップに，課題関与の雰囲気感と自我関与の雰囲気感（そして逆もあり）を第2ステップに入れて，目標指向または状況感が多くの分散を捉えているかどうかを調べていた。全体的に，そのような研究の知見は，DudaとNicholls（1992）の示唆と一致していた。すなわち，最良の予測要因が何であるかは，その人が何を予測しているのかに依存していた。従属変数がより状態に類似したものである，または状況固有のものである場合には，動機づけの雰囲気感はより顕著なものになった。従属変数が本質的により性質的な（一般的にスポーツにおける成功原因に対する選手の信念といったもの）場合には，最良の予測要因として目標指向が浮上した。

動機づけ指標の予測に関して，目標指向と雰囲気感をともに調べたその他の研究では，構造均衡モデルを使用していた（例えば，Cury et al., 1996；Kim & Duda, 1998；レビュー中；Ntoumanis & Biddle, 1998）。これらの研究では，一般的に，特性的な目標の観点と雰囲気の各要素間の経路を予測している。また，目標指向と動機づけの雰囲気感が，直接に，もしくは能力感などの潜在的な媒介要因を介して問題の従属変数に影響すると仮定している。しかしながら，現在まで研究者は，目標の個人差と状況的に強調した目標感とが相互作用する可能性を，一般的には考察していない。

個人目標と状況目標の相互作用の可能性は，現代の目標研究の中心になっていると思われる。研究者はこのような研究に多重回帰分析を使用しているが，この場合には，予測要因の変数になり得るものとして相互作用の用語を取り入れている。これらの研究の中には，特性的な目標と状況的な目標との相互作用を支持していないものもある。例えば，Newton（1994, Newton & Duda, 1999）は，46のチームから募った女子バレーボール選手を対象として，成功と内発的な動機づけの側面（スポーツの努力／重要性，バレーボールの楽しさと興味，経験した圧力／緊張量）の選手の信念に関して，目標指向，動機づけの雰囲気感，能力感が相互作用をしているかどうかについて調べた。課題指向と自我指向，チームの雰囲気に関わる課題関与感と自我関与感は，これらの動機づけの指標と理論通りに関係したが，重要な相互作用はみられなかった。

しかしながら，TreasureとRoberts（1998）の女子バスケット選手を対象にした研究では，目標の個人的な見方（P）と状況的な見方（S）の相互作用が，成功要因と満足源の見方を予測していた。Walker, Roberts, Nyheim（1998）も，楽しさの予測と成功の信念の予測に関しては，目標のP×Sの見方が重要であると報告した。有意な相互作用が生じない場合，研究者は，対象数や独立変数の選択にしばしば問題があると指摘している（Newton & Duda, 1999）。特性的な目標と雰囲気感の相互作用を想定した独立変数の1つとして能力感の違いを追加しようと考える場合には，前者の限界を克服することがより困難になる。その上，特別の試合やトレーニング中の達成関連反応を予測しようとする実証的な研究では，多くの実験参加者が必要になってくるだろう。すなわち，目前の状況で作用していると思われる状況的な目標（さらに加えて，自チームに対する一般的な動機づけの雰囲気感）は，混合目標の一部と同じものと考える必要がある（Kaplan & Maehr, 1999；Swain & Harwood, 1996）。

明らかに，今後の研究では，目標指向，動機づけの雰囲気感（目前のおよび／またはすべての），能力感の潜在的な相互作用の効果をさらに探求する必要があると思われる。法則定立的な方法論を使用する場合には，独立変数の適切な分散と多数の実験参加者が必要

になる。もう1つの方略は，おそらくより個別的かつ質的な方法を採用することだと思われる（Georgiadis, Biddle, & Van den Auweele, 1999 ; Krane, Greenleaf, & Snow, 1997）。

その他の目標の見方

前述のように，スポーツにおける大半の達成目標の研究は，課題目標の見方の動機づけの意義と自我目標の見方の動機づけの意義に集中している。教育の分野では，スポーツ活動ほどではないが，その他の目標が注目を浴び始めている。Urdan と Maehr (1995) は，他者からの評価を得るための目標，他者ととの親和を経験し関係を深めるための目標，自分たちのグループに誇りを持ち団結を育むための目標，といったさまざまなタイプの社会的目標を検討するように呼びかけている。Nicholls ら（1989 ; Duda & Nicholls, 1992 ; Thorkildsen, 1988）は，スポーツ状況や教室における協力目標と動機づけの関係を調べている。このケースでは，個人の達成努力目標は，他者と共同して作業を行うことである。

努力削減の目標，すなわち作業回避は，研究者の注目を若干集めている（Duda & Nicholls, 1992 ; Thorkildsen, 1988）。Kaplan と Maehr (1999) は，包括的な動機づけの枠組みを用いて，外発的目標の潜在的な重要性を議論している。Gano-Overway と Duda (1999) は，最近，白人およびアフリカ系アメリカ人選手について調べ，自己表出的な個人主義の目標を同定している。この研究では，個人のパフォーマンススタイルの誇示に焦点を当てている。また，目標を2次元的なものにしている；一方の次元は，即興性，創造力，運動を通した個人的な表出の重視である。他方の次元は，スポーツパフォーマンスを通した特異的な自己の外見または自己の身体イメージ表出の重視になっている。

Middleton と Midgley (1997) は，学業成績と学業関与を中心的に調べ，達成動機には，伝統的に接近傾向と回避傾向という特徴があると指摘している。しかし，上述のように課題目標・自我目標の概念化と測定は接近傾向を反映している。課題目標の例では向上が中心になっており，自我目標の例では自己能力の証明が中心になっている。しかしながら，Nicholls (1989) が強調しているように，自我目標に集中する者は，優れた能力の誇示と劣った能力の露呈回避に関心がある。すなわち，Skaalvik (1997) が主張したように，自我指向には2つの次元があると考えられる。専門用語で表わすと（Elliot & Church, 1997 ; Middleton & Midgley, 1997 ; Skaalvik, 1997），一方の次元は接近／攻撃／自己啓発であり，他方の次元は必然的に回避／防御／自滅になる。

Elliot と Church (1997) は，目標接近（熟達-接近またパフォーマンス-接近と呼ぶ）と目標回避（パフォーマンス-回避と呼ぶ）の見方を取り入れて，古典的な接近／回避の動機とこれらのさまざまなタイプの達成目標との関係を検証するための達成動機づけの統合モデルを改善している。Elliot らの研究は，達成動機の性質と決定要因に関する McClelland と Atkinson の画期的な理論（McClelland, Atkinson, Clark, & Lowell, 1953）に立ち戻ったものである。Elliot と Church が提唱した概念モデルでは，目標は全体的な動機づけの傾向と特定の達成行動の関係を媒介するような中間的な構成概念であると主張している。このモデルでは，目標を，"達成動機づけ"（あるいは，達成するための動機）と"失敗の恐怖"と呼ぶ2つの基礎的な能力動機の認知的かつダイナミックな表出と考えている。Elliot と Church のモデルでは，目標自体を達成認知，感情，行動の重要な決定要因と考える伝統的な達成目標のアプローチとは異なり，個人の達成努力を活性化するものが特性的な動機であると考えている。すなわち，Elliot らは，動機は目標を選択する重要な前提であると考え，したがって，その後の動機づけ過程への効果は間接的なものであると確信している。

このアプローチと達成目標理論の伝統的な見方（Ames, 1992b, Dweck, 1999 ; Nicholls, 1989）のもう1つの重要な概念の違いは，有能感の役割である。Elliot と Church (1997) は，有能感が目標と達成成果を媒介すると考えるよりも，むしろ有能性の期待が達成目標のもう1つの前提になると考えている。

Elliot と Church (1997) の統合モデルでは，高い能力の期待が熟達とパフォーマンス-接近目標の双方を補強し，低い能力の期待がパフォーマンス-回避目標を補強することを予測している。また Elliot らは，熟達接近目標は，課題目標と同程度に，適応する達成努力とポジティブな感情反応に関連するとも考えている。なぜなら，難問に接近したいという基本的な欲求がそれらを支えているからであり，そして，失敗の恐怖または自尊心への脅威はこれらに悪影響を与えていないように思われる。対照的に，パフォーマンス-回避目標の基盤には，失敗の恐怖と低いパフォーマンスの予想がある。その結果，パフォーマンス-回避目標には，達成関連感情に一様にネガティブな影響を与え，達成努力の不適応的形態を促進する傾向があると予測することができる。

Elliot と Church (1997) のモデルでは，達成動機または失敗の恐怖のいずれかが，パフォーマンス-接近目標を支えている。このために，作動している心理過程はしばしば相反し，それゆえに投資に由来するいかなるポジティブな達成感情も，熟達-接近目標を是認する場合と同じくらい強力なものにはならないものと思われる。しかしながら，高い能力への期待がパフォーマンス-接近目標も支えているという事実には，個人が，ある外的な理想基準を達成するために，あるい

は困難な目標への挑戦の継続による失敗を回避するために，高い継続性を示すという意味がある。このように，ElliotとChurchは，パフォーマンス-接近目標がポジティブな達成努力やパフォーマンスの向上と結びついたとしても，高いレベルのポジティブな感情がそのような投資から発生する確率は低いと，予測している。

現在まで，スポーツの文脈でこのモデルを検証した研究はほとんどない。注目すべき例外の1つは，Cury, Laurent, De Tonac, Sot (1999)のフランス人選手を対象にした研究である。Curyらは，スポーツにおけるさまざまな接近-回避目標を測定する3つの尺度を検証して，ElliotとChurch (1997)の予測を確たるものとする証拠を明らかにした。具体的に言えば，Curyらは，熟達-接近目標はスポーツでの内発的動機づけと正に相関し，パフォーマンス-回避目標は内発的動機づけと負に相関し，自己ハンディキャップ方略とは正に相関することを明らかにした。

明らかに，統合モデルは，スポーツ文脈でさらに実証する必要がある。それと同時に，今後の研究では，このモデルと達成動機の他の理論的な枠組みとの概念的な類似性や相違について検討しなければならない。今後の重要な研究テーマになると思われるのは，課題の決定要因と派生する結果，接近-自我目標，回避-自我目標がスポーツ状況によって異なるのかどうかをさらに探求することであり，同様に，スポーツ領域におけるこれらのさまざまな目標を精神測定学的に確実に評価できるような手法を開発するさらなる研究である。

結論

KaplanとMaehr (1999)は，最近，達成目標についての研究をレビューして，課題目標の起源，自我目標の起源，およびそれらの測定はいまだに意見の一致をみていない問題領域であると結論づけている。Kaplanらは，多くの重要な構成概念はさまざまなパラダイムの知見を結合する包括的な枠組みにいずれは統合されなければならないと主張し，動機づけの矛盾した見解と思われるものを解決しようとしている。またKaplanらは，文脈過程と社会過程の果たす役割は，明らかに注意すべき領域になっており，調査に基づいた研究や実験プロトコル以外にも他の方法論（構成主義や質的アプローチのような）が必要であると示唆している。最後になるが，KaplanとMaehrは，目標指向とは世間に対する人々の見方や反応の仕方に影響する欲求・価値・スキーマの特別な表出なのかどうかを議論し，将来の研究として，"目標指向は，どのように，そしていつ特殊な事例に関連するようになるのか？"という問題を投げかけている。

特に身体領域における達成目標の研究に関連して，これらは解決すべき重要な問題であり，考察すべき重要な方向になっている。この領域の研究がさらに進めば，スポーツの動機づけ研究は先頭を切り続けるばかりか，より重要なことに，この文脈における動機づけ過程と達成行動の概念的な理解がさらに拡張するものと思われる。

第17章

帰 属
過去，現在，未来

本章では，スポーツと運動における帰属の研究および帰属関連過程の研究についてレビューする。初めに簡単に歴史的な概観と"古典的"な帰属理論の概略について述べる。第2に，身体活動の文脈，主としてスポーツにおける帰属について，先行要因，帰属スタイル，バイアス，行為者-観察者の帰属の違い，自発的な因果思考，測定の問題の見地から，スポーツにおいて"自然に生ずる"帰属の新しい研究法も含めて議論する。第3に，学習性無力感，能力の本質に関する信念，帰属の再訓練を含めて，期待，感情，行動といった帰属の結果についても記述する。最後にSkinner(1995, 1996)の制御感の主体-手段-目的分析を使用して，帰属の構成概念を理論的に分析する。

基本概念の修正

本節では帰属の基本概念を手短かに取り上げる。社会心理学では帰属のトピックスが十分に記述されているので，新しい事柄の提示よりはレビューの方が役に立つように思われる。帰属とは，人が自分自身や他者に関連する事象の原因または理由だと認知することである。研究者は"因果的帰属"という用語をしばしば使用することもある。しかしながら，帰属が実際に因果的かどうかについては議論の余地がある。因果的に考えること(causal thinking)と因果的な思考(causal thought)は適切な関連用語ではあるが，本章ではこの用語は使用しない。スポーツ状況などの達成状況での帰属については多くの研究があるが，帰属研究はさまざまであり，健康，法律，家族療法，社会提携，臨床心理学の状況といった広範な応用領域まで網羅している(Weary, Stanley, & Harvey, 1989)。同様に，研究者は帰属分析を使用して，個人内，個人間，集団間，社会といった各レベルにおける行動について検証と説明を行っている(Hewstone, 1989)。

スポーツ心理学や運動心理学など，多くの心理学領域では，帰属の研究は1970年代の初めからポピュラーなものとなっている。スポーツ/運動関連の著書には書籍全体で帰属理論を取り上げているもの(Hewstone, 1989；Weiner, 1986)もあり，章を含めて，かなりの部分を帰属関係の記述に当てている。例えば，FiskeとTaylor(1991)の社会的認知についての初期の書籍では，帰属についての記述に2章を割き，全頁の13%を充てていた。Biddle(1994)は，International Journal of Sport PsychologyとJournal of Sport(& Exercise)Psychologyに1979〜1991年の間に掲載された動機づけに関するすべての論文を分析したところ，帰属に関する論文の数がもっとも多く，動機づけに関する論文224編の12.9%に上ることが明らかになった。

最近では関心の低下傾向がみられるものの，このように，帰属は依然としてスポーツ心理学や運動心理学のポピュラーなトピックスになっている。関心が低下した理由については，後に議論する。しかしながら，心理学の他の領域で使用している多くのアプローチと比較すると，スポーツと運動における帰属研究の多くは範囲が限られたものとなっており，帰属理論の全体的な利用は多くはない(Biddle, 1993)。さらに，著者らの考えは，Wearyら(1989)の"研究者にとって，帰属アプローチは人間条件についての犯すべからざる神聖な学派ではなく，むしろ研究にとって非常に有用なアイディアや知見の源泉になっている"(p.vii)という意見と一致している。

最近，心理学では，認知や社会認知のパラダイムへの関心が高まっているが，帰属理論はHeider(1944, 1958)の研究にまで遡ることができる。最近の理論もこの領域に多大に影響しているが，それらの多くはHeiderの理論化を基にしたものである。Bem(1972)，Kruglanski(1975)，SchacterとSinger(1962)，Seligmanら(Abramson, Seligman, & Teasdale, 1978)の研究は帰属理論と応用に大きく影響しているが，JonesとDavis(1965)，Kelley(1967)，Weiner(1986：Weiner et al., 1972)が提唱した見解は現在もっとも有力なものになっている。本節

で概説するこれらの見解の中には，スポーツ心理学の研究ではほとんど使用していないものもあるが，スポーツ文脈における帰属過程の研究を理解する上で，ここで手短かに歴史を概観しておくことは重要と思われる。

Heiderは帰属理論の創始者といわれている。多くの研究者は彼の初期の著書，"The Psychology of Interpersonal Relations"（1958）をその後の帰属理論との比較基準としてしばしば使用しているが，Heiderが"Psychological Review"に論文を発表したのはその約14年前のことであった。この論文（Heider, 1944）を，現在の帰属研究者は嚆矢として引用している。この論文でHeiderは，帰属所在（locus）の決定は"単位構成（unit formation）"の概念に関係すると示唆し，原因（起源）と結果はともに因果単位（causal unit）を構成し，原因と結果の類似性を調べれば事象についての推論や帰属が明らかになると述べた。同様に，Heiderは，人間は"原因の原型"であると信じて，"人への帰属"は状況への帰属よりも起こりやすいと示唆した。このような示唆は，責任の帰属と同様に，帰属エラーや帰属バイアスの研究を大量に生み出す元になっている。Heider（1958）は，著書の中でこれらのアイディアを発展させ，"素朴心理学（naive psychology）"，もしくは俗人の現象学（phenomenology of the layperson）として知られているものを形にし始めた。

このアプローチから，3つの基本命題が派生している。第1に，個人の行動を理解するには，個人が社会的環境をどのように知覚し記述するのかを最初に理解しなければならない。第2に，Heiderは，個人は安定的かつ予測可能な環境を努力して求め，周囲の環境を制御したり，他者の行動を予測したりしていると仮定した。第3に，事物や人の知覚過程は類似しており，人は他者の特性的な質に目を向けてその行動を理解していると示唆した。

E. E. Jonesは，1979年に，"行為から性質を把握する，あるいはより一般的に言って，行動からパーソナリティを推論することは，我々すべてにとってもっとも重要な普遍的活動になっている"（p.107）と述べた。この記述のおよそ14年前に，JonesとDavis（1965）は同じような推論を明確に述べていたが，それは，人は個人の性質あるいはパーソナリティの特徴を，その人の行動からどのようにして推測するかを説明しようとするものだった。それゆえに，このアプローチは，スポーツ心理学の文献でよくみられるような自己知覚ではなく，むしろ社会的（"他者"）帰属の1つになっている。例えば，人は，快適な条件下でよりも，むしろ不利な条件下で練習に集中している選手の観察から，選手が競技に関わっている情報をより多く得ている。

Kelley（1967, 1972）の考え方は，JonesとDavis（1965）とそれほど異なっているわけではない。Kelleyは，自らの共分散の原理を利用して，人間は，随伴条件や環境が事象変化とともに変動するかどうかという情報を処理することで，事象の原因に到達すると示唆した。これは，事象や結果（従属変数）を関連条件（独立変数）との関係から調べる実験的手法（主として統計学のANOVAモデル）と類似していると考えた。このように，KelleyとMichela（1980, p.462）は，"結果は，それと共変する要因に帰属している"と述べた。

Weinerの達成帰属理論

帰属理論の分野にBernard Weinerが果たした貢献は非常に重要であり，特に達成文脈に関連する帰属過程領域に大きく貢献した（Weiner, 1979, 1980, 1985a, 1986, 1992, 1995；Weiner et al., 1972）。Weinerの最初の研究では，学業成績での成功と失敗の帰属反応が中心を占めていた。この学業成績についての研究は，帰属と感情の結びつき，帰属−感情関係の行動的な相関，日常生活における人の自発的な帰属の有無，社会行為に関する帰属思考の重要性についての研究へと展開した。Weinerの達成動機と感情の帰属理論を図17.1に要約する。この理論は，帰属的な思考を生み出すようなある成果の単純な概念をそれぞれの次元に組み込んだ構成になっている。これらには特別に心理的かつ行動的な結果が伴っている（Weiner, 1986, 1992, 1995）。

この理論では，成果はポジティブまたはネガティブな感情（帰属−独立感情）を生み出し，成果の理由探しを惹起していると述べている。成果の理由探しは，ネガティブ，予想外，重要な成果の場合に生じやすくなっている。さまざまな先行要因が，これらの帰属の性質に影響すると思われる。また，帰属それ自体が重要な次元を組織し，期待の変化や情動感情（帰属−依存感情）といった帰属の心理的結果に影響するとしている。最終的に，これらの結果は，助力もしくは達成動機などの行動に影響するものと思われる。Weinerモデルの側面は，達成や親和状況を含むさまざまな文脈の研究によって検証されている。モデルの中心にあるものは，人が帰属思考を原因の所在，安定性，統制可能性の次元に体系化しているという信念である。

帰属先行とスポーツにおける帰属

スポーツ心理学における帰属理論の研究の多くは，個人差，期待，帰属自体の性質といった帰属先行変数を取り上げている（Biddle, 1993）。初期の研究は主に記述的であり，Weinerら（1972）のアプローチを使用していた。Weinerらは，Heiderの理論を基にして，達成文脈に関係する主な4つの帰属（帰属要素）として能力，努力，課題の困難性，幸運を明らかにした。

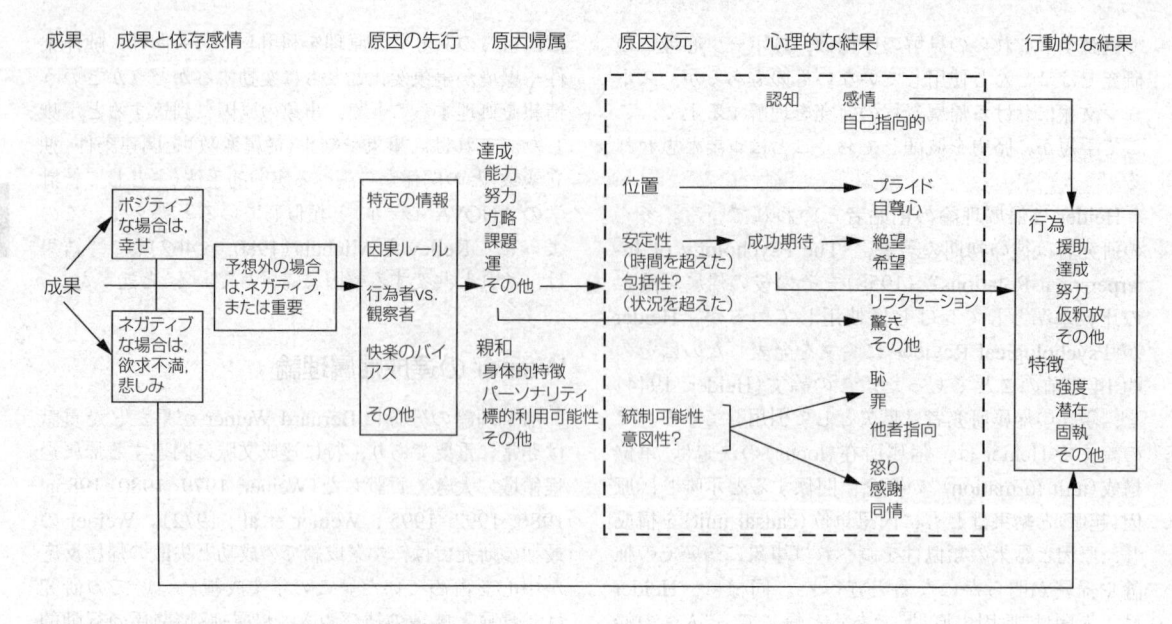

図 17.1　Weiner の動機づけと感情の帰属理論
(B.Weiner, 1986. *An attributional theory of motivation and emotion*. New York : Springer-Verlag より許可を得て転載)

　これらの帰属要素は，達成状況に固有の帰属とはしなかった（Weiner, 1980）。それにも関わらず，この帰属要素には 2 つの大きな批判がある。第 1 の批判は 4 つの要因は実験研究を通して導き出されたものではないことであり，第 2 の批判は多くのスポーツ心理学者が初期の研究ではこれら 4 つの要因だけを採用したことである。

　Weiner ら（1972）は，これら 4 つの要因を帰属次元に分類した。Weiner の最初のモデルは周知のものであり，このモデルによって，帰属を統制の所在の次元と安定性の次元に分類している。統制の所在の次元について言えば，個人に関連する帰属は内的なもの（能力と努力）であり，個人の外部にある帰属は外的なもの（課題困難性と運）である。我慢強さに関連する帰属は安定（能力と課題困難性），より変動的な要因は不安定（努力と運）としている。その後，Weiner（1979）は統制可能性の次元を追加し，所在の次元を改めて"原因の所在"と呼んだ。また統制可能性を，個人の統制下にあると認知する要因（例えば，努力）によるものと，そうでない要因（例えば，生まれつきの能力）によるものに区分けした。

　最初のスポーツ帰属研究の 1 つであり，リトルリーグの野球選手を調べた Iso-Ahola（1977）の研究は，成功と失敗のケースで努力にはさまざまな帰属的意味があると述べた。また努力は，勝利場面では能力と結びつくが，敗北場面では運や課題困難性と結びつくことが明らかになった。Iso-Ahola は，この結果から，努力は，勝利した時には内的要因として扱われ，敗北した時には外的要因として扱われるものと解釈した。

他の研究でも，Weiner の基本的な 4 要因が次元に適合するかどうかを疑問視している。Carron（1984）は，体力に関連する能力は，相対的に安定しているというよりも不安定なものとみなすことができると示唆した。同様に，課題困難性は，対戦相手の特徴，風や気温といった環境条件に依存するために，必ずしも安定しているものではない（Deaux, 1976）。Weiner（1983）もこの分類システムの欠点を認め，個人は能力，努力，課題困難性のすべてを内的また外的なものとして認知していると述べた。

　さらに，伝統的な 4 つの要因が必ずしも統制所在の次元や安定性の次元にうまく適合するとは限らないことに加えて，これら 4 つの要因を区分けして厳密に使用しなければならないことが初期のスポーツ研究によって明らかになった。Iso-Ahola と Roberts（1977）は，彼らの研究に 8 つの帰属要因を含めて，課題困難性や運といった伝統的な理由よりも練習不足や"他者"の方が，失敗のより重要な外的理由になることを明らかにした。同様に，Bukowski と Moore（1980）の観察によれば，少年が競技の成功や失敗を課題困難性や運に帰属させることはほとんどなかった。スポーツ帰属についてのその他の研究でも，伝統的な 4 つの要因への帰属を示したものは実験参加者の半数未満に過ぎなかった。例えば，Roberts と Pascuzzi（1979）は，アメリカの大学生に自由記述の質問紙を配布し，複数の異なるシナリオに可能な帰属を示して多様なスポーツ場面に回答するように依頼した。その回答を整理すると，実験参加者は能力，努力，課題困難性，運をその場面の 45% しか使用しておら

ず，これら4つの要因に依存するスポーツ帰属の研究には限界のあることが明らかになった。しかしながら，これらの要因の分類により，研究者はすべての帰属を配置した"基本的な所在×安定性モデル"が使用できるようになった。

スポーツ状況で起こり得る帰属が多様なことから，スポーツ研究は基本的な4つの要因よりも，むしろ原因の次元に焦点を絞り込むべきだとする示唆もある(Hanrahan, 1995)。しかしながら，スポーツでの帰属次元の本質を広範に調べた研究は少なく，大半のスポーツ心理学研究は，統制の所在，安定性，より最近では統制可能性の次元を無批判的に受け入れている。帰属理論では，帰属次元の性質に関するいくつかの議論が継続している。例えば，内的／外的な違いにはある程度の支持があるが，他の次元の支持はそれほど強くない。最大の問題になっていると思われるのは，おそらく，実験参加者が帰属の次元をどのように認知していると述べていることではなく，かなりの研究が帰属の分類次元を確定している研究に基づいていることである。

スポーツの帰属要素と次元の評価

ほとんどすべての帰属研究の帰属事象は，ポジティブあるいはネガティブあるいはその両方になっている。ポジティブな事象に対するある人の帰属とネガティブな事象に対する帰属を同じものと考えることは間違っている。ポジティブな事象およびネガティブな事象への帰属は，個別に測定すべきであると言われている(Tenenbaum, Furst, & Weingarten, 1984)。これらはしばしばスポーツにおける成功と失敗に関係している。しかしながら，成功や失敗という人の認知は，勝利や敗北といった客観的な成果とは別物である。これは注目すべきことである。人は常に敗北を失敗，勝利を成功と考えているわけではない。成功と失敗は，個人が成果の意味を個人の特性として主観的に認知した心理状態である(Maehr & Nicholls, 1980)。したがって，帰属を測定する場合には，成功や失敗の主観的な解釈を使用しなければならない。

帰属を研究する際には，参加者の実際の反応，もしくはその反応が示すであろう帰属次元を使用することができる。前述のように，実際の反応(要素)とは，人が事象に与える特異的な原因である。定性的な研究では，実験参加者のあるがままの帰属内容を分析して，特異的な状況への反応を洞察している。例えば，特異的な状況下で審判がその判定を下す理由を理解することは，コーチにとって有用と思われる。この状況では，詳細かつ定性的なデータは，原因の所在，安定性，統制可能性，包括性といった帰属次元の評価よりもさらに有用なものになっている。このアプローチをスポーツに使用した研究はこれまでない。

問題が起こるのは，研究者が次元に沿って帰属を要約しようとする時や，さもなければ帰属次元のカテゴリーを仮定する場合である(Russell, 1982)。Weiner (1986)は，実験参加者は能力，努力，課題困難性をすべて安定したもの，または不安定なものと認知して，運を人にとって内的および外的なものと考えていると述べた。したがって，ある事象の原因が努力不足にあると実験参加者が述べたとしても，その事象の原因の認知が安定したものなのか，それとも不安定なものなのかを研究者が知ることは困難である。同様に，参加者がパフォーマンスが劣っている原因を"対戦相手の守備の方がうまかったから"と述べた場合でも，これを内的な原因だと認知しているのか外的な原因だと認知しているのかはわからない。しかしながら，参加者が自らの帰属を原因の次元に沿って評価する場合には，解釈の問題を回避することができる。すなわち主要な問題は，人はどの原因の次元に沿って自らの帰属を評価すべきなのかということである。スポーツ・運動心理学では，原因の所在，安定性，統制可能性という3つの帰属次元を含むWeinerのモデル(1979)を広範に採用している。他の多くの帰属研究では，包括性の次元や意図性の次元も追加提案している。

包括性の次元は，特定の事象にのみ影響すると思われる原因(特異的な帰属)と，多くのさまざまな事象に影響すると思われる原因(包括的な帰属)の違いを表わしている。研究者は，"抑うつの帰属スタイル"(Seligman, Abramson, Semmel, & vonBaeyer, 1979)を調べた時に，包括性を原因の所在や安定性と同じく重要な帰属次元の1つとみなした。この帰属スタイルは，統制できないネガティブな事象を，内的，安定的，包括的な原因に帰属することを含んでいる。Prapavessis と Carron (1988)は，テニスの試合において，客観的にはっきりしている敗北の帰属を調べ，スポーツにおける帰属を調べる際には包括性が有効な次元になることを明らかにした。研究の結果によれば，学習性無力の症状を示した選手は，それらの症状を示さなかった選手と比較して，敗北をより広く内的・安定的・包括的要因に帰属していた。

多数の研究者が，原因の次元として意図性の概念を使用している。しかしながら，意図性の意味にはほとんど合意していない。Elig & Frieze (1975)は，原因の記号表に意図性の次元を入れている。彼らは意図的な原因を，人の意識的な統制下にあるものと定義した。この場合，意図性は統制可能性に等しいものと思われる。同様に，Russell (1982)が作成した原因次元尺度(CDS)の原型版では，意図性が統制可能性を測定する評定尺度の1つになっていた。意図性の次元の理論的な解釈には明瞭さが欠落しているとされており(Kelley & Michela, 1980)，それを疑問視する研究者もいる(Weiner, 1986)。しかし，統制可能性と意図

性の区別を支持する研究者もいる(Hanrahan, Grove, & Hattie, 1989)。スポーツ帰属スタイル尺度(SASS)の確証的因子分析によって，これら2つの次元の使用は信頼に値することが明らかになった。

ポジティブな事象の帰属を考えた場合には，統制可能性と意図性の独自性に関する混乱が顕著なものになるものと思われる。統制可能と感じられる帰属は，同じくらい意図的と感じられるものと思われる。Hanrahanら(1989)は，ポジティブな事象に帰属した場合，これら2つの次元の相関係数は0.67であったと報告した。他方，ネガティブな事象に帰属した場合は，これら2つの次元の相関係数は0.38まで低下した。したがって，ネガティブな事象の意図性と統制可能性の区別はもっとも重要である。拙いパフォーマンスを意図的に行ったことを示す選手はほとんどいないので，これは理にかなっている。しかしながら，拙いパフォーマンスを統制可能な要因に帰属する場合には，将来の改善が期待できる。拙いパフォーマンスを観衆や他の競争相手の妨害に帰属させることは，非意図的だがまだ統制できる帰属の例になっている。

スポーツと運動の帰属を評価する尺度

スポーツ/運動に特化した，帰属を評価する質問紙はほとんどない(Biddle & Hanrahan, 1998)。論文の報告としては，SASS(Hanrahan et al., 1989)やWingateスポーツ達成責任尺度(Wingate Sport Achievement Responsibility Scale : WSARS ; Tenenbaum et al., 1984)がある。これらはいずれも特性帰属の測度である。加えて，研究者はパフォーマンス結果測定(Performance Outcome Survey : POS ; Leith & Prapavessis, 1989)やCDSのスポーツ版も開発している。PrapavessisとCarron(1988)は，帰属スタイル質問紙のスポーツ版を報告している。

精神測定的に標準化した尺度が開発される以前のスポーツ帰属の研究では，チェックリストを使用して個人の帰属を評価したり(Vallerand, 1987)，これらを個人の帰属として分析したり(Biddle & Hill, 1988)，研究者やデータ整理の手続きによって帰属次元に分類したりしていた。Russell(1982)は，初期の批判に応えて，Weiner(1979)の帰属の3次元モデルに基づいてCDSを開発した。CDSとその改訂版のCDS II (McAuley, Duncan, & Russell, 1992)は，研究者がこの十年間にもっとも広範に使用してきた状態帰属測度である。CDSは次の2つを前提にしている；(1)帰属要因の次元の特徴を決定するのは研究者ではなく実験参加者なので，研究者が基本的な帰属の誤謬を犯す可能性を低減もしくは除去することができる，(2)帰属は原因の所在・安定性・統制可能性の3つの次元に分類することができる。

Russell(1982)は，2つの研究のうちの1つ目の研究で，所在次元に3項目，安定性次元に3項目，統制可能性次元に6項目のSD尺度を設定した。学生の実験参加者は，尺度上に8つの異なる仮想達成シナリオに対する反応を評定した。参加者にはシナリオとその結末に関連する帰属を提示した。帰属は安定した努力，不安定な努力，能力，ムード，他者の安定した努力，他者の不安定な努力，課題の困難性，運であった。12尺度のすべてで各シナリオの帰属を評価した。例えば，所在の項目の1つは外部と内部，安定性の項目の1つは永続的と一時的，統制可能性の項目の1つは他者に責任があるというものと他者に責任がないというものであった。全項目の表現はWeiner(1979)の3次元を反映していたが，統制可能性の次元だけは内的と外的原因要素の両方を包含するように修正していた。言い換えると，統制可能性は，行為者による制御あるいは他者(例えば，対戦相手)による制御が反映している。

最初の心理測定の分析によって，所在と安定性の下位尺度の妥当性が明らかになった。しかしながら，統制可能性の下位尺度の弁別的な妥当性に関しては，所在の尺度と重複したために確認することができなかった。唯一，"意図的あるいは非意図的"の項目だけが"統制可能性を適切に測定していることが明らかになった"(Russell, 1982, p.1140)。しかしながら，Russellはこの1つ目の研究では要因構造を検証しなかった。2つ目の研究では，6つの所在と安定性の項目を1つ目の研究から引用し，統制可能性の項目を前述の"意図性"の項目に新たに2つ追加した。これによって，RussellのSD尺度は，各帰属次元に3項目を配当した計9項目の尺度になった。心理測定の評価は概してポジティブなものであった。

スポーツ・運動心理学では研究ツールとしてCDSを盛んに使用しているが，身体領域ではCDSの厳密な心理評価をしていない。McAuleyとGross(1983)は，体育を受講中の大学生にCDSを使用した結果について報告した。それによれば，統制可能性の下位尺度の内的整合性は低かったが，所在と安定性の下位尺度は適切なものであった。残念なことに，標本数は因子分析に適するほど大きくはなかった。

スポーツと運動に関するその他の研究でも，CDSを使用して帰属を評価している。しかしながら，Van Raalte(1994)は，大学生の統制の所在と統制可能性を調べて，CDS下位尺度の内的整合性が低いと報告した。Grove, Hanrahan, McInman(1991)は，CDSの心理特性は検証しなかったが，選手・審判・観衆にCDSを実施した結果，CDSの使用はさまざまなスポーツ状況に適していると報告した。最後に，Morgan, Griffin, Heyward(1996)は，適度な人数の多様な民族の陸上競技選手(N=755)にCDSを使用したところ，満足する結果が得られたと報告した。

CDSの開発は，実験参加者の視点から帰属次元を

評価する突破口になった。しかしながら，Russell (1982) が論文を出した時分にも，多数の潜在的な問題が明らかになっていた。第1の問題は，仮定した達成状況だけを用いて，CDS を開発したことだった。Russell はこの問題を認識していたが，仮定した達成状況下と同様に現実状況下でも CDS は使用できると仮定していた。第2の問題は，CDS の心理測定の証拠が，実験参加者の帰属のみに基づいていたことであった。自由反応の帰属と用意した帰属との差異については何んら報告がなかった。CDS の教示では"自らが先に記述した理由について考える"ようにと実験参加者に求めている。これは，ひとつ以上の帰属をしたり，またはその理由が明確でない場合には問題となる (Leith & Prapavessis, 1989)。さらに，ある人が因果的思考をどのようにでも適切に記述することができるかどうか，そして実際に帰属について十分に考えているかどうかも，状況によっては問題になる。

Russell (1982) の最初の CDS 研究によって，統制可能性の評価項目に関するいくつかの問題点が明らかになった。Russell は，最終的な9項目の尺度の中の統制可能性の3項目を，"統制可能性"（アイテム2），"意図性"（アイテム4），"責任性"（アイテム9）と呼んでいる。このアプローチには，概念的また実証的な見地からの批判がある。第1の批判は，意図性と責任性が統制可能性と概念的に関係するかどうかが不明であることであり，第2の批判は，これらの概念をそれぞれ独立的なものとみなす証拠が存在していることである (Biddle, 1988)。加えて，仮定した達成状況に対する学生の反応に応じて，CDS を開発したことである。そこで述べられた次元や項目の表現が，あらゆる状況や現実の達成文脈に適切なものかどうかは明らかになっていない。さらに，所在や統制可能性といった次元の相互関係は，状況によって変化するものと思われる。

Russell (1982) は，内的な統制源と外的な統制源をともに含むように Weiner (1979) の統制可能性の定義を修正した。これが CDS の3つの統制可能性の項目であり，潜在的にあいまいな陳述文を含んでいた。アイテム2（統制可能性）とアイテム4（意図性）は"あなた，あるいは他の人"で，アイテム9は"誰にも責任がない"と"誰かに責任がある"となっている。"あなた"が統制可能なものと，他人によって統制されるものはまったく別ものである。同じように，"誰かに責任がある"というのは，私もしくは私の対戦相手に責任があることを意味している。私に責任があるということと私の対戦相手に責任があるということはまったく別ものである。さらに，アイテム2では，原因あるいは理由を統制可能なものと認知しているかどうかに触れている。これは，原因を実際に制御しているという信念とは別ものである。CDS の開発は，帰属者の視点から原因次元を評価する点で重要な進歩であ

り，帰属の研究者にとって基本的な誤謬を犯す危険性が低減するとの期待があった。しかしながら，多くの方法論的な問題は未解決のままになっている。これが CDS II の開発を促し (McAuley et al., 1992)，その結果，現在ではスポーツ・運動研究で CDS II を採用するようになっている。

McAuley ら (1992) は，CDS II を作成し，4編の研究でそれらを検証した。その中の3編は，スポーツと運動文脈の研究であった。CDS の改訂版は，所在と安定性の下位尺度項目をそのまま残し，統制可能性の項目に修正を加えたものになっている。1つ目の研究では，大学生に心理学の試験結果を報告した後に CDS への回答を求めた。McAuley らは CDS の原型版に10項目を追加してそれを使用した。これらの新しい追加項目は，主観的統制と外的統制を反映するもの5項目ずつであった。分析後，3項目は主観的統制の下位尺度を，3項目は外的統制の下位尺度を表わしていることが明らかになった。興味深い点は，CDS の原型版にあった統制可能性の3つの項目をすべて削除していたことだった。この削除過程は，CDS II はそれぞれが3つの項目からなる4つの下位尺度で構成されていることを意味していた。

CDS II の因子妥当性は，各研究のデータに，確証的因子分析を適用して検証した。データは，仮定した4因子斜行モデルとうまく適合していた。加えて，2因子，3因子のモデルとはあまりうまく適合していなかった。McAuley ら (1992) が CDS II の開発に使用した4編の研究中3編が身体領域のものであったことを考えれば，心理測定には，スポーツ・運動状況におけるツールとして足り得るかなり強力な証拠があると思われる。CDS II には，10～16歳の小児版もある (CDS II-C) (Vlachopoulos, Biddle, & Fox, 1996)。体育授業の持久走後に，帰属，目標指向，感情反応を4因子8項目の尺度で調べた結果，この尺度は妥当な心理測定法であることが明らかになった。確証的因子分析では4因子の斜行構造を支持していた。全項目がそれぞれの適切な因子に統計的に有意な因子負荷量を有していたが，各下位尺度内の2つの項目の相関は低かった。帰属の測定は依然として研究の中心的な課題になっており，ある程度の前進もみられている。しかしながら，著者らが CDS II を使用した経験では，成人では理解が困難なことが明らかになっている。加えて，CDS II-C の有効性については，さらなる検討が必要と思われる。

帰属スタイル

研究者は状況や時間を越えて特定のものに帰属させる傾向を，"帰属スタイル"と呼んでいる。Peterson らがこの"特性"を測定しようとしたにも関わらず (Peterson et al., 1982 ; Peterson & Villanova, 1988)，す

べての研究者はこれを有意味なもしくは有益な概念として容認していない。例えば、Cutrona, Russell, Jones (1984)は、Peterson ら(1982)の帰属スタイル調査票 (ASQ)は実際のネガティブな事象の帰属をうまくは予測していないと指摘した。しかしながら、メタ分析をレビューした Sweeney, Anderson, Bailey (1986)は、うつ病における帰属スタイルの概念を支持していた。

一般的に帰属の状態測度は、ある共通の事象について帰属を行っている実験参加者を対象にしており、他方、帰属の特性測度は、多数の事象について帰属できる実験参加者を対象にしている。回答者が同一の経験をしている保証はないことから、帰属スタイルを測定する質問紙は、仮定的な状況に一般的に依存している。

もっとも使用頻度が高い帰属スタイルの測度は、おそらく ASQ (Peterson et al., 1982)であり、6つの良い結果と6つの悪い結果を含む12の仮定状況がこの測度を構成している。まず回答者に対して、それぞれの状況において、記述した成果の主要な原因に名前をつけるよう求める。次に、内部性(原因の所在)、安定性、包括性の程度に応じて、各原因を7件法の尺度で評定する。Petersonらは、ASQを調べ、ASQには構成、基準、内容の点で妥当性があることを明らかにした。しかしながら、ASQの個別次元の識別は、特にポジティブな事象においては正確でないことも明らかにした。

スポーツの帰属スタイルの測定

帰属スタイルは特性尺度であるが、領域固有の評価が必要になっている(Cutrona et al., 1984)。したがって、スポーツ関連の帰属スタイルを調べる場合には、一般的な尺度ではなく、むしろスポーツ固有の尺度の使用が相応しい。スポーツ成果の成功および失敗を評価するために忍耐傾向を測定しようとした最初の尺度の1つに、Wingate スポーツ達成責任尺度 (Wingate Sport Achievement Responsibility Scale: WSARS; Tenenbaum et al., 1984)がある。WSARSはスポーツ関連成果の責任感を測定するように工夫したものだが、原因次元の所在だけを考慮したものになっている。

Hanrahan ら(1989)は、スポーツ帰属スタイル尺度 (SASS)を開発した。その開発は次の前提に基づいていた；(1)客観的な勝利や敗北の成果の代わりに、成功や失敗の主観的な解釈を使用しなくてはならない、(2)測度は多様な原因帰属を考慮したものでなければならない、(3)帰属は5つの次元―原因の所在、安定性、包括性、統制可能性、意図性―に分類することができる、(4)その内容を考慮し、ポジティブな事象またはネガティブな事象に帰属すべきである(Corr & Gray, 1996 ; Xenikou, Furnham, & McCarrey, 1997)、(5)研究者が原因帰属を原因次元に正確に分類できるとは思えない、(6)帰属スタイルを測定するには多項目構成の質問紙を使用しなくてはならない。

当初、SASSには、スポーツの内容に対応した12のポジティブな事象と12のネガティブな事象が入っていた。もともとは、他の帰属スタイル尺度の項目を修正したものであった。回答者には、それぞれの事象が自分に生じたと仮定した時に、そのもっともありそうな原因を1つだけ回答し、その原因について、各次元の7件法の尺度で評定するように求めた。

尺度の最初の研究では、体育科の大学生約300名がSASSに回答した(Hanrahan et al., 1989)。確証的因子分析の結果から、ポジティブな事象、ネガティブな事象にはともに5つの次元のあることが明らかになった。さらなる心理評価の後に、16項目となった。

最初のSASS研究では体育科の大学生を実験参加者にしたために、追加研究では大学生以外の選手にSASSを実施して、SASSの因子構造と内的整合性を検討した(Hanrahan & Grove, 1990a)。確証的因子分析によって従来のSASSの因子構造を確認したが、下位尺度の8/10で、最初の研究で対象とした大学生よりも高い因子負荷量を示すことが明らかになった。これらの結果は、SASSが大学生以外にも適切に使用できることを示唆している。16項目版のSASSは回答に20～30分を要するために、10項目の短縮版の可能性も検討した(Hanrahan & Grove, 1990 b)。4つの異なる集団に3つの異なる10項目版を使用した結果、16項目版と10項目版の相関は一貫して高かった。この結果から、3つの短縮版はすべて研究に使用できることが明らかになった。前述の帰属スタイル以外については、学習性無力感における帰属の役割と帰属スタイルの議論と併せて本章の後半で示すことにする(Peterson, 1990)。

利己的バイアス

スポーツにおける帰属の研究は、利己的バイアスの概念を支持している。この"快楽的なバイアス"は、方略が自尊感情の保護や増強の働きをすると示唆している。一般的に、成功を自分の手柄にして、失敗を自分の責任にしないのは、これが原因になっている。したがって、自尊感情を保護するために、帰属には失敗の理由を外的な原因に求めるように歪みが生じると思われる。あるいは、人々は、失敗の結果の責任よりも、成功あるいはポジティブな結果の責任の方がより自分にあると実際に考える可能性もある。この歪みは動機づけが影響した結果であると思われる。そして、重要と思われる状況ではいっそうこれが起こりやすくなる。

Miller と Ross (1975)のレビューによって、内的な帰属は成功状況に共通しているが、失敗状況の自己防衛的な帰属はそれほど共通していないことが明らかに

なった。スポーツ心理学での利己的バイアスに関連する多くの研究では，勝者と敗者の帰属の違いを調べている。例えば，CDS を使用した McAuley と Gross (1983) の研究から，卓球の試合の勝者は，敗者よりも，内部性，不安定性，統制可能性の帰属で有意に高い得点を示すことが明らかになった。Grove ら (1991) は，利己的バイアスの問題を，選手・コーチ・観客の視点から取り上げた。Grove らは CDS の改訂版を使用して，男子と女子がバスケットボールの試合での勝利と敗北の双方に関わる 3 つのカテゴリーそれぞれの帰属次元を評価した。ジェンダーと関与のカテゴリーに差はなかったが，試合の成果には有意な効果があった。勝利の状況は，敗北の状況と比較して，より安定しかつ統制可能な帰属をもたらした。勝者と敗者の帰属の間には，原因所在の次元での差がなかった。

Mullen と Riordan (1988) は，スポーツにおける帰属，とりわけ利己的バイアスを中心にした帰属のメタ分析を報告した。その結果，内的／外的次元（ES=0.33）と能力帰属（ES=0.31）に中程度の効果サイズ（ES）がみられたが，努力の効果サイズ（ES=0.20）はより小さな値を示した。ほとんど効果がなかったものは，課題困難性（ES=0.09）と運（ES=0.10）であった。Mullen と Riordan は，"データは，意図的な動機づけ理論と矛盾しており，非意図的な情報処理理論とより容易に調和している"と結論づけた（pp.16〜17）。このような結論が出た理由は，内的／外的次元と能力の帰属の利己的な効果サイズがチームの大きさとともに増加したことである。困難性への帰属は，集団の大きさとともに低下していた。全体的にみれば，効果サイズはチームスポーツでのチームパフォーマンスへの帰属に対してより大きくなり，個人スポーツでの個人のパフォーマンスへの帰属に対してはより小さくなった。重要なグループ差がしばしば真の差を覆い隠してしまうことが，利己的バイアス研究の重要な要因の 1 つになっている。時々，勝者と敗者は内的な帰属を報告しているが，勝者の方がそれを敗者よりも有意に高く評価している。これまでに報告のある内的‐外的の違いは，実際には内的帰属の程度そのものを示している可能性があると思われる。

行為者‐観察者の帰属の違い

スポーツ心理学の研究は，観察者による帰属よりも自己帰属の研究に偏っている。"他者"の帰属について調べた研究は多岐に渡っており，ある分野ではこれらのアプローチが成果を上げているにも関わらず（Biddle, 1986, 1993；Rejeski, 1979），スポーツ心理学は他者帰属問題に答えていない。Jones と Nisbett (1972) は，実験参加者（行為者）の帰属と行為者の行動に対する観察者の帰属を区別した。この行為者‐観察者の区別は，"発散的な見方"の仮説と呼ぶこともある。というのも，両者は同じ事象の情報を異なる方法で処理して異なるタイプの帰属を行うと研究者が考えているからである。

Jones と Nisbett (1972) は，行為者が一般に状況的帰属を行って自らの行動を説明するのに対して，観察者は帰属を個人の性質や特性を中心にしていると報告すると述べた。この傾向の理由の 1 つは，行為者には多くの過去の状況に及ぶ自らの行動に関する情報（"一貫性"の情報；Kelley, 1972）があるが，観察者が事象について推論する場合にはただ 1 つの状況の情報しかないことである。同様に，知覚要因がその違いを説明するとの示唆もある；すなわち，行為者の知覚は元来より外的で環境を中心にしているが，一方，観察者の知覚は行為者を中心にしている（Fiske & Taylor, 1991）。

この見方は選手‐コーチの相互作用といった領域に明らかに応用できるにも関わらず，スポーツ心理学ではあまりこの見方を採用していない。例えば，Rejeski (1979) は，発散的な見方によるアプローチが選手とコーチの間での帰属の葛藤の問題を理解する上で役に立つと示唆している。もう 1 つの応用領域としては，体育科の教師‐生徒の相互作用がある。例えば，Biddle と Goudas (1997) は体育の能力・努力・成果が異なる生徒と，それに対する教師の好みとの関係について調べた。特に，Biddle と Goudas は，中等学校体育科教師だけでなく，小学校体育科教師と体育科以外の教師を対象として調査した。実験参加者は体育における努力（高／低），能力（高／低），成果（成功／失敗）の異なる仮想的な生徒 5 名それぞれと関わりたいと思う度合いを 7 件法で評定した。図 17.2 のように，実験参加者は生徒の努力を好むことが明らかになっている。一所懸命努力することは，社会的な価値が認められている。本章の後半で報告する帰属と感情の研究も，こ

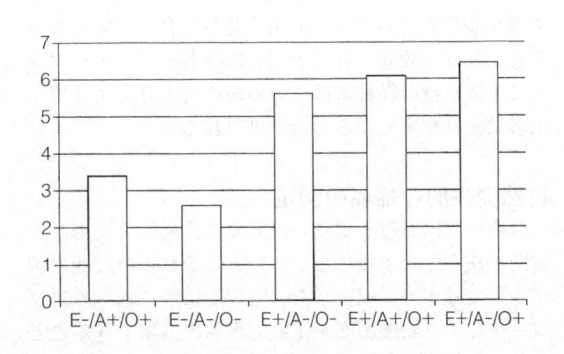

図 17.2 努力，能力，成果が異なる生徒に対する教師の好み

E=努力，A=能力，O=成果，＋=高／ポジティブ，
－=低／ネガティブ
(Biddle & Goudas, 1997 のデータによる)

のようなアプローチと一致している。努力を重視するのは、それが統制可能な帰属だからである。このように、教師は、成功が生徒自身の努力に負う場合には生徒の成功に対してより大きな喜びを感じ、同様に"失敗"に終わった場合でも一所懸命努力した生徒を教師は高く評価している。Weiner(1995)の社会感情理論では、高い目標に努力をもって挑戦したものの及ばなかった生徒には同情と憐憫が生じるが、能力の高い生徒が失敗した時には怒りがより表出しやすくなるとしている。

要約すると、研究者は発散的な見方の仮説をスポーツでは広汎に調べてはいない。しかし、この仮説には、多数の重要な感情や対人関係の問題を明らかにする可能性があると思われる。これらの問題には、教師あるいはコーチの反応、コーチと競技者の相互作用などが該当している。

スポーツの自発的帰属

初期のスポーツ帰属の研究では、もっぱら実験実施者が提示した帰属陳述を実験参加者が評定する方法を取っていた。これらの研究の結果には、多くの帰属を強力に容認する点や、ある帰属がある特定状況においては他の状況よりも起こりやすくなるという点で、合理的な一貫性があった。しかしながら、人間はスポーツ事象の後に因果的な思考に本当に関与するのかどうかという基本的な問題を提起している。スポーツにおける自然発生的な談話を分析した研究例はほとんどない(後節の質的方法による帰属の分析を参照)。

自然発生的な帰属の研究、とりわけ達成状況における大規模な研究はない。Weiner(1985b)は、"自然発生的な"帰属思考を検討した17の文献を探し出し、帰属は日常生活の一部としてこそ生じるという命題の支持を明らかにした。しかしながら、帰属は、目標を達成できなかった場合や、成果を期待できなかった場合には、より生じやすくなっていた。スポーツへの参加者が勝利や良いプレーに深く関わり合っていることを考えれば、敗者、特に予期せぬ敗者やパフォーマンスに不満を持つ競技者は、その他の者よりもより帰属思考に走りやすくなるものと思われる。

自然発生的な帰属の測定

スポーツにおける帰属の研究では、尺度を使用した質問紙法が主な手段になっている。それらの尺度の例についてはすでに紹介した。明らかに、これらのアプローチには、標準測度を比較的容易に適用できることや、比較的数量化しやすいデータを得ることができることなど多くの利点がある。しかしながら、これらのアプローチには大きな欠点もある。例えば、実験参加者は、自分自身興味がある質問や状況よりも、むしろ研究者にとって興味深いような(しばしば仮説的な)質問や状況に対して、研究者の定めた形式で反応しなければならない。質問紙法は、特定の時点において特定の質問への回答を要求するという意味で、反応"強制"型になっている。さらに、Munton, Silvester, Stratton, Hanks(1999)が指摘しているように、研究者は質問項目と操作文脈を一般的にそれぞれ独立的なものと考えている(すなわち、成果は通常、質問紙の枠組み内で考えることが困難であるような事象の因果連鎖の一部になっている)。おそらく、質問紙を使用するもっとも重要な点は、実験参加者が独自に"私的な認知"(p.30)の因果結論に到達することと、質問紙の目的がそれらの"私的な認知"の因果結論を研究者に開示することであると思われる。質問紙法を使用する場合、文脈的な枠組み内で意味を協議したり、明確に説明したり、原因を識別したりする機会は存在していない。"この方法(質問紙法)では、言葉と認知あるいは思考の間の微妙かつ複雑な関係を捉えることができない。因果関係の信念が自然な談話の中にある場合にだけ、人はそれらの信念を適切に理解することができる"(p.181)。

英国のリード家族療法研究センターのStrattonらは、質問紙開発者の文脈に帰属することが困難であるという問題に応えて、認知-行動の立場からリード帰属符号化システム(LACS)を開発した。このアプローチによって、帰属の質的なものを定量的に分析することが可能になった(Stratton, Munton, Hanks, Hard, & Davidson, 1988)。この符号化システムは、自然発生的な対話(LACSはもともと家族療法場面用に考案していた)からインタビュー・集団討議・スピーチまで、ほとんどの質的なデータに使用することができる。このような方法を使用すれば、"公的な帰属"(会話や文章による帰属)を文脈中で検討することができる。スポーツ状況において、チームのミーティング、コーチと選手の相互作用、メディアのインタビュー、試合後の分析といった社会的状況を考慮する場合には、この方法が明らかに有利になっている。この方法では因果連鎖や結果を自然文脈内で調べることができるし、前もって決定した状況への反応を強制する必要もない。

このアプローチのその他の利点を記述するためには、LACSの使用方法を説明する必要がある。Muntonら(1999)は、次の6つの過程を議論している；(1)帰属源の確認、(2)帰属の抽出、(3)帰属の原因要素と結果要素の分離、(4)"話し手""主体(agent)""標的"の同定、(5)原因次元への符号の帰属、(6)データの分析。

帰属源の確認

LACSを使用すればどんな逐語データも符号化することができる。通常は言語資料をテープに録音して逐語的に書き起こしている。例えば、多数の選手やコーチに開放型インタビューをして、トレーニングや試合

におけるスポーツ成果の原因だと彼らが思っているものを探っている。あるいは記述資料(例えば記録文書,手紙)を分析することもある。

帰属の抽出 帰属とは,"なぜ?"という質問に対する回答である。分析用の資料を同定した後に,特定の帰属を同定して,その資料から抽出する必要がある。

1つの帰属内には,あるリンクまたは複数のリンク(L)を介して,1つ以上の原因(C)を1つ以上の成果(O)に関連づけるような多数の構成要素がある。例えば;私のパフォーマンスは期待通りには行かなかった。なぜなら今週は準備不足だったから。成果(期待通りではないパフォーマンス)は,明確な接続語(なぜなら~)によって原因(準備不足)と結びついている。なぜなら~,~のせいで,~の結果として,といった明確な接続語がいつも帰属にあるとは限らないことに注目すべきである。実際のところ,原因に関連する帰属の側面には,明示的というよりもむしろ暗黙的なものがあると思われる。さらに,自然発生的な言葉の記述は複数の原因や成果を反映しているが,同じ文の中に常に反映しているとは限らない。例えば次のようにである;実際,私はそのセッションを気にしなかった。特に,天気がひどかったので,タイムは平均以下だったし,まったくエンジョイできなかったし,そう,おまけにつるつる滑るし。

多数の関連した原因によって,多数の成果が生じている。実際に,これがLACSの利点の1つになっている;LACSを使用すれば,原因と成果の長い連鎖を会話にすることができるし,原因とそれに関連する成果をテキスト内のそれらの位置に関係なく分析することができる。このように,LACSによって,豊かな文脈を明瞭に分析することができる。

帰属の原因要素と結果要素の分離 LACSでは原因と結果を別々に処理している。したがって,符号化の前にそれらを同定することは有益である。多数の約束事を筆記データに適用して,この符号化をやさしくしている(Munton et al., 1999 参照)。いずれの方法を使うにしても,符号化を行う者は,それぞれの結果とその結果をもたらす原因を明確に同定できなければならない。

話し手,主体,標的の同定 それぞれの帰属の陳述文のため,話し手(帰属を行う人),主体(結果をもたらす人または環境),標的(原因の影響を受け結果内に位置づけられる人または環境)を同定できなければならない。この段階では,研究テーマとして興味深い話し手や主体や標的(いわゆるSAT符号)用に1組の符号セットを開発する必要がある。符号セットは,インタビュー記録の部分標本から共通のSATを同定してすべての関連事象を包括する際に,しばしば有用なものになっている。例えば,コーチと選手の関係について調査中の著者らの研究から,次のSATコードが明らかになった;(1)コーチ,(2)競技者,(3)他の競技者(例えば,対戦相手),(4)コンディションまたは事象の特性,(5)競技者のパフォーマンス(競技またはトレーニング),(6)他者(競技者またはコーチ以外),(7)トレーニング計画あるいはその様相,(8)成果(順位),(9)棄権。

作業としては,同定したコードを使用して,コーチが抽出した次のものを符号化している。彼(競技者)はベストを尽くそうとし,このことがシーズンを通して改善につながった;

話し手:コーチ(1)
主　体:彼(競技者) (2)
標　的:競技者のパフォーマンス(5)

注意すべきことは,話し手・主体・標的が同一者の場合,あるいは違った人の場合,あるいは違った環境の場合もあり得ることである。今日では,この過程によって,研究者は原因の次元をそれぞれの関連において考察することができる(例えば,主体あるいは標的が話し手でない場合)。

原因次元への符号の帰属 原因次元の枠組みに特定の原因を当てはめることが,帰属分析の一般的な方法になっている(例えば,所在,安定性,統制の帰属次元を使用したCDS)。LACSには,原因の所在,安定性,統制可能性,普遍性,包括性といった次元がある。統計分析の目的から,LACSでは,各次元に対して3つの符号;0, 1, 2(解読不能)のいずれか1つを割り当てている。表17.1にこれを示す。強調すべきことは,話し手の視点からすべての帰属を考えていることである(例えば,話し手は,自分自身,主体,標的によって成果を統制することができると考えているのだろうか?)。符号化をする者が次元符号に関して意志決定をする場合には,陳述文や関連筆記資料の情報を使用しなければならない。

これまでの議論から明らかなことは,陳述文を話し手,主体,標的に関連づけて符号化するかどうかが,符号化のいくつかの次元(原因の所在,統制可能性,普遍性)に影響していることである。例えば,コーチが述べた次の言葉を考えてみよう;私は彼(競技者)が気分転換に芝生で練習するように手配したが,それは彼の良い結果につながらなかった。ここでの話し手はコーチ(1),主体もコーチ(1)で,標的は選手のパフォーマンス(5)である。陳述文は以下のように符号化することができる;

- 不安定性(0):これは例外的な原因であった(コーチは,気分転換に練習中芝生にいるように指示した)。
- 特異性(0):原因(トレーニング場所の変更)が多くの有力な成果につながるとは思えない。

表17.1 LACSによって自然帰属を各次元に符号化したもの

次元	符号	説明
原因の所在	内的＝1 外的＝0	符号化する当該者内由来のものを内的原因と考え，他者あるいは環境から生じたものを外的原因と考える；したがって，原因を考慮して符号化する
安定性	安定＝1 不安定＝0	安定した原因は将来の成果に持続的に影響すると予想されるものである（前もって正確な時間スケールを決定すべきであり，問題の検討には正確な時間スケールが適切である）；原因を考慮して安定性を符号化する
統制可能性	統制可能＝1 統制不可能＝0	統制可能性は，特段努力することなく成果が左右できるという話し手の信念を表わしている；3要素すべて（原因，結合，成果）を考慮して符号化する
普遍性	個人的＝1 普遍的＝0	個人的帰属は，符号化する人の特異性または特有性である 3要素すべてを考慮して普遍性を符号化する
包括性	包括的＝1 特異的＝0	包括的原因は，多数の成果に重要な影響を与えると考えられるものである；原因を考慮して包括性を符号化する

表17.2 LACSによる付加的な符号化の特徴例

符号化カテゴリー	符号化の特徴
成果	ポジティブ(1)，ネガティブ(2)，中間(9)
事象の特異性	特異的な事象／セッション関連(1)，非事象関連(2)，棄権(9)
2人1組のパートナーに関連する陳述	はい(1)，いいえ(2)，棄権(9)
表出された感情	ポジティブ(1)，ネガティブ(2)，無感情(9)
シーズン時期	シーズンオフ(1)，競技の早い時期(2)，競技の主たる時期(3)
話し手番号	コーチ：Sue(1)，John(2)，Peter D.(3)，Don(4)，John(5) 選手：Becky(11)，Phillip(12)，Elizabeth(21)，Robin(31)，Peter M.(32)，Jayne(41)，Anne(42)，Helen(51)

表17.3 表17.1に基づいて入力したデータ例

帰属番号	1	2	3	4	5	6
話し手	2	3				
主体	1	2				
標的	1	1				
安定的(1)，不安定的(0)	1	1				
包括的(1)，特異的(0)	1	0				
内的(1)，外的(0) 話し手	0	1				
内的(1)，外的(0) 主体	0	0				
内的(1)，外的(0) 標的	0	0				
個人的(1)，普遍的(0) 話し手	1	0				
個人的(1)，普遍的(0) 主体	1	0				
個人的(1)，普遍的(0) 標的	1	0				
統制可能(1)，統制不可能(0) 話し手	0	1				
統制可能(1)，統制不可能(0) 主体						
統制可能(1)，統制不可能(0) 標的	0	0				
他の内容符号…						

(Munton et al., 1999 のフォーマットに基づく)

しかしながら，3つの次元については，それぞれを話し手・主体・標的との関連から個別に考察しなければならない。例えば，原因の所在については；

話し手との関連（原因は話し手にとって内的なものか？）：（はい）内的(1)
主体との関連（原因は主体にとって内的なものか？）：（はい）内的(1)
標的との関連（原因は標的について内的なものか？）：（いいえ）外的(0)

次元の符号に加えて，次は一組の内容符号を使用して，帰属陳述の他の重要な側面を符号化する。これによって，陳述文脈の有益な情報を得ることができる。表17.2の例はコーチと選手のスポーツ成果感を調べたデータである。

LACSデータの分析

表17.2は，LACSが質的なデータを符号化して数量化する方法を示したものである。現在では表17.3と同様のデータシートの開発や，それらのデータの統計パッケージでの処理が可能になっている。

自然発生的帰属の分析：要約コメント

人は公的なコミュニケーションによる帰属の伝達が内的な思考過程を必ず反映していると常に思っているわけではない。これは記憶すべき重要なことである。例えば，人がさまざまな理由から他者に考えを伝える場合，他者の感情を配慮したり，自分や他者をよりよく見せるようにしたり，あるいは自分の考えを適切に表現するような言葉がみつからなかったりする場合には，その表現に修正を加えることがある。結局のとこ

ろ，帰属は Higgins (1981) が"コミュニケーションゲーム"と呼んだものの一部であり，そこでは原因や結果をさまざまな形態で表現し，個人の内的な要因や対人関係の要因による影響を受けている。しかしながら，この方法が認めているものは，話し言葉や書き言葉を媒体とした他者へのメッセージ，他者の将来の反応方法や行動方法の基盤になるようなメッセージの分析である。

このシステムは，各陳述文の帰属次元の価値を主観的に判断する符号化を行う者に依存している。このような問題は質問紙法を使用した研究者がかつて直面したものであり，CDS を開発した背景理由になっている。しかしながら，LACS を使用する際に，各次元の定義を厳密にして(例えば，その研究で"安定性"と"不安定性"を構成しているものは何か)，一貫性を高めるために符号化を行う者での信頼性をテストすれば，この問題はある程度解消することができる。

自然発生的な資料を記録・書き起こし・符号化して分析することは，短時間の作業では不可能である。それには学習と長期の練習が必要である。しかしながら，この作業によって，豊富で意味あるデータを得ることができるので，この手法はスポーツ・運動心理学における有用なツールになっている。しかし，さらに検討すべきツールであることも確かである。

帰属の先行条件と評価の要約

スポーツにおける帰属の研究は，その焦点を絞り込む傾向がある。実際，Brawley と Roberts (1984) は，実験室でのスポーツ帰属研究の特徴を次のように識別している；(1)実験参加者は主として大学生または子供，(2)焦点はもっぱら自己帰属，(3)通常新しい実験課題，(4)独立変数は通常，試合結果(勝／敗)あるいは以前の勝敗，(5)自我関与を操作したものもあるが，有効性を確認したものはまれである，(6)ほとんどの実験参加者は実験実施者の提示リストから帰属を選択するように要求されている。これらの帰属は主に，能力・努力・課題困難性・運であった。スポーツ心理学におけるより最近の帰属の研究にはこれらの限界に取り組んでいるものもあるが，多様な方法は心理学の他の領域におけるそれらとは合致していない。したがって，スポーツにおける帰属の研究はいまだ狭い範囲に留まっており，この領域の知識を深めるには多数の研究が必要である(Biddle, 1993)。

帰属の結果

ここでは帰属結果の主要な 3 つの領域，(1)期待，(2)感情，(3)信念，について考察する。

帰属と期待

Weiner (1986) は，報酬への期待が人を導くと述べた；この考え方は，動機づけへの機械的なアプローチから認知的なアプローチへの転換を反映している (Weiner, 1982)。実際に Heider (1958) は，期待とは個人的要因と環境的要因の相互作用から生じるものであると示唆した。そして例えば，期待は容易な課題を処理する時に高まるが，特に自分が常に懸命にやっていると信じ込み，または自分の能力が高いと思っている人ほど高まると述べた。しかしながら，Weiner (1986) は，期待と帰属を分析し，それらには多数の要因が影響しているために，絶対的な期待水準の決定要因を見出すのはかなり困難であると述べた。それにも関わらず，期待の変化と帰属の関係を次のように述べている；"多くの人間の努力について，期待変化の正確な動向を予測することができれば，動機づけの理解や感情の理解は容易になる"(p.81)。

要するに，Weiner (1986) は，帰属の安定性が期待の変化を決定するもっとも重要な要因であると主張した。また，研究知見によって心理学の基本"法則"の記述が可能になると提案し，次のように述べた；"結果に引き続く成功への期待の変化は，事象の原因の安定感の影響を受けている"(p.114)。この法則には次の 3 つの命題がある；

1. 事象の結果を安定した原因に帰属する場合には，将来その結果をより高い確信や期待をもって予想するようになる。
2. 事象の結果を不安定な原因に帰属する場合には，その結果の確信や期待は変化せず，もしくは将来は過去と異なるものを予想するようになる。
3. 結果を安定した原因に帰属する場合には，将来の確信度は，結果を不安定な原因に帰属する場合よりも繰り返し高くなると予想する(Weiner, 1986)。

期待に関連する帰属やその成果に取り組んでいるスポーツ心理学研究もある。例えば，Singer と McCaughan (1978) は，男子高校生を調べて，成功後の方が失敗後よりもポジティブな期待が生じ，この期待は安定的な要因への帰属によって高まることを明らかにした。Rudisill (1989) は，重心動揺検査で失敗のフィードバックを提示すると，有能感の高い者や，内的なもの・統制可能なもの・不安定ではないものに帰属する者の期待・根気・パフォーマンスがそれぞれ高

まることを明らかにした。失敗後に，将来の成功が見込めると感じることは，より有益なことと思われる。Rudisill(1988, 1989)が示したように，このためには当然のことながら，統制可能な要因（定義ではほとんどが比較的不安定な要因でもある）への帰属が必要である。しかしながら，GroveとPargman(1986)が報告した3つの研究から，将来の期待に関係するものは能力よりもむしろ努力への帰属であることが明らかになっている。これらの知見は，重要な帰属は安定性よりも統制可能性であると示唆している。

したがって，帰属の安定性を含む多くの要因が，期待に影響している。しかしながら，将来の期待と自信の役割は，自己効力感といった他のルートに当てられている。実際に，Bandura(1990)は，原因の帰属と成果の期待が，将来の行動の予想とパフォーマンスの予想にともに機能しても，それらは異なる動機づけ過程であると主張している。Banduraは，"原因帰属と自己効力感の評価には双方向の因果関係があり，効力感への自らの確信が原因帰属にバイアスをかける"と述べている（p.141）。

帰属と感情反応

1980年代の心理学では帰属と感情の研究が広く行われるようになり（Weiner, 1986），スポーツ心理学への関心も高まった（Biddle, 1993；McAuley & Duncan, 1990）。Weinerは，帰属の感情には2つの大きなタイプがあると述べた（図17.1）。"結果に依存した感情"は，特定の帰属よりもむしろ成果それ自体（成功と失敗）と関係していた。Weiner, Russell, Lerman(1978)は，これらを，喜びや幸せなど成果に対する"一般的な反応"と呼んだ。Weinerらが次に報告したものは"帰属依存"感情であり，これは陳述成果の原因や理由に関係していた。Weinerらは，その後の研究で，主な帰属次元がさまざまな方法で感情に関係することを明らかにしている（Graham, Doubleday, & Guarino, 1984；Weiner, 1986；Weiner, Graham, & Chandler, 1982；Weiner & Handel, 1985；Yirmiya & Weiner, 1986）。これらの研究結果は，誇りなどの自尊感情は内的原因の次元に結びつくとする仮説を支持している。希望などの期待関連の感情は帰属の安定性の次元と結びついており，同情や罪悪感といった社会的感情は帰属の統制可能性と結びついている。Weiner(1995)が示唆したように，社会的感情は，恥や罪悪感といった自己指向，または怒りや同情といった他者指向のものになっている。

身体活動の帰属と感情についての研究

スポーツ心理学でのこの領域の初期の研究は，McAuley, Russell, Gross(1983)であった。McAuleyらは卓球の試合後の帰属と感情の関係について調べた。しかしながら，McAuleyらの研究では勝者の帰属と感情の関係はごく弱く，敗者の帰属と感情の関係は明らかでなかった。一連の研究を行ったBiddleとHill(1988, 1992a, 1992b)は，競争場面における感情反応には内的な帰属の役割があることを明らかにした。

McAuley, Poag, Gleason, Wraith(1990)は，運動プログラムスケジュールから脱落した中年成人を対象に，脱落経験による感情反応と帰属の結びつきを調べた。研究の結果によると，帰属は感情反応と関係していたが，その程度はごくわずかなものであった。例えば，他の帰属次元の効果を統制した後では，内的帰属が罪悪感と恥の感情を予測し，個人的に統制可能な帰属が不快感を，安定した統制不可能な帰属が欲求不満を予測することが明らかになっている。

Vallerand(1987；Vallerand & Blanchard, 2000)は，2つのタイプの感情処理を示唆するスポーツ感情の"直観的-内省評価モデル"を提案している。第1のタイプは，事象の直観的な評価，または即時的で比較的自動的な評価である。第2のタイプは，内省的な評価である。内省的な評価では，大半の思考を成果に当てて帰属処理している。直観的な評価はWeiner(1986)の成果-依存，帰属-独立の感情の概念と類似しているが，内省的な評価は帰属-依存，成果-独立の感情の概念と類似している。

Vallerand(1987)は，バスケットボール選手を対象に，"今日は良い試合だったか，あるいは悪い試合だったか"という一般的な印象で直観的な評価を評定するよう実験参加者に求めた。同時に帰属と感情の評価も求めた。Vallerandは，パフォーマンスが成功したと感じている選手では直観的な評価が感情をもっともよく予言していることを見出したが，これは帰属の評価によって高まった。パフォーマンスを失敗と感じている選手では，思わしい結果にならなかった。Vallerandは，2つの研究から次のように結論づけた；(1)これらの研究はスポーツ感情の直観的-内省的評価のモデルを支持している，(2)直観的な評価は，成功と失敗の状況の双方で自己関連感情の重要な前提になっている，(3)直観的な評価は客観的な成果に対してより大きく影響している，(4)帰属の内省的な評価も感情と関係しているが，直観的な評価よりもその程度は弱い。他の研究でもVallerandの提言を支持している（Biddle & Hill, 1992a, 1992b；Vlachopoulos & Biddle, 1997；Vlachopoulos, Biddle, & Fox, 1997）。

例えば，Vlachopoulosら(1997)は，通常の体育授業で400メートル走もしくは折り返し持久走に参加した11〜14歳の男女生徒のポジティブとネガティブな感情反応について調べた。内的帰属による若干の変化はあったが，成功感と高い課題目標への関与はポジティブな感情反応をもっとも高く予測した。成功感は

ネガティブな感情反応も予測したが，帰属は予測しなかった。Vlachopoulosらは，"課題目標の選択が，生徒の身体的活動におけるポジティブな感情経験に重要であり，そして…帰属は二次的な役割を果たしている"と結論づけた(p.76)。

RobinsonとHowe(1989)は，若年者の帰属と感情を調べて，次の主要な3つの結論に到達した；(1)スポーツ感情はパフォーマンス感や帰属感に関係しているが，先行する他の認知的な事項にも関与している，(2)Weinerのモデルはごく一部の支持を受けているに過ぎない，(3)感情への帰属次元の影響は可変的なものである。特に，所在次元は成功と失敗の双方の条件下で，安定性次元は成功条件下のみで，統制次元は失敗条件下のみで，大きく影響している。Robinson, Howe, Vlachopoulosら(1996, 1997；Vlachopoulos & Biddle, 1997)は，身体的活動において感情を予言する主要なものが直観的な評価(パフォーマンスの満足，あるいは成功感)であることを明らかにしてVallerand(1987)を支持したが，帰属も付加的な変化を説明していた。

学習性無力感

研究者は帰属を広範に使用して，失敗後の学習とパフォーマンスの不足を説明している。心理学では"学習性無力感"(LH)の概念に非常に注目しており(Dweck & Leggett, 1988；Peterson, Maier, & Seligman, 1993)，特に臨床心理学の領域では多くの研究報告がある(Abramson et al., 1978；Alloy, Abramson, Metalsky, & Hartlage, 1988；Peterson & Seligman, 1984)。意外なことにスポーツ心理学の領域には学習性無力感を調べた研究論文がほとんどない。ただいくつかの論文(Dweck, 1980；Martinek, 1996；Robinson, 1990)とPeterson(1990)の引用した未発表の論文があるだけである。

最初は統制不可能な失敗後に動物が示す学習障害を記述するために，研究者は学習性無力感という用語を使用した。例えば，動物に逃避できない状況で電気ショックを与えると，その後逃避できる状況で電気ショックを与えても逃走行動は起こらず，無関心の反応が生起するようになる。研究者はこの失敗を学習性無力感と命名し，動物や人間に生じることを明らかにしている(Abramson et al., 1978)。Dweck (1980, p.2)は，学習性無力感を，"自己の反応と嫌悪的な結果の生起は無関係であるという認知…すなわち，自分の行為がネガティブな事象の進行に影響しないという確信，自分はネガティブな事象を統制することができないという確信"と定義した。学習性無力感の性質には多くの議論がある(Alloy et al., 1988)ものの，近年の研究テーマの1つになっているのは，帰属が学習性無力感の発達・強度・持続に果たす役割である。これらの障害は，行動(例えば，動機づけ障害，あるいは状況からの逃避)，認知(例えば，ネガティブな自己陳述，あるいは反応と成果の関連を学習することの困難さ)，感情(例えば，抑うつ感情，あるいは自尊心の障害)に出現し得るものである。Sweeneyら(1986)は，実験参加者の合計が15,000名以上に上る100編以上の研究をメタ分析し，帰属と学習性無力感の抑うつ症状の間には確かな関連性があると報告している。特に，ネガティブな事象を内的要因・安定的要因・包括的要因のいずれかに帰属した場合に，標本サイズで重みづけした抑うつの効果サイズは，小から中程度のものになった。能力の帰属を個別に分析した場合にも，結果に変わりはなかった。

Abramsonら(1978)は，学習性無力感の原理論にいくつかの修正を加えた。第1の修正点は，"個人的無力感"と"普遍的無力感"を区別したことであった。個人的無力感とは，事象の統制が自分には不可能と思える場合でも，他の者にとってはそうではない場合である。普遍的無力感とは，それとは逆に，すべての人にとって統制不可能であるという確信である。第2の修正点は，学習性無力感の慢性化と関係していた。特に，Abramsonらは，失敗の帰属の安定性は，無力感の影響が短期(一時的)なのか長期的(慢性的)なのかの確定に役立つと示唆した。同様に，修正した理論では，帰属の特異性が無力感の反応に影響すると述べた。また状況の狭い範囲(特異的)における無力感と，広い範囲(包括的)に渡る無力感を区別した。明らかに，特異的な帰属の後よりも包括的な帰属の後の方が，ネガティブな認知・感情・行動の効果は予測しやすくなる。それゆえに，Abramsonらは，失敗を統制不可能と認知して内的・安定的・包括的な要因に帰属する場合には，学習性無力感の影響がもっとも大きくなると述べた。

表17.4に，身体的領域における学習性無力感に関する5編の研究を要約する(Peterson, 1990も参照)。研究の動向は，身体的活動における学習性無力感の研究の有効性を明らかに支持している。しかし，研究計画は横断的であり，原因に関する記述も未熟なものである。さらに，真の無力感には無気力や無動機のひどい状態が関与している。表17.4にリストアップしたすべての研究の実験参加者がこの条件に見合っているかどうかは疑わしい。これらの研究は中程度の無動機づけ，偶発的な失敗，不明な長期効果の測定との結びつきを単に示しているに過ぎないと論じることもできる。

スポーツ能力の性質についての信念

学習性無力感の中核的な概念になっているのは，事象について考える方法が，後続の反応に影響するということである。実際に，これは一般に帰属理論の中心

表 17.4 学習性無力感を調べた身体的活動の研究

研究	対象と研究デザイン	測度	結果	コメント
Prapavessis & Carron (1988)	カナダの若年エリートテニス選手(N=50) 横断的研究	失敗事象の想起から帰属スタイルを評価する帰属質問紙；不適応達成パターン質問紙(MAPQ)：失敗事象と相関する認知・動機づけ・感情を評価	MAPQ 反応に基づいて"学習性無力感"に分類した実験参加者(N=11)は、失敗をより内的・安定的・包括的な帰属から説明した。コーチは無力感仮説を支持する固執を独自に評価した	帰属の測度は帰属スタイルの測度ではなく、むしろ選手が最近の失敗を評価する測度であった。事象は想起によるもの；事象直後に反応の反復評価が必要
Johnson & Biddle (1989)	英国のスポーツ学科大学生(N=30) 準実験デザイン。重心動揺課題に虚偽の失敗フィードバックを与え、実験参加者を"個人的"と"普遍的"無力感条件に無作為に割り当てた	自由選択の試行数から課題"固執"を評価；課題中に"口にした自問自答"の帰属を記録	個人的 vs 包括的無力感の操作には効果なし。実験参加者は中央値で"固執"(P)と"非固執"(NP)に分割。主として課題の困難性と能力不足の帰属の点で、NP は P よりもネガティブな帰属と自己陳述をした。P は課題方略を参照した帰属をより多く行った	LH を直接検証したものではないが、課題固執の帰属はそれ自身 LH 傾向の指標として重要であるとしている
Seligman et al. (1990)	高ランクのアメリカ大学水泳チームメンバー(研究Ⅰ、N=47；研究Ⅱ、研究Ⅰの対象から N=33)。研究Ⅰ：横断的研究；研究Ⅱ：準実験デザイン	研究Ⅰ 帰属スタイル質問紙(ASQ)を全水泳選手に実施；失敗後の選手のパフォーマンスに対するコーチの評価；コーチと選手による各レースの評価 研究Ⅱ レースのタイムが遅くなるように虚偽のフィードバックを提示；選手は 30 分後に同じ距離を泳ぐ	研究Ⅰ 帰属スタイルとコーチが判断した敗戦水泳選手の回復は、シーズン中の"拙い"泳ぎの回数を予測した 研究Ⅱ 悲観的な帰属スタイルの選手は第 2 レースでいっそう悪くなった；楽観的な帰属スタイルの選手には、そのようなことがなかった	帰属スタイルは、パフォーマンスを"天賦の才能"測度以上に予測した
Martinek & Griffith (1994)	アメリカの小学生(N=14)、高校生(N=13) 体育授業の横断的なフィールド研究	知的達成責任(IAR)尺度を利用して、生徒を学習性無力感(LH)群と熟達指向(MO)群に分類；ビデオ録画で体育における生徒の課題固執を評価；体育課題における"成功"と"失敗"の帰属を評価	MO 群の生徒は大きな課題固執を示した。しかし、それは年長児童だけのものであった。年少児童の LH 群と MO 群の間では、成功と失敗の帰属に差がなかった。LH 群の年長児童は失敗を能力不足に、MO 群の年長児童は努力不足に帰属した	弱い効果だけを検出した；それは年齢効果が重要であると示唆。教師教育プログラム内で体育クラスを教育したために、重要な意欲喪失がほとんどみられないポジティブな"動機づけ"雰囲気をすべてのクラスが創出した可能性がある
Martinek & Williams (1997)	アメリカの中学生(N=32) 体育授業の横断的なフィールド研究	修正版の IAR 尺度を利用して生徒を LH 群と MO 群に分類；課題と自我目標指向(TEOSQ)；ビデオ録画で体育授業における生徒の課題固執を評価	LH 群の生徒はより大きな課題固執を示した。LH 群の生徒は課題得点が低く、自己目標指向の得点が高かった	目標指向は目標関与よりも重要ではない可能性がある。固執の測度は状況固有のものであり、したがって、状況固有の目標を評価することは有益と思われる。帰属は評価していない

になっている。スポーツ研究者は学習性無力感をほとんど調べていないが、関連するテーマは調べている。例えば、教育、健康、社会、スポーツ・運動を含めた心理学の下位領域の研究者は、能力と有能性に関わる信念の役割について調べている。例えば、歴史的な傾向をみると、自己効力感の枠組みから自信を調べた研究(Bandura, 1997)、多数の枠組みから統制感を調べた研究(Skinner, 1996)など多くの文献がある。これらのアプローチの概念は明らかに重複している；方法はたいてい異なっているが、これらの研究は個人の思考・感情・行動に影響する信念のシステムに焦点を当てている。

最近、動機づけ行動の背景に潜む信念をより体系的に研究する方法が目立ってきた；それらは学習性無力感・感情・帰属の初期の研究と密接に連繋している。スポーツと身体的活動での帰属思考に関わる現在の諸概念を拡張する場合には、このような研究が有効と思われる。達成目標指向の研究では、自己準拠または外

部準拠の規準によって，能力の本質を解釈している．現在，教育心理学（Nicholls, 1989）やスポーツ心理学（Duda, 1993；Duda & Hall, 本書参照）では，この方法が一般的な研究手法になっている．さらに，Dweck らは，目標指向の概念から，人の帰属と関係する 2 つの主要な信念を重視する個人差モデルを提案している（Dweck, 1996；Dweck, Chiu, & Hong, 1995）．

実体理論と増分理論の信念

Dweck らは，信念を最初は知能の領域に，より近年は道徳やステレオタイプの領域にまで拡張し，2 つの信念の集団が人の判断と行為を支えていると提案している（Dweck, 1992, 1996；Dweck et al., 1995；Dweck & Leggett, 1988；Levy, Stroessner, & Dweck, 1998；Mueller & Dweck, 1998）．これらの信念は，人が帰属の可変性を考える方法に重点を置いている．ある特定の帰属を固定的で比較的安定したものと考える人は，"固定的な" 見方や理論の保有者であり，"実体理論者" と記述することができる．反対に，帰属を変化や発展の余地があるものと考える人は，漸進的な見方や理論の保有者であり，"増分理論者" と記述することができる．

実体理論の保有者は，挫折に直面した場合，無力感といったネガティブな反応をしやすくなることを示した研究がある（Dweck & Leggett, 1988）．実体理論ではパフォーマンス（自我）目標を是認する可能性が高く，一方，増分理論では学習（課題）目標を是認する可能性が高い．さらに，Mueller と Dweck（1998）は，知能を褒められた子供は，努力を褒められた子供と比較して，知能は固定的であるという見方をより強力に是認することを明らかにした．また，言語的なフィードバックはこのような信念に影響すると示唆した．すでに実体理論の信念の概念と増分理論の信念の概念を支持するデータはいくつもあるが，Dweck ら（1995, p.267）は，"これらの概念を確認して，その効果を精査するには，行動科学における体系的な研究が必要である" と述べている．さらに，実体理論の信念と増分理論の信念は一般的にも領域固有にもなり得ると主張している．知能領域の信念は，例えば，道徳行動の信念や競技能力の信念とは必ずしも関係していないように思われる．

Dweck の特異的な理論とは必ずしも結びつかないような並列的な研究テーマもあるが，身体的活動領域では実体理論の信念と増分理論の信念にほとんど注意を払っていない．例えば，Jourden, Bandura, Banfield（1991）は，能力を生まれつきの才能と考える場合よりも能力を獲得可能なスキルと結びつける概念の方が，より自己効力感と知覚運動パフォーマンスにポジティブに影響する証拠を明らかにした．具体的に言えば，研究者は回転盤追跡課題の学生実験参加者に 2 つの異なる認知セットを与えた．課題を獲得可能なスキルとみなす条件に参加した者は，反対の条件に参加した者と比較して，自己効力感の増加，よりポジティブな反応，課題へのより大きな興味，より高次のレベルのスキル獲得を示した．Jourden らは，この違いは 2 つのメカニズムで説明できると示唆した．第 1 のメカニズムは，獲得可能なスキル条件では，自己効力感が高まると興味も高まるというものである．それゆえに，自己効力感自体がこの効果を説明している．第 2 のメカニズムは，獲得可能なスキルグループのよりポジティブな感情反応の経験が結果を説明するというものである．これは，内発的な興味と動機づけがより大きなものであることを指摘しているように思われる．この研究では帰属を評価していなかった．しかしながら，この結果から獲得可能なスキル条件に参加した者は，努力や個人の熟達と結びつく帰属を，そうでない条件に参加した者よりも大いに利用したことも明らかになっている．

Dweck と Leggett（1988）の研究を 11～12 歳の子供で追試した Sarrazin ら（1996）は，身体的活動領域におけるこのような信念についての最初の研究で，身体的活動（特にスポーツ）における競技能力の性質に関する信念とさまざまな目標の選択との関係をいくつか明らかにした．Sarrazin らは，知能の本質についての信念を測定する初期の尺度をスポーツ用に修正して，信念と目標の関係を検討した（Dweck, 1999 を参照）．その仮説は，"学習"（課題）目標を選択する子供は，パフォーマンス（自我）目標を選択する子供よりも，スポーツ能力の漸進的な信念を是認するようになるというものだった．この傾向は Dweck と Leggett が学問の領域で報告したものよりも明白ではなかったが，Dweck らはこの仮説を支持していた（図 17.3 を参照）．成功は能力よりも努力によって得られるという信念と課題目標指向の関係には十分な裏づけがある

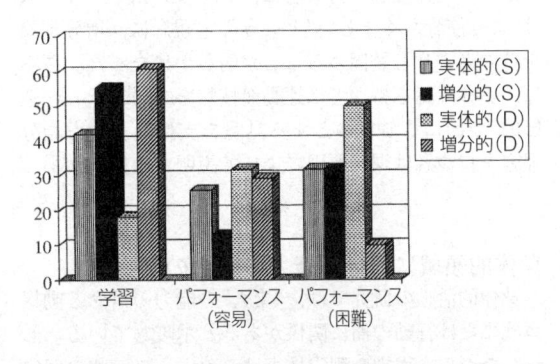

図 17.3 学問（Dweck & Leggett, 1988）と競技（Sarrazin et al., 1996）の文脈における増分的信念および実体的信念としての学習（課題）目標もしくはパフォーマンス（自我）目標の選択

データは実体的な信念群と増分的な信念群の割合（%）で表記

(Biddle, Akande, Vlachopoulos, & Fox, 1996 ; Duda, 1993 ; Duda, Fox, Biddle, & Armstrong, 1992)が，それらを前提にすれば，これらのデータは，課題目標と漸進的な信念を是認する人々の努力と熟達に基づく帰属の使用を反映しているように思われる。

　Biddle, Soos, Chatzisarantis(1999)は，有能感・達成目標・能力の信念から意図を予測するモデルを検証した。Biddleらは，固定的な信念の下位領域(スポーツ能力は一般的能力で天賦の才能だとする信念)をモデルにして自我目標指向を予測したり，漸進的(学習的)な信念の下位領域(スポーツ能力は学習的で可変的だとする信念)をモデルにして課題指向を予測する場合には，ハンガリー青年のデータがモデルと十分に適合することを明らかにした。しかしながら，パス係数値は一般的に小さなものに過ぎなかった。Lintunen, Valkonen, Leskinen, Biddle(1999)は，フィンランド青年を平行的に調べ，係数値がやや大きい類似の知見を報告した。さらに，少女では可変的な信念がスポーツの有能感をより高く予測し，少年では可変的な信念と学習の信念がともにより大きな楽しみの感情を予測すると報告した。Kasimatis, Miller, Macussen(1996)は，小規模の実験で，一方の学生には運動協応は主として学習的なものであると教示(増分的な条件を作り出すため)し，他方の学生には遺伝が運動協応を決定していると教示した(実体的な条件を作り出すため)。最初の成功後に，実験参加者にはビデオを通じて難しい身体運動課題を課した。実験の結果，このような困難に直面すると，増分的な条件の参加者はよりポジティブな反応をすることが明らかになった。特にこの条件の参加者は，Jourdenら(1991)の結果と同様に，より高い動機づけ，より高い自己効力感，より低いネガティブな感情を報告した。Levyら(1998，研究2)は，3項目の領域全般尺度("暗黙の性格理論測度")を使用して，大学生の一般化された実体的な信念または増分的な信念の是認について評価した。Levyらの結果から，実体理論を持つ者は，アフリカ系アメリカ人は"より筋骨たくましい"という固定観念に，増分理論を持つ者よりも賛同することが明らかになった。さらに，実体理論を持つ者は運動競技熱を"生まれつき−遺伝的"要因によるものとする見解を支持し，一方増分理論を持つ者は環境要因によって説明する傾向があった。

身体的領域における能力の信念の測定

　身体的活動の研究では，"素人"の能力の信念と動機づけまたは行動の間に関係があると示唆している。しかしながら，稚拙な測定技術はこのような連繋の同定を妨げているように思われるので，身体的活動領域における信念の測定には注意が必要である。Dweckらは，知能や道徳といった興味を持つ領域用に修正したさまざまな修正尺度を使用して，信念を測定している

(Dweck, 1999 ; Dweck et al., 1995)。Dweckらは，"単一のテーマが暗黙の理論を構成している"として，自らのさまざまな尺度の中3項目の使用のみを擁護した(p.269)。より最近になって，Dweckは8項目の尺度を提案している(Dweck, 1999を参照)。しかしながら，この8項目の尺度は支持を得ているが，身体的活動能力はその想定以上に複雑であるという主張もある。Nicholls(1992, p.45)は，"このようなスキルは可変的なものなのかどうかと単純に問い質すことで子供の知能の概念やスポーツの有能性の概念を効果的に調べることは，不可能である。知能には多くの内容がある"と述べている。

　このような事態から，Sarrazinら(1996)は，運動行動の研究(Fleishman, 1964 ; Schmidt, 1982)に由来した能力の"科学的"な概念と"素人的"な概念を参照して，スポーツ能力の多次元的な見方を提案した。運動行動の能力は，比較的安定した先天的なものであり，どちらかと言えば一般的で，練習によって容易には修正できないものである。Schmidtは，"能力とは彼あるいは彼女の思いのままになる'装置'の集積である"と示唆している(p.395)。このように，能力はパフォーマンスへの学習の効果に歯止めをかけている。これに対して，研究者は，スキルを，練習と学習を通して修正が可能であり，ある課題また課題群に特異的なものと考えている(Sarrazin et al., 1996 ; Schmidt, 1982)。Sarrazinらは，能力の科学的な概念に加えて，ファンやジャーナリストが天賦の才能の持ち主と表現するような，スポーツ能力についての世俗的な信念が人にはあるとも主張した(Levy et al., 1998も参照)。

　Sarrazinら(1996)は，スポーツ能力の信念の多次元的な測定を提案した。Sarrazinらが提案した，競技能力性質の概念質問紙(Conceptions of the Nature of Athletic Ability Questionnaire : CNAAQ)は，21項目で次の6つの下位領域を評価するものになっている。それらの下位領域は，(1)学習(スポーツ能力は学習の産物である)，(2)増分／改善(スポーツ能力は変化する)，(3)特異的(スポーツ能力は，あるスポーツまたスポーツ群に特異的なものである)，(4)一般的(スポーツ能力は多くのスポーツに般化している)，(5)安定的(スポーツ能力は時間を超えて安定している)，(6)天賦の才能(スポーツ能力は"神からの贈り物")，となっている。フランス版CNAAQの6因子は，探索的因子分析(EFA)によって明らかになった。すべての下位尺度には，特異性を除き，充分な内的整合性があった。ハンガリー版CNAAQのEFAや内的整合性の統計では，特異性の下位尺度と安定性の下位尺度に問題があった(Biddle, Soos, et al., 1999)。Lintunenら(1999)は，フィンランド版で同様の問題を報告した。

　最近，研究者は英国の12〜15歳に至る全国標本(n = 2,875)でCNAAQを検証した(Biddle, Wang,

Chatzisrantis, & Spray, 1999)。その結果，確証的因子分析が階層モデルを支持していた。これは，学習と改善（増分的）についての信念や安定性と天賦の才（固定的）についての信念が実体的な信念と増分的な信念の高次因子を補強していることを実証的に示したものであった。実体的な信念は動機づけの低下も強力に予測していた。実体的な信念は有力なマイナスの効果になることが明らかになった。しかしながら，重要なポイントは多くの人が実体的な信念よりも，強い増分的な信念を保有しているということである。例えば，フランスの子供に5段階の評価尺度を適用したSarrazinら（1996）は，増分的な信念の平均スコアは高く（4.00以上），実体的な信念のスコアはやや低いと報告している。同様の結果は英国（Biddle, Wang, et al., 1999），ハンガリー（Biddle, Soos, et al., 1999），フィンランド（Lintunen et al., 1999）の若者でも報告されている。これは，このような信念と動機づけ指標の関係が重要であることを表わしている。

研究者は漸進的な信念と努力帰属の関係を仮定しているが，スポーツ能力の信念と帰属の連繋はまだ明らかになっていない。最近になって，Hong, Chiu, Dweck, Lin, Wan（1999）は，この連繋を身体的活動以外の領域で明らかにしている。Hongらは，帰属に基づく動機づけ形成理論は不完全なものだと述べている。なぜなら，それらの理論は，"人々が特定の帰属を育むような状況に至る理論・信念システム・概念的な枠組み"を説明していないからである（p.588）。知能テストの課題にネガティブなフィードバックを提示したHongらの最初の研究から，増分理論を持つ者は自信のレベルと関係なく実体理論を持つ者よりも強い努力帰属の傾向を示すことが明らかになった。

また，Hongら（1999）の第2の研究から，比較的英語力の低い香港の学生は，増分理論を持つ場合には，英語の補習コースを好んで選択することが明らかになった。最後の研究では，努力帰属の役割も調べながら，増分理論の信念，実体理論の信念，挫折反応の因果関係を検討した。その結果によれば，増分理論の信念と実体理論の信念を実験的に導入し，能力が低いとフィードバックすると，増分理論の者は学力不足に対して補習（個人指導）をより希望するようになった。さらに，不十分なフィードバックを与えると，増分的な条件下の学生は実体的な条件下の学生よりも強く努力に帰属するようになった。全体として，Hongらは，"暗黙の理論が帰属の生じる有意味な枠組みを創出しており，そしてこの研究は対処行動を媒介する際の帰属の重要な役割を支持したばかりでなく，暗黙の理論がそれらの帰属をどのように説明するのかを明らかにした"と結論づけた（pp.597～598）。達成目標と帰属の連繋についても同じ議論をすることができる。本書の他の章でも目標を取り上げていることから，ここではこれ以上の議論はしない（Duda & Hall and Burton, Naylor, & Hollidayを参照）。

帰属の再訓練

帰属が成功や失敗に対する個人の反応，特に失敗からの回復に重要な役割を演じることが明らかになった場合には，その後の行動をよりポジティブなものにするために帰属を変化させようとするのは当然のことであった。この帰属への"治療的"なアプローチは一般的なものになっており，臨床心理学の分野では広範にこの方法を使用している（Brewin, 1988）。同様に，研究者は帰属の変化あるいは"帰属の再訓練"プログラムを開発している（Forsterling, 1988）。これらのプログラムは，不適切と思われる帰属や，拙い認知・感情・行動と結びついているような帰属を修正して，ポジティブな思考や将来指向的な思考を示唆するようなより適切な帰属の開発を目指すものになっている。

この領域の最初の研究の1つとして，Dweck（1975）は8～13歳の子供を対象として研究を行った。彼女は"学習性無力感児が，失敗の帰属を修正することで，失敗に対してより効果的に対処できるようになる"かどうかを明らかにしようとした（p.674）。Dweckは，問題解決課題の失敗に強く反応した12名の子供に，2つの処理方法の一方を与えた。第1群には成功経験のみを与え，第2群には失敗は努力不足によると教えて帰属を再訓練した。研究の結果，成功経験のみ群はその後の失敗にネガティブな反応を示し続けるが，帰属の再訓練群はパフォーマンスの維持もしくは向上を示すことが明らかになった。研究者は，学習障害の学生（Okolo, 1992），自尊心を防衛する学生（Thompson, 1994），大学新入生（Wilson & Linville, 1985）といった多数の文脈でも帰属の再訓練を支持している。帰属の再訓練は，さまざまな母集団ばかりでなく，さまざまな行動領域においても功を奏している。大半の研究は学問におけるパフォーマンスを取り上げているが，帰属の再訓練には攻撃の低減効果（Hudley et al., 1998）や抑うつの低減効果（Green-Emrich & Altmaier, 1991）があるという報告もある。

Curtis（1992）は，医師との専門的なやり取りで仕事上のストレス（失敗）を経験している理学療法士には，帰属の再訓練が効果的であることを明らかにした。Curtisは，療法士の半数を無作為に帰属再訓練の介入に割り当て，そして失敗を能力の低さや医師の偏見といった統制不可能な要因に帰属させるよりも，拙い方略選択（統制可能要因）に帰属させる再訓練を行った。帰属再訓練のプログラムに参加した理学療法士は，統制群に比較して，医師とのやり取り時の帰属方略をいっそう是認して，将来の成功に対してより大きな期待をかける傾向があった。6ヵ月の追跡結果では，介入群の療法士が出世する割合は統制群の療法士における割合よりも有意に高かった。Forsterling（1988）は，

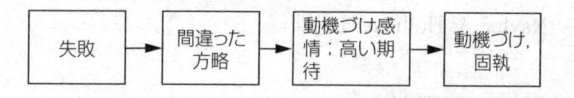

```
失敗 → 間違った方略 → 動機づけ感情；高い期待 → 動機づけ，固執
```

図17.4 Weiner(1986)の帰属理論に基づく帰属再訓練の系列

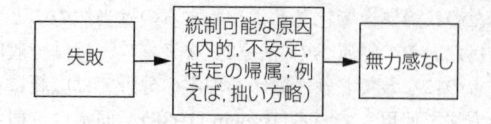

```
失敗 → 統制可能な原因（内的，不安定，特定の帰属；例えば，拙い方略） → 無力感なし
```

図17.5 学習性無力感理論(Abramson et al., 1978)に基づく帰属再訓練の系列

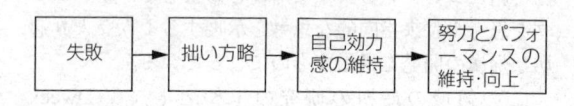

```
失敗 → 拙い方略 → 自己効力感の維持 → 努力とパフォーマンスの維持・向上
```

図17.6 Bandura(1986)の自己効力感理論に基づく帰属再訓練の系列

帰属再訓練には少なくとも次の3つの研究方法，(1)帰属モデル(Weiner, 1986)，(2)学習性無力感モデル(Abramson et al., 1978)，(3)自己効力感モデル(Bandura, 1986)，があると示唆している。これらを図17.4，17.5，17.6に示す。

Weiner(1986)の帰属理論では，帰属の再訓練では，成功や失敗の後に失敗を能力に帰属しないでポジティブな感情状態と期待を創出する必要があると示唆している（図17.4）。成功を期待しても失敗した場合には，統制可能なものへの帰属が好まれる。しかしながら，研究者は努力不足が通常失敗をもっともよく説明する帰属であると示唆している(Dweck, 1975；Forsterling, 1988)が，この考え方には危険がある。CovingtonとOmelich(1979)は，達成努力の重要性を強調している。懸命に努力しても失敗した場合には，人は失敗の原因を能力の低さに帰属する傾向がある。努力帰属のこの両刃の剣は，失敗を努力不足に帰属する代わりに，失敗した方略の変更といった他の統制可能な要因が帰属の再訓練に使用できることを意味している(Sinnott & Biddle, 1998)。

再訓練の学習性無力感モデル（図17.5）は，制御の欠如感を回避して失敗の内的・安定的・包括的な帰属を変更するという原理に基づいている。失敗に内的な帰属を使用することもできるが，実験参加者が失敗を不安定・統制可能・特異的な要因に帰属していることは重要なことと思われる。最後に，帰属再訓練の自己効力感モデル（図17.6）は，根気と行動を予測するような特定行動の効能感と帰属の結びつきを示唆している。

スポーツの帰属再訓練の研究

スポーツ状況における帰属再訓練の研究が始まったのは，ごく最近のことである。実際に，HardyとJones(1992, p.12)が"帰属の修正に再訓練が使用できる方法の研究はスポーツにおける将来の研究の優先課題である"と指摘したにも関わらず，研究数は驚くほど少ない。Biddle(1993)は，スポーツにおける帰属の再訓練の効用と効力にも知識のギャップがあると認めた。

Orbach, Singer, Murphey(1997)は，大学のレクリエーションバスケットボール選手を，次の3群のいずれかにランダムに割り当てた；(1)統制可能・不安定な帰属指向群（例えば，努力，方略），(2)統制不可能・安定した帰属指向群（例えば，生得的な能力），(3)非帰属指向群。その結果，第1群の参加者は，より統制可能でより不安定な帰属をするだけでなく，他の群よりもドリブル課題で優秀な成績をあげた。Orbach, Singer, Price(1999)の研究では，同様の介入法をテニスの初心者に適用したところ，統制可能で不安定な帰属の再訓練群は，より統制可能でより不安定な帰属をすることを再度明らかにした。さらに，この統制可能で不安定な帰属指向群は，他の2群よりも将来の成功に大きな期待を抱き，よりポジティブな感情を経験していた。

Miserandino(1998)は，高校バスケットボール選手を対象に，帰属再訓練介入の効果を調べた。そこでは実験参加者を次の2条件のいずれかに割り当てた；1)バスケットボールのシュートテクニックにフィードバックを与え，同時にパフォーマンスを努力に帰属させる条件，2)シュートテクニックにフィードバックだけを与える条件。結果は次のようなものであった。介入前の両群のシュートパフォーマンスや技術指向には差がなかった。4週間の介入後に，帰属再訓練群はパフォーマンスが有意に向上し，より強い技術指向を示した。しかし，フィードバックのみの群では，シュートに有意な向上がみられず，技術指向もより低かった。

帰属の再訓練は子供にも有用なことが明らかになっている。SinnottとBiddle(1998)は，11～12歳の子供12名を調べた。6名はドリブル課題における自らの成績を低く評価し，パフォーマンスに不適切な帰属を行った。この6名の子供は，課題方略の帰属に焦点を置いた帰属再訓練を20分間受けた。自らの課題を成功したと評価した残り6名の子供は，非訓練群に割り当てた。ドリブル課題の再テスト後に，非訓練群の帰属や成功感はほとんど変化しなかった。しかしながら，帰属再訓練群の帰属は明らかに変化して，成功感も顕著に改善した。事実，再テスト後の帰属再訓練群は，当初うまくいっていた非訓練群よりも，高い成功感とよりレベルの高い内発的動機づけを保有していた。

スポーツにおける帰属の再訓練についてのこれまでの研究は帰属再訓練の有効性を支持しているが，多くの疑問点が未解答のままになっている。それらは；どの帰属再訓練法が最良なのか？ 帰属再訓練の効果はどのように持続するのか？ 再訓練の効果は同じスポーツの他のスキルや，標的とするスポーツ以外の他の課題にどれだけ般化するのか？ などである。

帰属結果の要約

身体領域における帰属先行の研究と違って，帰属結果の研究は大きく進歩している。これまでの研究によって帰属と期待や感情の関係が明らかになっている。帰属と期待や感情を一緒に扱った研究から，感情は帰属と結びつくよりも成功感とより強力に結びつくことが明らかになっている。それにも関わらず，同様の傾向はスポーツ・体育・運動領域における少年・若年成人・中年者の研究からも明らかになっている。研究者はスポーツや運動における学習性無力感の理論的な基盤を，より適切に検証しなければならない。しかしながら，研究は始まっており，臨床心理学領域の強力な研究文献をガイダンスとして使用する必要がある。固定的な信念と漸進的な信念が帰属思考の理解およびそれらが身体活動の動機づけに及ぼす効果を裏づけると思われる場合には，それらの役割を調べる必要がある。最後になるが，スポーツにおける帰属再訓練の研究で，ポジティブな傾向を示しているものはほとんどない。

スポーツの帰属の主体-手段-目的分析

本章では，スポーツにおける帰属の研究が過去10年間新たに発展しなかったことを記載してきた。1980年代のスポーツ心理学では帰属理論がもっとも一般的な研究テーマであったことを考えると，これはさらに驚くべきことである。なぜこの領域の人気が低下したのだろうか？ それはこの領域の効用感が衰えてきたことの反映なのだろうか？ 他の動機づけの理論と同様に帰属理論をよりよく理解する方法の1つは，Skinner(1995, 1996)の主体(agent)-手段(means)-目的(ends)分析モデルを使用して帰属を分析することである(Biddle, 1999)。この手法によって帰属概念の理解はより完全なものになるし，同時に近年，研究者がこのテーマをそれほど熱心に追究しなくなった理由もある程度は説明できるものと思われる。この枠組みはSkinnerが認めているように新しいものではないが，帰属の特徴の一部を判断する際に有用であることが明らかになっている。

Skinner(1995, 1996)は，統制構成の巨大な配列を概念化する方法の1つは，主体・手段・目的の3者モデルにおける相互の所在関係を分析することだと主張している。これを図17.7に示す。主体-手段の結合には，主体(自己)が反応(必ずしも成果とは限らない)を引き起こす手段になっているという期待が関与している。ここには適切な原因を生み出す能力(能力の信念と呼ぶ)が主体にあるかどうかという信念が関与している。例えば，長距離走の成功には努力が重要であると思う場合には，ポジティブな能力の信念に"私は懸命に走ることができる"という信念の関与が必要になる。自己効力感の研究では，このアプローチを採用し，運動・スポーツ心理学における動機づけの研究に強く影響している(Badura, 1997；Schunk, 1995)。同様に，有能感のアプローチでは主体-手段アプローチを採用している。

手段-目的の結合は，潜在的な原因と成果の連繫についての信念に関係している。これは期待した成果を生み出すために必要な手段の有効性に関する信念に関係しており，方略の信念と呼んでいる。例えば，懸命に行うことがランニングの成功に必要な場合には，方略の信念は"ランニングで成功するために，私は懸命に努力しなければならない"となり，"私は懸命に努力することができる"という能力の信念とこのように対比することができる。一般的に，この手段-目的の関係には，帰属アプローチ，結果の期待，統制の所在が関与している。Skinner(1995, p.554)が述べたように，"人と成果の結合は，制御の原型的な定義を規定している"。したがって，この結合には，統制の信念や好ましい成果は自分の能力の範囲内にあるという次のような主体の信念が関与している；"しようと思えば，私はうまくランニングできる"。これには能力の信念と方略の信念の両方の関与が必要である。

スポーツと運動心理学で主体-目的の関係を認識することはかなり難しい。Bandura(1989, 1997)は，最近の著書の中で，自己効力感には，より伝統的な主体-

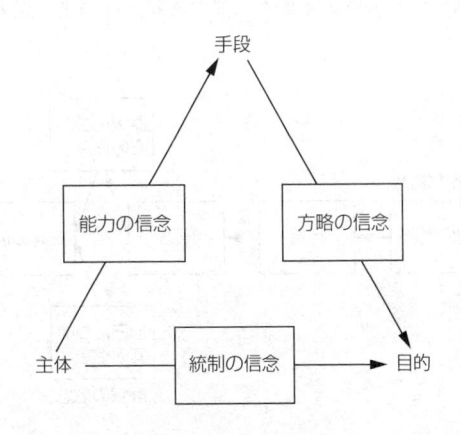

図17.7 さまざまなタイプの信念を示した，Skinner(1995)の主体-手段-目的モデル

(Sage Publishers, Inc. の許可を得て転載)

手段の結合があるのと同様に、主体-目的の結合があると示唆している。同様に、成果の期待には、手段-目的と同様に主体-目的が関与している。自己決定論 (Deci & Ryan, 1985) で述べているのと同様に、運動 (Chatzisarantis & Biddle, 1998 ; Mullan, Markland, & Ingledew, 1997) やスポーツ (Vallerand & Blanchard, 2000 ; Vallerand & Fortier, 1998 ; Vallerand & Losier, 1999) で一般的になっている行動の統制は、主体-目的の分析に適していると思われる。

Skinner (1995) は、人間には有能性の追求欲求があると述べている。もしもそうならば、統制関連の信念は有能性の追求システムによって分析することができる。Skinner は、これを"有能性システム"と呼んでいる（図17.8）。図17.8 に最初の統制の信念が行為を調整する仕組みを示す。行為は、他の信念（自我、原因）に関して評価・解釈できるようなある種の成果を生み出している；これらはさらなる統制の信念と結びつくことができる。このように、行動に先立つ信念は"調整的"な信念である。自己と原因に関わる信念は"解釈的"な信念となっている。なぜなら、それらは事象が生じた後に機能するからである。

帰属は本質的に成果の解釈に関わっており、成果の結果は将来の調整的な信念や行為に影響するものと思われる (Weiner, 1986, 1995)。したがって、帰属は、統制の所在といったもっとも調整的な信念に比べて、(将来の) 行為や成果からかなり離れたところに存在している。スポーツにおける帰属と行動の強力な関係を実証することが困難なのは、これが原因になっているからである。前向き研究のみがこれを検証するものと思われるが、それらはあまりない。また、帰属とその後の行動の間には何ら変化は生じないようにも思われるが、長期に渡る帰属の継続性や一貫性はいまだ検証されてはいない。実際に、我々はほとんどいつもパフォーマンス直後の帰属を評価している。しかしながら、多くのコーチ・選手・スポーツ心理学者が、帰属はスポーツ経験の重要な一部であり、その後の思考・感情・行為に反映し、時間とともに変化すると述べている。

帰属過程には手段-目的の関係が反映している。したがって、そこには能力や信念ではなく、方略が関与している。この見方によれば、帰属的な思考は、個人 (主体) がこれらの原因 (例えば、能力) にアクセスするかどうかの評価よりも、むしろ成果の原因 (例えば、能力、努力、運) の同定を目指したものになっていると思われる。実際に、真の帰属思考は、主として原因の同定にあるが、"なぜ私はこの課題を失敗したのか？"といった疑問に対する反応であり、統制の信念 (方略と能力の信念) を必要とすると主張することもできる。例えば、競技者が、あるゲーム方略を産出できるかどうかについて考えない場合には、その方略が成功因になったかどうかについても、おそらく関心を持たなくなるものと思われる。もしそうならば、帰属は統制の信念のより中心的な存在になり、主体-目的の結合も包含するものと思われる。統制の信念を通した真の統制感には、有能性と偶然性の結合が必要である (Skinner, 1995, 1996)。帰属過程には手段-目的 (偶然性) と主体-目的 (有能感) がともに関与している。

伝統的に研究者は帰属を手段-目的の連結とみなしているが、帰属と主体-目的過程との関係は、帰属と主体-目的の他の構成概念との対応関係を調べることによって、さらに明らかになるものと思われる。例えば、成果の期待には主体-目的の連結が関与しており、帰属は主に安定性の次元を介して、成果の期待に関わる信念と連繋している。最近、運動とスポーツ心理学の領域では帰属研究に人気がない。それは、帰属が能力システム内で行動からかけ離れた場所にあり、そのために行動を十分に予測することができないと思われているからである。しかしながら、帰属は、手段-目的と主体-目的がともに連結するように作動するものと思われる。このように、帰属は、真の統制感、すなわち統制の信念および手段-目的 (偶然性) と主体-目的 (有能性) をともに包含したものになっている。今後の研究ではこれらの信念の相対的な重要性を明らかにする必要がある。努力と能力が Skinner の 3 者モデルの信念と帰属理論の信念の中心的な概念になっていることを考えれば、関連づけた研究の継続は賢明であると思われる。

結 論

帰属研究は、社会心理学では長く有力な歴史があり、現在でも重要な研究領域になっている。しかしながら、帰属研究は 1970〜1980 年代にはスポーツ・運動心理学の主要なトピックスであったが、今では関心が低下している。達成目標指向といった関連トピックスは、努力感や能力感の研究が今なおスポーツ・運動

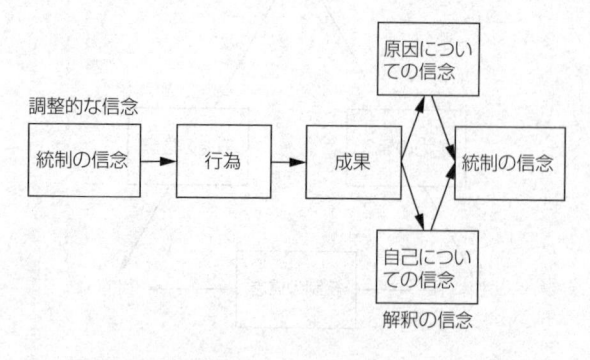

図17.8 調整的な信念と解釈的な信念を示した Skinner (1995) の有能性システムモデル

(Sage Publishers, Inc. の許可を得て転載)

心理学の中心であることを意味している。帰属の見方の過去・現在・未来を展望すると，以下のように結論づけることができる。

1. Weiner(1986, 1992)の帰属モデルは，スポーツにおける帰属の研究の有効な枠組みになっている。しかしながら，能力・努力・課題・運などに関連する有力な帰属がスポーツ領域で明らかになっているとはいえ，スポーツの文脈では学級の文脈よりも多様な帰属を奨励しているように思われる。そうは言っても，やはりスポーツでは能力や努力に関連する帰属が非常に重要と思われる。
2. スポーツの試合での勝者または成功感を認めた者は，敗者または失敗を認めた者よりも，より内的かつ統制可能な要因に帰属する傾向がある。
3. 帰属スタイルはスポーツにおけるポジティブもしくはネガティブな反応を予測することが明らかになっているが，スポーツやその他の身体的活動文脈における帰属スタイルは，さらなる研究が必要な概念になっている。
4. 行為者と観察者の帰属差の研究は，生徒-教師，競技者-コーチの関係を調べるための優れた基盤になっている。予備的な研究によれば，行為者の行動を観察した者が努力に基づく帰属をした場合には，観察者は望ましい反応を生起するようになる。
5. 背景メカニズムはまだ明らかになっていないが，スポーツの研究では利己的バイアスの存在を支持している。
6. 帰属は自発的なものであり，質的・量的な手法を通して評価・分析できることが明らかになっている。
7. 成果が予期せぬものである場合，もしくは目標に到達しない場合には，帰属がより起こりやすくなる。
8. 帰属の安定性の次元は，期待変化の予想と関係している。
9. 帰属は感情反応に付随しているが，パフォーマンス感(主観的)は，成果やパフォーマンスへの帰属よりも，スポーツ感情のより強力な予測要因になると思われる。
10. 研究者は，スポーツにおける帰属再訓練の潜在的な有効性を示し始めている。
11. 競技能力の性質に関する信念は，身体的活動における適応的な動機づけ反応および不適応的な動機づけ反応と結びつくことが明らかになっている。今後はそれらと帰属の関係を含めた継続的な研究が必要である。
12. 帰属の主体-手段-目的の分析から，それらが手段-目的の方略の信念，あるいは主体-目的の統制の信念として機能することが明らかになっている。この枠組みを使用して分析すれば，行動予測における帰属の役割の現実的な予測が可能になるものと思われる。

スポーツにおける帰属の研究は狭い視点を採っているが，他の理論やパラダイムを使用して問題をより広く研究する必要がある。本章ではスポーツ心理学と運動心理学における帰属の研究を検討してきたが，その意図するところは，一般的な達成帰属のパラダイムに加えて，関連する視点と方法の価値を指摘することにあった。うまくすれば，身体的活動における動機づけを理解しようと努力する限り，帰属研究はさらに継続的に発展するものと思われる。

第18章

スポーツ・運動の集団凝集性

歴史的に，研究者は凝集性をもっとも重要な小集団の変数と同定している。(Golembieski, 1962；Lott & Lott, 1965)。この結論は，さまざまな状況の研究から間接的に証明することができる。例えば，社会心理学(Eisman, 1959；Zaccaro & Lowe, 1986)，軍事心理学(Manning & Fullerton, 1988；McGrath, 1962)，組織心理学(Keller, 1986；Trist & Bamforth, 1951)，カウンセリング心理学(Peterroy, 1983；Roark & Sharah, 1989)，教育心理学(Festinger, Schachter, & Back, 1950；Shaw & Shaw, 1962)の領域では，長い間，凝集性に興味を示してきたことが明らかになっている。また，凝集性は，スポーツ心理学や運動心理学でも科学的な精査対象になっている。

本章では，スポーツや運動集団における凝集性の科学的な研究について，大きく8つの節にまとめてレビューする。1, 2節では凝集性の定義，概念，測定の理論的な観点を記載して，3, 4節ではスポーツ心理学領域および運動心理学領域における凝集性の研究を要約する。5節では凝集性の構成概念を調べる上で考えなくてはならない主要な問題について議論する。6, 7節ではスポーツや運動状況における凝集性の将来の研究を示唆し，8節では概要と勧告をまとめることにする。

凝集性の定義

凝集性(cohesion)という用語は，"くっつく"もしくは"1つになる"という意味のラテン語 cohaesus に由来している。Mudrack (1989, p.39)は，凝集性は"直観的には理解し記述しやすいように思えるが，…この'記述のしやすさ'を'定義のしやすさ'に移行することにこれまで失敗していた"と指摘している。このように，多くの社会的な構成概念と同様に，凝集性はさまざまな研究者によって多様に定義されている。Festinger ら(1950, p.164)の古典的な定義では，凝集性とは"成員を集団に留める全体的な場の力"であり，そこには2つの一般的なタイプの力があると述べている。それらは，集団の魅力(集団の社会面と親和面を表わす)と，手段の制御(集団の課題，パフォーマンス，生産的な関心を表わす)である。

しかしながら，Festinger ら(1950)の定義を引用しても，初期の多くの研究では，多数の重要な力のタイプを無視している(例えば，成員を他の集団に引き寄せる力と同様に，成員を集団から離脱させなくする規範的な力)。その代わりに，凝集性を単に成員に対する集団の魅力として扱った(Libo, 1953)。また，Mudrack (1989, p.42)は，そのような定義は操作化が容易だが，中心にしているものは"もっぱら個人であり集団を軽視しているために，集団凝集性の概念を完全には捉えていない"と指摘した。集団に焦点を当てた2つ目の古典的な定義では，破壊に対する集団の抵抗力が凝集性であると記述している(Gross. & Martin, 1952)。団結力が強い集団は，集団を引き裂こうとする力や圧力に対してより強く抵抗することができる。

スポーツ心理学の領域では，Carron, Brawley, Widmeyer (1998, p.213)が，凝集性とは"集団が1つになろうとする傾向が反映するような動的な過程や，手段的な目的の追求あるいは成員の感情的欲求の満足の追求への一致団結が反映する動的な過程"であると述べた。この定義には，スポーツチームにおける凝集性が次の性質を持っている事実を強調する意図があった。

多次元的：スポーツチームの団結／凝集性の背景には，複数の要因が存在している。
動的：固定的な特性ではなく，時々刻々変化するものである。
手段的：集団を形成し維持する理由を反映している。
感情的：ポジティブな感情と関係している。

Carron らの定義は，彼らの概念的なモデルや，スポーツ集団と運動集団における凝集性の研究の大半が拠り所にしている操作的な定義と密接に関係している。

集団凝集性の概念と測定

概念モデル

Carron, Widmeyer, Brawley (1985) による凝集性の概念モデルは，個人および集団の凝集性とは，集団の各成員の多様な信念や認知として部分的に表われたものであるという仮定に基づいている。このモデルでは，集団に関連した重要な社会情報，多様な知覚や信念を生成するためのさまざまな社会情報を集団の個々の成員が統合していると述べている。集団とその成員が集団目標や成員の感情的欲求を追求するために団結する方法についてのこれらの信念／知覚は，概念モデル内の2つの広範なカテゴリーに分類することができる。

1つ目のカテゴリーは集団の統合である。集団の総合は，集団の個々の成員が全体としてのその集団（チーム）に抱いている信念と知覚に関係している。2つ目のカテゴリーは個人を引きつける集団の魅力である。集団の魅力は，彼や彼女を最初に魅了し，魅了し続けるものについての集団の成員個々の信念や知覚と関係している。これらのカテゴリーは，さらに課題指向と社会指向に分けることができる。このように，概念モデルには，多様な信念や認知に関する4つの関連次元がある。これらの関連次元は，集団またはチームの凝集性を特徴づける動的な過程の一部になっている。研究者は，これらの信念と知覚が同時に作用して，集団や集団各成員の凝集感を醸成すると考えている。それらの全体的な統合は，凝集性の多次元構成概念の指標になっている。4つの関連次元とは，(1) 集団統合-課題 (Group Integration-Task：GI-T)；(2) 集団統合-社会 (Group Integration-Social：GI-S)；(3) 集団-課題に個人が感じる魅力 (Individual Attractions to the Group-Task：ATG-T)；(4) 集団-社会に個人が感じる魅力 (Individual Attractions to the Group-Social：ATG-S)，である。理論的に考えれば，各次元単独でも集団内の競技者を団結させたり集団内にとどめておくには十分と思われる。しかしながら，集団の凝集性に動的な過程の特徴がある場合には，いくつかの次元がチーム全体の凝集性レベルに貢献する可能性は高くなると思われる。

凝集性に対する各次元の相対的な貢献度は，疑わしい調整変数の影響に依存して，時間とともに変化すると研究者は仮定している。例えば，集団の発達レベル（例えば，チームがいっしょにいる年月；シーズン），または集団の性質（動機づけの基盤に課題や社会的集中がある）は，特定の次元が全体の凝集性に貢献する程度にかなり影響しているものと思われる。これらの調整変数が集団や集団の個々の成員の社会経験を構成するものの一部と考えるならば，それらは凝集性の4つの次元を表わす信念と知覚に影響すると仮定することができる。したがって，例えば，課題集中がその動機づけの基盤になっている集団／チームは，凝集性の社会的認知に寄与する経験の数や強度と比較して，より強くより多くの課題関連の信念や知覚 (GI-T と ATG-T) に寄与する経験を長期に渡ってより多くするものと思われる。

長期に渡って変化する信念や知覚の性質は，Carron ら (1988) の凝集性の定義や，集団の個々の成員の行動や信念は集団特徴の安定性の増減に対応して増減するというグループダイナミクスの概念と一致している。個々の成員の行動や信念の変化は，集団全体の結果の変化に対応している (Sherif & Sherif, 1969)。集団過程の多様な先行事象や結果は，凝集性の発達に長期に渡って動的な様相で影響しているが，概念モデルでは個々のチーム成員の知覚や信念が影響する（少なくとも一部は）としている。図18.1は，凝集性の概念モデルを，信念の内的・外的要因の操作から派生するものとして図式的に示したものである。

要約すると，集団成員は自分の集団が自らの欲求を満たすさまざまな課題や社会的な準備を供給できると感じ，かつそれを信じている。それらの準備を信じて受け入れることは，競技者が自チームに魅力を感じる原因になるものと思われる (ATG-T, ATG-S)。集団の目標や目的に到達するためのチームの団結感とその信念は，集団の課題や社会的な関係 (GI-T, GI-S) を社会的に支える集団の団結と同様に，競技者がチームの一員として継続する動機づけになっている。個々の成員は，相互に行動を観察するとともに，凝集性の多様な面についての信念を確認している。凝集性は，個々の成員の観点から，彼または彼女がチームへの残留を希望しているという感じやチームが一体化しているといった感じを追加して強化している。集団の個々

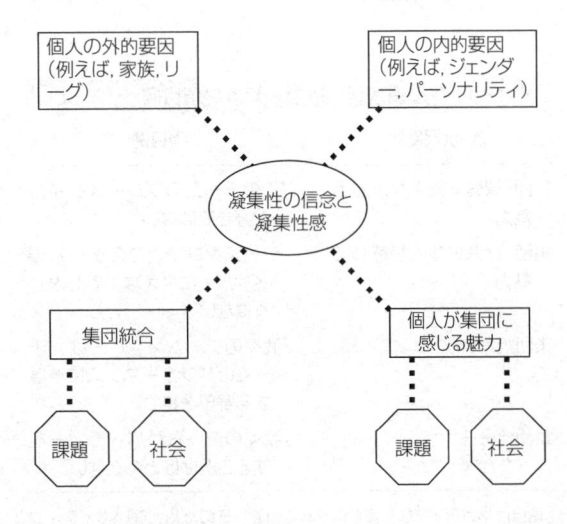

図18.1 凝集性の概念モデル

の成員が凝集性の4つの側面それぞれについての自らの認知の強度をどの程度記述するかによって，4つの側面の測定が可能になる。

さまざまな凝集性感に関する4つの関連次元は，シーズンを通したチームの進歩として生じるような複雑な個人-環境の相互作用の結果であると思われる。研究者は，チームが凝集していく過程を，チームの競技者と環境の相互作用という社会的学習によって生じる過程と考えている。概念モデルの根底にあるこれらの考え方は，凝集性の操作的な測度（Group Environment Questionnaire）の開発方法と関連しており，スポーツチームの凝集性を測定する手続きと関係している。

集団環境質問紙

集団環境質問紙（Group Environment Questionnaire：GEQ）開発の独特な手続きは他の文献にも詳細な記述がある（Brawley, Carron, & Widmeyer, 1987, 1988；Carron et al., 1985, 1998；Widmeyer, Brawley, & Carron, 1985）。概念モデルから発展した過程については前述した通りである。モデルが概念とGEQの連繋を促進したばかりでなく，開発過程のチームの成員を考慮することも概念とGEQの連繋を促進した。凝集性の4つの次元をそれぞれ測定する上で有効と思われる方法は，チーム成員が略述した現象学から確定した。このプロトコルでは，測度はチームの競技者にとって有意味なものであり，研究者のバイアスを反映する項目や，概念と操作の定義との連繋を無視するような項目はなかった。結果として，GEQは18項目4尺度の測度になっている。4つの尺度それぞれのサンプル項目を表18.1に示す。

Carronら（1998）は，GEQの心理測定的な特性を調べた研究について長々と議論している。したがって，ここではその議論をくり返さないことにする。約15年間の研究によってGEQの内的整合性・表面性・同時性・予測性・要因妥当性が明らかになったと言えば，それで十分であると思われる。

スポーツの集団凝集性の相関

GEQ（Carron et al., 1985）の開発以来，GEQを使用した研究文献がかなり増加している（例えば，スポーツの文脈でGEQを使用した論文は30編以上ある）。したがって，本節ではGEQの相関の研究を一部要約してみたい。ここに示した文献のレビューは，GEQを使用したこれまでのスポーツにおける凝集性の研究を網羅したものではなく，主に本章の著者らの研究を中心にレビューしたものである。

GEQの開発以降，スポーツにおける凝集性の相関の研究は13編以上ある。一般的に研究者は凝集性の相関を次の4つのカテゴリーに分類している；（1）環境要因（例えば，規範の圧力），（2）個人要因（例えば，負の結果の責任），（3）リーダーシップ要因（例えば，課題指向の行動 vs 個人指向の行動），（4）チーム要因（例えば，地位の整合性）。この分類は構造的な観点から便利なものではあるが，最終的な分析として，検証された多くの相関は複数のカテゴリーに含まれることを忘れてはならない。以下は相関のいくつかを簡単にまとめたものである。

環境要因

競争レベル

GranitoとRainey（1988）は，高校と大学のフットボールチームの凝集性を評価して，競争レベルを調べた。Granitoらは，大規模高校のフットボール選手44名，中規模高校の選手25名，全米大学体育協会ディヴィジョンIIIの大学選手52名に対して，シーズン終了時にGEQを実施した。Granitoらは，高校チームの凝集性が大学チームよりも高いと仮定したが，結果として，高校チームの課題凝集性（ATG-TとGI-T）は実際に有意に高かった。

チームの規模

Widmeyer, Brawley, Carron（1990）は，チームの規模と凝集性との関連性を明らかにするために2つの研究を行った。最初の研究では，3 on 3レクリエーションバスケットボールリーグの参加者を，3名，6名，9名のチームに割り当てた。その結果，チームの規模が大きくなると，課題の凝集性は低下することが明らかになった。しかし，社会的な凝集性がもっとも高かったのは，6名のチームであった。2つ目の研究で，Widmeyerらは，レクリエーションバレーボールリーグにおける集団規模と凝集性の関係を調べた。実

表18.1　集団環境質問紙の4尺度の項目例

次元（尺度）	項目例
集団-課題に個人が感じる魅力	"このチームのプレースタイルが好きではない"[1]
集団-社会に個人が感じる魅力	"シーズン終了後このチームのメンバーに会えなくても淋しくはない"
集団統合-課題	"我々のチームメンバーは，チームのパフォーマンスに矛盾する野望を持つ"
集団統合-社会	"我々のチームがパーティーをすることはほとんどない"

[1] 項目はネガティブな言葉遣いをしている。そのため，強いネガティブな陳述文は，強い集団凝集性感を表わしている。

験参加者を3名，6名，12名のチームに編成し，規模の同じチームと対戦させた。その結果，凝集性のレベルがもっとも高かったのは3名のチームであり，チームの規模が大きくなるに従って凝集性は徐々に低下することが明らかになった。集団規模と凝集性との関係はスポーツチームに限ったことではない。MullenとCopper(1994)は，凝集性の研究を集団横断的にメタ分析して，集団が小さいほど凝集性が高いと結論づけた。

個人要因

社会的手抜き

個人の努力が，1人で作業する時よりも，集団で作業をする時の方が低下することを，社会的手抜きと研究者は呼んでいる(Latane, 1981；Latane, Williams, & Harkins, 1979；Williams, Harkins, & Latane, 1981)。KarauとWilliamsは，1993年にメタ分析をして，社会的手抜きが課題，ジェンダー，文化の違いを越えて蔓延しているとしても，それらの手抜きはある条件下では減少することを明らかにした。社会的手抜きが減少すると思われる2つの条件は，個人の活動結果を同定する能力と，集団成員間の関係が存在していることである(Karau & Williams, 1993；Williams, Nida, Baca, & Latane, 1989)。

McKnight, Williams, Widmeyer(1991)は，4名のリレー種目の水泳選手と個人種目の水泳選手とを対象にして，社会的手抜きにおける凝集性の影響と同定可能性を検討した。チームメイトや観客の面前で，水泳選手に個人種目のタイムとリレーの区間タイムを知らせることによって，同定可能性の高い条件が生じた。同定可能性の低い条件は，個人種目の水泳選手にはタイムを個人的に知らせることで，リレー選手にはチームの全体的なタイムのみを知らせることで生じた。McKnightらは，課題凝集性が低い場合には，同定可能性の高い条件だけが社会的手抜きの減少に効果的なことを明らかにした。このように，水泳選手に個人的にタイムを知らせると，社会的手抜きが生じた。逆に，高い課題凝集性の特徴があるリレーチームでは，個人の活動結果を水泳選手に個人的に知らせても，公的に知らせても，社会的手抜きは生じなかった。

継続行動

当然のことながら，凝集性はスポーツチームにおける継続と関係することが明らかになっている(Brawley et al., 1988；Study 1；Prapavessis & Carron, 1997b；Widmeyer, Brawley, & Carron, 1988, 研究2)。自分のチームの凝集性が高いと感じている競技者は，練習に遅刻せず，練習や試合に参加する傾向がある(Carron, Widmeyer, & Brawley, 1988, 研究1)。また，自分のチームは集団を引き裂こうとする出来事にもより耐えることができると思っている(Brawley et al., 1988, 研究1)。

リーダーシップ要因

集団凝集性の発達と関係しているリーダーシップの2つの要素は，リーダーの行動と決定スタイルである。WestreとWeiss(1991)は，高校フットボール選手を対象として，コーチング行動とチームの凝集性の関係を調べ，トレーニングと教示行動，社会的支援行動，肯定的なフィードバック，民主的なスタイルが高いほど競技者の課題凝集性レベルが高くなることを明らかにした。Kozub(1993)は，高校バスケットボールのチームを調べて，同様の知見を報告した。決定スタイルの場合，より参加型の(民主的な)アプローチを決定への到達に使用すると，より強力な凝集感が表われてくる。Brawley, Carron, Widmeyer(1993)は，チームの目標設定に多大に参加した競技者ほど強い課題感と社会的な凝集感とを保有していると断定した。また，Westre, Weiss, Kozubの研究から，コーチが民主的なスタイルを使用していると感じた競技者は，集団をより課題-凝集的なものと感じていることも明らかになった。

チーム要因

役割の関与

役割の関与は，チームの統合と密接に連繋している。チームスポーツにおいても，個人スポーツにおいても，役割の関与と凝集性は強く関係しており，共通分散の13～40%を共有している(Brawley et al., 1987；Dawe & Carron, 1990)。例えば，Brawleyらは，チームスポーツ競技者の課題凝集性(GI-T)と役割の明瞭性の間には0.38，役割の受容の間には0.49，役割パフォーマンスの間には0.43の相関があると報告した。個人スポーツ競技者では，それぞれ0.56, 0.63, 0.57であった。

集団規範

集団規範への順応と凝集性の研究では，両者間に正の関係があるとしている。つまり，凝集性が高いほど，集団規範への順応も高くなる。例えば，Shields, Bredemeier, Gardner, Boston(1995)は，仲間が不正・攻撃をするという規範的な期待やコーチが不正を大目にみるという規範的な期待と，チームの凝集性とが正に関係することを明らかにした。さらに，PrapavessisとCarron(1997a)は，競技者が課題に対する凝集性の知覚を，重要だとされる集団の規範にポジティブに関連づけていることを明らかにした。

集合効力感 (collective efficacy)

　凝集性の相関についての最近（過去5年間）の研究では，集合効力感を調べたものが多い（Paskevich, 1995；Paskevich, Brawley, Dorsch, & Widmeyer, 1997, 1999）。集合効力感とは，状況の要求にうまく反応できるという有能性をチームの成員が共有していると感じることである（Zaccaro, Blair, Peterson, & Zazanis, 1995）。凝集性が高いチームでは集合的な自信感も高いと仮定することは合理的なように思われる。Paskevichらの一連の研究（Dorsch, Widmeyer, Paskevich, & Brawley, 1995；Paskevich, 1995；Paskevich, Brawley, Dorsch, & Widmeyer, 1995；Paskevich et al., 1997, 1999）は，この関係を一貫して示している。当然のことながら，課題凝集性は，もっとも強く集合効力感に関係している凝集性のタイプである。チームにはプレースタイルおよび追求する集合目標や目的に対する共通の認識があるという信念は，集団の自信の増加と結びついている。

　Paskevich（1995，研究3）は，25の大学対抗バレーボールチームを対象に，集合効力感・凝集性・パフォーマンスの相互関係を調べ，集合効力感が課題凝集性とチームパフォーマンス（勝敗記録）の媒介をしていることを明らかにした。このように，課題凝集性が高いほど集合効力感は高くなり，さらにチームのパフォーマンスは向上した。

　Dorsch, Paskevich, Widmeyer, Brawley（1994）は，攻撃行動に対する集合効力感，攻撃行動のチームによる容認，集団凝集性といった集団に基づく認知間の関係に注目した。さらに，これらの関係には，競技者が参加している社会的な文脈（ホッケー競技のレベル）が影響していた（Dorsch et al., 1995）。同様に，よりエリートであるアイスホッケージュニアのレベルAでは，攻撃の集合効力感，3つの凝集性尺度（ATG-T, GI-T, GI-S），威嚇的行動の規範が，攻撃行動の高いチームと低いチームを有意に弁別していた（Dorsch, Paskevich, Brawley, & Widmeyer, 1995）。

パフォーマンス：凝集性-パフォーマンス，またはパフォーマンス-凝集性の関係は存在するのか？

　この問題は以前にも取り上げたが（Widmeyer, Carron, & Brawley, 1993を参照），凝集性がパフォーマンスに影響するのか，それともパフォーマンスが凝集性に影響するのかについて，従来の研究ではあまり明解な回答が得られなかったことを再度強調する必要がある。MullenとCopper（1994）は，凝集性とパフォーマンスの関係を扱った研究に矛盾がみられる事態を解決しようとして，作業集団・軍隊・実験室集団・スポーツチームといった多様な状況の先行研究（49編）をメタ分析した。

　これらの研究では，凝集性-パフォーマンス効果の関係を66のテストで調べていた。66テストの92％に正の凝集性-パフォーマンス効果が若干みられた。このように，MullenとCopper（1994）の知見から，凝集性-パフォーマンスの関係は非常に有意ではあるが，その規模は小さいことが明らかになった。効果サイズは，実際の集団（スポーツチーム）の方が，人工的な集団（研究目的で作った実験室集団）よりも大きかった。また効果サイズは大集団よりも小集団の方が大きく，実験研究よりも相関研究の方が大きかった。その上，凝集性-パフォーマンスの関係は，対人魅力や集団のプライドに対するコミットメントよりも，主として課題に対するコミットメントが原因になっている。最終的に，凝集性-パフォーマンス効果の時間的なパターンに関しては，効果の進行方向は，凝集性からパフォーマンスへの方向というよりも，パフォーマンスから凝集性への方向の方がより強力であるように思われる。しかしながら，この知見は，凝集性がパフォーマンスの向上因になり得るという点を否定してはいない。それにも関わらず，パフォーマンスの向上がもたらす凝集性の変化は，凝集性の増強がもたらすパフォーマンスの変化よりも強力なものであるように思われる。

　現在までの研究に基づいて要約すれば，多くの要因が集団の凝集性と正に関係し，凝集性は集団維持に直接貢献して集団の運動を促進すると結論づけることは，合理的であると思われる。さらに，凝集性と他の変数の関係が独立した形でみられたにしても，集団ダイナミクスの動的・循環的な性質に留意することは重要であり，また実際の集団ではこれらの要因がしばしば入り混じっていることに留意することも重要である。したがって，前述のように，凝集性がすべての集団のダイナミクスに重要な役割を演じているために，凝集性をもっとも重要な小集団変数と呼んでいる社会学者もいる（Golembieski, 1962；Lott & Lott, 1965）。

運動集団／運動プログラムの集団凝集性の相関

　運動参加への集団凝集性の影響を調べる研究も，Carronら（1985）が開発した集団凝集性の概念モデルに基づいている。運動クラスは課題・社会・個人・集団といったレベルでスポーツチームと異なっているために，研究者はオリジナルGEQの修正版を運動領域に使用した（Carron et al., 1988）。注目すべきことは，修正がわずかであったことと，凝集性の操作的な定義が凝集性の主要な4つの次元も反映していたことであった。Carronら（1988，研究1）は，凝集性が運動継続に与える影響と，身体的活動集団からの離脱に与える影響を最初に調べた研究であった。実験参加者は

フィットネスクラスの継続者と非継続者であった。Carronらは GEQ を実施して，凝集性の 4 つの構造感を確定した。また 2 つの凝集性尺度，ATG-T と ATG-S によって，運動継続者と非継続者を正確に分類した(61％)。結論として，凝集性と身体的活動クラスの継続との間には，ある関係が存在していた(Carron et al., 1988，研究 1)。

次に Spink と Carron(1992)は，運動クラスに参加した女子(171 名)の集団凝集性と非継続性(操作的に，無断欠席および遅刻と定義)の関係を調べた。13 週間プログラムの 8～12 週目までの 4 週間における出席と遅刻データを集め，13 週目に GEQ を実施した。凝集性の ATG-T の次元と ATG-S の次元は，無断欠席と負に関係していた。無遅刻の実験参加者と 4 回以上遅刻した実験参加者のもっとも大きな違いが ATG-T によって説明できることも明らかになった。結論として，これらの結果は，集団凝集性と運動に参加する女子の継続性との関係を，最初に支持したものであった。

これらの結果には将来性があるものと思われたが，これらの研究の各々は，集団凝集性と運動継続の関係をはっきりとは示さないような，本質的に後ろ向き研究に過ぎなかった。この理由から，Spink と Carron (1994)は，2 つの前向き研究を実施して，運動継続に対する集団凝集性の予測力を調べた。1 つ目の研究の目的は，運動プログラムの比較的初期において評価した集団凝集感がその後の実験参加者の継続もしくは脱落を予測するかどうかを確定することにあった。実験参加者は，主要な大学の運動クラスに週 3 日間，1 日当たり 1 時間参加した女子 37 名であった。Spink らは 13 週間プログラムの 3 週目に GEQ を使用して，凝集性の 4 つの次元を評価した。継続性はプログラムの最後の 4 週間への出席として操作化した。その結果，ATG-T は継続者と脱落者を弁別していることが明らかになった。ATG-T，GI-T，GI-S をすべて包含する機能によって，実験参加者の 78％ を継続者と脱落者にうまく分類することができた(Spink & Carron 1994)。

Spink と Carron(1994, 研究 2)はつづいて，1 つ目の研究に 1 つの例外を加えて繰り返した。この 2 つ目の研究は，大学ではなく，市中のフィットネスクラブで実施した。13 週間プログラムの 3 週目に再度実験参加者は GEQ に記入した。また，プログラムの最後の 4 週間の出席状況もモニターした。その結果，集団凝集性の 2 つの次元，個人の ATG-S と GI-S のみが，継続者と脱落者を区別していた。これら 2 つの要素を含む機能によって，実験参加者の 65％ をうまく分類することができた。Spink と Carron は，これら 2 つの研究に基づいて，次のように結論づけた；(1)凝集感は集団状況の初期(最初の 3 週間以内)に発達できる，また，そのような凝集感はプログラムに対する個人の継続意志の有無と関係している，(2)運動クラスの継続に不可欠な凝集性のタイプは，運動状況に依存している(例えば，大学かスポーツクラブか)，(3)チーム構築の介入方略は，個人の運動行動を強める上で効果的な様式になっている。

これまでに概説した記述的研究に一貫した知見を考慮すれば，Carron と Spink(1993)は運動クラスの凝集性を改善するために介入プログラム(チーム構築)を開発したと言える。この介入は主として 5 つの集団ダイナミクス原理を利用していた；(1)弁別感の開発，(2)集団役割の割り当て，(3)集団規範の開発，(4)集団の犠牲となるための心構え，(5)集団内の相互作用とコミュニケーションの開発(Carron & Spink, 1993)。Carron と Spink は，運動クラスにおける集団凝集性の発達に対するこのチーム構築介入の影響を調べるために，大学のエアロビクスクラスの生徒を統制群(n=9)とチーム構築条件群(n=8)とにランダムに割り当てた。13 週間プログラムの 8 週目に評価した ATG-T 尺度の値は，チーム構築条件群の方が有意に大きかった。同様に，第 2 の介入研究でも，チーム構築条件は ATG-T 感を改善し，脱落や遅刻の低下と関係していた(Spink & Carron, 1993)。

Estabrooks と Carron(1999b)は，より最近になって，高齢者クラスの運動継続率と運動復帰率の改善に対する同様のチーム構築介入の効果を分析した。1 週当たり 2 回の運動クラスを 6 週間に渡って実施して，プログラムへの復帰率(10 週間の空白後)をモニターした。この研究の実験参加者はすべて運動クラスへの初回参加者であった。Estabrooks らはこの実験参加者をチーム構築条件群，プラセボ群，統制群に割り当てた。その結果，次のことが明らかになった。チーム構築条件群の実験参加者は，(1)統制群(ES=1.2, $p<0.05$)，プラセボ群(ES=1.1, $p<0.05$)よりも多くのクラスに参加した，(2)10 週間の空白後に他の 2 群よりも高い復帰率(それぞれ，93％，40％，70％)を示した。ただし有意差がみられたのはチーム構築条件群と統制群の間のみであった。

運動領域の集団凝集性に関する研究では，多数の認知的な相関も強調している。Brawley ら(1988, 研究 2)は，凝集感と集団破壊的な出来事に対する抵抗との関係を運動状況で検討した。Brawley らは，破壊に対する集団の抵抗感の極端な集団を使用して，破壊に対する集団の抵抗感の高い実験参加者と低い実験参加者を GI-T で有意に弁別できることを明らかにした。Courneya(1995)は，集団凝集性と感情の関係を感情状態についての質問紙で調べて，ATG-T 感，ATG-S 感，GI-T 感が高いと運動中の感情状態も高くなることを明らかにした。Courneya は，広範な社会的認知の枠組みにおける凝集性の影響も調べた。例えば，Estabrooks と Carron(1999)は，計画行動理論(Ajzen, 1985)の枠組みを使用して，身体的活動プログラムに

登録した高齢者のATG-TとATG-Sの増加が行動の統制感の増加や運動に対する態度の増強にそれぞれ関係することを明らかにした。さらに，自己効力感もATG-TとGI-Tに関係していた（Estabrooks & Carron, 2000）。

現在までの研究に基づいて要約すると，次のように結論づけることは合理的である。自分たちの運動クラスの凝集性をより強く確信する者ほど，(1)運動クラスによく出席する，(2)遅れないことが多い，(3)あまり脱落しない，(4)より強く集団の崩壊に抵抗する。自分たちのクラスの凝集性をより強く確信する者ほど，(1)運動に関連するポジティブな感情を大量に経験する，(2)運動に対する態度を改善する，(3)運動に関連する強い効力感を抱く，という予備的な証拠もある。

凝集性の研究の展開

スポーツと運動心理学において凝集性の研究を展開するには，以下の4つの重要な問題に取り組まなければならない。

1. 凝集性の性質と範囲の理解
2. 凝集性が生じる社会的文脈と集団発達レベルの考察
3. 凝集性の概念とその操作的な定義とを連繋する原理の開発
4. 凝集性の概念モデルの確証と凝集性の測定に役立つ実証的なデータ

以下，これらの問題を順に取り上げる。

研究者が概念モデルに基づく研究で自分の研究問題を提案する場合，モデルのいくつかの側面を考慮する必要がある。それらの側面とは，(1)凝集性の構造の多次元的な性質，(2)集団の発達レベル，(3)凝集性の動的な性質，(4)概念モデルの主要な仮説，である。スポーツ心理学者は，モデルの各側面が仮説や研究デザイン，仮説の検証に必要な測度と密接に関わり合っていることを知らなければならない。凝集性の研究をするには，概念モデルのこれらの側面の重要性を調べる必要があるので，ここではそれらを手短かに説明する。

凝集性の多次元的性質

凝集性といった多面的な現象を見抜くためには，凝集性の多様な面を反映する測度が必要となる。このようなことから，GEQでは凝集性の4つの側面を測定している。研究者はしばしば，評価した凝集性の4つの側面をすべての集団が示すものと期待している

(Carron & Brawley, 2000；Carron et al., 1998を参照)。しかしながら，凝集性の現象は，社会的学習や集団社会化の過程を通して集団内で発達するものである（Levine & Moreland, 1991）。このように，すべての集団が凝集性のすべての徴候を常に示すものとは考えにくい。さらに，集団が長期間一緒にいる場合であっても，集団の基本的な動機づけはそのもっとも中心的な操作を規定しており，そのため凝集性のすべての側面が同じ強度になると仮定するのは不適切なように思われる。例えば，スポーツチームは相互作用的な時間を頻繁に一緒に過ごしているが，運動集団は限られた時間だけをスケジュールに基づいて一緒に過ごしている。前者の集団がコートや試合場で，またそれ以外の場所で相互作用することは珍しいことではない。課題と社会的相互作用は，さまざまな形で凝集性の徴候が現れるように，長時間に渡ってかなりの頻度で生じている。

これに対して，運動集団は，限られた時間の間においてのみ，構造化文脈と相互に作用している。そこでは集団の"パフォーマンス"は，クラスの継続と運動トレーニングの等級に応じた個人の改善に限られたものとなっている。継続性が良好でクラスの成員が指導に歩調を合わせる場合には集団効力感が存在する。しかし，次の運動状況に至るまでの間に相互作用する理由がない場合，集団は各クラスの終わりに解散することになる。クラス期間中の相互作用の形態はその時々で急激に変化するものではなく（課題役割や相互作用を変更する必要がない），そしてそのようなクラスはしばしば3ヵ月後（例えば，施設のプログラム提供期間や大学の学期と一致）に終了を迎えている。このように，信頼できる凝集性の徴候は，主として集団課題に個人が感じる魅力として現れるものと思われる。個人や集団の性質のその他の徴候は，集団内や集団間で非常に変化しやすく，それらは同様な運動集団の性質における個人差に依存しているものと思われる。

上述した2つの例（チームと運動集団）について調べる研究者は，凝集性の任意の仮説を押し進めるべきではなく，概念モデルとその仮定とに基づいて，演繹的に仮説を構築しなければならない。チームを例にすると，新しいチーム（できて数週間のチーム）は凝集性の課題形成特徴をもっともよく示し，一方，長期に及ぶ経験のあるチーム（できて数年間のチーム）は凝集性のあらゆる形態を示すと仮定することができる。運動集団を例にすると，1ヵ月に渡って毎週3回ずつ一緒に過ごすだけの新しいクラスにはATG-Tの特徴があると仮定することができる（Carron et al., 1998を参照）。対照的に，3ヵ月ごとのクラスで常に同一クラスに属した運動参加者集団には，付加的な凝集性の徴候が現れるものと思われる（例えば，ATG-S）。

SherifとSherif（1969）は，凝集性のさまざまな側面の発現に対する集団の発達の影響を評価するために，

集団形成に有用な多因子的な見方を提唱した。Sherifらは、集団の形成と発達に従って4つの基本的要因が集団の特性の出現に影響することや、それらの特性が時間的に安定する方法に注目した。それらの要因は以下の通りである。

1. 集団の動機づけ基盤：中心的な課題と関連する集団の目標。すなわち、シーズンの課題目標としての存在理由。
2. 集団の組織構造を生み出し、特徴づける役割、地位、力：開始状況時における課題関連の役割、集団に対するそれらの重要性、他者への影響力。
3. 課題と社会的行動に関する公式および非公式な規則、価値、規範：課題に関連する公式規則；努力に関する非公式な課題規則や規範、あるいはチーム移動に関する社会規則。
4. 集団の成果の問題における成員の認知や行動に対する上記の特性の特異的な影響：これらの特性が、集団の成員が経験した社会的な相互作用の程度、共有した情報、到達した合意、そこに生じる集団関連の社会化の過程（例えば、集団が共有する信念のさまざまな効果：凝集性、集合効力感）を増強あるいは低減する方法。

これらの要因は一様に影響するのではなく、時間とともに集団成員が発達するにつれて発現し、成員に影響している。このように、集団の特性は集団の発達ほどには安定していない。したがって、これらの特性の影響は、集団凝集性やそのさまざまな側面に寄与する方法と同等ではないように思われる（図 18.2 を参照）。

図 18.3 は、凝集性のさまざまな側面の特異的な発達を例示したものである。集団生活の初期には、主として新たな成員がメンバーシップを構成し、その動機的な基盤はこれら新たな成員の相互作用を左右する傾向がある。このように、新たなスポーツ集団や運動集団は、課題指向の動機づけを基盤にする傾向がある

（例えば、競争、勝利、関連する練習／競技目的；フィットネスへの参加、心臓血管系のフィットネス／耐久力の目標）。この課題指向は集団成員にとって魅力的なものであり（集団に参加する理由の1つ）、その中心は成員が課題関連の重要な事柄を集団に統合する方法にある。集団の特徴が動機づけの基盤に関して徐々に安定してくると、集団は相互作用の努力をして、その制御が及ぶ範囲で課題を効果的に達成しようとするようになる。図 18.3 に示したように、この発達は時間を要し、かつ動的な様相を示している。そしてこの発達は、課題に関連した凝集性の形態の発展を左右している。

しかしながら、その課題に関する集団の特徴と活動が安定するにつれて、成員はより多くの社会的相互作用に注意することが可能になる。したがって、集団には、課題関連の既存の安定した特徴に加えて社会規範や規則が出現するようになる。図 18.3 は、初めは凝集性の社会的形態として発現する課題凝集性の発達の連続が、凝集性の特異的な形態がいつ発達するのかを特徴づけるただ1つの、そしておそらくもっとも単純なダイナミックな連続体であることを示したものである。凝集性のこのようなさまざまな形態の発達は、凝集性の課題の側面と並行して生じる傾向もある。課題の側面はもっとも重要で、加えてより安定したものとなっている。そして、凝集性の社会的な側面は可変的であるために、集団にとっては2番目に重要なものになっている。

図 18.2 と図 18.3 は、凝集性の発達の動的な側面を例示しており、集中すべき測定課題や研究仮説の必要性を強調している。どんな凝集性であっても、凝集性を集団の"パーソナリティ特性"と類似した集団の特性と考えて単純に測定すると、必ず失敗してしまう。明らかに、凝集性の多面的かつ可変的な性質には、集団発達と集団過程の成果が表出している。他の集団的現象（例えば、集合効力感、集団帰属、社会的手抜き）、あるいは集団の成果（例えば、パフォーマンス、満足、集団目標）と集団凝集性の関係についての仮説を押し

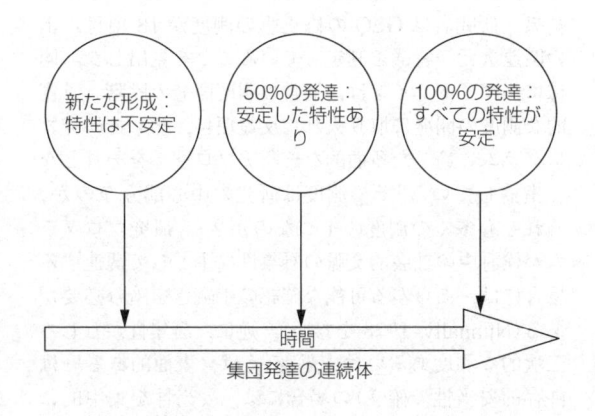

図 18.2　集団発達の連続体

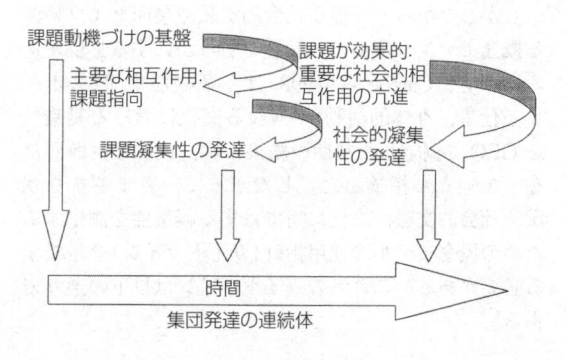

図 18.3　凝集性のさまざまな側面の特異的な発達

進めるためには，集団発達の仕方，相互作用のあり方，長期に渡る安定の仕方，特性の気づき，集団の寿命，課題の集団経験を理解する必要がある。

凝集性の概念モデルは他の集団や文脈に適用できるのか？

最近，CarronとBrawley(2000)は，いくつかの要因を考慮することなく，彼らの概念モデルと凝集性尺度(GEQ)を異分野の集団に任意に適用する場合のマイナス面を指摘した。それらの要因には社会的文脈の性質があるために，彼らの測度のすべての面をさまざまな社会的文脈(例えば，職場，運動集団，音楽集団，軍隊)にそのまま使用することができるのか，それとも修正して使用するのかという性質があった。研究者は，特に成人のレクリエーションスポーツチームや競技スポーツチームを調べるために，GEQを開発した。したがって，尺度の文章を単純に修正しただけで他の社会的文脈を測定しようとしてはいない。2, 3の用語を変更してGEQを単純に修正しても，一般的な測定方策にはならない。この方法を使用して成功した例もあるが(例えば，Carron et al., 1998参照；成人のフィットネス集団，寄宿舎集団)，多様な社会的文脈における集団の検討に，研究者はさまざまな出発点を推奨している。

測度の開発は概念モデルや理論を出発点にすべきである。概念モデルを妥当とする研究は30編以上(Carron et al., 1998参照)あるが，この点に関する他の研究者の科学的な見解を得ることも重要である。小集団の凝集性を調べたDionとEvans(1992)は，Carronら(1985)の4つの次元の概念モデルと測定法が広い範囲に適用できることを明らかにした。Dionらは，単純で包括的な凝集性の測度を修正せずにあらゆる社会的文脈に適用することはできないと指摘した。しかしながら，多くの集団の凝集性を調べるための基盤として，概念モデルが役に立つとも強調した。同様に，Cota, Evans, Dion, Kilik, Longman(1995)は，Carronら(1985)が凝集性の多次元モデルの主要な成分をすでに明らかにしているものと確信した。

しかしながら，多様な社会的文脈や集団タイプに渡る概念モデルや理論の一般性を明らかにする必要がある。一方，Carronら(1998)は，多様な集団(スポーツ，仕事，身体的活動)や異なる文化における凝集性をGEQで測定した初期の結果には，成功と失敗が混在していたと指摘した。したがって，さまざまな状況，社会的文脈，文化に当てはまる凝集性を測定するための概念モデルの使用指針(ガイドライン)を示唆する必要がある。これらのガイドラインは以下の通りである。

1. ガイドラインに概念モデルの4つの次元を使用する場合には，これらの次元と社会的文脈や研究対象集団の関係を考慮しなくてはならない。このためには，予備的な研究，課題例の抽出，集団と課題の社会的な魅力，標的集団の成員からの社会集団の統合が必要と思われる。集団の成員がそれらの構造の関連を認識する場合には，次の段階2に進む。
2. 凝集性の構造を社会的文脈に関連づける。集団(課題あるいは社会)や統合集団(課題あるいは社会)を引きつける状況，魅力，行動，集団協応/統合例の提示は，概念的な内容を開発する上で役に立っている。この内容は，特定の社会的文脈の集団に関連づけて4つの構成の操作的な定義/測度を開発する上で，有効なものと思われる。
3. GEQ尺度の原版を使用して，任意の項目が集団や社会的文脈に一般的なものかどうかを確定する。
4. 段階1と段階2の予備的な研究から，集団と社会的文脈に固有の新しい凝集性の項目を開発する。
5. より大規模な項目数(最終的な尺度よりも大きい)を使用する場合には，標準的な心理測定手続きに従う。これらの手続きには，用語の改定による項目数の絞り込み，社会的文脈として不適切な用語の削除，関連集団に対する新しい尺度の予備的テストによる無関係項目あるいは混同項目の削除，予備的テストに基づいた新規/言い換え項目の追加などが該当している。
6. 心理測定の特性の検証。

あらゆる社会的文脈のさまざまな集団に，新しいGEQを開発すべきではない。しかしながら，あらゆるGEQの適用あるいは新しい凝集性測度の開発は，集団の社会的文脈と集団が示す凝集性の兆候の分析に基づいて行うべきである。研究者の仮定のみに基づいて，適用や新たな測度の開発を行うべきではない。

ガイドラインの使用結果

本節では，新たなGEQ測度開発の例をいくつか示して，上述の指摘を説明する。ガイドラインに準じた結果，研究者はGEQの修正版の測度が18項目以上の関連次元の特徴を測定していることを見出した。同様に，ガイドラインは，通常の測度開発の段階，予備的な測度の開発に取り入れた反復項目，そして研究プログラムに適した多面的な確認アプローチをそれとなく指摘している(その測度は研究の中心部分なのか，それとも多くの測度の1つなのか？)。研究プログラムが検討中の社会的文脈の凝集性に主として関連する場合には，あらゆる可能な確認の手続きを踏む必要がある(Nunnally, 1978を参照)。逆に，凝集性がむしろ二次的な測度あるいは成果(例えば，表面的あるいは併存的妥当性の確立)の場合には，妥当性を集中的に検証することが，より適切なものと思われる。

文脈固有の開発例　概念モデルに基づいてさまざまな凝集性の測度の開発を例証するには，修正項目の比較が役に立つと思われる。例えば，GI-T の目標に関するもともとの項目は，"我々のチームはパフォーマンス目標を達成するために団結している"となっている。目標と成果に関連する類似項目のその他の例は，以下の通りである。

フィットネスの改訂版："我々の運動集団は，フィットネスの目標を達成するために団結している"(Carron et al., 1998)。

仕事の改訂版："我々の職場はパフォーマンスの目標を達成するために団結している"(Carron, Estabrooks, Paskevich, Brawley, 1999 が引用した Doherty と Carron の研究)。

年長者フィットネスクラスの改訂版："我々の集団はこのプログラムが提供する身体的活動の恩恵を信じて団結している"(Estabrooks & Carron，印刷中)。

これらの項目はもともとの GEQ 項目に若干の修正を加えたものになっている。なぜなら，大半の課題指向の集団にとって，目標の概念はかなり一般的なものになっているからである。

しかしながら，すべての GEQ の概念と項目が社会的文脈に一般的であるとは限らない。スポーツ以外の社会的文脈の集団には，凝集性の概念モデルのその他の測面とより関連している可能性もある。したがって，以下に示す項目は，研究中の社会的文脈の妥当な凝集性の概念次元とは異なる新たな項目を開発する必要があることを示している。これらの項目例は，GI-T の凝集性次元を文脈に適した様式で表現している。準拠枠として，GHQ のもともとの GI-T 項目を示す。

もともとの GI-T 項目："我々全員が，チームの敗北あるいは拙いパフォーマンスに責任がある。"

年長者フィットネスクラスの新 GI-T 項目："活動セッションの準備作業が必要な場合には，我々の集団成員は喜んで手伝う"(Estabrooks & Carron，印刷中)。

フランス語圏ウォーキングクラブの新 GI-T 項目："我々の集団は，一緒にウォーキングするもっとも重要な理由は，より元気で健康になるためであると信じている"(Brawley, Carron, Paskevich, & Estabrooks, 1999 が引用した Gauvin & Brawley, 1999)。

2 つの新項目のケースでは，GI-T の表現が，スポーツ集団の同じ構成部分を表現したもともとの項目と，まったく違ったものになっている。しかしながら，これらの開発の際には，同様の項目内容の注意深い抽出過程と段階の表面的な妥当性と内的な整合性を十分に考慮していた。フランス語圏のウォーキングクラブの例は，ウォーキングクラブの凝集性の研究に適切な新項目を示すばかりでなく，さまざまな文化圏に使用する際の測度の修正あるいは開発の問題も示している。測度を開発するために，Gauvin と Brawley (1999) は，最初に背景情報から"草案"項目を構成して，次にウォーキングクラブからフランス語の項目を抽出した。凝集性の概念的なアイディアと GEQ の原版が英語であったために，Gauvin らは英語でウォーキングクラブ測度の第一草案を開発し，操作的な定義と正確な概念の連繋を担保しようとした。Gauvin らはこの GEQ 草案の英語版を，フランス系カナダ人版に翻訳してデータを収集した。このように，文脈に適した測度や文化／言語に適した測度を使用した。最終的には，心理測定的な手続きによって草案の項目数を減らし，翻訳したフランス系カナダ人版の項目と，もともとの英語版の項目構成との表現の異同を確定するために"逆翻訳"を行った。さらに，心理測定的な手続きと同様に，この過程を使用して開発と分析作業を続けた。スポーツにおける測定問題と異文化間の研究の卓越した議論については，Duda と Hayashi (1998) を参照されたい。しかしながら，この例は凝集性関連の研究が実行すべき測度開発研究の本質を示している。おそらく上述の議論は，さまざまな社会的文脈の凝集性を測定する場合，GEQ の特定の項目の用語を単純に修正するよりも，さらに多くを修正する必要があると強調しているように思われる。

もともとの GEQ 項目を修正して，文脈に適した凝集性の構成概念の新たな表現を開発する場合には，(1) 検討したいと思う集団の性質，(2) 検討中の研究仮説，(3) さまざまな社会的文脈における凝集性の概念モデルを検討する際のガイドライン，などを慎重に考慮しなければならない。もしも研究者が文脈に適した凝集性の開発の示唆に従うとするならば，検証過程は文脈関連測度の構築に決着をつけたことにはならないと強調することは重要である。例えば，因子的妥当性は検証過程の必要条件と考えている研究者もいる (Schutz, Eom, Smoll, & Smith, 1994)。しかしながら，研究者が研究の長期プログラムで測度を使用したいと思っても，この過程は複雑な進行過程のほんの一部に過ぎないことを肝に銘じる必要がある。凝集性の研究者は，将来この過程に関するいくつかの一般的な考えや特異的な考えを簡潔に調べて，測度と概念モデルの検証は進行過程のものであるという考え方を強調する必要があると思われる。

過程としての検証

凝集性の研究で将来重要と思われる最後の問題は，妥当性の検証である。単一の研究によって妥当性を推

定することもできるが，概念モデルと関連測度はともにさまざまな妥当性のタイプ（内容的，同時的，発散的，収束的，予測的，構造的，要因的）を調べる多面的な研究によって検証しなければならない。

Nunnally（1978）が強調したように，妥当性の検証は，研究のプログラムに反映する過程である。理論と関連測度の問題を検証する将来の研究者にとっての研究課題は何なのだろうか？

概念モデルのレベルには，取り組むべき以下のような問題がある。

1. 理論に基づく予測の支持（例えば，課題凝集性はチームパフォーマンスを予測する）。
2. 予測に特異的に影響する媒介要因の同定（例えば，集団サイズが凝集性を調整する）。
3. さまざまな関連性の案を媒介する要因の同定：先行変数が行動に影響するのは，過程変数によってなのか，それとも媒介要因によってなのか？（例えば，集合効力感〔媒介要因〕によって凝集性に影響する集団帰属の機能）
4. 理論の信頼性に対処する証拠の蓄積（妥当性の各タイプや理論の示すさまざまな関係性を支持する一連の研究）。

測定レベルでの検証が必要なものには，以下のものがある。

1. 測度には仮定と概念モデルあるいは理論の構造が反映している。
2. さまざまなタイプの妥当性が明らかになっている（前述のコメントを参照）。
3. 大半の証拠は妥当性のタイプを支持しており，再現可能である（例えば，課題凝集性から課題パフォーマンスを繰り返し予測する）。

理論と測度の前述の目標が将来の研究の一般的なターゲットと考えるならば，どのような特殊なタイプの証拠を明らかにする必要があるのだろうか（必要な証拠），そしてどのようなタイプの研究がその証拠を生み出すのだろうか？ Carronら（1998）が概念モデルで示した理論的な提案に，現時点では妥当性のいくつかのタイプが明らかになっている。しかしながら，凝集性に関するいくつかのより複雑な問題には注意が必要である。凝集性のこれら2つの問題は，将来の研究課題になっている。

凝集の過程は動的である。この集団現象の中心的な様相を明らかにした研究はわずかしかない。凝集性の多様な側面のダイナミクスを検証するには以下のデータが必要である。(1)凝集性のいずれか1つの側面あるいは4つの側面すべては，時間経過（発達）につれて重要性が変化することを示唆するデータ，(2)社会的文脈はこの特異的な重要性に影響（社会的文脈が動的な過程を調整）することを示唆するデータ。したがって，この必要な証拠を提供すると考えられる研究のタイプは，次の3つである；(1)前向き研究，(2)さまざまな社会的文脈の影響を調べる研究（例えば，課題凝集性，あるいは社会的な凝集性，あるいはそれら両方を促進する研究），(3)前向き，かつさまざまな社会的文脈の研究。図18.2と図18.3は動的な過程の研究目標の達成と，上述したタイプの研究の実施に必要な研究課題を，部分的に概念化したものである。

凝集性は集団の成員が共有している信念である。成員が自分の集団に抱く信念は，集団への社会化の関数として集団内の相互作用を通じて次第に発達するものである。実際に，効果的にチームが作用するには，あるレベルの知識共有が必要である。集団について古くからの成員がすでに共有している特別な情報を集団の新しい成員が学習できるのは，ひとえに集団環境の規則・日常業務・規範が存在しているからである（Levine & Moreland, 1991 ; Levine, Resnick, & Higgins, 1993）。したがって，凝集的な集団やチームの成員には，凝集性についての共有信念が反映するものと思われる。なぜなら，成員が集団の団結に関して長時間に渡って観察・経験し，集団／チームの成員と共有したものの表出が，凝集性のさまざまな形態になっているからである。

チームの成員が集団に関する質問に回答する場合，あるいは成員にとって集団の満足とは何かを回答する場合には，その回答は相互に無関係ではないという議論がある（Carron & Brawley, 2000 ; Carron et al., 1998 ; Paskevich et al., 1999を参照）。すなわち，凝集性の質問に対する各集団成員の回答には，成員個々の回答の多様性と同様に，集団の効果が反映していると思われる。KennyとLa Voie（1985）は，集団成員の回答に付随する相互依存性は，個人研究の標準的な分析手続きの根幹をなす，いわゆる独立反応の統計的な仮定に実際に抵触すると指摘している。最近まで，Carron, Brawley, Widmeyerを含めた大半のスポーツ集団研究は，この統計的な問題と信念の共有を調べる概念的な考え方を見過ごしてきた（注：本章で共有信念の分析手続きを簡単に紹介している）。しかしながら，集団効果の分析は凝集性の理論的な概念（例えば，共有を反映する集団効果の程度と集団の発達レベルとの連繋）を検証するもう1つの手段であることが明らかになっている。

共有信念の妥当性を実証するために必要な証拠には限界がある。最近，Paskevichら（1999）は，凝集性の信念と集合効力感の信念が共有されていることを実証している。エリートバレーボールチームにおけるこれら集団構成の関係を調べる際に，PaskevichらはKennyとLa Voie（1985）が推奨した多様な共有反応の検出手続きを使用した。この手続きには，あるチーム

成員の反応が類似しているのか，それとも非成員や別のチームの成員の反応と何ら変わりがないのかを評価する級内相関係数（intraclass correlation coefficient : ICC）の算出が必要である。この方法は本質的に，集団内と集団外の反応変動の類似性を評価するものになっている。ICC 統計値 1.00 は，同一の反応変化を表わしている。したがって，評価の数値が高くなれば，それだけ大きな集団効果がチーム成員の反応に反映したことになり，数値が低ければ個々の違いを反映することになる。

凝集性の信念を共有していることが明らかになれば，それは凝集性が集団過程による心理的な成果だと確定する重要な証拠になると思われる。したがって，将来の研究者は共有信念の概念を次の方法で検討しなくてはならない；(1) Kenny と La Voie (1985) あるいは Moritz と Watson (1998) が述べた手続きによって，GEQ の次元に応じて共有している回答の変動性を分析すること，(2)集団効果の性質（共有）が他の集団変数との関係の強さを左右するかどうかを確定する際には，分析単位として集団を使用すること（本章で議論した分析単位は；Carron et al., 1998 ; Moritz & Watson, 1998 を参照），(3)さまざまな統計推定に反映する共有の程度が，集団の発達レベルの関数であるかどうかを確定すること，(4)凝集性に関連する情報の処理が集団の団結を反映する反応と連繋するかどうかを確定すること（Hinsz, Tinsdale, & Vollrath, 1997 を参照）。共有を検証する研究のタイプは，同時かつ前向きでなければならない。したがって，これらの研究タイプでは，さまざまな社会的文脈の影響を含めて，共有の調整変数も考慮する必要がある。

確かに，凝集性についての進んだ概念関係から派生した他の研究手段（例えば，パフォーマンス効果，集団行動，集合と役割効力感の関係）は，概念モデルや測度の妥当性の検証手段にもなっている。しかしながら，動的な過程としての凝集性，あるいは共有信念の反映としての凝集性といった将来の課題への取り組みは，一般的に検証過程と凝集性の研究に多大な貢献をするものと思われる。

スポーツチームの凝集性の研究：将来の動向

今日までスポーツチームの凝集性の相関関係を調べた研究はかなりあるが，手つかずの問題も多数残っている。チームの成員が凝集性をどのようにみているのかが，一般的な問題の 1 つになっている。確かに，研究者・コーチ・競技者は，すべての集団成員が普遍的に凝集性を望ましい性質と考えているものと暗黙に仮定している。一般的にこれは安全な仮定である。しかしながら，気質傾向（特性）の個人差から自己の障害行動とチームの凝集性の関係を調べた研究知見は，いくつかの興味深い問題を提起している（Carron, Prapavessis, & Grove, 1994 ; Hausenblas & Carron, 1996）。自己障害の高い競技者は，自チームの凝集性を高いと感じた時には，重要な試合前にパフォーマンスの準備をする障害の厳しさについて高く評定した。しかしながら，チームの課題凝集性を低いと考えた時には，準備に対する障害の厳しさを低く評定した。

この知見を説明しようとして，Carron ら (1994) は，競技者はチームの凝集性を次の 2 点からみていると示唆した；(1)心理的な効果（より凝集的な集団は，競技者にさらなる安心感と快適感をもたらす），および／または，(2)心理的なコスト（より凝集的な集団は，より大きな責任感をチーム成員に与えている）。このように，自己障害の特性が高い競技者では，心理的なコストがいっそう顕著になるものと思われる。その結果，重要な試合で拙いパフォーマンスをした場合には，自尊心を守るためにさらなる自己障害の行動に従事した。

競技者の凝集性の認識に心理的なコスト，および／または，心理的な効果というこれら 2 つの対照的な観点が存在しているかどうかはまだ明らかになっていない。競技者は凝集的なチームをポジティブ以外の何かだと感じるのだろうか？　あるいは，チームの高い凝集性の存在は，プレッシャー感を競技者に与えて，評価の高いチームメイトを失望させないようにしているのだろうか？　競技者が凝集性を心理的なコストや効果と考える場合，これらのコストや効果の本質は何なのだろうか？　その後の研究はこれらの問題を明らかにするものと思われる。

2 番目の一般的な関連問題は，チームの凝集性のポジティブあるいはネガティブな結果と関連するものである。この場合も，研究者・コーチ・競技者の暗黙の仮定は，高い凝集性は集団の質的に優れた結果と結びついているというものである。この仮定にはかなりの実証的な裏づけがある。それらの研究は，チームの高い凝集性と，チームパフォーマンス向上との結びつき (Mullen & Copper, 1994)，集合効力感の増加との結びつき (Paskevich, 1995)，作業量の増加との結びつき (Prapavessis & Carron, 1997a)，社会的手抜きの低下との結びつき (McKnight et al., 1991) などを明らかにしている。しかしながら，皮肉にも，20 年以上前の重大な論文の一部で，すでに Buys (1978a, 1978b) は，人間は集団に入らない方がいいと述べていた。彼の主張の基本は，集団関与と結びつく多数のネガティブあるいは破壊的な行動が存在するということであった。集団の凝集性が高い時には，これらの結果，例えば，準拠・集団思考・没個性といった行動がいっそう顕在化しやすくなる。スポーツについてはどうだろうか？　スポーツチームの高い凝集性は，反社会的あるいは望ましくない行動と関連するのだろうか？　望ましくない集団規範への準拠に凝集性が果たす役割を調

べた研究もあるが(Shields et al., 1995), これらの一般的な問題は未検討のままになっている。この1つの理由は, チームの凝集性が"よいもの"であり, 可能ならばいつでも発展, 促進させるべき性質のものであるという暗黙の仮定にある。

凝集性研究の局所的な分析の問題
分析の単位

凝集性を測定する際の重要な問題は, 分析の適切な単位が何かということである。グループダイナミクスの研究では, 3つのアプローチを使用している(Cota et al., 1995)。第1のアプローチは, 分析単位として集団の個々の成員を使用するものである。運動クラスにおける個人の凝集性感と個人の運動継続行動との関係を調べたSpinkとCarron(1993, 1994)の研究は, このアプローチを使用した例になっている。第2のアプローチでは, 研究者は分析の単位として塊状の集団変数(例えば, 集団の平均)を使用している。このアプローチの例には, アイスホッケーチームの凝集性とチームの成功の関係を調べたBallとCarron(1976)の研究が該当している。この研究では, 各チームの凝集性を表わすのに集団平均を使用し, パフォーマンス成果(各チームの勝敗率)をチームの成功を表わすのに使用していた。第3のアプローチは, 分析の単位として手つかずの集団を含めることである。例としては, Widmeyerら(1993)が校内バスケットボールチームのコミュニケーション, 協調性, 凝集性を集中的に調べたものがある。研究者はこれらのチームを観察して, チーム成員間のコミュニケーションと協調の総計を記録した。

3つのアプローチの中で, どれがいちばん優れているのだろうか? それは簡単には答えられない。適切な分析の単位を選択する場合には, 3つの要因を考慮する必要がある。第1は研究仮説の性質である。研究仮説の中には, 特定のレベルの分析を選択することで最良の解答が得られるものもある。例えば, 凝集性と個人行動(例えば, 運動クラスの継続)の関係を調べることが研究仮説の中心になっている場合には, 成員が自分の集団に感じている凝集性を最初に考察しなければならない。この例では個人が分析単位になっている。考慮すべき第2の要因は, 検証する理論の性質である(Cota et al., 1995)。例えば, 社会比較の理論では, 自らの行動・認知・態度を他者のそれと比較して自分の効力感を評価したいという欲求が個人に備わっていることを前提にしていることから, 全体的な値が分析単位になっている。

適切な分析単位に影響する第3の要因は, 本質的に経験的なものである。集団レベルと個人レベルの関係の比較は, 理論の応用にとって重要な意味がある。すなわち, 場合によっては, 集団レベル, 個人レベル, あるいは集団と個人の分析によって, 興味ある情報が得られるものと思われる。実際の集団では, 個人の反応は集団の影響に反映して, 統計的には非独立的な相互依存性を示している。このように, 集団研究に関与する研究者は, 分析レベルの問題, 反応の非独立性の問題, そして集団と個人の同時研究を可能にする方略の利用に, 敏感でなければならない。

方法論の洗練

研究者が小集団に埋没している個人を調べる場合, 特異的かつ困難な問題に直面することになる。個人・集団・組織は概念的に独立した存在ではなく, 全体の一部として相互に影響し合うものであるという認識は, 小集団の研究がさらに取り組むべき問題となっている。ほとんど注目されていない集団研究の統計的なジレンマは, 観察は独立しているという仮定から伝統的な分析手続き(例えば, 分散分析ANOVA)を進めている事実にみることができる。その結果, 個人効果を分析しても, 集団効果を無視することになる。反応の独立性というこの仮定を崩した場合には, 誤差の推定にバイアスが生じてくる。なぜなら, 真の集団効果(凝集性)が存在する場合でも, 集団効果が成員の得点をより類似のものにしてしまうからである。したがって, 集団凝集性を調べる際に個人あるいは集団効果を見落とさないようにするには, 別のアプローチを考えて, 集団データを分析しなければならない。これらは次節で論じることにする。

個人レベルの効果と集団レベルの効果の分離

KennyとLa Voie(1985)は反応の非独立性が分析できる統計手法を導入した。この手法は, 階層的な入れ子デザインを使用して, 個人レベルと集団レベルの両方の効果を評価するものとなっている。ある測度は個人レベルと集団レベルの構造にともに関連しているために, 個人と集団を同時に調べれば, 各レベルの過程の類似点や相異点を明らかにすることができると思われる(Kenny & La Voie, 1985)。個人をそれぞれの集団の成員として扱うANOVAの入れ子デザインを使用すれば, ICCはこの情報になる。Fテストによって ICCの統計的な有意差を調べることもできる;もしも有意差があれば, 集団と個人の2つのレベルが存在していることになる。もしも有意差がない場合には, 個人の得点のみが分析できることになる。さらに, 個人レベルと集団レベルの効果を分離する場合には, 構成要素内と構成要素間の分析(within-entities and between-entities analysis : WABA)や, 階層的線形モデリング(hierarchical linear modeling : HLM)のアプローチを使用することになる。

WABAを使用すれば, 研究者は個人レベルと集団レベルの効果をより洗練された方法で分析することができる(Moritz & Watson, 1998)。ある現象がどのレ

ベルに生じているのか（構成要素内なのか，構成要素間なのか，両者なのか，どちらでもないのか）を確定するために，WABAでは相関，ANOVA，共分散分析（analysis of covariance：ANCOVA）といったさまざまな手続きを統合的に使用している（Dansereau, Alutto, & Yammarino, 1984；Moritz & Watson, 1998）。WABAには通常の分析手続き以上の利点があるが，以下のようないくつかの限界もある；(1)最近まで研究者はWABAを2変数の関係だけに使用していた，(2)WABAでは交差レベルの効果（例えば，文脈効果と構成効果）を検証することができない，(3)"混合した"結果（個人レベルの効果と集団レベルの効果をともに支持する場合；Moritz & Watson, 1998）を解釈する場合，研究者は注意する必要がある。

研究者が小集団を検討しようとする際に，HLMは，多くの問題の分析に適した理想的な手法になっている。多くのスポーツチームの組織構造には，入れ子状の下位集団がある（例えば，フットボールには攻撃と守備の単位があり，それらをさらに複数の下位集団に分解することができる）。さらに，大半のスポーツ研究では競技者の成果と集団の特徴との関係を調べている。多くの競技者はより大きな集団の下位集団に所属しており，各レベルの要因がパフォーマンスに影響している。HLMを使用すれば，研究者は個人レベル・集団レベル・交差レベルの関係を同時に検証することができる。このように，スポーツと運動領域の小集団を調べる場合，HLMの使用にはいくつかの利点と可能性がある（Arnold, 1992）。

合意と一貫性

集団成員が自チームに凝集性を感じる場合には，これらの感覚を認知的に保持して，共有信念として表出するものと思われる（Bandura, 1986；Zaccaro et al., 1995）。この共有信念がチーム成員の反応に反映しているかどうかを確定するには，そうした反応を測定するプロトコルによって，共有信念の反応的な特徴における相互依存性の観点からデータを分析しなければならない。本質的に，信念を共有する場合には反応の同質性がより大きくなり，反対に，信念を共有しない場合は反応の異質性が大きくなる。しかしながら，凝集性の信念が共通していても，各成員の集団機能における役割がまったく同じというわけではない。実際，Bandura（1997）は，集団成員が完全に均等であることは，まれなことだと述べた。反応の同質性と異質性の検出が可能な統計的手法が研究者にあるにも関わらず，共有信念の実証的な研究（Watson & Chemers, 1998参照）は小集団研究の規準になってはいない（Kenny & La Voie, 1985を参照）。

共有信念の有無を考察する1つの手段は，各集団成員の一致度を調べることである。このように，どのくらい成員が一致しているのかといった同様の反応を示す成員の割合によって，GEQへの反応を分析することができる。研究者はこの概念を観察者間の合意と呼んでいる（Kozlowski & Hattrup, 1992；Moritz & Watson, 1998を参照）。

KozlowskiとHattrup（1992）は，一貫性の指標（ICC）と合意の指標（一致指標）を区別している。どのアプローチ法を選択するかは研究仮説に依存している（Mitchell, 1979）。一貫性は集団成員の反応の分散が一貫していることを指しており，一致は集団成員が同じ反応をする程度を指している（成員反応の互換性の程度；Moritz & Watson, 1998）。両指標は共有のある側面を考慮している。Bandura（1997）は共有信念の基準は集団成員間の一致であると指摘したが，彼はまた"信念の共通性は，集団機能のあらゆる面に対してすべての成員がまったく同じ見解を有していることを意味するわけではない，つまり完全な均等はまれである……したがって，その成員の信念の代表的な価値と，その中心的な信念を取り巻く変化もしくは合意の程度が，集団信念をもっともよく特徴づけている（p.479）"と指摘している。

分析方略の手短かな要約以上に言及することは，本節の範囲を越えている。興味ある読者はリストに掲げた各々の手続きをさらに調べ，それらのアプローチの利点と限界を十分に知っていただきたい。しかしながら，現今の研究者は，統計的な手続きを選択して，凝集性研究の単位分析問題（the unit-of-analysis issue）の解決に取り組んでいる。この方略と取り上げている研究仮説が合理的に強く結びつく場合には，集団効果の真の影響を観察することができるものと思われる。

運動／身体的活動の凝集性の研究：将来の動向

運動領域における集団凝集性の影響を調べた初期の結論は我々の励みになっているが，将来，検討の必要な研究領域はたくさんある。以下の4つが優先領域と思われる；(1)身体的活動クラスにおける集団発達モデルの検討，(2)運動領域における集団凝集性の影響の分類，(3)集団凝集性が集団と個人の両方の運動行動に与える影響の検討，(4)集団凝集性に関連する測定問題の検討。

Brawleyら（1987）が提唱した集団発達モデルでは，個人の課題動機づけの基盤（ATG-Task）が一般的に個人を集団に引きつけていると示唆している。ひとたび集団との関係ができると，課題の相互作用が生じ，その結果，集団には課題を巡る統合が生じてくる。集団が課題関連目標の相互作用を処理し得るようになると，次に成員は重要性が増すと考えられる社会相互作用に時間を割くようになる（本章初めの節と図18.3を参照）。最終的に，集団の社会的な相互作用の満足度が高まるにつれて，それらの相互作用を巡る統合が集

団成員に生じてくる。この集団発達モデルは，凝集性の4つの次元は運動集団の特異的なものを長期的に予測するという仮説と結びついている。すなわち，集団継続をもっとも顕著に予測する最初の因子は，ATG-T ということになる。そして，課題を巡る集団の相互作用に続いて，顕著な予測要因として GI-T が出現することになる。ひとたび課題目標を処理すると，ATG-S が現れそれが予測要因となる。そして最終的に，これらの社会的相互作用を巡る統合が集団にひとたび生じると，GI-S が運動集団の継続の顕著な予測要因となる。

興味深いことに，これまでどの研究も運動クラス場面の集団発達モデルは検証していない。特に興味がある問題は，凝集性の特殊な次元の自然発達率の検討である。これまで継続を調べた研究の一貫した知見（ATG-T 間の関係）は，比較的短い運動プログラムで評価した結果なのだろうか？　これまで研究者は，身体的活動の継続への集団凝集性の影響を短期間のプログラムで調べている；プログラムのモデルの長さは12週間であった。さらに，一般的に，研究者は凝集性を使用して，わずか4週間ブロックの継続行動を記述／予測していた；長期参加への凝集性の影響を調べた研究者は比較的少ない。Estabrooks と Carron（2000）は，前述した集団の発達性の証拠をいくつかあげている。Estabrooks らは，GI-S が，4ヵ月以上運動集団に参加した者の4週間の継続をもっともよく予測する要因になると述べた。しかしながら，GI-T は，6ヵ月後と12ヵ月後には継続を予測する唯一の有意な要因であった。明らかに，身体的活動集団の発達性を確定するには，さらなる研究が必要である。

いったん運動集団の発達性を確定すれば，次の研究ステップでは可能な介入法を確定して，凝集性の発達率，もしくは発達量の増加を測定することになる。これらの研究は集団発達への効果的な介入を理解する上で，予備的な手がかりになるものと思われる。運動領域では集団凝集性の影響を解明することが必要不可欠

になっている。研究者は集団発達の概念化について熟考し，運動集団の継続の研究を先導すべきと思われるが，集団の凝集性−他者−集団成果の関係については明確な概念化が欠如している。図18.4は，個人的認知・集団過程・生活の質（QOL）・継続行動への集団の凝集性の影響を概念化する際の，一般的な経験則を概説したものである。前述したように，最近の研究は，集団凝集性の次元と多数の個人的な認知変数を結びつけている（例えば，Estabrooks & Carron, 1999）。

活動に対する他の認知的な前兆と集団凝集性の関係を理解する必要はあるが，そのほか，集団過程に対する凝集性の影響とその逆の影響を分析することが，有益な研究領域になっている。驚くことに，集団凝集性と集団構造の関係を調べた（Carron & Spink, 1995）以外に，その他の集団過程を運動集団の凝集性に呼応して観察した研究は存在していない。さらに評価を要する研究領域は，集団凝集性と生活の質の関係であると思われる。この種の研究は，社会的孤立という脅威がある集団ではより突出しているものと思われる（例えば，AIDS キャリア）。凝集的な運動集団の成員であることが参加者の生活の質を改善するという仮定が成り立つだろう。運動集団状況におけるこれらの変数と集団凝集性の関係を仮定した枠組みは，現在のところ存在していない。

従来の研究では運動行動への集団凝集性の影響をもっぱら集団内で調べているが，集団凝集性は集団と個人の運動行動にともに影響するという証拠もある。逸話的には，テレビの人気トークショーの司会者 Rosie O'Donnell が，運動実践者のインターネット"集団"を作り上げている。この集団に参加する個々人は，E メールのやり取りやチャットルームで相互作用とコミュニケーションを楽しんでいる；参加者は集団目標（5 km レースの完走）を設定して，自分たちの集団に特別な名称（チャブクラブ；Chub Club）をつけている。明らかに，このクラブを1つの集団として分類する上で必要なほとんどの要素が存在していた。興味深いことに，大半の身体的活動は集団から離れた単独行動であった。したがって，これは活動を増進する集団介入になっており，個人の活動を促進していると主張することもできる。より実証的に，Brawley ら（Brawley, Rejeski, & Lutes, 2000）は，集団が媒介する介入によって在宅運動の頻度が高まることを明らかにした。研究者が現在まで逸話的な研究や実証的な研究から凝集性の影響を確定していないことは残念である。したがって，集団外の個人行動の促進には凝集性のどの次元が重要なのかを，今後の研究によって確定する必要がある。

要するに，Carron ら（1985）が概説したように凝集性の概念モデルはさまざまなタイプの集団に普遍的に適用できるものと思われるが，GEQ の普遍的な適用に関してはいくつかの疑問がある。とりわけ高齢者集

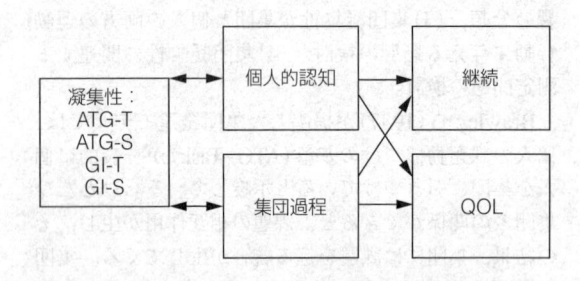

図18.4　凝集性，個人的認知，集団過程，継続行動，QOL の相互作用を理解する際の一般的な経験則

注：ATG-T＝集団−課題に個人が感じる魅力，
　　ATG-S＝集団−社会に個人が感じる魅力，
　　GI-T＝集団統合−課題，GI-S：集団統合−社会

団に対するGEQの使用(Estabrooks & Carron, 1999b, 2000, 印刷中)には2つのやっかいな問題があり，その1つはテストの心理測定の問題である。例えば，いくつかの例では，特定尺度の内的な一貫性の値がぎりぎりの値，すなわち<0.70になっている(例えば，Estabrooks & Carron, 印刷中 a, 研究1)。その他の例(例えば，Estabrooks & Carron, 1999b, 研究2)では，全尺度の内的な一貫性の値が0.60を下回ったために，全データセットを使用することができなかった。2つ目の問題は，質問紙の記入に当たって，多くの参加者が不満，混乱，もしくは疑問を表わしたことであった。GEQには多数のネガティブな用語の項目，例えば"この運動集団は，私の運動能力向上に十分な機会を与えていない"などが入っている。このように，凝集感の高まりは，陳述文との不一致の大きさとして表われてくる。しかしながら，多くの高齢の実験参加者は，解釈の困難なネガティブな項目に気づいたり，自分たちの集団をネガティブに考えることを不愉快に感じたりしている。

こうしたことから，EstabrooksとCarron(印刷中-b)は，身体的活動環境質問紙(Physical Activity Environment Questionnaire)を開発して，高齢者の集団凝集性を評価した。Carronら(1985)のプロトコルに準じたこの新しい測度には，十分な信頼性と，内容的，同時的，および予測的な妥当性があった(詳細はEstabrooks & Carron, 印刷中-bを参照)。特定集団の測度は，集団凝集性の概念モデルに基づいて文書化したプロトコルによって開発することができる。これはすべての研究者がさまざまな集団ごとに新しい測度を開発しなければならないということを述べているのではなく，実験参加者がGEQを記入する能力に懸念がある場合には(例えば，前思春期の集団)，新しい測度を開発する構造的な過程が存在することを述べているに過ぎない。

運動と身体的活動に関わるその他の凝集性についての研究は，ともにさまざまな社会的文脈における凝集性の測定に関連して進展してきた。以下に示す2例は現在進行中の研究である。最初の研究は，測度の開発とその使用によって，フランス語圏ウォーキングクラブの凝集性を調べた例である。2番目の研究は，集団の動機づけ行動の変容を狙った介入の間接的な成果として，凝集性を測定した例である。両例とも本章の一部で議論したガイドラインを使用している。

ウォーキングクラブの凝集性

フランス系カナダ人の運動継続を調べた大規模な研究の一部として，GauvinとBrawley(1999, Brawley et al., 1999に引用)は，フランス語の測度を開発してウォーキングクラブの凝集性を調べた。その目的は，これらの特異的な身体的活動集団の凝集性を測定し，凝集性が運動継続に関係するのか，あるいは凝集性が運動継続の潜在的な決定要因なのかを調べることにあり，測度開発の青写真あるいは枠組みに従って，Carronら(1988)の4つの次元の概念モデルを以下の原理とともに使用した。ウォーキング集団は，支援的・社会的な文脈(社会)における運動(課題)獲得を特定の目的にしたクラブ組織を通して発達する。ウォーキング集団のこれら2つの中心的な目的は，凝集性の4つの次元すべてを反映する潜在力を集団に提供することである。明らかに，ウォーキングクラブは，社会的な機会が利用できる集団に所属したいという欲求のような社会的な欲求と課題達成欲求を備えているために，集団成員になり得る者を魅了している(Baumeister & Leary, 1995を参照)。端的に言えば，ウォーキングクラブは集団成員の個人的な課題欲求と社会的な欲求をともに満たしている(集団課題と社会に個人が感じる魅力)。

これらのクラブは，個人のフィットネスに共通したウォーキング目標や，運動セッションの特定のタイプ(例えば，さまざまな強度，持続時間，経路，距離，目標)の達成目標を一体化する機会も成員に与えている。同様に，ひとたび成員がクラブのウォーキング目標を達成して個人の課題要求を満たすことが明らかになると，集団課題を巡る団結は，より社会的になり始めるクラブ成員の間に相互作用を引き起こすようになる。このように，団結は集団指向の社会的な相互作用(例えば，クラブの朝食，お祭り行事など)を巡って発生するものと思われる。要約すると，時間経過とともに，クラブ成員の相互作用は，集団課題と社会的団結の共通認識を作り上げている(課題と社会の集団統合)。

ウォーキングクラブの凝集性を調べる測度の開発方法は，すでに概略したガイドラインに準じていた(Carron & Brawley, 2000 ; Carron et al., 1998も参照)。使用した方略を手短かにまとめると次のようになる；(1)専門家が凝集性について入力した，(2)凝集性の特徴であるウォーキングクラブ内の集団行動と成員の欲求満足を明らかにする尺度を開発した，(3)それらの項目をフランス語で記述し，次に言語と文化的コミュニケーション両面の正確性を図るために，また英語/フランス語の間で項目の意味が失われないように逆翻訳したことである。データ収集の方法として電話インタビューのプロトコルも使用するため，ウォーキングクラブに関する質問とインタビューの方法には，明晰性と一貫性が必要であった。

対象は成員数が5〜69名規模の11クラブであった(n=250)。大規模なクラブには定期的に一緒にウォーキングする下位集団があった。このような下位集団は3〜30名以上の規模で変動し，いつも一緒に活動していた。初めに，クラブ成員用に20項目の質問紙を開発した。スポーツ用GEQのもともとの項目を変更し

た英語の項目例は以下の通りである．

ATG-T: "私は自分の集団とウォーキングするのが好きだ．なぜなら，やりがいのあるペースでウォーキングできるから"
GI-T: "私の集団では，私たちのウォーキング速度は集団の健康目標と運動目標を満たすと信じている"
ATG-S: "私は私の集団と一緒にウォーキングするのが好きだ．なぜなら仲間意識が強いから"
GI-S: "私の集団では，誰かがセッションに参加しなかった場合，集団成員の誰かがその人に連絡するべきだと思っている"

最初の心理測定分析から，集団成員は4つの次元を（構造として）知覚していることが明らかになった．予備的な因子分析によって，次元に対する項目の負荷が明らかになった．保留項目に推奨される"経験則"（Tabachnick & Fidell, 1996）に基づいて最低負荷量を0.40以上にした結果，14項目が保留となった（負荷量0.58超）．因子間の相関は0.29〜0.53の範囲にあった．

ウォーキングクラブの凝集性測度を使用して，この社会的状況における凝集性決定要因についての研究仮説を調べた．そのために，健康成果への態度，それら成果の価値，心理的なウェルビーイング，健康の期待といった主要な仮の決定要因を使用して，その後の凝集性の4つの特徴を予測した．その結果，健康成果への態度とウォーキングの社会的な成果の価値が，GI-Tの主要な予測要因になった（R^2adj.＝0.25）．健康成果への期待と課題関連の社会的支援は，ATG-Tをもっともよく予測した（R^2adj.＝0.10）．両者の課題凝集性の回帰モデルはともに統計的に有意であり（$p<0.01$），共通の連繋は健康に関わる課題成果への態度と期待であった．

凝集性の社会的な側面については，ウォーキングクラブに所属することの社会的な成果の価値と，ウォーキングを通して得られた心理的なウェルビーイングが，集団の社会的統合をもっともよく予測する要因であった（R^2adj.＝42.0）．両者の社会的な凝集性の回帰モデルはともに統計的に有意であり（$p<0.01$），もっとも共通する予測要因はクラブ会員の社会的成果の価値とウォーキングに関連して得られる心理的なウェルビーイングであった．凝集性と予測要因の関係を示唆する1つの理由として，凝集集団の成員が集団に関連する信念を共有していることをあげている（例えば，身体活動／ウォーキングの健康成果への態度と価値）．集団の各成員が持つ信念の強度は，他のウォーキングクラブ成員との長期的な相互作用によって類似性が高くなる（Hinsz et al., 1997を参照）．

集団媒介による行動変容

Brawleyら（2000）は，ほとんど運動しない健康高齢者集団に集団介入をした結果，自主的な身体的活動が持続するようになると報告した．集団とその成員個々が行動変容（身体的活動の増進）の対象であった．集団内には集団と団結が系統的に生じ，その結果，個人的な行動をどのように変容したらいいのか学習したいという動機づけが集団の成員に発生した．Brawleyらは，行動変容と運動トレーニングを併用した3ヵ月間の介入によって，自主的な身体的活動が6ヵ月間継続するようになるとの仮説を立てた．さらに，この運動継続は，構造的な運動トレーニングを受けている集団や順番待ちの統制群よりも優れているとの仮説を立てた．研究結果は仮説を支持していた．集団動機づけの介入は，3ヵ月間スタッフとの接触や集団介入がなくても，介入後の9ヵ月後にも運動を継続維持させただけでなく個人の在宅での身体的活動を3ヵ月時点の活動レベル以上に増やしていた．ほとんど運動しない順番待ちの統制群に比較して，介入集団と標準的な運動トレーニング集団では，健康関連QOLも高まった．

この研究結果への1つの疑問は，介入の何が特定集団に影響していたのか？ということである．この疑問の理論的な中心は，集団の凝集性を，継続の成果に関連すると思われるいくつかの過程指向変数の1つとして調べることだと思われる（本章で前述した議論を参照）．Brawleyら（2000）の特定の目標は介入の成果としての凝集性を解明・測定することではなかったが，このような研究目標は，関連研究の論理的な標的になるものと思われる．

自覚症状のない高齢者に対するこの介入から得られた知識に基づいて，Rejeski, Brawley, Brubaker（現在研究中．Brawley et al., 1999に引用）は，Brawleyら（2000）の介入と同じバージョンを心臓病リハビリテーション患者に使用して，無作為臨床試験（randomized clinical trial：RCT）を開始した．このRCTの目的（心臓の健康・活動維持プログラム〔Cardiac Health and Activity Maintenance Program：CHAMP〕）は，集団動機づけ的なライフスタイルの活動介入を追加した伝統的な3ヵ月の心臓病リハビリテーションのアプローチと，臨床的なリハビリテーションの実施を対比することにあった．患者は高齢の心臓血管病患者であった．RCTには2つの群を設けた．一方が標準ケアを実施する群，他方が集団介入を実施する群であった．介入群の患者は，基礎的な介入と標準ケアによる臨床期間を3ヵ月間経験した．その後，3ヵ月の在宅リハビリテーションを続けたが，この期間にBrawleyらはスタッフとの接触や介入のための集団接触を徐々に取り除いた．最終的に，患者は6ヵ月間，在宅リハビリテーションの継続とライフスタイルの変更を

行って，完全に自立した。集団による介入は運動継続維持の点で標準的なケアよりも優れているというのが，この研究の仮説になっている。

このRCTはまだ研究途上のもの（4年計画の3年目）であるが，集団過程が集団介入で作用することの確証が，この研究の1つの重要な問題になっている。凝集性は共通の目的（自主的な身体的活動）のもとに団結した者や集団に適用可能な操作タイプを全体的に表わしたものである。集団を操作するいくつかの重要な介入のうち2つは，各成員が共通の目標（自立した運動実践者になるための学習）を持つ集団を醸成することと，全体の目標に役立つものとして，各患者に自立的な運動を使用して，集団の目標を設定することである。集団のこれらの操作と発達が有効ならば，介入集団はその課題指向の目標を中心として団結する（凝集する）ものと思われる。このようにして，研究者は本章で述べた概念モデルに基づいて課題凝集性の測度を開発した。RCTはいまだ研究途上にあるが，進行中のこの例は，同じ概念モデルを使用してスポーツ集団の文脈以上に凝集性を調べることができる方法を示唆している。

要　約

凝集性の研究は，スポーツや，最近では運動と身体的活動の分野で多くの新しい方向に展開している。本章ではこうした進歩の例を最新の論文と進行中の研究から紹介した。これらの進歩の中心には，新しい研究仮説，測定法の開発，方法論の基盤として役に立つ凝集性の共通概念のモデルがある。本章ではこのモデルを使用して，現在と将来の研究の定義・概念・測定の考察に関わる展望を概略した。将来の研究を展望するために，個人・環境・リーダーシップ・チーム・パフォーマンスと相関するとされるスポーツ分野と，継続・チーム作り・社会的認知と相関するとされる運動分野での過去と現在の凝集性の研究について要約した。研究を進める上で重要と思われる以下の問題なども議論した；凝集性の多次元的な性質，集団の発達レベル，集団が存在する社会的な文脈，概念から操作的な定義への連繫，将来の研究に必要な検証データのタイプ。

スポーツと運動が共通に検討すべき将来および最近の研究テーマは，文脈固有の新しい測度，凝集性のネガティブな側面，集団と個人の効果の適切な分析であった。運動／身体的活動に固有のものとして検討すべき将来の研究は，運動−集団の発達と凝集性の影響であった。凝集性が個人の運動行動に及ぼす影響や，QOLの向上といった凝集性の結果についても議論した。その他の新しい方向として，高齢運動集団の年齢関連の目標や目的を考慮した集団凝集性の測度，特殊な運動集団（例えば，ウォーキングクラブ）に所属することのポジティブな心理成果，高齢者の身体的活動の自立的な自己制御の発達を目指した集団介入なども論じた。集団文脈の中で身体的活動をすることのメリットとデメリット，あるいは集団の動機づけによって個人を活発にする方法をよりよく理解するには，身体的活動の文脈でさらに多くの集団研究を行わなければならない。本章に示したそれぞれの事例は，新たな思考を刺激し，それと同時に健全なモデルと測度に基づく慎重な研究が必要であることを強調しているものと思われる。

研究を進める上で，凝集性の相関を単に記述するだけでは不十分である。研究者は，集団が共通の目標を持つ者を結合する強力な動機づけとして働く過程を理解しなければならない。凝集性は，集団に所属することの好ましい個人的な成果や好ましい集団の成果を調整すると思われる集団過程が顕現したものである。しかしながら，これらの成果は，このような過程を集中的に研究しなければ，十分に理解することができないと思われる。こうした研究が進歩しなければ，集団の凝集性を刺激する集団過程の操作を目指した介入の成功の確率も，偶然レベルに留まるものと思われる。本章では研究者が挑戦もしくは追認するべき明確な道や新たな動向を記述した。今後の5〜10年の間に出現すると思われる凝集性の研究のレビューによって，研究者はこれらの道を十分に歩み，凝集性の研究の新たな進捗"マップ"を描き出したかどうかが明らかになるものと思われる。

IV 個々のパフォーマンスに適した心理的テクニック

第19章　スポーツの目標設定　目標効果の逆説の検証 379
第20章　スポーツと運動でのイメージ 406
第21章　競技者の自信の増強と理解 423
第22章　自己制御　スポーツと運動における概念，方法，方略 435

第19章

スポーツの目標設定
目標効果の逆説の検証

　本書の初版を出して以来7年経過したが，その間にスポーツにおける目標設定の研究は指数関数的に急増している。突然に広まったこれらの研究をざっとレビューしてみると，必然的に次のような2つの結論が明らかになってくる。1)目標はスポーツ領域で功を奏しているが，ビジネス分野ほどではない，2)この単純なテクニックは，見かけよりも多少理解しにくいために，少なくとも目標設定の効果を最大限に引き出して競技パフォーマンスを向上しようと望む場合には，目標設定は逆説的である。若者・大学生・オリンピック競技者の目標設定パターンを調べた最近の研究（Burton, Weinberg, Yukelson, & Weigand, 1998；Burton, Weinberg, Yukelson, & Weigand, 投稿中；Weinberg, Burke, & Jackson, 1997；Weinberg, Burton, Yukelson, & Weigand, 1993；Weinberg, Burton, Yukelson, & Weigand, 印刷中）によれば，ほとんどの競技者が目標を設定していることが明らかになっている。しかし，平均してみると大半の競技者は目標の効果をほどほどに評価している。このように，競技者は目標が役立つことを直感的に知っているが，その効力が最大になるような目標設定法を見つけ出すのに苦労している。スポーツや身体的活動における目標設定の研究の広範なレビューでは，一致して目標設定がパフォーマンス向上に極めて効果的な方略であるとも結論しているが，これらの結果の一貫性はかなり低く，一般的な目標設定の研究知見よりも粗野なものになっている。多くの説明が注目に値しているが，本章では，スポーツでは目標にあまり効果がないことの主な理由として，目標遂行方略の役割を重点的に取り上げてみたい。

　したがって，本章の主要な目的は，スポーツにおける目標設定効果を最大限にする方法と目標設定過程のよりよい理解を意図して，目標設定の既存の理論と研究をレビューすることにある。第1節では，目標の分類，目標の主要な心理機能，動機づけやストレスといったさまざまな構成概念における目標の役割も含めて，目標設定を定義する。第2節では，集中・具体性・難度・価値・近接性・集団性といった目標の属性が目標効果に果たす役割に焦点を当て，目標設定の理論と研究をレビューする。第3節では，スポーツでは目標の効果がほとんどない理由を他の領域と比較して説明する。第4節では，目標設定過程の主要な構成要素を，目標設定の効果をしばしば制約する問題領域も含めて明らかにする。最終節では，目標効果に強く影響すると思われる6つの重要な問題に焦点を当てて，目標設定の研究における将来の動向について述べてみたい。

目標とは何か？

　William Jamesは注意の古典的な定義の前置きとして"注意の何たるかは誰もが知っている"(1890, p.455)と述べた。目標設定も同じように定義したい誘惑に駆られる。なぜなら，目標設定は心理学でもっとも一般的に使用しているパフォーマンス向上の方略の1つであり，研究者や実践家はこの概念には率直な意味があると仮定しているからである。Websterの"New World Dictionary"では，目標を"何とかして達成したい対象，もしくは到達点；目的"と定義している。世界的にもっとも多く目標設定を研究したEdwin Lockeは同様のアプローチを取り，目標を"個人が達成しようとしているもの；活動の対象や目的である"と単純に定義している（Locke, Shaw, Saari, & Latham, 1981, p.126）。

　Lockeの目標アプローチは，行動が目的的なものであり，人間とは知能によって行動を統治することで生存している合理的な存在であると強調する客観主義に基づいている。研究者は初期の"要求水準"やビジネス文脈における"目標による管理"など，多くの用語によって目標設定を記述しているが，今日ではありとあらゆる分野や文脈が"目標"という用語を共通に使用して，行動の認知的な制御要因に言及している。Ryan (1970, p.18)は，"素人にとって，意識的な目的，計

画, 意図, 課題などが人間の行動に影響していることは, 単純な事実のように思われる"と指摘した。目標は, 目標指向行動を追求するために必要なツールと考えがちである。しかし, 目標はいつも意識レベルで働いているとは限らない。LockeとLatham(1990a)は, 目標は時には意識にのぼり, 時には意識から遠のくことを強調している。例えば, ゲームの勝利への集中は, パフォーマンスに悪影響を及ぼす可能性がある。なぜなら, 勝利への集中は目標への到達に必要な活動に干渉しているからである。特に, バスケットボールのジャンプシュートやテニスのドロップショットといったいくぶん自動的なスキルでは, 動作の開始に目標が一役買っているとしても, いったん動作が始まると, それらの目標の効果の追求に, 意識的な制御は不要になってくる。

あらゆる目標には, 方向性と成果の量または質という2つの基本的な構成概念がある。方向性は選択, 特に各自の行動の方向づけや注意の集中といった方法の選択に関わるものである。一方, 量や質は, 達成すべき最低限のパフォーマンス基準を示唆するものである。例えば, 高校のバスケットボール選手が学校代表チームに入るという目標を設定する場合には, 冬季のスポーツ競技や他の課外活動の代わりに, バスケットボールの追求を選択することになる。その上, その選択には学校代表チームのメンバーに選ばれるためバスケットボールのスキルレベルを十分に上げるよう努めたいという選手の意欲も含んでいる。

このように, 目標は, 個人が達成しようとしているもの, 目的または目標を記述する認知メカニズムになっている。目標は, 状況の要求に依存して意識にのぼる場合もあるし, 意識から遠のく場合もある。目標には, 行動に集中し達成すべきパフォーマンスの最低限の基準を供給するような, 方向性の次元と量／質の次元がある。

目標メカニズム：目標が機能する方法

どのように目標は機能するのだろうか？ 目標理論を唱える者(例えばLocke, 1968；Locke & Latham, 1990a)は, 目標設定過程の根底には4つの重要なメカニズムがあると認めている。Lockeらは, 目標は以下の4つの側面によってパフォーマンスを向上すると述べている；(1)特定の課題に集中して活動を方向づける, (2)努力と強度を増強する, (3)失敗や苦難に直面しても貫徹を促す, (4)新しい課題や問題解決方略の開発を奨励する。初めの3つの目標メカニズムでは, 目標の直接的・短期的な動機づけ機能が非常に明確なものとなっている。しかし, 4つ目の新しい課題方略の開発は, しばしば, 複雑な課題もしくは失敗や逆境に直面した場合に必要な, より間接的で長期的な過程になっている。すなわち, 課題が比較的単純

かつ簡単で, 競技者がそのスキルを効果的に遂行できる場合には, 目標の動機づけには, パフォーマンスの量または質を直接改善するという効果がある。しかしながら, 非常に複雑な課題の場合や, 適切なスキルの学習中や実行中に問題に遭遇した場合には, パフォーマンスの量や質の向上を目指した直接的な動機づけの目標メカニズムは, 競技者の目標達成には不十分なものになる。新しい課題方略の開発には, 長期に渡る懸命な努力と同様に, 賢明な取り組みが関与している。

例えば, フリースローが下手なバスケットボールチームのコーチは, 毎日500本のフリースローの練習を選手に要請する実行プランを開発して, 試合におけるチームのフリースロー成功率を向上するという目標設定を選択するものと思われる。選手のフリースロー技術に大きな欠点があり, 試合中と同じフリースロールーチンを練習に使用しない場合や, ストレスに満ちた試合中のフリースロー場面で注意散漫になる場合には, 残念ながら, そのような目標への動機づけの効果は, おそらく消失するものと思われる。このように, 新しい課題方略を開発するには, シュートフォームを望ましい形に修正すること, 練習と試合でともに使用するような一貫したルーチンを開発すること, または新たなシュートの原理を自動化する前に, プレッシャーに満ちたフリースロー状況の中で, 目標のためになる動機づけを使用して, ポジティブなパフォーマンスを手がかりに持続的に集中することが必要と思われる。

目標の状態概念と特性概念

現在, 研究者は2つの大きな方法で目標の概念を使用している。第1に, Lockeら(Locke & Latham, 1990a；Locke et al., 1981)のような産業心理学者や組織心理学者は, 目標を直接的・特異的な動機づけの方略とみなしている。この文脈によれば, 目標は主に心理状態と同じ機能を果たしており, 個人の注意の集中やパフォーマンスの特定の量や質の達成のための努力の改善を動機づけるような特定の規準を提供している。同様に, Lazarusら(1991；Lazarus & Folkman, 1984)のようなストレス研究者は, ストレスモデルの重要な構成要素として, 特定目標の概念を使用している。そのモデルでは, 個人が重要な目標の達成能力に疑念を持たれたり, 脅威を受けたりする場合に生じるストレスを概念化している。いずれのケースでも, 目標の状態概念は, 特殊な状況における特定の目的のための目標達成に焦点を合わせている。成功の見通しが個人の動機の原因になる場合もあるが, 失敗の脅威がストレス感を助長する場合もある。

動機づけ理論を唱える者(Dweck, 1980；Elliott & Dweck, 1988；Maehr & Braskamp, 1986；Maehr & Nicholls, 1980；Nicholls, 1984a, 1984b)は, 目標の

概念を二次的に使用して，特定活動への関与のより包括的な目的を示唆している。この文脈における目標は，個々人が達成もしくは成就したいと思うもの，あるいは彼らが能力をみる方法や成功と失敗を定義する方法といった背景にある動機に基づく参加傾向を示唆するパーソナリティーの特性に，より類似したものとなっている。動機づけの理論を唱える者は，これらのより包括的な目標をしばしば"目標指向"と名づけている（例えば，Elliott & Dweck, 1988；Maehr & Braskamp, 1986；Maehr & Nicholls, 1980；Nicholls, 1984a, 1984b）。もともと目標指向のアイディアは，成功と失敗が主観的なもので客観的な事象ではないことを前提にしたものである。このように，個人が自身の望ましい特徴，性質，あるいは帰属を個人的に推測できたり，あるいは有意味な目的を個人的に達成できるような状況では，成功を手にすることが可能になる（Maehr & Braskamp, 1986）。Dweck (1999)は，能力の開発方法と同様に，目標指向は能力の意味に関する背景理論を反映していると強調している。これら2つの目標概念の中心は異なったものになっているが，それでもこれらの概念は，より包括的な目標指向の実現ツールとして役立つ離散的な目標を，強く補完するもののように思われる。

目標設定の理論と研究

何らかの介入方略を評価する場合，その方略が機能しているかどうかが主要な問題になる。目標設定は，団体組織／産業分野（Locke & Latham, 1990a）やスポーツ状況（Burton, 1992, 1993；Kyllo & Landers, 1995；Weinberg, 1994）におけるパフォーマンス向上に対する目標の効果を検証しようと思う研究者や実践家にとって，非常に興味あるトピックスになっている。本節では目標の属性研究を中心に，スポーツと身体的活動にもっとも有益と思われる目標のタイプに関する特定の結論を引き出しながら，一般的な目標設定研究とスポーツにおける目標設定研究を概説する。

全体的な目標設定の効果

500編以上ある目標設定研究（例えば，Burton, 1992, 1993；Kyllo & Landers, 1995；Locke & Latham, 1990a；Weinberg, 1994）は共通して，あいまいな目標，最善をつくす目標，無目標よりも，具体的かつ困難な目標の方がより高度なパフォーマンスを引き起こすと述べている。Locke と Latham (1990a)がレビューした201編の研究中の183編では，目標設定効果の全体的あるいは付随的な成功率が91％であった。さらに，研究参加者数が1,278～6,635名の一般的な目標設定研究17～53編をメタ分析した5編の研究（Chidester & Grigsby, 1984；Hunter & Schmidt, 1983；Mento, Steel, & Karren, 1987；Tubbs, 1986；Wood, Mento, & Locke, 1987）によって平均効果サイズは0.42～0.80であることが明らかになった。これは8.4～16％のパフォーマンス向上を表わしていた。

目標設定研究の包括的なレビューから，一般的な知見やスポーツの知見は一般化できることが明らかになっている。約500編の目標設定研究をレビューした Locke と Latham (1990a)は，さまざまな課題・状況・パフォーマンス基準，実験参加者のタイプに渡って，目標効果の頻度と規模に驚くほどの一貫性があることを確認した。目標設定の効果は，ジェンダー・年齢・人種・社会経済状態・雇用形態（例えば，きこり，工場労働者，技術者，科学者，大学教授）といったさまざまな背景を持つ非常に幅広い対象のみならず，単純な室内実験（例えば，名詞の列挙，計算）から散文の学習やマネージメントシミュレーションといった複雑な課題に至る90の課題で明らかになった。最終的に，目標設定の効果には，短いもので1分（Locke, 1982），長いもので36ヵ月（Ivancevich, 1974）といった幅がある。明らかに，これらのデータから，目標設定は，多数の人々・広範な課題・多様な状況に渡ってほぼ全般的に機能するかなり普遍的で効果的なパフォーマンス向上方略であることが明らかになっている。

スポーツの目標設定の研究

スポーツ固有の目標の研究を精査（Burton, 1992, 1993；Kyllo & Landers, 1995；Weinberg, 1994）してみると，身体的活動領域の目標設定は，明らかにパフォーマンスを効果的に向上するテクニックになっている。現在までの研究をもっとも包括的にレビューした Kyllo と Landers は，スポーツに関連した49編の目標設定研究中，36編の研究がメタ分析に適していると述べた。無目標やあいまいに最善をつくす目標と比較して，目標設定の効果サイズは，一般的な目標設定研究の効果サイズ（0.42～0.80）よりも若干小さな値（0.34）を示した。公表された研究だけを対象にして，未発表の論文や学位論文を無視した本レビューから，著者らの基準に見合う実証的な研究は，67編の目標設定研究中56編あることが明らかになった。公表されたスポーツと身体的活動の目標設定研究では，56編中44編の研究が，効果率78.6％という中程度または強い目標設定効果を示していた（表19.1を参照）。7年前にレビューした旧版の本章では，スポーツに関連した14編の目標設定研究を取り上げ，それらの研究の約66％に目標設定効果があることを明らかにした。このように，スポーツにおける目標設定効果の一貫性は，一般の目標研究のそれをまだかなり下回っているが，さらに多くのスポーツ研究の蓄積に

表 19.1　スポーツと身体活動における目標の研究の要約

研究	実験参加者	結果	支持レベル
一般的な目標効果（目標 vs 無目標／統制条件：19編中15編の研究が一般的な目標効果を強力にもしくは部分的に支持した）			
Anshel, Weinberg, & Jackson (1992)	大学生54名	ジャグリング課題ではすべての目標条件（容易、困難、自己設定）が、無目標条件よりも優れたパフォーマンスを示した	強
Bar-Eli, Levy-Kolker, Tenenbaum, & Weinberg (1993)	陸軍訓練生184名	体力課題では5つの目標設定条件と無目標条件に差はなかった	弱
Barnett (1977)	高校生女子93名	ジャグリングパフォーマンスでは学生が設定した2つの目標条件と3つの無目標条件に差はなかった	弱
Barnett & Stanicek (1979)	大学アーチェリー部30名	アーチェリーでは目標条件が無目標条件よりも優れたパフォーマンスを示した	強
Boyce & Wayda (1994)	ウェイトトレーニングをしている大学生女子252名	自己設定条件と割り当てられた目標条件は、無目標条件よりも優れたパフォーマンスを示した	強
Burton, Weinberg, Yukelson, & Weigand (1998)	大学競技者男子321名、女子249名	大半の大学競技者は目標設定をしたが、単に中程度の効果に過ぎなかった	中
Hollingsworth (1975)	中学生90名	ジャグリング課題では目標条件、"最善をつくす"条件、無目標条件のパフォーマンスには差はなかった	弱
Humphries, Thomas, & Nelson (1991)	大学生男子60名	鏡映描写では目標条件が無目標条件よりも優れたパフォーマンスを示した	強
Lerner, Ostrow, Yura, & Etzel (1996)	バスケットボール選手女子12名	フリースローシュートでは目標設定条件が目標設定＋イメージ条件やイメージ条件よりも優れた改善を示した	中
Nelson (1978)	大学生男子100名	筋持久力課題では割り当てられた目標条件が無目標条件よりも優れたパフォーマンスを示した	強
Shoenfelt (1996)	大学バスケットボール選手女子12名	フリースローでは目標条件とフィードバック条件が統制条件よりも優れた正確性の改善を示した	強
Smith & Lee (1992)	大学生51名	新しい運動課題では公的目標条件と私的目標条件が無目標条件よりも優れたパフォーマンスを示した	強
Tenenbaum, Pinchas, Elbaz, Bar-Eli, & Weinberg (1991)	イスラエル白人9年生214名	腹筋課題では短期目標条件、長期目標条件、短期＋長期目標条件が無目標条件や"最善をつくす"条件よりも優れたパフォーマンスを示した	強
Theodorakis (1995)	体育受講の大学生42名	水泳では目標設定条件が無目標条件よりも有意なパフォーマンスの向上を示した	強
Theodorakis (1996)	体育受講の大学生48名	テニスサービス課題では自己効力感と目標設定がパフォーマンスの予測要因になることが明らかになった	中
Tzetzis, Kioumourtzoglou, & Mavromatis (1997)	バスケットボール教室に関係する少年78名	単純および複雑なバスケットボール課題ではフィードバック＋目標設定条件がフィードバックのみ条件よりもパフォーマンスを改善した	強
Weinberg, Burton, Yukelson, & Weigand (1993)	大学対抗競技者男女678名	大半の実験参加者が目標設定を報告し、目標には中〜高程度の効果があると感じていた	強

IV 個々のパフォーマンスに適した心理的テクニック

研究	被験者	結果	困難な目標の支持度
Weinberg, Burton, Yukelson, & Weigand (印刷中)	オリンピック競技者男子185名, 女子143名	すべてのオリンピック競技者はパフォーマンスの向上には目標を設定していて, その設定した目標が非常に効果的であることに気づいていた	中
Weinberg, Garland, Bruya, & Jackson (1990)	フィットネスコースの大学生87名	腹筋課題では現実条件, 非現実条件, "最善をつくす"条件, 無目標条件の間に差はなかった	弱
目標の困難性(19編中10編の研究が目標の困難さの予測を支持, あるいは部分的に支持していた)			
Anshel, Weinberg, & Jackson (1992)	大学生54名	ジャグリング課題の困難な目標条件では内発的動機づけが高まったが, 容易な目標条件では内発的動機づけが低下した	困難な目標を強く支持
Bar-Eli, Levy-Kolker, Tenenbaum, & Weinberg (1993)	陸軍訓練生184名	体力課題では低・中・高・極端に高難度の各目標設定条件, "最善をつくす"条件, 統制条件の間に差はなかった	困難な目標を若干支持
Bar-Eli, Tenenbaum, Pie, Btesh, & Almog (1997)	高校生男子364名	腹筋課題では困難な/現実的な目標群と容易な目標, "最善をつくす"目標, 無目標の各群に比べて, 最良のパフォーマンスの向上を示した	困難な目標, ただし現実的な目標を強く支持
Boyce (1990)	ライフル射撃競技会出場学生90名	射撃課題では具体的/困難な条件(具体的, 困難, 具体的/中難度, "最善をつくす"だけが"最善をつくす"条件よりも優れたパフォーマンスを示した	困難な目標を強く支持
Boyce (1990)	ライフル授業の参加大学生135名	ライフル射撃課題では困難かつ具体的な目標条件が"最善をつくす"条件よりも優れたパフォーマンスを示した	困難な目標を強く支持
Frierman, Weinberg, & Jackson (1990)	ボーリングの初心者45名, 中級者27名	長期の具体的/困難な目標条件が"最善をつくす"条件よりも優れたパフォーマンスを示した	困難な目標を強く支持
Hall, Weinberg, & Jackson (1987)	大学生男子94名	最高握力を出す課題では"40秒間改善"目標条件と"70秒間改善"目標条件のパフォーマンスに差はなかった	困難な目標を若干支持
Humphries, Thomas, & Nelson (1991)	大学生男子60名	鏡映描写では達成可能な目標条件と達成不可能な目標条件にパフォーマンスの差はなかった	困難な目標を若干支持
Jones & Cale (1997)	成人参加者44名	一連の知覚スピード試行では, 困難な目標と"最善をつくす"条件よりも優れたパフォーマンスを示した	困難な目標を中程度に支持
Lerner & Locke (1995)	参加者60名	腹筋課題では中難度の目標群と高難度の目標群がともに"最善をつくす"条件群よりも有意に優れたパフォーマンスを示した	困難な目標を中程度に支持
Nelson (1978)	大学生男子100名	架空的な目標/規範(非常に困難な目標, 見込みのない目標, "最善をつくす"目標群の間に差はなかった	困難な目標を中程度に支持
Weinberg, Bruya, Jackson, & Garland (1986)	フィットネス授業の登録大学生123名	腹筋課題では低・中・高難度の各目標条件の間に差はなかった	困難な目標を若干支持
Weinberg, Burke, & Jackson (1997)	フィットネス授業の登録大学生30名, ユーステニス選手224名	競技者は中難度の目標設定を好んだ	困難な目標を中程度に支持
Weinberg, Burton, Yukelson, & Weigand (印刷中)	オリンピック競技者男子185名, 女子143名	オリンピック競技者は自分の現在のパフォーマンス能力よりもいくらか高めの困難な目標設定を好んだ	困難な目標を中程度に支持

(次頁につづく)

研究	実験参加者	結果	支持レベル
Weinberg, Fowler, Jackson, Bagnall, & Bruya (1991)	3～5年生の男子114名、女子135名	腹筋課題では低難度の目標、高難度の目標、不可能な目標、"最善をつくす"目標の各条件間で差はなかった	困難な目標を若干支持
	大学生男子50名、女子50名	バスケットボールのシュートパフォーマンスでは低・中・高・極端に高難度の目標、不可能な目標、"最善をつくす"目標の各条件間で差はなかった	困難な目標を若干支持
Weinberg, Garland, Bruya, & Jackson (1990)	フィットネス授業の大学生87名	腹筋課題では規実的な目標、非規実的な目標、無目標の各条件間で差はなかった	困難な目標を若干支持
	参加者120名	握力課題では中難度の目標、高難度の目標、非現実的な目標、"最善をつくす"目標の各条件間で差はなかった	困難な目標を若干支持

目標への集中 (10編中9編の研究が多様な目標集中方略を直接あるいは間接に支持していた)

研究	実験参加者	結果	支持レベル
Burton (1989b)	大学生水泳選手29名	パフォーマンスの目標設定は、統制条件よりも競技の認知と競技パフォーマンスをより効果的に高めた	パフォーマンス目標を強く支持
Burton, Weinberg, Yukelson, & Weigand (1998)	大学生競技者男子321名、女子249名	過程目標を設定した競技者は、成果や生産目標を設定した選手よりもパフォーマンスの効果が大きいと報告した	過程目標を中程度に支持
Filby, Maynard, & Graydon (1999)	成人参加者40名	サッカーでは多様な目標方略(成果+パフォーマンス+過程目標)によって、単一の目標方略よりもパフォーマンス効果が高まった	多様な目標集中方略を強く支持
Giannini, Weinberg, & Jackson (1988)	大学生レクリエーションバスケットボール選手男子100名	バスケットボール課題では競争、協力、熟達の各目標間で差はなかった	目標への集中の特異的な効果を若干支持
Jones & Hanton (1996)	競技水泳選手91名	競技者が多様な集中目標を設定すると、目標到達への高い期待は低い目標期待よりも不安感を高めた	目標-不安の関係を中程度に支持
Kingston & Hardy (1997)	クラブゴルファー37名	過程目標とパフォーマンス目標群はともにゴルフのハンディキャップの改善を示し、過程目標条件はハンディキャップのより速い改善を有意に示した	過程目標とパフォーマンス目標を強く支持
Kinston, Kieran, & Hardy (1997)	クラブゴルファー37名	過程目標とパフォーマンス目標はともにパフォーマンスの支援過程の改善を有意に示した。過程目標条件はより速い改善を有意に示した	過程目標とパフォーマンス目標を強く支持
Pierce & Burton (1998)	青年体操選手女子25名	目標設定トレーニングプログラムの実施中に、パフォーマンス指向の競技者は成功指向や失敗指向の競技者(各々)よりも改善を示した	パフォーマンス目標を若干支持・成果目標を若干支持
Weinberg, Burke, Jackson (1997)	ユーステニス選手224名	もっとも重要な3つの目標：パフォーマンスの改善、楽しみ、勝利が記述的な研究知見から明らかになった	過程目標、パフォーマンス目標、成果目標を中程度に支持
Weinberg, Burton, Yukelson, & Weigand (1993)	大学対抗競技者男女678名	男女は女子で成果条件よりパフォーマンス目標を高く設定し、男女はともに目標が効果的であると報告した	パフォーマンス目標と成果目標を中程度に支持
Zimmerman & Kitsantas (1998)	体育受講の高校生女子50名	ダーツ投げでは過程目標が成果目標よりもパフォーマンスを改善した	過程目標を強く支持

課題の複雑性 (2編中1編の研究が複雑な課題を目標設定効果の調整変数として部分的に支持していた)

研究	実験参加者	結果	支持レベル
Anshel, Weinberg, & Jackson (1992)	大学生54名	単純なジャグリングと困難なジャグリング課題では、すべての目標条件(低難度、高難度、自己設定)がともに改善した	単純な課題、困難な課題をともに強く支持
Burton (1989a)	大学生バスケットボール選手男子16名、女子7名	単純なバスケットボール課題では具体的な目標条件が一般的な目標条件よりも優れていたが、中難度または非常に複雑なバスケットボール課題ではそうではなかった	課題の複雑の目標差を中程度に支持

第19章 スポーツの目標設定

IV 個々のパフォーマンスに適した心理的テクニック

目標の具体性（25編中15編の研究が具体的な目標の予測を強力にあるいは部分的に支持していた）

研究	対象	結果	支持度
Bar-Eli, Levy-Kolker, Tenenbaum, & Weinberg(1993)	陸軍訓練生184名	体力課題では4つの具体的な目標（低・中・高・非常に高難度）、統制の各条件間で差はなかった	具体的な目標を強く支持
Bar-Eli-Tenenbaum, Pie, Btesh, & Almog(1997)	高校生364名	腹筋課題ではすべての具体的な目標群（低難度、高難度、現実的、実現不可能／非現実的）が具体的でない目標群よりも優れたパフォーマンスを示した	具体的な目標を強く支持
Boyce(1990)	ライフル射撃競技会出場学生90名	射撃課題では3つの目標条件（具体的／中難度、具体的／高難度、"最善をつくす"）の中で具体的／高難度の条件が"最善をつくす"条件よりも優れたパフォーマンスを示した	具体的な目標を中程度に支持
Boyce(1990)	ライフル授業の参加大学生135名	ライフル射撃課題では具体的な目標条件が"最善をつくす"条件よりも優れたパフォーマンスを示した	具体的な目標を強く支持
Boyce(1992)	大学生181名	射撃課題では短期目標、長期目標、短期＋長期目標条件が"最善をつくす"条件よりも優れたパフォーマンスを示した	具体的な目標を強く支持
Boyce(1992)	ライフル授業の参加大学生138名	ライフル射撃課題では自己設定条件と割り当てられた目標条件と"最善をつくす"条件よりも優れたパフォーマンスを示した	具体的な目標を中程度に支持
Boyce(1994)	ピストル射撃の経験者30名	ピストル射撃課題ではインストラクターが設定した目標と"最善をつくす"条件に差はなかった	具体的な目標を若干支持
Boyce & Bingham(1997)	ボーリング課題中の大学生288名	ボーリングでは自己設定の目標、割り当て目標条件間のパフォーマンスに差はなかった	具体的な目標を若干支持
Burton(1989a)	大学生バスケットボール選手男子16名、女子7名	バスケットボールでは具体的な目標条件が大半のスキルを一般的な目標条件よりも改善した	具体的な目標を中程度に支持
Erbaugh & Barnett(1988)	小学生52名	縄跳びでは2つの目標条件（目標、目標／モデリング）が"最善をつくす"条件よりもパフォーマンスを改善した	具体的な目標を強く支持
Frierman, Weinberg, & Jackson(1990)	ボーリングの初心者45名、中級者27名	4つの目標条件（短期、長期、短期＋長期、"最善をつくす"）の中で長期目標条件だけが"最善をつくす"条件よりもパフォーマンスを改善した	具体的な目標を中程度に支持
Giannini, Weinberg, & Jackson(1988)	大学生レクリエーションバスケットボール選手100名	バスケットボール課題では競技目標条件（3つの具体的目標条件中の1条件）だけがフィードバックのない"最善をつくす"条件よりも優れたパフォーマンスを示した	具体的な目標を若干支持
Hall & Byrne(1988)	ウェイトトレーニングをしている大学生男子43名、女子11名	持久力課題では2つの長期＋中期目標条件が"最善をつくす"条件よりも優れたパフォーマンスを示した	具体的な目標を中程度に支持
Hall, Weinberg, & Jackson(1987)	大学生男子94名	握力持久力課題では2つの具体的目標条件が"最善をつくす"条件よりも優れたパフォーマンスを示した	具体的な目標を若干支持
Hollingsworth(1975)	中学生90名	ジャグリング課題ではパフォーマンス目標、"最善をつくす"、無目標の各条件間で差はなかった	具体的な目標を若干支持
Jones & Cale(1997)	成人参加者44名	"最善をつくす"目標は非常にやさしい目標よりもパフォーマンスを改善したが、非常に困難な目標よりも効果が少なかった	具体的な目標を中程度に支持
Lee & Edwards(1984)	体育受講の5年生93名	運動課題では具体的な目標（自己設定、割り当てられた）が"最善をつくす"目標よりも大きくパフォーマンスを改善した	具体的な目標を強く支持

（次頁につづく）

研究	実験参加者	結果	支持レベル
Lerner & Locke (1995)	参加者 60 名	腹筋課題では中難度の目標と高難度の目標条件が"最善をつくす"条件よりも有意にパフォーマンスを改善した	具体的な目標を中程度に支持
Tenenbaum, Pinchas, Elbaz, Bar-Eli, & Weinberg (1991)	イスラエル白人 9 年生 214 名	腹筋課題では短期+長期の目標条件が"最善をつくす"目標条件よりも優れたパフォーマンスを示した	具体的な目標を強く支持
Weinberg, Bruya, & Jackson (1985)	フィットネスコースの登録大学生 96 名	腹筋課題では短期,長期,"最善をつくす"の各条件間で差はなかった	具体的な目標を若干支持
Weinberg, Bruya, Jackson, & Garland (1986)	フィットネスコースの登録大学生 123 名	腹筋課題では非常に困難な目標,実現不可能な目標,"最善をつくす"の各条件間で差はなかった	具体的な目標を若干支持
Weinberg, Bruya, Longino, & Jackson (1988)	4～6 年生の男子 130 名,女子 125 名	腹筋持久課題では具体的な目標が"最善をつくす"目標よりも優れたパフォーマンスをもたらした	具体的な目標を中程度に支持
Weinberg, Garland, Bruya, & Jackson (1990)	フィットネスコースの大学生 87 名 参加者 120 名	腹筋課題では現実的,非現実的,"最善をつくす",無目標の各条件間で差はなかった 握力課題では中難度の目標,困難な目標,非現実的な"最善をつくす"目標の各条件間で差はなかった	具体的な目標を若干支持 具体的な目標を若干支持
Weinberg, Stitcher, & Richardson (1994)	3 部ラクロス選手男子 24 名	ラクロスでは,具体的な目標と"最善をつくす"目標条件でパフォーマンスの差はなかった	具体的な目標を若干支持
目標の集団性 (4 編の研究が集団目標の設定を支持,あるいは部分的に支持していた)			
Brawley, Carron, & Widmeyer (1992)	大学競技者とレクリエーション競技者 167 名	集団目標は具体的な目標というよりも一般的な目標であったが,練習中には過程目標が優勢であった。集団は競技中に成果目標のような"集団性"の変数をともに強く設定していた	集団目標の探索的研究
Brawley, Carron, & Widmeyer (1993)	成人と大学競技者 145 名	チームの目標設定への参加は凝集性と過程目標をともに強く関係していた	集団目標を強く支持
Johnson, Ostrow, Pema, & Etzel (1997)	ボーリングをしている男子大学生 36 名	ボーリングでは 3 つの条件(集団目標,個人目標,"最善をつくす"目標)の中で集団目標条件だけがパフォーマンスを改善した	集団目標を強く支持
Lee (1989)	グランドホッケー女子 9 チーム(女子 96 名)	チーム目標は勝率と正に関係していた	集団目標を強く支持
Widmeyer & DuCharme (1997)	該当なし	チームの目標設定によってチームの凝集性を高める討議資料	該当なし
目標への参加 (7 編中 1 編の研究が自己設定の目標が割り当てられた目標よりも優れていることを部分的に支持していた)			
Boyce (1992)	ライフル授業の参加者大学生 138 名	ライフル射撃では自己設定の目標と割り当てられた目標のパフォーマンス間に差はなかった	目標設定への参加を若干支持
Boyce & Bingham (1997)	ボーリング課題中の大学生 288 名	ボーリングでは自己設定の目標,割り当ての目標,"最善をつくす"目標のパフォーマンス間に差はなかった	目標設定への参加を若干支持
Boyce & Wayda (1994)	ウェイトトレーニングをしている大学生女子 252 名	割り当てられた目標が自己設定の目標よりも優れたパフォーマンスを示した	目標設定への参加を若干支持
Fairall & Rodgers (1997)	陸上競技者 67 名	目標参加,割り当て目標,自己設定目標の各条件間で差はなかった	目標設定への参加を若干支持
Hall & Byme (1988)	ウェイトトレーニングをしている大学生男子 43 名,女子 11 名	持久課題では,長期+インストラクター設定の中間目標条件と,長期+自己設定の中間目標条件には差はなかった	目標設定への参加を若干支持

第19章 スポーツの目標設定　387

Lambert, Moore, & Dixon(1999)	体操選手女子4名	統制の所在がより内在的な体操選手は自己設定の目標から恩恵を受けていたが、制御の所在がより外在的な体操選手はコーチの設定した目標から恩恵を受けていた	目標設定への参加を中程度に支持
Lee & Edwards(1984)	体育受講の5年生93名	運動課題の2/3では割り当てられた目標が自己設定の目標よりも大きなパフォーマンスの向上を示した	目標設定への参加を若干支持
目標介入(7編中6編の研究が効果的なテクニックとして目標設定を支持，あるいは部分的に支持していた)			
Anderson, Crowell, Doman, & Howard (1988)	大学対抗ホッケー選手男子17名	ホッケーの試合中に目標設定の介入によってヒッティングパフォーマンスが向上した	介入方略として目標設定を強く支持
Burton (1989b)	大学生水泳選手29名	目標設定の介入によって選手の試合認知とパフォーマンスが向上した	介入方略として目標設定を強く支持
Galvan & Ward (1998)	大学生テニス選手5名	目標設定の介入に即座に従った場合にはコート上の不適切な行動数が部分的に低下した	介入方略として目標設定を強く支持
Miller & McAuley (1987)	大学生18名	フリースローでは目標トレーニング条件と目標トレーニングなし条件とのパフォーマンスに差はなかった	介入方略として目標設定を若干支持
Poag - DuCharme, Kimberley, & Brawley(1994)	運動クラスへ登録成人99名	実験参加者はしかるべき目標を達成するために多様な目標を設定し、行動プランと具体的な行動方略を開発した	介入方略として目標設定を中程度に支持
Swain & Jones (1995)	大学生バスケットボール選手男子4名	目標設定の介入によって実験参加者の3/4のバスケットボールスキルが向上した	介入方略として目標設定を中程度に支持
Wanlin, Hrycaiko, Martin, & Mahon(1997)	スピードスケート選手女子4名	目標設定の介入によってスケートのパフォーマンスが向上した	介入方略として目標設定を強く支持
Weinberg, Stitcher, & Richardson(1994)	3部ラクロス選手男子24名	正の改善傾向が明らかになったが、目標設定の介入はパフォーマンスの有意な改善にはつながらなかった	介入方略として目標設定を若干支持
目標と自己効力感(7編中7編の研究が目標設定を自己効力感の有効な媒介要因または向上要因としても支持していた)			
Kane, Marks, Zaccaro, & Blair (1996)	高校生レスリング選手216名	キャンプ中の成果目標はレスリング選手の自己効力感とパフォーマンスの関係を調節した	効力感とパフォーマンスを媒介する目標を強く支持
Kinston, Kieran, & Hardy(1997)	クラブゴルファー37名	過程目標とパフォーマンスはともにゴルフの自己効力感を高め、過程目標条件はより速い改善を有意に示した	自己効力感の向上を強く支持
Lee(1989)	グランドホッケー女子9チーム(女子96名)	具体的なチーム目標と困難なチーム目標の設定はチームパフォーマンスへの自己効力感の効果(勝敗結果)を媒介した	自己効力感の向上を中程度に支持
Miller & McAuley (1987)	大学生18名	目標トレーニング条件は無目標トレーニング条件よりもフリースローの自己効力感を高めた	自己効力感の向上を強く支持
Poag & McAuley(1992)	コミュニティーの調整に参加した成人女子76名	目標の有効性はプログラム最後の目標達成感を予測した	目標媒介因子としての効力感を強く支持
Theodorakis(1995)	体育受講の大学生42名	目標は自己効力感とパフォーマンスの媒介要因であることが明らかになった	効力感とパフォーマンスを強く支持する目標を強く支持

(次頁につづく)

Ⅳ 個々のパフォーマンスに適した心理テクニック

研究	実験参加者	結果	支持レベル
Theodorakis(1996)	体育受講の大学生48名	テニスサービス課題では自己効力感と目標設定はパフォーマンスの予測要因であることが明らかになった	パフォーマンスの予測要因として効力感を強く支持
目標の近接性(8編中3編の研究が短期目標と長期目標の設定をともに支持，あるいは部分的に支持していた)			
Bar-Eli, Hartman, & Levy-Kolker(1994)	行動障害の青年期80名	腹筋では短期，長期目標の両条件がともにパフォーマンスを改善したが，短期＋長期の目標条件は長期のみの目標条件よりも大きくパフォーマンスを改善した	短期目標と長期目標の設定をともに強く支持
Boyce(1992)	大学生181名	射撃課題では短期，長期，短期＋長期条件のパフォーマンス間に差はなかった	短期目標と長期目標の設定をともに若干支持
Frierman, Weinberg, & Jackson(1990)	ボーリングの初心者45名，中級者27名	4つの目標条件(短期，長期，短期＋長期，"最善をつくす")の中で長期目標だけが最善をつくす条件よりも大きな改善を示した	短期目標と長期目標の設定をともに若干支持
Hall & Byme(1988)	ウェイトトレーニングをしている大学生男子43名，女子11名	持久課題では2つの長期＋介在目標条件が長期のみの目標条件よりも優れたパフォーマンスを示した	短期目標と長期目標の設定をともに若干支持
Howe & Poole(1992)	保健体育授業受講の大学生男子115名	バスケットボールのシュート課題では短期，長期，短期＋長期目標条件の間に差はなかった	短期目標と長期目標の設定をともに中程度に支持
Tenenbaum, Pinchas, Elbaz, Bar-Eli, & Weinberg(1991)	イスラエル白人9年生214名	腹筋課題では短期＋長期条件が短期目標のみの条件や長期のみの条件よりも優れたパフォーマンスを示した	短期目標と長期目標の設定をともに強く支持
Weinberg, Bruya, & Jackson(1985)	フィットネスコースの登録大学生96名	腹筋課題では短期，長期，短期＋長期，"最善をつくす"条件の間に差はなかった	短期目標と長期目標の設定をともに若干支持
Weinberg, Bruya, Longino, & Jackson(1988)	4～6年の男子130名，女子125名	腹筋持久課題では短期，長期，短期＋長期条件の間に差はなかった	短期目標と長期目標の設定をともに若干支持
メタ分析とレビュー			
Burton(1992)			
Burton(1993)			
Kylio & Landers(1995)			
Weinberg(1994)			

従って高まるものと思われる。

目標属性の研究

明らかに目標の全体効果はもっとも広範に研究されている目標設定のトピックスになっているが、目標属性の研究はそれに次いで盛んになっている(Locke & Latham, 1990a)。目標属性の研究者はもっとも効果的な目標のタイプに注目している。本節ではスポーツでしばしば使用している次の6タイプの目標の効果に関する研究を取り上げてみたい。それらは、目標への集中(goal focus)、目標の具体性(goal specificity)、目標の困難性(goal difficulty)、目標の主観的価値(goal valence)、目標の近接性(goal proximity)、目標の集団性(goal collectivity)である。

目標への集中

目標への集中は、スポーツにおける目標設定の研究者がほぼ専門的に作り上げた用語である(Burton, 1989a, 1992, 1993; Kingston & Hardy, 1997; Kingston, Hardy, & Markland, 1992)。Burton(1989a)は、パフォーマンスの目標と成果の目標とを初めて区別した。Burtonは、フォーム、テクニック、改善をそれぞれ強調しながら具体的なパフォーマンス基準を達成する、目標への集中"過程"をパフォーマンスの目標と定義している。また、成果の目標は、社会比較や客観的成果に焦点を当てた、より"結果"指向のものとして概念化している(レースの順位、勝敗; Burton, 1989a)。Burton(1989a, 1992, 1993)は、パフォーマンスの目標が成果の目標よりも優れているのは、その大きな柔軟性と制御可能性によると主張した。実際の"現時点のパフォーマンス能力"にかかわらず、あらゆる能力レベルの競技者が目標の難度レベルを上げ下げしながら継続して困難に立ち向かうことができるのは、パフォーマンスの目標に柔軟性があるためである。このように、動機づけが高まり、成功する確率は高くなる。さらに、競技者はパフォーマンス目標の制御可能性によって、改善または高い能力の表象として成功の証しを内面化することができる。

スポーツにおける目標の研究(Burton, 1989a; L. Hardy, Jones, & Gould, 1996; Kingston & Hardy, 1997; Kingston et al., 1992; Zimmerman, 1989)のほとんどが、パフォーマンスの目標は成果の目標よりも効果的であることを一般的に明らかにしている。さらに目標指向の研究(例えば、Duda, 1992)やスポーツ心理コンサルタントの事例報告(Gould, 1998; L. Hardy et al., 1996; Orlick, 1986)も、パフォーマンスの目標の優位性を支持している。KylloとLanders(1995)のメタ分析の結果はこの結論を疑問視しているが、彼らがレビューした研究は目標への集中を直接テストしたものではなかった。成果の目標と比較して、パフォーマンスの目標の効果は次のいくつかの要因に起因している；(1)注意集中の亢進(Kingston & Hardy, 1994, 1997)、(2)集中力の向上(Beggs, 1990; Boutcher, 1990; Hardy & Nelson, 1988)、(3)重要スキルの自動化(L.Hardy et al., 1996)、(4)制御感の高まりによる自己効力感の向上(Burton, 1989a; Hall & Byrne, 1988)。

最近、数名の研究者(Singer, Lidor, & Cauraugh, 1993; Zimmerman, 1994; Zimmerman & Bonner, 1997)がパフォーマンスの目標から成果の目標へと進む連続体について提案している。学習過程のスキル獲得相とスキル熟達相ではパフォーマンスの目標に効果があると思われるが、いったんスキルがうまく自動化すると、成果の目標は運動者の集中や努力の持続にいっそう効果的なものになる。ZimmermanとKitsantas(1996)は、パフォーマンスの目標と成果の目標が、ダーツ投げ課題のスキル獲得とパフォーマンスに及ぼす影響を調べた。予想したように、パフォーマンスの目標を使用した初心者は、成果の目標を使用した初心者よりも、有意に優れたパフォーマンスを遂行した。おそらくパフォーマンスの目標が競技者の能力を高め、課題の技術的要素に集中させたからだと思われる。しかしながら、Giannini, Weinberg, Jackson(1988)は、これらの目標タイプの間には差がなかったと報告した。

KingstonとHardy(1994, 1997)は、最近になって、パフォーマンスの目標をパフォーマンスの目標と過程の目標という2つのカテゴリーに分類して、この目標への集中の違いを明らかにし拡張している。この目標への集中の整ったカテゴリー分けによれば、過程の目標がフォーム、テクニック、方略の改善に関係しているのに対して、パフォーマンスの目標は全体的なパフォーマンスの向上だけに関係している(例えば、より速いタイムで走る、より遠くに投げる、より少ない打数で回る)。成功は絶対的もしくは自己言及的なパフォーマンス基準(例えば、ゴルフで1ラウンド74打で回る、100mを10秒22で走る、バスケットボールの試合で25点をあげる)の達成に基づいているが、パフォーマンスの目標は今なおパフォーマンスの最終成果に焦点を当てているという主張が、KingstonとHardyのこの再概念化の理由づけになっている。Kingstonらの目標への集中の新しい概念では、連続体の一端に成果の目標、反対側の一端に過程の目標、その中間にパフォーマンスの目標をそれぞれ位置づけている。

明らかに、この改訂版の目標への集中モデルは、貴重なものを実証的なスポーツ心理学と応用的なスポーツ心理学の研究に追加したものとなっている。なぜなら、過程の目標には明らかにパフォーマンスの目標よりも大きな柔軟性と制御可能性があるからである。スキルが非常に複雑でそして熟練するまでに長期に渡る

練習を要するスポーツでは，過程の目標が，望ましい成果と究極的に結びつくために必要なパフォーマンスレベルの達成の足がかりとして機能するものと思われる。その上，いくつかの複雑な課題では，目標の動機づけがパフォーマンス向上を引き起こす前に，運動者はまずスキル遂行の新たな，あるいはより効果的な課題方略を開発する必要がある。したがって，過程の目標は，やがて自動化して望ましい成果達成に必要なレベルまでパフォーマンスを向上させる新たな，もしくは改良型の課題方略を開発するための枠組みを明らかに提供している。

Kingston, Hardy らの予備的な研究（Kingston et al., 1992；Kingston & Hardy, 1994, 1997）は，この目標への集中の再概念化の妥当性を支持しており，過程の目標にはパフォーマンスの目標よりも多くの重要な効果があることを明らかにしている。これらの効果には以下のものがある；(1)注意資源をより効果的に配分することができるので，競技者はより集中できるようになる（Hardy & Nelson, 1988；Kingston & Hardy, 1997），(2)過程の目標の達成がより制御可能なため，自己効力感が高くなる（Kingston & Hardy, 1997），(3)過程の目標により現時点のパフォーマンス能力にもっとも適したパフォーマンス基準をより柔軟に設定することができるようになるので，認知不安の制御が改善し，非現実的な高い目標がもたらすストレスを低減することができる（Kingston & Hardy, 1997；Kingston et al., 1992）。Kingston と Hardy (1997)は，過程の目標を設定したゴルファーとパフォーマンスの目標を設定したゴルファーでは，ゴルフパフォーマンスの全体的な改善の間に差がないことを明らかにした。ただし，統制群と比較した場合には，両目標設定群のパフォーマンスは有意に向上していた。しかしながら，過程の目標群のパフォーマンスは，パフォーマンスの目標群よりもより急速に向上することが明らかになった。これは，向上の速度に関しては過程の目標に何らかの効果があることを示唆している。著者らがレビューした目標への集中の研究 10 編中の 9 編では，過程の目標・パフォーマンスの目標・成果の目標の併用の方が，それらの単独使用よりも効果があった（表 19.1 を参照）。

ほとんどの専門家（Burton, 1989a；Gould, 1998）は，主として勝利によって莫大な報酬（トロフィー，メダル，認知，名声，賞金など）が獲得できるという点で，成果の目標はより多く受け入れられており，現代のスポーツ文化において重視されているように思われると述べている。よく行われているスポーツ研究には，勝利を讃え，パフォーマンスの目標や過程の目標の達成を取るに足らないものとして却下している例が非常に多い（例えば，スーパーボールの優勝チームは永遠に讃えられ，その選手は殿堂入りをするが，準優勝チームはすぐに忘れられてしまう）。しかしながら，最近のいくつかの目標実践の研究（Burton et al., 1998；Burton et al., 印刷中；Weinberg et al., 1993, 1997, 印刷中）によって，競技者は必ずしもこの伝統的な目標設定の知恵に準じていないことが明らかになっている。大学競技者とユーステニス選手を調べた研究（Burton et al., 1998；Weinberg et al., 1993, 1997）から，両年齢群の競技者はともに実際には同等の頻度で効果的なパフォーマンスの目標と成果の目標を設定していることが明らかになった。さらに，オリンピック競技者の目標実践の研究（Burton et al., 投稿中；Weinberg et al., 印刷中）は，エリート選手は，有意義はないものの，成果の目標よりも若干効果的なパフォーマンスの目標を若干多く設定していると指摘している。しかしながら，オリンピック選手は，試合ではパフォーマンスの目標よりも若干重要な成果の目標をより多く設定すると報告していた。このように，競技者は成果の目標を常に評価しているが，これらの成果重視の目標を達成する手段として，より過程の目標とパフォーマンスの目標の使用に精通していると結論することができる。

目標の具体性

目標の具体性を調べた一般的な研究の初期のレビュー（Chidester & Grigsby, 1984；Latham & Lee, 1986；Locke et al., 1981；Mento et al., 1987；Tubbs, 1986）では，具体的な目標または明瞭な目標がパフォーマンスを向上させると結論づけていた。Locke らは，目標の具体性を調べた 53 編の研究中 51 編が，一般的な目標，最善をつくす目標，無目標よりも，具体的な目標の方がより優れたパフォーマンスと結びつくという前提を，部分的あるいは完全に支持していることを明らかにした。他方，22 編の研究をメタ分析した Chidester と Grigsby のレビューから，具体的な目標がパフォーマンスを一貫して向上することを明らかにした。その後，Latham と Lee は 64 編の研究をレビューして，ほぼ同様の知見を確認した。より広範にメタ分析した Mento らは，5,800 名以上を対象とした 49 編の目標の具体性の研究から 0.44 の効果サイズを明らかにした。この値は生産力に換算すると約 9% 増になっていた。

しかしながら，Locke と Latham (1990a)が最近改訂した目標設定理論では，目標の具体性は目標の困難性よりも，目標の属性の重要性が低くなっており，パフォーマンスの質よりも主としてパフォーマンスの一貫性を高めると予測している。Locke と Latham は，困難な目標を具体的なものにすると，さらにパフォーマンスが高まると仮定した。なぜなら，具体的な目標では，自己の目標よりも低いパフォーマンスに成功を感じることがより困難になるからである。さらに，Locke らは，目標が漠然としている場合，個々人はパフォーマンスを評価する際に"自分にとって有利に解

釈"したり，比較的低いレベルのパフォーマンスを受け入れたりしやすくなると主張した。例えば，KernanとLord(1989)は，さまざまなタイプのネガティブなフィードバックを与えた場合，具体的な目標を持たない実験参加者は，具体的で困難な目標を有する実験参加者よりも，一般的にパフォーマンスをより効果的に評価することに気づいた。加えて，Mento, Locke, Klein(1992)の研究から，最善をつくす目標群の実験参加者は，具体的で困難な目標群の実験参加者に比べて，あらゆるレベルのパフォーマンスからより多くの満足を得られると予想していることが明らかになった。

LockeとLatham(1990a)は，具体的な目標には直接的なパフォーマンスの向上効果がなく，むしろ困難な目標と相互作用して，パフォーマンスに影響していると結論づけた。このように，具体的で容易な目標は，漠然とした困難な目標よりも，実際には効果が少ないように思われる(Locke, Chah, Harrison, & Lustgarten, 1989)。LockeとLatham(1990a)は，目標の困難性を制御する場合，具体的な目標の主たる効果はパフォーマンス変動の低下として現れるという仮説を立てた。具体的な目標は成功評価の解釈余地を少なくしている。このことがパフォーマンスの変動幅を狭めていると Lockeらは主張している。この予測を支持したLockeら(1989)は，目標の困難性の効果と目標の具体性の効果を区分けして，目標が具体的になればなるだけ，パフォーマンスの変動が低下することを明らかにした。したがって，目標の具体性は効果的な目標の重要な属性であるように思えるが，目標の困難性と結合してより厳密な成功基準を維持する場合には，その影響はもっとも顕著なものになる。その結果として，パフォーマンスの一貫性は高まることになる。

興味深いことに，スポーツの目標の具体性に関心がある研究者は，目標の具体性の効果を困難性と無関係には調べていない。25編のスポーツ研究中約15編(60%)では，具体的な目標を設定している競技者は，一般的な目標，最善をつくす目標，無目標の競技者よりも有意に優れたパフォーマンスを示すと記述しているが，残りの4編では有意な目標設定効果は見られなかった(表19.1)。しかしながら，目標の困難性の効果を除外した場合，大部分の研究に重要な効果の証拠があるかどうかは不明である。

目標の困難性

LockeとLatham(1990a)の目標設定の理論では，目標の困難性とパフォーマンスの間に正の線形関係を仮定している。その主な理由は，困難な目標は，容易な目標よりも強く努力や忍耐を促すからである。しかしながら，目標設定の理論では，個々人の能力が目標の困難性レベルの上限に達した場合には，パフォーマンスが頭打ちになることを認めている。それにも関わらず，200編近い一般的な目標設定の研究は，一貫してこの"目標の困難性の仮説"を強力に支持している。LockeとLathamは，192編の目標の困難性の研究をレビューして，その91%の研究が目標の困難性とパフォーマンスに正の関係(140編)，または条件付きの正の関係(35編)を示していると明らかにした。さらに，それぞれのレビューが1,770～7,548名の実験参加者を使用した12～72編の目標の困難性の研究をメタ分析した4つのレビュー(Chidester & Grigsby, 1984 ; Mento et al., 1987 ; Tubbs, 1986 ; Wood et al., 1987)から，それらの平均効果サイズは0.52～0.82であることが明らかになった。これらの値は10.4～16.4%のパフォーマンス向上を表わしていた。このように，一般的な目標の研究を列挙してメタ分析したレビューでは，目標の困難性の仮説を一致して強力に支持しており，その後の多数の研究(Chesney & Locke, 1991 ; Ruth, 1996 ; White, Kjelgaard, & Harkins, 1995 ; Wood & Locke, 1990)も，この予測をさらに支持するものになっている。しかしながら，目標の困難性とパフォーマンスの間に提唱されている線形関係には限界のあることも明らかになっている(例えば，DeShon & Alexander, 1996 ; Earley, Connolly, & Ekegren, 1989)。特に，目標が個人のパフォーマンス能力を上回る場合には過度に困難な目標を捨てて，より現実的な目標を自ら設定すると研究者は述べている。Wright, Hollenbeck, Wolf, McMahan (1995)は，この限界を調べて，絶対的なパフォーマンスレベルの点から目標を操作すると，困難性とパフォーマンスの間には伝統的な線形関係が存在していることを明らかにした。逆に，目標をパフォーマンス向上の点から操作した場合には，目標の困難性とパフォーマンスの間に逆U字の関係が出現した。明らかに，能力感は目標の困難性とパフォーマンスの関係を調整しているように思われる。

意外にも，スポーツ研究は目標の困難性の仮説と一般的に矛盾している(表19.1を参照)。Weinbergらによる目標の困難性の初期の研究(Hall, Weinberg, & Jackson, 1987 ; Weinberg, Bruya, Jackson, & Garland, 1986)は，この目標の困難性の仮説を疑問視した最初の研究であった。Hallらは，実験参加者を，最善をつくす目標条件，40秒間頑張る目標条件，70秒間頑張る目標条件にランダムに割り当ててその握力計持久パフォーマンスを比較した。Hallらは，2つの具体的な目標条件に割り当てた実験参加者のパフォーマンスが最善をつくす条件群よりも優れていることを明らかにしたが，目標の困難性の効果を具体的な目標条件に見出すことはできなかった。同様に，Weinbergらは実験参加者を，低難度の目標条件，中難度の目標条件，非常に高難度の目標条件に割り当てて腹筋運動課題を5週間に渡って課したが，目標の困難性の効果はなかった。

著者らのレビューでは 19 編の研究中 10 編（53％）だけが目標の困難性の仮説を支持していた（表 19.1 を参照）。多くの研究は目標の困難性の仮説を実証できないばかりか，非現実的な高い目標がパフォーマンスの低下を引き起こすという予測とも矛盾していた（表 19.1 を参照）。興味深いことに，Anshel, Weinberg, Jackson（1992）は，パフォーマンスが改善しないような場合でも，困難な目標が運動者の内発的動機づけレベルを有意に上昇させることを明らかにした。スポーツにおける目標実践の研究（Weinberg et al., 1993, 印刷中）から，大半の大学生競技者やオリンピック競技者は高難度の目標よりもむしろ中難度の目標を好むこと，そしてより効果的な目標を設定する競技者（Burton et al., 1998, 投稿中）は高難度の目標よりも中難度の目標をより頻繁に設定していることが明らかになっている。さらに，スポーツ研究のレビュー（Kyllo & Landers, 1995；Weinberg, 1994）から，高難度の目標よりも効果サイズが 0.53 の中難度の目標に効果があることが明らかになっている。

研究者はスポーツとビジネス状況の間にみられる目標の困難性の矛盾した知見に対して，いくつかの説明をしている。研究者による目標の困難性の操作化は一般領域とスポーツ領域の間では異なっているというのが，一番目の説明である。Locke（1991）は，一般的な目標やスポーツ目標の研究者が一様に基準を使用しているという証拠はほとんどないが，困難な目標は実験参加者の 10％ が達成できる目標に過ぎないと示唆している。しかしながら，競技者のわずか 5～10％ しか達成できないような目標は極端に難しく，そのことが低い目標の受け入れと，より現実的な目標の自らによる設定への動機づけにつながっているものと思われる。（自発的な目標設定；Kyllo & Landers, 1995）。スポーツにおける困難な目標のあいまいな結果を説明する 2 番目の説明は，能力である（Kanfer & Ackerman, 1989；Weinberg et al., 1997）。目標設定の理論では，能力が上限に到達し，パフォーマンスが横ばい状態に至るまで，目標の困難性とパフォーマンスの間には，正の線形関係があると予測している。しかしながら，目標理論では，困難な目標を達成する個人の能力についての信念を仮定している。目標達成の自己効力感が低い場合には，目標の困難性とパフォーマンスの間に負の線形関係が生じ（Erez & Zidon, 1984），その結果，目標が困難になるほどパフォーマンスは大きく低下する。自己効力感によって個人の目標設定行動が予測できる（Bandura, 1977 を参照）ことを明らかにした Theodorakis（1995, 1996）は，この予測をスポーツ分野で支持した。このように，自己効力感は困難な目標の効果の重要な媒介要因になっているものと思われる。

最近になって Campbell と Furrer（1995）は，競争も目標の困難性の効果を媒介することができると示唆した。数学クラスでの目標設定パフォーマンスに対する競争の効果を調べた結果，3 つの目標条件（低難度，中難度，高難度）を通して，非競争的な環境の実験参加者は競争的な環境の実験参加者よりも有意に優れたパフォーマンスを示していることが明らかになった。解答数の平均値には条件間に差がなかったが，競争的な環境の実験参加者の誤答数は非競争的な環境の実験参加者のそれよりも有意に多かった。これらの知見は，競争が不安の増加や集中力の低下の原因になり，その結果，目標効果が低下すると示唆している。興味深いことに Lerner と Locke（1995）は，競争はスポーツパフォーマンスでの目標効果を媒介しないと述べた。競技の競争的性格や競技者が多くの状況で競う程度には差があるために，目標困難性の媒介要因として競争結果の役割をさらに研究することは当然のことと思われる。

目標の主観的価値

スポーツの実践家は，しばしば，競技者が避けたいと願っていること（例えば，三振や 4 打数 0 安打）よりも，達成したいと思っていること（例えば，4 打数 2 安打）に焦点を当て，ポジティブな言葉を用いて競技者に目標を設定させている（Gould, 1998）。しかしながら，Kirschenbaum（1984）は，この目標設定の方略が機能するのはある状況においてのみであると示唆している。Kirschenbaum は，自己制御に関する広範な研究から，目標へのポジティブな集中は新しいまたは困難なスキルにもっとも効果があり（例えば，Johnston-O'Connor & Kirschenbaum, 1984；Kirschenbaum, Ordman, Tomarken, & Holtzbauer, 1982），それとは逆にミスを最小にすることを強調するような目標へのネガティブな集中は，十分に学習したスキルに対してより効果があると結論づけた（例えば，Kirschenbaum, Wittrock, Smith, & Monson, 1984）。このレビューでは，目標の主観的価値に重点的に取り組んだスポーツ研究を，何ら見出すことができなかった。予測を検証して目標の主観的価値の効果を明確にするには，追加的な研究が必要なことは明らかである。

目標の近接性

Locke と Latham の理論（1990a）では短期目標と長期目標の効力を特段予測していないし，目標の近接性に関する研究の既存のレビュー（Kirschenbaum, 1985；Locke & Latham, 1990a）では，どのような目標の近接性を設けるべきかをスポーツ実践家に勧告する際に混乱のもととなるようなあいまいな結果を明らかにしている。臨床的な研究者（例えば，Bandura, 1986）は，短期（short-term：ST）目標にはより大きな効果があると主張している。なぜなら，短期目標は，目標を達成した場合には自信を強めるような成功のより頻繁な評価につながり，成果に関わらず優柔不断や

早まった落胆を防止するような動機づけにつながるからである。Burton(1989b)は，ST目標がより柔軟で制御可能なことを強く主張しながら，ST目標のその他の属性を強調している。ST目標はより柔軟なため，容易に上げ下げして，最適な難度レベルに維持することができる。さらに，ST目標は制御可能なために，競技者は高い能力と実行への強い意欲の発露としての成功を，より容易に得ることができる。

長期(Long-term：LT)目標の主導者(例えば，Kirschenbaum, 1985)は，LT目標は"長期的な選択"を助長するために，パフォーマンスをST目標よりも大きく改善するという理論を立てている。これらの理論家は，あまり頻繁な目標の評価は過剰な評価を引き起こし，社会的比較の問題がより顕著になるためにパフォーマンスへの集中の維持が困難になり(Nicholls, 1984a)，また目標を情報的なものというよりも統制的なものと感じるために，競技者は"人質"になったように思い込んでしまう(例えば，deCharms, 1976；Deci & Ryan, 1985)と主張している。このように，個人が日ごとのパフォーマンス目標を達成することができない場合には，LT目標はSTを柔軟化して落胆を防止している。

LockeとLathamのレビュー(1990a)は，目標の近接性がこれまで目標設定研究のポピュラーなトピックスにならなかったと示唆している。これには2つの理由がある；(1)研究者はこの目標の属性が目標設定効果にあまり影響しないと信じている，(2)研究者にとってST目標とLT目標の最適な時間間隔を同定することは難しい。後者の場合，頻繁に目標設定をすると，個々人はそれを押しつけがましく散漫で迷惑なものに感じるようになる。したがって，その目標を拒絶するようになる。逆に，非常にまれに目標を設定すると，個々人はそれを非現実的で注意に値しないものとみなすようになり，その結果，パフォーマンス向上に必要な努力と忍耐資源が動員できなくなる。

初期の一般的な目標研究(例えば，Bandura & Schunk, 1981；Bandura & Simon, 1977；Manderlink & Harackiewicz, 1984)から，ST目標はLT目標よりも優れたパフォーマンスと結びつくことが明らかになった。研究者は，ST目標は競技者に成功評価の機会と努力レベル修正・方略修正の機会をより多く提供し，それによって自己効力感と内発的動機づけが高まると仮定している。しかしながら，その後の自己制御の知見によって，適度な特定のプランニングとLT目標は行動変容を促すだろうということが明らかになった(Kirschenbaum, Tomarken, & Ordman, 1982)。スポーツ状況や非スポーツ状況で実施した研究(Bandura & Simon, 1977；Bar-Eli, Hartman, & Levy-Kolker, 1994；Borrelli & Mermelstein, 1994；Hall & Byrne, 1988；Kirschenbaum, 1985；Latham & Locke, 1991)では，LT目標が個人を達成努力に向ける上で重要であると示唆したが，これらの知見はLT目標の動機づけの強さは達成過程の途中経過として役立つST目標の設定に依存することも確認していた(Bandura & Simon, 1977；Hall & Byrne, 1988；Locke, Cartledge, & Knerr, 1970)。

スポーツにおける目標の近接性の知見はあいまいであり，LT目標とST目標を調べた研究数にも限りがある。ST目標とLT目標の違いは明らかになってはいないが，目標の近接性のいくつかの研究(Boyce, 1992b；Frierman, Weinberg, & Jackson, 1990)では，最善をつくす目標の設定よりも，LT目標やST目標の設定によってパフォーマンスが促進することを確認している。その一方で，4つの研究(Hall & Byrne, 1988；Howe & Poole, 1992；Weinberg, Bruya, & Jackson, 1985；Weinberg, Bruya, Longino, & Jackson, 1988)がLT目標とST目標の間に，あるいは両目標の組み合わせの間に違いがないことを明らかにしていた。より近年では，スポーツ目標の研究(例えば，Kyllo & Landers, 1995；Tenenbaum, Pinchas, Elbaz, Bar-Eli, & Weinberg, 1991)は一致して，進歩を表わすのにST目標を使用した場合，LT目標がパフォーマンス向上にもっとも効果があることを明らかにしている。KylloとLandersのスポーツ目標研究のメタ分析によって，STとLT目標の併用はパフォーマンスに0.48の効果サイズのあることが明らかになった。著者らのレビューでは，8編の研究中3編(38％)で，ST目標とLT目標の併用が個々の目標タイプよりも優れていた。目標の近接性の将来の広範な研究では，ST目標とLT目標の併用が優れている点について確認するばかりでなく，ST目標とLT目標のもっとも効果的な時間構成を明らかにして，これら2つの目標の近接性のタイプの関係を証明する必要もあると思われる。

目標の集団性

集団/チームの目標とは，集団/チームの集団パフォーマンスのために設定した目的である。Brawley, Carron, Widmeyer(1992)によれば，チームの目標は，具体的なものというよりもむしろ一般的な傾向を示しており，集団目標への集中の程度は練習と試合の間でかなり頻繁に変化している。さらに，Brawleyらは，練習場面の集団目標は成果指向(10.1％)というよりもむしろ過程指向(89.9％)になっており，主にスキル/方略(66.1％)，努力(29.3％)，体力(4.6％)に集中していることを明らかにした。逆に，試合目標は成果(53.1％)と過程(46.9％)に互角に分かれており，具体的な目標はスキル/方略(43.5％)，成果(41.5％)，努力(15％)に集中していた。集団目標は，パフォーマンスに影響するのと同様に，チームの満足・凝集性・動機づけといった心理変数に強く影響することも明らかになっている(Brawley, Carron, & Widmeyer,

1993）。

LockeとLatham（1990a）の目標設定理論では，集団／チームの目標と個人目標の効果を予測していないが，これまでの集団目標設定の研究のレビュー（Carroll, 1986；Kondrasuk, 1981；Locke & Latham, 1990a；Rodgers & Hunter, 1989）によれば，集団目標は個人目標と同様にパフォーマンスを効果的に高めていた。LockeとLathamが調べた一般的な集団目標設定研究の41編中38編（93％）では，ポジティブあるいは条件によってポジティブなパフォーマンス向上効果を認めていた。この成功率は個人目標設定の知見と実質的に同様のものであった。Lockeらは，課題が個人的なものというよりも集団／チーム的なものの場合には，個人目標に加えて，もしくは個人目標に代わるものとして集団目標が必要になる，もしくは少なくとも促進的なものになると結論づけた。

研究者は集団目標のポジティブな結果を，目標による管理（management by objectives：MBO）研究のいくつかのレビュー（経営管理への目標設定アプローチ；Carroll, 1986；Kondrasuk, 1981；Locke & Latham, 1990a；Rodgers & Hunter, 1989）によってさらに確認した。例えば，Kondrasukによる185編のMBO研究のレビューを再分析したLockeとLatham（1990b）は，約90％のMBO研究がポジティブあるいは条件によってポジティブな結果になることを明らかにした。その後，RodgersとHunterは68編のMBO研究をメタ分析して，それらの97％がポジティブな結果を示していることを明らかにした。その中の28編の効果サイズを計算したところ，平均パフォーマンスの改善は44％という非常に高い割合を示していた。

集団／チーム目標の効力は明らかになったが，スポーツ場面や非スポーツ場面で集団／チーム目標と個人目標の効力を直接比較した研究には比較的限りがある（Hinsz, 1995；Larey & Paulus, 1995；Shalley, 1995）。LareyとPaulusは，ブレーンストーミング課題の実験参加者を目標なしの条件，個人目標の条件，相互目標の条件に割り当てた。その結果から，個人目標の条件群は集団／チーム目標条件群よりも困難な目標（生み出したアイディアの数）を設定していることが明らかになった。研究者は，集団成員の低い能力感が集団目標の難度を下げるものと信じていた。2編の追加研究（Hinsz, 1995；Shalley, 1995）でも，集団目標の条件では，個人目標の条件と比較して同様にパフォーマンスが低下していた。それらの研究では，集団パフォーマンスの低下理由として次の2点をあげていた；(1)実験参加者の目標の困難性レベルが平均化して，目標の難度が低下した，(2)他の集団成員が創造過程を妨害した。

レビューした4編の研究のすべてが，集団／チーム目標と個人目標の効力に関する一般的な目標研究と矛盾していた。例えば，Johnsonら（1997）は，ボーリングのパフォーマンスにおける最善をつくす目標設定条件，個人目標設定条件，チーム目標設定条件の影響を調べた。そして，目標の集団性の一般的な結果とは違って，ボウリングパフォーマンスは最善をつくす目標群や個人目標群よりも，集団目標群の方がより向上することを明らかにした。その理由の1つは，集団目標条件群が他の2条件群よりも極めて難しい目標を設定したことであった。著者らはこれら矛盾した結果を次のように説明した；(1)課題の運動協応，(2)チームメンバーがボーラーに与えたハイレベルな激励とフィードバック，(3)チーム目標の公的な性質（すべての集団成員は各ボーラーの個人目標とチーム目標を知っていた）。同様にWeldon, Jehn, Pradham（1991）はさらに次の3要因が集団目標を調節していると強調した；(1)チーム目標にチームメンバーがつくす努力の量，(2)チームの計画と方略の量，(3)チーム全体の成果の質に対するチームメンバーの関心度。

どちらの主張も，目標の集団性を説明しているとは考えにくい。なぜなら，チーム目標と個人目標はともにパフォーマンスの向上に貢献していると思われるからである。チームの目標は個々の競技者に動機づけの方向を示して個人目標の適切なタイプとレベルを確定し，競技者に有利となる特定の動機づけに寄与している。事実，社会的手抜きの研究（例えば，C.Hardy & Latane, 1988；Jackson & Williams, 1985；Latane, 1986；Latane, Williams, & Harkins, 1979）では，個人目標が随伴しない集団目標／チーム目標は社会的手抜きを助長し，その結果パフォーマンスは低下すると予測している。個人は，ある課題を共同で作業する場合，同じ課題を単独で遂行するよりも努力しなくなる。この集団パフォーマンスの現象が，社会的手抜きである（Jackson & Williams, 1985）。スポーツ状況の研究は少ないが，社会的手抜きは多様な身体努力課題に生じるとの指摘もある（例えば，Ingham, Levinger, Graves, & Peckham, 1974；Kerr & Brunn, 1981；Latane et al., 1979）。

興味深いことに，個々人のパフォーマンスが明らかな場合（Williams, Harkins, & Latane, 1981）や，個々人が集団の努力に対して独自に貢献していると感じたり，困難な課題を遂行していると感じている場合（Harkins & Petty, 1982）には，社会的手抜きは低下したり解消したりすることが明らかになっている。このように，集団目標の社会的手抜きの研究では，個々のチームメンバーに特定のパフォーマンスレベルの責任を負わせるような個人目標を設定しない場合や，これらの個人の目標がチームの成功に不可欠と感じない場合には，集団／チーム目標を設定している個人に手抜きが起こりパフォーマンスは能力以下のものになる。チームは，目標設定の"役割"概念を使用して，同定可能性と責任を最大のものにする必要がある。このよ

に，指導者はチーム効果を最大にするために競技者それぞれにとって必要となる役割に基づいて，目標を設定している。残念ながら，集団／チーム目標と個人目標の併用がパフォーマンスを最高に高めるという予測を適切に検証した研究はない。そのため，集団目標の現象についてしっかりとした結論を引き出すことは不可能になっている。

本節でレビューした目標属性の研究に基づいて要約すれば，スポーツの実践家が設定すべき目標のタイプとして，次の勧告をすることができる。第1に，競技者は，過程の目標，パフォーマンスの目標，成果の目標の設定を併用すべきである。練習の動機づけを高めるためには，成果の目標の使用が適切である。しかし，パフォーマンスの目標と，とりわけ過程の目標は，競技中にのみ使用すべきである。第2に，パフォーマンスの質と一貫性をともに改善するには，目標を具体的で，測定可能で，困難なものにする必要がある。第3に，矛盾した証拠がない場合には，ポジティブな目標を設定し，パフォーマンスの問題や回避すべき落とし穴を強調するのではなく，望ましい行動成果に焦点を合わせるべきである。最後に，これらの勧告を支持する研究はまだいくぶんあいまいなものであるが，実践家はパフォーマンスの向上効果を最大にするために，短期目標，長期目標，個人目標，チーム目標を併用する必要がある。

スポーツで目標が効果的に機能しない理由

スポーツ領域で目標効果がビジネス領域よりも弱い理由について，研究者はこれまで激しく議論しているが，明確な答えを見つけることができないでいる。このことが一般的な目標の研究者とスポーツ目標の研究者の間に白熱した議論を促すことになった（Burton, 1992, 1993；Locke, 1991, 1994；Weinberg & Weigand, 1993, 1996）。この対立的な賛否両論の議論は本質的にその大半が方法論的な問題になっており，そこからもっとも重要な問題として，次の5つの方法論的な問題が明らかになっている；(1)参加動機，(2)最善をつくす目標設定条件，(3)最善をつくす条件のフィードバック，(4)個人目標，(5)目標の困難性。WeinbergとWeigand（1993, 1996）は，スポーツ領域とビジネス領域の間には，動機づけへの影響に固有の違いがあると主張した。特に，被要請参加型というよりも選択参加型であることが，スポーツ参加者をより強く動機づけていると強く主張している。Weinbergらは，スポーツ状況の参加者にはより強い動機づけがあるため，制御条件群と特定の目標設定群が同様の遂行をすると強く主張している。Locke（1991, 1994）は，一般的な目標の研究における統制条件群の動機づけはスポーツ参加者と同様に高いと確信しているが，それは統制条件群の大半が特別コースの履修として参加した大学生のボランティアであったことによる。

Locke（1991, 1994）は，2つの領域の目標結果の違いには，スポーツ研究参加者の最善をつくす条件群が自らの目標を設定して，目標条件を対象群と本質的に同じにしていることが関係しているのかもしれないとも強調している。WeinbergとWeigand（1993, 1996）は，実験室では自発的な目標設定を抑制していると思われるが，それは現実状況における競技者の目標の練習を正確に表わすものではないと反論している。Weinbergらは，もしも目標設定が頑強な現象ならば，個人目標の系統的な設定群のパフォーマンスが自発的な目標設定群よりも優れていることを実証しなければならないと主張している。

さらに，Locke（1991, 1994）は，フィードバックがなければ自発的な目標設定は困難になるので，最善をつくす条件ではフィードバックを呈示すべきでないと主張している。WeinbergとWeigand（1993, 1996）は，条件には2つの主要な変数（目標とフィードバック）の違いがあるために，そのようなデザインには不備があると反論した。Lockeは，目標がなければフィードバックは動機づけに影響しないので，それには問題がないと主張している。しかし，WeinbergとWeigandは，フィードバックには情報と動機づけがともに存在するとした運動学習の研究から実証的な証拠を提示しており，さらに，スポーツ競技者のフィードバックを阻止することはほとんどの現実状況では極端に困難であると強調している。

さらにLocke（1991, 1994）は，目標研究者は割り当てた目標と同様に個人目標も測定しなければならないと警告している。なぜなら，実験参加者は割り当てられた目標をしばしば受け入れず，その結果，実験参加者の個人目標の設定が目標設定の研究を混乱させているからである。その上，Lockeは，割り当てた目標と個人目標の相関はよくても中程度（$r=0.58$）という実証的な証拠を報告している。結果として，Lockeは，割り当てた目標条件によって個人の目標が大幅に変化する場合には，研究者は操作チェックとして個人目標を規則的に測定し，実験参加者を再度割り当て直して処理しなければならないと勧告している。WeinbergとWeigand（1993, 1996）は，通常個人目標は割り当てた目標以上にパフォーマンスの改善に影響を与えているので，すべての目標の研究で個人目標を測定することが重要であると強調している。最後にLockeは，困難な目標が，最善をつくす目標，やさしい目標，中難度の目標よりも優れたパフォーマンスを導くと強調し，目標を具体的で難しいものにすべきだと繰り返し述べている。WeinbergとWeigandは，Lockeが予測するように，たとえ現実離れした高い目標であっても必ずしもパフォーマンスが低下するわけではないが，

スポーツの研究では一般的に中難度の目標が優れたものになっていると反論している。

この方法論的な論争には興味深いものがあるものの，ビジネス状況と比較してスポーツ状況の目標は，なぜ効果が少ないかという問題を解明してはいない。WeinbergとWeigand(1993, 1996)が指摘しているように，もしも目標設定がスポーツパフォーマンスに重要かつ実践的な影響を与えるような頑健な現象ならば，方法論に多少の欠点があるにしても，系統的な目標設定プログラムによるパフォーマンスの方が自発的な目標設定のそれよりも優れていることを明らかにする必要がある。いくつかの最近の知見も，その他のより有力な要因がこの矛盾を説明していると示唆している。まず，最近の目標実践調査から，大半の大学生とオリンピック競技者は，目標効果をそれほど評価していないことが明らかになっている（Burton et al., 1998, 投稿中；Weinberg et al., 1993, 印刷中）。目標設定の研究の包括的なレビュー（Burton, 1992, 1993；Kyllo & Landers, 1995；Weinberg, 1994）では，スポーツと運動の目標効果にはあまり一貫性と頑健性がないことを確認している。以前の版の本章（Burton, 1993）では，スポーツの目標設定の効果の一貫性が低いことの有力な理由として，次の5つの付加的な要因を仮定していた；(1)スポーツ研究ではサンプルサイズが小さい，(2)競技者は能力の限界に近いパフォーマンスを行っている，(3)スポーツでは非常に複雑なスキルを遂行している，(4)目標設定の効果に個人差が影響している，(5)適切な目標遂行方略を使用していない。

小さなサンプルサイズ

スポーツの目標設定の効果の一貫性と頑健性が低い理由の1つとして，サンプルサイズが小さいことによる統計力不足を上げることができる（Cohen, 1992）。KylloとLanders(1995)は，この小さなサンプルサイズが原因になって，2領域の目標設定の研究の知見が相違していると主張している。Kylloらは，スポーツとビジネス領域の実証的な研究から22編の研究をランダムに引き出し，サンプル数の平均を求めた。一般的な目標設定の研究では1研究あたりの実験参加者数は43名であったが，これと比較してスポーツ研究では概して1研究あたりの実験参加者数は26名であった。スポーツにおける目標の研究8編のサンプルをフォローアップしてパワー分析（Cohen, 1992）した結果，平均パワーは0.53となり，タイプIIのエラー発生のリスクを抑える最小値としてCohenが推奨した0.80を下回っていた。このように，KylloとLandersは，スポーツや運動で目標設定効果が低下する理由は，小さなサンプルサイズにあると考えられると結論づけた。

スポーツにおける目標設定の研究の約20〜25%は小さなサンプルサイズ（30名以下の実験参加者）を報告しているが，競技の目標設定の研究の一般的なサンプルサイズは，過去8年間に非常に増加している（表19.1を参照）。多くの推測統計の感度はサンプルサイズに依存している。したがって，スポーツの目標設定効果の一貫性が弱いのは，小さなサンプルサイズに原因があると思われる。しかしながら，スポーツの目標設定の研究を注意深く精査してみると，目標の集団性を除いたすべての目標属性の研究の平均サンプル数は100名以上になっており，大半の目標条件でも実験参加者数は最低20名以上であった（表19.1を参照）。両サンプルの変数の大きさは，目標設定効果の相異を適切に説明する上で十分なものと思われる。このように，サンプルサイズは，スポーツの目標設定効果に一貫性が低いことの主な理由にはならない。

能力の限界に近いパフォーマンスをしている競技者

パフォーマンスの限界議論は，目標設定効果と能力の影響の調整を予測したLockeとLatham(1990a)の議論と一致している。LockeとLathamは，個人が能力の限界に近づくと，目標効果の曲線はフラットになるが，このことは能力の要因が目標設定の改善効果を左右することからある程度説明がつくという説得力のある証拠を示している。この説明は大半の取るに足らないスポーツ研究では納得できるように思われる。

課題の複雑性

課題の複雑性の議論も，特に目標設定効果への複雑な課題の影響の調整を予測したLockeとLatham(1990a)の理論と一致している。Woodら(1987)は，125編の目標設定研究をメタ分析して，目標設定の調整要因として課題の複雑性の影響を評価した。その結果，課題の複雑性は目標の困難性−パフォーマンス効果の6%の分散と，目標の困難性／目標の具体性−パフォーマンス結果の95%の分散を予測することが明らかになった。さらに，研究を低度に困難な課題群，中程度に困難な課題群，高度に困難な課題群に分け，それぞれメタ分析をした場合，目標の困難性と目標の困難性／目標の具体性の両効果サイズは，より複雑な課題よりも単純な課題の方が大きな値を示した。正確なメカニズムは推測の域を出ないものの，これらの知見から課題の複雑性は目標設定効果を調整していることが明らかになっている。

著者らのレビューから，スポーツ領域では，2編の研究中1編は課題の複雑性の予測を支持していることが明らかになった（表19.1を参照）。Burton(1989b)は，複雑な課題で目標設定の効果を実証するには，よ

り大きな時間遅延を考えなければならないと強く述べている。なぜなら，Anshelら（1992）が複雑な課題の効果を明らかにしなかったとしても，スキルをより効果的に遂行するには，しばしば新たな課題方略を開発しなければならないからである。個々人が効果的な課題方略を開発した場合にのみ，目標の動機づけは努力と忍耐をより強く鼓舞して，パフォーマンスを向上させることができる。大半のスポーツは個人やチームの多くの複雑なスキルと方略の開発に関係しており，そして多くのスポーツ研究は比較的短い期間を扱っているために，この説明は大半の有意でないスポーツ目標設定の研究では納得できるように思われる。

個人差

LockeとLatham（1990a）は，個人差，とりわけ自己効力感の個人差が，目標設定，特に能力の上限に近い複雑な課題や困難な目標への個人の対応方法に重要な影響を与えると示唆した。また特に，複雑な課題に一時的に失敗した場合には自己効力感が高い競技者は課題方略の質を高めるとともに努力や忍耐のレベルを高めて，それらの方略を機能させると予測している。反対に，自己効力感が低い競技者は，一般的に課題方略の機能低下や努力と忍耐の低下を示すと予測している。

本書初版の本章では（Burton, 1993），目標設定過程における目標設定スタイルの役割や，競技者の目標指向と能力感のレベルの組み合わせといったパーソナリティの変数を中心に競技目標設定（competitive goal setting：CGS）モデルを提案した。モデルを検証した限られた研究は，モデルの予測と目標設定過程における目標設定スタイルの役割を一般的に支持していたが，残念ながら，CGSモデルと目標設定スタイルに注目した実証研究者はほとんどいなかった。紙数に限りがあるために本章ではCGSモデルのレビューを割愛したが，関心がある読者は本書初版の本章を参照されたい。このように，自己効力感と目標設定のスタイルはともに目標効果に影響することが明らかになっているが，スポーツ領域やその他の領域における目標設定の研究では個人差の評価や制御をほとんど行っておらず，個人差は目標設定研究の取るに足らない知見を有効に説明するに留まっている。

適切な目標遂行方略を使用していないこと

LockeとLatham（1990a）は，目標設定は目標設定過程の単なる1つの成分に過ぎないと強調している。研究者は目標過程の変数にあまり実証的に注目していない。しかし，目標の書記記録・掲示，活動プランの改善，目標達成の評価といった方略が目標設定の効果を全体的に高める点については見解が一致している（Kyllo & Landers, 1995；Locke & Latham, 1990a）。大学やオリンピックにおける最近の目標設定研究（Burton et al., 1998，準備中）から，より効果的な目標を設定する者は，そうでない者よりも，すべての目標遂行方略をより頻繁かつより効果的に使用することが明らかになっている。いくつかの研究では目標遂行の詳細が不明なために適切な方略使用の範囲を確定することは困難であるが，多くの有意でないスポーツ目標設定研究は，パフォーマンスの向上に必要なこれらの重要な目標遂行方略を1つまたは複数見過ごしている。

要約すると，スポーツの目標設定研究の結果がいくぶん一貫性と頑健性を欠いているのは，主として次の5つの要因によるものと思われる；(1)サンプルサイズが小さい，(2)競技者が能力の限界に近いパフォーマンスをしている，(3)目標設定効果をより長く困難な過程で示すために，競技者は非常に複雑なスキルを遂行している，(4)個人差によって競技者はそれぞれ独自の方法で目標設定プログラムに応答している，(5)重要な目標遂行方略を使用していない。これらの各説明にはそれ自体興味深いものもあるが，以前の目標設定研究者は目標設定過程における目標遂行方略の役割を，ほとんど無視しているように思われる。さらに，目標遂行の方略は，実践家が目標設定から最適な効果を取得することが困難なことにも責任があると思われる。

目標設定の過程

事例研究や実験研究（Burton et al., 1998，準備中）は，スポーツの目標効果の多くの問題は目標設定過程における多数の重要なステップを系統的に使用していないことに原因があると示唆している。目標設定の研究は，目標が機能する方法や目標効果を増進する方略の同定を，将来の研究の重要な中心にすえている。それとは裏腹に，目標設定の過程研究は極端に少なくなっている。

目標機能に関する最大の誤解因の1つは，目標設定を単なる目標の設定以上のものと想定していることである。目標設定は系統的な一連のステップからなる包括的な過程である。多くの者は少数の目標を設定すれば十分であると誤解しており，それらの目標は奇跡的に達成されると誤解している。しかしながら，目標理論や目標研究（例えば，Locke & Latham, 1990a）では，7つの重要なステップから構成される過程とみなした時に，目標設定はもっとも効果的なものになると強調している（図19.1を参照）。競技者に必要なこれらの遂行ステップは次の7つである；(1)目標設定，(2)目標へのコミットメントの開発，(3)目標達成障害の評価，(4)行動プランの構築，(5)フィードバッ

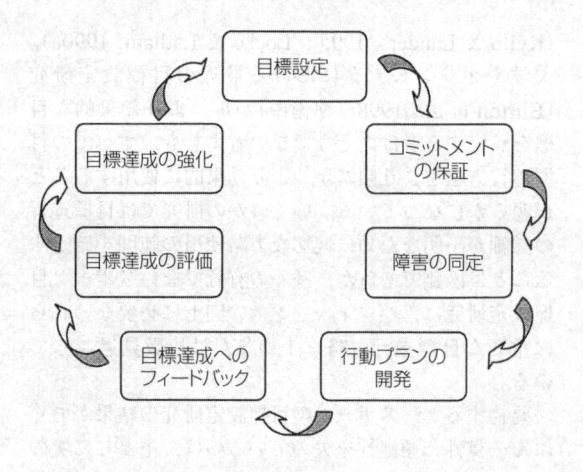

図 19.1　目標設定の実行過程

クの入手，(6)目標達成の評価，(7)目標達成の強化。次節では将来の過程研究のトピックスを明らかにすると同時に，実践家による目標設定の効果を増進するアイディアを強調しながら，目標遂行過程のステップについて述べてみたい。しかしながら，各ステップについて記述した研究は極端に少ない。したがって，提言のいくつかは関連する理論や研究から得た"最高の実践"指針やアイディアに基づいたものとなっている。

第1ステップ：目標設定

目標設定過程の第1のステップは，適切な目標を設定することである（図 19.1 を参照）。Locke と Latham（1990a）は，パフォーマンスの向上を目指す者はほぼ誰でも目標の設定によって利益を得ることができると示唆している。パフォーマンスの向上を目指し優れたものになろうと努力する者は，公けには適切な長期目標決定のための資源を系統的に評価した後いつでも，また私的には現場で集中と動機づけを迅速に助長するべき時点でいつでも目標を設定すべきである。目標は，練習や試合のいずれにおいても，またスポーツ・学問・ビジネス・その他重要な達成領域のどのようなところでも，設定することができる。効果的な目標設定の重要なステップは，次の3つである；(1)目標の系統的な開発，(2)練習と試合の目標の調整，(3)目標の困難性の最適化。

目標の系統的な開発

大半の専門家は，目標を，できれば期分けしたトレーニングプログラムの一部になっているような包括的なニーズ評価（例えば，パフォーマンスのプロファイリング）によって同定し，それを系統的に開発すべきであると考えている。まず初めに，競技者は，パフォーマンスの長期目標を開発しなければならない。次に，競技者は，重要な身体スキルと心理スキルの現在の能力を系統的に評価しなければならない。最後に，トレーニングのさまざまな量と強度への系統的なアプローチを使用して，競技者は，長期トレーニングの構造を，長期目標の達成に必要な個人の短期トレーニングと同様に明らかにしなければならない。長期目標は階段の最上段にあたり，そして短期目標は競技者を長期の競技目標に向けて系統的に前進させると同時に，特定の属性開発に重要な，個人固有のステップになっている。目標にはパフォーマンスの量と質のそれぞれ，または双方の増進を強調する力がある。残念ながら，そこにはしばしば量／質のトレードオフがある。バスケットボールのシュート数の増加を目標にしたチームは，実際，選手に拙いシュートをより多く打たせる可能性がある。しかし，逆に，シュートの質の改善を目標にした場合には，実際にシュート数が減るという可能性がある。このように，多くの場合，目標効果を最大にするには，パフォーマンスの量と質をともに強調する必要がある（良いシュート数を10％改善する）。

練習と試合の目標の調整

練習と試合では，目標の機能は異なることが多い。練習の目的は学習の向上とスキルの開発にある。したがって，普段は評価のプレッシャーが少なく，その結果，目標の動機づけ機能がいっそう顕著になって，目的を持った激しい練習が可能になっている。しかしながら，試合には社会比較や成果の評価を促進するという目的があることから，競技者に対して，落ち着き，気力の維持，最適な遂行といった目標のストレスマネジメント機能を強調することになり，かえってパフォーマンスへのプレッシャーを高めることになる。

Burton（1999）は，目標を設定する際に実践家が留意すべき練習や試合状況での重要な違いとして，次の4点を強調している；(1)目標への集中，(2)心理スキルの強調，(3)目標設定のタイプ，(4)目標の困難性のレベルの選択。第1の目標への集中では，練習における目標への集中はスキルの開発につながっているが，試合における目標は最適な遂行と対戦相手の凌駕を目指したものにしなければならない。第2の心理スキルの強調では，練習のスキル開発に重要なものとして，スキル改善に熱心に取り組む上で必要な焦点合わせ／集中や動機づけといった心理スキルを強調している。試合で標的となる心理スキルには，自信とストレスマネジメントがある。このように，実践家は試合の目標を現実的なものにして，競技者の自信を高めて目標達成のストレスを最小限のものにしなければならない。第3の目標設定のタイプに関しては，実践家は練習目標を複雑なスキルの開発（例えば，バスケットボールのシュート，テニスのボレー）に方向づけて，望ましいスキルの量と質を高める必要がある。試合の目標が努力に基づくスキルと特定行動の量的な改善を

強調する場合には，試合の目標はストレス要因と機能の影響をもっとも受けやすくなる(Riley, 1996)。最後に，練習における目標の困難性に関しては，競技者を楽な範囲に留めずに，スキル開発が最大限となるような困難なものにしておく必要がある。練習の目標は，中～高難度のものに設定して，競技者の改善意欲をかき立てるようにしなければならない。試合目標はしばしば必要以上に高く設定されている。なぜなら，勝利やより高い社会評価を得るために必要なレベルに設定しているからである。しかしながら，これらの非現実的な規準を達成できないことが競技者の悩みの種になれば，それがストレスとなる。ストレスの軽減や自信の向上を図るには，試合目標を現実的なものにしなければならない。

目標の困難性の最適化

本章の初めに紹介した目標の困難性についての研究レビューからも明らかなように，各競技者にとっての最適な目標難度を同定する研究の分野では論争が多い。一部の専門家は，実践者に方略を提供して適切な目標難度を確定しようとしているが(例えば，O'Block & Evans, 1984)，大半の目標設定研究は最高のパフォーマンスにつながるような目標難度を操作化しようとしていない。目標難度の選択に注目した数少ない研究の1つから，能力感の高い競技者(Ms＝先行パフォーマンスの102～111％)は4つのスキルすべてに渡って能力感の低い競技者(Ms＝先行パフォーマンスの94～103％)よりも困難な目標を設定していることが明らかになった(Burton, Daw, Williams-Rice, & Phillips, 1989)。

競技者はどれくらいの目標難度を選択すべきなのか？ 自己変容の研究(Kirschenbaum, 1984；Mahoney & Mahoney, 1976)では，最良のそしてもっとも持続的な行動変容は，大きな・迅速な・一貫性のない・偶然の行動適応よりも，むしろ行動パターンの小さな・緩徐な・漸進的な・系統的な変化によって生じると示唆している。このように，自己変容モデルは一般的に中程度の目標難度(現在のパフォーマンス能力よりも5～10％上)を支持している。Orlick (1998) は，それぞれのパフォーマンスにさまざまな目標難度を使用する，有力かつ実用的になり得るまた別の目標設定方略を新たに開発している。この研究では，ある1つの目標難度(400 mを50秒で走る)を設定する代わりに，ランナーは次の3つの目標難度を実際に設定した；(1)"夢のような目標"，(2)現実的な目標，(3)"自己容認の目標"。夢のような目標は難度が高く，競技者が最高の試合をした場合にだけ達成可能な(フロー経験)パフォーマンスレベルを反映していた。現実的な目標は，中難度と思われる(夢のような目標よりも低く，自己容認の目標よりも高い)。現実的な目標は，現在のパフォーマンス能力，状況要因，心的準備の性質といった多くの要因の正確な評価を反映しており，最高ではないものの優れたパフォーマンスを現実的に期待できるようなパフォーマンス基準になっている。最後の自己容認の目標は，競技者が達成できる，いくぶん成功だと感じられるようなパフォーマンスの最低レベルを規定している。競技者が拙いパフォーマンスをした際に，平均以下のパフォーマンスからポジティブなものを取り出して状況に対処することができるのは，これらの目標の賜物である。

第2ステップ：目標へのコミットメントの開発

目標に動機づけの価値を持たせるために，個人は目標達成への高いコミットメントを開発しなければならない(図19.1を参照)。目標へのコミットメントはLocke (1968) の目標設定モデルの重要な要素になっている。Lockeは，個人々は各自の目標達成にコミットしなければ，おそらく目標達成に必要な遂行方略を使用できなくなると強調している。さらに，Lockeは，高いコミットメントの開発にとって，目標設定への参加，目標達成の利用可能な誘因，コーチ・チームメイト・親を含めた組織内の他者の信頼レベルと支援レベルといった諸要因が重要であると仮定している。Lockeら(Locke, 1996；Locke, Latham, & Erez, 1988)は2つのメタ分析から，目標へのコミットメントには一貫して2つの知見があることを明らかにした。第1の知見は，目標が具体的かつ困難な場合に，目標へのコミットメントがもっとも重要なものになること。第2の知見は，目標を重要かつ達成可能と思う場合に，目標へのコミットメントが高まるということである。

興味深いことに，コミットメントが目標設定に影響するメカニズムは見かけよりもかなり複雑なように思われる。例えば，LockeとLatham (1990a) は，コミットメントのレベルと目標難度の興味深い相互作用を明らかにしている。また，目標難度が低い場合にはおそらくコミットメントの低い者の方が高い者よりも優れたパフォーマンスを示し，その逆に目標難度が高い場合には反対のことが起こるだろうと主張している。これらの予測は，コミットメントの高い競技者は，目標の難易に関わらず，コミットメントの低い競技者以上に自分のパフォーマンスを目標に合わせようとするだろうと示唆している。つまり，パフォーマンスを高めるには，困難な目標の設定が重要だと強調している。目標設定の一般的な研究から，コミットメントを改善する多数の要因が明らかになっている。それらの要因には，個人が目標を割り振る権限(例えば，Latham, Erez, & Locke, 1988；Latham & Lee, 1986；Latham & Yukl, 1975；Oldham, 1975)，仲間の影響(例えば，Matsui et al, 1987；Rakestraw &

Weiss, 1981)，試合（例えば，Locke & Shaw, 1984；Mitchell, Rothman, & Liden, 1985；Shalley, Oldham, & Porac, 1987），目標の公開（例えば，Hayes et al., 1985；Hollenbeck, Williams, & Klein, 1989），誘因と報酬（例えば，Huber, 1985；Riedel, Nebeker, & Cooper, 1988；Terborg, 1976），目標への参加（例えば，Earley, 1985；Earley & Kanfer, 1985；Erez, 1986；Erez, Earley, & Hulin, 1985）などがある。

興味深いことに，LockeとLatham（1990a）の目標参加の研究のレビューによって，目標への参加はコミットメントの増加による目標効果の改善にほとんど影響しないことが明らかになった。多数の研究（例えば，Boyce & Wayda, 1994；Earley & Kanfer, 1985；Erbaugh & Barnett, 1986；Hollenbeck et al., 1989；A. Lee & Edwards, 1984；Racicot, Day, & Lord, 1991）から，割り当てられた目標は自己設定の目標よりも難しく，より高いレベルの努力とコミットメントを鼓舞することが明らかになっている。興味深いことに，Hinsz（1995）の研究から，割り当てられた目標条件でのパフォーマンスがより高いにも関わらず，自己設定の目標条件の実験参加者はよりポジティブな感情を目標設定に示していたことが明らかになった。しかしながら，3つの研究（Ludwig & Geller, 1997；Madden, 1996；Yearta, Maitlis, & Briner, 1995）の結果が矛盾していたように，これらの結果は完全な一致とはほど遠いものであった。

スポーツのコミットメントの研究は，一般的な目標の研究の結果と矛盾する傾向を示している。しかしながら，この知見は，割り当てられた目標の効果サイズよりも自己設定目標の効果サイズの方が有意に大きいことをメタ分析から明らかにしたKylloとLanders（1995）の研究に基づいたものである。協力目標では0.62，自己設定目標では0.49，割り当てられた目標では0.32という各効果サイズに基づいたこれらの結果には，サンプルサイズが極端に小さい（各条件の実験参加者は，協力目標条件2名，自己設定目標条件24名，割り当てられた目標条件100名）ため，大きな問題がある。一般的な目標の研究と同様に，有意に多くのスポーツ参加研究を調べた本レビューでは，7編の研究中1編（Boyce, 1990b）だけがスポーツへの参加がコミットメントまたはパフォーマンスの向上に効果があるとしていた（表19.1を参照）。オリンピック競技者を調べた最近の研究（Weinberg et al., 印刷中）では，多様な要因がコミットメントを高めると指摘している。それらは特に次の3つである；(1)内的要因（例えば，目標設定への参加，他者への説明），(2)外的要因（例えば，報酬，財政支援／広告料，ナショナルチーム，国際的なメダル），(3)社会的支援の要因（例えば，他者からの支援，目標形成への援助）。この研究も，目標を書き出して提示することは，コミットメントをよりいっそう助長する目標遂行方略であるこ とを支持していた。さらに，重要な他者からの社会的支援，外的な報酬という2つの領域のコミットメントによって，より効果的な目標を設定する者とそうでない者を区別することができる（Burton et al., 準備中）。

第3ステップ：目標達成障害の評価

いったん個人が目標にコミットするようになると，目標達成の障害になるものや目標達成を妨害するものを評価することが次のステップになる（Locke & Latham, 1990a；図19.1を参照）。目標を達成しようとする競技者は多くの障害や妨害に遭遇するが，もっとも一般的な障害は状況要因，知識，スキルの3つになっている。したがって，バスケットボールのチームがディフェンスでのリバウンド処理能力の向上を目標にする場合には，現在のチームがうまくリバウンドが捕れない要因を評価しなければならないだろう。ざっと分析してみると，次の3つになる；(1)リバウンドのスキルの向上に費やす練習時間が不足している，(2)コート上の特定の位置からのシュートのリバウンドを捕るために必要な位置取りの知識を選手が持っていない，(3)対戦相手を防御したり，手を伸ばしてリバウンドを引き寄せるための上半身の強度が選手に不足している。このように，チームがこれらの障害のそれぞれを克服するには，一連の下位目標を開発しなければならない。そうすれば，チームはリバウンドをより効果的に捕ることができるようになる。

目標の研究では，目標達成の妨害や障壁分野を広範には調べていない。オリンピック競技者の目標パターンを調べたWeinbergら（印刷中）の最近の研究から，このエリート競技者群は，スポーツには一般的に内的／目標障壁と外的／社会的障壁という2つのタイプの目標障壁があると報告することが明らかになった。内的／目標障壁には，自信喪失，短かすぎる期限，身体的なスキルの不足，フィードバックの欠如，漠然とした目標，非現実的で困難な目標，多すぎるもしくは相反する目標といった要因が該当していた。外的／社会的障壁には，適切なトレーニング時間の不足，作業へのコミットメント，家族と個人の責務，社会的支援の不足といった要因が該当していた。さらに，この研究から，内的／目標障壁や外的／社会的障壁の程度によって，より効果的な目標を設定する者とそうでない者は弁別できることが明らかになった（Burton et al., 準備中）。

第4ステップ：行動プランの構築

達成を導くような体系的なプランを開発する場合には，目標はより効果的なものになる（Locke & Latham, 1990a；図19.1を参照）。明らかに，いった

ん障壁を同定すれば，次にはこれらの障壁を克服し，目標達成を可能とする行動プランを開発しなければならない。しかしながら，重大な障壁がない場合でも，目標達成の体系的な過程をプランニングすれば，その過程のスピードは速まり，効率はより高くなる。

スポーツの目標研究やその他の目標研究では，行動プランの効力と行動プランが目標の効果に与える影響にはほとんど注目していない。しかしながら，効果的な行動プランの構築には，MahoneyとMahoney(1976)の"個人科学"過程といった問題解決の系統的なアプローチが明らかに必要と思われる。個人科学では，次のように"science"という用語の各文字で問題解決過程の重要なステップを表わしている；Sは問題の特定(S=specify the problem)，Cはデータ収集(C=collect data)，Iはパターンの同定(I=identify patterns)，Eは選択肢の評価(E=evaluate options)，Nは精密な実験(N=narrow and experiment)，Cは向上をモニターするための追加データの収集(C=collect additional data to monitor progress)，Eは最適な効果を示さない結論の修正や拡張(E=extend or revise solutions that are not optimally effective)。個人科学の過程の最初の5つのステップそれぞれが，効果的な行動プランの開発を容易にしている。例えば，チームのディフェンスリバウンドの改善問題がいったん明らかになれば，次のステップは，おそらく以前の試合の映像を詳細に評価して，現在のリバウンドパフォーマンスのデータを収集することである。その次には，前10試合でリバウンドの成功を助長もしくは阻害したデータパターンを明らかにしなければならない。例えば，接触プレーが拙いことや上半身の強度不足などはリバウンドパフォーマンスに悪影響を及ぼすパターンと思われるが，強力なジャンプ能力，目と手の良好な協応，そして見事な予測は，リバウンドの効率を促進するパターンと思われる。したがって，実用性と創造性をともに強調しながら問題を解決するには，多数の選択肢を開発する必要がある。最終的には，この状況の要求を満たすために，限定された解決策(通常3～5が望ましい)を選択することになる。

HeckhausenとStrang(1988)は，行動プランを調べた3編の研究で，より効果的に行動プランを開発し修正を加えながら努力する選手は，行動指向が劣る選手よりも，バスケットボールのシミュレーション課題を特にストレスに満ちた条件下でよりよく遂行することを明らかにした。さらに，大学生の競技者とオリンピック競技者を調べた研究(Burton et al, 1998, 準備中)から，より効果的な目標を設定する者は，そうでない者よりも，行動プランを有意に高頻度かつ効果的に使用することが明らかになった。

第5ステップ：フィードバックの入手

LockeとLatham(1990a)の目標理論は，フィードバックは目標設定過程の重要な部分であり，目標設定からパフォーマンス向上効果を実現する上で必須なものである(図19.1を参照)と強く主張している。目標設定に対するフィードバックの役割をこれまででもっとも包括的にレビューしたLockeとLatham(1990a)は，目標+フィードバックの効果と目標あるいはフィードバックの単独効果を比較した33編の研究について検討を加えた。その結果，18編中17編の研究では目標+フィードバックが目標単独よりも有意に優れており，22編中21編の研究では目標+フィードバックがフィードバック単独よりも優れていることが明らかになった。さらに，Mentoら(1987)は，目標設定の研究をメタ分析して，目標設定にフィードバックを追加すると生産性が17%上がると報告した。このように，一般的な目標設定の研究では，一様に，フィードバックが目標設定効果を調整する重要かつ必須な要因になっている。

その後の自己モニタリング研究(Earley, Northcraft, Lee, & Lituchy, 1990；Hutchison & Garstka, 1996；Locke, 1996；B.Martens, Hiralall, & Bradley, 1997；Mesch, Farh, & Podsakoff, 1994；Roberts & Reed, 1996；Shoenfelt, 1996；Tzetzis, Kioumourtzoglou, & Mavromatis, 1997；Vance & Colella, 1990；Zagumny & Johnson, 1992；Zimmerman & Kitsantas, 1996)は，目標達成に対するフィードバックの重要性をさらに明らかにしている。Locke(1996)のメタ分析から，進歩のフィードバックの提示が目標設定効果を最大にすることが明らかになった。しかしながら，Lockeは，フィードバックの効果は個人の反応の効果と同程度のものにすぎないと警告している。フィードバックをネガティブなものとみなす場合には，目標に費やす努力や自己効力感を弱める可能性がある。同様に，VanceとColellaは，フィードバックの2つのタイプを比較して，目標とフィードバックの差が非常に大きくなる(目標到達には程遠い)場合には，個人は目標を放棄するようになると結論づけた。興味深いことに，目標を現在と以前のパフォーマンスにどのようになぞらえているかを選手にフィードバックすると，選手は目標をより困難な現在の目標の達成から，過去のパフォーマンスの凌駕に変更した。このように，客観的な目標難度が非常に高い場合には，個人はより表意的な比較形態に戻るように思われる。

第6ステップ：目標達成の評価

評価は目標設定過程のもっとも重要なステップと思われる(Locke & Latham, 1990a；図19.1を参照)。競技者が目標を評価する場合にのみ，目標設定の動機

づけ効果と自信の効果が明瞭になってくる。評価の過程には現在のパフォーマンスと本来の目標の比較が関与している。パフォーマンスが目標と同じ場合や，もしくは目標を凌駕する場合には，その目標との差が有能感の情報となり，その結果，自信と内発的動機づけが高まるものと思われる。パフォーマンスが目標レベルに到達できない場合には，将来目標を達成できるように，個人をさらなる努力に動機づけるべきである。いずれの場合も，目標の評価が動機づけを高めており，そして目標達成また目標達成に向けた著しい進歩も，自信を強める原因になっている。

LockeとLatham(1990a)は，目標のフィードバック評価がもたらす同様の，しかし若干複雑な効果を仮定している。また，フィードバックは，自己効力感や能力感を高める情報(例えば，Bandura & Cervone, 1983 ; Locke, Frederick, Lee, & Bobko, 1984)や課題方略の調整や改善を促す情報を提供(例えば，Latham & Baldes, 1975)して，目標メカニズムに影響する複雑な評価過程を促進すると示唆している。フィードバックの評価が目標とパフォーマンスの小さな差異を指摘するものであれば，それは通常個々人に満足をもたらし，同等の努力のレベルを維持させるだろう。しかしながら，評価が，目標の進歩に満足できなくなるような目標とパフォーマンスの大きな差異を指摘するものであれば，動機づけの反応は個人の自己効力感レベルに依存して異なるものになるとLockeとLathamは予測している。高い目標を設定した自己効力感の高い者にとって，ネガティブな評価は，努力レベル・忍耐レベル・課題方略の質の実質的な上昇を促すため，通常パフォーマンスの増強要因になっている。低い目標を設定した自己効力感の低い者にとって，ネガティブな評価は，努力・忍耐の低下や課題方略の悪化を引き起こすため，パフォーマンスの阻害要因になっている(Locke & Latham, 1990a)。

Kirschenbaum(1984)は，自己モニタリングと自己評価は，効果的な自己制御の維持にとって，必要条件であるが十分条件ではないと結論づけた。KirschenbaumとTomarken(1982)は，行動を目標に合わせる試みが，自己モニタリングや評価による自覚状態の高まりによって一般的に増加すると主張した。しかしながら，自己モニタリング／評価過程には，固有のトレードオフがあるように思われる。モニタリングと評価があまりに少ないと，競技者は，内発的動機づけを高める必要条件，つまり有能性の改善を感じることが困難になると思われる(例えば，Deci & Ryan, 1985 ; Vallerand, Gauvin, & Halliwell, 1986)。しかしながら，モニタリングと評価をあまりに頻繁に行う場合には，パフォーマンス指向の維持が困難となるように思われる。なぜなら，広範な評価は成果の懸念をより顕著にしたり(例えば，Nicholls, 1984b)，選手が目標を情報的なものというよりもむしろ制御的なものと感じ

て担保感を持つようになるからである(例えば，deCharms, 1992 ; Deci & Ryan, 1985 ; Vallerand et al., 1986)。これらの評価パターンは，中程度に具体的な長期プランの方が，具体的な短期プランよりも，自己制御をかなりの程度容易にするという自己制御の研究(例えば，Kirschenbaum, Tomarken, & Ordman, 1982)と一致している。実際に，事例の証拠から，同じ目標を週間隔で維持することは，目標の日ごとの変更よりも改善を容易にすることが明らかになっている。

第7ステップ：目標達成の強化

強化の原理では，目標達成の強化がその行動の量と質を高めると強調している(Locke & Latham, 1990a ; Smith, 1998 ; 図19.1を参照)。このように，目標達成の強化は新しい目標の設定や到達の動機づけをより高め，目標設定過程の繰り返しを鼓舞している。シェーピングの手続きを使用すれば，それぞれ具体的な目標を示すような一連の現実的なステップに，スキルの獲得を分解することができる。競技者は，当初，試行ごとの即時強化を強調しそして次第に遅延・可変スケジュールに移行する強化スケジュールによって，目標達成の報酬を得ている。いったん競技者が当初の目標をある期間に渡り一貫して達成すると，次の目標をより高く設定して，最終的に望ましい熟練レベルのスキルを遂行するまで，その過程を繰り返すことになる。例えば，若いバスケットボール選手にシュートを教える場合には，シュートの過程を，そのそれぞれがシェーピング過程における具体的な目標を表わす5つのステップに分ける必要があるだろう。ステップ1は，常にボールの下に肘を置いてシュートすることである。選手のフォームのその他の問題やボールがバスケットに入るかどうかに関わらず，正しい肘位置ですべてのシュートを遂行するように即時強化をする。次第に肘位置の強化を遅延して，より間欠的なものにする。いったん肘位置の確実なパフォーマンスを達成した場合には，高いリリースポイントといった新しい目標を設定する。次には肘位置とリリースポイントの正しいシュートの実行を強化する。再度，第2の目標を確実に達成することができるようになるまで，強化を，即時的なものから遅延的なものへ，また恒常的なものから間欠的なものへと徐々に移行する。この過程は，シュートのメカニズム全体を常に正確に達成するために必要なだけのステップ／目標を追加して継続する。

要約すると，スポーツにおける目標設定の効果に一貫性と頑健性が少ない理由の1つは，研究者と実践者が目標遂行過程の7つのステップをすべて使用してはいないことにある。これらの変数の多くを調べた研究は不足しているが，ここでは実践者の重要な遂行

方略とさらなる追加研究が必要なトピックスを中心にして，各ステップに議論を加えた。明らかに，将来のスポーツ研究では，目標が機能するかどうか，またどのタイプの目標がもっともよく機能するかといった基本的な問題から，どのように目標が機能するのかといったより概念的かつ過程指向的な問題や，競技者の目標設定方法に影響する重要な過程変数へと，中心を切り替える必要がある。次節では，スポーツにおける目標設定の研究の将来動向を強調してみたい。

スポーツの目標設定の研究：将来の動向

スポーツ心理学では目標設定がもっとも重要な研究トピックスの1つになっているが，今後解決しなければならない多数の重要な問題は，とりわけ，目標効果に影響する重要な過程変数に関わる問題である。もしも目標設定の理解が十分に進み，目標がスポーツや運動におけるより効果的なパフォーマンス強化ツールになるならば，以下に示す6分野の将来の研究は重要なものになると思われる。

1. 特殊な状況や特定の個人にとって，目標の困難性の最適なレベルはどのようなものなのか？
2. 目標へのコミットメントに先行するものはどのようなものなのか？ 本来は魅力の少ない目標へのコミットメントを高めるにはどのようにすればいいのか？
3. 目標設定過程の自己モニタリングや評価の役割はどのようなものなのか？ どのようにすれば自己モニタリング／評価の最適な量とタイプを確定することができるのか？
4. 目標設定効果における行動プランの役割はどのようなものなのか？ どのようにすればプランをもっともうまく開発できるのか？
5. 課題の複雑性が目標設定効果に果たす役割はどのようなものなのか？
6. 目標設定に期待できる般化効果のタイプはどのようなものなのか？ どのようにすれば般化の効果が人・課題・領域を越えて最大になるのか？

最適な目標難度

Burton, Dawら(1989)は，授業でのバスケットボールのスキル学習でのさまざまな目標設定スタイルの一般的な目標難度レベルを評価しようとしたが，これらの目標の困難性の範囲がより多くの競技状況やその他のスポーツにどのようにうまく般化するかについては，何も明らかになっていない。さらに，目標難度の最適化方法には次のような問題がある；試合の重要性といった重要な状況要因が変化する場合，目標難度はどのように調整しなければならないのか？ 個人の目標難度レベルの調整は，パフォーマンスにどのように影響するのか？ 目標難度とパフォーマンスの間には，直線的な関係が存在するのか，あるいは曲線的な関係が存在するのか？

目標へのコミットメントの構成要素

目標には動機づけの価値があるために，個々人は目標を達成するために高度なコミットメントを保持しなければならない(Locke & Latham, 1990a)。目標へのコミットメントは，目標設定への参加，目標達成の誘因といった要因を強調するLockeの目標設定モデルでは，重要な構成要素になっており，コーチ・チームメイト・親といった組織の他者からの信頼や支援レベルが強いコミットメントの獲得には重要である。さらに，LockeとLathamは，目標へのコミットメントがない場合，目標設定プログラムの効果はしばしば非常に低下すると結論づけている。スポーツと運動領域ではKylloとLanders(1995)がこの結論を支持している。本章の初めで示唆したように，さらなる研究を要する1つの重要な問題は，目標難度が目標へのコミットメントに及ぼす影響である。さらに検討の必要な目標へのコミットメントには次のようなものがある；コミットメントは統制の所在とどのように関係しているのか？ コミットメントと脅威感の関係はどのようなものなのか？ コミットメントを高める動機づけ方略として，同一視にはどのような効果があるのか？

目標のモニタリングと評価

目標設定の効果を最大にする際の大きなジレンマは，競技者が目標の定期的な自己モニタリングや評価への時間や労力の投入を惜しんでいることである。しかしながら，これらの重要な目標遂行ステップを踏まない場合，目標設定の効果は低下することが明らかになっている。さらなる研究を要する目標のモニタリングと評価のいくつかの問題には次のようなものがある；過度な自己評価は能力感を低下させるのか？ もしそうならば，頻度はどの程度なのか，そのメカニズムは何なのか？ 自信と動機づけをともに高めるような，フィードバックのもっとも効果的な提供方法はどのようなものなのか？ 社会的支援(例えば，相互協力システム)は自己モニタリングを促進するのか？ 自己モニタリングと自己評価に関する楽しみや継続をどのような方略が高めるのか？ パフォーマンスにおける目標のモニタリングや評価に対してどのような特定のメカニズムがポジティブに影響するのか？

環境工学／行動プランの開発

　課題の複雑性の調整効果を評価した目標設定の研究（Mento et al., 1987）から，目標への動機づけの効果は，競技者がスキルを正しく遂行し長期のスキル開発のための優れた行動プランを保持している場合にのみ機能することが明らかになっている（例えば，Burton et al., 1998，準備中；Hall & Byrne, 1988）。このように，最適なスキルを開発するには，初めにしっかりした基本的な技術を開発して，次にそのスキルが高度に自動的なものになるまで練習しなければならない。スキルが複雑な場合，有能なコーチは，競技者の正確な技術の開発を手助けすることができる。さらに，コーチは，トレーニングの期分けの基本原理も理解しなければならない。そうすることで，コーチは，トレーニングやスキル開発サイクル中のさまざまな期間における競技者の適切な目標調整に役立つような適確な行動プランを開発することができる（Bompa, 1999；Burton, 1987）。

　学習方略が適切でスキルの自動化には系統的な練習だけを必要とする時点，スキルの限界やスキルの効果に限りがあり，パフォーマンスの潜在能力を実現するには新たな方略を開発しなければならないが，その時点を理解することがスキル開発のもっとも困難な1つの側面になっている。効果的な方略をあまりに早く放棄することは望ましいものではなく，スキルの自動化に必要な時間をただ引き延ばしているにすぎない。しかしながら，効果のない技術の練習は，最適なスキルの開発を妨害するものと思われる。有能なコーチと無能なコーチを区別する才能の1つは，スキルの開発過程を十分に理解して，特殊な状況に必要なアプローチを適用する能力であると思われる。明らかに，競技者は目標設定を，使用するアプローチに基づいて劇的に変更している。したがって，各アプローチの効果や，それらの変化に寄与する重要な過程変数を調べる研究が必要である。将来は多数の環境工学／行動プランの問題を研究しなければならない。それらの問題には次のようなものがある；形式に則った問題解決のトレーニングによって，複雑なスキルの改善に必要な新たな方略の開発は容易になるのか？　効果的な行動プランにはどのような要因を含むべきなのか？　目標効果を最大にするには，行動プランをどのように詳細にすべきなのか？

複雑な課題の目標設定

　LockeとLatham（1990a）は，個人が適切な課題方略を使用していない場合，目標の動機づけは複雑な課題のパフォーマンスを向上しないと主張している。このように，複雑な課題は，目標がもたらすパフォーマンス促進の過程を複雑かつ長いものにしている。なぜなら，個人は効果的な新しい課題方略を最初に見出すかもしくは開発しなければならず，次に，目標の動機づけインパクト（努力と忍耐）によって，Burton（1989b）がバスケットボールのスキル学習で明らかにした予測，つまりこれらの新たな課題方略を機能させなければならないからである。このように，複雑な課題には次のような問題がある；単純な課題と比較して，複雑な課題の目標効果が明らかになるには，どのくらい長い時間が必要なのか？　複雑な課題に対しては目標設定のタイプを修正するべきなのか？　より複雑な課題に対しては行動プランを修正すべきなのか？

目標設定効果の般化

　Kirschenbaum（1984）は，自己制御の失敗が起こるのは，一般的に関連行動を他の状況・時間・条件に般化することができないためであると示唆した。Kirschenbaumは，般化の問題を迂回するには，用心深い自己モニタリングや自己評価が目標や目標レベルの適切な変化を導くような強迫-強制行動のスタイルが必要であると強調した。スポーツ競技者が新たなスキルと方略を開発するには，目標を設定するばかりでなく，さまざまな試合，競技シーズンのさまざまな時期，さまざまな対戦相手に応じたスキルと方略の調整方法に，焦点をおいた目標を確立する必要もある。将来の研究を保証するような目標般化の問題には次のものがある；競技者が目標を実行する場合に，異なる活動プランや類似の活動プランを典型的に選択させる状況的な手がかりは何なのか？　競技者は，状況要因の変化に直面した時に，どのようにトレーニングすれば目標設定過程をうまく実行することができるのか？　スポーツで学習した目標設定の方略を，学術や職業領域といった他の達成領域にもっともうまく転移するには，どのようにすればいいのか？

結論

　本章では目標設定の研究をレビューして，2つの明らかな結論に到達した。第1の結論は，ビジネス状況の目標と比較して，スポーツ状況の目標は，パフォーマンス向上にしっかりとした一貫した効果が低いものの，目標設定は効果的なパフォーマンス向上の方略になっていること。第2の結論は，この比較的単純なテクニックは見た目に比べて効果的な実行がかなり困難と思われるために，目標設定がいくぶん逆説的になっていること。目標の属性研究に関しては，6つの目標タイプ——目標への集中，目標の具体性，目標の困難性，目標の主観的価値，目標の近接性，目標の集団性——をレビューして，具体的で測定可能かつ困難な過程，パフォーマンス，成果の目標を実践家が設定

するよう推奨した．さらに，実践家は競技者が達成しようとしているものも目標に積極的に取り上げ，短期と長期の目標やチームと個人の目標も目標に含めなければならない．本章では，スポーツ状況ではビジネス状況よりも目標設定の効果が少ないことについて次の5つの納得できる理由を提示した；小さなサンプルサイズ，能力の限界近いパフォーマンスをしている競技者，課題の複雑性，目標選択の個人差，適切な目標実行方略を使用していないこと．スポーツ目標の研究のレビューに基づけば，5つの説明は，すべてこの矛盾に対して納得できる説明をしているように思われた．

しかしながら，目標遂行方略の不適切な使用は，スポーツにおける目標効果が中程度であることの現実的な説明にもなっていた．本章では目標遂行過程の7つのステップを記述し，実践家と研究者にとっての各ステップの重要性を明らかにした．最後に，極度に単純化した問題(例えば，目標は機能するのか？　どのようなタイプの目標がもっとも効果的なのか？)から抜け出すことの必要性や，目標が機能する理由と方法を確定するための目標遂行方略といった重要な過程変数を重視することの必要性を強調しながら，将来に研究すべき6つの領域を明らかにした．

第20章

スポーツと運動でのイメージ

　まず初めに考えるに，イメージと運動パフォーマンスは互いにかけ離れているように思われるかもしれない。ほとんどのイメージは"私的な事象"に分類できるようなより内的な精神活動であるが，運動パフォーマンスは本質的により外的で公的なものである(Denis, 1985)。さらに，イメージは過去に感じたような，もしくは将来起こるかもしれないような漠然とした事柄の身体的な特徴を想起させるものである。運動活動は現在に関連したものであり，人々が遂行する場合には，他者がそれを観察でき客観的に測定可能なものになっている。これらの違いがあるにしても，なぜ研究者はイメージと運動の関係を50年以上も調べてきたのだろうか？　多くの研究者が運動は少なくとも部分的には認知レベルで獲得され制御されると信じていることが，この答えになっている（例えば，Adams, 1990；Annett, 1996b）。Adamsらは人々の目標，保有知識，新旧知識の結合が，運動スキルの学習とパフォーマンスに影響すると主張している。さらに，運動の表象システムは運動や他者の意思を解釈する上で有益なものになっており，コミュニケーションを容易にする言語システムと同等のものになっている(Annett, 1996a)。スキル獲得と運動制御に対するこの認知的なアプローチは，イメージと運動の間に機能的な関係が存在することを明らかにしている。

　誰にもイメージしたりイメージを使用したりする能力がある。しかしながら，イメージが有効な状況でも，時にはその能力の使用を選択しないこともある。イメージ使用を調べた最初の研究者の1人がBetts(1909)であった。Bettsは単純な連想，論理的な思考，暗算，弁別判断といった多様な課題におけるイメージの自発的な使用について調べた。その結果，実験参加者はこれらの課題の遂行にしばしばイメージを使用していたが，イメージの有益な課題とそうでない課題のあることが明らかになった。イメージを広範に使用している領域の1つはスポーツである。エリート競技者はトレーニング時と競技時にイメージを広範に使用すると報告しているが，非エリート競技者であっ

てもイメージをかなり使用している(Barr & Hall, 1992；Hall, Rodgers, & Barr, 1990；Salmon, Hall, & Haslam, 1994)。最近の研究(Gammage, Hall, & Rodgers, 印刷中；Hausenblas, Hall, Rodgers, & Munroe, 1999)では，他の身体的活動(例えば，エアロビクス，ジョギング)の参加者も一様にイメージを使用していることが明らかになっている。

　イメージについて尋ねた場合，多くの人々はその有益性を比較的よく理解しているように思われる(Hausenblas et al., 1999；Munroe, Giacobbi, Hall, & Weinberg, 2000)。長い間，研究者はイメージをさまざまな方法で定義してきた。最近，WhiteとHardy(1998, p.389)は，次のようにかなり包括的な定義をした；"イメージは現実の経験を模倣した経験である。我々は，現実の事物を実際には経験しないで，イメージを'みたり'，運動をイメージとして感じたり，匂い・味・音のイメージを経験していると気づくことができる。時折，目を閉じるとイメージしやすくなることに気づいている。イメージする時は目覚めており，かつ意識があるので，イメージと夢は別物である"。文献ではイメージとメンタルプラクティスを同一に考えている研究者もいる(Singer, 1980)が，メンタルプラクティスには単なるイメージ以上のものがあると指摘する研究者もいる。Marteniuk(1976, p.224)は，メンタルプラクティスを"個人のスキルについての思考もしくは他者のパフォーマンスの観察がもたらす，パフォーマンスの改善"と定義した。明らかに，メンタルプラクティスのこの定義は，イメージだけでなく観察学習といったその他の過程も網羅している。Hall (1985)は，イメージがメンタルプラクティスの主要な成分になっていると示唆した。

　大半のメンタルプラクティスの研究(時にはメンタルリハーサル研究とも呼んでいる)は，主に運動パフォーマンスへのイメージの効果を調べたものになっている(例えば，Hird, Landers, Thomas, & Horan, 1991；Wrisberg & Ragsdale, 1979)。したがって，本章ではWhiteとHardy(1998)が示唆したイメージ

の定義を使用して，イメージ効果に注目したすべてのメンタルプラクティスの研究をイメージ研究と考えた。

本章の目的は，スポーツと運動でイメージの果たす役割を調べることにある。ここではMunroeら(1999)が示唆した次の4項目の基本的な問題にアプローチする；どこでイメージを使用するのか？ いつイメージを使用するのか？ なぜイメージを使用するのか？ 何をイメージするのか？ これらの問題を，最初に競技スポーツの文脈から考察し，その後に運動に関して考察する。実際にイメージが運動のスキル学習とパフォーマンスにどのように機能するかという追加的な問題を考察し，次に，イメージ効果を確定する変数について議論する。最後に，スポーツと運動におけるイメージの実践的な応用へのアプローチを概観して，将来の研究にいくつかの方向性を勧告したいと考えている。

スポーツにおけるイメージ

競技者はどこでイメージを使用するのか？

競技者がどこでイメージを使用しているのかは，かなり基本的な問題と思われる。もちろん，競技者が練習や競技でイメージを使用することが，その解答になっている。しかしながら，事態はそれほど単純なものではない。大半のイメージ研究(Hall, Schmidt, Durand, & Buckolz, 1994を参照)では練習場面を考えている(例えば，スキル学習を促進するためのイメージ使用)が，競技者は練習よりも競技に結び付けてイメージを使用すると報告している(Hall et al., 1990)。BarrとHall(1992)は，高校・大学・ナショナルチームのボート選手348名に，トレーニング中にイメージをどの程度使用するのか，競技中にはどうなのかを尋ねた。各選手は，イメージ使用の程度を，1(まったく利用しない)から7(常に利用する)までの7ポイントLikert尺度を用いて回答した。トレーニング中のイメージ使用の平均点は4.47，競技中の平均点は5.13であった。これらの知見を前提にすれば，競技者はスキル学習よりもパフォーマンスの改善(効率的に競技する)にイメージを使用していると主張することができる。競技者は，練習や競技以外でもイメージを使用するとしばしば報告している(Salmon et al., 1994)。競技者は学校・職場・自宅を含めさまざまな場所でイメージを使用している。練習中よりも練習以外の場所でイメージを使用すると報告している競技者(例えば，エリートサッカー選手)もいる。

競技者はいつイメージを使用するのか？

競技者は，競技の直前にもっともよくイメージを使用している。Hallら(1990)は，フットボール，アイスホッケー，サッカー，スカッシュ，体操，フィギュアスケートの男女選手に，競技前，競技中，競技後のイメージ使用を評価させた。競技者はイメージ使用を7ポイント尺度で表わした(1=まったく使用しない，7=常に使用する)。競技直前の平均点は4.71，競技中の平均点は3.80，競技後の平均点は3.07であった。ボート選手を調べたBarrとHall(1992)や，ゴルフ，ソフトボール，水泳，テニス，アスレチック，バレーボール，レスリングで調べたMunroeら(1998)は，Hallらと同様の結果を得た。練習に関しては，競技者は練習中に練習の前後よりも頻繁にイメージを使用していることが明らかになっている。Hallらの調査では競技者の練習前，練習中，練習後のイメージ使用の評価平均点は，それぞれ3.48，2.85，2.65であった。競技者は，競技や練習以外に，日常生活(例えば，学校や職場)の休憩時間にイメージを使用したり，就寝直前にかなり定期的にイメージを使用していることも明らかになっている(Hall et al., 1990；Rodgers, Hall, & Buckolz, 1991)。

Cupal(1998)，Green(1992)は，競技者が負傷した場合にはイメージも使用すべきであると示唆している。Schwartz(1984)は，人間とは心理機能と生理機能が恒常的に交流するシステムであると述べている。したがって，心理状態が変化する度に，その人の内部には適切な生理変化が生じることになる。そのため，効果的な治療と負傷後の完全な回復のためには，身体と精神がともに機能する必要がある(Green, 1992)。

競技者が負傷後のリハビリテーション中に使用するイメージについての研究はほとんど見られないが，Korn(1994)は，リラクセーションの増強，不安の軽減，抑うつの管理支援，自信の向上，動機づけの改善，痛みの軽減などにイメージを使用することができると強く主張した。さらに，負傷した競技者は最初に十分な回復をイメージしたり，負傷前と同様に遂行できるとイメージすることが重要であると示唆した。次に，競技者は，特定の運動スキルの実行を全快に至るような方法でイメージしなければならない。このタイプのアプローチをする理由は，競技者にとって上記のようなイメージが最適なパフォーマンスレベルへの復帰に必要な思考態度の獲得に役立ち，そして，全体的な負傷経験の終結に役立つと思われることである(Green, 1992)。

最近，Sordoni, Hall, Forwell(2000)は，負傷中のイメージ使用について競技者に尋ねた。実験参加者はさまざまなスポーツ種目の競技者71名であった。実験参加者の年齢幅は18～64歳で，さまざまなレベル(レクリエーションレベルから世界的なレベルまで)で

競技をしていた。競技者は，負傷リハビリテーションのいずれかの段階にあり，最低5つの物理療法に参加し，負傷リハビリテーションプログラムの一部としてイメージを使用する機会が確実にあった。負傷リハビリテーション中のイメージの使用は，競技中や練習中よりもかなり少ないことが明らかになった。加えて，負傷した競技者は主に次の2つの理由からイメージを使用すると指摘していた；(1)回復を動機づけるため，(2)リハビリテーション運動をリハーサルするため。競技者がイメージを使用する理由については，次節で詳細に述べる。

競技者はなぜイメージを使用するのか？

　バスケットボール選手に対して，イメージ過程を活性化する場合に何をイメージするかと尋ねたとしよう。選手は，もっとも重要なものとして，うまいジャンプシュートをイメージしていると回答するだろう。この回答は，何をイメージしているか，またイメージの内容は何かについて，教えてくれているように思われる。しかしながら，このシュートをイメージしている理由については，何も示していない。選手のイメージは，さまざまに機能している。イメージを使用してこの特別なシュートのパフォーマンスを改善している（学習の向上）だろうし，重要な試合の準備の手続きとしているとも思われる。このように，イメージはこのシュートの自己効力感を高める手段になっていると思われる。また，イメージはこれら3つの目的すべてに作用しているものと思われる。競技者が使用するイメージについて考察する際には，そのイメージ内容（イメージしているもの）とイメージ機能（イメージを使用する理由）を区別することがしばしば重要になっている。

　Paivio(1985)は，イメージが身体的活動にどのように影響するかを簡単に分析できる枠組みを提唱した。Paivioは，イメージが2つの機能を果たし，それら2つの機能が固有レベルまたは一般レベルのいずれかに作用すると示唆した。認知機能はスキルのリハーサル（認知固有のイメージ）やプレーの方略（認知一般のイメージ）と関係している。固有レベルにおける動機づけの機能は，個人の目標やそれらの目標達成に必要な活動（動機づけ固有のイメージ）のイメージと関係している。一般レベル（動機づけ一般のイメージ）のイメージは，一般的な生理的喚起と感情に関係している。Hall, Mack, Paivio, Hausenblas(1998)は，動機づけ一般のイメージには2つの特定の要素があることを明らかにした；動機づけ一般−喚起イメージは喚起とストレスに関係し，動機づけ一般−熟達イメージは制御，自信，強靱な精神に関係している。

認知固有（cognitive specific：CS）のイメージ

　大半のイメージ研究（イメージと本質的に関連しているようなメンタルプラクティスやメンタルリハーサルの研究も含む）では，CSイメージを調べている。この研究の大まかなレビューから，身体練習条件，イメージ条件，統制条件という3つの標準条件が明らかになっている。それらの研究では，実験参加者を，最初に固有の運動スキル（例えば，バスケットボールのフリースロー）を練習した後に，3条件のいずれかにランダムに割り当てている。研究者は，ベースライン（テスト前の）として実験参加者のパフォーマンススキルを使用している。次に身体練習条件群は，スキルをある試行数または期間に渡って実際に練習している。イメージ条件群は，身体練習群が実際に練習したのと同じ試行数または同じ期間に渡って，スキルをメンタルリハーサル（CSイメージを使用して）している。統制群は，何らの身体練習もイメージ練習も行わない（休憩），もしくは無関係なスキルを練習する。次に全実験参加者のスキルを再テストしている。Rawlings, Rawlings, Chen, Yilk(1972)は，イメージ練習には身体練習と同じくらいの効果があることを明らかにしたが，大半の研究者は，パフォーマンスは身体練習条件，イメージ練習条件，統制条件の順序で低下すると報告している。これらの研究結果をまとめて考察してみると，CSイメージは運動スキルの学習とパフォーマンスを促進する（Driskell, Copper, & Moran, 1994；Hall et al., 1994）が身体練習と同じ程度にはならないということが，現時点の一般的な認識になっている。

　上記のパラダイムを拡張する際には，100％の身体練習の効果または100％のイメージ練習の効果と，身体練習＋イメージ練習の併用効果（例えば，50％の身体練習と50％のイメージ練習）を比較する必要がある。すなわち，イメージ練習には身体練習に置き換え可能なものがある。初期の研究は，身体練習とイメージ練習の併用が身体練習単独あるいはイメージ練習単独よりも優れていると示唆していた。例えば，McBrideとRothstein(1979)は，実験参加者に，卓球用のラケットを使って堅いプラスチック製の穴開きゴルフボールを10フィート飛ばすように要求した。この研究では非利き手のフォアハンドストロークを採用した。3群すべての実験参加者は40試行練習した。第1群は課題を身体練習した。第2群は課題の実演を観察して，その後に3試行の身体練習と40試行のイメージ練習を実施した。第3群には次のように身体試行とイメージ試行を併用した；身体練習10試行，イメージ練習10試行，身体練習10試行，イメージ練習10試行。練習直後と遅延保持（1日後）ではともに，身体練習とイメージ練習の併用群の方が，身体練習単独群およびイメージ練習単独群よりも優れたパフォーマンスを示した。

Hird ら(1991)は，これらの知見に反論した。Hirdらは2つの課題の獲得に対する身体練習とイメージ練習のさまざまな組み合わせの効果について調べた。実験参加者は，45回転／分の回転盤追従運動課題を15秒間，そして丸と四角のペグを指定箇所にできるだけ多く差し込むペグボード課題を60秒間行った。身体練習とイメージ練習の組み合わせの割合は，75：25，50：50，25：75であった。また，100％の身体練習，100％のイメージ練習，統制の各条件も設定していた。両課題とも身体練習の割合が増加するにつれて，事後テストのパフォーマンスレベルは改善することが明らかになった。また身体練習とイメージ練習の併用は，身体練習単独より効果があるわけではないと結論づけた。

最近，Durand, Hall, Haslam(1997)は，身体練習とイメージ練習の併用を再検討した。できるだけ多くのデータについて考察した結果，Durandらは2つの重要な結論に到達した。第1の結論は，Hirdら(1991)と同様に，通常，身体練習とイメージ練習の併用は100％の身体練習と変わりがないこと。第2の結論は，学習とパフォーマンスに影響することなく，身体練習の代わりにいくつかのCSイメージ練習を使用することがしばしば可能なこと。この結論は，競技者にとって重要な意味がある。競技者が通常，身体練習の代わりにイメージ練習をするとは思えないが，状況によってはイメージ練習が必要になることもある(例えば，負傷，疲労，旅行，練習設備の不足)。これらの状況の競技者は，イメージを使用することで，通常の練習レベルを維持して，そのような練習に関連するポジティブな効果を得ることができると思われる。

一般的に競技者が好むアプローチは，CSイメージ練習をすべてのトレーニングプログラムに組み入れたものである。すなわち，イメージ練習は通常の身体練習を補完するものとなっている。競技者の通常の身体練習にCSイメージ練習を追加すると，どのような効果があるのだろうか？ Blair, Hall, Leyshon(1993)は，この問題をエリートサッカー選手と非エリートを対象として調べた。初めに，競技に必要ないくつかの基本スキル(例えば，パス，ドリブル，シュート)を組み込んだサッカーの課題で，選手をテストした。次に，各群のエリート選手と非エリート選手が同数になるようにして，選手をイメージ群と統制群にランダムに割り当てた。イメージ群は6週間に渡って課題のイメージ練習をした。この期間中，統制群はサッカーの試合展開の方略を考えた。この期間中，すべての選手が通常のサッカー活動(例えば，チームの練習)もしていた。6週間後に，選手にサッカー課題の再テストを行った。その結果，イメージ群の課題パフォーマンスは有意に向上したが，統制群には変化がなかった。イメージ群のエリート選手と非エリート選手は，ほぼ同様の改善を示した。この結果は，競技者の通常の身体練習がCSイメージ練習で補完できることを示唆している。

身体練習に追加すべきCSイメージ練習に適切な量があるのかどうかについては，未確定な問題になっている。イメージと身体的活動の機能的な等価性の研究は，この問題に何らかの方向性を与えている。運動スキルの実行文脈では機能的な等価性の概念を合理的に説明することができる。なぜなら，イメージと身体活動は，記憶に基づいて一時的に拡張した事象を再構築または生成する必要があるからである。したがって，イメージは"純粋"な事象生成の過程とみなすことができる。それに対して，身体的活動はこの生成過程と関節組織の結合を必要としている(Vogt, 1995)。一部の運動イメージ研究(Hale, 1982；Wehner, Vogt, & Stadler, 1984)で筋の賦活がみられる事実は，そのような関節組織との結合がイメージの間に減少しても完全な抑制には至っていないと指摘しているように思われる。

研究者は2つの一般的なアプローチを使用して，機能的な等価性の問題を調べている。運動イメージの神経生理学的な基盤を調べた研究者もいる。この性質を最初に調べた研究の1つがIngvarとPhilipson(1977)である。Ingvarらは実験参加者6名の，安静条件，右手運動条件，右手運動イメージ条件における優位半球の局所脳血流(regional cerebral blood flow：rCBF)をそれぞれ測定した。イメージ条件中に，前頭極の平均安静時血流は変化した。特に前頭と側頭領域の平均血流が増加した。この知見は他の知見(例えば，Decety et al., 1994；Decety, Sjöholm, Ryding, Stenberg, & Ingvar, 1990)と一致しており，イメージと運動準備には共通の神経メカニズムが存在することを示していた。

rCBF研究に加えて，Decety(1996)は，運動イメージ課題中の精神時間を測定した研究と，自律反応の研究をレビューして，これらの研究は"運動イメージと現実活動での運動制御は同じ神経メカニズムを共有しているという概念を支持している"(p.91)と強く主張した。運動イメージに伴う脳波(electroencephalography：EEG)活動を調べている研究者(Marks & Isaac, 1995；Williams, Rippon, Stone, & Annett, 1995)もいる。Marksらの結果は，運動イメージによって運動領域と感覚領域の脳波活動が変化すると指摘している。このように，運動イメージの神経生理学的な基盤を調べた研究は，イメージと身体的活動の機能的な等価性をかなり支持するものになっている。

機能的な等価性を調べる第2のアプローチは，イメージ練習と身体練習が学習とパフォーマンスに与える影響を比較することである。これまでの議論のように，特定の運動スキルの獲得に対しては，身体練習の方がCSイメージ練習よりも一般的に効果的とする結論が出ている。Hall, Bernoties, Schmidt(1995)は，CS

イメージ練習と身体練習は同等の結果を引き起こしてはいないが，類似する結果を引き起こしていると主張している。さらに，"特定状況におけるイメージ練習の効果に，多数の要因が影響している場合（身体練習に影響すると思われるその他の要因にはかまわずに）には，当然のことながらイメージ練習と身体練習が必ずしも同等の結果を示すとは限らない"と強く主張した(p.182)。イメージ練習と身体練習の類似性は，興味深い干渉効果の研究とより密接に関係している。

Johnson(1982)は，新しい運動を最初の提示と基準運動長の想起の間に挿入する直線位置決め課題(a linear positioning task)を使用した。イメージ中もしくは身体運動中に，基準運動よりも短いもしくは長いこれらの運動を挿入した。その結果，運動イメージと身体運動の創出は方向とエラーに関して本質的に同じ特徴を示すことが明らかになった。すなわち，基準運動よりも長い挿入運動を身体練習あるいはイメージ練習する場合，実験参加者は基準運動よりも長い運動を行った。基準運動よりも短い挿入運動を身体練習あるいはイメージ練習した実験参加者は，想起中に基準運動よりも短い運動を行った。この結果から，Johnsonは，運動行動に影響するようなイメージと実運動のバイアスは，ほぼ同じものであると結論づけた。

Gabriele, Hall, Lee(1989)は，もう1つの干渉タイプ(文脈干渉)に対するイメージ練習の効果について調べた。身体練習と同様にイメージ練習においても，ランダム練習の保持効果がブロック練習よりも優れているかどうかを確定するために，身体練習条件とイメージ練習条件の多元配置法を使用した。学習する運動は，空間位置が異なる4パターンの腕運動をそれぞれ700ミリ秒以内で完遂するものであった。各群の実験参加者には，イメージ練習の合い間にさまざまな割合で身体練習を挿入した。すべての群は各条件で基準運動時間に到達するまで練習し，その後に遅延保持テストを行った。ランダムなイメージ練習試行と，身体練習のブロック試行またはランダムな試行を組み合わせると，イメージ練習のブロック試行よりも保持は容易になった。さらに，ランダムなイメージ練習はランダムな身体練習と同じくらい獲得中に干渉を引き起こし，保持には有利になることが明らかになった。

より最近になって，Hallら(1995)は，遡及的干渉のパラダイムを使用して運動課題のパフォーマンスに対するイメージの干渉効果を調べた。実験参加者60名は，700ミリ秒の基準時間内で完遂する単純運動課題を行った。次に，実験参加者を挿入練習の量やタイプが異なる6群にランダムに割り当てた。第1群は別の運動課題による挿入運動を身体練習した。第2群の身体練習群は，単純運動課題と別の運動課題の2つを身体練習した。第3群は同じ挿入運動課題をイメージ練習した。その間に，第4群のイメージ練習群は2つの課題をイメージ練習した。第5群は，2つの挿入運動の間に身体練習＋安静時を経験した。第6群の統制群は，何らの挿入運動も経験しなかった。挿入運動の終了後に，もともとの課題を使用してすべての群の保持を調べた。挿入運動中のイメージ練習と身体練習は，同様の干渉効果を保持に引き起こした。すべての群の保持は，700ミリ秒の基準時間から統制群よりも大きく逸脱したことが明らかになった。そして，これらの逸脱は，挿入課題の性質から予測された方向であった。この結果から，イメージ練習と身体練習の機能的な類似性が明らかになった。

機能の等価性の研究結果をまとめてみると，CSイメージ練習は身体練習と同様に取り扱うことができると強く示唆している。熟練領域の研究(Ericsson, Krampe, & Tesch-Römer, 1993 ; Hodges & Starkes, 1996)によれば，エリートパフォーマンスは，計画的な練習の最適な配分によってパフォーマンスの改善を図ろうとする10年以上の努力の賜物であることが明らかになっている。エリート競技者になるための鍵として大量の計画的な練習を推奨する場合には，当然のこととして，大量のイメージ練習が最大限の利益をもたらすことになる。通常の身体練習に追加すべきCSイメージ練習には，最適な量がないように思われる。むしろ，競技者にはできるだけ多くのCSイメージ練習と計画的なガイドラインに沿った身体練習を奨励すべきである(Ericsson et al., 1993)。

認知一般(cognitive general：CG)のイメージ

特定スキルのリハーサルイメージ(CSイメージ)の使用に加え，競技者はイメージを使用して全体的な試合プラン，プレー方略，ルーチン(例えば，フィギュアスケート選手のロングプログラム；Madigan, Frey, & Matlock, 1992)をリハーサルしているとも報告している。これは認知の一般(CG)イメージの機能を表わしている。CGイメージがゲームプラン，プレー方略，全体的なルーチンの学習とパフォーマンスに及ぼす効果を統制的に調べた研究はこれまで存在していない。しかしながら，ケース研究の報告では，スラロームカヌーレース(MacIntyre & Moran, 1996)，フットボールのプレー(Fenker & Lambiotte, 1987)，レスリングの方略(Rushall, 1988)，体操の鞍馬ルーチン(Mace, Eastman, & Carroll, 1987)，体操競技ルーチン(White & Hardy, 1998)ではCGイメージのリハーサルがパフォーマンスに有益であると述べている。合わせて，これらの研究は，CGイメージが競技パフォーマンスを促進すると指摘している。

動機づけ固有(motivational specific：MS)のイメージ

競技者は，勝利や素晴らしいパフォーマンスの賞賛といった固有の目標をイメージする場合，動機づけの固有(MS)イメージを使用している。Bandura(1997)

は，イメージがパフォーマンスの賞賛や評価の自己基準に影響する可能性に注目している。競技者はより現実的な自己基準によって，自身のパフォーマンスとイメージ表象を比較しており，パーフェクトなスキルができない場合でも諦める確率はかなり低くなるものと思われる。ゴルフの初心者の研究は，これらの主張を支持する証拠となっている(Martin & Hall, 1995)。6セッションのイメージ条件に割り当てた実験参加者は，注意の統制条件群よりもゴルフのパッティング課題の練習に多くの時間をかけ，自らの目標をより高く設定して，トレーニング手順を継続実行した。MartinとHallは，"動機づけが高まる時には，イメージと目標は同一歩調を取っている"(p.66)と示唆している。大学競技者をインタビューしたMunroe, Hall, Weinberg(1999)は，これをさらに受け入れている。Munroeらは，目標の設定がしばしば効果的な介入プログラムの第1ステップになっていることから，次の論理的なステップでは競技者はこれらの目標をイメージの基盤として使用しなければならないと主張している。

動機づけ一般-熟達(motivational general-mastery : MG-M)イメージ

Moritz, Hall, Martin, Vadocz(1996)は，競技者がスポーツに対する自信の開発・維持・回復を望むならば，自信に満ちたパフォーマンスの実行をイメージしなければならないと強く主張している。換言すれば，競技者は動機づけの一般-熟達イメージ(MG-M)を使用しなければならない。Moritzらは，北アメリカジュニアローラースケート選手権の参加選手に，スポーツイメージ質問紙(Sport Imagery Questionnaire : SIQ ; Hall et al., 1998)と状態スポーツ自信目録(State Sport Confidence Inventory : SSCI ; Vealey, 1986)を実施した。SIQを使用して5つのイメージ機能(CS, CG, MS, MG-M, MG-A)を測定し，SSCIを使用してスポーツに対する自信を評価した。その結果，スポーツに対する自信の高い競技者は，スポーツに対する自信の低い競技者よりも多くのMG-Mイメージを使用していることが明らかになった。さらに，MG-MイメージはSSCI得点の分散の大半を説明していた(20%)。

応用スポーツ心理学の研究では，MG-Mイメージによる自信向上の利点をしばしば報告している(例えば，Orlick, 1990 ; Rushall, 1988 ; Suinn, 1996)。バドミントンのMG-Mイメージを調べた最近の介入研究は，これらの報告を一部支持するものとなっている(Callow, Hardy, & Hall, 印刷中)。単一参加者の多層ベースラインのデザインに則り，エリートバドミントン選手3名は，試合前の20週間中1週間に1回の割合でSSCIに記入した。Callowらは，スポーツに対する自信のベースラインを確定し，これらの選手3名にMG-Mイメージ介入を，それぞれ5週間，7週間，9週間実施した。2週間6セッションの介入は，熟達イメージ(厳しい状況での自信・制御・優れた管理に関わるイメージ)からなっていた。介入によって2名の選手のスポーツ自信が高まり，残る1名の選手の自信レベルは安定した。このことから，MG-Mイメージの介入はスポーツ自信を改善すると結論づけた。

Bandura(1997)は，自信は信念の強さを指す漠然とした用語であるが，何についての確信なのかは特定することができないと主張している。それに対して，自己効力感は，特定の達成に必要な連続運動を組織して実行する個人の能力についての信念である。自己効力感は，能力の肯定とその信念の強さをともに包含している。Banduraはまた，競技者が自身の能力に疑問を持ち始めると思われるような状況では，ポジティブな映像化がネガティブな映像化を防止して自己効力感を高めているとも述べている。この提案を支持している研究は2編ある。1つ目はFeltzとRiessinger(1990)の研究であり，この研究によって，筋の持久力課題にMG-Mイメージ(自分の有能性のイメージと成功のイメージ)を使用した実験参加者は，イメージを使用しない実験参加者よりも，課題パフォーマンスに対する効力を非常に強く期待していたことが明らかになった。2つ目は，レスリング・ボート・陸上競技の大学選手にSIQと自己効力感質問紙を実施したMills, Munroe, Hall(印刷中)の研究である。この研究によって，試合状況での自己効力感が高い競技者は，自己効力感の低い競技者よりも動機づけのイメージ，とりわけMG-Mイメージを多用していることが明らかになった。

動機づけ一般-喚起(motivational general-arousal : MG-A)イメージ

MG-Mイメージが自信や自己効力感と関係しているのと同様に，MG-Aイメージは喚起や競技不安と関係しているとする証拠がある。事例報告や競技者が好む"やる気を起こす"方略の研究では，競技者はMG-Aイメージを使用して喚起レベルを上げていると指摘している(Caudill, Weinberg, & Jackson, 1983 ; Munroe et al., 2000 ; White & Hardy, 1998)。この知見を実証的に支持する研究もある。HeckerとKaczor(1988)は，競技者の心拍数はMG-Aイメージを使用するとベースラインよりも有意に上昇することを明らかにした。競技者は，イメージを使ってやる気を起こすだけでなく，イメージによってやる気を抑えるとも報告している(Cancio, 1991 ; Orlick, 1990 ; White & Hardy, 1998)。喚起を低減するイメージを検討している研究者は，通常，イメージとリラクセーショントレーニングを併用している(例えば，Cogan & Petrie, 1995)。このために，イメージが治療効果に及ぼす影響を正確に確定することが困

難になっている。

スポーツ心理学者は，一般的にイメージの使用が競技不安に影響するとしている（Gould & Udry, 1994； Orlick, 1990）が，これを実証することは困難である。研究者がパフォーマンス前の状態不安レベルにおいて，統制群とイメージ使用群の有意差を明らかにできなかった理由の1つは，使用したイメージがCSイメージ（Terry, Coakley, & Karageorghis, 1995； Weinberg, Seabourne, & Jackson, 1981）あるいはMG–Mイメージ（Carter & Kelly, 1997）であったためだと思われる。Vadocz, Hall, Moritz（1997）は，MG–Aイメージが直線回帰モデルの競技不安を予測しても，CSイメージとMG–Mイメージは競技者不安の大きな変動を説明することができないと述べた。これらにはさらなる研究が必要であるが，MG–Aイメージは明らかに競技不安に影響しているように思われる。

要約すると，競技者は認知と動機づけの理由に，イメージを使用していることが明らかになっている。ある状況において競技者がイメージを使用する理由は，達成したいと思う成果に依存している。競技者はプレーの特定のスキルや方略のリハーサル，認知の修正（例えば，自己効力感の向上），喚起レベルや競技不安レベルの調整を行おうとしているものと思われる。もちろん，これらいくつかの目的に同時にイメージを使用することもできる。

競技者は何をイメージするのか？

イメージの内容を調べる場合には，競技者のイメージの性質がしばしば主要な関心事になっている。例えば，研究者はイメージの正確性に関心があるかもしれない。イメージした通りにジャンプシュートを正確に実行することができるだろうか？　もう1つの考慮すべき事項は，鮮明性である。スキルについての競技者のイメージは，通常の視覚と同じくらい明晰なものなのだろうか？　競技者のイメージ能力をテストする場合には，本質的にそのイメージ内容の質を評価している。鮮明性といったイメージの具体的な属性を測定している（Isaac, Marks, & Russell, 1986）時もあるが，より一般的なイメージの性質を評価している（Hall, Pongrac, & Buckolz, 1985）時もある。

イメージの性質によって競技パフォーマンスに違いが生じるのだろうか？　Isaac（1992）は，運動イメージの鮮明度質問紙（Vividness of Movement Imagery Questionnaire：VMIQ；Isaac et al., 1986）で評価した鮮明度がトランポリンのパフォーマンスに及ぼす影響を調べた。Isaacはトランポリンの初心者と熟練者をイメージ群と統制群に分けた。そして，両群は，3種類のトランポリンスキルを，それぞれ6週間のトレーニング期間中に改善しようと試みた。これら競技者を，VMIQ得点に従って高鮮明度群と低鮮明度群に分類した。トレーニング期間後，イメージ群の競技者は，スキルレベルと関係なく，統制群の競技者よりも有意な改善を示した。さらに，鮮明度の得点が高い競技者群は，鮮明度が低い競技者群よりも有意な改善を示した。それゆえに，鮮明度の得点が高くかつイメージ練習を行った競技者は，身体スキルの改善傾向をより強く示すことが明らかになった。

イメージの内容を調べる際に研究者が採用しているもう1つのアプローチは，ポジティブなイメージとネガティブなイメージを比較する方法である。Powell（1973）の研究は，ポジティブなイメージ練習とネガティブなイメージ練習の効果を最初に調べた研究の1つである。Powellはダーツ投げ課題を使用した。ポジティブなイメージ群の実験参加者には，標的の中心付近にダーツの矢が刺さる様子をイメージさせた。ネガティブなイメージ群には，拙いパフォーマンス成果（例えば，ボードの端に矢が刺さる）をイメージさせた。ダーツ投げのポジティブまたはネガティブなイメージのブロック（第2，第4ブロック）を挿入し，得点は24回の実投の3ブロック（第1，第3，第5ブロック）から計数した。ポジティブなイメージ挿入群は第1ブロックから第5ブロックまでの間に平均28％のパフォーマンス向上を示したが，ネガティブなイメージ群は平均3％のパフォーマンス低下を示した。Powellは実験参加者のイメージとその後のパフォーマンスの間には特異的な関係があると結論づけた。

Woolfolk, Parrish, Murphy（1985）も，ポジティブなイメージとネガティブなイメージを調べた。Woolfolkらは大学生を次の3群，ポジティブなイメージ群，ネガティブなイメージ群，統制群のいずれかに割り当てた。使用した課題はゴルフのパッティングであった。ポジティブなイメージ群にはボールのホールインをイメージするよう教示したが，ネガティブなイメージ群にはボールがホールをわずかにそれるところをイメージするよう教示した。統制群は何もイメージせずにパッティングした。ポジティブなイメージ群の実験参加者が示した正確性の得点は，連続6日間のテスト日に渡って，彼らのベースラインよりも有意に向上した（30.4％）。ネガティブなイメージ群のパフォーマンスの正確性は，統制群と比べて有意に低下した（21.2％）。同じ期間における統制群のパフォーマンスの正確性には，若干の向上がみられた（9.9％）。

このような研究から，ネガティブなイメージは運動パフォーマンスに有害な影響を及ぼすことが明らかになっている。しかしながら，通常，競技者は自らのスポーツスキルのパフォーマンスを明確かつ正確にイメージしている（Barr & Hall, 1992；Hall et al., 1990）。しかも，競技者はしばしば自らの勝利をイメージしても，自らの敗北をイメージすることはほとんどない（Hall et al., 1990）。それゆえに，おそらく実践家がネガティブなイメージに過度に取り組む必要は

ないように思われる。

イメージの内容を調べる3つ目のアプローチとして，研究者は，これらのイメージを構成するモダリティー情報の質問を用いて，競技者のイメージ内容を調べている。感覚ライン，特に視覚と運動感覚イメージの違いを支持する証拠がある(Paivio, 1986, pp.101-102を参照)。Hallら(1990)は，チームスポーツと個人スポーツのエリート競技者と非エリート競技者に，視覚イメージと運動感覚イメージの使用について尋ねた。すべての競技者は，両イメージの広範かつ同程度の使用を示した。この研究を追試したBarrとHall(1992)は，初心者とエリートボート選手に，視覚イメージと運動感覚イメージについて尋ねた。他のスポーツと同様に，すべてのボート選手は，特にエリート選手を除いて，両タイプのイメージの頻繁かつ同等の頻度の使用を報告した。サッカー選手を調べたSalmonら(1994)は，視覚イメージと運動感覚イメージばかりでなく，聴覚イメージの使用についても尋ねた。選手は何らかの聴覚イメージを報告したが，その使用頻度は視覚イメージや運動感覚イメージより極端に低かった。他の種目の競技者は聴覚イメージをサッカー選手よりも多く使用しているものと思われ，この可能性は研究に値している。

イメージの内容を調べる4つ目のアプローチは，競技者の視覚イメージの観点を考察する方法である。時に競技者は自らのパフォーマンスを，あたかも自分自身をビデオで見ているかのようにイメージしている。これを外的な観点と呼んでいる。また別の時に競技者は自らのパフォーマンスを，あたかも自分自身を自分自身の目で見ているかのようにイメージしている(競技者はあたかも自分が身体的にスキルを実行している時に見ているものをイメージしている)。これを内的な観点と呼んでいる。初期の研究ではエリート競技者は内的な観点を好むと示唆していた(Mahoney & Avener, 1977；Rotella, Gansneder, Ojala, & Billing, 1980)が，他の研究はこの主張を支持することができなかった(Hall et al., 1990；Highlen & Bennett, 1979)。さらに最近になって，Hardyら(例えば，Hardy, 1997；White & Hardy, 1995)は，課題の違いが各観点の使用に影響しているかもしれないと主張している。Hardyらは，外的な観点は巧みな実行の達成感と予測に強く依存しているスキルの獲得とパフォーマンスに対して優れた効果を発揮しているが，内的な観点は巧みな実行の達成感と予測に強く依存しているオープンスキルの獲得とパフォーマンスに対して優れた効果を発揮していると述べている。

最近，HardyとCallow(1999)は，フォームを重視する課題のパフォーマンスにさまざまなイメージの観点が及ぼす相対的な影響を，3つの実験で調べた。第1の実験では，空手家が，新しい型(シミュレートした格闘フォーム)を外的あるいは内的な視覚イメージを使用して学習した。その結果，外的な視覚イメージの方がより効果のあることが明らかになった。第2の実験では，実験参加者は，単純な体操鞍運動のルーチンを，次の4条件のいずれかで学習した；外的な視覚イメージで運動感覚イメージあり・なし，内的な視覚イメージで運動感覚イメージあり・なし。結果はまたも外的な視覚イメージが最良であったが，運動感覚イメージには効果がなかった。第3の実験では，第2の実験と同じパラダイムを使用した。ここでは能力の高いロッククライマーが困難な大岩登りを行ったが，外的な視覚イメージが最良であり，運動感覚イメージはしないよりもした方がましといった程度であった。これら3つの実験は，外的な観点にはフォームに依存する巧みな実行のためのスキルの獲得とパフォーマンスに優れた効果があるという提案を支持するものになっている。これらの結果は，競技者がいずれの観点を使用しているかに関わらず，運動感覚イメージは内的視覚・外的視覚の両観点と効果的に結合できるとした，Hall(1997)やWhiteとHardy(1995)の概念を支持する証拠にもなっている。

CummingとSte-Marie(2000)の研究は，HardyとCallow(1999)の知見を確認して拡張した。Cummingらは，外的・内的な視覚イメージトレーニングがイメージの認知機能や動機づけ機能に及ぼす影響を，シンクロナイズドスケーティングで調べた。スケーターはスケートスキルのフォームと身体姿勢に集中したイメージトレーニングプログラムに5週間参加した。SIQによって，スケーターが使用した認知や動機づけのイメージの変化を測定した。これはトレーニングプログラムの成果を調べるためであった。外的な視覚イメージの観点を使用したスケーターは，認知機能が有意に向上した。一方，内的な視覚イメージの観点を使用したスケーターは，何の変化も示さなかった。いずれの群もイメージの動機づけ機能は変化しなかった。この研究は，視覚イメージの観点とイメージの動機づけ機能の関係を考察した最初の研究になっている。当然この問題はさらに研究する必要がある。

競技者が何をイメージしているかを調べた4つのアプローチは，かなりの情報を提供している。Munroeら(2000)は，7種目のスポーツのエリート競技者14名に詳細なインタビューをして，この知識基盤を拡張した。Munroeらは，競技者のイメージ内容は次のように分類できることを明らかにした；セッション，有効性，イメージの性質，環境，イメージのタイプ，統制可能性。セッションに関しては，競技者のイメージセッションの頻度と持続時間にかなりのバラツキがあった。競技中のセッションは練習中よりも通常は短かったので，イメージする時間は単純に短かった。競技者は，競技前と練習中のイメージにもっとも効果があったと報告した。競技者がコメントしたイメージの性質は大方ポジティブなものであり，一般的に正確

で，非常に詳細なものであった。競技者が経験したあらゆるネガティブなイメージは，ほとんどが競技中に生じていた。競技者は競技状況についてもイメージしていると報告した。イメージのタイプに関しては，競技者は，主に視覚イメージと運動感覚イメージを使用して，聴覚イメージや嗅覚イメージはあまり使用しないと報告した。最終的に，競技者はイメージの統制可能性については，ほとんどコメントしなかった。このことは，イメージの統制可能性は主要な関心事ではないことを示唆していた。

全体的に，競技者がイメージするものを調べた研究から，次のことが明らかになっている；(1)競技者のイメージは通常正確で鮮明なものである，(2)競技者のイメージはネガティブよりもポジティブな傾向を示している，(3)競技者は視覚情報や運動感覚情報を具体化しており，時には聴覚情報や嗅覚情報を具体化している，(4)競技者は内的な観点と外的な観点をともに具体化している。競技者はスポーツにおいて遂行するスキルや方略をイメージしているが，競技状況といったその他のこともイメージしている。

運動におけるイメージ

研究者が運動におけるイメージの役割を考えるようになったのは，最近になってからである。Hall (1995)は，運動参加者のイメージ使用を示唆した最初の研究であった。Hallはスポーツと同様に，運動においても，イメージが強力な動機づけの要因になると述べた。Hallは，定期的な運動実施者は自ら選択した身体活動（例えば，エアロビクス，ウェイトリフティング）への参加，トレーニングの楽しみ，望ましい目標の達成をイメージしていると考えた。次節で述べるように，最近の研究によれば，Hallの指摘は少なくとも部分的には的確なものであることが明らかになっている。

運動者はどこでイメージするのか？

Hausenblas ら (1999) は，エアロビクス運動者144名にイメージの使用について尋ねた。これらの大半の実験参加者は全日制大学の女子学生であった。どこでイメージするかを直接尋ねたわけではなかったが，実験参加者の回答からイメージを運動と連結して使用していたことは明らかである（運動直前，運動中，運動直後）。また実験参加者は，自宅・大学・職場といった他のさまざまな場所でもイメージを使用している。

運動者はいつイメージするのか？

Hausenblas ら (1999) は，運動をいつイメージするのかを，運動者に具体的に尋ねた。もっとも多い回答は就寝の直前であった。その他のものとしては，勉強中，空想中，食事中，音楽鑑賞中，テレビ観賞中，ストレスを感じている時などがあった。負傷した時にイメージを使用すると報告した者はいなかった。しかし，負傷した運動参加者が負傷した競技者と同様にイメージリハビリテーションの使用によって利益を得ることができると想定するのは当然のことのように思われる。

運動者はなぜイメージするのか？

2編の研究（Hausenblas et al., 1999；Rodgers, Hall, Blanchard, & Munroe, 2000）から，運動者はイメージを次の3つの理由から使用していることが明らかになった；(1)活力を与えてストレスを発散させるエネルギー，(2)体格と体力の双方に関係する外観，(3)運動中の正しいフォームと体位をイメージする技術。これら3つのイメージ機能の中でもっとも頻繁に使用しているものは，外観のイメージである（Gammage, Hall, & Rodgers, 印刷中）。さらに，外観のイメージとエネルギーのイメージは本質的に動機づけ的なものと思われているが，技術のイメージには明らかに認知的な機能がある。それゆえ，スポーツにおけるイメージと同様に，運動におけるイメージには動機づけと認知の役割がある。

運動者が自らの状態を良好と感じ活力を増強するといった動機づけの目的でイメージを使用するとするならば（Hausenblas et al., 1999），運動の意図や行動を左右するものとして知られているような他の社会的な認知変数（例えば，身体活動の自己効力感や誘因）と運動イメージは当然関係するものと思われる。Hall (1995)は，運動イメージが自己効力感の重要な根源かもしれないと述べている。実際に，自己効力感の供給源はイメージを含め多数（現実経験と代理経験，生理的喚起，言語による説得，他者の観察）存在していると思われる（Bandura, 1997）。Rodgersら(2000)は，運動イメージ質問紙（Exercise Imagery Questionnaire：EIQ；Hausenblas et al., 1999）と自己効力感質問紙を多数の運動者に施行して，動機づけのイメージと自己効力感の関係を明らかにした。将来の研究によって運動イメージと自己効力感の関係だけでなく，運動イメージと他の社会的な認知変数の関係も明らかになるならば，これらの知見は運動参加や継続に関する介入プログラムに影響するものと思われる。例えば，運動プログラムの開始者がすべての身体活動の成功裏の完了と運動目標の達成（例えば，体が引き締まり，より体力がつく）をイメージできる場合には，このイメージが自己効力感を高め，直接的または間接的にプログラムの継続をより強く動機づけるものと思われる。

運動者は何をイメージするのか？

　Hausenblas ら(1999)は，運動者のイメージ内容も調べた。Hausenblas らは，"運動について何をイメージするのか？"と実験参加者に尋ねて，得られた回答を次の9つのカテゴリーに分類した；身体イメージ，技術/方略，自らを良好と感じること，動機づけ，一般的な運動，体力/健康，音楽，目標，集中維持。これらの結果は，運動者のイメージ内容は非常に多様であると指摘している。それらの内容にはイメージを使用するいくつかの理由も反映している(例えば，身体イメージは運動イメージの外観と一致している)。

　スポーツにおけるイメージの知識に比べると，運動におけるイメージの知識はかなり不足している。しかし，うまくいけば，この状況は今後の運動イメージの研究によって変化するものと思われる。この研究の潜在的な意義は直接スポーツから派生したものである。イメージの使用によって競技者が得られる利益は多数あり，十分な裏付けもある。運動者もイメージの使用によって大きな利益を得ることができるとするのに十分な理由もある。

イメージはどのように機能するのか？

　研究者は，イメージが運動パフォーマンスにどのように利益を与えるかについて，長年に渡って多くの説明を試みている。しかしながら，それらの中でイメージの全機能を十分に包括的に説明しているものは何もない。これらの説明の大半は，CSイメージがスキルの学習とパフォーマンスを促進する方法に焦点を当てたものになっている。

象徴学習理論

　象徴学習理論は，イメージが機能する方法を認知的に説明している。この理論は，運動を"心の青写真"として象徴的に符号化するという立場を取っている(Vealey & Walter, 1993)；イメージが心の青写真を強化すると，その結果，運動はより身近で，おそらくは自動的なものになる。この理論に従えば，本質的により認知的なスキル(例えば，指迷路学習)は，純粋な運動スキル(例えば，強度課題)よりも符号化が容易なものになる。

　イメージは象徴化が容易な認知課題(指迷路)のパフォーマンスを改善すると指摘した Sackett(1934)は，その後，象徴学習理論を提唱した最初の研究者であった。初期のイメージ研究の多くは，この理論を支持していたように思われる(Minas, 1978；Wrisberg & Ragsdale, 1979)。例えば，Ryan と Simons(1983)は，遂行がより困難な課題(認知要素がより少ない)と遂行がより容易な課題(認知要素がより多い)の獲得を比較した。両課題には迷路ダイヤルを使用した。それは，一方が垂直運動，他方が水平運動をそれぞれ制御するような2つのハンドル回転によって，指針が迷路を移動するものであった。より困難な課題では，両手の協応によって指針を迷路の斜め方向に移動させ，よりやさしい課題では，迷路の指針をただ垂直方向と水平方向にのみ移動させた。実験参加者は，これらの2つの課題を身体練習条件，イメージ練習条件，練習なし条件で練習した。Ryan と Simons は，イメージが本質的に認知現象であるならば，認知指向の課題の学習(容易な課題)は，認知指向の低い課題の学習(困難な課題)よりもイメージから多くの利益を得ることができると予測した。予測のように，イメージ練習条件は，容易な課題の場合にのみ，練習なし条件よりも優れていた。

　象徴学習理論には答えの得られていないいくつかの問題が残っている。象徴学習理論は，初心者がイメージの使用から利益を受ける方法について，次のように説明している；イメージは新しいスキル学習中の心の青写真を強化している。しかしながら，この理論は，必要なスキルをすでに習得している経験者がどのようにしてパフォーマンスを高めているかについては，何も説明していない。さらに，どのような運動課題でも認知要素のサイズを確定することは困難である。指迷路学習をダーツ投げやウェイトリフティングよりも認知的なものにしているものは何だろうか？

　MacKay(1981, 1982)は，象徴学習理論と類似した，連続スキル獲得理論を提唱している。この理論は，運動の組織的な系列を制御する相互接続点の階層と関係している。このネットワークは，スキル構成要素の適切な順序での実行を確認している。このネットワークには，適切な運動系列を作り出す時間を練習によって削減できる学習能力がある。階層の最上層は全行動を表わす接続点になっており，最下層は個々の筋を制御する接続点になっている。賦活は一般的に接続点のネットワークを通してトップダウン的に伝播し，上位の接続点が活性化すると下位の各接続点は準備状態になる。Annett(1995)は，このようなネットワークがネクタイ結びの連続スキルや，ネクタイ結びのイメージにどのように機能しているかを例証している。イメージでも，筋の接続点の発動は随意的に抑制できるが，その場合でも実際に手を使ってネクタイを結ぶ場合とまったく同様に，他の接続点は準備状態にあるかもしくは賦活している。Mackay(1981)は言語生成課題で自らの理論を支持する証拠を提示しているが，他の連続スキルを使用した研究(Annett, 1988を参照)ではこの理論をほとんど支持していない。

精神神経筋理論

　この精神神経筋理論は，運動のイメージが，実際の身体運動実行時と本質的に同様な低いレベルのインパルスを，脳から筋に至る神経を通して送り出すと仮定している。Jacobson(1931)によれば，運動イメージは本質的に身体活動を抑制している。イメージは，運動を実際に身体的に行わなくても，運動に必要な筋を正確な順序で発火させ，運動スキルの"筋の記憶"(Vealey & Walter, 1993)を強化することができる。

　Jacobson(1931)の研究はこの理論を支持しているように思われた。実験参加者が右手曲げや10ポンドの重りの持ち上げをイメージした時に，上腕二頭筋の筋活動が90％以上の試行に出現した。運動イメージと筋肉のEMG活動の関係は，他の研究者も認めている(例えば，Hale, 1982；Suinn, 1980)。さらに，多様なスポーツ競技者のEMG活動を調べたBird(1984)によって，スポーツ活動をイメージした時のEMGと，実際にスポーツ活動を行った時のEMGが一致することが明らかになった。

　精神神経筋理論を支持する研究に批判的な研究者もいる(例えば，Feltz & Landers, 1983)。彼らはこれらの多くの研究に，適切な統制群がないと示唆している。さらに，これらの実験のほとんどの方法論的な弱点は，EMGデータの報告が振幅の測定に留まっていることにある。この理論を十分に支持するためには，周波数や持続時間も評価しなければならない(Hale, 1994)。

生体情報理論

　Lang(1977, 1979)は，精神生理学を特に恐怖症や不安障害の点から説明するために，生体情報理論を提唱した。他の研究者は，この理論を運動領域に拡張している(例えば，Bakker, Boschker, & Chung, 1996；Hecker & Kaczor, 1988)。生体情報理論は，イメージが刺激命題と反応命題についての情報を包含するとの立場を取っている。刺激命題は環境刺激のイメージの情報を伝達し，反応命題は行動活動に関する情報を中継している。反応命題は修正可能なものであり，個人が実生活の場でどのように反応するのかを表わしている。そのため，反応命題のイメージはその後の顕在的な行動に対して強力なインパクトを与えることができる(Lang, Melamed, & Hart, 1970)。例えば，ホッケー選手がペナルティーシュートをイメージしている時に，喚起と緊張の身体的徴候がある場合には，これらの徴候(反応命題)がない場合よりも，ゲーム状況における実際のパフォーマンスが一層促進するものと思われる。

　反応命題を含んだイメージ教示は，刺激命題のみを含んだイメージ教示よりもかなり多くの生理的反応を引き起こすものと思われる(Bakker et al., 1996；Budney, Murphy, & Woolfolk, 1994)。さらに，刺激命題と反応命題の違いは，外的なイメージと内的なイメージの違いと機能的には同じものとなっている(Hale, 1994)。Hale(1982)やHarrisとRobinson(1986)の研究は，内的観点のイメージが外的観点のイメージよりも多くのEMG活動を生ずることを示しており，この提案と一致する証拠になっている。しかしながら，すでに議論したように，これらのEMGの研究にはいくつかの方法論的な弱点がある。それにも関わらず，競技者のイメージには単なるテクニックやフォーム(CSイメージ)の情報以上のものがあるという考え方は，競技者がイメージを使用する既知の理由とうまく合致している。このように，生体情報理論は，象徴学習理論や精神神経筋理論よりも充実しているように思われる。しかしながら，生体情報理論は精神生理学に基づいており，イメージが左右する動機づけ機能についてはどちらかと言えばほとんど説明していない。また，運動以外の言語などの情報処理の形態と運動を連繋するイメージの役割についても明らかにしていない。この問題に関わる説明については，次に考察する。

二重符号化理論

　イメージの二重符号化の説明は，認知心理学の広範な実証研究が支えている。Paivio(1986)は，記憶と学習への二重符号化アプローチを支持する研究についてレビューしている。より最近では，Annett(1988, 1994)が，運動領域に特化した二重符号化モデルを提唱している。図20.1にAnnettの運動-言語-イメージ(action-language-imagination：ALI)モデルを示す。このモデルには2つの主要な経路があり，この経路によって運動者はスキルの情報を入手することができる；これらの経路は，実演と言語教示に対応しており，2つの独立チャネルまたは符号化システムに基づいている。第1のチャネルである運動チャネルは，人間の運動の符号化に特化したものであり，第2のチャネルである言語チャネルは，書き言葉を含めて話し言葉や身振り手振りの言語を符号化している。2つのチャネルの間には，運動-言語の橋渡しと呼ぶ連繋が存在している。この橋渡しのお陰で，運動の描写，運動の生成，言語教示の実行が可能になっている。Annett(1990, 1996b)は，運動を活動から言語コードに翻訳するというイメージの本質的な機能を明らかにしている。

　運動と言語の両システムにおける符号化情報は一方のみの符号化情報よりも優れた学習をもたらすということが，二重符号化理論の基本原理になっている。例えば，言語の媒体は，別に方法では思い出せないような運動のパフォーマンスを，イメージを通して思い出

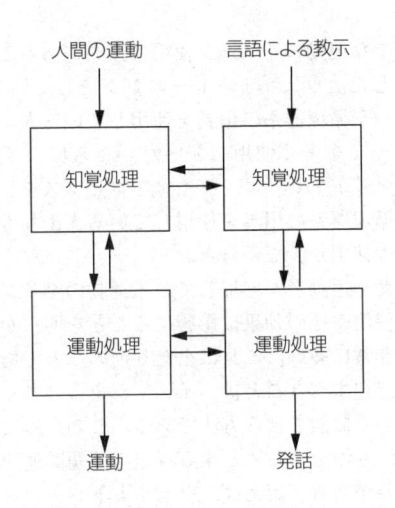

図20.1 運動−言語−イメージの関係を示したALIモデル
(Hall et al., 1997)

させているかもしれない。Hall, Moore, Annett, Rodgers(1997)は，この原理の証拠をいくつか示した。Hallらは，実演あるいは目隠しした誘導運動による運動パターンの想起を調べた。実験参加者は，3つの方略――イメージ，言語ラベリング，イメージ＋言語ラベリング――の1つを使用する，またはリハーサルなしの方略（統制条件）によって運動パターンをリハーサルした。リハーサルの方略としてイメージ＋言語ラベリングを使用した場合には，イメージのみを使用する方略よりも多くの運動パターンを想起した。

Kim, Singer, Tennant(1998)もまた，二重符号化理論を支持する証拠を示した。Kimらは，ゴルフのパッティング課題の学習における聴覚（言語）イメージ・視覚イメージ・運動感覚イメージの効果を相対的に比較した。その結果，ALIモデルでは情報の二重符号化に不可欠とされている聴覚イメージがパフォーマンスの正確な保持と視覚イメージよりも強く結びつき，パフォーマンス測度として運動感覚イメージよりも優れていた。全体的に，二重符号化理論は，イメージが運動や言語と連繋する方法をうまく説明している。議論したその他の理論と同様に，この二重符号化理論は，運動領域のすべてのイメージ機能を十分に包括的に説明するものでもなければ，ましてそれを意図したものでもない。運動イメージのすべての側面を説明するような包括的な理論が近い将来出現するとは，とても思えない。

イメージの使用に影響する変数

競技者や運動者がイメージを使用する時に多数の変数が影響していることは，周知の通りである。本節では次の4つの変数を取り上げてみたい；運動のタイプ，スキルと運動のレベル，ジェンダー，イメージの能力。競技者や運動者に提示するイメージ使用の教示はしばしば別の変数と思われている（例えば，Hall, Buckolz, & Fishburne, 1992；Janssen, & Sheikh, 1994）が，この変数の研究については本章の他の節でも取り扱うことにする。

運動のタイプ

もちろん，イメージの使用は運動ごとに変化している。1つの顕著な違いは，イメージが発生する機会である。例えば，アーチェリーやボーリングといった離散型の課題では，試行前のイメージが可能であるが，水泳やサイクリングといった連続課題の競技中には，イメージを使用する機会があまりない。もう1つの明らかな違いは，イメージの内容である。バスケットボール選手の基本的なイメージの内容は，シュート・パス・ドリブルを含め，このスポーツの優れたパフォーマンスの実行に必要なスキルから成っている。それに対して，スカッシュ選手はフォアハンド・バックハンド・サーブをイメージするものと思われる。イメージ内容のその他の側面は，運動ごとに微妙に変化しているものと思われる。前述のように，優れたパフォーマンスの実行に必要なフォームに強く依存するスキルを獲得する（例えば，体操競技）には，外的視覚の観点が内的視覚の観点よりも優れていると指摘している研究もある。

初期のイメージ研究では，運動スキルの学習や実行と認知要素の関係をしばしば考察した（例えば，Wrisberg & Ragsdale, 1979）。FeltzとLanders(1983)は，メタ分析のテクニックを使用してイメージ研究を調べ，イメージの効果サイズは，ダーツ投げのような課題よりも指迷路学習のようなより認知的な課題の方が大きいことを明らかにした。また，ダーツ投げのような課題では，強度が主要な要素である課題でよりも優れた効果を示した。しかしながら，これらの知見は，特定の認知的なイメージの使用ともっぱら関係している。さらに，どのような課題の遂行であっても，認知要素の相対的な寄与率を確定することは非常に困難である。

運動スキルの認知要素を明らかにしようとするよりも，Paivio(1985)が提唱した課題分析のタイプを使用するとよいだろう。例えば，課題が知覚標的に影響しているか，そのような標的が動いているか静止しているか，運動者が標的に関して何をしているのかなどを，我々は分析することができる。Paivioは，そのような課題の違いはイメージのもっとも効果的な使用方法と密接に関係しているに違いないと強く主張している。

スキルの獲得を考える場合，Hallら(1994)は，スキルをイメージすることがどれほど容易であるかに注

意を向けることが重要であると確信している。Hallらは、あるスキルは他のスキルよりもイメージしやすいために、CS イメージの使用によってさまざまな運動スキルの学習とパフォーマンスが受ける利益は同等のものではないと主張している。さまざまな運動にはさまざまなイメージの評定価があり（運動をどれだけ容易にイメージできるかといった評定価），運動をイメージすることが容易（高い評定価）になればなるほど，その想起は優れたものになる。このことを明らかにした研究（Hall, 1980；Hall & Buckolz, 1981）は，Hallらの主張を支持する証拠になっている。Hallらは，運動スキルをイメージすることが困難な場合には，言語描写の使用など，スキルの学習改善に有用な代替方略を推奨している。

最近，研究者は，さまざまな活動の参加者が認知イメージと動機づけイメージを区別して使用しているかどうかについて調べている。Hallら（1998，研究3）は，陸上競技選手とアイスホッケー選手にSIQを施行した。その結果，ホッケー選手はMSイメージとMG-Mイメージを陸上競技選手よりも多く使用していることが明らかになった。研究者は，チームスポーツと個人スポーツの競技者は，イメージの動機づけ機能と認知機能を分けて使用していると推測した。

Munroe, Hall, Simms, Weinberg（1998）は，大学競技者350名（女子111名，男子239名）に競技シーズンの初期と終期にSIQを実施して，より包括的な調査を行った。実験参加者は，10種目のさまざまなスポーツ（バドミントン，バスケットボール，グランドホッケー，フェンシング，フットボール，アイスホッケー，ラグビー，サッカー，バレーボール，レスリング）に参加していた。その結果，実験参加者はイメージの5つの機能（CS, CG, MS, MG-M, MG-A）を，さまざまなスポーツでさまざまに使用していることが明らかになった。さらに，イメージの使用は競技シーズンに渡って変化したが，これはスポーツ種目にも依存していた。Hallら（1998）が述べたように，チームスポーツと個人スポーツのイメージ使用には系統的な違いはなかった。このことはスポーツの分類とイメージ使用の関係をさらに調べることが重要であると示唆していた。なぜなら，スポーツは，チームスポーツと個人スポーツ以外にもさまざまに分類できるからである（オープンスポーツ vs. クローズドスポーツ）。

Gammageら（印刷中）は，運動のタイプが，運動参加者の動機づけイメージの使用や認知イメージの使用に影響するかどうかを調べた。Gammageらは，エアロビクス，ウェイトトレーニング，ランニング，水泳の各参加者や，昇降台といった循環器系の用具使用者577名（女性312名，男性264名）にEIQを実施した。EIQは，外観とエネルギーという2つの動機づけイメージの機能と，技術という1つの認知的なイメージ機能を調べる測度になっている。Gammageらは，さまざまな運動のイメージ使用に違いがあることを明らかにした。ウェイトトレーニングをしている人は，ランナーや循環器系の用具を使用している人よりも技術イメージを多く使用していた。さらに，ランナーは，ウェイトトレーニングやエアロビクスをしている人や，循環器系の用具を使用している人よりも外観イメージの使用が少なかった。

競技者や運動者が参加している運動のタイプがイメージの使用やその効果に影響することを明らかにした研究は非常に多い。これは当たり前のことである。さらに，確定すべきことは，イメージをより多くの状況でよりよく機能させる方法である。このためには本節に示したものをはじめとする特定の課題関連問題に答える必要がある。例えば，ウェイトトレーニングの参加者は，技術イメージをかなり使用していると報告している。それゆえに，ウェイトトレーニングを始める個々人に技術イメージの使用を薦めると，運動継続にポジティブな効果が現れるものと思われる。イメージに影響するさまざまな身体活動タイプをすべて明らかにすることは非常に困難と思われるが，その潜在的な利益は明らかにその努力を価値あるものにするものと思われる。

スキルのレベルと活動のレベル

スポーツイメージの研究における初期のトピックスの1つは，スキルレベルであった。研究者は，熟練者や初心者にイメージが与える利益を確定しようとした。認知過程（例えば，何をするか確定する）が大きな役割を果たす場合には，イメージが学習の初期段階でもっとも効果的であると主張した研究者もいた。WrisbergとRagsdale（1979）はこの主張を支持した。Wrisbergらは，イメージ練習を運動スキル学習の初期段階，または終了段階のいずれかに導入し，身体練習量に応じて，イメージ練習によるパフォーマンス向上量が低下することを明らかにした。その他の研究者は，イメージはよりエリートである選手にとってより効果的であると主張した。なぜなら，実験参加者がスキルを強く内的に表象するには，優れた課題パフォーマンスと同様のイメージを明瞭かつ正確に描き出さなければならないからである。Noel（1980）は，イメージするスキルを単に経験するだけでは不十分であると主張した。熟達が必要なのである。Noelは，能力の高いテニス選手と低いテニス選手を調べた。能力の高い選手がイメージを使用するとパフォーマンスは有意に改善したが，能力の低い選手のパフォーマンスは低下した。

これらの研究の限界は，CSイメージのみを考察していたことである。つまり，動機づけのイメージを何ら検討しなかった。さらに，生じた学習の量を確定する方法にバラツキがあった。初心者はCSイメージの

使用によってパフォーマンスの精度が向上する可能性もあるが，より上手な選手の向上は一貫している可能性もある。エリート選手でも時には新たなスキルを学習することがある(例えば，フィギュアスケート選手の4回転ジャンプの学習)し，しばしばスポーツでは基本的なスキルを新たな系列に統合しなければならないこともある(体操のルーチン)。Blairら(1993)は，サッカーの初心者またはエリート選手が，サッカーの基本的なスキルをほとんど包含している課題を獲得しようとする時に，CSイメージの使用によって受け取る利益を調べた。6週間のイメージ練習の前後に，各選手の課題をテストした。初心者とエリート選手の向上量はほぼ同じ値を示した。これらの結果から，あらゆるスキルレベルの選手がCSイメージの使用から利益を受けていることが明らかになった。

Hallらの研究(例えば，Barr & Hall, 1992 ; Hall et al., 1990, 1998)では，あらゆるスキルレベルの競技者が動機づけイメージと認知イメージをともに広く使用していると報告した。しかしながら，競技者のスキルレベルが高いほどイメージの使用頻度も高いということが，もっとも首尾一貫した知見の1つになっている。例えば，Salmonら(1994)は，ナショナルレベル・州レベル・地域レベルのサッカー選手のイメージ使用状況を調べた。3群すべての選手がイメージの動機づけ機能をイメージの認知機能よりも多く使用していると報告したが，エリート選手はイメージ機能とは関係なく非エリート選手よりも多くのイメージを使用していると報告した。エリート競技者がイメージをより広範に使用しているのは，明らかに，これらの競技者が自分のスポーツに対してより強く関与していることに原因があるものと思われる。

運動に関しては，運動レベル(頻度)を考察することが重要になっている。RodgersとGauvin(1998)は，2群の女子を使用して，その動機づけの特徴を調べた。1群は1週間に2回以下の運動をする群，もう1群は3回以上運動をする群であった。Rodgersらの研究によって，ストレス軽減やメンタルヘルス面(例えば，エネルギーやウェルビーイング)の動機と同様に，自己効力感に基づいてこれらの2群を区別できることが明らかになった。Godin, Desharnis, Valois, Bradet (1995)も，これら2群の運動の行動統制感が異なることを明らかにした。これら2群は運動イメージの使用も違っているのだろうか？ Gammageら(印刷中)は，広範な運動への参加者にEIQを実施した。これらの参加者中，287名は週1～2回(少活動群)，290名は週3回以上(高活動群)運動していると報告した。高活動群は，運動イメージの3つの機能(外観，エネルギー，技術)をすべて少活動群よりも多く使用していた。高活動群はより多くの時間を運動に費やしていたために，より多くの時間を運動の思考にも費やしていたことは当然のことであった。さらに，高活動群はより強い関心を運動とその利益に示す傾向があり，それゆえに，これらの利益を考えたりイメージしたりすることに，より多くの時間を費やしていたものと思われる。

ジェンダー

男性も女性もイメージから利益を得ることができるのは疑いの余地がない。運動スキルのイメージ研究をレビューしてみても，ジェンダー間のイメージ効果の違いを示唆した証拠はない。さらに，男女間のイメージ使用の報告には若干の違いがあるだけである。BarrとHall(1992)は，ボート選手の男女で有意差があったのはわずか3つの変数のみだったと報告した。男子のボート選手は，女子のボート選手よりも外的観点をうまく制御して，より多くの鮮明な内的視覚イメージを使用していると報告した。女子のボート選手は，男子よりも定期的にイメージ練習を行っていた。多くの研究報告(例えば，Munroe et al., 1998 ; Salmon et al., 1994)から，男女が使用している動機づけのイメージや認知のイメージにはほとんど差のないことが明らかになっている。したがって，分析する際にはジェンダーを変数から除外することができる。

スポーツとは対照的に，ジェンダーは運動イメージ使用の決定要因となっているように思われる。Gammageら(印刷中)は，1つ目の知見として，女子は外観イメージを男子よりも頻繁に使用していると結論づけた。女子では理想的な体型の維持に重圧がかかることを考えれば，これは理にかなっているように思われる。2つ目の知見は，男子が女子よりも技術イメージを頻繁に使用していることであった。ウェイトトレーニング研究の実験参加者は女子よりも男子が多く，ウェイトトレーニングは本質的に非常に技術的なものであることが，この知見の1つの説明になっているものと思われる(ウェイトトレーニングを安全かつ効果的に遂行するには，適切なフォームが必要である)。Gammageらの述べた2つ目の説明は，男子は競争を理由にして運動する傾向が女子よりも強く，ウェイトトレーニングの文化には非常に競争的な傾向があるというものである。しばしば男子は，周囲の者よりも重い重量を上げようとし，より困難なことをなそうとしている。このタイプの運動動機を保有している男子は，自分自身を，より重い重量を上げることができるフォームや技術の遂行者としてイメージしている可能性がある。エネルギーのイメージの使用には男女差のないことが明らかになっている(Gammage et al., 印刷中)。この結果は，運動の心理的な動機にはジェンダー差がないことを指摘した研究と一致している(Markland & Hardy, 1993 ; Mathes & Battista, 1985)。男女は類似した心理的な理由から運動をしているために，男女のエネルギーのイメージの使用が類

似したものであっても驚くにはあたらない。

イメージ能力

　大半の競技者や運動者はイメージを使用していると報告しているが，イメージを使用する能力には違いがある。イメージ能力の個人差は，1世紀にも渡って心理学者の関心事になっている。Paivio(1986)は，これらの個人差は遺伝的な変異性と相互作用をしている経験の産物であると確信している。運動領域の研究者にとって主要な問題の1つは，多様なイメージ能力から課題パフォーマンスを予測することができるかどうかということである。この問題の最初の研究は，あいまいな結果を示していた。

　StartとRichardson(1964)は，実験参加者のイメージの鮮明度と制御可能性を測定し，イメージ能力のこれらの属性と体操スキルの学習やパフォーマンスに関係がないことを明らかにした。同様に，Epstein(1980)は，ダーツ投げ課題のイメージの個人差とパフォーマンスの正確性の個人差の関係を明らかにすることができなかった。しかしながら，RyanとSimons(1982)は，よりポジティブな結果を示した。Ryanらは，実験参加者を，報告した日常生活におけるイメージ使用の頻度に従って分類した6条件のいずれかに割り当てた；頻繁にイメージする者に対してバランス課題の学習へのイメージ使用を求める条件，頻繁にイメージする者に対してイメージ使用を禁止する条件，あまり頻繁にイメージしない者に対して課題学習へのイメージ使用を求める条件，あまり頻繁にイメージしない者に対してイメージ使用を禁止する条件，身体練習条件，練習なし条件（統制条件）。課題を遂行した後に，イメージを使用した実験参加者は，経験したあらゆる視覚イメージや運動感覚イメージの量と質を評価する質問紙の全項目に記入した。予測したように，イメージ練習は課題の学習に効果があった。そして，イメージを使用した実験参加者の学習は，イメージを使用しなかった実験参加者よりも向上した。さらに重要なこととして，強力な視覚イメージを報告した実験参加者の学習は，視覚イメージの希薄な参加者よりも向上した。また，強力な運動感覚イメージを報告した実験参加者の学習は，運動感覚イメージが希薄な実験参加者よりも向上していた。

　なぜこのようなあいまいな結果になったのだろうか？ Hallら(1985)は，これらの研究は運動スキルのイメージ能力を明確には測定していなかったと説明した。どちらかといえば，イメージ能力のテストは，個々人を人・場所・状況についての彼ら自身の評価に基づいて，高イメージ者と低イメージ者に分類していた。それ以降の研究者は，運動のイメージ能力を評価するイメージ質問紙を開発してきた（これら質問紙のレビューは，Hall, 1998を参照）。研究者はこれらの質問紙によって，イメージ能力と運動パフォーマンスの関係をより堅実に実証している。

　Goss, Hall, Buckolz, Fishburne(1986)は，運動イメージ質問紙（Movement Imagery Questionnaire：MIQ；Hall & Pongrac, 1983）を施行して，次の3つのイメージ能力群を調べた；低視覚／低運動感覚(LL)群，高視覚／低運動感覚(HL)群，高視覚／高運動感覚(HH)群。実験参加者には基準パフォーマンスレベルに到達するまでの単純運動学習を要求し，1週間後にこれらの運動の保持と再獲得をテストした。その結果，イメージ能力と運動学習の関係が明らかになった。LL群は運動学習にもっとも多くの試行数を要した。HL群は中程度の試行数を要し，HH群はもっとも少ない試行数で運動を学習した。同じ傾向は1週間後の運動再獲得にもみられたが，イメージ能力と保持の関係はあまり支持しなかった。

　もう1つの研究で，Hall, Buckolz, Fishburne(1989)も，実験参加者をMIQの得点に基づいて低イメージ群と高イメージ群に分類した。その後，実験参加者が運動を思い出す程度を，想起テストと再認テストを用いて調べた。テストの結果，両群のパフォーマンスに差はなかったが，運動を再生する際の身体的な精度を評価した場合には，高イメージ群の精度が低イメージ群よりも高かった。これらの知見から，イメージ能力の個人差は運動スキルの学習とパフォーマンスに影響することが明らかになった。

　個人差を取り扱う場合，研究者は一般的にイメージを能力とみなしている。厳密な意味で，能力は非常に安定したものである。しかしながら，競技者はかなりの時間と努力をかけて，イメージの改善に努めている。この点で，研究者はイメージを能力以上のスキルとして認識している。もしもイメージがスキルならば，イメージテストの得点は練習によって向上するものと思われる。Rodgersら(1991)は，16週間に渡るイメージトレーニングプログラムの前後にMIQをフィギュアスケート選手に実施して，この可能性について調べた。トレーニングプログラムを経験したスケート選手のイメージ得点は向上したが，統制群のMIQ得点は変化しなかった。これらの結果は，イメージが能力と同様にスキルであり，他のスキルと同様に定期的かつ入念な練習によって向上することを示唆している。

イメージの研究の応用と将来の動向

　スポーツや運動においてイメージを使用する時の問題は，実験参加者にイメージを動機づけることではなく，むしろもっとも効果的にイメージさせることである。練習や試合のための心構えといった状況でイメージを使用する可能性もあるが，別の状況，例えば自ら

をリハビリテーション運動に動機づけるといった状況ではイメージの使用を考えない可能性もある。インストラクター，コーチ，スポーツ心理学者としてイメージの介入をする際には，競技者や運動者にイメージ使用の4つのW［どこで，いつ，なぜ，何を(where, when, why, what)］を問いかけることが，1つの有力な出発点になっている。

4つの質問はすべて重要なものであるが，「どこで」「なぜ」という質問は，「いつ」「何を」という質問よりも重要になっている。これは一般的に「いつ」「何を」に対する回答は，実験参加者の間でより多く一致しているからである(Hausenblas et al., 1999；Munroe et al., 1999)。例えば，競技者はパフォーマンスの直前にもっとも多くイメージを使用しており，そのイメージには正確，鮮明，ポジティブという傾向がある(Barr & Hall, 1992；Hall et al., 1990)。競技者や運動者がイメージを使用する場所，とりわけその理由にはより多くのバラツキがある。そのため，イメージの使用場所やその理由へ導くような枠組みは，実践者と研究者にとってかなり有用なものになると思われる。最近，Martin, Moritz, Hall(1999)は，競技者のためのそのような枠組みを開発している。Martinらが開発した組織的なモデルは，"研究者が応用スポーツの文脈で調べた無数のイメージ関連の変数を，理論的に意味のある要因の最小限のセットまで絞り込んだものであった"(p.248)。明らかになったモデルの4つの重要な要素は次のものである；(1)状況(どこ)，(2)イメージ機能(なぜ)，(3)イメージの使用と関連した成果，(4)イメージ能力。Martinらの考え方とその他運動イメージに関連するものを図20.2に示す。

このモデルでは，スポーツと運動という2つの基本的な状況を区別している。スポーツを運動と区別しているのは競技性である。競技にはしばしばプレッシャー，不安，勝利の重視がつきまとうが，運動にはこれらがほとんどない。しかしながら，審査スポーツ(例えば，フィギュアスケート)を除けば，運動には，スポーツよりも外観を非常に重視する傾向がある。これらの違いを前提にすれば，これら2つの状況における認知のイメージと動機づけのイメージ機能のいくつかは，必ず変化するものと思われる。

このモデルの2つ目の要素は，イメージの機能である。すでに詳述したように，競技者は5つの基本的なイメージ機能(CS, CG, MS, MG-M, MG-A)を使用し，運動者は主に3つのイメージ機能(外観，エネルギー，技術)を使用していることが明らかになっている。このモデルの3つ目の要素は，競技者と運動者がイメージの使用によって達成したいと思っている望ましい成果である。成果の3つの一般的なカテゴリーは，(1)スキル・ルーチン・方略の学習とパフォーマンス，(2)認知の修正(例えば，よりポジティブになる，自信を強める)，(3)喚起レベルと不安レベ

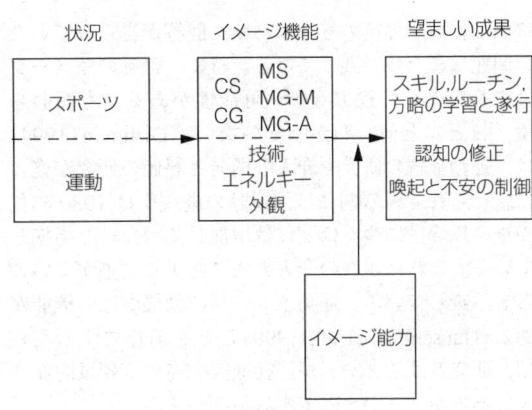

CS(cognitive specific)＝認知の固有イメージ
CG(cognitive general)＝認知の一般イメージ
MS(motivational specific)＝動機づけの固有イメージ
MG-M(motivational general-mastery)＝
　　動機づけの一般−熟達イメージ
MG-A(motivational general-arousal)＝
　　動機づけの一般−喚起イメージ

図20.2　競技者と運動者がイメージを利用して多様な結果を達成する方法のモデル

(Martin et al., 1999より改変)

ルの調整，である。Martinら(1999)は，使用するイメージ機能を望ましい成果に合わせるという，非常に説得力がある主張をしている。例えば，競技者が自己効力感を高めて困難なスキルを遂行したいと欲する場合には，MG-Mイメージを使用する必要がある。イメージのもう1つのタイプ(例えば，CSイメージ)を使用する場合には，効果が弱くなるか，もしくは効果がまったくなくなるものと思われる。Martinらは，競技者(と運動者)はイメージの使用による複数の成果の達成をしばしば願っていると強く主張している。したがって，イメージには多数の機能があるために，イメージ練習(例えば，CGイメージよりもMG-Aイメージ量を増やす)をする際には，これらの機能に優先順位をつけなければならない。

モデルの4つ目の要素は，イメージの能力である。Martinらは，イメージ能力を調整変数として概念化してモデルに盛り込んでいる。なぜなら，イメージの能力とさまざまな運動パフォーマンスの成果の関係が明らかになっているからである。この要素には，スポーツや運動でのイメージの使用に影響するその他いくつかの変数や，本章の初めに議論した変数(例えば，運動／スキルレベル)も入っている。全体的に，このモデルは，イメージの使用場所や使用理由に介入するインストラクター，コーチ，スポーツ心理学者の一般的な指針になっている。

スポーツや運動におけるイメージの研究は著しい発展を遂げている。過去10年以上に渡って研究者がもっぱらCSイメージを検討していることは，明白な事実である。それにも関わらず，研究は表面をわずか

に引っ掻いた程度のものであり，回答が得られていない問題はまだ多数残っている。特に，運動のイメージは，介入として途方もない可能性があるにも関わらず，ほとんど何もわかっていない。Dishman (1994) は，運動継続の研究や介入の開発と評価の研究が盛んに続けられている割には，運動の継続率は1980年代の後半以降目につくほどには増加していないと指摘している。これは現在の介入方法にあまり効果がないことを示唆している。運動イメージに動機づけの機能がある (Hausenblas et al., 1999) ことを前提にするならば，研究者はイメージが運動継続を高める効果的な介入であるかどうかを確定する必要がある。

研究者は，運動イメージとその他運動参加や運動継続に影響するような変数の関係を調べることにも意欲を燃やしている。最初の研究には運動イメージと自己効力感の関係を示唆しているものもある (Rodgers et al., 2000) が，まずはこのことを確認して身体活動の誘因といった変数に拡張する必要がある。Hall (1995) が述べたように，イメージが運動行動に直接関係するのか，それとも他の変数（例えば，自己効力感）を通して間接的に影響するのかどうかも，今後確定すべき問題になっている。

研究者は，スポーツと運動におけるイメージ機能を確定するために，かなりの努力を費やしている。スポーツにおけるCSイメージを除けば，これらの機能の効果を調べた研究は不足しており，事実，未検討のままになっている問題（例えば，CGイメージ）もある。さまざまなイメージ機能と関連する認知・感情・行動の変化を明らかにするには，特に縦断的な研究が必要になると思われる。例えば，MSイメージをより多く使用すれば，それだけ目標へのコミットメントは大きなものになるのだろうか？　イメージ介入の継続は，研究を要するもう1つの問題になっている。認知のイメージに基づいた介入と，動機づけのイメージに基づいた介入では，運動継続に違いが生じるように思われる。

イメージの内容を調べる場合には，同時に1つの属性または次元を考察することが一般的なアプローチになっている（例えば，ポジティブなイメージvs.ネガティブなイメージ）。したがって，研究者には，複数の属性を同時に調べる統制的な実験デザインを強く推奨したい。HardyとCallow (1999) の研究は，このタイプの研究の好例になっている。Hardyらは，さまざまな視覚イメージの観点がフォーム重視課題のパフォーマンスに与える相対的な影響を，運動感覚イメージの有無から調べた。同一の実験でイメージ内容とイメージ機能を多様にすることも，有益なことと思われる。HardyとCallowは内容を多様なものにした

が，評価したのはイメージのCS機能のみであった。

図20.2に示したモデルは，競技者と運動者に助言する際の指針になっているばかりか，イメージ研究をデザインする際の枠組みの指針にもなっている。特定のイメージ機能の使用によって望ましい成果がもっとも得られるということを主に予測する場合には，このモデルが提案している関係を検証することができる。スポーツと運動におけるイメージには，対応すべき多数の問題が存在している。モデルはこれらのいくつかを捉えているにすぎない。したがって革新的な研究者は残る多くの問題に対処しなければならない。

要約すると，本章ではスポーツや運動においてイメージが果たす役割を議論した。本章で紹介したアプローチ法は，イメージ使用の4つのW；"どこで" "いつ" "なぜ" "何を"を考察することであった。"なぜ" "何を"の2つはもっとも実証的な研究テーマになっているが，4つのWはすべてイメージ介入の開発や実施に重要なものとなっている。研究者は60年以上に渡ってスポーツにおけるイメージを調べているが，その興味は比較的狭い範囲に集中している。大半の研究は特定の運動スキルの獲得やパフォーマンスにおけるイメージの役割を調べているが，プレーのリハーサル方略や動機づけの向上といったその他のイメージ機能にはほとんど注意を払っていない。幸いなことに，この状況は変化しつつある。研究者は現在，動機づけのイメージを調べており，また運動でイメージが果たす役割を考察し始めている。

本章では，イメージが運動スキルの獲得においてどのように作用しているかについても議論した。研究者はいくつもの理論を展開して，それらをかなり多くの研究指針に供している。しかしながら，これらの理論の適用範囲は，主にイメージのCS機能（特定の運動スキルのリハーサル）に限られている。研究者がより包括的な理論を開発するまでは，Martinら (1999) のモデルのようにスポーツと運動にイメージを当てはめるモデルが，研究者の適切かつ有意義な問いかけに答え得るものと思われる。実践者が競技者や運動者に助言を与える場合には，これらのモデルは実践者の指針にもなっている。

スポーツと運動のイメージの研究から明らかになった最近のいくつかの先導的なアプローチは，研究者と実践者をともに勇気づけている。本章で紹介した研究を前提にすれば，イメージ，イメージに影響する状況や変数，イメージをもっとも効果的に適用する方法についての理解が毎年進歩しているという議論を，容易に展開することができる。疑いなく，イメージは，スポーツ心理学と運動心理学における興味ある主要なトピックであり続けるものと思われる。

第21章

競技者の自信の増強と理解

スポーツパフォーマンスに対する自信の影響は，スポーツ心理学におけるもっとも興味深いトピックスの1つになっている。ピークパフォーマンスを達成した競技者は，最高のパフォーマンスを可能にしているものは，自らが信じる強力でまず"砕けることがない"ような自信であるとしばしば述べている。逆に，スポーツにおけるもっとも気がかりな2つの心理行動は，プレッシャーによる息苦しさとパフォーマンスに突然起こるスランプであり，これらはしばしば自信を喪失する原因になっている。研究者は，自信の強さがスポーツにおける成功と関係することを明らかにしている（例えば，Feltz, 1988, 1994；Vealey, 1986, 1999）。したがって，自信とは競技者が開発し増強すべき重要なメンタルスキルであると，コーチやスポーツ心理コンサルタントは考えている。

しかしながら，多くの研究者が自信は競技者のパフォーマンスに重要であると認めているにも関わらず，この分野のスポーツ心理学の研究はまだ始まったばかりである。これは，スポーツ心理学が比較的若い学問分野であることにも多少の原因はあるが，楽観的に考えれば，スポーツにおける自信の研究はこの分野自体の成熟とともに必ず発展するものと思われる。しかしながら，スポーツにおける自信の研究を有効に展開するには，スポーツに関連する有意義な研究問題を刺激するような新鮮な概念の枠組みと，有用な方法論的手段が必要だとする見方もある。例えば，研究者は自信が競技者のパフォーマンスにとって重要なことを明らかにしており，したがって，研究問題は自信がパフォーマンスを高める理由と方法に対して，今後より強く焦点を当てなければならない。この種の研究から得られた知識は実践者にとって自信の本質に関する有意義かつ具体的な情報になり，スポーツ心理学における良質な介入プログラムのアイディアを示唆するものと思われる。

本章の目的は，スポーツにおける自信の本質について議論することである。そして，より重要な目的は，スポーツにおける自信関連の研究と実践を有意義に発展させることができるような概念的な枠組みを提供することにある。本章の初めには，スポーツ心理学における自信の研究法の変遷を歴史的に手短かに要約する。この要約は，統合的な枠組みとしてその後に提示するスポーツにおける自信の統合的概念モデルと結びつくものと考えている。ここではこの枠組みを使用して自信に関する現在の知識を概観すると同時に，自信について概念モデルと介入の研究の進歩を通して明らかになったことを提示してみたい。そしてさらに，自信の概念的な枠組みと，それに関連する研究の証拠／アイディアを拡張して，競技者の自信の開発と増強のための介入方略も議論する。

スポーツにおける自信の研究小史

他分野の研究と同様に，スポーツ心理学の研究では自信をさまざまな方法で概念化また操作化している。スポーツにおける自信の研究に関連する構成概念には，自信（Vealey, 1986；Vealey, Hayashi, Garner-Holman, & Giacobbi, 1998），自己効力感（Bandura, 1986；Feltz, 1994），運動の自信（Griffin & Keogh, 1982），有能感（Harter, 1981），パフォーマンスへの期待（Corbin, 1981；Corbin, Landers, Feltz, & Senior, 1983；Corbin & Nix, 1979；Scanlan & Passer, 1979, 1981）などがある。各アプローチの相対的な利点や相違点についての議論，とりわけどのアプローチが"正しい"のか，あるいは有益なのかなどについての議論は，逆効果を招くことになる。むしろ，これらの構成概念がどのように自信に関するさまざまな研究方法を形成し，それぞれの方法による証拠の欠片がスポーツにおいて自信と呼ばれる遍在的な概念の知識をどのように高めているのかについて理解できれば，スポーツ心理学の知識基盤はさらに拡張するものと思われる。

本章ではスポーツにおける自信の具体的な研究のための理論的な枠組みとして，自信の開発に基づいたス

ポーツにおける自信の概念モデルに焦点を当ててみたい。FeltzとLirgg（本巻）は，心理学の一般分野で開発した自信の概念化として自己効力感を広範にレビューしている。しかしながら，この分野のいくつかの研究知見や論理的予測はスポーツにおける自信の理解と関連性があるので，本章でも再度触れることにする。

スポーツにおける自信の最初の概念モデル

自己効力感，有能感，運動の自信，期待理論の領域の研究を踏まえて，Vealey（1986）は，スポーツにおける自信の概念モデルを提唱し仲間目録（companion inventory）を開発して，モデルの重要な構成概念を測定した。そして，スポーツにおける自信と呼ばれる，スポーツ固有の自信の構成概念は，個人がスポーツにおいて成功する能力を保有するという信念または確信度であると定義した（Vealey, 1986）。スポーツにおける自信は，ある人が特定の課題を成功裏に実行して望んだ結果を得ることができると感じる信念であるとBandura（1986）が定義した自己効力感と，類似する概念である。しかしながら，競技スポーツの独自の文脈との関連において自信を操作化するためにはスポーツ固有の概念的な枠組みと目録が必要であるという認識によって，このモデルに関連したスポーツにおける自信の概念化と測定方法の開発が進展した。

スポーツにおける自信のもともとのモデル（Vealey, 1986）は，気質的な自信（特性的な自信〔SC-特性〕）が競争的な目標指向と相互に作用し合い，行動やパフォーマンスに直接影響するような一時的なスポーツの自信（状態的な自信〔SC-状態〕）を創出すると予測していた。このモデルは，成功の意味するものは個人によって異なっているとの考えから，競争指向を取り入れスポーツにおける自信が拠り所にしている目標を説明していた（Nicholls, 1989）。競争指向といった用語を設定したのは，スポーツにおいて特定の目的達成に奮闘努力する個人の傾向を表わすためであった。Vealeyは，自信のモデルにおける競争指向として，(1)スポーツをうまく行う，(2)代表を勝ち取る，という2つの固有の目標を選択した。なぜなら，これら2つの固有の目標は，これらの目標の1つを達成することが能力と成功を証明したことになるという競技者の信念を反映していると考えたからである。

競争指向の構成概念は気質的で，長期に渡って競技者が特定のタイプの目標（パフォーマンスあるいは成果のいずれか）に向けて努力する傾向を表わし，その目標によって自らの能力と成功を定義するという意味を持つ。このように，この理論では競技者のパフォーマンスと成果の指向性がともに高い場合もあり得るが，一般的に競技者はパフォーマンス指向もしくは成果指向のいずれか一方を示している。研究者はこの構成概念を，競技者が何に自信を持っているのか（競争目標指向）がわかれば行動とパフォーマンスに対する自信の影響は容易に理解できるようになるという意味で，自信に付随する重要なものとみなしている。モデルにおける競技者の行動やフィードバックから発生し，既存のSC-特性レベルや競争指向のタイプを修正するさまざまな主観的な成果（帰属，成功感，感情）を予測して，モデルを完成した。

スポーツにおける自信のモデルをテストするために，研究者は次の3つの目録を開発し，論理的な枠組みの重要な構成概念を操作化した；(1)スポーツの特性的な自信目録（Trait Sport Confidence Inventory：TSCI），(2)状態的なスポーツの自信目録（State Sport Confidence Inventory：SSCI），(3)競争指向の目録（Competitive Orientation Inventory：COI）。研究者は，SC-状態とSC-特性の一次元的な構成概念をそれぞれ評価するために，TSCIとSSCIを開発した。COIは，目録をすべて記入した個々人のパフォーマンス指向と成果指向を得点で表わしている。1,000名以上の実験参加者を調べた多面的な研究プロジェクトによって，測定手段の妥当性と信頼性を支持する証拠が明らかになり，同様にスポーツにおける自信のモデルも一部支持することが明らかになった（Roberts & Vealey, 1992；Vealey, 1986, 1988b；Vealey & Campbell, 1988；Vealey & Sinclair, 1987）。

スポーツにおける自信の最初のモデルの限界

研究者はスポーツにおける自信を調べるために，自信のもともとのモデルからスポーツ固有の概念的な枠組みを苦心して作り上げたが，この枠組みはさらなる研究の強い推進力にはならなかった。この最初の概念的な枠組みの限界は，この領域の研究不足を説明することでいくぶんかは明らかになるものと思われる。

モデルに潜む1つの弱点は，SC-特性とSC-状態を区別する気質-状態のアプローチにあると思われ，SC-状態を行動／パフォーマンスの最良の予測要因と仮定したことにあると思われる。この仮説を支持した研究者はおらず，そして興味深いことに，さまざまな研究によって，SC-特性はスポーツ行動とパフォーマンスの予測要因としてSC-状態よりも優れていることが明らかになった（Gayton & Nickless, 1987；Roberts & Vealey, 1992；Vealey, 1986）。ある理論家はパーソナリティの気質と状態の"恣意的"な区別を疑問視しており，スポーツにおける自信の研究が前進しない理由はこの区別にあるものと思われる。AllenとPotkay（1981）は，パーソナリティ測度の特性-状態の区別にはほとんど概念的妥当性も実証的妥当性もないと述べている。また，Mischel（1968）は，気質-状態のアプローチは概念的に筋が通っているけれども，実証的に確認することは難しいと主張している。特性-状態のアプローチを使用してスポーツ行動（特にパ

フォーマンス)を予測する問題は，それぞれの研究で頻繁に議論している(例えば，Burton, 1988；Gould, Petlichkoff, Simons, & Vevera, 1987)。したがって，気質-状態という恣意的な二分法の論理を超えて，スポーツにおける自信は特性様のものから状態様のものに至る連続体上に存在すると考える方が有益であると思われる。このようにすれば，自信は二分法の2つのカテゴリーで固定的に表現できるという考え方とは対照的に，時間と状況を超えた自信と行動の一貫性を，連続体上でかつさまざまな方法で検討することができる。

　スポーツにおける最初の自信モデルに存在した2つ目の限界は，このモデルが競技者における自信の開発と表明に影響するような社会的・組織的な要因を説明しなかったことである。例えば，多くの競技者は，コーチング行動や重要な他者からの期待といったこのような社会的な要因が自らの自信のレベルに影響することを認めている。このことは，運動の文化的妥当感が男女の自信のレベルに影響することを明らかにした自信のジェンダー差の研究が支持している(Clifton & Gill, 1994；Lirgg, 1991；Lirgg, George, Chase, & Ferguson, 1996)。この研究は，女子らしいと感じられる課題では男子の自信が女子よりも低下し，逆に男子らしいと感じられる課題では女子の自信が男子よりも低下すると示唆していた。したがって，自信とパフォーマンスを狭く調べることよりも，社会やスポーツのサブカルチャーといった社会的要因や文化的要因が自信のパターンを開発し，継続的に影響する方法を広く調べることが重要と思われる。

スポーツにおける自信モデルの再概念化：社会-認知の重要性

　スポーツにおける自信の概念モデルは，社会認知理論に基づいてスポーツにおける自信を再概念化することを意図して1998年に改訂をみた。それは，スポーツにおける自信の研究を強く保証すると思われるような概念の変更であった(Vealey et al., 1998)。社会認知理論は，行動の社会的な起源，人間の動機づけ・感情・行為における認知的思考過程の重要性や，複雑に個別化した行動パターンの無報酬の学習を強調している(Pervin & John, 1997)。社会認知理論では行動を状況固有のものとみなし，気質論者が強調する総体的・状況横断的な差異よりも，独特の状況-行動パターンを明確なパーソナリティとみなしている。例えば，社会認知理論を唱える者は，競技者の自信を上げ下げするようなさまざまな状況を知ることは，競技者がさまざまな状況で使用している方略と同様に，競技者の生得的なSC-特性のあらゆるレベルを他の競技者と比較して評価することよりも重要だと強調している。

　全体的に，社会認知の観点から再概念化したスポーツにおける自信のモデルには，次の新しい3つの特徴がある；(1)気質と状態に分けた構成概念とは対照的に，スポーツにおける自信の単一的な構成概念であること，(2)競技スポーツの独特なサブカルチャーで，どのように自信が競技者に顕在化するかを理解するために必要と思われる社会文化的影響力を強調して組織的文化をモデルに組み入れたこと，(3)競技者にとって重要な自信源を概念化したこと(Vealey et al., 1998)。モデルに追加したこれらの3点を次に議論する。

自信構成概念からの気質と状態の削除

　モデルの最初の修正にあたって，研究者はスポーツにおける自信の概念から気質と状態をそれぞれ削除した。むしろ研究者は，スポーツにおける自信を，一時的な準拠枠に依存した(今日の試合の自信vs来シーズンに向けた自信vs昨年中の自信の一般的なレベル)，より特性あるいは状態に類似すると思われる社会認知的な構成概念とみなしていた。モデルにこの修正を行ったのは，この領域における初期の研究では，SC-特性とSC-状態という別々の名称(と測度)が行動の有用な予測要因にならなかったからである(Vealey, 1986)。

組織の文化の影響の説明

　スポーツにおける自信のモデルの新たな2つ目の特徴は，競技者のスポーツにおける自信の源と自信のレベルに影響する要因として，組織の文化を組み込んだことである。すでに議論したように，スポーツにおける自信のように心理的な構成概念は，人間の認知や行動を形づくる文化的な影響力に関連づけて研究しなければならない。社会認知的観点から自信を理解する上で絶対に必要なことは，競技スポーツの組織的なサブカルチャーの一部になっている社会文化的影響力を説明することである。なぜなら，このアプローチは固有の文化システムにおける行動パターンの学習を強調しているからである。

　競技者における自信の開発や表出に影響すると思われる組織の文化要因は，競技レベル，動機づけの雰囲気，特定のスポーツプログラムの目標および構造上の期待などを包含している。例えば，エリート体操学校の組織の文化は，目標，コーチング行動，期待される参加者の行動的なコミットメントのレベルの点で，地域の体操教室での子供のためのプログラムとは異なったものになっている。さまざまな年齢，欲求，レベルの競技者における自信を理解・評価・増強しようとする場合には，これらの社会-構造-文化的要因を考慮することが重要である。重要な影響を与える組織の文化は，個人のスポーツへの参加やスポーツ行動に対する，民族・階級・ジェンダー・性的指向に基づいたス

テレオタイプの期待などである。例えば，アメリカで思春期の少女が競技レスリング（伝統的に男子のスポーツ）をしようと考えた場合には，自信の獲得や維持に利用する資源と同様に，自信のレベルにも確実に影響するような多くの社会的な非難に直面するものと思われる。重要なことは，人間の認知や行動を決定する文化的影響力とスポーツにおける自信といった心理的な構成概念の関係を調べることである。

スポーツにおける自信の源の概念化

スポーツにおける自信モデルの3つ目の修正は，スポーツ環境における競技者に重要であることが研究によって明らかになった9つの自信の源を新たに組み込むことであった(Vealey et al., 1998)。Bandura(1990)は，興味ある現象が決定要因や自信の源を明記した理論に根ざしている場合にはその分野が最高に発展すると述べている。社会認知理論を唱える者として，環境との社会的相互作用によって発達する自信や自己効力感といった重要な自己知覚の起源を理解する必要があると強調している。

自信の源に関する多くのスポーツ心理学の研究では，Bandura(1986)の自己効力感理論のパラメータが使用されている。Bandura は自己効力感には次の4つの自信の源があると強く主張している；(1)パフォーマンスの達成，(2)代理経験，(3)言語による説得，(4)生理的な状態。研究者は，これらの自己効力感の源が効力期待やパフォーマンスに与える効果を，さまざまな運動状況やスポーツパフォーマンスの状況で実験的に調べている(本書の Feltz, 1994；Feltz & Lirgg を参照)。記述的な研究も，Bandura が提唱したこの4つの自信の源を支持している(Feltz & Riessinger, 1990)。Bandura の自己効力感の理論は，自信の源を調べる場合に有効な論理的枠組みであることが明らかになっている。しかしながら，独特のスポーツ文脈にある競技者にとって，実際にこれらの自信の源がもっとも顕著なものかどうかについては，まだ明確にはなっていない。このように，この研究の流れは，競技スポーツ固有の性質に基づいて競技者が使用する自信の源の検討に進んだ。

研究が支持したスポーツにおける9つの自信の源

さまざまなスポーツの競技者500名以上を使用して4相の研究プロジェクトを実施した研究者は，関連する自信の源を競技者のために同定し，スポーツにおける自信の源の信頼性と妥当性の高い測度を開発した(Vealey et al., 1998)。心理測定の結果，スポーツにおける自信の源の質問紙(Sources of Sport Confidence Questionnaire：SSCQ)には，競技者の9つの自信の源の測度としての信頼性と妥当性があることが明らかになった。これらの自信の源を表21.1に示す。

熟達は，個人的スキルの習得や改善から派生した自信の源である。能力の実演は，競技者がスキルを他者

表21.1 スポーツにおける自信の源

自信の源	自信の由来
熟達	スキルが熟達し，改善すること
能力の実演	他者にスキルを誇示すること，または対戦相手よりも優れた能力を実演すること
身体的／心理的な準備	身体的・精神的に集中して，パフォーマンスへの最適な準備をしているという感覚
身体的な自己呈示	身体的な自己認知（自分の容姿が他者にどのようにみられているかという感覚）
社会的支援	コーチ・家族・チームメイトといった重要な他者からスポーツにおける支援や励ましを受けているという感覚
代理経験	チームメイトや友人といった他者の示す巧みなパフォーマンスを観察すること
コーチのリーダーシップ	コーチの意志決定やリーダーシップが長けていると信じること
環境の快適さ	競技環境の心地良さを感じること
状況の有利感	状況が自分に有利に変化しているという感覚

に誇示したり，対戦相手よりも優れた能力を提示する時の自信の源になっている。これら2つのスポーツにおける自信の源は，パフォーマンスの達成を自信の重要な源とした Bandura の立場を支持している。しかしながら，これら2つの自信の源の発生は，スポーツにおける達成に，スキルの熟達と能力の実演という2つのかたちで表われることを示唆している。Nicholls(1989)，Horn と Hasbrook(1987)，Duda (1992)，Gill, Dzewaltowski, Deeter(1988)の研究も，自信の源あるいは能力感の源としての能力の提示と熟達の相違を支持している。

身体的／精神的な準備は，パフォーマンスに最適な集中をするための準備が身体的・精神的にできているという感覚と関係している。Gould, Hodge, Peterson, Giannini(1989)は，身体的コンディショニングはコーチが競技者の自信を開発するために使用する方略の中でもっとも高い評価を受けているものの1つであることを明らかにし，この自信の源を支持している。Horn と Hasbrook(1987)や Williams(1994)も，努力は競技者が使用する有力な情報源であることを明らかにした。さらに，Bandura(1986)は，生理的な喚起を自己効力感の源とした。これは最適な自信とパフォーマンスの"サイキングアップ"というよく知られたスポーツ概念に類似している。Williams も，有能感に影響するリラックス感や能力のエネルギー感といった

"試合前の態度"に注目した。

　身体的な自己呈示を研究者は，競技者の身体的な自己認知またはボディーイメージと定義している。自己効力感についての以前の研究では，ボディーイメージ感や身体的コンディショニングに基づいた身体的な自己効力感の構成概念を支持している（Ryckman, Robbins, Thornton, & Cantrell, 1982）。さらに，スポーツ参加者は身体の見栄えや評価をしばしば気にすることが明らかになっている（Martin & Mack, 1996）。

　社会的支援は，スポーツの自信の源として，Bandura（1986）の自己効力感の言語的な説得の源と類似している。Weinberg, Grove, Jackson（1992）は，言葉による説得は，テニスコーチが選手の自信を高める際にもっとも一般的に使用する方略の１つであることを明らかにした。Harter（1981）は，重要な他者による強化を有能感の重要な促進要因とした。コーチ・親・仲間からの評価フィードバックは，子供の有能感に大きく影響することが明らかになっている（Black & Weiss, 1992；Horn, 1985；Horn & Hasbrook, 1986, 1987；Horn & Weiss, 1991）。

　代理経験とは，チームメイトや友達といった他者の巧みなパフォーマンスを観察することによって自信をつけることである。同様に，Bandura（1986）の自己効力感の理論は，他者の巧みなパフォーマンスの観察は自信の向上に有用であると予測している。スポーツ心理学の研究は，代理経験を自信の源として支持している（Gould & Weiss, 1981；McAuley, 1985；Weinberg, Gould, & Jackson, 1979）。コーチのリーダーシップは，意志決定スキルやリーダーシップスキルへの信用から派生した自信の源になっている。コーチング行動と競技者の有能感の連繋を明らかにした研究は，この自信の源を支持している（Horn, 1985）。

　環境の快適さは，競技を実施する特定の体育館やプールといった競技環境の心地良さがもたらす自信の源になっている。スポーツ競技における"ホームアドバンテージ"や，バランスの取れたホームとアウェーのスケジュールではホームチームの勝率が50％以上になるという知見（Courneya & Carron, 1992）は，競技者の自信の源の逸話として研究者がしばしば引用しているものである。状況の有利感とは，状況が自分に有利に変化していると感じて自信を得ることである。例えば，心理的な"はずみ"というよく知られた概念は，成功の確率を増す何かが起こるのではないかという競技者の感覚を指しており，一般的に自信の高まりを創出している（Richardson, Adler, & Hankes, 1988）。

　研究が支持した９つのスポーツの自信の源が３つの広範な領域に収まると考えることは，概念的に有用なことと思われる。第１に，競技者は能力の熟達と実演といった達成から自信を得ている。第２に，競技者は身体的／精神的な準備と身体的な自己呈示を含む自己制御から自信を得ている。第３に，競技者は社会的支援の源・代理経験・コーチのリーダーシップ・環境の快適さ・状況の有利感といったポジティブな，かつ達成を育くむ社会的雰囲気から自信を得ている。すなわち，競技者は認知，感情，行動，練習を効果的に自己制御して，支持的で，やりがいがあり，快適かつ動機づけ的な競争環境で競技して目標を達成する時に自信を得ている。実際に，自信の背景にある源と，それらと他の心理的な構成概念や行動との関係性を明確に理解することができれば，競技者の自信を高める介入について有用な洞察を得ることができると思われる。潜在する実践的な意味合いと介入については本章の後半で議論する。

競技者に対する自信の源の重要性　スポーツにおける自信の重要な源の同定以外に，いずれの自信の源が競技者にとってもっとも重要なのかを調べることも興味深い問題であった。個々の大学スポーツ競技者にとって，スポーツの自信の源のトップ５は次のとおりであった；（1）身体的／精神的な準備，（2）社会的支援，（3）熟達，（4）能力の実演，（5）身体的な自己呈示（Vealey et al., 1998）。身体的な自己呈示と社会的支援は，男子よりも女子にとって重要な自信の源であった。このことから，他者からの社会的な承認とともにボディーイメージを重視することは，スポーツに参加する女子にとって重要であることが明らかになった。女子競技者は，社会が規定した女子らしい性質を維持することで社会的な受容と承認が得られることを学習している。そのため，女性が社会でどのようにみえるかを強調するのは当然である。これらの知見は，社会評価の手がかりの存在は男子よりも女子の自信のレベルに影響するという知見と一致している（Lenney, 1977；Lirgg, 1991；Lirgg et al., 1996）。

　高校バスケットボール選手のスポーツの自信の源のトップ５は次のとおりであった；（1）熟達，（2）社会的支援，（3）身体的／精神的な準備，（4）コーチのリーダーシップ，（5）能力の実演。しかしながら，この対象では，もっとも重要度の低いスポーツの自信の源は身体的な自己呈示となっており，ジェンダーによる違いもなかった（大学生の個人スポーツ競技者を対象とした研究とは対照的に）。一般的に，個人スポーツでは，チームスポーツであるバスケットボールと比較して，体型や表現をより強調している。したがって，体型をより精細に吟味するスポーツでは身体的な自己呈示が競技者のより顕著な自信の源になるものと思われる。この研究では対象上の制約があるために，よりエリートである大学競技者ほど，高校競技者に比べて自らの身体的な自己呈示や身体イメージをより優先しているというように説明することもできる。今後の研究では，さまざまなスポーツや年齢層における自信の源として，身体的な自己呈示の本質をより十分に調べる必要がある。

　大学競技者を対象とした調査の結果と同様に，高校

女子競技者では男子よりも社会的支援がスポーツにおける重要な自信の源になっていた。加えて，この対象の男子競技者では，女子競技者よりも能力の実演が重要な自信の源になっていた。スポーツにおける勇気とスポーツへの参加に関して男子は極端に規範的な社会的比較を期待するという研究は，この知見を支持したものとなっている（例えば，Duda, 1989；Eccles & Harold, 1991；Gill & Deeter, 1988）。しかしながら，スポーツの自信の源としての能力実演におけるジェンダー差が大学競技者にみられなかったことから，このジェンダー差が発達の影響を受けているのか，スポーツへの参加のレベルに基づいているのかについては追加的な研究が必要である。

スポーツにおける再概念化した自信のモデルの要約

研究者は，競技者の顕著な自信の源の強調と，スポーツにおける自信の発現に対する社会文化的要因の影響を含む社会認知の観点から，Vealeyが1986年に発表した最初の自信のモデルを再概念化した。しかしながら，本章を書き進めている最中に，重要ではあるけれども脆弱なスポーツの自信の構成概念に影響する重要な心理社会的な過程を明確に描写するには，より広範でより統合的なモデルを構築しなければならないことが明らかになった。研究と実践の分裂が，スポーツ心理学における慢性的な問題になっている。この分裂を避けるには，自信の研究と向上に関して研究者と実践者がともに納得できるような統一的な枠組みを設定しなければならない。次節では，研究と実践の予備的な統合モデルを提案する。このモデルの主要な中心は，これまでの枠組みとほとんど同じものになっている。しかし，このモデルの目的は，スポーツにおいて自信が"作動"する様相を，より広範かつ明確に描写することにある。

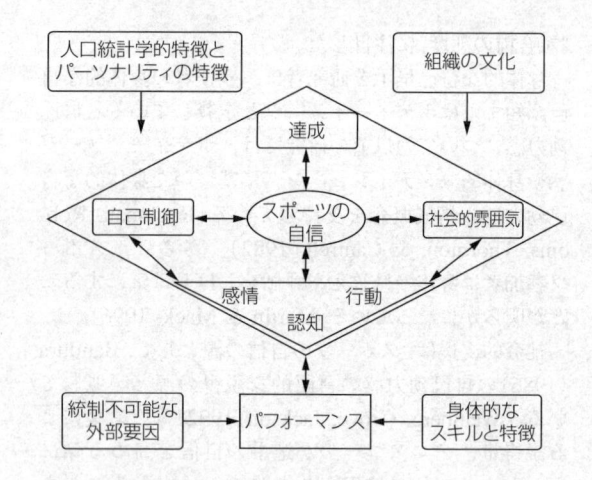

研究と実践のためのスポーツにおける自信の統合的なモデル

スポーツにおける自信の統合的なモデルを開発する際には，次の2点を考慮する必要がある；（1）モデルを組織的な枠組みにして，スポーツにおける自信を調べることができるほど有意義にすること，（2）モデルを競技者の自信増強のための介入基盤にすること。明らかに，このようなモデルは研究者と実践家にとって出発点に過ぎない。研究や有効な介入から知識基盤が増大するにつれて，この枠組みは成熟し拡張すると思われる。図21.1にスポーツにおける自信の統合的なモデルを示す。次節ではこのモデルについて記述して，このモデルを支持する関連研究をレビューしてみたい。

図21.1 研究と実践のためのスポーツにおける自信の統合的なモデル

モデルの中心をなす心理社会的構成概念と過程

モデルの中心の菱形には，自信を特徴づけ，自信の存在を活気づけ，スポーツパフォーマンスに対する自身の媒介的な影響を説明する心理社会的な構成概念と過程が含まれている。これらはスポーツにおける自信の構成概念そのものと，競技者の自信の源を表わす3領域（達成，自己制御，社会的な雰囲気），そして競技者のパフォーマンスにもっとも直接に影響すると思われるABCの三角形（affect感情, behavior行動, cognition認知）を包含している。

スポーツにおける自信 このモデルでは，個人が保持するスポーツでの成功能力についての信念または確信の程度とスポーツの自信を定義して，心臓部に据えている。ここでは，どのような一時的準拠枠を使用するかによって，社会–認知の構成概念がより特性寄りまたは状態寄りに操作化できるかが決まるという観点から，スポーツにおける自信を概念化している。Bandura（1986）の自己効力感の定義，すなわち要求課題の運動制御に必要な動機づけ・認知資源・活動過程を動員する個人の能力についての信念は，自信の社会–認知的な性質を支持している。したがって，自己効力感と同様に，スポーツにおける自信には有能感以上のものが関与している。スポーツにおける自信はむしろ，その人が"何かをする"有能感といった方がいい。このように，自信は個人が成功と感じるような目標や成果と連繋している。

以前のスポーツにおける自信の一次元的な操作化（Vealey, 1986）とは異なり，新たな理論と研究では自信を多次元的な構成概念とみなしている（Maddux & Lewis, 1995）。予備的な研究結果から，意思決定と適応力，体力とトレーニング状態，学習能力または改善能力といった身体スキル・心理スキル・認知スキルの遂行能力についての自信を含めて，競技者はさまざま

表21.2 スポーツ自信目録(SCI)の一時的な準拠枠の例

それぞれの項目に回答して下さい。
1. あなたの能力を，今現在どう感じていますか。
2. あなたの能力を，先週どう感じましたか。
3. 今度の試合に対して，あなたの能力をどう感じますか。
4. 今週末のテニスの試合に対して，あなたの能力をどう感じますか。
5. 来シーズンのあなたの能力を，今どう感じていますか。
6. 今期の競技シーズンのあなたの能力を，どう感じましたか（シーズン終了後に振り返っての評価）。
7. あなたの能力を，概してどう感じますか。

なタイプの自信を有していることが明らかになっている(Vealey & Knight, 執筆中)。新しい多次元的なスポーツ自信目録(Sport Confidence Inventory : SCI)では，回答者がそれに基づいて回答する一時的な準拠枠の提示を研究者に求めている(Vealey & Knight, 執筆中)。競技者の自信に関するSCIの一時的な準拠枠の例を表21.2に示す。

ABCの三角形 モデル中スポーツの自信の真下にある三角形は，スポーツ心理学のABC(感情，行動，認知)を包含している。すなわち，スポーツ心理学では，人の感じ方，行動の仕方，考え方が中心を占めている。心理学の社会-認知的な領域では，ABCを，人間機能の"個人的な適応の領域"または感触(感情)・振る舞い(行動)・思考(認知)と呼んでいる(Maddux & Lewis, 1995)。ABCは相互作用的，あるいは相互確定的(Bandura, 1978)なものなので，図21.1ではそれらを三角形の中にまとめて描写し，継続的な相互作用関係を強調している。

競技者のABCの主要な媒介要因として，研究者はスポーツの自信を"精神的な修飾要因"ではないかと考えている。これは，自信がスポーツにおいて生じるすべての事象についての競技者の感じ方，反応の仕方，考え方を修正しているという意味である。これはモデルのもっとも重要な連繋要因になっている。なぜなら，競技者の感じ方・考え方・行動の仕方への効果を通してスポーツにおける自信がパフォーマンスに影響する理由と方法を理解する上で，この連繋要因は重要なものになっているからである。

第1に，自信は，ポジティブな感情("A")を喚起するが，自信の不足は不安・抑うつ・不満足といったネガティブな感情を喚起する(Martens, Vealey, & Burton, 1990 ; Roberts & Vealey, 1992 ; Vealey, 1986 ; Vealey & Campbell, 1988 ; Vealey et al., 1998)。したがって，個人の能力や才能についての強い信念は適応的な感情状態と結びつくが，自信の不足(または能力や才能の不足を信じること)は感情的な痛みを伴い，効果のない行動や思考と結びつく(Maddux & Lewis,

1995)。興味深いことに，研究者は自信のレベルが高くなるほど喚起や不安の肯定感が高くなることを明らかにしている(Jones, Hanton, & Swain, 1994 ; Jones & Swain, 1995)。このように，自信はポジティブな感情を高めるだけでなく，一般的にネガティブとみなされているような感情(例えば，不安)を再構成して，競技者のパフォーマンスにとって必要で競技者のパフォーマンスを容易にするような生産的な信念システムを提供するものと思われる。

第2に，自信は，努力や粘り強さといった生産的な達成行動("B")と連繋している(Nelson & Furst, 1972 ; Ness & Patton, 1979 ; Weinberg, Yukelson, & Jackson, 1980)。競技者は，強い自信感によって，目標達成に向けた努力の中で挑戦的な目標を設定して最大の努力を費やし，障害に直面したときには粘り強く対処している。競技者のより多くの達成が可能となるのは，これらの前向きな行動の結果である(Bandura, 1986 ; Maddux & Lewis, 1995)。

第3に，自信がある人はスポーツの成功に必要な認知資源("C")をより効率的に使用するスキルを有している。自信がある競技者は，自信がない競技者よりも生産的な帰属パターン，注意のスキル，目標指向，成功と能力の自己認知，対処方略を備えている(Grove & Heard, 1997 ; Roberts & Vealey, 1992 ; Vealey, 1986, 1988 b ; Vealey & Campbell, 1988)。より自信がある競技者は，自信がない競技者よりも多くの熟達イメージと喚起イメージを使用し，より優れた運動感覚的イメージ能力と視覚的イメージ能力を保持することも明らかになっている(Moritz, Hall, Martin, & Vadocz, 1996)。スポーツ研究ではまだ直接的に検証してはいないが，BanduraとWood(1989)は，自信がある人は障害に直面した時に問題解決過程に集中して継続的に課題診断にあたるが，自信のない人は自己診断的になりがちで，自らの不適切感に集中しがちになることを明らかにしている。生産的な思考による認知的な効力の維持は，競技スポーツで成功するための本質的なスキルになっている。このように，自信は，この認知的な効力の精神的な修飾要因として，重要なものになっている。

スポーツにおける自信の源の3領域 スポーツにおける自信とABCの三角形に加えて，モデルの中心の菱形部分を占めるその他の3つの構成概念は，競技者が自信を開発また増強する要因のカテゴリーまたは自信の源の領域を意味している。すでに説明したように，達成感は，過去の達成に基づいた競技者の2つの自信の源を表わしている。特に，研究者は，能力の提示とスポーツスキルの熟達は高校生や大学生の競技者にとってもっとも重要な2つの自信の源になっていることを明らかにした(Vealey et al., 1998)。

自己制御は自信の源の第2の領域であり，人が個人の目標の追求行動を計画し制御する内省能力は，自

信を開発する最高の能力になっている(例えば，Scheier & Carver, 1988)。Vealeyら(1998)は，身体的・精神的な準備がその人の身体的自己についてのポジティブな自己知覚と同様に競技者の重要な自信の源になることを明らかにした。

スポーツにおける自信の源の第3の領域は，達成状況にとって典型的な無数の社会的な過程，すなわち社会的雰囲気である。競技者の重要な自信の源として浮上する社会的雰囲気の要因には，社会的支援，コーチのリーダーシップスタイルと有効性，代理経験または利用可能なモデル，快適感と競争環境への順応，状況の直感的な有利感などがある(Vealey et al., 1998)。後述するように，これらの自信の源の領域は，自信の介入研究を目指す場合には重要な領域となっている。

スポーツにおける自信の中心的な過程の相互作用論

スポーツにおける自信のモデルの中心過程部をなすすべての構成概念(菱形の内部)は，連続的に相互に作用してパフォーマンスに影響している。ここでは自信の源の3領域が競技者の自信のレベルに直接に影響することを示している。補助的な矢印は，自己制御とABCの三角形，社会的雰囲気とABCの三角形の直接的な関係をそれぞれ示したものである。このことは，モデルの中心が自信の決定要因とその結果にあるとしても，競技環境における競技者の思考・感情・反応の方法に対して自己制御力や社会的雰囲気の要因も直接に影響することを意味している。2方向の矢印は，モデルの中心部のすべての過程が相互に作用することを強調したものである。

自信とパフォーマンス

心理社会的な観点から，モデルの中心は，ABCの三角形がパフォーマンスに対する自信の影響の媒介役になっていることを示している。特に，競技者の思考・感情・行動はパフォーマンスに影響している。もちろんこれは，自己効力感理論の主要な原理になっている。最終的には，競技者の設定する目標，選択する行動，目標遂行に向けた努力，障害発生時にみせる忍耐などがパフォーマンスを決定している。生産的な感情や思考を引き出す競技者の能力も，逆効果を招くような感情や思考を管理処理する能力と同様に，パフォーマンスの決定に関与している。モデル低部に示すように，競技者の身体的なスキルや特徴も，統制不可能な外部要因(例えば，天候，運，対戦相手)と同様にパフォーマンスに影響している。これらの影響を認めて，パフォーマンスに影響するすべてのものを統制することはできないと競技者に指摘することは，重要であると思われる。

自信が身体的パフォーマンスを助長することは，既成の事実になっている(Feltz, 1988, 1994；Roberts & Vealey, 1992；Vealey, 1986)。28編の研究を調べたFeltz(1988)によって，自信とその後のパフォーマンスの相関係数は0.19～0.73(中央値は0.54)の範囲にあることが明らかになった。オリンピック体操選手(Mahoney & Avener, 1977)，エリートレスラーと大学生レスラー(Gould, Weiss, & Weinberg, 1981；Highlen & Bennett, 1979；Meyers, Cooke, Cullen, & Liles, 1979)，水泳選手(Jones et al., 1994)，多様なスポーツの競技者(Mahoney, Gabriel, & Perkins, 1987)を調べたいくつかの相関研究から，自信は成功の成否を識別する上で重要であることが明らかになっている。したがって，多様な要因がパフォーマンスに影響しているにしても，全体的に，成功するための能力の自己知覚は，身体的活動やスポーツにおける動機づけ行動とパフォーマンスに明らかに影響しているものと思われる。

組織の文化

組織の文化は，スポーツにおける全体的な自信のモデルで重要な要因になっている。図21.1(前述)に示したように，組織の文化は，競技者の自信開発方法と表出方法に影響する，スポーツのサブカルチャーの構造的な側面を表わしている。例えば，オリンピック競技者でも，オリンピックのような世界クラスの競技会ではプレッシャーや動揺が自信のレベルを異常に"もろく"かつ不安定になりやすくしたと報告している(Gould, Guinan, Greenleaf, Medbery, & Peterson, 1999)。

人口統計学的特徴とパーソナリティの特徴

モデルの最後の枠は，年齢・経験・ジェンダー・民族性といった人口統計学的な特徴と同様に，個々の競技者のパーソナリティ特徴・態度・価値観のすべてを表わしたものである。研究者は，これらの特徴が，自信の獲得源と同様に，個人の自信の開発と表出に影響すると予測している。

例えば，Vealey(1986)のもともとのモデルでスポーツの自信に重大な影響があると予測した競争指向は，スポーツの自信の源とレベルに影響するパーソナリティの特徴になっている。パフォーマンスの目標指向は，成果の目標指向と比較して，大学生フィールドホッケー選手が競技シーズンを通して示すスポーツの自信のより安定したパターンと関係することが明らかになっている(Vealey & Sinclair, 1987)。また，競争指向は競技者の自信の源に影響することが明らかになっている。身体的／精神的な準備はパフォーマンス指向の競技者にとってより重要な自信の源になっており，そして能力の提示や環境の快適さは成果指向の競技者にとって好ましい自信の源になっていた。これらの知見から，パフォーマンス指向の競技者はより個人的に統制可能な資源を使用して自信を増強するが，成果指向の競技者は規範的な社会比較や社会的雰囲気と

いった，より統制の困難な自信の源を集中的に使用することが明らかになっている。

ジェンダーは，スポーツにおける自信との関連についての研究から明らかになった，人口統計学的に主要な特徴である。男子が女子よりも高い自信の傾向を示すことは，かなり一貫した知見になっている（例えば，Lirgg, 1991）。しかしながら，これらの自信の相違は課題（スポーツ）のジェンダー妥当感に基づくという今では古典になった Lenney (1977) の主張に基づけば，それらの研究は，女子は男性的と感じられる課題には男子よりも自信がなく，男子は女性的と感じられる課題には女子よりも自信がないことを明らかにしたものと思われる（Clifton & Gill, 1994；Lirgg, 1991；Lirgg et al., 1996）。Vealey (1988b) の研究によって，男子のエリート競技者は高校や大学レベルの競技者男女よりも自信があるが，エリート競技者男女間では自信に差はないことが明らかになった。

これらの知見は，すでに明らかになっている自信のジェンダー差に社会文化が強く影響することを示唆している。スポーツのエリートレベルの女子選手は成功する能力を持っていると強く信じ込んでおり，それは対抗する男子に何ら劣るものではないと感じている。エリート女子スポーツ選手がその自信（と能力）からエリートレベルになるのか，それともエリートレベルの競争が自信レベルを高くするのかどうかは，興味深い問題となっている。すなわち，エリート競技者は，妥当なジェンダー行動に対する文化的拘束の影響をほとんど受けないような強固な自信を備えている可能性がある。またはエリートとしての地位が，競技レベルの低い女子よりも強い自信を育てた可能性もある。しかしながら，スポーツ心理学者は，スポーツにおける男女の自信の保有と表出に対する社会文化的影響を深く理解しようとはしなかった。そのことがスポーツの自信におけるジェンダー差を誤解する大きな原因になったものと思われる。

競技者の自信を高める方略

ここではスポーツにおける自信の統合的モデルとこのモデルに基づいた研究をレビューして，競技者の自信を高める介入方略開発の基本的な枠組みについて議論する（図 21.1）。

身体トレーニングの質と達成感

競技者の自信を開発する際にもっとも重要な点は，パフォーマンスの成功の基本的な前提条件になる身体的スキルと体力を開発して自信をつけなければならないことである。概念モデルでは，これを達成とスポーツの自信の間の連繋として示している。スキルと体力を開発しそして鍛える良質なトレーニングは，自信構築の基礎となる基本的な行為になっている。明らかにコーチはこのことを，競技者の自信を高める最高の方略は身体的コンディショニングの評価であるとして理解している（Gould et al., 1989）。競技者もまた，身体的な準備を最高の自信の源と評価している（Vealey et al., 1998）。世界クラスの優れた競技者は，自信とパフォーマンスの成功にとってとりわけ良質なトレーニングが重要な事項であると強調している（Orlick & Partington, 1988）。スポーツ心理コンサルタントは，この点を決して見逃してはならない。どのようなメンタルトレーニングの介入も，スポーツの遂行に必要な身体的スキルやコンディショニングの代替物にはならない。コーチやスポーツ心理コンサルタントは，共同して練習法やインストラクションの方略を分析し，身体的トレーニングの質を高めて，競技者の自信とパフォーマンスレベルを高めなければならない。自信を高めるための練習管理の例には，プレッシャー状況のシミュレーション，適応性を訓練するための不測の事態の創出などがある。

競技者の自信のもう1つの基盤は，過去の達成に対する認知である（Bandura, 1986；Vealey et al., 1998）。ここで重要なのは，認知の強調であり，競技者は統制可能な要因（例えば，適切な目標設定と評価）に基づいて達成試行と成功感の生産的な帰属を評価しなければならないことである。競技者のより高い自信のレベルは身体的スキルの熟達といった競技者自らが統制する資源や方略への集中と関係するが，より低い自信のレベルは統制不可能な社会的比較や環境資源と関係することが明らかになっている（Vealey et al., 1998）。コーチやスポーツ心理コンサルタントは，パフォーマンスや過程の目標の使用といった個人的に統制可能な方法で競技者が成功を定義する支援をしなければならない（例えば，Gould, 1998）。同様に，競技者は幼い時から成功や失敗の生産的な帰属方法を学習して，将来の成功への期待を高めなければならない。

図 21.1 に示したように，パーソナリティの特徴は，組織の文化と相互に作用して，競技者の自信の源や自信のレベルに影響している。介入の観点からは，この相互作用の効果を，競技者の達成感や成功感に関係づけて注意深く評価しなければならない。例えば，完璧主義は，ある個人のアイデンティティの問題と同様に，特に若い競技者がパフォーマンスの高い期待やスポーツでのプロ的な態度に直面している団体スポーツのサブカルチャーでは，ユース競技者の燃えつきと関係している（Coakley, 1992；Gould, Udry, Tuffey, & Loehr, 1996）。構造的な観点から，スポーツ研究者や管理者は，若い競技者のスキルや自信の開発に逆効果となるような団体スポーツのサブカルチャーの制度を変更するためのロビー活動をしなくてはならない。また，スポーツ心理コンサルタントは，ネガティブな自

己知覚の開発や成功感の欠如という"危険"を明らかにするために，若い競技者のパーソナリティを注意深く評価すべきである。組織的／文化的な要因は，競技者の成功感や重要な達成感の有無を決定している。したがって，これらの要因を明らかにして説明すれば，競技者は自らの有能感に影響するもっとも重要な社会的要因に気づくようになると思われる。

自己制御

研究者は，競技者の主要な自信の源としての自己制御を明らかにしている(Bandura, 1986；Vealey et al., 1998)。そして，この自己制御はスポーツ心理学における介入の中心問題になっている。自己制御とは自らの行動・思考・感情を管理するという意味であり，スポーツにおける自信のモデルでは自己制御とABCの三角形の間に直接的なつながりがあるとしている。自己制御はまた，自信の直接的な源になっている。なぜなら，それは成功能力に対する競技者の信念を強めているからである。大半のメンタルトレーニングプログラムは，開発すべき重要なスキルとして自信に照準を合わせており，いくつかの自己制御方略を推奨して自信を高めるものになっている(例えば，Moore, 1998；Vealey, 1988a；Zinsser, Bunker, & Williams, 1998)。スポーツ心理学者が自信の増強のために推奨しているものは，目標マッピング，イメージ，セルフトークという3つの基本的な自己制御ツールである。

目標マッピング

集中した粘り強い目標追求は，人間行動の基本的な制御要因になっている。したがって，目標マッピングは明らかに，競技者の自信とパフォーマンスを高める重要な方略であると思われる(目標設定の詳細は本書のBurton, Naylor, & Hollidayを参照)。目標マッピングは，さまざまなタイプの目標や目標方略を，目標への進捗状況を評価する系統的な評価手続きと同様に包含する，競技者用に個人化したプランとなっている(例えば，Gould, 1998)。競技者は一般的に成果の目標(勝利，オリンピックチームへの選抜)の動機づけ的な性質を話題にしているが，研究の結果によれば，パフォーマンスの目標や過程の目標は優れた自信の源であることが明らかになっている(Burton, 1988；Kingston & Hardy, 1997)。競技者がパフォーマンスを統制できると感じたり，特定の課題に生産的に集中して自信を高めることができるのは，これらのタイプの目標の贈物であると思われる。

イメージ

研究者は，イメージや視覚化は2つの方法によって自信を高めると考えている。1つ目の方法は，優れたスポーツパフォーマンスを遂行している自分自身を視覚化することで，個人化した代理という意味でパフォーマンスを完全なメンタルモデルにすることである。この意味でイメージには，運動スキルの身体的な再現を改善または精錬する認知機能の役割がある(Murphy, 1994；Paivio, 1985)。2つ目の方法は，行動に対するイメージの動機づけ効果によって競技者のABCを左右し，"何をすればいいのか"という生産的課題集中を創出すること，または自信とパフォーマンスに活力を与えるようなポジティブな感情を創出することによって，自信を高めることである(Vealey & Greenleaf, 1998)。自信の強い競技者は，自信の弱い競技者よりもスポーツ競技に関連する熟達と感情をイメージする傾向が強いことが明らかになっている(Moritz et al., 1996)。したがって，自信を高めるようなイメージの介入では，スキル実行の認知的な再生ばかりでなく，スポーツパフォーマンスの感情・注意・動機づけの側面も考慮すべきと思われる。すでに推奨したシミュレーショントレーニングと同様に，イメージトレーニングではすべての社会環境状況をシミュレーションして，次にこれらさまざまな刺激に対する競技者の具体的かつ生産的な感情的・行動的・認知的反応をプログラムしなければならない(Lang, 1979)。競技者が身体練習によって得られるものと類似のメンタル反応セットをイメージの助けを得て創出することができるのは，特定反応の繰り返しイメージによるものと，研究者は考えている。多くの研究から，イメージトレーニングは競技者のスポーツの自信を高めることが明らかになっている(Garza & Feltz, 1998)。

セルフトーク

応用スポーツ心理学では，思考の管理またはセルフトークを，自信の重要なキーとして推奨している(例えば，Zinsser et al., 1998)。セルフトークを効果的に使用している競技者は，自らの思考方法を外的な事象に委ねることとは反対に，本質的に自らの思考方法を制御している。これは本質的にスポーツにおける自信の社会認知的な性質に起因している。すなわち，自信は，スポーツをうまく行うという個人の能力についての一組の信念，つまり信念のシステムである。セルフトークはこの信念のシステムの代表的なものになっている。なぜなら，競技者は自分の信念を自分に語りかけているからである。セルフトークを管理する上での難点は，信念のシステムを作り上げている競技者の思考の自動性と不可視性にある。これらの信念のシステムは，競技者の能力についての考えを強化するような過去の社会的相互作用の産物となっている。これらの信念のシステムは，その人の自信に直接影響して，実際にその人の自信を明確にしている。

自信を高めるようなセルフトークの介入には，ネガティブな思考–停止，反論，再構成，断言といった

くつかのバリエーションがある(Zinsser et al., 1998)。ネガティブな思考-停止によって，競技者は，ネガティブな思考を認識し，社会的刺激に応える個別の思考パターンの学習を時間横断的に自己監視できるようになる。また，競技者が個人的な手がかりに慣れるようになり，ネガティブな思考が信念のシステムに内在化しなくなる。反論は，不合理かつ不適切な信念がどのようにネガティブな思考を創出するのかについて理解するための自己討論と関係している。ネガティブなセルフトークと対立する合理的感情療法(rational emotive therapy；Ellis, 1981)は，競技者の自信を高めることが明らかになっている(Elko & Ostrow, 1991)。再構成とは代替的な方法，一般的にはより生産的な方法での事象の観察を選択することである。断言とは，信念や態度を内在化するために何度も繰り返す，生産的な自己陳述の一形態である。これらの介入はすべて自らのポジティブな信念の構造開発と内在化を図るものになっている；このように，これらはすべて自信の向上に貢献している。

自己制御の要約

全体的に，自己制御は選択の考えに基づいたものとなっている。競技者は，意欲や意志を持って，行動・思考・感情の方法を選択している。社会的状況はこの認識を曇らせ，社会的環境や物理的環境が思考や感情を制御していると個人に思い込ませている。スポーツにおける一貫した健全な自信の鍵となるものは，自己制御を通した個人的意欲の実行である。これは，とりわけスポーツの組織の文化では困難であるが，スポーツにおける最適な自信を維持するために，自己制御のスキルを学習し強化することは可能であると思われる。

社会的雰囲気

自己制御は，自信を増強する重要かつ巧みな方略としてもてはやされている。しかしながら，コーチやスポーツ心理コンサルタントは，人間行動が常に社会的な雰囲気の中で生じることに留意しなければならない。教育状況の動機づけ雰囲気を高めるよう組まれた介入プランは，学習者の動機づけと自信を高めている(Ames, 1992；Theeboom, De Knop, & Weiss, 1995)。自信に影響しそうな社会的雰囲気の要因には，リーダーシップスタイル，目標の認識と評価のタイプ，社会的なフィードバックの源とタイプ，モデルの利用可能性と特徴などがある。

チーム構築活動が助長するような生産的で調和のとれた社会的支援ネットワークの一員に競技者がなっている場合には，そのことが自信を高める原因になっている(Rosenfeld & Richman, 1997)。コーチのリーダーシップスタイルやフィードバックパターンの社会的な影響は，競技者の有能感と自信に大きく影響することが明らかになっている(Horn, 1985；Vealey et al., 1998)。HornとHarris(1996)は，自律的なコーチングスタイルを使用して競技者の統制感を助長するコーチは，より統制的なリーダーシップスタイルを使用するコーチよりも，競技者の自信を強める可能性が高いと主張している。評価的なフィードバックとは対照的に，情報的なフィードバックと随伴的な強化の提供によって，コーチはより自律的なスタイルをとることが可能になる。

自信の源としての代理経験の重要性に基づいて(Vealey et al., 1998)，競技者には，スキルの実行に対してのみならず，努力や根気といった達成行動に対しても効果的なモデルを提供すべきである。快適な環境が競技者の自信の重要な源であることは明らかになっているが，そのような外的で統制不可能な要因に依存して競技者の自信増強を図ることには問題がある。競技者は自らの自信を知覚・感情・行動の自己制御により多く基づくよう学習すべきであり，そうすることで，社会的また環境的な自信構築者に依存するような一貫性のない自信のタイプには左右されなくなる。

自信を増強する介入方略の要約

要約すると，自信のための介入方略は，スポーツにおける自信のモデルのさまざまな位置から狙いをつけることが可能になっている。モデルの至る所にある双方向の矢印は，自信は一般的にパフォーマンスに重要なものとみなされているけれども，パフォーマンスの影響を受けてもいることを強調している。感情・行動・認知のABCの三角形が，自信とパフォーマンスのこの相互関係を媒介していることに注目して欲しい。したがって，自信を増強するためには，自信と強く関係しているABCの三角形への直接的な介入に集中することがより望ましい。その考えは，競技要求に関連した競技者の思考・感情・行動の高まりが自信を増強するというものである。

スポーツにおける自信の増強と研究の将来の動向

本章の重要な目的は，スポーツにおける自信の領域の研究と介入の考えを促すことであった。有望なことに，スポーツにおける自信の統合的なモデルの予測は最初の概念的な手段として役に立ち，それによってさらなる研究や自信への介入の流れが進展する。

実りがありそうな研究ラインは，自信がパフォーマンスを促進する方法と理由を説明しようとする研究であると思われる。自信と成功パフォーマンスの連繋のエビデンスを豊富に示した研究は多数存在している。

したがって，自信の発生過程やメカニズムの説明に注意を向けることは重要なことと思われる。このためには，スポーツにおける自信のモデルに示したように，一般的に，自信に付随する感情・認知・行動を検討する必要があると思われる。特に，目標に向けた懸命な努力の継続，認知効率または認知資源の利用，情動の適応といった重要な ABC は，自信に関連づけて調べなくてはならない (Maddux & Lewis, 1995)。さまざまなタイプの自己制御方略の効果を，その後のスポーツの自信のレベルと同様に，目標とした感情，認知，行動成果の最適化から評価する介入研究も必要になるものと思われる。

自信とパフォーマンスに関係すると思われる期待の構成概念の性質は，まだ明らかになっていないもう1つの研究分野になっている。優れた遂行と成功の期待に結びつく自らの能力についての信念を競技者が持つという点から，研究者は時折，期待を自信と同義語と考えている。しかしながら，期待はスポーツの自信と関連するために，概念的な観点から期待を広範に調べた研究者は現在まで誰もいなかった。競技者やコーチが証言しているように，特に若い競技者に対して高過ぎる期待や度重なる非現実的な期待をかける時には，期待は重荷になっている。その上，フロー状態やピークパフォーマンスは，競技者が自動状態の場合やいかなるタイプの期待も存在しない所でもっともよく生じるというのが，スポーツ心理学の共通認識になっている (Moore, 1998)。したがって，スポーツの自信と期待の関係を調べれば，この不可解な社会的現象のより深い理解が可能になると思われる。自信過剰の性質はおそらく期待に関連しており，その概念を明らかにして，このよく使われる用語をより概念的かつ実用的に洞察する必要があると思われる。

スポーツにおける自信のさまざまな次元やタイプとの関係を含め，スポーツ文脈で自信がどのように独自に発現するのかを十分に理解するには，さらなる研究が必要である (Vealey & Knight, 執筆中)。パフォーマンスには特定のタイプの自信が必要不可欠なのだろうか，そしてこれにはスポーツや個人による違いがあるのだろうか？ 介入の観点から言えば，特定の介入は自信のさまざまな次元を標的にすると思われる。これは，介入のタイプを特定の不安タイプに一致させる不安介入の"マッチング仮説"と似通っている (Martens et al., 1990)。また，スポーツにおける自信のさまざまな領域の安定性や変化に影響する要因をよりよく理解するには，自信の安定性や動揺を継時的に検討しな

ければならない。試合場面の自信の性質はしばしばその時限りのものであるために，自信の安定性は重要である。

本章で推奨したスポーツにおける自信のモデルは，本来，統合的となるよう概念化したものであり，自信とパフォーマンスの複雑な関係に影響する過剰な構成要素と過程の"全体像"を提供している。将来の研究は，スポーツにおける自信の研究をスポーツ独自の組織的なサブカルチャーに位置づけて，この複雑な関係を説明することが必要であると思われる。これらに関連する問題は次のものを含めて数多くある；ユーススポーツではどのような組織的構造や社会的構造が自信をもっともよく増強するのか？ 競技者の自信の源やレベルは，スポーツのさまざまな組織的サブカルチャーを体験するにつれてどのように発達・安定し，また発達的に変化するのか？ 自信の源やレベルと社会的雰囲気のさまざまな要因との関係は，競技シーズンを通してどのように変化するのか？

競技者の自信を構築するための介入研究を増やすには，自信に関連した応用評価手段を開発することが非常に有用と思われる。自信を測定する大半の評価ツールは，研究ツールとして開発されており妥当性があった。しかしながら，これらのツールは，スポーツ心理学における介入研究にとって特段有用なものにはなっていない (Vealey & Garner-Holman, 1998)。確かに，スポーツ心理コンサルタントは，観察やインタビュー/討論といった，競技者の自信を評価する多様な方法を有している。しかしながら，応用的な自信評価システムを開発して，それを競技者の自信と自信に関連する要因の評価や観察のテンプレートとして使用することが，将来の実りある研究分野になるものと思われる。

うまくすれば，本章で紹介したスポーツにおける自信の統合的なモデルが，スポーツにおける自信と関連するさらなる一連の問題や，重要な介入の考えの導火線になるものと思われる。全体的にみた場合，研究者や実践家は，自信の社会認知的な性質を心に留めて，社会的学習や文化的要因がスポーツにおける自信の発現に及ぼす強力な影響を説明する必要があると思われる。社会心理学理論がスポーツにどのようによく"フィット"するのかという事柄の検証を超えて，長期に渡る競技者の自信の発達・安定・変化に影響するスポーツ独自の要因を基にして，より社会的に妥当な研究目標を追求することが重要なことと思われる。

第22章

自己制御
スポーツと運動における概念，方法，方略

現代のスポーツ科学および運動科学においてもっとも刺激的な領域では，次の2点を仮定している；(1)人には目標の達成に向けて思考・動作・感情を自己制御する能力がある，(2)人はそのような自己指令能力やそれらを支える媒介過程を，学習・パフォーマンス・課題関与の持続の短期・長期の向上に利用している。この興味ある分野に適した名称は，自己制御である。遺憾ながら，スポーツ科学および運動科学の研究では，この用語や関連用語（意欲，自制，メンタルコントロール，総括的な用語の動機づけ）を特に明確にまた系統的には使用していない。結果は，上述の仮定を使用して，さまざまな方法論的また理論的方法によって行った研究の寄せ集めになっている。本章では，自己制御を理解するためにこれまで一致をみた知見とは異なる知見をともに詳述し，概念，方法，トレーニング方略のさらなる統合の必要性を強調しながら，自己制御に基づいた研究をまとめてみたい。この目的を果たすために，自己制御を，まずはスポーツと運動の双方における概念と研究の見地から議論する。これらの議論によって，結論と将来の研究動向が前進するものと考えている。

自己制御の概念：単純から複雑へ

定義とモデル

自己制御理論で扱おうとしている広範な問題は，次のように簡潔に述べることができる；人々は，現時点で意識的に述べたことや顕在化していない意思（目標，欲求，欲望など）から，将来のある程度満足できる達成レベルへとどのようにして進むのだろうか？　例えば，興味があってゴルフを始めた人は，どのようにして能力のあるゴルファーに，もしくはおそらくより重要なこととして，満足できるゴルファーになっているのだろうか？　熟練競技者は自分の能力をどのようにして改善しているのだろうか？　教師は，体力を評価・賞賛する運動にまったく関心がない少年を，どのようにして支援しているのだろうか？　これらは，目標指向運動の背景にある心理的メカニズムを主に分析する枠組みでうまく処理できる問題である。したがって，本章では，自己制御行動の心理的メカニズム，生物物理的な介入（バイオフィードバック），およびこれらのメカニズムと連繋する成果を中心に，議論を展開する。

心理学の分野では，自己という用語を，将来指向の運動は強力かつ変更不能な外的指図の下にあるのではなく，活動を指図・扇動する大半（すべてとは限らないが）のものの責任が個人にあるということを示す言葉として使用している（Bandura, 1986；Karoly, 1993を参照）。現存する多くの自己制御の概念的なモデルは，変化的な環境や困難な環境を横断するような顕在的な目標指向運動は自動的には生じないとも示唆している（Bandura, 1986）。そこには，ある種のプランニングと意志決定が，少なくとも挿話的に必要になっている。実のところ，大半の人は，さまざまな力を合わせた結果，すなわち外的・意思決定的・生物発生的・自動的な各要素の"動的な相互作用"の結果としてプランニングと意思決定を行い，人生を送っている（Bandura, 1986；Bargh & Barndollar, 1996；von Bertalanfy, 1968）。しかしながら，自己制御の利点から操作をしている現代の研究者や介入者（教師，トレーナー，コーチ，セラピストなど）は，興味の中心を人生の内的，現在もしくは将来指向的，具象的，自意識的な各要素に置いている。最終的に，自己制御という用語を使用する研究者の責務は，個人が効率よく目標に向かって進むことを観察するだけで，自己制御過程が見えてくるという誤った仮定を回避することである。目標達成と自己制御は別ものである。実証的な研究における結果と過程を個別かつ明確な因果要素として温存している場合には，目標達成の失敗から自己制御の失敗を読み取ることができない。

おそらく，自己制御過程を説明する際に，研究者がもっとも頻繁に引用しているものは，社会認知理論か

ら派生したBandura(1986)の有名な三次元モデルと思われる。Banduraやその他の伝統的な社会学習と認知の理論家は，人が指向意思を動員しようとする場合には，次の一連の自己集中メカニズムに積極的に関わり合わねばならないと指摘している；(1)自己観察(モニタリングや，時には自らの顕在／潜在的な活動の記録)，(2)評価判断，もしくは自らの活動が内的基準や目標に合致しているかどうかの判断，(3)自己反応(表出と非表出の双方，Kanfer & Karoly, 1972；Kirschenbaum, 1984を参照)。

対照的に，制御システム，フィードバック駆動，伝統的な人工頭脳学の各分野の研究者(Carver & Scheier, 1998；Miller, Galanter, & Pribram, 1960；Powers, 1973)は，結果の知識(フィードバック)，システム内基準の階層配列(目標，意思)，注意展開のオンライン的過程を選択する過程として，自己制御にアプローチする傾向がある。一方，工業／組織的な枠組みの研究者には，目標設定メカニズムを強調する傾向がある(Locke & Latham, 1990)。自己制御理論は，研究者が過程・構造・背景メカニズムのいずれを強調するかによって変化する傾向がある。さまざまな見方(例えば，人工頭脳vs社会認知)には，分析対象の性質によっていくらか個性的なアイデンティティが反映している。しかし，実際には，現代の自己制御の見方は，離散的というよりは類似したものになっている。

新たな複雑性の問題

研究者は，ほとんどの場合，自己制御を展開過程と考えている。そのため，優れた制御には相互連絡する一連の下位機能の逐次的実行が通常必要であるという見解に基づいて，しばしば非常に努力してその段階(相)を記述している(Bandura, 1986；Ford, 1987)。20年前にKaroly(1980)は，精神療法の文脈における変化と発達の統合的な人間中心モデルを概説しようとした。療法の一般的な"課題"を中心に構築した枠組みは，自己制御を次の5つの構成要素から制約なく説明している；(1)問題認識のレディネス，(2)意思決定，コミットメント，および(または)動機づけの喚起(期待要因や帰属要因を含む)，(3)スキルの獲得と使用(道具的，認知的)，(4)維持過程(記憶，自己管理の結果，文脈の管理を含む)，(5)移行過程(状況評価・対処スキルの一般化を含む)。Karolyの初期の説明はスポーツと運動に何も触れていなかったが，Kirschenbaum(1984, 1987；Kirschenbaum & Wittrock, 1984)は，同様の5つの要素(それぞれにつけた名前は，問題認識，コミットメント，実行，環境管理，一般化)を中心に構築したモデルはスポーツにおける自己制御要素を調べる概念的な青写真としてかなり優れていると示唆している。さらに，Kirschenbaumの論文は，5段階モデルの実証的なスポーツ応用へと駆り立てて

いる(例えば，Anshel & Porter, 1995)。

しかしながら，自己制御の研究は，解決困難な逸脱要因や障害要因を抱えていることもあって，手ごわい課題であることが年月とともに明らかになっている。さらに，自己制御の要素は実際の時間経過に沿って単独あるいは複合的かつ逐次的に調べることもできるが，計画的・意識的な認知活動と無意識的な過程(自動性)との動的なインターフェースの性質や過程そのものの複雑性が，ここでも自己制御の検討を妨害している(Bargh & Barndollar, 1996；Baumeister, Heatherton, & Tice, 1994；Karoly, 1998, 1999；Kirschenbaum, 1984, 1987)。

例えば，ある人が自己制御は3段階，5段階，あるいは25段階に生じると思っても，目標指向運動が容易にカテゴリー分析に適合しないという事実は残る。研究者は，運動者の方略的な制御(認知的・行動的)方法や，環境が過程を援助したり妨害する方法を実際に知ることなく，見たものを記述しようとしている。実例をあげれば，Karoly(1980)が提示した自己制御変化の公式は，不変的な段階モデルではなく，むしろ好評な成果を修正できるような個人的・歴史的・先行的状況や環境的な成り行きを含む，トラブルシューティングやプランニングのための大まかなテンプレートであった。同様に，Kirschenbaum(1984)は，自己制御を実世界へ具体的に適用する場合には5段階概念の"推論あるいは限定"が必要だと警告した。これらの重要な考察の中には，自己監視の役割の変化や個人差・期待・感情状態の役割があった。したがって，自己制御の段階様モデルに基づいてトレーニングプログラムを組もうとする者はすべて，個人差と状況的なアフォーダンスを心に留め，融通の効かない介入の強制を避けるよう注意し続けなければならない("平均的"な者に合わせたデザインであっても，実際の参加者の大半にとっては不当なものになる)。

新たな複雑性のもう1つの例として，自己制御の理論家が取り組むべき明確な問題の1つは，方向性の持続の考慮だと思われる。無数の力が潜在的な脱線，混乱，一時的な妨害因となって，スポーツや運動の目標への途上で"やる気を奪って"いる。長期に渡る進行過程(例えば，オリンピック選手や熱心な運動者)は，確かに徹底的に究明すべき問題となっている。これまで述べてきた自己制御メカニズムの理論から，その多く(例えば，自己観察，目標設定，課題フィードバックへの注意，効力感と結果の期待，報酬の自己付与)は，長期に渡る持続と関係することが明らかになっている。しかし，統制的な実験室研究や相関研究の文脈から明らかになった実証的な関係が現実世界の動的な過程でも明確に識別できるかどうかについては疑問がある。

自己制御の研究：仮説の体系化

　この点の議論から得られた教訓は，自己制御は複雑かつ時間依存的な多階層の過程であり，それらにはさまざまな理論的利点からアプローチできるということである。研究デザインあるいは方略的な介入の創出に選択使用できるどのような理論も，全体的な自己制御構造の一部を示したものにすぎない。心理学文献における多くの理論的公式から抽出した自己制御メカニズムもしくはパラメーターの一部を列挙したものが，表22.1 である。

　その出自が一般的な理論，特定の仮説，包括的な自己制御モデルのいずれであるかに関わりなく，研究者が自己制御とパフォーマンスの関係に影響するメカニズムを明示することは重要である。メカニズムの同定は，評価（記述的な研究）や操作（因果／予測）の従属変数や成果変数の選択の際に役立っている。ほとんどすべてのスポーツ研究や運動研究で測定しているパフォーマンスに加えて，関連する認知や感情を測定することは重要である。例えば，課題関与の持続が中心的な問題の場合には，成果の測度として自己満足を使用することは賢明と思われる。以下にレビューするスポーツと運動における自己制御の研究は，主としてこのメカニズム中心の枠組みに関連づけて，実証的なデータを整理・評価したものである。本書第一版の関連する章でレビューした研究は，この改訂版には入っていない。

自己制御研究のレビュー

　本章で取り上げる論文は英語のものに限定した。データベースの34編の論文をレビューしたが，その多くは1990年以降の論文である。論文中に自己制御や制御の副次要素（自己モニタリング，自己報酬）といった用語をみた場合には，妥当なものと考えてレビューに採用した。したがって，特定主題のすべての論文が入ってはいない可能性もあるが（連合／分離），ここでは自己制御に関連する趣旨の論文のみを採用した。3編の論文（Anshel, 1995；Anshel & Porter, 1995, 1996）の出自は同じデータベースであるが，自己制御に関連する3つの異なった問題を扱っていたので，ここではそれらを別々に計数している。

　表22.2 に，レビューした34編の研究のデザインの特徴を示す。明らかに，スキルの獲得の研究に関しては，統制条件を必須にした因果予測の実験室的な研究が優勢であった。大多数のスポーツ・身体的活動・運動の研究は，実験室よりもむしろフィールドで実施したものであった。全体として，15編の研究では統制群を使用し，8編の操作もしくはトレーニング研究では統制群を使用していなかった（2編は事例研究）。12編の研究では操作チェックを報告していたが，うち3編の研究では適切な時に操作チェックをしていなかったり，操作チェックをしていないと報告していた。さらに研究のサンプルには，年齢・ジェンダー・スキルレベル・民族といった特徴があった。実験参加者の年齢幅は6〜70歳であった。22編の研究では男女双方を実験参加者としていたが，有意なジェンダー効果を報告したものは2編にすぎなかった。6編では子供を対象にしており，また2編では特に高齢者の運動をテストしていた。4編ではスキルレベルの差を報告していた。自己制御の特徴における民族差を調べた研究は2編にすぎなかったが，1編はこれらの関係を明らかにしていた。

　表では実験的研究成果を，課題パフォーマンスと課題関与の持続の成果に基づく2つのセクションに分けて提示した。課題パフォーマンスはスキル獲得の研究（n＝6）とスポーツ獲得の研究（n＝15）を包含しており，課題関与の持続の研究は身体的活動の研究（n＝6）と運動の研究（n＝7）の双方を包含している。これら2つのセクションでは，メカニズムの7つのカテゴリーを議論している。いずれの著者も測定セクションもしくは操作変数セクションに使用した自己制御の"メカニズム"には特に言及しなかったが，それぞれの研究の概念的基盤として役立つメカニズムを明らかにしようとしていた。メカニズムは，研究で言及している理論やモデルの検証，特定の成果を得るために選択する標的変数から導き出したものであった。7つのメカニズムは次のそれぞれを包含していた；(1)意識に基づくもの，(2)認知−イメージ的なもの，(3)目標に集中したもの，(4)役に立つ能力，(5)内発的動機づけ−感情，(6)プランニング−問題解決，(7)自己反応／自己報酬。研究はさらに，記述的な研究，因果／予測的な研究，トレーニングの研究といったように分化している。記述的な研究（n＝10）には，課題パフォーマンスの研究（n＝5）と課題関与の持続の研究（n＝5）がある。自己制御のメカニズムを操作して課題パフォーマンスや課題関与の持続を予測しようとするこれらの研究を，ここでは因果／予測的な研究と定義している。中には，自己制御理論や自己制御モデルの検証研究（n＝7），1回限りのトレーニングセッションの研究（n＝5），複数のトレーニングセッションの研究（n＝2）などがある。その他，これらの因果／予測的な研究（n＝16）には，制御理論や制御モデルを使用して課題パフォーマンスや課題関与の持続の予測を支持している（n＝11）ものもある。最後に，トレーニング研究（n＝8）は，仮定した自己制御の理論あるいはモデルに基づくパフォーマンス改善のみを企図したものである。ここでは測定変数もしくは操作変数を行動・認知・感情／喚起の測度として表示し，成果変数を行動・認知・感情／喚起の測度として表示している。

　34編の研究から，広範な測度群は自己制御の1つ

表 22.1　現代の社会認知の説明に従って仮定した自己制御メカニズム

説明	仮定したメカニズム
意識に基づくメタ認知的要因	自己モニタリング／自己観察 状況要求の知識（状況意識） 状況固有の是認と制限の知識 文脈において固有の自己管理方略を採用する欲求の意識 個人的なパフォーマンス基準を採用する欲求の意識（たとえ現在進行中のものと矛盾したとしても） 個人のパフォーマンス要求を管理可能なサブタスクに分解（統合）する能力と欲求の意識 無意識の動機 知的スキル
認知―イメージ要因	
注意スキル	走査／聴取効率 注意集中の維持，または自発的な注意散漫 注意散漫 視覚化／イメージ
情報処理スキル	時間概算の正確さ 事象系列の正確さ ラベルづけの習慣 課題関連情報と背景情報の検索と保存
言語スキル	注意，聴取，運動応答に対する自己指示的制御 言語的な自己指示 表現スキル（自分の目的を他者に伝える）
認知―イメージ能力	象徴的な表象 記憶 理解 複雑な思考／行動系列の組織化とリハーサル 視覚イメージの形成と制御
目標に集中する能力	目標の形成 目標の配列（複数目標の組織化） 目標の評価／コミットメント
役に立つ能力	身体協応 感覚運動能力 視覚運動能力 持久力と不快耐性
動機づけと感情能力／性質	内発的 vs 外発的動機 感情のラベルづけ 感情の認識 感情，目標，役に立つ行動の連繋の認識 感情の制御（例えば，ポジティブな感情の生成・ネガティブな感情の抑制）
プランニングと問題解決スキル	問題の同定 代替解決法の生成 手段-目的思考 先見性 系列プランニング 役割取得 仮説生成と検証
自己反応と自己報酬の要因	パフォーマンスと自己効力感の帰属 課題固有の成功／失敗の期待 自己評価標準の寛容／厳しさ 自己管理された結果のタイプ（例えば，具体的・象徴的・言語的・ポジティブ・ネガティブ） 社会比較の過程（上向き vs 下向き）

表22.2 固有のデザインを使用した研究数

特徴	課題パフォーマンス スキル獲得 (n=6)	課題パフォーマンス スポーツ (n=15)	課題関与の持続 身体的活動 (n=10)	課題関与の持続 運動 (n=3)
テストした理論／モデル	1	4	1	1
参照した理論／モデル	2	1	6	1
記述	1	4	4	1
因果／予測	5	5	6	1
トレーニング	1	5	0	1
統制群	6	5	3	1
操作チェック	6	3	1	2
実験室	6	3	2	1
フィールド	0	12	8	2

以上の面の評価に使用できることが明らかになった(表22.3)。研究者はこれら変数を測定(記述的な研究)または操作(因果／予測的な研究)して,パフォーマンスや課題関与の維持との相関を求めたり予測したりしていた。いくつかのケースでは,これらの測度は理論あるいはモデルと連繋していた(n=17)。残りの研究(n=17)では,測度を単なるパフォーマンスの記述もしくは予測に関する変数として選択していた。評価手段が広範に存在していることからも,スポーツ心理学や運動心理学の分野では,自己制御を方略(自己モニタリング)や方略セットよりもむしろ"包括的な"用語とみる方が適当であると思われる。理論・モデル・メカニズムについての研究が発展して,もっとも適切な測度が明らかになれば,自己制御の研究はさらに前進するものと思われる。

課題パフォーマンスの研究

自己制御の理論とモデル

　スキル獲得研究で検証した理論やモデルの中には,自己制御学習,目標設定,栄養偏向モデル,弁別運動スキルモデル,自己制御モデルなどがあった。スポーツ研究で検討したものには,目標設定,自己制御モデル,社会認知理論,自己決定動機づけ,最適機能ゾーンなどがあった。理論やモデルを検証した研究はスキル獲得の研究が1編でスポーツの研究が4編だったのに対して,理論やモデルを参照していたのはスキル獲得の研究2編とスポーツの研究1編だった。このように,約半分の研究は理論に基づいたものであった。

仮定メカニズム

　課題パフォーマンス研究のために仮定したメカニズ

表22.3 レビューした研究の使用測度一覧

注意集中質問紙
自動知覚質問紙
児童喚起尺度−成人版意図質問
児童努力評価表
認知身体不安目録2
決定バランス質問紙
脳波・心電図・筋電図・呼吸・体温によるバイオフィードバック
運動エピソード固有の解釈の目録
運動行動分析
運動利益／障壁尺度
運動日誌様式
運動自己制御質問紙
運動の一般的な解釈の目録
意図質問
内面化スタイル尺度
内発的動機づけ目録
ミネソタ式心臓・健康身体的活動プログラム質問紙のレジャー指標
余暇時間運動質問紙
身体的活動の動機づけ測度
情熱的興味質問紙
個人的健康特徴質問紙
変化の過程
自己効力感の質問
自己制御質問紙
自己質問紙
短形式の活性−不活性形容詞チェックリスト
スポーツ動機づけ尺度
変化状態のツール
Kirschenbaumの自己制御モデルの検証
スポーツにおける課題指向と自我指向の質問紙
パフォーマンス方略のテスト

ムを表22.4に示す。ここでは半数以上の研究が，複数のメカニズムを参照している。成果を説明していると思われるものは，これらのメカニズムの相互作用である。次には，これらの研究をメカニズムと関係づけて議論してみたい。

意識に基づくメタ認知的要因　表22.1に示したように，意識に基づくメタ認知的要因は，潜在的に自己制御の根底にあるようなさまざまなメカニズムを包含している。研究は主に自己モニタリング（照合システム），自己観察（バイオフィードバック），課題変数と状況変数の意識を包含している。これらさまざまな要素は，内的事象，内的過程，顕在的に表われた活動や役立つ活動の結果を個人が追跡するための手段や，情報，入力，妨害を監視するための手段になっている。個人が目標接近運動や目標回避運動を評価できるのは，この監視過程のお陰である。意識はさらにこれらの変数の相互作用を単独にもしくは一緒に自己管理することの必要性の認識も包含している。意識の高まりは，一般的に，長期に渡る自己制御過程の第一歩とみなされている。重要なことは，実験実施者ではなく，実験参加者が照合者または観察者になっていることである。

特に2編の研究が，自己モニタリングの検討とそのパフォーマンスとの関係を検討した。MartinとAnshel(1995)は，コンピューターゲームを学んでいる学生男女36名の自己モニタリングの効果をテストした。その結果，ポジティブな自己モニタリングは困難な課題のパフォーマンスを促進し，ネガティブな自己モニタリングは簡単な課題のパフォーマンスを改善することが明らかになった。この知見は一般的にスキル獲得の研究によるものである；しかしながら，十分に学習した自動過程の自己モニタリングは，パフォーマンスにとって有害なものになっている(Karoly, 1993；Kirschenbaum, 1987)。

ZimmermanとKitsantas(1996)は，初心者におけるダーツ投げスキルの目標設定と自己モニタリングの効果を分析した。その結果，自己モニタリングは，パフォーマンスのみならず自己効力感やポジティブな自己反応も促進することが明らかとなった。

3編の研究がゴルフのパフォーマンスにおける自己モニタリングの効果を調べていた。Beauchamp, Koestner, Fournier(1996)は，14週間の認知行動プログラムでの自己モニタリングを調べた。その結果，ゴルフのパッティングパフォーマンスは，ポジティブな動機づけの効果によって改善した。Simek, O'Brien, Figlerski(1994)は，スキルの自己観察を盛り込んだTotal Golf 連鎖熟達プログラムを実施した。その結果，後で詳細に議論するように，ゴルフのスコアは改善した。Kirschenbaum, Owens, O'Connor(1998)は，ゴルファーに，直接スコアカードに集中して自己モニタリングするよう要求した。これは，全体的なSmart

表22.4　課題パフォーマンスの研究が同定したメカニズム・デザイン・変数

メカニズム	D	C	T	B	C	A
意識						
Beauchamp et al.(1996)		X		Y	Y	Z
Blais & Vallerand(1986)		X			Y	Y
Blumenstein et al.(1995)		X			Y	Y
Cummings et al.(1984)			X		Y	Y
French(1978)			X		Y	
Kavussanu et al.(1998)		X			Y	Y
Kirschenbaum et al.(1998)		X		Y/Z	Y/Z	Y/Z
Martin & Anshel(1995)		X		Y	Y	
Prapavessis et al.(1992)		X		Y	Y	
Simek et al.(1994)			X	Y	Y	
Singer et al.(1993)		X		Y	Y	Y
Zimmerman & Kitsantas(1996)		X		Y/Z	Y	Z
認知／イメージ						
Cummings et al.(1984)			X		Y	Y
Hill & Borden(1995)		X				
Prapavessis et al.(1992)		X		Y	Y	
目標への集中						
Beauchamp et al.(1996)		X		Y	Y	Z
Kane et al.(1996)		X		Y/Z		Y/Z
Kirschenbaum et al.(1998)		X		Y/Z	Y/Z	Y/Z
役に立つ能力						
Sanderson(1987)		X			Y	
Svec(1982)			X		Y	
内発的動機づけ						
Beauchamp et al.(1996)		X		Y	Y	Z
Green-Demurs et al.(1998)		X		Z		Y/Z
プランニングと問題解決						
Anshel & Porter(1996)	X			Y	Y	Y
Anshel(1995)	X			Y	Y	
Anshel & Porter(1995)	X			Y	Y	
Kirschenbaum et al.(1999)	X				Y	
Kirschenbaum et al.(1998)		X		Y/Z	Y/Z	Y/Z
Simek et al.(1994)			X	Y		
自己反応／自己報酬						
Kane et al.(1996)		X		Y/Z		Y/Z
Kavussanu et al.(1998)		X			Y	Y
Kirschenbaum et al.(1999)	X				Y	
Singer et al.(1993)		X		Y	Y	Y

X＝デザイン；Y＝媒介変数；Z＝結果変数；D＝記述的デザイン；C＝因果的デザイン；T＝トレーニングデザイン；B＝行動変数；C＝認知変数；A＝感情変数

Golfプログラムの一部にもなっていた。ポジティブな成果には，より悪いゴルフのスコアとハンディキャップ，感情制御の亢進，そしてトレーニング後と3ヵ月後のフォローアップ評価時におけるポジティブなセルフトークなどがあった。

Singer, Lidor, Cauraugh (1993) は，3つの方略がオーバーハンドの標的投球の学習とパフォーマンスに及ぼす影響を確定するために，ある研究をデザインした。Singerらの運動スキル学習への5ステップアプローチと"意識しない"条件は，最善のパフォーマンス成果をもたらした。意識しない条件では，実験参加者に，スキルの事前計画と"計画の迅速な実行"を奨励した。5ステップアプローチは，事前計画のステップがより多くない場合に，意識しない条件と類似したものになっている。

有力なメカニズムとして意識を使用した研究で残されているものは，バイオフィードバックの研究である。ここでバイオフィードバックの研究に注目したのは，自己観察と生理信号の自己モニタリングが成果に影響すると考えたからだと思われる。これらの研究については，トレーニング研究として別に議論してみたい。

認知-イメージ要因 認知イメージのメカニズムは，自己制御に潜在的に影響するような，思考に基づく要因とイメージに基づく要因の1つの大きなセットを包含している。これらのスキル獲得とスポーツパフォーマンスの研究に関連するサブセットには，注意，セルフトーク，視覚化，イメージ，ラベルづけなどがある。HillとBorden (1995) は，ボウリングリーグのパフォーマンスにおける注意手がかりスクリプトの効果を検討した。注意スクリプトは言語的手がかり（例えば，"リラックス！"），視覚化，イメージから成っていた。統制群と比較して，ボウラーはパフォーマンスを改善した。Cummings, Wilson, Bird (1984) やPrapavessis, Grove, McNair, Cable (1992) は，リラクセーション／イメージ条件，リラクセーション／思考-再集中条件をバイオフィードバック研究に追加した。リラクセーションとバイオフィードバックは，短距離走のパフォーマンスとライフル射撃のパフォーマンスをそれぞれ改善した。Prapavessisらは，不安の軽減と自信の高まりも明らかにした。

目標に集中する能力 目標に集中する能力のメカニズムは，目標形成・連帯・価値・コミットメントを包含している。もっとも多く調べられているメカニズムは目標設定である。例えば，Beauchampら (1996)，Kane, Marks, Zaccaro, Blair (1996)，Kirschenbaum, O'Connor, Owens (1999) は，認知-行動トレーニングプログラムと自己制御モデルに目標設定を取り込んだ。ゴルファー（Beauchamp et al., 1996; Kirschenbaum et al., 1999）やレスラー（Kane et al., 1996）では，ともにトレーニングとテスト後にパフォーマンスが改善した。Kirschenbaumらは，ゴルファーにティーショットの際に設定すべきより適切な目標を教えて，パフォーマンスの改善を図った。

役に立つ能力 役に立つ能力とは，不快を我慢・忍耐する能力を含めた，運動者の身体的・感覚的な能力を指している。これはスキル獲得とスポーツにおける重要な自己制御のメカニズムと思われるが，これらの能力を調べた研究は2編しかなかった。Sanderson (1987) はバイオフィードバックをサイクリングのペダリングスタイルのトレーニングに使用し，Svec (1982) は水泳における水掻き効率を調べた。いずれの研究もパフォーマンスの成果を測定していなかったが，SandersonもSvecも，成果の測定はスポーツにおける実行可能なトレーニングツールであると感じていた。

内発的動機づけ メカニズムに関する本節に示した課題パフォーマンスの研究は，内発的動機づけと関係している。有機体説では，人間の基本的な欲求とそれらの役割を，目標指向活動の"起始部"として非常に強調している。自動的な活動（内因性のもの）は自己制御的な努力の延長の背後にあると考えられているが，外発的な動機づけ要因（例えば，外的な報酬）はパフォーマンスの障害となる恐れがある。研究者は，"制御スタイル"の評価手段を数多く工夫して，スポーツの文脈に使用している。Beauchampら (1996) およびGreen-Demers, Pelletier, Stewart, Gushue (1998) は，それぞれゴルフとフィギュアスケートの成果測度としての内発的動機づけに興味を持った。内発的動機づけは，Beauchampらの認知-行動プログラムやGreen-Demersら (1998) の興味-増強方略とともに増加した。

Green-Demersら (1998) は，自己決定論の観点から"興味と動機づけの自己制御"のモデルを実際に提案した。モデルは，興味を高める3つの要素，方略・興味・動機づけから成っていた。Green-Demersらは，興味の高い課題と低い課題における興味を4つの興味-増強方略が改善すると仮定した。レクリエーションフィギュアスケーター36名と競技スケーター84名を使用して，このモデルをテストした。内発的動機づけによって，課題の関心と自己決定した外発的動機づけが高まった。結果は，刺激の使用（課題に対する外的な手がかり）が外発的動機づけと負に関係している場合を除いて，モデルを支持していた。両研究は，持続的なスポーツ関与のためのパフォーマンスに加えて，内発的動機づけの増強の価値を強調している。

プランニングと問題解決 プランニングと問題解決のメカニズムは，問題の同定，系列的プランニング，代替解決法の生成を包含している。問題の認識，コミットメント，実行，環境管理，一般的な要素から成るKirschenbaumの自己制御の5段階モデルは，これらのメカニズムを強調している。実際に，Anshelの研究やKirschenbaumの研究は，すべて5段階モデル

を使用または検証していた。AnshelとPorter(1996)は，記述的研究のための100項目の尺度を開発して，Kirschenbaumの調べた自己制御の5段階モデルを水泳選手で検証した。これらの結果は，一般化を除いて，モデルの全段階を支持するものとなっていた。スキルは，問題の同定，コミットメント，実行の3段階のみを弁別した。エリート水泳選手には環境管理は不要なように思われた。Anshel(1995)は，従来の研究から，エリート選手はスキルが劣る選手よりも多く自己制御の行動に従事することをさらに確認した。最終的に，AnshelとPorter(1995)は，自己制御行動におけるジェンダー差を次のように明らかにした；期待外れのパフォーマンスをした男子は，気晴らし的な時間をより多く犠牲にして水泳の練習をより激しく行う傾向が女子よりも強かった。

すでに示唆したように，Kirschenbaumら(1999)は，目標理論とプランニングを使用して，ティーショット時のゴルフクラブの選択を改善した。1打目に拙いプランニングを使用した選手の2打目に，より保守的／現実的なプランを適用すると，80％の選手が満足した。Simekら(1994)は，行動随伴契約(behavioral contingency contract)と逆方向連鎖づけ(backward chaining)を使用して，ゴルフパフォーマンスの向上を図った。フリーボールのように，報酬と逆方向連鎖づけプログラムに基づくスキルの熟達を対にして，行動随伴契約を設定した。逆方向連鎖づけとは，ゴルファーにまず短いパットを熟達させてから，ティーショットに至るまですべてのゴルフスキルを遡って熟達させる指導法である。その過程で完了するステップの数は，ゴルフスコアの分散の74％を説明していた。

自己反応／自己報酬 もっともなじみのある自己制御メカニズムは，おそらく自己効力感と自己報酬と思われる。しかしながら，社会比較やパフォーマンスの帰属は，スポーツや運動の研究に関わるその他の自己反応の要素になっている。

Kaneら(1996)は，前シーズンのパフォーマンス・二軍チーム・代表チームでの状況，個人の目標，自己効力感，パフォーマンスを包含した自己制御モデルを検証した。高校生レスラーの多くの試合から，過度に競争的な延長戦におけるパフォーマンスを予測する唯一の要因は自己効力感であることが明らかになった。Kavussanu, Crews, Gill(1998)は，バスケットボール選手にバイオフィードバックを使用してフリースローシュートのパフォーマンスが高まるかを調べた。ここでもまた，パフォーマンスを予測する唯一の測度は自己効力感(テスト前では60％，テスト後では46％)であることが明らかになった。Kirschenbaumら(1999)は，Smart Golfプログラムの5番目の要素に自己報告を含めて，スコアの向上を図った。ゴルファーは，あるホールにおける2回のプレーのスコアを自己報告した。その結果，2回目のスコアは1回目のスコアを上回り，0.11打の改善を示した。Singerら(1993)は，彼らのスキル獲得(ボール投げ)への5段階アプローチの最後の要素にパフォーマンスの自己評価を加えた。この条件は，目標精度の向上を意識しない条件と同じものであった。

媒介要因と成果測度

表22.4に，21編の課題パフォーマンスの研究から明らかになった多くの行動的・認知的・感情的な媒介変数を示す("Y"で示す)。大半の研究は測度をさまざまに組み合わせて使用していた(行動／認知＝8編，認知／感情＝4編，行動／認知／感情＝4編)。自己制御の研究をする場合，媒介要因と成果測度は必ずしも"多ければ多いほど良い"というわけではない。望ましいことは，理論が，より明確にはメカニズムが，最適な媒介要因と成果変数を明らかにすることである。

役に立つ能力研究2編(Sanderson, 1987；Svec, 1982)を除いたすべての研究はパフォーマンスの成果の行動的な測度を使用していたが，興味深いことに，それらの研究は課題パフォーマンスの研究(表22.4の"Z"指標)にその他の成果測度を含めていた。因果／予測的な5編の研究(Beauchamp et al., 1996；Green-Demers et al., 1998；Kane et al., 1996；Kirschenbaum et al., 1998；Zimmerman & Kitsantas, 1996)では，パフォーマンス成果の測度に認知的もしくは感情／喚起的測度を含めていた。ZimmermanとKitsantas(1996)やKaneら(1996)は自己満足を調べ，Kirschenbaumら(1998)はポジティブな反応を含め，Beauchampら(1996)とGreen-Demersら(1998)は動機づけを調べていた。

課題パフォーマンスの要約

課題パフォーマンス，スキル獲得，スポーツパフォーマンスを説明するメカニズムは，次のように要約することができる。自己モニタリングは，明らかに，意識に基づいたメタ認知要因のカテゴリーでもっとも多く評価される変数になっている。結果は，特に初心者にとって，ポジティブな傾向を示している。認知-イメージ要因は，パフォーマンスを改善する傾向と，認知的・感情的成果の変数(自信と不安)にポジティブに影響する傾向がある。目標設定がパフォーマンスを改善することは既成の事実になっているが，Kirschenbaumら(1999)はより適切な目標ほどゴルフでの成功に寄与することを明らかにした。スポーツに役立つ能力を確証するには，この能力をパフォーマンスの成果の測度を使用して調べる必要がある。加えて，内発的動機づけの高まりは，自己制御モデルに多大に貢献していることが明らかになっている。プランニングと問題解決のテクニックは課題パフォーマンスを高めているが，スキルとジェンダーは成果に別々に影響してい

る。自己反応／自己報酬メカニズムの研究から，自己効力感はパフォーマンスの最良の予測要因であることが明らかになった；しかしながら，それを測定したのは2編の研究にすぎない。したがって，将来の自己制御の研究では，自己効力感を考慮する必要がある。

課題パフォーマンスの持続の研究

自己制御の理論とモデル

身体的活動と運動の研究では，社会学習理論，目標指向，自己制御理論，気分の二次元モデル，多理論統合モデル(transtheoretical model)，自己決定理論，注意理論，合理的活動理論，計画行動の理論などを検証していた。理論またはモデルを検証したものは1編の身体活動研究と1編の運動研究であり，これらの研究の理論やモデルに言及したものは6編の身体的活動研究と1編の運動研究であった。このように，これらの研究の約3分の2は理論に基づいたものであった。

仮定メカニズム

各研究の仮定メカニズムを表22.5に示す。研究の約半分は複数のメカニズムに言及している。

意識に基づくメタ認知的要因 再度，自己モニタリングは，身体的活動研究と運動研究で通常使用する意識の要素になっている。本節で言及する7編の研究中3編が，自己モニタリングあるいは自己観察を，課題への関与の持続に影響する手段として使用していた。Madsenら(1993)は12回のトレーニングセッション中に自己モニタリング・目標設定・目標達成を使用して，家族(大人と子供)を研究した。その結果，大人では食事行動が改善し，子供では体力レベルが向上した。Madsenらはまた行動の持続的な保持を調べるために，3ヵ月，12ヵ月，24ヵ月に渡る追跡評価をした。この研究は自己モニタリングの継続困難性を示唆しており，トレーニングセッションの続行中には自己モニタリングを次第に消去すべきことが明らかになった。おそらく間欠的な自己モニタリングは，トレーニング研究や現実のパフォーマンスにおいてもっとも効果があると思われる。

La GrecaとOttinge(1979)は，臀筋の理学療法を3年間行わなかった12歳の先天性脳性小児麻痺の少女を対象に，興味深い研究を行った。治療は，治療運動の頻度を上げながら，自己モニタリングとリラクセーション療法を併用して行った。治療セッションの頻度を週に0～2セッションから5～7セッションまで上げて，この割合を3～6ヵ月まで継続して追跡評価した。

Thayer, Peters, Takahashi, Birkhead-Flight(1993)は，12の個別的な機会における喫煙と軽食行動を実験参加者に自己観察させた。介入は5分間の活発な

表22.5 持続的な課題関与の研究で同定されたメカニズム，デザイン，変数

メカニズム	デザイン D C T	変数 B C A
意識		
Cowden & Plowman(1999)	X	Y/Z Y
Gorely & Gordon(1995)	X	Y
Herald & Lucker(1995)	X	Y
Kirkcaldy & Christen(1981)	X	Y Y
LaGreca(1979)	X	Y Y
Madsen et al.(1993)	X	Y
Schneider et al.(1997)	X	Y Y Y
Thayer et al.(1992)	X	Y
認知／イメージ		
Bagozzi et al.(1995)	X	Y Y
Couture et al.(1994)	X	Y Y
Gorely et al.(1995)	X	Y
Wrisberg & Penn(1990)	X	Y
目標への集中		
Goudas et al.(1994)	X	Y Y
Madsen et al.(1993)	X	Y Y
内発的動機づけ／感情		
Goudas et al.(1994)	X	Y Y
Thayer et al.(1992)	X	Y
プランニングと問題解決		
Bagozzi et al.(1995)	X	Y Y
自己反応／自己報酬		
Gorely et al.(1995)	X	Y Y
Hallam et al.(1998)	X	Y/Z Y

X＝デザイン；Y＝媒介変数；Z＝結果変数；D＝記述的デザイン；C＝因果的デザイン；T＝トレーニングデザイン；B＝行動変数；C＝認知変数；A＝感情変数

歩行とし，従属測度は気分，気力，喫煙欲求もしくは摂食欲求の自己評定とした。結果として，活発な歩行には自己制御方略としての利点があった。つまり，次の喫煙までの時間と次の軽食摂食までの時間は，活発な歩行とともに増加していた。運動は介入であったが，推定した変化のメカニズムは実験参加者による気分の自己観察であった。これについては，内発的動機づけ／感情要因の節でさらに議論してみたい。

意識のセクションに表示した残りの研究にはバイオフィードバックの研究(Cowden & Plowman, 1999；Kirkcaldy & Christen, 1981)と意識向上の研究(Herald & Lucker, 1995；Schneider, 1997)が含まれる。

Cowden と Plowman (1999) は，体育の授業中に運動強度や努力感を子供が自己制御できるかどうかについて調べた。対象とした子供は6～11歳で5セッションのトレーニング研究に毎週1回参加した。Cowdenらは，目標心拍数帯域のフィードバックを得るために心拍数モニターを子供に付けた。またこれらの子供は努力感の自己評価も行った。結果として，子供は努力の強度あるいは努力感をうまく制御できないことが明らかになった。2日間の練習では，40％の子供のみが目標心拍数帯域（130～186 bpm）を維持した。Cowdenらは，この年齢の子供には努力の強度あるいは努力感を自己制御する認知的もしくは知覚的能力はないと結論づけた。

Kirkcaldy と Christen (1981) は，8分間のサイクリング課題を使用して EMG バイオフィードバック（真のフィードバック，偽のフィードバック，運動後のフィードバック）効果を実験室で検証した。運動後の EMG バイオフィードバックの継続は，真のフィードバックと同様に，EMG の有意な減少因になった。統制条件と比較した場合，バイオフィードバックは EMG 変化の誘発に必要不可欠なものになった。

Herald と Lucker (1995) は，運動行動の自己評価に使用した規範関連タイプの情報または自己関連タイプの情報に対するジェンダーと民族性の影響を検証した。実験参加者は，18～52歳の白人とヒスパニック系の運動者計484名で，13週のエアロビクス・水泳・ウェイトトレーニングのクラス後に自己評価質問紙に回答した。この質問紙は個人がパフォーマンスを判断する際に使用した情報源の重要性を評価するものであった。Herald らは，規範関連の情報源または自己関連の情報源として広範に分類した12の情報源を調べた（例えば，インストラクターのフィードバック，活動に感じる個人的な魅力）。自己評価の結果から，ジェンダー差と民族差がともに明らかになった。つまり，男子と白人には自己評価に規範関連基準を使用する傾向があり，女子とヒスパニック系には自己関連基準を使用する傾向があった。

Schneider (1997) は，高齢者女子364名における運動行動の自己制御を調べた。実験参加者の自己制御は，運動神経のエピソード固有の解釈および一般的な解釈としての運動維持に焦点を当てたものであった。エピソード固有の解釈は即時の運動経験を参照しており，一般的な解釈は近遠の運動経験から蓄積した情報を参照していた。これらの経験の解釈から，Schneiderは，運動者は将来の運動行動を自己制御すると仮定した。また実験参加者に質問紙の組み合わせへの回答を求めて，運動維持の自己制御に関連するものとして上記の構成要素を測定し，運動行動を評価した。階層的な回帰分析により，エピソード固有の解釈と一般的な解釈は運動行動分散の20％を説明し，エピソード固有の解釈はその大半（15％）を説明することが明らかになった。Schneider は，将来の運動行動の制御にはエピソード固有の経験の解釈が重要であると示唆した。

認知－イメージ要因 兵士40名 (Couture et al., 1994) とランナー187名 (Wrisberg & Pein, 1990) を対象にした2編の研究から，注意の集中は有力なメカニズムであることが明らかになった。旧版の本章では，運動初心者はパフォーマンスの向上達成との解離傾向を示し，運動経験者は関連傾向を示していると示唆していた。しかし，これら2編の研究は逆の効果を示していた。

Couture ら (1994) は，重装備で行進する兵士40名の能力に対する連合思考と解離思考の効果を調べた。兵士は2週間のメンタルトレーニングを行い重装備の行進を再実行した。その結果，メンタルトレーニングの方略は，兵士の行進時間概算能力と心拍制御能力をともに改善することが明らかになった。しかしながら，メンタルトレーニングの介入も努力感も，行進中の疲労感を低下させなかった。

Wrisberg と Pein (1990) は，大学生男子115名と女子75名を対象に，ジョギング中の注意手がかりと思考のタイプを調べた。ランナーには自分の思考をセルフモニタリングするように指示した。Wrisberg らは，ジョギング中の2つの広範な思考スタイルを，内的気分（連合）あるいは環境手がかり（解離）と定義している。これら2つのスタイルは，ジョギング中の努力感に影響することが明らかになっている。Wrisberg と Pein は，自己モニタリングのスタイルはランナーの経験によって異なったものになると報告した。つまり，経験を積んだランナーは環境の手がかりをより多く使用する傾向を示したが，経験の少ないランナーはジョギング中に内的な気分に注意を向けていた。連合的・解離的な認知思考や手がかりの報告に対する自己モニタリング手がかりの影響を理解するには，さらに多くの研究が必要と思われる。

Gorely と Gordon (1995) は，成人583名（年齢幅50～65歳）の多理論統合モデルの構造を運動行動変容との関係から検証した。このモデルでは，行動変容の動的な性質に焦点を当て，変容は5つの段階を通して発生すると仮定している。このモデルでは，無関心期・関心期・準備期・実行期・維持期の5段階に，さまざまな認知的自己制御メカニズムが出現するとしている（自己再評価，意識評価）。Gorely らの研究によって，変化過程・自己効力感・賛否（運動の費用便益分析）といった測度の半数（5/10）は，変化の5つの段階の弁別に重要かつ他にはない貢献をすることが明らかになった。

Bagozzi と Kimmel (1995) は，大学生142名から質問紙のデータを集めて，4つの理論の能力（熟考行動，計画的行動，自己制御，試み）の比較から運動と食事行動を説明しようとした。これらの諸理論によれば，

運動意思と運動行動はさまざまな変数(態度，社会的規範，行動統制感，欲望，過去の運動行動)から予測することができる。結果として，態度はすべての理論において意思を有意に予測すること，欲望は意思に直接影響するとともに運動と食事に対する態度の影響の大半を調整することが明らかになった。過去の行動を考慮した場合，計画的行動の理論が仮定するように，意思は目標活動を予測せず，行動統制感は意思や行動を予測しなかった。運動行動持続の自己制御に対するこれらの理論の相対的な貢献を評価するには，さらなる研究が必要である。

目標に集中する能力 運動(Goudas, Biddle, & Fox, 1994)と身体的活動(Madsen et al., 1993)の双方にとって，目標形成，目標価値，目標へのコミットメントもまた重要なメカニズムになっている。Goudasらは，目標指向(課題，自我)が体操クラスとサッカークラスの内発的な興味に直接影響していると報告した。なぜなら，課題への関与によって，両活動の内発的動機づけが高まったからである。この研究については，内発的動機づけ／感情要因の節で議論することにしたい。前述のように，Madsenらは，自己モニタリングを目標設定および目標達成と結びつけた。成人では食事行動が改善し，子供では体力レベルが改善したからである。この研究は，行動変容の2つのメカニズムが有益に相互作用した好例である。

内発的動機づけ／感情要因 内発的動機づけに加えて，身体的活動と運動に関係する感情は，課題への関与の持続にとって重要なものと思われる。Goudasら(1994)は，体育授業の活動(サッカーと体操)における内発的な興味とこれらの活動への積極的な関与持続意思について，学童85名の先行事情を調べた。検討した先行事情は，動機づけの方向，内発的興味，目標指向であった。自己制御に特有で，行動制御に関連する動機づけ志向は，内発的動機づけに加えて，外的・取り入れ的・同一視的なものであった。一般的には，外的関与のために開始・維持する行動を外的制御と呼び，行為者が設定かつ統制するルールにより制御する行動を取り入れ制御と呼んでいる。同一視制御とは，個人が目標もしくは制御要因を意識的に評価することである。研究者は，自己決定(因果関係の位置感を連続体上の測度で表わしたもの)と課題指向が両活動における内発的な興味に直接影響することを明らかにした。実験参加者が自己決定と課題指向を感じれば感じるだけ，内発的動機づけのレベルは高くなった。しかしながら，有能感はサッカーとだけポジティブに関係していた。このように，体育の授業における活動の選択は，課題への関与の持続を高める重要な変数と思われる。

Thayerら(1993)は，喫煙と食事行動の自己制御への気分の制御の影響を調べようとした。喫煙者(n=16)と間食者(n=18)は，5分間の活発な歩行によって気分を制御した。その結果，実験参加者は，活力は増し喫煙と間食の衝動は低下したと報告した。次の喫煙または間食までの時間は，歩行によってほぼ2倍に延長した。この研究では，意識のメカニズムも重要なものとなっている。したがって，気分のメカニズムと意識の相互作用は，行動変容と課題への関与の持続に影響する重要なキーになると思われる。

プランニングと問題解決 プランニングを運動行動を説明する有力なメカニズムとした唯一の研究は，運動に適用した4つの理論，合理的活動理論・計画的行動理論・自己制御理論・試行理論の比較研究であった(Bagozzi & Kimmel, 1995)。前述のように，態度と欲望は意思にもっとも強く影響し，欲望は態度の影響のほとんどを調整していた。これらの知見は過去の研究と一致しなかった；したがって，運動行動を説明するこれらの理論は推測の域を出ていない。課題への関与の持続の関係を理解するには，さらなる因果／予測的な研究が必要である。

自己反応／自己報酬 2編の研究が，運動行動の変容に対する自己効力感の効果(Gorely & Gordon, 1995)と，運動継続の増進に対する4セッションの職場介入の効果(Hallam & Petosa, 1998)を検証した。すでに議論したように，GorelyとGordon(1995)は，自己効力感が，決定バランス(賛否)とともに無関心期から維持期にかけて高まることを明らかにした。自己効力感が運動行動の増加に伴って高まるということは，運動の研究に共通した知見となっている。しかしながら，現時点で，自己効力感が運動行動の自己制御に果たす役割は，完全には明らかになっていない。例えば，HallamとPetosa(1998)は，運動の自己効力感・自己制御スキル・成果期待の効果を従業員86名で検討した。これらの測度を選択したのは，いずれも運動継続と関係することが明らかになっていたからである。統制群と比較した場合，職場介入プログラムによってスコアが増加したのは自己制御スキルと成果の期待だけであり，自己効力感では増加しなかった。継続に対する効果があったという報告はなかった。課題への関与の持続に対して重要な貢献を果したものは自己効力感であった。自己制御のメカニズムとしての自己効力感の役割は，おそらく今後の研究によってさらに明らかになるものと思われる。

媒介要因と成果測度

表22.5に示したように，13編の研究が主に媒介変数の認知／感情変数(n=6)と行動／認知／感情変数(n=2)を組み合わせて報告していた。本書初版の本章では主に運動研究の行動的テクニックを報告したが，本版では変数を多様に組み合わせた研究の増加状況を検証する。再度述べることであるが，もしもメカニズムが媒介変数の選択を規定するならば，例えば，認知－イメージのメカニズムはその測度の1つとして

認知的な媒介変数を要求し，情動メカニズムは感情変数の利用を決定するものと思われる．

課題への関与の持続の成果測度は，身体活動あるいは運動(表22.5, "Z"指標)に対する継続的な参加の行動的な測度であった．努力評価の認知測度(Cowden & Plowman, 1999)と成果の期待測度(Hallam & Petosa, 1998)を含めた研究は2編のみに過ぎなかった．しばしば研究では，これら以外の2つの変数カテゴリー(認知と感情／喚起)を測定し操作している；しかしながら，それらを重要な成果変数と考えているようには思えない．課題への関与の持続にとって，認知的変数と感情／喚起的変数は，行動(参加)に対して等しく重要な変数であると思われる．例えば，自己満足は，最終目標を課題への関与の持続にした時の8週間の運動プログラムの継続よりも成果測度として重要ではないにしても，同程度にはなっている．

課題パフォーマンスの持続の要約

ここでは，課題パフォーマンスの持続に影響する自己制御メカニズムの結果について要約する．自己モニタリングはもっとも使用頻度の高い意識要因であったが，効果を最適にするために運動の維持段階中に自己モニタリングを消去していくテクニックの使用を示唆している研究もあった．少なくとも運動に関しては，子供の自己制御能力の効果に疑問を呈している研究もあった．さらに，自己評価のスタイルにはジェンダー差や人種差の可能性がある．連合／解離といった認知-イメージ要因の結果は，運動行動に影響する能力の点でいまだあいまいなように思われる．運動行動(合理的活動，計画的行動)を説明しようとする理論もまたあいまいな知見を出し続けており，さらに検証する必要がある．特定の目標指向(課題，自我)は運動と身体的活動行動に特異的に影響しており，効果的な目標設定の方略は実験参加者の年齢に応じて変化している．課題パフォーマンスの研究では有力なメカニズムとして内発的動機づけのみを使用していたが，課題パフォーマンスの持続の研究では情動を追加していた．運動を通して行われる感情の調整は，喫煙や間食といった行動に影響するものと思われる．プランニングと問題解決を使用していたのは1編の研究だけであった．しかし，結果が不明瞭であり，追加研究が必要である．さらにまた，自己効力感は運動行動の増加とともに高まっていたが，自己効力感が自己制御において果たす役割を明らかにするには，さらなる研究が必要である．

トレーニング研究

自己制御がパフォーマンスに及ぼす効果(n＝7)や課題への関与の持続に及ぼす効果(n＝1)の調査を唯一の目的としたトレーニング研究は8編あった．これらの研究はすでに理論や有力なメカニズムに関連して検討されているが，それら特異的な貢献のいくつかを検討することは興味深いものと思われる．これらのうち2編は，パフォーマンスを最適なものとするサイクリング運動(Sanderson, 1987)とスイミング技術(Svec, 1982)を生体力学的に調べていた．残りの6編はバイオフィードバック，主にEMGを使用して，パフォーマンスを向上または持続させるトレーニングを行っていた．

Blumenstein, Bar–Eli, Tenenbaum(1995)は，100m走のパフォーマンス向上のためにバイオフィードバック(EMG，心拍数，皮膚電気反応，呼吸数)を使用した．バイオフィードバックは，自律訓練法やイメージトレーニングよりも効果があった．しかしながら，Kavussanuら(1998)は，バスケットボールのフリースローシュートを使用して，複数の信号のバイオフィードバックトレーニングの効果はEMG単独のバイオフィードバックの効果よりも優れているわけではないことを明らかにした．複数のバイオフィードバック信号を有効に利用する方法は，あいまいなままになっている．Kavussanuらは，バイオフィードバック条件でもっとも優れたパフォーマンスを遂行する者は自己効力感が高まっていることも明らかにした．このことは，フリースローシュートの得点を予測した(1投目60％；1投目と2投目46％)．

Cummingsら(1984), BlaisとVallerand(1986)は，バイオフィードバックトレーニングを検証し，バイオフィードバック学習の非常に重要な要素である保持と転移をさらに検証した．さらに，French(1978)は，テスト後にバイオフィードバック(重心動揺計)を使用し，加えて緊張尺度で成果を評価すると，テスト後の効果が高まることを明らかにした．学習した反応を現実のパフォーマンスに転移する能力が，バイオフィードバックトレーニングの批判の1つになっている．これらの研究では，保持と転移を促進させて，パフォーマンスの向上を図っている．保持と転移のための最適なトレーニングスケジュールを確定するには，比較研究が必要である．

Prapavessisら(1992)は，高い競技不安を抱える20歳の22口径ライフル射撃手を対象として興味深い事例研究を行なった．多次元的な6週間の介入プログラムに含まれていたものは，リラクセーショントレーニング，思考停止法，再集中法，対処陳述法，ECGバイオフィードバックトレーニングであった．この多次元プログラムは，Kirschenbaum(1984)の自己制御モデルに基づいていた．不安・自信・パフォーマンスの各測度は，トレーニングの前後に記録した．その結果，認知不安・身体不安・銃の振動・尿中カテコールアミンは減少し，同時にトレーニング後の自信とパフォーマンスは向上することが明らかになった．

トレーニング研究の要約

パフォーマンスの向上や課題パフォーマンスの持続に焦点を当てたトレーニング研究から，バイオフィードバックトレーニングには主にプラス効果のあることが明らかになった。保持と転移のプロトコルも，パフォーマンスに対するバイオフィードバックの効果を高めた。バイオフィードバックトレーニングの使用も，認知的また感情的な成果測度（自信・不安）にポジティブな影響を与えた。

結論

本書初版の本章では，将来の研究に対していくつかの勧告を行った。それらのいくつかはレビューした34編に記されていたものであった。初版以降に進展した自己制御研究には，以下のものがある。

- 自己制御を方略以上のものとみなした多数の理論とモデル（人工頭脳理論および制御理論以外）を使用した研究
- 統制群と操作チェックの使用頻度が高い研究
- トレーニング後に保持と転移を導入した研究
- 長期間の追跡（例えば，3～24ヵ月）研究
- 単なるパフォーマンス（認知的・感情／喚起的を含む）ではなく複数の成果測度を使用した研究
- 変数間の関係を評価するために高度な統計分析を使用した研究
- さまざまなスキルレベルと文化的背景を両ジェンダーと同様に検討した研究

本書初版の本章で示したように，研究界では，自己制御を，3つ以上の理論的な枠組み（人工頭脳理論と制御理論の2つよりも多く）から発展した方略以上のものとしてみているように思われる。自己制御の概念を調べるには，多数の理論がある。研究者は，理論的な枠組みを使用して自己制御行動に重要と思われる構成概念を体系づけ，モデルを評価する質問紙を探し出そうとしている。研究がモデルを支持できない場合，モデルや評価手段が間違っていたかどうかはわからない。したがって，自己制御の研究には，より系統的・統一的なアプローチが必要である。本章に示したように，自己制御の背景メカニズムを考察することで，将来の研究において，研究デザイン，操作的な要素，結果の解釈がおそらく容易になるものと思われる。

将来の研究で事前に注意を要する事柄は，以下のものである。

- 測定／操作変数を確定する前に有力なメカニズムを明確にすることには価値があること
- 有力なメカニズム（表22.1に列挙しているように）をより多く組み込む必要があること
- メカニズムの組み合わせ研究を継続する必要があること
- 測定変数と操作変数は成果変数ではないので，それらを区別する必要があること（自己効力感は独立変数か従属変数のいずれかである）
- 中程度の熟練者と高度な熟練者のポジティブな自己モニタリングを評価すること
- パフォーマンスの行動的測度に加えて，複数の成果変数を使用することが重要であること（自己満足は課題への関与の持続に対していっそう有益なものと思われる）
- 間欠的な自己モニタリングを使用すれば，パフォーマンスと課題への関与の持続が最大にできること
- 統制群・無作為化・操作チェックを継続して使用すること
- 自己制御という用語中の"自己"という言葉の重要性。実験遂行者ではなく実験参加者（子供であっても）が記録を管理する必要があること

自己制御の研究を先へ進める方法の実例として，次のことを考えて欲しい。これまでの大半の理論的な説明（他のものについては本書の他の章で議論する）は，自己制御目標が認知的に表象される方法にかなりの重点を置いている。例えば，運動活動の増進を目標とする者が，活動をこの願望に感じている重要性（緊急性・価値・必要性）の程度に応じて一生懸命遂行する傾向があることは，誰もが否定しないと思われる。目標の重要性は，最終的な目標達成（Austin & Vancouver, 1996；Emmons, 1986；Karoly, 1999；Little, 1983を参照）の予測要因として有用であることがわかっているような，いくつかの目標評価次元の1つになっている。同様に，研究者は，自信（あるいは自己効力感あるいは楽観主義）と長期に渡る課題への従事の関係を推測しているように思われる（Bandura, 1997）。

したがって，課題の持続（毎日体育館に行くこと）が目標の重要性や類似性によって直接変化することや，課題の持続が自信によって変化することは，予測可能と思われる。頼りない運動者グループに自信を植え付ける試みは，運動の自己制御を高める重要な手段であると思われる。今のところ，CarverとScheier（1998）は，ダイナミックシステム（カオス・カタストロフィ）理論による分析に基づいて，課題への従事・自信・重要性の間にある三角関係の処理方法を提案している。これは社会-認知理論の通念になりうる挑戦であると思われる。

CarverとScheier（1998）は，課題への従事・自信・重要性（課題の緊急性）を楔形カタストロフィの文脈内で議論している。楔形カタストロフィモデルは，いくつかの（この場合は2つ）制御変数（xとz）を，研究に

おいてシステムの行動を表象するような成果変数(y)に連繋するモデルとなっている。研究者は，スポーツにおける不安とパフォーマンスの関係を説明する際にも，このモデルを使用している。この楔形カストロフィモデルの重要な点は，z値が高い場合にはxとyの関係が不連続になるように（後ろに向かうxとyの関係［zのレベルが低い］は通常線形のようにみえるが），前端に折り曲がるように楔形カストロフィモデルの表面を三次元的に描写していることである。したがって，自信（あるいはx）の増加につれて課題への従事（y；自己制御の反映）は線形に増加するが，それは課題の緊急性あるいは重要性（変数z）が低い場合だけである。緊急性もしくは重要性の変数z（CarverとScheierが"プレッシャー"とラベルづけした）が高いレベルに到達すると急激な方向転換が生じ，その結果，課題への従事は急落する（断念）。重要なことは，課題への従事・自信・目標の緊急性の関係が，1セットの単純線形モデル（自己制御の大部分の行動科学研究を先導しているもののような）よりも，むしろ動的なカタストロフィモデルに従って（あるいは他の動的な配列と一致して）作動する場合には，予測と介入はおそらく的外れになるということである。自信がある運動者は，運動行動からの離脱をどのような方法によって避けているのだろうか？ CarverとScheierによれば，可能性のある1つの方法は，運動者を表面後方の平面に近づけておくことである；このことは，まったく反直観的な何かをすることは，すなわち，目標理論に関する限りは運動目標の価値を下げることを意味すると思われる。

自己制御のすべての仮定的な要素もしくはメカニズムの正確な形式，環境が及ぼす力と生物学的な力の長期に渡る動的な相互作用の性質，さらには相互作用の要素を正確に評価する最良の方法を詳述することは，容易な作業ではない。これまで多くの研究者（スポーツ心理学の内外）が使用している"解決方法"は，時間（あるいは変化）の役割と同様に他のものを効果的に無視（一定に保つこと）して，比較的少数の決定的な構成要素への注意を通して自己制御を操作化することである。例えば，研究者は，パフォーマンス固有の自己効力感のある側面を評価し，次に自己制御の研究のあらゆる焦点を参照しながら，自己効力感のスコアをより最近のスポーツパフォーマンスの指標に関連づけ，同時に背景次元（以前のパフォーマンス・運動スキル）に関連づけている。そのような研究戦術（しかしながら有用である）は，自己制御（広義の定義）のさまざまな側面を測定できると思われる質問紙の組み合わせの記入によってスポーツ熟練者（エリート競技者）グループと初心者グループを明らかにする方法とは著しく異なったものになっている。この後者の質問紙アプローチの目的は，実際にスポーツに関連する自己制御スキルに何ら従事していないことがわかっているグループにおける自己制御機能の推定される差異を記述することにある。AnshelとPorter（1996）およびAnshel（1995）は，100項目の質問紙を使用して，エリートと非エリート水泳選手の違いを明らかにした。これらの研究戦術には，それぞれの長所がある。

したがって，自己制御を詳細に調べる研究者は，スキル獲得，課題パフォーマンス（実際のあるいは模疑的な）あるいは関与の持続（興味の維持）といった研究されている不活発な過程の性質と同様に，自らが遭遇している研究のタイプ（予測的 vs 記述的）を心にとめることが特に重要である。制御努力の目標の測度や成果の測度を行動，思考の様相，情動喚起に求めるかどうかによっても，研究は違ったものになってくる。最後に，変数間の経験的な関連についての仮説を検証したいという欲求は，スポーツと運動における自己制御の研究をしばしば純粋に動機づけているが，スポーツパフォーマンスの向上に固有の介入の力（固有の自己制御メカニズムを活用する介入）を評価しようとする研究者はトレーニング研究をますます実施するようになっている。そして，当然のこととして，固有の制御メカニズムをどのように探求，もしくは操作するかが，研究のもっとも重要な分かれ目になっている。

V 生涯発達

- 第23章　スポーツにおけるモラルの発達と行動 ... 451
- 第24章　ユーススポーツ　その心理学的考察 ... 466
- 第25章　身体的活動と生活の質 ... 490
- 第26章　競技者の引退 ... 517

V 出題分野

第 23 章 スポーツにおけるチームの活動と行動
第 24 章 ユーススポーツでの指導者
第 25 章 身体活動とエネルギー
第 26 章 競技者の心理

第23章

スポーツにおける
モラルの発達と行動

スポーツが性格の長所をのばす場として有効であるとする視点には，立派な歴史がある。プラトンの著作から現代の政治家・教育者・神学者の宣言までもが，スポーツを，性格形成の場として描いている。この考え方は一般人の知恵の中に入り込み，"スポーツは性格を形成する"という文化的格言に反映されている。

スポーツへの参加は，素晴らしい性格の発達を本当に助長するのだろうか？　この主張は教育的なスポーツプログラムをしばしば正当化しているが，この問題を実証的に調べた研究はほとんどない。本章では，性格概念の一側面，すなわち，モラルの発達をスポーツに関連づけて検討してみたい。モラルの発達は性格の全体像を意味するものではないが，1つの重要な部分像であることに間違いはない。本章では，モラルの発達は，社会生活を特徴づけている人間間の権利と責任を個人が理解する過程であると定義したい。

本章ではまず，モラルの発達への2つの理論的なアプローチ，すなわち社会的学習と構造的発達の視点について要約する。スポーツのモラルに関するもっとも最近の研究では，構造的発達のアプローチを使用している。そのために，KohlbergとHaanが提唱し，かつスポーツ研究でもっとも頻繁に利用されている2つの構造的な発達の理論を詳しく述べてみたい。本章の残りの部分では，モラルの発達とスポーツに関する主要な知見を，体系化した8つの問題と関連づけて紹介する。そして，将来の研究動向を簡潔に示唆して，本章を締めくくることにする。

モラル発達の理論的アプローチ

社会的学習アプローチ

モラル発達への社会的学習アプローチには多様なタイプがある。このアプローチの主たる提唱者間の論争は，次の重要な問題に集中している；(1)学習の主要な手段は何か？　(2)学習のもっとも重要な成果または産物は何か？　(3)個人差の生得的な要因はどれほど中核をなすのか？（Rushton, 1982）　例えば，Eysenck(1977)は，主要な学習手段として古典的条件づけを，集中的な学習成果として感情条件づけを，学習における個人変動の主要な源として人の神経系の"条件づけられやすさ"の生得的な違いを，それぞれ強調している。このように，モラルの領域では，Eysenckは，行動をネガティブな感情と結びつけるには，反社会的な行動を直後の懲罰反応に連繋させればよいと指摘している。対照的な説明にはBandura(1977)のものがある。Banduraは遺伝的な傾向にはほとんど注意を払わずに，学習の主要な刺激剤としてモデリングと強化を，また主要な学習成果として認知構成を，それぞれ強調している。Banduraにとって，向社会行動は，常にその行動をモデリングし強化した社会的学習歴に由来するものになっている。

最近の研究では，行動媒介における認知的要因をより考慮した修正社会学習理論が好まれる傾向にある。例えば，Banduraは，"社会的学習理論"のラベルを捨てて"社会認知理論"(Bandura, 1986, 1991)としている。また，行動の認知的な媒介の評価の高まりにも関わらず，認知的要因そのものは，社会学習過程の標準セット(条件づけ，モデリング，強化)の結果であると述べている。

社会的学習理論を唱えるさまざまな者が学習過程を多様に解釈しているが，モラル領域をみる方法には多くの共通した理論がある。第1に，社会的学習理論を唱える者は，モラル行動は他の行動タイプから識別できないものと考えている。手洗い行動の習得・維持・修正の際に作用するような学習原理が，手助け・共有・正当な行為の発揮の制御にも作用している。第2に，個人が"モラル的"に振る舞う度合いには，その個人のそれまでの学習歴が直接に関係している。換言すれば，個人のモラルの度合いは，それまでに学んだモラルに応じている。第3に，モラルを構成しているものは，社会規定的なものである。モラルの発達は，個人の社会規範を内面化する社会化の過程と同じ

ものである。モラル行動は，所属する社会や文化的集団の向社会規範に準拠した行動である。このように，モラル規範や原理は，文化と関係している；万人に共通するモラル原理の存在は認められていない。最終的に，社会的学習理論を唱える者は，方法論的には，顕在的な行動への焦点当てにとらわれており，人の"心の中"で何が起きているかは基本的に知ることができないと考えている；観察可能な行動だけを，信頼できる科学的研究の対象としている。

構造発達アプローチ

社会的学習理論を唱える者と同様に，構造発達理論を唱える者は，その細部が多種多様な多数の基本仮説を共有している。次節では，2つの理論の相違に焦点を当てる。ここでの議論の目的は，収束点を指摘することにある。

構造的な発達アプローチの際立った特徴の1つは，2つの分析レベルの区別にある。人々の行為や思考は内容レベルや構造レベルで分析することができる。人の考えていること，行動する方法，質問紙上の回答，実験的な操作に対する反応の方法などは，すべて思考または行動の内容になっている。

特定の観察可能な内容の背後には，多かれ少なかれ，特定の内容を生み出すような一貫した心理的構造が存在している。構造そのものに意識的に気づくことはない。例えば，ある人が話した時，特定の言葉の発声は内容そのものであるが，その背後には話者が意識せずに使用している複雑な文法構造がある。

苦もなく使用している文法ルールに気づいている人はほとんどいないが，その言葉を生み出しているのはこれらの組織的なルールである。同様に，構造発達理論を唱える者は，モラル問題・数学パズル・社会的役割の決定といった多様な問題を扱う場合，論理的な思考は同定可能な心理的構造から生まれ，そしてそこには同定可能な心理的構造が反映していると信じている（例えば，Piaget, 1970）。根底にある構造は生得的な心理的傾向から発生し，一貫した意味あるパターンに経験を組織化している（Case, 1992；Piaget, 1971）。構造発達理論を唱える者の主要な理論課題の1つは，人間機能のこれらの多様な領域の潜在的な構造を明らかにすることである。したがって，社会的学習理論を唱える者とは対照的に，構造発達理論を唱える者は，モラル行動よりもモラル思考に専心する傾向がある。

構造発達理論を唱える者がモラル発達を評価する場合，個人のモラル信念の正確性は分析していない。同じくらいに成熟した人でも，モラル問題については非常に異なる信念を持っている可能性がある。モラル信念は個人のモラル確信の内容を示しているが，構造発達理論を唱える者の関心は，これらの信念を生み出している構造の相対的な妥当性にある。また信念を支えるために人が使用する論理的な思考のパターンに関心を持っている。この考え方から，構造発達理論を唱える者が共有している2つ目の主要な問題が発生している。

構造発達理論によれば，個人の論理的な思考の背後にある構造は静的なものではない；発達とともに変化するものである。さらに，それらは不適切なものからより適切なものへと順次変化するものである（Kohlberg, 1981）。経験を組織化する個人の生得的な傾向と現実経験の相互作用によって，論理的な思考の背後にある構造はより分化し，より統合的なものになる（Kohlberg, 1984）。分化は，経験のより複雑かつより微妙な面を個人が認識し適切に反応できるようにする心理構造における精妙さの高まりを指している。統合は構造的な再組織化であり，これによってより統合的かつ節約的な方法で外的な現象を把握することができるようになる。心理構造は，分化と統合が進行するにつれて，より適切なものになると仮定されている。

以下の節では，個人がモラルの成熟に向けてたどる発達コースについての2つの有名な理論をレビューする。これら2つの理論に関しては，次のような問題がある；理論の背景にある基本的な原理は何なのか？　ある状況下で人々のもっとも成熟したモラル確信行動を妨害するものは何なのか？　モラルの成長を促し，教育的な目的に提唱できるメカニズムは何なのか？

Kohlbergのモラル発達理論

Kohlberg (1981, 1984) の画期的なモラル発達理論の根源は，もっとも卓越したPiaget心理学への認知発達アプローチに求めることができる。したがって，Kohlbergの研究の中心は，Piaget理論の普遍的な段階の概念が占めている。Piaget派の研究者は，その枠組みで，積極的に情報を組織化して発達する児童の生得的な傾向と，その特徴への調和を要求するような環境との相互作用過程が，段階の進行に反映すると仮定している。

基本概念　Kohlbergのモラル発達理論を教える際には，次の4つのキー概念が役に立つ；モラル問題，指向性，原理，段階。Kohlberg (1976) は，特定のモラル問題またはモラルの価値は重要であると普遍的に認識されると信じていたが，そこには生活の価値，財産，誠実性，市民の自由，良心，ルールと法律，交友関係，権威，契約，信頼が含まれていた。モラル思考の内容は，これらのモラルの価値に関するものである。しかしながら，時には，特定の価値に対するある人の主張と他者の主張が衝突することもある。Kohlberg (1969, p.401) は，"人々の主張が衝突する領域はモラル領域である"と記述した。したがって，例えば，コーチが選手にルールを破れと要求した場合，権威としてのコーチの主張は，ルールを遵守しようとする選

手の主張と衝突する恐れがある。

モラル思考に関与するものを明らかにするために，Kohlberg(1976)は哲学に目を向け，さまざまなモラル哲学が伝統的に使用している基本的な指向タイプを4つに分類した。モラル指向は，モラル衝突を扱う上で一般的なアプローチになっている。各モラル指向は，重要な要素に注目して正か非かを決定している。まず規範的な秩序指向(normative order orientation)は，規定ルールとルールを考慮した上で意志決定するような役割が中心になっている。帰結指向(consequence orientation)は，他者と自分，もしくは他者あるいは自分の幸福へのさまざまな行動の影響が中心になっている。このように，さまざまな行動オプションの成果についての信念が意思決定を先導している。正義指向(justice orientation)が強調しているものは，人々の自由・平等・相互関係・契約の関係である。したがって，この指向には，意思決定時に公明正大や公正であろうとする特徴がある。最後に，理想的な自己指向(ideal self orientation)は，やりとげた自分，あるいはやましいところのない他者としての演技者イメージに集中することである。この指向に従って行動する人々は，モラルの決定を通して，個人的な美徳や高潔性および純粋な動機を維持しようと努めている。

これらの基本的なモラル指向がスポーツ状況においてどのように働くかを調べることは，困難ではない。確かに，ルールはスポーツにおいてかなり重要な地位を占めており，そして多くの，おそらく大半の決定はルールと規定的な役割に基づいている。結果の懸念，とりわけ攻撃のような行動の福利的な意味合いは，特定の方法による行動を制約している。ゲームの構造は同等の機会と公正さを保障するような仕組みになっており，この次元("ゲームの精神")をモラルの指針として信頼している選手もいる。最終的に，熾烈な試合の最中にも礼節と快活さを誇示する理想的な競技者のイメージが，しばしばスポーツマンシップのテーマになっている。

Kohlberg(1981)の理論では，4つの指向の中でもっとも適切なものは正義指向であると強く主張している。Kohlbergの理論では，正義指向だけが，競合するモラルクレームに公正な決定を下す際に使えるモラル原理を導くことができる。それぞれのルールは互いに衝突する可能性がある。ある人または集団の結果は，別の人または集団の結果と衝突するかもしれない。その上，結果を明確に予見することは，しばしば不可能である。一般的な格言に反して，良心は，最高の指針とするには，文化的な問題にあまりにも汚染され過ぎている。しかしながら，正義指向は，"普遍化できる選択モード，すなわち，すべての人々にあらゆる状況で常に導入して欲しいと思うような選択のルール"を誘発することができる(Kohlberg, 1970, pp.69-70)。

要約すると，モラル葛藤を起こし得るような特定の普遍的なモラル問題が存在している。4つの主要な意思決定方略の1つを使用すればモラル葛藤には対処できるが，その最適なものは正義指向だと言われている。Kohlbergの段階理論の研究には，人を正義の完全な理解に至らしめるような発達過程が反映している。

Kohlbergは，文化的に普遍かつ不変的な6段階のモラル発達を仮定した。段階とは論理的思考の下部にある深部構造を指している。各モラル段階は，モラル状況に存在するどのような内容にも適用できるような問題解決への統合的・論理的なアプローチとなっている。Kohlbergの6段階の詳細はこの章の範囲を越えているので，ここでは一般的な発達過程だけに触れておきたい。最初の2段階にある者は，モラル問題に，個人主義的・自己中心的な視点を通してアプローチしている。Kohlbergは，これらの段階にある者を前慣習的水準と呼んだが，それは，その者が社会規範やルールがモラル責任にどのように影響するのかをまだ理解していないためであった。次の2段階は，慣習的水準である。この段階では，人は，自らの社会集団や社会全体の目を通して問題にアプローチするようになる。何らの社会の特定の規範とも結びつかないような普遍的な価値を人が認識していることが，最後の後慣習的水準である。最終的に，Kohlbergは，他のすべてのものがそこから引き出されるような唯一のモラル規範が正義であるとしている。

またKohlbergは，各段階にタイプAとタイプBの下位段階があるとした。それらは4つのモラル指向から派生したものであった。Kohlbergの見解では，誰でも4つすべての指向を使用しているが，各人には，規範的な秩序指向と帰結指向の組み合わせ(下位段階Aと呼ぶ)の使用，または正義と理想的な自己指向の組み合わせ(下位段階Bと呼ぶ)の使用のどちらを選ぶかという好みがある。したがって，モラル問題への応答においてルールあるいは結果を強調すれば各段階の下位段階A"論理的な思考"を強調したことになり，対照的に，正義指向と理想的な自己指向を強調すれば各段階の下位段階B"論理的な思考"を強調したことになる(Kohlberg, 1984)。

思考から行動へ　Kohlbergの段階理論は，モラル的に正しい行動であると確信しているものを人々がどのようにして決定しているのかに焦点を当てている。しかし，明らかに，人々はすべきと思う方法でいつも行動しているわけではない。例えば，ある競技者は，対戦相手を打ちのめした後で，その行動を後悔するかもしれない。モラル思考と行動の間にはなぜギャップがあるのだろうか？

この思考-行動関係のもっとも単純なモデルは，倫理行動が，モラルの論理的な思考の段階から正確に予測できると示唆している。しかしながら，このような

単純なモデルでは，思考-行動の複雑な関係を説明することができない。Kohlberg (1984, p.517) が記述したように，"段階あるいは原理から行動を予測する場合，個人が下す中間型の判断を説明する必要がある"。Kohlbergの見解では，次のような2つの重要な中間型の判断が働いている；(1)義務的判断，簡単に言えば，特定の行動が正しいか間違っているかの判断，(2)責任の判断，ここでは状況の事実および自己と他者の要求と動機を義務的な判断と合わせて考慮し，自己の責任を確定する。例えば，チームメイトの薬物(パフォーマンス増強薬)使用を知っている競技者Aは，その選手が競技の失格者になると確信するだろう(義務的判断)。しかし，競技者Aは，チームに対する自分の役割にルール励行が含まれるとは信じていないために，選手交代には反対するかもしれない(責任の判断)。

義務的な決定が正義の規範的な判断であるのに対して，責任の判断は実生活文脈の特定事実に下した"行動しようという意志の〔義務的〕判断による確認"(Kohlberg & Candee, 1984, p.57) である。Blasi (1984, 1989) は責任の判断に帰することのできる情報の選択と，顕著なモラルの考察によってその人が誰であるか同定できるような方法には関連性があると示唆している。モラル概念が自己定義のより中心的なものになれば，モラルの外的な情報とは対照的な重要なモラル問題が，より大きく責任の判断に影響するものと思われる。

Kohlberg (1984) は，人は義務的な選択に匹敵する責任の判断をさまざまな"見かけ上の義務"や言い訳によって避けているために，モラル行動はしばしばモラルの成熟した論理的な思考に対応できなくなると指摘した。例えば，チームへの忠誠といった見かけ上の義務は，上述した選手のチームメイトとの交替を抑制している可能性がある。Kohlbergは，下位段階Bの考慮を反映する論理的な思考が包含している言い訳や見かけ上の義務は，下位段階Aを反映する論理的な思考よりも少ないとも指摘している。

スポーツ活動が参加者の最善のモラル的論法から逸脱する理由を調べることは難しいことではない。スポーツの構造それ自体は，見かけ上の義務の代わりに下位段階Aの論理的な思考を督励している。一般的にコーチや競技役員のモラル権限の役割に集中した練習は，選手の自己責任の判断意欲をより阻害している。選手は，対戦相手に対する責任をしばしば限定的なものと考えて，ゲームのルールや非公式な規範に従ったり，競技役員のネガティブな制裁を避けたり，コーチの命令に従ったりしている。

モラル教育 モラル教育に対するKohlbergの最初のアプローチは，少集団の教育場面で議論できるようなモラルのジレンマを，仮定的に立案することであった。教師の役割は，相手の考えを引き出すソクラテスのそれであった；より具体的に言えば，教師は生徒が論理的な思考を入念にできるように質問したり，生徒を励まして他の生徒と直接対話させたりすることであった。このアプローチは，Kohlbergの学生の1人であるMoshe Blattによる，このような議論がモラル段階の発達を助長するという研究 (Blatt & Kohlberg, 1975) を足場にしたものであった。Blattは，成長の責任を負う背後にあるメカニズムを認知的な葛藤あるいは不均衡(アンバランス)と仮定した。生徒は，自分よりも若干成熟したモラルの論理的な思考に遭遇した場合，それに惹かれるようになった。しかしながら，新しいモラルの論理的な思考のパターンを取り込むためには，生徒は自身のモラルの論理的な思考のパターンを変えなければならなかった。論理的な思考の深部構造の変化は緩やかな過程であり，これが現存の論理的な思考のパターンを破壊し，次に新たな挑戦に見合うようにこのパターンを再構築している。

Kohlbergは，後の研究 (Higgins, Power, & Kohlberg, 1984；Kohlberg & Higgins, 1987；Power, Higgins, & Kohlberg, 1989) で，モラル教育への自らのアプローチを実質的に修正した。第1に，対話には仮想の話や比較的些細な現実界の話題を討論するという限界があったことから，Kohlbergは仲間との対話法に満足できなくなった。第2に，対話法はモラル行動から切り離されており，行動的には空虚な論理的な思考を生み出していた。これらの困難な問題を修正するために，Kohlbergらは，モラル教育を調べる正義の共同社会アプローチを開発した。手短に言えば，正義の共同社会アプローチは，学校内における直接民主主義の形成と関係している。正義の共同社会は，集団的なモラル規範の生成手段となるような共同社会の一体感を育成しようとしている。

正義の共同社会アプローチに移行するために，Kohlbergは元としていたPiaget派から枝分かれしなければならなかった。Kohlbergは，関心の中心を特に個人におくよりも，むしろ集団規範を同じくらい重要なものとして注目し始めた (Durkheim, 1973と同様)。集団には，その集団に固有なモラル規範がある；すなわち，集団固有のモラル規範は，個人のモラル予想の総和に還元することはできない。共有している集団規範は，集団のモラル感の決定に一役買っている。集団規範は，モラルの見地からより包括的かつ適切なものになることを含めて，重要な方法で変化し得る。しかし，個人のモラル段階の方法で発達するわけではない。集団生活にはあまりにも変化がありすぎて，厳重な発達基準を使用するのは困難である。それにも関わらず，Kohlbergは，集団規範の発達において集団の進歩を助長することは重要であると主張した。なぜなら，集団のモラル感は，個人のモラルの成長と，個々人や全体としての集団が示す適切なモラル行動に影響しているからである。

モラル感と集団規範の概念は，スポーツや体育教育に対して，理論的・実証的・実用的に重要な意味を持っている。この方向の最初の一歩として，研究者は，チェックリストを開発し小学校高学年の身体的活動文脈におけるモラル感を評価した（Shields, Getty, & Bredemeier, 1991）。同様に，Shields らは，"モラル共同体としてのチーム"モデルに基づいて，スポーツチームへの介入方法を開発し始めた。モラル感の問題については，本章の最後の節で再度取り上げることにする。

Haanのモラル発達理論

Kohlberg の理論はモラル発達の研究分野を過去数十年間支配しているが，かなり多くのスポーツ研究が，Haan のモラル発達理論を活用している。Haan のモデルの主要な特徴を以下に述べる。

基本概念 Haan（1977b, 1978, 1983, 1991；Haan, Aerts, & Cooper, 1985）は，Kohlberg よりも，抽象的なモラル問題を人がどのように推論するのかという問題を扱っていなかった。むしろ，Haan は，人々が実生活の状況でどのようにモラルを一致させ，モラル論争に折り合いをつけるべきだと思っているのかについて研究した。Haan（1978）の理論の基本構成は，シミュレーションゲームの文脈におけるモラル行動の分析結果に基づいていた。このように，個人間のモラル行動の構造を記述することが Haan の理論の基本概念になっている。

Haan のモラル発達モデルの中心には，次の3つの主要な概念がある；（1）モラルバランス，（2）モラル対話，（3）モラルレベル。第1の概念であるモラルバランスは，関係するすべての仲間がそれぞれの権利・義務・特権について基本的に同意している時の，対人関係の状態を指している。Haan の観点によれば，モラルは，人間の相互依存の現実とあらゆる関係の利害のバランスを取る必要性から生じている。人間関係にはあまりにも多くの"利"と"害"がある。利害のバランスを適当に取るには，関係している仲間の特殊な関心・要求および予測のつかない文脈・状況を反映させる必要がある。人々がモラルバランスの状態にある場合，主観的な平等関係を保つには何をすべきで何をすべきでないか，また誰が何をすべきかについて，通常非公式で暗黙の同意が存在している。例えば，バスケットボールの試合で，プレーの非公式な規範についての基本的な同意があり，かつすべての仲間がそれらの規範に従う場合には，競技者のモラルバランスが取れていることになる。同様に，必要な練習量，コーチのアドバイスのタイプや質，試合に参加する時間といった問題を競技者とコーチが共通して理解している場合には，モラルバランスが取れていることになる。

複数の人々の相互権利や義務についての意見が一致しない場合には，モラルバランスは崩壊し，モラルアンバランスの状態が生じることになる。対人生活には期待の変化，選択的な知覚，気分・行動の微妙な変化といった特徴があるので，モラルアンバランスが起こりやすくなっている。

モラルアンバランスが起きた場合，人はさまざまな方法でモラルバランスを再び構築しようとする。Haan は，これらの努力をひとまとめにして，モラル対話と呼んだ。モラル対話のもっとも明快な例は，オープンな言葉による交渉である。しかし，モラル対話には他にも多くの形態がある。サッカー選手がルールと非公式の選手規範をともに犯すような形で転倒させられた場合のモラル対話は，"あなたが私にした行為は良くないものである，二度としないように"と伝えるために，転倒させられた選手が相手を後のプレー中に特に強い力で叩くという形を取るかもしれない。コミュニケーションによって適切な行動の共通理解が元に戻ると，モラルバランスが復旧してくる。しかしながら，コミュニケーションでモラルバランスがうまく取れない場合には，モラルバランスが回復するまで，あるいはその関係が終了するまで，さらなる"対話"を継続することになる。要約すると，モラルバランスを維持回復するための欲求・要望に関する情報を伝達する直接的な／間接的なまた言語的な／非言語的なコミュニケーション指向は，いずれもモラル対話の例になっている。

Haan（1978）によれば，モラル成熟の発達には，5つのモラルレベルが存在している。それぞれのレベルには，モラルバランスの適切な構成についてのさまざまな理解が反映している。最初の2つのレベルは，いわゆる同化相を包含している。同化相にある人々は，モラルバランスは一般的に自己の欲求と関心に適うように構成されると信じている。これは人が自己中心的になっているためではなく，発達上の制約のために他者の欲求や願望を自らのそれらと同じくらい明白に理解したり感じたりすることができないためである。この状況が方向転換するのは，レベル3と4からなる適応相である。一般的に，これらのレベルにある人は，受け取るよりも多くのモラル交換をしようとしている。最終的に，レベル5の平衡相にある人は，すべての仲間の利益を等しく認知している。

Haan のモデルは Kohlberg のモデルと同様に発達の基本的な等高図に従っているが，両理論はモラル成熟の描写において大きく異なっている。Haan のモデルには，日常的なモラル生活における複雑なニュアンスの状況を適切に処理するような正義の抽象的な原理は存在していない。その代わり，Haan は，モラル的に成熟している人は，モラルバランスを適切なものと考える場合にはモラル対話は平等を保障する一定の手続き基準と合致すべきことに気づいていると主張した。特に，到達した決定の影響を受けるすべての人々，押し付けられたものではない議論によって自発

的な一致を得ようとするすべての人々，状況や関係する仲間の特徴を反映するすべての人々を含め，すべての仲間は，十分に適切なモラル対話をすることで関連情報に平等にアクセスすることができる。そのような厳重な条件が実際のモラル対話の記述であることは，もしあったとしてもまれである。しかし，モラル的に成熟している人は，状況的に"真"のモラルを確立する前提条件の特徴として，厳重な条件を暗黙に認識している。これらの厳しい基準と合わないようなすべてのモラル対話の結果は，仮のもの，一時的なものとみなさなければならない。

思考から行動へ 思考と行動の間にしばしば生じる矛盾を説明するために，Haan(1997a)は，自らのモラル理論をより広範な心理機能モデルの中に位置づけた。このモデルは，自我過程と前述の心理的な構造の両方を強調したものとなっている。自我過程は，2つのタイプの制御を備えている；2つの制御は，さまざまな心理構造からの出力を精神内部で統合し，個人の進行中の心理機能と環境との交流を調整している。大まかにたとえば，構造はコンピューターのプロセッサーチップのようなものであり，自我過程は内部のコンポーネントを接続してキーボード・モデム・外部デバイスからの入力を調整する回路のようなものである。

自我過程は，次の2つのセットに分割することができる；(1)精神内部における正確かつ忠実な調整と環境との交流を反映する対処自我過程，(2)正確さの破壊を反映する防衛過程。共感・抑制・集中・理論的分析・昇華といった対処過程は，電気回路の正確な機能と類似している。対照的に，投射・抑圧・否定・合理化・置き換えといった機構を含む防衛過程は，情報を歪める"バグ"と類似している。

もっとも成熟したモラル能力を反映した行動をする人は，引き続き自我過程で対処し続けなければならない。しかしながら，時に人は正確さを捨てて，論理的かつポジティブな自己感覚を維持することもある。特にストレス下では，対処が防衛に変わり，モラル行動の質が低下するように思われる。防衛的な自我過程を引き起こす上で急性ストレスが果たす役割は，特にスポーツ心理学者の興味の的になっている。なぜなら，試合はハイレベルなストレスとしばしば関連しているからである。例えば，パフォーマンス成果の極度の強調から生じる結果ストレスは，一時的なモラル機能障害を促す可能性があると思われる。これは比較的未開拓な研究領域であるが，研究の機は熟している。

モラル教育 Haan はモラル教育を広範に展望しなかった。しかしながら，Haan は，モラル認知よりもモラル行動に焦点を当てていた。また，これらの研究は，モラル発達の主たる手段は認知的アンバランスではなく社会的アンバランスであるという示唆につながった(Haan, 1985)。Haan が意味する社会的アンバランスとして，運動遊具の共用を拒む小学生をイメージすることができる。ボールやバットが共有できないことを繰り返すのは，おそらく社会関係における堅固な問題に結びつくものと思われる。Haan は，モラル交換の構築方法を再検討しようとする動機につながるのは，抽象的な認知構造におけるアンバランスではなく，これらの社会的なアンバランスであると主張した。

Haan のアプローチの教育的な意味合いは，別の場所で発展を遂げている(Shields, 1986)。手短に言えば，相互依存的な仲間どうしでの対話や交渉が起こり得る場所としての行動文脈を提供することは重要である。グループのリーダーは，不要なストレスを最小限のものにしたり，防衛過程使用の兆候を監視したり説明したりして，実験参加者の対処過程の使用を支援することができる。さらに，参加者が真実を同定する対話の基準から逸れた場合には，集団はそれらの欠点を議論することができる。

本節では，モラル発達の2つの重要な理論について議論した。このレビューは，網羅的というよりも選択的なものである。例えば，Piaget(1932)，Gilligan(1982 ; Gilligan, Lyons, & Hanmer, 1990)，Rest(1986 ; Rest, Narvaez, Bebeau, & Thoma, 1999)の重要な研究はレビューしていない。なぜなら，現在まで，スポーツ心理学者の論文にはそれらを利用したものがほとんどないからである。次節では，スポーツとモラルの実証的な研究を中心にレビューしてみたい。

モラルとスポーツ：実証的な知見

さまざまな理論的な観点と研究の伝統を備えた研究者は，スポーツのモラルに関する複雑な心理問題に取り組み始めている。文献のレビューに当たり，以下の問題を取り上げる。

- スポーツは公平の価値に，スポーツの他の価値と比較して，どのような影響を与えているのか？
- スポーツへの参加とモラルの論理的な思考の関係は何なのか？
- スポーツへの関与は慣習的なモラル判断とどのように関係しているのか？
- モラル変数は，達成動機といった他の重要な構成概念とどのように関係しているのか？
- 個人の変数によってモラル行動は予測することができるのか？
- モラル行動の包括的なモデルは開発することができるのか？
- スポーツマンシップといったスポーツ固有のモラル構成概念は，どのように評価することができるのか？
- 体育とスポーツの経験はポジティブな性格の発達促

進にどのように役立てることができるのか？

モラル価値の優先順位づけとスポーツ

　研究者は，主に2つの方法を使用して，モラル価値の相対的な優先順位とスポーツへの参加の関係を調べている。一方のアプローチは，Rokeach Values Survey(Rokeach, 1973)のようにスポーツ固有ではない価値の調査に依存している。他方の伝統的なアプローチは，しばしば単に Webb 尺度と呼ばれる Webb(1969)の Orientations toward Play Scale，あるいはその修正版のいずれかを使用している。

　Rokeach(1973)のアプローチを使用して，競技者の価値指向を評価している研究者(Davis & Baskett, 1979；Lee, 1977, 1986, 1988)もいる。例えば，Davis と Baskett は，大学競技者と非競技者では最終的な価値が違っていても，手段の価値は違わないと結論づけた。しかしながら，Lee(1977)は，競技者には上達をより重視する傾向があることを除けば，競技者と非競技者に差がないことを見出した。最近の研究で，Lee は，より制約の少ない方略を使用して，競技者の価値構造を明らかにしている(Lee & Cockman, 1995)。

　Webb(1969)は，スポーツ参加者の価値の優先順位を評価するとても単純なツールを開発した。回答者には，勝利，フェアプレー，上手なプレー，楽しみの価値を順位づけるよう要求している。スポーツ心理学者と社会学者は，Webb 尺度とその修正版尺度を広範に使用している(Blair, 1985；Card, 1981；Kidd & Woodman, 1975；Knoppers, Schuiteman, & Love, 1986, 1988；Loy, Birrell, & Rose, 1976；Maloney & Petrie, 1972；Mantel & Vander Velden, 1974；McElroy & Kirkendall, 1980；Nicholson, 1979；Nixon, 1980；Petrie, 1971a, 1971b；Sage, 1980；Snyder & Spreitzer, 1979；Theberge, Curtis, & Brown, 1982)。Webb 尺度には方法論的な問題がある(Bredemeier & Shields, 1998；Knoppers, 1985)。しかし，いくつかの結論が十分に頑健なものであったため，研究者はそれらを広く受け入れるようになった。もっとも重要な研究では，Webb 尺度とその修正版を使用して，スポーツへの関与が，フェアプレーおよび楽しみの重視といった価値指向から離れて，勝利(一位)や上手なプレーを中心とする価値指向へと社会化する傾向があると示唆している。多くの研究者は，このシフトが，ジェンダー，年齢，関与している競技タイプ，宗教，社会経済的な地位といった他の変数とどのように関係しているかを調べている(Blair, 1985；Card, 1981；Kidd & Woodman, 1975；Knoppers et al., 1986, 1988；Loy et al., 1976；Maloney & Petrie, 1972；Mantel & Vander-Velden, 1974；McElroy & Kirkendall, 1980；Nicholson, 1979；Nixon, 1980；Petrie, 1971a, 1971b；Sage, 1980；Snyder & Spreitzer, 1979；Theberge et al., 1982)。しかしながら，これらの研究結果は，方法論的な問題の観点から慎重に眺める必要がある。この領域の研究が将来さらに発展するには，もともとの方法論に改良を加える必要があると思われる。

スポーツへの参加とモラルの論理的な思考

　スポーツ参加者のモラルの論理的な思考の成熟度を評価する Kohlberg のモラル発達理論に基づいた実証的な研究を公表している研究者もいる。例えば，Hall(1981)の研究によって，大学生バスケットボール選手のモラルの論理的な思考は仲間の大学生よりも成熟していないことが明らかになった。Bredemeier と Shields(1984a)は，Kohlberg のモデルから派生した Rest のモラル発達の"客観的な測度"を使用して，Hall の大学レベルのバスケットボール選手男女のモラルの論理的な思考と行動の予備的な研究の知見を追試した。

　Haan(1977)のモラル発達モデルは，Bredemeier と Shields(1986c)に，大きな影響を与えた。Bredemeier らは，高校生と大学生レベルのバスケットボール選手および非選手男女の論理的な思考の成熟度を調べて競技者-非競技者の比較へと広げた。Bredemeier らは，日常生活の文脈とスポーツ固有の文脈におけるそれぞれ2つの仮想的なモラルジレンマセットについて，回答者が推論できるようなモラル測度を使用した。このモラル測度の使用によって，次の2つの異なる得点を求めることができた；(1)"生活"モラルの論理的な思考，(2)"スポーツ"モラルの論理的な思考。大学生50名では，非競技者の方がバスケットボール選手よりも有意に成熟した論理的なモラル思考をしていることが再度明らかになった。この知見はスポーツジレンマと生活ジレンマの双方に適用できた。しかしながら，高校生50名では，競技者と非競技者の間に論理的な思考の違いはなかった。

　Bredemeier と Shields(1986c)はジェンダー差も明らかにした。大学と高校の女子は，スポーツジレンマへの反応において，大学と高校の男子よりも成熟度の高い論理的な思考をしていた。生活ジレンマへの反応においては，高校生では女子の方が男子よりも成熟度の高い論理的な思考をしていたが，大学生ではそのような差はなかった。

　Bredemeier と Shields(1986c)は，同様の競技者-非競技者の関係がバスケットボール選手以外の大学競技者にもあるかどうかを確定するために，大学対抗競泳選手20名のモラルの論理的な思考も検討した。競泳選手の"生活"と"スポーツ"のモラルの論理的な思考の平均得点は，非競技者の得点とバスケットボール選手の得点の中間位置を占めていた。"生活"の論理的な思考の違いは有意となる傾向を示していたが，バスケッ

トボール選手の"スポーツ"の論理的な思考は，競泳者や非競技者よりも未熟なものであった；競泳者と非競技者の"スポーツ"の論理的な思考には有意差がなかった。この知見は，成熟度の低いモラル思考と関連しているものはスポーツ経験そのものではないことを示唆している。

BellerとStoll(1995)は，回答者の義務論的倫理学の受け入れ程度を評価するために開発したHahm-Beller Values Choice Inventoryによって，高校生における論理的な思考の違いを観察した。BredemeierとShields(1986c)による大学生を対象とした研究の知見と同様に，BellerとStollは，高校生の競技者は非競技者よりも不適当なモラルの論理的な思考をすると指摘した。しかしながら，Hahm-Beller Values Choice Inventoryと発育発達の関係にはあいまいな点があるために，これらの知見の意味には疑問が残っている(Bredemeier & Shields, 1998)。

スポーツへの関与とモラルの論理的な思考の成熟度の研究は，多くの問題を投げかけている。個人のスポーツの経験における身体接触量，関与の長さ，競技レベル，個人間の相互作用のタイプは，モラルの論理的な思考の発達に影響しているのだろうか？ あるいは，モラルの論理的な思考が成熟している者は，大学の競技プログラムのあるものにほとんど興味を示さなかったり意図的に"選択"したりしているのだろうか？

コーチの役割は何なのか？ 観察したジェンダー差については，さほど驚くことではないが，社会化の過程において典型的なジェンダーの社会化およびスポーツの伝統的な役割がある場合には，競技スポーツの自己中心的な側面が男子のモラルの論理的な思考に対してより大きく影響する可能性がある(Bredemeier, 1982, 1984)。しかし，これらの重大な問題に対処するには，明らかにさらなる研究や方法論の改善が必要と思われる。

これまで紹介した研究は，スポーツへの関与とモラルの論理的な思考の段階やレベルとの関係を中心にしたものである。スポーツへの関与とモラルの論理的な思考の関係を調べるもう1つの研究ラインは，人々がスポーツの世界に入った時に，モラル問題についての考え方やモラル問題への反応の仕方を実際にどのように変えるのかを中心に据えたものとなっている。この研究を文脈にあてはめるために，個人のモラルの論理的な思考のレベルはさまざまな状況タイプを通してかなり安定していると構造発達理論を唱える多くの者が伝統的に考えていることを強調すべきである。これは，各段階が構造化された全体的あるいは統合的な機能システムを反映していると考えているからである。それにも関わらず，若干の非常に不規則な状況は，個人のモラルの論理的な思考のレベルに変化を与えることが明らかになっている。例えば，刑務所で調べた研究(Kohlberg, Hickey, & Scharf, 1972)によれば，囚人は標準的な仮想ジレンマを解決しようとする時よりも，刑務所のジレンマに対応しようとする時の方が，低い段階のモラルの論理的な思考を使用することが明らかになっている。Kohlbergは，モラルの論理的な思考の低い段階が集団規範に反映している場合には，より高い段階の論理的な思考ができる者においても，"モラル感"の制約がより高度なモラル機能を抑制すると仮定した(Power et al., 1989を参照)。

BredemeierとShields(1985, 1986b；Shields & Bredemeier, 1984, 1995)は，スポーツはモラルの論理的な思考の基底構造が変化するようなこれらの特異的な文脈の1つであると仮定している。この仮説は，スポーツ活動の"預託的な"性格の観点から生まれたものであった。スポーツは，規定の試合時間と十分な"タイムアウト"という際立った境界によって，空間的かつ時間的に日常生活から切り離されている。関係者は，笛・ブザー・旗・ユニフォーム・特別な形式や儀式といった多様なシンボルを使用して，スポーツの世界内世界的な特徴を創出し強化している。個別のスポーツの世界は，人工的なルールと役割による支配を受け，固有の意味や固有の価値を持たない目標を指向している。

生活ジレンマとスポーツジレンマを含むモラルインタビューをBredemeierとShieldsが行っていたことは早くから注目されていた。論理的な思考の成熟度得点を分析した結果，Bredemeierらは"生活"得点が"スポーツ"得点よりも有意に高いことを明らかにした(Bredemeier & Shields, 1984a)。この知見は非常に頑健なものであり，競技者と非競技者，競泳選手とバスケットボール選手，大学生と高校生，男子と女子に適用可能であった。4〜7年生男女110名を同様に分析したところ(Bredemeier, 1995)，6年生と7年生の"スポーツ"の論理的な思考は"生活"の論理的な思考よりも有意に低く，この生活の論理的な思考とスポーツの論理的な思考の差は年少の子供における差よりも有意に大きかった。5年生以下の子供は文脈固有の論理的な思考のパターンを示さなかった。

これらの知見に基づいて，BredemeierとShields(1985, 1986a, 1986b；Shields & Bredemeier, 1984, 1995)は，ゲームの論理的な思考の理論を提唱している。この理論では，スポーツ固有の文脈によって，モラルの論理的な思考に変化が生じると考えている。その変化とは，未熟なモラルの典型的な特徴である自己中心主義が，モラル変換を組織する貴重かつ容認可能な原理になることである。モラルの論理的な思考に関して，Bredemeierらが仮定したのは，スポーツは成熟度のより低いモラルの論理的な思考と同様に，モラルの論理的な思考の形式に対して"合法的な回帰"(Shields, 1986；Shields & Bredemeier, 1984)文脈を提供するということだった。

スポーツは典型的なモラル義務の一時的な中断を認

めており，同時に，すべての仲間のより自己中心的なモラル受容スタイルへの関心を，楽しくかつ些細なモラル逸脱として考慮している。このようなモラルの変容を文化的に容認し限られたスポーツで適切とみなしている理由は，いくつかあると思われる。いずれにしても，競技はそれぞれの参加者あるいはチームの利益追求を前提にしている。スポーツには，対戦相手の欲望・目標・欲求を等しく考慮する余地がほとんどない。競技はある程度の自己中心主義を求めているが，スポーツに特異的な保護構造にはそれを正当化する働きがある。ルールの注意深い策定と厳しい遵守は，自己中心的なモラルの後に通常訪れるような多くの否定的な結果から参加者を保護している。さらに，モラル責任の一時的な転移が可能なのは，競技役員とコーチが継続的に存在しているからである。もちろん，スポーツは完全なモラルフリーではない；選手は人間であり，モラル責任をまったく無視することは不可能である。BredemeierとShields（1985，1986a，1986b；Shields & Bredemeier, 1984, 1995）は，まさにスポーツが現実界に存在し現実界と接続しているような世界内世界であるように，ゲームの論理的な思考は操作不能な基本モラルの理解を完全には駆逐しないと示唆している。ルールに準拠することで，選手は自己中心的に"プレー"に専念することができる。プレーからゲームの論理的な思考がなくなれば，スポーツは攻撃，いかさま，その他モラル欠如の温床に堕落することになる。

ゲームの論理的な思考の理論を精巧化して確認するには将来の研究が必要であり，現時点で存在しているのは理論の潜在的な意味合いの憶測だけである。スポーツがモラルの論理的な思考の独自の形態を導き出すならば，それは初期のいくつかの知見の解明に役立つものと思われる。例えば，大学競技者の中には，スポーツへの参加と低レベルのモラルの論理的な思考を関連づけている者もいる。おそらく，大学競技者，特にスポーツ経験を重視している大学競技者にとって，ゲームの論理的な思考はスポーツの"預託"的な特徴を失わせ，スポーツの境界を越えたモラルの論理的な思考に不当に影響するものと思われる。これがある種目のスポーツ参加者にとってその他の種目の参加者にとってよりも真実である理由については，いくつかの要因が説明するものと思われる。エリートスポーツへの参加，特にプロフェッショナルスポーツへの参加が可能である場合には，パフォーマンスに随伴した外的報酬がしばしば存在している。スポーツの経験に"日常生活"の報酬（例えば，金銭または教育の機会）を導入すると，スポーツと日常生活の違いは不明瞭なものになってしまう。

スポーツと規範的なモラル判断

スポーツモラルの研究のもう1つの領域では，規範的なモラル判断を扱っている。規範的な判断は，合法的な判断とも呼び，特定の厳しい行為または不正行為に下す判断である。構造主義者は，規範的な判断とはモラル内容（構造ではない）の側面であると考えている。規範的な判断の研究が重要なのは，そこに潜在的なモラル段階と実際の行動を媒介する過程が反映しているからである。例えば，段階2のモラルの論理的な思考は，段階5よりも高い攻撃性のレベルと関係している（Bredemeier & Shields, 1984a）。しかし，段階2のモラルの論理的な思考そのものは，攻撃が適切なゲーム戦略であるという信念と，一致も矛盾もしていない。もしも個人がさまざまな状況下で攻撃の合法性に下す特別な判断のデータも利用することができるならば，モラル段階だけがわかっている場合よりも，攻撃性予測の優れたセットになるものと思われる。

研究者は，攻撃とジェンダー階層に関する規範的な判断を，モラル変数に関連づけて調べている。そのような研究の1つがBredemeier（1985）のものであり，高校生と大学生バスケットボール選手男女40名にスポーツと生活の仮想的なジレンマを再度使用した。加えて，実験参加者は，さまざまな意味合いを持つ6つの行動の合法性について判断した。対戦相手に対する行為者の意図から，6つの行動を厳しさの順に示すと次のようになる；(1)非身体的な威嚇，(2)身体的な威嚇，(3)対戦相手に微妙なミスプレーをさせる，(4)対戦相手を負傷させて試合に出られなくする，(5)対戦相手を負傷させてシーズン中の試合に出られなくする，(6)対戦相手を永久にプレーできなくする。

競技者は，このContinuum of Injurious Acts (CIA；有害行為の連続体)の6つの行為の適切性を，次の2つの状況下で判断した；(1)仮想ジレンマについて議論した週半ばのインタビュー中，(2)シーズン後半の重要な試合直後のインタビュー中。最初の仮想条件下で競技者が注目したものは，どのような行為が架空のフットボール選手に容認できると思われるかであった。2番目の対戦中の条件下では，競技者は自らのバスケットボールプレーの何が適切であるかを判断した。

その結果，選手のモラルの論理的な思考と，選手がスポーツで正当だと判断した意図的な有害行為の間に，負の関係が明らかになった。モラルの論理的な思考がより成熟した選手は，正当だと容認した行為がより少なかった。また，"スポーツ"モラルの論理的な思考は，仮想文脈と対戦文脈における合法的な判断の予測要因として，"生活"モラルの論理的な思考よりも有意に優れていた。もっとも関係が強かったのは"スポーツ"モラルの論理的な思考と仮想状況における判断

であり，もっとも弱かったのは"生活"モラルの論理的な思考と実際の対戦状況における判断の関係であった。これらの結果は，文脈が類似しておりモラルインタビューのような判断が仮想行為者と関連している場合には，このパターンによって論理的な思考と判断の関係をもっとも明らかに予測することができると示唆している。

この研究が調べた第2の問題は，ジェンダー，学校レベル，判断文脈による合法的な判断の相異であった。その結果，男子競技者は女子競技者よりも多くのCIA行為を正当として容認することが明らかになった。また，大学競技者は高校競技者よりも多くのCIA行為を容認していた。ジェンダーに関する知見は，男子は女子よりも攻撃性を多く容認し表現する(Hyde，1984)と示唆している多数の文献と一致していた。同様に，学校レベルに関する知見は，スポーツ内の社会化の過程が，攻撃の正当性を助長しがちであるという見方(Silva, 1983)と一致している。

またこの結果は，たとえ仮想条件の文脈が潜在的に有害な行為を認めるルール構造の接触スポーツ(例えばフットボール)であり対戦条件の文脈が身体的接触を比較的限定的に規定しているスポーツ(例えばバスケットボール)であったとしても，競技者は仮想条件下でよりも有意に多くのCIA行為を対戦条件下で正当的と判断すると指摘していた。これらの結果は，競技スポーツのストレスが，個人のもっとも成熟した論理的な思考と調和した明確な判断能力を蝕んだものと解釈することができる。別の解釈もあり得るので，将来の研究では次のような要因の影響を解明する必要がある；(1)関与したスポーツ(フットボール vs バスケットボール)，(2)インタビューのタイミング(週の中間 vs ゲームの後)，(3)行為の対象(仮想的な他者 vs 自分)。

モラルと正当な判断についての2つ目の研究は，4〜7年生の子供に焦点を当てたものであった。Bredemeier, Weiss, Shields, Cooper(1987)は，Silva(1983)と同じ方法論を使用し，78名の子供に対して，潜在的に有害なスポーツ行動のスライドを提示して，その後にモラルインタビューを行った。一連のスライドは，次の運動をしている男子競技者であった；正当なボクシングのパンチ，正当なフットボールのタックル，不当なバスケットボールの接触，不当なサッカーのタックル，正当なバスケットボールの接触，不当なフットボールのタックル，不当なバスケットボールのトリップ(trip)，不当なサッカーの接触，正当なバスケットボールのスライド(slide)。何枚かのスライドはスポーツのルールに沿った運動を反映していたが，それらの運動はすべて負傷のリスクが高いと子供が判断できるものであった。子供には，提示したスライドの運動に賛成か反対かを回答させた。結果は大学生の結果と一致していた；論理的な思考の未熟な子供は，より成熟した子供よりも有意に多くの潜在的に有害な行為を正当なものと判断していた。

Solomonら(Solomon, Bredemeier, & Shields, 1993)は，ジェンダー階層インタビュー(Gender Stratification Interview：GSI)を開発し，スポーツにおけるジェンダー階層に関する子供の規範的な判断を評価した。GSIは，潜在的なジェンダー階層の状況をそれぞれが表わした6つの簡単なスポーツシナリオからなっている。Solomon(Solomon & Bredemeier, 1999)は，GSIを6〜11歳の子供160名に実施した。その結果，ほとんどの子供はスポーツ文脈にジェンダー階層があると考えていることがわかった。しかしながら，2/3近くの子供はこの階層を不適切なものと判断していた。年長児童や少女，より多くのスポーツの経験を持つ子供は，そうでない者よりもジェンダー階層に批判的となる傾向を示していた。

要約すると，正当な判断の研究は，モラルの論理的な思考と特定の判断の関係を解明する上で役に立っている。これは重要なステップになっている。モラルの論理的な思考の成熟度，多様な状況下の正当な判断，実際行動の関係を，構造発達的な研究パラダイムによって論理的に調べることが，次の研究段階になるものと思われる。

モラル発達と関連する構成概念

モラル変数は，個別に作動するわけではない。したがって，モラル変数が他の重要な心理過程とどのように関係また相互作用するのかを理解することが重要になっている。現在までにもっとも注目を浴びているのは，モラルと動機づけの変数，中でも特にNicholls(1983, 1989, 1992)が概念化した達成動機の関係である。

Nichollsの研究は，個人が達成活動の価値を構築する方法について集中的に調べたものである。この研究は，2つの主要な指向を明らかにしている；(1)ある人では，動機は他者との比較スタンスから生じる，(2)他のある人では，動機は自己指示的なものになっている。自我指向とは，個人が他者と比較した自己の有能性を示したいと動機づけられ，当面の課題における優越性を実証しようとすることである。対照的に，課題指向の特徴は，個人の自己参照的な達成への関心である。

Nicholls(1989, p.102)は，"さまざまな動機づけ志向は，単に欲求や目標のタイプが異なっているだけではない。そこには異なる世界観が関係している"と主張し，個人の目標指向(課題または自我)は，目標指向が決定する達成目盛り上の軌道と一致するようなモラル態度・信念・価値の組み合わせに対応するという仮説を唱えた。自我指向が高い人は，他者と自己の比較によって達成を調整している。明確な成功を求めるこ

のアプローチは，正義や公平のようなモラル問題への相対的な関心の欠如と相関する傾向がある。他方，課題指向が高い人は，自己参照によって成功を定義する。また，Nichollsによれば，そのような人は公正や協力といった価値を強調する傾向がある。

Duda (1989) は，Nichollsの仮説を実証的に検証した。Dudaは，高校競技者を対象として，スポーツ参加の目的についての信念とスポーツにおける目標指向の関係を検討した。Dudaの知見によって，懸命な努力，協力，ルール服従，善良な市民化といったスポーツによって競技者が得る価値は，課題指向と正に関係することが明らかになった。対照的に，主として自我指向的な競技者は，スポーツは個人の社会的地位を向上させ競技界に生き残る方法を示すはずだと信じる傾向があった。

もう1つの研究で，Duda, Olson, Templin (1991) は，勝利の追求において競技者が正当だと感じることと動機づけ志向の強い関連を明らかにした。より課題指向的な競技者は，不正な行動を是認せず，"スポーツマンらしい"行動を高く評価した。自我指向の得点の高さは，意図的な有害行動を評価する得点の高さと関係していた。この知見は，高校と大学レベルのフットボールプレーヤーの研究結果と一致していた (Duda & Huston, 1997)。Stephens と Bredemeier (1996) や Dunn と Dunn (1999) も，同様の知見を報告している。

スポーツにおけるモラル行動の予測

周知のように，モラル行動の研究は難しい。明らかに，モラルの欠点を人に経験させる研究には倫理的な問題がある。さらに，行動そのものは，さまざまに解釈することができる。行動の動機づけは，必ずしも行動の観察からは自明にはならない。そのため，観察された特定行動のモラルの意味に結論を出すことは難しい。このような困難にも関わらず，スポーツ文脈におけるモラル行動，とりわけ攻撃を研究している研究者もいる。

すでに議論したように，バスケットボールで調べた研究者は，モラルの論理的な思考はスポーツにおける攻撃性と関係していると予備的に報告していた (Bredemeier & Shields, 1984a)。Bredemeier と Shields は，モラル成熟尺度の実施に加えて，コートにおける選手の攻撃行動の評価とランクづけをコーチに依頼した。Bredemeier らは，攻撃性とは負傷させることを意図した攻撃の開始であると操作的に定義し，力強いプレーや独断的なプレーとは区別した。選手の攻撃性の測度にコーチの評価を使用したところ，選手のモラルの論理的な思考の段階と攻撃傾向は有意に関係することが明らかになった。特に，大会前におけるモラルの論理的な思考は，攻撃性についてのコーチによる高い評価と正に相関し，大会後のモラルの論理的な思考は攻撃性の得点の低さと関連していた。

Bredemeier (1994) は，日常生活 (Deluty, 1979, 1984) とスポーツ場面における独断的・攻撃的・服従的な行動傾向を調べるための質問紙と，4つの仮想的なモラルジレンマテストを，4～7年生までの子供に実施した。独断性とは，自分の要求と他者の要求のバランスを取ろうとする時の解決方略の葛藤である。攻撃反応とは，他者の要求や権利よりも，個人的な関心に重きを置くことである。このように，Bredemeier らが立てた仮説は，独断性はより成熟したモラルの論理的な思考と関係しており，攻撃性はより未熟なモラルの論理的な思考と関係しているというものであった。結果はこの仮説を支持していた。子供のモラルの論理的な思考の得点は，スポーツと日常生活における自己報告による独断的・攻撃的活動の傾向を予測した。

関連研究には，Bredemeier, Weiss, Shields, Cooper (1986) が，4～7年生の子供を対象に，スポーツへの参加・興味と，モラルの論理的な思考の成熟や攻撃傾向との関係を検討したものがある。分析の結果，少年の高度な接触スポーツへの参加・興味，少女の中程度の接触スポーツ（少女が報告したスポーツの経験の中でもっとも接触度の高いもの）への参加・興味は，より未熟なモラルの論理的な思考やより強い攻撃傾向と関連していることが明らかになった。その他のスポーツへの関与と論理的な思考／行動との関連には有意差がなかった。高度な接触スポーツを直接経験したことのない少女が，中程度の接触スポーツにおける身体的接触の意味合いを，少年が高度な接触スポーツで感じているものに近いものだと感じていることはジェンダー差で説明がつくと思われる。この認識は，一般的に，同じ中程度の接触スポーツに対する男子の認識と対照をなしているように思われる。

別の研究で，Stephens と Bredemeier (1996) は，Duda の動機づけ志向研究を拡張して，子供のモラル規範に反する行動衝動を自己報告によって調べた。Stephens らは，10～14歳のサッカー選手女子214名にテストバッテリーを実施した。そのテストバッテリーには，スポーツ固有の達成指向尺度，実験参加者が感じているコーチの動機づけ志向測度，スポーツマンシップ目録，実験参加者が感じている試合中のモラル破り（審判に嘘をつく，対戦相手を傷つける，ルールを破る）への誘惑を評価する自己報告測度を含んでいた (Stephens, Bredemeier & Shields, 1997)。アンフェアなプレーへの強い誘惑を記述した選手とそうでない選手との間には，有意な差があった。特に，より誘惑に駆られた選手は，課題指向的よりも自我指向的になり，コーチのことをより自我指向的であり課題指向的ではないと感じていた。また，強い誘惑は次の3点と関連していた；(1)対戦相手からアンフェアな利益を取得しようとする行動のより強い是認，(2)チー

ムメイトの多くは，同じ状況下でアンフェアなプレーをするという確信，(3)現在のチームへのより長い関与。この研究は，次のことを指摘していた；今後は，モラル感の変数(例えば，コーチの目標指向感や，チームメイトがアンフェアなスポーツ練習をするだろうという確信)，モラルの論理的な思考のレベル，動機づけの達成指向，スポーツ行動の関係を直接調べる必要がある。

スポーツにおけるモラル行動の包括的なモデルに向けて

モラル行動にはさまざまなものが複雑に影響している。一般心理学とスポーツ心理学における初期のモラル研究は，モラルの論理的な思考の発達段階に焦点を当て，モラル判断とその他の興味ある構成概念の関係を集中的に調べていた。しかし，これらのアプローチは，モラル機能のすべての構成要素を包含するには，あまりにも限定的なものであった。これらの限界に対処するために，Rest(1984, 1986, 1994)は，モラル行動のさまざまな決定要因の同定および組織化に影響するような，モラル機能のより広範なモデルを提唱した。Rest は，"モラル行動が起こるには，心理的に何が起こらなければならないか？"という簡単な質問をし，モラル機能を構成する重要な4つの要素を回答から同定した。個人がモラル的に行動するには，次の4つが必要となる；(1)モラル問題を明らかにするには，状況を解釈しなければならない，(2)モラルを判断しなければならない，(3)競争の価値よりもモラル判断に基づいて行動を決定しなければならない，(4)その決定を，モラル意図の達成に必要なさまざまな行動系列によって維持しなければならない。

スポーツ状況におけるモラル行動の発生に際し相互に作用する複雑な変数の概念的・理論的・実証的な関係をよりよく理解するために，Bredemeier と Shields(1994, 1996；Shields & Bredemeier, 1995)は，モラル行動の12構成要素モデルを提案した。Bredemeier と Shields は，Rest の4つの過程(解釈・判断・選択・実行)を拡張し，その4つの過程のそれぞれに作用するような次の3セットの影響を特定した；(1)文脈的な影響，(2)心理的な有能性，(3)有能性とパフォーマンスの媒介要因(例えば自我過程)。この12構成要素モデルは，モラル行動には多数の内的な影響と外的な影響の間の複雑な協応が必要であること，したがって，モラルの失敗にはいくつもの原因があることを示唆している。Shields と Bredemeier は，モデルの各要素に関わる理論的また実証的な研究レビューをより詳細に展開している。表23.1 にモデル内の各構成要素を例示する。

Bredemeier と Shields のモデルの重要な特徴は，文脈的な影響と個人的な影響の相互作用を中心に据えていることである。文脈レベルでは，目標や報酬構造(例えば，競争的あるいは協力的)，一般的な集団規範あるいはモラル感，動機づけの情勢，確立した力関係といった潜在力が影響している。

いくつかの研究は，文脈的な変数と個人的な変数の相互関係が重要であることを例証している。例えば，Stuart と Ebbeck(1995)は，モラル判断の過程，論理的な思考，行動の意図への社会的な承認感の影響について調べて，次のことを明らかにした；年少の子供(4, 5年生)は，親・コーチ・チームメイトが反社会的な行動を是認しない場合には，モラル問題が提示されるような行動的な選択といった状況をうまく判断できる。子供には，調和的な行動意図も発現した。しかしながら，青年の社会的な承認感と主要な変数，特にモラル行動誇示の意図の間には逆の関係があった。スポーツマンシップに関わる行動意図を使用したVallerand, Dehaies, Cuerrier(1997)も，社会的な文脈効果を明らかにした。

Shields ら (Shields, Bredemeier, Gardner, & Bostrom, 1995)は，モラル行動の12構成要素モデルを使用して，攻撃や不正行為を容認する集団的なチーム規範の相関を調べた。その結果，年齢，学年，野球あるいはソフトボールの競技年数は，仲間の不正行為

表23.1 モラル行動の12構成要素モデル

影響：	1. 解釈	2. 判断	3. 選択	4. 実行
文脈	目標構造	モラル感	動機づけ雰囲気	パワー構造
心理的適性	役割取得能力	モラルの推論段階	動機づけ志向	社会的な問題解決スキル
有能性／パフォーマンスの媒介要因	内面的な自我過程	認知的な自我過程	感情的な衝動-制御の自我過程	注意-集中の自我過程

(Shields & Bredemeier, 1995 より改変)

や攻撃の期待，勝つ必要がある場合，コーチは不正行為を是認するはずだという信念と，すべて正に相関することが明らかになった。Vallerand, Dehaies ら (1997) も，モラルの枠組み内で，文脈-個人の相互作用を調べている。Vallerand らは，適切なモラル行動の期待効果に関わりなく，チームスポーツの競技者は対戦相手にあまり関心がないことを明らかにした。反対に，個人スポーツの競技者は，チームスポーツの競技者が示すよりも常に高い関心を対戦相手に示したが，個人の損失が非常に多いわけではない場合には，対戦相手に有意に高い関心を示した。モラル行動の 12 構成要素モデル(Shields & Bredemeier, 1995)から考えれば，この研究は，文脈がスポーツのタイプや期待効果の形成において"選択"過程をどのように媒介するかについて調べたものと解釈することができる。

スポーツ固有のモラル構成概念の評価

　研究者は，特にスポーツ固有のモラル構成概念を評価するために，いくつかの測度を利用している。すでに Webb (1969) のプレー指向性尺度(Orientation toward Play Scale)，Bredemeier と Shields (1985, 1986a, 1986b) のスポーツジレンマテスト，Hahm-Beller(Hahm, Beller, & Stoll, 1989)の価値選択質問紙(Values Choice Inventory)といった一部のものを紹介した。しかしながら，しばしば人がモラルとスポーツを考える場合，ただちに心に浮かぶ構成概念はスポーツマンシップ(あるいはスポーツパーソンシップ)であると言っても過言ではない。

　スポーツマンシップは，長年に渡り多数のスポーツマンシップの質問紙を開発しているスポーツ心理学者が，かなりの関心を断続的に示してきた研究テーマである (Dawley, Troyer, & Shaw, 1951 ; Haskins, 1960 ; Haskins & Hartman, 1960 ; Johnson, 1969 ; Lakie, 1964 ; McAfee, 1955 ; Vallerand, Deshaies, Cuerrier, Brière, & Pelletier, 1996 ; Vallerand & Losier, 1994 ; Wright & Rubin, 1989)。これら各測度を個別にレビューすることは本章の範囲を越えているし，またそうする必要もない。これまでの研究はほとんどパイロット研究の域を出ていない。また，大半の研究方法には，実用に供するには重大な欠点がある (Bredemeier & Shields, 1998)。

　スポーツマンシップの研究を混乱させているいくつかの問題を改善するために，Vallerand らは巧みな研究プログラムを開発して，操作的にスポーツマンシップを定義し測定した。その研究の第 1 相では，スポーツマンシップの定義およびその例の提示を，競技者男女 (n＝60) に求めた (Vallerand et al., 1996)。これらの定義と例に基づいて，スポーツマンシップの意味を潜在的に例示する 21 の状況を同定した。次に，これら 21 項目を 10～18 歳のフランス系カナダ人競技者 1,056 名に提示した。競技者はそれぞれの項目がスポーツマンシップに関与する程度を評価した。因子分析の結果から，次の 5 つの因子が明らかになった；(1) スポーツへの参加に完全にコミットしている人に対する尊敬と関心，(2) スポーツに対するネガティブなアプローチ，つまり"万難を排して勝つ"といったアプローチ，(3) ルールと競技役員に対する尊敬と関心，(4) スポーツの社会的慣習に対する尊敬，(5) 対戦相手に対する尊敬と関心。

　この予備的な研究に基づいて Vallerand ら (1996) は，さらなる多数の明確な関連次元を包含することでスポーツマンシップを概念化することができると示唆した。スポーツマンシップの多次元的な定義を操作化するために，Vallerand らは多次元的スポーツマンシップ志向性尺度(Multidimensional Sportspersonship Orientations Scale： MSOS)を開発した (Vallerand, Brière, Blanchard, & Provencher, 1997)。将来の研究は，この測度の実効性を検証して，新たな理論的洞察と実証的データを生み出すものと思われる。

スポーツは性格を構築することができるのか？

　かつて，スポーツは参加者の性格形成に役立つので価値があると，誰もが信じていた(Spreitzer & Snyder, 1975)。しかしながら，この信念はもはや一般的なものではなくなっている (Martin & Dodder, 1993)。スポーツが性格を自動的には形成しないとしたら，スポーツ文脈における場合と同様に，社会的な成果の改善へ実際に結びつく介入を開発することができるのだろうか？　スポーツは性格を形成できるのだろうか？　残念ながら，これらの問題に取り組んだ研究はほとんどない。体育教育を，社会的またモラル的な発達を容易にするように構成することは可能であると示唆する研究もある。しかし，体育教育の文脈で行った研究は，スポーツに一般化することができない。それにも関わらず，この研究をレビューするのは，それがスポーツ文脈における研究に洞察と方向を与えているからである。

　Orlick (1981) は，社会学習のアプローチを使用して，体育教育への代替アプローチにポジティブな効果があるかどうかを調べた。この研究では，2 つの学校の 5 歳児 71 名が，18 週間の協力ゲームプログラムもしくは従来のゲームプログラムのいずれかに参加した。従属変数は子供の共有行動とした。この共有行動は，別のクラスの子供に与えるキャンディーの量と操作的に定義した。結果は一般的には予想した方向にあったが，一貫性に問題があった。協力ゲームプログラムによって一方の学校の子供の共有意欲は有意に増加したが，他方の学校の子供ではそうはならなかった。同様に，従来のゲームプログラムによって一方の学校の子供の共有意欲は有意に低下したが，他方の学

校の子供では有意差はみられなかった。

Romance, Weiss, Bockovan(1986)は，体育教育の文脈を使用して，構造的発達理論に根ざした介入効果を調べた。5年生の児童に8週間の介入プログラムを実行した結果，児童のモラルの論理的な思考は有意に改善することが明らかになった。Millerら(Miller, Bredemeier, & Shields, 1997)は，ShieldsとBredemeier(1995)のモラル行動過程のモデルを使用して，非行に走る可能性がある小学校高学年のための体育カリキュラムをデザインした。カリキュラムには，主要な学習過程として，協同学習，モラル共同体の構築，熟達指向的な動機づけ感の創出，自己責任の増進などを盛り込んでいる。Millerらは，詳細な成果を文献的に報告してはいないものの，プログラム効果の逸話的な証拠は上げている。

Gibbons, Ebbeck, Weiss(1995)は，フィールド実験を行って，特別なフェアプレーカリキュラムの有効性を検証した。その実験では4～6年生の子供を次の3つの条件のいずれかにランダムに割り当てた；(1)統制条件，(2)体育授業中のフェアプレーカリキュラム，(3)すべての科目中のフェアプレーカリキュラム。従属変数の測定には，Rest(1984)のモラル行動モデルのさまざまな構成要素の評価と，向社会行動の測度を使用した。その結果，カリキュラム条件のグループは，双方とも統制群よりも有意に高いモラル測度をテスト後に示した。しかし，向社会測度には差がなかった。

過去20年以上に渡って，Hellisonは，怠慢傾向の生徒に自己責任を教えるための体育モデルの開発とフィールドテストの研究を継続している。Hellisonら(De Busk & Hellison, 1989; Hellison, 1978, 1983, 1985, 1995; Hellison, Lifka, & Georgiadis, 1990)は，怠慢傾向の生徒における自己統制，他者の権利の尊重，向社会行動を助長するような体育教育手法の成功例について報告している。Hellisonのフィールドワークは，体育教育学に従事する者に重要な洞察を与えた。しかし，指導的な方略を検証し因果関係を確立するには，より多くの実証的な研究が必要である。同様の指摘は，体育教育の教示法への有望なアプローチを開発しているSolomon(1997a, 1997b)の研究にも認められる。

理論に基づいた指導方略がスポーツ文脈におけるモラル開発を助長するかどうかを予備的に調べるために，Bredemeier, Weiss, Shields, Shewchuk(1986)は，フィールド調査で夏のスポーツキャンプにおけるモラル開発プログラムの有用性について検討した。5～7歳の子供を，年齢を対応づけてランダムに次の3つの条件のいずれかに割り当てた；(1)統制群，(2)社会的学習群，(3)構造的開発群。6週間の介入プログラム後に，社会的学習群と構造的開発群のモラルの論理的な思考はともに改善した。

スポーツを通したモラル開発助長の包括的なアプローチは，まだ誰も開発していないし，検証もしていない。しかしながら，Thompson(1993)とBeedy(1997)は，モラル開発を目標にした有望な実験的スポーツプログラムを上梓している。いずれの著者もコーチをスポーツの経験の質に重要な影響を与える者と同定し，彼らが信じるコーチングへのアプローチは参加者のポジティブな性格発達と結びつくとしている。ThompsonとBeedyの理論は，社会的学習と構造的開発の両観点から洞察している点で，折衷的なものになっている。近い将来，スポーツリーダーシップのこれらのモデルやその他のモデルは，実証的な研究によって明らかにされるものと思われる。

将来の研究動向と応用

スポーツや体育の経験がモラル思考の多くの過程とどのように関連し行動をどのように実現しているのか，それを明確に理解する前に行うべき研究が多数あるのは明らかである。今日まで，スポーツ文脈におけるモラルの研究は，ごくわずかなスポーツのみしか調べていない。そのため，この限られた根拠を越えて一般化することは困難になっている。研究者は，さまざまな状況や構造を横断して，スポーツと体育の経験をより広範に検討する必要があると思われる。さらに，妥当性・信頼性の高い尺度の不足やその他の方法論的な困難さが，スポーツモラルの研究を妨害している(Bredemeier & Shields, 1998を参照)。この領域の研究を進める場合には，これらの困難を克服しなければならない。さらに，研究者は，モラルの論理的な思考の成熟度や向社会行動といったモラル機能の個別的な様相へのこだわりを越えて，Rest(1984, 1986)が提唱したような，より精巧なモラルの社会心理学のモデルを取り入れる必要があると思われる。

研究者は，仮に進めたゲームの論理的な思考の理論(Bredemeier & Shields, 1985, 1986a, 1986b; Shields & Bredemeier, 1995)を精緻化し，さらに実証的に検証して，モラル行動によって起こり得る結果との関係を検討する必要がある。この研究の関係者は，集団のモラル規範がスポーツや体育の状況で果たす役割を考慮する必要がある。例えば，ゲームの論理的な思考には，スポーツ構造そのものに対する反応として生じる内的な心理変化の調整よりも，特殊なスポーツ文脈における優勢なモラル感の調整が含まれると思われる。また，リーダーシップスタイルと友好集団は，集団におけるモラル規範の構築と維持に重要な役割を果たしているものと思われる。モラル共同体としてのチームの概念化は，理論的・実証的な研究と実践的な介入の新しい道しるべになるものと思われる。

結　論

　本章では，スポーツモラルの研究に由来する実証的な知見，理論的な示唆，実践的な意味合いを提示した。これらの研究のほとんどは構造的な発達の観点に根ざしており，KohlbergとHaanの有力な理論を再検討したものとなっている。しかしながら，スポーツにおけるモラル発達とモラル行動の明解な記述が比較的少ない部分については，現在までの実証的な研究で補うことができた。Webbの尺度もしくはその改良版を使用した研究から，低いレベルのスポーツから高いレベルへと個人が移行する時にプロ化の過程が発生するという事柄は十分明らかになっている。より長くスポーツに関わり，より高い競技レベルに到達すれば，勝利はより支配的な価値になってくる。また，多くの競技者がより通常のモラルの論理的な思考のパターンから分岐したスポーツモラルの論理的な思考のパターンを使用することや，そして少なくともあるスポーツにおける競技者のモラルの論理的な思考の評価スコアは非競技者のそれよりも低い，という結論を支持するだけの十分な実証的証拠も存在している。しかしながら，大半の研究では，想定できる有力な媒介変数を適切に制御していない。そのため，これら知見の解釈は困難になっている。最後になるが，モラルの論理的な思考とスポーツにおけるモラル行動の密接な関係を支持する十分な証拠もある。攻撃性との関係についての証拠は特に強力なものになっている。一般的に，モラルの論理的な思考パターンがより未熟な競技者は，より成熟している競技者よりも，試合戦術として攻撃を使用する傾向が強い。最終的に，モラル変数と動機づけ志向の間には強い関係があるように思われる。しかしながら，この関係をより明らかにするには，さらなる研究が必要である。

第24章

ユーススポーツ
その心理学的考察

　組織化されたスポーツへの子供の参加は1つの社会現象である。世界中で何千万人もの青少年が官公庁や学校主催のスポーツ競技会に参加している。世界中のさまざまな国における参加者数を正確に知ることは難しいが，多くの国で組織的なスポーツに参加している子供は相当な数にのぼり，いまなお増加の一途を辿っていると推定されている (De Knop, Engstrom, Skirstad, & Weiss, 1996)。組織的なスポーツのプログラムに子供が広範に参加することの心理的な効果については，かなりの注意と議論が生じている。幸運なことに，これまで体系的な研究が増加しているために，現在では，ユーススポーツへの参加に関係する心理的な問題をよりよく展望しやすい状況になっている。

　"The Handbook of Research on Sport Psychology" 第1版の刊行以来，ユーススポーツの心理学的な特性については，新しい研究がかなり行われている。大半の研究は，児童スポーツ心理学の現代的な見方へと中心が変化してきている。例えば，子供のスポーツへの参加に仲間が及ぼす影響といった研究領域は，この10年の間にやっと日の目を見るようになった。逆に，1970～80年代に注目を浴びた参加の動機づけと参加者の減少の問題は，その後あまり研究が進展していない。本章は，ユーススポーツのうち現在多くの研究者が注目している領域を中心に構成したものである。

　本章は6節からなっている。第1節では，ユーススポーツへの参加の理論的な視点に注目する。幸運にも，最近の研究は一般的にユーススポーツ問題に対して理論に基づくアプローチを適用しており，前版で言及した研究の理論的な限界には以前と同じような関心をもはや示してはいない。第2節では，心理学的なレディネス(準備性)の問題に焦点を当てる。したがって，ここでは，子供ではいつ競争の準備ができるのかといった問題や，早くからのスポーツへの関与が子供にどのような影響を与えるのかといった問題を中心に展開してみたい。第3節では，参加の動機づけと参加目減りの知識基盤を取り上げる。この分野の知見は，子供の参加行動を理解する際の基盤になっている。第4節では，子供のスポーツにおける感情の成果を取り上げる。多くの研究者が興味を持っている感情の成果は，子供のストレス，不安反応，良い面としてスポーツの楽しみである。第5節では，社会が子供のスポーツへの関与の心理的特徴に及ぼす影響を扱うことにする。そこでは，子供の心理的な成果に寄与する親やコーチ，仲間の役割の理解に注意を向ける。本章の最後の節では，現在もっとも関心が高いこれらの研究領域からユーススポーツ研究の将来動向を考察する。なお，組織的なスポーツへの参加と子供の倫理的発達の関係は，ShieldsとBredemeierの第23章が十分に扱っているので，本章では触れていない。

　ユーススポーツの心理的な側面に関する文献のほとんどが北アメリカ，特にアメリカのものであることに注目することは重要なことである。したがって，この文化的な文脈から得た知見を，他の文化，または北アメリカでもっとも一般的なスポーツプログラムとは本質的に異なるスポーツプログラムに参加している青年に一般化する際には，注意が必要である。しかしながら，最低限に見積もっても，これまで辿ってきた研究ラインは，さまざまな文化状況のユーススポーツを調べる有用な枠組みになることが明らかになっている。

ユーススポーツへの参加の理論的な視点

　社会・心理・発達は，青少年のスポーツへの関与の質に影響している。これら影響のさまざまな形態をもっともよく説明するには，ユーススポーツの問題を検証し理解できるような基盤を提供する理論的なアプローチが，必要ではないとしても望ましい。幸運にも，ユーススポーツへの関与の心理的な側面を調べた研究の大半は，理論に立脚したものとなっている。研究者は通常，次の4つの異なる理論的な枠組みを使用している；(1) Harter (1978, 1981) による有能性の

動機づけ理論（competence motivation theory），（2）スポーツに適用した達成目標指向理論（achievement goal orientation theory）（Duda, 1992 ; Duda & Nicholls, 1992 ; Eccles & Harold, 1991 ; Nicholls, 1984, 1989），（3）Eccles の期待−価値理論（expectancy-value theory）（Eccles & Harold, 1991 ; Eccles-Parsons et al., 1983），（4）スポーツへのコミットメントモデル（sport commitment model）（Scanlan & Simons, 1992 ; Scanlan, Simons, Carpenter, Schmidt, & Keeler, 1993）。本節ではこれら各理論の主要な仮説を記述し，次節でこれらの理論的な枠組みを使用した具体的な研究を記述する。

有能性の動機づけ理論

　Harter（1978, 1981）の有能性の動機づけ理論は，スポーツにおける子供の動機づけと感情成果を理解するためによく使われる理論的枠組みとなっている。この理論は，当時人気のあった行動主義と動機づけの強化理論に応えた R. White（1959）の効力動機づけ理論を拡張したものである。この有能性の動機づけ理論は，個人には有能感を経験したいという先天的な欲望があること，またその有能性はさまざまな達成領域での熟達経験によって入手できるということを基本指針にしている。ポジティブな感情経験（例えば，プライド，満足，快楽）には，熟達感が随伴している。同様に，これらの好ましい感情の結果は，動機づけの持続にエネルギーを供給している。このように Harter の理論は，失敗に直面しても努力し，挑戦方法をさがし，粘り強さをみせようとすることで示される，動機づけの内発的な源に着目したものとなっている。しかしながら，これらの行動が個々人に生じるのは，個人が望ましい成果を得るために必要な能力と状況を制御する能力が自分にあると感じる場合だけである。達成課題の熟達に必要な能力がないと感じる場合や，特殊な達成成果の制御不足を感じる場合には，熟達に向けた動機づけは弱くなると思われる。達成状況において望ましくない感情，とりわけ不安を経験するのは，このような状況である。そうなると，特定領域におけるその後の熟達経験の追求や，達成に向けた外的指向の選択は実行の見込みが薄くなってくる。

　Harter の理論の強みは，子供の心理的・感情的・動機づけ的な成果を説明するために，社会化と発達的考察を統合したことである。社会化の観点は，親を，子供が能力と制御の自己認識を形成し，特定領域への関与に対する感情反応を形成して，その後の内発的・外発的動機づけを形成する際の重要な貢献者とみなしている。この理論は，あらゆる特定領域における子供の最初の熟達努力に対する親の反応に特に着目している。この視点からすると，親が子供の熟達試行に激励や支援で応える場合には，親はこの領域の生得的な才能が子供にあるという考えを伝え，有能性への子供の動機づけを強化することになる。逆に，親が子供の熟達努力，とりわけ達成努力の挑戦過程に支援や激励で応えない場合には，子供は自分にはこの領域の能力が欠如しているのではないかと推測するようになってくる。そうなると，これらの子供の有能感と個人的な制御感はより低くなり，同様の文脈で不安を感じるようになり，その特殊な領域での達成課題を追求する内発的動機づけはいっそう低下するものと思われる。

　Harter の理論の発達的な要素は，スポーツにおける社会化の影響や動機づけの成果の理解とも密接に関係している。初めに，Harter（1983）が注目したように，子供や青年が能力感とこれら自己評価の正確性を形成する過程は，年齢や認知発達と関連して変化している。スポーツ関連の研究は，これらの仮説を支持している（Horn, Glenn, & Wentzell, 1993 ; Horn & Weiss, 1991）。低年齢の子供は，有能感の形成に際し，試合の結果はもちろん，親やコーチといった重要な大人からのフィードバックをもっぱら当てにしている。子供は，児童期後期から青年期中期（10〜15歳）の間に，これらの自己評価の形成に際し，仲間との比較や仲間の評価をより気にするようになる。最終的に，青年期後期（16〜18歳）の間に，個々人は，目標達成，スキル向上のスピード，努力の行使，スポーツやスキルに対する魅力のレベルといった自己言及型の情報を，スポーツ能力に関する信念の公式化の手段として利用するようになる。このことは，子供のスポーツ動機づけの形成では，大人や仲間の相対的な社会化が影響することを示し，子供の認知発達の状態に対する親や仲間からの影響の性質や強さを考慮する必要があることを強調したものとなっている（Brustad, 1996b）。

　児童スポーツの研究では，Harter の理論的な展望を広範に利用している。Harter のアプローチを使用した研究には，参加動機づけと参加目減り（例えば，Klint & Weiss, 1987），スポーツに関連した子供の自己認識（例えば，Horn & Hasbrook, 1987 ; Weiss, Ebbeck, & Horn, 1997 ; Williams, 1994），スポーツにおける子供の感情成果（例えば，Brustad, 1988 ; Brustad & Weiss, 1987），子供のスポーツへの関与の心理的次元に対する親の影響（Babkes & Weiss, 1999 ; Weiss & Hayashi, 1995），スポーツへの関与に向けた内発的・外発的動機づけ志向（Weiss, Bredemeier, & Shewchuk, 1985）などがある。

達成目標理論

　スポーツ心理学の領域におけるスポーツの動機づけと行動の研究では，過去10年間，達成目標理論（Duda, 1992 ; Duda & Nicholls, 1992 ; Nicholls, 1984, 1989）を広範に利用している。この理論は，達

成の理論的な見方に認知的に基づく，その他の顕著な理論と同根のものである（例えば，Ames, 1992 ; Dweck, 1986 ; Harter, 1978）。またこの理論は，人の動機づけの基本的な誘因として，有能感を得たいという個人の欲求をかなり重視している。しかしながら，達成目標理論の主要な貢献は，この理論が個人にとっての達成の主観的な意味における個人差に注目したことにある。特に，達成目標理論では，個人の改善が有能性の誇示を証拠立てる達成に対して，個々人が自己参照的もしくは熟達指向的な視点を保有できると提案している。あるいは，規範的な認知が個人の成功または失敗の評価を支配する有能性に対して，個々人は他者参照的もしくは自我指向的な視点を継続することができる。この視点から，個人が有能性を誇示することができるのは他者を凌いだ場合であり，このように有能性は社会比較の過程になっている。

動機づけに関連した行動に対する個人の達成目標指向の影響は，能力の自己認識と組み合わせて考えなければならない。有能感の高い自我指向者は，動機づけの高い達成課題にアプローチするものと思われる。なぜなら，彼らには個人的な能力を誇示する機会があるからである。しかしながら，有能感の低い自我指向者は，能力の低さが露呈しやすいような達成状況を回避するものと思われる。このように，強い自我指向と望ましくない有能感を備えた子供は，スポーツにほとんど参加せず，参加している場合でもやめたいと考える傾向がある（Roberts, 1993）。しかしながら，動機づけに関する有能感は，課題指向の少年に対してほとんど影響していない。課題指向の強い参加者は，成果を個人の基準や上達と関連づけながら評価している。そのため，有能感の低さが彼らの動機づけに強く影響しているとは思えない。このように，たとえスポーツの有能感が低くても，熟達指向の強い子供は，スポーツの文脈で高く動機づけられているものと思われる。

達成目標理論は，ユーススポーツにおける多くの重要な問題にうまく適用することができる。研究者は，この理論を，スポーツへの関与の目的に対する子供の信念（Treasure & Roberts, 1994），子供の参加関与と参加減少（Whitehead, 1995），スポーツ達成に関連する子供の信念（Duda, Fox, Biddle, & Armstrong, 1992 ; Treasure & Roberts, 1994），子供のスポーツ達成指向に影響するような親の社会化過程（Ebbeck & Becker, 1994 ; Hom, Duda, & Miller, 1993）の理解に適用している。

ユーススポーツの研究者が理論を使用しやすくなったのは，ひとえに達成目標理論が発展したお陰である（Duda, 1987）。アカデミックな文脈（Nicholls, 1978 ; Nicholls & Miller, 1984）やスポーツの文脈（Fry & Duda, 1997）の研究から，達成成果についての子供の理解に影響するものは，これらの成果に寄与する課題難度，努力，能力といった相対的な影響を理解する子供の能力であることが明らかになっている。さらにこの一連の研究は，子供は，児童期の後半に至るまで，達成に対するこれらの影響の形態を十分に弁別する大人のような能力を必ずしも持っているわけではないと指摘している。認知発達の状態は，スポーツにおける子供の動機づけの特徴に影響している。なぜなら，年少の子供には，自分の能力を正確に評価する能力が欠けているからである。また，能力感が動機づけ過程の基盤になっているため，その後の動機づけに影響するものと思われる。達成目標理論のより徹底した説明や，理論の基本的な論点を評価した研究のレビューについては，DudaとHall（本版）を参照されたい。

Ecclesの期待-価値理論

Ecclesの理論モデル（Eccles & Harold, 1991 ; Eccles-Parsons et al., 1983）は，子供の動機づけ過程を，社会化の影響，とりわけ親の信念システムに関連づけて説明しようと試みたものである。この理論的なモデルは，Atkinson（1964）の期待-価値動機づけの枠組みに根ざしている。Ecclesの研究は，子供の達成に関連する特徴，動機づけ行動のパターン，活動選択のそれぞれにおけるジェンダー差を中心に説明している（例えば，Eccles, 1987 ; Eccles & Harold, 1991）。Ecclesのモデルでは，子供の活動選択は，パフォーマンスの期待，活動固有の能力感，他の可能な追求に関連づけた特定の達成領域の価値感あるいは重要感と結びついている。このように，子供の領域固有の有能感は，さまざまな達成領域の価値感や重要性と結合して，スポーツや他の達成文脈における子供の興味・努力・持続のレベルを説明している。

子供の成功への期待や価値観は，親の信念や行動と強く結びついている。この観点から，子供の能力・気質・才能についての親の信念は，関与中の激励や支援のレベルと同様に，子供が受ける機会のタイプを左右している。社会化の過程での特に重要な親の役割は，子供の達成成果の解釈者としての機能にある。この点で，親は，子供自身の有能感とその後の達成期待の形成に一役買っている。さらに，親は，子供がさまざまな分野における達成成果の成功もしくは失敗の理由を帰属する際に力を貸している。このように，子供は，親の期待に従って，自らの成功や失敗を能力（あるいは能力の欠如）・努力・課題難度にことづけて解釈している。

Ecclesの理論では，親の信念や行動も，さまざまな達成領域に関する子供の相対的な価値感を形成している。これは追求に値するようなさまざまな達成領域の相対的な重要性に関する親の信念との関連において，ジェンダーに関連した親の固定観念によって生じている。例えば，ジェンダーに強い固定観念を持っている親が，そうでない親ほどに，スポーツや数学で達

成するよう娘を励ますとはとても思えない。要約すると，Ecclesのモデルは，子供の生得的な能力の知覚と関連する親の信念システムは，親の価値観やさまざまな達成領域の重要性と結合して，親の社会化実践の根拠になるという立場を取っている。子供は親の信念システムを内面化しやすいために，基本的に親の社会化の過程が子供の有能感や価値指向を形成するものと思われる。

子供のスポーツに対する興味をジェンダーに関連づけて説明したり，他の達成領域と比較して説明する際に，Ecclesの理論を適用することは有用である（Eccles & Harold, 1991；Jacobs & Eccles, 1992）。主要な社会化の視点から，スポーツおよび非スポーツの文脈における子供の興味と身体的活動への関与の違いを説明した研究もある（Brustad, 1993a 1996a；Eccles & Harold, 1991；Kimiecik & Horn, 1998；Kimiecik, Horn, & Shurin, 1996）。このような研究は，Eccles理論の基本主張を支持するものになっている。

スポーツへのコミットメントモデル

子供のスポーツ参加行動の研究に相応しい4つ目の理論モデルは，スポーツへのコミットメントモデルである（Scanlan, Carpenter, Schmidt, Simons, & Keeler, 1993；Scanlan & Simons, 1992）。前述の理論と同様に，スポーツへのコミットメントモデルは，この場合，ほかに社会交換理論（social exchange theory）（Kelley & Thibaut, 1978）と対人関係へのコミットメント理論（Rusbult, 1983）に根ざしている。研究者は，スポーツへのコミットメントを，"スポーツへの参加の継続欲求と決意を表わす心理学的な構成概念"（Scanlan & Simons, 1992, p.201）と考えている。本質的にスポーツへのコミットメントは，個人がスポーツへの関与に感じる心理的愛着レベルと同義語になっている。心理的な愛着の理解は，参加動機づけおよび動機づけレベルにおける個人差の説明に一役買っている。

研究者は，スポーツへのコミットメントには，次の5つの要因が影響すると信じている；(1)スポーツの楽しさ，(2)二者択一的な関与，(3)個人的投資，(4)関与の機会，(5)社会制約。スポーツの楽しさは，子供がスポーツにおいて経験する喜び・好み・楽しみの総計である。二者択一的な関与は，競合する活動の魅力を表わしたものである。個人的投資は，子供が活動に費やす資源（例えば，時間，お金）であり，参加を中止した場合には容易には回収できないような資源となっている。関与の機会は，他の活動からは得られないような，スポーツへの参加による利益を指している。最後の社会制約は，活動持続の義務感に寄与するような規範的な期待を示している。親の期待は，社会制約の1つの形態になっている。ハイレベルのスポーツの楽しさ，個人的投資，関与の機会，限定的な二者択一的な関与と結合した社会制約は，子供のスポーツ継続を高く動機づける要因となっている。

研究者は，スポーツへのコミットメントモデルを使用して，若い競技者の動機づけ的な特徴を明らかにしている（Scanlan, Carpenter, et al., 1993；Scanlan, Simons, et al., 1993）。スポーツへのコミットメントモデルを使用した研究によって，若い競技者におけるスポーツへのコミットメントの重要な基本要因は，スポーツの楽しさ，個人的投資，関与の機会であることが明らかになっている（Carpenter, Scanlan, Simons, & Lobel, 1993）。最近の研究でCarpenterとColeman (1998)は，9～17歳のイギリスの若いエリートクリケット選手を対象に，シーズンを通じたスポーツへのコミットメントの決定要因を評価し，スポーツの楽しさと関与の機会がスポーツへのコミット中に予想した方向に変化することを明らかにした。

スポーツ競技への心理的なレディネス

組織的なスポーツへの参加開始に適した子供の年齢は何歳だろうか？　アメリカでは3歳で水泳・体操，5歳で陸上・野球・レスリング，6歳でサッカーに参加することができる（Martens, 1986）。組織的なスポーツに参加可能な同様の年齢制限は多くの国に存在している。例えば，カナダ・オーストラリア・ブラジルなどの国々でも，アメリカと同様の低い年齢から競技に参加することができるようになっている（Ferreira, 1986；Robertson, 1986；Valeriote & Hansen, 1986）。アメリカやその他の国における12歳以前の子供の組織的なスポーツへの参加状況について正確なデータを利用することはできないが（Ewing & Seefeldt, 1996），子供のスポーツへの参加がより若い年齢からより専門的になるという傾向を示していることは確かなことである。スポーツの早期の専門化が潜在的に持つ有害性や，早期の集中的な参加が引き起こす心理的・感情的なリスクの懸念から，青少年が体操やテニスといったスポーツの国際試合やプロの試合に参加する場合には年齢を制限するという動きがこの10年間に起こっている。組織的なスポーツへの子供の参加やハイレベルな試合への子供と青少年の参加の議論のいかんに関わらず，競技に対する子供の心理的・感情的なレディネスについての懸念が最前線にあるのは確かなことである。

レディネスには，学習や，それと類似の利益に必要な成熟あるいは経験のレベルといった特徴がある（Sheefeldt, 1996）。レディネスの概念は，子供は身体的・認知的・社会的・感情的な成熟に関して小型の大人ではないという発達的な視点から浮上したものである。レディネスの問題は，費用対効果の観点から検討

する必要もある。特に、スポーツへの参加が子供の発達にどのように寄与しているのか、そして、そのような参加のどのような点が子供に悪影響を与えているのか？ 子供が組織的なスポーツ競技を開始するのは何歳あるいはどの程度の発達レベルが適切なのか？ 心理的レディネスの一般的なトピックは、これらの問題を包含したものとなっている。

スポーツへの参加の年齢基準を定める際に、子供の心理的な競技レディネスを考慮することはまれである。多くの場合、入会基準は、青少年の一般的な身体サイズや運動スキルの特徴のみを配慮したものになっている (Malina, 1986)。残念ながら、年齢に関連する基準はある暦年齢の子供の成熟にみられるとてつもない差異に対応することができないし、ましてそれらはスポーツへの子供の早期参加の心理的・感情的な因果関係を気遣って設定したものでもない。心理的なレディネスのもっとも重要な次元は何なのか？ 我々はこの問題をどのような基準を使用して判断すべきなのか？ 研究者は、動機づけレディネスと認知的なレディネスという2つの重要な特性に関連づけて、この問題に取り組むことができる。

動機づけのレディネス

動機づけのレディネスは、運動に対する興味や魅力が、子供のスポーツへの参加を動機づける程度を指している。この点については、子供がスポーツへの参加を決定する際の、子供と親の相対的な役割を検討しなければならない。明らかに、主として親が子供のスポーツへの参加を決定する場合には、スポーツへの参加の動機づけのレディネスが必ずしも子供にあるわけではなく、それゆえに、子供がスポーツの潜在的な利益をすべて経験するのは不可能だと思われる。

子供の動機づけレディネスの2つ目の要素は、他者とのスキル比較に対する、発達に関連した子供の興味である (Passer, 1996 ; Roberts, 1980 ; Scanlan, 1996)。社会的な比較の過程は自然発生的なものであり、この社会的な比較によってさまざまな達成領域における自分の能力を、他者のスキルとの関係において子供は評価しようとしている。この過程には重要な機能がある。なぜなら、さまざまな達成領域における自らの能力の評価が高まれば、子供はその後の参加をこれらの有能性の信念に基づいて決定するからである。発達的にみれば、子供は、一般的に少なくとも5～6歳になるまで、社会的な比較の過程には興味を示さないことが明らかになっている (Veroff, 1969)。子供が社会的な比較に積極的な関心を示すのは、一般的に7～8歳くらいからである (Butler, 1989 ; Ruble, 1983)。したがって、動機づけのレディネスのこの側面が7～8歳以前の子供に存在する可能性は低いように思われる。

認知的なレディネス

子供の認知的なレディネスに関しては、子供の抽象的な論理的な思考能力を考察することが重要である。子供が参加するスポーツとして、もっとも人気があるのは、一般的にサッカーやバスケットボールといったチームスポーツである。これらのスポーツは、チームが効率を求める場合には独特な認知的要求を参加者に突きつけている。特に、チームスポーツは、チーム枠組み内での独特な役割・責任・関係という特徴を理解するよう参加者に求めている。Coakley(1986)が主張しているように、チームスポーツは、他者の観点を想像する上で不可欠な役割取得の能力を参加者に求めている。役割取得の能力は、対戦チームの活動に応じた多種多様なチームワークと方略が必要となるような試合に多数の子供が参加するようなチームスポーツにおいては、特に必要不可欠なものになっている。年少の子供がフィールドでいるべきポジションを無視して、蜜に群がる蜂のようにサッカーボールに群がる事態は、子供の役割取得の限界を特によく表わしている。Selman(1971, 1976)は、およそ8～10歳の子供には、他者の視点を十分に理解する上で必要な役割取得の能力がないと示唆している。レディネスの問題に関して、コーチと親が子供の認知的な成熟レベル以上のものをチームスポーツの文脈で期待する場合には、スポーツへの早期参加に対する最大の障害が起こる可能性がある。そのような状況では、子供には要求を処理する認知的能力がないため、かなりのフラストレーションを経験しスポーツへのその後の参加に興味を失うものと思われる。しかしながら、大人が子供の基本的で抽象的な論理的な思考の限界を認識し、不当な方略を子供に期待しない場合には、チームの"蜂のように群れるサッカー"といった拙い連携プレーは、若い競技者が参加の楽しみや興奮を持ち続ける限り、必ずしも主要な関心事にはならない。

スポーツへの参加に対する認知的なレディネスの2つ目の重要な要素は、パフォーマンス成果の因果関係を理解する子供の能力と関係している。スポーツでは、非常に多くの要因が達成成果に寄与している(例えば、努力、能力、対戦相手の能力、課題困難度、運)。しかしながら、多数の研究によって、10～12歳になるまで、子供は達成成果に寄与するこれらさまざまな要因を効果的には識別できないことが明らかになっている (Fry & Duda, 1997 ; Nicholls, 1978 ; Nicholls, Jagacinski, & Miller, 1986)。例えば、FryとDudaは、およそ11歳以前の子供では、パフォーマンス成果の成功と失敗に寄与する要因として、努力と能力を明確には区別できないことを明らかにした。このように、子供は自分自身の能力を正確に評価することができない。これは動機づけにも影響している。

認知の発達的な特徴ゆえに、子供が自らの能力の信

念を形成する場合には，大人の情報源を非常に頼りにしている。したがって，大人は，子供の自己認識の特徴と動機づけ過程の形成に強力な機能を行使している。このように，参加レディネスの問題では，任意のスポーツ文脈において予想される大人と子供の相互作用のタイプも考慮する必要がある。

　もしも，子供の心理的な能力とスポーツの要求の調和が競技の心理的なレディネスであると考えるならば，スポーツへの関与のピーク年齢における発達に関連する子供の能力とのさらなる調和を図り，多くのユーススポーツプログラムを再構築することは賢明と思われる。このような再構築をする際には，方略要素や競技成果の強調を弱める一方，児童期の早期や中期におけるスポーツの楽しさ，興奮，スキル開発といった次元をより強調することが重要であると思われる。実行がきわめて容易な修正方法の1つは，スポーツチームのメンバー数を減らすことである。そうすれば，方略的な責任が強調されなくなり，活動の機会がより増してくる。一般的に，方略要素と競争要素は児童後期より以前に強調すべきではない。

　レディネスのレベルは子供によって異なるし，さまざまなスポーツがそれぞれ固有の要求を青少年にしている。したがって，競技スポーツに適した青少年の年齢を1つに同定することは不可能である。Coakley (1986, p.59)は8歳以前の子供に競争をさせてはならないと勧告している一方，"表現的な身体的活動を開始するのに早すぎるということはない"とも言っている。表現的な身体活動の場合には，身体的活動が参加者にとって発達的に適切な成果と合致するよう考慮してユーススポーツを組み立てなければならない。児童期には競技の方略を強調するよりもスキル開発とスポーツの楽しみを目標の中心に置くことにより，子供は自分に相応しいポジティブな心理成果をより獲得するようになるものと思われる。

参加動機づけと参加減少

　子供のスポーツへの参加動機と，スポーツの中断決意の要因に関連する研究は，児童スポーツ心理学におけるもっとも重要な研究の流れのうちの2つである。子供がスポーツを開始また持続する理由を調べれば，子供の生活における，また仲間の文化との関連におけるスポーツへの参加の意味は解明できるものと思われる。同様に，なぜ子供がスポーツへの参加をやめるという決断に至った理由の説明は，スポーツ研究の重要なテーマになっている。なぜなら，参加の減少や脱落行動は不快な心理的・社会的・感情的な経験と関係しているからである。

　ユーススポーツにおける参加動機づけと参加減少の研究は複雑に入り組んでいる。スポーツへの参加動機とスポーツからの離脱理由については，児童期と青年期の多様な社会的・心理的・発達的要因の観点から検討しなくてはならない。さらに，スポーツへの参加と離脱は，これらの成果の意味を理解するために適切な理論的枠組みから考察する必要がある。

参加動機づけの研究

　1970年代の後半に，ミシガンユーススポーツ研究所は北アメリカの青少年を対象として，年齢とスポーツへの参加パターンの関係をもっとも系統的に調べた(State of Michigan, 1976, 1978a, 1978b)。これらの研究によって，野球，ソフトボール，水泳，バスケットボールといった伝統的な人気スポーツへの参加者数は，男女とも5〜11歳に劇的に増加することが明らかになった。また同じ一連の研究から，11〜13歳の間に参加数は急激に減少することが明らかになった。より最近Athletic Footwear Association(1990)が実施した研究も，先行研究の結果を支持している。この知見から，学校文脈またそれ以外の文脈でも，子供のスポーツへの参加は10歳頃からかなり減少し始め，この減少は青年期を通して持続することが明らかになった。もっとも妥当と思われる推定では，平均して10〜18歳の青少年の35％がそれぞれの年齢でスポーツへの参加を中止している(Gould, 1987)。年齢に関連した参加の傾向は議論の対象外になっている。しかし，これらの成果に寄与する要因はほとんど不明なままになっている。

　このトピックの独創的な研究の1つとして，SappとHaubenstricker(1978)は，ミシガン州の委託後援スポーツプログラム参加者(11〜18歳の男女競技者1,000名以上)の参加動機を評価した。Sappらは，参加者の圧倒的多数がスポーツへの参加の主要な動機として"楽しみ"と"スキルの向上"をあげていることを明らかにした。Gill, Gross, Huddleston(1985)は，スポーツ合宿参加者(少年少女1,100名)のスポーツへの参加の動機を調べた。その結果から，子供はスポーツに参加する理由として，楽しみ，スキルの上達，新しいスキルの学習，挑戦のためのプレー，身体的な健康を重視していることが明らかになった。Gould, Feltz, Weiss(1985)の研究から，楽しみ，身体的健康，スキルの向上，チームの社会的雰囲気，挑戦の欲望は，若い水泳選手の参加要因としてもっとも評価の高いことが明らかになった。オーストラリアの子供を調べたLonghurstとSpink(1987)は，それらの子供にもっとも多い参加動機が，スキルの上達，身体的な健康，競技の楽しみ，新しいスキルの学習，挑戦の欲望であることを明らかにした。

　参加の動機づけ研究をレビューしたWeissとPetlichkoff(1989)は，もっとも共通した動機を次の4つの一般的なカテゴリーに分類できると結論づけた；

(1)有能性(スキルの学習と改善)，(2)親和(友情の構築と維持)，(3)身体的健康，(4)楽しみ。研究者はさまざまな測度を使用して若い競技者の動機をジェンダー・文化・スポーツタイプの観点から調べているが，これら4つのカテゴリーは子供のスポーツへの参加理由をもっともよく表わしているものと思われる。さらに，注目すべきことは，大半の子供がスポーツへの参加の理由として，複数の動機をあげていることである (Petlichkoff, 1996; Weiss & Petlichkoff, 1989)。

子供の参加動機に関する知見が一貫していることを前提として，より最近の研究は他の研究方法に目を向け始めている。Brodkin と Weiss(1990)は，競泳選手の年齢と関係する参加動機の差を独特な方法で調べた。この研究で，幼い子供(6～9歳)は競泳に参加するもっとも重要な要素として"楽しみ"をあげているが，より年齢が高い子供および青年前期(10～14歳)や高校・大学の水泳選手(15～22歳)は参加のもっとも重要な次元として"社会的な地位"をあげていることが明らかになった。"親和"の機会はあらゆる年齢群の水泳選手にとって重要なものであったが，これらの知見は，児童期後期から青年期前期の間に社会的な受容と好ましい社会的な評価がより重要になることを浮き彫りにしている。

関連した研究分野には，子供を魅了するスポーツと非スポーツを含む一般的に身体的活動などがある。魅力は，参加のさまざまな魅力に基づいて，子供が身体的活動への参加を希望する程度を表わす構成概念である。研究者は本質的に多次元的なものとして魅力を概念化しており，6～12歳の子供が身体的活動に魅力を感じる5つの要因を明らかにしている (Brustad, 1993 a)。これらの魅力の要因には，試合やスポーツの好みの結果としての身体的活動参加への子供の興味，激しい運動嗜好，健康を目的とするスポーツと身体的活動の重視，仲間受容の機会，身体運動の嗜好が含まれている。

スポーツの参加減少の研究

子供のスポーツへの参加動機の研究と同様に，子供のスポーツの中断についての多くの研究は1970年代後半から1980年代前半にかけて行われた。子供の競技スポーツの中断はストレス過度のスポーツ環境の結果であるという懸念が，子供の競技スポーツからの離脱に関する初期の研究の多くに口火をつけた。特に，Orlick(1973, 1974)の研究は，研究の注意をこのトピックに向ける手段となった。Orlick は，7～18歳のユーススポーツ参加者に，将来のスポーツへの参加の意志についてインタビューした。その結果，来シーズン中にスポーツへの参加をやめると決断した青少年の大半が，離脱の理由として参加のネガティブな側面をあげていた。これらのネガティブな側面には，プレー時間の欠如，競争重視のプログラム，勝利への過度の重視などがあった。Orlick の知見から，ユーススポーツの構造と雰囲気は子供の要求を満たすには不適切なものであり，脱落行動の原因になることが明らかになった。

Sapp と Haubenstricker(1978)のその後の研究によって，ユーススポーツの参加減少の過程はそれほど問題にならないことが明らかになった。全体的に，ユーススポーツからの離脱の発生率は予想よりも高く，来シーズンはスポーツに参加しないつもりだと回答したのは11～18歳の青少年では37%，6～10歳の子供では24%であった。しかしながら，Orlick の研究が明らかにしたネガティブな経験をこれらの青少年が報告することはまれであった。実際に，スポーツからの離脱の理由としてネガティブな経験をあげた子供は15%未満にすぎなかった。より年齢の高い群は"勉強"を，より低い群は"他の理由"を，それぞれ大きな理由としてあげていた。

Gould, Feltz, Horn, Weiss(1982)は，10～18歳の元水泳選手50名の離脱動機を調べた。もっとも多い離脱理由は，"他にすることがある"，"あまり楽しくない"，"他のスポーツに参加したい"，"期待とは異っていた"であった。全体として，84%の水泳選手が，競泳からの離脱を選択した重要あるいはとても重要な動機として，興味の葛藤に関連する要素をあげていた。

初期の研究での大きな限界の1つは，参加を連続的な一連の関与と実際にみなして，これらの研究の対象者を一般的に"参加者"か"非参加者"のいずれかに分類したことにあった (Weiss & Petlichkoff, 1989)。Robinson と Carron(1982)の研究は若いフットボール選手を脱落者/開始者/非開始者に分類しており，伝統的なアプローチから逸脱していた。この研究の知見によって，脱落者は開始者や非開始者とは対照的にチーム参加に対する社会的支援を十分とは一般的に感じていないこと，自分の能力への満足感がないこと，コーチを独裁者と思いがちであることが明らかになった。おそらくもっとも重要なことは，この研究によって将来の研究者は個人の参加状況を分類するアプローチ法の再考が可能になったことであった。

Klint と Weiss(1986)は，元体操競技選手37名の離脱動機を調べた。全体的に，元体操競技選手がスポーツから離脱した大きな理由は，他の興味を追求したいから，過度なプレッシャーを感じるから，十分な楽しみがないから，スポーツに費やす時間が長いからであった。この研究知見から，特定スポーツの要求の性質は青少年が述べるスポーツからの離脱の動機と強く関連していることが明らかになった。

より最近では，参加減少をスポーツへの関与のレベルの個人差との関係から調べた研究がある。Lindner, Johns, Butcher(1991)は，さまざまなタイプのスポー

ツからの脱落者を展望し，見本脱落，参加脱落，乗り換え脱落と呼ぶ3タイプに脱落を区別した。Lindnerらは，見本脱落を，特定スポーツの実行に本気でコミットせずに実際は短期間（例えば，1シーズン）だけしか参加しない子供のようなものと特徴づけた。このタイプを示すのは，より若い参加者であるように思われる。なぜなら，子供は新しい活動を見本にする傾向が青年や大人よりも強いからである。参加脱落の例は，多くの年数をスポーツに費やし，おそらくさまざまなレベルでスポーツ競技を行うが，その後スポーツへの参加を中止する子供である。なぜなら，スポーツは子供の要求や目標をもはや満たさなくなったからである。乗り換え脱落は，あるスポーツから離脱しても他のスポーツに参加する者を意味している。このような個人は，しばしばそれまでとは異なるレベルでスポーツを再開したり，もしくは長期間に渡って複数のスポーツにさまざまなレベルで同時に参加したりしている。このように，多くの青少年がまったく異なる理由からスポーツへの参加を中断していることは明らかなように思われる。したがって，スポーツの中断を必ずしもネガティブな事象とみなすことはできないように思われる。

子供の参加動機づけと参加減少の理論的な観点

　初期の参加動機づけ研究の多くは，本質的に記述的なものであった。したがって，それらを現在の理論的な観点から解釈するのは困難である。Gould (1987) は，参加動機づけと参加減少を調べる上で非常に適切なものとして3つの理論的な枠組みを同定した。これらの枠組みは，前述の有能性の動機づけ理論と達成目標理論や，社会交換（Thibaut & Kelley, 1959）と認知感情理論の要素を取り入れたSmith (1986) のスポーツからの離脱モデルで構成していた。

　研究者は，有能性の動機づけ理論を多くの参加動機づけ研究で使用している。Harter (1978, 1981) の理論によれば，子供が自分には十分な能力があり達成の特定領域の状況を制御できると確信している場合には，子供は熟達行動に従事するようになる。このように，有能性の動機づけ理論は，スポーツ参加者が非参加者や脱落者よりも高い有能感と制御感を保有していると予測している。この理論の主張と同様に，Roberts, Kleiber, Duda (1981) は，スポーツ参加者が，非参加者とは裏腹に，身体能力と認知能力のより好ましい自己認識を保有していることを明らかにした。同様に，FeltsとPetlichkoff (1983) は，積極的なスポーツ参加者はスポーツからの脱落者よりも高いレベルの有能感を保有していること明らかにした。

　KlintとWeiss (1987) は，若い体操選手を対象として，有能感と参加動機の関係を調べた。この研究によって，スキル開発の理由が，身体的な有能感の低い体操選手よりも，身体的な有能感の高い体操選手をより動機づけていたことが明らかになった。同様に，親和の機会が，社会的な有能感のより高い体操選手を，社会的な有能感の低い体操選手よりも動機づけていた。KlintとWeissは，これらの知見と有能性の動機づけ理論の予測が一致していると主張した。なぜなら，体操選手は，自らに高い能力があると感じていたこれらの領域で有能性を誇示するよう動機づけられていたからである。

　有能性の動機づけ理論と同様に，達成目標理論では，能力の自己認識を動機づけ行動の重要な要素とみなしている。しかしながら，達成目標理論では，達成の主観的な意味の個人差が感情的な動機づけに強く影響するとも考えている。達成文脈における参加行動と動機づけパターンに関して，この理論は，能力感と目標の見通しが相互に作用して行動に影響すると提案している。課題に関与している者は，成功を個人的な改善と規定している。そのために，たとえ有能感が低い場合であっても，課題に従事している間は，困難な課題を適切に選択し粘り強く努力するに違いない。逆に，自我指向者の主たる関心は，他者と比較しての有能性の誇示にある。したがって，自らの能力の低さを感じる場合には，この能力欠如が露呈する活動をおそらく回避するものと思われる。スポーツへの参加や参加減少について，達成目標理論では，適切な課題レベルの存在が，課題指向者をスポーツへの参加やその継続に動機づけていると述べている。これに対して，自我指向者は，他者よりも能力があると感じた場合にだけスポーツを実施する傾向があり，したがって，他者よりも能力が低い場合にはスポーツを中断する傾向を示すことになる。

　自己の能力の評価における子供の認知発達的な変化も，スポーツの動機づけ過程に影響している。子供は，成果の成功や失敗に寄与する能力と努力それぞれの役割を，年齢とともに徐々に区別することができるようになると示唆する研究もある（Nicholls, 1978 ; Nicholls et al., 1986）。このように認知発達の過程は，子供のスポーツの継続にも影響している（Duda, 1987 ; Roberts, 1984）。Robertsは，児童期後期と青年期前期における高い脱落発生率の原因は，部分的には子供の自己能力に対する正確な評価能力の向上に求めることができると推測した。Robertsは，自分には他者と同程度の能力がないと気づいた自我指向の青少年は，スポーツから特に脱落しやすくなると示唆した。多くの青少年は能力と無関係な脱落の理由をあげていたが，Robertsは青少年が低い自己認識の能力を隠蔽するために，表層的で社会が好むような弁明をしたと示唆した。

　達成目標理論によってユーススポーツへの参加動機を調べている研究もわずかながら存在している。Petlichkoff(1988)は，高校競技者557名の達成目標の観点と参加行動の関係を，バスケットボールのシーズン中に調べた。この研究の第1段階として，Petlichkoffは，これらの競技者を関与状況に応じて開始者，継続者(survivors)，被排除者(cuttees)，脱落者のいずれかに分類した。結果として目標指向と参加状況の有益な関係を示すことはできなかったが，課題指向の青少年は自分のスポーツ経験に自己指向の青少年よりも満足していることが明らかになった。この研究では，競技者と元競技者の能力感のレベルを評価しなかった。

Duda(1989)は，高校生871名を対象として，目標の観点とスポーツへの参加および継続の関係について調べた。調査に際し参加者を次の5つに分類した；(1)組織的なスポーツおよびレクリエーションスポーツに現在参加している者，(2)組織的なスポーツに現在参加している者のみ，(3)レクリエーションスポーツに現在参加している者のみ，(4)スポーツから脱落した者，(5)一度もスポーツに参加したことがない者。この研究から，(1)の組織的なスポーツおよびレクリエーションスポーツに現在参加している者あるいは(2)の組織的なスポーツに参加している者は，脱落者や非参加者よりも強い課題動機づけ志向と自我動機づけ志向を報告することが明らかになった。

BurtonとMartens(1986)は，7〜17歳のレスリング選手と元レスリング選手を対象として，有能感のレベル，重要な他者の影響，付加的な動機づけ要因を比較した。その結果，現役レスリング選手は，脱落した元レスリング選手よりも高いレベルの有能感，機能的な帰属，レスリングのポジティブな期待を有し，レスリングの成功を価値あるものとしていることが明らかになった。脱落したレスラーは現役レスラーよりも低い有能感を示したが，レスリングをやめようと決心した原因として，能力に関連するものをあげることはまれであった。著者らはこの研究知見を達成目標理論の観点に照らして議論しているが，これらの知見の解釈は理解し難いものとなっている。なぜなら，Burtonらはレスラーの目標指向を直接評価しなかったからである。

Smith(1986)のスポーツからの離脱の概念モデルは，ユーススポーツの参加減少を調べるための3つ目のアプローチになっている。スポーツからの離脱の過程を説明する上で，スポーツからの"脱落"とスポーツでの"燃え尽き"の違いを明らかにすることは不可欠となっている。Smithは，スポーツからの脱落は主に競技者の興味の変化または論理的な費用対効果の分析に由来しているが，燃え尽きは慢性ストレスによるスポーツからの離脱であると強く主張している。Smithはこの概念モデルに2つの理論的な視点を取り込んで，脱落行動と燃え尽き行動を区別した。

スポーツからの脱落に関して，Smith(1986)は，社会交換理論(Thibaut & Kelley, 1959)による観点が現在までの参加減少研究の知見をもっともうまく説明していると述べた。社会交換理論では，ポジティブな経験の確率を最大にしたいという欲求とネガティブな経験の確率を最小にしたいという欲求が行動を動機づけていると主張している。社会交換理論に従えば，個々人は，ある行動を，たとえコストが利益を上回る場合でも，適切な代替活動が可能となるまで継続することになる。スポーツからの脱落のこの説明は，参加減少の研究の2つの知見と一致している。第1に，スポーツからの脱落の動機としてもっとも多くあげられているものは，"他にすべきことがある"ということである。スポーツの参加減少の割合は青年期に高いため，そして青少年には利用可能な多くの代替機会があるために，この観点から青年期のスポーツの参加減少率を高いと予想することは当然のことと思われる。第2に，青少年の参加行動は単一要因によるものではなく，参加継続の損失と利益の重みづけによる影響を受けているように思われる。なぜなら，多くの青少年が，スポーツへの参加と参加減少に複数の動機をあげているからである。青少年がスポーツへの参加に関して費用対効果を合理的に分析する限り，社会交換理論はスポーツからの脱落を実質的に説明しているものと思われる。

Petlichkoff(1988)の研究では，スポーツからの脱落行動の費用対効果も分析していた。そのバスケットボール選手の研究結果から，開始者および非開始者は，継続者(survivor)や脱落者，被排除者(cuttees)よりも満足度が高いことが明らかになった。しかしながら，継続者の満足度のレベルは脱落者よりも低かった。これらの結果は，継続者には，追究すべき魅力的な代替機会，脱落への付加的な"損失"感のいずれもがほとんどないことを示唆していた。脱落に対して強い恥辱感を感じているという継続者の報告や，この"損失"がチームへの残留を決断する要素であるとした継続者の報告は，この結論を支持していた。

Smithは，社会交換理論がスポーツからの脱落をもっともうまく説明していると述べているが，ユーススポーツの燃え尽きの発生は別に説明していた。燃え尽きには，費用対効果の評価によるのではなく，むしろストレスに満ちた経験を回避するためにスポーツから離脱したいという特徴がある。この理論的な解釈をもっともうまく説明しているのは，ストレスの認知-感情理論である(例えば，Lazarus, 1966)。現在，研究者は，燃え尽きが競技からの離脱を選択した青少年の大多数に頻繁に生起するとは考えていない。しかしながら，非常に激しいスポーツへの関与の状況では，この概念的な視点が参加減少の説明に役立つものと思われる。

参加動機づけの研究における将来動向

　ユーススポーツへの参加と参加減少についての将来の研究では，子供の参加経験の背後にある過程をより集中的に調べる必要がある。WeissとPetlichkoff(1989)は，子供の参加動機づけを縦断的に調べれば，動機がスポーツへの関与のさまざまな参加段階に渡ってどのように変化するのかという問題に関する知識基盤が豊かになると述べた。同様に，Petlichkoff(1996)は，ユーススポーツの組織は，ユーススポーツへの参加動機づけに影響するような特定プログラムの要因・社会的要因・対人関係の要因を参加の前後に同定することで，参加者を追跡することができると示唆した。さらに，このような帰納法によって，青少年の参加経験とスポーツからの離脱をさらに洞察することが可能になると思われる。

　多くの研究者は，青少年が自らの動機を記述する際の発達的な要因による影響をほとんど無視している。例えば，子供と青年はともに楽しむために参加したと報告していても，子供はその楽しみをスポーツへの関与のプレー面に関連づけて考え，他方青年は楽しさを競技の興奮とみなしているかもしれない。スポーツへの参加動機の発達的な違いを調べているのは，BrodkinとWeiss(1990)だけである。Brodkinらは，競泳選手の参加動機には年齢に関連する違いがあることを明らかにした。しかしながら，子供と青年の参加行動に影響するような発達的な特徴を考察するには，さらなる研究が必要であると思われる。

　さらなる問題は，ユーススポーツへの参加動機の研究の多くが子供の最初のスポーツへの参加動機だけを集中的に調べていることや，ある時点のみでの動機を測定していることである(Weiss & Chaumeton, 1992)。このアプローチは子供のスポーツへの参加動機が長期的に安定していることを示しており，スポーツ参加中の対人関係，発達的事象，社会的な事象は，これらの心理的な特徴の継続的な再形成にほとんど影響しないと仮定している。研究者は，参加動機と参加減少の研究にかなり専念している。しかしながら，これらの現象を十分に理解するには，かなり多くの研究が必要と思われる。

スポーツにおける子供の感情成果

　組織的なスポーツ競技に対する子供の感情反応を理解することは，過去20年以上に渡って，ユーススポーツ研究の主要な領域の1つになっている。このトピックに関する初期の研究の多くをあおり立てたものは，子供のスポーツ競技は，ストレス過多である，子供の不安を過度に引き起こすという懸念であった。その後の研究は，ポジティブな感情成果の相互関係やその原因に集中すると同時に，スポーツに対する子供の感情反応の個人差に寄与する要因を集中的に調べたものとなっている。この研究方向は重要と思われる。なぜなら，スポーツにおいて子供が経験する感情の性質は，組織的なスポーツ文脈における心理的な健康や参加を継続したいという意欲に関係すると思われるからである。

　歴史的にみて，アメリカではスポーツへの参加によって子供が経験する心理ストレスの大きさをかなり懸念していた(Wiggins, 1996)。競技的なユーススポーツはストレス過多であり短期的また長期的な好ましくない感情成果や心理成果を招くと信じられているから，教育学・医学・レクリエーションのさまざまなリーダーは，子供のスポーツへの参加に難色を示している(Brower, 1978 ; Smilkstein, 1980)。高いレベルのストレスや不安は，子供のスポーツからの早期脱落につながるという懸念もある(Orlick, 1974)。参加動機づけの研究は，大半の青少年がスポーツへの参加をやめるのは嫌悪的な心理経験によるものだという考え方を強く支持してはいない。しかし，いくつかの研究から，"過度のストレス"や"面白味が足りない"という理由をあげている青少年もいることが明らかになっている(Klint & Weiss, 1986 ; Orlick, 1974)。

　スポーツにおける青少年の好ましくない感情成果の研究は，不安の成果にもっぱら集中している。これらの研究は，不安を，状態と特性の特徴の双方に関連づけて調べている。競技の特性不安は，競技を一般に脅威と感じる傾向を示す個人の安定的または持続的な特徴である(Martens, 1977)。対照的に，競技の状態不安は，"現時点"の心配や緊張感を含むような，不安の状況特異的な形態である。特性不安が高い子供は競技場面にストレスを感じる傾向が強く，さまざまな文脈で状態不安に陥る傾向が強い。したがって，競技の特性不安と状態不安が関係していることに注目することは重要だと思われる(Gould, Horn, & Spreeman, 1983a ; Scanlan & Lewthwaite, 1984)。

ユーススポーツにおけるストレスレベルと不安レベル

　若い競技者のストレスと不安の程度を明らかにすることが，ユーススポーツ研究者にとってもっとも重要な仕事の1つになっている。競技的なユーススポーツはどれくらいストレスフルなのか？　この問題を調べるために，SimonとMartens(1979)は，もっとも重要かつ決定的な研究を行った。その研究では，9～14歳の若い男子に競技状態不安目録(Competitive State Anxiety Inventory : CSAI–C)を実施して，さまざまな文脈でストレスの程度を評価した。それらの評価の条件は次の状況で構成されていた；(1)学業テストを受ける直前，(2)体育授業で競技に参加している

時，(3)バンドのメンバーとして演奏，もしくはバンドでソロのパートを演奏している時，(4)組織的なスポーツチームで練習している時，(5)7つの組織的なスポーツのいずれかの試合をしている時(野球，バスケットボール，タックルフットボール，体操，アイスホッケー，水泳，レスリング)。

この Simon と Martens(1979)の研究から，3つの主要な知見が明らかになった。第1の知見として，少年の状態不安のレベルは，練習セッション中よりもスポーツの試合中に高かった。しかしながら，練習から試合に至る状態不安の上昇程度はわずかであった。第2の知見として，すべての条件の中でもっとも高い状態不安のレベルは，バンドでのソロ演奏時に出現した。これは，競技スポーツ以外の活動でも不安が生起することを指摘していた。第3の知見として，組織的なスポーツの競技者の中で，レスリング選手と体操選手は，チームスポーツの選手よりも高い状態不安を経験していた。Simon らは，競技スポーツが青少年に過度のストレスをもたらすとは思われないが，個人の社会的評価の機会を最大限にするような状況が状態不安の増加因になると結論づけた。このように，バンドでのソロ演奏，レスリングや体操といった個人スポーツの競技は，社会評価の機会を最大にするような条件になっていた。

Simon と Martens(1979)の知見は，スポーツ競技はすべての参加者にとってもともとストレス過多なものであるという考え方を無視する上で重要なものだった。しかしながら，Gould(1996)が注目したように，かなり多くの若い競技者がスポーツに関連する高い不安を経験している限り，不安の因果関係を把握する研究は，この発生頻度を最小にする上で重要なものと思われる。

若い競技者における特性不安と状態不安の根源

不安反応の個人差に寄与する主要な要因は何なのか？ 認知に基づく心理学の理論は，スポーツの文脈か非スポーツの文脈かに関わらず，ある認知評価の特徴が不安感をもたらすものと考えている(例えば，Lazarus & Folkman, 1984；Leary, 1992)。ユーススポーツの研究では，自己認識の特徴，社会的評価に対する懸念，目標の危機感という認知を，競技特性不安と状態不安に関連づけてもっとも頻繁に調べている。

子供の自己認識に関連した特徴は，競技不安に先行する重要かつ理論的な基盤になっている。人々は，スポーツといった重要な達成領域での成功に必要な能力が不足していると感じる場合に，不安感情を持ちやすくなるものと思われる。なぜなら，課題の要求に見合うだけの十分な個人資源を持っていないと感じているからである。このことは，子供が重視しているものは達成の特定領域における成功であると仮定している。Harter(1978, 1981)の有能性の動機づけ理論では，低い有能感は，達成関連の高い不安や，同じ達成文脈の回避欲求と明確に連繋しているとしている。有能性関連の他の重要な信念には，パフォーマンスに関する子供の期待がある。なぜなら，このような期待には，課題要求に関する子供の潜在的な能力感が反映しているからである。さらに，全般的な自尊感情も，スポーツ関連の不安の予測要因になると考えている。Harter は，自尊感情の低い子供はより多くの文脈で価値や有能性を低いと感じていると仮定しており，これがより大きな達成関連の不安に論理的に移行するとしている。

一般的に，研究者は，若い競技者の不安に関係するこれらの個人内の知覚の役割をほどほどに支持している。Passer(1983)の研究によれば，個人のパフォーマンスの期待感が低い子供の競技特性不安も高かった。しかしながらこの研究では，スポーツの有能感は，参加者の特性不安レベルを予測しなかった。Brustad と Weiss(1987)の研究から，競技特性不安(Competitive Trait Anxiety：CTA)の高い少年は自尊感情が低く，CTA の低い少年よりも頻繁にパフォーマンスを気にすることが明らかになった。自尊感情は，若い競技者の試合前の状態不安レベルを予測する重要な要因になっている。自尊感情の低い子供は，自尊感情の高い子供よりも高い CTA を示すことが明らかになっている(Scanlan & Passer, 1978, 1979)。Brustad(1988)も，CTA の高いバスケットボール選手男女は，CTA の低い選手よりも低い自尊感情を示すことを明らかにしている。

多くの青少年にとって，社会的評価に対する懸念は，競技不安に寄与する2つ目の重要な要因になっている。スポーツへの参加の公的な性格や子供仲間が保有しているスポーツ能力の重視は，スポーツ文脈における社会評価に対する懸念を強めることがある(Adler, Kless, & Adler, 1992；Chase & Dummer, 1992)。潜在的に有力な影響を与えるものは，親の期待に従うことに対する子供の懸念であり，社会評価のこの面への懸念が不安レベルをさらに高めるものと思われる。親は子供のスポーツの社会化に深く関与している。そのため，スポーツへの関与が親との関係の質にどのように影響するのかという青少年の懸念は，不安の原因になり得るものと思われる。Scanlan と Lewthwaite(1984)の研究から，参加に対する親からの強いプレッシャーを報告したレスリング選手は，より高い状態不安を試合前に経験していることが明らかになった。親やコーチの期待に従うことを頻繁に気にする傾向は，レスリング選手の状態不安の高さも予測していた。Weiss, Weise, Klint(1989)の研究によって，若い男子体操選手が試合前に感じる不安の上位2つは"親はどう考えるだろうか""親は失望しないだろ

うか"であることが明らかになった。

　不安に寄与する3つ目の要因は，個人的に価値のある目標が達成できないかもしれないという青少年の懸念を反映しているような目標への危機感である。Lewthwaite(1990)は，個人的に価値のある目標に対する脅威感の影響について，9～15歳の男子サッカー選手が報告した競技特性不安の頻度と強度の点から検討した。予想した通り，個人的に価値のある目標に対する脅威を強く感じている少年は，より高いレベルの特性不安も示していた。試合の重要性も，試合前の状態不安と関係している。若いエリートレスリング選手(Gould, Horn, & Spreeman, 1983b)やランナー(Feltz & Albrecht, 1986)は，選手権試合への参加が主要なストレス源になると述べている。Gould らは，若いレスリング選手のサンプルから，試合前の2つの主要なストレス源は能力の発揮やパフォーマンスの最新の改善についての懸念であることを明らかにした。同様に，Feltz と Albrecht(1986)の研究から，9～15歳の若いランナーの主な懸念は，能力の発揮と前回以上のパフォーマンスの遂行であることが明らかになった。

　若い競技者の競技ストレスと競技不安の予測要因を調べた研究から，これらの成果と寄与要因の関係が比較的明らかになった。不安の高い若い競技者は，不安の低い者よりも，自らのスポーツ能力をあまり好ましいものとは思わず，個人的に価値のある目標を達成する自らの能力にあまり期待せず，より自尊感情も低いという傾向がある。さらに，不安の高い子供は，パフォーマンスの他者，とりわけ親によるネガティブな評価をより気にしているように思われる(Passer, 1983)。

　子供のスポーツの不安に関与するさらなる重要な要因は，仲間が受容するかどうかという懸念と関係している。しかしながら，この方面を深く調べた研究はほとんど存在していない。競技能力は特に少年の社会的な地位と強く結びついている(Adler et al., 1992；Chase & Dummer, 1992)ために，スポーツへの参加は本質的に多くの子供の不安喚起要因となっている。したがって，多くの青少年にとって，仲間の前で競技能力を誇示することや，少なくとも能力の低さの露呈を回避することは，非常に重要なことと思われる。社会的評価に対する懸念のこの次元については，さらなる検討が必要と思われる。

スポーツでの燃え尽き

　競技者の燃え尽きは，多くの研究者が考察しているトピックスになっているが，実証的研究の数には限りがある。Coakley(1992)は，高いレベルのスポーツへの参加の構造と関連づけて，スポーツでの燃え尽きの問題を考察した。Coakley は，ハイレベルの青年競技者にインタビューをして，スポーツでの燃え尽きとは，低い個人的制御感による罠にはまった感じと，競技役割に偏って集中するというアイデンティティであると結論づけた。

　Raedeke(1997)は，スポーツでの燃え尽きを，スポーツへのコミットメントモデルの枠組みから検討した。Raedeke は，燃え尽きは，スポーツの魅力感よりも強いスポーツの罠にはまったと競技者が感じる場合に生起すると仮定した。この研究には，厳しい練習をしている水泳選手236名(13～18歳)が参加した。平均して，水泳選手は，1年あたり10.6ヵ月，週あたり約14時間のトレーニングをしていた。Raedeke の研究結果から，大きなサンプル内の4つの異なるクラスターとプロフィールが明らかになった。一般的に，スポーツの罠にはまった競技者は，スポーツに魅力を感じている競技者よりも燃え尽きに高い得点を示した。

スポーツの楽しさを予測する要因

　スポーツの好ましからざる面についての研究の裏面には，若い競技者の好ましい感情成果に相関するものや寄与するものを取り上げた研究がある。Scanlan と Lewthwaite(1986)は，9～14歳の男子レスリング選手のシーズンに渡る楽しみと関係するものを検討して，これら競技者の大きな楽しみを予測するのは次のものであることを明らかにした；パフォーマンスに対する親の高い満足，大人のポジティブな関与と相互作用，母親とのネガティブな相互作用が少ないこと，高い能力感。スポーツの楽しみと次シーズンの競技への参加意図の間には比較的高い相関($r=0.70$)があることも明らかになった。

　若いバスケットボール選手を調べた Brustad(1988)の研究によって，動機づけの特徴と親から受けるプレッシャー感は，研究参加者男女のシーズンに渡る楽しみのレベルを予測することが明らかになった。特に，簡単な課題よりも難しい課題を好むことに表われる内発的動機づけ志向と，親から受ける重圧感の低さは，より大きな楽しみと関係していた。さらなる重要な知見は，チームの勝敗記録と実際の能力レベル(コーチの評価による)は，楽しさのレベルと関係がないことであった。

　Scanlan, Stein, Ravizza(1989)は，元エリートフィギュアスケート選手を対象に，楽しみの源についての後ろ向き研究を行った。Scanlan らは，自由形式のインタビュー技法を使用して，元スケート選手の報告には以下の5つの楽しみの特徴がもっとも共通していることを明らかにした。第1のカテゴリーは，社会と生活の楽しみであった。そこには，他者と親しくなることで得られる楽しみや，スポーツ領域以外で特異的な経験をする楽しみ(例えば，旅行)が反映していた。第2のカテゴリーは，有能感であった。そこに

は，その人のスポーツ達成レベルについての満足が反映していた。楽しみの第3の特徴は，能力の社会的認識であった。そこには，他者に有能性を認識させることで得られる満足が反映していた。第4のカテゴリーは，スケート行為そのものであった。そこには，特にスケート固有の身体感覚と自己表現がもたらす楽しみが反映していた。最後のカテゴリーは，特殊なケースであった。そこには，スポーツへの参加がもたらす個人の特異性の感覚と生活対処スキルの開発が反映していた。

感情成果に関する研究の将来動向

若い競技者にみられる感情成果の研究から，青少年に好ましい感情成果と好ましくない感情成果をもたらす影響のタイプには一貫性のあることが明らかになった。全体的に，これらの研究は，子供が望ましい成果を達成するのに能力が不足していると感じ，同時に他者からネガティブな社会的評価を受けることを懸念する場合には，不安に陥りやすくなると指摘している。逆に，高い能力感と親の好ましい支援は，若い競技者の好ましい感情成果と連繋している。この知識は，将来の研究の2つの道筋を後押ししているものと思われる。

自己認識と社会的な支援は，子供の感情経験に重要な影響を与えている。したがって，これら各領域における子供の認知発達過程を調べるためには，それらを深く理解する必要がある。この点で，スポーツ関連の子供の自己概念に影響するような個人内・発達的・社会的形態を調べれば，子供の感情成果に寄与する要因はさらに明らかになるものと思われる。したがって，研究者は，ユーススポーツの介入を，自己認識が高まるような方法で構築しなければならない。同様に，子供の評価やパフォーマンスの懸念を決定づける重要な他者の固有の手段が明確になれば，知識基盤の理解はさらに深まるものと思われる。

将来の研究における第2の重要な局面は，スポーツへの関与に対する子供の感情反応と持続的な参加動機の関係である。暗黙裡に，そしてHarter（1978，1981）のような理論的な視点も，感情と動機づけの関係を認めている。しかしながら，この両者の関係の強度を調べた研究や好ましい感情経験が子供の動機づけの持続に及ぼす影響の強度を調べた研究はほとんどない。この点で，縦断的な研究は特に魅力があるように思われる。

ユーススポーツにおける社会的な影響

ユーススポーツは，大人・仲間・参加者自身による社会的文脈内で行われている。研究者は，親・コーチの影響に対して過去20年以上に渡ってかなり注目してきたが，仲間の役割を体系的に扱うようになったのはごく最近のことである。ユーススポーツ領域における大人の影響は広範に広まっており，容易に認識される。大人は，競技に随行し，イベントを組織している。そして子供の興味や参加の結果として，コーチの役目も果たしている。しかしながら，仲間も，特に児童期後期や青年期には，参加の心理的・社会的な文脈の形成に大きく影響している。仲間は，スポーツを介して子供の自己認識・社会的支援感・社会的地位に影響している。本節では，子供の心理社会的な成果や動機づけの成果に対する大人や仲間の影響を紹介する。

親の影響

一般的に，親は，子供が初めてスポーツに参加する時，子供の社会化を促す最初の人物になっている（Brustad, 1996b；Greendorfer, Lewko, & Rosengren, 1996）。この研究基盤は，主として親が，スポーツに初めて参加する機会を子供に与え，そのスポーツへの参加の継続を手助けし，そして潜在的にスポーツからの離脱に影響する責任者であると指摘している（Greendorfer, 1992）。カナダのユースホッケー選手を調べた研究から，親が子供のスポーツ経験にどの程度関与しているのかが明らかになっている。McPhersonとDavidson（1980；Smith, 1988が引用した）は，選手の80％で，親が少なくとも3/4の試合に随伴していることを明らかにした。追加知見では，少なくとも25％の親が，月に2, 3回の割合で子供の練習に付き添っていた。

ユーススポーツに対する大人の影響はいつも関心の的になっているが，この問題の研究仮説性質は時間とともに変化している。初期の研究では親の影響の潜在的に好ましくない形を主として調べていたが，最近の研究では子供の心理社会的な成果（好ましい／好ましくない）に寄与する社会化の慣習といった親業（育児スタイル）の違いの性質を明らかにしようとしている。このように，最近では，スポーツにおける親の影響を一般的に調べる研究は少なくなっており，代わりに，子供の成果に対する個人差の効果と親の関与の関係について調べる研究が多くなっている（Brustad, 1992）。親のもっとも重要な影響は，スポーツにおける子供の自己認識，動機づけの特徴，感情的な経験に対するものである。現在の動機づけ理論では自己認識が動機づけの特徴の形成に影響すると強調しているために，研究者は子供の自己認識や動機づけ過程への親の影響を同時に議論し，それに続けて，子供の感情的な成果の形成に親が果たす役割を議論する必要がある。

親の社会化を調べる際には，重要な方法論的考察に留意する必要もある。親の影響を調べたほとんどの研

究は，親自身の自己報告や第3者による評価を使用するよりも，むしろ子供が感じた親の信念や行為をもっぱら使用している。しかしながら，この傾向は必ずしも限界を示すものではない。それは，子供が感じる親の影響は自らの信念や行動についての親自身の報告よりも，子供の心理的・感情的な成果と強力に関係していることを指摘する研究(Babkes & Weiss, 1999 ; Gecas & Schwalbe, 1986)があるためである。

子供の自己認識と動機づけ

　子供の自己認識と動機づけの特徴に対する親の影響の性質は，子供のスポーツ動機の内因的／外因的な性質と同様に，子供の参加動機や参加減少の動機との関係において1つの重要な研究分野になっている。次の2つの理由によって，大人は，スポーツに参加中の子供の自己認識に多大な影響を与えているものと思われる。第1の理由は，大人がユーススポーツ分野に広く関与して，個人の能力に関連する非常に多くの情報を子供に提供していることである。第2の理由は，認知的な発達の結果として，年少の子供は達成状況における能力の評価において大人からのフィードバックを好んで使用することである(Frieze & Bar-Tal, 1980 ; Horn & Hasbrook, 1986 ; Horn & Weiss, 1991)。Hornらは，次のことを明らかにした；8～11歳の子供は大人からの情報を利用して自らのスポーツ能力を判断しているが，より年長の児童や思春期(12～14歳)ではより強く仲間との社会的比較の過程に依存している。児童期後期から青年期にかけて，子供は仲間との比較，仲間の評価，内的な情報源の使用が可能となり，それにつれて好みも変わってくる。

　Harter(1978, 1981)の有能性の動機づけ理論とEccles(Eccles & Harold, 1991 ; Eccles-Parsons et al., 1983)の期待-価値理論は，ともに親の社会化が子供の自己認識の特徴やその後の動機づけの過程に及ぼす影響を取り扱う理論となっている。Harterによれば，親は，子供の熟達努力への支援とフィードバックの提供を通じて，能力に対する子供の自己認識と制御の発達に主な影響を与えている。研究者は，親の支援を子供が感じることが，実際，教室状況における青少年の自尊感情やポジティブな感情，内発的動機づけのレベルに関係することを明らかにしている(Harter, 1988a)。

　Ecclesの理論は，親はさまざまな分野の能力について子供にフィードバックすることによって，子供の自己認識の好ましさに影響していると強く主張している。親のこの役割は，子供が能力に関連する情報を解釈し新たな達成期待を形成する際に，非常に有用なものになっている。Ecclesによれば，親はさまざまな達成領域における子供の能力を評価し，信念に基づいてさまざまな機会・激励・支援を子供に与えている。子供の成功への期待が異なるように，達成領域によって子供の有能感に違いが生じるのは，親の信念の特徴，社会的支援のパターン，機会の提供の組み合わせが原因となっている。

　親の影響と子供の能力の自己認識の関係は，学問的な研究の中心となっている。Eccles-Parsons, Adler, Kaczala(1982)の研究によって，子供の数学の能力感や数学の成功に必要な困難・努力の認知は，子供自身の示す能力レベルよりも，子供の能力についての親の信念と強く連繋していることが明らかになった。Phillips(1984, 1987)は，親の信念体系と3年生と5年生の学業的な自己認識の関係も検討した。Phillipsは，実力テストの成績が上位25％に入っているような高能力の子供を中心に調べたが，学業能力についての自己認識の好ましさは子供によって異なっていた。能力の自己認識が低い子供は，次のように信じていた；親も自分たちの低い認識を共有し，子供の将来の実力レベルに対する期待も低い。

　学業文脈の研究知見は，子供の自己評価の形成への親の影響を強調している。親の影響は，スポーツの領域ではさらに大きくなると思われる。なぜなら，親は，子供のスポーツ経験に直接関与する機会が多く，子供に迅速・解釈的・評価的なフィードバックを与えているからである。

　FelsonとReed(1986)の研究によって，小学校高学年生の運動能力と学業能力に対する親の判断は，子供の実際の能力レベルを統計的に制御した場合でも，自らの能力に対する子供の自己評価と非常に強く関連することが明らかになった。これらの知見は，Eccles-Parsonsら(1982)やPhillips(1984, 1987)の知見と，親による能力評価が子供の実際の能力情報に取って代わるという点では一致している。同様に，ScanlanとLewthwaite(1984)の研究から，親は自分のパフォーマンスにとても満足していると感じている若いレスリング選手ほど，自らの将来のパフォーマンスに全般的な高い期待をかけることが明らかになった。

　さまざまな活動への子供の興味レベルと参加レベルの違いの説明への期待-価値モデルの適用性を検証するために，EcclesとHarold(1991)は，親の信念について，子供の自己認識や子供の自由選択活動動機(free-choice activity motivation)との関係から3年に渡って縦断的に調べた。この研究では，親が感じた子供の能力(期待)，親が感じた各活動の重要性と実用性(価値)は，子供自身の有能感や価値観の違いを説明していた。同様に，子供の期待と価値観は，子供自身の活動選択に影響していた。このように，これらの知見は理論的な推測と一致していた。

　研究者は，Ecclesの期待-価値モデルを，子供の身体的活動動機について調べている2つの研究(Brustad, 1993a, 1996a)にも適用した。これらの研究から，子供の身体的な有能感と身体的活動の魅力のレベルは，身体的活動への参加に対する親の激励についての

子供の認識と関係していることが明らかになった。これらの知見は，Ecclesの理論を支持していた。なぜなら，この理論に従えば，親は，高い能力が子供にあると信じているような達成領域において，より強く子供を激励すると思われるからである。Dempsey, Kimiecik, Horn(1993)は，子供の身体能力に対する親の信念は子供の実際の身体的活動参加のレベルに関係することを明らかにした。さらに，身体的活動参加についての親の信念に対して子供が抱く認知は，身体的活動参加についての子供自身の信念と有意に関係することも明らかになった(Kimiecik et al., 1996)。

BabkesとWeiss(1999)は，ユースサッカー選手(9～11歳)のスポーツ参加に対する心理社会的反応における親の態度と行動の関係を調べた。評価した親の態度と行動の認識には，子供のサッカー能力，パフォーマンスへの期待，パフォーマンスへのポジティブな随伴反応，関与レベルに関する親の信念などが含まれていた。その結果，自分の能力を好ましいものと親が確信していると思っている子供や，運動パフォーマンスの成功に対してポジティブな随伴反応をより頻繁に行う親の子供は，親の認識をより好ましくないとした選手仲間よりも，サッカーの有能感がより好ましいものとなり，内発的動機づけのレベルもより高くなることが明らかになった。さらに，サッカーの高い有能感を報告した子供は，有能感の低い子供よりも，自分たちのサッカーへの参加に対して父親はより多く関与しているがプレッシャーはあまりかけていないと指摘していることが明らかになった。サッカーで良いパフォーマンスをするよう父親から強いプレッシャーを受けていると感じた子供は，父親のプレッシャーが弱いと感じた仲間よりも低い内発的動機づけを報告した。

親と子供の観点からスポーツへの参加動機感の一致について検討した研究は少ないが，その中にMcCullagh, Matzkanin, Shaw, Maldonado(1993)の研究がある。McCullaghらは，子供のスポーツへの参加動機に対する親の認識と子供自身が報告した動機の一致について検討し，自らのスポーツへの参加動機についての子供の報告と，子供の動機に対する親の認識とが有意に関係することを明らかにした。これらの知見は，子供の参加動機の形成は，ユーススポーツへの参加がもたらす主要な利益に対する親の見通しと密接に関係していると示唆している。

研究者は，達成目標理論を使用して，若い競技者の動機づけの過程に対する親の影響をまとめている(Duda & Hom, 1993；Ebbeck & Becker, 1994；S. White, 1996)。この見方によれば，親は，子供がスポーツに参加する動機づけの文脈あるいは雰囲気を形成する手段になり得るということになる。AmesとArcher(1987)は，子供自身の動機づけの見方に強く影響するような多くの信念を子供に伝えることができるのは親であると述べた。例えば，親は，他者よりも

うまくプレーするための個人的な改善点の重要性についての自らの信念を述べる可能性もあるし，達成成果に必要な能力や努力についての自らの信念を伝える可能性もある。そして達成課題の選択に際して，適度な難度レベルについての期待を伝える可能性もある。特に重要なものは，親が子供の動機づけと達成成果の強化に使用するような報酬の構造と基準であると思われる。例えば，研究者は，報酬構造を，提示された子供の上達あるいは他者と比較した能力レベルに主に基づくものとしている。このように，親には，重要な手がかり，報酬，期待を子供に与えることによって，子供の目標指向の特徴を決定する能力がある。HarterとEcclesの視点と同様に，親は，自分たちが子供の能力について感じた情報を子供に伝えるような評価的なフィードバックも提示している。このように，親は，動機づけ感の確立や能力に関連する情報を子供に提示することによって，スポーツにおける子供の達成目標指向に影響しているように思われる。

DudaとHom(1993)は，ユースバスケットボールの参加者を対象として，親と子供の目標指向の一致度を調べた。この研究では，子供は自らのバスケットボールに対する目標指向を評価し，親のスポーツへの目標指向についてどう感じたかを報告した。同様に，親は，子供のバスケットボールでの目標指向についてどう感じたかはもとより，スポーツに関連する自らの目標指向を報告した。子供が感じた親の課題指向の程度と，子供自身の課題指向は，相互に関係することが明らかになった。子供が感じた親の自我指向の程度と子供自身の自我指向の評価も，中～強程度に関連していた。その他の関連は，すべて有意ではなかった(親が自己報告した目標指向と子供の目標指向)。関連研究でEbbeckとBecker(1994)は，若い競技者の課題目標指向と自我目標指向が，親の課題目標指向感と自我目標指向感，および子供の有能感から部分的に予測できることを明らかにした。

White(1996)は，若い女子バレーボール選手において，親が手ほどきする動機づけ感と目標指向の関係を調べた。この研究の具体的な関心は，子供の目標指向の特徴と子供の目標指向感の親による維持の関連の有無を確定することにあった。その結果，多大な努力なしの競技の成功を親が強調していると感じた若いバレーボール選手は，自我指向的な動機づけを示す傾向がより強いことが明らかになった。逆に，学習や楽しみが重要であるという雰囲気を親が助長していると感じた競技者は，課題指向の維持傾向をより強く示すことが明らかになった。全体的にみて，この領域の研究は，親と子供の目標指向の特性の関係を支持している。

Escarti, Roberts, Cervello, Guzman(1999)は，青年の目標指向を，親・仲間・コーチが使用する成功基準の認知との関係から検討した。この研究から，Escarti

らは，2つの明白な目標指向プロフィールを見出した。一方の競技者群の特徴は，高いレベルの課題（熟達）指向と自我指向であった。他方の群では，課題指向だけが高かった。課題指向・自我指向がともに高い群の競技者は，同じ成功基準（高い課題指向と高い自我指向）を親・コーチ・仲間が共有していると感じていた。しかしながら，課題指向だけが高い競技者群は，親・コーチが自我指向的な成功基準に固執していると感じている一方，仲間は自分と同様の課題指向的な視点を保持していると考えていた。この研究の知見は，青年期では大人と仲間からの社会的な影響を考慮することが重要であるという見方を支持するものになっている。

子供の感情成果

ユーススポーツにおける子供の自己認識と動機づけの特徴に対する親の社会化の影響についての研究に加えて，スポーツへの参加に対する子供の好ましい感情反応に親が果たす役割の検討が，重要な研究領域になっている。これらの研究の大半は，子供が感じる親からのプレッシャー・期待・評価の特徴を，感情成果と関連づけて検討してきた。もっとも頻繁に評価した子供の感情反応は，特性不安，状態不安，楽しみであった。ここではこの親の影響についての研究のうち，もっとも重要な研究知見をまとめてみたい。

若い競技者がスポーツへの関与に対する感情反応を形成する際，親の影響が極めて大きいとする見解を支持する知見は，徐々に増加している。子供がスポーツへの参加に感じる"親からのプレッシャー"と，親から好ましくない評価を受けるのではないかという懸念は，親の期待に応えられるだろうかという懸念と同様に，子供の好ましくない感情成果に結びついている。競技特性不安の高い子供は，重要な他者からのネガティブな評価を，より頻繁に気にする傾向がある（Passer, 1983）。ScanlanとLewthwaite（1984）も，親からの強いプレッシャーを感じる若いレスリング選手は，レスリングの試合に関する状態不安が高くなる傾向があることを見出した。若いスキー選手のエリート集団は，拙いパフォーマンスに対する親の感情反応についての懸念を報告し，部分的には，親を楽しませるためにスポーツへの参加を継続していることを示していた（Hellstedt, 1988）。LewthwaiteとScanlan（1989）は，レスリングに対する親の期待・プレッシャーが若いエリートレスリング選手の心配の源になっていると報告した。同様に，Weissら（1989）もまた，若い男子体操選手を対象とした研究で，試合前の心配と親からネガティブな評価を受けることに対する怖れの関係を明らかにした。若いレスリング選手の試合前の状態不安も，レスリングの試合時に親から受けるプレッシャー感と関連していた（Gould, Eklund, Petlichkoff, Peterson, & Bump, 1991）。

対照的に，ポジティブで支援的であると子供が考える親の行動は，スポーツにおける子供の好ましい感情経験と結びついている。ScanlanとLewthwaite（1986）は，若いレスリング選手のシーズンを通した大きな楽しみが，パフォーマンスに対する親の満足が強いと感じること，親のポジティブな関与と相互作用が強いこと，母親とのネガティブな相互作用が少ないことと関係することを明らかにした。Brustad（1988）も，若い男女バスケットボール選手のシーズンを通した大きな楽しみは，参加に対する親からのプレッシャー感が低いことと関係することを確認した。Hellstedt（1988）は，親の関与をポジティブかつ支援的と考える若いスキー選手は，自らのスポーツへの関与に熱狂的であるというような，よりポジティブな感情反応を報告すると結論づけた。LeffとHoyle（1995）は，ユーステニス選手を調べた研究から，子供の競技参加を促すことを意図した親の行動として表わせる親の支援感は，男女テニス選手の高いレベルの楽しみ（と自尊感情）と正に関係することを明らかにした。最終的に，BabkesとWeiss（1999）の研究から，親からのポジティブな影響を感じ，父親が参加に対してより強く関与してもあまりプレッシャーを与えないと報告したユースサッカー選手は，より多くの楽しさを経験していることも明らかになった。この研究は重要なものになっている。なぜなら，これらの研究は，親の高いレベルのスポーツ関与が子供に好ましい結果をもたらすであろうことや，子供が感じる親の役割が子供の感情経験にもっとも影響すると示唆しているからである。

特に重要なものは，子供の動機づけと達成結果の強化に親が用いる報酬の構造あるいは基準と思われる。例えば，親は主に，子供が示した上達や他者と比較した能力レベルに基づいて，報酬を構成している。このように，親には，重要な手がかり，報酬，期待を子供に与えることによって子供の目標指向の特徴を形づくるという能力がある。HarterとEcclesの見方と同様に，親は，子供の能力について自らが感じた情報を子供に伝える評価フィードバックを使用している。このように，動機づけ感の確立や，能力に関連する情報の子供への提供によって，親はスポーツにおける子供の達成目標指向を左右しているものと思われる。

ユーススポーツにおける親の影響に関する研究の将来動向

ユーススポーツにおける親の影響を調べた研究の過去10年間の広がりは，若い競技者のスポーツ経験に大人がどのような影響を与えているのかについての知識基盤の確立に多大な貢献をしている。児童スポーツ心理学のこの研究領域は，ますます体系的かつ洞察に満ちたものとなってきているが，まだまだ成長の余地があるように思われる

第1に，ユーススポーツにおける親の影響を調べ

る将来の研究に対しては，親による社会化の影響を，子供の自己認識の特徴，動機づけ過程，感情経験と結びつけるような現行の理論的な観点に立脚するように勧告したい。Harter(1978, 1981)の有能性の動機づけ理論，Eccles(Eccles & Harold, 1991；Eccles-Parsons et al., 1983)の期待-価値モデル，そして達成目標理論（Duda, 1992；Duda & Nicholls, 1992；Nicholls, 1984, 1989)はすべて，この作業にとても適したものとなっている。

第2に，重要な概念の定義および操作化をより正確にすることは，この領域内の一貫性の構築に有用と思われる。現在まで，親のプレッシャー，評価特徴，期待レベル，および類似する事項を測定する単一の一貫した測度は存在していない。したがって，研究者が同じ構成概念を測定しているという保証はない。例えば，ある測度では親のプレッシャーの指標としている項目を，他の測度では親の期待の指標としている可能性がある。方法論的な問題との関連について述べれば，大半の研究は，親の集合的な信念および行動について，母親と父親の信念を区別せずに報告するように子供に求めていた。子供のスポーツにおいて，親の一方がより重要な実行者になっている可能性があり，親はそれぞれ異なる方法で子供に影響する傾向もあるために，母親と父親を別々に調べることは有用と思われる。

コーチの影響

コーチは，子供にスポーツ領域で心理社会的な経験をさせる上で重要な役割を担っている。若い競技者へのコーチの影響を調べる研究は，児童スポーツ心理学のもっとも体系的な研究領域の1つになっている。巧みにデザインされ高い評価を得ているSmithとSmoll ら(Smith, Smoll, & Curtis, 1978, 1979；Smith, Smoll, & Hunt, 1977；Smith, Zane, Smoll, & Coppel, 1983)の一連の研究から，コーチング行動は，スポーツへの参加に対する子供の心理社会的な感情反応に影響するのと同様に，子供の自己認識に実質的に影響することが明らかになった。これらの研究は，まとめて議論してみたい。なぜなら，この研究ラインは，漸進的な努力を基盤として，スポーツにおける子供の心理的経験，動機づけ経験，感情経験の形成にもっとも影響しているようなコーチング行動を明らかにし，この知識に基づいてその後の介入を行っているからである。

Smith, Smoll らがユーススポーツにおけるコーチの影響を多面的に調べた研究は，コーチの影響に関する確固たる基礎知識になった。研究の第1段階として，Smith ら(1977)は，コーチング行動をカテゴリー化するシステムを開発した。コーチング行動評価システム（Coaching Behavior Assessment System：CBAS)は，ユーススポーツコーチの直接観察から生まれたものであり，さまざまな選手の行動(望ましいパフォーマンスやミス)に対する反応的・自発的なコーチング行動を含む12の行動カテゴリーを示している。Smith らは，スポーツシーズンの終わりに，競技経験のさまざまな様相について，選手の自宅でインタビューした。この研究知見(Smith et al., 1978)から，スポーツではコーチング行動と子供の心理的・感情的な成果には関係があることが明らかになった。特に，自尊感情の低い選手は，コーチ間の行動的な相違による影響をもっとも強く受けることが明らかになった。自尊感情が低いままにシーズンに入った選手は，"ポジティブなアプローチ"を強調して選手にフィードバックするコーチの振る舞いから，最大の利益を得ているように思われた。この実証的な研究知見は，ユーススポーツコーチのための一連の行動勧告の開発やトレーニングプログラムの開発につながった。

研究の第2段階として，Smith らは，野球のリトルリーグ選手(10～15歳)のコーチ31名に介入プログラムを実施した(Smith et al., 1979)。これらのうち18名のコーチは，若い選手とより効果的にコミュニケーションできるようになるプログラムのトレーニングをシーズン前に受けた。介入プログラムは，コーチに，技術的な指導の頻度の増加，より頻回のポジティブな強化の提示，ペナルティー行使の低減を奨励するものであった。残り13名のコーチは統制群であり，何らのトレーニングも受けなかった。これらの結果から，トレーニングのセッションは，意図した通りにコーチのコミュニケーション効果を高めることが明らかになった。より重要なことは，トレーニング群のコーチのチームと非トレーニング群のコーチのチームには勝敗の違いがなかったにも関わらず，トレーニング群のコーチの下でプレーした子供は前シーズンよりも有意に高い自尊感情を示し，より好意的にコーチを評価し，より強い魅力をチームメイトに感じていることだった。仮説通り，自尊感情の低い子供は，トレーニング群のコーチの下でプレーすることから最大の利益を得ていた。またこの研究の結果から，コーチング効果のトレーニングを受けたコーチの下でプレーした子供は，翌シーズンも再び野球に参加したいという意欲を，トレーニングを受けていないコーチの下でプレーした子供よりも強く示すことも明らかになった。

Smith ら(1983)は，ユースバスケットボールリーグのコーチと競技者を対象に，コーチング行動とスポーツにおける子供の自己認識や楽しみの関係をさらに検討した。この研究によって，コーチング行動は，子供の自尊感情とチームの団結に，弱いけれども有意に関係することが明らかになった。しかしながら，コーチの行動の違いはシーズン終了時の選手の態度と強く関連し，選手のコーチとスポーツに対する態度の分散を半分以上説明していた。具体的に言えば，失敗に応じ

た技術的な指導をより多く与えるが一般的な(具体的でない)フィードバックや罰をほとんど与えないコーチや，制御行動のより少ないコーチを，選手は非常に高く評価し，スポーツへの参加に対して高い意欲を示していた。

Smoll, Smith, Barnett, Everett (1993) の介入研究から，次のことが明らかになった；トレーニング群のコーチの下でプレーした自尊感情の低い子供は自尊感情をシーズン中に有意に高めたが，非トレーニング群のコーチの下でプレーした自尊感情の低い子供はそうはならなかった。また R. Smith, Smoll, Barnett (1995) の研究から，非トレーニング群のコーチの下でプレーした若い競技者と比較して，トレーニング群のコーチの下でプレーした子供は競技不安の経験がより少ないことが明らかになった。スポーツからの脱落に関しては，Barnett, Smoll, Smith (1992) が，若いバスケットボール選手の脱落率についてコーチのトレーニングの有無との関係から評価した。結果として，非トレーニング群のコーチの下でプレーした子供の 26% は，翌シーズンにプレーしないことが明らかになった。多少警戒すべき点はあるものの，この統計データは，ユーススポーツ選手の減少率を調べた先行研究と一致していた (Gould, 1987；Petlichkoff, 1996)。しかしながら，より重要なことは，トレーニング群のコーチの下でプレーした若い競技者では，その後のシーズンに野球への参加を選択しなかった競技者がわずか 5% にすぎなかったことである。さらに，これらの知見から，非トレーニング群のコーチの下でプレーしたユースの高い減少率は，チームの勝敗差に帰属できないことが明らかになった。

Horn (1985) は，練習や試合におけるコーチング行動と，青年期の女子ソフトボール選手の有能感の変化の関係を検討した。Smith, Smoll らの一連の研究は全体としてのチームに対するコーチのコミュニケーションに注目していたが，それに対して Horn は，個々のチームメンバーに対するコーチのフィードバックの効果を調べた。先行研究 (Rejeski, Darracott, & Hutslar, 1979) では，若い競技者が受けるフィードバックのタイプには，パフォーマンスに対するコーチの期待の違いによって，チーム内でもかなりの変動があると指摘していた。

Horn は，次のことを明らかにした；スキルの向上はこれら競技者の自己認識能力が正に変化するための主要な要因になっていたが，練習におけるコーチの特定行動も自己認識の強化に寄与していた。具体的に言えば，優れたパフォーマンス後にコーチからもっとも多くの言語的なフィードバックを受けた選手の有能感は，そうでない選手よりも明らかに低くなっていた。さらに，パフォーマンスの失敗に対し批判を頻繁に受けた選手は，批判の少なかった選手よりも高い有能感を報告した。これらの知見は達成状況における強化の効果に対する"常識的な"予想と矛盾しているように思えるが，Horn は，これらの結果は，大人の期待レベルと子供に与えるフィードバックのパターンの関係を学業領域で調べた研究 (Cooper & Good, 1983) と一致していると述べた。一般的に，期待の低い生徒は，課題の成功後に，より頻繁に，しかしあまりはっきりしたものではないフィードバックを教師から受ける傾向がある。このタイプのフィードバックを受ける生徒は，自分の能力が低いと推定する公算が高まるものと思われる。なぜなら，教師は，他の生徒が同じように遂行しても誉めないからである。さらに，技術的なフィードバックの提示はスキルの改善能力があるという印象を与えるために，技術的なフィードバックをあまり受けない子供は，能力を低く推定する傾向がより強くなると思われる。

Harter (1978, 1981) の有能性の動機づけ理論の枠組みによって研究を進めた Black と Weiss (1992) は，コーチの影響に関する Horn (1985) の研究を拡張し，若い水泳選手が感じるパフォーマンスに対するコーチの賞賛・激励・情報フィードバックと，成功したもしくは失敗した競技パフォーマンス後の批判の関係を調べた。11 歳以下の子供では，子供が認識しているコーチの行動と子供本人の自己認識の変数に有意な関係がなかった。しかしながら，コーチが望ましいパフォーマンスに賞賛と情報をより頻繁に与え，拙いパフォーマンスに激励と情報をより頻繁に与えると感じた思春期の水泳選手は，楽しさ・困難への動機づけ・成功感・有能感の各測度に高得点を示していた。

Allen と Howe (1998) は，Horn (1985) やその後 Black と Weiss (1992) が取り組んだ研究の流れを継続した。Allen と Howe の実験参加者は，14〜18 歳の青年期のハイレベルな女子グランドホッケー選手であった。Allen らは，これらの選手の有能感のレベルに寄与する要因の同定に特に関心があり，スキルレベルが有能感の個人差を説明する重要な要因であることを明らかにした。しかしながら，コーチング行動もこの説明に寄与していた。特に，コーチによるより頻繁な賞賛と指導は，水泳選手の有能感と正に関係していた。逆に，スキル失敗後のより頻繁な激励と指導は，有能感と負に関係していた。Allen らは，低い能力を他者に明示することへの個人の懸念を強調するような集団状況でパフォーマンスの失敗を注意したことが，この成果の原因になっていると説明した。

コーチの影響に関する研究の将来動向

コーチングの影響を系統的に調べる際には，とりわけ Smith, Smoll らの業績を通して調べる際には，この性質をうまくデザインして，さらに研究を進めることが肝要と思われる。現在，コーチの影響に関する研究では，この分野に対する重要性に見合うだけの注意を払っていない。このことは十分に認識する必要があ

る。検討すべき重要な内容としては、具体的なコーチング行動の影響、リーダーシップの実践、子供の心理社会的な成果に対するフィードバックパターンなどのさらなる理解が該当している。この一般的な分野の中で、子供のスポーツの目的に対するコーチの目標と視点の理解、とりわけ若い競技者の動機づけ成果と感情成果に関わるコーチの目標と視点の理解は、さらに追求すべき研究分野になっている。

仲間の影響

社会的な影響の重要な形態の3つ目は、仲間である。ユーススポーツにおける仲間の影響に関する研究は、親・コーチの研究よりもかなり遅れをとっている。子供が学校に入り重要な発達を遂げる際には、仲間は特に有力な社会化の主体になってくる。特に児童期後期・青年期前期の青少年は、仲間を観察して、価値、他の社会形態、感情的な支援を確認している(Harter, 1998；Sullivan, 1953)。実際に、仲間と子供の関係は、その心理社会的な発達に対して重要な影響を与えている。このように、アメリカにおけるスポーツ関与の広がりを踏まえて、スポーツ心理学者は、研究対象としてユーススポーツの仲間関係に対してより多くの注意を払うようにと要請し始めている(例えば、Brustad, 1996b；Weiss, Smith, & Theebom, 1996)。ユーススポーツの仲間との関係を調べることにより、参加パターンは、スポーツへの関与の心理社会的な成果と同様に、よりよく理解できるようになると思われる。本節では、仲間との関係の重要な研究を詳述する。具体的には、仲間関係の文脈固有の性質について、友情と仲間の受容の違いと同様に議論する。さらに、本節では、仲間関係・自己認識・感情・モラル発達の連繋と同様に、人気の点からスポーツへの参加を説明しているような研究知見についても議論する。最後に、仲間関係についての研究の将来動向を示唆したい。

仲間関係の文脈固有の研究

発達心理学者が教育場面における仲間関係を広範に研究した(例えば、Berndt & Ladd, 1989；Bukowski, Newcomb, & Hartup, 1996 を参照)にも関わらず、スポーツ文脈における仲間についての研究は不足している。これはある程度、仲間グループの研究は継続が難しいことや、仲間関係の理論が不足していることに帰因すると言われている(Brustad, 1996b；Furman, 1993)。とは言え、仲間関係はスポーツ文脈で調べることが可能であり、またスポーツ文脈で調べる必要もあると思われる。

発達心理学者とスポーツ心理学者は、仲間との相互作用の文脈に特に注目した仲間関係の研究を支持している(例えば、Bigelow, Lewko, & Salhani, 1989；Kunesh, Hasbrook, & Lewthwaite, 1992；Weiss et al., 1996；Zarbatany, Ghesquiere, & Mohr, 1992；Zarbatany, Hartmann, & Rankin, 1990)。例えば、Zarbatanyら(1992)の研究から、5年生と6年生の男女児はさまざまな状況で相互作用をする場合には異なる友情を示すことが明らかになった。スポーツやゲームをする場合、青少年の友情では自我強化、優遇措置、フェアプレーが特に重要な特徴になっていた。しかしながら、学校領域でもっとも好まれているのは、思いやりの深さや援助であった。これらの違いは多数の要因によるものと思われるが、少年に対する公的な性格とスポーツ能力の重要性は、特に関係している。例えば、スポーツでは過度の援助行動はネガティブなものと考えているようだ。なぜなら、スポーツ状況は競争的であり、そのような行動には、個人のスキルの欠如や能力の欠如がおおやけに反映しているからである(Zarbatany et al., 1992)。他方、優れたスキルを示すよう準備した時に、ただちによく言われるようなほめ言葉をかければ、青少年のスポーツ能力感は高まってくるものと思われる。より集団的であっても青少年が一般的にあまり評価をしていない学校状況では、援助行動がよりポジティブな意味を持っている。これらの知見の重要な意味は、研究者はスポーツ文脈に固有の仲間関係の性質と機能に基づいたデータベースを開発しなければならないということである。

また仲間関係を包括的に理解するには、スポーツ文脈において相互作用を形成するような多様な状況にも注意する必要があると思われる。例えば、競技スポーツとレクリエーションスポーツでは、関係への期待と社会的な相互作用がかなり変化している。Kuneshら(1992)は、11～12歳の女子の身体的活動のタイプ(公式のスポーツか非公式のプレーか、試合か練習か)と社会的な状況(家か学校か)がさまざまなタイプの仲間との相互作用と関連することを明らかにした。具体的に言えば、Kuneshらは、少女が近所の子たちとの非公式な身体的活動を楽しみ、それに魅せられていることを明らかにした。少年のネガティブな感情や拙い対処は、学校を基盤とする公式のスポーツ経験とより一致していた。それゆえに、スポーツにおける仲間関係を追求する時には、スポーツの文脈に固有の様相とそこでの多様な状況について考慮しなければならない。

友情と仲間の受容

文脈に加えて、ユーススポーツでは、仲間の影響を仲間関係のタイプに関連づけて検討しなくてはならない。仲間関係の重要なカテゴリーの1つは、友情である。一般的に研究者は友情を、親密性と共通性という特徴がある2つで1つの関係であるとみなしている(Bukowski & Hoza, 1989)。青少年の友情の研究は、仲良し状態に関するSullivan(1953)の考え方に主

に由来している。Sullivan は，親密性を仲良し状態の重要な要素と同定し，親密な関係が青年の自尊感情を支えていると確信した。Sullivan の視点は，友情の心理社会的な要件（Berndt, 1996）と同様に，現在の実証的な研究を友情要素の探求に方向づけている。例えば，Weiss ら（1996）は，8〜16 歳のサマースポーツプログラムの参加者のスポーツの友情感について調査した。参加者は，スポーツにおける"最高の"友情と，互いの関係のプラス面とマイナス面で共有する反応についてインタビューを受けた。友情の質的な次元には，仲間づきあい，自尊感情の高まり，向社会的行動，忠誠，葛藤などがあった。この研究ではスポーツに関連する友情の持つ多面的な性質を強調しており，スポーツの友情についての将来の研究で利用できるような文脈固有のデータベースも提供している。特に，この研究では，スポーツにおける友情の質を特定している。Hartup（1996）は，次のように示唆した；個人にとっての友情の心理社会的な意味を十分に理解するには，その人に友人がいるのか，その友人とは誰なのかを知り，それらの関係の質を知る必要がある。スポーツは強烈な対人関係を経験することができる状況である。そのため，スポーツにおける友情のこれらの構成要素を理解することができれば，スポーツの社会化の過程はより明らかになるものと思われる。

現在の仲間関係の研究は，仲間の受容の問題にも取り組んでいる。仲間の受容は，仲間集団内における自分の地位や仲間集団に好かれる経験と関係している（Bukowski & Hoza, 1989）。仲間の受容について調べている研究者は，二者間の相互作用を重視するというよりも，むしろ実際の仲間の受容を集中的に調べたり（例えば，ソシオメトリック法を用いて），より大きな社会集団による受容感を調べたりしている。Sullivan（1953）は，仲間の受容が，競争や協力，個人の態度，その他の心理的・社会的・感情的な成果の考え方に影響すると確信していた。重要なことは，仲間の受容を，心理社会的な発達に関して友情を補完すると考えていることである。仲間の受容と友情は確かに関連性のある構成概念であるが，それらは，教育的文脈と身体的活動文脈の心理社会的な成果に対して個別に寄与している（例えば，Parker & Asher, 1993；Smith, 1999）。これは Sullivan の理論的な主張と一致しており，スポーツにおける仲間の影響を包括的に理解するには両構成概念の検討が必要なことを示唆している。

スポーツへの関与と人気

本章の初めに述べたように，スポーツへの参加の理由を尋ねた時に，青少年が同定しているものは広範な一連の動機である（Weiss & Chaumeton, 1992；Weiss & Petlichkoff, 1989 を参照）。もっとも頻繁にあげた動機を調べた結果，青少年のスポーツへの参加に関する次のような特徴が明らかになった；友達を作りたい，チームやグループと親しくなりたい，スキルを学習・改善したい，楽しみたい。当然のことながら，影響力のある他者，有能感，感情は，ユーススポーツの動機づけを理解するための動機づけ理論の重要な要素だと思われる（例えば，Ames, 1992；Eccles-Parsons et al., 1983；Harter, 1978, 1981；Nicholls, 1984）。これらの動機づけの要素は相互に関連しているため，スポーツにおける関係，有能感，感情の結びつきを青少年がどのように概念化するのかについて理解することは重要になる。例えば，子供は，スポーツの能力は仲間集団内の地位の獲得に極めて重要だと考えているのだろうか？ 仲間は，スポーツの有能感に寄与するのだろうか？ スポーツの能力が比較的低くてもチーム内に良い友人がいる子どもの場合，参加による感情成果（例えば，楽しみ）は，どのようなものなのだろうか？ これらの質問に答える研究をスポーツ分野で行っている研究者もいる。

スポーツ状況は，動機づけとその他の心理社会的な過程を探求することができる理想的な場になっている。なぜなら，このスポーツ状況は，青少年にとって非常に価値ある達成文脈になっているからである。この価値は，部分的に，スポーツがうまいと仲間の人気者になれるという信念から生じている。ある者を仲間の人気者にするものは何かについての青少年の認識を調べた研究は多数ある（例えば，Adler et al., 1992；Buchanan, Blankenbaker, & Cotton, 1976；Chase & Dummer, 1992；Eitzen, 1975；Feltz, 1978；Williams & White, 1983）。多くの研究者が，次のようなジェンダー差を観察している；少年は，少女よりも，他の領域の能力以上に運動能力をより重視している。しかしながら，男女はともに運動成果を通して仲間内の高い地位が入手できると信じており，運動領域での達成は学業領域での達成に匹敵すると評価している。Chase と Dummer は，4〜6 年生の学童に対して，クラスメイトの人気を得る上で次のものの重要性を順位づけさせた；スポーツがうまい，成績が優秀である，魅力的な容姿をしている，金持ちである。その結果，男子は，人気を得るためにもっとも重要なものとしてスポーツの能力を第一に順位付けし，その次に容姿をあげた。女子はもっとも重要なものとして容姿をあげ，その次にスポーツの能力をあげた。また，学年が上がるにつれて，男女はともに，人気を得る上でのスポーツの能力と容姿の重要性をより評価するようになった。興味深いことに，これは，身体能力の重要な情報源に関する主たるものが仲間同士の比較・評価であることと一致している（Horn & Amorose, 1998 を参照）。

運動能力が人気に結びつくという信念は，十分に明らかになっているように思われる。研究者は，仲間内での実際の地位が運動の地位や能力と関係することを明らかにしている（例えば，Buhrmann & Bratton,

1977；Evans & Roberts, 1987；Weiss & Duncan, 1992)。例えば，BuhrmannとBrattonは，女子高校生551名を対象として，同性の仲間内での地位，異性の仲間内での地位，仲間のリーダー的な地位，教師が与える地位を評価した。競技者は，非競技者よりも地位の評価得点が高かった。また，スキルの高い競技者は，低い競技者よりも地位の評価得点が高かった。さらに，学業成績や友人活動といった変数で補正した場合にも，運動への参加と地位の関係はそのまま残った。このように，競技者，とりわけ優れた競技者であるということは，仲間内でその人の地位を高めているように思われる。WeissとDuncanも，3～6年生の男女児童について調べて，スポーツの能力が仲間内の地位に関係することを明らかにした。仲間と比較して身体能力が高いと感じた子供や実際に身体能力が高い子供を教師は高く評価したが，さらに重要なことに，それらの子供は，より強く仲間に受容されているとも感じていた。したがって，スポーツへの参加は，明らかに青少年に社会的・個人的な影響を与えているものと思われる。

仲間と自己認識

仲間関係が自己認識に及ぼす影響を具体的に調べた研究はほとんどないが，予備的な研究から，これらの変数は相互に関係していることが明らかになっている。友人の集団や大きな仲間集団は，ともにユーススポーツへの参加者の自己認識に影響しているものと思われる。例えば，Weissら(1996)がスポーツの友情について調べたところ，自尊感情の高まりが友情の重要な要因として浮上した。自尊感情の高まりは，ポジティブな強化の供給，失敗の受容，お世辞といった高次のテーマを特徴としていた。要するに，スポーツにおける友人は，運動の能力感を高めることと同様に価値観を高めることを行ったり，言ったりしているように思われる。より大きな仲間集団を対象としたWeissとDuncan(1992)の研究から，運動の有能感と仲間の受容は正に関係することが明らかになっている。児童期と青年期においては運動の有能感と仲間の受容が自己概念全体の重要な要因になっている(Harter, 1985, 1988aを参照)。

WeissとDuncan(1992)の知見を確証したSmith(1999)は，身体的な活動文脈における仲間の受容感は身体的な自尊と関係があることを明らかにした。身体的な自尊は，自らの身体への満足と自信を意味している(Fox & Corbin, 1989を参照)。それゆえに，身体的な自尊は，全体的な自己概念の必要不可欠な構成要素になっている。仲間との関係と身体的な自己認識の連繋がもっとも強くなるのは，スポーツへの関与が最大となる青年期前期であると思われる。この連繋を調べる発達的な研究は未着手なままになっているが，Hornらの研究から，青年期前期では，仲間は身体能力の特に重要な情報源になることが明らかになっている(Horn et al., 1993；Horn & Hasbrook, 1986, 1987；Horn & Weiss, 1991；Weiss et al., 1997)。これらの研究では，児童期初期には能力の情報源として大人を好むものの，児童期後期と青年期前期には仲間の評価と比較を好むようになると示している。そして，青年期後期に移行するにつれて，自分の身体能力を評価する上で，内的な情報源をもっとも好むようになっていく。

能力の情報源として仲間との比較や評価を好むようになるという変化は，青年期前期におけるスポーツへの参加の急激な低下に一部寄与している可能性がある。これは，12歳以前には努力概念と能力概念が十分に識別できないことによるものと思われる(Fry & Duda, 1997；Nicholls, 1978)。この区別ができるようになるにつれて，青少年は，社会的比較によって成功を決めるようになり，より高いスポーツ能力を持つ仲間の存在を認識するようになり，身体的活動能力のより高い仲間と同程度の成功を達成するにはより一生懸命練習しなければならないことを明確に理解するようになる。したがって，このことは，より低い身体的な自己認識や，翻って身体的活動を追求する当人の動機づけに役立つものと思われる。興味深いことに，Weissら(1997)の研究から，有能感と自尊感情が低く，競技特性不安の高い青年期前期(10～13歳)の代表的なプロフィールが明らかになった。これらの青少年も，仲間との比較や仲間・コーチによる評価を強く好んでいた。この結果は，青年期前期が，身体的な自己認識の発達と表出に仲間が重要な役割を果たす時期であることを示していた。また，競技特性不安の知見から，スポーツ状況では，仲間が感情的な傾向と反応に寄与することも明らかになった。

仲間と感情

スポーツにおいて仲間が他者の感情的な経験を形成する方法について直接調べた研究はほとんどないが，仲間は若い競技者のポジティブな感情経験に対して重要な影響を与えていることは疑いない。Sullivan(1953)は，仲間は青少年の感情的な経験に貢献すると信じていた。また，発達心理学者は，仲間との関係はポジティブとネガティブな感情にともに影響することを明らかにしている(Newcomb & Bagwell, 1996；Parker & Asher, 1993)。スポーツ状況では，いくつかの研究が仲間と感情の連繋を強調している。Scanlanら(1989)は，エリートレベルのフィギュアスケート選手では，社会的な機会と生活の機会が楽しみの重要な源であることを明らかにした。インタビューを受けた選手の半数以上は，スケートがもたらす友情を，有意義かつポジティブな機会の源とみていた。中学生を調べたDuncan(1993)とSmith(1999)は，体育文脈と身体的活動文脈の双方において，より強い友情感がポ

ジティブな感情と密接に関係していることを明らかにした。最終的に，楽しいプレーと楽しい付き合いは，Weissら(1996)のユーススポーツの友情の研究で浮上した友情の質の1つの要因になっていた。その他のテーマの中では，楽しみと愛着感が友情の質のこの構成要素を特徴づけていた。

スポーツ状況にはネガティブな感情も蔓延している。Weiss(1996)の研究で浮上した葛藤次元によって，仲間との関係はネガティブな感情経験に寄与することもあり得ることが明らかになっている。青少年の報告によれば，スポーツにおける最高の友人どうしであっても，腹立たしいことを互いに言ったり行ったりしていた。回答者の中には，スポーツにおける最高の友人の過度の競争性について述べている者もいた。スポーツ環境には，競技特性不安や過度の自我指向といった気質的な要因や社会比較を過度に強調するような環境も含めて，ネガティブな感情に寄与するような過程が多数存在しているように思われる(本書のDuda & Hall を参照)。スポーツの有能感には仲間の評価と仲間との比較が重要である(Horn et al., 1993；Horn & Hasbrook, 1986, 1987；Horn & Weiss, 1991；Weiss et al., 1997)と考えれば，そのような気質と環境は，児童期後期と青年期前期の青少年におけるネガティブな相互作用をより悪化させるものと思われる。翻って，仲間とのネガティブな相互作用は，若い競技者のネガティブな感情反応を間違いなく助長するものと思われる。しかしながら，スポーツ文脈で仲間が感情に影響する方法を十分に理解するには，さらに多くの研究が必要である。人気がある理論モデルの中には，達成文脈における感情的な成果やその他の心理社会的な成果に寄与する要因として，重要な他者にかなりの重きを置いているものもある(例えば，Eccles-Parsons et al., 1983；Harter, 1978, 1981)。しかし，それらの枠組みを使用して，スポーツへの参加に対する青少年の感情反応に仲間が果たす役割について調べた研究はほとんどない。

仲間とモラルの発達

研究者は，スポーツを，若い競技者が道徳的な態度と行動を発達させる文脈とみなしている(Shields & Bredemeier, 1995)。これらの成果へ貢献している仲間の可能性は，モラルの発達への2つの有力な理論的アプローチに歴然と存在している。要するに，社会的学習の視点(Bandura, 1977, 1986)では，モラルの発達とは，ある人の行動が社会的な期待や慣習と一致する度合いであると定義している。この見方は，個人は社会が受容する価値や行動を，モデリングと強化のメカニズムを通して学習すると示唆している。構造-発達(structural-developmental)理論のアプローチ(例えば，Haan, 1978；Kohlberg, 1969；Piaget, 1965；Rest, 1984)では，ある状況を"正"あるいは"悪"とみなす認知の組織と構造がモラルの発達であると定義している。これらの理論を唱える者は，個人とその周辺の環境の相互作用がモラルの論理的な思考をもたらすと考えている(Shields & Bredemeier, 1995)。これらの研究者は，他者とのモラルジレンマや道徳的葛藤の経験と議論が，その後の個人の論理的な思考パターンに影響すると考えている。したがって，双方の理論的な視点によれば，モラルの発達に重要な役割を果たすのは仲間ということになる。仲間は，スポーツ状況において受容可能と思われる行動を，モデルにしたり強化したりしている。同様に，スポーツ文脈における仲間の言語的な相互作用は，不正行為や攻撃といったスポーツ関連のジレンマに関する態度に影響するものと思われる。

これらの理論的なアプローチに基づいたユーススポーツ研究(例えば，Mugno & Feltz, 1985；Smith, 1979；Stuart & Ebbeck, 1995)によって，仲間はモラル的な態度・行動に寄与することが明らかになっている。Mugno と Feltz は，若いフットボール選手を調べ，不正な攻撃行動の使用の決定にもっとも影響するものはチームメイトであることを明らかにした。さらに，Smith が調べたユースホッケー選手は，チームメイトの攻撃承認を強く感じていた。Smith や Stuart と Ebbeck の研究から，青少年が青年期へ移行するにつれて，不正行為・加害行動に対するチームメイトの承認感は高まることが明らかになっている。このように，若い競技者の競争順位が上がるにつれて，チームメイトはモラル的な態度・行動を実質的に形成する可能性がある。それゆえに，チームメイトが若い競技者にポジティブな影響を与えるようなスポーツ環境を入念に構築することが重要と思われる。

構造発達の原理に基づいた介入プログラムによって体育やスポーツを調べた研究から，スポーツ環境の適切なデザインは道徳的な論理的思考や道徳的な行動を高めることが明らかになっている(例えば，Bredemeier, Weiss, Shields, & Shewchuck, 1986；Gibbons, Ebbeck, & Weiss, 1995；Romance, Weiss, & Bockovan, 1986)。構造発達的なアプローチはもっぱら対話中心の手法であり，特殊な状況下にある個人のモラルバランスに関連した問題を集中的に扱う手法である。そのために，この介入技法は一般的に仲間に基づいたものとなっている。教師・コーチは，使用できる用具を制限したり，あるいはゲーム中の競技者に自ら交代するよう求めることで，ジレンマを引き起こすことができる。そのようなジレンマを経験することによって，青少年は状況を議論したり，他者の見方を考慮したり，すべての関係者が満足するような解決策を発見することができるようになる。

仲間関係の研究の将来動向

明らかに，仲間は，自己認識，感情，モラルの発達

に関して，スポーツにおける心理社会的な成果の重要な貢献者となっている。しかしながら，スポーツにおける仲間関係を調べるようデザインした特定の研究はほとんどない。したがって，スポーツにおける仲間関係に関するデータベースを開発するには基本的な研究が必要であり，パフォーマンスや動機づけといった重要な成果に仲間がどのように影響しているのかについて，スポーツ心理学者がより理解するためには，理論的な研究が不可欠なものと思われる。このような研究は，さまざまな方法やアプローチから引き出さなければならない。スポーツにおける仲間関係の包括的な知識基盤を構築するには，質的方法，ソシオメトリック法，観察法やその他の方法が必要と思われる。時間経過や発達段階に伴う仲間関係の変化を検討することも重要と思われる。このような示唆は，スポーツ心理学の研究の需要を考慮する場合には何ら特異的なものではないが，仲間研究にとっては特に重要と思われる。なぜなら，そこには複雑な社会関係が存在しているからである。仲間関係は，個人レベル・相互作用レベル・関係性レベル・グループレベルで調べ，かつ理解することができる（Rubin, Bukowski, & Parker, 1998）。したがって，スポーツにおける仲間の影響をより理解するには，多様な方法を創造的に使用する必要があると思われる。これまでのスポーツにおける仲間関係についての研究のほとんどは，個人が感じる仲間との関係を集中的に調べている。なぜなら，伝統的な方法を使用した，より典型的"一回限り"の研究に依存していたからである。これらの研究は必要かつ重要なものと思われるが，仲間の影響の1つの要因のみを解明しているにすぎない。

仲間関係の性質と機能は，仲間が相互作用をしている特定の文脈と連繋している。そのため，将来の研究では，仲間関係の測度を慎重にデザインしたり採用する必要がある。WeissとSmith（1999）は，次のような段階を経て，スポーツにおける友情の性質の測度を開発した；発達心理学研究における既存の測度の妥当性の評価，質的に評価したユーススポーツにおける友情の利用（Weiss et al., 1996）。仲間の影響の相互作用的・関係性的・集団的な側面と同様に，スポーツにおける仲間受容感を有効に測定する測度の研究がさらに必要と思われる。測度は，仲間関係のポジティブな面とネガティブな面にともに対応する必要があるし，また競技者の発達レベルとジェンダーも考慮する必要がある（Weiss & Smith, 1999）。このような測度によって，研究者は，仲間関係の心理社会的な相関を調べることが可能になると思われる。また，研究者が介入研究にチーム構築法（例えば，Ebbeck & Gibbons, 1998）や構造開発技法（例えば，Gibbons et al., 1995）を使用する場合，そのような測度は，仲間が心理社会的な変化のメカニズムとして演じる役割を明らかにするものと思われる。

最後になるが，心理社会的な成果に対する重要な他者の同時的また双方向的な貢献を記憶しておくことは重要と思われる。Sullivan（1953）は，仲間集団と特定の友情が関連していても，それらは独立的に心理社会的な成果に貢献することを理論化した。Smith（1999）が行った青少年の身体的活動の動機づけの研究はこの理論と適合しており，発達心理学の研究はSullivanの主張を裏づけている（例えば，Parker & Asher, 1993）。可能であれば，スポーツにおける社会的な影響の源を一緒に検討することが重要である。

ユーススポーツの研究における将来動向への勧告

ここでは，ユーススポーツの心理的側面についての知識基盤の継続的な研究と拡張を奨励する目的で，将来の研究に対して3つの一般的な勧告を提示する。これらの勧告は，理論的なアプローチ，方法論の多様性，そして将来の研究の広がりに関係するものである。

第1に，ユーススポーツの研究では，子供や青年に適したモデルを使用して理論的なアプローチを続けなければならない。児童スポーツ心理学での理論の検証の重要性は先に強調したが，特に重要なことは，理論的な研究は理論的流れに沿って，認知発達過程の役割も考慮しなければならないことである。これについては，認知-発達の影響と発達変化のパターンに対してより多くの注意を払うことで，もっとも強く関連する理論的な指向の主張に対処することができる。理論に基づいた発達の考察は，ユーススポーツの問題を理解する上で非常に重要である。それは特に，スポーツへの子供の参加は，急速な発達変化の年代には多いからである。

第2に，将来の研究者は，より多様な方法論的アプローチを採用して，スポーツの行動を理解しなければならない。帰納的で縦断的なアプローチは，青少年のスポーツ経験に対するより深い洞察をもたらすものと思われる。インタビューやフォーカスグループアプローチといった質的研究法は，子供のスポーツ経験に関わる将来の研究への主要な勧告になるものと思われる。これらの質的アプローチは，自らのスポーツ経験を子供自身に説明させ，説明をより深いものにしている。加えて，SmithとSmollらがコーチングの影響の分野で行なったような，過程-生産的な研究は特に妥当なものと思われる。

第3の勧告は，現在のユーススポーツの研究の幅と内容に関係したものである。特に必要なものは，北米以外の文脈でのさらなる研究である。現在まで，大半のユーススポーツの研究は，アメリカとカナダでの類似した人々を対象にしたものとなっている。一連の知識は増加しているが，他の文化や文脈に一般化するには問題があるように思われる。潜在的に多くの成果

が望まれるものの現在は未開拓な児童スポーツの研究領域では，認知障害，身体障害，生活状況の障害と同様に，青少年のスポーツへの参加の意義と経験について，文化的・民族的に多様な背景から広範に検討する必要がある。このような研究は，理論的に適切かつ方法論的に多様で，よくデザインされた研究と相まって，将来の学問的研究の妥当性を高めるものと思われる。

第 25 章

身体的活動と生活の質

本章では，身体的活動と生活の質（quality of life）の複雑な相互関係を取り上げた最近の研究についてレビューして，それらを統合する。著者らは，運動が個人の生活にさまざまに貢献することを強調するために，"生活の質"という用語を選択している。生活の質は，冠動脈疾患，肥満，がんの予防に一般的に焦点を当てた疾病予防モデルよりも，むしろ活力の増進，気分状態の向上，個人的な楽しみといった身体活動の健康増進モデルを描き出している。"主観的なウェルビーイング"は，生活の質と密接な関係があり，理論的には次の3つの主要な概念で構成されている；ネガティブな感情がないこと，ポジティブな感情があること，生活の満足が高いレベルにあること（Diener, 1994；Mroczek & Kolarz, 1998；Pavot & Diener, 1993）。日常会話でよく使用するもう1つの用語である"幸福"は，ウェルビーイングと同義である（Mroczek & Kolarz, 1998）。生活の質，主観的なウェルビーイング，幸福といった用語は，現在の心理学の中心が快楽心理学にあること，とりわけ"豊かな生活"に影響する要因の探求や"精神の向上"現象にあることを物語っている（Csikszentmihalyi, 1999；Ruark, 1999）。生活の質の感じ方は究極的には個人に帰するものであるが，本章では，運動が豊かな生活に貢献するようないくつかの重要な領域を探索する。

生活の質

"生活の質"という用語は，主観的なウェルビーイングや幸福と似ているが，構成要素の範囲がより広いことを意味している。しかしながら，多くの目的から，これらの用語には互換性がある。最近の文献でも明らかなように，生活の質には個人の目標や欲求の調和した満足が反映されている（例えば，Diener, 1994）。生活の質という漠然とした用語には，行動的な機能能力もしくはやるべきことができてかつそれをするのに十分なだけ長生きするという意味もある（Kaplan, 1994, p.151）。生活の質は，生活や豊かさの客観的な状況よりも，むしろ主観的な経験または元気だと感じることや元気の必要性を強調している（A. Campbell, Converse, & Rogers, 1976；Diener, 1994；Mroczek & Kolarz, 1998）。Bradburn（1969）は，生活の質や幸福とは，ポジティブな感情が豊富かつネガティブな感情がないことだと説明している。生活の質は，個人が精神生理的要求をどれくらい満たすことができると感じているのかも反映している（Dalkey, Lewis, & Snyder, 1972）。多様な構造，測定問題，主観的なウェルビーイングに対する一般的な影響の議論については，Diener（例えば，1984, 1994；Diener & Suh, 1999）の研究を参照されたい。

生活の質に影響する諸要因

生活の質は，あなたの生活を全体として包括的に評価したものである。生活の質は，仕事・恋愛・経済的な地位といった生活領域の1つまたは複数に狭く絞った焦点を反映しているというよりも，むしろウェルビーイングの全体感や，それに伴うポジティブまたはネガティブな感情を反映している。幸福とは何かを理解しようとする探求がギリシャの黄金時代にまで遡ることができることからも，生活の質の重要性がわかる。アリストテレスや快楽主義者は，幸福を至上の善とみなした；人生におけるその他のすべてのものは，この目的のための手段である。人はひとたび幸福を獲得すれば，それ以外は何も望まなくなる（Diener, 1994）。

心理学的また認知的な経験としての生活の質に関する最近の研究では，収入・教育・婚姻状況・年齢といった社会人口学的変数は個々人の幸福状態における違いのごく一部しか説明しないという逆説例を示して

原稿作成に協力してくれた Chris Brandt，本章執筆頭初に貴重なコメントを寄せてくれた Robert N. Singer, Heather Hausenblas らに感謝の意を表する。

いる(Mroczek & Kolarz, 1998)。幸福や生活の質における個人差は，一般的に以下のことがらに関係している。

- パーソナリティの特徴：外向性，神経症傾向，楽観主義，自尊感情など（例えば，Diener & Lucas, 1999）．
- 社会人口統計学的特徴：年齢，教育，婚姻状況，ジェンダー，収入，社会階級，社会関係（例えば，Argyle, 1999；Mroczek & Kolarz, 1998；Nolen-Hoeksema & Rusting, 1999）．
- 文脈的な要因と状況的な要因：ポジティブおよびネガティブな感情（特に強度よりも頻度），情動，ストレス，身体的健康など（例えば，Morris, 1999）．
- 生活の主観的な満足（Diener & Diener, 1996；Oishi, Diener, Lucas, & Suh, 1999）．

個人主義や集産主義の価値，国家の財政状態といった異文化間の影響も，全体的な生活の満足を特異的に予測している。例えば，貧しい国家では，財政的な満足が生活の満足といっそう強く結びついている；豊かな国家では，家庭生活の満足が生活の満足や主観的なウェルビーイングとより強く関連していた(Oishi et al., 1999)。Oishi らが結論づけたように，"主観的なウェルビーイングの普遍主義傾向の理論は，……文化間の価値の違いを説明する理論で補完しなければならない"(pp.989-990)。しかしながら，同じように豊かで個人主義的な国家であっても，パーソナリティ，社会人口統計学的な変数，文脈的な変数，状況的な変数，個人的な(主観的な)経験などの要因が，主観的なウェルビーイングに大きく影響している(Diener & Suh, 1999)。運動プログラムは，主として感情の文脈的な変数，感情の状況的な変数，ストレス感，身体の健康，生活の満足に影響を与えることで，個人の生活の質に貢献しているものと思われる。

生活の質に影響するような諸要因を類別化する際の1つのアプローチを図25.1に示す。Kahneman, Diener, Schwarz(1999)は，彼らが編集したウェルビーイングについての書籍の序論で，生活の質には多くの要因やレベルがあると記述した。"豊かな生活"には何が有用か？という質問に対する回答のレベルによって，その要因は異なるものとなる。図25.1に示したように，それらの要因には，回答者と評価者の双方にとっての大きな文化的・社会的な文脈が含まれている。豊かな生活を定義するもう1つの要因には，価値・能力・課題と同様に，犯罪率・貧困・環境汚染といった客観的な特徴が含まれている。主観的なウェルビーイングは別の要因であり，そこには他者および自身の過去・理想・熱望の判断と比較が含まれている。主観的・生理学的なストレス効果を含む日常的な出来事や，一時的な感情と大まかに結びつくような気分の持続的な状態は，生活の質に寄与する2つの付加的な要因になっている。喜び，痛み，背景にある感情の神

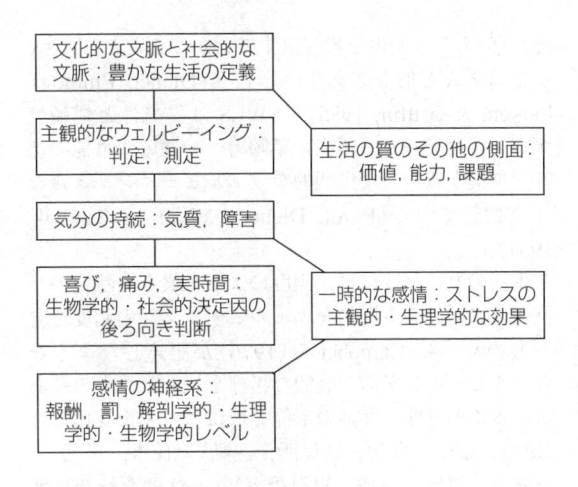

図25.1 生活の質に影響する要因

(*Well-being : The foundations of hedonic psychology*(p. x), by D. Kahneman, E. Diener, & N. Schwarz, 1999, New York : Russell Sage Foundation より許可を得て転載)

経系や生化学的・解剖学的・生理学的な過程も，生活の質を確定する場合には統合的な構成要素になっている(Kahneman et al., 1999)。

生活の質の測定

生活の質の測定には，定義と同様にさまざまなものがある。実際，生活の質を測定する尺度は 300 以上もある(Spilker, Molinek, Johnston, Simpson, & Tilson, 1990)。一般的な生活の質は，"喜びと悲惨尺度"(Delighted-Terrible Scale)によって測定している。この尺度では，"あなたは，自身の生活を全体としてどう思うか？"という単一の質問をしている(Andrews & Withey, 1976)。参加者は，この質問に対して，近い未来の期待と前年を基に回答している。この尺度では，その名称が暗示するように，回答の7つの選択肢を"喜び"から"悲惨"までの間に設定している。生活の質の単一項目の測度には，良い／悪いの次元があり，快でも不快でもない中立のゼロ点を設定している(Kahneman et al., 1999)。

生活の質の正確なデータを取得する1つの方法は，実生活の環境にある人々から，多様な報告を即時に収集することである(Stone, Shiffman, & De Vries, 1999)。単一項目の尺度とは対照的に，生活の質の他の測度は，主観的なウェルビーイングを全体的に評価しているが，そこには複数の項目が存在している。例えば，人生の満足尺度(Satisfaction with Life Scale : SWLS)には次の5つの項目がある；(1)私の人生はだいたいにおいて理想に近い，(2)私の人生の状況はすばらしい，(3)私は自分の人生に満足している，(4)これまで私は人生で望んだ重要なものを手に入れてき

た，（5）もしも人生を繰り返すことができたとしても，私はほとんど何も変えないと思う（Diener, Emmons, Larson, & Griffin, 1985）。SWLS は妥当性と信頼性が高い測度であり，幅広い年齢層への適応が可能であり，仲間が報告した主観的なウェルビーイングとかなり一致している（Pavot, Diener, Colvin, & Sandvik, 1991）。

生活の質の尺度には，測度によって異なる特定の下位領域における主観的なウェルビーイングの測度を含むものや，A. Campbel ら（1976）が記述したようなウェルビーイングの一般的な指標を反映したものがある。多くの測度に共通の下位領域には，生物身体領域（健康，安楽，食物，避難所，運動），仕事，自己（ユーモア，誠実，達成，自己受容），一次的な社会接触（近親者，友人）；そして他人からの受容・承認・威信といった 2 次的な社会要素が含まれている。主観的なウェルビーイングの測定の詳細な議論と具体的な質問のレビューについては，A. Campbell ら（1976），Diener（1984），Flanagan（1978）の研究を参照されたい。

単一項目の測度，多項目尺度，記憶検索手続きを含むいくつかの異なる測定方略を比較した後に，Pavot と Diener（1993）は，次のように結論づけている；さまざまなタイプの自己報告の測度が，一時的な気分状態の変動やテストの組み合わせ内の項目配置の変化にも関わらず，1 ヵ月間に渡って高い信頼性を示した。単一項目の質問は，主観的なウェルビーイングの妥当な測度になっている。しかし，多項目の質問は，項目配置や文脈上の要因の影響を受けることがほとんどない。主観的なウェルビーイングの自己報告の測度も，仲間・家族・友人の報告と高く相関している（Pavot & Diener, 1993）。主観的なウェルビーイングの強度や質の文脈を越えた比較といった測定上のさらなる考察については，Diener（1994），Kahneman ら（1999），Schwarz と Strack（1999），Spilker ら（1990），Stone ら（1999）の研究を参照されたい。

生活の質と身体的活動

現在は，さらなる資源を費やして，活動的なライフスタイルの心理的効果を検討する機が熟している。人は，より長寿になるにつれて，生活の質，特に人生の後半における生活の質に関心を持つようになる。積立機関，研究治療機関，そして専門家の組織でも，身体と心の一体性，生活の質と身体的活動の関係，関連プログラムと研究への関心やそれに対する支援が高まっている。

運動は，生活の質の下位領域や健康に直接影響し，1 次的・2 次的な社会構成要素には間接的に影響している。身体的活動は，気分の改善効果やよりポジティブな自己概念や自尊感情と関連し，自己効力感を高め，心理的・生理的なストレス指標を低下する。また，喜び，面白さ，楽しさ，フロー，その他のピーク経験と関連する。そのため，運動は，生活の質に極めて重要な役割を果たしている（Argyle, 1999, Berger, 1994, 1996）。さまざまな年齢，国の地域，人種，背景の約 3,000 名から集められた 6,500 例の重要な満足経験の出来事を調べたところ，活動的で参加型のレクリエーション活動は，実際に，生活の質の 15 の構成要素の 1 つになっていた（Flanagan, 1978）。15 の構成要素のうち 6 つ―その中の 1 つは活動的なレクリエーションであった―は，全般的な生活の質ともっとも大きく相関していた。本章で調べた生活の質と身体的活動の関係は，次のテーマを含んでいる；(1)"健常者"集団における主観的なウェルビーイングと運動の関係，(2) 運動による心理的効果を高める分類法，(3) 運動とスポーツにおけるピークモーメント，(4) 身体的活動の楽しさ。

"健常者"集団における主観的なウェルビーイングと身体的活動の関係

身体的活動と主観的なウェルビーイングの関係は複雑である。この複雑さは，身体的活動には多くのタイプや様式があることと関係している。運動およびスポーツは，集団活動または個人活動，競争的または非競争的な身体的活動，有酸素活動または無酸素活動，急性運動または慢性運動，体力またはスキルレベルといった点で大きく異なる個々人の活動と関係している。身体的活動による心理的効果は，まさに身体的効果のように様式間で異なり，運動とスポーツの間でも異なっていると思われる。単一活動内であっても，練習の特徴，運動環境，参加者，インストラクターといった多くの要因が変化している。特定グループの心理的効果（および効果の低減）のタイプや程度にもグループ差があると思われるが，それらも運動と生活の質の関係の複雑性に影響するもう 1 つの要因になっている。これらのグループを構成しているのは，健常者集団から精神病的傾向集団，さらには学童前の幼児から高齢者に及ぶ多様な年齢の参加者である。初めに述べたように，相互関係をより複雑にしている主観的なウェルビーイングという用語は，ネガティブな感情がなくポジティブな感情があること，生活の満足度が非常に高いことなどの多くの側面を包括している（Diener, 1994；Mroczek & Kolarz, 1998）。

そのような複雑さにも関わらず，習慣的な身体的活動は主観的なウェルビーイングの増強や"良い気分"と結びつくという根強い合意がある。運動と結びついたメンタルヘルスの効果に関する詳細は，本書の Culos–Reed, Gyurcsik, Brawley の章，Landers と Arent の第 27 章や，Berger（1994, 1996），Craft と Landers（1998），Hays（1998, 1999），国際スポーツ心理学会（International Society of Sport Psychology, 1991），

Leith(1994), Morgan(1997), Long と van Stavel (1995), Mutrie と Biddle(1995), Rostad と Long (1996)のレビューを参照されたい。身体的活動とウェルビーイングの関係が現時点では原因というよりはむしろ関係の1つであると強調することは、重要と思われる。多くの人は、運動後に気分の良さを感じている。しかしながら、運動それ自体がこれらの変化の原因になる可能性もあるし、日常のわずらわしい雑事からの一時的な離脱、自然との触れ合い、友人との交流など他の影響を受けている可能性もある(例えば、Berger, 1996)。以下に手短かに示した運動と主観的なウェルビーイングの関係の概括は、それぞれがより発見の手助けとなり将来の研究に資すると思われる仮説を提案するための枠組みになっている。

急性的な気分状態

不安・抑うつ・怒りの気分の急性的または短期的な状態変化は、主に健常者集団の単一運動セッションと関係している(例えば、Berger, 1994, 1996；International Society of Sport Psychology, 1991；Morgan, 1997；Thayer, 1996)。全員ではないが、多くの人が気分の良さを、運動前よりも運動直後に感じている。しかしながら、本章の後半で触れるように、例えば、非常に強い運動や非常に長期間の運動をする場合には、気分の変化が望まない方向に進んでしまう。したがって、身体的活動の効果についてはバランスのとれた見方を維持することが重要である。

運動とスポーツへの参加者の多くは、気分状態プロフィール検査(Profile of Mood States：POMS)の下位尺度で"氷山型プロフィール"を示している(McNair, Lorr, & Droppleman, 1971, 1981, 1992)。Morgan(1980)は、オリンピックチームの質に期待している競技者の気分状態を調べた古典的な研究で、初めて氷山型を確認した。研究者は、氷山型を競技者の気分状態から、またそれに基づいて明らかにした。しかし、このプロフィールは、一般的な運動者にも広範に存在している(Berger & Motl, 2000 のレビューを参照)。このプロフィールの一般的な特徴は、活力の得点がTスコア平均の50以上を示し、POMSのそれ以外の下位尺度である緊張・抑うつ・怒り・疲労・混乱は標準的な集団の平均を下回っていることである。図25.2 a と 25.2 b に運動セッション前後の個人の代表的なプロフィールを示す。図25.2 a と 25.2 b

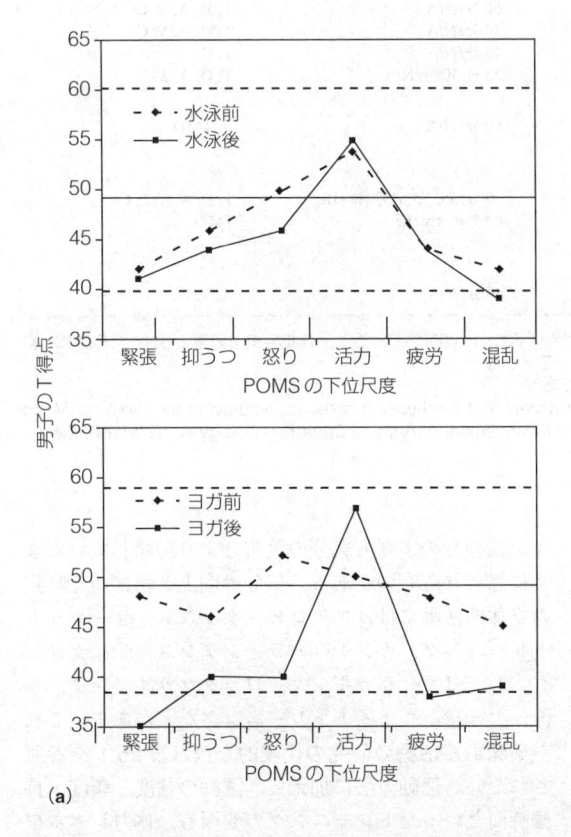

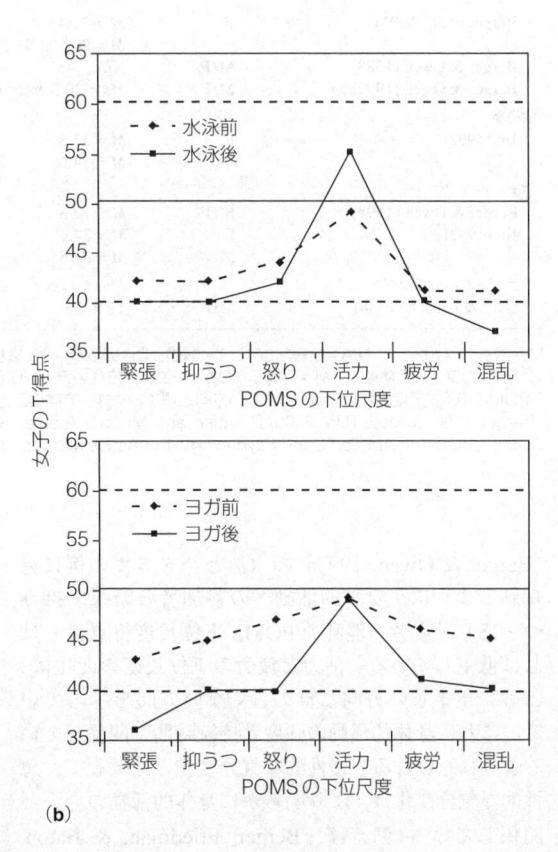

図 25.2　ハタヨガと水泳セッション前後の POMS 得点。a)男子，b)女子
(Berger & Owen, 1992a より)

表 25.1 健常者集団のメンバーがさまざまな様式の身体的活動をした時の急性的な気分変化

活動と著者	性別	年齢(年数)	持続時間／強度	POMS 下位尺度の変化[1]
エアロビックダンス				
Dyer & Crouch (1988)	M/F	17〜26	45分/N/A	T, D, V, C
Maroulakis & Zervas (1993)	F	19〜55; M = 28.8	30分/60〜80% HR$_{reserve}$	T, D, A, V, C
McInman & Berger (1993)	F	15〜43; M = 23.1	45分/N/A	T, D, A, V, C
サイクリング				
Farrell et al. (1986)	M	M = 24.2	30分/70% VO$_{2max}$	T
Steptoe & Cox (1988)	F	18〜23; M = 20	8分/25ワット	V
			100ワット	T, V, F
Steptoe et al. (1993)	M	20〜35 活動的 M = 26.4 非活動的 M = 27.3	20分/50 & 70% VO$_{2max}$	T, V
ハタヨガ				
Berger & Owen (1988)	M/F	Ms = 22.8 & 27.2	40 & 80分/N/A	T, D, A, F, C
Berger & Owen (1992a)	M/F	M = 28.4	60分/N/A	T, D, A, F, C
ジョギング				
Berger et al. (1988)	M/F	M = 20	20分/65〜80% HR$_{max}$	T, D, A
Berger & Owen (1998)	M/F	Ms = 20.7〜25.1	20分/55, 75, & 79% HR$_{max}$	T, D, A, V, F, C
Berger et al. (1998)				
Study 1	M/F	18〜51; M = 21.39	15分/50, 65, & 80% HR$_{max}$	T, D, A, V, C（女子のみ）
Study 2	M/F	18〜45; M = 22.22	15分/50, 65, & 85% HR$_{max}$	T, D, A, V, C
Boutcher & Landers (1988)	M	N/A	20分/80〜85% HR$_{max}$	変化なし
Dyer & Crouch (1988)	M/F	17〜26	30分/N/A	T, D, A, V, F, C
Farrell et al. (1987)	M	M = 27.4	80分/40% VO$_{2max}$	変化なし
			80分/60% VO$_{2max}$	T
			40分/80% VO$_{2max}$	T
Kraemer et al. (1990)	M/F	Ms = 28.8〜31.5	30分/80% HR$_{max}$	T, D, A, C, TMD
ロッククライミング				
Motl et al. (in press)	M	18〜38; M = 25.5	10〜50分/N/A	T, D, V, C
Berger et al. (1997)	M/F	12〜20; M = 14.6		
			3,500〜5,000 m/N/A	T, D, C
			6,000〜7,000 m/N/A	V, F, TMD
Berger et al. (1993)	F	M = 22.4 CZ	60分/N/A	T, D, A, V, C
		M = 20.5 U.S.	30分/N/A	T, D, A, V, C
Berger & Owen (1988)	M/F	N/A	40分/N/A	T, C
Berger & Owen (1992a)	M/F	Ms = 20.3 & 21.1	25〜30分/N/A	T, D, A, V, C
太極拳				
Jin (1992)	F	M = 37.8	60分/N/A	V, TMD
	M	M = 34.6		
ウォーキング				
Berger & Owen (1998)	M/F	M = 22.3	20分/55, 75, & 79% HR$_{max}$	T, D, A, V, F, C
Jin (1992)	F	M = 34.6	60分/6 km/hr.	TMD
	M	M = 37.8		
ウェイトトレーニング				
Dyer & Crouch (1988)	M/F	17〜26	40分/N/A	A, V, C

M=男子, F=女子; N/A=情報なし; T=緊張, D=抑うつ, A=怒り, V=活力, F=疲労, C=混乱, TMD=気分障害の合計; POMS=気分状態プロフィール検査; M=平均; CZ=チェコスロバキア; U.S.=アメリカ
[1] POMS の下位尺度の変化には, 望ましい方向と望ましくない方向の双方がある
(Berger, B.G., & Motl, R.W. 2000. Exercise and Mood : A selective review and synthesis of research employing the Profile of Mood States. *Journal of Applied Sport Psychology.* the Association for the Advancement of Applied Sport Psychology より許可を得て転載)

(Berger & Owen, 1992a) の水泳とハタヨガの例に見られるように, 身体的活動への参加者の緊張・抑うつ・怒り・疲労・混乱の POMS 下位尺度得点はしばしば低下している. 活力と疲労の下位尺度の変化は, ともに望ましい方向と望ましくない方向を示している. これは身体的活動の強度と持続時間に関係しているように思われる. 慢性的な気分変化と比較して, 急性的な気分変化は, より明らかに身体的活動の介入と関係している (例えば, Berger, Friedman, & Eaton, 1988).

次節でレビューするように, 身体的活動のタイプには, 他のものよりも気分の改善とより関係しているように思われるものがある. 気分の向上と結びつく特定の身体的活動には, エアロビックダンス, サーキットトレーニング, カントリーラインダンス, サイクリング, ハタヨガ, ジョギング, ロッククライミング, 水泳, 太極拳, ウェイトトレーニングなどがある. これら興味ある活動の研究の代表的な例は表 25.1 を参照されたい. 運動方法に加えて, 運動の強度・頻度・持続時間といったトレーニングの要因も, 体力レベルや年齢といった参加者のさまざまな個人的な特徴と同様に, 気分変化の方向や程度と関係している (Berger,

1996)。

健常者集団における急性的な気分変化は，運動後少なくとも2～4時間に渡って持続するという傾向がある（Raglin & Morgan, 1987；Thayer, 1996）。これは時間的に短いように思えるが，この程度の長さであっても，よりポジティブな気分の経験は，生活の質に相当望ましい影響を与えているようである。2～4時間に渡る気分の変化は，同僚や友人との社会的な相互作用，作業計画の選択，さらに作業効率にも影響する可能性がある。特にこれらの相互作用や出来事を日常的に経験する場合には，それらは，より長期に渡って個人の生活の質に波及また影響するものと思われる。

慢性的な変化

気分，特に不安と抑うつの安定した変化からも明らかなように，そこには慢性的または長期的な効果もあるように思われる。慢性的な効果は，数週間，数ヵ月，または年間に渡って持続する運動プログラムと結びついている可能性がある（例えば，Berger et al., 1988；Brown et al., 1995）。残念ながら，健常者集団におけるそのような変化の発生を運動プログラム自体に帰属することは難しい。運動プログラムの開始前と長期の運動プログラムの終了時に気分を測定した場合，その変化は，運動それ自体，もしくはその他の季節的な影響や生活の影響を受ける可能性がある。健常者集団のメンバーにおける慢性的な気分変化についてのより多くの研究データが明らかになるまでは，効果についての主張は，運動セッション直後の報告だけに限定する必要がある。しかしながら，精神病的傾向の集団のメンバーでは，抑うつや不安のレベルの低下に従って，より持続的あるいは慢性的な気分変化を報告する傾向がある（例えば，Hays, 1998, 1999；Martinsen & Morgan, 1997）。ある人が臨床的に不安状態，抑うつ状態，高ストレス状態にある場合には，長期に渡り気分を改善する機会がより多く存在することになる。

ストレス反応の緩和

過少なストレス（例えば，退屈）や過剰なストレスは，生活の質に有害な影響を与えている。過少なストレスと過剰なストレスは，ともに日常的に"ストレス"と省略して使っている"不快ストレス（distress）"の原因になっている。不快ストレス／ストレスは生きることへの興味や生活の質を損なっている（Berger, 1994）。ストレスとは対照的に，"快ストレス（eustress）"という用語は，ストレスの最適なレベルを意味しており，うきうきさせる，興奮させる，意欲をかき立てるなどのかなり好ましいストレスを指している（Berger, 1994のレビューを参照）。最適なレベルのストレスの経験は，日常生活の質に直接貢献している。Selye（1975, p.83）が"生活のスパイス"と呼んだストレスは，個人がストレスレベルを過少から最適・過剰へと続く連続体に沿って自己制御する際の主観的なウェルビーイングと全体的に関係している。

研究者は，ストレスを"個人が自分のウェルビーイングにとって重要であると評価し，そこでの要求が利用可能な対処資源を必要とする，または上回っているような環境との関係"としばしば定義している（Lazarus & Folkman, 1986, p.63）。不安は，運動の影響を受けやすい心理的な特徴であり，個人のウェルビーイングにとって脅威であると評価するような状況に共通する反応である。ストレスの最適なレベルは個人によって変動するが，"過剰なストレス"という個人の評価は，身体的な疾患，高血圧，頻脈としばしば結びついている（Seaward, 1997のレビューを参照）。過剰なストレスは，一般的に不安，抑うつ，敵意，個人の不幸として表わされるような心理的な不快ストレスとも関係している（Avison & Gotlib, 1994）。ストレスマネジメントのさまざまな技法は，ストレスの有害な効果の軽減に有効であり，その1つが運動である。

身体的活動は，効果的なストレスマネジメント技法になっている。運動やスポーツは，参加者のストレスレベルの上昇や低下を支援して最適レベルに近づけることができる，多面的な対処技法になっている。例えば，身体的活動は，ロッククライミング，滑降スキー，スキューバダイビングといった競争的でハイリスクな身体的活動で経験するようなストレスレベルの上昇技法として役に立っている。ジョギング，水泳，ハタヨガといった腹式呼吸を促進する非競争的で律動的な身体的活動で経験するようなストレスレベルの軽減手段としても役に立っている。参加者は，多忙な日常から"小休止"を取り，運動中に思考時間や問題解決時間を得たり，身体運動を経験する機会を得ている。

身体的活動には，心理的・身体的なストレス徴候を緩和する重要な役割がある。運動に関連する心理的・身体的な変化は，相互に関連して"気分爽快感"をともにもたらしている。習慣的な運動者が報告する心理的な変化には，状態不安レベルと特性不安レベルの低下，ポジティブな気分状態の増加，魅了感，さらなる自信感などがある（表25.1の研究を参照）。運動者には，自らの身体能力についてより自信を持ち，よりポジティブな自己概念を示す傾向もある（Berger, 1994）。これらの心理的な変化の結果，運動者には，ストレスの多い状況に対処するためのより大きな心理的資源が生まれてくる。ストレスマネジメント技法として運動を検証した研究をレビューしたRostadとLong（1996, p.216）が結論づけたように，46編の研究結果で"心理的・生理的変数に何らかの改善がみられた"と指摘していた。

運動は，LazarusとFolkman（1994）のストレスと対

処に関する認知理論のさまざまな構成要素を，直接処理している。RostadとLong(1996)が結論づけたように，運動は，感情焦点型対処技法，問題焦点型対処技法，個人資源の増強手法として役に立っている。運動は，ストレス関連の望ましくない情動や不安・抑うつ・疲労・混乱の気分を低減して，情動に基づく対処を助長することができる。問題解決対処技法として運動を利用すれば，参加者は，ストレスの多い状況に取り組むべく，運動しながら方略を工夫できると思われる。また，運動者の個人的な資源も，自己効力感の経験・自信・身体エネルギー／体力の高まりによって増強するものと思われる。

心理的・生理的ストレス指標への急性的・慢性的な運動の影響を調べた研究結果の相互解釈や相互比較は，困難である。例えば，運動とストレッサーのタイミング，ストレス課題の性質，調査する運動のタイプによって，違った結果が出てくる可能性もある。このように解釈は難しいものの，健康な人や習慣的に運動する人のストレス徴候は軽減しているように思われる。このような観察は，6週間以上の運動をしている健常者群・患者群からも得られている(Petruzzello, Landers, Hatfield, Kubitz, & Salizar, 1991 ; Rostad & Long, 1996)。特にはストレスのない個人にとって運動が効果的なストレスマネジメント技法になるかどうか，運動−ストレスマネジメント関係における期待の役割，特定タイプの運動の効果を確定するには，さらなる研究が必要である。未解決の問題はあるものの，いくつかの研究によって，ストレスレベルを低減する運動の効果が明らかになっている(Long & van Stavel, 1995 ; Rostad & Long, 1996)。習慣的に運動している者は，より急速にストレスから回復する傾向があり(例えば，Sinyor, Schwartz, Peronnet, Brisson, & Seraganian, 1993)，精神身体的なストレス反応を弱め(またはより明らかにし)(例えば，Claytor, 1991 ; Dienstbier, 1989 ; Long, 1991 ; Rejeski, Thompson, Brubaker, & Miller 1992)，ネガティブなライフイベントを多く経験しても身体的な疾患にはあまりかからないことが明らかになっている(例えば，Brown, 1991 ; Brown & Siegel, 1988)。しかし，時には過剰な運動によってストレスレベルが上がることもあり，免疫抑制反応を引き起こす可能性もある(Mackinnon, 1992)。

要するに，身体的活動は多面的なストレスマネジメント技法であること，それによって参加者がストレスレベルを上げたり下げたりして最適なレベルの設定をめざすことができることを支持する研究はかなり多く蓄積されている。ロッククライミング，スカイダイビング，フットボールといった競争的な身体的活動やハイリスクの活動は，参加者のストレスレベルを上げて，快ストレス感をおそらく経験させるものと思われる。ストレスの低減を促進するのは，非競争的かつ予測可能性の高い運動様式への参加である。ストレスを低減する特定のメカニズムは明らかではないが，おそらくそれは，参加者の能力，多忙な日々からの離脱時間，内省時間，心を養う経験などの状況に立ち帰る機会を含むものと思われる。RostadとLong(1996)が前実験的・準実験的・実験的な研究46編をレビューして結論づけたように，それぞれの研究では心理的・生理的なストレス変数が改善されていた。運動は，情動に基づく対処を促進し，問題解決の機会を与え，個人資源を高めることで，ストレス低減の対処方略として役立つものと思われる。

運動の効果：主観的なウェルビーイングを高めるその他のアプローチとの比較

運動は，ストレスマネジメントの効果的な技法であるが，生活の質を高めることのできる多くのアプローチのうちの1つに過ぎないと認識することは重要である。しかしながら，主観的なウェルビーイングを高めるための運動が特にアピールする面は，同時に，さまざまな健康上の効果や，筋肉がくっきりと浮き出し体脂肪が減少することによる外見上の好ましい変化にも結びついている。表25.2に掲げたその他の非身体

表25.2 ネガティブな気分からポジティブな気分に変化させ，ポジティブな気分を維持するための手続き

手続き	文献
気分の積極的なマネジメント	
運動	Berger, 1996; Gallup & Castelli, 1989; Thayer, 1996; Thayer et al., 1994
光療法	Schwartz & Clore, 1983; Thayer, 1996
音楽とイメージ療法	Campbell, 1997; McKinney, Antoni, Kumar, Tims, & McCabe, 1997
祈祷	Gallup & Castelli, 1989
ウォーキング	Berger & Owen, 1998; Rippere, 1977; Thayer et al., 1994
ヨーガ	Berger & Owen, 1988, 1992a; Thayer, 1996
気晴らしと楽しい活動の探求	
無駄なく時間を過ごす，回避する	Rippere, 1977; Thayer et al., 1994
音楽を聴く	Clark & Teasdale, 1985; Fried & Berkowitz, 1979; Rippere, 1977; Thayer et al., 1994
社会的な支援	
社会的な相互作用	Rippere, 1977; Thayer, 1996; Thayer et al., 1994
気分の消極的なマネジメント	
コーヒー	Thayer, 1996; Thayer, et al., 1994
食事，特に美味しい物	Thayer, 1996; Thayer et al., 1994
緊張の直接的な低減	
飲酒とレクリエーション的な薬物の使用	Thayer et al., 1994

活動による気分向上の技法は，これら付加的な健康上の効果には結びつかない。しかしながら，それらの技法には，簡単で即時的な魅力がある。

多くの研究者は，運動には，次のような気分のマネジメントやストレス低減のより伝統的なアプローチと同様の効果があると指摘している；読書，Benson のリラクセーション反応，安静，不安・緊張・抑うつ・怒りの軽減に砂糖菓子を食べる（Bahrke & Morgan, 1978；Berger et al., 1988；Jin, 1992；Long, 1993；Long & van Stavel, 1995）。これらの効果は，特に印象的であった。なぜなら，いくつかの研究では，参加者をランダムに割り当てて処理していたからである。このように，運動は，自ら運動を選択しなかった者であってもストレスを低減していた。運動による効果は他の気分マネジメント技法に優るとも劣らないという観察から，運動による効果を実際に強調して主張すべきであるとの意見もある。運動とその他のストレスマネジメント技法の心理的効果に違いがあるかどうかについては，メリットの持続期間と気分プロフィールのパターン変化やその可能な背景メカニズムを明らかにするためのさらなる研究が必要と思われる。

注意すべきこと：気分低下の可能性

運動と生活の質の関係を検討する時に重要なことは，運動が一般的に生活の質，特に気分に対して，ネガティブに影響する場合もあることを認識することである。例えば，運動の強制や依存，負傷，摂食障害，さらに極端な競争も，生活の質の向上を導くものではない。多くの人たちが，次のような事柄は望ましくない心理的な変化と結びつく可能性があると気づいている；身体的な適性がないと感じること，自分の身体的なスキルの進歩が遅いことに気づくこと，オーバートレーニングや燃えつきを経験すること，酷使により負傷すること，試合に負けること（例えば，Berger, Butki, & Berwind, 1995；Hays, 1999；O'Conner, 1997）。気分の一般的な変化には，個人的な失望，倦怠感，抑うつ，不安，怒り，活力の低下などがある。特定の運動状況で気分の損害が起こりうることを認めたとしても，多くのデータが，習慣的な身体的活動は主観的なウェルビーイングの望ましい変化と関連性があるという結論を支持している（表 25.1 の文献を参照）。

結論：身体的活動と主観的なウェルビーイングの関係

多くの運動者は，ベストセラー本 "Something More: Excavating Your Authentic Self（あともう少し：本当の自分の発掘）" の著者，Sarah Ban Breathnach（1998）が観察した，次のような身体活動による心理的効果を個人的に経験している；"30 分間の歩行を 1 日おきに実行すれば，元気や活力のレベルは高まり，抑うつの低下に気づくでしょう。突然に，より気楽になり，周囲とたわむれるようになるでしょう。ほほえみ，おそらく声を上げて笑いもするでしょう。"(p.86)

このように Breathnach は運動による効果をベストセラー本に記述しているが，それが起こるという保証はない。気分が何も変化しないこともある；望ましくない方向に変化することもある。運動やスポーツのあるタイプと様式は，他のものよりも生活の質を高める可能性が高いように思われる。参加者の主観的なウェルビーイングを高める身体的活動の本質的な特性を明確に分類する場合に，研究者は身体的活動のタイプごとの心理的効果を個別に調べるべきではないと述べている。このような分類法は，効果を助長するような背景要因のいくつかを分析する際の有用な指針となっている。こうした分類法は，次の人たちにとって，特に価値があるように思われる；運動心理学者，その他のメンタルヘルスの専門家，体育教師，スポーツ科学者，ストレスの緩和や生活の質の向上のために運動を考えている一般人。次節では，運動による気分の改善に影響すると思われる特定の運動変数について検討し，さらに，自己概念，フロー，生活を通した熱意や活力の維持，個人的な楽しみといったその他の心理的効果を検討する。

本章を通して強調しているように，身体的活動によるメンタルヘルスの効果は自動的なものではなく，多くの要因に依存している。レクリエーション参加者や競技者における身体的活動の相互関係をよりよく理解するには，また身体的活動の心理的効果を増強するための適切なガイドラインを示唆するには，広範な研究が必要と思われる。現在のところ，研究者は，身体的活動のタイプ・トレーニング要因・心理的効果の潜在的な関係を記述して分類する方法を提案している。

身体的活動の心理的効果を高める分類法

スポーツや運動スキルの分類システムは 40 年ほど前に提言され，かつ開発されているが，それらは運動の心理的効果とはほとんど関係のないシステムであった。同じく定評のある，生理機能のガイドライン（例えば，American College of Sports Medicine, 1995）も運動の心理的効果を目的にするという明らかな前提があるために，メンタルヘルスの効果を高めるような運動の特徴と変数を検討することが，焦眉の急となっている。身体と精神の関係を考えたとしても，この前提は完全に間違っているように思われる。運動による心理的効果のガイドラインが不足していることを強調した上で，運動とメンタルヘルスに関する最先端会議

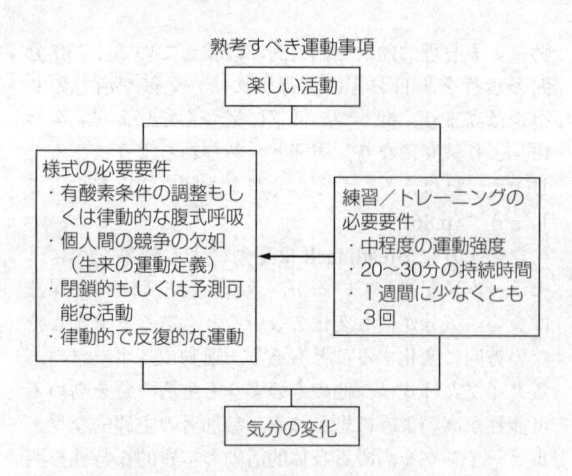

```
                熟考すべき運動事項
                    ┌─────────┐
                    │ 楽しい活動 │
                    └────┬────┘
                         │
┌──────────────┐    ┌─────────────┐
│ 様式の必要要件  │    │ 練習/トレーニング │
│・有酸素条件の調整も│←─│ の必要要件    │
│ しくは律動的な腹式│    │・中程度の運動強度│
│ 呼吸         │    │・20～30分の持続 │
│・個人間の競争の欠如│    │ 時間         │
│ （生来の運動定義）│    │・1週間に少なくとも│
│・閉鎖的もしくは予測│    │ 3回         │
│ 可能な活動    │    └─────────────┘
│・律動的で反復的な │
│ 運動         │
└──────────────┘
                         │
                    ┌─────────┐
                    │ 気分の変化 │
                    └─────────┘
```

図25.3 運動の心理的効果を高める暫定的な分類法

の参加者は，"より有効にメンタルストレスに応えるために必要となるような運動の最適な様式・強度・持続時間・頻度"を調べなければならないと結論づけた(Morgan & Goldston, 1987, p.157)。これまで，これらの領域の研究はいくらか進展している。しかしながら，特に運動様式の分野と運動の持続時間の分野は，さらなる研究を必要としている。

Bergerら(Berger, 1983/1984, 1996；Berger & McInman, 1993；Berger & Motl, 2000；Berger & Owen, 1988, 1992a, 1992b, 1998)は，心理的効果を最大にする身体的活動のタイプを予測するには分類法が必要であると認識し，それに見合った分類法を提案している。ここではそれを詳細に提示する。なぜなら，この分類法は，主観的なウェルビーイングと身体的活動の関係における主要な問題を浮き彫りにしているからである。ある要因は追試可能な研究に基づいており，他の要因はより推測的である。この分類法は，新たな関連研究の出現によって，改訂が必要になると思われる。図25.3に示すように，この分類法には，次の3つの主要な構成要素がある(Berger, 1996)；活動の楽しさ，活動タイプや様式の特徴，練習の必要条件。

喜びと楽しさ

楽しさについて議論する前に，この用語の意味を定義することは重要である。楽しさの詳細な記述はすでに示した。研究者によって，楽しさの定義にはしばしば違いがある（例えば，Kimiecik & Harris, 1996；Scanlan & Simons, 1992；Wankel, 1997）。著者らは，分類法の目的のため，KimiecikとHarrisによる次の定義を受け入れることにした；"それ自身のための活動の実行と結びつき，ポジティブな感情状態と関連するような最適な精神状態（フロー）"(p.256)。KimiecikとHarrisは続けて，"楽しさは経験の感情的な産物ではなく，心理的な過程の経験である"と述べている(p.257)。

楽しさは，運動分類法の第1の構成要素になっている。なぜなら，楽しさは，他の要因を上回る主要なものだからである。このもっとも重要な必要条件は，個人差，身体的活動タイプの好み，訓練の特徴を調整している。多くの参加者の気分を向上する活動またはストレスを軽減する活動は，他者のストレスを生み出す可能性がある。例えば，フィットネスクラブで他のメンバーがいる中でトレッドミル走をする場合，社会的な雰囲気を楽しむ者もいるだろうし，このような経験をストレス源だと感じる者もいるだろう。本章の最終節で結論づけているように，楽しさは，身体的活動による心理的効果を最大にしたいと望む運動者にとって重要な理由のように思われる。もしも運動が不快であるならば，運動後に気分がすっきりすると参加者が感じるとはとても思えない。このように，気分向上という心理的効果をさがし求めている運動参加者が，活動のある側面に不快を感じる場合には，別の活動をさがすよう勧めることが賢明と思われる(Berger, 1996)。活動の"楽しさ"は，明らかに個人的な現象である。楽しさは，主観的なウェルビーイングの向上をもたらす運動の長期的な実行達成の可能性に影響している(Wankel & Berger, 1990)。なぜなら，楽しさは，運動継続と関係しているからである(Scanlan & Simons, 1992；Wankel, 1993)。

様式の特徴

運動の楽しさに加えて，運動のタイプや様式も，運動と主観的なウェルビーイングの関係に影響しているように思われる。これら有力な様式の研究の一覧を図25.1に示す。

律動的な腹式呼吸や有酸素の性質

有酸素運動と主観的なウェルビーイングの関係を支持する文献は極めて多い（例えば，Berger et al., 1988；Berger & Owen, 1988；Long & van Stavel, 1995；Plante, Lantis, & Checa, 1998；Rostad & Long, 1996）。気分の変容を助長する上で有酸素運動が他のタイプの運動よりも必要かどうかを直接調べた研究文献はほとんどない。研究者は，より軽度（有酸素トレーニングゾーン以下の運動強度）の運動の心理的な効果を，主として有酸素トレーニング活動と対照させる統制条件として調べている（例えば，Long & van Stavel, 1995）。

ウェイトトレーニングやハタヨガといった，有酸素トレーニングの効果が比較的少ない運動様式を調べた研究は，さまざまな運動様式が心理的なメリットと結びつく可能性を支持している（例えば，Berger & Owen, 1988, 1992a；Jin, 1992；O'Connor, Bryant,

Veltri, & Gebhardt, 1993)。Leith(1994, p.22)が結論づけたように，"参加者の抑うつ軽減に効果的となる特定の運動タイプは，まだ明らかになっていない。したがって，有酸素運動のセッションと無酸素運動のセッションには同等の効果があると思われる。"

律動的な腹式呼吸（有酸素運動およびその他の軽度の運動で生じる）は，主観的なウェルビーイングの向上と結びついている。ハタヨガ，太極拳，ウォーキング，軽負荷の自転車エルゴメーターに関する最近の心理学的な研究は，むしろ呼吸パターンの運動関連の変化が有酸素の質よりも，心理的効果と結びつく可能性を示唆している（Berger & Owen, 1988, 1992 a；Jin, 1992；Thayer, 1987）。これらの活動は，有酸素のガイドラインを別にすれば，分類法の必要条件を満たしている。しかしながら，それらが参加者に強く勧めているものは律動的な腹式呼吸の実行である。Berger(1996)が示唆したように，主観的なウェルビーイングの向上をもたらすものは，有酸素運動に付随する腹式呼吸・横隔膜の律動的な呼吸と思われる。

運動による気分の改善に重要と思われる律動的な腹式呼吸を調べた客観的な研究は，ほとんどあるいはまったくない。そのため，メンタルヘルスの向上における有酸素運動の役割を，軽度の運動と同様に明らかにする研究が非常に必要となっている。マサチューセッツ大学メディカルセンターのストレス軽減クリニックの前所長 Kabat−Zinn は，注意深い呼吸の調節が，ストレス緩和技法や痛みの制御技法として重要であると強調している。有酸素運動よりも，むしろ有酸素運動にしばしば付随する呼吸パターンの変化の方がウェルビーイング感に結びつくように思われる。Kabat−Zinn(1990)は，瞑想における呼吸過程はあらゆる運動セッションに不可欠な要素であると述べている。律動的な腹式呼吸は，個人が運動をする時，また身体的活動に由来する身体的変化を調整する時に，解剖学的に発生する傾向がある。

呼吸パターンとそれらの変化の意識的な気づきは，ヨガ，バイオフィードバック，リラクセーション反応を含め，多くのストレスマネジメント技法の基本になっている。運動者は，ハタヨガ，ヨガの運動フォームによって，身体的活動を通して心・身体・精神のバランスを取っている（Seaward, 1997）。平穏感，柔軟性，静的な筋力・筋弛緩，身体認識感の増加，油断のない気持ちが，ハタヨガの主な効果になっている。他のタイプの運動も同じ目的を果たしているが，気分の変容よりもかなり広範なこれらの効果を調べる研究がさらに必要と思われる。しかしながら，最近まで呼吸パターンの変化を客観的に調べた研究はほとんどなく（Fried, 1993），この領域の研究は今なお必要である。

個人間の競争の相対的な欠如

アメリカや他の多くの先進国・発展途上国では，競争が生活の一部になっているように思われる。競争は，個人の生活に喜びと興奮を付加し，多くの身体的活動タイプの主要な要素になっている。しかしながら，あらゆる生活領域における極端で恒常的な競争は，高い生活の質の創出に逆効果となる恐れがある。競争は，ストレスに満ちており，ネガティブな気分状態と結びつき，恒常的な"さらなる"努力の原動力になる場合がある。Gallwey(1997)が"インナーゲーム(inner game)"のアプローチで強調したように，とても競争的な状況下では，今の瞬間も，まして個人の達成も十分に味わうことができない。Gallwey が"うまい"競争に示唆したものには，判断されることの回避，心と体の調和，運動における身体感，対戦相手の示す妨害の評価などが該当している。つまり，それらへ応じることによって，運動者自身のパフォーマンスのレベルは向上することになる。Gallwey のインナーゲームのアプローチを，西洋社会の多くのメンバーが実施しているレクリエーション的な身体的活動の競争形態に適用することは困難と思われる。このことから，本章の分類法には身体的活動の非競争的な形態を含めることにする。非競争的な（他者と運動者自身に関して）身体的活動は，気分の望ましい変化，ストレスの緩和，達成感や身体的勇猛感の増強を助長している。

Glasser(1976)は，ポジティブな依存と結びつく運動の特徴を議論した中で，競争がないことの重要性を強調し，"ネガティブな依存"と対比して"ポジティブな依存"(positive addictions：PA)が自信・創造性・幸福・健康につながるということを理論化した。Glasser が強調したように，"PA 状態に到達したいと思うならば，他者と競争してはならないだけでなく，自分自身とも競争しないことを学ばなければならない"(p.57)。ポジティブな依存によって生活の質が向上するという Glasser の理論とは対照的に，ネガティブな依存は生活の質を減じている。個人が主観的なウェルビーイングの維持に運動を必要とする場合や，運動が生活上の他の義務や身体的な健康に干渉する場合には，身体的活動は生活の質を減じることになる。

高強度の練習を長期間に渡り行っている大学対抗競泳選手よりも，レクリエーション的な水泳選手の方がポジティブな気分プロファイルを報告しているという例は，競争緩和の必要性を支持している（Riddick, 1984）。より具体的には，レクリエーション的な水泳選手群とあまり運動をしていない統制群は，疲労・抑うつ・怒り・混乱が，競泳選手群よりも有意に低下していた。Riddick は，水泳選手のテストを，水泳セッションの前・途中・後と，可能なタイミングで行った。そのため，これらの結果は，暫定的なものとみなさなければならない。水泳の前か後のいずれに選手をテストしたかは，選手の気分状態に直接影響すると思われるからである。

個人間の競争が相対的に欠如すれば，身体的活動に

よる心理的効果はさまざまな理由から高まるものと思われる。まずは，非競争的な活動によって，参加者は敗北によるネガティブな心理的効果を回避することができる。敗北は，スポーツ競技と同様に，競争的なレクリエーションの身体的活動においても約50％の割合で生じている。多くの人々にとって，敗北は，喜びや活力といったポジティブな気分状態を損ねるものである。敗北には，自己効力感，自尊感，達成感，有能感，統制感を損ねる傾向もある。さらに，敗北は，勝利よりも，ネガティブな気分状態のスコアが上がることやストレスと強く関係している（例えば，Berger et al., 1995 ; Grove & Prapavessis, 1992 ; Hassmén & Blomstrand, 1995 ; Kerr & Schaik, 1995）。試合の成果は，競争的な身体的活動に関連する快・不快の気分の急激な変化に大きく影響しているように思われる。

競争的なレクリエーションの身体的活動やスポーツへの参加が主観的なウェルビーイングの向上と結びつかないと思われるもう1つの理由（敗北に加えて）は，競争への参加者が過度に練習する傾向や身体的能力を競争中に十分伸ばそうとする傾向を示すことである。特にステルネス初期の過剰な練習とそれに続く燃えつきは，望ましくない気分状態と関連し，主観的なウェルビーイングの低下要因になっている（O'Connor, 1997）。Morganら（Morgan, Brown, Raglin, O'Conner, & Ellickson, 1987, p.109）が結論づけているように，"おそらくこの特殊な研究のもっとも顕著な特徴は，運動と抑うつの関係にみられる明らかな矛盾である。中程度に抑圧されている者の抑うつは活発な運動によって軽減することが知られているが…，抑うつは過剰な練習の産物のようにも思われる"。再度述べるが，Morganらの研究報告では，実際の水泳に関して，選手をテストした正確な時期が明白になっていない。運動強度の節で後述するように，競争形式の身体的活動としばしば結びつく高強度の運動は，気分状態の望ましい変化と結びつかないように思われる。

Berger, Grove, Prapavessis, Butki（1997）は，年齢別の競泳選手群でのトレーニングの距離と気分変容の関係を調べ，競争的なスポーツの身体的にきついトレーニングの側面が気分の低下に関連している可能性を検証した。その結果，トレーニングの距離と気分の間には有意な交互作用があった。一般的に競技前に行うような，徐々に距離や量を減らす練習セッション（3,500～5,000メートル）は，全体的な気分の動揺の得点・抑うつ・混乱の急性の低下と関係していた。しかしながら，より一般的な通常距離の練習セッション（6,000～7,000メートル）の間には，全体的な気分の動揺が有意に増加した。若い水泳選手は，疲労の増加と活力の低下を報告した。このように，競泳の練習では，通常よりも短い距離を泳いだ時にのみ，気分の改善と関係していた。競争的なレクリエーション活動に参加している多くの者は，競技者と同様に，自らの最大身体的能力に負担をかけるようなトレーニングセッションを完遂している。したがって，競争的な練習セッションが気分の向上につながるとは思えない（Berger et al., 1997 ; Morgan et al. ; Morgan, Costill, Flynn, Raglin, & O'Connor, 1988）。

結論として，レクリエーション的な身体的活動における競争の有無は，個人が運動様式を選択する際に重要な要因になっている。競争要素のない運動を退屈と感じる人がいるように，競争は身体的活動の魅力的な一側面になっている。一方，レクリエーション的な身体的活動における競争を，すっかり競争に満ちたライフスタイルの延長と感じる人もいる。これらの人々が，特に非競争的な方法で運動を行う時には，その運動は，調整された非競争的な期間，すなわち概して多忙でしばしば競争的な日常からの小休止になっている。

閉鎖的，予測可能，時間的・空間的なある種の活動

心理的効果とたびたび結びつくジョギングと水泳という2つの活動は，予測可能性が高く，閉鎖的で，時間的・空間的なある種の活動である（Berger, 1972 ; Gentile, 1972, 1992 ; Poulton, 1957 ; Singer & Gerson, 1981）。閉鎖的な環境には，個人的なタイプの身体的活動に生じる傾向があり，エネルギー消費のパターンと運動を，事前に参加者に計画させる傾向がある。慎重な注意を要するような不測の出来事に参加者が遭遇することはほとんどない。自己ペース型の活動に参加する者は，環境に同調せず，運動中に自由に連想することができる（Berger, 1980, 1994, 1996）。Rybczynski（1991）が観察した孤独な読書の効果も，閉鎖的で空間的なある種の身体的活動に該当している。ジョギングや水泳といった閉鎖的なスポーツ活動は，孤独・瞑想・内省・離脱の機会を，参加者に与えている。この離脱によって，現実からの解放や，自分自身の世界に閉じこもることが可能になる。ジョギングや水泳をする者は，運動中の孤独感・一時的な想像・創造的な思考を報告している（例えば，Berger & Mackenzie, 1980 ; Paffenbarger & Olsen, 1996 ; Rimer, 1990）。この平安で静謐な運動時間内において内的な思考に同調する機会は，ウェルビーイング感に寄与するものと思われる。まったく何も考えずに，閉鎖的で予測可能な活動をしていることもある。

多くの研究が，思考のための孤独な時間の心理的な価値を支持している。なぜなら，孤独な時間は，"精神的な刺激"を助長しているからである。Taylorら（Taylor, Pham, Rivkin, & Armor, 1998）が理論化したように，精神的な刺激の主要なメリットは問題の新たな回答や新たな可能性を想像するための機会を提供することにある。Taylorらが述べたように，孤独な期間内における精神的な刺激によっても，運動者はその

ような問題や可能性と結びつく感情の予期・対処が可能になり，そしてさらに，活動プランを開発して問題-解決行動を開始・維持することが可能になる。

George Sheehan (1990) は，運動時における孤独の重要性とそれに伴う創造性に注目し，次のようにコメントした；"私は以前ランニング中に良い考えを思いついたが，今では他の孤独的な運動中にも思いつく。選択が可能ならば，私は走るよりも歩くだろう――あるいは，そのいずれよりも自転車乗りを選ぶだろう"(p.210)。Glass (1976, p.93) は，大きな精神的努力を必要としない活動はポジティブな依存になりやすいことを明らかにして，予測可能性の重要性を支持した。要約すると，運動中に想像力を発揮する機会のあることが，閉鎖的で予測可能な形式の運動に参加することの重要なメリットになっている。

思考の欠如に近い状態は，閉鎖的な活動において生じる可能性があり，ハタヨガといった東洋タイプの身体的活動においてはそれを高く評価している。このことを明らかにしたのは，"Awakening Spirit : The Power of Silence (魂の覚醒：静寂の力)"(Shraddhananda, 1997)と題するヨガに関する代表的な論文である。静謐な時間の必要性を支持する研究はほとんどないかまったくない。しかし，その重要性を記述した論文は，共通して，運動心理学でこの分野を調べなければならないと強調している。Shaddhananda が注目したように，思考や悩みが停止した場合には，エネルギーの崩壊・分散はもはや生じなくなる。我々がエネルギーの集積・蓄積を実際に経験するのは，思考終了後の静謐においてである。

閉鎖的な身体的活動への参加を選択する者は，活動の予測可能性と孤独を楽しむ傾向や，即時の運動状況への不参加を楽しむ傾向がある。これら予測可能な活動による主観的なウェルビーイングの効果の中には，想像力を発揮する機会，問題解決，そして問題やその他の一般的な活動計画と結びつく感情関連の経験と関係するものがあるように思われる。閉鎖的な運動に参加する者は，自らの運動を事前に計画し，運動中に自由連想をすることができる (Berger, 1994, 1996)。ハタヨガの参加者やジョギングする者の方が，POMSの緊張・抑うつ・怒り・疲労・混乱の下位尺度でフェンシング選手よりも大きな気分の効果を報告していることは，予測可能なタイプの運動の重要性を支持している。フェンシングは，ヨガやジョギングよりも予測可能性が低くかつ開放的な活動になっている。

このような効果があるにも関わらず，明らかに閉鎖的なタイプの運動を楽しまない人もいる。こうした人は，閉鎖的な身体的活動を退屈と感じ，テニス・野球・バスケットボールといった予測不能で開放的な運動を好む傾向がある。これら他の活動タイプがメンタルヘルスの向上に資するという有効な情報は，ほとんど，あるいはまったくない (例えば，Berger, 1972)。開放的な身体的活動には一般的に，少なくとも1人の他者との競争がある。そのために，活動の成果と急性の気分効果の関係を検討することは，非常に重要と思われる。開放タイプの活動には，気分を引き立てる傾向と，いくぶんストレスを引き起こす傾向がある。明らかに，さまざまなタイプの身体的活動は，各人の快・不快のいずれかとなるようなさまざまな心理的な変化と結びついている。

律動的で反復的な運動

閉鎖的な活動に加えて，律動的で反復的な運動は，主観的なウェルビーイングと密接に関係している。いずれの運動タイプも，あまり多くの注意を要求してはいない。したがって，参加者の心は，運動中に自由に運動から離れることができる (Berger, 1980 ; Berger & Mackenzie, 1980)。律動的で反復的な運動は，参加中の創造的な思考や内省を助長する可能性がある。Paffenbarger と Olsen (1996) は，律動的な運動には催眠効果・リラックス効果があり，この運動は広範な思考機会を提供していると推測した。これらの反復的な単調運動も，参加中の創造的な思考や内省を助長する可能性がある。"ランニングやウォーキングの機械的で律動的な運動は，特に，思考や注意をほとんど要求していない。定期的にわずか数分間だけ走ったり歩いたりする人は，心がいかに思考や感情の氾濫に影響されやすいか，自分を苦しめた問題の解決法が突然現れてくるのかを知っている。さまざまな考えが思い浮かぶ。あなたは，あなたにスピード違反のチケットを渡した警官に言うべきすべての気の利いた言葉を考えている自分に気づいている"(Paffenbarger & Olsen, 1996, p.225)。

運動者は，律動的で反復的な運動への参加と結びつく心理的効果を記述している。しかし，心の明晰性，創造性，平穏感を調べることは難しい。参加者にとってのジョギングの意味を現象学的に研究した Berger と Mackenzie (1980) は，ジョギングをするある女子に対し，4ヵ月間に渡る32のジョギングセッション中の思考や感情を日誌につけさせた。その日誌に加えて，週3回の50分間の面接を，ジョギング直後に実施した。Berger と Mackenzie は，参加者にとっての身体的活動の重要性を調べることに関心があったので，参加者に対してジョギング中に何を経験したかを直接質問した。この研究から導かれた4つの提案の1つは，律動的で反復的な運動のタイプは一般に内省・思考を助長するということであった。

結論的に言えば，自己概念の高まり，気分の変容，自己効力感，自己洞察と関係する身体的活動のタイプを明らかにするには，さらなる研究が必要なのは明白である。目下のところ，次のような運動様式は主観的なウェルビーイングと結びつく傾向があると思われる；律動的な腹式呼吸を助長し，他者や自己との競争

が比較的少ない運動様式，閉鎖的もしくは予測可能な運動様式，律動的で反復的な運動様式。

練習要件

本節では，生活の質と身体的活動の関係に影響するような運動の練習条件（図25.3 を参照）について検討する。トレーニングの運動の強度・頻度・持続時間については，生理学者が明快に考察している（例えば，American College of Sports Medicine, 1995）。しかしながら，これらトレーニング要件の変数は，望ましい心理的効果に依存して変化すると思われる。研究者は，強度・持続時間・頻度というトレーニングの3つの特徴に"練習要件"というラベルを貼り付けて，それらと主観的なウェルビーイングとの関係を強調し，強度・速度・持久力・心肺系の適応力といった生理的な能力の向上に寄与する"トレーニングガイドライン"と対比している。

強度：中程度

参加者の主観的なウェルビーイングと生活の質の向上に必要な運動強度については，論争がある。しかしながら，中程度の運動は，メンタルヘルスの向上と一貫して結びついているように思われる（例えば，Berger & Motl, 2000 ; Berger & Owen, 1988, 1998 ; Steptoe, Kearsley, & Walters, 1993）。運動強度があるレベルを超えると，気分をすっきりさせるのに逆効果となるかもしれない。高強度の身体的活動は，心肺系や代謝にトレーニング効果をもたらすが，必ずしも気分の望ましい変化と結びつくわけではない（例えば，Berger & Owen, 1992b ; Berger et al., 1999 ; Moses, Steptoe, Matthews, & Edwards, 1989 ; Motl, Berger, & Wilson, 1996 ; O'Connor, 1997）。しかしながら，高強度の運動（例えば，80％［VO_{2max}］）が不安の軽減と密接に関係していると思われると指摘している研究者もいることは，注目すべきことである（例えば，Boutcher & Landers, 1988 ; Dishman, 1986 ; Morgan & Ellickson, 1989）。

研究者は，さまざまな運動強度と気分変化の関係を直接調べている。SteptoeとCox（1988）は，8分間に渡って高強度（自転車エルゴメータで100ワット）の運動をすると，改訂版POMSの緊張と疲労の得点が急激に増加すると報告した（McNair et al., 1971/1981/1992）。低強度の運動（25ワット）は，爽快感（次の3項目で測定：すっきりする，元気になる，高揚する）や，POMSで測定した活力にみられるポジティブな気分変化と結びついていた。Motlら（1996）は，急性的な気分変化と運動強度（中・高・最高）を比較して，高強度の運動と気分の間の望ましくない関係を確認した。固定式自転車トレーニング装置のペダルを漕いだ高体力の大学自転車選手は，中程度の運動直後に気分の向上を報告したが，高強度の運動後には気分の変化がないと報告し，また最大強度のセッション後には望ましくない変化を報告した。より具体的に言えば，最大心拍数（HR_{max}）の69%（中程度の運動強度）でペダルを漕ぐと，POMS下位尺度の怒り・活力・疲労・混乱の得点が低下した。最大心拍数の89%のペダル漕ぎは疲労の増加と関係したが，他の気分の変化はなかった。さらに最大心拍数（HR_{max}の95%）のペダル漕ぎは，抑うつ・怒り・疲労・混乱の得点の増加と関係していた。運動強度は，各参加者の最大心拍数のパーセンテージによって決定していた。そのため，特定の運動強度と関係する競技者の気分の変化は，レクリエーション的な運動への参加者にも適用可能であると思われる。しかしながら，運動強度と気分変容の関係は，さらに研究しなければならない。

BergerとMotl（2000）が結論づけたように，低強度の運動と気分の変化との関係を調べた有用な研究はほとんどない。しかしながら，早歩きといった低～中強度の運動が気分の変化を助長するという証拠は明らかになりつつある（Berger & Owen, 1998 ; Jin, 1992 ; Thayer, 1987, 1996）。低・中・高強度の運動に対する個人の好みは，気分の変化と運動の関係にも影響すると思われる（例えば，Mertesdorf, 1994）。運動者が運動後の気分を報告する場合，運動強度の好みと実際の強度レベルは相互に関連している可能性がある。低強度の運動による気分の改善効果，強度閾値の可能性，高強度の運動と気分の明らかで望ましくない関係についてのさらなる研究データが得られるまで，心理的効果を望む運動参加者は，運動強度を中程度に維持するべきであると思われる（Berger, 1996）。

持続時間：最低20～30分

運動強度に加えて，身体的活動の持続時間も，よく起こる心理的な変化と関連しているように思われる。経験についての個人的な内観報告は，運動のさまざまな持続時間によって違ったものになる。運動の経験と主観的な状態は，5～10分，20～30分，60分以上といった運動時間の違いによって変化するものと思われる。身体的活動の持続時間と生活の質の関係が複雑になっている理由は，特定の運動の持続時間と結びついている気分の状態が，体力のレベル・パーソナリティの特徴・環境の要因と関係していることである。例えば，耐久力があるというパーソナリティの構成概念は，運動時間の増加に伴う気分の減退度合いと関係している（Gross, 1994）。

現代社会の特徴の1つは，レジャー時間があまりに少ないと感じることである；したがって，短期間の運動には魅力的である可能性がある。Thayer（1987, 1996 ; Thayer, Peters, Takahashi, & Birkhead-Flight, 1993）は，わずか5～10分のウォーキングによって，活性化-不活化付属チェックリスト（Activation-Deactivation Adjective Check List；Thayer, 1986)で測定した気分が高まると繰り返し報告している。10分間の早歩きの前後を調べた結果，参加者は，早歩きの後に，よりエネルギーに満ちた静穏感，緊張・疲労の軽減感を報告した。これらの心理的な変化は，ウォーキングセッションの終了から30分後・60分後・120分後にも明らかであった。より最近になって，10分間・15分間・20分間のいずれのトレッドミル走もウェルビーイングの向上や心理的な苦悩の低下と関係することが明らかになっている（Butki & Rudolph, 1997）。これらの効果は，運動セッション終了から5分後・20分後でも明らかであった。

急性的・慢性的運動の不安軽減効果をメタ分析したPetruzzelloら（1991）が強調しているように，短い運動セッションと結びつく心理的な変化には，さらなる研究が必要である。運動セッションの長さが0～20分の場合には，効果サイズは極端に小さかった（ES＝0.04）。不安を軽減する他の方法と比較するために様式として運動を使用した研究を除いた場合には，0～20分の運動の持続時間の効果サイズが0.22にまで増加した。この効果サイズ0.22と0の間には，有意差があった。しかし，他の運動の持続時間との間には差がなかった（Petruzzello et al., 1991）。しかしながら，21～30分の運動セッションでは，状態不安における望ましい変化に0.41というより大きい効果サイズが生じたことは注目すべきである。

20～40分の長さの運動セッションは急性の心理的効果を助長するというのが，大方の合意のように思われる（例えば，Berger, 1984/1997；Dishman, 1986；Petruzzello et al., 1991）。しかしながら，研究者は，特定の運動の持続時間と心理的効果の関係を広範に調べてはいない。したがって，最大持続時間と同様に，その時間を超えた場合に付加的な心理的効果がなくなるような最小持続時間もしくは閾値があるかどうかについては，不明である。主観的なウェルビーイングと運動の持続時間の関係についてのさらなる情報が得られるまでは，気分状態の向上に運動を用いる場合には少なくとも20分間運動することが慎重な導入法であると思われる。しかし，60分以上の長い運動の持続時間が，さらなる心理的効果をもたらす可能性もある（例えば，Carmack & Martens, 1979；Mandell, 1979）。Glasser（1976）は，心が自由に駆け回る，いわゆる"ポジティブな依存"状態に40～50分で達すると示唆している。

> 次に，時に2時間目は，不気味な時間になってくる。色彩は美しく光り輝き，水はきらめき，雲は漂い，そして私の体は浮遊して大地から離れる。愛情いっぱいの満足が私の心の奥底に押し寄せ，思考は浮かんでは消える。もしも私が生きて行こうとするならば，生きるべき場所をみつけ出すだろう（Mandell, 1979, pp.50-57）。

運動の持続時間／距離と心理的効果の関係は逆説的なように思われる。ある時点まで，運動は気分を向上する；この時点を越えて増加する運動の持続時間は，主観的なウェルビーイングにとって有害になると思われる。Morganら（Morgan, Costill, Flynn, Raglin, & O'Conner, 1988）は，トレーニング距離を意図的に延ばすことで起こり得る気分の低下を調べた慢性的運動の研究によって，運動の持続時間／距離と心理的効果の関係を明らかにした。この研究では，10日の間に水泳距離を4,000メートルから9,000メートルへと唐突に延長した。運動の強度も異常に高かった（VO_{2max}の約94％）。仮説の通り，高度な訓練を受けた大学対抗水泳選手は，抑うつ・怒り・疲労・全体的な気分障害の有意な増加を報告した。最近の研究でも，過負荷のトレーニングにしばしば付随するような持続時間の延長した練習にはほとんど効果のないことが明らかになっている。持続時間の延長は，気分の無変化（例えば，Berger et al., 1997；Hooper, Mackinnon, & Hanrahan, 1997）もしくは気分の低下（例えば，O'Connor, Morgan, & Raglin, 1991）のいずれかと結びついているように思われる。Bergerらは，水泳の持続時間と気分の変化の関係を直接調べて，若年水泳選手群では短縮した練習や練習量を徐々に減らす練習だけが気分の急性的な変化（POMSによって測定）と関係していると報告した。前述したように，通常距離の練習セッションは，気分の低下と関連していた。体力レベルによって違いはあるものの，ある距離を超えると，運動の持続時間の延長は，ネガティブな気分状態と結びつく傾向がある。

結論として，20～30分間の運動は，心理的効果をもたらすものと思われる（表25.1を参照）。短い運動の持続時間と非常に長い運動の持続時間の関係を理解するには，さらに多くの情報が必要である。10～60分，120分，またそれ以上に渡る運動の持続時間と関連するだろう心理的な状態に生じ得る違いを検討するには，質的研究が有用と思われる。

頻度：1週間のスケジュールへの定期的な組み込み

酷使による傷害や倦怠が生じない程度の定期的な運動によって，参加者が運動の楽しさを感じる可能性や全体的な生活の質を高める可能性が増す。運動者が度重なる運動参加によってより体力をつければ，コンディショニング過程としばしば関連する不快感は減少する。頻繁な運動セッションによって参加者の身体的な不快を軽減するもう1つの方法は，自己学習過程によるものである。習慣的な運動者は，さまざまな身体感覚の解釈，自分のペースの調整，リラックスの仕方を運動中に学習している。

BoutcherとLanders(1988)は，一般的な体力レベル(頻繁な運動参加)と運動による心理的効果との間に起こり得る関係を調べて，わずか1セッション(20分間)の高強度($80～85\%$ HR_{max})のトレッドミル走によって，過去2年間に渡り習慣的に毎週30マイル以上走っていた人の状態不安が急激に低下すると報告した。有酸素活動の経験がない非ランナーは，高強度の運動後に何らの不安の低下も報告しなかった。訓練を受けたランナーと非ランナーは，いずれもPOMS上の急激な変化を報告しなかった。最大心拍数の80～85％の高強度のランニングは，とりわけ高強度の有酸素活動をほとんどあるいはまったく経験していない初心者のランナーにとって，楽しい活動とは思えない。他の研究者は，運動に伴う急激な気分の変化と体力レベルの関係を明らかにすることができなかった(例えば，Blanchard & Rodgers, 1997)。そのために，身体的活動と結びつく気分変化と，参加者の体力レベルや運動頻度との間に存在し得る関係を理解するには，さらなる研究が必要と思われる。

特に，高強度の運動をする場合，参加者が身体的活動を楽しみ，かつ運動セッション後にいやな気分にではなくすっきりした気分になるには，最低限の体力レベルが必要だと思われる。身体的活動と抑うつの関係をメタ分析した結果が，この可能性を支持している(North, McCullagh, & Tran, 1990)。Northらが報告したように，身体的活動によるメンタルヘルスの効果は，運動プログラムの長さ(週とセッションで測定)が増すにつれて増加した。抑うつの低下は，運動に付随した慢性的な変化または累積的な変化，もしくは身体的なコンディショニングの要求を反映しているように思われる。頻繁な運動とそれに伴う身体的なコンディショニングの改善によっても，参加者は運動活動にあまり注意を払う必要がなくなり，最終的にその運動活動は自動的なものになる。頻繁な運動によって参加者に体力がさらにつけば，活動は，より容易になり，より身体的な疲労も少なくなり，より予測可能なものになる。

定期的に運動するもう1つの理由は，健常集団のメンバーでは，運動後少なくとも2～4時間の間メンタルヘルスの効果が持続する傾向を示すことである(Morgan, 1987)。古典的な研究が示唆しているように，運動がもたらす不安の低下と運動後の収縮期血圧の低下は，単なる安静がもたらす短い効果よりも2～3時間長く持続している(Raglin & Morgan, 1987)。最近の研究から，心理的効果は運動セッション後にも残存する可能性が明らかになっている(Bartholomew, 1997; Butki & Rudolph, 1997; Etnier et al., 1997; Thayer, 1987, 1996)。

結　論

運動による気分の改善は，自動的なものではない。不適切な運動のタイプを選択したことや，適切な練習ガイドラインを遵守しないことが，気分の改善を低減し，除去し，あるいは逆効果さえもたらすものと思われる。本節を通して，"運動のあらゆるタイプ・量・状況は，すべての人々のメンタルヘルスのあらゆる側面に影響する可能性が低い"ことを強調した(Dishman, 1986, p.328)。Berger(1983/1984, 1994, 1996)が開発した身体的活動の分類試案は，発展の余地がまだかなりあるものと思われる。ここではそれらのことを詳細に紹介した。なぜなら，そこには運動への参加と結びついた心理的効果を最大にするような重要な考察を多く含んでいるからである。この分類法は，包括的なものではない。また運動によるメンタルヘルスの効果に関わるであろうその他の運動の考察の重要性を論駁したり，軽視したりするものでもない。したがって，以下の結論はいくぶん推論的なものになっている。

運動による心理的効果を高めるもっとも重要な必要条件は，活動が楽しいこともしくは快適なことである(Berger, 1996; Motl, Berger, & Leuschen, 印刷中)。さらに，運動様式には，次のものをできるだけ多く含める必要がある；律動的な腹式呼吸，非競争性，閉鎖的または予測可能な活動，律動的で反復性のある運動(例えば，Berger & Owen, 1986, 1988, 1992a; Berger et al., 1995)。最後になるが，トレーニング条件や練習条件は心理的なメリットを最大限にすることもあるが，損なうこともある。これまでの研究知見に基づけば，最低限の体力レベルを助長するには，持続時間が最低20～30分間の中強度の活動を定期的に行う必要がある(例えば，Berger & Owen, 1992b; Berger et al., 1997)。

運動とスポーツにおける至高の瞬間

至高の瞬間(peak moment)は，運動が生活の質に追加できるもう1つの方法になっている(Berger, 1996; Csikszentmihalyi, 1991, 1997)。フロー，ピークパフォーマンス，至高体験，運動ハイ(exercise high)などを包含する至高の瞬間とは，生活の質を大きく高めるような，記憶に残る，実りある強力な経験である(Berger, 1996; Csikszentmihalyi, 1991, 1993, 1997; Jackson, 1996; Jackson & Csikszentmihalyi, 1999; Privette & Bundrick, 1997)。楽しみ，高揚感，際立ったパフォーマンス，完全な満足は，しばしば至高の瞬間の特徴となっている(Jackson & Csikszentmihalyi, 1999)。このような経験の豊かさと奥行きは，きわめて充実した，深淵で実り多いものを約束してい

る。

　至高の瞬間は，運動やスポーツでしばしば起こり (Csikszentmihalyi, 1991 ; McInman & Grove, 1991 ; Privette & Bundrick, 1987)，身体的活動の特別で実り多い特典になっている (Jackson & Csikszentmihalyi, 1999)。スポーツや身体的活動での至高の瞬間を記述する場合，多くの人々が経験的状態・心理的状態・パフォーマンス状態との類似点をかなり多く報告している。この類似点の多さは，至高の瞬間が多くのタイプの身体的活動において経験できることを印象づけている。至高の瞬間，とりわけフローと結びつく特定条件には以下の事柄がある；

- 課題とスキルの間のバランス
- 行為と自覚の融合
- 明確な目標
- 明瞭なフィードバック
- 手元の課題への集中
- 制御感
- 自意識の喪失
- 時間の転換
- 自己目的的な経験 (Csikszentmihalyi, 1975, 1991, 1993, 1997 ; Jackson, 1992, 1996 ; Jackson & Csikszentmihalyi, 1999 ; Jackson & Marsh, 1996 ; Marsh & Jackson, 1999)

　至高の瞬間の特徴のより詳細な議論は，McInmanとGrove (1991) を参照されたい。

至高の瞬間の理論とモデル

　至高の瞬間の豊かさと深さを明らかにするもう1つの方法は，広範な活動における至高の瞬間を説明する理論やモデルをレビューすることである。Landsman (1969) は，自己・外界・個人間の関係という3つのカテゴリーからなる"ポジティブな経験モデル"を開発した。Panzarella (1980) は，美術館やコンサート会場における個人の芸術や音楽に基づく至高体験の内容分析と因子分析から"至高体験モデル"を提唱した。このモデルは，次の4つの主要な現象学的カテゴリーを含んでいる；再生恍惚，運動-感覚恍惚，融合-感情恍惚，離脱恍惚。このモデルは，次の3つの段階も含んでいる；(1) 美的判断や自己喪失といった認知現象の段階，(2) 移動，頻脈，身震いといった絶頂に関連する運動反応段階，(3) 余韻と類似しており，感情的・刺激特異的な反応を招く絶頂後の段階。Thorne (1963) は，ポジティブな経験・ネガティブな経験をともに含むより詳細な6つのカテゴリー分類システム (感覚的経験，感情的経験，認知的経験，意欲的経験，自己実現の経験，絶頂経験) を形成するモデルを提案した。Thorneのモデルは信頼できると，他の多

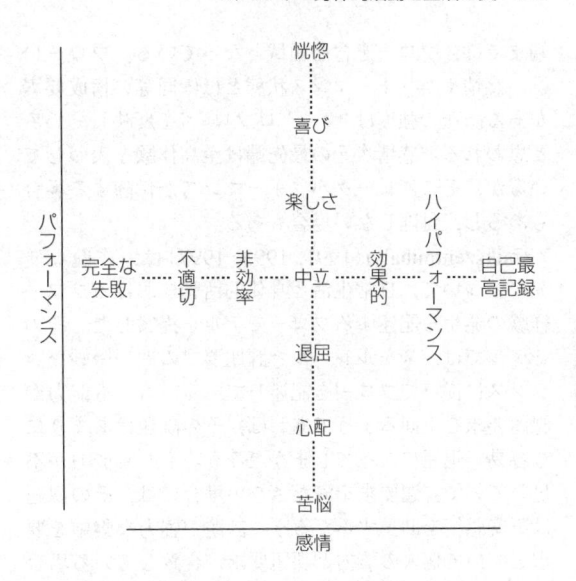

図25.4　感情とパフォーマンスの経験モデル

("Measurement of experience : Construct and content validity of the Experience Questionnaire," by G. Privette & C.M. Brundrick, 1987, *Perceptual and Motor Skills, 65*, p. 318. C.H. Ammons & R.B. Ammons より許可を得て転載)

くの研究者が報告している (Allen, Haupt, & Jones, 1964 ; Ebersole, 1972)。

　Privette と Bundrick (1987, 1991, 1997) は，至高の瞬間を感情とパフォーマンスという2つの直交次元に分類する"感情とパフォーマンスモデル" (図25.4) を考案した。感情の次元は，極度の苦悩・心配・退屈から中立，そして楽しさ・喜び・恍惚まで広がっている。至高体験は，感情次元の恍惚の近くに位置づけている。パフォーマンス次元は，完全な失敗・不適切・非効率から中立，そして効果的・ハイパフォーマンス・自己最高記録まで広がっている。ピークパフォーマンスは，自己最高のパフォーマンスの終端に位置づけている。Privette (1985 ; Privette & Bundrick, 1991, 1997) は，2つの次元の妥当性を立証している。

　このモデルを使用すれば，どのような経験も感情とパフォーマンスの2つの次元に分類することができる。例えば，図の左下方には，完全な失敗と苦悩という特徴があり，ここでは最悪のパフォーマンス経験とそれに付随するネガティブな感情的経験を表わしている。図の中心は，中立的なものであり，日常の経験を表わしている。一般的に，日常経験は楽しさと退屈の間のどこか，また非効率と効果的の間のどこかに位置している。右上の象限には至高の瞬間が入っている。個人が優れたパフォーマンスをしてポジティブな感情を表現するのは，行動が右上の象限にある場合である。ピークパフォーマンスは，パフォーマンスの連続体のもっとも右端に位置している。図の中心から右上

端までは，フローを含む領域となっている。フローには，感情やパフォーマンス状態とほぼ同等の構成要素がある。その強度は"マイクロフロー"を反映していると思われる。感情次元の最先端は至高体験を表わしているが，そこにピークパフォーマンスが付随する場合もあるし，付随しない場合もある。

Csikszentmihalyi(1991, 1993, 1997)は，広範な研究に基づいて，日常生活と身体的活動におけるフロー経験の発生を記述するフローモデルを提案した。そのモデルでは，スキルレベルと課題要求の間の微妙なバランスに従ってフローを記述している。もしも能力が課題要求を上回るようであれば，その課題はあまりにも容易で退屈になってしまうだろう。もしも能力が不足していて課題要求を満たさない場合には，その課題は不安感情を助長するだろう。課題が強力な集中を要求していて個人の能力と課題要求が合致している場合には，楽しく嬉しくやりがいのあるフロー経験が生じてくる。

フロー研究に興味がある研究者に手がかりを与えるために，KimiecikとStein(1992)は，身体的活動環境におけるフロー経験を理解するための個人–状況の枠組みを示唆した。個人に基づく要因は，属性要素と状況要素に分離することができる。属性要素には，次のものが該当している；目標指向(課題指向と自我指向)，注意スタイル，特性不安，特性自信，スポーツの有能感。状態に基づく個人の要因には，次のものが該当している；試合の目標，集中，状態不安，自己効力感，試合能力感。状況要素には，次のものが該当している；スポーツのタイプ(例えば，自己ペース vs. 他者依存)，競争の重要性，対戦相手の能力，コーチの行動とフィードバック，チームメイトの相互作用／行動，競争的なフロー構造。この枠組みでは，フロー経験とおそらく他の至高の瞬間の助長のために相互作用すると思われる個人要因と状況要因を強調している。

至高の瞬間：ピークパフォーマンス，フロー，ランナーズハイ，至高体験

ピークパフォーマンス

ピークパフォーマンスの明らかな特徴は，その例外的な機能にある。実際，PrivetteとLandsman(1983, p.195)は，ピークパフォーマンスを"個人の通常機能のレベルを超えて行う行動"と定義している。これは必ずしも世界記録クラスのパフォーマンスを意味するものではないが，どちらかといえば，日常的な能力を超えるような特定の状況における例外的な機能を指している。ピークパフォーマンスは，体力，競技的勇敢さ，創造的表現，知的熟達，さらには仕事といった幅広い活動から生じている(Privette & Bundrick, 1987, 1989, 1991, 1997)。ピークパフォーマンスは，自発的に生じたり，あるいは，プラセボ，バイオフィードバック，催眠に対応して生じている(Privette, 1983)。

ピークパフォーマンスには，次の5つの特徴がある；明らかな集中，高いパフォーマンスレベル，課題の最初の魅力，自発性，強い自我感(Brewer, Van Raalte, Linder, & Van Raalte, 1991；Cohn, 1991；Jackson & Roberts, 1992；Privette & Bundrick, 1987, 1989, 1991, 1997；Privette & Landsman, 1983)。ピークパフォーマンスのさらなる特徴には，能力の自覚，達成，一時性，記述不可能な瞬間，などがある(Privette & Bundrick, 1987, 1991)。ピークパフォーマンスは，恍惚や至高体験さえも引き起こすものと思われる(Privette & Bundrick, 1997)。興味深いことに，他者と一緒の参加状況は，ピークパフォーマンス経験の可能性を妨げる。それはおそらく，他者の存在が個人の集中を乱すからである(Privette & Landsman, 1983)。

フロー

研究者はこれまで，フローの概念を記述したり，広範に調べたりしている(Csikszentmihalyi, 1991, 1993, 1997)。フローとは，最適かつ高質な経験の状態，つまり，"人々が他には何ら重要性を感じないような活動に関与している状態；経験それ自体が非常に楽しく，その結果人々は多大な犠牲を払ってでもそれを完全に行う状態"である(Csikszentmihalyi, 1991, p.4)。この最適な経験状態は，スキルが活動の機会と合致している場合や，"心的エネルギーBまたは注意Bを現実的な目標に注ぎ込む"(p.8)場合に，しばしば生じるものである。楽しさは，フロー状態の主要な要素になっている。実際に，フローは本質的に楽しく面白いものであり，人々はフローを探し求めている(Csikszentmihalyi, 1975, 1991, 1993；Jackson & Csikszentmihalyi, 1999；Marsh & Jackson, 1999；Stein, Kimiecik, Daniels, & Jackson, 1995)。

すべての活動がフローを最適にもたらすわけではない。PrivetteとBundrick(1987, 1989)は，20〜50歳の大学生(N=123)に質問して，スポーツはフロー経験の主要な根源であることを明らかにした。学校・仕事でのフロー経験，人間関係・病気におけるフロー経験，宗教的行事との関わりにおけるフロー経験を報告した参加者は誰もいなかった。しかしながら，これらの結果には，特殊な研究サンプルが反映している可能性もある。Csikszentmihalyi(1991)やJacksonとCsikszentmihalyi(1999)は，スポーツや運動でフローが生じる可能性を強化している。Jacksonら(Jackson, 1992, 1995, 1996；Jackson & Csikszentmihalyi, 1999；Jackson & Roberts, 1992；Marsh & Jackson, 1999)の広範な研究も，スポーツの文脈と運動の文脈でフロー経験が生じる可能性を強調している。

ランニングハイまたは運動ハイ

ランナーズハイは，至高の瞬間，とりわけ至高体験の特殊な例である。ランナーズハイを記述する際には，一般に次のような用語を使用している；多幸感，並外れた体力とパワー，優雅さ，崇高さ，突然の能力感，完璧感，努力なしの運動，スリル感（Berger, 1996；Masters, 1992；Sachs, 1980, 1984）。ランナーズハイを描写する用語が多いことを考慮すれば，その用語を定義するのは容易なことではない。しかしながら，ランナーズハイの特徴と望ましい性質を明らかにしている定義もある。Sachs（1984）は，ランナーズハイの予備的な定義として，次のように提案した；"ランニング中に感じる多幸感。通常，思いがけないものであり，ランナーはウェルビーイング感の高まりや，資質の高い評価を感じ，時間と空間の壁の超越を感じる"（p.274）。最近，Berger（1996）は，ランナーズハイや運動ハイを，次のような特徴がある至高体験の特殊なタイプと定義している；多幸感，ウェルビーイング感の高まり，心理的・身体的な強さとパワー感，短時の完璧感，さらに崇高さ（p.346）。

ランナーやその他の運動への参加者が表わす記述の多様性は素晴らしいものだが，面倒なものでもある（例えばMasters, 1992）。記述の内容には至高体験と一致しているものもあるし，"ウェルビーイング感の向上"という特徴をより表わしているものもある。多くのランナーがランナーズハイの経験を報告しているが，個人的な記述をより詳細に吟味した研究から，ランナーズハイは一般化したウェルビーイング感から至高体験に至るまでの広範かつさまざまな経験であることが明らかになっている。しかしながら，ランナーの中には，ランナーズハイをあいまいな用語，あるいはネガティブな用語で定義している者もいる（Masters, 1992）。

ランナーズハイの経験を報告するランナーの割合には，劇的な違いがある。Sachs（1984）は，ランナーの9～78％がランナーズハイを経験していると見積もっている。ランナーズハイを経験したランナーでは，めったに経験しないと報告する者（これまでのランニング中にわずか数回のみ）から，日常的なランニングの平均29.4％で経験すると報告する者まで，その経験の頻度はさまざまである（Sachs, 1980）。ランナーズハイについては，ほとんど何もわかっていない。明らかに，研究者は，ランナーズハイをさらに研究し，その定義・描写・説明をさらに進める必要がある。また，研究者は，ランナーズハイや運動ハイのきっかけとなる要因も明らかにする必要がある。

至高体験

至高体験は次のような強い感情状態で定義されている；無上の喜び，恍惚，大いなる歓喜，ひらめき。このようなエピソードは外的拘束からの自由と強い自己感を産み出し，至福の瞬間と考えることができる（Privette & Bundrick, 1987）。Maslow（1968, 1970）は，至高体験を個人の人生でもっとも心躍る・充実した・意味深い瞬間と考え，生活の質に大きく影響すると示唆している。またMaslowは，至高体験は完全に機能している人（自己実現者）と結びついていること，そのような人は未発達な人よりも多くの至高体験を報告する傾向があることも示唆した。

明らかに，身体的活動による至高体験の発生は，生活の質に効果があると思われる。しかしながら，運動やスポーツにおける至高体験については，ほとんど何もわかっていない。至高体験は予期せぬ時に起こる。したがって，一般的な状況や運動でこのような経験を報告する者の割合は不明である。大学生（N＝214）を調べたところ，至高体験を報告しなかった者はわずか3例に過ぎなかった（Allen et al., 1964）。このことから，至高体験は多くの者に共通しているものと思われる。これとは対照的に，国民サンプルを調べたKeutzer（1978）によれば，61％が自分を通常よりも昂揚させると思われるような力強い精神力の近くにいるかのように感じた経験を報告していなかった。

ピークパフォーマンス・フロー・至高体験と生活の質の連繋

"ピークパフォーマンス"は優れた機能である；"至高体験"には強い喜びが伴う；"フロー"は本質的に楽しい，課題の困難性と能力の合致である（Berger, 1996；McInman & Grove, 1991；Privette, 1983,

表 25.3 至高の瞬間の主な特徴

至高体験	フロー	ピークパフォーマンス
ハイレベルの喜び（恍惚）	面白い	優れた行動
個人の限界を超えた神秘	楽しさ	ハイレベルのパフォーマンス
消極的（没頭）	自我の喪失	明確な集中
一体感と融合感	陽気な	強力な自己感
自己喪失	統制感	実現
自発性	時間と空間の認識喪失	陽気でない
ピークパワー感	内発的動機づけ	自発的なパフォーマンス以外の意図的な活動

("Peak experience, peak performance and flow: A comparative analysis of positive human experiences," by G. Privette, 1983, *Journal of Personality and Social Psychology*, 45, p.1365. the American Psychological Association. より許可を得て転載）

Privette & Bundrick, 1991, 1997)。表25.3に要約したように，ピークパフォーマンスは，卓越した行動と関係している。したがって，ピークパフォーマンスは，個人生活のすべての側面に浸透しているような有能感・優越感・熟達感・自己効力感を促進する可能性がある。このような認識は，生活の質にとって重要な強い満足感やウェルビーイング感を助長するものと思われる。フローは面白く楽しいものであり，結果として統制感をもたらし(Csikszentmihalyi, 1991, 1993, 1997; Jackson & Csikszentmihalyi, 1999; Privette, 1983)，幸福感やウェルビーイング感を助長しているように思われる。至高体験には，楽しさ，あるいは広大かつ絶対的な恍惚感が伴っている(Privette & Bundrick, 1987, 1991; Privette & Sherry, 1986)。楽しさの認識や恍惚感は，幸福感やウェルビーイングの向上は言うまでもなく，個人の全体的な生活の満足感にインパクトを与えるように思われる。明らかに，至高の瞬間での強い心理的・身体的な要素には，個人の生活の質に影響する大きな力がある。

至高の瞬間の促進

　至高の瞬間が生活の質に影響し，運動とスポーツに結びつくならば，身体的活動における至高体験の助長要因を理解することは重要である。当然のことながら，スポーツと運動での至高の瞬間に興味を持つ研究者が多くなっている（例えば，Jackson & Csikszentmihalyi, 1999）。JacksonとRoberts(1992)は，フローとの相関を調べる研究で，Division 1の大学対抗競技者(N=200)の目標指向の役割や能力感をフローの自己報告との関連から調査した。参加者は，次の競技をしている17〜25歳の男女競技者であった；体操，水泳，ゴルフ，トラック競技，クロスカントリーランニング，テニス，ダイビング。各競技者は，目標指向尺度とフロー尺度に回答し，最良のパフォーマンス・最悪のパフォーマンス，パフォーマンスの難度ランキング・スキルランキングを記述した。その結果，能力感と熟達指向はフローを予測する要因であり，フローはピークパフォーマンスを予測する要因であることが明らかになった。したがって，能力感の向上に焦点を合わせたり，熟達経験を促す環境の構築に焦点を合わせることは，フローやおそらくその他の至高の瞬間を助長する1つの方法になっているものと思われる。
　Jackson(1995)は，質的研究で，エリートレベルの競技者28名にフロー経験に関連する要因についてのインタビューを行った。Jacksonは，内容分析を使用して，361のテーマを10の次元にまとめた。それらの次元はフロー状態に影響する要因を明らかにした。フローに影響する重要な要因には，次のものがあった；身体的・精神的な準備，集中，パフォーマンスの進行感・感情認識，最適な動機づけ・喚起。競技者は，フロー状態とフローに影響する要因は制御可能であるとも感じていた。スポーツ状況や運動状況での至高の瞬間への影響を確定するには，これらの次元を量的に確認する必要がある。
　催眠感受性や催眠経験は，至高の瞬間と結びついている。GroveとLewis(1996)は，サーキットトレーニングの実行者(N=96)を対象に，催眠感受性と以前の経験を，フローに類似した状態の相互関係を検討した。その結果，フローに類似した状態の自己報告は45〜50分の運動セッション中に増加し，その変化の大きさは催眠感受性と関係していた。催眠感受性が強い参加者は，催眠感受性が弱い者よりも，フローに類似した状態の大きな増加を報告した。個人の以前の経験は，催眠感受性の効果と同様のフロー類似状態の自己報告に影響していた。このことは，経験を獲得するための身体的活動への継続的な参加と，特定の連合／分離の方略によって，フローとおそらくはその他の至高の瞬間が促進されることを示唆している。
　レクリエーション競技者におけるフローの前提要因をより明らかにするために，Steinら(1995)は，一連の3つの研究によって，テニス，バスケットボール，ゴルフにおけるフローの予測要因として，目標，有能性，自信について調べた。テニスとゴルフは試合状況下で，バスケットボールは学習状況下で，それぞれ調べた。3つの研究結果から，目標，有能性，自信はフロー経験を予測しないこと，しかしスポーツ文脈は経験の質の認識に影響することが明らかになった。試合状況下では，フロー状態にある参加者や退屈している参加者は，無気力状態や不安状態にある者よりも良質の経験を報告した。さらに，学習状況下では，フロー状態にある参加者は，退屈・無気力・不安を経験している者よりも大きな楽しみ・満足・集中・制御を報告した。おそらく，身体的活動状況を構築すれば，フローや至高の瞬間を経験する可能性が高まるものと思われる。
　最近，Jacksonら(Jackson, Kimiecik, Ford, & Marsh, 1998)は，年配競技者のフローの心理的な相互関係を調べた。参加者(N=398)はWorld Masters Gamesの競技者で，内発的動機づけ，目標指向，スポーツの能力感，競技特性不安，特性フローの気質測度に回答した。競技者はまた，課題感とスキル感，成功感，フローという事象固有の測度にも回答した。相関分析の結果，スポーツの能力感，不安，内発的動機づけの得点が，特性フローと状態フローの両測度と相関していた。また線形重回帰分析により，スポーツの能力感，内発的動機づけ，不安は，特性フローと状態フローを個別に予測する要因であることが明らかになった。したがって，スポーツの有能感を開発することと，内発的動機づけの源に集中することは，特定環境におけるフローの助成に資するものと思われる。
　スポーツ環境と運動環境における至高の瞬間を助長

する要因について調査する研究は，残念ながら明らかではない。至高体験やランナーズハイを助長する要因の同定は，優先すべき研究である。なぜなら，そのような要因は，スポーツや運動への継続的な関与と身体能力の喜びに連繋していると思われるからである。さらに，至高の瞬間やおそらくランナーズハイは，生活の質の認識に非常に影響しているものと思われる。

至高の瞬間の測定

　至高の瞬間の測定技法は，一般的に，これら通常とは異なる体験の研究に特化した要因となっている。もっとも一般的な測定方法は，Csikszentmihalyi ら（Csikszentmihalyi & Larson, 1987；Larson & Csikszentmihalyi, 1983）が日常生活における経験の質を調べるために開発した経験サンプリング法（experience sampling method：ESM）である。ESM は，個人の日常活動をポケットベルで中断し，経験サンプリング様式（experience sampling form：ESF）の自己報告を受けるものである。ESF には，次のものなどが含まれている；フローを同定する現時点での課題とスキルに関連する項目，ポケットベルが鳴った時点の経験の質（思考と感情）とその時に行っている活動のタイプに関連する項目。

　至高の瞬間の測定手段には，経験質問紙（Experience Questionnaire：EQ）とフロー状態尺度（Flow-State Scale：FSS）という2つの方法がある。EQ は，Privette らが開発し，妥当性を明らかにした（Privette, 1984；Privette & Bundrick, 1987, 1991；Privette & Sherry, 1986）。EQ の最初の質問は，次のものの個人的な経験を物語的に記述するように要請している；ピークパフォーマンス，至高体験，フロー，平均的な出来事，悩み，失敗。EQ では，42 の項目で，個人的な経験の物語的な記述の重要性をリッカート尺度を用いて，"とても重要である"から"重要ではない"までの5つのポイントで評定している。追加項目には，次のものに関する項目などがある；パフォーマンスの規模，感情，後続効果，記述者の照合，人口統計学的変数（Privette & Sherry, 1986）。EQ のリーディングレベルは9〜10の段階にあると推定され，テスト–再テストの結果から項目レベルには妥当な信頼性のあることが明らかになっている。Privette と Bundrick（1987）は，EQ の構成と内容の妥当性を明らかにしている。期待通り，EQ は至高の瞬間の研究での一般的なツールになっている。

　至高の瞬間の研究にもっとも貢献しているものの1つは，FSS である（Jackson & Marsh, 1996；Marsh & Jackson, 1999）。FSS は，Jackson と Marsh がフローの9次元の定義（Csikszentmihalyi, 1991, 1993 が提唱）と Jackson（1992, 1995）の質的研究に基づいて開発した，スポーツと身体的活動状況の多元的フロー尺度である。最初は1尺度あたり6項目（9尺度）とした54項目を開発し，その内容の表現を7名の研究者が評価した。次に54項目をアメリカとオーストラリアの競技者394名に実施して，その回答を確認的因子分析（confirmatory factor analysis：CFA）にかけた。その結果は，54項目-9因子のモデルは証明できなかったが，36項目-9因子（1因子あたり4項目）のモデルは支持していた。単一の高次因子は，9つの一次因子の上位に位置するように思われる。9つの FSS 尺度には，妥当な内的一貫性があった。その後も，研究者は，FSS の因子構造と内的一貫性をさらに検討している（Marsh & Jackson, 1999；Vlachopoulos, Karageorghis, & Terry, 1999）。また，Marsh と Jackson は，CFA の多特性・多方法の技法を使用して FSS の構成の妥当性を初めて明らかにし，フロー経験の特性測度も提示した。

今後の研究に求められるもの

　これら捉えどころのない束の間の瞬間の研究には難しい性質があるために，至高の瞬間の理解は限られている。至高の瞬間の現象学，前提条件，結果を理解することは困難である。なぜなら，至高の瞬間は計画されたものではなく，思いもよらない現象だからである。したがって，すべての測定方法で，経験の中断や後ろ向き報告を参加者に要求している。至高の瞬間は，実験計画を立てて研究したり実験室条件を設定したりして研究することはできない。さらに，至高の瞬間の神経解剖学的・神経生物学的な根幹を明らかにすることは困難である。研究者が至高の瞬間の神経メカニズムを理解する1つの有力な方法としては，至高の瞬間の自己報告を薬物に関連する経験と比較する薬理学的なアプローチ（薬物の比較研究）の使用がある。しかしながら，このデザインですら，後ろ向き報告に限られている。

　これらの困難にも関わらず，至高の瞬間は継続的に研究しなければならない。現在のところ，とりわけ運動に関するピークパフォーマンス，至高体験，ランナーズハイの理解はあまり進展していない。至高の瞬間は本質的に捉えどころがなく，定義が難しく，一般的に調査研究での測定が難しい。

　最近，研究者は，量的研究法を選択して，至高の瞬間を検討している（例えば，Grove & Lewis, 1996；Jackson & Marsh, 1996；Marsh & Jackson, 1999；Stein et al., 1995）。しかしながら，妥当性を改善しようとするそのような試みは，そのような活動への参加によって実際に個人が感じるものとは違ったものを強調している（Kirk, 1986）。使用した方法論に関わらず，何を質問するかの確定はもっとも難しい問題となっている。参加者の教育レベルの違いは，ピークパフォーマンス，フロー，ランナーズハイ，至高体験の

研究を特にゆがめる傾向がある。例えば，Wuthnow (1978)は，"ハイピーカー"（生活に継続的に影響するような至高体験を経験した者）の65％が大学通学者であることを明らかにした。"ノンピーカー"（至高体験のない者，または生活を変化させるような至高体験のない者）の大学通学者は45％にすぎなかった。至高の瞬間を経験した人の割合は不明であり，至高の瞬間を経験した頻度も不明である。至高の瞬間は人生に1回しか起こらないと示唆している研究者もいる (Panzarella, 1980)が，かなり定期的に経験できると示唆する研究者もいる (Csikszentmihalyi, 1991, 1997 ; Ravizza, 1984)。

運動やスポーツにおける至高の瞬間については，いまだ解答の与えられていない多くの問題が気鋭の研究者に残されている。より明白ないくつかの問題としては，次のようなものがある；至高の瞬間の意味とその結果は何なのか？ 例えば，身体的活動における至高の瞬間は，個人のメンタルヘルスや生活の質に影響するのか？ 至高体験の可能性には文化による違いがあるのか？ 特定のパーソナリティの特徴によって至高の瞬間の発生は増加するのか？ Maslowが示唆しているように，高齢者はあまり至高体験をしないのか？ 至高の瞬間のタイプや頻度に男女差はあるのか？ フロー，ランナーズハイ，ピークパフォーマンス，至高の瞬間は特定タイプのスポーツや運動でより多く生ずるものなのか？ 至高の瞬間の経験を助長する運動の変数（強度，持続時間，頻度）は何なのか？

結 論

至高の瞬間は，生活の質を非常に高めるような，深奥で，実りある，印象的で，感動的な経験である。ピークパフォーマンス，フロー，ランナーズハイ，至高体験は，身体的活動の経験や個人の生活に強い衝撃を与えると思われる至高の瞬間である。研究者は，ランナーズハイを除いて，至高の瞬間を正確に特徴づけているが，現在は至高の瞬間が生じる様式と理由を検討すべき時期になっている。身体的活動状況での至高の瞬間は，特に測定法の最近の進歩 (Jackson & Marsh, 1996 ; Marsh & Jackson, 1999)や生活の質との潜在的で強力な関係とともに，追求に値する研究テーマとなっている。至高の瞬間の経験を理解することができれば，研究はさらに進展し，レクリエーション活動の魅力的かつ実り多い形態として，また避けるのではなく直接かつ有意義に調べることができる活動として，運動やスポーツを助長するものと思われる。

楽しさと生活の質

身体的活動が生活の質に影響するもう1つの方法は，楽しさを経験する機会を与えることである。楽しさは，快楽経験，興味深い経験，実り多い経験，真に印象的な経験をもたらすことで，生活の質と完全に結びついているように思われる (Kahneman et al., 1999)。Csikszentmihalyi (1991, p.46)が認めたように，"人々が自分の生活を実り多いものにするものが何であるかについてさらに思案する場合，快適な記憶を越えて，快適な経験と重複し楽しさという独立カテゴリーに分類されるような他の出来事やその他の経験を想起する傾向がある"。

楽しさは，生活に趣も加えている。楽しさの経験は，日常の慣行に意味と"活力"を追加するであろう達成感，陶酔感，幸福感を作り出していると思われる (Kendzierski & DeCarlo, 1991)。楽しさが生活の質に影響するもう1つの方法は，メンタルヘルスの改善である。例えば，楽しい活動への参加は，日常の面倒事や要求と関連する心理的なストレスを相殺している可能性がある (Berger, 1994, 1996 ; Sacks, 1996 ; Wankel, 1993)。生活の楽しさは，抑うつ感情が起こる可能性を低減すると思われる (Brenner, 1975)。楽しさは，レジャー，学校，仕事でのポジティブな感情状態と結びついている (Csikszentmihalyi & LeFevre, 1989 ; Hewitt & Miller 1981 ; Wheeler, 1985)。フロー経験の楽しさは，感情的なウェルビーイング，リラクセーション，生活の満足と結びついている (Clarke & Haworth, 1994)。

楽しさとは何か？

楽しさは，一時的な構成概念である。我々の誰もが楽しさの意味を知っていても，楽しさは定義することが難しい構成概念である。Websterの"Dictionary of the English Language" (1992)では，楽しさを"喜びや満足を与えるもの"と定義している。この定義は，生活の質の改善では楽しさが重要なことを強調している；楽しさの経験は，ポジティブな感情と満足感をもたらしている。楽しさはポジティブな感情状態に関連すると示唆する研究者もいる。例えば，ScanlanとSimons (1992, pp.202-203)は，スポーツの楽しさを"愉快，好み，面白さといった一般化された感情を反映するスポーツ経験へのポジティブな感情反応"であると定義した。Wankel (1993, p.153)は，運動の楽しさを"ポジティブな情動，ポジティブな感情状態"と記述した。Wankel (1997)はさらに，ポジティブな感情状態は身体的活動の楽しさと運動の楽しさに共通する要素であると推測した。このように，楽しさにはポジティブな感情状態が伴うという考えに同意している研究者もいる。

楽しさとフロータイプの経験を同じものと考え，ポジティブな感情は楽しい経験の副産物であると示唆している研究者もいる。Csikszentmihalyi (1991)によれ

ば，楽しさは最適な経験であり，質の高い経験の1つであって，それ自体が目的の機能を果たしている。楽しさは，本質的に実りある自己目的的（自己完結的）な活動にしばしば生じている。楽しさの最適な経験は，幸福，活力，喜び，リラクセーションといったポジティブな感情状態を引き起こすように思われる（Clarke & Haworth, 1994；Csikszentmihalyi & LeFevre, 1989；Motl et al., 印刷中）。これらの記述に基づけば，楽しさは"それ自身のための活動の実行と結びつき，ポジティブな感情状態と関連するような最適な心理状態（フロー）"（Kimiecik & Harris, 1996, p.256）であると予備的に定義できる。

KimiecikとHarris（1996）の定義は，Wankel（1997）やおそらくその他の研究者との間に激しい議論を巻き起こした。Wankelは，KimiecikとHarrisが先行研究（例えば，Wankel & Kreisel, 1985；Wankel & Sefton, 1989）の見方を誤解もしくは間違って報告していると示唆した。また，フローに基づいた楽しさを一貫性のない論理を使用して定義し，"わら人形"論を開発して楽しさの自己指向的な定義を進めた。Wankel, Kimiecik, Harrisの論評は，楽しさの定義の不一致や困難さを例示している。したがって，楽しさに基づく研究は，これらの論文の双方に注意し，また考察する必要があると思われる。

運動・スポーツ科学の研究者は，楽しさを近視眼的にみている。したがって，感情の研究からの議論は，身体的活動での楽しさを理解するための新しい定義や方法をもたらすものと思われる。感情理論を唱える者も喜びや楽しさの概念を議論しており，喜びや楽しさを人間の基本的な感情であると考えている（Ekman & Davidson, 1993；Ekman, Davidson, & Friesen, 1990；M. Frank, Ekman, & Friesen, 1993）。すべてのポジティブ・ネガティブな感情のように，楽しさには感情的要素・行動的要素・生理的要素がある（Frijda, 1999）。楽しさはポジティブな感情であり，嫌悪行動の傾向や回避行動の傾向よりも欲求行動の傾向や接近行動の傾向を反映している。楽しさは，眼筋（眼輪筋や大頬骨筋）収縮と結びつく明瞭な顔の表情（例えば，デュセンヌスマイル〔Duchenne〕スマイル）から成り立っている（M. Frank et al., 1993；M. Frank, Ekman, & Friesen, 1997）。楽しさと結びつく中枢神経系（CNS）や末梢神経系には，特定の生理的反応もある。それらは左半球前部側頭葉領域のさらなる活性を示すEEGの半球非対称や，自律神経系（ANS）の賦活である（Ekman et al., 1990；Ekman & Davidson, 1993；M. Frank et al., 1997）。

したがって，感情理論を唱える者が明らかにした楽しさの特徴には，自己報告によって測定できるような単純でポジティブな感情状態以上のものがある。楽しさは明白な顔面表情およびCNS・ANSの生理的反応を包含しており，そこには疑いなく神経解剖学的・神経生物学的な基盤が存在している（LeDoux & Armony, 1999）。運動科学者やスポーツ科学者は，主観的な感情（ポジティブな感情），明瞭な顔面表情，CNSとANSの生理的な反応を含め，楽しさのより幅広い定義を考えなくてはならない。顔面表情（運動と筋活動；Bartlett, Hager, Ekman, & Sejnowski, 1999；Ekman & Friesen, 1978）を分類し数量化する顔面活動符号化システム（Facial Action Coding System：FACS）は，身体的活動の楽しさを理解するための1つの方法と思われる。

面白さと楽しさ

研究と意味論の両方の目的にとって，面白さと楽しさを区別することは重要である。面白さと楽しさは同義語ではないと思われる（Podilchak, 1991）。考えられる1つの違いは，次のことである；面白さは，楽しさが得られる経験の記述的な状態，あるいは感情的要素である。一方，楽しさは，感情的・行動的・生理的な反応を特徴とする，より包括的な経験である。De Grazia（1962）が述べているように，面白さは"快楽を予期する気分"（p.332）であり，"飲めや歌えの燃え上がり"（p.337）である。また面白さは，楽しさを促進する要因であると思われる。スポーツ心理学と運動心理学の研究者は，面白さを感じることがユーススポーツ参加における楽しさの源であると報告した（Wankel & Kreisel, 1985；Wankel & Pabich, 1982）。

Podilchak（1991, p.123）は，面白さを，"他者と同等の社会-人間の絆を創るために，社会-経歴的な不平等を脱構築するような社会-感情的な相互作用過程"と記述した。その一方で，楽しさを，多くの文脈で経験できる自己参照過程として概念化した。楽しさは，運動における面白さとは異なるように思われる。したがって，スポーツ科学者はこの相異を認識する必要がある。

楽しさの測定

研究者は，さまざまな尺度を使用して，スポーツや運動の楽しさを検討している。尺度は1項目（例えば，Garcia & King, 1991；Turner, Rejeski, & Brawley, 1997）から項目の組み合わせ（例えば，Boyd & Yin, 1996；Carpenter & Coleman, 1998；Paxton, Browning, & O'Connell, 1997）や妥当性が明らかな質問紙（Kendzierski & DeCarlo, 1991）に至るまで多岐に渡っている。1項目の尺度には，リッカートタイプの尺度に従って（例えば，"まったく楽しくなかった"から"完璧に楽しかった"；Turner et al., 1997）評価した語句が共通して入っている。その他，リッカートタイプ（Carpenter & Coleman, 1998）やハータータイプ（Boyd & Yin, 1996）の尺度でも評価している"幸福""面白さ""好き"に関連する複数の項目からなる楽し

さの測度を使用し、回答の合計から楽しさの得点を算出している。しかしながら、楽しさを測定するこれらの方法の信頼性（単一指標の測度）や妥当性には問題があり、心理測定の性質にも問題がある。

特にスポーツと運動に適用できる楽しさの質問紙のもっともよい実例は、KendzierskiとDeCarlo(1991)が開発した、Physical Activity Enjoyment Scale (PACES)である。PACESは、双極尺度上に評価する18項目からなる。PACESでは項目得点の合計を単一次元の測度として、"個人が身体的活動を楽しむ程度"を推定している。各項目は、熟練者の示す楽しさの定義（例えば、Kimiecik & Harris, 1996 ; Scanlan & Simons, 1992 ; Wankel, 1993, 1997)と同様の"フロー類似経験"や"ポジティブな感情状態"の次元を包含しているように思われる(Crocker, Bouffard, & Gessaroli, 1995 ; Motl et al., 印刷中)。PACESの項目の例には、次のものがある；"面白そうだ" "この活動に非常に夢中になっている" "幸せと感じさせる" "非常にうきうきしている"。研究者は、PACESの内的一貫性、テスト-再テストの信頼性、因子的また予測的な妥当性も評価している。内的一貫性は、独立した2つのサンプルのα係数0.96が支持していた。テスト-再テストの信頼性は、0.60〜0.93と幅があった。研究者はPACESの因子的な妥当性をあまねく支持してはいない（例えば、Crocker et al., 1995)が、快的な環境と不快な環境における運動の間の成功の違いによって、予測的な妥当性を確証している(Kendzierski & DeCarlo, 1991)。Wankel(1993)はPACESが有望なツールであると示唆したが、他の研究（例えば、Crocker et al., 1995 ; Motl, Bieber, & Berger, 1997)に基づけば、因子的な妥当性・不変性および得点の意味の解釈を改善するには、PACESの評価や改良を継続する必要があると思われる。

身体的活動を楽しむことの効用

継続

Singer(1996, p.249)が述べたように、"我々が待ち望む何か、またそれをしない場合に取り逃がすものに捧げる何かと、活発な身体的活動への定期的な参加を結びつける方法がある"。身体的活動を魅力的かつ好ましいものにする方法は、おそらく楽しさを経験する可能性を高めることだと思われる。楽しさは、一般的に運動やスポーツに参加することの理由だとされている（例えば、Berger, 1996 ; Carpenter & Coleman, 1998 ; Scanlan & Simons, 1992 ; Wankel, 1993 ; Welk, 1999)。楽しさの予期は、身体的活動の最初の魅力にとって重要なものであり(Welk, 1999)、また運動やスポーツ活動中の経験もしくはその後の経験はいずれも、運動への参加とコミットメントの維持(Carpenter, 1995 ; Carpenter & Coleman, 1998 ; Carpen-ter, Scanlan, Simons, & Lobel, 1993)に関係しているものと思われる。非常に単純に言えば、楽しいと感じるような活動は、魅力的で、魅惑的で、有意義で、実りある、価値あるものと思われる(Kahneman et al., 1999)。

研究者は、楽しさを、運動やスポーツ行動の予測要因として、横断的・縦断的に検討している。また横断的研究のデザインを使用して、楽しさを、青年・成人におけるスポーツへのコミットメントや身体的活動との関係から調べている（例えば、Bungum & Vincent, 1997 ; Carpenter et al., 1993 ; Paxton et al., 1997 ; Sallis, Prochaska, Taylor, Hill, & Geraci, 1999)。研究者はまた、縦断的研究もしくは介入研究のデザインによって、楽しさを、成人・青年の身体的活動へのコミットメントや関与との関係からも調べている（例えば、Carpenter & Coleman, 1998 ; DiLorenzo, Stucky-Rupp, Vander Wal, & Gothan, 1998 ; Garcia & King, 1991 ; Leslie, Owen, Salmon, Bauman, & Sallis, 1999 ; Sallis, Calfas, Alcaraz, Gehrman, & Johnson, 1999)。例えば、CarpenterとColemanは、クリケットのユースエリート選手におけるスポーツへのコミットメントモデルをシーズン中に検討して、スポーツの楽しさは、能力の認識や社会的な機会が予測するのと同様に、シーズンを通したスポーツへのコミットメントを有意に予測すると指摘した。SallisとCalfasらは、また別の研究で、身体的活動の楽しさは、介入にランダムに割り当てた男子学生が16週間のコースに渡って示す身体的活動レベルを予測すると報告した。

メンタルヘルスの向上

楽しさは、身体的活動がもたらす心理的効果と連繋している。BergerとOwen(1986)とKoltyn, Shake, Morgan(1993)は、楽しさと気分の急激な高揚の関係を間接的に明らかにしている。BergerとOwenは、夏期水泳クラス後のPOMSに気分の変化はみられなかったと報告し、その原因を極端に不快な水温や気温に帰属した。より正確に言えば、秋と夏のセッション中の、突然の水泳の競争と気分変化の関係を調べた。秋学期の水泳クラスに登録した学生では、POMSの多様な下位尺度が短期的に改善したと報告した。しかしながら、夏学期の学生では、水泳が気分変化に関係するという証拠はなかった。BergerとOwenは、夏学期中に気分が変化しなかったのは、楽しさの認識に影響すると思われるような極端に不快な運動条件のせいかもしれないと考えた。Koltynらは、不快な運動条件が急性の気分状態に及ぼす同様の効果を明らかにした。Turnerら(1997)は、穏やかな運動の楽しさ、あるいは身体的活動の豊かな環境と気分の急激な改善との密接な関係が、環境の楽しさと気分の関係を解明する上で役に立つと指摘した。不快な環境条件は楽し

さの認識に影響し，その認識が身体的活動と結びついた気分変化に影響を与えているものと思われる。

最近の研究によれば，身体的活動の楽しさは，短期の気分向上とより直接に連繋することが明らかになっている(Motl et al., 印刷中)。研究者は，ロッククライミングの講義を受講しビデオを視聴した健康教育クラスの学生とロッククライマーが報告する急激な気分変化が楽しさと関係するかどうかを調べた。ロッククライマーと健康教育クラスの学生は，活動の前後にPOMSに回答し，PACESには活動後にのみ回答した。正準相関分析の結果，楽しさと活動はともに，POMSによる急激な気分変化と関係していた。パス解析と一連の単回帰・重回帰分析の結果，楽しさはロッククライマーや健康教育講義クラスの学生の急激な気分変化を媒介することが明らかになった。

Sacks(1996)は，編集した心と体の連絡に関連する本の中で，運動の楽しい経験が，日常活動と関連する心理的なストレスとバランスを取る上で役に立つと示唆した。Berger(1994, 1996)とWankel(1993)も，日常生活のストレスやわずらわしい出来事による気分の乱れとのバランスを取る際の運動の楽しさの重要性について議論している。明らかに，楽しさは，運動によるメンタルヘルスの向上に影響している。

楽しさの根源

望ましく快楽的で実りあるこの経験の発生をどのようにして促すべきかを理解するには，運動やスポーツにおける楽しさの根源となり得るものを調べることが重要と思われる。残念ながら，運動状況や成人集団における楽しさの根源を調べた研究はほとんど存在していない。大半の研究は，大学生の運動者やユーススポーツ参加者に集中している。楽しさの根源は，ユーススポーツへの参加者と成人の参加者の間，あるいはスポーツと運動環境の間では異なる可能性がきわめて高い。そのために，研究者は，この可能性を直接検証する必要がある。

ユーススポーツへの参加者

ユーススポーツへの参加者における楽しさの根源を検討している研究者は，量的・質的な研究デザインを使用している。量的な方法論を使用した研究者は，楽しさの3つのカテゴリー，内的・社会的・外的な要因を一貫して明らかにしている。固有の内的要因は，面白さ，達成，挑戦，スキルの向上，興奮を包含している(Wankel & Kreisel, 1985；Wankel & Pabich, 1982；Wankel & Sefton, 1989)。社会的な要因とは，友人と一緒にいることや，一緒のチームにいることである。外的な要因は，受賞や勝利を包含している。楽しさにとって内的な要因がもっとも重要であり，続いて社会的，そして外的な要因の順になっている(Wankel & Pabich, 1982)。

Scanlanら(1993)は，スポーツの楽しさに関する文献の広範なレビューと専門家による内容妥当性の評価に基づいて37項目の質問を作成し，多様な年齢・民族・ジェンダーを含む大規模なサンプル(N=1,342)で，スポーツの楽しさの根源について調べた。次に各項目をユーススポーツ参加者のサンプルに適用し，回答を因子分析して背景構造を明らかにした。これらの背景構造は，次のものが構成している；スポーツの楽しさ，能力感，チームのポジティブな相互作用と支援，親によるポジティブな関与・相互作用・パフォーマンスに対する満足，努力と熟達，コーチのポジティブな支援とシーズンのパフォーマンスに対する満足。重回帰分析から，努力と熟達，チームのポジティブな相互作用と支援，コーチのポジティブな支援とパフォーマンスに対する満足は，楽しさの重要な根源であることが明らかになった。驚くことに，これら3つの構成要素は，スポーツの楽しさにおける分散の47%を説明していた。

ユーススポーツに参加する者の楽しさに寄与する他の因子も明らかになっている。例えば，スポーツの楽しさは，課題指向，有能感，学習性無力感，スポーツ参加年数と連繋しているが，身体的活動における自我指向は連繋していない(Boyd & Yin, 1996)。スポーツの楽しさは，能力感／有能感(Oman & McAuley, 1993；Ommundsen & Vaglum, 1991)，親からの関与感，プレッシャー感，満足感(例えば，Babkes & Weiss, 1999；Brustad, 1996；Ommundsen & Vaglum, 1991；Scanlan & Lewthwaite, 1986)，成功感(Briggs, 1994)とも関係している。

質的な方法論を使用した研究者は，ユーススポーツへの参加者における楽しさの，より多様でわかりにくいいくつかの根源を明らかにしている。例えば，Scanlan, Stein, Ravizza(1989)は，エリートフィギュアスケート選手に楽しさの重要な根源について面接し，その記録内容を分析した。楽しさの根源は，次の4つの主要テーマと合致していた；有能感，スケートを行うこと，社会的な機会と生活の機会，有能性の社会的な認識。有能感を特徴づけているものには，スキルの熟達，パフォーマンスの完遂，競技の達成といった要因があった。スケート行為のもっとも大きな特徴は，運動感覚，自己表現，フロー／至高体験，スケート競技に対する情熱といった要因であった。社会的な機会や生活の機会の特徴は，友人を作ったり友人になったりすることや，コーチ・親・選手との相互作用といった要因が形づくっていた。能力の社会的な認識は，パフォーマンスの承認や社会的な認識を包含していた。Bakker, De Koning, Van Ingen Schenau, De Grootは，若いエリートスピードスケート選手を対象に，ほとんど同じ方法論を用いてScanlanらの結果を追試した(1993)。

SmithとConkell(1999)は，14〜15歳のアメリカとイギリスの生徒を量的に分析し，体育の楽しさに寄与する要因を調べた．Smithらは，楽しさに影響する11の要因を識別し，次にこれらの要因を主要な4つのカテゴリー，生徒，教師，環境，活動に分類した．次の1つの例外を除いて，楽しさには文化の違いがなかった；教師由来の楽しさについて，イギリスの生徒は課題差に関連すると報告し，アメリカの生徒は指導スタイルにあると報告した．

要約すると，研究者は，ユーススポーツ参加者や体育参加者の楽しさの根源として，内的・社会的・外的な要因を明らかにしている．楽しさの内的な要因には，スキルの開発・向上から単に面白いと感じていることの自己表現に至るまでの幅がある．社会的な要因も重要であり，一緒のチームにいること・友人を作ることからコーチとのポジティブな相互作用に対する親の関与に至るまでの幅がある．最後のカテゴリーである外的な要因は，楽しさにとっては重要度がもっとも低い．これに該当するものにトロフィーの獲得や表彰がある．ユースの楽しさの要因を成人の参加者に適用したりスポーツや運動環境に横断的に適用できるかどうかは明らかではない．

成人の運動者

成人の楽しさの根源について，量的・質的な方法論を使用して調べた研究もある．Widmeyer, Carron, Brawley(1990)は，量的研究のデザインを使用してスポーツにおけるグループの大きさの効果について2つの研究を行ったが，その2番目の研究で，楽しさを感じることに影響するグループサイズを中心に調べた．結果として，グループサイズと楽しさは逆に関係することが明らかになった．より小さいグループ(3選手)は，より大きいグループ(12選手)よりも大きな楽しさを報告した．小さいグループと中くらい(6選手)の運動グループでは，運動することや競技関連疲労へのポジティブな感情も，楽しさの得点と関係していた．より大きいグループの楽しさをもっともよく予測する要因は，権力・責任が緩いと感じることであった．

リーダーシップ行動も，楽しさ・自己効力感・運動由来の感情状態に影響すると思われる(Turner et al., 1997)．このリーダーシップ行動とは，運動インストラクターによる社会的に豊富な，もしくは社会的に穏やかな運動環境の組織である．バレエをしている大学年齢の女子46名を集中的に調べたこの研究の結果から，頻繁な技術的指導・技術的支援・ポジティブなフィードバックを含むような社会的に豊富な環境は穏やかな運動条件よりも楽しいと報告していることが明らかになった．また楽しさは急激な気分変化にも関連していたが，楽しさが気分変化の原因なのか，それともその逆なのかは定かではない．

Wankel(1985)は，2つの質的研究で，成人男性にインタビューをして，運動関与の継続とおそらく楽しさに影響する個人的・状況的な要因を確定した．運動"維持者"は，スキルの開発，友人との外出，競争傾向の放棄，好奇心の満足，精神と身体の成果，社会的な関係の開発が，運動経験の重要な質であると報告した．これらの要素は，運動の強度，運動の多様性，リーダーシップの一貫性とともに楽しさに影響するものと思われる．運動の楽しさを明らかにするために，HeckとKimiecik(1993)は，成人男女の運動者に面接した．面接の内容を分析した結果，社会的な相互作用と競争が楽しさの重要な要素であることが明らかになった．楽しさに関係するその他の要因には，運動環境，フロー経験，感情的な成果と身体的な成果，日常のわずらわしい出来事や要求のはけ口もしくは気晴らしなどがあった．

楽しさのその他の要因

パーソナリティの特徴と運動様式または環境の相互作用を調べれば，なぜ運動を楽しいものと思う人とそうは思わない人がいるのかが明らかになると思われる．確かに，必ずしもすべての運動タイプが特定の個人にとって楽しいものとは限らないし，また個々人の身体的活動の好みも違っている．例えば，ロッククライミングと比べて水泳を楽しめるような独特のパーソナリティプロフィールが存在しているようにも思われる．Motlら(1997)は，水泳選手は高い特性不安得点と低い刺激希求得点を示し，ロッククライマーのは相反するパーソナリティプロフィールを示すことを明らかにした．パーソナリティの違いは，水泳やロッククライミングの楽しさに影響しているものと思われる．

Walker, Roberts, Nyheim, Treasure(1998)は，相互作用論を唱える者の視点から楽しさを予測する上での達成目標への気質傾向と動機づけの雰囲気感の関係を検討した．実験参加者は，夏期スポーツキャンプに参加した男女であった．結果として，達成目標への気質傾向と動機づけの雰囲気感の相互作用は，楽しさの得点を，それぞれの要因が個別に予測するよりも強く予測していた．男女のスポーツの楽しさを理解する上で，気質的要因と環境的要因の相互作用が重要であると，この知見は強調している．

パーソナリティと運動環境の相互作用は，楽しさの認識に別の方法で影響する可能性もある．例えば，社会的に体格に不安がある人は，ジムやエアロビクスのクラスでは運動を楽しめないかもしれない．なぜなら，これらの環境には，楽しさよりむしろ不安を起こすような強い体格評価要素がしばしば存在するからである(Hart, Leary, & Rejeski, 1989)．社会的な体格の不安レベルが高い人は，体格評価要素の少ないような身体的活動環境に参加する必要があると思われる．このような環境には，家庭，近隣，公園，特にデザイ

ンした運動クラスが該当している。

気分の向上，爽快な気分，スリルと興奮の欲求，至高の瞬間のように運動を楽しくするような要因はその他にたくさんある。楽しさのその他の要因には，次のものなどがある；個人の能力の検定，心・体・精神の一体感，自然との親和，逃避，進歩，おふざけ／不まじめ。楽しさに寄与する要因である奥行きと幅は，身体的活動に結びつく多数の個人的な意味と同様に多種多様なものになっている(Berger, 1996；Berger & Mackenzie, 1980)。

楽しさの経験を記述するモデル

StainとScanlan(1992)は，競技者における楽しさの要因を説明する概念的な枠組みを提案し，それを検証した。この枠組みを構成しているものは，目標達成と無目標の発生という2つの有力な背景メカニズムである。目標達成には，個人が望ましい目標や達成基準を設定して，基準の達成を目指し努力する経験が関係している。機能的に関連する2つの目標レベルが，目標の階層を形成する目標達成（普遍的で全般的な目標）の内部に存在している。無目標の発生は計画的でなく予期していないような環境事象であり，スポーツ領域に発生する。しかし，競技者の目標の演繹的な階層の外側に位置している。StainとScanlanは，青年男子競技者181名のサンプルでこのモデルを検証し，目標の全般的な達成と普遍的な達成の関係や，目標の全般的な達成と季節的な楽しさの関係が予測可能であることを明らかにした。季節的な楽しさ，目標の普遍的な達成，無目標の発生の間には，何ら明らかな関係はなかった。この概念的な枠組みは非常に論理的なものであるが，構造方程式モデルを使用してまた多様な身体的活動状況において，さらに検証する必要がある。

結 論

楽しさは，生活の質と連繋している(Kahneman et al., 1999)。そして身体的活動は，楽しさを経験したり生活の質を改善する1つの方法になっている。身体的活動の楽しさは，運動の継続にも影響し，メンタルヘルスの効果を助長すると思われる。楽しさを最大にする要因はほとんどわかっていない。しかしながら，いくつかの有力な影響を明らかにするための研究は進行中である。

楽しさの領域を調べるには，かなり多くの研究が必要である。研究者は，感情研究者が確立した文脈における楽しさを検討していない。しかし，楽しさの将来の研究では，FACSやEEG活動といった行動的・生理的な測度と自己報告を組み合わせることが肝要である。研究には次のことも必要と思われる；(1)運動の楽しさと関連する多数の効果の検討，(2)楽しさの新しい要因の探求，(3)身体的活動の楽しさの重要性や決定因を理解するための新しい理論的なアプローチの開発。

結 論

本章では，運動が生活の質に影響すると思われるような多数の方法から，4つだけに焦点を絞り込んだ。生活の質は，優秀さの状態やウェルビーイング感の向上を強調しており，概念的には主観的なウェルビーイングや幸福と類似している。運動／健康心理学の研究はまだ揺籃期にあるが，本章でレビューした研究の結果は，習慣的な運動は生活の質と密接な関係にあると示唆している。相互に作用している無数の要因は，とりわけ生活の質と関係する身体精神的・精神身体的な関係を理解しようとする努力を研究者に求めている。

A. Frank(1991, p.6)は，重病は"生活の触れられない側面…あなたの親族関係，あなたの仕事，あなたが誰なのかまた誰になるのかという感じ，あなたの人生感と人生はこうあるべきだという考え，を何も残さず，これらをすべて変化させる。この変化は恐ろしいものだ"と述べている。本章で主に前提としているのは，同じことが身体的活動にも言えるだろうということである。身体的活動は病気と同様に，我々の身体とこのような核心に直接影響している。Frankの言葉を意訳すれば，運動によって生活の触れられない側面…親族関係，仕事，あなたが誰なのかまた誰になるのかという感じ，あなたの人生感と人生はこうあるべきだという考えが何も残らなくなる。自己同調した運動者はこのことを現象学のレベルで知っている。しかし，研究者は，身体的活動と身体-精神の関連をより十分に記述・検討・予測するような実証的データを収集しなければならない。

要約すると，本章でレビューした研究は，以下の所見を支持している。

1. 運動は，"健常"集団のメンバーにおける主観的なウェルビーイングと関係している。その効果，とりわけ気分の改善は，運動によると考えるのがもっとも納得でき，慢性的・長期的よりもむしろ急性的・短期的に変化する傾向がある。慢性的な効果は，臨床心理学的に診断された集団に生じる傾向がある。気分の改善に加えて，習慣的な身体的活動は，個人のストレス反応の緩和と関係している。運動は，進行中の不快ストレス(distress)のレベルを低減するのと同様に，快ストレス(eustress)の機会を提供している。運動は個人の主観的なウェルビーイングを高める多くの方法の1つにすぎない。しかし，運動は，健康上の多様な効果と外見上の望ましい変化を同時に提供するために，

とりわけ魅力的なものになっている。運動による心理的効果が範囲・持続期間・特異的な性質の点で，気分を高める他の方法やストレスマネジメント技法と異なるかどうかを明らかにするには，より多くの研究が必要と思われる。現在のところ，運動は，表25.2 に列記したような他の一般的な技法と比べて遜色がないように思われる。運動と生活の質の関係を検討する場合，もしも参加者が習慣的に過度に練習しているならば運動には負の効果があり得ることを認識することは重要である。有害な変化には，酷使による傷害，運動の強制，疲労の増加／エネルギーの低下などがある。

2．Berger らは，運動と結びついた望ましい心理的な変化を助長するために，運動の心理的な効果を高めるような分類法を提唱した。その分類法は，運動の楽しさ，様式の特徴，練習要件という3組の要因を包含している(Berger, 1983/1984, 1996；Berger & Motl, 2000；Berger & Owen, 1988, 1992a, 1992b, 1998)。分類法の要因は，身体的活動と主観的なウェルビーイングの関係における主要な問題をいくつか浮き彫りにしている。最適な心理状態である楽しさは，分類法の第1の要因となっている。なぜなら，それは，個人差と身体的活動に対する個人の好みを調整しているからである。様式の特徴には，律動的な腹式呼吸あるいは有酸素の性質，対人競争の相対的な欠如，閉鎖的な運動様式，律動的で反復性の運動などが含まれる。練習の要因あるいはトレーニングの要件には，個人的な不快感や身体的な不快感を防止するような，必要最小限の体力を確立するための適度な運動強度，少なくとも20分の持続時間，頻繁な身体的活動などがある。

3．至高の瞬間をする機会は，身体的活動が生活の質や意味を高めるもう1つの方法になっている。フロー，ピークパフォーマンス，至高体験，ランニングハイや運動ハイは，運動参加者が報告する至高の瞬間のさまざまなタイプの例である。これらには捉えどころのない束の間の瞬間という困難な性質があるため，至高の瞬間の理解は限られているが，運動継続についての最近の研究では，経験の記述を越えてこの重要な心理–社会–身体的要因に影響する要因を検討する必要があると強調している。至高の瞬間を理解することは，より多くの人々を身体的に活発にするパズルの1つのピースであると思われる。また至高の瞬間は，生活の質に劇的な影響も与えていると思われる。

4．身体的活動が生活の質に影響するもう1つの方法は，個人的な楽しさを経験する機会を与えることである。楽しさは，"それ自体のための活動の実行と結びつき，ポジティブな感情状態に関連するような最適な心理状態(フロー)"と定義することができる(Kimiecik & Harris, 1996, p.257)。楽しさは，真に重大な報酬，興味，快楽の経験を提供する点で生活の質と連繋している。日々の一服の楽しさは，日常生活のストレスやわずらわしい出来事とのバランスを取り，抑うつ感情発現の可能性を軽減し，そして気分のポジティブな状態に寄与している。身体的活動において，楽しさは，次の要因がもたらすものと思われる；スキルの熟達，身体的な達成，社会的な相互作用，身体と精神の統合，自然の美との密接な相互作用，自覚状態の亢進，至高の瞬間。楽しさは，至高の瞬間と同様に，運動の継続，身体的活動によるメンタルヘルスの効果，個人の全体的な生活の質を，まさしく左右しているものと思われる。

第26章

競技者の引退

　競技への参加には，栄光の頂点の時期と活力を失った谷の時期という特徴がある。競技者が経験する感情の幅や出来事の幅は，一般人と比較して際立って違うように思われる。おそらく，競技者が遭遇する経験の中でもっとも意味深く，またトラウマになる可能性が高いものは，現役からの引退と思われる。さらに，スポーツからの引退は次のように，一般的な引退とは異なる多様で独特な経験を包含している；年齢的に若い時期での引退，他の仕事を探す必要，競技者が慣れ親しんだスポーツから自発的に離脱する，もしくは無理やり離されるさまざまな方法。

　競技者のキャリア終了経験の研究では，終結（termination），引退（retirement），移行（transition）という用語を使用している（Blinde & Greendorfer, 1985；Ogilvie & Howe, 1982；J. Taylor & Ogilvie, 1998；Werthner & Orlick, 1982）。それら用語の意味に一貫性を持たせるために，本章では終了と引退を互換的に使用している。なぜなら，研究者はこれら2つの用語を広く使用しており，この過程の特異的で理論的な説明とは関係していないからである。さらに，2つの用語を，スポーツ以外の研究でも一貫して同じように使用している。

　この問題の明らかな重要性に呼応して，過去25年の間，競技者の引退の逸話的・理論的・実証的な説明は小規模ながら安定した潮流になっている（Botterill, 1982；Hoffer, 1990；Morrow, 1978；Ogilvie & Howe, 1982；Werthner & Orlick, 1982）。これらの論文は，競技からの引退の潜在的な困難性に注目したり，引退の過程を説明したり，あるいは競技から引退する過程の本質の根拠を示している。

　一般マスコミは競技からの引退にかなり注目している。これらの記事は，一般的に，プロ競技者の引退が成功であったか（Batten, 1979；White, 1974），失敗であったか（Alfano, 1982；Bradley, 1976；Elliott, 1982；Hoffer, 1990；Jordan, 1975；Kahn, 1972；Plimpton, 1977；P. Putnam, 1991；Stephens, 1984；Vecsey, 1980）を逸話的に解説したものになっている。アルコールやドラッグの乱用，さらには犯罪行為を含む引退の難しさを示唆するようなこれら大半の記事に基づけば，引退の苦悩は広く行き渡る現象と結論づけることが可能なように思われる。しかしながら，これらの説明は逸話的なものであり，そこでは結論の信憑性や一般性を確定するための科学的な方法を採用していない。そのために，競技者が抱える引退の困難性の頻度に何らかの最終的な判断を下すことは不可能になっている。

　競技からの引退についての同じような関心は，スポーツ心理学の領域にも芽生え始めている。その結果，こうした問題を扱うコンサルティングの経験，この領域の利用可能な研究，さらには関連領域の研究に基づいたスポーツ心理学のさまざまな学術論文が出現した（Botterill, 1982；Broom, 1982；McPherson, 1980；Ogilvie & Howe, 1982；Werthner & Orlick, 1982）。これらの専門家は，競技からの引退が問題の原因になり得て，結果としてさらに追究する価値がある領域であると結論づけた。

　この問題に関心を示し論文を公表した主たる研究者は，エリートレベルの競技者に協力していたスポーツ心理学者であった。この領域の実証的な証拠が乏しかったこともあって，こうした初期の研究は，広範なこの問題がスポーツではどのようなものかを明らかにすることができなかった。それにも関わらず，スポーツ界で引退の難しさを経験した競技者には一貫した関心があった（J. May & Sieb, 1987；Ogilvie, 1982, 1983；Rotella & Heyman, 1986）。これらの専門家による観察から，引退に関わる重要な問題が明らかになっている；競技者がスポーツから離れる時に経験する顕著な苦悩の発生率はどの程度なのか？　引退問題はどのレベルの競技者（例えば，高校，大学，プロ）にもっとも多いのか？　本章の目的は，競技者の引退についての統合的な視点を示すことにある。次の領域を考慮すれば，この目的を果たすことができると思われる；(1)意味のある研究手段として，引退希求の高まりに対する理解を立証するような歴史的・概念的な問

題，(2)引退の理論的な見方，(3)競技から引退する原因，引退への適応に強く影響する要因，引退への対応に利用できる資源，引退に対する適応の資質，引退による苦悩の予防と治療を考慮した著者らの概念モデル (J. Taylor & Ogilvie, 1994)，(4)スポーツからの引退を調べる将来の理論的・実証的な研究方法．

歴史的・概念的な問題

引退には，20年以上前は誰も注目していなかった．それは，今と比べて，基本的な社会組織がエリート競技者をより十分に統合していたという事実によるところが大きいと思われる (McPherson, 1980; Ogilvie, 1982, 1983)．特に，テクノロジーの限界のために，メディアはエリート競技者に注目していなかった．さらに，エリート競技者の収入は，スポーツをしない者に比べて著しく高いものではなかった．また，一般的にアマチュアエリート競技者は，学生であったり，もしくはスポーツと関わりがないフルタイムの仕事を持っていた．その結果，エリート競技者の"平均的な"市民としての人生の転機は，劇的なものではなかった (Chartland & Lent, 1987)．

また北米における競技者開発システムの特徴は，20年前のエリート競技者が引退後に経験した適応問題への関心の欠如や研究不足に寄与しているようにも思われる．特に，北米の競技は，ほとんど社会政治的システムの機能として，自由競争の中で発展している．この状況は，スポーツを開始する際にも，競技キャリア中に発展して行く間にも，ひいてはスポーツから離れる場合でも，競技者の自己責任を強調している．加えて，アメリカは人口が多いために，キャリアを終える者に代わる有能な競技者が絶えず流入しており，それゆえに，これら競技者の引退は注目されることがなかった．

スポーツ心理学者とエリート競技者の関係の特徴も，競技者の引退要求に取り組む機会を妨害していた．最近まで，国家チーム・大学チーム・プロ組織に関わるチームの心理学者が，チームメンバーと長期に渡る関係を構築する機会はほとんどなかった．事実，現在でさえ，現役の競技者との継続的な関係を確立し，それを維持しているスポーツ心理学者は，ほとんどいない．著者らの経験によれば，この事情は個人スポーツ種目に参加している競技者でも同じである．例えば，スポーツ心理学者が関与する一般的な方法は，トレーニングキャンプや競技への定期的な接触，もしくはパフォーマンスや危機介入のための何らかの訪問である (Meyers, 1997)．スポーツ心理学者と競技者は，このタイプの接触では，引退に関連する問題を話し合うことがほとんどできない．同様に，スポーツ組織は，競技者の競技への集中が混乱に陥ることを恐れるため，スポーツ心理学者には引退問題やスポーツ後の生活に関与して欲しくないとしばしば思っている (J. Taylor, Ogilvie, Gould, & Gardner, 1990)．

北米でのアプローチとは対照的に，10年以上前の東欧諸国では，国家代表の競技者のスポーツ終了後の生活準備に対する大きな責任を負っていた (Ogilvie & Howe, 1986)．チームの心理学者がチームのメンバーと長期の関係をしばしば築いていたことが，このような大きな認識につながったものと思われる．これらスポーツ心理学の専門家は，かつての東ドイツやソ連，中国といった国家に共通する構造的な選抜過程の開始時点に，しばしば競技者と接触していた．このように，競技者との関係は10歳前後から10代前半という早い時期に始まり，しばしば競技者が30代半ばとなるまで続いていた (Ogilvie & Howe, 1982)．さらに，教育と職業カウンセリングは，競技者開発過程の不可欠な部分になっていた (Chartland & Lent, 1987)．スポーツ心理学の専門家が，これら多数のスポーツ競技者をスポーツ参加に関する領域で調べたことも事実である．特に，コーチング，運動学習，運動生理学，理学療法が競技者の主要な関心領域となっていた．それに続くものが競技引退後のキャリア選択であった．競技と引退後のキャリアの隔たりは比較的小さく，競技者はスポーツ愛好を競技引退後のキャリアと結びつけることが可能であった．そのために，これらの競技者に非競技者のような生活適応の問題が顕在化しにくいことは，当然のように思われる (Pawlak, 1984)．

したがって，引退時の問題に寄与する要因を明らかにする場合，東欧で使用したような代替システムを検討することは有益と思われる．この代替システムに関する知識は，引退に対するさまざまな反応を説明すると思われる競技者の個人差を，競技者が代表となった国家と，競技者がキャリアを積んだシステムの性質に応じて理解する際に役立っている．

過去15年以上に渡り，スポーツ以外の領域では，引退前にプランニングやカウンセリングが必要であるという認識が高まっている (Kleiber & Thompson, 1980; Manion, 1976; Rowen & Wilks, 1987)．同様に過去10年の間に，エリートスポーツのさまざまなレベルで，引退についての関心が高まっている．例えば，1989年にアメリカオリンピック委員会 (USOC) は，エリート競技者が引退に関連する重要な問題を理解する助けとなるように，また引退後のプランを工夫する際の指標となるようにデザインした手引書を開発した (USOC, 1988)．さらに，USOCは希望するアメリカ代表の競技者を対象にキャリアカウンセリングトレーニングセミナーを実施し，好評を博した (Murphy et al., 1989; Petitpas, Danish, McKelvain, & Murphy, 1990)．そして現在アメリカオリンピックチームと協働している多くのスポーツ心理学者は，引

退や引退後のプランニングに関するサービスの提供者になっている(Gould, Tammen, Murphy, & May, 1989 ; May & Brown, 1989)。

アメリカのプロスポーツも，この要求に応えているように思われる(Dorfman, 1990)。特に，ナショナルフットボールリーグの選手協会，ナショナルプロバスケットボール協会の選手協会，ナショナルホッケーリーグの選手協会は，引退選手に向けた類似のプログラムを開発している(Ogilvie & Howe, 1982)。そして，大学生競技アドバイザーの調査から，職業カウンセリングの提供はアドバイザーの責任の一部であることが明らかになった(Brooks, Etzel, & Ostrow, 1987)。残念ながら，エリート競技者がこれらのサービスをどの程度利用しているかについては，実証的な研究がない。

引退への関心は，コーチングの段階にまで広がっている。伝統的に，コーチは，キャリア指導プログラムのような関与が競技者のパフォーマンスに対する集中を散漫にするという信念から，このプログラムを積極的に回避している(Taylor et al., 1990)。しかしながら，成熟した競技者にこのような機会を提供することは競技プログラムの究極的な成功につながり得ると，プロやエリートアマチュアレベルのコーチが理解するようになったために，この反対も和らいでいるように思われる(Blann, 1985 ; Ogilvie & Howe, 1982)。

引退の理論的な見方

過去25年の間に，スポーツ科学の領域は引退にますます注目するようになった。また研究者は，引退の理論的な概念化法を開発して，競技者のキャリア終了過程を説明し始めている。この問題を調べているスポーツ研究者は，競技者集団用の説明モデルを開発するための基礎としてスポーツ界以外から公式化するものを捜し出そうとしている(Hill & Lowe, 1974 ; Lerch, 1982 ; Rosenberg, 1981)。

死亡学

Rosenberg(1982)は，スポーツからの引退には，社会的孤立や以前の集団からの排除という特徴を持つ社会的な死(social death)と類似していると示唆している。社会的な死は，グループから最近離れた個人をメンバーがどのように取り扱うかに焦点を当てている。Ball(1976)は，困惑や不安をもたらすような以前の競技者を無視することがチームメイトに共通した反応であると示唆した(Rosenberg, 1982)。この観点から，研究者は，引退を特異的な突然の出来事とみなしている(Blinde & Greendorfer, 1985)。

死亡学の理論は，引退に対するそのような反応を経験している競技者の逸話報告から支持を得ている(Bouton, 1970 ; Deford, 1981 ; Kahn, 1972)。しかしながら，社会的な死の概念にも，かなりの批判がある。例えば，BlindeとGreendorfer(1985)は，社会的な死としての競技からの引退に関する記述は痛烈かつ劇的なものであるが，死亡学的な見方は引退を極端にネガティブなものにしていると主張している。さらに，Lerch(1982)は，社会的な死を少数の劇的な逸話のケースを越えて一般化することに異議を唱えている。Lerchは，この懸念を，元プロ野球選手のほう大なサンプルデータに基づいて表明している(Lerch, 1981)。詳細な面接による諸知見から，この種の社会的な死に言及した競技者は誰もいないことが明らかになった。

社会老年学

社会老年学的な見方は引退の過程における加齢の役割を強調し，生活の満足はスポーツ経験の特徴に依存すると考えている。GreendorferとBlinde(1985)は，4つの社会老年学的アプローチがスポーツからの引退の研究にもっとも適切であると示唆した。第1のアプローチは，離脱理論(Cummings, Dean, Newell, & McCaffrey, 1960)である。この理論では，引退が社会と個人の双方にとって良いものであると仮定している。というのは，引退によってより若いうちから労働に参入することができるようになり，引退者が自分の残りの年月を楽しむことができるようになるからである。第2のアプローチは，活動理論(Havighurst & Albrecht, 1953)である。この理論によれば，失った役割を新しい役割に置き換えることで，その人は全体的な活動のレベルを維持することができると主張している。第3のアプローチは，継続理論(Atchley, 1980)である。この理論では，人にさまざまな役割がある場合，以前の役割から残りの役割に時間とエネルギーを再分配することができると示唆している。最後のアプローチは，社会関係崩壊理論(Kuypers & Bengston, 1973)である。この理論では，引退はネガティブな評価と結びつくようになり，個人が活動から撤退したりネガティブな評価を内面化する原因になると述べている。これら4つの理論のすべては，引退は過程というよりも，むしろ周囲を取り囲む事象であると示唆している(Blinde & Greendorfer, 1985)。

社会老年学的な見方は直感に訴えているにも関わらず，引退を突然の事象と考えているために，研究者は，競技引退に適用する場合には社会老年学は不適切なものであると批判している。GreendorferとBlinde(1985)は，スポーツに関連する要因と引退への適応の関係を実証的に支持するものは何もないと指摘している。プロ野球選手のサンプルを用いて継続理論を検証したLerch(1981)の研究から，継続理論の要因は引

退後の適応と関係しないことが明らかになった。プロ競技者を対象にした Arviko(1976)や Reynolds(1981)も，同様の知見をプロ競技者の研究で報告している。継続理論以外の社会老年学の理論を実証的に調べた研究者は誰もいない。

移行としての引退

死亡学的な見方と社会老年学的な見方に対する批判は，それらが引退を特異的な突然の出来事と考えていることにある(Blinde & Greendorfer, 1985)。これとは対照的に，引退を離散的な事象というよりも，むしろ生涯に渡る発達を含む過程と特徴づけている研究者もいる(Carp, 1972 ; C. Taylor, 1972)。

移行としての競技からの引退の考え方を早期に記述したのは Hill と Lowe(1974)であった。Hill らは，Sussman(1971)による引退の社会学的な研究の分析モデルを，スポーツからの引退に適用した。Sussman は，多次元的な概念化を試みて，次の要因が引退の認知に影響すると主張している；(1)個人的要因(例えば，動機，価値観，目標，問題解決スキル)，(2)状況的要因(例えば，引退の事情，引退前の計画，引退後の収入)，(3)構造的要因(例えば，社会的な階級，婚姻状況，社会システムの利用可能性)，(4)社会的要因(例えば，家族，友人，社会的支援の範囲)，(5)境界制約(例えば，社会の定義，経済の循環，雇用主の態度)。Schlossberg(1981)は，競技者による引退の認知，引退前後の環境の特徴，引退への適応における個人の役割に関する個人の属性を強調するような類似のモデルを提案した。

Hopson と Adams(1977)は，悲嘆の過程と類似した引退の 7 ステップモデルを提案した。それぞれのステップは，次の 7 つである；(1)不動化(出来事によるショック状態)，(2)最小化(喪失と関連するネガティブな感情の軽視)，(3)自尊感情をおびやかし，抑うつをもたらす自信喪失，(4)喪失感，怒り，落ち込み感のもととなる諦め，(5)新しい方向の基盤があるときの試行，(6)初期段階の問題に展望を得るための意味の探索，(7)洞察を受け入れて引退が完了したときの内面化。Greendorfer と Blinde(1985)は，この考え方が強調しているものは行動の停止よりもむしろ継続，目標や興味の放棄よりもむしろ段階的な変化，問題の少ない適応の出現であると主張している。

Kübler-Ross の人間の悲嘆モデル

競技者が引退する時期に経験するような心理社会的な過程は，Kübler-Ross(1969)が提唱した人間の悲嘆モデルの枠組みによって概念化することができると思われる。このモデルには，悲嘆の過程における次のような連続する 5 つの異なる段階がある；(1)最初のトラウマの否認，(2)不当な扱いや制御不能と感じることへの怒り，(3)不可避な出来事の先延ばし，(4)喪失の受容による抑うつ，(5)完全な受容と将来への再方向づけ。先行研究では，このモデルをスポーツ以外の雇用問題に適用することの価値を明らかにしている(Winegardner, Simonetti, & Nykodym, 1984)。また，このモデルは引退した競技者の経験を，競技者の経験する感情や引退過程によって理解する際の有用な手段になることも明らかになっている(Ogilvie & Howe, 1986 ; Wolff & Lester, 1989)。

引退の概念モデル

J.Taylor と Ogilvie(1994)は，競技者の引退に関する 5 段階の概念モデルを提示した。従来の理論と実証研究に基づいたこの 5 段階モデルは，重要な問題を引退過程の期間を通して扱うための倹約的かつ操作化可能な枠組みになっている(図 26.1 を参照)。5 段階は次の 5 つである；(1)引退の原因，(2)引退への適応に影響する要因，(3)引退の過程を助長する利用可能な資源，(4)引退への適応の質，(5)引退に関わる悩みの予防と介入。各段階の詳細を以下に述べる。

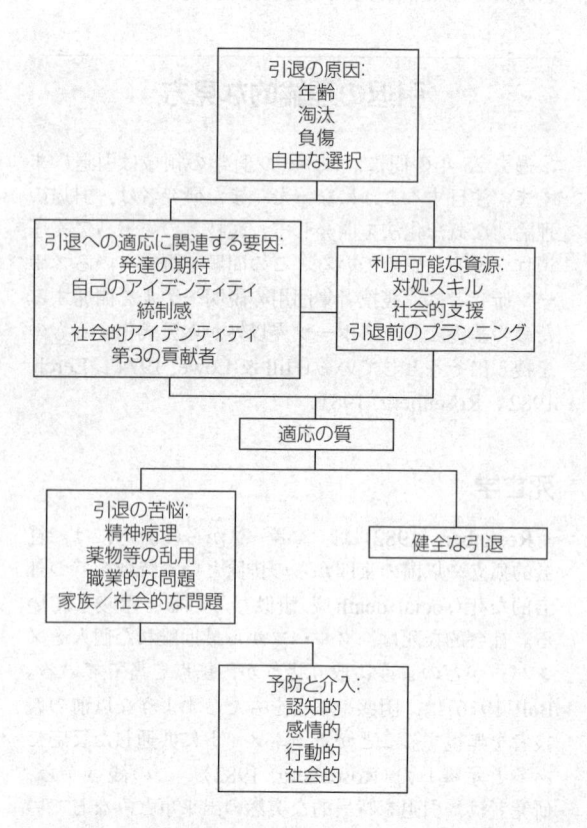

図 26.1　競技引退の概念モデル
(Taylor & Ogilvie, 1994)

競技者の引退の原因

競技キャリアを終結させる原因は通常，年齢，淘汰，傷害である(Taylor & Ogilvie, 1994)。以下に示すように，研究者はこれらの主要な要因を調べ，引退過程における心理的・社会的・身体的な影響を明らかにしようとしている。加えて，研究者は，これらの要因が，引退過程における危機の発生に際しどのように相互作用しているかについて精査している。

年　齢

一般に研究者は，年齢を競技引退の主要な原因と考えている。元エリート競技者の逸話報告は，引退における年齢の重要性を強調している(Kahn, 1972 ; Kramer, 1969)。実証的な研究も，この関係を支持している。例えば，ユーゴスラビアの元プロサッカー選手を対象とした研究では，年齢によって引退を強制されたのは 27% であった(Mihovilovic, 1968)。さらに，引退したボクサーの研究でも，同様の報告があった(Weinberg & Arond, 1952)。また，Svobodaと Vanek (1982)によれば，チェコスロバキアのナショナルチーム選手の 13% は，年齢が原因で引退していた。AllisonとMeyer(1988)によれば，女子プロテニス選手の 10% は年齢が原因で引退していた。

引退に寄与するものとしての競技者の年齢には，生理的・心理的に重要な意味がある。おそらくもっとも重要なものは，年齢の生理的な影響と思われる。特に，エリートレベルで競技する競技者の能力には，ふさわしいレベルの身体的な能力を維持するという大きな役目がある。関連する身体的な属性には，強さ，持久力，柔軟性，協応，身体構成などがある。成熟の過程とともに，これらの属性は緩徐に低下してくる(Fisher & Conlee, 1979)。強力な身体的コンディショニング，経験，動機づけによって，遅延できる身体的な低下もある(Mihovilovic, 1968 ; Svoboda & Vanek, 1982)。しかしながら，素晴らしい運動スキルの実行能力，または身体構成の変化など，矯正できるとは思えないものもある。

これらの変化は，若年や年長のエリート競技者にも影響している。体操競技やフィギュアスケートといったスポーツの競技者の思春期に伴う身長や体重の増加といった身体的な変化は，それまで日常茶飯事であったスキルの実行を不可能なものにしている。このことがキャリアの早まった結論に寄与している。これらの変化とパフォーマンスの低下に対応して，若い競技者は体重の維持や減量のために，タバコ，コカイン，利尿剤，緩下剤といった物質にもっとも無防備になり，結果として摂食障害に陥ることもある(Thornton, 1990)。同様に，年長の競技者では，筋量あるいは敏捷性の喪失が，フットボール，テニス，バスケットボールのようなスポーツからの引退に関与する可能性もある(Fisher & Conlee, 1979)。

加齢の過程に伴う心理的な要素も，引退に影響している。例えば，WerthnerとOrlick(1986)は，次のことを明らかにした；競技者は加齢に従って，トレーニングや競争への動機づけを喪失し，競技の目標に到達したと結論する可能性がある。さらに，成熟するにつれて，価値観が変化する可能性もある。Svobodaと Vanek(1982)は，チェコスロバキアの世界クラスの競技者の価値観は，勝利・転戦などに関与する自己フォーカスから家族・友人を強調する他者フォーカスに移ることを明らかにした。

淘　汰

競技者の引退問題の発生にもっとも寄与しているものの 1 つは，競技スポーツのあらゆるレベルで起こる淘汰の過程である(Svoboda & Vanek, 1982)。スポーツは，生き延びた者に大きな価値を置き，淘汰された者はほとんど省みないというダーウィン主義の"適者生存"の哲学に依存している(Ogilvie & Howe, 1982)。

さらに，この同じダーウィン主義の哲学は，高校，大学，エリートアマチュア，プロのスポーツに行き渡っており，現在の淘汰の過程はこのような哲学の当然の帰結になっている。この過程は，競技スポーツ界で作用するような摩滅要因の現実性を示す統計によって明らかにされている(競争のはしご段を次々とうまく登る競技者の割合)。例えば，アメリカでは高校フットボール選手の 5% が大学の奨学金を受けていると推定されているが，この中でナショナルフットボールリーグでプレイする機会がある者はわずか 1% にすぎない(Ogilvie & Howe, 1986)。同様の統計はバスケットボールにもある(Ogilvie & Howe, 1982)。さらに，バスケットボールとフットボールのプロ選手の現役期間の平均は，5 年以下である(Ogilvie & Howe, 1986)。この観点から，あらゆる子供に実行可能な選択肢としてプロフットボールやプロバスケットボールのキャリアを示すことは，だましの極みと思われる。その結果，淘汰された者の行く末，特にまだ競技に専心している参加者の行く末を調べることは重要と思われる。

現在までのところ，エリートアマチュアとプロ競技者における淘汰の役割を特に考察しているのは，Mihovilovic(1968)の研究しかない。Mihovilovicの研究によれば，ユーゴスラビアのプロサッカー選手の 7% は，若い選手によって無理やり追い出されたと述べていた。加えて，引退した世界クラスの競技者群では，チームから外されたことを引退の主要な原因として評価しなかった(Sinclair & Orlick, 1993)。しかしながら，後で議論するように，理論的な実証研究では，引退の問題はこれらの競技者群により多く出現する可能性があると示唆している。それゆえに，淘汰を，競争

のはしごを登りつめた多くの競技者の重要な問題と考えることは理にかなっているものと思われる。

負　傷

多くの研究者は，負傷が深刻な苦悩，抑うつの顕在，薬物などの乱用，自殺念慮，自殺企図を招くだろうと示唆している(Ogilvie & Howe, 1982 ; Werthner & Orlick, 1986)。さらに，研究者は，キャリアを終結させるような負傷は競技者がアイデンティティの危機(Elkin, 1981)，社会的引きこもり(Lewis-Griffith, 1982)，恐怖・不安・自尊感情の喪失(Rotella & Heyman, 1986)を経験する原因になると確信している。Webb, Nasco, Riley, Headrick(1998)は，引退をより制御した競技者と比較して，負傷のために引退を余儀なくされた高校・大学・プロ競技者の適応がもっとも難しいと報告した。

負傷は引退の重要な原因であることが研究から明らかになっている。Mihovilovic(1968)は，ユーゴスラビアのプロサッカー選手の32％がスポーツ関連の負傷によって引退したと報告した。WerthnerとOrlick(1986)は，カナダのエリート競技者28名の14％が負傷によって引退を強いられたと報告した。また，SvobodaとVanek(1982)は，チェコスロバキアのナショナルチームのメンバーを調べて，24％が負傷のために引退したと指摘した。WeinbergとArond(1952)，Hare(1971)は，元世界クラスのプロボクサーを調べて同様の知見を報告した。加えて，AllisonとMeyer(1988)の研究では，女子プロテニス選手の15％が負傷によって引退を強いられたと述べた。

負傷は引退に対して強力に影響をするために，高いレベルで競技しているエリート競技者にとっては，身体的な能力が若干低下するだけでも，エリートレベルの競技を行うことができなくなるのに十分である。したがって，負傷は，競技者のパフォーマンスや，同様にキャリアに対して，劇的な影響を与えるほどひどくなくてもかまわない。さらに，重傷を負った場合には，リハビリテーションに要するかなりの時間と努力が引退に関与している(Feltz, 1986 ; Heil, 1988 ; Samples, 1987)。この過程は，以前の競技レベルへの復帰に影響するだけでなく，競技者のキャリア中に生じる標準的な改善も妨害している。この事象は，負傷によるキャリア終結の可能性をさらに高めている。

自由な選択

引退の原因を無視することは，競技者の自由な選択である(Blinde & Greendorfer, 1985 ; Coakley, 1983)。キャリアを自由に終えるような勢いは，原因のもっとも好ましい要素になっている。競技者が引退を自由に選択する理由と，個人的・社会的問題やスポーツ関連の問題は密接に関わり合っているように思われる。個人のレベルでは，競技者は，人生の新しい方向性を考えたり(Lavallee, Grove, & Gordon, 1997 ; Werthner & Orlick, 1986)，他の生活分野で新しい課題や満足源を探し出したりしようとするだろう。あるいは価値感を変化させるかもしれない(Greendorfer & Blinde, 1985 ; Svoboda & Vanek, 1982)。社会的には，競技者は，より多くの時間を家族や友人と過ごしたいと思ったり，あるいは新しい社会的環境に没頭しようとするかもしれない(Svoboda & Vanek, 1982)。スポーツそのものに対して言えば，競技者は，スポーツへの参加にもはや以前のような楽しみや充実感がないと単に気づくかもしれない(Lavallee, Grove, et al., 1997 ; Werthner & Orlick, 1986)。

研究者は，いくつかの実証的な研究で，自由な選択が引退の原因となっていることを示している。WerthnerとOrlick(1986)は，オリンピック出場に相当するレベルのカナダの競技者をインタビューして，元競技者の42％が自分の意志で引退したことを明らかにした。さらに，世界クラスの競技者を調べた別の研究では，ライフスタイルに飽きたことと，目標を達成したことが引退のもっとも顕著な理由になっていた(Sinclair & Orlick, 1993)。これら2つの理由は，双方とも競技者の統制範囲内に入っていた。しかしながら，Mihovilovic(1968)の研究によれば，キャリアの終了を自由に選択した競技者は4％にすぎなかった。学生や大学生の集団でこの問題を調べた研究はまったくない。それゆえに，幅広い競技レベルにおける引退の自由な選択の発生率については，結論を引き出すことができない。

自発的な引退によって，競技者の苦悩経験が必ずしもなくなるものではない。KerrとDacyshyn(印刷中)は，エリート女子体操選手を調べて，引退を選択した数名の競技者がいまだに引退を問題に考えていることを明らかにした。また，"自発的な"引退がいつも歯切れのいいものとは限らないことも示唆した。競技者はキャリアの終結を選択したのかもしれないが，この決定の背景には，コーチとの葛藤や高い競技ストレスのような不快な状況から抜け出したいという欲求があると思われる。

自発的な引退の詳細な定義に関わるこの問題を，引退の次の9つの原因を述べたオーストラリアのエリートアマチュア競技者の研究も例示している；仕事／勉学へのコミットメント，動機づけの喪失，スポーツの駆け引き，パフォーマンスの低下，資金不足，楽しみの低下，年齢，負傷，淘汰(Lavallee, Grove, et al., 1997)。Lavalleeらは，初めの6つの原因を自発的なもの，残り3つを不本意なものに分類した。しかしながら，KerrとDacyshyn(印刷中)の見解に基づけば，仕事／勉学へのコミットメント，スポーツの駆け引き，パフォーマンスの低下，資金不足は，不本意な原因と考えることができる。なぜなら，競技者は，不満の解消(スポーツの駆け引き)，優先順位の強制的な

変更(仕事／勉学へのコミットメント，資金の不足)，競争能力の低下(パフォーマンスの低下)のいずれかの原因でスポーツから離れたからである。このように，スポーツから自発的に離れたと思われるこれらの競技者は，"不本意な脱落者"と特徴づけるのがより適切である(Kerr & Dacyshyn，印刷中)。

引退の他の原因

引退の有力な理由としてこれまで議論した原因以外に，その他の要因も引退の原因になっているという示唆や報告がある。これらの原因には，家族問題(Mihovilovic, 1968)，コーチやスポーツ組織の問題(Mihovilovic, 1968；Werthner & Orlick, 1986)，資金的な問題(Lavallee, Grove, et al., 1997；Werthner & Orlick, 1986)などがある。

引退への適応に寄与する要因

引退に続く潜在的な苦悩を考慮する際に，キャリアの終了が必ずしも苦悩の原因にならないことに注意することは重要なことと思われる(Coakley, 1983；Greendorfer & Blinde, 1985)。むしろ，競技者を含めた個人が引退過程の問題に対してより脆弱となるような要因は多数存在している(Rosenkoetter, 1985)。

エリート競技者は，キャリアの終了に直面した際に，広範な心理的・社会的・経済的／職業的な脅威にさらされる。これら脅威の程度は，引退に応じて競技者が経験する危機の重大性を決定づけている。

自己のアイデンティティ

競技者がスポーツへの参加とその達成に関して自尊心をどの程度明示するのかが，引退への適応に影響するもっとも基本的な心理的問題になっている(Greendorfer & Blinde, 1985；Ogilvie & Howe, 1982；Svoboda & Vanek, 1982)。他の活動を排除してまで自らのスポーツに没頭しているエリート競技者は，ほぼ例外なくスポーツ関与から成る自己のアイデンティティを有しているものと思われる(McPherson, 1980)。この考え方は自我心理学の初期の研究から派生したものであり(Ausubel & Kirk, 1977)，より最近では自尊心や自己のアイデンティティを含めた考察が盛んになっている(Wolff & Lester, 1989)。スポーツからの入力がなければ，これらの競技者は自尊心を支えることがほとんどできなくなる(Pearson & Petitpas, 1990)。

スポーツに激しく没頭している競技者には，自己概念がスポーツの範囲を逸脱しないという意味での"一次元的"な特徴がある(Ogilvie & Howe, 1982)。さらに，これらの競技者には，自我に没頭して同様の満足と自我の充足を得ることができるような他の活動選択肢がほとんど備わっていない(McPherson, 1980)。

Erikson(1959)とMarcia(1966)は，この立場を支持し，自己のアイデンティティを探求するには，多くの潜在的な選択肢を成人期のアプローチとして調べる必要があると示唆している。しかしながら，エリートスポーツの構造は，競技者に選択肢を十分に探索する時間や機会を，ほとんど提供していない。

キャリアの終了について深刻な問題を抱えた競技者は，競技者としてのアイデンティティに執着し，引退が自己のアイデンティティにどのように影響するのかをもっとも怖れている(Ungerleiter, 1997)。Grove, Lavallee, Gordon(1997)は，競技者としての役割のみをもっぱら強く同一視しているような競技者が引退の苦悩にもっとも敏感であると報告した。さらに，高度に同一視している競技者が経験するような問題はより深刻であり，スポーツにあまり没頭しない競技者よりも適応に時間がかかると指摘している。この状況にある競技者は一般的に引退を，喪失し決して回復することができない非常に重要な何かとして経験している(Werthner & Orlick, 1986)。さらに，最終的な喪失は，とても我慢ができないように思われる。引退と結びつく苦悩の重要な根源は，そのあたりにあると思われる。最終的に，引退後に適応的な方法でアイデンティティを修正する競技者の能力は，引退の苦悩にポジティブかつ健康的に反応する上できわめて重要なものとなっている(Lavallee, Grove, et al., 1997)。

KerrとDacyshyn(印刷中)は，エリート女子体操選手を調べた研究で，アイデンティティ形成の重要性について強調し，引退の問題が拡大するのは青年期の競技者であると示唆している。なぜなら，青年期は通常アイデンティティを形成する時期だからである(Chickering, 1969；Erikson, 1963)。しかし，キャリアを終えつつある若い競技者のアイデンティティは実際には解体しており，そのことがアイデンティティの形成過程を妨害したり遅延したりしていると思われる。

さらに，KerrとDacyshyn(印刷中)は，若い女子競技者の引退はいくつかの様式でアイデンティティ形成を阻止していると指摘している。若年での引退は，競技者のさまざまな役割・関係・自己の学習を経験する能力を制限している。また，通常コーチや親に制御を委譲している競技生活はほとんど制御することができず，スポーツを離れた時には無力さをしばしば感じるようになる。この制御能力の欠如は，アイデンティティ形成に必要な自立感と意思決定スキルの開発を妨害している(Chickering & Reisser, 1993)。若年女子のアイデンティティ形成の重要な部分は，身体の受容である(Piphers, 1994)。体重・外見・食習慣という問題は，体操選手や他のスポーツの若い女子競技者の生活で大きな役割を果たしている。そのために，身体イメージのゆがみは，不確実性のもととなり，アイデンティティ形成をさらに制約する危険がある。これら

の研究者は，これらの問題のすべてが，若い競技者の成熟した自己のアイデンティティ形成を累積的に阻害すると結論づけている。

社会的アイデンティティ

最大の懸念や不安を経験しているような引退者は，自分はもはや他者にとって重要ではないと感じていることが研究者によって示唆されている（Sheldon, 1977）。Pollack（1956）やTuckmanとLorge（1953）も，引退を地位や社会的アイデンティティの喪失と関連づけている。確かに，今日では注目されているエリート競技者のお陰で，この問題は研究者の重要な関心事になっている（Gorbett, 1985）。McPherson（1980）は，競技者は自分の価値を人気の状態によって決めていると示唆している。しかしながら，この認識は一般的に数年しか続かず，引退後には消失する。その結果，競技者は自尊心に疑問を抱き，失った世間的な尊敬を回復したいと思うようになる。競技者が報告する重大な恐怖は，注目の喪失である（Ungerleiter, 1997）。

さらに，主としてスポーツ環境で社会化の過程が生じるような競技者には，"役割の制限"という特徴があると思われる（Ogilvie & Howe, 1986）。すなわち，これらの競技者は，競技状況に固有なある種の社会的な役割を学習し，スポーツの狭い文脈だけで他者と交わることができてしまう。その結果，引退後の他の役割を身につける能力は，著しく阻害されることになる（Greendorfer & Blinde, 1985）。

現在のところ，役割の制限の問題を特に扱った研究は1つしかない。Arviko（1976）は，現役期間中に相当数の社会的役割を果たしていた元プロ野球選手は，野球以外の社会的役割が少ないと報告した選手よりも引退後にうまく適応することを明らかにした。また他の研究からも，この主張の支持を推察することができる。特に，Haerle（1975）は，シーズンオフに教育を継続したり有意義な仕事をしたプロ野球選手は，引退後の職業によりよく適応していると報告した。さらに，Mihovilovic（1968）は，競技者が引退後の他のキャリアプランを持っていない場合には，引退が苦しい経験になると報告した。WerthnerとOrlick（1986）も，同様のことを述べている。引退前の教育的・職業的なプランニングは，スポーツ後の人生に競技者がよりよく適応するためのスポーツ以外の社会的役割の開発に，一役買うことができるものと思われる。

統制感

引退に関わる統制感の問題の中心は，競技者が自発的にスポーツから離れたのか，それとも不本意に離れたのかのいずれなのかである（Kerr & Dacyshyn, 印刷中；Lavallee, Grove, et al., 1997）。多くの競技者は，キャリアの終了をまったく統制できないと感じていた（McPherson, 1980）。これまで議論してきた引退の主要な3つの原因（年齢，淘汰，負傷）の研究では，3つの原因をすべて競技者個人が統制できないものとしている。結果として，競技者のアイデンティティと本質的に結びついた事象を統制できないことが，きわめて嫌悪的で脅威的な状況を作り出す原因となっている（Blinde & Greendorfer, 1985；Szinovacz, 1987）。

引退における統制の重要性については，それを支持する強力な実証研究がある。Mihovilovic（1968）は，競技者の95％がキャリア終了の原因を自分で統制できないようなキャリアの終了に帰属し，52％は突然に引退を強制されたと報告している。加えて，カナダのオリンピックレベルの競技者の29％は，引退後に個人的な統制感の低下を経験していた（Werthner & Orlick, 1986）。SvobodaとVanek（1982）は同様の結果を見出した。また，キャリアの終了を強制されたエリートアマチュア競技者は，情動的・社会的適応の問題を，キャリアを自発的に終了した者よりも有意に多く報告していた（Lavallee, Grove, et al., 1997）。最終的に，Wheeler, Malone, VanVlack, Nelson（1996）は，競技ができなくなった集団では，自発的に引退した者の方が，無理やり引退に追い込まれた者よりも問題が少ないと報告した。

スポーツ関連の研究ではこの問題を広範に扱ってはいないが，臨床心理学・社会心理学・生理心理学の分野には多数の研究がある。それらの研究は，統制感は，自己の有能感（White, 1974），自己の解釈（Kelley, 1967），その他の情報（Jones & Davis, 1965）を含む人間機能の多くの領域に関連すると述べている。加えて，統制感は，個人的な無力感（Friedlander, 1984/1985），動機づけ（Wood & Bandura, 1989），生理的な変化（Tache & Selye, 1985），自信（Bandura & Adams, 1977）に影響するものと思われる。また，統制は，抑うつ（Alloy & Abramson, 1982），不安（Garfield & Bergin, 1978），薬物等の乱用（Shiffman, 1982），解離性障害（F. Putnam, 1989）など，さまざまな病理とも関係している。

その他の寄与要因

上述した要因は，引退への適応に寄与する潜在的な要因として，実質的かつ一貫した注目を集めている。加えて，この過程には多くの他の要因が寄与することも明らかになっている。これらの変数には，社会経済的な地位（Hare, 1971；Weinberg & Arond, 1952），スポーツへの財政的な依存（Lerch, 1981；McPherson, 1980；Werthner & Orlick, 1986），少数民族の地位（Blinde & Greendorfer, 1985；Hill & Lowe, 1974），競技後の職業能力（Haerle, 1975；Hill & Lowe, 1974），健康（Gorbett, 1985；Hill & Lowe, 1974），婚姻状況（Svoboda & Vanek, 1982）などがある。

引退に適応するために利用可能な資源

競技者が引退中に経験する適応の質は，競技キャリアの終了時に直面するような問題の克服に使用できる有効な資源に依存している。これらの資源は，個人的・社会的・実際的なものに分類することができる。個人的な資源は，個人や個人のライフスタイルに影響を与えるような特定の変化に何らかの処理を施すことができる競技者の対処スキルに焦点を合わせている（Lazarus & Folkman, 1984; Meichenbaum, 1977）。社会的な問題は，競技者の生活における家族，友人，チームメイト，所属しているスポーツ組織などの他者からの支援の程度と関係している（Cohen & Wills, 1985; Sarason & Sarason, 1986; Smith, 1985）。現実的な資源には，引退前のさまざまなプランニング形式がある（Coakley, 1983; Hill & Lowe, 1974; Pearson & Petitpas, 1990）。

対処方略

キャリアの終了に直面している競技者は，個人的・社会的・職業的な生活を継続する上で，潜在的に重要な障害に立ち向かわなければならない。これらの問題は，競技者の思考・感情・行為に影響を与えるものと思われる。効果的な対処スキルの存在は，これらの変化と結びつく苦悩を軽減して，引退の過程に対する健康的な反応を助長するものと思われる。

キャリアを終了しようとしている競技者は，引退の過程についての信念や態度が自己アイデンティティ，統制感，社会的アイデンティティにどのように影響するかを知らなければならない（Bandura, 1977; Lazarus, 1975）。競技者は，多数の認知方略を使用して，潜在的にストレスに満ちた引退の過程をより巧みに同化することができる。競技者が使用するテクニックには，思考をより建設的なものに向け直す認知的再構成（Lazarus, 1972），メンタルイメージ（Smith, 1980），注意と意志決定を高める自習訓練（Meichenbaum, 1977），引退後の生活における決断や方向づけを容易にする目標設定（Bruning & Frew, 1987）などがある。これらの方法は，多数の状況における健康的な適応の助長に効果のあることが明らかになっている（Labouvie-Vief & Gonda, 1976; Meichenbaum & Cameron, 1973; Moleski & Tosi, 1976; Trexler & Karst, 1972）。

例えば，小休止（Browning, 1983），リラクセーショントレーニング（Bruning & Frew, 1987; Delman & Johnson, 1976; May, House, & Kovacs, 1982），健康（Savery, 1986），運動，栄養カウンセリング（Bruning & Frew, 1987）といったその他の方略は，引退の感情的・生理的な要求を克服する目的に使用することができる。

競技者は，引退の過程中に直面するような現実的な障害に応えるために，ストレス管理トレーニング（Lange & Jakubowski, 1976），時間管理トレーニング（Bruning & Frew, 1987; King, Winett, & Lovett, 1986），スキルの評価と開発（Bruning & Frew, 1987; Taylor, 1987）などの積極的な段階を採用することができる。

引退した世界クラスの競技者が示唆した対処方略には，エネルギーを向けるべき新たなものの発見，多忙の維持，決められたトレーニング手順や運動手順の維持，社会的支援，自らのスポーツとの接触の継続などがある（Sinclair & Orlick, 1993）。エリート競技者を調べた別の研究では，一般に使用する対処方略として，受容，ポジティブな再解釈，プランニング，積極的対処，社会的支援の希求などを報告していた（Grove et al., 1997）。また，これらを調べた研究者は，競技アイデンティティが強い競技者は，否認，精神的な離脱，行動的な離脱，感情の発散といった回避に基づく対処方略を，問題集中的な方略よりも使用する傾向があると述べていた。

社会的支援

エリート競技者の主な社会的支援システムは，しばしば競技者の競技への関与から派生している（Coakley, 1983; Rosenfeld, Richman, & Hardy, 1989）。言い換えると，スポーツ環境には友人，知人，その他の関係者ら，非常に多くの者がおり，競技者の社会的な活動は主にその競技生活を巡って展開している（Botterill, 1990; Svoboda & Vanek, 1982）。

競技者のキャリアが終了した場合，競技者はもはやチームや組織に不可欠な一員ではなくなっている。その結果，競技者が以前に受けた社会的支援は，もはや存在しなくなる。さらに，社会的アイデンティティの制限や社会的支援を代替するシステムの欠如によって，競技者は孤立し孤独になり社会的な支えを失い，その結果，深刻な悩みを抱えることになる（Greendorfer & Blinde, 1985; McPherson, 1980）。Remer, Tongate, Watson（1978）は，この考えを支持し，もっぱらスポーツ状況に基づいた支援システムは，代替役割を獲得する競技者の能力と非スポーツのアイデンティティを想定する競技者の能力を制約すると示唆している。

引退の過程の容易さは，競技者が受ける社会的支援の量にも依存していると思われる（Coakley, 1983）。WerthnerとOrlick（1986）は，家族や友人からかなりの支援を受けたカナダのオリンピック代表レベルの競技者は，家族や友人の支援をほとんど受けなかった者よりも引退が容易であったと報告している。さらに，もっとも多くの問題を抱えていた競技者は，キャリア終了時に孤独を感じたと表明し，この期間の支援を要請していた。SvobodaとVanek（1982）は，社会的支援は引退への適応を媒介するもっとも重要な要因であ

ることを明らかにした。特に，支援の重要な拠り所として家族をあげた者は37%ともっとも多く，以下新しい仕事仲間(12%)，友人(8%)，コーチ(3%)の順になっていた。

Mihovilovic(1968)も，社会的支援は引退過程の重要な部分であることを明らかにした。特に，Mihovilovicが調査したユーゴスラビアのサッカー選手の友人の75%は，同じスポーツクラブの者であった。また，競技者の60%は友人関係を維持していたが，34%は引退後に友人関係がなくなったと回答した。さらに，回答者の32%は，引退後に友人の輪が小さくなったと述べた。加えて，Reynolds(1981)は，引退した元プロフットボール選手を調べて，身近な友人や関係者から支援を受けた競技者は現在の仕事にもっとも満足していることを明らかにした。

Ungerleiter(1997)は，元オリンピック競技者はコーチ，親，重要な他者からの支援を受けていたと報告した。さらに，引退後に深刻な問題を経験したと報告した競技者の20%は，メンタルヘルスの専門家から支援を受けていた。引退した世界クラスの競技者を調べた別の研究では，競技者が，家族や友人からかなりの支援を受けていたものの，国家や以前のコーチからは制度上の支援をほとんど受けていないことが明らかになった(Sinclair & Orlick, 1993)。Wheelerら(1996)は，身体障害因による引退競技者を調べて，家族の関心がスポーツ以外に向いている場合には引退が容易になることを明らかにした。

Gorbett(1985)も，家族や友人からの感情的な支援に加えて，競技者に対する制度的な支援をする必要があると勧告している。しかしながら，SvobodaとVanek(1982)は，引退の過程中に組織から受ける支援に競技者がかなりの不満を持っていることを明らかにした。Schlossberg(1981)は，スポーツ以外の引退の終結には雇用主の支援が重要であることを明らかにした。さらに，Schlossberg(1981)とManion(1976)は，制度上の支援や人間関係の支援を引退前のカウンセリングプログラムによって提供することが最適であると示唆した。

引退前のプランニング

スポーツ以外の引退に関する文献から浮かび上がってくる共通したテーマは，一部の個人がキャリア終了後の生活プランに対して示す抵抗である(Avery & Jablin, 1988 ; Chartland & Lent, 1987 ; Rowen & Wilks, 1987 ; Thorn, 1983)。この知見は，強力かつ排他的な競技のアイデンティティを持っている競技者でもっとも明白なものとなっている(Grove et al., 1997)。この否認のタイプは，エリート競技者であるほど脅威になるものと思われる。なぜなら，即座の報酬は非常に魅力があり，そして現在のライフスタイルと引退で生じるだろうライフスタイルとの間の矛盾が重要なものになるからである。その結果，競技キャリアの終了を認めたり考えたりすることは，大きな不安のもとになる。このことは問題の回避をおしなべて正当化している。しかし，この避け難い否認は，競技者に深刻で潜在的に否定的な広範な影響を及ぼすものと思われる。

多くの研究者が，効果的な引退の本質的な要素は，競技キャリア後のしっかりしたプランニングであると主張している(Coakley, 1983 ; Hill & Lowe, 1974 ; Pearson & Petitpas, 1990)。実質的な研究はこの立場を支持している。Haerle(1975)は，調査したプロ野球選手の75%が，引退するまで引退後の生活を認識しなかったと報告した。また，引退前のプランニングの1つの形と思われる最終学歴が，競技後の職業的な地位の重要な予測要因であることも明らかにした。プロ野球選手とフットボール選手を調べたArviko(1976)とLerch(1981)も，それぞれ同様の知見を報告した。

Perna, Ahlgren, Zaichkowsky(1999)は，卒業後の職業プランを表明した学生競技者が，そうしたプランのなかった者よりも有意に高い生活の満足感を示すことを見出した。同様に，障害を抱えた競技者の研究から，スポーツ以外の仕事に関心がある場合，引退はより容易となることが明らかになった(Wheeler et al., 1996)。

SvobodaとVanek(1982)の研究から，チェコスロバキアのナショナルチームの競技者の41%は将来キャリアが終了するという現実に注意を向けておらず，31%は引退直前になってやっと将来を考え始めていることが明らかになった。Ungerleiter(1997)がインタビューした競技者は，引退前にプランニングにより積極的になることや，必要とされるスキルの開発を望んでいた。WerthnerとOrlick(1986)が面接を行ったカナダのオリンピック代表レベルの競技者も，同様のコメントを表明していた。世界クラスの競技者の研究にもっとも共通した勧告は，引退のためのプラン作りであることが明らかになった(Sinclair & Orlick, 1993)。

さらに，元世界クラスのプロボクサーの研究では，引退に続く問題が高率に発生していた(Hare, 1971 ; Weinberg & Arond, 1952)。HareとWeinbergらは，調査サンプルの大部分を社会経済的に低い環境から集めたために，元ボクサーにはキャリア終了のプランを作るための教育や経験が不足していたと結論づけた。

引退への適応の質

引退の問題を扱った文献がたくさんあるにもかかわらず，引退による苦悩を経験する競技者の割合や苦悩が出現する様相については，いまだかなりの論争がある。Sussman(1971)のような初期の研究者には，プロの競技者は自らの競技キャリアが短いだろうことを

知っており，また適切な準備をしているので，問題は起こらないと信じている者もいた。さらに，Sussmanは，大半のプロ競技者が引退時に次の仕事を確信していると主張した。他の研究者も，スポーツの内外で，同様の結論を下していた。例えば，スポーツ以外で，Atchley (1980)とGeorge (1980)は，引退は個人の適応や自己のアイデンティティにほとんど影響しないと思えるし，発生するあらゆる問題を克服するのに必要な対処スキルが大部分の人にはあると示唆した。

スポーツの領域で，同様の主張をしている研究者もいる（Blinde & Greendorfer, 1985 ; Coakley, 1983 ; Greendorfer & Blinde, 1985）。これらの研究者は，主に高校・大学レベルの研究に基づいて判断している。事実，本質的な研究では，これら競技者集団が引退の苦悩を示した証拠はほとんどない。特に，高校生の競技者を調べたいくつかの研究では，非競技者に比べて，競技者は大学に進学し，学士や学位を取得し，より高い職業的地位につき，より高い収入を得る傾向にあった（Otto & Alwin, 1977 ; Phillips & Schafer, 1971）。さらに，Sands (1978)は，優秀な高校生男子競技者を調べた研究から，それらの競技者にとってスポーツの重要性は高校卒業後に低下し，スポーツへの参加を人生の通過点としていることが明らかになった。Sandsは，これらの学生競技者は，学生スポーツから離れてもトラウマやアイデンティティの危機を経験することがないと結論づけた。

大学生の競技者を調べた研究では，知見はこれほどはっきりしなかった。SnyderとBaber (1979)は，元大学生競技者と非競技者では生活への満足や仕事の態度に違いがないことを明らかにした。また，元競技者は，卒業時に興味や活動を有効に変更していた。それゆえに，Snyderらの知見は，大学スポーツからの離脱は元競技者にとってストレスフルであるという主張を支持しなかった。GreendorferとBlinde (1985)も，元大学生競技者男女を大量に調べて，適応問題はほとんどないと判断した。Greendorferらは自らの立場を支持する証拠として，回答者の90％が大学卒業後の生活に期待していたことと，約55％が競技生活の終了時に非常にもしくは極端に満足していたことを示した。しかしながら，サンプルの1/3が引退は非常にもしくは極端に不幸であると回答したことと，男子の38％と女子の50％がスポーツへの関与を非常にもしくは極端に恋しく思うと回答したことを軽視している。

CurtisとEnnis (1988)は，カナダのジュニアエリートホッケー選手と非競技者に苦悩がほとんどないことを明らかにした。特に，生活への満足，雇用，婚姻状況には差がなかった。さらに，競技者の50％は引退の問題を指摘し，75％はホッケー引退後に喪失感を経験していたが，これらの問題や喪失感が競技者に実際のレベル（例えば，学業，職業，家庭）で重大な影響を与えているとは思えなかった。Curtisらは，これら

の結果に基づき，これらの知見には"ホッケーをやめなければならなかったことに対する短い悲嘆や，競技・友情・興奮をもう一度体験したいというときどき起こる切望"が反映していると結論づけた (p.102)。

Coakley (1983, p.4)は，関連文献をレビューして，"大学対抗スポーツ競技からの引退は，大学卒業後の就職，新しい友情，結婚，親になること，その他一般的に成人早期に関連する役割と同一歩調をとっているように思われる"と述べた。さらに，苦悩が普通のことであるという認識は，観戦スポーツに参加している男子プロ競技者という偏ったサンプル（Greendorfer & Blinde, 1985）や大衆的メディアの記事（Coakley, 1983）に基づいていると主張した。

同時に，別の研究者グループは反対の見解を展開した。特に，引退は，多様な機能不全として表出するような苦悩をもたらす可能性がある。この視点を持つ大半の研究者は，エリートアマチュアやプロ競技者に焦点を当てている。心理的な問題を抱えた競技者の事例報告には，経済的な問題と薬物乱用（Newman, 1991），自殺未遂（Beisser, 1967 ; Hare, 1971 ; Vinnai, 1973），犯罪行為（Hare, 1971 ; McPherson, 1980）などがある。

学問レベルでは，引退した者は地位の喪失，アイデンティティの危機，方向づけや集中の喪失を経験していることが明らかになっている（Ball, 1976 ; Pollack, 1956 ; Tuckman & Lorge, 1953）。さらに，Ogilvieと Howe (1982)は，アルコール依存症や急性うつ病を抱える引退競技者と共同作業をした経験について報告している。

苦悩の発生に関する実証的な研究もいくつかある。例えば，ユーゴスラビアのプロサッカー選手のコーチやマネージャーが信じていたのは，引退選手が過度に飲酒し，違法行為を行い，深刻な精神状態にあり，将来をかなり恐れているということであったと，Mihovilovic (1968)は報告した。選手自身に質問した結果，引退後38％は喫煙量が増え，16％は飲酒量が増えることが明らかになった。Arviko (1976)も，元プロ野球選手のアルコール依存症を明らかにした。引退したオリンピック選手のサンプルでは，ほぼ40％が，競技後の生活への深刻なもしくは非常に深刻な適応問題を抱えていることが明らかになった（Ungerleiter, 1997）。

SvobodaとVanek (1982)は，チェコスロバキアのナショナルチームメンバーを対象に，新しい職業に適応する際の現実的・心理的なストレスへの対処能力を調べた。その結果，30％は新しい現実的な要求に対して直ちに対処することができたが，58％は適応に3年以内の年月を要することが明らかになった。しかしながら，心理的な適応にはより長い時間が必要であった；34％は直ちに適応したが，17％はまったく適応しなかった。

さらに，スウェーデンの引退した競技者をインタビューしたHallden(1965)の研究から，その45％はキャリア終了後の感情的な適応を憂慮していることが明らかになった。また，WeinbergとArond(1952)は，引退したプロボクサーは，ボクシング界を離れた後に深刻な精神的苦悩を経験していたと報告した。残念ながら，いずれの研究も，競技者が経験する精神的な苦痛の本質を明らかにしなかった。1つの研究から，競技の強いアイデンティティを持つ競技者は，就職恐怖症(zeteophobia)（引退の意志決定に関わる不安；Grove et al., 1997）にもっともかかりやすいことが明らかになった。Grove, Lavallee, Gordon, Harvey (1998)は，11編の引退の実証的研究を要約し，平均して競技者サンプルの19％が引退時にかなりの精神的な苦悩を経験していると指摘した。

しかしながら，前述のように，この研究に対する批判の1つは，対象がチームスポーツの男子プロ競技者に偏っていることである。AllisonとMeyer(1988)は，この問題に応えるために，女子プロテニス選手20名を対象として引退の影響を調べた。Allisonらの知見から，競技者の50％は引退をより伝統的なライフスタイルの再建機会や安堵と認識し，競争キャリアに満足していることが明らかになった。さらに，75％がコーチやビジネスとして積極的にテニスに関わり続けていたことは，注目すべきことである。Allisonらは，引退は，Rosenberg(1982)やLerch(1984)の提唱した社会的な死の概念よりも，むしろ社会的な再生(Coakley, 1983)であるように思われると結論づけた。しかしながら，これらの研究者は，競技者の30％が引退による孤独感やアイデンティティの喪失を述べたこと，不測の負傷で引退した10％が競技目標の達成に失敗したと感じていたことを，ほとんど無視している。

加えて，KerrとDacyshyn(印刷中)は，エリート女子体操選手のサンプル中70％がキャリア終了時に苦悩を経験したと報告した。これらの競技者は，見当喪失感，空虚感，欲求不満感を述べ，自己のアイデンティティ，自己統制，身体イメージといった問題に苦しんでいた。

引退の危機の予防と治療

スポーツからの引退の現象は，ストレッサーの複雑な相互作用としてもっともよく理解することができる。ストレッサーが身体的，心理的，社会的，あるいは教育的／職業的のいずれであるにしても，競技者へのそれらの影響は，競技者が引退に向かう時に何らかの苦悩をもたらすものと思われる。

研究者は，引退による危機は学生・大学競技者にはほとんど起こらないと指摘している(Greendorfer & Blinde, 1985；Otto & Alwin, 1977；Phillips & Schafer, 1971；Sands, 1978)。しかしながら，エリートアマチュア(Werthner & Orlick, 1986)やプロ競技者(Mihovilovic, 1968；Weinberg & Arond, 1952)では非常に多いと指摘している。

引退の危機を予防することは，親，教育者，コーチ，マネージャー，医師，心理学者を含め，スポーツのあらゆるレベル，あらゆる領域に関与している個人の責任である(Werthner & Orlick, 1986)。さらに，これらの人々は，スポーツ参加の最初期段階から引退そのものの過程にまで参加して，充実した役割を果たすことができる(Pearson & Petitpas, 1990)。

初期の発達

エリートスポーツへの参加に伴う頻繁でひたむきな卓越性の追求には，潜在的に心理的・社会的な危険が随伴している。上述のように，これらのリスクは1次元的な個人の発達と関係している。エリート競技の成功に対する個人的な投資やエリート競技の成功の追求は，価値ある目標であっても，発達を抑える可能性がある。

淘汰が若い競技者の自尊心を減弱するという実質的な証拠はある(Orlick, 1980；Scanlan, 1985；Smith, Smoll, & Curtis, 1979)が，この過程をより健全な方向に変えることについてはほとんど考慮されていない。もっとも系統的なユースプログラムでも，いまだに勝利の優先順位がもっとも高いように思われる。

スポーツの発達へのより全体的なアプローチの教示を，競技生活の初期に開始することは重要である(Pearson & Petitpas, 1990)。この考え方は，問題の事前の予防を強調するモデルに依存している。多くの研究が，初期の予防策は資源配分の有効かつ効果的な手段であると指摘している(Conyne, 1987；Cowen, 1983)。結果として，予防過程の第一段階は，ユーススポーツに関わる親やコーチに対して，長期の個人的・社会的な発達が短期的な競技の成功よりも重要であると考えるように働きかけることである(Ogilvie, 1987)。この視点は特に適切なものと思われる。なぜなら，発達中の競技者は，通常の発達要件とは異なる特異的な問題にしばしば直面しているに違いないという主張があるからである(Remer et al., 1978)。

さらに，高校や大学の競技プログラムは個人的・社会的な成長の機会を抑えているという主張もある(Remer et al., 1978；Schafer, 1971)。この領域における重要な問題は，自己アイデンティティ，社会的アイデンティティ，社会的な役割と行動，社会的支援システムの発達などである。さらに，このバランスを欠いた例には，大学バスケットボール選手やフットボール選手の卒業率の低さがある(Sherman, Weber, & Tegano, 1986)。競技者の生活バランスを維持する努力や，競技者の役割よりも競技者以外の者の役割の開発を奨励することによって，成熟した自己アイデン

ティティの形成は容易になると思われる。

スポーツへの参加と発達は相互に排他的なものではないことを強調することも重要である。実際に，スポーツへの参加は，一般的な生活スキルを学習する機会になっていると思われる（Scanlan, Stein, & Ravizza, 1989）。加えて，スポーツは，子供が生活の他の領域で心理的・社会的なリスクに対処する能力の開発基盤になっていると思われる。このように，健全なスポーツ環境は，競技者がより十分に個人的・社会的に統合する助けとなり，その結果，競技者はより多様な状況で機能することが可能になるものと思われる。

引退前と引退中

発展中の競技者が徐々に身につけることのできる価値・信念・スキルに加えて，エリートの地位を獲得した競技者や，現在エリート競技のキャリアを展開中の競技者が実行可能なものは数多くある。すでに検討したように，避けることができない引退の認識と起こり得る引退に対するその後の準備行動は，最善の行動方策になっている（Haerle, 1975 ; Pearson & Petitpas, 1990 ; Werthner & Orlick, 1986）。

資料の閲読やワークショップへの参加といった引退前のプランニング（Kaminski-da-Rosa, 1985 ; Manion, 1976 ; Thorn, 1983 ; USOC, 1988）は，エリート競技者が引退後の有意義な生活について考えたりそれに向けて努力する重要な機会になっている。さらに，効果的な金銭管理や長期的な財政計画は，キャリア終結後の競技者の財政的な安定と結びつくだろう（Hill & Lowe, 1974）。この目標に対する組織的な支援は競技者が経験する快適さやコミットメントに必要不可欠なものであることにも注目すべきである（Gorbett, 1985 ; Pearson & Petitpas, 1990）。

治療的な意味で，引退の過程における本質的な課題は，次のものである；この個人的な変動期に競技者が自尊心を保てるようにする支援，過去の競技経験の強みを競技後の新しい生活と結びつけるような新しい自己のアイデンティティの適応の奨励。引退過程の基本的な目標は，競技者自身についての信念や態度を，競技者に幸福と生産性をもたらすような方法で修正することである（Taylor & Ogilvie, 1994）。Baillie（1993）は，キャリアカウンセリング方略と生活開発の介入を併用したプログラムが，引退への競技者の適応に役に立つと示唆している。

スポーツ心理学者は，引退途中に競技者が経験すると思われるあらゆる感情的な苦悩を処理することで，競技者を支援することができる（Kübler-Ross, 1969）。特に，スポーツ心理学者は，競技者に，キャリア終了に関連する疑念・懸念あるいは欲求不満を表現するための機会を与えることができると思われる（Gorbett, 1985）。また，競技者は，自らの役割のレパートリーや社会的アイデンティティを拡張する方法も探求することができる（Ogilvie & Howe, 1982）。このようにして，競技者は，スポーツ以外の新しいアイデンティティを獲得し，この新しい個人概念で，価値感と自尊心を経験しているものと思われる。加えて，スポーツ心理学者は，社会的な支援システムをスポーツ領域以外の人々や集団に拡張するように，競技者を奨励することができる。Constantine（1995）は，適応問題を経験している引退後の大学生女子競技者が，支援的なカウンセリングのテクニックと心理教育的な課題で構成したグループカウンセリングへの参加から，より高いレベルの満足を得ていたと報告した。

明らかに，スポーツ心理学者は，引退過程のストレスに対処しようとする競技者に力を貸すものと思われる（Gorbett, 1985）。この過程では，認知的再構成（Garfield & Bergin, 1978），ストレス管理（Meichenbaum & Jaremko, 1987），感情の表出（Yalom, 1980）といった伝統的な治療方略を使用することができると思われる。

スポーツ以外では，BrammerとAbrego（1981）が，MoosとTsu（1977）に準じた引退対処の相互作用モデルを提案している。このモデルでは，評定の過程，社会的支援システム，内的な支援システム，精神的・身体的な苦悩，プランニングや手段の変更といったさまざまなレベルで介入することが必要であるとしている。加えて，スポーツ領域では，WolffとLester（1989）が，競技者の自己アイデンティティ喪失への対処と，新しいアイデンティティの確立を支援するための，傾聴／対決，認知療法，職業指導からなる3段階の治療過程を提案している。

この過程の重要な要因を調べた実証的な研究はほとんどない。スポーツ以外では，説諭的な状況や小集団の状況に，認知，感情，社会的支援の介入パッケージを適用したRoskin（1982）の研究によって，引退者を含む高ストレス集団の抑うつや不安は，有意に減少することが明らかになった。

Groveら（1998）は，引退過程を容易にする介入方略を調べたもっとも最近の研究で，スポーツからの引退による喪失に対処するHorowitz（1986）のモデルを適用した。この概念では，説明文書の作成と呼ぶ，引退経験についての語りを徹底的に行わせることが競技者にとって必要であると強調している。この徹底的な語りを構成しているのは，将来のための記述・属性・記憶・感情・期待の計画である。この説明によって，競技者は，引退経験をより深く理解して，競技キャリアを終結し，そして競技後の人生における成長を奨励するような新しく適応的な自己アイデンティティ，社会的アイデンティティが開発できるようになる。予備的な研究から，説明文書の作成は，競技者の成功した引退対処と直接関係していることが明らかになっている（Lavallee, Grove, et al., 1997）。

対処の説明文書の作成モデルには，競技者が終結へ

の道を進むような，以下の7つの段階が関係している。

1. トラウマ的な出来事：スポーツキャリアが終了したという実感に応じたショック，圧倒感，無感覚
2. 叫び：パニックや絶望といった強い情動反応の発生
3. 否認：現実逃避，回避，孤立への集中
4. 侵入：引退と結びついた思考過程を混乱や強迫的なレビューの形態で強調しながらの説明文書の作成の継続
5. 徹底操作：より強烈な説明文書の作成と，他者と経験を共有する最初の試み
6. 完了：語りの完了，引退経験に関連したネガティブな感情の解放，対処スキルの採用，精神的・身体的な健康の改善，さらなる統制感
7. アイデンティティの変化：競技生活を閉じ，アイデンティティは健康的な競技後の形態に進化し，スポーツ後の確固たる生活基盤となる（Grove et al., 1998）

Grove ら（1998）は，この過程における2つの重要な問題を強調している。第1として，作業過程の重要な部分は，他者への信頼であり，その状況で競技者は語りの一部を重要な他者と共有し，フィードバックを使用して説明を修正し洗練している。第2として，競技者自身から同様の窮状を経験していると思われる他者への中心移行は，しばしば過程終了を示唆するものになっている。この変化は他者の幸せへの気遣いや，作業過程で学んだ経験と教訓の恩恵に浴していると思われるこれら競技者の強い支援願望を表している（Grove et al., 1998）。

将来の研究への道

近年，競技者の引退の分野の研究は，かなり注目を浴びるようになってきている。さらに研究は，理論の展開とプログラム的なものへと徐々に移行している（例えば，Lavallee and his colleagues, 1997）。これらの研究は，この領域の先導的な研究者の立場を支持する実証的な証拠を次々と提示しており，競技者の引退過程のあらゆる相をより深く，より包括的に理解するための研究分野となっている。それでもなお，引退の理論的な基盤をより生き生きと詳細に描写するためには，そしてこれまでの理論的な概念化を実証的に支持するためには，より多くの研究が必要である。

理論の開発

研究開発の最初の分野は，理論の領域でなければならない。特に，引退過程のあらゆる面のこの分野の概念的な理解を継続的に洗練する必要があると思われる。前述のように，引退の概念モデルをスポーツ以外の研究から開発しようとする試みもあるが（Lerch, 1982；Rosenberg, 1982），これらの試みは，部分的な成功を収めているにすぎない（Blinde & Greendorfer, 1985；Greendorfer & Blinde, 1985）。

Taylor と Ogilvie（1994）のモデルは，引退過程を詳細に描こうとする最初の試みであった。より最近，Grove ら（1998）が提唱した概念モデルは，スポーツキャリアの終了に苦悩している競技者の介入のための，理論展開的な枠組みになっている。引退に対する競技者の反応の理論的な基盤を精緻化しようとするさらなる研究では，これらのモデルとその他関連するものの概念化をスポーツの内外両方で考察する必要がある。

実証的な展開

Taylor と Ogilvie（1994）や Grove ら（1998）が示唆したような概念モデルに基づけば，モデルの各相を順次検討して，データを得る系統的な研究プログラムが効果を発揮するものと思われる。こうした組織的なアプローチによって，研究者は，理論を展開したしっかりしたデータ集積から，意味のある結論を引き出すことが可能になると思われる。

次のような関連する経験的な問題を考慮する必要がある；引退に固有の原因は，引退に対する競技者の反応の本質的な性質に影響するのか？ 引退に対する競技者の反応を識別するこれらの原因に関係する背景要因は何なのか（例えば，自発的 vs 不本意的，統制可能 vs 統制不可能）？ 引退に対する反応の性質を媒介するような固有の要因は何なのか？ どのような予防策が引退の苦悩を緩和するのか？ どのような方略が引退による苦悩の治療にもっとも効果的なのか？

加えて，次のような付随的な問題にも対処する必要がある；子供の発達や早期のスポーツ参加のどのような問題が，引退過程に影響するのか？ 発達レベルのどのタイプの変化が，引退過程における潜在的なトラウマを緩和するのか？ 引退に対する競技者の反応には，スポーツのタイプ（例えば，個人 vs 団体，プロ vs アマチュア）による違いがあるのか？ 引退への競技者の反応にはジェンダーや年齢，文化による違いがあるのか？

結　論

本章の目的は，競技者の引退過程に関連する問題を展望することであった。もう1つの目的は，引退する競技者の苦悩に満ちた反応に寄与するような要因を

検討することであった。
　このレビューによれば，引退が研究に値する重要な問題であることは明らかである。最新の情報をまとめた本章が，将来の理論的・実証的な研究の推進力になることを願っている。

VI 運動と健康心理学

- 第27章 動機づけ行動の理論を用いた身体的活動の理解 その影響の展望 535
- 第28章 活動的なライフスタイルへの支援方略
  身体的活動増進の研究への公衆衛生的枠組み 555
- 第29章 身体的活動とメンタルヘルス 571
- 第30章 傷害のリスクと予防の心理学 590
- 第31章 スポーツ傷害のリハビリテーション心理学 608
- 第32章 労作感と労作耐容能の社会-認知的な見方 623

第 27 章
動機づけ行動の理論を用いた身体的活動の理解
その影響の展望

　運動行動理論の章を書く際に1つの難問になっているのは，吟味すべき理論を決定することである。まずはじめに明らかになっている重要なことは，運動行動には正式な理論が存在していないことである。しかしながら，人間行動の心理社会的な理論は複数存在している。したがって，他の人間行動と同様に，身体的活動と運動は，心理学の分野がすでに開発した多くの理論的な観点から考察することができる。もしも，これまでに身体的活動と運動の研究に適用されたすべての観点を考察するならば，本章は簡単に複数の著者の手になる1冊本になるだろう。そのような大著の例が，Seraganian(1993)の「運動心理学：身体的運動が心理の過程に及ぼす影響(Exercise Psychology : The Influence of Physical Exercise on Psychological Processes)」である。

スポーツ心理学者が文献を読み続けるべき理由

　本章の2つ目の難問は，パフォーマンスの向上に興味を持っているスポーツ心理学者に，文献を読み続けるべきであることを納得させることである。運動や身体的活動への理論の応用について記載した章は，パフォーマンスの向上に興味を示す個人に関係しているのだろうか？　この質問に対する答えはイエスである。なぜなら，理論を使用することの実用性は，研究の"青写真"となる(Brawley, 1993)だけでなく，身体的活動やスポーツ関連行動のパフォーマンスの向上を目指した練習の青写真ともなるからである。

　健康を目的とした行動変容に興味がある研究者は，スポーツのパフォーマンス向上に興味があるスポーツ心理学者と同じ意向を持っている。例えば，運動や身体的活動の成果は，身体的な機能(心臓血管系や可動性)，運動の継続または心理的社会的な機能(不安や抑うつ)の改善と関係している。またスポーツにおける並行的な成果には，勝敗以上のものがある。スポーツの付加的な成果は，次のようなものの改善である；競技者の個人的な時間の基準，競技スキルの質，競技不安への対処能力。さらに，パフォーマンスの向上は競技者の定期的な練習と競技によるパフォーマンスの安定の助長に焦点を当てているという意味で，目標も，練習や競技の継続的改善につながっている。

　したがって，なぜスポーツ心理学者は文献を読み続けるべきなのかという疑問への回答は，ある分野で学んだ教訓には他の分野にも役立つ可能性があるからだということになる。運動や身体的活動によるパフォーマンスの向上には，多くの行動変容介入タイプが関係している。そのため，ミス，成功，学んだ教訓は，両分野の知識の発展に有用なものになると思われる。Kirschenbaum(1992)は，重要なメッセージをスポーツ心理学の分野に発している。Kirschenbaumは，体重を落とし，落とした体重を維持することのとてつもない難しさを記述した。その中心は，次の3点である；(1)課題が容易ではない，(2)パフォーマンスの向上に興味を示すスポーツ心理学者が体重減量の分野から教訓を学習した場合，介入時に起こるであろう多くのミスを避けることができる，(3)スポーツ心理学者や運動心理学者は，パフォーマンスの向上における自らの役割に関して，謙虚さを学ぶ必要がある。換言すれば，どのような種類のパフォーマンスであれ，介入効果の大きさについてはより多く学ぶ必要がある。こうした知識を身につけた場合，介入効果はどのような方法で改善できるのだろうか？

　スポーツや身体的活動の領域では，ともにパフォーマンスへの影響はあまり大きなものではないと主張している。本章では，合理的な理論に依存して，理論的な変数を行動変容メカニズムへとより巧みに翻訳すること(最終的なパフォーマンスの改善や生活の質の向上といった行動的な成果の心理的／行動的な決定要因)が，科学的な研究と実践の道筋であると提言している。これは身体的活動の研究に適用できるだけでなく，スポーツのパフォーマンスの向上にも適用することができる。

研究の動向を反映するような運動についての疑問

次のような多くの疑問が，運動関連の心理社会的な成果に関する大半の研究を推し進めている；なぜ運動は人々を元気づけるように思われるのか？ なぜ人々は運動から脱落するのか？ 人々が運動に従事したり，運動を回避したりする理由は何なのか？ その他，公衆衛生の問題と関連している運動や身体的活動には次のような疑問もある；運動をしないことが健康の主要な危険因子と知りながら，なぜ運動しないのか？ デスクワーク従事者のリスクを軽減するには，どの程度の運動量に動機づければいいのか？ 介入はライフスタイル中の身体的活動をどのように変えるのか？ 脱落を減少させて運動処方を促すためには，動機づけや行動をどのように変えればいいのか？ 規則的な身体的活動の心理社会的な効用は何なのか？ これらの疑問のすべてに答えた本はこれまでなかった。しかしながら，最近の本や雑誌は，少なくともこれらの問題のいくつかの解明に大きく貢献している。例えば，Dishman (1994) の運動継続に関する本は，運動継続の心理社会的な側面にいくつかの章を割いていた。"American Journal of Preventive Medicine" の特別号 (Blair & Morrow, 1998) は，身体的運動介入の心理社会的側面に関連する論文を多数掲載している。また，Biddle, Sallis, Cavill (1998) は，子供と青年の身体的活動を生物心理社会的な観点から検討した。このような文献から，上述のさまざまな疑問に対する解答は多くの社会科学領域，特に心理的な観点から得られることが明らかになっている。

本章が取り上げてレビューした理論

本章の執筆に当たり，著者らは，子供から高齢者に至る健康活動の動機づけとしてのさまざまなタイプの身体的活動の研究に直接影響している理論を議論することを，意識的に決断した。これらの理論を選択した背景には，多くの理由やさまざまな特徴があった。選択の基準は，それらの理論に次の特徴があるかどうかであった；(1)科学的な研究に影響を与えている，(2)多年に渡る運動や身体的活動の研究パターンが一貫している，(3)測定原理と測度が明確である，(4)運動と健康に関する文献を刺激的にレビューしている，(5)運動行動よりも健康行動の研究に使われている（一般性），(6)モデルや理論の一部として統制感を何らかの形で包含している。理論の選択にこれらの基準を使用することで，広範かつ体系的に検討した研究文献を考慮することができた。さらに，理論モデルを基盤とした大半の研究は，行動変容介入における理論の使用とも密接に関係している (Baranowski, Lin, Wetter, Resnicow, & Davis-Hearn, 1997 を参照)。

今回の理論の選択は，取り上げなかった他の理論やモデルが身体的活動の研究として重要性が低いことを意味するものではない。運動関連問題の検討に使用する多数の理論は，今回レビューした理論と比べて，比較的注目を浴びてはいない。しかしながら研究者は，他の理論を，例えば，あいまいな知見しか得られていないような研究分野に秩序をもたらしたり，データ駆動型研究の代替となるものを提供したり，運動による心理社会的な成果（行動以外の）についての問題を検討する予備的な方法で使用している。これらのモデルや理論には，次のような例がある；個人投資理論 (theory of personal investment：動機づけの個人×状況相互作用モデル：Maehr & Braskamp, 1986；相互作用モデルの運動への応用：Duda, Smart, & Tappe, 1989)，労作感モデル (perceived exertion models：Noble & Robertson, 1996；Rejeski, 1981)，言い訳や理由といった運動障壁の研究における原因帰属理論 (Brawley, Martin, & Gyurcsik, 1998)，運動誘発性努力の研究における感情モデル (models of affect：例えば，状態-特性不安；Spielberger, Gorsuch, Luschene, Vagg, & Jacobs, 1983；ポジティブおよびネガティブな感情：Diener & Emmons, 1985)，身体的自己呈示の理論 (theories about physical self-presentation；例えば，健康／身体的活動，Leary, 1992；Schlenker, 1980)。このリストはすべての研究を網羅したものではない。

理論は，一方の端を単一仮説，中間地点を概念モデル，反対の端を十分に成熟した理論とする連続体上に置くことができる。本章の目的のために，ここに紹介する理論は，上述の選択基準に合致するだけでなく，成熟度のレベルを大きく反映したものとなっている（概念モデルから完全な理論モデルまでを含む一連の連続体）。このように，ここで選択した理論は，計画的行動理論 (Ajzen, 1985)，自己効力感理論 (Bandura, 1997)，社会認知理論 (Bandura, 1986)，多理論統合モデルである。

これらの有力な理論の展望を議論する際には，以下のアプローチを採用した。第1に，しっかりした研究基盤を持ちその基盤をレビューしてもいるような理論については，代表的なレビューを使用して本章の展望を進めた。新たに文献を分析するよりも，代表的なレビューを使用する方が，理論に基づく運動や健康の研究に関連する共通した結論や独自の結論を得ることができる。本章でこうした手法を取り入れた2つの理論は，計画的行動理論と自己効力感理論である。第2に，系統的な検証はかなり少ないものの，多くの身体的活動の介入例の理論的な基盤となっているような2つの理論的な観点を検討した。これら2つの理論とは，社会認知理論と多理論統合モデル（行動変容段階モデル）である。

共通の理論的な仮定と理論の要素

　上述の4つの理論は，人間についてのある仮定を共有している。これらの理論では，次のように仮定している；人間は目標指向的であり，合理的に意志決定・深慮・計画する能力がある。このように，人は，自らの活動を自己制御することができる。これらの理論には，次の共通要素もある；(1)成果の期待（予想できる利益と代価），(2)結果の価値（強化価，誘因価），(3)自己効力感の期待（統制感の一部），(4)意図（近位の目標）。これらの要因はともに，運動や行動に関する健康関連の決定に影響している（Maddux, Brawley, & Boykin, 1995を参照）。ここに提示した理論は，明示的もしくは暗示的に，経験，意志決定，自己制御は動的な社会的学習過程の一部であると認めている（Bandura, 1986）。

　運動の継続を例にして考えてみよう。構造的な身体的活動もしくは非構造的な身体的活動に参加する者が長期的に活動を継続しようとする場合には，いずれも，成功と失敗をともに経験すると思われる。これらの経験に基づいて，運動参加者は一般的に目標／意図を制御しようとし，その結果，努力の継続を調節する。人々は社会的学習を通して認知的・行動的に適応すると仮定すれば，運動参加者が運動行動の頻度，努力，持続時間，タイプを変更し，運動の継続を変更することは別に驚くべきことではない（Brawley & Culos-Reed, 2000；Maddux & Lewis, 1995参照）。これらの仮定や共通要素の背景にあるものをよりよく理解するには，研究の証拠を考慮することが有益と思われる。まずは，Ajzen(1985)の計画的行動理論を考察する。

合理的活動理論と計画的行動理論

　健康行動の介入，特に運動行動に対する介入に頻繁に適用している2つの関連する理論は，合理的活動理論（theory of reasoned action：TRA；Ajzen & Fishbein, 1980, 1975）と計画的行動理論（theory of planned behavior：TPB；Ajzen, 1985）である。これらの両理論は態度と行動の関係を問題にしており，個人は，自らの行動とその結果を予見し合理的に決定することができると仮定している。しかし，行動統制の中心は異なっている。

合理的活動理論

　研究者は，意図的もしくは自由選択的な行動を説明するためにTRAを開発した。したがって，運動のために，運動関連行動を遂行する，もしくは遂行しないという本人の意図が行動を決定している。TRAでは，意図が，直接かつ唯一の行動決定要因になっている。同様に，意図の決定要因は，運動活動の遂行に関する個人の態度であり，個人の運動活動の遂行に影響する規範的な社会の力（主観的な規範）である。研究者は，これら2つの要因に，重みづけをしている。なぜなら，それらの要因が行動の意図に及ぼす影響は，個人の経験や状況的な制約といった要因と密接に関わり合っているからである。例えば，特定の社会的な文脈，活動の時間的な近接性（例えば，今すぐか今後か），活動の特定の側面（例えば，特定の運動，スポーツ，その他の健康行動）は，個人の活動（例えば，運動）意図に対する態度と主観的な規範の影響の重みづけを変化させると言われている。

　意図の第1の決定要因である態度（個人の感情的なフィーリング）は，行動の結果感に関する信念や，これらの結果に対する個人的な評価に関する信念と，密接に関わり合っている。例えば，身体的活動を定期的に行っている者は，運動は健康の維持に重要であり，このライフスタイルは非常に価値があると信じているかもしれない。意図の第2の決定要因である主観的な規範（特定の方法で行動させる社会的圧力）は，重要な他者による期待感（規範的な信念と呼ばれる）や，これらの期待に応えようとする動機づけと密接に関わり合っている。本質的に，これは成果の期待となっている（Maddux et al., 1995）。例えば，ある人が，配偶者が自分の元気を願っているものと信じて配偶者の意見を高く評価する場合には，運動の主観的な規範が高くなり，したがって，その人の意図にポジティブに影響するものと思われる。この理論は，自由選択的な行動と関係している。そのために，客観的な制御と主観的な制御はともに高くなるものと思われる。このモデルで行動を調べる場合には，制御が高い（測定したものよりも）と想定しなければならない。実際に，Ajzen (1985)は，制御が高い場合，TPB（計画的行動理論）はTRA（合理的活動理論）のように作用すると述べている。この考えを理解するために，TPBを簡単に説明してみたい。

計画的行動理論

　計画的行動理論（TPB）は，合理的活動理論（TRA）に行動の統制感という1つの要因を加えて拡張した理論である（図27.1を参照）。TPBに行動の統制感が加わっている目的は，行動する際の現実の限界および限界感を考慮して，統制の要素を実際に測定することである。このことによって，研究者は，意図的な行動だけに焦点を当てた態度に基づく理論（態度や行動）から，非意図的な行動や完全には個人の制御下にないような行動の調査へと進むことができるようになった。

　Ajzen(1991)は，行動の統制感を，行動のパフォーマンスがどれほど容易もしくは困難そうに思えるかに

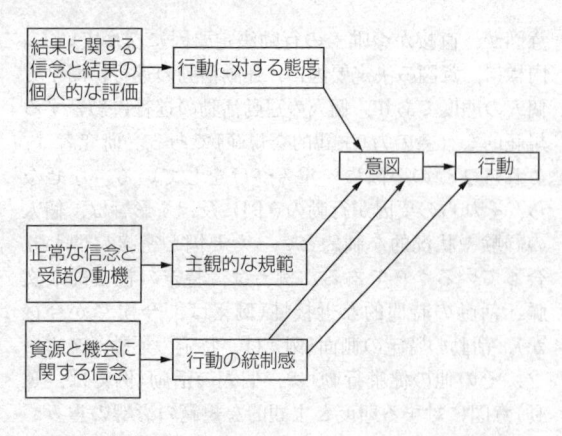

図27.1 計画的行動理論

ついての個人の信念として概念化している。この概念化の背景には、自らの資源や能力に関する個人の信念が存在している。Ajzen は、行動の統制感を、行動の直接的・間接的な予測要因とみなしている。研究者は、身体的活動をする時に個人が現実的な限界や限界感に直面する運動のような非意図的な行動と行動の統制感の間には直接的な連繋があると仮定している。したがって、個人の行動統制感が高い場合には、運動行動は実行がより容易になる。これに対して、統制感が低い場合には、運動行動は起こりにくくなる。同様に、制御の信念や、行動のパフォーマンスを促進もしくは抑制する特定の制御要因の効力感は行動の統制感に影響している。態度や主観的な規範による意図への影響と同様に、行動の統制感の前兆は重要であり、行動の意図や行動に重要な影響を間接的に与えている。

ある TPB のレビュー

研究者は、身体的活動領域で TRA と TPB の両理論を使用している。けれども、TPB の適用の方が、より多くの成功を収めている。それゆえ、TPB を検証する研究数は、近年増加している。多数のレビューがこの分野の研究を要約しており、表27.1に最近の例を示す。各 TPB のレビューからは、次のような情報が得られている；(1)レビューのタイプ（統計的もしくは叙述的），(2)レビューに含まれる研究数，(3)使用した検索と研究の選択基準，(4)結果，(5)著者の結論，(6)レビューの限界。これらのレビューが扱った研究の数は異なっており、あるものは他のものよりも選択的である（身体的活動だけに絞り込んだもの、または多様な健康行動を扱っているもの）。ここに紹介するレビューは、身体的活動の研究を中心にしたものである。

これらのレビューに加えて、表27.2は、TPB 研究の広がりとともに生じたいくつかの概念的な問題や、測定上の問題を強調している。表27.2に示した4編の研究の情報は、次の5つである；(1)研究の中心（どのような TPB の問題を議論しているのか），(2)レビューした研究数（数がわかる場合），(3)研究の選択基準（規準がわかる場合），(4)結果，(5)著者の結論。

次に、運動場面における TPB についての最新の研究を中心に、この研究の動向について議論し、将来の研究を示唆することにしたい。

TPB のレビュー

1980年以降、概念的な枠組みに TPB を使用して、運動や身体的活動の研究を集中的に調べた多数のレビューがある（表27.1を参照）。主に2つのタイプ、すなわち統計的および概念的なレビューは、身体的活動や運動行動を調べるための有用な枠組みとして、TPB を圧倒的に支持している。TPB の態度・主観的な規範・行動統制感の変数は、平均して、行動意図の分散を 40〜60%、行動の分散を 20〜40% 説明している。モデル全体の支持において、身体的活動場面でもっとも強い支持を得ている TPB の要素は、行動の統制感と態度である。これが主として、場面、実験参加者、研究した行動タイプ、およびこれらの変数の測定の性質によるのかどうかは、まだよくわかっていない。

レビューした研究には、多くの点で大きなばらつきがあった。例えば、Godin (1993) がレビューした研究の実験参加者数は、56〜444名であった。他の3編のレビューは、いずれも実験参加者数を報告しなかった。身体的活動の研究場面は、主にフィットネス状況であったが、職場の運動プログラムやアウトドア活動（例えば、ジョギング、自転車乗り、ハイキング）も入っていた。参加者は主に大学生といった便宜的な集団であったが、高齢者・成人身体障害者・妊婦・勤労者集団も入っていた。最後になるが、多重相関を求めていないケースでは、効果サイズといった、他の関係測度を報告している（表27.1）。

TPB の概念的・測度的・分析的問題

TPB の要素は運動の意図や行動の予測を一貫して支持しているにも関わらず、研究者は、TPB の精査と継続の改良を続行している。特に、TPB を使用したいくつかの研究では理論的・測定的な仮定を破棄しており、そのため身体的活動に関する知見の妥当性と信頼性は危うくなっている（Courneya & McAuley, 1993 を参照）。例えば、TRA や TPB のいずれかの枠組みで研究をする場合、継続して考慮しなければならないもっとも重要なことは、おそらく理論的な構成概念を操作化して測定することではないかと思われる（Brawley & Rodgers, 1993；Godin, 1993；Godin & Kok, 1996；Hausenblas, Carron, & Mack, 1997 のレ

表 27.1 運動、スポーツ、身体的活動における TPB のレビュー

レビューとタイプ	包含基準	研究数、検索方法	結果	主な結論	レビューした研究の限界
Hausenblas ら (1997) メタ分析	運動を中心にしている；少なくとも2つのTRA/TPBの構成概念を使用；ESの計算可能	31　コンピュータによる、手作業による、学術雑誌の検索	BIとAttのES(1.22)、BIとSNのES(0.56)、BIとPBCのES(0.97)；BとBIのES(1.09)、BとBIのES(1.01)、BとAttのES(0.84)、BとSNのES(0.18)	TPBによるBの予測はTRAよりも優れている。SNは運動行動の予測に重要ではない	TPB測度の質は検討していない；TRAとTPBの相互作用によって、ESを過大評価している可能性がある
GodinとKok(1996) 叙述的、量的	TPB情報；理論の背景にある因果関係を重視している；Ajzenの、Triandisの、Banduraのいずれかの仕様に従ってPBCを測定している	18　1985年以降の学術雑誌の検索と著明なTPB研究者との交流	相関係数の平均：BIとAtt(0.51)、BIとSN(0.30)、BIとPBC(0.50)；BとBI(0.52)、BとPBC(0.41)；BI予測の平均R^2(0.42)、PBCを付加したR^2(0.17)；B予測の平均R^2平均(0.36)、PBCを付加したR^2(0.08)	PBCはBIとBの重要な寄与要因であるが、BIは運動行動を予測するもっとも重要な要因である	さまざまな方法でTPBの変数を測定しているので、結果の比較・解釈に混乱がある
Sutton(1998) 以前のメタ分析をレビュー	何も述べていない	9(レビュー) 検索基準については何も述べていない	Att, SN, PBCによるBI予測の平均(重回帰係数の範囲0.63～0.71)；BIによるB予測の平均(積率相関係数の範囲0.44～0.62、BIとPBCによるB予測の平均(重回帰係数の範囲0.48～0.51)	BI予測のESは大きいが、B予測のESは中～大よりもやや低い；低い予測の9つの理由を述べている	要約したレビュー中の研究についての情報がないので、このレビューの結論に影響した理論や測定の問題を知ることができない
Godin(1993) 叙述的	何も述べていない	8　何も述べていない	PBCはBIにおける説明分散の重要な部分を補足した(4～20%、平均8%)；1編の研究だけがBを検討しており、そこではPBCがBの一貫性がない理由にPBCの一貫性がない理由に予測集団・運動のタイプ、その他の外部要因にあると思われる	運動行動を研究する場合、TRAよりもTPBが優れていることを部分的に支持している；BのPBCが追加的な3%の分散を説明していた	レビューした研究数が少ない。また、対象にした研究の質は確認されていない

注：ES＝効果サイズ；R^2＝重相関；Att＝態度；SN＝主観的な規範；PBC＝行動の統制感；BI＝行動の意図；B＝行動；TPB＝計画的行動理論；TRA＝合理的活動理論

表27.2 TPBの理論的、概念的、測定的問題のレビュー

レビューとタイプ	包含基準	研究数、検索方法	結果	主な結論
ConnorとArmitage(1998) 叙述的	研究は変数としてTPBの拡張として検討しなければならない	36(うち9編が運動) 検索方法については述べていない	TPBの拡張として次の6変数が影響した：信念の突出、過去の行動/習慣、PBC vs 自己効力感、道徳的規範、自己のアイデンティティ、感情的な信念	研究者は、有力なTPBの拡張変数を研究対象として目的によってさまざまに組み合わせたいと思っている：拡張の2つの道筋は、Bに対する自発的なAttの影響は、Bに対するBIの影響を調べることである
RandallとWolff(1994) メタ分析	研究はIBとBの連繋を検討しなければならない：統計には2変数の相関が必要である：BIを時間的にBより早く評価すべきである	60(うち6編が運動) 初期のレビューと学術雑誌論文を検索	BIとBの関係に5つのカテゴリーを設けた：1日以内、1週間以内、1ヶ月以内、1年以内、1年以上：BIとBの重みづけしたすべての相関係数は0.45：この関係で唯一有意な調整変数は行動タイプであり、BIとBの関係強度を示す分散の19%以上を説明した	BIとBの関係は、FishbienとAjzenの警告に矛盾して、時間経過に従って有意な低下を示さない：意図を期待として測定した時には、この関係の強度に差がなかった：行動のタイプだけがこの関係を調整している
Ajzen(1991) 叙述的、量的	何も述べていない：最近行われたいくつかのTPB研究を対象にしている	4編の運動研究 検索方法については述べていない	BIとPBCからBを予測したすべての研究の重相関係数の平均は0.51(範囲0.20〜0.78)：Att、SN、PBCからBIを予測したすべての研究の重相関の平均は0.71(範囲0.43〜0.94)：運動研究だけの統計は単独には検討していない	すべての研究でPBCの回帰係数は有意であった。つまり、モデルに改善する：Attも明らかにBの予測を改善するが、SNのパターンはよりバラツキが大きくなった：信念に基づく指標も、それから各成分(統制感とPBC)との関連から検討した。その予備的な結果から、個人の信念が全体の反応を引き出す方法について、期待・価値の公式から説明するのは不適切であることが明らかになった
CourneyaとMcAuley(1993) 叙述的	BIとBの関係内で2つの問題を検討：意図 vs 期待とR度の対応	N/A	BIとBの相関低下と結びつく対応がなく、BIとBの関係でR度に対応した研究はただ1編だけであった	意図と期待の測定問題と同様に、将来の研究はR度に対応した4つの方法に取り組む必要がある

注：Att＝態度； SN＝主観的な規範； PBC＝行動の統制感； BI＝行動の意図； B＝行動； TPB＝計画的行動理論； N/A＝該当なし

ビューと記述を参照）。特に，研究対象行動の活動，文脈，タイプ，時間要素を定義することは重要である（Godin, 1993；Sutton, 1998）とする。

　前述した文献のレビューでは，適切な操作化と測定時に生じる2つの重要な問題を強調している。第1の問題は，研究者が，測定すべき理論的な構成概念を測定していない可能性があることである。例えば，"私は運動した時の感じ方が好きではない"といった障壁感の測度は，実際に態度の感情要素の指標となるが，行動統制感の指標にはならない。変数の不適切な操作化から起こり得る第2の問題は，2つの異なる変数が同じ構成概念を測定している可能性があることである。例えば，行動の統制感を"次の4週間は週3回運動しようと決心している"というように，そして意図を"次の4週間は週に3回運動をするつもりだ"，あるいは"次の4週間は週に3回運動をするだろう"と操作化する場合には，当然のことながら，測定の類似性という点で疑問が起こり得る。

　理論的な構成概念を操作化する際に考慮すべき重要なことは，研究横断的な一貫性である。これは，種々の理論の有用性を評価する目的で諸研究をまとめる時に重要となってくる。種々の研究結果を比較する時に，違った測度を同じ変数に使用していることもあるので，注意が必要である。この問題は，行動の統制感の概念化と測定を考える時に，もっとも重要となる。Skinner（1996）は，統制感を概念化して操作化する多くの方法を明らかにしようとしている。なぜなら，統制感は，多次元的な構成概念だからである。しかしながら，どの測度がTPBの検証の概念をもっともよく表わしているのかが，TPBの問題となっている。現在のところ，研究者は，TPBに内在する行動統制感の理論的な構成概念を，次の2つのいずれかの方法でもっとも頻繁に操作化している。第1の方法は，自己効力感の測度を用いて行動の統制感を概念化することである。AjzenとMadden（1986）は，この方法を示唆したが，検証はしなかった。したがって，個人が自らの行動遂行能力に強い自信を持っている場合には，それを高い統制感の指標として使用することができる。

　統制感を操作化する第2の方法は，障壁感の測度を使用することである。研究者は，この測度を，TPBに基づく初期の研究で使用した。このように，運動の障壁感の影響が強い場合には，統制が利きにくくなると思われた。同様に，障壁感の影響に制限がない場合には，運動行動の統制感は高かった。これらの文献レビューから，それらを適切に測定した場合には，行動の統制感を評価するいずれの方法も，ある程度は支持できることが明らかになっている（Brawley & Rodgers, 1993；Godin, 1993）。しかしながら，再度，測定の方法は，結果の解釈に影響している可能性がある（障壁の測定を参照：Brawley et al., 1998）。

　最近注目を浴びているもう1つの測定の問題は，"主観的な規範"という構成概念に関係している。身体的活動の研究では一貫して，TPBの態度・行動の統制感・自己効力感の変数を，行動意図の重要な予測要因とみなしている。しかしながら，主観的な規範は，一般的に，せいぜい弱い予測要因にすぎない。この構成概念による予測が一貫しないことの1つの理由は，研究対象の行動タイプの違いにあると思われる。換言すれば，身体的活動や運動行動では，運動参加を促す上での重要な他者の役割を，すでに活動にある程度関与している者を重要とみなしてはいない。この見方を支持する証拠は，主観的な規範は避妊具の使用といった他の健康行動の意図をより強力に予測する要因であり，そこでの重要な他者の役割は意志決定のより重要な要因とみなされており無視できないという事実である。

　しかしながら，主観的な規範が身体的活動の予測にあまり寄与しない第2の理由は，構成概念の操作化にあるものと思われる。重要な他者は個人の運動の意図を高めるような運動（主観的な規範）を個人に望んでいるという信念に応じているのは動機づけなのだろうか？　それとも，重要な他者が活動の試行を保証したり自信を与えて個人を支持したり，賞賛したりすれば（社会的支援），運動の意図は高まるのだろうか？　この問題を検討する将来の研究者は，TPBを使用して，運動における重要な他者の社会的影響のより明確な役割を明らかにし，描写するものと思われる。

　最後に，かなりの議論をしてはいてもほとんど対処していない分析的な問題は，行動の統制感と実際の行動の関係を媒介するものとしての意図についての考えである。BaronとKenny（1986）は，媒介をもたらすものと，媒介の確定に必要な固有の統計的検証も備えているものとの概念的な違いについて，優れた議論をしている。もっとも単純に言えば，一連の階層的な回帰分析（hierarchical regression analysis）を行って，行動の統制感，行動の意図，行動という3者間の関係を検証している。回帰モデルの全変数が関連している場合には，意図の媒介を検証する作業が続行できる。もしも本当に意図が行動に対するその他のTPB変数の影響を媒介するならば，意図は行動分散の大部分を占めることになり，TPBの残りの変数は回帰モデルの行動の予測の重要な分散に寄与しなくなるものと思われる。この理論化された媒介者としての意図を統計的に調べた運動研究の文献は，現在まで公表されていない。

　これらの概念的・測定的・分析的問題以外にも，研究者は，新しい要素の導入によって理論の予測力が潜在的に改善するとも示唆している。例えば，習慣変数を，行動の意図や行動の独立予測要因として示唆している。このように，習慣変数は，現在のTPBモデルに追加できる潜在的な構成概念となっている。TPB

に特化したさまざまな測定や概念的な問題を扱った研究リストを表27.2に示す。例えば，研究者は，行動の統制感，行動の意図，現実の行動という3者間の予測関係と同様に，態度，主観的な規範，行動の統制感，行動の意図というTPBの要素間の予測関係に影響するような要因を強調している。予測を高めるために，尺度の対応や他の変数のTPBへの組み込みという付加的な問題は，研究の観点から十分に理解する上で重要なものになっている。なぜなら，それら付加的な問題は，行動の意図の予測や行動の予測に影響する重要な領域であることが明らかになっているからである。表27.2にあげた研究は，公表されたTPB問題研究の完全なリストではない。しかし，議論がより盛んな理論領域からのサンプリングを示しており，将来の研究に必要なものを強調している。

身体的活動におけるTPBの研究の新しい動向

より早期に研究の限界に注意を喚起した研究者の努力にも関わらず，これまで提起されたTPBの測定の問題を特に集中的に調べた研究は，このところほとんど見当たらない(例えば，Courneya, 1994の尺度の対応)。今後率先すべきTPBの研究は，これらの問題のいくつかを調べることである。もしくは少なくとも，その問題を認識し，それらを取り扱うために何をしたのかについて議論すべきである。しかしながら，TPBを使用した研究は新しい領域で発展しており(例えば，慢性疾患の研究)，その他の研究もTPBの拡張を検討している。例えば，Courneyaら(Courneya & Friedenreich, 1997a, 1997b, 1997c ; Courneya, Friedenreich, Arthur, & Bobick, 1999)は，がん患者の運動を調べて，TPBの実用性を再度分析した。早期の研究結果はこの理論の使用を支持しており，特に態度要素の重要性を強調している。TPB理論は，生存がん患者の生活の質の改善に，身体的活動が果たす役割を継続して調べるための理論的な枠組みになっている。

結論

TPB理論は，身体的活動の意図と現実の行動を系統的に調べるための有用なツールであることが明らかになっている。過去15年間に渡るこの分野の研究レビューから，態度，主観的な規範，行動の統制感，行動の意図，行動というTPB要素の間には，一貫して強力な正の関係のあることが明らかになっている。しかしながら，この関係の程度や強度は，研究によってしばしば異なっている。したがって，これらの異なる結果を説明するには，研究者はこの問題を調べる必要がある。測定分野，行動と意図に対応するTPBの要素，予測の改善に向けた他の変数の導入，調査下の行動や参加者に応じた要素の役割の変化は，疑問のある領域となっている。これらの問題を考慮することは，研究者の役割となっている。なぜなら，研究者はこれらの問題に深く関係しているからである。後で競技者への介入フォーマットに使う情報を収集しようと思っているスポーツ心理学者にとって，TPBはその分野を調べるための理想的なモデルになっている。多くの根拠があるこの理論と介入の連繋については，本章の後半で触れることにする。

自己効力感理論

自己効力感理論(Bandura, 1986, 1997)は，健康行動の研究にしばしば適用するもう1つの理論である。自己効力感の定義は，一定の成果を得るために必要な一連の活動を構成し実行する個人のスキルや能力の信念である(Bandura, 1997)。研究者は，活動の選択，活動における努力の量，傷害や失敗に直面した時の粘り強さなどによって行動に影響するものを，効力感の信念と仮定している。例えば，特定の行動領域におけるスキルや能力に効力感がある人は，効力感のない人と比較して，行動への従事，より多大な努力・忍耐を選択する傾向がある。研究者は，効力感の信念が，行動ばかりでなく，個人の感情，思考パターン，動機づけに影響すると仮定している。例えば，特定領域における効力感が高い人は，効力感が低い人と比較して，よりポジティブな感情を経験し，より高い目標を設定し，より強く行動に動機づけられる傾向がある。

自己効力感理論によれば，次の4つの主要な決定要因は，自己効力感の信念を変更することができる；(1)熟達経験(成功体験)，(2)代理経験，(3)言語による説得，(4)生理的・感情的状態(Bandura, 1997)。第1の熟達経験は，パフォーマンスの達成によって獲得され，自己効力感の信念にもっとも影響する決定要因である。熟達経験は非常に影響力がある。なぜなら，熟達経験は，有効な一連の活動を巧みに実行する個人の能力の直接的な証拠になっているからである。第2の代理経験は，モデリングによって獲得される。代理経験が自己効力感に影響する程度は，個人が感じるモデルとの類似感に依存している。すなわち，モデルが自分に似ていると感じれば感じるほど，自己効力感の影響はより大きくなる。第3の言語による説得は，ある領域において成功する能力があることを個人に確信させるためのアプローチである。第4の生理的・感情的状態は，ある領域における自らの効力感を評価する際に個人が依存する身体的な情報のもとである。例えば，バスケットボールのフリースローをシュートの拙さを表わす指標にした場合，人は早鐘のような心臓の鼓動，過度の発汗，極端な緊張感を覚えるものと思われる。

優れた行動パフォーマンスから生じる熟達経験は自

己効力感の決定要因であり，自己効力感が行動の決定要因であるとするならば，自己効力感と行動が相互に関係することは明らかである。例えば，フィットネスクラスの運動遂行に高い効力感（クラス内の自己効力感；DuCharme & Brawley, 1995）がある人は，フィットネスクラスに登録・参加する可能性が高くなると思われる。また，大いに努力して，粘り強くがんばるものとも思われる。これは運動継続を促進する，熟達経験のタイプの1つになっている。同様に，この熟達経験は，クラス内の自己効力感の信念を高めている。自己効力感や運動行動の最近のレビューは，この相互関係を捉えている。特に，自己効力感を運動継続の決定要因として検討しているレビュー（例えば，McAuley & Courneya, 1993）や，自己効力感を運動継続の結果として分析しているレビュー（例えば，McAuley, 1994）もある。

自己効力感理論のもう1つ重要な構成概念は，成果の期待である。特に，研究者は，行動がもたらすよさそうな結果に関する信念を，成果の期待と定義している（Bandura, 1986, 1997）。このように，成果は，行動的なパフォーマンスそれ自体ではなく，行動がもたらす成果である。例えば，毎日1時間のバーベル挙げは行動であるが，その結果として生じる筋の増強や体重の減少は成果である。自己効力感理論によれば，成果の期待には，次の3つの主要な形態がある；(1)行動の身体的な成果，(2)行動の社会的な成果，(3)行動に対する自己評価反応。いずれの形態にもポジティブな期待とネガティブな期待があり，それらは行動パフォーマンスの誘因もしくは阻害因となっている。

当然出てくる疑問は，次のような時間的な問題である；成果の期待や自己効力感は，行動の重要な変化をいつ説明するのか？　自己効力感理論によれば，パフォーマンスの質に強く依存する行動を予測する場合，成果の期待は，重要な変化を自己効力感の域を超えては説明しない。これらの状況では，個人が優れた遂行を期待する程度（自己効力感）も，個人が期待する成果を決定している。例えば，オリンピックの200 m背泳ぎで他のあらゆる選手よりも速く泳げると強く確信している選手は，もしそれがうまくいけば，ある成果（例えば，認知といった社会的な成果，製品の宣伝契約といった金銭的な報酬）の収受も期待するものと思われる。このような成果は，水泳選手のパフォーマンスの結果として直接的に生じるものである。したがって，成果が，自己効力感を超えて，水泳パフォーマンスの予測に大きく貢献するとは思えない。

この状況とは対照的に，運動やスポーツの多くの成果は，パフォーマンスの質に直接には依存していない。依存しないケースは2種類ある。1つ目のケースが生じるのは，パフォーマンスの質に加えて，外的な要因が，需要の多い成果に強く影響する場合である。例えば，毎日1時間の自転車漕ぎをして体重を落とし，社会的な承認を得ようとしている人が，高脂肪高カロリーの食事を続けている（外的要因）ために体重を1ポンドも落とせない場合がそれに当たる。2つ目のケースが生じるのは，望ましい成果を生む行動がない場合である。例えば，ランク外の大学フットボールのチームが，ランク1位のチームとそのシーズンで最高の試合をしても負けた場合がそれに当たる。このように，パフォーマンスの質と成果が関係しない場合には，成果の期待が行動の重要な予測要因となり，自己効力感に加えて重要な分散を説明するものと思われる（Bandura, 1986, 1997）。

運動領域では，成果の期待と自己効力感をともに検討している。しかしながら，自己効力感と成果の期待の両研究の知見を要約しているものはない。したがって，次節では，運動領域における自己効力感の最近のレビューをいくつか紹介する。本節では，次の研究の文献を要約してレビューする；(1)運動行動の決定要因としての自己効力感，(2)運動継続の成果としての自己効力感，(3)自己効力感の測定。それに続いて将来の研究を展望し，最後に成果の期待について簡潔に述べることにする。

自己効力感理論のレビュー

表27.3は，運動／身体的活動領域における自己効力感の構成概念についての，ごく最近のレビューを例示したものである。表27.3には，次のような情報がある；(1)レビューのタイプ（例えば，叙述的），(2)研究を包含する基準，(3)対象とした研究数（同定可能な場合），(4)レビューの中心（例えば，決定要因または運動の成果としての自己効力感，自己効力感の測定），(5)主な結論，(6)レビューされた研究の制限。

表27.3に示したように，運動領域における自己効力感のごく最近のレビューは，本質的に叙述的なものである。現在まで，運動領域で自己効力感の研究をメタ分析したレビューはない。効果サイズを統計的に要約していないにも関わらず，これらの叙述的なレビューは，自己効力感が運動／身体的活動の決定要因であること，そして運動／身体的活動の成果であることを支持している。

特に，3つのレビューでは，自己効力感はさまざまな集団（例えば，無症候の患者群；Bandura, 1997；McAuley & Courneya, 1993；McAuley & Mihalko, 1998）の運動継続に影響すると報告している。しかしながら，自己効力感による運動継続の分散量を説明しているのは，1つのレビューだけである。特に，McAuleyとMihalkoは，レビューした研究のR^2値が0.04〜0.26の範囲にあったと述べた。これらの値は，効果サイズが小〜中程度であることを表わしている（Green, 1991）。さらに，これらのレビューは，自

表27.3 自己効力感のレビュー

レビューとタイプ	包含基準	研究数	研究の中心	主な結論	レビューした研究の限界
McAuleyとMihalko (1998) 叙述的	自己効力感を運動の決定要因もしくは成果とする研究	85	主としてSEの測定。運動継続の決定要因と成果としてのSEのかんたんな要約	(1)次の6タイプのSE測度を使用:行動,障壁,疾病特有の/健康行動,行動の統制感,一般的,その他。(2)SEは運動継続とパー中程度に関連していた。(3)SEは多様な思考パターン(帰属,内発的動機づけ,楽観主義,自尊感情)と運動の意図に影響していた。(4)SEは努力の測度(例えば,最大心拍数,労作感評価)と中程度に関係していた。SEは生理的反応(例えば,トレッドミルでの最大心拍数)と関連していた。臨床的な集団では知見がもっとも一貫していた(例えば,冠状動脈性心疾患,慢性閉塞性肺疾患)。(5)短期もしくは長期の運動プログラムは,特定のSEと一般的なSEの信念に影響している	SE測度の内的整合性についての報告は少ない
Bandura (1997) 叙述的	何も述べていない	明確に述べていない	運動の採用と継続の決定要因としてのSE	(1)運動を習慣化する能力の効力感は,運動の採用と継続の維持をもっとも助長している。(2)自己制御の効力感はもっとも関連している。(3)運動プログラムからの脱落は,自己効力感の信念が低く,成果の期待が大きい個人にもっとも起こりやすい	何も述べていない
McAuley (1994) 叙述的	選択した研究は,(1)SEを成果とするもの,(2)運動/身体的活動を使用して,SEに影響しようとしているもの,(3)SE前後の平均値を報告しているもの	16	運動/身体的活動の成果としてのSE	(1)運動/身体的活動はー貫してSEに強力に影響している。(2)これらの影響は短期・長期の運動,ジェンダー,年齢,研究デザインの違いを越えて一貫している	(1)さまざまな研究で,多種多様なSE測度・方法を使用している。(2)縦断的な研究や無作為化のデザインは,ほとんど使用していない。(3)追跡評価はほとんど行っていない。(4)方法・定義・測定に一貫性がない。(5)概念的,精神測定学的に疑問があるSE測度もある
McAuleyとCourneya (1993) 叙述的	選択した研究は成人集団の3つの領域,(1)SEと運動の疫学,(2)SE,運動継続,疾病集団,(3)SE,運動継続,無症候性集団	明確に述べていない	運動行動の決定要因としてのSE	(1)疫学的な証拠は,有症状集団・健常集団におけるSEと運動継続の間の正の相関を支持している。(2)SEは疾病集団における身体的活動のパフォーマンスを継続に影響している。(3)SEは無症候集団における運動行動の採用と維持に非常に影響している	(1)横断的な研究デザイン。(2)身体的活動の自己報告測度。(3)予測的なデザインの欠如。(4)SEを評価する方法の多さ

注:SE=自己効力感の信念

己効力感が時間経過とともに運動継続に特異的に影響すると指摘している。例えば，McAuleyとMihalkoは，次のように結論づけた；自己効力感は，個人が定期的な運動プログラムを開始する時および定期的な運動を長期的に持続しようとする時に，もっとも大きく運動継続に影響する。レビューの主要な中心を占めてはいないが，研究者は，ある変数が自己効力感と運動継続の関係を調整していると示唆している（McAuley & Courneya, 1993）。例えば，調整要因の1つはジェンダーだと思われる。特に，男子は，運動プログラムの開始時点で運動の自己効力感を女子よりも強く感じることが明らかになっている（McAuley & Courneya, 1993参照）。この効力感と運動継続の関係を調整する要因についての知見は有望であるにも関わらず，その証拠は非常に少ない。したがって，実証的な研究知見の追加が必要である。

自己効力感理論（Bandura, 1986, 1997）では，自己効力感を，感情や思考パターン，意図，努力の実行，根気の決定要因であると仮定したことを思い出して欲しい。McAuleyとMihalko（1998）は，運動領域における自己効力感とそれらの成果の間の少なくともいくつかの関係について簡潔に述べている。特に，自己効力感は行動成果の帰属タイプ（思考パターンのタイプ）と有意に関連すると述べている。すなわち，非常に能力が高い人は，自らの能力を高い個人的統制感と安定性に帰属している。効力感の信念は，運動の意図や努力の実行に対しても一貫して影響することが明らかになっている（例えば，最大心拍数，主観的な運動強度の評価）。この後者の効果は本質的に中程度のものであり，一般的にR^2値は0.30～0.53の範囲に入っている。要約すると，自己効力感理論が仮定しているように，表27.3に示したレビューの多くは，自己効力感と多様な成果の関係（例えば，運動の意図と行動）を叙述的に支持するものとなっている。

また，自己効力感理論（Bandura, 1986, 1997）は，自己効力感は運動行動の1つの成果（熟達経験）であるとも仮定している。表27.3に示したレビュー（McAuley, 1994；McAuley & Mihalko, 1998）は，この関係を叙述的に支持している。特に，短期の運動（例えば，段階的運動テスト）と長期の運動（例えば，フィットネスクラスのプログラム）は，ともに効力感を高めることが明らかになっている。この自己効力感の高まりは，さまざまな年齢の男女に生じている（例えば，デスクワークに従事している成人を除いた若年者から健康な高齢者；McAuley & Courneya, 1993）。

結論として，最近のレビューで取り上げた研究では，運動行動の決定要因としての，また運動行動の成果としての自己効力感を叙述的に強く支持している。レビューした研究の性質が多岐に渡ることを考えれば，これらの関係の一貫性には心強いものがある。例えば，McAuley（1994）が取り上げた研究では，平均年齢が16～73歳，サンプルサイズが27～119名と幅があった。他のレビューでは，サンプルサイズを示していなかった。さらに，対象とした集団も非常に多様であった。例えば，McAuleyとMihalko（1998）の対象集団は，健常者から患者（例えば，関節炎患者）までと幅があった。最後に，検討した運動行動のタイプも，レビューした研究間で大きな違いがあった。例えば，運動行動の継続を検討した研究では，ウォーキング，バレーボール，心臓リハビリテーションプログラムの一部としての運動，エアロビクスダンスなどを取り上げていた。

自己効力感の測定レビュー

運動領域における自己効力感の測定をレビューした文献もある（McAuley & Mihalko, 1998）。McAuleyらが85編の研究をレビューした結果，自己効力感の測度には次の6つのカテゴリーのあることが明らかになった；行動，障壁，疾病固有運動／健康運動，行動の統制感，一般的なもの，その他のもの。運動に関連する自己効力感にはこのように多様な測度があるにも関わらず，自己効力感と運動行動の関係は一貫している。この一貫性は，自己効力感と継続の関係が頑健であることを再び支持するものとなっている。

運動に関連する自己効力感の測度が多様であることは，特に驚くに値しない。このことに注目することは重要である。特に，自己効力感は，ある行動パフォーマンスに必要な特定のスキルと能力に関する信念に関係している（Bandura, 1986, 1997）。運動を例にとれば，人は特定の運動の遂行能力に長けているだけ（行動的な自己効力感）では不十分であると思われる。また，運動に関連する障壁を乗り越える能力（障壁の自己効力感）や，運動セッションを日課に組み入れる能力（スケジュールの自己効力感）にも長けている必要があると思われる。明らかに，運動パフォーマンスにとって重要なすべての能力に関する効力の信念を評価すれば，自己効力感の信念のタイプを1つだけ評価するよりも，運動行動におけるより大きな分散を説明する際に有益であると思われる。

自己効力感の将来の研究

これまで概観したように，将来の研究者が運動行動の結果を予測する時には，効力の信念の多様性を評価する必要があると思われる。McAuleyとMihalko（1998）が概略したように，興味ある研究集団にこの評価が適用できる場合には，特定タイプの効力の信念も評価する必要がある。ごく最近明らかになった付加的なタイプの効力の信念も，適用できるのであれば評価する方がいい。例えば，GyurcsikとBrawley（1999）は，運動初心者の持つ急性または日々の運動に関連した思考に対処する能力（対処の自己効力感と呼ぶ）に対する不安定な自信は，運動領域における自

信の重要なタイプであることを明らかにした。特に，対処の自己効力感は，個人の運動決定の容易性を予測していた。

将来の研究者が自己効力感と運動継続の関係を調べる際には，表27.3でレビューした研究の限界にも触れなければならない。レビューした研究者が指摘しているように，限界には研究デザインと測定の問題がある。デザインには，予測的／縦断的なデザインの欠如，ランダム化したデザイン，不適切な追跡方法といった問題がある。測定には，さまざまな操作的な定義につながると思われる自己効力感の不安定な解釈といった問題がある。このことは，同様に，研究成果の比較を困難にしている。それ以外の測定問題には，精神測定的に疑わしい自己効力感測度の使用や，身体的活動の自己報告的な性質などがある。研究者は，自己効力感と運動継続の相互的な関係の性質も分析しなければならない。特に，過去の研究の大半は，自己効力感を，運動継続の決定要因もしくは運動継続の成果として調べている。前向き研究を通して，将来の研究は，自己効力感と運動継続の相互関係の性質を解明することによって，この領域の既存の知識に貢献するものと思われる。

研究者は，自己効力感と継続の関係の有力な調整要因（例えば，ジェンダー）も確定しなければならない。特に，現時点では，これら2つの構成概念の間に一貫した頑健な関係のあることが明らかになっている。この研究領域の次の段階は，どのような状況下でこの関係が最強になるのかを検討することである。運動領域における自己効力感の構成概念をしっかりと検証するには，運動行動に加えて，自己効力感が影響すると思われるそれらの成果を，慎重に導入しなければならない。そのような成果には，感情，思考パターン，動機づけ，努力，持続がある。

成果の期待のレビュー

現在まで，運動領域における成果の期待を包括したレビューはない。しかしながら，Dawson, Gyurcsik, Culos-Reed, Brawley（印刷中）は，最近編集した書籍のある章で，このような研究を選択的にレビューした。成果の期待を測定し自己効力感と混同せずにそれとの連結を調べた研究では，成果の期待が自己効力感のみによる予測以上に行動の意図を予測するとDawsonらは結論づけた。このように，成果の期待が持つ運動行動の予測性を調べた研究は比較的少ないが，これらの知見には将来性があると思われる。Dawsonらは，この選択的なレビューで，運動領域における成果の期待の研究に関連したいくつかの問題を概説している。第1の問題は，成果の期待が自己効力感よりも，強力な影響を運動の意図と運動行動に対していつ与えるのかがわからないことである。自己効力感理論（Bandura, 1986, 1997）によれば，個人が運動プログラムを始める時には，成果の期待が，効力の信念よりも，行動の動機づけに重要な役割を担っているとしている。しかしながら，個人が熟達経験を獲得するにつれ，効力の信念はより影響力を増してくるものと思われる。

第2の問題は，どのようなタイプの成果の期待が，長期に渡る運動行動の動機づけにもっとも影響するのかがわからないことである（Dawson et al., 印刷中）。自己効力感理論（Bandura, 1986, 1997）では，成果の期待について次のように分類していることを思い出してほしい；(1)快もしくは嫌悪の身体的な成果，(2)ポジティブもしくはネガティブな社会的成果，(3)行動に対するポジティブもしくはネガティブな自己評価反応。人を運動プログラムに早期に動機づけるような特殊なタイプの期待は，より遅くプログラムに動機づけるようなタイプとは異なっているように思われる。例えば，減量というポジティブな身体的成果を期待して，定期的なウォーキングプログラムを始める人がいるかもしれない。しかしながら，望んだ減量をいったん達成した場合，減量の期待がその人の動機づけを継続させるとする考えには誤りがあるだろう。むしろ，社会的承認を通した賞賛や，運動後のストレス軽減感，活力の増進感といった他の成果が，運動の継続に貢献しているものと思われる。

第3の問題は，成果の期待の測定問題である（Dawson et al., 印刷中）。特に，これまで，成果の期待を必ずしも評価したわけではなかった。なぜなら，大半の運動やスポーツ活動は高く動機づけられているため，誘因は常に作動していると仮定していたからである。予測の観点からは，2つの選択肢が考えられる。第1の選択肢は，誘因が，動機づけの発生源と同じようなところで，動機づけと若干同じように機能しているので，それゆえに行動の予測には貢献しない。第2の選択肢は，時間的に運動と競合するその他の活動がより価値を持ち，あるいは運動よりも大きな誘因を持つだろうとするものである。成果の期待を使用して評価や予測をする必要はないという考えは，間違っているように思われる。例えば，運動プログラムを始めたいと思う人や，新しいプログラムに手を付けたいと思う人を考えて欲しい。それらの人たちは，定期的な運動による成果達成の可能性（高い結果の可能性）を理解するかもしれない。しかし，運動をしないことによる成果（例えば，友人との付き合い，好きなテレビ番組をみることで得られる楽しみ）を，運動の成果（例えば，減量や活力の増加）と比較して，より高く評価するかもしれない。このように，成果の期待には個人差があると思われる。成果の期待やその価値を測定せずに判断しなければ，次のような不正確な結論に達する恐れがあるだろう；実際，成果には中程度の価値しかなく，それゆえ，行動を一貫しては動機づけそうにも

ない場合，成果の期待は運動行動を予測しないとしたり，価値があるとしたりしてしまう。このように，行動変化の有益な予測要因は見落とすことになってしまう。

Dawsonら(印刷中)は，成果の期待を成果の見込みと成果の価値の複合体として評価する場合には統計の旗を振る必要があると示唆している。特に，全体的な成果の期待値を，すべての成果の期待の複合体の合計(成果の見込み×成果の価値項目の合計)として求めることは問題がある。問題が生じるのは，相関のサイズや，したがって複合体による基準変数の因子寄与量が，各構成要素の測定に使用する数的尺度に依存して変化するからである(詳しい議論は Evans, 1991 を参照)。

1つの解決策として，研究者は，特殊な重回帰分析の使用を示唆した。このタイプの分析では，次の3つの予測変数を算出している；(1)第1の成分変数の合計(例えば，5つの成果の見込みを合計する)，(2)第2の成分変数の合計(例えば，5つの成果の値を合計する)，(3)これら2つの合計した変数を乗算して求めた交互作用条件。次のステップは，これら各3変数の基準を(3)の交互作用に回帰させることである。この分析は，適正化(moderation)の検証方法と同じものである(Baron & Kenny, 1986 を参照)。交互作用の関係が有意な場合には，合計した2つの変数の相互作用が，基準変数の予測に独自の分散を追加する。

成果の期待を使用した将来の研究

成果の期待の構成概念を用いた将来の研究は，本質的に縦断的なものでなければならない。このような研究は，どのようなタイプの成果の期待が，いつ長期の運動の意図・行動に影響するかを確定する際に，有用なものになると思われる。また研究者は，成果の見込みと成果の価値をともに評価して，全体的な成果の期待の構成概念を適切に分析しなければならない。最後に，運動行動の動機づけに対する成果の期待と自己効力感の影響を，ともに評価する研究が必要である。自己効力感理論(Bandura, 1986, 1997)によれば，成果がパフォーマンスの質に直接依存しない場合には，成果の期待が，効力の信念に加えて動機づけと行動の変化をさらに説明するだろうとしている。

結論

これまで，研究者は，自己効力感理論(Bandura, 1986, 1997)を広範に使用して，運動行動の動機づけを調べている。この理論では，自己効力感の構成概念は，さまざまな対象集団(例えば，健常者，患者，中年成人，高齢者)の運動行動を一貫して決定する要因と成果であることが明らかになっている。一般的に，効力感と運動継続の関係には，小〜中程度のばらつきがある。運動領域における成果の期待の構成概念を調べた研究は比較的少ないが，それらの結果には将来性があると考えられる。特に，結果の期待は，自己効力感による説明に加えて，運動の意図と行動の重要な変化を説明することが明らかになっている。したがって，運動とスポーツの研究者が，成果の期待と自己効力感をともに研究することは，当然のことと思われる。長期の意図や行動をそれぞれの社会的な認知が予測する時期が明らかになれば，それらは，運動の動機づけやスポーツ行動の継続の増強を目的としている将来の介入者にとって，有益な情報になるものと思われる。

自己効力感理論は，社会的認知理論が述べている3者間の相互作用における個人の役割(個人的な認知的要因)と関係している。また，自己効力感の信念は，社会的認知理論の因果構造においても重要と思われる。なぜなら，自己効力感の信念は，行動の独立的な決定要因であるばかりでなく，行動を決定する他の要因にも影響するからである。効力感と他の社会的認知構成概念の関係を明確にするために，次の項ではこの理論を説明する。

社会的認知理論

Bandura(1986)の社会的認知理論(social-cognitive theory：SCT)は，人間の認知，動機づけ，行動，関連する情動を，分析・理解するための広範な理論的枠組みである。本章ではその核となる前提だけを紹介する。SCTは，3者間の相互的な因果関係の原理を重要な中心仮説としている。この原理は，因果関係を決定する際の認知(個人的要因；認知的，情動的，生物学的)・行動・環境の相互作用を重視している。この相互作用に固有の相互依存性は，相互関係の各要因はその他の要因の決定に貢献しているだろうと示唆している。相互依存的であることは，各要因が同時にもしくは同じ強度で相互に影響し合っていることを意味してはいない。このことを理解することは重要である。

このかんたんな叙述を考えてみよう。心理学者は，人間が感情的・認知的・行動的な方法で環境条件に反応することを明らかにしている。思考(認知)によって，人は自らの活動(行動)を制御しようとしている。このような思考と行動は，社会環境に影響し，同時にもしくはそれに続いて，感情的・認知的・生物学的な状態に影響していると思われる。SCTのあらゆる要因は，他のあらゆる要因に等価的かつ／または同時に影響するわけではないことに留意して欲しい。とは言え，行動を理解するには，すべての要因が重要である。Bandura(1986)の理論は，社会的学習理論の別名ではない。この理論は，学習の問題をはるかに超えて自己制御や動機づけの過程を議論しており，社会的学習理論では検討していない心理的社会的現象を包括し

たものである。SCTでは，学習を，主として情報の認知的処理を介した知識の獲得と考えている。これは，社会的学習理論を反応獲得の条件づけモデルと考える立場とは対照的なものである。

SCTは，以下の重要な仮定を提案している。

1. 人には象徴化する能力があり，この象徴化の能力によって人は経験を内在化し，行動の新たな進路を開発し，個人の仮説の検証を考察して結果を予測し，複雑な考えや経験を伝達している。
2. 人は内省的であり，自らの思考や感情を分析することができる。これは，人の思考や行動の制御にとって重要なものである。
3. 人は，自らの活動を直接制御したり，行動に影響するような状況への参加に選択的であったり，行動に影響するような社会環境条件を変更することによって，自己を制御することができる。人は自らの行動基準を設定し，次に自らの行動とこの基準を比較して自己評価している。人は，自らの活動を動機づけ導くような個人的な誘因を創出している。
4. 人は，他者を観察することによって代理学習ができる（これによって学習の試行錯誤を減らすことができる）。

SCTは，行動は予期と予測を通した目標指向的なものであるとも仮定している。Banduraは，これを先見(forethought)と呼んでいる。ある人の先見能力と意図的な活動の能力は，象徴化の能力に依存している（上記1を参照）。自己効力感理論では，心理的・行動的変化のすべての過程は，個人の熟達感（個人の能力についての自己効力感の信念）の変化を通して機能していると示唆している。

SCTにおける行動の主要な決定要因は，その多くを本章の初めに指摘したが，他の理論（例えば，TRAとTPB）と概念的に重複している。Bandura(1995)は，SCTが社会的心理的行動理論と健康行動理論をもっとも包括していると主張している。また，例えば，運動関連機能の分散を最大限に説明するようにデザインした研究では，行動の因果に寄与すると仮定した主要な社会的認知決定要因をすべて網羅的に使用すべきだと述べている。SCTの一連の決定要因は，以下のように記述することができる。

1. SCTの中心的な制御要因として機能するような自己効力感の信念。なぜなら，自己効力感の信念は，認知・行動・感情に影響するからである。しかしながら，自己効力感の信念が中心的なのは，他の決定要因（例えば，熱望，コミットメント，期待した結果）に作用すると仮定しているからでもある。
2. Banduraが身体的・社会的・自己評価的タイプと分類した成果の期待。これらは，身体的に有益もしくは有害，社会的に望ましいもしくは都合が悪い，ポジティブもしくはネガティブな自己評価である可能性がある。
3. 認識した目標。近位の目標（特定のものやより直近のもの）と遠位の目標（一般的なものやより長期的なもの）がある。近位の目標は現時点で影響力をより強く示す傾向があり，それが努力や活動を刺激している。Banduraは，"意図"と近位の目標は基本的に同一概念であると指摘している。
4. 障害。本来のシステムレベルと同様に個人的・状況的にグループ分けできる。個人的なものは障壁感（例えば，時間の不足感）であり，それに対して状況的なものは必要な資源が欠落している（例えば，近隣の運動施設へのアクセス）。

SCTの広がりは明白である。Bandura(1986)は，SCTは不安，認知的発達，自由と決定論，観察学習，ジェンダー役割の採用といった幅広い多数の心理社会的な構成概念に適用できると論じている。また，人と行動と環境の相互作用には時間差があるために，3者の可能な相互作用をすべて同時に評価せずに，部分に分けて評価することができると指摘している。このように，SCTでは，因果過程内の相互作用の"部分"を，実験的に考察することができる。また，3者間の相互作用の概念は，モデルを相互作用の基盤として考える場合には有用である。

SCTの研究の展望

SCTの多様な使用（もしくは使用の主張）の状況を正しく評価する方法は，おそらく，その使用状況を，行動予測の点や身体的活動を変える介入の点から調べることだと思われる。社会的認知の枠組みを用いたすべての研究を調べることは無理だと思われるので，その代わりとして，ここでは特に身体的活動の研究のレビューを中心にすることにする。"American Journal of Preventive Medicine"(Blair & Morrow, 1998)では，12編のさまざまな身体的活動の介入についてレビューしている。これらのレビューのうち7編は，異なる対象集団，設定条件，介入タイプを扱っている。3編(Baranowski, Anderson, & Carmack, 1998；Marcus, Owen, Forsyth, Cavill, & Fridinger, 1998；Stone, McKenzie, Walk, & Booth, 1998)は，予測研究もしくは介入研究いずれかの基盤となる理論のタイプを明白に描写している。

運動／身体的活動の文献では，SCTの主張を使用した頻度についての研究と言えるものの方が，SCTの理論を支持した研究よりもかなり多い。これは，この理論自体の批判ではなく，この理論とその構成概念の操作方法に一貫性がないことを物語っている。社会

的認知要因の大きな核(身体的・社会的・自己評価的な成果の期待，近位の目標・遠位の目標，自己効力感，個人的・状況的な障害，健康・活動システムの障害)を操作化した研究者はほとんどいない。Baranowskiら(1998)のレビューには，子供や成人のSCT介入研究が11編あった。これらの介入のうち7編は，SCTから媒介変数を調べたものであった。介入の3編は，SCT変数と身体的活動の従属変数の関係を明らかにしていた。

同じレビューでSCTと身体的活動の予測を調べた研究は，26編あった。それらの研究には，主要なSCTの変数がほとんどなかった。16編が自己効力感と意図(近位の目標)を検討していた；9編が障壁(障害)を予測要因として使用していた；11編がさまざまな成果の期待を予測要因として使用していた。多くの自己効力感の研究報告から，自己効力感はさまざまな身体的活動の形成のもっとも信頼できる予測要因であることが明らかになった。11編中9編の研究では，障壁がモデルの説明分散(R^2)に寄与する重要なβ値(標準偏回帰係数)であることを明らかにしていた。成果の期待が身体的活動の予測に寄与することについては結果はさまざまであった。これは，積極的な参加者に対比して，参加者が消極的なのか活動をちょうど始めたばかりなのかに依存したばらつきと思われる(成果の期待と自己効力感に関しては，本章の初期の節を参照)。

Stoneら(1998)のレビューは，子供や青年を中心に，学校や地域において完了した17編の介入と，同じ2つの領域における"現在進行中の"9編の介入を報告した($n=26$)。大半の介入の主要な目的は多様なものであったが，すべての研究が部分的には身体的活動の増進を目的にしていた。このレビューはSCTと身体的活動の連繫を報告するデザインにはなっていないが，26編の介入報告中19編がSCTを理論の根拠として使用していることは特筆すべきである。Marcusら(1998)のレビューには，メディアに基づく介入研究，またはメディアに基づくもの＋対面方式の介入研究が28編あった。Marcusらが展望した範囲は次のようになっていた；(1)州～国家レベルにおける身体的活動参加の増進，(2)保健医療制度，(3)職場，(4)地域社会(サービスが行き届いていない集団を含む)。28編の研究中9編は，介入の基盤としてSCTを使用していた。介入の効果はさまざまであった。このレビューでは，SCTの媒介変数を測定していたかどうか，これらの媒介要因が主たる研究結果と連繫していたかどうか(有意な関係を実証したか)について，評価していなかった。したがって，SCTの定義を支持することができるかどうかについては，結論することも反論することもできない。

介入研究と予測研究のこれら3つのレビューは，すべてを網羅したものではない。しかし，これらの研究やレビューは，この理論の主要な関係をある程度支持するSCTの頻繁な使用状況を明らかにしている。各研究に共通したもっとも信頼できる関係は，自己効力感と身体的活動の関係であった。

SCTの研究と身体的活動：課題

SCTの多くの部分を系統的に検証することが，運動と身体的活動の今後の研究課題になると思われる。この理論の相互作用的な3者関係の原理を考えれば，Bandura(1997)がさまざまな人・行動・環境の相互作用に当然起こり得るだろうとした時間的な遅延に注意を払った前向きで縦断的な研究を考慮することは，適切なことだと思われる。さらに，SCTのすべてを調べなくても，SCTの効力感・成果の期待・目標・障害の間の理論的な連繫のさまざまな面を，身体的活動や健康状況から系統的に検討することは可能である。現時点で，SCTのより大きな理論の中でもっとも信頼できる関係は，自己効力感と身体的活動の相互作用的な関係と思われる(Bandura, 1997：健康機能，競技機能を参照)。

上述したレビューの中で，突出して取り上げられていた理論はSCTであった。これらの同じレビューには，多理論統合モデルの報告を含んでいた。このモデルは行動変容と関係しており，標的介入への有望さゆえに，実践家の直感にかなり訴えるモデルとなっている。この多理論統合モデルの概観と批判については，次節に示すこととする。

多理論統合モデル

健康に関連する共同体や運動の研究では多理論統合モデル(transtheoretical model：TTM)が非常にもてはやされている。また，実践家によるこのモデルの使用は，その客観的な研究による支持を補って余りあるものとなっている。このモデルの人気には多数の要因がある。第1の要因は，変化の準備に当たるTTMの段階に行動の実行者のみならず，行動を実行しようと思わない多くの人から，行動を実行する自信がない人や，最初の行動を実行する人または行動を持続する人まで含めていることである。第2の要因は，このモデルが，動的な変化を認めており，複数の試行や時間を要することである。第3の要因は，このモデルはさまざまな過程が変化に対する個人の準備に影響すると提案しているために，介入を変化の準備の状態に"適合させる"有力なものになっていることである。これらはおそらく，モデルがもっとも直感的にアピールする特徴になっていると思われる。第4の要因は，このモデルは，信念(例えば，自己効力感，費用対効果)といった多様な成果は行動そのものではなく準備

のさまざまな段階を越えて変化すると強調していることである。

TTMは，それらを通して個人が健康行動の変容を試みるような5つの個別的な段階があると提唱している(Prochaska, DiClemente, & Norcross, 1992)。これらの段階には，どのような健康行動の変容も考えない段階(前熟慮)から，成功した変化を維持しようとする段階(維持)までの幅がある。それらの段階の意味は，個人が変化の必要性を意識しない段階から，変化を積極的に考える段階，変化の準備をする段階，実際に行動を起こす段階，そして最後に行動を維持する段階へと，順次移行している。このように，研究者は，これらの段階に，無関心期，関心期，準備期，実行期，維持期と論理的に名前を付けている。以下に示す段階の一般的な記述は，運動プログラムによって若干異なっている(例えば，自宅でのプログラム，または構造化プログラム)。

無関心期の人には行動を変えようとする意図がない。すなわち，変化の必要性を感じていないために，変化の準備をすることはない。この段階を評価する運動関連の基準は，"現時点では何の運動もしていないし，以後の6ヵ月の間に運動しようとも思わない"ことである。

関心期にある人は，自らの身体的な不活発性のレベルやそれに関連するリスクに気づいている。そのために，変化の必要性を考えるようになる。しかしながら，この段階では，熟慮しているという変化へのコミットメントはない。関心期の人が考えると思われる重要なことは，変化を可能にするような方略(例えば，フィットネスクラブへの入会)や，変化の結果として得られる成果(結果の期待)である。この段階を評価する運動関連の基準は，"現時点で，おそらく以後の6ヵ月以内に運動プログラムに着手しようと考えている"ことである。

準備期の人は変化しようと考えており，将来はより変化させてみようと強く思っている。特に変化を実現するために実行可能だと考えている方略によって，変化のために何らかの努力をしている。準備期の人には，成果には有益であるという楽観的な考えを基に，変化しようとする強い誘因があるように思われる。このように，準備期の人は資源を評価して，活動プランを立てている。この段階を評価する運動関連の基準は，"現時点で，以後の1ヵ月以内に運動を始める準備もしくは推奨されているレベルの活動に従事する準備をしている"ことである。

実行期の人は，行動・環境状況・経験を変えて，主観的な問題もしくは現実の問題を慎重に乗り越えようとしている。変化へのコミットメントは強く，変化への努力をモニターし，一生懸命やっているとしばしば思うようになる。この段階を評価する運動関連の基準は，"現時点で運動プログラムに従事しているが，まだ始めて6ヵ月以内である"ことである。

最後の維持期の人は，成功に注意を集中して，逆戻り(例えば，運動をやめる，または不定期に運動する)を避けようとしている。運動は定期的になり，この方法を継続する能力に自信を持っている。維持期の人には，定期的な運動の障害を乗り越えようとする傾向がある。この段階を評価する運動関連の基準は，"6ヵ月以上，定期的に運動をしている"ことである。

TTMでは，個人が段階移行時に関与するような10の特定過程も提案している。この過程は，認知的かつ行動的なものである。研究者は，大半の認知的-実験的な過程が準備期に生じると仮定しているが，より行動的な過程は活動期・維持期に生じている(DiClemente, Fairhurst, & Piotrowski, 1995を参照)。嗜癖行動に関する過程についての詳細な記述は，Prochaskaら(1992)の研究を参照して欲しい。なぜなら，TTM過程を調べた運動の研究は非常に少ないからである。

TTM("行動変容段階 stages of behavioral change model"モデルとも呼ぶ)では，個人は動的な様相で変化するが，その変化は必ずしも直線的に進むものではないという考えを取り入れている。直線的に進む代わりに，人は隣接する段階を非対称的な行動パターンによって旋回しながららせん状に移動すると述べている。この記述は複雑なように思えるが，変化の成功・失敗に従って変化しよう，適応しようとする際に人が経験するような認知的・行動的な変化を実際に記述している。

例えば，個人は段階を順番に上って進歩すると思われるが，以前の段階へ後戻り(運動をやめる原因になると思われる失敗や問題)することも起こり得る。したがって，運動／身体的活動を変えようとする場合，人は関心期から準備期へ至る通常の進歩を経験すると思われる；しかしながら，実行期でつまずく可能性がある(運動がきつすぎるため，あるいは回数が多すぎるため)。挫折した人は，実行期へと再度徐々に移行する準備が整ったと感じるまで，準備期に戻って変化の方略を再考するものと思われる。同様に個人は，活動期から，定期的な継続が運動の特徴となるような維持期へ移行することができる。長期の継続はしばしば多くの理由から困難であり(Dishman, 1994を参照)，実行期へ後戻りする(運動パターンがより間欠的になる)ことも珍しいことではない。この例のように，維持期に戻るためには，認知的にも行動的にもさらなる努力をしなければならない。変化の準備には，認知経験的・行動的な過程と同様に，定期的な運動につきもののより厳しい変化という"特徴"がある。Prochaskaら(1992)は，過程は段階に関係すると主張している。したがって，ある過程はより初期の段階に関係し，他の過程はより後期の段階に関係している。このことは，過程に対処して段階から段階への"移行"を促す場

合，介入はある段階に合わせるべきであるということを示唆している。

自己効力感（Bandura, 1997）の構成概念とJanisとMann（1977）の意志決定モデルの決定バランスは，それぞれがTTMの要素となっている。研究者は，双方の構成概念を，段階移行の予測に有用なものと考えている。Janisらは，例えば，運動参加のメリット（賛）とデメリット（否）に個人が位置づける相対的な重要度を測定するために，決定バランスの構成概念を操作化している。デメリット（否）の方がメリット（賛）よりも重要な場合には，行動変容（不活発状態から運動従事に移行）の動機づけは低下するし，またその逆もあり得ると思われる。段階モデルで期待するように，段階によって意志決定の賛-否のバランスは変化するものと思われる。

研究者は，自己効力感が行動変容能力に対する個人の自信を反映すると考えている。さらに，この自信は，運動のような標的行動を自己制御するスキルの学習に引き続く，変化の企てを媒介しているように思われる。研究者は，自己効力感はそれぞれの段階で変化すると仮定している。例えば，運動行動をうまく変えること（熟達経験）で自信を得る場合には，自己効力感が高くなると思われる。逆に，失敗して以前の行動段階へらせん状に戻った場合には，自己効力感が低くなるものと思われる。

TTMを支持する研究結果

健康と身体的活動の文献を検討してみると，過去10年間に公表されたTTM関連の文献数（専門雑誌の記事，本の中の章，モノグラフなど）は，明らかに急激な増加をみせている（もっとも初期のものは1979年頃に公表されている；Joseph, Curtis, & Skinner, 1997）。モデルの開発・介入といった研究の多くは，タバコとアルコールの嗜癖に関するものだった（1997年のTTM研究では44％）。しかしながら，TTMを適用したり説明したりする研究の数に比べて，モデルの開発・評価に専心した文献の数は少ない。しばしば，記述的な研究では，例えば嗜癖タイプ行動の停止や健康増進行動の増加（例えば，身体的に活発でありたいという意図）に対する個人の意図に関係するような4〜5項目の分類アルゴリズムを使用して，"段階"の構成概念を明らかにしていた。多様な項目を使用した段階分類法もあるが，運動研究ではこれらをあまり使用していない。

TTMを支持する証拠になるような身体的活動は，次の(1)から(3)まで多岐に渡っている；(1)段階分類を他の社会認知的なモデルの変数と連繋させるような研究（例えば，Courneya, 1995），(2)段階，賛否のバランス，自己効力感を主な従属測度とする運動者の横断的な記述についての研究（例えば，Marcus & Ea-ton, 1994），(3)モデルに基づく身体的活動介入の研究（例えば，Lombard, Lombard, & Winett, 1995）。

"American Journal of Preventive Medicine"（Blair & Morrow, 1998）は，SCTの議論の中で，多くのTTM研究をレビューした（Baranowski et al., 1998；Marcus et al., 1998を参照）。これらの研究では，TTMを，介入を計画する際に単独の基盤として使用したり，または他の理論（例えば，SCT）と組み合わせて使用していた。この2編のレビューを注意深く精査した結果，TTMに基づく身体的活動介入の研究4編中2編と，印刷物または電話による介入の研究7編中3編は，TTMが提案した関係を部分的に支持するものと解釈できるだろうことが明らかになった。前者の身体的な介入群のTTMの証拠には，心理的メカニズムを媒介するものの測度が必要と思われる。なぜなら，これは段階をメカニズムに結びつける本質的な要素になっているからである。例えば，関心期にある者は準備期にある者よりも，低い効力感と多くの否定（または，少ない賛成）に気づく必要があると思われるし，媒介変数（例えば，過程，効力感）の変化は，段階の変化を予測するものと思われる。このように，研究者は，媒介変数を測定した2編の研究データに基づいて，TTMの構成概念と連繋の部分的な支持を主張することができる。

手段に基づく介入に関しては，部分的に支持する次のような証拠が明らかになった；(1)段階に合った印刷マニュアルは，統制群に配布した標準的な印刷物よりも，段階進行の大きな変化につながった，(2)対面式の医師のカウンセリング治療後に電話のコンタクトを受けた参加者は，身体的活動を取り入れる介入の準備が統制群よりも大きく進んだ。同時にこの準備のための行動的な証拠も明らかになった（ウォーキング）。

理論に基づいた行動変容介入の身体的活動のレビュー（Baranowski et al., 1998）の中に，理論モデルから身体的活動を予測した研究の叙述的なレビューがあったことも思い出して欲しい。このレビュー中のTTMに基づく研究から得られた3つの知見は，次のように要約することができる；(1)1つ目の研究では，身体的活動の自己報告（7日間の想起）中に，段階間に予測された横断的な違いがみられた。(2)2つ目の研究では，段階は身体的活動の自己報告を期待通りであると予測したが，身体的活動のメリット／デメリットや自己効力感は何ら予測に貢献しなかった。(3)3つ目の研究では，6ヵ月間の行動ベースラインが予測できるような縦断的なデザインを採用していた。ベースライン段階の予測は，6ヵ月の運動の自己報告における分散の28％を説明した。横断的な研究と同様に，ベースラインの身体的活動のメリット／デメリットと効力感は，将来の運動を予測しなかった。おしなべて，これらの相関研究の効果サイズ（R^2）は0.08〜0.28の範囲内にあり，大半の効果は低〜中程度のものであっ

前述の証拠と照らし合わせた時に，運動と身体的活動の領域における TTM とその支持は，どのように結論づけることができるのだろうか？　確かに，身体的活動における TTM 全体をすべてに渡って検討した研究は存在していない。したがって，支持については，ある仮説のみで考察しなければならない。確かに，横断的・縦断的な研究から，段階と活動の関係を支持するほどほどの証拠が明らかになっている。しかしながら，この支持については，慎重に考える必要がある。なぜなら，媒介変数(例えば，メリット／デメリット，効力感)と身体的活動の結果は連繋していないからである。前述の 2 編のレビュー中の TTM の介入では，半数以下の研究が，段階と媒介変数もしくは媒介変数と成果の連繋を検証したにすぎなかった。いくつかのケースでは，媒介(過程)変数を測定しなかった。よくみても，TTM が仮定する関係性の証拠は混沌としている。この結論は，TTM は介入研究の基盤ではあるが，その検証は主たる研究目標でない，という事実と合わせて考察すべきと思われる。TTM のテスト構成やモデル内の関係構成を認識する際には，その強度／長所と弱点をともに考える必要がある。次節では，現在と将来の TTM の研究の質について，主要な問題を概説する。

TTM の批判的な見方

TTM は，個人の行動変容の準備に合わせた介入を行うという点で，直感的に魅力ある枠組みになっている。この魅力によって，一部の科学者・実践家は，モデルの採用や使用の"準備"をしている。Joseph ら (1997) は，ここ 15 年以上に渡る TTM 文献の増加率 (例えば，1979～1995 年に 150 編)，研究分野による TTM 文献の比率 (例えば，運動 17% に対して薬物乱用 45%)，研究タイプによる TTM 文献数といったさまざまな統計を提示した。この研究タイプによる統計によれば，2 つの主要な研究タイプがあり，記述研究は全体の 25% を，応用研究は全体の 44% を占めていた。このように，応用研究は，次の他のすべての研究タイプを凌駕していた；理論化の研究 (12%)，TTM 理論の検証 (11%)，批判研究 (7%)。このことから，応用研究は，行動科学の理論が期待する量的妥当性のあらゆる合理的な証拠以上に，TTM を受け入れるための準備をしているように思われる。この準備には，モデルに好意的研究の証拠はどんなものでも受け入れることを含むが，逆に，モデルを批判する場合は，モデル全体を支持しない証拠はどんなものでも拒絶することになる。

TTM に関する以下の一連のメリット・デメリットは，指導上有益なものと思われる。Joseph ら (1997) は，TTM のメリットとして，以下のものを示唆している。

1. 動的な性質である。
2. さまざまな準備状態に行動変容方略を広範に適用することができる。
3. 介入と準備状態の合致を重視している。
4. 後戻り，決定バランス，自己効力感といった概念を統合しようとしている。
5. 新しい構成概念を組み込む柔軟性がある。

Prochaska ら (1994) は，12 の異なる問題行動 (運動を含む) に渡る意志決定-バランス変化と類似するパターンとして説明できるような TTM の証拠を提示した。Prochaska (1994) は，関連する文献で，12 の問題行動に関連した無関心期から実行期に至る個人の運動に対する強力な原理と弱い原理を提示している。これらの研究は，紙幅の関係上ここでは言及しない。しかしながら，証拠の一般性 (12 の行動に渡る) には説得力があるように思われる。

対照的に，TTM のデメリットに目を向けると，モデルの証拠は支持者が主張するほど明確ではない。よくあることだが，モデルが包括的な場合には，その全体を検討しないことがある。TTM もその例外ではない。Joseph ら (1997) は，TTM のデメリットを次のように要約している。

1. 個別の段階を支持する証拠は弱く一貫性がない。
2. 過程 (認知-経験的と行動的) と段階の間に仮定した関係の証拠は種々雑多である (運動領域では，ほとんど証拠がない)。
3. TTM は，主として，説明的というよりも記述的である (例えば，段階内の特徴を記述していても，因果過程を検証してはいない)。
4. TTM は，個人差 (例えば，パーソナリティの違い)，合併症 (同一の個人が経験するさまざまな疾病状態：デスクワーク，肥満，糖尿病)，社会的影響 (社会経済的な地位，文化) といった調整変数の影響を十分に考慮していない。
5. 概念的な見地から，このモデルは矛盾しているとの批判がある (例えば，Bandura, 1997)。

TTM の 5 つ目の批判について，Bandura (1995) は，TTM の構築時に他のさまざまなモデルを借用して"統合"したことが TTM 内の相互調和を乱した原因になっていると強調している。Bandura は，可能な行動変容の介入と段階の連繋には議論の余地があるとも述べている。また最後に，個人がどのくらい定期的に行動を開始もしくは中止しているのかによって段階を分類する方法や，任意の 6 ヵ月間に運動をしようとしているのか否かによって段階を分類する方法を示唆している。Bandura は，段階と合致した介入を有効に選

択する時点にそれをもっとも効果的に支援する行動の決定要因が何なのかについて、この分類法は何も述べていないと指摘している。

最近になって、Weinstein, Rothman, Sutton (1998) は、もっともうまく開発した2つの健康行動変容段階モデル、TTMと予防−採択−過程モデル（precaution-adoption-process model）（Weinstein & Sandman, 1992を参照）の概念的・方法論的な側面を議論した。この論文の中で、WeinsteinらはTTMのみならず自らの予防−採択−過程モデルも批判した。また多数の概念的／方法論的な問題から研究をレビューした結果、双方の段階モデルを支持する大半の証拠は弱いと結論づけた。このようにWeinsteinらは、両モデルの客観的な見方を示し、今後の研究とよりよい段階モデルの検証を示唆した。

理論に基づく介入が直面するジレンマ

運動や身体的活動を調べる場合、理論的なモデルには明らかな長所がある（Brawley, 1993）。しかしながら、現在の理論は、信頼できるにしても、健康成果で明らかになっている大きな違いについては説明していない。しかしながら、重要な効果はそれなりに明らかになっている。

Baranowskiら（1998）は、現在の理論は行動や行動変容を完全には予測していないと主張している。次に、理論が記載する媒介変数に、介入が実質的な変化を起こすとは思えないと述べている（例えば、ダイエットの継続を動機づける自己効力感のような行動に影響するメカニズム）。Baranowskiらが提示した問題を考えてみよう。研究者は、身体的活動の介入が、活動増進の成果に影響する媒介変数によって機能すると考えている。その一例は、自己効力感（媒介要因）を高めるようにデザインし、同時に継続を奨励するようデザインした行動変容の継続・努力に影響するような介入であると思われる。Baranowskiら（1998）は、介入の成果がより良い継続であることに注目している。しかしながら、自己効力感が継続における行動変容を理論通りに実際に（実証的な効果に関して）説明していたかどうかについては、当然の疑いを抱いている。

本章で議論したように、現在の理論とモデルでは、R^2値が0.30〜0.40を大きく越えるレベルの行動を予測していない（目標とした成果の変動性は説明することができない）。社会行動科学の慣習に従えば、この予測の効果サイズは大きいように思われる。しかしながら、介入の効果を評価するには、分散の2番目に大きい部分も調べる必要がある。この分散の2番目に大きい部分は、介入が媒介変数内に作り出す分散の量になっている。再度、主要な文献レビューの科学的な記述によれば、効果サイズの大きさは、大というよりも、しばしば中程度であることが明らかである（測定誤差、評価していない変数、他の要因による一般的な誤差分散による）。

考え合わせてみると、介入と媒介要因の連繋や媒介要因と成果の連繋は、介入と成果の因果関係の流れ、または直接的な関係を記述している。この流れの2つの部分の分散を完全には説明できないことが、介入と成果の関係を記述できるような分散の限界となっている。Baranowskiら（1997）は、媒介要因に対する介入の間接的な効果を表わす相関値と、成果に対する媒介要因の間接的な効果を表わす相関値を乗算すると、目標成果に対する介入の直接的な効果が明らかになることを統計的に説明している。最初の2つの相関がそれぞれ常にR＝1.00未満の場合には、2つの相関値の直接的な積は、これらの間接的な効果のいずれよりも小さなものになる。

例えば、(a) 社会的な説得の介入による自己効力感の媒介要因のRが0.50で、(b) 自己効力感と運動継続の増加の相関がR＝0.50の場合を考えてみよう。Baranowskiら（1997, 1998）は、これら2つの間接効果の積が直接的なR（0.25 ; a×b）につながることを明らかにしている。したがって、因子寄与率またはR(a×b)²は6.25％（0.25×0.25＝0.0625）となる。この数字は、介入と成果の間の変動性が適度であることを示している。これらの例は、理論と成果の関係や、媒介変数への介入の影響を改善する必要があることを明確に指摘している。

このように、介入−媒介要因−結果の関係での因子寄与量を厳密にテストする場合には、さらに多くの研究が必要と思われる。Baranowskiら（1997）は、これが強調しているのは、行動変容過程では理論が非常に重要だということであると示唆している。このことを心に留めて、Baranowskiらは、6相の課題指向アプローチによる介入の開発を提案している。最初の3相は、行動変容理論の開発を詳述したものである。しかしながら、成果を評価するために初めに構築した包括的な介入を現時点で実践しても、包括的な介入が理論的に同定した媒介要因を変化させたのか、それともこれらの媒介要因の変化が健康成果の目標に作用したのかを、順序立てて検証することはできない。現在の実践法を変更するには、ベースラインの測定と最終的な成果の評価の2者間の媒介過程のデータを定期的に収集する必要がある。例えば、期待する介入の成果が有酸素能力や運動耐容能（機能的能力のテスト）の改善である場合、評価すべき媒介要因は、これらの成果につながるトレーニング方法を習得するための行動変容の継続と自己効力感であると思われる。

行動変容のために理論を開発する際には、本章で示した最初の2つの理論のように実質的で予測力のある証拠がある現存の理論を、ただちに捨て去る必要はない。その代わり、研究者は、新しい介入のアイディ

アを，現存の理論と確固たる結果の文脈で検討する必要がある。

さらに，Baranowskiら(1997)は，すでに同定された媒介変数の明らかな増加によって起こり得る行動変容を量的に確証するには，現存のデータセットを分析しなければならないと示唆している。例えば，高齢者の運動負荷の成果の増加を測定可能にするには，継続に関連する運動の自己効力感(媒介要因)や日常的な適度なレベルの運動の継続(媒介要因)を，どの程度変更する必要があるのだろうか？

理論の検証と行動変容のための理論駆動型の介入における特異的な問題を，研究者が概念的な見地からより批判的に考える必要があることは明らかである。理論駆動型の介入の研究を科学的に実証するには，納得できる証拠がいくつかのレベルで必要と思われる。しかしながら，もしも，スポーツ心理学者と運動心理学者が他分野(例えば，地域の健康；Baranowski et al., 1998)における介入の限界を回避したいと思うならば，前述の特異的な問題に向き合う努力が必要である。現在の路線の継続は，望ましい成果をもたらすメカニズムが不明なままに，成果をもたらす機会が偶然以外の何物でもない介入をより多く実行することを意味している。

結論

本章の初めに掲げた問題は，身体的活動を理解したり，健康増進のために身体的活動を実施したりするための特異的な社会認知理論の影響と関連していた。また本章では，現在の影響力および／または強力な研究基盤に基づいて，これらの理論を選択し議論した。堅実な理論に依存し，特定の行動的・心理社会的な成果につながる行動変容メカニズムへの理論的な変数のよりよい翻訳に依存することは，スポーツと運動／身体的活動の科学的研究や実践にとって望ましい条件と思われる。しかしながら，今回の議論から，運動と積極的な身体的活動の変容においてそれらを統合する理論を開発して確証するには，科学と実践を改善しなければならないことが明らかになった。逆に，これらの理論は，科学と実践を改善し絡み合わせることにより好転するものと思われる。Baranowskiら(1997, 1998)は，実験室から地域社会への身体的活動の効果的な介入の適用に至るまで幅広く対応できる統合的な枠組みを提示している。

身体的活動に関するこれらの有力な理論についての知識や将来の研究のための枠組みで武装した場合，スポーツ心理学者や運動心理学者は，身体的に積極的な運動に動機づけるという困難な問題の科学的・実践的な改善に，うまく対処することができるのだろうか？次の10年間にこの問題を乗り切ることができれば，介入と研究の努力はこれまでより積極的になるものと思われる(Kirschenbaum, 1992)。まさに，現在はそのような状況になっている。問題を乗り切ることができれば，身体的活動を利用して人々に健康の改善を動機づけるさまざまな方法について知ることができるようになると思われる。

第28章

活動的なライフスタイルへの支援方略
身体的活動増進の研究への公衆衛生的枠組み

最近、科学・医学の機関は、運動不足を病気の主要な危険因子と認め、公衆衛生のための身体的活動増進に関する意見報告書を発表している(American College of Sports Medicine, 1991 ; Pate, et al., 1995)。特に、アメリカ公衆衛生局長官報告には、健康上の効用と身体的活動増進に関するものがある(United States Department of Health & Human Services [USDHHS], 1996, 1999)。同時に、先進諸国の運動不足に関する報告(Casperson, Merritt, & Stephens, 1994)は、人口のおよそ2/3で運動の回数と強度がともに不足しており、健康増進や疾病の予防上問題があると述べている。

一般的に、危険因子の影響を軽減するには、予防のための臨床的・集団的なアプローチの相補的な貢献を認識している公衆衛生のアプローチが重要な変化をしなければならないと言われている(Glasgow, Wagner, et al., 1999 ; Jeffery, 1989 ; Rose, 1992 ; Vogt, 1993)。LichtensteinとGlasgow(1992)が例示しているように、臨床的なアプローチには、医療・心理療法の健康専門家がしばしば実施している集中的なマルチセッションの介入がある。対照的に、集団的なアプローチは、専門家でない指導者による集中的でないアプローチ、もしくは特殊な環境特性の存在を通して自動化され、職場または地域社会のような日常生活の状況で実施されるアプローチである。臨床的なアプローチは、集団的なアプローチよりも個人のレベルで大きな成果を上げている。しかし、集団的なアプローチはより多くの人々に手が届き、より大きな集団的効果をもたらしている(Rose, 1992)。本章では、人がより積極的なライフスタイルをどのように開始・維持しているのかを理解して検討するために、公衆衛生のアプローチを取り上げた。

これに関して、運動不足の公衆衛生的な負担を軽減するための研究では、身体的活動の決定要因を解明することが、中心的な課題になっている(Dishman, 1994)。さらに重要なことは、研究者が、介入の効果を、個人や地域社会に的を絞りこんで調べていることである(Blair & Morrow, 1998 ; King, 1991, 1994 ; Sallis et al., 1997 ; Schooler, 1995 ; USDHHS, 1999)。その他の研究者は、政策擁護介入の価値を概念的に検討し(King et al., 1995)、身体的活動増進のための公共の政策や法律的な指導力を示唆している(Blair et al., 1996)。その結果、身体的活動への関与の増進を目的とした介入の効果には、ぼう大な情報がある。本章で使用する"介入"という用語は、ある特定状況における特定の標的(例えば、個人または個人集団)に健康関連の態度・規範・行動を植え付けようとしている、もしくは維持させようとしている健康増進チームの健康増進活動[1]を指している。

身体的活動レベルの増進には臨床的・集団的なアプローチの開発が重要だと考えれば、身体的活動の介入を心理社会的に調べることは必要かつ当然だとすることへの同意がある(Blair & Morrow, 1998)。本章の目的は4つある。第1の目的は、ぼう大な研究の概観を、身体的に活動的なライフスタイルの増進に関心がある研究者に提供することである。この点に関して、健康に有益な身体的活動の必要条件を要約し、このような公衆衛生勧告の行動的・自己制御的な意味を概説する。加えて、一般集団の身体的活動に関する記述的な疫学についてもレビューしてみたい。

第2の目的は、Richard, Potvin, Kishchuk, Prlic, Green(1996)が開発した概念的な枠組みを紹介することである。この概念的な枠組みは、フィットネス・健康・公衆衛生の専門家が身体的活動増進のために利用できる幅広い介入方略を記述できるものになっている。この公衆衛生の枠組みは、健康増進の生態学的モデルの概念を取り入れており、標的(例えば、個人、小集団、組織、地域社会、公共政策)、標的間の関係(例えば、標的間の連繋の創出 vs 標的の修正)、その実施環境(例えば、職場、学校、地域社会、健康管理組織)に応じて介入を操作的に分類している。この公

---
[1] 活動とは、個人あるいは個人の集団を標的にした運動の相互に関連する系列である。

衆衛生の枠組みは，身体的活動を増進するための多数の介入法を理解して今後の研究動向を検討する際に有益である。第3の目的は，身体的活動の介入が行動変容に対する影響についての知識を要約することである。第4の目的は，身体的活動介入の研究に関する方法論的課題を確認することである。本章では，方法論を部分ごとに扱うよりも，むしろ研究デザインと測定の問題を概観したものになっている。

身体的活動の増進

タイプ，頻度，強度，持続時間という4つのパラメータが，身体的活動を記述している。活動のタイプは，活動中に賦活する主な生理的システムを指している。身体的活動には，しばしば，有酸素の負荷(心臓呼吸器)，強度と持久力(筋骨格)，あるいは柔軟性(関節周囲の筋と靱帯の伸展)などの特徴がある。頻度は，あらかじめ決められた期間中に人がある活動をする回数である(例えば，特定の運動での週あたりの頻度)。持続時間は，1つの活動をする時間の長さを指しており，しばしば分単位で表わしている。強度は，選択した生理的システムに運動が与える負荷の程度を，安静状態に比較して表わしている(例えば，弱，中，強)。運動生理学者は，身体的活動の介入の成果を調べる上で有用な身体的活動とエネルギー消費に関する一連の指標を開発している(Montoye, Kemper, Saris, & Washburn, 1996)。

健康上の効用を語るのに必要な身体的活動量に関しては，2つの補完的な勧告がある(USDHHS, 1996)。身体的活動によって最適な効果を得るには，最大有酸素能の65〜75％の有酸素運動を，週に3〜4回，各回あたり20〜30分間行うことが望ましい(Pollock et al., 1998)。デスクワークの人なら，30分間の中等度の身体的活動(最大能力の50％程度)を，1週間にできるだけ多く(できれば毎日)積み重ねると，公衆衛生上大きな効果を得ることができる(Pate et al., 1995)。これらの勧告は，運動生理学・疫学・公衆衛生の指導的な専門家が，異なる身体的活動量に付随する健康上の効果に関するデータ(用量－反応関係)を統合した会議で合意に至ったものである。一般に，次のように考えられている；身体的活動量の増加がもたらす効果は，デスクワークから中程度の活動に進むにつれて急速に増加するが，中程度を超えると次第に弱まってくる(用量－反応関係のより詳細な議論は，Haskell, 1994を参照)。

運動不足の一般的な広まりと人口統計の傾向

行動調査のデータによると，最低限の健康上の効果を得るのに必要な頻度・強度のレベルの身体的活動をしているのは，先進国では人口の約1/3にすぎない(Caspersen et al., 1994；Sallis & Owen, 1999)。身体的活動をより厳しく定義すると(最適な効果を得るための提言と合致する十分なレベルの頻度・強度)，十分に活動的と考えられる者は人口のわずか10〜15％にすぎない(Canadian Fitness & Lifestyle Research Institute, 1996a)。

関心がより大きいのは，運動不足の広まりが，年齢，ジェンダー，社会経済的な地位，地域社会の規模によって異なっているという事実である(Canadian Fitness and Lifestyle Research Institute, 1996a；Casperson et al., 1994；USDHHS, 1996, 1999)。年齢の上昇とともに運動のレベルは低下する傾向にある。男子は，ほとんどの年齢層で，運動の頻度・強度・量がより大きくなっている。教育程度や収入が上がるにつれて，身体的活動への関与率も上昇する。また，田舎の生活者は都市・郊外生活者と比較して，身体的活動に参加する素地があるというデータもあるが，より大きな地域社会の住人は，より小さな地域社会の住人よりも身体的に活発な傾向がある(Potvin, Gauvin, & Nguyen, 1997)。身体的活動への関与や関与の準備の割合は最近15年間に増加の傾向を示している(Canadian Fitness and Lifestyle Research Institute, 1996b；Stephens, 1987；Stephens & Craig, 1990)が，年齢，ジェンダー，社会経済的地位，地域社会の規模に関連した身体的活動の傾向については，評価できるほどの変化はみられない。換言すると，運動不足は高い有病率の危険因子になっており，集団の至る所に偏在している。

用量－反応の関係があること，最適な身体的活動量の定義が比較的複雑であること，人口統計学的な傾向があることが，身体的に活動的なライフスタイルの理解と増進に対していくつかの問題を突きつけている。第1に，健康の達成に必要な身体的活動量には実質的な合意がある。しかし公衆衛生が勧告している行動的な意味合いについての研究(最適な量の身体的活動を人に毎日行わせるような一連の行動パターンの決定)はきわめて少ない。より重要な第2の問題は，研究者が，公衆衛生が勧告している身体的活動を達成する上で習熟すべき自己制御(各々の行動パターンを生み出すために活性化する心理的変数とその過程)の問題を描き始めたにすぎないことである(American College of Sports Medicine, 1991；Pate et al., 1995；Pollock et al., 1998)。これらの問題については次節で議論し，さらに身体的活動の介入に関する章でも取り上げることにする。

最適な身体的活動量に関する公衆衛生の勧告：その行動的また自己制御的な意味合い

Blair, Kohl, Gordon(1992)は，デスクワークをする

人，日常生活に身体的活動を取り入れている活動的な人，より強力な運動としてレジャーで身体的活動をしている活発な人は，非常に異なる日常活動パターンを取り入れていると述べた。例えば，昼食時間に運動をする人は，身体的活動への関与に結び付く別の一連の行動をまた行わなければならない（例えば，運動着を職場に持参して，お昼になったらすぐに職場を離れてトレーニングに参加し，終了後ただちにシャワーを浴びて職場に戻るなど）。これに対して，身体的活動を日常生活に取り入れている人もいる。運動を日常生活に取り入れている人は，また別の一連の行動をする必要があると思われる（例えば，エスカレーターを利用する代わりに階段を使う，1つ手前の停留所でバスを降りる，夕食後に早足の散歩をする）。さらに，1日に1度だけ激しい運動をする人は，短時間に強い運動をするために，より大きな努力を払う必要があると思われる。しかし，日常生活の中で運動をする人では，より長時間に中強度の運動をするために払う努力は，比較的小さくてすむものと思われる。そのために，これら2人が請け合う運動には大きな違いがある。したがって，身体的活動の増進を調べる研究者が最初に直面する課題は，ある介入の中心となるような特定の行動パターンを確認することである。

同様に重要なことは，いったん特定の身体的活動の行動を確認した場合には，その自己制御の必要条件を明らかにしてもつれを解く必要がある。本書の他の箇所（Culos-Reed, Gyurcsik, & Brawley を参照）でレビューしているように，人間行動の制御方法に関するいくつかの理論を適用することで，身体的活動の理解が可能になる。例えば，行動変容を理解するために自己効力感理論（Bandura, 1986, 1997）を適用した場合，余暇時間における活発な身体的活動を変更するために，自己効力感と成果の期待の組み合わせをライフスタイルの活動と比較して調べることは，ある行動の選択に必要な自己制御の条件を明らかにするための，有力な方法になるものと思われる。同様に，選択した行動の自己制御のメカニズムを記述するには，ライフスタイルの活動 vs スケジュールに基づいた余暇時間の活動の行動目標・自己モニタリング・精神的努力（Baumeister, Heatherton, & Tice, 1994; Carver & Scheier, 1998; Karoly, 1993）という説明的な概念を調べなければならないと思われる。Culos-Reed ら（本書）や他の研究者（Maddux, Brawley, & Boykin, 1995）が指摘しているように，さまざまな形態の身体的活動関与の自己制御的な決定要因を調べた研究は非常に多く存在しているが，それらの研究にはまだ多くの落差がある。そのような有力な情報は，身体的活動の介入を定式化するための重要な出発点になっている。なぜなら，これらの心理社会的な概念は，選択した介入活動の標的になっているからである（Baranowski, Anderson, & Carmack, 1998; Baranowski, Lin, Wetter, Resnicow, & Davis-Hearn, 1997 を参照）。

注目すべきことは，日常生活に取り入れた中程度の運動（例えば，職場でエレベーターを使うよりも階段を使う）と同様に，構造化された状況（例えば，フィットネスクラブ）における活発な運動への関与を変更し得ることも，研究から明らかになっていることである。例えば，Dishman と Buckworth（1966）のメタ分析から，多様な介入は，構造化された環境における活発な余暇活動に影響することが明らかになった。同様に，Dunn, Anderson, Jakicic（1998）は，ライフスタイルの活動のプログラムはデスクワークに従事している成人や肥満児童の活動参加の増進に有効であると結論づけた。全体として，研究者は，身体的活動の公衆衛生の勧告を支える行動と自己制御の研究をようやく始めたにすぎない。健康に結びつく最適な身体的活動量に関する行動と公衆衛生勧告との関わり合いを理解する方向に研究が進む場合には，行動・自己制御とさまざまな身体的活動量との関わり合いを調べる研究がさらに必要になると思われる。

広大な研究課題

時間横断的な運動関与の変遷の心理社会的な関係を，理論に基づいて調べる研究領域は，有用なものになっている。身体的活動へのさまざまな関与形態の意味合いを質的に調べる研究は，将来の研究における有用な試みと思われる。一方，ライフステージに渡る身体的活動へのさまざまな関与形態にもっとも適した生活環境の研究も，もう1つの有用な研究領域と思われる。

これに加えて，次のことに注目すべきである；人口調査は人口統計の変数と身体的活動への関与の関係について豊富な情報を提供しているが，公衆衛生の領域には，多様な社会的文脈における健康行動をより多層的に記述すべきであるという一般的な合意がある（Duncan, Jones, & Moon, 1993, 1996; Ewart, 1991）。健康行動を多層的に記述する際の基本的な前提になっているのは，人間行動を生活環境における行動状況の関数として理解すべきであるという考えである（Aguirre-Molina & Gorman, 1996）。例えば，McIntyre, MacIver, Sooman（1993）は，構成要因（同じ生活環境で成長した人が示す態度，規範，行動）と文脈的要因（重要な生活環境を特徴づけるもの）の影響を評価しなければならないと訴えている。このように，人間行動を引き起こすような個人内の自己制御過程を理解することに加えて，対人的・地域社会的・文化的環境における行動の因果的な決定要因を検討する必要がある。

身体的活動の行動を理解しようとするならば，家族・職場環境・重要な社会的集団・地域社会の影響も検討しなければならない。その場合，単にそれらの相関を求めるのではなく，普及率の影響を統合して評価

しなければならない。また，行動に対する地域社会の特徴の影響（運動施設の数や利用しやすさ）と同様に，行動に影響する組織構造（例えば，運動プログラムの数，性質，多様性，適切性）や施策（例えば，運動するための昼食時間の延長）の役割も理解する必要がある。

最近まで，構成効果と文脈効果の存在を記録することには問題があった。なぜなら，研究者は，適切な統計モデルに関わるソフトウェアを広く利用することができなかったからである。多層レベルをモデル化するソフトウェア（HLM；Bryk & Raudenbush, 1992；Bryk, Raudenbush, & Congdon, 1996；MLwiN；Goldstein et al., 1998）が出回るようになったお陰で，この懸念は軽減している。したがって，身体的活動が構成要因や文脈的要因の影響をどの程度受けやすいのかについて記録する研究は，実り豊かな新しい研究分野になると思われる。これは，臨床的・集団的な介入を公式化したり計画したりする際に重要な情報源になると思われる。この観点は，身体的活動増進の研究のための公衆衛生の枠組みの基盤になっている。次項では，この点についてさらに考察を展開する。

生態学的モデル：身体的活動増進の研究への公衆衛生的枠組みに向けて

健康行動の多層レベル的な概念化の考えに基づいた新しいパラダイムが，この20年の間に公衆衛生領域に出現した。しばしば研究者が新公衆衛生と呼んでいるこのパラダイム（Ashton & Seymour, 1998；Bunton & MacDonald, 1992；Kickbush, 1986）は，浮上した健康増進運動とともに進化した，研究や運動への生態学的アプローチを重視するものであった（Schwab & Syme, 1997）。多くの政府と同様にWHO（世界保健機関）が支持した生態学的なアプローチは，健康の決定要因の見方を広げ，そして同時に，個人的な焦点から人間環境のさまざまな側面を包含する因果関係のより高次のレベルへの転換をもたらした。生態学的アプローチは，人間・人間の健康・環境間の相互関係の複雑性を強調し，フィードバック・相互作用・相互決定論といった概念（Bandura, 1986；Green, Richard, & Potvin, 1996；Stokols, 1992, 1996）によって，これらの複雑な多層レベルの関係の性質を説明している。

この見方に沿って，実践家は，健康と健康に関連する行動の決定要因と思われる物理環境・社会環境と同様に，個人内の要因（例えば，知識，態度，スキル，行動）を同時に標的にするような多層レベルの介入[2]の実践を主張している（Powell, Kreuter, & Stephens,

---

[2] 多層レベルの介入とは，1つまたは複数の環境内で1つまたは複数の標的を狙った一連の介入であり，一般的には特定の危険因子を修正するための努力にあるものだと定義している。

1991）。次項では，健康増進の生態学的アプローチが身体的活動増進の研究の統合的な枠組みとしてどのように機能するのかを記述する。しかし，現在まで，身体的活動領域でそのような統合を試みた研究は，予備的なものしかない（Powell et al., 1991；Sallis & Owen, 1997, 1999）。

例えば，Powellら（1991）は，概念的な分析から，健康増進のいくつかの次元は身体的活動の公衆衛生の問題に適用することができると示唆している。すなわち，プログラムは個人だけでなく個人の社会的・物理的な環境も標的にすべきであるという考え方をとっている。また，身体的活動増進の介入を記述するための標準化した体系的な様式を開発し，このような介入の影響に関するより多くの集団データを収集すべきだと述べている。特に次のようにも述べている；"（身体的活動の増進を意図した）健康増進プログラムの効果を測定する研究が重要であると認識しているが，まだ道半ばに過ぎない。（身体的活動の）プログラムを適切に記述することも必要である。（身体的活動の増進を意図した）健康増進プログラムの個人的な要素を同定し符号化する研究は，これを支援するものと思われる"（p.501）。

生態学的アプローチ：記述と基本的な見解

生態学的アプローチが，臨床や個人レベルの介入アプローチよりも，より包括的な枠組みの中に介入の問題を収容していることは，一般的な合意となっている。健康問題は社会構造や諸条件と強く結びついているという明快な証拠（Evans, Barer, & Marmor, 1995）が増加しつつあるにも関わらず，生態学的アプローチは，被害者責任（Pearce, 1996）としばしば関わっている伝統的な臨床アプローチのいくつかの限界を乗り越えようと努力している。被害者責任のアプローチとは，行動変容の失敗を，個人の意志の欠如や何らかの失敗のせいにする傾向である。さらに，社会経済の中流・上流階級に属している人は低所得階級の人よりも標準的な健康教育から大きな利益を得ている（Breslow, 1990）というデータを考慮すれば，生態学的アプローチは，立場が不利な人々により適したアプローチであると思われる（Raeburn & Beaglehole, 1989）。さらに重要なこととして，研究者は，生態学的アプローチに基づいた介入プログラムの方が，より狭く焦点を絞り込んだ介入プログラムよりも効果があると考えているが，これは，生態学的アプローチはすべての関連領域の変数を標的にしようとしているからである（Sallis & Owen, 1997）。

生態学的アプローチは，健康増進を目指す地域社会の大きな関心事になってきている。多くの学者は，このアプローチを取り入れて，怪我の防止（D. Simons-Morton et al., 1989），栄養（Glanz & Mullis, 1988；

Sallis & Owen, 1997)，タバコ規制(Richard, Potvin, Denis, & Kishchuk, 2000)といったさまざまな文脈に適用している。生態学的アプローチは，主要な教育的・認知行動的アプローチが長期的な効果とほとんど結びつかないような領域の身体的活動増進に，大いに関連するものとして，もてはやされている。実際に，SallisとOwen(1997)，Kingら(1995)，公衆衛生局長官報告(USDHHS, 1996)が述べているように，デスクワーク行動の決定要因と思われるような環境要因を修正しない限り，個人を標的とした身体的活動増進プログラムを実施しても身体的活動の変化は限られているし，身体的活動の持続的な変化も期待することはできない。社会的支援の欠如，不適切な自然環境・生活環境に関連するような環境の障壁には，デスクワークから活動的なライフスタイルへの移行を奨励し，長期持続的な変化を引き起こすように対処しなければならない。

生態学モデルに基づいた初期の理論化

　生態学的アプローチの根底にある原理が提起した関心と興奮にも関わらず，生態学的なプログラムの設計はプランナーや実践家にとって未解決の問題のままであり，それは，概念的なモデルを操作化することが難しいからである(Green et al., 1996)。このような目的から，研究者は，生態学的アプローチの概念モデルを提案している。もう1つは，健康増進の文脈内に，生態学的な概念の実用的な定義を仮に構築するという提案である。より具体的に言えば，生態学的と思われるプログラムを詳細に記述しているこれらのモデルは，生態学的なプログラムの設計に興味がある健康増進の実践家にとって有用な経験則となっている。これらの2つのモデルを次に提示して，身体的活動増進における生態学的な課題を例証する。

　健康増進への生態学的アプローチの導入に大きく貢献したMcLeroy, Bibeau, Steckler, Glanz(1988)は，健康関連行動に影響するような要因の分類を要約した。McLeroyらのモデルによれば，次の5つの要因の分類が健康行動を確定している；(1)個人内の特徴，(2)対人過程と一次集団，(3)制度上の要因，(4)地域社会の要因，(5)公共政策。McLeroyらは，これら5つの段階の影響を介入プログラムの標的として概念化している。McLeroyらにとって，標的の概念は，健康増進における生態学的アプローチを理解する上できわめて重要なものになっている。実際，あるプログラムが生態学に関する記述をしているかどうかは，標的の広がりを検証すれば明らかになると思われる。換言すると，介入プログラムが多様な標的に作用する場合，それは，健康のより多様な決定要因に影響していると考えることができる。したがって，生態学的プログラムは，個人を直接の標的にした活動と，おそらくより重要なことは，McLeroyが枠組みに含めたような多様な環境を標的とした活動を，双方とも包含しているものと思われる。

　SallisとOwen(1997)は，McLeroyのモデルを，身体的活動増進の分野に効果的に適用した。Sallisらは，成人や青年における全領域の変数(例えば，個人的，社会的，文化的，身体的)の身体的活動との関連に留意して，5つの各要因の段階の潜在的な役割を議論し例証している。実証に基づいた介入研究の中でもっとも多いものは，最初の2つの要因の段階(個人と対人)を調べたものである。とりわけ，意図，自己効力感，態度といった個人的な心理変数の多くは，この行動を予測していることが明らかになっている(本書27章を参照)。このように，多くの介入は，身体的活動の頻度を，個人内の決定要因に働きかけて高めようとしている(Dishman & Buckworth, 1996を参照)。同様の様相は，対人的要因にも存在している。ここで言うところの対人的要因は，研究と介入データから明らかになった身体的活動行動の採用と維持に役立つ社会的支援の有力な役割を指している(例えば，Chogohara, Cousins, & Wankel, 1998)。

　McLeroyら(1988)のモデルの他の3つの要因の段階に関係した変数については，中心的な研究があまりない。しかし，SallisとOwen(1997)が議論したように，それらは，身体的活動行動の増進方法を理解する上で重要な変数になっている。それゆえに，いくつかの研究動向を反復して述べることは可能であると思われる。まず第1に，環境の特徴を操作する介入の重要な役割について調べる研究が必要である。例えば，学校や職場のような施設に身体的活動専用の場を設けることによる影響を分析すれば，活動的なライフスタイルの採用と維持を促す環境要因の力が明らかになると思われる。同時に，これら組織内に発展する重要な関係者(例えば，教師，マネージャーなど)の役割も，今後の研究の中心的な課題になると思われる。特に，これら組織の関係者が身体的活動に関する適切な助言をどの程度行い(Rothman & Salovey, 1997を参照)，身体的活動に望ましい組織風土を創出するのにどの程度役立つのかについても，考察する必要がある。

　第2に，地域社会の要因は，有力な決定要因と特に関連する段階を構成している。地域社会の物理的なデザイン(例えば，照明，駐車場)や特定資源の利用可能性(例えば，レクリエーション施設や自転車道路)が身体的活動レベルにどのように影響するのかについては，今後の研究を待たねばならない。第3に，喫煙(Brownson, Koffman, Novotny, Hughes, & Eriksen, 1955)や栄養(Glanz et al., 1995)といったその他の健康行動の研究が指摘しているように，公共政策や規制には同様に重要な効果があると思われる。この点についてSallisとOwen(1997)は，Kingら(1995)と同様に，運送，建築基準，教育，健康関連費など多くの関

連研究部門を明らかにしている。例えば，地域のウォーキング道路やサイクリング道路を犠牲にして大量の資源を高速道路開発に投入するという政策決定は，地域社会の身体的活動レベルに悪影響を及ぼすものと思われる。

環境的要因を身体的活動の行動に結びつけることは合理的と思われるが，重要なことはあらゆる関係に内在する正確な過程の利用可能なデータには限りがあるということである。さらに，環境の変化を調整するもっとも効果的な方法は，まだ明らかになっていない（King et al., 1995）。生態学モデルを健康増進プログラムに導入する場合，SallisとOwen（1999）は，この領域における費用対効果と厳密な介入の指針となるようなより多くの研究が必要であると述べている。

生態学的アプローチに関する最近の発展

生態学的な視点は，より広範な介入方略を公式化する上で有用である。しかし，最近まで，健康増進プログラムには生態学的視点の統合的な度合いを記述する体系的なツールがなかった。生態学的アプローチの複雑性や，1つの様相（標的）だけを扱うモデルでこの複雑な様相のすべてを捉えることはおよそ不可能であることを考えれば，これは特に重要な問題と思われる。同様に，現行の介入が重層的な枠組みに組み込まれていると思われる程度も，まだ明らかになってはいない。これらの問題に対処するために，Richardら（1996）は，健康増進プログラムの体系的な見方を採用して，McLeroyら（1988）やD. Simons-Morton, Simons-Morton, Parcel, Bunker（1988）のモデルを拡張した。Richardらは，健康増進プログラムの生態学的な特徴を十分に理解するためには，McLeroyらが提案したように，健康増進プログラムの複数の次元（介入標的）を検討しなければならないと述べた。生態学の概念を把握するには，2つの次元の動的な関係をつなぎ合わせて例証することが，より適当な方法であると思われる。すなわち，介入標的の検討に加えて，Richardらは，介入がクライアント（介入活動の標的者）に届いているような状況と，介入が実際に展開している場所を理解することが重要だと述べている。"生態学的なプログラムには，環境と個人をともに標的にする介入と，多様な状況における介入がある"。プログラムがより多数の標的や多様な状況の介入を統合すればするほど，より生態学的なものになると思われる。

介入の状況

この枠組みによれば，健康増進プログラムは，特定対象に影響しようとする社会的な変換の過程と考えることができる（詳細な理論的根拠はRichard et al., 1996を参照）。このようにすれば，プログラムを，組織や社会システムとして概念化することができる（Laszlo, 1975）。組織は具体的で活発な開放的システムの下位となる社会的システムである。Millerの生命システム理論（Miller, 1978；Miller & Miller, 1992）は，入れ子状の階層を形成する8水準の生命システムを同定している。この階層では，集団・組織・地域社会・社会・超国家的システムという5つのもっとも大きいカテゴリーが社会的システムを形成している。階層に包括的な性質がある場合，健康増進プログラムのような組織は，次のいずれかの状況を舞台にするものと思われる；組織，地域社会，社会，超国家的システム（それぞれのレベルにおける身体的活動の定義と例は，表28.1を参照）。このように，ある介入の状況は，クライアントに影響しようとする社会システムと定義することができる。

介入の標的

体系的な考え方は，生態学的アプローチの独立した2つ目の次元である介入の標的を定義する際に役立っている。システム理論によれば，開放的なシステムは環境内の他のシステムとの間で，エネルギーや物質，情報を交換している。活動とサービスは，健康増進プログラムのエネルギー物質のもっとも一般的な形態であり，情報の出力にもなっている。プログラムの出力は，媒介ステップなしで直接的に，あるいは最終的な標的を目指す前に他のシステムを介して，最終的な標的（最終的に介入の標的となるクライアント）に到達す

表28.1　身体的活動の介入の状況・定義・例

状況	定義	例
組織	特定の目的追求の際に作用する公的な多層的意志決定過程のシステム	民間のフィットネスセンター スポーツクラブ 学校 地域センター 公衆衛生の社会基盤 地域の健康と社会サービスの審議会
地域社会	限定された地理的エリアの人や組織から成り立つ（例えば，近所，市，村，町の集まり）	地方自治体 ウエストエンド街
社会	生活のいくつかの側面を制御し，それらを構成している下位システムを開発するための手段を保有しているより大きなシステム	オーストラリア カナダ 英国 アメリカ
超国家的システム	2つ以上の社会の連合体	ヨーロッパ連合

ることができる。McLeroyら(1988)のモデルは，他の理論公式(Green & Kreuter, 1999；D. Simons-Morton et al., 1988)と同様に，プログラム出力の5つのタイプの標的を定義する際に特に役立っている；個人としてのクライアント，他の人々や小集団，組織，地域社会，国家組織。

　前述の5つのタイプの標的は，より複雑な全体を構築する物，すなわち介入の方略として概念化することができる。介入の方略を記述する前に，介入の方略に含まれる標的の間に存在すると思われるような2つのタイプの関係を明らかにすることは有用である。第1のタイプは1つの標的または一連の標的との直接的な変換に関与しており，第2のタイプは2つ以上の標的のネットワーク作りに関与している。直接タイプの関係の例としては，クライアント自身の個人的な属性(例えば，知識や態度)の修正を直接に目指した介入がある。従業員の運動増進を意図した健康教育クラスは，このような関係の一例である。標的間の直接タイプの関係は，健康増進の介入をクライアントに伝えるようなクライアント環境における他の標的も修正することができる。例えば，組織の変容を標的にすると，組織構造，機能，組織の重要な意志決定者の変化に変容が起こる。例えば，健康増進の実践家が，従業員を指導するよりも，むしろ職場で適切な身体的活動用施設を提供するように管理職に働きかけて納得させることがそれに該当している。第3の例には，新たな職場を計画する時に，健康増進の実践家が，適切な身体的活動用施設も含めた経済的な奨励を提案するよう議員に働きかけることなどが該当している(King et al., 1995)。この例では，政治を標的にした実践家が，最終的には労働者の身体的活動レベルに影響するような変化を起こしている。これらの例のすべては，1つあるいはそれ以上の標的を，介入によって直接的に変容させたものとなっている。

　第2のタイプの関係は，複数の標的間のネットワークの創出と関係している。例えば，ネットワーク作りの介入によって，同じ運動処方を共有している心筋梗塞後のクライアントに関与する支援グループを作ることができる。第2の例は，これらクライアントの配偶者間のネットワーク作りによって，クライアントの運動処方の遵守をどのように手助けするべきかについての情報交換が可能になることである。第3の例は，身体的活動増進に関心がある組織どうしの連合組織を結成して連繋することである。

　このように，介入の方略は，かつてクライアントであった者の健康や健康行動に影響を与える環境内のさまざまなシステムのプログラムの処理について説明している。介入によって，クライアント自身の個人的な属性の修正を直接の目的とすることができる。プログラムによって，健康増進の介入を直接クライアントに伝えたり標的のネットワーク作りに関わったりする環境内のその他の標的を必然的に修正することもできる。これらのネットワークは，クライアント自身，あるいはその環境内の他の標的に関与することができる。5つの標的をさまざまに組み合わせることで，健康の目的を達成することができる。表28.2に，モデルの5つの標的が関係している介入の方略を例示する。リストは完全なものではないし，まして唯一のものでもないが，健康増進の実践家がクライアントの身体的活動レベルの維持・増進に使用できるような介入の方略を概要的に例示したものと考えている。表28.2には，身体的活動の開始・維持を奨励する介入の構成要素として，単独にまたは組み合わせて使用できるような活動の例もあげている。

　介入の方略をより簡潔に表示するために，研究者は，概念の記号表記システムを開発した。このシステムでは，プログラムや標的を一連の矢印・括弧・略号で結んでいる。したがって，有力な標的を次のように略記している；(1)クライアント：IND, (2)対人的な環境：INT, (3)組織：ORG, (4)地域社会：COM, (5)政策関係者と過程：POL。このシステムでは，プログラムまたは介入(HP)を矢印でその標的に結びつけて，変換関係を説明している。例えば，以前に若干述べた健康教育クラスなどの介入を表わせば，次のようになる；HP→IND。政治家への影響を意図した活動の例は，HP→POL→IND。確立したネットワークは，ネットワークした標的を括弧で囲んで示している。例えば，心筋梗塞後のクライアントに関与する自助グループは，HP→[IND—IND]，その配偶者を加えた自助グループはHP→[INT—INT]→INDとなる。

新たな視点

　生態学的アプローチは，個人や集団レベルの身体的活動増進に使用可能なあらゆる介入を概念化するための枠組みに貢献している。介入の広がりをこのように概観してみると，身体的活動の介入には3つの重要な点のあることが明らかになってくる。第1に，また主要なものとして，多層レベルの身体的活動の介入はいまだ揺籃期にあること。生態学的アプローチの基盤は，人間の生活環境のいくつかの階層レベルで同時に作動しようとすることを拠り所にしていること。第2に，身体的活動の介入には，活動，活動の組み合わせ，過程の説明が欠落していること。このように，介入を分析し説明するためのさらなる研究が必要だとしたPowellら(1991)とSchwartzとGoodman(2000)のコメントは重要である。記録文書の分析と綿密なインタビューを伴う評価研究は，このような説明をうまく行うための有効な方法と思われる。

　第3に，身体的活動の介入の成果を示す指標が，対人レベル，組織レベル，地域社会レベル，国家レベルにはないこと。身体的活動の介入によって，どのよ

表 28.2　身体的活動の介入の構成要素の例とその説明

介入の標的	健康増進の方略	介入の例	組み合わせを変えて介入に使用できる有力な活動の例
IND	HP→IND	運動クラス 運動施設の自由な利用 個人的なトレーニングサービス 情報授業(例えば,講義,教室の情報授業) 特別なイベント ウェブサイト	クラスでの指導 報酬システム,くじ引き,契約 視覚化,ポジティブな思考,精神的な自己制御の技術 運動による健康上の効用と栄養の重要性についての教育 フィットネスの評価と健康上のリスクの評価 運動処方 技術指導 対面カウンセリング 認知的-行動的介入
	HP→[IND–IND]	クライアントを連繋させ,いっしょに活動させるサービス(例えば,ラケットスポーツや屋外活動クラブでパートナーを見つけ出す) 身体的活動を増進・維持するための支援/討論集団	技術指導 集団内の社会的規範の変更(例えば,健康をより強調し,運動を集団の優先事項にする) 社会的支援システム(例えば,バディシステム,支援提供方法の教示) 集団の問題解決技術 報酬システム,くじ引き,契約 運動による健康上の効用と栄養の重要性についての教育 フィットネスの評価と健康上のリスクの評価 運動処方
INT	HP→INT→IND	家族・夫婦・友人の小集団を対象にした身体的活動の授業 運動者の配偶者が参加するプログラム(例えば,妊婦のパートナー,心臓病患者の配偶者) 家族・夫婦・小集団が自由に利用できる運動施設 家族・夫婦・小集団のための情報授業	技術指導 相互作用をするための方略の開発 社会的規範の変更(例えば,健康をより強調し,運動を家族の優先事項にする) 社会的支援システム(例えば,バディシステム,支援提供方法の教示) モデリング(例えば,トレーニング仲間に身体的活動のモデルとして運動させる) 動機づけ(例えば,家族・夫婦・小集団に等級をつける) 運動による健康上の効用と栄養の重要性についての教育
	HP→[INT–INT]→IND	夫婦・家族・小集団を連繋して,いっしょに実際の活動に参加させるサービス より活動的な状態に留まるための家族内の支援/討論集団	技術指導 集団内の社会的規範の変更(例えば,健康をより強調し,運動を家族の優先事項にする) 集団の問題解決技術 社会的支援システム(例えば,バディシステム,支援提供方法の教示) モデリング(例えば,トレーニング仲間に身体的活動のモデルとして運動させる) 誘因の提供(例えば,家族・夫婦・小集団に等級をつける) 運動による健康上の効用と栄養の重要性についての教育

介入の標的	健康増進の方略	介入の例	組み合わせを変えて介入に使用できる有力な活動の例
ORG	HP-ORG-IND	組織構造の修正と機能化 組織の施設をさらに利用しやすくする 従業員をより活動的にするための組織首脳との会合 住民にサービスを直接提供するような新しい組織構築への支援	組織の従業員／主要なメンバーのトレーニング 物理的環境の改善(例えば,階段の吹き抜けをより魅力的・見やすい・利用しやすいものにする) 健康情報を従業員に伝える方法についての雇用者に対する教育 組織内の社会的規範の変更(例えば,健康をより強調し,運動の増進を優先事項にする) 組織に対する誘因の提供(例えば,減税)
	HP-[ORG-ORG]-IND	地域連合の構築	主要人物のトレーニング 主要人物の健康教育 集団内の社会的規範の変更(例えば,健康をより強調し,運動の増進を優先事項にする) 動機づけ(例えば,資源の蓄え)
COM	HP-COM-IND	地域社会の構造の修正と機能化 地域社会の施設をさらに利用しやすくする 地域社会の支援の構築	地域社会内の社会的規範の変更(例えば,健康をより強調し,運動の増進を優先事項にする) 物理的環境の改善(例えば,ウォーキング／自転車道の開設) 地域社会内の運動施設を利用しようとしている地域住民のための無料電話番号の設置 動機づけ(例えば,地域住民のプール利用料金を低額にする)
	HP-[COM-COM]-IND	地域社会の連繋化	地域社会間の運動競技会 誘因の提供(例えば,資源の蓄え)
POL	HP-POL-IND	身体的活動増進の法制化に向けた政治家への働きかけ	ロビー活動(例えば,より安全で実効的な輸送政策の立案のため)
	HP-[POL-POL]-IND	より効果的な国家間協力のための連合の構築	重要な政治指導者の協働(例えば,教育主管・健康主管の省庁が協力して学校や青年立ち寄り施設における身体的活動を助成する)

HP=健康増進プログラムあるいは介入;IND=個人あるいはクライアント;INT=対人環境;ORG=組織;COM=地域社会;POL=政治家と政治の過程;→=介入と標的の間の変換関係;[ ]=標的間のネットワーク構築;-=連繋

うな変化が生じるのかを理解するには，媒介変数を測定することが望ましいと主張している研究者もいる(Baranowski et al., 1997, 1998)。しかしながら，他の研究者(Sallis & Owen, 1997)が明らかにしているように，個人レベルの身体的活動に関係する身体的活動の行動や個人内の変数を調べる測度には多様なものがある。遺憾ながら，生態学的な階層の他のレベル(個人間，組織，地域社会，政治的環境)における身体的活動の成果の指標は，数に限りがある(例えば，社会的規範・社会的支援の測度)か，もしくは研究文献が存在していない(例えば，身体的活動を助長する環境的な様相の指標)。しかしながら，この測定技術の開発は，身体的活動の介入に関する知識の向上に重要なため，最近，この方面の研究は新たな展開をみせている(Corti, Donovan, & Holman, 1997)。

身体的活動の介入効果

健康増進の研究では，"効力(efficacy)"と"効果(effectiveness)"の違いを，しばしば明確に議論している。Flay(1986, p.451)は，"最適な条件下で技術・処理・手続き・プログラムの善し悪しをテストする"のが効力試行であり，"現実の条件下で技術・処理・手続き・介入・プログラムの善し悪しをテストする"のが効果試行であると述べている。より正式に定義すると，効力試行とは，"十分に具体化・標準化した処理／プログラム(標準化した分脈／状況内で一様に使用できる)を，それを完全に受け入れ，それに参加し，忠実に実行したり納得して継続する特定の標的者でテストするためのものである。"(p.452)。効力試行は，一般的に，ランダムデザインと統制群を設定している。これに対して，効果試行は，ランダムデザインと統制群を設定していても，その関心の的は文脈／状況横断的な変化を調べることにある。このように，効果試行には，"プログラムの効果と同様に，プログラムの実行性・利用可能性・受容性の評価が必要"(p.456)と思われる。

さらに，健康増進の研究者は，概念的なニュアンスを，効力と効果の概念に追加している。特に，健康増進プログラムの証拠(McQueen & Anderson，印刷中)を構成するものは何なのかという問題が，現在検討中である。当然十分には統制することができない(地域社会，組織)標的への介入効果を，ランダム化した試行によってテストすることの妥当性については，ランダム化した試行に必須なものと同様に，まだ大きな疑問がある。この問題に関心がある読者は，McQueenとAnderson(印刷中)，Potvin, Haddad, Frohlich(印刷中)，PotvinとRichard(印刷中)，Susser(1995)のさらに進んだ議論を参照されたい。最近，Glasgow, Vogt, Boles(1999)は，効力は公衆衛生への介入の価値を評価する際に必要な唯一の次元であると示唆した。Glasgowらは，介入や政策改革の効果を評価する際に検討すべき一連の問題を明らかにするようなREAIM(範囲：reach，効力：efficacy，採択：adoption，実行：implementation，維持：maintenance)モデルを新たに作り出して提唱した。Glasgowらの研究は，身体的活動の介入効果を理解するには，受容性，実行の質，持続可能性の研究と同様に，効力試行と効果試行の知見を調べる必要があると指摘している。

身体的活動の介入効果に関する大半の有効な情報は，その大部分を効力試行として概念化したランダム化試行がもたらしたものである(Blair & Morrow, 1998を参照)。介入活動と実施に関して，より詳細な研究情報を提供しようとする傾向もあるが，効果試行を調べたものはほとんどない(King, Sallis, et al. 1998のACT〔活動カウンセリングテスト〕の記述を参照)。

身体的活動増進を意図したさまざまな介入の効果については，次の節で議論する。身体的活動の介入研究を詳細にレビューしたものは他にもある("テーマ特集号：身体的活動の介入"，"American Journal of Preventive Medicine", Vol.15, No 4, 1998；Dishman & Buckworth, 1996)。したがって，次の小節は，前述の公衆衛生の枠組みに関する知識の再検討，いくつかの方法論的な課題の解説，今後の研究動向の展望となっている。

個人の変容に焦点を当てた介入の方略：HP→IND

表28.2に示したように，直接個人を対象にした介入方略の例には，次のものの提供などがある；身体的活動の講義，個人的なトレーニングサービス，情報の講義。結合してHP→IND型の身体的活動の介入を形成するような介入活動には，次のようなものがある；さまざまな身体的活動の方法に関する技術的な指導，活動実行中のリーダーシップ，認知行動療法，行動的なマネジメント活動，目標設定，自己モニタリング活動などのより心理社会的もしくは行動的な一連の活動。

King, Rejeski, Buchner(1998)，Taylor, Baranowski, Rohm-Young(1998)，Stone, McKenzie, Welk, Booth(1998)の文献レビューでは，身体的活動の授業，認知行動的なマネジメント，行動のマネジメントを通して，個人を直接標的にするような身体的活動の介入と，学校・フィットネスセンター・地域社会のようなさまざまな状況における健康リスクの評価は，身体的活動行動の増進に有効であるという考えを支持している。興味深いことは，大半の介入効果に違いがあることである。DishmanとBuckworth(1996)による

メタ分析では，効果サイズは0.10～0.92であった。これは，介入によって，活動への関与に小（＜0.25）・中（0.26～0.50）・大（＞0.51）のいずれかの変化が生じることを示唆している。興味深いことに，この結果は，身体的活動の実行に応じて変化していた。最小の効果サイズは筋力トレーニングの講義で，最大の効果サイズは強度が低～中程度の活動の増大を目的にした介入で見られた。この研究では，個人を標的にした介入の効果は，介入の活動を介した時（聴覚メディアあるいは視覚メディアの支援を介した）に，より大きくなった。

多様な標的集団に対する介入活動と身体的活動の目標や適切な設定の理想的な組み合わせは，見つけにくいことが明らかになっている。さらに，そこには効果試行が明らかに欠落している。注目すべき例外には，King, Rejeskiら（1998）が言及したマサチューセッツとカリフォルニアで進行中の介入研究がある。方法論的な見地からは，介入の活動と実施のより詳細な記述が必要である（King, Rejeski, et al., 1998）。このような目的のためには，質的なインタビューの方法，記録文書の分析，介入計画立案モデルの採用（Bartholomew, Parcel, & Kok, 1998；Green & Kreuter, 1999）が適切である。ある身体的活動の介入を構成するような介入活動を定義するには，主効果の評価，相乗作用の影響，活動による逆効果を特に注意深く考慮する必要がある。

ランダム化した試行を用いた標準的な方法で介入の実行可能性が明らかになった場合や，これらの研究から生じる豊富な情報が明らかになった場合には，このアプローチを継続して使用することは妥当と思われる。しかしながら，より多くの効果試行やプログラムの評価は，将来の研究を待たなければならない。特に，効果的な介入の受容可能性・実行可能性・有効な介入のより広範な実施の価値を調べる研究は，明らかに不足している。同様に，実践家が主導する身体的活動の介入の評価は，身体的活動増進課題に日々関与している人から多くの洞察が得られるのと同様に，新しい見地を発見するための有用なアプローチとなっている（McGuire, 1983を参照）。実践家からの情報を記録する作業は，身体的活動の介入の領域ではまだまだ昨日今日のものにすぎない。しかし，記録する作業が健康増進の研究に有用なことは，他領域の実践家の視点による分析結果から明らかになっており（例えば，Paine-Andrews, 2000；Richard et al., 2000），身体的活動の領域でもこの方向に進む必要がある（Taylor et al., 1998）。

個人のネットワーク作りに焦点を当てた方略：HP→[IND-IND]

個人を対象とする介入には，個人を変容させるというよりはむしろネットワーク作りという別の方略がある。公衆衛生の枠組みでは，このタイプの介入を次のように表記している；HP→[IND − IND]→IND。表28.2に見られるように，個人のネットワーク作りの範囲に入る介入方略の例には，活動の集団支援と同様に，個人を連繋して身体的に活発にすることを意図したサービスが該当している。このタイプの介入の根底には，行動変容を容易にする新しい社会的な連繋の創出という考えがある。このタイプの身体的活動の介入を形成するために結合することができる介入活動には，前述した介入のタイプと同様に，さまざまな身体的活動の方法に関する技術的な指導や，集団に対するウォーキング機会の提供などがある。また，これらの活動には，ネットワーク内の活動に有利な社会的規範の開発を意図した活動，集団の凝集感を創出しようとする活動，集団の問題解決を助長する活動などもある。

この方略に該当する介入の効力を検証した優れた研究の例は，Brawley, Rejeski, Lutes（2000）である。Brawleyらは，集団的な動機づけによるライフスタイル変容を含む身体的活動の介入を開発した。介入活動には，次のようなものがあった；より活発になりたいと思うような新しい年長者集団を創出する，参加者のネットワークを創出するために集団開発技法を適用する，集団を討論に参加させる，集団的問題解決技法を実行する。Brawleyらによれば，集団的な動機づけによるライフスタイル条件に割り当てた参加者は，伝統的な運動プログラムに割り当てた参加者よりもより頻繁に運動し，健康関連の生活の質がより大きく改善したと報告した。

既存の文献レビューで，個人をネットワークで結びつけることの価値について特に述べているものはない。したがって，これらの介入の効力を一般化するのは困難である。しかしながら，社会的支援についての他の研究（Cohen, 1988；Cohen & Lichtenstein, 1990；Thoits, 1995）と同様に興味深いのはBrawleyら（2000）の研究である。社会的支援の研究は，人々の変容を明確には狙わずに人々の相互の変容への働きかけに委ねるような介入が，多数の行動的な変数と自己制御の変数に重要な効果があるであろうことを，より一般的に示している。したがって，これは，今後の研究の有望な領域になると思われる。

これらの変数が介入効力の媒介要因になり得る（Carron & Spink, 1993；Spink & Carron, 1993）としたならば，ネットワーク作りの状況から発生する集団過程（Carron, Hausenblas, & Mack, 1996）の測度をより開発する必要がある。一対一の介入よりも，集団に基づく相互作用的な介入の方が，より少ない介入者でより多くの人に同じ影響を与え得ると思われる。したがって，より広範囲な伝達の可能性もさらに注目する価値がある。同様に，研究者は，介入の活動と実行

を，より詳細に記録する必要がある（実施すべき特殊な活動には，次のものがある；人員の募集，集団過程の刺激，集団活動の維持）。これらの介入活動の詳細な記録は，介入実行の研究と同様に，専門的な実践状況における介入の受容性を検討する際の開始点として役立つものと思われる。

研究の動向が個人レベルの介入から対人関係領域の一面を標的とする介入に移行しているために，介入活動をよりきめ細かく分析することの必要性がますます明確になってきている。すなわち，潜在的に重要な変数の数が，さまざまなレベルの凝集性・帰属意識などを生み出す集団に人を入れ子にしている固有の複雑性と同様に，劇的に増加しているからである。このような目的で，質的インタビュー法や記録文書の分析，介入計画立案モデルは適切である。さらに，集団過程の研究で使用する社会測定法とその概念（Bukowski, 1998）も，研究に統合する必要がある。継続的な効力試行や効果試行，プログラムの評価もまた適切なものである。

対人関係の環境変容に焦点を当てた方略：HP→INT→IND

表28.2 に示したように，対人関係の環境を標的とするような介入方略の例としては，家族や，友情を共有する小集団に対して，活動の授業や情報の講習会を開くことなどがある。これらの介入の主たる中心点は，個人の社会的ネットワーク内の誰かに影響を与えることで，身体的活動を左右しようとする点にある。前述したタイプの介入は個人の社会的ネットワークを広げようとするものであったが，このタイプの介入（HP→INT→IND）には重要な他者（例えば，配偶者，仲間，友人）に影響を与えようとする努力が存在している。例えば，心筋梗塞後の患者が身体的により活発になるようにそのパートナーが手助けとなるような介入に参加することは，その例である。介入方略の実際的な例として，北カレリアプロジェクトがある。このプロジェクトでは，学童に自らのスクリーニング結果を記した健康手帳を家庭に持ち帰らせ，家族の健康上のライフスタイルに影響を与えようとしている（Puska et al., 1981）。

このタイプの身体的活動の介入を形成するために結合できるような介入活動には，さまざまな身体的活動を凝集的な方法で実施する技術的な指導や，実際の運動中のリーダーシップなどがある。他の構成要素には，運動中の家族の相互作用方略の開発，身体的活動のための家族的規範を増強しようとすること，社会的支援の方略を開発することといった，一連のより多くの心理社会的あるいは行動的な活動などがある（Berkman, 1995；Thoits, 1995）。

文献のレビューにも，このタイプの介入方略の効果を特に述べた研究は見当たらないが，非常にうまく実行した素晴らしい例もある。著名な例は，Epstein, Wing, Koeske, Valoski（1985；Epstein, Valoski, Wing, McCurley, 1990；Epstein, Wing, Koeske, Ossip, & Beck, 1982）らが，肥満児の家族の運動増加を目的とするライフスタイルへの介入を開発した，持続的な介入の研究である。Epstein らは，親子の集団を3つの実験条件（エアロビック運動＋ダイエット，ライフスタイル運動＋ダイエット，美容体操＋ダイエット）のいずれかにランダムに割り付けた。そして行動変容法を適用して摂食と運動行動を教え込み，その後の体重と活動のパターンを追跡調査した。ライフスタイル運動＋ダイエット群の実験参加者は，他の群と比較して，2年後も体重減を維持していた。興味深いことに，これらのタイプの介入は，少なくとも部分的には，身体的活動と肥満の成果に顕著な効果があったものと思われる。なぜなら，介入は，個人レベルの変数だけでなく，家族環境も変容しようとしているからである（INT）。

家族レベルの介入のもう1つの例には，家族が集団問題解決，自己モニタリング，家族契約，運動，栄養教育に参加するサンディエゴ家族健康プロジェクトがある（Nader et al., 1989）。活動レベルには顕著な変化が見られなかったものの，このプログラムへの参加によって，家族のダイエットと運動の知識に重要な変化が生じた。

方法論的にみれば，この研究には，家族をもっともよく調べる方法についての情報が豊富にある（Copeland & White, 1991）。家族のダイナミクス（例えば，家族が結束しているのか，衝突しているのか），家族の役割（例えば，伝統的な家族における母親；Fisher et al., 1998），行動固有の家族環境（例えば，身体的活動のための社会的支援）などのいくつかの変数は，未検討なままであったり，限られたデータしかない。身体的活動への関与に関連するジェンダー差が明らかになっていることから，これらは特に興味ある研究領域になっている。すなわち，一般的に男子の身体的活動量は女子よりもはるかに多いという事実は，それぞれの子供が関与している活動の違いによって調べることができる。特殊な小集団や家族の身体的活動の介入を構成するような介入活動を定義する際には，特に注意が必要である。というのも，介入は活動の主効果，相乗効果，矛盾した効果の評価に影響するからである。

HP→INT→IND 介入の適用可能性を理解する際には，効果試行の役割にも若干言及する必要がある。公衆衛生の他領域の研究者は，健康の専門家には個人に直接集中するような介入方略を使用・開発する傾向があると述べている（Baum & Sanders, 1995；Beaglehole & Bonita, 1998）。人間生態学の高いレベルを標的とする介入の実践には強い熱意があるものの，健康

の専門家は対人レベル・組織レベル・地域社会レベル・公共政策レベルで介入する際の方法に，困惑や知識不足をしばしば報告している (Freudenberg, Rogers, & Wallerstein, 1995 ; Green et al., 1996)。結果として，研究者は，前述の2つの介入について調べるよりも，この介入の実行受容性と実行可能性を先に探る必要がある。

対人関係の環境をネットワーク化する方略：HP→[INT-INT]→IND

対人環境のネットワーク作りに関わる介入方略の例には，これらの社会的な凝集集団を支援する集団と同様に，ともに身体的活動に参加する家族・夫婦・小集団の連繋を意図したサービスがある（表28.2を参照）。このタイプの身体的活動の介入を形成するために結合できる介入活動には，さまざまな身体的活動の方法に関する技術的な指導，活動的になる機会の提供，望ましい社会的規範の開発，集団感の創造，集団内の問題解決の奨励などがある。このタイプの介入の優れた例は，家族をともに運動させようとする試みに見ることができる。

現存の文献レビューをみても，対人環境のネットワーク作りの価値を特にきちんと述べてはいない。しかしながら，注目すべきことは，サンディエゴ家族健康プロジェクト (Nader et al., 1989) の一部門が，家族の健康方略について家族がともに学び議論できるような会合を組織していたことである。これらの会合の文脈では，家族が問題点を議論し，解決策と提案を出し合い，時に実行し，そして自らの家族環境にそれらを実践応用していた。しかしながら，このタイプの介入方略の実行可能性と効果については，まだわかっていない。

組織の変容に焦点を当てた方略：HP→ORG→IND

HP→ORG→IND の介入方略は，人を直接標的にしたものではない。むしろ，それらは組織の変容を狙ったものであり，この変容が個人に影響するものと仮定している (Goodman & Steckler, 1989)。表28.2 に示すように，この介入方略の例には，組織の構造と機能の修正，新組織構築の助成，身体的活動増進を奨励するための組織首脳との会合，身体的活動増進を奨励するための健康管理施設の専門家との協働などがある。身体的活動の介入を形成するために結合できる介入活動には，最終的なクライアントとの相互作用よりも，むしろ医師・教師・組織の首脳といった仲介者との相互作用が関与している。ここには，これら仲介者が発する説得的なメッセージを開発したり，情報を広める方法または介入活動を伝達する方法を教育仲介者へ教授することなどが該当している。

身体的活動の研究者は，このカテゴリーの2つの介入を広く調べている。その1つは，小学校・中学校・高校・専門学校におけるカリキュラムの変更である (Stone et al., 1998)。介入活動には，授業開始前や放課後の身体的活動プログラムの実施，ダイエットや運動の健康面に関する情報をより多く含めるためのカリキュラムの補足や変更，トレーニングの継続，新カリキュラムや修正したカリキュラムを供給する学校職員のトレーニングなどがある。その他，より広汎に調べた身体的活動の介入には，医師やその他の健康管理の専門家をそのクライアントの身体的活動増進に動機づけるものなどがある (D. Simons-Morton et al., 1998)。実際の介入活動には，医師のトレーニング，カウンセリング手続きの実行，クライアントへの情報提供，フィットネスの専門家との協議，職員に対するその他のトレーニングなどがある。

Stoneら(1998)やD. Simons-Mortonら(1998)のレビューによって，これらの特別な介入は身体的活動増進に効果的であることが明らかになっている。その効果はカリキュラム変更よりも医師のカウンセリングに対して大きいように思われるが，これらの介入によって変容した実際の組織次元と同様に，これらの介入の効果を明らかにするには，より多くの研究データが必要だということについては一般的に同意が得られている (D. Simons-Morton et al., 1998 ; Stone et al., 1998)。職場の身体的活動増進をレビューしメタ分析した結果，その効果サイズは小さく，多くは0と有意差がなかったことは，この警告を際立ったものにしている (Dishman, Oldenburg, O'Neal, & Shephard, 1998)。この点に関しては，Collingwood (1994) が議論しているように，次に示す多数の組織的な要因が優れたプログラムとよりよく結びついているように思われる；(1)利用可能かつ便利な活動施設，(2)運動への関与を促進する最新装置や政策といったプログラム技術や環境技術，(3)施設の利用とプログラムが直結しているような職場における身体的活動プログラム（例えば，職場と公式に連結した室内運動施設や屋外運動施設があること）。

組織の変容に焦点を当てた方略について調べるためには，概念モデルを，適切なアプローチの枠組みに適用してそのような介入を表現することが必要だと思われる。すなわち，介入は組織の変容を標的にしているために，個人の変容に関する概念や理論では，組織の変容の実際の姿を十分に把握することができないからである。現在，研究者は，段階理論と組織変容理論を身体的活動の研究に適用している (Simnett, 1995)。これらの理論は，身体的活動の介入を開発する際の有用な出発点になっている。組織を扱う場合，完全に標準化した様式での介入は，簡単に実行できそうにない。なぜなら組織は生き物であり，かつ実行の規則に

従わないと思われるような自己指向の独立体であるからである。ランダム化した試行はより実行が困難であるとの示唆は，合理的であるように思われる。この点に関しては，より多くの効果試行とプログラムの評価が必要と思われる。

組織のネットワーク作りに焦点を当てた方略：HP→[ORG–ORG]→IND

もう1つの介入タイプは，HP→[ORG–ORG]→INDである。組織のネットワーク作りを標的にした介入方略の例には，主として組織の連携と部署間の協力の創出とその維持などがある（表28.2を参照）。Wandersman, Goodman, Butterfoss (1997) は，組織の連繋を組織間の協調的で相乗的な作業協力として概念化し，次の2つの定義から連繋の重要な特徴を明らかにした；"第1の定義では，共通の目標を達成するためにともに働くことに同意した多様な組織や派閥，有権者の代表者組織として，連繋を考えている。第2の定義では，人的・物的な資源を結合して，メンバーが1人では起こせない特定変化に影響するような多様な利益集団組織として，連繋を考えている"（pp. 262-263）。

これらの考えは，とても魅力的で，健康増進の研究，特に薬物などの乱用と関係する研究ではますます注目を浴びている。しかし，北アメリカでは2つの連携組織（アメリカの National Coalition for Promote Physical Activity とカナダの Coalition for Active Living）のみが身体的活動増進に特に専念したにすぎなかった。このような連携組織による健康増進への効果には議論もある（Green, 2000）が，その活動記録と国民レベルの身体的活動への潜在的な影響は関心の的になっている。

地域社会の変容に焦点を当てた方略：HP→COM→IND

地域社会レベルでの身体的活動増進には詳細な議論がある（King, 1991；USDHHS, 1999）ものの，地域社会の変容が身体的活動レベルに与える効果を検証した研究には限りがある。"地域社会における介入"と"地域社会の介入"の微妙かつ重要な違いを強調することは重要である。前述した公衆衛生の枠組みの視点では，前者が地域社会環境において行う介入 HP→IND, HP→[IND–IND]→IND, HP→INT→IND, HP→[INT–INT]→IND という介入であり，後者は必然的に HP→COM→IND と HP→[COM–COM]→IND という介入になる。このように，方略が地域社会の変容やネットワーク作りを中心に展開する場合には，地域社会環境で他のタイプの介入を単に行うというよりも，むしろ地域社会それ自体の特徴を修正することが，方略の中心になっている。表28.2 に示したように，地域社会の変容に焦点を当てた介入方略の例には，地域社会の構造や機能の修正（例えば，組織の構築，特定の健康問題への地域社会の結集），地域社会の施設の利用しやすさの向上，地域社会の支援作りなどがある。活動の例としては，地域社会におけるウォーキング道や活動施設の建設，地域社会で利用できる身体的活動施設を地域住民が見つけるための無料電話番号の設置などがある。

身体的活動の領域では，これらの問題を扱った研究報告は非常に少ない（Sallis, Bauman, & Pratt, 1998）。例えば，Linenger, Chesson, Nice (1991) は，軍事地区の自転車道とフィットネス設備の改善によってフィットネスレベルが上がることを明らかにした。Blamey, Mutrie, Aitchison (1995) による別の研究では，標語をグラスゴーの地下鉄の駅に3週間に渡って掲示した。その結果，エスカレーターよりも階段を使用した人の割合は標語掲示中の3週間に渡って大きく増加したが，標語を撤去すると元のレベルに急速に戻った。

限られたデータではあるが，これらの研究から，環境の変容に基づいた地域社会の介入の実施や変容と関係した結果の観察は可能であることが明らかになっている。しかしながら，Sallis と Owen (1997) と Cheadle, Wagner, Koepsell, Kristal, Patrick (1992) が述べているように，研究者は，身体的活動増進に有益な環境や設備を明らかにして，妥当で信頼性の高い測定手段を開発する必要がある。それができれば，地域社会の介入の効果をより体系的に検証できるようになると思われる。組織と同様に，地域社会の介入の実施は，完全に標準化した様式で常に可能になるとは限らない。この点については，地域社会の心臓健康介入プログラムに関するぼう大な文献を参照されたい（Bracht, 1999；Susser, 1995）。

最後になるが，注目すべきことは，現在多くの研究者（例えば，Green & Kreuter, 1995）が地域社会をあらゆる健康増進運動の主要な環境とみなしていることである。この立場の論理的な根拠は，地域社会が集団的な優先権を確立し，人々を集団的・個人的に動員できる最高の場所であるという考えに基づいている。なぜなら，地域社会は市民の家庭や職場の身近にあるからである。自己決定（自分は環境に影響する者であり，誰かの手先ではないという感覚）は自己指向的な活動に不可欠であるとする多くの心理学的な研究は，この立場を，少なくとも部分的に支持している。地域社会への参加がまずあって，それがやる気を起こすもとにしていると主張する研究者もいる（Bandura, 1997；Rappaport, 1987）。地域社会への介入の実施とその結果の検討は，身体的活動増進の新たな研究領域になっている。

地域社会のネットワーク作りに焦点を当てた方略：HP→[COM–COM]→IND

これまで身体的活動増進のために系統的に検討されなかった介入の1つのタイプは，地域社会のネットワーク作りに関わるものである。このタイプの先駆的な研究の最良の例は，健康都市／地域社会プロジェクト（Ashton, 1991；Hancock, 1993）である。Greenら（1996, p.276）は，次のように述べている；"健康都市運動はより早期から定着しているが，健康増進運動は，少数の専門家集団による世界保健機関（WHO）ヨーロッパ健康都市プロジェクトの立案から，1996年に誕生したものである。健康都市は，WHOが提唱した新しい理想的な公衆衛生の推進手段として提案された。健康都市運動の中心理念の1つは，人間の健康は生活環境の質に依存するということである"。この理念からすると，健康を増進するには，地域社会のあらゆる部門（例えば，地方行政，営利企業，健康管理施設）の参加が必要であり，そして身体的・社会的・政治的な環境を標的にする必要がある（Flynn, 1996）。健康都市プロジェクトのメンバーになるには，初めに政府関係者から委託を受ける必要がある。その後で，地域社会の活動を，住民の動員と部門間の協力によって同定・明確化・実践する。身体的活動の領域を例にすれば，これは，地域の健康機関が地域社会全体の優先課題の1つとして身体的活動増進を選択しているという意味になるものと思われる。地方新聞は，特定の活動を同定したり適切な地域社会の機関や部門と折衝したりする企画委員会のボランティアを募集している。これは，新しいプログラム・サービス・イベントの提供や，あるいは新しい運動施設の開設に向けた住民の動員と結びついている。

この魅力的な考えは健康増進の領域でますます注目を集めているが，身体的活動の研究にはこれらのタイプの介入の例はほとんどない。身体的活動増進の出現を地域社会の優先課題として理解することは，身体的活動のための社会的規範の開発や社会的経路を介した身体的活動パターンの維持についての理解を高める上で，大いに役立つものと思われる。

政治的環境の変容を標的にする方略：HP→POL→IND

公衆衛生が，政治過程に影響する目的でもっとも最近取り組んだ一例は，喫煙に関連したものであった。住民の動員と同様に，アドボカシー（政策提言）活動の結果として出現した法的な指導力は，未成年者へのタバコ販売の禁止，職場や公共輸送車両での喫煙の禁止という法律の制定と実施につながり，喫煙の健康上のリスクに関する注意書きをタバコの包装に直接印刷する義務を要求した。表28.2に示したように，政治家や公共政策を標的にした介入方略の例は，身体的活動の介入の研究では残念ながらまだ揺籃期にある。この点について，Kingら（1995）とBlairら（1996）は，身体的活動の増加を見込んだいくつかの公共政策を明らかにしている。同様に，Sallisら（1998）は，アメリカの総合陸上輸送効率化法の成功例を述べている。この法的な指導力は，輸送費に関わる権限の拡張につながった。この政策は，道路建設や維持管理から，歩道・自転車道の建設と維持管理に移行した。しかしながら，これらの介入による身体的活動レベルへの影響を調べたデータはない。これは，主導権がある者を動機づけているのは大気汚染や交通渋滞を制御したいという欲求であるという事実に，一部帰することができるものと思われる。

法的な指導力のもう1つの例は，フィットネスとアマチュアスポーツの推進法を実行するために40年前にカナダで展開されたアドボカシー運動である（Glassford, 1992）。特に，国会議員は，身体的活動の増進を保証するための施設や，アマチュアスポーツに関与する機会がないことを懸念した。運動は実り，最終的にはC–131法案が可決した。フィットネスとアマチュアスポーツ法（Bouchard, McPherson, & Taylor, 1992を参照）では，健康担当の大臣には，カナダ国民に対してだけでなく，議会に対しても身体的活動増進についての説明責任があることになっている。法律は大臣に公的資金の使用を認め，カナダにおける身体的活動とアマチュアスポーツの増進を意図する活動を助長するような公務員の活動の是認を認めている。残念ながら，この法律の制定を導いた運動，また法律がカナダ国民の身体的活動レベルに与えた実際の影響について説明した文書はない。

方法論的に，標準化した方法で計画的な介入を政治家に実施することは難しい。しかしながら，多様なアドボカシー活動の経過とその結果が記録できる多数の代替的な方略を示唆する健康増進の研究者もいる（Holtgrave, Doll, & Harrison, 1997を参照）。政策や政治的な介入は身体的活動の介入と関連している。そのため，政策や政治的な介入の考えと潜在的な効果については，非常に関心が高まっている。しかしながら，その内容・影響・実行可能性については，ほとんど何もわかっていない。

政治的環境のネットワーク作りに焦点を当てた方略：HP→[POL–POL]→IND

前述した介入と同様に，身体的活動増進の研究におけるHP→[POL–POL]→INDの介入には，限られた歴史しかない。このタイプの介入方略には，政府レベル（例えば，州や地方のレベル）の1つである教育主管・健康主管の省庁と地方自治体（例えば，自治体の余暇部門）のネットワークを作り，学校や若者の公共

施設(さらなる例は表28.2を参照)における身体的活動の増進を図り協働するという例がある。この健康増進の考えは非常に魅力的であり，健康増進の研究ではますます注目を集めているが，身体的活動の研究にこれらのタイプの介入を使用した例はほとんどない(Blair et al., 1996)。しかし，カナダには，このような政府間の協力を含むいくつかの先駆的な例がある(例えば，KinoQuebec, 1996；Ministry of Alberta Community Development, 1997；Ontario Ministry of Citizenship, 1995)。

その他のコメント

研究を選択的に取り上げたこれまでのレビューには足りないところがあるために，2つの考え方を追加して，完全なものにしなければならない。心臓の健康領域で公表された研究(Lévesque et al,. 2000)を精査してみると，そこではより複雑な介入を実践している。これを無視することはできないということが，第1の考え方である。例えば，HP→COM→ORG→INDの方略は，顧客(IND)の利益のために禁煙の表示をさせようと店主(ORG)に働きかける方法を，専門家でない指導者(COM)に訓練する介入(HP)として良く知られている(McAlister, Puska, Salonen, Tuomilehto, & Koskela, 1982)。したがって，最大限に使用できる介入の幅と，毎日の活動で実践家が実際に行っている介入を検討することは，有意義なことと思われる。

第2の考えは，我々は，身体的活動の介入を，生態学的なアプローチ内でさまざまな標的および一般的な変容アプローチ(修正 vs. ネットワーク作り)の関数として概念化できるように，一覧表を作って例示しようとしていることである。しかしながら，この一覧表は，より重要な原理を強調したものになってはいない。つまり，それぞれの介入レベルでどのように介入が影響するのかを理解する必要がある。例えば，これは次のことを意味している；対人環境レベルで介入を実施した場合には，対人レベルの影響と個人レベルの影響を同時に確認する必要がある。同様に，地域社会レベルの介入では，おそらく，組織的な指標，家族レベルの指標，個人レベルの指標と同様に，身体的活動の地域社会指標の変化から検討しなければならない。前述したように，この課題は解決しにくいことが明らかになっている。なぜなら，概念モデルは，一般的に交差レベルの影響や相互作用を扱っておらず，階層的な構造データを扱う統計モデルは今に至るまで広く利用することができないからである。10年も経てば，研究者はさまざまなレベルで標的とした身体的活動の介入を理解しようと試みるばかりでなく，交差レベルの影響や交差レベルの介入も明らかにしようと試みるものと，著者らは確信している。

結　論

これまでの議論から，次の5つの結論を導くことができる。(1)身体的活動の介入の研究は，主に臨床的な見地から出てきたものとみなすことができる。すなわち，ほとんどの介入は，HP→IND, HP→[IND-IND]→IND, HP→INT→IND, あるいはHP→[INT-INT]→INDのいずれかになっている。高次レベルの生態学的な人間機能(組織，地域社会，政治家)を標的にした介入は比較的少ない。このように，住民アプローチの情報は比較的少ない。この傾向は，糖尿病や喫煙といったその他の公衆衛生問題に取り組む公衆衛生運動の研究状況と類似している(Glasgow, Wagner, et al., 1999；Lichtenstein & Glasgow, 1992)。これらの領域における授業学習によって住民の身体的活動レベルが増進するだろうという示唆は，合理的なものと思われる。

(2)介入とその活動は，より詳細に記録しなければならない。身体的活動の介入は，しばしば，1つの環境で複雑な活動パッケージを提供するものになっている。介入の効力や効果のよりよい理解は，より詳細に記録する研究から得られるものと思われる。(3)個人以外の他のレベルでは，介入の成果を調べる指標の開発・精練が急務になっている。これは，対人関係レベル・組織レベル・地域社会レベル・政治レベルの身体的活動の指標には，概念化と測定が必要なことを意味している。(4)介入の効果を明らかにするには，より多くの研究が必要である。効果試行の有用性には，実践家と研究者の間により広汎かつ実り多い交流の道を開く潜在能力がある。

(5)これらのコメントに加えて，身体的活動の介入と結びつく心理社会的要因の関連研究について，再度述べておく必要がある。個人レベルであれ住民レベルであれ(Jeffery, 1989を参照)，これらの介入は行動に焦点を当てている。したがって，この行動を誘発する方法について十分に理解するためには，個人の機能を徹底的に理解する必要がある(Bandura, 1998；Baumeister et al., 1994；Carver & Scheier, 1998)。さらに，おそらくより重要なことは，心理学の分野から生まれた概念やモデルを，生態学的階層のさまざまなレベルの研究に組み込むことができることである。例えば，地域社会心理学は，地域社会が発展・変化する方法について，多くの洞察を提供している(Tolan, Keys, Chertok, & Leonard, 1993)。これらの考えに基づいて，運動心理学の研究者は，上述の広汎な研究課題に寄与することにより，運動不足という公衆衛生の問題の解決にきわめて大きな貢献をするものと思われる。

第29章

身体的活動とメンタルヘルス

　運動は身体的な健康に有効であると以前から言われているが，雑誌や健康関連の報告で運動は健全な心理的健康の増進にも価値があるという記述を普通に目にするようになったのは，この10年ほどの間である。この楽観的な評価は，一般大衆から大きな注目を浴びている。しかしながら，科学界の大半は，そのような包括的な支持に対してかなり慎重になっている。最近まで，不安・抑うつの軽減といった，運動に付随した心理的な成果を調べた研究の現状の評価は，あいまいなままになっていた。

　身体的活動と健康に関するアメリカ公衆衛生局長官報告(U. S. Surgeon General's Report on Physical Activity and Health；Corbin & Pangrazi, 1996)の結論は，1996年の研究状況を反映していた。これらの結論は，どちらかと言えば暫定的に，身体的活動によって抑うつや不安の徴候が軽減し気分が改善することや，定期的な身体的活動によって抑うつ発現のリスクが低下するだろうことを述べていたが，このトピックについてはさらに検討する必要がある(p.4)。"〜のように思われる"と"〜かもしれない"といった用語を注意深く選択・使用しているのは，運動による健康の心理的効果を主張する科学者に注意を喚起するためである。より最近のレビューによれば，運動は不安・抑うつの軽減と関連するというような，より確固たる結論を支持する研究成果が得られており，事態はより楽観的になっている(Landers, 1998, 1999；A. Taylor, 印刷中)。より最近になって，Mutrie(印刷中)は，臨床的に確定した抑うつに焦点を当てた研究をレビューし，研究を一歩前に進めて，運動と抑うつ軽減の間の因果関係を明らかにした。本章では，これらの研究のいずれの結論が，運動とメンタルヘルスに関する研究の現状の説明を保証するのかを見極めたいと考えている。

　公衆衛生局長官報告は，身体的な健康の増進における身体的活動の役割を国民に啓発する上で非常に重要なものになっている。しかしながら，メンタルヘルスの増進における身体的活動の役割について述べたこの報告は，いくつかのトピックスの強力な知見を過小評価している。この状況は不幸であり，おそらくこの報告のライターが運動とメンタルヘルスのぼう大な科学論文を解釈した際に問題があったためと思われる。運動と不安や，運動と抑うつのトピックスには，それぞれ軽く100編を超える科学的な研究があるが，それらではとりわけ難しいように思われる。さらにこの文献から結論を引き出すことの複雑さに加えて，運動トレーニングの重要な効果を統計的に明らかにしている研究がある一方で，それを認めていない研究があるという事実もある。

　疫学的・臨床試験的な研究が不足していたり，有意な結果とそうでない結果が"混在"していたために，科学者は，心理的な健康への運動のポジティブな影響を，強く支持することが難しかった。より最近の研究レビューでより楽観的になっている(Landers, 1998, 1999；Mutrie, 印刷中；A. Taylor, 印刷中)のは，1990年以降に現れた大規模な疫学的・実験的研究と研究の定量的なレビュー(メタ分析)が1つの原因になっているものと思われる。

　長期に渡るコホート追跡の疫学的な研究をすれば，活動が不安の軽減，抑うつの軽減，他の心理的成果にとって重要なものかどうかを確定することができる。このような知見は，運動と心理的な成果の関係が行動的なアーチファクトによるものではない(Morgan, 1997)という前提を確立する上で重要である。しかしながら，これらの研究ですべての外的な変数を制御するには限界がある。実験的な研究は，外的な変数の制御を意図しており，このように，因果関係を確定するにはきわめて重要である。より優れた実験研究では，参加者を実験群(例えば，運動トレーニング)または統制群(例えば，運動トレーニングなし)にランダムに割り当てている。しかしながら，これらの研究が有効に機能するには，誤差リスクの少ないことも重要である。誤差リスクの低減は，通常，100回中5回以上偶然に生じることがないような群間の平均の差を強く主張することや，ばらつきを最小限にするために各群の

参加者を十分な数にすることで達成している。Sackett (1989)は，実証的研究の知見のレベルにABCの等級を考案した。各等級は次の通りである。グレードA；結果が明快で誤差リスクが低い大規模なランダム化研究。グレードB；結果が不確かで誤差リスクが中〜高の小規模なランダム化研究。グレードC；ランダム化していない同時的な統制群やランダム化していない歴史的な統制群(すでに確立された水準との比較)のある，またはまったく統制群のない研究(事例研究)。

メタ分析的レビューも，運動とさまざまな心理的成果の関係を明らかにする上で価値がある。さまざまな研究結果のこれらの量的な要約には，グレードAの研究に随伴している統制群が欠落している。それらのものは，実験とは呼べない。しかしながら，すべての公表済み・未公表の研究を含める場合や，それらの結果と実験参加者群を組み合わせる場合には，統計的な検出力が向上する。このことは重要である。なぜなら，運動とメンタルヘルスのもっとも実証的な研究でも，一般的な5%レベルの確率で有意差を見出すだけの統計的な検出力がないからである。その場合，タイプIIのエラー(統計的な有意差が実際にあるにもかかわらず，有意差なしと結論する)を犯す可能性が高くなる。Hart(1994)は，均質なグレードBの小規模な実験研究の結果を混合すると，グレードAの証拠になり得ることが，メタ分析のもっとも重要な側面であると主張している。

研究知見の概要を評価するために策定したガイドライン(Oxman & Guyatt, 1988；表29.1を参照)を考慮すると，メタ分析には明らかに有利な点がある。例えば，メタ分析では手順が明確に決まっており，それに従って分析し，それを最終報告に含めている。このように，メタ分析は，追試することができるようになっている。メタ分析には，伝統的な叙述的レビューを上回る，次の2つの付加的な利点がある。1)運動処方の効果の大きさを客観的に評価できるような数量化技法(効果サイズ)を使用していること，2)有力な調整変数を調べる能力と，それらが運動-メンタルヘルスの関係に影響するかどうかを確定する能力があること。最近のレビュー(Mutrie，印刷中)は，メタ分析の全体的な結果を包括しているが，調整変数から派生した結論を無視している。

メタ分析における主要な数量化技法，すなわち効果サイズ(effect size：ES)は，算出した比較対象の平均差(例えば，治療群と統制群の値の，テスト前後の値の)を変動推定値(例えば，標準偏差あるいは標準誤差の集まり)で除して求めている。研究者は，この方法で確定したESの値が0.04以下の場合には小，0.41〜0.70であれば中，0.71以上であれば大と考えている(J. Cohen, 1992)。メタ分析を使用することのこれらの利点を前提にして，本章では，大規模な疫学研究とメタ分析的レビューの結果に主として着目する。研究者は，これらの研究知見を，気分状態(不安，抑うつ，ポジティブな気分状態)，ストレス反応，自尊感情，認知機能というメンタルヘルスのトピックスに適用している。ESがマイナスサインとなるのは，より強い身体的活動/フィットネスが，より低レベルの不安，抑うつ，ストレス反応に関係する場合である。プラスサインとなるのは，その関係がより高い，ポジティブな気分，自尊感情，認知機能を意味する場合である。

運動後の不安軽減

アメリカの成人の約7.3%は何らかの治療が必要な不安障害を抱えていると推測される(Regier et al., 1988)。さらに，ストレスに関連する情動，例えば不安は，健常成人によくみられるものである(S. Cohen, Tyrell, & Smith, 1991)。心理療法，精神療法，薬物療法は，医者やメンタルヘルスの実践家が不安障害を治療する際の主要な方法になっている。しかしながら，問題を抱えた人が何らかの治療を受ける割合は非常に少ない(Bloom, 1985)。なぜなら，多くの人々には，不安やその他のメンタルヘルスの問題の範囲が現在のヘルスケアシステムの能力を超えたものと思い込んでいるからである(Raglin, 1997)。現在ではヘルスケア費用の削減に対抗するために，精神療法や薬物療法といった伝統的な介入法の代替・補助手段として，運動への関心が高まっている。

不安は，心配・自信喪失・懸念に代表される認知評価のネガティブな形態の発現と関係している。LazarusとCohen(1977)は，"通常，不安は，システムの資源に負担をかける要求またはそれを上回る要求に直面した場合や，そのために容易に利用できる資源がないような要求または自動的な適応反応ができないような要求に直面した場合に生じる"と述べている(p.109)。不安は認知的な現象で，通常は質問紙によってそのレベルを測定する。しかしながら，動物では，行動による測定法を使用している；研究者は，不安のない動物に

表29.1　概要とメタ分析評価のガイドライン

1. 質問と方法を明確に示していたか？
2. 関連する研究を抽出した方法は包括的なものであったか？
3. レビューする文献を確定する際に明確な方法を使用していたか？
4. 主要な研究の方法論的な特色を評価していたか？
5. 主要な研究の選択と評価は，再現可能でかつかたよりがなかったか？
6. 個々の研究結果の違いを十分に説明していたか？
7. 主要な研究結果を適切に混ぜ合わせていたか？
8. 引用データはレビューアーの結論を支持していたか？

(Oxman, A.D., & Guyatt, G., 1988. Canadian Medical Association Journal, 138, 698 より許可を得て転載)

はすくみ行動が少なく、自由徘徊行動が多いと考えている。質問紙による不安測定法は人間に使用するが、時には喚起／不安の高まりに関連する生理的な測度（例えば、心拍数、血圧、皮膚伝導、筋緊張）を併用することもある。不安の質問紙には、状態不安を測定するものと特性不安を測定するものの2つに大きく分けられる。特性不安は、多くの状況で高いレベルの不安反応を示す全般的な傾向を指している。他方、状態不安はより特異的なものであり、特定の場面における対象者の不安を指している（Spielberger, Gorsuch, Luschene, Vagg, & Jacobs, 1983）。不安の特性面と状態面は概念的に別物であるが、現行の操作的な測度ではこれら不安の下位要素はかなりオーバーラップしている（Smith, 1989）。

このトピックに関するメタ分析的レビューでは、急性あるいは慢性運動の前後で不安を調べた研究の報告だけを選択基準としていた。運動後に心理社会的なストレッサーを実験的に課した研究はレビューしなかった。なぜなら、運動効果とストレッサー効果の見分けがつかないと思われたからである。Schlicht（1994）によるメタ分析的レビューから派生した解釈には問題があり、これがその後の叙述的なレビューアー側に混乱をもたらしている（Biddle, 印刷中；Raglin, 1997）。Schlichtが研究の完全なリストを提示しなかったこともあり、Biddleは、Schlichtがレビューした研究が他のメタ分析が取り上げた研究と同じかどうかに疑問を持った。しかしながら、Raglinは、メタ分析の知見における見せかけの相違に注目し、メタ分析の結果には一貫性がなく、またそこから得られた結論には限界があると簡単に結論づけた。研究文献をこのように包括的に要約する場合には、心理社会的なストレッサーを実験的に課した研究やそれらを含むレビューを排除することが重要と思われる。なぜなら、これらの研究は、このトピックの慣習的な対象基準の範囲を越えているからである。

全体的な効果

今日までのところ、運動と不安軽減のトピックスをもっとも広範にレビューしたと言われるLandersとPetruzzello（1994）は、1960～1992年に行われた27編の叙述的レビューの結果を検討し、その81％の研究者は身体的活動／体力が運動後の不安軽減に関係したと結論づけていたことを明らかにした。残り19％の研究者は、大半の知見が不安軽減と関連する運動を支持していたが異なる結果もいくつかあると結論づけていた。これらの関連性を否定した叙述的レビューはなかった。これらの叙述的レビューは、慢性運動と不安の自己報告についてのより最近の包括的なレビュー（Leith, 1994）を支持している。このレビューでは、56編の研究中73％が不安軽減効果を認めていた。

運動と不安軽減の関係を調べたメタ分析は、少なくとも6編ある（Calfas & Taylor, 1994；Kugler, Seelback, & Krüskemper, 1994；Landers & Petruzzello, 1994；Long & van Stavel, 1995；McDonald & Hodgdon, 1991；Petruzzello, Landers, Hatfield, Kubitz, & Salazar, 1991）。これらには、159編もの研究を対象にメタ分析をしたもの（Landers & Petruzzello, 1994）から、11編の研究のみをメタ分析したもの（Calfas & Taylor, 1994）まで幅があった。これら6編のメタ分析のすべてから、検討の対象としたすべての研究で、運動は不安軽減と有意に関係することが明らかになった。これらのレビューのESは"小"～"中"（ES＝－0.15～－0.56）の範囲にあり、不安軽減は特性不安、状態不安、精神生理学的な不安の測定法と合致することが明らかになった（Landers & Petruzzello, 1994；A. Taylor, 印刷中）。精神生理学的な変化に関しては、別のメタ分析（Kelley & Tran, 1995）がPetruzzelloらの結果を確認している。KelleyとTranは、35編の臨床試験研究（合計参加者数1,076名）を検討し、健常で血圧の正常な成人の収縮期血圧と拡張期血圧がともに運動後に若干ながらも統計的に有意に低下（－4/－3 mm Hg）することを明らかにした。要約すると、大多数の叙述的レビューと、すべてのメタ分析のレビューは、1960～1992年に公表された研究にみられる、急性的な運動と慢性的な運動がともに不安軽減と低～中程度に関連するという結論（Landers & Petruzzello, 1994）を支持していた。

最近の叙述的レビュー（A.Taylor, 印刷中）では、1989年以降に公表された、38編の慢性的な運動の研究と23編の急性的な運動の研究を調べており、以前のもっとも包括的なメタ分析（Petruzzello et al., 1991）で算入していた研究は除外していた。残念ながら、Taylor（印刷中）は、これら38編の慢性的な運動の研究と23編の急性的な運動の研究については全体的なESを提示しなかったが、レビューした研究のいくつかについては個々のESを列記していた。Taylorは、それらの研究の叙述的レビューに基づいて、状態不安と特性不安が一貫して軽減することや、それらの軽減が低～中程度のESサイズを示すことを結論づけた。

最近、Morgan（1997）とRaglin（1997）は、これらのメタ分析の全体的な結果が、要求の特性、期待の効果、反応のゆがみ、プラセボ効果といった行動的なアーチファクトによる可能性もあり得ると主張している。しかしながら、MorganとRaglinのいずれも、メタ分析の結果が実際に行動的なアーチファクトによるという直接的な証拠は何も示していない。運動と不安軽減の関係を立証している多数の知見を考慮すれば、この関係が行動的なアーチファクトによるものとはとても思えない。唯一の操作的な測定法（例えば、質問紙）を使用する場合には、行動的なアーチファク

トがより起こりやすくなる。運動と不安軽減の研究では，質問紙による測定法，動物の行動による測定法，精神生理学的測定法で同じような結果が明らかになっている。同じ弱点を共有しないこれら複数の操作的な測定法が同じような結果を示していることは，行動的なアーチファクトによる操作の可能性の妥当性に大きく歯止めをかけている(Webb, Campbell, Schwartz, & Sechrest, 1966)。

加えて，より優れた研究にみられる内的妥当性のさらなる高さは，行動的なアーチファクトによる影響を最小限のものにしている。Petruzzelloら(1991)のメタ分析では，それらの研究の質を調整変数として検討した。その結果，研究の質の高低に関わらず，運動後に不安は軽減した。参加者をランダムに治療条件に割り付けた場合にも，未治療群よりもESが大きくなった。A. Taylor(印刷中)は同様の結果を示し，ランダム化比較試験はより強力な効果を示すと結論づけた。もっとも多くの参加者に急性的な運動(n＝85, Crocker & Grozelle, 1991)と慢性的な運動(n＝357, King, Taylor, & Haskell, 1993)をさせた介入の研究でも，運動後に不安が軽減した。加えて，不安の軽減は，運動それ自体によるよりも，潜在的に脅迫的な運動の停止によるアーチファクトではないと示唆する知見は少ない(Petruzzello, 1995, p.109)。これらの知見を前提にして，もっとも簡潔に説明すれば，不安の軽減と関係しているのは，行動的なアーチファクトよりも，むしろ運動である。

ここで生じる1つの問題は，運動の全体的な結果が，不安を軽減する他の周知の治療の効果よりも優れているのか劣っているのかということである。この問題は，他の治療形態に対する付加的あるいは代替的なものとして運動を使用することの可否について決定する際に重要になってくる。運動がメプロバメートのような精神安定剤よりも優れているとする研究(DeVries, 1981)もあるが，大半の状態不安の研究では，運動が，瞑想，リラクセーショントレーニング，安静，読書，クロミプラミンやセトラリンなどの薬剤といった他の周知の不安軽減療法よりも有意に優れているか劣っているかについては明らかになっていない。Petruzzelloら(1991)は，運動を他の不安軽減療法と比較すると，ESが0に近くなる(ES＝−0.04)ことを明らかにした。慢性運動による特性不安を調べた文献(Petruzzello et al., 1991)では，DeVries(1981)の知見を一部支持している。特性不安に関しては，運動と他の15の不安軽減療法(例えば，ヨガトレーニングのような非有酸素運動，集団／不安療法，ストレス負荷訓練，成人教育，瞑想)との比較では，運動の優位性を示す小さいながらも重要な差(ES＝−0.31)がある。1989年以降の研究(Landers & Petruzzello, 1994；A.Taylor, 印刷中)には，薬物療法以外の他の不安療法と同程度の不安軽減効果が運動にあることを示唆するさまざまな結果があった。運動には他にも多くの健康上の効用(心臓血管，筋，体重減少)があるために，有酸素運動に他の一般的な不安療法と同程度の不安軽減効果があるという知見は注目に値している。

調整変数

これらの全体的な効果に加え，いくつかのメタ分析(Landers & Petruzzello, 1994；Petruzzello et al., 1991)によって，運動と不安軽減の関係を調整する一部の変数が明らかになった。数千名の実験参加者を対象にした数百編の研究に基づいた以前の有名な全体的な結論と比較して，各調整変数の知見はより少ないデータベースを足がかりにしている。調整変数の検定力はかなり弱いために，以下の調整変数に従って得られた結論は，全体的な効果が保証する結論よりも注意深く見守る必要がある。

参加者効果

より大規模なメタ分析(Landers & Petruzzello, 1994；Petruzzello et al., 1991)や叙述的レビュー(A. Taylor, 印刷中)の調整変数を調べてみると，だいたいにおいて非臨床的な参加者が算入できるとはいえ，この不安の軽減はあらゆるタイプの参加者(男／女，適応／不適応，活動的／非活動的，不安／無不安，健康／不健康，若／老)に生じていることが明らかになった。しかしながら，現在では臨床的な不安患者の運動を調べる研究が新たに出現している。これらの実証的な研究を要約すると，次のようになる；(1)パニック障害患者の身体的な運動能力は，活動的な統制群よりも低い。しかし，これらの患者は，統制群よりも運動に耐性がないわけではない(Broocks et al., 1997；Gaffney, Fenton, Lane, & Lake, 1988；Stein et al., 1992；Taylor et al., 1987)，(2)大部分のパニック障害患者は，一般的に運動を敬遠している(Broocks et al., 1997)，(3)"有酸素運動の低下は，パニック障害や広場恐怖症の病態生理に寄与している"(Broocks et al., 1997, p.182)。ランダム化比較臨床試験(Broocks et al., 1998)では，プラセボ条件と比較して，10週間の定期的な持久走のコースが，中等度〜重度の不安障害患者群46名(パニック障害，広場恐怖)における不安評価の軽減と有意かつ臨床的に関係していた。10週間のプログラムの最後では，運動に関連した不安軽減(ES＝−1.41)と薬物療法による軽減(クロミプラミン；ES＝−1.35)は，同程度のものになった。しかし，トレーニングプログラムの4, 6, 8週時点では，薬物療法が運動よりも優れていた。

不安障害者のこのような結果は，よく引用されるPittsとMcClure(1967)の初期の研究結果を支持してはいない。Pittsらは，DL-乳酸ナトリウムの注入後

に不安神経症患者の不安が増加することを明らかにした。この初期の研究は，運動が血中乳酸を増加させパニック発作を誘発するために，不安障害者は激しい運動を自粛するべきであるという勧告につながった。しかしながら，激しい運動時にアシドーシスが起こるのとは対照的に，乳酸の注入は血漿アルカローシスを起こすという方法論的な観点から，この研究を批判する者もいる (Grosz & Farmer, 1969)。不安障害者も運動による抗不安効果を得ることができるという説得力のある直接的な証拠が現存することは，Broocks ら (1998) の研究結果から明らかである。

関連した科学的な知見の誤った解釈も，不安スペクトルのもう一方の極に存在している。共通の主張は，運動の抗不安効果は，メンタルヘルスの良好な健常者に対しては最小限もしくは存在しないというものである (Brown, 1992 ; Morgan, 1981 ; Raglin, 1990)。換言すれば，運動は人をより正常にするものではなく，不安の高い者または臨床的に不安がみられる者の不安だけを軽減するものである。この観点は，質問紙の不安の得点や不安の精神生理学的な測定で，正常な不安の者であるかもしくは高い不安の者であるかに関わりなく低下することを示した研究のメタ分析の出現を見越したものとなっている。問題は，初めに不安の高かった者が経験した不安の軽減が，正常範囲の者よりもかなり大きく，したがって，レビューアーにとってより観察しやすいことである。

メタ分析 (Landers & Petruzzello, 1994 ; Petruzzello et al., 1991) によって，心臓リハビリテーション患者，精神病患者，高不安者は，非臨床的な参加者よりも高い ES を示す傾向がある (特性不安の研究内，研究間の比較で) ことが明らかになっている。運動健常者における特性不安の軽減をメタ分析したレビューの ES の全体的な平均は －0.34 であったが，非常に体力のない (心臓リハビリテーション患者) 参加者の ES は －0.44 であり，精神病患者の ES の平均は －0.55 であった (Landers, 1994)。非常に不安が高い参加者を調べたいくつかの研究では，ES は －1.40 以上にさえなっている (Broocks et al., 1998 ; Jette, 1967 ; Sexton, Maere, & Dahl, 1989 ; Steptoe, Edwards, Moses, & Mathews, 1989)。この結果は，運動の抗不安効果が，参加者の不安の初期値と最初の健康状態に依存して量的に変化し得ることを示唆している。このように，不健康な高不安者では大きな効果が，より健康で不安の少ない参加者では小さいが有意な効果が期待できるものと思われる (Landers & Petruzzello, 1994)。

前述したように，Raglin (1997) は，健常参加者における抗不安効果に関するレビューアーの結論における矛盾は，期待の効果，要求の特徴，反応のゆがみといった行動的なアーチファクトを研究者が考察できないことから生じていると説明している。この考え方は，動物におけるより控えめな行動の測定による知見や，人間の精神生理学的な測定による知見を無視している。いかにも実験室的な要求課題は，抗不安効果にはほとんど関係がなさそうだという証拠がある。なぜなら，実験室や自然環境で運動をすると，不安は軽減するからである (McAuley, Mihalko, & Bane, 1996)。行動的なアーチファクトが多くの研究知見に影響していることを示す証拠が明確になるまでのより簡潔な結論としては，運動は不安を有意に軽減するが，この軽減の程度は，不健康者や高不安者の方が，健康な参加者や体力・不安が正常範囲内にある参加者よりも大きいということにしておきたい。

運動による効果

運動後の不安軽減も，行った運動の強度，持続時間，タイプ (急性的か慢性的) とは関係なく生じている。しかしながら，メタ分析 (Landers & Petruzzello, 1994 ; Petruzzello & Landers, 1993) の結果から，不安軽減に対する運動のより大きな効果は，非有酸素運動 (例えば，ハンドボール，体力／柔軟性トレーニング) とは対照的に，有酸素運動 (例えば，ランニング，水泳，サイクリング) で生じることが明らかになった。運動による不安軽減は，運動と不安軽減の関係を乱すようなその他の変数を導入しない限り，長期に渡って持続する。最近のいくつかの筋力トレーニングの研究では，参加者にシャワー浴や実験室からの離室を許可し，その後実験室に戻り不安質問紙に回答するようにさせている (Focht & Koltyn, 1999 ; Garvin, Koltyn, & Morgan, 1997 ; Koltyn, Raglin, O'Connor, & Morgan, 1995 ; O'Connor, Bryant, Veltri, & Gebhardt, 1993)。シャワー浴後や離室後に生じるどのような不安の軽減も，運動効果が原因だとできないことは明らかである。興味深いことに，これらの研究では，参加者にシャワー浴や離室を許可する前に行った筋力トレーニングによる，運動後の有意な不安軽減効果はなかった。

しかし，最近の研究 (Bartholomew & Linder, 1998) は，20 分間の筋力トレーニング後に状態不安が軽減することを明らかにしている。しかしながら，この効果は運動の強度に依存していた。この研究の参加者は，運動後 30 分間，実験室内で静かに座っていた。低強度の筋力トレーニング (1 最大反復回数〔Repetition Maximum : RM〕の 40〜50％) 後に，大学生の男女は不安の有意な軽減を報告した。これは重要な知見であり，もしも追加研究によって確認ができれば，筋力トレーニングで不安が軽減する条件が明らかになると思われる。

Bartholomew と Linder (1998) は，20 分間の高強度運動 (1 RM の 75〜85％) 後に不安が短期的に増加することを明らかにした。この増加を事後分析 (Post hoc 分析) したところ，状態-特性不安目録で喚起と認知を

調べる項目はともに際立っており，運動前の 1 RM の目標に到達しなかった参加者だけが，不安の増加を報告していた。これらの結果は，次のことを示唆している；筋力トレーニング後の状態不安の増加は生理的な喚起の単なる変化以上のものを反映しており，一連の運動それ自体よりもむしろウェイトトレーニングの成功感がこの変化をもたらしているだろう。

その他の研究によれば，運動の不安軽減効果は，有酸素トレーニングのプログラムの長さが最低 10 週間，できれば 15 週間以上の時にも，より大きくなった（Landers & Petruzzello, 1994；A. Taylor, 印刷中）。さらに，参加者が運動テストの環境に留まる場合，運動後の不安軽減は運動のほぼ直後に始まり，4～6 時間後に運動前の不安レベルに戻った（Landers & Petruzzello, 1994）。

運動によって抗不安効果を経験するには，最大強度の少なくとも 70～80％ の運動を最低 20 分間実施する必要があると一般的に言われている（Morgan, 1979, 1981）。これは人の有酸素能力を増加する上で優れた勧告であるが，その不安軽減効果を科学的に証明した研究はない。メタ分析（Landers & Petruzzello, 1994；Petruzzello et al., 1991）では，さまざまな運動の強度，持続時間を比較した ES が 15 以上の場合に，ES はすべて 0 とは有意差があったが，さまざまな運動の強度，持続時間の間には差がなかった（Petruzzello et al., 1991）。さまざまな不安測度では，最大強度の 60％ 以下で運動した参加者をメタ分析しても，ES はほとんど認めることができなかった。さらに，これらのメタ分析の知見は，運動の強度と持続時間を一緒に調べることなく，作業の結果や総エネルギー消費を正確に評価しようとしているために，混乱している。メタ分析では，大半の ES が作業結果の中間帯域に集まり，その結果，差を観察することができなかった。

より最近の研究（He, 1998）では，運動の強度と持続時間を一緒に系統的に変更しており，作業の総量が中強度となるような運動（15 分と 30 分の高強度運動および 30 分と 45 分の低強度運動）をした適度に健康な大学生は，この範囲外の有酸素運動（15 分の低強度運動と 45 分の高強度運動）をした場合よりも大きな不安軽減効果を示すことが明らかになっている。低・高強度運動のこれらの知見は，その他の研究でも確証している。60 分の低強度歩行（Head, Kendall, Fermer, & Eagles, 1996）や最大強度の 80％ 以上の運動（O'Connor, Petruzzello, Kubitz, & Robinson, 1995）では，運動後に不安が軽減しなかった。さまざまな健康レベルの参加者に，強度と持続時間が異なる運動をさせて，運動後の不安軽減について調べるためには，容量反応（dose-response）についてさらに調べる必要がある。

運動による不安軽減効果の説明

Landers（1994）は，これまでのいくつかの説明やメカニズムを要約して，不安への運動や体力の影響を説明している。これらには，期待，小休止または気分転換，社会的相互作用，自己効力感，心臓血管系の機能，エンドルフィン，体温に関連する仮説がある。現在のところ，これらの説明（例えば，社会的相互作用と自己効力感）を科学的に支持する研究はほとんどない。"期待"の説明を調べた研究は 1 つだけであった（Petruzzello, 1991, 第 3 研究）。この研究では，定期的な運動者に，運動前後に感じるだろうと期待したことや，15 分間静かに座って一連の運動をイメージしている最中に感じたことについての状態不安質問紙に回答させた。これらの期待条件の双方から，期待は運動後の実際の不安反応の報告に関連することが明らかになった。

Petruzzello（1991）は，次のように警告している；これらの結果は相関しており，したがって将来の研究者は期待を操作して，そのような操作が期待される反応に影響するかどうかを確定する必要がある。Petruzzello の実験参加者は，運動後に感じたことを客観的に想起していた可能性もあるし，参加者がメディアや他の情報源から耳にしたことによるアーチファクトの可能性もある。期待が単なるアーチファクトの場合には，他の心理学的な仮説と同様に，期待仮説では現存のすべてのデータを合理的に説明することができない。例えば，これらの心理学的な説明は，人間の自己報告データを説明しているものと思われる。しかし，それらは，動物の行動的な知見や，人間の生理的な研究の結果を，簡単に説明しているとは思えない。運動による不安軽減の効果のこれらの説明は，知見のすべてを説明しているのではなく，一部しか説明していないと思われる点に限界がある。しかしながら，結局のところ，期待による説明は，運動後の不安軽減を説明する生物社会的な枠組みを提供するものとして経験的支持を受けているようないくつかの心理的・生理的そしておそらく社会的な説明の 1 つと思われる（Gill, 1994；Landers, 1994）。

小休止や気分転換の説明に対する支持は混沌としている（Petruzzello & Landers, 1993）。運動後の不安軽減と瞑想後の不安軽減の違いを明らかにできない研究者もいる（Bahrke & Morgan, 1978）が，小休止や気分転換に役立つような活動（例えば，瞑想；Petruzzello et al., 1991）と運動の違いを明らかにしている研究者もいる。運動と他の潜在的な気分転換条件（例えば，瞑想）との間に統計的な違いがないという知見の問題と，これらのデータが運動と不安軽減の関係を説明するという主張は，これらの介入条件の差を適正に検証するだけの検定力が存在しないということだと思われる。メタ分析の 1 つの利点は，研究横断的に効果を

結合し，実験参加者数を増やすことによって，検定力を上げることができることである。運動には，ヨガトレーニングや瞑想といった非有酸素活動よりも有意に大きな抗不安効果のあることが，メタ分析によって明らかになっている(Petruzzello et al., 1991)。

心臓血管系機能の仮説では，不安軽減は有酸素機能(例えば，VO_2max)変化に関係があると想定している。しかしながら，実験参加者の有酸素機能が増加しない場合であっても，運動に抗不安効果があるとする知見は多い。低強度あるいは短時間のウォーキングやストレッチでさえも，不安を軽減し平穏感を生み出し得ることが明らかになっている(Ekkekakis, Hall, VanLanduyt, & Petruzzello，印刷中; Head et al., 1996)。

運動後の抗不安効果を運動による体温上昇の結果とする説明は，あまり支持されていない。この説明に賛同する研究者も若干はいる(Koltyn, 1997)が，深部体温を調べた多くの研究は，この仮説を強く支持してはいない(Petruzzello & Landers, 1993)。この仮説の1つの問題は，この仮説の推進に当たった研究の誤報にある(Koltyn, 1997; Morgan & O'Connor, 1988; Raglin & Morgan, 1985)。この仮説の推進者は，von EulerとSoderberg(1957)が動物で明らかにした体温とリラクセーションの生理的指標(神経筋活動，EEG)の曲線(直線ではない)関係を通常，報告していない。Von Eulerらは，視床下部を41℃まで加温すると神経筋の弛緩が弱まり，41℃以上に加温した時には神経筋の活動が増加すると指摘した。この知見が仮説の基盤になっていると考えれば，なぜ直線関係を予測できたのかは不思議である。その代わり，抗不安効果が生じる以前に，深部体温に運動誘発性の何らかの上昇があってしかるべきと思われる。現時点では運動と不安軽減に関わる容量反応の問題が完全な理解には至っていないために，運動後に不安が軽減しないと思われるような状況(例えば，オーバートレーニング，あるいは極端に高いもしくは低い作業負荷)で深部体温を分析することが，将来の重要な研究課題であると思われる。

長期運動中にいくつかの生化学的物質が増加する(カテコールアミン，セロトニン，他の神経ペプチド)が，運動後の不安軽減との関連から研究者がもっとも注目している生化学的物質は，エンドルフィンである。高強度の筋力トレーニング(Doiron, Lehnhard, Butterfield, & Whitesides, 1999)と同様に，βエンドルフィン様の内因性オピオイドが長時間の有酸素運動の結果として(Hoffmann, 1997)体内に放出されることを，動物や人間に認めた研究はたくさんある。血液脳関門は体内の血漿βエンドルフィンをどちらかと言えば透過させないために，エンドルフィンの効果が脳に直接影響するとは考えにくい。しかしながら，血漿βエンドルフィンには，それ自体，動物や人間の行動を平穏にする効果が一般的にある。ナロキソンのようなエンドルフィン遮断薬を投与した実験では，結果が錯綜している(Hoffmann, 1997)。エンドルフィンの効果の遮断を試みた人間の研究では，運動後の不安軽減は弱かった(Allen & Coen, 1987; Daniel, Martin, & Carter, 1992)。他の研究では，不安は運動前と同じレベルに留まるか，あるいは軽減していた(Farrell et al., 1986)。Hoffmannは，これは，エンドルフィン仮説を支持していない研究ではナロキソンの使用量が少なかったことによるものと思われると示唆した。興味深いことに，より多量のナロキソンを投与した研究者は，エンドルフィン仮説を支持している(Allen & Coen, 1987)。

求心性神経への低周波による末梢の経皮的な刺激，もしくは直接的な刺激が，骨格筋の伸長と収縮を引き起こすように，ラットの鎮痛反応に結びつくといった知見もある(Yao, Andersson, & Thoren, 1982a, 1982b)。この反応は，10時間も持続する血圧低下から成っている。他の動物研究では，筋への反復電気刺激の停止後に，血圧は低下し，"それに伴い自発的な行動(運動)の顕著な低下と行動的な平穏が出現した"(Hoffmann, 1997, p.175)。これらの血圧と行動の効果は，少量ではなく，多量のナロキソン投与によって逆転した。これらの知見は，運動後の人間や動物に平穏効果をもたらすβエンドルフィンの鎮痛効果を強く支持している。

運動による抗うつ効果

今日の社会では，抑うつは一般的な問題になっている。アメリカでは毎年人口の2～5%が臨床的なうつ病になり(Kessler et al., 1994)，先進国では人口の5～10%が抑うつになっている(Weismann & Klerman, 1992)。臨床的な抑うつ患者は，一般的な医療の6～8%であるという推定もある(Katon & Schulberg, 1992)。抑うつには，保健医療費用もかかっている。抑うつ患者は非抑うつ患者の1.5倍の医療費を消費し，抗うつ剤の使用患者は非薬物療法の患者の3倍の外来薬剤費を消費している(Simon, VonKorff, & Barlow, 1995)。アメリカでは，保健医療費の増加を抑制しようという政府の圧力がある。抑うつ治療には心理療法や電気痙攣療法(electroconvulsive therapy: ECT)も使用しているが，現在は薬物療法が好まれている(Hale, 1996)。薬物療法，ECT，週1回の認知行動療法や心理療法の使用は費用を要し，しばしば供給不足になっている(Mutrie，印刷中)。そのため，有害な副作用のない効果的で低コストの代替療法を，治療プランに組み入れる必要がある。このように，研究者は，運動を，抑うつ治療のより伝統的なアプローチの代替あるいは補助手段として提案している(Hales &

Travis, 1987 ; Martinsen, 1987, 1990)．

全体的な効果

　運動と抑うつの研究には長い歴史がある。1930年代以前でさえ，研究者（Franz & Hamilton, 1905 ; Vaux, 1926）は，運動と抑うつの関係を示唆していた。1900年代初頭以降，この関係を扱った優に100編を超える研究論文が公表されている。その多くは叙述的レビューである。1990年代には，少なくとも5編のメタ分析的レビュー（Calfas & Taylor, 1994 ; Craft & Landers, 1998 ; Kugler et al., 1994 ; McDonald & Hodgdon, 1991 ; North, McCullagh, & Tran, 1990）が公表された。その中には，わずか9編の研究を扱かったもの（Calfas & Taylor, 1994）から，80編もの研究を扱ったもの（North et al., 1990）まであった。これら5編のメタ分析的レビューから，さまざまなタイプの抑うつ目録には，急性的な運動と慢性的な運動がともに有意な抑うつ軽減と関係していることを示す点で一貫性のあることが明らかになった。30編以上の研究をメタ分析したものでは，これらの効果サイズは，一般的に"中程度"のものであった（ES＝－0.53～－0.72）。

　心理療法と行動的な介入（例えば，リラクセーション，瞑想）といった，より伝統的な抑うつ治療と運動を比較したメタ分析の結果には一貫性がない。そのような結果は実験参加者のタイプと関係していると思われる。あらゆるタイプの参加者を調べたNorthら（1990）の研究によって，運動は抑うつをリラクセーショントレーニングや楽しい活動への参加よりも軽減するが，その効果と心理療法の効果には差のないことが明らかになった。臨床的に抑うつの参加者のみを調べた研究では，運動は，心理療法，行動的な介入，社会的な接触と同じ効果を引き起こしていた（Craft & Landers, 1998 ; Mutrie, 印刷中）。個々の心理療法と組み合わせて使用した運動や，薬物療法を併用した運動は，最大の効果を引き起こした。しかしながら，これらの効果と単独の運動による効果の間には有意差がなかった（Craft & Landers, 1998）。Mutrieは，これらの研究で使用した精神療法の範囲は，抑うつ患者にとって最良と思われる対処法（認知行動療法）を必ずしも反映していないと警告している。

　運動には少なくとも伝統的な療法と同じ効果があると断定することには，特に心理療法のような治療に要する時間と費用を考える際には，勇気づけられる。運動には，行動的な介入では得られないような，また別の健康上の効用（例えば，筋緊張の増加，心臓病や肥満発生率の低下）もある。このように，運動は，費用効率が高く，健康上の効用や抑うつ軽減効果があるために，多くのより伝統的な抑うつ療法の補助あるいは代替として，利用可能なものになっている。運動と抑うつの薬物療法を直接比較した研究は不足しているが，薬物療法のESは行動療法のESと類似している。薬物治療を運動で補いながら抗うつ剤の投与量を系統的に減らす方法の治療効果は，研究者にとって興味深いものとなっている。

調整変数

　前述の結果に強い影響を与えたいくつかのより包括的なメタ分析の研究（Craft & Landers, 1998 ; North et al., 1990）では，調整変数も報告していた。これらの調整効果の多くは，かなり少数の研究とESに基づいているために，解釈には注意が必要である。

参加者効果

　もっとも包括的なメタ分析をしたNorthら（1990）は，運動の抗うつ効果がさまざまな年齢の参加者男女に生じることを明らかにした。このレビューのほとんどの参加者は，正常範囲の抑うつ得点を示していたが，この得点は運動によって有意に低下した（ES＝－0.59）。しかしながら，これらの低下の規模は，臨床的抑うつ患者もしくは精神障害者のみを参入したメタ分析（ES＝－0.72 ; Craft & Landers, 1998）の結果ほど大きなものではなかった。これらのレビューは，健康な参加者（ES＝－0.23）や抑うつレベルが軽～中等度と診断された者（ES＝－0.34）よりも，もともとの抑うつがより強い者（例えば，中等度～高度の抑うつ患者，ES＝－0.88 ; Craft & Landers, 1998）やあまり健康でない参加者（例えば，心臓リハビリテーション患者，ES＝－0.95 ; North et al., 1990）に対する運動に，より効果があることを明らかにしている。注目すべきことは，大うつ病あるいは重度の抑うつ状態の参加者を調べた研究がほとんどないことである。

　定量的レビューがないことから，臨床的抑うつ状態の参加者にみられるより大きな効果のみを選択することができる，叙述的レビューアーは，抑うつ状態にない参加者の統計的に有意であっても微妙な効果を見落としている可能性がある。これは，運動の抗抑うつ効果が臨床レベルの抑うつとのみ関連していると結論づけている，このトピックについての初期の叙述的レビューの多くを説明しているものと思われる（Gleser & Mendelberg, 1990 ; Martinsen, 1987, 1993, 1994）。

　より最近になって，MartinsenとMorgan（1997）は，それとは反対のメタ分析の知見を認め，非抑うつ状態にある参加者の運動後の抑うつ得点の低下が，行動的なアーチファクトによる可能性があると示唆している。しかしながら，MartinsenとMorganは，Raglin（1997）と同様に，行動的なアーチファクトがこれらの結果を引き出すという考え方を支持する証拠を，研究で何も示していない。もしもこれが真実ならば，ア

ーチファクトをあまり制御しない研究(より質の低い研究)ほど大きな効果が観察できるのではないかと思われる。しかしながら,メタ分析(Craft & Landers, 1998 ; North et al., 1990)によれば,これらの研究の内的妥当性は,提唱されている線形的なもの(Craft & Landers, 1998 ; North et al., 1990)ではない形で,しばしば知見の規模と関係している。メタ分析でより良質と判断した研究と,Mutrie(印刷中)が明らかにした"重要な"研究は,運動に抗うつ効果があるという説得力のある証拠となっている。

行動的なアーチファクトが非抑うつ状態にある参加者の知見を説明するという信念の論理について考えてみよう。研究者が臨床的な抑うつを操作的に定義する際のもっとも一般的な方法は,ベック抑うつ目録(Beck Depression Inventory : BDI)で16点以上かどうかを明らかにすることである(Beck, Ward, Mendelsohn, Mock, & Erbaugh, 1961)。1名は臨床的な抑うつ者(BDI=19),もう1名は非抑うつ者(BDI=15)であり,いずれも運動後にBDIが3点低下した2名の場合について考えてみよう。第1の抑うつ者のケースについて,MartinsenとMorgan(1997)は,運動による"真の"抗うつ効果が現れていると主張したが,第2のケースでは,抑うつ得点の低下を行動的なアーチファクトと解釈した。これらの得点には床効果(floor effect)がないことに注目したい。抑うつ得点の運動による最小限の変化の解釈が,臨床的な抑うつ状態にある者と抑うつ状態にない者では異なるというのは,非常に簡潔でもなければ,論理的でさえないように思われる。加えて,運動は抗うつ効果のあるセロトニン(Chaouloff, 1997 ; Jacobs, 1994)やノルアドレナリン(Dishman, 1997)のレベルに影響するという多数の生理学的な知見を考えれば,非抑うつ状態にある参加者の知見を行動的なアーチファクトから説明することは,あまり合理的とは思えない。抑うつ得点に減少の余地がある(床効果がない)限り,非臨床的な抑うつ状態にある参加者と臨床的な抑うつ状態にある参加者の得点が急性的あるいは慢性的な運動の後に低下するという結論づけには,より説得力があるように思われる。

包括的メタ分析(Craft & Landers, 1998)や叙述的レビュー(Mutrie, 印刷中)から,臨床的に抑うつと診断された者の抑うつは,運動によって常に低下することが明らかになっている。メタ分析のレビューに加えて,Mutrieのレビューも,運動の抗うつ効果の疫学的知見を検討している。レビューした疫学的研究(Camacho, Roberts, Lazarus, Kaplan, & Cohen, 1991 ; Farmer et al., 1988 ; Paffenbarger, Lee, & Leung, 1994 ; Weyerer, 1992)は,すべてコホートを長期間追跡した前向き研究であった。同時に,年齢,身体的な健康状態,社会経済的な状態といった潜在的な交絡変数を統制するのに十分な大きさのサンプルの研究でもあった。これらの研究はすべて,身体的活動と抑うつが有意に関係し,合わせて活動不足は抑うつの発生率がより高いことと関係していた。4編中3編の研究から,ベースラインがもともと不活発な人々は,もっとも抑うつになりやすいことが追跡で明らかになった。これらの結果は,不活発が抑うつに先行し,それ以外はないと示唆している。身体的活動/運動の増加が抑うつのリスクを増加させるという証拠もない。

16週間のランダム化比較試験の結果も,メタ分析と疫学的研究の知見を支持している。Blumenthalら(1999)は,大うつ病患者男女156名を,指導者つきの有酸素運動プログラム(週3回),薬物治療(ゾロフト),薬物治療と運動の併用のいずれかの群にランダムに割り当てた。その結果,16週間の介入後には,3群すべての抑うつ徴候が有意に減少した。運動と薬物の抗うつ効果は同程度のものであった。これらの結果から次のことが明らかになった;(1)時系列的にみると,運動は抑うつ状態の変化に先立っている,(2)運動の効果は,セロトニンの細胞再取り込みを遮断する一般的な処方薬に匹敵している。

運動による効果

運動による抗うつ効果は,次の場合に大きくなる;(1)運動トレーニングプログラムが9週間以上で,より多くのセッションがある場合(Craft & Landers, 1998 ; North et al., 1990),(2)運動を,治療センターではなく実験室で行う場合(Craft & Landers, 1998),(3)有酸素運動あるいは非有酸素運動(例えば,筋力トレーニング)のいずれかの場合。不安と比較して,抑うつの低下には,筋力トレーニングが効果的であるというかなり明白な証拠があることに注目して欲しい。運動の抗うつ効果は,運動プログラムの最初から終了後まで持続する(Craft & Landers, 1998 ; North et al., 1990)。

運動の週数やセッション数以外に,運動の用量反応と関係するその他の調整変数(平均持続時間,強度,1週あたりの日数)で統計的に有意なものは何もなかった(Craft & Landers, 1998)。さらに,ESの規模は,トレーニング効果の有無に関わらず大きかった(ES=−0.85〜−0.94)。不安の研究と同様に,抑うつ得点の減少はさまざまな運動条件下で生じ,運動で獲得した特定の体力レベルには依存しないように思われる。

運動による抗うつ効果の説明

運動後の抑うつ軽減については,心理学的な説明と生理学的な説明がある。心理学的な説明の多くは,不安軽減を議論した個所ですでに紹介した。前述の研究と同じ限界の多くは,抑うつの研究知見にも適用でき

る。主要な限界は，どのような研究も抑うつ患者でこれらの心理学的な説明を検証していないことである。運動の抗うつ効果を生理学的に説明する直接的な証拠としては，セロトニン仮説とノルアドレナリン仮説がある。

セロトニン仮説

　抑うつの一般的な治療薬（プロザック，ゾロフト，パキシル）には，神経伝達物質であるセロトニンを放出するというニューロンの機能を変える作用がある（Jacobs, 1994）。これらの薬物には，ニューロンのセロトニン再取りこみを阻害する作用がある。このように，負のフィードバックが弱まるために，使用できるセロトニンの量がより多くなり，それを使用して神経系の活動を高めることができるようになる。抑うつ患者にみられる神経系のセロトニンレベルの慢性的な低下は，患者の活動低下感と関係しており，しばしば，単に離床することもできないという問題のもとになっている（Jacobs, 1994）。

　現在，動物や人間の研究データから，身体的活動は中枢のセロトニン作動性システムを修正することが明らかになっている（Chaouloff, 1997；Jacobs, 1994）。猫の研究（Jacobs, 1994）では，覚醒時のニューロンのセロトニン発射率は1秒間に約3スパイク（あるいはパルス）だと示している。この動物が覚醒している時に運動活動を系統的に増加させると，セロトニン発射率は，1秒間に4〜5スパイクに増加する（Jacobs, 1994）。これらのスパイクの頻度は，動物がうとうと状態から眠りに入るにつれて低下するが，急速眼球運動（rapid eye movement：REM）を伴う特殊なタイプの睡眠中には，スパイクが完全に出現しなくなる（Jacobs, 1994）。

　運動によって動物や人間のセロトニン利用可能量は増加するが，REM睡眠の量は減少する。REM睡眠は，逆説的な形態を示している。REM睡眠は深い睡眠であるが，徐波睡眠ほど静穏なものではない。メタ分析的レビュー（Kubitz, Landers, Petruzzello, & Han, 1996；O'Connor & Youngstedt, 1995）によれば，急性的／慢性的な運動は，ともに徐波睡眠と総睡眠時間の増加に有意に関係しているが，入眠潜時とREM睡眠の減少にも関係している。言い換えると，運動をしている者は，トレーニングをしない者や非運動者よりも入眠潜時が短く，より長時間の睡眠とより休息的な睡眠をとっている。REM睡眠に呼応する徐波睡眠の時間が長い運動者では，実際に神経系のセロトニン利用可能量は増加すると思われる。同様に，覚醒時の運動によって，抑うつ患者のセロトニンレベルは増加する。そしてこの運動は，REM睡眠時間を減らすことで，睡眠中にも運動者に良い効果をもたらしている。

ノルアドレナリン仮説

　抑うつは，脳内ノルアドレナリンの合成の低下とも関係している。ノルアドレナリンの代謝レベルの低下は，抑うつ患者の尿中や，抑うつ治療薬の作用から明らかになっている（Dishman, 1997）。モノアミン酸化酵素阻害物質や三環系抗うつ剤のような薬物は，ノルアドレナリンのニューロンへの再取りこみを阻害して，シナプスにおけるノルアドレナリンレベルの増加を図っている（Dishman, 1997）。

　Dishman（1997）は，末梢と脳内のノルアドレナリンレベルに対する運動の効果についての研究知見を要約している。尿中のノルアドレナリン代謝産物の検討から，それらは急性の身体的活動後に増加するもしくは変化しないことが明らかになった（Morgan & O'Connor, 1988）。安静条件後の健常者には，有酸素フィットネスや尿中アドレナリン代謝産物と，抑うつや不安との間で多変量的な関係がみられると報告している研究者（Sothmann & Ismail, 1985）もいる。ノルアドレナリンの放出も，強度のより高い運動時に上昇するように思われる（Kjaer & Galbo, 1988）。脳内ノルアドレナリンのレベルも，トレッドミル走や長期に渡る自転車走の結果として上昇する（Dishman, 1997）。長時間に渡って回避不能なショックを動物の足に与えるようなストレスは，かご走行運動によって低下し得るようなノルアドレナリンレベルの低下を生じるという知見もある（Dishman, 1997）。

　現在までの研究は心強いものであるが，ノルアドレナリン仮説を完全に支持する前に確定すべき多くの事柄がある。例えば，慢性的な運動トレーニングが末梢ノルアドレナリンのレベルにどう作用するかを人間で調べた研究は存在していない（Dishman, 1997）。同様に，抑うつと不安に影響するさまざまな神経修飾物質（ノルアドレナリン，ドーパミン，γ-アミノ酪酸，エンドルフィン）の相互作用には，まだわからないことが多い。

運動は抑うつの軽減の原因なのか？

　最近のケースでは，臨床的に抑うつ状態にある者にとっては，運動が抑うつ軽減の原因になると結論するだけの十分な証拠を示している。Mutrie（印刷中）は，Hill（1965）の古典的な基準を使用して，抑うつと運動の間に因果関係があるかどうかを確定した。Mutrieは，研究論文がHillの8つの基準中，次の5つの基準を支持していると主張した；(1)関連の強さ，(2)一貫性，(3)時系列，(4)生物学的な説得力，(5)実験的な証拠。メタ分析によって，多様な運動条件と環境条件におけるさまざまなタイプの参加者で横断的に，適度な関連強度と効果の一貫性がみられることが明らかになっている。前節では，生物学的な観点としてセロトニン仮説とノルアドレナリン仮説を説明した。

Mutrieがレビューした実験研究は7編あり，より最近の実験的な研究(Blumenthal et al., 1999)も，これらの因果関係を支持している。しかしながら，結果が明快な大規模ランダム化比較試験と考えることができるものは，これらの研究のうち4編のみである(Sackett, 1989)。これらの実験研究は最大のもの(Blumenthal et al., 1999)でも，運動群の参加者数はわずか39名にすぎなかった。さらに大きなサンプルサイズの研究を集めなければ，医科学研究ではグレードAの研究知見にはならない(Sackett, 1989)。

しかしながら，Mutrie(印刷中)は，Hill(1965)の3つの規準(用量反応，干渉性，特異性)を支持する証拠を示すことができなかった。Mutrieは，用量反応効果は"ほどほどに"支持できると結論づけたが，この結論を科学的に支持するものはほとんど何も提供しなかった。対照的に，不安と抑うつの軽減を調べるために行ったメタ分析の研究データには，用量反応効果の一貫した知見がみられなかった。このことのみが，運動と抑うつの間のあらゆる因果関係についての主要な問題になるべきものと思われる。不安や抑うつの治療薬は，それらの用量反応効果がわからなければ，アメリカ食品医薬品局(Food and Drug Administration：FDA)の許認可は得られない。仕様の基準から，運動が抑うつの軽減のみに特異的であることを実証すれば，因果関係の議論は強化できることが明らかになっている。しかしながら，運動は心身の健康と関連するような変数に多くの影響を与えるために，これは明らかに真実ではない。最後に，干渉性の基準は，考え得るメカニズムと精神疾患の自然経過や生物学が矛盾してはならないと示唆している。アドレナリン，セロトニン，エンドルフィンの研究知見は，これまでのところ，考え得る干渉性を示唆する上で大きな障害になってはいない。しかしながら，これらの生理学的なメカニズムをレビューした論文のほとんどは，干渉性の存在をより確実に結論づける前に，これらの神経修飾物質の相互作用を明らかにするための，より徹底的な研究が必要であると指摘している。

入手可能な研究知見を考えれば，運動と抑うつが関係しているとの結論づけは，より理にかなっているように思われる。この結論は，ある点でかなり保守的なものと思われるが，公衆衛生局長官報告(Corbin & Pangrazi, 1996)の内容よりも強力である。現時点で，運動が抑うつや不安を軽減すると確信を持って述べることは，時期尚早である。

運動とストレス反応

運動とストレス反応の関係も，メンタルヘルス関係の研究者には興味深いものになっている。ストレス反応の研究パラダイムは，心理社会的ストレッサーを受けた後の運動者の回復能力と非運動者のそれを比較することである。これらの研究では，健康な参加者あるいは急性的な運動後の参加者に，いらいらするような時間制限つきの認知課題といったストレッサーを与え，心理的・生理的なストレッサー反応の大きさと，それらがベースラインレベルに戻るまでの時間を測定している。研究者は，次のように信じている；運動は，ストレッサーの評価を変えることによって，ストレスに満ちた事象をよりストレスの少ない形態に変換もしくは緩和可能な"我慢強い"パーソナリティタイプの人に貢献している(Kobasa, 1979)。運動は，人の我慢強さに貢献することで，ストレスに満ちたライフイベントへの反応を緩和して病気を軽減することができると，研究者は信じている。

全体的な知見

CrewsとLanders(1987)は，ストレス反応をメタ分析して，次のことを明らかにした；34編の研究(参加者合計1,449名)で，有酸素的に健康な参加者の心理社会的なストレス反応は，ベースライン値または統制群と比較した時に有意に低下していた。ストレスに対する生理的な反応の低下とより速い生理的な回復は，ストレス下で費やす全体的な時間の短さと，おそらくストレスのレベルの低さが引き起こしたものと思われる。

A. Taylor(印刷中)は，1989年以降のストレス反応の研究を叙述的にレビューし，CrewsとLanders(1987)のメタ分析が報告しなかった横断的な研究14編，慢性的な運動の研究11編，急性的な運動の研究14編を位置づけた。横断的な研究14編中9編から，健康または活動的な人は，心理社会的なストレッサーにさらされてもあまり反応しないことが明らかになった。慢性的な運動の研究11編は結果がさまざまであった。慢性的な運動の研究はすべてが有酸素運動能の改善を5～6週間以上持続したにも関わらず，これらの研究のうち5編のみが，ストレッサー負荷後の心理的・生理的測定で正のトレーニング効果を示した。これらの研究の問題の1つは，参加者数が比較的少なく，それゆえに，潜在的に検定力が低下したことであった。他の6編の研究では，トレーニング者と非トレーニング者の間に統計的な差がなかった。参加者数がもっとも多い研究(n=79；Calvo, Szabo, & Capafons, 1996)では，統制群と比較して，運動群の参加者は顕在的な行動と認知的／身体的な不安の軽減を示し，その心拍数はストレッサー後により早くベースラインに復帰した。

A. Taylor(印刷中)がレビューした14編の研究中10編では，短い受動的・能動的なストレッサーに対する反応が急性的な運動後に減少すると指摘した。よりよいデザインと，多くの参加者(n=80)を使用した

研究(Hobson & Rejeski, 1993)から，VO₂max の 70％の 40 分間のサイクリング運動は，ストレッサー負荷後の拡張期血圧と平均動脈圧を低下させることが明らかになった。しかしながら，10 分間と 25 分間のサイクリング運動では，反応効果を観察することができなかった。これらの 14 編の研究から，運動は心理社会的なストレスへの反応を軽減するという仮説に，真っ向から反対するような重要な知見は何もないことも，注目に値している。この一連の研究をメタ分析した場合，より最近の研究におけるこれらの傾向に意味があるかどうかは，現時点では不明である。

メタ分析(Crews & Landers, 1987)も叙述的レビュー(A. Taylor, 印刷中)も，調整変数は組み込んでいない。この分野の将来のレビューでは，調整要因を特に強調して研究の質を調べるべきである。質の高い研究と低い研究のストレス反応の違いが不明な場合には，全体的な結果は行動的なアーチファクトによる可能性がある(Morgan, 1997)。

行動的なアーチファクトが少しもなければ，メタ分析の結果や，それほどではないにせよ A. Taylor(印刷中)のレビューの結果は，運動は対処法として，または人々を心理社会的なストレスの負荷に対してより効率的に反応させるための"予防接種"として機能していると解釈することができる。運動は，自律神経系の回復時間を短縮して，心理社会的なストレスに対処するための，より効率的なシステムを提供していると思われる。予防接種としてひとしきりの運動トレーニングは，繰り返される心理社会的なストレスと類似しているように思われる。これらひとしきりのトレーニングは，ストレスを処理するための身体的・心理的な適応を高めることによって，我慢強いパーソナリティの開発に貢献しているものと思われる。

運動とポジティブな気分

前述した不安と抑うつの構成概念は，それらがより一般的な感情や，もしくは気分の項目に典型的に含まれる概念であるという考えと連繋している(特に，ネガティブな気分)。他の構成概念は一般的に研究されており，怒り，活気，疲労，混乱，快感，昂揚を包含する気分の研究に関連している(Tuson & Sinyor, 1993)。Lazarus(1991)は，従来の構成概念の中で，不安，怒り，昂揚のみが真の感情を表わしていると強く主張している。また Lazarus は，気分と感情は同じものを表わしてはおらず，むしろ情動連続体上の異なる期間を表わしているとも主張している。Lazarus によれば，気分は過渡的な状態を意味しているが，感情はより持続的な何かを意味している。しかしながら本章では，現在の運動研究との一貫性を存続させるために，気分と感情を同義的に使用することにした。ここでは抑うつ，不安，怒り，活気，疲労，混乱，快感，昂揚のような概念を，気分の下位項目としている。Gauvin と Brawley(1993)は，ポジティブ／ネガティブの次元に沿って運動と気分を調べるこのアプローチに賛同して，このアプローチが感情と運動の関係を理解する上でより適切なものであろうと示唆している。なぜなら，このアプローチから派生すると思われるモデルは，感情経験の広範かつ包括的な概念化を意図したものであるからである。中心の幅がより広いような感情モデルは，運動誘発性の感情の性質を捕捉する可能性が高い。

運動の効果を評価する時に研究者は，気分や情動(ポジティブとネガティブ)，心理的効果，ウェルビーイングという用語を，しばしば同義的に使用している。しかしながら，これら用語の構成要素や概念については，研究者によって大きな差がある。例えば，運動の研究では，心理的効果に，認知機能の改善やストレス反応の軽減をしばしば入れている(Tuson & Sinyor, 1993)。しかしながら，これらの概念は，気分や感情の改善を必ずしも示すものではない。ウェルビーイングも，一般的に感情や気分と結びつくこれらの心理状態に加えて，身体的ウェルビーイング，認知的機能，生活の満足を包括できるようなむしろ広い意味の用語となる傾向がある(Tuson & Sinyor, 1993)。ほとんどの運動研究では感情を気分と同義的に扱っているようだが，心理的効果やウェルビーイングに言及する時には，必ずしも正しいとは限らないように思われる。それゆえに，運動療法によって心理的効果やウェルビーイングの変化は何も生じなかったと結論する場合，これは心理的効果やウェルビーイングの下位に含まれる構成概念に依存して気分状態を変えることができないことを指摘するものでも，指摘しないものでもないように思われる。

全体的な効果

公衆衛生局長官報告では，運動が気分／感情を改善する可能性について述べている。これまでの知見は，運動がネガティブな気分に及ぼすこの影響を，かなり支持しているように思われる。とは言え，残念ながら，運動後のポジティブな気分の増強に関する研究は，まだ始まったばかりである。しかしながら，運動が高齢者(65 歳以上)の気分状態に及ぼす効果についてメタ分析的レビュー研究が，最近完了している。Arent, Landers, Etnier(2000)は，32 編の研究から抽出した 158 の ES を調べ，運動が高齢者のポジティブな気分の増強とネガティブな気分の低下に有意に関係することを明らかにした。全体的な ES は，小～中程度のものであり，これは運動群におけるポジティブな気分の改善が標準偏差の約 2/5 に相当することを示すものであった。これらの重要な知見は，有酸素運動後の

若い参加者にみられる活気の改善（McDonald & Hodgdon, 1991）と一致している。調整変数を分析した結果，心臓血管系や筋力のトレーニングをしている高齢者のポジティブな気分は，無治療の統制群，動機づけの統制群，ヨガのいずれかに参加した者と比較して大幅に改善することが明らかになった。さらに，この効果は，運動強度のあらゆるレベルに認められた。

Arent ら（2000）のメタ分析の知見と同様に，65歳未満を対象にした研究から，運動後のポジティブな気分はわずかながらも一貫して増加することが明らかになった（Parfitt et al., 1996；Steptoe & Cox, 1988；Tate & Petruzzello, 1995；Treasure & Newberry, 1998；Tuson, Sinyor, & Pelletier, 1995）。身体的活動と関連するポジティブな感情を調べた4つの大規模疫学調査（n＞55,000）のレビュー（Stephens, 1988）も，この効果を報告している。しかしながら，効果が最大であったのは，女性と40歳以上の者であった。多くの予備的な研究の結果は励みになるが，これらの研究データの相加効果が，運動と不安や抑うつのようなネガティブな気分状態の関係を表わす知見と同じくらいの強固な結論に帰着するかどうかは，現時点ではまだわかっていない。

調整変数の可能性

ポジティブな気分の向上を明らかにしたこれらの研究のほとんどでは，全体的な仕事量が低〜中レベルの時にこの効果がみられた（He, 1998）。しかしながら，運動の強度とポジティブな気分の間には，時間的な関係があり得るように思われる。Parfitt ら（1996）は，ポジティブな感情は，とりわけ運動強度が最大レベルの時に，運動期間の最後の20秒間よりも，運動の5分後に高くなると指摘した。明らかに，この時間的な関係は，さらに研究しなければならない。さらに，運動とポジティブな感情の関係に関心がある大半の研究者は，有酸素運動のプロトコルを施行している。

しかしながら，筋力トレーニングも気分の改善に役立つという証拠がある（Arent et al., 2000）。興味深いことに，最近の2つのメタ分析的レビュー（Ntoumanis & Biddle, 1999, 印刷中）から，個人の目標指向と運動セッションの雰囲気はポジティブな感情反応に影響することが明らかになっている。具体的に言えば，より大きな ES は，自我指向あるいはパフォーマンス指向として雰囲気感を取り入れた者よりも，課題指向あるいは熟達指向として雰囲気感を取り入れた者に関係していた。しかしながら，これらの比較的有望な知見があるにも関わらず，運動とポジティブな気分の分野では，なすべき研究がかなり多く残されていることも確かである。気分向上のこの概念は，運動に特異的なものではない。研究者は競技者の気分効果も調べているので，次はこのテーマを取り上げる。

メンタルヘルスモデル

これまでにレビューした研究から，低〜中程度の量の有酸素運動には，心理的な健康を改善する能力のあることが主として明らかになっている。Morgan（1985）はメンタルヘルスモデルを開発して，この知見を拡張した。このモデルの検証には，もっぱら Profile of Mood States（POMS）質問紙を使用している（McNair, Lorr, & Droppleman, 1971/1981）。現在ではこの質問紙の簡易版が使用できるが，これまでの研究は65項目版を使用して緊張・抑うつ・怒り・活気・疲労・混乱を測定している。ほとんどの研究で，ネガティブな気分要素（緊張，抑うつ，怒り，疲労，混乱）の合計得点からポジティブな気分要素（活気）の得点を差し引くという全体的な気分の測度を使用し，結果に100を掛けて全得点を正の数にしている。これらの質問紙では，"今日も含めて，ここ1週間どのように感じたか"という質問項目への回答を競技者に求めている。

競技者のメンタルヘルスモデルの研究では，2つのアプローチを使用している。競技者と非競技者の6つの気分要素を POMS で比較することが第1のアプローチである。静的なメンタルヘルスモデルと呼ばれるこの参加者間の比較アプローチ（競技者 vs 非競技者）は，動的なメンタルヘルスモデルと呼ばれる参加者内のアプローチとは異なっている。トレーニングシーズン中にトレーニング量が劇的に増える可能性があるような競技者を POMS 尺度で比較するのが，動的なメンタルヘルスモデルである。

静的なモデル

静的なメンタルヘルスモデルでは，"ポジティブなメンタルヘルスは，スポーツにおける成功の可能性を高めるが，それに対して，精神的な問題は失敗のより高い発生率と関連している"と述べている（Morgan, 1985, p.79）。一連の研究を行った Morgan は，競技者，とりわけ成功している競技者が特異的な気分プロフィールを示すことを明らかにし，それを"氷山型プロフィール"と名づけた（図29.1）。この用語は，テストの基準を"水線"としてプロフィールシート上に POMS の素点をプロットした時に描かれる図形を指している。言い換えると，競技者のネガティブな気分の得点が低くポジティブな活気の得点が高い場合には，プロットした曲線が氷山と類似する。つまり活気の項目は"水線または基準線"より上になり，ネガティブな気分の項目はこの線の下になる。この専門用語を用いると，Morgan の仮説は次のように単純化することができる；成功した競技者は，あまり成功していない競技者よりも多く氷山型のプロフィールを示す。

Morgan は，競泳，競走，ボート，レスリングの選手についての自らの知見は氷山型プロフィールと静的

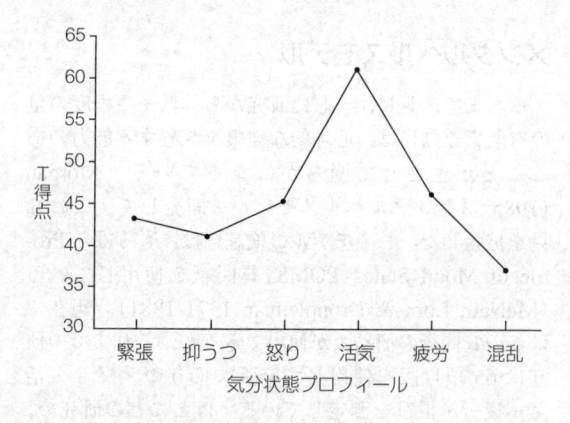

図29.1 氷山型プロフィール
(Morgan, 1985)

した(Morgan, Brown, Raglin, O'Connor, & Ellickson, 1987)。しかしながら、Morgan の他の研究(Morgan, O'Connor, Sparling, & Pate, 1987 ; Morgan & Pollock, 1977 ; Raglin, Morgan, & Luchsinger, 1990)や他の研究者のデータは、氷山型のプロフィールとメンタルヘルスモデルによる予測が一致しないような知見をしばしば示している。矛盾した知見と静的なメンタルヘルスモデルの予測力への批判(Landers, 1991)を前提にして、Rowley, Landers, Kyllo, Etnier (1995)は、33編の研究(成功の程度がさまざまに異なる競技者の POMS 得点を比較したもの)にメタ分析を適用した。その結果、全体的な効果サイズには有意差がみられたが、その値は非常に小さいものでもあった(ES＝0.15)。因子寄与率は 1% 未満であった。99% 以上の分散を説明することができないために、Rowley らは、メタ分析の知見が、競技者の成功もしくは不成功の予測手段として静的なメンタルヘルスモデルを使用することを奨励していないと指摘した。その他の理由から、Renger(1993)は同じ結論に到達している。Morgan には氷山型のプロフィールをチームの選抜に使用する意図はまったくなかったが、多くのコーチにそれを使用したいと思わせるものがある。しかしながら、その効果は統計的に有意であっても予測値としてはあまりにも小さ過ぎることが明らかになっているという Morgan の警告は、特に現在、繰り返す必要がある。

動的なモデル

動的なモデルは、同一競技者を競技シーズン中に複数回に渡って評価するプロトコルである。興味ある変数は、典型的なシーズン中のそれぞれの月に競技者が経験する全体的なトレーニング量である。例えば、Morgan と Brown ら(1987)は、競泳選手を調べて、9月には 1 日当たりに泳いだ平均ヤード数が約 3,000 ヤードにすぎないのに対して、1月には約 11,000 ヤードに増加することを明らかにした。競技連盟のチャンピオンシップ直前の 2 月には、約 5,200 ヤードに低下していた。この例では、トレーニングの最高レベル(1月)をしばしばオーバートレーニング期間と呼び、チャンピオンシップ前の期間を漸減期と呼んでいる。Morgan らは、POMS をこれらのさまざまな期間に実施し、オーバートレーニング時に参加者の気分が全体的に障害されることを明らかにした。換言すれば、POMS のポジティブな気分要素(活気)が低下し、5 つのネガティブな要素(緊張、抑うつ、怒り、混乱、疲労)は増加した。これらの変化は、水泳選手がシーズン初期に報告したものとは著しく異なっており、これらのネガティブな要素の増加はしばしば臨床的に重要な問題となっている(Morgan, Brown, et al., 1987)。Morgan と Brown らは、これらの気分障害が現れた場合、"競泳選手の 5～10% が、しばしばスティルネス(という通常レベルの練習に対応できないようなパフォーマンスの低下状態)"を経験していると主張している(p.108)。このモデルの実用的な意味合いは、差し迫ったスティルネスのマーカーとして POMS を使用することで、トレーニングの負荷を調整して競技者のスティルネスを防止することにある。

Morgan ら(Morgan, Brown, et al., 1987)は、動的なメンタルヘルスモデルの枠組みでデザインした自らの未公表研究をいくつかレビューし、比較的少数(N＜50)の競技者を分析した結果、データのばらつきの激しさは大きな個人差が存在することを示していると示唆した。これら一連のグレード C の研究には、POMS の 6 つの測度を混ぜ合わせた気分の全体的もしくは包括的な測度が入っていた。この手続きに関連する問題は、POMS の各気分測度の相対的な貢献度が確定できないことにある。O'Connor(1997)が指摘したように、活気と疲労の気分状態は、トレーニングの増加にもっとも敏感になっている。活気と疲労は、最初に変化して、その後、変化量が最大になる。POMS の各要素のデータを報告している 2 編の研究(Koutedakis, Budgett, & Faulmann, 1990 ; Liederbach, Gleim, & Nichoas, 1992)の精査は、最大効果を疲労(ES＝－2.00 と－3.59)と活気(ES＝－1.45 と－1.85)に観察した O'Connor の研究を支持している。

Morgan らは何も述べていないが、POMS の活気尺度と疲労尺度に容易に観察できる変化は、実験参加者が経験している作業負荷を参加者が客観的に評価したものにすぎないという可能性がある。多くの研究者が解釈しているように、それは気分障害ではなく、参加者が経験している実際の疲労と疲労感を単に反映したものにすぎないという可能性もある。活気と疲労の測度だけが変化した場合の全体的な気分の得点は、以前に考えていたものよりも、気分障害と差し迫ったスティルネスのマーカーとしての心理的な意義が、かな

り少なくなるように思われる。

　オーバートレーニングによるスティルネスと関連するであろう気分障害の中で，心理学的に特に重要なものは，競技者の怒り，混乱，抑うつの尺度の得点である。競技者を調べた以前の研究（Raglin, Morgan, & O'Connor, 1991）ではオーバートレーニング時のPOMSの各平均値がほとんど変化していないと，O'Connor（1997）は指摘している。しかしながら，Koutedakisら（1990）とLiederbachら（1992）は，ネガティブな気分で一貫した低下を示したものは怒りだけであり，効果サイズが小さかったと報告した（ES＝－0.10と－0.29）。抑うつ（ES＝－0.80と2.44）と混乱（ES＝－0.84と1.46）のネガティブな気分の低下に関する効果のサイズには一貫性がなく，ある時には増加，またある時には減少を示していた。

　この知見は，怒りの得点と抑うつの得点の増加が"スティルネスのもっとも有効なマーカーの1つである"と確信しているO'Connor（1997, p.154）とは矛盾している。O'Connorはこの確信に至るもととなった2編の研究を引用している。最初の研究（O'Connor, Morgan, Raglin, Barksdale, & Kalin, 1989）は，抑うつだけを扱っていた。しかしながら，この研究はスティルネスと分類された3名の競技者を調べたパイロット研究にすぎなかった。競泳選手の抑うつ得点は，オーバートレーニング期間の直後に高く，4週間の漸減トレーニングの後でもかなりの高得点を維持していた。この結果はわずか3名の実験参加者のデータをまとめたものにすぎないと考えれば，これらの知見の安定性には疑問がある。より大きなサンプルを使用している研究（Raglin et al., 1991）によれば，POMSの規範的なデータと比較したところ水泳選手の抑うつ得点は，POMSのどの要素でもその変化は最小であった。

　O'Connor（1997）が示した実証的な証拠の2つ目のよりどころは，RaglinとMorgan（1994）の研究から派生したものであった。この研究では，POMSの抑うつの尺度の5項目と怒りの尺度の2項目が，苦悩している水泳選手の同定にもっとも効果的な尺度であると主張していた。残念ながら，これらの結果は統計的な手続きを大きく外しているので，ほとんど価値がない。判別関数の分析から意味のある結果を得るためには，予測変数と見なされるそれぞれの実験参加者数を，それぞれ10名以上にしなくてはならない（10：1の比率）。RaglinとMorganの研究における判別分析の参加者と変数の比率は，0.98：1と4.7：1であった。これら低い参加者−変数の比率による低い情報はとても安定性が乏しく，適当な統計法を適用してこれらの結果をより大きなサンプルで反復したとしても，信頼性はほとんどない。

　活気と疲労が，トレーニング負荷の増加と用量反応性に一致して大きく変化することは明らかである。しかし，現時点では，次の各点がまだわかっていない；(1)活気と疲労の尺度は，参加者が経験している実際の運動と労作感の客観的な評価以上のものを，表わしているのかどうか，(2)心理的により重要なその他のPOMS尺度（怒り，緊張，抑うつ，混乱）は，同様の用量反応性の変化を示すのかどうか，(3)怒り，緊張，抑うつ，混乱は気分障害と結びつくのかどうか，そしてそれらがどのような方法で競技者のスティルネスを予測するのか。

動的なモデルの拡張

　Morgan（1985）は，気分の得点には相当なばらつきがあると述べている。このばらつきは競技者間の個人差を示唆している。したがって，これらの個人差を精査すれば，競技者の気分得点はよりうまく説明できるように思われる。Goss（1994）は，競技者間の個人差を，POMSによって，競泳トレーニングのベースライン，オーバートレーニング，漸減ステージの期間中に調べた。トレーニング負荷をストレッサーと考えれば，Gossが"我慢強さ"のパーソナリティの特徴を調べたのは当然のことであった。我慢強さは，次の2つの方法でストレスに影響している；(1)ストレッサーに対する参加者の評価を変えて，ストレスに満ちたライフイベントをストレスのより少ない形に変換する，(2)ストレスを軽減するためのより効果的な対処メカニズムを参加者が利用できるようにする。

　Goss（1994）は，アメリカとカナダの中学校・高校・大学の水泳選手男女253名を追跡調査した。指摘しておきたいことは，Gossの研究が先行研究よりもかなり多くの水泳選手を対象にしたことである。その理由として，Gossは特に他の研究ではしばしばさまざまな競技シーズンをまとめて参加者としており，したがってそれらは相互に独立したものではないと考えたからである。水泳選手は，POMS, 30項目の認知的我慢強さ目録（Cognitive Hardiness Inventory），20項目のEverly対処尺度（Everly Coping Scale）に，9～1月の各月に回答した。これらの期間でトレーニング量は3倍に増加していた。

　先行研究と同様に，Goss（1994）は，時間横断的に，POMS測度の疲労と活気だけがPOMSの有意な変化（オーバートレーニングの期間中に活気は低下し，疲労は上昇した）の要因であることを明らかにした。全体として，我慢強さの尺度の得点が増加するほど，POMSの気分障害は低下した。我慢強さの得点が低い水泳選手（n＝36）は，高い水泳選手（n＝78）よりも，抑うつ，怒り，疲労，混乱のPOMS得点が有意に高かった。また，"我慢強さのレベルが高くなるほど，適応的な対処行動と全体的な健康増進の対処行動も増加し，非適応的な対処行動は低下する"（p.143）ことも明らかになった。興味深いことに，Goss（1994）の研究における気分障害は大学生の基準範囲内にあり，

臨床的に問題となるレベルに達した者はいなかった。

　Gossの研究が臨床的な所見をみなかった理由は，Gossの研究のトレーニング量（1日当たり8,200ヤード）が，Morgan, Brownら（1987）の研究（1日当たり11,000ヤード）に比べて，十分に厳しいものではなかったからだと思われる。すべての競技者がスティルネスの場合には，より臨床的な抑うつが明らかになると思われる。なぜなら，MorganとBrownらがスティルネスにある競技者の約80%が臨床的な抑うつ者であると報告しているからである。トレーニング量が1日当たり11,000ヤードを超える場合のPOMSのすべての気分要素に焦点を当てて，我慢強さの個人差を調べるようなさらなる研究が必要である。このようにすれば，オーバートレーニングの厳しさを経験している水泳選手に臨床的な気分障害の問題があるかを，確定することができると思われる。

運動と自尊感情

　身体的活動と自尊感情はポジティブな気分状態の研究と関係しているテーマである。自尊感情と自己概念は異なるものである。自尊感情とは自らが実施する方法の自己評価であり，自己概念とは自己記述である（Fox，印刷中）。自尊感情の概念は，個人のメンタルヘルスと大きく関係している。なぜなら，自尊感情は感情の安定性と生活要求に対する適応の重要な指標であり，主観的なウェルビーイングのもっとも強力な予測要因の1つになっているからである（Diener, 1984；Fox，印刷中）。自尊感情は，他のポジティブな特性（例えば，生活の満足，ポジティブな社会的適応，ストレス回復力）や，達成の範囲と健康行動の選択・持続などとも関係している（Fox，印刷中）。

　科学的な測定法として自尊感情の概念を操作化することには問題が多い。多くの研究論文は，自尊感情の一般的なもしくは全体的な測度に基づいている。最近は，さまざまな領域（例えば，仕事，家族，身体的活動）における自己採点を評価するような測定法で進歩がみられる。身体的自己の採点は運動にとって特に興味深いものであり，最近の研究者はこれらのモデルを検証するモデルや手段を開発している（Fox & Corbin, 1989；Marsh, Richards, Johnson, Roche, & Tremayne, 1994；Sonstroem, Harlow, & Josephs, 1994；Sonstroem & Morgan, 1989）。これらの手段の開発は研究の励みになっているが，それらはあまりに最近開発されたので，このトピックスに専念した多くの研究で主要な地位を占めるまでには至っていないと思われる。しかし，研究をレビューしてみると，全体的な自尊感情の測度から得られた知見と身体的な自尊感情の測度から得られた知見の間には違いがあることがわかる。

全体的な効果

　身体的活動と自尊感情の増強を包括した叙述的レビューは若干存在している。これらのレビュー（Leith, 1994；Sonstroem, 1984）では，一般的に，実験的・準実験的・前実験的な研究の約半分が，身体的活動が自尊感情を統計的に有意に改善するという結論に到達している。これらの知見をメタ分析によって質的に調べない場合には，これらの叙述的レビューが使用した"開票（vote-counting）"法（統計的に有意，もしくは有意でない）では明らかにすることができないような，取るに足らない小さな変化が存在していた可能性がある。このこともあって，叙述的レビューは，結果にはまったく一貫性がなかった（Leith, 1994），運動プログラム（運動自体ではない）は参加者の自尊感情得点の有意な増加と関係していた（Sonstroem, 1984）という，より保守的な結論に到達していた。現在，メタ分析的レビューとランダム化比較試験のみのレビューが，この領域の研究に新たな光を当てている。

　現在のところ，自尊感情あるいは身体的な自己概念に関しては，4つのメタ分析的レビューがある（Calfas & Taylor, 1994；Gruber, 1986；McDonald & Hodgdon, 1991；Spence, Poon, & Dyck, 1997）。これらのメタ分析が対象にした研究の数は10編（Calfas & Taylor, 1994）～51編（Spence et al., 1997）であった。4つのレビューすべてで，身体的な活動／運動によって身体的な自己概念や自尊感情の得点が小～中程度（ES=0.23～0.41）増加することを確定していた。

　最近，Fox（印刷中）は，1972年以降に公表されたランダム化比較試験の研究36編を叙述的レビューし，その78%が身体的な自尊感情や自己概念のいくつかの面にポジティブな変化を引き起こしたと結論した。これは，行動的なアーチファクトを受けにくい強固な知見である。なぜなら，これらは実験的な研究であったからである。参加者数が最大（n=357）でそれゆえ検定力が最大の実験的な研究（King et al., 1993）から，不活発な統制群に比べて，運動条件の実験参加者群は，健康，外見，体力，体重における変化をより高率に自己知覚することが明らかになった。Blumenthalら（1999）の対照臨床試験によって，大うつ病患者の実験参加者は16週間の有酸素運動トレーニングプログラム後に有意に高い自尊感情の得点を示すこと（ES=0.50）や，これらの自尊感情の改善は投薬（ES=0.59）や投薬と運動の併用（ES=0.48）とほぼ同程度であることも明らかになった。しかしながら，いくつかの自尊感情の研究は，あるタイプの行動的なアーチファクトを完全に除去してはいない。例えば，研究によっては，社会的望ましさに関する項目を質問紙から除外している（Sonstroem & Potts, 1996）。しかしながら，その他の研究（Desharnis, Jobin, Côté, Lévesque, & Godin, 1993）では期待-修正の手続き（expectancymodification procedure)が自尊感情の得点の違いを説明しており，このように強力なプラセボ効果によって運動が自尊感情を高めているのではないかと示唆している。この全体的な効果が実験参加者の期待や他の行動的なアーチファクトの影響を受ける可能性は，検討すべき将来の課題である。

調整変数

　自尊感情と身体的活動のメタ分析から，調整変数の効果はジェンダー・年齢・全体の下位集団の至るところに普遍化できることが明らかになっている (Fox, 印刷中)。Gruber (1986) は，子供の自尊感情の得点を比較して，身体的活動の効果が，健常児よりも障害児の方がより大きいことを明らかにした。Foxは，子供を対象とする8編のランダム化比較試験を調べて，運動はもともと自尊感情の低い子供に特に効果的であると結論づけた。自尊感情のポジティブな効果はすべての年齢層で観察できたが，Foxは，この関係の研究知見は今のところ子供と若年成人でとりわけ多いと述べた。

　Gruber (1986) も，有酸素のフィットネスは他のタイプの体育授業の活動 (例えば，スポーツスキルや知覚-運動スキルの学習) よりも，子供の自尊感情の得点に，より大きな効果があると報告した。Fox (印刷中) は，高齢参加者のほとんどの知見が有酸素運動とウェイトトレーニングを支持しており，とりわけウェイトトレーニングに最大の短期的な効果があると述べた。水泳，柔軟性のトレーニング，格闘技，表現ダンスといった他の活動を含めた研究では，自尊感情の得点の有意な変化を明らかにしていない。しかしながら，これらを調べた研究の数は非常に少ない。確固たる結論を下す前に，より多くの研究が必要である。

　運動が自尊感情の得点に及ぼす用量反応の効果については，雑多な結果に終始している (Fox, 印刷中)。運動強度がさまざまでも自尊感情の得点に違いは見られないとしている研究 (King et al., 1993) もあるが，学習障害児では，強度の高いスポーツほど効果的であるとする研究 (MacMahon & Gross, 1988) もある。Leith (1994) は，運動プログラムの持続期間も検討しており，12週間以上の運動プログラムは，8週間以下のプログラムよりも，有意な自尊感情の変化に結びつく可能性がより高まることを明らかにした。

自尊感情の変化の説明

　研究者は，運動への参加による自尊感情の変化をさまざまに説明しているが，それらのいずれにも確たる証拠はほとんどない。自尊感情の変化は人を運動に結びつけるポジティブな期待といった行動的なアーチファクトによって生じると指摘しているデータはいくつかある (Desharnes et al., 1993)。Fox (印刷中) は，全体的な自尊感情の矛盾した関係を，一般化された精神生理学的あるいは精神生化学的な研究の欠如として解釈している。しかしながら，全体的な自尊感情の矛盾した関係は，おそらく定量的な研究レビューの欠如によるところが大きいものと思われる。また，より特異的な測度 (身体的な自尊感情) よりも，全体的な自尊感情の測度の方がより変化するとも思われる。Foxが報告した知見を前提にすれば，運動は全体的な自尊感情と身体的な自尊感情の両測度に影響しているだろうが，身体的な自尊感情がより大きな影響を受けるように思われる。この仮説が正しければ，共通の精神生理学的メカニズムが，これらの自尊感情の知見を媒介するものと思われる。

　研究者は，自尊感情の得点を上げるために，身体的に健康であることや体力の増強を経験することが必ずしも必要でないことを明らかにしている (Fox, 印刷中; King et al., 1993)。したがって，身体的な健康の改善と結びつく生理学的・生化学的な変化が，メンタルヘルスのさまざまな恩恵をもたらすとしている心臓血管系のフィットネス仮説には疑問がある。研究者は，自尊感情の得点が増加することの説明として，運動プログラムへの参加によって得られると思われる自律性と個人的な制御，もしくは集団運動プログラムへの参加によって経験すると思われる所属感を提案している。しかしながら，現時点では，このような社会心理学的な説明の証拠は何もない (Fox, 印刷中)。

　全体的に，Fox (印刷中) は，人を良い気持ちにする運動や運動プログラムについては，ほとんど何もわかっていないと述べている。結局のところ，Foxが確信しているのは，作用しているメカニズムがいくつかあることと，必要な要素と不要な要素がいくつかあるということである。運動と自尊感情の間に小〜中程度の関係があることを明らかにした有力な証拠がある。そのため，提唱された説明とこの関係の背景メカニズムを検証することが，将来の研究にとって重要である。

運動と認知機能

　体と心の関係は何世紀にも渡って議論されてきた。20世紀になって，議論は，身体的運動には脳の機能に有益な効果があるのかどうかといった問題に移行してきた (Etnier et al., 1997)。例えば，Piaget (1936) やKephart (1960) といった理論家は，運動発達の機会が通常児や学習困難児における知能発達の重要な決定因であると示唆した。精神生理学的な方法論のより最近の発展とともに，運動は脳血流量，ノルアドレナリンレベル，ドーパミンレベルを上げることができること，動物の脳に永続的な構造変化をもたらすだろうこ

となどが明らかになっている(Etnier et al., 1997)。運動と結びついたこれらの変化には脳への酸素供給に影響するものもあり，記憶向上の役割を果していると思われるものもある。これらの研究知見は，啓発的なものであり，人間の認知機能に及ぼす運動の効果を調べるための行動研究を増やしている。この研究を次にレビューしよう。

全体的な知見

運動と認知機能については，12編の叙述的レビュー(例えば，Boutcher，印刷中；Folkins & Sime, 1981；Spirduso, 1980；Tomporowski & Ellis, 1986)と2編のメタ分析的レビュー(Etnier et al., 1997；Nowell & Landers, 1997)がある。しかしながら，最新の叙述的レビュー(Boutcher，印刷中)では，主に高齢者の認知パフォーマンスとフィットネスの関係に焦点を当てている。この研究では年齢の範囲を制限しているために，本節ではこの文献の最新かつもっとも包括的なレビューの知見を主に取り上げる。134編の研究をメタ分析したEtnierらは，運動の全体的な効果が反応時間・記憶・論理的思考・学力検査のような課題に対しておしなべて小さな値(ES=0.29)を示したとしても，認知機能には有意な改善がみられると結論づけた。

調整変数

Etnierら(1997)は，調整変数を分析して，急性的な運動の効果(ES=0.16)が慢性的な運動の効果(ES=0.33)よりも小さいことを明らかにした。また，急性的な運動では運動集団の大きさが20名以上の場合にはより大きい効果(ES=0.61)があり，慢性的な運動では運動集団の大きさが10名以下の場合にはより大きな効果(ES=1.22)があった。慢性的な運動では，大学年齢の実験参加者(ES=0.64)が高齢者(60～90歳，ES=0.19)よりも大きなESを示した。研究の質が運動と認知機能の関係への影響をさらに調整するようなものと結びついていたことに注意することも，重要である。急性的な運動でも慢性的な運動でも，より質の高い研究のES(ES=＜0.06)はよりデザインの劣る研究のES(ES=＜0.57)よりも小さかった。この知見は，運動と認知機能の間に観察される関係が行動的なアーチファクトによるという可能性を見越したものになっている。一般的に，行動的なアーチファクトの概念は，より高質な運動の研究が報告している比較的小さな認知機能の改善を説明している可能性がある。

横断的研究や相関的研究では，フィットネスに関連する認知能力の差は，実際に運動的なライフスタイルの実行を決断したその人に以前から備わっている運動前の認知の差である可能性がある(Etnier et al., 1997)。事実，運動をする人はより高いレベルの教育を受けている傾向もある。介入研究の知見はフィットネスと認知のこの関連を支持しているように思えるが，これを因果関係として受け入れることに抵抗を感じる理由もあるように思われる。例えば，もっとも多くの実験参加者数で運動前後の認知機能の変化を調べた介入研究(n=101；Blumenthal et al., 1989)から，有酸素力の増加は認知能力の獲得と関連性のないことが明らかになった。さらに，因果性を確立する1つの必要条件は，実験参加者を必ず治療条件もしくは統制条件のいずれかにランダムに割り付けることである。しかしながら，Etnierらが分析した慢性的な運動の研究で，ESが実際に最大となるのは，参加者に治療条件の自己選択を許可した時，もしくは参加者を無処置集団として治療条件に割り当てた時であることが明らかになった。これらの大規模な個人研究とメタ分析の知見でも，やはり行動的なアーチファクトが影響しているという疑いは，除外することができない。

説明とメカニズム

研究者は，多くのメカニズム(主として生理学的)を開発して，フィットネス-認知パフォーマンスの関係を説明しようとしている。これらのメカニズムには，脳循環，神経栄養刺激，神経効率，二次的な加齢といったものがある。

脳循環メカニズムは，脳循環の障害が認知パフォーマンスの低下と関係していると示唆する知見に基づいている(Chodzko-Zajko & Moore, 1994)。低酸素症は多数の認知的課題のパフォーマンスを低下させることが明らかになっている(Kennedy, Dunlap, Bandert, Smith, & Houston, 1989)。このように，運動プログラム(慢性的な運動)は，脳への酸素供給を円滑にして脳血管の整合性の維持を助長して，認知パフォーマンスに肯定的に影響するものと思われる(Boutcher，印刷中)。神経栄養刺激メカニズムは，運動療法への参加が加齢と結びつく変化(神経伝達物質合成の低下，ニューロンの構造的変化，中枢神経系の劣化など)を相殺することもあり得ると主張している(Chodzko-Zajko & Moore, 1994)。事実，慢性的な運動は霊長類やラットの脳重増加と結びついている(Boutcher，印刷中)。

前述した2つよりも間接的なメカニズムである神経効率の概念は，一般的にEEGの反応から推定した中枢神経系(CNS)の情報処理効率を重視している。このメカニズムを検討している研究の大半は，高齢者を対象にしており，定期的な有酸素運動への参加がCNS処理の向上と結びついているという証拠を少なくともいくつか出している(Boutcher，印刷中)。

最後に提示した生理学的なメカニズムは，心血管疾患，成人発症の糖尿病，高血圧(すべて二次的な加齢現象)が認知機能を阻害するという仮定に基づいてい

る（Birren, Woods, & Williams, 1980）。そこで，運動の主要な役割はこれらの疾患を制御することであり，最終的には認知の低下へのこれらの疾患の影響を軽減することにあると思われる。

これらの生理学的な説明はそれぞれ基本的に魅力的なものであるが，Etnierら（1997）によるメタ分析の証拠は，これらはもっとも納得のいく説明にはなり得ないのかもしれないと示唆している。例えば，ESといずれかの調整変数（例えば，運動した週，運動した日数）の間には，フィットネスの変化を促すプログラムの効果を示唆するような関連性はなかった。さらに，トレーニングによる効果の証拠とESは関連しなかった。それらは生理学的なメカニズムが拠り所にしている基本的な原理であるために，これらのメカニズムを支持することには問題があるように思われる。次に，運動と認知の関連は，次に示す1つまたは複数によっておそらく説明されるだろう；(1)心臓血管系のフィットネスとは無関係な生理学的メカニズム，(2)心臓血管系のフィットネスと関係しているが，有酸素フィットネスの変化に先行して生じる生理学的メカニズム，(3)心臓血管系のフィットネスとは無関係な心理学的メカニズム（特に心理社会的メカニズム）（Etnier et al., 1997）。この(3)の説明は，急性的な運動と慢性的な運動の研究における集団サイズの調整効果に関する知見を踏まえれば，とりわけ妥当なものと思われる。

要　約

運動に関連するメンタルヘルスのさまざまな変数をレビューした研究から，全般的に運動は，不安，抑うつ，ストレスへの反応性，ポジティブな気分，自尊感情，認知機能に望ましい変化を引き起こす原因ではないにしても，それらに関係していることが明らかになっている。これらの変数に対する運動効果の全体的な大きさは低～中程度のものではあるが，すべてのケースでこれらの効果は統計的に有意となっている。1996年の公衆衛生局長官報告よりも強い結論を現在の研究知見が支持している（Corbin & Pangrazi, 1996）ことは，良い知らせである。悪い知らせは，運動とこれらのメンタルヘルスの変数の関係を理解する前に，まだ多くのことを学ばねばならないことである。このことは，メンタルヘルス領域に問題のある人を治療する現行の伝統的な療法の代替または補助手段としての運動の良さをメンタルヘルスの実践者に納得させる際に，必要不可欠であると思われる。

統計的に運動はこれらの変数と関係しているが，これらの関係には，他のものよりも擬似相関の可能性が高いものもある。例えば，不安と抑うつの関係は，行動的なアーチファクトによるとは思えない。なぜなら，同じ方法論的な弱点を共有していないさまざまな測度（質問紙，生理的，行動的）が，それらの関係を一致して支持しているからである。1つの操作的測度（例えば，質問紙）だけで研究知見が成り立っている場合には，観察された関係に行動的なアーチファクトが影響する可能性は，より高くなる。研究者は，とりわけポジティブな気分，自尊感情，認知機能への行動的なアーチファクトの影響を確定しなければならない。認知機能の研究には，行動的なアーチファクトが特に混入しやすいように思われる。なぜなら，よりよくデザインした研究でも，運動が認知機能と有意に関係することを示していなかったからである。これは，内的妥当性の脅威となるものの数が多くなるほど関係は強力になるといった直線関係をメタ分析が明らかにした唯一の領域である。

調整変数は，事前にそれらのメンタルヘルスの変数にあまり反応しない者よりも極端に反応する者（例えば，不安と抑うつが高く，ポジティブな気分と自尊感情が低い）の方が効果は大きいという証拠がある。また，慢性的な運動の効果が急性的な運動よりも大きいことには，ある程度の一貫性もあるように思われる。慢性的な運動プログラムが12週間以上に渡って継続する場合には，特にそうである。大半のメタ分析と包括的な叙述的レビューでは，運動の強度や持続時間の効果を観察していない。メンタルヘルスのこれら各変数の用量-反応問題（運動の強度と持続時間）を系統的に調べることは，将来の研究として重要である。同様に，無酸素トレーニングの問題，とりわけ筋力トレーニングの問題については，低強度（1RMで50％以下）の運動のみが不安の軽減に有効である理由ばかりではなく，より幅広い強度の運動が抑うつの軽減やポジティブな気分・自尊感情の向上に有効である理由も確定する必要がある。

将来の研究では，可能性のある行動的なアーチファクトと重要な調整変数の問題を明らかにすること以外に，運動とメンタルヘルスのこれらの変数の関係について，これまで多くの研究者が唱えてきた多様な説明を評価する必要もある。そのようなことを調べる際には，可能であれば，競合する説明の効力が検証できるような研究を考案した方がよい。これらの説明が寄与する度合いを直接比較するこの方法によって，これらのメンタルヘルスの変数に対する運動の効果が説明できるようになる。

第30章

傷害のリスクと予防の心理学

アメリカの疫学的な研究によると，医学的治療または少なくとも1日間の活動制限を要する傷害は毎年7千万件以上生じている。傷害の発生は子供や若年成人にとって非常に深刻な問題であり，傷害は死亡や身体障害の主要な原因として感染症に取って代わるものになっている(Boyce & Sobolewski, 1989)。Booth (1987)は，スポーツ領域だけで，1年間に1,700万件以上のスポーツ傷害が発生していると報告している。例えば，BoyceとSobolewskiは，55,000人の生徒を調べた研究で，競技スポーツに参加している14歳以上の生徒の44%に傷害があることを明らかにした。他のデータによれば，すべてのアマチュア競技者の半数近くに，競技参加を中断しなければならないような傷害が毎年発生している(Garrick & Requa, 1978; Hardy & Crace, 1990)。米国消費者製品安全委員会は，これらの傷害の1/4には，少なくとも1週間の休養が必要だとしている(Hardy & Crace, 1990)。前述の統計は，スポーツ傷害の原因と予防をともに掘り下げる研究が必要であると強調している。

多くの傷害の原因は，確かに本質的に身体的・物理的なもの(例えば，体格，調整のレベル，設備の故障，競技場の床面，不完全な生体力学)，あるいは単なる不運であるが，心理社会的な要因もある役割を果たしている。過去30年に渡り，多くのスポーツ医学とスポーツ心理学の研究者が，どのような心理社会的な変数がスポーツと運動での怪我のしやすさ，傷害に対する抵抗力に影響するかを確定しようとしてきた。その数は，どんどん多くなっている。これらの研究者は，多くのストレッサーを最近経験した競技者や，ストレスに対処するための個人的な資源・スキルのない競技者に傷害リスクがもっとも高いように思われると指摘している。この発展中の一連の研究を，ストレスと傷害の関係が生じる理由を説明すると思われるメカニズムの研究や，傷害リスクを低下すると思われる介入の研究と同様に，本章の中心領域としている。

心理社会的なリスク因子を同定しようとした初期の試みは，適用範囲が狭く非論理的なものだった。研究者は，パーソナリティ要因とライフイベントストレスのいずれか，あるいはその両方を観察する傾向があった。しかし，これらの要因がどのように傷害に結びつくかを説明する理論的な根拠は明らかにしなかった。これらの限界を踏まえて，AndersenとWilliams(Andersen & Williams, 1988; Williams & Andersen, 1986)は，1980年代半ばにストレスと傷害の多成分理論モデルを開発した。このモデルでは，ほとんどの心理的変数が傷害に少しでも影響するならば，おそらくストレスとその結果としてのストレス反応の連鎖を通してであると仮定している。このモデルは，ストレス-病気の研究，ストレス-傷害の研究，ストレス-事故の研究の統合から生まれたものであり，Allen (1983)とSmith(1979)による初期のストレス理論にかなり依存している。

最近のレビューやモデルの評論は，当該モデルの基本面と仮説を実質的に支持していたが，若干の小さな変更(図30.1を参照)や留意点も示唆していた(Williams & Andersen, 1998)。多くの研究者がストレス-傷害モデルを支持していることや，モデルが傷害研究の多くの心理学面の理論的な基盤になっているために，このモデルは，過去の傷害の知見を体系づけて要約する本章の基盤として働くものと思われる。将来の研究に必要なものと動向は，本章の終盤の節と同様に，当該モデルのさまざまな面を議論していく中で明らかになるものと思われる。本章は，実践家との関わり方を示唆して結びにしたい。

ストレスモデルとスポーツ傷害

ストレス-傷害モデルでは(図30.1を参照)，スポーツへの参加者が厳しい練習やきわめて重要な試合と

本書第1版の本章 (Williams & Roepke, 1993)およびストレスと傷害についての以前のレビュー(Williams, 1996; Williams & Andersen, 1998)は，本章を執筆する上で参考になった。

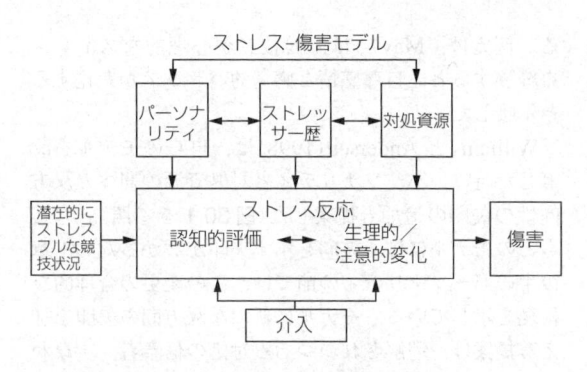

図30.1　ストレス-傷害モデルの改訂版

もともとのモデルには，パーソナリティからストレッサー歴に向けてと，対処資源からストレッサー歴に向けて，一方向の矢印しかなかった。パーソナリティと対処資源の間には双方向性の矢印がなかった
(Williams & Andersen, 1998 より)

いったストレスフルな状況を経験する場合には，ストレッサー歴，パーソナリティ特性，対処資源が相互あるいは個別にストレス反応に対して重要な影響を与えると仮定している。このモデルの中心となる仮説を，次に示す；多くのストレッサー歴を持つ者，ストレス反応を増悪させがちなパーソナリティ特性を持つ者，対処資源をほとんど持たない者は，ストレスフルな状況に置かれると，その環境をストレスフルな状況と評価して，より大きな生理的賦活と注意の混乱を示す傾向が強くなる。リスク状態者の高いストレス反応性を原因とするストレス反応の重篤度が，ここでは傷害リスクをもたらすメカニズムになっている。

モデルの中核を占める，いわゆるストレス反応は，潜在的にストレスフルな外部状況の認知的評価と，ストレスの生理的・注意的側面との双方向な関係である（図30.1を参照）。スポーツへの参加について言えば，個人は，次のものに何らかの認知的評価を下している；練習・競技状況の要求，それらの要求に対処する自己能力の妥当性，要求に対する反応の成功／失敗。例えば，競技者がその試合をやりがいのある，わくわくする，面白いものと感じる場合には，結果として生じる"良い"ストレス（快ストレス〔eustress〕）が，競技者の課題の続行，注意の集中，競技のみごとな"フロー"の一助になるものと思われる。この状況における傷害のリスクは，競技者が競技を自我脅威的なものあるいは不安誘発的なものと評価するような"悪い"ストレス（不快ストレス〔distress〕）を感じる場合よりも低くなるものと思われる。このような解釈は，競技者が状況の要求に応じる資源を持っていないと感じる場合や，失敗はみじめな結果を招くため状況に応じることが重要であると感じる場合に，もっとも起こりやすくなる。

認知的評価は正確なものなのか，あるいは非合理的な信念やその他の不適応的な思考パターンによってゆがめられたものなのかという問題は，ストレス反応の生成において重要なものではない。競技者が状況の要求に応じるための適切な資源を持っていないと感じていながら成功が重要と考える場合には，ストレス反応が賦活し，生理的・注意的に，そしてより高い状態不安感となって顕在化してくる。同様に，これらの認知的評価やストレスに対する生理的反応・注意的反応は，絶えず互いに修正や再修正を行っている。例えば，リラックスした身体は，不安思考が交感神経系を賦活するように，心の鎮静に役立っている。ストレス反応性の個人差は，結果として，競技者の傷害に対する予防接種の役目をしたり，あるいは心理社会的な変数による競技者のリスクを増加したりしていると思われる。

AndersenとWilliams(1988)は，ストレス反応中に生ずる可能性がある多数の生理的変化や注意的変化に基づいて，全身の筋緊張の増加，視野の狭窄，注意の散漫がストレス-傷害関係の主要な要因になるという仮説を立てた。Andersenらは，これらの仮説を，先行研究者(例えば，Bramwell, Masuda, Wagner, & Holmes, 1975； Cryan & Alles, 1983； Nideffer, 1983； Williams, Haggert, Tonymon, & Wadsworth, 1986)の勧告から導き出した。主働筋群と拮抗筋群の不必要な同時収縮（しばしばブレイシング〔bracing〕と呼ぶ）は，ストレッサーへの共通した反応となっている。この全身の筋緊張は，疲労，柔軟性の低減，運動協応の困難，筋の非効率の原因になっている。最終的にはこれが，捻挫・挫傷・他の筋骨格の損傷といった傷害の発生リスクをより大きくしている。

注意の混乱は，ストレスフルなイベントやそれから起こり得るネガティブな結果への拘泥，または適応反応の阻害から生じるものと思われる。このような混乱が周辺視野の狭窄（例えば，Easterbrook, 1959）の原因になる場合には，周辺の危険な手がかりを見つけ出せないことや，それらの手がかりにタイミングよく反応できないことが，傷害の原因になり得るものと思われる。例えば，死角からの衝突によるクォーターバック選手の傷害は，周辺から走ってくるディフェンス側の選手を見ることができなかったり，それに対して十分に素早く反応することができないために生じるものと思われる。課題とは関係のない手がかりに注意することによってしばしば生じる注意の混乱も，中心視野の関連手がかりが検出できなかったり，それに対して十分に素早く反応することができない原因になっていると思われる。例えば，心理社会的なリスクが高いプロフィールを示すバッターは，自分の頭に直接飛んでくる投球を見ることができなかったり，それに対して十分に素早く反応して回避することができないように思われる。

ストレス反応メカニズムのモデルを支持する研究に

取りかかる前に興味深い問題は，どのような心理社会的な要因がストレス反応に影響しているのかということである。上記のモデルの中核を占めるストレス反応には，次の3つの主要な領域がある；パーソナリティ要因，ストレッサー歴，対処資源（図30.1を参照）。これらの変数は，単独あるいは共同的に作用して，ストレス反応に影響し，最終的には傷害の発生とその重篤度に影響するものと思われる。オリジナルモデルでは，競技者のストレッサー歴（ライフイベントストレス，日々のいざこざ，以前の傷害）は，ストレス反応に直接的に影響すると仮定している。これに対して，パーソナリティ要因（我慢強さ，統制の所在，一貫性感，競技特性不安，達成動機）と対処資源（一般的な対処行動，社会支援システム，ストレスマネジメントとメンタルスキル）はストレス反応に直接的に，あるいはストレッサー歴の効果への影響を調整して影響すると仮定している。例えば，望ましいパーソナリティや対処の変数の存在は，個人がストレスフルと感じる状況やイベントを減らしたり，ストレッサー歴の効果に対する感受性を軽減することによって，ストレスと傷害を緩和しているものと思われる。逆に，好ましいパーソナリティ特性や対処資源の欠如，あるいは好ましくない特性（例えば，高い競技特性不安）の存在によって，個人はより高いストレス（急性と慢性）を受けやすくなり，おそらくより大きな傷害のリスクを抱えやすくなるものと思われる。

上記に加えて，WilliamsとAndersen（1998）は，初版刊行の10年後に自らのストレス-傷害モデルを批評・改訂して，パーソナリティとストレッサー歴の間と，対処資源とストレッサー歴の間に，双方向性の矢印を追加した（図30.1を参照）。もともとのモデルでは，パーソナリティからストレッサー歴に向けて，そして対処資源からストレッサー歴に向けて，一方向の矢印のみを示していた。Williamsらは，双方向性の矢印の追加を提案した。なぜなら，人が経験するストレッサーは，その人が開発する方法，その人が特徴的に反応または対処する方法に影響するという証拠があるからである。このもっとも劇的な例は，心的外傷後ストレス障害（アメリカ精神医学会〔APA〕，1994）である。リハビリテーションの領域では，傷害に引き続くパーソナリティ変化についての豊富な知見を提供している。例えば，切断，重度の火傷，脊髄損傷を経験した者の中には，引きこもり，広場恐怖症，抑うつになる者や，時には自殺を企てる者もいる（例えば，Kishi, Robinson, & Forrester, 1994）。愛する人ががんになるといった他の大きなライフイベントは，全般的な不安や抑うつを増加することがあるし，さらに対処に影響することもある（Compas, Worsham, Ey, & Howell, 1996）。より早期のストレスとスポーツ傷害の研究（May, Veach, Reed, & Griffey, 1985）の中には，双方向の矢印の追加を支持しているものもある。例えば，Mayらは，競技者が心理的なストレスを経験すると，自尊感情と感情的バランスが悪化すると示唆した。

WilliamsとAndersen（1998）は，自らのモデルを改訂した時に，パーソナリティと対処資源の間への双方向性の矢印の追加も提案した（図30.1を参照）。もともとのモデルには，方向を示す矢印がなかった。本章後半のパーソナリティの節では，この変更の合理的な根拠を示している。モデルに新たな双方向の矢印を加える提案は，理解されつつある対処の信奉者，すなわち相互作用を唱える者の観点とも一致している（例えば，Aldwin, 1994）

ストレッサー歴

このカテゴリーに属するものは，主要なライフイベント，日常のいざこざ，以前の傷害歴などである。これらの中で，もっとも広範に研究が行われているのは，ライフイベントのストレスである。ライフイベントのストレスに対する関心は，HolmesとRahe（1967）の研究に端を発した。Holmesらは，社会再適応評価尺度（Social Readjustment Rating Scale：SRRS）という質問紙を開発して，一般成人集団にみられる40のライフイベントの大きさを明らかにして一様にランク付けした。尺度は，次の仮説に基づいている；ライフイベントの経験が身体の適応を引き起こし，したがってそれが，身体へのストレスと疾患リスクの増加につながる。ライフイベントの例には，人間関係の崩壊，休暇の取得，愛する人の死といった出来事などがある。SRRSでは，それぞれのライフイベントに，一般集団の典型的な個人に必要と思われる適応度に基づいて，前もって数量的な重みづけをしている。個人は，特定の期間にそれぞれのイベントが生じた頻度を指摘する。チェック項目を重みづけした得点を加えて，総合的な生活-変化の得点表を作成する。これまでのところ，研究者は，高いライフイベントストレスと病気との関係，また事故との関係さえ支持している（例えば，Holmes & Rahe, 1967；T. Miller, 1988；Sarason, Johnson, & Siegel, 1978；Savery & Wooden, 1994；Stuart & Brown, 1981；Theorell, 1992）。

1970年に，Holmesは，フットボールのシーズン開始時にワシントン大学のフットボール選手にSRRSを実施した。Holmesは，選手のライフストレスの得点（SRRS実施前の12ヵ月間に経験したライフイベントに，あらかじめ重みづけしたものを加えて表にした）とフットボールシーズン中に競技トレーナーが観察した傷害のデータを比較して，次のことを明らかにした；フットボールシーズンの前年に高いライフストレスを経験した競技者の50%が，少なくとも3日間の練習休止あるいは1ゲームの欠場に至るようなス

ポーツ傷害を起こしていた。それとは対照的に，低度と中程度のライフストレスがあった競技者は，それぞれわずか9％と25％しか，同等の傷害を経験しなかった。Holmesは，ライフストレスが病気の発生に関係するのと同様に，スポーツ傷害とも関係すると結論づけた。

その次にライフストレス-スポーツ傷害を調べた研究者(Bramwell et al., 1975)は，関連性の低いストレッサーを削除し，大学スポーツ競技者にとってより関連する20項目(例えば，学業困難，ヘッドコーチとのトラブル，プレー状況の変化)を加えて，SRRSを大学競技者に対してより適切なものに修正した。57のライフイベントを修正した尺度を使用した結果，ライフストレスとスポーツ傷害の間に，さらに強い関係を示した。大学フットボール選手をライフストレス低・中・高の3群に分類したところ，それぞれ30％・50％・73％の選手がスポーツ傷害を経験していた。

CryanとAlles(1983)は，同じ質問紙を使用してペンシルバニア州立大学のフットボールチームを調べ，Bramwellら(1975)の知見を再現した。Cryanらは，重篤度を傷害の発生率と同様に評価して，初期のデザインの改良も行った。全国スポーツ損傷報告システム(National Athletic Injury Reporting System : NAIRS)は次のように傷害重症度の標準になった；軽度の傷害では7日以内にプレーに復帰できる，中程度・重度の傷害ではそれぞれ8〜21日・22日以上のプレー中断が必要である。Cryanらは，ライフイベントストレスが重篤度の異なる傷害発生のリスクに，特異的には影響しないことを明らかにした。

1983年に，PasserとSeeseは，ネガティブなライフイベントとポジティブなライフイベントを区別し，ライフストレスの影響を調整すると思われるパーソナリティの変数を調べて，ストレス-スポーツ傷害の研究をさらに進めた。より早期の研究では，ライフイベントのストレスを，ポジティブなライフイベントに必要な適応とネガティブなライフイベントに必要な適応を区別するような手段によらずに評価していた。使用した手段も，ライフイベントの効果の量を回答者に指摘させるというよりも，ライフイベントに前もって重みづけをしたものであった。生活経験調査(Life Experience Survey : LES)の開発者であるSarasonら(1978)は，適応からネガティブの生活変化イベントに至る効果と，ポジティブとみなす生活変化のイベントに至る効果は別物であると強く主張した。また，事前の重みづけが次のものを適切に反映しているかも厳密に調べた；環境と，個人が環境イベントに感じるストレスの相互作用。LESの回答者は，次のものを指摘することになっている；(1)生活変化のイベントをポジティブと感じているか，ネガティブと感じているか，(2)そのイベントはまったく影響しない(0点)のか，わずかに影響する(−1あるいは+1点；イベントをポジティブ/ネガティブのいずれに評価するかによって正負が決まる)のか，中程度に影響する(−2あるいは+2点)のか，大きく影響する(−3あるいは+3点)のか。このように，LESは，ネガティブなライフイベント，ポジティブなライフイベント，全体のライフイベントを評価するものになっている。仮定したように，Sarasonらの研究から，ポジティブな生活変化は，ネガティブな生活変化よりも，健康に関連する従属変数にはまったく作用しないか，あるいはそれほど有害な作用をしないことが明らかになった。PasserとSeeseはLESの70項目競技者用修正版を使用して，傷害のより大きなリスクが，ネガティブなライフイベントのストレスのレベルをより高く報告したフットボール選手だけに生じることを明らかにした。

Holmesが最初にフットボール選手に質問紙調査を施行して以来，少なくとも35編の研究が，スポーツ傷害のリスクとライフストレスの関係を検討している。本章の初版を執筆した時点では，20編の研究だけを確認した。WilliamsとRoepke(1993)は，それらの研究をレビューして，20編中18編が高いライフストレスと傷害のポジティブな関係を明らかにしていると結論した。最良の証拠は，フットボール(6研究)の研究にあった。しかし，類似した知見は，アルペンスキー，競歩，フィギュアスケート，野球，体操，サッカー，フィールドホッケー，レスリング，陸上競技のようにさまざまな他のスポーツからも得られた。全体的に，傷害のリスクの増加は，ライフイベントのストレスのレベルと直接に関係していた。一般的に，ライフイベントのストレスが高い競技者には，ライフイベントのストレスが低い競技者よりも2〜5倍も多い傷害があった。そのレビュー以降には，15編のライフストレス研究がある。その中の12編では類似の結果を報告していた(Andersen & Williams, 1999 ; Byrd, 1993 ; Fawkner, 1995 ; Kolt & Kirkby, 1996 ; Meyer, 1995 ; Patterson, Smith, & Everett, 1998 ; Perna & McDowell, 1993 ; Petrie, 1993a, 1993b ; Thompson & Morris, 1994 ; Van Mechelen et al., 1996 ; Williams & Andersen, 1997)が，LavalleeとFlint(1996)，PetrieとStoever(1995)，RiderとHicks(1995)の3編では，ライフイベントストレスと傷害の間に何の関係も見出すことができなかった。

ライフストレス-傷害の関係の強さについてと，その原因が，ネガティブなライフイベント(NLE)，ポジティブなライフイベント(PLE)，全体的なライフイベント(TLE)のいずれであるかについての報告は，研究間でかなりの違いがある。ライフストレスのタイプを区別した大半の研究は，ネガティブと評価したライフイベント(NLE)だけが競技者の傷害のリスクになると指摘した(例えば，Byrd, 1993 ; Meyer, 1995 ; Passer & Seese, 1983 ; Patterson et al., 1998 ; Petrie,

1992, 1993b；Smith, Ptacek, & Smoll, 1992；Smith, Smoll, & Ptacek, 1990a)が，TLE と PLE は傷害のリスクの増加要因になると指摘する研究もあった。例えば，Blackwell と McCullagh(1990)は，TLE ストレスがもっとも傷害の発生に寄与しており，PLE が重傷を負う可能性にもっとも寄与していると指摘した。Hanson, McCullagh, Tonymon(1992)は PLE ストレスだけが傷害頻発群を識別すると報告し，Petrie (1993a)は PLE が傷害による競技休止期間を予測する唯一のライフイベントストレッサーであると報告した。Petrie は，競技者が最初にポジティブと評価したライフイベント(例えば，チームに対する責任のレベルが大きく変化する，スポーツ奨学金を受ける)が，将来，巧みなプレー，あるいはチームパフォーマンスに対する責任感といったプレッシャーを競技者が感じるようになり，それがかなりのストレッサーになるかもしれないと示唆した。これらの変化は，競技状況のネガティブな認知的評価と結びつく可能性や，それによって傷害のより大きなリスクと結びつく可能性がある。

　Hardy と Riehl(1988)は，傷害のある競技者の NLE が，全体的に，傷害のない競技者よりも有意に高くなることを明らかにした。しかし，傷害のある女子競技者の TLE の得点は，傷害のない女子競技者よりも高くなると報告した。TLE と NLE は，全体的なスポーツ傷害を有意に予測したが，スポーツの範囲内で分析したところ，傷害のない同等の選手に比較して，傷害のあるソフトボール選手はより高い TLE を，野球選手はより高い NLE を，トラック競技選手はより高い対象の喪失(OL；死，離婚，離別により他の大切なものを失うこと)を報告することが明らかになった。トラック競技を除いて，どのようなストレス尺度も特定スポーツの傷害を予測しなかった。トラック競技では，TLE と OL がともに傷害を予測していた。Hardy と Riehl は，これらの知見から，競技者のジェンダーとスポーツはともにライフストレス-傷害の関係に影響すると結論づけた。Hardy, O'Connor, Geisler (1990)による Division 1 のサッカー選手の研究も，ジェンダーはライフストレスと傷害の関係に影響するという結論を支持していた。

　これまでの研究間の差異は別として，ライフイベントを評価した 35 編の研究中 30 編が，ライフストレスと傷害の間に少なくともいくつかの重要な関係があることを明らかにしている。これらの研究にほぼ共通した知見は，それ自身説得力がある。さらに，それら知見の出自がスポーツの種目，競技のレベル(ユースからエリートレベル)，ライフストレスのさまざまな測定，傷害の定義にあまねく渡っていることを考えれば，なおさら説得力があるように思われる。研究者は，8 つの質問紙を使用してライフストレスを評価した。傷害の基準には，練習時間の短縮や活動の修正が不要であっても競技トレーナーの処置が必要な傷害 (例えば，Blackwell & McCullagh, 1990)から，練習を 1 週間以上中止する必要がある傷害(例えば，Coddington & Troxell, 1980)まで，さまざまなものがあった。これらの研究では操作的な定義が異なっているために，スポーツ種目と競技レベルに渡る傷害のリスク，また正と負のストレッサーに渡る傷害の相対的なリスクを確定することはできない。また操作的な定義が多様なために，ライフストレスが傷害の重篤度に及ぼす影響を確定することも困難になっている。約 2/3 の研究はライフストレスと傷害の重篤度との関係を多少明らかにした(Blackwell & McCullagh, 1990；Hanson et al., 1992；Hardy et al., 1990；Hardy & Riehl, 1988；Kerr & Minden, 1988；Meyer, 1995；Petrie, 1992, 1993b)が，残る 1/3 の研究では何の効果も認めなかった(Cryan & Alles, 1983；Hardy, Richman, & Rosenfeld, 1991；Lavallee & Flint, 1996；Lysens, Van den Auweele, & Ostyn, 1986；Williams, Tonymon, & Wadsworth, 1986)。

　モデルの一部であるストレッサー歴には，毎日のいざこざも該当している。多数の小さな日常的な問題・いらだち・変化によるストレスは，大きなライフイベントの変化によるストレスと同じくらいに，ストレスレベルや傷害のリスク因子になっていると思われる。Kanner, Coyne, Schaefer, Lazarus(1981)は，主要なライフイベントに随伴するすべての小さないざこざを通して，結果的には病気に影響していると示唆した。例えば，孤独感を感じるかもしれない新しい都市への引越，新しい環境への順応，問題解決の努力などである。日常のいざこざも，主要なライフイベントの経験とは別に生じている(Kanner et al., 1981)。大半の研究は，傷害のリスク因子として日常のいざこざを支持しなかった(Blackwell & McCullagh, 1990；Hanson et al., 1992；Meyer, 1995；Smith et al., 1990a；Van Mechelen et al., 1996)が，それらの研究には，明確な結論を妨げるような方法論上の問題があった。それぞれの研究は，日常のいざこざを，シーズンの開始時点や終盤近くにただ一度だけ測定していた。日常のいざこざには常に変化するという性質があるために，評価は競技シーズンを通して頻繁に行わなければならない。そうすることで，研究者は，事後の傷害とその直前の小さな日常的な問題／いざこざによるストレスの得点を比較することができる。

　最近の研究で，Fawkner, McMurray, Summers (1999)は，このようなデザイン(いざこざを週単位で評価)を採用して，傷害のある競技者のいざこざ (Fawkner らはこれを小さなライフイベントと呼んだ)は傷害の前週に有意に増加していることを明らかにした。これに対して，傷害のない競技者は，有意な変化を示さなかった。Fawkner らは，この結果が，いざこざとスポーツ傷害の関係を示す実質的な証拠であると

結論づけた。Byrd(1993)は，日常のいざこざと傷害の関係を中程度に支持した。日常のいざこざはバスケットボールにおける傷害数を予測した(寄与率13.1%)が，バレーボールにおける傷害数は予測しなかったし，傷害によるプレー中断日数やプレーの修正も予測しなかった。Byrdは日常のいざこざを毎月評価していたが，最初の測定結果のみを回帰分析していたように思われる。4ヵ月間の月ごとのいざこざの測定結果とその翌月の傷害数を統計的に調べてみると，シーズン前の測定結果と最初の月の傷害の間に，唯一の有意な相関がみられた。Fawknerらの知見は，週単位でいざこざの変化を評価することと，いざこざの増加に留意することが，ストレスと傷害のリスクについてのより適切な測定結果につながると示唆している。いずれにしても，これら2つの研究は，怪我がしやすくなる要因の1つとして，日常のいざこざを支持している。

　研究者は，多くの理由から，ストレッサー歴の3つめの要素である以前の傷害を，ストレス-傷害モデルに含めていた。競技者が十分に回復しないままでスポーツに復帰する場合には，再度の傷害の可能性が高くなる。また，競技者がスポーツに復帰するために身体的な準備をしていても，心理的な準備をしていない場合には，不安やネガティブな認知的評価による問題が生じるものと思われる。例えば，AndersenとWilliams(1988)は，ストレス-傷害モデルの最初の論文で，傷害の再発の恐れは重要なストレス反応と結びつき，またそれによって傷害の再発の可能性が高まるものと推測した。ほとんどの研究者は，以前の傷害歴とその後の傷害リスクの関係を調べていない。Hansonら(1992)は，傷害からの回復以降の時間と，傷害の発生頻度や重篤度が関係しないことを明らかにした。それとは対照的に，Williams, Hogan, Andersen(1993)は，以前の傷害とその後の傷害の間に正の相関を観察した。Lysensら(1984)は，傷害歴のある体育科の学生で再発のリスクがより高いと報告した。Van Mechelenら(1996)は，以前の傷害が，心理的・心理社会的・生理的・人体測定的な要因よりも，スポーツ傷害をよく予測することに着目した。いくつかの先行研究にみられる1つの限界は，それらの研究デザインが古い傷害の再発と他部位の新しい傷害の発生を区別していないことにある。Van Mechelenらの研究のもう1つの限界は，参加の割合と傷害の発生の割合が，12ヵ月間の日々の記録を月ごとにまとめた参加者の自己報告に基づいている点にある。ただ1つの強みは，傷害リスクを計算する際に，傷害への暴露時間を考慮したことにあった。

パーソナリティ

　ストレスとスポーツ傷害の関係を包括したモデルは，パーソナリティを考慮せずには完成しないように思われる。ストレス-病気の関連研究から，ストレスと病気の関係を調整する役割が，多くのパーソナリティ変数にあることが明らかになっている。いくつかのパーソナリティの特徴には，状況やイベントをストレスフルなものとほとんど人に感じさせなくするようなもの，もしくは主要なライフイベントや日常のいざこざといったストレッサーの影響を受けにくくするようなものがあるように思われる。初期のストレス-傷害モデルにおけるパーソナリティ変数(我慢強さ，統制の所在，一貫性感，競技特性不安，達成動機)は，大方がストレス-病気の関係を調整するようなものであり，スポーツ傷害の文献で調査したようなものであった。

　心理的な我慢強さの特性は，好奇心，コミットする意欲，変化を発展のための挑戦や刺激とみなす認識，生活の統制感の保持といった特徴の集合体である(Kobasa, 1979)。研究者は，統制の所在(Rotter, 1966)と一貫性感(Antonovsky, 1985)を，パーソナリティ要因の一覧に入れていた。なぜなら，統制の所在と一貫性感は我慢強さの概念と類似しているからであり，また，ストレスと病気の関係を調整しているからである。統制の所在とは，生活と環境を個人が統制可能だとみなす程度に関わる概念である。内的な統制の特徴は，自らの行動が生活における個人的な成果を統制しているという信念である。これに対して，外的な統制の特徴は，自らを運や環境の犠牲者と感じることである。達成動機と競技特性不安をこのモデルに入れたのは，それらの変数がストレスに関連すると思われたからだった。達成動機は，成功と失敗回避の双方の欲求と関係している。特性不安とは，状況を脅威的と認知して不安反応を示す一般的な性質あるいは傾向を表わしたものである(Spielberger, 1966)。競技特性不安とは，スポーツにおける競争に固有の不安を表わしたものである。失敗回避の欲求が強い者や特性不安が高い者は，状況をよりストレスフルに評価すると思われる。したがって，反対のプロフィールを示す者よりも強いストレス反応を経験している。

　最初のストレス-傷害モデルが提唱した5つのパーソナリティ変数の中で，我慢強さと一貫性感を評価したスポーツ傷害の研究者はいなかった。また，1つの研究のみが，達成動機を調べていた。その研究で，Van Mechelenら(1996)は，達成動機と傷害の発生に関連性がないことを明らかにした。研究者が統制の所在と特性不安を調べた場合には，雑多な結果が生じていた。PargmanとLunt(1989)は，より高い傷害率と，大学の新入学フットボール選手における外的な統制の所在が相関していると報告した。それとは対照的に，KoltとKirkby(1996)は，より内的な統制の所在がエリート体操選手の傷害を有意に予測したが，非エリート体操選手にはそのような関連がなかったと報告し

た。統制の所在（Blackwell & McCullagh, 1990 ; Hanson et al., 1992 ; Kerr & Minden, 1988 ; McLeod & Kirkby, 1995）と特性不安（Kerr & Minden, 1988 ; Lysens et al., 1986 ; Passer & Seese, 1983）をスポーツ以外の尺度によって評価した他の研究者は、これらの変数と傷害の発生との関係を明らかにすることができなかった。研究者が、競技特性不安の評価に、一般的な特性不安の尺度よりもむしろスポーツに基づく尺度を使用した場合には、競技特性不安の得点が高い競技者（Blackwell & McCullagh, 1990 ; Hanson et al., 1992 ; Lavallee & Flint, 1996 ; Passer & Seese, 1983 ; Petrie, 1993a）ではより多くの傷害が生じ、その程度も重篤であった。

特性不安の亢進と傷害率との間に正の関係があることを明らかにした Petrie（1993a）の知見は、フットボールの先発選手には該当しても、控え選手には該当しなかった。Petrie は、競技特性不安が正のライフストレス効果を強力に調整するために、傷害によるプレー中断日数の多さと、より高い不安やストレスレベルが結びつきやすくなることも明らかにした。Petrie は次のように推察した；先発選手にライフストレスと競技特性不安が強力に加わると、"これらの競技者はネガティブな評価を非常にしやすくなり、練習と試合を脅威的なもの／統制不可能なものとみなしたり、あるいは対処資源がないと思うようになる。このような評価は、先発選手の傷害のリスクを高めるような注意の崩壊や生理的な崩壊と一致しているように思われる"（p.272）。

残念なことに、Petrie（1993a）を除いて、どの先行研究も、パーソナリティ変数がストレッサー歴または他のパーソナリティと相互作用するかどうかを調べたり、傷害リスクに影響する対処変数を調べることができる研究デザインを採用しなかった。このような限定的な研究デザインでは、パーソナリティ要因と怪我のしやすさや回復力との複雑な関係を明らかにすることができないように思われる。先行研究にはこうした限界やあいまいな知見があるために、統制の所在や競技特性不安と怪我のしやすさの関係を調べるには、さらなる研究が必要と思われる。また、一般的な手法よりも、スポーツに基づく手法は、より実り多い知見を約束するものと思われる。

加えて、競技特性不安を調べる場合、研究者は、以前の研究者が使用したスポーツ競技不安検査（Sport Competition Anxiety Test : SCAT）よりも、むしろ Smith ら（1990a）が開発したスポーツ不安尺度（Sport Anxiety Scale : SAS）といったツールを使用したいと思うかもしれない。SCAT は不安の一次元的な尺度を採用しているが、これに対して SAS は、認知的特性不安と身体的特性不安を区別している。ストレスに満ちた練習あるいは試合状況にある時には、これら不安のサブタイプがさまざまなレベルで、認知的評価と注意的／生理的な混乱に特異的に影響するものと思われる。現代の不安研究者（例えば、Jones, 1995）も、単に不安徴候（例えば、SCAT と SAS）の強度を評価するだけではなく、競技者が自らの不安徴候をパフォーマンスの促進効果と解釈しているのか、あるいは抑制効果と解釈している（不安の方向と呼ぶ）のかどうかについても評価することを奨めている。怪我のしやすさがもっとも高い競技者は、不安が高く、その不安をパフォーマンスに有害なものと解釈しているように思われる。強度と不安の方向の概念的な違いについてのより徹底的な議論や、現在の不安測度を修正するための提案については、Jones, Leffingwell, Williams（1996）を参照されたい。

Andersen と Williams（1988）は、ストレス–傷害モデルに同定したパーソナリティ要因は、有力な要因の完全なリストというよりも、むしろ初期の研究を単に示唆したにすぎないと述べた。もともとのモデルに算入しなかったパーソナリティ要因を調べた最近の研究から、ストレス–傷害モデルに他のパーソナリティ要因を算入することの利点が明らかになっている。刺激希求性が傷害のリスクに果たす役割を調べた研究はわずか1つにすぎなかったが、その研究では、刺激希求性がライフイベントストレスの効果を明らかに調整し得るとしていた（Smith et al. 1992）。Zuckerman（1979）によれば、刺激希求性は、喚起の最適なレベルにおける個人差を反映する、生物学的な気質の変数となっている。刺激希求性が高い者は興奮状態を好むのに対して、その逆の者は喚起の許容度がより低く、そのため変化を好まず、新しいものを回避して、そして危険な活動から離れていようとする。Smith らの研究によって、刺激希求性に低得点を示す競技者だけが、スポーツ固有の主要なネガティブなライフイベントとその後に生じる傷害による時間の消費の間に有意な正の関係を示すことが明らかになった。高い刺激希求性（例えば、もっと冒険する）の特徴が怪我のしやすさの要因になるという競合仮説には、支持が集まらなかった。また、Smith らは刺激を回避する者がより拙いストレスマネジメントの対処スキルを報告することに気づいていたが、怪我のしやすさの差を媒介する対処スキルの違いは支持しなかった。それらの変数間の有力な相互作用に注目した Smith らの研究デザインは、将来のパーソナリティの研究に必要な優れた原型になっている。

傷害のデータに影響するような変数の一覧に、パーソナリティの気分状態を加えようという動きも支持されている。Williams ら（1993）は、シーズン初めにポジティブな精神状態（例えば、集中を維持する能力、リラックスを持続する能力、他者と分け合う能力）を経験した大学のフットボール・バレーボール・クロスカントリーの各競技者が、そうでなかった競技者に比べて、競技シーズン中の傷害が有意に少ないと結論づ

けた。もしもポジティブな精神状態を多様に評価して，そしてその後の傷害発生率を直前のポジティブな精神状態の尺度と比較していたならば，おそらくさらに強力な知見が得られたものと思われる。

ポジティブな精神状態は潜在的にストレスフルなスポーツ状況の影響を和らげており，それによってストレスと傷害を低減している。ネガティブな精神状態では反対のことが起こると思われる。Fawkner（1995）は，まさにこのことを，競技シーズン中にチームスポーツの競技者と個別スポーツの競技者の気分状態（5つのネガティブな要因と1つのポジティブな要因）を評価した時に明らかにした。また，傷害の直前の測定では，気分の混乱が有意に増加していた。LavalleeとFlint（1996）も，怪我のしやすさとネガティブな気分状態の関係を報告した。Lavallee らの結果によれば，より高い緊張／不安はより高い傷害の発生率と有意に相関し，より高い緊張／不安・怒り／敵意と全体のネガティブな気分状態はより重篤な傷害と有意に相関していた。関連した研究で，Van Mechelen ら（1996）はより多くの抑うつ感・機能不全感・無関心感・不安感などで表わされる極端な疲労を報告した人はより怪我をしやすいと述べた。また，"このような状態にある人は，自らの身体的・精神的な資源を使い果たし，その結果，スポーツ参加による身体的・精神的な緊張に対して，不適切なあるいは次善の策で応答するようになると仮定した"（1177頁）。

パーソナリティに関する他の有望な研究の結果から，あるタイプの攻撃・怒り・支配の尺度は傷害リスクと密接に関係することが明らかになった。Fields, Delaney, Hinkle（1990）は，Type A 行動を調べる質問紙に高得点（例えば，より攻撃的，猛烈な）を示したランナーは，低得点を示したランナーよりも有意に多くの傷害，とりわけ多様な傷害を経験すると指摘した。Thompson と Morris（1994）のパーソナリティのデータから，内部ではなく外部に向けた強い怒りは，傷害のリスクを高めることが明らかになった。Wittig と Schurr（1994）は，強い意志（より強引で，独立心が強く，そして自信に満ちた）がより重度の傷害の可能性を予測しても，傷害の発生は予測しないと結論づけた。また，このタイプのパーソナリティプロフィールを示す競技者は，より高いリスクを負い，したがってより深刻な傷害を負うようになると推測した。Jackson ら（1978）と Valliant（1981）による先行研究の知見は，その逆を示していた（気が弱く依存性が強い選手ほど，より傷害を生じやすくなる）。Van Mechelen ら（1996）は，あまり支配的でない人に比べて，より支配的な人ほどスポーツ傷害のリスクが高いと判断した。Van Mechelen らは支配性を，支配者になろうとする，もしくは支配者の振る舞いをしようとする自己依存と定義している。また，Van Mechelen らは，他の研究者と同様に，次のような納得できそうな説明をした；(1)支配的な人は，スポーツ状況において，より中心的でより強い役割を果たす傾向がある，(2)支配的な人は，あまり支配的でない人よりも，個人的な目標達成にはより多くのリスクが伴うと考える傾向がある。

防衛的な悲観主義論を調べ，雑多な結果を得た研究者もいる。Perna と McDowell（1993）は，防衛的な悲観主義に高得点を示した競技者や，高度なライフストレスを経験した競技者は，その逆を示した競技者よりも多くの病気／傷害の徴候を経験したと報告した。たとえ悲観論者が病気と傷害の徴候をより多く経験したとしても，防衛的な悲観論者のプロフィールを示す競技者が，とりわけストレスの高い条件下に，楽観主義者の競技者に比べてほとんど休日を取らないという知見は，同様に興味深いものと思われる。しかしながら，類似の研究をした Meyer（1995）は，Perna らの結果を支持することができなかった。

Williams と Andersen（1998）は，ストレス－傷害モデルを批評して，最初のモデル開発以降の傷害の研究で研究者が同定したいくつかの変数を追跡すれば，より実りあるパーソナリティの方向が明らかになるのではないかと述べた。また，ポジティブな精神状態（Williams ら 1993）とネガティブな精神状態（Fawkner, 1995）といった新たに明らかになったパーソナリティ要因は，対処資源と密接に結びついているように思われると結論づけた。したがって，この結論は，パーソナリティと対処資源の間に双方向性の矢印を加えた修正版のストレス－傷害モデルを支持しているものと思われる。例えば，競技者がポジティブな気分状態を経験するならば，ストレスフルな状況に対処する際に，自らの対処資源をよりうまく利用することが可能になると思われる。逆に，認知的・身体的な対処スキルが十分にない時には，ストレスフルな状況ではネガティブな精神状態になる可能性が高くなると思われる。将来の研究者は，パーソナリティと対処資源の相互作用や，それらがどのようにして個別的あるいは相互作用的にストレス反応に寄与して，結果的に傷害の発生に至るのかを，是非検討して欲しい。

最終的に，研究者は，最初のあるいは修正版のストレス－傷害モデルの納得し得るパーソナリティの要因として自己概念を提案しなかったが，初版の本章では，傷害の発生に潜在的に影響するような自己概念の有力な証拠についてあいまいながらも述べていた。研究者は，自己概念が個人の感情的・身体的・社会的・認知的な生活に影響すると考えている（Samuels, 1977）。このように，自己概念の違いは，怪我のしやすさの一翼を担っているものと思われる。テネシー自己概念尺度（Tennessee Self-Concept Scale）を使用した Young と Cohen（1981）は，高校女子バスケットボールのトーナメントで負傷した女子選手（22名）のトーナメント前の全般的な自己概念の得点が，負傷しな

かった選手(168名)よりも高まっていたことを明らかにした。また負傷した選手は自分の存在(アイデンティティ)，自分の健康状態や身体的な外見とスキル(身体的自己)，そして自分の身体とは別の自分の個人的な価値や他者との関係(個人的自己)に関して，自分をよりポジティブとみなしていた。Youngらはこれらの自己概念の特徴が，負傷した選手をさらなるリスクに誘導し，このようにして負傷し得ると思われる状況に自分自身がいることを負傷した選手に気づかせるのではないかと推測した。YoungとCohen(1979)の初期の研究は(自己概念が大学女子バスケットボール選手のトーナメント中の傷害と関係していることを確定できなかった)先行研究の結果を相殺して釣り合いを取っている。Youngらは，傷害を受けた大学選手の数が高校選手に比べて少ないことや年齢・教育の差が，これら2つの研究間に知見の相異をもたらしているのではないかと述べた。

　自己概念とスポーツ傷害の関係について，明確な結論を困難にしているまた別の研究がある。Lamb(1986)は，大学女子フィールドホッケー選手の自己概念をテネシー自己概念尺度によって測定し，得点の低い選手は，高い選手よりもより傷害を有する傾向にあることを明らかにした。Lambは，自己概念をシーズン初めに測定し，傷害の頻度をシーズンを通して記録した。フィールドホッケーチームに起きた127件の傷害中，23%は試合前日に起きていた。前日に傷害を受けた競技者の65%を自己概念の得点が最低の群，28%を中程度の群，7%を上位1/3の群に分類した。Lambは，うまいプレーができないことの言い訳をあらかじめ用意することや，次の試合に出場しないことによって自尊心を守りたいという願望の一部が，自己概念の低い競技者の傷害発生率に反映しているかもしれないと示唆した。これは興味深い推測ではあるが，このような自分にハンディキャップをつけた結果を一般化するには，遺憾ながら参加者数の少なさ(21名)が障害になっている。自己概念が傷害発生率に影響するのかどうか，まして自己概念がいつどのように傷害に影響するのかについては，どのような結論を出すことも，さらなる研究なしには不可能であると思われる。

対処資源

　問題・喜び・失望・ライフストレスに対処する個人を支援するような多様な行動および社会的なネットワークが対処資源を構成している。対処資源は，社会的支援といった環境や，感情の制御・十分な栄養といった個人的な資源の産物である。優れた対処資源は，個人に直接的な傷害への予防効果をもたらしたり，ストレッサーとパーソナリティ特性のネガティブな効果を弱めたりしていると思われる。

　初期の"ストレス-傷害モデル"は，対処資源の部分に，一般的な対処行動，社会的支援システム，ストレスマネジメントとメンタルスキル，薬物療法(自己，あるいは処方された)を包含していた。一般的な対処行動のカテゴリーには，睡眠パターン，栄養習慣，時間を自分のために使うことといった行動を包含している。社会的支援の構成や，それを測定する最良の方法については，まだ同意を得るまでには至っていない。一般的に社会的支援は，その価値を認め，世話をしてくれ，頼れる他者の存在を考慮している(Sarason, Levine, Basham, & Sarason, 1983)。個人が自由に使えるストレスマネジメントの技法やメンタルスキル(しばしば心理的な対処スキルと呼ばれる)は，喚起の制御能力，ストレス状況下での効率的な集中・思考能力といった心理的なスキルから成っている。

　最初のモデルが記した最後の対処資源は，自己選択したあるいは処方された薬物治療であった。今日の社会では，薬物使用は一般的になっている。これらの薬物の多くは，認知的な知覚や生理機能に作用して，ストレス反応と傷害の生起率の高さに影響している。薬物使用は，しばしば内密的であるというその性格から，不可能ではないにしても，しばしば評価が困難になっている。残念ながら，研究者が競技者の薬物使用歴や実体を信頼するには，あまりにも多くの問題(例えば，薬物の内密的な使用といった性格から，関連薬物使用を正しく報告する選手は非常に少ない)があり過ぎる。それゆえに，WilliamsとAndersen(1998)は，ストレス-傷害モデルを批判して，モデルからこの項目を削除するように勧告した。

　対処資源が欠如するとストレスは容易に高まり，そうして傷害のリスクは増加するものと思われる。それとは対照的に，対処資源が1つもしくはすべてある場合，人はストレスフルな競技環境の要求に打ち勝つ能力がより強いと感じるかもしれない。ほとんどの研究者は，モデルに記されている種々の対処資源が単独的に作用するのか共同的に作用するのかを吟味していない。もっとも大きなストレス反応とストレス-傷害の関連性は，3つの変数(一般的な対処行動，社会的支援，心理的な対処スキル)がすべて低いスポーツ参加者に生じると推測できる。同様に，もっとも大きい傷害からの回復力は，3つの変数すべてが高いスポーツ参加者に生じるものと思われます。

　競技者の対処資源が傷害に直接的に影響していること，あるいは怪我のしやすさに対するライフストレスの影響を調整していることについては，かなりの証拠がある。Williams, Tonymonら(1986)は，大学対抗バレーボールの選手の負傷を唯一予測するのは，対処資源レベルの低さであることを明らかにした。Williamsらの尺度は，どちらかといえば極端に単純化したものであったが，摂食行動・睡眠行動・自分のために時間を使うことといった一般的な対処資源と社会的

支援の評価項目を包含した実施しやすい包括的な尺度であった(L. Miller & Smith, 1982)。Blackwell と McCullagh(1990)は、同じ対処資源の質問紙を大学対抗フットボールの選手に使用したが、Williams, Tonymon らの知見を再確認することはできなかった。しかしながら、修正版の質問紙(競技者用により適切に修正した)を使用した、Hanson ら(1992)は、傷害の重篤度と発生頻度の群間差をもっともよく識別するものが対処資源であることを明らかにした。傷害群の対処資源は、非傷害群よりも有意に少なかった。

社会的支援を単独に調べたり、あるいは社会的支援と心理的な対処スキルを別々に評価している研究者もいる。社会的支援とスポーツ傷害の直接的な関係を明らかにした研究は 3 編ある(Byrd, 1993; Hardy et al., 1990; Hardy, Prentice, Kirsanoff, Richman, & Rosenfeld, 1987)。それらの研究では、ライフストレスに関わらず、社会的支援のレベルが高い競技者の傷害発生率はより低く、社会的支援のレベルが低い競技者はより傷害を抱えていた。Hardy ら(1990)の研究では、これらの知見は男子だけに生じていた。加えて、Coddington と Troxell(1982)は、社会的支援を特に調べたわけではなかったが大切なものの喪失のようなライフイベント(例えば、別居、離婚、死別)のストレスによる家庭の不安定の問題を経験した高校フットボール選手は、このようなストレスを経験しない選手よりも多く傷害を受けることを明らかにした。それとは対照的に、Lavallee と Flint(1996)、Rider と Hicks(1995)は、社会的支援のレベルと、怪我のしやすさや回復力の間に、何の関係も見出さなかった。

社会的支援は、ライフストレスと傷害の関係を、常にとは言わないまでも、通常はストレス-傷害モデルの仮説通りに調整すると報告した研究者もいる。大学女子体操選手を調べた Petrie(1992)は、社会的支援が低い(社会的支援への満足感の尺度で下 3 分の 1 の得点)体操選手では、ネガティブなライフストレスは、軽症や重症、傷害全般の分散の 14〜24% を説明することを明らかにした。社会的支援が高い体操選手群では、ライフストレスと傷害の間に有意な関係がなかった。ネガティブなライフストレスのデータは、傷害の分散のわずか 6〜12% を説明していたにすぎなかった。Petrie は、社会的支援が傷害に直接影響するのかどうかの統計を報告しなかったが、次のように述べていた；社会的支援は、競技者が高いネガティブなライフストレスを経験する場合には、ストレスレベルに依存して、本質的に異なる 2 つの方法で機能するように思われる。高い社会的支援は競技者を傷害から守るように思われるが、低い社会的支援は、傷害への脆弱性を有意に高めるようなライフストレスの有害な効果を増幅するように思われる。Patterson ら(1998)は、バレエダンサーを調べて、同様の結論に到達した。高いレベルの社会的支援を報告したダンサーでは、ネガティブなライフイベントが、傷害と関係しなかった。これに対して、生活における低いレベルの社会的支援を報告したダンサーでは、ストレスフルなライフイベントが傷害の分散のほぼ 50% を説明していた。

その後の Petrie(1993b)の研究から、試合における身分は社会的支援-ライフストレス-傷害の関係を調整することが明らかになった。フットボールの非先発選手では何の関係も生じなかったが、ネガティブなライフストレスが高く社会的支援が低い先発選手には、より重度な傷害、より長期の休養、より多くの試合欠場が生じていた。Petrie(1992)の知見を再確認したそれらの知見は、ストレス-傷害モデルで仮定した関係を支持している。しかしながら、1992 年の研究や傷害モデルに反して、Petrie は、次のことも明らかにした；より低いストレス条件下では、高いレベルの社会的支援を報告した先発選手は、低いレベルの支援を報告した先発選手よりも傷害を経験しやすくなる。Petrie はこの思いがけない知見の説明として、低いストレス条件下では高い社会的支援ほど競技者に大きな安心感と自信を与える可能性があると示唆した。これらは結果として、スポーツにおけるリスクテイキング行動の増加や、怪我のしやすさと結びつくように思われる。

Hardy らの 2 つの研究(1990, 1991)から、社会的支援は、ライフストレスと傷害の関係を、ジェンダーとライフストレスのタイプに依存して調整することが明らかになった。女子を対象とした 1990 年の研究では、社会的支援がライフストレスと傷害との関係に正と負の影響をともに与えていた。社会的支援(人の数と満足度)が低い場合には、イベントの尺度とした、全体的なライフイベント(TLE)、ネガティブなライフイベント(NLE)、高い対象の喪失(OL)の得点に依存して、傷害の重篤度の分散の 73〜92%、69〜85% をそれぞれ説明していた。社会的支援(提供者の数)が高い女子では、TLE と OL の得点が、傷害の分散の 50% と 55% をそれぞれ説明していた。これらの知見は、対象とした女子選手の数(20 名)が少ないことによるアーチファクトと思われる。上記の結果を他の女子サッカー選手に一般化する前には、さらなる追加研究が必要である。

1991 年の Hardy らの研究から、高い社会的支援は、OL あるいは PLE も高い場合、男子競技者のウェルビーイングに、ポジティブよりもむしろネガティブな影響与えることが明らかになった。それとは対照的に、高いネガティブなライフイベントを抱えた男子競技者の傷害率は、社会的支援の提供者数と感情的な問題支援の達成度が増加する場合には低下した。研究者は、社会的支援が、ストレッサーとサポートタイプが一致する程度にある間だけ男子競技者に有効であると結論づけた。Hardy らも女子競技者を調べたが、社会的支援と傷害の頻度や重篤度の間には何の関係も見出せなかった。

最近になって，AndersenとWilliams（1999）は，傷害が社会的支援とストレス反応に連携すると報告した。Andersenらは，ライフストレス，社会的支援，ストレス反応（例えば，ストレス中の周辺視野狭窄）が傷害に与える影響を調べた。大学競技者の全サンプルでは，ネガティブなライフストレスのみが傷害を予測していた。実験参加者のサンプルを社会的支援の高低（中央値で分割）によって分析した場合には，社会的支援はネガティブなライフストレスやストレス反応と相互に作用して傷害を予測した。社会的支援が低い参加者では，高いネガティブなライフストレスとストレス中の周辺視野狭窄の亢進が傷害の分散の26%を予測した。これらの結果は，ライフストレスに加えて，低いレベルの社会的支援が，ストレス反応と行動に直接に影響して，より強い周辺視野狭窄を引き起こし，その結果，傷害の可能性がより大きくなると指摘している。

Smithら（1990a）がライフストレスと2つの対処資源を調べ，それを分析して，2つの調整要因がどのように相互作用するのか，またライフストレスがどのように傷害の発生率の高低と関係するのかを確定した時から，主要な方法論が発展した。Smithらの2つの対処資源は，社会的支援と心理的な対処スキル（例えば，ストレス状況でしっかりと考える能力，喚起と集中を制御する能力）を包含していた。Smithらは，結合的な調整と非結合的な調整の区別について提案した。結合的な調整では，予測要因（例えば，ライフイベント）と成果の変数（すなわち，傷害のある側面）の関係を最大にするような多数の調整要因が，特定の組み合わせや特定のパターン内に同時に生じなければならない。非結合的な調整では，多数の調整要因のどれか1つが，予測要因と基準の関係に個別的に寄与する。

Smithら（1990a）の研究によって，対処資源は，ライフストレス-傷害の関係を調整するが，傷害の発生に直接には影響しないことが明らかになった。社会的支援と心理的な対処スキルがともに低い競技者は，主要なネガティブなライフイベントとそれに続く傷害の間にもっとも強い相関を示した。社会的支援と心理的な対処スキルに対する対処資源の得点がともに下位3分の1に入る競技者では，ネガティブな（高い）ライフイベントが傷害によるプレー中断の分散を22%説明した。社会的支援と対処スキルの得点がより極端な（下位4分の1の）競技者を比較した場合には，ライフストレスに占める傷害の分散が30%以上に増加した。社会的支援や心理的な対処スキルが中〜高レベルの競技者群では，いずれも，ライフストレスと傷害は有意には関係していなかった。ストレスが高くかつ対処資源が少ない競技者の結果は，社会的支援と心理的な対処スキルが結合的な方法（ともに低い得点である必要がある）で作動して，ネガティブなライフ

イベントが高い競技者で最大に怪我をしやすくすると示唆している。これとは対照的に，社会的支援や心理的な対処スキルの得点が中程度または高い競技者にとって，非結合的な調整はライフストレスと傷害の有意な関係につながらなかった。すなわち，心理的な資源のどちらかがあれば，怪我のしやすさは低下した。

Smithら（1990a）の研究は，傷害に関する将来の研究の優れたプロトタイプ（原型）と思われる。残念なことに，他の研究者が同じ研究デザインや統計を誰も採用しなかったのは，おそらく多数の実験参加者（例えば，Smithらは高校代表競技者451名を調べた）を確保する必要があったからだと思われる。Smithら（Byrd, 1993；Lavallee & Flint, 1996；Petrie, 1993a；Rider & Hicks, 1995）と同じ質問紙を使用して心理的な対処スキルを調べたその他の研究では，傷害との関係は何も明らかにならなかった。Smithらの知見を再現することができないということは，それらの研究デザインや統計の違いを考えれば，それほど驚くべきことでもない。Byrdの研究では，怪我のしやすさとの直接的な関係のみを評価していた。LavalleeとFlint, RiderとHicksの研究では，心理的な対処スキルと傷害得点の単純相関だけを計算していた。またこれらの研究には，実験参加者の数が少ないという問題もあった。Petrieは直接的な効果と相互作用的な効果をともに検証するような回帰モデルを使用したが，Smithらは，主に差を期待した場合，このタイプの分析が重要な結果を隠蔽するのはなぜなのかという，注目せずにはいられない議論を提起した。なぜなら，個々人の得点は，連続する得点の全体に渡って分布しているというよりも，末端に分布しているからである。Van Mechelenら（1996）も，対処スキルと傷害を関連づけることができなかった。Van Mechelenらは，問題集中の対処と情動集中の対処を質問紙によって評価した最初の研究者である。

傷害の研究者は，対処資源のそれぞれのタイプが怪我のしやすさにどのように影響するかを，正確には理解していない可能性がある。しかし，たいていの研究は，社会的支援が仮説通りに傷害に直接影響するという結論，あるいはライフストレスと傷害の関係を調整するという結論の，いずれかを明らかに支持している。より控えめではあるが，一般的な対処行動のレベルが低い場合には，競技者の傷害のリスクがより大きくなるという支持もある。しかしながら，一般的な対処行動，特に対処行動がストレスレベルを緩和するかどうかについて調べた研究は非常に少なく，そのため明確な結論には至っていない。明確な結論への到達を妨害しているもう1つの理由は，社会的支援と一般的な対処資源をまとめて1つの得点にする質問紙を通常用いていることである。傷害に対する心理的な対処スキルの関係について何らかの明確な結論に到達するには，より多くの研究も必要である。非常に多くの

研究結果が，心理的な対処スキルが傷害には影響しないと指摘している。心理的な対処スキルが傷害に影響しないと指摘する研究知見は量的に勝っているが，強力なデザインと多数の実験参加者から，心理的な対処スキルが怪我のしやすさに影響するかもしれないと指摘しているポジティブな知見を明らかにした研究もある(Smith et al. 1990a)。この研究は将来の研究者にとって，多数の対処資源とそれらの相互関係を調べることが重要であることを例証している。

ストレス反応

心理社会的な要因がどのように傷害の可能性に影響するのかを説明するそのメカニズムについて検証した研究者は，これまでのところほとんどいない。ストレス反応の亢進，特にその結果としての筋緊張の増加，視野の狭窄，注意集中の減弱は，個人を傷害の大きなリスクにさらすと，AndersenとWilliamsにより仮定されたものである。1つの例外（Andersen & Williams, 1999）を除けば，傷害とストレス反応の関係を調べたストレス反応の研究はなかった。その代わりに，研究者は，傷害リスクのプロフィールが低い者よりも，高い者が低ストレス条件下および高ストレス条件下で示すと思われる状態不安，周辺視野狭窄，中心視野の転導性，筋緊張を検討した。

低ストレス条件下と高ストレス条件下での，心理社会的要因と筋緊張の結びつきを調べた研究は，1つだけであった（Andersen, 1988）。Andersenは，ストレス条件下に全体集団の筋緊張が増加することを明らかにした。しかし，リスクが高い者の筋緊張はさらに亢進するというモデルの仮説は，支持することができなかった。仮説を支持することができなかった理由は，Andersenが，リスクの高い下位集団よりもむしろ全体集団を調べたことによると思われる。

ストレスフルな実験条件下のパフォーマンスと非ストレスフルな条件下のパフォーマンスを比較したWilliams, Tonymon, Andersen (1990, 1991)の研究によって，前年に主要なライフイベントを多く経験したレクリエーション運動者は，主要なライフイベントをほとんど経験しなかった運動者に比べて，高いストレス条件下で，より高い状態不安とより強い周辺視野狭窄を報告することが明らかになった。高いストレス条件は，テープから左耳に送られる大きな音で注意をそらす言葉と，右耳に送られるホワイトノイズとストループ色名を聞きながら，周辺視野課題と中心視野のストループ色-語課題を同時に実行することであった。低いストレス条件の実験参加者は，静かな環境で周辺視野課題のみを行った。同様のストレス操作を使用した3つ目の研究(Andersen, 1988)から，ライフストレスの高い参加者は同様の周辺視野狭窄を呈し，実験者が周辺視野の標的を少し速く動かした時に，視野狭窄がさらに亢進することが明らかになった。最初の評価では，標的をできるだけ遅く動かして，反応時間を純化した。実際の生活状況では，物体（例えば，人やボール）は，しばしば周辺から非常に速い測度で接近する。これは，実際の生活状況における研究が，いかなる実験室的な研究よりも大幅に不足していることを示唆している。

Williamsら(1991)が行った2つ目の研究では，生活を変化させるイベントの効果に加えて，対処資源の効果(社会的支援と食事・栄養・自分のための時間を作るといった一般的な対処行動)と毎日のいざこざを評価した。対処資源は，ストレス反応に直接には影響しなかったが，ストレッサー歴の影響を調整していた。ネガティブなライフイベントが高く，あるいは毎日のいざこざを抱えていても，対処資源も大きいレクリエーション運動者は，同様の高いストレスを抱えていても対処資源が少ない運動者に比べて，ストレス条件下ではほとんど状態不安を自己報告しなかった。しかしながら，対処資源は，周辺視野の狭窄に有意な影響を与えなかった。

最近になって，WilliamsとAndersen(1997)は，ストレスフルな条件下で，高い傷害-リスクプロフィールを示す競技者のパフォーマンスが中心視野の大きな転導性と結びついているかどうかを，初めて確定した。Williamsらが調べた中心視野の転導性の測度には，重要な視覚手がかりの見逃しもしくはそれへの反応の遅延，無関連の手がかりへの反応，知覚感受性の低下(関連する手がかりを見逃して，存在しない手がかりを報告する割合)などがあった。この研究によって，Williamsらは，次のことを明らかにした；高いストレス条件下のパフォーマンスは，低いストレス条件下のパフォーマンスに比べて，すべての知覚的な変数の有意な悪化と結びついている；しかし，ネガティブなライフイベントの得点が高い競技者は，ライフイベントのストレスが低い競技者よりも，中心視の反応時間が遅く，周辺視野狭窄が大きい。加えて，社会的支援が低い男子は，社会的支援が高い男子に比べて，中心視の手がかり検出に2倍のミスを犯していた。そしてネガティブなライフイベントが高く，社会的支援が低く，対処スキルが低い男子は，知覚感受性がもっとも低かった。女子では，中心視の欠損のみが1つだけ有意であった。ネガティブなライフイベントが高い女子は，それが低い女子に比べて，中心視の手がかり検出に2倍のミスを犯した。しかし，有意な相互作用があったために，この検出ミスは，心理的な対処スキルがより低いとも報告した女子の集団だけに生じることが明らかになった。

傷害に対するストレス反応の関係を調べた先行研究はまったくなかった。しかしながら，AndersenとWilliams(1999)は，最近の研究で，関連する心理社会的なデータを集めて，高・低ストレス条件下の競技者の

中心視と周辺視を検討し、そして次のシーズンの傷害の頻度を記録した。競技者の全サンプルでは、ネガティブなライフイベントのみが、傷害頻度の分散(19%)を有意に説明していた。しかし、社会的支援が低い競技者では、周辺視野狭窄の変化を伴うネガティブなライフイベントが、傷害頻度の分散を26%説明していた。より多くのネガティブなライフイベントを抱え、ストレス下でより大きな周辺視野狭窄を示した社会的支援の低い競技者には、ネガティブなライフイベントがより少なくストレス下の周辺視野狭窄がより小さい社会的支援の低い競技者よりも、多くの傷害が生じた。控えめに言えば、この研究は、初期のストレス-傷害モデルと修正版モデル(Andersen & Williams, 1988；Williams & Andersen, 1998)で提案されたようなメカニズムを、実際の傷害に結びつけていた。

完全に系統の異なる研究から、ストレス-傷害の関係を調整する注意の混乱が、さらに明らかになっている。ストレッサー歴の研究に引用されるThompsonとMorris(1994)も、ビジランスの(幅広い)障害あるいは集中の(狭い)障害といった注意の障害が、傷害に対するストレスフルなライフイベントの関係を調整するかどうかを確定した。また、符号検査(Symbol Digit Modalities Test)を使用して、傷害のリスクが最近ライフイベントストレッサーが存在した場合やビジランスが低下した場合に高まることを明らかにした。これは、ビジランスが低下するとストレスフルなライフイベントによって傷害のリスクが高まることを示唆している。加えて、競技者の注意集中能力が高まるにつれて、傷害の可能性は有意に低下した。

Thompsonらは、実験参加者に傷害のリスクを負わせると思われる変数や心理社会的な変数を調べなかった。しかし、Janelle, Singer, Williams(1999)の最近の知覚研究は、ストレス-傷害モデルが提示するメカニズムを間接的に支持しており、ストレス反応が高まるとなぜ傷害が生じるかの理由を説明している。Janelleらは、二重課題のオートレースシュミレーションを使用し、不安条件に割り当てた実験参加者の不安レベルを徐々に高くして、妨害による注意の狭窄を調べた。Janelleらは、不安のレベルが高くなるほど、周辺視の光の同定がより遅延しかつ正確性が低下することや、中心視と周辺視の課題におけるパフォーマンスが有意に低下することを明らかにした。対害による不安群は、高い不安レベル下にある他のどの群よりも反応時間が長く、かつ多くの周辺視光を誤認した。心理社会的なリスクのプロフィールが高い競技者は心理社会的なリスクのプロフィールが低い競技者よりも、より大きなストレス反応で不安条件に答えると仮定すれば、これらリスクの高い競技者は、Janelleらが明らかにしたより高いレベルの注意の障害を経験し、心理社会的なプロフィールの低い競技者よりも、より大きな傷害のリスクを負うようになると思われる。

自らのストレス-傷害モデルを批判したWilliamsとAndersen(1998)は、モデルのストレス反応の部分に全身の筋緊張の増加、視野の狭窄、注意の低下のほか聴力障害を加えて、生理学的／注意的な側面を拡張するように勧告した。その勧告を支持するものとして、射撃スポーツでは高いストレス条件のもとで聴力障害が生じるとしたLanders, Wang, Courtet(1985)の研究を引用した。聴覚手がかりに対する射撃選手の反応は、ストレス時に有意に延長した。聴覚手がかりに対する反応時間の延長、あるいは反応の失敗は、射撃選手の傷害とはほとんど関係していない。しかし、他のスポーツ(例えば、接触スポーツ)では、危険の警告音に反応しないことや遅れて反応することは、傷害のリスクに対して重要な意味がある。このように、WilliamsとAndersenは、モデルと研究をストレス下での聴覚検出の領域に拡張することは有益であると確信した。

怪我をしにくくするための介入

ストレス-傷害モデル(図30.1を参照)の中でもっとも研究数が少ないのは、ストレス反応を抑えて、怪我をしにくくするための介入の実行と評価の分野である。モデルでは、傷害が潜在的なリスク者のストレス反応を亢進させることがないようにする二分岐のアプローチを示唆している。第1の介入セットは、潜在的にストレスフルなイベントに対する認知的評価の変更を目的にしている。第2の介入セットは、ストレス反応の生理的／注意的な側面の修正を目的にしている。さらに、これらの介入やその他の介入を使用すれば、対処資源とパーソナリティ要因の調整変数に直接に影響を与えることができる。ストレス反応の認知的評価への介入には、ストレスのような不適応反応を生み出す思考パターンの根絶技法といったものもある。また、現実的な期待、帰属感(例えば、チームの団結力)、コーチと選手の最適なコミュニケーションを助長するような介入などもある。例えば、スポーツ心理学者がコーチに手をさしのべて、競技者とのより良いコミュニケーション(競技者の能力と潜在力に関する)の実現を図ってやれば、競技者は、潜在的にストレスフルな競技状況下での要求と利用可能な資源を、より現実的に評価することが可能になると思われる。うまくすれば、このコーチと競技者の良好なコミュニケーションは、不適切な認知的反応を抑えるものと思われる。ストレス反応の注意的／生理的な側面への介入は、生理的な賦活の低減と集中力の向上を目的にしたものと思われる。

ストレス反応を軽減するとされている種々の介入については、多くの詳細な研究がある。例えば、Zinsser, Bunker, Williams(1998)は、うまく機能しない思考を変更して自信を構築するための、思考の停止や認

知的な再構築といった技法を記述している。Williamsと Harris（1998）は，生理的な賦活のレベルを下げる技法（例えば，漸進的筋弛緩法，瞑想，自律訓練法，呼吸運動）について記述している。Schmidと Peper（1998）は，注意の分散を抑えて適切な注意集中の維持に役立つ多数の集中訓練技法を記述している。

認知的トレーニングプログラムや生理的（バイオフィードバック）トレーニングプログラムに参加した後にバスケットボール選手やフットボール選手の軽い傷害が顕著に減少することを明らかにした DeWitt（1980）の研究は，モデルの介入部分を一部支持したものになっている。残念なことに，DeWitt は，身体的な傷害の客観的なデータを収集しなかった。Murphy（1988）は，また別の心理的な介入プログラムを記述している。このプログラムは傷害に特定の焦点を当てたものではなかったが，このプログラムには傷害に対する何らかの価値があるように思われる。Murphyは，1987 年の Olympic Sports Festival 時に，チームメンバー 12 名にリラクセーション活動を実施した。メンバー中 5 名は軽い傷害を，2 名は重い傷害を抱えていた。競技を迎えるまで，毎日練習後にリラクセーション活動を実施した結果，12 名の選手全員が競技可能となった。

Davis（1991）は，アスレティックトレーナーが 2 つの大学チームから練習期間中に漸進的リラクセーションや技術的／方略的イメージトレーニングの前後に集めた傷害データの記録文書をレビューした。主要な知見は，競技シーズン中にリラクセーションとスキルイメージを練習した水泳選手の傷害が 52% 減少したことと，フットボール選手の傷害が 33% 減少したことであった。これらの研究結果は，スポーツ心理学者がパフォーマンスの向上プログラムを開始する場合には，パフォーマンスの向上の評価に加えて，傷害の低減によって起こり得る効果も評価すべきであると示唆している。

Mayと Brown（1989）は，また別の有益な介入の研究を行った。May らは，注意制御・イメージトレーニング・他のメンタルプラクティススキルといった介入技法を，カルガリーオリンピックのアルペンスキーアメリカ代表の個人選手・ペア選手・団体選手に使用した。また，メンタルスキルのトレーニングに加えて，チームの構築，コミュニケーション，関係の方向づけ，危機介入も使用した。May と Brown は，使用した介入が傷害の減少，自信の増強，自己統制の向上につながると報告した。それらの研究はいずれも傷害のリスクがある競技者を標的にしていたのではなく，一般的な競技者を標的にしていたことや，認知的トレーニング・集中力トレーニングのような介入プログラムはほとんど使用していなかったことを考えれば，傷害に対する事前介入プログラムの利点はさらに印象的である。

傷害の予防に関する Kerrと Goss（1996）の最近の前向きの実験研究から，ストレスマネジメントプログラムはライフストレスと傷害を軽減することがさらに明らかになっている。実験参加者は国代表レベルまたは国際レベルの体操選手 24 名であった。参加者を，ジェンダー・年齢・パフォーマンスによってペアに分け，次に統制群と実験群にランダムに割り当てた。実験群の各体操選手は，8 ヵ月間に渡って，実験者の 1 人と隔週 1 回 1 時間のストレスマネジメントセッションを個別的に 16 回行った。Meichenbaum（1985）のストレス予防接種トレーニングプログラムは，認知の再構築，思考の制御，イメージトレーニング，シミュレーションといったスキルを包含した，ストレスマネジメントプログラムの枠組みになっていた。

シーズン半ば（事前介入を評価してから 4 ヵ月後）からシーズンの絶頂期（シーズン半ばの 4 ヵ月後で National Championships の絶頂期）までに，ストレスマネジメント群は，統制群に比較して，ネガティブな競技ストレスと全体的なネガティブなストレスが有意に低く，よりポジティブな競技ストレスを感じていると報告した。シーズン半ば（4 ヵ月後）には，違いはなかった。統計的に有意ではなかったが，シーズン半ばから National Championships までの間，ストレスマネジメントに参加した者の傷害期間は，統制群の実験参加者の半分であった（実験群の 5 日に対して，統制群は 10 日）。

傷害データに有意差が出なかった理由について議論した時に，実験者は次のようにその理由を推測した；リラクセーションと注意分散の制御スキルを 4 ヵ月の間導入することができなかったために，体操選手は，喚起の亢進や注意集中の低下に直ちに対処するための特定のスキルを，傷害に強く影響できるほど十分に身につけることができなかったのではないか。この研究を批判した Andersenと Stoove（1998）は，有意差を得ることができなかったのは，おそらく各群の実験参加者数の少なさと関係しており，このことが介入効果を弱める結果になったと述べた。実際，傷害の発生の実質的な効果サイズは 0.67 であった。この値は中程度以上のものである。このように，Kerrと Goss（1996）の結果には，傷害の予防と心理的介入によるストレスの低減のいずれにとっても心強いものがある。

社会的支援の変数を調べた初期のストレス−傷害の研究結果は，スポーツ損傷に対する回復力が競技者の社会的支援を増加するように工夫した介入によって増強すると示唆している。非結合的な調整はネガティブなライフストレスが高い競技者の外傷・障害傷害リスクを軽減するという自らの知見に基づき，Smith ら（1990a）は，介入の見地から，競技者の生活に多くの社会的支援を提供すれば，あるいは競技者に心理的な対処スキルを教育すれば，スポーツ傷害の回復力を増

強することができると述べている。研究者は、社会的支援を増強するための多くの方略を提案している；その中にはコーチのトレーニングに関係するもの(Smith, Smoll, & Curtis, 1979)や、チームの構築に関係するもの(Nideffer, 1981)などがある。Richman, Hardy, Rosenfeld, Callahan(1989)の最近の論文は、コーチやスポーツ心理学者が学生競技者の社会的支援のタイプやレベルを左右できそうなさまざまな方略の最良の情報源になっている。現在までのところ、社会的支援を改善してストレスや傷害を軽減しようとした研究者は誰もいない。

Cupal(1998)は、スポーツ傷害予防の心理的な介入を包括的にレビューした最近の論文で、これら過去の介入研究は、認知的評価モデルに基づいており、傷害および傷害によるプレー中断の明らかな低減を実証していると結論づけている。また、介入についての将来の研究では、よりしっかりとした練習を観察する必要があるとも述べている。また、統制群とプラセボ群、縦断的な前向きの研究デザイン、適切な統計解析の使用を示唆し、処置に影響する可能性のある剰余変数を制御するために、より大きなサンプルサイズ、実験参加者のマッチング、同質の集団、ランダム化の使用も勧告している。

将来の研究ニーズと動向の要約

AndersenとWilliams(1988)が提唱した複合的で相互作用的なストレス–傷害モデルは、傷害リスクの心理学的な研究をするための実行可能な理論的基盤であることが判明している。ストレス–傷害モデルの多様な側面と生成された仮説に対する実質的な支持を考慮したWilliamsとAndersen(1998)は、このモデルを大きく変更する正当な理由は見当たらないと結論づけた。しかしながら、本章の初めに論じたモデルの小さな変更に加えて、急性の傷害やオーバーユース障害に関して、いくつかの警告を発している。

WilliamsとAndersen(1998)によれば、今の状勢では、ストレス–傷害モデルが、急性の傷害におそらくもっとも適したもののように思われる。オーバーユース障害といった他のタイプの傷害の原因とメカニズムは広く知られている。オーバーユース障害は使い過ぎによって生じるが、ストレス反応内のメカニズムがそれを媒介するとは思えないし、媒介するにしてもごくわずかであるように思われる。競技者が関節や筋系を酷使する理由は別の問題である。Meyer(1995)は、オーバーユース障害にいくつかのパーソナリティ特性(例えば、完全主義)が影響するのかもしれないと示唆している。しかしながら、他の慢性的な障害は、軽度のストレス反応から生じる可能性がある。AndersenとWilliams(1988)のモデルのあらゆる注意的・生理的な徴候は、急性の高いストレス反応に対して現われるものと思われる。軽度なストレスで出現するのは、おそらく全身性の筋緊張のみと思われる。ある種の慢性的な障害は、低いレベルの拮抗筋と主働筋が同時に活動する運動によって発生し、筋と関節に過度の緊張をもたらす可能性がある。低いレベルのストレス反応を通して慢性障害に発展する可能性は、まだ明らかになっていない。また、以前の研究者は、急性の外傷を引き起こすメカニズムとオーバーユース障害を引き起こすメカニズムの違いという一般的な問題を適切に評価すらしていない。

将来の研究者は、多数の予測要因と調整変数を調べて、そして仮定したストレス反応、怪我のしやすさと回復力にこれらの変数が相互に作用して影響するさまざまなパターンを確定しなければならない。加えて、Smithら(1990a)が明らかにした社会的支援と心理的な対処スキルの共同的な作用の問題は、特に将来の研究課題として有望と思われる。Smithらの非結合的なパターンと結合的なパターンを、他のスポーツと年齢群(例えば、大学とプロの競技者)や他のパーソナリティの変数と他の対処資源の変数に適用できるかどうかは、まだ明らかになっていない。研究者は、PetrieとFalkstein(1998)の論文がスポーツ傷害を予測する研究の方法論的・測定的・統計的な問題を勧告しているように、興味ある期間中の多様な機会に心理社会的な変数を測定する必要がある。

多数の予測要因と調整変数の調査や、同様に極端な変数に偏る個人の下位集団を調べる際の1つの問題は、非常に大きなサンプル数を必要とすることである。実践的な必然性から、将来の研究者は、多数の地理的区域の研究者との共同研究を考える必要があると思われる。このようなアプローチには、結果の一般化を強化するようなさらなるメリットがある。実験参加者のサンプルをどこから抽出するかとは関わりなく、研究の開始時には、競技者は"無症候"の状態、すなわち、運動を休止するような傷害が何もない、もしくは参加のタイプに制約がない状態でなければならない。この手続きに準ずることができないならば、研究者は、傷害のある競技者を分離して、実験参加者の既存の傷害が将来の傷害に与える影響や、傷害発生に対する予測要因と調整変数の関係を確定しなくてはならない。AndersenとWilliams(1988)のモデルが指摘しているように、以前の傷害は、個人の怪我をしやすくするようなストレッサー歴の1つのストレス源になっている可能性がある。

将来の研究者は、スポーツの種目の違い、ジェンダー、競技レベル、プレーにおける身分が、心理社会的な要因と傷害の発生の関係に特異的な影響を与えるかどうかも確定する必要がある。ライフイベントストレス–スポーツ傷害の領域では、レビューした35編の研究中30編が、高いライフストレスと傷害の間の何

らかの関連性を明らかにしていた。しかし，関係の強さについては，研究によってかなりのばらつきがあった。測定しなかった心理社会的な関連変数の個人差は，おそらくこれらの違いのいくつかに関与したものと思われるが，ジェンダー，スポーツ，競技レベルなどの差も同様に関与していたと思われる。さまざまな傷害のタイプ・タイミング（例えば，競技前・競技中・競技後のいずれか，また勝った時か負けた時か）のリスクも，先行研究を扱う時には調べる価値がある。

研究者が，先行研究の示唆に基づいて研究を始める際には，前向きのデザインを継続的に使用して，傷害の自己報告よりもむしろ傷害の客観的なデータ（アスレチックトレーナーの資格や他の資格をもつ者が観察し記録したデータ）を集めるべきである。幸いなことに，後ろ向きのデザインを報告し，さらに／あるいは傷害の客観的なデータを集めることができなかった過去のストレス−傷害の研究者は，20％以下にすぎない。

人の正確な比較能力を妨げるような別の次元について，それぞれの研究は心理社会的な変数（特に，ライフイベントストレス）と傷害を操作的に定義している。前述したように，過去の研究者が使用したライフイベントストレスの測定ツールと傷害の基準にはかなりばらつきがあった。将来の研究者は，傷害のもっとも有意義な基準を確定し，同時に，ストレッサー，パーソナリティ変数，対処資源の最適な測定ツールを確定する必要がある。ライフイベントストレスに関して言えば，スポーツに基づくツールと回答者が感じるライフイベントの望ましさや影響を用いてストレスを測定するツール（例えば，競技生活経験調査〔Athletic Life Experiences Survey〕）は，標準的な重みづけをしたツール（例えば，社会・競技・再調整順位付け尺度〔Social and Athletic Readjustment Rating Scale〕）よりも優れているように思われる。より新しい大学競技者ライフイベント調査〔Life Events Survey for Collegiate Athletes：LESCA〕がそれらの基準をともに満たしていることは，データから明らかになっている。さらに，LESCAは，内容の妥当性が優れており，ライフストレスの安定した測度になっている（Petrie, 1990b）。LESCAは，大学体操選手のスポーツ傷害を，SARRSよりも的確に予測することも明らかになった。他のスポーツでは確認していないが，LESCAは，ライフイベントストレスの最良の測度と思われる。将来の研究者が，パーソナリティの変数や対処資源の測定ツールを決定する際には，使用する質問紙が一般的なものなのかそれともスポーツに基づくものなのかを考慮しなければならない。スポーツに基づく質問紙は，一般的な質問紙よりもスポーツ傷害を適切に予測しているように思われる。知見が得られるのは，ライフイベントストレスと同様に，統制の所在と特性不安を測定する場合である。

傷害を評価する場合，ほとんどの研究者は休止を測定するある種の尺度を共通して使用している。他には傷害の数という尺度もあるし，治療の必要があっても活動を修正する必要はない傷害を含める研究者もいる。傷害を操作的に定義する場合，傷害の研究者で，傷害のリスク状態に基づいて傷害の尺度を補正している者は，ほとんどいない。Smithら（1990a）とVan Mechelenら（1996）は，これらの方法を使用して，このような調整の重要性を論じ，傷害のリスク状態で補正する操作化方法を例示している。測定問題のより徹底的な議論については，PetrieとFalkstein（1998）の研究を参照されたい。

新しい統計的な分析も，将来の心理学的な傷害研究を効果的に推し進めるものと思われる。調整変数の効果の評価に当たって，Smithら（1990a）は，重回帰分析よりもむしろ自らの相関的アプローチに注目せずにはいられないような議論をして，調整回帰分析（Baron & Kenny, 1986 ; Cronbach, 1987）が，調整要因の影響の評価にいつでも推奨できるアプローチであると指摘した。このような分析では，2つの変数間や3つ以上の変数間の相互作用と同様に，予測要因と調整変数の主効果を調べている。しかしながら，Smithらや他の研究者（例えば，Dunlap & Kemery, 1987 ; Hedges, 1987）は，このタイプの分析では，特に予測要因−基準の有意な関係が小規模の下位群のみに生じる場合には，しばしば調整要因の効果を明らかにすることができないと指摘している。リスク状態にある小規模の下位群は，スポーツ傷害の研究によくあるケースと思われる（例えば，Smithら，1990a）。

Petrie（1990a）は，将来の研究者に対して，別の統計的な示唆をしている。Petrieは，AndersenとWilliams（1988）の理論モデルの妥当性と実用的な意義を，共分散構造モデル（covariance structure modeling：CSM）を使用して確定するように奨めている。CSMを使用すれば，理論モデルの構造要素と尺度は同時に特定することができる。モデル内のストレッサー歴，パーソナリティ，対処資源，ストレス反応の各変数のデータをできるだけ多く集めた後で，変数間に仮定した関係はCSMによって確定することができる。研究者は，測定した変数間の相関あるいは共分散を使用して，特定集団におけるそれぞれの因果モデルの妥当性を確定している。さらに，Petrieは，CSMによって変数の心理的な測定の妥当性（構成概念の妥当性に関して）を調べることができると述べている。

モデル内に仮定したメカニズム，特に周辺視野狭窄に影響するリスク因子については明らかになっている。しかし，ストレス反応のさまざまな知覚的・生理的な側面の経験が傷害の発生に影響するのかどうかを確定するには，さらなる研究が必要である。紙と鉛筆による質問紙法を併用したストレス反応のデータは，

傷害のリスクを明確にすると思えるし，傷害リスクを低減する介入プログラムのデザインの構築にとって最良の基盤になるものと思われる。医学の領域では長年に渡ってストレス反応を観察していると，Andersen と Williams (1993) は述べている。例えば，心臓病のリスクを評価する場合には，Type A 行動や他の変数を調べる質問紙を施行したり，ストレステスト中の参加者を生理的にモニターしている。スポーツ外傷・障害の研究や評価にも，同様のアプローチをする時期が到来している。これをどのように行うのかの示唆については，Andersen と Williams (1999) と Williams ら (1990, 1991) を参照されたい。研究者は，他の要因に比較した心理社会的な要因の相対的な関与を確定するために，傷害のリスクに寄与すると思われる心理社会的な変数と身体的要因の同時的な検討も考慮しなければならない。これを実施した数少ない研究の1つ (Van Mechelen et al., 1996) から，体力と身体計測の変数はスポーツ傷害のリスクと関係しなくても，心理的な要因とは有意に関係することが明らかになった。

傷害予防プログラムを実施・評価して，それを前向きに調べる研究が，将来のもっともエキサイティングなアプローチの1つになると思われる。より明確に言えば，どのようなタイプの介入と小集団に，傷害率と重篤度の改善がもっともみられるのかということである。主に関心がある変数は傷害率であるが，もう1つのアプローチは，競技者がストレス反応を制御することの効用について，それを前述した精神生理学や知覚のストレス測度で再テストして観察することである。さらに，ストレス反応が低下すれば傷害の回復力は改善するのかといった問題もある。いったんこれらの問題が解決すれば，実践家は怪我をしにくくするための，もっとも実行可能でかつ費用効率のよい有益な介入を計画することができるようになると思われる。

Davis (1991) は，パフォーマンスの向上と痛みの優れたマネジメントによって怪我をしにくくすると思われるような，別の介入経路に注目している。公表されてはいないが，Davis は，競技トレーナーの報告"競技者は負けた後に傷害を報告しがちであり，勝った後にはあまり報告しない"ことに注目している。リラクセーショントレーニングの痛みのマネジメント (Kendal & Watson, 1981) には，競技者が傷害による痛みをあまり経験しない場合には，アスレティックトレーナーにほとんど傷害を訴えなくさせたり，あるいは傷害があっても，それをより早く回復させるような効用があると思われる。少なくとも，傷害を予防するための介入の研究者は，傷害を観察することの効用と同様に，潜在的なパフォーマンスを観察することも考慮すべきである。また，パフォーマンスの向上を目指すプログラムの実行者は，パフォーマンスの改善と同様に，傷害の低下の効果も評価すべきである。

実践家とのかかわり

心理社会的な変数による傷害は，不可避な事象としてよりもむしろ回避可能な事象として認識する必要がある。コーチや他のスポーツ関係者は，コンディショニングプログラム，適切な技法の教示，最新の装置や施設デザインの提供，といった手段によって，傷害のリスクを下げようとしている。これと同様の方法で，心理社会的な要因による傷害のリスクを下げる時期が来ている。初期の研究者の中には，傷害の心理社会的なリスク要因に関する知識の臨床的な使用は時期尚早と主張する者 (例えば，Bramwell et al., 1975 ; Hardy & Riehl, 1988) もいた。傷害の金銭的・個人的・チーム／組織的な負担は非常に深刻な状態にあることから，著者らは傷害を低減する上で，納得できる手段なら，どのような手段も見過ごしてはならないと主張したい。

少なくとも，スポーツ心理学者は，傷害に強く影響すると思われる心理社会的な変数を，コーチ・競技トレーナー・他のスポーツ医療関係者に教育し始めるべきである。このような知識は，競技者が生活する非スポーツ的な側面のストレスに関して，コーチやその他の関係者の意識を高めるものと思われる。このような感受性の高まりは，より大きな社会的支援の提供にまでつながると思われ，それがストレスの有害な効果を潜在的に緩和しているものと思われる。コーチもまた，多くの破壊的なストレッサーを現在経験していることがわかっている競技者や適切な対処資源を持たないような競技者のリスクや強度のレベルを下げるようトレーニングを一時的に修正してみたいと思うかもしれない。コーチは，緻密な修正やそれほど緻密ではない修正を加えて，練習・試合環境に不要な心理的ストレスの要因を低減することができる。

結局のところ，コーチやスポーツ心理学者は，傷害のリスクが高いプロフィール (例えば，多くのストレッサー，より悪化させるようなパーソナリティ特徴，少ない対処資源) を示す競技者に，介入プログラムの実行を考慮しなければならない。不適応な思考パターンの変更技法や，生理的な喚起徴候の認識・制御の技法を学習すれば，ストレスフルイベントに対する競技者の対処はよりよいものとなり，それによって傷害の回復力は高まるものと思われる。集中力の向上を目指した注意スキルの教育は，特にストレス状況下では，傷害を予防する別の有望な方略と思われる。傷害に対するこのような介入プログラムの効果を支持する研究データには限りがあるが，ポジティブな結果のみを示し，推奨できる確固たる理論的基盤を有した関連研究はわずかである。このようなプログラムを実行した際の最悪の結果は，競技者が単にパフォーマンスの効用を経験するに過ぎないということである。

介入の必要があるリスク状態の競技者を同定するためのより緻密なアプローチには，競技シーズン開始時に行う一般的な健康診断に心理社会的なリスクの評価も加えるべきである。その場合には，少なくとも，ライフイベントと対処資源を算入しなくてはならない。研究者が，傷害のリスク，パーソナリティ変数，毎日のいざこざの間のより強力かつより一貫した関係を実証できるまで，これらの変数を評価に含めることの効果はなさそうに思われる。新しい知見が出現すれば，ストレス反応の評価を含めることのメリットも明らかになると思われる。

　傷害-リスクのスクリーニングを行う際に留意すべき重要なことは，最適で費用効率の高い傷害予防の介入と方略をデザインするためだけに情報を使用して，競技者をスポーツ参加から排除する目的で使用すべきでないということである（Andersen & Williams, 1993）。実践家と研究者は，グループと個人の予測の違いを，決して見失ってはならない。すべての研究には，リスクの高いプロフィールを示していても傷害のない競技者や，リスクの低いプロフィールを示していても傷害のある競技者が多数存在していた。心理社会的なリスク因子を扱う研究の究極的な意義は，知識によって回避可能な傷害の悲劇と費用を低減することの可能性にある。重要なことは，この知識を適切に解釈し，競技者に有害なものと判明した方法はいかなる場合でも使用しないことである。

第31章

スポーツ傷害の
リハビリテーション心理学

スポーツや運動への参加者は，身体的活動への関与の結果として報酬を得ているが，それだけリスクにも遭遇すると思われる。これらのリスクの中で主要なものは，身体的な傷害である。疫学的なデータから，スポーツ傷害は広範囲に渡る公衆衛生の問題であることが明らかになっている（Caine, Caine, & Lindner, 1996）。最近の英国の人口調査では，スポーツ／運動はすべての傷害の単一で主要な原因であり，すべての傷害の約33％を占めていた（Uitenbroek, 1996）。オーストラリアでは，病院の救急治療室を訪れた子供の20％，成人では18％が，スポーツ関連の傷害によるものであった（Finch, Valuri, & Ozanne-Smith, 1998）。アメリカでは，スポーツとレクリエーションに参加した子供と大人の約300万〜1,700万人に傷害が生じ（Bijur et al., 1995；Booth, 1987；Kraus & Conroy, 1984），そのうち約200万人が病院の救急治療室を訪れている（NEISSデータハイライト，1998）。スポーツ傷害に関連する個人と社会の負担は，ぼう大なものになっている。ノースカロライナ州では1年間に高校生の競技者の傷害が12のスポーツ種目に発生しており，その長期の医療費を1,000万ドル，労働損失を1,900万ドルと算出した（Weaver et al., 1999）。

スポーツ傷害は，身体的な機能と，同時にスポーツパフォーマンスに，悪影響を与えている。それに加えて，認知・感情・行動に表われるような心理的な負担を強いている。伝統的にスポーツ医学では，リハビリテーションの質を改善し，傷害のある競技者をスポーツに早期復帰させるような身体的な要因について集中的に調べている。にも関わらず，スポーツ傷害リハビリテーションにおける心理学的要因の役割を評価する研究も，ここ30年の間に増加の一途を辿っている。

本章の目的は，スポーツ傷害リハビリテーションの心理学研究をレビューすることにある。初めにスポーツ傷害リハビリテーションの心理学的な側面を含む理論的展望について議論し，その後に，スポーツ傷害に対する心理的な反応の研究，スポーツ傷害リハビリテーションの心理学的要因，スポーツ傷害リハビリテーションにおける患者と専門家の相互作用を検討する。最後に，スポーツ傷害リハビリテーションの将来における心理学研究の動向を示唆する。

理論的展望

生物心理社会的モデル

スポーツ傷害リハビリテーションの全体的な文脈から心理学的要因を調べるためには，医学と心理学の観点を統合した理論的な枠組みが必要である。他の健康分野の研究成果（Cohen & Rodriguez, 1995；Matthews et al., 1997）と同様に，スポーツ傷害リハビリテーションの研究から，スポーツ傷害リハビリテーションの過程・成果における無数の要因を盛り込んだ統合モデルが生まれている。Brewer, Andersen, Van Raalte（印刷中）は，スポーツ傷害リハビリテーション研究の中心を拡張するために，スポーツ傷害リハビリテーションの生物心理社会的モデルを導入した。またこのモデルは，スポーツ傷害リハビリテーションに関わる既存のモデルを組み入れるための統合的な枠組みになっていた（例えば，Flint, 1998；Leadbetter, 1994；Wiese-Bjornstal, Smith, Shaffer, & Morrey, 1998）。

図31.1に示したように，このモデルには，次の7つの重要な要素がある；傷害，社会人口統計学的要因，生物学的要因，心理学的要因，社会的／文脈的要因，媒介的な生物心理学の成果，スポーツ傷害リハビリテーションの成果。このモデルによれば，傷害（身体的傷害の発生）は，スポーツ傷害リハビリテーショ

本章は国立関節炎，骨格筋，皮膚疾患研究所（National Institute of Arthritis and Musculoskeletal and Skin Diseases：NIAMS）の補助（R29 AR 44484）を一部受けたものである。内容の責任はひとえに著者にあり，NIAMSの公的な見解を示すものではない。

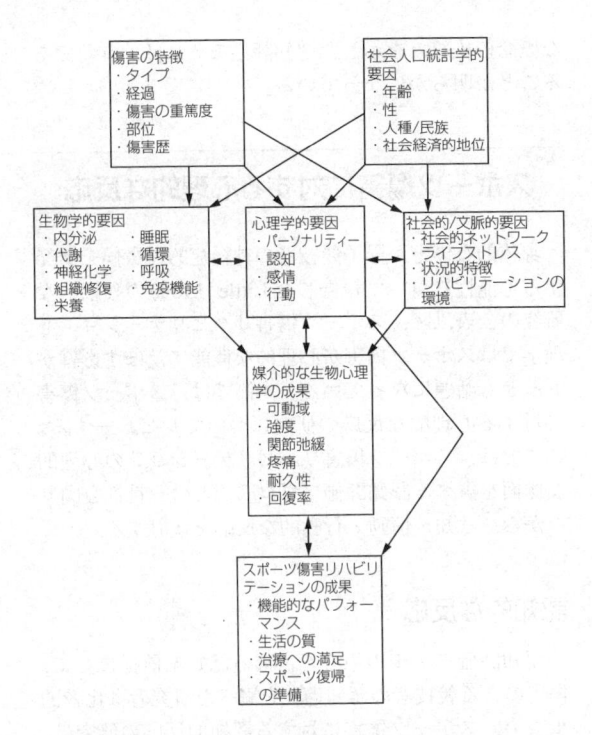

図31.1 スポーツ傷害リハビリテーションの生物心理社会的モデル

("Psychological aspects of sport injury rehabilitation: Toward a biopsychosocial approach" by B.W. Brewer, M.B. Andersen, & J.L. Van Raalte, *Medical Aspects of Sport and Exercise*, edited by D. Mostofsky & L. Zaichkowsky, 印刷中, Morgantown, WV: Fitness Information Technology より)

ンの過程を起動している。同時にこのモデルでは、傷害のタイプ、原因、重篤度、部位、傷害歴が、生物学的要因のみならず、心理学的要因、社会的／文脈的要因にも影響すると考えている。スポーツ傷害リハビリテーション過程には、社会人口統計学的要因（例えば、年齢、ジェンダー、人種／民族性、社会経済上の地位）が、生物学的・心理学的・社会的／文脈的要因に並行的に影響すると仮定している。このモデルの中心的な役割を占める心理学的要因は、生物学的要因と社会的／文脈的要因の両方に関係していると考えている。モデルの直接的な経路の最終点、すなわちスポーツ傷害のリハビリテーションの成果には、心理学的要因と媒介的な生物心理学の成果（例えば、関節可動域、強度、関節の弛緩、痛み、持久力、回復率）を仮定している。媒介的な生物心理学の成果には、生物学的・心理学的要因が影響すると考えている。また、心理学的要因と媒介的な生物心理学の成果およびスポーツ傷害リハビリテーションの成果を結ぶ経路は双方向であると提唱している。

心理学的モデル

生物心理社会的モデル（Brewer et al., 印刷中）は、スポーツ傷害リハビリテーションの過程を調べるための広範な枠組みになっており、心理学的要因がスポーツ傷害リハビリテーションの成果にどのように影響するのかを納得できるように説明しているが、提唱した特定の心理学的要因間の関係については何も明瞭に述べていない。したがって、スポーツ傷害リハビリテーションの心理学をよりよく理解するには、生物心理社会的モデルの諸特徴を詳述するような心理学的モデルを検討することが有益である。スポーツ傷害リハビリテーションの文献にみられる現在の心理学的モデルの大部分は、段階モデルあるいは認知評価モデル（cognitive appraisal model）のように分類することが可能である（Brewer, 1994）。

段階モデル

末期疾患や苦悩・喪失の他の情報に対する心理的な反応の研究をスポーツ傷害の文脈に適用させる場合、段階モデルはスポーツ傷害に対する心理的な反応の記述に向いている。段階モデルが重要な仮説としているものは、傷害が自己のある側面の喪失の構成要素になっていること（Peretz, 1970）、そしてスポーツ傷害に対する心理的な反応が予測可能な順序に従うということである。Kübler-Ross（1969）のモデルをスポーツ傷害に適用した研究者（例えば、Astle, 1986; Lynch, 1988; Rotella, 1985）は、傷害を受けた競技者が、傷害を受容するまでに、否認・怒り・交渉・抑うつの段階を連続的に経験していると示唆している。Kübler-Ross（1969）のモデルは特にスポーツ心理学者の人気を得ているが、スポーツ傷害の段階数と内容を異にしたその他類似の適応モデルも提案されている（Evans & Hardy, 1995）。

本章の以下の節でスポーツ傷害に対する心理的な反応を記述したように、多くの実証的な研究が、スポーツ傷害が悲嘆反応と一致した反応を誘発し得るという前提を支持している（Macchi & Crossman, 1996; Shelley, 1994）。さらに、大半の段階モデルが仮定しているように、スポーツ傷害に対する情動反応には、時間とともにより適応するような傾向がある（例えば、McDonald & Hardy, 1990; Smith, Scott, O'Fallon, & Young, 1990; Uemukai, 1993）。それにもかかわらず、嫌な出来事に対する心理的な反応の広範な研究（Silver & Wortman, 1980 のレビューを参照）と同様に競技者がスポーツ傷害に常同的で段階に類似した方法で反応するという主張は、実証的な吟味に耐えるものにはなっていない（Brewer, 1994）。これまでの研究から、競技者が傷害に心理的に反応する方法には大きな個人差があることや、競技者の個人的な特徴や、傷害の発生とその後のリハビリテーションの状況的な側

面を含めたさまざまな要因に依存することが明らかになっている(Brewer, 1994 ; Wiese-Bjornstal et al., 1998)。

最近の悲嘆反応の概念は,段階モデルをスポーツ傷害に適用したスポーツ心理学者が一般的に訴える概念よりもより動的で,個人の常同性をおしなべて低く見積っている(Evans & Hardy, 1995, 1999)。このような理論の開発によって,段階モデルの精度と予測価は減退した(Rape, Bush, & Slavin, 1992)。しかし,この新たなモデルによって,悲嘆と喪失の段階モデルを,スポーツ傷害による心理的な影響の個人差と文脈差を重視するモデルに統合したり(Evans & Hardy, 1995, 1999),組み入れたり(Wiese-Bjornstal et al., 1998)することが可能になっている。

認知評価モデル

スポーツ傷害に対する反応の主要な2番目の心理的なモデル,いわゆる認知評価モデルは,ストレスと対処の関連理論を色濃く受け継いだ一群の概念的な枠組みであり,スポーツ傷害の心理的な反応を決定する際に,その中心的な役割を認知に与えている。これまでに研究者はいくつかの認知評価モデルを提案している(例えば,Gordon, 1986 ; Grove, 1993 ; Weiss & Troxel, 1986)が,Wiese-Bjornstalら(1998)が示した"統合モデル"は,おそらくもっとも発展しているのではないかと思われる。

図31.2 に示したように,統合モデルでは,傷害前の変数(パーソナリティ,ストレッサー歴,対処資源,介入)と傷害後の変数がともに傷害に対する反応に影響を与えるものと考えている。傷害後の変数の中で,傷害とリハビリテーション過程を解釈(あるいは評価)する方法は,相互に関連する次の3つの相互関連パラメータの影響を受けている:情動的な反応・行動的な反応・回復。認知評価に直接影響するものは,個人の特徴(傷害の属性,個人差の変数)と状況の特徴(スポーツに関連する変数,リハビリテーションを行う社会的・物理的環境の側面)であると仮定している。

一般的な認知評価モデルと,特に統合モデルの諸相を支持している実証的な研究はかなり多い。これまでの研究から,スポーツ傷害は重要なストレッサーであること(Bianco, Malo, & Orlick, 1999 ; Brewer & Petrie, 1995 ; Ford & Gordon, 1999 ; Gould, Udry, Bridges, & Beck, 1997b ; Heniff et al., 1999),個人的・状況的な要因はスポーツ傷害の心理的な反応に結びついていること(Brewer, 1994, 1998, 1999a),心理的な反応はスポーツ傷害リハビリテーションの成果に関係すること(Brewer et al., 印刷中)が明らかになっている。予備的な研究では認知評価モデルが予測する調整的な役割を支持していない(Brewer, Van Raalte, et al., 2000 ; Daly, Brewer, Van Raalte, Petitpas, & Sklar, 1995)が,多くの研究から,柔軟かつ検証可能な概念の枠組みを示した認知評価モデルは,有効であることが明らかになっている。

スポーツ傷害に対する心理的な反応

身体的な傷害が男子競技者の神経症的な徴候を誘発する可能性について報告した Little(1969)の独創的な研究の公表以降,スポーツ傷害リハビリテーション心理学ではスポーツ傷害が心理的な機能に及ぼす影響がもっとも話題になっている。本節では,スポーツ傷害に対する心理的な反応の研究についてレビューする。ここでは,スポーツ傷害リハビリテーションの心理的な側面を調べる認知評価アプローチとの一貫性を図りながら,認知・情動・行動的な反応を検討する。

認知的な反応

認知評価モデルの中心を占める認知を前提にして,傷害のある競技者の認知過程を調べた研究者は比較的少ない。スポーツ傷害に対する認知的反応の研究は,次の4つの主要なトピックスに集中している;(1)傷害の帰属,(2)傷害後の自己認識,(3)対処方略,(4)傷害の恩恵感。

傷害の帰属

予期せぬ出来事は帰属過程を活性化することが明らかになっている(Wong & Weiner, 1981)。一般的に予測不能な,時にはトラウマ的な出来事時に,スポーツ傷害が帰属的な認知活動を引き起こすと予想されている。競技者は傷害の原因帰属にほとんど困難を感じなかったとする研究から,この立場を支持するデータが得られている(Brewer, 1991 ; Laurence, 1997 ; Tedder & Biddle, 1998)。興味深いことに,Tedder と Biddle の実験参加者は自らの傷害を行動的要因に帰属する傾向を示したが,Brewer と Laurence の実験参加者は自らの傷害の原因を機械的/技術的な要因に帰属する傾向を示した。認知評価のアプローチと同様に,個人的な要因(例えば,帰属スタイル,統制の所在)と状況的な要因(例えば,傷害の特徴)は,ともに競技者が引き起こす傷害の因果的な説明に貢献しているように思われる。

傷害後の自己認識

最近,研究者はスポーツ傷害に関係する自己指示的な認知を調べ始めている。また研究者は,傷害のある競技者の傷害後の時間経過に伴う自己認識(例えば,自尊心,自負心)を評価したり,傷害のない競技者の自己認識を評価している。全体的な自尊心に関する知見はあいまいである。傷害後の全体的な自尊心の低下(Leddy, Lambert, & Ogles, 1994)もしくは傷害/非

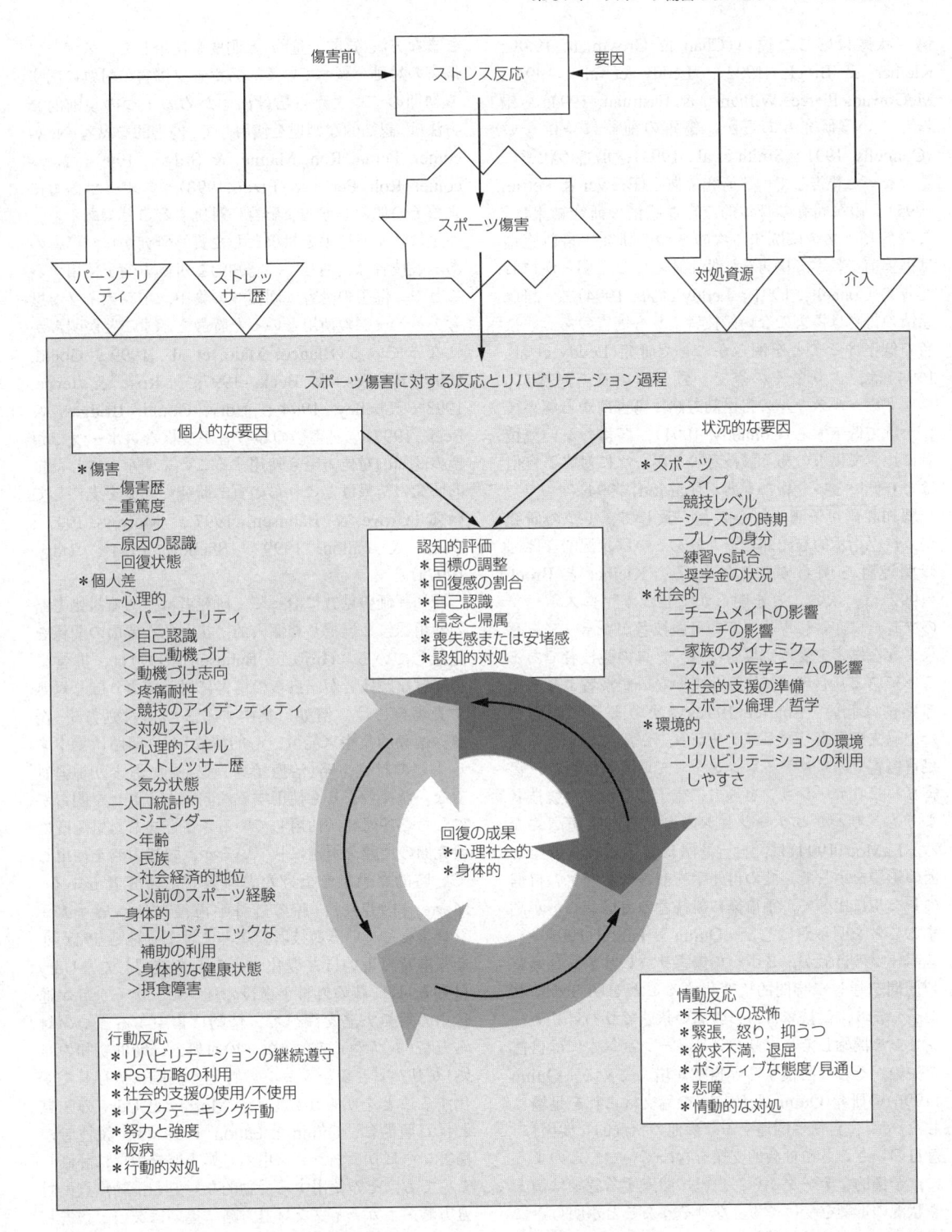

図31.2 スポーツ傷害に対する心理的な反応とリハビリテーション過程の統合モデル
("An integrated model of response to sport injury : Psychological and sociological dimensions" by D.M. Wiese-Bjornstal, A.M. Smith S.M. Shaffer, & M.A., Morrey, 1998, *Journal of Applied Sport Psychology, 10,* p. 49. the Association for the Advancement of Applied Sport Psychology より許可を得て転載)

傷害状態に応じた違い(Chan & Grossman, 1988；Kleiber & Brock, 1992；Leddy et al., 1994；McGowan, Pierce, Williams, & Eastman, 1994)を報告している研究もあるが，傷害の前後に差はない(Connelly, 1991；Smith et al., 1993)，傷害の状態に差はないと報告している研究もある(Brewer & Petrie, 1995)。領域固有の身体的な自尊感情の研究結果は，このトピックスに関する次の2つの研究；自尊感情は傷害前に較べて傷害後に低下することを明らかにした研究(Connelly, 1991；Leddy et al., 1994)と，自尊感情の得点は傷害のない競技者よりも傷害のある競技者で低下することを明らかにした研究(Leddy et al., 1994)は，より多くの点で一致している。同様に，フットボールスキルの自己効力感は傷害前から傷害後にかけて低下する(Connelly, 1991)，傷害のない競技者に比べて傷害のある競技者のスポーツに対する自信はより低いという報告もある(LaMott, 1994)。

認知評価が予測するものと一致して，4つの研究が，自己指示的な認知と個人的あるいは状況的な要因の関連性を明らかにしている。Kleiber と Brock(1992)は，次のことを明らかにした；プロスポーツのプレーに非常に専心している競技者がキャリアを奪うような傷害を受けた場合には，プロの競技者であることにあまり心理的に専心していない競技者よりも自尊感情は低い。Shaffer(1992)は次のように報告した；過去の傷害リハビリテーションが成功し，その後足首傷害リハビリテーションをしている競技者は，傷害リハビリテーションを過去に完了しなかった競技者よりも，リハビリテーションの自己効力感が高くなる。LaMott(1994)は，自己認識に対する状況的な要因の影響を示して，膝の再建手術前のスポーツの自信のレベルに比べて，手術後に競技者の自信レベルが高まることを明らかにした。Quinn と Fallon(1999)も，スポーツの自信が，スポーツ傷害リハビリテーションの期間を通して時間的に変化することを明らかにした。つまり，競技者は自信の高い状態でリハビリテーションを開始しても，リハビリテーション中には自信を失い，そして回復すると自信が増してくる。Quinn(1996)の研究(Quinn & Fallon の論文はこれを足場にした)では，自信と関連するその他の状況的な要因に，毎日のいざこざや社会的支援を含めていた。このように，予備的なデータから，自己に関連する認知は個人や状況の影響を受けやすくなりそうなことが明らかになっている。

対処方略

スポーツ傷害の発生と結びつく可能性がある身体的・心理的なトラウマに対処するために，傷害のある競技者は，対処努力を開始する。しかしながら，対処の科学的な研究がスポーツ傷害の研究課題の1つになったのは，ごく最近のことである。研究者は，さまざまな方法(質的，量的)と測度を使用して，スポーツ傷害の対処を調べている。スポーツ傷害の対処に関する初期のデータから抜け出すための1つの規則的な方法は，認知的な処理を使用して，侵入的な思考(Newcomer, Perna, Roh, Maniar, & Stilger, 1999；Newcomer, Roh, Perna, & Etzel, 1998)やスポーツ傷害によるその他の心理的な影響に対抗することである。

主にスキー選手を対象とした質的研究から，傷害のある競技者は共通して，認知的な対処方略を使用することや，傷害の受容，回復への集中，ポジティブな思考・イメージの使用といった特徴を示すことが明らかになっている(Bianco, Malo, et al., 1999；Gould, Udry, Bridges, & Beck, 1997a；Rose & Jevne, 1993；Shelley, 1994；Udry, Gould, Bridges, & Beck, 1997)。傷害後の競技者が多様なスポーツで類似の認知的対処方略を使用することを明らかにした量的研究の結果は，これらの質的研究の知見を支持している(Grove & Bahnsen, 1997；Morrey, 1997；Quinn & Fallon, 1999；Shelley, 1994；Udry, 1997a)。

認知評価の見方に沿って，研究者は，ある対処方略の使用報告と選択した個人的・状況的な要因の関係を記録している。Grove と Bahnsen(1997)は，非常に神経質な競技者が，自らの傷害に対してより広く対処する場合には，情動に集中する3つの対処方略(否認，情動的集中／発散，心的解放)と，問題に集中する1つの対処方略(治癒イメージ)を，あまり神経質でない競技者よりも使用する傾向があることを明らかにした。各研究が使用しているさまざまな対処測度は研究間の比較を困難にしているが，対処方略を使用して一時的な効果を上げたと報告した研究者もいる。Morrey(1997)は，膝の外科手術後にリハビリテーションをしている競技者の痛みに対する対処方略がかなり有意に近いほど変化することを確認した。Udry(1997a)は，膝の外科手術後のリハビリテーション進行中の対処方略を調べて，情動に集中する2つの対処方略(ネガティブな情動への対処，一時的緩和の対処)がリハビリテーションの特定の段階に依存して変化することを明らかにした。Morrey と Udry の知見とは対照的に，Quinn と Fallon(1999)は，競技者が傷害リハビリテーション中の対処方略を多様に評価していても，その使用する受動的な対処と情動焦点型対処方略／ネガティブな対処方略に違いはないと報告した。Quinn と Fallon の結果にもかかわらず，競技者が共通の方略に基づいて自らの傷害に対処することや，これらの方略の実行が個人差や文脈的な要因とともに系統的に変化することは，明らかである。

傷害の利益感

傷害のある競技者の認知内容には脅威あるいは喪失の評価という特徴がしばしばある(Ford & Gordon,

1999 ; Gould et al., 1997b ; Niedfeldt, 1998)が，場合によっては傷害がより温和な思考内容を生み出す可能性もある。多くの質的研究は，スポーツ傷害には心理的な混乱が伴うこともあり得るにもかかわらず，傷害の発生とリハビリテーションに結びつく利益感が生じ得ると示唆している(Ford, 1998 ; Ford & Gordon, 1999 ; Niedfeldt, 1998 ; Rose & Jevne, 1993 ; Udry, Gould, Bridges, & Beck, 1997)。傷害のある競技者が共通に述べる利益関連の課題には，個人的な成長(例えば，反省の機会，スポーツ以外の興味)，挑戦(例えば，性格テスト)，スポーツパフォーマンスの向上(例えば，動機づけの高まり，学習した身体的教訓)などがある。Perna(1992)の定量的なデータによれば，軽度の傷害のある大学競技者は，生活の満足，心理社会的な発達，学業成績が，重度の傷害のある競技者や傷害のない競技者よりも高いレベルを示していた。これらの結果は，ある種の状況下にある競技者にとって傷害は利益になるという考え方の妥当性を支持している。さらに，引退につながるような傷害を負った競技者の研究(Fisk & King, 1998)から，傷害に関連する成長感が最大となるのは，スポーツ参加によって社会的・個人的に成長したと報告した競技者や，傷害後に何らかの方法でスポーツに関与できると示した競技者であることが明らかになった。傷害後の望ましいライフスタイルを詳細に記述し，スポーツへの関与に多くの自己投資をした個人には，高いレベルの成長感も明らかであった(Fisk & King, 1998)。しかしながら，競技者が有益と感じる傷害に寄与すると思われる特定の個人的な特徴・状況を明らかにするには，さらなる追加研究が必要である(Udry, 1999)。

情動反応

情動反応は，スポーツ傷害に対する心理的な反応のテーマの中で，科学的な研究の主要な標的になっている。これまで多くの研究者が，スポーツ傷害が競技者の感情・気分・情動にどのように影響するのかを，質的・量的に調べている。

質的研究

ここ10年の間に，スポーツ傷害の情動的な帰結に関する質的研究は，徐々に一般的なものになっている。これらの質的な研究によって，傷害のある競技者が経験した情動の豊かな記述，これらの情動がリハビリテーションの経過中に変化する過程や，スポーツ傷害に対する情動的な反応に影響する要因が明らかになっている。

質的研究の参加者は，リハビリテーションの初期段階に，抑うつ，欲求不満，混乱，怒り，恐れといったネガティブな情動を経験するといつも報告している(Bianco, Malo, et al., 1999 ; Gordon & Lindgren, 1990 ; Johnston & Carroll, 1998a ; Shelley & Carroll, 1996 ; Shelley & Sherman, 1996 ; Sparkes, 1998 ; Udry, Gould, Bridges, & Beck, 1997)。リハビリテーションの中間段階に共通しているものは，抑うつと欲求不満の報告である。これは不安のもとが傷害に関連した機能障害から，リハビリテーションに関連した苦労に変わることによる。(Bianco, Malo, et al., 1999 ; Johnston & Carroll, 1998a)。質的研究から，競技者の傷害がほぼ完全に回復しスポーツに戻れるようになっても，抑うつと欲求不満はそのまま残存することが明らかになっている。また，顕著な情動として傷害の再発の恐れが生じる(Bianco, Malo, et al., 1999 ; Johnston & Carroll, 1998a)。

スポーツ傷害に対する心理的な反応の認知評価モデルと同様に，質的研究から明らかになったスポーツ傷害後の情動障害に寄与する有力な要因には，認知評価(Johnston & Carroll, 1998a)と選択した個人的・状況的な要因がある。個人的な要因の中で，スポーツ傷害に対する情動反応に影響すると思われるものは，競技のアイデンティティ(Shelley & Carroll, 1996 ; Sparkes, 1998)と過去の傷害経験(Bianco, Malo, et al., 1999)である。スポーツ傷害後の情動適応に影響すると報告されている状況的な要因には，傷害の重篤度，傷害のタイプ，シーズンの時期，リハビリテーションの進行状況などがある(Bianco, Malo, et al.,1999 ; Johnston & Carroll, 1998a)。このように，質的研究を通して，個人の特徴とリハビリテーションの文脈に応じて変化するような，スポーツ傷害に対するネガティブな情動反応が明らかになっている。

量的研究

量的研究はスポーツ傷害に対する情動反応の研究の大半を占めているが，これらはスポーツ傷害後の情動反応に関係する要因の記述的なデータを提供し，その同定を容易にしている。これらの知見のお陰で，研究者は，傷害のある競技者の臨床レベルの心理的苦悩の有病率を推定し，スポーツ傷害に対する反応の心理モデルの有効性を評価することが可能になっている。

研究者は，気分プロフィール検査(Profile of Mood States, POMS ; McNair, Lorr, & Droppleman, 1971)や傷害に対する競技者の情動反応質問紙(Emotional Responses of Athletes to Injury Questionnaire : ERAIQ ; Smith, Scott, & Wiese, 1990)をもっとも頻繁に使用して，スポーツ傷害の研究で情動反応を評価している。POMS，ERAIQ，情動を測定するその他の質問紙を使用した多数のスポーツ傷害の研究(Wiese-Bjornstal et al., 1998のレビューを参照)から，傷害のある競技者は，多種多様なネガティブな情動と，それほどではないがポジティブな情動を示すことが明らかになっている。傷害のある競技者と傷害のない競技者の情動を比較した研究から，スポーツ傷害は

情動障害と密接に関係していることが明らかになっている（Brewer & Petrie, 1995 ; Chan & Grossman, 1988 ; Johnson, 1997, 1998 ; Leddy et al., 1994 ; Miller, 1998 ; Newcomer, Perna, Maniar, Roh, & Stilger, 1999 ; Pearson & Jones, 1992 ; Perna, Roh, Newcomer, & Etzel, 1998 ; Petrie, Brewer, & Buntrock, 1997 ; Petrie, Falkstein, & Brewer, 1997 ; Roh, Newcomer, Perna, & Etzel, 1998 ; Smith et al., 1993）。同様に，競技者の情動障害は，傷害前よりも傷害後に増悪するという証拠もある（Dubbels, Klein, Ihle, & Wittrock, 1992 ; Leddy et al., 1994 ; Miller, 1998 ; Smith et al., 1993）。

Heil（1993）が注目したように，スポーツ傷害のある者が経験する大半の心理的な苦悩は，臨床レベルに近づくには，大きさや持続期間の点で，まだまだ十分でない。それにも関わらず，疫学的な研究では，傷害のある競技者の5～24％が臨床的に重要なレベルの情動障害を経験していると指摘している（Brewer, Linder, & Phelps, 1995 ; Brewer, Petitpas, Van Raalte, Sklar, & Ditmar, 1995 ; Brewer & Petrie, 1995 ; Leddy et al., 1994 ; Perna et al., 1998）。傷害後の苦悩（特に抑うつ）が重度の場合には，傷害のある競技者の中には自殺を図る者さえいる（Smith & Milliner, 1994）。

リハビリテーションのある時点で，大半の競技者が適応段階モデル（例えば，Astle, 1986 ; Lynch, 1988 ; B. Rotella, 1985）で仮定している傷害に対する情動反応の大半を経験すると示唆する証拠もあるが，後ろ向き・横断的・縦断的な研究の結果は，傷害に対する情動反応は段階モデルが仮定したよりも変化に富み，かつ連続性が低いと指摘している。特に，既存の研究データは，リハビリテーション実行中に，ポジティブな情動は一般的に増進し，ネガティブな情動は一般的に低下すると示唆している（Crossman, Gluck, & Jamieson, 1995 ; Dawes & Roach, 1997 ; Grove, Stewart, & Gordon, 1990 ; LaMott, 1994 ; Laurence, 1997 ; Leddy et al., 1994 ; Macchi & Crossman, 1996 ; McDonald & Hardy, 1990 ; Miller, 1998 ; Morrey, 1997 ; Quackenbush & Crossman, 1994 ; Quinn & Fallon, 1999 ; Smith, Scott, O'Fallon, et al., 1990 ; Uemukai, 1993）。これらの傾向の例外は，膝の再建外科手術後のリハビリテーションの終了間際にある者が，ポジティブな情動の若干の低下と，ネガティブな情動の若干の亢進を示すことである（LaMott, 1994 ; Morrey, Stuart, Smith, & Wiese-Bjornstal, 1999）。おそらく，これはスポーツ活動に復帰することへの不安によるものと思われる。Quinn（1996）は，回復感はリハビリテーション中には気分障害と負に相関しても，リハビリテーションの最終段階では正に相関することを明らかにして，この仮説を支持した。

時間の効果の分析に加えて，研究者は，スポーツ傷害に対する情動反応の変動性の一部を，競技者の傷害後の状態と結びつく個人的要因・状況的要因・認知的要因によって説明している。スポーツ傷害に対する反応とリハビリテーション過程の統合モデル（Wiese-Bjornstal et al., 1998）では，認知評価が個人的要因・状況的要因の影響を媒介すると考えている。しかしながら，このトピックスの大半の研究者は，媒介経路案を調べていないが，その代わりに，傷害のある競技者の情動状態と個人的な特徴・状況的側面の直接的な関係を調べ，それによって仮定した関係を間接的に調べている。

傷害後の情動障害と正に相関する個人的な要因には，次のものなどがある；年齢（Brewer, Linder, et al., 1995 ; Smith, Scott, O'Fallon, et al., 1990），競技のアイデンティティ（Brewer, 1993），競技特性不安（Petrie, Falkstein, et al., 1997），プロスポーツをするための投資（Kleiber & Brock, 1992），スポーツへの関与のレベル（Meyers, Sterling, Calvo, Marley, & Duhon, 1991），悲観的な説明スタイル（Grove et al., 1990）。研究者は，傷害のある競技者の情動的な苦悩，我慢強さ（Grove et al., 1990 ; Miller, 1998），そして驚くべきことに競技特性不安（LaMott, 1994）の間に，負の相関を得ている。さらに，Meyersら（1991）は，膝の外科手術後の年齢と情動障害の間に曲線関係を得た。Meyersらによると，もっとも若い参加者（10～19歳）ともっとも年長の参加者（40～49歳）は，中間年齢の参加者（20～39歳）よりも大きな苦悩を報告していた。

傷害のある競技者の情動的な苦悩と正に相関する状況的な要因には，次のものがある；現在の傷害の状態（Alzate, Ramirez, & Lazaro, 1998 ; Brewer, Linder, et al., 1995 ; Quinn, 1996），傷害の重篤度（Alzate et al., 1998 ; Pargman & Lunt, 1989 ; Perna, 1992 ; Smith, Scott, O'Fallon, et al., 1990 ; Smith et al., 1993 ; Uemukai, 1993），日常的活動の障害（Crossman & Jamieson, 1985），ライフストレス（Brewer, 1993 ; Petrie, Falkstein, et al., 1997 ; Quinn, 1996），回復の経過（Quinn, 1996）。傷害後の情動障害と負に相関する状況的な要因には，次のものがある；スポーツパフォーマンスの障害（Brewer, Linder, et al., 1995），スポーツ参加のレベル（Crossman et al., 1995），傷害治療の予後（Gordin, Albert, McShane, & Dobson, 1988），回復の経過（McDonald & Hardy, 1990 ; Quinn, 1996 ; Smith, Young, & Scott, 1988），リハビリテーションのための社会的支援（Brewer, Linder, et al., 1995），社会的支援の満足（Green & Weinberg, 1998 ; Petrie, Falkstein, et al., 1997 ; Quinn, 1996）。生物心理社会的モデルで注目すべきことは，生物心理学の成果が，現在の傷害の状態と回復の経過を媒介すると考えていることである。

統合モデル（Wiese-Bjornstal et al., 1998）の主な特

徴は，認知評価がスポーツ傷害に対する情動反応に影響すると仮定していることである．研究者は，傷害後の情動障害といくつかの認知的な変数の間の逆相関を明らかにして，この仮説を支持している．これらの認知的な変数には，次のものがある；傷害に対処する能力の認知評価(Daly et al., 1995)，リハビリテーションを継続して遵守する自信(Quinn, 1996)，スポーツでうまくいっているという自信(Quinn, 1996)，完全に回復する自信(Quinn, 1996)，身体的な自尊感情(Brewer, 1993)，傷害後になり得る自己への期待の特徴(Fisk & King, 1998)，自信(Quinn, 1996)，自尊感情(Quinn, 1996)，傷害原因の内的要因や安定した要因への帰属(Brewer, 1999b)．研究者は，傷害後の情動的な苦悩と，傷害の原因の全体的な要因への帰属の間の正の関係を明らかにしている(Brewer, 1991)．また，Brewer(1999b)の知見とは対照的に，内的要因への帰属についても明らかになっている(Tedder & Biddle, 1998)．このように，傷害のある競技者は，認知と情動の間に一般的に一貫した対応パターンを示すことが明らかになっている．

行動反応

認知反応・情動反応に加えて，スポーツ傷害は行動反応を誘発する可能性がある．研究者は，傷害のある競技者の行動が，リハビリテーション過程(Wiese-Bjornstal et al., 1998)に重要な影響を与えると考えている．本節では，スポーツ傷害リハビリテーション計画の継続遵守に関する研究の中で，もっとも研究数が多いスポーツ傷害に対する行動反応の種類と，スポーツ傷害の直後に生じる対処行動を検討する．

スポーツ傷害リハビリテーションの継続遵守

傷害の性質やリハビリテーションの手順に依存して，スポーツ傷害リハビリテーションの継続遵守は，多様な状況におけるさまざまな行動に関与していると思われる．一般的な継続遵守行動には，次のものがある；リハビリテーションの専門家の勧めに従ったクリニック主導の活動への参加(例えば，運動，治療)，身体的活動の修正(例えば，安静，クロストレーニング)，服薬，家庭で行う活動の遂行(例えば，運動，治療)(Brewer, 1998, 1999a)．広範な行動がスポーツ傷害リハビリテーションの継続遵守に関与すると考えた研究者は，多数の測度を開発して，次の構成要素を評価している；クリニック主導のリハビリテーション中に患者の付き添いがもっとも頻繁に利用しているもの，実践家によるリハビリテーション中の継続遵守の評価，在宅運動遂行患者の自己報告(Brewer, 1999a)．

研究者は，継続遵守のさまざまなタイプの測度を多くの研究に使用して，継続遵守に問題がある人の有病率を比較している．継続遵守している者とそうでない者の割合に基づいて継続遵守を評価している研究もあるが，勧告したリハビリテーション行動の実施率から評価している研究もある．それにも関わらず，研究者は，40〜91%の者が，スポーツ傷害リハビリテーション計画を継続遵守していると推定している(Brewer, 1998, 1999a)．継続遵守率は，リハビリテーション中の付き添い(例えば，Almekinders & Almekinders, 1994；Daly et al., 1995；Laubach, Brewer, Van Raalte, & Petitpas, 1996)や，在宅リハビリテーション活動に費やす時間の量(Penpraze & Mutrie, 1999)といった継続遵守の連続的な指標の方が，個人をその継続遵守レベルに基づいて分類する継続遵守のより離散的な指標(例えば，Taylor & May, 1996)よりも高くなる傾向がある．

スポーツ傷害に対する心理的な反応を調べる認知評価のアプローチと同様に(図31.2を参照)，個人的要因・状況的要因，より直接的には認知的反応・情動的反応は，スポーツ傷害リハビリテーションの継続遵守といった行動反応と密接に関係しているものと思われる．この予測と一致して，研究者はスポーツ傷害リハビリテーションプログラムの継続遵守と相関するような多くの変数を明らかにしている．

スポーツ傷害リハビリテーションの継続遵守と正に相関するような個人的な要因には，次のものがある；内的な健康の統制の所在(Murphy, Foreman, Simpson, Molloy, & Molloy, 1999)，疼痛耐性(Byerly, Worrell, Gahimer, & Domholdt, 1994；Fields, Murphey, Horodyski, & Stopka, 1995；Fisher, Domm, & Wuest, 1988)，自己動機づけ(Brewer, Daly, Van Raalte, Petitpas, & Sklar, 1994；Brewer, Van Raalte, et al., 2000；Culpepper, Masters, & Wittig, 1996；Duda, Smart, & Tappe, 1989；Fields et al., 1995；Fisher et al., 1988；Noyes, Matthews, Mooar, & Grood, 1983)，課題への関与(Duda et al., 1989)，意志の強さ(Wittig & Schurr, 1994)．スポーツ傷害リハビリテーションの継続遵守と負に相関する個人的な要因には，自我関与(Duda et al., 1989)と特性不安(Eichenhofer, Wittig, Balogh, & Pisano, 1986)がある．

多数の状況的な要因は，スポーツ傷害リハビリテーションプログラムの継続遵守と相関することが明らかになっている．継続遵守と正に相関するのは次のものである；学校のクラスにおける地位(Culpepper et al., 1996；Shank, 1988)，学業成績のレベル(Shank, 1988)，治療効果についての信念(Duda et al., 1989；Noyes et al., 1983；Taylor & May, 1996)，医療環境の快適性(Brewer, Daly, et al., 1994；Fields et al., 1995；Fisher et al., 1988)，リハビリテーション計画の利便性(Fields et al., 1995；Fisher et al., 1988)，競技生活の明確な目標の程度(Shank, 1988)，競技者

に対するリハビリテーションの重要性と価値(Taylor & May, 1996)、傷害期間(Culpepper et al., 1996)、学業の負担感(Shank, 1988)、スポーツ参加の時間量に対する認識(Shank, 1988)、リハビリテーション時間の使用可能感(Shank, 1988)、リハビリテーション活動中の労作感(Brewer, Daly, et al., 1994；Fisher et al., 1988)、傷害の重篤度感(Taylor & May, 1996)、リハビリテーションをしない場合にさらなる問題が発生することへの恐怖感(Taylor & May, 1996)、大学卒業後のスポーツ参加の計画(Shank, 1988)、リハビリテーション実践家が患者の継続遵守に抱く期待(Taylor & May, 1995)、リハビリテーションのための社会的支援(Byerly et al., 1994；Duda et al., 1989；Finnie, 1999；Fisher et al., 1988)。

図31.1に示したように、認知評価モデルでは、認知と行動の間に直接的な経路を仮定している。この仮説と一致するように、いくつかの認知的な反応は、スポーツ傷害リハビリテーションの継続遵守と結びついている。特に、スポーツ傷害リハビリテーション手順をよく遵守する者には、次の傾向がある；自らの傷害に対処する能力が高いと報告する(Daly et al., 1995)、リハビリテーションに高い自己効力感を示す(Taylor & May, 1996)、自尊感情を強く確信する(自らの自尊心への脅威を感じない)(Lampton, Lambert, & Yost, 1993)、安定した要因や個人的に制御可能な要因に回復を帰属する(Laubach et al., 1996)、リハビリテーションの目標を設定し、イメージを使用し、積極的にセルフトークをする(Scherzer et al., 1999)。PenprazeとMutrie(1999)は、認知的な要因がスポーツ傷害リハビリテーションの継続遵守に影響するという実証的な証拠を示して、特定のリハビリテーション目標を与えた競技者は、特定でないリハビリテーション目標を与えた競技者よりも、傷害リハビリテーションの手順をよりよく理解して継続遵守することを明らかにした。PenprazeとMutrieの量的研究の知見は、課題指向的な目標設定プログラム(Gilbourne & Taylor, 1998)への参加が傷害のある競技者のリハビリテーション計画への継続遵守感を高めると指摘したGilbourneらの質的研究(Gilbourne & Taylor, 1995；Gilbourne, Taylor, Downie, & Newton, 1996)の結果と密接につながり合っている。

スポーツ傷害リハビリテーションに対する情動反応と継続遵守の間に仮定された関係を調べた研究はほとんどない。Brewer, Van Raalteら(2000)は、心理的な苦悩とスポーツ傷害リハビリテーションの継続遵守の相関を明らかにできなかったが、その他の研究(Alzate et al., 1998；Brickner, 1997；Daly et al., 1995)では、気分障害がスポーツ傷害リハビリテーションの継続遵守と逆相関することを確認している。

情動反応と同様に、スポーツ傷害リハビリテーションの継続遵守と行動の相関を調べた研究はほとんどな

い。しかしながら、Udry(1997a)の研究から、膝の外科手術後のリハビリテーションをよく継続遵守した競技者は、リハビリテーションの継続遵守が不十分な競技者よりも、手段的な対処行動(例えば、傷害あるいはリハビリテーションプログラムについての追加情報を求めること)を使うと報告する傾向がかなりあることも明らかになった。

対処行動

認知的な対処方略の実行に加えて(スポーツ傷害に対する認知的な反応の節で論じた)、競技者は自らの傷害に対処するために行動的な努力をするものと思われる。研究者は、傷害のある競技者の対処行動を、質的・量的に調べている。Gouldら(1997a)は、シーズン終盤に傷害を負ったスキー選手の質的研究によって、次のことを明らかにした；もっとも共通した対処行動は、"追い込み"(例えば、物事を標準的に行う、一生懸命やってリハビリテーションの目標を達成する)、気晴らし(例えば、忙しく過ごす、環境の変化を求める)、社会的資源の探索/使用(例えば、社会的支援を探し出す)、他者の回避/孤立である。BiancoとMaloら(1999)は、上述の研究と同様の質的な結果を得ている。Biancoらは、次のことを明らかにした；過去に傷害を負ったスキー選手は、挑戦的なリハビリテーションのアプローチを選択して、代替的な治療を試したり、自らの傷害について学んだり、体力をつけたり、自分のペースで作業やトレーニングをしたり、疲れた時には休息するといった行動をとったと報告する。またBiancoらは、スキー選手の対処行動がシーズン中に変化することに着目した。

GroveとBahnsen(1997)は、対処方略と行動を評価するCOPE質問紙(Carver, Scheier, & Weintraub, 1989；Scheier, Carver, & Bridges, 1994)を使用した量的研究で、積極的な対処(行動を開始してストレッサーやその影響に直接対処する)と手段的な社会的支援(ストレッサー対処の手助けや情報探索と関係する)は、傷害のある競技者サンプルがもっとも強力に支持する対処モードであることを明らかにした。アルコール/薬物使用と行動の放棄(ストレッサーに対処しようとする行動開始の減少に関係する)は、GroveとBahnsenの研究で傷害のある競技者がもっとも受け入れない種類の対処モードであった。QuinnとFallon(1999)は、COPEに関するまた別の研究で、次のように結論づけた；傷害のある競技者の対処方略は長い期間安定しており、そこには若干の例外もあったが、競技者はリハビリテーション中の3分の2の期間を通して、残りの3分の1よりも積極的な対処努力をしていたと報告する有意な傾向(3%の寄与率)があった。GroveとBahnsenのデータと同様に、手段的な対処は、競技者が膝の外科手術後のリハビリテーションを通してもっとも頻繁に使用したと報告した対処モ

ードであった(Udry, 1997a)。しかしながら，QuinnとFallonとは違って，Udryは，リハビリテーション期間を通した手段的な対処の時間的な変化に着目しなかった。しっかりした結論を引き出すには傷害のある競技者の対処行動の研究は不充分なものだが，これまでの量的研究と質的研究は，このトピックスに関する今後の研究の強力な基盤になっている。

スポーツ傷害リハビリテーションの心理的な要因

　図31.1と31.2に示したように，心理的な要因は，スポーツ傷害リハビリテーションの生物心理社会的モデル(Brewer et al., 印刷中)と，スポーツ傷害に対する心理的な反応の統合モデル(Wiese-Bjornstal et al., 1998)におけるスポーツ傷害の結果に，ともに影響すると考えられている。事例研究，相関研究，実験研究のデータは，心理的な要因とスポーツ傷害からの回復の間に仮定した関係(Cupal, 1998)を予備的に支持している。

事例研究

　知見を一般化して，因果関係の推論を可能にしようとする場合，事例研究のデザインには厳しい制約がある。それにも関わらず，事例研究は，スポーツ傷害リハビリテーションの心理的・身体的な過程と成果の双方に影響する心理学的な介入効果の予備的なデータになっている。特に症例の報告から，次のことが明らかになっている；カウンセリング，イメージ，目標設定，催眠，積極的なセルフトーク，リラクセーション，系統的脱感作といった介入は，自信，疼痛感，動機づけ，心理的な適応，身体的な回復，傷害再発への不安，傷害がある競技者の可動域の改善に，良い影響を与える(Brewer & Helledy, 1998；Hartman & Finch, 1999；Nicol, 1993；Potter, 1995；R. Rotella & Campbell, 1983；Sthalekar, 1993)。事例研究のデータは，スポーツ傷害リハビリテーションの手順を継続的に遵守できないことがリハビリテーションの成果に悪い影響を与えるとも示唆している(Hawkins, 1989；Meani, Migliorini, & Tinti, 1986；Satterfield, Dowden, & Yasamura, 1990)。

相関研究

　事例研究と同様に，相関研究の結果から因果関係を推論することはできない。しかしながら，相関研究ではより大きなサンプルを一般的に使用しているために，知見の一般化には通常ほとんど問題がない。相関研究のデザインは，先行する有力な心理的事象，媒介的な生物心理学的成果の付随物，スポーツ傷害リハビリテーションの成果を同定する際に有用なものとなっている。傷害のさまざまなタイプの研究から明らかになったリハビリテーション成果の個人的・状況的・認知的・情動的・行動的な相関は，統合モデルの予測と一致している(Wiese-Bjornstal et al., 1998)。

　いくつかの個人的な要因は，スポーツ傷害リハビリテーションの成果と連繋している。独創性に富んだ研究では，ヒステリーと心気症の傾向が，膝の外科手術後の回復と逆相関を示していた(A. Wise, Jackson, & Rocchio, 1979)。より最近の研究によれば，男子は，女子よりもスポーツ傷害からの回復が十分に早くあるいは非常に早く(Johnson, 1996, 1997)，そして競技のアイデンティティ(Brewer, Van Raalte, et al., 2000)や楽観主義(LaMott, 1994)は前十字靭帯(ACL)再建手術後の成果の指標と正に相関している。しかし，これらの興味深い関係の背景メカニズムについては，いまだ明らかになっていない。

　社会的な環境は，リハビリテーションの成果と関係しているスポーツ傷害リハビリテーションの状況的な側面になっている。ただし，その研究の結果には一貫性がなく，解釈は難しい。例えば，社会的な支援とリハビリテーション成果の間の正の相関を証明した研究(Tuffey, 1991)，相関に有意性はないと報告した研究(Brewer, Van Raalte, et al., 2000)，逆の相関を得た研究(Quinn, 1996)もある。社会的支援とリハビリテーションの成果の関係が一致しない理由は，社会的支援とリハビリテーションの成果を測定する方法が，研究によって異なるためだと思われる。Gouldら(1997b)の研究から，次のことが明らかになった；傷害リハビリテーションに成功したスキー選手は，傷害リハビリテーションがうまくいかなかった選手よりも，他者からの注意／同情の欠如を感じる可能性が低く，リハビリテーション中にネガティブな社会関係に遭遇する可能性が低く，リハビリテーション中に社会的な孤立感を示す可能性が高い。この節でレビューした一貫性のない知見は，スポーツ傷害リハビリテーションの成果に対する複雑な社会的影響を解明するには，広範かつ詳細な研究が必要であることを示唆している。

　多くの認知的な要因は，スポーツ傷害リハビリテーションの成果と連繋している。次のものは，リハビリテーションの成果と正に相関することが明らかになっている；治癒に対する注意の集中(Loundagin & Fisher, 1993)，安定した要因・個人的に制御可能な要因への回復の帰属(Brewer, Cornelius, et al., 2000；Laubach et al., 1996)，傷害に対する対処能力の認知評価(Niedfeldt, 1998)，傷害状況の認知評価(Johnson, 1996, 1997)，否定(Quinn, 1996)，情動焦点型の対処(Quinn, 1996)，期待される回復率(Laurence, 1997)，思考と情動のマネジメント(Gould et al., 1997a)，リハビリテーションの目標の数

(Johnson, 1996, 1997), リハビリテーションに対するポジティブな態度(Johnson, 1996, 1997), 回復への自信(Niedfeldt, 1998；Quinn, 1996), リハビリテーションの自己効力感(Shaffer, 1992), 自己への自信(Johnson, 1996, 1997), 目標設定の使用(Gould et al., 1997a；Ievleva & Orlick, 1991；Loundagin & Fisher, 1993), 治癒／回復イメージの使用(Ievleva & Orlick, 1991；Loundagin & Fisher, 1993), イメージ／視覚化の使用(Gould et al., 1997a)。リハビリテーション成果と逆相関をするものには，次の対処方略の使用がある；心の解放，ポジティブな再解釈，情動焦点型／発散型，否定(Grove & Bahnsen, 1997)。既存の研究では，心理スキルの使用とポジティブな認知は，リハビリテーション成果の向上に関係すると示唆している。しかしながら，いくつかの研究には後ろ向き的な性質があり，対処方略(Grove & Bahnsen, 1997；Quinn, 1996)や心理スキルの使用(Latuda, 1995；Tuffey, 1991)としての否定の研究には一貫性や有意差のない結果がみられるために，これらの知見について強力に推論する場合には注意が必要である。

研究者は，4つの研究によって，情動的変数とスポーツ傷害リハビリテーション成果の関連を明らかにしている。特に，一般的な健康(Johnson, 1996, 1997)と活力(Quinn, 1996)は，リハビリテーション成果と正に相関している。傷害リハビリテーションの不安(Johnson, 1996, 1997)，心理的な苦悩(Brewer, Van Raalte, et al., 2000)，怒り(Alzate et al., 1998；LaMott, 1994)，恐れ，欲求不満，安堵(LaMott, 1994)，気分障害，抑うつ，疲労，緊張(Alzate et al., 1998)は，リハビリテーション成果と負に相関している。このように，ネガティブな情動は，リハビリテーションに対するよりまずい反応と関係しているように思われる。

スポーツ傷害リハビリテーションの継続遵守は，研究者がリハビリテーション成果との関連からもっとも頻繁に検討している行動的な要因である。継続遵守はリハビリテーション成果(Alzate et al., 1998；Brewer, Van Raalte, et al., 2000；Derscheid & Feiring, 1987；Quinn, 1996；Treacy, Barron, Brunet, & Barrack, 1997；Tuffey, 1991)と正に相関するという研究もあるが，継続遵守はリハビリテーション成果と有意には相関しない(Brewer, Van Raalte, et al., 2000；Noyes et al., 1983；Quinn, 1996)，負に相関する(Quinn, 1996；Shelbourne & Wilckens, 1990)という研究(または研究内の分析)もある。継続遵守−成果の相関の規模と方向性は，傷害の性質，リハビリテーションの手順，リハビリテーションの段階，継続遵守と成果の特有の測度(Brewer, 1999a)などさまざまな要因に依存している可能性がある。継続遵守以外の行動的な要因に関しては，スポーツ傷害リハビリテーションのより良い成果が，より高いレベルの積極的な対処(Quinn, 1996)，より低いレベルの身体的不活発性(Gould et al., 1997a)，社会的支援の追求(Gould et al., 1997a；Johnson, 1996, 1997)と関係している。

実験研究

心理学的介入がリハビリテーションの成果に及ぼす効果を評価した実験研究は，心理学的要因とスポーツ傷害リハビリテーションの成果との因果関係をもっともよく明らかにしている。Cupal(1998)がレビュー研究で注目したように，バイオフィードバックは，一般的に，傷害のある競技者のリハビリテーションの成果に良い影響を与えている(Draper, 1990；Draper & Ballard, 1991；Krebs, 1981；Levitt, Deisinger, Wall, Ford, & Cassisi, 1995；H. Wise, Fiebert, & Kates, 1984)。目標設定(Theodorakis, Beneca, Malliou, & Goudas, 1997；Theodorakis, Malliou, Papaioannou, Beneca, & Filactakidou, 1996)，イメージ／リラクセーション(Durso-Cupal, 1996)，ストレス予防トレーニング(Ross & Berger, 1996)，セルフトーク(Theodorakis, Beneca, Malliou, Antoniou, et al., 1997)にも，スポーツ傷害リハビリテーションの速度や質を高める効果がある。心理学的介入がスポーツ傷害リハビリテーションの成果に影響するメカニズムは，あまりよくわかっていない。生物心理社会学的な観点から(図31.1を参照)，介入は，リハビリテーションの成果に，直接的な影響と間接的な影響(生物的な要因に媒介された)をともに及ぼしている可能性がある。このように，心理学的介入は，治療成果に寄与する心理的(例えば，リハビリテーションの継続遵守)，生物的(例えば，循環器系)な要因を変更しているように思われる。

スポーツ傷害リハビリテーションにおける社会的な相互作用

定義によればスポーツ傷害リハビリテーションの中心は，生物的な過程である。しかし，当然のことながら，リハビリテーションは社会的な過程にもなっている。一般的に競技者は，傷害時からリハビリテーションの完了時まで，リハビリテーションに関係するさまざまな人たち(例えば，医師，理学療法士，競技トレーナー，サポートスタッフ，傷害のある他の競技者，コーチ，チームメイト，家族，友人)と関係する。前節で示したように，状況的な要因(それらのいくつかは社会的な変数)は，スポーツ傷害に対する認知的・情動的・行動的・身体的な反応と結びついている。したがって，本節では，スポーツ傷害リハビリテーションの社会的な側面をより詳細に検討する。特に，患者とリハビリテーション実践家の相互作用や傷害を抱える競技者への心理的なサービスに言及しながら，スポ

ーツ傷害リハビリテーションの領域における社会的支援の多くの研究を取り扱うことにする。

スポーツ傷害リハビリテーションにおける社会的支援

スポーツ傷害リハビリテーションの文脈では，社会的支援に，傷害を抱える競技者と他者（Udry, 1996）の相互作用の量・質・タイプが反映している。以下に記述するものは，傷害のある競技者が経験する社会的支援の次元，傷害のある競技者に対する支援の提供者，スポーツ傷害リハビリテーションにおける社会的支援の動的な研究である。

社会的支援の次元

研究者は，社会的支援を，多次元的な概念（Udry, 1996）として広く認識している。スポーツ傷害リハビリテーションに関係するものとして，さまざまなタイプの社会的支援が明らかになっている。Richman, Rosenfeld, Hardy（1993）が提案した社会的支援の枠組みは，スポーツ傷害リハビリテーション研究の発展に，とりわけ大きな影響を与えている（Bianco & Orlick, 1996；Ford, 1998；Ford & Gordon, 1993；Izzo, 1994；Johnston & Carroll, 1998b；LaMott, 1994；Quinn, 1996）。Richmanらは，次の8つのタイプの社会的支援を同定した；傾聴的な支援，情動的な支援，情動的な挑戦，課題の評価，課題の難度，現実性の確認，物質的な援助，個人的な援助。これらの次元の重要度は，支援の提供者とリハビリテーション過程の段階を通して変化するものと思われる。

社会的支援の提供者

競技者は，傷害リハビリテーションの実行中に，コーチ，家族，友人，医療関係者，チームメイト，重要な他者，スポーツ管理者といったさまざまな人たちから社会的支援を受けているものと思われる（Bianco, Eklund, & Gordon, 1999；Bianco & Orlick, 1996；Ford, 1998；Izzo, 1994；Johnston & Carroll, 1998b；Lewis & LaMott, 1992；Macchi & Crossman, 1996；Peterson, 1997；Udry, 1997b；Udry, Gould, Bridges, & Tuffey, 1997；Udry & Singleton, 1999）。傷害のある競技者は，さまざまなところから受ける社会的支援に，さまざまなレベルの満足を報告している。一般的に，傷害のある競技者は，家族とチームメイトを，コーチや医療関係者よりも支えになると感じている（Finnie, 1999；Lewis & LaMott, 1992；Macchi & Crossman, 1996；Peterson, 1997；Udry, Gould, Bridges, & Tuffey, 1997）。さらに，特定のタイプの社会的支援を，他者よりもよく与えると思われる者もいる。友人・家族・重要な他者は，情動的な支援のもっとも有力な提供者のようにも思えるが，医療関係者やコーチは，情報的・技術的な支援のもっとも頻繁な提供者である（Ford, 1998；Izzo, 1994；Johnston & Carroll, 1998b；Peterson, 1997；Udry, Gould, Bridges, & Tuffey, 1997）。スポーツ心理学者が傷害を抱える競技者への社会的支援の提供者になることは当然のことと思えるが，興味深いことにほとんどの研究はこの可能性を調べていない。これはおそらく，スポーツ医学のサービス提供者としてのスポーツ心理学者の役割が比較的小さいことの反映と思われる。

社会的支援のダイナミクス

リハビリテーション過程に渡って好まれ，かつ与えられる社会的支援のタイプに時間的な変動のあることが，傷害を抱える競技者で観察されている。LaMott（1994）の研究によれば，12週間に渡って傷害がなかった競技者に比べて，膝の外科手術後にリハビリテーションを継続していた競技者では，多くの社会的支援感のカテゴリー（傾聴的な支援，情動的な支援，課題の評価，課題の難度，個人的な支援）が低下していた。これとは対照的に，Quinn（1996）とUdry（1997a）の研究では，傷害のある競技者に与えた全体的な社会的支援には，リハビリテーションの期間を通して有意な変化がみられなかった。JohnstonとCarroll（1998b）は，傷害のある競技者を調べて，リハビリテーション期間を通した"技術的な評価の支援"感の高まりと，"傾聴的な支援"感の低下を明らかにした。これらの感覚は，リハビリテーション期間を通した競技者の社会的支援の好みと一致していた。Ford（1998）は，リハビリテーション期間を通した情動的な支援（すなわち，傾聴的な支援と情動的な快適さ）の重要性に対する認識が，同様の低下パターンを示すと記述した。このように，社会的支援の好みや受容の変化に関する知見には合意が不足している。しかし，リハビリテーションの進行につれて情動的な支援が徐々に不要になったとしても，競技者がリハビリテーション（Johnston & Carroll, 1998b）を終えてスポーツに復帰するときには，情動的な支援がますます必要になり得ると仮に結論することは可能である。傷害のある競技者に社会的支援を提供するさまざまな有力者の相対的な重要性もリハビリテーションの期間を通して変化するが，この問題を体系的に調べた研究はほとんどない。

患者とリハビリテーション実践家の相互作用

競技者が傷害リハビリテーションの過程で経験する多くの社会的な相互作用の中で最も重要なものは，スポーツ医学の実践家との社会的な相互作用が重要であり，スポーツ医学の実践家はスポーツ傷害後の身体的な回復の手助けだけでなく，傷害を抱える競技者に社会的支援を提供する（Brewer, Van Raalte, & Petitpas,

1999)。傷害のある競技者と理学療法士や競技トレーナーといったリハビリテーション実践家との高い接触頻度を考えれば，患者-実践家の二者関係が科学研究のトピックになるのは当然のことである。特に，研究者は，傷害を抱える競技者の認識と，リハビリテーション専門家の認識との一致／不一致を調べている。

スポーツ傷害リハビリテーションの専門家には情動的な支援よりも情報的・技術的な支援を広く提供する傾向があるという知見(Ford, 1998；Izzo, 1994；Johnston & Carroll, 1998b；Peterson, 1997；Udry, Gould, Bridges, & Tuffey, 1997)と同様に，Hokanson (1994)は，スポーツ理学療法士や競技トレーナーと患者のコミュニケーションは主に情報的なものになりがちで，ほとんど社会情動的な(あるいは共感的な)ものにはならないことを明らかにした。Hokanson が調べた競技者は，スポーツ医学の実践家とのコミュニケーションに一般的に満足していたが，実践家とのコミュニケーションの満足は，実践家とのコミュニケーションの理解と同等のものではない。実際に，Kahanov と Fairchild (1994)は，患者-実践家のコミュニケーションに対する認識の点から，傷害を抱える競技者とその競技トレーナーとの違いを明らかにした。例えば，競技者の約1/3は，競技トレーナーによれば傷害の要約過程が生じない時に，競技トレーナーによる傷害の説明を要約したと報告した。同様に，最近の研究では，スポーツ傷害クリニックの大半の患者(77%)がリハビリテーション計画の少なくとも一部を誤解していると指摘している(Webborn, Carbon, & Miller, 1997)。

スポーツ傷害リハビリテーションの文脈においても，患者と実践家の認識は一致しないことが明らかになっている。スポーツリハビリテーションの実践家の認識と比較して，傷害のある競技者は，自らの傷害の重大さ(Crossman & Jamieson, 1985)や回復のレベル(Van Raalte, Brewer, & Petitpas, 1992)を過大に評価したり，あるいは傷害の破壊的な影響(Crossman & Jamieson, 1985；Crossman, Jamieson, & Hume, 1990)や在宅リハビリテーション運動の完遂に要する時間量(May & Taylor, 1994)を過小に評価する傾向がある。これらの認識の違いは注目に値している。なぜなら，患者と実践家の意見の相違は，患者の痛み，情動的な苦悩(Crossman et al., 1985)，リハビリテーションプログラムの非遵守に寄与していると思われるからである。それにも関わらず，患者と実践家はしばしば正反対の立場にいるように思われるが，しばしば患者の傷害の状態に関する患者と実践家の認識が，一般的に正に相関していることに注目することは重要である(Brewer, Linder, et al., 1995；Brewer, Van Raalte, Petitpas, Sklar, & Ditmar, 1995b；Crossman & Jamieson, 1985；Van Raalte et al., 1992)。

心理的なサービスの照会

傷害のある競技者が心理的な苦悩の徴候を明白に示したり，重要な生活領域における適応の困難さを報告したりもしくは表わしたり，あるいは特に困難なリハビリテーション過程を経験している状況では，スポーツ傷害リハビリテーションの実践家がそのような競技者にカウンセリングや心理療法(Brewer, Petitpas, & Van Raalte, 1999)を照会することは適切なことだと思われる。大半のスポーツ医は競技者にメンタルヘルスの評価や治療を照会している(Brewer, Van Raalte, & Linder, 1991)が，競技トレーナーが競技者に心理的サービスを照会したり照会の手続きをすることは比較的まれである(Larson, Starkey, & Zaichkowsky, 1996)。情動的な適応困難を経験する傷害のある競技者の割合が一貫して小さな値を示していたとしても(Brewer, Linder, et al., 1995；Brewer, Petitpas, et al., 1995；Brewer & Petrie, 1995；Leddy et al., 1994；Perna et al., 1998)，一般的なスポーツ傷害リハビリテーションの専門家が心理的な照会をしないことの要因と思われるものは，それらの専門家にとって傷害のある競技者の心理的な苦悩を同定することが困難なことである。この議論を支持する根拠は，患者の心理的な苦悩の指標とスポーツ医学の実践家による患者の心理的な苦悩の観察や判断の間に有意な相関がみられなかったことである(Brewer, Petitpas, et al., 1995；Maniar, Perna, Newcomer, Roh, & Stilger, 1999a)。傷害のある競技者はスポーツ傷害リハビリテーションにおける心理的な治療を好ましいものと認識している(Brewer, Jeffers, Petitpas, & Van Raalte, 1994)が，カウンセラーや心理学者よりも，友人や競技トレーナーに話したり(Maniar, Perna, Newcomer, Roh, & Stilger, 1999b)，競技トレーナーに意見を伝える方を好ましいものと思っている。これは競技トレーナーによる心理的な評価や介入の照会件数が少ないことを説明し得る，もう1つの理由になっている。

現在の傾向と将来の研究動向

過去30年の間に，スポーツ傷害リハビリテーションの心理的な側面の研究は，量質ともに大きな前進をみせている。Williams と Roepke (1993)と Brewer (1994)は，1990年代初期の科学的な状況を考慮して，スポーツ傷害リハビリテーションの心理的な研究に実質的かつ方法論的な勧告を行った。これらの勧告は，多くの研究者に留意され，このトピックスに関する研究に多大な貢献をしている。Williams と Roepke の示唆と同様に，研究者は次のことを行っている；(1)競技者集団に特有の傷害に対する認知的・情動的な反応の同定(例えば，Leddy et al., 1994；Quinn & Fallon, 1999），(2)スポーツ傷害リハビリテーションに対する心理学的介入の効果の検討（例えば，Durso-Cupal, 1996；Ross & Berger, 1996；Theodorakis, Beneca, Malliou, Antoniu, et al., 1997；Theodorakis, Beneca, Malliou, & Goudas, 1997；Theodorakis et al., 1996），(3)スポーツ医学実践家を対象にした傷害リハビリテーションの心理学的な教育（例えば，Ford & Gordon, 1997, 1998；Gordon, Potter, & Ford, 1998）。

Brewer(1994)の勧告と同様に，研究者は次のことを行っている；(1)理論の推進（例えば，Brewer, Andersen, et al., 印刷中；Evans & Hardy, 1995；Johnston & Carroll, 1998a；Wiese-Bjornstal et al., 1998），(2)心理的な変数と身体的な変数の双方の分析（例えば，Brewer, Van Raalte, et al., 2000；Durso-Cupal, 1996；LaMott, 1994；Morrey et al., 1999；Niedfeldt, 1998；Ross & Berger, 1996；Theodorakis, Beneca, Malliou, Antoniu, et al., 1997；Theodorakis, Beneca, Malliou, & Goudas, 1997；Theodorakis et al., 1996），(3)臨床レベルの心理的な苦悩での有病率の評価（Brewer, Linder, et al., 1995；Brewer, Petitpas, et al., 1995；Brewer & Petrie, 1995；Leddy et al., 1994；Perna et al., 1998），(4)縦断的・前向き的な研究デザインの実行（例えば，Brewer, Van Raalte, et al., 2000；LaMott, 1994；Leddy et al., 1994；Morrey, 1997；Morrey et al., 1999；Perna et al., 1998；Petrie, Falkstein, et al., 1997；Roh et al., 1998；Ross & Berger, 1996；Smith et al., 1993；Udry, 1997a），(5)質的研究の実行（例えば，Bianco, Malo, et al., 1999；Gould et al., 1997a, 1997b；Johnston & Carroll, 1998a, 1998b；Shelley, 1994；Udry, Gould, Bridges, & Beck, 1997；Udry, Gould, Bridges, & Tuffey, 1997），(6)傷害のない競技者を統制群として使用（例えば，Brewer & Petrie, 1995；LaMott, 1994；Perna, Ahlgren, & Zaichkowsky, 1999；Petrie, Brewer, et al., 1997），(7)傷害のタイプ，重篤度，予後の同質な競技者群の検討（例えば，Brewer, Cornelius, et al., 2000；Brewer, Van Raalte, et al., 2000；Durso-Cupal, 1996；LaMott, 1994；Morrey et al., 1999；Ross & Berger, 1996；Theodorakis, Beneca, Malliou, Antoniu, et al., 1997；Theodorakis, Beneca, Malliou, & Goudas, 1997；Theodorakis et al., 1996；Udry, 1997a），(8)実験的な研究デザインの使用（例えば，Durso-Cupal, 1996；Ross & Berger, 1996；Theodorakis, Beneca, Malliou, Antoniu, et al., 1997；Theodorakis, Beneca, Malliou, & Goudas, 1997；Theodorakis et al., 1996）。

1990年代を通したスポーツ傷害リハビリテーションの心理学的な研究の発展と，方法論的な厳しさの増加傾向は，研究の大きな励みになっている。それにもかかわらず，スポーツ傷害リハビリテーションにおける心理学的要因の役割に関する知識をさらに発展させるには，研究の継続的な広がりと方法論の細部に渡る注意が必要である。スポーツ傷害リハビリテーションの過程と成果に貢献している多様な変数に関する認識が進むにつれて，生物心理社会的モデルの多様な変数の測度を含め，研究は徐々に統合化に向かうものと思われる（図31.1を参照）。さらに，リハビリテーション過程の動的な性質を捉えるためには，心理学的要因の評価と個人内の分析をさらに頻繁に行う必要がある（Evans & Hardy, 1999）。

スポーツ傷害リハビリテーションの心理学的な研究は，多くの新興の研究領域と同様に，方向性が折衷的で，研究横断的に細分化されたものになっている。しかしながら，研究課題をより絞り込んで統合すれば，より多くの知見が得られるものと思われる。より一貫性の高い測度や方法と求められている研究課題は，凝集性の高い知識基盤の開発に貢献すると思われる（Evans & Hardy, 1999）。スポーツ傷害への対処の研究は，スポーツ傷害に対する認知的・行動的な反応の節でレビューしたように，研究実践のさらなる標準化によって著しい利益が得られるトピックスの主要な例になっている。しかしながら，現存の研究は方法（質的，量的）と対処の測度が不均質であるために，研究間の有意義な比較は困難である。

スポーツ傷害リハビリテーションの文脈に固有の心理学的測度の開発によって，研究者は，関連する概念の標準的な測定手段を入手することばかりか，よりきめ細かな研究問題を調べることもできるようになるだろう。スポーツ傷害リハビリテーションに特に適合させた心理学的測度の例を，表31.1に示す。しかしながら，スポーツ傷害リハビリテーションの妥当性は増加してはいるが，まだ不十分である。スポーツ傷害リハビリテーションに固有の測度は，心理測定の吟味に耐えることができないという研究からも明らかなように（Brewer, Daly, Van Raalte, Petitpas, & Sklar, 1999；Slattery, 1999），スポーツ傷害リハビリテーションの文脈を測定するための研究デザインには，信頼性と妥当性の確立が必要不可欠になっている（Evans & Hardy, 1999）。

スポーツ傷害リハビリテーションの過程や成果に対する心理的な介入の効果に関する研究は増加の一途を辿っている。したがって，種々の医学的な症状への介入の効果を同定したり，介入効果のメカニズムを探究しようとする研究は有用と思われる。このようなことを調べれば，研究者は"どのような特定の介入が，どのような条件でどのようなタイプのパーソナリティにもっとも良く作用して，傷害の再発を抑制し，以前の機能レベルに効率よく復帰させ，自信を回復させるような成果に影響するのか"を，確定することが可能になると思われる（Williams & Roepke, 1993, 835

表31.1 スポーツ傷害リハビリテーションに固有の心理学的測度の例

測度	著者	構成
Emotional Responses of Athletes to Injury Questionnaire	Smith, Scott & Wiese (1990)	情動反応，雑多な心理学的要因
High School Injured Athlete Perception Inventory	Shelley (1994)	雑多な心理学的要因
Injured Athlete Inventory	Slattery (1999)	疎外
Psychological Responses to Injury Inventory	Evans, Hardy, & Mullen (1996)	破壊，落胆，合理化，孤立，再組織化
Rehabilitation Adherence Questionnaire	Fisher, Domm, & Wuest (1988)	リハビリテーションの継続遵守を予測する要因
Sport Injury Rehabilitation Adherence Scale	Brewer, Van Raalte, Petitpas, Sklar, & Ditmar (1995a)	クリニック主導のリハビリテーションの継続遵守
Sports Injury Clinic Athlete Satisfaction Scale	Taylor & May (1995)	医療への満足度
Sports Injury Rehabilitation Beliefs Survey	Taylor & May (1996)	感受性，重篤度，自己効力感，治療の効力感
Sports Rehabilitation Locus of Control	Murphy, Foreman, Simpson, Molloy, & Molloy (1999)	リハビリテーションにおける統制の所在
Sportsmen's Feelings after Injury Questionnaire	Pearson & Jones (1992)	情動反応

頁）。

　将来の研究におけるまた別の有望な方向は，スポーツ傷害の経験や，スポーツ傷害に関連したリハビリテーションの経験から得られる潜在的な利益を，より徹底的に調べることだと思われる(Udry, 1999)。このような研究は，スポーツ傷害リハビリテーションの心理学的介入の開発を豊かにして活気づける可能性がある。このトピックスに関する大半の研究は質的なものである(Ford, 1998 ; Ford & Gordon, 1999 ; Niedfeldt, 1998 ; Rose & Jevne, 1993 ; Udry, Gould, Bridges, & Beck, 1997)が，研究者は，ためになる傷害の研究を広めるために，量的な方法論を推奨している(例えば，Park, Cohen, & Murch, 1996 ; Tedeschi & Calhoun, 1996)。

　最終的に，理論的な見地から言えば，競技者が傷害を負い，そして傷害から回復する過程を記述し説明しようとするスポーツ傷害の包括的なモデルの開発によって得られるものは多い。Wiese-Bjornstalら(1998)が提案したスポーツ傷害に対する心理的な反応モデルの構成要素や変数間の相互関係は，WilliamsとAndersen(1998)が提唱したスポーツ傷害発生モデルの構成要素や変数間の相互関係と酷似している。おそらく，これら2つのモデルを統合すれば，傷害前からリハビリテーション後までのスポーツ傷害を，動的に，心理学に基づいて概念化することが可能になると思われる。より全体的なレベルでは，図31.1に示した生物心理社会的モデルを，その"傷害の特徴"のボックスから"心理学的要因"のボックス，"社会的／文脈的要因"のボックスに出ている一方向の矢印を双方向の矢印に変更すれば，傷害に先立つ事象を中心にするようなものに修正することができる。生物心理社会的モデルに対するこの種の修正は，スポーツ傷害の発生と関連する要因についての研究(Meeuwisse & Fowler, 1988 ; Williams & Andersen, 1998)や，その他の身体的な条件についての研究(Cohen & Rodriguez, 1995)と一致しているように思われる。いくつかの研究(例えば，Henert et al., 1999 ; Heniff et al., 1999 ; Petrie, Falkstein, et al., 1997)が行っているように，スポーツ傷害の原因・結果についての研究を統合することによって，スポーツ傷害のより完全な様相が明らかになるものと思われる。

結　論

　増加の一途をたどる厳密な研究から，スポーツ傷害リハビリテーションの過程・成果に対する心理学的要因の妥当性を強力に示す証拠が明らかになっている。また，記述的な研究や推論的な研究から，スポーツ傷害リハビリテーションが行われる，より広範な生物的・社会的な文脈における認知的な要因・情動的な要因・行動的な要因の各役割が徐々に明らかになってきている。この領域における研究成果は，傷害を抱える競技者のリハビリテーション経験をより高め得る心理学的介入の開発・実施・評価である。

第32章

労作感と労作耐容能の社会-認知的な見方

"努力感と関連する大半の生理的な過程は，心拍，酸素消費，血圧，乳酸の産生を含めて，およそ無意識的に生じている。運動強度が増すにつれて，感覚は意識的な注意を受ける可能性が高くなる。特に，肺換気や局所的な痛みのような変数の感覚は，容易に意識できるようになる"(Noble & Robertson, 1996, p.207)。NobleとRobertsonは，労作感を，運動中に経験する努力・緊張・不快・疲労(身体に起因する感覚を検出し，解釈すること)の主観的な強度と定義した。労作感の研究は，1960年代の初期にGunnar Borgが先鞭をつけた。1962年にBorgは，短時間の運動の労作感を"主観的な体力"，有酸素活動中の労作を表わすものとして"疲労／労作感"を考えた(Noble & Robertson, 1996)。1950～1960年代に，研究者は，労作感を精神生理学的な見地から調べた(生理的な漸増に応じて，人は労作感をどのように知覚しているのか)。同時に，労作感のさまざまな評価尺度を開発して，さまざまな課題に適用した(Noble & Noble, 1998を参照)。

NobleとRobertson(1996)によれば，労作感に関する450編の論文中，心理学的要因を調べたものは，わずか39編(8.6%)にすぎなかった。研究の中心は，労作感が生理学的要因と条件，臨床的な応用，方法論上の問題，運動と知覚，環境的要因とどのように関連するかの記述的な研究であった。労作耐容能(一定の期間に渡って労作感に耐える能力と立ち向かう能力)には，ほとんど注意を向けなかった。本章の主な目的は，理論と科学の双方の観点から主観的な運動強度と労作耐容能に影響するような心理的変数を記述することである。

指針となる概念モデル

労作感と労作耐容能は，いくつかの変数の交互作用によって確定される2つの心理状態である。労作感と労作耐容能は，運動者が運動への参加中に課せられた社会的・身体的な要求に適応しようとするための複雑な現象と考えることができる。労作感を確定しているものは，個人的な性質，人口統計学的な特徴，課題(有酸素もしくは無酸素，あるいはその両者)，強度のレベル，課題遂行時の条件(例えば，温度，湿度，1日の時間帯)と，これらの感情を経験している時の対処方略である(図32.1を参照)。図32.1の仮定モデルでは，労作感と労作耐容能の相互関係を想定している。より具体的に言えば，運動者が労作感を低く報告する時には，どのような課題条件や環境条件下であっても，労作感を高く報告する時よりもより長時間に渡って労作を受け入れ対処することができる。

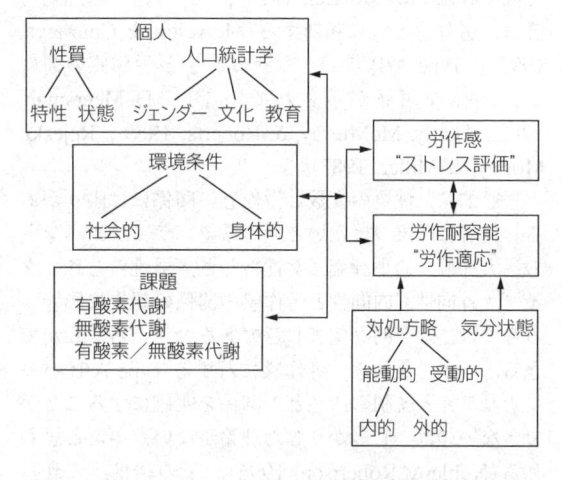

図32.1　労作感と労作耐容能の双方に対する個人の特性・環境条件・課題の特性・対処方略の影響を仮定したモデル。労作感と労作耐容能は，強く関係しているが，このモデルでは独立変数と考えている

性質の特徴

NobleとRobertson(1996)は，個人の性質と労作感との連繋を調べている数少ない研究を，次のように要

約した；(1)他者に印象づけようと思うほど，運動者は労作感をより低く報告する傾向がある(Boutcher, Fleischer-Curtian, & Gines, 1988)，(2)誇張者(自らのライフイベントの重要性を誇張する人)は，控えめな者(自らのライフイベントの重要性を過小評価する人)よりも労作感をより高く報告する(Robertson, Gillespie, Hiatt, & Rose, 1977)，(3)内的・外的な統制の所在によって，労作感を確定することはできない(Kohl & Shea, 1988)，(4)女性らしい女性は，男性的な女性あるいは男女両性的な女性よりも労作感を高く報告する(Hochstetler, Rejeski, & Best, 1985；Rejeski, Best, Griffith, & Kinney, 1985)，(5)外向型の者は内向型の者よりも，痛み刺激を抑制して，労作感を低く評価する(Morgan, 1973)，(6)課題の自己効力感は，労作感と負に相関する(McAuley & Courneya, 1992)。Type A/B のパーソナリティと労作感の間には，明確な関係が示されていない(DeMeersman, 1988；Hardy, McMurray, & Roberts, 1989；Rejeski, Morley, & Miller, 1983)。

一般的に，性質の変数と労作感の関係には限りがある。他者に印象づけたいという欲望，ライフイベントの過大評価／過小評価，女性らしさ／男性らしさのタイプ，外向性／内向性と労作感の関係の報告に影響するものは，社会的な望ましさであると考えることができる。しかしながら，労作感に対する Type A/B パーソナリティと統制の所在との関係を明確にすることができないのは，しっかりした理論がないためだと思われる(Noble & Robertson, 1996)。その結果，これらの関係の検証や修正に適した方法論の心理学的な構成概念の選択には限界がある。特に，研究者は，人の活動の促進・抑制に寄与する動機づけの要素と労作要素との連繋を十分に仮定していないし，それゆえ調べてもいない。例外は，McAuley と Courneya(1992)の，労作感を課題特有の自己効力感に結びつけた研究である。この研究と同様に，本章では，目標指向，自己効力感，課題特有のコミットメントのような動機づけ変数と，決定，労作耐容能，労作感への努力の投資，労作状態の維持との間に考えられる得る関係を論じる。次に，社会的な好ましさによって生じる個人の内観的報告に，ほとんどバイアスがかからないような現実の状況でこれらの関係を検討する(Tenenbaum & Fogarty, 1998 を参照)。

ストレス対処の技法

身体的な労作への対処方略には，能動的(連合的)と受動的(非連合的)の 2 つの様式がある(Morgan & Pollack, 1977)。図32.1 に示したように，運動者の能動的な方略には，内的なものと外的なものがある。外的な方略とは，筋・関節・心肺系が発する神経労作信号の知覚を軽減して，外的な事象に注意を移すことである。内的な方略とは，酷使感や労作感もしくは他のネガティブな事象との"闘争"を通して直接それらに対処することである。研究者は，人が疲労や不快，労作，痛みの感覚信号によりよく耐えられるようなことがらに，何もしようとしない場合の対処様式を，労作に対する受動的な対処様式と考えている。

労作感に対する対処方略の効果を調べている研究者は多い。例えば，Pennebaker と Lightner(1980)の研究では，トレッドミル歩行時の自らの呼吸に注意するよう実験参加者を促して，内的な注意の集中を操作している時に，外的な街頭音を与えて注意の集中を操作した。疲労感は，自呼吸に注意を集中している時の方が，街頭音に注意している時よりも大きかった。Fillingim と Fine(1986)は，ランニング中の実験参加者に，イヌという用語を計数するように(外的注意)，あるいは自らの呼吸と心拍に注意するように要請した(内的注意)。その結果，内的な注意条件に比較して，外的な注意条件下で運動による徴候を報告した者はほとんどいなかった。Johnson と Siegel(1987)は，労作感が，受動的な内的技法条件に比較して，能動的な外的技法条件(例えば，問題解決)下でより低下することを明らかにした。それに対して，Boutcher と Trenske(1990)は，視覚刺激と聴覚刺激を使用して，音楽条件における低・中・高の運動強度と，無刺激条件における低・中・高の運動強度に対するそれらの効果を比較した。その結果，高強度条件の労作感には差がなかった。しかしながら，低強度運動の音楽条件では，聴覚・視覚あるいは無刺激条件と比較して，労作感がより低下した。Boutcher と Trenske は，心理学的要因による最大の効果は高強度よりもむしろ低強度や中強度の運動に観察できること，そしてそこでは生理的な入力が重要であることを示唆した。

Morgan と Pollock(1977)は，エリートマラソン選手とアマチュア長距離選手が使用する労作感への対処方略を調べた。マラソン選手は，注意を内的な感覚手がかりに向ける連合的方略(association strategy)を使用していた。これに対して，アマチュアマソン選手は，内的な身体信号をさまざまな形の気散らし思考に置き換える非連合的方略(disassociation strategy)を使用していた。Schomer(1986)はこの知見をさらに拡張して，強度の増加とともに思考は非連合的なものから連合的なものに変わると主張した。嫌悪刺激に対処するもう1つの共通技法は，イメージである。労作刺激への対処におけるイメージの効果に関する説明は，情動・イメージ・感覚の密接な連繋の存在を前提にしている。身体的な感覚を伴う情動と同様に，イメージは情動を誘発している。視覚化は，イメージの変化によって感情と身体的な感覚に影響するとみられている。

瞑想・運動・律動的な呼吸・音楽鑑賞のようなさまざまなリラクセーション技法が，ストレス症状の軽減

にしばしば使用されている。粗大筋群の能動的な収縮と受動的なリラクセーションからなる漸進的リラクセーション技法は，イメージ療法とともに頻繁に使用される技法である（Edgar & Smith-Hanrahan, 1992）。イメージ療法は，現実あるいは架空の心的表象の開発と関係している。イメージ療法は，痛みと自律神経反応の軽減を目的にしている。イメージ療法の原理は，苦痛の経験中にイメージすること（例えば，穏やかな，痛みのない場面）である（James, 1992；Taylor, 1995）。イメージには，痛みを，無感覚あるいは無関係の感覚に変換する役目もある。イメージによって，注意を内的／外的事象からそらすこともできる。加えて，イメージは，身体化を通して痛みを制御することもできる（痛みがある部位に，傍観者的な立場で注意を集中する；Melzack & Wall, 1989）。

嫌悪刺激への対処に使用するイメージには，さまざまなものがある。Murphy, Woolfolk, Budney（1988）は，握力計を用いた強度課題実行中の実験参加者に，イメージを喚起する特定の感情を持つよう要請して，情動イメージを操作した。感情は，怒り，恐怖（情動的な内容），リラクセーション（非情動的な内容）の3つであった。実験参加者には，怒り，恐怖，リラックスを感じる場面をイメージするように要請した。次に，感情が起こるまで，その場面を視覚化するように求めた。感情がその場面と十分に合致した場合には，握力計をできるだけ強く握るように要請した。その結果，怒りと恐怖のイメージによって喚起のレベルは上昇したが，握りの強度レベルは上昇しなかった。リラクセーションのイメージによって握りの強度が低下することも明らかになった。痛みと不快感情の制御には，情動的なイメージよりも，リラクセーションイメージをより多く使用している（Taylor, 1995）。双方のイメージ技法とも，痛みや不快を我慢する際に役立つと思われる気分状態（リラクセーションあるいは興奮）を誘発している。リラクセーションのイメージは，身体を生理的に鎮めて，疼痛の耐性を改善している。一方，情動イメージは，心的喚起を高め，よりうまく労作経験に耐えるための身体的な対処メカニズムを高めている。本章の後半には，この主張に対する実験的な証拠を示す。

環境条件

環境に存在している社会的手がかりの重要性は，労作感と労作耐容能に直接影響している（Hardy, Hall, & Prestholdt, 1986）。例えば，Hardyらは，実験参加者に，単独での自転車漕ぎ条件と，同じ運動強度（VO_2 max の25%，50%，75%）の自転車漕ぎを仲間（共行動者）とともに実行する条件を設定した。その結果，実験参加者は共行動者とともにVO_2max 25% と 50%で自転車を漕ぐときに労作感をより低く報告すること

が明らかになった。VO_2max 75% ではそうではなかった。インストラクターが異性の場合にも，労作感をより低く報告した。しかしこの結果は，より高度なトレーニングを積んだ競技者の場合には，それほど顕著なものではなかった（Sylva, Boyd, & Magnum, 1990）。

労作感を誘発する主な環境的要因は，課題の強度と持続時間である。"知覚反応とは，身体的な作業から生じる外的刺激と生理的な機能を反映する内的反応との感覚的なつながりが表出したものである"（Noble, 1977, in Noble & Robertson, 1996, p.93）。Kinsman と Weiser（1976），Weiser と Stamper（1977），Pandolf（1982）は，運動中に生じる生理的な徴候と，それらを運動者が知覚する方法の関係を仮定するモデルを開発した（図32.2 を参照）。身体的な運動中に経験する感覚の主観的な報告には4つのレベル（個別の徴候，下位，普通，上位）があり，そのそれぞれが，疲労を誘発するような生理的過程と結びついている。最初のレベル（個別の徴候）は，発汗，あえぎ，心臓の動悸，足の痛みと痙攣，筋の振戦，足の痙縮，足のだるさとふらつき，疲労，気力，活力状態，決断といった徴候と関係している。2番目のレベル（下位）は，心肺・足・全身の疲労と関係している。3番目のレベル（普通）は，課題嫌悪と課題継続遵守の動機づけと連繋している。4番目のレベル（上位）は，極端な疲労や身体的な消耗と関係している。この段階では，特定の感覚（筋肉痛，呼吸，足）を誰も同定できず，むしろ極端な全身的疲労や消耗を同定しているにすぎない（詳細な記載は，Noble & Robertson, 1996 の4章を参照）。

先に議論したように，労作との主観的-客観的な連繋は，運動者の注意の様式と強く関係している。Noble

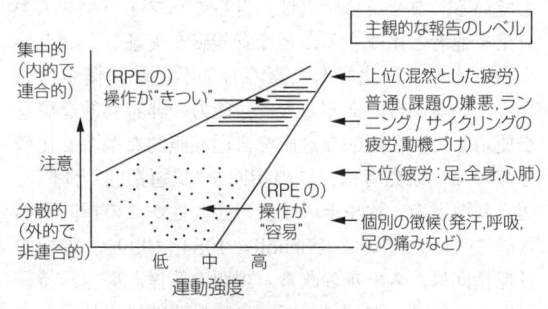

図32.2 運動強度，生理的な基質と労作感，労作耐容能の関係。運動強度が増すと，注意は外的で非連合的な様式から集中的で連合的な様式に移行する。生理的な徴候は，個別的な状態から渾然とした状態に移行する。その結果，労作感・労作耐容能は，身体的な強度のレベルが低く操作の"容易なもの"から強度のレベルが高く操作の"非常にきついもの"へ移行する

とRobertson(1996)は，これまでの研究は，身体的な負荷が増加すると労作感が強くなり，その結果，注意が外的-非連合的な様式から内的-連合的な様式に変化することを示していると結論づけた。労作が低い場合には，音楽(受動的)あるいは問題解決(能動的)といった外的な手がかりに注意を向けることによって，労作感を操作することができる。しかしながら，運動者が上位のレベルにある場合には，注意の方向転換がかなり困難になる。この段階の運動者は，高いレベルの決断と労作耐容能によって課題を持続しなければならない。注意の様式と労作感の操作に関する主観的-客観的な連携を図32.2に示す。

社会-認知的な視点

本節では，労作感と労作耐容能に新たな光を当てたと思われる心理学の社会-認知的なアプローチから明らかになった主要な変数をレビューする。特に，自己効力感の理論(Bandura, 1982, 1986, 1997)を運動行動に適用する社会-認知的なアプローチでは，課題固有の状態が運動刺激の知覚や対処に果たす役割を強調している(例えば，身体的な労作)。

目標指向

目標指向には，主観的な意味を成果に帰属する際の個人差が反映している(Ames, 1984；Maer & Braskamp, 1986)。成功と失敗の主観的な意味は，能力の特異的な概念あるいは非特異的な概念のいずれかと連繋している。人は自らのパフォーマンスや成果を他者のそれらと比較して，能力の特異的な概念を確定している。研究者は，この目標指向を"自我指向"と呼んでいる。なぜなら，人は，自らのパフォーマンスや成果を他者と比較することで有能感を実証したいという欲求もしくは比較した際の力量不足が動機づけになっているからである。人は，能力の非特異的な概念を使用して，主観的な達成を自己参照的な基準と比較している。研究者は，この指向を"課題指向"と呼び，個人基準との一致やその改善の必要性がこの指向を引き起こすとしている(Nicholls, 1984, 1989)。課題の目標指向は，スキルの改善，課題の熟達，努力，持続といった行動と結びついている。対照的に，社会的な比較を回避する場合には，自我の目標指向が不適応行動あるいは抑制行動と結びつく。その結果，努力と自信が低下する(Jagacinski & Nicholls, 1990)。

課題の目標指向と自我の目標指向は，相互に独立し，動機づけの重要な決定要因になっている(Duda, 1993のレビューを参照)。しかしながら，個人の目標指向が労作的な身体的課題の状況的な条件と合致する度合も，自己コミットメント，動機づけ，自らの欲求を満足させるために投資しようとしている努力の量の重要な決定要因になっている。DudaとHall(本書)は，目標指向と動機づけ行動の関係に関する文献を要約して，課題の目標指向は労作の持続と目標の継続遵守に関係すると結論づけた。それとは対照的に，自我の目標指向は，持続の不足と結びついていた。このように，課題指向は，自我の目標指向と比較して，労作経験への対処のより上位のレベルと結びついている。これは，必ずしも労作感には反映しておらず，むしろ労作経験の継続遵守と耐性に反映していると思われる。

現在まで，努力投入の準備体勢に関連した目標指向と，身体的な労作中のコミットメントとの関係を調べた研究は不足している。したがって，動機づけ，労作感，忍耐の包括的な社会-認知的理論を立証するには，十分な研究が必要である。本章の後半には，進行中の激しい有酸素運動・無酸素運動の持続法や対処法を確定すると思われる目標指向，自己効力感，その他の動機づけ変数に関する最近の研究について紹介した。

有能感と自己効力感

有能感は，さまざまな課題の熟達に向けた努力によって生じるような多次元的な概念であり，必然的に行動の発展や統制感と結びついている(Harter, 1978)。目標指向は同じであっても，有能感のレベルが異なれば，同じ条件下でさまざまな課題を遂行しても，結果はそれぞれ違ったものになる。教育場面を調べたJagacinskiとNicholls(1990)の研究によって，低い有能感／能力と，自我目標指向を伴う学習者は，あまり努力をしないことが明らかになった。自我目標指向が高いフットボール選手は，有能感の高い選手よりも，競技前の競技不安を高く示した(Boyd, Callaghan, & Yin, 1991)。このように，特定課題あるいは特定活動における個人の有能感が高まるほど，その身体的要求への対処能力はますます高まるものと思われる。

自己効力感は，"ある達成レベルを実現する力が自分にあるという信念を指している"(Bandura, 1997, p.382)。行動をうまく遂行する方法に直接影響するものは，認知状態である。自己効力感の信念は，人間の力の重要な要因になっている。自己効力感が不足している人は，課題を遂行する力も不足していると考えている。Banduraは，個人的な効力感とは，機能的な関係のネットワークに埋め込まれた従前の信念であると述べている。その1つの例は，労作や不快が存在する嫌悪経験への対処である。

自己効力感の期待は，規模・普遍性・強度の3つの次元において異なるものになっている。自己効力感の規模は，単純な課題から困難な課題まで，多岐に渡っている。普遍性は，課題特異的なもの，あるいは

より一般化可能な効力感（いくつかの課題に関連した）のような自己効力感の期待を指している。最後の期待の強さは、身体的な労作や不快といった嫌悪的な状況あるいは欲求不満の状況に直面したときに個人が示す粘り強さの程度を指している。

　Turk, Michenbaum, Genest(1983)は、有害刺激（例えば、寒冷昇圧課題）に耐えるために自己効力感を高める方略を使用した実験参加者について調べた。Turkらの研究から、効率的な対処方略が利用できる参加者は、それができない参加者よりも課題に長く耐えられることが明らかになった。Litt(1988)は、寒冷昇圧課題に起因する不快耐性について調べ、自己効力感が課題の持続を予測することや、効力感の期待がパフォーマンスの持続時間の決定により大きく関与することを明らかにした。同様に、BakerとKirsch(1991)は、冷水に手を可能な限り長く漬けながら自己効力感を高める方略を使用した実験参加者の不快感は低下せず、不快耐性がわずかに増加することを明らかにした。自己効力感は不快耐性を予測する強力な要因であったが、不快の報告を予測することはできなかった。

　Bandura, O'Leary, Taylor, Gauthier, Gossard(1987)は、自己効力感と薬物の双方が寒冷昇圧課題の不快耐性に及ぼす影響を調べた。Banduraらは実験参加者を、自己効力感に関連する認知的な方法によって不快耐性に対処する条件、プラセボ条件、介入なしの統制条件にランダムに割り付けた。また、エンドルフィンシステムの賦活が不快耐性の変化を媒介するかどうかを調べるために、各条件の実験参加者の半数に10 mgのナロキソン（アヘンの効果を抑制し、それにより痛みの感覚を増進する薬物）を処方した。参加者の残りの半数には10 mgの生理食塩水を処方した。その結果、認知的トレーニングを受けた参加者の自己効力感が増進し、痛みに耐えたり痛みを軽減することが明らかになった。プラセボ条件では自己効力感が高まって痛みに耐えた。しかしながら、実際の効果には有意差がなかった。さらに、認知的トレーニングとナロキソン処方の群は、認知的トレーニングと生理食塩水処方の群に比べて、不快に耐えることができなかった。しかしながら、認知的トレーニングとナロキソン処方の群は、ある程度まで不快耐性を高めることができた。これは、認知的な痛みの制御に、抗オピオイド的な要素があることを示唆している(Bandura et al., 1987)。自己効力感の変更は可能であるが、その効果を正確に評価できるのは課題固有の条件下においてのみであると結論することができる。

　Bandura(1997)は、幅広く文献をレビューしても、自己効力感と労作耐容能の制御の信念を調べた研究は見つけることができなかった。しかしながら、意識から感覚を追放して嫌悪を変更する認知的な活動の役割を、次のように述べた；"意識が嫌悪感に取って代わる、あるいは悪意なく嫌悪感を解釈する場合には……嫌悪感はあまり目立たなくなり、それほど押しつけがましいものにはならなくなる。研究から…痛みがある程度制御できるという信念は、痛みの管理をより容易にしていること…このような痛みの制御法の修正効果は自己効力感の変化を通して部分的に作動していることが明らかになっている…対処の効力感が強いほど痛みに対する耐性は高くなり、痛みによる機能不全は少なくなる"(pp.393-394)。このように、自己効力感が労作耐容能に果たす役割が明らかになっている。本章の後半で紹介する実験的な研究は、この関係を調べたものである。

課題固有のコミットメント／決定要因と努力

　課題固有のコミットメント／決定要因と、労作を経験しても投資や我慢をいとわないような努力は、行動の対処や持続に影響するものと思われる。研究者はコミットメントの概念を、困難あるいは挫折に直面し根気を要する期間に渡る活動関与の延長に関連する心理状態と説明している(Scanlan, Carpenter, Schmidt, Simons, & Keeler, 1993)。コミットメントは、特定の活動の持続に必要な決定・専念・努力と関係している。ScanlanとSimons(1992)は、コミットメントを、次の5つの主要な要素からなる多次元的なものとして、さらに概念化した；楽しみ、個人的な投資、社会的な制約、関与する選択肢、関与する機会。これらの5つの次元の中で、個人的な投資（その活動でどれぐらい努力をする用意があるのか）だけが労作耐容能と関係している。また、コミットメントは、成果としての行動よりも、むしろ原因変数と考えることができる。換言すれば、努力や労作をいとわずに、コミットメントと決定要因をより多く保有している人は、より長く嫌悪刺激に固執するものと思われる。

　心理状態としてのコミットメントと労作耐容能は、課題／熟達目標指向と課題固有の自己効力感に関係しているものと思われる。しかしながら、研究者は、これらの各変数が労作感と課題に関連した労作耐容能の変化を個別に説明するものと考えている。次に報告するものは、目標指向・自己効力感・課題固有のコミットメントと労作耐容能の個別的な効果および結合的な効果が、労作感や強い労作の必要な課題遂行に関係することを明らかにした研究である。

有酸素課題と筋力課題における労作

　Tenenbaumら（印刷中）は、非トレーニング者・チームスポーツ選手・トライアスロン選手からなる実験参加者49名（平均年令23.01歳）を調べた。トライアスロン選手のVO_2max値は、他の2群よりも有意に大きかった。そして他の2群よりも、ランニングの労作に精通していた。

参加者は，労作課題の数日前に，目標指向と身体的な自己効力感の質問紙に回答した。また，2つのランニング課題を行った。最初の課題では，参加者のVO₂maxを直接測定した。VO₂maxを確定した1週間後に，参加者にそれぞれのVO₂maxの90%の電動トレッドミル走を要請して労作感を体感させた。参加者は，労作ランニング遂行の直前に，以下に示す課題固有の質問に回答した。

固有の自己効力感："あなたはこの労作運動と不快に耐える自信が，どれぐらいありますか？"
コミットメント／決定要因の程度："あなたはこの課題の遂行に，どれぐらいコミットしていますか？"
努力の投資："あなたはこの課題に，どれぐらい努力を注ぐつもりですか？"

すべての質問は，1（まったくない）～5（大変ある）の5ポイントLikertスケールで評価した。0～10の意味句が並ぶ主観的運動強度（The Rating of Perceived Exertion：RPE；Borg, 1982）（訳注：Perceived Exertionは労作感であり，直訳だと労作感の度合いといった意味になるが，RPEは定訳に従い，「主観的運動強度」とした）の1項目尺度を，課題遂行中に1分間隔で実施した。実験参加者には，1分間隔の評価とは別に，きついRPE得点を経験した時には，それを指摘するように教示した。この時に，血液サンプルを第2指から採取して，乳酸レベルを評価した。参加者が課題のきつい労作にそれ以上耐えられなくなった場合には，前方の手すりをつかむとトレッドミルが完全に停止するようになっていた。その後に，参加者は課題固有の3つの質問に再度回答し，その時点で2回目の血液乳酸サンプルを採取した。Tenenbaumらは，トレッドミル走の開始時点から，運動がきついと報告するまでの時間を，"RPE-hard時間"と命名した。また，運動のきつさを報告してから運動が

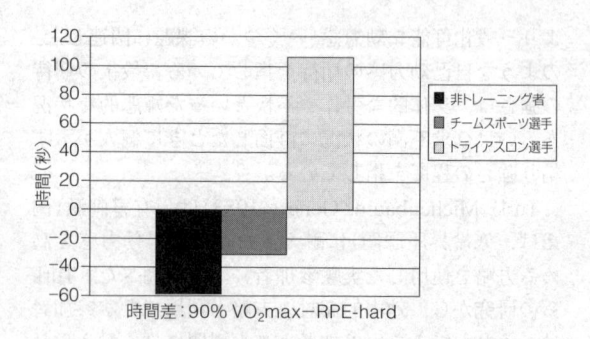

図32.4　非トレーニング者・チームスポーツ選手・トライアスロン選手が90%のVO₂maxに到達してからRPE-hardを報告するまでの時間間隔

完全に停止するまでの時間を，"労作時間"と命名し，これら2つの経過時間の総和をランニングの合計時間とした。

実験の結果，トライアスロン選手は，チームスポーツ選手群・非トレーニング者群の参加者よりも有意に長く走ることが明らかになった。RPE-hardに至るまでの時間と労作時間も，チームスポーツ選手群・非トレーニング者群の参加者に比べて，トライアスロン選手の方がより長かった。これらの結果を，図32.3に示す。注目すべきもっとも重要な点は，3群間に，90%のVO₂maxに到達するまでにかかる時間とRPE-hardを報告するまでの時間に差が生じたことである。これらの差は図32.4でも明らかになっている。労作感に精通しているトライアスロン選手は，90%のVO₂maxレベルに到達してから平均105.63秒後に運動がきついと報告していた。それとは対照的に，チームスポーツ選手群と非トレーニング者群では，90%のVO₂maxレベルに到達する平均26.48～54.86秒前に，運動がきついと報告した。

RPE-hard時および課題完了時の血中乳酸濃度を

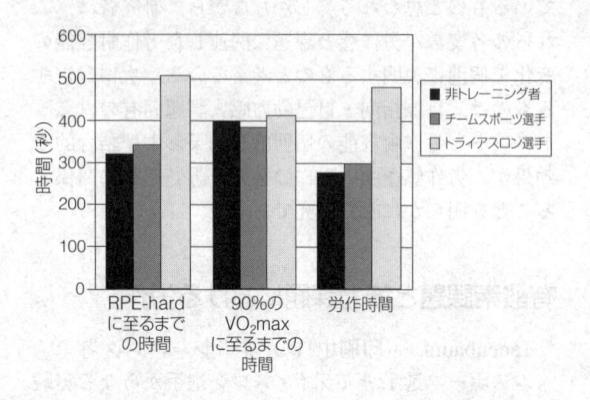

図32.3　非トレーニング者・チームスポーツ選手・トライアスロン選手がRPE-hardに至るまでの時間と労作時間（"きつい"と報告してからランニングを停止するまでの時間間隔）として操作化した労作耐性

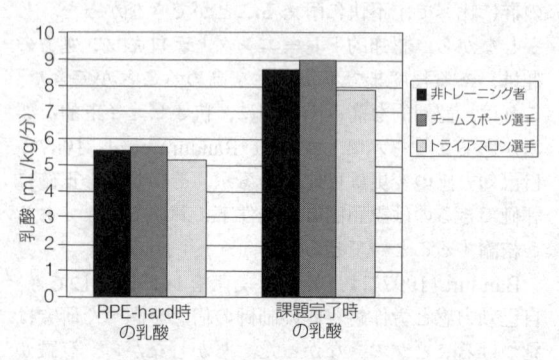

図32.5　2つの時点における血中乳酸濃度：非トレーニング者・チームスポーツ選手・トライアスロン選手がRPE-hardの報告時と課題完了時に示した値

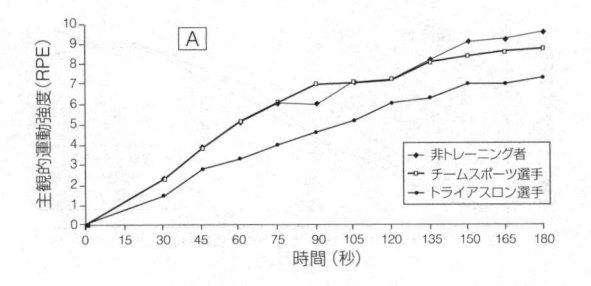

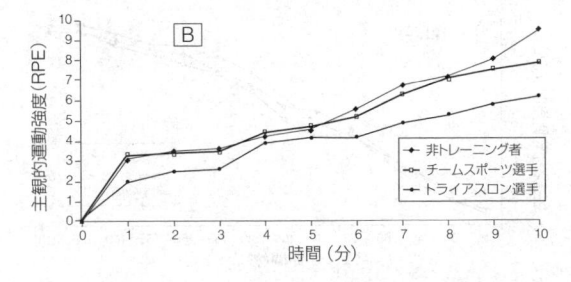

図32.6 非トレーニング者・チームスポーツ選手・トライアスロン選手が2つの条件下で評価した主観的運動強度（RPE）：A 90% VO₂max のランニング課題と，B 50% VO₂max の握力課題

図32.5に示す。有意差はなかったが，トライアスロン選手がランニング終了時に示した乳酸濃度は，チームスポーツ選手群と非トレーニング者群に比べてより低かった。乳酸のレベルが同じ"労作ゾーン"内のランニングから，課題への精通や他の心理的な変数がトライアスロン選手の労作耐容能に重要な役割を果たしていることがうかがえる。

図32.6は，ランニング時と握力計把持時の労作感の比率を示したものである。トライアスロン選手は，すべてのランニング課題で，他の2群の実験参加者よりも労作感を低く報告した。実際に，きつい経験への精通と，きつい経験への繰り返し暴露によって，ランニング時の労作感をより低く報告するようになった。図32.6は全体のランニング時間を示したものではないことに注意する必要がある。なぜなら，チームスポーツ選手群と非トレーニング者群の大半の参加者は，ランニングを10分間で終了したからである。

重要な問題は，目標指向，身体的な自己効力感，課題固有の自己効力感，課題固有のコミットメント，努力の投資が，課題への精通の影響以上に労作耐容能のばらつきを説明するかどうかということである。最初に群のタイプを方程式に入力し，その後，目標指向，自己効力感，課題を入力して階層的回帰分析をしたところ，労作の分散に対する上記4変数の因子寄与率は48%，課題への精通（トライアスロン選手，チームスポーツ選手，非トレーニング者）の寄与率は11%であった。さらに，目標指向（課題と自我）の寄与率は20%，身体的な自己効力感や課題固有の自己効力感は7%，課題固有のコミットメント／決定要因・不快耐性・努力の投資は11%であった。Tenenbaumら（印刷中）は，参加者男子47名（平均年齢22.53歳）を対象にした2つ目の研究で，動機づけ変数が筋持久力の労作課題に及ぼす効果を調べた。実験参加者を次の3群に割り付けた；チームスポーツ選手（バスケットボール，サッカー，フィールドホッケー），長距離ランナー，1週間に3回未満の運動しかしない大学生（非トレーニング者）。すべての群の年齢・体重は差がないように調整したが，VO₂max には差がみられた（ランナーでは M=75.69, SD=2.95；チームスポーツ選手では M=63.96, SD=8.54；非トレーニング者では M=51.97, SD=8.64）。

実験参加者には，握力計握り課題を導入した。次に，隔離部屋へ個別に入った各実験参加者には，握力計の握り手を利き手で3回できるだけ強く握るよう要請した。試行間には1分間の間隔を設定した。ベースラインの測度には最高得点を使用した。この段階の終了直後に，以前の研究で使用した，目標指向や自己効力感，課題固有についての質問をした。次に，握力計の握り手を，最大能力の50%の力でできるだけ長く握り締めるよう要請した。パフォーマンスがこの値の10%以上低下した時に，試行終了とした。15秒ごとにRPEスケールを示し，その労作のレベルを言語的に聴取した。以前の研究と同様に，RPE-hardに到達するまでの時間と労作時間を確定した。握力課題の試行前の測定値には，有意な群間差はなかった。この結果から，長距離ランナーとチームスポーツ選手は，非トレーニング者群の実験参加者よりも有意に長く労作を維持することが明らかになった。また長距離ランナーでは，チームスポーツ選手と非トレーニング者群に比べて，RPE-hardを報告するまでの時間が有意に延長した。これらの結果を図32.7に示す。

ランニング課題と同様に，労作感に精通している人は，これらの感情を定期的に経験してない人よりも長

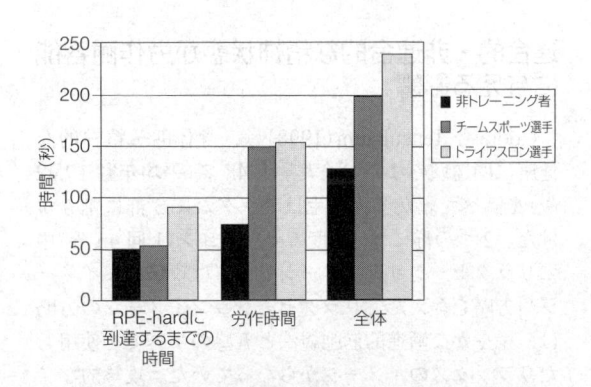

図32.7 RPE-hard に到達するまでの時間と労作時間を操作化した労作耐容能（"きつい"と報告してから握りを停止するまでの時間間隔）

く労作と不快に耐えて対処していることが明らかになった。しかしながら，筋持久力の課題では，長距離ランナーとチームスポーツ選手の労作時間に有意差はなかった。このことから，労作への対処と持続は課題固有的であることが明らかになった。注目すべきことは，長距離ランナーが感じるように，ある労作感に絶え間なくさらされていると，他の身体的な課題に必要な労作の維持能力がより高くなることである。図32.6は，15秒ごとに測定した3群の労作感の評価の平均を示したものである。3群のRPE評価は直線的に増加していた。そして長距離ランナーは，チームスポーツ選手・非トレーニング者群の参加者よりも，労作感をかなり低く評価していた。

順序固定のクラスターに入れた，活動のタイプ，目標指向，自己効力感，課題固有の変数を階層回帰分析したところ，それらをまとめた労作時間の分散への因子寄与率は59%であった。この寄与率の内訳は，運動タイプが10%，目標指向が6%，身体的な自己効力感と課題固有の効力感が11%，課題固有のコミットメント／決定要因・努力の投資・労作耐容能が32%であった。これらの結果は，課題固有の変数が労作耐容能にある役割を果たすことの強力な証拠とみなすことができる。

これら2編の研究から，自己効力感，課題固有の決定要因，コミットメント，努力への投資，労作耐容能は，高い労作レベルの有酸素タイプと無酸素タイプにともに耐える個人の能力の違いを決定する時に，重要な役割を果たしていることが明らかになった（図32.1を参照）。CooteとTenenbaum(1998)は，また別の研究で，連合的(情動的，イメージ)・非連合的(リラクセーション＋イメージ)な心理技法が労作感と労作耐容能に及ぼす影響を調べた。その結果，これらの方法論を使用すれば，社会-認知的な変数が労作耐容能に果たす役割を調べ得ることが明らかになった。この結果は，図32.1のモデルをさらに支持するものになっている。

連合的・非連合的な精神状態が労作耐容能に与える影響

CooteとTenenbaum(1998)は，身体的・精神的な健康に問題歴のない女子大学生48名(平均年齢19.42歳)を調べた。女子大学生はランダムに3群に割り付けた。2つの群には，2度のセッション(1回45分)中にリラクセーションイメージもしくは攻撃的なイメージの方略を教えた。リラクセーションイメージの方略は，穏やかな漸進的筋弛緩法と五感のすべてを使用したリラックスのイメージからなっていた。攻撃的なイメージの方略は，怒り場面を描き出させることであった。実験参加者には，労作課題中に怒りの場面をできるだけ長く視覚化するように求めた。統制群の参加者

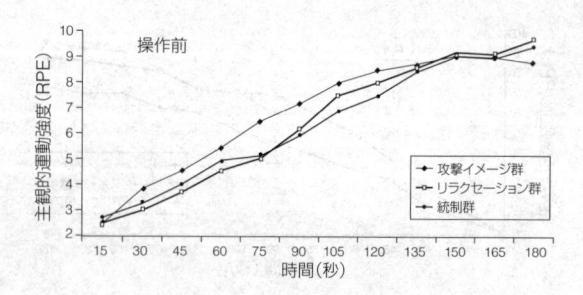

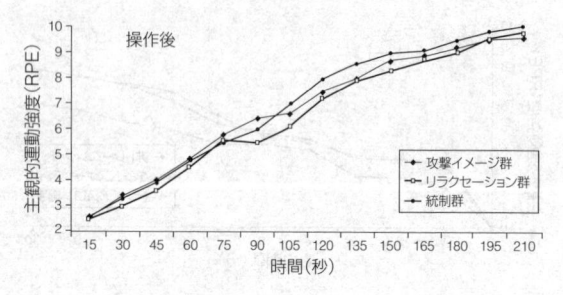

図32.8 3群の実験参加者のRPE：攻撃的なイメージ群，リラクセーションイメージ群，統制群が15秒ごとに示した心理的操作前と操作後の割合

は，2度のセッション(1回45分)に渡って，無関係なさまざまなトピックスについて議論した。

労作刺激は，調節可能なスタンドに設置した握力計を使用して与えた。ベースラインの強度は，利き手による3回の握り試行によって確定した。参加者は，目標指向，自己効力感，課題固有性の質問紙に回答した。次に測定値が自らの最大握力の10%以下になるまで，最大握力の50%をできるだけ長く保持して握力計を握った。RPE尺度は15秒ごとに参加者に示した。15秒ごとに固定した記録にも関わらず，参加者が運動をきつく感じた時はいつでもそれを報告した。最大握力の50%の課題を2セッション実施した：1セッションはイメージの技法を教える前に，もう1セッションは教えた後に実施した。

分析の結果，統制群のパフォーマンスは，1回目から2回目のセッションまでに3.7%低下した。対照的に，攻撃的なイメージ群は，最初のセッション(イメージなし)よりも2回目のセッションの方が30.5%も長く労作に耐えていた。リラクセーションイメージ群の持続時間は28%の改善を示した。最初のセッション(イメージ操作前)と2回目のセッション(イメージ操作後)のRPEの推移を図32.8に示す。全体的にきつい経験を通した労作感は，3群とも同じであった。労作耐容能の課題固有の変数と性質の変数の役割を調べたところ，最初の労作セッション(イメージ操作前)では労作耐容能の因子寄与率が46%であった。その内訳は，目標指向の寄与率が4%，身体的な自己効力感は12%，課題固有の決定要因／コミットメント，労作耐容能・努力の投資は21%であった。2回目の

セッションでは，目標指向が5％，身体的な自己効力感が10％，課題固有の要素が25％になっていた。

結論

最近，研究者は，労作感と労作耐容能に影響し，それらを媒介する心理的な要素を調べ出している。これらの研究から3つの結論が明らかになっている。第1の結論は，負荷が増加する段階で労作が進展するというものである。それは，発汗・呼吸・足の痛みといった個々の徴候から始まり，そして混然とした極限を迎えて終了する。第2の結論は，労作徴候に対する注意は，身体的な負荷の増加とともに狭くなるというもの(分散様式から徴候集中様式へ)である。第3の結論は，労作を経験している時，身体的な負荷が軽い場合には，労作対処の非連合的な方略がより一般的なものになるというものである。対照的に，負荷が重く継続的な場合には，連合的な方略がより一般的なものになり，おそらく回避可能なものにもなる。労作感と労作耐容能に結びつく性質の特徴には，一貫性がなかった。この原因としては，測定方法に問題があることや，このような関係を支持する理論が不足していることがあげられる。

社会‐認知的理論には，労作感と労作耐容能を説明する強い潜在力があるように思われる。これまでの研究から，決定要因／コミットメント，労作や不快に耐える有能感，課題に対する努力投資性向，適切な目標指向，身体的な自己効力感といった課題固有の変数は，課題への精通とともに，労作耐容能の分散の50～60％に寄与していることが明らかになっている。これまでの研究から，次のことが明らかになった；(1)心理的な変数は，身体的な強度が高い条件下で人は高い労作をどのくらい長く維持できるのかを確定する上で重要な役割を果たしている，(2)労作に精通している者は，過去に同様の適応経験をしているために，労作感を軽減して労作をより長期間維持することができる，(3)労作耐容能は，労作感が変化しなくても，情動的あるいはリラクセーションの心理的な技法によって延長することができる。このように，メンタル技法は，連合的(労作に集中できる)あるいは非連合的(労作に集中できない)のいずれの場合でも，決定要因，自己効力感，労作耐容能の有能感といった変数と同様に，労作や不快にどれだけ長く耐えられるかを強力に決定している。労作感や労作耐容能に関して，本章に紹介した社会‐認知的理論は，労作の複雑な精神生理学的構成概念に影響する心理状態やメカニズムの研究に新たな展望を与えている。革新的な方法論のデザインやパラダイムは，この興味ある研究領域に新たな光を投げかけ始めるものと思われる。

VII 将来の研究動向

第 33 章　スポーツ心理学の現況と将来動向 635

IV

将来の研究動向

第33章 スポーツ心理学の研究と将来の動向

第33章

スポーツ心理学の現況と将来動向

　スポーツ心理学の分野は，2050年にはどのような状況になっているのであろうか？　遠い先のように思えるかもしれないが，この問いかけは，2000年から1980年に遡った時のスポーツ心理学がどのようなものであったのかという問いかけに似ている。スポーツ心理学のように学問的に若くダイナミックな専門分野の発展を論じる時には，50年ですらもタイムスパンとしては短いものである。どのような現象の将来も予測することは困難であるが，スポーツ心理学の複雑なダイナミクス，発展や推移を予測することは，心躍る仕事と思われる。

　明らかに，現在のスポーツ心理学は青年期前期にあり，初期の研究主体の方向から，より実践科学的な方向へと移行している。学者・教育者・実践家が多くの基本的な問題を討論しているように，進歩と継続的発展の可能性は非常な高まりをみせている。これらの基本的な問題は，次のようなコンセンサスも含んでいる；(1)研究・実践領域としてのスポーツ心理学の定義，(2)誰がスポーツ心理学を実践できるのか，(3)専門家を目指す者にどのような教育と訓練をするべきか，(4)誰が次世代の実践的なスポーツ心理学者を適切に訓練できるのか，(5)スポーツ心理学の基礎研究と応用研究をともに支援する重要な資金源はどこにあるのか。これらの問題の重要性と不安定な性質を前提にして，将来のスポーツ心理学を記載した文献に当たってみても，意外なことにこのトピックスに特に言及した出版物はほとんどない。多くの議論がなされているのは，次のような問題である；大学院の訓練モデル(Anderson, Van Raalte, & Brewer, 1994；Feltz, 1987；Silva, 1984)，資格認定の要件(Biddle, Bull, & Seheult, 1992；Bond, 1989；Nideffer, 1984；Silva, 1989a, 1989b)，大学院課程の基準認証の要件(Selden & Porter, 1977；Silva, 1997a, 1997b；Silva, Conroy, & Zizzi, 1999)，"スポーツ心理学者"の名称使用(Harrison & Feltz, 1980；Silva, 1989a, 1989c)，量的研究に対する質的研究(Strean & Roberts, 1992)，スポーツ心理学の介入の効果(Vealey, 1988, 1994)，サービス提供における臨床心理学者の役割(Nideffer, DuFresne, Nesvig, & Selder, 1980)，スポーツ心理学分野の求人市場の特徴(Andersen, Williams, Aldridge, & Taylor, 1989；Schell, Hunt, & Lloyd, 1984；Silva et al., 1999)。

　これらの討論の解決は，スポーツ心理学領域の将来動向や今日知られているようなスポーツ心理学の存在そのものに劇的な影響を与えるものと思われる。この活力に満ちた雰囲気は，現代のスポーツ心理学者を非常に興奮させるものになっている。道はすでに開かれており，最終的には，討論した基本問題に健全な合意が形成されるものと思われる。いったん合意が形成できれば，スポーツ心理学者は，次のような問題に再度直接の関心を向けると思われる；研究プログラムの資金調達，スポーツ心理学の研究と実践の売り込み，正当な専門分野職としてのスポーツ心理学の推進。

　将来の動向を予測するには，研究分野の位置付けと現在の発展状況，そして回避できない将来の新たな方向の形成に強く影響するものを慎重に検討する必要がある。本章ではスポーツ心理学の発展における画期的な出来事の要点を，手短かにレビューしてみたい。しかしながら，本章の主要な目的ともっとも重要かつ刺激的な側面は，研究進行の方向に沿って将来のスポーツ心理学をある程度予測することである。ここで取り上げる多くの問題は，近い将来に明らかになるものと思われる。その時に本章を再読し，予測の適合度を調べることは，非常に興味深い作業となると思われる。

スポーツ心理学の発展における画期的な出来事

　本章はスポーツ心理学の歴史や進歩を強調するものではないが，スポーツ心理学の発展に影響したいくつかの歴史的な出来事を手短かに強調することは有用と考えられる。過去の歴史を認識し将来をかたちづくる連続的な変化の過程に参加することは，各世代のスポーツ心理学者にとってきわめて重要である。以前の出

来事が変化の触媒となってスポーツ心理学の将来を構築し続けることは，当然のことである。スポーツ心理学の詳細な歴史と進歩を扱った包括的な論文はいくつか公表されている（Alderman, 1980；Hanin, 1979；Silva, 2001；Silva et al., 1999；Wiggins, 1984）。これらの論文は，北アメリカにおけるスポーツ心理学の歴史や発展，現在の論争を非常に慎重かつ広範に紹介したものであり，全体の編年史としても重要なものとなっている。本章ではこれらの画期的な出来事を簡潔に紹介するが，重きをおいているのは，将来のスポーツ心理学の考え方に刺激を与えることである。

ソ連がスポーツ心理学の誕生に与えた影響

スポーツ心理学の分野における最初の組織的な研究の記録は，旧ソビエト連邦まで遡ることができる。早くも1917年に，レーニンは，ソ連式生活の必須要素として，体育とトレーニングを確認した（Shteinbakh, 1987）。スポーツトレーニングは軍人と密接に関係しており，その使用が軍隊生活への準備に役立つことから，ソ連ではスポーツトレーニングを非常に重視していた。1919年，最初の研究所 Institute for the Study of Sport and Physical Culture をサンクトペテルブルグに設立した。1年も待たずに，早くも次の研究所をモスクワに設立した。体育プログラムの開発と身体トレーニングの教師の育成に加え，これらの研究所は運動科学的な原理を研究し，その結果，スポーツパフォーマンスに応用する中心機関として有名になった。

スポーツ心理学は，エリート競技者のパフォーマンスを理解し発展させようとする上で重要な役割を果たした。スポーツ心理学者には，研究所に通ってくるもしくは定期的に研究所を訪れるエリート競技者を用いて自らの研究や理論を直接"検証"する機会があった。エリート競技者のパフォーマンスの発展にのみ焦点を当てたこの手法は，第二次世界大戦後，ソ連が軍事や政治の舞台のみならずオリンピック競技の世界的なステージで存在感を増したときに，もっとも認識できるようなものとなった。"ソ連システム"によって選手の育成が成功した原因は，競技者に提供した体系的で心理学的なトレーニングと介入にあるとしばしばいわれていた。スポーツ競技におけるソ連システムの成功は，問題になることもなく，議論されることもほとんどなかった。このシステムによる成功がピークに達した1980年のモスクワオリンピックで，ソ連は金メダル80個，銀メダル69個，銅メダル46個を獲得した。競技界では，ソ連における成功の原因の一部は，スポーツ科学を，高いレベルの国家プログラムやオリンピック競技プログラムに効果的・効率的に統合したことにあると理解した。多くの西欧人はソ連システムのさまざまな面を批判したが，一般的なスポーツ科学の使用と特にスポーツ科学の使用を巡る神話は，スポーツ心理学を学究的な分野とみなす西欧側の研究者に，スポーツ心理学への注意と興味を強く持たせる結果となった。

初期のヨーロッパがスポーツ心理学の発展に与えた影響

個別的な研究や論文は，20世紀前半のヨーロッパや北アメリカにもみられていた。しかし，世界中のファンやスポーツ管理者，スポーツ心理学者が関心を持ったのは，第二次世界大戦以降のソ連の競技者の成功であった。旧東ドイツやブルガリア，旧チェコスロバキアといった東欧諸国は，1950～1960年代にソ連システムの影響を受けた。その結果，比較的人口の少ない東欧諸国の世界大会では，これらの国々が顕著な成功を収めた。これらの結果は，1950～1960年代の東欧諸国の経済状況を考えた時に特に印象的である。このような状況は，これら諸国の代表競技者のためのスパルタトレーニング施設にしばしば結実した。

チェコスロバキアにはスポーツ心理学の最初の学位論文の1つを1928年に公けにしたという功績がある。そのタイトルは"The Psychology of Physical Sciences"で，著者はプラハのカレル大学に所属するPeclatであった。1950年代の当初に，プラハ大学に体育・スポーツ研究所（Institute for Physical Education and Sport）が創設された（Geron, 1982）。ブルガリアやチェコスロバキア，東ドイツといった国々は，スポーツ心理学の科学的な側面ばかりでなく，研究をトレーニングに応用するようにもなった。ブルガリアやチェコスロバキア，東ドイツは，心理テストや運動テスト，メンタルトレーニングプログラムの系統的な使用を強調したソ連のアプローチを模範にした。1966年，ブルガリアでは実験室を設立し，エリート競技者の育成に取り組んだ。Salmela（1992）によれば，ブルガリアは東欧で最大級の127名のスポーツ心理学者のグループを抱えていた。東欧はスポーツ心理学の認識の向上に大きな役割を果たし，スポーツ心理学の科学的な実行可能性を最初に受け入れて，スポーツトレーニングとスポーツ競技に有意義な貢献をした。

ソ連のスポーツ心理学の役割とその後の東欧諸国の関与を，西欧に触れることなく述べることはできなかった。西欧におけるもっとも目ざましいスポーツ心理学の発展は，イタリアのFerrucciio Antonelliが1965年にローマで第1回国際スポーツ心理学会議（International Congress in Sport Psychology）を組織したことである。27ヵ国を代表する400名以上の参加者がローマに集合して，スポーツ心理学を非常に熱心に学び，母国に持ち帰った（Antonelli, 1989）。この歴史的な会議の席上で国際スポーツ心理学会（International Society of Sport Psychology：ISSP）の創設が決定した。そして間もなく，スポーツ心理学は，世界

的な関心を集める分野になった。ISSPはローマでの第1回学術大会のすぐ後の1968年に，第2回学術大会をワシントンD.C.で開催した。ヨーロッパのスポーツ心理学者は，ヨーロッパスポーツと運動の心理学連盟（Federation Europeene de Psychologic des Sports et des Activities Corporelles：FEPSAC）を創設して，1969年にフランスのヴィッテルで大陸内におけるコミュニケーションや情報交換の過程を確たるものとした。

これらの組織的な発展によって，多くの西ヨーロッパ諸国でスポーツ心理学が活発な研究分野になり，イタリアやドイツ，イギリス，フランス，スペイン，ポルトガル，スカンジナビア諸国といった国々に専門研究学会の設立を促した。ソ連がスポーツ心理学研究所を開設したことやソ連の競技者がパフォーマンスで成功したことは，イタリアにおけるISSP創設と相まって，北アメリカでもスポーツ心理学の組織的な発展がすぐ後に続くことを示唆していた。

北アメリカのスポーツ心理学

北アメリカのスポーツ心理学は，この分野ではかなり珍しい発展を遂げたものである。アメリカにおけるスポーツ心理学の研究は，他の国々と同様に早い時期から始まっていた。スポーツの心理学的な側面に関する最初の著述は，随筆風のものであり，次のものを記載していた；運動の性質や潜在的な心理的利点，スポーツイベントの集客力，サイクリングパフォーマンスの促進・抑制に果たす観衆の役割（Patrick, 1903；Scripture, 1899；Triplett, 1897）。これら初期の記載は相応の関心を集めたが，運動学習やスポーツパフォーマンスの心理学的な役割を記述・説明するには，一貫性や系統性，継続性が不足していた。

北アメリカにスポーツ心理学がまさに誕生したのは，イリノイ大学の教授であったColeman Roberts Griffithが1925年にイリノイキャンパスに競技研究実験室（Athletic Research Laboratory）を設立した時であった。Griffithは活発な著述家・研究者・実践家であり，15年弱の間にスポーツ心理学や運動学習に関する25編以上の論文を公表した。また，プロ野球チームのシカゴカブスを対象に，北アメリカで最初に論文となった応用研究もしていた。また，アメリカンフットボールのヒーローであるRed GrangeとKnute Rockneに広範なインタビューをした。しかし，財政支援の不足によって実験室の閉鎖を余儀なくされた時に，イリノイ大学におけるGriffithのスポーツ心理学の研究・応用は途絶えてしまった（Kroll & Lewis, 1970）。

北アメリカのスポーツ心理学は1930～1940年代にかけて衰退したが，ペンシルベニア州立大学（John Lawther）やウィスコンシン大学（Clarence Ragsdale），カリフォルニア大学バークレー校（Franklin Henry）などの主要な大学には運動学習実験室が設立されていた。これらの運動学習実験室は，1930～1940年代にかけて，運動学習や運動パフォーマンスの心理学的な側面への興味を喚起した。これは，北アメリカのスポーツ心理学にとって特に重要な出来事になっている。なぜなら，第二次世界大戦の到来によって大学は多くの財政削減を受け，金銭や物資，人的資源は戦争遂行に投資されたからであった。多くの学究的なプログラムは後退もしくは活動停止となり，スポーツ関連の実験室や研究への資金の分配は優先順位が低下した。第二次世界大戦の終了後には，現代のスポーツ心理学により類似したトピックスに対する関心が再度高まり，メリーランド大学のWarren Johnsonといった教授らが研究の口火を切った。Johnsonは，パーソナリティやスポーツパフォーマンスに関する研究を実施し，読者が多く討論が盛んな"The Research Quarterly"誌に，多数の研究論文を掲載した（Johnson & Hutton, 1955；Johnson, Hutton, & Johnson, 1954）。当時"The Research Quarterly"誌はスポーツ科学の主要な雑誌であり，この雑誌に掲載されたスポーツ心理学の論文は，新興分野におけるアイディア交換の誌上フォーラムとなっていた。1950年代後半から1960年代は，スポーツ心理学にとって出来事の多い年になった。新しく創設されたNorth American Society for the Psychology of Sport and Physical Activity（NASPSPA）は，1967年のAmerican Alliance for Health, Physical Education, Recreation, and Dance（AAHPERD）の年次大会に先立ち，ラスベガスで第1回の会合を主催した。インディアナ大学のWarren JohnsonとArthur Slater-Hammelは，1968年秋の第2回スポーツ心理学国際会議（International Congress in Sport Psychology：ワシントンD.C.で開催）の後援者になった。1969年の秋には，アルベルタ大学のRobert Wilbergがカナダの研究者仲間とともに，Canadian Society for Psychomotor Learning and Sport Psychology（CSPLSP；またはフランス語の場合にはSCAPPSと呼ぶ）を創設した。

NASPSPAとCSPLSPには，北アメリカのスポーツ心理学の初期の発展に一般的に見られた運動学習とスポーツ心理学の結合が反映していた。特に，NASPSPAは，主たる研究領域として，運動学習，運動発達，スポーツ心理学の3つを指定した。NASPSPAは，AAHPERDから独立した第1回大会を1973年にイリノイ大学で開催し，CSPLSPは独立した第1回大会を1977年に開催した。これらの大会は注目に値する。なぜなら，これらの大会は，スポーツ心理学と北アメリカのスポーツ科学全体の研究に影響すると思われる専門化への傾向を示していたからである。大学院生のトレーニング，研究，実践に焦点を合わせた傾向は，北アメリカのスポーツ心理学では1980～

1990年代にもっとも顕著なものになった。この傾向は，情報技術の激変がコミュニケーションとアイディアの国際的な交換を高めたように，スポーツ心理学の世界的な発展と方向に影響を与えた。1980年代の10年間に展開した出来事は，スポーツ心理学領域の現代の問題に強い影響を与えており，予知可能な未来に向けてスポーツ心理学の科学と実践の発展に影響を与え続けるものと思われる。

スポーツ心理学の将来に影響する現代の出来事

　北アメリカのスポーツ心理学は，NASPSPAとCSPLSPの合併や1968年の国際会議（International Congress：ワシントンD.C.で開催）の主催の成功と相まって，急速に世界の舞台に登場した。1960年代と1970年代のそれぞれの10年間や1980年代初期の研究の方向性には，実験室タイプの運動学習実験や社会心理学的研究の影響を受けたような特徴があった（例えば，Landers, 1975, 1980；Landers, Bauer, & Feltz, 1978；Martens, 1969, 1971, 1974；Martens & Gill, 1976；Scanlan & Passer, 1978；Singer, 1965）。スポーツ心理学の革新的な応用は，Bryant Cratty, Warren Johnson, Bruce Ogilvieといった個人が口火を切った。しかし，北アメリカのスポーツ心理学の中心は明らかに研究と学術にあり，スポーツ心理学の科学的・学術的な側面を徹底的に調べる必要があると考えていた。なぜなら，北アメリカのスポーツ心理学は，体育部門から新たに出現した学問分野であったからである。スポーツ心理学には，この巣立ちかけている領域の学究的な実行可能性を他の学問分野に証明したいという強い願望があった。スポーツ心理学の学究的な領域には明らかな進歩が見られたが，ほとんどの研究者は，スポーツ心理学の応用と専門化に注意を向けることも，組織的に取り組むこともしなかった（Martens, 1979；Silva, 1984, 1989a, 1989b）。

　スポーツ心理学は世界的に知名度が上がった。その結果，ソ連で効果的にみられたスポーツ心理学の原理を発展的に応用することが，北アメリカの関心事になった。1980年代には，実践と応用の観点から，スポーツ心理学への興味は空前のものとなった。1984年のロサンゼルスオリンピックが近づくにつれて，主催国のアメリカは，自国の選手に対するスポーツ科学のサービス提供レベルをより高くした。アメリカオリンピック委員会（USOC）の努力は注目に値する。なぜなら，USOCの発議が国を動かして，1984年のオリンピックに参加する競技者に，初期レベルのスポーツ科学のサービスを提供させるようにしたからである。

　1984年のオリンピックの際に行ったスポーツ心理学のサービスの統合は，スポーツ心理学の認知と関心を広めるなどの大きな貢献をした。しかし，派生したやっかいな問題は，スポーツ心理学やスポーツ科学のトレーニングを受けていない多くの者が"心理学者"だと宣言し始めたことだった。レベルの高い競技者に対して質の高いサービスを供給する機会は，危険な状態にあった。なぜなら，コーチ・選手・管理者は，有力なサービスの提供者として，それに相応しい資格の認定や教育的な指導を受けていなかったからである。明らかに，北アメリカのスポーツ心理学は，体育部門における高度に専門化した学究的な部門としての静的な存在から，専門的な基準・組織もしくは州の規制がないサービス供給領域に方向転換した。

　この領域の職業化は1980年代に急増した。公認トレーニングプログラムや認可，免許なしにこの領域に参入して競技者・競技チームに対し実践活動することに規制はなかった。この領域の正規の教育や訓練を受けていない者がスポーツ心理学に向かう傾向は，倫理的な関心ばかりでなく，スポーツ心理学の分野それ自体の存続と品位に対する関心を引き起こした。スポーツ心理学の実践に興味がある者に何らかの方向性と指針を提供するために，NASPSPAには公式，非公式を問わず，規制に取り組むような活動の要請があった。1982〜1984年の広汎な意見交換後に，NASPSPAは，1984年の春に，スポーツ心理学の職業化には取り組まないことを票決した（Magill, 1984）。この票決の結果は，新しい組織であるAssociation for the Advancement of Applied Sport Psychology（AAASP）の結成につながった。AAASPの中心的な目的は，スポーツ心理学領域の組織的発展・研究・職業化・実践を推進することにあった（Silva, 1989a, 1989b, 1989c）。1986年10月の最初の会合には，数ヵ国を代表するスポーツ心理学者約200名が参加した。AAASPは，当面，国際的なメンバー，スポーツ心理学の訓練を受けた運動科学者と同様に，心理学者のメンバーを引き入れることに成功したが，この成功は，スポーツ心理学領域での秩序ある規制を推進することへの関心の高さを示していた。また，スポーツ心理学には，調査・実践の領域として自立できるだけの十分な内容の広がりと深さのあることも明らかになった。1992年にAAASPは認定制度を設け，競技者やスポーツ団体へのスポーツ心理学の実践や応用に関心がある者を認定し始めた。現在，USOCは，オリンピックプログラムの仕事を希望するコンサルタントにAAASPの認定資格を要求している。

　心理学者の関心と関与がAAASPのような組織との交流を通して高まったことから，アメリカ心理学会（American Psychological Association：APA）は，このような関心が高い特定群のために分科会を1987年に編成した。運動とスポーツの心理学（Exercise and Sport Psychology, Division 47）と銘打ったこの部門は，スポーツ心理学分野の広汎な教育と訓練を背景に持つ者がさらに学べるような別の機会を提供した。こ

れらの組織のメンバーは、スポーツ心理学の研究と見通しを世界基準で推進しているが、この分野に再発した未解決の基本的な問題には次のものがある；(1)この分野の中心的な目的へのコンセンサス、(2)認定の推進、(3)実践の規制や免許制度、(4)大学院教育とトレーニングの増強、(5)大学院におけるスポーツ心理学プログラムの認定基準、(6)認定または免許付与に関心のある大学院生のための監督付き実践経験の設立、(7)プロスポーツ組織・大学生スポーツ組織への直接的な関与、(8)個人の適性分野での肩書きの使用、実践活動の限定といった倫理的な問題（Andersen & Williams-Rice, 1996 ; Conroy, 1996 ; Murphy, 1996 ; Silva, 1992, 1996a, 1996b, 1997a, 1997b, 2000）。

オーストラリアなどのいくつかの国では、論争の的になるこれらの領域のワーキングモデルを創始し、北アメリカを抑えて、これら問題の解決の先頭を切っている。オーストラリアのサービス提供の規制は顕著な発展を遂げており、自国のオリンピック競技者との仕事に関心がある者の認定基準を確立している。オーストラリア政府は率先して、コーチングプログラムの認定を規制するような特別指針も出している。Australian Applied Sport Psychology Association（オーストラリア応用スポーツ心理学会）, Sport Psychology Association of Australia and New Zealand（オーストラリアおよびニュージーランドスポーツ心理学会）, Asian and South Pacific Association for Sport Psychology（アジアおよび南太平洋スポーツ心理学会）に加入しているオーストラリアのスポーツ心理学者は、肩書きや実践の問題も含めて、スポーツ心理学の職業化を進める仕事に整然と従事している（J.W. Bond, パーソナルコミュニケーション、1999年11月）。しかしながら、多くの国ではこれらの基本的問題の解決にいまだに悩んでいる。これらの困難な問題を解決する方法が、スポーツ心理学の将来とその応用科学に貢献するものとしての実行可能性を形成することは、当然のことと思われる。

スポーツ心理学の将来：近い将来の劇的な変化

スポーツ心理学の現状を考えた時に、将来はどのようになるのか、さらには現在のスポーツ心理学者やスポーツ心理学をこれから学ぼうと思っている者に衝撃を与える新たな発展は何なのか？　という問題が浮上してくる。過去の発展と現在の学究的な傾向・専門職の傾向を考えれば、以下のことを予測することは重要と思われる。

"スポーツ心理学は、近い将来に世界的な成長を続けるだろう"。スポーツ心理学は、学問や専門職として、アメリカなどあらゆる国で発展途上にある。医学・ビジネス・心理学・法学の大学院教育モデルは、研究・実践の専門的なプログラムへの参加を学生に考えさせるよく練られた厳しいプログラムの優れた例になっている。スポーツ心理学者がスポーツ科学や心理学の基礎知識を獲得することに反対するような討論・議論はほとんどない。しかしながら、過去25年間のすべての科学分野における専門化の高まりと、情報・技術の激増という特徴に注目することは重要である。スポーツ心理学者が、さまざまなスポーツ科学の専門知識を進めるべきであるというような考え方は時代遅れであり、将来指向的なものではない。専門化できないことや、そして同じく重要なことに、重要な教職員集団や有意義な教育的経験を伴い専門職につながるコースが強化できないことは、現在のスポーツ心理学の制度的な吸収合併と最終的には消滅をもたらし、結果としてすべての運動・スポーツ科学の制度的な吸収合併をもたらすことになると思われる。

すでにプログラムを展開している国もあるが、多くの国では大学院のスポーツ心理学プログラム向けのトレーニングモデルの開発を始めたばかりである。これらの国々は、スポーツ心理学のさまざまな側面に豊富な国際的データを供給し、学問・専門職の発展のための二者択一的なモデルを提供すると思われる。プログラムを現在開発しているいくつかの国は、スポーツ心理学の研究、パフォーマンス向上、臨床面といったそれぞれの専門職につながるコースを調整するための包括的な大学院生用のモデルを提供するものと思われる。将来の発展は、過去の発展よりもより秩序正しいものになり、教育・トレーニング経験の万能指向的なものよりもむしろ特定指向的なものになると思われる。スポーツ心理学は世界的に成長し続けると思われるが、次のことを問題にしなければならない；スポーツ心理学はこれまでは運動とスポーツ科学の部門でプログラムの拡張と開発を進めてきたが、そのような機会が北アメリカでは閉ざされてしまうのかどうかということである。

"他国では大学院のスポーツ心理学のプログラム数が将来増加しても、北アメリカでは減少するだろう"。北アメリカのプログラムは、主として科学指向もしくは科学実践指向を謳うことになると思われる。科学指向のプログラムは、北アメリカで過去50年間一般的であった伝統的な方法で、スポーツ心理学者の教育・訓練を続けるものと思われる。科学指向のプログラムで学ぶ学生は、研究に関わる準備の重要な要素を理解して、学究的な研究課程に従事すると思われる。科学実践プログラムは、大学院教育を少なくとも1年間延長し、直接的・間接的に監督付き実習科目のほか、伝統的なプログラムと同様の科学経験とカウンセリングや心理学の研究課程を提供するものと思われる。実践科目は、経験豊かな臨床家を観察する機会と認定スポーツ心理学者の監督のもとで作業する機会

を，大学院生に与えるものと思われる。これらは，介入，個人的カウンセリング，心理評価，パフォーマンスの向上，少数グループカウンセリングの領域の実習生になる機会を，大学院生に与えるものと思われる。

認定基準の科学-実践プログラムを修了すると，学生は，スポーツ心理学の専門免許を取得した有資格者になる。プログラム習得・プログラム併合といった機能集約により，北アメリカのいくつかの科学的な運動心理学プログラムは時代遅れになると思われる。認定基準を充足せよという勧告に十分な対応ができないために，科学-実践プログラムを目指したいくつかの博士課程のプログラムは，スポーツ心理学の修士課程のプログラムへと変わるものと思われる。その結果，北アメリカで全体的にまた現状膨張しているスポーツ心理学の博士課程のプログラム数は縮小するものと思われる。この縮小の結果として得られるメリットは，残ったプログラムの目的や教育経験の質が明確になることだと思われる。

アジアでは博士プログラムの数が増加し，オーストラリアでは，学生が自国の現行の認定基準に対応できるように，大学院課程を洗練し続けるものと思われる。日本は，科学-実践プログラムの指導者として頭角を現わし，大学院プログラムの認証モデルと個人実務家の免許を制定するものと思われる。ヨーロッパは，多くの討論をした後に認証プログラムに合意して，ヨーロッパの免許の基準を明らかにするものと思われる。ヨーロッパが選択的・高質的なプログラムを開発すれば，北アメリカのスポーツ心理学がヨーロッパに及ぼす影響は低下すると思われる。ヨーロッパのプログラムの数が少ないままであったとしても，新たに開発するプログラムの質は注目すべきものになると思われる。

"スポーツ心理学の応用面や実践への関心は，高まり続けるだろう"。スポーツ心理学の応用面に関心を持つ学生は，1980〜1990年代に指数関数的に増加している。この関心の高まりはひとえに，1980〜1990年代に訓練を受けた学生が世界中で大学の学部に関心を持つようになったことと，関係しているように思われる。これらの人々は，スポーツチームや選手に対する実践に大きな関心を示す"新種"のスポーツ心理学者になるものと思われる。総合大学や単科大学の競技部門で非常勤として働くものもいれば，常勤の勤務者になる者もいると思われる。これらの職種の者は，直接選手にサービスを提供したり，スポーツ心理学の大学院生を指導したりするものと思われる。スポーツ心理学者を競技部門に徐々に組み込めば，この分野の応用面は以前よりもかなり速い速度で進歩すると思われる。大学院課程で競技部門のスポーツ心理学の実習を経験した若い専門家は，これらの職業を積極的に求めるものと思われる。

"研究者はスポーツ心理学をプロチーム・大学チーム・一般人のチームに積極的に売り込むだろう"。世界の多くの国では，スポーツ心理学はまだ"眠れる巨人"に留まっている。いったん適切な大学院教育やトレーニングモデルが活発になれば，適切なトレーニング，肩書きの使用，実践の権利についての討議は解決するものと思われる。研究者は，これらの問題の解決に費やすエネルギーを，十分な訓練と認定・免許の交付を受けたスポーツ心理学専門家の積極的な売り込みに注ぎ込むものと思われる。より多くの競技チームが適正なサービスの提供を受けており，またより多くのプロリーグがスポーツ心理学の適正な資源の存在場所を知っているので，需要は民間の実践を支援する方向に拡大すると思われる。近いうちにはスポーツ医学クリニックは通常，免許を持つ専門家チームによって構成されるようになり，高校選手，地域のレクリエーション参加者，競技によるまたはよらない健康関連の外傷・障害や疾病のためのリハビリテーションを必要とする者にサービスを提供するものと思われる。専門家のチームには，応用運動生理学者や心臓内科医，栄養学者，整形外科医，理学療法士，スポーツ心理学者などが参加するものと思われる。

"大学院課程の応用スポーツ心理学は，認定を受けるようになるだろう"。応用スポーツ心理学者の訓練方法は，近い将来，劇的に変わらなければならない。現在，多くの北アメリカの大学院課程は，最終的な目標や課程の中心があいまいなままに，スポーツ心理学の学位を出している。多くの学生は，大学でスポーツ心理学の一般教育を受けている。しかし，これだけでは選手やチームにスポーツ心理学を実践するには不十分なことが多い。現在，多くの北アメリカの学生は，大学院課程を修了しても，AAASP認定の有資格者にはなれない。これらの学生は，しばしば応用トレーニングをほとんど受けない，もしくは非常に限られたものを受けるだけである。あるいは，認定を受ける有資格者になるために，必要な追加科目を卒後に履修(監督付き実践科目をしばしば含む)したりしている。多くの国では，スポーツ心理学者として認証を受けその結果免許を取得できるよう学生に適切に準備させるような大学院課程のプログラムを認証するための論理的な過程を開発して，この落とし穴を回避するものと思われる。そのようなモデルは学生と，大学院の教育とトレーニングに当たる教員を中心とした明白なプログラムになると思われる。

"2010年までに，スポーツ心理学の大学院課程は，博士レベルの応用教育課程の編成により，学際的なものになるだろう"。より多くのカウンセリング部門とスポーツ部門が，スポーツ心理学の専門課目を提供し始めるものと思われる。学生と資源の獲得を争うよりも，むしろ，カウンセリングや運動科学，心理学の各部門は，応用スポーツ心理学の教育課程を編成するようになると思われる。これらのプログラムは，"カウ

ンセラー"，"心理学者"，"スポーツ心理学者"の間にある人工的な障壁を破壊し，応用心理学者のトレーニングを大いに高めるものと思われる。学生はもはや部門から卒業するのではなく，教育課程から卒業することになると思われる。スポーツ心理学は，臨床・社会・発達・ヒューマンパフォーマンスの領域に特化した職業として，さらに発展を遂げるものと思われる。教育課程の傾向は，運動・スポーツ科学のすべての領域に広がるものと思われる。なぜなら，経済的な制約とプログラムの整理によって高等教育は加速するからである。やがて，この傾向は世界的なものになり，いくつかの部門の教員がそれぞれの専門をともに持ち寄って教育課程を編成する場合には，より優れた教育やトレーニング，資金調達の機会という結果が実際に生じるものと思われる。

"多くの国が，スポーツ心理学の実践に興味がある者に対する何らかの免許制度を考慮し，導入するものと思われる"。AAASPが1992年にスポーツ心理学の実践希望者を認定したことは，画期的な出来事であった。しかし，認定は，需要者と実務家の意識を高める第一段階にすぎなかった。研究者は，折衷的な教育の背景を持つ者はパフォーマンス向上を実践することができると主張して，スポーツ心理学を分割したり，その内容を水増したりしようとしていると思われるが，競技の下位概念にサービスを提供する場合に必要な専門化は，免許を通じて正式に認知・保護されるものと思われる。北アメリカで1980年代に実践の規制を推進したリーダーは，最終的には，トレーニングや入学，スポーツ心理学に関する実践の権利を正式に規制するような他国の動向に追随して，スポーツ心理学のサービス利用者を保護するものと思われる。

"科学指向的な運動心理学のプログラムは，健康関連を中心に発展すると思われる"。プログラムは科学モデルと科学実践モデルに分かれ，科学プログラムでは現在の"運動心理学"が中心になると思われる。運動とウェルビーイングの精神生理学的な側面や，あらゆる年齢層で健康の維持・増進に果たす運動の役割は，非常に注目を集めるものと思われる。運動がしばしば低下する年代まで維持されると考えられる若年時の健康なライフスタイルの増進を図り，特別な関心が若者集団や老人集団に向けられるものと思われる。運動心理学のプログラムは，外部資金に依存するようになると思われる。したがって，資金の社会的な説明責任に応えるために，研究は必然的に基礎と応用を組み合わせたものになるものと思われる。資金の大半は，ヘルスプロモーションと疾病予防に携わる個人企業が供給するものと思われる。現在，運動・スポーツ科学として知られている一連の知識は，次の15年にはより大きな情報基盤から得られるようになるものと思われる。上質の研究プログラムを重要な心理学的問題や健康に関連する問題に実施する費用は，運動心理学とい

う小規模な専門分野にとって，あまりにも高すぎるように思われる。運動心理学のプログラムがNational Institutes of Health (NIH)やNational Science Foundation (NSF)タイプの大型資金を恒常的に確保できない場合には，結果として，応用スポーツ心理学の領域で行われると思われるのと同じようなタイプのプログラム併合が起こるものと思われる。運動心理学のプログラムは，健康増進や疾病予防，リハビリテーションの医学プログラムに吸収されると思われる。運動科学者は，これらの変化に当初のうちは抵抗するかもしれない。また，運動・スポーツ科学の伝統主義者にはこれらの変化が劇的なものに見えるかもしれない。これらの変化は，結果として応用スポーツ心理学と運動心理学の専門化にかなりポジティブに貢献しているものと思われる。スポーツ心理学のサービス提供と，健康増進と疾病予防，健康的なライフスタイルの開発と維持において運動やスポーツが果たす役割について調べる有意義な研究は，社会の主流となって，より大きなインパクトを一般大衆に与えるものと思われる。

"北アメリカは，スポーツ心理学の指導者としての地位を失うかもしれない"。オーストラリア，日本，そして多くのヨーロッパ諸国では，スポーツ心理学が急速に発展している。これらの国々は，スポーツ心理学の高度な大学院研究課程を開設している。したがって，外国の学生は北アメリカに来て専門的なトレーニングと監督を受ける必要をあまり感じなくなるだろう。スポーツ心理学の科学的研究と応用のデータベースは世界的に激増し，そして国際的な情報交換は現在よりかなり容易になると思われる。政府や個人企業から研究資金をうまく獲得して合法的なサービスを競技者やスポーツグループに提供するための機能的なモデルを策定する国々は，スポーツ心理学の学問と専門性を推し進めるものと思われる。北アメリカを除いたさまざまな国のスポーツ心理学の組織団体は，教育や応用，職業的な問題への統一的なアプローチの積極的な推進にすでに興味を示している。これは，教育プログラムの資格認定が定着し，肩書きの使用を規制しているオーストラリアで，もっとも顕著だと思われる。日本では，現在，教育分野と実践分野で運動科学と心理学を一体化しようとする急速な動きがある。北アメリカ以外の国では，学会組織のリーダーシップがより速くかつより効率的に機能しており，そのことが結果的には，関連してはいても別個のモデルについて，研究を実践においてともによく考えた大学院の教育プログラムに繋がったものと思われる。

"科学技術は，スポーツ心理学の実践に主要な役割を果たすだろう"。科学技術が日常生活に入る速度は，人類史上これまで見たことがないくらいに速くなるものと思われる。スポーツ心理学は科学技術的な革命を実践に取り込む点で立ち後れているが，それ以外の人間工学は，専門職やオリンピック，大学プログラムを

通してスポーツ心理学に直接参入してくるものと思われる。競技者は，自らの競技のあらゆる面を写実的に描き出すことができるシミュレーターによってトレーニングをするようになると思われる。フィードバックのメカニズムは，フィギュアスケートの規定演技やバスケットボールのフリースローなどの多様な活動における競技者の運動スキルの改善に役立つようなものになると思われる。すべてのトレーニングは，競技者と次の試合の対戦相手に特異的な成功と失敗を模した要素に対する心理的調整や準備を含むようなものになると思われる。

装置は小型携帯的なものになり，選手は，バスケットボールやフットボール，サッカーといったスポーツでベンチにいる時やタイムアウトの時に，それらの装置を使用して集中したりストレスの軽減を図ることができるようになると思われる。水泳やトラック競技といった持久スポーツのトレーニングはコンピュータ・プログラムによって完全に策定されると思われる。各競技者が所有するマイクロコンピュータは即時技法のフィードバックを提供するようになると思われる。これらのマイクロコンピュータは，ピークパフォーマンスの最適な心理的・身体的・技術的な組み合わせを競技者に提供する技術的なフィードバック以外に，競技者の喚起レベルや思考の集中，情動経験といった心理的な反応も記録するようになると思われる。マイクロコンピュータは，各々の際だったパフォーマンスのマトリックスを更新したり修正したりするようになると思われる。各々の競技者は，この情報を使用して，優れたパフォーマンスにもっとも強く関連するような反応を再現しようとするだろう。

"この10年間の決定は，スポーツ心理学の将来を確定するだろう"。次の10年間に，スポーツ心理学の分野に対処するためのもっとも重要な決定がいくつかなされるものと思われる。現代は専門的な時代であり，情報は激増し，遅れないようにするのはほぼ不可能である。今日の消費者や，間違いなく明日の消費者は，市場における満足のいく，効率的な，責任あるサービスを望んでいる。多くの国々が，スポーツ心理学に立ちはだかる重要かつ論争的な問題を回避する傾向にあると思われる。また，大学院課程の基準認定やマーケティング，実践希望者の認可といった領域に，作業モデルを導入すると思われる。また，これらのモデルを洗練かつ再デザインして，理論的ではなく実践的に検証するものと思われる。市場における発展性を実証する能力がなければ，スポーツ心理学は，運動・スポーツ科学部門における深遠かつ学究的な分野として生き残ることはできないと思われる。スポーツ心理学は，多くの国できわめて重大な岐路に立っている。この10年間の決定は，スポーツ心理学の将来の健康・生命力・成長を世界レベルで確定すると思われる。

要約：変化は絶え間なく続く

生命の変化は絶え間なく続いている。学究的な専門分野の生命周期は，不変であり続け，この原理を犯すことはほとんどない。1940〜1950年代の学究的・研究プログラムは，何を中心にしていたのだろうか？ 当時は部門を体育学と呼び，そして現在知られているような運動科学は存在しなかった。これはほんの40〜50年前のことである！ 重要なことは，各種学校や大学の体育の教員・コーチを養成することであった。このモデルは多くの単科大学や総合大学に現在でも存在しており，そこで果たすべき重要な役割は，ティーチングとコーチングである。しかしながら，運動・スポーツ科学の現状を観察している者は誰でも，変化が生じていることを実感している。これらはまさに今も生じており，そして将来はより多くの変化が回避不能になる。

これは，運動・スポーツ科学が提供すべき事柄には価値がない，もしくは役に立たないことを意味しているのであろうか？ それどころか，すべての運動・スポーツ科学には提供するべき事柄が多くある。一般的に運動・スポーツ科学，特にスポーツ心理学の課題は，それぞれの専門的な科学と実践の秩序ある成長を促すような環境の発見・助成・開発になるものと思われる。現状は多くのスポーツ心理学の専門家にとって非常に騒々しく思われるかもしれないが，実際にはスポーツ心理学の役割を学問および実践として築く時期になっている。新興分野としてのスポーツ心理学の成功は，意義深い科学と規制された実践のより大きな文脈で適応・展開・統合・貢献できるような人々に大きく左右されるように思われる。

文 献

序章

Abernethy, B. (1999). The 1997 Coleman Roberts Griffith address: Movement expertise: A juncture between psychology theory and practice. *Journal of Applied Sport Psychology, 11,* 126–141.

Carron, A.V., Hausenblas, H.A., & Mack, D. (1996). The social influence and exercise: A meta-analysis. *Journal of Sport & Exercise Psychology, 18,* 1–17.

Gauvin, L., & Spence, J.C. (1996). Psychological research on exercise and fitness: Current research trends and future challenges. *The Sport Psychologist, 9,* 434–446.

Kremer, J., & Scully, D. (1994). *Psychology in sport.* East Sussex, England: Psychology Press.

Landers, D.M. (1982). Whatever happened to theory testing in sport psychology? In L.M. Wankel & R.B. Wilberg (Eds.), *Psychology of sport and motor behavior: Research and practice* (pp. 88–104). Edmonton, Canada: University of Alberta.

Page, S.J., Martin, S.B., & Wayda, V.K. (2000). Attitudes toward seeking sport psychology consultation among elite wheelchair basketball players. *Research Quarterly for Exercise and Sport, 71,* 109.

Rejeski, W.J., & Thompson, A. (1993). Historical and conceptual roots of exercise psychology. In P. Seraganian (Ed.), *Exercise psychology: The influence of physical exercise on psychological processes* (pp. 3–39). New York: Wiley.

Salmela, J.H. (Ed.). (1992). *The world sport psychology sourcebook* (2nd ed.). Champaign, IL: Human Kinetics.

Salmela, J.H. (1999). The Antonelli era of sport psychology: Inspiration, improvisation, and angst. In R. Lidor & M. Bar-Eli (Eds.), *Sport psychology: Linking theory and practice* (pp. 3–12). Morgantown, WV: Fitness Information Technology.

Singer, R.N. (1980). *Motor learning and human performance* (3rd ed.). New York: Macmillan.

Singer, R.N. (1989). Applied sport psychology in the United States. *Journal of Applied Sport Psychology, 1,* 61–80.

Triplett, N. (1897–1898). The dynamogenic factors in pacemaking and competition. *American Journal of Psychology, 9,* 507–533.

Turvey, M.T. (1994). From Borelli (1680) and Bell (1826) to the dynamics of action and perception. *Journal of Sport & Exercise Psychology, 16,* S128–S157.

U.S. Department of Health and Human Services. (1996). *Physical activity and health: A report of the surgeon general.* Altanta, GA: Center for Disease Control and Prevention.

Vanek, M., & Cratty, C.J. (1970). *Psychology and the superior athlete.* London: Macmillan.

Vealey, R.S. (1994). Knowledge development and implementation in sport psychology: A review of *The Sport Psychologist, 1987–1992. The Sport Psychologist, 8,* 331–348.

Wiggins, D.K. (1985). The history of sport psychology in North America. In J.M Silva & R.S. Weinberg (Eds.), *Psychology foundations of sport* (pp. 9–22). Champaign, IL: Human Kinetics.

第1章

Abernethy, B. (1988). The effects of age and expertise upon perceptual skill development in a racquet sport. *Research Quarterly for Exercise and Sport, 59,* 210–221.

Abernethy, B. (1989). Expert-novice differences in perception: How expert does the expert have to be? *Canadian Journal of Sport Sciences, 14,* 27–30.

Abernethy, B. (1990). Anticipation in squash: Differences in advance cue utilization between expert and novice players. *Journal of Sport Sciences, 8,* 17–34.

Abernethy, B. (1991). Visual search strategies and decision making in sport. *International Journal of Sport Psychology, 22,* 189–210.

Abernethy, B. (1994). The nature of expertise in sport. In S. Serpa, J. Alves, & V. Pataco (Eds.), *International perspectives on sport and exercise psychology* (pp. 57–68). Morgantown, WV: FIT Press.

Abernethy, B. (1999a). Movement expertise: A juncture between psychology theory and practice. *Journal of Applied Sport Psychology, 11,* 126–141.

Abernethy, B. (1999b). Visual characteristics of clay target shooters. *Journal of Science and Medicine in Sport, 2,* 1–19.

Abernethy, B., & Russell, D.G. (1984). Advance cue utilisation by skilled cricket batsmen. *Australian Journal of Science and Medicine in Sport, 16,* 2–10.

Abernethy, B., & Russell, D.G. (1987a). Expert-novice differences in an applied selective attention task. *Journal of Sport Psychology, 9,* 326–345.

Abernethy, B., & Russell, D.G. (1987b). The relationship between expertise and visual search strategy in a racquet sport. *Human Movement Science, 6,* 283–319.

Adams, J.A. (1966). Some mechanisms of motor responding: An examination of attention. In E.A. Bilodeau (Ed.), *Acquisition of skill* (pp. 169–200). New York: Academic Press.

Adams, J.A. (1971). A closed-loop theory of motor learning. *Journal of Motor Behavior, 3,* 111–150.

Alain, C., & Girardin, Y. (1978). The use of uncertainty in racquetball competition. *Canadian Journal of Applied Sport Sciences, 3,* 240–243.

Alain, C., & Proteau, L. (1978). Étude des variables relatives au traitement de l'information en sports de raquette [A study of variables related to information processing in racquet sports]. *Journal Canadien des Sciences Appliqués aux Sports, 3,* 27–35.

Alain, C., & Proteau, L. (1980). Decision making in sport. In C.H. Nadeau, W.R. Halliwell, K.M. Newell, & G.C. Roberts (Eds.), *Psychology of motor behavior and sport* (pp. 465–477). Champaign, IL: Human Kinetics.

Allard, F., Graham, S., & Paarsalu, M.E. (1980). Perception in sport: Basketball. *Journal of Sport Psychology, 2,* 14–21.

Allard, F., & Starkes, J.L. (1980). Perception in sport: Volleyball. *Journal of Sport Psychology, 2,* 22–33.

Allard, F., & Starkes, J.L. (1991). Motor skill experts in sports, dance and other domains. In K.A. Ericsson & J. Smith (Eds.), *Toward a general theory of expertise* (pp. 123–152). Cambridge, MA: Cambridge University Press.

Allport, D.A., Antonis, B., & Reynolds, P. (1972). On the division of attention: A disproof of the single channel hypothesis. *Quarterly Journal of Experimental Psychology, 24,* 225–235.

Anderson, J.R. (1982). Acquisition of cognitive skill. *Psychological Review, 89,* 369–406.

Bachman, J.C. (1961). Specificity vs. generality in learning and performing two large muscle motor tasks. *Research Quarterly, 32,* 3–11.

Baker, J., & Abernethy, B. (1999). *The role of sport-specific training in attaining expertise in team ball sports.* Paper presented at the annual conference of the Association for the Advancement of Applied Sport Psychology, Banff, Canada.

Bannister, H., & Blackburn, J.H. (1931). An eye factor affecting proficiency at ball games. *British Journal of Psychology, 21,* 382–384.

Bard, C., & Fleury, M. (1976). Analysis of visual search activity during sport problem situations. *Journal of Human Movement Studies, 3,* 214–222.

Bard, C., & Fleury, M. (1981). Considering eye movement as a predictor of attainment. In I.M. Cockerill & W.W. MacGillivary (Eds.), *Vision and sport* (pp. 28–41). Cheltenham, England: Stanley Thornes.

Beek, P.J., & van Santvoord, A.A.M. (1992). Learning the cascade juggle: A dynamical systems analysis. *Journal of Motor Behavior, 24,* 85–94.

Berg, W.P., & Greer, N.L. (1995). A kinematic profile of the approach run of novice long jumpers. *Journal of Applied Biomechanics, 11,* 142–162.

Bootsma, R.J., & van Wieringen, P.C.W. (1990). Timing an attacking forehand drive in table tennis. *Journal of Experimental Psychology: Human Perception and Performance, 16,* 21–29.

Borgeaud, P., & Abernethy, B. (1987). Skilled perception in volleyball defense. *Journal of Sport Psychology, 9,* 400–406.

Burgess-Limerick, R., Abernethy, B., & Neal, R.J. (1991). Experience and backswing movement time variability. *Human Movement Science, 10,* 621–627.

Chase, W.G., & Simon, H.A. (1973). Perception in chess. *Cognitive Psychology, 4,* 55–81.

Christensen, S.A., & Glencross, D.J. (1993). Expert knowledge and expert perception in sport. In G. Tenenbaum & T. Raz-Liebermann (Eds.), *Second Maccabiah-Wingate International Congress on Sport and Coaching Sciences: Proceedings* (pp. 142–150). Netanya, Israel: Wingate Institute for Physical Education and Sport.

Christina, R.W. (1992). The 1991 C.H. McCloy Research lecture: Unraveling the mystery of the response complexity effect in skilled movements. *Research Quarterly for Exercise and Sport, 63,* 218–230.

Christina, R.W., Barresi, J.V., & Shaffner, P. (1990). The development of response selection accuracy in a football linebacker using video training. *The Sport Psychologist, 4,* 11–17.

Christina, R.W., Fischman, M.G., Vercruyssen, M.J.P., & Anson, J.G. (1982). Simple reaction time as a function of response complexity: Memory drum theory revisited. *Journal of Motor Behavior, 14,* 301–321.

Cockerill, I.M. (1981). Peripheral vision and hockey. In I.M. Cockerill & W.W. MacGillivary (Eds.), *Vision and sport* (pp. 54–63). Cheltenham, England: Stanley Thornes.

Crossman, E.R.F.W. (1959). A theory of the acquisition of speed skill. *Ergonomics, 2,* 153–166.

Dickson, J.F. (1953). *The relationship of depth perception to goal shooting in basketball.* Unpublished doctoral dissertation, University of Iowa, Iowa City.

Ericsson, K.A. (1996). The acquisition of expert performance: An introduction to some of the issues. In K.A. Ericsson (Ed.), *The road to excellence: The acquisition of expert performance in the arts and sciences, sports, and games* (pp. 1–50). Mahwah, NJ: Erlbaum.

Ericsson, K.A., Krampe, R.T., & Tesch-Römer, C. (1993). The role of deliberate practice in the acquisition of expert performance. *Psychological Review, 100,* 363–406.

Fisher, A.C. (1984). New directions in sport personality research. In J.M. Silva & R.S. Weinberg (Eds.), *Psychological foundations of sport* (pp. 70–80). Champaign, IL: Human Kinetics.

Fitch, H.L., Tuller, B., & Turvey, M.T. (1982). The Bernstein perspective: III. Tuning of coordinative structures with special reference to perception. In J.A.S. Kelso (Ed.), *Human motor behavior: An introduction* (pp. 271–281). Hillsdale, NJ: Erlbaum.

Fitts, P.M., & Peterson, J.R. (1964). Information capacity of discrete motor responses. *Journal of Experimental Psychology, 67,* 103–112.

Fitts, P.M., & Posner, M.I. (1967). *Human performance.* Belmont, CA: Brooks/Cole.

Fitts, P.M., & Seeger, C.M. (1953). S-R compatibility: Spatial characteristics of stimulus and response codes. *Journal of Experimental Psychology, 46,* 199–210.

Fleishman, E.A. (1972). On the relationship between abilities, learning, and human performance. *American Psychologist, 27,* 1017–1032.

Fleishman, E.A. (1978). Relating individual differences to the dimensions of human tasks. *Ergonomics, 21,* 1007–1019.

Fleishman, E.A. (1982). Systems for describing human tasks. *American Psychologist, 37,* 821–834.

Fleishman, E.A., & Bartlett, C.J. (1969). Human abilities. *Annual Review of Psychology, 20,* 349–380.

Fleishman, E.A., & Hempel, W.E. (1955). The relationship between abilities and improvement with practice in a visual discrimination reaction task. *Journal of Experimental Psychology, 49,* 301–311.

Fleishman, E.A., & Rich, S. (1963). Role of kinesthetic and spatial-visual abilities in perceptual motor learning. *Journal of Experimental Psychology, 66,* 6–11.

Franz, E.A., Zelaznik, H.N., & Smith, A. (1992). Evidence of a common timing process in the control of manual, orofacial, and speech movements. *Journal of Motor Behavior, 24,* 281–287.

French, K.E., Nevett, M.E., Spurgeon, J.H., Graham, K.C., Rink, J.E., & McPherson, S.L. (1996). Knowledge representation and problem solution in expert and novice youth baseball players. *Research Quarterly for Exercise and Sport, 67,* 386–395.

French, K.E., Spurgeon, J.H., & Nevett, M.E. (1995). Expert-novice differences in cognitive and skill execution components of youth baseball performance. *Research Quarterly for Exercise and Sport, 66,* 194–201.

French, K.E., & Thomas, J.R. (1987). The relation of knowledge development to children's basketball performance. *Journal of Sport Psychology, 9,* 15–32.

Gentile, A.M. (1972). A working model of skill acquisition with application to teaching. *Quest, 17,* 3–23.

Gladwell, M. (1999, August 2). The physical genius. *The New Yorker, LXXVI,* 57–65.

Goulet, C., Bard, C., & Fleury, M. (1989). Expertise differences in preparing to return a tennis serve: A visual information processing approach. *Journal of Sport & Exercise Psychology, 11,* 382–398.

Graybiel, A., Jokl, E., & Trapp, C. (1955). Russian studies of vision in relation to physical activity and sports. *Research Quarterly, 26,* 212–223.

Greene, P.H. (1972). Problems of organization of motor systems. In R. Rosen & F.M. Snell (Eds.), *Progress in theoretical biology* (Vol. 2, pp. 303–338). New York: Academic Press.

Haken, H. (1990). Synergetics as a tool for the conceptualization and mathematization of cognition and behaviour: How far can we go? In H. Haken & M. Stadler (Eds.), *Synergetics of cognition* (pp. 2–31). Berlin, Germany: Springer-Verlag.

Henderson, S.E. (1975). Predicting the accuracy of a throw without visual feedback. *Journal of Human Movement Studies, 1,* 183–189.

Henry, F.M. (1961). Reaction time-movement time correlations. *Perceptual and Motor Skills, 12,* 63–66.

Henry, F.M. (1968). Specificity vs. generality in learning motor skill. In R.C. Brown & G.S. Kenyon (Eds.), *Classical studies on physical activity* (pp. 331–340). Englewood Cliffs, NJ: Prentice-Hall.

Henry, F.M., & Rogers, D.E. (1960). Increased response latency for complicated movements and the "memory drum" theory of neuromotor reaction. *Research Quarterly, 31,* 448–458.

Hick, W.E. (1952). On the rate of gain of information. *Quarterly Journal of Experimental Psychology, 4,* 11–26.

Housner, L.D. (1981). Expert-novice knowledge structure and cognitive processing differences in badminton [Abstract]. *Psychology of motor behavior and sport–1981* (p. 1). Proceedings of the annual meeting of the North American Society for the Psychology of Sport and Physical Activity, Asilomar, CA.

Howarth, C., Walsh, W.D., Abernethy, B., & Snyder, C.W. (1984). A field examination of anticipation in squash: Some preliminary data. *Australian Journal of Science and Medicine in Sport, 16,* 7–11.

Hubbard, A.W., & Seng, C.N. (1954). Visual movements of batters. *Research Quarterly, 25,* 42–57.

Hyman, R. (1953). Stimulus information as a determinant of reaction time. *Journal of Experimental Psychology, 45,* 188–196.

Ivry, R., & Hazeltine, R.E. (1995). Perception and production of temporal intervals across a range of durations: Evidence for a common timing mechanism. *Journal of Experimental Psychology: Human Perception and Performance, 21,* 3–18.

Jones, C.M., & Miles, T.R. (1978). Use of advance cues in predicting the flight of a lawn tennis ball. *Journal of Human Movement Studies 4,* 231–235.

Keele, S.W., & Hawkins, H.L. (1982). Explorations of individual differences relevant to high level skill. *Journal of Motor Behavior, 14,* 3–23.

Keele, S.W., Ivry, R.I., & Pokorny, R.A. (1987). Force control and its relation to timing. *Journal of Motor Behavior, 19,* 96–114.

Keele, S.W., Pokorny, R.A., Corcos, D.M., & Ivry, R.I. (1985). Do perception and motor production share common timing mechanisms: A correlational analysis. *Acta Psychologica, 60,* 173–191.

Keller, L.P. (1940). *The relation of quickness of bodily movement to success in athletics.* Unpublished doctoral dissertation, New York University, New York.

Kerr, B. (1973). Processing demands during mental operations. *Memory and Cognition, 1,* 401–412.

Kioumourtzoglou, E., Kourtessis, T., Michalopoulou, M., & Derri, V. (1998). Differences in several perceptual abilities between experts and novices in basketball, volleyball, and water polo. *Perceptual and Motor Skills, 83,* 899–912.

Klapp, S.T. (1977). Reaction time analysis of programmed control. *Exercise and Sport Sciences Reviews, 5,* 231–253.

Klapp, S.T. (1996). Reaction time analysis of central motor control. In H.N. Zelaznik (Ed.), *Advances in motor learning and control* (pp. 13–35). Champaign, IL: Human Kinetics.

Klapp, S.T., & Erwin, C.I. (1976). Relation between programming time and duration of the response being programmed. *Journal of Experimental Psychology: Human Perception and Performance, 2,* 591–598.

Landers, D.M., Boutcher, S.H., & Wang, M.Q. (1986). A psychobiological study of archery performance. *Research Quarterly for Exercise and Sport, 57,* 236–244.

Landers, D.M., Christina, R.W., Hatfield, B.D., Daniels, F.S., Wilkinson, M.O., Doyle, L.A., & Feltz, D.L. (1981). A comparison of elite and subelite competitive shooters on selected physical, psychological, and psychophysiological tests. In G.C. Roberts & D.M. Landers (Eds.), *Psychology of motor behavior and sport–1980* (p. 93). Champaign, IL: Human Kinetics.

Larish, D.D., & Stelmach, G.E. (1982). Preprogramming, programming, and reprogramming of aimed hand movements as a function of age. *Journal of Motor Behavior, 14,* 322–340.

Leavitt, J. (1979). Cognitive demands of skating and stickhandling in ice hockey. *Journal of Applied Sport Sciences, 4,* 4–55.

Lotter, W.S. (1960). Interrelationships among reaction times and speeds of movement in different limbs. *Research Quarterly, 31,* 147–155.

Maraj, B.K., Elliott, D., Lee, T.D., & Pollock, B. (1993). Variance and invariance in expert and novice triple jumpers. *Research Quarterly for Exercise and Sport, 64,* 404–412.

Marteniuk, R.G. (1976). *Information processing in motor skills.* New York: Holt, Rinehart and Winston.

Marteniuk, R.G., & Romanow, S.K.E. (1983). Human movement organization and learning as revealed by variability of movement, use of kinematic information and Fourier analysis. In R.A. Magill (Ed.), *Memory and control of action* (pp. 167–197). Amsterdam: North Holland.

McDavid, R.F. (1977). Predicting potential in football players. *Research Quarterly, 48,* 98–104.

McDonald, P.V., van Emmerik, R.E.A., & Newell, K.M. (1989). The effects of practice on limb kinematics in a throwing task. *Journal of Motor Behavior, 21,* 245–264.

McPherson, S.L. (1999). Expert-novice differences in performance skills and problem representations of youth and adults during tennis competition. *Research Quarterly for Exercise and Sport, 70,* 233–251.

Meek, F., & Skubic, V. (1971). Spatial perception of highly skilled and poorly skilled females. *Perceptual and Motor Skills, 33,* 1309–1310.

Miller, D.M. (1960). *The relationships between some visual-perceptual factors and the degree of success realized by sports performers.* Unpublished doctoral dissertation, University of Southern California, Los Angeles.

Montebello, R.A. (1953). *The role of stereoscopic vision in some aspects of baseball playing.* Unpublished master's thesis, Ohio State University, Columbus.

Moore, S.P., & Marteniuk, R.G. (1986). Kinematic and electromyographic changes that occur as a function of learning a time-constrained aiming task. *Journal of Motor Behavior, 18,*

397–426.

Morris, G.S.D., & Kreighbaum, E. (1977). Dynamic visual acuity of varsity women volleyball and basketball players. *Research Quarterly, 48,* 480–483.

Mowbray, G.H., & Rhoades, M.U. (1959). On the reduction of choice reaction times with practice. *Quarterly Journal of Experimental Psychology, 11,* 16–23.

Nakagawa, A. (1982). A field experiment on recognition of game situations in ball games—in the case of static situations in rugby football. *Japanese Journal of Physical Education, 27,* 17–26.

Olsen, E.A. (1956). Relationship between psychological capacities and success in college athletics. *Research Quarterly, 27,* 79–89.

Parker, H.E. (1981). Visual detection and perception in netball. In I.M. Cockerill & W.W. MacGillivary (Eds.), *Vision and sport* (pp. 42–53). Cheltenham, England: Stanley Thornes.

Parker, J.F., & Fleishman, E.A. (1960). Ability factors and component performance measures as predictors of complex tracking behavior. *Psychological Monographs, 74*(Whole No. 503).

Paull, G., & Case, I. (1994). *Ecological validity in sports research through videosimulation.* Paper presented at the conference on Mathematics and Computers in Sports, Bond University, Queensland, Australia.

Pew, R.W. (1966). Acquisition of hierarchical control over the temporal organization of a skill. *Journal of Experimental Psychology, 71,* 764–771.

Pierson, W.R. (1956). Comparison of fencers and nonfencers by psychomotor, space perception and anthropometric measures. *Research Quarterly, 27,* 90–96.

Posner, M.I. (1964). Uncertainty as a predictor of similarity in the study of generalization. *Journal of Experimental Psychology, 63,* 113–118.

Poulton, E.C. (1957). On prediction in skilled movements. *Psychological Bulletin, 54,* 467–478.

Quinn, J.T., Schmidt, R.A., Zelaznik, H.N., Hawkins, B., & McFarquhar, R. (1980). Target-size influences on reaction time with movement time controlled. *Journal of Motor Behavior, 12,* 239–261.

Ridini, L.M. (1968). Relationships between psychological functions tests and selected sport skills of boys in junior high school. *Research Quarterly, 39,* 674–683.

Robertson, S.D., Zelaznik, H.N., Lantero, D.A., Bojczyk, K.G., Spencer, R.M., Doffin, J.G., & Schneidt, T. (1999). Correlations for timing consistency among tapping and drawing tasks: Evidence against a single timing process for motor control. *Journal of Experimental Psychology: Human Perception and Performance, 25,* 1316–1330.

Rodionov, A.V. (1978). *Psikholoqiia sportivnoi deiatel'nosti [The psychology of sport activity].* Moscow: Government Press.

Rosenbaum, D.A. (1980). Human movement initiation: Specification of arm, direction, and extent. *Journal of Experimental Psychology: General, 109,* 444–474.

Salmela, J.H. (1974). An information processing approach to volleyball. *CVA Volleyball Technical Journal, 1,* 49–62.

Salmela, J.H. (1976). Application of a psychological taxonomy to sport performance. *Canadian Journal of Applied Sport Sciences, 1,* 23–32.

Salmela, J.H. (1999). *Some thoughts on the relative contribution of deliberate practice to the development of sport expertise.* Paper presented at the annual conference of the Association for the Advancement of Applied Sport Psychology, Banff, Canada.

Salmela, J.H., & Fiorito, P. (1979). Visual cues in ice hockey goal tending. *Canadian Journal of Applied Sport Sciences, 4,* 56–59.

Sardinha, L.F., & Bootsma, R.J. (1993). Visual information for timing a spike in volleyball. In S. Serpa, J. Alves, V. Ferreira, & A. Paula-Brito (Eds.), *Proceedings of the 8th World Congress of Sport Psychology* (pp. 977–980). Lisbon, Portugal: International Society of Sport Psychology.

Schmidt, R.A., & Lee, T.D. (1999). *Motor control and learning: A behavioral emphasis* (3rd ed.). Champaign, IL: Human Kinetics.

Schmidt, R.A., & White, J.L. (1972). Evidence for an error detection mechanism in motor skills: A test of Adams' closed-loop theory. *Journal of Motor Behavior 4,* 143–153.

Schneidman, N.N. (1979). Soviet sport psychology in the 1970s and the superior athlete. In P. Klavora & J.V. Daniel (Eds.), *Coach, athlete, and the sport psychologist* (pp. 230–247). Champaign, IL: Human Kinetics.

Scott, M.A., Li, F., & Davids, K. (1997). Expertise and the regulation of gait in the approach phase of the long jump. *Journal of Sports Sciences, 15,* 597–605.

Shaffer, L.H. (1981). Performances of Chopin, Bach, and Beethoven: Studies in motor programming. *Cognitive Psychology, 13,* 326–376.

Shank, M.D., & Haywood, K.M. (1987). Eye movements while viewing a baseball pitch. *Perceptual and Motor Skills, 64,* 1191–1197.

Sidaway, B., Sekiya, H., & Fairweather, M. (1995). Movement variability as a function of accuracy demand in programmed serial aiming responses. *Journal of Motor Behavior, 27,* 67–76.

Singer, R.N., & Janelle, C.M. (1999). Determining sport expertise: From genes to supremes. *International Journal of Sport Psychology, 30,* 117–150.

Smith, M.D., & Chamberlin, C.J. (1992). Effect of adding cognitively demanding tasks on soccer skill performance. *Perceptual and Motor Skills, 75,* 955–961.

Southard, D., & Higgins, T. (1987). Changing movement patterns: Effects of demonstration and practice. *Research Quarterly for Exercise and Sport, 58,* 77–80.

Sparrow, W.A., & Irizarry-Lopez, V.M. (1987). Mechanical efficiency and metabolic cost as measures of learning a novel gross motor task. *Journal of Motor Behavior, 19,* 240–264.

Starkes, J.L. (1987). Skill in field hockey: The nature of the cognitive advantage. *Journal of Sport Psychology, 9,* 146–160.

Starkes, J.L., & Deakin, J.M. (1984). Perception in sport: A cognitive approach to skilled performance. In W.F. Straub & J.M. Williams (Eds.), *Cognitive sport psychology* (pp. 115–128). Lansing, NY: Sport Science Associates.

Starkes, J.L., Deakin, J.M., Allard, F., Hodges, N.J., & Hayes, A. (1996). Deliberate practice in sports: What is it anyway? In K.A. Ericsson (Ed.), *The road to excellence: The acquisition of expert performance in the arts and sciences, sports, and games* (pp. 81–106). Mahwah, NJ: Erlbaum.

Stelmach, G.E., & Hughes, B.G. (1983). Does motor skill automation require a theory of attention? In R.A. Magill (Ed.), *Memory and control of action* (pp. 67–92). Amsterdam: North Holland.

Sternberg, R.J. (1996). Costs of expertise. In K.A. Ericsson

(Ed.), *The road to excellence: The acquisition of expert performance in the arts and sciences, sports, and games* (pp. 347–354). Mahwah, NJ: Erlbaum.

Swets, J.A. (1964). *Signal detection and recognition by human observers*. New York: Wiley.

Temprado, J., Della-Grasta, M., Farrell, M., & Laurent, M. (1997). A novice-expert comparison of (intra-limb) coordination subserving the volleyball serve. *Human Movement Science, 16,* 653–676.

Tenenbaum, G., & Summers, J. (1996). Recall and attention: Essentials for skilled performance in strategic-type tasks. In R. Lidor, E. Eldar, & I. Harari (Eds.), *Windows to the future: Bridging the gaps between disciplines, curriculum, and instruction–Proceedings of the 1995 AIESEP World Congress* (pp. 152–158). Netanya, Israel: Zinman College.

Turvey, M.T. (1977). Preliminaries to a theory of action with reference to vision. In R. Shaw & J. Bransford (Eds.), *Perceiving, acting, and knowing* (pp. 211–265). Hillsdale, NJ: Erlbaum.

Turvey, M.T. (1990). The challenge of a physical account of action: A personal view. In H.T.A. Whiting, O.G. Meijer, & P.C.W. van Wieringen (Eds.), *The natural-physical approach to movement control* (pp. 57–93). Amsterdam: Free University.

Tyldesley, D.A. (1981). Motion perception and movement control in fast ball games. In I.M. Cockerill & W.W. MacGillivary (Eds.), *Vision and sport* (pp. 91–115). Cheltenham, England: Stanley Thornes.

Tyldesley, D.A., Bootsma, R.J., & Bomhoff, G.T. (1982). Skill level and eye-movement patterns in a sport oriented reaction time task. In H. Rieder, K. Bös, H. Mechling, & K. Reischle (Eds.), *Motor learning and movement behavior: Contribution to learning in sport* (pp. 290–296). Cologne, Germany: Hofmann.

Vanek, M., & Cratty, B.J. (1970). *Psychology and the superior athlete*. Toronto, Canada: Macmillan.

Vorro, J., Wilson, F.R., & Dainis, A. (1978). Multivariate analysis of biomechanical profiles for the coracobrachialis and biceps brachii (caput breve) muscles in humans. *Ergonomics, 21,* 407–418.

Wiebe, V.R. (1954). A study of tests of kinesthesis. *Research Quarterly, 25,* 222–230.

Wilkinson, J.J. (1958). *A study of reaction-time measures to a kinesthetic and a visual stimulus for selected groups of athletes and nonathletes*. Unpublished doctoral dissertation, Indiana University, Bloomington.

Williams, J.M., & Thirer, J. (1975). Vertical and horizontal peripheral vision in male and female athletes and nonathletes. *Research Quarterly, 46,* 200–205.

Winner, E. (1996). The rage to master: The decisive role of talent in the visual arts. In K.A. Ericsson (Ed.), *The road to excellence: The acquisition of expert performance in the arts and sciences, sports, and games* (pp. 271–302). Mahwah, NJ: Erlbaum.

Winograd, S. (1942). The relationship of timing and vision to baseball performance. *Research Quarterly, 13,* 481–493.

Wrisberg, C.A., & Shea, C.H. (1978). Shifts in attention demands and motor program utilization during motor learning. *Journal of Motor Behavior, 10,* 149–158.

Zelaznik, H.N., Spencer, R.M., & Doffin, J.G. (2000). Temporal precision in tapping and circle drawing movements at preferred rates is not correlated: Further evidence against timing as a general purpose ability. *Journal of Motor Behavior, 32,* 193–199.

第2章

Abernethy, B. (1988a). The effects of age and expertise upon perceptual skill development in a racquet sport. *Research Quarterly for Exercise and Sport, 59,* 210–221.

Abernethy, B. (1988b). Visual search in sport and ergonomics: Its relationship to selective attention and performer expertise. *Human Performance, 1,* 205–235.

Abernethy, B. (1990). Expertise, visual search, and information pick-up in squash. *Perception, 18,* 63–77.

Abernethy, B. (1993). Attention. In R. Singer, M. Murphey, & L.K. Tennant (Eds.), *Handbook of research on sport psychology* (pp. 127–170). New York: Macmillan.

Abernethy, B., Thomas, K.T., & Thomas, J.R. (1993). Strategies for improving understanding of motor expertise (or mistakes we have made and things we have learned!). In J.L. Starkes & F. Allard (Eds.), *Cognitive issues in motor expertise* (pp. 317–358). Amsterdam: Elsevier.

Allard, F., Graham, S., & Paarsalu, M.E. (1980). Perception in sport: Basketball. *Journal of Sport Psychology, 2,* 14–21.

Assaiante, C., Thomachot, B., Aurenty, R., & Amblard, B. (1998). Organizational balance control in toddlers during the first year of independent walking. *Journal of Motor Behavior, 30,* 114–129.

Atkinson, R.C., & Shiffrin, R.M. (1968). Human memory: A proposed system and its control process. In K.W. Spence & J.T. Spence (Eds.), *The psychology of learning and motivation* (Vol. 2, pp. 90–197). New York: Academic Press.

Bard, C., Fleury, M., & Hay, L. (Eds.). (1990). *Development of eye hand coordination across the life span*. Columbia: University of South Carolina.

Barrett, S.E., & Shepp, B.E. (1988). Developmental changes in attentional skills: The effect of irrelevant variations on encoding and response selection. *Journal of Experimental Child Psychology, 45,* 382–399.

Baxter-Jones, A., Helms, P., Maffull, N., Baines-Preece, J., & Preece, M. (1995). Growth and development of male gymnasts, swimmers, soccer and tennis players: A longitudinal study. *Annals of Human Biology, 22,* 381–394.

Bloom, B.S. (1964). *Stability and change in human characteristics*. New York: Wiley.

Boucher, J., & Mutimer, B. (1994). The relative age phenomenon in sport: A replication and extension with ice-hockey players. *Research Quarterly for Exercise and Sport, 65,* 377–381.

Branta, C., Haubenstricker, J., & Seefeldt, V. (1984). Age changes in motor skills during childhood and adolescence. In R.L. Terjung (Ed.), *Exercise and sport sciences reviews* (Vol. 12, pp. 467–520). Lexington, MA: Heath.

Brewer, J., Balsom, P., Davis, J., & Ekblom, B. (1992). The influence of birth date and physical development on the selection of a male junior international soccer squad. *Journal of Sports Sciences, 10,* 561–562.

Broekoff, J. (1985). The effects of physical activity on physical growth and development. In G.A. Stull & H.M. Eckert (Eds.), *The academy papers: Effects of physical activity on children* (pp. 75–87). Champaign, IL: Human Kinetics.

Burton, A.W. (1987). The effect of number of movement components on response time. *Journal of Human Movement Studies, 13,* 231–247.

Calvin, W.H. (1982). Did throwing stones shape hominid brain evolution? *Ethology and Sociobiology, 3,* 115–124.

Calvin, W.H. (1983). A stone's throw and its launch window: Timing precision and its implications for language and hominid brains. *Journal of Theoretical Biology, 104,* 121–135.

Carter, J.E.L. (1980). *The Heath-Carter Somatotype method.* San Diego, CA: San Diego State University Syllabus Service.

Chase, W.G., & Simon, H.A. (1973). Perception in chess. *Cognitive Psychology, 4,* 55–81.

Chi, M.T.H. (1976). Short-term memory limitations in children: Capacity of processing deficits? *Memory and Cognition, 4,* 559–572.

Chi, M.T.H. (1977). Age differences in memory span. *Journal of Experimental Child Psychology, 23,* 266–281.

Chi, M.T.H. (1978). Knowledge structures and memory development. In R.S. Siegler (Ed.), *Children's thinking: What develops?* (pp. 73–105). Hillsdale, NJ: Erlbaum.

Chi, M.T.H. (1982). Knowledge development and memory performance. In M. Friedman, J.P. Das, & N. O'Connor (Eds.), *Intelligence and learning* (pp. 221–230). New York: Plenum Press.

Chi, M.T.H. (1985). Interactive roles of knowledge and strategies in the development of organized sorting and recall. In S.F. Chipman, J.W. Segal, & R. Glaser (Eds.), *Thinking and learning skills: Research and open questions* (Vol. 2, pp. 457–483). Hillsdale, NJ: Erlbaum.

Chi, M.T.H., & Gallagher, J.D. (1982). Speed of processing: A developmental source of limitation. *Topics of Learning and Learning Disabilities, 2,* 23–32.

Chi, M.T.H., & Koeske, R.D. (1983). Network representation of a child's dinosaur knowledge. *Developmental Psychology, 19,* 29–39.

Chiesi, H.L., Spilich, G.J., & Voss, J.F. (1979). Acquisition of domain related information in relation to high and low domain knowledge. *Journal of Verbal Learning and Verbal Behavior, 18,* 257–273.

Clark, J.E. (1995). Dynamical systems perspective on gait. In R.L. Craik & C.A. Oates (Eds.), *Gait analysis: Theory and application* (pp. 79–86). St. Louis, MO: Mosby.

Clarke, H. (1967). Characteristics of the young athlete: A longitudinal look. In *AMA proceedings of the eighth annual conference on the Medical Aspects of Sports–1966* (pp. 49–57). Chicago: American Medical Association.

Darlington, P.J., Jr. (1975). Group selection, altruism, reinforcement, and throwing in human evolution. *Proceedings of the National Academy of Science, USA, 72,* 3748–3752.

Dempster, F.N. (1988). Short-term memory development in childhood and adolescence. In C.J. Brainerd & M. Pressley (Eds.), *Basic processes in memory development: Progress in cognitive development research* (pp. 209–248). New York: Springer-Verlag.

Dennis, W. (1935). The effect of restricted practice upon the reaching, sitting, and standing of two infants. *Journal of Genetic Psychology, 47,* 17–32.

Dennis, W., & Dennis, M.G. (1940). The effect of cradling practices upon the onset of walking in Hopi children. *Journal of Genetic Psychology, 56,* 77–86.

deOliveria, A., Gallagher, J., & Smiley-Oyen, A. (1999). The influence of experience and selective attention on the development of balance control. *Journal of Sport & Exercise Psychology, 21,* S37.

Dunham, P., & Reid, D. (1987). Information processing: Effect of stimulus speed variation on coincidence-anticipation of children. *Journal of Human Movement Studies, 13,* 151–156.

Eaton, W.O. (1989). Childhood sex differences in motor performance and activity level: Findings and implications. In B. Kirkcaldy (Ed.), *Normalities and abnormalities in human movement* (pp. 58–75). Basel, Switzerland: Karger.

Eaton, W.O., & Enns, L.R. (1986). Sex differences in human motor activity level. *Psychological Bulletin, 100,* 19–28.

Eaton, W.O., & Yu, A.P. (1989). Are sex differences in child motor activity level a function of sex differences in maturational status? *Child Development, 60,* 1005–1011.

Eckert, H.M. (1987). *Motor development* (3rd ed.). Indianapolis, IN: Benchmark.

Ericsson, K.A., & Charness, N. (1994). Expert performance: Its structure and acquisition. *American Psychologist, 49,* 725–747.

Espenschade, A.S. (1960). Motor development. In W.R. Johnson (Ed.), *Science and medicine of exercise and sports* (pp. 419–439). New York: Harper & Row.

Espenschade, A.S. (1963). Restudy of relationships between physical performances of school children and age, height, and weight. *Research Quarterly, 34,* 144–153.

Fitts, P.M. (1954). The information capacity of the human motor system in controlling the amplitude of movements. *Journal of Experimental Psychology, 47,* 381–391.

Fitts, P.M., & Posner, M.I. (1967). *Human Performance.* Belmont, CA: Brooks/Cole.

Flavell, J.H. (1977). *Cognitive development.* Englewood Cliffs, NJ: Prentice-Hall.

Fortney, V.L. (1983). The kinematics and kinetics of the running pattern of 2-, 4-, and 6-year-old children. *Research Quarterly for Exercise and Sport, 54,* 126–135.

French, K.E., Nevett, M.E., Spurgeon, J.H., Graham, K.C., Rink, J.E., & McPherson, S.L. (1996). Knowledge representation and problem solution in expert and novice youth baseball players. *Research Quarterly for Exercise and Sport, 67,* 386–395.

French, K.E., Spurgeon, J.H., & Nevett, M.E. (1995). Expert-novice differences in cognitive and skill execution components of youth baseball performance. *Research Quarterly for Exercise and Sport, 66,* 194–201.

French, K.E., & Thomas, J.R. (1987). The relation of knowledge development to children's basketball performance. *Journal of Sport Psychology, 9,* 15–32.

Fronske, H., Blakemore, C., & Abendroth-Smith, J. (1997). The effect of critical cues on overhand throwing efficiency of elementary school children. *Physical Educator, 54,* 88–95.

Gallagher, J.D. (1980). *Adult-child motor performance differences: A developmental perspective of control processing deficits.* Unpublished doctoral dissertation, Louisiana State University, Baton Rouge.

Gallagher, J.D., & Fisher, J. (1983). A developmental investigation of the effects of grouping on memory capacity. In C. Branta & D. Feltz (Eds.), *Psychology of motor behavior and sport* [Abstracts from NASPSPA and CSPSLP, p. 160]. East Lansing: Michigan State University.

Gallagher, J.D., French, K.E., Thomas, K., & Thomas, J.R. (1996). Expertise in youth sport: The relationship between knowledge and skill. In F.L. Smoll & R.E. Smith (Eds.), *Children and youth sport: A biopsychosocial perspective* (pp. 338–358). Dubuque, IA: Brown & Benchmark.

Gallagher, J.D., & Thomas, J.R. (1980). Effects of varying post-

KR intervals upon children's motor performance. *Journal of Motor Behavior, 12,* 41–46.

Gallagher, J.D., & Thomas, J.R. (1984). Rehearsal strategy effects on developmental differences for recall of a movement series. *Research Quarterly for Exercise and Sport, 55,* 123–128.

Gallagher, J.D., & Thomas, J.R. (1986). Developmental effects of grouping and recoding on learning a movement series. *Research Quarterly for Exercise and Sport, 57,* 117–127.

Gallahue, D.L. (1989). *Understanding motor development: Infants, children, adolescence* (2nd ed.). Indianapolis, IN: Benchmark.

Glassow, R., & Kruse, P. (1960). Motor performance of girls age 6 to 14 years. *Research Quarterly, 31,* 426–433.

Hagen, J., & West, R. (1970). The effects of a pay-off matrix on selective attention. *Human Development, 13,* 43–52.

Halverson, L.E., Roberton, M.A., & Langendorfer, S. (1982). Development of the overarm throw: Movement and ball velocity changes by seventh grade. *Research Quarterly for Exercise and Sport, 53,* 198–205.

Haubenstricker, J., & Seefeldt, V. (1986). Acquisition of motor skills during childhood. In V. Seefeldt (Ed.), *Physical activity and well-being* (pp. 41–102). Reston, VA: American Alliance for Health, Physical Education, Recreation, and Dance.

Hay, L., Bard, C., Fleury, M., & Teasdale, N. (1991). Kinematics of aiming in direction and amplitude: A developmental study. *Acta Psychologica, 77,* 203–215.

Haywood, K.M. (1993). *Life span motor development* (2nd ed.). Champaign, IL: Human Kinetics.

Helsen, W.F., Starkes, J.L., & Hodges, N.J. (1998). Team sports and the theory of deliberate practice. *Journal of Sport & Exercise Psychology, 20,* 12–34.

Heriza, C.B. (1991). Implications of a dynamical systems approach to understanding infant kicking behavior. *Physical Therapy, 71,* 222–235.

Isaac, B. (1987). Throwing and human evolution. *African Archaeological Review, 5,* 3–17.

Jensen, J.L., Ulrich, B.D., Thelen, E., Schneider, K., & Zernichke, R.F. (1994). Adaptive dynamics of the leg movement patterns of human infants: I. The effects of posture on spontaneous kicking. *Journal of Motor Behavior, 26,* 303–312.

Jensen, J.L., Ulrich, B.D., Thelen, E., Schneider, K., & Zernichke, R.F. (1995). Adaptive dynamics of the leg movement patterns of human infants: III. Age-related differences in limb control. *Journal of Motor Behavior, 27,* 366–374.

Jensen, R.K. (1981). The effect of a 12-month growth period on the body movements of inertia of children. *Medicine and Science in Sport and Exercise, 13,* 238–242.

Kail, R. (1986). Sources of age differences in speed of processing. *Child Development, 57,* 969–987.

Kail, R. (1988). Developmental functions for speeds of cognitive processes. *Journal of Experimental Child Psychology, 45,* 339–364.

Kail, R. (1991). Processing time declines exponentially during childhood and adolescence. *Developmental Psychology, 27,* 259–266.

Kerr, R. (1985). Fitts' law and motor control in children. In J. Clark & H.H. Humphrey (Eds.), *Motor development: Current selected research* (pp. 45–53). Princeton, NJ: Princeton Book.

Ladewig, I., & Gallagher, J. (1994). Cue use to enhance selective attention. *Research Quarterly for Exercise and Sport, 65,* S64.

Ladewig, I., Gallagher, J., & Campos, W. (1994). Development of selective attention: Relationship of dynamic cue use to varying levels of task interference. *Journal of Sport & Exercise Psychology, 16,* S75.

Leavitt, J. (1979). Cognitive demands of skating and stick handling in ice hockey. *Canadian Journal of Applied Sport Science, 4,* 46–55.

Lindberg, M.A. (1980). Is the knowledge base development a necessary and sufficient condition for memory development? *Journal of Experimental Child Psychology, 30,* 401–410.

Magill, R.A., & Anderson, D.I. (1996). The concept of readiness applied to the acquisition of motor skills. In F.L. Smoll & R.E. Smith (Eds.), *Children and youth in sport: A biopsychosocial perspective* (pp. 57–72). Dubuque, IA: Brown & Benchmark.

Malina, R.M. (1975). *Growth and development: The first twenty years in man.* Minneapolis, MN: Burgess.

Malina, R.M. (1984). Physical growth and maturation. In J.R. Thomas (Ed.), *Motor development during childhood and adolescence* (pp. 1–26). Minneapolis, MN: Burgess.

Malina, R.M. (1986). Physical growth and maturation. In V. Seefeldt (Ed.), *Physical activity and well-being* (pp. 3–38). Reston, VA: American Alliance for Health, Physical Education, Recreation, and Dance.

Masser, L.S. (1993). Critical cues help first-grade students' achievement in handstands and forward rolls. *Journal of Teaching in Physical Education, 12,* 302–312.

McCall, R.B. (1977). Challenges to a science of developmental psychology. *Child Development, 48,* 333–344.

McCracken, H.D. (1983). Movement control in a reciprocal tapping task: A developmental study. *Journal of Motor Behavior, 15,* 262–279.

McGraw, M.B. (1935). *Growth: A study of Johnny and Jimmy.* New York: Appleton-Century-Crofts.

McHenry, H.M. (1982). The pattern of human evolution: Studies in bipedalism, mastication and encephalization. *American Review of Anthropology, 11,* 151–173.

McPherson, S.L. (1999). Expert-novice differences in performance skills and problem representations of youth and adults during tennis competition. *Research Quarterly for Exercise and Sport, 70,* 233–251.

McPherson, S.L., & Thomas, J.R. (1989). Relation of knowledge and performance in boys' tennis: Age and expertise. *Journal of Experimental Child Psychology, 48,* 190–211.

Meyer, D.E., Abrams, R.A., Kornblum, S., Wright, C.E., & Smith, J.E.K. (1988). Optimality in human motor performance: Ideal control of rapid aimed movements. *Psychological Review, 95,* 340–370.

Miller, M.B. (1990). *The use of labeling to improve movement recall involving learning disabled children.* Unpublished doctoral dissertation, University of Pittsburgh, PA.

Nelson, J.K., Thomas, J.R., Nelson, K.R., & Abraham, P.C. (1986). Gender differences in children's throwing performance: Biology and environment. *Research Quarterly for Exercise and Sport, 57,* 280–287.

Nelson, K.R., Thomas, J.R., & Nelson, J.K. (1991). Longitudinal changes in throwing performance: Gender differences. *Research Quarterly for Exercise and Sport, 62,* 105–108.

Nevett, M.E., & French, K.E. (1997). The development of sport-specific planning, rehearsal, and updating of plans during defensive youth baseball game performance. *Research Quarterly for Exercise and Sport, 68,* 203–214.

Newell, K.M., & Barclay, C.R. (1982). Developing knowledge about action. In J.A.S. Kelso & J.E. Clark (Eds.), *The devel-*

opment of movement control and co-ordination (pp. 175–212). New York: Wiley.

Newell, K.M., & Kennedy, J.A. (1978). Knowledge of results and children's motor learning. *Developmental Psychology, 14,* 531–536.

Ornstein, P.A., & Naus, M.J. (1985). Effects of knowledge base on children's memory strategies. In H.W. Reese (Ed.), *Advances in child development and behavior* (pp. 113–148). New York: Academic Press.

Pascual-Leone, J. (1970). A mathematical model for the transition rule in Piaget's developmental stages. *Acta Psychologica, 32,* 301–345.

Passer, M.W. (1996). At what age are children ready to compete? Some psychological considerations. In F.L. Smoll & R.E. Smith (Eds.), *Children and youth sport: A biopsychosocial perspective* (pp. 73–82). Dubuque, IA: Brown & Benchmark.

Payne, G.V., & Isaacs, L.D. (1998). *Human motor development: A lifespan approach.* Mountain View, CA: Mayfield.

Piaget, J. (1952). *The origins of intelligence in children.* New York: International Universities.

Plamondon, R., & Alimi, A.M. (1997). Speed/accuracy trade-offs in target-directed movements. *Behavioral and Brain Sciences, 20,* 279–303.

Polkis, G.A. (1990). *The effects of environmental context and contextual interference on the learning of motor skills: A developmental perspective.* Unpublished doctoral dissertation, University of Pittsburgh, PA.

Ransdell, L.B., & Wells, C.L. (1999). Sex differences in athletic performance. *Women in Sport and Physical Activity, 8,* 55–81.

Rarick, G.L., & Smoll, F. (1967). Stability of growth in strength and motor performance from childhood to adolescence. *Human Biology, 39,* 295–306.

Reid, G. (1980). The effects of motor strategy instruction in the short-term memory of the mentally retarded. *Journal of Motor Behavior, 12,* 221–227.

Roberton, M.A. (1977). Stability of stage categorizations across trials: Implications for the "stage theory" of overarm throw development. *Journal of Human Movement Studies, 3,* 49–59.

Roberton, M.A. (1978). Longitudinal evidence for developmental stages in the forceful overarm throw. *Journal of Human Movement Studies, 4,* 161–175.

Roberton, M.A. (1982). Describing "stages" within and across motor tasks. In J.A.S. Kelso & J.E. Clark (Eds.), *The development of movement control and co-ordination* (pp. 294–307). New York: Wiley.

Roberton, M.A. (1984). Changing motor patterns during childhood. In J.R. Thomas (Ed.), *Motor development during childhood and adolescence* (pp. 48–90). Minneapolis, MN: Burgess.

Roberton, M.A., & DiRocco, P. (1981). Validating a motor skill sequence for mentally retarded children. *American Corrective Therapy Journal, 35,* 148–154.

Roberton, M.A., Halverson, L.E., Langendorfer, S., & Williams, K. (1979). Longitudinal changes in children's overarm throw ball velocities. *Research Quarterly for Exercise and Sport, 50,* 256–264.

Rosblad, B. (1997). Roles of visual information for control of reaching movements in children. *Journal of Motor Behavior, 29,* 174–182.

Ross, A. (1976). *Psychological aspects of learning disabilities and reading disorders.* New York: McGraw-Hill.

Ross, J.G., & Gilbert, G.G. (1985). The national children and youth fitness study: A summary of findings. *Journal of Physical Education, Recreation and Dance, 56,* 45–50.

Ross, J.G., & Pate, R.R. (1987). The national children and youth fitness study: II. A summary of findings. *Journal of Physical Education, Recreation and Dance, 58,* 51–56.

Salmoni, A.W., & Pascoe, C. (1979). Fitts reciprocal tapping task: A developmental study. In G.C. Roberts & K.M. Newell (Eds.), *Psychology of motor behavior and sport–1978* (pp. 355–386). Champaign, IL: Human Kinetics.

Scammon, R.E. (1930). The measurement of the body in childhood. In J.A. Harris, C.M. Jackson, D.G. Jackson, & R.E. Scammon (Eds.), *The measurement of man* (pp. 171–215). Minneapolis: University of Minnesota.

Schachar, R., Rutter, M., & Smith, A. (1981). The characteristics of situationally and pervasively hyperactive children: Implications for syndrome definition. *Journal of Child Psychology and Psychiatry, 22,* 375–392.

Schmidt, R.A., & Lee, T.D. (1998). *Motor control and learning: A behavioral emphasis* (3rd ed.). Champaign, IL: Human Kinetics.

Schroeder, R.K. (1981). *The effects of rehearsal on information processing efficiency of severely/profoundly retarded normal individuals.* Unpublished doctoral dissertation, Louisiana State University, Baton Rouge.

Seefeldt, V., & Haubenstricker, J. (1982). Patterns, phases, or stages: An analytical model for the study of developmental movement. In J.A.S. Kelso & J.E. Clark (Eds.), *The development of movement control and co-ordination* (pp. 309–318). New York: Wiley.

Seefeldt, V., Reuschlein, S., & Vogel, P. (1972, March). *Sequencing motor skills withing the physical education curriculum.* Paper presented to the National Convention of the American Association for Health, Physical Education and Recreation, Houston, TX.

Shepp, B.E., Barrett, S.E., & Kolbet, L.K. (1987). The development of selection attention: Holistic perception versus resources allocation. *Journal of Experimental Child Psychology, 43,* 159–180.

Shiffrin, R.M., & Schneider, W. (1977). Controlled and automatic human information processing: II. Perceptual learning, automatic attending, and a general theory. *Psychological Review, 84,* 121–190.

Smoll, F.L., & Schutz, R.W. (1990). Quantifying gender differences in physical performance: A developmental perspective. *Developmental Psychology, 26,* 360–369.

Starkes, J.L. (1987). Skill in field hockey: The nature of the cognitive advantage. *Journal of Sport Psychology, 9,* 146–160.

Starkes, J.L., & Deakin, J.M. (1984). Perception in sport: A cognitive approach to skilled performance. In W.F. Straub & J.M. Williams (Eds.), *Cognitive sport psychology* (pp. 115–128). Lansing, NY: Sport Science Associates.

Starkes, J.L., Deakin, J.M., Lindley, S., & Crisp, F. (1987). Motor versus verbal recall of ballet sequences by young expert dancers. *Journal of Sport Psychology, 9,* 222–230.

Stelmach, G.E., & Thomas, J.R. (1997). What's different in speed/accuracy trade-offs in young and elderly subjects. *Behavioral and Brain Sciences, 20,* 321.

Stratton, R. (1978). Information processing deficits in children's motor performance: Implications for instruction. *Motor Skills: Theory into Practice, 3,* 49–55.

Sugden, D.A. (1980). Movement speed in children. *Journal of Motor Behavior, 12,* 125–132.

Tanner, J.M. (1978). *Fetus into man: Physical growth from concep-*

tion to maturity. Cambridge, MA: Harvard University Press.

Thelen, E., & Ulrich, B.D. (1991). Hidden skills: A dynamic systems analysis of treadmill stepping during the first year. *Monographs of the Society of Research in Child Development, 56*(1, Serial No. 223).

Thomas, J.R. (1980). Acquisition of motor skills: Information processing differences between children and adults. *Research Quarterly, 50,* 158–173.

Thomas, J.R. (1984a). Children's motor skill development. In J.R. Thomas (Ed.), *Motor development during childhood and adolescence* (pp. 91–104). Minneapolis, MN: Burgess.

Thomas, J.R. (1984b). *Motor development during childhood and adolescence.* Minneapolis, MN: Burgess.

Thomas, J.R. (1984c). Planning "Kiddie" research: Little "Kids" but big problems. In J.R. Thomas (Ed.), *Motor development during childhood and adolescence* (pp. 260–273). Minneapolis, MN: Burgess.

Thomas, J.R. (2000). C.H. McCloy lecture: Children's control, learning, and performance of motor skills. *Research Quarterly for Exercise and Sport, 71,* 1–9.

Thomas, J.R., & French, K.E. (1985). Gender differences across age in motor performance: A meta-analysis. *Psychological Bulletin, 98,* 260–282.

Thomas, J.R., French, K.E., & Humphries, C.A. (1986). Knowledge development and sport skill performance: Directions for motor behavior research. *Journal of Sport Psychology, 8,* 259–272.

Thomas, J.R., Gallagher, J.D., & Purvis, G. (1981). Reaction time and anticipation time: Effects of development. *Research Quarterly for Exercise and Sport, 52,* 359–367.

Thomas, J.R., Lee, A.M., & Thomas, K.T. (1988). *Physical education for children, concepts into practice.* Champaign, IL: Human Kinetics.

Thomas, J.R., & Marzke, M. (1992). The development of gender differences in throwing: Is human evolution a factor? In R. Christina & H. Eckert (Eds.), *The academy papers: Enhancing human performance in sport* (pp. 60–76). Champaign, IL: Human Kinetics.

Thomas, J.R., Nelson, J.K., & Church, G. (1991). A developmental analysis of gender differences in health related physical fitness. *Pediatric Exercise Science, 3,* 28–42.

Thomas, J.R., Solmon, M.A., & Mitchell, B. (1979). Precision knowledge of results and motor performance: Relationship to age. *Research Quarterly for Exercise and Sport, 50,* 687–698.

Thomas, J.R., & Stratton, R. (1977). Effect of divided attention on children's rhythmic response. *Research Quarterly, 48,* 428–435.

Thomas, J.R., & Thomas, K.T. (1988). Development of gender differences in physical activity. *Quest, 40,* 219–229.

Thomas, J.R., Thomas, K.T., Lee, A.M., & Testerman, E. (1983). Age differences in use of strategy for recall of movement in a large scale environment. *Research Quarterly for Exercise and Sport, 54,* 264–272.

Thomas, J.R., Yan, J.H., & Stelmach, G.E. (2000). Movement substructures change as a function of practice in children and adults. *Journal of Experimental Child Psychology, 75,* 228–244.

Thomas, K.T. (1994). The development of expertise: From Leeds to legend. *Quest, 46,* 199–210.

Thomas, K.T., & Thomas, J.R. (1987). Perceptual development and its differential influence on limb positioning under two movement conditions in children. In J.E. Clark (Ed.), *Advances in motor development research* (pp. 83–96). Baltimore: AMS Press.

Thomas, K.T., & Thomas, J.R. (1994). Developing expertise in sport: The relation of knowledge and performance. *International Journal of Sport Psychology, 25,* 295–312.

Thomas, K.T., & Thomas, J.R. (1999). What squirrels in the trees predict about expert athletes. *International Journal of Sport Psychology, 30,* 221–234.

Tipper, S.P., MacQueen, G.M., & Brehaut, J.C. (1988). Negative priming between response modalities: Evidence for the central locus of inhibition in selective attention. *Perception and Psychophysics, 43,* 42–52.

Tobias, P.V. (1968). Cultural hominization among the earliest African Pleistocen hominids. *Proceedings of the Prehistoric Society, 33,* 367–376.

Tudor, J. (1979). Developmental differences in motor task integration: A test of Pascual-Leone's Theory of constructive operators. *Journal of Experimental Psychology, 28,* 314–322.

Ulrich, B. (1997). Dynamic systems theory and skill development in infants and children. In K.J. Connolly & H. Forssberg (Eds.), *Neurophysiology and neuropsychology of motor development* (pp. 319–345). Cambridge, MA: MacKeith Press.

Ulrich, B.D., Jensen, J.L., Thelen, E., Schneider, K., & Zernichke, R.F. (1994). Adaptive dynamics of the leg movement patterns of human infants: II. Treadmill stepping in infants and adults. *Journal of Motor Behavior, 26,* 313–324.

VanDyne, H.J. (1973). Foundations of tactical perception in three- to seven-year olds. *Journal of the Association of Perception, 8,* 1–9.

Washburn, S.L., & Moore, R. (1980). *Ape into human.* Boston: Little, Brown.

Weiss, M.R. (1983). Modeling and motor performance: A developmental perspective. *Research Quarterly for Exercise and Sport, 54,* 190–197.

Weiss, M.R., & Bredemeier, B.J. (1983). Developmental sport psychology: A theoretical perspective for studying children in sport. *Journal of Sport Psychology, 5,* 216–230.

Weiss, M.R., & Klint, K.A. (1987). "Show and tell" in the gymnasium: An investigation of developmental differences in modeling and verbal rehearsal of motor skills. *Research Quarterly for Exercise and Sport, 58,* 234–241.

Whitall, J. (1991). The developmental effects of concurrent cognitive and locomotor skills: Time-sharing from a dynamical perspective. *Journal of Experimental Child Psychology, 51,* 245–266.

Whitney, S. (1991). *Development of postural control in young children.* Unpublished doctoral dissertation, University of Pittsburgh, PA.

Wickstrom, R.L. (1983). *Fundamental motor patterns* (3rd ed.). Philadelphia: Lea & Febiger.

Wild, M.R. (1938). The behavior pattern of throwing and some observation concerning its course of development in children. *Research Quarterly, 9,* 20–24.

Williams, A.M., & Davids, K. (1998). Visual search strategy, selective attention and expertise in soccer. *Research Quarterly for Exercise and Sport, 69,* 111–128.

Williams, H., Temple, J., & Bateman, J. (1979). A test battery to assess intrasensory and intersensory development of young children. *Perceptual and Motor Skills, 48,* 643–659.

Williams, H.G. (1983). *Perceptual and motor development.* Englewood Cliffs, NJ: Prentice Hall.

Winther, K.T., & Thomas, J.R. (1981). Developmental differences in children's labeling of movement. *Journal of Motor*

Behavior, 13, 77–90.
Woollacott, M.H., & Shumway-Cook, A. (Eds.). (1989). *Development of posture and gait across the life span*. Columbia: University of South Carolina Press.
Yan, J.H., Hinrichs, R.N., Payne, V.G., & Thomas, J.R. (2000). Normalized jerk: A measure to capture development characteristics of young girls' overarm throwing. *Journal of Applied Biomechanics, 16*, 196–203.
Yan, J.H., Payne, V.G., & Thomas, J.R. (2000). Developmental kinematics of young females' overarm throwing. *Research Quarterly for Exercise and Sport, 71*, 92–98.
Yan, J.H., Thomas, J.R., Stelmach, G.E., & Thomas, K.T. (2000). Developmental features of rapid aiming arm movements across the lifespan. *Journal of Motor Behavior, 32*, 121–140.
Yan, J.H., Thomas, J.R., & Thomas, K.T. (1998). Children's age moderates the effect of practice variability: A quantitative review. *Research Quarterly for Exercise and Sport, 69*, 210–215.

第3章

Abernethy, B. (1988a). Dual-task methodology and motor skills research: Some applications and methodological constraints. *Journal of Human Movement Studies, 14*, 101–132.
Abernethy, B. (1988b). The effects of age and expertise upon perceptual skill development in a racquet sport. *Research Quarterly for Exercise and Sport, 59*, 210–221.
Abernethy, B. (1988c). Visual search in sport and ergonomics: Its relationship to selective attention and performer expertise. *Human Performance, 1*, 205–235.
Abernethy, B. (1990). Expertise, visual search, and information pick-up in squash. *Perception, 19*, 63–77.
Abernethy, B. (1993). Attention. In R.N. Singer, M. Murphey, & L.K. Tennant (Eds.), *Handbook of research on sport psychology* (pp. 127–170). New York: Macmillan.
Abernethy, B. (1996). Training the visual-perceptual skills of athletes: Insights from the study of motor expertise. *American Journal of Sports Medicine, 24*, 589–592.
Abernethy, B., & Russell, D.G. (1987a). Expert-novice differences in an applied selective attention task. *Journal of Sport Psychology, 9*, 326–345.
Abernethy, B., & Russell, D.G. (1987b). The relationship between expertise and visual search strategy in a racquet sport. *Human Movement Science, 6*, 283–319.
Abernethy, B., Summers, J.J., & Ford, S. (1998). Issues in the measurement of attention. In J.L. Duda (Ed.), *Advancements in sport and exercise psychology measurement* (pp. 173–193). Morgantown, WV: FIT Press.
Abernethy, B., Wann, J.P., & Parks, S.L. (1998). Training perceptual-motor skills for sport. In B. Elliott (Ed.), *Training in sport: Applying sport science* (pp. 1–68). Chichester, England: Wiley.
Abernethy, B., Wood, J.M., & Parks, S.L. (1999). Can the anticipatory skills of experts be learned by novices? *Research Quarterly for Exercise and Sport, 70*, 313–318.
Ackerman, P.L., & Schneider, W. (1985). Individual differences in automatic and controlled processing. In R.F. Dillon (Ed.), *Individual differences in cognition* (Vol. 2, pp. 35–66). New York: Academic Press.
Ackerman, P.L., Schneider, W., & Wickens, C.D. (1984). Deciding the existence of a time-sharing ability: A combined methodological and theoretical approach. *Human Factors, 26*, 71–82.
Adams, J.A. (1966). Some mechanisms of motor responding: An examination of attention. In E.A. Bilodeau (Ed.), *Acquisition of skill* (pp. 169–200). New York: Academic Press.
Alain, C., & Proteau, L. (1980). Decision making in sport. In C.H. Nadeau, W.R. Halliwell, K.M. Newell, & G.C. Roberts (Eds.), *Psychology of motor behavior and sport–1979* (pp. 465–477). Champaign, IL: Human Kinetics.
Albrecht, R.R., & Feltz, D.L. (1987). Generality and specificity of attention related to competitive anxiety and sport performance. *Journal of Sport Psychology, 9*, 231–248.
Allard, F., & Burnett, N. (1985). Skill in sport. *Canadian Journal of Psychology, 39*, 294–312.
Allard, F., Graham, S., & Paarsalu, M.L. (1980). Perception in sport: Basketball. *Journal of Sport Psychology, 2*, 14–21.
Allport, D.A. (1980a). Attention and performance. In G. Claxton (Ed.), *New directions in cognitive psychology* (pp. 112–153). London: Routledge & Kegan Paul.
Allport, D.A. (1980b). Patterns and actions: Cognitive mechanisms are content-specific. In G. Claxton (Ed.), *New directions in cognitive psychology* (pp. 26–64). London: Routledge & Kegan Paul.
Allport, D.A. (1989). Visual attention. In M.I. Posner (Ed.), *Foundations of cognitive science* (pp. 631–682). Cambridge, MA: MIT Press.
Allport, D.A. (1993). Attention and control: Have we been asking the wrong questions? A critical review of twenty-five years. In D.E. Meyer & S.M. Kornblum (Eds.), *Attention and performance XIV* (pp. 183–218). Cambridge, MA: MIT Press.
Allport, D.A., Antonis, B., & Reynolds, P. (1972). On the division of attention: A disproof of the single channel hypothesis. *Quarterly Journal of Experimental Psychology, 24*, 225–235.
Annett, J. (1986). On knowing how to do things. In H. Heuer & C. Fromm (Eds.), *Generation and modulation of action patterns* (pp. 187–200). Berlin, Germany: Springer-Verlag.
Bahill, A.T., & LaRitz, T. (1984). Why can't batters keep their eyes on the ball? *American Scientist, 72*, 249–253.
Barber, P.J. (1989). Executing two tasks at once. In A.M. Colley & J.R. Beech (Eds.), *Acquisition and performance of cognitive skills* (pp. 217–245). Chichester, England: Wiley.
Bard, C., Fleury, M., Carrière, L., & Hallé, M. (1980). Analysis of gymnastics judges' visual search. *Research Quarterly for Exercise and Sport, 51*, 267–273.
Bartlett, F.C. (1947, June 14). The measurement of human skill. *British Medical Journal*, 835–838, 877–880.
Beatty, J. (1982). Task-evoked pupillary responses, processing load, and the structure of processing resources. *Psychological Bulletin, 91*, 276–292.
Beatty, J., & Wagoner, B.L. (1978). Pupillometric signs of brain activation vary with level of cognitive processing. *Science, 199*, 1216–1218.
Bernstein, N. (1967). *The co-ordination and regulation of movements*. Oxford, England: Pergamon Press.
Berry, D.C. (1994). Implicit learning: Twenty-five years on. A tutorial. In C. Umilta & M. Moscovitch (Eds.), *Attention and performance XV: Conscious and nonconscious information processing* (pp. 755–782). Cambridge, MA: MIT Press.
Bhanot, J.L., & Sidhu, L.S. (1979). Reaction time of Indian hockey players with reference to three levels of participation. *Journal of Sports Medicine and Physical Fitness, 19*, 199–204.

Binet, A. (1890). La concurrence des états psychologiques [Competition in psychology]. *Revue Philosophique de la France et de l'étranger, 24,* 138–155.

Bliss, C.B. (1892–1893). Investigations in reaction time and attention. *Studies of the Yale Psychological Laboratory, 1,* 1–55.

Bootsma, R.J., & Peper, C.E. (1992). Predictive visual information sources for the regulation of action with special emphasis on catching and hitting. In L. Proteau & D. Elliott (Eds.), *Vision and motor control* (pp. 285–314). Amsterdam: North Holland.

Bootsma, R.J., & van Wieringen, P.C. (1990). Timing an attacking forehand drive in table tennis. *Journal of Experimental Psychology: Human Perception and Performance, 16,* 21–29.

Boring, E.G. (1970). Attention: Research and beliefs concerning the concept in scientific psychology before 1930. In D.I. Mostofsky (Ed.), *Attention: Contemporary theory and analysis* (pp. 5–8). New York: Appleton-Century-Crofts.

Boutcher, S.H. (1992). Attention and athletic performance: An integrated approach. In T.S. Horn (Ed.), *Advances in sport psychology* (pp. 251–265). Champaign, IL: Human Kinetics.

Broadbent, D.E. (1958). *Perception and communication.* New York: Pergamon Press.

Broadbent, D.E. (1982). Task combination and selective intake of information. *Acta Psychologica, 50,* 253–290.

Broadbent, D.E., & Gregory, M. (1967). Psychological refractory period and the length of time required to make a decision. *Proceedings of the Royal Society, 168B,* 181–193.

Brouwer, W.H., Waterink, W., Van Wolffelaar, P.C., & Rothengatter, T. (1991). Divided attention in experienced young and older drivers: Lane tracking and visual analysis in a dynamic driving simulator. *Human Factors, 33,* 573–582.

Brown, T.L., & Carr, T.H. (1989). Automaticity in skill acquisition: Mechanisms for reducing interference in concurrent performance. *Journal of Experimental Psychology: Human Perception and Performance, 15,* 686–700.

Cacioppo, J.T., & Berntson, G.G. (1992). Social psychological contributions to the decade of the brain: Doctrine of multilevel analysis. *American Psychologist, 47,* 1019–1028.

Castiello, U., & Umilta, C. (1988). Temporal dimensions of mental effort in different sports. *International Journal of Sport Psychology, 19,* 199–210.

Chase, W.G., & Simon, H.A. (1973). Perception in chess. *Cognitive Psychology, 4,* 55–81.

Cherry, E.C. (1953). Some experiments on the recognition of speech, with one and with two ears. *Journal of the Acoustical Society of America, 25,* 975–979.

Cohen, J., & Dearnaley, E.J. (1962). Skill and judgement of footballers in attempting to score goals. *British Journal of Psychology, 53,* 71–88.

Cowen, N. (1995). *Attention and memory: An integrated framework.* New York: Oxford University Press.

Crews, D.L. (1989). *The influence of attentive states on golf putting as indicated by cardiac and electrocortical activity.* Unpublished doctoral dissertation, Arizona State University, Tempe.

Crosby, J.V., & Parkinson, J.R. (1979). A dual task investigation of pilots' skill level. *Ergonomics, 22,* 1301–1313.

Crossman, E.R.F.W. (1959). A theory of the acquisition of speed skill. *Ergonomics, 2,* 153–166.

Curran, T., & Keele, S.W. (1993). Attentional and nonattentional forms of sequence learning. *Journal of Experimental Psychology: Human Perception and Performance, 19,* 189–202.

Damos, D.L., Bittner, A.C., Kennedy, R.S., & Harbeson, M.M. (1981). Effects of extended practice on dual-task tracking performance. *Human Factors, 23,* 627–632.

Damos, D.L., & Wickens, C.D. (1980). The identification and transfer of timesharing skills. *Acta Psychologica, 46,* 15–39.

Davis, R. (1959). The role of "attention" in the psychological refractory period. *Quarterly Journal of Experimental Psychology, 11,* 211–220.

De Groot, A.D. (1965). *Thought and choice in chess.* The Hague: Mouton.

Del Rey, P., Whitehurst, M., Wughalter, E., & Barnwell, J. (1983). Contextual interference and experience in acquisition and transfer. *Perceptual and Motor Skills, 57,* 241–242.

Deutsch, J.A., & Deutsch, D. (1963). Attention: Some theoretical considerations. *Psychological Review, 70,* 80–90.

Dewey, D., Brawley, L.R., & Allard, F. (1989). Do the TAIS attentional-style scales predict how visual information is processed? *Journal of Sport & Exercise Psychology, 11,* 171–186.

Dillon, J.M., Crassini, B., & Abernethy, B. (1989). Stimulus uncertainty and response time in a simulated racquet-sport task. *Journal of Human Movement Studies, 17,* 115–132.

Donchin, E. (1984). Dissociation between electrophysiology and behavior: A disaster or a challenge? In E. Donchin (Ed.), *Cognitive psychophysiology: Event-related potentials and the study of cognition* (pp. 107–118). Hillsdale, NJ: Erlbaum.

Donchin, E., Ritter, W., & McCallum, C. (1978). Cognitive psychophysiology: The endogenous components of the ERP. In E. Callaway, P. Tueting, & S. Koslow (Eds.), *Brain event-related potentials in man* (pp. 349–441). New York: Academic Press.

Ells, J.G. (1973). Analysis of temporal and attentional aspects of movement control. *Journal of Experimental Psychology, 99,* 10–21.

Eriksen, C.W. (1990). Attentional search of the visual field. In D. Brogan (Ed.), *Visual search* (pp. 3–19). London: Taylor & Francis.

Eysenck, M.W. (1984). *A handbook of cognitive psychology.* London: Erlbaum.

Farrow, D., Chivers, P., Hardingham, C., & Sasche, S. (1998). The effect of video based perceptual training on the tennis return of serve. *International Journal of Sport Psychology, 29,* 231–242.

Fodor, J. (1983). *The modularity of mind: An essay on faculty psychology.* Cambridge, MA: MIT Press.

Ford, S.K., & Summers, J.J. (1992). The factorial validity of the TAIS attentional style subscales. *Journal of Sport & Exercise Psychology, 14,* 283–297.

Fowler, C.A., & Turvey, M.T. (1978). Skill acquisition: An event approach with special reference to searching for the optimum of a function of several variables. In G.E. Stelmach (Ed.), *Information processing in motor control and learning* (pp. 1–40). New York: Academic Press.

Friedman, A., & Polson, C.M. (1981). Hemispheres as independent resource systems: Limited-capacity processing and cerebral specialization. *Journal of Experimental Psychology: Human Perception and Performance, 7,* 1031–1058.

Furst, C.J. (1971). Automatizing of visual attention. *Perception and Psychophysics, 10,* 65–70.

Gibson, E.J. (1969). *Principles of perceptual learning and development*. New York: Appleton-Century-Crofts.

Gibson, J.J. (1979). *An ecological approach to visual perception*. Boston: Houghton Mifflin.

Girouard, Y., Laurencelle, L., & Proteau, L. (1984). On the nature of the probe reaction-time to uncover the attentional demands of movement. *Journal of Motor Behavior, 16*, 442–459.

Girouard, Y., Perreault, R., Vachon, L., & Black, P. (1978). Attention demands of high jumping [Abstract]. *Canadian Journal of Applied Sport Sciences, 3*, 193.

Glencross, D.J. (1978). Control and capacity in the study of skill. In D.J. Glencross (Ed.), *Psychology and sport* (pp. 72–96). Sydney, Australia: McGraw-Hill.

Glencross, D.J. (1980). Response planning and the organization of speed movements. In R.S. Nickerson (Eds.), *Attention and performance VIII* (pp. 107–125). Hillsdale, NJ: Erlbaum.

Glencross, D.J., & Cibich, B.J. (1977). A decision analysis of games skills. *Australian Journal of Sports Medicine, 9*, 72–75.

Gopher, D., & Navon, D. (1980). How is performance limited: Testing the notion of central capacity. *Acta Psychologica, 46*, 161–180.

Gopher, D., & Sanders, A.F. (1984). S-Oh-R: Oh stages! Oh resources! In W. Prinz & A.F. Sanders (Eds.), *Cognition and motor processes* (pp. 231–253). Berlin, Germany: Springer-Verlag.

Gottsdanker, R., & Stelmach, G.E. (1971). The persistence of psychological refractoriness. *Journal of Motor Behavior, 3*, 301–312.

Graybiel, A., Jokl, E., & Trapp, C. (1955). Russian studies of vision in relation to physical activity. *Research Quarterly, 26*, 480–485.

Green, T.D., & Flowers, J.H. (1991). Implicit versus explicit learning processes in a probabilistic, continuous fine-motor catching task. *Journal of Motor Behavior, 23*, 293–300.

Greenwald, A.G., & Shulman, H.G. (1973). On doing two things at once: II. Elimination of the psychological refractory period. *Journal of Experimental Psychology, 101*, 70–76.

Hamilton, W. (1859). *Lectures on metaphysics and logic*. Edinburgh, Scotland: Blackwood.

Hart, S.G., & Staveland, L.E. (1988). Development of NASA-TLX (Task Load Index): Results of empirical and theoretical research. In P.A. Hancock & N. Meshkati (Eds.), *Human mental workload* (pp. 139–183). Amsterdam: North Holland.

Helsen, W., & Pauwels, J.M. (1993). The relationship between expertise and visual information processing in sport. In J.L. Starkes & F. Allard (Eds.), *Cognitive issues in motor expertise* (pp. 109–134). Amsterdam: Elsevier.

Heuer, H. (1984). Motor learning as a process of structural constriction and displacement. In W. Prinz & A.F. Sanders (Eds.), *Cognition and motor processes* (pp. 295–305). Berlin, Germany: Springer-Verlag.

Heuer, H., & Wing, A.M. (1984). Doing two things at once: Process limitations and interactions. In M.M. Smyth & A.M. Wing (Eds.), *The psychology of human movement* (pp. 183–213). London: Academic Press.

Hoffman, J.E., Nelson, B., & Houck, M.R. (1983). The role of attentional resources in automatic detection. *Cognitive Psychology, 15*, 379–410.

Imanaka, K., Abernethy, B., & Quek, J.J. (1998). The locus of distance-location interaction in movement reproduction: Do we know any more 25 years on? In J. Piek (Ed.), *Motor control and human skill: A multi-disciplinary perspective* (pp. 29–55). Champaign, IL: Human Kinetics.

Jackson, C.W. (1981). The relationship of swimming performance to measures of attentional and interpersonal style (Doctoral dissertation, Boston University, 1980). *Dissertations Abstracts International, 41*, 3353–A.

James, W. (1890). *Principles of psychology*. New York: Holt.

Janelle, C.M., Singer, R.N., & Williams, A.M. (1999). External distraction and attentional narrowing: Visual search evidence. *Journal of Sport & Exercise Psychology, 21*, 70–91.

Jastrow, O. (1891). The interference of mental processes. *American Journal of Psychology, 4*, 219–223.

Jennings, J.R., Lawrence, B.E., & Kasper, P. (1978). Changes in alertness and processing capacity in a serial learning task. *Memory and Cognition, 6*, 43–53.

Jones, M.G. (1972). Perceptual characteristics and athletic performance. In H.T.A. Whiting (Ed.), *Readings in sports psychology* (pp. 96–115). London: Kimpton.

Jonides, J., Naveh-Benjamin, M., & Palmer, J. (1985). Assessing automaticity. *Acta Psychologica, 60*, 157–171.

Kahneman, D. (1973). *Attention and effort*. Englewood Cliffs, NJ: Prentice-Hall.

Kahneman, D., & Treisman, A. (1984). Changing views of attention and automaticity. In R. Parasuraman & D.R. Davies (Eds.), *Varieties of attention* (pp. 29–61). London: Academic Press.

Kantowitz, B.H. (1985). Channels and stages in human information processing: A limited analysis of theory and methodology. *Journal of Mathematical Psychology, 29*, 135–174.

Karlin, L., & Kestenbaum, R. (1968). Effects of number of alternatives on psychological refractory period. *Quarterly Journal of Experimental Psychology, 20*, 167–178.

Keele, S.W. (1973). *Attention and human performance*. Pacific Palisades, CA: Goodyear.

Keele, S.W., & Hawkins, H.L. (1982). Explorations of individual differences relevant to high level skill. *Journal of Motor Behavior, 14*, 3–23.

Kelso, J.A.S., Tuller, B.H., & Harris, K.S. (1983). A "dynamic pattern" perspective on the control and coordination of movement. In P. MacNeilage (Ed.), *The production of speech* (pp. 137–173). New York: Springer-Verlag.

Kimble, G.A., & Perlmutter, L.C. (1970). The problem of volition. *Psychological Review, 77*, 361–383.

Kirsner, K., Speelman, C., Mayberry, M., O'Brien-Malone, A., Anderson, M., & MacLeod, C. (Eds.). (1998). *Implicit and explicit mental processes*. Mahwah, NJ: Erlbaum.

Klein, R.M. (1976). Attention and movement. In G.E. Stelmach (Ed.), *Motor control: Issues and trends* (pp. 143–173). New York: Academic Press.

Klein, R.M. (1978). Automatic and strategic processes in skilled performance. In G.C. Roberts & K.M. Newell (Eds.), *Psychology of motor behavior and sport–1977* (pp. 270–287). Champaign, IL: Human Kinetics.

Knapp, B.N. (1963). *Skill in sport*. London: Routledge & Kegan Paul.

Korteling, J.E. (1994). Effects of aging, skill modification, and demand alternation on multiple-task performance. *Human Factors, 36*, 27–43.

Kramer, A.F., & Strayer, D.L. (1988). Assessing the development of automatic processing: An application of dual-task and event-related brain potential methodologies. *Biological Psychology, 26, 231–267.

Kramer, A.F., Wickens, C.D., & Donchin, E. (1983). An analysis of the processing demands of a complex perceptual-motor task. *Human Factors, 25,* 597–622.

LaBerge, D. (1975). Acquisition of automatic processing in perceptual and associative learning. In P.M.A. Rabbitt & S. Dornic (Eds.), *Attention and performance V* (pp. 50–64). London: Academic Press.

LaBerge, D. (1981). Automatic information processing: A review. In J. Long & A. Baddeley (Eds.), *Attention and performance IX* (pp. 173–186). Hillsdale, NJ: Erlbaum.

Lacey, B.C., & Lacey, J.I. (1970). Some autonomic-central nervous system interrelationships. In P. Block (Ed.), *Physiological correlates of emotion* (pp. 50–83). New York: Academic Press.

Lacey, J.I. (1967). Somatic response patterning and stress: Some revision of activation theory. In M.H. Appley & R. Trumbull (Eds.), *Psychological stress: Issues in research* (pp. 170–179). New York: Appleton-Century-Crofts.

Lajoie, Y., Teasdale, N., Bard, C., & Fleury, M. (1993). Attentional demands for static and dynamic equilibrium. *Experimental Brain Research, 97,* 139–144.

Lajoie, Y., Teasdale, N., Bard, C., & Fleury, M. (1996). Upright standing and gait: Are there changes in attentional requirements related to normal aging? *Experimental Aging Research, 22,* 185–198.

Landers, D.M., Boutcher, S.H., & Wang, M.Q. (1986). A psychobiological study of archery performance. *Research Quarterly for Exercise and Sport, 57,* 236–244.

Landers, D.M., Wang, M.Q., & Courtet, P. (1985). Peripheral narrowing among experienced and inexperienced rifle shooters under low- and high-time stress conditions. *Research Quarterly for Exercise and Sport, 56,* 122–130.

Leavitt, J.L. (1979). Cognitive demands of skating and stick handling in ice hockey. *Canadian Journal of Applied Sport Sciences, 4,* 46–55.

Leibowitz, H.W., & Post, R.B. (1982). The two modes of processing concept and some implications. In J. Beck (Ed.), *Organization and representation in perception* (pp. 343–363). Hillsdale, NJ: Erlbaum.

Logan, G.D. (1979). On the use of a concurrent memory load to measure attention and automaticity. *Journal of Experimental Psychology: Human Perception and Performance, 5,* 189–297.

Logan, G.D. (1985). Skill and automaticity: Relations, implications, and future directions. *Canadian Journal of Psychology, 39,* 367–386.

MacGillivary, W.W. (1981). The contribution of perceptual style to human performance. In I.M. Cockerill & W.W. MacGillivary (Eds.), *Vision and sport* (pp. 8–16). Cheltenham, England: Stanley Thornes.

Magill, R.A. (1994). Is conscious awareness of environmental information necessary for skill learning? In J.R. Nitsch & R. Seiler (Eds.), *Movement and sport. Psychological foundations and effects: Motor control and learning* (Vol. 2, pp. 94–103). Sankt Augustin, Germany: Academia Verlag.

Magill, R.A. (1998). *Motor learning: Concepts and applications* (5th ed.). Dubuque, IA: Brown.

Martin, I., & Venables, P.H. (1980). *Techniques in psychophysiology.* London: Wiley.

Masters, R.S.W. (1992). Knowledge, knerves and know-how: The role of explicit versus implicit knowledge in the breakdown of complex motor skill under pressure. *British Journal of Psychology, 83,* 343–358.

McLeod, P. (1977). A dual-task response modality effect: Support for multiprocessor models of attention. *Quarterly Journal of Experimental Psychology, 29,* 651–667.

McLeod, P. (1980). What can probe RT tell us about the attentional demands of movement? In G.E. Stelmach & J. Requin (Eds.), *Tutorials in motor behavior* (pp. 579–589). Amsterdam: North Holland.

McLeod, P., & Driver, J. (1993). Filtering and physiology in visual search: A convergence of behavioural and neurophysiological measures. In A. Baddeley & L. Weiskrantz (Eds.), *Attention: Selection, awareness, and control* (pp. 72–86). Oxford, England: Clarendon Press.

McLeod, P., McLaughlin, C., & Nimmo-Smith, I. (1985). Information encapsulation and automaticity: Evidence from the visual control of finely timed actions. In M.I. Posner & O. Marin (Eds.), *Attention and performance XI* (pp. 391–406). Hillsdale, NJ: Erlbaum.

Megaw, E.D., & Richardson, J. (1979). Eye movements and industrial inspection. *Applied Ergonomics, 10,* 145–154.

Meshkati, N. (1988). Heart rate variability and mental workload assessment. In P.A. Hancock & N. Meshkati (Eds.), *Human mental workload* (pp. 101–115). Amsterdam: North Holland.

Milner, A.D., & Goodale, M.A. (1995). *The visual brain in action.* New York: Oxford University Press.

Moray, N. (1967). Where is attention limited? A survey and a model. *Acta Psychologica, 27,* 84–92.

Moray, N. (1982). Subjective mental workload. *Human Factors, 23,* 25–40.

Moray, N., & Fitter, M. (1973). A theory and the measurement of attention: Tutorial review. In S. Kornblum (Ed.), *Attention and performance IV* (pp. 3–19). New York: Academic Press.

Mowbray, G.H. (1953). Simultaneous vision and audition: The comprehension of prose passages with varying levels of difficulty. *Journal of Experimental Psychology, 46,* 365–372.

Mowbray, G.H., & Rhoades, M.U. (1959). On the reduction of choice reaction times with practice. *Quarterly Journal of Experimental Psychology, 11,* 16–23.

Näätänen, R. (1988). Implications of ERP data for psychological theories of attention. *Biological Psychology, 26,* 117–163.

Näätänen, R. (1992). *Attention and brain function.* Hillsdale, NJ: Erlbaum.

Navon, D., & Gopher, D. (1979). On the economy of the human processing system. *Psychological Review, 86,* 214–255.

Neisser, U. (1967). *Cognitive psychology.* New York: Appleton-Century-Crofts.

Neisser, U. (1979). The control of information pick-up in selective looking. In A.D. Pick (Ed.), *Perception and its development: A tribute to Eleanor J. Gibson* (pp. 201–219). Hillsdale, NJ: Erlbaum.

Neisser, U., & Becklen, R. (1975). Selective looking: Attending to visually specified events. *Cognitive Psychology, 7,* 480–494.

Nettleton, B. (1979). Attention demands of ball-tracking skills. *Perceptual and Motor Skills, 49,* 531–534.

Neumann, O. (1984). Automatic processing: A review of recent findings and a plea for an old theory. In W. Prinz & A.F. Sanders (Eds.), *Cognition and motor processes* (pp. 256–293). Berlin, Germany: Springer-Verlag.

Neumann, O. (1987). Beyond capacity: A functional view of attention. In H. Heuer & A.F. Sanders (Eds.), *Perspectives on perception and action* (pp. 361–394). Hillsdale, NJ: Erlbaum.

Nideffer, R.M. (1976). The test of attentional and interpersonal style. *Journal of Personality and Social Psychology, 34,* 394–404.

Nideffer, R.M. (1979). The role of attention in optimal athletic performance. In P. Klavora & J.V. Daniel (Eds.), *Coach, athlete and sport psychologist* (pp. 99–112). Toronto, Canada: University of Toronto.

Nideffer, R.M. (1990). Use of the Test of Attentional and Interpersonal Style (TAIS) in sport. *The Sport Psychologist, 4,* 285–300.

Nisbett, R.E., & Wilson, T.D. (1977). Telling more than we can know: Verbal reports on mental processes. *Psychological Review, 84,* 231–259.

Nissen, M.J., & Bullemer, P. (1987). Attentional requirements of learning: Evidence from performance measures. *Cognitive Psychology, 19,* 1–32.

Norman, D.A. (1968). Toward a theory of memory and attention. *Psychological Review, 75,* 522–536.

Norman, D.A. (1976). *Memory and attention* (2nd ed.). New York: Wiley.

Norman, D.A. (1981). Categorization of action slips. *Psychological Review, 88,* 1–15.

Norman, D.A., & Bobrow, D. (1975). On data-limited and resource-limited processing. *Cognitive Psychology, 7,* 44–60.

Norman, D.A., & Shallice, T. (1986). Attention to action: Willed and automatic control of behaviour. In R.J. Davidson, G.E. Schwartz, & D. Shapiro (Eds.), *The design of everyday things* (Vol. 4). New York: Doubleday.

Noton, D., & Stark, L. (1971). Eye movements and visual perception. *Scientific American, 224,* 34–43.

Nougier, V., Stein, J.F., & Bonnel, A.M. (1991). Information processing in sport and orienting of attention. *International Journal of Sport Psychology, 22,* 307–327.

Nygren, T.E. (1991). Psychometric properties of subjective workload measurement techniques: Implications for their use in the assessment of perceived mental workload. *Human Factors, 33,* 17–33.

Ogden, G.D., Levine, J.M., & Eisner, E.J. (1979). Measurement of workload by secondary tasks. *Human Factors, 21,* 529–548.

Pargman, D., Schreiber, L.E., & Stein, F. (1974). Field dependence of selected athletic sub-groups. *Medicine and Science in Sports, 6,* 283–286.

Parker, H. (1981). Visual detection and perception in netball. In I.M. Cockerill & W.W. MacGillivary (Eds.), *Vision and sport* (pp. 42–53). London: Stanley Thornes.

Paull, G., & Glencross, D.J. (1997). Expert perception and decision making in baseball. *International Journal of Sport Psychology, 28,* 35–56.

Pew, R.W. (1974). Levels of analysis in motor control. *Brain Research, 71,* 393–400.

Phillips, J.G., & Hughes, B.G. (1988). Internal consistency of the concept of automaticity. In A.M. Colley & J.R. Beech (Eds.), *Cognition and action in skilled behaviour* (pp. 317–331). Amsterdam: North Holland.

Pillsbury, W.B. (1908). *Attention.* New York: Macmillan.

Populin, L., Rose, D.J., & Heath, K. (1990). The role of attention in one-handed catching. *Journal of Motor Behavior, 22,* 149–158.

Posner, M.I. (1973). *Cognition: An introduction.* Glenview, IL: Scott, Foresman.

Posner, M.I. (1978). *Chronometric explorations of mind.* Hillsdale, NJ: Erlbaum.

Posner, M.I., & Boies, S.J. (1971). Components of attention. *Psychological Review, 78,* 391–408.

Posner, M.I., & Dehaene, S. (1994). Attentional networks. *Trends in Neuro Science, 17,* 75–79.

Posner, M.I., & Keele, S.W. (1969). Attention demands of movements. *Proceedings of the 17th International Congress of Applied Psychology.* Amsterdam: Swets & Zeitlinger.

Posner, M.I., & Petersen, S.E. (1990). The attention system of the brain. *Annual Review of Neuroscience, 13,* 25–42.

Ray, W.J., & Cole, H.W. (1985). EEG alpha activity reflects attentional demands, and beta activity reflects emotional and cognitive processes. *Science, 228,* 750–752.

Reason, J.T. (1979). Actions not as planned: The price of automatization. In G. Underwood & R. Stevens (Eds.), *Aspects of consciousness: Psychological issues* (Vol. 1, pp. 67–89). London: Academic Press.

Reid, G.B., & Nygren, T.E. (1988). The subjective workload assessment technique: A scaling procedure for measuring mental workload. In P.A. Hancock & N. Meshkati (Eds.), *Human mental workload* (pp. 185–218). Amsterdam: North Holland.

Remington, R.W. (1980). Attention and saccadic eye movements. *Journal of Experimental Psychology: Human Perception and Performance, 6,* 726–744.

Rose, D.J., & Christina, R.W. (1990). Attention demands of precision pistol-shooting as a function of skill level. *Research Quarterly for Exercise and Sport, 61,* 111–113.

Rossetti, Y. (in press). Implicit perception in action: Short-lived motor representations of space. In P.G. Grossenbacher (Ed.), *Finding consciousness in the brain: A neurocognitive approach.* Amsterdam: Benjamins.

Rumelhart, D.E., Hinton, G.E., & McClelland, J.L. (1986). A general framework for parallel distributed processing. In D.E. Rumelhart & J.L. McClelland and the PDP Research Group (Eds.), *Parallel distributed processing: Explorations in the microstructure of cognition* (pp. 45–76). Cambridge, MA: MIT Press.

Rumelhart, D.E., & McClelland, J.L. (Eds.). (1986). *Parallel distributed processing.* Cambridge, MA: MIT Press.

Salmoni, A.W., Sullivan, J.J., & Starkes, J.L. (1976). The attentional demands of movement: A critique of the probe technique. *Journal of Motor Behavior, 8,* 161–169.

Sammer, G. (1998). Heart period variability and respiratory changes associated with physical and mental load: Non-linear analysis. *Ergonomics, 41,* 746–755.

Savelsbergh, G.J.P., & Bootsma, R.J. (1994). Perception-action coupling in hitting and catching. *International Journal of Sport Psychology, 25,* 331–343.

Savelsbergh, G.J.P., Whiting, H.T.A., & Pijpers, J.R. (1992). The control of catching. In J.J. Summers (Ed.), *Approaches to the study of motor control and learning* (pp. 313–342). Amsterdam: North Holland.

Saxe, G.B., & Gearhart, M. (1990). A developmental analysis of everyday topology in unschooled straw weavers. *British Journal of Developmental Psychology, 8,* 251–258.

Schmidt, R.A., & Lee, T.D. (1999). *Motor control and learning: A behavioral emphasis* (3rd. ed). Champaign, IL: Human Kinetics.

Schmidt, R.A., & McCabe, J.F. (1976). Motor program utilization over extended practice. *Journal of Human Movement Studies, 2,* 239–247.

Schneider, W. (1985). Towards a model of attention and the development of automatic processing. In M.I. Posner & O. Marin (Eds.), *Attention and performance XI* (pp. 475–492). Hillsdale, NJ: Erlbaum.

Schneider, W., & Fisk, A.D. (1982). Concurrent automatic and controlled visual search: Can processing occur without cost? *Journal of Experimental Psychology: Learning, Memory, and Cognition, 8,* 261–278.

Schneider, W., & Shiffrin, R.M. (1977). Controlled and automatic human information processing: I. Detection, search, and attention. *Psychological Review, 84,* 1–66.

Senders, J. (1964). The human operator as a monitor and controller of multidegree of freedom system. *IEEE Transactions on Human Factors in Electronics, HFE-5,* 2–6.

Sharit, J., Salvendy, G., & Deisenroth, M.P. (1982). External and internal attentional environments: I. The utilization of cardiac deceleratory and acceleratory response data for evaluating differences in mental workload between machine-paced and self-paced work. *Ergonomics, 25,* 107–120.

Sharp, R.H. (1978). Visual information-processing in ball games: Some input considerations. In F. Landry & W.A.R. Orban (Eds.), *Motor learning, sport psychology, pedagogy and didactics of physical activity* (pp. 3–12). Quebec, Canada: Symposia Specialists.

Sheridan, T., & Stassen, H. (1979). Definitions, models and measures of human workload. In N. Moray (Ed.), *Mental workload: Its theory and measurement* (pp. 219–233). New York: Plenum Press.

Shiffrin, R.M., Craig, J.C., & Cohen, E. (1973). On the degree of attention and capacity limitation in tactile processing. *Perception and Psychophysics, 13,* 328–336.

Shiffrin, R.M., & Schneider, W. (1977). Controlled and automatic human information processing: II. Perceptual learning, automatic attending, and a general theory. *Psychological Review, 84,* 127–190.

Shulman, G.L., Remington, R.W., & McLean, J.P. (1979). Moving attention through visual space. *Journal of Experimental Psychology: Human Perception and Performance, 5,* 522–526.

Singer, R.N., Cauraugh, J.H., Murphey, M., Chen, D., & Lidor, R. (1991). Attentional control, distractors, and motor performance. *Human Performance, 4,* 55–69.

Singer, R.N., Cauraugh, J.H., Tennant, L.K., Murphey, M., Chen, D., & Lidor, R. (1991). Attention and distractors: Considerations for enhancing sport performances. *International Journal of Sport Psychology, 22,* 95–114.

Singer, R.N., Lidor, R., & Cauraugh, J.H. (1993). To be aware or not aware? What to think about while learning and performing a motor skill. *The Sport Psychologist, 7,* 19–30.

Snyder, E., Hillyard, S.A., & Galambos, R. (1980). Similarities and differences in P3 waves to detected signals in three modalities. *Psychophysiology, 17,* 112–122.

Solomons, L., & Stein, G. (1896). Normal motor automatism. *Psychological Review, 3,* 492–512.

Speelman, C. (1998). Implicit expertise: Do we expect too much of our experts? In K. Kirsner, C. Speelman, M. Mayberry, A. O'Brien-Malone, M. Anderson, & C. MacLeod (Eds.), *Implicit and explicit mental processes* (pp. 135–147). Mahwah, NJ: Erlbaum.

Spelke, E., Hirst, W., & Neisser, U. (1976). Skills of divided attention. *Cognition, 4,* 215–230.

Sperandio, J.C. (1978). The regulation of working methods as a function of workload among air traffic controllers. *Ergonomics, 21,* 193–202.

Stager, P., & Angus, R. (1978). Locating crash sites in simulated air-to-ground visual search. *Human Factors, 20,* 453–466.

Starkes, J.L. (1986). Attention demands of spatially locating the position of a ball in flight. *Perceptual and Motor Skills, 63,* 1327–1335.

Starkes, J.L. (1987). Skill in field hockey: The nature of the cognitive advantage. *Journal of Sport Psychology, 9,* 146–160.

Starkes, J.L., & Allard, F. (1983). Perception in volleyball: The effects of competitive stress. *Journal of Sport Psychology, 5,* 189–196.

Starkes, J.L., & Deakin, J.M. (1984). Perception in sport: A cognitive approach to skilled performance. In W.F. Straub & J.M. Williams (Eds.), *Cognitive sport psychology* (pp. 115–128). Lansing, NY: Sport Science Associates.

Starkes, J.L., Edwards, P., Dissanayake, P., & Dunn, T. (1995). A new technology and field test of advance cue usage in volleyball. *Research Quarterly for Exercise and Sport, 66,* 162–167.

Starkes, J.L., & Lindley, S. (1994). Can we hasten expertise by video simulations? *Quest, 46,* 211–222.

Stein, H., & Slatt, B. (1981). *Hitting blind: The new visual approach to winning tennis.* Ontario, Canada: Mussen.

Stelmach, G.E., & Hughes, B. (1983). Does motor skill automation require a theory of attention? In R.A. Magill (Ed.), *Memory and control of action* (pp. 67–92). Amsterdam: North Holland.

Stroop, J.R. (1935). Studies of interference in serial verbal reactions. *Journal of Experimental Psychology, 18,* 643–662.

Summers, J.J., Byblow, W.D., Bysouth-Young, D.F., & Semjen, A. (1998). Bimanual circle drawing during secondary task loading. *Motor Control, 2,* 106–113.

Summers, J.J., & Ford, S.K. (1990). The test of attentional and interpersonal style: An evaluation. *International Journal of Sport Psychology, 21,* 102–111.

Summers, J.J., Miller, K., & Ford, S.K. (1991). Attentional style and basketball performance. *Journal of Sport & Exercise Psychology, 8,* 239–253.

Teichner, W.H., & Krebs, M.J. (1974). Visual search for simple targets. *Psychological Bulletin, 81,* 15–28.

Temprado, J.J., Zanone, P.G., Monno, A., & Laurent, M. (1999). Attentional load associated with performing and stabilizing preferred bimanual patterns. *Journal of Experimental Psychology: Human Perception and Performance, 25,* 1579–1594.

Titchener, E.B. (1908). *Lectures on the elementary psychology of feeling and attention.* New York: Macmillan.

Treisman, A. (1969). Strategies and models of selective attention. *Psychological Review, 76,* 282–299.

Underwood, G. (1982). Attention and awareness in cognitive and motor skills. In G. Underwood (Ed.), *Aspects of consciousness: Awareness and self-awareness* (Vol. 3, pp. 111–145). London: Academic Press.

Vallerand, R.J. (1983). Attention and decision-making: A test of the predictive validity of the Test of Attentional and Interpersonal Style (TAIS) in a sport setting. *Journal of Sport Psychology, 5,* 449–459.

Van der Molen, M.W., Somsen, R.J.M., & Orlebeke, J.F. (1985). The rhythm of the heart beat in information processing. In P.K. Ackles, J.R. Jennings, & M.G.H. Coles (Eds.), *Advances in psychophysiology* (pp. 1–88). Greenwich, CT: JAI Press.

Vankersschaver, J. (1984). Capacités de traitement des informations dans une habileté sensori-motrice: L'exemple d'une habileté sportive [Information processing capacities in a sensory-motor skill: A sport skill example]. *Le Travail Humain, 47,* 281–286.

Van Schoyck, S.R., & Grasha, A.F. (1981). Attentional style variations and athletic ability: The advantages of a sport-specific test. *Journal of Sport Psychology, 3,* 149–165.

Vickers, J.N. (1986). The resequencing task: Determining expert-novice differences in the organization of a movement sequence. *Research Quarterly for Exercise and Sport, 57,* 260–264.

Vickers, J.N. (1992). Gaze control in putting. *Perception, 21,* 117–132.

Vincente, K.J., Thornton, D.C., & Moray, N. (1987). Spectral analyses of sinus arrhythmia: A measure of mental effort. *Human Factors, 29,* 171–182.

Wakelin, D.R. (1967). The role of the response in psychological refractoriness. *Acta Psychologica, 40,* 163–175.

Watchel, P. (1967). Conceptions of broad and narrow attention. *Psychological Bulletin, 68,* 417–429.

Welch, J.C. (1898). On the measurement of mental activity through muscular activity and the determination of a constant of attention. *American Journal of Physiology, 1,* 253–306.

Welford, A.T. (1952). The psychological refractory period and the timing of high-speed performance: A review and a theory. *British Journal of Psychology, 43,* 2–19.

Welford, A.T. (1967). Single channel operation in the brain. *Acta Psychologica, 27,* 5–22.

Wessells, M.G. (1982). *Cognitive psychology.* New York: Harper & Row.

White, P.A. (1982). Beliefs about conscious experience. In G. Underwood (Ed.), *Aspects of consciousness: Awareness and self-awareness* (Vol. 3, pp. 1–25). London: Academic Press.

Whiting, H.T.A. (1979). Subjective probability in sport. In G.C. Roberts & K.M. Newell (Eds.), *Psychology of motor behavior and sport–1978* (pp. 3–25). Champaign, IL: Human Kinetics.

Wickens, C.D. (1979). Measures of workload, stress, and secondary tasks. In N. Moray (Ed.), *Mental workload: Its theory and measurement* (pp. 79–99). New York: Plenum Press.

Wickens, C.D. (1980). The structure of attentional resources. In R. Nickerson & R. Pew (Eds.), *Attention and performance VIII* (pp. 239–257). Hillsdale, NJ: Erlbaum.

Wickens, C.D. (1984). Process resources in attention. In R. Parasuraman & R. Davies (Eds.), *Varieties of attention* (p. 81). New York: Academic Press.

Wickens, C.D. (1992). *Engineering psychology and human performance* (2nd ed.). New York: HarperCollins.

Wickens, C.D., & Derrick, W. (1981). Workload measurement and multiple resources. *Proceedings of the IEEE Conference on Cybernetics and Society.* New York: Institute of Electrical and Electronics Engineers.

Wickens, C.D., Mountford, S.J., & Schreiner, W. (1981). Multiple resources, task-hemispheric integrity, and individual differences in time-sharing. *Human Factors, 23,* 211–229.

Wierwille, W.W., & Connor, S.A. (1983). Evaluation of 20 workload measures using a psychomotor task in a moving-base aircraft simulator. *Human Factors, 25,* 1–16.

Wierwille, W.W., Rahimi, M., & Casali, J.G. (1985). Evaluation of 16 measures of mental workload using a simulated flight task emphasizing mediational activity. *Human Factors, 27,* 489–502.

Williams, A.M., Davids, K., Burwitz, L., & Williams, J.G. (1994). Visual search strategies in experienced and inexperienced soccer players. *Research Quarterly for Exercise and Sport, 65,* 127–135.

Williams, J.M., & Thirer, J. (1975). Vertical and horizontal peripheral vision in male and female athletes and non-athletes. *Research Quarterly, 46,* 200–205.

Wilson, G.F., & O'Donnell, R.D. (1988). Measurement of operator workload with the neuropsychological workload test battery. In P.A. Hancock & N. Meshkati (Eds.), *Human mental workload* (pp. 63–100). Amsterdam: North Holland.

Witkin, H.A., Dyk, R., Faterson, H.F., Goodenough, D.R., & Karp, S.A. (1962). *Psychological differentiation.* New York: Wiley.

Wood, J.M., & Abernethy, B. (1997). An assessment of the efficacy of sports vision training programs. *Optometry and Vision Science, 74,* 646–659.

Wulf, G., & Weigelt, C. (1997). Instructions about physical principles in learning a complex motor skill: To tell or not to tell. *Research Quarterly for Exercise and Sport, 68,* 362–367.

Wundt, W. (1905). *Grundriss der psychologie [Foundations of Psychology].* Leipzig: Engelmann.

Yarbus, A.L. (1967). *Eye movement and vision.* New York: Plenum Press.

Zaichkowsky, L.D., Jackson, C., & Aronson, R. (1982). Attentional and interpersonal factors as predictors of elite athletic performance. In T. Orlick, J.T. Partington, & J.H. Salmela (Eds.), *Mental training for coaches and athletes* (pp. 103–104). Ottawa, Canada: Coaching Association of Canada.

Zelaznik, H.N., Shapiro, D.C., & McClosky, D. (1981). Effects of secondary task on the accuracy of single aiming movements. *Journal of Experimental Psychology: Human Perception and Performance, 7,* 1007–1018.

第4章

Adams, J.A. (1964). Motor skills. In P.R. Farnsworth (Ed.), *Annual review of psychology* (pp. 181–202). Palo Alto, CA: Annual Reviews.

Adams, J.A. (1971). A closed-loop theory of motor learning. *Journal of Motor Behavior, 3,* 111–149.

Adams, J.A. (1978). Theoretical issues for knowledge of results. In G.E. Stelmach (Ed.), *Information processing in motor control and learning* (pp. 229–240). New York: Academic Press.

Adams, J.A. (1987). Historical review and appraisal of research on learning, retention, and transfer of human motor skills. *Psychological Bulletin, 101,* 41–74.

Ammons, R.B. (1958). Le mouvement. In G.H. Steward & J.P. Steward (Eds.), *Current psychological issues* (pp. 146–183). New York: Henry Holt.

Anderson, D.I., Magill, R.A., & Sekiya, H. (1994). A reconsideration of the trials-delay of knowledge of results paradigm in motor skill learning. *Research Quarterly for Exercise and Sport, 65,* 286–290.

Annesi, J.J. (1998). Effects of computer feedback on adherence to exercise. *Perceptual and Motor Skills, 87,* 723–730.

Annett, J. (1959). Learning a pressure under conditions of immediate and delayed knowledge of results. *Quarterly Journal of Experimental Psychology, 11,* 3–15.

Annett, J. (1969). *Feedback and human behavior.* Baltimore: Penguin.

Annett, J. (1970). The role of action feedback in the acquisition of simple motor responses. *Journal of Motor Behavior, 11,* 217–221.

Annett, J., & Kay, H. (1957). Knowledge of results and "skilled performance." *Occupational Psychology, 31,* 69–79.

Armstrong, T.R. (1970). *Feedback and perceptual-motor skill learning: A review of information feedback and manual guidance training techniques* (Tech. Rep. No. 25). Ann Arbor: University of Michigan, Human Performance Center.

Baker, C.H., & Young, P. (1960). Feedback during training and retention of motor skills. *Canadian Journal of Psychology, 14,* 257–264.

Beckham, J.C., Keefe, F.J., Caldwell, D.S., & Brown, C.J. (1991). Biofeedback as a means to alter electromyographic activity in a total knee replacement patient. *Biofeedback and Self-Regulation, 16,* 23–35.

Benedetti, C., & McCullagh, P.M. (1987). Post-knowledge of results delay: Effects of interpolated activity on learning and performance. *Research Quarterly for Exercise and Sport, 58,* 375–381.

Bilodeau, E.A., & Bilodeau, I.M. (1958a). Variable frequency of knowledge of results and the learning of a simple skill. *Journal of Experimental Psychology, 55,* 379–383.

Bilodeau, E.A., & Bilodeau, I.M. (1958b). Variation of temporal intervals among critical events in five studies of knowledge of results. *Journal of Experimental Psychology, 55,* 603–612.

Bilodeau, E.A., Bilodeau, I.M., & Schumsky, D.A. (1959). Some effects of introducing and withdrawing knowledge of results early and late in practice. *Journal of Experimental Psychology, 58,* 142–144.

Bilodeau, I.M. (1969). Information feedback. In E.A. Bilodeau (Ed.), *Principles of skill acquisition* (pp. 225–285). New York: Academic Press.

Boucher, J.L. (1974). Higher processes in motor learning. *Journal of Motor Behavior, 6,* 131–137.

Boulter, L.R. (1964). Evaluations of mechanisms in delay of knowledge of results. *Canadian Journal of Psychology, 18,* 281–291.

Brisson, T.A., & Alain, C, (1997). A comparison of two references for using knowledge of performance in learning a motor task. *Journal of Motor Behavior, 29,* 339–350.

Buekers, M.J.A., & Magill, R.A. (1995). The role of task experience and prior knowledge for detecting invalid augmented feedback while learning a motor skill. *Quarterly Journal of Experimental Psychology, 48A,* 84–97.

Buekers, M.J.A., Magill, R.A., & Hall, K.G. (1992). The effect of erroneous knowledge of results on skill acquisition when augmented information is redundant. *Quarterly Journal of Experimental Psychology, 44A,* 105–117.

Buekers, M.J.A., Magill, R.A., & Sneyers, K.M. (1994). Resolving a conflict between sensory feedback and knowledge of results while learning a motor skill. *Journal of Motor Behavior, 26,* 27–35.

Butler, M.S., Reeve, T.G., & Fischman, M.G. (1996). Effects of the instructional set in the bandwidth feedback paradigm on motor skill acquisition. *Research Quarterly for Exercise and Sport, 67,* 355–359.

Cauraugh, J.H., Chen, D., & Radlo, S.J. (1993). Effects of traditional and reversed bandwidth knowledge of results on motor learning. *Research Quarterly for Exercise and Sport, 64,* 413–417.

Chen, D., & Singer, R.N. (1992). Self-regulation and cognitive strategies in sport participation. *International Journal of Sport Psychology, 23,* 277–300.

Daniels, F.S., & Landers, D.M. (1981). Biofeedback and shooting performance: A test of disregulation and systems theory. *Journal of Sport Psychology, 3,* 271–282.

Dishman, R.K. (1993). Exercise adherence. In R.N. Singer, M. Murphey, & L.K. Tennant (Eds.), *Handbook of sport psychology* (pp. 779–798). New York: Macmillan.

Docheff, D.M. (1990, November/December). The feedback sandwich. *Journal of Physical Education, Recreation, and Dance, 61,* 17–18.

Eghan, T. (1988). *The relation of teacher feedback to student achievement in learning selected tennis skills.* Unpublished doctoral dissertation, Louisiana State University, Baton Rouge.

Elwell, J.L., & Grindley, G.C. (1938). The effect of knowledge of results on learning and performance. *British Journal of Psychology, 29,* 39–54.

Fishman, S., & Tobey, C. (1978). Augmented feedback. In W.G. Anderson & G. Barrette (Eds.), What's going on in gym: Descriptive studies of physical education classes [Monograph]. *Motor Skills: Theory into Practice, 1,* 51–62.

Fowler, C.A., & Turvey, M.T. (1978). Skill acquisition: An event approach for the optimum of a function of several variables. In G.E. Stelmach (Ed.), *Information processing in motor control and learning* (pp. 2–40). New York: Academic Press.

Fox, P.W., & Levy, C.M. (1969). Acquisition of a simple motor response as influenced by the presence or absence of action visual feedback. *Journal of Motor Behavior, 1,* 169–180.

Franks, I.M., & Maile, L.J. (1991). The use of video in sport skill acquisition. In P.W. Dowrick (Ed.), *Practical guide to using video in the behavioral sciences* (pp. 105–124). New York: Wiley.

Gallagher, J.D., & Thomas, J.R. (1980). Effects of varying post-KR intervals upon children's motor performance. *Journal of Motor Behavior, 12,* 41–46.

Gentile, A.M. (1972). A working model of skill acquisition with application to teaching [Monograph]. *Quest, 17,* 3–23.

Goldstein, M., & Rittenhouse, C.H. (1954). Knowledge of results in the acquisition and transfer of a gunnery skill. *Journal of Experimental Psychology, 48,* 187–196.

Goodwin, J., & Meeuwsen, H. (1995). Using bandwidth knowledge of results to alter relative frequencies during motor skill acquisition. *Research Quarterly for Exercise and Sport, 66,* 99–104.

Gordon, N.B., & Gottlieb, M.J. (1967). Effect of supplemental visual cues on rotary pursuit. *Journal of Experimental Psychology, 75,* 566–568.

Guadagnoli, M., Dornier, L.A., & Tandy, R.D. (1996). Optimal length for summary knowledge of results: The influence of task-related experience and complexity. *Research Quarterly for Exercise and Sport, 67,* 239–248.

Guay, M., Salmoni, A., & Lajoie, Y. (1999). The effects of different knowledge of results spacing and summarizing techniques on the acquisition of a ballistic movement. *Research Quarterly for Exercise and Sport, 70,* 24–32.

Hardy, C.J. (1983). The post-knowledge of results interval: Effects of interpolated activity on cognitive information processing. *Research Quarterly for Exercise and Sport, 54,* 144–148.

Hatze, H. (1976). Biomechanical aspects of a successful motion organization. In P. Komi (Ed.), *Biomechanics V-B* (pp. 5–12). Baltimore: University Park Press.

Hebert, E., Landin, D., & Menickelli, J. (1998). Videotape feedback: What learners see and how they use it. *Journal of Sport Pedagogy, 4,* 12–28.

Ho, L., & Shea, J.B. (1978). Effects of relative frequency of knowledge of results on retention of a motor skill. *Perceptual and Motor Skills, 46,* 859–866.

Hogan, J., & Yanowitz, B. (1978). The role of verbal estimates of movement error in ballistic skill acquisition. *Journal of Motor Behavior, 10,* 133–138.

Hull, C.L. (1943). *Principles of behavior.* New York: Appleton-Century-Crofts.

Jambor, E.A., & Weekes, E.M. (1995, February). Videotape feedback: Make it more effective. *Journal of Physical Education, Recreation, and Dance, 66,* 48–50.

Janelle, C.M., Barba, D.A., Frehlich, S.G., Tennant, L.K., & Cauraugh, J.H. (1997). Maximizing performance feedback effectiveness through videotape replay and a self-controlled learning environment. *Research Quarterly for Exercise and Sport, 68,* 269–279.

Janelle, C.M., Kim, J., & Singer, R.N. (1995). Subject-controlled performance feedback and learning of a closed motor skill. *Perceptual and Motor Skills, 81,* 627–634.

Karlin, L., & Mortimer, R.G. (1963). Effect of verbal, visual, and auditory augmenting cues on learning a complex motor skill. *Journal of Experimental Psychology, 65,* 75–79.

Kernodle, M.W., & Carlton, L.G. (1992). Information feedback and the learning of multiple-degree-of-freedom activities. *Journal of Motor Behavior, 24,* 187–196.

Kohl, R.M., & Guadagnoli, M.A. (1996). The scheduling of knowledge of results. *Journal of Motor Behavior, 28,* 233–240.

Lai, Q., & Shea, C.H. (1998). Generalized motor program (GMP) learning: Effects of reduced frequency of knowledge of results and practice variability. *Journal of Motor Behavior, 30,* 51–59.

Lai, Q., & Shea, C.H. (1999a). Bandwidth knowledge of results enhances generalized motor program learning. *Research Quarterly for Exercise and Sport, 70,* 79–83.

Lai, Q., & Shea, C.H. (1999b). The role of reduced frequency of knowledge of results during constant practice. *Research Quarterly for Exercise and Sport, 70,* 33–40.

Landauer, T.K., & Bjork, R.A. (1978). Optimal rehearsal patterns and name learning. In M.M. Gruneberg, P.E. Morris, & R.N. Sykes (Eds.), *Practical aspects of memory* (pp. 625–632). New York: Academic Press.

Lavery, J.J. (1962). Retention of simple motor skills as a function of type of knowledge of results. *Canadian Journal of Psychology, 16,* 300–311.

Lavery, J.J. (1964). The effect of a one-trial delay in knowledge of results on the acquisition and retention of a tossing skill. *American Journal of Psychology, 77,* 437–443.

Lavery, J.J., & Suddon, F.H. (1962). Retention of simple motor skills as a function of the number of trials by which KR is delayed. *Perceptual and Motor Skills, 15,* 231–237.

Lee, A.M., Keh, N.C., & Magill, R.A. (1993). Instructional effects of teacher feedback in physical education. *Journal of Teaching in Physical Education, 12,* 228–243.

Lee, T.D. (1998). On the dynamics of motor learning research. *Research Quarterly for Exercise and Sport, 69,* 334–337.

Lee, T.D., & Magill, R.A. (1983). Activity during the post-KR interval: Effects upon performance or learning. *Research Quarterly for Exercise and Sport, 54,* 340–345.

Lee, T.D., White, M.A., & Carnahan, H. (1990). On the role of knowledge of results in motor learning: Exploring the guidance hypothesis. *Journal of Motor Behavior, 22,* 191–208.

Lindahl, L.G. (1945). Movement analysis as an industrial training method. *Journal of Applied Psychology, 29,* 420–436.

Lintern, G. (1991). An informational perspective on skill transfer in human-machine systems. *Human Factors, 33,* 251–266.

Lintern, G., & Roscoe, S.N. (1980). Visual cue augmentation in contact flight simulation. In S.N. Roscoe (Ed.), *Aviation psychology* (pp. 227–238). Ames: Iowa State University Press.

Lintern, G., Roscoe, S.N., Koonce, J.M., & Segal, L.D. (1990). Transfer of landing skills in beginning flight training. *Human Factors, 32,* 319–327.

Lintern, G., Roscoe, S.N., & Sivier, J. (1990). Display principles, control dynamics, and environmental factors in pilot training and transfer. *Human Factors, 32,* 299–317.

Little, W.S., & McCullagh, P. (1989). Motivation orientation and modeled instruction strategies: The effects on form and accuracy. *Journal of Sport & Exercise Psychology, 11,* 41–53.

Liu, J., & Wrisberg, C.A. (1997). The effect of knowledge of results delay and the subjective estimation of movement form on the acquisition and retention of a motor skill. *Research Quarterly for Exercise and Sport, 68,* 145–151.

Locke, E.A., Cartledge, N., & Koeppel, J. (1968). Motivational effects of knowledge of results: A goal-setting phenomenon. *Psychological Bulletin, 70,* 474–485.

Magill, R.A. (1977). The processing of knowledge of results for a serial motor task. *Journal of Motor Behavior, 9,* 113–118.

Magill, R.A. (1988). Activity during the post-knowledge of results interval can benefit motor skill learning. In O.G. Meijer & K. Roth (Eds.), *Complex motor behaviour: "The" motor-action controversy* (pp. 231–246). Amsterdam: North Holland.

Magill, R.A. (1998a). Knowledge is more than we can talk about: Implicit learning in motor skill acquisition. *Research Quarterly for Exercise and Sport, 69,* 104–110.

Magill, R.A. (1998b). *Motor learning: Concepts and applications* (5th ed.). Madison, WI: McGraw-Hill.

Magill, R.A., Chamberlin, C.J., & Hall, K.G. (1991). Verbal knowledge of results as redundant information for learning an anticipation timing skill. *Human Movement Science, 10,* 485–507.

Magill, R.A., & Wood, C.A. (1986). Knowledge of results precision as a learning variable in motor skill acquisition. *Research Quarterly for Exercise and Sport, 57,* 170–173.

Marteniuk, R.G. (1986). Information processes in movement learning: Capacity and structural interference. *Journal of Motor Behavior, 18,* 249–259.

McNevin, N., Magill, R.A., & Buekers, M.J.A. (1994). The effects of erroneous knowledge of results on transfer of anticipation timing. *Research Quarterly for Exercise and Sport, 65,* 324–329.

Meijer, O.G., & Roth, K. (Eds.). (1988). *Complex motor behaviour: "The" motor-action controversy.* Amsterdam: North Holland.

Moreland, J., & Thomson, M.A. (1994). Efficacy of electromyographic biofeedback compared with conventional physical therapy for upper-extremity function in patients following stroke: A research overview and meta-analysis. *Physical Therapy, 74,* 534–547.

Newell, K.M. (1974). Knowledge of results and motor learning. *Journal of Motor Behavior, 6,* 235–244.

Newell, K.M. (1976). Knowledge of results and motor learning. In J. Keogh & R.S. Hutton (Eds.), *Exercise and sport sciences reviews* (Vol. 4, pp. 196–228). Santa Barbara, CA: Journal Publishing Affiliates.

Newell, K.M., & McGinnis, P.M. (1985). Kinematic information feedback for skilled performance. *Human Learning, 4,* 39–56.

Newell, K.M., Morris, L.R., & Scully, D.M. (1985). Augmented information and the acquisition of skill in physical activity. In R.J. Terjung (Ed.), *Exercise and sport sciences reviews* (Vol. 13, pp. 235–261). New York: Macmillan.

Newell, K.M., Quinn, J.T., Jr., Sparrow, W.A., & Walter, C.B. (1983). Kinematic information feedback for learning a rapid arm movement. *Human Movement Science, 2,* 255–269.

Patrick, J., & Mutlusoy, F. (1982). The relationship between types of feedback, gain of a display and feedback precision in acquisition of a simple motor task. *Quarterly Journal of Experimental Psychology, 34A,* 171–182.

Proteau, L., Marteniuk, R.G., & Lévesque, L. (1992). A sensorimotor basis for motor learning: Evidence indicating specificity of practice. *Quarterly Journal of Experimental Psychology, 44A,* 557–575.

Reeve, T.G., & Magill, R.A. (1981). Role of components of knowledge of results information in error correction. *Research Quarterly for Exercise and Sport, 52,* 80–85.

Rikli, R., & Smith, G. (1980). Videotape feedback effects on tennis serving form. *Perceptual and Motor Skills, 50,* 895–901.

Roberts, W.H. (1930). The effect of delayed feeding on white rats in a problem cage. *Journal of Genetic Psychology, 37,* 35–38.

Rogers, C.A. (1974). Feedback precision and post-feedback interval duration. *Journal of Experimental Psychology, 102,* 604–608.

Rothstein, A.L., & Arnold, R.K. (1976). Bridging the gap: Application of research on videotape feedback and bowling. *Motor Skills: Theory into Practice, 1,* 36–61.

Salmoni, A.W., Schmidt, R.A., & Walter, C.B. (1984). Knowledge of results and motor learning: A review and reappraisal. *Psychological Bulletin, 95,* 355–386.

Sandweiss, J.H., & Wolf, S.L. (Eds.). (1985). *Biofeedback and sports science.* New York: Plenum Press.

Schmidt, R.A. (1975). A schema theory of discrete motor skill learning. *Psychological Review, 82,* 225–260.

Schmidt, R.A., Lange, C., & Young, D.E. (1990). Optimizing summary knowledge of results for skill learning. *Human Movement Science, 9,* 325–348.

Schmidt, R.A., & Lee, T.D. (1999). *Motor control and learning: A behavioral emphasis* (3rd ed.). Champaign, IL: Human Kinetics.

Schmidt, R.A., & Young, D.E. (1991). Methodology for motor learning: A paradigm for kinematic feedback. *Journal of Motor Behavior, 23,* 13–24.

Schmidt, R.A., Young, D.E., Swinnen, S., & Shapiro, D.C. (1989). Summary knowledge of results for skill acquisition: Support for the guidance hypothesis. *Journal of Experimental Psychology: Learning, Memory, and Cognition, 15,* 352–359.

Schneider, W., & Pressley, M. (1989). *Memory development between 2 and 20.* New York: Springer-Verlag.

Selder, D.J., & Del Rolan, N. (1979). Knowledge of performance, skill level and performance on a balance beam. *Canadian Journal of Applied Sport Sciences, 4,* 226–229.

Shea, J.B., & Upton, G. (1976). The effects on skill acquisition of an interpolated motor short-term memory task during the KR-delay interval. *Journal of Motor Behavior, 8,* 277–281.

Sherwood, D.E. (1988). Effect of bandwidth knowledge of results on movement consistency. *Perceptual and Motor Skills, 66,* 535–542.

Shumway-Cook, A., Anson, D., & Haller, S. (1988). Postural sway biofeedback: Its effect on reestablishing stance stability in hemiplegic patients. *Archives of Physical Medicine and Rehabilitation, 69,* 395–399.

Sidaway, B., Moore, B., & Schoenfelder-Zohdi, B. (1991). Summary and frequency of KR presentation effects on retention of a motor skill. *Research Quarterly for Exercise and Sport, 62,* 27–32.

Siegler, R.S. (1991). *Children's thinking* (2nd ed.). Englewood Cliffs, NJ: Prentice-Hall.

Silverman, S., Tyson, L.A., & Krampitz, J. (1992). Teacher feedback and achievement in physical education: Interaction with student practice. *Teaching and Teacher Education, 8,* 222–344.

Silverman, S., Tyson, L.A., & Morford, L.M. (1988). Relationships of organization, time, and student achievement in physical education. *Teaching and Teacher Education, 4,* 247–257.

Silverman, S., Woods, A.M., & Subramanian, P.R. (1998). Task structures, feedback to individual students, and student skill level in physical education. *Research Quarterly for Exercise and Sport, 69,* 420–424.

Simmons, R.W., Smith, K., Erez, E., Burke, J.P., & Pozos, R.E. (1998). Balance retraining in a hemiparetic patient using center of gravity biofeedback: A single-case study. *Perceptual and Motor Skills, 87,* 603–609.

Smoll, F.L. (1972). Effects of precision of information feedback upon acquisition of a motor skill. *Research Quarterly, 43,* 489–493.

Starek, J., & McCullagh, P. (1999). The effect of self-modeling on the performance of beginning swimmers. *The Sport Psychologist, 13,* 269–287.

Stelmach, G.E. (1970). Learning and response consistency with augmented feedback. *Ergonomics, 13,* 421–425.

Suddon, F.H., & Lavery, J.J. (1962). The effect of amount of training on retention of a simple motor skill with 0- and 5-trial delays of knowledge of results. *Canadian Journal of Psychology, 16,* 312–317.

Swinnen, S.P. (1990). Interpolated activities during the knowledge-of-results delay and post-knowledge-of-results interval: Effects on performance and learning. *Journal of Experimental Psychology: Learning, Memory, and Cognition, 16,* 692–705.

Swinnen, S.P. (1996). Information feedback in motor skill learning: A review. In H.N. Zelaznik (Ed.), *Advances in motor learning and control* (pp. 37–66). Champaign, IL: Human Kinetics.

Swinnen, S.P., Schmidt, R.A., Nicholson, D.E., & Shapiro, D.C. (1990). Information feedback for skill acquisition: Instantaneous knowledge of results degrades learning. *Journal of Experimental Psychology: Learning, Memory, and Cognition, 16,* 706–716.

Swinnen, S.P., Walter, C.B., Lee, T.D., & Serrien, D.J. (1993). Acquiring bimanual skills: Contrasting forms of information feedback for interlimb decoupling. *Journal of Experimental Psychology: Learning, Memory, and Cognition, 19,* 1321–1344.

Swinnen, S.P., Walter, C.B., Pauwels, J.M., Meugens, P.F., &

Beirinkx, M.B. (1990). The dissociation of interlimb constraints. *Human Performance, 3,* 187–215.

Thorndike, E.L. (1927). The law of effect. *American Journal of Psychology, 39,* 212–222.

Tolman, E.C. (1932). *Purposive behavior of animals and men.* New York: Century.

Trinity, J., & Annesi, J.J. (1996, August). Coaching with video. *Strategies, 9,* 23–25.

Trowbridge, M.H., & Cason, H. (1932). An experimental study of Thorndike's theory of learning. *Journal of General Psychology, 7,* 245–258.

Van Loon, E.M., Buekers, M.J., Helsen, W., & Magill, R.A. (1998). Temporal and spatial adaptations during the acquisition of a reversal movement. *Research Quarterly for Exercise and Sport, 69,* 38–46.

Verschueren, S.M.P., Swinnen, S.P., Dom, R., & DeWeert, W. (1997). Interlimb coordination in patients with Parkinson's disease: Motor learning deficits and the importance of augmented information feedback. *Experimental Brain Research, 113,* 497–508.

Wallace, S.A., & Hagler, R.W. (1979). Knowledge of performance and the learning of a closed motor skill. *Research Quarterly, 50,* 265–271.

Watkins, D. (1984). Students' perceptions of factors influencing tertiary learning. *Higher Education Research and Development, 3,* 33–50.

Weeks, D.L., & Kordus, R.N. (1998). Relative frequency of knowledge of performance and motor skill learning. *Research Quarterly for Exercise and Sport, 69,* 224–230.

Weeks, D.L., & Sherwood, D.E. (1994). A comparison of knowledge of results scheduling methods for promoting motor skill acquisition and retention. *Research Quarterly for Exercise and Sport, 65,* 136–142.

Weinberg, D.R., Guy, D.E., & Tupper, R.W. (1964). Variations of post-feedback interval in simple motor learning. *Journal of Experimental Psychology, 67,* 98–99.

Williams, A.C., & Briggs, G.E. (1962). On-target versus off-target information and the acquisition of tracking skill. *Journal of Experimental Psychology, 64,* 519–525.

Winstein, C.J., & Schmidt, R.A. (1990). Reduced frequency of knowledge of results enhances motor skill learning. *Journal of Experimental Psychology: Learning, Memory, and Cognition, 16,* 677–691.

Wolf, S.L. (1983). Electromyographic biofeedback applications to stroke patients: A critical review. *Physical Therapy, 63,* 1448–1455.

Wright, D.L., Smith-Munyon, V.L., & Sidaway, B. (1997). How close is too close for precise knowledge of results? *Research Quarterly for Exercise and Sport, 68,* 172–176.

Wright, D.L., Snowden, S., & Willoughby, D. (1990). Summary KR: How much information is used from the summary? *Journal of Human Movement Studies, 19,* 119–128.

Wrisberg, C.A., & Wulf, G. (1997). Diminishing the effects of reduced frequency of knowledge of results on generalized motor program learning. *Journal of Motor Behavior, 29,* 17–26.

Wulf, G., Lee, T.D., & Schmidt, R.A. (1994). Reducing knowledge of results about relative versus absolute timing: Differential effects on learning. *Journal of Motor Behavior, 26,* 362–369.

Wulf, G., & Schmidt, R.A. (1996). Average KR degrades parameter learning. *Journal of Motor Behavior, 28,* 371–381.

Wulf, G., Schmidt, R.A., & Deubel, H. (1993). Reduced feedback frequency enhances generalized motor program learning but not parameterization learning. *Journal of Experimental Psychology: Learning, Memory, and Cognition, 19,* 1134–1150.

Wulf, G., Shea, C.H., & Matschiner, S. (1998). Frequent feedback enhances complex skill learning. *Journal of Motor Behavior, 30,* 180–192.

Yao, W.X., Fischman, M.G., & Wang, Y.T. (1994). Motor skill acquisition and retention as a function of average feedback, summary feedback, and performance variability. *Journal of Motor Behavior, 26,* 273–282.

Young, D.E., & Schmidt, R.A. (1992). Augmented kinematic feedback for motor learning. *Journal of Motor Behavior, 24,* 261–273.

Zimmerman, B.J., Bonner, S., & Kovach, R. (1996). *Developing self-regulated learning: Beyond achievement to self-efficacy.* Washington, DC: American Psychological Association.

Zubiaur, M., Oña, A., & Delgado, J. (1999). Learning volleyball serves: A preliminary study of the effects of knowledge of performance and results. *Perceptual and Motor Skills, 89,* 223–232.

第5章

Adams, J.A. (1971). A closed-loop theory of motor learning. *Journal of Motor Behavior, 3,* 111–150.

Adams, J.A. (1987). Historical review and appraisal of research on the learning, retention, and transfer of human motor skills. *Psychological Bulletin, 101,* 41–74.

Al-Ameer, H., & Toole, T. (1993). Combinations of blocked and random practice orders: Benefits to acquisition and retention. *Journal of Human Movement Studies, 25,* 177–191.

Anderson, D.I., Dialameh, N., Hilligan, P., Wong, K., & Wong, R. (1998). Learning a slalom-ski-simulator task with a template of correct performance and concurrent or terminal videotape feedback. *Journal of Sport & Exercise Psychology, 20,* S69.

Anderson, J.R. (1982). Acquisition of cognitive skill. *Psychological Review, 89,* 369–406.

Anderson, J.R., Conrad, F.G., & Corbett, A.T. (1989). Skill acquisition and the LISP tutor. *Cognitive Science, 13,* 467–506.

Andersson, R.L. (1993). A real experiment in virtual environments: A virtual batting cage. *Presence: Teleoperators and Virtual Environments, 2,* 16–33.

Ash, D.W., & Holding, D.H. (1990). Backward versus forward chaining in the acquisition of keyboard skill. *Human Factors, 32,* 139–146.

Baddeley, A.D., & Longman, D.J.A. (1978). The influence of length and frequency of training session on the rate of learning to type. *Ergonomics, 21,* 627–635.

Battig, W.F. (1966). Facilitation and interference. In E.A. Bilodeau (Ed.), *Acquisition of skill* (pp. 215–244). New York: Academic Press.

Battig, W.F. (1979). The flexibility of human memory. In L.S. Cermak & F.I.M. Craik (Eds.), *Levels of processing in human memory* (pp. 23–44). Hillsdale, NJ: Erlbaum.

Bell, H.H., & Waag, W.L. (1998). Evaluating the effectiveness of flight simulators for training combat skills: A review. *International Journal of Aviation Psychology, 8,* 223–242.

Berry, D.C. (1994). Implicit learning: Twenty-five years on a tutorial. In C. Umilta & M. Moscovitch (Eds.), *Attention and performance XV* (pp. 755–782). Cambridge, MA: MIT Press.

Berry, D.C. (1997). *How implicit is implicit learning?* New York: Oxford University Press.

Berry, D.C., & Broadbent, D.E. (1984). On the relationship between task performance and associated verbalisable knowledge. *Quarterly Journal of Experimental Psychology, 36,* 209–231.

Bjork, R.A. (1998). Assessing our own competence: Heuristics and illusions. In D. Gopher & A. Koriat (Eds.), *Attention and performance XVII. Cognitive regulation of performance: Interaction of theory and application* (pp. 435–459). Cambridge, MA: MIT Press.

Bliss, J.P., Tidwell, P.D., & Guest, M.A. (1997). The effectiveness of VR for administering spatial navigation training to firefighters. *Presence: Teleoperators and Virtual Environments, 6,* 73–86.

Bloom, B.S. (1985). *Developing talent in young people.* New York: Ballantine Books.

Bouchard, L.J., & Singer, R.N. (1998). Effects of the five step strategy with videotape modeling on performance of the tennis serve. *Perceptual and Motor Skills, 86,* 739–746.

Briggs, G.E., & Naylor, J.C. (1962). The relative efficiency of several training methods as a function of transfer task complexity. *Journal of Experimental Psychology, 64,* 505–512.

Briggs, G.E., & Walters, L.K. (1958). Training and transfer as a function of component interaction. *Journal of Experimental Psychology, 56,* 492–500.

Brisson, T.A., & Alain, C. (1996). Should common optimal movement patterns be identified as the criterion to be achieved? *Journal of Motor Behavior, 28,* 211–223.

Broadbent, D.E., & Aston, B. (1978). Human control of a simulated economic system. *Ergonomics, 21,* 1035–1043.

Broadbent, D.E., Fitzgerald, P., & Broadbent, M.H. (1986). Implicit and explicit knowledge in the control of complex systems. *British Journal of Psychology, 77,* 33–50.

Bryan, W.L., & Harter, N. (1897). Studies in the physiology and psychology of the telegraphic language. *Psychological Review, 4,* 27–53.

Bryan, W.L., & Harter, N. (1899). Studies on the telegraphic language: The acquisition of a hierarchy of habits. *Psychological Review, 6,* 345–375.

Buchner, A., & Wippich, W. (1998). Differences and commonalties between implicit learning and implicit memory. In M.A. Stadler & P.A. Frensch (Eds.), *Handbook of implicit learning* (pp. 3–46). Thousands Oaks, CA: Sage.

Carlin, A.S., Hoffman, H.G., & Weghorst, S. (1997). Virtual reality and tactile augmentation in the treatment of spider phobia: A case report. *Behavior Research and Therapy, 35,* 153–158.

Carroll, W.R., & Bandura, A. (1982). The role of visual monitoring in observational learning of action patterns: Making the unobservable observable. *Journal of Motor Behavior, 14,* 153–167.

Carroll, W.R., & Bandura, A. (1985). Role of timing of visual monitoring and motor rehearsal in observational learning of action patterns. *Journal of Motor Behavior, 17,* 269–281.

Carroll, W.R., & Bandura, A. (1987). Translating cognition into action: The role of visual guidance in observational learning. *Journal of Motor Behavior, 19,* 385–398.

Cater, J.P., & Huffman, S.D. (1995). Use of the remote access virtual environment network (RAVEN) for coordinated IVA-EVA astronaut training and evaluation. *Presence: Teleoperators and Virtual Environments, 4,* 103–109.

Chamberlin, C.J., & Lee, T.D. (1993). Arranging practice conditions and designing instruction. In R.N. Singer, M. Murphey, & K. Tennant (Eds.), *Handbook of research in sport psychology* (pp. 213–241). New York: Macmillan.

Charness, N., Krampe, R.T., & Mayr, U. (1996). The role of practice and coaching in entrepreneurial skill domains: An international comparison of life-span chess skill acquisition. In K.A. Ericsson (Ed.), *The road to excellence: The acquisition of expert performance in the arts and sciences* (pp. 51–80). Mahwah, NJ: Erlbaum.

Chase, W.G., & Ericsson, K.A. (1981). Skilled memory. In J.R. Anderson (Ed.), *Cognitive skills and their acquisition* (pp. 141–189). Hillsdale, NJ: Erlbaum.

Chase, W.G., & Ericsson, K.A. (1982). Skill and working memory. In G.H. Bower (Ed.), *The psychology of learning and motivation* (Vol. 16, pp. 1–58). New York: Academic Press.

Chi, D.M., Clarke, J.R., Webber, B.L., & Bodler, N.I. (1996). Casualty modelling for real-time medical training. *Presence: Teleoperators and Virtual Environments, 5,* 359–366.

Cleeremans, A. (1997). Principles for implicit learning. In D.C. Berry (Ed.), *How implicit is implicit learning?* (pp. 195–234). New York: Oxford University Press.

Collins, J.P., & Harden, R.M. (1998). AMEE medical education guide No. 13: Real patients, simulated patients and simulators in clinical examinations. *Medical Teacher, 20,* 508–521.

Crossman, E.R.F.W. (1959). A theory of acquisition of speed-skill. *Ergonomics, 2,* 153–166.

Decety, J., & Jeannerod, M. (1996). Mentally simulated movements in virtual reality: Does Fitts's law hold in motor imagery? *Behavioural Brain Research, 72,* 127–134.

Decety, J., Jeannerod, M., & Prablanc, C. (1989). The timing of mentally represented actions. *Behavioural Brain Research, 34,* 35–42.

Decety, J., & Michel, F. (1989). Comparative analysis of actual and mental movement times in two graphics tasks. *Brain and Cognition, 11,* 87–97.

Del Rey, P., Whitehurst, M., & Wood, J.M. (1983). Effects of experience and contextual interference on learning and transfer by boys and girls. *Perceptual and Motor Skills, 56,* 581–582.

Dennis, K.A., & Harris, D. (1998). Computer-based simulation as an adjunct to flight training. *International Journal of Aviation Psychology, 8,* 261–276.

Doody, S.G., Bird, A.M., & Ross, D. (1985). The effect of auditory and visual models on acquisition of a timing skill. *Human Movement Science, 4,* 271–281.

Edwards, J.M., Elliott, D., & Lee, T.D. (1986). Contextual interference effects during skill acquisition and transfer in Down's syndrome adolescents. *Adapted Physical Activity Quarterly, 3,* 250–258.

Ericsson, K.A., Chase, W.G., & Faloon, S. (1980). Acquisition of memory skill. *Science, 208,* 1181–1182.

Ericsson, K.A., Krampe, R.T., & Tesch-Römer, C. (1993). The role of deliberate practice in the acquisition of expert performance. *Psychological Review, 100,* 363–406.

Ericsson, K.A., & Polson, P.G. (1988). An experimental analysis of a memory skill for dinner-orders. *Journal of Experimental Psychology: Learning, Memory, and Cognition, 14,* 305–316.

Feltz, D.L., & Landers, D.M. (1983). The effects of mental practice on motor skill learning and performance: A meta-analysis. *Journal of Sport Psychology, 5,* 25–57.

Fitts, P.M., & Posner, M.I. (1967). *Human performance.* Belmont, CA: Brooks/Cole.

Fleishman, E.A. (1972). On the relationship between abilities, learning and human performance. *American Psychologist, 27,* 1017–1032.

Fleishman, E.A., & Hempel, W.E. (1954). Changes in factor structure of a complex psychomotor test as a function of practice. *Psychometrika, 19,* 239–252.

Fleishman, E.A., & Hempel, W.E. (1955). The relationship between abilities and improvement with practice in a visual discrimination reaction task. *Journal of Experimental Psychology, 49,* 301–311.

Gabriele, T.E., Hall, C.R., & Lee, T.D. (1989). Cognition in motor learning: Imagery effects on contextual interference. *Human Movement Science, 8,* 227–245.

Gentile, A.M. (1972). A working model of skill acquisition to teaching. *Quest, 17,* 3–23.

Gentile, A.M. (1987). Skill acquisition: Action, movement, and the neuromotor processes. In J.H. Carr, R.B. Shepard, J. Gordon, A.M. Gentile, & J.M. Hind (Eds.), *Movement science: Foundations for physical therapy in rehabilitation* (pp. 93–154). Rockville, MD: Aspen Press.

Gentile, A.M. (1998). Implicit and explicit processes during acquisition of functional skills. *Scandinavian Journal of Occupational Therapy, 5,* 7–16.

Goode, S., & Magill, R.A. (1986). Contextual interference effects in learning three badminton serves. *Research Quarterly for Exercise and Sport, 57,* 308–314.

Gopher, D., Weil, M., & Siegel, D. (1989). Practice under changing priorities: An approach to training of complex skills. *Acta Psychologica, 71,* 147–177.

Gopher, L.D., Weil, M., & Bareket, T. (1994). Transfer of skill from a computer game trainer to flight. *Human Factors, 36,* 387–405.

Gordon, M.S., Issenberg, S.B., Mayer, J.W., & Felner, J.M. (1999). Developments in the use of simulators and multimedia computer systems in medical education. *Medical Teacher, 21,* 32–36.

Green, T.D., & Flowers, J.H. (1991). Implicit versus explicit learning processes in a probabilistic, continuous fine-motor catching task. *Journal of Motor Behavior, 23,* 293–300.

Hardy, L., Mullen, R., & Jones, G. (1996). Knowledge and conscious control of motor actions under stress. *British Journal of Psychology, 87,* 621–636.

Hautala, R.M. (1988). Does transfer of training help children learn juggling? *Perceptual and Motor Skills, 67,* 563–567.

Heitman, R.J., & Gilley, W.F. (1989). Effects of blocked versus random practice by mentally retarded subjects on learning a novel skill. *Perceptual and Motor Skills, 69,* 443–447.

Helsen, W., Starkes, J.L., & Hodges, N. (1998). Team sports and the theory of deliberate practice. *Journal of Sport & Exercise Psychology, 20,* 13–35.

Higgins, G.A., Merill, G.L., Hettinger, L.J., Kaufman, C.R., Champion, H.R., & Satava, R.M. (1997). New simulation technologies for surgical training and certification: Current status and future projections. *Presence: Teleoperators and Virtual Environments, 6,* 160–172.

Hird, J.S., Landers, D.M., Thomas, J.R., & Horan, J.J. (1991). Physical practice is superior to mental practice in enhancing cognitive and motor task performance. *Journal of Sport & Exercise Psychology, 13,* 281–293.

Hodges, N.J., & Franks, I.M. (1999). *Instructions and coordination bias on the learning of a novel bimanual coordination pattern.* Paper presented at the annual conference of the Canadian Society for Psychomotor Learning and Sport Psychology, Edmonton, Alberta, Canada.

Hodges, N.J., & Lee, T.D. (1999). The role of augmented information prior to learning a bimanual visual-motor coordination task: Do instructions of the movement pattern facilitate learning relative to discovery learning? *British Journal of Psychology, 90,* 389–403.

Hodges, N.J., & Starkes, J.L. (1996). Wrestling with the nature of expertise: A sport specific test of Ericsson, Krampe, and Tesch-Römer's (1993) theory of "Deliberate Practice." *International Journal of Sport Psychology, 27,* 1–25.

Howard, J.H., Jr., Mutter, S.A., & Howard, D.V. (1992). Serial pattern learning by event observation. *Journal of Experimental Psychology: Learning, Memory, and Cognition, 18,* 1029–1039.

Howe, M.J.A., Davidson, J.W., & Sloboda, J.A. (1998). Innate talents: Reality or myth? *Behavioral and Brain Sciences, 21,* 399–442.

Hughes, R., Brooks, R.B., Graham, D., Sheen, R., & Dickens, T. (1982). Tactical ground attack: On the transfer of training from flight simulator to operational Red Flag exercise. *Proceedings of the 4th Interservice/Industry Training Conference* (Vol. 1, pp. 127–130). Washington, DC: National Security Industrial Association.

Jeannerod, M. (1999). The 25th Bartlett lecture. To act or not to act: Perspectives on the representation of actions. *Quarterly Journal of Experimental Psychology, 52A,* 1–29.

Jentsch, F., & Bowers, C.A. (1998). Evidence for the validity of PC-based simulations in studying aircrew coordination. *International Journal of Aviation Psychology, 8,* 243–260.

Kelso, J.A.S. (1994). The informational character of self-organized coordination dynamics. *Human Movement Science, 13,* 393–413.

Kelso, J.A.S. (1995). *Dynamic patterns: The self-organization of brain and behavior.* Cambridge, MA: MIT Press.

Kennedy, R.S., Lanham, D.S., Drexler, J.M., & Massey, C.J. (1997). A comparison of cybersickness incidences, symptom profiles, measurement techniques, and suggestions for further research. *Presence: Teleoperators and Virtual Environments, 6,* 638–644.

Kerr, T., Hodges, N.J., & Starkes, J.L. (1999). *Unpublished data.* Burnaby, Canada: Simon Fraser University.

Klapp, S.T., Nelson, J.M., & Jagacinski, R.J. (1998). Can people tap concurrent bimanual rhythms independently? *Journal of Motor Behavior, 30,* 301–322.

Knapp, C.G., & Dixon, W.R. (1952). Learning to juggle: II. A study of whole and part methods. *Research Quarterly, 23,* 398–401.

Kohl, R.M., Ellis, S.D., & Roenker, D.L. (1992). Alternating actual and imagery practice: Preliminary theoretical considerations. *Research Quarterly for Exercise and Sport, 63,* 162–170.

Kohl, R.M., & Fisicaro, S.A. (1995). Imaging goal-directed movement. *Research Quarterly for Exercise and Sport, 66,* 17–31.

Koonce, J.M., & Bramble, W.J., Jr. (1998). Personal computer-based flight training devices. *International Journal of Aviation Psychology, 8,* 277–292.

Kozak, J.J., Hancock, P.A., Arthur, E.J., & Chrysler, S.T. (1993). Transfer of training from virtual reality. *Ergonomics, 36,* 777–784.

Larkin, J. (1981). Enriching formal knowledge: A model for learning how to solve textbook physics problems. In J.R. Anderson (Ed.), *Cognitive skills and their acquisition* (pp. 311–334).

Hillsdale, NJ: Erlbaum.

Latash, M.L. (1993). *Control of human movement.* Champaign, IL: Human Kinetics.

Latash, M.L. (1996). The Bernstein problem: How does the central nervous system make its choices? In M.L. Latash & M.T. Turvey (Eds.), *Dexterity and its development* (pp. 277–303). Hillsdale, NJ: Erlbaum.

Lee, D.N., Lishman, J.R., & Thomson, J.A. (1984). Regulation of gait in long jumping. *Journal of Experimental Psychology: Human Perception and Performance, 8,* 448–459.

Lee, T.D. (1988). Transfer-appropriate processing: A framework for conceptualizing practice effects in motor learning. In O.G. Meijer & K. Roth (Eds.), *Complex movement behaviour: "The" motor-action controversy* (pp. 201–215). Amsterdam: Elsevier.

Lee, T.D., & Magill, R.A. (1983). The locus of contextual interference in motor-skill acquisition. *Journal of Experimental Psychology: Learning, Memory, and Cognition, 9,* 730–746.

Lee, T.D., & Magill, R.A. (1985). Can forgetting facilitate skill acquisition? In D. Goodman, R.B. Wilberg, & I.M. Franks (Eds.), *Differing perspectives in motor learning, memory, and control* (pp. 3–22). Amsterdam: Elsevier.

Lee, T.D., Magill, R.A., & Weeks, D.J. (1985). Influence of practice schedule on testing schema theory predictions in adults. *Journal of Motor Behavior, 17,* 283–299.

Lee, T.D., Schmidt, R.A., & Young, D.E. (in press). Skill learning: Conditions of training. In W. Karwowski (Ed.), *International encyclopedia of ergonomics and human factors.* London: Taylor & Francis.

Lee, T.D., & Swinnen, S.P. (1993). Three legacies of Bryan and Harter: Automaticity, variability and change in skilled performance. In J.L. Starkes & F. Allard (Eds.), *Cognitive issues in motor expertise* (pp. 295–315). Amsterdam: Elsevier.

Lee, T.D., Wishart, L.R., Cunningham, S., & Carnahan, H. (1997). Modeled timing information during random practice eliminates the contextual interference effect. *Research Quarterly for Exercise and Sport, 68,* 100–105.

Lersten, K.C. (1968). Transfer of movement components in a motor learning task. *Research Quarterly, 39,* 575–581.

Lewicki, P., Hill, T., & Bizot, E. (1988). Acquisition of procedural knowledge about a pattern of stimuli that cannot be articulated. *Cognitive Psychology, 20,* 24–37.

Lintern, G. (1991). An informational perspective on skill transfer in human-machine systems. *Human Factors, 33,* 251–266.

Lintern, G., Roscoe, S.N., Koonce, J.M., & Segal, L. (1990). Transfer of landing skills in beginning flight training. *Human Factors, 32,* 319–327.

Lintern, G., Roscoe, S.N., & Sivier, J.E. (1990). Display principles, control dynamics, and environmental factors in pilot training and transfer. *Human Factors, 32,* 299–317.

Maddox, M.D., Wulf, G., & Wright, D.L. (1999). The effect of an internal vs. external focus of attention on the learning of a tennis stroke. *Journal of Sport & Exercise Psychology, 21,* S78.

Magill, R.A. (1988). Activity during the post-knowledge of results interval can benefit motor skill learning. In O.G. Meijer & K. Roth (Eds.), *Complex movement behaviour: "The" motor-action controversy* (pp. 231–246). Amsterdam: Elsevier.

Magill, R.A. (1998a). Knowledge is more than we can talk about: Implicit learning in motor skill acquisition. *Research Quarterly for Exercise and Sport, 69,* 104–110.

Magill, R.A. (1998b). *Motor learning: Concepts and applications.* Boston: McGraw-Hill.

Magill, R.A., & Clark, R. (1997). Implicit versus explicit learning of pursuit-tracking patterns. Paper presented at the annual meeting of the North American Society for the Psychology of Sport and Physical Activity, Denver, CO.

Magill, R.A., & Hall, K.G. (1990). A review of the contextual interference effect in motor skill acquisition. *Human Movement Science, 9,* 241–289.

Magill, R.A., Schönfelder-Zohdi, B., & Hall, K.G. (1990). Further evidence for implicit learning in a complex tracking task. Paper presented at the 31st annual meeting of the Psychonomics Society, New Orleans, LA.

Magill, R.A., Sekiya, H., & Clark, R. (1995). *Amplitude effects on implicit learning in pursuit tracking* [Abstract]. Paper presented at the annual meeting of the North American Society for the Psychology of Sport and Physical Activity, Monterey, CA.

Mané, A.M. (1984). Acquisition of perceptual-motor skill: Adaptive and part-whole training. In *Proceedings of the Human Factors Society 28th annual meeting* (pp. 522–526). Santa Monica, CA: Human Factors Society.

Mané, A.M., Adams, J.A., & Donchin, E. (1989). Adaptive and part-whole training in the acquisition of a complex perceptual-motor skill. *Acta Psychologica, 71,* 179–196.

Manza, L., & Reber, A.S. (1997). Representing artificial grammars: Transfer across stimulus forms and modalities. In D.C. Berry (Ed.), *How implicit is implicit learning?* (pp. 73–106). New York: Oxford University Press.

Maraj, B., Allard, F., & Elliott, D. (1998). The effect of nonregulatory stimuli on the triple jump approach run. *Research Quarterly for Exercise and Sport, 69,* 129–135.

Masters, R.S.W. (1992). Knowledge, knerves and know-how. *British Journal of Psychology, 83,* 343–358.

Masters, R.S.W., Polman, R.C.J., & Hammond, N.V. (1993). "Reinvestment": A dimension of personality implicated in skill breakdown under pressure. *Personality and Individual Differences, 14,* 655–666.

Mathiowetz, V., & Wade, M.G. (1995). Task constraints and functional motor performance of individuals with and without multiple sclerosis. *Ecological Psychology, 7,* 99–123.

Maxwell, J., Masters, R., Eves, F., & MacMahon, K. (1999). From novice to no know-how: A longitudinal study of implicit motor learning [Communications to the third annual congress of the European College of Sport Science]. *Journal of Sports Sciences, 17,* 608.

McCracken, H.D., & Stelmach, G.E. (1977). A test of the schema theory of discrete motor learning. *Journal of Motor Behavior, 9,* 193–201.

Miller, G.A. (1956). The magical number seven, plus or minus two: Some limits on our capacity for processing information. *Psychological Review, 63,* 81–97.

Minas, S.C. (1977). Memory coding for movement. *Perceptual and Motor Skills, 45,* 787–790.

Naylor, J.C., & Briggs, G.E. (1963). Effects of task complexity and task organization on the relative efficiency of part and whole training methods. *Journal of Experimental Psychology, 65,* 217–224.

Newell, K.M. (1989). On task and theory specificity. *Journal of Motor Behavior, 21,* 92–96.

Newell, K.M. (1991). Motor skill acquisition. *Annual Review of Psychology, 42,* 213–237.

Newell, K.M., Carlton, M.J., & Antoniou, A. (1990). The interaction of criterion and feedback information in learning a drawing task. *Journal of Motor Behavior, 22,* 8–20.

Newell, K.M., Carlton, M.J., Fisher, A.T., & Rutter, B.G. (1989). Whole-part training strategies for learning the response dynamics of microprocessor driven simulators. *Acta Psychologica, 71,* 197–216.

Newell, K.M., & McGinnis, P.M. (1985). Kinematic information feedback for skilled performance. *Human Learning, 4,* 39–56.

Ortiz, G.A. (1994). Effectiveness of PC-based flight simulation. *International Journal of Aviation Psychology, 4,* 285–291.

Ortiz, G.A. (1995). PC-based training: Cost effectiveness. In N. Johnston, R. Fuller, & N. McDonald (Eds.), *Aviation psychology: Training and selection* (pp. 209–214). Aldershot, England: Avebury Aviation.

Osgood, C.E. (1949). The similarity paradox in human learning: A resolution. *Psychological Review, 56,* 132–143.

Pew, R.W. (1974). Levels of analysis in motor control. *Brain Research, 71,* 393–400.

Pigott, R.E., & Shapiro, D.C. (1984). Motor schema: The structure of the variability session. *Research Quarterly for Exercise and Sport, 55,* 41–45.

Polanyi, M. (1958). *Personal knowledge: Towards a post-critical philosophy.* Chicago: University of Chicago Press.

Pollock, B.J., & Lee, T.D. (1997). Dissociated contextual interference effects in children and adults. *Perceptual and Motor Skills, 84,* 851–858.

Proctor, R.W., & Dutta, A. (1995). *Skill acquisition and human performance.* Thousand Oaks, CA: Sage.

Proteau, L. (1992). On the specificity of learning and the role of visual information for movement control. In L. Proteau & D. Elliott (Eds.), *Vision and motor control* (pp. 67–103). Amsterdam: Elsevier.

Reber, A.S. (1967). Implicit learning of artificial grammars. *Journal of Verbal Learning and Verbal Behavior, 6,* 855–863.

Reber, A.S. (1993). *Implicit learning and tacit knowledge: An essay on the cognitive unconscious.* New York: Oxford University Press.

Rickel, J., & Johnson, W.L. (1999). Animated agents for procedural training in virtual reality: Perception, cognition, and motor control. *Applied Artificial Intelligence, 13,* 343–382.

Rose, D.J. (1997). *A multilevel approach to the study of motor control and learning.* Boston: Allyn & Bacon.

Ross, D., Bird, A.M., Doody, S.G., & Zoeller, M. (1985). Effect of modeling and videotape feedback with knowledge of results on motor performance. *Human Movement Science, 4,* 149–157.

Salas, E., Bowers, C.A., & Rhodenizer, L. (1998). It is not how much you have but how you use it: Toward a rational use of simulation to support aviation training. *International Journal of Aviation Psychology, 8,* 197–208.

Schmidt, R.A. (1971). Retroactive interference and amount of original learning in verbal and motor tasks. *Research Quarterly, 42,* 314–326.

Schmidt, R.A. (1972). The case against learning and forgetting scores. *Journal of Motor Behavior, 4,* 79–88.

Schmidt, R.A. (1975). Schema theory of discrete motor skill learning. *Psychological Review, 82,* 225–260.

Schmidt, R.A., & Lee, T.D. (1999). *Motor control and learning: A behavioral emphasis* (3rd ed.). Champaign, IL: Human Kinetics.

Schneider, W. (1985). Training high-performance skills: Fallacies and guidelines. *Human Factors, 27,* 285–300.

Schneider, W., & Detweiler, M. (1988). The role of practice in dual-task performance: Towards workload modelling in a connectionist/control architecture. *Human Factors, 30,* 539–566.

Scully, D.M., & Newell, K.M. (1985). Observational learning and the acquisition of motor skills: Toward a visual perception perspective. *Journal of Human Movement Studies, 11,* 169–186.

Seger, C.A. (1994). Implicit learning. *Psychological Bulletin, 115,* 163–196.

Shaffer, L.H. (1981). Performances of Chopin, Bach, and Beethoven: Studies in motor programming. *Cognitive Psychology, 13,* 326–376.

Shapiro, D.C., & Schmidt, R.A. (1982). The schema theory: Recent evidence and developmental implications. In J.A.S. Kelso & J.E. Clark (Eds.), *The development of movement control and co-ordination* (pp. 113–150). New York: Wiley.

Shea, C.H., & Kohl, R.M. (1991). Composition of practice: Influence on the retention of motor skills. *Research Quarterly for Exercise and Sport, 62,* 187–195.

Shea, J.B., & Morgan, R.L. (1979). Contextual interference effects on the acquisition, retention, and transfer of a motor skill. *Journal of Experimental Psychology: Human Learning and Memory, 5,* 179–187.

Shea, J.B., & Zimny, S.T. (1983). Context effects in memory and learning movement information. In R.A. Magill (Ed.), *Memory and control of action* (pp. 345–366). Amsterdam: Elsevier.

Shea, J.B., & Zimny, S.T. (1988). Knowledge incorporation in motor representation. In O.G. Meijer & K. Roth (Eds.), *Complex movement behaviour: "The" motor-action controversy* (pp. 289–314). Amsterdam: Elsevier.

Sheridan, T. (1992). Musings on telepresence and virtual presence. *Presence: Teleoperators and Virtual Environments, 1,* 120–126.

Sherwood, D.E. (1994). Hand preference, practice order, and spatial assimilation in rapid bimanual movement. *Journal of Motor Behavior, 26,* 535–542.

Shiffrin, R.M., & Schneider, W. (1977). Controlled and automatic human information processing: II. Perceptual learning, automatic attending and a general theory. *Psychological Review, 84,* 127–190.

Singer, R.N., & Gaines, L. (1975). Effect of prompted and trial-and-error learning on transfer performance of a serial motor task. *American Educational Research Journal, 12,* 395–404.

Singer, R.N., & Janelle, C.M. (1999). Determining sport expertise: From genes to supremes. *International Journal of Sport Psychology, 30,* 117–150.

Singer, R.N., Lidor, R., & Cauraugh, J.H. (1993). To be aware or not aware? What to think about while learning and performing a motor skill. *The Sport Psychologist, 7,* 19–30.

Singer, R.N., & Pease, D. (1976). A comparison of discovery learning and guided instructional strategies on motor skill learning, retention, and transfer. *Research Quarterly, 47,* 788–796.

Snoddy, G.S. (1926). Learning and stability: A psychophysical analysis of a case of motor learning with clinical applications. *Journal of Applied Psychology, 10,* 1–36.

Stadler, M. (1989). On learning complex procedural knowledge. *Journal of Experimental Psychology: Learning, Memory, and Cognition, 15,* 1061–1069.

Stanney, K., & Salvendy, G. (1998). Aftereffects and sense of presence in virtual environments: Formulation of a research and development agenda. *International Journal of Human-Computer Interaction, 10,* 135–187.

Starkes, J.L., Deakin, J.M., Allard, F., Hodges, N.J., & Hayes, A. (1996). Deliberate practice in sports: What is it anyway? In K.A. Ericsson (Ed.), *The road to excellence: The acquisition of expert performance in the arts and sciences, sports and games* (pp. 81–106). Hillsdale, NJ: Erlbaum.

Starkes, J.L., Weir, P.L., Singh, P., Hodges, N.J., & Kerr, T. (1999). Aging and the retention of sport expertise. *International Journal of Sport Psychology, 30,* 283–301.

Summers, J.J., & Kennedy, T.M. (1992). Strategies in the production of a 5:3 polyrhythm. *Human Movement Science, 11,* 101–112.

Taylor, H.L., & Lintern, G. (1993). Quasi-transfer as a predictor of transfer from simulator to airplane. *Journal of General Psychology, 120,* 257–276.

Taylor, H.L., Lintern, G., Koonce, J.M., Kaiser, R.H., & Morrison, G.A. (1991). Transfer of training and quasi-transfer of scene detail and visual augmentation guidance in landing training. *Proceedings of training transfer: Can we trust flight simulation?* (pp. 6.1–6.4). London: Royal Aeronautical Society.

Thorndike, E.L. (1914). *Educational psychology.* New York: Columbia University Press.

Todorov, E., Shadmehr, R., & Bizzi, E. (1997). Augmented feedback presented in a virtual environment accelerates learning of a difficult motor task. *Journal of Motor Behavior, 29,* 147–158.

van Emmerik, R.E.A., den Brinker, B.P.L.M., Vereijken, B., & Whiting, H.T.A. (1989). Preferred tempo in the learning of a gross cyclical action. *Quarterly Journal of Experimental Psychology, 41A,* 251–262.

van Rossum, J.H.A. (1990). Schmidt's schema theory: The empirical base of the variability of practice hypothesis. A critical analysis. *Human Movement Science, 9,* 387–435.

Vereijken, B. (1991). *The dynamics of skill acquisition.* Meppel, The Netherlands: Kripps Repro.

Vereijken, B., & Whiting, H.T.A. (1989). In defence of discovery learning. In P.C.W. van Wieringen & R.J. Bootsma (Eds.), *Catching up: Selected essays of H.T.A. Whiting* (pp. 155–169). Amsterdam: Free University Press.

Vereijken, B., Whiting, H.T.A., & Beek, W.J. (1992). A dynamical systems approach to skill acquisition. *Quarterly Journal of Experimental Psychology, 45A,* 323–344.

Whiting, H.T.A. (1980). Dimensions of control in motor learning. In G.E. Stelmach & J. Requin (Eds.), *Tutorials in motor behavior* (pp. 537–550). Amsterdam: North Holland.

Whiting, H.T.A., Bijlard, M.J., & den Brinker, B.P.L.M. (1987). The effect of the availability of a dynamic model on the acquisition of a complex cyclical action. *Quarterly Journal of Experimental Psychology, 39A,* 43–59.

Whiting, H.T.A., & den Brinker, B.P.L.M. (1982). Image of the act. In J.P. Das, R.F. Mulcahy, & A.E. Wall (Eds.), *Theory and research in learning disabilities* (pp. 217–235). New York: Plenum Press.

Wightman, D.C., & Lintern, G. (1985). Part-task training for tracking and manual control. *Human Factors, 27,* 267–283.

Wightman, D.C., & Sistrunk, F. (1987). Part-task training strategies in simulated carrier landing final-approach training. *Human Factors, 29,* 245–254.

Willingham, D.B. (1997a). Implicit and explicit memory do not differ in flexibility: Comment on Dienes and Berry (1997). *Psychonomic Bulletin and Review, 4*(4), 587–591.

Willingham, D.B. (1997b). Response-to-stimulus interval does not affect implicit motor sequence learning, but does affect performance. *Memory and Cognition, 25*(4), 534–542.

Willingham, D.B. (1998). A neuropsychological theory of motor skill learning. *Psychological Review, 105*(3), 558–584.

Wright, D.L. (1991). The role of intertask and intratask processing in acquisition and retention of motor skills. *Journal of Motor Behavior, 23,* 139–145.

Wulf, G., Höss, M., & Prinz, W. (1998). Instructions for motor learning: Differential effects of internal vs. external focus of attention. *Journal of Motor Behavior, 30,* 169–179.

Wulf, G., Lauterbach, B., & Toole, T. (1998). *Learning benefits of an external focus of attention in golf.* Paper presented at the annual meeting of the North American Society for the Psychology of Sport and Physical Activity, Denver, CO.

Wulf, G., Shea, C.H., & Matschiner, S. (1998). Frequent feedback enhances complex motor skill learning. *Journal of Motor Behavior, 30,* 180–192.

Wulf, G., & Weigelt, C. (1997). Instructions in learning a complex motor skill: To tell or not to tell. *Research Quarterly for Exercise and Sport, 68,* 362–367.

Yan, J.H., Thomas, J.R., & Thomas, K.T. (1998). Children's age moderates the effect of practice variability: A quantitative review. *Research Quarterly for Exercise and Sport, 69,* 210–215.

Young, D.E., Cohen, M.J., & Husak, W.S. (1993). Contextual interference and motor skill acquisition: On the processes that influence retention. *Human Movement Science, 12,* 577–600.

Young, D.E., & Schmidt, R.A. (1992). Augmented kinematic feedback for motor learning. *Journal of Motor Behavior, 24,* 261–273.

Zanone, P.G., & Kelso, J.A.S. (1992). Evolution of behavioral attractors with learning: Nonequilibrium phase transitions. *Journal of Experimental Psychology: Human Perception and Performance, 18,* 403–421.

Zanone, P.G., & Kelso, J.A.S. (1997). Coordination dynamics of learning and transfer: Collective and component levels. *Journal of Experimental Psychology: Human Perception and Performance, 23,* 1454–1480.

第6章

Abernethy, B., Burgess-Limerick, R., & Parks, S. (1994). Contrasting approaches to the study of motor expertise. *Quest, 46,* 186–198.

Abernethy, B., Kippers, V., Mackinnon, L.T., Neal, R.J., & Hanrahan, S. (1997). *The biophysical foundations of human movement.* Champaign, IL: Human Kinetics.

Anderson, D.I., & Sidaway, B. (1994). Coordination changes associated with practice of a soccer kick. *Research Quarterly for Exercise and Sport, 65,* 93–99.

Arbib, M.A., Érdi, P., & Szentágothai, J. (1998). *Neural organization: Structure, function and dynamics.* Cambridge, MA: MIT Press.

Arutyunyan, G.H., Gurfinkel, V.S., & Mirskii, M.L. (1968). Investigation of aiming at a target. *Biophysics, 13,* 536–538.

Baddeley, A.D., & Hitch, G. (1974). Working memory. In G.H. Bower (Ed.), *The psychology of learning and motivation* (Vol. 8, pp. 179–201). London: Academic Press.

Bechtel, W. (1998). Representations and cognitive explanations:

Assessing the dynamicist's challenge in cognitive science. *Cognitive Science, 22*, 295-318.

Beek, P.J., Peper, C.E., & Stegeman, D.F. (1995). Dynamical models of movement coordination. *Human Movement Science, 14*, 573-608.

Bernstein, N.A. (1967). *The coordination and regulation of movements.* Oxford, England: Pergamon Press.

Beuter, A., & Duda, J.L. (1985). Analysis of the arousal/motor performance relationship in children using movement kinematics. *Journal of Sport Psychology, 7*, 229-243.

Blumberg, M.S., & Wasserman, E.A. (1995). Animal mind and the argument from design. *American Psychologist, 50*, 133-144.

Bongaardt, R. (1996). *Shifting focus: The Bernstein tradition in movement science.* Amsterdam: Free University Press.

Bootsma, R.J., Bakker, F.C., Van Snippenberg, F.J., & Tdlohreg, C.W. (1992). The effects of anxiety on perceiving the reachability of passing objects. *Ecological Psychology, 4*, 1-16.

Brady, F. (1998). A theoretical and empirical review of the contextual interference effect and the learning of motor skills. *Quest, 50*, 266-293.

Bruce, V., Green, P.R., & Georgeson, M. (1996). *Visual perception: Physiology, psychology and ecology* (3rd ed.). London: Erlbaum.

Bugmann, G. (1997). Biologically plausible neural computation. *BioSystems, 40*, 11-19.

Burgess-Limerick, R., Neal, R.J., & Abernethy, B. (1992). Against relative timing invariance in movement kinematics. *Quarterly Journal of Experimental Psychology, 44A*, 705-722.

Button, C., Davids, K., Bennett, S.J., & Tayler, M. (in press). Mechanical perturbation of the wrist during one-handed catching. *Acta Psychologica.*

Calvin, W.H. (1996). *The cerebral code: Thinking a thought in the mosaics of the mind.* Cambridge, MA: MIT Press.

Camras, L.A. (1992). Expressive development and basic emotions. *Cognition and Emotion, 6*, 269-283.

Carello, C., Turvey, M.T., Kugler, P.N., & Shaw, R.E. (1984). Inadequacies of a computer metaphor. In M. Gazzaniga (Ed.), *Handbook of cognitive neuroscience* (pp. 229-248). New York: Plenum Press.

Carson, R.C., & Riek, S. (1998). Moving beyond phenomenology: Neuromuscular-skeletal constraints upon coordination dynamics. In J.P. Piek (Ed), *Motor behavior and human skill: A multidisciplinary approach* (pp. 209-230). Champaign, IL: Human Kinetics.

Carson, R.G., Thomas, J., Summers, J.J., Walters, M.R., & Semjen, A. (1997). The dynamics of bimanual circle drawing. *Quarterly Journal of Experimental Psychology, 50A*, 664-683.

Colley, A. (1989). Learning motor skills: Integrating cognition and action. In A. Colley & J. Beech (Eds.), *Acquisition and performance of cognitive skills* (pp. 167-189). Chichester, England: Wiley.

Conrad, D. (1989). Consciousness and the practice of science. *Journal of the Indian Council of Philosophical Research, 6*, 57-65.

Court, M.L.J., Bennett, S., Davids, K., & Williams, A.M. (1998). Effects of anxiety on bimanual coordination. *Journal of Sport & Exercise Psychology, 20*, S103.

Daugman, J.G. (1990). Brain metaphor and brain theory. In E.L. Schwartz (Ed.), *Computational neuroscience* (pp. 12-35). Cambridge, MA: MIT Press.

Davids, K. (1998). How much teaching is necessary for optimal learning of football skills? The role of discovery learning. *Insight: The Football Association Coaches Journal, 2*, 35-36.

Davids, K. (in press). Skill acquisition and the theory of deliberate practice: It ain't what you do it's the way that you do it! *International Journal of Sport Psychology.*

Davids, K., & Bennett, S.J. (1998). The dynamical hypothesis: The role of biological constraints on cognition. *The Behavioral and Brain Sciences, 21*, 636.

Davids, K., Bennett, S.J., Court, M., Tayler, M.A., & Button, C. (1997). The cognition-dynamics interface. In R. Lidor & M. Bar-Eli (Eds.), *Innovations in sport psychology: Linking theory and practice* (pp. 224-226). Netanya, Israel: International Society for Sport Psychology.

Davids, K., Bennett, S.J., Handford, C., & Jones, B. (1999). Acquiring coordination in self-paced, extrinsic timing tasks: A constraints-led perspective. *International Journal of Sport Psychology, 30*, 437-461.

Davids, K., & Button, C. (2000). The cognition-dynamics interface and intentionality in action. *International Journal of Sport Psychology*

Davids, K., & Handford, C.H. (1994). Perception and action in sport: The practice behind the theories. *Coaching Focus, 26*, 3-5.

Davids, K., Handford, C.H., & Williams, A.M. (1994). The natural physical alternative to cognitive theories of motor behavior: An invitation for interdisciplinary research in sports science? *Journal of Sports Sciences, 12*, 495-528.

Davids, K., Handford, C.H., & Williams, A.M. (1998). Evaluation, planning and organizing skill acquisition programmes in sport: The role of ecological sport psychologists. In H. Steinberg, I. Cockerill, & A. Dewey (Eds.), *What sport psychologists do* (pp. 94-100). Leicester, England: British Psychological Society.

Davids, K., Lees, A., & Burwitz, L. (in press). Understanding and measuring coordination and control in soccer skills: Implications for talent identification and skill acquisition. *Journal of Sports Sciences.*

Davidson, R.J., & Schwartz, G.E. (1976). The psychobiology of relaxation and related states: A multi process theory. In D.I. Mostofsky (Ed.), *Behavior control and modification of physiological activity* (pp. 399-442). Englewood Cliffs, NJ: Prentice-Hall.

Decety, J. (1996). Do imagined and executed actions share the same neural substrate? *Cognitive Brain Research, 3*, 87-93.

Decety, J., & Grèzes, J. (1999). Neural mechanisms subserving the perception of human actions. *Trends in Cognitive Sciences, 3*, 172-178.

Decety, J., Perani, D., Jeannerod, M., Bettinardi, V., Tadary, B., Woods, R., Mazziotta, J.C., & Fazio, F. (1994). Mapping motor representations with positron emission tomography. *Nature, 371*, 600-602.

Deecke, L. (1990). Electrophysiological correlates of movement initiation. *Reviews of Neurology, 146*, 612-619.

Easterbrook, J.A. (1959). The effect of emotion on cue utilisation and the organization of behavior. *Psychological Review, 66*, 183-201.

Edelman, G. (1992). *Bright air brilliant fire: On the matter of the mind.* London: Penguin.

Érdi, P. (1996). The brain as a hermeneutic device. *BioSystems, 38*, 179-189.

Eysenck, M.W. (1992). *The cognitive perspective.* Hove, England: Erlbaum.

Eysenck, M.W., & Calvo, M.G. (1992). Anxiety and performance: The processing efficiency theory. *Cognition and Emotion, 6,* 409–434.

Fazey, J.A., & Hardy, L. (1988). *The inverted-U hypothesis: A catastrophe for sport psychology.* (British Association of Sports Sciences Monograph, No. 1). Leeds, England: National Coaching Foundation.

Fodor, J.A. (1980). Methodological solopsism considered as a research strategy in cognitive psychology. *Behavioral and Brain Sciences, 3,* 63.

Freeman, W.J. (1995). *Societies of brains: A study in the neuroscience of love and hate.* Hillsdale, NJ: Erlbaum.

Freeman, W.J. (1997). Nonlinear neurodynamics of intentionality. *Journal of Mind and Behavior, 18,* 291–304.

Freeman, W.J. (1999). *How brains make up their mind.* London: Weidenfeld & Nicolson.

Freeman, W.J. (2000a). A proposed name for aperiodic brain activity: Stochastic chaos. *Neural Networks, 13,* 11–13.

Freeman, W.J. (2000b). *Neurodynamics: An exploration in mesoscopic brain dynamics.* London: Springer-Verlag.

Freeman, W.J., & Nunez, R. (2000). *Reclaiming cognition.* Thorverton, England: Imprint Academic.

Frith, C.D., Friston, K., Liddle, P.F., & Frackowiak, R.S.J. (1991). Willed action and the prefrontal cortex in man: A study with PET. *Proceedings of the Royal Society of London B., 244,* 241–246.

Gentner, D.R. (1987). Timing of skill in motor performance: Tests of the proportional duration model. *Psychological Review, 94,* 255–276.

Glencross, D., Whiting, H.T.A., & Abernethy, B. (1994). Motor control, motor learning and the acquisition of skill: Historical trends and future directions. *International Journal of Sport Psychology, 25,* 32–52.

Globus, G.G. (1992). Toward a noncomputational cognitive neuroscience. *Journal of Cognitive Neuroscience, 4,* 299–310.

Globus, G.G. (1995). *The postmodern brain.* Amsterdam: Benjamins.

Goerner, S., & Combs, A. (1998). Consciousness as a self-organizing process: An ecological perspective. *BioSystems, 46,* 123–127.

Goodale, M.A., & Humphrey, K.G. (1998). The objects of action and perception. *Cognition, 67,* 181–207.

Goodale, M.A., & Milner, A.D. (1992). Separate visual pathways for perception and action. *Trends in Neurosciences, 15,* 20–25.

Gould, D., & Krane, V. (1992). The arousal-athletic performance relationship: Current status and future directions. In T.S. Horn (Ed), *Advances in sport psychology* (pp. 119–142). Champaign, IL: Human Kinetics.

Haggard, P., & Wing, A. (1995). Coordinated responses following mechanical perturbation of the arm during prehension. *Experimental Brain Research, 102,* 483–494.

Haken, H., Kelso, J.A.S., & Bunz, H. (1985). A theoretical model of phase transitions in human hand movements. *Biological Cybernetics, 51,* 347–356.

Handford, C.H., Davids, K., Bennett, S., & Button, C. (1997). Skill acquisition in sport: Some applications of an evolving practice ecology. *Journal of Sports Sciences, 15,* 621–640.

Harris, L.R., & Jenkin, M. (1998). *Vision and action.* Cambridge, England: Cambridge University Press.

Heft, H. (1989). Affordances and the body: An intentional analysis of Gibson's ecological approach to visual perception. *Journal for the Theory of Social Behavior, 19,* 1–30.

Huether, G. (1996). The central adaptation syndrome: Psychosocial stress as a trigger for adaptive modifications of brain structure and function. *Progress in Neurobiology, 48,* 569–612.

Ingvaldsen, R.P., & Whiting, H.T.A. (1997). Modern views on motor skill learning are not "representative." *Human Movement Science, 16,* 705–732.

Janelle, C.M., Barba, D.A., Frehlich, S.G., Tennant, L.K., & Cauraugh, J.H. (1997). Maximizing feedback effectiveness through videotape replay and a self-controlled learning environment. *Research Quarterly for Exercise and Sport, 68,* 269–279.

Janelle, C.M., Singer, R.N., & Williams, A.M. (1999). External distraction and attentional narrowing: Visual search evidence. *Journal of Sport & Exercise Psychology, 21,* 70–91.

Jeannerod, M. (1997). *The cognitive neuroscience of action.* Oxford, England: Blackwell.

Johnson-Laird, P.N. (1993). *The computer and the mind: An introduction to cognitive science.* London: Fontana.

Jones, G., & Swain, A. (1992). Intensity and direction dimensions of competitive state anxiety and relationships with competitiveness. *Perceptual and Motor Skills, 74,* 467–472.

Kant, I. (1929). *Critique of pure reason (Norman Kemp Smith, Trans.).* London: Macmillan.

Kauffmann, S.A. (1993). *The origins of order: Self-organisation and selection in evolution.* New York: Oxford University Press.

Kauffmann, S.A. (1995). *At home in the universe: The search for laws of complexity.* London: Viking.

Keil, D., & Davids, K. (2000). Lifting the screen on neural organization: Is computational functional modeling necessary? *Behavioral and Brain Sciences, 23*(4), 102–103.

Kelso, J.A.S. (1981). On the oscillatory basis of movement. *Bulletin of the Psychonomic Society, 18,* 63.

Kelso, J.A.S. (1984). Phase transitions and critical behavior in human bimanual coordination. *American Journal of Physiology: Regulatory, Integrative and Comparative Physiology, 15,* R1000–R1004.

Kelso, J.A.S. (1992). Theoretical concepts and strategies for understanding perceptual-motor skill: From informational capacity in closed systems to self-organization in open, nonequilibrium systems. *Journal of Experimental Psychology: General, 121,* 260–261.

Kelso, J.A.S. (1994). The informational character of self-organised co-ordination dynamics. *Human Movement Science, 13,* 393–413.

Kelso, J.A.S. (1995). *Dynamic patterns: The self-organization of brain and behavior.* Cambridge, MA: MIT Press.

Kelso, J.A.S., Fuchs, A., Lancaster, R., Holroyd, T., Cheyne, D., & Weinberg, H. (1998). Dynamical cortical activity in the human brain reveals motor equivalence. *Nature, 392,* 814–818.

Kugler, P.N. (1986). A morphological perspective on the origin and evolution of movement patterns. In M. Wade & H.T.A. Whiting (Eds.), *Motor development in children: Aspects of coordination and control* (pp. 459–525). Dordrecht, The Netherlands: Martinus Nijhoff.

Kugler, P.N., Kelso, J.A.S., & Turvey, M.T. (1980). On the concept of coordinative structures as dissipative structures: I. Theoretical lines of convergence. In G.E. Stelmach & J. Requin (Eds.), *Tutorials in motor behavior* (pp. 3–47). Amsterdam: North Holland.

Kugler, P.N., Shaw, R.E., Vicente, K.J., & Kinsella-Shaw, J. (1990). Inquiry into intentional systems: Issues in ecological physics. *Psychological Research, 52,* 98-121.

Lee, T.D., Blandin, Y., & Proteau, L. (1996). Effects of task instructions and oscillation frequency on bimanual coordination *Psychological Research, 59,* 100-106.

Magill, R.A. (1998). *Motor learning: Concepts and applications* (5th ed.). Dubuque, IA: Brown.

Maraj, B.K.V., Elliott, D., Lee, T.D., & Pollock, B.J. (1993). Variance and invariance in expert and novice triple jumpers. *Research Quarterly for Exercise and Sport, 64,* 404-412.

Marks, D.F. (1999). Consciousness, mental imagery and action. *British Journal of Psychology, 90,* 567-585.

Masters, R.S.W. (1992). Knowledge, knerves and know-how: The role of explicit versus implicit knowledge in the breakdown of a complex motor skill under pressure. *British Journal of Psychology, 83,* 343-358.

McCrone, J. (1999). *Going inside.* London: Faber & Faber.

McDonald, P.V., Oliver, S.K., & Newell, K.M. (1995). Perceptual-motor exploration as a function of biomechanical and task constraints. *Acta Psychologica, 88,* 127-166.

McKenzie, I. (1992). *The squash workshop.* Marlborough, England: Crowood Press.

Meijer, O.G. (1988). *The hierarchy debate: Perspectives for a theory and history of movement science.* Amsterdam: Free University Press.

Meijer, O.G., & Bongaardt, R. (1992). Synergetics, self-simplification, and the ability to undo. In R. Friedrich & A. Wunderlin (Eds.), *Evolution of dynamical structures in complex systems* (pp. 272-298). Berlin, Germany: Springer-Verlag.

Meijer, O.G., & Roth, K. (1988). *Complex movement behaviour: "The" motor-action controversy.* Amsterdam: North Holland.

Meijer, O.G., Wagenaar, R.C., & Blankendaal, F.C.M. (1988). The hierarchy debate: Tema con variazioni. In O.G. Meijer & K. Roth (Eds.), *Complex movement behaviour: "The" motor-action controversy* (pp. 489-561). Amsterdam: North Holland.

Michaels, C.F., & Beek, P. (1996). The state of ecological psychology. *Ecological Psychology, 7,* 259-278.

Milner, D.A., & Goodale, M.A. (1995). *The visual brain in action.* Oxford, England: Oxford University Press.

Neisser, U. (1994). Multiple systems: A new approach to cognitive theory. *European Journal of Cognitive Psychology, 6,* 225-241.

Newell, K.M. (1986). Constraints on the development of coordination. In M. Wade & H.T.A. Whiting (Eds.), *Motor development in children: Aspects of coordination and control* (pp. 341-360). Dordrecht, The Netherlands: Martinus Nijhoff.

Newell, K.M. (1989). On task and theory specificity. *Journal of Motor Behavior, 21,* 92-96.

Newell, K.M. (1991). Motor skill acquisition. *Annual Review of Psychology, 42,* 213-237.

Newell, K.M. (1996). Change in movement and skill: Learning, retention and transfer. In M.L. Latash & M.T. Turvey (Eds.), *Dexterity and its development* (pp. 393-429). Hillsdale, NJ: Erlbaum.

Newell, K.M., & Corcos, D.M. (1993). Issues in variability and motor control. In K.M. Newell & D.M. Corcos (Eds.), *Variability and motor control* (pp. 1-12). Champaign, IL: Human Kinetics.

Newell, K.M., & McDonald, P.V. (1991). Practice: A search for task solutions. In R. Christina & H.M. Eckert (Eds.), *American Academy of Physical Education papers: Enhancing human performance in sport: New concepts and developments* (pp. 51-60). Champaign, IL: Human Kinetics.

Newell, K.M., & McDonald, P.V. (1992). Searching for solutions to the coordination function: Learning as exploration behavior. In G.E. Stelmach & J. Requin (Eds.), *Tutorials in motor behavior II* (pp. 517-531). Amsterdam: North Holland.

Newell, K.M., & Slifkin, A.B. (1998). The nature of movement variability. In J.P. Piek (Ed.), *Motor behavior and human skill: A multidisciplinary approach* (pp. 143-160). Champaign, IL: Human Kinetics.

Pattee, H.H. (1979). Complementation vs. reduction as an explanation of biological complexity. *American Journal of Physiology, 5,* 241-246.

Penrose, R. (1994). *Shadows of the mind: On consciousness, computation and the new physics of the mind.* Oxford, England: Oxford University Press.

Pickering, J. (1997). Beyond cognitivism: Mutualism and postmodern psychology. In P. Pylkkanen, P. Pylkko, & A. Hautamaki (Eds.), *Brain, mind and physics* (pp. 183-204). Amsterdam: IOS Press.

Polman, R.C.J., Whiting, H.T.A., & Savelsbergh, G.J.P. (1996). The spatio-temporal structure of control variables during catching in different load conditions. *Experimental Brain Research, 109,* 483-494.

Pressing, J. (1998). Referential behavior theory: A framework for multiple perspectives on motor control. In J.P. Piek (Ed.), *Motor behavior and human skill: A multidisciplinary approach* (pp. 357-384). Champaign, IL: Human Kinetics.

Prigogine, I., & Stengers, I. (1984). *Order out of chaos.* New York: Bantam Books.

Proteau, L., Tremblay, L., & DeJaeger, D. (1998). Practice does not diminish the role of visual information in on-line control of a precision walking task: Support for the specificity of practice hypothesis. *Journal of Motor Behavior, 30,* 143-150.

Reed, S.K. (1993). A schema-based theory of transfer. In D.K. Detterman & R.J. Sternberg (Eds.), *Transfer on trial: Intelligence, cognition, and instruction* (pp. 39-67). Newark, NJ: Ablex.

Saltzman, E.L., & Kelso, J.A.S. (1987). Skilled actions: A task-dynamic approach. *Psychological Review, 94,* 84-106.

Schmidt, R.A., & Lee, T.D. (1999). *Motor control and learning: A behavioral emphasis.* Champaign, IL: Human Kinetics.

Schmidt, R.A., & Wrisberg, C.A. (2000). *Motor learning and performance: A problem-based learning approach.* Champaign, IL: Human Kinetics.

Scholz, J.P., & Kelso, J.A.S. (1990). Intentional switching between patterns of bimanual co-ordination is dependent on the intrinsic dynamics of the patterns. *Journal of Motor Behavior, 22,* 98-124.

Schöner, G. (1990). A dynamic theory of coordination of discrete movement. *Biological Cybernetics, 63,* 257-270.

Schöner, G. (1995). Recent developments and problems in human movement science and their conceptual implications. *Ecological Psychology, 7,* 291-314.

Schöner, G., & Kelso, J.A.S. (1988a). Dynamic patterns of biological coordination: Theoretical strategy and new results. In J.A.S. Kelso, A.J. Mandell, & M.F. Schlesinger (Eds.), *Dynamic patterns in complex systems* (pp. 77-102). Singapore: World Scientific Singapore.

Schöner, G., & Kelso, J.A.S. (1988b). A dynamic pattern theory of behavioral change. *Journal of Theoretical Biology, 135,* 501–524.

Sejnowski, T., Koch, C., & Churchland, P. (1988). Computational neuroscience. *Science 241,* 1299–1306.

Semjen, A., Summers, J.J., & Cattaert, D. (1995). Hand coordination in bimanual circle drawing. *Journal of Experimental Psychology: Human Perception and Performance, 21,* 1139–1157.

Slifkin, A.B., & Newell, K.M. (1999). Noise, information transmission, and force variability. *Journal of Experimental Psychology: Human Perception and Performance, 25,* 837–851.

Spoorns, O., & Edelman, G.M. (1998). Bernstein's dynamic view of the brain: The current problems of modern neurophysiology (1945). *Motor Control, 2,* 283–305.

Steinberg, G.M., Chaffin, W.M., & Singer, R.N. (1998). Mental quickness training: Drills that emphasize the development of anticipation skills in fast-paced sports. *Journal of Physical Education, Recreation & Dance, 69,* 37–41.

Stoffregren, T.A., & Bardy, B.G. (in press). On specification and the senses. *Behavioral and Brain Sciences.*

Striedter, G.F. (1998). A comparative perspective on motor learning. *Neurobiology of Learning and Memory, 70,* 189–196.

Summers, J.J. (Ed.). (1992). *Approaches to the study of motor control and learning.* Amsterdam: North Holland.

Summers, J.J. (1998). Has ecological psychology delivered what it promised? In J.P. Piek (Ed.), *Motor behavior and human skill: A multidisciplinary approach* (pp. 385–402). Champaign, IL: Human Kinetics.

Summers, J.J., Byblow, W.D., Bysouth-Young, D.F., & Semjen, A. (1998). Bimanual circle drawing during secondary task loading. *Motor Control, 2,* 106–113.

Thelen, E. (1995). Time-scale dynamics and the development of an embodied cognition. In R.F. Port & T. Van Gelder (Eds.), *Mind as motion: Explorations on the dynamics of cognition* (pp. 32–51). Cambridge, MA: MIT Press.

Thelen, E., & Smith, L.B. (1994). *A dynamic systems approach to the development of cognition and action.* Cambridge, MA: MIT Press.

Thom, R. (1975). *Structural stability and morphogenesis.* New York: Addison-Wesley.

Turvey, M.T. (1990). Coordination. *American Psychologist, 45,* 938–953.

Van Gelder, T. (1998). The dynamical hypothesis. *Behavioral and Brain Sciences, 21,* 636–644.

van Wieringen, P.C.W. (1988). Kinds and levels of explanation: Implications for the motor systems versus action systems controversy. In O.G. Meijer & K. Roth (Eds.), *Complex movement behaviour: "The" motor-action controversy* (pp. 87–119). Amsterdam: North Holland.

Varela, F., Thompson, E., & Rosch, E. (1991). *The embodied mind.* Cambridge, MA: MIT Press.

Vereijken, B., van Emmerik, R.E.A., Whiting, H.T.A., & Newell, K.M. (1992). Free(z)ing degrees of freedom in skill acquisition. *Journal of Motor Behavior, 24,* 133–142.

Wallace, S.A., & Weeks, D.L. (1988). Temporal constraints in the control of prehensile movement. *Human Movement Science, 13,* 255–289.

Walsh, V. (2000). Neuropsychology: The touchy, feely side of vision. *Current Biology, 10,* 34–35.

Weeks, D., & Proctor, R. (1991). Ecological and process approaches to skill acquisition. *Journal of Human Movement Studies, 20,* 291–296.

Wightman, D.C., & Lintern, G. (1985). Part-task training for tracking and manual control. *Human Factors, 27,* 267–283.

Williams, A.M., Alty, P., & Lees, A. (in press). Effects of practice and knowledge of performance on the kinematics of ball kicking. In W. Spinks & T. Reilly (Eds.), *Science and Football IV.* London: E. & F.N. Spon.

Williams, A.M., Davids, K., Burwitz, L., & Williams, J.G. (1992). Perception and action in sport. *Journal of Human Movement Studies, 22,* 147–204.

Williams, A.M., Davids, K., & Williams, J.G. (1999). *Visual perception and action in sport.* London: Routledge & Kegan Paul.

Williams, A.M., & Elliott, D. (1999). Anxiety, expertise and visual search in karate. *Journal of Sport & Exercise Psychology, 21,* 362–376.

Williams, A.M., & Grant, A. (1999). Training perceptual skill in sport. *International Journal of Sport Psychology, 30,* 194–220.

Willingham, D.B. (1998). A neuropsychological theory of motor skill learning. *Psychological Review, 105,* 558–584.

Worringham, C.J., Smiley-Oyen, A.L., & Cross, C.L. (1996). Neural basis of motor learning in humans. In H.N. Zelaznik (Ed.), *Advances in motor learning and control* (pp. 67–86). Champaign, IL: Human Kinetics.

Wuyts, I.J., Summers, J.J., Carson, R.G., Byblow, W.D., & Semjen, A. (1996). Attention as a mediating variable in the dynamics of bimanual coordination. *Human Movement Science, 15,* 877–897.

Yates, F.E. (1979). Physical biology: A basis for modeling living systems. *Journal of Cybernetics and Information Science, 2,* 57–70.

第7章

Abernethy, B. (1984). Skill in cricket batting: Laboratory and applied evidence. In M.L. Howell & B.D. Wilson (Eds.), *Proceedings of the 7th Commonwealth and International Conference on Sport, Physical Education, Recreation and Dance: Kinesiological Sciences* (pp. 35–50). Brisbane, Australia: University of Queensland.

Abernethy, B. (1986a). Perceptual strategies in a racquet sport. In J. Watkins, T. Reilly, & C. Burwitz (Eds.), *Sports science commonwealth and international conference on sport, physical education, dance, recreation and health* (pp. 325–330). London: E. & F.N. Spon.

Abernethy, B. (1986b). Visual search characteristics of expert and novice racquet sport players. In J. Watkins, T. Reilly, & C. Burwitz (Eds.), *Sports science commonwealth and international conference on sport, physical education, dance, recreation and health* (pp. 331–336). London: E. & F.N. Spon.

Abernethy, B. (1988). The effects of age and expertise upon perceptual skill development in a racquet sport. *Research Quarterly for Exercise and Sport, 59,* 210–221.

Abernethy, B. (1989). Expert-novice differences in perception: How expert does the expert have to be? *Canadian Journal of Sport Sciences, 14,* 27–30.

Abernethy, B. (1990a). Anticipation in squash: Differences in advance cue utilization between expert and novice players. *Journal of Sport Sciences, 8,* 17–34.

Abernethy, B. (1990b). Expertise, visual search and information pick-up in squash. *Perception, 19,* 63–77.

Abernethy, B. (1993). The nature of expertise in sport. In S. Serpa, J. Alves, V. Ferreira, & A. Paula-Brito (Eds.), *Sport psychology: An integrated approach. Proceedings of the 8th World Congress on Sport Psychology* (pp. 18–22). Lisboa, Portugal: University of Lisboa Press.

Abernethy, B., Burgess-Limerick, R., & Parks, S. (1994). Contrasting approaches to the study of motor expertise. *Quest, 46*, 186–198.

Abernethy, B., Neal, R.J., & Koning, P. (1994). Visual-perceptual and cognitive differences between expert, intermediate and novice snooker players. *Applied Cognitive Psychology, 8*, 185–211.

Abernethy, B., & Russell, D.G. (1984). Advance in cue utilisation by skilled cricket batsmen. *Australian Journal of Science and Medicine in Sport, 16*, 2–10.

Abernethy, B., & Russell, D.G. (1987a). Expert-novice differences in an applied selective attention task. *Journal of Sport Psychology, 9*, 326–345.

Abernethy, B., & Russell, D.G. (1987b). The relationship between expertise and visual search strategy in a racquet sport. *Human Movement Science, 6*, 283–319.

Abernethy, B., Thomas, J., & Thomas, K. (1993). Strategies for improving understanding of motor expertise. In J. Starkes & F. Allard (Eds.), *Cognitive issues in motor expertise* (pp. 317–356). Amsterdam: Elsevier.

Abernethy, B., & Wood, J.M. (in press). Do generalized visual training programs for sport really work? An experimental investigation. *Journal of Sports Sciences*.

Adolphe, R.M., Vickers J.N., & LaPlante, G. (1997). The effects of training visual attention on gaze behaviour and accuracy: A pilot study. *International Journal of Sports Vision, 4*, 28–33.

Alain, C., & Sarrazin, C. (1990). Study of decision-making in squash competition: A computer simulation approach. *Canadian Journal of Sport Science, 15*, 193–200.

Alain, C., Sarrazin, C., & Lacombe, D. (1986). The use of subjective expected values in decision making in sport. In D.M. Landers (Ed.), *Sport and elite performers* (pp. 1–6). Champaign, IL: Human Kinetics.

Allard, F. (1982). Cognition, expert performance and sport. In J.H. Salmela, J.T. Partington, & T. Orlick (Eds.), *New paths of sport rearing and excellence* (pp. 22–26). Ottawa: Coaching Association of Canada.

Allard, F., & Burnett, N. (1985). Skill in sport. *Canadian Journal of Psychology, 39*, 294–312.

Allard, F., Deakin, J., Parker, S., & Rodgers, W. (1993). Declarative knowledge in skilled motor performance: Byproduct or constituent? In J.L. Starkes & F. Allard (Eds.), *Cognitive issues in motor expertise* (pp. 95–107). Amsterdam: North Holland.

Allard, F., Graham, S., & Paarsalu, M. (1980). Perception in sport: Basketball. *Journal of Sport Psychology, 2*, 14–21.

Allard, F., & Starkes, J.L. (1980). Perception in sport: Volleyball. *Journal of Sport Psychology, 2*, 22–23.

Allard, F., & Starkes, J.L. (1991). Motor skill experts in sports, dance, and other domains. In K.A. Ericsson & J. Smith (Eds.), *The study of expertise: Prospects and limits* (pp. 126–153). Cambridge, England: Cambridge University Press.

Armstrong, C.W., & Hoffman, S.J. (1979). Effects of teaching experience, knowledge of performer competence, and knowledge of performance outcomes on performance error identification. *Research Quarterly, 50*, 318–327.

Banister, H., & Blackburn, J.M. (1931). An eye factor affecting proficiency at ball games. *British Journal of Psychology, 21*, 382–384.

Bard, C. (1982). La prise d'information visuelle et la préparation à l'action [The nature of visual information and the preparation for action]. In G. Azemar & H. Ripoll (Eds.), *Neurobiologie des comportements moteur [Neurobiology of motor control]* (pp. 181–200). Paris: INSEP.

Bard, C., & Carrière, L. (1975). Etude de la prospection visuelle dans des situations problèmes en sport [A study of visual search in sport problem situations]. *Mouvement [Movement], 10*, 15–23.

Bard, C., & Fleury, M. (1976a). Analysis of visual search activity during sport problem situations. *Journal of Human Movement Studies, 3*, 214–222.

Bard, C., & Fleury, M. (1976b). Analysis of visual search activity during sport problem situations. In U. Simri (Ed.), *Motor learning in physical education and sport* (pp. 127–139). Netanya, Israel: Wingate Institute for Physical Education and Sport.

Bard, C., & Fleury, M. (1976c). Perception visuelle et sports collectifs [Visual perception and team sports]. *Mouvement [Movement], 11*, 22–38.

Bard, C., & Fleury, M. (1978). Manipulation de l'information visuelle et complexité de la prise de décision [Manipulation of visual information and complexity on the nature of decisions]. In F. Landry & W. Orban (Eds.), *Apprentisage moteur, psychologie du sport et aspects pédagogiques de l'activité physique [Motor learning, psychology of sport and pedagogical aspects of physical activity]* (pp. 77–85). Québec, Canada: Symposia Specialists.

Bard, C., & Fleury, M. (1980). Analyse des comportements perceptuels des gardiens de but experts et non-experts en hockey sur glace [An analysis of perceptual decisions of expert and non-expert ice hockey goaltenders]. In G. Marcotte & C. Thiffault (Eds.), *Tactique individuelle et collective au hockey sur glace [Individual and team tactics in ice hockey]* (pp. 111–115). Québec, Canada: Pélican.

Bard, C., & Fleury, M. (1981). Considering eye movements as a predictor of attainment. In I.M. Cockerill & W.W. MacGillivary (Eds.), *Vision and sport* (pp. 28–41). Cheltenham, England: Stanley Thornes.

Bard, C., Fleury, M., & Carrière, L. (1975). La stratégie perceptive et la performance sportive [Perceptual strategy and sport performance]. *Mouvement. Actes du 7° symposium en apprentisage psycho-moteur et psychologie du sport [Movement. Proceedings of the 7th symposium on Psycho-Motor Learning and Sport Psychology], 10*, 163–183.

Bard, C., Fleury, M., Carrière, L., & Hallé, M. (1980). Analysis of gymnastic judges' visual search. *Research Quarterly for Exercise and Sport, 51*, 267–273.

Bard, C., Fleury, M., & Goulet, C. (1987). *Relationship between visual search strategies and response adequacy and accuracy in sport situations.* Paper presented at the Eye-Movement Symposium, SCAPPS 10th annual conference, Banff, Canada.

Bard, C., Guézennec, Y., & Papin, J.P. (1981). Escrime: Analyse de l'exploration visuelle [Writing: An analysis of visual search]. *Médecine du Sport [Sport Medicine], 55*, 22–29.

Barnsley, R.H., & Thompson, A.H. (1988). Birthdate and success in minor hockey: The key to the NHL. *Canadian Journal of Behavioral Science, 20*, 167–176.

Barnsley, R.H., Thompson, A.H., & Barnsley, P.E. (1985). Hockey success and birthdate: The relative age effect. *Canadian Association for Health, Physical Education, and Recreation Journal, 51, 23–28.

Barnsley, R.H., Thompson, A.H., & Legault, P. (1992). Family planning: Football style. The relative age effect in football. *International Review for the Sociology of Sport, 27,* 77–87.

Bartz, A.E. (1967). Fixation errors in eye movements to peripheral stimuli. *Journal of Experimental Psychology, 75,* 444–446.

Beals, R.P., Mayyasi, A.M., Templeton, A.E., & Johnston, W.L. (1971). The relationship between basketball shooting performance and certain visual attributes. *American Journal of Optometry, 48,* 585–590.

Beise, D., & Peaseley, V. (1937). The relation of reaction time, speed and agility of big muscle groups to certain sport skills. *Research Quarterly, 8,* 133–142.

Benguigui, N., & Ripoll, H. (1998). Effect of tennis practice on the coincidence timing accuracy of adults and children. *Research Quarterly for Exercise and Sport, 69,* 217–223.

Beunen, G., Ostyn, M., Renson, R., Simons, J., & Van Gerven, D. (1978). Motor performance related to chronological age and maturation. In R.J. Shephard & H. Lavalle (Eds.), *Physical fitness assessment: Principles, practice and application* (pp. 229–237). Springfield, IL: Thomas.

Bhanot, J.L., & Sidhu, L.S. (1980). Reaction time of hockey players with reference to their field positions. *Journal of Sports Medicine and Physical Fitness, 20,* 423–430.

Bloom, B.S. (Ed.). (1985). *Developing talent in young people.* New York: Ballantine Books.

Blundell, N.L. (1984). Critical visual-perceptual attributes of championship level tennis players. In M.L. Howell & B.D. Wilson (Eds.), *Proceedings of the 7th Commonwealth and International Conference on Sport, Physical Education, Recreation and Dance: Kinesiological Sciences* (Vol. 7, pp. 51–59). Brisbane, Australia: University of Queensland.

Borgeaud, P., & Abernethy, B. (1987). Skilled perception in volleyball defense. *Journal of Sport Psychology, 9,* 400–406.

Boucher, J., & Mutimer, B. (1994). The relative age phenomenon in sport: A replication and extension with ice hockey. *Research Quarterly for Exercise and Sport, 65,* 377–381.

Bowers, T.D., & Stratton, R.K. (1993). Relationship of anticipation timing to batting experience. *Journal of Sport & Exercise Psychology, 15,* 57.

Brewer, J., Balsom, P., & Davis, J. (1995). Seasonal birth distribution amongst European soccer players. *Sports Exercise and Injury, 1,* 154–157.

Buckholz, E., Prapavessis, H., & Fairs, J. (1988). Advance cues and their use in predicting tennis passing shots. *Canadian Journal of Sport Sciences, 13,* 20–30.

Burke, T.R. (1972). Athletes, athletic performance, and conditions in the environment. *Quest, 17,* 56–60.

Burley, L.R. (1944). A study of the reaction time of physically trained man. *Research Quarterly, 15,* 232–239.

Burpee, R.H., & Stroll, W. (1936). Measuring reaction time of athletes. *Research Quarterly, 7,* 110–118.

Burroughs, W.A. (1984). Visual simulation training of baseball batters. *International Journal of Sport Psychology, 15,* 117–126.

Carrière, L. (1978). Les effets de la compétition des réponses et du contexte sur la prise de décisions dans les situations problèmes [The effects of competition, responses, and context on the nature of decisions in problem situations]. In F. Landry & W.A.R. Orban (Eds.), *Motor learning, sport psychology, pedagogy and didactics of physical activity* (pp. 77–84). Québec, Canada: Symposia Specialists.

Cauraugh, J.H., Singer, R.N., & Chen, D. (1993). Visual scanning and anticipation of expert and beginner tennis players. In S. Serpa, J. Alves, V. Ferreira, & A. Paula-Brito (Eds.), *Sport psychology: An integrated approach. Proceedings of the 8th World Congress on Sport Psychology,* (pp. 336–340). Lisboa, Portugal: University of Lisboa Press.

Charness, N., Krampe, R., & Mayr, U. (1996). The role of practice and coaching in entrepreneurial skill domains: An international comparison of life-span chess skill acquisition. In K.A. Ericsson (Ed.), *The road to excellence: The acquisition of expert performance in the arts and sciences, sports and games* (pp. 51–80). Mahwah, NJ: Erlbaum.

Chase, W.G., & Ericsson, K.A. (1982). Skill and working memory. *Psychology of Learning and Motivation, 16,* 1–58.

Chase, W.G., & Simon, H.A. (1973a). The mind's eye in chess. In W.G. Chase (Ed.), *Visual information processing* (pp. 215–281). New York: Academic Press.

Chase, W.G., & Simon, H.A. (1973b). Perception in chess. *Cognitive Psychology, 4,* 55–81.

Chen, D., Singer, R.N., Cauraugh, J.H., & Kashdan, M.S. (1993). Tennis skill level and coincidence anticipation. *Research Quarterly for Exercise and Sport, 64,* 72.

Chiesi, H.L., Spilich, G.J., & Voss, J.F. (1979). Acquisition of domain-related information in relation to high and low domain knowledge. *Journal of Verbal Learning and Verbal Behavior, 18,* 257–274.

Christensen, S.A., & Glencross, D.J. (1993). Expert knowledge and expert perception in sport: Anticipating a field hockey goal shot. In S. Serpa, J. Alves, V. Ferreira, & A. Paula-Brito (Eds.), *Sport psychology: An integrated approach. Proceedings of the 8th World Congress on Sport Psychology* (pp. 340–344). Lisboa, Portugal: University of Lisboa Press.

Cockerill, I.M. (1981a). Distance estimation and sports performance. In I.M. Cockerill & W.W. MacGillivary (Eds.), *Vision and sport* (pp. 116–125). Cheltenham, England: Stanley Thornes.

Cockerill, I.M. (1981b). Peripheral vision and hockey. In I.M. Cockerill & W.W. MacGillivary (Eds.), *Vision and sport* (pp. 54–63). Cheltenham, England: Stanley Thornes.

Cockerill I.M. (1981c). Use the eyes to control your putting. In I.M. Cockerill, & W.W. MacGillivary (Eds.), *Vision and sport* (pp. 17–27). Cheltenham, England: Stanley Thornes.

Cockerill, I.M., & Callington, B.P. (1981). Visual information processing in golf and association football. In I.M. Cockerill & W.W. MacGillivary (Eds.), *Vision and sport* (pp. 126–138). Cheltenham, England: Stanley Thornes.

Cohen, M.E., & Ross, L.E. (1977). Saccade latency in children and adults: Effects of warning interval and target eccentricity. *Journal of Experimental Child Psychology, 23,* 539–549.

Côté, J. (in press). Family influences on youth sport performance and participation. In J.M. Silva & D. Stevens (Eds.), *Psychological foundations of sport* (2nd ed.). Boston: Merrill.

Côté, J., & Hay, J. (in press). Children's involvement in sport: A developmental perspective. In J.M. Silva & D. Stevens (Eds.), *Psychological foundations of sport* (2nd ed.). Boston: Merrill.

Côté, J., Salmela, J.H., Trudel, P., Baria, A., & Russell, S. (1995). The coaching model: A grounded assessment of expert gymnastic coaches' knowledge. *Journal of Sport & Exercise Psychology, 17,* 1–17.

Csikszentmihalyi, M., Rathunde, K., & Whalen, S. (1993). *Talented teenagers: The roots of success and failure.* New York: Cambridge University Press.

Cullen, J., & Starkes, J. (1997). *Deliberate practice in ice hockey*. Paper presented at the Canadian Society for Psychomotor Learning and Sport Psychology, Niagara Falls, Canada.

Davids, K. (1984). The role of peripheral vision in ballgames: Some theoretical and practical notions. *Physical Education Review, 7*, 26-40.

Davids, K. (1988). Developmental differences in the use of peripheral vision during catching performance. *Journal of Motor Behavior, 20*, 39-51.

Day, L.J. (1980). Anticipation in junior tennis players. In J. Groppel & R. Sears (Eds.), *Proceedings of the international symposium on the effective teaching of racquet sports* (pp. 107-116). Champaign: University of Illinois Press.

Deakin, J.M. (1987). *Cognitive components of skill in figure skating*. Unpublished doctoral dissertation, University of Waterloo, Canada.

Deakin, J.M., & Allard, F. (1992). *An evaluation of skill and judgement in basketball officiating*. Paper presented at the meeting of the North American Society for the Psychology of Sport and Physical Activity, Pittsburgh, PA.

Deridder, M. (1985). Enregistrement et analyse des comportements exploratoires visuels du gardien de but en situation de penalty [Recording and analysis of visual search patterns of goaltenders in penalty situations]. In M. Laurent & P. Therme (Eds.), *Recherches en activités physiques et sportives [Research in physical activity and sport]* (pp. 259-272). Aix-Marseille, France: UEREPS.

Deshaies, P., & Pargman, D. (1976). Selected visual abilities of college football players. *Perceptual and Motor Skills, 43*, 904-906.

Doil, W., & Binding, M. (1986). Peripheres Sehen als Voraussetzung für die Orientierung in Sportspielen [Peripheral vision skills for orienteering in sport]. *Medicin und Sport [Medicine and Sport], 26*, 55-58.

Doody, S.G., Huddleston, S., Beavers, C., & Austin, M. (1987). Detection of task-relevant cues in field hockey. *Journal of Sport Psychology, 9*, 74-78.

Dudink, A. (1994). Birth date and sporting success. *Nature, 368*, 592.

Dunham, P. (1989). Coincidence-anticipation performance of adolescent baseball players and non-players. *Perceptual and Motor Skills, 68*, 1151-1156.

Durand-Bush, N., & Salmela, J.H. (1995). Nurture over nature: A new twist to the development of expertise. *Avante, 2*, 1-19.

Edwards, S. (1994). Born too late to win? *Nature, 370*, 186.

Enberg, M.L. (1968). Assessing perception of object directionality in tennis. (Unpublished doctoral dissertation, Purdue University, 1968). *Dissertation Abstracts International, 29*, 806-A.

Ericsson, K.A. (Ed.). (1996). *The road to excellence: The acquisition of expert performance in the arts and sciences, sports and games*. Mahwah, NJ: Erlbaum.

Ericsson, K.A., & Charness, N. (1994). Expert performance: Its structure and acquisition. *American Psychologist, 49*, 725-747.

Ericsson, K.A., Krampe, R.T., & Tesch-Römer, C. (1993). The role of deliberate practice in the acquisition of expert performance. *Psychological Review, 100*, 363-406.

Ericsson, K.A., & Lehmann, A.C. (1996). Expert and exceptional performance: Evidence of maximal adaptation to task constraints. *Annual Review of Psychology, 47*, 273-305.

Ericsson, K.A., & Smith, J. (Eds.). (1991). Prospects and limits of the empirical study of expertise: An introduction. *Towards a general theory of expertise* (pp. 1-38). Cambridge, England: Cambridge University Press.

Ferrari, M. (1999). The influence of expertise on the intentional transfer of motor skill. *Journal of Motor Behavior, 31*, 79-85.

Fleury, M., Goulet, C., & Bard, C. (1986). Eye fixations as visual indices of programming of service return in tennis. *Psychology of Motor Behavior and Sport abstracts* (p. 17). Scottsdale, AZ: North American Society for the Psychology of Sport and Physical Activity.

Franks, I.M., & Hanvey, T. (1997). Cues for goalkeepers: High-tech methods used to measure penalty shot response. *Soccer Journal*, 30-38.

French, K.E., & McPherson, S.L. (1999). Adaptations in response selection processes used during sport competition with increasing age and expertise. *International Journal of Sport Psychology, 30*, 173-193.

French, K.E., & Nevett, M.E. (1993). The development of expertise in youth sport. In J.L. Starkes & F. Allard (Eds.), *Cognitive issues in motor expertise* (pp. 255-270). Amsterdam: Elsevier.

French, K.E., Nevett, M.E., Spurgeon, J.H., Graham, K.C., Rink, J.E., & McPherson, S.L. (1996). Knowledge representation and problem solution in expert and novice youth baseball performance. *Research Quarterly for Exercise and Sport, 66*, 194-201.

French, K.E., Spurgeon, J.H., & Nevett, M.E. (1995). Expert-novice differences in cognitive and skill execution components of youth baseball performance. *Research Quarterly for Exercise and Sport, 66*, 194-201.

French, K.E., & Thomas, J.R. (1987). The relation of knowledge development to children's basketball performance. *Journal of Sport Psychology, 9*, 15-32.

Gangemi, P.F., Zaccara, G., Bordiga, M., Caldarone, G., Minneo, L., Messori, A., Parigi, A., & Luzzi, S. (1993). Oculomotor and manual tracking in a group of Olympic gymnasts. In G. d'Ydewalle & J. Van Rensbergen (Eds.), *Perception and cognition: Advances in eye movement research* (pp. 149-157). Amsterdam: North Holland.

Glamser, F.D., & Marciani, L.M. (1990, October). *The importance of relative age to college football participation*. Paper presented at the annual meeting of the Mid-South Sociological Association, Hot Springs, AR.

Glaser, R. (1996). Changing the agency for learning: Acquiring expert performance. In K.A. Ericsson (Ed.), *The road to excellence: The acquisition of expert performance in the arts and sciences, sports and games* (pp. 303-311). Hillsdale, NJ: Erlbaum.

Glencross, D.J., & Paull, G. (1993). Expert perception and decision making in baseball. In S. Serpa, J. Alves, V. Ferreira, & A. Paula-Brito (Eds.), *Sport psychology: An integrated approach. Proceedings of the 8th World Congress on Sport Psychology* (pp. 356-359). Lisboa, Portugal: University of Lisboa Press.

Goulet, C., Bard, C., & Fleury, M. (1989). Expertise differences in preparing to return a tennis serve: A visual information processing approach. *Journal of Sport & Exercise Psychology, 11*, 382-398.

Goulet, C., Bard, C., & Fleury, M. (1990). Visual search strategies and information processing in a racquet sport situation. In D. Brogan (Ed.), *Visual search* (pp. 185-192). London: Taylor & Francis.

Goulet, C., Fleury, M., Bard, C., Yerlès, M., Michaud, D., & Lemire, L. (1988). Analysis of visual cues from tennis serves.

Canadian Journal of Sport Sciences, 13, 79–87.

Grant, A., & Williams, A.M. (1996). *Training cognitive decision-making in intermediate youth soccer players.* Unpublished manuscript, Liverpool, England, John Moores University.

Graybiel, A., Jokl, E., & Trapp, C. (1955). Russian studies in vision in relation to physical activity and sports. *Research Quarterly, 26,* 480–485.

Haase, H., & Mayer, H. (1978). Optische Oriëntierungsstrategieën von Fechtern [Optical strategies from fencing]. *Leistungssport, 8,* 191–200.

Haskins, M.J. (1965). Development of a response-recognition training film in tennis. *Perceptual and Motor Skills, 21,* 207–211.

Hastings, D.W., Kurth, S.B., & Schloder, M. (1996). Work routines in the serious leisure career of Canadian and U.S. Masters swimmers. *Avante, 2,* 73–92.

Helsen, W., Buekers, M., & Pauwels, J.M. (1986). The registration of eye-movements in sport games. In L.E. Unestahl (Ed.), *Contemporary sport psychology* (pp. 94–102). Orebro, Sweden: Veje.

Helsen, W., Hodges, N.J., Van Winckel, J., & Starkes, J. (in press). The roles of talent, physical maturation and practice in the development of soccer expertise. *Journal of Sport Sciences.*

Helsen, W., & Pauwels, J.M. (1988). The use of a simulator in evaluation and training of tactical skills in football. In T. Reilly, A. Lees, K. Davids, & W.J. Murphy (Eds.), *Science and football* (pp. 493–497). London: E. & F.N. Spon.

Helsen, W., & Pauwels, J.M. (1990). Analysis of visual search activity during tactical game problems. In D. Brogan (Ed.), *Visual search* (pp. 177–184). London: Taylor & Francis.

Helsen, W., & Pauwels, J.M. (1991). Visual search in solving tactical game problems. In R. Daugs, H. Mechling, K. Blischke, & N. Olivier (Eds.), *Sportmotorisches Lernen und Techniktraining [Sport motor learning and technical training]* (pp. 199–202). Schorndorf, Germany: Hofmann.

Helsen, W., & Pauwels, J.M. (1993a). A cognitive approach to skilled performance and perception in sport. In G. d'Ydewalle & J. Van Rensbergen (Eds.), *Perception and cognition: Advances in eye movement research* (pp. 127–139). Amsterdam: North Holland.

Helsen, W., & Pauwels, J.M. (1993b). A cognitive approach to visual search in sport. In D. Brogan, A. Gale, & K. Carr (Eds.), *Visual search* (Vol. 2, pp. 379–388). London: Taylor & Francis.

Helsen, W., & Pauwels, J.M. (1993c). The relationship between expertise and visual information processing in sport. In J. Starkes & F. Allard (Eds.), *Cognitive issues in motor expertise* (pp. 109–134). Amsterdam: Elsevier.

Helsen, W., Pauwels, J.M., & Boutmans, J. (1986). Decision making in sport games: The use of a game simulator in evaluation and training. In *Proceedings of FISU/CESU Conference* (pp. 354–359). Kobe, Japan: FISU University Group.

Helsen, W., Pauwels, J.M., Van Outryve, D., & d'Ydewalle, G. (1986). Analysis of visual search patterns during sports games. In R. Andresen (Ed.), *Beiträge zur Sportspielforschung [Contribution in applied sport research]* (pp. 69–81). Hamburg, Germany.

Helsen, W., & Starkes, J. (1999a). A multidimensional approach to skilled perception and performance in sport. *Applied Cognitive Psychology, 13,* 1–27.

Helsen, W., & Starkes, J. (1999b). A new training approach to complex decision making for police officers in potentially dangerous situations. *Journal of Criminality and Criminal Justice, 27,* 395–410.

Helsen, W., Starkes, J., & Hodges, N.J. (1998). Team sports and the theory of deliberate practice. *Journal of Sport & Exercise Psychology, 20,* 12–34.

Helsen, W., Starkes, J., & Van Winckel, J. (1998). The influence of relative age on success and dropout in male soccer players. *American Journal of Human Biology, 10,* 791–798.

Helsen, W., Starkes, J., & Van Winckel, J. (in press). Effect of a change in selection year on success in male soccer players. *American Journal of Human Biology.*

Hodge, T., & Deakin, J.M. (1998). Deliberate practice and expertise in the marital arts: The role of context in motor recall. *Journal of Sport & Exercise Psychology, 20,* 260–279.

Hodges, N., & Starkes, J.L. (1996). Wrestling with the nature of expertise: A sport specific test of Ericsson, Krampe & Tesch-Römer's theory of deliberate practice. *International Journal of Sport Psychology, 27,* 1–25.

Houlston, D.R., & Lowes, R. (1993). Anticipatory cue utilisation processes amongst expert and non-expert wicketkeepers in cricket. *International Journal of Sport Psychology, 24,* 59–73.

Housner, L.D., & French, K.E. (1994a). Expertise in learning, performance, and instruction in sport and physical activity [Special issue]. *Quest, 46,* 241–246.

Housner, L.D., & French, K.E. (1994b). Future directions for research on expertise in learning, performance, and instruction in sport and physical activity. *Quest, 46,* 241–246.

Howarth, C., Walsh, W.D., Abernethy, B., & Snijder, W. (1984). A field examination of anticipation in squash: Some preliminary data. *Australian Journal of Science and Medicine in Sport, 16,* 7–11.

Howe, M.J.A., Davidson, J.W., & Sloboda, J.A. (1998). Innate talents: Reality or myth? *Behavioural and Brain Sciences, 21,* 399–442.

Hubbard, A.W. (1955). Rebuttal to above comments on "visual movements of batters." *Research Quarterly, 26,* 366–368.

Hubbard, A.W., & Seng, C.N. (1954). Visual movements of batters. *Research Quarterly, 25,* 42–57.

Hughes, P.K., Blundell, N.L., & Walters, J.M. (1993). Visual and psychomotor performance of elite, intermediate and novice table tennis competitors. *Clinical and Experimental Optometry, 76,* 51–60.

Imwold, C.H., & Hoffman, S.J. (1983). Visual recognition of a gymnastics skill by experienced and inexperienced instructors. *Research Quarterly for Exercise and Sport, 54,* 149–155.

Isaacs, L.D., & Finch, A.E. (1983). Anticipatory timing of beginning and intermediate tennis players. *Perceptual and Motor Skills, 57,* 451–454.

Jack, R., Kirshenbaum, N., Poon, P., Rodgers, W., & Starkes, J. (1999). Metacognitive differences in experts and novices in self-directed learning. *Journal of Sport & Exercise Psychology, 21,* S61.

Jackson, M. (1986). Sportspersons' use of postural cues in rapid decision-making. In J. Bond & J.B. Gross (Eds.), *Sports psychology* (pp. 74–79). Canberra, Australia: Australian Sport Commission Press.

Joch, V.W. (1980). Zum Reaktionsvermögen von Boxern [Reaction time in boxing]. *Deutsche Zeitschrift für Sportmedizin [German Journal for Sport Medicine], 1,* 4–8.

Jones, C.M., & Miles, T.R. (1978). Use of advance cues in predicting the flight of a lawn tennis ball. *Journal of Human Movement Studies, 4*, 231–235.

Kioumourtzoglou, E., Kourtessis, T., Michalopoulou, M., & Derri, V. (1998). Differences in several perceptual abilities between experts and novices in basketball, volleyball and water-polo. *Perceptual and Motor Skills, 86*, 899–912.

Kuhn, W. (1993). Testing the ability of anticipation-coincidence of soccer players. In T. Reilly, J. Clarys, & A. Stibbe (Eds.), *Science and football* (Vol. 2, pp. 244–249). London: E. & F.N. Spon.

Leavitt, J. (1979). Cognitive demands of skating and stick handling in ice hockey. *Canadian Journal of Applied Sport Sciences, 4*, 46–55.

Lidor, R., Argov, E., & Daniel, S. (1998). An exploratory study of perceptual-motor abilities of women: Novice and skilled players of team handball. *Perceptual and Motor Skills, 86*, 279–288.

Lyle, J., & Cook, M. (1984). Non-verbal cues and decision-making in games. *Momentum, 9*, 20–25.

McLeod, P. (1987). Visual reaction time and high-speed ballgames. *Perception, 16*, 49–59.

McMorris, T., & Beazeley, A. (1997). Performance of experienced and inexperienced soccer players on soccer specific tests of recall, visual search and decision making. *Journal of Human Movement Studies, 33*, 1–13.

McMorris, T., Copeman, R., Corcoran, D., Saunders, G., & Potter, S. (1993). Anticipation of soccer goalkeepers facing penalty kicks. *Journal of Sport Sciences, 7*, 79–80.

McMorris, T., & Graydon, J. (1997). The effect of exercise on the decision-making performance of experienced and inexperienced soccer players. *Research Quarterly for Exercise and Sport, 67*, 109–114.

McPherson, S.L. (1993). The influence of player experience on problem solving during batting preparation in baseball. *Journal of Sport & Exercise Psychology, 15*, 304–325.

McPherson, S.L. (1994). The development of sport expertise: Mapping the tactical domain. *Quest, 46*, 223–240.

McPherson, S.L. (1999). Tactical differences in problem representations and solutions in collegiate varsity and beginner women tennis players. *Research Quarterly for Exercise and Sport, 70*, 369–384.

McPherson, S.L., & French, K.E. (1991). Changes in cognitive strategy and motor skill in tennis. *Journal of Sport & Exercise Psychology, 13*, 26–41.

McPherson, S.L., & Thomas, J.R. (1989). Relation of knowledge and performance in boys' tennis: Age and expertise. *Journal of Experimental Child Psychology, 48*, 190–211.

Miller, J.W. (1958). Study of visual acuity during the ocular pursuit of moving objects. *Journal of the Optical Society of America, 48*, 799–802.

Miller, R.G., & Shay, C.T. (1964). Relationship of reaction time to the speed of a softball. *Research Quarterly, 35*, 433–437.

Millslagle, D. (1988). Visual perception, recognition, recall and mode of visual search control in basketball involving novice and experienced basketball players. *Journal of Sport Behavior, 11*, 32–44.

Mizusawa, K., Sweeting, R.L., & Knouse, S.B. (1983). Comparative studies of color fields, visual acuity fields, and movement perception limits among varsity athletes and non-varsity groups. *Perceptual and Motor Skills, 56*, 887–892.

Möckel, W., & Heemsoth, C. (1984). Maximizing information as a strategy in visual search: The role of knowledge about the stimulus structure. In A.G. Gale & F. Johnson (Eds.), *Theoretical and applied aspects of eye movement research* (pp. 335–341). Amsterdam: Elsevier.

Morris, D., & Kreighbaum, E. (1977). Dynamic visual acuity of varsity women volleyball and basketball players. *Research Quarterly, 48*, 480–483.

Nakagawa, A. (1982). A field experiment on recognition of game situations in ball games: The case of static situations in rugby football. *Japanese Journal of Physical Education, 27*, 17–26.

Nessler, J. (1973). Length of time necessary to view a ball while catching it. *Journal of Motor Behavior, 5*, 179–185.

Neumaier, A. (1982). The function of watching behavior in the visual perception process in sport. *Sportwissenschaft, 12*, 78–91.

Neumaier, A. (1983). Beobachtungsstrategiën und antizipation bei der abwehr von volleyball angriffen [Observation strategies and anticipation in offensive volleyball attacks]. *Leistungssport, 13*, 5–10.

Nevett, M.E., & French, K.E. (1997). The development of sport-specific planning, rehearsal and updating of plans during defensive youth baseball game performance. *Research Quarterly for Exercise and Sport, 68*, 203–214.

Olsen, E.A. (1956). Relationship between psychological capacities and success in college athletics. *Research Quarterly, 27*, 79–89.

Oudejans, R.R.D., Michaels, C.F., & Bakker, F.C. (1997). The effects of baseball experience on movement initiation in catching fly balls. *Journal of Sports Sciences, 15*, 587–595.

Papin, J.P., Condon, A., & Guezennec, Y. (1984). Evolution de la stratégie de l'exploration visuelle d'enfants apprenant escrime [The evolution of visual search strategy in children learning to write]. *Medecine du Sport [Sport Medicine], 58*, 27–35.

Parker, H. (1981). Visual detection and perception in netball. In I.M. Cockerill & W.W. MacGillivary (Eds.), *Vision and sport* (pp. 42–53). Cheltenham, England: Stanley Thornes.

Patrick, J., & Spurgeon, P. (1978). The use of the body cues in the anticipation of the direction of a ball. *Physical Education Review, 10*, 5–16.

Paull, G., & Fitzgerald, D. (1993). Addressing ecological validity through interactive video simulation. In S. Serpa, J. Alves, V. Ferreira, & A. Paula-Brito (Eds.), *Sport psychology: An integrated approach. Proceedings of the 8th World Congress on Sport Psychology* (pp. 175–179). Lisboa, Portugal: University of Lisboa Press.

Paull, G., & Glencross, D. (1997). Expert participation and decision making in baseball. *International Journal of Sport Psychology, 28*, 35–56.

Pauwels, J.M., & Helsen, W. (1986). Relationship of static and dynamic displays of game problems. In R. Andresen (Ed.), *Beiträge zur sportspielforschung [Contributions in applied sport research]* (pp. 90–99). Hamburg, Germany.

Payne, V.G., & Isaacs, L.D. (1995). *Human motor development* (3rd ed.). Mountain View, CA: Mayfield.

Petrakis, E. (1986). Visual observation patterns of tennis teachers. *Research Quarterly for Exercise and Sport, 57*, 254–259.

Petrakis, E. (1987). Analysis of visual search patterns of dance teachers. *Journal of Teaching in Physical Education, 6*, 149–156.

Petrakis, E. (1993). Analysis of visual search patterns of tennis teachers. In G. d'Ydewalle & J. Van Rensbergen (Eds.), *Perception and cognition: Advances in eye movement research* (pp. 159–168). Amsterdam: Elsevier.

Pierson, W.R. (1956). Comparison of fencers and nonfencers by psychomotor, space perception, and anthropometric measures. *Research Quarterly, 27,* 90–96.

Pinheiro, V. (1993). Chunking: Perceptual advantage in motor skill diagnosis. In S. Serpa, J. Alves, V. Ferreira, & A. Paula-Brito (Eds.), *Sport psychology: An integrated approach. Proceedings of the 8th World Congress on Sport Psychology* (pp. 375–378). Lisboa, Portugal: University of Lisboa Press.

Poon, P.L., & Rodgers, W.M. (in press). Learning and remembering strategies of novice and advanced jazz dancers for skill level appropriate dance routines. *Research Quarterly for Exercise and Sport.*

Rasch, P.S., & Pierson, W.R. (1963). Reaction and movement time of experience karateka. *Research Quarterly, 34,* 416–419.

Rasch, P.S., Pierson, W.R., O'Connell, E.R., & Hunt, M.B. (1961). Response time of amateur wrestlers. *Research Quarterly, 32,* 416–419.

Ridini, L.M. (1968). Relationships between psychological functions tests and selected sport skills of boys in junior high school. *Research Quarterly, 39,* 674–683.

Ripoll, H. (1988a). Analysis of visual scanning patterns of volleyball players in a problem solving task. *International Journal of Sport Psychology, 19,* 9–25.

Ripoll, H. (1988b). Utilisation d'un dispositif vidéo-oculographique d'enregistrement de la direction du regard en situation sportive [Use of slides in the recording of direction of gaze in sport situations]. *Science et Motricité, 2,* 26–31.

Ripoll, H. (1991). The understanding-acting process in sport: The relationship between the semantic and sensorimotor visual function. *International Journal of Sport Psychology, 22,* 221–243.

Ripoll, H., Kerlirzin, Y., & Stein, J.F. (1993a). Cognition and decision making in externally-paced sport situation: French boxing. In S. Serpa, J. Alves, V. Ferreira, & A. Paula-Brito (Eds.), *Sport psychology: An integrated approach. Proceedings of the 8th World Congress on Sport Psychology* (pp. 383–386). Lisboa, Portugal: University of Lisboa Press.

Ripoll, H., Kerlirzin, Y., & Stein, J.F. (1993b). Decision making and visual strategies of boxers in a simulated problem solving situation. In G. d'Ydewalle & J. Van Rensbergen (Eds.), *Perception and cognition: Advances in eye movement research* (pp. 141–147). Amsterdam: Elsevier.

Ripoll, H., Kerlirzin, Y., Stein, J.F., & Reine, B. (1995). Analysis of information processing, decision making, and visual strategies in complex problem solving sport situations. *Human Movement Science, 14,* 325–349.

Ripoll, H., & Latiri, I. (1997). Effect of expertise on coincident-timing accuracy in a fast ball game. *Journal of Sports Sciences, 15,* 573–580.

Ritzdorf, W. (1982). Visuele wahrnehmung und antizipation [Visual perception and anticipation]. *Schriftenreihe des bundesinstituts für sportwissenschaft [National Institute for Sport] 45,* 270.

Ritzdorf, W. (1983). Antizipation im sportspiel: Dargestellt am beispiel des tennisgrundschlags [Anticipation in sport: Mapping examples from tennis ground strokes]. *Leistungssport, 13,* 5–9.

Rodrigues, S.T. (1999). *Visuo-motor coordination in table tennis.* Unpublished doctoral dissertation, University of Calgary, Alberta, Canada.

Rowley, S. (1995). Identification and development of talent in young athletes. In J. Freeman, P. Span, & H. Wagner (Eds.), *Actualizing talent: A lifelong challenge* (pp. 128–143). London: Cassell.

Rutt Leas, R., & Chi, M.T.H. (1993). Analyzing diagnostic expertise of competitive swimming coaches. In J.L. Starkes & F. Allard (Eds.), *Cognitive issues in motor expertise* (pp. 75–94). Amsterdam: Elsevier.

Salmela, J.H. (1996). *Great job coach: Getting the edge from proven winners.* Ottawa, Canada: Potentium.

Salmela, J.H., & Fiorito, P. (1979). Visual cues in ice hockey goaltending. *Canadian Journal of Applied Sport Sciences, 4,* 56–59.

Salthouse, T.A. (1991). Expertise as the circumvention of human processing limitations. In K.A. Ericsson & J. Smith (Eds.), *Towards a general theory of expertise* (pp. 286–300). Cambridge, England: Cambridge University Press.

Sanderson, F.H., & Holton, J.N. (1980). Relationships between perceptual motor abilities and cricket batting. *Perceptual and Motor Skills, 51,* 138.

Sanderson, F.H., & Whiting, H.T.A. (1972). The effect of exercise on the visual and auditory acuity of table-tennis players. *Journal of Motor Behavior, 4,* 163–169.

Sanderson, F.H., & Whiting, H.T.A. (1974). Dynamic visual acuity and performance in a catching task. *Journal of Motor Behavior, 6,* 87–94.

Sanderson, F.H., & Whiting, H.T.A. (1978). Dynamic visual acuity: A possible factor in catching performance. *Journal of Motor Behavior, 10,* 7–14.

Saury, J., & Durand, M. (1998). Practical knowledge in expert coaches: On-site study of coaching in sailing. *Research Quarterly for Exercise and Sport, 69,* 254–266.

Schneider, W., & Bjorklund, D.F. (1992). Expertise, aptitude and strategic remembering. *Child Development, 63,* 461–473.

Schulz, R., Musa, D., Staszewski, J., & Siegler, R.S. (1994). The relationship between age and major league baseball performance: Implications for development. *Psychology of Aging, 9,* 274–286.

Shank, M.D., & Haywood, K.M. (1987). Eye movements while viewing a baseball pitch. *Perceptual and Motor Skills, 64,* 1191–1197.

Simonton, D.K. (1994). *Greatness: Who makes history and why.* New York: Guilford Press.

Simonton, D.K. (1996). Creative expertise: A life-span developmental perspective. In K.A. Ericsson (Ed.), *The road to excellence: The acquisition of expert performance in the arts and sciences, sports and games* (pp. 227–253). Hillsdale, NJ: Erlbaum.

Singer, R. (1968). Speed and accuracy of movement as related to fencing success. *Research Quarterly, 39,* 1080–1083.

Singer, R.N., Cauraugh, J.H., Chen, D., Steinberg, G.M., Frehlich, S.G., & Wang, L. (1994). Training mental quickness in beginning/intermediate tennis players. *The Sport Psychologist, 8,* 305–318.

Singer, R.N., & Janelle, C.M. (1999). Determining sport expertise: From genes to supremes. *International Journal of Sport Psychology, 30,* 117–150.

Singer, R.N., Williams, A.M., Frehlich, S.G., Janelle, C.M., Radlo, S.J., Barba, D.A., & Bouchard, L.J. (1998). New frontiers in visual search: An exploratory study in live tennis situations. *Research Quarterly for Exercise and Sport, 69,* 290–296.

Sloboda, J.A. (1991). Musical expertise. In K.A. Ericsson & J. Smith (Eds.), *Toward a general theory of expertise*

(pp. 153-171). Cambridge, England: Cambridge University Press.
Sloboda, J.A. (1996). The acquisition of musical performance expertise: Deconstructing the "talent" account of individual differences in musical expressivity. In K.A. Ericsson (Ed.), *The road to excellence: The acquisition of expert performance in the arts and sciences, sports and games* (pp. 107-126). Hillsdale, NJ: Erlbaum.
Smyth, M.M., & Pendleton, L.R. (1994). Memory for movement in professional ballet dancers. *International Journal of Sport Psychology, 25*, 282-294.
Sonneschein, G., & Sonneschein, I. (1981). Wahrnemung im volleyball. *Volleyball Journal, 16*, 207-208.
Soulière, D., & Salmela, J.H. (1982). Indices visuels, stress temporel et performance motrice au volleyball [Visual indices, temporal stress and motor performance in volleyball]. In J.H. Salmela, J.T. Partington, & T. Orlick (Eds.), *New paths of sport learning and excellence* (pp. 27-28). Ottawa, Canada: Sport in Perspective.
Spilich, G.J., Vesonder, G.T., Chiesi, H.L., & Voss, J.F. (1979). Text processing of domain-related information for individuals with high and low domain knowledge. *Journal of Verbal Learning and Verbal Behavior, 18*, 275-290.
Starkes, J.L. (1987). Skill in field hockey: The nature of the cognitive advantage. *Journal of Sport Psychology, 9*, 146-160.
Starkes, J.L. (1990). Eye-hand coordination in experts: From athletes to microsurgeons. In C. Bard, M. Fleury, & L. Hay (Eds.), *Development of eye-hand coordination across the life span* (pp. 309-326). Columbia: University of South Carolina Press.
Starkes, J.L. (1993). Motor experts: Opening thoughts. In J.L. Starkes & F. Allard (Eds.), *Cognitive issues in motor expertise* (pp. 3-16). Amsterdam: Elsevier.
Starkes, J.L. (in press). The road to expertise: Is practice the only determinant? *International Journal of Sport Psychology*.
Starkes, J.L., & Allard, F. (1983). Perception in volleyball: The effects of competitive stress. *Journal of Sport Psychology, 5*, 189-196.
Starkes, J.L., & Allard, F. (Eds.). (1993). *Cognitive issues in motor expertise*. Amsterdam: Elsevier.
Starkes, J.L., Caicco, M., Boutilier, C., & Sevsek, B. (1990). Motor recall of experts for structured and unstructured sequences in creative modern dance. *Journal of Sport & Exercise Psychology, 12*, 317-321.
Starkes, J.L., & Deakin, J.M. (1984). Perception in sport: A cognitive approach to skilled performance. In W.F. Straub & J.M. Williams (Eds.), *Cognitive sport psychology* (pp. 115-128). Lansing, NY: Sport Science Associates.
Starkes, J.L., Deakin, J.M., Allard, F., Hodges, N.J., & Hayes, A. (1996). Deliberate practice in sports: What is it anyway? In K.A. Ericsson (Ed.), *The road to excellence: The acquisition of expert performance in the arts and sciences, sports and games* (pp. 81-106). Hillsdale, NJ: Erlbaum.
Starkes, J.L., Deakin, J.M., Lindley, S., & Crisp, F. (1987). Motor versus verbal recall of ballet sequences by young expert dancers. *Journal of Sport Psychology, 9*, 222-230.
Starkes, J.L., Edwards, P., Dissanayake, P., & Dunn, T. (1995). A new technology and field test of advance cue usage in volleyball. *Research Quarterly for Exercise and Sport, 65*, 1-6.
Starkes, J.L., & Lindley, S. (1994). Can we hasten expertise by video simulations? *Quest, 46*, 211-222.
Starkes, J.L., Weir, P.L., Singh, P., Hodges, N.J., & Kerr, T. (1999). Aging and the retention of sport expertise. *International Journal of Sport Psychology, 30*, 283-301.
Stones, M.J., & Kozma, A. (1981). Adult age trends in athletic performance. *Experimental Aging Research, 17*, 269-280.
Stroup, F. (1957). Relationship between measurements of field of motion perception and basketball activity in college men. *Research Quarterly, 28*, 72-76.
Tenenbaum, G. (Ed.). (1999). The development of expertise in sport: Nature and nurture [Special issue]. *International Journal of Sport Psychology, 30*, 2.
Tenenbaum, G., Levy-Kolker, N., Bar-Eli, M., & Weinberg, R. (1994). Information recall of younger and older skilled athletes: The role of display complexity, attentional resources and visual exposure duration. *Journal of Sports Sciences, 12*, 529-534.
Tenenbaum, G., Levi-Kolker, N., Sade, S.S., Lieberman, D., & Lidor, R. (1996). Anticipation and confidence of decisions related to skilled performance. *International Journal of Sport Psychology, 27*, 293-307.
Tenenbaum, G., Stewart, E., & Sheath, P. (1999). Detection of targets and attentional flexibility: Can computerized simulation account for developmental and skill-level differences? *International Journal of Sport Psychology, 30*, 261-282.
Tenenbaum, G., Tehan, G., Stewart, G., & Christensen, S. (in press). Recalling a floor routine: The effect of skill and age on memory for order. *Applied Cognitive Psychology*.
Thiffault, C. (1974). Tachistoscopic training and its effect upon visual perceptual speed of ice hockey players. *Proceedings of the Canadian Association of Sport Sciences*. Edmonton: Canada.
Thiffault, C. (1980). Construction et validation d'une mesure de la rapidité de la pensée tactique des joueurs de hockey sur glace [Construction and validation of a measure of speed of tactical thinking in ice hockey players]. In C.H. Nadeau, W.R. Haliwell, K.M. Newell, & G.C. Roberts (Eds.), *Psychology of motor behavior and sport* (pp. 643-649). Champaign, IL: Human Kinetics.
Thomas, K.T., & Thomas, J.R. (1994). Developing expertise in sport: The relation of knowledge and performance. *International Journal of Sport Psychology, 25*, 295-312.
Thomas, K.T., & Thomas, J.R. (1999). What squirrels in the trees predicts about expert athletes. *International Journal of Sport Psychology, 30*, 221-234.
Thompson, A.H., Barnsley, R.H., & Stebelsky, G. (1991). Born to play ball: The relative age effect and major league baseball. *Sociology of Sport Journal, 8*, 146-151.
Trachtman, J.N. (1973). The relationship between ocular motilities and batting averages in Little Leaguers. *American Journal of Optometry and Archives of the American Academy of Optometry, 50*, 914-919.
Tussing, L. (1940). The effect of football and basketball on vision. *Research Quarterly, 11*, 16-18.
Tyldesley, D.A., Bootsma, R.J., & Bomhoff, G.T. (1982). Skill level and eye-movement patterns in a sport oriented reaction time task. In H. Rieder, K. Bös, H. Mechling, & K. Reischle (Eds.), *Motorik und bewegungsforschung: Ein beiträge zum lernen im sport [Motor research: A contribution for sport learning]* (pp. 290-296). Schorndorff, Germany: Hofmann.
van Rossum, J.H.A., & van der Loo, H. (1997). Gifted athletes and complexity of family structure: A condition for talent development? *High Ability Studies, 8*, 19-30.

Verhulst, J. (1992). Seasonal birth distribution of West European soccer players: A possible explanation. *Medical Hypotheses, 38*, 346–348.

Vickers, J.N. (1986). The resequencing task: Determining expert-novice differences in the organization of a movement sequence. *Research Quarterly for Exercise and Sport, 57*, 260–264.

Vickers, J.N. (1988). Knowledge structures of expert-novice gymnasts. *Human Movement Science, 7*, 47–72.

Vickers, J.N. (1992). Gaze control in putting. *Perception, 21*, 117–132.

Vickers, J.N., & Adolphe, R.N. (1997). Gaze behavior during a ball tracking and aiming skill. *International Journal of Sports Vision, 4*, 18–27.

Westerlund, J.H., & Tuttle, W.W. (1931). Relationship between running events in track and reaction time. *Research Quarterly, 2*, 95–100.

Williams, A.M., & Burwitz, L. (1993). Advance cue utilization in soccer. In T. Reilly, J. Clarys, & A. Stibbe (Eds.), *Science and football* (Vol. 2, pp. 239–243). London: E. & F.N. Spon.

Williams, A.M., & Davids, K. (1995). Declarative knowledge in sport: A byproduct of experience or a characteristic of expertise? *Journal of Sport & Exercise Psychology, 17*, 259–278.

Williams, A.M., & Davids, K. (1998a). Perceptual expertise in sport: Research, theory and practice. In H. Steinberg, I. Cockerill, & A. Dewey (Eds.), *What sport psychologists do* (pp. 48–57). Leicester, England: British Psychological Society.

Williams, A.M., & Davids, K. (1998b). Visual search strategy, selective attention, and expertise in soccer. *Research Quarterly for Exercise and Sport, 69*, 111–128.

Williams, A.M., Davids, K., Burwitz, L., & Williams, J.G. (1993). Visual search strategies in experienced and inexperienced soccer players. *Research Quarterly for Exercise and Sport, 65*, 127–135.

Williams, A.M., Davids, K., & Williams, J.G. (1999). *Visual perception and action in sport*. London: E. & F.N. Spon.

Williams, A.M., & Elliott, D.W. (1997). Visual search in karate kumite: A function of expertise and anxiety. In R. Lidor & M. Bar-Eli (Eds.), *Innovations in sport psychology: Linking theory and practice. Proceedings of the International Society for Sport Psychology 9th World Congress of Sport Psychology* (pp. 99–102). Netanya, Israel: Wingate Institute for Physical Education and Sport.

Williams, A.M., & Grant, A. (1999). Training perceptual skill in sport. *International Journal of Sport Psychology, 30*, 194–220.

Williams, H.G., & Thirer, J. (1975). Vertical and horizontal peripheral vision in male and female athletes and non-athletes. *Research Quarterly, 46*, 200–205.

Winograd, S. (1942). The relationship of timing and vision to baseball performance. *Research Quarterly, 13*, 481–493.

Wood, J.M., & Abernethy, B. (1997). An assessment of the efficacy of sports vision training programs. *Optometry and Vision Science, 74*, 646–659.

Wright, D., Pleasants, F., & Gomez-Mesa, M. (1990). Use of advance cue sources in volleyball. *Journal of Sport & Exercise Psychology, 12*, 406–414.

Wrisberg, C.A. (1993). Levels of performance skill. In R. Singer, M. Murphey, & K. Tennant (Eds.), *Handbook of sport psychology* (pp. 61–72). New York: Macmillan.

Yandell, K.M., & Spirduso, W.W. (1981). Sex and athletic status as factors in reaction latency and movement time. *Research Quarterly for Exercise and Sport, 52*, 495–504.

Yoshimoto, T., Fujita, A., Fukami, K., & Kondoh, A. (1982). The effect of athletic activity upon the development of motor coordination viewed from selective eye-head coordination reaction time. In J.H. Salmela, J.T. Partington, & T. Orlick (Eds.), *New paths of sport learning and excellence* (pp. 37–38). Ottawa, Canada: Sport in Perspective.

Young, B., & Salmela, J. (in press). Perceptions of deliberate practice and middle distance runners. *International Journal of Sport Psychology*.

Youngen, L. (1959). A comparison of reaction and movement times of woman athletes and non-athletes. *Research Quarterly, 30*, 349–355.

第8章

Abernethy, B. (1988). The effects of age and expertise upon perceptual skill development in a racquet sport. *Research Quarterly for Exercise and Sport, 59*, 210–221.

Abernethy, B. (1989). Expert-novice differences in perception: How expert does the expert have to be? *Canadian Journal of Sport Sciences, 14*, 27–30.

Abernethy, B., & Russell, D.G. (1987). The relationship between expertise and visual search strategy in a racquet sport. *Human Movement Science, 6*, 283–319.

Adams, J.A. (1971). A closed-loop theory of motor learning. *Journal of Motor Behavior, 3*, 111–150.

Adams, J.A. (1986). Use of the model's knowledge of results to increase the observer's performance. *Journal of Human Movement Studies, 12*, 89–98.

Allard, F., Graham, S., & Paarsalu, M.E. (1980). Perception in sport: Basketball. *Journal of Sport Psychology, 2*, 14–21.

Allard, F., & Starkes, J.L. (1980). Perception in sport: Volleyball. *Journal of Sport Psychology, 2*, 22–33.

Anderson, D.F., Gebhart, J.A., Pease, D.G., & Ludwig, D.A. (1982). Effects of age and temporal spacing of a model on children's performance on a balance task. *Perceptual and Motor Skills, 55*, 1263–1266.

Anderson, D.F., Gebhart, J.A., Pease, D.G., & Rupnow, A.A. (1983). Effects of age, sex, and placement of a model on children's performance on a ball-striking task. *Perceptual and Motor Skills, 57*, 1187–1190.

Arthur, W., Jr., Day, E.A., Bennett, W., McNelly, T.L., & Jordan, J.A. (1997). Dyadic versus individual training protocols: Loss and reacquisition of a complex skill. *Journal of Applied Psychology, 82*, 783–791.

Atienza, F.L., Balaguer, I., & Garcia-Merita, M.L. (1998). Video modeling and imaging training on performance of tennis service of 9- to 12-year-old children. *Perceptual and Motor Skills, 87*, 519–529.

Bandura, A. (1965). Vicarious processes: A case of no-trial learning. In L. Berkowitz (Ed.), *Advances in experimental social psychology* (Vol. 2, pp. 1–55). New York: Academic Press.

Bandura, A. (1969). *Principles of behavior modification*. New York: Holt, Rinehart and Winston.

Bandura, A. (1971). Analysis of modeling processes. In A. Bandura (Ed.), *Psychological modeling: Conflicting theories* (pp. 1–62). Chicago: Adline-Atherton.

Bandura, A. (1977). *Social learning theory*. Englewood Cliffs, NJ: Prentice-Hall.

Bandura, A. (1986). *Social foundations of thought and action: A social cognitive theory*. Englewood Cliffs, NJ: Prentice-Hall.

Bandura, A. (1997). *Self-efficacy: The exercise of control*. New York: Freeman.

Bandura, A., Grusec, J.E., & Menlove, F.L. (1966). Observational learning as a function of symbolization and incentive set. *Child Development, 37*, 499–506.

Bandura, A., & Jeffery, R.W. (1973). Role of symbolic coding and rehearsal processes in observational learning. *Journal of Personality and Social Psychology, 26*, 122–130.

Baron, R.A. (1970). Attraction toward the model and model's competence as determinants of adult imitative behavior. *Journal of Personality and Social Psychology, 14*, 345–351.

Berlant, A.R., & Weiss, M.R. (1997). Goal orientation and the modeling process: An individual's focus on form and outcome. *Research Quarterly for Exercise and Sport, 68*, 317–330.

Bird, A.M., & Rikli, R. (1983). Observational learning and practice variability. *Research Quarterly for Exercise and Sport, 54*, 1–4.

Bird, A.M., Ross, D., & Laguna, P. (1983). *The observational learning of a timing skill*. ERIC Database (1982–1991), ED 269 370.

Blandin, Y., Proteau, L., & Alain, C. (1994). On the cognitive processes underlying contextual interference and observational learning. *Journal of Motor Behavior, 26*, 18–26.

Bouchard, L.J., & Singer, R.N. (1998). Effects of the five-step strategy with videotape modeling on performance of the tennis serve. *Perceptual and Motor Skills, 86*, 739–746.

Bouffard, M., & Dunn, J.G.H. (1993). Children's self-regulated learning of movement sequences. *Research Quarterly for Exercise and Sport, 64*, 393–403.

Bradley, R.D. (1993). *The use of goal-setting and positive self-modeling to enhance self-efficacy and performance for the basketball free throw shot*. Unpublished doctoral dissertation, University of Maryland, College Park.

Burroughs, W.A. (1984). Visual simulation training of baseball batters. *International Journal of Sport Psychology, 15*, 117–126.

Butler, R. (1989). Mastery versus ability appraisal: A developmental study of children's observations of peers' work. *Child Development, 60*, 1350–1361.

Cadopi, M., Chatillon, J.F., & Baldy, R. (1995). Representation and performance: Reproduction of form and quality of movement in dance by eight- and 11-year-old novices. *British Journal of Psychology, 86*, 217–225.

Carroll, W.R., & Bandura, A. (1982). The role of visual monitoring in observational learning of action patterns: Making the unobservable observable. *Journal of Motor Behavior, 14*, 153–167.

Carroll, W.R., & Bandura, A. (1985). The role of timing of visual monitoring and motor rehearsal in observational learning of action patterns. *Journal of Motor Behavior, 17*, 269–281.

Carroll, W.R., & Bandura, A. (1987). Translating cognition into action: The role of visual guidance in observational learning. *Journal of Motor Behavior, 19*, 385–398.

Carroll, W.R., & Bandura, A. (1990). Representational guidance of action production in observational learning: A causal analysis. *Journal of Motor Behavior, 22*, 85–97.

Chamberlin, C.J., & Coelho, A.J. (1993). The perceptual side of action: Decision-making in sport. In J.L. Starkes & F. Allard (Eds.), *Cognitive issues in motor expertise* (pp. 135–158). Amsterdam: Elsevier.

Christina, R.W., Barresi, J.V., & Shaffner, P. (1990). The development of response selection accuracy in a football linebacker using video training. *The Sport Psychologist, 4*, 11–17.

Crawford, S., & Eklund, R.C. (1994). Social physique anxiety, reasons for exercise, and attitudes toward exercise settings. *Journal of Sport & Exercise Psychology, 16*, 70–82.

Darden, G.F. (1997). Demonstrating motor skills: Rethinking that expert demonstration. *Journal of Physical Education, Recreation & Dance, 68*, 31–35.

Deakin, J.M., & Allard, F. (1991). Skilled memory in expert figure skaters. *Memory and Cognition, 19*, 79–86.

Doody, S.G., Bird, A.M., & Ross, D. (1985). The effect of auditory and visual models on acquisition of a timing task. *Human Movement Science, 4*, 271–281.

Downey, P.J., Neil, G.I., & Rapagna, S. (1996). Evaluating modeling effects in dance. *Impulse, 4*, 48–64.

Dowrick, P.W. (1983). Self-modelling. In P.W. Dowrick & S.J. Biggs (Eds.), *Using video: Psychological and social applications* (pp. 105–124). New York: Wiley.

Dowrick, P.W. (Ed.). (1991). *Practical guide to using video in the behavioral sciences*. New York: Wiley.

Dowrick, P.W. (1999). A review of self-modeling and related interventions. *Applied and Preventive Psychology, 8*, 23–39.

Dowrick, P.W., & Biggs, S.J. (1983). *Using video: Psychological and social applications*. New York: Wiley.

Dowrick, P.W., & Dove, C. (1980). The use of self-modeling to improve the swimming performance of spina bifida children. *Journal of Applied Behavior Analysis, 13*, 51–56.

Druckman, D., & Swets, J.A. (1988). *Enhancing human performance: Issues, theories and techniques*. Washington, DC: Academy Press.

Eklund, R.C., & Crawford, S. (1994). Active women, social physique anxiety and exercise. *Journal of Sport & Exercise Psychology, 16*, 431–448.

Feltz, D.L. (1980). Teaching a high-avoidance motor task to a retarded child through participant modeling. *Education and Training of the Mentally Retarded, 15*, 152–155.

Feltz, D.L. (1982). The effects of age and number of demonstrations on modeling of form and performance. *Research Quarterly for Exercise and Sport, 53*, 291–296.

Feltz, D.L., & Landers, D.M. (1977). Informational-motivational components of a model's demonstration. *Research Quarterly, 48*, 525–533.

Feltz, D.L., & Landers, D.M. (1983). The effects of mental practice on motor skill learning and performance: A meta-analysis. *Journal of Sport Psychology, 5*, 25–57.

Feltz, D.L., Landers, D.M., & Raeder, U. (1979). Enhancing self-efficacy in high avoidance motor tasks: A comparison of modeling techniques. *Journal of Sport Psychology, 1*, 112–122.

Ferrari, M. (1996). Observing the observer: Self-regulation in the observational learning of motor skills. *Developmental Review, 16*, 203–240.

Finke, R.A. (1986). Mental imagery and the visual system. *Scientific American, 254*, 88–95.

Flavell, J.H. (1970). Developmental studies of mediated memory. In H.W. Reese & L.P. Lipsitt (Eds.), *Advances in child development and behavior* (Vol. 5, pp. 181–211). New York: Academic Press.

Fleishman, E., & Gagné, R.M. (1954). *Psychology and human performance: An introduction to psychology*. New York: Holt.

Flint, F.A. (1991). *The psychological effects of modeling in athletic injury rehabilitation*. Unpublished doctoral dissertation, University of Oregon, Eugene.

Flint, F.A. (1993). Seeing helps believing: Modeling in injury rehabilitation. In D. Pargman (Ed.), *Psychological bases of sport injuries* (pp. 183–198). Morgantown, WV: Fitness Information Technology.

Franks, I.M., & Maile, L.J. (1991). The use of video in sport skill acquisition. In P.W. Dowrick (Ed.), *Practical guide to using video in the behavioral sciences* (pp. 231–243). New York: Wiley.

French, K.E., & Thomas, J.R. (1987). The relation of knowledge development to children's basketball performance. *Journal of Sport Psychology, 9,* 15–32.

Gallagher, J.D., French, K.E., Thomas, K.T., & Thomas, J.R. (1996). Expertise in youth sport: Relations between knowledge and skill. In F.L. Smoll & R.E. Smith (Eds.), *Children and youth in sport: A biopsychosocial perspective* (pp. 338–358). Madison, WI: Brown & Benchmark.

Gallagher, J.D., & Hoffman, S. (1987). Memory development and children's sport skill acquisition. In D. Gould & M.R. Weiss (Eds.), *Advances in pediatric sport sciences* (pp. 187–210). Champaign, IL: Human Kinetics.

Gentile, A.M. (1987). Skill acquisition: Action, movement and neuromotor processes. In J.H. Carr, J. Shephard, J. Gordon, A.M. Gentile, & J.M. Held (Eds.), *Movement science: Foundations for physical therapy* (pp. 93–154). Rockville, MD: Aspen.

George, T.R., Feltz, D.L., & Chase, M.A. (1992). Effects of model similarity on self-efficacy and muscular endurance: A second look. *Journal of Sport & Exercise Psychology, 14,* 237–248.

Gould, D.R., & Roberts, G.C. (1981). Modeling and motor skill acquisition. *Quest, 33,* 214–230.

Gould, D.R., & Weiss, M.R. (1981). The effects of model similarity and model talk on self-efficacy and muscular endurance. *Journal of Sport Psychology, 3,* 17–29.

Gray, S.W. (1990). Effect of visuomotor rehearsal with videotaped modeling on racquetball performance of beginning players. *Perceptual and Motor Skills, 70,* 379–385.

Gray, S.W., & Fernandez, S.J. (1989). Effects of visuomotor behavior rehearsal with videotaped modeling on basketball shooting performance. *Psychology: A Journal of Human Behavior, 26,* 41–47.

Hall, C., Moore, J., Annett, J., & Rodgers, W. (1997). Recalling demonstrated and guided movements using imaginary and verbal rehearsal strategies. *Research Quarterly for Exercise and Sport, 68,* 136–144.

Hall, E.G., & Erffmeyer, E.S. (1983). The effect of visuomotor behavior rehearsal with videotaped modeling on free throw accuracy of intercollegiate female basketball players. *Journal of Sport Psychology, 5,* 343–346.

Halliwell, W. (1990). Providing sport psychology consultant services in professional hockey. *The Sport Psychologist, 4,* 369–377.

Hancock, P.A., Arthur, E.J., & Andre, A.D. (1993). Learning in virtual environments. *Journal of Sport & Exercise Psychology, 15,* S40.

Harter, S. (1978). Effectance motivation reconsidered. *Human Development, 21,* 34–64.

Harter, S. (1981). A new self-report scale of intrinsic versus extrinsic orientation in the classroom: Motivational and informational components. *Developmental Psychology, 17,* 300–312.

Hebert, E.P., & Landin, D. (1994). Effects of a learning model and augmented feedback in tennis skill acquisition. *Research Quarterly for Exercise and Sport, 65,* 250–257.

Horn, T.S., & Harris, A. (1996). Perceived competence in young athletes: Research findings and recommendations for coaches and parents. In F.L. Smoll & R.E. Smith (Eds.), *Children and youth in sport: A biopsychosocial perspective* (pp. 309–329). Madison, WI: Brown & Benchmark.

Housner, L.D. (1984a). The role of imaginal processing in the retention of visually presented sequential motoric stimuli. *Research Quarterly for Exercise and Sport, 55,* 24–31.

Housner, L.D. (1984b). The role of visual imagery in recall of modeled motoric stimuli. *Journal of Sport Psychology, 6,* 148–158.

Ishikura, T., & Inomata, K. (1995). Effects of angle of model demonstration on learning of a motor skill. *Perceptual and Motor Skills, 80,* 651–658.

Jones, C.M., & Miles, T.R. (1978). Use of advance cues in predicting the flight of a lawn tennis ball. *Journal of Human Movement Studies, 4,* 231–235.

Kim, J., Singer, R.N., & Tennant, L.K. (1998). Visual, auditory and kinesthetic imagery on motor learning. *Journal of Human Movement Studies, 34,* 159–174.

Kowalski, E.M., & Sherrill, C. (1992). Motor sequencing of boys with learning disabilities: Modeling and verbal rehearsal strategies. *Adapted Physical Activity Quarterly, 9,* 261–272.

Kulik, J.A., & Mahler, H.I. (1987). Effects of preoperative roommate assignment on preoperative anxiety and recovery from coronary bypass surgery. *Health Psychology, 6,* 525–543.

Laguna, P.L. (1996). The effects of model demonstration strategies on motor skill acquisition and performance. *Journal of Human Movement Studies, 30,* 55–79.

Landers, D.M. (1975). Observational learning of a motor skill: Temporal spacing of demonstrations and audience presence. *Journal of Motor Behavior, 7,* 281–287.

Landers, D.M., & Landers, D.M. (1973). Teacher versus peer models: Effects of model's presence and performance level on motor behavior. *Journal of Motor Behavior, 5,* 129–139.

Landers, D.M., & McCullagh, P. (1976). Social facilitation of motor performance. In J.F. Keogh (Ed.), *Exercise and sports sciences reviews* (pp. 125–162). Santa Barbara, CA: Journal Publishing Affiliates.

Landin, D. (1994). The role of verbal cues in skill learning. *Quest, 46,* 299–313.

Lang, P.J. (1979). A bio-informational theory of emotional imagery. *Psychophysiology, 16,* 495–512.

Laugier, C., & Cadopi, M. (1996). Representational guidance of dance performance in adult novices: Effect of concrete vs. abstract movement. *International Journal of Sport Psychology, 27,* 91–108.

Lee, T.D., Swinnen, S.P., & Serrien, D.J. (1994). Cognitive effort and motor learning. *Quest, 46,* 328–344.

Lee, T.D., & White, M.A. (1990). Influence of an unskilled model's practice schedule on observational motor learning. *Human Movement Science, 9,* 349–367.

Lee, T.D., Wishart, L.R., Cunningham, S., & Carnahan, H. (1997). Model timing information during random practice eliminates the contextual interference effect. *Research Quarterly for Exercise and Sport, 68,* 100–105.

Lewis, S. (1974). A comparison of behavior therapy techniques in the reduction of fearful avoidance behavior. *Behavior Therapy, 5,* 648–655.

Lirgg, C.D., & Feltz, D.L. (1991). Teacher versus peer models revisited: Effects on motor performance and self-efficacy. *Research Quarterly for Exercise and Sport, 62*, 217–224.

Little, W.S., & McCullagh, P. (1989). Motivational orientation and modeled instructional strategies: The effects on form and accuracy. *Journal of Sport & Exercise Psychology, 11*, 41–53.

Li-Wei, Z., Qi-Wei, M., Orlick, T., & Zitzelsberger, L. (1992). The effect of mental-imagery training on performance enhancement with 7- to 10-year-old children. *The Sport Psychologist, 6*, 230–241.

Londeree, B. (1967). Effect of training with motion pictures versus flash cards upon football play recognition. *Research Quarterly, 38*, 202–207.

Lumsdaine, A.A. (Ed.). (1961). *Student responses in programmed instruction*. Washington, DC: Academy of Sciences: National Research Council.

Magill, R.A. (1993). Modeling and verbal feedback influences on skill learning. *International Journal of Sport Psychology, 24*, 358–369.

Magill, R.A. (1998). *Motor learning: Concepts and applications*. New York: McGraw-Hill.

Magill, R.A., & Schoenfelder-Zohdi, B. (1996). A visual model and knowledge of performance as sources of information for learning a rhythmic gymnastics skill. *International Journal of Sport Psychology, 27*, 7–22.

Marcus, B.H., Owen, N., Forsyth, L.H., Cavill, N.A., & Fridinger, F. (1998). Physical activity interventions using mass media, print media, and information technology. *American Journal of Preventive Medicine, 15*, 362–378.

Martens, R., Burwitz, L., & Zuckerman, J. (1976). Modeling effects on motor performance. *Research Quarterly, 47*, 277–291.

Mausner, B. (1953). Studies in social interaction: III. Effect of variation in one partner's prestige on the interaction of observer pairs. *Journal of Applied Psychology, 37*, 391–393.

McAuley, E. (1985). Modeling and self-efficacy: A test of Bandura's model. *Journal of Sport Psychology, 7*, 283–295.

McCullagh, P. (1986). Model status as a determinant of attention in observational learning and performance. *Journal of Sport Psychology, 8*, 319–331.

McCullagh, P. (1987). Model similarity effects on motor performance. *Journal of Sport Psychology, 9*, 249–260.

McCullagh, P. (1993). Modeling: Learning, developmental, and social psychological considerations. In R.N. Singer, M. Murphey, & L.K. Tennant (Eds.), *Handbook of research on sport psychology* (pp. 106–125). New York: Macmillan.

McCullagh, P., Burch, C.D., & Siegel, D.I. (1990). *Correct and self-modeling and the role of feedback in motor skill acquisition*. Paper presented at the annual meeting of the North American Society for the Psychology of Sport and Physical Activity, Houston, TX.

McCullagh, P., & Caird, J.K. (1990). Correct and learning models and the use of model knowledge of results in the acquisition and retention of a motor skill. *Journal of Human Movement Studies, 18*, 107–116.

McCullagh, P., & Little, W.S. (1989). A comparison of modalities in modeling. *Human Performance, 2*, 101–111.

McCullagh, P., & Meyer, K.N. (1997). Learning versus correct models: Influence of model type on the learning of a free-weight squat lift. *Research Quarterly for Exercise and Sport, 68*, 56–61.

McCullagh, P., Stiehl, J., & Weiss, M.R. (1990). Developmental modeling effects on the quantitative and qualitative aspects of motor performance. *Research Quarterly for Exercise and Sport, 61*, 344–350.

McCullagh, P., Weiss, M.R., & Ross, D. (1989). Modeling consideration in motor skill acquisition and performance: An integrated approach. In K.B. Pandolf (Ed.), *Exercise and sport science reviews* (pp. 475–513). Baltimore: Williams & Wilkins.

McPherson, S.L. (1999). Expert-novice differences in performance skills and problem representations of youth and adults during tennis competition. *Research Quarterly for Exercise and Sport, 70*, 233–251.

McPherson, S.L., & Thomas, J.R. (1989). Relation of knowledge and performance in boy's tennis: Age and expertise. *Journal of Experimental Child Psychology, 48*, 190–211.

Meaney, K.S. (1994). Developmental modeling effects on the acquisition, retention, and transfer of a novel motor skill. *Research Quarterly for Exercise and Sport, 65*, 31–39.

Meaney, K.S., & Edwards, R. (1996). Ensenanzas en un gimnasio: An investigation of modeling and verbal rehearsal on the motor performance of Hispanic limited English proficient children. *Research Quarterly for Exercise and Sport, 67*, 44–51.

Mischel, W., & Grusec, J. (1966). Determinants of the rehearsal and transmission of neutral and aversive behaviors. *Journal of Personality and Social Psychology, 3*, 197–205.

Nevett, M.E., & French, K.E. (1997). The development of sport-specific planning, rehearsal, and updating of plans during defensive youth baseball game performance. *Research Quarterly for Exercise and Sport, 68*, 203–214.

Newell, K.M. (1976). Motor learning without knowledge of results through the development of a response recognition mechanism. *Journal of Motor Behavior, 8*, 209–217.

Newell, K.M. (1981). Skill learning. In D. Holding (Ed.), *Human skills* (pp. 203–226). New York: Wiley.

Newell, K.M., Morris, L.R., & Scully, D.M. (1985). Augmented information and the acquisition of skills in physical activity. In R.L. Terjung (Ed.), *Exercise and sport sciences reviews* (pp. 235–261). New York: Macmillan.

Onestak, D.M. (1997). The effect of visuomotor behavior rehearsal (VMBR) and videotaped modeling (VM) on the free-throw performance of intercollegiate athletes. *Journal of Sport Behavior, 20*, 185–198.

Paivio, A. (1971). *Imagery and verbal processes*. New York: Holt, Rinehart and Winston.

Passer, M.W. (1996). At what age are children ready to compete? Some psychological considerations. In F.L. Smoll & R.E. Smith (Eds.), *Children and youth in sport: A biopsychosocial perspective* (pp. 73–86). Madison, WI: Brown & Benchmark.

Pollock, B.J., & Lee, T.D. (1992). Effects of the model's skill level on observational motor learning. *Research Quarterly for Exercise and Sport, 63*, 25–29.

Rejeski, W.J., & Sanford, B. (1984). Feminine-typed females: The role of affective schema in the perception of exercise intensity. *Journal of Sport Psychology, 6*, 197–207.

Richardson, J.R., & Lee, T.D. (1999). The effects of proactive and retroactive demonstrations on learning signed letters. *Acta Psychologica, 101*, 79–90.

Roach, N.K., & Burwitz, L. (1986). Observational learning in motor skill acquisition: The effect of verbal directing cues. In J. Watkins, T. Reilly, & L. Burwitz (Eds.), *Sports science: Proceedings of the 8th Commonwealth and International Con-*

ference on Sport, Physical Education, Dance, Recreation and Health (pp. 349–354). London: E. & F.N. Spon.

Roberton, M.A., Halverson, L.E., & Harper, C.J. (1997). Visual/verbal modeling as a function of children's developmental levels in hopping. In J.E. Clark & J.H. Humphrey (Eds.), Motor development: Research and reviews (Vol. 1, pp. 122–147). Reston, VA: National Association for Sport and Physical Education.

Rosenthal, T.L., & Bandura, A. (1978). Psychological modeling: Theory and practice. In S.L. Garfield & A.E. Bergin (Eds.), Handbook of psychotherapy and behavior change: An empirical analysis (2nd ed., pp. 621–658). New York: Wiley.

Ross, D., Bird, A.M., Doody, S.G., & Zoeller, M. (1985). Effect of modeling and videotape feedback with knowledge of results on motor performance. Human Movement Science, 4, 149–157.

Rothstein, A.L., & Arnold, R.K. (1976). Bridging the gap: Application of research on videotape feedback and bowling. Motor Skills: Theory into Practice, 1, 35–62.

Rushall, B.S. (1988). Covert modeling as a procedure for altering an elite athlete's psychological state. The Sport Psychologist, 2, 131–140.

Ryan, E.D., & Simons, J. (1981). Cognitive demand, imagery, and frequency of mental rehearsal as factors influencing acquisition of motor skills. Journal of Sport Psychology, 3, 35–45.

Ryan, E.D., & Simons, J. (1983). What is learned in mental practice of motor skills: A test of the cognitive-motor hypothesis. Journal of Sport Psychology, 5, 419–426.

Salmela, J.H., & Fiorito, P. (1979). Visual cues in ice hockey goaltending. Canadian Journal of Applied Sport Sciences, 4, 56–59.

Schmidt, R.A. (1975). A schema theory of discrete motor skill learning. Psychological Review, 82, 225–260.

Schmidt, R.A. (1988). Motor control and learning: A behavioral emphasis. Champaign, IL: Human Kinetics.

Schoenfelder-Zohdi, B.G. (1992). Investigating the informational nature of a modeled visual demonstration. Unpublished doctoral dissertation, Louisiana State University, Baton Rouge.

Schunk, D.H. (1987). Peer models and children's behavioral change. Review of Educational Research, 57, 149–174.

Schunk, D.H. (1989a). Self-efficacy and achievement behaviors. Educational Psychology Review, 1, 173–208.

Schunk, D.H. (1989b). Social cognitive theory and self-regulated learning. In B.J. Zimmerman & D.H. Schunk (Eds.), Self-regulated learning and academic achievement: Theory, research, and practice (pp. 83–110). New York: Springer-Verlag.

Schunk, D.H., & Hanson, A.R. (1985). Peer models: Influence on children's self-efficacy and achievement. Journal of Educational Psychology, 77, 313–322.

Schunk, D.H., & Hanson, A.R. (1989a). Influence of peer-model attributes on children's beliefs and learning. Journal of Educational Psychology, 81, 431–434.

Schunk, D.H., & Hanson, A.R. (1989b). Self-modeling and children's cognitive skill learning. Journal of Educational Psychology, 81, 155–163.

Schunk, D.H., Hanson, R.A., & Cox, P.D. (1987). Peer-model attributes and children's achievement behaviors. Journal of Educational Psychology, 79, 54–61.

Schunk, D.H., & Zimmerman, B.J. (1997). Social origins of self-regulatory competence. Educational Psychologist, 32, 195–208.

Scully, D.M. (1986). Visual perception of technical execution and aesthetic quality in biological motion. Human Movement Science, 5, 185–206.

Scully, D.M. (1987). Visual perception of biological motion. Unpublished doctoral dissertation. University of Illinois, Urbana-Champaign.

Scully, D.M., & Newell, K.M. (1985). Observational learning and the acquisition of motor skills: Toward a visual perception perspective. Journal of Human Movement Studies, 11, 169–186.

Seat, J.E., & Wrisberg, C.A. (1996). The visual instruction system. Research Quarterly for Exercise and Sport, 67, 106–108.

Shea, C.H., Wright, D.L., Wulf, G., & Whitacre, C. (2000). Physical and observational practice afford unique learning opportunities. Journal of Motor Behavior, 32, 27–36.

Shea, C.H., & Wulf, G. (1999). Enhancing motor learning through external-focus instruction and feedback. Human Movement Science, 18, 553–571.

Shea, C.H., Wulf, G., & Whitacre, C. (1999). Enhancing training efficiency through the use of dyad training. Journal of Motor Behavior, 31, 119–125.

Shea, J.B., & Morgan, R.L. (1979). Contextual interference effects on the acquisition, retention, and transfer of a motor skill. Journal of Experimental Psychology, Human Learning and Memory, 5, 179–187.

Shebilske, W.L., Regian, J.W., Arthur, W., Jr., & Jordan, J.A. (1992). A dyadic protocol for training complex skills. Human Factors, 34, 369–374.

Sheffield, F.N. (1961). Theoretical considerations in the learning of complex sequential tasks from demonstrations and practice. In A.A. Lumsdaine (Ed.), Student response in programmed instruction (pp. 13–32). Washington, DC: National Academy of Sciences.

Sidaway, B., & Hand, M.J. (1993). Frequency of modeling effects on the acquisition and retention of a motor skill. Research Quarterly for Exercise and Sport, 64, 122–125.

Signorielli, N. (1990). Children, television, and gender roles: Messages and impact. Journal of Adolescent Health Care, 11, 50–58.

Southard, D., & Higgins, T. (1987). Changing movement patterns: Effects of demonstration and practice. Research Quarterly for Exercise and Sport, 58, 77–80.

Starek, J., & McCullagh, P. (1999). The effect of self-modeling on the performance of beginning swimmers. The Sport Psychologist, 13, 269–287.

Starkes, J.L., & Deakin, J.M. (1984). Perception in sport: A cognitive approach to skilled performance. In W.F. Straub & J.M. Williams (Eds.), Cognitive sport psychology (pp. 115–128). Lansing, NY: Sport Science Associates.

Starkes, J.L., Deakin, J., Lindley, S., & Crisp, F. (1987). Motor versus verbal recall of ballet sequences by young expert dancers. Journal of Sport Psychology, 9, 222–230.

Starkes, J.L., & Lindley, S. (1994). Can we hasten expertise by video simulations? Quest, 46, 211–222.

Stipek, D., & MacIver, D. (1989). Developmental change in children's assessment of intellectual competence. Child Development, 60, 521–538.

Templin, D.P., & Vernacchia, R.A. (1995). The effect of highlight music videotapes upon the game performance of intercollegiate basketball players. The Sport Psychologist, 9, 41–50.

Thelen, M.H., Fry, R.A., Fehrenbach, P.A., & Frautschi, N.M.

(1979). Therapeutic videotape and film modeling: A review. *Psychological Bulletin, 86,* 701–720.

Thomas, J.R., French, K.E., & Humphries, C.A. (1986). Knowledge of developmental and sport skill performance: Directions for motor behavior research. *Journal of Sport Psychology, 8,* 259–272.

Thomas, J.R., Pierce, C., & Ridsdale, S. (1977). Age differences in children's ability to model motor behavior. *Research Quarterly, 48,* 592–597.

Triplett, N. (1898). The dynamogenic factors in pacemaking and competition. *American Journal of Psychology, 9,* 507–533.

Vogt, S. (1995). On relations between perceiving, imagining and performing in the learning of cyclical movement sequences. *British Journal of Psychology, 86,* 191–216.

Weeks, D.L. (1992). A comparison of modeling modalities in the observational learning of an externally paced task. *Research Quarterly for Exercise and Sport, 63,* 373–380.

Weeks, D.L., & Choi, J. (1992). Modelling the perceptual component of a coincident-timing skill: The influence of frequency of demonstration. *Journal of Human Movement Studies, 23,* 201–213.

Weeks, D.L., Hall, A.K., & Anderson, L.P. (1996). A comparison of imitation strategies in observational learning of action patterns. *Journal of Motor Behavior, 28,* 348–358.

Weir, P.L., & Leavitt, J.L. (1990). Effects of model's skill level and model's knowledge of results on the performance of a dart throwing task. *Human Movement Science, 9,* 369–383.

Weiss, M.R. (1982). Developmental modeling: Enhancing children's motor skill acquisition. *Journal of Health, Physical Education, Recreation, and Dance, 53,* 49–50, 67.

Weiss, M.R. (1983). Modeling and motor performance: A developmental perspective. *Research Quarterly for Exercise and Sport, 54,* 190–197.

Weiss, M.R., Bredemeier, B.J., & Shewchuk, R.M. (1985). An intrinsic/extrinsic motivation scale for the youth sport setting: A confirmatory factor analysis. *Journal of Sport & Exercise Psychology, 7,* 75–91.

Weiss, M.R., Ebbeck, V., & Rose, D.J. (1992). "Show and tell" in the gymnasium revisited: Developmental differences in modeling and verbal rehearsal effects on motor skill learning and performance. *Research Quarterly for Exercise and Sport, 63,* 292–301.

Weiss, M.R., Ebbeck, V., & Wiese-Bjornstal, D.M. (1993). Developmental and psychological skills related to children's observational learning of physical skills. *Pediatric Exercise Science, 5,* 301–317.

Weiss, M.R., & Klint, K.A. (1987). "Show and tell" in the gymnasium: An investigation of developmental differences in modeling and verbal rehearsal of motor skills. *Research Quarterly for Exercise and Sport, 58,* 234–241.

Weiss, M.R., McCullagh, P., Smith, A.L., & Berlant, A.R. (1998). Observational learning and the fearful child: Influence of peer models on swimming skill performance and psychological responses. *Research Quarterly for Exercise and Sport, 69,* 380–394.

Weiss, M.R., & Troxel, R.K. (1986). Psychology of the injured athlete. *Athletic Training, 21,* 104–109, 154.

White, A., & Hardy, L. (1995). Use of different imagery perspectives on the learning and performance of different motor skills. *British Journal of Psychology, 86,* 169–180.

Whiting, H.T.A. (1988). Imitation and the learning of complex cyclical actions. In O.G. Meijer & K. Roth (Eds.), *Complex motor behavior: "The" motor-action controversy* (pp. 381–401). Amsterdam: North Holland.

Whiting, H.T.A., Bijlard, M.J., & den Brinker, B.P.L.M. (1987). The effect of the availability of a dynamic model on the acquisition of a complex cyclical action. *Quarterly Journal of Experimental Psychology, 39A,* 43–59.

Wiese, D.M., & Weiss, M.R. (1987). Psychological rehabilitation and physical injury: Implication for the sports medicine team. *The Sport Psychologist, 1,* 318–330.

Wiese-Bjornstal, D.M., & Weiss, M.R. (1992). Modeling effects on children's form, kinematics, performance outcome, and cognitive recognition of a sport skill: An integrated perspective. *Research Quarterly for Exercise and Sport, 63,* 67–75.

Williams, A.M., Davids, K., & Williams, J.G. (1999). *Visual perception and action in sport.* London: E. & F.N. Spon.

Williams, A.M., & Grant, A. (1999). Training perceptual skill in sport. *International Journal of Sport Psychology, 30,* 194–220.

Williams, J.G. (1989). Visual demonstrations and movement production: Effects of timing variations in a model's action. *Perceptual and Motor Skills, 68,* 891–896.

Williams, J.G. (1993). Motoric modeling: Theory and research. *Journal of Human Movement Studies, 24,* 237–270.

Willingham, D.B. (1998). A neuropsychological theory of motor skill learning. *Psychological Review, 105,* 558–584.

Winfrey, M.L., & Weeks, D.L. (1993). Effects of self-modeling on self-efficacy and balance beam performance. *Perceptual and Motor Skills, 77,* 907–913.

Wright, D.L., Li, Y., & Coady, W. (1997). Cognitive processes related to contextual interference and observational learning: A replication of Blandin, Proteau and Alain. *Research Quarterly for Exercise and Sport, 68,* 106–109.

Wuyts, I.J., & Buekers, M.J. (1995). The effects of visual and auditory models on the learning of a rhythmical synchronization dance skill. *Research Quarterly for Exercise and Sport, 66,* 105–115.

Yando, R., Seitz, V., & Zigler, E. (1978). *Imitation: A developmental perspective.* Hillsdale, NJ: Erlbaum.

第9章

Aguerri, P. (1986). The development of sport psychology as seen through the analysis of the first fifteen years of the *Journal. International Journal of Sport Psychology, 17,* 87–99.

Alderman, R.B. (1974). *Psychological behavior in sport.* Philadelphia: Saunders.

Allison, M.G., & Ayllon, T. (1980). Behavioral coaching in the development of skills in football, gymnastics, and tennis. *Journal of Applied Behavior Analysis, 13,* 297–314.

Allport, G.W. (1937). *Personality: A psychological interpretation.* New York: Holt, Rinehart and Winston.

Apitzsch, E., & Berggren, B. (1993). *The personality of the elite soccer player.* Lund, Sweden: Lund University, Department of Applied Psychology.

Bakker, F.C., Whiting, H.T.A., & van der Brug, H. (1990). *Sport psychology: Concepts and applications.* Chichester, England: Wiley.

Bar-Eli, M., & Tenenbaum, G. (1988a). The interaction of individual psychological crisis and time phases in basketball. *Perceptual and Motor Skills, 66,* 523–530.

Bar-Eli, M., & Tenenbaum, G. (1988b). Time phases and the individual psychological crisis in sports competition: Theory and research findings. *Journal of Sports Sciences, 6,* 141–149.

Bar-Eli, M., & Tenenbaum, G. (1989). Game standings and psychological crisis in sport: Theory and research. *Canadian Journal of Sports Science, 4,* 31–37.

Barlow, D.H., & Hersen, M. (1984). *Single case experimental designs: Strategies for studying behavior change.* New York: Pergamon Press.

Barrios, B., & Hartmann, D.P. (1986). The contributions of traditional assessment: Concepts, issues, and methodologies. In R.O. Nelson & S.C. Hayes (Eds.), *Conceptual foundations of behavioral assessment* (pp. 81–110). New York: Guilford Press.

Bem, D.J. (1983). Constructing a triple typology: Some (second) thoughts on nomothetic and idiographic approaches to personality. *Journal of Personality, 51,* 566–577.

Biddle, S.J.H. (1995). Editorial: Applied sport psychology in Europe. *The Sport Psychologist, 9,* 127–129.

Brewer, J., & Hunter, A. (1989). *Multimethod research: A synthesis of styles.* Newbury Park, CA: Sage.

Brody, N. (1988). *Personality: In search of individuality.* San Diego, CA: Academic Press.

Browne, M.A., & Mahoney, M.J. (1984). Sport psychology. *Annual Review of Psychology, 35,* 605–625.

Bull, S.J. (1989). The role of the sport psychology consultant: A case study of ultra-distance running. *The Sport Psychologist, 3,* 254–264.

Buss, D.M., & Craik, K.H. (1983). The act frequency approach to personality. *Personality Review, 90,* 105–126.

Butt, D.S. (1987). *Psychology of sport: The behavior, motivation, personality, and performance of athletes.* New York: Van Nostrand-Reinhold.

Cantor, N., Mischel, W., & Schwartz, J.C. (1982). A prototype analysis of psychological situations. *Cognitive Psychology, 14,* 45–77.

Carron, A. (1980). *Social psychology of sport.* Ithaca, NY: Mouvement.

Claeys, W. (1980). Het modern interactionisme in de persoonlijkheidspsychologie (Modern interactionism in personality psychology). In J.R. Nuttin (Ed.), *Gedrag, dynamische relatie en betekeniswereld* (pp. 221–237). Leuven, Belgium: University of Leuven.

Cooper, H. (1990). Meta-analysis and the integrative research review. In C. Hendrick & M.S. Clark (Eds.), *Research methods in personality and social psychology (Review of personality and social psychology 11)* (pp. 142–163). Newbury Park, CA: Sage.

Cooper, L. (1969). Athletics, activity and personality: A review of the literature. *Research Quarterly, 40,* 17–22.

Costa, P.T., Jr., & McCrae, R.R. (1992). The five-factor model of personality and its relevance to personality disorders. *Journal of Personality Disorders, 6,* 343–359.

Curry, L.A., Snyder, C.R., Cook, D.L., Ruby, B.C., & Rehm, M. (1997). Role of hope in academic and sport achievement. *Journal of Personality and Social Psychology, 73,* 1257–1267.

Danziger, K. (1990). *Constructing the subject: Historical origins of psychological research.* Cambridge, England: Cambridge University Press.

Davis, C., & Mogk, J.P. (1994). Personality correlates of interest excellence in sport. *International Journal of Sport Psychology, 25,* 131–143.

De Boeck, P. (1989). *Brief user's guide for the HICLAS program on PC, version 1.1.* Unpublished manuscript, University of Leuven, Belgium, Department of Psychology.

De Boeck, P., & Maris, E. (1990). *Individueel roosteronderzoek en hiërarchische klasse-analyse: Basisprincipes en leidraad voor toepassingen [Individual grid analysis and hierarchical class analysis: Basic principles and guide for applications] (manual).* Leuven, Belgium: University of Leuven.

De Boeck, P., & Rosenberg, S. (1988). Hierarchical classes: Model and data analysis. *Psychometrika, 53,* 361–381.

De Boeck, P., Rosenberg, S., & Van Mechelen, I. (1993). The hierarchical classes approach: A review. In J. Hampton, R.S. Michalski, & P. Theunis (Eds.), *Categories and concepts: Theoretical views and inductive data analysis* (pp. 265–286). London: Academic Press.

De Boeck, P., & Van Mechelen, I. (1990). Traits and taxonomies: A hierarchical classes approach. *European Journal of Personality, 4,* 147–156.

Deshaies, P., Pargman, D., & Thiffault, C. (1979). A psychobiological profile of individual performance in junior hockey players. In G.C. Roberts & K.M. Newell (Eds.), *Psychology of motor behavior and sport–1978* (pp. 36–50). Champaign, IL: Human Kinetics.

Digman, J.M. (1990). Personality structure: Emergence of the five factor model. *Annual Review of Psychology, 41,* 417–440.

Dishman, R.K. (1982). Identity crisis in North American sport psychology: Academics in professional issues. *Journal of Sport Psychology, 5,* 123–134.

Donahue, J.A., Gillis, J.H., & King, K. (1980). Behavior modification in sport and physical education: A review. *Journal of Sport Psychology, 2,* 311–328.

Duda, J.L. (1998). Introduction. In J.L. Duda (Ed.), *Advances in sport and exercise psychology measurement* (pp. xxi-xxiii). Morgantown, WV: Fitness Information Technology.

Duda, J.L., & Whitehead, J. (1998). Measurement of goal perspectives in the physical domain. In J.L. Duda (Ed.), *Advances in sport and exercise psychology measurement* (pp. 21–48). Morgantown, WV: Fitness Information Technology.

Epstein, S. (1979). The stability of behavior: I. On predicting most of the people much of the time. *Journal of Personality and Social Psychology, 37,* 1079–1126.

Eysenck, H.J., & Eysenck, S.B.G. (1964). *Manual of the Eysenck Personality Inventory.* London: University of London Press.

Eysenck, H.J., & Eysenck, S.B.G. (1975). *Manual of the Eysenck Personality Questionnaire.* Kent, England: Hodder & Stoughton.

Eysenck, H.J., Nias, D.K.B., & Cox, D.N. (1982). Sport and personality. *Advances in Behavior Research and Therapy, 1,* 1–56.

Fehr, B., & Russel, J.A. (1984). Concept of emotion viewed from a prototype perspective. *Journal of Experimental Psychology: General, 113,* 464–486.

Feltz, D.L. (1987). Advancing knowledge in sport psychology: Strategies for expanding our conceptual frameworks. *Quest, 39,* 243–254.

Feltz, D.L. (1989). Theoretical research in sport psychology: From applied psychology toward sport science. In J.S. Skinner, C.D. Corbin, D.M. Landers, P.E. Martin, & C.L. Wells (Eds.), *Future directions in exercise and sport science research* (pp. 435–452). Champaign, IL: Human Kinetics.

Feltz, D.L. (1992). The nature of sport psychology. In T.S. Horn (Ed.), *Advances in sport psychology* (pp. 3–11). Champaign, IL: Human Kinetics.

Fenigstein, A., Scheier, M.F., & Buss, A.H. (1975). Public and private self-consciousness: Assessment and theory. *Journal of Consulting and Clinical Psychology, 43,* 522–527.

Fisher, A.C. (1977). Sport personality assessment: Facts, fallacies, and perspectives. *Motor Skills: Theory into Practice, 1,* 87–97.

Fisher, A.C. (1984). New directions in sport personality research. In J.M. Silva & R.S. Weinberg (Eds.), *Psychological foundations of sport* (pp. 70–80). Champaign, IL: Human Kinetics.

Fox, K.R. (1998). Advances in the measurement of the physical self. In J.L. Duda (Ed.), *Advances in sport and exercise psychology measurement* (pp. 295–310). Morgantown, WV: Fitness Information Technology.

Gara, M., & Rosenberg, S. (1979). The identification of persons as supersets and subsets in free-response personality descriptions. *Journal of Personality and Social Psychology, 37,* 2161–2170.

Gat, I., & McWhirter, B.T. (1998). Personality characteristics of competitive and recreational cyclists. *Journal of Sport Behavior, 21,* 408–420.

Goldberg, L.R. (1992). The development of marker variables for the big five factor structure. *Psychological Assessment, 4,* 26–42.

Gould, D., Horn, T., & Spreeman, J. (1983). Sources of stress in junior elite wrestlers. *Journal of Sport Psychology, 5,* 159–171.

Gould, D., Jackson, S.A., & Finch, L.M. (1993). Life at the top: The experiences of U.S. national champion figure skaters. *The Sport Psychologist, 7,* 354–374.

Grove, J.R., & Heard, N.P. (1997). Optimism and sport confidence as correlates of slump-related coping among athletes. *The Sport Psychologist, 11,* 400–410.

Haase, H. (1984). Selection of "talents" for high performance sports: A venture beyond hope? *Studia Psychologica, 26,* 271–277.

Halliwell, W.L., & Gauvin, L. (1982). Integrating and interpreting research findings: A challenge to sport psychologists. In J.T. Partington, T. Orlick, & J.H. Salmela (Eds.), *Sport in perspective* (pp. 77–122). London: Kimpton.

Hampson, S.E., John, O.P., & Goldberg, L.R. (1986). Category breadth and hierarchical structure in personality: Studies of asymmetries in judgments of trait implications. *Journal of Personality and Social Psychology, 51,* 37–54.

Hanin, Y. (1997). Emotions and athletic performance: Individual zones of optimal functioning model. *European Yearbook of Sport Psychology, 1,* 29–72.

Hardman, K. (1973). A dual approach to the study of personality and performance in sport. In H.T.A. Whiting, K. Hardman, L.B. Hendry, & M.G. Jones (Eds.), *Personality and performance in physical education and sport* (pp. 77–122). London: Kimpton.

Hardy, L., Jones, G.J., & Gould, D. (1996). *Understanding psychological preparation for sport: Theory and practice of elite performers.* Chichester, England: Wiley.

Hartmann, D.P., Roper, B.L., & Bradford, D.C. (1979). Some relationships between behavioral and traditional assessment. *Journal of Behavioral Assessment, 1,* 3–21.

Hassmén, P., Koivula, N., & Hansson, T. (1998). Precompetitive mood states and performance of elite male golfers: Do trait characteristics make a difference? *Perceptual and Motor Skills, 86,* 1443–1457.

Hawkins, R.P. (1986). Selection of target behaviors. In R.O. Nelson & S.C. Hayes (Eds.), *Conceptual foundations of behavioral assessment* (pp. 331–385). New York: Guilford Press.

Heyman, S.R. (1982). Comparisons of successful and unsuccessful competitors: A reconsideration of methodological questions and data. *Journal of Sport Psychology, 4,* 295–300.

Highlen, P.S., & Bennett, B.B. (1983). Elite divers and wrestlers: A comparison between open- and closed-skill athletes. *Journal of Sport Psychology, 5,* 390–409.

Horsfall, J.S., Fisher, A.C., & Morris, H.H. (1975). Sport personality assessment: A methodological re-examination. In D.M. Landers (Ed.), *Psychology of sport and motor behavior* (pp. 61–69). College Station: Pennsylvania State University Press.

Institute for Personality and Ability Testing. (1986). *Administrators manual for the 16 personality factor questionnaire.* Champaign, IL: Author.

Jaccard, J., & Dittus, P. (1990). Idiographic and nomothetic perspectives on research and data analysis. In C. Hendrick & M.S. Clark (Eds.), *Research methods in personality and social psychology (Review of personality and social psychology 11)* (pp. 312–351). Newbury Park, CA: Sage.

Jackson, S.A. (1992). Athletes in flow: A qualitative investigation of flow states in elite figure skaters. *Journal of Applied Sport Psychology, 4,* 161–180.

Jackson, S.A. (1995). Factors influencing the occurrence of flow state in elite athletes. *Journal of Applied Sport Psychology, 7,* 138–166.

Jackson, S.A., Dover, J., & Mayocchi, L. (1998). Life after winning gold: I. Experiences of Australian Olympic gold medalists. *The Sport Psychologist, 12,* 119–136.

Jackson, S.A., Mayocchi, L., & Dover, J. (1998). Life after winning gold: II. Experiences of Australian Olympic gold medalists. *The Sport Psychologist, 12,* 137–155.

Jackson, S.A., & Roberts, G. (1992). Positive performance states of athletes: Towards a conceptual understanding of peak performance. *The Sport Psychologist, 6,* 156–171.

John, O.P. (1990). The "big five" factor taxonomy: Dimensions of personality in the natural language and in questionnaires. In L. Pervin (Ed.), *Handbook of personality: Theory and research* (pp. 66–100). New York: Guilford Press.

Johnson, P.A. (1972). A comparison of personality traits of superior skilled women athletes in basketball, bowling, field hockey and golf. *Research Quarterly, 43,* 409–415.

Kane, J.E. (1964). Personality and physical ability. In K. Kato (Ed.), *Proceedings of international congress of sport sciences* (pp. 201–208). Tokyo: Japanese Union of Sport Sciences.

Kenrick, D.T., & Dantschik, A. (1983). Interactionism, idiographics, and the social psychological invasion of personality. *Journal of Personality, 51,* 286–307.

Kenrick, D.T., & Stringfield, D.O. (1980). Personality traits and the eye of the beholder: Crossing some traditional philosophical boundaries in the search for consistency in all of the people. *Psychological Review, 87,* 88–104.

Killpatrick, F.P., & Cantrill, H. (1960). Self-anchoring scale: A measure of the individual's unique reality world. *Journal of Individual Psychology, 16,* 158–170.

Krahé, B. (1992). *Personality and social psychology: Towards a synthesis.* London: Sage.

Landers, D.M. (1983). Whatever happened to theory testing in sport psychology? *Journal of Sport Psychology, 5,* 135–151.

Landers, D.M. (1989). Sport psychology: A commentary. In J.S. Skinner, C.D. Corbin, D.M. Landers, P.E. Martin, & C.L. Wells (Eds.), *Future directions in exercise and sport science research* (pp. 475–486). Champaign, IL: Human Kinetics.

Landers, D.M., Boutcher, S.H., & Wang, M.Q. (1986a). The history and status of the *Journal of Sport Psychology: 1979–1985*. *Journal of Sport Psychology, 8,* 149–163.

Landers, D.M., Boutcher, S.H., & Wang, M.Q. (1986b). A psychobiological study of archery performance. *Research Quarterly for Exercise and Sport, 57,* 236–244.

Mace, R., & Carroll, D. (1986). Stress inoculation training to control anxiety in sport: Two case studies in squash. *British Journal of Sports Medicine, 20,* 115–117.

Mace, R., Eastman, C., & Carroll, D. (1986). Stress inoculation training: A case study in gymnastics. *British Journal of Sports Medicine, 20,* 139–141.

Magnusson, D., & Törestad, B. (1993). A holistic view of personality: A model revisited. *Annual Review of Psychology, 44,* 427–452.

Mahoney, M.J., Gabriel, T.J., & Perkins, T.S. (1987). Psychological skills and exceptional athletic performance. *The Sport Psychologist, 1,* 181–199.

Markus, H. (1977). Self-schemata and processing information about the self. *Journal of Personality and Social Psychology, 35,* 63–78.

Marsh, H.W., Richards, G.E., Johnson, S., Roche, L., & Tremayne, P. (1994). Physical self-description questionnaire: Properties and a multitrait-multimethod analysis of relations to existing instruments. *Journal of Sport & Exercise Psychology, 16,* 270–305.

Martens, R. (1975). The paradigmatic crisis in American sport personology. *Sportwissenschaft, 5,* 9–24.

Martens, R. (1981). Sport personology. In G.R.F. Lüschen & G.H. Sage (Eds.), *Handbook of social science of sport* (pp. 492–508). Champaign, IL: Stipes.

Martens, R. (1987). Science, knowledge, and sport psychology. *The Sport Psychologist, 1,* 29–55.

Martens, R., Burton, D., Vealey, R.S., Bump, L.A., & Smith, D.E. (1989). The Competitive State Anxiety Inventory-2 (CSAI-2). In D. Burton & R. Vealey (Eds.), *Competitive anxiety* (pp. 117–213). Champaign, IL: Human Kinetics.

Martin, G., & Hrycaiko, D. (1983). Effective behavioral coaching: What's it all about? *Journal of Sport Psychology, 5,* 8–20.

McGowan, J., & Gormly, J. (1976). Validation of personality traits: A multicriteria approach. *Journal of Personality and Social Psychology, 34,* 791–795.

Mischel, W. (1968). *Personality and assessment.* New York: Wiley.

Mischel, W. (1990). Personality dispositions revisited and revised: A view after three decades. In L.A. Pervin (Ed.), *Handbook of personality: Theory and research* (pp. 111–134). New York: Guilford Press.

Mischel, W., & Peake, P.K. (1982). Beyond déjà vu in the search for cross-situational consistency. *Psychological Review, 89,* 730–755.

Mischel, W., & Shoda, Y. (1995). A cognitive-affective system theory of personality: Reconceptualizing situations, dispositions, dynamics, and invariance in personality structure. *Psychological Review, 102,* 246–268.

Monson, T.C., Hesley, J.W., & Chernick, L. (1982). Specifying when personality traits can and cannot predict behavior: An alternative to abandoning the attempt to predict single-act criteria. *Journal of Personality and Social Psychology, 43,* 385–399.

Moore, J.C., & Brylinsky, J.A. (1993). Spectator effect on team performance in college basketball. *Journal of Sport Behavior, 16,* 77–84.

Morgan, W.P. (1973). Efficacy of psychobiologic inquiry in the exercise and sport sciences. *Quest, 20,* 39–47.

Morgan, W.P. (1978). Sport personology: The credulous-skeptical argument in perspective. In W.F. Straub (Ed.), *Sport psychology: An analysis of athlete behavior* (pp. 330–339). Ithaca, NY: Mouvement.

Morgan, W.P. (1980). The trait psychology controversy. *Research Quarterly for Exercise and Sport, 51,* 50–73.

Morgan, W.P. (1985). Selected psychological factors limiting performance: A mental health model. In D.H. Clarke & H.M. Eckert (Eds.), *Limits of human performance* (pp. 70–80), Champaign, IL: Human Kinetics.

Morgan, W.P., O'Connor, P.J., Ellickson, A.E., & Bradley, P.W. (1988). Personality structure, mood states and performance in elite male distance runners. *International Journal of Sport Psychology, 19,* 247–263.

Murtha, T.C., Kanfer, R., & Ackerman, P.L. (1996). Toward an interactionist taxonomy of personality and situations: An integrative situational-dispositional representation of personality traits. *Journal of Personality and Social Psychology, 71,* 193–207.

Nagle, F.J., Morgan, W.P., Hellickson, R.O., Serfass, R.C., & Alexander, J.F. (1975). Spotting success traits in Olympic contenders. *Physician and Sportsmedicine, 3,* 31–34.

Nelson, R.O., & Hayes, S.C. (1986). The nature of behavioral assessment. In R.O. Nelson & S.C. Hayes (Eds.), *Conceptual foundations of behavioral assessment* (pp. 3–41). New York: Guilford Press.

Newcomb, P.A., & Boyle, G.J. (1995). High school students' sports personalities: Variations across participation level, gender, type of sport, and success. *International Journal of Sport Psychology, 26,* 277–294.

Nideffer, R.M. (1990). Use of the Test of Attentional and Interpersonal Style (TAIS) in sport. *The Sport Psychologist, 4,* 285–300.

Ogilvie, B. (1976). Psychological consistencies within the personality of high-level competitors. In A.C. Fisher (Ed.), *Psychology of sport: Issues and insights* (pp. 335–358). Palo Alto, CA: Mayfield.

Pervin, L.A. (1985). Personality: Current controversies, issues, and directions. *Annual Review of Psychology, 36,* 83–114.

Prapavessis, H., Grove, J.R., McNair, P.J., & Cable, N.T. (1992). Self-regulation training, state anxiety, and sport performance: A psychophysiological case study. *The Sport Psychologist, 6,* 213–229.

Price, R.H., & Bouffard, D.L. (1974). Behavioral appropriateness and situational constraint as dimensions of social behavior. *Journal of Personality and Social Psychology, 30,* 579–586.

Ravizza, K. (1984). Qualities of the peak experience in sport. In J.M. Silva & R.S. Weinberg (Eds.), *Psychological foundations of sport* (pp. 452–461). Champaign, IL: Human Kinetics.

Reeds, G.K. (1985). The relationship of personality and anxiety to performance among elite male and female gymnasts. *Canadian Association of Health and Physical Education Record Journal, 51,* 5–7.

Régnier, G., Salmela, J., & Russell, S.J. (1993). Talent detection and development in sport. In R.N. Singer, M. Murphey, & L.K. Tennant (Eds.), *Handbook of research on sport psychology* (pp. 290–313). New York: Macmillan.

Renger, R. (1993a). Predicting athletic success: Issues related to analysis and interpretation of study findings. *The Sport Psychologist, 7,* 262–274.

Renger, R. (1993b). A review of the Profile of Mood States (POMS) in the prediction of athletic success. *Journal of Applied Sport Psychology, 5,* 78–84.

Robinson, T.T., & Carron, A.V. (1982). Personal and situational factors associated with dropping out versus maintaining participation in competitive sport. *Journal of Sport Psychology, 4,* 364–378.

Rowley, A., Landers, D., Kyllo, L., & Etnier, J. (1995). Does the iceberg profile discriminate between successful and less successful athletes? A meta-analysis. *Journal of Sport & Exercise Psychology, 17,* 185–199.

Runyan, W.M. (1983). Idiographic goals and methods in the study of lives. *Journal of Personality, 51,* 413–437.

Rushall, B.S. (1975). Alternative dependent variables for the study of behavior in sport. In D.M. Landers, D.V. Harris, & R.W. Christina (Eds.), *Psychology of sport and motor behavior* (Vol. 2, pp. 49–55). State College: Pennsylvania State University Press.

Rushall, B.S. (1978). Environment specific behavior inventories: Developmental procedures. *International Journal of Sport Psychology, 9,* 97–110.

Rushall, B.S., & Smith, K.C. (1979). The modification of the quality and quantity of behavior categories in a swimming coach. *Journal of Sport Psychology, 1,* 138–150.

Russell, S.J. (1990). Athletes' knowledge in task perception, definition, and classification. *International Journal of Sport Psychology, 21,* 85–101.

Scanlan, T.K., & Lewthwaite, R. (1984). Social psychological aspects of competition for male youth sport participants 1: Predictors of competitive stress. *Journal of Sport Psychology, 6,* 208–226.

Scanlan, T.K., & Lewthwaite, R. (1985). Social psychological aspects of competition for male youth sport participants 3: Determinants of personal performance expectancies. *Journal of Sport Psychology, 7,* 389–399.

Scanlan, T.K., & Lewthwaite, R. (1986). Social psychological aspects of competition for male youth sport participants 4: Predictors of enjoyment. *Journal of Sport Psychology, 8,* 25–35.

Scanlan, T.K., Ravizza, K., & Ravizza, K. (1991). An in-depth study of former elite figure skaters 3: Sources of stress. *Journal of Sport & Exercise Psychology, 13,* 103–120.

Scanlan, T.K., Stein, G.L., & Ravizza, K. (1989). An in-depth study of former elite figure skaters 2: Sources of enjoyment. *Journal of Sport & Exercise Psychology, 11,* 65–83.

Schlattmann, A., & Hackfort, D. (1991). Attributions of functional meanings of "positive" emotions in acting in sport. In D. Hackfort (Ed.), *Research on emotions in sport* (pp. 1–20). Köln, Germany: Bundesinstitut für Sportwissenschaft, Sport und Buch Straus.

Schlicht, W. (1988). Einzelfallanalyse im Hochleistungssport: Zum Verlauf und zur Wirkung selbstbezogener Aufmerksamkeit im 400-Meter-Hürdenlauf [Single-case analysis in elite sport: About the process of paying attention to oneself in 400m hurdles]. Schorndorf, Germany: Hofmann.

Sherman, S.J., & Fazio, R.H. (1983). Parallels between attitudes and traits as predictors of behavior. *Journal of Personality, 51,* 308–345.

Shoda, Y., Mischel, W., & Wright, J.C. (1993). The role of situational demands and cognitive competencies in behavior organization and personality coherence. *Journal of Personality and Social Psychology, 65,* 1023–1035.

Shoda, Y., Mischel, W., & Wright, J.C. (1994). Intraindividual stability in the organization and pattering of behavior: Incorporating psychological situations into the ideographic analysis of personality. *Journal of Personality and Social Psychology, 67,* 674–687.

Silva, J.M. (1984). Personality and sport performance: Controversy and challenge. In J.M. Silva & R.S. Weinberg (Eds.), *Psychological foundations of sport* (pp. 59–69). Champaign, IL: Human Kinetics.

Silva, J.M., Shultz, B.B., Haslam, R.W., & Murray, D. (1981). A psychophysiological assessment of elite wrestlers. *Research Quarterly for Exercise and Sport, 52,* 348–358.

Singer, R.N. (1988). Psychological testing: What value to coaches and athletes? *International Journal of Sport Psychology, 19,* 87–106.

Singer, R.N. (1994). Sport psychology: An integrated approach. In S. Serpa, J. Alves, & V. Pataco (Eds.), *International perspectives on sport and exercise psychology* (pp. 1–20), Morgantown, WV: Fitness Information Technology.

Singer, R.N. (1997). Persistence, excellence, and fulfillment. In R. Lidor & M. Bar-Eli (Eds.), *Innovations in sport psychology: Linking theory and practice: Proceedings of the 9th World Congress of Sport Psychology* (pp. 629–631). Netanya, Israel: Wingate Institute for Physical Education and Sport.

Smith, R.E., Smoll, F.L., & Hunt, E. (1977). A system for the behavioral assessment of athletic coaches. *Research Quarterly, 48,* 401–407.

Snyder, M. (1979). Self-monitoring processes. *Advances in Experimental Social Psychology, 12,* 85–128.

Snyder, M. (1983). Choosing friends as activity partners: The role of self-monitoring. *Journal of Personality and Social Psychology, 45,* 1061–1072.

Snyder, M., & Gangestad, S. (1982). Choosing social situations: Two investigations of self-monitoring processes. *Journal of Personality and Social Psychology, 43,* 123–135.

Staats, A.W. (1986). Behaviorism with a personality: The paradigmatic behavioral assessment approach. In R.O. Nelson & S.C. Hayes (Eds.), *Conceptual foundations of behavioral assessment* (pp. 243–296). New York: Guilford Press.

Straub, W.F. (1977). Approaches to personality assessment of athletes: Personologism, situationism and interactionism. In R.E. Stadulis & C.O. Dotson (Eds.), *Research and practice in physical education* (pp. 176–187). Champaign, IL: Human Kinetics.

Strean, W.B., & Roberts, G.C. (1992). Future directions in applied sport psychological research. *The Sport Psychologist, 6,* 55–65.

Tanaka, J.S., Panter, A.T., Winborne, W.C., & Huba, G.J. (1990). Theory testing in personality and social psychology with structural equation models: A primer in 20 questions. In C. Hendrick & M.S. Clark (Eds.), *Research methods in personality and social psychology (Review of personality and social psychology 11)* (pp. 217–242). Newbury Park, CA: Sage.

Trudel, P., Côté, J., & Sylvestre, F. (1996). Systematic observation of youth ice hockey coaches during games. *Journal of Sport Behavior, 19,* 50–65.

Vallerand, R.J. (1997). Intrinsic and intrinsic motivation in sport: Implications from the hierarchical model. In R. Lidor & M. Bar-Eli (Eds.), *Innovations in sport psychology: Linking theory and practice: Proceedings of the 9th World Congress of Sport Psychology* (pp. 45–47). Netanya, Israel: Wingate Institute for Physical Education and Sport.

Van den Auweele, Y. (1988). Personality diagnosis in young toplevel athletes. In P. Kunath, S. Müller, & H. Schellenberger (Eds.), *Proceedings of the 7th congress of the European Federation of Sports Psychology 2* (pp. 507–525). Leipzig, Germany: Deutsche Hochschule für Körperkultur.

Van den Auweele, Y., De Cuyper, B., Van Mele, V., & Rzewnicki, R. (1993). Elite performance and personality: From description and prediction to diagnosis and intervention. In R.N. Singer, M. Murphey, & L.K.Tennant (Eds.), *Handbook of research on sport psychology* (pp. 257–289). New York: Macmillan.

Van den Auweele, Y., Depreeuw, E., Rzewnicki, R., & Ballon, F. (1999). Optimal functioning versus dysfunctioning of athletes: A comprehensive model for the practice of sport psychology. In *European Yearbook of Sport Psychology* (pp. 1–37).

Van Ingen Schenau, G.J., De Koning, J.J., Bakker, F.C., & De Groot, G. (1996). Performance-influencing factors in homogeneous groups of top athletes: A cross-sectional study. *Medicine and Science in Sport and Exercise, 28,* 1305–1310.

Van Mechelen, I., De Boeck, P., & Rosenberg, S. (1995). The conjunctive model of hierarchical classes. *Psychometrika, 60,* 505–521.

Van Mele, V. (1996). *Intra-individuele, kwantitatieve persoonlijkheidsdiagnostiek bij de begeleiding van atleten [Intra-individual, quantitative personality diagnosis in counselling athletes].* Unpublished doctoral dissertation, University of Leuven, Belgium.

Van Mele, V., Vanden Auweele, Y., & Rzewnicki, R. (1995). An integrative procedure for the diagnosis of an elite athlete: A case study. *The Sport Psychologist, 9,* 130–147.

Van Raalte, J.L., Brewer, B.W., Rivera, P.M., & Petitpas, A.J. (1995). Behavioral assessment of self-talk and gestures during competitive tennis. In J. Viitasalo & U. Kujala (Eds.), *The way to win: Proceedings of the International Congress on Applied Research in Sports* (pp. 341–343). Helsinki: Finnish Society for Research in Sport and Physical Education.

Vansteelandt, K., & Van Mechelen, I. (1998). Individual differences in situation-behavior profiles: A triple typology model. *Journal of Personality and Social Psychology, 75,* 751–765.

Vealey, R.S. (1989). Sport personology: A paradigmatic and methodological analysis. *Journal of Sport & Exercise Psychology, 11,* 216–235.

Vealey, R.S. (1992). Personality and sport: A comprehensive view. In T.S. Horn (Ed.), *Advances in sport psychology* (pp. 25–59). Champaign, IL: Human Kinetics.

Vealey, R.S. (1994). Knowledge development and implementation in sport psychology: A review of *The Sport Psychologist*, 1987–1992. *The Sport Psychologist, 8,* 331–348.

Vealey, R.S., & Garner-Holman, M. (1998). Applied sport psychology: Measurement issues. In J.L. Duda (Ed.), *Advances in sport and exercise psychology measurement* (pp. 433–446). Morgantown, WV: Fitness Information Technology.

Vealey, R.S., Hayashi, S.W., Garner-Holman, M., & Giacobbi, P. (1998). Sources of sport-confidence: Conceptualization and instrument development; *Journal of Sport & Exercise Psychology, 20,* 54–80.

Verstraeten, D. (1987). Persoonlijkheidsonderzoek en meten van verandering: Een terugblik over twintig jaar [Personality research and the measurement of change: A review over twenty years]. *Tijdschrift voor Klinische Psychologie, 17,* 232–253.

Wankel, L.M., & Kreisel, P.S.J. (1985a). Factors underlying enjoyment of youth sports: Sport and age group comparisons. *Journal of Sport Psychology, 7,* 51–64.

Wankel, L.M., & Kreisel, P.S.J. (1985b). Methodological considerations in youth sport motivation research: A comparison of open-ended and paired comparison approaches. *Journal of Sport Psychology, 7,* 65–74.

Williams, L.R.T. (1978). Prediction of high-level rowing ability. *Journal of Sports Medicine, 18,* 11–17.

Williams, L.R.T. (1982). Innovations in behavioural research: Implications for elite performance. *New Zealand Journal of Health, Physical Education and Recreation, 15,* 19–26.

Wolf, F.M. (1986). *Meta-analysis: Quantitative methods for research synthesis.* Beverly Hills, CA: Sage.

第10章

Abernethy, B., Côté, J., & Baker, J. (1999). *Expert decision-making in sport.* Canberra: Australian Institute of Sport Publication.

Ackland, T.R., Bloomfield, J., Elliott, B.C., & Blanksby, B.A. (1990). Talent identification for tennis and swimming. *Journal of Sport Sciences, 8,* 161–162.

Azar, B. (1996, January). Why is it that practice makes perfect? *Monitor: American Psychological Association,* p. 18.

Baltes, P.B. (1998). Testing the limits of the ontogenetic sources of talent and excellence. *Behavioral and Brain Sciences, 21,* 407–408.

Bar-Or, O. (1975). Predicting athletic performance. *Physician and SportsMedicine, 3,* 81–85.

Bartmus, U., Neumann, E., & de Marées, H. (1987). The talent problem in sports. *International Journal of Sports Medicine, 8,* 415–416.

Blahüs, P. (1975). For the prediction of performance capacity in the selection of youth talented for sports. *Téorie a Praxe Telesne Vycsbovy, 24,* 471–477.

Bloom, B.S. (1985). *Developing talent in young people.* New York: Ballantine Books.

Bota, J.D. (1993). *Development of the Ottawa Mental Skills Assessment Tool (OMSAT).* Unpublished master's thesis, University of Ottawa, Canada.

Bouchard, C., & Malina, R.M. (1984). Genetics and Olympic athletes: A discussion of methods and issues. In J.E.L. Carter (Ed.), *Kinanthropology of Olympic athletes* (pp. 28–38). Basel, Switzerland: Karger.

Bouchard, C., Malina, R.M., & Pérusse, L. (1997). *Genetics of fitness and physical performance.* Champaign, IL: Human Kinetics.

Bouchard, T.J., Jr. (1984). Twins reared together and apart: What they tell us about human diversity. In S.W. Fox (Ed.), *Individuality and determinism: Chemical and biological bases* (pp. 147–178). New York: Plenum Press.

Boutcher, S.H. (1993). Attention and athletic performance: An integrated approach. In T.S. Horn (Ed.), *Advances in sport* psychology (pp. 251–265). Champaign, IL: Human Kinetics.

Bulgakova, N.S., & Voroncov, A.R. (1978). How to predict talent in swimmers using longitudinal studies. *Teoriza y Practika, 7,* 37–40.

Burton, D. (1993). Goal setting in sport. In R.N. Singer, M. Murphey, & L.K. Tennant (Eds.), *Handbook of research on sport psychology* (pp. 467–491). New York: Macmillan.

Charness, N. (1998). Explaining exceptional performance: Constituent abilities and touchstone phenomena. *Behavioral and Brain Sciences, 21,* 410–411.

Chartland, J.M., Jowdy, D.P., & Danish, S.J. (1992). The psychological skills inventory for sports: Psychometric characteristics and applied implications. *Journal of Sport & Exercise Psychology, 14,* 405–413.

Côté, J. (1999). The influence of the family in the development of talent in sport. *The Sport Psychologist, 13,* 395–417.

Côté, J., & Hay, J. (in press). Children's involvement in sport: A developmental perspective. In J.M. Silva & D. Stevens (Eds.), *Psychological foundations of sport* (2nd ed.). Boston: Merrill.

Cowart, V.S. (1987). How does heredity affect athletic performance? *Physician and SportsMedicine, 15,* 134–140.

Csikszentmihalyi, M. (1998). Fruitless polarities. *Behavioral and Brain Sciences, 21,* 411.

Csikszentmihalyi, M., Rathunde, K., & Whalen, S. (1993). *Talented teenagers: The roots of success and failure.* New York: Cambridge University Press.

Csikszentmihalyi, M., & Robinson, R.E. (1986). Culture, time and development of talent. In R.J. Sternberg & J.E. Davidson (Eds.), *Conceptions of giftedness* (pp. 264–284). New York: Cambridge University Press.

Detterman, D.K., Gabriel, L.T., & Ruthsatz, J.M. (1998). Absurd environmentalism. *Behavioral and Brain Sciences, 21,* 411–412.

Durand-Bush, N. (2000). *The development and maintenance of expert performance: Perceptions of Olympic and world champions.* Unpublished doctoral dissertation, University of Ottawa, Canada.

Durand-Bush, N., Salmela, J.H., & Green-Demers, I. (in press). The Ottawa Mental Skills Assessment Tool (OMSAT-3*). *The Sport Psychologist.*

Dweck, C.S. (1986). Motivational processes affecting learning. *American Psychologist, 41,* 1040–1048.

Eisenberger, R. (1998). Achievement: The importance of industriousness. *Behavioral and Brain Sciences, 21,* 412–413.

Ericsson, K.A. (1996). *The road to excellence: The acquisition of expert performance in the arts and sciences, sports and games.* Mahwah, NJ: Erlbaum.

Ericsson, K.A. (1998). Basic capacities can be modified or circumvented by deliberate practice: A rejection of talent accounts of expert performance. *Behavioral and Brain Sciences, 21,* 413–414.

Ericsson, K.A., & Charness, N. (1994). Expert performance: Its structure and acquisition. *American Psychologist, 49,* 725–747.

Ericsson, K.A., & Faivre, I.A. (1988). What's exceptional about exceptional abilities? In I.K. Obler & D. Fein (Eds.), *The exceptional brain: Neuropsychology of talent and special abilities* (pp. 436–473). New York: Guilford Press.

Ericsson, K.A., Krampe, R.T., & Tesch-Römer, C. (1993). The role of deliberate practice in the acquisition of expert performance. *Psychological Review, 100,* 363–406.

Ericsson, K.A., & Lehmann, A.C. (1996). Expert and exceptional performance: Evidence of maximal adaptation to task constraints. *Annual Review of Psychology, 47,* 273–305.

Feldman, D.H., & Katzir, T. (1998). Natural talents: An argument for the extremes. *Behavioral and Brain Sciences, 21,* 414.

Feltz, D.L., & Landers, D.M. (1983). The effects of mental practice on motor skill learning and performance: A meta-analysis. *Journal of Sport Psychology, 5,* 25–57.

Freeman, J. (1998). Inborn talent exists. *Behavioral and Brain Sciences, 21,* 415.

Gagné, F. (1998). A biased survey and interpretation of the nature-nurture literature. *Behavioral and Brain Sciences, 21,* 415–416.

Geron, E. (1978). Psychological assessment of sport giftedness. In U. Simri (Ed.), *Proceedings of the international symposium on psychological assessment in sport* (pp. 216–231). Netanya, Israel: Wingate Institute for Physical Education and Sport.

Gimbel, B. (1976). Possibilities and problems in sports talent detection research. *Leistungssport, 6,* 159–167.

Gould, D., Eklund, R.C., & Jackson, S.A. (1992). 1998 U.S. Olympic wrestling excellence: I. Mental preparation, precompetitive cognition and affect. *The Sport Psychologist, 6,* 358–382.

Gould, D., Weiss, M., & Weinberg, R. (1981). Psychological characteristics of successful and nonsuccessful Big Ten wrestlers. *Journal of Sport Psychology, 3,* 69–81.

Grove, J.R., & Hanrahan, S.J. (1988). Perceptions of mental training needs by elite field hockey players and their coaches. *The Sport Psychologist, 2,* 222–230.

Gustin, W.C. (1985). The development of exceptional research mathematicians. In B.S. Bloom (Ed.), *Developing talent in young people* (pp. 270–331). New York: Ballantine Books.

Harre, D. (1982). *Trainingslebre.* Berlin, Germany: Sportverlag.

Havlicek, I., Komadel, L., Komarik, E., & Simkova, N. (1982, June). *Principles of the selection of youth talented in sport.* Paper presented at the International Conference on the Selection and Preparation of Sport Talent, Bratislava, Czechoslovakia.

Hay, J.G. (1969). Rowing: An analysis of the New Zealand Olympic selection tests. *Research Quarterly for Exercise and Sport, 40,* 83–90.

Heller, K.A., & Ziegler, A. (1998). Experience is no improvement over talent. *Behavioral and Brain Sciences, 21,* 417–418.

Helsen, W., Starkes, J.L., & Hodges, N.J. (1998). Team sports and the theory of deliberate practice. *Journal of Sport & Exercise Psychology, 20,* 13–25.

Highlen, P.S., & Bennett, B.B. (1979). Psychological characteristics of successful and unsuccessful elite wrestlers: An exploratory study. *Journal of Sport Psychology, 1,* 123–137.

Hodges, N.J., & Starkes, J.L. (1996). Wrestling with the nature of expertise: A sport specific test of Ericsson, Krampe and Tesch-Römer's (1993) theory of "deliberate practice." *International Journal of Sport Psychology, 27,* 400–424.

Howe, M.J.A., Davidson, J.W., & Sloboda, J.A. (1998). Innate talents: Reality or myth? *Behavioral and Brain Sciences, 21,* 399–442.

Irvine, S.H. (1998). Innate talents: A psychological tautology. *Behavioral and Brain Sciences, 21,* 419.

Jacobson, E. (1930). *Progressive relaxation.* Chicago: University of Chicago Press.

Jancarik, A., & Salmela, J.H. (1987). Longitudinal changes in physical, organic and perceptual factors in Canadian elite male gymnasts. In B. Petiot, J.H. Salmela, & T.B. Hoshizaki

(Eds.), *World identification systems for gymnastic talent* (pp. 151–159). Montreal, Canada: Sport Psyche Editions.

Jones, M.B., & Watson, G.G. (1977). Psychological factors in the prediction of athletic performance. In U. Simri (Ed.), *Proceedings of the International Symposium on Psychological Assessment in Sport* (pp. 89–102). Netanya, Israel: Wingate Institute for Physical Education and Sport.

Kalinowski, A.G. (1985). The development of Olympic swimmers. In B.S. Bloom (Ed.), *Developing talent in young people* (pp. 139–192). New York: Ballantine Books.

Keele, S.W., & Ivry, R.I. (1987). Modular analysis of timing in motor skill. In G.E. Bower (Ed.), *The psychology of learning and motivation* (pp. 183–228). New York: Academic Press.

Kerr, R., Dainty, D., Booth, M., Gaboriault, G., & McGavern, R. (1979). Talent identification for competitive diving. In P. Klavora & K.A.W. Wipper (Eds.), *Psychological and sociological factors in sport* (pp. 270–276). Toronto, Canada: University of Toronto, School of Physical and Health Education.

Krampe, R.T. (1994). *Maintaining excellence: Cognitive-motor performance in pianists differing in age and skill level*. Berlin, Germany: Max-Planck-Institut fur Bildungsforschung.

Landers, D.M., & Boutcher, S.H. (1998). Arousal-performance relationships. In J.M. Williams (Ed.), *Applied sport psychology: Personal growth to peak performance* (3rd ed., pp. 197–218). Mountainview, CA: Mayfield.

Lehmann, A.C. (1998). Historical increases in expert performance suggest large possibilities for improvement of performance without implicating innate capacities. *Behavioral and Brain Sciences, 21,* 419–420.

Locke, E.A., & Latham, G.P. (1985). *A theory of goal setting and task performance*. Englewood Cliffs, NJ: Prentice-Hall.

Lykken, D.T. (1982). Research with twins: The concept of emergenesis. *Psychophysiology, 19,* 361–373.

Mahoney, M.J., & Avener, M. (1977). Psychology of the elite athlete: An exploratory study. *Cognitive Therapy and Research, 1,* 135–141.

Mahoney, M.J., Gabriel, T.J., & Perkins, T.S. (1987). Psychological skills and exceptional athletic performance. *The Sport Psychologist, 1,* 189–199.

Martens, R. (1975). The paradigmatic crisis of American sport psychology. *Sportwissenschaft, 5,* 9–24.

Martens, R. (1987). Science, knowledge, and sport psychology. *The Sport Psychologist, 1,* 29–55.

Meyers, W.A., Schleser, R., Cooke, C.J., & Cuvillier, C. (1979). Cognitive contributions to the development of gymnastic skills. *Cognitive Therapy and Research, 3,* 75–85.

Monsaas, J.A. (1985). Learning to be a world class tennis player. In B.S. Bloom (Ed.), *Developing talent in young people* (pp. 211–269). New York: Ballantine Books.

Montpetit, R., & Cazorla, G. (1982). La détection du talent en natation. *La Revue de l'Entraîneur, 5,* 26–37.

Morgan, W.P., O'Connor, P.J., Ellickson, K.A., & Bradley, P.W. (1988). Personality structure, mood states, and performance in elite distance runners. *International Journal of Sport Psychology, 19,* 247–269.

Murphy, S.M., & Jowdy, D.P. (1993). Imagery and mental practice. In T.S. Horn (Ed.), *Advances in sport psychology* (pp. 221–250). Champaign, IL: Human Kinetics.

Nideffer, R.M., & Sagal, M. (1998). Concentration and attention control. In J.M. Williams (Ed.), *Applied sport psychology: Personal growth to peak performance* (3rd ed., pp. 296–315). Mountainview, CA: Mayfield.

Olivier, G. (1980). The increase in stature in France. *Journal of Human Evolution, 9,* 645–649.

Orlick, T. (1992). The psychology of personal excellence. *Contemporary Thought on Performance Enhancement, 1,* 109–122.

Orlick, T. (1996). The wheel of excellence. *Journal of Performance Education, 1,* 3–18.

Orlick, T., & Partington, J. (1988). Mental links to excellence. *The Sport Psychologist, 2,* 105–130.

Plomin, R. (1998). Genetic influence and cognitive abilities. *Behavioral and Brain Sciences, 21,* 420–421.

Plomin, R., Owen, M.J., & McGuffin, P. (1994). The genetic basis of complex human behaviors. *Science, 264,* 1733–1739.

Régnier, G. (1987). *Un modèle conceptuel pour la détection du talent sportif [A conceptual model for talent detection]*. Unpublished doctoral dissertation, University of Montreal, Canada.

Régnier, G., & Salmela, J.H. (1983). Détection du talent au baseball [Talent detection in baseball]. *Revue de l'Entraîneur, 6,* 13–20.

Régnier, G., & Salmela, J.H. (1987). Predictors of success in Canadian male gymnasts. In B. Petiot, J.H. Salmela, & T.B. Hoshizaki (Eds.), *World identification systems for gymnastic talent* (pp. 143–150). Montreal, Canada: Sport Psyche Editions.

Régnier, G., Salmela, J.H., & Alain, C. (1982). Strategie für Bestimmung und Entdeckung von Talenten im Sport. *Leistungssport, 12,* 431–440.

Régnier, G., Salmela, J.H., & Russell, S.J. (1993). Talent detection and development in sport. In R.N. Singer, M. Murphey, & L.K. Tennant (Eds.), *Handbook of research in sport psychology* (pp. 290–313). New York: Macmillan.

Rotella, R.J., & Lerner, J.D. (1993). Responding to competitive pressure. In R.N. Singer, M. Murphey, & L.K. Tennant (Eds.), *Handbook of research on sport psychology* (pp. 528–541). New York: Macmillan.

Rowe, D.C. (1998). Talent scouts, not practice scouts: Talents are real. *Behavioral and Brain Sciences, 21,* 421–422.

Rushall, B.S. (1970). An evaluation of the relationship between personality and physical performance categories. In G.S. Kenyon (Ed.), *Contemporary psychology of sport* (pp. 157–165). Chicago: Athletic Institute.

Russell, S.J. (1990). Athletes' knowledge in task perception, definition, and classification. *International Journal of Sport Psychology, 21,* 85–101.

Rutter, M. (1998). What can we learn from highly developed special skills? *Behavioral and Brain Sciences, 21,* 422–423.

Salmela, J.H. (1996). *Great job coach! Getting the edge from proven winners*. Ottawa, Canada: Potentium.

Salmela, J.H., & Durand-Bush, N. (1994). La détection des talents ou le développement de l'expertise en sport? [Talent detection or the development of expertise in sport?] *Enfance, 2/3,* 233–245.

Salmela, J.H., & Régnier, G. (1983, October). A model for sport talent detection. *Science Periodicals on Research and Technology in Sport*. Ottawa: Coaching Association of Canada.

Salmela, J.H., Régnier, G., & Proteau, L. (1987). Analyse biobehaviorale des déterminants de la performance gymnique [Behavioral analysis of the determinants of gymnastics performance]. In B. Petiot, J.H. Salmela, & T.B. Hoshizaki (Eds.), *World identification systems for gymnastic talent* (pp. 126–142). Montreal, Canada: Sport Psyche Editions.

Saudino, K.J. (1997). Moving beyond the heritability question: New directions in behavioral genetic studies of personality. *Current Directives in Psychological Science, 4,* 86–90.

Scanlan, T.K., Carpenter, P.J., Schmidt, G.W., Simons, J.P., & Keeler, B. (1993). An introduction to the sport commitment model. *Journal of Sport & Exercise Psychology, 15,* 1–15.

Scanlan, T.K., Stein, G.L., & Ravizza, K. (1989). An in-depth study of former elite figure skaters: II. Sources of enjoyment. *Journal of Sport & Exercise Psychology, 11,* 65–83.

Schlaug, G., Jäncke, L., Huang, Y., & Steinmetz, H. (1995). In vivo evidence of structural brain asymmetry in musicians. *Science, 267,* 699–701.

Schneider, W. (1998). Innate talent or deliberate practice as determinants of exceptional performance: Are we asking the right question? *Behavioral and Brain Sciences, 21,* 423–424.

Seefeldt, V. (1988). The concept of readiness applied to motor skill acquisition. In F.L. Smoll, R.A. Magill, & M.J. Ash (Eds.), *Children in sport* (3rd ed., pp. 45–52). Champaign, IL: Human Kinetics.

Selye, H. (1974). *Stress without distress.* New York: New American Library.

Simon, H.A., & Chase, W.G. (1973). Skill in chess. *American Science, 61,* 394–403.

Simoneau, J.A., & Bouchard, C. (1995). Genetic determinism of fiber type proportion in human skeletal muscle. *Journal of the Federation of the American Societies of Experimental Biology, 9,* 1091–1095.

Simonton, D.K. (1998). Defining and finding talent: Data and a multiplicative model? *Behavioral and Brain Sciences, 21,* 424–425.

Singer, R.N., & Janelle, C.M. (1999). Determining sport expertise: From genes to supremes. *International Journal of Sport Psychology, 30,* 117–150.

Smith, R.E., & Smoll, F.L. (1990). Athletic performance anxiety. In H. Leitenberg (Ed.), *Handbook of social and evaluation anxiety* (pp. 417–454). New York: Plenum Press.

Smith, R.E., Smoll, F.L., & Weichman, S.A. (1998). Measurement of trait anxiety in sport. In J.L. Duda (Ed.), *Advances in sport and exercise psychology measurement* (pp. 105–127). Morgantown, WV: Fitness Information Technology.

Sosniak, L.A. (1985). Learning to be a concert pianist. In B.S. Bloom (Ed.), *Developing talent in young people* (pp. 19–67). New York: Ballantine Books.

Spink, K.S. (1990). Psychological characteristics of male gymnasts: Differences between competitive levels. *Journal of Sport Sciences, 8,* 149–157.

Starkes, J.L., Deakin, J.M., Allard, F., Hodges, N.J., & Hayes, A. (1996). Deliberate practice in sport: What is it anyway? In K.A. Ericsson (Ed.), *The road to excellence: The acquisition of expert performance in the arts and science, sports and games* (pp. 81–106). Mahwah, NJ: Erlbaum.

Starkes, J.L., & Helsen, W. (1998). Practice, practice, practice: Is that all it takes? *Behavioral and Brain Sciences, 21,* 425.

Sternberg, R.J. (1998). If the key's not there, the light won't help. *Behavioral and Brain Sciences, 21,* 425–426.

Stevenson, M. (1999). *The use of mental skills by male and female athletes.* Unpublished master's thesis, University of Ottawa, Canada.

Takeuchi, A.H., & Hulse, S.H. (1993). Absolute pitch. *Psychological Bulletin, 113,* 345–361.

Tesch-Römer, C. (1998). Attributed talent is a powerful myth. *Behavioral and Brain Sciences, 21,* 427.

Thomas, K.T., & Thomas, J.R. (1999). What squirrels in the trees predict about expert athletes. *International Journal of Sport Psychology, 30,* 221–234.

Trehub, S.E., & Schellenberg, E.G. (1998). Cultural determinism is no better than biological determinism. *Behavioral and Brain Sciences, 21,* 427–428.

Vealey, R.S. (1986). Conceptualization of sport-confidence and competitive orientation: Preliminary investigation and instrument development. *Journal of Sport Psychology, 8,* 221–246.

Vealey, R.S., & Greenleaf, C.A. (1998). Seeing is believing: Understanding and using imagery in sport. In J.M. Williams (Ed.), *Applied sport psychology: Personal growth to peak performance* (3rd ed., pp. 237–269). Mountainview, CA: Mayfield.

Weinberg, R.S., Stitcher, T., & Richardson, P. (1994). Effects of seasonal goal setting on lacrosse performance. *The Sport Psychologist, 8,* 166–175.

Weisberg, R.W. (1998). Creativity and practice. *Behavioral and Brain Sciences, 21,* 429–430.

Williams, J.M., & Harris, D.V. (1998). Relaxation and energizing techniques for regulation of arousal. In J.M. Williams (Ed.), *Applied sport psychology: Personal growth to peak performance* (3rd ed., pp. 219–236). Mountainview, CA: Mayfield.

Willimczik, K. (1986). Scientific support in the search of talents in sport. In L.E. Unesthal (Ed.), *Sport psychology theory and practice* (pp. 95–105). Orebro, Sweden: Veje.

Wilson, K.R. (1999). *The use of mental skills in training and competition by synchronized skaters: Are there differences?* Unpublished master's thesis, University of Ottawa, Canada.

Winner, E. (1998). Talent: Don't confuse necessity with sufficiency, or science with policy. *Behavioral and Brain Sciences, 21,* 430–431.

Young, B.W. (1998). *Deliberate practice and skill acquisition in Canadian middle distance running.* Unpublished master's thesis, University of Ottawa, Canada.

Zaichkowsky, L., & Takenaka, K. (1993). Optimizing arousal level. In R.N. Singer, M. Murphey, & L.K. Tennant (Eds.), *Handbook of research on sport psychology* (pp. 511–527). New York: Macmillan.

Zohar, A.H. (1998). Individual differences in some special abilities are genetically influenced. *Behavioral and Brain Sciences, 21,* 431–432.

第11章

Alpert, R., & Haber, R.N. (1960). Anxiety in academic achievement situations. *Journal of Abnormal and Social Psychology, 61,* 207–215.

Anshel, M.H. (1990). Toward a validation of a model for coping with acute stress in sport. *International Journal of Sport Psychology, 21,* 58–83.

Apter, M.J. (1982). *The experience of motivation: The theory of psychological reversal.* London: Academic Press.

Barnes, M.W., Sime, W., Dienstbier, R., & Plake, B. (1986). A test of construct validity of the CSAI-2 questionnaire on male elite college swimmers. *International Journal of Sport Psychology, 17,* 364–374.

Baumeister, R.F. (1984). Choking under pressure: Self-consciousness and paradoxical effects of incentives on skillful performance. *Journal of Personality and Social Psychology, 46,*

610–620.

Blankstein, K.R., Flett, G.L., Boase, P., & Toner, B.B. (1990). Thought listing and endorsement measures of self-referential thinking in test anxiety. *Anxiety Research, 2,* 103–112.

Blankstein, K.R., Toner, B.B., & Flett, G.L. (1989). Test anxiety and the contents of consciousness: Thought-listing and endorsement measures. *Journal of Research in Personality, 23,* 269–286.

Bright, J.E.H., & Freedman, O. (1998). Differences between implicit and explicit acquisition of a complex motor skill under pressure: An examination of some evidence. *British Journal of Psychology, 89,* 249–263.

Broadhurst, P.L. (1957). Emotionality and the Yerkes-Dodson law. *Journal of Experimental Psychology, 54,* 345–352.

Bull, S.J., Albinson, J.G., & Shambrook, C.J. (1996). *The mental game plan: Getting psyched for sport.* Eastbourne, England: Sports Dynamics.

Burton, D. (1988). Do anxious swimmers swim slower? Re-examining the elusive anxiety-performance relationship. *Journal of Sport Psychology, 10,* 45–61.

Burton, D. (1998). Measuring competitive state anxiety. In J.L. Duda (Ed.), *Advances in sport and exercise psychology measurement* (pp. 129–148). Morgantown, WV: Fitness Information Technology.

Burton, D., & Naylor, S. (1997). Is anxiety really facilitative? Reaction to the myth that cognitive anxiety always impairs sport performance. *Journal of Applied Sport Psychology, 9,* 295–302.

Calvo, M.G., Alamo, L., & Ramos, P.M. (1990). Test anxiety, motor performance and learning: Attentional and somatic interference. *Personality and Individual Differences, 11,* 29–38.

Calvo, M.G., & Ramos, P.M. (1989). Effects of test anxiety on motor learning: The processing efficiency hypothesis. *Anxiety Research, 2,* 45–55.

Carver, C.S., & Scheier, M.F. (1988). A control perspective on anxiety. *Anxiety Research, 1,* 17–22.

Couch, J.V., Garber, T.B., & Turner, W.E. (1983). Facilitating and debilitating test anxiety and academic achievement. *Psychological Report, 33,* 237–244.

Cox, R.H. (1990). *Sport psychology: Concepts and applications.* Dubuque, IA: Brown & Benchmark.

Cox, T. (1978). *Stress.* London: Macmillan.

Davidson, R.J., & Schwartz, G.E. (1976). The psychobiology of relaxation and related states: A multiprocess theory. In D. Mostofsky (Ed.), *Behavioral control and modification of physiological activity* (pp. 399–442). Englewood Cliffs, NJ: Prentice-Hall.

Deffenbacher, J.L. (1977). Relationship of worry and emotionality to performance on the Miller analogies test. *Journal of Educational Psychology, 69,* 191–195.

Deffenbacher, J.L. (1980). Worry and emotionality in test anxiety. In I.G. Sarason (Ed.), *Test anxiety: Theory, research, and applications* (pp. 111–128). Hillsdale, NJ: Erlbaum.

Duffy, E. (1962). *Activation and behavior.* New York: Wiley.

Easterbrook, J.A. (1959). The effect of emotion on cue utilization and the organization of behavior. *Psychological Review, 66,* 183–201.

Edwards, T., & Hardy, L. (1996). The interactive effects of intensity and direction of cognitive and somatic anxiety and self-confidence upon performance. *Journal of Sport & Exercise Psychology, 18,* 296–312.

Eysenck, M.W. (1979). Anxiety, learning, and memory: A reconceptualization. *Journal of Research in Personality, 13,* 363–385.

Eysenck, M.W. (1982). *Attention and arousal: Cognition and performance.* Berlin, Germany: Springer.

Eysenck, M.W. (1983). Anxiety and individual differences. In G.R.J. Hockey (Ed.), *Stress and fatigue in human performance* (pp. 273–298). Chichester, England: Wiley.

Eysenck, M.W. (1985). Anxiety and cognitive-task performance. *Personality and Individual Differences, 6,* 579–586.

Eysenck, M.W. (1986). Individual differences in anxiety, cognition and coping. In G.R.J. Hockey, A.W.K. Gaillard, & M.G.H. Coles (Eds.), *Energetics and human information processing* (pp. 255–269). Dordrecht, The Netherlands: Martinus Nijhoff.

Eysenck, M.W. (1992). *Anxiety: The cognitive perspective.* Hove, England: Erlbaum.

Eysenck, M.W., & Calvo, M.G. (1992). Anxiety and performance: The processing efficiency theory. *Cognition and Emotion, 6,* 409–434.

Fazey, J.A., & Hardy, L. (1988). *The inverted-U hypotheses: A catastrophe for sport psychology* (British Association of Sport Sciences Monograph No. 1). Leeds, England: National Coaching Foundation.

Gill, D.L. (1986). *Psychological dynamics of sport.* Champaign, IL: Human Kinetics.

Gill, D.L. (1994). A sport and exercise psychology perspective on stress. *Quest, 44,* 20–27.

Gould, D., Eklund, R.C., & Jackson, S.A. (1991). *An in-depth examination of mental factors and preparation techniques associated with 1988 U.S. Olympic team wrestling success.* Grant report to USA Wrestling, Colorado Springs, CO.

Gould, D., Eklund, R.C., & Jackson, S.A. (1992a). 1988 U.S. Olympic wrestling excellence I: Mental preparation, precompetitive cognition and affect. *The Sport Psychologist, 6,* 358–362.

Gould, D., Eklund, R.C., & Jackson, S.A. (1992b). 1988 U.S. Olympic wrestling excellence II: Thoughts and affect occurring during competition. *The Sport Psychologist, 6,* 383–402.

Gould, D., Jackson, S.A., & Finch, L.M. (1993a). Life at the top: The experiences of U.S. national champion figure skaters. *The Sport Psychologist, 7,* 354–374.

Gould, D., Jackson, S.A., & Finch, L.M. (1993b). Sources of stress in national champion figure skaters. *Journal of Sport & Exercise Psychology, 15,* 134–159.

Gould, D., Petlichkoff, L., Simons, J., & Vevera, M. (1987). Relationship between Competitive State Anxiety Inventory–2 subscale scores and pistol shooting performance. *Journal of Sport Psychology, 9,* 33–42.

Gould, D., Petlichkoff, L., & Weinberg, R.S. (1984). Antecedents of, temporal changes in, and relationships between CSAI–2 subcomponents. *Journal of Sport Psychology, 6,* 289–304.

Gould, D., & Tuffey, S. (1996). Zones of optimal functioning research: A review and critique. *Anxiety, Stress, and Coping, 9,* 53–68.

Gould, D., Tuffey, S., Hardy, L., & Lochbaum, M. (1993). Multidimensional state anxiety and middle distance running performance: An exploratory examination of Hanin's (1980) zone of optimal functioning hypothesis. *Journal of Applied Sport Psychology, 5,* 85–95.

Gould, D., & Udry, E. (1994). Psychological skills for enhancing performance: Arousal regulation strategies. *Medicine and Science in Sports and Exercise, 26*, 478–485.

Guastello, S.J. (1982). Moderator regression analysis and the cusp catastrophe: Application of a two-stage personnel selection, training, therapy and policy evaluation. *Behavioral Science, 27*, 259–272.

Hall, C.R., Hardy, J., & Gammage, K.L. (1999). About hitting balls in the water: Comments on Janelle's (1999) article on ironic processes. *The Sport Psychologist, 13*, 221–224.

Hanin, Y.L. (1980). A study of anxiety in sport. In W.F. Straub (Ed.), *Sport psychology: An analysis of athletic behavior* (pp. 236–249). Ithaca, NY: Mouvement.

Hanin, Y.L. (1986). State trait anxiety research on sports in the USSR. In C.D. Spielberger & R. Diaz (Eds.), *Cross-cultural anxiety* (Vol. 3, pp. 45–64). Washington, DC: Hemisphere.

Hanin, Y.L., & Syrjä, P. (1995a). Performance affect in junior ice hockey players: An application of the individual zones of optimal functioning model. *The Sport Psychologist, 9*, 169–187.

Hanin, Y.L., & Syrjä, P. (1995b). Performance affect in soccer players: An application of the IZOF model. *International Journal of Sports Medicine, 16*, 260–265.

Hanson, D.L. (1967). Cardiac response on participation in Little League baseball competition as determined by telemetry. *Research Quarterly, 38*, 384–388.

Hardy, L. (1990). A catastrophe model of anxiety and performance. In J.G. Jones & L. Hardy (Eds.), *Stress and performance in sport* (pp. 81–106). Chichester, England: Wiley.

Hardy, L. (1996a). A test of catastrophe models of anxiety and sports performance against multidimensional theory models using the method of dynamic differences. *Anxiety, Stress, and Coping: An International Journal, 9*, 69–86.

Hardy, L. (1996b). Testing the predictions of the cusp catastrophe model of anxiety and performance. *The Sport Psychologist, 10*, 140–156.

Hardy, L. (1997). Three myths about applied consultancy work. *Journal of Applied Sport Psychology, 9*, 277–294.

Hardy, L., & Fazey, J. (1987, June). *The inverted-U hypothesis: A catastrophe for sport psychology?* Paper presented at the annual conference of the North American Society for the Psychology of Sport and Physical Activity, Vancouver, Canada.

Hardy, L., & Jackson, B. (1996). Effect of state anxiety upon effort and performance. *Journal of Sports Sciences, 14*, 31–32.

Hardy, L., Jones, J.G., & Gould, D. (1996). *Understanding psychological preparation for sport*. Chichester, England: Wiley.

Hardy, L., Mullen, R., & Jones, G. (1996). Knowledge and conscious control of motor actions under stress. *British Journal of Psychology, 87*, 621–636.

Hardy, L., & Parfitt, C.G. (1991). A catastrophe model of anxiety and performance. *British Journal of Psychology, 82*, 163–178.

Hardy, L., Parfitt, C.G., & Pates, J. (1994). Performance catastrophes in sport: A test of the hysteresis hypothesis. *Journal of Sports Sciences, 12*, 327–334.

Hardy, L., & Woodman, T. (1999). *A case study of organizational stress in elite sport II: Environmental and personal issues.* Manuscript submitted for publication.

Hebb, D.O. (1955). Drives and the CNS (conceptual nervous system). *Psychological Review, 62*, 243–254.

Hemery, D. (1976). *Another hurdle*. London: Heinemann.

Hockey, G.R.J., & Hamilton, P. (1983). The cognitive patterning of stress states. In G.R.J. Hockey (Ed.), *Stress and fatigue in human performance* (pp. 331–362). Chichester, England: Wiley.

Humphreys, M.S., & Revelle, W. (1984). Personality, motivation and performance: A theory of the relationship between individual differences and information processing. *Psychological Review, 91*, 153–184.

Janelle, C.M. (1999). Ironic mental processes in sport: Implications for sport psychologists. *The Sport Psychologist, 13*, 201–220.

Janelle, C.M., Singer, R.N., & Williams, A.M. (1999). External distraction and attentional narrowing: Visual search evidence. *Journal of Sport & Exercise Psychology, 21*, 70–91.

Jick, T., & Payne, R.L. (1980). Stress at work. *Exchange: The Organizational Behavior Teaching Journal, 5*, 50–53.

Jones, J.G. (1990). A cognitive perspective on the processes underlying the relationship between stress and performance in sport. In J.G. Jones & L. Hardy (Eds.), *Stress and performance in sport* (pp. 17–42). Chichester, England: Wiley.

Jones, J.G. (1991). Recent developments and current issues in competitive state anxiety research. *The Sport Psychologist, 4*, 152–155.

Jones, J.G. (1995). More than just a game: Research developments and issues in competitive anxiety in sport. *British Journal of Psychology, 86*, 449–478.

Jones, J.G., & Cale, A. (1989). Relationship between multidimensional competitive state anxiety and cognitive and motor subcomponents of performance. *Journal of Sports Sciences, 7*, 129–140.

Jones, J.G., Hanton, S., & Swain, A.B.J. (1994). Intensity and interpretation of anxiety symptoms in elite and non-elite sports performers. *Personality and Individual Differences, 17*, 657–663.

Jones, J.G., & Hardy, L. (1989). Stress and cognitive functioning in sport. *Journal of Sports Sciences, 7*, 41–63.

Jones, J.G., & Hardy, L. (1990). Stress in sport: Experiences of some elite performers. In J.G. Jones & L. Hardy (Eds.), *Stress and performance in sport* (pp. 247–277). Chichester, England: Wiley.

Jones, J.G., & Swain, A.B.J. (1992). Intensity and direction dimensions of competitive anxiety and relationships with competitiveness. *Perceptual and Motor Skills, 74*, 467–472.

Jones, J.G., Swain, A.B.J., & Cale, A. (1990). Antecedents of multidimensional competitive state anxiety and self confidence in elite intercollegiate middle distance runners. *The Sport Psychologist, 4*, 107–118.

Jones, J.G., Swain, A.B.J., & Cale, A. (1991). Gender differences in precompetition temporal patterning and antecedents of anxiety and self confidence. *Journal of Sports & Exercise Psychology, 13*, 1–15.

Jones, J.G., Swain, A.B.J., & Hardy, L. (1993). Intensity and direction dimensions of competitive state anxiety and relationships with performance. *Journal of Sports Sciences, 11*, 525–532.

Karteroliotis, C., & Gill, D. (1987). Temporal changes in psychological and physiological components of state anxiety. *Journal of Sport Psychology, 9*, 261–274.

Keele, S.W. (1973). *Attention and human performance*. Pacific Palisades, CA: Goodyear.

Kerr, J.H. (1990). Stress in sport: Reversal theory. In J.G. Jones

& L. Hardy (Eds.), *Stress and performance in sport* (pp. 107–131). Chichester, England: Wiley.

Kerr, J.H., Yoshida, H., Hirata, C., Takai, K., & Yamazaki, F. (1997). Effects on archery performance of manipulating metamotivational state and felt arousal. *Perceptual and Motor Skills, 84*, 819–828.

Kingston, K.M., & Hardy, L. (1994a). Factors affecting the salience of outcome, performance and process goals in golf. In A.J. Cochran & M.R. Farrally (Eds.), *Science and golf II: Proceedings of the Second World Scientific Congress of Golf* (pp. 244–249). London: E. & F.N. Spon.

Kingston, K.M., & Hardy, L. (1994b). When are some goals more beneficial than others? *Journal of Sports Sciences, 12*, 198–199.

Kingston, K.M., & Hardy, L. (1997). Effects of different types of goals on processes that support performance. *The Sport Psychologist, 11*, 277–293.

Kingston, K.M., Hardy, L., & Markland, D. (1992). Study to compare the effects of two different goal types on the number of situationally relevant performance subcomponents. *Journal of Sports Sciences, 10*, 610–611.

Krane, V. (1990). *Anxiety and athletic performance: A test of the multidimensional anxiety and catastrophe theories.* Unpublished doctoral thesis, University of North Carolina, Greensboro.

Krane, V. (1992). Conceptual and methodological considerations in sport anxiety research: From the inverted-U hypothesis to catastrophe theory. *Quest, 44*, 72–87.

Krane, V. (1993). A practical application of the anxiety-performance relationship: The zone of optimal functioning hypothesis. *The Sport Psychologist, 7*, 113–126.

Krane, V., & Williams, J.M. (1987). Performance and somatic anxiety, and confidence changes prior to competition. *Journal of Sport Behavior, 10*, 47–56.

Lacey, J.I. (1967). Somatic response patterning of stress: Some revisions of activation theory. In M. Appley & R. Trumbell (Eds.), *Psychological stress in research* (pp. 14–37). New York: Appleton.

Landers, D.M. (1994). Performance, stress and health: Overall reaction. *Quest, 46*, 123–135.

Landers, D.M., & Boutcher, S.H. (1986). Arousal-performance relationships. In J.M. Williams (Ed.), *Applied sport psychology: Personal growth to peak performance* (pp. 170–184). Palo Alto, CA: Mayfield.

Landers, D.M., & Boutcher, S.H. (1993). Arousal-performance relationships. In J.M. Williams (Ed.), *Applied sport psychology: Personal growth to peak performance* (2nd ed., pp. 170–184). Palo Alto, CA: Mayfield.

Lane, A.M., Sewell, D.F., Terry, P.C., Bartram, D., & Nesti, M.S. (1999). Confirmatory factor analysis of the Competitive State Anxiety Inventory–2. *Journal of Sports Sciences, 17*, 505–512.

Lane, A.M., Terry, P.C., & Karageorghis, C.I. (1995). Path analysis examining relationships among antecedents of anxiety, multidimensional state anxiety, and triathlon performance. *Perceptual and Motor Skills, 81*, 1255–1266.

Langer, E.J., & Imber, L.G. (1979). When practice makes imperfect: Debilitating effects of overlearning. *Journal of Personality and Social Psychology, 37*, 2014–2024.

Lazarus, R.S. (1966). *Psychological stress and coping process.* New York: McGraw-Hill.

Lazarus, R.S. (1982). Thoughts on the relation between emotion and cognition. *American Psychologist, 37*, 1019–1024.

Liebert, R.M., & Morris, L.W. (1967). Cognitive and emotional components of test anxiety: A distinction and some initial data. *Psychological Reports, 20*, 975–978.

Lowe, R., & McGrath, J.E. (1971). *Stress, arousal and performance: Some findings calling for a new theory.* Project Report, AF 1161–67, AFOSR.

Mahoney, M.J., & Avener, M. (1977). Psychology of the elite athlete: An exploratory study. *Cognitive Therapy and Research, 1*, 135–141.

Males, J., Kerr, J.H., & Gerkovich, M.M. (1998). Metamotivational states during canoe slalom competition: A qualitative analysis using reversal theory. *Journal of Applied Sport Psychology, 10*, 185–200.

Malmo, R.B. (1959). Activation: A neuropsychological dimension. *Psychological Review, 66*, 367–386.

Mandler, G., & Sarason, S.B. (1952). A study of anxiety and learning. *Journal of Abnormal and Social Psychology, 47*, 166–173.

Marañon, G. (1924). Contribution à l'étude de l'action émotive de l'adrénaline [Contribution to the study of the emotional effects of adrenaline]. *Revue Française d'Endocrinologie, 2*, 301–325.

Martens, R. (1977). *Sport Competition Anxiety Test.* Champaign, IL: Human Kinetics.

Martens, R., Burton, D., Rivkin, F., & Simon, J. (1980). Reliability and validity of the Competitive State Anxiety Inventory (CSAI). In C.H. Nadeau, W.C. Halliwell, K.M. Newell, & G.C. Roberts (Eds.), *Psychology of motor behavior and sport–1979* (pp. 91–99). Champaign, IL: Human Kinetics.

Martens, R., Burton, D., Vealey, R.S., Bump, L.A., & Smith, D.E. (1990). Development and validation of the Competitive State Anxiety Inventory–2. In R. Martens, R.S. Vealey, & D. Burton (Eds.), *Competitive anxiety in sport* (pp. 117–190). Champaign, IL: Human Kinetics.

Masters, R.S.W. (1992). Knowledge, knerves, and know-how. *British Journal of Psychology, 83*, 343–358.

Morgan, W.P., O'Connor, P.J., Sparling, P.B., & Pate, R.R. (1987). Psychological characterization of the elite female distance runner. *International Journal of Sports Medicine, 8*, 124–131.

Morris, L., Davis, D., & Hutchings, C. (1981). Cognitive and emotional components of anxiety: Literature review and revised worry-emotionality scale. *Journal of Educational Psychology, 75*, 541–555.

Mullen, R., Hardy, L., & Tattersall, A.J. (1999). State anxiety and motor performance: The role of heart rate variability as an index of effort. *Journal of Sports Sciences, 17*, 62–63.

Näätänen, R. (1973). The inverted-U relationship between activation and performance: A critical review. In S. Kornblum (Ed.), *Attention and performance IV* (pp. 155–174). New York: Academic Press.

Neiss, R. (1988). Reconceptualizing arousal: Psychobiological states in motor performance. *Psychological Bulletin, 103*, 345–366.

Orlick, T., & Partington, J. (1988). Mental links to excellence. *The Sport Psychologist, 2*, 105–130.

Oxendine, J.B. (1970). Emotional arousal and motor performance. *Quest, 13*, 23–32.

Oxendine, J.B. (1984). *Psychology of motor learning.* Englewood

Cliffs, NJ: Prentice-Hall.

Parfitt, C.G., & Hardy, L. (1987). Further evidence for the differential effects of competitive anxiety upon a number of cognitive and motor sub-systems. *Journal of Sports Sciences, 5,* 62–63.

Parfitt, C.G., Hardy, L., & Pates, J. (1995). Somatic anxiety and physiological arousal: Their effects upon a high anaerobic, low memory demand task. *International Journal of Sport Psychology, 26,* 196–213.

Parfitt, C.G., Jones, J.G., & Hardy, L. (1990). Multidimensional anxiety and performance. In J.G. Jones & L. Hardy (Eds.), *Stress and performance in sport* (pp. 43–80), Chichester, England: Wiley.

Patmore, A. (1986). *Sportsmen under stress.* London: Stanley Paul.

Perry, J.D., & Williams, J.M. (1998). Relationship of intensity and direction of competitive trait anxiety to skill level and gender in tennis. *The Sport Psychologist, 12,* 169–179.

Pribram, K.H., & McGuinness, D. (1975). Arousal, activation and effort in the control of attention. *Psychological Review, 82,* 116–149.

Raglin, J. (1992). Anxiety and sport performance. *Exercise and Sport Science Review, 20,* 243–274.

Raglin, J., & Morgan, W. (1988). Predicted and actual precompetition anxiety in college swimmers. *Journal of Swimming Research, 4,* 5–7.

Randle, S., & Weinberg, R. (1997). Multidimensional anxiety and performance: An exploratory examination of the zone of optimal functioning hypothesis. *The Sport Psychologist, 11,* 160–174.

Sanders, A.F. (1983). Towards a model of stress and human performance. *Acta Psychologica, 53,* 64–97.

Sarason, I.G. (1984). Stress, anxiety, and cognitive interference: Reactions to tests. *Journal of Personality and Social Psychology, 46,* 929–938.

Sarason, I.G. (1988). Anxiety, self-preoccupation and attention. *Anxiety Research, 1,* 3–7.

Sarason, S.B., Davidson, K.S., Lighthall, F.F., Waite, R.R., & Ruebush, B.K. (1960). *Anxiety in elementary school children.* New York: Wiley.

Scanlan, T.K., & Passer, M.W. (1978). Factors related to competitive stress among male youth sport participants. *Medicine and Science in Sport, 10,* 103–108.

Scanlan, T.K., Ravizza, K., & Stein, G.L. (1989). An in-depth study of former elite figure skaters: 1. Introduction to the project. *Journal of Sport & Exercise Psychology, 11,* 54–64.

Scanlan, T.K., Stein, G.L., & Ravizza, K. (1991). An in-depth study of former elite figure skaters: 3. Sources of stress. *Journal of Sport & Exercise Psychology, 13,* 102–120.

Schachter, S. (1964). The interaction of cognitive and physiological determinants of the emotional state. In L. Berkowitz (Ed.), *Advances in experimental social psychology* (Vol. 1, pp. 49–80). New York: Academic Press.

Schachter, S., & Singer, J. (1962). Cognitive, social, and physiological determinants of emotional state. *Psychological Review, 69,* 379–399.

Schneider, W., Dumais, S.T., & Shiffrin, R.M. (1984). Automatic and controlled processing and attention. In R. Parasuraman & R. Davies (Eds.), *Varieties of attention* (pp. 1–270). Orlando, FL: Academic Press.

Shoham, V., & Rohrbaugh, M. (1997). Interrupting ironic processes. *Psychological Science, 8,* 151–153.

Simon, J.A., & Martens, R. (1977). SCAT as a predictor of A-states in varying competitive situations. In D.M. Landers & R.W. Christina (Eds.), *Psychology of motor behavior and sport–1976* (Vol. 2, pp. 146–156). Champaign, IL: Human Kinetics.

Smith, R.E., Smoll, F.L., & Schutz, R.W. (1990). Measurements and correlates of sport-specific cognitive and somatic trait anxiety. *Anxiety Research, 2,* 263–280.

Spielberger, C.D. (1966). Theory and research on anxiety. In C.S. Spielberger (Ed.), *Anxiety and behavior* (pp. 3–20). New York: Academic Press.

Spielberger, C.D., Gorsuch, R.I., & Lushene, R.L. (1970). *Manual for the State-Trait Anxiety Inventory.* Palo Alto, CA: Consulting Psychologists.

Swain, A.B.J., & Jones, J.G. (1993). Intensity and frequency dimensions of competitive state anxiety. *Journal of Sports Sciences, 11,* 533–542.

Swain, A.B.J., & Jones, J.G. (1996). Explaining performance variance: The relative contribution of intensity and direction dimensions of competitive state anxiety. *Anxiety, Stress and Coping: An International Journal, 9,* 1–18.

Thelwell, R.C., & Maynard, I.W. (1998). Anxiety-performance relationships in cricketers: Testing the zone of optimal functioning hypothesis. *Perceptual and Motor Skills, 87,* 675–689.

Turner, P.E., & Raglin, J.S. (1991). Anxiety and performance in track and field athletes: A comparison of ZOF and inverted-U theories. *Medicine and Science in Sport and Exercise, 23,* S119.

Watson, G.G., & Friend, R. (1969). Measurement of social-evaluative anxiety. *Journal of Consulting and Clinical Psychology, 33,* 448–457.

Wegner, D.M. (1989). *White bears and other unwanted thoughts: Suppression, obsession, and the psychology of mental control.* New York: Viking.

Wegner, D.M. (1994). Ironic processes of mental control. *Psychological Review, 101,* 34–52.

Wegner, D.M. (1997). Why the mind wanders. In J.D. Cohen & J.W. Schooler (Eds.), *Scientific approaches to consciousness* (pp. 295–315). Hillsdale, NJ: Erlbaum.

Wegner, D.M., Ansfield, M., & Pilloff, D. (1998). The putt and the pendulum: Ironic effects of the mental control of action. *Psychological Science, 9,* 196–199.

Wegner, D.M., Broome, A., & Blumberg, S.J. (1997). Ironic effects of trying to relax under stress. *Behavior Research and Therapy, 35,* 11–21.

Wegner, D.M., Schneider, D.J., Carter, S., & White, L. (1987). Paradoxical effects of thought suppression. *Journal of Personality and Social Psychology, 53,* 5–13.

Weinberg, R.S. (1978). The effects of success and failure on the patterning of neuromuscular energy. *Journal of Motor Behavior, 10,* 53–61.

Weinberg, R.S., & Hunt, V. (1976). The interrelationships between anxiety, motor performance, and electromyography. *Journal of Motor Behavior, 8,* 219–224.

Welford, A.T. (1973). Stress and performance. *Ergonomics, 16,* 567–580.

Wiggins, M.S. (1998). Anxiety intensity and direction: Preperformance temporal patterns and expectations in athletes. *Journal of Applied Sport Psychology, 10,* 201–211.

Williams, E.S., Taggart, P., & Carruthers, M. (1978). Rock climbing: Observations on heart rate and plasma catecholamine concentrations and the influence of oxprenolol. *British Journal of Sports Medicine, 12*(3), 125–128.

Wilmore, J.H., & Costill, D.L. (1994). *Physiology of sport and exercise.* Champaign, IL: Human Kinetics.

Wine, J.D. (1971). Test anxiety and direction of attention. *Psychological Bulletin, 76,* 92–104.

Wine, J.D. (1980). Cognitive-attentional theory of test anxiety. In I.G. Sarason (Ed.), *Test anxiety: Theory, research and applications* (pp. 349–385). Hillsdale, NJ: Erlbaum.

Woodman, T., Albinson, J.G., & Hardy, L. (1997). An investigation of the zone of optimal functioning hypothesis within a multidimensional framework. *Journal of Sport & Exercise Psychology, 19,* 131–141.

Woodman, T., & Hardy, L. (1999). *A case study of organizational stress in elite sport II: Leadership and team issues.* Manuscript submitted for publication.

Woodman, T., Hardy, L., Hanton, S., Jones, J.G., & Swain, A. (1999). *Anxiety and self-confidence: An investigation of the mechanisms underlying their relationship.* Manuscript in preparation.

Yamaji, K., Yokota, Y., & Shephard, R.J. (1992). A comparison of the perceived and the ECG measured heart rate during cycle ergometer, treadmill and stairmill exercise before and after perceived heart rate training. *Journal of Sports Medicine and Physical Fitness, 32,* 271–281.

Yan Lan, L., & Gill, D. (1984). The relationships among self-efficacy, stress responses, and a cognitive feedback manipulation. *Journal of Sport Psychology, 6,* 227–238.

Yerkes, R.M., & Dodson, J.D. (1908). The relation of strength of stimulus to rapidity of habit formation. *Journal of Comparative Neurology and Psychology, 18,* 459–482.

Zajonc, R.B. (1980). Feeling and thinking: Preferences need no inferences. *American Psychologist, 35,* 151–175.

Zajonc, R.B. (1984). On the primacy of affect. *American Psychologist, 39,* 117–123.

Zeeman, E.C. (1976). Catastrophe theory. *Scientific American, 234,* 65–82.

第12章

Adam, J., Teeken, J., Ypelaar, P., Verstappen, F., & Paas, F. (1997). Exercise-induced arousal and information processing. *International Journal of Sport Psychology, 28,* 217–226.

Anderson, J.A. (1990). Arousal and the inverted-U hypothesis: A critique of Neiss's "Reconceptualizing arousal." *Psychological Bulletin, 107,* 96–100.

Annesi, J. (1997). Three-dimensional state anxiety recall: Implications for individual zones of optimal functioning research and application. *The Sport Psychologist, 11,* 43–52.

Apter, M.J. (1982). *The experience of motivation: The theory of psychological reversals.* London: Academic Press.

Apter, M.J. (1984). Reversal theory and personality: A review. *Journal of Research in Personality, 18,* 265–288.

Bandura, A. (1997). *Self-efficacy: The exercise of control.* New York: Freeman.

Basler, M.L., Fisher, A.C., & Mumford, N.L. (1976). Arousal and anxiety correlates of gymnastic performance. *Research Quarterly, 47,* 586–589.

Bergstrom, B. (1970). Tracking performance under threat-induced stress. *Scandinavian Journal of Psychology, 11,* 109–114.

Berman, P.S., & Johnson, H.J. (1985). A psychophysiological assessment battery. *Biofeedback and Self-Regulation, 10,* 203–221.

Billing, J. (1980). An overview of task complexity. *Motor skills: Theory into practice, 4,* 18–23.

Brehm, J.W., & Self, E.A. (1989). The intensity of motivation. *Annual Review of Psychology, 40,* 109–131.

Broadhurst, P.L. (1957). Emotionality and the Yerkes–Dodson Law. *Journal of Experimental Psychology, 54,* 345–352.

Burton, D. (1988). Do anxious swimmers swim slower? Reexamining the elusive anxiety-performance relationship. *Journal of Sport & Exercise Psychology, 10,* 45–61.

Cannon, W.B. (1932). *The wisdom of the body.* New York: Norton.

Carron, A.V. (1968). Motor performance under stress. *Research Quarterly, 39,* 463–469.

Catley, D., & Duda, J. (1997). Psychological antecedents of the frequency and intensity of flow in golfers. *International Journal of Sport Psychology, 28,* 309–322.

Cattell, R.B. (1972). The nature and genesis of mood states: A theoretical model with experimental measurements concerning anxiety, depression, arousal, and other mood states. In C.D. Spielberger (Ed.), *Anxiety: Current trends in theory and research* (pp. 115–183). New York: Academic Press.

Csikszentmihalyi, M. (1975). *Beyond boredom and anxiety.* San Francisco: Jossey-Bass.

Csikszentmihalyi, M. (1990). *Flow: The psychology of optimal experience.* New York: Harper & Row.

Cox, R.H. (1983). Consolidation of pursuit rotor learning under conditions of induced arousal. *Research Quarterly for Exercise and Sport, 54,* 223–228.

Cox, R.H. (1990). *Sport psychology: Concepts and applications.* Dubuque, IA: Brown & Benchmark.

Cox, T., & Kerr, J. (1989). Arousal effects during tournament play in squash. *Perceptual and Motor Skills, 69,* 1275–1280.

Davidson, R.J., & Schwartz, G.E. (1976). The psychobiology of relaxation and related states: A multi-process theory. In D.I. Mostofsky (Ed.), *Behavioral control and modification of physiological activity* (pp. 399–442). Englewood Cliffs, NJ: Prentice-Hall.

Davis, H. (1991). Passive recovery and optimal arousal in ice hockey. *Perceptual and Motor Skills, 72,* 1–2.

Dienstbier, R.A. (1989). Arousal and physiological toughness: Implications for mental and physical health. *Psychological Review, 96,* 84–100.

Druckman, D., & Bjork, R.A. (Eds.). (1991). *In the mind's eye: Enhancing human performance.* Washington, DC: National Academy Press.

Duffy, E. (1934). Emotion: An example of the need for reorientation in psychology. *Psychological Review, 41,* 184–198.

Duffy, E. (1941). The conceptual categories of psychology: A suggestion for revision. *Psychological Review, 48,* 177–203.

Duffy, E. (1957). The psychological significance of the concept of "arousal" or "activation." *Psychological Review, 41,* 265–275.

Duffy, E. (1962). *Activation and behavior.* New York: Wiley.

Easterbrook, J. (1959). The effect of emotion on cue utilization and the organization of behavior. *Psychological Review, 66,* 183–201.

Ebbeck, V., & Weiss, M.R. (1988). The arousal-performance relationship: Task characteristics and performance measures in track and field athletics. *The Sport Psychologist, 2,* 13–27.

Edwards, T., & Hardy, L. (1996). The interactive effects of intensity and direction of cognitive and somatic anxiety and self-confidence upon performance. *Journal of Sport & Exercise Psychology, 18,* 296–312.

Fenz, W.D., & Epstein, S. (1967). Gradients of physiological arousal in parachutists as a function of approaching jump. *Psychosomatic Medicine, 29,* 33–51.

Fenz, W.D., & Jones, G.B. (1972). Individual differences in physiologic arousal and performance in sport parachutists. *Psychosomatic Medicine, 34,* 1–8.

Giabrone, C.P. (1973). *Effect of situation criticality on foul shooting.* Unpublished master's thesis, University of Illinois, Urbana.

Goleman, D. (1995). *Emotional intelligence.* New York: Bantam Books.

Gould, D., & Krane, V. (1992). The arousal-athletic performance relationship: Current status and future directions. In T. Horn (Ed.), *Advances in sport psychology* (pp. 119–142). Champaign, IL: Human Kinetics.

Gould, D., Petlichkoff, L., Simons, J., & Vevera, M. (1987). The relationship between Competitive State Anxiety Inventory–2 subscale scores and pistol shooting performance. *Journal of Sport Psychology, 9,* 33–42.

Gould, D., Petlichkoff, L., & Weinberg, R. (1984). Antecedents of, temporal changes in, and relationships between CSAI-2 subcomponents. *Journal of Sport Psychology, 6,* 289–304.

Gould, D., & Tuffey, S. (1996). Zones of optimal functioning research: A review and critique. *Anxiety, Stress and Coping: An International Journal, 9,* 53–68.

Gould, D., Tuffey, S., Hardy, L., & Lochbaum, M. (1993). Multidimensional state anxiety and middle distance running performance: An exploratory examination of Hanin's (1980) zones of optimal functioning hypothesis. *Journal of Applied Sport Psychology, 5,* 85–95.

Gould, D., & Udry, E. (1994). Psychological skills for enhancing performance: Arousal regulation strategies. *Medicine and Science in Sports and Exercise, 26,* 478–485.

Grove, R., & Lewis, M. (1996). Hypnotic susceptibility and the attainment of flow-like states during exercise. *Journal of Sport & Exercise Psychology, 18,* 380–391.

Hamill, G. (1996). *Psychological and physiological correlates of the individual zones of optimal functioning.* Unpublished dissertation, Boston University.

Hamilton, V. (1986). A cognitive model of anxiety: Implications for theories of personality and motivation. In C.D. Spielberger & I.G. Sarason (Eds.), *Stress and anxiety* (Vol. 10, pp. 229–250). Washington, DC: Hemisphere.

Hanin, Y.L. (1978). A study of anxiety in sports. In W.F. Straub (Ed.), *An analysis of athlete behavior* (pp. 236–249). Ithaca, NY: Mouvement.

Hanin, Y.L. (1993). Optimal performance emotions in top athletes. In S. Serpa, J. Alves, V. Ferreira, & A. Paula-Brito (Eds.), *Sport psychology: An integrated approach. Proceedings from the 8th World Congress of Sport Psychology* (pp. 229–232). Lisbon, Portugal: International Society of Sport Psychology.

Hanin, Y.L. (Ed.). (2000). *Emotions in sport.* Champaign, IL: Human Kinetics.

Hanin, Y.L., & Syrjä, P. (1995). Performance affect in junior ice hockey players: An application of the individual zones of optimal functioning model. *The Sport Psychologist, 9,* 169–187.

Hanton, S., & Jones, G. (1999). The acquisition and development of cognitive skills and strategies: I. Making the butterflies fly in formation. *The Sport Psychologist, 13,* 1–21.

Hardy, L., Jones, G., & Gould, D. (1996). *Understanding psychological preparation for sport: Theory and practice of elite performers.* New York: Wiley.

Harger, G., & Raglin, J. (1994). Correspondence between actual and recalled precompetition anxiety in collegiate track and field athletes. *Journal of Sport & Exercise Psychology, 16,* 206–211.

Hebb, D. (1955). Drives and the CNS (conceptual nervous system), *Psychological Review, 62,* 243–254.

Hockey, G., & Hamilton, P. (1983). The cognitive patterning of stress states. In G. Hockey (Ed.), *Stress and fatigue in human performance* (pp. 331–362). New York: Wiley.

Holroyd, K.A., Westbrook, T., Wolf, M., & Badhorn, E. (1978). Performance, cognition, and physiological responding in test anxiety. *Journal of Abnormal Psychology, 87,* 442–451.

Hull, C.L. (1943). *Principles of behavior.* New York: Appleton-Century-Crofts.

Imlay, G., Carda, R., Stanbrough, M., & Dreiling, A. (1995). Anxiety and athletic performance: A test of optimal functioning theory. *International Journal of Sport Psychology, 26,* 295–306.

Jackson, S., Kimiecik, J., Ford, S., & Marsh, H. (1998). Psychological correlates of flow in sport. *Journal of Sport & Exercise Psychology, 20,* 358–378.

Jackson, S., & Roberts, G. (1992). Positive performance states of athletes: Toward a conceptual understanding of peak performance. *The Sport Psychologist, 6,* 156–171.

Jackson, S.A., & Marsh, H.W. (1996). Development and validation of a scale to measure optimal experience: The Flow State Scale. *Journal of Sport & Exercise Psychology, 18,* 17–35.

Janelle, C., Singer, R., & Williams, M. (1999). External distraction and attentional narrowing: Visual search evidence. *Journal of Sport & Exercise Psychology, 21,* 70–91.

Johnston, B., & McCabe, M. (1993). Cognitive strategies for coping with stress in a simulated golfing task. *International Journal of Sport Psychology, 24,* 30–48.

Jones, G. (1990). A cognitive perspective on the processes underlying the relationship between stress and performance in sport. In G. Jones & L. Hardy (Eds.), *Stress and performance in sport* (pp. 17–42). Chichester, England: Wiley.

Jones, G., Hanton, S., & Swain, A. (1994). Intensity and interpretation of anxiety symptoms in elite and non-elite sports performers. *Personality and Individual Differences, 17,* 657–663.

Jones, G., & Hardy, L. (1989). Stress and cognitive functioning in sport. *Journal of Sports Sciences, 7,* 41–63.

Kerr, J. (1987). A new perspective for sports psychology. In M.J. Apter, D. Fontana, & S. Murgatroyd (Eds.), *Applications and developments* (pp. 89–102). Cardiff, Wales: University College Cardiff Press.

Kerr, J. (1989). Anxiety, arousal, and sport performance. In D. Hackfort & C. Spielberger (Eds.), *Anxiety in sports: An international perspective* (pp. 137–151). New York: Hemisphere.

Kerr, J. (1993). An eclectic approach to psychological interventions in sport: Reversal theory. *The Sport Psychologist, 7,* 400–418.

Kerr, J., Yoshida, H., Hirata, C., Takai, K., & Yamazaki, F. (1997). Effects on archery performance of manipulating metamotivational state and felt arousal. *Perceptual and Motor Skills, 84,* 819–828.

Kerr, J.H., & Vlaswinkel, E.H. (1993). Self reported mood and running under natural conditions. *Work and Stress, 7,* 161–178.

Klavora, P. (1979). Customary arousal for peak athletic performance. In P. Klavora & J. David (Eds.), *Coach, athlete, and the sport psychologist* (pp. 155–163). Toronto, Canada: University of Toronto.

Koob, G. (1991). Arousal, stress, and inverted U-shaped curves: Implications for cognitive function. In R. Lister & H. Weingartner (Eds.), *Perspectives on cognitive neuroscience* (pp. 300–313). New York: Oxford University Press.

Lacey, J.I. (1967). Somatic response patterning of stress: Some revisions of activation theory. In M.H. Appley & R. Trumbell (Eds.), *Psychological stress, issues in research* (pp. 160–208). New York: Appleton.

Lacey, J.I., & Lacey, B.C. (1958). Verification and extension of the principle of autonomic response-stereotype. *American Journal of Psychology, 71,* 50–73.

Landers, D. (1978). Motivation and performance: The role of arousal and attentional factors. In W.F. Straub (Ed.), *Sport psychology: An analysis of athletic behavior* (pp. 75–87). Ithaca, NY: Mouvement.

Landers, D. (1980). The arousal-performance relationship revisited. *Research Quarterly for Exercise and Sport, 51,* 77–90.

Landers, D., & Boutcher, S. (1998). Arousal-performance relationship. In J. Williams (Ed.), *Applied sport psychology: Personal growth to peak performance* (pp. 197–236). Mountain View, CA: Mayfield.

Landy, F., & Stern, R. (1971). Factor analysis of a somatic perception questionnaire. *Journal of Psychosomatic Research, 15,* 179–181.

Lansing, R.W., Schwartz, E., & Lindsley, D.B. (1956). Reaction time and EEG activation. *American Psychologist, 11,* 433.

Lazarus, R.S. (1993). From psychological stress to the emotions: A history of changing outlooks. *Annual Review of Psychology, 44,* 1–21.

LeDoux, J.E. (1993). Emotional networks in the brain. In M. Lewis & J. Haviland (Eds.), *Handbook of emotions* (pp. 109–118). New York: Guilford Press.

Levenson, R.W., Ekman, P., & Friesen, W.V. (1990). Voluntary facial action generates emotion-specific autonomous nervous system activity. *Psychophysiology, 27,* 363–384.

Levitt, S., & Gutin, B. (1971). Multiple choice reaction time and movement time during physical exertion. *Research Quarterly, 42,* 405–410.

Lohasz, P., & Leith, L. (1997). The effect of three mental preparation strategies on the performance of a complex response time task. *International Journal of Sport Psychology, 28,* 25–34.

Lowe, R. (1971). *Stress, arousal, and task performance of Little League baseball players.* Unpublished doctoral dissertation, University of Illinois, Urbana.

Magill, R.A. (1989). *Motor learning: Concepts and applications.* Dubuque, IA: Brown.

Mahoney, M.J. (1979). Cognitive skills and athletic performance. In P.C. Kendale & S.D. Hollon (Eds.), *Cognitive-behavioral interventions: Theory, research, and procedures* (pp. 423–443). New York: Academic Press.

Males, J., & Kerr, J. (1996). Stress, emotion, and performance in elite slalom canoeists. *The Sport Psychologist, 10,* 17–43.

Males, J., Kerr, J., & Gerkovich, M. (1998). Metamotivational states during canoe slalom competition: A qualitative analysis using reversal theory. *Journal of Applied Sport Psychology, 10,* 185–200.

Malmo, R.B. (1959). Activation: A neurophysiological dimension. *Psychological Review, 66,* 367–386.

Marsh, H., & Jackson, S. (1999). Flow experience in sport: Construct validation of multidimensional, hierarchical state and trait responses. *Structural Equation Modeling, 6,* 343–371.

Marteniuk, R.G., & Wenger, H.A. (1970). Facilitation of pursuit rotor learning by induced stress. *Perceptual and Motor Skills, 31,* 471–477.

Martens, R. (1971). Anxiety and motor behavior: A review. *Journal of Motor Behavior, 3,* 151–179.

Martens, R. (1977). *Sport Competition Anxiety Test.* Champaign, IL: Human Kinetics.

Martens, R. (1987). *Coaches' guide to sport psychology.* Champaign, IL: Human Kinetics.

Martens, R., Burton, D., Vealey, R., Bump, L., & Smith, D. (1990). Development and validation of Competitive State Anxiety Inventory-2. In R. Martens, R. Vealey, & D. Burton (Eds.), *Competitive anxiety in sport* (pp. 117–190). Champaign, IL: Human Kinetics.

Martens, R., & Landers, D.M. (1970). Motor performance under stress: A test of the inverted-U hypothesis. *Journal of Personality and Social Psychology, 16,* 29–37.

Martin, M., Moritz, S., & Hall, C. (1999). Imagery use in sport: A literature review and applied model. *The Sport Psychologist, 13,* 245–268.

Maslow, A. (1970). *Motivation and personality.* New York: Harper & Row.

McGrath, J. (1970). Major methodological issues. In J.E. McGrath (Ed.), *Social and psychological factors in stress* (pp. 19–49). New York: Holt, Rinehart and Winston.

McNair, D., Lorr, M., & Droppleman, L. (1971). *Manual for the Profile of Mood States.* San Diego, CA: Educational and Industrial Testing Services.

Morgan, W., O'Connor, P., Ellickson, K., & Bradley, P. (1988). Personality structure, mood states, and performance in elite male distance runners. *International Journal of Sport Psychology, 19,* 247–263.

Morgan, W., O'Connor, P., & Pate, R. (1987). Psychological characterization of elite female distance runners. *International Journal of Sports Medicine, 8,* 124–131.

Murphy, L.E. (1966). Muscular effort, activation level, and reaction time. In E. Mallinoff (Ed.), *Proceedings of the 74th annual convention of the American Psychological Association* (pp. 1–2). Washington, DC: America Psychological Association.

Murphy, S.M., & Jowdy, D.P. (1992). Imagery and mental practice. In T. Horn (Ed.), *Advances in sport psychology* (pp. 221–250). Champaign, IL: Human Kinetics.

Neiss, R. (1988a). Reconceptualizing arousal: Psychobiological states in motor performance. *Psychological Bulletin, 103,* 345–366.

Neiss, R. (1988b). Reconceptualizing relaxation treatments: Psychobiological states in sport. *Clinical Psychology Review, 8,* 139–159.

Neiss, R. (1990). Ending arousal's reign of error: A reply to Anderson. *Psychological Bulletin, 107,* 101–105.

Nideffer, R.M. (1976). Test of attentional and interpersonal style. *Journal of Personality and Social Psychology, 34,* 394–404.

Nideffer, R.M. (1989). Anxiety, attention, and performance in sports: Theoretical and practical considerations. In D. Hackfort & C.D. Spielberger (Eds.), *Anxiety in sports: An international perspective* (pp. 117–136). New York: Hemisphere.

Oxendine, J.B. (1970). Emotional arousal and motor performance. *Quest, 13,* 23–30.

Oxendine, J.B. (1984). *Psychology of motor learning.* Englewood Cliffs, NJ: Prentice-Hall.

Paller, K., & Shapiro, D. (1983). Systolic blood pressure and a simple reaction time task. *Psychophysiology, 20,* 585–592.

Parfitt, G., Hardy, L., & Pates, J. (1995). Somatic anxiety and physiological arousal: Their effects upon a high anaerobic, low memory demand task. *International Journal of Sport Psychology, 26,* 196–213.

Parfitt, G., Jones, G., & Hardy, L. (1990). Multi-dimensional anxiety and performance. In G. Jones & L. Hardy (Eds.), *Stress and performance in sport* (pp. 43–80). Chichester, England: Wiley.

Pinneo, L.R. (1961). The effects of induced muscle tension during tracking on level of activation and on performance. *Journal of Experimental Psychology, 62,* 523–531.

Plutchik, P. (1993). Emotions and their vicissitudes: Emotions and psychopathology. In M. Lewis & J. Haviland (Eds.), *Handbook of emotions* (pp. 53–66). New York: Guilford Press.

Prapavessis, H., & Grove, R. (1991). Precompetitive emotions and shooting performance: The mental health and zone of optimal function models. *The Sport Psychologist, 5,* 223–234.

Privette, G. (1983). Peak experience, peak performance, and flow: A comparative analysis of positive human experiences. *Journal of Personality and Social Psychology, 45,* 1361–1368.

Raedeke, T., & Stein, G. (1994). Felt arousal, thoughts/feelings, and ski performance. *The Sport Psychologist, 8,* 360–375.

Ravizza, K. (1977). Peak experiences in sport. *Journal of Humanistic Psychology, 17,* 35–40.

Ryan, E.D. (1961). Motor performance under stress as a function of the amount of practice. *Perceptual and Motor Skills, 13,* 103–106.

Ryan, E.D. (1962). Effects of stress on motor performance and learning. *Research Quarterly, 33,* 111–119.

Sage, G.H. (1984). *Motor learning and control: A neurophysiological approach.* Dubuque, IA: Brown.

Sage, G.H., & Bennett, B. (1973). The effects of induced arousal on learning and performance of a pursuit motor skill. *Research Quarterly, 44,* 140–149.

Schwartz, G.E., Davidson, R.J., & Goleman, D. (1978). Patterning of cognitive and somatic processes in the self-regulation of anxiety: Effects of meditation versus exercise. *Psychosomatic Medicine, 40,* 321–328.

Sjoberg, L. (1968). Unidimensional scaling of multidimensional facial expressions. *Journal of Experimental Psychology, 78,* 429–435.

Smith, R., Smoll, F., & Schutz, R.W. (1990). Measurement and correlates of sport specific cognitive and somatic trait anxiety: The Sport Anxiety Scale. *Anxiety Research, 2,* 263–280.

Smith, R., Smoll, F., & Wiechman, S. (1998). Measurement of trait anxiety in sport. In J. Duda (Ed.), *Advances in sport and exercise psychology measurement* (pp. 105–127). Morgantown, WV: Fitness Information Technology.

Sonstroem, R.J., & Bernardo, P. (1982). Individual pregame state anxiety and basketball performance: A re-examination of the inverted-U curve. *Journal of Sport Psychology, 4,* 235–245.

Spence, J.T., & Spence, K.W. (1966). The motivational components of manifest anxiety: Drive and drive stimuli. In C.D. Spielberger (Ed.), *Anxiety and behavior* (pp. 291–326). New York: Academic Press.

Spielberger, C.D. (1989). Stress and anxiety in sports. In D. Hackfort & C.D. Spielberger (Eds.), *Anxiety in sports: An international perspective* (pp. 3–17). New York: Hemisphere.

Spielberger, C.D., Gorsuch, R.L., & Lushene, R.E. (1970). *STAI manual for the State-Trait Anxiety Inventory.* Palo Alto, CA: Consulting Psychologists.

Stankard, W. (1990). Arousal gradient and performance. *Perceptual and Motor Skills, 71,* 935–946.

Stein, G., Kimiecik, J., Daniels, J., & Jackson, S. (1995). Psychological antecedents of flow in recreational sport. *Personality and Social Psychology Bulletin, 21,* 125–135.

Stennett, R.C. (1957). The relationship of performance level to level of arousal. *Journal of Experimental Psychology, 54,* 54–61.

Stern, R.M. (1976). Reaction time between the get set and go of simulated races. *Psychophysiology, 13,* 149–154.

Thayer, R.E. (1967). Measurement of activation through self-report. *Psychological Reports, 20,* 663–679.

Thompson, R., & Perlini, A. (1998). Feedback and self-efficacy, arousal and performance of introverts and extroverts. *Psychological Reports, 82,* 707–716.

Ursin, H. (1988). The instrumental effects of emotional behavior: Consequences for the physiological state. In V. Hamilton, G.H. Bower, & N.H. Frijda (Eds.), *Cognitive perspectives on emotion and motivation* (pp. 221–237). Dordecht, The Netherlands: Kluwer Academic.

Ursin, H., Baade, E., & Levine, S. (1978). *Psychobiology of stress: A study of coping men.* New York: Academic Press.

Vaernes, R., Ursin, H., Darragh, A., & Lamb, R. (1982). Endocrine response patterns and psychological correlates. *Journal of Psychosomatic Research, 26,* 123–131.

Venables, P.H. (1984). Arousal: An examination of its status as a concept. In M.G.H. Coles, J.R. Jennings, & J.A. Stern (Eds.), *Psychobiological perspectives: Festschrift for Beatrice and John Lacey* (pp. 134–142). New York: Van Nostrand-Reinhold.

Wankel, L.M. (1972). Competition in motor performance: An experimental analysis of motivational components. *Journal of Experimental Social Psychology, 8,* 427–437.

Wann, D. (1997). *Sport psychology.* Upper Saddle River, NJ: Prentice Hall.

Wann, D., Brewer, K., & Carlson, J. (1998). Focus of attention and sport spectators: Beliefs about causation. *Perceptual and Motor Skills, 87,* 35–41.

Weinberg, R. (1989). Anxiety arousal and motor performance: Theory, research and applications. In D. Hackfort & C.D. Speilberger (Eds.), *Anxiety in sports: An international perspective* (pp. 95–115). New York: Hemisphere.

Weinberg, R.S., & Hunt, U.V. (1976). The relationship between anxiety, motor performance, and electromyography. *Journal of Motor Behavior, 8,* 219–224.

Weinberg, R.S., & Ragan, J. (1978). Motor performance under three levels of stress and trait anxiety. *Journal of Motor Behavior, 10,* 169–176.

Yancey, G., Humphrey, E., & Neal, K. (1992). How perceived incentive, task confidence, and arousal influence performance. *Perceptual and Motor Skills, 74,* 279–285.

Yerkes, R.M., & Dodson, J.D. (1908). The relation of strength of stimulus to rapidity of habit formation. *Journal of Comparative Neurology and Psychology, 18,* 459–482.

Zaichkowsky, L.D., Hamill, G., & Dallis, B. (1995, June). *Physi-*

ological and psychological correlates of the zone of optimal functioning. Paper presented at the twelfth annual conference on Counseling Athletes, Springfield, MA.

Zajonc, R.B. (1965). Social facilitation. *Science, 149,* 269–274.

第13章

Bandura, A. (1977). Self-efficacy: Toward a unifying theory of behavioral change. *Psychological Review, 84,* 191–215.

Bandura, A. (1986). *Social foundation of thought and action: A social cognitive theory.* Englewood Cliffs, NJ: Prentice-Hall.

Bandura, A. (1990). Perceived self-efficacy in the exercise of personal agency. *Journal of Applied Sport Psychology, 2,* 128–163.

Bandura, A. (1997). *Self-efficacy: The exercise of control.* New York: Freeman.

Barber, H. (1998). Examining gender differences in sources and levels of perceived competence in interscholastic coaches. *The Sport Psychologist, 12,* 237–252.

Barling, J., & Abel, M. (1983). Self-efficacy beliefs and tennis performance. *Cognitive Therapy and Research, 7,* 265–272.

Carron, A.V., & Hausenblas, H.A. (1998). *Group dynamics in sport* (2nd ed.). Morgantown, WV: Fitness Information Technology.

Chase, M.A., Feltz, D.L., Tully, D.C., & Lirgg, C.D. (1994). Sources of collective and individual efficacy in sport. *Journal of Sport & Exercise Psychology, 16,* S18.

Chase, M.A., Hayashi, S., & Feltz, D.L. (1999). *Sources of coaching efficacy: The coaches' perspectives.* Unpublished manuscript, Michigan State University, East Lansing.

Chase, M.A., Lirgg, C.D., & Feltz, D.F. (1997). Do coaches' efficacy expectations for their teams predict team performance? *The Sport Psychologist, 11,* 8–23.

Collins, R.L. (1996). For better or worse: The impact of upward social comparison on self-evaluations. *Psychological Bulletin, 119,* 51–69.

Denham, C.H., & Michael, J.J. (1981). Teacher sense of efficacy: A definition of the construct and a model for further research. *Educational Research Quarterly, 5,* 39–63.

Dowrick, P.W. (1991). *Practical guide to using video in the behavioral sciences.* New York: Wiley.

Dowrick, P.W., & Dove, C. (1980). The use of modeling to improve the swimming performance of spina bifida children. *Journal of Applied Behavior Analysis, 13,* 51–56.

Feltz, D.L. (1982). Path analysis of the causal elements in Bandura's theory of self-efficacy and an anxiety-based model of avoidance behavior. *Journal of Personality and Social Psychology, 42,* 764–781.

Feltz, D.L. (1988). Self-confidence and sports performance. In K.B. Pandolf (Ed.), *Exercise and sport sciences reviews* (pp. 423–457). New York: Macmillan.

Feltz, D.L. (1992). Understanding motivation in sport: A self-efficacy perspective. In G.C. Roberts (Ed.), *Motivation in sport and exercise* (pp. 107–128). Champaign, IL: Human Kinetics.

Feltz, D.L. (1994). Self-confidence and performance. In D. Druckman & R.A. Bjork (Eds.), *Learning, remembering, believing* (pp. 173–206). Washington, DC: National Academy of Sciences.

Feltz, D.L., & Chase, M.A. (1998). The measurement of self-efficacy and confidence in sport. In J.L. Duda (Ed.), *Advancements in sport and exercise psychology measurement* (pp. 63–78). Morgantown, WV: Fitness Information Technology.

Feltz, D.L., Chase, M.A., Moritz, S.E., & Sullivan, P.J. (1999). Development of the multidimensional coaching efficacy scale. *Journal of Educational Psychology, 91,* 765–776.

Feltz, D.L., & Lirgg, C.D. (1998). Perceived team and player efficacy in hockey. *Journal of Applied Psychology, 83,* 557–564.

Feltz, D.L., & Mugno, D.A. (1983). A replication of the path analysis of the causal elements in Bandura's theory of self-efficacy and the influence of autonomic perception. *Journal of Sport Psychology, 5,* 263–277.

Feltz, D.L., & Riessinger, C.A. (1990). Effects on in vivo emotive imagery and performance feedback on self-efficacy and muscular endurance. *Journal of Sport & Exercise Psychology, 12,* 132–143.

Franks, I.M., & Maile, L.J. (1991). The use of video in sport skill acquisition. In P.W. Dowrick (Ed.), *Practical guide to using video in the behavioral sciences* (pp. 231–243). New York: Wiley.

Garza, D.L., & Feltz, D.L. (1998). Effects of selected mental practice on performance, self-efficacy, and competition confidence of figure skaters. *The Sport Psychologist, 12,* 1–15.

Gayton, W.F., Matthews, G.R., & Borchstead, G.N. (1986). An investigation of the validity of the physical self-efficacy scale in predicting marathon performance. *Perceptual and Motor Skills, 63,* 752–754.

Geisler, G.W.W., & Leith, L.M. (1997). The effects of self-esteem, self-efficacy, and audience presence on soccer penalty shot performance. *Journal of Sport Behavior, 20,* 322–337.

George, T.R. (1994). Self-confidence and baseball performance: A causal examination of self-efficacy theory. *Journal of Sport & Exercise Psychology, 16,* 381–399.

George, T.R., & Feltz, D.L. (1995). Motivation in sport from a collective efficacy perspective. *International Journal of Sport Psychology, 26,* 98–116.

George, T.R., Feltz, D.L., & Chase, M.A. (1992). The effects of model similarity on self-efficacy and muscular endurance: A second look. *Journal of Sport & Exercise Psychology, 14,* 237–248.

Gibson, C.B., Randel, A., & Earley, P.C. (1996). *Understanding group efficacy: An empirical test of multiple assessment models.* Paper presented at the Society for Industrial and Organizational Psychology Conference, San Diego, CA.

Gill, D.L., & Deeter, T.E. (1988). Development of the Sport Orientation Questionnaire. *Research Quarterly for Exercise and Sport, 59,* 191–202.

Gould, D., Greenleaf, C., Lauer, L., & Chung, Y. (1999). Lessons from Nagano. *Olympic Coach, 9,* 2–5.

Gould, D., Hodge, K., Peterson, K., & Giannini, J. (1989). An exploratory examination of strategies used by elite coaches to enhance self-efficacy in athletes. *Journal of Sport & Exercise Psychology, 11,* 128–140.

Guzzo, R.A., Yost, P.R., Campbell, R.J., & Shea, G.P. (1993). Potency in groups: Articulating a construct. *British Journal of Social Psychology, 32,* 87–106.

Haney, C.J., & Long, B.C. (1995). Coping effectiveness: A path analysis of self-efficacy, control, coping, and performance in sport competitions. *Journal of Applied Social Psychology, 25,* 1726–1746.

Hodges, L., & Carron, A. (1992). Collective efficacy and group performance. *International Journal of Sport Psychology, 23,* 48–59.

James, L.R. (1982). Aggregation bias in estimates of perceptual agreement. *Journal of Applied Psychology, 67*, 219–229.

Kane, T.D., Marks, M.A., Zaccaro, S.J., & Blair, V. (1996). Self-efficacy, personal goals, and wrestlers' self-regulation. *Journal of Sport & Exercise Psychology, 18*, 36–48.

Kenny, D.A., & La Voie, L. (1985). Separating individual and group effects. *Journal of Personality and Social Psychology, 48*, 339–348.

Kozlowski, S., & Hattrup, K. (1992). A disagreement about within-group agreement: Disentangling issues of consistency versus consensus. *Journal of Applied Psychology, 77*, 161–167.

LaGuardia, R., & Labbé, E.E. (1993). Self-efficacy and anxiety and their relationship to training and race performance. *Perceptual and Motor Skills, 77*, 27–34.

Lee, C. (1982). Self-efficacy as a predictor of performance in competitive gymnastics. *Journal of Sport Psychology, 4*, 405–409.

Lee, C. (1986). Efficacy expectations, training performance, and competitive performance in women's artistic gymnastics. *Behaviour Change, 3*, 100–104.

Lee, C. (1988). The relationship between goal setting, self-efficacy, and female field hockey team performance. *International Journal of Sport Psychology, 20*, 147–161.

Lichacz, F.M., & Partington, J.T. (1996). Collective efficacy and true group performance. *International Journal of Sport Psychology, 27*, 146–158.

Lirgg, C.D., George, T.R., Chase, M.A., & Ferguson, R.H. (1996). Impact of conception of ability and sex-type of task on male and female self-efficacy. *Journal of Sport & Exercise Psychology, 18*, 426–443.

Maddux, J.E. (1995). Self-efficacy theory: An introduction. In J.E. Maddux (Ed.), *Self-efficacy, adaptation, and adjustment: Theory, research, and application* (pp. 3–33). New York: Plenum Press.

Maddux, J.E., & Meier, L.J. (1995). Self-efficacy and depression. In J.E. Maddux (Ed.), *Self-efficacy, adaptation, and adjustment: Theory, research, and application* (pp. 143–172). New York: Plenum Press.

Malete, L., & Feltz, D.L. (in press). The effect of a coaching education program on coaching efficacy. *The Sport Psychologist*.

Martens, R., Burton, D., Rivkin, F., & Simon, J. (1980). Validity and reliability of the Competitive State Anxiety Inventory–1. In C.H. Nadeau, W.R. Haliwell, K.M. Newell, and G.E. Roberts (Eds.), *Psychology of motor behavior and sport—1979* (pp. 91–99). Champaign, IL: Human Kinetics.

Martens, R., Burton, D., Vealey, R.S., Bump, L., & Smith, D.E. (1990). Competitive State Anxiety Inventory–2. In R. Martens, R.S. Vealey, & D. Burton, *Competitive anxiety in sport* (pp. 117–213). Champaign, IL: Human Kinetics.

Martin, J.J., & Gill, D.L. (1991). The relationships among competitive orientation, sport-confidence, self-efficacy, anxiety, and performance. *Journal of Sport & Exercise Psychology, 13*, 149–159.

Martin, J.J., & Gill, D.L. (1995a). Competitive orientation, self-efficacy and goal importance in Filipino marathoners. *International Journal of Sport Psychology, 26*, 348–358.

Martin, J.J., & Gill, D.L. (1995b). The relationships of competitive orientations and self-efficacy to goal importance, thoughts, and performance in high school distance runners. *Journal of Applied Sport Psychology, 7*, 50–62.

McAuley, E. (1992). Self-referent thought in sport and physical activity. In T.S. Horn (Ed.), *Advances in sport psychology* (pp. 101–118). Champaign, IL: Human Kinetics.

McAuley, E., & Gill, D. (1983). Reliability and validity of the physical self-efficacy in a competitive sport setting. *Journal of Sport Psychology, 5*, 185–191.

McAuley, E., & Mihalko, S.L. (1998). Measuring exercise-related self-efficacy. In J.L. Duda (Ed.), *Advancements in sport and exercise psychology measurement* (pp. 371–390). Morgantown, WV: Fitness Information Technology.

Miller, M. (1993). Efficacy strength and performance in competitive swimmers of different skill levels. *International Journal of Sport Psychology, 24*, 284–296.

Mischel, L.J., & Northcraft, G.B. (1997). "I think we can, I think we can . . .": The role of efficacy beliefs in group and team effectiveness. In B. Markovsky, M.J. Lovaglia, & E.J. Lawler (Eds.), *Advances in group processes* (Vol. 14, pp. 177–197). Greenwich, CT: JAI Press.

Moritz, S.E. (1998). *The effect of task type in the relationship between efficacy beliefs and performance*. Unpublished doctoral dissertation, Michigan State University, East Lansing.

Moritz, S.E., Feltz, D.L., Fahrbach, K., & Mack, D. (in press). The relation of self-efficacy measures to sport performance: A meta-analytic review. *Research Quarterly for Exercise and Sport*.

Mulvey, P.W., & Klein, H.J. (1998). The impact of perceived loafing and collective efficacy on group goal processes and group performance. *Organizational Behavior and Human Decision Processes, 74*, 62–87.

Okwumabua, T.M. (1986). Psychological and physical contributions to marathon performance: An exploratory investigation. *Journal of Sport Behavior, 8*, 163–171.

O'Leary, A. (1985). Self-efficacy and health. *Behavior Therapy and Research, 23*, 437–452.

Paskevich, D.M. (1995). *Conceptual and measurement factors of collective efficacy in its relationship to cohesion and performance outcome*. Unpublished doctoral dissertation, University of Waterloo, Canada.

Riggs, M.L., & Knight, P.A. (1994). The impact of perceived group success-failure on motivational beliefs and attitudes: A causal model. *Journal of Applied Psychology, 79*, 755–766.

Rousseau, D.M. (1985). Issues in organizational research: Multi-level and cross level perspectives. *Research in Organizational Behavior, 7*, 1–37.

Ryckman, R.M., & Hamel, J. (1993). Perceived physical ability differences in the sport participation motives of young athletes. *International Journal of Sport Psychology, 24*, 270–283.

Ryckman, R., Robbins, M., Thornton, B., & Cantrell, P. (1982). Development and validation of a physical self-efficacy scale. *Journal of Personality and Social Psychology, 42*, 891–900.

Schunk, D.H. (1995). Self-efficacy and education and instruction. In J.E. Maddux (Ed.), *Self-efficacy, adaptation, and adjustment: Theory, research, and application* (pp. 281–303). New York: Plenum Press.

Shamir, B., House, R.J., & Arthur, M.B. (1992). The motivational effects of charismatic leadership: A self-concept based theory. *Organizational Science, 4*, 577–594.

Singleton, D.A., & Feltz, D.L. (1999). *The effect of self-modeling on shooting performance and self-efficacy among intercollegiate hockey players*. Unpublished manuscript, Michigan State University, East Lansing.

Slanger, E., & Rudestam, K.E. (1997). Motivation and disinhibition in high risk sports: Sensation seeking and self-efficacy. *Journal of Research in Personality, 31,* 355–374.

Spielberger, C.D., Gorsuch, R.L., & Lushene, R.E. (1970). *Manual for the State-Trait Anxiety Inventory (Self-Evaluation Questionnaire).* Palo Alto, CA: Consulting Psychologists.

Spink, K.S. (1990). Group cohesion and collective efficacy of volleyball teams. *Journal of Sport & Exercise Psychology, 12,* 301–311.

Treasure, D.C., Monson, J., & Lox, C.L. (1996). Relationship between self-efficacy, wrestling performance, and affect prior to competition. *The Sport Psychologist, 10,* 73–83.

Vealey, R.S. (1986). Conceptualization of sport-confidence and competitive orientation: Preliminary investigation and instrument development. *Journal of Sport Psychology, 8,* 221–246.

Watkins, B., Garcia, A.W., & Turek, E. (1994). The relation between self-efficacy and sport performance: Evidence from a sample of youth baseball players. *Journal of Applied Sport Psychology, 6,* 21–31.

Watson, C.B., & Chemers, M.M. (1998). *The rise of shared perceptions: A multilevel analysis of collective efficacy.* Paper presented at the Organizational Behavior Division for the Academy of Management Meeting, San Diego, CA.

Weinberg, R., Grove, R., & Jackson, A. (1992). Strategies for building self-efficacy in tennis players: A comparative analysis of Australian and American coaches. *The Sport Psychologist, 6,* 3–13.

Weinberg, R.S., & Jackson, A. (1990). Building self-efficacy in tennis players: A coach's perspective. *Journal of Applied Sport Psychology, 2,* 164–174.

Weiss, M.R., McCullagh, P., Smith, A.L., & Berlant, A.R. (1998). Observational learning and the fearful child: Influence of peer models on swimming skill performance and psychological responses. *Research Quarterly for Exercise and Sport, 69,* 380–394.

Weiss, M.R., Wiese, D.M., & Klint, K.A. (1989). Head over heels with success: The relationship between self-efficacy and performance in competitive youth gymnastics. *Journal of Sport & Exercise Psychology, 11,* 444–451.

Widmeyer, W.N., Brawley, L.R., & Carron, A.V. (1985). *The measurement of cohesion in sport teams: The Group Environment Questionnaire.* London, Canada: Sports Dynamics.

Wiggins, M.S. (1998). Anxiety intensity and direction: Preperformance temporal patterns and expectations in athletes. *Journal of Applied Sport Psychology, 10,* 201–211.

Winfrey, M.L., & Weeks, D.L. (1993). Effects of self-modeling on self-efficacy and balance beam performance. *Perceptual and Motor Skills, 77,* 907–913.

Wood, R., & Bandura, A. (1989). Impact of concept of ability on self-regulatory mechanisms and complex decision making. *Journal of Personality and Social Psychology, 56,* 407–415.

Wurtele, S.K. (1986). Self-efficacy and athletic performance: A review. *Journal of Social and Clinical Psychology, 4,* 290–301.

Zaccaro, S.J., Blair, V., Peterson, C., & Zazanis, M. (1995). Collective efficacy. In J.E. Maddux (Ed.), *Self-efficacy, adaptation and adjustment: Theory, research, and application* (pp. 308–330). New York: Plenum Press.

Zaccaro, S.J., Zazanis, M., Diana, M., & Greathouse, C. (1994). *The antecedents of collective efficacy over a team's lifespan.* Paper presented at the Society for Industrial and Organizational Psychology Conference, Nashville, TN.

第14章

Adrian, E.D., & Matthews, B.H.C. (1934). Berger rhythm: Potential changes from the occipital lobes of man. *Brain, 57,* 355–385.

Anderson, P., & Andersson, S.A. (1968). *Physiological basis of the alpha rhythm.* New York: Appleton-Century-Crofts.

Attner, P. (1984, October 1). Payton vs. Harris vs. Brown. *Sporting News, 198,* pp. 2–3.

Baumeister, R.F. (1984). Choking under pressure: Self-consciousness and paradoxical effects of incentives on skillful performance. *Journal of Personality and Social Psychology, 46,* 610–620.

Bear, M.F., Connors, B.W., & Paradiso, M.A. (1996). *Neuroscience: Exploring the brain* (pp. 374–401). Baltimore: Williams & Wilkins.

Bell, M.A., & Fox, N.A. (1996). Crawling experience is related to changes in cortical organization during infancy: Evidence from EEG coherence. *Developmental Psychobiology, 29,* 551–561.

Bernstein, N. (1967). *The coordination and regulation of movements.* London: Pergamon Press.

Breger, L. (1974). *From instinct to identity: The development of personality.* Englewood Cliffs, NJ: Prentice Hall.

Brody, E.B., Hatfield, B.D., Spalding, T.W., Frazer, M.B., & Caherty, F.J. (2000). The effect of a psyching strategy on neuromuscular activation and force production in strength-trained men. *Research Quarterly for Exercise and Sport, 71,* 162–170.

Busk, J., & Galbraith, G.C. (1975). EEG correlates of visual-motor practice in man. *Electroencephalography and Clinical Neurophysiology, 35,* 415–422.

Castiello, U., & Umilta, C. (1992). Orienting of attention in volleyball players. *International Journal of Sport Psychology, 23,* 301–310.

Challis, R.E., & Kitney, R.I. (1991). Biomedical signal processing (in four parts). Part 3: The power spectrum and coherence function. *Medical and Biological Engineering and Computing, 29,* 225–241.

Coles, M.G.H., Gratton, G., & Fabiani, M. (1990). Event-related brain potentials. In J.T. Cacioppo & L.G. Tassinary (Eds.), *Principles of psychophysiology: Physical, social and inferential elements* (pp. 413–455). New York: Cambridge University Press.

Crews, D.J., & Landers, D.M. (1993). Electroencephalographic measures of attentional patterns prior to the golf putt. *Medicine and Science in Sports and Exercise, 25,* 116–126.

Csikszentmihalyi, M. (1975). *Beyond boredom and anxiety.* San Francisco: Jossey-Bass.

Daniels, J.T. (1985). A physiologist's view of running economy. *Medicine and Science in Sport and Exercise, 17,* 332–338.

Davidson, R.J. (1988). EEG measures of cerebral asymmetry: Conceptual and methodological issues. *International Journal of Neuroscience, 39,* 71–89.

Davidson, R.J., Ekman, P., Saron, C.D., Senulis, J., & Friesen, W.V. (1990). Approach-withdrawal and cerebral asymmetry: Emotional expression and brain physiology I. *Journal of Personality and Social Psychology, 58,* 330–341.

DeVries, H.A. (1968). Efficiency of electrical activity as a physiological measure of the functional state of muscle tissue. *American Journal of Physical Medicine, 47,* 10–22.

DeVries, H.A., & Housh, T.J. (1994). *Physiology of exercise for physical education, athletics, and exercise science.* Dubuque, IA: Brown & Benchmark.

Earle, J.B. (1988). Task difficulty and EEG alpha asymmetry: An amplitude and frequency analysis. *Neuropsychobiology, 20,* 96–112.

Eimer, M. (1994). An ERP study of visual spatial priming with peripheral onsets. *Psychophysiology, 31,* 154–163.

Elbert, T., Pantev, C., Weinbruch, C., Rockstroh, B., & Taub, E. (1995). Increased cortical representation of the fingers of the left hand. *Science, 270,* 305–307.

Ericsson, K.A., Krampe, R.T., & Tesch-Römer, E. (1993). The role of deliberate practice in the acquisition of expert performance. *Psychological Review, 100,* 363–406.

Eriksen, C.W., & Yeh, Y.Y. (1985). Allocation of attention in the visual field. *Journal of Experimental Psychology: Human Perception and Performance, 11,* 583–597.

Etnier, J.L., Whitwer, S.S., Landers, D.M., Petruzzello, S.J., & Salazar, S.J. (1996). Changes in electroencephalographic activity associated with learning a novel motor task. *Research Quarterly for Exercise and Sport, 67,* 272–279.

Feltz, D.L. (1984). Self-efficacy as a cognitive mediator of athletic performance. In W.F. Straub & J.M. Williams (Eds.), *Cognitive sport psychology* (pp. 191–198). Lansing, NY: Sport Sciences Associates.

Fenz, W.D. (1975). Coping mechanisms in performance under stress. In D.M. Landers, D.V. Harris, & R.W. Christina (Eds.), *Psychology of sport and motor behavior II* (pp. 3–24). University Park: Pennsylvania State University Health, Physical Education and Recreation Series.

Fenz, W.D., & Epstein, S. (1967). Changes in gradients of skin conductance, heart rate, and respiration rate as a function of experience. *Psychosomatic Medicine, 29,* 33–51.

Fitts, P.M., & Posner, M.I. (1967). *Human performance.* Belmont, CA: Brooks/Cole.

Gel'fand, I.M., Gurfinkel, V.S., Fomin, V., & Tsetlin, M.L. (1971). *Models of the structural-functional organization of certain biological systems.* Cambridge, MA: MIT Press.

Greenough, W.T., Black, J.E., & Wallace, C. (1987). Effects of experience on brain development. *Child Development, 58,* 540–559.

Haier, R.J., Siegel, B.V., Tang, C., Abel, L., & Buchsbaum, M.S. (1992). Intelligence and changes in regional cerebral glucose metabolic rate following learning. *Intelligence, 16,* 415–426.

Hatfield, B.D., Landers, D.M., & Ray, W.J. (1984). Cognitive processes during self-paced motor performance. *Journal of Sport Psychology, 6,* 42–59.

Hatfield, B.D., Landers, D.M., & Ray, W.J. (1987). Cardiovascular-CNS interactions during a self-paced, intentional attentive state: Elite marksmanship performance. *Psychophysiology, 24,* 542–549.

Hatfield, B.D., Landers, D.M., Ray, W.J., & Daniels, F.S. (1982). An electroencephalographic study of elite rifle shooters. *American Marksmen, 7,* 6–8.

Hatfield, B.D., Spalding, T.W., Mahon, A.D., Slater, B.A., Brody, E.B., & Vaccoro, P. (1992). The effect of psychological strategies upon cardiorespiratory and muscular activity during treadmill running. *Medicine and Science in Sport and Exercise, 24,* p. 218–225.

Haufler, A.J., Spalding, T.W., Santa Maria, D.L., & Hatfield, B.D. (2000). Neurocognitive activity during a self-paced visuospatial task: Comparative EEG profiles in marksmen and novice shooters. *Biological Psychology.*

Hillman, C.H., Apparies, R.J., Janelle, C.M., & Hatfield, B.D. (2000). An electrocortical comparison of executed and rejected shots in skilled marksmen. *Biological Psychology, 52,* 71–83.

Hillyard, S.A., Luck, S.J., & Mangun, G.R. (1994). The cueing of attention to visual field locations: Analysis with ERP recording. In H.J. Heinze, T.F. Munte, & G.R. Mangun (Eds.), *Cognitive electrophysiology* (pp. 1–25). Boston: Birkhauser.

Hoffman, J.J., Loy, S.F., Shapiro, B.I., Holland, G.J., Vincent, W.J., Shaw, S., & Thompson, D.L. (1993). Specificity effects of run versus cycle training on ventilatory threshold. *European Journal of Applied Physiology, 67,* 43–47.

Hung, T.M., Santa Maria, D.L., & Hatfield, B.D. (1999). *Attentional flexibility and motor preparedness in fast-action sport athletes: An electroencephalographical study of table tennis players.* Manuscript submitted for publication.

Isaacs, K.R., Anderson, B.J., Alcantara, A.A., Black, J.E., & Greenough, W.T. (1992). Exercise and the brain: Angiogensis in the adult rat cerebellum after vigorous physical activity and motor skill learning. *Journal of Cerebral Blood Flow and Metabolism, 12,* 110–119.

James, W. (1977). Psychology (briefer course). In J.J. McDermott (Ed.), *The writings of William James* (pp. 9–21). Chicago: University of Chicago Press. (Original worked published 1892)

Janelle, C.M., Hillman, C.H., Apparies, R.J., Murray, N.P., Meili, L., Fallon, E.A., & Hatfield, B.D. (2000). Expertise differences in cortical activation and gaze behavior during rifle shooting. *Journal of Sport & Exercise Psychology, 22,* 167–182.

Jasper, H.H. (1958). Report of the committee on methods of clinical examination in electroencephalography. *Journal of Electroencephalography and Clinical Neurophysiology, 10,* 370–375.

Kandel, E.R., & Schwartz, J.H. (1985). *Principles of neural science.* New York: Elsevier.

Kelso, J.A.S., Tuller, B., & Harris, K.S. (1983). A "dynamic pattern" perspective on the control and coordination of movement. In P. MacNeilage (Ed.), *The production of speech* (pp. 137–173). New York: Springer-Verlag.

Kerick, S.E., Iso-Ahola, S.E., & Hatfield, B.D. (2000). Psychological momentum in target shooting: Cortical, cognitive-affective, and behavioral responses. *Journal of Sport & Exercise Psychology, 22,* 1–20.

Konttinen, N., & Lyytinen, H. (1992). Physiology of preparation: Brain slow waves, heart rate, and respiration preceding triggering in rifle shooting. *International Journal of Sport Psychology, 23,* 110–127.

Konttinen, N., & Lyytinen, H. (1993). Individual variability in brain slow wave profiles in skilled sharpshooters during the aiming period in rifle shooting. *Journal of Sport & Exercise Psychology, 15,* 275–289.

Konttinen, N., Lyytinen, H., & Era, P. (1999). Brain slow potentials and postural sway behavior during sharpshooting performance. *Journal of Motor Behavior, 31,* 11–20.

Kraemer, W.J. (1994). General adaptations to resistance and endurance training programs. In T.R. Baechle (Ed.), *Essentials of strength training and conditioning* (pp. 127–150). Champaign, IL: Human Kinetics.

Kuhlman, W.N. (1978). Functional topography of the human mu rhythm. *Electroencephalography and Clinical Neurophysiology, 43,* 83–93.

Lacey, B.C., & Lacey, J.L. (1978). Two-way communication between the heart and the brain: Significance of time within the cardiac cycle. *American Psychologist, 33,* 99–113.

Landers, D.M. (1980). The arousal-performance relationship revisited. *Research Quarterly for Exercise and Sport, 51,* 77–90.

Landers, D.M., Christina, R.W., Hatfield, B.D., Daniels, F.S., & Doyle, L.A. (1980). Moving competitive shooting into the scientist's lab. *American Rifleman, 128,* 36–37, 76–77.

Landers, D.M., Han, M., Salazar, W., Petruzzello, S.J., Kubitz, K.A., & Gannon, T.L. (1994). Effect of learning on electroencephalographic and electrocardiographic patterns in novice archers. *International Journal of Sport Psychology, 22,* 56–71.

Landers, D.M., Petruzzello, S.J., Salazar, W., Crews, D.J., Kubitz, K.A., Gannon, T.L., & Han, M. (1991). The influence of electrocortical biofeedback and performance in pre-elite archers. *Medicine and Science in Sports and Exercise, 23,* 123–129.

Lawton, G.W., Hung, T.M., Saarela, P., & Hatfield, B.D. (1998). Electroencephalography and mental states associated with elite performance. *Journal of Sport & Exercise Psychology, 20,* 35–53.

Lopes da Silva, F. (1991). Neural mechanisms underlying brain waves: From neural membranes to networks. *Electroencephalography and Clinical Neurophysiology, 79,* 81–93.

Mangun, G.R., & Hillyard, S.A. (1991). Modulations of sensory-evoked brain potentials indicate changes in perceptual processing during visual-spatial priming. *Journal of Experimental Psychology: Human Perception & Performance, 17,* 1057–1074.

Mangun, G.R., Hillyard, S.A., & Luck, S.J. (1993). Electrocortical substrates of visual selective attention. In D.E. Meyer & S. Kornblum (Eds.), *Attention and performance XIV: Synergies in experimental psychology, artificial intelligence, and cognitive neuroscience* (pp. 219–243). Cambridge, MA: MIT Press.

Martens, R. (1977). *Sport Competition Anxiety Test.* Champaign, IL: Human Kinetics.

Mazziotta, J.C., & Phelps, M.E. (1985). Metabolic evidence of lateralized cerebral function demonstrated by positron emission tomography in patients with neuropsychiatric disorders and normal individuals. In D.F. Benson & E. Ziabel (Eds.), *The dual brain: Hemispheric specialization in humans* (pp. 181–192). New York: Guilford Press.

McArdle, W.D., Katch, F.I., & Katch, V.L. (1986). *Exercise physiology: Energy, nutrition, and human performance.* Philadelphia: Lea & Febiger.

Meichenbaum, D. (1977). *Cognitive-behavior modification: An integrative approach.* New York: Plenum Press.

Morgan, D., Daniels, J., Carlson, P., Filarski, K., & Landle, K. (1991). Use of recovery VO_2 to predict running economy. *European Journal of Applied Physiology, 62,* 420–423.

Morgan, W.P. (1985). Psychogenic factors and exercise metabolism: A review. *Medicine and Science in Sports and Exercise, 17,* 309–316.

Morgan, W.P., O'Connor, P.J., Ellickson, K.A., & Bradley, P.W. (1988). Personality structure, mood states, and performance in elite distance runners. *International Journal of Sport Psychology, 19,* 247–269.

Morgan, W.P., & Pollock, M.L. (1977). Psychologic characterization of the elite distance runner. *Annals of the New York Academy of Sciences, 301,* 482–503.

Murphy, A. (1992, October 12). Same old story. *Sports Illustrated, 77,* 13–16.

Newland, D.E. (1993). *An introduction to random vibrations, spectral, and wavelet analysis.* New York: Longman Scientific and Technical.

Nougier, V., Ripoll, H., & Stein, J. (1989). Orienting of attention with highly skilled athletes. *International Journal of Sport Psychology, 20,* 205–223.

Nougier, V., Stein, J., & Azemar, G. (1990). Covert orienting of attention and motor preparation processes as a factor of studying fencing. *Journal of Human Movement Study, 19,* 251–272.

Nougier, V., Stein, J., & Bonnel, A. (1991). Information processing in sport and orienting of attention. *International Journal of Sport Psychology, 22,* 307–327.

Nunez, P.L. (1995). Neuromodulation of neocortical dynamics. In P.L. Nunez (Ed.), *Neocortical dynamics and human EEG rhythms* (pp. 591–627). New York: Oxford University Press.

Pfurtscheller, G., & Klimesch, W. (1991). Event-related desynchronization during motor behavior and visual information processing. *Event-Related Brain Research, 42*(EEG Suppl.), 58–65.

Pfurtscheller, G., Stancak, A., & Neuper, C. (1996). Event-related synchronization (ERS) in the alpha band: An electrophysiological correlate of cortical idling. A review. *International Journal of Psychophysiology, 24,* 39–46.

Porges, S.W., & Bohrer, R.E. (1990). The analysis of periodic processes in psychophysiological research. In J.T. Cacioppo & L.G. Tassinary (Eds.), *Principles of psychophysiology: Physical, social and inferential elements* (pp. 708–753). New York: Cambridge University Press.

Porges, S.W., Doussard-Roosevelt, J.A., Stifter, C.A., McClenny, B.D., & Riniolo, T.C. (1999). Sleep state and vagal regulation of heart period patterns in the human newborn: An extension of the polyvagal theory. *Psychophysiology, 36,* 14–21.

Posner, M.I. (1980). Orienting of attention. *Quarterly Journal of Experimental Psychology, 32,* 3–25.

Posner, M.I., & Raichle, M. (1991). *Images of mind.* New York: Scientific American Books.

Pullum, B. (1977). Psychology of shooting. *Schiessportschule Dialogues, 1,* 1–17.

Ramirez, R.W. (1985). *The FFT: Fundamentals and concepts.* Englewood Cliffs, NJ: Prentice-Hall.

Ray, W.J. (1990). The electrocortical system. In J.T. Cacioppo & L.G. Tassinary (Eds.), *Principles of psychophysiology: Physical, social and inferential elements* (pp. 385–412). New York: Cambridge University Press.

Ray, W.J., & Cole, H.W. (1985). EEG alpha activity reflects attentional demands, and beta activity reflects emotional and cognitive processes. *Science, 228,* 750–752.

Rebert, C.S., Low, D.W., & Larsen, F. (1984). Differential hemispheric activation during complex visuomotor performance: Alpha trends and theta. *Biological Psychology, 19,* 159–168.

Saarela, P. (1999). *The effects of mental stress on cerebral hemispheric asymmetry and psychomotor performance in skilled marksmen.* Unpublished doctoral dissertation, University of Maryland, College Park.

Salazar, W., Landers, D.M., Petruzzello, S.J., Han, M., Crews, D.J., & Kubitz, K.A. (1990). Hemispheric asymmetry, cardiac response, and performance in elite archers. *Research*

Selye, H. (1976). *The stress of life*. New York: McGraw-Hill.

Smith, M.E., McEvoy, L.K., & Gevins, A. (1999). Neurophysiological indices of strategy development and skill acquisition. *Cognitive Brain Research, 7,* 389–404.

Sparrow, W.A. (1983). The efficiency of skilled performance. *Journal of Motor Behavior, 15,* 237–261.

Steriade, M., Gloor, P., Llinas, R.R., Lopes da Silva, F.H., & Mesulam, M.M. (1990). Basic mechanisms of cerebral rhythmic activities. *Electroencephalography and Clinical Neurophysiology, 76,* 481–508.

Sterman, M.B., & Mann, C.A. (1995). Concepts and applications of EEG analysis in aviation performance evaluation. *Biological Psychology, 40,* 115–130.

Thatcher, R.W., & John, E.R. (1977). The genesis of alpha rhythms and EEG synchronizing mechanisms. In E.R. John & R.W. Thatcher (Eds.), *Foundations of cognitive processes* (Vol. 1, pp. 53–82). Hillsdale, NJ: Erlbaum.

Thelen, E., Kelso, J.A.S., & Fogel, A. (1987). Self-organizing systems and infant motor development. *Developmental Review, 7,* 39–65.

Van Voorhis, S., & Hillyard, S.A. (1977). Visual evoked potentials and selective attention to points in space. *Perception and Psychophysics, 22,* 54–62.

Vickers, J.N. (1996a). Control of visual attention during the basketball free throw. *American Journal of Sports Medicine, 24,* S93–S97.

Vickers, J.N. (1996b). Visual control while aiming at a far target. *Journal of Experimental Psychology: Human Perception and Performance, 22,* 342–354.

Vickers, J.N., & Adolphe, R.M. (1997). Gaze behavior during a ball tracking and aiming skill. *International Journal of Sports Vision, 4,* 18–27.

Weinberg, R.S. (1978). The effects of success and failure on the patterning of neuromuscular energy. *Journal of Motor Behavior, 10,* 53–61.

Williams, T.J., Krahenbuhl, G.S., & Morgan, D.W. (1991). Mood state and running economy in moderately trained male runners. *Medicine and Science in Sport and Exercise, 23,* 727–731.

Williams, J.M., & Krane, V. (1998). Psychological characteristics of peak performance. In J.M. Williams (Ed.), *Applied sport psychology* (pp. 158–170). Mountain View, CA: Mayfield.

Withers, R.T., Sherman, W.M., Miller, J.M., & Costill, D.L. (1981). Specificity of the anaerobic threshold in endurance trained cyclists and runners. *European Journal of Applied Physiology, 47,* 93–104.

Zimmerman, P. (1979, November 26). All dressed up: Nowhere to go. *Sports Illustrated, 51,* 38–40.

第15章

Amabile, T.M. (1985). Motivation and creativity: Effects of motivational orientation on creative writers. *Journal of Personality and Social Psychology, 48,* 393–399.

Amabile, T.M., DeJong, W., & Lepper, M.R. (1976). Effects of externally imposed deadlines on subsequent intrinsic motivation. *Journal of Personality and Social Psychology, 34,* 92–98.

Anshel, M.H., Weinberg, R., & Jackson, A. (1992). The effect of goal difficulty and task complexity on intrinsic motivation and motor performance. *Journal of Sport Behavior, 15,* 159–176.

Baillie, P.H.F. (1993). Understanding retirement from sports: Therapeutic ideas for helping athletes in transition. *Counseling Psychologist, 21,* 399–410.

Baumeister, R.F., & Leary, M.R. (1995). The need to belong: Desire for interpersonal attachments as a fundamental human motivation. *Psychological Bulletin, 117,* 497–529.

Beauchamp, P.H., Halliwell, W.R., Fournier, J.F., & Koestner, R. (1996). Effects of cognitive-behavioral psychological skills training on the motivation, preparation, and putting performance of novice golfers. *The Sport Psychologist, 10,* 157–170.

Benware, C., & Deci, E.L. (1984). Quality of learning with an active versus passive motivational set. *American Educational Research Journal, 21,* 755–765.

Biddle, S., Akande, D., Armstrong, N., Ashcroft, M., Brooke, R., & Goudas, M. (1996). The Self-Motivation Inventory modified for children: Evidence on psychometric properties and its use in physical exercise. *International Journal of Sport Psychology, 27,* 237–250.

Biddle, S., & Brooke, R. (1992). Intrinsic versus extrinsic motivational orientation in physical education and sport. *British Journal of Educational Psychology, 62,* 247–256.

Blais, M.R., Vallerand, R.J., Gagnon, A., Brière, N.M., & Pelletier, L.G. (1990). Significance, structure, and gender differences in life domains of college students. *Sex Roles, 22,* 199–212.

Blais, M.R., Vallerand, R.J., Pelletier, L.G., & Brière, N.M. (1994). *Construction et validation de l'Inventaire des Motivations Interpersonnelles [Construction and validation of the Interpersonal Motivations Inventory]*. Unpublished manuscript, Université du Québec à Montréal, Canada.

Blanchard, C., & Vallerand, R.J. (1996a). *The mediating effects of perceptions of competence, autonomy, and relatedness on the social factors–self-determined situational motivation relationship*. Unpublished manuscript, Université du Québec à Montréal, Canada.

Blanchard, C., & Vallerand, R.J. (1996b). *Perceptions of competence, autonomy, and relatedness as psychological mediators of the social factors–contextual motivation relationship*. Unpublished manuscript, Université du Québec à Montréal, Canada.

Blanchard, C., & Vallerand, R.J. (1996c). *On the relations between situational motivation and situational consequences in basketball*. Raw data, Université du Québec à Montréal, Canada.

Blanchard, C., & Vallerand, R.J. (1998). *On the relations between situational motivation and situational consequences toward exercise*. Raw data, Université du Québec à Montréal, Canada.

Blanchard, C., Vallerand, R.J., & Provencher, P.J. (1996, August). *Une analyse motivationnelle des mécanismes de compensation et de contagion du soi [A motivational analysis of the compensation and contagion mechanisms of the self]*. Paper presented at the first annual conference on social psychology in the French language, Montreal, Canada.

Blanchard, C., Vallerand, R.J., & Provencher, P.J. (1998). *Une analyse des effets bidirectionnels entre la motivation contextuelle et la motivation situationnelle en milieu naturel [An analysis of the bi-directional effects between contextual and situational motivation in a natural setting]*. Unpublished manuscript.

Brière, N.M., Vallerand, R.J., Blais, M.R., & Pelletier, L.G. (1995). Développement et validation d'une mesure de motivation intrinsèque, extrinsèque et d'amotivation en contexte sportif: L'échelle de Motivation dans les Sports (ÉMS) [On the development and validation of the French form of the Sport Motivation Scale]. *International Journal of Sport Psychology, 26,* 465–489.

Brown, J.D. (1993). Self-esteem and self-evaluation: Feeling is believing. In J. Suls (Ed.), *Psychological perspectives on the self* (Vol. 4, pp. 27–58). Hillsdale, NJ: Erlbaum.

Brown, J.D., & Dutton, K.A. (1997). Global self-esteem and specific self-views as determinants of people's reactions to success and failure. *Journal of Personality and Social Psychology, 73,* 139–148.

Brustad, R.J. (1988). Affective outcomes in competitive youth sport: The influence of intrapersonal and socialization factors. *Journal of Sport & Exercise Psychology, 10,* 307–321.

Cadorette, I., Blanchard, C., & Vallerand, R.J. (1996, October). *Programme d'amaigrissement: Influence du centre de conditionnement physique et du style de l'entraîneur sur la motivation des participants [Weight loss program: Effects of the fitness center and the instructor on participants' motivation].* Paper presented at the annual conference of the Quebec Society for Research in Psychology, Trois-Rivières, Canada.

Carroll, B., & Alexandris, K. (1997). Perception of constraints in strength of motivation: Their relationship to recreational sport participation in Greece. *Journal of Leisure Research, 29,* 279–299.

Chantal, Y., Guay, F., Dobreva-Martinova, T., & Vallerand, R.J. (1996). Motivation and elite performance: An exploratory investigation with Bulgarian athletes. *International Journal of Sport Psychology, 27,* 173–182.

Cornelius, A.E., Silva, J.M., & Molotsky, E.J. (1991). *Motive structures for engaging in regular exercise.* Unpublished manuscript.

Crowne, D.P., & Marlowe, D. (1960). A new scale of social desirability independent of psychopathology. *Journal of Consulting Psychology, 24,* 349–354.

Csikszentmihalyi, M. (1975). *Beyond boredom and anxiety.* San Francisco: Jossey-Bass.

Csikszentmihalyi, M. (1990). *Flow: The psychology of optimal experience.* New York: Harper & Row.

Csikszentmihalyi, M., & Nakamura, J. (1989). The dynamics of intrinsic motivation: A study of adolescents. In C. Ames & R. Ames (Eds.), *Motivation in education: Goals and cognitions* (Vol. 3, pp. 45–71). New York: Academic Press.

deCharms, R.C. (1968). *Personal causation: The internal affective determinants of behavior.* New York: Academic Press.

Deci, E.L. (1971). Effects of externally mediated rewards on intrinsic motivation. *Journal of Personality and Social Psychology, 18,* 105–115.

Deci, E.L., Betley, G., Kahle, J., Abrams, L., & Porac, J. (1981). When trying to win: Competition and intrinsic motivation. *Personality and Social Psychology Bulletin, 7,* 79–83.

Deci, E.L., Eghrari, H., Patrick, B.C., & Leone, D.R. (1994). Facilitating internalization: The self-determination theory perspective. *Journal of Personality, 62,* 119–142.

Deci, E.L., & Ryan, R.M. (1985). *Intrinsic motivation and self-determination in human behavior.* New York: Plenum Press.

Deci, E.L., & Ryan, R.M. (1987). The support of autonomy and the control of behavior. *Journal of Personality and Social Psychology, 53,* 1024–1037.

Deci, E.L., & Ryan, R.M. (1991). A motivational approach to self: Integration in personality. In R. Dienstbier (Ed.), *Nebraska symposium on motivation: Perspectives on motivation* (Vol. 38, pp. 237–288). Lincoln: University of Nebraska Press.

Deci, E.L., & Ryan, R.M. (in press). The "What" and "Why" of goal pursuits: Human needs and the self-determination of behavior. *Psychological Inquiry.*

Deci, E.L., Schwartz, A.J., Sheinman, L., & Ryan, R.M. (1981). An instrument to assess adults' orientations toward control versus autonomy with children: Reflections on intrinsic motivation and competence. *Journal of Educational Psychology, 83,* 642–650.

Dollinger, S.J., & Reader, M.J. (1983). Attributions, deadlines, and children's intrinsic motivation. *Journal of General Psychology, 109,* 157–166.

Drummond, J.L., & Lenes, H.S. (1997). The fitness facility membership questionnaire: A measure of reasons for joining. *Perceptual and Motor Skills, 85,* 907–916.

Duda, J.L., Chi, L., Newton, M.L., Walling, M.D., & Catley, D. (1995). Task and ego orientation and intrinsic motivation in sport. *International Journal of Sport Psychology, 26,* 40–63.

Dwyer, J.J.M. (1995). Effect of perceived choice of music on exercise intrinsic motivation. *Health Values, 19,* 18–26.

Emmons, R.A. (1995). Levels and domains in personality: An introduction. *Journal of Personality, 63,* 341–364.

Ford, M.E. (1992). *Motivating humans: Goals, emotions and personal agency beliefs.* Newbury Park, CA: Sage.

Fortier, M.S., & Grenier, M.N. (1999). Les déterminants personnels et situationnels de l'adhérence à l'exercise: Une étude prospective [Personal and situational determinants of exercise adherence]. *STAPS, 48,* 25–37.

Fortier, M.S., Vallerand, R.J., Brière, N.M., & Provencher, P.J. (1995). Competitive and recreational sport structures and gender: A test of their relationship with sport motivation. *International Journal of Sport Psychology, 26,* 24–39.

Fortier, M.S., Vallerand, R.J., & Guay, F. (1995). Academic motivation and school performance: Toward a structural model. *Contemporary Educational Psychology, 20,* 257–274.

Frederick, C.M. (in press). Self-Determination Theory and participation motivation research in the sport and exercise domain. In E.L. Deci & R.M. Ryan (Eds.), *Handbook of self-determination research.* Rochester, NY: University of Rochester Press.

Frederick, C.M., & Morrison, C.S. (1996). Social physique anxiety: Personality constructs, motivations, exercise attitudes, and behaviors. *Perceptual and Motor Skills, 82,* 963–972.

Frederick, C.M., Morrison, C.S., & Manning, T. (1996). Motivation to participate, exercise affect, and outcome behaviors toward physical activity. *Perceptual and Motor Skills, 82,* 691–701.

Freud, S. (1969). *An outline of psycho-analysis.* New York: Norton. (Original work published 1940)

Gottfried, A.E. (1990). Academic intrinsic motivation in young elementary school children. *Journal of Educational Psychology, 82,* 525–538.

Goudas, M., & Biddle, S. (1994). Intrinsic motivation in physical education: Theoretical foundations and contemporary research. *Educational and Child Psychology, 11,* 68–76.

Goudas, M., Biddle, S., & Fox, K. (1994). Achievement goal orientations and intrinsic motivation in physical fitness testing with children. *Pediatric Exercise Science, 6,* 159–167.

Goudas, M., Biddle, S., Fox, K., & Underwood, M. (1995). It ain't what you do, it's the way that you do it! Teaching style affects children's motivation in track and field lessons. *The Sport Psychologist, 9,* 254–264.

Goudas, M., Biddle, S., & Underwood, M. (1995). A prospective study of the relationships between motivational orientations and perceived competence with intrinsic motivation and achievement in a teacher education course. *Educational Psychology, 15*, 89–96.

Gould, D. (1982). Sport psychology in the 1980's: Status, direction and challenge in youth sports research. *Journal of Sport Psychology, 4*, 203–218.

Grolnick, W.S., & Ryan, R.M. (1987). Autonomy in children's learning: An experimental and individual difference investigation. *Journal of Personality and Social Psychology, 52*, 890–898.

Guay, F., Blais, M.R., Vallerand, R.J., & Pelletier, L.G. (1999). *The Global Motivation Scale*. Unpublished manuscript, Université du Québec à Montréal, Canada.

Guay, F., Vallerand, R.J., & Blanchard, C.M. (2000). *On the assessment of situational intrinsic and extrinsic motivation: The Situational Motivation Scale (SIMS)*. Manuscript submitted for publication.

Halliwell, W. (1978). The effect of cognitive development on children's perceptions of intrinsically and extrinsically motivated behavior. In D. Landers & R. Christina (Eds.), *Psychology of motor behavior and sport–1977* (pp. 403–419). Champaign, IL: Human Kinetics.

Harackiewicz, J.M., Manderlink, G., & Sansone, C. (1984). Rewarding pinball wizardry: Effects of evaluation and cue-valence on intrinsic interest. *Journal of Personality and Social Psychology, 47*, 287–300.

Harter, S. (1978). Effectance motivation reconsidered: Toward a developmental model. *Human Development, 1*, 34–64.

Hull, C.L. (1943). *Principles of behavior: An introduction to behavior theory*. New York: Appleton-Century-Crofts.

Ingledew, D.K., Markland, D., & Medley, A.R. (1998). Exercise motives and stages of change. *Journal of Health Psychology, 3*, 477–489.

Jackson, S.A., Kimiecik, J.C., Ford, S.K., & Marsh, H.W. (1998). Psychological correlates of flow in sport. *Journal of Sport & Exercise Psychology, 20*, 358–378.

Jackson, S.A., & Marsh, H.W. (1996). Development and validation of a scale to measure optimal experience: The flow state scale. *Journal of Sport & Exercise Psychology, 18*, 17–35.

Kavussanu, M., & Roberts, G.C. (1996). Motivation in physical activity contexts: The relationship of perceived motivational climate to intrinsic motivation and self-efficacy. *Journal of Sport & Exercise Psychology, 18*, 264–280.

Koestner, R., Losier, G.F., Vallerand, R.J., & Carducci, D. (1996). Identified and introjected forms of political internalization: Extending self-determination theory. *Journal of Personality and Social Psychology, 70*, 1025–1036.

Kowal, J., & Fortier, M.S. (1999). Motivational determinants of flow: Contributions from Self-Determination Theory. *Journal of Social Psychology, 139*, 355–368.

Lepper, M.R., & Greene, D. (1975). Turning play into work: Effects of adult surveillance and extrinsic rewards on children's intrinsic motivation. *Journal of Personality and Social Psychology, 31*, 479–486.

Lepper, M.R., & Greene, D. (1978). Overjustification research and beyond: Toward a means-ends analysis of intrinsic and extrinsic motivation. In M.R. Lepper & D. Greene (Eds.), *The hidden costs of reward: New perspectives on the psychology of human motivation* (pp. 109–148). Hillsdale, NJ: Erlbaum.

Li, F. (1999). The Exercise Motivation Scale: Its multifaceted structure and construct validity. *Journal of Applied Sport Psychology, 11*, 97–115.

Li, F., & Harmer, P. (1996). Testing the simple assumption underlying the Sport Motivation Scale: A structural equation modeling analysis. *Research Quarterly for Exercise and Sport, 67*, 396–405.

Lloyd, J., & Fox, K.R. (1992). Achievement goals and motivation to exercise in adolescent girls: A preliminary intervention study. *British Journal of Physical Education Research Supplement, 11*, 12–16.

Lonky, E., & Reihman, J.M. (1990). *Self-regulation and moral reasoning as mediators of moral behavior*. Unpublished manuscript.

Losier, G.F., Gaudette, G.M., & Vallerand, R.J. (1997, October). *Une analyse motivationnelle des orientations à l'esprit sportif auprès d'entraîneurs certifiés du Nouveau-Brunswick [A motivational analysis of the sportpersonship orientations of certified coaches from New Brunswick]*. Paper presented at the annual conference of the Quebec Society for Research in Psychology, Sherbrooke, Canada.

Losier, G.F., Vallerand, R.J., Provencher, P.J., Fortier, M.S., Senécal, C.B., & Rinfret, N. (1996). *Persistence in graduate school: A motivational analysis*. Unpublished manuscript, Université de Moncton, Canada.

Marcus, B.H., Selby, V.C., Niaura, R.S., & Rossi, J.S. (1992). Self-efficacy and the stages of exercise behavior change. *Research Quarterly for Exercise and Sport, 63*, 60–66.

Markland, D., & Hardy, L. (1997). On the factorial and construct validity of the Intrinsic Motivation Inventory: Conceptual and operational concerns. *Research Quarterly for Exercise and Sport, 68*, 20–32.

Markland, D., & Ingledew, D.K. (1997). The measurement of exercise motives: Factorial validity and invariance across gender of a revised Exercise Motivations Inventory. *British Journal of Health Psychology, 2*, 361–376.

Matthews, D.B. (1991). The effects of school environment on intrinsic motivation of middle-school children. *Journal of Humanistic Education and Development, 30*, 30–36.

McAuley, E., & Tammen, V.V. (1989). The effects of subjective and objective competitive outcomes on intrinsic motivation. *Journal of Sport & Exercise Psychology, 11*, 84–93.

Mitchell, S.A. (1996). Relationships between perceived learning environment and intrinsic motivation in middle school physical education. *Journal of Teaching in Physical Education, 15*, 369–383.

Mobily, K.E., Lemke, J.H., Ostiguy, L.J., Woodard, R.J., Griffee, T.J., & Pickens, C.C. (1993). Leisure repertoire in a sample of Midwestern elderly: The case for exercise. *Journal of Leisure Research, 25*, 84–99.

Mullan, E., Markland, D., & Ingledew, D.K. (1997). A graded conceptualisation of self-determination in the regulation of exercise behaviour: Development of a measure using confirmatory factor analytic procedures. *Personality and Individual Differences, 23*, 745–752.

O'Connor, B.P., & Vallerand, R.J. (1994). Motivation, self-determination, and person-environment fit as predictors of psychological adjustment among nursing home residents. *Psychology and Aging, 9*, 189–194.

Oman, R., & McAuley, E. (1993). Intrinsic motivation and exercise behavior. *Journal of Health Education, 24*, 232–238.

Orlick, T.D., & Mosher, R. (1978). Extrinsic awards and participant motivation in a sport related task. *International Journal* of Sport Psychology, 9, 27–39.

Papaioannou, A. (1994). Development of a questionnaire to measure achievement orientations in physical education. Research Quarterly for Exercise and Sport, 65, 11–20.

Papaioannou, A. (1995). Differential perceptual and motivational patterns when different goals are adopted. Journal of Sport & Exercise Psychology, 17, 18–34.

Pelletier, L.G., Brière, N.M., Blais, M.R., & Vallerand, R.J. (2000). When coaches become autonomy-supportive: Effects on intrinsic motivation, persistence, and performance. Manuscript in preparation, University of Ottawa, Canada.

Pelletier, L.G., Fortier, M.S., Vallerand, R.J., & Brière, N.M. (2000). Associations between perceived autonomy support, forms of self-regulation, and persistence: A prospective study. Manuscript submitted for publication.

Pelletier, L.G., Fortier, M.S., Vallerand, R.J., Tuson, K.M., Brière, N.M., & Blais, M.R. (1995). Toward a new measure of intrinsic motivation, extrinsic motivation, and amotivation in sports: The Sport Motivation Scale (SMS). Journal of Sport & Exercise Psychology, 17, 35–53.

Pelletier, L.G., Tuson, K.M., Green-Demers, I., Noels, K., & Beaton, A.M. (1996). Why are you doing things for the environment? The Motivation Towards the Environment Scale (MTES). Unpublished manuscript, University of Ottawa, Canada.

Pelletier, L.G., Vallerand, R.J., Green-Demers, I., Blais, M.R., & Brière, N.M. (1996). Vers une conceptualisation motivationnelle multidimensionnelle du loisir: Construction et validation de l'Échelle de Motivation vis-à-vis des Loisirs (EML) [Construction and validation of the Leisure Motivation Scale]. Loisir et Société, 19, 559–585.

Perreault, S., & Vallerand, R.J. (1998). On the relationship between sport motivation and coping abilities of wheel-chair basketball players. Manuscript in preparation, Université du Québec à Trois-Rivières, Canada.

Pittman, T.S., Davey, M.E., Alafat, K.A., Wetherill, K.V., & Kramer, N.A. (1980). Informational versus controlling verbal rewards. Personality and Social Psychology Bulletin, 6, 228–233.

Prong, T., Rutherford, W.J., & Corbin, C.B. (1992). Physical fitness testing: The effects of rewards and feedback on intrinsic motivation. Physical Educator, 49, 144–151.

Provencher, P.J., & Vallerand, R.J. (1995, October). Facteurs situationnels et motivation situationnelle: Un test de l'effet de spécificité [Situational factors and situational motivation: A test of the specificity effect]. Paper presented at the annual conference of the Quebec Society for Research in Psychology, Ottawa, Canada.

Ratelle, C.F., Rousseau, F.L., & Vallerand, R.J. (1999). The affective, cognitive, and behavioral consequences of a motivational conflict: Implications for the hierarchical model of intrinsic and extrinsic motivation. Manuscript in preparation, Université du Québec à Montréal, Canada.

Reeve, J., & Deci, E.L. (1996). Elements of the competitive situation that affect intrinsic motivation. Personality and Social Psychology Bulletin, 22, 24–33.

Reid, G., Poulin, C., & Vallerand, R.J. (1994, June). A pictorial motivational scale in physical activity for people with a mental disability: Development and initial validation. Paper presented at the annual conference of the North American Society for the Psychology of Sport and Physical Activity.

Reid, G., & Vallerand, R.J. (1998). The development and validation of the Pictorial Motivation Scale in physical activity. Unpublished manuscript, McGill University, Canada.

Riordan, J. (1977). Sport in Soviet society. Cambridge, MA: Cambridge University Press.

Roberts, G.C. (1992). Motivation in sport and exercise: Conceptual constraints and convergence. In G.C. Roberts (Ed.), Motivation in sport and exercise (pp. 3–29). Champaign, IL: Human Kinetics.

Rutherford, W.J., Corbin, C.B., & Chase, L.A. (1992). Factors influencing intrinsic motivation towards physical activity. Health Values, 16, 19–24.

Ryan, E.D. (1977). Attribution, intrinsic motivation, and athletics. In L.I. Gedvilas & M.E. Kneer (Eds.), Proceedings of the National College of Physical Education Association for Men/National Association for Physical Education of College Women, national conference (pp. 346–353). Chicago: University of Illinois, Office of Publications Services.

Ryan, E.D. (1980). Attribution, intrinsic motivation, and athletics: A replication and extension. In C.H. Nadeau, W.R. Halliwell, K.M. Newell, & G.C. Roberts (Eds.), Psychology of motor behavior and sport–1979 (pp. 19–26). Champaign, IL: Human Kinetics.

Ryan, R.M., & Connell, J.P. (1989). Perceived locus of causality and internalization: Examining reasons for acting in two domains. Journal of Personality and Social Psychology, 57, 749–761.

Ryan, R.M., Connell, J.P., & Grolnick, W.S. (1992). When achievement is not intrinsically motivated: A theory and assessment of self-regulation in school. In A.K. Boggiano & T.S. Pittman (Eds.), Achievement and motivation: A social-developmental perspective (pp. 167–188). Cambridge, MA: Cambridge University Press.

Ryan, R.M., Frederick, C.M., Lepes, D., Rubio, N., & Sheldon, K.M. (1997). Intrinsic motivation and exercise adherence. International Journal of Sport Psychology, 28, 335–354.

Ryan, R.M., Koestner, R., & Deci, E.L. (1991). Ego-involved persistence: When free-choice behavior is not intrinsically motivated. Motivation and Emotion, 15, 185–205.

Ryan, R.M., Mims, V., & Koestner, R. (1983). Relation of reward contingency and interpersonal context to intrinsic motivation: A review and test using cognitive evaluation theory. Journal of Personality and Social Psychology, 45, 736–750.

Ryan, R.M., Vallerand, R.J., & Deci, E.L. (1984). Intrinsic motivation in sport: A cognitive evaluation theory interpretation. In W. Straub & J. Williams (Eds.), Cognitive sport psychology (pp. 231–242). Lansing, NY: Sport Science Associates.

Ryckman, R.M., & Hamel, J. (1993). Perceived physical ability differences in the sport participation motives of young athletes. International Journal of Sport Psychology, 24, 270–283.

Sansone, C., & Harackiewicz, J.M. (1996). "I don't feel like it": The function of interest in self-regulation. In L. Martin & A. Tesser (Eds.), Striving and feeling: Interactions between goals and affect (pp. 203–228). Hillsdale, NJ: Erlbaum.

Scanlan, T.K., & Lewthwaite, R. (1986). Social psychological aspects of competition for male youth sport participants: IV. Predictors of enjoyment. Journal of Sport Psychology, 8, 25–35.

Seifriz, J.J., Duda, J.L., & Chi, L. (1992). The relationship of perceived motivational climate to intrinsic motivation and beliefs about success in basketball. Journal of Sport & Exercise Psychology, 14, 375–391.

Senécal, C.B., Vallerand, R.J., & Pelletier, L.G. (1992). Les effets du type de programme universitaire et du sexe de l'étudiant sur la motivation académique [Effects of type of curriculum and student gender on academic motivation]. *Revue des Sciences de l'Éducation, 18,* 375–388.

Sinnott, K., & Biddle, S. (1998). Changes in attributions, perceptions of success and intrinsic motivation after attribution retraining in children's sport. *International Journal of Adolescence and Youth, 7,* 137–144.

Skinner, B.F. (1953). *Science and human behavior.* New York: Macmillan.

Smith, R.E., Schutz, R.W., Smoll, F.L., & Ptacek, J.T. (1995). Development and validation of a multidimensional measure of sport-specific psychological skills: The Athletic Coping Skills Inventory–28. *Journal of Sport & Exercise Psychology, 17,* 379–398.

Swann, W.B., & Pittman, T.S. (1977). Initiating play activity of children: The moderating influence of verbal cues on intrinsic motivation. *Child Development, 48,* 1128–1133.

Theeboom, M., De Knop, P., & Weiss, M.R. (1995). Motivational climate, psychological responses, and motor skill development in children's sport: A field-based intervention study. *Journal of Sport & Exercise Psychology, 17,* 294–311.

Thill, E., & Mouanda, J. (1990). Autonomy or control in the sports context: Validity of cognitive evaluation theory. *International Journal of Sport Psychology, 21,* 1–20.

Thomas, J.R., & Tennant, L.K. (1978). Effects of rewards on children's motivation for an athletic task. In F.L. Smoll & R.E. Smith (Eds.), *Psychological perspectives in youth sports* (Vol. 1, pp. 123–144). Washington, DC: Hemisphere.

Thompson, C.E., & Wankel, L.M. (1980). The effect of perceived activity choice upon frequency of exercise behavior. *Journal of Applied Social Psychology, 10,* 436–443.

Vallerand, R.J. (1997). Toward a hierarchical model of intrinsic and extrinsic motivation. In M.P. Zanna (Ed.), *Advances in experimental social psychology* (Vol. 29, pp. 271–360). New York: Academic Press.

Vallerand, R.J. (in press). A hierarchical model of intrinsic and extrinsic motivation in sport and exercise. In G. Roberts (Ed.), *Advances in motivation in sport and exercise* (2nd ed.). Champaign, IL: Human Kinetics.

Vallerand, R.J., & Bissonnette, R. (1992). Intrinsic, extrinsic, and amotivational styles as predictors of behavior: A prospective study. *Journal of Personality, 60,* 599–620.

Vallerand, R.J., Blais, M.R., Brière, N.M., & Pelletier, L.G. (1989). Construction et validation de l'Échelle de motivation en éducation (EME) [On the construction and validation of the French form of the Academic Motivation Scale]. *Canadian Journal of Behavioural Science, 21,* 323–349.

Vallerand, R.J., & Blanchard, C.M. (1998a). *A prospective test of the hierarchical model of intrinsic and extrinsic motivation in an exercise setting.* Unpublished raw data, Université du Québec à Montréal, Canada.

Vallerand, R.J., & Blanchard, C.M. (1998b). *A test of the motivation-consequences relationship at three levels of generality.* Unpublished raw data, Université du Québec à Montréal, Canada.

Vallerand, R.J., & Blanchard, C.M. (1999). Éducation permanente et motivation: Contribution du modèle hiérarchique de la motivation intrinsèque et extrinsèque [Continuing education and motivation: Contribution of the Hierarchical Model of Intrinsic and Extrinsic Motivation]. *Éducation Permanente, 136,* 15–36.

Vallerand, R.J., & Brière, N.M. (1990). *Développement et validation d'un instrument de mesure par questionnaire de motivation intrinsèque, extrinsèque, d'amotivation pour le domaine des sports [Validation of the French form of the Sport Motivation Scale].* Final report presented to the Canadian Fitness and Lifestyle Research Institute, Ottawa, Canada.

Vallerand, R.J., Brière, N.M., Blanchard, C.M., & Provencher, P.J. (1997). Development and validation of the Multidimensional Sportspersonship Orientations Scale. *Journal of Sport & Exercise Psychology, 19,* 197–206.

Vallerand, R.J., Deci, E.L., & Ryan, R.M. (1987). Intrinsic motivation in sport. In K. Pandolf (Ed.), *Exercise and sport science reviews* (Vol. 15, pp. 389–425). New York: Macmillan.

Vallerand, R.J., Deshaies, P., Cuerrier, J.-P., Brière, N.M., & Pelletier, L.G. (1996). Toward a multidimensional definition of sportsmanship. *Journal of Applied Sport Psychology, 8,* 89–101.

Vallerand, R.J., & Fortier, M.S. (1998). Measures of intrinsic and extrinsic motivation in sport and physical activity: A review and critique. In J. Duda (Ed.), *Advancements in sport and exercise psychology measurement* (pp. 83–100). Morgantown, WV: Fitness Information Technology.

Vallerand, R.J., Fortier, M.S., & Guay, F. (1997). Self-determination and persistence in a real-life setting: Toward a motivational model of high school dropout. *Journal of Personality and Social Psychology, 72,* 1161–1176.

Vallerand, R.J., Gauvin, L., & Halliwell, W.R. (1986a). Effects of zero-sum competition on children's intrinsic motivation and perceived competence. *Journal of Social Psychology, 126,* 465–472.

Vallerand, R.J., Gauvin, L., & Halliwell, W.R. (1986b). Negative effects of competition on children's intrinsic motivation. *Journal of Social Psychology, 126,* 649–657.

Vallerand, R.J., & Grouzet, F.M.E. (in press). Pour un modèle hiérarchique de la motivation intrinsèque et extrinsèque dans les pratiques sportives et l'activité physique [For a hierarchical model of intrinsic and extrinsic motivation in sport and physical activity]. In F. Curry, P. Sarrazin, & J.P. Famose (Eds.), *Théories de la motivation et pratiques sportives* [Theories of motivation and sport practices]. Paris: Presses Universitaires de France.

Vallerand, R.J., Guay, F., & Blanchard, C.M. (2000). *Self-regulatory processes in human behavior: A test of the hierarchical model of intrinsic and extrinsic motivation.* Manuscript submitted for publication, Université du Québec à Montréal, Canada.

Vallerand, R.J., & Losier, G.F. (1994). Self-determined motivation and sportsmanship orientations: An assessment of their temporal relationship. *Journal of Sport & Exercise Psychology, 16,* 229–245.

Vallerand, R.J., & Losier, G.F. (1999). An integrative analysis of intrinsic and extrinsic motivation in sport. *Journal of Applied Sport Psychology, 11,* 142–169.

Vallerand, R.J., & O'Connor, B.P. (1991). Construction et validation de l'Échelle de Motivation pour les personnes âgées (EMPA) [Construction and validation of the French form of the Elderly Motivation Scale]. *International Journal of Psychology, 26,* 219–240.

Vallerand, R.J., Pelletier, L.G., Blais, M.R., Brière, N.M., Senécal, C., & Vallières, E.F. (1992). The Academic Motivation Scale: A measure of intrinsic, extrinsic, and amotivation in education. *Educational and Psychological Measurement, 52,* 1003–1019.

Vallerand, R.J., Pelletier, L.G., Blais, M.R., Brière, N.M., Senécal, C., & Vallières, E.F. (1993). On the assessment of intrinsic, extrinsic, and amotivation in education: Evidence on the concurrent and construct validity of the Academic Motivation Scale. *Educational and Psychological Measurement, 53,* 159–172.

Vallerand, R.J., & Perreault, S. (1999). Intrinsic and extrinsic motivation in sport: Toward a hierarchical model. In R. Lidor & M. Bar-Eli (Eds.), *Sport psychology: Linking theory and practice* (pp. 191–212). Morgantown, WV: Fitness Information Technology.

Vallerand, R.J., & Ratelle, C.F. (in press). Intrinsic and extrinsic motivation: A Hierarchical model. In E.L. Deci & R.M. Ryan (Eds.), *Handbook of self-determination research.* Rochester, NY: University of Rochester Press.

Vallerand, R.J., & Reid, G. (1984). On the causal effects of perceived competence on intrinsic motivation: A test of cognitive evaluation theory. *Journal of Sport Psychology, 6,* 94–102.

Vallerand, R.J., & Reid, G. (1988). On the relative effects of positive and negative verbal feedback on males' and females' intrinsic motivation. *Canadian Journal of Behavioural Sciences, 20,* 239–250.

Vallerand, R.J., & Reid, G. (1990). Motivation and special populations: Theory, research and implications regarding motor behavior. In G. Reid (Ed.), *Problems in motor control* (pp. 159–197). New York: North Holland.

Vallerand, R.J., & Thill, E.E. (1993). Introduction au concept de motivation [Introduction to the concept of motivation]. In R.J. Vallerand & E.E. Thill (Eds.), *Introduction à la psychologie de la motivation* [Introduction to the psychology of motivation] (pp. 3–39). Laval, Canada: Éditions Études Vivantes.

Wagner, S.L., Lounsbury, J.W., & Fitzgerald, L.G. (1989). Attribute factors associated with work/leisure perceptions. *Journal of Leisure Research, 21,* 155–166.

Watson, D., Clark, L.A., & Tellegen, A. (1988). Development and validation of brief measures of positive and negative affect: The PANAS scales. *Journal of Personality and Social Psychology, 54,* 1063–1070.

Weigand, D.A., & Broadhurst, C.J. (1998). The relationship among perceived competence, intrinsic motivation, and control perceptions in youth soccer. *International Journal of Sport Psychology, 29,* 324–338.

Weinberg, R.S. (1979). Intrinsic motivation in a competitive setting. *Medicine and Science in Sports, 11,* 146–149.

Weinberg, R.S., & Jackson, A. (1979). Competition and extrinsic rewards: Effect on intrinsic motivation and attribution. *Research Quarterly, 50,* 494–502.

Weinberg, R.S., & Ragan, J. (1979). Effects of competition, success/failure, and sex on intrinsic motivation. *Research Quarterly, 50,* 503–510.

Weiner, B. (1972). *Theories of motivation: From mechanism to cognition.* Chicago: Markham.

Weiss, M.R., Bredemeier, B.J., & Shewchuk, R.M. (1985). An intrinsic/extrinsic motivation scale for the youth sport setting: A confirmatory factor analysis. *Journal of Sport Psychology, 7,* 75–91.

White, R.W. (1959). Motivation reconsidered: The concept of competence. *Psychological Review, 66,* 297–333.

Whitehead, J.R., & Corbin, C.B. (1991a). Effects of fitness test type, teacher, and gender on exercise intrinsic motivation and physical self-worth. *Journal of School Health, 61,* 11–16.

Whitehead, J.R., & Corbin, C.B. (1991b). Youth fitness testing: The effect of percentile-based evaluative feedback on intrinsic motivation. *Research Quarterly for Exercise and Sport, 62,* 225–231.

Williams, L., & Gill, D.L. (1995). The role of perceived competence in the motivation of physical activity. *Journal of Sport & Exercise Psychology, 17,* 363–378.

第16章

Ablard, K.E., & Parker, W.D. (1997). Parents' achievement goals and perfectionism in their academically talented children. *Journal of Youth and Adolescence, 26,* 651–667.

Ames, C. (1992a). Achievement goals, motivational climate, and motivational processes. In G. Roberts (Ed.), *Motivation in sport and exercise* (pp. 161–176). Champaign, IL: Human Kinetics.

Ames, C. (1992b). Classrooms: Goals, structures, and student motivation. *Journal of Educational Psychology, 84,* 261–271.

Ames, C., & Archer, J. (1988). Achievement goals in the classroom: Students' learning strategies and motivation processes. *Journal of Educational Psychology, 80,* 260–267.

Andree, K.V., & Whitehead, J. (1996, June). *The interactive effect of perceived ability and dispositional or situational achievement goals on persistence in young athletes.* Paper presented at the annual meetings of the North American Society for the Psychology of Sport and Physical Activity, Asilomar, CA.

Balaguer, I., Castillo, I., & Tomas, I. (1996). Analisis de las Questionario de Orientacion al Ego y a la Tarea en el Deporte (TEOSQ) en su traduccion al Castellano. *Psicologia, 17,* 71–87.

Balaguer, I., Crespo, M., & Duda, J.L. (1996). The relationship of motivational climate and athletes' goal orientations to perceived/preferred leadership style. *Journal of Sport & Exercise Psychology, 18,* S13.

Bandura, A. (1990). Conclusion: Reflections on nonability determinants of competence. In R.J. Sternberg & J. Kolligan (Eds.), *Competence considered* (pp. 315–362). New Haven, CT: Yale University Press.

Biddle, S., & Goudas, M. (1996). Analysis of children's physical activity and its association with adult encouragement and social cognitive variables. *Journal of School Health, 66,* 75–78.

Biddle, S., Soos, I., & Chatzisarantis, N. (1999). Predicting physical activity intentions using a goal perspective approach: A study of Hungarian youth. *Scandanavian Journal of Medicine and Science in Sports, 9,* 353–357.

Biddle, S.J.H. (1999). Motivation and perceptions of control: Tracing its development and plotting its future in exercise and sport psychology. *Journal of Sport & Exercise Psychology, 21,* 1–23.

Biddle, S.J.H., Akande, A., Vlachopoulos, S., & Fox, K.R. (1996). Toward an understanding of children's motivation for physical activity: Achievement goal orientations, beliefs about the causes of success, and sport emotion in Zimbabwean children. *Psychology & Health, 12,* 49–55.

Biddle, S.J.H., & Soos, I. (1997). Social cognitive predictors of motivation and intention in Hungarian children. In R. Lidor & M. Bar-Eli (Eds.), *Innovations in sport psychology: Linking theory and practice. Proceedings of the 9th World Congress of Sport Psychology: Part I* (pp. 121–123). Netanya, Israel: Ministry of Education, Culture and Sport.

Blatt, S.J. (1995). The destructiveness of perfectionism: Implications for the treatment of depression. *American Psychologist, 50,* 1003–1020.

Boyd, M., & Callaghan, J. (1994). Task and ego goal perspectives in organized youth sport. *International Journal of Sport Psychology, 22,* 411-424.

Boyd, M., & Yin, Z. (1996). Cognitive-affective sources of sport enjoyment in adolescent sport participants. *Adolescence, 31,* 283-295.

Bredemeier, B.L. (1999). Character in action: Promoting moral behavior in sport. In R. Lidor & M. Bar-Eli (Eds.), *Innovations in sport psychology: Linking theory and practice* (pp. 247-260). Morgantown, WV: Fitness Information Technology.

Brunel, P. (1996). The relationship of task and ego orientation to intrinsic and extrinsic motivation. *Journal of Sport & Exercise Psychology, 18,* S59.

Brunel, P. (1997). Toward an integrative approach to sport motivation. In R. Lidor & M. Bar-Eli (Eds.), *Innovations in sport psychology: Linking theory and practice. Proceedings of the 9th World Congress in Sport Psychology: Part I* (pp. 160-162). Netanya, Israel: Ministry of Education, Culture and Sport.

Brunel, P. (1999a). Predicting cognitions and strategies to cope with the situation: Influence of motivational climate and goal orientation. *Journal of Sport & Exercise Psychology, 21,* S22.

Brunel, P. (1999b). Relationship between achievement goal orientations and perceived motivational climate on intrinsic motivation. *Scandanavian Journal of Medicine and Science in Sports, 9,* 365-374.

Burns, D.D. (1980, November). The perfectionist's script for self-defeat. *Psychology Today,* 34-51.

Carpenter, P., & Yates, B. (1997). Relationship between achievement goals and the perceived purposes of soccer for semiprofessional and amateur players. *Journal of Sport & Exercise Psychology, 19,* 302-312.

Carpenter, P.J., & Morgan, K. (1999). Motivational climate, personal goal perspectives, and cognitive and affective responses in physical education classes. *European Journal of Physical Education, 4,* 31-44.

Carron, A.V., & Hausenblas, H.A. (1998). *Group dynamics in sport* (2nd ed.). Morgantown, WV: Fitness Information Technology.

Chi, L. (1993). *Prediction of achievement-related cognitions and behaviors in the physical domain: A test of the theories of goal perspective and self efficacy.* Unpublished doctoral dissertation, Purdue University, West Lafayette, IN.

Chi, L., & Duda, J.L. (1995). Multi-group confirmatory factor analysis of the Task and Ego Orientation in Sport Questionnaire. *Research Quarterly for Exercise and Sport, 66,* 91-98.

Chi, L., & Lu, S.-E. (1995, June). *The relationships between perceived motivational climates and group cohesiveness in basketball.* Paper presented at the annual meetings of the North American Society for the Psychology of Sport and Physical Activity, Clearwater, FL.

Covington, M.V. (1992). *Making the grade: A self-worth perspective on motivation and school reform.* Cambridge, MA: Cambridge University Press.

Cury, F., Biddle, S., Famose, J.P., Goudas, M., Sarrazin, P., & Durand, M. (1996). Personal and situational factors influencing intrinsic interest of adolescent girls in school physical education: A structural equation modeling analysis. *Educational Psychology, 16,* 305-315.

Cury, F., Biddle, S., Sarrazin, P., & Famose, J.P. (1997). Achievement goals and perceived ability predict investment in learning a sport task. *British Journal of Educational Psychology, 67,* 293-309.

Cury, F., Famose, J.P., & Sarrazin, P. (1997). Achievement goal theory and active search for information in a sport task. In R. Lidor & M. Bar-Eli (Eds.), *Innovations in sport psychology: Linking theory and practice. Proceedings of the 9th World Congress in Sport Psychology: Part I* (pp. 218-220). Netanya, Israel: Ministry of Education, Culture and Sport.

Cury, F., Laurent, M., De Tonac, A., & Sot, V. (1999). An unexplored aspect of achievement goal theory in sport: Development and predictive validity of the Approach and Avoidance Achievement in Sport Questionnaire (AAASQ). In V. Hosek, P. Tilinger, & L. Bilek (Eds.), *Psychology of sport and exercise: Enhancing the quality of life. Proceedings of the 10th European Congress of Sport Psychology–FEPSAC* (pp. 153-155). Prague, Czech Republic: Charles University Press.

Cury, F., & Sarrazin, P. (1998). Achievement motivation and learning behaviors in sport tasks. *Journal of Sport & Exercise Psychology, 20,* S11.

Deci, E., & Ryan, R. (1985). *Intrinsic motivation and the self-determination of human behavior.* New York: Plenum Press.

Deci, E.L., & Ryan, R.M. (1992). The initiation and regulation of intrinsically motivated learning and achievement. In A.K. Boggiano & T.S. Pittman (Eds.), *Achievement and motivation: A social-developmental perspective* (pp. 9-36). Cambridge, MA: Cambridge University Press.

Dempsey, J.M., Kimiecik, J.C., & Horn, T.S. (1993). Parental influence on children's moderate to vigorous physical activity participation: An expectancy-value approach. *Pediatric Exercise Science, 5,* 151-167.

Dobrantu, M., & Biddle, S.J.H. (1997). The influence of situational and individual goals on intrinsic motivation of Romanian adolescents towards physical education. *European Yearbook of Sport Psychology, 1,* 148-165.

Duda, J.L. (1989). The relationship between task and ego orientation and the perceived purpose of sport among male and female high school athletes. *Journal of Sport & Exercise Psychology, 11,* 318-335.

Duda, J.L. (1992). Sport and exercise motivation: A goal perspective analysis. In G. Roberts (Ed.), *Motivation in sport and exercise* (pp. 57-91). Champaign, IL: Human Kinetics.

Duda, J.L. (1993). Goals: A social cognitive approach to the study of motivation in sport. In R.N. Singer, M. Murphey, & L.K. Tennant (Eds.), *Handbook on research in sport psychology* (pp. 421-436). New York: Macmillan.

Duda, J.L. (1996). Maximizing motivation in sport and physical education among children and adolescents: The case for greater task involvement. *Quest, 48,* 290-302.

Duda, J.L. (1997). Perpetuating myths: A response to Hardy's 1996 Coleman Griffith address. *Journal of Applied Sport Psychology, 9,* 307-313.

Duda, J.L. (1999). The motivational climate and its implications for motivation, health, and the development of eating disorders in gymnastics. *Revista de Psicologia Social Aplicada, 9,* 7-24.

Duda, J.L. (in press-a). Goal perspective research in sport: Pushing the boundaries and clarifying some misunderstandings. In G.C. Roberts (Ed.), *Advances in motivation in sport and exercise.* Champaign, IL: Human Kinetics.

Duda, J.L. (in press-b). Goal perspectives and their implications for health-related outcomes in the physical domain. In F. Cury, P. Sarrazin, & F.P. Famose (Eds.), *Advances in motivation theories in the sport domain.* Paris: Presses Universitaires de France.

Duda, J.L., & Balaguer, I. (1999). Toward an integration of models of leadership with a contemporary theory of motivation. In R. Lidor & M. Bar-Eli (Eds.), *Sport psychology: Linking theory and practice* (pp. 213–230). Morgantown, WV: Fitness Information Technology.

Duda, J.L., Chi, L., Newton, M.L., Walling, M.D., & Catley, D. (1995). Task and ego orientation and intrinsic motivation in sport. *International Journal of Sport Psychology, 26,* 40–63.

Duda, J.L., Fox, K.R., Biddle, S.J.H., & Armstrong, N. (1992). Children's achievement goals and beliefs about success in sport. *British Journal of Educational Psychology, 62,* 313–323.

Duda, J.L., Newton, M.L., & Yin, Z. (1999). *The perceived motivational climate in sport: Within-team member variability/interdependence and the correspondence to perceptions held by the coach.* Manuscript submitted for publication.

Duda, J.L., & Nicholls, J.G. (1992). Dimensions of achievement motivation in schoolwork and sport. *Journal of Educational Psychology, 84,* 1–10.

Duda, J.L., Olson, L., & Templin, T. (1991). The relationship of task and ego orientation to sportsmanship attitudes and the perceived legitimacy of injurious acts. *Research Quarterly for Exercise and Sport, 62,* 79–87.

Duda, J.L., & White, S.A. (1992). The relationship of goal perspectives to beliefs about success among elite skiers. *The Sport Psychologist, 6,* 334–343.

Duda, J.L., & Whitehead, J. (1998). Measurement of goal perspectives in the physical domain. In J. Duda (Ed.), *Advances in sport and exercise psychology measurement* (pp. 21–48). Morgantown, WV: Fitness Information Technology.

Durand, M., Cury, F., Sarrazin, P., & Famose, J.P. (1996). Le Questionnaire de Perception du Succes en Sport: Validation Française du "Perception of Success Questionnaire." *International Journal of Sport Psychology, 27,* 251–268.

Dweck, C.S. (1986). Motivational processes affecting learning. *American Psychologist, 41,* 1040–1048.

Dweck, C.S. (1991). Self-theories and goals: Their role in motivation, personality, and development. In R.A. Dienstbier (Ed.), *Nebraska Symposium on Motivation–1990* (pp. 199–235). Lincoln: University of Nebraska Press.

Dweck, C.S. (1999). *Self-theories and goals: Their role in motivation, personality, and development.* Philadelphia: Taylor & Francis.

Dweck, C.S., & Leggett, E.L. (1988). A social-cognitive approach to personality and motivation. *Psychological Review, 95,* 256–273.

Dykman, B.M. (1998). Integrating cognitive and motivational factors in depression: Initial tests of a goal orientation approach. *Journal of Personality and Social Psychology, 74,* 139–158.

Eccles, J., & Harold, R.D. (1991). Gender differences in sport involvement: Applying the Eccles' expectancy-value model. *Journal of Applied Sport Psychology, 3,* 7–35.

Elliot, A.J., & Church, M.A. (1997). A hierarchical model of approach and avoidance achievement motivation. *Journal of Personality and Social Psychology, 72,* 1–15.

Ewing, M.E. (1981). *Achievement motivation and sport behavior of males and females.* Unpublished doctoral dissertation, University of Illinois, Urbana-Champaign.

Flett, G.L., Hewitt, P.L., Endler, N.S., & Tassone, C. (1998). Perfectionism and components of state and trait anxiety. *Current Psychology, 13,* 326–350.

Folkman, S. (1984). Personal control and stress and coping processes: A theoretical analysis. *Journal of Personality and Social Psychology, 46,* 839–852.

Ford, J.K., Smith, E.M., Weissbein, D.A., Gully, S.M., & Salas, E. (1998). Relationships of goal orientation, metacognitive activity, and practice strategies with learning outcomes and transfer. *Journal of Applied Psychology, 83,* 218–233.

Frost, R.O., & Henderson, K.J. (1991). Perfectionism and reactions to athletic competition. *Journal of Sport & Exercise Psychology, 13,* 323–335.

Frost, R.O., & Marten, P.A. (1990). Perfectionism and evaluative threat. *Cognitive Therapy and Research, 14,* 559–572.

Frost, R.O., Marten, P.A., Lahart, C., & Rosenblate, R. (1990). The dimensions of perfectionism. *Cognitive Therapy and Research, 14,* 449–468.

Gano-Overway, L.A., & Duda, J.L. (1999). Interrelationships between expressive individualism and other achievement goal orientations among African and European American athletes. *Journal of Black Psychology, 25*(4), 544–563.

Gano-Overway, L.A., & Duda, J.L. (in press). Goal perspectives and their relationship to beliefs and affective responses among African and Anglo American athletes. *International Journal of Sport Psychology.*

Georgiadis, M., Biddle, S., & Van den Auweele, Y. (1999). *Cognitive, emotional, and behavioural connotations of task and ego orientation profiles: An ideographic approach using hierarchical class analysis.* Manuscript submitted for publication.

Goudas, M., Fox, K., Biddle, S., & Armstrong, N. (1992). Children's task and ego goal profiles in sport: Relationship with perceived competence, enjoyment, and participation. *Journal of Sport Sciences, 10,* 606–607.

Gould, D., Eklund, R., Petlichkoff, L., Peterson, K., & Bump, L. (1991). Psychological predictors of state anxiety and performance in age group wrestlers. *Pediatric Exercise Science, 3,* 198–208.

Guillet, E., & Sarrazin, P. (1999). L'influence du climate de l'extraineur sur le processus motivationnel de l'abandon: Un test du modele hierarchique de Vallerand (1997). In the *Proceedings of the 8th International Congress of the Association for Research on Physical Activity and Sport (ACAPS)* (pp. 110–112). Macolin, Switzerland: Universities of Geneva and Lausanne.

Guivernau, M., & Duda, J.L. (1994). Psychometric properties of a Spanish version of the Task and Ego Orientation in Sport Questionnaire (TEOSQ) and Beliefs about the Causes of Success Inventory. *Revista de Psicologia del Deporte, 5,* 31–51.

Hall, H.K., Humphrey, E., & Kerr, A. (1997). Understanding and enhancing children's intrinsic motivation in sport: Adopting the tenets of Eccles' Expectancy-Value Model. In R. Lidor & M. Bar-Eli (Eds.), *Innovations in sport psychology: Linking theory and practice. Proceedings of the 9th World Congress in Sport Psychology: Part I* (pp. 309–311). Netanya, Israel: Ministry of Education, Culture and Sport.

Hall, H.K., & Kerr, A.W. (1997). Motivational antecedents of precompetitive anxiety in youth sport. *The Sport Psychologist, 11,* 24–42.

Hall, H.K., Kerr, A.W., & Greenshields, H. (1998, July). *The influence of dispositional goals and the achievement climate on self determination in sport and physical activity.* Paper presented at the International Association of Applied Psychology Congress, San Francisco.

Hall, H.K., Kerr, A.W., & Matthews, J. (1998). Precompetitive anxiety in sport: The contribution of achievement goals and perfectionism. *Journal of Sport & Exercise Psychology, 20*, 194-217.

Hamacheck, D.E. (1978). Psychodynamics of normal and neurotic perfectionism. *Psychology, 15*, 27-33.

Hardy, L. (1997). Three myths about applied consultancy work. *Journal of Applied Sport Psychology, 9*, 277-294.

Harwood, C., & Hardy, L. (1999). Achievement goals in competitive sport: A critique of conceptual and measurement issues. *Proceedings of the 10th European Congress of Sport Psychology* (pp. 241-243). Prague, Czech Republic: Charles University Press.

Harwood, C., & Swain, A. (1998). Antecedents of precompetition achievement goals in elite junior tennis players. *Journal of Sports Sciences, 16*, 357-371.

Hatzigeorgeadis, A., & Biddle, S. (1999). The effects of goal orientation and perceived competence on cognitive interference during tennis and snooker performance. *Journal of Sport Behavior, 22*.

Hewitt, P.L., & Plett, G.L. (1991). Perfectionism in the self and social contexts: Conceptualization, assessment, and association with psychopathology. *Journal of Personality and Social Psychology, 60*, 456-470.

Hom, H., Duda, J.L., & Miller, A. (1993). Correlates of goal orientations among young athletes. *Pediatric Exercise Science, 5*, 168-176.

Kaplan, A., & Maehr, M.L. (1999). *Achievement motivation: The emergence, contributions, and prospects of a goal orientation theory perspective.* Unpublished manuscript, Ben Gurion University, Beer Sheva, Israel.

Kavussanu, M., & Roberts, G.C. (1996). Motivation in physical activity contexts: The relationship of perceived motivational climate to intrinsic motivation and self-efficacy. *Journal of Sport & Exercise Psychology, 18*, 254-280.

Kim, M.-S., & Duda, J.L. (1998). Achievement goals, motivational climates, and occurrence of and responses to psychological difficulties and performance debilitation among Korean athletes. *Journal of Sport & Exercise Psychology, 20*, S124.

Kim, M.-S., & Duda, J.L. (1999). *Predicting coping responses: An integration of Lazarus' transactional theory of psychological stress and coping and goal perspective theory.* Manuscript submitted for publication.

Kingston, K.M., & Hardy, L. (1997). *Do goal orientation profiles impact upon competition performance?* Unpublished manuscript.

Krane, V., Greenleaf, C.A., & Snow, J. (1997). Reaching for gold and the price of glory: A motivational case study of an elite gymnast. *The Sport Psychologist, 11*, 53-71.

Lazarus, R.S. (1993). From psychological stress to the emotions: A history of changing outlooks. *Annual Review of Psychology, 44*, 1-21.

Le Bars, H., & Gernigon, C. (1998). Perceived motivational climate, dispositional goals, and participation withdrawal in judo. *Journal of Sport & Exercise Psychology, 20*, S58.

Li, F., Harmer, P., Chi, L., & Vongjaturapat, S. (1996). Cross-cultural validation of the Task and Ego Orientation Questionnaire. *Journal of Sport & Exercise Psychology, 18*, 392-407.

Lintunen, T., Valkonen, A., Leskinen, E., & Biddle, S. (1999). Predicting physical activity intentions using a goal perspective approach: A study of Finnish youth. *Scandanavian Journal of Medicine and Science in Sports, 9*, 344-352.

Lochbaum, M., & Roberts, G.C. (1993). Goal orientations and perceptions of the sport experience. *Journal of Sport & Exercise Psychology, 15*, 160-171.

Locke, E.A., & Latham, G.P. (1990). *A theory of goal setting and task performance*. Englewood Cliffs, NJ: Prentice-Hall.

Maehr, M.L., & Braskamp, L. (1986). *The motivation factor: A theory of personal investment*. Lexington, MA: Lexington Books.

Martin, J.W., Pease, D.G., & Zhang, J.J. (1999, October). *Relationship of athlete goal orientations and coping strategies*. Paper presented at the annual meetings of the Association for the Advancement of Applied Sport Psychology, Banff, Canada.

Meece, J.L., Blumenfeld, P.C., & Hoyle, R.H. (1988). Students' goal orientations and cognitive engagement in classroom activities. *Journal of Educational Psychology, 80*, 514-523.

Middleton, M.J., & Midgley, C. (1997). Avoiding the demonstration of lack of ability: An underexplored aspect of goal theory. *Journal of Educational Psychology, 89*, 710-718.

Newton, M.L. (1994). *The relationship of perceived motivational climate and dispositional goal orientations to indices of motivation among female volleyball players.* Unpublished doctoral dissertation, Purdue University, West Lafayette, IN.

Newton, M.L., & Duda, J.L. (1993). Elite adolescent athletes' achievement goals and beliefs concerning success in tennis. *Journal of Sport & Exercise Psychology, 15*, 437-448.

Newton, M.L., & Duda, J.L. (1995). The relationship of goal orientations and expectations on multi-dimensional state anxiety. *Perceptual and Motor Skills, 81*, 1107-1112.

Newton, M.L., & Duda, J.L. (1999). The interaction of motivational climate, dispositional goal orientation and perceived ability in predicting indices of motivation. *International Journal of Sport Psychology, 30*, 63-82.

Newton, M.L., Duda, J.L., & Yin, Z. (in press). The Perceived Motivational Climate in Sport Questionnaire-2: A test of the hierarchical factor structure. *Journal of Sport Sciences*.

Newton, M.L., & Fry, M.D. (1998). Senior Olympians' achievement goals and motivational responses. *Journal of Aging and Physical Activity, 6*, 256-270.

Nicholls, J.G. (1984). Achievement motivation: Conceptions of ability, subjective experience, task choice, and performance. *Psychological Review, 91*, 328-346.

Nicholls, J.G. (1989). *The competitive ethos and democratic education*. Cambridge, MA: Harvard University Press.

Nolen, S. (1988). Reasons for studying: Motivational orientations and study strategies. *Cognition and Instruction, 5*, 269-287.

Ntoumanis, N., & Biddle, S. (1998). The relationship between competitive anxiety, achievement goals, and motivational climates. *Research Quarterly for Exercise and Sport, 69*, 176-187.

Ntoumanis, N., & Biddle, S.J.H. (1999a). Affect and achievement goals in physical activity: A meta-analysis. *Scandanavian Journal of Medicine and Science in Sports, 9*, 315-332.

Ntoumanis, N., & Biddle, S.J.H. (1999b). A review of motivational climate in physical activity. *Journal of Sport Sciences, 17*, 643-665.

Ntoumanis, N., Biddle, S.J.H., & Haddock, G. (1999). The mediating role of coping strategies on the relationship between achievement motivation and affect in sport. *Anxiety, Stress, and Coping, 12*, 299-327.

Ommundsen, Y., & Pedersen, B.H. (1999). The role of achievement goal orientations and perceived ability upon somatic and cognitive indices of sport competition trait anxiety: A study of young athletes. *Scandanavian Journal of Medicine and Science in Sports, 9,* 333–343.

Ommundsen, Y., & Roberts, G.C. (1996). Goal orientations and perceived purposes of training among elite athletes. *Perceptual and Motor Skills, 83,* 463–471.

Ommundsen, Y., & Roberts, G.C. (1999). Effect of motivational climate profiles on motivational indices in team sport. *Scandanavian Journal of Medicine and Science in Sports, 9,* 389–397.

Ommundsen, Y., Roberts, G.C., & Kavussanu, M. (1997). Perceived motivational climate and cognitive and affective correlates among Norwegain athletes. In R. Lidor & M. Bar-Eli (Eds.), *Innovations in sport psychology: Linking theory and practice. Proceedings of the 9th World Congress in Sport Psychology: Part II* (pp. 522–524). Netanya, Israel: Ministry of Education, Culture and Sport.

Papaioannou, A. (1999). Towards multidimensional hierarchical models of motivation. In V. Hosek, P. Tilinger, & L. Bilek (Eds.), *Psychology of sport and exercise: Enhancing the quality of life* (pp. 45–52). Prague, Czech Republic: Charles University Press.

Papaioannou, A., & Kouli, O. (1999). The effect of task structure, perceived motivational climate, and goal orientations on students' task involvement and anxiety. *Journal of Applied Sport Psychology, 11,* 51–71.

Pensgaard, A.M., & Roberts, G.C. (1997). The interaction between goal orientations and use of coping strategies among elite sport participants. In R. Lidor & M. Bar-Eli (Eds.), *Innovations in sport psychology: Linking theory and practice. Proceedings of the 9th World Congress of Sport Psychology* (pp. 552–554). Netanya, Israel: Ministry of Education, Culture, and Sport.

Petherick & Weigand, D.A. (in press). Goals, motivational climates and motivation. *International Journal of Sport Psychology.*

Pintrich, P. (1989). The dynamic interplay of student motivation and cognition in the college classroom. In M.L. Maehr & C. Ames (Eds.), *Advances in motivation and achievement: Motivation enhancing environments* (Vol. 6, pp. 117–160). Greenwich, CT: JAI Press.

Pintrich, P., & De Groot, E.V. (1990). Motivational and self-regulated learning components of classroom academic performance. *Journal of Educational Psychology, 82,* 33–40.

Roberts, G.C. (1986). The perception of stress: A potential source and its development. In M.R. Weiss & D.R. Gould (Eds.), *Sport for children and youths* (pp. 119–126). Champaign, IL: Human Kinetics.

Roberts, G.C. (1992). In G. Roberts (Ed.), *Motivation in sport and exercise: Conceptional constraints and convergence* (pp. 3–29). Champaign, IL: Human Kinetics.

Roberts, G.C. (1997). Future research directions in understanding the motivation of children in sport: A goal orientation perspective. In R. Lidor & M. Bar-Eli (Eds.), *Innovations in sport psychology: Linking theory and practice. Proceedings of the 9th World Congress in Sport Psychology: Part II* (pp. 576–580). Netanya, Israel: Ministry of Education, Culture and Sport.

Roberts, G.C., & Balague, G. (1991, September). *The development and validation of the Perception of Success Questionnaire.* Paper presented at the FEPSAC Congress, Cologne, Germany.

Roberts, G.C., Hall, H., Jackson, S., Kimiecik, J., & Tonymon, P. (1995). Implicit theories of achievement and the sport experience: The effect of goal orientations on achievement strategies and perspectives. *Perceptual and Motor Skills, 81,* 219–224.

Roberts, G.C., & Ommundsen, Y. (1996). Effects of achievement goal orientations on achievement beliefs, cognitions, and strategies in team sport. *Scandanavian Journal of Medicine and Science in Sport, 6,* 46–56.

Roberts, G.C., Treasure, D.C., & Balague, G. (1998). *Journal of Sports Sciences.*

Roberts, G.C., Treasure, D.C, & Kavussanu, M. (1997). Motivation in physical activity contexts: An achievement goal perspective. In M.L. Maehr & P.R. Pintrich (Eds.), *Advances in motivation and achievement* (Vol. 10, pp. 413–447). Greenwich, CT: JAI Press.

Roberts, G.C., Treasure, D.C., & Kavussanu, M. (1996). Orthogonality of achievement goals and its relationship to beliefs about success and satisfaction in sport. *The Sport Psychologist, 10,* 398–408.

Ryan, R.M. (1982). Control and information in the interpersonal sphere: An extension of cognitive evaluation theory. *Journal of Personality and Social Psychology, 43,* 450–461.

Ryan, R.M., Connell, J.P., & Grolnick, W.S. (1992). When achievement is not intrinsically motivated: A theory of assessment of self-regulation in school. In A.K. Boggiano & T.S. Pittman (Eds.), *Achievement and motivation: A social developmental perspective* (pp. 167–188). Cambridge, MA: Cambridge University Press.

Sarason, I.G., Sarason, B.R., Keefe, D.E., Hayes, B.E., & Shearin, E.N. (1986). Cognitive interference: Situational determinants and traitlike characteristics. *Journal of Personality and Social Psychology, 51,* 215–226.

Sarrazin, P., Cury, F., & Roberts, G. (1999). Exerted effort in climbing as a function of achievement goals, perceived ability, and task difficulty. In V. Hosek, P. Tilinger, & L. Bilek (Eds.), *Psychology of sport and exercise: Enhancing the quality of life. Proceedings of the 10th European Congress on Sport Psychology–FEPSAC* (pp. 138–140). Prague, Czech Republic: Charles University Press.

Seifriz, J., Duda, J.L., & Chi, L. (1992). The relationship of perceived motivational climate to intrinsic motivation and beliefs about success in basketball. *Journal of Sport & Exercise Psychology, 14,* 375–391.

Shields, D., & Bredemeier, B.J. (1995). *Character development and physical activity.* Champaign, IL: Human Kinetics.

Skaalvik, E.M. (1997). Self-enhancing and self-defeating ego orientation: Relations with task and avoidance orientation, achievement, self-perceptions, and anxiety. *Journal of Educational Psychology, 89,* 71–81.

Smith, R.E. (1996). Performance anxiety, cognitive interference, and concentration strategies in sports. In I.G. Sarason, G.R. Pierce, & B.R. Sarason (Eds.), *Cognitive interference: Theories, methods, and findings* (pp. 261–283). Mahwah, NJ: Erlbaum.

Smith, R.E., Smoll, F., & Wiechman, S. (1998). Measuring sport trait anxiety. In J.L. Duda (Ed.), *Advances in sport and exercise psychology measurement* (pp. 105–128). Morgantown, WV: Fitness Information Technology.

Solmon, M., & Boone, J. (1993). The impact of student goal orientation in physical education classes. *Research Quarterly for Exercise and Sport, 64,* 418–424.

Standage, M., Butki, B.D., & Treasure, D.C. (1999). Predicting satisfaction/interest and boredom in the context of physical activity: Achievement goal orientations, situational motivation, and perceived ability. *Journal of Sport & Exercise Psychology, 21*(Suppl.), S103.

Swain, A., & Harwood, C. (1996). Antecedents of state goals in age-group swimmers: An interactionist perspective. *Journal of Sports Sciences, 14*, 111–124.

Swain, A.B.J. (1996). Social loafing and identifiability: The mediating role of achievement goal orientations. *Research Quarterly for Exercise and Sport, 67*, 337–344.

Thill, E.E. (1993). Conceptions differenciees et non differenciees de l'effort et de la competence en fonction de l'age: Consequences sur les affects et les strategies d'autohandicap. *International Journal of Sport Psychology, 26*, 81–97.

Thill, E.E., & Brunel, P.C. (1995). Ego-involvement and task-involvement: Related conceptions of ability, effort, and learning strategies among soccer players. *International Journal of Sport Psychology, 26*, 81–97.

Thorkildsen, T. (1988). Theories of education among academically precocious adolescents. *Contempory Educational Psychology, 13*, 323–330.

Treasure, D.C., & Roberts, G.C. (1994). Cognitive and affective concomitants of task and ego goal orientations during the middle school years. *Journal of Sport & Exercise Psychology, 16*, 15–28.

Treasure, D.C., & Roberts, G.C. (1995). Applications of achievement goal theory to physical education: Implications for enhancing motivation. *Quest, 47*, 45–489.

Treasure, D.C., & Roberts, G.C. (1998). Relationships between children's achievement goal orientations, perceptions of the motivational climate, beliefs about success, and sources of satisfaction in basketball. *International Journal of Sport Psychology, 29*, 211–230.

Treasure, D.C., Standage, M., & Lochbaum, M. (1999, October). *Perceptions of the motivational climate and situational motivation in elite youth sport.* Paper presented at the annual meetings of the Association for the Advancement of Applied Sport Psychology, Banff, Canada.

Vallerand, R.J. (1997). Toward a hierarchical model of intrinsic and extrinsic motivation. In M.P. Zanna (Ed.), *Advances in experimental social psychology* (pp. 271–360). New York: Academic Press.

Vallerand, R.J., & Losier, G.F. (1999). An integrative analysis of intrinsic and extrinsic motivation in sport. *Journal of Applied Sport Psychology, 11*, 142–169.

VanYperen, N.W., & Duda, J.L. (1999). Goal orientations, beliefs about success, and performance improvement among young elite Dutch soccer players. *Scandanavian Journal of Medicine and Science in Sports, 9*, 358–364.

Vealey, R.S. (1986). Conceptualization of sport-confidence and competitive orientation: Preliminary investigation and instrument development. *Journal of Sport Psychology, 8*, 221–246.

Vealey, R.S., & Campbell, J.L. (1988). Achievement goals of adolescent skaters: Impact on self-confidence, anxiety, and performance. *Journal of Adolescent Research, 3*, 227–243.

Walker, B.W., Roberts, G.C., & Nyheim, M. (1998). Predicting enjoyment and beliefs about success in sport: An interactional perspective. *Journal of Sport & Exercise Psychology, 20*(Suppl.), S59.

Walling, M., Duda, J.L., & Chi, L. (1993). The Perceived Motivational Climate in Sport Questionnaire: Construct and predictive validity. *Journal of Sport & Exercise Psychology, 15*, 172–183.

White, S.A. (1996). Goal orientations and perceptions of the motivational climate initiated by parents. *Pediatric Exercise Science, 8*, 122–129.

White, S.A. (1998). Adolescent goal profiles, perceptions of the parent-initiated motivational climate, and competitive trait anxiety. *The Sport Psychologist, 12*, 16–28.

White, S.A., & Duda, J.L. (1993). Dimensions of goal-beliefs about success among disabled athletes. *Adapted Physical Activity Quarterly, 10*, 125–136.

White, S.A., Duda, J.L., & Hart, S. (1992). An exploratory examination of the Parent-Initiated Motivational Climate Questionnaire. *Perceptual and Motor Skills, 75*, 875–880.

White, S.A., & Zellner, S. (1996). The relationship between goal orientation, beliefs about the causes of sport success, and trait anxiety among high school, intercollegiate, and recreational sport participants. *The Sport Psychologist, 10*, 58–72.

Williams, L. (1998). Contextual influences and goal perspectives among female youth sport participants. *Research Quarterly for Exercise and Sport, 69*, 47–57.

第17章

Abramson, L.Y., Seligman, M.E.P., & Teasdale, J.D. (1978). Learned helplessness in humans: Critique and reformulation. *Journal of Abnormal Psychology, 87*, 49–74.

Alloy, L.B., Abramson, L.Y., Metalsky, G.I., & Hartlage, S. (1988). The hopelessness theory of depression: Attributional aspects. *British Journal of Clinical Psychology, 27*, 5–21.

Bandura, A. (1986). *Social foundations of thought and action: A social cognitive theory.* Englewood Cliffs, NJ: Prentice-Hall.

Bandura, A. (1989). Perceived self-efficacy in the exercise of personal agency. *The Psychologist: Bulletin of the British Psychological Society, 10*, 411–424.

Bandura, A. (1990). Perceived self-efficacy in the exercise of personal agency. *Journal of Applied Sport Psychology, 2*, 128–163.

Bandura, A. (1997). *Self-efficacy: The exercise of control.* New York: Freeman.

Bem, D. (1972). Self-perception theory. In L. Berkowitz (Ed.), *Advances in experimental social psychology* (Vol. 6, pp. 1–62). New York: Academic Press.

Biddle, S. (1993). Attribution research and sport psychology. In R.N. Singer, M. Murphey, & L.K. Tennant (Eds.), *Handbook of research on sport psychology* (pp. 437–464). New York: Macmillan.

Biddle, S. (1994). Motivation and participation in exercise and sport. In S. Serpa, J. Alves, & V. Pataco (Eds.), *International perspectives on sport and exercise psychology* (pp. 103–126). Morgantown, WV: Fitness Information Technology.

Biddle, S., Akande, A., Vlachopoulos, S., & Fox, K. (1996). Towards an understanding of children's motivation for physical activity: Achievement goal orientations, beliefs about sport success, and sport emotion in Zimbabwean children. *Psychology & Health, 12*, 49–55.

Biddle, S., & Goudas, M. (1997). Effort is virtuous: Teacher preferences of pupil effort, ability and grading in physical education. *Educational Research, 39*, 350–355.

Biddle, S., & Hanrahan, S. (1998). Attributions and attributional style. In J.L. Duda (Ed.), *Advances in sport and exercise psychology measurement* (pp. 3–19). Morgantown, WV: Fitness Information Technology.

Biddle, S., Soos, I., & Chatzisarantis, N. (1999). Predicting physical activity intentions using a goal perspectives approach: A study of Hungarian youth. *Scandinavian Journal of Medicine and Science in Sports, 9,* 353–357.

Biddle, S.J.H. (1986). The contribution of attribution theory to exercise behaviour. In J. Watkins, T. Reilly, & L. Burwitz (Eds.), *Sports science* (pp. 285–290). London: E. & F.N. Spon.

Biddle, S.J.H. (1988). Methodological issues in the researching of attribution-emotion links in sport. *International Journal of Sport Psychology, 19,* 264–280.

Biddle, S.J.H. (1999). Motivation and perceptions of control: Tracing its development and plotting its future in exercise and sport psychology. *Journal of Sport & Exercise Psychology, 21,* 1–23.

Biddle, S.J.H., & Hill, A.B. (1988). Causal attributions and emotional reactions to outcome in a sporting contest. *Personality and Individual Differences, 9,* 213–223.

Biddle, S.J.H., & Hill, A.B. (1992a). Attributions for objective outcome and subjective appraisal of performance: Their relationship with emotional reactions in sport. *British Journal of Social Psychology, 31,* 215–226.

Biddle, S.J.H., & Hill, A.B. (1992b). Relationships between attributions and emotions in a laboratory-based sporting contest. *Journal of Sports Sciences, 10,* 65–75.

Biddle, S.J.H., Wang, J., Chatzisarantis, N.L.D., & Spray, C.M. (1999). *Entity and incremental beliefs concerning athletic ability: Measurement and relationships with physical activity motivation in youth.* Manuscript in preparation.

Brawley, L.R., & Roberts, G.C. (1984). Attributions in sport: Research foundations, characteristics and limitations. In J. Silva & R. Weinberg (Eds.), *Psychological foundations of sport* (pp. 197–213). Champaign, IL: Human Kinetics.

Brewin, C.R. (1988). Editorial: Developments in an attributional approach to clinical psychology. *British Journal of Clinical Psychology, 27,* 1–3.

Bukowski, W.M., & Moore, D. (1980). Winners' and losers' attributions for success and failure in a series of athletic events. *Journal of Sport Psychology, 2,* 195–210.

Carron, A.C. (1984). Attributing causes to success and failure. *Australian Journal of Science and Medicine in Sport, 16,* 11–15.

Chatzisarantis, N., & Biddle, S.J.H. (1998). Functional significance of psychological variables that are included in the theory of planned behaviour: A self-determination theory approach to the study of attitudes, subjective norms, perceptions of control, and intentions. *European Journal of Social Psychology, 28,* 303–322.

Corr, P.J., & Gray, J.A. (1996). Structure and validity of the Attributional Style Questionnaire: A cross-sample comparison. *Journal of Psychology, 130,* 645–657.

Covington, M., & Omelich, C. (1979). Effort: The double-edged sword in school achievement. *Journal of Educational Psychology, 71,* 169–182.

Curtis, K.A. (1992). Altering beliefs about the importance of strategy: An attributional intervention. *Journal of Applied Social Psychology, 22,* 953–972.

Cutrona, C.E., Russell, D., & Jones, R.D. (1984). Cross-situational consistency in causal attributions: Does attributional style exist? *Journal of Personality and Social Psychology, 47,* 1043–1058.

Deaux, K. (1976). Sex: A perspective on the attribution process. In J.H. Harvey, W.J. Ickes, & R.F. Kidd (Eds.), *New directions in attribution research* (Vol. 1, pp. 335–352). Hillsdale, NJ: Erlbaum.

Deci, E.L., & Ryan, R.M. (1985). *Intrinsic motivation and self-determination in human behavior.* New York: Plenum Press.

Duda, J.L. (1993). Goals: A social cognitive approach to the study of achievement motivation in sport. In R.N. Singer, M. Murphey, & L.K. Tennant (Eds.), *Handbook of research on sport psychology* (pp. 421–436). New York: Macmillan.

Duda, J.L., Fox, K.R., Biddle, S.J.H., & Armstrong, N. (1992). Children's achievement goals and beliefs about success in sport. *British Journal of Educational Psychology, 62,* 313–323.

Dweck, C.S. (1975). The role of expectations and attributions in the alleviation of learned helplessness. *Journal of Personality and Social Psychology, 31,* 674–685.

Dweck, C.S. (1980). Learned helplessness in sport. In C.H. Nadeau, W.R. Halliwell, K.M. Newell, & G.C. Roberts (Eds.), *Psychology of motor behavior and sport–1979* (pp. 1–11). Champaign, IL: Human Kinetics.

Dweck, C.S. (1992). The study of goals in psychology. *Psychological Science, 3,* 165–167.

Dweck, C.S. (1996). Implicit theories as organizers of goals and behavior. In P. Gollwitzer & J. Bargh (Eds.), *The psychology of action* (pp. 69–90). New York: Guilford Press.

Dweck, C.S. (1999). *Self-theories: Their role in motivation, personality, and development.* Philadelphia: Taylor & Francis.

Dweck, C.S., Chiu, C.Y., & Hong, Y.Y. (1995). Implicit theories and their role in judgments and reactions: A world from two perspectives. *Psychological Inquiry, 6,* 267–285.

Dweck, C.S., & Leggett, E. (1988). A social-cognitive approach to motivation and personality. *Psychological Review, 95,* 256–273.

Elig, T., & Frieze, I.H. (1975). A multidimensional coding scheme for coding and interpreting perceived causality for success and failure events: The SCPC. [Ms No. 1069]. *Catalogue of Selected Documents in Psychology, 5,* 313.

Fiske, S.T., & Taylor, S.E. (1991). *Social cognition.* New York: McGraw-Hill.

Fleishman, E.A. (1964). *Structure and measurement of physical fitness.* Englewood Cliffs, NJ: Prentice-Hall.

Forsterling, F. (1988). *Attribution theory in clinical psychology.* Chichester, England: Wiley.

Graham, S., Doubleday, C., & Guarino, P.A. (1984). The development of relations between perceived controllability and the emotions of pity, anger and guilt. *Child Development, 55,* 561–565.

Green-Emrich, A., & Altmaier, E.M. (1991). Attribution retraining as a structured group counseling intervention. *Journal of Counseling and Development, 69,* 351–355.

Grove, J.R., Hanrahan, S.J., & McInman, A. (1991). Success/failure bias in attributions across involvement categories in sport. *Personality and Social Psychology Bulletin, 17,* 93–97.

Grove, J.R., & Pargman, D. (1986). Relationships among success/failure, attributions, and performance expectancies in competitive situations. In L.V. Velden & J.H. Humphrey (Eds.), *Psychology and sociology of sport: Current selected research I* (pp. 85–95). New York: AMS Press.

Hanrahan, S.J. (1995). Attribution theory. In T. Morris & J. Summers (Eds.), *Sport psychology* (pp. 122–142). Brisbane, Australia: Wiley.

Hanrahan, S.J., & Grove, J.R. (1990a). Further examination of the psychometric properties of the Sport Attributional Style Scale. *Journal of Sport Behavior, 13,* 183–193.

Hanrahan, S.J., & Grove, J.R. (1990b). A short form of the Sport Attributional Style Scale. *Australian Journal of Science and Medicine in Sport, 22,* 97–101.

Hanrahan, S.J., Grove, J.R., & Hattie, J.A. (1989). Development of a questionnaire measure of sport-related attributional style. *International Journal of Sport Psychology, 20,* 114–134.

Hardy, L., & Jones, G. (1992). *Future directions for performance-related research in sport psychology.* London: Sports Council.

Heider, F. (1944). Social perception and phenomenal causality. *Psychological Review, 51,* 358–374.

Heider, F. (1958). *The psychology of interpersonal relations.* New York: Wiley.

Hewstone, M. (1989). *Causal attribution: From cognitive processes to collective beliefs.* Oxford, England: Blackwell.

Higgins, E.T. (1981). The "communication game": Implications for social-cognition. In E.T. Higgins, C.P. Herman, & M.P. Zanna (Eds.), *Social cognition: The Ontario symposium* (Vol. 1, pp. 343–392). Hillsdale, NJ: Erlbaum.

Hong, Y.Y., Chiu, C.Y., Dweck, C.S., Lin, D.M.-S., & Wan, W. (1999). Implicit theories, attributions, and coping: A meaning system approach. *Journal of Personality and Social Psychology, 77,* 588–599.

Hudley, C., Britsch, B., Wakefield, W.D., Smith, T., Demorat, M., & Cho, S. (1998). The attribution retraining program to reduce aggression in elementary school students. *Psychology in the Schools, 35,* 271–282.

Iso-Ahola, S.E. (1977). Immediate attributional effects of success and failure in the field: Testing some laboratory hypotheses. *European Journal of Social Psychology, 7,* 275–296.

Iso-Ahola, S.E., & Roberts, G.C. (1977). Causal attributions following success and failure at an achievement motor task. *Research Quarterly, 48,* 541–549.

Jones, E.E. (1979). The rocky road from acts to dispositions. *American Psychologist, 34,* 107–117.

Jones, E.E., & Davis, K.E. (1965). From acts to dispositions: The attribution process in person perception. In L. Berkowitz (Ed.), *Advances in experimental social psychology* (Vol. 2, pp. 219–266). London: Academic Press.

Jones, E.E., & Nisbett, R.E. (1972). The actor and the observer: Divergent perceptions of the causes of behavior. In E.E. Jones, D.E. Kanouse, H.H. Kelley, R.E. Nisbett, S. Valins, & B. Weiner (Eds.), *Attribution: Perceiving the causes of behavior* (pp. 79–94). Morristown, NJ: General Learning Press.

Jourden, F., Bandura, A., & Banfield, J.T. (1991). The impact of conceptions of ability on self-regulatory factors and motor skill acquisition. *Journal of Sport & Exercise Psychology, 13,* 213–226.

Kasimatis, M., Miller, M., & Macussen, L. (1996). The effects of implicit theories on exercise motivation. *Journal of Research in Personality, 30,* 510–516.

Kelley, H.H. (1967). Attribution theory in social psychology. In D. Levine (Ed.), *Nebraska symposium on motivation* (Vol. 15, pp. 192–240). Lincoln: University of Nebraska Press.

Kelley, H.H. (1972). Causal schemata and the attribution process. In E.E. Jones, D.E. Kanouse, H.H. Kelley, R.E. Nisbett, S. Valins, & B. Weiner (Eds.), *Attribution: Perceiving the causes of behaviour* (pp. 1–26). Morristown, NJ: General Learning Press.

Kelley, H.H., & Michela, J. (1980). Attribution theory and research. *Annual Review of Psychology, 31,* 457–501.

Kruglanski, A.W. (1975). The endogenous-exogenous partition in attribution theory. *Psychological Review, 82,* 387–406.

Leith, L., & Prapavessis, H. (1989). Attributions of causality and dimensionality associated with sport outcomes in objectively evaluated and subjectively evaluated sports. *International Journal of Sport Psychology, 20,* 224–234.

Levy, S.R., Stroessner, S.J., & Dweck, C.S. (1998). Stereotype formation and endorsement: The role of implicit theories. *Journal of Personality and Social Psychology, 74,* 1421–1436.

Lintunen, T., Valkonen, A., Leskinen, E., & Biddle, S.J.H. (1999). Predicting physical activity intentions using a goal perspectives approach: A study of Finnish youth. *Scandinavian Journal of Medicine and Science in Sports, 9,* 344–352.

Maehr, M.L., & Nicholls, J.G. (1980). Culture and achievement motivation: A second look. In N. Warren (Ed.), *Studies in cross-cultural psychology* (Vol. 2, pp. 221–267). New York: Academic Press.

Martinek, T.J. (1996). Fostering hope in youth: A model for explaining learned helplessness in physical activity. *Quest, 48,* 409–421.

McAuley, E., & Duncan, T.E. (1990). The causal attribution process in sport and physical activity. In S. Graham & V. Folkes (Eds.), *Attribution theory: Applications to achievement, mental health and interpersonal conflict* (pp. 37–52). Hillsdale, NJ: Erlbaum.

McAuley, E., Duncan, T.E., & Russell, D. (1992). Measuring causal attributions: The Revised Causal Dimension Scale (CDS-II). *Personality and Social Psychology Bulletin, 18,* 566–573.

McAuley, E., & Gross, J.B. (1983). Perceptions of causality in sport: An application of the Causal Dimension Scale. *Journal of Sport Psychology, 5,* 72–76.

McAuley, E., Poag, K., Gleason, A., & Wraith, S. (1990). Attrition from exercise programs: Attributional and affective perspectives. *Journal of Social Behavior and Personality, 5,* 591–602.

McAuley, E., Russell, D., & Gross, J. (1983). Affective consequences of winning and losing: An attributional analysis. *Journal of Sport Psychology, 5,* 278–287.

Miller, D., & Ross, M. (1975). Self-serving biases in the attribution of causality: Fact or fiction? *Psychological Bulletin, 82,* 213–225.

Miserandino, M. (1998). Attributional retraining as a method of improving athletic performance. *Journal of Sport Behavior, 21,* 286–297.

Morgan, L.K., Griffin, J., & Heyward, V.H. (1996). Ethnicity, gender, and experience effects on attributional dimensions. *The Sport Psychologist, 10,* 4–16.

Mueller, C.M., & Dweck, C.S. (1998). Praise for intelligence can undermine children's motivation and performance. *Journal of Personality and Social Psychology, 75,* 33–52.

Mullan, E., Markland, D., & Inglewood, D. (1997). A graded conceptualisation of self-determination in the regulation of exercise behaviour: Development of a measure using confirmatory factor analytic procedures. *Personality and Individual Differences, 23,* 745–752.

Mullen, B., & Riordan, C. (1988). Self-serving attributions for performance in naturalistic settings: A meta-analytic review. *Journal of Applied Social Psychology, 18,* 3–22.

Munton, A.G., Silvester, J., Stratton, P., & Hanks, H. (1999). *Attributions in action: A practical approach to coding qualitative data.* Chichester, England: Wiley.

Nicholls, J.G. (1989). *The competitive ethos and democratic edu-*

cation. Cambridge, MA: Harvard University Press.

Nicholls, J.G. (1992). The general and the specific in the development and expression of achievement motivation. In G.C. Roberts (Ed.), *Motivation in sport and exercise* (pp. 31–56). Champaign, IL: Human Kinetics.

Okolo, C.M. (1992). The effects of computer-based attribution retraining on the attributions, persistence, and mathematics computation of students with learning disabilities. *Journal of Learning Disabilities, 25,* 327–334.

Orbach, I., Singer, R.N., & Murphey, M. (1997). Changing attributions with an attribution training technique related to basketball dribbling. *The Sport Psychologist, 11,* 294–304.

Orbach, I., Singer, R.N., & Price, S. (1999). An attribution training program and achievement in sport. *The Sport Psychologist, 13,* 69–82.

Peterson, C. (1990). Explanatory style in the classroom and on the playing field. In S. Graham & V.S. Folkes (Eds.), *Attribution theory: Applications to achievement, mental health, and interpersonal conflict* (pp. 53–75). Hillsdale, NJ: Erlbaum.

Peterson, C., Maier, S.F., & Seligman, M.E.P. (1993). *Learned helplessness: A theory for the age of personal control.* New York: Oxford University Press.

Peterson, C., & Seligman, M.E.P. (1984). Causal explanations as a risk factor for depression: Theory and evidence. *Psychological Review, 91,* 347–374.

Peterson, C., Semmel, A., vonBaeyer, C., Abramson, L.Y., Metalsky, G.I., & Seligman, M.E.P. (1982). The Attributional Style Questionnaire. *Cognitive Therapy and Research, 6,* 287–300.

Peterson, C., & Villanova, P. (1988). An expanded attributional style questionnaire. *Journal of Abnormal Psychology, 97,* 87–89.

Prapavessis, H., & Carron, A.V. (1988). Learned helplessness in sport. *The Sport Psychologist, 2,* 189–201.

Rejeski, W.J. (1979). A model of attributional conflict in sport. *Journal of Sport Behavior, 2,* 156–166.

Roberts, G.C., & Pascuzzi, D. (1979). Causal attributions in sport: Some theoretical implications. *Journal of Sport Psychology, 1,* 203–211.

Robinson, D.W. (1990). An attributional analysis of student demoralization in physical education settings. *Quest, 42,* 27–39.

Robinson, D.W., & Howe, B.L. (1989). Appraisal variable/affect relationships in youth sport: A test of Weiner's attributional model. *Journal of Sport & Exercise Psychology, 11,* 431–443.

Rudisill, M. (1988). The influence of causal dimensions orientations and perceived competence on adults' expectations, persistence, performance, and the selection of causal dimensions. *International Journal of Sport Psychology, 19,* 184–198.

Rudisill, M. (1989). Influence of perceived competence and causal dimension orientations on expectations, persistence, and performance during perceived failure. *Research Quarterly for Exercise and Sport, 60,* 166–175.

Russell, D. (1982). The Causal Dimension Scale: A measure of how individuals perceive causes. *Journal of Personality and Social Psychology, 42,* 1137–1145.

Sarrazin, P., Biddle, S., Famose, J.P., Cury, F., Fox, K., & Durand, M. (1996). Goal orientations and conceptions of the nature of sport ability in children: A social cognitive approach. *British Journal of Social Psychology, 35,* 399–414.

Schacter, S., & Singer, J.E. (1962). Cognitive, social and physiological determinants of emotional state. *Psychological Review, 69,* 379–399.

Schmidt, R.A. (1982). *Motor control and learning.* Champaign, IL: Human Kinetics.

Schunk, D.H. (1995). Self-efficacy, motivation, and performance. *Journal of Applied Sport Psychology, 7,* 112–137.

Seligman, M.E.P., Abramson, L.Y., Semmel, A., & vonBaeyer, C. (1979). Depressive attributional style. *Journal of Abnormal Psychology, 88,* 242–247.

Seligman, M.E.P., Nolen-Hoeksema, S., Thornton, N., & Thornton, K.M. (1990). Explanatory style as a mechanism of disappointing athletic performance. *Psychological Science, 1,* 143–146.

Singer, R.N., & McCaughan, L. (1978). Motivational effects of attributions expectancy, and achievement motivation during the learning of a novel motor task. *Journal of Motor Behavior, 10,* 245–253.

Sinnott, K., & Biddle, S. (1998). Changes in attributions, perceptions of success and intrinsic motivation after attribution retraining in children's sport. *International Journal of Adolescence and Youth, 7,* 137–144.

Skinner, E. (1995). *Perceived control, motivation, and coping.* Thousand Oaks, CA: Sage.

Skinner, E. (1996). A guide to constructs of control. *Journal of Personality and Social Psychology, 71,* 549–570.

Stratton, P., Munton, A.G., Hanks, H., Hard, D.H., & Davidson, C. (1988). *Leeds Attributional Coding System (LACS) manual.* Leeds, England: LFTRC.

Sweeney, P.D., Anderson, K., & Bailey, S. (1986). Attributional style in depression: A meta-analytic review. *Journal of Personality and Social Psychology, 50,* 974–991.

Tenenbaum, G., Furst, D., & Weingarten, G. (1984). Attribution of causality in sports events: Validation of the Wingate Sport Achievement Responsibility Scale. *Journal of Sport Psychology, 6,* 430–439.

Thompson, T. (1994). Self-worth protection: Review and implications for the classroom. *Educational Review, 46,* 259–274.

Vallerand, R.J. (1987). Antecedents of self-related affects in sport: Preliminary evidence on the intuitive-reflective appraisal model. *Journal of Sport Psychology, 9,* 161–182.

Vallerand, R.J., & Blanchard, C.M. (2000). The study of emotion in sport and exercise: Historical, definitional, and conceptual perspectives. In Y.L. Hanin (Ed.), *Emotions in sport* (pp. 3–37). Champaign, IL: Human Kinetics.

Vallerand, R.J., & Fortier, M.S. (1998). Measures of intrinsic and extrinsic motivation in sport and physical activity: A review and critique. In J.L. Duda (Ed.), *Advances in sport and exercise psychology measurement* (pp. 81–101). Morgantown, WV: Fitness Information Technology.

Vallerand, R.J., & Losier, G.F. (1999). An integrative analysis of intrinsic and extrinsic motivation in sport. *Journal of Applied Sport Psychology, 11,* 142–169.

Van Raalte, J. (1994). Sport performance attributions: A special case of self-serving bias? *Australian Journal of Science and Medicine in Sport, 26,* 45–48.

Vlachopoulos, S., & Biddle, S.J.H. (1997). Modeling the relation of goal orientations to achievement-related affect in physical education: Does perceived ability matter? *Journal of Sport & Exercise Psychology, 19,* 169–187.

Vlachopoulos, S., Biddle, S., & Fox, K. (1996). A social-cognitive investigation into the mechanisms of affect generation in children's physical activity. *Journal of Sport & Exercise Psychology, 18,* 174–193.

Vlachopoulos, S., Biddle, S., & Fox, K. (1997). Determinants of emotion in children's physical activity: A test of goal perspectives and attribution theories. *Pediatric Exercise Science, 9,* 65-79.

Weary, G., Stanley, M.A., & Harvey, J.H. (1989). *Attribution.* New York: Springer-Verlag.

Weiner, B. (1979). A theory of motivation for some classroom experiences. *Journal of Educational Psychology, 71,* 3-25.

Weiner, B. (1980). *Human motivation.* New York: Holt, Rinehart and Winston.

Weiner, B. (1983). Some methodological pitfalls in attributional research. *Journal of Educational Psychology, 75,* 530-543.

Weiner, B. (1985a). An attributional theory of achievement motivation and emotion. *Psychological Review, 92,* 548-573.

Weiner, B. (1985b). Spontaneous causal thinking. *Psychological Bulletin, 97,* 74-84.

Weiner, B. (1986). *An attributional theory of motivation and emotion.* New York: Springer-Verlag.

Weiner, B. (1992). *Human motivation.* Newbury Park, CA: Sage.

Weiner, B. (1995). *Judgments of responsibility.* New York: Guilford Press.

Weiner, B., Frieze, I.H., Kukla, A., Reed, L., Rest, S., & Rosenbaum, R.M. (1972). Perceiving the causes of success and failure. In E.E. Jones, D.E. Kanouse, H.H. Kelley, R.E. Nisbett, S. Valins, & B. Weiner (Eds.), *Attribution: Perceiving the causes of behavior* (pp. 95-120). Morristown, NJ: General Learning Press.

Weiner, B., Graham, S., & Chandler, C. (1982). Pity, anger, and guilt: An attributional analysis. *Personality and Social Psychology Bulletin, 8,* 226-232.

Weiner, B., & Handel, S. (1985). A cognition-emotion-action sequence: Anticipated emotional consequences of causal attributions and reported communication strategy. *Developmental Psychology, 21,* 102-107.

Weiner, B., Russell, D., & Lerman, D. (1978). Affective consequences of causal ascriptions. In J.H. Harvey, W. Ickes, & R.F. Kidd (Eds.), *New directions in attribution research* (Vol. 2, pp. 59-90). Hillsdale, NJ: Erlbaum.

Wilson, T.D., & Linville, P.W. (1985). Improving the performance of college freshmen with attributional techniques. *Journal of Personality and Social Psychology, 49,* 287-293.

Xenikou, A., Furnham, A., & McCarrey, M. (1997). Attributional style for negative events: A proposition for a more reliable and valid measure of attributional style. *British Journal of Psychology, 88,* 53-69.

Yirmiya, N., & Weiner, B. (1986). Perceptions of controllability and anticipated anger. *Cognitive Development, 1,* 273-280.

第18章

Ajzen, I. (1985). From intentions to actions: A theory of planned behavior. In J. Kuhl & J. Beckmann (Eds.), *Action-control from cognitions to behavior* (pp. 11-39). Heidelberg, Germany: Springer.

Arnold, C.L. (1992). An introduction to hierarchical linear models. *Measurement and Evaluation in Counseling and Development, 25,* 58-90.

Ball, J., & Carron, A.V. (1976). The influence of team cohesion and participation motivation upon performance success in intercollegiate ice hockey. *Canadian Journal of Applied Sport Sciences, 1,* 271-275.

Bandura, A. (1986). *Social foundations of thought and action.* Englewood Cliffs, NJ: Prentice-Hall.

Bandura, A. (1997). *Self-efficacy: The exercise of control.* New York: Freeman.

Baumeister, R.F., & Leary, M.R. (1995). The need to belong: Desire for interpersonal attachment as a fundamental human motivation. *Psychological Bulletin, 117,* 497-529.

Brawley, L.R., Carron, A.V., Paskevich, D.M., & Estabrooks, P. (1999, June). *Topical issues in cohesion research.* Paper presented at the North American Society for Psychology of Sport and Physical Activity conference, Clearwater Beach, FL.

Brawley, L.R., Carron, A.V., & Widmeyer, W.N. (1987). Assessing the cohesion of teams: Validity of the Group Environment Questionnaire. *Journal of Sport Psychology, 9,* 275-294.

Brawley, L.R., Carron, A.V., & Widmeyer, W.N. (1988). Exploring the relationship between cohesion and group resistance to disruption. *Journal of Sport & Exercise Psychology, 10,* 199-213.

Brawley, L.R., Carron, A.V., & Widmeyer, W.N. (1993). The influence of the group and its cohesiveness on perceptions of group-related variables. *Journal of Sport & Exercise Psychology, 15,* 245-260.

Brawley, L.R., Rejeski, W.J., & Lutes, L. (2000). A group-mediated cognitive behavioral intervention for increasing adherence to physical activity in older adults. *Journal of Applied Biobehavioral Research, 5,* 47-65.

Buys, C.J. (1978a). On "humans would do better without groups": A final note. *Personality and Social Psychology Bulletin, 4,* 568.

Buys, C.J. (1978b). Humans would do better without groups. *Personality and Social Psychology Bulletin, 4,* 123-125.

Carron, A.V., & Brawley, L.R. (2000). Cohesion: Conceptual and measurement issues. *Small Group Research, 31,* 89-106.

Carron, A.V., Brawley, L.R., & Widmeyer, W.N. (1990). The impact of group size in an exercise setting. *Journal of Sport & Exercise Psychology, 12,* 376-387.

Carron, A.V., Brawley, L.R., & Widmeyer, W.N. (1998). The measurement of cohesiveness in sport groups. In J.L. Duda (Ed.), *Advances in sport and exercise psychology measurement* (pp. 213-226). Morgantown, WV: Fitness Information Technology.

Carron, A.V., Estabrooks, P., Paskevich, D.M., & Brawley, L.R. (1999, June). *Advances in cohesion research: Issues, correlates, and new directions.* Paper presented at the North American Society for Psychology of Sport and Physical Activity Conference, Clearwater Beach, FL.

Carron, A.V., & Prapavessis, H. (1997). Self-presentation and group influence. *Small Group Research, 28,* 500-516.

Carron, A.V., Prapavessis, H., & Grove, J.R. (1994). Group effects and self-handicapping. *Journal of Sport & Exercise Psychology, 16,* 246-258.

Carron, A.V., & Spink, K.S. (1993). Team building in an exercise setting. *The Sport Psychologist, 7,* 8-18.

Carron, A.V., & Spink, K.S. (1995). The group-size cohesion relationship in minimal groups. *Small Group Research, 26,* 86-105.

Carron, A.V., Widmeyer, W.N., & Brawley, L.R. (1985). The development of an instrument to assess cohesion in sport teams: The Group Environment Questionnaire. *Journal of Sport Psychology, 7,* 244-266.

Carron, A.V., Widmeyer, W.N., & Brawley, L.R. (1988). Group cohesion and individual adherence to physical activity. *Journal of Sport & Exercise Psychology, 10,* 119-126.

Cota, A.A., Evans, C.R., Dion, K.L., Kilik, L., & Longman, R.S. (1995). The structure of group cohesion. *Personality and Social Psychology Bulletin, 21,* 572–580.

Courneya, K.S. (1995). Cohesion correlates with affect in structured exercise classes. *Perceptual and Motor Skills, 81,* 1021–1022.

Dansereau, F., Alutto, J.A., & Yammarino, F.J. (1984). *Theory testing in organizational behavior: The variant approach.* Englewood Cliffs, NJ: Prentice-Hall.

Dawe, S.W.L., & Carron, A.V. (1990, October). *Interrelationships among role acceptance, role clarity, task cohesion, and social cohesion.* Paper presented at the meeting of the Canadian Society for Psychomotor Learning and Sport Psychology, Windsor, Canada.

Dion, K.L., & Evans, C.R. (1992). On cohesiveness: Reply to Keyton and other critics of the construct. *Small Group Research, 23,* 242–250.

Dorsch, K.D., Paskevich, D.M., Brawley, L.R., & Widmeyer, W.N. (1996). Collective efficacy as shared beliefs: Implications for the group as the unit of analysis. *Journal of Sport & Exercise Psychology, 18,* S26.

Dorsch, K.D., Paskevich, D.M., Widmeyer, W.N., & Brawley, L.R. (1994, October). *Exploring relationships between cohesion, collective efficacy for, and acceptability of aggression in ice hockey.* Paper presented at the annual meeting of the Canadian Society for Psychomotor Learning and Sport Psychology, Hamilton, Canada.

Dorsch, K.D., Widmeyer, W.N., Paskevich, D.M., & Brawley, L.R. (1995). Collective efficacy: Its measurement and relationship to cohesion in ice hockey. *Journal of Applied Sport Psychology, 7,* S56.

Duda, J.L., & Hayashi, C.T. (1998). Measurement issues in cross-cultural research within sport and exercise psychology. In J.L. Duda (Ed.), *Advances in sport and exercise psychology measurement* (pp. 471–482). Morgantown, WV: Fitness Information Technology.

Eisman, B. (1959). Some operational measures of cohesiveness and their interrelations. *Human Relations, 12,* 183–189.

Estabrooks, P.A., & Carron, A.V. (1999a). Group cohesion in older adult exercisers: Prediction and intervention effects. *Journal of Behavioral Medicine, 22,* 575–588.

Estabrooks, P.A., & Carron, A.V. (1999b). The role of the group with elderly exercisers. *Small Group Research, 30,* 438–452.

Estabrooks, P.A., & Carron, A.V. (2000). Predicting self-efficacy in elderly exercisers: The role of recent experience and task cohesion. *Journal of Aging and Physical Activity, 8,* 41–50.

Estabrooks, P.A., & Carron, A.V. (in press). The Physical Activity Environment Questionnaire: An instrument for the assessment of cohesion in exercise classes. *Group Dynamics.*

Festinger, L., Schachter, S., & Back, K. (1950). *Social pressure in informal groups.* New York: Harper & Row.

Golembiewski, R. (1962). *The small group.* Chicago: University of Chicago Press.

Granito, V., & Rainey, D. (1988). Differences in cohesion between high school and college football teams and starters and nonstarters. *Perceptual and Motor Skills, 66,* 471–477.

Gross, N., & Martin, W. (1952). On group cohesion. *American Journal of Sociology, 57,* 533–546.

Hausenblas, H.A., & Carron, A.V. (1996). Group cohesion and self-handicapping in female and male athletes. *Journal of Sport & Exercise Psychology, 18,* 132–143.

Hinsz, V.B., Tinsdale, R.S., & Vollrath, D.A. (1997). The emerging conceptualization of groups as information processors. *Psychological Bulletin, 121,* 43–64.

Karau, S.J., & Williams, K.D. (1993). Social loafing: A meta-analytic review and theoretical integration. *Journal of Personality and Social Psychology, 65,* 681–706.

Keller, R.T. (1986). Predictors of the performance of project groups in R&D organizations. *Academy of Management Journal, 29,* 715–726.

Kenny, D.A., & La Voie, L. (1985). Separating individual and group effects. *Journal of Personality and Social Psychology, 48,* 339–348.

Kozlowski, S.W.J., & Hattrup, K. (1992). A disagreement about within-group agreement: Disentangling issues of consistency versus consensus. *Journal of Applied Psychology, 77,* 161–167.

Kozub, S.A. (1993). *Exploring the relationships among coaching behavior, team cohesion, and player leadership.* Unpublished doctoral dissertation, University of Houston, TX.

Latane, B. (1981). The psychology of social impact. *American Psychologist, 36,* 343–356.

Latane, B., Williams, K.D., & Harkins, S.G. (1979). Many hands make light the work: The causes and consequences of social loafing. *Journal of Personality and Social Psychology, 37,* 822–832.

Leary, M.J. (1992). *Understanding social anxiety.* Beverly Hills, CA: Sage.

Leary, M.J., & Kowalski, R.M. (1990). Impression management: A literature review and two component models. *Psychological Bulletin, 107,* 34–47.

Levine, J.M., & Moreland, R.L. (1991). Culture and socialization in work groups. In L.B. Resnick, J.M. Levine, & S.D. Teasley (Eds.), *Perspectives on socially shared cognition* (pp. 257–282). Washington, DC: American Psychological Association.

Levine, J.M., Resnick, L.B., & Higgins, E.T. (1993). Social foundations of cognition. *Annual Review of Psychology, 44,* 585–612.

Libo, L. (1953). *Measuring group cohesiveness.* Ann Arbor: University of Michigan Press.

Lott, A.J., & Lott, B.E. (1965). Group cohesiveness as interpersonal attraction: A review of relationships with antecedent and consequent variables. *Psychological Bulletin, 64,* 259–309.

Manning, F.J., & Fullerton, T.D. (1988). Health and well-being in highly cohesive units of the U.S. Army. *Journal of Applied Social Psychology, 18,* 503–519.

McGrath, J. (1962). The influence of positive interpersonal relations on adjustment and effectiveness in rifle teams. *Journal of Abnormal and Social Psychology, 65,* 365–375.

McKnight, P., Williams, J.M., & Widmeyer, W.N. (1991, October). *The effects of cohesion and identifiability on reducing the likelihood of social loafing.* Paper presented at the Association for the Advancement of Applied Sport Psychology annual conference, Savannah, GA.

Mitchell, S.K. (1979). Interobserver agreement, reliability, and generalizability of data collected in observational studies. *Psychological Bulletin, 86,* 376–390.

Moritz, S.E., & Watson, C.B. (1998). Levels of analysis issues in group psychology: Using efficacy as an example of a multi-level model. *Group Dynamics: Theory, Research, and Practice, 2,* 1–14.

Mudrack, P.E. (1989). Defining group cohesiveness: A legacy of confusion. *Small Group Behavior, 20,* 37–49.

Mullen, B., & Copper, C. (1994). The relation between group cohesiveness and performance: An integration. *Psychological Bulletin, 115,* 210–227.

Nunnally, J.C. (1978). *Psychometric theory.* New York: McGraw-Hill.

Paskevich, D.M. (1995). *Conceptual and measurement factors of collective efficacy in its relationship to cohesion and performance outcome.* Unpublished doctoral dissertation, University of Waterloo, Canada.

Paskevich, D.M., Brawley, L.R., Dorsch, K.D., & Widmeyer, W.N. (1995). Implications of individual and group level analyses applied to the study of collective efficacy and cohesion. *Journal of Applied Sport Psychology, 7,* S95.

Paskevich, D.M., Brawley, L.R., Dorsch, K.D., & Widmeyer, W.N. (1997, September). *Collective efficacy, cohesion, and performance: Evidence for reliable, strong effects.* Paper presented at the annual meeting of the Association for the Advancement of Applied Sport Psychology, San Diego, CA.

Paskevich, D.M., Brawley, L.R., Dorsch, K.D., & Widmeyer, W.N. (1999). Relationship between collective efficacy and team cohesion: Conceptual and measurement issues. *Group Dynamics: Theory, Research, and Practice, 3,* 210–222.

Peterroy, E.T. (1983). Cohesiveness development in an ongoing therapy group: An exploratory study. *Small Group Behavior, 14,* 269–272.

Prapavessis, H., & Carron, A.V. (1997a). Cohesion and work output. *Small Group Research, 28,* 294–301.

Prapavessis, H., & Carron, A.V. (1997b). The role of sacrifice in the dynamics of sport teams. *Group Dynamics, 1,* 231–240.

Roark, A.E., & Sharah, H.S. (1989). Factors related to group cohesiveness. *Small Group Behavior, 20,* 62–69.

Schutz, R.W., Eom, H.J., Smoll, F.L., & Smith, R.E. (1994). Examination of the factorial validity of the Group Environment Questionnaire. *Research Quarterly for Exercise and Sport, 65,* 226–236.

Shaw, M.E., & Shaw, L.M. (1962). Some effects of sociometric grouping on learning in a second grade classroom. *Journal of Social Psychology, 57,* 453–458.

Sherif, M., & Sherif, C.W. (1969). *Social psychology.* New York: Harper & Row.

Shields, D.L., Bredemeier, B.J., Gardner, D.E., & Boston, A. (1995). Leadership, cohesion, and team norms regarding cheating and aggression. *Sociology of Sport Journal, 12,* 324–336.

Spink, K.S., & Carron, A.V. (1992). Group cohesion and adherence in exercise classes. *Journal of Sport & Exercise Psychology, 14,* 78–86.

Spink, K.S., & Carron, A.V. (1993). The effects of team building on the adherence patterns of female exercise participants. *Journal of Sport & Exercise Psychology, 15,* 39–49.

Spink, K.S., & Carron, A.V. (1994). Group cohesion effects in exercise classes. *Small Group Research, 25,* 26–42.

Tabachnick, B.G., & Fidell, L.S. (1996). *Using multivariate statistics* (3rd ed.). New York: HarperCollins.

Trist, E., & Bamforth, K. (1951). Some social and psychological consequences of the long-wall method of coal mining. *Human Relations, 4,* 3–38.

Watson, C.B., & Chemers, M.M. (1998, August). *The rise of shared perceptions: A multi-level analysis of collective efficacy.* Paper presented at the annual convention of the Academy of Management, San Diego, CA.

Westre, K., & Weiss, M. (1991). The relationship between perceived coaching behaviors and group cohesion in high school football teams. *The Sport Psychologist, 5,* 41–54.

Widmeyer, W.N., Brawley, L.R., & Carron, A.V. (1985). *The measurement of cohesion in sport teams: The Group Environment Questionnaire.* London, Canada: Sports Dynamics.

Widmeyer, W.N., Brawley, L.R., & Carron, A.V. (1988). How many should I carry on my team? Consequences of group size. *Psychology of Motor Behavior and Sport: Abstracts 1988.* Knoxville, TN: North American Society for the Psychology of Sport and Physical Activity.

Widmeyer, W.N., Brawley, L.R., & Carron, A.V. (1990). Group size in sport. *Journal of Sport & Exercise Psychology, 12,* 177–190.

Widmeyer, W.N., Carron, A.V., & Brawley, L.R. (1993). The cohesion-performance outcome relationship with teams as the unit of analysis. *Journal of Sport & Exercise Psychology, 15,* S90.

Williams, K., Harkins, S., & Latane, B. (1981). Identifiability as a deterrent to social loafing: Two cheering experiments. *Journal of Personality and Social Psychology, 40,* 303–311.

Williams, K., Nida, S.A., Baca, L.D., & Latane, B. (1989). Social loafing and swimming: Effects of indentifiability on individual and relay performance of intercollegiate swimmers. *Basic and Applied Social Psychology, 10,* 73–81.

Zaccaro, S.J., Blair, V., Peterson, C., & Zazanis, M. (1995). Collective efficacy. In J. Maddux (Ed.), *Self-efficacy, adaptation, and adjustment* (pp. 305–328). New York: Plenum Press.

Zaccaro, S.J., & Lowe, C.A. (1986). Cohesiveness and performance on an additive task: Evidence of multidimensionality. *Journal of Social Psychology, 128,* 547–558.

第19章

Anderson, D.C., Crowell, C.R., Doman, M., & Howard, G.S. (1988). Performance posting, goal setting, and activity-contingent praise as applied to a university hockey team. *Journal of Applied Psychology, 73,* 87–95.

Anshel, M.H., Weinberg, R.S., & Jackson, A. (1992). The effect of goal difficulty and task complexity on intrinsic motivation and motor performance. *Journal of Sport Behavior, 15,* 159–176.

Bandura, A. (1977). Self-efficacy: Toward a unifying theory of behavioral change. *Psychological Review, 84,* 191–215.

Bandura, A. (1986). *Social foundations of thought and actions: A social cognitive theory.* Englewood Cliffs, NJ: Prentice Hall.

Bandura, A., & Cervone, D. (1983). Self-evaluative and self-efficacy mechanisms governing the motivational effects of goal systems. *Journal of Personality and Social Psychology, 45,* 1017–1028.

Bandura, A., & Schunk, D.H. (1981). Cultivating competence, self-efficacy, and intrinsic interest through proximal self-motivation. *Journal of Personality and Social Psychology, 41,* 586–598.

Bandura, A., & Simon, K.M. (1977). The role of proximal intentions in self-regulation of refractory behavior. *Cognitive Therapy and Research, 1,* 177–193.

Bar-Eli, M., Hartman, I., & Levy-Kolker, N. (1994). Using goal setting to improve physical performance of adolescents with behavior disorders: The effect of goal proximity. *Adapted Physical Activity Quarterly, 11,* 86–97.

Bar-Eli, M., Levy-Kolker, N., Tenenbaum, G., & Weinberg, R.S. (1993). Effect of goal difficulty on performance of aerobic, anaerobic and power tasks in laboratory and field settings. *Journal of Sport Behavior, 16,* 17–32.

Bar-Eli, M., Tenenbaum, G., Pie, J., Btesh, Y., & Almog, A. (1997). Effect of goal difficulty, goal specificity and duration of practice time intervals on muscular endurance performance. *Journal of Sports Sciences, 15,* 125–135.

Barnett, M.L. (1977). Effects of two methods of goal setting on learning a gross motor task. *Research Quarterly, 48,* 19–23.

Barnett, M.L., & Stanicek, J.A. (1979). Effects of goal-setting on achievement in archery. *Research Quarterly, 50,* 328–332.

Beggs, A. (1990). Goal setting in sport. In G. Jones & L. Hardy (Eds.), *Stress and performance in sport* (pp. 135–170). Chichester, England: Wiley.

Bompa, T.O. (1999). *Periodization training for sports.* Champaign, IL: Human Kinetics.

Borrelli, B., & Mermelstein, R. (1994). Goal setting and behavior change in a smoking cessation program. *Cognitive Therapy and Research, 18,* 69–83.

Boutcher, S. (1990). The role of performance routines in sport. In G. Jones & L. Hardy (Eds.), *Stress and performance in sport* (pp. 231–245). Chichester, England: Wiley.

Boyce, B.A. (1990a). Effects of goal specificity and goal difficulty upon skill acquisition of a selected shooting task. *Perceptual and Motor Skills, 70,* 1031–1039.

Boyce, B.A. (1990b). The effect of instructor-set goals upon skill acquisition and retention of a selected shooting task. *Journal of Teaching in Physical Education, 9,* 115–122.

Boyce, B.A. (1992a). Effects of assigned versus participant-set goals on skill acquisition and retention of a selected shooting task. *Journal of Teaching in Physical Education, 11,* 220–234.

Boyce, B.A. (1992b). The effects of goal proximity on skill acquisition and retention of a shooting task in a field-based setting. *Journal of Sport & Exercise Psychology, 14,* 298–308.

Boyce, B.A. (1994). The effects of goal setting on performance and spontaneous goal-setting behavior of experienced pistol shooters. *The Sport Psychologist, 8,* 87–93.

Boyce, B.A., & Bingham, S.M. (1997). The effects of self-efficacy and goal setting on bowling performance. *Journal of Teaching in Physical Education, 16,* 312–323.

Boyce, B.A., & Wayda, V.K. (1994). The effects of assigned and self-set goals on task performance. *Journal of Sport & Exercise Psychology, 16,* 258–269.

Brawley, L.R., Carron, A.V., & Widmeyer, W.N. (1992). The nature of group goals in sport teams: A phenomenological analysis. *The Sport Psychologist, 6,* 323–333.

Brawley, L.R., Carron, A.V., & Widmeyer, W.N. (1993). The influence of the group and its cohesiveness on perceptions of group goal-related variables. *Journal of Sport & Exercise Psychology, 15,* 245–260.

Burton, D. (1987, September). Integrating Psychological Skills Training (PST) into a periodized training program. In G. Dirkin (Chair), *Periodized training models: Implications for the sport psychologist.* Symposium conducted at the meeting of the Association for the Advancement of Applied Sport Psychology, Newport Beach, CA.

Burton, D. (1989a). The impact of goal specificity and task complexity on basketball skill development. *The Sport Psychologist, 3,* 34–47.

Burton, D. (1989b). Winning isn't everything: Examining the impact of performance goals on collegiate swimmers' cognitions and performance. *The Sport Psychologist, 3,* 105–132.

Burton, D. (1992). The Jekyll/Hyde nature of goals: Reconceptualizing goal setting in sport. In T. Horn (Ed.), *Advances in sport psychology* (pp. 267–297). Champaign, IL: Human Kinetics.

Burton, D. (1993). Goal setting in sport. In R.N. Singer, M. Murphey, & L.K. Tennant (Eds.), *Handbook of research on sport psychology* (pp. 467–491). New York: Macmillan.

Burton, D. (1999, June). *Goal-setting: Current findings and practical implications.* Paper presented at the second annual Sport Psychology Conference, National University of Madrid, Spain.

Burton, D., Daw, J., Williams-Rice, B.T., & Phillips, D. (1989, October). *Goal setting styles: The influence of self-esteem on goal difficulty preferences.* Paper presented at the meeting of the Canadian Society for Psychomotor Learning and Sport Psychology, Victoria, Canada.

Burton, D., Weinberg, R.S., Yukelson, D., & Weigand, D.A. (1998). The goal effectiveness paradox in sport: Examining the goal practices of collegiate athletes. *The Sport Psychologist, 12,* 404–418.

Burton, D., Weinberg, R.S., Yukelson, D., & Weigand, D.A. (1999). An elite perspective on the goal effectiveness paradox in sport: Surveying the goal practices of Olympic athletes. Manuscript in preparation.

Campbell, D.J., & Furrer, D.M. (1995). Goal setting and competition as determinants of task performance. *Journal of Organizational Behavior, 16,* 377–389.

Carroll, S.J. (1986). Management by objectives: Three decades of research and experience. In S.L. Rynes & G.T. Milkovich (Eds.), *Current issues in human resource management.* Plano, TX: Business Publications.

Chesney, A., & Locke, E. (1991). Relationships among goal difficulty, business strategies, and performance on a complex management simulation task. *Academy of Management Journal, 34,* 400–424.

Chidester, T.R., & Grigsby, W.C. (1984). A meta-analysis of the goal-setting-performance literature. In J.A. Pearce & R.B. Robinson (Eds.), *Academy of management proceedings* (pp. 202–206). Ada, OH: Academy of Management.

Cohen, J. (1992). A power primer. *Psychological Bulletin, 112,* 155–159.

DeCharms, R. (1976). *Enhancing motivation: Change in the classroom.* New York: Irvington.

DeCharms, R. (1992). Personal causation and the origin concept. In C.P. Smith, J.W. Atkinson, D.C. McClelland, & J. Veroff (Eds.), *Motivation and personality: Handbook of thematic content analysis* (pp. 325–333). New York: Cambridge University Press.

Deci, E.L., & Ryan, R.M. (1985). *Intrinsic motivation and self-determination in human behavior.* New York: Plenum Press.

DeShon, R.P., & Alexander, R.A. (1996). Goal setting effects on implicit and explicit learning of complex tasks. *Organizational Behavior and Human Decision Processes, 65,* 18–36.

Duda, J.L. (1992). Motivation in sport settings: A goal perspective approach. In G.C. Roberts (Ed.), *Motivation in sport and exercise* (pp. 57–92). Champaign, IL: Human Kinetics.

Dweck, C.S. (1980). Learned helplessness in sports. In C.H. Nadeau, W.R. Halliwell, K.M. Newell, & G.C. Roberts (Eds.), *Psychology of motor behavior and sport–1979* (pp. 1–12). Champaign, IL: Human Kinetics.

Dweck, C.S. (1999). *Self theories: Their role in motivation, personality, and development.* Philadelphia: Taylor & Francis.

Earley, P.C. (1985). Influence of information, choice, and task complexity upon goal acceptance, performance, and personal goals. *Journal of Applied Psychology, 70,* 481–491.

Earley, P.C., Connolly, T., & Ekegren, G. (1989). Goals, strategy development, and task performance: Some limits on the efficacy of goal setting. *Journal of Applied Psychology, 74,* 24–33.

Earley, P.C., & Kanfer, R. (1985). The influence of component participation and role models on goal acceptance, goal satisfaction, and performance. *Organizational Behavior and Human Decision Processes, 36,* 378–390.

Earley, P.C., Northcraft, G., Lee, C., & Lituchy, T. (1990). Impact of process and outcome feedback on the relation of goal setting to task performance. *Academy of Management Journal, 33,* 87–105.

Elliott, E.S., & Dweck, C.S. (1988). Goals: An approach to motivation and achievement. *Journal of Personality and Social Psychology, 54,* 5–12.

Erbaugh, S.J., & Barnett, M.L. (1986). Effects of modeling and goal-setting on the jumping performance of primary-grade children. *Perceptual and Motor Skills, 63,* 1287–1293.

Erez, M. (1986). The congruence of goal setting strategies with socio-cultural values, and its effect on performance. *Journal of Management, 12,* 585–592.

Erez, M., Earley, P.C., & Hulin, C.L. (1985). The impact of participation on goal acceptance and performance: A two-step model. *Academy of Management Journal, 28,* 50–66.

Erez, M., & Zidon, I. (1984). Effect of goal acceptance on the relationship of goal difficulty to performance. *Journal of Applied Psychology, 69,* 69–78.

Fairall, D.G., & Rodgers, W.M. (1997). The effects of goal-setting methods on goal attributes in athletes: A field experiment. *Journal of Sport & Exercise Psychology, 19,* 1–16.

Filby, W.C.D., Maynard, I.W., & Graydon, J.K. (1999). The effect of multiple-goal strategies on performance outcomes in training and competition. *Journal of Applied Sport Psychology, 11,* 230–246.

Frierman, S.H., Weinberg, R.S., & Jackson, A. (1990). The relationship between goal proximity and specificity in bowling: A field experiment. *The Sport Psychologist, 4,* 145–154.

Galvan, Z.J., & Ward, P. (1998). Effects of public posting on inappropriate on-court behaviors by collegiate tennis players. *The Sport Psychologist, 12,* 419–426.

Garland, H., Weinberg, R.S., Bruya, L., & Jackson, A. (1988). Self-efficacy and endurance performance: A longitudinal field test of cognitive mediation theory. *Applied Psychology: An International Review, 34,* 381–394.

Giannini, J.M., Weinberg, R.S., & Jackson, A.J. (1988). The effects of mastery, competitive, and cooperative goals on the performance of simple and complex basketball skills. *Journal of Sport & Exercise Psychology, 10,* 408–417.

Gould, D. (1998). Goal setting for peak performance. In J.M. Williams (Ed.), *Applied sport psychology: Personal growth to peak performance* (3rd ed., pp. 182–196). Mountain View, CA: Mayfield.

Hall, H.K., & Byrne, A.T.J. (1988). Goal setting in sport: Clarifying recent anomalies. *Journal of Sport & Exercise Psychology, 10,* 184–198.

Hall, H.K., Weinberg, R.S., & Jackson, A. (1987). Effects of goal specificity, goal difficulty, and information feedback on endurance performance. *Journal of Sport Psychology, 9,* 43–54.

Hardy, C.J., & Latane, B. (1988). Social loafing in cheerleaders: Effects of team membership and competition. *Journal of Sport & Exercise Psychology, 10,* 109–114.

Hardy, L., Jones, J.G., & Gould, D. (1996). *Understanding psychological preparation for sport: Theory and practice of elite performers.* Chichester, England: Wiley.

Hardy, L., & Nelson, D. (1988). Self-control training in sport and work. *Ergonomics, 31,* 1573–1585.

Harkins, S.G., & Petty, R.E. (1982). Effects of task difficulty and task uniqueness on social loafing. *Journal of Personality and Social Psychology, 43,* 1214–1229.

Hayes, S.C., Rosenfarb, I., Wulfert, E., Munt, E.D., Korn, Z., & Kettle, R.D. (1985). Self-reinforcement effects: An artifact of social standard setting? *Journal of Applied Behavior Analysis, 18,* 201–214.

Heckhausen, H., & Strang, H. (1988). Efficiency under record performance demands: Exertion control—An individual difference variable? *Journal of Personality and Social Psychology, 55,* 489–498.

Hinsz, V. (1995). Goal setting by groups performing an additive task: A comparison with individual goal setting. *Journal of Applied Social Psychology, 25,* 965–990.

Hollenbeck, J.R., Williams, C.R., & Klein, H.J. (1989). An empirical examination of the antecedents of commitment to difficult goals. *Journal of Applied Psychology, 74,* 18–23.

Hollingsworth, B. (1975). Effects of performance goals and anxiety on learning a gross motor task. *Research Quarterly, 46,* 162–168.

Howe, B., & Poole, R. (1992). Goal proximity and achievement motivation of high school boys in a basketball shooting task. *Journal of Teaching in Physical Education, 11,* 248–255.

Huber, V.L. (1985). Comparison of monetary reinforcers and goal setting as learning incentives. *Psychological Reports, 56,* 223–235.

Humphries, C.A., Thomas, J.R., & Nelson, J.K. (1991). Effects of attainable and unattainable goals on mirror-tracing performance and retention of a motor task. *Perceptual and Motor Skills, 72,* 1231–1237.

Hunter, J.E., & Schmidt, F.L. (1983). Quantifying the effects of psychological interventions on employee job performance and work force productivity. *American Psychologist, 38,* 473–478.

Hutchinson, S., & Garstka, M.L. (1996). Sources of perceived organizational support: Goal setting and feedback. *Journal of Applied Social Psychology, 26,* 1351–1366.

Ingham, A., Levinger, G., Graves, J., & Peckham, V. (1974). The Ringlemann effect: Studies of group size and group performance. *Journal of Experimental Social Psychology, 10,* 371–384.

Ivancevich, J.M. (1974). Changes in performance in a management by objectives program. *Administrative Science Quarterly, 19,* 563–574.

Jackson, J.M., & Williams, K.D. (1985). Social loafing on difficult tasks: Working collectively can improve performance. *Journal of Personality and Social Psychology, 49,* 937–942.

James, W. (1890). *The principles of psychology* (Vol. 2). New York: Holt.

Johnson, S.R., Ostrow, A.C., Perna, F.M., & Etzel, E.F. (1997). The effects of group versus individual goal setting on bowling performance. *The Sport Psychologist, 11,* 190–200.

Johnston-O'Connor, E.J., & Kirschenbaum, D.S. (1984). Something succeeds like success: Positive self-monitoring for unskilled golfers. *Cognitive Therapy and Research, 10,* 123–136.

Jones, G., & Cale, A. (in press). Goal difficulty, anxiety and performance. *Ergonomics.*

Jones, G., & Hanton, S. (1996). Interpretation of competitive anxiety symptoms and goal attainment expectancies. *Journal of Sport & Exercise Psychology, 18,* 144–157.

Kane, T.D., Marks, M.A., Zaccaro, S.J., & Blair, V. (1996). Self-efficacy, personal goals, and wrestlers' self-regulation. *Journal of Sport & Exercise Psychology, 18,* 36–48.

Kanfer, R., & Ackerman, P. (1989). Motivation and cognitive abilities: An integrative/aptitude-treatment interaction approach to skill acquisition. *Journal of Applied Psychology, 74,* 657–690.

Kernan, M.G., & Lord, R.G. (1989). The effects of explicit goals and specific feedback on escalation processes. *Journal of Applied Social Psychology, 19,* 1125–1143.

Kerr, N.L., & Brunn, S.E. (1981). Ringlemann revisited: Alternative explanations for the social loafing effect. *Personality and Social Psychology Bulletin, 7,* 224–231.

Kingston, K.M., & Hardy, L. (1994). Factors affecting the salience of outcome, performance, and process goals in golf. In A. Cochran & M. Farrally (Eds.), *Science and golf* (Vol. 2, pp. 144–149). London: Chapman-Hill.

Kingston, K.M., & Hardy, L. (1997). Effects of different types of goals on processes that support performance. *The Sport Psychologist, 11,* 277–293.

Kingston, K.M., Hardy, L., & Markland, D. (1992). Study to compare the effect of two different goal orientations and stress levels on a number of situationally relevant performance subcomponents. *Journal of Sports Sciences, 10,* 610–611.

Kirschenbaum, D.S. (1984). Self-regulation and sport psychology: Nurturing an emerging symbiosis. *Journal of Sport Psychology, 6,* 159–183.

Kirschenbaum, D.S. (1985). Proximity and specificity of planning: A position paper. *Cognitive Therapy and Research, 9,* 489–506.

Kirschenbaum, D.S., Ordman, A.M., Tomarken, A.J., & Holtzbauer, R. (1982). Effects of differential self-monitoring and level of mastery on sport performance: Brain power bowling. *Cognitive Therapy and Research, 6,* 335–342.

Kirschenbaum, D.S., & Tomarken, A.J. (1982). On facing the generalization problem: The study of self-regulatory failure. In P.C. Kendall (Ed.), *Advances in cognitive-behavioral research and therapy* (Vol. 1, pp. 121–200). New York: Academic Press.

Kirschenbaum, D.S., Wittrock, D.A., Smith, R.J., & Monson, W. (1984). Criticism inoculation training: Concept in search of a strategy. *Journal of Sport Psychology, 6,* 77–93.

Kondrasuk, J.N. (1981). Studies in MBO effectiveness. *Academy of Management Review, 6,* 419–430.

Kyllo, L.B., & Landers, D.M. (1995). Goal-setting in sport and exercise: A research synthesis to resolve the controversy. *Journal of Sport & Exercise Psychology, 17,* 117–137.

Lambert, S.M., Moore, D.W., & Dixon, R.S. (1999). Gymnasts in training: The differential effects of self- and coach-set goals as a function of locus of control. *Journal of Applied Sport Psychology, 11,* 72–82.

Larey, T.S., & Paulus, P.B. (1995). Social comparison and goal setting in brainstorming groups. *Journal of Applied Social Psychology, 25,* 1579–1596.

Latane, B. (1986). Responsibility and effort in organizations. In P. Goodman (Ed.), *Groups and organizations* (pp. 277–303). San Francisco: Jossey-Bass.

Latane, B., Williams, K.D., & Harkins, S.G. (1979). Many hands make light the work: The causes and consequences of social loafing. *Journal of Personality and Social Psychology, 37,* 822–832.

Latham, G.P., & Baldes, J.J. (1975). The "practical significance" of Locke's theory of goal setting. *Journal of Applied Psychology, 60,* 122–124.

Latham, G.P., Erez, M., & Locke, E.A. (1988). Resolving scientific disputes by the joint design of crucial experiments by the antagonists: Application to the Erez-Latham dispute regarding participation in goal setting. *Journal of Applied Psychology* (Monograph), *73,* 753–772.

Latham, G.P., & Lee, T.W. (1986). Goal setting. In E.A. Locke (Ed.), *Generalizing from laboratory to field settings: Research findings from industrial-organizational psychology, organizational behavior, and human resource management* (pp. 101–117). Lexington, MA: Heath.

Latham, G.P., & Locke, E.A. (1991). Self-regulation through goal setting. *Organizational Behavior and Human Decision Processes, 50,* 212–247.

Latham, G.P., & Yukl, G.A. (1975). Assigned versus participative goal setting with educated and uneducated woods workers. *Journal of Applied Psychology, 60,* 299–302.

Lazarus, R.S. (1991). *Emotion and adaptation.* New York: Oxford University Press.

Lazarus, R.S., & Folkman, S. (1984). *Stress, appraisal and coping.* New York: Springer.

Lee, A.M., & Edwards, R.V. (1984). Assigned and self-selected goals as determinants of motor skill performance. *Education, 105,* 87–91.

Lee, C. (1988). The relationship between goal setting, self-efficacy and female field hockey team performance. *International Journal of Sport Psychology, 20,* 147–161.

Lerner, B.S., & Locke, E.A. (1995). The effects of goal setting, self-efficacy, competition and personal traits on the performance of an endurance task. *Journal of Sport & Exercise Psychology, 17,* 138–152.

Lerner, B.S., Ostrow, A.C., Yura, M.T., & Etzel, E.F. (1996). The effects of goal-setting and imagery training programs on the free-throw performance of female collegiate basketball players. *The Sport Psychologist, 10,* 382–397.

Locke, E.A. (1968). Toward a theory of task motivation and incentives. *Organizational Behavior and Human Performance, 3,* 157–189.

Locke, E.A. (1982). Relation of goal level to performance with a short work period and multiple goal levels. *Journal of Applied Psychology, 67,* 512–514.

Locke, E.A. (1991). Problems with goal-setting research in sports—and their solution. *Journal of Sport & Exercise Psychology, 8,* 311–316.

Locke, E.A. (1994). Comments on Weinberg and Weigand. *Journal of Sport & Exercise Psychology, 16,* 212–215.

Locke, E.A. (1996). Motivation through conscious goal setting. *Applied and Preventative Psychology, 5,* 117–124.

Locke, E.A., Cartledge, N., & Knerr, C.S. (1970). Studies of the relationship between satisfaction, goal setting, and performance. *Organizational Behavior and Human Performance, 5,* 135–158.

Locke, E.A., Chah, D.O., Harrison, S., & Lustgarten, N. (1989). Separating the effects of goal specificity from goal level. *Organizational Behavior and Human Decision Processes, 43,* 270–287.

Locke, E.A., Frederick, E., Lee, C., & Bobko, P. (1984). Effect of self-efficacy, goals, and task strategies on task performance. *Journal of Applied Psychology, 69,* 241–251.

Locke, E.A., & Latham, G.P. (1990a). *A theory of goal setting and task performance.* Englewood Cliffs, NJ: Prentice-Hall.

Locke, E.A., & Latham, G.P. (1990b). Work motivation and satisfaction: Light at the end of the tunnel. *Psychological Science, 1,* 240–246.

Locke, E.A., Latham, G.P., & Erez, M. (1988). The determinants of goal commitment. *Academy of Management Review, 13,* 23–39.

Locke, E.A., & Shaw, K.N. (1984). Atkinson's inverse-U curve and missing cognitive variables. *Psychological Reports, 55,* 403–412.

Locke, E.A., Shaw, K.N., Saari, L.M., & Latham, G.P. (1981). Goal setting and task performance: 1969–1980. *Psychological Bulletin, 90,* 125–152.

Ludwig, T.D., & Geller, E.S. (1997). Assigned versus participative goal setting and response generalization: Managing injury control among professional pizza deliverers. *Journal of Applied Psychology, 82,* 253–261.

Madden, L.E. (1996). Motivating students to learn better through own goal-setting. *Education, 117,* 411–414.

Maehr, M.L., & Braskamp, L. (1986). *The motivation factor: A theory of personal investment.* Lexington, MA: Heath.

Maehr, M.L., & Nicholls, J.G. (1980). Culture and achievement motivation: A second look. In N. Warren (Ed.), *Studies in cross-cultural psychology* (pp. 341–363). New York: Academic Press.

Mahoney, M.J., & Mahoney, K. (1976). *Permanent weight control.* New York: Norton.

Manderlink, G., & Harackiewicz, J.M. (1984). Proximal versus distal goal setting and intrinsic motivation. *Journal of Personality and Social Psychology, 47,* 918–928.

Martens, B.K., Hiralall, A.S., & Bradley, T.A. (1997). A note to teacher: Improving student behavior through goal setting and feedback. *School Psychology Quarterly, 12,* 33–41.

Matsui, T., Kakuyama, T., & Onglatco, M.L. (1987). Effects of goals and feedback on performance in groups. *Journal of Applied Psychology, 72,* 407–415.

Mento, A.J., Locke, E.A., & Klein, H.J. (1992). Relationship of goal level to valence and instrumentality. *Journal of Applied Psychology, 77,* 395–405.

Mento, A.J., Steel, R.P., & Karren, R.J. (1987). A meta-analytic study of the effects of goal setting on task performance: 1966–1984. *Organizational Behavior and Human Decision Processes, 39,* 52–83.

Mesch, D., Farh, J., & Podsakoff, P. (1994). Effects of feedback sign on group goal setting, strategies, and performance. *Group and Organizational Management, 19,* 309–333.

Miller, J.T., & McAuley, E. (1987). Effects of a goal-setting training program on basketball free-throw self-efficacy and performance. *The Sport Psychologist, 1,* 103–113.

Mitchell, T.R., Rothman, M., & Liden, R.C. (1985). Effects of normative information on task performance. *Journal of Applied Psychology, 70,* 48–55.

Nelson, J.K. (1978). Motivating effects of the use of norms and goals with endurance testing. *Research Quarterly, 49,* 317–321.

Nicholls, J.G. (1984a). Achievement motivation: Conceptions of ability, subjective experience, task choice, and performance. *Psychological Review, 91,* 328–346.

Nicholls, J.G. (1984b). Conceptions of ability and achievement motivation. In R. Ames & C. Ames (Eds.), *Research on motivation in education: Student motivation* (Vol. 1, pp. 39–73). New York: Academic Press.

O'Block, F.R., & Evans, F.H. (1984). Goal setting as a motivational technique. In J.M. Silva & R.S. Weinberg (Eds.), *Psychological foundations of sport* (pp. 188–196). Champaign, IL: Human Kinetics.

Oldham, G.R. (1975). The impact of supervisory characteristics on goal acceptance. *Academy of Management Journal, 18,* 461–475.

Orlick, T. (1986). *Psyching for sport: Mental training for athletes.* Champaign, IL: Human Kinetics.

Orlick, T. (1998). *Embracing your potential.* Champaign, IL: Human Kinetics.

Pierce, B.E., & Burton, D. (1998). Scoring the perfect 10: Investigating the impact of goal-setting styles on a goal-setting program for female gymnasts. *The Sport Psychologist, 12,* 156–168.

Poag, K., & McAuley, E. (1992). Goal setting, self-efficacy and exercise behavior. *Journal of Sport & Exercise Psychology, 14,* 352–360.

Poag-DuCharme, K.A., & Brawley, L.R. (1994). Perceptions of the behavioral influence of goals: A mediational relationship to exercise. *Journal of Applied Sport Psychology, 6,* 32–50.

Racicot, B., Day, D., & Lord, R. (1991). Type A behavior pattern and goal setting under different conditions of choice. *Motivation and Emotion, 15,* 67–79.

Rakestraw, T.L., & Weiss, H.M. (1981). The interaction of social influences and task experience on goals, performance, and performance satisfaction. *Organizational Behavior and Human Performance, 27,* 326–344.

Riedel, J.A., Nebeker, D.M., & Cooper, B.L. (1988). The influence of monetary incentives on goal choice, goal commitment, and task performance. *Organizational Behavior and Human Decision Processes, 42,* 155–180.

Riley, P. (1996). *The winner within: A life plan for team players.* New York: Berkley Books.

Roberts, G., & Reed, T. (1996, Fall). Performance appraisal participation, goal setting and feedback. *Review of Public Personnel Administration,* 29–61.

Rodgers, R.C., & Hunter, J.E. (1989). *The impact of management by objectives on organizational productivity.* Unpublished manuscript, University of Kentucky, Lexington, School of Public Administration.

Ruth, W. (1996). Goal setting and behavior contracting for students with emotional and behavioral difficulties: Analysis of daily, weekly, and total goal attainment. *Psychology in the Schools, 33,* 153–158.

Ryan, T.A. (1970). *Intentional behavior: An approach to human motivation.* New York: Ronald Press.

Shalley, C. (1995). Effects of coaction, expected evaluation, and goal setting on creativity and productivity. *Academy of Management Journal, 38,* 483–503.

Shalley, C.E., Oldham, G.R., & Porac, J.F. (1987). Effects of goal difficulty, goal-setting method, and expected external evaluation on intrinsic motivation. *Academy of Management Journal, 30,* 553–563.

Singer, R., Lidor, R., & Cauraugh, J. (1993). To be aware or not aware? What to think about while learning and performing a motor skill. *The Sport Psychologist, 7,* 19–30.

Shoenfelt, E.L. (1996). Goal setting and feedback as a posttraining strategy to increase the transfer of training. *Perceptual and Motor Skills, 83,* 176–178.

Smith, M., & Lee, C. (1992). Goal setting and performance in a novel coordination task: Mediating mechanisms. *Journal of Sport & Exercise Psychology, 14,* 169–176.

Smith, R.E. (1998). A positive approach to sport performance enhancement: Principles of reinforcement and performance feedback. In J.M. Williams (Ed.), *Applied sport psychology: Personal growth to peak performance* (3rd ed., pp. 28–40). Mountain View, CA: Mayfield.

Swain, A., & Jones, G. (1995). Effects of goal-setting interventions on selected basketball skills: A single-subject design. *Research Quarterly for Exercise and Sport, 66,* 51–63.

Tenenbaum, G., Pinchas, S., Elbaz, G., Bar-Eli, M., & Weinberg, R.S., (1991). Effect of goal proximity and goal specificity on muscular endurance performance: A replication and extension. *Journal of Sport & Exercise Psychology, 13,* 174–187.

Terborg, J.R. (1976). The motivational components of goal setting. *Journal of Applied Psychology, 61,* 613–621.

Theodorakis, Y. (1995). Effects of self-efficacy, satisfaction, and personal goals on swimming performance. *The Sport Psychologist, 9,* 245–253.

Theodorakis, Y. (1996). The influence of goals, commitment, self-efficacy and self-satisfaction on motor performance. *Journal of Applied Sport Psychology, 8,* 171–182.

Theodorakis, Y., Malliou, P., Papaioannou, A., Beneca, A., & Filactakidou, A. (1996). The effect of personal goals, self-efficacy and self-satisfaction on injury rehabilitation. *Journal of Sport Rehabilitation, 5,* 214–223.

Tubbs, M.E. (1986). Goal setting: A meta-analytic examination of the empirical evidence. *Journal of Applied Psychology, 71,* 474–483.

Tzetzis, G., Kioumourtzoglou, E., & Mavromatis, G. (1997). Goal setting and feedback for the development of instructional strategies. *Perceptual and Motor Skills, 84,* 1411–1427.

Vallerand, R.J., Gauvin, L.I., & Halliwell, W.R. (1986). Effects of zero-sum competition on children's intrinsic motivation and perceived competence. *Journal of Social Psychology, 126,* 465–472.

Vance, R., & Colella, A. (1990). Effects of two types of feedback on goal acceptance and personal goals. *Journal of Applied Psychology, 75,* 68–76.

Wanlin, C.M., Hrycaiko, D.W., Martin, G.L., & Mahon, M. (1997). The effects of a goal-setting package on the performance of speed skaters. *Journal of Applied Sport Psychology, 9,* 212–228.

Weinberg, R.S. (1994). Goal setting and performance in sport and exercise settings: A synthesis and critique. *Medicine and Science in Sports and Exercise, 26,* 469–477.

Weinberg, R.S., Bruya, L.D., & Jackson, A. (1985). The effects of goal proximity and goal specificity on endurance performance. *Journal of Sport Psychology, 7,* 296–305.

Weinberg, R.S., Bruya, L.D., Jackson, A., & Garland, H. (1986). Goal difficulty and endurance performance: A challenge to the goal attainability assumption. *Journal of Sport Behavior, 10,* 82–92.

Weinberg, R.S., Bruya, L.D., Longino, J., & Jackson, A. (1988). Effect of goal proximity and specificity on endurance performance of primary-grade children. *Journal of Sport & Exercise Psychology, 10,* 81–91.

Weinberg, R.S., Burke, K.L., & Jackson, A. (1997). Coaches' and players' perceptions of goal setting in junior tennis: An exploratory investigation. *The Sport Psychologist, 11,* 426–439.

Weinberg, R.S., Burton, D., Yukelson, D., & Weigand, D.A. (1993). Goal setting in competitive sport: An exploratory investigation of practices of collegiate athletes. *The Sport Psychologist, 7,* 275–289.

Weinberg, R.S., Burton, D., Yukelson, D., & Weigand, D.A. (2000). Perceived goal setting practices of Olympic athletes: An exploratory investigation. *The Sport Psychologist, 14,* 279–295.

Weinberg, R.S., Fowler, C., Jackson, A., Bagnall, J., & Bruya, L. (1991). Effect of goal difficulty on motor performance: A replication across tasks and subjects. *Journal of Sport & Exercise Psychology, 13,* 160–173.

Weinberg, R.S., Garland, H., Bruya, L., & Jackson, A. (1990). Effect of goal difficulty and positive reinforcement on endurance performance. *Journal of Sport & Exercise Psychology, 12,* 144–156.

Weinberg, R.S., Stitcher, T., & Richardson, P. (1994). Effects of seasonal goal setting on lacrosse performance. *The Sport Psychologist, 8,* 166–175.

Weinberg, R.S., & Weigand, D.A. (1993). Goal setting in sport and exercise: A reaction to Locke. *Journal of Sport & Exercise Psychology, 15,* 88–96.

Weinberg, R.S., & Weigand, D.A. (1996). Let the discussions continue: A reaction to Locke's comments on Weinberg and Weigand. *Journal of Sport & Exercise Psychology, 18,* 89–93.

Weldon, E., Jehn, K., & Pradham, P. (1991). Processes that mediate the relationship between a group goal and improved group performance. *Journal of Personality and Social Psychology, 61,* 555–569.

White, P.H., Kjelgaard, M.M., & Harkins, S.G. (1995). Testing the contribution of self-evaluation to goal-setting effects. *Journal of Personality and Social Psychology, 69,* 69–79.

Widmeyer, W.N., & Ducharme, K. (1997). Team building through team goal setting. *Journal of Applied Sport Psychology, 9,* 97–113.

Williams, K.D., Harkins, S.G., & Latane, B. (1981). Identifiability as a deterrent to social loafing: Two cheering experiments. *Journal of Personality and Social Psychology, 40,* 303–311.

Wood, R.E., & Locke, E.A. (1990). Goal setting and strategy effects on complex tasks. In B.M. Shaw & L.L. Cummings (Eds.), *Research in organizational behavior* (Vol. 12, pp. 73–109). Greenwich, CT: JAI Press.

Wood, R.E., Mento, A.J., & Locke, E.A. (1987). Task complexity as a moderator of goal effects: A meta-analysis. *Journal of Applied Psychology, 72,* 416–425.

Wright, P.M., Hollenbeck, J.R., Wolf, S., & McMahan, G.C. (1995). The effects of varying goal difficulty operationalizations on goal setting outcomes and processes. *Organizational Behavior and Human Decision Processes, 61,* 28–43.

Yearta, S., Maitlis, S., & Briner, R. (1995). An exploratory study of goal setting in theory and practice: A motivational technique that works? *Journal of Occupational and Organizational Psychology, 68,* 237–252.

Zagummy, M., & Johnson, C. (1992). Using reinforcement and goal setting to increase proof reading accuracy. *Perceptual and Motor Skills, 75,* 1330.

Zimmerman, B. (1989). A social cognitive view of self-regulated academic learning. *Journal of Educational Psychology, 81,* 329–339.

Zimmerman, B. (1994, April). *The development of self-regulatory skill: A social cognitive view.* An invited address presented at the State University of New York, Albany, Sesquicentennial Celebratory Symposium in the Department of Educational Psychology and Statistics.

Zimmerman, B., & Bonner, S. (1997). A social cognitive view of strategic learning. In C. Weinstein & B. McCombs (Eds.), *Strategic learning: Skill, will and self-regulation.* Hillsdale, NJ: Erlbaum.

Zimmerman, B.J., & Kitsantas, A. (1996). Self-regulated learning of a motoric skill: The role of goal setting and self-monitoring. *Journal of Applied Sport Psychology, 8,* 60–75.

第20章

Adams, J.A. (1990). The changing face of motor learning. *Human Movement Science, 9,* 209–220.

Annett, J. (1988). Imagery and skill acquisition. In M. Denis, J. Engelkamp, & J.T.E. Richardson (Eds.), *Cognitive and neuropsychological approaches to mental imagery* (pp. 259–268). Dordrecht, The Netherlands: Martinus Nijhoff.

Annett, J. (1990). Relations between verbal and gestural explanations. In G.R. Hammong (Ed.), *Cerebral control of speech and limb movements* (pp. 295–314). Amsterdam: North Holland.

Annett, J. (1994). The learning of motor skills: Sports science and ergonomics perspectives. *Ergonomics, 37,* 5–15.

Annett, J. (1995). Motor imagery: Perception or action? *Neuropsychologia, 33,* 1395–1417.

Annett, J. (1996a). Imaginary actions. *The Psychologist, 9,* 25–29.

Annett, J. (1996b). On knowing how to do things: A theory of motor imagery. *Cognitive Brain Research, 3,* 65–69.

Bakker, F.C., Boschker, M.S.J., & Chung, T. (1996). Changes in muscular activity while imagining weight lifting using stimulus or response propositions. *Journal of Sport & Exercise Psychology, 18,* 313–324.

Bandura, A. (1997). *Self-efficacy: The exercise of control.* New York: Freeman.

Barr, K., & Hall, C. (1992). The use of imagery by rowers. *International Journal of Sport Psychology, 23,* 243–261.

Betts, G.H. (1909). *The distribution and functions of mental imagery.* New York: Columbia University, Teachers College.

Bird, E. (1984). EMG quantification of mental rehearsal. *Perceptual and Motor Skills, 59,* 899–906.

Blair, A., Hall, C., & Leyshon, G. (1993). Imagery effects on the performance of skilled and novice soccer players. *Journal of Sports Sciences, 11,* 95–101.

Budney, A.J., Murphy, S.M., & Woolfolk, R.L. (1994). Imagery and motor performance: What do we really know? In A.A. Sheikh & E.R. Korn (Eds.), *Imagery in sports and physical performance* (pp. 97–120). Amityville, NY: Baywood.

Callow, N., Hardy, L., & Hall, C. (in press). The effects of a motivational general-mastery imagery intervention on the sport confidence of high-level badminton players. *Research Quarterly for Exercise and Sport.*

Cancio, L.C. (1991). Stress and trance in free fall parachuting: A pilot study. *Journal of Clinical Hypnosis, 33,* 225–234.

Carter, J.E., & Kelly, A.E. (1997). Using traditional and paradoxical imagery interventions with reactant intramural athletes. *The Sport Psychologist, 11,* 175–189.

Caudill, D., Weinberg, R., & Jackson, A. (1983). Psyching-up and track athletes: A preliminary investigation. *Journal of Sport Psychology, 5,* 231–235.

Cogan, K.D., & Petrie, T.A. (1995). Sport consultation: An evaluation of a season-long intervention with female collegiate gymnasts. *The Sport Psychologist, 9,* 282–296.

Cumming, J.L., & Ste-Marie, D.M. (2000). *Cognitive and motivational effects from imagery training: A matter of perspective.* Manuscript submitted for publication.

Cupal, D.D. (1998). Psychological interventions in sport injury prevention and rehabilitation. *Journal of Applied Sport Psychology, 10,* 103–123.

Decety, J. (1996). Do imagined and executed actions share the same neural substrate? *Cognitive Brain Research, 3,* 87–93.

Decety, J., Perani, D., Jeannerod, M., Bettinardi, V., Tadary, B., Woods, R., Mazziotta, J.C., & Fazio, F. (1994). Mapping motor representations with PET. *Nature, 371,* 600–602.

Decety, J., Sjöholm, H., Ryding, E., Stenberg, G., & Ingvar, D. (1990). The cerebellum participates in mental activity: Tomographic measurements of regional cerebral blood flow. *Brain Research, 535,* 313–317.

Denis, M. (1985). Visual imagery and the use of mental practice in the development of motor skills. *Canadian Journal of Applied Sport Sciences, 10,* 4S–16S.

Dishman, R.K. (1994). Introduction: Consensus, problems, and prospects. In R.K. Dishman (Ed.), *Advances in exercise adherence* (pp. 1–28). Champaign, IL: Human Kinetics.

Driskell, J.E., Copper, C., & Moran, A. (1994). Does mental practice enhance performance? *Journal of Applied Psychology, 79,* 481–491.

Durand, M., Hall, C., & Haslam, I.R. (1997). The effects of combining mental and physical practice on motor skill acquisition: A review of the literature and some practical implications. *The Hong Kong Journal of Sports Medicine and Sports Science, 4,* 36–41.

Epstein, M.L. (1980). The relationship of mental imagery and mental rehearsal to performance of a motor task. *Journal of Sport Psychology, 2,* 211–220.

Ericsson, K.A., Krampe, R.T., & Tesch-Römer, C. (1993). The role of deliberate practice in the acquisition of expert performance. *Psychological Review, 100,* 363–406.

Feltz, D.L., & Landers, D.M. (1983). The effects of mental practice on motor skill learning and performance: A meta-analysis. *Journal of Sport Psychology, 5,* 25–57.

Feltz, D.L., & Riessinger, C.A. (1990). Effects of in vivo imagery and performance feedback on self-efficacy and muscular endurance. *Journal of Sport & Exercise Psychology, 12,* 132–143.

Fenker, R.M., & Lambiotte, J.G. (1987). A performance enhancement program for a college football team: One incredible season. *The Sport Psychologist, 1,* 224–236.

Gabriele, T.E., Hall, C.R., & Lee, T.D. (1989). Cognition in motor learning: Imagery effects on contextual interference. *Human Movement Science, 8,* 227–245.

Gammage, K.L., Hall, C.R., & Rodgers, W.M. (in press). More about exercise imagery. *The Sport Psychologist.*

Godin, G., Desharnis, R., Valois, P., & Bradet, R. (1995). Combining behavioral and motivational dimensions to identify and characterize the stages in the process of adherence to exercise. *Psychology & Health, 10,* 333–344.

Goss, S., Hall, C., Buckolz, E., & Fishburne, G. (1986). Imagery ability and the acquisition and retention of movements. *Memory and Cognition, 14,* 469–477.

Gould, D., & Udry, E. (1994). Psychological skills for enhancing performance: Arousal regulation strategies. *Medicine and Science in Sports and Exercise, 26,* 478–485.

Green, L. (1992). The use of imagery in the rehabilitation of injured athletes. *The Sport Psychologist, 6,* 416–428.

Hale, B.D. (1982). The effects of internal and external imagery on muscular and ocular concomitants. *Journal of Sport Psychology, 4,* 379–387.

Hale, B.D. (1994). Imagery perspectives and learning in sports performance. In A.A. Sheikh & E.R. Korn (Eds.), *Imagery in sports and physical performance* (pp. 75–96). Amityville, NY: Baywood.

Hall, C.R. (1980). Imagery for movement. *Journal of Human Movement Studies, 6,* 252–264.

Hall, C.R. (1985). Individual differences in the mental practice and imagery of motor skill performance. *Canadian Journal of Applied Sport Sciences, 10,* 17S–21S.

Hall, C.R. (1995). The motivational function of mental imagery for participation in sport and exercise. In J. Annett, B. Cripps, & H. Steinberg (Eds.), *Exercise addiction: Motivation for participation in sport and exercise* (pp. 15–21). Leicester, England: British Psychological Society.

Hall, C.R. (1997). Lew Hardy's third myth: A matter of perspective. *Journal of Applied Sport Psychology, 9,* 310–313.

Hall, C.R. (1998). Measuring imagery abilities and imagery use. In J.L. Duda (Ed.), *Advances in sport exercise and psychology measurement* (pp. 165–172). Morgantown, WV: Fitness Information Technology.

Hall, C.R., Bernoties, L., & Schmidt, D. (1995). Interference effects of mental imagery on a motor task. *British Journal of Psychology, 86,* 181–190.

Hall, C.R., & Buckolz, E. (1981). Recognition memory for movement patterns and their corresponding pictures. *Journal of Mental Imagery, 5,* 97–104.

Hall, C.R., Buckolz, E., & Fishburne, G.J. (1989). Searching for a relationship between imagery ability and memory of movements. *Journal of Human Movement Studies, 17,* 89–100.

Hall, C.R., Buckolz, E., & Fishburne, G.J. (1992). Imagery and the acquisition of motor skills. *Canadian Journal of Sport Sciences, 17,* 19–27.

Hall, C.R., Mack, D., Paivio, A., & Hausenblas, H. (1998). Imagery use by athletes: Development of the Sport Imagery Questionnaire. *International Journal of Sport Psychology, 29,* 73–89.

Hall, C.R., Moore, J., Annett, J., & Rodgers, W. (1997). Recalling demonstrated and guided movements using imaginary and verbal rehearsal strategies. *Research Quarterly for Exercise and Sport, 68,* 136–144.

Hall, C.R., & Pongrac, J. (1983). *Movement Imagery Questionnaire.* London, Canada: University of Western Ontario.

Hall, C.R., Pongrac, J., & Buckolz, E. (1985). The measurement of imagery ability. *Human Movement Science, 4,* 107–118.

Hall, C.R., Rodgers, W.M., & Barr, K.A. (1990). The use of imagery by athletes in selected sports. *The Sport Psychologist, 4,* 1–10.

Hall, C.R., Schmidt, D., Durand, M., & Buckolz, E. (1994). Imagery and motor skills acquisition. In A.A. Sheikh & E.R. Korn (Eds.), *Imagery in sports and physical performance* (pp. 121–134). Amityville, NY: Baywood.

Hardy, L. (1997). Three myths about applied consultancy work. *Journal of Applied Sport Psychology, 9,* 277–294.

Hardy, L., & Callow, N. (1999). Efficacy of external and internal visual imagery perspectives for the enhancement of performance on tasks in which form is important. *Journal of Sport & Exercise Psychology, 21,* 95–112.

Harris, D.V., & Robinson, W.J. (1986). The effects of skill level on EMG activity during internal and external imagery. *Journal of Sport Psychology, 8,* 105–111.

Hausenblas, H.A., Hall, C.R., Rodgers, W.M., & Munroe, K.J. (1999). Exercise imagery: Its nature and measurement. *Journal of Applied Sport Psychology, 11,* 171–180.

Hecker, J.E., & Kaczor, L.M. (1988). Application of imagery theory to sport psychology: Some preliminary findings. *Journal of Sport & Exercise Psychology, 10,* 363–373.

Highlen, P., & Bennett, B. (1979). Psychological characteristics of successful and non-successful elite wrestlers: An exploratory study. *Journal of Sport Psychology, 1,* 123–137.

Hird, J.S., Landers, D.M., Thomas, J.R., & Horan, J.J. (1991). Physical practice is superior to mental practice in enhancing cognitive and motor task performance. *Journal of Sport & Exercise Psychology, 8,* 281–293.

Hodges, N.J., & Starkes, J.L. (1996). Wrestling with the nature of expertise: A sport specific test of Ericsson, Krampe and Tesch-Römer's (1993) theory of "deliberate practice." *International Journal of Sport Psychology, 27,* 400–424.

Ingvar, D.H., & Philipson, L. (1977). Distribution of cerebral blood flow in the dominant hemisphere during motor ideation and motor performance. *Annals of Neurology, 2,* 230–237.

Isaac, A. (1992). Mental practice—does it work in the field? *The Sport Psychologist, 6,* 192–198.

Isaac, A., Marks, D., & Russell, E. (1986). An instrument for assessing imagery of movements: The Vividness of Movement Imagery Questionnaire (VMIQ). *Journal of Mental Imagery, 10,* 23–30.

Jacobson, E. (1931). Electrical measurement of neuromuscular states during mental activities. *American Journal of Physiology, 96,* 115–121.

Janssen, J.J., & Sheikh, A.A. (1994). Enhancing athletic performance through imagery: An overview. In A.A. Sheikh & E.R. Korn (Eds.), *Imagery in sports and physical performance* (pp. 1–22). Amityville, NY: Baywood.

Johnson, P. (1982). The functional equivalence of imagery and movement. *Quarterly Journal of Experimental Psychology, 34*(A), 349–365.

Kim, J., Singer, R.N., & Tennant, L.K. (1998). Visual, auditory and kinesthetic imagery on motor learning. *Journal of Human Movement Studies, 34,* 159–174.

Korn, E. (1994). Mental imagery in enhancing performance: Theory and practical exercises. In A.A. Sheikh & E.R. Korn (Eds.), *Imagery in sports and physical performance* (pp. 201–230). Amityville, NY: Baywood.

Lang, P.J. (1977). Imagery in therapy: An information-processing analysis of fear. *Behavior Therapy, 8,* 862–886.

Lang, P.J. (1979). A bio-informational theory of emotional imagery. *Psychophysiology, 16,* 495–512.

Lang, P.J., Melamed, B.G., & Hart, J.A. (1970). A psychophysiological analysis of fear modification using an automated desensitization procedure. *Journal of Abnormal Psychology, 76,* 229–234.

Mace, R.D., Eastman, C., & Carroll, C. (1987). The effects of stress inoculation training on gymnastics' performance on the pommel horse: A case study. *Behavioral Psychotherapy, 15,* 272–279.

MacIntyre, T., & Moran, A. (1996). Imagery use among canoeists: A worldwide survey of novice, intermediate, and elite slalomists. *Journal of Applied Sport Psychology, 8,* S132.

MacKay, D.G. (1981). The problem of rehearsal or mental practice. *Journal of Motor Behavior, 13,* 274–285.

MacKay, D.G. (1982). The problem of flexibility, fluency and speed-accuracy trade-off in skilled behavior. *Psychological Review, 89,* 483–506.

Madigan, R., Frey, R.D., & Matlock, T.S. (1992). Cognitive strategies of university athletes. *Canadian Journal of Applied Sport Sciences, 17,* 135–140.

Mahoney, M.J., & Avener, M. (1977). Psychology of the elite athlete: An exploratory study. *Cognitive Therapy and Research, 1,* 135–141.

Markland, D., & Hardy, L. (1993). The Exercise Motivations Inventory: Preliminary development and validity of a measure of individuals' reasons for participation in regular physical exercise. *Personality and Individual Differences, 15,* 289–296.

Marks, D.F., & Isaac, A.R. (1995). Topographical distribution of EEG activity accompanying visual and motor imagery in vivid and non-vivid imagers. *British Journal of Psychology, 86,* 271–282.

Marteniuk, R.G. (1976). *Information processing in motor skills.* New York: Holt, Rinehart and Winston.

Martin, K.A., & Hall, C.R. (1995). Using mental imagery to enhance intrinsic motivation. *Journal of Sport & Exercise Psychology, 17,* 54–69.

Martin, K., Moritz, S., & Hall, C. (1999). Imagery use in sport: A literature review and applied model. *The Sport Psychologist, 13,* 245–268.

Mathes, S.A., & Battista, R. (1985). College men's and women's motives for participation in physical activity. *Perceptual and Motor Skills, 61,* 719–726.

McBride, E.R., & Rothstein, A.L. (1979). Mental and physical practice and the learning and retention of open and closed skills. *Perceptual and Motor Skills, 49,* 359–365.

Mills, K.D., Munroe, K.J., & Hall, C.R. (in press). The relationship between imagery and self-efficacy in competitive athletes. *Imagination, Cognition and Personality.*

Minas, C.A. (1978). Mental practice of a complex perceptual-motor skill. *Journal of Human Movement Studies, 4,* 102–107.

Moritz, S., Hall, C., Martin, K., & Vadocz, E. (1996). What are confident athletes imagining? An examination of image content. *The Sport Psychologist, 10,* 171–179.

Munroe, K.J., Giacobbi, P.R., Jr., Hall, C., & Weinberg, R. (2000). The four w's of imagery use: Where, when, why, and what. *The Sport Psychologist, 14,* 119–137.

Munroe, K., Hall, C., Simms, S., & Weinberg, R. (1998). The influence of type of sport and time of season on athletes' use of imagery. *The Sport Psychologist, 12,* 440–449.

Munroe, K., Hall, C.R., & Weinberg, R.S. (1999, October). *The relationship of goal setting and imagery: A qualitative analysis.* Paper presented at the annual meeting of the Canadian Society for Psychomotor Learning and Sport Psychology, Edmonton, Canada.

Noel, R.C. (1980). The effect of visuomotor behavioral rehearsal on tennis performance. *Journal of Sport Psychology, 2,* 221–226.

Orlick, T. (1990). *In pursuit of excellence* (2nd ed.). Champaign, IL: Human Kinetics.

Paivio, A. (1985). Cognitive and motivational functions of imagery in human performance. *Canadian Journal of Applied Sport Sciences, 10,* 22S–28S.

Paivio, A. (1986). *Mental representations: A dual coding approach.* New York: Oxford University Press.

Powell, G.E. (1973). Negative and positive mental practice in motor skill acquisition. *Perceptual and Motor Skills, 37,* 312.

Rawlings, E.I., Rawlings, I.L., Chen, S.S., & Yilk, D. (1972). The facilitating effects of mental rehearsal in the acquisition of rotary pursuit tracking. *Psychonomic Science, 26,* 71–73.

Rodgers, W.M., & Gauvin, L. (1998). Heterogeneity of incentives for physical activity and self-efficacy in high active and moderately active women exercisers. *Journal of Applied Social Psychology, 28,* 1016–1029.

Rodgers, W.M., Hall, C.R., Blanchard, C.M., & Munroe, K.J. (2000). *Refinement and validation of the Exercise Imagery Questionnaire.* Manuscript submitted for publication.

Rodgers, W.M., Hall, C.R., & Buckolz, E. (1991). The effect of an imagery training program on imagery ability, imagery use, and figure skating performance. *Journal of Applied Sport Psychology, 3,* 109–125.

Rotella, R.J., Gansneder, D., Ojala, D., & Billing, J. (1980). Cognitions and coping strategies of elite skiers: An exploratory study of young developing athletes. *Journal of Sport Psychology, 2,* 350–354.

Rushall, B.S. (1988). Covert modeling as a procedure for altering an elite athlete's psychological state. *The Sport Psychologist, 2,* 131–140.

Ryan, E.D., & Simons, J. (1982). Efficacy of mental imagery in enhancing mental rehearsal of motor skills. *Journal of Sport Psychology, 4,* 41–51.

Ryan, E.D., & Simons, J. (1983). What is learned in mental practice of motor skills? A test of the cognitive-motor hypothesis. *Journal of Sport Psychology, 5,* 419–426.

Sackett, R.S. (1934). The influences of symbolic rehearsal upon the retention of a maze habit. *Journal of General Psychology, 10,* 376–395.

Salmon, J., Hall, C., & Haslam, I. (1994). The use of imagery by soccer players. *Journal of Applied Sport Psychology, 6,* 116–133.

Schwartz, G. (1984). Psychophysiology of imagery and healing: A systems perspective. In A. Sheikh (Ed.), *Imagination and healing* (pp. 38–50). Farmingdale, NY: Baywood.

Singer, R.N. (1980). *Motor learning and human performance.* New York: Macmillan.

Sordoni, C., Hall, C., & Forwell, L. (2000). *The use of imagery by athletes during injury rehabilitation.* Manuscript submitted for publication.

Start, K.B., & Richardson, A. (1964). Imagery and mental practice. *British Journal of Educational Psychology, 34,* 280–284.

Suinn, R.M. (1980). Body thinking: Psychology for Olympic champions. In R.M. Suinn (Ed.), *Psychology in sport: Methods and applications* (pp. 306–315). Minneapolis, MN: Burgess.

Suinn, R.M. (1996). Imagery rehearsal: A tool for clinical practice. *Psychotherapy in Private Practice, 15,* 27–31.

Terry, P., Coakley, L., & Karageorghis, C. (1995). Effects of intervention upon precompetition state anxiety in elite junior tennis players: The relevance of the matching hypothesis. *Perceptual and Motor Skills, 17,* 428–446.

Vadocz, E.A., Hall, C.R., & Moritz, S.E. (1997). The relationship between competitive anxiety and imagery use. *Journal of Applied Sport Psychology, 9,* 241–253.

Vealey, R.S. (1986). Mental imagery training for performance enhancement. In J.M. Williams (Ed.), *Applied sport psychology: Personal growth to peak performance* (pp. 209–234). Mountain View, CA: Mayfield.

Vealey, R.S., & Walter, S.M. (1993). Imagery training for performance enhancement and personal growth. In J.M.

Williams (Ed.), *Applied sport psychology: Personal growth to peak performance* (2nd ed., pp. 200–224). Mountain View, CA: Mayfield.

Vogt, S. (1995). On relations between perceiving, imagining and performing in the learning of cyclical movement sequences. *British Journal of Psychology, 86,* 191–216.

Wehner, T., Vogt, S., & Stadler, M. (1984). Task-specific EMG-characteristics during mental practice. *Psychological Research, 46,* 380–401.

Weinberg, R.S., Seabourne, T.G., & Jackson, A. (1981). Effects of visuomotor behavioral rehearsal, relaxation, and imagery on karate performance. *Journal of Sport Psychology, 3,* 228–238.

White, A., & Hardy, L. (1995). Use of different imagery perspectives on the learning and performance of different motor skills. *British Journal of Psychology, 86,* 169–180.

White, A., & Hardy, L. (1998). An in-depth analysis of the uses of imagery by high-level slalom canoeists and artistic gymnasts. *The Sport Psychologist, 12,* 387–403.

Williams, J.D., Rippon, G., Stone, B.M., & Annett, J. (1995). Psychophysiological correlates of dynamic imagery. *British Journal of Psychology, 86,* 283–300.

Woolfolk, R.L., Parrish, M.W., & Murphy, S.M. (1985). The effects of positive and negative imagery on motor skill performance. *Cognitive Therapy and Research, 9,* 335–341.

Wrisberg, C.A., & Ragsdale, M.R. (1979). Cognitive demand and practice level: Factors in the mental rehearsal of motor skills. *Journal of Human Movement Studies, 5,* 201–208.

第21章

Allen, B.P., & Potkay, C.R. (1981). On the arbitrary distinction between states and traits. *Journal of Personality and Social Psychology, 41,* 916–928.

Ames, C. (1992). Classrooms: Goals, structures, and student motivation. *Journal of Educational Psychology, 84,* 261–271.

Bandura, A. (1978). The self system in reciprocal determinism. *American Psychologist, 33,* 344–358.

Bandura, A. (1986). *Social foundations of thought and action.* Englewood Cliffs, NJ: Prentice-Hall.

Bandura, A. (1990). Perceived self-efficacy in the exercise of personal agency. *Journal of Applied Sport Psychology, 2,* 128–163.

Bandura, A., & Wood, R.E. (1989). Effect of perceived controllability and performance standards on self-regulation of complex decision-making. *Journal of Personality and Social Psychology, 56,* 805–814.

Black, S.J., & Weiss, M.R. (1992). The relationship among perceived coaching behaviors, perceptions of ability, and motivation in competitive age-group swimmers. *Journal of Sport & Exercise Psychology, 14,* 309–325.

Burton, D. (1988). Do anxious swimmers swim slower? Reexamining the elusive anxiety-performance relationship. *Journal of Sport & Exercise Psychology, 10,* 45–61.

Clifton, R.T., & Gill, D.L. (1994). Gender differences in self-confidence on a feminine-typed task. *Journal of Sport & Exercise Psychology, 16,* 150–162.

Coakley, J. (1992). Burnout among adolescent athletes: A personal failure or social problem? *Sociology of Sport Journal, 9,* 271–285.

Corbin, C.B. (1981). Sex of subject, sex of opponent, and opponent ability as factors affecting self-confidence in a competitive situation. *Journal of Sport Psychology, 3,* 265–270.

Corbin, C.B., Landers, D.M., Feltz, D.L., & Senior, K. (1983). Sex differences in performance estimates: Female lack of confidence vs. male boastfulness. *Research Quarterly for Exercise and Sport, 54,* 407–410.

Corbin, C.B., & Nix, C. (1979). Sex-typing of physical activities and success predictions of children before and after cross-sex competition. *Journal of Sport Psychology, 1,* 43–52.

Courneya, K.S., & Carron, A.V. (1992). The home advantage in sport competitions: A literature review. *Journal of Sport & Exercise Psychology, 14,* 13–27.

Duda, J.L. (1989). Relationship between task and ego orientation and the perceived purpose of sports among high school athletes. *Journal of Sport & Exercise Psychology, 11,* 318–335.

Duda, J.L. (1992). Motivation in sport settings: A goal perspective approach. In G.C. Roberts (Ed.), *Motivation in sport and exercise* (pp. 57–91). Champaign, IL: Human Kinetics.

Eccles, J.S., & Harold, R.D. (1991). Gender differences in sport involvement: Applying the Eccles' expectancy-value model. *Journal of Applied Sport Psychology, 3,* 7–35.

Elko, P.K., & Ostrow, A.C. (1991). Effects of a rational-emotive education program on heightened anxiety levels of female collegiate gymnasts. *The Sport Psychologist, 5,* 235–255.

Ellis, A. (1981). *Rational emotive therapy and cognitive behavior therapy.* New York: Springer.

Feltz, D.L. (1988). Self-confidence and sport performance. In K.B. Pandolf (Ed.), *Exercise and sport science reviews* (pp. 423–457). New York: Macmillan.

Feltz, D.L. (1994). Self-confidence and performance. In D. Druckman & R.A. Bjork (Eds.), *Learning, remembering, believing: Enhancing human performance* (pp. 173–206). Washington, DC: National Academy Press.

Feltz, D.L., & Riessinger, C.A. (1990). Effects of in vivo emotive imagery and performance feedback on self-efficacy and muscular endurance. *Journal of Sport & Exercise Psychology, 12,* 132–143.

Garza, D.L., & Feltz, D.L. (1998). Effects of selected mental practice on performance, self-efficacy, and competition confidence of figure skaters. *The Sport Psychologist, 12,* 1–15.

Gayton, W.F., & Nickless, C.J. (1987). An investigation of the validity of the trait and state sport-confidence inventories in predicting marathon performance. *Perceptual and Motor Skills, 65,* 481–482.

Gill, D.L., & Deeter, T.E. (1988). Development of the Sport Orientation Questionnaire. *Research Quarterly for Exercise and Sport, 59,* 191–202.

Gill, D.L., Dzewaltowski, D.A., & Deeter, T.E. (1988). The relationship of competitiveness and achievement orientation to participation in sport and nonsport activities. *Journal of Sport & Exercise Psychology, 10,* 139–150.

Gould, D. (1998). Goal setting for peak performance. In J.M. Williams (Ed.), *Applied sport psychology: Personal growth to peak performance* (3rd ed., pp. 182–196). Mountain View, CA: Mayfield.

Gould, D., Guinan, D., Greenleaf, C., Medbery, R., & Peterson, K. (1999). Factors affecting Olympic performance: Perceptions of athletes and coaches from more and less successful teams. *The Sport Psychologist, 13,* 371–394.

Gould, D., Hodge, K., Peterson, K., & Giannini, J. (1989). An exploratory examination of strategies used by elite coaches to enhance self-efficacy in athletes. *Journal of Sport & Exercise Psychology, 11,* 128–140.

Gould, D., Petlichkoff, L., Simons, J., & Vevera, M. (1987). Relationship between Competitive State Anxiety Inventory-2 subscale scores and pistol shooting performance. *Journal of Sport Psychology, 9,* 33–42.

Gould, D., Udry, E., Tuffey, S., & Loehr, J. (1996). Burnout in competitive junior tennis players: I. A quantitative psychological assessment. *The Sport Psychologist, 10,* 322–340.

Gould, D., & Weiss, M.R. (1981). The effects of model similarity and model talk on self-efficacy and muscular endurance. *Journal of Sport Psychology, 3,* 17–29.

Gould, D., Weiss, M.R., & Weinberg, R.S. (1981). Psychological characteristics of successful and non-successful Big Ten wrestlers. *Journal of Sport Psychology, 3,* 69–81.

Griffin, N.S., & Keogh, J.F. (1982). A model for movement confidence. In J.A.S. Kelso & J. Clark (Eds.), *The development of movement control and coordination* (pp. 213–236). New York: Wiley.

Grove, J.R., & Heard, N.P. (1997). Optimism and sport confidence as correlates of slump-related coping among athletes. *The Sport Psychologist, 11,* 400–410.

Harter, S. (1981). A model of intrinsic mastery motivation in children: Individual differences and developmental change. In W.A. Collins (Ed.), *Minnesota symposium on child psychology* (Vol. 14, pp. 215–255). Hillsdale, NJ: Erlbaum.

Highlen, P.S., & Bennett, B.B. (1979). Psychological characteristics of successful and unsuccessful elite wrestlers: An exploratory study. *Journal of Sport Psychology, 1,* 123–137.

Horn, T.S. (1985). Coaches' feedback and changes in children's perceptions of their physical competence. *Journal of Educational Psychology, 77,* 174–186.

Horn, T.S., & Harris, A. (1996). Perceived competence in young athletes: Research findings and recommendations for coaches and parents. In F.L. Smoll & R.E. Smith (Eds.), *Children and youth in sport: A biopsychosocial perspective* (pp. 309–329). Dubuque, IA: Times Mirror.

Horn, T.S., & Hasbrook, C.A. (1986). Information components influencing children's perceptions of their physical competence. In M.R. Weiss & D. Gould (Eds.), *Sport for children and youths* (pp. 81–88). Champaign, IL: Human Kinetics.

Horn, T.S., & Hasbrook, C.A. (1987). Psychological characteristics and the criteria children use for self-evaluation. *Journal of Sport Psychology, 9,* 208–221.

Horn, T.S., & Weiss, M.R. (1991). A developmental analysis of children's self-ability judgments in the physical domain. *Pediatric Exercise Science, 3,* 310–326.

Jones, G., Hanton, S., & Swain, A.B.J. (1994). Intensity and interpretation of anxiety symptoms in elite and non-elite sports performers. *Personal Individual Differences, 17,* 657–663.

Jones, G., & Swain, A.B.J. (1995). Predisposition to experience debilitative and facilitative anxiety in elite and nonelite performers. *The Sport Psychologist, 9,* 201–211.

Kingston, K.M., & Hardy, L. (1997). Effects of different types of goals on processes that support performance. *The Sport Psychologist, 11,* 277–293.

Lang, P.J. (1979). A bio-informational theory of emotional imagery. *Psychophysiology, 16,* 495–512.

Lenney, E. (1977). Women's self-confidence in achievement settings. *Psychological Bulletin, 84,* 1–13.

Lirgg, C.D. (1991). Gender differences in self-confidence in physical activity: A meta-analysis of recent studies. *Journal of Sport & Exercise Psychology, 8,* 294–310.

Lirgg, C.D., George, T.R., Chase, M.A., & Ferguson, R.H. (1996). Impact of conception of ability and sex-type of task on male and female self-efficacy. *Journal of Sport & Exercise Psychology, 18,* 426–434.

Maddux, J.E., & Lewis, J. (1995). Self-efficacy and adjustment: Basic principles and issues. In J.E. Maddux (Ed.), *Self-efficacy, adaptation, and adjustment: Theory, research, and application* (pp. 37–68). New York: Plenum Press.

Mahoney, M.J., & Avener, M. (1977). Psychology of the elite athlete: An exploratory study. *Cognitive Therapy and Research, 1,* 135–141.

Mahoney, M.J., Gabriel, T.J., & Perkins, T.S. (1987). Psychological skills and exceptional athletic performance. *The Sport Psychologist, 1,* 181–199.

Martens, R., Vealey, R.S., & Burton, D. (1990). *Competitive anxiety in sport.* Champaign, IL: Human Kinetics.

Martin, K.A., & Mack, D. (1996). Relationships between physical self-presentation and sport competition trait anxiety: A preliminary study. *Journal of Sport & Exercise Psychology, 18,* 75–82.

McAuley, E. (1985). Modeling and self-efficacy: A test of Bandura's model. *Journal of Sport Psychology, 7,* 283–295.

Meyers, A.W., Cooke, C.J., Cullen, J., & Liles, L. (1979). Psychological aspects of athletic competitors: A replication across sports. *Cognitive Therapy and Research, 3,* 31–366.

Mischel, W. (1968). *Personality and assessment.* New York: Wiley.

Moore, W.E. (1998). Confidence. In M.A. Thompson, R.A. Vernacchia, & W.E. Moore (Eds.), *Case studies in applied sport psychology: An educational approach* (pp. 63–88). Dubuque, IA: Kendall/Hunt.

Moritz, S.E., Hall, C.R., Martin, K.A., & Vadocz, E. (1996). What are confident athletes imaging? An examination of image content. *The Sport Psychologist, 10,* 171–179.

Murphy, S.M. (1994). Imagery interventions in sport. *Medicine and Science in Sports and Exercise, 26,* 486–494.

Nelson, L., & Furst, M. (1972). An objective study of the effects of expectation on competitive performance. *Journal of Psychology, 81,* 69–72.

Ness, R.G., & Patton, R.W. (1979). The effects of beliefs on maximum weight-lifting performance. *Cognitive Therapy and Research, 3,* 205–211.

Nicholls, J.G. (1989). *The competitive ethos and democratic education.* Cambridge, MA: Harvard University Press.

Orlick, T., & Partington, J. (1988). Mental links to excellence. *The Sport Psychologist, 2,* 105–130.

Paivio, A. (1985). Cognitive and motivational functions of imagery in human performance. *Canadian Journal of Applied Sport Science, 10,* 22–28.

Pervin, L.A., & John, O.P. (1997). *Personality: Theory and research* (7th ed.). New York: Wiley.

Richardson, P.A., Adler, W., & Hankes, D. (1988). Game, set, match: Psychological momentum in tennis. *The Sport Psychologist, 2,* 69–76.

Roberts, W., & Vealey, R.S. (1992, October). *Attention in sport: Measurement issues, psychological concomitants, and the prediction of performance.* Paper presented at the Association for the Advancement of Applied Sport Psychology conference, Colorado Springs, CO.

Rosenfeld, L.B., & Richman, J.R. (1997). Developing effective social support: Team building and the social support process. *Journal of Applied Sport Psychology, 9,* 133–153.

Ryckman, R.M., Robbins, M.A., Thornton, B., & Cantrell, P. (1982). Development and validation of a physical self-efficacy scale. *Journal of Personality and Social Psychology, 42,* 891–900.

Scanlan, T.K., & Passer, M.W. (1979). Factors influencing the competitive performance expectancies of young athletes. *Journal of Sport Psychology, 1,* 212–220.

Scanlan, T.K., & Passer, M.W. (1980). Determinants of competitive performance expectancies of young male athletes. *Journal of Personality, 49,* 60–74.

Scheier, M.F., & Carver, C.S. (1988). A model of behavioral self-regulation: Translating intention into action. In L. Berkowitz (Ed.), *Advances in experimental social psychology* (Vol. 21, pp. 322–343). San Diego, CA: Academic Press.

Theeboom, M., De Knop, P., & Weiss, M.R. (1995). Motivational climate, psychological responses, and motor skill development in children's sport: A field-based intervention study. *Journal of Sport & Exercise Psychology, 17,* 294–311.

Vealey, R.S. (1986). Conceptualization of sport-confidence and competitive orientation: Preliminary investigation and instrument development. *Journal of Sport Psychology, 8,* 221–246.

Vealey, R.S. (1988a). Future directions in psychological skills training. *The Sport Psychologist, 2,* 318–336.

Vealey, R.S. (1988b). Sport-confidence and competitive orientation: An addendum on scoring procedures and gender differences. *Journal of Sport & Exercise Psychology, 10,* 471–478.

Vealey, R.S. (1999). Conceptual and psychometric advances in the study of sport-confidence. *Revista de Psicologia Social Aplicada, 9,* 71–84.

Vealey, R.S., & Campbell, J.L. (1988). Achievement goals of adolescent figure skaters: Impact on self-confidence, anxiety, and performance. *Journal of Adolescent Research, 3,* 227–243.

Vealey, R.S., & Garner-Holman, M. (1998). Measurement issues in applied sport psychology. In J.L. Duda (Ed.), *Advances in sport and exercise psychology measurement* (pp. 247–268). Morgantown, WV: Fitness Information Technology.

Vealey, R.S., & Greenleaf, C.A. (1998). Seeing is believing: Understanding and using imagery in sport. In J.M. Williams (Ed.), *Applied sport psychology: Personal growth to peak performance* (3rd ed., pp. 237–269). Mountain View, CA: Mayfield.

Vealey, R.S., Hayashi, S.W., Garner-Holman, G., & Giacobbi, P. (1998). Sources of sport-confidence: Conceptualization and instrument development. *Journal of Sport & Exercise Psychology, 20,* 54–80.

Vealey, R.S., & Knight, B. (2000). *Multidimensional sport-confidence: A conceptual and psychometric extension.* Unpublished manuscript, Miami University, Oxford, OH.

Vealey, R.S., & Sinclair, D.A. (1987, September). *The analysis and prediction of stability in sport-confidence.* Paper presented at the Association for the Advancement of Applied Sport Psychology conference, Newport Beach, CA.

Weinberg, R.S., Gould, D., & Jackson, A. (1979). Expectancies and performance: An empirical test of Bandura's self-efficacy theory. *Journal of Sport Psychology, 1,* 320–331.

Weinberg, R.S., Grove, R., & Jackson, A. (1992). Strategies for building self-efficacy in tennis players: A comparative analysis of Australian and American coaches. *The Sport Psychologist, 6,* 3–13.

Weinberg, R.S., Yukelson, D., & Jackson, A. (1980). Effect of public versus private efficacy expectations on competitive performance. *Journal of Sport Psychology, 2,* 340–349.

Williams, L. (1994). Goal orientations and athletes' preferences for competence information sources. *Journal of Sport & Exercise Psychology, 16,* 416–430.

Zinsser, N., Bunker, L., & Williams, J.M. (1998). Cognitive techniques for building confidence and enhancing performance. In J.M. Williams (Ed.), *Applied sport psychology: Personal growth to peak performance* (3rd ed., pp. 270–295). Mountain View, CA: Mayfield.

第22章

Anshel, M.H. (1995). An examination of self-regulatory cognitive-behavioural strategies of Australian elite and non-elite competitive male swimmers. *Australian Psychologist, 30,* 78–83.

Anshel, M.H., & Porter, A. (1995). Self-regulatory characteristics of competitive swimmers as a function of skill level and gender. *Journal of Sport Behavior, 19,* 91–110.

Anshel, M.H., & Porter, A. (1996). Efficacy of a model for examining self-regulation with elite and non-elite male and female competitive swimmers. *International Journal of Sport Psychology, 27,* 321–336.

Austin, J.T., & Vancouver, J.B. (1996). Goal constructs in psychology: Structure, process, and content. *Psychological Bulletin, 120,* 338–375.

Bagozzi, R.P., & Kimmel, S.K. (1995). A comparison of leading theories for the prediction of goal-directed behaviours. *British Journal of Social Psychology, 34,* 437–461.

Bandura, A. (1986). *Social foundations of thought and action: A social-cognitive theory.* Englewood Cliffs, NJ: Prentice-Hall.

Bandura, A. (1997). *Self-efficacy: The exercise of control.* New York: Freeman.

Bargh, J.A., & Barndollar, K. (1996). Automaticity in action: The unconscious as repository of chronic goals and motives. In P.M. Gollwitzer & J.A. Bargh (Eds.), *The psychology of action* (pp. 457–481). New York: Guilford Press.

Baumeister, R.F., Heatherton, T.F., & Tice, D.M. (1994). *Losing control: Why people fail at self-regulation.* San Diego, CA: Academic Press.

Beauchamp, P.H., Koestner, R., & Fournier, J.F. (1996). Effects of cognitive-behavioral psychological skills training on the motivation, preparation, and putting performance of novice golfers. *The Sport Psychologist, 10,* 157–170.

Blais, M.R., & Vallerand, R.J. (1986). Multimodel effects of electromyographic biofeedback: Looking at children's ability to control precompetitive anxiety. *Journal of Sport Psychology, 8,* 283–303.

Blumenstein, B., Bar-Eli, M., & Tenenbaum, G. (1995). The augmenting role of biofeedback: Effects of autogenic, imagery and music training on physiological indices and athletic performance. *Journal of Sports Sciences, 13,* 343–354.

Carver, C.S., & Scheier, M.F. (1998). *On the self-regulation of behavior.* New York: Cambridge University Press.

Couture, R.T., Singh, M., Lee, W., Chahal, P., Wankel, L., Osen, M., & Wheeler, G. (1994). The effect of mental training on the performance of military endurance tasks in the Canadian infantry. *International Journal of Sport Psychology, 25,* 144–157.

Cowden, R.D., & Plowman, S.A. (1999). The self-regulation and perception of exercise intensity in children in a field setting. *Pediatric Exercise Science, 11,* 32–43.

Cummings, M.S., Wilson, V.E., & Bird, E.I. (1984). Flexibility development in sprinters using EMG biofeedback and relaxation training. *Biofeedback and Self-Regulation, 9,* 395–405.

Emmons, R.A. (1986). Personal strivings: An approach to personality and subjective well-being. *Journal of Personality and Social Psychology, 51,* 1058–1068.

Ford, D.H. (1987). *Humans as self-constructing living systems: A developmental perspective on behavior and personality.* Hillsdale, NJ: Erlbaum.

French, S.N. (1978). Electromyographic biofeedback for tension control during gross motor skill acquisition. *Perceptual and Motor Skills, 47,* 883–889.

Gorely, T., & Gordon, S. (1995). An examination of the transtheoretical model and exercise behavior in older adults. *Journal of Sport & Exercise Psychology, 17,* 312–324.

Goudas, M., Biddle, S., & Fox, K. (1994). Perceived locus of causality, goal orientations, and perceived competence in school physical education classes. *British Journal of Educational Psychology, 64,* 453–463.

Green-Demers, I., Pelletier, L.G., Stewart, D.G., & Gushue, N.R. (1998). Coping with the less interesting aspects of training: Toward a model of interest and motivation enhancement in individual sports. *Basic and Applied Social Psychology, 20,* 251–261.

Hallam, J., & Petosa, R. (1998). A worksite intervention to enhance social cognitive theory constructs to promote exercise adherence. *American Journal of Health Promotion, 13,* 4–7.

Herald, M.M., & Lucker, G.W. (1995). Ethnic and gender variations in the sources of information used to evaluate performance in the exercise setting. *Journal of Applied Social Psychology, 25,* 2180–2191.

Hill, K.L., & Borden, F. (1995). The effect of attentional cueing scripts on competitive bowling performance. *International Journal of Sport Psychology, 26,* 503–512.

Kane, T.D., Marks, M.A., Zaccaro, S.J., & Blair, V. (1996). Self-efficacy, personal goals, and wrestlers' self-regulation. *Journal of Sport & Exercise Psychology, 18,* 36–48.

Kanfer, F.H., & Karoly, P. (1972). Self-control: A behavioristic excursion into the lion's den. *Behavior Therapy, 3,* 398–416.

Karoly, P. (1980). Person variables in therapeutic change and development. In P. Karoly & J.J. Steffen (Eds.), *Improving the long-term effects of psychotherapy* (pp. 195–261). New York: Gardner Press.

Karoly, P. (1993). Mechanisms of self-regulation: A systems view. *Annual Review of Psychology, 44,* 23–52.

Karoly, P. (1998). Expanding the conceptual range of health self-regulation research: A commentary. *Psychology & Health, 13,* 741–746.

Karoly, P. (1999). A goal systems self-regulatory perspective on personality, psychopathology, and change. *Review of General Psychology, 3,* 264–291.

Kavussanu, M., Crews, D.J., & Gill, D. (1998). The effects of single versus multiple measures of biofeedback on basketball free throw shooting performance. *International Journal of Sport Psychology, 29,* 132–144.

Kirkcaldy, B.D., & Christen, J. (1981). An investigation into the effect of EMG frontalis biofeedback on physiological correlates of exercise. *International Journal of Sport Psychology, 12,* 235–252.

Kirschenbaum, D.S. (1984). Self-regulation and sport psychology: Nurturing an emerging symbiosis. *Journal of Sport Psychology, 6,* 159–183.

Kirschenbaum, D.S. (1987). Self-regulation of sport performance. *Medicine and Science in Sports and Exercise, 19,* S106–S113.

Kirschenbaum, D.S., O'Connor, E.A., & Owens, D. (1999). Positive illusions in golf: Empirical and conceptual analyses. *Journal of Applied Sport Psychology, 11,* 1–27.

Kirschenbaum, D.S., Owens, D., & O'Connor, E.A. (1998). Smart golf: Preliminary evaluation of a simple, yet comprehensive, approach to improving and scoring the mental game. *The Sport Psychologist, 12,* 271–282.

Kirschenbaum, D.S., & Wittrock, D.A. (1984). Cognitive-behavioral interventions in sport: A self-regulatory perspective. In J.M. Silva & R.S. Weinberg (Eds.), *Psychological foundations of sport* (pp. 81–90). Champaign, IL: Human Kinetics.

La Greca, A.M., & Ottinge, D.R. (1979). Self-monitoring and relaxation training in the treatment of medically ordered exercises in a 12-year-old female. *Journal of Pediatric Psychology, 4,* 49–54.

Little, B.R. (1983). Personal projects: A rationale and method for investigation. *Environment and Behavior, 15,* 273–309.

Locke, E.A., & Latham, G.P. (1990). *A theory of goal-setting and task performance.* Englewood Cliffs, NJ: Prentice-Hall.

Madsen, J., Sallis, J.F., Rupp, J.W., Senn, K.L., Patterson, T.L., Atkins, C.J., & Nadier, P.R. (1993). Relationship between self-monitoring of diet and exercise change and subsequent risk factor changes in children and adults. *Patient Education and Counseling, 21,* 61–69.

Martin, M.B., & Anshel, M.H. (1995). Effect of self-monitoring strategies and task complexity on motor performance and affect. *Journal of Sport & Exercise Psychology, 17,* 153–170.

Miller, G.A., Galanter, E., & Pribram, K.H. (1960). *Plans and the structure of behavior.* New York: Holt, Rinehart and Winston.

Powers, W.T. (1973). *Behavior: The control of perception.* Chicago: Aldine.

Prapavessis, H., Grove, R., McNair, R.J., & Cable, N.T. (1992). Self-regulation training, state anxiety, and sport performance: A psychophysiological case study. *The Sport Psychologist, 6,* 213–229.

Sanderson, D.J. (1987, February). Training with biofeedback: Real-time feedback improves pedaling style. *Biomechanics,* 10–13.

Schneider, J.K. (1997). Self-regulation and exercise behavior in older women. *Journal of Gerontology: Psychological Sciences, 52B,* 235–241.

Simek, T.C., O'Brien, R.M., & Figlerski, L.B. (1994). Contracting and chaining to improve the performance of a college golf team: Improvement and deterioration. *Perceptual and Motor Skills, 78,* 1099–1105.

Singer, R.N., Lidor, R., & Cauraugh, J.H. (1993). To be aware or not aware? What to think about while learning and performing a motor skill. *The Sport Psychologist, 7,* 19–30.

Svec, O.J. (1982, May/July). Biofeedback for pulling efficiency. *Swimming Technique,* 38–46.

Thayer, R.E., Peters, D.P., III, Takahashi, P.J., & Birkhead-Flight, A.M. (1993). Mood and behavior (smoking and sugar snacking) following moderate exercise: A partial test of self-regulation theory. *Personality and Individual Differences, 14,* 97–104.

von Bertalanfy, L. (1968). *General systems theory.* New York: Braziller.

Wrisberg, C.A., & Pein, R.L. (1990). Past running experience as a mediator of the attentional focus of male and female recreational runners. *Perceptual and Motor Skills, 70,* 427–432.

Zimmerman, B.J., & Kitsantas, A. (1996). Self-regulated learning of a motoric skill: The role of goal setting and self-monitoring. *Journal of Applied Sport Psychology, 8,* 60–75.

第23章

Bandura, A. (1977). *Social learning theory.* Englewood Cliffs, NJ: Prentice-Hall.

Bandura, A. (1986). *Social foundations of thought and action: A social cognitive theory.* Englewood Cliffs, NJ: Prentice-Hall.

Bandura, A. (1991). Social cognitive theory of moral thought and action. In W.M. Kurtines & J.L. Gewirtz (Eds.), *Handbook of moral behavior and development: Theory* (Vol. 1, pp. 45–103). Hillsdale, NJ: Erlbaum.

Beedy, J. (1997). *Sports PLUS: Developing youth sports programs that teach positive values.* Hamilton, MA: Project Adventure.

Beller, J., & Stoll, S. (1995). Moral reasoning of high school student athletes and general students: An empirical study versus personal testimony. *Pediatric Exercise Science, 7,* 352–363.

Blair, S. (1985). Professionalization of attitude toward play in children and adults. *Research Quarterly in Exercise and Sport, 56,* 82–83.

Blasi, A. (1984). Moral identity: Its role in moral functioning. In W. Kurtines & J. Gewirtz (Eds.), *Morality, moral behavior, and moral development* (pp. 128–139). New York: Wiley.

Blasi, A. (1989). The integration of morality in personality. In I.E. Bilbao (Ed.), *Perspectivas acerca de cambio moral: Posibles intervenciones educativas* (pp. 229–253). San Sebastian, Spain: Servicio Editorial Universidad del Pais Vasco.

Blatt, M.M., & Kohlberg, L. (1975). The effects of classroom moral discussion upon children's level of moral judgment. *Journal of Moral Education, 4,* 129–161.

Bredemeier, B.J. (1982). Gender, justice, and non-violence. *Perspectives, 9,* 106–113.

Bredemeier, B.J. (1984). Sport, gender and moral growth. In J. Silva & R. Weinberg (Eds.), *Psychological foundations of sport and exercise* (pp. 400–414). Champaign, IL: Human Kinetics.

Bredemeier, B.J. (1985). Moral reasoning and the perceived legitimacy of intentionally injurious sport acts. *Journal of Sport Psychology, 7,* 110–124.

Bredemeier, B.J. (1994). Children's moral reasoning and their assertive, aggressive, and submissive tendencies in sport and daily life. *Journal of Sport & Exercise Psychology, 16,* 1–14.

Bredemeier, B.J. (1995). Divergence in children's moral reasoning about issues in daily life and sport specific contexts. *International Journal of Sport Psychology, 26,* 453–463.

Bredemeier, B., & Shields, D. (1984a). Divergence in moral reasoning about sport and life. *Sociology of Sport Journal, 1,* 348–357.

Bredemeier, B., & Shields, D. (1984b). The utility of moral stage analysis in the understanding of athletic aggression. *Sociology of Sport Journal, 1,* 138–149.

Bredemeier, B., & Shields, D. (1985). Values and violence in sport. *Psychology Today, 19,* 22–32.

Bredemeier, B., & Shields, D. (1986a). Athletic aggression: An issue of contextual morality. *Sociology of Sport Journal, 3,* 15–28.

Bredemeier, B., & Shields, D. (1986b). Game reasoning and interactional morality. *Journal of Genetic Psychology, 147,* 257–275.

Bredemeier, B., & Shields, D. (1986c). Moral growth among athletes and non-athletes: A comparative analysis. *Journal of Genetic Psychology, 147,* 7–18.

Bredemeier, B., & Shields, D. (1994). Applied ethics and moral reasoning in sport. In J. Rest & D. Narváez (Eds.), *Moral development in the professions: Psychology and applied ethics* (pp. 173–187). Hillsdale, NJ: Erlbaum.

Bredemeier, B., & Shields, D. (1996). Moral development and children's sport. In F.L. Smoll & R.E. Smith (Eds.), *Children and youth in sport: A biopsychosocial perspective* (pp. 381–401). Madison, WI: Brown & Benchmark.

Bredemeier, B., & Shields, D. (1998). Moral assessment in sport psychology. In J.L. Duda (Ed.), *Advances in sport and exercise psychology measurement* (pp. 257–276). Morgantown, WV: Fitness Information Technology.

Bredemeier, B., Weiss, M., Shields, D., & Cooper, B. (1986). The relationship of sport involvement with children's moral reasoning and aggression tendencies. *Journal of Sport Psychology, 8,* 304–318.

Bredemeier, B., Weiss, M., Shields, D., & Cooper, B. (1987). The relationship between children's legitimacy judgments and their moral reasoning, aggression tendencies and sport involvement. *Sociology of Sport Journal, 4,* 48–60.

Bredemeier, B., Weiss, M., Shields, D., & Shewchuk, R. (1986). Promoting moral growth in a summer sport camp: The implementation of theoretically grounded instructional strategies. *Journal of Moral Education, 15,* 212–220.

Card, A. (1981, April). *Orientation toward winning as a function of athletic participation, grade level, and gender.* Paper presented at the annual meeting of the American Alliance for Health, Physical Education, Recreation, and Dance, Detroit, MI.

Case, R. (1992). *The mind's staircase.* Hillsdale, NJ: Erlbaum.

Davis, H., & Baskett, G. (1979). Do athletes and non-athletes have different values? *Athletic Administration, 13,* 17–19.

Dawley, D.J., Troyer, M.E., & Shaw, J.H. (1951). Relationship between observed behavior in elementary school physical education and test responses. *Research Quarterly, 22,* 71–76.

De Busk, M., & Hellison, D. (1989). Implementing a physical education self-responsibility model for delinquency-prone youth. *Journal of Teaching Physical Education, 8,* 104–112.

Deluty, R.H. (1979). Children's Action Tendency Scale: A self-report measure of aggressiveness, assertiveness, and submissiveness in children. *Journal of Consulting and Clinical Psychology, 47,* 1061–1071.

Deluty, R.H. (1984). Behavioral validation of the Children's Action Tendency Scale. *Journal of Behavioral Assessment, 6,* 115–130.

Duda, J.L. (1989). The relationship between task and ego orientation and the perceived purpose of sport among male and female high school athletes. *Journal of Sport & Exercise Psychology, 11,* 318–335.

Duda, J.L., & Huston, L. (1997). The relationship of goal orientation and degree of competitive sport participation to the endorsement of aggressive acts in American football. In R. Vanfraechem-Raway & Y. Vanden Auweele (Eds.), *9th European Congress on Sport Psychology Proceedings* (pp. 655–662). Brussels, Belgium: European Federation of Sports Psychology.

Duda, J.L., Olson, L.K., & Templin, T.J. (1991). The relationship of task and ego orientation to sportsmanship attitudes and the perceived legitimacy of injurious acts. *Research Quarterly for Exercise and Sport, 62,* 79–87.

Dunn, J.G.H., & Dunn J.C. (1999). Goal orientation, perceptions of aggression, and sportspersonship in elite male youth ice hockey players. *The Sport Psychologist, 13,* 183–200.

Durkheim, E. (1973). *Moral education: A study in the theory and application of the sociology of education.* New York: Free Press.

Enright, R. (1981). *A user's manual for the Distributive Justice Scale.* Madison: University of Wisconsin.

Eysenck, H.J. (1977). *Crime and personality* (3rd ed.). St. Albans, England: Paladin.

Gibbons, S., Ebbeck, V., & Weiss, M. (1995). Fair play for kids: Effects on the moral development of children in physical education. *Research Quarterly for Exercise and Sport, 66,* 247–255.

Gilligan, C. (1982). *In a different voice: Psychological theory and women's development.* Cambridge, MA: Harvard University Press.

Gilligan, C., Lyons, N., & Hanmer, T. (Eds.). (1990). *Making connections: The relational worlds of adolescent girls at Emma Willard School.* Cambridge, MA: Harvard University Press.

Haan, N. (1977a). *Coping and defending: Processes of self-environment organization.* New York: Academic Press.

Haan, N. (1977b). *A manual for interactional morality.* Unpublished manuscript, University of California, Berkeley, Institute of Human Development.

Haan, N. (1978). Two moralities in action contexts: Relationship to thought, ego regulation, and development. *Journal of Personality and Social Psychology, 36,* 286–305.

Haan, N. (1983). An interactional morality of everyday life. In N. Haan, R. Bellah, P. Rabinow, & W. Sullivan (Eds.), *Social science as moral inquiry* (pp. 218–250). New York: Columbia University Press.

Haan, N. (1985). Processes of moral development: Cognitive or social disequilibrium. *Developmental Psychology, 21,* 996–1006.

Haan, N. (1991). Moral development and action from a social constructivist perspective. In W.M. Kurtines & J.L. Gewirtz (Eds.), *Handbook of moral behavior and development: Theory* (Vol. 1, pp. 251–273). Hillsdale, NJ: Erlbaum.

Haan, N., Aerts, E., & Cooper, B.B. (1985). *On moral grounds: The search for a practical morality.* New York: New York University Press.

Hahm, C., Beller, J., & Stoll, S. (1989). *The Hahm-Beller Values Choice Inventory in the sport milieu.* Moscow: University of Idaho Press.

Hall, E. (1981). *Moral development of athletes in sport specific and general social situations.* Unpublished doctoral dissertation, Texas Women's University, Denton.

Haskins, M.J. (1960). Problem solving test of sportsmanship. *Research Quarterly, 31,* 601–606.

Haskins, M.J., & Hartman, B.G. (1960). *Action-choice tests for competitive sports situations.* Author.

Hellison, D. (1978). *Beyond balls and bats: Alienated (and other) youth in the gym.* Washington, DC: American Alliance for Health, Physical Education, Recreation, and Dance.

Hellison, D. (1983). Teaching self-responsibility (and more). *Journal of Physical Education, Recreation, and Dance, 54,* 23ff.

Hellison, D. (1985). *Goals and strategies for teaching physical education.* Champaign, IL: Human Kinetics.

Hellison, D. (1995). *Teaching responsibility through physical activity.* Champaign, IL: Human Kinetics.

Hellison, D., Lifka, B., & Georgiadis, N. (1990). Physical education for disadvantaged youth: A Chicago story. *Journal of Physical Education, Recreation and Dance, 61,* 36–46.

Higgins, A., Power, C., & Kohlberg, L. (1984). The relationship of moral atmosphere to judgments of responsibility. In W. Kurtines & J. Gewirtz (Eds.), *Morality, moral behavior, and moral development* (pp. 74–106). New York: Wiley.

Hyde, J.S. (1984). How large are gender differences in aggression? A developmental meta-analysis. *Developmental Psychology, 20,* 722–736.

Johnson, M.L. (1969). Construction of sportsmanship attitude scales. *Research Quarterly, 40,* 312–316.

Kidd, T., & Woodman, W. (1975). Sex and orientation toward winning in sport. *Research Quarterly, 46,* 476–483.

Knoppers, A. (1985). Professionalization of attitudes: A review and critique. *Quest, 37,* 92–102.

Knoppers, A., Schuiteman, J., & Love, B. (1986). Winning is not the only thing. *Sociology of Sport Journal, 3,* 43–56.

Knoppers, A., Schuiteman, J., & Love, B. (1988). Professional orientation of junior tennis players. *International Review for the Sociology of Sport, 23,* 243–254.

Kohlberg, L. (1969). Stage and sequence: The cognitive-developmental approach to socialization. In D.A. Goslin (Ed.), *Handbook of socialization theory and research* (pp. 347–480). Chicago: Rand McNally.

Kohlberg, L. (1970). Education for justice: A modern statement of the platonic view. In N.F. Sizer & T.R. Sizer (Eds.), *Moral education: Five lectures.* Cambridge, MA: Harvard University Press.

Kohlberg, L. (1976). Moral stages and moralization: The cognitive-developmental approach. In T. Lickona (Ed.), *Moral development and behavior: Theory, research and social issues* (pp. 31–53). New York: Holt, Rinehart and Winston.

Kohlberg, L. (1981). *Essays on moral development: The philosophy of moral development* (Vol. 1). San Francisco: Harper & Row.

Kohlberg, L. (1984). *Essays on moral development: The psychology of moral development* (Vol. 2). San Francisco: Harper & Row.

Kohlberg, L., & Candee, D. (1984). The relationship of moral judgment to moral action. In W. Kurtines & J. Gewirtz (Eds.), *Morality, moral behavior, and moral development* (pp. 52–73). New York: Wiley.

Kohlberg, L., Hickey, J., & Scharf, P. (1972). The justice structure of the prison: A theory and intervention. *Prison Journal, 51,* 3–14.

Kohlberg, L., & Higgins, A. (1987). School democracy and social interaction. In W. Kurtines & J. Gewirtz (Eds.), *Moral development through social interaction* (pp. 102–128) New York: Wiley.

Lakie, W.L. (1964). Expressed attitudes of various groups of athletes toward athletic competition. *Research Quarterly, 35,* 497–503.

Lee, M. (1977). *Expressed values of varsity football players, intramural football players, and non-football players.* Eugene, OR: Microform.

Lee, M. (1986). Moral and social growth through sport: The coach's role. In G. Gleeson (Ed.), *The growing child in competitive sport* (pp. 248–255). London: Hodder and Stoughton.

Lee, M. (1988). Values and responsibilities in children's sports. *Physical Education Review, 11,* 19–27.

Lee, M., & Cockman, M. (1995). Values in children's sport: Spontaneously expressed values among young athletes. *International Review for the Sociology of Sport, 30,* 337–351.

Loy, J., Birrell, S., & Rose, D. (1976). Attitudes held toward agonetic activities as a function of selected social identities. *Quest, 26,* 81–93.

Maloney, T.L., & Petrie, B. (1972). Professionalization of attitude toward play among Canadian school pupils as a function of sex, grade, and athletic participation. *Journal of Leisure Research, 4,* 184–195.

Mantel, R.C., & Vander Velden, L. (1974). The relationship between the professionalization of attitude toward play of preadolescent boys and participation in organized sport. In G. Sage (Ed.), *Sport and American society* (2nd ed., pp. 172–178). Reading, MA: Addison-Wesley.

Martin, D., & Dodder, R. (1993). A reassessment of the psychosocial foundations of sport scale. *Sociology of Sport Journal, 10,* 197–204.

McAfee, R. (1955). Sportsmanship attitudes of sixth, seventh, and eighth grade boys. *Research Quarterly, 26,* 120–121.

McElroy, M., & Kirkendall, D.R. (1980). Significant others and professionalized sport attitudes. *Research Quarterly for Exercise and Sport, 51,* 645–667.

Miller, S., Bredemeier, B., & Shields, D. (1997). Sociomoral education through physical education with at-risk children. *Quest, 49,* 114–129.

Nicholls, J.G. (1983). Conceptions of ability and achievement motivation: A theory and its implications for education. In S.G. Paris, G.M. Olson, & H.W. Stevenson (Eds.), *Learning and motivation in the classroom* (pp. 211–237). Hillsdale, NJ: Erlbaum.

Nicholls, J.G. (1989). *The competitive ethos and democratic education.* Cambridge, MA: Harvard University Press.

Nicholls, J.G. (1992). The general and the specific in the development and expression of achievement motivation. In G.C. Roberts (Ed.), *Motivation in sport and exercise* (pp. 31–54). Champaign, IL: Human Kinetics.

Nicholson, C. (1979). Some attitudes associated with sports participation among junior high school females. *Research Quarterly, 50,* 661–667.

Nixon, H. (1980). Orientation toward sports participation among college students. *Journal of Sport Behavior, 3,* 29–45.

Orlick, T. (1981). Positive socialization via cooperative games. *Developmental Psychology, 17,* 126–129.

Petrie, B. (1971a). Achievement orientations in adolescent attitudes toward play. *International Review of Sport Sociology, 6,* 89–99.

Petrie, B. (1971b). Achievement orientations in the motivation of Canadian university students toward physical activity. *Journal of the Canadian Association of Health, Physical Education, and Recreation, 37,* 7–13.

Piaget, J. (1932). *The moral judgment of the child.* London: Routledge & Kegan Paul.

Piaget, J. (1970). *Structuralism.* New York: Basic Books.

Piaget, J. (1971). *Biology and knowledge: An essay on the relations between organic regulations and cognitive processes.* Chicago: University of Chicago Press.

Power, F.C., Higgins, A., & Kohlberg, L. (1989). *Lawrence Kohlberg's approach to moral education.* New York: Columbia University Press.

Rest, J. (1984). The major components of morality. In W. Kurtines & J. Gewirtz (Eds.), *Morality, moral behavior, and moral development* (pp. 24–40). New York: Wiley.

Rest, J. (1986). *Moral development: Advances in research and theory.* New York: Praeger.

Rest, J. (1994). Background: Theory and research. In J. Rest & D. Narváez (Eds.), *Moral development in the professions: Psychology and applied ethics* (pp. 1–26). Hillsdale, NJ: Erlbaum.

Rest, J., Narváez, D., Bebeau, M., & Thoma, S. (1999). *Postconventional moral thinking: A neo-Kohlbergian approach.* Mahwah, NJ: Erlbaum.

Rokeach, M. (1973). *The nature of human values.* New York: Free Press.

Romance, T., Weiss, M., & Bockovan, J. (1986). A program to promote moral development through elementary school physical education. *Journal of Teachers of Physical Education, 5,* 126–136.

Rushton, J.P. (1982). Social learning theory and the development of prosocial behavior. In N. Eisenberg (Ed.), *The development of prosocial behavior* (pp. 77–105). New York: Academic Press.

Sage, G. (1980). Orientation toward sport of male and female intercollegiate athletes. *Journal of Sport Psychology, 2,* 355–362.

Shields, D. (1986). *Growing beyond prejudices.* Mystic, CT: Twenty-Third.

Shields, D., & Bredemeier, B. (1984). Sport and moral growth: A structural developmental perspective. In W. Straub & J. Williams (Eds.), *Cognitive sport psychology* (pp. 89–101). New York: Sport Science Associates.

Shields, D., & Bredemeier, B. (1995). *Character development and physical activity.* Champaign, IL: Human Kinetics.

Shields, D., Bredemeier, B., Gardner, D., & Bostrom, A. (1995). Leadership, cohesion and team norms regarding cheating and aggression. *Sociology of Sport Journal, 12,* 324–336.

Shields, D., Getty, D., & Bredemeier, B. (1991). *Moral Atmosphere Checklist.* Unpublished manuscript, University of California at Berkeley.

Silva, J. (1983). The perceived legitimacy of rule violating behavior in sport. *Journal of Sport Psychology, 5,* 438–448.

Snyder, E.E., & Spreitzer, E. (1979). Orientations toward sport: Intrinsic, normative, and extrinsic. *Journal of Sport Psychology, 1,* 170–175.

Solomon, G. (1997a). Character development: Does physical education affect character development in students? *Journal of Physical Education, Recreation and Dance, 68,* 38–41.

Solomon, G. (1997b). Fair play in the gymnasium: Improving social skills among elementary school students. *Journal of Physical Education, Recreation and Dance, 68,* 22–25.

Solomon, G., & Bredemeier, B. (1999). Children's moral conceptions of gender stratification in sport. *International Journal of Sport Psychology, 30,* 350–368.

Solomon, G., Bredemeier, B., & Shields, D. (1993). *Manual for the Gender Stratification Interview.* Unpublished manuscript, University of California, Berkeley.

Spreitzer, E., & Snyder, E. (1975). The psychosocial functions of sport as perceived by the general population. *International Review of Sport Sociology, 10,* 87–93.

Stephens, D., & Bredemeier, B. (1996). Moral atmosphere and judgments about aggression in girls' soccer: Relationships among moral and motivational variables. *Journal of Sport & Exercise Psychology, 18,* 158–173.

Stephens, D., Bredemeier, B., & Shields, D. (1997). Construction of a measure designed to assess players' descriptions and prescriptions for moral behavior in youth sport soccer. *International Journal of Sport Psychology, 28*, 370–390.

Stuart, M., & Ebbeck, V. (1995). The influence of perceived social approval on moral development in youth sport. *Pediatric Exercise Science, 7*, 270–280.

Theberge, N., Curtis, J., & Brown, B. (1982). Sex differences in orientation toward games: Tests of the sport involvement hypothesis. In A. Dunleavy, A. Miracle, & O.R. Rees (Eds.), *Studies in the sociology of sport* (pp. 285–308). Fort Worth: Texas Christian University Press.

Thompson, J. (1993). *Positive coaching: Building character and self-esteem through sports*. Dubuque, IA: Brown & Benchmark.

Vallerand, R.J., Brière, N.M., Blanchard, C., & Provencher, P. (1997). Development and validation of the Multidimensional Sportspersonship Orientations Scale (MSOS). *Journal of Sport & Exercise Psychology, 19*, 197–206.

Vallerand, R.J., Deshaies, P., & Cuerrier, J.P. (1997). On the effects of the social context on behavioral intentions of sportsmanship. *International Journal of Sport Psychology, 28*, 126–140.

Vallerand, R.J., Deshaies, P., Cuerrier, J.P., Brière, N.M., & Pelletier, L.G. (1996). Toward a multidimensional definition of sportsmanship. *Journal of Applied Sport Psychology, 8*, 123–135.

Vallerand, R.J., & Losier, G.F. (1994). Self-determined motivation and sportsmanship orientations: An assessment of their temporal relationship. *Journal of Sport & Exercise Psychology, 16*, 229–245.

Webb, H. (1969). Professionalization of attitudes toward play among adolescents. In G. Kenyon (Ed.), *Aspects of contemporary sport sociology* (pp. 161–179). Chicago: Athletic Institute.

Wright, W., & Rubin, S. (1989). The development of sportsmanship [Abstract]. *Proceedings of the 7th World Congress in Sport Psychology* (No. 155). Singapore.

第24章

Adler, P.A., Kless, S.J., & Adler, P. (1992). Socialization to gender roles: Popularity among elementary school boys and girls. *Sociology of Education, 65*, 169–187.

Allen, J.B., & Howe, B. (1998). Player ability, coach feedback, and female adolescent athletes' perceived competence and satisfaction. *Journal of Sport & Exercise Psychology, 20*, 280–299.

Ames, C. (1992). Achievement goals, motivational climate, and motivational processes. In G. Roberts (Ed.), *Motivation in sport and exercise* (pp. 161–176). Champaign, IL: Human Kinetics.

Ames, C., & Archer, J. (1987). Mothers' beliefs about the role of ability and effort in school learning. *Journal of Educational Psychology, 79*, 409–414.

Amorose, A.J., & Weiss, M.R. (1998). Coaching feedback as a source of information about perceptions of ability: A developmental examination. *Journal of Sport & Exercise Psychology, 20*, 395–420.

Athletic Footwear Association (1990). *American youth sports participation*. North Palm Beach, FL: Athletic Footwear Association.

Atkinson, J.W. (1964). *An introduction to motivation*. Princeton, NJ: Van Nostrand.

Babkes, M.L., & Weiss, M.R. (1999). Parental influence on children's cognitive and affective responses to competitive soccer participation. *Pediatric Exercise Science, 11*, 44–62.

Bandura, A. (1977). *Social learning theory*. Englewood Cliffs, NJ: Prentice-Hall.

Bandura, A. (1986). *Social foundations of thought and action: A social cognitive theory*. Englewood Cliffs, NJ: Prentice-Hall.

Barnett, N.P., Smoll, F.L., & Smith, R.E. (1992). Effects of enhancing coach-athlete relationships on youth sport attrition. *The Sport Psychologist, 6*, 111–127.

Berndt, T.J. (1996). Exploring the effects of friendship quality on social development. In W.M. Bukowski, A.F. Newcomb, & W.W. Hartup (Eds.), *The company they keep: Friendship in childhood and adolescence* (pp. 346–365). New York: Cambridge University Press.

Berndt, T.J., & Ladd, G.W. (Eds.). (1989). *Peer relationships in child development*. New York: Wiley.

Bigelow, B.J., Lewko, J.H., & Salhani, L. (1989). Sport-involved children's friendship expectations. *Journal of Sport & Exercise Psychology, 11*, 152–160.

Black, S.J., & Weiss, M.R. (1992). The relationship among perceived coaching behaviors, perceptions of ability, and motivation in competitive age-group swimmers. *Journal of Sport & Exercise Psychology, 14*, 309–325.

Bredemeier, B.J., Weiss, M.R., Shields, D.L., & Shewchuk, R.M. (1986). Promoting moral growth in a summer sport camp: The implementation of theoretically grounded instructional strategies. *Journal of Moral Education, 15*, 212–220.

Brodkin, P., & Weiss, M.R. (1990). Developmental differences in motivation for participating in competitive swimming. *Journal of Sport & Exercise Psychology, 12*, 248–263.

Brower, J.J. (1978). Little League baseballism: Adult dominance in a "child's game." In R. Martens (Ed.), *Joy and sadness in children's sports* (pp. 39–49). Champaign, IL: Human Kinetics.

Brustad, R.J. (1988). Affective outcomes in competitive youth sport: The influence of intrapersonal and socialization factors. *Journal of Sport & Exercise Psychology, 10*, 307–321.

Brustad, R.J. (1992). Integrating socialization influences into the study of children's motivation in sport. *Journal of Sport & Exercise Psychology, 14*, 59–77.

Brustad, R.J. (1993a). Who will go out and play? Parental and psychological influences on children's attraction to physical activity. *Pediatric Exercise Science, 5*, 210–223.

Brustad, R.J. (1993b). Youth in sport: Psychological considerations. In R.N. Singer, M. Murphey, & L.K. Tennant (Eds.), *Handbook of research on sport psychology* (pp. 695–717). New York: Macmillan.

Brustad, R.J. (1996a). Attraction to physical activity in urban schoolchildren: Parental socialization and gender influences. *Research Quarterly for Exercise and Sport, 67*, 316–323.

Brustad, R.J. (1996b). Parental and peer influence on children's psychological development through sport. In F.L. Smoll & R.E. Smith (Eds.), *Children and youth in sport: A biopsychosocial perspective* (pp. 112–124). Madison, WI: Brown & Benchmark.

Brustad, R.J., & Weiss, M.R. (1987). Competence perceptions and sources of worry in high, medium, and low competitive trait-anxious young athletes. *Journal of Sport Psychology, 9*, 97–105.

Buchanan, H.T., Blankenbaker, J., & Cotton, D. (1976). Academic and athletic ability as popularity factors in elementary school children. *Research Quarterly, 47*, 320–325.

Buhrmann, H.G., & Bratton, R.D. (1977). Athletic participation and status of Alberta high school girls. *International Review of Sport Sociology, 12,* 57–69.

Bukowski, W.M., & Hoza, B. (1989). Popularity and friendship: Issues in theory, measurement, and outcome. In T.J. Berndt & G.W. Ladd (Eds.), *Peer relationships in child development* (pp. 15–45). New York: Wiley.

Bukowski, W.M., Newcomb, A.F., & Hartup, W.W. (Eds.). (1996). *The company they keep: Friendship in childhood and adolescence.* New York: Cambridge University Press.

Burton, D., & Martens, R. (1986). Pinned by their own goals: An exploratory investigation into why kids drop out of wrestling. *Journal of Sport Psychology, 8,* 183–197.

Butler, R. (1989). On the psychological meaning of information about competence: A reply to Ryan and Deci's comment of Butler (1987). *Journal of Educational Psychology, 79,* 474–482.

Carpenter, P.J., & Coleman, R. (1998). A longitudinal study of elite youth cricketeers' commitment. *International Journal of Sport Psychology, 29,* 195–210.

Carpenter, P.J., Scanlan, T.K., Simons, J.P., & Lobel, M. (1993). A test of the sport commitment model using structural equation modeling. *Journal of Sport & Exercise Psychology, 15,* 119–133.

Chase, M.A., & Dummer, G.M. (1992). The role of sports as a social status determinant for children. *Research Quarterly for Exercise and Sport, 63,* 418–424.

Coakley, J. (1986). When should children begin competing? A sociological perspective. In M.R. Weiss & D. Gould (Eds.), *Sport for children and youths* (pp. 59–63). Champaign, IL: Human Kinetics.

Coakley, J. (1992). Burnout among adolescent athletes: A personal failure or social problem? *Sociology of Sport Journal, 9,* 271–285.

Cooper, H., & Good, T. (1983). *Pygmalion grows up: Studies in the expectation communication process.* New York: Longman.

De Knop, P., Engstrom, L.M., Skirstad, B., & Weiss, M.R. (1996). *Worldwide trends in youth sport.* Champaign, IL: Human Kinetics.

Dempsey, J.M., Kimiecik, J.C., & Horn, T.S. (1993). Parental influence on children's moderate to vigorous physical activity participation: An expectancy-value approach. *Pediatric Exercise Science, 5,* 151–167.

Duda, J. (1987). Toward a developmental theory of children's motivation in sport. *Journal of Sport Psychology, 9,* 130–145.

Duda, J. (1989). Goal perspectives, participation, and persistence in sport. *International Journal of Sport Psychology, 20,* 42–56.

Duda, J. (1992). Sport and exercise motivation: A goal perspective analysis. In G. Roberts (Ed.), *Motivation in sport and exercise* (pp. 57–91). Champaign, IL: Human Kinetics.

Duda, J.L., Fox, K.R., Biddle, S.J.H., & Armstrong, N. (1992). Children's achievement goals and beliefs about success in sport. *British Journal of Educational Psychology, 62,* 313–323.

Duda, J.L., & Hom, H.L. (1993). Interdependencies between the perceived and the self-reported goal orientations of young athletes and their parents. *Pediatric Exercise Science, 5,* 234–241.

Duda, J.L., & Nicholls, J.G. (1992). Dimensions of achievement motivation in schoolwork and sport. *Journal of Educational Psychology, 84,* 290–299.

Duncan, S.C. (1993). The role of cognitive appraisal and friendship provisions in adolescents' affect and motivation toward activity in physical education. *Research Quarterly for Exercise and Sport, 64,* 314–323.

Dweck, C.S. (1986). Motivational processes affecting learning. *American Psychologist, 41,* 1040–1048.

Ebbeck, V., & Becker, S.L. (1994). Psychosocial predictors of goal orientations in youth soccer. *Research Quarterly for Exercise and Sport, 65,* 355–362.

Ebbeck, V., & Gibbons, S.L. (1998). The effect of a team building program on the self-conceptions of grade 6 and 7 physical education students. *Journal of Sport & Exercise Psychology, 20,* 300–310.

Eccles, J., & Harold, R. (1991). Gender differences in sport involvement: Applying the Eccles' expectancy-value model. *Journal of Applied Sport Psychology, 3,* 7–35.

Eccles, J.S. (1987). Gender roles and women's achievement-related decisions. *Psychology of Women Quarterly, 11,* 135–172.

Eccles-Parsons, J., Adler, T.F., Futterman, R., Goff, S.B., Kaczala, C.M., Meece, J.L., & Midgley, C. (1983). Expectancies, values, and academic behaviors. In J. Spence & R. Helmreich (Eds.), *Achievement and achievement motives: Psychological and sociological approaches* (pp. 75–146). San Francisco: Freeman.

Eccles-Parsons, J., Adler, T.F., & Kaczala, C.M. (1982). Socialization of achievement attitudes and beliefs: Parental influences. *Child Development, 53,* 310–321.

Eitzen, D.S. (1975). Athletics in the status system of male adolescents: A replication of Coleman's "The adolescent society." *Adolescence, 10,* 267–276.

Escarti, A., Roberts, G.C., Cervello, E.M., & Guzman, J.F. (1999). Adolescent goal orientations and the perception of criteria of success used by significant others. *International Journal of Sport Psychology, 30,* 309–324.

Evans, J., & Roberts, G.C. (1987). Physical competence and the development of children's peer relations. *Quest, 39,* 23–35.

Ewing, M.E., & Seefeldt, V. (1996). Patterns of participation and attrition in American agency-sponsored youth sports. In F.L. Smoll & R.E. Smith (Eds.), *Children in sport: A biopsychosocial perspective* (pp. 31–45). Madison, WI: Brown & Benchmark.

Felson, M.B., & Reed, M. (1986). The effect of parents on the self-appraisals of children. *Social Psychology Quarterly, 49,* 302–308.

Feltz, D.L. (1978). Athletics in the status system of female adolescents. *Review of Sport and Leisure, 3,* 98–108.

Feltz, D.L., & Albrecht, R.R. (1986). Psychological implications of competitive running. In M.R. Weiss & D. Gould (Eds.), *Sport for children and youth* (pp. 225–230). Champaign, IL: Human Kinetics.

Feltz, D.L., & Petlichkoff, L.M. (1983). Perceived competence among interscholastic sport participants and dropouts. *Canadian Journal of Applied Sport Sciences, 8,* 231–235.

Ferreira, M.B.R. (1986). Youth sport in Brazil. In M.R. Weiss & D. Gould (Eds.), *Sport for children and youths* (pp. 11–15). Champaign, IL: Human Kinetics.

Fox, K.R., & Corbin, C.B. (1989). The physical self-perception profile: Development and preliminary validation. *Journal of Sport & Exercise Psychology, 11,* 408–430.

Frieze, I., & Bar-Tal, D. (1980). Developmental trends in cue utilization for attributional judgments. *Journal of Applied Developmental Psychology, 1,* 83–94.

Fry, M.D., & Duda, J.L. (1997). A developmental examination of children's understanding of effort and ability in the physical and academic domains. *Research Quarterly for Exercise and Sport, 68,* 331-344.

Furman, W. (1993). Theory is not a four-letter word: Needed directions in adolescent friendships. In B. Laursen (Ed.), *Close friendships in adolescence* (pp. 89-103). San Francisco: Jossey-Bass.

Gecas, V., & Schwalbe, M.V. (1986). Parental behavior and adolescent self-esteem. *Journal of Marriage and the Family, 48,* 37-46.

Gibbons, S.L., Ebbeck, V., & Weiss, M.R. (1995). Fair play for kids: Effects on the moral development of children in physical education. *Research Quarterly for Exercise and Sport, 66,* 247-255.

Gill, D.L., Gross, J.B., & Huddleston, S. (1985). Participation motivation in youth sports. *International Journal of Sport Psychology, 14,* 1-4.

Gould, D. (1987). Understanding attrition in youth sport. In D. Gould & M.R. Weiss (Eds.), *Advances in pediatric sport sciences: Behavioral issues* (Vol. 2, pp. 61-85). Champaign, IL: Human Kinetics.

Gould, D. (1996). Sport psychology: Future directions in youth sport research. In F.L. Smoll & R.E. Smith (Eds.), *Children and youth in sport: A biopsychosocial perspective* (pp. 405-422). Madison, WI: Brown & Benchmark.

Gould, D., Eklund, R., Petlichkoff, L., Peterson, K., & Bump, L. (1991). Psychological predictors of state anxiety and performance in age-group wrestlers. *Pediatric Exercise Science, 3,* 198-208.

Gould, D., Feltz, D., Horn, T., & Weiss, M. (1982). Reasons for attrition in competitive youth swimming. *Journal of Sport Behavior, 5,* 155-165.

Gould, D., Feltz, D., & Weiss, M. (1985). Motives for participating in competitive youth swimmers. *International Journal of Sport Psychology, 16,* 126-140.

Gould, D., Horn, T., & Spreeman, J. (1983a). Competitive anxiety in junior elite wrestlers. *Journal of Sport Psychology, 5,* 58-71.

Gould, D., Horn, T., & Spreeman, J. (1983b). Sources of stress in junior elite wrestlers. *Journal of Sport Psychology, 5,* 159-171.

Greendorfer, S.L. (1992). Sport socialization. In T.S. Horn (Ed.). *Advances in sport psychology* (pp. 201-218). Champaign, IL: Human Kinetics.

Greendorfer, S.L., Lewko, J.H., & Rosengren, K.S. (1996). Family and gender-based influences in sport socialization of children and adolescents. In F.L. Smoll & R.E. Smith (Eds.), *Children and youth in sport: A biopsychosocial perspective* (pp. 89-111). Madison, WI: Brown & Benchmark.

Haan, N. (1978). Two moralities in action contexts: Relationship to thought, ego regulation, and development. *Journal of Personality and Social Psychology, 36,* 286-305.

Harter, S. (1978). Effectance motivation reconsidered. *Human Development, 21,* 34-64.

Harter, S. (1981). A model of intrinsic mastery motivation in children: Individual differences and developmental change. In W.A. Collins (Ed.), *Minnesota symposium on child psychology* (Vol. 14, pp. 215-255). Hillsdale, NJ: Erlbaum.

Harter, S. (1983). Developmental perspectives on the self-system. In E.M. Hetherington (Ed.), *Handbook of child psychology, socialization, personality, and social development* (pp. 275-385). New York: Wiley.

Harter, S. (1985). *Manual for the self-perception profile for children.* Denver, CO: University of Denver Press.

Harter, S. (1988). Causes, correlates and the functional role of global self-worth: A life-span perspective. In J. Kolligan & R. Sternberg (Eds.), *Perceptions of competence and incompetence across the life-span* (pp. 67-98). New Haven, CT: Yale University Press.

Harter, S. (1998). The development of self-representations. In N. Eisenberg (Ed.), *Handbook of child psychology* (5th ed., Vol. 3, pp. 533-617). New York: Wiley.

Hartup, W.W. (1996). The company they keep: Friendships and their developmental significance. *Child Development, 67,* 1-13.

Hellstedt, J.C. (1988). Early adolescent perceptions of parental pressure in the sport environment. *Journal of Sport Behavior, 13,* 135-144.

Hom, H.L., Duda, J.L., & Miller, A. (1993). Correlates of goal orientations among young athletes. *Pediatric Exercise Science, 5,* 168-176.

Horn, T.S. (1985). Coaches' feedback and changes in children's perceptions of their physical competence. *Journal of Educational Psychology, 77,* 174-186.

Horn, T.S., & Amorose, A.J. (1998). Sources of competence information. In J.L. Duda (Ed.), *Advances in sport and exercise psychology measurement* (pp. 49-63). Morgantown, WV: Fitness Information Technology.

Horn, T.S., Glenn, S.D., & Wentzell, A.B. (1993). Sources of information underlying personal ability judgments in high school athletes. *Pediatric Exercise Science, 5,* 263-274.

Horn, T.S., & Hasbrook, C.A. (1986). Informational components influencing children's perceptions of their physical competence. In M.R. Weiss & D. Gould (Eds.), *Sport for children and youths* (pp. 81-88). Champaign, IL: Human Kinetics.

Horn, T.S., & Hasbrook, C.A. (1987). Psychological characteristics and the criteria children use for self-evaluation. *Journal of Sport & Exercise Psychology, 9,* 208-221.

Horn, T.S., & Weiss, M.R. (1991). A developmental analysis of children's self-ability judgments in the physical domain. *Pediatric Exercise Science, 3,* 310-326.

Jacobs, J.E., & Eccles, J.S. (1992). The influence of mothers' gender-role stereotypic beliefs on mothers' and children's ability perceptions. *Journal of Personality and Social Psychology, 63,* 932-944.

Kelley, H.H., & Thibaut, J.W. (1978). *Interpersonal relations: A theory of interdependence.* New York: Wiley.

Kimiecik, J.C., & Horn, T.S. (1998). Parental beliefs and children's moderate-to-vigorous physical activity. *Research Quarterly for Exercise and Sport, 69,* 163-175.

Kimiecik, J.C., Horn, T.S., & Shurin, C.S. (1996). Relationships among children's beliefs, perceptions of their parents' beliefs, and their moderate-to-vigorous physical activity. *Research Quarterly for Exercise and Sport, 67,* 324-336.

Klint, K.A., & Weiss, M.R. (1986). Dropping in and dropping out: Participation motives of current and former youth gymnasts. *Canadian Journal of Applied Sport Sciences, 11,* 106-114.

Klint, K.A., & Weiss, M.R. (1987). Perceived competence and motives for participating in youth sports: A test of Harter's competence motivation theory. *Journal of Sport Psychology, 9,* 55-65.

Kohlberg, L. (1969). Stage and sequence: The cognitive-developmental approach to socialization. In D. Goslin (Ed.), *Handbook of socialization theory and research* (pp. 347-480).

Chicago: Rand-McNally.

Kunesh, M.A., Hasbrook, C.A., & Lewthwaite, R. (1992). Physical activity socialization: Peer interactions and affective responses among a sample of sixth grade girls. *Sociology of Sport Journal, 9,* 385–396.

Lazarus, R.S. (1966). *Psychological stress and the coping process.* New York: McGraw-Hill.

Lazarus, R.S., & Folkman, S. (1984). *Stress, appraisal, and coping.* New York: Springer.

Leary, M.R. (1992). Self-presentation processes in exercise and sport. *Journal of Sport & Exercise Psychology, 14,* 339–351.

Leff, S.S., & Hoyle, R.H. (1995). Young athletes' perceptions of parental support and pressure. *Journal of Youth and Adolescence, 24,* 187–203.

Lewthwaite, R. (1990). Threat perception in competitive trait anxiety: The endangerment of important goals. *Journal of Sport & Exercise Psychology, 12,* 280–300.

Lewthwaite, R., & Scanlan, T.K. (1989). Predictors of competitive trait anxiety in male youth sport participants. *Medicine and Science in Sport and Exercise, 21,* 221–229.

Lindner, K.J., Johns, D.P., & Butcher, J. (1991). Factors in withdrawal from youth sport: A proposed model. *Journal of Sport Behavior, 14,* 3–18.

Longhurst, K., & Spink, K.S. (1987). Participation motivation of Australian children involved in organized sport. *Canadian Journal of Sport Sciences, 12,* 24–30.

Malina, R.M. (1986). Readiness for competitive sport. In M.R. Weiss & D. Gould (Eds.), *Sport for children and youths* (pp. 45–50). Champaign, IL: Human Kinetics.

Martens, R. (1977). *Sport competition anxiety test.* Champaign, IL: Human Kinetics.

Martens, R. (1986). Youth sport in the U.S.A. In M.R. Weiss & D. Gould (Eds.), *Sport for children and youths* (pp. 27–31). Champaign, IL: Human Kinetics.

McCullagh, P., Matzkanin, K., Shaw, S.D., & Maldonado, M. (1993). Motivation for participation in physical activity: A comparison of parent-child perceived competence and participation motives. *Pediatric Exercise Science, 5,* 224–233.

Mugno, D.A., & Feltz, D.L. (1985). The social learning of aggression in youth football in the United States. *Canadian Journal of Applied Sport Sciences, 10,* 26–35.

Newcomb, A.F., & Bagwell, C.L. (1996). The developmental significance of children's friendship relations. In W.M. Bukowski, A.F. Newcomb, & W.W. Hartup (Eds.), *The company they keep: Friendship in childhood and adolescence* (pp. 289–321). New York: Cambridge University Press.

Nicholls, J.G. (1978). The development of the concepts of effort and ability, perceptions of academic attainment, and the understanding that difficult tasks require more ability. *Child Development, 49,* 800–814.

Nicholls, J.G. (1984). Conceptions of ability and achievement motivation. In R. Ames & C. Ames (Eds.), *Research on motivation in education: Student motivation* (Vol. 1, pp. 39–73). New York: Academic Press.

Nicholls, J.G. (1989). *The competitive ethos and democratic education.* Cambridge, MA: Harvard University Press.

Nicholls, J., & Miller, A.T. (1984). The differentiation of the concepts of ability and difficulty. *Child Development, 54,* 951–959.

Nicholls, J.G., Jagacinski, C.M., & Miller, A.T. (1986). Conceptions of ability in children and adults. In R. Schwarzer (Ed.), *Self-related cognitions in anxiety and motivation* (pp. 265–284). Hillsdale, NJ: Erlbaum.

Orlick, T.D. (1973, January/February). Children's sport: A revolution is coming. *Canadian Association for Health, Physical Education and Recreation Journal,* 12–14.

Orlick, T.D. (1974, November/December). The athletic dropout: A high price for inefficiency. *Canadian Association for Health, Physical Education and Recreation Journal, 21,* 21–27.

Parker, J.G., & Asher, S.R. (1993). Friendship and friendship quality in middle childhood: Links with peer group acceptance and feelings of loneliness and social dissatisfaction. *Developmental Psychology, 29,* 611–621.

Passer, M.W. (1983). Fear of failure, fear of evaluation, perceived competence and self-esteem in competitive trait-anxious children. *Journal of Sport Psychology, 5,* 172–188.

Passer, M.W. (1996). At what age are children ready to compete? Some psychological considerations. In F.L. Smoll & R.E. Smith (Eds.), *Children and youth in sport: A biopsychosocial perspective* (pp. 73–86). Madison, WI: Brown & Benchmark.

Petlichkoff, L.M. (1988). *Motivation for sport persistence: An empirical examination of underlying theoretical constructs.* Unpublished doctoral dissertation, University of Illinois, Urbana-Champaign.

Petlichkoff, L.M. (1996). The dropout dilemma in sport. In O. Bar-Or (Ed.), *Encyclopaedia of sports medicine: The child and adolescent athlete* (Vol. 6, pp. 418–430). Oxford, England: Blackwell Scientific.

Phillips, D. (1984). The illusion of incompetence among academically competent children. *Child Development, 55,* 2000–2016.

Phillips, D. (1987). Socialization of perceived academic competence among highly competent children. *Child Development, 58,* 1308–1320.

Piaget, J. (1965). *The moral judgment of the child.* Glencoe, IL: Free Press.

Raedeke, T.D. (1997). Is athlete burnout more than just stress? A sport commitment perspective. *Journal of Sport & Exercise Psychology, 19,* 396–417.

Rejeski, W., Darracott, C., & Hutslar, S. (1979). Pygmalion in youth sport: A field study. *Journal of Sport Psychology, 1,* 311–319.

Rest, J.R. (1984). The major components of morality. In W.M. Kurtines & J.L. Gerwitz (Eds.), *Morality, moral behavior, and moral development* (pp. 24–40). New York: Wiley.

Roberts, G.C. (1980). Children in competition: A theoretical perspective and recommendations for practice. *Motor Skills: Theory into Practice, 4,* 37–50.

Roberts, G.C. (1984). Toward a new theory of motivation in sport: The role of perceived ability. In J.M. Silva & R.S. Weinberg (Eds.), *Psychological foundations of sport* (pp. 214–228). Champaign, IL: Human Kinetics.

Roberts, G.C. (1993). Motivation in sport: Understanding and enhancing the motivation and achievement of children. In R.N. Singer, M. Murphey, & L.K. Tennant (Eds.), *Handbook of research on sport psychology* (pp. 405–420). New York: Macmillan.

Roberts, G.C., Kleiber, D., & Duda, J.L. (1981). An analysis of motivation in children's sport: The role of perceived competence in participation. *Journal of Sport Psychology, 3,* 206–216.

Robertson, I. (1986). Youth sports in Australia. In M.R. Weiss & D. Gould (Eds.), *Sport for children and youths* (pp. 5–10). Champaign, IL: Human Kinetics.

Robinson, T., & Carron, A.V. (1982). Personal and situational factors associated with dropping out versus maintaining participation in competitive sport. *Journal of Sport Psychology, 4,* 364-378.

Romance, T.J., Weiss, M.R., & Bockovan, J. (1986). A program to promote moral development through elementary school physical education. *Journal of Teaching in Physical Education, 5,* 126-136.

Rubin, R.H., Bukowski, B.H., & Parker, J.G. (1998). Peer interactions, relationships, and groups. In N. Eisenberg (Ed.), *Handbook of child psychology* (5th ed., Vol. 3, pp. 619-700). New York: Wiley.

Ruble, D.N. (1983). The role of social comparison processes in achievement-related self-socialization. In E.T. Higgins, D.N. Ruble, & W.W. Hartup (Eds.), *Social cognitions and social development: A sociocultural perspective* (pp. 134-157). New York: Cambridge University Press.

Rusbult, C. (1983). A longitudinal test of the investment model: The development (and deterioration) of satisfaction and commitment in heterosexual involvements. *Journal of Personality and Social Psychology, 45,* 101-117.

Sapp, M., & Haubenstricker, J. (1978). *Motivation for joining and reasons for not continuing in youth sport programs in Michigan.* Paper presented at the annual meeting of the American Alliance for Health, Physical Education, Recreation, and Dance, Kansas City, MO.

Scanlan, T.K. (1996). Social evaluation and the competition process: A developmental perspective. In F.L. Smoll & R.E. Smith (Eds.), *Children and youth in sport: A biopsychosocial perspective* (pp. 298-308). Madison, WI: Brown & Benchmark.

Scanlan, T.K., Carpenter, P.J., Schmidt, G.W., Simons, J.P., & Keeler, B. (1993). An introduction to the sport commitment model. *Journal of Sport & Exercise Psychology, 15,* 1-15.

Scanlan, T.K., & Lewthwaite, R. (1984). Social psychological aspects of competition for male youth sport participants: I. Predictors of competitive stress. *Journal of Sport Psychology, 6,* 208-226.

Scanlan, T.K., & Lewthwaite, R. (1986). Social psychological aspects of competition for male youth sport participants: IV. Predictors of enjoyment. *Journal of Sport Psychology, 8,* 25-35.

Scanlan, T.K., & Passer, M.W. (1978). Factors related to competitive stress among male youth sport participants. *Medicine and Science in Sports, 10,* 103-108.

Scanlan, T.K., & Passer, M.W. (1979). Sources of competitive stress in young female athletes. *Journal of Sport Psychology, 1,* 151-159.

Scanlan, T.K., & Simons, J.P. (1992). The construct of sport enjoyment. In G. Roberts (Ed.), *Motivation in sport and exercise* (pp. 199-215). Champaign, IL: Human Kinetics.

Scanlan, T.K., Simons, J.P., Carpenter, P.J., Schmidt, G.W., & Keeler, B. (1993). The sport commitment model: Measurement development for the youth sport domain. *Journal of Sport & Exercise Psychology, 15,* 16-38.

Scanlan, T.K., Stein, G.L., & Ravizza, K. (1989). An in-depth study of former elite figure skaters: II. Sources of enjoyment. *Journal of Sport & Exercise Psychology, 11,* 65-83.

Seefeldt, V. (1996). The concept of readiness applied to the acquisition of motor skills. In F.L. Smoll & R.E. Smith (Eds.), *Children and youth in sport: A biopsychosocial perspective* (pp. 49-56). Madison, WI: Brown & Benchmark.

Selman, R.L. (1971). Taking another's perspective: Role-taking development in early childhood. *Child Development, 42,* 1721-1734.

Selman, R.L. (1976). Social-cognitive understanding: A guide to educational and clinical practice. In T. Lickona (Ed.), *Moral development and behavior* (pp. 299-316). New York: Holt, Rinehart and Winston.

Shields, D.L.L., & Bredemeier, B.J.L. (1995). *Character development and physical activity.* Champaign, IL: Human Kinetics.

Simon, J., & Martens, R. (1979). Children's anxiety in sport and nonsport evaluative activities. *Journal of Sport Psychology, 1,* 160-169.

Smilkstein, G. (1980). Psychological trauma in children and youth in competitive sport. *Journal of Family Practice, 10,* 737-739.

Smith, A.L. (1999). Perceptions of peer relationships and physical activity participation in early adolescence. *Journal of Sport & Exercise Psychology, 21,* 329-350.

Smith, M.D. (1979). Towards an explanation of hockey violence: A reference other approach. *Canadian Journal of Sociology, 4,* 105-124.

Smith, M.D. (1988). Interpersonal sources of violence in hockey: The influence of parents, coaches, and teammates. In F.L. Smoll, R.A. Magill, & M.J. Ash (Eds.), *Children in sport* (3rd ed., pp. 301-313) Champaign, IL: Human Kinetics.

Smith, R.E. (1986). Toward a cognitive-affective model of athletic burnout. *Journal of Sport Psychology, 8,* 36-50.

Smith, R.E., & Smoll, F.L. (1996). The coach as a focus of research and intervention in youth sports. In F.L. Smoll & R.E. Smith (Eds.), *Children and youth in sport: A biopsychosocial perspective* (pp. 125-141). Madison, WI: Brown & Benchmark.

Smith, R.E., Smoll, F.L., & Barnett, N.P. (1995). Reduction of children's sport performance anxiety through social support and stress-reduction training for coaches. *Journal of Applied Developmental Psychology, 16,* 125-142.

Smith, R.E., Smoll, F.L., & Curtis, B. (1978). Coaching behaviors in Little League baseball. In F.L. Smoll & R.E. Smith (Eds.), *Psychological perspectives on youth sports* (pp. 173-201). Washington, DC: Hemisphere.

Smith, R.E., Smoll, F.L., & Curtis, B. (1979). Coach effectiveness training: A cognitive behavioral approach to enhancing relationship skills in youth sport coaches. *Journal of Sport Psychology, 1,* 59-75.

Smith, R.E., Smoll, F.L., & Hunt, B. (1977). A system for the behavioral assessment of athletic coaches. *Research Quarterly, 48,* 401-407.

Smith, R.E., Zane, N.S., Smoll, F.L., & Coppell, D.B. (1983). Behavioral assessments in youth sports: Coaching behaviors and children's attitudes. *Medicine and Science in Sports and Exercise, 15,* 208-214.

Smoll, F.L., Smith, R.E., Barnett, N.P., & Everett, J.J. (1993). Enhancement of coaches' self-esteem through social support training for youth sport coaches. *Journal of Applied Psychology, 78,* 602-610.

State of Michigan. (1976). *Joint legislative study on youth sports programs: Phase I.* East Lansing: Michigan State University.

State of Michigan. (1978a). *Joint legislative study on youth sports programs: Phase II.* East Lansing: Michigan State University.

State of Michigan. (1978b). *Joint legislative study on youth sports programs: Phase III.* East Lansing: Michigan State University.

Stuart, M.E., & Ebbeck, V. (1995). The influence of perceived social approval on moral development in youth sport. *Pediatric Exercise Science, 7,* 270-280.

Sullivan, H.S. (1953). *The interpersonal theory of psychiatry.* New York: Norton.

Thibaut, J.W., & Kelley, H.H. (1959). *The social psychology of groups.* New York: Wiley.

Treasure, D.C., & Roberts, G.C. (1994). Cognitive and affective concomitants of task and ego goal orientations during the middle school years. *Journal of Sport & Exercise Psychology, 16,* 15–28.

Valeriote, T.A., & Hansen, L. (1986). Youth sport in Canada. In M.R. Weiss & D. Gould (Eds.), *Sport for children and youths* (pp. 17–20). Champaign, IL: Human Kinetics.

Veroff, J. (1969). Social comparison and the development of achievement motivation. In C.P. Smith (Ed.), *Achievement-related motives in children* (pp. 46–101). New York: Russell Sage Foundation.

Weiss, M.R., Bredemeier, B.J., & Shewchuk, R.M. (1985). An intrinsic/extrinsic motivation scale for the youth sport setting: A confirmatory factor analysis. *Journal of Sport Psychology, 7,* 75–91.

Weiss, M.R., & Chaumeton, N. (1992). Motivational orientations in sport. In T.S. Horn (Ed.), *Advances in sport psychology* (pp. 61–99). Champaign, IL: Human Kinetics.

Weiss, M.R., & Duncan, S.C. (1992). The relationship between physical competence and peer acceptance in the context of children's sports participation. *Journal of Sport & Exercise Psychology, 14,* 177–191.

Weiss, M.R., Ebbeck, V., & Horn, T.S. (1997). Children's self-perceptions and sources of competence information: A cluster analysis. *Journal of Sport & Exercise Psychology, 19,* 52–70.

Weiss, M.R., & Hayashi, C.T. (1995). All in the family: Parent-child socialization influences in competitive youth gymnastics. *Pediatric Exercise Science, 7,* 36–48.

Weiss, M.R., & Petlichkoff, L.M. (1989). Children's motivation for participation in and withdrawal from sport: Identifying the missing links. *Pediatric Exercise Science, 1,* 195–211.

Weiss, M.R., & Smith, A.L. (1999). Quality of youth sport friendships: Measurement development and validation. *Journal of Sport & Exercise Psychology, 21,* 145–166.

Weiss, M.R., Smith, A.L., & Theeboom, M. (1996). "That's what friends are for": Children's and teenagers' perceptions of peer relationships in the sport domain. *Journal of Sport & Exercise Psychology, 18,* 347–379.

Weiss, M.R., Wiese, D.M., & Klint, K.A. (1989). Head over heels with success: The relationship between self-efficacy and performance in competitive youth gymnastics. *Journal of Sport & Exercise Psychology, 11,* 444–451.

White, R.W. (1959). Motivation reconsidered: The concept of competence. *Psychological Review, 66,* 297–323.

White, S.A. (1996). Goal orientation and perceptions of the motivational climate initiated by parents. *Pediatric Exercise Science, 8,* 122–129.

Whitehead, J. (1995). Multiple achievement orientations and participation in youth sport: A cultural and developmental perspective. *International Journal of Sport Psychology, 26,* 431–452.

Wiggins, D.K. (1996). A history of organized play and highly competitive sport for American children. In F.L. Smoll & R.E. Smith (Eds.), *Children and youth in sport: A biopsychosocial perspective* (pp. 15–30). Madison, WI: Brown & Benchmark.

Williams, J.M., & White, K.A. (1983). Adolescent status systems for males and females at three age levels. *Adolescence, 18,* 381–389.

Williams, L. (1994). Goal orientations and athletes' preferences for competence information. *Journal of Sport & Exercise Psychology, 16,* 416–430.

Zarbatany, L., Ghesquiere, K., & Mohr, K. (1992). A context perspective on early adolescents' friendships expectations. *Journal of Early Adolescence, 12,* 111–126.

Zarbatany, L., Hartmann, D.P., & Rankin, D.B. (1990). The psychological functions of preadolescent peer activities. *Child Development, 61,* 1067–1080.

第25章

Allen, R.M., Haupt, T.D., & Jones, W. (1964). An analysis of peak experiences reported by college students. *Journal of Clinical Psychology, 20,* 207–212.

American College of Sports Medicine. (1995). *ACSM's guidelines for exercise testing and prescription* (5th ed.). Baltimore: Williams & Wilkins.

Andrews, F.M., & Whithey, S.B. (1976). *Social indicators of well-being: America's perception of life quality.* New York: Plenum Press.

Argyle, M. (1999). Causes and correlates of happiness. In D. Kahneman, E. Diener, & N. Schwarz (Eds.), *Well-being: The foundations of hedonic psychology* (pp. 353–373). New York: Russell Sage Foundation.

Avison, W.R., & Gotlib, I.H. (Eds.). (1994). *Stress and mental health: Contemporary issues and prospects for the future.* New York: Plenum Press.

Babkes, M.L., & Weiss, M.R. (1999). Parental influence on children's cognitive and affective responses to competitive soccer participation. *Pediatric Exercise Science, 11,* 44–62.

Bahrke, M.S., & Morgan, W.P. (1978). Anxiety reduction following exercise and meditation. *Cognitive Therapy and Research, 2,* 323–333.

Bakker, F.C., De Koning, J.J., Van Ingen Schenau, G.J., & De Groot, G. (1993). Motivation of young elite speed skaters. *International Journal of Sport Psychology, 24,* 432–442.

Bartholomew, J.B. (1997). Post exercise mood: The effect of a manipulated pre-exercise mood state. *Journal of Sport & Exercise Psychology, 9,* S29.

Bartlett, M.S., Hager, J.C., Ekman, P., & Sejnowski, T.J. (1999). Measuring facial expressions by computer image analysis. *Psychophysiology, 36,* 253–263.

Berger, B.G. (1972). Relationships between environmental factors of temporal-spatial uncertainty, probability of physical harm, and nature of competition and selected personality characteristics of athletes. *Dissertation Abstracts International, 33,* 1014A. (University Microfilms No. 72-23689, 373)

Berger, B.G. (1980). The meaning of regular jogging: A phenomenological approach. In R. Cox (Ed.), *American Alliance for Health, Physical Education, and Recreation Research Consortium symposium papers* (Vol. 2, Bk. 2, pp. 40–44). Washington, DC: American Alliance for Health, Physical Education, Recreation, and Dance.

Berger, B.G. (1983/1984). Stress reduction through exercise: The mindbody connection. *Motor Skills: Theory into Practice, 7,* 31–46.

Berger, B.G. (1994). Coping with stress: The effectiveness of exercise and other techniques. *Quest, 46,* 100–119.

Berger, B.G. (1996). Psychological benefits of an active

lifestyle: What we know and what we need to know. *Quest, 48,* 330-353.

Berger, B.G. (1984/1997). Running strategies for women and men. In M.L. Sachs & G.W. Buffone (Eds.), *Running as therapy* (pp. 23-62). Northvale, NJ: Aronson.

Berger, B.G., Butki, B.D., & Berwind (1995). Acute mood changes associated with competitive and non-competitive physical activities. *Journal of Applied Sport Psychology, 7,* S41.

Berger, B.G., Friedman, E., & Eaton, M. (1988). Comparison of jogging, the relaxation response, and group interaction for stress reduction. *Journal of Sport & Exercise Psychology, 10,* 431-447.

Berger, B.G., Grove, J.R., Prapavessis, H., & Butki, B.D. (1997). Relationship of swimming distance, expectancy, and performance to mood states of competitive athletes. *Perceptual and Motor Skills, 84,* 1199-1210.

Berger, B.G., & Mackenzie, M.M. (1980). A case study of a woman jogger: A psychodynamic analysis. *Journal of Sport Behavior, 3,* 3-16.

Berger, B.G., & McInman, A. (1993). Exercise and the quality of life. In R.N. Singer, M. Murphey, & L.K. Tennant (Eds.), *Handbook of research on sport psychology* (pp. 729-760). New York: Macmillan.

Berger, B.G., & Motl, R.W. (2000). Exercise and mood: A subjective review and synthesis of research employing the Profile of Mood States. *Journal of Applied Sport Psychology, 12,* 69-92.

Berger, B.G., Motl, R.W., Butki, B.D., Martin, D.T., Wilkinson, J.G., & Owen, D.R. (1999). Mood and cycling performance in response to three weeks of high-intensity, short-duration overtraining, and a two-week taper. *The Sport Psychologist, 13,* 466-479.

Berger, B.G., & Owen, D.R. (1986). Mood alteration with swimming: A re-evaluation. In L. Vander Velden & J.H. Humphrey (Eds.), *Current selected research in the psychology and sociology of sport* (Vol. 1, pp. 97-114). New York: AMS Press.

Berger, B.G., & Owen, D.R. (1988). Stress reduction and mood enhancement in four exercise modes: Swimming, body conditioning, Hatha yoga, and fencing. *Research Quarterly for Exercise and Sport, 59,* 148-159.

Berger, B.G., & Owen, D.R. (1992a). Mood alteration in yoga and swimming: Aerobic exercise not necessary. *Perceptual and Motor Skills, 75,* 1331-1343.

Berger, B.G., & Owen, D.R. (1992b). Preliminary analysis of a causal relationship between swimming and stress reduction: Intense exercise may negate the effects. *International Journal of Sport Psychology, 23,* 70-85.

Berger, B.G., & Owen, D.R. (1998). Relation of low and moderate intensity exercise with acute mood change in college joggers. *Perceptual and Motor Skills, 87,* 611-621.

Berger, B.G., Owen, D.R., & Man, F. (1993). A brief review of literature and examination of acute mood benefits in Czechoslovakian and United States swimmers. *International Journal of Sport Psychology, 24,* 130-150.

Berger, B.G., Owen, D.R., Motl, R.W., & Parks, L. (1998). Relationship between expectancy of psychological benefits and mood alteration in joggers. *International Journal of Sport Psychology, 29,* 1-16.

Blanchard, C., & Rodgers, W. (1997). The effects of exercise intensity and fitness level on mood states. *Journal of Sport & Exercise Psychology, 9,* S32.

Boutcher, S.H., & Landers, D.M. (1988). The effects of vigorous exercise on anxiety, heart rate, and alpha activity of runners and nonrunners. *Psychophysiology, 25,* 696-702.

Boyd, M.P., & Yin, Z. (1996). Cognitive-affective sources of sport enjoyment in adolescent sport participants. *Adolescence, 31,* 383-395.

Bradburn, N.M. (1969). *The structure of psychological well-being.* Chicago: Aldine.

Breathnach, S.B. (1998). *Something more: Excavating your authentic self.* New York: Warner Books.

Brenner, B. (1975). Enjoyment as a preventive of depressive affect. *Journal of Community Psychology, 3,* 346-357.

Brewer, B.W., Van Raalte, J.L., Linder, D.E., & Van Raalte, N.S. (1991). Peak performance and the perils of retrospective introspection. *Journal of Sport & Exercise Psychology, 8,* 227-238.

Briggs, J.D. (1994). An investigation of participant enjoyment in the physical activity setting. *Journal of Physical Education, Recreation, and Dance, 65,* 213-221.

Brown, J.D. (1991). Staying fit and staying well: Physical fitness as a moderator of life stress. *Journal of Personality and Social Psychology, 60,* 555-561.

Brown, J.D., & Siegel, J.M. (1988). Exercise as a buffer of life stress: A prospective study of adolescent health. *Health Psychology, 7,* 341-353.

Brown, J.D., Wang, Y., Ward, A., Ebbeling, C.B., Fortalage, L., Puleo, E., Benson, H., & Rippe, J.M. (1995). Chronic psychological effects of exercise and exercise plus cognitive strategies. *Medicine and Science in Sports and Exercise, 27,* 765-775.

Brustad, R.J. (1996). Attraction to physical activity in urban school children: Parental socialization and gender influences. *Research Quarterly for Exercise and Sport, 67,* 316-323.

Bungum, T.J., & Vincent, M.L. (1997). Determinants of physical activity among female adolescents. *American Journal of Preventive Medicine, 13,* 115-122.

Butki, B.D., & Rudolph, D.L. (1997). Self-efficacy and affective responses to short bouts of exercise [Abstract]. *Journal of Sport & Exercise Psychology, 19,* S38.

Campbell, A., Converse, P.E., & Rogers, W.L. (1976). *The quality of American life: Perceptions, evaluations, and satisfactions.* New York: Russell Sage Foundation.

Campbell, D. (1997). *The Mozart effect: Tapping the power of music to heal the body, strengthen the mind, and unlock the creative spirit.* New York: Avon.

Carmack, M.A., & Martens, R. (1979). Measuring commitment to running: A survey of runners' attitudes and mental states. *Journal of Sport Psychology, 1,* 25-42.

Carpenter, P.J. (1995). Modification and extension of the sport commitment model. *Journal of Sport & Exercise Psychology, 17,* S37.

Carpenter, P.J., & Coleman, R. (1998). A longitudinal study of elite cricketeers' commitment. *International Journal of Sport Psychology, 29,* 195-210.

Carpenter, P.J., Scanlan, T.K., Simons, J.P., & Lobel, M. (1993). A test of the sport commitment model using structural equation modeling. *Journal of Sport & Exercise Psychology, 15,* 119-133.

Clark, D.M., & Teasdale, J.D. (1985). Constraints on the effects of mood on memory. *Journal of Personality and Social Psy-*

chology, 48, 1595–1608.

Clarke, S.G., & Haworth, J.T. (1994). "Flow" experience in the daily lives of sixth-form college students. *British Journal of Psychology, 85,* 511–523.

Claytor, R.P. (1991). Stress reactivity: Hemodynamic adjustments in trained and untrained humans. *Medicine and Science in Sports and Exercise, 23,* 873–881.

Cohn, P.J. (1991). An exploratory study on peak performance in golf. *The Sport Psychologist, 5,* 1–14.

Craft, L.L., & Landers, D.M. (1998). The effect of exercise on clinical depression and depression resulting from mental illness: A meta-analysis. *Journal of Sport & Exercise Psychology, 20,* 339–357.

Crocker, P.R.E., Bouffard, M., & Gessaroli, M.E. (1995). Measuring enjoyment in youth sport settings: A confirmatory factor analysis of the Physical Activity Enjoyment Scale. *Journal of Sport & Exercise Psychology, 17,* 200–205.

Csikszentmihalyi, M. (1975). *Beyond boredom and anxiety.* San Francisco: Jossey-Bass.

Csikszentmihalyi, M. (1991). *Flow: The psychology of optimal experience.* New York: Harper & Row.

Csikszentmihalyi, M. (1993). *The evolving self.* New York: Harper & Row.

Csikszentmihalyi, M. (1997). *Finding flow: The psychology of engagement with everyday life.* New York: Basic Books.

Csikszentmihalyi, M. (1999). If we are so rich, why aren't we happy? *American Psychologist, 54,* 821–827.

Csikszentmihalyi, M., & Larson, R. (1987). Validity and reliability of the experience sampling method. *Journal of Nervous and Mental Disorders, 175,* 526–536.

Csikszentmihalyi, M., & LeFevre, J. (1989). Optimal experience in work and leisure. *Journal of Personality and Social Psychology, 56,* 815–822.

Dalkey, N.C., Lewis, R., & Snyder, D. (1972). *Studies of life quality.* Boston: Heath.

DeGrazia, S. (1962). *Of time, work, and leisure.* New York: Twentieth Century Fund.

Diener, E. (1984). Subjective well-being. *Psychological Bulletin, 95,* 542–575.

Diener, E. (1994). Assessing subjective well-being: Progress and opportunities. *Social Indicators Research, 31,* 103–157.

Diener, E., & Diener, C. (1996). Most people are happy. *Psychological Science 7,* 181–185.

Diener, E., Emmons, R.A., Larson, R.J., & Griffin, S. (1985). The Satisfaction with Life Scale. *Journal of Personality Assessment, 49,* 71–75.

Diener, E., & Lucas, R.E. (1999). Personality and subjective well-being. In D. Kahneman, E. Diener, & N. Schwarz (Eds.), *Well-being: The foundations of hedonic psychology* (pp. 213–229). New York: Russell Sage Foundation.

Diener, E., & Suh, E.M. (1999). National differences in subjective well-being. In D. Kahneman, E. Diener, & N. Schwarz (Eds.), *Well-being: The foundations of hedonic psychology* (pp. 434–450). New York: Russell Sage Foundation.

Dienstbier, R.A. (1989). Arousal and physiological toughness: Implications for mental and physical health. *Psychological Review, 96,* 84–100.

DiLorenzo, T.M., Stucky-Rupp, R.C., Vander Wal, J.S., & Gothan, H.J. (1998). Determinants of exercise among children: II. A longitudinal analysis. *Preventive Medicine, 27,* 470–477.

Dishman, R.K. (1986). Mental health. In V. Seefeldt (Ed.), *Physical activity and well-being* (pp. 304–341). Reston, VA: American Alliance for Health, Physical Education, Recreation, and Dance.

Dyer, J.B., III, & Crouch, J.G. (1988). Effects of running and other activities on moods. *Perceptual and Motor Skills, 67,* 43–50.

Ebersole, P. (1972). Effects of classification of peak experiences. *Psychological Reports, 30,* 631–635.

Ekman, P., & Davidson, R.J. (1993). Voluntary smiling changes regional brain activity. *Psychological Science, 4,* 342–345.

Ekman, P., Davidson, R.J., & Friesen, W.V. (1990). The Duchenne smile: Emotional expression and brain physiology II. *Journal of Personality and Social Psychology, 58,* 342–353.

Ekman, P., & Friesen, W.V. (1978). *The Facial Action Coding System: A technique for the measurement of facial movements.* Palo Alto, CA: Consulting Psychologists.

Etnier, J.L., Salazar, W., Landers, D.M., Petruzzello, S.J., Han, M., & Nowell, P. (1997). The influence of physical fitness and exercise upon cognitive functioning: A meta-analysis. *Journal of Sport & Exercise Psychology, 19,* 249–277.

Farrell, P.A., Gustafson, A.B., Garthwaite, T.L., Kalkhoff, R.K., Cowley, A.W., & Morgan, W.P. (1986). Influence of endogenous opioids on the response of selected hormones to exercise in humans. *Journal of Applied Physiology, 61,* 1051–1057.

Farrell, P.A., Gustafson, A.B., Morgan, W.P., & Pert, C.B. (1987). Enkephallins, catecholamines, and psychological mood alterations: Effects of prolonged exercise. *Medicine and Science in Sports and Exercise, 19,* 347–353.

Flanagan, J.C. (1978). A research approach to improving our quality of life. *American Psychologist, 33,* 138–147.

Frank, A.W. (1991). *At the will of the body.* Boston: Houghton Mifflin.

Frank, M.G., Ekman, P., & Friesen, W.V. (1993). Behavioral markers and recognizability of the smile of enjoyment. *Journal of Personality and Social Psychology, 64,* 83–93.

Frank, M.G., Ekman, P., & Friesen, W.V. (1997). Behavioral markers and recognizability of the smile of enjoyment. In P. Ekman & E.L. Rosenberg (Eds.), *What the face reveals: Basic and applied studies of spontaneous expression using the Facial Action Coding System (FACS)* (pp. 217–242). New York: Oxford University Press.

Fried, R. (with Grimaldi, J.). (1993). *The psychology and physiology of breathing in behavioral medicine, clinical psychology, and psychiatry.* New York: Plenum Press.

Fried, R., & Berkowitz, L. (1979). Math hath charms—and can influence helpfulness. *Journal of Applied Social Psychology, 9,* 199–208.

Frijda, N.H. (1999). Emotions and hedonic experience. In D. Kahneman, E. Diener, & N. Schwarz (Eds.), *Well-being: The foundations of hedonic psychology* (pp. 190–212). New York: Russell Sage Foundation.

Gallup, G., Jr., & Castelli, J. (1989). *The people's religion.* New York: Macmillan.

Gallwey, W.T. (1997). *The inner game of tennis* (2nd ed.). New York: Random House.

Garcia, A.W., & King, A.C. (1991). Predicting long-term adherence to aerobic exercise: A comparison of two models. *Journal of Sport & Exercise Psychology, 13,* 394–410.

Gentile, A.M. (1972). A working model of skill acquisition with application to teaching. *Quest, 17,* 3–23.

Gentile, A.M. (1992). The nature of skill acquisition: Therapeutic implications for children with movement disorders. In H. Forssberg & H. Hirschfeld (Eds.), *International Sven Jerring Sympotiu: Movement Disorders in Children*, (pp. 31–40). Basel, Switzerland: Karger.

Glasser, W. (1976). *Positive addiction*. New York: Harper & Row.

Gross, J.D. (1994). Hardiness and mood disturbances in swimmers while overtraining. *Journal of Sport & Exercise Psychology, 16*, 135–149.

Grove, J.R., & Lewis, M.A.E. (1996). Hypnotic susceptibility and the attainment of flowlike states during exercise. *Journal of Sport & Exercise Psychology, 18*, 380–391.

Grove, J.R., & Prapavessis, H. (1992). Preliminary evidence for the reliability and validity of an abbreviated Profile of Mood States. *International Journal of Sport Psychology, 23*, 93–109.

Hart, E.A., Leary, M.R., & Rejeski, W.J. (1989). The measurement of social physique anxiety. *Journal of Sport & Exercise Psychology, 11*, 94–104.

Hassmén, P., & Blomstrand, E. (1995). Mood states relationships and soccer team performance. *The Sport Psychologist, 9*, 297–308.

Hays, K.F. (Ed.). (1998). *Integrating exercise, sports, movement and mind: Therapeutic unity*. New York: Haworth Press.

Hays, K.F. (1999). *Working it out: Using exercise in psychotherapy*. Washington, DC: American Psychological Association.

Heck, T.A., & Kimiecik, J.C. (1993). What is exercise enjoyment? A qualitative investigation of adult exercise maintainers. *Wellness Perspectives, 10*, 3–21.

Hewitt, J., & Miller, R. (1981). Relative effects of meditation vs. other activities on ratings of relaxation and enjoyment of others. *Psychological Reports, 48*, 395–398.

Hooper, S.L., Mackinnon, L.T., & Hanrahan, S. (1997). Mood states as an indication of staleness and recovery. *International Journal of Sport Psychology, 28*, 1–12.

International Society of Sport Psychology (1991, Fall). Physical activity and psychological benefits: An ISSP position statement. *Newsletter, 2*, 1–3.

Jackson, S.A. (1992). Athletes in flow: A qualitative investigation of flow in elite figure skaters. *Journal of Applied Sport Psychology, 4*, 161–180.

Jackson, S.A. (1995). Factors influencing the occurrence of flow state in elite athletes. *Journal of Applied Sport Psychology, 7*, 138–166.

Jackson, S.A. (1996). Toward a conceptual understanding of the flow experience in elite athletes. *Research Quarterly for Exercise and Sport, 67*, 76–90.

Jackson, S.A., & Csikszentmihalyi, M. (1999). *Flow in sports*. Champaign, IL: Human Kinetics.

Jackson, S.A., Kimiecik, J.C., Ford, S.K., & Marsh, H.W. (1998). Psychological correlates of flow in sport. *Journal of Sport & Exercise Psychology, 20*, 358–378.

Jackson, S.A., & Marsh, H.W. (1996). Development and validation of a scale to measure optimal experience: The Flow State Scale. *Journal of Sport & Exercise Psychology, 18*, 17–35.

Jackson, S.A., & Roberts, G.C. (1992). Positive performance states of athletes: Toward a conceptual understanding of peak performance. *The Sport Psychologist, 6*, 156–171.

Jin, P. (1992). Efficacy of Tai Chi, brisk walking, meditation, and reading in reducing mental and emotional stress. *Journal of Psychosomatic Research, 36*, 361–370.

Kabat-Zinn, J. (1990). *Full catastrophe living: Using the wisdom of your body and mind to face stress, pain, and illness*. New York: Delacorte Press.

Kahneman, D., Diener, E., & Schwarz, N. (Eds.). (1999). *Well-being: The foundations of hedonic psychology*. New York: Russell Sage Foundation.

Kaplan, R.M. (1994). The Ziggy theorem: Toward an outcomes-focused health psychology. *Health Psychology, 13*, 451–460.

Kendzierski, D., & DeCarlo, K.J. (1991). Physical Activity Enjoyment Scale: Two validation studies. *Journal of Sport & Exercise Psychology, 13*, 50–64.

Kerr, J.H., & Schaik, P. (1995). Effects of game venue and outcome on psychological mood states in rugby. *Personality and Individual Differences, 19*, 407–410.

Keutzer, C.S. (1978). Whatever turns you on: Triggers to transcendent experiences. *Journal of Humanistic Psychology, 18*(3), 77–80.

Kimiecik, J.C., & Harris, A.T. (1996). What is enjoyment? A conceptual/definitional analysis with implications for sport and exercise psychology. *Journal of Sport & Exercise Psychology, 18*, 247–263.

Kimiecik, J.C., & Stein, G.L. (1992). Examining flow experiences in sport contexts: Conceptual issues and methodological concerns. *Journal of Applied Sport Psychology, 4*, 144–160.

Kirk, D. (1986). The aesthetic experience in sport. *Journal of Human Movement Studies, 12*, 99–111.

Kolyton, K.F., Shake, C.L., & Morgan, W.P. (1993). Interaction of exercise, water temperature and protective body apparel on body awareness and anxiety. *International Journal of Sport Psychology, 24*, 297–305.

Kraemer, R.R., Dzewaltowski, D.A., Blair, M.S., Rinehardt, K.F., & Castracane, V.D. (1990). Mood alteration from treadmill running and its relationship to beta-endorphin, corticotrophin, and growth hormone. *Journal of Sports Medicine and Physical Fitness, 30*, 241–246.

Landsman, T. (1969). The beautiful person. *Futurist, 3*, 41–42.

Larson, R., & Csikszentmihalyi, M. (1983). The experience sampling method. In H.T. Reis (Ed.), *Naturalistic approaches to studying social interaction: New directions for methodology of social and behavioral sciences* (pp. 41–56). San Francisco: Jossey-Bass.

Lazarus, R.S., & Folkman, S. (1986). Cognitive theories of stress and the issue of circularity. In M.H. Appley & R. Trumbull (Eds.), *Dynamics of stress: Physiological, psychological, and social perspectives* (pp. 63–80). New York: Plenum Press.

Lazarus, R.S., & Folkman, S. (1994). *Stress, appraisal, and coping*. New York: Springer.

LeDoux, J., & Armony, J. (1999). Can neurobiology tell us anything about human emotion? In D. Kahneman, E. Diener, & N. Schwarz (Eds.), *Well-being: The foundations of hedonic psychology* (pp. 489–499). New York: Russell Sage Foundation.

Leith, L.M. (1994). *Foundations of exercise and mental health*. Morgantown, WV: Fitness Information Technology.

Leslie, E., Owen, N., Salmon, J., Bauman, A., Sallis, J.F., & Lo, S.K. (1999). Insufficiently active Australian college students: Perceived personal, social, and environmental influences. *Preventive Medicine, 28*, 20–27.

Long, B.C. (1991). Physiological and psychological stress recovery of physically fit and unfit women. *Canadian Journal of Behavioral Science, 23*, 53–65.

Long, B.C. (1993). Aerobic conditioning (jogging) and stress inoculation interventions: An exploratory study of coping.

International Journal of Sport Psychology, 24, 94-109.

Long, B.C., & van Stavel, R. (1995). Effects of exercise training on anxiety: A meta-analysis. *Journal of Applied Sport Psychology, 7,* 167-189.

Mackinnon, L.T. (1992). *Exercise and immunology: Current issues in exercise science* (Monograph No. 2). Champaign, IL: Human Kinetics.

Mandell, A. (1979). The second second wind. *Psychiatric Annals, 9,* 57-68.

Maroulakis, E., & Zervas, Y. (1993). Effects of aerobic exercise on mood of adult women. *Perceptual and Motor Skills, 76,* 795-801.

Marsh, H.W., & Jackson, S.A. (1999). Flow experience in sport: Construct validation of multidimensional, hierarchical state and trait responses. *Structural Equation Modeling, 6,* 343-371.

Martinsen, E.W., & Morgan, W.P. (1997). Antidepressant effects of physical activity. In W.P. Morgan (Ed.), *Physical activity and mental health* (pp. 93-106). Washington, DC: Taylor & Francis.

Maslow, A.H. (1968). *Toward a psychology of being.* Princeton, NJ: Van Nostrand.

Maslow, A.H. (1970). *Motivation and personality* (2nd ed.). New York: Harper & Row.

Masters, K.S. (1992). Hypnotic susceptibility, cognitive dissociation, and runner's high in a sample of marathon runners. *American Journal of Clinical Hypnosis, 34,* 193-201.

McInman, A.D., & Berger, B.G. (1993). Self-concept and mood changes associated with aerobic dance. *Australian Journal of Psychology, 45,* 134-140.

McInman, A.D., & Grove, J.R. (1991). Peak moments in sport: A literature review. *Quest, 43,* 333-351.

McKinney, C.H., Antoni, M.H., Kumar, M., Tims, F.C., & McCabe, P.M. (1997). Effects of Guided Imagery and Music (GIM) therapy on mood and cortisol in healthy adults. *Health Psychology, 16,* 390-400.

McNair, D.M., Lorr, M., & Droppleman, L.F. (1971/1981/1992). *Profile of Mood States manual.* San Diego: Education and Industrial Testing Service.

Mertesdorf, F.L. (1994). Cycle exercising in time with music. *Perceptual and Motor Skills, 78,* 1123-1141.

Morgan, W.P. (1980). The trait psychology controversy. *Research Quarterly for Exercise and Sport, 51,* 50-76.

Morgan, W.P. (1987). Reduction of state anxiety following acute physical. In W.P. Morgan & S.E. Goldston (Eds.), *Exercise and mental health* (pp. 105-109). Washington, DC: Hemisphere.

Morgan, W.P. (Ed.). (1997). *Physical activity and mental health.* Washington, DC: Taylor & Francis.

Morgan, W.P., Brown, D.R., Raglin, J.S., O'Connor, P.J., & Ellickson, K.A. (1987). Psychological monitoring of overtraining and staleness. *British Journal of Sports Medicine, 21,* 107-114.

Morgan, W.P., Costill, D.L., Flynn, M.G., Raglin, J.S., & O'Connor, P.J. (1988). Mood disturbance following increased training in swimmers. *Medicine and Science in Sports and Exercise, 20,* 408-414.

Morgan, W.P., & Ellickson, K.A. (1989). Health, anxiety, and physical exercise. In D. Hackfort & C.D. Spielberger (Eds.), *Anxiety in sports: An international perspective* (pp. 165-182). New York: Hemisphere.

Morgan, W.P., & Goldston, S.E. (1987). Summary. In W.P. Morgan & S.E. Goldston (Eds.), *Exercise and mental health*

(pp. 155-159). New York: Hemisphere.

Morris, W.N. (1999). The mood system. In D. Kahneman, E. Diener, & N. Schwarz (Eds.), *Well-being: The foundations of hedonic psychology* (pp. 169-189). New York: Russell Sage Foundation.

Moses, J., Steptoe, A., Matthews, A., & Edwards, S. (1989). The effects of exercise training on mental well-being in the normal population: A controlled trial. *Journal of Psychosomatic Research, 33,* 47-61.

Motl, R.W., Berger, B.G., & Leuschen, P.S. (in press). The role of enjoyment in the exercise-mood relationship. *International Journal of Sport Psychology.*

Motl, R.W., Berger, B.G., & Wilson, T.E. (1996). Exercise intensity and the acute mood states of cyclists. *Journal of Sport & Exercise Psychology, 18,* S59.

Motl, R.W., Bieber, S.L., & Berger, B.G. (1997). A multigroup invariance factor analysis of the Physical Enjoyment Scale: Comparison of enjoyment among rock-climbers, swimmers, and wellness students. *Journal of Applied Sport Psychology, 9,* S133.

Mroczek, D.K., & Kolarz, C.M. (1998). The effect of age on positive and negative affect: A developmental perspective on happiness. *Journal of Personality and Social Psychology, 75,* 1333-1349.

Mutrie, N., & Biddle, S.J.H. (1995). The effects of exercise on mental health in nonclinical populations. In S.J.H. Biddle (Ed.), *European perspectives on exercise and sport psychology* (pp. 50-70). Champaign, IL: Human Kinetics.

Nolen-Hoeksema, S., & Rusting, C.L. (1999). Gender differences in well-being. In D. Kahneman, E. Diener, & N. Schwarz (Eds.), *Well-being: The foundations of hedonic psychology* (pp. 330-350). New York: Russell Sage Foundation.

North, T.C., McCullagh, P., & Tran, Z.V. (1990). Effect of exercise on depression. In K.B. Pandolf & J.O. Holloszy (Eds.), *Exercise and sport sciences reviews* (Vol. 18, pp. 379-415). Baltimore: Williams & Wilkins.

O'Connor, P.J. (1997). Overtraining and staleness. In W.P. Morgan (Ed.), *Physical activity and mental health* (pp. 145-160). Washington, DC: Taylor & Francis.

O'Connor, P.J., Bryant, C.X., Veltri, J.P., & Gebhardt, S.M. (1993). State anxiety and ambulatory blood pressure following resistance exercise in females. *Medicine and Science in Sports and Exercise, 25,* 516-521.

O'Connor, P.J. Morgan, W.P., & Raglin, J.S. (1991). Psychobiological effects of 3 days of increased training in female and male swimmers. *Medicine and Science in Sports and Exercise, 23,* 1055-1061.

Oishi, S., Diener, E.F., Lucas, R.E., & Suh, E.M. (1999). Cross-cultural variations in predictors of life satisfaction: Perspectives from needs and values. *Personality and Social Psychology Bulletin, 25,* 980-990.

Oman, R.F., & McAuley, E. (1993). Intrinsic motivation and exercise behavior. *Journal of Health Education, 24,* 232-238.

Ommundsen, Y., & Vaglum, P. (1991). Soccer competitive anxiety and enjoyment in young boy players: The influence of perceived competence and significant others' emotional involvement. *International Journal of Sport Psychology, 22,* 35-49.

Paffenbarger, R.S., & Olsen, E. (1996). *Lifefit: An effective exercise program for optimal health and a longer life.* Champaign, IL: Human Kinetics.

Panzarella, R. (1980). The phenomenology of aesthetic peak experiences. *Journal of Humanistic Psychology, 20,* 67–85.

Pavot, W., & Diener, E.F. (1993). Review of the Satisfaction with Life Scale. *Psychological Assessment, 5,* 164–172.

Pavot, W., Diener, E.F., Colvin, C.R., & Sandvik, E. (1991). Further validation of the Satisfaction with Life Scale: Evidence for the cross-method convergence of well-being measures. *Journal of Personality Assessment, 57,* 149–161.

Paxton, S.J., Browning, C.J., & O'Connell, G. (1997). Predictors of exercise program participation in older women. *Psychology & Health, 12,* 543–552.

Petruzzello, S.J., Landers, D.M., Hatfield, B.D., Kubitz, K.A., & Salizar, W. (1991). A meta-analysis on the anxiety reducing effects of acute and chronic exercise: Outcomes and mechanisms. *Sports Medicine, 11,* 142–182.

Plante, T.G., Lantis, A., & Checa, G. (1998). The influence of perceived versus aerobic fitness on psychological health and physiological stress responsivity. *International Journal of Stress Management, 5,* 141–156.

Podilchak, W. (1991). Establishing the fun in leisure. *Leisure Sciences, 13,* 123–136.

Poulton, E.C. (1957). On prediction in skilled movements. *Psychological Bulletin, 54,* 467–478.

Privette, G. (1983). Peak experience, peak performance and flow: A comparative analysis of positive human experiences. *Journal of Personality and Social Psychology, 45,* 1361–1368.

Privette, G. (1984). *Experience Questionnaire.* Pensacola: University of West Florida.

Privette, G. (1985). Experience as a component of personality theory. *Psychological Reports, 56,* 263–266.

Privette, G., & Bundrick, C.M. (1987). Measurement of experience: Construct and content validity of the Experience Questionnaire. *Perceptual and Motor Skills, 65,* 315–332.

Privette, G., & Bundrick, C.M. (1989). Effects of triggering activity on construct events: Peak performance, peak experience, flow, average events, misery, and failure. *Journal of Social Behavior and Personality, 4,* 299–306.

Privette, G., & Bundrick, C.M. (1991). Peak experience, peak performance, and flow: Correspondence of personal descriptions and theoretical constructs. *Journal of Social Behavior and Personality, 6,* 169–188.

Privette, G., & Bundrick, C.M. (1997). Psychological processes of peak, average, and failing performance in sport. *International Journal of Sport Psychology, 28,* 323–334.

Privette, G., & Landsman, T. (1983). Factor analysis of peak performance: The full use of potential. *Journal of Personality and Social Psychology, 44,* 195–200.

Privette, G., & Sherry, D. (1986). Reliability and readability of questionnaire: Peak performance and peak experience. *Psychological Reports, 58,* 491–494.

Raglin, J.S., & Morgan, W.P. (1987). Influence of exercise and quiet rest on state anxiety and blood pressure. *Medicine and Science in Sports and Exercise, 19,* 456–463.

Ravizza, K. (1984). Qualities of peak experience in sport. In J.M. Silva & R.S. Weinberg (Eds.), *Psychological foundations of sport* (pp. 452–462). Champaign, IL: Human Kinetics.

Rejeski, W.J., Thompson, A., Brubaker, P.H., & Miller, H.S. (1992). Acute exercise: Buffering psychosocial stress responses in women. *Health Psychology, 11,* 355–362.

Riddick, C.C. (1984). Comparative psychology profiles of three groups of female collegians: Competitive swimmers, recreational swimmers, and inactive swimmers. *Journal of Sport Behavior, 7,* 160–174.

Rimer, S. (1990, April 29). Swimming for fitness and solitude. *New York Times magazine, Part 2: The Good Health magazine,* pp. 59–60, 83–84.

Rippere, V. (1977). "What's the thing to do when you're feeling depressed?" A pilot study. *Behavior Research and Therapy, 15,* 185–191.

Rostad, F.G., & Long, B.C. (1996). Exercise as a coping strategy for stress: A review. *International Journal of Sport Psychology, 27,* 197–222.

Ruark, J.K. (1999, February 12). Redefining the good life: A new focus in the social sciences. *Chronicle of Higher Education, 45*(23), A13–A15.

Rybczynski, W. (1991). *Waiting for the weekend.* New York: Viking.

Sachs, M.L. (1980). *On the tail of the runner's high: A descriptive and experimental investigation of characteristics of an elusive phenomenon.* Unpublished doctoral dissertation, Florida State University, Tallahassee.

Sachs, M.L. (1984). The runner's high. In M.L. Sachs & G.W. Buffone (Eds.), *Running as therapy* (pp. 273–287). Lincoln: Nebraska University Press.

Sacks, M.H. (1996). Exercise for stress control. In D. Goleman & J. Gurin (Eds.), *Mind/body medicine: How to use your mind for better health* (pp. 315–327). Yonkers, NY: Consumer Report Books.

Sallis, J.F., Calfas, K.J., Alcaraz, J.E., Gehrman, C., & Johnson, M.F. (1999). Potential mediators of change in a physical activity promotion course for university students: Project GRAD. *Annals of Behavioral Medicine, 21,* 149–158.

Sallis, J.F., Prochaska, J.J., Taylor, W.C., Hill, J.O., & Geraci, J.C. (1999). Correlates of physical activity in a national sample of girls and boys in grades 4 through 12. *Health Psychology, 18,* 410–415.

Scanlan, T.K., Carpenter, P.J., Lobel, M., & Simons, J.P. (1993). Sources of enjoyment for youth sport athletes. *Pediatric Exercise Science, 5,* 275–295.

Scanlan, T.K., & Lewthwaite, R. (1986). Social psychological aspects of competition for male youth sport participants: IV. Predictors of enjoyment. *Journal of Sport Psychology, 8,* 25–35.

Scanlan, T.K., & Simons, J.P. (1992). The construction of sport enjoyment. In G.C. Roberts (Ed.), *Motivation in sport and exercise* (pp. 199–215). Champaign, IL: Human Kinetics.

Scanlan, T.K., Stein, G.L., & Ravizza, K. (1989). An in-depth study of former elite figure skaters: II. Sources of enjoyment. *Journal of Sport & Exercise Psychology, 11,* 65–83.

Schwarz, N., & Clore, G.L. (1983). Mood, misattribution, and judgments of well-being: Informative and directive functions of affective states. *Journal of Personality and Social Psychology, 45,* 513–523.

Schwarz, N., & Strack, F. (1999). Reports of subjective well-being: Judgmental processes and their methodological implications. In D. Kahneman, E. Diener, & N. Schwarz (Eds.), *Well-being: The foundations of hedonic psychology* (pp. 61–84). New York: Russell Sage Foundation.

Seaward, B.L. (1997). *Managing stress: Principles and strategies for health and wellbeing* (2nd ed.). Boston: Jones & Bartlett.

Selye, H. (1975). *Stress without distress.* New York: Signet.

Sheehan, G. (1990). The ages of the runner. *Annals of Sports Medicine, 5,* 210.

Shraddhananda, S. (1997, February/March). Awakening spirit: The healing power of silence. *Yoga International, 34,* 21–23.

Singer, R.N. (1996). Moving toward the quality of life. *Quest, 48,* 246–252.

Singer, R.N., & Gerson, R.F. (1981). Task classification and strategy utilization in motor skills. *Research Quarterly for Exercise and Sport, 52,* 100–112.

Sinyor, D., Schwartz, S.G., Peronnet, F., Brisson, G., & Seraganian, P. (1993). Aerobic fitness level and reactivity to psychosocial stress: Physiological, biochemical, and subjective measures. *Psychosomatic Medicine, 65,* 205–217.

Smith, M.A., & Conkell, C. (1999). An examination of pupils' perceptions of enjoyment in physical education: A cross-cultural study. *Research Quarterly for Exercise and Sport, 70,* A100.

Spilker, B., Molinek, F.R., Jr., Johnston, K.A., Simpson, R.L., & Tilson, H.H. (1990). Quality of life bibliography and indexes. *Medical Care, 28*(Suppl.), DS1–DS77.

Stein, G.L., Kimiecik, J.C., Daniels, J., & Jackson, S.A. (1995). Psychological antecedents of flow in recreation. *Personality and Social Psychology Bulletin, 21,* 125–135.

Stein, G.L., & Scanlan, T.K. (1992). Goal attainment and non-goal occurrences as underlying mechanisms to an athlete's sources of enjoyment. *Pediatric Exercise Science, 4,* 150–165.

Steptoe, A., & Cox, S. (1988). Acute effects of aerobic exercise on mood. *Health Psychology, 7,* 329–340.

Steptoe, A., Kearsley, N., & Walters, N. (1993). Acute mood response to maximal and submaximal exercise in active and inactive men. *Psychology & Health, 8,* 89–99.

Stone, A.A., Shiffman, S.S., & De Vries, M.W. (1999). Ecological momentary assessment. In D. Kahneman, E. Diener, & N. Schwarz (Eds.), *Well-being: The foundations of hedonic psychology* (pp. 26–39). New York: Russell Sage Foundation.

Taylor, S.E., Pham, L.B., Rivkin, I.D., & Armor, D.A. (1998). Harnessing the imagination: Mental stimulation, self-regulation, and coping. *American Psychologist, 53,* 429–439.

Thayer, R.E. (1986). Activation-Deactivation Adjective Checklist: Current overview and structural analysis. *Psychological Reports, 58,* 607–614.

Thayer, R.E. (1987). Energy, tiredness, and tension effects of a sugar snack versus moderate exercise. *Journal of Personality and Social Psychology, 52,* 119–125.

Thayer, R.E. (1996). *The origin of everyday moods: Managing energy, tension, and stress.* New York: Oxford University Press.

Thayer, R.E., Peters, D.P., Takahashi, P.J., & Birkhead-Flight, A.M. (1994). Mood and behavior (smoking and sugar snacking) following moderate exercise: A partial test of self-regulation theory. *Personality and Individual Differences, 14,* 97–104.

Thorne, F.C. (1963). The clinical use of nadir experience reports. *Journal of Clinical Psychology, 19,* 248–250.

Turner, E.E., Rejeski, W.J., & Brawley, L.R. (1997). Psychological benefits of physical activity are influenced by the social environment. *Journal of Sport & Exercise Psychology, 19,* 119–130.

Vlachopoulos, S.P., Karageorghis, C.I., & Terry, P.C. (1999). Hierarchical confirmatory factor analysis of the Flow State Scale in an exercise setting. *Journal of Sport Science, 17,* 69–70.

Walker, B.W., Roberts, G.C., Nyheim, M., & Treasure, D.C. (1998). Predicting enjoyment and beliefs about success in sport: An interactionist perspective. *Journal of Sport & Exercise Psychology, 20,* S59.

Wankel, L.M. (1985). Personal and situational factors affecting exercise involvement: The importance of enjoyment. *Research Quarterly for Exercise and Sport, 56,* 275–282.

Wankel, L.M. (1993). The importance of enjoyment to adherence and psychological benefits from physical activity. *International Journal of Sport Psychology, 24,* 151–169.

Wankel, L.M. (1997). "Strawpersons," selective reporting, and inconsistent logic: A response to Kimiecik and Harris's analysis of enjoyment. *Journal of Sport & Exercise Psychology, 19,* 98–109.

Wankel, L.M., & Berger, B.G. (1990). The psychological and social benefit of sport and physical activity. *Leisure Research, 21,* 167–182.

Wankel, L.M., & Kreisel, P.S.J. (1985). Factors underlying enjoyment of youth sports: Sport and age group comparisons. *Journal of Sport Psychology, 7,* 51–64.

Wankel, L.M., & Pabich, P. (1982). The minor sport experience: Factors contributing to or detracting from enjoyment. In J.T. Partington, T. Orlick, & J.H. Salmela (Eds.), *Mental training for coaches and athletes* (pp. 70–71). Ottawa, Canada: Sports in Perspective.

Wankel, L.M., & Sefton, J.M. (1989). A season-long investigation of fun in youth sports. *Journal of Sport & Exercise Psychology, 11,* 355–366.

Webster's Dictionary of the English Language (1992). New York: PMC Publishing.

Welk, G.J. (1999). The youth physical activity promotion model: A conceptual bridge between theory and practice. *Quest, 51,* 5–23.

Wheeler, B.L. (1985). Relationship of personal characteristics to mood and enjoyment after hearing live and recorded music and to musical taste. *Psychology of Music, 13,* 81–92.

Widmeyer, W.N., Carron, A.V., & Brawley, L.R. (1990). The effects of group size in sport. *Journal of Sport & Exercise Psychology, 12,* 177–190.

Wuthnow, R. (1978). Peak experiences: Some empirical tests. *Journal of Humanistic Psychology, 18,* 59–75.

第26章

Alfano, P. (1982, December 27). When applause ends athletes face financial hurdles. *Ottawa Citizen,* p. 41.

Allison, M.T., & Meyer, C. (1988). Career problems and retirement among elite athletes: The female tennis professional. *Sociology of Sport Journal, 5,* 212–222.

Alloy, L.B., & Abramson, L.Y. (1982). Learned helplessness, depression, and the illusion of control. *Journal of Personality and Social Psychology, 42,* 1114–1126.

Arviko, I. (1976). *Factors influencing the job and life satisfaction of retired baseball players.* Unpublished master's thesis, University of Waterloo, Canada.

Atchley, R.C. (1980). *The social forces in later life.* Belmont, CA: Wadsworth.

Ausubel, D., & Kirk, D. (1977). *Ego psychology and mental disease: A developmental approach to psychopathology.* New York: Grune & Stratton.

Avery, C.M., & Jablin, F.M. (1988). Retirement preparation programs and organizational communication. *Communication Education, 37,* 68–80.

Baille, P.H. (1993). Understanding retirement from sports: Therapeutic ideas for helping athletes in transition. *Counseling Psychologist, 21,* 399–410.

Ball, D.W. (1976). Failure in sport. *American Sociological Review, 41,* 726–739.

Bandura, A. (1977). Self-efficacy: Toward a unifying theory of behavior change. *Psychological Review, 84,* 191–215.

Bandura, A., & Adams, N.E. (1977). Analysis of self-efficacy theory of behavioral change. *Cognitive Therapy and Research, 1,* 287–308.

Batten, J. (1979, April). After the cheering stops can athletes create new life in the business world? *Financial Post Magazine,* 14–20.

Beisser. (1967). *The madness of sports.* New York: Appleton-Century-Croft.

Blinde, E.M., & Greendorfer, S.L. (1985). A reconceptualization of the process of leaving the role of competitive athlete. *International Review of Sport Sociology, 20,* 87–94.

Botterill, C. (1982). What "endings" tell us about beginnings. In T. Orlick, J.T. Partington, & J.H. Salmela (Eds.), *Proceedings of the 5th World Congress of Sport Psychology* (pp. 164–166). Ottawa: Coaching Association of Canada.

Botterill, C. (1990). Sport psychology and professional hockey. *The Sport Psychologist, 4,* 358–368.

Bouton, J. (1970). *Ball four.* New York: Dell.

Bradley, B. (1976). *Life on the run.* New York: *New York Times,* Quadrangle.

Brammer, L.M., & Abrego, P.J. (1981). Intervention strategies for coping with terminations. *Counseling Psychologist, 9,* 19–35.

Bramwell, S.T., Masuda, M., Wagner, N.N., & Holmes, A. (1975). Psychological factors in athletic injuries: Development and application of the Social and Athletic Readjustment Rating Scale (SARRS). *Journal of Human Stress, 2,* 6–20.

Brooks, D.D., Etzel, E.F., & Ostrow, A.C. (1987). Job responsibilities and backgrounds of NCAA Division I athletic advisors and counselors. *The Sport Psychologist, 1,* 200–207.

Broom, E.F. (1982). Detraining and retirement from high level competition: A reaction to "Retirement from high level competition" and "Career crisis in sport." In T. Orlick, J.T. Partington, & J.H. Salmela (Eds.), *Proceedings of the 5th World Congress of Sport Psychology* (pp. 183–187). Ottawa: Coaching Association of Canada.

Browning, E.R. (1983). A memory pacer for improving stimulus generalization. *Journal of Autism and Developmental Disorders, 13,* 427–432.

Bruning, N.S., & Frew, D.R. (1987). Effects of exercise, relaxation, and management skills on physiological stress indicators: A field experiment. *Journal of Applied Psychology, 72,* 515–521.

Carp, F.M. (1972). Retirement as a terminational life stage. In F.M. Carp (Ed.), *Retirement* (pp. 1–27). New York: Behavioral Publications.

Chartland, J.M., & Lent, R.W. (1987). Sports counseling: Enhancing the development of the student athlete. *Journal of Counseling and Development, 66,* 164–167.

Chickering, A., & Reisser, L. (1993). *Education and identity* (2nd ed.). San Francisco: Jossey-Bass.

Coakley, J.J. (1983). Leaving competitive sport: Retirement or rebirth? *Quest, 35,* 1–11.

Cohen, N. (1989, January). The Sport 100 Salary Survey. *Sport,* 75–77.

Cohen, S., & Wills, T.A. (1985). Stress, social support, and the buffering hypothesis. *Psychological Bulletin, 98,* 310–357.

Constantine, M.G. (1995). Retired female athletes in transition: A group counseling intervention. *Journal of College Student Development, 36,* 604–605.

Conyne, R. (1987). *Primary preventive counseling.* Muncie, IN: Accelerated Development.

Cowen, R.L. (1983). Primary prevention in mental health: Past, present and future. In R. Felnes, I. Jason, J. Moritsuqu, & S. Farber (Eds.), *Preventive psychology: Theory, research, and practice* (pp. 11–25). New York: Pergamon Press.

Cummings, E., Dean, L.R., Newell, D.S., & McCaffrey, I. (1960). Disengagement: A tentative theory of aging. *Sociometry, 13,* 23.

Curtis, J., & Ennis, R. (1988). Negative consequences of leaving competitive sport: Comparative findings for former elite-level hockey players. *Sociology of Sport Journal, 5,* 87–106.

Deford, F. (1981). *Everybody's all-American.* New York: Viking.

Delman, R., & Johnson, H. (1976). Biofeedback and progressive muscle relaxation: A comparison of psychophysiological effects. *Psychophysiology, 13,* 181.

Dorfman, H.A. (1990). Reflections on providing personal and performance enhancement consulting services in professional baseball. *The Sport Psychologist, 4,* 341–346.

Duda, J.L., Smart, A.E., & Tappe, M.K. (1989). Prediction of adherence in the rehabilitation of athletic injuries. *Journal of Sport & Exercise Psychology, 11,* 318–335.

Eitzen, D.S., & Sage, G.H. (Eds.). (1982). *Sociology of American sport* (2nd ed.). Dubuque, IA: Brown.

Elkin, D. (1981). *The hurried child.* Reading, MA: Addison-Wesley.

Elliott, B. (1982, December 27). Transition into working world can take years in some cases. *Ottawa Citizen,* p. 41.

Erikson, E. (1959). *Identity and the life cycle: Selected papers* (Psychological Issues, Monograph No. 1). New York: Simon & Schuster.

Erikson, E. (1963). *Childhood and society.* New York: Norton.

Feldman, L. (1990, February). Fallen angel. *Gentleman's Quarterly,* 218–225.

Feltz, D.L. (1986). The psychology of sports injuries. In E.F. Vinger & P.F. Hoerner (Eds.), *Sports injuries: The unthwarted epidemic* (pp. 336–344). Littleton, MA: PSG.

Fisher, A.G., & Conlee, R.K. (1979). *The complete book of physical fitness* (pp. 119–121). Provo, UT: Brigham Young University.

Friedlander, S. (1984/1985). Learned helplessness in children: Perception of control and causal attributions. *Imagination, Cognition, and Personality, 4,* 99–116.

Garfield, S., & Bergin, A. (1978). *Handbook of psychotherapy and behavior change: An empirical analysis* (2nd ed.). New York: Wiley.

George, L.K. (1980). *Role terminations in later life.* Monterey, CA: Brooks/Cole.

Gorbett, F.J. (1985). Psycho-social adjustment of athletes to retirement. In L.K. Bunker, R.J. Rotella, & A. Reilly (Eds.), *Sport psychology: Psychological considerations in maximizing sport performance* (pp. 288–294). Ithaca, NY: Mouvement.

Gould, D., Tammen, V., Murphy, S., & May, J. (1989). An examination of U.S. Olympic sport psychology consultants and the services they provide. *The Sport Psychologist, 3,* 300–312.

Greendorfer, S.L., & Blinde, E.M. (1985). "Retirement" from intercollegiate sport: Theoretical and empirical considerations. *Sociology of Sport Journal, 2,* 101–110.

Greendorfer, S.L., & Blinde, E.M. (1987). Female sport retirement descriptive patterns and research implications. In

L. Vander Velden & H. Humphrey (Eds.), *Psychology and sociology of sport* (pp. 167–176). New York: AMS Press.

Grove, J.R., Lavallee, D., & Gordon, S. (1997). Coping with retirement from sport: The influence of athletic identity. *Journal of Applied Sport Psychology, 9,* 191–203.

Grove, J.R., Lavallee, D., Gordon, S., & Harvey, J.H. (1998). Account-making: A model of understanding and resolving distressful reactions to retirement from sport. *The Sport Psychologist, 12,* 52–67.

Haerle, R.K., Jr. (1975). Career patterns and career contingencies of professional baseball players: An occupational analysis. In D. Ball & J. Loy (Eds.), *Sport and social order* (pp. 461–519). Reading, MA: Addison-Wesley.

Hallden, D. (1965). The adjustment of athletes after retiring from sports. In F. Antonelli (Ed.), *Proceedings of the 1st International Congress of Sport Psychology* (pp. 730–733). Rome, Italy.

Hare, N. (1971). A study of the Black fighter. *Black Scholar, 3,* 2–9.

Havighurst, R.J., & Albrecht, R. (1953). *Older people.* New York: Longmans, Green.

Heil, J. (1988, October). *Early identification and intervention with injured athletes at risk for failed rehabilitation.* Paper presented at the annual meetings of the Association for the Advancement of Applied Sport Psychology, Nashua, NH.

Henschen, K.P. (1986). Athletic staleness and burnout: Diagnosis, prevention and treatment. In J.M. Williams (Ed.), *Applied sport psychology: Personal growth to peak performance* (pp. 327–342). Palo Alto, CA: Mayfield.

Hill, P., & Lowe, B. (1974). The inevitable metathesis of the retiring athlete. *International Review of Sport Sociology, 4,* 5–29.

Hoffer, R. (1990, December 3). Magic's kingdom. *Sports Illustrated,* 106–110.

Hopson, B., & Adams, J. (1977). Toward an understanding of termination: Defining some boundaries of termination. In J. Adams & B. Hopson (Eds.), *Transition: Understanding and managing personal change* (pp. 3–25). Montclair, NJ: Allanheld, Osmun.

Horowitz, M.J. (1986). *Stress response syndromes* (2nd ed.). Northvale, NJ: Aronson.

Jones, E.E., & Davis, K.E. (1965). From cuts to dispositions: The attribution process in person perception. *Archives in Experimental Social Psychology, 2,* 219–266.

Jordan, P. (1975). *A false spring.* New York: Bantam Books.

Kahn, R. (1972). *The boys of summer.* New York: Harper & Row.

Kaminski-da-Rosa, V. (1985). Planning today for tomorrow's lifestyle. *Training and Development Journal, 39,* 103–104.

Kelley, H.H. (1967). Attribution in social psychology. In D. Levine (Ed.), *Nebraska symposium on motivation* (pp. 221–253). Lincoln: University of Nebraska Press.

Kerr, G., & Dacyshyn, A. (in press). The retirement experiences of elite, female gymnasts. *Journal of Applied Sport Psychology.*

King, A.C., Winett, R.A., & Lovett, S.B. (1986). Enhancing coping behaviors in at-risk populations: The effects of time-management instruction and social support in women from dual-earner families. *Behavior Therapy, 17,* 57–66.

Kleiber, D., & Thompson, S. (1980). Leisure behavior and adjustment to retirement: Implications for pre-retirement education. *Therapeutic Recreation Journal, 14,* 5–17.

Kramer, J. (1969). *Farewell to football.* New York: World Books.

Kraus, J.F., & Conroy, C. (1989). Mortality and morbidity from injuries in sport and recreation. *Annual Review of Public Health, 5,* 163–192.

Kübler-Ross, E. (1969). *On death and dying.* New York: Macmillan.

Kuypers, J.A., & Bengston, V.L. (1973). Social breakdown and competence: A model of normal aging. *Human Development, 16,* 181–120.

Labouvie-Vief, G., & Gonda, J. (1976). Cognitive strategy training and intellectual performance in the elderly. *Journal of Gerontology, 31,* 327–332.

Lange, A.J., & Jakubowski, P. (1976). *Responsible assertive behavior.* Champaign, IL: Research Press.

Lavallee, D., Gordon, S., & Grove, J.R. (1997). Retirement from sport and the loss of athletic identity. *Journal of Personal and Interpersonal Loss, 2,* 129–147.

Lavallee, D., Grove, J.R., & Gordon, S. (1997). The causes of career termination from sport and their relationship to post-retirement adjustment among elite-amateur athletes in Australia. *Australian Psychologist, 32,* 131–135.

Lazarus, A. (1972). *Behavior theory and beyond.* New York: McGraw-Hill.

Lazarus, R.S. (1975). The self regulation of emotion. In L. Levi (Ed.), *Emotions: Their parameters and measurement* (pp. 47–68). New York: Ravel.

Lazarus, R.S., & Folkman, S. (1984). *Stress, appraisal, and coping.* New York: Springer.

Lerch, S.H. (1981). The adjustment to retirement of professional baseball players. In S.L. Greendorfer & A. Yiannakis (Eds.), *Sociology of sport: Perspectives* (pp. 138–148). West Point, NY: Leisure.

Lerch, S.H. (1982). Athletic retirement as social death: An overview. In N. Theberge & P. Donnelly (Eds.), *Sport and the sociological imagination* (pp. 259–272). Fort Worth: Texas Christian University.

Lewis-Griffith, L. (1982). Athletic injuries can be a pain in the head. *Woman's Sports, 4,* 44.

Manion, U.V. (1976). Preretirement counseling: The need for a new approach. *Personnel and Guidance Journal, 55,* 119–121.

Marcia, J.E. (1966). Development and validation of ego-identity state. *Journal of Personality and Social Psychology, 3,* 551–558.

May, J.R., & Brown, L. (1989). Delivery of psychological services to the U.S. Alpine ski team prior to and during the Olympics in Calgary. *The Sport Psychologist, 3,* 320–329.

May, J.R., & Sieb, G.E. (1987). Athletic injuries: Psychosocial factors in the onset, sequelae, rehabilitation, and prevention. In J.R. May & M.J. Asken (Eds.), *Sport psychology: The psychological health of the athlete* (pp. 157–186). New York: AMS Press.

McPherson, B.P. (1980). Retirement from professional sport: The process and problems of occupational and psychological adjustment. *Sociological Symposium, 30,* 126–143.

Meichenbaum, D. (1977). *Cognitive-behavior modification.* New York: Plenum Press.

Meichenbaum, D., & Cameron, R. (1973). Training schizophrenics to talk to themselves: A means of developing attentional controls. *Behavior Therapy, 4,* 515–534.

Meichenbaum, D., & Jaremko, M. (1987). *Stress reduction and prevention.* New York: Plenum Press.

Meyers, A. (1997). Sport psychology service to the United States Olympic Festival: An experiential account. *The Sport Psy-*

chologist, 11, 454–468.

Mihovilovic, M. (1968). The status of former sportsman. *International Review of Sport Sociology, 3,* 73–96.

Moleski, R., & Tosi, E.J. (1976). Comparative psychotherapy: Rational-emotive therapy versus systematic desensitization in the treatment of stuttering. *Journal of Consulting and Clinical Psychology, 44,* 309–311.

Moos, R., & Tsu, V. (1977). The crisis of physical illness: An overview. In R. Moos & V. Tsu (Eds.), *Coping with physical illness* (pp. 9–22). New York: Plenum Press.

Morrow, L. (1978, February 27). To an athlete getting old. *Time,* 45.

Murphy, S.M., Abbot, S., Hillard, N., Petitpas, A., Danish, S., & Holloway, S. (1989, September). *New frontiers in sport psychology: Helping athletes with career termination process.* Paper presented at the annual meeting of the Association for the Advancement of Applied Sport Psychology, Seattle, WA.

Newman, B. (1989). Striking the lode [Special issue]. *Sports Illustrated,* 282–285.

Newman, B. (1991, March 11). The last return. *Sports Illustrated,* 38–42.

Ogilvie, B.C. (1982). Career crises in sports. In T. Orlick, J.T. Partington, & J.H. Salmela (Eds.), *Proceedings of the 5th World Congress of Sport Psychology* (pp. 176–183). Ottawa: Coaching Association of Canada.

Ogilvie, B.C. (1983). When a dream dies. *Women's Sports Magazine, 5,* 5–7.

Ogilvie, B.C. (1987, October). *Traumatic effects of sports career termination.* Paper presented at the National Conference of Sport Psychology, Washington, DC.

Ogilvie, B.C., & Howe, M. (1982). Career crisis in sport. In T. Orlick, J.T. Partington, & J.H. Salmela (Eds.), *Proceedings of the 5th World Congress of Sport Psychology* (pp. 176–183). Ottawa: Coaching Association of Canada.

Ogilvie, B.C., & Howe, M. (1986). The trauma of termination from athletics. In J.M. Williams (Ed.), *Applied sport psychology: Personal growth to peak performance* (pp. 365–382). Palo Alto, CA: Mayfield.

Orlick, J. (1980). *In pursuit of excellence.* Ottawa: Coaches Association of Canada.

Orlick, T.D., & Botterill, C. (1975). *Every kid can win.* Chicago: Nelson-Hall.

Otto, L.B., & Alwin, D.F. (1977). Athletics, aspirations, and attainments. *Sociology of Education, 42,* 102–113.

Pawlak, A. (1984). The status and style of life of Polish Olympians after completion of their sports careers. *International Review of Sport Sociology, 19,* 169–183.

Pearson, R.E., & Petitpas, A.J. (1990). Transitions of athletes: Developmental and preventive perspectives. *Journal of Counseling and Development, 69,* 7–10.

Perna, F.M., Ahlgren, R.L., & Zaichkowsky, L. (1999). The influence of career planning, race, and athletic injury on life satisfaction among recently retired collegiate male athletes. *The Sport Psychologist, 13,* 144–156.

Peterson, C., Bettes, B.A., & Seligman, M.E. (1985). Depressive symptoms and unprompted causal attributions: Content analysis. *Behavior Research and Therapy, 23,* 379–382.

Petitpas, A.J., Danish, S., McKelvain, R., & Murphy, S.M. (1990, September). *A career assistance program for elite athletes.* Paper presented at the annual meetings of the Association for the Advancement of Applied Sport Psychology, San Antonio, TX.

Phillips, J.C., & Schafer, W.E. (1971). Consequences of participation in interscholastic sport. *Pacific Sociological Review, 14,* 328–338.

Piphers, M. (1994). *Reviving Ophelia: Saving the selves of adolescent girls.* New York: Ballantine Books.

Plimpton, G. (1977, January). The final season. *Harpers,* 63–67.

Pollock, O. (1956). *The social aspects of retirement.* Homewood, IL: Irwin.

Putnam, F.W. (1989). Pierre Janet and modern views of dissociation. *Journal of Traumatic Stress, 2,* 413–429.

Putnam, P. (1991, February 18). So long, Sugar. *Sports Illustrated,* 22–25.

Remer, R., Tongate, R.A., & Watson, J. (1978). Athletes: Counseling for the overprivileged minority. *Personnel and Guidance Journal, 56,* 622–629.

Reynolds, M.J. (1981). The effects of sports retirement on the job satisfaction of the former football player. In S.L. Greendorfer & A. Yiannakis (Eds.), *Sociology of sport: Perspectives* (pp. 127–137). West Point, NY: Leisure.

Rosenberg, E. (1981). Gerontological theory and athletic retirement. In S.L. Greendorfer & A. Yiannakis (Eds.), *Sociology of sport: Perspectives* (pp. 119–126). West Point, NY: Leisure.

Rosenberg, E. (1982). Athletic retirement as social death: Concepts and perspectives. In N. Theberge & P. Donnelly (Eds.), *Sport and the sociological imagination* (pp. 245–258). Fort Worth: Texas Christian University.

Rosenfeld, L.B., Richman, J.M., & Hardy, C.J. (1989). Examining social support networks among athletes: Description and relationship to stress. *The Sport Psychologist, 3,* 23–33.

Rosenkoetter, M.M. (1985). Is your older client ready for a role change after retirement? *Journal of Gerontological Nursing, 11,* 21–24.

Roskin, M. (1982). Coping with life changes: A preventive social work approach. *American Journal of Community Psychology, 10,* 331–340.

Rotella, R.J., & Heyman, S.R. (1986). Stress, injury, and the psychological rehabilitation of athletes. In J.M. Williams (Ed.), *Applied sport psychology: Personal growth to peak performance* (pp. 343–364). Palo Alto, CA: Mayfield.

Rowen, R.B., & Wilks, S. (1987). Pre-retirement planning: A quality of life issue for retirement. *Employee Assistance Quarterly, 2,* 45–56.

Samples, P. (1987). Mind over muscle: Returning the injured athlete to play. *Physician and Sportsmedicine, 15,* 172–180.

Sands, R. (1978). A socio-psychological investigation of the effects of role discontinuity on outstanding high school athletes. *Journal of Sport Behavior, 1,* 174–185.

Sarason, I.G., & Sarason, B.R. (1986). Experimentally provided social support. *Journal of Personality and Social Psychology, 50,* 1222–1225.

Savery, L.K. (1986). Stress and the employee. *Leadership and Organization Development Journal, 7,* 17–20.

Scanlan, T.K. (1985). Sources of stress in youth sport athletes. In M.R. Weiss & D. Gould (Eds.), *Sports for children and youth* (pp. 75–89). Champaign, IL: Human Kinetics.

Scanlan, T.K., Stein, G.L., & Ravizza, K. (1989). An in-depth study of former elite figure skaters: II. Sources of enjoyment. *Journal of Sport & Exercise Psychology, 11,* 65–83.

Schafer, W. (1971). *Sport socialization and the school.* Paper presented at the Third International Symposium on the Sociology of Sport, Waterloo, Canada.

Schlossberg, N. (1981). A model for analyzing human adaptation to termination. *Counseling Psychologist, 9,* 2–18.

Sheldon, R. (1977). Self-confidence in preparing for retirement. *Gerontologist, 17,* 28–38.

Sherman, T.M., Weber, L.J., & Tegano, C. (1986). Conditions for effective academic assistance programs for football student athletes. *Journal of Sport Behavior, 9,* 173–181.

Shiffman, S. (1982). A relapse-prevention hotline. *Bulletin of the Society of Psychologists in Substance Abuse, 1,* 50–54.

Sinclair, D.A., & Orlick, T.D. (1993). Positive terminations from high-performance sport. *The Sport Psychologist, 7,* 138–150.

Smith, R.E. (1980). A cognitive-affective approach to stress management training for athletes. In C. Dadeau, W. Halliwell, K. Newell, & G. Roberts (Eds.), *Psychology of motor behavior and sports* (pp. 55–71). Champaign, IL: Human Kinetics.

Smith, R.E. (1985). A component analysis of athletic stress. In M. Weiss & D. Gould (Eds.), *Competitive sports for children and youths: Proceedings of the Olympic Scientific Congress* (pp. 107–112). Champaign, IL: Human Kinetics.

Smith, R.E., Smoll, F.L., & Curtis, B. (1979). Coach effectiveness training: A cognitive-behavior approach to enhancing relationship skills in youth sport coaches. *Journal of Sport Psychology, 1,* 59–75.

Snyder, E., & Baber, L. (1979). A profile of former collegiate athletes and non-athletes: Leisure activities, attitudes toward work and aspects of satisfaction with life. *Journal of Sport Behavior, 2,* 211–219.

Stephens, L. (1984, May 11). After cheers fade away, hockey stars find life rough. *Ottawa Citizen,* p. 43.

Sussman, M.B. (1971). An analytical model for the sociological study of retirement. In F.M. Carp (Ed.), *Retirement* (pp. 29–73). New York: Behavioral Publications.

Svoboda, B., & Vanek, M. (1982). Retirement from high level competition. In T. Orlick, J.T. Partington, & J.H. Salmela (Eds.), *Proceedings of the 5th World Congress of Sport Psychology* (pp. 166–175). Ottawa: Coaching Association of Canada.

Szinovacz, M.E. (1987). Preferred retirement satisfaction in women. *International Journal of Aging and Human Development, 24,* 301–317.

Tache, J., & Selye, H. (1985). On stress and coping mechanisms. *Issues in Mental Health Nursing, 7,* 3–24.

Taylor, C. (1972). Developmental conceptions and the retirement process. In F.M. Carp (Ed.), *Retirement* (pp. 77–113). New York: Behavioral Publications.

Taylor, J. (1987, September). *The application of psychological skills for the enhancement of coaching effectiveness.* Presented at the Association for the Advancement of Applied Sport Psychology annual meetings, Newport Beach, CA.

Taylor, J., & Ogilvie, B. (1994). A conceptual model of adaptation to retirement among athletes. *Journal of Applied Sport Psychology, 6,* 1–20.

Taylor, J., & Ogilvie, B. (1998). Career transition among elite athletes: Is there life after sport? In J.M. Williams (Ed.), *Applied sport psychology: Personal growth to peak performance* (pp. 429–444). Mountain View, CA: Mayfield.

Taylor, J., Ogilvie, B., Gould, D., & Gardner, F. (1990, September). *The biggest mistake I ever made as a sport psychologist (and what I learned from it).* Paper presented at the Association for the Advancement of Applied Sport Psychology annual meeting, San Antonio, TX.

Thorn, I. (1983). Counseling and career development programs in an organization: Design, implementation, and evaluation. *International Journal for the Advancement of Counseling, 6,* 69–77.

Thornton, J.S. (1990). Feast or famine: Eating disorders in athletes. *Physician and Sportsmedicine, 18,* 116–121.

Trexler, L.D., & Karst, T.O. (1972). Rational emotive therapy, placebo, and no treatment effects on public speaking anxiety. *Journal of Abnormal Psychology, 79,* 60–67.

Tuckman, J., & Lorge, I. (1953). *Retirement and the industrial worker.* New York: Macmillan.

Ungerleiter, S. (1997). Olympic athletes' termination from sport to workplace. *Perceptual and Motor Skills, 84,* 1287–1295.

United States Olympic Committee. (1988). *Career assessment program for athletes: 1988–89 seminar workbook.* Colorado Springs, CO: Author.

Vecsey, G. (1980, October 28). Counseling helps many in 2nd career. *New York Times,* pp. A33, 36.

Vinnay, G. (1973). *Footballmania.* London: Orbach & Chambers.

Webb, W.M., Nasco, S.A., Riley, S., & Headrick, B. (1998). *Journal of Sport Behavior, 21,* 338–362.

Weinberg, K., & Arond, H. (1952). The occupational culture of the boxer. *American Journal of Sociology, 57,* 460–469.

Werthner, P., & Orlick, T. (1982). Retirement experiences of successful Olympic athletes. *International Journal of Sport Psychology, 17,* 337–363.

Werthner, P., & Orlick, T. (1986). Retirement experiences of successful Olympic athletes. *International Journal of Sport Psychology, 17,* 337–363.

Wheeler, G.D., Malone, L.A., VanVlack, S., & Nelson, E.R. (1996). Retirement from disability sport: A pilot study. *Adapted Physical Activity Quarterly, 13,* 382–399.

White, C. (1974). After the last cheers, what do superstars become? *Physician and Sportsmedicine, 2,* 75–78.

Williams, J.M., & Andersen, M.B. (1998). Psychosocial antecedents of sport injury: Review and critique of the stress and injury model. *Journal of Applied Sport Psychology, 10,* 5–25.

Winegardner, D., Simonetti, J.L., & Nykodym, N. (1984). Unemployment: The living death? *Journal of Employment-Counseling, 21,* 149–155.

Wolff, R., & Lester, D. (1989). A theoretical basis for counseling the retired professional athlete. *Psychological Reports, 64,* 1043–1046.

Wood, R., & Bandura, A. (1989). Social cognitive theory of organizational management. *Academy of Management Review, 14,* 361–384.

Yalom, I.D. (1980). *Existential psychotherapy.* New York: HarperCollins.

第27章

Ajzen, I. (1985). From intentions to actions: A theory of planned behavior. In J. Kuhl & J. Beckmann (Eds.), *Action control: From cognition to behavior* (pp. 11–40). Berlin, Germany: Springer-Verlag.

Ajzen, I. (1991). The theory of planned behavior. *Organizational Behavior and Human Decision Processes, 50,* 179–211.

Ajzen, I., & Fishbien, M. (1980). *Understanding attitudes and predicting behavior.* Englewood Cliffs, NJ: Prentice Hall.

Ajzen, I., & Madden, T.J. (1986). Prediction of goal-directed behavior: Attitudes, intentions, and perceived behavioral control. *Journal of Experimental and Social Psychology, 22,* 453-474.

Bandura, A. (1986). *Social foundations of thought and action.* New York: Prentice-Hall.

Bandura, A. (1995, March). *Moving into forward gear in health promotion and disease prevention.* Keynote address presented at the annual meeting of the Society of Behavioral Medicine, San Diego, CA.

Bandura, A. (1997). *Self-efficacy: The exercise of control.* New York: Freeman.

Baranowski, T., Anderson, C., & Carmack, D. (1998). Mediating variable framework in physical activity interventions: How are we doing? How might we do better? *American Journal of Preventive Medicine, 15,* 266-297.

Baranowski, T., Lin, L.S., Wetter, D.W., Resnicow, K., & Davis-Hearn, M.D. (1997). Theory as mediating variables: Why aren't community interventions working as desired? *Annals of Epidemiology, 57,* 389-595.

Baron, R.M., & Kenny, D.A. (1986). The moderator-mediator variable distinction in social psychological research: Conceptual, strategic, and statistical considerations. *Journal of Personality and Social Psychology, 51,* 1173-1182.

Biddle, S., Sallis, J., & Cavill, N. (Eds.). (1998). *Young and active? Young people and health-enhancing physical activity: Evidence and implications.* London, England: Health Education Authority.

Blair, S.N., & Morrow, J.R. (Eds.). (1998). Theme issue: Physical activity interventions. *American Journal of Preventive Medicine, 15*(4).

Brawley, L.R. (1993). The practicality of using social psychological theory for exercise and health research and interventions. *Journal of Applied Sport Psychology, 5,* 99-115.

Brawley, L.R., & Culos-Reed, S.N. (2000). Studying adherence to therapeutic regimens: Overviews, theories, and recommendations. *Controlled Clinical Trials, 21.*

Brawley, L.R., Martin, K.A., & Gyurcsik, N.C. (1998). Problems in assessing perceived barriers to exercise: Confusing obstacles with attributions and excuses. In J.L. Duda (Ed.), *Advances in sport and exercise psychology measurement* (pp. 337-350). Morgantown, WV: Fitness Information Technology.

Brawley, L.R., & Rodgers, W.M. (1993). Social-psychological aspects of fitness promotion. In P. Seraganian (Ed.), *Exercise psychology: The influence of physical exercise on psychological processes* (pp. 254-298). New York: Wiley.

Conner, M., & Armitage, C.J. (1998). Extending the theory of planned behavior: A review and avenues for further research. *Journal of Applied Social Psychology, 28,* 1429-1464.

Courneya, K.S. (1994). Predicting repeated behavior from intention: The issue of scale correspondence. *Journal of Applied Social Psychology, 24,* 580-594.

Courneya, K.S. (1995). Understanding readiness for regular activity in older individuals: An application of the theory of planned behavior. *Health Psychology, 14,* 80-87.

Courneya, K.S., & Friedenreich, C.M. (1997a). Determinants of exercise during colorectal cancer treatment: An application of the theory of planned behavior. *Oncology Nursing Forum, 24,* 1715-1723.

Courneya, K.S., & Friedenreich, C.M. (1997b). Relationship between exercise during treatment and current quality of life among survivors of breast cancer. *Journal of Psychosocial Oncology, 15,* 35-57.

Courneya, K.S., & Friedenreich, C.M. (1997c). Relationship between exercise pattern across the cancer experience and current quality of life in colorectal cancer survivors. *Journal of Alternative and Complementary Medicine, 3,* 215-226.

Courneya, K.S., Friedenreich, C.M., Arthur, K., & Bobick, T.M. (1999). Understanding exercise motivation in colorectal cancer patients: A prospective study using the theory of planned behavior. *Rehabilitation Psychology, 44,* 68-84.

Courneya, K.S., & McAuley, E. (1993). Predicting physical activity from intention: Conceptual and methodological issues. *Journal of Sport & Exercise Psychology, 15,* 50-62.

Dawson, K.A., Gyurcsik, N.C., Culos-Reed, S.N., & Brawley, L.R. (in press). Perceived control: A construct that bridges theories of motivated behavior. In G.C. Roberts (Ed.), *Advances in motivation in sport and exercise.* Champaign, IL: Human Kinetics.

DiClemente, C.C., Fairhurst, S.K., & Piotrowski, N.A. (1995). Self-efficacy and addictive behaviors. In J.E. Maddux (Ed.), *Self-efficacy, adaptation and adjustment: Theory, research and application* (pp. 109-141). New York: Plenum Press.

Diener, E., & Emmons, R.A. (1985). The independence of positive and negative affect. *Journal of Personality and Social Psychology, 47,* 1105-1117.

Dishman, R.K. (Ed.). (1994). *Advances in exercise adherence.* Champaign, IL: Human Kinetics.

DuCharme, K.A., & Brawley, L.R. (1995). Predicting the intentions and behavior of exercise initiates using two forms of self-efficacy. *Journal of Behavioral Medicine, 18,* 479-497.

Duda, J.L., Smart, A.E., & Tappe, M.K. (1989). Predictors of adherence in the rehabilitation of athletic injuries: An application of personal investment theory. *Journal of Sport & Exercise Psychology, 11,* 367-381.

Evans, M.G. (1991). The problem of analyzing multiplicative composites: Interactions revisited. *American Psychologist, 46,* 6-15.

Godin, G. (1993). The theories of reasoned action and planned behavior: Overview of findings, emerging research problems and usefulness for exercise promotion. *Journal of Applied Sport Psychology, 5,* 141-157.

Godin, G., & Kok, G. (1996). The theory of planned behavior: A review of its applications to health-related behaviors. *American Journal of Health Promotion, 11,* 87-98.

Green, S.B. (1991). How many subjects does it take to do a regression analysis? *Multivariate Behavioral Research, 26,* 499-510.

Gyurcsik, N.C., & Brawley, L.R. (1999). Exercise and the power of positive thinking. *The Weight Control Digest, 9,* 865-867.

Hausenblas, H.A., Carron, A.V., & Mack, D.E. (1997). Application of the theories of reasoned action and planned behavior to exercise behavior: A meta-analysis. *Journal of Sport & Exercise Psychology, 19,* 36-51.

Janis, I.L., & Mann, L. (1977). *Decision-making: A psychological analysis of conflict, choice, and commitment.* New York: Free Press.

Joseph, J., Curtis, B., & Skinner, H. (1997). *Critical perspectives on the transtheoretical model and the stages of change* (Ontario Tobacco Research Unit: Working Papers Series No. 30). Toronto, Canada: Ontario Tobacco Research Unit.

Kirschenbaum, D.S. (1992). Elements of effective weight control programs: Implications for exercise and sport psychology. *Journal of Applied Sport Psychology, 4,* 77-93.

Lombard, D.N., Lombard, T., & Winett, R.A. (1995). Walking to meet health guidelines: The effect of prompting frequency

and prompt structure. *Health Psychology, 14,* 164–170.
Leary, M.R. (1992). Self presentational processes in exercise and sport. *Journal of Sport & Exercise Psychology, 14,* 339–351.
Maddux, J.E., Brawley, L.R., & Boykin, A. (1995). Self-efficacy and healthy behavior: Prevention, promotion, and detection. In J.E. Maddux (Ed.), *Self-efficacy, adaptation, and adjustment: Theory, research, and application* (pp. 123–202). New York: Plenum Press.
Maddux, J.E., & Lewis, J. (1995). Self-efficacy and adjustment: Basic principles and issues. In J.E. Maddux (Ed.), *Self-efficacy, adaptation, and adjustment: Theory, research, and application* (pp. 37–68). New York: Plenum Press.
Maehr, M.L., & Braskamp, L.A. (1986). *The motivation factor: A theory of personal investment.* Lexington, MA: Lexington Books.
Marcus, B.H., & Eaton, C.A. (1994). Self-efficacy, decision-making, and stages of change: An integrative model of physical exercise. *Journal of Applied Social Psychology, 24,* 489–508.
Marcus, B.H., Owen, N., Forsyth, L.H., Cavill, N.A., & Fridinger, F. (1998). Physical activity interventions using mass media, print media, and information technology. *American Journal of Preventive Medicine, 15,* 362–378.
McAuley, E. (1994). Physical activity and psychosocial outcomes. In C. Bouchard, R.J. Shephard, & T. Stephens (Eds.), *Physical activity, fitness, and health: International proceedings and consensus statement* (pp. 551–568). Champaign, IL: Human Kinetics.
McAuley, E., & Courneya, K.S. (1993). Adherence to exercise and physical activity as health-promoting behaviors: Attitudinal and self-efficacy influences. *Applied and Preventive Psychology, 2,* 65–77.
McAuley, E., & Mihalko, S.L. (1998). Measuring exercise-related self-efficacy. In J.L. Duda (Ed.), *Advances in sport and exercise psychology measurement* (pp. 371–390). Morgantown, WV: Fitness Information Technology.
Noble, B.J., & Robertson, R.J. (1996). *Perceived exertion.* Champaign, IL: Human Kinetics.
Prochaska, J.O. (1994). Strong and weak principles for progressing from precontemplation to action based on twelve problem behaviors. *Health Psychology, 13,* 47–51.
Prochaska, J.O., DiClemente, C.C., & Norcross, J.C. (1992). In search of how people change: Applications in addictive behaviors. *American Psychologist, 47,* 1102–1111.
Prochaska, J.O., Velicier, W.F., Rossi, J.S., Goldstein, M., Marcus, B., Rakowski, W., Fiore, C., Harlow, L., Redding, C., Rosenbloom, D., & Rossi, S. (1994). Stages of change and decision balance for 12 problem behaviors. *Health Psychology, 13,* 39–46.
Randall, D.M., & Wolff, J.A. (1994). The time interval in the intention-behavior relationship: Meta-analysis. *British Journal of Social Psychology, 33,* 405–418.
Rejeski, W.J. (1981). Perception of exertion: A social psychobiological integration. *Journal of Sport Psychology, 3,* 305–320.
Schlenker, B.R. (1988). *Impression management: The self-concept, social identity, and interpersonal relations.* Monterey, CA: Brooks/Cole.
Seraganian, P. (1993). *Exercise psychology: The influence of physical exercise on psychological processes.* New York: Wiley.
Skinner, E.A. (1996). A guide to constructs of control. *Journal of Personality and Social Psychology, 71,* 549–570.
Spielberger, C.D., Gorsuch, R.L., Luschene, R., Vagg, P.R., & Jacobs, G.A. (1983). *Manual for the State-Trait Anxiety Inventory.* Palo Alto, CA: Consulting Psychologists.
Stone, E.J., McKenzie, T.L., Welk, G.J., & Booth, M.L. (1998). Effects of physical activity interventions in youth: Review and synthesis. *American Journal of Preventive Medicine, 15,* 298–315.
Sutton, S. (1998). Predicting and explaining intentions and behavior: How well are we doing? *Journal of Applied Social Psychology, 28,* 1317–1338.
Weinstein, N.D., Rothman, A.J., & Sutton, S.R. (1998). Stage theories of health behavior: Conceptual and methodological issues. *Health Psychology, 17,* 290–299.
Weinstein, N.D., & Sandman, P.M. (1992). A model of the precaution adoption process: Evidence from home radon testing. *Health Psychology, 11,* 170–180.

第28章

Aguirre-Molina, M., & Gorman, D.M. (1996). Community-based approaches for the prevention of alcohol, tobacco, and other drug use. *Annual Review of Public Health, 17,* 337–358.
American College of Sports Medicine. (1991). Position stand: The recommended quantity of exercise for developing and maintaining cardiorespiratory and muscular fitness in healthy adults. *Medicine and Science in Sports and Exercise, 22,* 265–274.
Ashton, J. (1991). The Healthy Cities Project: A challenge for health education. *Health Education Quarterly, 18,* 39–48.
Ashton, J., & Seymour, H. (1988). *The new public health.* Buckingham, England: Open University Press.
Bandura, A. (1986). *Social foundations of thought and action: A social cognitive theory.* Englewood Cliffs, NJ: Prentice Hall.
Bandura, A. (1997). *Self-efficacy: The exercise of control.* New York: Freeman.
Bandura, A. (1998). Health promotion from the perspective of social cognitive theory. *Psychology & Health, 13,* 623–649.
Baranowski, T., Anderson, C., & Carmack, C. (1998). Mediating variable frameworks in physical activity interventions: How are we doing? How might we do better? *American Journal of Preventive Medicine, 15,* 266–297.
Baranowski, T., Lin, L.S., Wetter, D.W., Resnicow, K., & Davis-Hearn, M. (1997). Theory as mediating variables: Why aren't community interventions working as desired? *Annals of Epidemiology, 57,* 389–595.
Bartholomew, L.K., Parcel, G.S., & Kok, G. (1998). Intervention mapping: A process for developing theory and evidence-based health education programs. *Health Education and Behavior, 25,* 545–563.
Baum, F., & Sanders, D. (1995). Can health promotion and primary health care achieve health for all without a return to their more radical agenda? *Health Promotion International, 10,* 149–160.
Baumeister, R.F., Heatherton, T.F., & Tice, D.M. (1994). *Losing control: How and why people fail at self-regulation.* New York: Academic Press.
Beaglehole, R., & Bonita, R. (1998). Public health at the crossroads: Which way forward? *Lancet, 351,* 590–591.
Berkman, L.F. (1995). The role of social relations in health promotion. *Psychosomatic Medicine, 57,* 245–254.
Blair, S.N., Booth, M., Gyarfas, I., Iwane, H., Mati, B., Matsudo, V., Morrow, M.S., Noakes, T., & Shephard, R. (1996). Development of public policy and physical activity initiatives inter-

nationally. *Sports Medicine, 21,* 157–163.

Blair, S.N., Kohl, H.W., & Gordon, N.F. (1992). Physical activity and health: A lifestyle approach. *Medicine, Exercise, Nutrition, and Health, 1,* 54–57.

Blair, S.N., & Morrow, J.R. (1998). Cooper Institute/American College of Sports Medicine: 1997 Physical Activity Interventions conference. *American Journal of Preventive Medicine, 15,* 255–256.

Blamey, A., Mutrie, N., & Aitchison, T. (1995). Health promotion by encouraged use of stairs. *British Medical Journal, 311,* 289–290.

Bouchard, C., McPherson, B.D., & Taylor, A.W. (1992). *Physical activity sciences.* Champaign, IL: Human Kinetics.

Bracht, N. (1999). *Health promotion at the community level: New advances.* (2nd ed.). Newbury Park, CA: Sage.

Brawley, L.R., Rejeski, W.J., & Lutes, L.J. (2000). Group-mediated cognitive-behavioral intervention for increasing adherence to physical activity in older adults. *Journal of Applied Biobehavioral Research, 5,* 47–65.

Breslow, L. (1990). The future of public health: Prospects in the U.S. for the 1990's. *Annual Review of Public Health, 11,* 1–29.

Brownson, R.C., Koffman, D.M., Novotny, T.E., Hughes, R.G., & Eriksen, M.P. (1995). Environmental and policy interventions to control tobacco use and prevent cardiovascular disease. *Health Education Quarterly, 22,* 478–498.

Bryk, T.A., & Raudenbush, S.W. (1992). *Hierarchical linear models.* Newbury Park, CA: Sage.

Bryk, T.A., Raudenbush, S.W., & Congdon, R. (1996). *Hierarchical linear and nonlinear modeling with the HLM/2 and HLM/3 programs.* Chicago: Scientific Software International.

Bukowski, W.M. (Ed.). (1998). *Sociometry then and now: Building on six decades of measuring children's experiences with the peer group.* San Francisco: Jossey-Bass.

Bunton, R., & MacDonald, G. (1992). *Health promotion: Disciplines and diversity.* London: Routledge.

Canadian Fitness and Lifestyle Research Institute. (1996a). How active are Canadians? *Progress in Prevention, 1,* 1–2.

Canadian Fitness and Lifestyle Research Institute. (1996b). Stages of change in physical activity. *Progress in Prevention, 5,* 1–2.

Carron, A.V., Hausenblas, H.A., & Mack, D. (1996). Social influence and exercise: A meta-analysis. *Journal of Sport & Exercise Psychology, 18,* 1–16.

Carron, A.V., & Spink, K.S. (1993). Team building in an exercise setting. *The Sport Psychologist, 7,* 8–18.

Carver, C.S., & Scheier, M.F. (1998). *On the self-regulation of behavior.* Boston: Cambridge University Press.

Caspersen, C.J., Merritt, R.K., & Stephens, T. (1994). International activity patterns: A methodological perspective. In R.K. Dishman (Ed.), *Advances in exercise adherence* (pp. 73–110). Champaign, IL: Human Kinetics.

Cheadle, A., Wagner, E., Koepsell, T., Kristal, A., & Patrick, D. (1992). Environmental indicators: A tool for evaluating community-based health-promotion programs. *American Journal of Preventive Medicine, 8,* 345–350.

Chogahara, M., Cousins, S.O., & Wankel, L.M. (1998). Social influences on physical activity in older adults: A review. *Journal of Aging and Physical Activity, 6,* 1–17.

Cohen, S. (1988). Psychosocial models of social support in the etiology of disease. *Health Psychology, 7,* 269–297.

Cohen, S., & Lichtenstein, E. (1990). Partner behaviors that support quitting smoking. *Journal of Consulting and Clinical Psychology, 58,* 304–309.

Collingwood, T.R. (1994). Fitness programs. In M.P. O'Donnell & J.S. Harris (Eds.), *Health promotion in the workplace* (2nd ed., pp. 240–270). Albany, NY: Delmar.

Copeland, A.P., & White, K.M. (1991). *Studying families: Applied social research methods series* (Vol. 27). Newbury Park, CA: Sage.

Corti, B., Donovan, R.J., & Holman, C.D. (1997). Factors influencing the use of physical activity facilities: Results from qualitative research. *Health Promotion Journal of Australia, 7,* 16–21.

Dishman, R.K. (Ed.). (1994). *Advances in exercise adherence.* Champaign, IL: Human Kinetics.

Dishman, R.K., & Buckworth, J. (1996). Increasing physical activity: A quantitative synthesis. *Medicine and Science in Sports and Exercise, 28,* 706–719.

Dishman, R.K., Oldenburg, B., O'Neal, H., & Shephard, R.J. (1998). Worksite physical activity interventions. *American Journal of Preventive Medicine, 15,* 344–361.

Duncan, C., Jones, K., & Moon, G. (1993). Do places matter: A multi-level analysis of regional variations in health-related behaviour in Britain. *Social Science and Medicine, 37,* 725–733.

Duncan, C., Jones, K., & Moon, G. (1996). Health-related behaviour in context: A multilevel modeling approach. *Social Science and Medicine, 42,* 817–830.

Dunn, A.L., Anderson, R.E., & Jakicic, J.M. (1998). Lifestyle physical activity interventions: History, short- and long-term effects, and recommendations. *American Journal of Preventive Medicine, 15,* 398–412.

Epstein, L.H., Valoski, A., Wing, R.R., & McCurley, J. (1990). Ten-year follow-up of behavioral, family-based treatment for obese children. *Journal of American Medical Association, 264,* 2519–2523.

Epstein, L.H., Wing, R.R., Koeske, R., Ossip, D., & Beck, S.A. (1982). A comparison of lifestyle change and programmed aerobic exercise on weight and fitness changes in obese children. *Behavior Therapy, 13,* 651–665.

Epstein, L.H., Wing, R.R., Koeske, R., & Valoski, A. (1985). A comparison of lifestyle exercise, aerobic exercise, and calisthenics on weight loss in obese children. *Behavior Therapy, 16,* 345–356.

Evans, R.G., Barer, M.L., & Marmor, T.R. (Eds.). (1995). *Why are some people healthy and others not?* New York: Aldine de Gruyter.

Ewart, C.K. (1991). Social action theory for a public health psychology. *American Psychologist, 46,* 931–946.

Fisher, L., Soubhi, H., Mansi, O., Paradis, G., Gauvin, L., & Potvin, L. (1998). Family processes in health research: Extending a family typology to a different cultural context. *Health Psychology, 17,* 358–366.

Flay, B.R. (1986). Efficacy and effectiveness trials (and other phases of research) in the development of health promotion programs. *Preventive Medicine, 15,* 451–474.

Flynn, B.C. (1996). Healthy cities: Toward worldwide health promotion. *Annual Review of Public Health, 17,* 299–309.

Freudenberg, N., Rogers, T., & Wallerstein, N. (1995). Strengthening individual and community capacity to prevent disease and promote health: In search of relevant theories and principles. *Health Education Quarterly, 22,* 290–306.

Glanz, K., Lankenau, B., Forester, S., Temple, S., Mullis, R., & Schmid, T. (1995). Environmental and policy approaches to cardiovascular disease prevention through nutrition: Opportunities for state and local action. *Health Education and Behavior, 22,* 512–527.

Glanz, K., & Mullis, R.M. (1988). Environmental interventions to promote healthy eating: A review of models, programs, and evidence. *Health Education Quarterly, 15,* 395–415.

Glasgow, R.E., Vogt, T.M., & Boles, S.M. (1999). Evaluating the public health impact of health promotion interventions: The RE-AIM framework. *American Journal of Public Health, 89,* 1322–1327.

Glasgow, R.E., Wagner, E.H., Kaplan, R.M., Vinicor, F., Smith, L., & Norman, J. (1999). If diabetes is a public health problem, why not treat it as one? A population-based approach to chronic illness. *Annals of Behavioral Medicine, 21,* 159–170.

Glassford, G.R. (1992). History of the physical activity sciences. In C. Bouchard, B. McPherson, & A.W. Taylor (Eds.), *Physical activity sciences.* Champaign, IL: Human Kinetics.

Goldstein, H., Rasbash, J., Plewis, I., Draper, D., Browne, W., Yang, M., Woodhouse, G., & Healy, M. (1998). *A user's guide to MLwiN.* London: University of London, Institute of Education, Multilevel Models Project.

Goodman, R.M., & Steckler, A.B. (1989). Mobilizing organizations for health enhancement: Theories of organizational change. In K. Glanz, F.M. Lewis, & B.K. Rimer (Eds.), *Health education and health behavior* (pp. 314–341). San Francisco: Jossey-Bass.

Green, L.W. (2000). Caveats on coalitions: In praise of partnerships. *Health Promotion Practice, 1,* 64–65.

Green, L.W., & Kreuter, M.W. (1999). *Health promotion planning: An educational and ecological approach.* Mountain View, CA: Mayfield.

Green, L.W., Richard, L., & Potvin, L. (1996). Ecological foundations of health promotion. *American Journal of Health Promotion, 10,* 270–281.

Hancock, T. (1993). The evolution, impact and significance of the Healthy Cities/Healthy Communities movement. *Journal of Public Health Policy, 14,* 5–18.

Haskell, W.L. (1994). Dose-response issues from a biological perspective. In C. Bouchard, R.J. Shephard, & T. Stephens (Eds.), *Physical activity, fitness, and health: International proceedings and consensus statement* (pp. 1030–1039). Champaign, IL: Human Kinetics.

Holtgrave, D.R., Doll, L.S., & Harrison, J. (1997). Influence of behavioral and social science on public health policymaking. *American Psychologist, 52,* 167–173.

Jeffery, R.W. (1989). Risk behaviors and health: Contrasting individual and population perspectives. *American Psychologist, 44,* 1194–1202.

Karoly, P. (1993). Mechanisms of self-regulation: An overview. *Annual Review of Psychology, 44,* 23–52.

Kickbush, I. (1986). Health promotion: A global perspective. *Canadian Journal of Public Health, 77,* 321–326.

King, A.C. (1991). Community intervention for promotion of physical activity and fitness. *Exercise and Sport Sciences Reviews, 19,* 211–259.

King, A.C. (1994). Community and public health approaches to the promotion of physical activity. *Medicine and Science in Sports and Exercise, 26,* 1405–1412.

King, A.C., Jeffery, R.W., Fridinger, F., Dusenbury, L., Provence, S., Hedlund, S.A., & Spangler, K. (1995). Community and policy approaches to cardiovascular disease prevention through physical activity: Issues and opportunities. *Health Education Quarterly, 22,* 499–511.

King, A.C., Rejeski, W.J., & Buchner, D.M. (1998). Physical activity interventions targeting older adults: A critical review and recommendation. *American Journal of Preventive Medicine, 15,* 316–333.

King, A.C., Sallis, J.F., Dunn, A.L., Simons-Morton, D.G., Albright, C.A., Cohen, S., Rejeski, W.J., Marcus, B.H., & Coday, M.C. (1998). Overview of the Activity Counseling Trial (ACT) intervention for promoting physical activity in primary health care settings. *Medicine and Science in Sports and Exercise, 30,* 1086–1096.

Kino-Québec (1996). *Plan d'action 1996–2000: Ensemble pour un Québec physiquement actif [Action plan 1996–2000: Together for a physically active Quebec].* Montréal, Canada: Bibliothèque nationale du Québec.

Laszlo, E. (1975). The meaning and significance of general system theory. *Behavioral Science, 20,* 9–24.

Lévesque, L., Richard, L., Duplantie, J., Cargo, M., Renaud, L., Gauvin, L., & Potvin, L. (2000). Vers une description et une évaluation du caractère écologique des interventions en promotion de la santé: Le cas de la Carélie du Nord [Toward a description and evaluation of the ecologicalness of health promotion interventions: The North Karelia Project]. *Ruptures, 7,* 114–129.

Lichtenstein, E., & Glasgow, R.E. (1992). Smoking cessation: What have we learned over the past decade? *Journal of Consulting and Clinical Psychology, 60,* 518–527.

Linenger, J.M., Chesson, C.V., & Nice, D.S. (1991). Physical fitness gains following simple environmental changes. *American Journal of Preventive Medicine, 7,* 298–310.

Maddux, J.E., Brawley, L.R., & Boykin, A. (1995). Self-efficacy and healthy behavior: Prevention, promotion, and detection. In J.E. Maddux (Ed.), *Self-efficacy, adaptation, and adjustment: Theory, research, and application* (pp. 123–202). New York: Plenum Press.

McAlister, A., Puska, P., Salonen, J., Tuomilehto, J., & Koskela, K. (1982). Theory and action for health promotion: Illustrations from the North Karelia Project. *American Journal of Public Health, 72,* 43–50.

McGuire, W.J. (1983). A contextualist theory of knowledge: Its implications for innovation and reform in psychological research. In L. Berkowitz (Ed.), *Advances in experimental social psychology* (Vol. 16, pp. 1–47). New York: Academic Press.

McIntyre, S., MacIver, S., & Sooman, A. (1993). Area, class and health: Should we be focusing on places or people? *Journal of Social Policy, 2,* 213–234.

McLeroy, K.R., Bibeau, D., Steckler, A., & Glanz, K. (1988). An ecological perspective on health promotion programs. *Health Education Quarterly, 15,* 351–377.

McQueen, D.V., & Anderson, L.M. (in press). What counts as evidence? Issues and debates on evidence relevant to the evaluation of community health promotion programs. In I. Rootman, M. Goodstadt, B. Hyndman, D.V. McQueen, L. Potvin, J. Springett, & E. Ziglio (Eds.), *Evaluation in health promotion: Principles and perspectives.* Copenhagen, Denmark: World Health Organization.

Miller, J.G. (1978). *Living systems.* New York: McGraw-Hill.

Miller, J.L., & Miller, J.G. (1992). Greater than the sum of its parts: Subsystems which process both matter-energy and information. *Behavioral Science, 37,* 1–9.

Ministry of Alberta Community Development. (1997). *Frame-*

work for physical activity: An Alberta Active Living strategy. Edmonton, Canada: Author.

Montoye, H.J., Kemper, H.C.G., Saris, W.H.M., & Washburn, R.A. (1996). *Measuring physical activity and energy expenditure.* Champaign, IL: Human Kinetics.

Nader, P.R., Sallis, J.F., Patterson, T.L., Abramson, I.S., Rupp, J.W., Senn, K.L., Atkins, C.J., Roppe, B.E., Morris, J.A., Wallace, J.P., & Vega, W.A. (1989). A family approach to cardiovascular risk reduction: Results from the San Diego Family Health Project. *Health Education Quarterly, 16,* 229–244.

Ontario Ministry of Citizenship, Culture, and Recreation and the Ministry of Health. (1995). *Physical Activity Intervention framework.* Ontario, Canada: Author.

Paine-Andrews, A., Fisher, J.L., Harris, K.J., Lewis, R.K., Williams, E.L., Vincent, M.L., Fawcett, E.B., & Campuzano, M.K. (2000). Some experiential lessons in supporting and evaluating community-based initiatives for preventing adolescent pregnancy. *Health Promotion Practice, 1,* 66–76.

Pate, R.R. (1995). Recent statements and initiatives on physical activity and health. *Quest, 47,* 304–310.

Pate, R.R., Pratt, M., Blair, S.N., Haskell, W.L., Macera, C.A., Bouchard, C., Buchner, D., Ettinger, W., Heath, G.W., King, A.C., Kriska, A., Leon, A.S., Marcus, B.H., Morris, J., Paffenbarger, R.S., Patrick, K., Pollock, M.L., Rippe, J.M., Sallis, J.F., & Wilmore, J.H. (1995). Physical activity and public health: A recommendation from the Centers for Disease Control and Prevention and the American College of Sports Medicine. *Journal of American Medical Association, 273,* 402–407.

Pearce, N. (1996). Traditional epidemiology, modern epidemiology, and public health. *American Journal of Public Health, 86,* 678–683.

Pollock, M.L., Gaesser, G.A., Butcher, J.D., Després, J.P., Dishman, R.K., Franklin, B.A., & Garber, C.E. (1998). The recommended quantity and quality of exercise for developing and maintaining cardiorespiratory and muscular fitness, and flexibility in healthy adults. *Medicine and Science in Sports and Exercise, 30,* 975–991.

Potvin, L., Gauvin, L., & Nguyen, N. (1997). Prevalence of stages of change for physical activity in rural, suburban and urban communities. *Journal of Community Health, 22,* 1–13.

Potvin, L., Haddad, S., & Frohlich, K.L. (in press). Beyond process and outcome evaluation: A comprehensive approach for evaluating health promotion programs. In I. Rootman, M. Goodstadt, B. Hyndman, D.V. McQueen, L. Potvin, J. Springett, & E. Ziglio (Eds.), *Evaluation in health promotion: Principles and perspectives.* Copenhagen, Denmark: World Health Organization.

Potvin, L., & Richard, L. (in press). The evaluation of community health promotion programs. In I. Rootman, M. Goodstadt, B. Hyndman, D.V. McQueen, L. Potvin, J. Springett, & E. Ziglio (Eds.), *Evaluation in health promotion: Principles and perspectives.* Copenhagen, Denmark: World Health Organization.

Powell, K.E., Kreuter, M., & Stephens, T. (1991, Winter). The dimensions of health promotion applied to physical activity. *Journal of Public Health Policy,* 492–509.

Puska, P., Vartiainen, E., Pallonen, U., Ruotsalainen, P., Tuomilehto, J., Koskela, K., Lahtinen, A., & Norppa, J. (1981). The North Karelia Youth Project: A community-based intervention study on CVD risk factors among 13- to 15-year-old children: Study design and preliminary findings. *Preventive Medicine, 10,* 133–148.

Raeburn, J., & Beaglehole, R. (1989). Health promotion: Can it redress the health effects of social disadvantage? *Community Health Studies, 13,* 289–293.

Rappaport, J. (1987). Terms of empowerment/exemplars of prevention: Toward a theory for community psychology. *American Journal of Community Psychology, 15,* 121–148.

Richard, L., Potvin, L., Denis, J.L., & Kishchuk, N. (2000). *Integration of the ecological approach in tobacco programs for youth: A survey of Canadian public health organizations.* Manuscript submitted for publication.

Richard, L., Potvin, L., Kishchuk, N., Prlic, H., & Green, L.W. (1996). Assessment of the integration of the ecological approach in health promotion programs. *American Journal of Health Promotion, 10,* 318–328.

Rose, G. (1992). *The strategy of preventive medicine.* New York: Oxford University Press.

Rothman, A.J., & Salovey, P. (1997). Shaping perceptions to motivate healthy behavior: The role of message framing. *Psychological Bulletin, 121,* 3–19.

Sallis, J.F., Bauman, A., & Pratt, M. (1998). Environmental and policy interventions to promote physical activity. *American Journal of Preventive Medicine, 15,* 379–397.

Sallis, J.F., McKenzie, T.L., & Hovell, M.F. (1997). Effects of a 2-year physical education program (SPARK) on physical activity and fitness in elementary school students: SPARK. *American Journal of Public Health, 87,* 1328–1334.

Sallis, J.F., & Owen, N. (1997). Ecological models. In K. Glanz, F.M. Lewis, & B.K. Rimer (Eds.), *Health behavior and health education: Theory, research and practice* (2nd ed., pp. 403–424). San Francisco: Jossey-Bass.

Sallis, J.F., & Owen, N. (1999). *Physical activity and behavioral medicine.* Thousand Oaks, CA: Sage.

Schooler, C. (1995). *Physical activity interventions: Evidence and implications—Physical activity intervention policy framework.* Toronto, Canada: Queen's Printer for Ontario.

Schwab, M., & Syme, L.S. (1997). On paradigms, community participation, and the future of public health. *American Journal of Public Health, 87,* 2049–2051.

Schwartz, R., & Goodman, R.M. (2000). Health promotion practice: Advancing the state of health promotion and education practice. *Health Promotion Practice, 1,* 5–9.

Simnett, I. (1995). *Managing health promotion: Developing healthy organizations and communities.* New York: Wiley.

Simons-Morton, D.G. (1998). The context of the activity counseling trial. *Medicine and Science in Sports and Exercise, 30,* 1084–1085.

Simons-Morton, D.G., Brink, S.G., Simons-Morton, D.G., McIntyre, R., Chapman, M., Longoria, J., & Parcel, G.S. (1989). An ecological approach to the prevention of injuries due to drinking and driving. *Health Education Quarterly, 16,* 397–411.

Simons-Morton, D.G., Simons-Morton, B.G., Parcel, G.S., & Bunker, J.F. (1988). Influencing personal and environmental conditions for community health: A multilevel intervention model. *Family and Community Health, 11,* 25–35.

Spink, K.S., & Carron, A.V. (1993). The effects of team building on the adherence patterns of female exercise participants. *Journal of Sport & Exercise Psychology, 15,* 39–49.

Stephens, T. (1987). Secular trends in physical activity: Exercise boom or bust? *Research Quarterly for Exercise and Sport, 58,* 94–105.

Stephens, T., & Craig, C.L. (1990). *The well-being of Canadians:*

Highlights of the 1988 Campbell's survey. Ottawa: Canadian Fitness and Lifestyle Research Institute.

Stokols, D. (1992). Establishing and maintaining healthy environments: Toward a social ecology of health promotion. *American Psychologist, 47,* 6–22.

Stokols, D. (1996). Translating social ecological theory into guidelines for community health promotion. *American Journal of Health Promotion, 10,* 282–298.

Stone, E.J., McKenzie, T.L., Welk, G., & Booth, M. (1998). Effects of physical activity interventions in youth review and synthesis. *American Journal of Preventive Medicine, 15,* 298–315.

Susser, M. (1995). The tribulations of trials: Intervention in communities [Editorial]. *American Journal of Public Health, 85,* 156–158.

Taylor, W., Baranowski, T., & Rohm-Young, D. (1998). Physical activity interventions in low-income, ethnic minority, and populations with disability. *American Journal of Preventive Medicine, 15,* 334–343.

Theme issue: Physical activity interventions. (1998). *American Journal of Preventive Medicine, 15,* 255–432.

Thoits, P. (1995). Stress, coping, and social support processes: Where are we? What next? *Journal of Health and Social Behavior, 36*(Suppl.), 53–79.

Tolan, P.H., Keys, C., Chertok, F., & Leonard, F. (Eds.). (1993). *Researching community psychology: Issues of theory and methods.* Washington, DC: American Psychological Association.

United States Department of Health and Human Services. (1996). *Physical activity and health: A report of the Surgeon General.* Atlanta: U.S. Department of Health and Human Services, Centers for Disease Control and Prevention, National Center for Chronic Disease Prevention and Health Promotion.

United States Department of Health and Human Services. (1999). *Promoting physical activity at the community level: A guide for action.* Champaign, IL: Human Kinetics.

Vogt, T.M. (1993). Paradigms and prevention. *American Journal of Public Health, 83,* 795–796.

Wandersman, A., Goodman, R.M., & Butterfoss, F.D. (1997). Understanding coalitions and how they operate. In M. Minkler (Ed.), *Community organizing and community building for health* (pp. 261–277). New Brunswick, NJ: Rutgers University Press.

第29章

Allen, M.E., & Coen, D. (1987). Naloxone blocking of running-induced mood changes. *Annals of Sports Medicine, 3,* 190–195.

Arent, S.M., Landers, D.M., & Etnier, J.L. (2000). The effects of exercise on mood in older adults: A meta-analytic review. *Journal of Aging and Physical Activity, 8,* 416–439.

Bahrke, M.S., & Morgan, W.P. (1978). Anxiety reduction following exercise and meditation. *Cognitive Therapy and Research, 2,* 323–334.

Bartholomew, J.B., & Linder, D.E. (1998). State anxiety following resistance exercise: The role of gender and exercise intensity. *Journal of Behavioral Medicine, 21,* 205–219.

Beck, A.T., Ward, C.H., Mendelsohn, M., Mock, J., & Erbaugh, H. (1961). An inventory for measuring depression. *Archives of General Psychiatry, 4,* 561–571.

Biddle, S.J.H. (in press). Emotion, mood and physical activity. In S.J.H. Biddle, K.R. Fox, & S.H. Boutcher (Eds.), *Physical activity, mental health, and psychological well-being.* London: Routledge & Kegan Paul.

Birren, J.E., Woods, A.M., & Williams, M.V. (1980). Behavioral slowing with age: Causes, organization, and consequences. In L.W. Poon (Ed.), *Aging in the 1980s: Psychological issues* (pp. 293–308). Washington, DC: American Psychological Association.

Bloom, B.L. (1985). Focal issues in the prevention of mental disorders. In H.H. Goldman & S.E. Goldston (Eds.), *Preventing stress-related psychiatric disorders* (DHHS Publication No. ADM 85-1366). Washington, DC: U.S. Government Printing Office.

Blumenthal, J.A., Babyak, M.A., Moore, K.A., Craighead, W.E., Herman, S., Khatri, P., Waugh, R., Napolitano, M.A., Forman, L.M., Applebaum, M. Doraiswamy, M., & Krishman, R. (1999). Effects of exercise training on older patients with major depression. *Archives of Internal Medicine, 159,* 2349–2356.

Blumenthal, J.A., Emery, C.F., Madden, D.J., George, L.K., Coleman, E., Riddle, M.W., McKee, D.C., Reasoner, J., & Williams, R.S. (1989). Cardiovascular and behavioral effects of aerobic exercise training in healthy older men and women. *Journal of Gerontology: Medical Sciences, 44,* M147–M157.

Boutcher, S.H. (in press). Cognitive performance, fitness, and aging. In S.J.H. Biddle, K.R. Fox, & S.H. Boutcher (Eds.), *Physical activity, mental health, and psychological well-being.* London: Routledge & Kegan Paul.

Broocks, A., Bandelow, D., Pekrun, G., George, A., Meyer, T., Bartmann, U., Hillmer-Vogel, U., & Rüther, E. (1998). Comparison of aerobic exercise, clomipramine, and placebo in the treatment of panic disorder. *The American Journal of Psychiatry, 155,* 603–609.

Broocks, A., Meyer, T., Bandelow, B., George, A., Bartmann, U., Rüther, E., & Hillmer-Vogel, U. (1997). Exercise avoidance and impaired endurance capacity in patients with panic disorder. *Biological Psychology, 36,* 182–187.

Brown, D.R. (1992). Physical activity, aging, and psychological well-being: An overview of the research. *Canadian Journal of Sport Sciences, 17,* 185–193.

Calfas, K.J., & Taylor, W.C. (1994). Effects of physical activity on psychological variables in adolescents. *Pediatric Exercise Science, 6,* 406–423.

Calvo, M.G., Szabo, A., & Capafons, J. (1996). Anxiety and heart rate under psychological stress: The effects of exercise training. *Anxiety, Stress and Coping, 9,* 321–337.

Camacho, T.C., Roberts, R.E., Lazarus, N.B., Kaplan, G.A., & Cohen, R.D. (1991). Physical activity and depression: Evidence from the Alameda County Study. *American Journal of Epidemiology, 134,* 220–231.

Chaouloff, F. (1997). The serotonin hypothesis. In W.P. Morgan (Ed.), *Physical activity and mental health* (pp. 179–198). Washington, DC: Taylor & Francis.

Chodzko-Zajko, W.J., & Moore, K.A. (1994). Physical fitness and cognitive functioning in aging. *Exercise and Sport Science Reviews, 22,* 195–220.

Cohen, J. (1992). A power primer. *Psychological Bulletin, 112,* 155–159.

Cohen, S., Tyrell, D.A.J., & Smith, A.P. (1991). Psychological stress and susceptibility to the common cold. *New England Journal of Medicine, 325,* 606–612.

Corbin, C., & Pangrazi, B. (Eds.). (1996, July). What you need to know about the Surgeon General's report on physical activity and health. *Physical Activity and Fitness Research Digest, 2*(6), 1–8.

Craft, L.L., & Landers, D.M. (1998). The effect of exercise on clinical depression and depression resulting from mental illness: A meta-analysis. *Journal of Sport & Exercise Psychology, 20,* 339–357.

Crews, D.J., & Landers, D.M. (1987). A meta-analytic review of aerobic fitness and reactivity to psychosocial stressors. *Medicine and Science in Sports and Exercise, 19,* S114–S120.

Crocker, P.R., & Grozelle, C. (1991). Reducing induced state anxiety: Effects of acute aerobic exercise and autogenic relaxation. *Journal of Sports Medicine and Physical Fitness, 31,* 277–282.

Daniel, M., Martin, A.D., & Carter, J. (1992). Opiate receptor blockade by naltrexone and mood state after acute physical activity. *British Journal of Sports Medicine, 26,* 111–115.

Desharnis, R., Jobin, J., Côté, C., Lévesque, L., & Godin, G. (1993). Aerobic exercise and the placebo effect: A controlled study. *Psychosomatic Medicine, 55,* 149–154.

DeVries, H.A., Wisell, R.A., Bulbuliam, R., & Moritani, T. (1981). Tranquilizer effect of exercise. *American Journal of Physical Medicine, 60,* 57–60.

Diener, E. (1984). Subjective well-being. *Psychological Bulletin, 95,* 542–575.

Dishman, R.K. (1997). The norepinephrine hypothesis. In W.P. Morgan (Ed.), *Physical activity and mental health* (pp. 199–212). Washington, DC: Taylor & Francis.

Doiron, B.A.H., Lehnhard, R.A., Butterfield, S.A., & Whitesides, J.E. (1999). Beta-endorphin response to high intensity exercise and music in college-age women. *Journal of Strength and Conditioning Research, 13,* 24–28.

Ekkekakis, P., Hall, E.E., VanLanduyt, L.M., & Petruzzello, S.J. (2000). Walking in (affective) circles: Can short walks enhance affect? *Journal of Behavioral Medicine, 23,* 245–275.

Etnier, J.L., Salazar, W., Landers, D.M., Petruzzello, S.J., Han, M.W., & Nowell, P. (1997). The influence of physical activity, fitness, and exercise upon cognitive functioning: A meta-analysis. *Journal of Sport & Exercise Psychology, 19,* 249–277.

Farmer, M.E., Locke, B.Z., Mossicki, E.K., Dannenberg, A.L., Larson, D.B., & Radloff, L.S. (1988). Physical activity and depressive symptoms: The NHANES I epidemiologic follow-up study. *American Journal of Epidemiology, 128,* 1340–1351.

Farrell, P.A., Gustafson, A.B., Garthwaite, T.L., Kalhoff, R.K., Cowley, A.W., & Morgan, W.P. (1986). Influence of endogenous opioids on the response of selected hormones to exercise in man. *Journal of Applied Physiology, 61,* 1051–1057.

Focht, B.C., & Koltyn, K.F. (1999). Influence of resistance exercise of different intensities on state anxiety and blood pressure. *Medicine and Science in Sports and Exercise, 31,* 456–463.

Folkins, C.H., & Sime, W.E. (1981). Physical fitness training and mental health. *American Psychologist, 36,* 373–389.

Fox, K.R. (in press). The effects of exercise on self-perceptions and self-esteem. In S.J.H. Biddle, K.R. Fox, & S.H. Boutcher (Eds.), *Physical activity, mental health, and psychological well-being*. London: Routledge & Kegan Paul.

Fox, K.R., & Corbin, C.B. (1989). The physical self-perception profile: Development and preliminary evaluation. *Journal of Sport & Exercise Psychology, 11,* 408–430.

Franz, S.I., & Hamilton, G.V. (1905). The effects of exercise upon retardation in conditions of depression. *American Journal of Insanity, 62,* 239–256.

Gaffney, F.A., Fenton, B.J., Lane, L.D., & Lake, R. (1988). Hemodynamic, ventilatory, and biochemical responses in panic patients and normal controls with sodium lactate infusion and spontaneous panic attacks. *Archives of General Psychiatry, 45,* 53–60.

Garvin, A.W., Koltyn, K.F., & Morgan, W.P. (1997). Influence of acute physical activity and relaxation on state anxiety and blood lactate in untrained college males. *International Journal of Sports Medicine, 18,* 470–476.

Gauvin, L., & Brawley L.R. (1993). Alternative psychological models and methodologies for the study of exercise and affect. In P. Seraganian (Ed.), *Exercise psychology* (pp. 146–171). New York: Wiley.

Gill, D. (1994). A sport and exercise psychology perspective on stress. *Quest, 46,* 20–27.

Gleser, J., & Mendelberg, H. (1990). Exercise and sport in mental health: A review of the literature. *Israel Journal of Psychiatry and Related Sciences, 27,* 99–112.

Goss, J.D. (1994). Hardiness and mood disturbances in swimmers while overtraining. *Journal of Sport & Exercise Psychology, 16,* 135–149.

Grosz, H.H., & Farmer, B.B. (1969). Blood lactate in the development of anxiety symptoms. *Archives of General Psychiatry, 21,* 611–619.

Gruber, J.J. (1986). Physical activity and self-esteem development in children. In G.A. Stull & H.M. Eckert (Eds.), *Effects of physical activity and self-esteem development in children: Academy papers* (pp. 30–48). Champaign, IL: Human Kinetics.

Hale, A.S. (1996). Recent advances in the treatment of depression. *British Journal of Hospital Medicine, 55,* 183–186.

Hales, R., & Travis, T.W. (1987). Exercise as a treatment option for anxiety and depressive disorders. *Military Medicine, 152,* 299–302.

Hart, L.E. (1994). The role of evidence in promoting consensus in the research literature on physical activity, fitness, and health. In C. Bouchard, R.J. Shephard, & T. Stevens (Eds.), *Physical activity, fitness, and health* (pp. 89–97). Champaign, IL: Human Kinetics.

He, C.X. (1998). *Exercise intensity, duration, and fitness effects on mood and electroencephalographic activity*. Unpublished doctoral dissertation, Arizona State University, Tempe.

Head, A., Kendall, M.J., Fermer, R., & Eagles, C. (1996). Acute effects of beta blockade and exercise on mood and anxiety. *British Journal of Sports Medicine, 30,* 238–242.

Hill, A.B. (1965). The environment and disease: Association or causation? *Proceedings of the Royal Society of Medicine, 58,* 295–300.

Hobson, M.L., & Rejeski, W.J. (1993). Does the dose of acute exercise mediate psychophysiological responses to mental stress? *Journal of Sport & Exercise Psychology, 15,* 77–87.

Hoffmann, P. (1997). The endorphin hypothesis. In W.P. Morgan (Ed.), *Physical activity and mental health* (pp. 163–177). Washington, DC: Taylor & Francis.

Jacobs, B.L. (1994). Serotonin, motor activity and depression-related disorders. *American Scientist, 82,* 456–463.

Jette, M. (1967). *Progressive physical training on anxiety in middle-age men*. Unpublished master's thesis, University of Illinois, Champaign.

Katon, W., & Schulberg, H. (1992). Epidemiology of depression in primary care. *General Hospital Psychiatry, 14,* 237–247.

Kelley, G., & Tran, Z.V. (1995). Aerobic exercise and normotensive adults: A meta-analysis. *Medicine and Science in Sports and Exercise, 27,* 1371–1377.

Kennedy, R.S., Dunlap, W.P., Bandert, L.E., Smith, M.G., &

Houston, C.S. (1989). Cognitive performance deficits in a simulated climb of Mount Everest: Operation Everest II. *Aviation, Space and Environmental Medicine, 60,* 99–104.

Kephart, N. (1960). *The slow learner in the classroom.* Columbus, OH: Merrill.

Kessler, R.C., McGonagle, K.A., Zhao, S., Nelson, C.B., Hughes, M., Eshelman, S., Wittchen, H.U., & Kendler, K.S. (1994). Lifetime and 12-month prevalence of *DSM-III-R* psychiatric disorders in the United States: Results from the National Co-Morbidity Survey. *Archives of General Psychiatry, 51,* 8–19.

King, A.C., Taylor, C.B., & Haskell, W.L. (1993). Effects of differing intensities and formats of 12 months of exercise training on psychological outcomes in older adults. *Health Psychology, 12,* 292–300.

Kjaer, M., & Galbo, H. (1988). Effect of physical training on the capacity to secrete epinephrine. *Journal of Applied Physiology, 64,* 11–16.

Klein, M.J., Griest, J.H., Gurman, A.S., Neimeyer, R.A., Lesser, D.P., Bushnell, N.J., & Smith, R.E. (1985). A comparative outcome study of group psychotherapy vs. exercise treatments for depression. *International Journal of Mental Health, 13,* 148–177.

Kobasa, S.C. (1979). Stressful life events, personality and health: An inquiry into hardiness. *Journal of Personality and Social Psychology, 37,* 1–11.

Koltyn, K.F. (1997). The thermogenic hypothesis. In W.P. Morgan (Ed.), *Physical activity and mental health* (pp. 213–226). Washington, DC: Taylor & Francis.

Koltyn, K.F., Raglin, J.S., O'Connor, P.J., & Morgan, W.P. (1995). Influence of weight training on state anxiety, body awareness and blood pressure. *International Journal of Sports Medicine, 16,* 266–269.

Koutedakis, Y., Budgett, R., & Faulmann, L. (1990). Rest in underperforming elite competitors. *British Journal of Sports Medicine, 24,* 248–252.

Kubitz, K.K., Landers, D.M., Petruzzello, S.J., & Han, M.W. (1996). The effects of acute and chronic exercise on sleep. *Sports Medicine, 21,* 277–291.

Kugler, J., Seelback, H., & Krüskemper, G.M. (1994). Effects of rehabilitation exercise programmes on anxiety and depression in coronary patients: A meta-analysis. *British Journal of Clinical Psychology, 33,* 401–410.

Landers, D.M. (1991). Optimizing individual performance. In D. Druckman & R.A. Bjork (Eds.), *In the minds eye: Enhancing human performance* (pp. 193–246). Washington, DC: National Academy Press.

Landers, D.M. (1994). Performance, stress, and health: Overall reaction. *Quest, 46,* 123–135.

Landers, D.M. (1998). Exercise and mental health. *Exercise Science (Journal of the Korea Exercise Science Academy), 7,* 131–146.

Landers, D.M. (1999). The influence of exercise and mental health. In C.B. Corbin & R.P. Pangrazi (Eds.), *Toward a better understanding of physical fitness and activity* (pp. 137–143). Scottsdale, AZ: Holcomb Hathaway.

Landers, D.M., & Petruzzello, S.J. (1994). Physical activity, fitness, and anxiety. In C. Bouchard, R.J. Shephard, & T. Stevens (Eds.), *Physical activity, fitness, and health* (pp. 868–882). Champaign, IL: Human Kinetics.

Lazarus, R.S. (1991). Progress on a cognitive-motivational-relational theory of emotion. *American Psychologist, 46,* 819–834.

Lazarus, R.S., & Cohen, J.P. (1977). Environmental stress. In I. Altman & J.F. Wohlwill (Eds.), *Human behavior and the environment: Current theory and research.* New York: Plenum Press.

Leith, L.M. (1994). *Foundations of exercise and mental health.* Morgantown, WV: Fitness Information Technology.

Liederbach, M., Gleim, G.W., & Nichoas, J.A. (1992). Monitoring training status in professional ballet dancers. *Journal of Sports Medicine and Physical Fitness, 32,* 187–195.

Long, B.C., & van Stavel, R. (1995). Effects of exercise training on anxiety: A meta-analysis. *Journal of Applied Sport Psychology, 7,* 167–189.

MacMahon, J.R., & Gross, R.T. (1988). Physical and psychological effects of aerobic exercise in delinquent males. *American Journal of Delinquency in Children, 142,* 1361–1366.

Marsh, H.W., Richards, G.E., Johnson, S., Roche, L., & Tremayne, P. (1994). Physical self-description questionnaire: Psychometric properties and a multi-trait–multi-method analysis of relationships to existing instruments. *Journal of Sport & Exercise Psychology, 16,* 270–305.

Martinsen, E.W. (1987). The role of aerobic exercise in the treatment of depression. *Stress Medicine, 3,* 93–100.

Martinsen, E.W. (1990). Benefits of exercise for the treatment of depression. *Stress Medicine, 9,* 380–389.

Martinsen, E.W. (1993). Therapeutic implications of exercise for clinically anxious and depressed patients. *International Journal of Sport Psychology, 24,* 185–199.

Martinsen, E.W. (1994). Physical activity and depression: Clinical experience. *Acta Psychiatrica Scandinavica, 377,* 23–27.

Martinsen, E.W., & Morgan, W.P. (1997). Antidepressant effects of physical activity. In W.P. Morgan (Ed.), *Physical activity and mental health* (pp. 93–106). Washington, DC: Taylor & Francis.

McAuley, E., Mihalko, S.L., & Bane, S.M. (1996). Acute exercise and anxiety reduction: Does the environment matter? *Medicine and Science in Sport and Exercise, 11,* 143–182.

McDonald, D.G., & Hodgdon, J.A. (1991). *The psychological effects of aerobic fitness training: Research and theory.* New York: Springer-Verlag.

McNair, D.M., Lorr, M., & Droppleman, L.F. (1981). *Profile of Mood States manual.* San Diego, CA: Educational and Industrial Testing Service. (Original work published in 1971)

Morgan, W.P. (1979). Anxiety reduction following acute physical activity. *Psychiatric Annals, 9,* 141–147.

Morgan, W.P. (1981). Psychological benefits of physical activity. In F.J. Nagel & H.J. Montoye (Eds.), *Exercise in health and disease* (pp. 299–314). Springfield, IL: Thomas.

Morgan, W.P. (1985). Selected psychological factors limiting performance: A mental health model. In D.H. Clarke & H.M. Eckert (Eds.), *Limits of human performance* (pp. 70–80). Champaign, IL: Human Kinetics.

Morgan, W.P. (1997). Methodological considerations. In W.P. Morgan (Ed.), *Physical activity and mental health* (pp. 3–32). Washington, DC: Taylor & Francis.

Morgan, W.P., Brown, D.R., Raglin, J.S., O'Connor, P.J., & Ellickson, K.A. (1987). Psychological monitoring of overtraining and staleness. *British Journal of Sports Medicine, 21,* 107–114.

Morgan, W.P., & O'Connor, P.J. (1988). Exercise and mental health. In R.K. Dishman (Ed.), *Exercise adherence: Its impact on public health* (pp. 91–121). Champaign, IL: Human Kinetics.

Morgan, W.P., O'Connor, P.J., Sparling, P.B., & Pate, R.R.

(1987). Psychological characteristics of the elite female distance runner. *International Journal of Sports Medicine, 8*(Suppl.), 124-131.

Morgan, W.P., & Pollock, M.L. (1977). Psychologic characterization of the elite distance runner. *Annals of the New York Academy of Sciences, 301,* 383-403.

Mutrie, N. (in press). The relationship between physical activity and clinically-defined depression. In S.J.H. Biddle, K.R. Fox, & S.H. Boutcher (Eds.), *Physical activity, mental health, and psychological well-being.* London: Routledge & Kegan Paul.

North, T.C., McCullagh, P., & Tran, Z.V. (1990). Effect of exercise on depression. *Exercise and Sport Science Reviews, 18,* 379-415.

Nowell, P.M., & Landers, D.M. (1997, October). *Aerobic fitness and cognition: A meta-analytic examination of the cardiovascular fitness hypothesis.* Paper presented at the IOC World Congress on Sport Sciences, Monte Carlo.

Ntoumanis, N., & Biddle, S.J.H. (1999a). Affect and achievement goals in physical activity: A meta-analysis. *Scandinavian Journal of Medicine and Science in Sports, 9,* 315-332.

Ntoumanis, N., & Biddle, S.J.H. (1999b). A review of motivational climate in physical activity. *Journal of Sports Sciences, 1,* 643-665.

O'Connor, P.J. (1997). Overtraining and staleness. In W.P. Morgan (Ed.), *Physical activity and mental health* (pp. 145-160). Washington, DC: Taylor & Francis.

O'Connor, P.J., Bryant, C.X., Veltri, J.P., & Gebhardt, S.M. (1993). State anxiety and ambulatory blood pressure following resistance exercise in females. *Medicine and Science in Sports and Exercise, 25,* 516-521.

O'Connor, P.J., Morgan, W.P., Raglin, J.S., Barksdale, C.M., & Kalin, N.H. (1989). Mood state and salivary cortisol levels following overtraining in female swimmers. *Psychoneuroendocrinology, 14,* 303-310.

O'Connor, P.J., Petruzzello, S.J., Kubitz, K.A., & Robinson, T.L. (1995). Anxiety responses to maximal exercise testing. *British Journal of Sports Medicine, 29,* 97-102.

O'Connor, P.J., & Youngstedt, M.A. (1995). Influence of exercise on human sleep. *Exercise and Sport Science Reviews, 23,* 105-134.

Oxman, A.D., & Guyatt, G. (1988). Guidelines for reading literature reviews. *Canadian Medical Association Journal, 138,* 697-703.

Paffenbarger, R.S., Lee, I.-M., & Leung, R. (1994). Physical activity and personal characteristics associated with depression and suicide in American college men. *Acta Psychiatrica Scandinavica,* (Suppl. 377), 16-22.

Parfitt, G., Eston, R., & Connolly, D. (1996). Psychological affect at different ratings of perceived exertion in high- and low-active women: A study using a production protocol. *Perceptual and Motor Skills, 82,* 1035-1042.

Petruzzello, S.J. (1991). *An examination of proposed physiological and psychological mechanisms for exercise-related reductions in anxiety.* Unpublished doctoral dissertation, Arizona State University, Tempe.

Petruzzello, S.J. (1995). Anxiety reduction following exercise: Methodological artifact or real phenomenon? *Journal of Sport & Exercise Psychology, 17,* 105-111.

Petruzzello, S.J., & Landers, D.M. (1993). Exercise and anxiety reduction: Examination of temperature as an explanation for affective change. *Journal of Sport & Exercise Psychology, 15,* 63-76.

Petruzzello, S.J., Landers, D.M., Hatfield, B.D., Kubitz, K.A., & Salazar, W. (1991). A meta-analysis on the anxiety-reducing effects of acute and chronic exercise. *Sports Medicine, 11,* 143-182.

Piaget, J. (1936). *The origins of intelligence in children.* New York: New York University Press.

Pitts, F.N., & McClure, J.N. (1967). Lactate metabolism in anxiety neurosis. *New England Journal of Medicine, 277,* 1329-1336.

Raglin, J.S. (1990). Exercise and mental health: Beneficial and detrimental effects. *Sports Medicine, 9,* 323-329.

Raglin, J.S. (1997). Anxiolytic effects of physical activity. In W.P. Morgan (Ed.), *Physical activity and mental health* (pp. 107-126). Washington, DC: Taylor & Francis.

Raglin, J.S., & Morgan, W.P. (1985). Influence of vigorous exercise on mood state. *Behavior Therapist, 8,* 179-183.

Raglin, J.S., & Morgan, W.P. (1994). Development of a scale to use in monitoring training-induced distress in athletes. *International Journal of Sports Medicine, 15,* 84-88.

Raglin, J.S., Morgan, W.P., & Luchsinger, A.E. (1990). Mood and self-motivation in successful and unsuccessful female rowers. *Medicine and Science in Sports and Exercise, 22,* 849-853.

Raglin, J.S., Morgan, W.P., & O'Connor, P.J. (1991). Changes in mood states during training in female and male college swimmers. *International Journal of Sports Medicine, 12,* 585-589.

Regier, D.A., Boyd, J.H., Burke, J.D., Rae, D.S., Myers, J.K., Kramer, M., Robins, L.N., George, L.K., Karno, M., & Locke, B.Z. (1988). One-month prevalence of mental disorders in the United States. *Archives of General Psychiatry, 45,* 977-986.

Renger, R. (1993). A review of the Profile of Mood States (POMS) in the prediction of athletic success. *Journal of Applied Sport Psychology, 5,* 78-84.

Rowley, A.J., Landers, D.M., Kyllo, L.B., & Etnier, J.L. (1995). Does the iceberg profile discriminate between successful and less successful athletes? A meta-analysis. *Journal of Sport & Exercise Psychology, 17,* 185-199.

Sackett, D.L. (1989). Rules of evidence and clinical recommendations on the use of antithrombotic agents. *Chest, 95,* 2S-4S.

Schlicht, W. (1994). Does physical exercise reduce anxious emotions? A meta-analysis. *Anxiety, Stress, and Coping, 6,* 275-288.

Sexton, H., Maere, A., & Dahl, N.H. (1989). Exercise intensity and reduction in neurotic symptoms. *Acta Psychiatrica Scandinavica, 80,* 231-235.

Simon, G.E., VonKorff, M., & Barlow, W. (1995). Health care costs of primary care patients with recognized depression. *Archives of General Psychiatry, 52,* 850-856.

Smith, R.E. (1989). Conceptual and statistical issues in research involving multidimensional anxiety scales. *Journal of Sport & Exercise Psychology, 11,* 452-457.

Sonstroem, R.J. (1984). Exercise and self-esteem. *Exercise and Sport Science Reviews, 12,* 123-155.

Sonstroem, R.J., Harlow, L.L., & Josephs, L. (1994). Exercise and self-esteem: Validity of model expansion and exercise associations. *Journal of Sport & Exercise Psychology, 16,* 29-42.

Sonstroem, R.J., & Morgan, W.P. (1989). Exercise self-esteem: Rationale and model. *Medicine and Science in Sports and Exercise, 21,* 329-337.

Sonstroem, R.J., & Potts, S.A. (1996). Life adjustment correlates of physical self-concepts. *Medicine and Science in Sports and*

Exercise, 28, 619–625.

Sothmann, M.S., & Ismail, A.H. (1985). Factor analytic derivation of MHPG/NM ratio: Implications for studying the link between physical fitness and depression. *Biology and Psychiatry, 20,* 570–583.

Spence, J.C., Poon, P., & Dyck, P. (1997). The effect of physical-activity participation on self-concept: A meta-analysis [Abstract]. *Journal of Sport & Exercise Psychology, 19,* S109.

Spielberger, C.D., Gorsuch, R.L., Luschene, R., Vagg, P.R., & Jacobs, G.A. (1983). *Manual for the State-Trait Anxiety Inventory.* Palo Alto, CA: Consulting Psychologists.

Spirduso, W.W. (1980). Physical fitness, aging, and psychomotor speed: A review. *Journal of Gerontology, 35,* 850–865.

Stein, J.M., Papp, L.A., Klein, D.F., Cohen, S., Simon, J., Ross, D., Martinez, J., & Gorman, J.M. (1992). Exercise tolerance in panic disorder patients. *Biological Psychiatry, 32,* 281–287.

Stephens, T. (1988). Physical activity and mental health in the United States and Canada: Evidence from four population surveys. *Preventive Medicine, 17,* 35–47.

Steptoe, A., & Cox, S. (1988). Acute effect of aerobic exercise on mood. *Health Psychology, 7,* 329–340.

Steptoe, A., Edwards, S., Moses, J., & Mathews, A. (1989). The effects of exercise training on mood and perceived coping ability in anxious adults from the general population. *Journal of Psychosomatic Research, 33,* 537–547.

Tate, A.K., & Petruzzello, S.J. (1995). Varying intensity of acute exercise: Implications for changes in affect. *Journal of Sports Medicine and Physical Fitness, 35,* 25–302.

Taylor, A. (in press). Physical activity, anxiety, and stress. In S.J.H. Biddle, K.R. Fox, & S.H. Boutcher (Eds.), *Physical activity, mental health, and psychological well-being.* London: Routledge & Kegan Paul.

Taylor, C.B., King, R., Ehlers, A., Margraf, J., Clark, D., Hayward, C., Roth, W.T., & Agras, S. (1987). Treadmill exercise test and ambulatory measures in panic attacks. *American Journal of Cardiology, 60,* 48J–52J.

Tomporowski, P.D., & Ellis, N.R. (1986). Effects of exercise on cognitive processes: A review. *Psychological Bulletin, 99,* 338–346.

Treasure, D., & Newbery, D. (1998). Relationship between self-efficacy, exercise intensity, and feeling states in a sedentary population during and following an acute bout of exercise. *Journal of Sport & Exercise Psychology, 20,* 1–11.

Tuson, K.M., & Sinyor, D. (1993). On the affective benefits of acute aerobic exercise: Taking stock after twenty years of research. In P. Seraganian (Ed.), *Exercise psychology* (pp. 80–121). New York: Wiley.

Tuson, K.M., Sinyor, D., & Pelletier, L.G. (1995). Acute exercise and positive affect: An investigation of psychological processes leading to affective changes. *International Journal of Sport Psychology, 26,* 138–159.

Vaux, C.L. (1926). A discussion of physical exercise and recreation. *Occupational Therapy and Rehabilitation, 6,* 320–333.

von Euler, C., & Soderberg, U. (1957). The influence of hypothalamic thermoceptive structures on the electroencephalogram and gamma motor activity. *Electroencephalography and Clinical Neurophysiology, 9,* 391–408.

Webb, E.J., Campbell, D.T., Schwartz, R.D., & Sechrest, L. (1966). *Unobtrusive measures: Nonreactive research in the social sciences.* Chicago: Rand McNally.

Weismann, M.M., & Klerman, G.L. (1992). Depression: Current understanding and changing trends. *Annual Review of Public Health, 13,* 319–339.

Weyerer, S. (1992). Physical inactivity and depression in the community: Evidence from the Upper Bavarian Field Study. *International Journal of Sports Medicine, 13,* 492–496.

Yao, T., Andersson, S., & Thoren, P. (1982a). Long-lasting cardiovascular depression induced by acupuncture-like stimulation of the sciatic nerve in unanaesthetized spontaneously hypertensive rats. *Brain Research, 240,* 77–85.

Yao, T., Andersson, S., & Thoren, P. (1982b). Long-lasting cardiovascular depression induced by acupuncture-like stimulation of the sciatic nerve in unanaesthetized spontaneously hypertensive rats: Evidence for the involvement of central endorphin and serotonin systems. *Brain Research, 244,* 295–303.

第30章

Aldwin, C.M. (1994). *Stress, coping, and development: An integrative perspective.* New York: Guilford Press.

Allen, R.J. (1983). *Human stress: Its nature and control.* Minneapolis, MN: Burgess International.

American Psychiatric Association. (1994). *Diagnostic and statistical manual of mental disorders* (4th ed.). Washington, DC: Author.

Andersen, M.B. (1988). *Psychosocial factors and changes in peripheral vision, muscle tension, and fine motor skills during stress.* Unpublished doctoral dissertation, University of Arizona, Tucson.

Andersen, M.B., & Stoove, M.A. (1998). The sanctity of $p < .05$ obfuscates good stuff: A comment on Kerr and Goss. *Journal of Applied Sport Psychology, 10,* 168–173.

Andersen, M.B., & Williams, J.M. (1988). A model of stress and athletic injury: Prediction and prevention. *Journal of Sport & Exercise Psychology, 10,* 294–306.

Andersen, M.B., & Williams, J.M. (1993). Psychological risk factors and injury prevention. In J. Heil (Ed.), *The sport psychology of injury* (pp. 49–57). Champaign, IL: Human Kinetics.

Andersen, M.B., & Williams, J.M. (1999). Athletic injury, psychosocial factors, and perceptual changes during stress. *Journal of Sports Sciences, 17,* 735–741.

Antonovsky, A. (1985). The sense of coherence as a determinant of health. In J.D. Matarazzo, S.M. Weiss, J.A. Herd, & N.E. Miller (Eds.), *Behavioral health: A handbook of health enhancement and disease prevention* (pp. 37–50). New York: Wiley.

Baron, R.M., & Kenny, D.A. (1986). The moderator-mediator variable distinction in social psychological research: Conceptual, strategic, and statistical considerations. *Journal of Personality and Social Psychology, 51,* 1173–1182.

Blackwell, B., & McCullagh, P. (1990). The relationship of athletic injury to life stress, competitive anxiety and coping resources. *Athletic Training, 25,* 23–27.

Booth, W. (1987). Arthritis Institute tackles sports. *Science, 237,* 846–847.

Boyce, W.T., & Sobolewski, S. (1989). Recurrent injuries in school children. *American Journal of the Disabled Child, 143,* 338–342.

Bramwell, S.T., Masuda, M., Wagner, N.N., & Holmes, T.H. (1975). Psychological factors in athletic injuries: Development and application of the Social and Athletic Readjustment Rating Scale (SARRS). *Journal of Human Stress, 1,* 6–20.

Byrd, B.J. (1993). *The relationship of history of stressors, personality, and coping resources, with the incidence of athletic injuries*. Unpublished master's thesis, University of Colorado, Boulder.

Coddington, R.D., & Troxell, J.R. (1980). The effect of emotional factors on football injury rates: A pilot study. *Journal of Human Stress, 6,* 3-5.

Compas, B.E., Worsham, N.L., Ey, S., & Howell, D.C. (1996). When Mom or Dad has cancer: II. Coping, cognitive appraisals, and psychological distress in children of cancer patients. *Health Psychology, 15,* 167-175.

Cronbach, L.J. (1987). Statistical tests for moderator variables: Flaws in analyses recently proposed. *Psychological Bulletin, 102,* 114-117.

Cryan, P.O., & Alles, E.F. (1983). The relationship between stress and football injuries. *Journal of Sports Medicine and Physical Fitness, 23,* 52-58.

Cupal, D.D. (1998). Psychological interventions in sport injury prevention and rehabilitation. *Journal of Applied Sport Psychology, 10,* 103-123.

Dalhauser, M., & Thomas, M.B. (1979). Visual disembedding and locus of control as variables associated with high school football injuries. *Perceptual and Motor Skills, 49,* 254.

Davis, J.O. (1991). Sports injuries and stress management: An opportunity for research. *The Sport Psychologist, 5,* 175-182.

DeWitt, D.J. (1980). Cognitive and biofeedback training for stress reduction with university athletes. *Journal of Sport Psychology, 2,* 288-294.

Dunlap, W.P., & Kemery, E.R. (1987). Failure to detect moderating effects: Is multicollinearity the problem? *Psychological Bulletin, 102,* 418-420.

Easterbrook, J.A. (1959). The effect of emotion on cue utilization and the organization of behavior. *Psychological Review, 66,* 183-201.

Fawkner, H.J. (1995). *Predisposition to injury in athletes: The role of psychosocial factors*. Unpublished master's thesis, University of Melbourne, Australia.

Fawkner, H.J., McMurray, N.E., & Summers, J.J. (1999). Athletic injury and minor life events: A prospective study. *Journal of Science and Medicine in Sport, 2,* 117-124.

Fields, K.B., Delaney, M., & Hinkle, S. (1990). A prospective study of Type A behavior and running injuries. *Journal of Family Practice, 30,* 425-429.

Garrick, J.G., & Requa, R.K. (1978). Injuries in high school sports. *Pediatrics, 61,* 465-473.

Hanson, S.J., McCullagh, P., & Tonymon, P. (1992). The relationship of personality characteristics, life stress, and coping resources to athletic injury. *Journal of Sport & Exercise Psychology, 14,* 262-272.

Hardy, C.J., & Crace, R.K. (1990, May/June). Dealing with injury. *Sport Psychology Training Bulletin, 1,* 1-8.

Hardy, C.J., O'Connor, K.A., & Geisler, P.R. (1990). The role of gender and social support in the life stress injury relationship [Abstract]. *Proceedings of the Association for the Advancement of Applied Sport Psychology, fifth annual conference,* 51.

Hardy, C.J., Prentice, W.E., Kirsanoff, M.T., Richman, J.M., & Rosenfeld, L.B. (1987, June). Life stress, social support, and athletic injury: In search of relationships. In J.M. Williams (Chair), *Psychological factors in injury occurrence*. Symposium conducted at the annual meeting of the North American Society for the Psychology of Sport and Physical Activity, Vancouver, Canada.

Hardy, C.J., Richman, J.M., & Rosenfeld, L.B. (1991). The role of social support in the life stress/injury relationship. *The Sport Psychologist, 5,* 128-139.

Hardy, C.J., & Riehl, M.A. (1988). An examination of the life stress-injury relationship among noncontact sport participants. *Behavioral Medicine, 14,* 113-118.

Hedges, L. (1987). The meta-analysis of test validity studies: Some new approaches. In H. Braun & H. Wainer (Eds.), *Test validity for the 1990s and beyond* (pp. 191-212). Hillsdale, NJ: Erlbaum.

Holmes, T.H. (1970). Psychological screening. In *Football injuries: Paper presented at a workshop* (pp. 211-214). Sponsored by Sub-committee on Athletic Injuries, Committee on the Skeletal System, Division of Medical Sciences, National Research Council, February 1969. Washington, DC: National Academy of Sciences.

Holmes, T.H., & Rahe, R.J. (1967). The social readjustment scale. *Journal of Psychosomatic Research, 11,* 213-218.

Jackson, D.W., Jarrett, H., Bailey, D., Kausek, J., Swanson, M.J., & Powell, J.W. (1978). Injury prediction in the young athlete: A preliminary report. *American Journal of Sports Medicine, 6,* 6-12.

Janelle, C.M., Singer, R.N., & Williams, A.M. (1999). External distraction and attentional narrowing: Visual search evidence. *Journal of Sport & Exercise Psychology, 21,* 70-91.

Jones, G. (1995). More than just a game: Research developments and issues in competitive anxiety in sport. *British Journal of Psychology, 86,* 449-478.

Kanner, A.D., Coyne, J.C., Schaefer, C., & Lazarus, R.S. (1981). Comparison of two modes of stress measurement: Daily hassles and uplifts versus major life events. *Journal of Behavioral Medicine, 4,* 1-39.

Kendal, P.C., & Watson, D. (1981). Psychological preparation for stressful medical procedures. In C.K. Prokap & L.A. Bradley (Eds.), *Medical psychology: Contributions to behavioral medicine* (pp. 197-221). New York: Academic Press.

Kerr, G., & Goss, J. (1996). The effects of a stress management program on injuries and stress levels. *Journal of Applied Sport Psychology, 8,* 109-117.

Kerr, G., & Minden, H. (1988). Psychological factors related to the occurrence of athletic injuries. *Journal of Sport & Exercise Psychology, 10,* 167-173.

Kishi, Y., Robinson, R.G., & Forrester, A.W. (1994). Prospective longitudinal study of depression following spinal cord injury. *Journal of Neuropsychiatry and Clinical Neurosciences, 6,* 237-244.

Kobasa, S.C. (1979). Stressful life events, personality and health: An inquiry into hardiness. *Journal of Personality and Social Psychology, 37,* 1-11.

Kolt, G., & Kirkby, R. (1996). Injury in Australian female competitive gymnasts: A psychological perspective. *Australian Physiotherapy, 42,* 121-126.

Lamb, M. (1986). Self-concept and injury frequency among female college field hockey players. *Athletic Training, 21,* 220-224.

Landers, D.M., Wang, M.Q., & Courtet, P. (1985). Peripheral narrowing among experienced and inexperienced rifle shooters under low- and high-stress conditions. *Research Quarterly for Exercise and Sport, 56,* 122-130.

Lavallee, L., & Flint, F. (1996). The relationship of stress, competitive anxiety, mood state, and social support to athletic injury. *Journal of Athletic Training, 31,* 296-299.

Leffingwell, T., & Williams, J.M. (1996). *Measurement of cognitive interpretations of multidimensional competitive trait anxiety symptoms as facilitative or debilitative*. Manuscript submitted for publication.

Lysens, R., Van den Auweele, Y., & Ostyn, M. (1986). The relationship between psychosocial factors and sports injuries. *Journal of Sports Medicine and Physical Fitness, 26,* 77–84.

Lysens, R., Steverlynck, A., Van den Auweele, Y., LeFevre, J., Renson, L., Claessens, A., & Ostyn, M. (1984). The predictability of sports injuries. *Sports Medicine, 1,* 6–10.

May, J.R., & Brown, L. (1989). Delivery of psychological services to the U.S. Alpine ski team prior to and during the Olympics in Calgary. *The Sport Psychologist, 3,* 320–329.

May, J.R., Veach, T.L., Reed, M.W., & Griffey, M.S. (1985). A psychological study of health, injury and performance in athletes on the U.S. Alpine ski team, *Physician and Sportsmedicine, 13,* 111–115.

McLeod, S., & Kirkby, R.J. (1995). Locus of control as a predictor of injury in elite basketball players. *Sports Medicine, Training and Rehabilitation, 6,* 201–206.

Meichenbaum, D. (1985). *Stress inoculation training*. New York: Pergamon Press.

Meyer, K.N. (1995). *The influence of personality factors, life stress, and coping strategies on the incidence of injury in long-distance runners*. Unpublished master's thesis, University of Colorado, Boulder.

Miller, L.H., & Smith, A.D. (1982, December). Stress Audit Questionnaire. *Bostonia: Indepth,* 39–54.

Miller, T.W. (1988). Advances in understanding the impact of stressful life events on health. *Hospital and Community Psychiatry, 39,* 615–622.

Murphy, S.M. (1988). The on-site provision of sport psychology services at the U.S. Olympic Festival. *The Sport Psychologist, 2,* 337–350.

Nideffer, R.M. (1981). *The ethics and practice of applied sport psychology*. Ithaca, NY: Mouvement.

Nideffer, R.M. (1983). The injured athlete: Psychological factors in treatment. *Orthopedic Clinics of North America, 14,* 373–385.

Pargman, D., & Lunt, S.D. (1989). The relationship of self-concept and locus of control to the severity of injury in freshman collegiate football players. *Sports Medicine, Training and Rehabilitation, 1,* 201–208.

Passer, M.W., & Seese, M.D. (1983). Life stress and athletic injury: Examination of positive versus negative events and three moderator variables. *Journal of Human Stress, 9,* 11–16.

Patterson, E.L., Smith, R.E., & Everett, J.J. (1998). Psychosocial factors as predictors of ballet injuries: Interactive effects of life stress and social support. *Journal of Sport Behavior, 21,* 101–112.

Perna, F., & McDowell, S. (1993, October). *The association of stress and coping with illness and injury among elite athletes*. Paper presented at the annual meeting of the Association for the Advancement of Applied Sport Psychology, Montreal, Canada.

Petrie, T.A. (1990a). The application of covariance structure modeling to sport psychology research [Abstract]. *Proceedings of the Association for the Advancement of Applied Sport Psychology, fifth annual conference,* 92.

Petrie, T.A. (1990b). Life stress, social support, and injury in women collegiate gymnasts [Abstract]. *Proceedings of the 98th annual convention of the American Psychological Association,* 230.

Petrie, T.A. (1992). Psychosocial antecedents of athletic injury: The effects of life stress and social support on female collegiate gymnasts. *Behavioral Medicine, 18,* 127–138.

Petrie, T.A. (1993a). Coping skills, competitive trait anxiety, and playing status: Moderating effects of the life stress-injury relationship. *Journal of Sport & Exercise Psychology, 15,* 261–274.

Petrie, T.A. (1993b). The moderating effects of social support and playing status on the life stress-injury relationship. *Journal of Applied Sport Psychology, 5,* 1–16.

Petrie, T.A., & Falkstein, D.L. (1998). Methodological, measurement and statistical issues in research on sport injury prediction. *Journal of Applied Sport Psychology, 10,* 26–45.

Petrie, T., & Stoever, S. (1995). Psychosocial antecedents of athletic injury: A temporal analysis [Abstract]. *Journal of Applied Sport Psychology, 7,* S99.

Richman, J.M., Hardy, C.J., Rosenfeld, L.B., & Callahan, A.E. (1989). Strategies for enhancing social support networks in sport: A brainstorming experience. *Journal of Applied Sport Psychology, 1,* 150–159.

Rider, S.P., & Hicks, R.A. (1995). Stress, coping, and injuries in male and female high school basketball players. *Perceptual and Motor Skills, 81,* 499–503.

Rotter, J.B. (1966). *Generalized expectancies for internal versus external control of Psychological Monographs*80 (Whole).

Samuels, S.C. (1977). *Enhancing self-concept in early childhood*. New York: Human Sciences.

Sarason, I.G., Johnson, J.H., & Siegel, J.M. (1978). Assessing the impact of life changes: Development of the Life Experiences Survey. *Journal of Consulting and Clinical Psychology, 46,* 932–946.

Sarason, I.G., Levine, H.M., Basham, R.B., & Sarason, B.R. (1983). Assessing social support: The Social Support Questionnaire. *Journal of Personality and Social Psychology, 44,* 127–139.

Savery, L.K., & Wooden, M. (1994). The relative influence of life events and hassles on work-related injuries: Some Australian evidence. *Human Relations, 47,* 283–305.

Schmid, A., & Peper, E. (1998). Strategies for training concentration. In J.M. Williams (Ed.), *Applied sport psychology: Personal growth to peak performance* (3rd ed., pp. 316–328). Mountain View, CA: Mayfield.

Smith, R. (1979). A cognitive affective approach to stress management for athletics. In C. Nadeau, W. Halliwell, K. Newell, & G. Roberts (Eds.), *Psychology of motor behavior and sport* (pp. 54–72). Champaign, IL: Human Kinetics.

Smith, R.E., Ptacek, J.T., & Smoll, F.L. (1992). Sensation seeking, stress, and adolescent injuries: A test of stress-buffering, risk-taking, and coping skills hypotheses. *Journal of Personality and Social Psychology, 62,* 1016–1024.

Smith, R.E., Smoll, F.L., & Curtis, B. (1979). Coach effectiveness training: A cognitive-behavioral approach to enhancing relationship skills in youth sports coaches. *Journal of Sport Psychology, 1,* 59–75.

Smith, R.E., Smoll, F.L., & Ptacek, J.T. (1990). Conjunctive moderator variables in vulnerability and resiliency research: Life stress, social support and coping skills, and adolescent sport injuries. *Journal of Personality and Social Psychology, 58,* 360–369.

Smith, R.E., Smoll, F.L., & Schutz, R.W. (1990). Measurement and correlates of sport-specific cognitive and somatic trait anxiety: The Sport Anxiety Scale. *Anxiety Research, 2,* 263-280.

Spielberger, C.D. (1966). *Anxiety and behavior.* New York: Academic Press.

Stuart, J.C., & Brown, B.M. (1981). The relationship of stress and coping ability to incidence of diseases and accidents. *Journal of Psychosomatic Research, 25,* 255-260.

Theorell, T. (1992). Critical life changes: A review of research. *Psychotherapy and Psychosomatics, 57,* 108-117.

Thompson, N.J., & Morris, R.D. (1994). Predicting injury risk in adolescent football players: The importance of psychological variables. *Journal of Pediatric Psychology, 19,* 415-429.

Valliant, P.M. (1981). Personality and injury in competitive runners. *Perceptual and Motor Skills, 53,* 251-253.

Van Mechelen, W., Twisk, J., Molendijk, A., Blom, B., Snel, J., & Kemper, H.C.G. (1996). Subject-related risk factors for sports injuries: A 1-yr prospective study in young adults. *Medicine and Science in Sports and Exercise, 28,* 1171-1179.

Williams, J.M. (1996). Stress, coping resources, and injury risk. *International Journal of Stress Management, 3,* 209-223.

Williams, J.M., & Andersen, M.B. (1986, June). *The relationship between psychological factors and injury occurrence.* Paper presented at the annual meeting of the North American Society for Psychology of Sport and Physical Activity, Scottsdale, AZ.

Williams, J.M., & Andersen, M.B. (1997). Psychosocial influences on central and peripheral vision and reaction time during demanding tasks. *Behavioral Medicine, 26,* 160-167.

Williams, J.M., & Andersen, M.B. (1998). Psychosocial antecedents of sport injury: Review and critique of the stress and injury model. *Journal of Applied Sport Psychology, 10,* 5-25.

Williams, J.M., Haggert, J., Tonymon, P., & Wadsworth, W.A. (1986). Life stress and prediction of athletic injuries in volleyball, basketball, and cross-country running. In L.E. Unestahl (Ed.), *Sport psychology in theory and practice.* Orebro, Sweden: Veje.

Williams, J.M., & Harris, D.V. (1998). Relaxation and energizing techniques for regulation of arousal. In J.M. Williams (Ed.), *Applied sport psychology: Personal growth to peak performance* (3rd ed., pp. 219-236). Mountain View, CA: Mayfield.

Williams, J.M., Hogan, T.D., & Andersen, M.B. (1993). Positive states of mind and athletic injury risk. *Psychosomatic Medicine, 55,* 468-472.

Williams, J.M., & Roepke, N. (1993). Psychology of injury and injury rehabilitation. In R.N. Singer, L.K. Tennant, & M. Murphey (Eds.), *Handbook of research in sport psychology* (pp. 815-839). New York: Macmillan.

Williams, J.M., Tonymon, P., & Andersen, M.B. (1990). Effects of life-event stress on anxiety and peripheral narrowing. *Behavioral Medicine, 16,* 174-181.

Williams, J.M., Tonymon, P., & Andersen, M.B. (1991). Effects of stressors and coping resources on anxiety and peripheral narrowing in recreational athletes. *Journal of Applied Sport Psychology, 3,* 126-141.

Williams, J.M., Tonymon, P., & Wadsworth, W.A. (1986). Relationship of stress to injury in intercollegiate volleyball. *Journal of Human Stress, 12,* 38-43.

Wittig, A.F., & Schurr, K.T. (1994). Psychological characteristics of women volleyball players: Relationships with injuries, rehabilitation, and team success. *Personality and Social Psychology Bulletin, 20,* 322-330.

Young, M.L., & Cohen, D.A. (1979). Self-concept and injuries among female college tournament basketball players. *American Corrective Therapy Journal, 33,* 139-142.

Young, M.L., & Cohen, D.A. (1981). Self-concept and injuries among female high school basketball players. *Journal of Sports Medicine, 21,* 55-59.

Zinsser, N., Bunker, L., & Williams, J.M. (1998). Cognitive techniques for building confidence and enhancing performance. In J.M. Williams (Ed.), *Applied sport psychology: Personal growth to peak performance* (3rd ed., pp. 270-295). Mountain View, CA: Mayfield.

Zuckerman, M. (1979). *Sensation seeking: Beyond the optimal level of arousal.* Hillsdale, NJ: Erlbaum.

第31章

Almekinders, L.C., & Almekinders, S.V. (1994). Outcome in the treatment of chronic overuse sports injuries: A retrospective study. *Journal of Orthopaedic and Sports Physical Therapy, 19,* 157-161.

Alzate, R., Ramirez, A., & Lazaro, I. (1998, August). *Psychological aspect of athletic injury.* Paper presented at the 24th International Congress of Applied Psychology, San Francisco.

Astle, S.J. (1986). The experience of loss in athletes. *Journal of Sports Medicine and Physical Fitness, 26,* 279-284.

Bianco, T.M., Eklund, R.C., & Gordon, S. (1999, September). *Coach support of injured athletes: Coaches and athletes share their views.* Paper presented at the annual meeting of the Association for the Advancement of Applied Sport Psychology, Banff, Canada.

Bianco, T.M., Malo, S., & Orlick, T. (1999). Sport injury and illness: Elite skiers describe their experiences. *Research Quarterly for Exercise and Sport, 70,* 157-169.

Bianco, T.M., & Orlick, T. (1996). Social support influences on recovery from sport injury [Abstract]. *Journal of Applied Sport Psychology, 8*(Suppl.), S57.

Bijur, P.E., Trumble, A., Harel, Y., Overpeck, M.D., Jones, D., & Scheidt, P.C. (1995). Sports and recreation injuries in U.S. children and adolescents. *Archives of Pediatric and Adolescent Medicine, 149,* 1009-1016.

Booth, W. (1987). Arthritis Institute tackles sports. *Science, 237,* 846-847.

Brewer, B.W. (1991, June). *Causal attributions and adjustment to athletic injury.* Paper presented at the annual meeting of the North American Society for the Psychology of Sport and Physical Activity, Pacific Grove, CA.

Brewer, B.W. (1993). Self-identity and specific vulnerability to depressed mood. *Journal of Personality, 61,* 343-364.

Brewer, B.W. (1994). Review and critique of models of psychological adjustment to athletic injury. *Journal of Applied Sport Psychology, 6,* 87-100.

Brewer, B.W. (1998). Adherence to sport injury rehabilitation programs. *Journal of Applied Sport Psychology, 10,* 70-82.

Brewer, B.W. (1999a). Adherence to sport injury rehabilitation regimens. In S.J. Bull (Ed.), *Adherence issues in sport and exercise* (pp. 145-168). Chichester, England: Wiley.

Brewer, B.W. (1999b). Causal attribution dimensions and adjustment to sport injury. *Journal of Personal and Interpersonal Loss, 4,* 215-224.

Brewer, B.W., Andersen, M.B., & Van Raalte, J.L. (in press).

Psychological aspects of sport injury rehabilitation: Toward a biopsychosocial approach. In D.I. Mostofsky & L.D. Zaichkowsky (Eds.), *Medical aspects of sport and exercise.* Morgantown, WV: Fitness Information Technology.

Brewer, B.W., Cornelius, A.E., Van Raalte, J.L., Petitpas, A.J., Sklar, J.H., Pohlman, M.H., Krushell, R.J., & Ditmar, T.D. (2000). Attributions for recovery and adherence to rehabilitation following anterior cruciate ligament reconstruction: A prospective analysis. *Psychology & Health, 15,* 283–291.

Brewer, B.W., Daly, J.M., Van Raalte, J.L., Petitpas, A.J., & Sklar, J.H. (1994). A psychometric evaluation of the Rehabilitation Adherence Questionnaire [Abstract]. *Journal of Sport & Exercise Psychology, 16*(Suppl.), S34.

Brewer, B.W., Daly, J.M., Van Raalte, J.L., Petitpas, A.J., & Sklar, J.H. (1999). A psychometric evaluation of the Rehabilitation Adherence Questionnaire. *Journal of Sport & Exercise Psychology, 21,* 167–173.

Brewer, B.W., & Helledy, K.I. (1998). Off (to) the deep end: Psychological skills training and water running. *Applied Research in Coaching and Athletics Annual, 13,* 99–118.

Brewer, B.W., Jeffers, K.E., Petitpas, A.J., & Van Raalte, J.L. (1994). Perceptions of psychological interventions in the context of sport injury rehabilitation. *The Sport Psychologist, 8,* 176–188.

Brewer, B.W., Linder, D.E., & Phelps, C.M. (1995). Situational correlates of emotional adjustment to athletic injury. *Clinical Journal of Sport Medicine, 5,* 241–245.

Brewer, B.W., Petitpas, A.J., & Van Raalte, J.L. (1999). Referral of injured athletes for counseling and psychotherapy. In R. Ray & D.M. Wiese-Bjornstal (Eds.), *Counseling in sports medicine* (pp. 127–141). Champaign, IL: Human Kinetics.

Brewer, B.W., Petitpas, A.J., Van Raalte, J.L., Sklar, J.H., & Ditmar, T.D. (1995). Prevalence of psychological distress among patients at a physical therapy clinic specializing in sports medicine. *Sports Medicine, Training and Rehabilitation, 6,* 138–145.

Brewer, B.W., & Petrie, T.A. (1995). A comparison between injured and uninjured football players on selected psychosocial variables. *Academic Athletic Journal, 10,* 11–18.

Brewer, B.W., Van Raalte, J.L., Cornelius, A.E., Petitpas, A.J., Sklar, J.H., Pohlman, M.H., Krushell, R.J., & Ditmar, T.D. (2000). Psychological factors, rehabilitation adherence, and rehabilitation outcome following anterior cruciate ligament reconstruction. *Rehabilitation Psychology, 45,* 20–37.

Brewer, B.W., Van Raalte, J.L., & Linder, D.E. (1991). Role of the sport psychologist in treating injured athletes: A survey of sports medicine providers. *Journal of Applied Sport Psychology, 3,* 183–190.

Brewer, B.W., Van Raalte, J.L., & Petitpas, A.J. (1999). Patient-practitioner interactions in sport injury rehabilitation. In D. Pargman (Ed.), *Psychological bases of sport injuries* (2nd ed., pp. 157–174). Morgantown, WV: Fitness Information Technology.

Brewer, B.W., Van Raalte, J.L., Petitpas, A.J., Sklar, J.H., & Ditmar, T.D. (1995a). A brief measure of adherence during sport injury rehabilitation sessions [Abstract]. *Journal of Applied Sport Psychology, 7*(Suppl.), S44.

Brewer, B.W., Van Raalte, J.L., Petitpas, A.J., Sklar, J.H., & Ditmar, T.D. (1995b). Predictors of perceived sport injury rehabilitation status. In R. Vanfraechem-Raway & Y. Vanden Auweele (Eds.), *9th European Congress on Sport Psychology proceedings: Part II* (pp. 606–610). Brussels, Belgium: European Federation of Sports Psychology.

Brickner, J.C. (1997). *Mood states and compliance of patients with orthopedic rehabilitation.* Unpublished master's thesis, Springfield College, MA.

Byerly, P.N., Worrell, T., Gahimer, J., & Domholdt, E. (1994). Rehabilitation compliance in an athletic training environment. *Journal of Athletic Training, 29,* 352–355.

Caine, D.J., Caine, C.G., & Lindner, K.J. (Eds.). (1996). *Epidemiology of sports injuries.* Champaign, IL: Human Kinetics.

Carver, C.S., Scheier, M.F., & Weintraub, J.K. (1989). Assessing coping strategies: A theoretically based approach. *Journal of Personality and Social Psychology, 56,* 267–283.

Chan, C.S., & Grossman, H.Y. (1988). Psychological effects of running loss on consistent runners. *Perceptual and Motor Skills, 66,* 875–883.

Cohen, S., & Rodriguez, M.S. (1995). Pathways linking affective disturbance and physical disorders. *Health Psychology, 14,* 374–380.

Connelly, S.L. (1991). *Injury and self-esteem: A test of Sonstroem and Morgan's model.* Unpublished master's thesis, South Dakota State University, Brookings.

Crossman, J., Gluck, L., & Jamieson, J. (1995). The emotional responses of injured athletes. *New Zealand Journal of Sports Medicine, 23,* 1–2.

Crossman, J., & Jamieson, J. (1985). Differences in perceptions of seriousness and disrupting effects of athletic injury as viewed by athletes and their trainer. *Perceptual and Motor Skills, 61,* 1131–1134.

Crossman, J., Jamieson, J., & Hume, K.M. (1990). Perceptions of athletic injuries by athletes, coaches, and medical professionals. *Perceptual and Motor Skills, 71,* 848–850.

Culpepper, W.L., Masters, K.S., & Wittig, A.F. (1996, August). *Factors influencing injured athletes' adherence to rehabilitation.* Paper presented at the annual meeting of the American Psychological Association, Toronto, Canada.

Cupal, D.D. (1998). Psychological interventions in sport injury prevention and rehabilitation. *Journal of Applied Sport Psychology, 10,* 103–123.

Daly, J.M., Brewer, B.W., Van Raalte, J.L., Petitpas, A.J., & Sklar, J.H. (1995). Cognitive appraisal, emotional adjustment, and adherence to rehabilitation following knee surgery. *Journal of Sport Rehabilitation, 4,* 23–30.

Dawes, H., & Roach, N.K. (1997). Emotional responses of athletes to injury and treatment. *Physiotherapy, 83,* 243–247.

Derscheid, G.L., & Feiring, D.C. (1987). A statistical analysis to characterize treatment adherence of the 18 most common diagnoses seen at a sports medicine clinic. *Journal of Orthopaedic and Sports Physical Therapy, 9,* 40–46.

Draper, V. (1990). Electromyographic biofeedback and recovery of quadriceps femoris muscle function following anterior cruciate ligament reconstruction. *Physical Therapy, 70,* 11–17.

Draper, V., & Ballard, L. (1991). Electrical stimulation versus electromyographic biofeedback in the recovery of quadriceps femoris muscle function following anterior cruciate ligament surgery. *Physical Therapy, 71,* 455–464.

Dubbels, T.K., Klein, J.M., Ihle, K., & Wittrock, D.A. (1992, April). *The psychological effects of injury on college athletes.* Paper presented at the 7th annual Red River Psychology Conference, Fargo, ND.

Duda, J.L., Smart, A.E., & Tappe, M.K. (1989). Predictors of adherence in rehabilitation of athletic injuries: An application of personal investment theory. *Journal of Sport & Exercise Psychology, 11,* 367–381.

Durso-Cupal, D.D. (1996). The efficacy of guided imagery for recovery from anterior cruciate ligament (ACL) replacement [Abstract]. *Journal of Applied Sport Psychology, 8*(Suppl.), S56.

Eichenhofer, R.B., Wittig, A.F., Balogh, D.W., & Pisano, M.D. (1986, May). *Personality indicants of adherence to rehabilitation treatment by injured athletes.* Paper presented at the annual meeting of the Midwestern Psychological Association, Chicago.

Evans, L., & Hardy, L. (1995). Sport injury and grief responses: A review. *Journal of Sport & Exercise Psychology, 17,* 227–245.

Evans, L., & Hardy, L. (1999). Psychological and emotional response to athletic injury: Measurement issues. In D. Pargman (Ed.), *Psychological bases of sport injuries* (2nd ed., pp. 49–64). Morgantown, WV: Fitness Information Technology.

Evans, L., Hardy, L., & Mullen, R. (1996). The development of the Psychological Responses to Injury Inventory [Abstract]. *Journal of Sports Sciences, 14,* 27–28.

Fields, J., Murphey, M., Horodyski, M., & Stopka, C. (1995). Factors associated with adherence to sport injury rehabilitation in college-age recreational athletes. *Journal of Sport Rehabilitation, 4,* 172–180.

Finch, C., Valuri, G., & Ozanne-Smith, J. (1998). Sport and active recreation injuries in Australia: Evidence from emergency department presentations. *British Journal of Sports Medicine, 32,* 220–225.

Finnie, S.B. (1999, September). *The rehabilitation support team: Using social support to aid compliance to sports injury rehabilitation programs.* Paper presented at the annual meeting of the Association for the Advancement of Applied Sport Psychology, Banff, Canada.

Fisher, A.C., Domm, M.A., & Wuest, D.A. (1988). Adherence to sports-injury rehabilitation programs. *Physician and Sportsmedicine, 16*(7), 47–52.

Fisk, L.M., & King, L.A. (1998, August). *Predictors of loss of identity among injured athletes.* Paper presented at the annual meeting of the American Psychological Association, San Francisco.

Flint, F.A. (1998). Integrating sport psychology and sports medicine in research: The dilemmas. *Journal of Applied Sport Psychology, 10,* 83–102.

Ford, I.W. (1998). *Psychosocial processes in sport injury occurrence and rehabilitation.* Unpublished doctoral thesis, University of Western Australia, Nedlands.

Ford, I.W., & Gordon, S. (1993). Social support and athletic injury: The perspective of sport physiotherapists. *Australian Journal of Science and Medicine in Sport, 25,* 17–25.

Ford, I.W., & Gordon, S. (1997). Perspectives of sport physiotherapists on the frequency and significance of psychological factors in professional practice: Implications for curriculum design in professional training. *Australian Journal of Science and Medicine in Sport, 29,* 34–40.

Ford, I.W., & Gordon, S. (1998). Perspectives of sport trainers and athletic therapists on the psychological content of their practice and training. *Journal of Sport Rehabilitation, 7,* 79–94.

Ford, I.W., & Gordon, S. (1999). Coping with sport injury: Resource loss and the role of social support. *Journal of Personal and Interpersonal Loss, 4,* 243–256.

Gilbourne, D., & Taylor, A.H. (1995). Rehabilitation experiences of injured athletes and their perceptions of a task-oriented goal-setting program: The application of an action research design. *Journal of Sports Sciences, 13,* 54–55.

Gilbourne, D., & Taylor, A.H. (1998). From theory to practice: The integration of goal perspective theory and life development approaches within an injury-specific goal-setting program. *Journal of Applied Sport Psychology, 10,* 124–139.

Gilbourne, D., Taylor, A.H., Downie, G., & Newton, P. (1996). Goal-setting during sports injury rehabilitation: A presentation of underlying theory, administration procedure, and an athlete case study. *Sports Exercise and Injury, 2,* 192–201.

Gordin, R., Albert, N.J., McShane, D., & Dobson, W. (1988, September). *The emotional effects of injury on female collegiate gymnasts.* Paper presented at the Seoul Olympic Scientific Congress, South Korea.

Gordon, S. (1986, March). Sport psychology and the injured athlete: A cognitive-behavioral approach to injury response and injury rehabilitation. *Science Periodical on Research and Technology in Sport,* 1–10.

Gordon, S., & Lindgren, S. (1990). Psycho-physical rehabilitation from a serious sport injury: Case study of an elite fast bowler. *Australian Journal of Science and Medicine in Sport, 22,* 71–76.

Gordon, S., Potter, M., & Ford, I. (1998). Toward a psychoeducational curriculum for training sport-injury rehabilitation personnel. *Journal of Applied Sport Psychology, 10,* 140–156.

Gould, D., Udry, E., Bridges, D., & Beck, L. (1997a). Coping with season-ending injuries. *The Sport Psychologist, 11,* 379–399.

Gould, D., Udry, E., Bridges, D., & Beck, L. (1997b). Stress sources encountered when rehabilitating from season-ending ski injuries. *The Sport Psychologist, 11,* 361–378.

Green, S.L., & Weinberg, R.S. (1998). The relationship between athletic identity, coping skills, social support, and the psychological impact of injury [Abstract]. *Journal of Applied Sport Psychology, 10*(Suppl.), S127.

Grove, J.R. (1993). Personality and injury rehabilitation among sport performers. In D. Pargman (Ed.), *Psychological bases of sport injuries* (pp. 99–120). Morgantown, WV: Fitness Information Technology.

Grove, J.R., & Bahnsen, A. (1997). *Personality, injury severity, and coping with rehabilitation.* Unpublished manuscript.

Grove, J.R., Stewart, R.M.L., & Gordon, S. (1990, October). *Emotional reactions of athletes to knee rehabilitation.* Paper presented at the annual meeting of the Australian Sports Medicine Federation, Alice Springs.

Hartman, A., & Finch, L. (1999, September). *A case study to examine the use of goal setting in facilitating social support for injured athletes rehabilitating from injury.* Paper presented at the annual meeting of the Association for the Advancement of Applied Sport Psychology, Banff, Canada.

Hawkins, R.B. (1989). Arthroscopic stapling repair for shoulder instability: A retrospective study of 50 cases. *Arthroscopy: The Journal of Arthroscopic and Related Surgery, 2,* 122–128.

Heil, J. (1993). Sport psychology, the athlete at risk, and the sports medicine team. In J. Heil (Ed.), *Psychology of sport injury* (pp. 1–13). Champaign, IL: Human Kinetics.

Henert, S.E., Wiese-Bjornstal, D.M., Malo, S.A., Schwenz, S., Heniff, C.B., Gardetto, D., & Shaffer, S.M. (1999, September). *Major and minor life event stress, athletic identity, and mood state as predictors of injury in intercollegiate athletes.* Paper presented at the annual meeting of the Association for the Advancement of Applied Sport Psychology, Banff, Canada.

Heniff, C.B., Wiese-Bjornstal, D.M., Henert, S.E., Schwenz, S., Shaffer, S.M., & Gardetto, D. (1999, September). *A comparison between injured and uninjured NCAA Division I female athletes on life event stress, weekly hassles and uplifts, and mood state.* Paper presented at the annual meeting of the Association for the Advancement of Applied Sport Psychology, Banff, Canada.

Hokanson, R.G. (1994). *Relationship between sports rehabilitation practitioners' communication style and athletes' adherence to injury rehabilitation.* Unpublished master's thesis, Springfield College, MA.

Ievleva, L., & Orlick, T. (1991). Mental links to enhanced healing: An exploratory study. *The Sport Psychologist, 5,* 25–40.

Izzo, C.M. (1994). *The relationship between social support and adherence to sport injury rehabilitation.* Unpublished master's thesis, Springfield College, MA.

Johnson, U. (1996). Quality of experience of long-term injury in athletic sports predicts return after rehabilitation. In G. Patriksson (Ed.), *Aktuell beteendevetenskaplig idrottsforskning* (pp. 110–117). Lund, Sweden: SVEBI.

Johnson, U. (1997a). Coping strategies among long-term injured competitive athletes: A study of 81 men and women in team and individual sports. *Scandinavian Journal of Medicine and Science in Sports, 7,* 367–372.

Johnson, U. (1997b). A three-year follow-up of long-term injured competitive athletes: Influence of psychological risk factors on rehabilitation. *Journal of Sport Rehabilitation, 6,* 256–271.

Johnson, U. (1998). Psychological risk factors during the rehabilitation of competitive male soccer players with serious knee injuries [Abstract]. *Journal of Sports Sciences, 16,* 391–392.

Johnston, L.H., & Carroll, D. (1998a). The context of emotional responses to athletic injury: A qualitative analysis. *Journal of Sport Rehabilitation, 7,* 206–220.

Johnston, L.H., & Carroll, D. (1998b). The provision of social support to injured athletes: A qualitative analysis. *Journal of Sport Rehabilitation, 7,* 267–284.

Kahanov, L., & Fairchild, P.C. (1994). Discrepancies in perceptions held by injured athletes and athletic trainers during the initial evaluation. *Journal of Athletic Training, 29,* 70–75.

Kleiber, D.A., & Brock, S.C. (1992). The effect of career-ending injuries on the subsequent well-being of elite college athletes. *Sociology of Sport Journal, 9,* 70–75.

Kraus, J.F., & Conroy, C. (1984). Mortality and morbidity from injury in sports and recreation. *Annual Review of Public Health, 5,* 163–192.

Krebs, D.E. (1981). Clinical EMG feedback following meniscectomy: A multiple regression experimental analysis. *Physical Therapy, 61,* 1017–1021.

Kübler-Ross, E. (1969). *On death and dying.* New York: Macmillan.

LaMott, E.E. (1994). *The anterior cruciate ligament injured athlete: The psychological process.* Unpublished doctoral dissertation, University of Minnesota, Minneapolis.

Lampton, C.C., Lambert, M.E., & Yost, R. (1993). The effects of psychological factors in sports medicine rehabilitation adherence. *Journal of Sports Medicine and Physical Fitness, 33,* 292–299.

Larson, G.A., Starkey, C.A., & Zaichkowsky, L.D. (1996). Psychological aspects of athletic injuries as perceived by athletic trainers. *The Sport Psychologist, 10,* 37–47.

Latuda, L. (1995). The use of psychological skills in enhancing the rehabilitation of injured athletes. *Journal of Sport & Exercise Psychology, 17*(Suppl.), S70.

Laubach, W.J., Brewer, B.W., Van Raalte, J.L., & Petitpas, A.J. (1996). Attributions for recovery and adherence to sport injury rehabilitation. *Australian Journal of Science and Medicine in Sport, 28,* 30–34.

Laurence, C. (1997, September). *Attributional, affective and perceptual processes during injury and rehabilitation in active people.* Paper presented at the 14th World Congress on Psychosomatic Medicine, Cairns, Australia.

Leadbetter, W.B. (1994). Soft tissue athletic injury. In F.H. Fu & D.A. Stone (Eds.), *Sports injuries: Mechanisms, prevention, and treatment* (pp. 733–780). Baltimore: Williams & Wilkins.

Leddy, M.H., Lambert, M.J., & Ogles, B.M. (1994). Psychological consequences of athletic injury among high-level competitors. *Research Quarterly for Exercise and Sport, 65,* 347–354.

Levitt, R., Deisinger, J.A., Wall, J.R., Ford, L., & Cassisi, J.E. (1995). EMG feedback-assisted postoperative rehabilitation of minor arthroscopic knee surgeries. *Journal of Sports Medicine and Physical Fitness, 35,* 218–223.

Lewis, L., & LaMott, E.E. (1992, October). *Psychosocial aspects of the injury response in the pro football: An exploratory study.* Paper presented at the annual meeting of the Association for the Advancement of Applied Sport Psychology, Colorado Springs, CO.

Little, J.C. (1969). The athlete's neurosis: A deprivation crisis. *Acta Psychiatrica Scandinavica, 45,* 187–197.

Loundagin, C., & Fisher, L. (1993, October). *The relationship between mental skills and enhanced athletic injury rehabilitation.* Poster presented at the annual meeting of the Association for the Advancement of Applied Sport Psychology and the Canadian Society for Psychomotor Learning and Sport Psychology, Montreal, Canada.

Lynch, G.P. (1988). Athletic injuries and the practicing sport psychologist: Practical guidelines for assisting athletes. *The Sport Psychologist, 2,* 161–167.

Macchi, R., & Crossman, J. (1996). After the fall: Reflections of injured classical ballet dancers. *Journal of Sport Behavior, 19,* 221–234.

Maniar, S., Perna, F., Newcomer, R., Roh, J., & Stilger, V. (1999a, September). Athletic trainers' recognition of psychological distress following athletic injury: Implications for referral. In F. Perna (Chair), *Pre-injury screening and post-injury assessment: Interactions between sport psychologists and the sports medicine team.* Symposium conducted at the annual meeting of the Association for the Advancement of Applied Sport Psychology, Banff, Canada.

Maniar, S.D., Perna, F.M., Newcomer, R.R., Roh, J.L., & Stilger, V.G. (1999b, August). *Emotional reactions to injury: With whom are athletes comfortable talking?* Paper presented at the annual meeting of the American Psychological Association, Boston.

Matthews, K.A., Shumaker, S.A., Bowen, D.J., Langer, R.D., Hunt, J.R., Kaplan, R.M., Klesges, R.C., & Ritenbaugh, C. (1997). Women's Health Initiative: Why now? What is it? What's new? *American Psychologist, 52,* 101–116.

May, S., & Taylor, A.H. (1994). The development and examination of various measures of patient compliance, for specific use with injured athletes. *Journal of Sports Sciences, 12,* 180–181.

McDonald, S.A., & Hardy, C.J. (1990). Affective response patterns of the injured athlete: An exploratory analysis. *The Sport Psychologist, 4,* 261–274.

McGowan, R.W., Pierce, E.F., Williams, M., & Eastman, N.W. (1994). Athletic injury and self diminution. *Journal of Sports Medicine and Physical Fitness, 34,* 299–304.

McNair, D.M., Lorr, M., & Droppleman, L.F. (1971). *Manual for the Profile of Mood States.* San Diego, CA: Educational and Industrial Testing Service.

Meani, E., Migliorini, S., & Tinti, G. (1986). La patologia de sovraccarico sportivo dei nuclei di accrescimento apofisari [The pathology of apophyseal growth centers caused by overstrain during sports]. *Italian Journal of Sports Traumatology, 8,* 29–38.

Meeuwisse, W.H., & Fowler, P.J. (1988). Frequency and predictability of sports injuries in intercollegiate athletes. *Canadian Journal of Sport Sciences, 13,* 35–42.

Meyers, M.C., Sterling, J.C., Calvo, R.D., Marley, R., & Duhon, T.K. (1991). Mood state of athletes undergoing orthopaedic surgery and rehabilitation: A preliminary report. *Medicine and Science in Sports and Exercise, 23*(Suppl.), S138.

Miller, W.N. (1998). Athletic injury: Mood disturbances and hardiness of intercollegiate athletes [Abstract]. *Journal of Applied Sport Psychology, 10*(Suppl.), S127–128.

Morrey, M.A. (1997). *A longitudinal examination of emotional response, cognitive coping, and physical recovery among athletes undergoing anterior cruciate ligament reconstructive surgery.* Unpublished doctoral dissertation, University of Minnesota, Minneapolis.

Morrey, M.A., Stuart, M.J., Smith, A.M., & Wiese-Bjornstal, D.M. (1999). A longitudinal examination of athletes' emotional and cognitive responses to anterior cruciate ligament injury. *Clinical Journal of Sport Medicine, 9,* 63–69.

Murphy, G.C., Foreman, P.E., Simpson, C.A., Molloy, G.N., & Molloy, E.K. (1999). The development of a locus of control measure predictive of injured athletes' adherence to treatment. *Journal of Science and Medicine in Sport, 2,* 145–152.

NEISS data highlights. (1998). *Consumer Product Safety Review, 3*(1), 4–6.

Newcomer, R., Perna, F., Maniar, S., Roh, J., & Stilger, V. (1999, September). Depressive symptomatology distinguishing injured from non-injured athletes. In F. Perna (Chair), *Preinjury screening and post-injury assessment: Interactions between sport psychologists and the sports medicine team.* Symposium conducted at the annual meeting of the Association for the Advancement of Applied Sport Psychology, Banff, Canada.

Newcomer, R.R., Perna, F.M., Roh, J.L., Maniar, S.D., & Stilger, V.G. (1999, August). *Intrusive thoughts and avoidance behaviors following athletic injury among adolescents.* Paper presented at the annual meeting of the American Psychological Association, Boston.

Newcomer, R.R., Roh, J.L., Perna, F.M., & Etzel, E.F. (1998). Injury as a traumatic experience: Intrusive thoughts and avoidance behavior associated with injury among college student-athletes [Abstract]. *Journal of Applied Sport Psychology, 10*(Suppl.), S54.

Nicol, M. (1993). Hypnosis in the treatment of repetitive strain injury. *Australian Journal of Clinical and Experimental Hypnosis, 21,* 121–126.

Niedfeldt, C.E. (1998). *The integration of physical factors into the cognitive appraisal process of injury rehabilitation.* Unpublished master's thesis, University of New Orleans, LA.

Noyes, F.R., Matthews, D.S., Mooar, P.A., & Grood, E.S. (1983). The symptomatic anterior cruciate–deficient knee: Part II. The results of rehabilitation, activity modification, and counseling on functional disability. *Journal of Bone and Joint Surgery, 65-A,* 163–174.

Pargman, D., & Lunt, S.D. (1989). The relationship of self-concept and locus of control to the severity of injury in freshmen collegiate football players. *Sports Training, Medicine and Rehabilitation, 1,* 203–208.

Park, C.L., Cohen, L.H., & Murch, R.L. (1996). Assessment and prediction of stress-related growth. *Journal of Personality, 64,* 71–105.

Pearson, L., & Jones, G. (1992). Emotional effects of sports injuries: Implications for physiotherapists. *Physiotherapy, 78,* 762–770.

Penpraze, P., & Mutrie, N. (1999). Effectiveness of goal setting in an injury rehabilitation programme for increasing patient understanding and compliance [Abstract]. *British Journal of Sports Medicine, 33,* 60.

Peretz, D. (1970). Development, object-relationships, and loss. In B. Schoenberg, A.C. Carr, D. Peretz, & A.H. Kutscher (Eds.), *Loss and grief: Psychological management in medical practice* (pp. 3–19). New York: Columbia University Press.

Perna, F. (1992, October). *A re-examination of injury and post-athletic career adjustment.* Paper presented at the annual meeting of the Association for the Advancement of Applied Sport Psychology, Colorado Springs, CO.

Perna, F.M., Ahlgren, R.L., & Zaichkowsky, L. (1999). The influence of career planning, race, and athletic injury on life satisfaction among recently retired collegiate male athletes. *Journal of Applied Sport Psychology, 13,* 144–156.

Perna, F.M., Roh, J., Newcomer, R.R., & Etzel, E.F. (1998). Clinical depression among injured athletes: An empirical assessment [Abstract]. *Journal of Applied Sport Psychology, 10*(Suppl.), S54–S55.

Peterson, K. (1997). Role of social support in coping with athletic injury rehabilitation: A longitudinal qualitative investigation [Abstract]. *Journal of Applied Sport Psychology, 9*(Suppl.), S33.

Petrie, T.A., Brewer, B., & Buntrock, C. (1997). A comparison between injured and uninjured NCAA Division I male and female athletes on selected psychosocial variables [Abstract]. *Journal of Applied Sport Psychology, 9*(Suppl.), S144.

Petrie, T.A., Falkstein, D.L., & Brewer, B.W. (1997, August). *Predictors of psychological response to injury in female collegiate athletes.* Paper presented at the annual meeting of the American Psychological Association, Chicago.

Potter, M.J. (1995). *Psychological intervention during rehabilitation case studies of injured athletes.* Unpublished master's thesis, University of Western Australia, Nedlands.

Quackenbush, N., & Crossman, J. (1994). Injured athletes: A study of emotional response. *Journal of Sport Behavior, 17,* 178–187.

Quinn, A.M. (1996). *The psychological factors involved in the recovery of elite athletes from long-term injuries.* Unpublished doctoral dissertation, University of Melbourne, Australia.

Quinn, A.M., & Fallon, B.J. (1999). The changes in psychological characteristics and reactions of elite athletes from injury onset until full recovery. *Journal of Applied Sport Psychology, 11,* 210–229.

Rape, R.N., Bush, J.P., & Slavin, L.A. (1992). Toward a conceptualization of the family's adaptation to a member's head injury: A critique of developmental stage models. *Rehabilitation Psychology, 37,* 3–22.

Richman, J.M., Rosenfeld, L.B., & Hardy, C.J. (1993). The Social Support Survey: A validation study of a clinical measure of the social support process. *Research on Social Work Practice, 3,* 288–311.

Roh, J.L., Newcomer, R.R., Perna, F.M., & Etzel, E.F. (1998). Depressive mood states among college athletes: Pre- and post-injury [Abstract]. *Journal of Applied Sport Psychology, 10*(Suppl.), S54.

Rose, J., & Jevne, R.F.J. (1993). Psychosocial processes associated with sport injuries. *The Sport Psychologist, 7,* 309–328.

Ross, M.J., & Berger, R.S. (1996). Effects of stress inoculation on athletes' postsurgical pain and rehabilitation after orthopedic injury. *Journal of Consulting and Clinical Psychology, 64,* 406–410.

Rotella, B. (1985). The psychological care of the injured athlete. In L.K. Bunker, R.J. Rotella, & A.S. Reilly (Eds.), *Sport psychology: Psychological considerations in maximizing sport performance* (pp. 273–287). Ann Arbor, MI: Mouvement.

Rotella, R.J., & Campbell, M.S. (1983). Systematic desensitization: Psychological rehabilitation of injured athletes. *Athletic Training, 18,* 140–142, 151.

Satterfield, M.J., Dowden, D., & Yasamura, K. (1990). Patient compliance for successful stress fracture rehabilitation. *Journal of Orthopaedic and Sports Physical Therapy, 11,* 321–324.

Scheier, M.F., Carver, C.S., & Bridges, M.W. (1994). Distinguishing optimism from neuroticism (and trait anxiety, self-mastery, and self-esteem): A reevaluation of the Life Orientation Test. *Journal of Personality and Social Psychology, 67,* 1063–1078.

Scherzer, C.B., Brewer, B.W., Cornelius, A.E., Van Raalte, J.L., Petitpas, A.J., Sklar, J.H., Pohlman, M.H., Krushell, R.J., & Ditmar, T. (1999, September). *Self-reported use of psychological skills and adherence to rehabilitation following anterior cruciate ligament reconstruction.* Paper presented at the annual meeting of the Association for the Advancement of Applied Sport Psychology, Banff, Canada.

Shaffer, S.M. (1992). *Attributions and self-efficacy as predictors of rehabilitative success.* Unpublished master's thesis, University of Illinois, Champaign.

Shank, R.H. (1988). *Academic and athletic factors related to predicting compliance by athletes to treatments.* Unpublished doctoral dissertation, University of Virginia, Charlottesville.

Shelbourne, K.D., & Wilckens, J.H. (1990). Current concepts in anterior cruciate ligament rehabilitation. *Orthopaedic Review, 19,* 957–964.

Shelley, G.A. (1994, October). *Athletic injuries: The psychological perspectives of high school athletes.* Poster presented at the annual meeting of the Association for the Advancement of Applied Sport Psychology, Incline Village, NV.

Shelley, G.A., & Carroll, S.A. (1996). Athletic injury: A qualitative, retrospective case study [Abstract]. *Journal of Applied Sport Psychology, 8*(Suppl.), S162.

Shelley, G.A., & Sherman, C.P. (1996). The sport injury experience: A qualitative case study [Abstract]. *Journal of Applied Sport Psychology, 8*(Suppl.), S164.

Silver, R.L., & Wortman, C.B. (1980). Coping with undesirable events. In J. Garber & M.E.P. Seligman (Eds.), *Human helplessness: Theory and applications* (pp. 279–375). New York: Academic Press.

Slattery, M.M. (1999). Construction of an instrument designed to measure alienation in sport of the injured athlete [Abstract]. *Research Quarterly for Exercise and Sport, 70*(Suppl.), A-114.

Smith, A.M., & Milliner, E.K. (1994). Injured athletes and the risk of suicide. *Journal of Athletic Training, 29,* 337–341.

Smith, A.M., Scott, S.G., O'Fallon, W.M., & Young, M.L. (1990). Emotional responses of athletes to injury. *Mayo Clinic Proceedings, 65,* 38–50.

Smith, A.M., Scott, S.G., & Wiese, D.M. (1990). The psychological effects of sports injuries: Coping. *Sports Medicine, 9,* 352–369.

Smith, A.M., Stuart, M.J., Wiese-Bjornstal, D.M., Milliner, E.K., O'Fallon, W.M., & Crowson, C.S. (1993). Competitive athletes: Preinjury and postinjury mood state and self-esteem. *Mayo Clinic Proceedings, 68,* 939–947.

Smith, A.M., Young, M.L., & Scott, S.G. (1988). The emotional responses of athletes to injury. *Canadian Journal of Sport Sciences, 13*(4), 84P–85P.

Sparkes, A.C. (1998). An Achilles heel to the survival of self. *Qualitative Health Research, 8,* 644–664.

Sthalekar, H.A. (1993). Hypnosis for relief of chronic phantom limb pain in a paralysed limb: A case study. *Australian Journal of Clinical Hypnotherapy and Hypnosis, 14,* 75–80.

Taylor, A.H., & May, S. (1995). Development of a Sports Injury Clinic Athlete Satisfaction Scale for auditing patient perceptions. *Physiotherapy Theory and Practice, 11,* 231–238.

Taylor, A.H., & May, S. (1996). Threat and coping appraisal as determinants of compliance to sports injury rehabilitation: An application of protection motivation theory. *Journal of Sports Sciences, 14,* 471–482.

Tedder, S., & Biddle, S.J.H. (1998). Psychological processes involved during sports injury rehabilitation: An attribution-emotion investigation [Abstract]. *Journal of Sports Sciences, 16,* 106–107.

Tedeschi, R.G., & Calhoun, L.G. (1996). The post-traumatic growth inventory: Measuring the positive legacy of trauma. *Journal of Traumatic Stress, 9,* 455–471.

Theodorakis, Y., Beneca, A., Malliou, P., Antoniou, P., Goudas, M., & Laparidis, K. (1997). The effect of a self-talk technique on injury rehabilitation [Abstract]. *Journal of Applied Sport Psychology, 9*(Suppl.), S164.

Theodorakis, Y., Beneca, A., Malliou, P., & Goudas, M. (1997). Examining psychological factors during injury rehabilitation. *Journal of Sport Rehabilitation, 6,* 355–363.

Theodorakis, Y., Malliou, P., Papaioannou, A., Beneca, A., & Filactakidou, A. (1996). The effect of personal goals, self-efficacy, and self-satisfaction on injury rehabilitation. *Journal of Sport Rehabilitation, 5,* 214–223.

Treacy, S.H., Barron, O.A., Brunet, M.E., & Barrack, R.L. (1997). Assessing the need for extensive supervised rehabilitation following arthroscopic surgery. *American Journal of Orthopedics, 26,* 25–29.

Tuffey, S. (1991). *The use of psychological skills to facilitate recovery from athletic injury.* Unpublished master's thesis, University of North Carolina, Greensboro.

Udry, E. (1996). Social support: Exploring its role in the context of athletic injuries. *Journal of Sport Rehabilitation, 5,* 151–163.

Udry, E. (1997a). Coping and social support among injured athletes following surgery. *Journal of Sport & Exercise Psychology, 19*, 71–90.

Udry, E. (1997b). Support providers and injured athletes: A specificity approach [Abstract]. *Journal of Applied Sport Psychology, 9*(Suppl.), S34.

Udry, E. (1999). The paradox of injuries: Unexpected positive consequences. In D. Pargman (Ed.), *Psychological bases of sport injuries* (2nd ed., pp. 79–88). Morgantown, WV: Fitness Information Technology.

Udry, E., Gould, D., Bridges, D., & Beck, L. (1997). Down but not out: Athlete responses to season-ending injuries. *Journal of Sport & Exercise Psychology, 19*, 229–248.

Udry, E., Gould, D., Bridges, D., & Tuffey, S. (1997). People helping people? Examining the social ties of athletes coping with burnout and injury stress. *Journal of Sport & Exercise Psychology, 19*, 368–395.

Udry, E., & Singleton, M. (1999, September). *Views of social support during injuries: Congruence among athletes and coaches?* Paper presented at the annual meeting of the Association for the Advancement of Applied Sport Psychology, Banff, Canada.

Uemukai, K. (1993). Affective responses and the changes in athletes due to injury. In S. Serpa, J. Alves, V. Ferreira, & A. Paula-Brito (Eds.), *Proceedings of the 8th World Congress of Sport Psychology* (pp. 500–503). Lisbon, Portugal: International Society of Sport Psychology.

Uitenbroek, D.G. (1996). Sports, exercise, and other causes of injuries: Results of a population survey. *Research Quarterly for Exercise and Sport, 67*, 380–385.

Van Raalte, J.L., Brewer, B.W., & Petitpas, A.J. (1992). *Correspondence between athlete and trainer appraisals of injury rehabilitation status*. Paper presented at the annual meeting of the Association for the Advancement of Applied Sport Psychology, Colorado Springs, CO.

Weaver, N.L., Marshall, S.W., Spicer, R., Miller, T., Waller, A.E., & Mueller, F.O. (1999). Cost of athletic injuries in 12 North Carolina high school sports [Abstract]. *Medicine and Science in Sports and Exercise, 31*(Suppl.), S93.

Webborn, A.D.J., Carbon, R.J., & Miller, B.P. (1997). Injury rehabilitation programs: "What are we talking about?" *Journal of Sport Rehabilitation, 6*, 54–61.

Weiss, M.R., & Troxel, R.K. (1986). Psychology of the injured athlete. *Athletic Training, 21*, 104–109, 154.

Wiese-Bjornstal, D.M., Smith, A.M., Shaffer, S.M., & Morrey, M.A. (1998). An integrated model of response to sport injury: Psychological and sociological dimensions. *Journal of Applied Sport Psychology, 10*, 46–69.

Williams, J.M., & Andersen, M.B. (1998). Psychosocial antecedents of sport injury: Review and critique of the stress and injury model. *Journal of Applied Sport Psychology, 10*, 5–25.

Williams, J.M., & Roepke, N. (1993). Psychology of injury and injury rehabilitation. In R.N. Singer, M. Murphey, & L.K. Tennant (Eds.), *Handbook of research on sport psychology* (pp. 815–839). New York: Macmillan.

Wise, A., Jackson, D.W., & Rocchio, P. (1979). Preoperative psychologic testing as a predictor of success in knee surgery. *American Journal of Sports Medicine, 7*, 287–292.

Wise, H.H., Fiebert, I.M., & Kates, J.L. (1984). EMG biofeedback as treatment for patellofemoral pain syndrome. *Journal of Orthopaedic and Sports Physical Therapy, 6*, 95–103.

Wittig, A.F., & Schurr, K.T. (1994). Psychological characteristics of women volleyball players: Relationships with injuries, rehabilitation, and team success. *Personality and Social Psychology Bulletin, 20*, 322–330.

Wong, P.T.P., & Weiner, B. (1981). When people ask "why" questions, and the heuristics of attributional search. *Journal of Personality and Social Psychology, 40*, 650–663.

第32章

Ames, C. (1984). Competitive, co-operative, and individualistic goal structure: A motivational analysis. In R. Ames & C. Ames (Eds.), *Research on motivation in education: Student motivation* (pp. 177–207). New York: Academic Press.

Baker, S.L., & Kirsch, I. (1991). Cognitive mediators of pain perception and tolerance. *Journal of Personality and Social Psychology 61*, 504–510.

Bandura, A. (1982). Self-efficacy mechanisms in human agency. *American Psychologist 37*, 122–147.

Bandura, A. (1986). *Social foundations of thought and action*. Englewood Cliffs, NJ: Prentice-Hall.

Bandura, A. (1997). *Self-efficacy: The exercise of control*, New York: Freeman.

Bandura, A., O'Leary, A., Taylor, C., Gauthier, J., & Gossard, D. (1987). Perceived self-efficacy and pain control: Opioid and nonopioid mechanisms. *Journal of Personality and Social Psychology, 53*, 563–571.

Borg, G.A.V. (1982). Psychophysiological bases of perceived exertion. *Medicine and Science in Sports and Exercise, 14*, 377–381.

Boutcher, S.H., Fleischer-Curtian, L.A., & Gines, S.D. (1988). The effects of self-presentation on perceived exertion. *Journal of Sport & Exercise Psychology, 10*, 270–280.

Boutcher, S.H., & Trenske, M. (1990). The effects of sensory deprivation and music on perceived exertion and affect during exercise. *Journal of Sport & Exercise Psychology, 12*, 167–176.

Boyd, M., Callaghan, J., & Yin, Z. (1991). *Ego involvement and low competence in sport as a source of competitive trait anxiety*. Paper presented at the North American Society for the Psychology of Sport and Physical Activity, Asilomar, CA.

Coote, D., & Tenenbaum, G. (1998). Can emotive imagery aid in tolerating exertion efficiently? *Journal of Sports Medicine and Physical Fitness, 38*, 344–354.

DeMeersman, R.E. (1988). Personality, effort perception and cardiovascular reactivity. *Neuropsychobiology, 19*, 192–194.

Duda, J.L. (1993). Goals: A social-cognitive approach to the study of achievement motivation in sport. In R.N. Singer, M. Murphey, & L.K. Tennant, (Eds.), *Handbook of research on sport psychology* (pp. 421–436). New York: Macmillan.

Edgar, L., & Smith-Hanrahan, C.M. (1992). Nonpharmacological pain management. In J.H. Watt-Watson & M.I. Donovan (Eds.), *Pain management: Nursing perspective* (pp. 162–199). Sydney, Australia: Mosby.

Fillingim, R.B., & Fine, M.A. (1986). The effects of internal versus external information processing on symptom perception in an exercise setting. *Health Psychology, 5*, 115–123.

Hardy, C.J., Hall, E.G., & Prestholdt, P.H. (1986). The mediational role of social influence in the perception of exertion. *Journal of Sport & Exercise Psychology, 8*, 88–104.

Hardy, C.J., McMurray, R.G., & Roberts, S. (1989). A/B types and psychophysiological responses to exercise stress. *Journal of Sport & Exercise Psychology, 11*, 141–151.

Harter, S.E. (1978). Effectence motivation reconsidered: Toward a developmental model. *Human Development, 21* 34–64.

Hochstetler, S.A., Rejeski, W.J., & Best, D.L. (1985). The influence of sex-role orientation on ratings of perceived exertion. *Sex Roles, 12,* 825–835.

Jagacinski, C.W., & Nicholls, J.G. (1990). Reducing effort to protect perceived ability: "They'd do it but I wouldn't." *Journal of Educational Psychology, 82,* 15–21.

James, P.T. (1992). Cognitive therapies. In S. Tyrer (Ed.), *Psychology, psychiatry and chronic pain* (pp. 137–147). Sydney, Australia: Butterworth-Heinemann.

Johnson, J., & Siegel, D. (1987). Active vs. passive attentional manipulation and multidimensional perceptions of exercise intensity. *Canadian Journal of Sport Sciences, 12,* 41–45.

Kinsman, R.A., & Weiser, P.C. (1976). Subjective symptomatology during work and fatigue. In E. Simonson & P.C. Weiser (Eds.), *Psychological aspects and physiological correlates of work and fatigue* (pp. 336–405). Springfield, IL: Thomas.

Kohl, R.M., & Shea, C.H. (1988). Perceived exertion: Influences of locus of control and expected work intensity and duration. *Journal of Human Movement Studies, 15,* 225–272.

Litt, M.D. (1988). Self efficacy and perceived control: Cognitive mediators of pain tolerance. *Journal of Personality and Social Psychology, 54,* 149–160.

Maehr, M.L., & Braskamp, L. (1986). *The motivation factor: A theory of personal investment.* Lexington, MA: Heath.

McAuley, E., & Courneya, K.S. (1992). Self-efficacy relationships with effective and exertion responses to exercise. *Journal of Applied Social Psychology, 22,* 312–326.

Melzack, R., & Wall, P.D. (1989). *The challenge of pain* (2nd ed). Harmondsworth, England: Penguin.

Morgan, W.P. (1973). Psychological factors influencing perceived exertion. *Medicine and Science in Sports, 5,* 97–103.

Morgan, W.P., & Pollock, M.L. (1977). Psychological characteristics of elite runners. *Annals of the New York Academy of Science, 301,* 382–403.

Murphy, S.M., Woolfolk, R.L., & Budney, A.J. (1988). The effect of emotive imagery on strength performance. *Journal of Sport & Exercise Psychology, 10,* 334–345.

Nicholls, J.G. (1984). Achievement motivation: Conceptions of ability, subjective experience, task choice, and performance. *Psychological Review, 91,* 328–346.

Nicholls, J.G. (1989). *The competitive ethos and democratic education.* Cambridge, MA: Harvard University Press.

Noble, B.J., & Noble, J.M. (1998). Perceived exertion: The measurement. In J.L. Duda (Ed.), *Advances in sport and exercise psychology measurement* (pp. 351–360). Morgantown, WV: Fitness Information Technology.

Noble, B.J., & Robertson, R.J. (1996). *Perceived exertion.* Champaign, IL: Human Kinetics.

Pandolf, K.B. (1982). Differentiated ratings of perceived exertion during physical exercise. *Medicine and Science in Sports and Exercise, 14,* 397–405.

Pennebaker, J.W., & Lightner, J.M. (1980). Competition of internal and external information in an exercise setting. *Journal of Personality and Social Psychology, 39,* 165–174.

Rejeski, W.J., Best, D., Griffith, P., & Kinney, E. (1985). Feminine males in exercise: Is the inappropriateness of activity the cause of dysfunction in cross-gender behavior? Unpublished manuscript.

Rejeski, W.J., Morley, D., & Miller, H. (1983). Cardiac rehabilitation: Coronary-prone behavior as a moderator of graded exercise. *Journal of Cardiac Rehabilitation, 3,* 339–346.

Rejeski, W.J., & Sandford, B. (1984). Feminine-typed females: The role of affective schema in the perception of exercise intensity. *Journal of Sport Psychology, 6,* 197–207.

Robertson, R.J., Gillespie, R.L., Hiatt, E., & Rose, K.D. (1977). Perceived exertion and stimulus intensity modulation. *Perceptual and Motor Skills, 45,* 211–218.

Scanlan, T.K., Carpenter, P.J., Schmidt, G.W., Simons, J.P., & Keeler, B. (1993). An introduction to the sport commitment model. *Journal of Sport & Exercise Psychology, 15,* 1–5.

Scanlan, T.K., & Simons, P.J. (1992). The construct of sport enjoyment. In G. Roberts (Ed.), *Motivation in sport and exercise* (pp. 192–215). Champaign, IL: Human Kinetics.

Schomer, H. (1986). Mental strategies and the perception of effort of marathon runners. *International Journal of Sport Psychology, 17,* 41–59.

Sylva, M., Boyd, R., & Mangum, M. (1990). Effects of social influence and sex on rating of perceived exertion in exercising elite athletes. *Perceptual and Motor Skills, 70,* 591–594.

Taylor, S.E. (1995). *Health psychology.* Sydney, Australia: McGraw-Hill.

Tenenbaum, G., & Fogarty, G. (1998). Applications of the Rasch analysis to sport and exercise psychology measurement. In J.L. Duda (Ed), *Advances in sport and exercise psychology measurement* (pp. 409–422). Morgantown, WV: Fitness Information Technology.

Tenenbaum, G., Fogarty, G., Stewart, E., Calcagnini, N., Kirker, B., Thorne, G., & Christensen, S. (1999). Perceived discomfort in running: Scale development and theoretical considerations. *Journal of Sports Sciences, 17,* 183–196.

Tenenbaum, G., Hall, H.K., Calcagnini, V., Lange, R., Freeman, G., & Lloyd, M. (in press). Coping with physical exertion and frustration experiences under competitive and self-standard conditions. *Journal of Applied Social Psychology.*

Turk, D.C., Michenbaum, D., & Genest, M. (1983). *Pain and behavioural medicine: A cognitive-behavioural approach.* Hillsdale, NJ: Earlbaum.

Weiser, P.C., & Stamper, D.A. (1977). Psychophysiological interactions leading to increased effort, leg fatigue, and respiratory distress during prolonged, strenuous bicycle riding. In G. Borg (Ed.), *Physical work and effort,* (pp. 401–416). New York: Pergamon Press.

第33章

Alderman, R.B. (1980). Sports psychology: Past, present, and future dilemmas. In P. Klavora & K.A.W. Wipper (Eds.), *Psychological and sociological factors in sport* (pp. 3–19). Toronto, Canada: University of Toronto.

Andersen, M.B., Van Raalte, J.L., & Brewer, B.W. (1994). Assessing the skills of sport psychology supervisors. *The Sport Psychologist, 8,* 238–247.

Andersen, M.B., Williams, J.M., Aldridge, T., & Taylor, J. (1997). Tracking the training and careers of advanced degree programs in sport psychology, 1989 to 1994. *The Sport Psychologist, 11,* 326–344.

Andersen, M.B., & Williams-Rice, B.T. (1996). Supervision in the education and training of sport psychology service providers. *The Sport Psychologist, 10,* 278–290.

Antonelli, F. (1989). Applied sport psychology in Italy. *Journal of Applied Sport Psychology, 1,* 45–51.

Biddle, S.J., Bull, S.J., & Seheult, C.L. (1992). Ethical and professional issues in contemporary British sport psychology. *The Sport Psychologist, 6,* 66-76.

Bond, J.W. (1989). Applied sport psychology in Australia: History, current status and future issues. *Journal of Applied Sport Psychology, 1,* 8-22.

Conroy, D.E. (1996). Science-practice and accreditation in applied sport psychology. *Journal of Applied Sport Psychology, 8,* S51.

Feltz, D.L. (1987). The future of graduate education in sport and exercise science: A sport psychology perspective. *Quest, 39,* 217-223.

Geron, E. (1982). History and recent position of sport psychology. In E. Geron (Ed.), *Handbook of sport psychology: Introduction to sport psychology* (Vol. I, pp. 25-44). Netanya, Israel: Wingate Institute for Physical Education and Sport.

Hanin, Y.L. (1979). Applying sport psychology: Past, present, and future. In C.H. Nadeau, W.R. Halliwell, K.M. Newell, & G.C. Roberts (Eds.), *Psychology of motor behavior and sport* (pp. 37-48). Champaign, IL: Human Kinetics.

Harrison, R., & Feltz, D. (1980). The professionalization of sport psychology: Legal considerations. In W.F. Straub (Ed.), *Sport psychology: An analysis of athlete behavior* (2nd ed., pp. 26-34). Ithaca, NY: Mouvement.

Johnson, W.R., & Hutton, D.H. (1955). Effects of a combative sport upon personality dynamics as measured by a projective test. *Research Quarterly, 26,* 49-53.

Johnson, W.R., Hutton, D.H., & Johnson, G.B. (1954). Personality traits of some champion athletes as measured by two projective tests: The Rorschach and H-T-P. *Research Quarterly, 25,* 484-485.

Kroll, W., & Lewis, G. (1970). America's first sport psychologist. *Quest, 13,* 1-4.

Landers, D.M. (1975). Observational learning of a motor skill: Temporal spacing of demonstrations and audience presence. *Journal of Motor Behavior, 7,* 281-287.

Landers, D.M. (1980). The arousal-performance relationship revisited. *Research Quarterly for Exercise and Sport, 51,* 77-90.

Landers, D.M., Bauer, R.S., & Feltz, D.L. (1978). Social facilitation during the initial stage of motor learning: A re-examination of Martens' audience study. *Journal of Motor Behavior, 10,* 325-337.

Magill, R. (1984, Fall). President's message. *North American Society for the Psychology of Sport and Physical Activity Newsletter,* 1.

Martens, R. (1969). Effect of audience on learning and performance of a complex motor skill. *Journal of Personality and Social Psychology, 12,* 252-260.

Martens, R. (1971). Anxiety and motor behavior: A review. *Journal of Motor Behavior, 3,* 151-179.

Martens, R. (1974). Arousal and motor performance. *Exercise and Sport Sciences Reviews, 2,* 155-188.

Martens, R. (1979). About smocks and jocks. *Journal of Sport Psychology, 1,* 94-99.

Martens, R., & Gill, D.L. (1976). State anxiety among successful competitors who differ in competitive trait anxiety. *Research Quarterly, 47,* 698-708.

Murphy, S. (1996). Wither certification? *Journal of Applied Sport Psychology, 8,* S52.

Nideffer, R. (1984). Current concerns in sport psychology. In J.M. Silva & R.S. Weinberg (Eds.), *Psychological foundations of sport* (pp. 35-44). Champaign, IL: Human Kinetics.

Nideffer, R.M., DuFresne, P., Nesvig, D., & Selder, D. (1980). Future of applied sport psychology. *Journal of Sport Psychology, 2,* 170-174.

Patrick, G.T. (1903). The psychology of football. *American Journal of Psychology, 14,* 104-117.

Salmela, J.H. (1992). *The world sport psychology sourcebook.* Champaign, IL: Human Kinetics.

Scanlan, T.K., & Passer, M.W. (1978). Factors related to competitive stress among male youth sport participants. *Medicine and Science in Sports, 10,* 103-108.

Schell, B., Hunt, J., & Lloyd, C. (1984). An investigation of future market opportunities for sport psychologists. *Journal of Sport Psychology, 6,* 335-350.

Scripture, E.W. (1899). Cross-education. *Popular Science Monthly, 56,* 589-596.

Selden, W.K., & Porter, H.V. (1977). *Accreditation: Its purposes and uses.* Washington, DC: Council on Postsecondary Accreditation.

Shteinbakh, V. (1987). *Soviet sport: The success story.* Moscow: Raduga.

Silva, J.M. (1984). The emergence of applied sport psychology: Contemporary trends, future issues. *International Journal of Sport Psychology, 15,* 40-51.

Silva, J.M. (1989a). Establishing professional standards and advancing applied sport psychology research. *Journal of Applied Sport Psychology, 1,* 160-165.

Silva, J.M. (1989b). The evolution of the Association for the Advancement of Applied Sport Psychology and the *Journal of Applied Sport Psychology*. *Journal of Applied Sport Psychology, 1,* 1-3.

Silva, J.M. (1989c). Toward the professionalization of sport psychology. *The Sport Psychologist, 3,* 265-273.

Silva, J.M. (1992). On advancement: An editorial. *Journal of Applied Sport Psychology, 4,* 1-9.

Silva, J.M. (1996a). Current issues confronting the advancement of applied sport psychology. *Journal of Applied Sport Psychology, 8,* S50-S52.

Silva, J.M. (1996b). A second move: Confronting persistent issues that challenge the advancement of applied sport psychology. *Journal of Applied Sport Psychology, 8,* S52.

Silva, J.M. (1997a, August). Advancing progressive training models in applied sport psychology. In C.M. Janelle (Chair), *Training, employment, and accreditation issues in sport psychology: Student perspectives.* Symposium conducted at the meeting of the American Psychological Association, Chicago.

Silva, J.M. (1997b). Initiating program accreditation in sport psychology. *Journal of Applied Sport Psychology, 9,* S47-S49.

Silva, J.M. (2001). The evolution of sport psychology. In J.M. Silva & D.E. Stevens (Eds.), *Psychological foundations of sport.* Needham Heights, MA: Allyn & Bacon.

Silva, J.M., Conroy, D.E., & Zizzi, S.J. (1999). Critical issues confronting the advancement of applied sport psychology. *Journal of Applied Sport Psychology, 11,* 163-197.

Singer, R.N. (1965). Effect of spectators on athletes and non-athletes performing a gross motor task. *Research Quarterly, 36,* 473-482.

Strean, W.B., & Roberts, G.C. (1992). Future directions in applied sport psychology research. *The Sport Psychologist, 6,* 55-65.

Triplett, N. (1897). The dynamogenic factors in pacemaking and competition. *American Journal of Psychology, 9,* 507-553.

Vealey, R. (1988). Future directions in psychological skills training. *The Sport Psychologist, 2,* 318–336.

Vealey, R.S. (1994). Current status and prominent issues in sport psychology interventions. *Medicine and Science in Sports and Exercise, 26,* 495–502.

Wiggins, D.K. (1984). The history of sport psychology in North America. In J.M. Silva & R.S. Weinberg (Eds.), *Psychological foundations of sport* (pp. 9–22). Champaign, IL: Human Kinetics.

和文索引

あ
アメリカ心理学会（APA） 638

い
意識処理仮説 237
一般的なレベルにおける動機づけ 314
一般能力の役割 12
意図的なシステムと意図を示すシステムの違い 124
イメージ 406-422, 432, 624, 630
　イメージとメンタル練習 100
　動機づけ一般−喚起イメージ 411
　動機づけ一般−熟達イメージ 411
　動機づけ固有のイメージ 410
　認知一般のイメージ 410
　認知固有のイメージ 408
インストラクション提示 103
引退 517-531
　移行としての引退 520
　引退の危機の予防と治療 528
　引退の原因 521
　引退への適応 523
　引退への適応の質 526
　引退前のプランニング 526

う
ウォーキングクラブの凝集性 373
上手からの投てきの発達順序 32
運動
　運動後の不安軽減 572
　運動と自尊感情 586
　運動とストレス反応 581
　運動と認知機能 587
　運動におけるイメージ 414
　運動による抗うつ効果 577
　運動の開回路制御 157
　運動のテンプレート 102
　成長と運動の関係 37
運動イメージ質問紙（EIQ） 414
運動イメージ質問紙（MIQ） 420
運動イメージの鮮明度質問紙（VMIQ） 412
運動学習理論 157
運動系列学習 103
運動−言語−イメージモデル 416
運動行動調整質問紙（BEEQ） 300
運動行動の変化 130
運動システム 290
　運動システムの統合モデリング 120
　神経過程と運動システム 290
運動実行の自動化 16
運動者の情報処理 13
　決定処理 15
　効果器処理 16
　知覚処理 13
運動スキルパフォーマンス 162
　運動スキルパフォーマンスの認知的な側面 39
運動制御の発達 38
運動動機づけ尺度（EMS） 300
運動ハイ 507
運動パターンの学習 105
運動発達（児童・青年期の） 20-45
　運動発達の位相 28
運動パフォーマンスのリハーサル・組織化の効果 42

え
エリート競技者のパーソナリティ 187

お
オタワ心理的スキル評価ツール（OM-SAT） 216
親 478

か
絵画動機づけ尺度 309
外向性 187
ガイダンス仮説 84
概念の記号表記システム 561
外発的動機づけ 297-317
　外発的動機づけ尺度 300
　外発的動機づけの階層モデル 299, 302
学習 91
　学習者の専門知識 173
　学習性無力感 349
　学習とパフォーマンス 161
　顕在的学習 103
　潜在的学習 103
確率評価 143
確率モデル 193
仮想環境 110
家族資源 144
課題固有のコミットメント 627
課題指向 460
課題の複雑性 253
カタストロフィモデル 226
活性化−不活化付属チェックリスト 502
加齢変化 26, 28
喚起 220, 242-256
　喚起上昇の神経生理的指標 247
　喚起調整 255, 256
　喚起とパフォーマンスの概念モデル 245
　喚起に関与する神経系の構造 246
　喚起の構成概念 243
　喚起の構成概念の測定 246
　喚起の神経生理学 245
　喚起−パフォーマンス関係 248
眼球運動アプローチ 61
環境の快適さ 427
関係性 303
観察学習 156
観察角度 169
患者とリハビリテーション実践家の相互作用 619
感情と精神運動スキルの相関 287
感情反応 348
完全主義 330

き

記憶　40
帰属　336-357
　　帰属スタイル　341
　　帰属スタイル調査票(ASQ)　342
　　帰属先行　337
　　帰属と感情反応　348
　　帰属と期待　347
　　帰属の基本概念の修正　336
　　帰属の再訓練　353
　　行為者－観察者の帰属の違い　343
　　自発的帰属　344
期待　347
機能的なコンピュータモデリング　116
規範的なモラル判断　459
気分低下　497
逆U字仮説　223, 249
急性的な気分状態　493
競技状態不安目録2(CSAI-2)　221
競技特性不安　595
競技能力性質の概念質問紙(CNAAQ)　352
競技不安の促進効果と阻害効果のモデル　230
教示("インストラクション提示"も参照)　57, 65
競争　303, 499
　　競争指向の目録(COI)　424
共分散構造モデル(CSM)　605
筋電図(EMG)　291
　　筋電図と精神運動パフォーマンスの関係　291
筋力課題　627

く

楔形カタストロフィ　447
具象化された脳　119

け

計画的行動理論(TPB)　537
計画的な練習　10, 147
怪我をしにくくするための介入　602
結果の知識(KR)　67, 72
　　KR後の時間間隔　88
　　KR遅延間隔　86
決定論モデル　193

こ

ゲーム構造の検索と再認　143
原因次元尺度(CDS)　339
言語プロトコル　143
顕在的学習　103

こ

行為知覚アプローチ法　158
抗うつ効果　577
高次カタストロフィモデル　228
行動の評価　192
行動反応　615
行動変容段階モデル　550
合理的活動理論(TRA)　537
個人間－個人内の研究　192
個人差のアプローチ　10
コーチ　131, 306, 482
　　コーチの自己効力感　271
　　コーチング効力感の概念モデル　272
コンピュータモデリング　113

さ

最適機能ゾーン(ZOF)　250
才能　204-219
　　才能と発達　204-219
　　才能に関する未解決の問題　217
　　才能の伝統的な指向　205
　　才能発見モデル　206
　　才能発達に関与する心理的な特性　215
サッカーのゴールキーパー　124
参加動機づけ　471

し

ジェンダー　28, 419
　　ジェンダー階層インタビュー　460
　　ジェンダー差　31
　　ジェンダーに関連した運動スキルの変化　28
視覚手がかり　143
視覚トレーニングプログラム　144, 145
自我指向　460
思考生起質問紙(TOQ)　330
至高体験　507
至高の瞬間　504
　　至高の瞬間の主な特徴　507

至高の瞬間の促進　508
至高の瞬間の測定　509
自己決定の指標　301
自己決定論(SDT)　298
自己効力感　156, 257-275, 411, 626
　　コーチの自己効力感　271
　　自己効力感の情報源－判断－結果の関係　259
　　自己効力感の測定　259
　　自己効力感理論　257, 542
　　身体自己効力感尺度(PSE)　260
　　有能感と自己効力感　626
自己制御　427, 429, 432, 435-448
　　課題パフォーマンスの研究　439
　　課題パフォーマンスの持続の研究　443
　　トレーニング研究　446
自己制御過程　304
自己組織化処理　120
自己提示自信下位尺度(PSC)　260
自己のアイデンティティ　523
自己モデリング　165
事象関連電位(ERP)　288
　　ERPと熟練運動パフォーマンス　288
自信　423-434
　　自信とパフォーマンス　430
　　自信の源　426
　　スポーツにおける自信の最初の概念モデル　424
　　スポーツの特性的な自信目録(TSCI)　424
自尊感情　586
実演の間隔とタイミング　168
実体理論　351
児童・青年期の運動発達("ユーススポーツ"も参照)　20-45
児童のモデリング　175
自発的帰属　344
時分割の方略　53
死亡学　519
シミュレータ　107
社会再適応評価尺度(SRRS)　592
社会的アイデンティティ　524
社会的支援　427, 525
社会的動機づけ　303
社会的認知理論(SCT)　547

社会的雰囲気　427, 430, 433
社会認知アプローチ　155
社会-認知的な視点　626
社会要因　303
社会老年学　519
遮蔽法　14, 60, 150
集団-課題に個人が感じる魅力（ATG-T）　359
集団環境質問紙（GEQ）　360
集団凝集性　358-375
　運動／身体的活動の凝集性　371
　環境要因　360
　個人要因　361
　集団凝集性の多次元的性質　364
　集団凝集性-パフォーマンス　362
　スポーツチームの凝集性　369
　チーム要因　361
　リーダーシップ要因　361
集団効力感　267
　集団効力感の情報源　269
　スポーツの集団効力感　269
集団-社会に個人が感じる魅力（ATG-S）　359
縦断的研究　150
集団統合-課題（GI-T）　359
集団統合-社会（GI-S）　359
集団媒介による行動変容　374
10年ルール　136, 212
主観的運動強度（RPE）　628
主観的作業負荷評定テクニック（SWAT）　50
主観的なウェルビーイング　492
　有酸素運動と主観的なウェルビーイング　498
熟達モデル　164
熟練
　熟練技術の性差研究　151
　熟練技術の評価　137
　熟練者-初心者アプローチ　11
　熟練者を区別する知覚・認知・方略　136
　熟練パフォーマンス　135
　ダンス・格闘技の熟練技術　147
傷害　590-622
　傷害後の自己認識　610
　傷害に対する競技者の情動反応質問紙（ERAIQ）　613

傷害の帰属　610
傷害の利益感　612
傷害のリスクと予防　590-607
奨学金　307
状況的な動機づけ　302, 303
状況動機づけ尺度（SIMS）　300
状況的な目標　333
状況に関連した個人的なパーソナリティ診断　196
状態スポーツ自信目録（SSCI）　411
状態的なスポーツの自信目録（SSCI）　424
状態－特性不安目録（STAI）　231
状態不安　221, 476
　状態不安とパフォーマンス　223, 240
象徴学習理論　415
情動反応　613
情報処理　24
　情報処理アプローチ　11
処理効率理論　235
処理速度　39
自律性　303, 304
人格学　184, 191
神経過程　290
　神経過程と運動システム　290
神経ダイナミクス理論　120
人口統計学的特徴とパーソナリティの特徴　430
心臓血管系の精神生理学　292
身体自己効力感尺度（PSE）　260
身体的／精神的な準備　426
身体的活動
　主観的なウェルビーイングと身体的活動　492
　身体的活動増進　555-570
　身体的活動と生活の質　490-516
　身体的活動の介入　560
　身体的活動の動機づけ尺度改訂版　300
身体トレーニングの質　431
信念　323, 349
心理学的モデル　609
心理状態と代謝効率　293
心理的スキルの自己分析質問紙（SAMS）　215
心理的なサービスの照会　620

す

スキーマ　118, 157
スキル獲得　57, 65
　スキル獲得と運動発達　20-45
　スキル獲得と付加的フィードバック　68
スキルレベル　9-19, 254
　スキルレベルの個人差　9, 254
ストレス　220-241
　ストレス-傷害モデル　590, 602
　ストレス対処の技法　624
　ストレスの原因　221
　先行ストレス　239
　ユーススポーツでのストレスレベル　475
ストレス反応　601
　運動とストレス反応　581
　ストレス反応の緩和　495
ストレッサー歴　592
スポーツ
　スポーツと性格形成　463
　スポーツとビジネス状況の間にみられる目標の困難性の矛盾　392
　スポーツにおけるイメージ　407-414
　スポーツにおける課題指向および自我指向質問紙（TEOSQ）　320
　スポーツにおける自信の最初の概念モデル　424
　スポーツの参加減少　472
　スポーツの集団効力感　269
　スポーツの精神生理学　176
　スポーツの達成目標の測定　320
　スポーツの知識　143
　スポーツの動機づけの雰囲気質問紙（PMCSQ）　321
　スポーツの特性的な自信目録（TSCI）　424
　スポーツへのコミットメントモデル　469
スポーツイメージ質問紙（SIQ）　411
スポーツ帰属スタイル尺度（SASS）　340, 342
スポーツ競技不安検査（SCAT）　596
スポーツ自信目録（SCI）　429
スポーツ傷害リハビリテーション　608-622

社会的支援　619
　　心理学的尺度　622
　　心理学的モデル　609
　　スポーツ傷害に対する心理的な反応とリハビリテーション過程の統合モデル　611
　　生物心理社会的モデル　608
　　リハビリテーションの継続遵守　615
スポーツ人格学　185, 191
スポーツ心理学の現況と将来動向　635-642
スポーツ心理スキル目録(PSIS)　215
スポーツスキル別の最適喚起レベル　254
スポーツ組織　307
スポーツ不安尺度(SAS)　596

せ

生活経験調査(LES)　593
生活の質　490-516
　　生活の質の測定　491
成果の期待　546
成功感質問紙(POSQ)　320
精神運動効率　278
精神神経筋理論　416
精神生理学　276-294
　　心臓血管系の精神生理学　292
　　特異的な適応　277
生態学的アプローチ　113, 114, 558
生体情報理論　416
成長
　　成長と運動の関係　37
　　成長における加齢変化とジェンダー差　26
生物心理社会的モデル　609
接近-回避目標　335
セルフトーク　432
セロトニン仮説　580
先行ストレス　239
先行不安　222, 239
潜在的学習　103
全体レベルの動機づけ　312
　　全体レベルの動機づけ尺度(GMS)　301
全体練習　96
選択的注意　58

　　スキル獲得に伴う選択的注意の変化　63
　　選択的注意によるパフォーマンスの限界　61
　　選択的注意の研究パラダイム　58
　　選択的注意の方向と幅を確定する方法　59
　　選択的注意の理論とモデル　62
専門技術　24
　　専門技術と熟達パフォーマンス　43

そ

早期能力　146
相互作用論　193
増分理論　351
組織の文化　430
ソフトウェア課題　137

た

大学生版動機づけ尺度(AMS)　300
代謝効率　293
対処
　　対処行動　616
　　対処資源　598
　　対処方略　525, 612
　　対処モデル　164
ダイナミックシステム　25, 118, 125
代理経験　427
多次元完全主義尺度(F-MPS)　331
多次元的スポーツマンシップ志向尺度　311
多次元特性不安の測定　330
多次元不安理論　225
多重課題　137
達成　427
達成感　429, 431
達成帰属理論(Weiner)　337, 338
達成目標理論　318-335, 467
　　達成目標の概念化　318
　　達成パターンの予測　320
楽しさ　324, 498, 510
　　面白さと楽しさ　511
　　楽しさと生活の質　510
　　楽しさの経験を記述するモデル　515
　　楽しさの根源　513
　　楽しさの測定　511

多理論統合モデル(TTM)　549

ち

知覚トレーニングプログラム　145
知覚の発達　40
知識基盤　42
チャンク化　17
注意　46-66
　　注意過程　255
　　注意処理　127
　　注意・対人スタイル診断テスト(TAIS)　59
　　注意の可変配分理論　54
　　注意の切り替え　53
　　注意の固定容量論　53
　　注意のコネクショニストモデル　55
　　注意の資源理論　54
　　注意容量と資源の理論　47, 53
直接知覚　158

て

テネシー自己概念尺度　597

と

動因理論　248
動機づけ　297-317, 535-554
　　階層モデル　302
　　外発的動機づけ　297-317
　　個人内の現象としての動機づけ　301
　　社会現象としての動機づけ　301
　　社会的動機づけ　303
　　状況的な動機づけ　302, 303
　　スポーツの動機づけの雰囲気質問紙(PMCSQ)　321
　　動機づけ行動の理論　535-554
　　動機づけ志向　173
　　動機づけの結果　302
　　動機づけの適応パターンと不適応パターン　319
　　動機づけの評価　300
　　動機づけの雰囲気　308, 321
　　動機づけのレディネス　470
　　内発的動機づけ　297-317, 324
　　無動機づけ　299
統合モデリング　113-134
動作の運動学的情報　79

統制感 524
特性不安 221, 476
特性理論 184
トップダウンの効果 301
努力 627

な

内発的動機づけ 297-317, 324
　内発的動機づけの階層モデル 299, 302
仲間 484
無動機づけ 299
　無動機づけ尺度 300

に

二重課題パラダイム 48
二重符号化理論 416
認知科学 115, 118
認知－感情過程が運動ループに及ぼす影響 291
認知的な反応 610
認知的なレディネス 470
認知評価 255
認知変数 303, 308

ね

年齢 28
　年齢に関連した運動スキルの変化 28

の

脳波(EEG) 280
　熟練者－初心者パラダイムによるEEGのスペクトル差 284
　EEGの実験参加者内変動とパフォーマンス成果 286
　EEGデータ取得の国際標準10-20電極配置 281
　EEGスペクトルと皮質領野の特異性 283
　EEGと熟練精神運動パフォーマンス 280
ノルアドレナリン仮説 580

は

把握 125
バイオフィードバック 79

パーソナリティ 182-203, 595
　エリート競技者のパーソナリティ 187
　パーソナリティの認知－感情システム理論 195
バーチャルリアリティ 110
発達段階 23
　発達段階理論(Piaget) 24
ハードウェア課題 137
パフォーマンス 9-19, 91
　パフォーマンス結果測定(POS) 340
　パフォーマンスとスキルレベル 9-19
　パフォーマンスの測定 248
　パフォーマンスの知識(KP) 67, 72
反応時間(RT)のパラダイム 11

ひ

ピークパフォーマンス 506
皮質電気活動と凝視 290
皮質電気賦活 282
ビデオ映像 77

ふ

不安 128, 220-241
　運動後の不安軽減 572
　競技状態不安目録2(CSAI-2) 221
　競技特性不安 595
　競技不安の促進効果と阻害効果のモデル 230
　スポーツ不安尺度(SAS) 596
　先行不安 222, 239
　多次元特性不安の測定 330
　多次元不安理論 225
　特性不安 221, 476
　不安とパフォーマンスのカタストロフィモデル 226
　不安の測定 221
　ユーススポーツでの不安レベル 475
フィードバック 42, 303
付加的情報 169
付加的フィードバック 67-90
　付加的フィードバックが提供する情報 72
　付加的フィードバックの種類 67

　付加的フィードバックの提示のタイミング 85
　付加的フィードバックの提示頻度 80
復唱(リハーサル) 41
符号化 117
2人1組の練習 168
部分練習 96
プレー指向性尺度 463
フロー 251, 305, 506
雰囲気 320
分化 452
文脈干渉 94

へ

変動性と運動行動 130

ほ

捕球 126
ボトムアップの効果 301

ま

マスター競技者 150
慢性的な変化 495

め

メタ分析評価のガイドライン 572
目と足の協応 11
メンタルコントロールの反語処理説 238
メンタルヘルス 571-589
　メンタルヘルスモデル 583

も

燃え尽き 477
目標 323, 324, 379
　目標と行動 322
　目標とストレス過程 328
　目標と動機づけの関係 322
　目標と方略 327
　目標の近接性 392
　目標の具体性 390
　目標の系統的な開発 398
　目標の困難性 391
　目標の困難性の最適化 399
　目標の集団性 393
　目標の主観的価値 392

目標の状態概念　380
　　目標の特性概念
　　目標への集中　389
目標回避　334
目標指向　320, 460, 626
　　目標指向と状況的な目標　333
目標状態　322
目標接近　334
目標設定　379-405
　　目標設定の過程　397
　　目標設定の効果　381
目標属性　389
目標マッピング　432
目標メカニズム　380
モデリング　155-181
　　コーピング(対処)モデル　164
　　再生と再認　160
　　成果と過程　159
　　マスタリー(熟達)モデル　164
　　モデリングに対する心理反応　162
　　モデリングに対する知覚反応　161
　　モデルのスキルレベル　163
　　モデルの前提条件と推論　302
モラル発達　451-465
　　構造発達アプローチ　452
　　社会的学習アプローチ　451
　　モラル価値の優先順位づけ　457
　　モラル行動の12構成要素モデル　462
　　モラル行動の包括的なモデル　462
　　モラル行動の予測　461
　　モラルとスポーツ　456
　　モラルの論理的な思考　457

ゆ

有酸素運動　627
　　有酸素運動と主観的なウェルビーイング　498
有能感　303, 304
　　有能感と自己効力感　626
有能性　303
　　有能性の動機づけ理論　467
ユーススポーツ　466-489
　　親の影響　478
　　コーチの影響　482
　　仲間の影響　484
　　ストレスレベルと不安レベル　475

よ

抑うつの帰属スタイル　339
喜び　498

ら

ライブゲームパフォーマンス　149
ランニングの発達順序　30
ランニングハイ　507

り

利己的バイアス　342
理想的なパフォーマンス状態　276
律動的で反復的な運動　501
リード帰属符号化システム(LACS)　344
リバーサル理論　229, 252
リハビリテーション心理学　608-622
リラクセーション　630
　　リラクセーション技法　624

履歴効果　227

れ

レディネス　25
　　動機づけのレディネス　470
　　認知的なレディネス　470
練習　43, 91-112, 129, 151
　　練習スケジュール　167
　　練習段階の概念　9
　　練習中の制約操作　131
　　練習デザイン　57, 65
　　練習と試合の目標の調整　398
　　練習による自動化の獲得　56
　　練習による二重課題パフォーマンスの改善　55
　　練習によるPRPの遅延減少　57
　　練習のオフタスク条件　100
　　練習のオンタスク条件　92
　　練習の構造機構　132
　　練習の多様性　93
　　練習前のインストラクションとデモンストレーション　101
　　練習要件　502
　　練習量　92

ろ

労作感　623-631
　　連合的・非連合的な精神状態の影響　630
労作耐容能　623-631

欧文索引

A
ABCの三角形　428, 429
Academic Motivation Scale (AMS)　300
achievement goal theory　318
Activation-Deactivation Adjective Check List　502
American Alliance for Health, Physical Education, Recreation, and Dance (AAHPERD)　637
American Psychological Association (APA)　638
Association for the Advancement of Applied Sport Psychology (AAASP)　638

B
Behavioral Regulation in Exercise Questionnaire (BEEQ)　300
Bloomの才能発達段階　208

C
Canadian Society for Psychomotor Learning and Sport Psychology (CSPLSP)　637
CAPS理論　195
COBALT　115
Competitive Orientation Inventory (COI)　424
Competitive State Anxiety Inventory 2 (CSAI-2)　221
Conceptions of the Nature of Athletic Ability Questionnaire (CNAAQ)　352
Continuum of Injurious Acts (CIA)　459
COPE質問紙　616
Côtéのスポーツ参加の段階　210
covariance structure modeling (CSM)　605
Csikszentmihalyiの(才能に対する)見解　214

E
Ecclesの期待-価値理論　468
Emotional Responses of Athletes to Injury Questionnaire (ERAIQ)　613
Ericssonの計画的練習の概念　211
Exercise and Sport Psychology, Division 47　638
Exercise Imagery Questionnaire (EIQ)　414
Exercise Motivation Scale (EMS)　300

G
Global Motivation Scale (GMS)　301
Group Environment Questionnaire (GEQ)　360
Group Integration-Social (GI-S)　359
Group Integration-Task (GI-T)　359

H
Haanのモラル発達理論　455
Hahm-Bellerの価値選択質問紙　463
Heiderの帰属理論　337
HumphreysとRevelleの情報処理モデル　234

I
Individual Attractions to the Group-Social (ATG-S)　359
Individual Attractions to the Group-Task (ATG-T)　359
individual zone of optimal functioning (IZOF)　224

K
knowledge of performance (KP)　67, 72
knowledge of results (KR)
Kohlbergのモラル発達理論　452
Kübler-Rossの人間の悲嘆モデル　520

L
Life Events Survey for Collegiate Athletes (LESCA)　605
Life Experience Survey (LES)　593

M
Motivation for Physical Activity Measure-Revised　300
Movement Imagery Questionnaire (MIQ)　420
Multidimensional Perfectionism Scale (F-MPS)　331
Multidimensional Sportspersonship Orientation Scale　311

N
NASA Task Load Index (TLX)　50
North American Society for the Psychology of Sport and Physical Activity (NASPSPA)　637

O
Ottawa Mental Skills Assessment Tool (OMSAT)　216

P
Perceived Motivational Climate in Sport Questionnaire (PMCSQ)　321
Perceptions of Success Questionnaire (POSQ)　320
Performance Outcome Survey (POS)　340
Physical Self-Efficacy Scale (PSE)　260
Piagetの発達段階理論　24
Pictorial Motivation Scale　309
POMSの氷山型プロフィール　187
Psychological Skills Inventory for Sport (PSIS)　215

R
Rating of Perceived Exertion (RPE)　628

S
Self-Analysis of Mental Skills question-

naire（SAMS） 215
self-determination theory（SDT） 298
Self-Presentation Confidence subscale
　　（PSC） 260
Situational Motivation Scale（SIMS）
　　300
Skinnerの主体−手段−目的モデル
　　355
Skinnerの有能性システムモデル 356
Social and Athletic Readjustment Rating
　　Scale 605
Social Readjustment Rating Scale
　　（SRRS） 592
social-cognitive theory（SCT） 547
Solomonのジェンダー階層インタビュ
　　ー 460
Sport Anxiety Scale（SAS） 330, 596
Sport Competition Anxiety Test（SCAT）
　　596
Sport Confidence Inventory（SCI） 429
Sport Imagery Questionnaire（SIQ） 411
Sport Motivation Scale（SMS） 300
stages of behavioral change model 550
State Sport Confidence Inventory（SSCI）
　　411, 424
State-Trait Anxiety Inventory（STAI）
　　231
Subjective Workload Assessment Technique（SWAT） 50

T

Task and Ego Orientation in Sport Questionnaire（TEOSQ） 320
Tennessee Self-Concept Scale 597
Test of Attentional and Interpersonal
　　Style（TAIS）
theory of planned behavior（TPB） 537
theory of reasoned action（TRA） 537

Thought Occurrence Questionnaire（TOQ）
　　330
Trait Sport Confidence Inventory（TSCI）
　　424
transtheoretical model（TTM） 549

V

Vividness of Movement Imagery Questionnaire（VMIQ） 412

W

Webbのプレー指向性尺度 463
Weinerの達成帰属理論 337, 338
Wingateスポーツ達成責任尺度（WSARS）
　　340, 342

Z

zone of optimal functioning（ZOF） 250

● 編

ロバート・N・シンガー（Robert N. Singer）
フロリダ大学運動・スポーツ科学部 学部長 教授

ヘザー・A・ハウゼンブラス（Heather A. Hausenblas）
フロリダ大学運動・スポーツ科学部 助教授

クリストファー・M・ジャネル（Christopher M. Janelle）
フロリダ大学運動行動学 助教授・パフォーマンス心理学研究室 室長

● 監 訳

山崎 勝男（やまざき・かつお）
早稲田大学 名誉教授

スポーツ心理学大事典

2013年11月1日　初版第1刷発行
編　者　ロバート・N・シンガー　ヘザー・A・ハウゼンブラス
　　　　クリストファー・M・ジャネル
監訳者　山崎勝男
発行人　西村正徳
発行所　西村書店
東京出版編集部　〒102-0071　東京都千代田区富士見2-4-6
　　　　　　　　Tel.03-3239-7671　Fax.03-3239-7622
　　　　　　　　www.nishimurashoten.co.jp
印　刷　亜細亜印刷株式会社
製　本　株式会社難波製本

本書の内容を無断で複写・複製・転載すると、著作権および出版権の侵害となることがありますので、ご注意下さい。　ISBN978-4-89013-439-7

―― 西村書店 好評図書 ――

3部作で登場！ 最強のスポーツ科学・医学バイブル!!　**創業90周年 記念企画**

スポーツ科学・医学大事典 〈全3巻〉

●B5判・上製
セット定価 **52,500**円
(分売可)

スポーツ整形外科学
――理論と実践――

【編】ギャレット／スピーア／カーケンダル　【監訳】福林 徹／渡邊好博
● 940頁　【定価】**18,900**円

スポーツ医学における診断、評価、治療に焦点を当てた1冊。骨の解剖と生理、機能やバイオメカニクスなど、基礎科学について述べ、部位ごとにスポーツ損傷を解説する。

スポーツドクター
体育指導者，トレーナー
リハビリ関係者，教育・
行政機関，図書館に!!

スポーツ運動科学
――バイオメカニクスと生理学――

【編】ギャレット／カーケンダル　【総監訳】宮永 豊
【監訳】阿江通良／河野一郎／髙松 薫／徳山薫平
● 984頁　【定価】**18,900**円

生化学、運動生理学、基礎医学などの基礎科学から、臨床医学のトピックス、バイオメカニクス、応用生理学などの応用科学に至るまでを包括的、体系的にカバーする。

【内容見本進呈】

スポーツ医学プライマリケア ――理論と実践――

【編】ギャレット／カーケンダル／スクワィアー　【総監訳】宮永 豊
【監訳】赤間高雄／宮川俊平／向井直樹　● 656頁　【定価】**14,700**円

スポーツに関わる医療従事者が直面するあらゆる問題に対し、信頼できるガイダンスを提供。さまざまなスポーツにおける、けがの疫学を概説し、予防および治療法を提示する。

カラー図解 筋肉メカニクスとトレーニング技術

[著] E.アーバーグ　[監訳] 加藤 清忠　●B5判・232頁　◆定価 **2,940**円

すぐ出来る体幹のコア・トレーニング！ 効果的なトレーニングのための適切なエクササイズの選択と技術をカラーで解説。からだの解剖学的構造から部位別の65の実践エクササイズに取り組んでいく。

スポーツマッサージ
運動・フィットネス・リハビリテーションのケア

[著] S・フリッツ　[監訳] 大谷素明　[訳] 乗松尋道／宮本裕介／八坂里子／山下貴士
●B5判・388頁　◆定価 **4,410**円

日本の実情に合わせた専門的かつ実践的なテキスト！ マッサージの他、多様なテクニックを包括的に紹介。パフォーマンス向上、傷害の予防、リハビリテーションに役立つ。オールカラーの図版多数。

※価格は5%税込

西村書店 好評図書

ランニング医学大事典
評価・診断・治療・予防・リハビリテーション

[編]F.G.オコナー／R.P.ワイルダー　[監訳]福林 徹／渡邊好博　●B5判・640頁　◆定価 **9,975**円

すべてのスポーツの基本、ランニングで見られる医学的問題と、その対応を網羅した1冊。応急的な処置のみならず、予防も含めてランニング障害を検討する。泌尿器・循環器系などの内科的問題も詳述。

図説 ダンスの解剖・運動学大事典
テクニックの上達と損傷予防のための基礎とエクササイズ

[著]クリッピンガー　[監訳]森下はるみ　●B5判・464頁　◆定価 **9,975**円

解剖学と運動学の分野からダンスにおいて特に重要な内容を選び出して解説。各章を上肢、脊柱、股関節など部位ごとに5つの章に分け、各章で骨・関節・筋・アライメント・力学・損傷について詳述。

カラー版 スポーツ・コーチング学
指導理念からフィジカルトレーニングまで

[著]R.マートン　[監訳]大森俊夫／山田 茂　●B5判・376頁　◆定価 **4,095**円

米国の第一人者によるベストセラー。選手を育てるために指導者が知っておくべき理念と、その実践法を紹介する。体罰やドーピング問題に揺れるスポーツ界を立て直すために、指導者必読の書。

運動科学の基礎
アスリートのパフォーマンス向上のために

[編著]G.カーメン　[監訳]足立和隆　●B5判・304頁　◆定価 **4,725**円

運動生理学、栄養学、損傷の予防と治療・リハビリ、バイオメカニクス、スポーツ心理学、加齢変化や発達レベル、様々な環境下における問題など、運動科学全般の基礎となる知見をわかりやすく解説。

スポーツ精神生理学

[監修]山崎勝男　●A5判・360頁　◆定価 **3,675**円

精神生理学的手法でスポーツにアプローチした初のテキスト。脳と自律神経の構造と機能などの基礎的な問題から、スキル獲得の脳内機序、スキル動作やスポーツ観戦時の精神生理学まで。

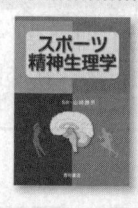

EBMスポーツ医学
エビデンスに基づく診断・治療・予防

[編]D.マッコーリー他　[監訳]宮永 豊　●B5判・416頁　◆定価 **5,670**円

スポーツ外傷・障害における診断法・治療法・検査法・リハビリテーションに対する最新の科学的エビデンスを明示し、エビデンスに基づく合理的な対処法を解説。スポーツ関係者の実践的で貴重なツール！

スポーツ大好き！な子どもを育てる「62」の方法
体づくりからトップアスリート育成まで

[編]ルブラン／ディクソン　[監訳]監物永三　[訳]乗松尋道　●A5判・148頁　◆定価 **1,680**円

カナダコーチング協会によるガイドブック。6歳から12歳の子どものスポーツ指導のために、子どもの運動生理、心理などの基礎的なことから、コーチング法、外傷時の処置などの知識まで、Q&A形式で解説。

※価格は5％税込

西村書店 好評図書

スポーツリハビリテーション
―最新の理論と実践―

[編]コルト／スナイダー＝マクラー　[監訳]守屋秀繁
●B5判・544頁　◆定価 7,980円

世界中のエキスパートによる最新トピックス！ 豊富なエビデンスに基づきスポーツリハビリテーションの最新の理論と実践を詳説。外傷・障害に対する幅広い治療・管理法により、スポーツ現場ですぐに役立つ。

アンフレッド 脳・神経リハビリテーション大事典

[編著]アンフレッド　[総監訳]乗松尋道　[監訳]相川英三／栢森良二／田川皓一
●B5判・1120頁　◆定価 12,600円

20年にわたり読み継がれている名著！ 本分野の全領域をカバーし、臨床状況にすばやく対応。症例を提示し、鮮明な写真と明快なイラストで解説。診断方法、介入方法などをまとめたコラム記事を掲載。

ケンダル 筋：機能とテスト ―姿勢と痛み―

[著]ケンダル 他　[監訳]栢森良二　●A4変型判・448頁　◆定価 7,875円

この分野の先駆者が理学療法の基本から徒手筋力テストなどの各検査を詳述し、姿勢についても系統的に記述した名著。長年にわたる豊富な臨床データと多数のイラスト、写真は他に類を見ないほど充実。

エレンベッカー 肩関節検査法

[著]エレンベッカー　[総監訳]高岸憲二　[監訳]小川清久／大澤敏久／筒井廣明
●B5判・196頁　◆定価 3,990円

機能不全による肩障害の患者に適した臨床検査の研究概要を詳述。検査法のメカニズムや有効性を、イラスト、写真を交えてわかりやすく解説。わかりにくかった肩疾患の診察法が容易に理解できる。

骨の健康と栄養科学 大事典

[編著]ホリック 他　[総監訳]乗松尋道　[監訳]森 諭史／江澤郁子／廣田孝子／鈴木隆雄／岡野登志夫　●B5判・520頁　◆定価 12,600円

骨の分子生物学、構造、代謝、栄養科学のバイブル！ 食事から摂取された栄養素の影響をはじめ,サプリメント、妊娠中・胎児期から老年期のライフステージ各期の特徴や栄養必要量などを解説。

バーン／レヴィ カラー 基本生理学

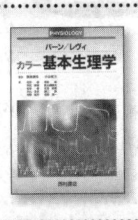

[編]R.M.バーン／M.N.レヴィ　[監訳]板東武彦／小山省三　●B5判・624頁　◆定価 5,145円

哺乳動物における生理学の重要事項を基礎からわかりやすく解説する。生理学の臨床への関連づけなど応用面を充実させ、臨床現場にも直結した内容となっている。

ビジュアル・アナトミー カラー 人体図鑑

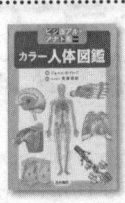

[編]J.ダ・バーグ　[訳]金澤寛明　●四六判・324頁　◆定価 1,575円

髪の毛から内臓、骨、血管まで、人の体を構成するあらゆる部位と要素を8章300項目に分けて1ページ単位で徹底解剖。詳細なカラーイラストと簡潔な表により人体の構造と機能を明解に解説。

※価格は5%税込

西村書店 好評図書

児童青年精神医学大事典

[編著] J.ウィーナー 他　[総監訳] 齊藤万比古／生地 新　●B5判・1024頁　◆定価 **14,700**円

DSMの米国精神医学会による学術的・包括的・実践的な書。アセスメントや診断方法から各疾患の詳細、治療法までを網羅。児童・青年のメンタルヘルスに携わるすべての関係者必携の書！

ヤーロム グループサイコセラピー

[著] I.D.ヤーロム　[監訳] 中久喜雅文／川室 優　●A5判・880頁　◆定価 **7,875**円　**理論と実践**

米国グループ精神療法学界の権威による必携の書。グループワークを通じた精神療法の膨大な具体例を体系的に分析し、理論と実践を融合し提示。臨床的グループセラピーのすべてを網羅した。

ハリガン・キシュカ・マーシャル 臨床神経心理学ハンドブック

[編] ハリガン／キシュカ／マーシャル　[監訳] 田川皓一　●B5判・560頁　◆定価 **7,140**円

英国神経心理学のリーダーらによる、神経学や脳神経外科学、精神神経医学、認知神経心理学、臨床心理学など、相互の適切な発展を統合しつつ横断的に解説した論集。実践的で読みやすい好書。

心理アセスメントハンドブック　第2版

[監修] 上里一郎　●B5判・640頁　◆定価 **14,700**円

各種テストの改訂、新テストなど約70頁の大増補！　医療、教育など様々な分野でますます必要とされる心理テスト、心理尺度の実際の技法について詳述した、幅広い人々のニーズに応える実用的な手引書。

ピネル バイオサイコロジー
脳―心と行動の神経科学

[著] J.ピネル　[訳] 佐藤 敬／若林孝一／泉井 亮／飛鳥井 望　●B5判・448頁　◆定価 **5,040**円

心と行動の神経科学の新しい研究分野、"バイオサイコロジー"の標準書として世界中で愛読されているテキスト。カラーイラストや写真を使った明快な解説、具体的な症例の紹介で、容易に理解できる。

カラー版 脳とホルモンの行動学
行動神経内分泌学への招待

[編] 近藤保彦／小川園子／菊水健史／山田一夫／富原一哉　●B5判・288頁　◆定価 **4,200**円

哺乳類の行動のホルモン調節を解説した本邦初のテキスト。性行動はもとより、母性行動、攻撃行動から、記憶や学習を含む高次脳機能に至るまで、ホルモンが関連する行動を扱った。

トランスジェニック・ノックアウトマウスの行動解析

[著] J.N. Crawley　[監訳] 高瀬堅吉／柳井修一　●B5判・428頁　◆定価 **7,875**円

遺伝子・脳・心の関係の解明に挑戦するすべての研究者必携の書。マウスの多岐にわたる行動ごとに章立て。行動課題やマウスの系統差の比較、遺伝的要素の影響の例を詳細に記載。

※価格は5％税込